Централизованная религиозная организация
«ДУХОВНОЕ УПРАВЛЕНИЕ МУСУЛЬМАН РОССИЙСКОЙ ФЕДЕРАЦИИ»

Частное учреждение — образовательная организация высшего образования
«МОСКОВСКИЙ ИСЛАМСКИЙ ИНСТИТУТ»

Федеральное государственное бюджетное образовательное
учреждение высшего профессионального образования
«САНКТ-ПЕТЕРБУРГСКИЙ ГОСУДАРСТВЕННЫЙ УНИВЕРСИТЕТ»
ЦЕНТР ИСЛАМСКИХ ИССЛЕДОВАНИЙ

Ислам на Северном Кавказе

Энциклопедический словарь

Серия «Ислам в Российской Федерации»
Выпуск X

Москва
ИД «Медина»
2023

УДК 287
ББК 86.38
И 87

И 87 Ислам на Северном Кавказе: энциклопедический словарь / коллектив авторов; гл. ред. Д. В. Мухетдинов; отв. ред. В. О. Бобровников, Д. М. Тимохин. — М.: Издательский дом «Медина», 2023. — 456 с.: ил. — Серия: «Ислам в Российской Федерации». — Вып. X.
ISBN 978-5-9756-0159-9

Главный редактор:
Д. В. Мухетдинов

Редакционная коллегия:
Д. В. Мухетдинов, Р. С. Абдулмажидов, М. С.-Г. Албогачиева, В. О. Бобровников, А. А Ганич, А. Х. Даудов, М. М. Имашева, Д. В. Макаров, Н. А. Нефляшева, Д. М. Тимохин, А. Ю. Хабутдинов (ответственный редактор серии),
Д. З. Хайретдинов (ответственный редактор серии)

Энциклопедический словарь «Ислам на Северном Кавказе» представляет собой десятый том серии «Ислам в Российской Федерации». В нем подробно раскрывается история и современное состояние мусульманской общины на территории макрорегиона. В словаре дается целостная картина почти 1400-летнего развития мусульманской цивилизации в регионе как в эпоху мусульманских государств, так и в составе России (СССР). В словаре приводится уникальная информация о развитии мусульманской государственности, мусульманских институтов, общественных и политических движений, мусульманского образования. В словаре дается информация о влиянии религии ислам на культуру народов макрорегиона. История ислама в макрорегионе раскрывается прежде всего через биографии видных мусульманских деятелей. Содержащиеся в статьях сведения позволят читателю обрести комплексное представление об истории мусульманской общины Северного Кавказа от самых ранних этапов ее существования до настоящего времени, а также предоставят информацию о ее современном состоянии.

ISBN 978-5-9756-0159-9

УДК 287
ББК 86.38

Книга подготовлена и издана при поддержке Благотворительного фонда «САФМАР»

© ЦРО Духовное управление мусульман Российской Федерации, 2023
© ЧУ ООВО Московский исламский институт, 2023
© ООО Издательский дом «Медина», 2023
© Коллектив авторов, 2023

От редколлегии

Энциклопедический словарь «Ислам на Северном Кавказе» продолжает серию словарей, построенных по региональному признаку и изучающих прошлое и настоящее исламской цивилизации, мусульманской культуры и этносов, проживающих в Российской Федерации. В территориальном плане данный выпуск охватывает Дагестан, Чечню, Ингушетию, Северную Осетию–Аланию, Кабардино-Балкарию, Карачаево-Черкесию, Адыгею; Краснодарский и Ставропольский края, Ростовскую область.

Данный макрорегион отличается наиболее древней историей ислама во всей Российской Федерации: впервые ислам пришел на эти земли еще в Дербенте (Южный Дагестан) в середине VII в. при жизни и с участием асхабов — сподвижников пророка Мухаммада. С тех пор распространение ислама на огромной территории — от Каспийского до Черного и Азовского морей и от Большого Кавказского хребта до Дона и низовьев Волги — продолжалось до самого XIX в.

Старейшим из направлений, по которым шло распространение исламской цивилизации и культуры, было восточно-кавказское. Оно продолжалось на протяжении более чем тысячелетия и затронуло территории современных Дагестана, Чечни и Ингушетии. Начало этого движения связано с экспансией Арабского халифата в Закавказье и на Северном Кавказе. Оно было также связано и с персидской традицией, в том числе суннитской — шафиитской. Шафииты Восточного Кавказа установили контакты с богословами Йемена, Сирии и Египта и взаимодействовали с носителями данной традиции. С XVI в. в Южном Дагестане распространялась и шиитская традиция, также тесно связанная с Ираном; в настоящее время она преимущественно локализуется в г. Дербенте и его окрестностях и горном селении Мискинджа, но в имперский период шиитами были построены первые мечети в таких центрах Терской области, как гг. Владикавказ и Грозный.

Хазарский каганат (вторая половина VII — первая половина X в.) стал первым феодальным государством Восточной Европы, которое контролировало огромные пространства Восточной Европы от Большого Кавказского хребта до Оки и Волжско-Камского междуречья. Распространение ислама фиксируется на большей части территории Хазарии, что подтверждается строительством городских мечетей, избранием религиозных судей — кадиев. Хазарский каганат впервые связал в единое целое два основных центра исламской цивилизации современной России: Северный Кавказ и Волжско-Камское междуречье. Экономика каганата была основана на обмене вдоль двух великих торговых путей: Великого Шелкового пути и Великого Волжского (Волго-Каспийского) пути.

Другим центром, откуда шло распространение ислама в регионе, явились золотоордынские города Предкавказья. В период Золотой Орды на территории всей степной зоны региона размещались значимые городские центры — Маджар (ныне Ставропольский край), Эндирей (Дагестан), Нижний Джулат (Кабардино-Балкария), Верхний Джулат (Северная Осетия), Азак (Азов, Ростовская область) и др. Эти города были важными центрами не только торговли, но и ремесел; здесь чеканилась монета, действовали учебные заведения. Ордынский период связан с расцветом ханафитского мазхаба, к которому уже за столетия до этого принадлежали мусульмане Мавераннахра и Волжско-Камской Булгарии. В Золотой Орде была создана сеть мусульманского образования. С ордынским влиянием связана исламизация таких народов, как кабардинцы, осетины, карачаевцы, балкарцы и ногайцы. К сожалению, золотоордынское наследие Северного Кавказа в настоящее время исследуется только в форме археологических объектов; его влияние на религиозную и в целом культурную и экономическую составляющие игнорируется, хотя оно было весьма значительным.

От редколлегии

Еще одним важным центром распространения ислама почти на всем Кавказе стали Крымское ханство и Османская империя, которые контролировали земли современного Северо-Западного Кавказа. На азовском и черноморском побережье размещались города, от Азова (Азака) до Анапы и Геленджика, ставшие очагами распространения исламской цивилизации в обширном регионе. Отсюда по золотоордынским торговым путям продвигались не только товары, но и средиземноморское культурное влияние. Суннитская традиция из Крыма и Османской империи дополнила и усилила влияние ханафитского мазхаба времен Золотой Орды; в сферу ее влияния вошло не только побережье Черного и Азовского морей, но и тюркские народы бассейна Каспия: кумыки и ногайцы. Наследие крымскотатарской государственности было во многом продолжено в Закубанской Черкесии уже после присоединения Крымского ханства к Российской империи в 1783 г. Этот очаг распространения исламской культуры в регионе также недостаточно хорошо изучен, что является следствием массового мухаджирства мусульманского населения Северо-Западного Кавказа во второй половине XIX в.

После завоевания Казанского и Астраханского ханств в 1550-е гг. началось проникновение Московской Руси на Кавказ. Оно обеспечивалось путем сотрудничества, вплоть до смешанных браков феодальной верхушки с кавказскими элитами. Российские поданные, пришедшие на Кавказ, не были исключительно православными: так, в составе населения Терского городка было немало мусульман, иногда до половины его населения. Однако систематическое проникновение России в регион Северного Кавказа связано с периодом Российской империи. В 1722 г. состоялся Каспийский поход, когда Петр I временно присоединил к России все западное побережье Каспия, включая приморскую часть Дагестана. Через десятилетие Россия оставила большую часть этих территорий. Но Кизляр стал не только пунктом дороги в хаджж, но и стезей для татарских шакирдов, которые отправлялись учиться в медресе Дагестана; традиционное образование в медресе Дагестана получали выходцы из многих регионов современной России, а Казакай-ахун заложил основы мусульманского образования в Сеитовом посаде (Татарской Каргале) под Оренбургом.

С присоединением Крымского ханства и Закавказья судьба Северного Кавказа была решена, хотя процесс его инкорпорирования в состав Российской империи затянулся до окончания Кавказской войны в 1864 г. До этого на Северном Кавказе имелись разные модели государственности у мусульманских народов. На Северо-Восточном Кавказе в период Кавказской войны возникло теократическое государство — Имамат Шамиля. На Северо-Западном Кавказе, наряду с Большой Кабардой (вошедшей еще в XVIII в. в состав Российской империи), в османской юрисдикции долго оставалась Закубанская Черкесия, в XIX в. ставшая частью Имамата. Государственная политика и поддержка мухаджирства частью традиционной феодальной элиты привела к эмиграции бо́льшей части адыгов в 1850-е — 1870-е гг. в Османскую империю.

Реформы 1860–1870-х гг. почти не затронули мусульманское население Северного Кавказа. Для нерусских народов действовала система военного и военно-народного (в Дагестанской области и Закатальском округе) управления, сохранялись шариатские суды, хотя и с урезанными полномочиями. Эти причины способствовали тому, что мусульмане Северного Кавказа почти не были интегрированы в политико-правовые структуры буржуазной эпохи, которые размещались прежде всего в городах. Здесь отсутствовала система городских медресе, еще не появилось мусульманских благотворительных обществ, прессы и типографий, которые составляли основу инфраструктуры крупных мусульманских центров Поволжья, Урала, Крыма и Азербайджана. При этом существовали отдельные мусульманские благотворительные общества, например, в Ростове-на-Дону, Екатеринодаре (ныне Краснодар), Темир-Хан-Шуре (Буйнакск) и Порт-Петровске (Махачкала); два последних города также характеризовались наличием прессы и типографии.

От редколлегии

В историографии слабо изучены мусульманские общины городов имперского периода, выросших в XIX в. из российских крепостей Кавказской линии. Известно о наличии подчиненных ОМДС мечетей в Ростове-на-Дону, Екатеринодаре, Армавире и др., а также в сельских общинах западных адыгов Кубанской области. О жизни мусульманских общин Ставрополя, Новороссийска, Ростова, Кизляра и большинства других городов региона имеются фрагментарные сведения, хотя Ростов-на-Дону подарил миру классика татарской литературы Закира Бигиева и мыслителя мирового масштаба Мусу Бигиева.

На протяжении XIX — начала XX в. продолжал свое развитие суфизм на Северо-Восточном Кавказе. В конце XVIII в. через Ширван сюда проник тарикат накшбандийа-халидийа, а во второй трети XIX в. — тарикат кадирийа, получивший новый импульс развития на территории современной Ингушетии, Чечни и Северо-Западного Дагестана.

На рубеже XIX — начала XX в., как и во многих других регионах России, имело место противостояние кадимистов и джадидов. Однако в отсутствие значительного среднего класса индустриальной эпохи, буржуазных институтов права и местного самоуправления, преобладания феодальной элиты и отсутствия единого общенационального языка джадидизм на Северном Кавказе остановился на уровне новометодного образования. При этом создавались отдельные органы печати («Джаридат Дагистан»), благотворительные общества, типографии. В мусульманской прессе обсуждалась реформа шариатского правосудия и отмена анахроничных адатных горских судов. Джадидизм проявился в просветительской деятельности Али Каяева, Абу Суфйана Акаева, Бадави Саидова, Сайфулла-кади Башларова, Мухаммад-Мирзы Мавраева, Нури Цагова.

В то же время в регионе продолжалось сопротивление властям, которое проявилось в мухаджирстве в Османскую империю (включая даже высокопоставленных российских дворян, как Муса Кундухов), во всеобщем восстании 1877–78 гг. в Дагестане, абречестве и насилии в период революции 1905–07 гг., антиписарском восстании 1913 г.

С начала XX в. возник целый ряд проектов интеграции кавказских народов, прежде всего — многочисленные нереализованные проекты Кавказского духовного правления (муфтията). На общероссийской политической арене можно отметить участие депутатов от Северного Кавказа в I и II созыве Государственной думы Российской империи. Осетин Ахмед Цаликов возглавил мусульманскую социалистическую фракцию во Всероссийском Учредительном собрании.

После Февральской революции 1917 г. заметно участие мусульман Кавказа в I Всероссийском мусульманском съезде в Москве в мае 1917 г. Одновременно 1–7 мая 1917 г. в г. Владикавказе прошел Первый Горский съезд, создавший Союз объединенных горцев Северного Кавказа и Дагестана и избравший муфтием Кавказа Нажмутдина Гоцинского. 11 мая 1918 г. в Батуми была провозглашена «Декларация об объявлении независимости Демократической республики горцев Северного Кавказа и Дагестана» (Горской республики). Этот федеративный проект светского государства не был признан ни советским правительством, ни белыми режимами, и не был реализован.

Во время Гражданской войны религиозная часть сторонников государственности создала Северо-Кавказский эмират, лидером которого был шейх Узун Хаджи. Восстание против советизации Северного Кавказа в 1920 г. поднял Нажмутдин Гоцинский, которого подержал внук имама Шамиля Мухаммад-Саид. Однако все эти проекты провалились, и к 1921 г. советская власть окончательно установила контроль над Северным Кавказом и Закавказьем. Сначала большевистский режим проводил весьма гибкую и эффективную политику, в результате которой были созданы Дагестанская и Горская АССР, признаны шариатские суды 1920-х гг. (*махаким шарийа*) с ограниченным кругом полномочий, признавались вакфы, разрешалось образование в медресе и мектебах. Важным феноменом стало мусульманское женское движение, наиболее яркие проявления которого были связаны с Адыгеей.

От редколлегии

Однако уже в конце 1920-х гг. началась борьба с религией, совпавшая с коллективизацией. С рубежа 1920–30-х гг. осуществлялись массовые репрессии против в целом лояльных советскому режиму правоведов, их расстрелы, тюремные сроки и ссылки. Вместе с тем даже в годы большого террора продолжилась традиция подпольного образования и в горных аулах, и в предгорьях, и на равнине.

Как и другие советские граждане, горцы-мусульмане, степные ногайцы и татары в городах российского юга с честью выполнили свой долг в годы Великой Отечественной войны, как на фронте, так и в тылу. Огромную роль мусульмане Северного Кавказа и Азербайджана сыграли летом-осенью 1942 г., когда они вместе с другими советскими воинами сорвали наступление немецко-фашистских захватчиков, рвавшихся через Главный Кавказский хребет к нефти Баку. В это время нацисты оккупировали Дон, Кубань, Ставрополье, Адыгею, Карачай, Черкесию, Кабардино-Балкарию, подошли к границам Северной Осетии, Чечено-Ингушетии. Нацисты вели достаточно гибкую религиозную политику, чтобы противопоставить мусульман советскому режиму; но, как и в других оккупированных регионах, они творили неисчислимые преступления против советских граждан. Под надуманным предлогом «предательства» сталинский режим осуществил незаконные депортации чеченцев, ингушей, карачаевцев, балкарцев, ликвидировав и их территориальные автономии.

В годы Великой Отечественной войны был решен давно поставленный вопрос о создании Духовного управления мусульман Северного Кавказа, чьим первым муфтием (1944–1950) стал Хизри Гебеков. В конце «оттепели» произошло восстановление автономных республик и областей. С конца 1980-х гг. начинается открытие мечетей во всех автономных республиках и областях Северного Кавказа. Весной 1989 г. произошел распад Духовного управления мусульман Северного Кавказа, а в 1990-е гг. возникли региональные и этнические муфтияты; к началу нового тысячелетия не прошедшие государственную регистрацию муфтияты прекратили свое существование.

Самой страшной трагедией постсоветского периода на Северном Кавказе стал вооруженный конфликт в Чечне; насилие, теракты охватили и ряд других регионов Северного Кавказа. В новом тысячелетии центральным властям, местным светским и религиозным лидерам, самим народам удалось прервать эту цепь насилия. Наряду с достижением гражданского мира на Северном Кавказе нельзя забывать успехи мусульман в создании инфраструктуры: мечетей, системы мусульманского просвещения и образования (мектебы, медресе, исламские институты), халальной индустрии.

В силу ряда причин востоковедная школа на Северном Кавказе сложилась только в Махачкале. Там выше ценность настоящего издания, которое в качестве целостной энциклопедии охватывает развитие мусульман региона с 640-х до 2022 г. Мы надеемся на сотрудничество кавказоведов для дополнения данных статей и создания новых в сводном издании многотомного энциклопедического словаря «Ислам в Российской Федерации».

А

Абазины — абхазо-адыгский народ, проживающий на севере современной Карачаево-Черкесии, в Ставропольском крае, Кабардино-Балкарии, на востоке Адыгеи и в Абхазии. Диаспоры живут также в Турции, Сирии, Иордании, Ливане. Верующие — мусульмане-сунниты. Распространение ислама в Позднем Средневековье у кубанских А. (шкарауа) и их причерноморской ветви (садзов) связано с влиянием *Крымского ханства* и Османской империи, а у кумско-пятигорских А. (тапанта) — также и Дагестана. Мусульманские (арабо-перс.) имена XVI–XVII вв. косвенно свидетельствуют об исламизации правящей элиты. В русских документах 1740-х гг. упоминаются «абазинцы и абазыкеи и турецкоподданные, которые живут за Кубаном в горах близ Крыму, и оные де абазинцы временно бывают крымскими хану послушными». В 1790-е гг. П.-С. Паллас констатировал, что «в настоящее время их знать исповедует магометанскую религию».

Элита А. породнилась с крымским ханским домом Гиреев, оказывала поддержку *Крымскому ханству* (например, в 1616 г. принимали участие в походе крымского хана против Сефевидского Ирана, в 1774 г. пришли на помощь хану в сражении с царскими войсками на р. Малке).

Выделяют следующие племенные подразделения А.:

А.-тапанта. Шесть их племен назывались по наименованию правящих княжеских фамилий.

Лоовцы известны с 1634 г.; в середине XVIII — первой трети XIX в. населяли оба берега р. Кубани, верховья р. Кумы, р-н Пятигорья, бассейн р. Тохтамыш (Тамлык), Теберда, Карданик, Аксаут, Маруха. В 1860-х гг. часть лоовцев эмигрировала в Турцию, а другая образовала 4 аула: Зеленчукско-Лоовский (современный Инжич-Чукун), Лоовско-Кубанский (Кубина), Кумско-Лоовский, или Кумско-Абазинский (Красный Восток), в советское время — Койдан.

Бибердовцы с 1666 г. фиксируются на р. Куме; в XVIII в. — также на р. Марухе, а после *Кавказской войны* они осели на р. Малый Зеленчук, где основали а. Бибердовский (1865, современный а. Эльбурган).

Дударуковцы в XVIII в. проживали на р. Урупе и Зеленчуках; в 1834 г. на Кубани ими основан а. Дударуковский (современный а. Псыхь).

Клычевцы в XVIII в. проживали в долине р. Малый Зеленчук, затем — на р. Кубани, Куме; в 1865 г. основан а. Клычевский (с 1926 г. — Псауче-Дахе).

Кячевцы (считаются ветвью клычевцев). До конца 1780-х гг. жили на р. Малый Зеленчук, откуда перешли на р. Мару (правый приток р. Кубань), в начале XIX в. также и в Тебердинском ущелье, р-н Сенты). После *Кавказской войны* переселились в а. Егибоковский (с 1929 г. — Абазакт).

Джантемировцы известны с 1643 г.; в XVIII в. — 1860 гг. проживали в верховьях р. Кумы и Подкумка, позднее переселились в Большую Кабарду, где были ассимилированы кабардинцами. Часть джантемировцев — абуковцы (названы по фамилии узденей Абуковых) — имели селенье у слияния р. Эшкакона и Кумы, также переселились в Кабарду.

В Кабарде были ассимилированы и тапантовцы-бабуковцы (по фамилии узденей Бабуковых, известны с 1643 г.), имевшие а. на р. Малке. Из исчезнувших подразделений тапантовцев известны также тамбукаевцы (в начале XIX в. жили на левобережье р. Кубань), маховцы (аул фиксируется в 1820 г.).

А.-тапанта поддержали движение шейха *Мансура* в Закубанье. Основная их часть вошла в состав России в первой четверти XIX в.

А.-шкарауа населяли предгорья Северо-Западного Кавказа (Восточного Закубанья) и Причерноморье.

Мысылбаи (башилбаевцы) упоминаются с 1641 г. В XVIII в. населяли верховья р. Марухи, Урупа, Кяфара, жили в верховьях Большой и Малой Лабы; основная часть эмигрировала в Турцию, оставшиеся поселились в а. Егибоковском.

Тамовцы известны с начала 1780-х гг.; в первой половине XIX в. проживали в верховьях р. Большая Лаба; в конце *Кавказской войны* основная часть переселилась в Турцию, а оставшиеся вместе с кизилбековцами основали а. Старо-Кувинский.

Кизилбековцы известны с 1752 г., когда фиксируются в верховьях р. Лабы. В конце 1850-х гг. известны 5–6 аулов, основная часть эмигрировала в Турцию.

Шахгиреевцы (чегреи) с середины XVIII в. проживали в верховьях р. Лабы, после *Кавказской войны* большинство переселилось в Турцию; основали а. Шахгиреевский (современный Апсуа).

Баговцы известны с 1643 г., проживали на р. Ходзь; основная часть перебралась в Турцию после *Кавказской войны*, а несколько десятков расселилась по а. Шахгиреевский, Ходзь, Унароковский.

Баракаевцы упоминаются с 1724 г., проживали в верховьях бассейна р. Лабы, позднее фиксируются и на р. Губс; большинство ушло в Турцию.

А.-шкарауа окончательно присоединены к России на завершающем этапе *Кавказской войны* (1850–60-е гг.).

В Османскую империю после *Кавказской войны* эмигрировало и большинство причерноморских а.-шкарауа (садзов). В целом историческую родину оставило не менее ¾ А.

В XX в. в Верхней Кубани было 13 селений А., расположенных по р. Куме (Красный Восток, Койдан), Малому Зеленчуку (Эльбурган, Инжич-Чукун, Тапанта, Абаза-Хабль, Мало-Абазинск, Старо-Кувинск, Ново-Кувинск, Апсуа), Кубани (Кубина, Кара-Паго, Псыж), а также Абазакт и Псаучье-Дахе (ныне черкесские).

Лит.: Очерки истории Карачаево-Черкесии. Ставрополь, 1967. Т. I. Абазины. Историко-этнографический очерк / под. ред. А. И. Першица. Черкесск, 1989. Абазины. Историко-этнографический очерк. Черкесск, 1989.

Р. Хатуев

ʻАбдул-эфенди (ум. не ранее 1829 г.) — глава мусульманского духовенства Карачая первой трети XIX в., кадий. Происходил «из Бабукова аула», принадлежал к принявшим подданство Российской империи «мирным горцам». После присоединения Карачая к России (ноябрь 1828 г.) ʻА.-э. решением царского военного командования был назначен на должность кадия, но не был принят мусульманской общиной Карачая. В январе 1829 г. об этом в своих донесениях командующему войсками Кавказской линии генералу Н. А. Эмануэлю сообщал зауряд-хорунжий Хаджаев, назначенный на должность пристава Карачая. ʻА.-э. и Хаджаев получили от карачаевцев требование удалиться; представители общины считали назначение кадия и чиновника излишеств, просили власти отменить эти должности. В марте 1829 г. российские власти удовлетворили просьбу. О дальнейшей судьбе А.-э. ничего не известно.

Лит.: РГВИА. Ф. 13 454. Оп. 2. Д. 162. Л. 4 об. —5 об.

Р. Хатуев

Абдулаев, Ахмед Магомедович (род. 15.09.1959) — муфтий, председатель *Муфтията Республики Дагестан* (до 2019 г. — Духовного управления мусульман Дагестана), шейх накшбандийского и шазилийского тарикатов, один из духовных лидеров мусульман Дагестана.

Родился в с. Верх. Инхо Гумбетовского р-на РД в религиозной мусульманской семье. Дед А. — ʻАбдулхамид-афанди был шейхом накшбандийского и шазилийского тарикатов. Начальное исламское образование А. получил в семье, затем учился в с. Кокрек Хасавюртовского р-на РД, у известного северокавказского богослова и факиха Хасанила Мухаммада, у которого обучался в течение восьми лет. Затем совершенствовался в изучении коранических текстов у других ʻалимов Дагестана.

В 1991 г. А. был назначен имамом с. Комсомольское Кизилюртовского р-на. Тогда же он инициировал открытие Исламского ин-та им. Сайфулы-кади, ректором которого стал. В 1994 г. А. в составе группы молодых ʻалимов Дагестана окончил краткосрочные курсы повышения квалификации в ун-те Абу Нур в г. Дамаск (Сирия). В 1998 г., по единогласному решению Совета алимов РД, А. был избран муфтием РД и председателем *Муфтията Республики Дагестан*; работает по настоящее время. 04.10.2019 г. за заслуги в сохранении и развитии духовных и культурных традиций, активную деятельность, направленную на укрепление дружбы между народами, награжден орденом Дружбы.

В 2010 г. А. получил от *Чиркейского Саʻида-афанди* разрешение (иджазу) на наставническую деятельность в тарикате, но наставлением мюридов не занимался. В 2013 г. муфтий Дагестана шейх А. получил почетный статус Хранителя Священных реликвий пророка Мухаммада, а также ему были переданы и сами реликвии, в числе которых волос пророка Мухаммада.

М. Омаров

ʻАбдулмеджид-ахун (Абдулмеджид Акболат-улы, ок. 1870–1921) — мусульманский религиозный деятель Караногая и Сев. Кавказа, богослов, мударрис.

Родился в Приазовье, на территории Таврической губ. Российской империи (ныне Запорожская обл.), в семье мусульманского богослова Акболата-хаджжи из ногайского рода (ыруг) Ас. Начальное исламское образование получил в детстве у отца. Позднее получил духовное образование в медресе в Симферополе (Акмесджиде), совершил хаджж в Мекку.

В конце XIX в., после смерти отца, ʻА.-а. вместе с братьями Джуманом, Садыком и сестрой Арувзат в силу политических причин переселился на территорию Караногайского приставства Кизлярского у. Терской обл. (ныне Ногайский р-н РД), к родственникам. Снискал авторитет в народе как мулла и знаток шариатских наук ханафитского мазхаба. Поддерживал связи с богословами ОМДС. Еще до Октябрьской революции 1917 г. за ним закрепился почетный духовный титул ахун(д), которым в Российской империи называли мусульманских ученых высокого уровня. ʻА.-а. являлся свояком видного религиозного деятеля Караногая *Бальтена-кады* Арсланова: жена ʻА.-а. Канитат была родной сестрой Апу, жены *Бальтена-кады*.

В годы Гражданской войны и разгула вооруженных отрядов разной политической ориентации кочевой аул, в котором жил ʻА.-а., подвергся нападению неизвестных бандитов, называемых в народе «зулим» (притеснители, бандиты). Во время нападения аул кочевал примерно между с. Черный рынок (ныне с. Кочубей Тарумовского р-на РД) и крепостью Св. Крест (ныне г. Буденновск Ставропольского края). Все взрослые мужчины аула были убиты. Истекая кровью, раненый 'А.-а. умер на руках жены. У 'А.-а. было двое дочерей (Райбат и Раиме) и сын (Зекерья). Наследники оставшегося в живых Зекерьи (сын Зейнадин и племянник Залимхан) в 1990-е гг. стали имамами мечети с. Кунбатар Ногайского р-на РД. Место захоронения 'А.-а. неизвестно.

Лит.: Заргишиев М. Ногайлы. Белый Сокол Золотой Орды. М., 2021; Личный архив автора: 2022 г. РД, с. Кунбатар. Информатор Т. З. Межитов (внук Абдулмеджид-ахуна), 1950 г. р.; 2022 г. РД, г. Махачкала. Информатор С. О. Акбердиева, 1950 г. р.

М. Заргишиев

Абсалык-молла (Янгишиев Абдулсалык Янгиси-улы, 1898–01.03.1990) — мусульманский религиозный деятель Караногая.

Родился в кочевом ауле Нургазы-кыслав Караногайского приставства Кизлярского у. Терской обл. Российской империи (вблизи нынешнего с. Нариман Ногайского р-на РД), в ногайской семье из рода (ырув) Мойнапа родо-племенного объединения (куб) Найман. В 14-летнем возрасте начал обучаться основам религии у местного муллы (отец заплатил за его обучение 1 верблюда и 2 быков).

После установления советской власти занимался религиозной деятельностью, был муллой в с. Нариман. В 1930–40-е гг. находился под постоянным наблюдением органов НКВД РСФСР как «служитель религиозного культа». Пользовался большим уважением у жителей Ногайского р-на РД. В 1970–80-е гг. был духовным наставником, муллой мусульманской общины с. Нариман. В 1980-е гг. преподавал на дому арабский язык и религиозную грамоту. У А.-м. было 2 детей — сын Магомед и дочь Мутлихан. Похоронен на кладбище Коголли в Ногайском р-не РД.

Лит.: Заргишиев М. Ногайлы. Белый Сокол Золотой Орды. М., 2021; Личный архив автора: 2022 г., РД, с. Нариман. Информатор Р. М. Янгишиева (внучка А. Я. Янгишиева), 1979 г. р.

М. Заргишиев

Абу (Бешир-шейх) (1810–73) — религиозный и общественный деятель, шейх накшбандийского тариката. Его предки из с. Дышне-Ведено (ныне Веденский р-н ЧР) переселились в с. Аксай (ныне Хасавюртовский р-н РД). Его устазом был Уммалат-шейх из с. Сержень-Юрта (ныне Шалинский р-н ЧР). А. был наибом имама *Шамиля*, после ранения в сражении остался хромым. Несколько раз совершал хаджж. Пять лет провел в ссылке в Астраханской губ. А. передал право на суфийское наставничество, с правом передачи аналогичного разрешения (иджаза) другим нескольким 'алимам Сев. Кавказа: Хож-Ахмеду, Элах-молле, 'Усману-хэжи. Зийарат с мазаром А. находится в с. Аксай.

Лит.: Яндаров Хаваж-Баудди хьаж. Рукопись. Шейхи и эвлийяи Чечни. Два основных тариката — накшбандия и кадирийа. [Электронный ресурс] // URL: http://nohchalla.com/video/62/647-sheihi-i-evliyai.html.

С. Натаев

Абу Муслим — средневековый арабский шейх, с именем которого мусульмане Сев.-Вост. Кавказа связывают распространение ислама в Дагестане и во всем регионе.

Деяния А. М. подробно описаны в дагестанских хрониках («*Дербенд-наме*», «Та'рих Дагистан», «[Та'рих Аби Муслим]», «Ахты-наме» и т. д.) и устных преданиях. Именем шейха А. М., его ближайших родственников и потомков (насаб), а также арабов-сподвижников (асхаб) названо несколько десятков святых мест (зийара, пир) в Дагестане, в основном в его горной части.

Одно из наиболее известных святых мест — пещера (по другой версии, мечеть) меча / сабли А. М. в урочище Турил йишв (табасаранск. «Место меча») на западной окраине с. Чурдаф (ныне Табасаранский р-н РД). Время появления не известно. Сейчас на ее месте стоит молельный дом, перестраивавшийся несколько раз, в последний раз — в XXI в. Святилище меча (ас-сайф) упоминают арабские и тюркские географы и путешественники XII–XVII вв. Абу Хамид ал-Гарнати ал-Андалуси, Закарийа ал-Казвини, Абу 'Абд Аллах Мухаммад ал-Химйари и Эвлия Челеби. Они сообщают о мече, хранящемся в михрабе мечети, называя его владельцем Масламу б. 'Абд ал-Малика (по другой версии, его брата, омейадского халифа Хишама, 724–743). Средневековое святилище меча находилось либо под Чурдафом, либо в другом известном табасаранском зийарате — пещере Дюрк (таб. Дюрхъ) у с. Хустиль. По легенде, А. М. семь лет проповедовал ислам среди горцев. Уходя из Дагестана, он сказал: «Пока мой меч будет среди вас, не отпадет от ислама ни один из новообращенных народов». Арабские авторы описали обряд ежегодного паломничества к святилищу жителей табасаранских селений и г. Дербента. Весной меч вкладывали в новые ножны. Летом во время жатвы вокруг святилища рассыпали зерна пшеницы. Паломники одевались во все белое. Согласно поверью, если к пиру

Абу Муслим

подходили в цветных одеждах, начинались сильный дождь и ураган, истреблявшие посевы. Связанный со святым местом цикл преданий и обрядов частично уцелел до настоящего времени. До конца XIX в. здесь оставляли милостыню (садака), раздаваемую после похорон. Возле пира запрещалось нападать на чужеземцев и врагов, даже на кровников, ломать ветви и срывать плоды деревьев. По преданию, жители с. Чурдаф, опасаясь кражи сабли (по другой версии, кинжала) А. М., перенесли ее в селение и укрыли в сундуке некоего гази. Раз в год к сабле приходили поклониться старики селения. Считалось, что ее нельзя трогать, иначе будет большая война. При вторжении врагов сабля исчезала из сундука, поражала супостатов и затем вся в крови вновь возвращалась на место. В ночь Лайлат ал-кадр сабля в виде огненного шара перелетала из с. Чурдафа в пещеру Дюрк и обратно. Эти поверья являются общими для всего *Табасарана*. В связи с антирелигиозными гонениями советского времени реликвия была еще раз перенесена из святилища и надежно укрыта в доме одного из ее потомственных хранителей, где хранится поныне.

Возле с. Хучни (Табасаранский р-н РД), на берегу р. Рубас, стоит позднесредневековая прямоугольная в плане крепость, рядом небольшое заброшенное кладбище. По-табасарански урочище называется Гъунна, по-азербайджански — Едди кардаш каласы («Крепость семи братьев»). Среди табасаранцев распространено предание, что прежде в крепости жили семь братьев-нартов и их красавица сестра. Они были хранителями меча А. М. Братья жили охотой и разбоем. Однажды окрестные жители, возмущенные насилиями нартов, напали на них. Их сестра полюбила предводителя восставших и помогла ему хитростью погубить братьев. Последний брат, уже смертельно раненный, успел ее убить. Меч он завещал жителям с. Чурдаф, которые помогли ему отомстить сестре-предательнице.

Другой табасаранский пир А. М. местного значения — в скале Даждин ликар (табасаранск. «Ослиные ноги»), над ручьем Яргильгъяр, в 1 км к северу от с. Яргиль (Хивский р-н РД). Время возникновения не известно. По легенде, многочисленные отверстия в скале, по форме напоминающие следы копыт осла, были пробиты копытами мула А. М. или древком его знамени. Чтобы вызвать дождь, в отверстие наиболее округлой формы наливают воду из Яргиль-гъяр.

Мавзолей А. М. в квартале Самилахъ (авар. Самилахъ) аварского с. *Хунзах* (Хунзахский р-н РД). Судя по строительным надписям, не раз реставрировался хунзахской знатью (нуцалами и беками) в XVI — начале XIX в. Пристроен к квартальной мечети. Впервые упоминается в XVIII — начале XIX в. в местных арабоязычных хрониках, в заметках русских путешественников и этнографов. По преданию, в 729 или 734 г. тело А. М. перевезли в с. *Хунзах* из с. Кумух, где он умер от ран, полученных в сражении под с. Ботлих (по другой версии, в с. Хушет). В мавзолее хранились посох А. М. с железным наконечником, его сабля с клеймом мастера и надписью «сделал медник Мухаммад ал-Йазди» (из иранского г. Йезд?), и ветхий хлопчатобумажный халат без рукавов (XVI в.?), покрытый арабскими и персидскими надписями, нанесенными черной, красной и зеленой тушью. Мавзолей сильно пострадал в 1843 г., когда *Хунзах* был разрушен по приказу имама *Шамиля*; но все реликвии А. М. уцелели. Во время Гражданской войны халат был украден, через несколько лет обнаружен в г. Баку, возвращен в с. *Хунзах* и в 1930-е гг. вместе с саблей и посохом передан в местный краеведческий музей. Халат, посох и сабля были возвращены верующим, а мавзолей отреставрирован. В начале XXI в. сабля была похищена из зийарата. В 1990-е гг. в с. *Хунзах* действовал Культурно-исторический фонд им. шейха А. М. Зийарат по-прежнему широко почитается горцами Центр. Дагестана.

В квартальной мечети КIаланиб аварского с. Чох (Гунибский р-н РД) до 1930-х гг. хранились приписываемые А. М. сабля и белое знамя с медным навершием. Если *Чохские реликвии Абу Муслима* ветшали или пропадали, их заменяли новыми, в последний раз — в 1910 г. Арабская надпись XIX в. на знамени сообщает о том, что «А. М., победитель Дагестана», оставил свой флаг в с. Чох в 115/733–34 г. Весной на праздник первой борозды и в день Ураза-байрама реликвии выносил из мечети глава рода (тухум) Османовых, по местному преданию — потомков арабов-сайидов, пришедших в Дагестан вместе с А. М. Затем чохцы выходили на дорогу, ведущую к соседнему с. Ругуджа. У околицы муэдзин трижды произносил формулу единобожия, и после этого чохцы разбивали глиняный кувшин камнями, прося Аллаха дать им обильный урожай, лишив его христиан, которыми были прежде жители с. Ругуджа. Этот обряд просуществовал вплоть до коллективизации. В начале 1930-х гг. мечеть была закрыта, а в середине 1960-х гг. — разобрана. В 1935 г. сабля и знамя А. М. были приобретены этнографом М. Е. Шиллингом и переданы в Музей истории религий в г. Москве. В 2013 г. дагестанский историк П. И. Тахнаева обнаружила *Чохские реликвии Абу Муслима* в фонде Государственного музея истории религии в г. Санкт-Петербурге.

Наиболее известный пир, связанный с родными А. М., находится в лезгинском с. Ахты (Ахтынский р-н РД). По преданию, в соборной мечети селения похоронена родная сестра А. М. (по другой версии — дочь) Умм ал-Муминат, выданная им замуж за местного князя (согласно

Абу Муслим

«[Та'рих Аби Муслим]» — горского еврея Исхака Кундишкана; по версии Ахты-нама — перса Дарвишай, потомка сасанидского царя Хосрова I Ануширвана). Согласно ложной народной этимологии, название села происходит от араб. «ухти» — «моя сестра». Надгробия не сохранились. Мечеть неоднократно перестраивалась, в последний раз — в конце XIX в. Считается, что ее южная стена была возведена еще при жизни А. М. Строительная надпись 1899 г. сообщает, что мечеть стоит «на месте старой, которую построил отважный правитель 'Абд ар-Рахман ал-Макки, прозванный А.М. ад-Димашки аш-Шами, завоеватель области Дагестан…».

Дагестанские хроники и строительные надписи XVIII–XX вв. связывают с именем А. М. сооружение соборных мечетей в г. Дербенте, дагестанских с. Кала-Корейш, Камах, Кара-Кюре, Кучхюр, Мака, Рича, Цахур и Фите, у табасаранцев, лакцев (с. Кумух), даргинцев (с. Акуша) и аварцев (с. *Хунзах* и Чох). Их почитают в качестве святых мест. В некоторых из них до установления советской власти хранились реликвии, приписываемые А. М. Так, в соборной мечети с. Кумух стояло мраморное надгробие (возможно, XIV–XV вв.?), по легенде, изготовленное для мавзолея А. М. в с. *Хунзах*, но удержанное у себя кумухцами, чтобы приобрести частицу благодати (барака) шейха. Реликвия утеряна в 1920-е гг.

В Сев. Дагестане широко почитались святые места — могилы двоюродных братьев А. М., двух шейхов по имени Муса. Один из них похоронен в андийском с. Ашали (Ботлихский р-н РД), другой — в кумыкском с. Эндирей (Хасавюртовский р-н РД). Ашалинский зийарат-мавзолей (худжра) — прямоугольной формы, с куполом. Сохранилась строительная надпись XIX в., упоминающая имя шейха и время проведения реставрационных работ. По преданию, А. М. послал к андийцам своих братьев для распространения ислама, однако их миссия не удалась. Ашалинского шейха убил стрелой андиец из тухума Гукучилал, а шейх Муса, живший в с. Анди, бежал от гонений в с. Эндирей. На месте гибели ашалинского мученика (шахид) и был воздвигнут зийарат. В 1922 г. он был ликвидирован, в постсоветское время реставрирован. Сюда совершают паломничество ашалинцы, жители окрестных андийских, аварских и чеченских селений. С зийаратом был связан обряд вызова дождя: после молитвы обходили могилу, двигаясь слева направо, затем приносят в жертву барана. Эндирейский зийарат разрушен в 1930-е гг. и сейчас не существует.

Менее знамениты многочисленные зийараты сподвижников А. М. Это вертикальные надгробия, реже — мавзолеи прямоугольной формы, с куполом и без него, датируемые XIV–XIX вв. Иногда они группируются в так называемых кладбища святых. По устным преданиям, в них похоронены мученики (араб. шухада'), погибшие в войнах А. М., мусульманские правители (араб. умара'), поставленные им управлять завоеванными территориями, а также их потомки. Среди последних «[Та'рих Аби Муслим]» называет четырех сыновей и более десяти внуков А. М. Пиры сподвижников и потомков А. М. почитаются в с. Гельхен, Кара-Кюре, Куруш, Маза, Микрах, Рича, Рутул, Усух, Фит, Хнов, Шиназ, Штул, Кумух, Кубачи и др. с. Юж. и Центр. Дагестана. В действительности некоторые из этих надгробий XI–XVIII вв. установлены на могилах арабов — переселенцев из аш-Шама (Сирии) и Йемена и их потомков. Еще больше могил шейхов с курайшитской генеалогией — через А. М. Так, на разрушенном селем мавзолее (кубба) самого почитаемого в Юж. Дагестане шейха пир-Сулаймана в с. Лгар (покинутое в Ахтынском р-не РД) было написано, что «он из рода курайшитов и шейха А. М.». С этими святыми местами, как с пирами самого А. М. и вообще с большинством святых мест региона, связываются обряды вызывания дождя, исцеления заболевших людей и скота, исполнения желаний и т. д. В ограде пиров часто растут святые деревья, срывать плоды и ломать ветви которых запрещено.

Полководец, религиозный и политический деятель 'Абд ар-Рахман Абу Муслим (убит в 755 г.), благодаря которому Аббасиды пришли к власти, не имеет отношения к культу А. М. в регионе. Известно, что он никогда не бывал на Кавказе. К тому же ему приписывают религиозные войны, хронология которых растянута почти на 500 лет, с 709 г. (еще до его рождения) до 912 либо 1256 г. (через 157 и 500 лет после его смерти). Святые места, связанные с А. М., возникли либо до его рождения (Чурдаф, Яргиль), либо через много веков после его смерти. На некоторые из этих обстоятельств еще в XIX в. обратили внимание М. А. Казем-бек, А. К.-А. Бакиханов и *X. ал-Алкадари*. Научный анализ культа А. М. провели отечественные востоковеды Н. В. Ханыков, В. В. Бартольд, М.-С. Саидов, А. Е. Криштопа, *А. Р. Шихсаидов*, А. К. Аликберов и др.

Вопрос о прототипе А. М. до конца не выяснен. Им вполне мог быть местный шейх, носивший то же имя. По данным, собранным А. К.-А. Бакихановым и Х. ал-Алкадари, в хунзахском зийарате похоронен шейх А. М., в XI в. переселившийся с семьей из Аравии в Дагестан для «обучения религии и распространения шариата». Заслуживает внимания гипотеза А. К. Аликберова. Проанализировав суфийский трактат «Райхан ал-хака'ик ва-бустан ад-дака'ик», написанный в конце XI — начале XII в. Абу Бакром Мухаммадом б. Мусой ад-Дарбанди, он пришел к выводу, что в основу легенды об А. М. легла биография шафиитского проповедника (хатиб) и аскета (захид), который

Абу Муслим

жил и распространял ислам на Сев.-Вост. Кавказе в X в. Уже в XI в. имя А. М. аз-Захида было включено в состав разрядов святых (табакат ал-аулийа'). Ад-Дарбанди сообщает о нем ряд кратких, но крайне любопытных биографических данных (о его духовных связях, апокрифические сказания об А. М. и т. д.).

На основании вышесказанного можно сделать вывод, что А. М. дагестанских легенд — обобщенный образ героя-исламизатора, возникший благодаря слиянию воедино нескольких прототипов — исламских миссионеров арабского, иранского и местного происхождения, действовавших на Сев.-Вост. Кавказе в VIII–XVI вв. В устных легендах и хрониках об А. М. перемешались события и реалии эпохи военной экспансии Арабского халифата в VIII–IX вв., периода расцвета средневековой арабо-мусульманской культуры региона XI–XII вв., междоусобиц XIII–XVI вв. и даже *Кавказской войны* XIX в. Большую часть походов на Дагестан, приписанных А. М., в действительности совершил его старший современник Маслама б. 'Абд ал-Малик, брат халифов ал-Валида I и Хишама. В хрониках имена разных прототипов А. М. слились. Шейх сохранил личное имя аббасидского героя — 'Абд ар-Рахмана, приняв отчество Масламы — Ибн 'Абд ал-Малик. Из перса А. М. превратился в араба с благородной курайшитской генеалогией, идущей от деда пророка Мухаммада — 'Абд ал-Мутталиба. Его родиной вместо г. Исфахана (в Иране) был объявлен г. аш-Шам (Сирия).

Почитание шейха А.М. сложилось в X–XVIII вв. В его формировании немалую роль сыграли «Абу-Муслим-нама» и другие «народные романы» (кисас) о его судьбе, созданные в средневековом Иране. Легенды об А. М. отразили тесные культурно-политические связи Сев.-Вост. Кавказа с Ираном. Недаром в дагестанских хрониках потомки А. М. и современные ему деятели Арабского халифата носят персидские титулы (шах, ширваншах). По легенде, через сестру А. М. породнился с потомком Сасанидов, а его сыном назван ширваншах Ибрахим I Дарбанди (1382–1417). Многие современные черты культ приобрел в XVI–XVIII вв., в эпоху усиления военной и религиозной экспансии Сефевидского Ирана на Кавказе. Тогда легенды и святые места, связанные с А. М., получили шиитскую окрашенность. В «Истории Абу Муслима» появился зачин, повествующий о том, как отец А. М. погиб, сражаясь «за ал-Хусайна б. 'Али», а сам А. М. продолжил его дело в Ширване, пока не убил халифа *Марвана II*. Некоторые археологи считают памятником сефевидской экспансии «крепость нартов» под с. Хучни (Табасаранский р-н РД). Тогда же среди хунзахских реликвий А. М. мог появиться халат с вышитыми на нем шиитскими лозунгами и популярной у шиитов-имамитов молитвой с перечислением 12 имамов — потомков 'Али б. Аби Талиба. С прекращением иранской экспансии в Дагестане к началу XIX в. шиитский пласт культа А. М. потерял актуальность, к настоящему времени он почти полностью забыт.

Лит.: Айтберов Т. М. Древний Хунзах и хунзахцы. Махачкала, 1990. С. 21, 36, 68–75, 90–91, 101; Аликберов А. К. Эпоха классического ислама на Кавказе: Абу Бакр ад-Дарбанди и его суфийская энциклопедия «Райхан ал-хака'ик» (XI–XII вв.). М., 2003. С. 95–96, 257–258, 305–309; Алкадари Г.-Э. Асари Дагестан. Махачкала, 1994. С. 40–47; Бакиханов А. К.-А. Гюлистан-и Ирам. Баку, 1991. С. 55–58, 62–63, 66; Бартольд В. В. Абу Муслим // Бартольд. Соч. Т. 7. М., 1971. С. 479–480; Бобровников В. О. Абу Муслим в культурной памяти мусульман Дагестана // Ислам в современном мире. 2019. Т. 15. № 3. С. 81–110; Бобровников В. О., Сефербеков Р. И. Абу Муслим у мусульман Восточного Кавказа. К истории и этнографии культов святых // Подвижники ислама. Культ святых и суфизм в Средней Азии и на Кавказе. М., 2003. С. 154–214; Булатов А. О. Пережитки домонотеистических верований народов Дагестана в XIX – начале XX в. Махачкала, 1990. С. 216–217; Гаджи Али. Сказание очевидца о Шамиле. Махачкала, 1995. С. 24–25, 74–75; Гайдарбеков М. Хронология истории Дагестана // НА ИИАЭ. Ф. 3. Оп. 1. Д. 236. Т. I–II, XIV; ал-Гарнати, Абу Хамид. Тухфат ал-албаб ва-нухбат ал-а'джаб. Путешествие Абу Хамида ал-Гарнати в Восточную и Центральную Европу (1131–1153). М., 1971; Генко А. Н. Арабский язык и кавказоведение // Труды 2-й сессии Ассоциации арабистов. М.; Л., 1941. С. 100–107; Дирр А. Неизданный труд барона Услара о табасаранском языке // Известия Кавказского отдела Русского географического общества. М., 1912. Т. XXI. С. 43–44; Доногуев Дж. Былина о семи братьях-нартах и их сестре // Сб. материалов для описания местностей и племен Кавказа. Тифлис, 1889, Вып. XXVI. Ч. 2. С. 19–20; Инквачилав М. П. Собрание материалов по истории Дагестана // НА ИИАЭ. Ф. 1. Оп. 1. Д. 378. Л. 1–6; Каранаилов О. Аул Чох // Сб. материалов для описания местностей и племен Кавказа. Вып. IV. Ч. II, 1884. С. 1–24; Криштопа А. Е. К вопросу о письменных источниках по периоду феодализма в Дагестане // Вопросы истории и этнографии Дагестана. Махачкала, 1976. Вып. 7. С. 150–151; Лавров Л. И. Эпиграфические памятники Северного Кавказа на арабском, персидском и турецком языках. Ч. 1. Надписи X–XVII вв. М., 1966. С. 14, 178; Ч. 2. Надписи XVIII–XX вв. М., 1968. С. 24, 73, 74, 109, 114, 145, 146, 170, 177, 178; Пржецлавский А. Г. Дагестан, его нравы и обычаи // Вестник Европы. СПб., 1867. Т. III/1. С. 141–192; Саидов М.-С. О распространении Абумуслимом ислама в Дагестане // УЗ ИИЯЛ. Махачкала, 1957. Т. 2. С. 42–51; Он же. О некоторых памятниках материальной культуры в лакских районах ДАССР // УЗ ИИЯЛ. Махачкала, 1957. Т. 3. С. 122–123; Ханыков Н. В. Очерк ученой деятельности на Кавказе в 1850 г. // Кавказ. Тифлис, 1851, № 26; Чурсин Г. Ф. Авары. Махачкала, 1995. С. 15–16, 50; Сефербеков Р. И. Аграрные культы табасаранцев. Махачкала, 1995. С. 52, 63–68; Шиллинг Е. М. Из истории одного земледельческого культа // КСИЭ. 1946. Вып. 1. С. 32–34; Он же. Малые народы Дагестана. М., 1993. С. 33–36, 103, 113, 126, 131; Шихсаидов А. Р. Ислам в средневековом Дагестане. Махачкала, 1969. С. 58, 67, 88–112;

Он же. Эпиграфические памятники Дагестана X–XVII вв. как исторический источник. М., 1984. С. 114, 244–252; Шихсаидов А. Р., Айтберов Т. М., Оразаев Г. М-Р. Дагестанские исторические сочинения. М., 1993; Эвлия Челеби. Книга путешествия. Вып. 2. М., 1979. Вып. 3. М., 1983; Annales quos scripsit Abu Djafar Mohammed ibn Djair at-Tabari cum aliis ed. M. J. de Goeje. Lugduni Batavorum, 1881. Bd. II; Bobrovnikov V. Abu Muslim in Islamic History and Mythology of the Northern Caucasus // Daghestan and the World of Islam / ed. by M. Gammer and D. J. Wasserstein. Helsinki, 2006. P. 23–44; Kemper M. Herrschaft, Recht und Islam in Daghestan. Von den Khanaten und Gemeindebünden zum gihad-Staat. Wiesbaden, 2005. S. 81–85; Khanikoff. Mémoire sur les inscriptions musulmanes du Caucase // Journal asiatique. Sér. 5. 1862. T. 20. P. 78–98; Les prairies d'or par Maçoudi. Texte arabe et trad. par Barbier de Meynard et Pavet le Courteille. P., 1867.Vol. VI. P. 186; The Derbend-Nameh, or the History of Derbend / ed. by M. A. Kazem-Beg. SPb., 1851; The History of the Caucasian Albanians by Movses Dasxuranci / transl. by C. J. F. Dowsett. L., 1961; Zakarija Ben Muhammad Ben Mahmud el-Cazwini. Kosmographie. Bd. II. Göttingen, 1848.

В. Бобровников

Абубакаров, Сайидмухаммад Хасмухаммадович (1959–98) — председатель ДУМД (ныне: *Муфтият Республики Дагестан*), сопредседатель *Совета муфтиев России*, председатель Совета муфтиев Сев. Кавказа, муфтий Дагестана. Уроженец с. Цилитль Гумбетовского р-на РД. В 1975–81 гг. учился в Дагестанском государственном медицинском ин-те, по образованию врач-стоматолог. Работал в медучреждениях РД, занимался частной практикой. Начальное исламское образование получил в детстве в родном селе. В 1993–94 гг. учился в ун-те Абу Нур в г. Дамаск (Сирия).

С начала 1990-х гг. А. принимал активное участие в духовной жизни мусульман Дагестана, выступал организатором различных мероприятий, митингов. В 1993 г. назначен зам. муфтия. С 1995 г. по поручению Совета алимов муфтията курировал взаимодействия муфтията со СМИ. 01.07.1996 г. назначен и. о. муфтия, 26.08.1996 г. на расширенном заседании Совета алимов РД единогласно избран муфтием.

В период руководства *Муфтиятом Республики Дагестан* А. участвовал в разработке просветительских проектов, стал инициатором создания Исламской телестудии, газеты *«Ас-Салам»* как его печатного органа. Принимал активное участие в борьбе с распространением экстремизма и радикализма на Сев. Кавказе и в Дагестане. А. — один из инициаторов Закона РД «О свободе совести, свободе вероисповедания и религиозных объединениях», принятого Народным Собранием РД 30.12.1997 г.

21.08.1998 г. в результате теракта А. был убит при въезде в Джума-мечеть г. Махачкалы. Одна из улиц г. Махачкалы названа в его честь.

Лит.: Гойтимиров Ш. И. Наследник имамов. Махачкала, 2007; Омаров М. Ислам в Дагестане. Махачкала, 2014.

М. Омаров

Абуков, Исхак-эфенди (ум. 1807) — мусульманский религиозный реформатор народов Терека и Кубани конца XVIII — начала XIX в., главный шариатский судья (эфенди) Кабарды. Принадлежал к фамилии потомственной знати абазинского происхождения (первостепенных узденей) Абуковых. Многие из представителей рода занимали должности мулл и эфенди, совершили паломничество в Мекку. Один из основоположников шариатского движения в Кабарде. В 1764 г. А. И.-э. получил фирман турецкого султана, согласно которому ему предписывалось распространить ислам среди карачаевцев.

С 1785 г. состоял в переписке с шейхом *Мансуром* (Ушурмой), борясь против российского влияния в регионе. А. И.-э. пригласил его в Кабарду для проведения собрания представителей мусульманских народов Северного Кавказа на р. Баксан. После подавления движения *Мансура* и пленения последнего (в 1791 г.) А. И.-э. продолжил активную пропаганду шариатского правления в Кабарде. А. И.-э. вместе с *Атажукиным Адиль-Гиреем* возглавили антироссийское шариатское движение 1794–1807 гг., боролся за упразднение родовых судов и родовых расправ — судебных органов, учрежденных в Кабарде российским правительством (1793 г.). В 1799 г. в Кабарду были введены российские войска для проведения очередных выборов судей, А. И.-э. со своими сторонниками ушел в Закубанье (Карачай), где построил мечеть, «обучил там 300 человек исламу, Корану и религиозным наукам». В 1807 г. лидеры шариатского движения во главе с А. добились упразднения колониальных судебных органов и учреждения в Кабарде духовных судов (мехкеме), действующих на основе шариата. Результатом стало принятие «Народных условий, принятых в отмену прежних обычаев» (1807). Этот документ отразил принадлежность кабардинцев к ханафитскому мазхабу, ввел принципиально новую правовую систему, основанную на нормах шариата. Умер в 1807 г. во время эпидемии чумы.

Лит.: Бейтуганов С. Н. Кабарда и Ермолов. Нальчик, 1993; Карданов Ч. Э. Путь к России. Нальчик, 2001; Волкова Н. Г. Этнический состав населения Северного Кавказа в XVIII — начале XX в. М., 1974; Кажаров В. Х. Избранные труды по истории и этнографии адыгов. Нальчик, 2014; Кипкеева З. Б. Северный Кавказ в Российской империи: народы, миграции, территории. Ставрополь, 2008; Клапрот Ю. Описание поездок по Кавказу и Грузии в 1807–08 гг. / сост. и пер. К. А. Мальбахова. Нальчик, 2008;

Ногмов Ш. История адыгейского народа. Нальчик, 1994; *Потто В.* Кавказская война. От древнейших времен до Ермолова. СПб., 1887. Т. 1.

Д. Рахаев, Р. Хатуев

Абуюсуп, сын Акая (1870–1923) — шейх накшбандийского тариката. Родился в кумыкском с. Н. Казанище (Буйнакский р-н РД), в семье Акай-кади Арсланбекова. Брат известного ученого и просветителя *Акаева Абусуфйана*. Иджазу получил от устаза Шихсаида-хаджжи, сына Уллу Ханбабы (Хан Кули Бабы) из с. Микрах (Докузпаринский р-н РД). По приглашению жителей с. Халимбекаул (ныне Буйнакский р-н РД) А. служил имамом в мечети. Над его могилой в с. Халимбекаул построен зийарат.

Лит.: Литературное и научное наследие Абусуфьяна Акаева / сост. Г. Оразаев. Махачкала, 1992. С. 113, 134; Ёлдаш. 22.06.2007 г.

Г. Оразаев

Аварское ханство (также известно как Аварское нуцальство, реже: Хунзахское ханство) — государственное образование в средней, горной части Дагестана с центром на Хунзахском плато в XII–XIX вв. В конце XIII – XIV в. А. х. было исламизировано, и его ханы приняли участие в распространении ислама в союзах сельских общин в Северо-Западном Дагестане.

Образовано на месте средневекового христианского государства *Сарир* (VI–XII вв.). Основными центрами являлись с. Тануси и *Хунзах*. Арабский автор X в. Ибн Руста, сообщал, что «царство Сарир… именуют Авар». Ал-Истахри упоминал, что «владетель Сарира» носил титул Ихран Аваран-шах. В XI–XII вв. территория *Сарира* распалась на независимые владения, включая несколько сельских конфедераций горцев. Тогда же на территории современного Хунзахского р-на РД образовалось Аварское нуцальство, называвшееся по титулу своих наследных правителей — нуцалов. Нуцальство в XIII–XIV вв. подчинялось ханам *Золотой Орды*. Во время войны золотоордынского хана *Тохтамыша* с эмиром Тимуром *Хунзах* выступал против Тимура. После вторжения Тимура Нуцальство вновь ослабло и зависело от казикумухских шамхалов, которым ежегодно платило дань.

Расцвета ханство достигло в XVI–XVIII вв., когда ему подчинялись Джаро-Белоканские вольные общества и платил дань в виде откупа правитель Кахетии. С XVIII в. А. х. неоднократно заключало договоры о переходе под покровительство Российской империи.

В 1803 г. ханство вошло в состав Российской империи. В 1834 г. аварская ханская династия была уничтожена имамом *Гамзат-беком*. Часть аварцев сражалась во время *Кавказской войны* на стороне Российской империи в горской милиции и иррегулярном Дагестанском конном полку. После окончательной ликвидации А. х. в 1864 г. на основной его территории был создан Аварский округ Дагестанской области (до 1929 г.).

Лит.: Алиев Б. Г., Умаханов М.-С. К. Историческая география Дагестана XVII — начала XIX в. Кн. I. Махачкала, 1999; *Гаджиев М. Г., Давудов О. М., Шихсаидов А. Р.* История Дагестана с древнейших времен до конца XV в. Махачкала, 1996; История Дагестана с древнейших времен до наших дней. Т. 1. М., 2004; *Хапизов Ш. М.* Умануцал (Умахан) Великий. (Очерк истории Аварского нуцальства второй половины XVIII в.). Махачкала, 2013. С. 176–183; *Кушева Е. Н.* Народы Северного Кавказа и их связи с Россией в XVI–XVII вв. М., 1963; *Лавров Л. И.* Эпиграфические памятники Северного Кавказа на арабском, персидском и турецком языках. Ч. 2. Надписи XVIII–XIX вв. М., 1968. С. 167–171; *Хашаев Х.-М. О.* Общественный строй Дагестана в XIX в. М., 1961.

А. Пачкалов

Агаев, Гази-эфенди (ум. не ранее 1846) — глава мусульманского духовенства Карачая первой трети XIX в., кадий («народный эфенди»).

Даргинец, выходец из акушинского союза сельских общин Дагестана (Ф. А. Щербина в 1913 г. ошибочно относил его к числу «беглых кабардинцев»). По его словам, выехав из Дагестана, А. Г.-э. «поселился в Карачаевской Асетии, и находился у них эфендием», призывая карачаевцев принести покорность России. По наставлению А. карачаевцы вели переговоры с царским командованием у кубанского Каменного Моста (в 1826 г. здесь было подписано соглашение о нейтралитете). После принятия правящей элитой Карачая присяги на верность турецкому султану и выдачи аманатов султанскому наместнику на Северо-Западном Кавказе — анапскому паше Хаджжи-Хасан-Чечен-оглы (1826 г.) последний направил в Карачай нового кадия Хаджжи-Ахмета. А. Г.-э. вынужден был переехать в Урусбиевское общество (Балкария), где агитировал население принять российское подданство. От этого общества он был направлен для переговоров с царским командованием в г. Екатериноград, где встретился с генералом А. И. Ермоловым и полковником Ю. Коцаревым. В результате в 1827 г. Урусбиевское общество, как и четыре других горских общества Балкарии, добровольно вошли в состав России.

Лит.: Бегеулов Р. М. Карачай в Кавказской войне XIX в. Черкесск, 2002; *Щербина Ф. А.* История Кубанского

Казачьего войска. Репринтное воспроизведение. Екатеринодар, 1913. Т. 2.

Р. Хатуев

Адильбеков, Бадави-кади (1885–1929) — мусульманский религиозный и общественный деятель. Выходец из кумыкского селения Буглен Темир-Хан-Шуринского окр. Дагестанской обл. (ныне Буйнакский р-н РД). Получил первоначальное религиозное образование, обучаясь в с. Буглен, Тарки (ныне пригород г. Махачкалы), Нижнее Казанище (ныне Буйнакский р-н РД), Куппа (ныне Левашинский р-н РД). Работал кадием в дагестанских с. Капчугай (ныне с. Учкент Кумторкалинского р-на РД), Тарки, Чонт-аул (ныне Кизилюртовский р-н РД), Буглен, преподавал основы веры (усул ад-дин) в Темир-Хан-Шуринском реальном училище. Участник революционных событий и Гражданской войны 1917–20 гг. на Сев. Кавказе. Активный сторонник *Гоцинского Нажмутдина*, который назначил А. Б.-к. кадием одного из своих отрядов. Участвовал в боях с большевиками под г. Петровск-Порт (ныне г. Махачкала). Редактировал газету «Дагестан», издававшуюся при Северокавказском Горском правительстве (1918–19). В 1919 г. деникинским правительством Юга России был назначен общественным кадием г. Темир-Хан-Шуры (ныне г. Буйнакск) и председателем городского *шариатского суда*.

В июле 1917 г. А. Б.-к. вместе с *М.-к. Д. Дибировым* и *М.-М. Мавраевым* инициировал создание «*Джамиʻат-ул-ʻулама*ʼ» («*Общество улемов*»). 02.08.1917 г. в г. Темир-Хан-Шуре состоялся съезд ʻалимов, обсудивший вопросы судов, благотворительных пожертвований, языка обучения в школах и открытия в Дагестане духовных школ.

После установления советской власти в Дагестане, весной 1920 г., организовал мусульманскую благотворительную религиозную организацию «*Дини Джамиʻа*», фактически ею руководил. Средства на содержание служителей религиозного культа и прочее извлекались за счет эксплуатации вакуфного имущества. В этот период авторитет А. Б.-к. в Дагестане был очень высок среди мусульман, его почитали как главного защитника шариата, он обладал организаторскими способностями, талантом оратора. При непосредственном участии А. Б.-к. в г. Буйнакске в 1920-е гг. построено 6 новых мечетей. В 1927 г., когда часть вакуфного имущества у общины была конфискована властью, произошла реорганизация руководящего органа — вместо «Тройки» был организован так называемый *Дини-комитет*.

На заседаниях комитета разбирались самые разные вопросы, например, о предоставлении пустующего здания под мусульманскую школу, строительстве минарета, раздельном обучении мальчиков и девочек в светских школах, водоснабжении мечетей, ремонте ограды кладбища, жаловании служителям религиозного культа и т. п. Организация состояла на учете у властей. Летом 1929 г. дагестанским отделом ОГПУ А. Б.-к. был арестован в числе 75 чел. по обвинению в создании «духовно-кулацкой контрреволюционной организации». Коллегией ОГПУ был осужден и приговорен к высшей мере наказания — расстрелу.

Лит.: Мухаммад-Кади Дибиров (Карахский). На изломе веков: коллект. монография / науч. ред. Г. М. Оразаев. Махачкала, 2015.

Х. М. Доного

Адыги кубанские (или кубанские черкесы) — группа говорящих на языках адыго-абхазской группы народов, исламизированных в поздний османский период накануне завоевания Российской империей земель по течению р. Кубани. Приняли ислам вследствие расширения сферы политического и культурного влияния *Крымского ханства* и Османской империи. Османские источники XVI в. приводят имена адыгской правящей знати с титулами «бек» и «мирза» (в документах 1580-х гг. упоминается бек адыгов-адале с мусульманским именем Мехмет). Джованни да Лукка писал про черкесов, проживавших между р. Тамань и Темрюк (1629 г.), что «одни из них магометане, другие следуют греческому обряду, но первых больше». В XVI–XVII вв. на Кубани было 5 мечетей в крепости Темрюк-керман (его население включало в себя и черкесов), 3 мечети в с. Совуджук (близ крепости Адахун), мечеть в крепости Кызыл-Таш.

К числу первых исламизированных адыгских племен, помимо адале, относились жанеевцы, которые проживали на черноморским побережье, а позднее переселились на левобережье р. Нижняя Кубань. Османский историк Хусейн-эфенди Хезарфен (ум. 1791–92) сообщает, что, поскольку «предписания шариата в какой-то мере выполняются» у жанеевцев, «их нельзя обращать в рабство». К 1660-м гг. исламизация частично коснулась и живших в р-не современного г. Анапы шегаке (шефаков, хегаков), которые были частью жанеевцев. Эвлия Челеби пишет, что шегаке и «не неверные, и не мусульмане. Если мы называем их "кяфирами", они гневаются, [считая себя] оскверненными, а если мы говорили им "мусульмане", они не обращали внимания». То же самое можно сказать и о соседних с жанеевцами хатукаевцах (в XVII в. жили примерно по долинам притоков р. Кубани: р. Абину, Или, Абрагуну и, возможно, Афипсу). Посетивший их тогда Эвлия Челеби пишет: «если /кого-нибудь/ из этого народа — черкесов — назовешь кяфиром, тотчас убьют без пощады». Он отмечает, что А. к. знают шахаду, соблюдают постуразу, но не совершают ежедневного пятикратного намаза и «съедают жирных свиней до самого хвоста». Аналогичные обвинения он адресует темиргоевцам (болоткай, населявшим в долинах р. Мати, Пчасу, Белой). В ту пору восточнее темиргоевцев жили бжедухи; в XVII в. — предположительно в верховьях р. Лабы, а позднее по крайней мере часть их проживала и в низовьях р. Псекупса, где нашли стелу 1710 г. с именем знатного мусульманского бжедуха Хаджжи Хападжа (Хапача) Лакшокова. Распространение ислама у правящей элиты кубанских черкесов было весьма неравномерным. По словам французского консула в Крыму де Пейсоннеля (1750–60-е гг.), «племена адда, адемиевцы, бесленеевцы, бжедуги и темиргоевцы единственные, у которых магометанство водворилось с некоторой прочностью».

А. к. на территории современной КЧР (черкесы) в дореволюционный период основали аулы: Докшуковское (1822, современный Вако-Жиле), Хахандуковский (1829, современный Алибердуковский), Атлескеровский (1830, современный Жако), Касаевский (1830, современный Хабез), Баташевский (1833, современный Малый Зеленчук), Тазартуковское (1833, современный Бесленей), Береслановское (1839, современный Инжичишхо), Атажукинский (1850, современный Зеюко), Абатовский (1856, современный Эрсакон). В советский период созданы а. Бавуко и Новохумаринский.

Лит.: Калмыков И. Х. Черкесы. Историко-этнографический очерк. Черкесск, 1974; Челеби Эвлия. Книга путешествия. Извлечения из сочинения турецкого путешественника XVII в. М., 1979. Вып. 2.

Р. Хатуев

Азак — золотоордынский город при впадении р. Дон в Азовское море, на месте современного г. *Азова*.

А. был крупнейшим золотоордынским городом в районе Подонья и Приазовья, центром обширной округи. В настоящее время в округе А. известно более 60 средневековых поселений. На монетах А. иногда называется словом «балад» (с араб. «город», «округ»). Округ А. упоминает мамлюкский автор ал-Калкашанди (1355–1412). На некоторых монетах город получал эпитет «ал-Махруса» («Богохранимый»). Население было полиэтничным (куманы, итальянцы, славяне, греки, армяне, евреи и т. д.). Благодаря итальянским нотариальным актам известны имена многих жителей города.

В А. и вблизи с ним располагалась итальянская фактория Тана (от древнегреческого названия Дона — Танаис), известная по частым упоминаниям в западноевропейских источниках (наиболее удаленная на северо-восток среди всех итальянских факторий). Западноевропейские авторы, говоря о Тане, имеют в виду также и сам город А. По имени Таны Азовское море в западных источниках часто называлось морем Таны.

В сравнении со многими другими золотоордынскими городами история А. лучше документирована. Основными источниками по истории А. являются сообщения восточных, русских, западноевропейских средневековых авторов (в том числе недавно введенные в научный оборот дипломатические договоры и нотариальные акты), данные нумизматики и археологии. Среди письменных источников особенный интерес в числе западноевропейских авторов представляют Ф. Б. Пеголотти (ум. 1347), И. Барбаро (1413–94), А. Контарини (1429–99), а среди восточных — Абул-Фида (1273–1331) и *Ибн Баттута* (1304–77). Часто встречается А. на средневековых западноевропейских картах. Систематическое археологическое изучение средневекового А. началось в последней четверти XX в. и связано с именами таких исследователей, как И. В. Белинский, Л. Л. Галкин, И. В. Гудименко, В. А. Ларенок, А. Н. Масловский, В. И. Перевозчиков, С. В. Рязанов, Н. М. Фомичев и др. На протяжении последних десятилетий археологические исследования в *Азове* проводятся каждый год.

Достоверные свидетельства о существовании А. относятся ко второй половине XIII в. Первые достоверные упоминания в письменных источниках Таны (А.) датируются 1269 г. (генуэзская инструкция) и 1271 г. (нотариальный акт П. Скардона). Наиболее вероятно, что город возник в 1260-е гг. Генуэзское консульство возникло, вероятно, первым, в конце XIII в.

На время правления хана *Узбека* пришелся расцвет средневекового А., что засвидетельствовано серебряными монетами с его именем, чеканенными в городе, а также сообщением берберского путешественника *Ибн Баттуты*, посетившего город при хане *Узбеке*. Известно о кочевании хана *Узбека* в районе А. Венецианское консульство в Тане появилось в начале 1320-х гг. В 1332 г. венецианская фактория добилась особого юридического статуса, оформленного договором с ханом *Узбеком*. На 1330-е гг. приходится расцвет северной части *Великого шелкового пути*, на котором находился А. / Тана, и расцвет торговли венецианцев в А. (при хане *Узбеке* отношения золотоордынских ханов с итальянскими купцами были наиболее лояльными). В Тане была католическая церковь и кладбище. В А. имелась и большая община армянских купцов. Армянский квартал располагался около Таны, в нем имелась церковь, построенная в честь Св. Григория Просветителя. В Матенадаране сохранились армянские рукописи, написанные в А.

В 1340–50-е гг. (при хане *Джанибеке*) в А. не велась чеканка монет, что говорит об упадке торговли в это время. Скорее всего, это связано с изгнанием итальянцев из Таны в 1343 г. и ее разгромом, после того как венецианцы убили здесь наместника *Джанибека*. Ряд кварталов золотоордынского А. был заброшен в начале 1340-х гг. Упадок А. в дальнейшем мог быть связан с эпидемией чумы. Известно, что корабли венецианцев из-за эпидемии чумы и ее последствий практически не посещали в 1345–55 гг. порты в Причерноморье. В 1350-е гг. в А. резко возрастает количество монет в обращении, при хане Бердибек-Мухаммаде (правил в 1357–59 гг.) возобновляется монетная чеканка.

В период «Великой замятни» в *Золотой Орде* в 1360–70-х гг. было существенным экономическое и политическое значение А. Это подтверждается большим количеством монет этого времени (особенно монеты ханов Абдаллаха и Мухаммеда — ставленников эмира Мамая). Известны редкие монеты, чеканенные в А. от имени самого Мамая. Очевидно, город А. занимал важное место в эмирате Мамая. В городе были выявлены следы значительного побоища периода «Великой замятни». На месте одного из раскопов найдены незахороненными не менее 200 человеческих останков (от грудных детей до стариков). По двум найденным кладам бойня может датироваться временем вскоре после 1363–64 гг.

В конце XIV в. (в период правления хана *Тохтамыша* в 1376–91, 1392–95, 1398 гг.) А. оставался важным городом *Золотой Орды*, центром монетной чеканки. В 1395 г. в Тане было подготовлено послание *Тохтамыша* польско-литовскому королю Ягайло. В 1395 г. город был разрушен войсками среднеазиатского завоевателя эмира Тимура.

В XV в. город постепенно приходит в упадок, сокращается его площадь и численность населения. Длительное время в Тане XV в. проживал И. Барбаро, оставивший сочинение, в котором большое место уделено жизни в Тане. А. был центром ремесла и торговли. Среди многочисленных ремесел наиболее изучено гончарное. Здесь пересекались морские и сухопутные торговые пути из Крыма в Поволжье и далее на восток, с Кавказа на Дон, из русских земель на Нижний Дон и в Приазовье и др. В городе существовало развитое монетное обращение. Среди иноземных монет были обнаружены монеты из Закавказья, Малой Азии, Ирана, Западной Европы. В А. и его округе обнаружена серия кладов, состоявших из медных и серебряных монет *Золотой Орды* XIV — начала XV в., а также клад монет Гиреев. Многотысячный комплекс монетных находок опубликован лишь частично.

А. Пачкалов

Азов (тур. Azak) — османская крепость в 1475–1736 гг. (с перерывами в 1637–42, 1696–1712 гг.) в низовьях р. Дон.

Форпост северных владений Османской империи, оплот ее господства в Северо-Восточном Приазовье и важная часть имперской административно-территориальной системы. После завоевания генуэзских колоний в Северном Причерноморье и в ходе ликвидации независимости *Крымского ханства* в правление султана Мехмеда II Фатиха (1451–81), османский флот под командованием великого визира Гедик Ахмед-паши направился в Приазовье. Летом 1475 г. турки-османы захватили венецианско-генуэзскую факторию Тану, ставшую османской крепостью А.

В адм. отношении А. первоначально входил в состав Кафинского санджака (ливы), составляя еще в первой половине XVI в. Азакскую казу или кадилик (кадылык) — административно-судебный округ, возглавляемый кадием и управляемый субаши. В первой четверти XVI в. среди всех крепостей ливы *Кафа* А. находился на первом месте по численности гарнизона: А. — 307 чел.; *Кафа* — 234; Темрюк — 149, Тамань — 124; Лахот — 60; Мангуп — 37; Керчь — 35; Балаклава — 21; Инкерман — 19; Судак — 11).

Вопрос о времени преобразования А. и его округи в санджак остается открытым. Согласно некоторым данным, султан Сулейман (Кануни) впервые назначил санджакбея в А. в 1552–53 г. Е. Н. Кушева связала возросшее значение А. со стремлением османских властей усилить давление на Черкесию, помогая крымскому хану. В. Н. Королев полагал, что создание нового санджака с центром в А. — мера борьбы против донских казаков. Согласно Ю. Озтюрку, османские источники фиксируют наличие в А. санджакбеев не ранее 1570 г. Ю. Озтюрк связал появление здесь санджакбеев с преобразованием А. и его округи в санджак, что последовало после преобразования Кафинского санджака в эялет (бейлербейство). Данное мероприятие Порты могло быть связано с подготовкой турками-османами Астраханского похода с назначением кафинского наместника Касима главнокомандующим османскими и крымскими экспедиционными войсками с произведением последнего в ранг бейлербея. В правление султана Селима II (1566–74) после образования Кафинского эялета А. с близлежащей территорией вошел в его состав. По С. Ф. Орешковой, в 1657 г. А. был выведен из Кафинского эялета и объявлен центром самостоятельного эялета. Согласно Э. Челеби, в 1656–57 гг. А. стал «столицей кефинских везирей», а должность азовского санджакбея упразднили. Затем ситуация изменилась: в годы везирата Кёпрюлю Мехмед-паши (1656–61) либо в первые годы везирата его сына, Кёпрюлю Фазыла Ахмед-паши (1661–76), земли Кафинского эялета были разделены на

Азов

7 санджаков, одним из которых стал санджак А. Во время второго посещения А. Э. Челеби (1666–67) здесь уже имелся санджакбей — трехбунчужный Ак Мехмед-паша.

А. являлся резиденцией санджакбея, местом расположения военно-адм. аппарата, включая диздара, кетхуду, янычарского агу, кадия и др. Гарнизон А. в разные годы был представлен янычарами, азебами, пушкарями, оружейниками и пр. В XVI в. А. состоял из 3 частей: Venedik-kalesi («Венецианская крепость»), где проживало 198 мусульманских семей, включая гарнизон; Djeneviz-kalesi («Генуэзская крепость»), в которой проживало 109 мусульманских семей, а также гарнизон; Toprakkale («Земляная крепость»), где находились 500 татарских воинов-акынджи, 104 семейства рыбаков и 57 греческих семей. Указанное деление сохранялось в XVII в. Согласно Э. Челеби, крепость, имевшая форму квадрата, делилась на Френк-хисар (венецианская часть), Орта-хисар (генуэзская часть или Ташкалов / Каменный город) и Топрак-кале (Земляной город). В середине XVII в., по данным Э. Челеби, во Френк-хисаре проживали все янычары и их начальники, диздар А., командиры янычарских рот, пушкари, оружейники. Здесь же хранились основные запасы оружия и боеприпасов; располагались соборная мечеть султана Баязида II Вели (Святого) (1481–1512), шариатский суд А., лавки, баня, 1 тыс. домов. В Орта-хисаре находился дворец паши, выстроенный Ак Мехмед-пашой, соборная мечеть Реджеб-аги, несколько десятков лавок, конная мельница, 3 кофейни, а также 500 домов из тростника и камыша, крытых глиной. В Топрак-кале, обнесенном в 1616 г. каменными стенами, проживали воины-татары, а в отдельном квартале с церковью — греки. Среди строений Топрак-кале, по Э. Челеби, 1150 домов с дворами и конюшнями, множество трактиров и лавок, мечети. В А. имелись и др. памятники мусульманской культовой архитектуры.

Со времени правления султана Баязида II (1481–1512) А. являлся султанским хассом — личным владением дома Османов. А. имел важное экономическое значение для Османской империи как центр сельскохозяйственного р-на и торговли (порт, зерновые, строевой лес, животное масло, рыба, икра, поставлявшиеся прежде всего в г. Стамбул). А. оказался единственным городом в Кафинском эялете, имевшим особое правительственное постановление о рыбе и рыбопродуктах: Османы установили здесь свою монополию на осетровых. Долгое время А. являлся одним из крупнейших центров работорговли в Причерноморье / Приазовье. Рабов не только продавали, но и обменивали на товары, включая импортные ткани (шелк), хлопок и шерсть. А. играл заметную роль в торговле Османской империи с Большой Ногайской Ордой (приобретение турками-османами лошадей, овец). Население А. и его округи отличалось в XVI–XVII в. этнической и конфессиональной пестротой. Здесь проживали турки, греки, армяне; степи вокруг крепости служили пастбищами кочевому населению *Крымского ханства* и Малой Ногайской Орды (Казыев улус), занимавшемуся в том числе и хлебопашеством. *Ногайцы* проживали в пригородах А. — Западном и Восточном Каратаяках. На рубеже XV–XVI вв. в А. проживали казаки, среди которых преобладал тюркский элемент. В крепости, в первой половине XVI в. группируясь в хане́ (домовладение, одновременно — единица налогообложения), проживало свободное славянское население — «азовские русы», активно занимавшиеся рыболовством. Славяне проживали в А. и позже, включая казаков-старообрядцев Кубани, именуемых в русских источниках *ахреянами*.

Население А. и его пригородов занималось гончарным делом, разведением лошадей, крупного рогатого скота, рыболовством, выращиванием бахчевых и пр. Многочисленные находки в А. керамики крымского производства, в том числе черепицы, чаш, кувшинов, подсвечников и пр., свидетельствует о его торговых связях с ремесленными и торговыми центрами Северного Причерноморья, например, Юго-Востоком Крыма. Особое место среди находок занимают так называемые турецкие курительные трубки XVII–XVIII вв., самых разнообразных «фасонов», часто богато орнаментированные. Археологические раскопки показали, что гарнизон А. активно пользовался в быту посудой изникского (малоазийского) производства. Речь идет о кувшинах, тарелках, блюдах, чашах, вазах, кружках — расписной полуфаянсовой посуде, представленной основными видами росписей, создававшихся изникскими мастерами, а также мастерами из Кютахьи. Найденные на территории крепости расписные кофейные чашечки из Кютахьи свидетельствуют о распространении этого напитка среди населения крепости. Наряду с такими предметами найдены подделки кютахийских сосудов под китайские эпохи династии Мин.

А. имел важное значение в установлении дипломатических связей между Русским государством и Османской империей в конце XV в. Транзитом через А. направлялись в г. Стамбул русские дипломаты. В А. регулярно организовывались и направлялись многочисленные военные акции различных татарских групп и турок-османов на территории России, на другие государства и народы Кавказа и Закавказья. Вместе с тем А. — важное связующее звено религиозных и политических контактов Османской империи с др. мусульманскими государствами Кавказа, Поволжья, Средней Азии. А. связывал столицу Османской империи — Стамбул — с магистральными торговыми путями. Здесь останавливались паломники, многочисленные купцы, включая московских, и пр. Через А. направлялась в Россию часть османских караванов из г. Стамбула, например, по маршруту Стамбул–*Кафа–Азак*–Дон–Москва. А. сыграл существенную роль в истории донских казаков, которые на протяжении 2-й половины XVI – XVII в. несколько раз пытались захватить крепость. 18.06.1637 г. А. был взят донскими и запорожскими казаками, а оставлен ими в мае 1642 г. после многомесячного Азовского осадного сидения. После этого турки-османы существенно укрепили крепость, в которой разместился новый большой гарнизон и мощная артиллерия. В 1660 г. турки-османы соорудили в дельте р. Дон три укрепления (две башни — Шахи и Султаниие, форт — Сед-Ислам), усилившие систему укреплений А. Крепость укреплялась и позже. В правление Петра I (1682–1725) Россия предприняла два Азовских похода, первый их которых (1695) оказался неудачным. Взятие А. российскими войсками произошло в ходе 2-го Азовского похода (19.07.1696 г.).

Развитие А. в составе России тесно связано с колонизацией края и массовым заселением Северо-Восточного Приазовья. В 1709–11 гг. А. — адм. центр губернии. По условиям Прутского мирного договора (1711) А. передавался России туркам-османам, что произошло 02.01.1712 г. Таким образом был восстановлен санджак А. Турки-османы активно развивали контакты с российской пограничной администрацией, с Войском Донским. В ходе Русско-турецкой войны 1735–39 гг. А. был взят российскими войсками 21–27.06.1736 г. Его укрепления были взорваны в ходе реализации условий Белградского мирного договора (1739) в 1741 г. Дальнейшее развитие А. оказалось связано с итогами Русско-турецкой войны 1768–74 гг. и образованием Азовской губернии в 1775 г., центром которой он был в 1775–83 гг. В 1783 г. А. получил статус крепости, при которой к 1810 г. возник посад. С 1920 г. — поселок, с 1926 г. — город. Последующая история А. как многоконфессионального и полиэтничного центра на южном пограничье Российской империи, затем СССР и, наконец, Ростовской обл. Российской Федерации менее связана с процессами (ре)исламизации Северного Кавказа.

Лит.: Бурлака В. О. Азов в торговых и дипломатических связях России и Турции в XVI веке // Очерки истории Азова. Азов, 1992. Вып. 1; Гусач И. Р. Изникские полуфаянсы из турецкой крепости Азов // Археологические записки / под ред. В. Я. Кияшко. Ростов н/Д., 2005. Вып. 4; Королев В. Н. Славяне турецкого Азова // Известия вузов. Северо-Кавказский регион. Общественные науки. 1999. № 1, 2; Мустакимов И. А., Сень Д. В. Три османских документа XVI в. о ранней истории донских казаков // Україна в Центрально-Схiднiй Європi. Київ, 2010. Вип. 9–10; Челеби Э. Книга путешествия (Извлечения из сочинения турецкого путешественника XVII века). Перевод и комментарии. Вып. 2. Земли Северного Кавказа, Поволжья и Подонья. М., 1979; Inalcik H. Azak // The Encyclopedia of Islam. 2nd ed. London; Leiden, 1954. Vol. 1. P. 808.

Д. Сень

Айди-Хаджжи, сын Муртазы (ум. 1908) — мусульманский религиозный деятель, шейх накшбандийского тариката.

Родился в с. Верх. Казанище (ныне Буйнакский р-н РД). Получил иджазу от шейха *ал-Гази-Гумуки Джамалуддина*. А.-Х. в свою очередь возвел в ранг муршидов Сулеймана-хаджжи ал-Хабши (из с. Апши, ныне Буйнакский р-н РД) и Вайланмата-хаджжи ал-Буглани (из с. Буглен, ныне Буйнакский р-н РД). Ок. 1879 г. был выслан из Дагестана за распространение накшбандийского учения в Россию, а затем переселился в Османскую империю. Здесь А.-Х. также был почитаем как шейх, богослов, знаток мусульманской юриспруденции. Побывал во многих исламских центрах: Сирии, Мавераннахре, Ширване, Бухаре и др. Проживал в г. Стамбуле, а затем в течение почти 20 лет — в Мекке, оставил после себя много учеников. Умер в Османской империи после революции 1908 г.

Лит.: Абусупиян Акаев. Василатун нажат. Темир-Хан-Шура, 1908. С. 31; Гаджиева С. Ш. Кумыки. Кн. 2. Махачкала, 2005. С. 396; Ад-Дургели Назир. Услада умов в биографиях дагестанских ученых. (Нузхат ал-азхān фū тарāджим уламā Дāгистāн). Дагестанские ученые X–XX вв. и их биографии. М., 2012. С. 149; Назир ад-Дургили. Нузхат ал-азхан... // ФВР ИИАЭ. Колл. М.-С. Саидова. № 95. Л. 219–220.

Г. Оразаев

Ал-Аймаки, Абубакр (или Абубакар, 1711–09.06.1791) — мусульманский богослов, поэт и правовед.

Предания относят его род к династии Омейядов. Ал-А. А. родился в с. Аймаки (ныне Гергебильский р-н РД), воспитывался в религиозной семье, обучался у своего отца, а также у Дибира «Старшего» из с. Карата (ныне центр Ахвахского р-на РД). Впоследствии преподавал в с. Аймаки, Акуша, Кубачи, вновь в Аймаки, а затем в Аракани (с 1766–67 гг.; имел все села в Гергебильском, Акушинском, Кубачинском, Унцукульском р-нах РД). Вел аскетическую жизнь, изучал суфийские сочинения. Воспитал плеяду ученых-богословов, в том числе своего внука — *Араканского Саʻида*. Творческое наследие ал-А. А. тематически разнообразно, он автор арабоязычных сочинений по истории, мусульманскому праву и др., проявил себя как талантливый поэт. Сочинения: «Средства Проницательного для познания достоинств Любимого»; «Подарок разъяснений»; «Место сборища глупцов»; «Касыда с рифмой на "мим"» и др. Ал-А. А. первым из дагестанских ученых стал целенаправленно писать на родном (аварском) языке. Его религиозные произведения в стихотворной форме на аварском языке, пользовавшиеся популярностью, создавались им, чтобы сделать религиозные знания более доступными для необразованных людей. До него в дагестанской мусульманской ученой среде любое творчество не на языке Корана считалось признаком несовершенства знаний автора.

Лит.: Гизбуллаев М. А. Абубакар-хаджи из Аймаки: жизнь, творчество и научное наследие: дис. ... канд. ист. наук. Махачкала, 2005.

М. Мусаев

Акаев, Абусупьян (Абусуфйан Акай-Кадиевич Арсланбеков, 1872–1931) — мусульманский религиозный деятель, богослов, ученый-тюрколог, поэт, переводчик, педагог, публицист и общественный деятель, просветитель-джадидист в Дагестане. Родился в кумыкском с. Ниж. Казанище Темир-Хан-Шуринского окр. (ныне Буйнакский р-н РД). А. А. принадлежит особая роль в движении по реформированию конфессионального образования в Дагестане. Воспринял и развивал идеи мусульманских реформаторов Мухаммада 'Абдо, Рашида Риды, И. Гаспринского, К. Насыри, Г. Умерова, Ш. Марджани и др. Обладал энциклопедическими знаниями, во многом способствовал подъему культурного уровня и национального самосознания дагестанских народов. Помимо родного кумыкского языка, он в совершенстве владел арабским, персидским, азербайджанским, татарским и крымскотатарским, знал и говорил по-аварски, лакски, даргински, чеченски, неплохо изъяснялся по-русски. Создал первую на Сев. Кавказе новометодную (усул-и джадид) — по европейскому образцу — школу; разработал и опубликовал первый печатный букварь и учебно-методическое пособие на кумыкском языке, грамматические пособия по арабскому языку, серию многоязычных словарей. А. А. — инициатор создания первой национальной типолитографии в Дагестане, которая стала центром распространения книг на языках народов Сев. Кавказа, издававшихся на арабском графическом алфавите (типолитография *М.-М. Мавраева* «Ал-Матбу'а ал-исламийа» в г. Темир-хан-Шура (ныне г. Буйнакск)). Автор многочисленных публицистических и научных статей, стихов и поэм на арабском, азербайджанском, персидском и на родном кумыкском языке. В 1902–28 гг. издал более 40 отдельных книг по самым различным отраслям знаний, около половины из которых написаны на религиозную тематику. Основоположник жанра художественного рассказа в кумыкской литературе. Перевел на национальные языки с арабского, предварительно обработав, известные на мусульманском Востоке дастаны и другие произведения — поэмы об Иосифе Прекрасном, о Тахире и Зухре, Бозигите, Хатам Таи, Малике, «Касыду Плаща», книги о нравственности и др., с русского — басни И. А. Крылова. А. А. также собрал и издал значительный фольклорный материал, образцы дагестанской суфийской поэзии, созданной на языке тюрки, опубликовал поэму «Диван ал-Маджнун» на арабском языке с собств. комментариями. Редактор изданного в 1911 г. тафсира Корана на аварском языке, первого арабоязычного журнала в Дагестане *«Байан ал-хака'ик»* («Объяснение истин»), первой большевистской аварской газеты «ХIалтIулел чагIи» («Трудовой народ»).

Сотрудничал с известными политическими деятелями и учеными Дагестана: Дж. Коркмасовым, М. Дахадаевым, С.-С. Казбековым, *З. и Н. Батырмурзаевыми, М.-М. Мавраевым, Назиром из Дургели, Каяевым 'Али, Карабудахкентским Джамалутдином,* Т. Бейбулатовым и др.

В апреле 1917 г. по инициативе А. А., Мустафы-Кади Исмаилова и др. в Темир-хан-Шуре был создан исламский комитет *«Джами'ат-ул-исламийа»*. Программа комитета — возрождение ислама и решение проблем мусульман мирными (без гражданской войны) методами. В сентябре 1917 г. А. А. — один из создателей и активный член религиозного и общественно-политического *Милли комитета*. С 1918 г. его симпатии на стороне социалистов. В его доме в с. Нижнем Казанище нередко проходили подпольные заседания во главе с У. Буйнакским, Дж. Коркмасовым, не раз он скрывал их и других подпольщиков от преследований контрреволюционеров.

После установления советской власти в Дагестане пришел к выводу, что политика большевиков направлена против ислама, шариата, мусульманского духовенства. Вместе с другими религиозными авторитетами в 1924 г. создал *«Дини комитет»* («Религиозный комитет»). А. А. и его единомышленники проводили собрания для выработки тактики борьбы по сохранению ислама. В 1927–29 гг., когда со стороны советской власти началось наступление на ислам, А. А. выступил против этой политики, сожалел, что помогал большевикам в становлении и укреплении советской власти в Дагестане.

В 1929 г. репрессирован, сослан на Север, в Котласские лагеря. Умер в 1931 г. Реабилитирован посмертно в 1960 г.

Соч.: Акаев Абусупиян. Тропою пророка / сост. Г. Оразаев. Махачкала, 1993. Кн. 1; 1997. Кн. 2; 2010. Кн. 3 (на кумык. яз.).

Лит..: Абусуфьян Акаев: Эпоха, жизнь, деятельность. Махачкала, 2012; Алиева Ш. А. Поэтические наследие Абусуфьяна Акаева. Махачкала, 2013; Литературное и научное наследие Абусуфьяна Акаева. Махачкала, 1992; Султанмурадов А. М. Публицистика Абусуфьяна Акаева. Махачкала, 2009.

Г. Оразаев

Акбаев, Исма'ил-эфенди б. *Йа'куб*, известный также как Чокуна-эфенди, 1874–1937) — карачаево-балкарский мусульманский реформатор, суфий, мударрис и религиозный деятель.

Родился в семье Йа'куб-эфенди Акбаева в с. Тебердинский Баталпашинского у. Кубанской обл. (ныне с. Верхн. Теберда Карачаевского р-на КЧР), вероучителя начальных училищ в а. Учкулане и Тебердинском (ныне КЧР). Сначала обучался у отца, в 12-летнем возрасте был направлен для дальнейшего обучения в с. Урусбиевский (ныне с. Верхн. Баксан Эльбрусского р-на КБР), где 4 года обучался в медресе Зулкарная Эфендиева. Продолжил образование в Казани и Крыму, посетил г. Баку и Тифлис. Овладел арабским и турецким языками, приобрел познания в восточной литературе и естественных науках. Вернулся в родное село в 1895 г., где преподавал основы веры (усул ад-дин) в медресе, в 1905 г. в качестве старшего эфенди возглавил мусульманскую общину аула. Инициировал открытие первой в Карачае школы для девочек (1912), где преподавал вместе с С. М. Халиловым. В 1913 г. удостоен медали «В память 300-летия царствования дома Романовых».

Принадлежал к тарикату *накшбандийа-халидийа* А. И.-э. писал стихи, исполнявшиеся во время тихого зикра, переводил на карачаево-балкарский язык сочинения религиозного характера. Кроме того, А. И.-э. был также близок с карачаево-балкарскими религиозными и общественными деятелями (М. К. Абаев, И. П. Крымшамхалов, И. М. Байрамуков, С. О. Байчоров и др.), дружил с крымскотатарским реформатором Исмаилом Гаспринским, в газете которого («Тарджеман») печатался.

А. И.-э. поддерживал связи и с дагестанским первопечатником М.-М. Мавраевым, в «Исламской типографии» которого в г. Темир-Хан-Шуре (ныне г. Буйнакск) напечатал в 1912 г. свой перевод на карачаево-балкарский язык стихотворного изложения 'акиды «Китабу-л-иман ва-л-ислам» 'Исы б. Мухаммада ад-Дагестани. В 1915 г. тиражом в 1000 экз. он издал сборник мавлидов на карачаево-балкарском языке под названием «Маулуд». Сборник состоит из трех частей, первая из которых посвящена рождению, вторая — мистическому ночному путешествию (ми'радж) и третья — кончине пророка Мухаммада. В 1991 г. книга была переиздана в Карачаево-Черкесии. Она до сих пор почитается в мусульманских общинах карачаевцев, используется в поминальной обрядности.

А. И.-э. пытался реформировать письменность родного языка и возглавил группу, составившую новый алфавит на базе арабской графики (данная форма национальной письменности в Карачае просуществовала до конца 1920-х гг.). На ее основе в 1916 г. в Тифлисе вышел первый в истории карачаево-балкарский учебник — «Родная речь» («Ана тили»), и «за его в высшей степени ценный труд» по решению попечителя Кавказского учебного окр. был удостоен денежной премии. Букварь тогда же поступил в школы Карачая, а в 1917 г. — Балкарии в Терской обл.

А. И.-э. успешно вел семейное хозяйство (две дачи в курорте Теберда, магазины, лесопильный завод, поголовье скота и др.), что позволяло ему заниматься благотворительностью: оказывал помощь школе и ее учащимся, занимался постройкой и ремонтом дорог, мостов, мечети. С 1917 г. — вновь в местной школе, где преподавал родной язык.

В период Гражданской войны был лоялен к властям, как к «белым» (удостоен офицерского чина), так и «красным», но не участвовал в идейно-политических раздорах. После образования Карачаево-Черкесской автономной обл. (1922) А. И.-э. работал над созданием областной типографии в г. Баталпашинске (ныне г. Черкесск), где печатали книги на языках коренных народов.

В 1924 г. выпустил в этой типографии 1-ю часть нового, переработанного издания букваря «Родная речь. Азбука» («Ана тили. Элибле»), а в 1925 г. — 2-ю часть. Вместе с балкарским просветителем И. М. Абаевым в 1926 г. издал в Москве пособие на родном языке «Наша сила в нашей земле. Азбука для взрослых» («Бизни кючюбюз — бизни джерибизде. Уллулагъа элибле»). В том же году в г. Баталпашинске А. И.-э. издал составленный им первый из вышедших в печати русско-карачаевских словарей («Тылмач»).

Осуществлял перевод и переработку на родной язык учебников, в числе которых: «Арифметический задачник» В. Ланкова в 2 частях (по 90 и 94 стр.), «География» («Биринчи География»), «Природоведение» («Табигъат. 1-чи кесеги. Джансыз табигъат»). Кроме того, переводил и издавал в Баталпашинске научно-популярную и общественно-политическую литературу, в том числе «Кольцевая почта в деревне» («Элледе тогъай почта», 1925), вместе с У. Байрамкуловым — «Проводник» («Джол уста», 1924), «Книжка политической грамоты» П. Коваленко (1924). В 1920-е А. И.-э. не прекращал религиозную деятельность. В 1923 г. был председателем президиума съезда мусульманского духовенства области, вошел в состав президиума Духовного управления мусульман КЧАО.

В 1928 г. был лишен избирательных прав по обвинениям в религиозной деятельности и владении «кулацким хозяйством», в которых его восстановили в 1930 г. Ему было запрещено работать в учебных заведениях. Стал жертвой «Большого террора»: арестован в Курорт-Теберде в 1937 г., приговорен к 10-летнему заключению, но умер вскоре по прибытии в лагерь в Карагандинской обл. Казахской ССР. Первые посмертные публикации его произведений с указанием их авторства вышли в свет в 1965 г. («Антология карачаевской поэзии»).

Лит.: Батчаев Ш. Б. Жизнь, отданная народу (Заметки о Чокуна-апенди) // Известия Карачаевского НИИ. Черкесск,2008. Вып 4. С. 3–23; Карачаево-балкарские деятели культуры конца XIX — начала XX в. Избранное. Т. II / сост. Т. Ш. Биттировой. Нальчик, 1996. С. 72–76. Хатуев Р. Т. Светом Логоса // Эльбрусоид. 2009. № 7. С. 28.

Р. Хатуев

Акбаев, Токмак-эфенди Асланович (ок. 1830 — не ранее 1890-х гг.) — глава мусульманского духовенства Карачая второй половины XIX в., кадий.

Родился в с. Учкулан Баталпашинского отд. Кубанской обл. (ныне Карачаевский р-н КЧР). Принадлежал к старинному карачаевскому роду: сын аульного старшины Асланхаджжи Токмаковича Акбаева. Совершил хаджж (после 1870 г.). Работал старшиной с. Учкулан, одновременно нес обязанности общекарачаевского казначея. Занимался хозяйственным и культурным обустройством Большого Карачая. Во время посещения с. Учкулана летом 1874 г. с А. Т.-э. встречался первый покоривший Эльбрус английский альпинист и писатель Флоренс Кроуфорд Гроув (1838–1902); он отметил, что А. Т.-э. совсем не знал русского языка. Как сообщает К. Гроув, А. хранил часы, подаренные ему перенемевшим в его доме наместником Кавказским великим князем Михаилом Николаевичем (управлял в 1862–81 гг.), путешествовавшим по верховьям Кубани.

В 1890-е гг. А. Т.-э. являлся попечителем Учкуланского начального училища, одновременно выполняя обязанности кадия Баталпашинского горского словесного суда как представитель Хумаринского участка (разбирал иски о заключении и расторжении брака, о законности рождения и наследстве, о личных и имущественных правах супругов). Его сын Шогаиб-эфенди (1860–?) получил религиозное образование в Стамбуле и Кабардинском округе, в начале XX в. был вероучителем Тебердинского начального училища. Имя родного брата А. Т.-э. — Шамая — носит топоним у станицы Сторожевой Зеленчукского р-на КЧР (Балка Шамайка), где находились его земельные угодья.

Лит.: Архив Карачаевского НИИ. Ф.12. Д.17; Гроув (Грове) Ф. К. Холодный Кавказ. Нальчик, 2009. С. 112–117; Известные люди Карачаево-Черкесии. Т. 1. Черкесск, 1997; Кубанская справочная книжка на 1891. Екатеринодар, 1891.

Р. Хатуев

Акбердиев, Сарайдар Сыдыйк-улы (1928–2010) — мусульманский религиозный деятель Дагестана.

Родился в с. Маштак-Кую (ныне не существует) Караногайского кантона ДАССР (ныне Ногайский р-н РД), в ногайской семье из рода (ырув) Ас родо-племенного объединения (куб) Минг. В 3-летнем возрасте остался без отца и вместе с младшей сестрой воспитывался матерью. В детстве обучался религиозной грамоте у местного муллы. В годы ВОВ пас овец в с. Терекли-Мектеб (РД), чтобы прокормить мать и сестру. После окончания средней школы работал в колхозе.

С 1970 г. полулегально начал изучать арабский язык и исламское вероучение, совершать намаз. В 1980-е гг. близко познакомился с муллой *Кожаевым Я. А.*, который стал для А. учителем и религиозным наставником. С середины 1980-х гг. начал заниматься религиозной деятельностью, мусульманской ритуальной практикой (никах, зикр, имянаречение, похороны и т. д.). В 1990-е гг. стал активным помощником и сподвижником имама Ногайского р-на Дагестана *Кожаева Я. А.* в деле возрождения в обществе исламских традиций, укрепления морали и нравственности.

А. был знатоком ногайского фольклора, хорошо знал и исполнял старинные эпические поэмы («Мамай», «Шора-батыр», «Эдиге» и др.). Похоронен на кладбище Аксак-Юсуп в Ногайском р-не РД.

Лит.: Заргишиев М. Ногайлы. Белый Сокол Золотой Орды. М., 2021; Личный архив автора: 2022 г. РД, с. Терекли-Мектеб. Информатор А. С. Акбердиев (внук С. С. Акбердиева), 1992 г. р.

М. Заргишиев

Актолиев, ʼАбдуррахман-хаджжи (Индерби, 1834–1928) — первый ингушский арабист, мударрис и правовед родом из с. Гамурзиево Владикавказского окр. Терской обл. (ныне входит в состав г. Назрань).

При рождении получил имя Индерби. Учился сначала у дагестанского арабиста Башира Ашимова из кумыкского селения Аксай (ныне Хасавюртовский р-н РД), который обучал в его родном селе, где работал муллой. Учил ингушских детей арабской грамоте и основам веры (усул ад-дин). После подавления в Ингушетии Назрановского восстания в мае 1858 г. царское правительство провело ряд карательных мероприятий, в том числе был казнен учитель А. ʻА.-х. мулла Башир Ашимов. 1864 г. многие ингуши, поддавшись агитации, совершили переселение (хиджру) в османскую Турцию. Среди мухаджиров оказались А. ʻА.-х. и его младший брат Тосо. Первый в 1872 г. поступил учиться в одно из медресе г. Стамбула, где окончил полный курс в 1882 г. Там ему дали новое имя ʻАбдуррахман. За 17 лет пребывания в Турции в совершенстве освоил арабский и турецкий языки. Он стал первым ингушским улемом.

В 1883 г. примкнул к ингушским паломникам, проезжавшим через г. Стамбул, и отправился в Мекку, совершил хаджж. Затем поехал в Медину и вместе с паломниками вернулся в Ингушетию, где был назначен имамом с. Базоркино (ныне с. Чермен Пригородного р-на РСО–А). Там он основал самое первое в Ингушетии медресе. После нескольких лет жизни в с. Базоркино он переехал в родное с. Гамурзиево, где добился строительства мечети и работал имамом при ней в 1887–90 гг.

С 1890 г. — мулла в с. Назрань. В 1892 г. А. ʻА.-х. был избран окружным кадием Ингушетии и 20 лет исполнял эту должность. Ни одно решение А. ʻА.-х. за время его работы в горском суде не было оспорено и передано на проверку другому мулле. Пользуясь связями в администрации Терской обл., А. ʻА.-х. открыл в Ингушетии несколько медресе, воспитал плеяду ингушских улемов.

В 1912 г. по просьбе А. ʻА.-х. его освободили от должности кадия. Кадием Ингушетии был избран его племянник — Ильяс (Илез). А. ʻА.-х. скончался 23.07.1928 г. в возрасте 94 лет. Соборная мечеть в с. Гамурзиево названа его именем.

Лит.: История Ингушетии. Магас; Нальчик, 2011; Об Ингушетии и ингушах / сост. С.-Г. Албогачиева. Магас; СПб., 2005; Озиев М. Первый арабист Ингушетии // Ингушетия: Исторические параллели. [Электронный ресурс] // URL: https://ghalghay.com/tag; Цуров Р. Базоркин Мачко Байсарович // Сердало. 2017. № 45–46.

М. Албогачиева

Акушинский, **ʻАли-Хаджжи** (Али-Гаджи или Хаджжи ʻАли ал-Акуши ал-Кубри, 1847–08.04.1930) — мусульманский религиозный и общественно-политический деятель Дагестана и Северного Кавказа, суфий, правовед и богослов, шейх братства *накшбандийа*-халидийа.

Родился в с. Акуша Союза вольных даргинских обществ (с 1860 г. в составе Даргинского окр. Дагестанской обл., ныне адм. центр одноименного р-на РД) в семье акушинского муллы-будуна Маммы. А. ʻА.-Х. прошел традиционный путь ученика-мутаʻаллима начальной школы — мектеба, затем учился в нескольких медресе, затем — у разных ученых и шейхов в течение 15 лет. По окончании обучения получил у современников признание «совершенного знатока» мусульманских наук шафиитского мазхаба. В 1890 г. А. ʻА.-Х. совершил паломничество-хаджж. На формирование религиозного мировоззрения А. ʻА.-Х. большое влияние оказали кадий акушинской мечети Гаджила ʻАли и его духовный наставник, шейх накшбандийского тариката Ильяс-хаджжи Цудахарский, который ок. 1901 г. устно передал А. разрешение-иджазу наставлять мюридов.

Суфийская община-вирд шейха А. ʻА.-Х. начала формироваться до 1917 г. и на начальном этапе состояла из пяти небольших групп мюридов (в основном в даргинских аулах). Но число приверженцев росло стремительно, и в 1920-е гг. вирд становится самым крупным на Северном Кавказе. По некоторым данным, при жизни шейха А. ʻА.-Х. община насчитывала до 20 тыс. мюридов в разных аулах многонационального Дагестана. В 1910-е гг. А. ʻА.-Х. в родном с. Акуша открыл медресе, в которых в разные годы обучалось от 20 до 40 учеников. В 1920-е гг. в медресе обучалось уже до 220 детей, в том числе 80 девочек.

Общественное признание к А. ʻА.-Х. пришло до революции. В 1914 г. А. ʻА.-Х. в качестве признанного религиозного деятеля включили в состав делегации Дагестанской обл., встречавшей императора Николая II на вокзале г. Дербента. В январе 1917 г. он состоял кадием акушинской джума-мечети. По мнению местных властей, к его голосу, как и к голосу другого крупного ʻалима и его будущего политического оппонента *Гоцинского Нажмутдина*, «прислушивался весь Дагестан».

В годы революции и Гражданской войны (1917–21 гг.) А. ʻА.-Х. оказался в центре политических событий, происходивших на Сев. Кавказе. Светская интеллигенция Сев. Кавказа после Октябрьского переворота разделилась на сторонников и противников советской власти, при этом и те и другие стремились заручиться поддержкой мусульманских лидеров региона. В январе 1918 г. *Гоцинский Нажмутдин* был провозглашен имамом Дагестана, сторонники большевиков и советской власти заручились поддержкой А. ʻА.-Х. 18.01.1918 г. на митинге в г. Темир-Хан-Шуре он был провозглашен шейх-ул-исламом Дагестана в противовес противнику советской власти муфтию и имаму *Гоцинскому Нажмутдину*.

А. ʻА.-Х. принял участие в работе Горского правительства и Союзного Совета (парламента) *Горской республики*, сформированных 11.05.1918 г., через год после объявления

Союза объединенных горцев Северного Кавказа и Дагестана. В марте–мае 1919 г., когда передовые части Добровольческой армии А. И. Деникина угрожали оккупацией территории *Горской республики*, А. ʽА.-Х. был в числе сторонников независимости. 19.04.1919 г. он выступил на совместном заседании Горского правительства и Союзного Совета с призывом оказать вооруженное сопротивление. На альтернативной основе 14.05.1919 г. на совместном заседании правительства и парламента А. ʽА.-Х. был избран главой Ведомства шариатских дел вместо ушедшего в отставку муфтия *Гоцинского Нажмутдина*. Летом 1919 г. он возглавил антиденикинское восстание в Дагестане, в результате Временный правитель Дагестанской области генерал М. Халилов лишил его звания шейх-ул-ислама. Но население и первые руководители Советского Дагестана продолжали называть А. шейх-ул-исламом до конца жизни. 19.10.1919–11.04.1920 г. А. ʽА.-Х. был председателем Совета обороны Северного Кавказа и Дагестана — коалиционного правительства антиденикинских политических сил Северного Кавказа.

Руководство Советского Дагестана использовало имя А. ʽА.-Х. до конца 1920-х гг. в целях укрепления позиций советской власти в Дагестане, а также для подавления антисоветского восстания в Нагорном Дагестане (сентябрь 1920 — май 1921). По некоторым сведениям, за содействие большевикам в установлении советской власти в 1920 г. А. ʽА.-Х. получил именные золотые часы от председателя СНК В. И. Ленина. В 1920–21 гг. он входил в состав Дагестанского ревкома в качестве наркома шариата, формально возглавлял Ведомство шариатских дел и Дагестанский областной шариатский суд до 1927 г.

В 1928–30 гг. Дагестанским отделением ОГПУ было сфабриковано уголовное дело в 13 томах о «контрреволюционной организации» (66 человек), якобы во главе с шейхом А. ʽА.-Х. и его сыном Магомедом. Постановлением коллегии ОГПУ от 30.04.1929 г. к различным мерам наказания, предусмотренным ст. 58 УК РСФСР («контрреволюционная деятельность»), были приговорены 62 мюрида А. ʽА.-Х.: 29 — к расстрелу, 27 были сосланы на каторгу в Соловки, 3 — в г. Калугу и 3 — в г. Орел. А. ʽА.-Х. умер в собственном доме 08.04.1930 г., вскоре после этого его семья и некоторые мюриды были высланы в Киргизию.

Личная библиотека А. ʽА.-Х. и его переписка с военными, общественными, советскими и партийными деятелями 1917–20-х гг. не сохранились, вероятнее всего, были уничтожены в начале 1930-х гг. местными правоохранительными органами.

При жизни шейх А. ʽА.-Х. не назвал своего преемника — маʼзуна, и это вызвало противоречия. Старшие мюриды Кадиабдул Шанавазов и Магомед-устаз объявили себя преемниками устаза, но даже в родовом с. Акуша их не признали. Желающих объявить себя духовными наследниками самого влиятельного шейха в Дагестане было много. Личный секретарь шейха А. ʽА.-Х. Сулейман-хаджжи Махмудов во время допроса следователю ОГПУ в 1928–29 гг. в числе уважаемых шейхом А. ʽА.-Х. суфиев назвал мугринского шейха Хизри-хаджжи, кичигамринского шейха Зубайру-хаджжи и бутринского шейха без указания имени. Его последователями-мюридами называли себя десятки жителей из разных аулов и городов многонационального Дагестана в 1950–80-е гг., в основном даргинцы и кумыки. Община последователей шейха А. ʽА.-Х. находилась под постоянным наблюдением правоохранительных органов Дагестанской АССР до конца 1980-х гг.

Соч.: Полемика дагестанских ученых по вопросу об отчуждении собственности по назру (обету) // Сб. сведений о кавказских горцах. Тифлис, 1871. Вып. V. Отд. IV. С. 8–40; Тарджамат ас-сифат; Касида нунийа; ар-Рисала фи хакк вуджуб ат-таджвид ва-тасхих ал-кираʼа; ат-Такрират фи масʼалат ан-назр // ФВР ИИАЭ ДФИЦ РАН. ФМС. № 63б; Сиркат ан-нусус ва-изхар ал-лусус // Там же. № 28а.

Лит.: Али-хаджжи Акушинский — шейх-ул-ислам Дагестана, патриот и миротворец (Документы и материалы) / сост. Г. И. Какагасанов, А.-Г. С. Гаджиев. Махачкала, 1998; Гасанов М. М., Сулаев И. Х. Суфийская община мюридов Али-хаджжи Акушинского (первая треть XX в.) // Религиоведение. 2012. № 4. С. 30–39; Ад-Дургели Назир. Услада умов в биографиях дагестанских ученых. (Нузхат ал-азхāн фӣ тарāджим улāмā Дāгистāн). Дагестанские ученые X–XX вв. и их биографии. М., 2012. С. 139–140; Сулаев И. Х. Страницы жизни Али-хаджжи Акушинского // Возрождение. 1998. № 4. С. 42–49; Сулаев И. Х. Шейх-уль-ислам Али-хаджжи Акушинский // Мусульманская цивилизация. 1995. № 2. С. 134–141.

И. Сулаев

Албаков, Ибрагим Хасултанович (род. 05.01.1972) — ректор Ингушского исламского ун-та.

Родился в с. Кантышево Назрановского р-на ЧИАССР. Среднюю школу окончил в с. Кантышево, в старших классах школы параллельно обучался в сельском медресе. В 1988 г. поступил на исторический факультет Чечено-ингушского государственного ун-та. В частном порядке брал уроки у арабиста Уматгирея Бакаева.

В 1991–94 гг. преподавал грамматику арабского языка в Назрановском исламском ин-те им. имама аш-Шафии. Затем поступил в Ин-т исламских миссий в Египте (1994–97 гг.). В 1997 г. поступил в ун-т Ал-Азхар (Каир), на факультет шариата и исламской юриспруденции.

В 2002 г. вернулся в Ингушетию, с 2004 г. преподавал усул ал-фикх в Ингушском исламском ин-те в г. Сунжа (до 2016 г. — ст. Орджоникидзевская). С августа 2004 по 2013 г. работал зам. муфтия РИ. С января 2014 г. работает ректором Ингушского исламского ун-та им. Х. Х. Барзиева.

Лит.: Ибрагим Албаков — ректор Ингушского исламского университета имени Хаматхана-Хаджи Барзиева поздравляет всех мусульман с началом месяца Раби-уль-авваль // Дина сердало http://dinaserdalo.com/?p=680. Дата обращения 30.09.2017; Патиев Я. Первый исламский институт в России // газ. Сердало от 21.10.2016.

М. Албогачиева

Албогачиев, Магомед-хаджжи Османович (род. 28.06.1957) — первый муфтий Республики Ингушетия.

Родился в г. Алма-Ате Казахской ССР. В детстве научился читать Коран, изучал хадисы. С 1972 г. учился у ингушских и дагестанских арабистов, в том числе в Киргизской ССР. В 1997 г. окончил Исламский ин-т им. имама аш-Шафии в Ингушетии. В течение 12 лет возглавлял ДУМ РИ (1992–2004). В этот период были образован кадият, избран Совет ʻалимов. Во многом благодаря позиции А. с конца 1990-х гг. во всех школах республики в 5–11-х классах преподают основы ислама. Открылись медресе и исламские ин-ты, были построены соборные и квартальные мечети. Начались регулярные поездки верующих в Мекку (хаджж и ʻумра).

На протяжении 5 лет А. возглавлял *Координационный центр мусульман Северного Кавказа* (1998–2003). За период руководства А. Центр добился признания на всех уровнях российской власти, в том числе у президента РФ В. В. Путина, руководителей правительства, парламента РФ и т. д. Представители *Координационного центра мусульман Северного Кавказа* вошли во все существующие государственные религиозные структуры: в Межрелигиозный совет России при Президенте РФ, Центральное духовное управление мусульман, Совет муфтиев России и др.

В июне 2016 г. Юнус-Бек Евкуров назначил А. советником главы РИ по религиозным вопросам.

Лит.: Албогачиева М. С.-Г. Ингуши в ХХ в: этнографические аспекты религиозных практик // Сев. Кавказ. Традиционное сельское сообщество: социальные роли, общественное мнение, властные отношения. СПб., 2007; Албогачиева М. С.-Г. Ингуши. М., 2013; Магомед-хаджи Албогачиев назначен помощником-советником главы Ингушетии по религиозным вопросам. [Электронный ресурс] URL: http:// www.ingushetia.ru/news/magomed_khadzhi_albogachiev_naznachen_pomoshchnikom_sovetnikom_glavy_ingushetii_po_religioznym_vopro.

М. Албогачиева

Албогачиев, Татре Дотмурзиевич (1834–1911) — мусульманский общественный и религиозный деятель, берейтор Министерства Императорского двора.

Родился в с. Гамурзиево Владикавказского окр. Терской обл. (ныне входит в состав г. Назрань). А. участвовал в Русско-турецкой войне 1877–78 гг. на территории Болгарии, награжден знаком отличия военного ордена Св. Георгия 4-й степени. После окончания войны был назначен старшиной с. Альты Гамурзиевского окр. Терской обл. (ныне входит в состав г. Назрани), оставаясь в Терской милиции. В 1879 г., получив приглашение, переехал в г. Санкт-Петербург, где был назначен постоянным вестовым при казенных лошадях Его величества (берейтором). 26.02.1881 г., по высочайшему повелению, за отлично-усердную службу произведен в прапорщики милиции. 02.03.1882 г. переведен в Придворную конюшенную часть. А. отбирал и объезжал для российского императора лошадей и давал уроки верховой езды цесаревичам. Дети трех российских царей — Александра II, Александра III и Николая II — были учениками А. В 1885 г. получает чин подпоручика милиции и турецкий орден Меджидио 4-й степени в память войны с Турцией 1877–78 гг., кавалерийский крест Мекленбург-Шверинского ордена Грифа, а затем и чин поручика милиции.

А. активно участвовал в жизни горцев Кавказа, принимая участие во всех землячествах, вечерах, в различного рода благотворительной деятельности, был членом мусульманского благотворительного общества г. Санкт-Петербурга, помогал в сборе пожертвований на постройку Соборной мечети Санкт-Петербурга. В 1895 г. А. подал в отставку по состоянию здоровья и уехал на родину.

В 1905 г. стал членом Окружного по раскладке поземельных сборов присутствия в Терской обл. Он также вошел в число почетных выборных от ингушского народа, ходатайствовавших в г. Тифлисе перед наместником на Кавказе об утверждении временно образованного Назрановского окр. Прошение было удовлетворено, 10.06.1909 г. был утвержден Назрановский окр., в составе 2-го и 3-го участков Сунженского отд., а также из наделов с. Сагопши, Пседах, Кескем 1-го участка этого отдела со всеми подчиненными им в адм. отношении хуторами и поселками. Было принято решение образовать управление Назрановского окр. и горский словесный суд в этом округе в том составе, какой определен для общего управления округов Терской обл.

В 1909 г. в г. Грозном состоялся съезд горского и русского населения трех округов и отделов, где были избраны члены в особую комиссию для организации в области примирительных народных судов, в том числе и А. С 15.04.1909 г. вступил в силу протокол, регламентировавший деятельность Осетино-ингушского смешанного суда. Умер в 1911 г., похоронен в Ингушетии на родовом кладбище семьи Албогачиевых.

Лит.: Абадиев Б. Из ингушского племени // газ. Сердало. 2003. № 131. 14 октября; Албогачиева М. С.-Г. Многоликая Ингушетия. СПб., 1998. С. 299; Албогачиева М. С.-Г. Ингуши в Петербурге // Город нашей общей судьбы: материалы научно-практических конференций и семинаров. СПб., 2005; Газиков Б. Сб. сведений об ингушах. Назрань, 2009; Журнал «Разведчик». № 1137. 14.08.1912. Прил. стр. 307. (ВП от 06.08.1912); Кундышева Э. Мой прадед был берейтором царских конюшен // На дне. 2001. 1 июля; Наследие. Вассан-Гирей Эльджиевич Джабагиев. Публицистика по истории, культуре, экономике Кавказа, России, Западной Европы и ислама / сост. И. Г. Алмазов. Назрань, 2015; РГИА. Ф. 1290. Оп. 11. Д. 2390; Ф. 447. Оп. 3. Д. 69; Ф. 447. Оп. 3. Д. 74; Ф. 447. Оп. 3. Д. 286; Ф. 447. Оп. 3. Д. 301; Севрюкова Е. Берейтор Его Императорского Величества // Наши лица. 2015; Тагирджанова А. Мусульмане в жизни и культуре Петербурга (XVIII–XIX вв.). СПб., 2013; Терские ведомости. 1905. № 272; Толмачев Э. Отец кулака // Ингушетия. 17 февраля 1998 г.; Шайдуцкий В. И. На службе Отечества. Сан-Франциско, 1963. С. 224; Яндиева М. Д. Ингушетия и ингуши. Назрань; М., 2002; Ингушский след в августейшем окружении. [Электронный ресурс] // URL: http://www.vrtu-vkure.com/modules.php?name=Forums&file=viewtopic&p=3468/

М. Албогачиева

Алексеева, Евгения Павловна (01.12.1921–15.08.1994) — археолог-кавказовед, доктор исторических наук, профессор. Окончила Ленинградский государственный ун-т. А. работала в Карачаево-Черкесском научно-исследовательском ин-те (Карачаево-Черкесский ин-т гуманитарных исследований). Специализировалась в области археологии и истории народов Карачаево-Черкесии. Проводила археологические исследования на территории Карачаево-Черкесии. Автор более 70 научных работ, в том числе обобщающих работ по древней и средневековой истории Карачаево-Черкесии и монографии «Археологические памятники Карачаево-Черкесии» (М., 1992), в которой впервые комплексно были рассмотрены все выявленные на территории Карачаево-Черкесии археологические памятники до эпохи Позднего Средневековья включительно.

Соч.: Археологические памятники Карачаево-Черкесии. М., 1992; Вопросы взаимосвязей народов Северного Кавказа с русскими в X–XV вв. в отечественной исторической науке. Черкесск, 1993; Древняя и средневековая история Карачаево-Черкесии. М., 1971; История народов Северного Кавказа с древнейших времен до конца XVII в. М., 1972; Материалы к древнейшей и средневековой истории адыгов (черкесов). Черкесск, 1954; Очерки по истории черкесов в XIV–XV вв. Черкесск, 1954.

А. Пачкалов

ʿАли ал-Багдади — см. *Багдад-ʿАли*.

ʿАли-Гаджи из Инхо — см. *ʿАли-Хаджжи из Инхо*.

Алиев, Муртазали (Муртада ʿАли, 1812 — после 1872) — глава мусульманского духовенства Карачая второй половины XIX в., кадий («народный эфенди»). До начала 1840-х г. служил муллой в Кавказско-Горском полку Большой Кабарды (примерно до 1841 г.), позднее — в лейб-гвардии Кавказского полуэскадрона, затем — в «вольном Нахичеванском ауле». После подавления августовского восстания 1855 г. в Карачае царские власти сместили с поста кадия *Хубиева Магомета-эфенди*, назначив вместо него А. М. Потом А. М. переехал в Кабарду, где стал главой духовенства. Поскольку он «не считался кабардинцем», то в 1868 г., будучи «народным эфенди Кабардинского окружного суда», обратился к начальству с прошением «о причислении его с семейством к сословию кабардинцев и дозволении поселиться ему в аул штабс-капитана Куденетова», заручившись поддержкой 28 почетных жителей Кабарды. Окружные власти вышли с ходатайством к начальству Терской обл.

А. М. был неоднократно женат. От первого брака у него было двое сыновей (Булат и Али). В 1871 г. А. М. было пожаловано в потомственное владение 300 дес., однако он оставил Кабарду и в 1872 г. упоминается как житель с. Канглы Пятигорского у. Терской обл. (ныне Минераловодский р-н Ставропольского края) — вновь основанного в 1866 г. ногайского села, в котором, видимо, также исполнял обязанности муллы.

Лит.: Бейтуганов С. Н. Кабарда в фамилиях. Нальчик, 1998. С. 78, 86–87.

Р. Хатуев

Алиев, Умар Джашуевич (25.08.1895–24.06.1938) — общественный и государственный деятель Сев. Кавказа, ученый-кавказовед, создатель азбуки и автор первого системного описания грамматического строя карачаево-балкарского языка.

Происходит из рода карачаевских узденей Алиевых. Родился в с. Карт-Джурт Баталпашинского отд. Дагестанской обл. (ныне Карачаевский р-н КЧР). После учебы в мектебе в родном ауле в 1902–04 гг. обучался в медресе с. Кёнделен Терской обл. (ныне Эльбрусский р-н КБР) в 1907–17 гг., затем — в медресе г. Темир-Хан-Шура (ныне г. Буйнакск РД) в 1912–14 гг., где получил религиозное образование. В 1915–16 гг. преподавал в Дагестане и Азербайджане, в 1916 г. — в г. Тифлисе. Затем переехал в Волго-Уральский регион Российской империи, в 1916–18 гг. вел преподавательскую деятельность в г. Уфе. После Февральской революции 1917 г. организовал профсоюз мусульманских учителей, избран председателем Уфимского городского, а затем губернского совета профсоюзов. С 1917 г. в г. Казани: зам. председателя Центрального бюро Всероссийского союза учащихся-мусульман. С января 1918 г. — председатель Центрального бюро Всероссийского союза учителей-мусульман-интернационалистов. С апреля 1918 г. — зав. отделом по делам мусульманского пролетариата Крыма, Кавказа, Туркестана, Киргизстана в Центр. мусульманском комиссариате при Наркомнаце РСФСР, с июля того же года — зав. отделом горцев Кавказа при Наркомнаце РСФСР.

В октябре 1919 — марте 1920 г. — один из руководителей просоветского партизанского движения в Дагестане, затем — руководитель отдела горцев при Северо-Кавказском ревкоме, работал в подполье в г. Баку, Крыму, на Северном Кавказе. Делегат II Конгресса Коминтерна (июль-август 1920 г.), I съезда народов Востока (сентябрь 1920 г., г. Баку). С ноября 1920 г. по ноябрь 1921 г. — глава Карачаевского окр. в составе Горской АССР (председатель окружного ревкома, окружного исполкома Советов). С 26.12.1921 — член ВЦИК от Карачая и Черкесии.

В 1922–24 гг. — на различных должностях в Юж. Дагестане, в Москве. С 1925 г. — в г. Ростове-на-Дону: зам. заведующего Северо-Кавказским крайОНО, председатель крайнацсовета, директор Северо-Кавказского краевого Горского НИИ истории, экономики, языка и литературы, директор Музея горских народов. С 1926 г. — председатель Северо-Кавказского комитета нового алфавита. В марте 1930 г. вернулся в г. Москву, где окончил Ин-т красной профессуры (1935), работал редактором журнала «Культура и письменность» (с 1931 г. — «Революция и письменность»), ученым секретарем кафедры ленинизма Всесоюзного заочного ин-та права, преподавал карачаево-балкарский язык в Государственном ин-те театрального искусства им. А. В. Луначарского, арабский язык в МГУ.

В 1921 г. составил алфавит карачаево-балкарского языка на основе латиницы. Автор «Нового карачаевского букваря» (1923), «Русско-карачаево-балкарского словаря» (рукопись), «Карачаево-балкарско-русского словаря» (рукопись), учебников «В единении — сила» (1927), «Карачаево-балкарская грамматика» (1930), очерков «Карачай» (1927), «Кара-Халкъ» («Черный люд») (1927) и др. Участник I тюркологического съезда в г. Баку. В 1935 г. А. У. присвоена степень доктора экон. наук. Арестован 24.06.1937 г. по клеветническому обвинению, расстрелян. Реабилитирован посмертно в 1957 г. Его имя присвоено Карачаево-Черкесскому государственному ун-ту, средней школе а. Карт-Джурта, улицам в г. Кисловодске, Черкесске, Карачаевске.

Лит.: Алиева Т. К. Штрихи к портрету языковой личности У. Д. Алиева // Филологические науки. Вопросы теории и практики. 2017. № 4(70). С. 54–55; Курмансеитова А. Х. К вопросу о вкладе Умара Алиева в становление книжного дела у горцев Северного Кавказа // Научная мысль Кавказа. 2016. № 1. С. 95–97.

Р. Хатуев

Алиев, **Эрисхан-Султан-Гирей** (30.04.1855–1920) — российский военный деятель, верховный правитель Чечни, генерал от артиллерии.

Род. в с. Старые Атаги Терской обл. (ныне Грозненский р-н ЧР). Окончил Ставропольскую классическую гимназию, 2-е военное Константиновское училище (г. Санкт-Петербург), Михайловское артиллерийское училище (г. Воронеж) и Михайловскую артиллерийскую академию.

С 13.11.1903 г. — командир 26-й артбригады, с которой участвовал в Русско-японской войне. С 16.05.1906 г. командовал 5-й Восточно-Сибирской стрелковой дивизией, с 14.08.1908 г. — 2-м Сибирским корпусом. Удостоен звания генерала от артиллерии (1914). С 08.02.1914 г. — командир 4-го армейского корпуса, которым командовал в течение Первой мировой войны. Участвовал в большинстве важнейших операций: Восточно-Прусской и Лодзинской, боях при Пултуске и Нареве, а также в тяжелейшем отступлении из Румынии. За отличия в боях под г. Варшавой был награжден орденом Св. Георгия 3-й степени. Также награжден орденами Св. Александра Невского с мечами, Белого Орла с мечами. Находился в распоряжении Верховного главнокомандующего.

В мае 1917 г. выехал из г. Петрограда в Чечню. Предложил свои услуги военного специалиста правительству горцев Кавказа. Получив отказ, в ноябре 1918 г. был зачислен в распоряжение главкома Добровольческой армии. После занятия Чечни белыми войсками А. Э.-С.-Г. был избран в марте 1919 г. на съезде чеченских тейпов верховным правителем Чечни. По сути, оказался в подчинении главноначальствующего Терско-Дагестанского края генерала И. Г. Эрдели, без права решающего голоса. В знак протеста против жесткой политики, выразившейся в том числе и в разгроме нескольких нелояльных чеченских аулов, А. Э-С-Г. подал в отставку. После отхода частей Добровольческой армии из Терской обл. А. был арестован большевиками, заключен в тюрьму г. Грозного и расстрелян там же по приговору ревтрибунала. Существует версия (вероятно, ошибочная) о том, что он эвакуировался с белыми в Грузию и затем в Турцию.

Лит.: Абазатов М. А. Из истории гражданской войны в Чечено-Ингушетии. Грозный, 1962; Борьба за советскую власть в Чечено-Ингушетии (1917–20). Грозный, 1958; Гогитидзе М. Д. Военная элита Кавказа. Т. II. Тбилиси, 2011. С. 39; Гражданская война на Северном Кавказе. Махачкала, 1982; Деникин А. И. Путь русского офицера. М., 1991. С. 144–145; Макаров Д. В. Дорогами ислама Центральной России. М., 2012. С. 52; Попов А. Н. Революционная Чечня в огне сражений. Грозный, 1973; Стодневные бои в Грозном. Грозный, 1959.

А. Ярлыкапов, Р. Р. Назаров

'Али-Хаджжи из Инхо (вариант: Али-Гаджи, 1845–89) — мусульманский религиозный и общественный деятель.

Родился в с. Верх. Инхо (ныне Гумбетовский р-н РД), аварец. До 12 лет учился в примечетской школе в родном селении, затем ок. 10 лет учился в медресе с. Миатли (ныне Кизилюртовский р-н РД). Закончив учебу, стал дибиром с. Орота (ныне Хунзахский р-н РД), а затем с. Буртунай (ныне Казбековский р-н РД). После полутора лет работы в этих селениях занимал должность дибира кумыкского с. Эндирей (ныне Хасавюртовский р-н РД) в течение семнадцати лет. Об 'А.-Х. И. известно также, что он дважды совершал хаджж: первая поездка была организована для встречи горцев с находившимся в Мекке *Шамилем* (приблизительно в ноябре 1870 г., когда 'А.-Х. И. работал в с. Орота), вторую поездку совершил уже в годы жизни в с. Эндирей.

Широкое хождение и популярность в Дагестане имели его дидактические стихи, религиозные проповеди и песнопения, элегии и сатирические стихи. С 1905 г. произведения поэта интенсивно печатаются в г. Темир-Хан-Шуре в типографии *М.-М. Мавраева*. Они вошли в сборники Сиражудина из Обода «Бустан Аваристан» («Сад Аваристан», 1905), 'Абдуллахаджжи из Чоха «ВагIзабазул тIехь» («Сборник проповедей», 1912). Помимо религиозных наставлений в эти сборники были включены стихи философского характера, а также дидактические миниатюры.

В 1913 г. в типографии *М.-М. Мавраева* отдельным изданием вышла поэма 'А.-Х. И. «Взятие Мекки», воспевающая исторический поход пророка Мухаммада на Мекку. Произведения поэта впервые при советской власти были изданы аварским филологом А. Шамхаловым в сборнике «Старинные песни и рассказы аварцев» (1928). После значительного перерыва в 1958 г. они были переизданы в сборнике «Антология аварской поэзии». В 1972 г. вышел первый отдельный сборник произведений поэта «Назмаби» («Стихи»), а в 1995 г. новый сборник стихов «Асарал» («Сочинения»), куда вошла и духовная поэзия. Русскоязычный читатель с творчеством 'А.-Х. И. впервые познакомился в 1934 г. через «Дагестанскую антологию»; позже произведения его были изданы в сборниках «Поэзия народов Дагестана» (1960), «Дагестанская лирика» (1961).

Умер в 1889 г. в с. Эндирей, где и похоронен.

Лит.: Инхоса ГIали-ХIажи. Асарал / (Али-Хаджи из Инхо. Сочинения). Махачкала, 1995; Юсупова Ч. С. Али-Гаджи из Инхо. Жизнь и творчество. Махачкала, 1997.

Д. Маламагомедов

Алиханов-Аварский, Максуд (23.11.1846–03.07.1907) — генерал-майор Российской армии, мервский окружной начальник и тифлисский губернатор.

Родился в с. *Хунзах* Аварского окр. Дагестанской обл. (ныне центр одноименного р-на РД) в семье офицера-аварца. В детстве находился в заложниках у имама *Шамиля*, после выкупа был определен во 2-ю Тифлисскую дворянскую гимназию. В 1862 г. поступил во 2-е Константиновское военное училище в Санкт-Петербурге и в 1864 г. выпущен корнетом в Сумской гусарский полк. В 1873 г. в составе Мангышлакского отряда принял участие в Хивинском походе, был ранен. С сентября 1877 г. в 15-м Переяславском драгунском полку, который в составе Эриванского отряда действовал на Кавказском театре Русско-турецкой войны 1877–78 гг. За отличие в сражении при Деве-Бойну А.-А. М. награжден знаком отличия Военного ордена (солдатским Георгием) 4-й ст. Через год вышла первая публикация А.-А. М.: в «Инженерном журнале» была напечатана статья «Заметки о Деве-Бойнской позиции».

В 1879 г. А.-А. М. был откомандирован в Закаспийскую обл. и в составе отряда генерала Ломакина принял участие в Ахал-Текинской экспедиции. В 1882 г. А.-А. М. под прикрытием купеческого каравана совершил поездку в г. Мерв (ныне г. Мары Республики Туркменистан), где провел тайные переговоры с туркменскими старейшинами. В 1883 г. с небольшим отрядом рекогносцировал персидский Хорасан, в это время по поручению кавказского наместника встретился с шахом и обсудил с ним пограничные вопросы. Через год состоялась уже официальная поездка в г. Мерв, результатом которой стало добровольное присоединение Мервского оазиса к Российской империи, а сам А.-А. М. был назначен первым мервским губернатором. В марте 1885 г. под г. Кушкой произошло сражение русских войск под командованием генерала Комарова с афганцами, подполковник А.-А. М. в сражении командовал русской конницей. За отличие в этом бою он был награждён орденом Св. Георгия 4-й ст. В 1900 г. участвовал в Китайском походе, по окончании которого в 1901 г. произведён в генерал-майоры. В декабре 1905 г. А.-А. М. был назначен временным тифлисским губернатором, с января 1906 г. — временным генерал-губернатором Кутаисской губ. Убит 03.07.1907 г. в Александрополе (ныне г. Гюмри в Армении) террористами-дашнаками. Похоронен на родине в г. *Хунзах*. Его надмогильный памятник был уничтожен в разгар гонений на религию в 1930-е гг., но был восстановлен в постсоветское время. Над его могилой построен мавзолей.

А.-А. М. был женат на Зарин-Тадж Бегум Нахичеванской, дочери генерал-майора Келбали-хана Нахичеванского. У них было два сына: Адиль-хан и Афиз-хан.

А.-А. м. известен как тонкий наблюдатель за жизнью мусульман Кавказа и Туркестана времён российского завоевания обоих регионов. Он передал свои впечатления о них в целом ряде живых репортажей и очерков, многие из которых были опубликованы в газете «Кавказ» в Тифлисе или в составе краеведческих историко-этнографических сборников. Ему принадлежит также пересказ на русский язык знаменитой хроники *«Дербенд-наме»*, который, впрочем, был подвергнут критике за неточности ещё дореволюционными российскими востоковедами.

Соч.: Алиханов М. В гостях у шаха. Очерки Персии. Тифлис, 1898; Он же. Мервский оазис и дороги, ведущие к нему. СПб., 1883; Он же. Поход в Хиву (кавказских отрядов). Степь и оазис. СПб., 1899; Он же. Тарихи Дербенд-Наме. Тифлис, 1898; Алиханов Максуд. В горах Дагестана. Путевые впечатления и рассказы горцев / сост. и автор комм. Р. Н. Иванов. Махачкала, 2005.

Лит.: Бой на Кушке и его 25-летний юбилей 18/III 1885–18/III 1910 г. Военное сообщение Генштаба полковника Шеманского. СПб., 1910; Иванов Р. Н. Генерал Максуд Алиханов: триумф и трагедия. Махачкала, 2003; Он же. Генерал Максуд Алиханов: укрощение высокогорного Ункратля. Махачкала, 2003.

Р. Назаров

Алкадари, Хасан-эфенди б. ал-Хаджж-'Абдаллах б. Курбан-Али ал-Алкадари ад-Дагистани (15.10.1834–12.09.1910) (псевдоним ал-Мамнун — «благородный») — мусульманский религиозный деятель, дагестанский учёный-правовед и историк, поэт.

Родился в аварском с. Балахуни общества Койсу-бо (ныне Унцукульский р-он РД) в семье выходцев из лезгинского с. Алкадар (откуда и нисба) Кюринского ханства (ныне Сулейман-Стальский р-он РД) хаджжи 'Абдаллаха-эфенди (ум. 1862). Отец А. Х.-э. был учеником, сподвижником, а затем и зятем знаменитого устада тариката *накшбандийа ал-Йараги Мухаммада-эфенди*, одного из идеологов вооружённого джихада против царского завоевания времён *Кавказской войны*. Мать А. Х.-э. Хафсат являлась дочерью шейха *ал-Йараги Мухаммада-эфенди*. В 1834–38 г. семья переехала в с. *Согратль* союза горских сельских общин Андалал (ныне Гунибский р-он РД), где скрывалась от преследований российских властей. В связи со смертью шейха *ал-Йараги-эфенди Мухаммада* отец А. с семьёй вернулся в Кюринское ханство, где в родном с. Алкадар открыл медресе, в котором в течение 26 лет преподавал арабский язык, Коран, тафсир, математику, логику, мусульманское право, риторику и основы диспута. До 1848 г. А. Х.-э. учился у отца, выучил тюркский и персидский языки. Затем продолжил образование в с. Юхари-Яраг (ныне урочище в Магарамкентском р-не РД) у брата своей матери Исма'ила ал-Йараги, около 20 лет занимавшего пост *верховного кадия* (кади ал-кудат) Кюринского ханства. В 1855–56 гг. в течение 8 месяцев изучал астрономию, философию и медицину в медресе одного из учеников своего деда — Мирза-Али ал-Ахты в с. Ахты — центре Самурского окр. (ныне райцентр Ахтынского р-на РД). А. Х.-э. с большим уважением и гордостью отзывался о своём ахтынском учителе, с которым изучил книги «Шарх ал-Мулаххас» и «Шарх ал-Хидайат», и даже посвятил ему несколько касыд-панегириков.

В декабре 1856 г. по приглашению генерал-майора Йусуф-хана Кюринского (1842–47, 1848–64) А. Х.-э. возглавил ханскую канцелярию и одновременно взялся за обучение ханских наследников, чем занимался в с. Юхари-Яраг до 1861 г. В период реформ 1860-х гг., в связи с образованием Дагестанской области, ханское делопроизводство и судебное присутствие (диван) возглавляемые А. Х.-э., в 1861 г. были перенесены в с. Касум-кент (ныне райцентр Сулейман-Стальского р-на РД). Под давлением властей и спровоцированных в народе волнений в 1864 г. Йусуф-хан Кюринский вынужден был отречься от власти, и в начале 1865 г. Кюринское ханство было упразднено, а его территория превращена в Кюринский округ. В новом окружном правлении А. Х.-э. сохранил в судебном присутствии должность диван-бека и получил чин юнкера (1865). В 1866 г. он был назначен на пост наиба Южного Табасарана (участок включал территорию бывшего Табасаранского масумства) с резиденцией в с. Ниж.

Алкадари

Ярак (ныне с. Ашага-Ярак Хивского р-на РД), где и проработал почти 12 лет, последовательно получив чины подпрапорщика (1867), подпоручика (1870), поручика (1874). В эти же годы он сотрудничал с Гасан-беком Зардаби, выпускавшим в 1875–77 гг. для мусульман первую газету на азербайджанском языке — «Экинчи» («Сеятель»). Тогда же сын А. Х.-э. Абу-Муслим был взят в г. Санкт-Петербург для подготовки к службе в конвое Его Императорского Величества. Осенью 1877 г. А. Х.-э. был арестован и на 7 месяцев брошен в Дербентскую тюрьму вместе с другими участниками *Восстания Всеобщего 1877 г.* в Дагестане. Формальным поводом послужило «недонесение» заблаговременно о подготовке восстания и «сочувствие» его участникам, однако следствие обвинений не подтвердило. А. Х.-э. был освобожден. Впрочем, литературное наследие того периода, в частности неоднократное упоминание А. Х.-э. в посвященных *Восстанию Всеобщему 1877 г.* стихах кадия с. Цилинг (ныне урочище в Курахском р-не РД) *Мухаммад-Амина* (известного как Етим-Эмин), позволяет сделать выводы о том, что в качестве наиба и наставника А. Х.-э. был знаковой фигурой в глазах восставших, рассчитывавших сделать его одним из своих лидеров.

Вернувшись в родное с. Алкадар, А. Х.-э. возобновил преподавание в отцовском медресе, но уже в марте 1879 г. был вновь арестован и в июле сослан в г. Спасск Тамбовской губ. Через год туда же были сосланы члены его семьи — жена и 9 детей. В период пребывания в ссылке А. Х.-э. знакомится с мусульманской интеллигенцией внутренних регионов России. Свои впечатления о крае, в котором ему пришлось провести почти 4 года, А. Х.-э. подробно описал в книге «Диван ал-Мамнун» — сборнике стихов, с описанием событий 1877 г. В мае 1883 г. А. Х.-э. был переведен в г. Астрахань, а в июне того же года по амнистии Александра III вернулся вместе с семьей в с. Алкадар, где почти безвыездно жил до конца своих дней. Вернувшись к преподаванию в медресе с. Алкадар, А. Х.-э. продолжил научную работу и литературное творчество.

А. Х.-э. владел богатой коллекцией рукописей и печатных книг на арабском, персидском, азербайджанском, русском языках, отличавшейся тематическим разнообразием. Его медресе в числе первых образовательных заведений в Дагестане стало разворачивать свою программу к наукам светского типа, повысив внимание, уделяемое преподаванию математики, физики, астрономии, истории, географии. Медресе пользовалось популярностью, в нем учились представители различных народов Дагестана и Азербайджана. А. Х.-э. похоронен в родном с. Алкадар. Здесь 26.09.2009 г., был открыт посвященный ему музей.

А. Х.-э. оставил огромное рукописное наследие — научное, поэтическое и эпистолярное, которое до настоящего времени полностью не выявлено, не систематизировано и плохо изучено. На русский язык переведено только одно сочинение А. Х.-э. — «Китаб Асари Дагистан» («Исторические сведения о Дагестане») — значительный исторический труд, который был завершен в 1890 г., опубликован с разрешения цензуры в 1903 г. в Баку на азербайджанском языке. На русском языке книга вышла в 1929 г., после перевода его сыном Али Гасановым. В «Асари Дагистан» А. Х.-э. называет 13 своих сочинений, 4 из которых пока не удалось обнаружить или идентифицировать, а остальные впоследствии полностью вошли в книгу «Джираб ал-Мамнун» — юридический и этико-догматический трактат, представляющий систематизацию хронологически разновременных образцов многолетней переписки ученого (конец XIX в. — 1910 г.) с представителями дагестанской мусульманской интеллигенции, многочисленные ответы по различным правовым вопросам шариата, в основном в рамках шафиитского мазхаба (земельное наследственное, семейное право, купля-продажа, вакф, обряды, работа с нормами обычного права), вопросам этики, морали и взаимоотношениям различных религий. В их числе: «Джахд ал-ʻарифи джаваб ал-ариб» — ответы на поступившие из сибирской ссылки 25 вопросов от Газанфар-эфенди по проблемам мусульманского права и этики; «Талхис ал-матлуб фи мушкилат мулла Аййуб» — ответы по логике и логической классификации науки; «Ал-Кавл ал-джамиʻ фи мушкилат *Мухаммад-ʻАли ал-Чухи*» — ответы на вопросы о формах земельной собственности, завещаниях, «практической» астрономии; «Кашф ал-фаттах фи шарх ан-никах» — о практике брака и развода и др. «Диван ал-Мамнун» — поэтический сборник, в котором нашли отражение многие события политической жизни Дагестана в XIX в. и сохранились поэтические тексты, принадлежащие многим дагестанским авторам XIX в. По словам И. Крачковского, сборник «представляет собой важный источник для раскрытия идеологии влиятельных политических и литературных группировок дагестанского общества второй половины XIX в.»; «по этой книге мы имеем возможность судить о развитии поэтического творчества крупного арабо-кавказского поэта за всю его жизнь». Обе книги были опубликованы на арабском языке в г. Темир-хан-Шура уже после смерти автора, в 1912 и 1913 г. соответственно, до настоящего времени не переведены на русский язык. В книгах, многочисленных письмах и записях А. Х.-э. нашли яркое отражение его общественно-политические и философско-этические воззрения. Рукописное наследие А. Х.-э. хранится в г. Махачкале в ИИАЭ ДФИЦ РАН (автографы — «Асари Дагистан», «Джираб ал-Мамнун», дневник 1906 г., полтора десятка писем, 50 писем-распоряжений в бытность его наибом Южного Табасарана; многие тексты в копиях), в г. Баку в Ин-те рукописей и Ин-те литературы Академии наук Азербайджанской Республики (автографы и копии); в с. Закаталы в краеведческом музее («Диван ал-Мамнун» в копии 1879 г., выполненной в ссылке учеником А. Х.-э. — Батрук-Мухаммадом из Катеха, и «Макамы» ал-Харири, также переписанные в 1879 г. тем же учеником, с многочисленными записями А. Х.-э. на полях рукописи); в частных коллекциях (автограф семейной хроники, которую А. Х.-э. вел в 1856–1909 гг., копия с автографа — перечня книг, составлявших личную коллекцию А. Х.-э., большое число автографов и копий материалов, связанных с педагогической, адм. работой, значительная частная переписка). В 1999 г. был обнаружен автограф «Диван ал-Мамнун».

В 2014 г. в серии «Мусульмане, которыми гордится Россия» были снят фильм «Дерево рода Алкадари».

Соч.: Китаб асари Дагистан та'лиф ал-'аллама Мирза Хасан-афанди б. ал-Хаджж-'Абдаллах-афанди ал-Алкадари ад-Дагистани. Петербург, 1312 [1894/95]; ал-'Урда ал-махдийа ли-р-равда ан-надийа ли-л-фадилайн ад-Дагистанийайн. Сахиб ал-асл... 'Абд ал-Латиф-афанди ал-Хузи... ва-л-мухаммас... Мирза Хасан-афанди ал-Алкадари. Петровск [б./г., дозволено цензурой в 1905 г.]; Джираб ал-Мамнун та'лиф... Хасан-афанди ад-Дагистани ал-Алкадари. Туби'а би-л-матба'а ал-исламийа. Темир-Хан-Шура, 1912; Диван ал-Мамнун. Ат-табакаал-ула. Темир-Хан-Шура, 1913.

Лит.: Абдуллаев М. А. Из истории философской и общественно-политической мысли народов Дагестана в XIX в. Махачкала, 1968. С. 215–259; Алкадари. Асари Дагистан; Антология дагестанской поэзии. Махачкала, 1968, 287–288; Баймурзаев А. Б. Из истории общественной мысли Дагестана второй половины XIX в. Махачкала, 1965. С. 58–118; Гусейнов Г. И. Гасан Алкадари. Махачкала, 2001; Историко-литературное наследие Гасана Алкадари: сб. научных трудов. Махачкала, 1988; Нуралиева Т. Гасан Алкадари и его коллекция // Сокровищница рукописей. Баку, 1987. Т. 8 (на азерб. яз.); Шихсаидов А. Р. Генеалогия Гасана Алкадари // Гасан Алкадари. Ученый, поэт, просветитель: сб. научных трудов. Махачкала, 2006; Ярахмедов М. Я. Из истории азербайджанско-дагестанской литературы. Баку, 1985. С. 191–210 (на азерб. яз.).

З. Гаджиев

Ал-Алмали, Махмуд б. Мухаммад ад-Дагистани аш-Ширвани ал-Ханафи ан-Накшбанди ал-Муджаддиди (1810–20.01.1877) — суфий и богослов, основатель названной по его имени ветви махмудийа в братстве *накшбандийа*-халидийа.

Родился в с. Алмалы Джаро-Белоканской обл. (ныне Гахский р-н Сев. Азербайджана). Традиционное мусульманское образование получил на родине, в с. Алмалы. Иджазу принял от шейха накшбандийского тариката Йунуса ал-Чари ал-Лалали, чья силсила восходит к шейху Халиду ал-Багдади. Ал-А. М. являлся признанным знатоком суфийского учения, но, согласно одному из источников, «не смог продвинуться дальше в своем духовном совершенствовании по причине отсутствия такой возможности у... его наставника». В начале 1840-х гг. поступил на службу секретарем к правителю Илисуйского султаната (центр — с. Елисуй, ныне Гахский р-н Азербайджана) Даниял-беку-султану, который в 1844 г. перешел на сторону имама *Шамиля*. За участие в движении *Шамиля* ал-А. М. был сослан в г. Пермь, а затем в г. Казань. Здесь обучался у шейха Хашима ал-Йамаши (ал-Йамашини), получил разрешение (иджаза) на наставничество, женился на его дочери. У самого ал-А. М. суфийское воспитание прошел будущий татарский шейх Мухаммад-Закир Чистави из г. Чистополя, к которому через несколько десятилетий приедет получать разрешение на наставничество лакец *Сайпулла-кади* Башларов — в настоящее время второй по значимости для современных дагестанских суфиев шейх, живший в конце XIX — начале XX в. В 1862/63 г. вернулся на родину, в с. Алмалы, где стал шейхом тариката *накшбандийа*. После него как в Азербайджане, так и в Дагестане 12 его преемников с разрешения ал-А. М. наставляли верующих на суфийский путь. В начале 1870-х гг. вновь сослан в г. Астрахань. Здесь обрел новых мюридов. На кладбище татарского села Мошаик (ныне Ленинский р-н г. Астрахани) создан культовый комплекс — аулие. Похоронен рядом с ним, могила является местом поклонения мусульман — выходцев с Сев. Кавказа. На рынке Большие Исады г. Астрахани в 2006 г. открыта мечеть его имени, в которую собираются в основном этнические чеченцы и аварцы — приверженцы суфийских братств *накшбандийа*-халидийа (ветвь махмудийа) и шазилийа. Последователями Д. выступали по преимуществу тюркоязычные мусульмане Юж. Кавказа, Ниж. и Среднего Поволжья и Приуралья. Представители основанной им ветви накшбандийского тариката — махмудийа — выступали против любого проявления насилия, в том числе и против вооруженного джихада, что отличает данную ветвь от др. ветвей *накшбандийа*, распространенных среди кавказских народов Среднего и Сев. Дагестана.

Лит.: Викторин В. М. Ислам в Астраханском регионе. М., 2008; Сызранов А. В. Мусульманские мистики в Астрахани в XVIII — начале XX в. // Суфизм как социокультурное явление в российской умме. Н. Новгород, 2007. С. 206–213; Шуайб ал-Багини. Табакат хваджкан ан-накшбандийа. Дамаск, 1999. С. 445.

П. Гусейнова, А. С.

Ама — см. *Яндаров, 'Абд-ул-Хамид*.

Ангелинский ерик — археологический памятник, поселение у протоки Ангелинский ерик в 2 км к северо-западу от ст. Ивановской Красноармейского р-на Краснодарского края, относится к золотоордынскому периоду и является однослойным. Площадь памятника составляет от 40 до 80 га. По всей видимости, А. е. является крупнейшим памятником эпохи *Золотой Орды* на территории Краснодарского края.

Поселение было открыто в 1937 г. Н. В. Анфимовым, который тогда же провел исследования могильника, примыкающего к поселению. После этого, вплоть до начала XXI в., памятник не привлекал значительного внимания исследователей. В последние годы археологические исследования поселения проводились И. В. Волковым. При раскопках 2006 г. были частично изучены следы соборной мечети (площадь составляла не менее 400 м²), выявлены кирпичные базы колоннад, завалы кирпичных стен и др. Также в последние годы на территории памятника активно собирали монеты коллекционеры, поэтому наиболее важные находки из поселения имеются в настоящее время в основном в частных коллекциях. В последнее время памятник активно разрушался распашкой.

Среди находок на поселении можно выделить большое число серебряных и медных золотоордынских монет (а также отдельные монеты Хулагуидов, подражания монетам Византии), свинцовые ампулы и гирьки, фрагмент бронзового браслета с мусульманской надписью, бронзовый перстень с мусульманским именем, западноевропейская пломба XIV в. (?), свидетельствующая о торговле на поселении тканями из Западной Европы. Не исключено, что на поселении проводилась чеканка золотоордынских монет.

По предположению И. В. Волкова, предшественником поселения А. е. могло быть поселение Прорвенский-1, функционировавшее до второй половины XIII в. По нумизматическим данным, поселение А. е. существовало с конца XIII в. или начала XIV в. до времени «Великой замятни» (в основном монеты ханов Токты, *Узбека* и *Джанибека*; младшая монета относится к 1364 г.). Среди монет преобладает продукция *Азака*, Крыма и нижневолжских городов. Расцвет населенного пункта пришелся по монетным данным на 1340-е гг. Среди нумизматических находок присутствует часть разрушенного клада серебряных монет начала XIV в. Помимо предметов золотоордынского времени на поселении были найдены античная монета и несколько монет династии Гиреев, что свидетельствует о посещении этого места на протяжении длительного времени.

И. В. Волков связывает поселение с г. Шакрак, упомянутым Абу-л-Фидой в сочинении «Упорядоченье стран» (1321 г.) на пути из Тамани в *Азак* (другими претендентами на роль Шакрака могут быть золотоордынские поселения Голубицкая-1 или Темрюк-1, расположенные на Таманском полуострове, к востоку от Тамани).

Лит.: Волков И. В. Золотоордынское поселение Ангелинский ерик в Краснодарском крае (предварительное сообщение) // Материалы и исследования по археологии Кубани. Краснодар, 2005. Вып. 5; Он же. О некоторых находках монет в Краснодарском крае // Материалы и исследования по археологии Кубани. Краснодар, 2003. Вып. 3; Волков И. В., Лопан О. В. Работы на городище Ангелинский ерик и возможности локализации города Шакрак // Пятая Кубанская археологическая конференция. Краснодар, 2009; Коновалова И. Г. Восточная Европа в сочинениях арабских географов XIII–XIV вв.: текст, перевод, комментарий. М., 2009; Пахомов Е. А. Монетные клады Азербайджана и других республик, краев и областей Кавказа. Баку, 1954. Вып. 6; Aboulfeda. Géographie d'Aboulféda. / Text arabe publié d'aprè les manuscrits de Paris et de Leyde par M. Reinaud et M. le Bon Mac Guckin de Slane. P. 1840.

А. Пачкалов

Ал-Ангиди, Халил б. Шейхилав (1828–1907) — дагестанский историк, правовед.

Родился в аварском с. Ангида союза общин Тиндал (ныне Цумадинский р-н РД) в семье 'алима из тухума Шамхалилал.

Начальное богословское образование ал-А. Х. получил у своего отца. Учителями ал-А. Х. также являлись следующие 'алимы: Загалав ал-Хварши (ум. 1871), его сын Талхат (ум. 1882), Газияв ал-Тлондоди (ум. 1872), Шамхал б. Муртаза-'Али ал-Аргвани (ум. 1907), Халид (Кукулав б. 'Али) ал-Карати (ум. 1892/93), Мухаммад-Амин (Мурадилав) ал-Мачади, Ибрагим-хаджжи (младший) ал-Уради (ум. 1872), *Муртада'али б. Мухаммад ал-Уради* (ум. 1865), Дибирасулав б. Хаджар ал-Гигатли, Пир-Мухаммад ал-Хуштади, Хасан б. Салман ал-Хуштади и 'Абдусалам б. Мухаммад ал-Муни (1829–87).

В ходе *Кавказской войны* участвовал в целом ряде сражений (Чох, 1849 г.; Закаталы, 1853 г. и т. д.). Первоначально ал-А. Х. занимал должность кадия в родном с. Ангида, но вскоре переехал в с. Тинди, где, по его собственным воспоминаниям, проработал около 30 лет кадием и писарем у наиба. В начале XX в., согласно эпитафии, занимал пост муфтия Дагестанской обл.

Ал-А. Х. — автор нескольких сочинений по грамматике арабского языка («Та'рифат» — «Определения», 1864 г., «Такмил макис ал-маса'ил», комментарий на сочинение *Муртада'али ал-Уради*), истории («Ал-Хабар фи-т-та'рих ал-махалли» — «Рассказ о местной истории») и др. дисциплинам («Фатава», «Хуласат ал-адаб», «Сийаг лазиза», «Мултакатат»,

«Мухтасар тамрин ас-сарф», «Хидайат-ул-фихам шарх-ул-кифайат ал-кирам» (комментарий на сочинение 'Абдуссалама ал-Муни).

Наиболее известным сочинением ал-А. Х. является «Ал-Хабар фи-т-та'рих ал-махалли» («Известия по истории региона»), посвященный истории *Кавказской войны*. Являясь современником и участником описываемых событий, ал-А. Х. передает очень ценные данные, не содержащиеся в других источниках XIX в. В частности, о событиях, происходивших в долине р. Андийское Койсу. В сочинении не соблюден хронологический принцип: в начале автор рассказывает о судьбе *Шамиля* после падения *Имамата*, а затем возвращается к началу *Кавказской войны*, затем периодически обращается к событиям разных промежутков времени. Во второй половине работы ал-А. Х. дает вольный пересказ *«Дербенд-наме»* в сокращенном варианте. В «Ал-Хабар фи-т-та'рих ал-махалли» также имеется много сведений, не имеющих прямого отношения к истории *Имамата Шамиля* и *Восстания Всеобщего 1877 г.* В частности, главы о «некоторых знатных людях Дагестана», «советы для тех, кто совершает хаджж», о наибе Инквачилав Дибире, восстании 1863 г. в Закатальском окр. и т. д.

Лит.: Алиев Б. Р. Кавказская Сибирь: селения Акнада, Ангида, Аща (к истории и этнографии тиндалов). Махачкала, 2011. С. 413–416; Амиров М. Г. «Хабар» Халила из Ангида — памятник дагестанской историографии XIX в. // Тезисы докладов научной сессии, посвященной итогам исследований ИИЯЛИ в 1990–91 гг. Махачкала, 1992. С. 1; Мусаев М. А., Магомедханов М. М. Дагестанские исторические сочинения XIX — начала XX в.: состояние и перспективы изучения // Вестник ДНЦ. 2012. № 47. С. 92–99; Абдулкеримов М. М. О составе арабоязычной рукописной книги в Дагестане // Источниковедение средневекового Дагестана. Махачкала, 1986. С. 122–123; Ангъидаса Халил (1828–1907). Цо мухъалъул тарихалъул бицен (ал-Хабар фи-т-тарих ал-махIалли). МахIачхъала, 2017.

Ш. Хапизов

Ал-Андарави, Ибрахим б. Мухаммад'али (ал-Индирави, Ибрагим, сын Магомедали) (конец XIX — начало XX в.) — кумыкский шейх накшбандийского тариката, поэт и публицист.

Родился в с. Эндирей (ныне Хасавюртовский р-н РД). Иджазу получил от шейха Тетекая-хаджжи из с. Ниж. Казанище (ныне Буйнакский р-н РД). Известны публицистические статьи и стихи, которые ал-А. И. опубликовал в первой кумыкской газете «Мусават» в 1917–18 гг. Отдельный сборник поэтических творений издан в г. Темир-Хан-Шуре (ныне г. Буйнакск) под названием «Манзумат Ибрахим» (1910). Другие работы автора на кумыкском языке: трактат «Китаб муршид ан-нисван» (1910), «Та'лим ал-ваджибат» (1908), поэма-мавлид «Китаб Джан Расул» (издан в 1907 г.).

Лит.: Абусупиян. Василатун нажат. Темирханшура, 1908. С. 31; Акамов А. Жизнь и творчество Ибрагима из Эндирея. Махачкала, 2011; Мавлет йырланы жыйымы / тизген Г. Оразаев. Махачкала, 2005. С. 12, 355–359.

Г. Оразаев

Ал-Анди, 'Али-мирза б. Мухаммад (1442/43–1498/99) — кадий Аварского нуцальства в 1480–90-х гг.

Согласно устной традиции, зафиксированной письменно в начале XX в., ал-А. 'А-м. был из тухума Шамхалал, представители которого живут сейчас в с. Анди, Гагатли, Рикуани и Гунха и, согласно Е. М. Шиллингу, происходят из с. Гамарду, которое располагалось близ с. Кижани Ботлихского р-на РД. Согласно памятной записи из рукописи, хранящейся в личном архиве краеведа с. Гагатли С. Сулейманова, ал-А. 'А-м. родился в 846 г. х. (начался 20.05.1442) и умер в 904 г. х. (начался 27.08.1498). По этим сведениям, у жителя с. Анди по имени Мухаммад было три сына: 'Али-мирза, Мухаммад-хаджжи и Газияв. Эти данные нужно воспринимать критично, так как они не встречаются в других собраниях памятных записей.

Будучи уроженцем с. Анди (ныне Ботлихский р-н РД), ал-А. 'А-м. являлся впоследствии вторым по властной иерархии лицом в Аварском нуцальстве — его кадием. Занимая эту должность, ал-А. 'А-м. составил в 1485 г. известный политический документ, известный как «Завещание Андуника». Как пишет М.-С. Саидов, «до нас дошел замечательный памятник Аварии, написанный по-арабски в 1485 г. Али Мирзой из аула Анди. Это — завещание аварского нуцала Андуника, сына Ибрагима, наследнику престола Булач-нуцалу. Списки памятника были известны еще в XIX в., но подлинник его был обнаружен только в 1941 г. в *Хунзахе*. Однако установить подлинность найденного в 1941 г. экземпляра удалось только в 1945 г., во время поездки автора настоящих строк по Аварии, благодаря найденной им в селении Салта Гунибского р-на книге "Шарх-ул-Мухаррар", переписанной рукою того же самого Али Мирзы из Анди в 1467 г. Была установлена аналогичность почерков той и другой рукописи, следовательно, и подлинность интересующего нас завещания. Таким образом, перед нами письменный памятник XV в., в тексте которого содержится 16 аварских слов».

Согласно *А. Р. Шихсаидову*, «Завещание Андуник-нуцала» получило весьма однозначную оценку — это «гимн силе аварского нуцала, призыв феодального правителя к своему наследнику усилить экспансию на все соседние земли, если он желает обладать славой и мощью своих могучих предков». Небезынтересная оценка этого документа принадлежит Т. М. Айтберову: «Как видно из текста "Завещания Андуник-нуцала", этот хунзахец и его кадий 'Алимирза Андийский были людьми политического мышления, равных которым в Дагестане не было вплоть до становления *Имамата* в XIX в. Дело в том, что ни у одного из многочисленных дагестанских светских и духовных князей не было программы действий на перспективу».

Лит.: Айтберов Т. М. Древний Хунзах и хунзахцы. Махачкала, 1990; Саидов М. С. Возникновение письменности у аварцев // Языки Дагестана (Труды Ин-та истории, языка и литературы народов Дагестана). Махачкала, 1948. Т. I. С. 137; Шихсаидов А. Р. «Завещание Андуник-нуцала» (к вопросу об изучении) // Вестник Дагестанского научного центра. Махачкала, 1998. № 1. С. 89.

Ш. Хапизов

Ал-Андихи, Дайитбег (или Хадис-дибир, 1760–1813) — дагестанский ученый-энциклопедист, автор поэтических произведений на арабском, персидском и аварском языках.

Его нисба связана с с. Андых (ныне Шамильский р-н РД). Получив начальное образование в родном селе, ал-А. Д. продолжил образование у *Исина ал-Итлави* (ум. 1790), *ал-Аймаки Абубакра* и других дагестанских улемов. Ал-А. Д. имел глубокие познания в фикхе и шариате, философии, астрономии, логике и истории. Вероятно, особенно глубокие знания ал-А. Д. имел в области хадисоведения, из-за чего и стал более известен как Хадис-дибир, в то время как имя Дайитбег, данное ему при рождении, было забыто.

Ал-А. Д. является автором 10 книг: «Разъяснения к книге нахв 'Абдуррахмана Джами», «Масабих» (сборник хадисов) и др. Вплоть до XX в. андыхцы определяли время намаза по солнечным часам, устроенным ал-А. Д.

В 1813–14 гг. с. Андых был поражен эпидемией чумы, которая унесла жизни около половины из 700 жителей селения. От болезни умерли сам ал-А. Д., его брат 'Абдуллах, жена, двое сыновей и одна дочь. В живых из всей семьи осталась дочь Булбул, потомки которой по настоящее время проживают в с. Андых.

Лит.: Гъазалиев М. Гъандихъа Хӏадисдибир // Журнал «ХӏакъикъатI».2013. № 33. Гь. 95–101 (на авар. яз.).

Ш. Хапизов

Ал-Ансалти, Йунус, ад-Дагистани (ум. 1598/99) — дагестанский суфий, шейх тариката *халватийа*.

Родился в аварском с. Ансалта (ныне Ботлихский р-н РД). Известно о его принадлежности к тухуму Бакъльуал, который был образован переселенцами из с. Ниж. Батлух (ныне Шамильский р-н РД). Исходя из данных о наличии в с. Ансалта медресе (1532/33 г.), руководимого Мухаммадом, сыном Шахбацава, следует полагать, что начальное богословское образование ал-А. Йу. получил в родном селе. В дальнейшем ал-А. Йу. продолжил образование у различных ученых Дагестана и Ширвана, где был инициирован в тарикат *халватийа* и стал преемником шейха Амира ал-Агдаши.

Согласно устной традиции, ал-А. Йу. мог творить чудеса (карамат). По преданиям, он вызвал выпадение обильных осадков во время длительной засухи, поразившей окрестности Ансалты. Между с. Ансалта и Рахата в местности Лъуцӏтӏа (авар. «на болоте»), позади мельницы, расположена груда камней, сложенная на месте, где произошло это событие.

В настоящее время в с. Ансалта на кладбище имеется зийарат — небольшое прямоугольное строение, состоящее из двух комнат. Время его сооружения не известно, во внешней стене зийарата имеется надпись, сообщающая только о его реставрации в 1297 г. х. (начался 14.12.1879 г.). В первой комнате зийарата имеется место для совершения молитвы и две могилы, а во второй — еще три могилы. Вместе с ал-А. Йу. здесь похоронены его сын Мухаммад и невестка Сахиба — дочь шейха *Мухаммада ал-Мачади*, являвшегося преемником ал-А. Йу. По устной традиции, в близлежащем чеченском с. Макажой (общество Чеберлой) находится могила брата ал-А. Йу. — «шейха Йусуфа».

Зийарат ал-А. Йу. до революции был объектом поклонения значительного количества мусульман, а также оперировал вакфом, который использовался на его содержание.

Лит.: Айтберов Т. М. Эпитафии шейхов братств сафавийа, халватийа и сухравардийа в Дагестане: к истории ирано-дагестанских связей XV в. // Дагестан и мусульманский Восток. М., 2010. С. 185–186; Хапизов Ш. М., Шехмагомедов М. Г. Суфийский орден халватийа в горной Аварии: новые страницы истории суфизма в средневековом Дагестане (XVI–XVII вв.) // Исламоведение. 2017. № 1; Khapizov S., Shekhmagomedov M., Abdulmazhidov R. The Khalwatiya sheikhs in Dagestan (16th-17th centuries) // Iran and the Caucasus. 2017. № 21. Pp. 303–309.

Ш. Хапизов

Антиписарское восстание 1913–1914 гг. — восстание в Дагестанской обл., вызванное попыткой русификации делопроизводства.

В конце 1913 г. губернатор Дагестанской области генерал-лейтенант С. Вольский издал указ о введении в сельских судах делопроизводства на русском языке, в связи с трудностью восприятия властями (и, как следствие, — невозможностью осуществления контроля за ведением делопроизводства на местах) арабографической письменности, использовавшейся до этого во всех местностях Дагестана. Учреждалась должность русского писаря при сельских правлениях, с установлением жалованья в 30 руб. в месяц, которое должно было выплачивать местное население. Указ также нанес определенный удар по авторитету и материальному положению мусульманского духовенства (кадиев), которое в основном осуществляло делопроизводство на основе арабографической письменности и «в руках которого, в сущности, и сосредоточивалось делопроизводство по сельским управлению и суду».

Вместе с тем правительство понимало, что население Дагестана, особенно в горных районах, слишком бедно и не в состоянии будет нести расходы на содержание новых писарей (3600 руб. в год) и сельского управления. Вопрос проведения в жизнь данного мероприятия осложнялся еще и тем, что 1913 г. был третьим неурожайным годом подряд.

Реформа была воспринята населением как переход к насильственной русификации, ликвидации правительством уступок по отношению к горцам, которые были им предоставлены в первые годы после завершения *Кавказской войны*. Мусульманское духовенство активно включилось в агитацию против реформы. Общее руководство неофициально осуществлял *Гоцинский Нажмутдин*, имевший в то время большой авторитет среди горцев Нагорного Дагестана благодаря своей учености и бывший в немилости у начальства области. Муллы и кадии сумели убедить население, что вслед за введением русского делопроизводства последуют и другие реформы, в частности: введение воинской повинности, упразднение горских судов и адатов, всеобщая перепись для увеличения налогов и т. п. Проповедь шла и об опасности, которая угрожает исламу, признаком чего является гонение на арабский язык, на котором совершается служба в мечетях. В результате горцы охотно включились в антиправительственные выступления. В конце 1913 — начале 1914 г. в ряде округов население открыто выступило против русификаторского акта царского правительства, во многих горных селах прошла волна выступлений.

13.03.1914 г. около 6 тыс. восставших горцев (по другим данным — ок. 3 тыс.) подошли к г. Темир-Хан-Шуре (ныне г. Буйнакск РД) и потребовали у администрации или отправить их в ссылку, или убрать русских писарей из аулов, оставив арабоязычных. Войска, встретив на окраине города восставших, сумели остановить их. К вечеру горцы были оттеснены, а к утру 14.03.1914 г. — рассеяны. По данным отчета и. о. военного губернатора Дагестанской обл. полковника Г. Н. Дадешкелиани, в 1914 г. в 77 из 168 сельских обществ области было введено письмоводство на русском языке.

Лит.: Доного Х. М. Нажмутдин Гоцинский. Махачкала, 2011; История народов Северного Кавказа (конец XVIII в. — 1917 г.). М., 1988; Тахо-Годи А. А. Революция и контрреволюция в Дагестане. Махачкала, 1927.

Х. М. Доного

Антисоветское восстание в Карачае 1920 г. — одна из последних попыток выдвинувшихся в годы Гражданской войны новых мусульманских политических элит горцев-мусульман добиться политической независимости от советской России вооруженным путем при поддержке политических оппонентов советского режима. Несмотря на формальное утверждение советской власти в Верхней Кубани в марте 1920 г., нагорная часть региона ею практически не контролировалась. Здесь проявлялась активность антисоветской вооруженной оппозиции (отряды генерала М. А. Фостикова (Хвостикова), генерала А. Г. Шкуро, полковников М. П. Крымшамхалова, Л. В. Васильева, Ф. Д. Назарова, есаула И. А. Попереки, князя К. К. Джантемирова и др.).

Ситуация резко обострилась в конце августа 1920 г., когда уполномоченный IX Кубанской Красной Армии Н. А. Черемухин провел карательные акции в карачаевских аулах. Также он попытался привлечь население Карачая к «наказанию» (фактически — к уничтожению) «контрреволюционных» ст. Кардоникской и с. Георгиево-Осетинского. В ответ в Карачае вспыхнуло восстание (01.09.1920), красноармейский отряд Н. А. Черемухина был уничтожен, а во всех карачаевских аулах советская власть была свергнута.

03.09.1920 г. в с. Учкулан прошел 1-й Чрезвычайный съезд карачаевского народа, на котором было принято решение об организации народного ополчения для борьбы с большевистской властью. 2-й Чрезвычайный съезд (07.09.1920 г.) решил организовать в качестве национального органа власти в Карачае Высший мусульманский совет (В. м. с.) и его исполнительный орган (повстанческое правительство) — Верховный совет обороны Карачая (11–16 чел., из Большого Карачая, Дуутского, Тебердинского, Джегутинского, Маринского ущелий), председателем был избран Токалхаджи Каракетов.

Повстанцы установили контакт с русско-казачьими отрядами во главе с М. Соколовым и Д. Поповым, казачьими станицами и «договорились о совместных боевых действиях». Отряды В. м. с. (1-й Карачаевский полк, Джегутинский отряд, Карачаево-Осетинский отряд и др.) под командованием полковника М. Крымшамхалова были включены в состав «Армии возрождения России» (АВР) (всего до 15 тыс. чел., командующий генерал М. А. Фостиков). АВР ликвидировала советские органы в казачьих р-нах Баталпашинского отдела и 04.09.1920 г. даже заняла (на несколько дней) центр отдела — ст. Баталпашинскую. В первой половине сентября 1920 г. совместные отряды казаков и В. м. с. атаковали позиции красноармейцев в районе ст. Боргустанской и «взяли в плен значительное количество» их.

АВР вошла в состав белогвардейского повстанческого Северо-Кавказского фронта, которым командовал генерал С. Клыч-Гирей, прибывший из Абхазии (через Клухорский перевал) и расположивший свой штаб в с. Ниж. Теберда. В своем донесении 13.09.1920 г. С. Клыч-Гирей сообщал: «Количество оказавшихся при моем прибытии войск, на честность и надежность которых, согласно представленным аттестациям начальников частей, можно рассчитывать, достигает до 7–7,5 тыс.». В рапорте П. Н. Врангелю от 26.09.1920 г. он писал, что его «фронт» уже израсходовал до 300 млн руб. и просил еще 100 млн (в том числе 20 млн — «николаевками» и 80 млн — советскими денежными знаками). В октябре 1920 г. советский агент в тылу повстанцев сообщал, что С. Клыч-Гирей принял на себя «руководство над отрядами Карачая, где объявлена всеобщая мобилизация».

На территорию Верхней Кубани были вновь брошены регулярные части Красной Армии, которые нанесли поражение АВР и стали продвигаться в направлении Большого Карачая. 21.09.1920 г. красноармейцы ударом с востока заняли с. Георгиевско-Осетинское, 23.09.1920 г. — а. Каменномостский, вели боевые действия и в начале октября, не сумев продвинуться ни по Кубанскому, ни по Тебердинскому ущельям.

Командование советскими войсками учло прежние ошибки и вместо «беспощадной борьбы с контрреволюционерами» решило урегулировать отношения с горцами мирным путем. Реввоенсовет IX Армии вступил в переговоры с В. м. с., признав его полномочным органом власти карачаевцев. 3-й Чрезвычайный съезд утвердил курс В. м. с. на мирное решение конфликта и избрал делегацию на мирные переговоры в составе 28 чел.

27.10.1920 г. в ст. Красногорской был подписан мирный договор, который провозгласил «прекращение военных действий между красными войсками и карачаевским народом на основе полного забвения всех прошлых недоразумений и честного стремления к восстановлению мирной трудовой жизни, под сенью советской власти в Карачае». Пункт 3 договора предусматривал, что в Карачае «от имени Верховного Совета и высшего духовного лица» издается «категорический приказ о немедленном прекращении военных действий против советской власти». Пункт 6 устанавливал, что по истечении 7-дневного срока, «данного для очистки территории Карачая от бело-зеленых банд, вооруженные силы Карачая немедленно демобилизуются», а вместо них, согласно п. 7, создается отряд милиции (из «150 человек, лояльных к советской власти»), подчиненный военкому Баталпашинского отдела. Пункт 11 гарантировал, что «впредь до изменения Карачаю предоставляется право иметь своих представителей в Баталпашинском и Терском ревкомах», а карачаевцы обязывались «немедленно прекратить всякого рода сношения с Грузией».

В приказе по Терской группе войск № 4 от 30.10.1920 г. говорилось, что «карачаевцы через Верховный Совет Высшего Мусульманского Совета немедленно прекращают военные действия» и в Карачае восстанавливается советская власть. В. м. с. сложил свои полномочия, а три недели спустя после заключения мирного договора был образован Карачаевский округ в составе Горской АССР.

Лит.: Алиев У. Карачай. Ростов н/Д., 1927; ЦДОДП КЧР. Ф. 1 Оп. 14 Д. 26. Л. 28–59.

Р. Хатуев

Анчок, Хаджибек Шахангериевич (1846–1921) — адыгский мусульманский религиозный деятель, богослов, просветитель.

Происходил из абадзехской дворянской семьи, бо́льшую часть жизни провел в бжедугском с. Ассоколай (ныне Теучежский р-н Республики Адыгея). Некоторое время служил в русской армии. В 1878 г. составил адыгейский алфавит на арабской графической основе. А. ратовал за распространение грамотности в адыгской среде. Известен как знаток адыгского фольклора, толкователь Корана и богослов, специалист в народной медицине и костоправ. Рукописное наследие А. большей частью не изучено. В 1921 г. был арестован большевиками и в апреле того же года умер в тюрьме г. Краснодара.

Д. Рахаев

Араканский, Са‘ид (ал-Харакани, 1763–1834) — мусульманский религиозный деятель, дагестанский ученый, поэт, переписчик религиозных текстов, автор сочинений по истории, грамматике арабского языка, арабской поэзии.

Родился в с. Аракани (ныне Унцукульский р-н РД), внук *ал-Аймаки Абубакра* — известного дагестанского ученого, основателя и преподавателя медресе, у которого получил первоначальное религиозное образование. Завершил образование у *Гасана Старшего ал-Кудали*. А. С. отличался широкой эрудицией, знал арабский, персидский, турецкий языки. А. С.— автор ряда сочинений по грамматике арабского языка, этике, мусульманскому праву. В разное время был кадием в с. Могох, Кудутль, Аракани, Зерехгеран.

Имел большое число учеников; среди них те, кто прославился как видные дагестанские ученые, деятели просвещения, государственные деятели, представляющие различные народы Дагестана: имамы *Газимухаммад, Гамзатбек, Шамиль, ал-Йараги Мухаммад-эфенди*, Са'ид из Игали, *ал-Карахи Мухаммадтахир*, Дайтбек из Голотля, Загалав-дибир из Хварши, *Ташив Хаджжи* и Идрис из Эндирея, Нурмухаммад-кади из *Хунзаха*, *Йусуф* из Аксая, Мирза'али из Ахты, 'Абдуррахман из Казанища. А. С. преподавал им арабский язык, логику, философию, *фикх*.

Научное наследие А. С. огромно и разнообразно. Среди его трудов — сочинения по догматике и сире («Ал-джавахир ар-рафи'а»), грамматике арабского языка (грамматический анализ суры «Ал-Фатиха»), таджвиду («Танбих ат-талиб…», «Ан-Наджат…»), поэтические тексты («Ад-Дуррат аз-закийа фи шарх ал-Васийа ас-Сарсарийа» — комментарий к касыде «Ас-Сарсарийа») и др. Кроме того, до нас дошли его комментарий на касыду *ал-Аймаки Абубакра* на аварском языке и цикл стихов на аварском языке.

А. С. принадлежит крупнейшая на Кавказе частная рукописная коллекция, состоящая из 900 рукописей. Коллекция была разграблена будущим имамом *Гамзат-беком* при первом имаме *Газимухаммаде*. Впоследствии внук ученого *Араканский Са'ид* попытался восстановить коллекцию, и ему удалось собрать 71 книгу из коллекции А. С. и *ал-Аймаки Абубакра*. В фонде восточных рукописей ИИАЭ ДНЦ РАН сохранились множество писем, записей, ответов, вопросов, цитат, принадлежащих А. С.

По сведениям М. Г. Нурмагомедова, праправнука А. С., в его распоряжении имелся фихрист (перечень книг) части рукописной коллекции. Фихрист не опубликован. Часть рукописной коллекции, в том числе и переписанные А. С. рукописи, хранится в рукописной коллекции М. Г. Нурмагомедова, которая считается одной из самых больших и ценных в Дагестане. А. С. был убежденным противником вооруженного джихада против царских властей, считая борьбу бесперспективной, могущей привести к пагубным последствиям для народов Дагестана. Выступал против полного вытеснения адатно-правовых норм шариатом. Умер А. С. в 1834 г., похоронен в родном с. Аракани. Надпись на могиле гласит: «Дата смерти шейха, ученого Гуйсубуй (из общества Койсубулу) Са'ида ал-Харакани — 1250/1834 г.»

Лит.: Абдурахман из Газикумуха. Книга воспоминаний / пер. с араб. М.-С. Саидова; ред. пер., подгот. факсим. изд., коммент., указ. А. Р. Шихсаидова, Х. А. Омарова. Махачкала, 1997; С. 184, 211; Гайдарбеков М. Антология Дагестанской поэзии на арабском языке // НА ИИАЭ. Ф. 3. Оп. 1. Д. 162. Л. 161–213; Ад-Дургели Назир. Услада умов в биографиях дагестанских ученых. (Нузхат ал-азхан фи тараджим улама Дагистан). Дагестанские ученые X–XX вв. и их биографии. М., 2012. С. 72–75; Кемпер М. Шариатский дискурс имамата в Дагестане первой половины XIX в. // Дагестан и мусульманский Восток: сб. статей / под ред. А. К. Аликберова и В. О. Бобровникова. М., 2010. С. 107–124; Шихсаидов А. Р. Саид Араканский (краткий очерк жизни и творческой деятельности) // Дагестанские святыни. Кн. 2. Махачкала, 2008. С. 129–158.

Д. Маламагомедов

Ал-Аргвани Абакар-дибир (1793–1876) — дагестанский *'алим* Кавказской войны, сподвижник трех имамов, полководец и наиб, мудир имама *Шамиля*, родом из аварского селения Аргвани. Некоторое время являлся сельским дибиром (имамом) Аргвани из союза общин Гумбет, отсюда его прозвище. В годы *Кавказской войны* занимал видное положение в *Имамате*: наиб конфедерации Гумбета (1841–59), мудир имама в Большой Чечне (1848–58), главнокомандующий армией *Имамата* (1840–59). В июле 1859 г. о нем упоминают в официальных военных известиях о действиях в Дагестане как о «бывшем гумбетовском наибе», в числе др. наибов, прибывших в ставку главнокомандующего. В 1861 г. как авторитетный знаток шариата был назначен на должность кадия Андийского окружного суда. На этой должности находился с 1861 г. вплоть до своей смерти в ноябре 1876 г. А. К. А-д. — автор воспоминаний о *Кавказской войне* в биографическом жанре табакат, дошедших в виде биографических и исторических очерков, приписываемых Хайдарбеку Геничутлинскому. Последний в конце этого сочинения отмечал, что является лишь редактором текста, который по его просьбе набросал вчерне «достойный дибир Абакар из Аргвани». Похоронен К. А-д. в с. Аргвани, на старом кладбище.

Лит.: Геничутлинский Х. Историко-биографические и исторические очерки. Махачкала, 1992; Тахнаева П. И. Аргвани. Мир ушедших столетий. М., 2012. С. 185–197; ЦГА РД. Ф. 126. Оп. 2. Д. 71. Л. 100. Отчет начальника Дагестанской области и командующего в ней войсками за 1861 г.; ЦИАГ. Ф. 545. Оп. 1. Д. 1348. Л. 163. Отчет начальника Дагестанской обл. и командующего в ней войсками за 1863 г.

П. Тахнаева

Ал-Аргвани, ал-хаджж Мухаммад-Хаджжи (1843(?)–1932) — дагестанский религиозный деятель, ученый, шейх тариката *накибандийа*-халидийа.

Ал-Аргвани

Родился в с. Аргвани (ныне Гумбетовский р-н РД). Получил традиционное мусульманское образование у дагестанского 'алима, суфия, шейха накшбандийского тариката Мухаммада б. Кебед ал-Убуди (из с. Обода, 1828–90), преемника (*халифа*) шейха *ас-Сугури 'Абдуррахмана*. В 1863 г. переехал из с. Аргвани к своему учителю и стал его приемным сыном, получил от него иджазу.

Шейх Мухаммад ал-Убуди, как и *ас-Сугури 'Абдуррахман*, выступал за *мухаджирство* мусульман с Кавказа в османскую Турцию, сам переселился в г. Медину, где скончался в 1889/90 г. (похоронен в г. Мекке на кладбище Джаннат ал-Му'алла). Согласно устным воспоминаниям современника событий, своим правопреемником он сделал Хаджиахмада из с. Укал (ныне Тляратинский р-н РД). В преклонном возрасте шейх Хаджиахмад собрался в хаджж и, зная, что не вернется на родину, завещал передать от ободинского шейха иджазу ал-А. М.-Х., утверждавшую того в правах суфийского наставника. Ал-А. М.-Х. отправился за письмом и стал *халифа* своего наставника. По всей видимости, это произошло не позже 1917 г., так как свидетель с сожалением замечает, что наступили времена гонений на религию. По другим устным свидетельствам, в с. Ингиши, Аргвани, Хиндах и др. сохранился рассказ о другом правопреемнике шейха Мухаммада ал-Убуди — *Абубакаре* (Булач-хане) *ал-Ингиши* ад-Дагистани (1836–1901), который в хаджже (после 1883 г.) получил от шейха письменную иджазу. В итоге и Абубакар из с. Ингиши, и ал-А. М.-Х. продолжили свою практику суфийских шейхов.

С 1928 г. советская власть в Дагестане перешла к открытому и жесткому наступлению на мусульманское духовенство, в республике создаются первые ячейки и Даготдел Союза воинствующих безбожников. В феврале-марте 1929 г. Союз воинствующих безбожников разворачивает свою деятельность в Гумбетском р-не. Жесткая антирелигиозная политика вызывала у горцев Дагестана возмущение и различные формы протеста, которые в итоге вылились в непростые отношения между властью и мусульманским духовенством, которое продолжало проповедовать и обучать мюридов, в том числе и ал-А. М.-Х.

В 1931 г. Гамзат Цадаса публикует сатирическое произведение на аварском языке «Гаджи из Аргвани проводит чистку в своей партии», направленное против шейха ал-А. М.-Х. и его мюридов. В 1932 г. последний был арестован органами ОГПУ. В этот период (1931–32 гг.) он проживал в с. Арадерих Гумбетовского р-на РД, ему было ок. 90 лет. Вскоре после ареста ал-А. М.-Х. скончался в махачкалинской тюрьме. Его мюриды (Бабичол Мухаммад из Тануси, 'Абдулкадыр из Обода, Ахмад из Мочоха) тайком выкрали тело шейха с казенного кладбища, вывезли его в горы и похоронили на кладбище с. Орота Хунзахского р-на РД. В настоящее время здесь находится его зийарат.

Лит.: Гамзат Цадаса Адатазул жул (Метла адатов). Махач-Кала, 1934; Какагасанов Г. И. Социальные противоречия в дагестанском обществе в 20–50-е гг. XX в. Махачкала, 2010. С. 140; Сайгидинов Ш. Дир Аргъвани — тарих, гӀадамал, гӀумру, къисмат. Махачкала, 2010. (Мой Аргвани — история, люди, жизнь, судьба; на авар. яз.); Сулаев И. Х. Государство и мусульманское духовенство в Дагестане: история взаимоотношений (1917–91). Махачкала, 2009. С. 130; Тахнаева П. И. Аргвани. Мир ушедших столетий. М., 2012; ЦГА РД Ф. р-800. Оп. 2. Д. 49. Л. 58. Отчетный доклад Даготдела ОГПУ о деятельности мусульманского духовенства, шейхизма и мюридизма и учет опыта этой работы за время 1932–33 гг.

П. Тахнаева

Ал-Аргвани, **хаджжи-'Али** б. Хасан ал-Аргуни, ал-Авари (ум. 1759/60) — средневековый дагестанский ученый, автор сочинений по исламскому праву и истории.

Нисба «ал-Аргвани» связана с с. Аргвани (ныне Гумбетовский р-н РД). *Ал-Гумуки 'Абдуррахман* упоминает ал-А. х.-'А. в числе «ведущих дагестанских ученых и правоведов, тексты и сочинения которых я видел или читал». *Назир из Дургели* называет его выдающимся ученым-правоведом, автором нескольких трудов по «вопросам мусульманского права и другим наукам», однако исследователям пока не удалось выявить ни одного его сочинения. Среди учеников ал- ал-А. х.-'А. наиболее известен 'алим и общественно-политический деятель хаджжи Ибрахим ал-'Уради (ум. 1771).

Важным источником для реконструкции биографии ал-А. х.-'А. является «Та'рих Аргвани». В этой хронике основное внимание уделено формированию мусульманской общины с. Аргвани, а также обстоятельствам, сопутствовавшим этому. Согласно сочинению, аргванинцы — потомки курайшитов, вышедших из г. Дамаска, через территорию исторической области Курдистан и Армении попавших на Сев. Кавказ и нашедших в итоге пристанище в горном Дагестане. Здесь им пришлось не только распространять ислам, но и столкнуться с аварскими нуцалами, среди которых упоминается Суракат. «Та'рих Аргвани» некоторые историки считают сочинением, написанным в XIII (П. Тахнаева) или XVI (А. Е. Криштопа) столетиях. Однако, как следует из самой хроники, ее автором называется именно *хаджжи 'Али*, сын Хасана ал-Аргуни.

В тексте «Та'рих Аргвани» указано, что ал-А. х.-'А., вероятно, в 1745 г. отправился в хаджж. В г. Мекке и окрестностях он прожил около шести лет и на обратном пути в 1165/1751–52 г.

задержался в Сирии. В Дамаске он прожил один год и, как следует из текста сочинения, изучал причины и обстоятельства переселения его предков из Сирии в Аргвани. Вернувшись на родину в 1752–53 г., он прожил еще 7 лет и умер в 1173 г. х. (начался 24.08.1759 г.).

Лит.: Абдурахман из Газикумуха. Книга воспоминаний / пер. с араб. М.-С. Саидова; ред. пер., подгот. факсим. изд., коммент., указ. А. Р. Шихсаидова, Х. А. Омарова. Махачкала, 1997; Ад-Дургели Назир. Услада умов в биографиях дагестанских ученых. (Нузхат ал-азхāн фӣ тарāджим улама̄ Да̄гистāн). Дагестанские ученые X–XX вв. и их биографии. М., 2012; Гайдарбеков М. Хронологии истории Дагестана // РФ ИИАЭ ДНЦ РАН. Ф. 3. Оп. 1. № 236. Т. XII; Тахнаева П. И. Аргвани: мир ушедших столетий: исторический портрет сельской общины Нагорного Дагестана. М., 2012.

Ш. Хапизов

Ал-Аргвани, Шамхал (Муртузалиев, 1834–1905) — мусульманский религиозный и общественный деятель, 'алим.

Родился в с. Аргвани (ныне Гумбетовский р-н РД). По преданию, после взятия и разрушения с. Аргвани в 1839 г. ал-А. Ш. осталcя сиротой и сам имам *Шамиль* принял участие в его дальнейшей судьбе: в 1846 г. он обратился к ученому Муртаза‘али из с. Урады (ныне Шамильский р-н РД) о принятии ал-А. Ш. мута‘аллимом. Ал-А. Ш. прослушал традиционный курс дисциплин медресе, включая изучение морфологии и синтаксиса арабского языка (ан-нахв ва-с-сарф), метрики, логики, теории диспута, коранической экзегетики (тафсир), жизнеописания Пророка (сира), усул ал-фикх, этики и практик суфизма.

Ал-А. Ш. принимал активное участие в *Кавказской войне*. Из письма имама *Шамиля* кадию Галбацу из Караты (не ранее апреля 1851 г.) известно, что первое свое назначение в *Имамате* ал-А. Ш. получил мухтасибом в с. Карата (ныне Ахвахский р-н РД). Однако уже в 1854 г. ал-А. Ш. преподавал в медресе родного с. Аргвани. В марте 1859 г. ал-А. Ш. назначают наибом в области Аух (учитывая чеченский регион на территории современной РД). В это время «ученый Шамхал» являлся приближенным и доверенным человеком имама *Шамиля*. Наибство ал-А. Ш. продолжалось не больше месяца, к апрелю 1859 г. Ауховское наибство в связи с падением *Имамата* перестало существовать.

В июле 1860 г. ал-А. Ш. поступил на русскую службу, в системе военно-народного управления он занимал такие должности, как письмоводитель Андийского окружного суда, кадий Кумыкского окружного суда, Каратинский наиб, кадий Андийского окружного суда, штабс-капитан милиции. Всю жизнь ал-А. Ш. занимался составлением своей библиотеки, которая, по мнению профессора А. Р. Шихсаидова, была единственной в Дагестане с собственным каталогом книг; помимо трудов по богословским дисциплинам, законоведению, логике, риторике, различных грамматик арабского языка, она включала также книги по восточному стихосложению, метрике стиха, толкованиям хрестоматийных образцов поэтического красноречия, художественного мастерства и стилистики.

У ал-А. Ш. от трех браков было 15 детей. Все его сыновья (Пахрудин, Махахаджи, Сахрудин, Асадула, Муртузали, Мухаммад) получили богословское образование и со временем стали известными в горах учеными. Скончался ал-А. Ш. в 1905 г., похоронен на сельском кладбище родного с. Аргвани.

Лит.: Гамзатов Г. Г. Национальная художественная культура в калейдоскопе памяти. М., 1996; Тахнаева П. И. Аргвани. Мир ушедших столетий. М., 2012.; ЦИАГ Ф. 545. Оп. 1. Д 1348. Л. 100. Краткая записка о службе каратинского наиба милиции прапорщика Шамхала Муртазалиева, 1876 г.; Шихсаидов А. Р., Тагирова Н. А., Гаджиева Д. Х. Арабская рукописная книга в Дагестане. Махачкала, 2001.

П. Тахнаева

Ал-Аркаси, хаджжи-Асилдар, ад-Дагистани (1354/55–1403/04) — средневековый мусульманский религиозный деятель, шейх, биография которого, реконструируемая по устным и записанным преданиям, проливает свет на плохо известный поздний период исламизации горного Дагестана.

Нисба ал-А. х.-А. связывает его происхождение со средневековым г. Аркас, от которого остались только развалины (находятся чуть выше современного с. Аркас Буйнакского р-на РД). Разрушение г. Аркаса связывают с походами Тамерлана, а современное с. Аркас было заселено в 1860-х гг. жителями с. Гуниб, которое было разрушено в 1859 г.

Общая площадь Аркасского городища составляет 26 га. По заключению археологов, крупные размеры городища, трехчастная его структура (цитадель, собственно город, рабад), развитая оборонительная архитектура, наличие дворцовых и культовых сооружений, следы ремесленных производств позволяют видеть в нем один из крупных средневековых городов Дагестана в IX–XIV вв. Выводы археологов о существовании в верхней части г. Аркаса укрепленной цитадели подтверждаются письменными источниками. В дагестанском историческом сочинении «История Ирхана» содержится повествование о взятии близлежащих г. Кадар и Аркас «мусульманским» войском, которому противостояли «неверующие из Авара и из других мест». Сначала описано взятие г. Кадара, а «затем состоялось сражение в Хиркасе, продолжавшееся целую неделю. Селение было взято, но оставался [не занятым] один квартал верхней части селения, где укрылись их раисы и амиры — таватиял и арнахурал. Мусульмане в течение двух месяцев не могли овладеть этим укрепленным кварталом». Особый интерес вызывает обозначение социальной верхушки населения г. Аркаса терминами «таватиял» и «арнахурал» (аварская производная грузинских терминов — тавади и азнаури, обозначавших мелких и средних феодалов), которые, видимо, как и православная форма христианства, были переняты *Сариром*. Исламизацию населения г. Аркаса и Кадара следует датировать серединой XIII в. В 1964 г. здесь были раскопаны две мечети, которые, скорее всего, являлись сооружениями, возникшими на основе более древних культовых зданий — церквей. Время строительства и функционирования церквей, согласно выводам археологов, приходится на XI–XIII вв., а их перестройка в мечети датируется ими серединой XIII — началом XIV в.

Исламизация в г. Аркас, видимо, протекала интенсивно со 2-й половины XIII в. Об этом говорит наличие как минимум двух мечетей. Первая находилась в северо-западной части, в 12 м от городских ворот, и представляла собой помещение размерами 9,2 × 6,0 м. Вторая мечеть выявлена у юго-восточного края г. Аркас, вблизи цитадели. Она больше размерами, нежели первая, — 16 × 9 м, но первая мечеть включала в себя, — помимо самого молельного здания, несколько других помещений и состояла из двух этажей. На первом этаже располагалось медресе, а второй этаж предназначался для коллективных намазов, здесь же располагался и михраб. Существование в г. Аркас медресе аргументируется тем, что здесь «жил и проповедовал» шейх ал-А. х.-А., который, вероятно, являлся имамом и мударрисом.

Согласно сведениям *Назира ад-Дургели*, ал-А. х.-А. прожил 49 лет и умер в 806 или 860 г. х. Источники его данных, вероятно, те же, что и у М. Гайдарбекова, который пишет, что по записям М. Нурмагомедова ал-А. х.-А. умер в 806 г. х. (1403/04 г.), а по записям М. Инквачилава — в 860 г. х. (1455/56 г.). Большинство исследователей склонны доверять первой дате, поскольку в середине XV в. г. Аркаса как населенного пункта уже не существовало.

Назир из Дургели приводит некоторые сведения о биографии шейха, которые противоречат друг другу как в части датировки его смерти, так и относительно его происхождения. Сначала он указывает, что шейх ал-А. х.-А. происходит из амиров «карачи». Согласно полевым данным, собранным Р. М. Магомедовым в 1941 г. в селах Буйнакского р-на РД, карачи-беки являлись потомками правителя *Сарира* — нуцала Сураката. Подобные же сведения были записаны в 1956 г. краеведом Б. Гаджиевым со слов потомка беков / амиров карачи Г. Гереева (ок. 1860 г. р.) в с. Эрпели и позднее — в с. Каранай. Сословно-поземельная комиссия, образованная в 1860-х гг. для выяснения происхождения и прав различных слоев населения Дагестанской обл., выявила, что «сами беки карачиевские проводят свою родословную от Аварских ханов».

Однако тот же *Назир из Дургели* с оговоркой «рассказывают» пишет, что предки ал-А. х.-А. происходили из арабского племени курайш, т. е. родственников пророка Мухаммада, и являлись мусульманами в двенадцати поколениях. В данном случае очевидно, что первая версия заслуживает большего доверия, чем «рассказы» о его курайшитском происхождении, поскольку подобные легенды, призванные облагородить чье-то происхождение в глазах мусульманского населения, довольно часто имели хождение на Кавказе. Понятно и нежелание образованных мусульман XIX–XX вв. увязывать его родство с «неверным Суракатом» — «противником ислама», каковым его изображают в нескольких дагестанских письменных источниках. Показательно, что сохранились предания, согласно которым ал-А. х.-А. поселился в г. Аркасе, бежав из *Хунзаха* после убийства им Сураката, отказывавшегося принять ислам. Этот вопрос был рассмотрен Т. М. Айтберовым, который, исходя из вышеприведенных данных, считает, что ал-А. х.-А. происходил из рода амиров (карачи), потомков одного из нуцалов *Сарира*, достигшего при *Золотой Орде* ранга «карачи». Учитывая, что Аркас входил в состав *Сарира*, вполне логично предположить, что шейх ал-А. х.-А. являлся представителем элиты этого государства, поскольку *Назир из Дургели* указывает на то, что значительная часть земель вокруг г. Аркаса являлась его собственностью («гора, на которой он похоронен, и другая гора Нана — обе были его мульком»). Согласно *Назиру из Дургели*, ал-А. х.-А. трижды совершал хаджж и у «него было масса чудес (карамат), что свидетельствует о его высоком уровне святости».

Похоронен шейх к северо-западу от с. Аркас за автодорогой у подножья горы Шайихасул бакълъи (авар. — «солнечный склон шейха»). Его зийарат — могила, расположенная в небольшом строении — был широко известен в XIX в. Ввиду отсутствия к тому времени здесь населенного пункта, как пишет *Мухамад-Тахир ал-Карахи* при описании событий 1843 г., «служила неким ориентиром на местности».

Лит.: Айтберов Т. М. Новое о карачибеках и салаузденях (XVв.) // I конференция молодых ученых Дагестанского филиала АН СССР (тезисы докладов). Махачкала, 1978. С. 1; Атаев Д. М., Гаджиев М. С., Сагитова М. Д. Культовые сооружения Аркаса // Древняя и *средневековая архитектура Дагестана. Махачкала, 1989. С. 118–123; Хапизов Ш. М. Шейх Асилдар Аркасский // МК в Дагестане. 25.04.2014 г.; Шихсаидов А. Р., Айтберов Т. М., Оразаев Г. М.-Р. Дагестанские исторические сочинения. М., 1993. С. 167.*

Ш. Хапизов

Арсанов, Дени (1851–27.12.1917) — мусульманский общественный и религиозный деятель, шейх тариката *накшбандийа*-халидийа. Родился в семье чеченца из тейпа энгеной Арсана (Арса) Тагирова в с. Алхан-Юрт (ныне Урус-Мартановский р-н ЧР), откуда семья вскоре переселилась в с. Зебир-Юрт Надтеречного наибства Чеченского окр. (ныне Надтеречный р-н ЧР). Отец А. Д. служил в царской милиции и за отличие был награжден «медалями и крестами».

В молодости А. Д. прославился как мужественный воин и благородный разбойник (абрек). Согласно архивным документам, принимал участие в *Восстании Всеобщем 1877 г.* Позже, по настоянию своего устаза шейха Алихана *Дебирова* (*Элах-Молла*), оставил абречество и вступил на путь изучения мусульманских наук. От *А. Дебирова* впоследствии А. Д. получил иджазу на наставничество. 07.07.1895 г. начальник Грозненского окр. Терской обл. писал, что А. Д. «принял на себя уполномочие (векиль) от шейха Алихана *Дебирова* (сосланного в Сибирь за укрывательство в деле… ограбления полковника Шеды Эльмурзаева и там умершего); придерживаясь тариката, по секте, как надо полагать, нохчи-бандыя (т. е. *накшбандийа*), Дени руководит своими последователями и посетителями, наставляя их избегать запрещенного Пророком (харам): воровства, убийства, обмана и всякого непотребства и принимая покаяние людей в содеянных грехах. Это — духовная сторона деятельности Дени… Последователи Дени распространены в Надтеречном участке и особенно в Малой Чечне. Многие посещают Дени на дому, а многих он сам посещает, разъезжая по Надтеречному и 1-му участкам [Грозненского окр.] под видом торговых дел. Последователи Дени с своим наставником (устазом) и между собой связаны удивительно тесно и прочно, и потому добыть какие-либо факты в высшей степени трудно и по настоящее время не удалось…».

В 1905 г. А. Д. построил дом в г. Грозном, где занимался со своими мюридами. Кроме того, он приобрел дома в с. Гехи и Урус-Мартане (ныне Урус-Мартановский р-н ЧР). В 1907 г. он с семьей переехал в с. Кень-Юрт (ныне Грозненский р-н ЧР). Там шейх с помощью своих мюридов построил каменный мост над р. Ачихинской (Аьчка-хи), который сохранился до наших дней. В дореволюционный период шейх А. Д. пользовался значительнм авторитетом в регионе, часто выступал в роли третейского судьи, особенно по делам кровников. Кроме того, он уделял большое внимание распространению ислама и знания шариата среди народов Кавказа. В 1904 г. на личные средства открыл в г. Грозном частную школу-худжру (хьуьжар) для детей мусульман, в которой преподавание велось на арабском языке. В миссионерской деятельности А. Д. был продолжателем дела другого чеченского шейха — *Кунта-хаджжи* Кишиева, учение которого в начале 60-х гг. XIX в. произвело революцию в духовной жизни многих народов Кавказа.

А. Д. неоднократно выступал с прогнозами в сфере социального и политического будущего Российской империи и народов, ее населявших, имевшими ярко выраженную форму пророчества. Одно из самых знаменитых предсказаний А. Д. — о скором свержении монархии в России, зафиксированное в архивных документах. 23.08.1915 г. наместником Кавказа был назначен Великий князь генерал-адъютант Николай Николаевич Романов-младший. В начале февраля 1916 г. к нему в г. Тифлис с жалобой на действия местных властей была послана чеченская делегация, в состав которой входил А. Д. Наместника на месте не оказалось; ожидая его, каждую ночь делегаты собирались вместе, беседовали о будущей послевоенной жизни. Во время одной из этих бесед А. Д. предсказал дату свержения самодержавия.

После Февральской революции, 14.03.1917 г., в г. Грозном состоялся Первый съезд чеченского народа, на котором обсуждались вопросы об установлении шариата, о признании Временного правительства; был образован Чеченский национальный совет. В состав Совета вошли крупный землевладелец и промышленник *Чермоев Тапа*, шейх А. Д. и присяжный поверенный Ахметхан Мутушев, избранный председателем. Делегатами Первого чеченского съезда А. Д. также был избран комиссаром Надтеречного участка Грозненского окр. 01–07.05.1917 г. А. Д. принимал участие в работе *Первого Горского съезда* в г. Владикавказе. 25–26.06.1917 г. в Грозном состоялся очередной съезд чеченцев, на котором комиссаром Грозненского окр. вместо смещенного с этой должности Таштемира Эльдерханова был выдвинут А. Д. В это время он фактически стал правителем Чечни.

В конце 1917 г. в г. Грозном обострились отношения между чеченцами и казаками. Ежедневно происходили межэтнические столкновения. Дипломатическую роль по урегулированию этих конфликтов принял на себя А. Д. Казачье правление находилось в ст. Грозненской, примыкавшей к центру современного г. Грозный. Туда на переговоры с казачьим атаманом выехал А. Д. в сопровождении 53 мюридов. 27.12.1917 г. в ходе переговоров он был убит белоказаками. В перестрелке с противником погибла также бо́льшая часть сопровождавших шейха мюридов. Перед угрозой кровной мести со стороны чеченцев белоказаки пошли на переговоры. При посредничестве духовных авторитетов Чечни Сугаип-Мулла Гайсумова, *Хантиева Кана-Шейха*, Солса-Хаджжи Яндарова, *Митаева Али* и др. с казаками была достигнута договоренность о прекращении дальнейшего кровопролития и возвращения тел А. Д. и его мюридов для захоронения по мусульманскому обряду. Останки шейха были выданы в апреле 1918 г. и захоронены на «Турецком кладбище» («Туркойн кешнаш») в окрестностях с. Урус-Мартан, где над его могилой сооружен зийарат.

После гибели А. Д. и его старшего сына, бывшего офицера царской армии Якуба (1920), духовным преемником отца был объявлен другой его сын — Бахауддин Арсанов (1893–1962). В Грозном работает Школа языков им. *Дени Арсанова*, возрожденная в 2011 г. Ее возглавляет правнук А. Д. Ибрагим Арсанов. Школа располагается на ул. *Дени Арсанова*. Одна из центральных мечетей г. Грозного носит имя А. Д.

Лит.: Архивное управление Правительства Чеченской Республики (АУП ЧР). Ф. 236. Оп. 2. Д. 317. Л. 272–273; ГАРФ. Ф. Р-6991. Оп. 3. Д. 207. Л. 76; Духаев А. И. Эпоха шайхов. Нальчик. 2016; РФ ИИАЭ ДНЦ РАН. Ф. 1. Оп. 1. Д. 282. Л. 27–29.

С. Натаев, А. Духаев

Ал-Арсия (ал-Арсийа, ал-Ларисийа) — наемная царская гвардия в *Хазарском каганате* в IX–X вв., основу которой составляла одноименная мусульманская этническая группа переселенцев из окрестностей г. Хорезма.

Причина эмиграции ал-А. точно не установлена; данные разных источников позволяют считать, что ею стала разразившаяся в г. Хорезме и окрестностях война, эпидемия или стихийное бедствие. Этнически ал-А. считаются близкородственными ираноязычным аланам или асам. О тесной связи с хазарской традицией свидетельствует принятая в войске титулатура главы — везир (визирь), а также имя одного из везиров — Ахмад б. Кувейх.

Корпус ал-А., по разным данным, состоял из 7–12 тыс. конных воинов, облаченных в латы, шлемы и кольчуги и вооруженных луками и стрелами, а также копьями. Воины ал-А. получали жалованье за свою службу, а также пользовались рядом привилегий: они имели полную свободу в отправлении своей религии — ислама, право не сражаться против единоверцев, право сохранять ин-т везирата, выполнявший в том числе представительские функции при царе, и право пользоваться судебным иммунитетом в своих внутренних делах.

Ал-А. вместе с семьями были расквартированы в столице *Хазарского каганата* г. Итиле. Общая численность ал-А. вместе с женщинами и детьми составляла несколько десятков тыс. чел., что позволяет говорить о них как о значительной группе мусульманского населения в *Хазарии* наряду с мусульманскими купцами и ремесленниками. Вместе с тем отсутствуют какие-либо свидетельства в пользу предположения о стремлении ал-А. превратить ислам в обязательную единую религию каганата.

Появление ал-А. в структуре хазарского общества связано с изменениями во внешней политике *Хазарии*. Указанный период характеризуется многочисленными конфликтами в зоне непосредственного хазарского влияния, что вынудило хазарских правителей опираться на оплачиваемые отряды воинов-иноземцев.

Лит.: Артамонов М. И. История хазар. Л., 1962; Бубенок О. Б., Радивилов Д. А. Народ ал-арсийа в Хазарии (из истории хазаро-хорезмских связей) // Хазарский альманах. Т. 2. М., 2004; Заходер Б. Н. Каспийский свод сведений о Восточной Европе: Горган и Поволжье. М., 1962; Новосельцев А. П. Хазарское государство и его роль в истории восточной Европы и Кавказа. М., 1990.

Н. Малкина

Ал-Асали, 'Абдуррахман-хаджжи б. Гитинамухаммад ан-Накшбанди ал-Халидий ал-Махмуди (1845–1907) — мусульманский религиозный деятель 2-й половины XIX в., суфийский шейх.

Родился в с. Ассаб (ныне Шамильский р-н РД). Среди его учителей по мусульманскому богословию упоминается богослов из Нагорного Дагестана Хумайд ал-Асали. Находясь в Закатальском крае, куда ал-А. 'А.-х. отправился в поисках знаний, он познакомился с накшбандийским шейхом Джабраилом-афанди из с. Цахур и под его руководством впервые вступил на путь тариката. В 1887 г. последний возвел его в ранг суфийского наставника и право (иджаза) учить мюридов. В свою очередь ал-А. 'А.-х. сделал своим единственным преемником (*халифа*) дагестанского шейха, общественного и религиозного деятеля 1-й половины XX в. *ал-Кахи Хасана Хилми*.

Ал-А. 'А.-х. принято считать первым накшбандийским шейхом ветви халидийа-махмудийа на территории Нагорного Дагестана. Он дважды совершил хаджж в Мекку. Скончался на обратном пути домой из паломничества, похоронен в прибрежном аравийском городе Джидда.

Лит.: Абдурахманов М. И. Золотая цепочка накшбандийских шейхов. Махачкала, 2002; ал-Кахи Хасан.

Файд ар-Рахман фи зикр калам 'Абд ар-Рахман. Б. м., б. г. С. 11–35.

М. Шехмагомедов

Ал-Асали, Мухаммад б. Нурмухаммад ал-Йасуби ад-Дагистани (1885–1942) — мусульманский религиозный деятель, дагестанский шейх, представитель суфийских братств *накибандийа*-махмудийа и шазилийа.

Родился в с. Ассаб Гунибского окр. (ныне Шамильский р-н РД). С раннего детства приступил к изучению мусульманских наук под руководством отца, Нурмухаммада-дибира, известного мусульманского богослова. Ал-А. М. в юном возрасте стал мюридом шейха *'Абдуррахмана ал-Асали*, после смерти которого стал последователем другого шейха — *ал-Кахи Хасана-Хилми*, от которого получил иджазу по двум тарикатским линиям: *накибандийа*-халидийа-махмудийа и шазилийа.

В отличие от своего наставника *ал-Кахи Хасана-Хилми*, ал-А. М. не участвовал в политической борьбе после революции 1917 г. Однако на формирование его религиозных и политических взглядов последний оказал большое влияние. Деятельность ал-А. М. отражена в его творчестве, посвященном, в основном, критике идей мусульманского реформаторства, защите суфизма и его приверженцев от нападок со стороны реформаторов.

Этой тематике посвящены три сочинения ал-А. М.: 1) «Ал-Аджвибат ал-'Асалийа фи радд шубухат ал-ваххабийа» («Ответы ассабца в опровержение ваххабитских смут»). Сочинение написано в полемическом жанре и имеет конкретного адресата — Мухаммада б. 'Абдурашида ал-Аракани, выступавшего с резкой критикой последователей суфизма; 2) «Ал-Аживбат ал-бахийа фи 'исбат шафа'ат хайр ал-барийа» («Великолепные ответы в подтверждение заступничества лучшего из людей») — фундаментальный труд, в котором содержится критика идей салафизма. Ал-А. М. подробно раскрывает сущность ваххабизма и дает краткую справку об основателях этого учения Ибн Таймийи, Мухаммаде б. 'Абд ал-Ваххабе, Ибн ал-Каййиме ал-Джавзийа. Также подробно излагает суть суфийского учения ('илм ат-тасаввуф), дает разъяснения терминам «шари'ат», «тарикат» и «хакикат». Ал-А. М. приводит свои доказательства того, что «шейхство и муридизм» имеют законное обоснование в Коране и Сунне Пророка; 3) «Ал-Фара'ид ал-ваххабийа фи радд шубухат ал-ваххабийа» («Божественные дары в опровержение ваххабитских смут») — книга в защиту идей суфийского учения, является дополнением к одной из работ наставника ал-А. М. — *ал-Кахи Хасана-Хилми*, написана в форме ответов на критику суфизма со стороны дагестанских реформаторов-джадидов. Известно еще одно сочинение ал-А. М., которое представляет собой касыду, посвященную признакам конца света, — «'Ашрат ас-Са'а».

В 1930-х гг. полемика прекратилась ввиду политики советской власти по отношению к исламу. Многие религиозные деятели подверглись репрессиям и жестким гонениям, в том числе ал-А. М. В 1937 г. он был арестован и приговорен к тюремному заключению. Находясь в заключении, ал-А. М. передал право на наставническую деятельность Хумайду из Андыха. В 1942 г. ал-А. М. умер в тюрьме г. Дербента, где отбывал срок; был захоронен в братской могиле. В 1959 г. близкие родственники и последователи ал-А. М. извлекли останки и перезахоронили на кладбище в с. Верх. Казанище Буйнакского р-на РД.

Лит.: Шехмагомедов М. Г. Идеологическое противостояние дагестанских богословов в первой трети XX в. // Успехи современной науки. 2016. Т. 10 № 12 С. 114–119; Шехмагомедов М. Г. Критика «ваххабизма» в трудах дагестанских суфийских шейхов начала XX в. // Актуальные проблемы современного востоковедения («Буниятовские чтения»). Махачкала, 2017. С. 240.

М. Шехмагомедов

Атажукин, Адиль-Гирей (Адиль-Гирей Аджи Темрюков, ум. 1807) — кабардинский князь, премьер-майор. Младший сын князя Темрюка Атажукина и внук старшего князя-валийа Кабарды Бамата (Магомеда) Кургокина-Атажукина. Обучался арабской и татарской «грамоте». Совершил хаджж в Мекку.

В 1787 г. в составе кабардинского земского ополчения принимал участие в Русско-турецкой войне 1787–91 гг. на Кубани. Попытки введения в Кабарде родовых судов и расправ (1793), действовавших на основе российских законов, в сочетании с другими мероприятиями, ущемлявшими права кабардинской аристократии, вызвали антиколониальное движение. А. А.-Г. становится одним из его лидеров, придав сопротивлению религиозную окраску. В начале 1805 г. вместе со своим братом Изма'илбеем Атажукиным и князем, подполковником Атажуко Хамурзиным был выслан из Кабарды в Екатеринославскую губернию. В 1798 г. бежал из ссылки и вернулся в Кабарду. А. А.-Г. и его единомышленникам удалось достичь значительных успехов в деле объединения народов Центр. Кавказа (*абазин*, карачаевцев, балкарцев и др.) в антиколониальной борьбе. Активная деятельность А. А.-Г. и его сторонников привела к срыву выборов родовых судов и расправ в Кабарде в 1799 г., упразднению родовых судов и учреждению в Кабарде в 1807 г. духовных судов (мехкеме), действовавших на основе шариата ханафитского толка. Умер в 1807 г. во время эпидемии холеры.

Лит.: Казаков А. В. Адыги (черкесы) на российской военной службе. Воеводы и офицеры. Середина XVI — начало XX в. Биографический справочник. Нальчик, 2006.

Д. Рахаев

Аушев, Башир-хаджи Магомедович (12.08.1959–08.10.2002) — мусульманский религиозный и общественно-политический деятель.

Родился в с. Сурхахи Назрановского р-на ЧИАССР. С раннего детства изучал мусульманские науки в частном порядке, на дому у ингушских богословов Барахоева Ахмета и Муцольгова Дзяудина. В 1974 г. поступил в медресе Мир-и Араб в г. Бухаре. В 1975 г. поступил в Ташкентский исламский ин-т им. имама ал-Бухари. В 1980 г. получил диплом по специальности «имам-хатиб, богослов», возвратился в Ингушетию, был назначен имамом с. Сурхахи. В 1983 г. по направлению Ташкентского исламского ин-та А. в числе первых паломников из Чечено-Ингушетии совершил хаджж в Мекку. После возвращения на родину принимал активное участие во многих мусульманских форумах в стране и мире. Например, в августе 1984 г. и в феврале 1987 г. в Нью-Йорке А. принял участие в международном форуме «За выживание человечества».

В 1986 г. поступил в Амманский государственный ун-т на шариатское отделение. Вернувшись в Ингушетию, принимает активное участие в общественной и религиозной жизни. А. стал членом примирительной комиссии, которая решала сложные вопросы: кровной мести; связанные с семейно-брачными отношениями, дорожно-транспортными происшествиями и др.

24.02.1994 г. А. был избран депутатом Народного собрания РИ I созыва, а в марте 1999 г. — депутатом II созыва. Являлся председателем комиссии парламента по межнациональным и международным отношениям, связям с общественными и религиозными объединениями, курировал в этой комиссии вопросы религиозно-нравственного характера. А. погиб от рук неизвестных в октябре 2002 г.

Лит.: 12 лет со дня трагической гибели Башира-Хаджи Аушева. [Электронный ресурс] // URL: http://magas.ru/content/12-let-so-dnya-tragicheskoi-gibeli-bashira-khadzhi-ausheva. Дата обращения 06.08.2017; Албогачиева М. С.-Г. Ингуши в XX в: этнографические аспекты религиозных практик // Сев. Кавказ. Традиционное сельское сообщество: социальные роли, общественное мнение, властные отношения. СПб., 2007. С. 75–128; Албогачиева М. С.-Г. Ингуши. М., 2013; Харсиева Л. Жизнь как свет. Башир-хаджи Аушев: «Главное — не потерять честь и достоинство, а все остальное приложится» // Ингушетия. 2017. 2 февраля.

М. Албогачиева

Ал-Ахалчи, Муртаза'али-хаджжи (1826–1925) — мусульманский религиозный деятель из аварского рода Султанилал. Родился на хуторе Сверута, на Хунзахском плато (ныне РД). Ал-А. М.-х. обучался у отца, затем отправился в с. Ахалчи, Ортколо, Обода и др. Хунзахского плато. Еще не закончив курса, он принял участие в движении имама *Шамиля*. За отличие в боевых действиях ал-А. М.-х. получил от имама нагрудный знак. Позднее он был близок с видными мусульманскими учеными Дагестана той эпохи, в том числе с *Али-Гаджи из Инхо*, Чанкой из Батлаича и др.

После окончания *Кавказской войны* написал много популярных у горцев назмов. Широкую известность получило произведение ал-А. М.-х. «Имамы Дагестана» на аварском языке. В этой поэме подробно описываются места боев, имена и подвиги мюридов. В назме «'Улама' Дагестана» ал-А. М.-х. дает описание многим мусульманским ученым. Назм «Мавлид Шариф» вышел отдельным изданием в г. Темир-Хан-Шуре (ныне г. Буйнакск РД) в 1914 г. Так же ал-А. М.-х. публиковал свои статьи в газете *«Джаридат Дагистан»*. Среди аварцев очень популярно «талкин» (похоронное напутствие), также написанное ал-А. М.-х.

Несколько раз совершил хаджж; во время паломничеств продолжил обучение и наладил контакты с рядом мекканских 'алимов. Многие ученики ал-А. М.-х. стали имамами в разных селениях горного Дагестана. Революцию 1917 г. и последовавшие события ал-А. М.-х. не принял, являясь сторонником установления шариатского правления в Дагестане. Умер в 1925 г. в возрасте 99 лет, похоронен на кладбище с. Ахалчи Хунзахского р-на РД.

Лит.: Омаров М. Богословы Дагестана. Махачкала, 2014. С. 116–118.

М. Омаров

Ахлов, Ахлау Муссович (25.02.1891–12.1937) — штабс-капитан Русской Императорской армии, член Мусульманского военного совета «Харби Шуро», командующий мусульманской Башкирской дивизией, советский военный и государственный деятель, военный комиссар Башкирской АССР и КЧАО.

Родился в с. Балтинском Баталпашинского отд. Кубанской обл. Российской империи (ныне с. Кызыл-Юрт КЧР), в семье ногайского мирзы Муссы Ахлова. Мать А. — дочь ногайского султана Каплан-Гирея из с. Тохтамышевское (ныне Икон-Халк КЧР). В 1899–1902 гг. получил начальное образование в Тохтамышевском одноклассном училище, а также в гимназии ст. Баталпашинской (ныне г. Черкесск). В 1910 г. окончил Тифлисский кадетский корпус и поступил в Александровское военное училище в Москве, после окончания был определен в 41-й Селенгинский пехотный полк. В годы ПМВ воевал на австро-венгерском фронте, был тяжело ранен, награжден Георгиевским крестом. В 1916–17 гг. служил в Казанском училище.

После I Всероссийского мусульманского съезда в Москве (01–08.05.1917) был избран членом Мусульманского военного совета «Харби Шуро» и участвовал в формировании мусульманских частей на фронте и в тылу. После принятия Наркомнацем РСФСР 24.03.1918 г. Декрета об упразднении «Харби Шуро» перешел на службу в Рабоче-крестьянскую Красную Армию (РККА). В годы Гражданской войны был командующим Башкирской отдельной кавалерийской дивизией, воевал на Юж. фронте. В июле 1919 г. дивизия под командованием А. разгромила под Полтавой части Добровольческой армии генерала А. И. Деникина. Осенью 1919 г. во главе Башкирской дивизии участвовал в обороне Петрограда от наступающей армии генерала Н. Н. Юденича и в Ямбургской операции. За успешные боевые операции дивизия была награждена боевым красным знаменем. В 1919 г. А. вступил в ряды РКП(б).

Как крупный военачальник и организатор военного дела в 1920–21 гг. А. был направлен на службу в Уфу в качестве военного комиссара Башкирской АССР. В 1921 г. переведен на работу на Сев. Кавказ, принимал активное участие в создании КЧАО. Был членом первого областного Ревкома, прокурором КЧАО. С 1923 г. — военком КЧАО, с 1928 г. — военком Черкесской автономной обл., зав. орготделом Черкесского облисполкома. В 1923–24 гг. — член областного оргбюро РКП(б).

В 1929 г. в местные органы ОГПУ при НКВД СССР поступили доносы на А. с обвинениями в княжеском происхождении и участии ранее в структурах Мусульманского военного совета «Харби Шуро». Тогда же по личной просьбе переведен на службу в Казахстан. В Алма-Ате работал в органах внутренних дел КазАССР, секретарем Совнаркома КазАССР, возглавлял сектор обороны Госплана КазАССР. В 1936 г. вернулся на родину, работал в Пятигорске, в 1937 г. арестован органами НКВД РСФСР по сфабрикованному делу о «контрреволюционной деятельности». Постановлением Коллегии ОГПУ при НКВД РСФСР от 24.12.1937 г. приговорен к расстрелу. Реабилитирован в 1957 г. Имя А. присвоено улице в с. Эркин-Халк в КЧР.

Лит.: Известные люди Карачаево-Черкесии. Черкесск, 1997. Т. 1. С. 74–75.; Керейтов Р. Х. Славный сын народа // Возрождение. 2006. № 9. С. 25–27.

М. Заргишиев

Ахмад ал-Йамани, Ахмад б. Ибрахим б. Мухаммад ал-Газикумуки ад-Дагистани ал-Хасани аш-Шафии (ум. 1450) — крупный религиозный деятель, мударрис, ученый, переписчик рукописей, распространитель ислама в Дагестане. Умер в дагестанском (лакском) с. Кумух — крупном политическом, идеологическом, экономическом и административном центре Дагестана. Сведения о жизни и деятельности А. ал-Й. сохранились в трудах дагестанских авторов на полях рукописей и носят фрагментарный характер. Шейх имам А. ал-Й. был преподавателем (мударрис) и судьей (хакам) в Ал-Азхаре в Каире, некоторое время жил в Йемене, по приказу правителя Египта ездил в Центр. Азию и позднее в вилайат Гумик (Кумух), где начал проповедовать ислам.

Сведений о времени прибытия А. ал-Й. в Дагестан обнаружить не удалось, но точно известно, что в 1432 г. он уже был в Дербенте (в том году у него там родился сын Нур ад-дин 'Абд ал-Кадир). С декабря 1434 по июнь 1450 г. у него родилось еще пятеро детей — и все в Газикумухе (Газикумук). Трое из них, как и их отец, умерли от чумы в 1450 г. Согласно письменным памятникам и устным преданиям, могила А. ал-Й. была известна в Дагестане и служила своего рода местом паломничества (зийарат). А. ал-Й. играл заметную роль в политической и духовной жизни кумухского общества, возглавлял теократическую власть в вилайате Гази-кумух, оттеснив светскую. Об этом свидетельствует письмо некоего саййида Мухаммада к общинам (джама'ат) Газикумуха, Калакорейша и Зерехгерана — к 'улама', факихам, праведникам (салих), дарвишам (факир), саййидам, к кадиям, амирам, садрам, знати (а'йан) и особенно — к саййиду Ахмаду. А. ал-Й. развернул активную деятельность по утверждению позиций ислама в Кумухе и соседних общинах, по внедрению установок шариата вместо норм обычного права. В частности, он запретил в Кумухе употребление бузы и обычай ишкиль (насильственное отчуждение имущества в обеспечение долга). Впоследствии, однако, ишкиль был им же восстановлен.

Перу А. ал-Й. принадлежат несколько сочинений. Среди них — этико-догматический трактат «Вафк ал-мурад», содержащий систему норм поведения мусульманина (сулук) и минимум основных сведений, знание которых обязательно. В нем имеются следующие разделы: о пользе чтения Корана и сунны; о поминании Аллаха; о молитвах, их категориях; об азане и икаме (призыв к молитве); о поведении в пятничный день при входе в мечеть и выходе из нее, при посещении могил; сведения о празднествах, лунных затмениях, молениях о ниспослании дождя; правила, связанные с путешествием, военным выступлением и т. д. Списки этого сочинения хранятся как в государственном хранилище (Фонд восточных рукописей ИИАЭ ДФИЦ РАН), так и в частных собраниях. Один из списков ИИАЭ подготовил 13 зу-л-ка'да 905 / 10 июня 1500 г. 'Али, сын Мухаммада, из одного из селений Зерехгерана. Копия, хранящаяся в частной библиотеке (селение Мегеб Гунибского р-на), выполнена примерно в XIX в. «Вафк ал-мурад» было известно широкому кругу читателей, его переписывали и изучали при жизни автора и под его руководством. В частности, сохранилось известие о том, что копия «Вафк ал-мурад» была сделана в Багдаде с экземпляра самого автора (автографа) в 1443–44 г.

Другое сочинение А. ал-Й. — «Зад ал-ахира» — пока не обнаружено.

Сохранились также рукописи, переписанные самим А. ал-Й. В их числе — «Шарх ал-Кафийа ал-машхур би-р-Ради («Комментарий на книгу "Ал-Кафийа", известный как "Ар-Ради"»). Это обширный комментарий Наджм ад-дина ар-Ради ал-Астарабади на довольно распространенный в исламском мире трактат по грамматике арабского языка Ибн ал-Хаджиба (ум. 1248). Дата переписки — 8 раби' ал-авваля 831 / 27 декабря 1427 г. Место переписки не указано.

А. ал-Й. был саййидом. В 1899–1900 гг. в Кумухе был реставрирован зийарат (место поклонения) А. ал-Й. с фиксацией на отдельном камне его родословного древа, восходящего к четвертому праведному халифу 'Али б. Аби Талибу. Там же сообщается, что род А. ал-Й. прекратил свое существование в 1833–34 г.

Еще в начале XX в. в Кумухе было особо почитаемо местным населением фамильное кладбище Йаманиттал («Йеменское»), где похоронены А. ал-Й. и его потомки. Ныне памятники не сохранились (кроме стелы 1899–1900 г., составленной с учетом записей на других намогильных камнях). Летом–осенью 2001 г. над ней был возведен новый зийарат, торжественно открытый в 2002 г.

Лит.: Айтберов Т. М. Письма саййида Мухаммеда к саййиду Ахмаду Йамани // Научно-практическая конференция молодых ученых Дагестана «Молодежь и общественный прогресс». Махачкала, 1978. С. 75; Гайдарбеков М. Хронология истории Дагестана // Научный архив Ин-та истории, археологии, этнографии ДФИЦ РАН. Ф. 3. История досоветского Дагестана. Оп. 1. Д. 236. Т. IX. С. 20; ад-Дургели Назир. Услада умов в биографиях дагестанских ученых. (Нузхат ал-азхāн фū тарāджим улама Дāгистāн). М., 2012. С. 35–36, 50; Лавров Л. И. Эпиграфические памятники Сев. Кавказа на арабском, персидском и турецком языках. Кн. II. Надписи XVIII–XX вв. М., 1968. С. 107–108; Муати Ф. Ахмад ал-Йамани: к вопросу о культурно-исторических связях Ближнего Востока и Дагестана в X–XV вв. Махачкала, 2018; Муати Ф. К вопросу о родословной шейха Ахмада ал-Йамани и формировании его научных интересов // Вестник Дагестанского государственного ун-та. 2015. Т. 30. Вып. 4. С. 153–160; Саидов М.-С. О некоторых памятниках материальной культуры в лакских районах ДАССР // Ученые записки Ин-та истории, языка и литературы им. Г. Цадасы. Махачкала, 1957. Вып. II. С. 42–51; Шихсаидов А. Р. Ахмад ал-Йамани // Дагестан и мусульманский Восток / сост. и отв. ред. А. К. Аликберов, В. О. Бобровников. М., 2010. С. 82–93; Шихсаидов А. Р. Ахмад ал-Йамани // Ислам на территории бывшей Российской империи: энц. словарь / под ред. С. М. Прозорова. Т. I. М., 2006. С. 42–43.

А. Шихсаидов

Ахметуков, Кази-бек Ахмедович (Эттингер, Григорий Яковлевич, иначе Магомед-Бек Хаджетлаше, 02.07.1868–29.09.1929) — авантюрист, полицейский осведомитель и шпион темного происхождения, выдававший себя за мусульманина родом из Кабарды, беллетрист, журналист, драматург. С 1908 г. печатался под псевдонимами Юрий Кази-Бек, К. Б. Ахмет-Уков, Ахмед-Бей-Булат, Ахмет-Бек Аллаев, Магомед-Бек Хаджетлаш(е) и др.

Согласно его собственной легенде, частично подтвержденной архивными данными, А. К-б. — сын черкеса-мухаджира, родился в пригороде г. Константинополя Биюк-Дере. Своим отдаленным предком считал абадзехского князя Ахмеда Бей-Булата, воспетого М. Ю. Лермонтовым в юношеской поэме «Хаджи-Абрек». Потеряв родителей в возрасте 9 лет, переехал на Кавказ, в г. Тифлис в 11–12 лет. Был усыновлен бездетной еврейской четой Я. Г. и Р. Л. Эттингер под именем Герш-Берка, а после принятия семьей христианства принял имя Григорий. Юношей участвовал в экспедиции Н. И. Ашинова в Абиссинию. Вскоре после этого вернул себе мусульманское имя и получил в 1894 г. российское подданство.

В 1890–1900-е гг. начал печататься на русском языке, эксплуатируя сентиментальный интерес читателей к невзгодам черкесских эмигрантов и восточной экзотике в духе популярного тогда колониального дискурса ориентализма (ср. Л. Буссенар). Публиковался в журналах «Живописное обозрение», «Нива», «Природа и люди», «Звезда», «Вокруг света» и ряде газет. В 1896–1903 гг. издал сборники очерков, рассказы, повести, драмы «Черкесские рассказы» (М., 1896), «Тяжелый долг» (Бобруйск, 1901), «Современная Турция» (М., 1903) и др.

Остро увлекался политической борьбой в подполье. С начала 1890-х гг. сблизился с революционными народниками, вел вместе с ними подпольную работу в Одессе, Бобруйске и Владикавказе. В 1901–02 гг. — член партии эсеров. В 1903 г. перешел на нелегальное положение. В 1908 г. порвал с эсерами и уехал к семье в Париж, где издавал с 28 июля (нового стиля) 1908 по декабрь 1911 г. еженедельный журнал «Мусульманин» (Moussoulmanine) на русском языке, заявив его как «народно-популярное, научно-литературное и общественное» издание. В 1911–12 гг. печатал в Санкт-Петербурге газету «В мире мусульманства».

Выдавая себя за мусульманина и сторонника *джадидизма*, А. К-б. сумел привлечь к сотрудничеству в своих изданиях отдельных видных представителей мусульманской интеллигенции Северного Кавказа, включая *С. Габиева*, Дж. Коркмасова, *Баммата Гайдара, Цаликова Ахмеда*. Вместе с тем он под псевдонимом печатал статьи об угрозе панисламизма в правой прессе, получая от царской охранки деньги на издание «Мусульманина» для дискредитации *джадидизма*. В 1912 г., когда это обнаружилось, разгорелся скандал. Мусульманское сообщество подвергло А. К-б. обструкции.

В 1912 г. А. К-б. предлагал В. В. Бартольду отдать в его журнал «Мир ислама» свои «серьезные работы по исламу», но его научный дебют не состоялся. Вскоре российский исламовед А. Э. Шмидт напечатал разгромную рецензию на очерки М.-Б. Хаджетлаше «Шрутель-Ислам. Сущность догматического и нравственного учения мусульман с кратким объяснением богослужения и религиозных обрядов» (1911). Он развенчал претензию А. К-б. представить себя за «просвещенного» мусульманина, обнаружив, что тот не владеет даже базовой информацией об источниках и истории ислама. Шмидт высмеял полную грубейших ошибок и нелепых выдумок брошюру. А. К-б. был в бешенстве, но ничего не мог поделать. С академическим исламоведением было покончено.

После скандалов 1912 г. А. К-б. сотрудничал с МВД, безуспешно пытаясь возобновить свои издания. Он собирал для него сведения о мусульманском реформаторстве в России и за рубежом. В 1913 г. по поручению директора Департамента полиции С. П. Белецкого совершил поездку в Поволжье и представил по ее итогам «Записку о движении панисламизма вообще и в частности в России», эксплуатируя правительственные страхи перед *джадидизмом*. С началом Первой мировой войны служил в контрразведке. Под именем Эттингера в 1914 г. его засылают в Шанхай, чтобы под видом турецкого гражданина он внедрился в германскую разведку и помешал ей совершить диверсии на российских железных дорогах. После революции 1917 г. и прихода к власти большевиков А. К-б. эмигрировал в Швецию, где основал новый журнал «Эхо России» и организовал партию «Русская лига», в которую привлекал белоэмигрантов.

При этом он продолжал жить двойной подпольной жизнью. Обнародованные в конце XX в. архивные документы показывают, что А. К-б. стал секретным агентом ВЧК и в 1918 г. в период полпредства В. Воровского возглавил операцию в Стокгольме по обезвреживанию белогвардейцев, участвовавших в вооруженной борьбе с советской властью, с целью их уничтожения и высылки из страны. В 1919 г. шведская полиция обнаружила в озере трупы бывших российских граждан, убитых в ходе операции. А. К-б. с сообщниками был судим и приговорен к смертной казни, которую заменили 10-летним тюремным заключением. В тюрьме он продолжал писать беллетристику и поддерживал переписку с женой и детьми, которых у него было пятеро. Умер незадолго до освобождения.

Авантюрная судьба, многообразные личины и неуемная энергия А. К-б. продолжает вызывать интерес и споры, в особенности на Сев.-Зап. Кавказе, где в XX в. сложилась традиция видеть в нем первого представителя адыгской (черкесской) художественной литературы, вышедшего за рамки национальной тематики, творчество которого получило общероссийское значение, отражая насущные проблемы кавказских народов. Признавая право этой точки зрения на существование, нельзя сбрасывать со счетов то, что сообщения А. К-б. о кавказских мусульманах, *мухаджирстве* и *джадидизме* основывались на вторичных, беллетризированных источниках, к тому же он часто манипулировал ими. При оценке его дореволюционной судьбы важнее, пожалуй, роль А. К-б. как авантюриста-мистификатора в посредничестве между полицейским государством в царской России, оппозиционными партиями и рождавшимся международным миром мусульманской прессы. В отношениях между этими силами он оставался чужим среди своих.

Соч.: Ахметуков Кази-бек. Избранные произведения / сост. и ред. Р. Х. Хаишхожева. Нальчик, 1993.
Лит.: Беккин Р. И. А. Э. Шмидт и М-б. Хаджетлаше: история одного конфликта вокруг журнала «Мир ислама» // Гасырлар авазы — Эхо веков. 2017. № 3/4. С. 254–266; Бессмертная О. Ю. Кем же был М. Б. Хаджетлаше, или нужда в обмане // Ya evat veda... Кто так знает... Памяти Владимира Николаевича Романова. Т. LXI. Orientalia et Classica. М., 2016. С. 135–190; Бессмертная О. Ю. Мусульманский Азеф, или игра в Другого: метаморфозы Магомед-Бека Хаджетлаше // Казус. Индивидуальное и уникальное в истории / под ред. М. Бойцова и И. Данилевского. М., 2012. С. 209–298; ГАРФ. ДП-00. Ф. 102. Оп. 229. Д. 235, 237, 239; Хашхожева Р. Х. Адыгские просветители XIX — начала XX в. Нальчик, 1993; Хаихожева Р. Х. Одиссея Кази-Бека Ахметукова // Литературная Кабардино-Балкария. 2001. № 1. С. 161–176.

Д. Рахаев, В. Бобровников

Ахреяне — обобщенное наименование беглых православных людей, как считалось в России, изменивших русскому государю и ставших мусульманами. Термин А. не встречается в русских источниках ранее XVII в., его смысл со временем менялся. За пределами России, например, в Болгарии, А. называли славян-«отступников» — болгар-мусульман или помаков. А. не представляли собой отдельной группы ни по происхождению, ни по именованию. Понятие А. является производным от библейского (ветхозаветного) слова «агаряне», которым в Библии именуются потомки Измаила, сына египтянки Агари, матери первенца праотца Авраама и служанки его жены Сарры. Мусульмане и иудеи считают Исма‘ила прародителем арабов, которых в христианской средневековой традиции называют измаильтянами, а мусульман — агарянами. Понятия «агаряне» и «измаильтяне» использовались в русской литературе для характеристик мусульман («неверных») в инвективном значении. Возникновение понятия А. связано с русской книжной культурой XVII в., а его закрепление в книжном, а затем разговорном русском языке — с опытом (практиками) образованных людей, в том числе приказных служащих Московского государства. Появление слова А., нового для русского языка XVII в., отразило процессы христианско-мусульманского взаимодействия, включая контакты христианского (славянского, казачьего) и мусульманского населения в пограничном пространстве России, Крымского ханства и Османской империи — на Дону, в Приазовье. Слово А. считалось бранным на Дону еще в XIX в.

Понятие А. отражает замеченный задолго до церковного раскола переход русских людей в мусульманство. Вероятно, первоначальное словоупотребление понятия связывалось современниками с «антиповедением» православных людей, перешедших в веру «агарян» — татар и турок. Однако вскоре (если не параллельно применению А. в вышеуказанном смысле) переход в иную веру приобрел звучание измены — вере и единственному православному государю, т. е. московскому царю. Использование понятия А. в отношении «изменников» расширилось во второй половине XVII в. в связи с событиями церковного раскола и с участившимися случаями перехода донских казаков-старообрядцев в подданство к мусульманским правителям — крымским ханам и турецким султанам. Среди таких жителей Дона действительно встречались лица, иногда переходившие в мусульманство, но чаще при смене подданства они оставались православными (старообрядцами). Старообрядцы, как и «агаряне», тоже считались в России «неверными», «богоотступниками», «нечестивыми».

Об А. сообщают различные русские нарративные и документальные тексты XVII в., в том числе созданные донскими казаками. Из отписки Войска Донского (09.06.1646 г.): «Да с теми ж, государь, крымскими Языки взяли мы, холопи твои, ахреяна, руское мужика, Мартинком зовут. А сказался, государь, нам: взят де он в полон невелик да и побосурманен». Из статейного списка посланников в Крыму Якова Якушкина и Гаврилы Михайлова (1663–65): «…По указу великого государя прислал из Белагорода окольничей князь Григорей Григоревич Ромодановский в Крым в лазутчиках охреяна туму с нагайским татарином с Калабузаром наговариват… тум, чтоб тумы московской полон выводили с собою к великому государю к Москве». Из документа 1699 г., отразившего перевод слов кубанских татар: «…Ахреяны, кои пришед ис казачьих донских городков казаки, живут у них на Кубани». Таким образом, А. в России называли разных «изменников», включая представителей донского казачества и казаков Крымского ханства. Русские источники уже первой половины XVII в. знают А., а в отношении старообрядцев («раскольников») слово А. стало употребляться не в первоначальном своем смысле. Вероятно, в отдельных случаях слово А. могло применяться к лицам смешанного (полуславянского) происхождения, при этом — мусульманского вероисповедания. А. в русских источниках — не всегда «вероотступники» (перешедшие в мусульманство), но всегда — «изменники». Для событий конца XVII в. слово А. стало более многозначным, чем для ситуации первой половины столетия.

Лит.: Гарибян Дж. Несколько лексических уточнений // Известия Академии наук Армянской ССР. 1956. № 11. С. 97–99; Донские дела. Кн. 3. СПб., 1909. Стлб. 46; РГАДА. Ф. 123. Оп. 1. 1663 г. Д. 2. Л. 5; РГАДА. Ф. 1032. Оп. 1. Д. 2. Л. 6; Сень Д. В. Ахреяне: из истории происхождения и бытования термина // Известия Ростовского областного музея краеведения. Ростов н/Д., 2012. Вып. 18–19; Чернышев В. И. Происхождение некоторых нарицательных имен из собственных. Омельфа, Охреян, Охрюта, Пентюх // Язык и мышление. М.–Л., 1935. Т. III–IV.

Д. Сень

Ахтынское бекство — хайдакское государственное образование конца XV — начала XVII в. в Самурской долине Дагестана (ныне Ахтынский р-н РД). В состав бекства входили лезгинские села по среднему течению р. Самур и бассейну р. Ахтычай.

Родословная династии ахтынских беков начинается с кайтагского уцмия Мухаммада, после смерти которого началась борьба сыновей за власть, в ходе которой его сын Ильчи-Ахмад проиграл и бежал около 1390 г. в Ширван. Позже Ильчи-Ахмад стал главой эмирства в Юж. Дагестане. Сын последнего Мухаммад-бек правил после раздела эмирства А. и Мискинджинским бекствами. Далее власть перешла к его сыну Хасан-беку, но под властью последнего находилось только с. В 1495-96 гг. при посредничестве казикумухского шамхала устанавливается покровительство А. б. над с. Хрюг (ныне Ахтынский р-н РД). В хронике

'Абд-ал-Хаия рассказывается о сражении между жителями с. Хрюг и рутульцами, состоявшими в союзе с элисуйскими амирами. Потомки Ильчи-Ахмада удерживали власть в Ахтах до начала XVII в. Наиболее известны ахтынские беки XVI в.: Хасан-бек ибн Мухаммад-бек и Хусейн-бек. В 1536 г. Рутульское бекство в союзе с Казикумухским шамхальством предприняло поход против А. б., Ахты был разграблен. В ответ в 1541 г. ахтынский Хасан-бек ибн Мухаммад-бек, поддерживаемый правителем Дербента Алхас-Мирзой ад-Дарбанди, разграбил и сжег с. Рутул (ныне Рутульский р-н РД). В 1542 г. рутульский бек, заручившись поддержкой кубинских лезгин, атаковал и разграбил с. Ахты. В 1560-е гг. в Ахтах, находящихся под влиянием Ширвана, появляется правитель Гусейн-бек, затем ему наследует Эйюб-бек. В 1568 г. персидский шах Тахмасп I, не обладая суверенитетом над Ахтами, назначает правителем А. б. бека Шах-Хусейна.

В начале XVII в. А. б. трансформировалось в Ахтыпаринское вольное общество.

Лит.: История Дагестана с древнейших времен до наших дней. Т. 1. М., 2004.

А. Пачкалов

Ашильтинский, Курбан'али (1825–1908) — мусульманский религиозный деятель, дагестанский 'алим 2-й половины XIX в.

Родился в с. Ашильта (ныне Унцукульский р-н РД). Отец А. К., 'Абдуллах Ашильтинский, упоминается в «Хронике…» Иманмухаммада Гигатлинского как один из трех кандидатов на правление *Имаматом* до того, как был утвержден *Шамиль*. Сам А. К., будучи сподвижником *Шамиля*, был отправлен последним на обучение к известному 'алиму — Загалаву из с. Хварши. О дальнейшей учебе А. К. сведений практически нет, но есть предположение, что он учился у *ал-Уради Муртада'али* — муфтия *Имамата*.

После завершения *Кавказской войны* А. К. сам стал 'алимом и мударрисом. В конце XIX — начале XX в. у А. К. учились: *Гоцинский 'Абдулатип*, Тажудин (Чанка) из с. Батлаича, *Тагир-хаджжи из Чиркея*, Хамзат-хаджжи из с. Чиркея и др. Сам он работал кадием в г. Темир-Хан-Шуре (ныне г. Буйнакск РД) в открывшемся там Дагестанском народном суде.

Лит.: Абдурахман из Газикумуха. Книга воспоминаний / под ред. А. Р. Шихсаидова. Махачкала, 2000; Айтберов Т. М., Дадаев Ю. У. Хроника Иманмухаммада Гигатлинского — текст XIX в. об истории Имамата. Махачкала, 2010; Батулил Магомед. Предания ашильтинцев. Махачкала, 1998; Ад-Дургели Назир. Услада умов в биографиях дагестанских ученых. (Нузхат ал-азхан фи тараджим улама Дагистан). Дагестанские ученые X–XX вв. и их биографии. М., 2012; Тагирхаджи Ахмедзиявдинов. Чиркей — главное село Салатавии. Махачкала, 2009.

М. Омаров

Б

Баб ал-абваб («Главные ворота»), или сокращенно ал-Баб («Врата») — арабское название г. Дербента (перс. Дарбанд — «запор на дверях / воротах») в тот период, когда он находился в составе Арабского халифата (VII–XIII вв.). Б. ал-а., или балад ал-Баб, включал в себя не только собственно г. Дербент (крепость и шахристан), но и подвластные ему владения, в том числе укрепленные «исламские центры» (ал-маракиз ал-исламийа), населенные «борцами за веру» (араб. гузат, ед. ч. гази), узкую прибрежную территорию к югу, вдоль Каспийского моря, вплоть до р. Самур, а также Маскат (лезгинская область Мюшкюр в Сев. Азербайджане).

Являясь центром мусульманской. культуры и важнейшим военно-стратегическим пунктом Халифата на его северных границах, Б. ал-а. мощью своих стен надежно запирал узкий Дербентский проход, защищая страну от набегов хазар, алан и других «неверующих». Он был также известен как один из самых важных морских портов Каспия и крупнейший суфийский центр «пограничья».

Б. ал-а. — основное звено пограничного военно-оборонительного комплекса Халифата на Сев.-Вост. Кавказе, известного как *Дарпуш* (араб. Дарбуш), который включал в себя сеть крепостей, укреплений и гарнизонов, многокилометровую Горную стену (тюрк. Даг-бары), единую систему сигнальных огней. Собственно крепость вместе с двумя мощными стенами, уходящими от нее в море и связанными между собой поперечной стеной, — древнейшее на Кавказе фортификационное сооружение. Участок к востоку от цитадели вплоть до поперечной стены занимал шахристан — городские кварталы, сформированные по родовому или производственному принципу. Подробное описание города дал фламандский монах Виллем Рубрук, посетивший его в 1253 г., вскоре после монгольского похода.

Начало мусульманской истории Дарбанда положил поход Салмана б. Раби'и, предпринятый в правление «праведного» халифа 'Усмана (644–56). Сопротивление иранского гарнизона крепости было сломлено, и город сдался на милость победителей. Однако уже в 653 г. отряд Салмана б. Раби'и был разгромлен хазарами, которые вытеснили арабов за пределы Аррана. Окончательно Дарбанд был завоеван арабами лишь в первой половине VIII в. в результате серии военных экспедиций, в ходе которых хазары были вытеснены на север.

Во времена халифа Харуна ар-Рашида (786–809) Б. ал-а. был включен в орбиту религиозно-политической жизни Халифата. В укреплениях оборонительного комплекса *Дарпуш* были размещены гарнизоны из мусульман-переселенцев. В городе появилась соборная мечеть, в башнях дербентской крепости были основаны квартальные мечети. Б. ал-а. стал управлять Йазид б. Мазйад аш-Шайбани, видный военачальник, которого халиф назначил наместником всех кавказских владений государства. Резиденция наместника расположилась в старой столице Кавказской Албании — Партаве (араб. Барда‘а / Барза‘а). С 820 г. по велению халифа ал-Ма'муна в Барза‘а утвердился Халид, сын Йазида. Халиф ал-Му‘тасим отобрал город и область у Халида и отдал их своему гуламу Афшину в качестве военного лена, однако следующий халиф, ал-Васик, в 842 г. восстановил Халида в его правах. В 851 г. ал-Мутаваккил отдал Б. ал-а. в качестве лена сыну последнего — Мухаммаду б. Халиду, который, однако, был занят строительством новой столицы наместничества — Джанзы (Гянджи). Один из его братьев, Хайсам б. Халид, стал править в Ширване, второй брат, Йазид б. Халид, — в Лайзане. Внук последнего, Йазид б. Мухаммад б. Йазид, в 917 г. овладел Ширваном, основал поместье ал-Йазидийа и династию ширваншахов Йазидидов: прямое родство с Шайбанидами давало основания Йазидидам в дальнейшем претендовать на Б. ал-а.

После смерти ал-Мутаваккила в Халифате начались внутренние раздоры. Стал набирать силу процесс обособления отдельных удаленных областей и провинций. Вскоре скончался и Мухаммад б. Халид, оставив управлять в ал-Бабе Хашима б. Сураку, происхождение которого традиция связывает с арабским племенем бану сулайм. Заручившись поддержкой местной знати, Хашим б. Сурака в 869 г. добился значительной самостоятельности в управлении городом с правом наследственной передачи власти. Он стал первым амиром Б. ал-а. и основоположником династии Хашимидов, которой суждено было править два с лишним столетия.

За это время город превратился в крупнейший центр исламизации на Сев.-Вост. Кавказе. Самые ранние сведения о мусульманских ученых — выходцах из Б. ал-а., зафиксированные в арабских источниках, относятся к IX–X вв. Живший в X в. Абу Бакр Мухаммад б. Рафи‘ описал историю исламизации Нагорного Дагестана в хронике, послужившей впоследствии источником для известного сочинения «Та'рих Дагистан» («История Дагестана»). В конце X в. суфий и факих Абу-л-Касим ал-Фукка‘и в одной из дербентских башен основал суфийскую обитель (завийа).

Буидская эпоха в истории Б. ал-а. отмечена усилением шиитов. Все наиболее важные религиозно-политические посты в городе занимали шииты-имамиты. В 1-й половине XI в. в качестве *верховного кадия* (кади ал-кудат) «пограничной области» администрация султанов Буидов назначила *Абу-л-Хусайна Ахмада б. ал-Хусайна ал-Гадаири*. В мусульманской историографии он известен как наставник выдающегося имамитского ученого Абу Джа‘фара ат-Туси.

Позиции амиров Хашимидов заметно пошатнулись в середине XI в., когда в борьбу с ними за власть в Б. ал-а. вступили ра'исы Аглабиды, также возводившие свою родословную к бану сулайм. В течение 2-й половины XI в. ситуация в городе была нестабильной и власть переходила из рук в руки. *Маммус ал-Лакзи*, придворный историограф Хашимидов, детально отразил эти события в своей хронике «Та'рих Баб ал-аб-ваб ва-Ширван». Хашимидов свергали, изгоняли из амирского дворца, но они вновь возвращались. У власти в Б. ал-а. успели побывать ширваншах Фарибурз и ра'ис ар-ру'аса' ал-Муфарридж из Аглабидов. Немаловажную роль в политических событиях играла религиозная знать города, влияние которой на горожан осуществлялось через мечети, суфийские завии, шариатский суд, собрание факихов (маджлис ал-фукаха') и т. д. Коренные изменения в политической жизни Б. ал-а. связаны с сельджукскими завоеваниями. В 1067 г. в город вступил первый сельджукский отряд во главе с хаджибом султана Алп-Арслана — Сау-Тегином. Алп-Арслан возвратил власть Хашимидам, убедившись в их лояльности Сельджукидам. Однако последующее развитие событий, в результате которых амир был в очередной раз смещен и власть разделили ширваншах Фарибурз и правитель Аррана Фадл б. Шавур, вынудило султана укрепить свою власть. В ноябре 1071 г. в Б. ал-а. прибыл тюрок Йагма, гулам Алп-Арслана, и зачитал указ (маншур) о том, что он назначается «амиром от имени султана». Чтобы усилить контроль за городом, Йагма разрушил поперечную стену, что уже не раз случалось в истории Б. ал-а. После смерти Алп-Арслана в 1072 г. Йагма был отозван, но уже в декабре 1075 г. в Б. ал-а. прибыл посол Сельджукидов — некий гулам — с известием о том, что Малик-шах пожаловал город вместе со всеми его владениями хаджибу Сау-Тегину (в качестве военного лена).

1075 г. — начало третьего периода «сельджукской оккупации». В хутбе стали упоминать султана и Сау-Тегина. Углубляется тенденция «сельджукизации»: многочисленные памятники отразили активное проникновение тюркского этнического элемента в Б. ал-а., даже среди родовых имен дербентских правителей с середины XII в. появляются тюркские имена.

Новые общественно-политические условия, возникшие в результате сельджукских завоеваний, привели к оживлению духовно-религиозной жизни на Кавказе. На рубеже XI–XII вв. дербентские авторы создали ряд важнейших по своей значимости богословских и исторических сочинений: «Райхан ал-хака'ик ва-бустан ад-дака'ик» Абу Бакра Мухаммада б. Мусы ад-Дарбанди, «Та'рих Баб ал-абваб ва-Ширван» (сокращенно «Та'рих ал-Баб») Абу 'Абд Аллаха *Маммуса ал-Лакзи*, «*Дербенд-наме*» Абу Йа'куба Йусуфа б. ал-Хусайна ал-Баби и т. д. Прямым следствием политики выдающегося сельджукского вазира Низам ал-мулка, направленной, с одной стороны, на идеологическую поддержку деятельности шафиитов, ашаритов и суфиев, а с другой — на ослабление позиций шиитов, явилось изменение религиозно-политической ситуации в Б. ал-а. в пользу шафиитов.

Непрерывные походы вынудили Сау-Тегина передать управление сначала Хашимиду ал-Маймуну, а затем Аглабидам (когда их преимущественное влияние в Б. ал-а. стало для него очевидным). Согласно «Та'рих ал-Баб», Хашимиды были у власти 215 лет: если считать с 869 г., то этот срок как раз и заканчивается в середине 80-х гг. XI в.

Первым Аглабидом, назначенным Сау-Тегином управлять от своего имени Б. ал-а., стал ал-Муфарридж б. Халифа аз-За'им (ум. в конце XI в.), давний соперник Хашимидов. Он не мог именоваться амиром и довольствовался титулом аз-За'им — «правитель». На первых порах полномочия Аглабидов ограничивались сбором налогов, подбором и назначением людей на различные должности в Б. ал-а., а также охраной северных рубежей города.

Продолжительная междоусобица, начавшаяся сразу после смерти Малик-шаха между его сыновьями, значительно ослабила позиции Сельджукидов на местах. Сау-Тегин, очевидно, был отозван новым султаном Баркийаруком, что позволило ал-Муфарриджу передать бразды правления в Б. ал-а. своему сыну Халифе, который стал титуловаться амиром. Подвести фундамент под политические претензии Аглабидов ал-Муфарридж (или Халифа б. ал-Муфарридж) поручил Йусуфу ал-Баби — так была создана «*Дербенд-наме*», ныне широко известная в позднейшей редакции Мухаммада ал-Акташи. Неизвестно, правил ли сразу после Халифы его сын Мухаммад б. Халифа (ум. ок. 1159), прозванный амиром Сайф ад-дином, либо между ними был Ибн аз-За'им, который уже в конце XI в. возглавлял отряды, защищавшие город от нападений «неверующих». Вплоть до правления ал-Музаффара б. Мухаммада (ум ок. 1170) монеты дербентских амиров чеканили с именем не только халифа, но и сельджукского сюзерена (ас-султан ал-му'аззам).

Династия Аглабидов была пресечена в 70-х гг. XII в., когда Б. ал-а. был отвоеван у мусульман объединенными силами русов, хазар и аланов, вошедших в город со стороны моря (как свидетельствуют источники, они прибыли на 70 кораблях). Это не первое появление русов в городе: известен их разрушительный поход X в. Кроме того, в XI в. русы служили у дербентских амиров в качестве телохранителей.

Последовавшие за этим события привели к потере Б. ал-а. своей самостоятельности на десятки лет. Русы дошли до Ширвана, где они были разбиты ширваншахом Ахситаном б. Манучихром с помощью его родственника, грузинского царя Георгия III (ум. в 118). Вероятно, уже тогда, преследуя северян, ширваншахи подчинили Б. ал-а., как об этом сообщает ширванский поэт ал-Хакани. Из его оды, посвященной шаханшаху, сыну и преемнику Ахситана, явствует, во-первых, что город все это время оставался в руках русов и их союзников, а во-вторых, что ширванская аннексия ал-Баба не обошлась без политической поддержки грузинской царицы Тамары (1184–1213), распространившей свое влияние «от моря до моря».

В 1222–23 гг. у стен Б. ал-а. появились монгольские отряды, которые не стали тратить силы на осаду крепости и обошли город, хитростью заставив послов местного правителя Рашида показать им обходной путь: к этому времени Горная стена была уже местами разрушена. Источники называют Рашида ширваншахом, однако в таблицах ширваншахов сельджукской и монгольской эпох, составленных *Е. А. Пахомовым* на основании нумизматических материалов, такого имени нет; возможно, речь идет о родственнике или представителе ширваншаха.

Б. ал-а. был осажден и захвачен монгольским войском под командованием Джебе и Субедэя в 1239 г. Военно-оборонительный комплекс *Дарпуш* подвергся значительным разрушениям: были уничтожены многие укрепления (сожжены мечети, разрушены верхние части минаретов) и система сигнальных огней, верхние части крепостных башен с бойницами для стрельбы из лука были сровнены со стенами, разрушены зубцы и некоторые участки стен, в том числе и Горной стены.

Однако в том же году, гласит строительная надпись, в Цахуре был восстановлен минарет. В 1247 г. мечеть была восстановлена в Мишлеше, в том же году — ханака в Рутуле, чуть позже — минарет в Хиве.

В 1258 г. Халифат пал под ударами монголов Хулагу-хана, внука Чингис-хана, и на его обломках образовалось государство Ильханов. Поначалу в Б. ал-а. фактически мало что изменилось: в нем продолжалось давнее соперничество местных династий и ширваншахов, в котором последние все чаще одерживали верх. Превратившись в важнейший аванпост противостояния Ильханов *Золотой Орде*, город частично вернул свое утраченное значение. Мусульманские авторы еще долго не забывали арабское название города, однако это было лишь данью традиции. Монгольское завоевание открыло новую главу в многовековой истории Дербента, получил он и новое имя — Кахалка / Кахулга (монг. «Ворота»).

Лит.: Аликберов А. К. Эпоха классического ислама на Кавказе: Абу Бакр ад-Дарбанди и его суфийская энциклопедия «Райхан ал-хака'ик» (XI–XII вв.). М., 2003; Бартольд В. В. К вопросу о происхождении «Дербенд-наме» // Бартольд В. В. Сочинения. М., 1973. Т. VIII; Кудрявцев А. А. Древний Дербент. М., 1982; Пахомов Е. А. Краткий курс истории Азербайджана с экскурсом о ширваншахах XI–XIV вв. Баку, 1923; Он же. О Дербентском княжестве XII–XIII вв. Баку, 1930; Путешествие Абу Хамида ал-Гарнати в Восточную и Центральную Европу (1131–1153 гг.) / публ. О. Г. Большакова и А. Л. Монгайта. М., 1971; Minorsky V. History of Sharvan and Darband in the 10th-11th centuries. Cambridge, 1958.

А. Аликберов

Баб ал-Кийама (тюрк. Кийамат-капы, перс. Дар-и Кийамат — «Ворота Судного дня», «Ворота Воскресения») — ранее существовавшее мусульманское культовое место в г. Дербенте, располагавшееся около одной из башен сев. городской стены (VI в. н. э.), с наружной стороны, за пределами средневекового шахристана.

Возникло в IX–X вв. на месте функционировавшего здесь в позднесасанидский и раннеарабский периоды хорошо охранявшегося узкого прохода с арочным сводом в оборонительной стене. Как установлено археологическими раскопками, в указанное время проход был заложен со стороны города и превращен, таким образом, в помещение (4,5 м2), а прилегающая к нему территория (ок. 40 м2) у стыка башни и стены была ограждена каменными столбиками с поперечными деревянными балками заграждения и с входом, оформленным двумя резными столбами. За пределами этой территории располагалось обширное средневековое мусульманское кладбище, ныне полностью застроенное за исключением кладбища *Кырхляр* (тюрк. «Сороковник»); два мусульманских погребения в каменных ящиках (цистах) были выявлены в непосредственной близости от данного культового памятника при его археологическом исследовании.

В месте расположения памятника на оборонительной стене, башне, а также в помещении прохода высечены несколько арабских надписей религиозного содержания (шахада, басмала, «масджид», «Аллах», «Мухаммад», «Йа, Али, дарвиш Садик»), выполненных почерками куфи и насх и датирующихся суммарно IX–XIII вв. На блоке башни расположена также рельефная строительная персидская надпись 1412 г.: «Нет бога, кроме Аллаха, Мухаммад — посланник Аллаха. Это благословенное здание построено во время правления эмира Исфандийара — да сделает его Аллах владычество вечным! — рабом [божьим] Хваджа Рукн ад-дином б. Хваджа Наджм ад-дина. Восемьсот четырнадцатого года». Еще одна крупная (80×40 см) куфическая трехстрочная арабская надпись X–XI вв. расположена в помещении прохода — она до конца еще не прочитана, имеет, очевидно, строительный характер, в ней фигурирует титул амир.

В помещении на стенах высечены четыре изображения луков со стрелами, направленными вниз (в восприятии мусульман — в «мир потусторонний»), и лигатурное написание букв «лам» и «алиф» (لا), занимавшее в исламской символике, особенно в суфизме, важное место. При исследовании помещения в потолке был обнаружен воткнутый в стык блоков перекрытия и датируемый X–XIII вв. железный бронебойный наконечник стрелы, обращенный острием вниз. Изображения луков на стенах и воткнутый наконечник стрелы имели глубокую смысловую нагрузку, но их семантика пока не поддается полному раскрытию: можно полагать, что, будучи связанными с данным культовым объектом, воспринимавшимся в сознании мусульман как ворота Судного дня (через которые пройдут умершие, чтобы предстать перед судом Божьим), они выполняли охранительную функцию, призваны были защищать мусульман в день Суда и Воскрешения от негативного воздействия потусторонних сил. На прилегающих к входу в помещение участках стены и башни высечены свыше 40 знаков, некоторые из них представляют собой знаки строителей Дербента VI в., а большинство — различного типа изображения дуги-арки, символизировавшие ворота, в данном случае «Ворота Судного дня». В помещении и особенно вокруг входа в него в кладку оборонительной стены и башни забиты до конца сотни железных гвоздей, как средневековых кованых, так и фабричных XIX — начала XX в.

Согласно данным археологии и письменных источников, данный культовый объект функционировал с IX–X вв. до начала XX в. В Петербургском списке хроники «*Дербенд-наме*» (хранящемся ныне в Государственной публичной библиотеке им. Салтыкова-Щедрина, автором протографа которого являлся, очевидно, *Йусуф ал-Лакзи* и которым пользовался М. Казем-бек, имеется приложение «Баб ал-абваб шухедалери» («Мученики за веру Баб ал-абваба (Дербента)»). В нем приведены имена 50 шахидов XI — начала XII в., похороненных на кладбищах города, и среди них назван Пир-Нал'банд, носивший титул султан дарвазе-е кийамат газийан («султан газиев ворот Судного дня»), т. е. он являлся предводителем отряда воинов-борцов за веру, несших службу у «Ворот Судного дня». Это же название в арабской форме зафиксировано Д. Кантемиром в 1722 г., в тюркской форме — А. К. Бакихановым в начале XIX в., в персидской — А. В. Комаровым в 1860-х гг.

А. В. Комаровым было зафиксировано совершение здесь обрядовых действий и обычая забивания в стену гвоздей: среди ряда необходимых мер, якобы обеспечивавших счастливую жизнь дербентца-шиита в течение года, значилась и необходимость «прибить к Деры-Киамет деревянный гвоздь и сделать незр». Отмеченный обычай забивания в стену гвоздей по данным дагестанской и кавказской этнографии интерпретируется как благопожелательный, выполняемый с целью исполнения заветных просьб, сокровенных желаний и сопровождаемый обетом (араб. *назр*). Эту же цель преследовал и зафиксированный при археологическом исследовании данного памятника существовавший в средневековый период обычай «подношения» и забивания в оборонительную стену медных монет. По сведениям информатора (С. Султанова, 1920 г. р.), на этом месте еще в конце 1920 — начале 1930-х гг. располагалось почитаемое, святое место (пир), называвшееся по-азербайджански «Бурундж пир» («Угловой пир»), которое отразило местоположение объекта в углу у стыка оборонительной стены и башни; здесь собирались мусульмане-шииты перед паломничеством в Кербелу (Машхад ал-Хусейн) — одну из главных святынь шиитов, совершали пожертвования-садака, молились. В последующее время этот культовый памятник и его наименование были забыты. В настоящее время после проведения здесь в 2001–03 гг. археологических раскопок наблюдается некоторое возобновление функционирования данного культового объекта.

Лит.: Аликберов А. К. Что должен делать каждый дербентский мусульманин (шиит), чтобы счастливо провести весь новый год // Изв. КОИРГО. Т. I. Тифлис, 1872; Бакиханов А. К. Гюлистан-и Ирам / ред., коммент., примеч. и указатели акад. З. М. Буниятова. Баку, 1991; Гаджиев М. С., Бакушев М. А., Гаджиев С. М. Средневековое мусульманское культовое место Баб ал-Кийама в Дербенте // Передняя Азия, Кавказ, Балканы. Вып. 2. Махачкала, 2004. С. 70–77; Комаров А. В. (Этиграфические материалы) // Рукописный отдел ИВ РАН (СПб.). Ф. 71. Оп. 1. Д. 1; Cantemir D. Collectanea Orientalia (III. Ex eiusdem Demetrii Cantemiri schedis Manuscripts) // Operele principelui Demetriu Cantemiru publicate de Academia Romana. T.VI. Bucuresci, 1883. C. 16; Derbend-Nameh, or the History of Derbend / transl. from a select Turkish version and published with the text and with the notes by Mirza A. Kazem-Beg. SPb., 1851; Fraehn Ch. Die Inschriften von Derbend // Dorn B. Das Asiatische Museum der keiseitlichen Akademie der Wissenschaften zu St.-Petersburg. SPb., 1846.

М. Гаджиев

Бабатов, Магомед-Мухтар Османович (шейх Мухаммад-Мухтар Кяхулайский (или Параульский), Мухаммад-Мухтар Абий, 16.06.1954–11.11.2015) — мусульм. религ. деятель Дагестана, богослов, муфтий Сев. Кавказа.

Род. в пос. Кяхулай Советского р-на г. Махачкалы ДАССР (ныне РД) в верующей кумыкской семье. Отец Б. являлся муэдзином мечети на улице И. В. Малыгина в г. Махачкале, действовавшей в советское время. Начальное школьное образование получил в поселковой школе в Кяхулае. С первого класса показал отличную успеваемость, учителя особо отмечали успехи Б. в изучении математики. Начальное исламское образование получил дома у отца, который обучал сына арабскому языку и исламскому вероучению.

В 1965 г. отец Б. был избран муллой с. Нижнее Казанище Буйнакского р-на Дагестана, туда же переехала семья. После окончания средней школы в Ниж. Казанище Б. вернулся в пос. Кяхулай. В последующем совершенствовал религ. знания у известных в Дагестане богословов — Абдурахмана-молла из пос. Тарки, Гасанхана Шапиева из с. Гелли, а также богословов из с. Параул Магомеда-кади, Зиявутдина, Ибрагима и других.

В 1972–1973 гг. Б. работал водителем самосвала на угольном складе, лифтёром. В 1979–1989 гг. — имам мечети пос. Тарки на окраине Махачкалы. В этот период со стороны органов КГБ СССР были попытки завербовать и склонить к сотрудничеству Б., но подобные предложения были им отвергнуты. В качестве имама Б. снискал уважение среди верующих, став одним из признанных религ. деятелей г. Махачкалы.

Весной 1989 г. в деятельности *Духовного Управления мусульман Сев. Кавказа* (*ДУМСК*) наступил кризис, связанный с резкой критикой в адрес председателя *ДУМСК*, муфтия М. Геккиева со стороны ряда мусульм. общин. В этих условиях М. Геккиев подал в отставку. Для обсуждения создавшегося положения в г. Буйнакске (РД) была созвана конференция мусульман Сев. Кавказа.

Среди участников конференции было мнение, что благодаря глубоким религ. знаниям, богобоязненности, авторитету среди богословов и верующих Б. является самым достойным кандидатом на должность председателя *ДУМСК*. Накануне конференции представители ряда мусульм. общин Дагестана во главе с имамом З. Алибековым посетили Б. в пос. Тарки и просили дать согласие на избрание его муфтием, но Б. не дал согласия. Несмотря на это, 13 мая 1989 г. участники конференции в Буйнакске избрали Б. муфтием Сев. Кавказа и председателем *ДУМСК*.

Будучи учёным и богословом, привыкшим работать в библиотеке и тиши кабинета и не склонным к излишней публичности, Б. был не согласен с попытками ряда активистов политизировать деятельность *ДУМСК*. 10 июля 1989 г. Б. сложил с себя полномочия муфтия, предложив созвать очередной съезд мусульман Сев. Кавказа и вынести на его рассмотрение все назревшие проблемы *ДУМСК* и вопрос об избрании нового муфтия.

После отставки сосредоточился на богословской деятельности, работал имамом мечети пос. Кяхулай, занялся преподаванием религ. дисциплин в мечети. Свои проповеди вёл на кумыкском языке. В 1997 г. получил иджазу (разрешение заниматься наставнической деятельностью в тарикате) от шейха накшбандийского тариката Магомед-Амина Гаджиева. Неоднократно совершал хаджж. К началу 2000-х гг. Б. являлся одним из самых авторитетных духовных лидеров Дагестана.

За глубокие религ. знания, мудрость, умение вести диалог с оппонентами Б. снискал большой авторитет среди мусульм. богословов Дагестана и др. регионов Сев. Кавказа. Пользовался уважением как среди последователей суфийской (тарикатской), так и салафитской традиции в Дагестане. Б. сторонился обществ. и полит. деятельности, осуждал экстремизм под исламскими лозунгами, не позволял втянуть себя в публичные религ. споры, вёл исключительно проповедническую и наставническую работу.

В 1990–2000 гг. Б. сыграл огромную роль в деле духовного просвещения мусульман, сохранения единства мусульм. общины Дагестана, предотвращения внутрирелигиозных и межэтнических конфликтов. В проповедях призывал к умеренности и мирному диалогу. По просьбам противоборствующих сторон не раз участвовал в качестве независимого арбитра при разрешении различных конфликтов и споров. За советом люди приезжали к нему из многих сёл Дагестана.

Б. отличался богобоязненностью, скромностью, личной порядочностью. Не позволял себя фотографировать и снимать на видеокамеру. Кроме родного кумыкского свободно владел русским и арабским языками. Рукописное наследие Б. на арабском и кумыкском языках составляют сочинения на религ. темы, переписка с богословами Дагестана, духовные стихи (назму).

Вместе с супругой Валиханум воспитал девять детей (сыновья Осман, Мухаммат-Бурхан, Ибрагимхалил, Арсланали, Хизри, дочери Ажам, Патиматзахра, Асият, Дайганат). Б. имел тысячи учеников и последователей как среди кумыков, так и среди других народов Дагестана. Согласно завещанию, Б. похоронен на кладбище с. Агачаул Карабудахкентского р-на РД. Похороны прошли рано утром 12 ноября 2015 г. сразу после утренней молитвы. В похоронах шейха участвовало около тысячи человек.

Соч.: Письмо Магомед-Мухтара Параульского Магомеду, сыну Али Иорданского, преподавателю исламских наук в с. Карамахи Буйнакского района // Алимы и учёные против ваххабизма: сб. статей. С. 59–83. Махачкала, 2001; Бусурманланы ёлу [Путь мусульман] // Сб. стихов-назму. Махачкала, 2016 (на кумык. яз.).

Лит.: Личный архив автора. 1993 г., г. Махачкала. Информатор М-Р. Мугумаев, 1932 г.р.; 2022 г., г. Махачкала. Информатор М-Б. Бабатов, 1984 г.р.

М. Р. Заргишиев

Багадаев, **Багаудин** (1889–1977) — мусульманский религиозный деятель, богослов, педагог.

Родился в с. Тпиг Кюринского окр. Дагестанской обл. (ныне Агульский р-н РД) в семье сельского бегаула (кавха), по национальности агул. Начальное религиозное образование получил в родном с. Тпиг. Затем обучался в с. Курах Кюринского окр. (ныне центр одноименного р-на РД) у 'алима Мухаммада-хаджжи, в течение трех лет изучал исламское право (фикх), толкование Корана и историю ислама. В с. Кала-Корейш (ныне музейный комплекс в Дахадаевском р-не РД) учился у 'алима Расулуллаха-хаджжи, где продолжил изучение шариатского права, а также совершенствовал знание арабского языка, изучил персидский язык. По завершении обучения у 'алимов Б. перешел в медресе *Алкадари Хасан-эфенди* и до конца жизни последнего (1910) изучал под его руководством географию, астрономию, физику, логику, этику (адаб) и др. науки. В 1910–13 гг. Б. Б. периодически жил в Лакии, изучая здесь мусульманские религиозные книги. В 1914–15 гг. совершенствовал знания по фикху в с. *Хунзах* (ныне центр одноименного р-на РД), Кубачи (ныне Дахадаевский р-н РД) и Уркарах (центр Дахадаевского р-на РД). После окончания учебы Б. Б. в Дагестане стали называть «всезнающим», так как он свободно говорил и писал на арабском, персидском и турецком языках, свободно владел аварским, даргинским, лакским и табасаранским языками.

Во время революции 1917 г. и до окончания Гражданской войны проживал в Дагестане. Революцию не принял, но призывал население воздержаться от кровопролития и не участвовать в войне и мятежах против советской власти. В конце 1920-х гг. вынужден был покинуть Дагестан. В 1929–35 гг. Б. Б. проживал в г. Баку, где окончил педагогическое училище и шестимесячные курсы бухгалтеров. Работал учителем начальных классов в пос. Сабунчи близ г. Баку и бухгалтером на Бакинском нефтеперегонном заводе. Продолжал заниматься религиозной деятельностью, помог многим мусульманам избежать ареста и высылки в Архангельскую обл., Киргизию и Казахстан. В 1936 г. Б. Б. вернулся на родину, откуда был выслан в Киргизию как «кулак». В Киргизии устроился учителем начальных классов в русской школе и также продолжил религиозную деятельность.

Б. Б. разрешили вернуться из Киргизии в 1950 г., до конца жизни проживал в г. Дербенте, стал признанным в Южном Дагестане религиозным авторитетом, втайне от властей занимался религиозными науками с детьми. От предложения стать имамом в Джума-мечети г. Дербента категорически отказался. Похоронен на сельском кладбище в родном с. Тпиг Агульского р-на РД.

Лит.: Омаров М. Богословы Дагестана. Махачкала, 2014; Омаров М. Ислам в Дагестане. Махачкала, 2014; Сулаев И. Х. Государство и мусульманское духовенство в Дагестане: история взаимоотношений (1917–91). Махачкала, 2009; Этнические дагестанцы в ближнем зарубежье. Махачкала, 2001.

М. Омаров

Багдад-ʻАли (ʻАли ал-Багдади ат-Таргули, ум. в ноябре-декабре 1655) — мусульманский религиозный деятель, ученый, богослов и поэт. Выходец или потомок выходцев из Багдада. Не позже 1635 г. проживал в г. Тарки (ныне поселок в составе г. Махачкалы). Был мюридом халватийского шейха *ал-Кудали Дауда*. Принимал активное участие в политической жизни Дагестана, находясь в должности кадия и письмоводителя в г. Тарки при Эльдар-шамхале (1623–35) и Сурхай-шамхале (1641–68), состоял в переписке с рядом дагестанских ученых и политических деятелей. Помимо арабоязычных стихов, трактата на арабском языке по морфологии персидского языка и труда по мусульманскому праву шафиитского мазхаба, представляющему собой сокращение сочинения имама Абу-л-Касима ар-Рафи (ум. в 623/1223), Б.-ʻА. является автором ряда стихов, в основном суфийского содержания, на морально-этические темы (зухдийат), созданных им на старокумыкском («северокавказском тюрки») языке. Некоторые из его стихов были изданы в начале XX в. *Акаевым Абусупьяном*. На кладбище «Багъдат-Али къабурлар» в г. Тарки, где он похоронен, находится его мавзолей (пир), почитающийся дагестанскими мусульманами. В том же зийарате похоронен его сын Кази-Болат. Другой зийарат под с. Агачаул, на северной окраине г. Махачкалы, под названием Вали-кыз (кумык. «Святая девушка»), приписывают дочери Б.-ʻА., по преданию, скончавшейся незамужней в возрасте 15 лет.

Лит.: Абдуллатипов А. Ю. История кумыкской литературы. Ч. I. Махачкала, 1995. С. 14, 28–29, 31–34; Ад-Дургели Назир. Услада умов в биографиях дагестанских ученых. (Нузхат ал-азхāн фū тарāджим улам̄а Дāгистāн). Дагестанские ученые X–XX вв. и их биографии. М., 2012. С. 27–28, 38–42; Акамов А. Т. Али Багдади из Тарков // Тюркология. Туркестан, 2005. № 2. С. 116–118; Он же. Духовная литература кумыков (XVII — начало XX в.). Махачкала, 2008; Он же. Суфийские мотивы в художественном наследии Али Багдади из Тарков // Вопросы тюркологии. Махачкала, 2007. Вып. 2. С. 161–164; Забитов С. М. Об арабоязычном творчестве поэта Али Мухаммада Багдади // Рукописная и печатная книга в Дагестане. Махачкала, 1981; Лавров Л. И. Эпиграфические памятники Северного Кавказа. М., 1980. Ч. 3. С. 21, 58, 100, 135; Оразаев Г. Багдад-Али: ученый и поэт // Соколенок. 1991. № 1 (на кумык. яз.); Он же. Кто такой Багдад-Али? (Багъдат Али ким болгъан?) // Ленинский путь. 1990. 12 июня; Он же. Поэт и богослов Багдад-Али (Тюркчю шаир ва дин алими Багъдат-Али) // Утренняя звезда (Тангчолпан). Махачкала, 2011. № 2. С. 38–47.

Г. Оразаев

Багужалав — см. *ал-Мачади Мухаммад*.

«Байан ал-хакаʼик» (араб. «Разъяснение [шариатских] истин») — журнал дагестанских мусульманских реформаторов на арабском языке (планировался как ежемесячный, но фактически выходил раз в три-четыре месяца), издавался с разрешения советской власти с сентября 1925 г. по август 1928 г. в г. Буйнакске в типо-литографии им. тов. Е. Г. Гоголева Даггосиздата. Тираж — 1000–1050 экз. Ответственный редактор — *Акаев Абусупьян*, члены редколлегии: Йусуф-кади, Хаджжи-кади, Билал-Хаджжи, Мустафа-кади и Хизри.

Основными целями и задачами издания были «разъяснение достоинств ислама, распространение шариатских знаний, очищение шариата от недозволенных нововведений (араб. бидаʻ), просвещение умов ученых и студентов в вопросах исламской религии, обоснование советских преобразований с точки зрения шариата».

Структура журнала и содержание номеров журнала во многом напоминают рубрики газеты «Джаридат Дагистан». В отличие от газеты в журнале наблюдалось преобладание статей богословского характера и практически отсутствовала рубрика с официальными распоряжениями советской власти. Печатались статьи о политической ситуации в мире, в том или ином регионе.

Журнал охватывал разнообразную тематику, важное место занимали статьи, посвященные вопросам народного образования и просвещения. В них редакция журнала выступала за введение в обязательную программу медресе точных и естественных наук (математики, географии, естествознания и т. д.).

На страницах журнала обсуждались также вопросы, волновавшие арабоязычную мусульманскую духовную элиту Дагестана. Это вопросы иджтихада и таклида, вопрос чтения пятничной проповеди (хутбы) на арабском языке, шейхстве в шариате, о запрете изображений человека в исламе в виде картин и памятников, вопросы ваххабизма и др. Имелись разделы, касающиеся литературы и поэзии.

Бо́льшая часть статей была посвящена суфийской тематике. *Акаев Абусупьян* критиковал суфиев Дагестана 1-й четверти XX в. как лжешейхов, Мухаммад Хаджияв ал-Авари предостерегал от следования им. Много внимания в журнале уделялось разъяснению вопросов исламского права (фикх). Публиковались материалы не только дагестанцев, но и известных на Ближнем Востоке авторов. Например, была перепечатана статья египетского реформатора Мухаммада 'Абдо (1849–1905) о дозволенности по шариату изображения человека в виде рисунков, портретов и памятников.

Всего вышло 12 номеров Б. ал-х., в августе 1928 г. вышел последний, неполный 12-й номер журнала. К этому времени политика советской власти в вопросе религии резко изменилась, изменилось и отношение к реформаторам — джадиды с их прошлым религиозным образованием стали не нужны советской власти. Издатели и авторы журнала после его закрытия были репрессированы.

Лит.: Арапов Д. Ю. Ислам и советское государство (1917–36): сб. документов. Вып. 2. М., 2010. С. 193; Наврузов А. Р. «Байан ал-хака'ик» (1925–28) — духовный журнал ученых-арабистов Дагестана // Дагестанские святыни. Кн. 3 / сост., отв. ред. А. Р. Шихсаидов. Махачкала, 2013. С. 147–174; Сулаев И. Х. Государство и мусульманское духовенство в Дагестане: история взаимоотношений (1917–91). Махачкала. 2009; Шихалиев Ш. К вопросу дагестанском реформаторстве в первой четверти XX в. // МавраевЪ. 2015. № 1(16). С. 25–31.

А. Наврузов

Байболатов, **Шихаммат-кади** (1833–1918) — кумыкский поэт, писатель, переводчик и издатель XIX в., мусульманский религиозный и общественный деятель.

Родился в кумыкском с. Эрпели (ныне Буйнакский р-н РД). Занимал должность сельского кадия, активно распространял ислам и одновременно занимался издательской деятельностью, направленной на становление и развитие кумыкской литературы. С 1907 по 1917 г. Б. Ш.-к. подготовил более 30 книг (в среднем по 3 книги в год). Большинство из них написаны на кумыкском языке, но есть и арабские издания. Отдельные издания представляют собой переводы на кумыкский язык трудов арабских, тюркских, аварских, татарских ученых. Некоторые из книг переиздавались несколько раз: в частности, сочинения «О мавлиде», «Начала наук» (дважды), «Книга о Хусейне», «Книга о чудесах пророков (му'джизат)» (трижды), «Путевой спутник» («Сафар ёлдаш») (пять раз).

Список наиболее значимых написанных и переведенных Б. книг: «'Ашрат ас-са'а», «Розарий», «Сонник», «Шавахид Шихаммат», «Мажму' ал-хутуб», «Медовый колодец», «'Ажам Махалли», «Кашф карамат», «Манасик», «Молитва кадах», «Фруктовые рассказы», «Сладкие слова», «Удивительное дело», «Повесть о Спящих отроках из пещеры (Асхаб ал-кахф)», «Перевод Кудури», «Иман, ислам. Мухтасар. Ма'рифат ал-ислам. Йа, ибну Адам». Среди авторов сочинений, переведенных Б. Ш.-к., были Мухйи ад-дин Мухаммад б. ал-Касим, Джалал ад-дин ас-Суйути, Джалал ад-дин ал-Махалли, Худжат ал-Гамави, Мухаммад б. Ахмад ал-Хатиб ал-Абшихи, 'Али ал-Гумуки ал-Кабир (Старший), шейх *Кунта-хаджжи* Чеченский, Сираждуддин Гимринский. Помимо переводов и написания своих книг Б. Ш.-к. занимался редактированием и изданием других авторов: в частности, сборник стихов Мухаммада из Чечни (на арабском и чеченском языках), книга *Акаева Абусупьяна* из с. Нижнее Казанище «Ду'а маджму'» (на араб. и кумык. яз.).

Лит.: Абдуллатипов А.-К. Ю., Гусейнов М. А., Шабаева Л. А.-К. История кумыкской литературы. Махачкала, 2015. Т. I. С. 153–164; Оразаев Г. М.-Р. Шихаммат-кади из Эрпели // Ас-салам. Духовная просветительская газета мусульман. 2017. № 10(219). 1 октября.

Г. Оразаев

Байдаров, **Ибрагим** Магомед-Аминович (Апас-эфенди, 1900–90) — мусульманский религиозный и общественный деятель Карачаево-Черкесии и Ставрополья.

Родился в с. Верхне-Мансуровском Баталпашинского отд. Кубанской обл. Российской империи (ныне с. Адиль-Халк Ногайского р-на КЧР), в семье религиозного деятеля *Байдарова Магомед-Амина* из рода (ырув) Байдар. Исламское образование получил у отца, выпускника дамасского медресе.

В 1930–40-е гг. вместе с отцом находился под постоянным наблюдением органов НКВД РСФСР, как «сын служителя религиозного культа» был лишен избирательных прав. Научился у отца азам медицины (стоматологии), занимался частной практикой на дому. Пользовался уважением за религиозные знания, отзывчивость и доброту. В 1970–80-е гг. был духовным наставником, эфендием (главным муллой) с. Эркин-Юрт. У Б. И. было 6 детей: сыновья Рамазан и Шабан, дочери Мурзият, Таужан, Сафият, Земфира. Похоронен в с. Эркин-Юрт Ногайского р-на КЧР.

Лит.: Заргишиев М. Ногайлы. Белый Сокол Золотой Орды. М., 2021; Личный архив автора: 2022 г. КЧР, с. Эркин-Шахар. Информатор Ф. А. Байдарова-Бекуатова (внучка М.-А. Байдарова), 1955 г. р.

М. Заргишиев

Байдаров, **Магомед-Амин** Батыр-Исаевич (1869–1946) — мусульманский религиозный и общественный деятель Карачаево-Черкесии и Ставрополья.

Родился в степном Крыму, в Таврической губ. Российской империи (ныне Республика Крым), в семье авторитетного муллы Батыр-Исы Байдарова из ногайского рода (ырув) Байдар. Начальное образование получал дома у отца и в мактабе в Симферополе (Акмесджиде). Позже получил высшее исламское образование в медресе Дамаска, одновременно с обучением изучал медицину (стоматологию).

По возвращении из Дамаска Б. получил признание как знаток Корана и тафсира, специалист по ханафитскому фикху. В начале 1890-х гг. Б. вместе с семьей переехал на Кубань. Жил в с. Мансуровское Баталпашинского отд. Кубанской обл. (ныне с. Адиль-Халк Ногайского р-на КЧР), где в 1894 г. его отец, Батыр-Иса Байдаров, был избран зам. кадия.

После установления советской власти Б. М.-А. продолжил религиозную деятельность, а также преподавал мусульманскую грамоту в частном порядке на дому. В 1920–30-е гг. стал известен своим духовным служением как эфенди (главный мулла) в а. Кызыл-Тогай и Адиль-Халк. В 1930-е гг. преследовался органами НКВД РСФСР за религиозную деятельность, был лишен избирательных прав как «служитель религиозного культа».

В народе Б. М.-А. пользовался большим уважением за глубокие религиозные знания, жизненный опыт, честность, отзывчивость и бескорыстие; за советом к нему люди шли из разных регионов Сев. Кавказа. За высокий рост и стать в народе получил прозвище «Карадау» («Большой дэв (великан)»). Обрел широкую известность как стоматолог, принимал пациентов на дому. Знания по стоматологии сумел передать сыну Ибрагиму. В период массового голода 1932–33 гг. Б. М.-А. оказывал помощь всем нуждающимся, спасая людей от голодной смерти, принимал в свою семью детей, оставшихся без родителей.

Кроме родного ногайского, владел несколькими языками (в том числе арабским, турецким, персидским и т. д.). Б. М.-А. воспитал 14 детей (4 сына и 10 дочерей), а также 2 усыновленных детей. Семейную традицию религиозного служения продолжили старший сын *Байдаров Ибрагим*, бывший эфендием с. Эркин-Юрт, и правнук Байдаров Темирбек-хаджжи — кадий ногайского народа по КЧР, имам-хатиб мечети с. Адиль-Халк Ногайского р-на КЧР. Похоронен в с. Верх. Мара Малокарачаевского р-на КЧР.

Лит.: Заргишиев М. Ногайлы. Белый Сокол Золотой Орды. М., 2021; Личный архив автора. 2022 г. КЧР, с. Эркин-Шахар. Информатор Ф. А. Байдарова-Бекуатова (внучка М.-А. Байдарова), 1955 г. р.

М. Заргишиев

Байрамуков, **'Абдул-Керим-хаджжи** Акбузоуович (1952–04.08.2006) — мусульманский религиозный деятель Карачаево-Черкесии, кадий.

Родился в период депортации карачаевского народа. Светское (высшее юридическое) образование получил в Ростовском государственном ун-те, религиозное — в медресе Мир-и Араб (г. Бухара), Ташкентском исламском ин-те им. имама ал-Бухари. Первый хаджж совершил в 1984 г. После образования ДУМ Карачаево-Черкесии и Ставропольского края (1991) был избран на пост зам. председателя, курировал вопросы религиозного образования. Входил в состав регионального отделения Советского фонда милосердия и здоровья (1980–90-е гг.). Являлся автором ряда богослужебных изданий, переводов. Б. 'А.-К.-х. редактировал издание книги «Зикры» *Семенова Исма'ила*. В последние годы жизни работал имам-хатибом Карачаевской городской мечети, где был убит экстремистами во время вечерней молитвы.

Лит.: Известные люди Карачаево-Черкесии. Т. 1. Черкесск, 1997.

Р. Хатуев

Байрамуков, **Магомет-эфенди** Кучукович (1823–1898) — глава мусульманского духовенства Карачая 2-й половины XIX в., кадий.

Родился в семье Кучук-хаджжи Дебоевича Байрамукова (1780–1862), основоположника национальной художественной литературы Карачая Нового времени, в с. Хурзук Баталпашинского отд. (ныне Карачаевский р-н КЧР). В 1867 г. был назначен начальником округа из доверенных лиц, избранных аульными обществами, одним из кадиев пореформенного окружного суда в Карачае (Эльбрусский окр.). Суд располагался в с. Кумско-Лоовском (ныне с. Красный Восток Малокарачаевского р-на КЧР). После упразднения округа и образования в 1871 г. Баталпашинского у. (с 1888 г. — отдела) Б. М.-э. сохранил пост кадия. Два кадия Баталпашинского горского словесного суда избирались доверенными аульных обществ на 3 года и утверждались начальником Кубанской обл. (один кадий представлял Хумаринский участок, т. е. Карачай, а другой — Бибердовский участок, т. е. Черкесию).

Б. М.-э. вел активную общественную и просветительскую деятельность. При его непосредственной поддержке в 1878 г. в Учкулан (ныне Карачаевский р-н КЧР) было открыто начальное училище (школа) — первое светское учебное заведение в Карачае. От властей ему был пожалован в с. Маруха (ныне Зеленчукский р-н КЧР) земельный участок в 200 дес. За содействие в деле создания иррегулярных воинских формирований в период Русско-турецкой войны 1877–78 гг. («За усердную службу и полезные труды по сформированию милиции и поддержанию в крае порядка и спокойствия») был награжден золотой медалью с надписью «За усердие» на Аннинской ленте для ношения на шее.

Старший сын Б. М.-э., Ахмат (1867–1918), выпускник Кубанской учительской семинарии, позднее возглавил администрацию Карачая (1917–18). Младший сын, Ильяс (1869–1921), окончил Ставропольскую гимназию, просветитель карачаевского народа.

Лит.: ГАКК. Ф. 774. Оп. 1. Д. 187. Л. 92, 96; *Батчаев Ш. М.* Карачаевцы в войнах России (2-я половина XIX–XX в.). М., 2005 (о наградах); *Хатуев Р.* Баталпашинский кадий // Эльбрусоид. 2010. № 8. С. 21, 22.

Р. Хатуев

Балаханский, **Магома шейх** (1874–1921) — мусульманский религиозный и общественный деятель.

Родился в с. Балахани Аварского окр. (ныне Унцукульский р-н РД). Последователь шейха накшбандийского тариката Сулеймана-хаджи из с. Апши. В период антисоветского восстания 1920–21 гг. на начальном этапе его не поддержал, однако впоследствии принял в нем активное участие. По свидетельству А. И. Тодорского, «играл крупную роль в восстании, влияя на остальные массы горцев своим фанатизмом и искренностью». В 1921 г. Б. М. ш. отошел от участия в восстании, но был арестован органами ОГПУ и вскоре скончался. Похоронен в с. Балахани.

Лит.: Доного Х. М. Нажмутдин Гоцинский. Махачкала, 2011; *Самурский Н.* Дагестан. М.; Л., 1925; *Тодорский А. И.* Красная Армия в горах: Действия в Дагестане. М., 1924.

Х. М. Доного

Бальтен-кады (Арсланов Бальтен Ажинияз-улы или Бальтен-эфенди (апенди), 1860–1930) — мусульманский религиозный и общественный деятель Караногая и Сев. Кавказа, богослов.

Родился в с. Нариман Караногайского приставства Кизлярского у. Ставропольской губ. Российской империи (ныне с. Нариман Ногайского р-на РД), в семье богатого скотовода Ажинияза Арсланова из ногайского рода (ырув) Мойнапа родо-племенного объединения (куб) Найман. С 7-летнего возраста учился в школе-мектебе в родном селе. Получил религиозное образование в нескольких медресе — в ставке Терекли-Мектеб (Дагестан), с. Махмуд-Мектеб и ставке Ачикулак (Ставрополье). По окончании учебы был муллой, обучал детей чтению Корана.

В молодые годы Б.-к. посетил различные центры мусульманского просвещения Сев. Кавказа. В 1895 и 1907 г. совершил хаджж в Мекку. Поддерживал связи с мусульманскими богословами Дагестана, Чечни, Осетии, Ингушетии, Поволжья. Авторитет Б.-к. как муллы и знатока шариатских наук ханафитского мазхаба начал формироваться задолго до Октябрьской революции 1917 г.

Народным обычаем издавна было установлено, что на территории Караногая (обширной территории в северокавказском регионе Российской империи, ныне разделенной адм. границами Дагестана, Ставропольского края и Чечни) избирали трех кадиев (ногайск. кады) — от трех самых крупных ногайских родо-племенных объединений (кубов). Кадий считался первенствующим лицом среди мусульманского духовенства Караногая, избирался народным собранием и затем утверждался губернатором Ставропольской губ. В обязанности кадиев входили разбирательства по тяжбам, подлежащих шариатскому суду, контроль за исполнением завещаний, дела о наследстве, разбор жалоб на решения мулл и т. д. Благодаря своему авторитету среди населения кадием от Найманского куба был избран Б.-к. Согласно действовавшим в Российской империи «Положению об инородцах» и правилам, регулирующим духовный быт мусульман на Сев. Кавказе, после избрания кадием кандидатура Б.-к. была утверждена губернатором и главным приставством кочующих инородцев Ставропольской губ. В народе стал известен как *Бальтен-кады*.

После установления советской власти Б.-к. добровольно передал свое имущество в народную собственность, о чем ему был выдан официальный документ. Переданное им имущество (600 лошадей, 400 коров, 10 тыс. голов овец) составило основу колхоза «Кызыл Караногай» («Красный Караногай»). В эти годы Б.-к. не мог вести активную религиозную деятельность, но принимал у себя мулл из соседних регионов Сев. Кавказа, приезжавших для получения совета и консультаций. В 1925 г. Б.-к. во время пребывания в Горячеводске (Ставропольский край) встречался с известным российским богословом, членом Совета улемов Центрального духовного управления мусульман Внутренней России (ныне ЦДУМ России) и Сибири, мухтасибом Астраханской обл. А. И. Умеровым. Описывая эту встречу, А. И. Умеров писал позднее, что «знаменитый казый караногайского народа Бальтен-эфенди» обладал «очень хорошими знаниями, свободно мыслил и был человеком благонравным».

Б.-к. являлся свояком известного религиозного деятеля Караногая *Абдулмеджид-ахуна*: жена Б.-к. Апу была родной сестрой Канитат, жены *Абдулмеджид-ахуна*. В 1930 г. Б.-к. был задержан органами ОГПУ при НКВД и доставлен в Махачкалу. После допросов был отпущен домой под надзор местных правоохранительных органов. Прибыв домой, Б.-к. собрал членов семьи и дал последние наставления. Той же ночью Б.-к. скончался. В 1932 г. у его семьи были конфискованы большой дом в с. Бальтен-аул (ныне не существует), а также изъяты личная библиотека, переписка и рукописи Б.-к. В доме открылась сельская школа. У него было пятеро сыновей (Дауд, Сулеймен, Камал, Шапи, Ахмадхан) и дочь (Алтын). Четверо сыновей и двое внуков погибли на фронтах ВОВ.

Б.-к. был последним кадием Караногая, после его смерти кадии уже не избирались. Образ Б.-к. отражен в художественной литературе — Б.-к. является одним из героев исторической повести писателя и революционера Ф. О. Капельгородского «Аш хаду» о жизни и быте населения Ногайской степи в дореволюционный период. Похоронен на кладбище Коголли в Ногайском р-не РД.

Лит.: Арсланова Т. Уьйкен атамыз эм аьел уьлисимиз акында // Шоьл тавысы. 2003. 3 сентября (на ногайск. яз.); Габдрахман Гөмәри. Фәнни-биографик җыентык // Төзүче-автор С. Рәхимов. Казан, 2002. (на татар. яз.); Заргишиев М. Ногайлы. Белый Сокол Золотой Орды. М., 2021; Ислам в Российской империи (законодательные акты, описания, статистика) / сост. Д. Ю. Арапов. М., 2001; Капельгородский Ф. О. Аш хаду. Недоразумение. Шурган. М., 1982; Кочекаев Б. Б. Социально-экономическое и политическое развитие ногайского общества в XIX — начале XX в. Алма-Ата, 1973; Личный архив автора. 2001 г. РД, с. Терекли-Мектеб. Информатор Т. К. Арсланова (внучка Б. Арсланова), 1924 г.р.; 2022 г. РД, г. Махачкала. Информатор С. О. Акбердиева (внучка Б. Арсланова), 1950 г.р.

М. Заргишиев

Баммат Гайдар (Бамматов Гайдар Нажмутдинович, 01.11.1890–31.03.1965) — мусульманский общественный и религиозный деятель, министр иностранных дел *Союза объединенных горцев Северного Кавказа и Дагестана*.

Родился в с. Кафыр-Кумух Темир-Хан-Шуринский окр. Дагестанской обл. (ныне Буйнакский р-н РД) в семье полковника Российской императорской армии Бамматова Нажмутдина Темир-Булатовича (1859–1908), кумык. Окончил Ставропольскую классическую гимназию и юридический факультет Санкт-Петербургского ун-та. С осени 1912 г. служил в г. Тифлисе в канцелярии наместника Кавказа, затем чиновником по особым поручениям при наместнике, в конце 1916 г. был избран председателем Тифлисского мусульманского благотворительного комитета. В феврале 1917 г. вместе с закавказским муфтием и шейх-ул-исламом обратился ко всем мусульманским культурным и благотворительным учреждениям Кавказа с призывом примкнуть к революции. В 1917 г. принимал активное участие в общественно-политической жизни Северного Кавказа и Закавказья. Участвовал в мусульманских съездах в г. Гяндже, Баку, в I Всероссийском мусульманском съезде в г. Москве и Втором съезде объединенных горцев в г. Владикавказе.

Член Закавказского краевого центра рабочих, крестьянских и солдатских депутатов, член ЦК *Союза объединенных горцев Северного Кавказа и Дагестана*. Председательствовал на втором Дагестанском областном съезде. Был заочно избран членом правительства Юго-Вост. союза.

В начале 1918 г. вместе с *Чермоевым А. А.* и *Дибировым Магомед-кади* был делегирован в г. Баку и Тифлис для переговоров с национальными советами Азербайджана, Грузии и Армении. Участвовал в Трапезундской и Батумской мирных конференциях, где выступил с инициативой объединения Сев. и Юж. Кавказа в Кавказскую Конфедерацию. 11.05.1918 г. подписал декларацию о независимости *Союза объединенных горцев Северного Кавказа и Дагестана*. С мая 1918 г. — министр иностранных дел *Союза объединенных горцев Северного Кавказа и Дагестана*. В апреле–августе 1919 г. в качестве министра иностранных дел Северокавказской Республики находился в г. Париже, где направил на имя руководителей стран Антанты, участвующих в Парижской мирной конференции, целый ряд меморандумов с просьбой признания независимости *Союза объединенных горцев Северного Кавказа и Дагестана*. После занятия Сев. Кавказа армией генерала А. И. Деникина и возвращения в г. Тифлис в октябре 1919 г. избран членом Совета обороны Республики Сев. Кавказа. Одновременно занимал пост дипломатического представителя Республики Сев. Кавказа при правительствах Грузии и Армении. Вел переговоры с правительством независимой Грузии относительно оказания военной помощи горцам Сев. Кавказа в их борьбе с белой армией генерала А. И. Деникина.

Во второй половине 1920 г. после занятия Красной Армией Сев. Кавказа, Азербайджана и Армении был вынужден искать убежище в г. Тифлисе. В феврале 1921 г., накануне вступления Красной Армии в Грузию, избран председателем Азербайджано-Горского комитета, признанного правительством независимой Грузии в качестве законного правительства Азербайджана и Сев. Кавказа, а его вооруженные формирования приняли участие в обороне г. Тифлиса от частей наступавшей на город 11-й Красной Армии.

С 1921 г. — в эмиграции (Франция, Швейцария). В 1921–30 гг. вместе с *Чермоевым А. А.* принимал участие в работе Совета Трех — эмигрантского органа, состоящего из руководителей дипломатических миссий Сев. Кавказа, Азербайджана и Грузии. Был одним из основателей в 1924 г. в г. Стамбуле Комитета

Кавказских Конфедералистов. В 1925 г. принял афганское гражданство. В 1926 г. стоял у истоков создания движения «Прометей» (польский проект развала СССР при помощи национальных движений нерусских народов бывшей Российской империи). Вместе с руководителем азербайджанской дипломатической миссии в г. Париже А. М. Топчибаши в январе 1927 г. создал Временный объединенный политический центр Сев. Кавказа и Азербайджана. Пытался создать на территории Турции в 1927 г. Национально-демократическую партию горцев Кавказа, а в 1929 г. — Республиканскую партию федералистов Сев. Кавказа. Обе эти попытки окончились неудачей из-за позиции кемалистских властей, запрещающих деятельность антибольшевистских организаций и партий на территории Турции. В 1929–31 гг. издавал в Париже журнал «Независимый Кавказ». В 1934–39 гг. руководитель организации «Кавказ» и редактор ее печатного органа, журнала «Кавказ», выходящего на русском, французском, английском, немецком, турецком, грузинском и армянском языках.

В 1938 г. переехал на жительство в г. Лозанну (Швейцария). В 1942 г. участвовал в работе конференции в отеле «Адлон», в г. Берлине, на которой выступил с требованием признания властями Третьего рейха государственной независимости Кавказа. В январе 1943 г. назначен дипломатическим представителем (Поверенным в делах) Афганистана в Швейцарии. В 1954 г. вернулся в Париж, посвятив последние годы своей жизни изучению истории и культуры ислама. Скончался 31.03.1965 г. в Париже, работая над третьим изданием своей книги «Лики ислама». Похоронен на мусульманском кладбище, в пригороде Бобиньи на севере Парижа.

Лит.: Гайдар Баммат — известный и неизвестный: сб. документов и материалов. Баку, 2015; Гайдар Баммат и журнал «Кавказ»: сб. статей за период существования журнала 1934–39 гг. Махачкала, 2010.

Г. Мамулиа, Х. М. Доного

Барахоев, 'Усман Саадолович (1877–1967) — мусульманский религиозный деятель, суфий кадирийского тариката.

Родился в с. Эрши Терской обл. (ныне Джейрахский р-н РИ) в семье зажиточного купца. Поступил в медресе в с. Кантышево (ныне Назрановский р-н РИ). Позже семья переехала жить в с. Галашки (ныне Сунженский р-н РИ), где более 20 лет продолжал обучение у известного 'алима 'Умара Ганиева (Арчакова). Затем продолжил учебу в Чечне, Дагестане у известных богословов того времени.

Получив духовное образование, вернулся в с. Галашки, где был назначен имамом. Здесь предпринял несколько безуспешных попыток открыть и возглавить медресе. Впоследствии Б. стал имамом с. Ангушт (ныне с. Тарское Пригородного р-на РСО–А), где открыл медресе, в котором обучались около 60 учеников, 46 из которых впоследствии стали известнейшими 'алимами.

В 1937 г. Б. был арестован, несколько месяцев провел в тюрьме г. Беслан. После возвращения продолжил духовно-просветительскую деятельность. Перед депортацией 1944 г. Б. переехал жить в Галгай-Юрт (ныне Ачхой-Мартановский р-н ЧР), где служил имамом. Б. с семьей был депортирован в г. Щучинск Кокчетавской обл. Казахской ССР. В 1946 г. был вновь арестован «за антисоветскую пропаганду» и осужден на пожизненное заключение. В 1953 г. освобожден. После возвращения из ссылки Б. поселился в с. Новый Редант (ныне Малгобекский р-н РИ), где жил до смерти в 1967 г.

Лит.: Акиева П. Х. Ретроспективный взгляд на развитие мусульманской уммы в Ингушетии // Вестник Ингушского научно-исследовательского ин-та гуманитарных наук им. Ч. Э. Ахриева. 2015. № 1. С. 4–8; Долгиева М. Б., Харсиев Б. М.-Г. Мусульманские просветители Ингушетии (вторая половина XIX — начало XX в.) // Ислам в современном мире: внутригос. и международнополитич. аспекты. 2016. Т. 12. № 1. С. 127–136; Эсмурзиева Т. // Сердало. 2003. № 42.

М. Албогачиева

Барзиев, Хаматхан Алиханович (09.06.1974–02.03.2009) — ректор Исламского ин-та г. Малгобека.

Родился в г. Малгобеке Чечено-Ингушской АССР. В детстве обучался основам ислама на дому у богослова Дармсолта Албакова. В 1991 г., после окончания средней школы, поступил в Назрановский исламский ин-т им. имама аш-Шафии. В 1997 г., как один из лучших выпускников, был направлен в Сирию на курсы повышения квалификации. В Сирии поступил в ун-т Абу Нур. Здесь Б. обнаружил, изучил и ввел в научный оборот работы известного ингушского арабиста *М. К. Куркиева*, который в середине 1920-х гг. учился в Ленинградском ин-те живых вост. языков.

После возвращения в Россию в 2001 г. Б. поступил на Восточный факультет Санкт-Петербургского государственного ун-та, где защитил дипломную работу по теме «Концепция знания в Коране и в мусульманской цивилизации». По предложению муфтия РИ *Хамхоева Иссы* возглавил медресе в г. Малгобеке. В 2007 г., когда г. Малгобеке был открыт Ингушский исламский ун-т, Б. был единогласно избран ректором. В ун-те обучались студенты из Ингушетии и Чечни. Б. погиб 02.03.2009 г. в автокатастрофе. В 2013 г. Ингушскому исламскому ун-ту было присвоено его имя.

Лит.: Албогачиева М. С.-Г. Ингуши в XX в: этнографические аспекты религиозных практик // Сев. Кавказ. Традиционное сельское сообщество: социальные роли, общественное мнение, властные отношения. СПб., 2007; Многонациональный мир петербургского ун-та / Культурный фонд «Знаменитые универсанты СПбГУ». СПб., 2010; Отныне Ингушский исламский ун-т будет носить имя своего основателя — Барзиева Хаматхана-Хаджи // Вестник ИИУ. № 5(17); *Патиев Я.* Первый Исламский ин-т в России // Сердало. 2016. № 164.

М. Албогачиева

Батал-Хаджи — см. *Белхороев Батал-хаджи*.

Батлаича мусульманские книжные коллекции — частные библиотеки арабских рукописей и старопечатных книг с. Батлаич Хунзахского р-на РД, собранные в XVII–XIX вв. мусульманскими богословами и кадиями — местными жителями, основателями родов (тухумов). Затем они передавались из поколения в поколение в роду, коллекции при этом постоянно дополнялись.

Батлаич на протяжении веков находился в эпицентре исторических событий, происходивших в *Аварском ханстве*, в одном из ключевых районов Дагестана. Селение известно как родина поэтов, писателей и богословов, а также как один из центров книжной культуры Дагестана. В Новое время в селении Батлаич, как и в др. селениях Хунзахского нагорья (*Хунзах, Геничутль, Сиух, Тануси, Обода, Гоцатль, Ахалчи, Буцра, Арадерих, Хиндах, Очлоб, Горткоало*), велась активная работа по переписке арабских рукописей. В этих селениях функционировали мектебы, медресе, частные и примечетские библиотеки, значительная часть которых сохранилась до наших дней.

В Батлаиче выявлено 14 арабоязычных книжных коллекций. Коллекции основаны следующими семьями:

Род муфтия Аварии Шахша-кади, сына Карал Мухаммада, который получил религиозное образование у дагестанских ученых Кади Мухаммада ат-Тануси и *Лаченилава ал-Харикали*. Выполнял обязанности кадия селений Аварии, был назначен муфтием Аварии имамом *Шамилем* по рекомендации наиба Хаджимурада. Шахша-кади участвовал в сражениях имама *Шамиля*, погиб в боях за Гергебль в 1848 г., о чем упоминает *ал-Карахи Мухаммадтахир* в своей хронике «Блеск дагестанских сабель в некоторых шамилевских битвах». Потомки Шахша-кади были кадиями и 'алимами. Коллекция Шахшасовых — одна из самых ценных и хорошо сохранившихся библиотек мусульманских сочинений и эпистолярных документов на арабском языке.

Род Йунуса (Инусилав), сына Хаджиява (ок. 1851–1917). Йунус-дибир получил хорошее богословское образование, его духовным наставником был *ал-Алмали Махмуд-афанди*, ученый, сподвижник имама *Шамиля*, высланный российскими властями и похороненный в г. Астрахани. Йунус, сын Хаджиява, много лет работал дибиром селения Батлаич, затем уехал в Турцию, преподавал исламские науки в Турции, семь раз совершил хаджж, собрал значительную коллекцию мусульманских книг.

Род Хаджжи'али Дарбишхаджилава (1849–?), получившего образование у ученых селений Обода, Аракани, Согратля, Уриба и Кахиба. Основатель тухума преподавал исламские науки в селениях Хариколо, Ирганай, Буцра и Батлаич. У Хаджжи'али учились известные дагестанские поэты Таджудин Чанка и Махмуд из Кахабросо. Хаджжи'али собрал большую библиотеку арабских рукописей. Впоследствии коллекцию дополнили 'алимы этого рода: Джамалуддин, сын 'Абдусалама; Будагилав, сын Мухаммада; Газиясул Мухаммад; Дибир Хаджияв; Дибир Мухаммад, сын Кадира; Мухаммад, сын 'Али; Мухаммад, сын Кадара; Мухаммад, сын 'Умара; Са'ид, сын Гимбата; Хадис, сын Хосена; Хамзат, сын Хадиса; Ханмухаммад, сын мухаджира Мухаммада, 'Абдулмаджид, сын Османа, Мухидин, сын Мухаммада, Алихаджияв, сын Гайдарбека и др.

В книжных собраниях батлаичинцев представлены книги по мусульманскому праву, логике, синтаксису и морфологии арабского языка, искусству диспута, суфизму, математике, астрономии, поэтические сочинения, кораническая литература, большое количество переписанных коранических текстов. В коллекциях хранятся всемирно известные сочинения: «Ал-Фава'ид ад-Дийаийа» 'Абдуррахмана Джами (грамматика арабского языка) — переписал в 1911 г. ученый Хаджияв, сын Йунуса из Батлаича); «Шарх Джам' ал-джавами'» Джалаладдина ал-Махалли (фикх); «Тухфат ал-мухтадж» — комментарий Ибн Хаджара на «Минхадж ат-талибин» ан-Навави (фикх, переписал в 1902 г. ученый Кади, сын Мухаммада из Батлаича); «Тадж ал-луга» ал-Джавхари (толковый словарь арабского языка); «Фатх ал-вахаб» Закария ал-Ансари (трактат по ведению диспута); «Та'лим ал-мута'аллим» Бурханаддина аз-Зарнуджи (введение в науку), «Ал-Вафийа фи шарх аш-Шафийа» — комментарий к «Аш-Шафийа» Ибн ал-Хаджиба (трактат по морфологии арабского языка, переписал Шахша, сын Мухаммада, сын Кади из Батлаича у своего учителя, ученого Кади Мухаммада ат-Тануси в 1833 г.); «Хуласат ал-хисаб» Баха' ад-дина ал-Амили (сочинение по математике, переписал 'Абдулбасир, сын Джамалуддина из Батлаича). Содержащиеся в этих работах сведения о медресе, учителях и их учениках, переписчиках, о купле-продаже рукописи, вакфные распоряжения, записи родословных переписчиков и авторов сочинений представляет большую научную ценность, прежде всего по истории ислама на Сев. Кавказе.

Отличительной чертой батлаичинских библиотек арабских рукописей является наличие в них сочинений дагестанских авторов. В частности, хранятся сочинения Мухаммада, сына Манилава ал-Карахи (ученого XVIII в.), по грамматике арабского языка, сочинение (автограф) по мусульманскому праву *Хасана Старшего из Кудали* (сочинение было окончено в 1778 г. в Зерехгеране), сочинения *ал-Карахи Мухаммадтахира* (1809–1880), одно из его сочинений «Шарх ал-Унмузадж» переписал 'Абдулбасир, сын Джамалуддина из Батлаича, у ученого 'Абдулгафура ал-Убуди в 1886 г.; сочинение, в котором содержатся вопросы по фикху *Мухаммада, сына Татилава ал-Карати* (конец XVII — 2-я половина XVIII в.) и ответы на них *Давуда ал-Усиши* (ум. 1757) «Маса'ил ал-фикх ва аджвибатух», переписал Садруддин Шахшаев из Батлаича в 1923 г.; сочинение по богословию «Китаб аз-заджир 'ан мувалат ал-куффар» *ал-Аймаки Абубакра* переписал Мухаммад, сын 'Али из Батлаича, с почерка Мухиддина ал-Казанищи; сочинение по логике *'Умарджана ал-Кудали* (ум. 1801) «Фатх ал-галиб ('ала ал-мубтада ат-талиб)» переписал Хаджж'али из Батлаича в 1911 г.; касыда *Гоцинского 'Абдулатипа*, брата *Гоцинского Нажмутдина*, представляющая собой панегирик пророку Мухаммаду, переписал Садруддин Шахшаев в 1913 г.

Помимо рукописей в батлаичинских книжных собраниях сохранилось большое количество арабских старопечатных книг, которые представляют интерес сохранившимися в них редкими сочинениями дагестанских ученых и широким тематическим разнообразием каирских, стамбульских, казанских и бахчисарайских изданий сочинений авторитетных ученых мусульманского Востока. По наблюдению известного востоковеда М. С. Киктева, доля арабских печатных книг в дагестанских библиотеках обычно колеблется в пределах 15–17% и очень редко поднимается выше 20%. К исключению из правил можно отнести коллекцию потомков Шахша-кади, в которой старопечатные арабские книги составляют почти половину библиотеки, количество печатных изданий — 79.

Сведения о некоторых старопечатных книгах, наиболее часто встречающихся в батлаичинских коллекциях.

Дагестанские издания.
Типография «Ал-Матба'а ал-исламиййа» *Мухаммада-Мирзы Мавраева* в Темир-хан-Шуре:
«Мухтар ас-Сихах» — сокращенный вариант словаря арабского языка «Тадж ал-лугат ва-сихах ал-'арабиййа», известного под кратким названием «Ас-Сихах» Абу Насра Исма'ила б. Хаммад ал-джаухари (издан в 1912 г.); «Диван ал-Маджнун» (на шмуцтитуле — «Диван ал-Кайс б. ал-Мулаввах», сборник стихов) ал-Кайса б. ал-Мулаввaha, бедуинского поэта из племени бану амир (ум. ок. 700), комментировал сочинение *Акаев Абусупьян*, переписал Газимухаммад, сын Мухаммада'али из Уриба; «Навабиг ал-калам» Махмуда б. 'Умар аз-Замахшари (грамматика арабского языка, издана в 1911 г. на средства *Акаева, Абусупьяна*); «Фатава ал-Чухи» Мухаммада'али, сына *Мухаммада Мирзы*, сына Мухаммада'али, сына Хаджжи'али, сына Маври ад-Дагистани ал-Чухи ан-Нахибаши ал-Маврави (фикх, переписал 'Абдуллатиф, сын Нурмухаммада из Накитля, 2-е изд. сочинения отца *Мухаммада-Мирзы Мавраева*, издано в 1908 г.); «Шарх Марах ал-арвах» — комментарий Ахмада б. Динкузи ар-Руми к «Марах ал-арвах» Ахмада б. 'Али б. Масуда (грамматика арабского языка, на полях супракомментарий Давуда ал-Усиша к указанному сочинению — «Хашийат Давуд 'ала Шарх ал-Марах»); «Мувассил ат-туллаб» — комментарий шейха Халида б. 'Абдаллах ал-Азхари к «Кава'ид ал-'ираб» шейха Абу Мухаммада 'Абдаллаха б. Йусуфа, известного как Ибн Хишам ан-Нахави (правила спряжения арабских глаголов, переписал Хасан из с. Большое Казанище, издан в 1912 г. на средства ученого Джалаладдина, сына Булата ат-Таргули ад-Дагистани).

Типолитография А. М. Михайлова в Порт-Петровске:
«Тахмис ал-Хамзиййа» — пятистишие шейха 'Абд ал-Баки ал-Фарукик «Ал-Касидат ал-хамзиййа фи мадх ал-хайр ал-бариййа» Мухаммада б. Са'ид ал-Бусири (переписал Хасан ад-Дагистани ал-Казаниши в 1910 г., издана при посредстве Мухаммада Хусейна Асадова).

Бахчисарайское издание. Типография «Тарджеман»:
«Маса'ил ва-'аджвиба фи-н-нахв» Мухаммада 'Али, сына Мухаммада Мирзы ад-Дагистани ал-Чухи (вопросы и ответы по синтаксису арабского языка, переписал *Акаев Абусупьян*, сын Кади Акая из с. Казанище, издано в 1902 г.)

Казанское издание. Типография братьев Каримовых:
«Рисалат байан ат-тарика ан-накшбандиййа ал-ахмадиййа» (сочинение о накшбандийском тарикате, издано 1902 г., редактор Шакир-джан ал-Хамиди ат-Тукави).

Каирские издания.
Типография «Ал-Матба'а ал-амира аш-шарифа»:
«Лата'иф ал-лугат» Ахмада б. ал-Лабабиди ад-Димашки (тематический словарь арабского языка); «Хашийя ал-Футухат ал-илахиййа» — 4 части супракомментария шейха Сулеймана ал-джамала к «Тафсир ал-джалалайн» шафиитского факиха Джалаладдина ал-Махалли и его ученика Джалаладдина ас-Суйути в 8 т. (дата написания — 1782 г., 1–2-я

части изданы в 1902 г., 3–4-я части изданы в 1885–86 гг.) На полях 3-й части дан супракомментарий Сулеймана ал-джамали к «Тафсир Ибн 'Аббас», с комментарию 'Абдаллаха б. ал-'Аббаса ал-Хашими (ум. 687); «Ихйа 'улум ад-дин» Абу Хамида ал-Газали — 1–4-я части сочинения по богословию, на полях сочинения «'Авариф ал-ма'ариф ли-л-'ариф» шафиитского правоведа Шихабаддина Аби Хафса 'Умара б. 'Абдаллаха ас-Сухраварди; «Ал-Мизан ал-кубра аш-Шараниййа» — 1-я часть сочинения египетского ученого 'Абдулваххаба б. Ахмада аш-Ша'рани по мусульманской догматике, изданы в 1889 г.

Типография «Ал-Матба'а ал-майманиййа»: «Ал-Камус ал-мухит» шейха Маджаддина Мухаммада б. Йа'куба ал-Фирузабади аш-Ширази (толковый словарь арабского языка); «Ал-Анвар ли 'амал ал-абрар» Йусуфа б. Ибрахима ал-Ардабили (фикх, на полях комментарии Хаджжи Ибрахима в двух частях, издана в 1892 г.); «Хашийа ал-Калйуби ва-шайх ал-Амира 'ала Шарх ал-Махалли 'ала-л-Минхадж» — супракомментарий Шихабаддина Ахмада б. Мухаммад ас-Салам ал-Мисри ал-Калйуби и шейха ал-Амира в 4 частях к «Канз ар-рагибин», комментарию ал-Махалли к «Минхадж ат-талибин» Мухйиддина Абу Закария Йахйи б. Шарафа ан-Навави (фикх, в начале каждой страницы дан супракомментарий ал-Калйуби, в конце — супракомментарий шейха ал-Амира. На полях сочинения дан указанный комментарий. Книги изданы в 1888–89 гг.); «Ас-Сирадж ал-мунир би-Шарх ал-джами' ас-сагир» — комментарий египетского ученого, шейха 'Али б. Ахмада б. Нураддина Мухаммада б. Ибрахима ал-'Азизи ал-Булаки к «Ал-джами' ас-сагир» Джалаладдина 'Абдаррахмана б. Аби Бакра ас-Суйути. На полях даны супракомментарии шейха Мухаммада б. Салим ал-Халвати, известного как ал-Хафани (хадисы, изданы в 1894 г.); «Хашийа шейх 'Абдуллах б. Ибрахим ал-Хиджази аш-Шаркави» — супракомментарий шейха 'Абдуллаха б. Ибрахима ал-Хиджази аш-Шаркави к комментарию шейха Мухаммада б. Мансура ал-Худхуди к «Ас-Санусийа ас-сугра» (другое его название — «Умм ал-барахин») имама Абу 'Абдаллаха Мухаммада б. Йусуфа ас-Сануси (сочинение по догматическому богословию, издано в 1903 г., редактор — известный египетский ученый, комментатор, автор богословских сочинений шейх Мухаммад аз-Зухри ал-Гамрави).

Типография «Ал-Матба'а ал-хайриййа»: «Хаваши 'ала Шарх ал-Исагуджи» — супракомментарий шейха Йусуфа б. Салима ал-Хафанавина к комментарию «Шарх Исагуджи» Закарийи ал-Ансари Асираддина Муфаддал б. 'Умар ал-Абхари «Исагуджи» (логика, завершено в 1758 г., издано в 1888–89 г.); «Хашийа 'ала ас-Суллам фи фанн ал-мантик» — супракомментарий шафиитского ученого Ибрахима ал-Баджури к комментарию Ахмада ад-Даманхури к «Ас-Суллам ал-мураунак фи-л-мантик» 'Абдаррахмана ал-Ахдари (логика, на полях пояснения к тексту шейха Мухаммада ал-Анбаби, издано в 1888–89 г.); «Сахих ал-Бухари» Абу 'Абдаллаха б. Исма'ил б. Ибрахим ал-Бухари (хадисы, 1–3-я части, изданы в 1872–73 г.)

«Иршад ас-сари Шарх ас-Сахих ал-Бухари» — 1–2-я части комментария Шихабаддина Ахмада б. Мухаммада б. Аби Бакра б. 'Абд ал-Малика ал-Хатиба ал-Кастaлани на сборник хадисов ал-Бухари. На полях «Шарх ан-Навави» — комментарий шейха ан-Навави на «Ас-Сахих» имама Муслима (издан в 1886 г.).

Турецкие издания. Типография «Ал-Матба'а ал-'усманиййа»: «Тухфат ал-ихван» 'Абдалазиза ан-Накшбанди ал-Агташи (правила чтения Корана, издано в 1894 г.); «Ал-Фава'ид ал-Фанариййа» — комментарий Шамсаддина Мухаммада б. Хамза ал-Фанари к «Эйсагоге» Асираддина Абхари (логика, издано в 1906 г.); «Шарх ал-Исагуджи» — комментарий турецкого ученого Хаджжи 'Али б. Мухаммада ал-Эдирнави ар-Руми ал-Ханафи, известного как Искиджизадек «Эйсагоге» Асираддина ал-Абхари (логика, издан в 1892–93 г.); «Танбих ал-гафилин» шейха Абу-л-Лейса Насра б. Мухаммада б. Ибрахима ас-Самарканди (сочинение по этике, издано в 1907 г.); «Хашийа ас-Сийалкути 'ала ал-Хаййали» — первый том супракомментария 'Абдалхакима б. Шамсаддина ас-Сийалкути на супракомментарий Ахмада б. Муса ал-Хаййали на «Шарх ал-'Ака'ид» ат-Тафтазани (тавхид, издан в 1889 г.).

Лит.: Абакаров А. И., Давудов О. М. Археологическая карта Дагестана. М., 1993 С. 167–171; Алибекова П. М. Об арабских старопечатных книгах библиотеки Шахшаевых из Батлаича // Вестник Дагестанского научного центра. Махачкала, 2013. С. 76–82; Ад-Дургели Назир. Услада умов в биографиях дагестанских ученых. (Нузхат ал-азхан фи тараджим улама Дагистан). Дагестанские ученые X–XX вв. и их биографии. М., 2012. С. 96; Магомедов М. М. Батлаич. Махачкала, 1999; Мухаммад-Тахир ал-Карахи. Блеск дагестанских сабель в некоторых шамилевских битвах. Махачкала, 1990. С. 44; Мухидинов Ш. Батлаич и батлаичнцы. Махачкала, 2006. С. 36; Киктев М. С. О каирских старопечатных книгах в дагестанских рукописных собраниях // Paxislamica. М., 2009. № 2(3). С. 202; Шихсаидов А. Р. Важный этап в изучении рукописного наследия народов Дагестана // Вестник Дагестанского научного центра. Махачкала, 1999. С. 97.

П. Алибекова

Ал-Батлухи, **Мухаммад-афанди** б. Са'адухаджжи (1915–95) — мусульманский религиозный деятель, шейх накшбандийского и шазилийского тарикатов.

Родился в с. Ниж. Батлух (ныне Шамильский р-н РД) в семье 'алима Са'аду-хаджи. Начальное образование ал-Б. М.-а. получил у своего отца в родном селении, затем в других селах Дагестана. После установления советской власти продолжил обучение в медресе с. Карата (ныне Ахвахский р-н РД). Первым его учителем и духовным наставником был шейх *ал-Кахи Хасан Хилми*. Практически все ступени тариката ал-Б. М.-а. прошел под духовным руководством шейха Хумайд-афанди из с. Андых (ныне Шамильский р-н РД). Точная дата передачи иджазы по шазилийскому тарикату не известна. Наличие иджазы выявилось в 1978 г. после кончины шейха Мухаммад-Арифа из с. Кахиб. Примерно в это же время ал-Б. М.-а. получает иджазу и по накшбандийскому тарикату от 'Абдулхамида-афанди из с. Инхо (ныне Гумбетовский р-н РД).

С 1988 г. ал-Б. М.-а. принимал активное участие в возрождении ислама и распространении исламского образования в Дагестане. В 1990 г. благодаря деятельности ал-Б. М.-а. и его ученика Мухаммад-хаджи в с. Ниж. Батлух было открыто первое в Дагестане медресе постсоветского периода, где могли учиться все желающие независимо от возраста. У себя на дому ал-Б. М.-а. организовал женское мектебе. В 2004 г. медресе получило статус института.

Учениками ал-Б. М.-а. являются многие современные религиозные деятели РД: 'Абдул Джалил-афанди из с. Верх. Каранай Буйнакского р-на РД, Али-хаджи из с. Кулецма Левашинского р-на РД, Мухаммад из с. Ассаб Шамильского р-на РД, 'Усман-хаджи из с. Келеб Шамильского р-на РД, 'Али-Хаджи из с. Аймаки Гергебильского р-на РД, *Рамазанов Курамухаммад-хаджжи*, Махди-хаджи Мутаилов, Мухаммадрасул-хаджжи Саадуева и др.

В 1991 г. ал-Б. М.-а. совершил хаджж, скончался в 1995 г. в возрасте 80 лет. Похоронен на «Верхнем кладбище» с. Ниж. Батлух. Там же находится его зийарат.

Лит.: Гаджиев М. «Светильники счастья» — золотая цепь спасительного света. Ч. 2. Махачкала, 2015; Гамзаев М. А. Бакълъухъа Саг1адух1ажиясул Мух1аммад афанди. Махачкала, 2000.

Д. Маламагомедов

Ал-Батлухи, Мухаммад-хаджжи Абдулгафурович (14.02.1960–23.03.2012) — мусульманский религиозный деятель, ученый и суфий, специалист в области исламских наук и шариата.

Родился в с. Ниж. Батлух (ныне Шамильский р-н РД) в семье 'алима 'Абдулгафура б. 'Абдалил Мухума. Начальное религиозное образование ал-Б. М.-х. получил у своего отца, который научил его чтению Корана. В 1978 г., по окончания средней школы, ал-Б. М.-х. поступил в Буйнакское ПТУ, затем работал грузчиком. В это время стал учеником шейха *ал-Батлухи Мухаммад-афанди*, затем продолжил религиозное образование у Мухаммад-хаджи из с. Ассаб Шамильского р-на РД. В 1980 г. по рекомендации последнего ал-Б. М.-х. вступил на путь тариката и с целью получения вирда отправился в с. Нечаевка Кизилюртовского р-на к шейху накшбандийского и шазилийского тарикатов *Меселасул Мухаммаду*. С 1980 по 1984 гг. ал-Б. М.-х. продолжил образование в г. Хасавюрт РД. В 1984 г. открыл тайное медресе в родном с. Ниж. Батлух и преподавал в течение семи лет. В 1990 г. стал одним из основателей первого в постсоветском Дагестане медресе в с. Ниж. Батлух, возглавил его в период становления. В 1991 г. ал-Б. М.-х. впервые совершил хаджж. В 1993 г. обучался на трехмесячных курсах в сирийском ун-те Абу Нур.

В 1998 г. по указанию муфтия Дагестана *А. М. Абдулаева* ал-Б. М.-х. направлен в с. Дылым Казбековского р-на РД в качестве мударриса. На местном телевидении ал-Б. М.-х. начал вести цикл передач по исламскому образованию в формате «вопросы и ответы». В 1999 г. открыл медресе в с. *Хунзах* (центр одноименного р-на РД), а затем школу по изучению Корана (школа хафизов). В 2001–03 гг. вел преподавательскую деятельность в с. Ассаб Шамильского р-на РД, в с. Гоцатль Хунзахского р-на и Карата Ахвахского р-на РД. В 2004 г. ал-Б. М.-х. работал имамом в с. Голотль Шамильского р-на РД. В 2009 г. был назначен имамом Унцукульского р-на РД, а в 2010 г. — имамом г. Буйнакск. Ал-Б. М.-х. принимал активное участие во всех проводимых ДУМД маджлисах 'алимов, где выступал с резкой критикой салафизма и ваххабизма.

Погиб 23.03.2012 в г. Буйнакске в результате теракта. Похоронен рядом с шейхом Са'адухаджиясул Мухаммад-афанди в с. Ниж. Батлух.

Лит.: Гамзаев М. Бакълъухъа Г1абдулгъапурил Мух1аммад-х1ажи (на авар. яз.). Махачкала, 2014; Духовно-просветительская газета Ас-салам. 2012. № 7.

Д. Маламагомедов

Батлухское медресе имени Мухаммада-афанди Саадухаджи — негосударственное исламское образовательное учреждение среднего профессионального религиозного образования (духовное образовательное учреждение) в с. Ниж. Батлух Шамильского р-на РД.

Первое в постсоветском Дагестане среднее мусульманское религиозное образовательное заведение, основано в 1990 г. Официально зарегистрировано 29.12.2004 г. Лицензии Министерства образования РФ на осуществление образовательной деятельности не имеет. Обязанности руководителя (директора) в 2004–05 гг. исполнял *Ал-Батлухи Мухаммад-хаджжи*. В 2009–16 гг. обязанности директора исполнял Г. М. Гамзатов. С 2016 г. по н. в. руководителем медресе является М. Н. Нуров.

Обучение проходит в дневной и вечерней формах. Учащиеся средних школ близлежащих с. Верх. Батлух, Заната и Ассаб, обучаясь на вечерних курсах, получают начальные религиозные знания без отрыва от учебного процесса в средней общеобразовательной школе с. Ниж. Батлух.

Занятия проходят только на аварском языке по учебным дисциплинам: чтение Корана (таджвид), грамматика и синтаксис арабского языка, основы мусульманского вероучения и права, хадисоведение, толкование Корана, суфизм и т. д. В основе методики обучения лежат традиции «классических» дагестанских медресе, в качестве учебных пособий используются сочинения известных богословов.

При медресе функционируют общежитие, столовая и спортзал. В настоящее время, несмотря на отсутствие лицензии, медресе продолжает свою образовательную деятельность и пользуется большой популярностью в Дагестане.

Д. Маламагомедов

Батчаев, *Даут-эфенди Хаджжаевич* (1902, или 1904–92) — мусульманский религиозный деятель Карачаево-Черкесии советского периода.

Родился в с. Джегутинский Баталпашинского отд. (ныне Усть-Джегутинский р-н КЧР) в 1902 г. (по другим сведениям — в 1904 г.) Начальное мусульманское религиозное образование получил в медресе с. Кёнделен (ныне Эльбрусский р-н КБР), где обучался в течение 6 лет. Рано потерял обоих родителей и, оставшись круглым сиротой, сам воспитывал двух сестер. С апреля 1928 г. проживал в с. Учкекен Мало-Карачаевского окр. (ныне адм. центр Малокарачаевского р-на КЧР). В 1943–57 гг. находился в местах депортации карачаевского народа.

По возвращении на родину проживал в с. Кумыш Карачаевского р-на КЧР. Здесь вел религиозно-просветительскую деятельность, в том числе обучал молодежь основам ислама и арабского языка. К моменту распада СССР Б. был последним представителем мусульманского духовенства Карачая, получившим религиозную подготовку в досоветский период. Обладал большой личной библиотекой религиозной литературы, которую сохранил и в период депортации. Умер в 1992 г.; похоронен в с. Важное Усть-Джегутинского р-на КЧР.

Лит.: ГА КЧР. Ф. 314. Оп. 1. Д. 4. Л. 61–61 об.

Р. Хатуев

Батчаев, *Хаджжи-Бекир-эфенди* Шидакович (1859–1944) — мусульманский религиозный деятель, глава мусульманского духовенства Карачая 2-й половины XIX в., кадий.

Родился в семье Шидак-хаджжи Батчаева в с. Джазлык, Верхне-Кубанского окр. (ныне Карачаевский р-н КЧР). Начальное мусульманское религиозное образование получил в Терской обл. (1873–78), затем занимался религиозной деятельностью в родном селе Джазлык, где был избран аульным муллой. С 1896 г. исполнял обязанности кадия Баталпашинского горского словесного суда, где представлял Хумаринский участок (Карачай).

После утверждения советской власти не прекратил религиозную деятельность. В 1924 г. переехал в с. Маруха (Морх) (ныне Зеленчукский р-н КЧР). Поддерживал духовную связь с единоверцами из Дагестана, Чечни, Ингушетии. В 1930-е гг. принимал у себя в гостях группу ингушей — последователей *Кунта-хаджжи*, с которой совершал зикр. В старопечатной книге «Хазинат ал-асрар» («Сокровищница тайн», 1893) из личной библиотеки Б. (в с. Маруха) опубликовано письмо *Кунта-хаджжи* к его мюридам. В 1920 — начале 1930-х гг. Б. был лишен избирательных прав за принадлежность к духовенству. Имел трех сыновей и двух дочерей. Его сын, арабист Хамид Батчаев («Сюрюучю Хамид»), в 1930-е гг. возглавлял Карачаевское национальное издательство.

Б. умер в период депортации карачаевского народа в с. Пахта-Арал Южно-Казахстанской обл. летом 1944 г.

Лит.: Архив Карачаевского НИИ. Ф. 17. Д. 11. ГА КЧР. Ф. 314. Оп. 1. Д. 4. Л. 77–77 об.

Р. Хатуев

Батырмурзаев, Нухай (1865–1919) — кумыкский писатель-просветитель, переводчик и общественный деятель.

Родился в с. Аксай (ныне Хасавюртовский р-н РД) в семье бедняка. Обучался в медресе родного села. Владел арабским, турецким, русским и др. языками. Был хорошо знаком с восточной литературой. Работал ювелиром.

В 1916 г. вместе с сыном Зайналабидином и другими организовал в г. Хасавюрте литературно-драматический кружок «Тангчолпан» («Утренняя звезда») и сотрудничал в одноименном журнале (1917–18). Являлся корреспондентом мусульманских газет «Танг юлдуз» («Утренняя звезда»), «Вакыт» («Время»), «Мусават» и др. В целях приобщения кумыков к чтению на родном языке Б. Н. перевел несколько арабских сказок («Синдбад-мореход» и др.). Ведущими темами творчества были вопросы просвещения, женского образования. Первое произведение Б. Н. датируется 1906 г. Заложил основы реалистической прозы в дагестанской литературе. Автор повестей «Несчастная Хабибат» (1910), «Гарун и Зубайда, или Несчастная Жанбике» (1910), «Давуд и Лейла» (1912).

Вместе с сыном Зайналабидином Б. Н. участвовал в революционном движении на Сев. Кавказе. В сентябре 1919 г. вместе с сыном был схвачен и расстрелян деникинцами за отказ издавать и редактировать антибольшевистский журнал.

Лит.: Абдуллатипов А.-К. Ю., Гусейнов М. А., Шабаева Л. А.-К. *История кумыкской литературы.* Махачкала, 2015. Т. I. С. 172–180; Дациев А. *Нухай Батырмурзаев: жизнь и творчество.* Махачкала, 2009; Мусаханова Г. *Очерки кумыкской дореволюционной литературы.* Махачкала, 1959.

Г. Оразаев

Башларов, **Сайфуллах-кади** — см. *Сайпулла-кади*.

Ал-Бежти, **Кебедмухаммад** (1864–1928) — мусульманский религиозный и общественный деятель, богослов.

Родился в с. Бежта (ныне Цунтинский р-н РД) в семье Султанмухаммада б. Малламухаммада б. Мухаммада. б. Рамазана ал-Бежти, мусульманского ученого, специалиста в области арабского и персидского языков, наиба имама *Шамиля*, активного участника *Восстания Всеобщего 1877 г.*

Начальное религиозное образование ал-Б. К. получил у своего отца, а затем обучался у других дагестанских 'алимов в с. Корода,Ириб и Тлярош (ныне Чародинский р-н РД), в медресе Халила Тлярошского. Также с младшим братом 'Абдулмажидом учился в медресе с. Белоканы (ныне Белоканский р-н Азербайджана) у известного 'алима Халила из Ангида.

В начале XX в. ал-Б. К. играл заметную роль в общественно-политической жизни Юго-Зап. Дагестана. В разное время (1896–1918) он занимал должности депутата, кадия Гунибского окружного суда и наиба Анцухо-Капучинского участка. Ал-Б. К. принимал активное участие в событиях, развернувшихся в Дагестане после октября 1917 г.: имел тесные контакты с Кайтмазом Алихановым и *Гоцинским Нажмутдином*, в ходе контрреволюционного восстания руководил восставшими жителями Анцухо-Капучинского участка. Ал-Б. К. написал несколько воззваний к горцам аварских обществ с. Карах, Тленсерух и Гидатль, в котором призывал бороться с властью большевиков, основывая свой призыв на шариатской догматике.

Ал-Б. К. был одним из организаторов сопротивления большевистскому отряду М. Атаева в районе с. Кособ (ныне Тляратинский р-н РД). Впоследствии он прекратил вооруженное противостояние и намеревался эмигрировать в Турцию, но из-за того, что около 40 представителей его рода были арестованы и заключены большевиками в хунзахскую тюрьму, добровольно явился в с. *Хунзах* и был арестован. Ал-Б. К. находился в буйнакской тюрьме до 1928 г., и, по некоторым сведениям, был убит при попытке к бегству.

Всю жизнь ал-Б. К. собирал книги по богословию, составил значительную библиотеку. Коллекция пострадала в ходе репрессий конца 1930-х гг., сохранилась лишь небольшая часть. В числе сохранившихся рукописей: «Джами» (пользовавшийся в Дагестане популярностью комментарий 'Абдурахмана ал-джами под названием «Ал-Фаваид ад-Дийаййа» на сочинение «Кафийа» Ибн ал-Хаджиба по грамматике арабского языка), переписанный в 1215 г.х. (1800) Ибрахимом Генухским; «Имтихан ал-азкийа» и «Икхан» (произведения по грамматике арабского языка известного турецкого ученного Мухаммада ал-Баркави); «Хашийат Шайх-заде» Мухаммада ал-Куджави Шайх-заде (субкомментарий к тафсиру 'Абдаллаха ал-Байдави под названием «Анвар ат-танзил ва аврар ат-та'вил»); «ал-Арджузат манзумат фи байан хаваси асма' Аллахи» Нурудина ад-динати (трактат о суфизму); «Фаваид ал-фараид» (в данном сочинении имеется многочисленные комментарии Муслима Урадинского), «Шарх ан-Унмузадж» (комментарий Мухаммада ал-Ардабили на «Ал-Унмузадж фи-н-нахв» Махмуда аз-Замахшари) и т. д. Несколько рукописей переписано рукой самого ал-Б. К.

До наших дней дошло и богословское наследие ал-Б. К. — переписка с дагестанскими богословами конца XIX — начала XX в., в которой затрагиваются вопросы арабской грамматики, фикха и исламской догматики. Кроме того, ал-Б. К. написал несколько оригинальных сочинений по вопросам религиозной практики, в частности, о порядке совершения дополнительной молитвы в месяц Рамадан (таравих). Ал-Б. К. также прославился знанием фикха и математических наук.

Лит.: Лугуев С. А., Магомедов Д. М. *Бежтинцы в XIX — начале XX в.* Махачкала, 1994; Абдулмажидов Р. С. *Судьба и творческое наследие Султанмухаммада, Кебедмухаммада и Абдулмажида из Бежта* // Духовное наследие алимов Дагестана. Махачкала, 2007. С. 90–97.

Р. Абдулмажидов

Бекбулатов, **Мутай-эфенди** — мусульманский религиозный деятель Карачая 2-й половины XIX в.

Уроженец Дагестана, где его семья принимала участие в движении *Шамиля*, от которого, по семейному преданию, в качестве дара у Бекбулатовых долгое время хранились две вещи — старинный пистолет и золотые часы. Переехав в Баталпашинский отд., женился на черкешенке, но поселился в карачаевской среде (Джегутинская долина), где вел религиозно-просветительскую деятельность. Здесь он стал известен как «Матай-эфенди» и обрел реноме святого человека (шыйых адам), имевшего охранительную силу. Со ссылкой на *Боташева Хаджжи-Мухаммада* (Шакай улу Хаджжи) о Б. М.-э. говорили: «Благодатью Матая голод не коснулся долины Джегуты».

Просветителем был и его сын Асадулла-эфенди (ум. 27.03.1917), который жил в с. Гюрюльдеук (ныне Джегутинский р-н КЧР) и обучал местных горцев основам ислама. Его потомки сочетались брачными узами с представителями старинных фамилий Карачая (Байрамуковыми, Джанибековыми, Узденовыми, Эркеновыми и др.), положив начало уже карачаевской ветви рода Бекбулатовых.

Р. Хатуев

Бело Хаджжи (ум. 1925) — мусульманский религиозный деятель, мулла. В 1-й половине 1920-х гг. занимался религиозной деятельностью в равнинных районах Чечни. Сторонник создания шариатского государства. Организатор ячеек панисламистской организации «Иттихад ислам» в Чечне. В сентябре 1925 г. арестован.

Лит.: Доного Х. М. Нажмутдин Гоцинский. Махачкала, 2011.

Х. М. Доного

Белхороев, *Ахмед-хаджжи* Магомедович (1930–98) — мусульманский религиозный деятель, шейх кадирийского тариката.

Родился в с. Яндырка Назрановского р-на ЧИАССР, в семье сына шейха *Батал-хаджжи Белхороева*. В детстве получил религиозное образование у ингушских 'алимов. В 1970-х гг. Б. А.-х. переехал жить в Азербайджан, где работал бухгалтером в мечети; там познакомился с Зяудинаханом б. Эшоном Бабаханова, муфтием Средней Азии и Казахстана (1957–82). Благодаря этому знакомству при содействии З. Бабаханова в 1974 г. Б. А.-х. совершил хаджж, стал одним из первых ингушей, совершивших паломничество после депортации (1944–57). После распада СССР возобновились поездки в хаджж, и Б. еще дважды посещал Саудовскую Аравию — в 1992 и 1994 гг. Хорошие отношения Б. с известными религиозными деятелями СССР позволили ему способствовать поступлению в исламские учебные заведения нескольких ингушей, в числе которых был *Аушев Башир-хаджжи*. С 1976 г. Б. активно занимался вопросом восстановления *мечетей Ингушетии*, в результате была реконструирована и открыта соборная мечеть в с. Сурхахи Назрановского р-на РИ (работы завершились в 1988 г.).

Лит.: Белхороев Абдул-Азит. Мечети Республики Ингушетия. Назрань, 2016; Сохранить оставшиеся мечети. Исламские достопримечательности Ингушетии // Ингушетия. [Электронный ресурс] // URL: http://gazetaingush.ru/kultura/islamskie-dostoprimechatelnosti-ingushetii; Шейх-овлия. Батал-хаджи Белхороев / сост. Р.-Х. Ш.-Х. Албогачиев. Нальчик, 2010.

М. Албогачиева

Белхороев, **Батал-хаджи** (1824–1914) — мусульманский религиозный и общественный деятель, основатель одной из общин братства кадирийа на Северном Кавказе.

Родился в местности Сомйох, недалеко от ст. Нестеровская (ныне Сунженский р-н РИ). В раннем детстве лишился родителей и был отдан на воспитание родственникам матери в Чечне, где провел девять лет. В Чечне состоялось знакомство Б. Б.-х. с суфийским шейхом *Кунта-хаджжи*, который стал его духовным наставником и учителем, а позднее передал ему иджазу. Согласно некоторым сведениям, последний рекомендовал Б. Б.-х. в качестве духовного наставника Ингушетии. Первыми приверженцами шейха Б. Б.-х. стали жители ингушских с. Сурхахи, Назрань, Насыр-Корт, Барсуки, Плиево и Верх. Ачалуки.

Б. Б.-х. стал инициатором строительства соборной мечети в с. Сурхахи (ныне Назрановский р-н РИ) и лично участвовал в нем. В 1911 г. Б. Б.-х. вместе с некоторыми мусульманскими духовными лицами Чечни был арестован и сослан в г. Козельск Калужской губ., где скончался в 1914 г. Родственники получили разрешение на перевозку тела Б. Б.-х. на родину и захоронение на кладбище с. Сурхахи (состоялось 25.10.1914 г.). В похоронной процессии участвовали жители Ингушетии, других регионов Сев. Кавказа. Зийарат Б. Б.-х. является местом особого почитания его мюридов, среди которых ингуши, незначительное кол-во чеченцев и кумыков. Сохранилось несколько устных легенд о чудесах и предсказаниях, сделанных Б. Б.-х., в частности, о депортации ингушского народа. В настоящее время на Сурхахинском кладбище рядом с зийаратом построена мечеть имени Б. Б.-х.

Лит.: Албогачиева М. С.-Г. Адепты Кунта-хаджи Кишиева: Бамат-Гирей-хаджи Митаев, Батал-хаджи Белхороев, Хусейн-хаджи Гарданов, Чимирза Таумерзаев, Вис-Хаджи Загиев, Мани шейх Назиров // Ислам в России и за ее пределами: история, общество, культура: сб. материалов межрегиональной научной конференции, посвященной 100-летию со дня кончины выдающегося религиозного деятеля шейха Батал-хаджжи Белхороева / отв. ред. М. С.-Г. Албогачиева. Магас; СПб., 2011; Албогачиев Р-Х. Ш-Х. Шейх овлия Батал-хаджжи Белхороев. Нальчик, 2010; Акаев В. Х. Шейх Кунта-Хаджи: жизнь и учение. Грозный, 1994; Борусевич И. К. Сектанство среди ингушей // Этнографическое обозрение. 1893. Кн. XVIII. 1914. № 2; Матиев А. Великий шейх из Сурхахов. Назрань, 2006.

М. С.-Г. Албогачиева

Белхороев, Султан Курейшович (05.08.1949–07.10.2017) — мусульманский религиозный и политический деятель Ингушетии.

Родился в с. Ворошиловка Чуйского р-на Джамбульской обл. Казахской ССР. Б. — внук суфийского шейха *Белхороева Батал-хаджжи*. Основы ислама начал изучать в семье, позже учился у известных ингушских ʻалимов. С 1964 г. Б. был духовным лидером ингушского социально-религиозного объединения *Белхороева Батал-хаджжи*.

С 1974 г. Б. работал на разных должностях на промышленно-хозяйственных объектах страны, в 1976 г. ему было присвоено звание «Ударник социалистического труда».

В 1990 г. Б. впервые совершил хаджж. Б. был председателем Центральной мечети РИ в г. Назрань, с момента ее основания в 1996 г. до своей смерти в 2017 г. В 1998–2004 гг. в составе общественной организации РИ «Даймохк» Б. принимал участие в переговорном процессе по урегулированию ингушско-осетинского конфликта в Пригородном р-не РСО–А.

В 1999–2007 гг. Б. работал в *Координационном центре мусульман Северного Кавказа* (с отделениями в гг. Магасе, Москве, Черкесске). Во 2-й половине 1990-х гг. Б. неоднократно принимал участие в освобождении заложников. Занимался благотворительной деятельностью, оказывая постоянную помощь беженцам из ЧР и жителям РИ. Под его личным попечительством были несколько семей, а также дети, оставшиеся без родителей, вынужденные переселенцы из РСО–А и семьи беженцев из ЧР.

Б. был в числе лиц, участвовавших в разработке документов и программ в период создания РИ в качестве субъекта РФ. С 1992 г. он был членом Примирительной комиссии РИ. В 2006 г. Б. был удостоен высшей награды РИ — ордена «За заслуги».

Б. в 2011 г. стал кавалером высшей награды Совета муфтиев России — ордена почета «Ал-Фахр» — за весомый вклад в сохранение духовных ценностей мусульманского сообщества в Республике Ингушетия и в развитие межрелигиозного сотрудничества, за активную гражданскую позицию в деле возрождения духовности.

После смерти Б. в течение недели в Ингушетии был объявлен республиканский траур — в первый день похорон его дом посетили около 28 000 чел.,

Лит.: «Движение, которое разрешает убить человека — это не ислам, а банда». Интервью Максима Шевченко с Султаном-Хаджи Белхороевым. [Электронный ресурс] // URL: http://kavpolit.com/articles/dvizhenie_kotoroe_razreshaet_ubit_cheloveka_eto_ne-26308; *Заурбеков М. Цlенна бусалба стаг вара Султан Хьажа // Зори ислама.* 2017. 19 октября. № 20(396); *Соболезнования муфтия шейха Равиля Гайнутдина, председателя Духовного управления мусульман Российской Федерации и Совета муфтиев России в связи с кончиной Султана-хаджи Белхороева.* [Электронный ресурс] // URL: http://dumrf.ru/upravlenie/documents/12958; *Шейх Овлия Батал-Хаджи Белхороев* / авт.-сост. Р. Ш. Албогачиев. Назрань, 2015.

М. Албогачиева

Белхороева Батал-хаджжи, орден имени шейха — наградные знаки I, II, II степени. Награда вручается за большой личный вклад в дело укрепления межнационального мира и согласия в обществе, поддержку программ, направленных на развитие нравственных и гуманитарных ценностей ислама, развитие дружбы между народами многонациональной и многоконфессиональной России, за активную работу по установлению мира и стабильности в северокавказском регионе, а также за заслуги перед братством *Белхороева Батал-хаджжи*.

Инициаторами учреждения наградных знаков трех степеней выступили внуки шейха. Заказ на изготовление поступил в Санкт-Петербургский монетный двор объединения «Гознак» и были выполнены по предложенному эскизу в 2004 г.

Орден Батал-хаджжи I степени изготовлен из платинового сплава; накладки, подвеска и овальное звено изготовлено из золотого сплава. В основу знака, вмонтированы 16 бриллиантов. В накладку «звезда» вмонтированы по внутреннему кругу 32 бриллианта; по углам звезды 8 бриллиантов. В подвеску для муаровой ленты вмонтированы 4 бриллианта.

Орден Батал-хаджжи II степени выполнен в виде многолучевой звезды, из золотого сплава. В основу знака, вмонтированы 8 бриллиантов.

Орден Батал-хаджжи III степени изготовлен из серебряного сплава. В основу знака вмонтирован 1 бриллиант.

Лит.: Албогачиева М. С.-Г. Ингуши в XX в.: этнографические аспекты религиозных практик // Сев. Кавказ. Традиционное сельское сообщество: социальные роли, общественное мнение, властные отношения. СПб., 2007; Албогачиева М. С.-Г. О некоторых особенностях братства Батал-хаджи Белхороева // Радловский сборник: научные исследования и музейные проекты МАЭ РАН в 2010 г. СПб., 2011; В Ачхой-Мартане открылась мечеть имени Батал-Хаджи Белхороева. [Электронный ресурс] // URL: http://bakdar.org/view_index.php?id=1248; Зязиков награжден орденом Батал-хаджи I степени. [Электронный ресурс] // URL: http://www.ingushetia.ru/news/007823.

М. Албогачиева

Бердиев, Исмаил Алиевич (род. 27.02.1954) — мусульманский религиозный деятель Сев. Кавказа, муфтий.

Родился в с. Белые Воды Сайрамского р-на Чимкентской обл. Казахской ССР. С 1957 г. проживает в с. Учкекен Малокарачаевского р-на КЧР. Первое профессиональное образование получил в НПТУ-12 в с. Первомайском. Окончил бухарское медресе Мир-и Араб (1982–88), Исламский ин-т им. имама ал-Бухари в г. Ташкенте (1988–92, заочно), 4-месячные курсы в каирском ун-те Ал-Азхар (1991).

Религиозную деятельность Б. начал с августа 1989 г. в качестве имам-хатиба мечети в с. Учкекен. С января 1990 г. — кадий, руководитель Духовного центра мусульман Ставропольского края, с 06.03.1991. г. — муфтий, председатель *ДУМ Ставропольского края* (с декабря 1991 г. — ДУМ Карачаево-Черкесии и Ставрополья, ныне — ДУМ Карачаево-Черкесии). С апреля 2003 г. — председатель *Координационного центра мусульман Северного Кавказа*.

Является членом Совета по взаимодействию с религиозными организациями при Президенте РФ, членом Межрелигиозного совета России. Награжден орденом Дружбы (2005), зарубежными наградами — медалью «За заслуги» (1993, Египет), медалью «За заслуги» (Всемирный съезд мусульман, Турция).

Лит.: Къарачай. Черкесск. 11.12.1997; 17.12.1997; 19.03.2003; Хубиев А. Б. Малый Карачай в XX в. Кисловодск, 2007.

Р. Хатуев

Бешир-шейх — см. *Абу*.

Биджиев, Ожай-хаджжи Гаппаевич (1878 – ок. 1937) — религиозный деятель Карачаево-Черкесии советского периода.

Родился в с. Учкулан Баталпашинского у. (ныне Карачаевский р-н КЧР). Принадлежал к суфийскому братству *накшбандийа*. Основатель первой из трех накшбандийских общин Карачая (вторая создана *Боташевым Хаджжи-Мухаммадом*, третья — современными последователями *Чиркейского Саʻида-афанди*). Его последователи отмечают духовную связь своей общины с шейхом *Бухарским ʻАбдуллахом*.

Считается, что Б. и его последователи получили наставление от Хаджжи-эфенди из Дагестана, который являлся учеником шейха Хан-Бабы и вел суфийскую деятельность в Карачае. С 1920-х гг. проживал в с. Архыз. За религиозную деятельность в январе 1929 г. был лишен избирательных прав. Впервые был арестован в 1920 г., в последний раз — во время Большого террора. Содержался в тюрьме г. Баталпашинска, где был расстрелян, похоронен близ того же города в местах массовых захоронений жертв 1937–38 гг.

Мюриды Б.: Акбашевы, Семеновы, Тамбиевы, Бостановы и др.; преемник в качестве руководителя общины — Биджиев Астакку-эфенди Караджашевич (1910–86), раис-имам Прикубанского р-на КЧР.

Лит.: Архив Карачаевского НИИ им. А. И. Батчаева. Ф. 12. Д. 20; ГА КЧР. Ф.р-307. Оп. 2. Д. 30. Л. 149; Эбзеланы Абу-Юсуф хаджжи. Боташланы Шакай улу Хаджжи. Кисловодск, 2008 (на кар.-балк. яз.).

Р. Хатуев

Большая Орда (Тахт эли, 1440–1502) — ханство, образовавшееся в результате распада *Золотой Орды* и считавшееся до 1502 г. ее основным наследником. Др. названия Б.О.: Улуг Улус («Великий Улус»), Тахт эли, Тахт иле («Престольное владение»), Великая Орда, Заволжская Орда.

В русских летописях термин «Б. О.» впервые употребляется в конце 1430-х — 1440-х гг. Несомненно, это перевод словосочетания «Улуг Орда» — Великая Орда, которым именовалась после распада единого государства ставка хана, считавшегося главным среди правителей-Джучидов. Во 2-й половине XV в. Б. О. играла важную роль в политической жизни Вост. Европы. Однако, как и прежний Улус Джучи, ее раздирали внутренние противоречия, вызванные в основном амбициями властной элиты и ухудшающимися хозяйственно-экономическими и природно-экологическими условиями.

Б. О. включала в себя центр. части западных владений Улуса Джучи, земли так называемой Белой Орды: между Волгой и Днепром, Ниж. Поволжье, степи Предкавказья и Приазовья, а на первом этапе существования — также и Заволжье (до р. Яик). Столицей был г. Сарай ал-джадид. Др. крупным городским центром в Б. О. являлся г. Хаджжи-Тархан (Астрахань).

Основное население Б. О. составляли тюркоязычные кочевники из племенных союзов мангыт, кият, кипчак, китай, алчин, минг, найман, уйшун и др. Они занимались кочевым скотоводством, частично земледелием. Государственное устройство носило полувоенный характер. Б. О. могла выставить многочисленное (до 100–150 тыс. чел.) конное и пешее войско. Общее количество населения составляло: на начальном этапе развития — ок. 400–600 тыс. чел., в период распада — ок. 300 тыс. чел.

Во главе Б. О. стояли потомки хана Тимур-Кутлуга. Однако правители Б. О. среди др. ханов-Джучидов претендовали на главенство из-за нахождения в доменальном владении распадавшейся *Золотой Орды* и именовались «великими ханами», «вольными царями». Б. О. базировалась на той же системе 4 карачи-беков, что и др. постордынские государства. Важнейшую роль в политическом управлении Б. О. играли представители клана Мангыт (потомки Идиге), традиционно со времен Идиге занимавшие второй после хана пост в государстве — беклерибека (улуг бек, амир ал-умара, «большой князь», «князь князей») и возглавлявшие в Б. О. эмиров (беков) — представителей четырехклановой системы карачи-беков. Беклерибек совмещал адм. и военное руководство ханством. Источники знают таких представителей этой должности в Б. О., как Тимур б. Мансур («князь Темир», «гетман Тымир»), Таваккуль б. Тимур (Тевеккель), Хаджике б. Дин-Суфи («Азика князь») и др. Сохранились серебряные монеты с именем хана Ахмеда, но их эмиссия производилась в ставке беклерибека Тимура б. Мансура. Следовательно, верховные беки заполучили в Б. О. важнейший атрибут суверенной монархической власти — право на чеканку монет.

В. В. Трепавлов предложил вести отсчет существования Б. О. с воцарения в Сарае хана Кучук-Мухаммеда (1438), при котором процесс распада *Золотой Орды* принял необратимый характер. После его смерти в 1459 г. на престол взошел его 11-летний сын Махмуд б. Кучук-Мухаммед, правивший до 1465 г. Поражение от крымского хана Хаджжи-Гирея во время похода Махмуда на Русь в 1465 г. позволило, по всей видимости, его брату Ахмеду захватить власть в Б. О. С этого момента Махмуд остался лишь соправителем при своем брате, имея основным своим доменом г. Хаджжи-Тархан, где он правил в 1465–75 гг.

При хане Ахмеде б. Кучук-Мухаммеде Б. О. несколько усилилась, был заключен союз с Польско-Литовским государством (1470–71 гг.; был направлен против Москвы), сделана попытка установить союз с Венецией (1476) и дружественные отношения с Османским халифатом (1477). В 1-й половине 1470-х гг. Ахмед возглавил коалицию (совместно с Тюменским, Казахским ханствами и Ногайской Ордой), разбившую узбекского хана Шейх-Хайдара, и привел в зависимость своего племянника — астраханского хана Касима б. Махмуда. Были предприняты военные походы на *Крымское ханство* (1476) и Великое княжество Московское. Однако попытки Ахмеда вновь навязать вассальную зависимость крепнущему Великому княжеству Московскому потерпели неудачу. При этом, несмотря на фактический распад единой золотоордынской державы, в Московском и Польско-Литовском государствах продолжали признавать формальное первенство Б. О. среди др. постордынских юртов.

В 1476 г. хан Ахмед предпринял активные действия, направленные на восстановление Орды в ее старых (золотоордынских) пределах: в этом году он захватил *Крымское ханство*, посадив там своего племянника или сына (по разным источникам) *Джанибека*, потребовал от Ивана III явиться к нему в Орду. Ахмед был убит в Степи в январе 1481 г. коалицией тюменского хана Ибака и ногайского мирзы Ямгурчи.

После его гибели Б. О. существовала в условиях то усиливавшейся, то затухающей борьбы между его сыновьями. Так, до 1485 г. «Ахматовичи» не проявляли внешней активности, очевидно, из-за междоусобной борьбы. Первоначально (1484) власть перешла к Муртазе б. Ахмеду — старшему из братьев — и Са'ид-Махмуду как к соправителю. Практически одновременно с ними стал активно соперничать Шейх-Ахмед б. Ахмед, в конце концов ставший верховным правителем Б.О. (сер. 1480-х – 1502, с перерывами).

Важным аспектом внешнеполитической жизни Б. О. было соперничество с *Крымским ханством* за гегемонию на всей территории позднезолотоордынского пространства. Это направление внешней политики Б. О. и стало для нее роковым. В результате массированных ударов крымского хана Менгли-Гирея б. Хаджжи-Гирея по улусам Б. О. 1490-х гг. и итоговой битвы на р. Суле в июне 1502 г. Б. О. прекратила свое существование. Заволжские земли вошли в состав Ногайской Орды, а земли между Доном и Волгой стали частью *Крымского ханства*. Улусы (население) Б. О. не были разгромлены, но перешли в подданство крымского хана.

Распад Б. О. был во многом связан с хозяйственным кризисом конца XV — начала XVI в. Согласно информации русских послов и крымского хана, в начале XVI в. большеордынцы были «худы... добре, и пеши, и наги» или «безконы добре... и охудали и кочуют на рознь». Такое положение сложилось из-за засухи и неурожая, недостаточности пастбищных угодий. Как и всякое кочевое общество, Б. О. была более подвержена воздействию природных катаклизмов, чем оседлые (Москва) или полуоседлые (Крым) государства.

Хотя в целом период 1450–1502 гг. в истории Улуса Джучи — время его постепенного упадка, это не означает, что Б. О., существовавшая в эти годы как главное постордынское ханство, была «ничтожной наследницей прежнего величия». Само имя большеордынских правителей приводило в трепет крымских ханов, а в Москве зорко следили за судьбами последних представителей рода Кучук-Мухаммеда, опасаясь их возрождения в коалиции с какими-либо др. кочевниками. Так, незадолго до гибели Б. О. Иван III прислал хану Шейх-Ахмеду и беклерибеку Таваккулу «датки» (выплаты, подобие дани). Однако как природные условия, так и политическая ситуация конца XV в. были не на их стороне. Поэтому с разгромом главной ставки Б. О. в 1502 г. и смертью последнего хана Шейх-Ахмеда в 1528 г. Б. О. навсегда исчезла со страниц исторических источников. Роль основного наследника и правопреемника Улуса Джучи перешла к Крымскому ханству.

Лит.: Базилевич К. В. Внешняя политика Русского централизованного государства: 2-я половина XV в. М., 1952; Горский А. А. Москва и Орда. М., 2001; Греков Б. Д., Якубовский А. Ю. Золотая Орда и ее падение. М.–Л., 1950; Зайцев И. В. Астраханское ханство. 2-е изд., испр. М., 2006; Он же. Между Москвой и Стамбулом. Джучидские государства, Москва и Османская империя (начало XV – 1-я половина XVI в.). М., 2004; Исхаков Д. М. Тюрко-татарские государства XV–XVI вв. Казань, 2009; Насонов А. Н. Монголы и Русь: история татарской политики на Руси. М.–Л, 1940; Сафаргалиев М. Г. Разгром Большой Орды (к вопросу освобождения Руси от татарского ига) // Мордовский научно-исследовательский ин-т языка, литературы и истории. Записки. Т. II. Саранск, 1949. С. 78–96; Он же. Распад Золотой Орды // На стыке континентов и цивилизаций... (из опыта образования и распада империй X–XVI вв.). М., 1996. С. 277–526; Трепавлов В. В. Большая Орда — Тахт эли. Очерк истории. Тула, 2010; Он же. История Ногайской Орды. М., 2002; Федоров-Давыдов Г. А. Общественный строй Золотой Орды. М., 1973; Collins L. On the Alleged «Destruction» of the Great Hordein 1502 // Manzikert to Lepanto: The Byzantine World and the Turks, 1071–1571 / ed. by A. Bryer, M. Ursinus. Amsterdam, 1991. P. 361–399; Spuler B. Die Goldene Horde. Die Mongolen in Russland, 1223–1502. Wiesbaden, 1965.

Б. Рахимзянов

Борга Каш (Боргъа къаш, ингуш., чечен. «Могила Борга / Боргана») — мавзолей «святого», самый ранний из сохранившихся мусульманских памятников на территории Ингушетии. Находится на северо-западной окраине Плиевского муниципального округа г. Назрань, на левом берегу р. Сунжа. Согласно арабской надписи, год сооружения — 808 г. х. / 1405–06 гг., имя мастера — Гирей. Сооружение, как предполагается, упоминалось в русских летописях 1-й трети XVI в. под названием «Тимурева богатырева могила». Среди авторов XVIII в., сделавших его описания, — поручик А. Б. Бибирюлев (1741), академик И. А. Гюльденштедт (1770–73), офицер русской армии Л. Л. фон Штедер (1781), который составил карту Сев. Кавказа с изображениями ряда архитектурных памятников, включая и Б. К. (датирована 1782 г., воспроизведена в книге Н. Д. Кодзоева). Начало обстоятельному изучению памятника положил профессор Л. П. Семенов в 1920–30-е гг.

Архитектурно-композиционный облик Б. К., с точки зрения одних исследователей, близок к маджарским мавзолеям золотоордынского типа (Р. А. Даутова, Т. Б. Палимпсестова, *Э. В. Ртвеладзе*, А. П. Рунич, В. Б. Виноградов), других — к мемориальному зодчеству ширвано-апшеронской архитектурной школы средневекового Азербайджана (Ф. Г. Мамедов). Мавзолей возведен на вершине холма, известного как гора Шейха (высота 652 м; отрог Сунженского хребта), в строгом архитектурном стиле, и представляет собой сооружение, прямоугольное в плане с полусферическим куполом, с восточной и западной сторон которого устроены косые отверстия для света, его завершением служил утраченный в настоящее время металлический шпиль (размер основания — 4,13 × 5,56 м, высота — 3,18 м); по имеющимся описаниям, прежде купол был украшен поливными изразцами, так называемой муравленой черепицей. Некогда окружавшая здание каменная ограда имела вход с востока. Стены и купол сложены из тщательно обтесанного камня твердой породы (вероятно, привезенного из Грузии); кладка с точной пригонкой. С южной стороны Б. К. расположен портал со стрельчатой аркой, в глубине ее — невысокий вход, по обеим граням которого высечен ленточный орнамент с растительным мотивом, сверху на трех каменных плитах выгравированы три асимметричные (возможно, разновременные) рельефные надписи на арабском языке. Внутреннее пространство с гладкими стенами состоит из двух камер: наземной (увенчана белым без росписи куполом и украшена сдвоенными пилястрами и четырьмя арками) и подземной (перекрыта плоским сводом); в стене с восточной стороны размещена глубокая ниша. Изнутри склеп был декорирован: по периметру снизу шла желтая полоса с орнаментом, выше — изображения цветов (роспись не сохранилась). Каменная плита, прикрывавшая прежде овальное отверстие, которое вело в подземную камеру, и каменное изголовье с арабской эпиграфикой, были вывезены из мавзолея. Одно из мумифицированных тел в 1876 г. было вывезено в г. Москву,

Арабская надпись над входом указывает имя «святого» — Бек Султан б. Худайдад. В литературе зафиксированы различные версии его этнической принадлежности: араб, кабардинец, крымский татарин, кумык, ногаец, чеченец. В историографии название Борга / Борган идентифицируется с тюркоязычными борганами / бороганами / брагунами, обитавшими в тех краях. По одной из научных гипотез, Б. К. первоначально являлся гробницей золотоордынского (ногайского) мурзы Бек Султана — родоначальника той борганской знати, которая впоследствии стала использовать мавзолей в качестве фамильного склепа. Устные и литературные свидетельства о количестве похороненных в усыпальнице людей разноречивы (называют 2, 3, 4, 6, 20; в некоторых источниках число не оговорено). По описаниям, тела в красочных парчовых тканях с восточным рисунком находились в деревянных гробах на деревянных нарах, устроенных с южной и северной сторон подземной камеры. Упоминания о погребальном инвентаре кратки: украшения, монеты.

Вокруг Б. К. сложено множество легенд, распространенных у ингушей, осетин, кабардинцев. По одной из них, мавзолей возвела красавица Сув над могилой своего возлюбленного Боргана Бексултанова, имя которого и сохранилось в основе названия. Согласно другой легенде, там находились остовы легендарных нартов, в течение 2 тыс. лет они сохранялись нетленными, но с приходом русских стали «портиться». Некоторые уверяли, что ингуши хоронили там тех, кто отличался праведной жизнью; известно мнение, будто это были «окаменевшие» тела людей, попавших в склеп случайно. Бытовало и такое сказание: жил в Ингушетии арабский шейх (вариант: сподвижник Тамерлана Бурхан-хан); предчувствуя кончину, он пожелал наметить место для своей гробницы — выехал в степь на верблюде и предоставил выбор ему; мавзолей построен там, где остановился верблюд. Рассказывают, что Б. К. обладает чудодейственной силой и когда-то от него исходило благоухание, напоминавшее аромат спелых яблок. Были распространены истории о восьмиуровневых (еще не вскрытых) склепах, спускаться куда считалось запретным: всякого дерзнувшего то поверью, собьет с ног страшный ветер; однако известен случай нисхождения на восьмой (предпоследний) уровень одного муллы из с. Плиево.

Б. К. являлся почитаемым «святым» местом для всего Сев. Кавказа. В засушливые годы у Б. К. совершались ритуалы — прошения о ниспослании дождя. Женщины приводили туда детей для исцеления. В дни мусульманских праздников к мавзолею пригоняли скот, предназначенный для жертвоприношения. В начале XIX в. вернувшиеся из Мекки паломники привезли «священный» халат из белого полотна (вариант: из зеленого сукна), в который завернули останки «святого» Бек-Султана. Надпись над входом, гласящая: «Да будет постройка свободна от (всего) дурного!» — не уберегла Б. К. от разграблений: в поисках хранившегося якобы там клада, о котором ходила молва, неоднократно совершались хищнические раскопки. Владикавказские староверы-молокане в 1880-х гг., не найдя сокровищ, вылили в подземелье бочонок нефти и подожгли мавзолей (чеченское предание гласит, будто кладоискатели были истреблены градом и бурей). В 10-е гг. XX в. местные жители провели реставрационные работы (внешние стены окрасили в голубоватый цвет, зацементировали пол надземной камеры и арки и др.). В период выселения ингушей и уничтожения их культурного «присутствия» (1944–57) мавзолей оказался нетронутым, поскольку власти полагали, что он не связан с ингушской этнической историей. В 2015 г. Б. К. был внесен в единый государственный реестр объектов культурного наследия (памятников истории и культуры) народов РФ (Приказ Министерства культуры РФ от 29.06.2015 г. № 815-р) и теперь находится под охраной государства.

Лит.: Базоркин М. М. Борганы в Присунженской долине // ИЧИРМК. 1961. Вып. 10. С. 130–143; Виноградов В. Б. Мавзолей Борга-Каш и ранняя история ногайцев // Проблемы этнической истории народов Карачаево-Черкесии. Черкесск, 1980. С. 6–13; Гильденштедт И. А. Путешествие по Кавказу в 1770–73 гг. СПб., 2002. С. 270–271; Гребенец Ф. С. Борга-Каш // ТВ. 1913. № 224, 233, 234; Даутова Р. А. К изучению позднесредневековых мавзолеев Северного Кавказа (об источниках и историографии) // Вестник Академии наук Чеченской Республики. 2010. № 2(13). С. 100–105; Даутова Р. А. О ранней группе мавзолеев Северного Кавказа // Новые археологические материалы по средневековой истории Чечено-Ингушетии. Грозный, 1983. С. 28–42; Зиливинская Э. Д. Золотоордынские мавзолеи Северного Кавказа // Золотоордынская цивилизация. Вып. 3. Казань, 2010. С. 52–67; Кодзоев Н. Д. Российские и иностранные исследователи и путешественники XVI–XIX вв. об Ингушетии и ингушах. Магас, 2016. С. 42–44, 46; Мамедов Ф. Г. О генезисе архитектуры Татартупского минарета и мавзолея Борга-Каш // Актуальные проблемы развития архитектуры и искусства Азербайджана: сб. материалов конференции молодых ученых. Баку, 1979. С. 36–47; Минаева Т. М. Очерки по археологии Ставрополья. Ставрополь, 1965. С. 102–103; Семенов Л. Мавзолей Борга-Каш // ИНИИК. 1928. Вып. 1. С. 217–232; Семенов Л. П. Брагунский мавзолей // ИСОНИИ. 1956. Т. 18. С. 196–206; Штедер Л. Л. Дневник путешествия из пограничной крепости Моздок во внутренние местности Кавказа, предпринятого в 1781 г. / сост. Г. И. Цибиров. Владикавказ, 2016. С. 15–16; Щеблыкин И. П. Путеводитель по Ингушской автономной области. Владикавказ, 1929. С. 70–71; Эпиграфические памятники Сев. Кавказа на арабском, персидском и турецком языках / тексты, пер., коммент., введ. и прил. Л. И. Лаврова. Ч. 1. Надписи X–XVII вв. М., 1966. С. 129–131, 200–203.

Д. Месхидзе

Бостанов, ʼАли (Хусей) Идрисович (22.04.1904–14.11.1986) — мусульманский религиозный деятель, глава духовенства Карачаево-Черкесии советского периода, кадий.

Родился в с. Учкулан Баталпашинского отд. (ныне Карачаевский р-н КЧР). Проходил военную службу в 93 стрелковом полку Северо-Кавказского военного окр. (1924–26), после службы работал там же зав. складом (1926–29), затем — инспектор милиции (1930–33). Переселился с семьей из с. Учкулан в с. Кызыл-Кала (ныне Джегутинский р-н КЧР). Окончил среднюю школу в г. Ворошиловске (ныне г. Ставрополь) в 1938 г. С 1939 г. работал старшим бухгалтером сельпо с. Джегуты. 26.06.1941 г. призван в ряды РККА, окончил Урюпинское пехотное училище (Нальчик, июнь–ноябрь 1941), после чего служил в действующей армии до июля 1942 г., после ранения служил на тыловых должностях до мая 1946 г. В местах депортации карачаевского народа работал старшим бухгалтером в Таласской обл. Киргизской ССР (1947–51), затем, до 1956 г. — районным финансовым инспектором, бухгалтером в различных организациях. По возвращении на родину жил в с. Дружба (ныне Прикубанский р-н КЧР).

С 17.12.1975 г. Б. А. — кадий мусульман Ставропольского края и Карачаево-Черкесии, член *ДУМ Северного Кавказа*. Участник ряда религиозных форумов, в том числе Всемирной конференции «Религиозные деятели за спасение священного дара жизни от ядерной катастрофы» (Москва, 10–14.05.1982). В период его руководства мусульманской общиной КЧАО в области открыты молельные комнаты в 12 населенных пунктах; впервые в послевоенный период представители КЧАО были направлены в религиозные учебные заведения (медресе Мир-и Араб в г. Бухаре, Ташкентский исламский ин-т имени ал-Бухари), а также в хаджж. Б. А. награжден орденами Красной Звезды (11.12.1946), Отечественной войны I степени (11.03.1985), медалями. Умер и похоронен в с. Дружба.

Лит.: Архив Карачаевского НИИ им. А. И. Батчаева. Ф. 11. Д. 89.

Р. Хатуев

Бостанов, Исмаил Муссаевич (27.10.1958–20.09.2009) — мусульманский религиозный деятель Карачаево-Черкесии, кадий.

Родился в депортации. Окончил среднюю школу в с. Знаменка Прикубанского р-на КЧАО. Военную службу проходил в кавалерийском полку (единственном в Вооруженных силах СССР). Религиозное образование получил в бухарском медресе Мир-и Араб, Ташкентском исламском ин-те им. имама ал-Бухари. Работал имам-хатибом с. Новая Джегута (ныне Усть-Джегутинский р-н КЧР), а после создания ДУМ Карачаево-Черкесии и Ставропольского края (ДУМКЧиС, 1991) — председателем ревизионной комиссии, затем — заместителем председателя ДУМКЧиС по вопросам фикха (кадием).

Б. — инициатор создания и с 1993 г. — первый ректор *Карачаево-Черкесского исламского института* им. имама Абу Ханифы. Состоял членом республиканской Комиссии по борьбе с распространением религиозного экстремизма. Один из ведущих специалистов мусульманской общины КЧР по вопросам исламского права. Являлся активным и последовательным противником религиозного радикализма, к которому относил и ваххабизм.

Убит экстремистами в день Ураза-байрама. Похоронен на кладбище с. Знаменка Прикубанского р-на КЧР.

Лит.: Известные люди Карачаево-Черкесии. Т. 1. Черкесск, 1997.

Р. Хатуев

Боташев, *Хаджжи-Мухаммад* Шакаевич (Шакай улу Хаджи, 1895 — не ранее 1935) — мусульманский религиозный деятель Карачаево-Черкесии советского периода, создатель и эпоним ответвления от суфийского братства *накшбандийа*-халидийа, названной по его имени Шакай улу Хаджжи.

Родился в с. Хурзук Баталпашинского отд. (ныне Карачаевский р-н КЧР) в семье богатого уздена. В конце 1920-х гг. семья была раскулачена. После чего Б. Х.-М. переехал г. Кисловодск. Создал и возглавил суфийскую общину. Его силсила (цепь духовной преемственности) восходит к накшбандийским шейхам Сев.-Вост. Кавказа. Пользуется авторитетом среди суфиев в Карачае, Балкарии и Дагестане.

Б. Х.-М. предостерегал руководителей антиколхозного восстания, вспыхнувшего в марте 1930 г., о бессмысленности сопротивления властям, отказался к нему примкнуть. Подвергался гонениям, неоднократно задерживался властями. После первого ареста (1931) был осужден и провел в лагерях 3 года; после второго заключения (1935) до близких доходили сведения, что Б. Х.-М. жив и находится в лагере. Ввиду отсутствия точных сведений о смерти Б. Х.-М. его последователи десятилетиями были убеждены в том, что их наставник жив. Б. Х.-М. считался обладателем карамата — чудотворного дара предвидения некоторых событий. Б. Х.-М. посвящены религиозные стихи *Яхья-эфенди Каппушева* на карачаево-балкарском и арабском языках.

Лит.: Известные люди Карачаево-Черкесии. Т. 1. Черкесск, 1997; Эбзеланы Абу-Юсуф хаджжи. Боташланы Шакай улу Хаджжи. Кисловодск, 2008 (на кар.-балк. яз.).

Р. Хатуев

Ботлихский, Бадрудин Кадыров (1913–2003) — мусульманский религиозный деятель, шейх накшбандийского и шазилийского тарикатов.

Родился в с. Ботлих (ныне центр одноименного р-на РД), участник Великой отечественной войны. Б. Б. был мюридом *Меселасула Мухаммад-афанди*, потом получил иджазу на наставничество по накшбандийскому и шазилийскому тарикатам. Предшественник Мансурил Мухаммада Кадырова из с. Ниж. Инхело Ботлихского р-на РД. В 1990 г., несмотря на преклонный возраст, совершил хаджж. Умер в июле 2003 г. Зийарат находится в с. Ботлих.

Лит.: Омаров М. Ислам в Дагестане. Махачкала, 2014.

М. Омаров

Булач-хан из с. Ингиши — см. *ал-Ингиши Абубакар.*

Булгары (болгары) — этнополитическое объединение в Вост. Европе в эпоху Средневековья. Историк Прископ Панийский впервые упоминает огуро-булгарские племена в 463 г. Их происхождение связано с огурскими племенными группами Центр. Азии и Юж. Сибири, откуда под давлением аланов они проникли в Вост. Европу. Ассимилировав остатки гуннов, обитавших на территории от низовьев р. Дунай до Зап. Предкавказья, оногуры во главе с утигурами и кутригурами создали в V–VI вв. политическое объединение. После этапа междоусобиц и войн с Византией во 2-й половине VI в. утигуры и кутригуры оказались под властью авар, создавших в Дунайско-Карпатской котловине каганат. В конце VI в. Б., обитавшие на Сев. Кавказе, были завоеваны Тюркским каганатом. Огуро-булгарские племена, проживавшие на границах каганата, сумели объединиться вокруг племени унногундур и в 635 г. во главе с ханом Органом и его племянником Кубратом, разбив аланов, создали союзное Византии государство Великая Булгария.

Этот период характеризуется активным формированием этнополитического сознания Б., появлением их своеобразной культуры, в том числе созданием собственной истории, известной как «Именник болгарских ханов». Однако после смерти Кубрата государство конце VII в. было завоевано хазарами. Оно стало распадаться, в результате чего Б. стали переселяться в нескольких направлениях: в Подунавье, в Паннонию и Сев. Италию, в Среднее Поволжье. Оставшаяся часть бывшей державы Б. находилась под властью *Хазарского каганата.*

Переселившиеся в Среднее Поволжье огуро-булгары оказались в окружении алано-хазарских, центральноазиатских, алано-хазарских племен. Тюркские и угорские племена барсил, савиров, эсегелей были этнически близкими к Б., но в процессе складывания здесь государственного объединения они стали наиболее сильными и влиятельными. В итоге в 910–70-е гг. были образованы Булгарский и Суварский эмираты, которые после падения *Хазарского каганата* объединились около 980 г. в единое Булгарское государство.

X в. — период активного включения в состав государств различных племен: огузо-печенежских, кыпчакских, буртасов, маджаров. Одним из ключевых факторов объединения и развития булгарского этноса стало принятие ислама как государственной религии. Это значительно расширило связи Булгарского государства с передовыми мусульманскими странами того времени и способствовало становлению и развитию здесь развитой и уникальной для средневековой Вост. Европы системы политической, адм., торгово-экономической, культурно-духовной жизни, оказавшей огромное влияние на развитие Волго-Камского региона на многие столетия.

В XIII в. Волжская Булгария была завоевана монголами и вошла в состав *Золотой Орды* (Улуса Джучи). Б. в XIV–XVI вв., активно оказывая культурное и конфессиональное влияние на тюркских и монгольских кочевников, стали частью золотоордынского этноса. В XVI–XVIII вв., после завоеваний татарских ханств Русским государством, основным для местного населения становится мусульманское самосознание. Свое этническое значение термин «Б.» потерял в XIX в.

Лит.: Алишев С. Х. Исторические судьбы народов Среднего Поволжья. XVI — начало XIX в. М., 1990; Каримуллин А. Г. Татары: этнос и этноним. Казань, 1988; Кляшторный С. Г., Савинов Д. Г. Степные империи Евразии. СПб., 1994; Новосельцев А. П. Хазарское государство и его роль в истории Вост. Европы и Кавказа. М., 1990; Хакимзянов Ф. С. Эпиграфические памятники Волжской Булгарии и их язык. М., 1987; Халиков А. Х. Татарский народ и его предки. Казань, 1989.

И. Каримов

Бухарский, 'Абдуллах (Бухарачы, 2-я половина XVIII — начало XIX в.) — мусульманский ученый, исламизатор Верх. Кубани, Карачая. Суфийский шейх.

Наиболее раннее из известных письменных упоминаний об Б. 'А. относится к началу XX в. и содержится в сборнике суфийской поэзии (назмы) на тюрки, составленном Ибрахимом из Дагестана в 1907 г. Источник содержит указание на то, что шейх прибыл из г. Бухары и наставлял народ на правильный путь, пребывал «в Карачае, в Теберде, под высокими горами, в дивно прекрасном месте». Б. 'А. получил известность как решительный противник язычества, он активно занимался утверждением норм шариата, внедрением системы мусульманского начального образования у карачаевцев. Он был признан «вали Аллах», имевшим дар провидца.

Имя Б. 'А. отложилось в карачаевских преданиях и произведениях устного народного творчества. В назмах о Б. 'А. карачаевского религиозного поэта XIX в. Тогузака Кипкеева говорится: «Ты — гость Карачая, ты — светоч наших душ, ты — Бурак святых, благословенный шейх 'Абдуллах… Прибыл ты из Бухары». Б. 'А. предстает как человек, «имевший большие познания в арабских науках, понимавший толк в каждой вещи». Женился на карачаевке, знал карачаевский язык.

Согласно преданиям, Б. 'А. умер во время эпидемии чумы. Похоронен на мусульманском кладбище г. Теберды (ныне КЧР), что отмечено на надмогильной стеле карачаевского мусульманского ученого И. Х. Крымшамхалова, установленной в 1911 г., а также в религиозном стихотворении («Ваша могила в Теберде»). В 1930-е гг., когда возникла угроза уничтожения властями могилы Б. 'А. на святом месте (аулие), жители с. Верх. Теберда тайно перенесли останки шейха на склон горного массива на правобережье р. Джамагат (приток р. Теберды), где в настоящее время совершается зийарат Б. 'А. С его именем связаны несколько «камней шейха Б. 'А.» (в ущелье р. Дуут, на правобережье р. Теберды), где он, по преданию, совершал намаз.

Лит.: Карачаевцы и балкарцы: этнография, история, археология / отв. ред. С. А. Арутюнова. М., 1999; Хатуев Р. Т. Шейх Абдуллах Бухарский (из среднеазиатско-кавказских связей) // Ислам на Юге России: сб. статей. Астрахань, 2007.

Р. Хатуев

В

Ал-Варрак, Йусуф б. Ибрахим б. Наср ал-Хафиз Абу-л-Касим ал-Баби (ум. между 1098 и 1104) — мусульманский религиозный деятель, хадисовед, духовный глава общины шафиитов в г. *Баб ал-абвабе* (ныне г. Дербент РД), имам мечети в квартале (махалла) Химс. Потомок сирийских переселенцев. Долгое время жил в г. Багдаде, много путешествовал. Ал-В. — автор самого раннего на Сев. Кавказе богословского сочинения, автограф которого сохранился до нашего времени — «Шарх аш-Шихаб». Рукопись сочинения относится к числу совершенно неизученных, поскольку была атрибутирована сравнительно недавно. «Шарх аш-Шихаб» представляет собой комментарий к сборнику хадисов «Китаб аш-шихаб». Ал-В. написал также комментарий на «И'лам ас-сунан фи-шарх Сахих ал-Бухари» Абу Сулаймана ал-Бусти (ум. 998). Ал-В. получил также право (иджаза) на передачу трудов по хадисам своего дербентского шейха Абу Исхака Ибрахима б. Фариса ал-Баби (ум. во 2-й половине XI в.), известного как Ибн Фарис; в свою очередь, последний получил это право от Абу Му'аммара ал-Муфаддала ал-Исма'или (ум. 1040), ра'иса Джурджана и внука шафиита Абу Бакра Ахмада ал-Исма'или (ум. 982).

Наиболее известный из учеников ал-В. — Абу Бакр Мухаммад б. Муса ад-Дарбанди, автор одного из самых ранних на Кавказе суфийских сочинений — «Райхан ал-хака'ик ва-бустан ад-дака'ик». Из этого сочинения явствует, что ал-В. был привержен суфийским идеям.

Похоронен ал-В. на кладбище около цитадели г. Дербента.

Лит.: Аликберов А. К. Эпоха классического ислама на Кавказе: Абу Бакр ад-Дарбанди и его суфийская энциклопедия «Райхан ал-хака'ик» (XI–XII) вв. М., 2003; Лавров Л. И. Эпиграфические памятники Северного Кавказа. Ч. 1. М., 1966.

А. Аликберов

Ваххабиты Северного Кавказа — общее пейоративное обозначение движения за возврат к «чистому» исламу первых мусульман, активного в регионе в 1990-е — середине 2010-х гг. Этимологически и идейно ваххабизм связан с именем Ибн 'Абд ал-Ваххаба (1703–87), выступившего в Аравии против недопустимых новшеств (бида') суфизма и культа святых. В основе учения лежала ханбалитская идея восстановления религии «предков» (ас-салаф, отсюда историческое самоназвание сторонников фундаменталистских идей в исламе — ас-салафийа). Понятие В. С. К. придумали его противники из ДУМД (ныне: *Муфтията Республики Дагестан*), увидевшие в призывах В. С. К. бид'а (по мнению шейха шазилийского и накшбандийского тарикатов *Чиркейского Са'ида-афанди*), «реакционное экстремистское течение в исламе» (резолюция Конгресса мусульман Сев. Кавказа, г. Грозный, май 1999 г.). В таком же значении термин «ваххабизм» часто употреблялся в российских СМИ и законодательстве. Сами В. С. К. предпочитали называть себя «общиной [настоящих] мусульман» (ахл ас-сунна ва-л-джама'а), «братьями» (ихван, форма обращения друг к другу), салафитами.

В. С. К. выступали за очищение ислама от «недозволенных новшеств» (бида'), укоренившихся, по их мнению, в сознании и религиозной практике кавказских мусульман. Источником вероучения они признавали положения Корана и Сунны Пророка. Главные объекты их критики — суфии («суфисты», «тарикатисты», от араб. «тарика» — религиозное братство) и культ святых. В практике суфийских шейхов братств

Ваххабиты Северного Кавказа

накшбандийа, кадирийа, шазилийа, открыто возобновившейся после снятия запрета на их деятельность, и в посещении святых могил (зийарат, пир) они видели признаки многобожия (ширк) и неверия (куфр). В. С. К. отрицали многие традиционные обычаи и обряды кавказских мусульман, такие как суфийскую практику коллективного богопоминания («тихий» и «громкий» зикр, хатм), чтение Корана на могиле или в доме усопшего, чтение талкина (букв. «наставление») на похоронах, проведение поминок на 3-й, 7-й, 40-й и 52-й день после похорон, раздачу милостыни (садака) на кладбище и у могил «святых», большой махр и чрезмерные расходы на свадьбу, пользование четками, амулетами (сабаб, джайне), празднование мавлида — дня рождения пророка Мухаммада и т. д. Важное место в учении В. С. К. занимает джихад — борьба за веру, участие в которой вменяется в обязанность каждому мусульманину. По их мнению, в настоящее время она неизбежно принимает вооруженные формы и ведется в основном не столько против внешних врагов, сколько против мусульман, нарушающих предписания ислама — неверующих (куффар), вероотступников (муртаддун) и многобожников (мушрикун). Не отрицая общепринятого толкования джихада как внутреннего самосовершенствования мусульманина, ваххабиты полагают, что внутренний «великий джихад» неотделим от войны с «безбожниками» — «малого джихада». Современных суфиев ваххабиты обвиняют в уклонении от джихада и поддержке «антимусульманских режимов». Под влиянием первой чеченской войны 1994–96 гг. значение джихада в учении В. С. К. усилилось.

Разногласия В. С. К. с их оппонентами из ДУМД касаются также толкования правовых и бытовых норм шариата, в частности сорокакратного чтения суры «Йа Син» у постели тяжелобольного, правил совершения развода (талак). В отличие от остальных кавказских мусульман ваххабиты, как правило, отпускали бороду, но брили усы. Они носили укороченные брюки, которые иногда заправляли в сапоги. Женщины обязательно покрывали волосы платком (химар или хиджаб). Некоторые из них, выходя на улицу, закрывали лицо чадрой, что прежде не встречалось среди местных горянок. Гонения на В. С. К., начатые на Сев. Кавказе и в других регионах Российской Федерации в 1998–99 гг., заставили многих из них изменить свой внешний вид с тем, чтобы не выделяться из общей массы верующих.

С учением Ибн 'Абд ал-Ваххаба В. С. К. роднит резкая критика суфиев и культа «святых», запрет на употребление табака. В догматике, правовой практике, организации мусульманских общин и обрядности между сторонниками ал-ваххабийа в Аравии и ваххабитов на Сев. Кавказе есть существенные различия. Исторические условия возникновения, социальная база и политические формы этих движений различны.

На Сев. Кавказе ваххабиты генетически были связаны с вирдовыми отделениями братств *накшбандийа* и кадирийа, действовавшими среди шафиитов Дагестана, Чечни и Ингушетии. Руководители движения получили традиционное мусульманское образование у суфийских шейхов или местных 'улама' из числа их мюридов, возглавлявших нелегальные частные мусульманские школы (худжры) на севере и в центре Дагестана.

Признанный идеолог В. С. К. — Багауддин Магомедович Магомедов (Баха' ад-дин б. Мухаммад, Багаутдин Кизлярский, 'Абд Аллах ад-Дагестани, род. 1946), родом из с. Сантлада Цумадинского р-на РД; какое-то время учился у Хайбулы Аюбова в с. Саситли Цумадинского р-на РД вместе со своим будущим противником Мухаммад-саййидом Абакаровым (1939–2004) из с. Хуштада Цумадинского р-на РД, несколько десятилетий проработавшего имамом соборной мечети г. Хасавюрта. Среди родственников Б. Магомедова были последователи суфийских шейхов, мать его отца входила в один из кадиритских вирдов. Сам он лично знал многих шейхов, в частности *Бадрудина* (Бадр ад-дина) *Кадырова* из с. Ботлих (райцентр одноименного р-на РД). Традиционное мусульманское образование получили и другие виднейшие лидеры ваххабитов, например, Ахмад-кади Магомедович Ахтаев (1942–98) из с. *Кудали* (Гунибский р-н РД), ученик Б. Магомедова Ангута Ангутович Омаров (Айюб Астраханский, род. 1963) из с. Кваната Цумадинского р-на, позднее сменивший свое имя на арабское Айюб.

Предыстория ваххабизма в Сев. Дагестане уходит корнями в 1970-е гг., когда Б. Магомедов со своим сводным братом Абасом Кебедовым и Ахмад-кади Ахтаев создали нелегальные группы молодежи, обучая ее арабскому языку и основам ислама ('акида). Ядро общин-джама'атов В. С. К. составила молодежь — выходцы из горных сел с крепкими мусульманскими традициями. Сам Б. Магомедов родился в семье хваршин-переселенцев в с. Ведено ЧИАССР, присоединенном к Дагестану после депортации чеченцев в 1944 г. По возвращении чеченцев в 1957 г. он с родителями переехал в с. Первомайское Хасавюртовского р-на РД, где позднее организовал первую группу учеников. Подобные молодежные мусульманские группы были созданы в с. Кокрек, Ново-Саситли (Хасавюртовский р-н РД), Нечаевка (Кизилюртовский р-н РД), Ясная Поляна (Кизлярский р-н РД) и др. В это время будущие предводители ваххабитов еще не порвали связей с суфийскими шейхами. К 1982–84 гг. советские и партийные власти республики при поддержке органов КГБ и МВД подавили движение.

На волне оживления ислама, охватившего Сев. Кавказ на рубеже 1980–90-х гг., движение окончательно оформилось организационно и идейно. В 1989 г. Б. Магомедов создал первую общину ваххабитов (джама'ат) в г. Кизилюрте под г. Махачкалой, куда переехал. Взгляды ваххабитов во многом разделял Хасбулат Хасбулатов (род. 1948), активно участвовавший в общественно-политической жизни Дагестана в 1991–92 гг. Он встал во главе джама'ата даргинского с. Губден Ленинского (ныне Карабудахкентского) р-на РД. В первой половине 1990-х гг. общины ваххабитов появились в г. Махачкале и Хасавюрте, с. Кванада, Сантлада, Тлондода и Тинди Цумадинского р-на, с. Акуша Акушинского р-на, переселенческих с. Первомайское, Ново-Саситли Хасавюртовского р-на РД. В г. Астрахани выходцы из Цумадинского р-на образовали джама'ат во главе с учеником Б. Магомедова Айубом Астраханским.

Падение «железного занавеса» позволило ваххабитам установить постоянные связи с международными исламскими миссионерскими организациями, такими как саудовская «Спасение», египетская «Ибрахим ал-Хайрийя», американская «Саар Фаундейшн». В немалой степени этому способствовали совершение хаджжа Б. Магомедовым и другими лидерами общин В. С. К., учеба А. М. Кебедова в исламском ун-те Ал-Азхар в Египте. В 1991–95 гг. при финансовой поддержке саудовцев и Всемирной ассоциации исламской молодежи (WAMI) издательство «Сантлада» выпустило в г. Москве и распространило на Кавказе несколько сотен тысяч просветительских брошюр. Их темы — правила совершения мусульманских обрядов, молитва, элементарные предписания шариата, сира, начальный курс арабского языка. Зарубежные миссионерские организации субсидировали строительство мечетей и молельных домов ваххабитов, создание сети телерадиоцентров и учебных заведений, обучение последователей ваххабизма в арабских странах. Идеологию ваххабитов прозвали «долларовым исламом», ходили слухи, что за каждого новообращенного члена общины ваххабиты получают от десятков до нескольких тысяч долларов. Но реальные размеры финансовой помощи ваххабитам были гораздо меньше.

Организация общин В. С. К. в городах и селениях была предельно проста и однородна. Они группировались вокруг мечетей или молельных домов, восстановленных в постсоветское время. Во главе каждой общины стоял выборный имам (амир), руководящий религиозной и общественной жизнью ее членов. Как и др. кавказским мусульманам, ваххабитам не хватало профессиональных имамов. Наиболее грамотные из амиров возглавляли примечетные медресе. Крупнейшее из них (ал-Хикма), в котором обучалось более 500 студентов, с перерывами действовало в г. Кизилюрте в 1989–97 гг. под руководством Б. Магомедова. Амир мог совмещать не только обязанности мударриса, но и председателя (ра'ис) шариатского суда (махкама шар'ийа). Такие суды существовали практически во всех общинах В. С. К. Как правило, они разбирали уголовные и мелкие гражданско-семейные дела из категории ал-хадд и ал-фара'ид.

К середине 1990-х гг. в движении выделилось несколько течений. Наиболее умеренное его крыло возглавил Ахмад-кади Ахтаев. Он продолжал поддерживать связи с некоторыми суфийскими шейхами и признавал власть современных светских властей Дагестана. Основной упор его деятельности был сделан на просвещение мусульман, возрождение системы школьного мусульманского образования, разрушенной в 1920–30-е гг. В 1995–98 гг. его единомышленники издавали в г. Махачкале газету «Знамя ислама». Ахмад-кади Ахтаева поддерживали общины Гунибского и Хасавюртовского р-нов РД. Его сторонники появились и в других районах республики, а также в Чечне, Ингушетии, Карачаево-Черкесии и Кабардино-Балкарии. Самая крупная община последователей Ахмад-кади Ахтаева существовала в г. Махачкале.

«Центр» движения был представлен Б. Магомедовым. Во второй половине 1990-х гг. его брат Абас отошел от движения. В последние годы он резко критиковал взгляды Багаутдина. Последний повел решительную борьбу со сторонниками суфийских шейхов в Дагестане. К ним он относил и ставшее на сторону ДУМД постсоветское правительство РД, которое, по его словам, находится в состоянии «многобожия» (ширк). Основными методами борьбы, наряду с формированием сети медресе, он признавал политические методы — от создания партий и парламентских блоков до организации массовых митингов и др. акций неповиновения духовным и светским властям. Вскоре после начала чеченской войны 1994–96 гг. Б. Магомедов пришел к мысли о необходимости вооруженного оборонительного джихада. Его поддержало большинство ваххабитов Дагестана. Сторонники Магомедова контролировали исламский центр «Кавказ» в г. Махачкале, выпускавший газету «Халиф».

Наиболее непримиримую позицию к своим оппонентам из лагеря ДУМД и сторонников так называемого традиционного ислама среди В. С. К. заняла община, сформировавшаяся в г. Астрахани вокруг амира Айуба. По его мнению, регион должен был скоро превратиться в «территорию войны» (дар ал-харб). «Освобождение» Кавказа он считал обязательным условием перехода к мирному, созидательному «великому джихаду». При этом стоит отметить, что он никогда не призывал к вооруженному сопротивлению противникам движения среди мусульман и светских властей страны.

Ваххабиты Северного Кавказа

Последователи Айуба Астраханского немногочисленны. В основном они были сконцентрированы в Цумадинском, Кизилюртовском и ряде южных р-нов РД. Кроме представителей мусульманских народов региона, среди них были и обращенные в ислам русские и русскоязычные жители Дагестана, Астраханской и Волгоградской обл.

К середине 1990-х гг. среди ваххабитов появились военизированные группы. Наиболее видным их предводителем был близкий к Б. Магомедову ал-Хаттаб (настоящее имя Самир б. Салих ас-Сувейли, 1969–2002), выходец из Саудовской Аравии, ведущий род от кавказских эмигрантов (мухаджиров) XIX в. из Чечни. В первой трети 1990-х гг. он приехал на Сев. Кавказ, а в начале 1994 г. поселился в даргинском с. Карамахи Буйнакского р-на РД и женился на карамахинке. Под влиянием его проповеди общины ваххабитов с. Карамахи, бывшего карамахинского хутора Чабанмахи и соседнего с. Кадар стали последователями Б. Магомедова. Ближайший сподвижник ал-Хаттаба — карамахинец Джарулла Гаджимагомедов. В с. Карамахи работала военная школа по подготовке «братьев» к вооруженному джихаду. «Генерал Джарулла» руководил местными ополченцами. С началом первой чеченской войны в декабре 1994 г. ал-Хаттаб с отрядом В. С. К. перебрался в Чечню, где начал партизанскую войну с федеральными войсками.

Для последователей всех течений внутри движения В. С. К. на Сев. Кавказе характерен прозелитизм. Новообращенные отличались крайней непримиримой позицией к своим оппонентам из лагеря традиционалистов. В то же время пришедшие к власти в ДУМД сторонники *Чиркейского Са'ида-афанди* не были настроены на компромисс с В. С. К. В 1993–97 гг. в г. Махачкале, Хасавюрте, Кизилюрте и ряде дагестанских селений прошли диспуты между амирами В. С. К. и сторонниками суфийских шейхов, многие из которых записывались и распространялись на видеокассетах. Активное участие в диспутах принимал Б. Магомедов. Общего языка найти не удалось, и отношения между лидерами ваххабитов и ДУМД только ухудшились. Обе стороны были настроены крайне агрессивно: открыто поносили своих врагов в пятничных проповедях (хутба), гнушались разговаривать и есть совместно, хоронить умерших из противной фракции. Ваххабиты срывали шесты с флажками с могил шейхов. В 1995 г. чеченские ваххабиты попытались разрушить зийарат Хеди — матери знаменитого кадирийского шейха *Кунта-хаджжи*, на вершине г. Эртан у с. Хажи-Эвла Веденского р-на ЧР.

В ряде селений и городов Дагестана произошли вооруженные столкновения между ваххабитами и их противниками. Наиболее кровопролитные из них случились в 1994 г. в с. Карамахи и г. Кизилюрте, в августе и декабре 1995 г. в с. Верх. Миатли и Чиркей; в марте 1996 г. — в с. Кванада; в июле 1996 и затем в мае 1997 г. — в с. Карамахи, Чабанмахи и Кадар. В мае 1998 г. жители трех последних селений и небольшого пос. Чанкурбе захватили карамахинское отделение милиции, изгнали со своей территории представителей республиканских властей и объявили себя «отдельной исламской территорией», управляющейся по нормам шариата (в литературе эти населенные пункты получили название «Кадарская зона»). В июле 1998 г. еще более крупное столкновение произошло в г. Гудермес.

К 1998–99 гг. инициативу в этом противостоянии перехватило ДУМД. Под лозунгом «борьбы с ваххабизмом» ему удалось сплотить большинство имамов и мусульманских общин региона. Деятельность ваххабитов резко осудили прошедшие в ноябре 1997 г. Съезд имамов и 'улама' Дагестана в г. Махачкале и Конференция исламского духовенства в соборной мечети г. Каспийска, Конгресс мусульман Сев. Кавказа, состоявшийся в мае 1999 г. в г. Грозном. В октябре 1998 г. муфтий ЧР *Ахмад-хаджжи Кадыров* (убит 09.05.2004 г.) призвал запретить все общины и партии В. С. К. на территории Чечни, назвав их «врагами ислама и чеченского народа».

Руководителям ДУМД удалось склонить на свою сторону республиканские и федеральные власти (включая силовиков из МВД и ФСБ). На ряде встреч руководства ДУМД и ФСБ в Махачкале и Москве шли переговоры о совместной борьбе против В. С. К. Права ваххабитов на создание общин и распространение миссионерской литературы были ограничены согласно принятым осенью 1997 г. федеральному и дагестанскому законам «О свободе совести и религиозных объединениях». 16.09.1999 г. был принят закон «О запрете ваххабитской и иной экстремистской деятельности на территории Республики Дагестан». При МВД РД был сформирован Отдел по борьбе с ваххабизмом, а затем и Управление по борьбе с экстремизмом и угрозой терроризма. В Чечне к борьбе с ваххабитами присоединилось правительство А. Масхадова (убит 08.03.2005 г.). Повсюду начались аресты амиров ваххабитов, уничтожение их газет и книг, закрытия и даже сносы молельных домов и мечетей.

Гонения на В. С. К. в какой-то мере способствовали дальнейшему распространению его по Сев. Кавказу. Общины ваххабитов, насчитывающие от нескольких десятков до нескольких тысяч человек, появились в начале 2000-х гг. в Буйнакске, Дербенте, Грозном, Владикавказе, Нальчике и др. крупных городах региона. Движение также проникло глубоко в горные и равнинные районы, включая Ногайскую степь и Нижнее Поволжье. На севере региона его эпицентром стали ногайские села и землячества дагестанцев-переселенцев Нефтекумского р-на Ставропольского края. Наибольшее количество В. С. К. было отмечено в Дагестане и Чечне, где они были практически во всех районах. Точное число общин и их последователей определить не удалось из-за того, что почти все В. С. К., скрываясь от преследований, были вынуждены уйти в подполье.

Центр В. С. К. в конце 1990-х гг. сместился в Чечню. При этом в движении усилилось радикальное крыло. Крупнейший идеолог движения Б. Магомедов, спасаясь от преследований, в декабре 1997 г. с группой из 18 последователей укрылся на территории ЧР Ичкерия. Вскоре он нашел себе влиятельных покровителей среди чеченских политических деятелей, таких, как М. Удугов, З. Яндарбиев и Ш. Басаев. Амир Багаутдин обосновался в с. Урус-Мартан, где в апреле 1999 г. сформировал Исламскую армию Кавказа, участвовавшую в чеченской войне. По непроверенным сведениям, она также похищала дагестанских милиционеров с целью обмена их на захваченных федеральными силами чеченских «боевиков». Б. Магомедову приписывают фетву о дозволенности похищения людей для вызволения из плена участников джихада. Достоверных сведений, подтверждающих это сообщение, нет. В г. Урус-Мартане находился штаб отряда ал-Хаттаба. Здесь содержались в плену десятки заложников, в том числе и представитель президента РФ в Чечне В. Власов.

В сентябре 1999 г. федеральные войска заняли и разрушили мятежное с. Карамахи в РД. К декабрю 1999 г. ваххабиты были выбиты из Урус-Мартана, но движение продолжало распространять свое влияние на новые районы Сев. Кавказа. Радикальные группировки ваххабитов из Чечни установили связи с некоторыми общинами Сев.-Зап. Кавказа. За счет беженцев из Чечни на недолгое время усилилась община ваххабитов во главе с амиром Айюбом в г. Астрахани.

Характерная черта движения — его крайняя политизированность. Уже в 1989 г. Х. Хасбулатов вместе с акушинским кадием создал движение «Жамаатул муслими». В июне 1990 г. на съезде в г. Астрахани ваххабиты образовали всесоюзную Партию исламского возрождения (ПИВ, Нахда). Ее председателем (ра'ис) стал А. Ахтаев, а координаторами на Сев. Кавказе — А. М. Кебедов и Б. М. Магомедов. Первоначально в политической деятельности руководителей ваххабитов упор был сделан на объединение кавказских мусульман, расширение их связей с единоверцами за рубежом, создание политической оппозиции просоветскому правительству Дагестана и постепенное превращение республики в «исламское государство», живущее по принципам шариата. Однако ни одной из этих целей им достичь не удалось, и к 1992 г. практически все политические партии и движения ваххабитов распались.

В новых движениях В. С. К., возникших во второй половине 1990-х гг., упор был сделан уже на культурно-просветительскую деятельность. Цель возрождения исламской культуры ставили перед собой упоминавшийся выше исламский центр «Кавказ», созданный в феврале 1996 г. М.-Ш. Джангишиевым; мусульманское общество «Хикма», действовавшее на территории Кизилюртовского р-на РД, движене «Исламийя», созданное А.-к. Ахтаевым. Все эти общественные организации были запрещены с началом гонений на ваххабитов в 1998–99 гг. М.-Ш. Джангишиев и некоторые др. их руководители были арестованы.

В Чечне партии, выступавшие под лозунгами ваххабизма, ставили своей целью построение независимого исламского (шариатского) государства. Среди них следует отметить созданную летом 1997 г. партию «Исламский порядок», которую возглавлял М. Удугов, а также созданную Ахмад-кади Ахтаевым партию «Исламское движение Кавказа», во главе которого вскоре встал З. Яндарбиев. Еще более внушительную силу в начале нового тысячелетия представляло движение «Конгресс народов Ичкерии и Дагестана», также под руководством М. Удугова и Ш. Басаева. Вооруженные силы Конгресса, известные под названием Исламского миротворческого батальона, возглавлял ал-Хаттаб.

В 2007–10-е гг. движение ваххабитов постепенно сошло на нет, более не играет особой роли в мусульманских общинах Сев. Кавказа. С одной стороны, оно подверглось серьезным репрессиям, уже начиная с 1997 г. В годы второй российско-чеченской войны повсеместно на Сев. Кавказе и в целом в России ваххабиты были поставлены вне закона. Целый ряд влиятельных лидеров движения были уничтожены физически, а некоторые, как Б. Магомедов, уже в первые годы второй российско-чеченской войны оказались в эмиграции на арабском Ближнем Востоке и в Турции. А. Омаров покинул г. Астрахань и, по некоторым данным, эмигрировал в Бельгию. С другой стороны, в регионе появились новые диссидентские и радикальные движения, связанные с деятельностью сначала «Имарата Кавказ» и так называемых лесных братьев, а затем с растущей эмиграцией радикально настроенной молодежи в «Исламское государство Ирака и Леванта» (араб. Даиш, запрещено в РФ) в первой половине 2010-х гг. С ними успешно конкурировали другие радикальные исламские движения, в частности сторонники партии «Хизб-ут-Тахрир» (запрещена в РФ). Однако в начале 2020-х гг. и В. С. К., и их преемники, о которых только что было сказано, исчезают.

Небольшой срок существования движения и репрессии, обрушившиеся на него, не позволяют с точностью определить все сочинения, вышедшие из лагеря В. С. К. Наиболее плодовитый автор среди их идеологов — Б. Магомедов. Его перу принадлежат учебник арабского языка для начинающих и брошюра «Намаз», выпущенные издательством «Сантлада» на русском языке в 1993 и 1994 г. Кроме того, он автор четырех полемических трактатов на арабском языке, содержащих критику учения суфиев, изложение основ вероучения ислама (ʻакида) и мусульманского права (усул ал-фикх), толкование джихада. Они окончены уже после переселения Б. Магомедова в Чечню и существуют в рукописном варианте. Широкое распространение по всему Кавказу получили видеозаписи его проповедей и диспутов 1992–96 гг. В 2006 г. он опубликовал в подконтрольном В.С.К. издательстве «Бадр» в Москве книгу «Лицо суфизма в свете убеждений людей Сунны и Джамаʻата». В ней автор детально разобрал высказывания и практики своих противников из числа сторонников суфийских наставников, обвиняя их в выходе из ислама в неверие (такфир). Вопросы ведения джихада рассматриваются в изданной в г. Махачкале на русском языке книге Мухаммада Тагаева «Повстанческая армия имама». Ахмад-кади Ахтаев оставил несколько рукописей по грамматике арабского языка, догматике и фикху.

Лит.: Полевой материал авторов; Акаев В. Х. Суфизм и ваххабизм на Сев. Кавказе. Махачкала, 1999; Алимы и ученые против ваххабизма. Махачкала, 2001; Арухов З. Х. Экстремизм в современном исламе. Махачкала, 1999. С. 105–135; Бобровников В. О. Ислам и советское наследие в колхозах Северо-Западного Дагестана // ЭО. 1997. № 5. С. 132–142; Дагестан: этнополитический портрет / сост. и отв. ред. В. Ф. Грызлов. М., 1994. Т. 2. С. 36–44, 277–287, 300–301; Макаров Д. В. Официальный и неофициальный ислам в Дагестане. М., 2000; Религии и религиозные организации в Дагестане: справочник / сост. К. М. Ханбабиев. Махачкала, 2001. С. 76–81, 87–89; Халидов Д. Ислам и политика в Дагестане // Кавказский дом. Грозный, 1992. 12 и 21 июля; Ярлыкапов А. А. Исламский фундаментализм на Сев. Кавказе: к постановке проблемы // Бюллетень Центра социальных и гуманитарных исследований Владикавказского ин-та управления и Владикавказского центра этнополитич. исследований Ин-та этнологии и антропологии РАН. Владикавказ, 1999. № 3. С. 5–19; Он же. Ислам у степных ногайцев. М., 2008. С. 9–10, 198, 203, 211–224, 226–227, 229; Он же. Ногайская степь: этнос и религия сегодня // ЭО. 1998. № 3. С. 95–96; Bobrovnikov V. Post-Socialist Forms of Islam: North Caucasian Wahhabis // ISIM Newsletter. 2001. No. 7. P. 29; Bobrovnikov V. The Islamic Revival and the National Question in Post-Soviet Daghestan // Religion, State & Society. 1996. Vol. 24. No. 2/3. P. 233–238; Makarov D. Enacting the Sharia laws in a Dagestani village // ISIM Newsletter. 1998. No. 1. P. 19.

В. Бобровников, А. Ярлыкапов

Великий шелковый путь — караванная дорога из Китая в страны Центр. и Передней Азии, доходившая в Средние века до Сев. Кавказа. Северокавказская ветвь В. ш. п. возникла в VI в. в условиях противоборства Византии и сасанидского Ирана, приведшему к прекращению функционирования юж. ветви. С VII–VIII вв. на дальнейшее существование этих торговых контактов повлияло появление и расширение Арабского халифата при Омейядах, а позднее Аббасидах. В. ш. п. сыграл большую роль в развитии экономических и культурных связей государств раннесредневекового Кавказа в условиях постепенной исламизации региона.

В рамках северокавказской ветви В. ш. п. выделяются две основные магистрали. Одна — «Дорога мисимиан», которая вела из Средней Азии в Халифат по маршруту: низовья Волги — Калмыцкие степи — оз. Маныч — долина р. Калаус — Кисловодская котловина. Отсюда одно направление вело на юго-восток, в Дарьяльский проход, а другое — на юго-запад: перевал Гумбаши — Маринское ущелье — долина Теберды — Клухорский перевал — «земля мисимиан» — долина Цебельда (ущелье р. Кодора) — Севастополис (Сухум). Вторая магистраль — Даринская дорога, которая проходила западнее предыдущего и вела к порту Севастополис через группу перевалов у истоков р. Большой Лабы (Санчаро, Адзапш и др.).

В VIII–X вв. фиксируется разнообразие и богатство импорта на Сев. Кавказ из мусульманского Юга. Наблюдается мусульманское культурное влияние на население Алании, *Хазарии* и др., в том числе на формирование местной денежной системы. В частности, здесь выпускали и пользовались подражаниями халифатским (куфическим) серебряным монетам — дирхемам. Чеканка таких монет-подражаний связывается с территорией распространения племен салтово-маяцкой археологической культуры, создателями и носителями которой были аланы, болгары, хазары. Большинство находок собственно арабских монет с территории Алании (населенные пункты Гижгид, Камунта, Галиат, Бейни, Шуан, Верх. Алкун, Мартан-Чу, Дуба-Юрт, Кулары, Червленая, Майртуп, Ахки-Юрт) чеканено после середины VIII в., т. е. после того, как произошел спад в арабо-хазарском противостоянии и установились торговые и культурные связи народов Сев. Кавказа со странами мусульманского Востока.

Наибольшая торговая активность предгорных и нагорных маршрутов северокавказской ветви В. ш. п. приходится на период расцвета Аланского государства (X–XII вв.). С того времени на территории Карачаево-Черкесии сохранились фрагменты мощеных дорог, входивших в систему В. ш. п.

Археологические находки на маршруте В. ш. п. в нагорной части Верх. Кубани составили в Карачаево-Черкесском государственном музее-заповеднике коллекцию раннесредневековых изделий из шелка (текстиля) — одну из крупнейших среди музеев Европы.

После распада Аланского государства (конец XII — начало XIII в.), в условиях феодальных и межплеменных усобиц прежние маршруты В. ш. п. пришли в упадок.

Северокавказская ветвь В. ш. п. возрождается после распада Монгольской империи на ряд самостоятельных государственных образований. Это было связано с начавшимся в 1262 г. и длившимся почти столетие военно-политическим противоборством между двумя чингизидскими державами — Джучидской, или *Золотой Ордой* (в состав которой входил в т. ч. и Сев. Кавказ), и Хулагуидской (Иран, Юж. Кавказ).

Сухопутные магистрали северокавказской ветви В. ш. п. золотоордынского времени проходили по равнинной части Черноморско-Каспийского междуморья. Они пересекались в г. *Маджаре* (у современного г. Буденновска на Ставрополье) — крупнейшем ремесленно-торговом и культурном центре Сев. Кавказа, где располагалась летняя резиденция золотоордынских ханов.

Морские коммуникации северокавказской ветви В. ш. п. включали черноморские порты *Золотой Орды*, которые связывали ее с Византией, со странами Средиземноморья, в том числе европейскими, а также с мамлюкским султанатом Египта и Сирии. По ним постоянно курсировали торговые суда, которые доставляли и дипломатические миссии. Известны факты обмена посольствами между *Золотой Ордой* и Египтом по морским маршрутам В. ш. п. в 1263 г., 1271/72, 1281/82, 1283/84, 1304/85, 1306/67, 1311/12 и др., которые участились в правление хана-мусульманина *Узбека* (1314 г., 1315/16, 1317, 1320, 1322, 1323/24, 1325, 1328, 1334/35, 1336/37 гг.).

На месте золотоордынских поселений и погребений Сев. Кавказа встречаются артефакты из Египта, Ирака, Ирана, Хорасана, Делийского султаната, Средней Азии, Грузии, Руси, Китая, Византии.

Северокавказская ветвь В. ш. п. угасла к концу XIV в., что обуславливалось распадом *Золотой Орды*. В золотоордынское время функционировал и так называемый *Генуэзский торговый путь*.

Лит.: Волкова Н. Г. Маджары // Кавказский этнографический сборник. Вып. 5. М. 1972; Иерусалимская А. А. Кавказ на Шелковом пути. СПб, 1992; Мастыкова А. В. К изучению роли Кавказа в системе восточноевропейских торговых связей второй половины I тысячелетия н. э. (по материалам салтово-маяцкой культуры) // Историко-археологический альманах. Армавир; Москва, 1997. Вып. 3. С. 85–86.

Р. Хатуев

Верховные кадии (араб. кади ал-кудат, кади ал-'аскар — «кадий войска, конфедерации») — элитная социальная группа из верховных кадиев союзов сельских общин и ханств, выступавшая связующим звеном правителей политических образований с их подданными в Горном Дагестане Нового времени.

В. к., как правило, становились правоведы из семей местных ученых. Часто эта должность переходила по наследству в родах-тухумах в Акуша-Дарго, Андалале, Цудахаре, Ахты и др. сельских конфедерациях.

Как правило, назначением В. к. ведал правитель, но неизвестно, в какой степени от него зависело назначение кадиев, особенно в зависимых владениях и союзных конфедерациях. В ряде крупных политических образований (*Табасаран, Кайтаг* (Башлы), Эндирей, Андалал (*Согратль*), Цудахар, Дарго (Акуша), Ахты и др.) В. к. обзавелись внушительными генеалогиями, восходящими к шейху *Абу Муслиму* — полулегендарному исламизатору Дагестана, что превратило их в некую замкнутую группу (по примеру беков), обособленную от простых членов общества благородным происхождением. Сближение кадиев со «светскими феодалами» оказало большое влияние на их взгляды и деятельность. В их среде возросла роль богатства и личных связей, т. е. тех факторов, которые во многом определили разложение общегосударственного военно-адм. аппарата.

В обязанности В. к. входили суд и управление в союзе сельских общин и ханстве. Российские наблюдатели XIX в. часто называли такие политические образования единицы «вольными обществами», но в местных арабоязычных документах их синонимом выступают арабские понятия 'аскар, джайш, джунд — «войско», «воины», являющиеся переводом с местных соционимов (например, авар. бо, даргин. хурева и т. д.). Обеспечение в таком обществе военной элиты (прежде всего узденей, составлявших ее основную часть) всей необходимой правовой помощью, включая разрешение споров и разбирательство дел в судебном диване, являлось основной задачей В. к. Таким образом, слово 'аскар как составляющая термина «кади ал-'аскар» имело важное значение в определении характера этой должности.

З. Гаджиев

Восстание Всеобщее 1877 г., «Малый газават» (29.08.[9.09]–2[14].11.1877) в Дагестане и Чечне — восстание жителей Дагестана и Чечни с целью обретения независимости на основе шариата.

Подготовка к восстанию велась задолго до выступления (весной 1876 г.), которое началось с получением известий об успехах Османских

Восстание Всеобщее 1877 г

войск на Кавказско-Малоазиатском фронте в ходе Русско-турецкой войны 1877–78 гг.

Лидером восстания в Чечне стал Алибек-Хаджжи Алдамов, возвратившийся из хаджжа через г. Стамбул, где вероятнее всего, встретился с сыном имама *Шамиля* Гази-Мухаммадом, с которым договорился о начале В. В. Паломники, которые возвращались на Сев. Кавказ через территорию Османской империи, привозили и распространяли среди населения листовки с призывом восстать против российских властей. В Чечне распространился миф, что в горах найден «священный меч», посланный Аллахом для истребления гяуров, и что этот меч находится в руках А.-Х. Алдамова. Русско-турецкая война началась 12.04.1877 г., в этот же день сторонники А.-Х. Алдамова у с. Саясан (ныне Хасавюртовский р-н РД) дали клятву прервать сношения с царской администрацией и добиваться независимости. Вскоре они объявили населению, что турецкие войска взяли г. Тифлис и под предводительством Гази-Магомеда, сына *Шамиля*, усиленным маршем идут в Чечню. В планах было захватить всю Большую Чечню; 22.04.1877 г. состоялось сражение чеченских повстанцев с регулярными российскими войсками у с. Майртуп (ныне Курчалоевский р-н РД). Потеряв 300 чел. убитыми и ранеными (из 3000), чеченцы двинулись к крепости Шали (ныне адм. центр одноименного р-на ЧР), но местные жители не впустили их. 27.04 и 29.04.1877 г. повстанцы дважды потерпели неудачу в ущелье Хулхулау и при Ца-Ведено. В начале мая 1877 г. в Терской обл. было сосредоточено до 40 тыс. российских войск и местных ополченцев. 10.05.1877 г. началось наступление российских войск на восставших, сторонники А.-Х. Алдамова вынуждены были отойти к с. Симсир (ныне Ножайюртовский р-н ЧР), лежавшему на границе Ичкерии, Ауха и Салатавии, где также началось восстание. Симсир был взят, а Салатавия изъявила покорность российским властям. Мятежные аулы в горах были разгромлены, частью совершенно уничтожены, а жители были выселены на равнину. Оставшиеся на прежних местах жители обязаны были расчищать просеки и доставлять войскам продовольствие. Была установлена награда в 25 руб. за каждого пойманного или убитого повстанца. В конце лета 1877 г. число воинов А.-Х. Алдамова достигло предельных размеров — около 3 тыс. чел. Ежедневно восставшие группами по 30–60 чел. перекрывали движение по дорогам, нападая на российские отряды. Для охраны дорог были сформированы так называемые партизанские команды в 100–150 чел. каждая. В августе в Ичкерию была направлена карательная экспедиция.

В конце августа 1877 г. началось восстание в Дагестане. 29.08.1877 г. повстанцами было захвачено Георгиевское мостовое укрепление (рядом с укреплением Гуниб), что послужило сигналом к восстанию в пределах Гунибского окр. Были совершены нападения на разрозненные группы солдат, в результате чего было убито более 70 чел. На специальном совете был избран имам — *Мухаммад-Хаджжи Согратлинский* (сын шейха *Абдурахмана ас-Сугури*), глава государства; при нем образован государственный совет, создана адм. и судебная система по аналогии с *Имаматом Шамиля*. Повстанцы стремились захватить русские крепости и укрепления, расширить географию движения. Военная администрация Дагестанской обл. к 07.09.1877 г. локализовала восстание в пределах Гунибского окр. стягиванием войск и милиции к ее границам. Милиция Кази-Кумухского окр., мобилизованная для противодействия повстанцам, 08.09.1877 г. захватила Кумухское укрепление; гарнизон (52 чел.), и служащие окружной администрации погибли. В результате В. В. в течение недели распространилось на бо́льшую часть области. В Зап. Дагестане имам назначил наибов, на других территориях (Кази-Кумух, *Кайтаг, Табасаран* и др.) были восстановлены мусульманские владения, избраны новые правители из числа наследных владетелей; все они признали верховную власть имама и действовали от его имени. Основные силы восставших с целью распространения восстания, захвата крепостей, складов вооружения и продовольствия двинулись к г. Темир-Хан-Шуре, Дербенту и Петровску, другие блокировали Гунибское и Ахтынское укрепления, сосредоточились для блокировки Ботлихского укрепления, совершали рейды в Закавказье. В результате образовалось несколько самостоятельных театров военных действий. Царские войска сосредоточили силы в нескольких стратегических пунктах, действовали крупными соединениями, старались не допустить повстанцев на равнину, что могло повлечь нарушение коммуникаций. Решающие сражения произошли в с. *Кайтаг* (15.09.—26.10.1877 г.), на Левашинском плато и в его окрестностях, где сошлись основные силы противоборствующих сторон. Бои продолжались около месяца, с 10.09 по 05.10.1877 г. Несмотря на численный перевес и локальные успехи, силы повстанцев были разбиты. Основную роль в этом сыграло превосходство в вооружении — царские войска имели артиллерию, были вооружены казнозарядными капсюльными игольчатыми винтовками системы Карле, значительно превосходившими по дальности, точности и скорости стрельбы дульнозарядные кремневые без нарезки, которыми были вооружены повстанцы. Сосредоточив силы в с. Леваши, царские войска и местные милицейские формирования двинулись в горы и поочередно в результате штурма заняли с. Цудахар и Телетль. Завершилось В. В. после падения 02.11.1877 г. последнего оплота восставших — с. Согратль. В результате В. В. погибло более 200 русских солдат, около 100 гражданских лиц; число потерь среди повстанцев не известно. 26 руководителей В. В., в том числе имам Мухаммад-Хаджжи, были казнены, более 4000 чел. сосланы на каторгу в Сибирь или на поселение во внутренние губернии империи под надзор полиции. Их возвращение стало возможным благодаря манифесту императора Александра III, даровавшего свободу ссыльным по случаю своего восшествия на престол в 1883 г. Большая часть ссыльных погибла в изгнании.

Лит.: Айтберов Т. М., Дадаев Ю. У., Омаров Х. А. Восстания дагестанцев и чеченцев в послешамилевскую эпоху и Имамат 1877 г. Махачкала, 2001; Материалы для описания Русско-турецкой войны 1877–78 гг. на Кавказско-Малоазиатском театре. Тифлис, 1910. Т. VI. Ч. 2.

М. Мусаев

Г

Габиев, Са'ид Ибрагимович (1883–1963) — дагестанский журналист и писатель, близкий к *джадидизму* политик социалистической ориентации, один из зачинателей лакского литературного языка.

Родился в г. Опочка Псковской губ. (ныне Псковская обл.), куда его отца сослали в 1877 г. за участие в *Восстании Всеобщем 1877 г.* В 1883 г. после амнистии по случаю коронации Александра III семье Г. было разрешено возвратиться в Дагестан. Г. с. окончил Казикумухскую сельскую школу, реальное училище г. Темир-Хан-Шура (ныне г. Буйнакск РД), Ставропольскую гимназию и физико-математический факультет Санкт-Петербургского ун-та. В годы учебы присоединяется к революционному движению, принимает активное участие в событиях революции 1905–07 гг. С 1917 г., после окончания ун-та, становится профессиональным революционером. В это же время начинается его творческая деятельность и первые публикации; Г. С. одинаково хорошо писал на лакском и русском языках. Перевел на лакский язык произведения И. Ф. Гёте, Ф. Шиллера, М. Лермонтова и др. поэтов.

Печатался в журнале *Ахметукова Кази-бека «Мусульманин»*, издававшемся в Париже. В 1912–13 гг. издавал в Санкт-Петербурге газеты «Заря Дагестана» на лакском и русском языках и «Мусульманскую газету». В 1914 г. обе газеты были закрыты, Г. С. арестован и предан суду, выслан.

В мае 1917 г. Г. С. принял участие в *Первом Горском съезде* в г. Владикавказе (01–07.05.1917 г.), где выступал с докладом о народном образовании. Был избран кандидатом в члены ЦК *Союза объединенных горцев Северного Кавказа и Дагестана*. С конца мая 1917 г. — член «Дагестанской Социалистической группы» (лидер Д. Коркмасов). С августа 1917 г. в составе — Временного Дагестанского областного исполкома. С мая 1918 г. работал зав. отделом внутренних дел Военно-революционного комитета, затем — Дагестанского облисполкома. В августе 1918 г., во время вторжения Л. Бичерахова, покинул Дагестан. Некоторое время находился в г. Владикавказе, где до его захвата белоказаками редактировал газету «Революционный горец». В ноябре 1918 г. принимал участие в работе V съезда Трудовых народов Терской обл., где выступал с докладом, осуждающим действия Горского правительства. С осени 1919 по март 1920 г. находился в Закавказье. В 1918–19 гг. Г. С. работал председателем Народного совета Терской Советской республики.

В 1920 г., после окончательного установления советской власти на Сев. Кавказе, был назначен членом Северо-Кавказского ревкома, членом революционного Совета трудовой армии Юго-Востока России и председателем Дагестанского областного военно-революционного комитета. С 1920 по 1922 г. Г. С. работал в должности председателя Дагревкома, наркомом просвещения ДАССР. В 1923–26 гг. Г. С. — наркомфин Совнаркома ДАССР. Член Дагестанского ЦИКа. С 1927 г. работал на адм. должностях в Закавказье.

Г. С. много и профессионально занимался литературным трудом, переводил на лакский язык классиков русской литературы (басни И. А. Крылова, кавказскую поэзию М. Ю. Лермонтова), увлекался изучением родной истории. Его перу принадлежат книги: «Лаки, их прошлое и быт» (1906), «В Гунибе», «Арабы, ислам и мюридизм на Кавказе». В 1932 г. опубликовал в журнале «Красный Дагестан» исторический очерк «Мюридизм на Кавказе». В 1927 г. вышел в свет его поэтический сборник «Звуки лакского чонгура», который был переведен на русский язык и издан в 1968 г.

Как и другие дагестанские революционеры, во 2-й половине 1930-х гг. Г. С. подвергся политическим репрессиям. Он был обвинен в буржуазном национализме, незаконно репрессирован и несколько лет провел в заключении. Скончался Г. С. в г. Тбилиси 1963 г., похоронен, согласно его завещанию, в с. Кумух Лакского р-на РД.

Лит.: Дейнега А. Поэт-революционер // Дагестанская правда. Махачкала, 26.05.2008.

Д. Х.

Гадаборщев (Сурхоев) **Астемир-хаджи Сурхоевич** (1845–1930) — основатель мечети в с. Гадаборш-юрт Ингушского округа Терской области. Родился в с. Гадаборш горной Ингушетии. Основы ислама стал постигать у местных алимов. Позже, переселившись в плоскостную часть Ингушетии, стал более глубоко постигать основы ислама, для чего отправился учиться к чеченским и дагестанским алимам. Вернувшись в Ингушетию, он купил в личное владение земли у помещика Уварова и основал селение Гадаборшкъонгий-юрт (ныне Куртат РСО — Алания). На свои сбережения построил одну из первых мечетей в плоскостной части Ингушетии и стал ее имамом. Позже он совершил пеший хаджж в священную Мекку и после возвращения домой, при мечети открыл медресе. Здесь обучались жители как Гадаборшкъонгий-юрта, так и близлежащих селений. Содержание муталимов (учащихся медресе) возлагалось на жителей Гадаборшкъонгий-юрта, которые помогали продуктами питания, большую часть из них поставлял Астемир из своего хозяйства.

С 1891 г. на Кавказе были изданы временные правила о конской переписи. В 1901–1904 гг. заведовал военно-конским участком в с Галашки, занимался комплектацией войск лошадьми при приведении армии в полный состав и во время войны.

Астемир-хаджи воспитал пять сыновей и трех дочерей. Сыновья получили духовное образование. После смерти отца имамом мечети был назначен сын Ахмед. В 1937 г. он и его брат Бексолт были объявлены врагами народа и расстреляны во Владикавказе.

Умер Астемир-хаджи в с Гадаборш-юрт и похоронен на родовом кладбище основанного им села.

Лит: Многоликая Ингушетия / сост. М. С.-Г. Албогачиева. СПб.: «АЙЮ», 1998. С. 276. Об Ингушетии и ингушах / сост. Албогачиева М. С.-Г. СПб, 2005. С. 223, 230. Пригородный район Республики Ингушетия // https://kaloy.livejournal.com/125162. html?page=2 (дата обращения: 23.10.2017). Сурхоев Ахмет Астемир-Хаджиевич / https://ru.openlist.wiki/%D0%A1%D1%83 (дата обращения: 23.10.2017).

М. Албогачиева

Ал-Гадаири, Ахмад б. ал-Хусайн б. 'Убайд Аллах аш-Ши'и (ум. в середине XI в.) — верховный судья (кади ал-кудат) *Баб ал-абваба* (г. Дербента).

Отец ал-Г., Абу 'Абд Аллах ал-Гадаири (ум. 1020) — автор многих сочинений и духовный наставник известных представителей шиитского ислама Абу-л-Аббаса ан-Наджаши (ум. 1058) и Абу Джафара ат-Туси (ум. 1067).

Начальные знания ислама ал-Г. получил у своего отца. Выдвижению ал-Г. на важный пост *верховного кадия* (кади ал-кудат) способствовали Буиды, в своих политических целях поддерживавшие деятельность шиитов-имамитов. Братья ал-Г. также получили назначения в различных областях Халифата: 'Али б. ал-Хусайн вскоре после смерти отца переселился в г. Нисабур (Нишапур), поэтому все его потомки имели нисбу ан-Найсабури; следы 'Абд Аллаха б. ал-Хусайна затерялись в Ширване.

Долгое время ал-Г. был духовным главой шиитской общины г. Дербента. Как *верховному кадию* ему подчинялись все судьи в *Дербентском эмирате*. «Райхан ал-хака'ик» Мухаммада *ад-Дарбанди* (ум. 1145) содержит сведения о том, что ал-Г. покровительствовал многим ученым, руководил маджлисом Абу Му'аммара 'Амра б. ал-Хасана ал-Баби, известного как Ибн ал-Маслама (ум. в конце XI в.).

Среди учеников и последователей ал-Г. особое место занимают его сыновья. Один из них — Абу Исхак Ибрахим (ум. в начале XII в.). По сообщению Мухаммада *ад-Дарбанди*, который учился у него в г. Дербенте, главным авторитетом для Абу Исхака, после его отца и деда, был литератор (адиб) Абу 'Абд Аллах Мухаммад б. Тахир ат-Туси (ум. 1120), который, в свою очередь, учился в г. Багдаде у известного суфия Абу 'Абд ар-Рахмана ас-Сулами (ум. 1021). Второй сын ал-Г. — Абу Закарийа Йахйа (ум. после 1098 г.) — также был наставником Мухаммада *ад-Дарбанди*. Оба сына ал-Г., которые обучались праву у местного шафиита Абу 'Абд Аллаха ал-Хусайна ал-Лакзи, до конца жизни жили в г. Дербенте, занимая там должности квартальных судей. Третий сын ал-Г. — Абу Сулайман Давуд ал-Факих — поселился в г. Мекке, до этого учился в г. Дербенте у Абу 'Абд Аллаха ал-Лакзи, как и его братья.

Ал-Г. умер и похоронен в г. Дербенте, что подтверждается эпиграфическим материалом. Надмогильная стела с эпитафией, ему посвященной, сохранилась и находится ныне в г. Махачкале.

А. Аликберов

Гаджи-Али Чохский — см. *ал-Чухи, ал-Хаджж-'Али*.

Ал-Гази-Гумуки, Джамалуддин б. 'Абдаррахман б. Хаджжи-Батир ад-Дагистани, сейид ал-Хусайни (1788–1866) — наставник тариката *накшбандийа*, преемник шейха *ал-Йараги Мухаммада-эфенди*, духовный наставник имама *Шамиля*. Родился в 1202 г. х. (1788), по другим данным — в 1792 г., в столице *Гази-Кумухского ханства* г. Гази-Кумух (ныне райцентр Кумух Лакского р-на РД), в семье сейидов и потомственных факихов, чей род восходил к внуку Пророка ал-Хусайну. В конце XVIII в. при наследниках его деда Хаджжи-Батира род разделился на две ветви — в Гази-Кумухе и второй ханской резиденции — Курах (ныне райцентр Курахского р-на РД). Отец ал-Г. Д. 'Абдаррахман (Макка-бутта) был видным религиозным деятелем, у которого ал-Г. Д. со старшим братом Курбан-Мухаммадом получил начальное образование. В дальнейшем они продолжили учебу в различных медресе, у др. дагестанских 'алимов своего времени. Завершив обучение, ал-Г. Д. занял при Аслан-хане Гази-Кумухском (1820–36) пост мухарира в канцелярии (диван) ханства, получив в качестве арпалыка 3 больших села в Нижней Кюре под общим названием Асталяр (ныне Сулейман-Стальский р-н РД). Однако в 1237 г. х. (1821/22) из Ширвана в с. Верх. Яраг (ныне урочище в Магарамкентском р-не РД) с иджазой на наставничество вернулся шейх *ал-Йараги Мухаммад-эфенди*, тут же приступивший к энергичному созданию сети последователей тариката *накшбандийа* — «мюридизма», как прозвали это движение в российском кавказоведении. Это совпало с резким ужесточением религиозной политики командующего Кавказским корпусом А. П. Ермолова, разогнавшего шариатские суды в Кабарде, запретившего мусульманам отправляться в хаджж и попытавшегося внести собственноручные правки в текст регулярной пятничной хутбы, внедрив туда поминание российского царя. Уже в марте 1824 г. А. П. Ермолов дал указание Аслан-хану покончить с деятельностью *ал-Йараги Мухаммада-эфенди* в его владениях. Согласно тарикатской традиции, эту задачу хан поручил ал-Г. Д., однако встреча с муршидом произвела на ал-Г. Д. такое впечатление, что завершилась его принятием тариката. В результате ал-Г. Д., наоборот, стал заступником *ал-Йараги Мухаммада-эфенди* перед ханом, который отрапортовал главнокомандующему, сделал соответствующие внушения и «о совершенном водворении спокойствия». Оставив ханскую службу, ал-Г. Д. предался уединению, молитве и зикру, в том же году получив от шейха иджазу на наставничество. Однако вскоре жестокое подавление шариатского движения в Кабарде и резня в ингушском с. Аршты (Сунженский р-н РИ) в начале 1825 г. всколыхнули Сев. Кавказ. Уже в конце мая 1825 г. в мечети с. Майртуп (Курчалоевский р-н ЧР) прошел большой съезд религиозных и военных лидеров горцев-мусульман от Дагестана до Кабарды, на котором имамом был провозглашен авторитетный дагестанский 'алим — Мухаммад Кудутлинский (*ал-Кудуки*) и взят курс на общее восстание и объявление газавата. Активное участие в съезде приняли и видные 'алимы *Гази-Кумухского ханства*, пользовавшиеся «почетом и особенным вниманием», среди которых, по некоторым сведениям, были представители тариката *накшбандийа*. От Кумыкской равнины до Кабарды вспыхнули бои с участием крупных отрядов из Нагорного Дагестана. В том же году из Кабарды, с искрами подавленных там идей шариатского движения, в Дагестан вернулся *Газимухаммад ал-Гимрави*, развернувший на родине пламенную проповедь шариата среди населения и местных правителей. Во время его визита в Гази-Кумух и нелицеприятного общения с Аслан-ханом, ал-Г. Д. пригласил его и убедил посетить шейха *ал-Йараги-эфенди*, чтоб познакомиться с тарикатом. Что после долгих раздумий тот и сделал, заручившись поддержкой шейхов-наставников и получив в распоряжение тарикатскую сеть. Также ал-Г. Д. «ввел в тарикат» будущего имама *Шамиля*, став его непосредственным наставником. После этого ставший в 1828 г. имамом *Гази-Мухаммад* в 1830–32 гг. возобновил и возглавил газават на Сев. Кавказе. В этой связи новый командующий Кавказским корпусом И. Ф. Паскевич (1827–31) обратился все к тому же Аслан-хану с «настоятельным требованием» об аресте и выдаче идеологов борьбы, но шейхи, не без потворства хана, успели скрыться от преследования российских властей в соседних обществах — *ал-Йараги Мухаммад-эфенди* ушел в Верх. Табасаран, а ал-Г. Д. переехал в с. Куппа Цудахарского окр. (ныне Левашинский р-н РД), ставший при Аслан-кади также одним из центров поддержки движения. Причем, согласно преданию, накануне вечером к ал-Г. Д. явилась сама жена хана — Уммкульсум-бика, извиняясь за мужа и прося перебраться в более спокойное место, где царские офицеры не будут беспокоить ни шейха, ни хана, после чего оставила шейху кошелек с золотыми монетами «для раздачи муталимам». От этого же периода сохранилось письмо ал-Г. Д. к шейху *ал-Йараги Мухаммаду-эфенди*, в котором он оправдывается, что удерживал собравшего войска *Гази-Мухаммада* от преждевременного начала боевых действий, опасаясь за судьбу наставника и его домочадцев, которым грозила расправа властей. Так или иначе, уже вскоре, установив связь с *Гази-Мухаммадом*, они вместе разослали из Цудахара во все концы Дагестана массу воззваний, где имам именовался «оживляющим веру» (мухиддин), что имело большое влияние на умы горцев. В 1834 г. после смерти имама *Гамзат-бека* (1832–34), ал-Г. Д. своим авторитетом решительно поддержал кандидатуру Шамиля при избрании нового имама. После смерти Аслан-хана (1836) ал-Г. Д. вернулся в Гази-Кумух, где в ночь на воскресенье 22 шавваля 1252 г. х. (30 января 1837 г.) у него родился сын Абдурахман (1837–1900). Вскоре (1837–39) разгорелось восстание сторонников газавата в Юж. Дагестане, в разгар которого, 3 августа 1838 г. в с. *Согратль* (ныне Гунибский р-н РД) скончался шейх *ал-Йараги Мухаммад-эфенди*, оставив вместо себя новым муршидом сеййида Джамалуддина Газикумухского (ал-Г. Д.).

В 1841 г. у шейха родился сын Абдурахим (1841–1904). Тем временем, после краткосрочного правления и смерти двух болезненных сыновей Аслан-хана, не оставивших наследников, и затянувшейся на 2 года вакансии на ханском престоле, в Гази-Кумухе распространился слух, что русские собираются поставить здесь редут и ликвидировать ханство, передав

Ал-Гази-Гумуки

полноту власти своему приставу, вместо Махмуд-бека б. Тагир-бека — регента при вдовствующей ханше Уммкульсум-бика. Это побудило Махмуд-бека со своими сторонниками просить помощи у *Шамиля* через своего брата Хаджжи-Яхью б. Тагир-бека и шейха ал-Г. Д., с которым они поддерживали связь. В ответ на их просьбы *Шамиль* в марте 1842 г. вступил с войском в ханство. На встречу ему в с. Бухты (ныне Гунибского р-на РД) прибыл ал-Г. Д. При активной поддержке местных жителей имам 2 апреля «беспрепятственно занял Гази-Кумух — мать общин», назначив своим наибом Хаджжи-Яхью. Русский пристав подполковник В. Снаксарев, не сумев оказать сопротивление, заперся в ханском замке и на следующее утро со всей милицией сдался в плен, а Махмуд-бек и его брат Гарун-бек б. Тагир-бек, находившийся в Гази-Кумухе управляющий Кюринским ханством, открыто надели белые чалмы в знак приверженности имаму и выдали ему 35 аманатов из ханского дома и большую казну.

После потери Гази-Кумуха шейх ал-Г. Д. переехал в с. *Согратль*, и приложил все силы к освобождению из темницы в Тифлисе захваченного в плен шейха *Абдурахмана-хаджжи ас-Сугури* (1792–1881), в свое время получившего от него иджазу на наставничество тариката *накшбандийа* и впоследствии ставшего его преемником в роли муршида. Его обменяли на Снаксарева и князя И. Д. Орбелиани.

В *Имамате* ал-Г. Д. пользовался огромным уважением, прежде всего со стороны самого имама *Шамиля*. В диване *Имамата* ал-Г. Д. занял подобающее место накиба сейидов, получая соответствующую долю хумса и пр. поступлений, распределяемых между сейидами комиссией, проверявшей подлинность родословных. Ал-Г. Д. порой удавалось пролоббировать и военные операции — например, оказание помощи делегации из *Кайтага* силами мухаджиров наиба Бук-Мухаммада (1851). Ал-Г. Д. состоял в переписке с османскими шейх-ул-исламами — сейид Хаджжи-Ахмет-Ариф-Хикмет-бей-эфенди (1846–54), Мешрепзаде Мехмет-Ариф-эфенди (1854–58) — и др. важными религиозными и государственными деятелями Османской державы, призывая воздействовать на султана в вопросе оказания помощи *Шамилю*, особенно в период Крымской войны (1853–56). Сохранилось немало посланий ал-Г. Д. к ученым, наибам и др. жителям *Имамата*, в которых он не уставал призывать следовать за имамом, поручал укреплять шариат, защищал действия *Шамиля* и шариатские решения дивана, а также много ответных писем к нему от сыновей, ученых, наибов, имама и др. лиц, раскрывающих широкий круг компетенции и интересовавших его вопросов. Несомненно, огромное впечатление на горцев и даже скептически настроенных русских производила его уникальная способность чувствовать людей на расстоянии, теперь называемая телепатией, и особенно предчувствовать приход визитеров и причину, по которой они явились. В дальнейшем поддержка ал-Г. Д. имаму выразилась в браке *Шамиля* с его дочерью Загидат (1829/30–71), а затем — в женитьбе двух сыновей ал-Г. Д. на дочерях имама от первой жены Патимат (ум. 1845) — Нафисат (1842–66) и Патимат (1845–70), что еще более укрепило связь имама с муршидом.

За три недели до падения *Имамата*, когда *Шамиль* уже укреплялся в Гунибе, шейх ал-Г. Д. был вместе Аслан-кади Цудахарским задержан в Телетле наибом Кебед-Мухаммадом и в знак покорности выдан наместнику на Кавказе А. И. Барятинскому. По окончании войны ал-Г. Д. со всем семейством был отправлен в столицу наместничества Тифлис к председателю совета при наместнике, генерал-адъютанту князю Г. Д. Орбелиани, с сопроводительным письмом — принять шейха с должным почтением. Памятуя о милостивом обращении ал-Г. Д. с его младшим братом в плену в 1842 г. и содействии при его обмене на *ас-Сугури*, Г. Д. Орбелиани обеспечил его всем необходимым, выделив для семейства шейха прекрасный дом, поваров и слуг. Сыновья же ал-Г. Д. — зятья имама, участвовавшие в обороне Гуниба, после пленения *Шамиля* были высланы вместе с его сыновьями в Калугу, где дожидались приезда женской части семейства. Пользуясь случаем, шейх добился у князя Орбелиани разрешения выехать в Дагестан, в Темир-Хан-Шуру, где в это время содержалась семья *Шамиля*, чтоб проститься с дочерью Загидат — женой имама — и внучками Нажават (ум. 1874) и Баху-Меседу (ум. 1875) (третий ребенок у Загидат с *Шамилем* — сын Мухаммад-Камиль (1862–1951) — родился уже в Калуге). Жену с младшим сыном ал-Г. Д. отправил на родину, в Гази-Кумух. После этого шейха к себе в Большое Казанище пригласил шамхал Абу-Муслим-хан (1836–60), но вскоре шамхал умер. После этого шейх обратился к новым властям за разрешением выезда с семьей за границу, которого, однако, пришлось ждать довольно долго. Наконец, получив желаемое и погостив 25 дней в Тифлисе у князя Орбелиани, шейх ал-Г. Д. со своей младшей женой Бахтум (ум. 1875), детьми от нее (Ахмед-Багауддином, Сераджуддином, дочерью Патимат) «и верными ему людьми» в 1862 г. переехал в Османскую державу, поселившись на некоторое время в г. Карс, а затем еще 2 года с большим почетом прожив в Стамбуле, где и умер в 1292 г. х. (1866). Похоронен на азиатском берегу Босфора (в Ускюдаре), на кладбище Караджа-Ахмед.

Кроме того, шейх ал-Г. Д. известен как автор ряда сочинений, среди которых примечательно построенное в популярном жанре вопросов и ответов «Кифайат ал-'ауам» («Достаточное для народа»), посвященное доступному изложению основ мусульманской религии, правилам совершения молитвы, соблюдения поста, описанию внешности Пророка и его образа жизни. Другое известное произведение — «Ал-Каул ас-садид фи джаваб рисалат Саййид ли-ш-шайх ал-муршид Джамал-уд-дин» («Здравое слово в ответ на послание сайида шайха муршида Джамулуддина»).

Соч.: *Джемалэддин Казикумухский.* Адабуль Марзия // Сб. сведений о кавказских горцах. Тифлис, 1869. Вып. 2.

Лит.: *Абдурахман из Газикумуха.* Книга воспоминаний / пер. с араб. М.-С. Саидова; ред. пер., подгот. факс. изд., коммент., указ. А. Р. Шихсаидова и Х. А. Омарова; предисл. А. Р. Шихсаидова. Махачкала, 1997; *ал-Багини Ш.* Табакат ал-хваджаган ан-накшбандийа ва-с-садат ал-машайих халидийа ал-махмудийа. Дамаск, 1417/1996. С. 394–396 (на араб. яз.); *Гаджи Али.* Сказание очевидца о Шамиле / пер. с араб. // Сб. сведений о кавказских горцах. Вып. 7. 1873. С. 1–76; *Гайдарбеков М.* Антология дагестанских ученых // Рукописный фонд ИИАЭ ДНЦ РАН. Ф. 3. Оп. 1. Д. 180. Л. 4; Движение горцев Сев.-Вост. Кавказа (сб. документов). Б. м., 1959. С. 412–423, 373, 396, 349,403, 413, 473, 520, 522, 575; *ад-Дургели Назир.* Услада умов в биографиях дагестанских ученых. (Нузхат ал-азхāн фи тарāджим уламā Дāгистāн). Дагестанские ученые X–XX вв. и их биографии. М., 2012; *Магдиев С. Я.* О письменном наследии шайха Джамалуддина из Газикумуха // Наука и молодежь: сб. статей молодых ученых и аспирантов по гуманитарным проблемам. Махачкала, 2004. Вып. 5. С. 11–15; *Покровский Н. И.* Кавказские войны и имамат Шамиля. М., 2000. С. 164–170; *Руновский А.* Выдержки из записок Абдуррахмана сына Джемалэддинова о пребывании Шамиля в Ведене и о прочем // Кавказ. Тифлис, 1862. № 72–76; *Руновский А.* Записки о Шамиле. Махачкала, 1989; *Хайдарбек Геничутлинский.* Историко-биографические и исторические очерки / пер. с араб. Т. М. Айтберова; под ред. М. Р. Мугумаева; вступ. ст., коммент. и общ. ред. В. Г. Гаджиева. Махачкала, 1992; Хроника Мухаммад Тахира ал-Карахи о дагестанских войнах в период Шамиля. 1941 / пер. с араб. А. М. Барабанова; под ред. И. Ю. Крачковского. М.; Л., 1946. С. 39–139, 140, 198, 228, 251, 257, 258, 279, 296.

З. Гаджиев

Газимухаммад (Гази-Магомед, Гази-Мухаммад, Кази-Мулла) б. Мухаммад б. Исма'ил ал-Гимрави (Гимринский) ад-Дагистани (1794–1832) — первый имам Дагестана и Чечни, возглавлявший освободительное движение горцев против царского завоевания Кавказа под лозунгами распространения шариата на Сев. Кавказе и ведения газавата.

Родился в 1795 г. в селении Гимры (ныне Унцукульский р-н РД), куда его отец переселился из с. Урада (ныне Шамильский р-н РД). Некоторые исследователи считают, что изначально его нарекли именем Мухаммад, а «Гази» добавилось после того, как он начал вести священную войну газават. Однако, как указывают некоторые источники на аварском языке, в том числе хроника *Хасанилава ал-Гимрави* о Г., с самого рождения мальчика нарекли Газимухаммадом, и в уменьшительно-ласкательно гимринцы звали его «Гузу» (авар. Гъузу).

Г. получил начальное мусульманское образование в Дагестане. Изучил Коран, тафсир, арабский язык, риторику, логику, хадисы, право (фикх шафиитского мазхаба). Окончив начальную школу (мактаб) при мечети родного селения, он перешел в среднюю школу (медресе) в с. Унцукуль (ныне центр Унцукульского р-на РД), как и будущий имам *Шамиль*. После этого оба продолжили обучение у Хаджи-Мухаммада в с. Ирганай (ныне Унцукульский р-н РД), у Лачинилава ал-Харикали в с. *Хунзах* (ныне центр Хунзахского р-на РД); у Хаджжияава в с. Орота (ныне Хунзахский р-н РД), у Араканского Са'ида в с. Аракани (ныне Унцукульский р-н РД) и у др. известных дагестанских ученых-'алимов. За 12 лет Г. прошел полный курс мусульманских наук, а затем отправился в с. Яраг (ныне Сулейман-Стальский р-н РД), где вступил на путь суфизма под руководством известного шейха братства *накшбандийа*-халидийа *ал-Йараги Мухаммада-эфенди*. С целью усовершенствования шариатских знаний Г. переехал в лакское с. Гази-Гумук (ныне с. Кумух, Лакский р-н РД), где продолжил свое духовное воспитание у последователя и ученика *ал-Йараги Мухаммада-эфенди* — шейха накшбандийского тариката *ал-Гази-Гумуки Джамалуддина*.

Проведя в с. Гази-Гумуке некоторое время, Г. по приглашению гимринского джама'ата вернулся в родное с. Гимры, где стал работать там сельского судьи, совмещая эту работу с обязанностями имама мечети. Здесь же Г. открыл медресе и вскоре стал одним из самых известных в Нагорном Дагестане 'ула'ма'. С целью заработка Г. на некоторое время покинул пределы Дагестана и занимался обучением детей в Ногайской степи, где тяжело заболел; в связи с этим вернулся домой.

По возвращении Г. начал борьбу с противоречащими шариату местными обычаями и обычным правом ('урф, 'адат, русум). Властью кадия он строго запретил гимринцам употреблять спиртные напитки, курить табак, играть в азартные игры, не допускал совместных танцев мужчин и женщин. Игру на музыкальных инструментах (барабан, бубен, зурна, чагана и пр.) и песни дозволял только на свадьбах. Г. старался ограничить распространенную повсеместно в Дагестане кровную месть и запретить ишкиль — захват имущества должника в обеспечение долга.

В 1826–27 гг. начался период религиозно-политической деятельности Г.: сохранилось большое число его писем, адресованных к старейшинам горских общин аварцев, кумыков, лакцев, даргинцев, чеченцев, правителям крупнейших ханств Нагорного и Равнинного Дагестана. Среди его адресатов были Махди-шамхал ат-Тарки (Тарковский), Аслан-хан ал-Гази-Гумуки (Казикумухский) и др. Г. требовал от них ввести нормы шариата в своих областях, однако его дипломатическая деятельность не увенчалась успехом.

Провал своего плана проведения реформ мирным путем Г. объяснял нарастающим влиянием Российской империи на Сев.-Вост. Кавказе и пришел к выводу, что установить шариат тут возможно только путем газавата, — вооруженного сопротивления завоеванию. Некоторое время Г. все же надеялся провести реформы без оружия. Противниками войны с Россией на начальном этапе оказались бывший его учитель *Араканский Са'ид*, его лучший друг *Шамиль* и главный его муршид — шейх *ал-Гази-Гумуки Джамалуддин*. Сопротивление последнего удалось сломить при поддержке *ал-Йараги Мухаммада-эфенди*, который прислал Г. письмо с фетвой, одобряющей его планы. В конце 1820-х гг. Г. много ездил по Дагестану с целью призыва горцев к газавату.

В 1828–29 гг. ученые и кадии с. Гимры, Чиркея и ряда др. горных аварских селений выбрали Г. своим имамом, объявившим вооруженный джихад царским завоевателям и принявшим их сторону кавказским мусульманам. Со старшин общин Г. брал присягу ('ахд) следовать шариату, отказаться от местных 'адатов и прервать всякие сношения с русскими. Нарушивших ее ждал суд и казнь: за свое правление Г. казнил 30 влиятельных беков. Местные кадии, не согласные с политикой Г., были замещены его ставленниками.

Для управления отдаленными общинами имам назначал своих наместников — наибов, которые обязаны были собирать и приводить к нему сельские ополчения (бо, джайш). Вокруг Г. быстро собралось около 8–10 тыс. чел., ядро которых составили шариатские мюриды и переселенцы из разных районов Дагестана и Чечни. Последних, по аналогии с первыми мусульманами, последовавшими за пророком Мухаммадом из Мекки в Медину, стали называть мухаджирами. Была создана казна (байт ал-мал), куда регулярно поступал закат, садака, имущество, конфискованное у горской знати и врагов движения, а позднее и пятая часть военной добычи (хумс).

Зимой 1830 г. Г. начал вооруженный джихад. С самого начала его тактика состояла в организации стремительных неожиданных рейдов: осада с. *Хунзах* в 1830 г.; занятие с. Бол. Казанища весной 1831 г.; осада крепости Внезапная; прибытие осенью 1831 г. в с. *Кайтаг* по просьбе жителей *Кайтага* и *Табасарана*; восьмидневная блокада г. Дербента в августе 1831 г.; поход на Кумыкскую плоскость в сентябре 1831 г.; захват г. Кизляра в ноябре 1831 г.; появление в районе г. Владикавказа в марте 1832 г.; вступление в качалыковские селения в августе 1832 г. и др. В 1830 г. он захватил ряд аварских и кумыкских селений, подвластных *Аварскому ханству* и *Тарковскому шамхальству*; совершил чеченский поход в 1832 г., в котором принял участие *ал-Йараги Мухаммад-эфенди*, в 1831 г. переселившийся на территорию *Имамата* и выдавший за Г. свою дочь Хафсат (Гафсат).

Царские войска перешли к активным действиям. В 1831 г. они захватили оплот Г. с. Агач-кала (ныне Буйнакский р-н РД), а в июне 1832 г. — крепость, построенную его мюридами под с. Эрпели (ныне Буйнакский р-н РД). К осени 1832 г. большинство горных общин отошли от *Имамата*. В том же году командующий Кавказским корпусом генерал-адъютант барон Г. В. Розен осадил с. Гимры, в котором укрепился сам имам. Во время штурма 17.10.1832 г. Г. был убит. Вырваться из окружения и спастись удалось только *Шамилю* и гимринскому муаззину Мухаммад-'Али. Через два дня, 19.10.1832 г., с. Гимры было взято, и на некоторое время *Имамат* прекратил существование.

По совету *Араканского Са'ида* (ал-Харакани), во избежание новых волнений со стороны мюридов, тело имама было перевезено в с. *Тарки* (ныне часть г. Махачкалы), на территорию, контролируемую врагом Г. — шамхалом Тарковским и царскими войсками. Здесь его труп высушили и через несколько месяцев скрытно похоронили, так что место погребения было известно лишь немногим. Однако вскоре могила имама стала почитаться как зийарат. Один из почитателей «святого», хаджжи Атак б. Гирай-хан из соседнего с Тарки кумыкского с. Кяхулай (ныне входит в состав Махачкалы), в 1833 г. установил на могиле Г. стелу с небольшой эпитафией: «Имам, воитель и мученик за веру, погибший мучеником в сражении с неверными» (ал-имам ал-гази аш-шахид фи-л-марака исташхада ал-куффар).

При имаме *Шамиле*, в 1843 г., отряд хаджжи Кебеда ал-Унцукулави захватил с. *Тарки* и перенес тело Г. в с. Гимры, где над его могилой был воздвигнут небольшой мавзолей. Место захоронения в Тарках и мавзолей в Гимри почитаются «святыми» местами (зийарат). В начале 90-х гг. XX столетия их реставрировали. Над надгробиями восстановлены ленты с лентами. В 1993 г. оба зийарата стали центром празднования 200-летия со дня рождения Г., отмечавшегося по всему Дагестану.

Рукописное наследие Г. невелико. Научного описания его работ нет. Наиболее популярное из его сочинений — написанный в середине 1820-х гг. небольшой полемический трактат на арабском языке «Бахир ал-бурхан ли-иртидад 'урафа' Дагистан» («Представление доказательства вероотступничества старшин Дагестана»), где Г. разбирал преимущества шариата по сравнению с обычным правом ('урф). Ему принадлежат также несколько поэм (каса'ид). Вместе с отрывками из упомянутого выше трактата и некоторыми письмами к мусульманским правителям и общинам разных районов Нагорного Дагестана они вошли в дагестанские хроники и биографические сборники XIX–XX вв. (ал-Карахи Мухаммадтахир. «Барикат ас-суйуф ад-дагисгистанийй фи ба'д ал-газават аш-шамилийа»; Алкадари Хасан-эфенди. «Асари Дагистан»; Назир из Дургели. «Нузхат ал-азхан фи тараджим улама Дагистан»). Копии писем и стихов Г. хранятся в г. Махачкале в Фонде восточных рукописей ИИАЭ ДНЦ РАН, а также в частном собрании наследников М. Г. Нурмагомедова (Араканского) и в многочисленных частных и мечетских коллекциях Дагестана.

Лит.: Абдурахман из Газикумуха. Книга воспоминаний / пер. с араб. М.-С. Саидова; ред. пер., подгот. факсим. изд., коммент., указ. А. Р. Шихсаидова, Х. А. Омарова. Махачкала, 1997; С. 28–38; Гаджи-Али. Сказание очевидца о Шамиле // ССКГ. Т. VII. Тифлис, 1873; Гаммер М. Шамиль. Мусульманское сопротивление царизму. Завоевание Чечни и Дагестана. М., 1998; Даниялов Г.-А. Д. Имамы Дагестана. Махачкала, 1996; Движение горцев Северо-Восточного Кавказа в 20–50-х гг. XIX в.: сб. документов / сост. В. Г. Гаджиев, Х. Х. Рамазанов. Махачкала, 1959; Дубровин Н. Из истории войны и владычества русских на Кавказе (Кази-мулла как родоначальник мюридизма и газавата) // ВС. 1890. № 10; 1891. № 3–6; Из записок капитана Прушановского: сб. газеты «Кавказ», 1847. Т. II. С. 22–39; Имам Газимухаммад. Махачкала, 1992 (на авар. яз.); Покровский Н. И. Кавказские войны и Имамат Шамиля. М., 2000; ФВР ИИАЭ ДНЦ РАН. Ф. 7. Оп. 1. Д. 236; Ф. 1. Оп. 1. Д. 236; Ф. 1. Оп. 1. Д. 84; Хайдарбек Геничутльский. Историко-биографические и исторические очерки / пер. с араб. Т. М. Айтберова. Махачкала, 1992. С. 57–66; Хроника Мухаммада Тахира ал-Карахи о дагестанских войнах периода Шамиля / пер. с араб. А. М. Барабанова. М.–Л., 1941. С. 41–57; Шехмагомедов М. Г. Источниковедение суфизма в Дагестане XIX в.: переписка шейхов Мухаммада ал-Йараги и Джамалуддина ал-Газикумухи с имамом Газимухаммадом ал-Гимрави // МавраевЪ. 2014. № 1(2). С. 48–50.

Д. Маламагомедов

Гайдаров, Ибрагим-бек Исабекович (03.08.1879 — после 1936) — дагестанский политический деятель, депутат Государственной думы 3-го созыва от Дагестанской обл. и Закатальского окр.

Происходил из дворян (беков) Дагестанской обл., лезгин. После получения среднего образования в Темир-Хан-Шуринском реальном училище (1897) поступил в Санкт-Петербургский ин-т инженеров путей сообщения, который успешно окончил в 1907 г. в звании инженера. До избрания в Думу проживал в г. Дербенте, в 1907–12 гг. — в Санкт-Петербурге, с 1912 г. — в Баку.

Осенью 1907 г. был избран депутатом Государственной думы от городских избирателей как владелец имущественного ценза в размере выше 500 руб. (полученного от отца). В Думе первоначально примкнул к социал-демократической фракции (1–2-я сессии), затем официально вышел из нее и вошел в мусульманскую фракцию. По политическим взглядам — социал-демократ, что, по словам М.-Ф. Туктарова, вызывало трения между ним и более умеренным руководством «Иттифак ал-муслимин» («[Всероссийского] союза мусульман»). Один из наиболее активных мусульманских депутатов. Принимал активнейшее участие во фракционных делах (автор многих речей, участник дискуссий и пр.), был наиболее востребованным мусульманским оратором, выступавшим с думской трибуны. Член аграрной, рабочей, путей сообщения, бюджетной и рыболовной комиссий. В период избирательной кампании в Думу 4-го созыва власти сумели устранить неугодного кандидата методом «забаллотировки». Летом 1912 г. Г. И.-б. издал сборник своих думских речей и выступлений.

После роспуска Думы 3-го созыва вернулся на Кавказ и в ноябре 1912 г. был избран членом Бакинской городской управы на период 1912–16 гг. Служил членом Бакинской городской управы в должности инженера с годовым жалованьем в 6 тыс. руб.

После Февральской революции принимал активное участие в политических событиях на Кавказе. Входил в Мусульманский социалистический блок. В конце 1917 г. был избран депутатом Всероссийского учредительного собрания от Закавказского окр. по мусульманскому социалистическому списку. Член Закавказского правительства, возглавляемого А. Чхенкели. После образования Азербайджанской Демократической Республики входил в правительство в ранге министра госконтроля (май–июнь 1918 г.). Впоследствии эмигрировал, жил в Париже.

Лит.: Балаев А. Азербайджанское нац. движение в 1917–18 гг. Баку, 1998; Мусульманские депутаты Государственной думы России. 1906–17 гг.: сб. документов и материалов. Уфа, 1998; Усманова Д. М. Мусульманские представители в российском парламенте. 1906–17. Казань, 2005.

Д. Усманова

Гамзат-бек (Хамза-бек б. 'Али-Искандар ал-Хуцали (Гоцатлинский) ал-Авари (Аварский), 1789–1834) — второй имам Дагестана и Чечни, возглавивший начатое имамом *Газимухаммадом* ал-Гимрави освободительное движение горцев против российского завоевания под лозунгами распространения шариата на Сев. Кавказе и ведения газавата.

Гамзат-бек

Родился в с. Новый Гоцатль недалеко от столицы *Аварского ханства Хунзаха* (ныне Хунзахский р-н РД). Выходец из сословия горской знати (умара). Сам Г.-б. и его отец были чанки — потомки от браков дальних родственников аварских ханов (беков) с простолюдинками из сословия узденей. Отец Г.-б. играл важную роль в *Аварском ханстве*. В 1785 г. он ездил послом Умма-хана Аварского к Ираклию II — царю Картли-Кахетинского царства, с братом Умма-хана Гебеком организовал ряд набегов аварцев на Кахетию. После смерти Умма-хана он безуспешно пытался захватить в свои руки власть в ханстве, поставив ханом малолетнего сына Гебека — Сурхай-хана.

'Али-Искандар дал сыну хорошее мусульманское образование. До 12 лет Г.-б. учился в начальной примечетной школе с. Новый Гоцатль (ныне Хунзахский р-н РД), в 1801 г. перешел в медресе *ал-Чухи Махада* в с. Чох (ныне Гунибский р-н РД). После смерти своего учителя в 1813 г. Г.-б. переехал в с. *Хунзах* (ныне центр Хунзахского р-на РД), где поступил в ученики к известному ученому, политическому деятелю и муфтию *Аварского ханства* Нур-Мухаммаду ал-Авари. Во время учебы в с. *Хунзах* он жил в доме ханши Паху-бике, своей дальней родственницы по отцу. Завершил образование Г.-б. в с. Аракани (ныне Унцукульский р-н РД) у учителя Нур-Мухаммада *Араканского Са'ида*, одного из крупнейших мусульманских ученых и преподавателей в Нагорном Дагестане того времени. За 16–18 лет Г.-б. изучил Коран, тафсир, арабский язык, риторику, логику, хадисы, фикх.

В 1817 г. Г.-б. вернулся в с. Гоцатль, где женился на своей двоюродной сестре Патуч, дочери брата 'Али-Искандара — бека Иман-'Али. Какое-то время он жил в родном селении, не занимаясь ни науками, ни политикой. Согласно устной традиции, Г.-б. в юности беззаботным и беспутным гулякой. Знакомство с *Газимухаммадом* ал-Гимрави (из с. Гимры, ныне Унцукульский р-н РД) резко изменило жизнь и взгляды Г.-б. Он стал ревностным сторонником очищения нравов и обычаев кавказских мусульман, распространения среди них «чистого» шариата. Когда *Газимухаммад* объявил газават царским войскам и их пособникам (мунафикун) из числа горской знати и правителей (ру'аса', кубара') сельских общин и конфедераций горцев, Г.-б. присоединился к нему, возглавив ополчение ('аскар) гоцатлинской молодежи.

Став заместителем (наиб) имама *Газимухаммада*, Г.-б. подчинил его власти союзы общин Койсубули (авар. Хиндалал) и Андалал, участвовал в походах первого имама против андийцев и хунзахцев. Осенью 1830 г. Г.-б. вместе с Ших-Шабаном ал-Бухнади (из с. Бухнада) отправился к аварцам Сев. Азербайджана, где возглавил отряд Джаро-Белоканского союза сельских общин, присоединившегося к *Имамату*. Восставшие были разбиты. Г.-б. пытался вступить в переговоры с генерал-лейтенантом С. С. Стрекаловым, обещая покориться царским властям в обмен на пожизненную пенсию, но был арестован в с. Закаталы и отправлен под конвоем в г. Тифлис. В начале 1831 г. по просьбе генерал-майора русской армии Аслан-хана Казикумухского Г.-б. был освобожден. Вернувшись в Нагорный Дагестан, снова включился в движение *Газимухаммада*, участвовал в обороне крепости Агач-кала, затем вновь пытался поднять горцев Джара против русских. В сентябре 1832 г. с отрядом в 1000 чел. Г.-б. выдвинулся на помощь *Газимухаммаду* в с. Гимры, но подошел, когда тот уже погиб при штурме.

В течение двух лет после гибели первого имама Г.-б. боролся за власть в *Имамате* с *Шамилем*. В 1833 или 1834 г. совет ученых ('улама') и правителей (ру'аса') Койсубули объявил Г.-б. вторым имамом. В конце 1833 — начале 1834 г. Г.-б. совершил походы на Ирганай, Унцукуль и Гергебиль. Его власть признали также союзы сельских общин Гидатля, Андалал, Ункратля, каратинцев, багулал и тиндинцев.

Г.-б. следовал тактике набегов на земли союзов сельских общин и горской знати, признавших власть России. Он разбил отряды Мехтулинского хана и шамхала Тарковского, но потерпел серьезное поражение от соединенных сил Казикумухского хана, акушинцев и цударцев под селением Хаджалмахи, не смог перенести войну на равнину. Г.-б. продолжал истреблять роды беков, их имущество переходило в казну *Имамата*, сохраненную для Г.-б. матерью *Газимухаммада*. Эти средства позволили ему осуществить поход против *Аварского ханства*. В июне–июле 1834 г. он осадил с. *Хунзах*, овладел им и безжалостно перебил ханскую семью и ее ближайших сторонников, включая своего бывшего учителя Нур-Мухаммада ал-Авари. Малолетний Булач-хан был оставлен в живых и перевезен в качестве амана́та в с. Гоцатль. Все имущество ханов, захваченное отрядом *Шамиля* в с. *Хунзах*, было передано в казну. На эти средства Г.-б. стал готовиться к походу против царских войск.

С осени 1834 г. Г.-б. становится правителем (амиром) Аварии и традиционно зависевших от него союзов горных селений Сев.-Зап. Дагестана и Юж. Чечни. Столицу *Имамата* он перенес в с. *Хунзах*, куда переселился вместе с казной. Здесь по его приказу начали строить новую большую соборную мечеть. У Г.-б. были постоянные наибы, каждый из которых возглавлял определенный район. Одним из них, наиболее приближенных к Г.-б., стал будущий имам *Шамиль*.

Однако против Г.-б. возник заговор хунзахской молодежи, во главе которого встали 'Осман и Хаджи-Мурат Аварские, молочные братья убитых ханов. 19 сентября 1834 г. Г.-б.

был убит 'Османом во время пятничной молитвы в мечети с. *Хунзах*. Люди Г.-б. были заживо сожжены во дворце.

Сторонники второго имама поставили над могилой Г.-б. на окраине с. *Хунзах* высокую каменную стелу, но жители селения сломали ее. В 1856 г. с. *Хунзах* ненадолго попало под власть *Шамиля*, его наиб Дайт-бек приказал наскоро сложить над могилой мавзолей из саманных кирпичей. После завоевания с. *Хунзах* царскими войсками наиб Аварии 'Алим-Дибир ал-Кунашуки разрушил мавзолей. После окончания *Кавказской войны* Газиз ал-Авари на средства земляков Г.-б. отреставрировал мавзолей. Вплоть до начала XX в. это здание и само надгробие несколько раз разрушали и восстанавливали. В настоящее время на могиле Г.-б. стоит изготовленная из песчаника во 2-й трети XIX в. стела высотой ок. 2 м, значительно возвышающаяся над другими памятниками кладбища. На ней вырезана длинная историческая надпись в 21 строку. Это многословный панегирик религиозной и военной деятельности всех трех дагестанских имамов — самого Г.-б., его предшественника *Газимухаммада* и преемника *Шамиля* — и гневное обличение лицемеров (мунафикун) из числа мусульман с. *Хунзах*.

Отношение к памяти второго имама на Сев.-Вост. Кавказе неоднозначно. Г.-б. менее популярен, чем др. имамы Дагестана и Чечни XIX в. В отличие от Шамиля, *Газимухаммада* и ал-*Йараги* Мухаммада-эфенди 200-, а затем 225-летний юбилеи Г.-б. никак не отмечались ни в Дагестане, ни в др. республиках Сев. Кавказа. Некоторые устные предания и исторические песни горцев рисуют его мучеником за веру (шахид), подло убитым «царскими сатрапами». Его могилу почитают святым местом (зийарат). Возле нее укреплен высокий металлический шест, рядом с ним — беседка для паломников. В то же время у аварцев, даргинцев и лакцев сохранился «антиимамский» цикл исторических песен. В них Г.-б. представлен жадным и коварным тираном, а его люди — трусливыми разбойниками. Наиболее враждебно к Г.-б. были настроены хунзахцы.

Лит.: Абдурахман из Газикумуха. Книга воспоминаний / Китаб тазкират саййид 'Абд ар-Рахман. Махачкала, 1997. Л. 17б-22а, 20б, 208а, 283б; Алкадари Г-Э. Асари Дагестан. Махачкала, 1994. С. 129–132; Ахлаков А. А. Героико-исторические песни аварцев. Махачкала, 1968. С. 137–149; Бобровников В. О. Имам Гамзат-бек // *МавраевЪ*. 2014. № 4(5). С. 26–29; Бушуев С. К. Борьба горцев за независимость под руководством Шамиля. М.–Л., 1939. С. 78–81; Гаджи-Али. Сказание очевидца о Шамиле / сост. и коммент. В. Г. Гаджиева. Махачкала, 1995. С. 25–28, 78–80, 108–110; Гамзат-бек, второй имам Чечни и Дагестана. Смерть ханши Паху-бике. Описание ханского дворца в Хунзахе // Кавказский сборник. Тифлис, 1911. Т. XXXI. С. 1–40; Даниялов Г-А. Д. Имамы Дагестана. По долинам и по скалам Дагестана. Т. II. Махачкала, 1996; Лавров Л. И. Эпиграфические памятники Сев. Кавказа на арабском, персидском и турецком языках. Ч. 2. Надписи XVIII–XX вв. М., 1968. С. 100–103, 167, 173, 242; Неверовский А. Истребление аварских ханов в 1834 г. СПб., 1834; Покровский Н. И. Кавказские войны и Имамат Шамиля. М., 2000. С. 183–184, 222–250; Сказания народов Дагестана о Кавказской войне. Махачкала, 1997. С. 31–35, 125–132; 118–135; Хроника Мухаммеда Тахира ал-Карахи. О дагестанских войнах в период Шамиля / араб. текст подгот. А. М. Барабановым; под ред. акад. И. Ю. Крачковского. М.–Л., 1946. С. 8, 14, 16, 20, 31–34, 36–38, 51, 100, 157, 214; Шиллинг М. Е. Дагестанская этнографическая экспедиция 1944 г. // Краткие сообщения Ин-та этнографии АН СССР. Вып. 1. М., 1946; Bodenstedt F. Die Völker des Kaukasus und ihre Freiheitskämpfe gegen die Russen. Ein Beitrag zur neuesten Geschichte des Oriens von Vriedrich Bodenstedt. Frankfurt an Mein, 1848. S. 240–262; Kemper M. Herrschaft, Recht und Islam in Daghestan. Von den Khanaten und Gemeindebünden zum gihad-Staat. Wiesbaden, 2005. S. 247–252; Zelkina A. In Quest for God and Freedom. Sufi Responses to the Russian Advance in the North Caucasus. London, 2000. P. 161–168, 175, 204.

В. Бобровников

Ганиев, Абдулкерим (Абдулкерим эфенди (апенди) Абдулганий-улы, 1892–1976) — мусульманский религиозный деятель Караногая и Сев. Кавказа, педагог, просветитель, поэт. Родился в с. Бесколь Караногайского приставства Кизлярского у. Терской обл. Российской империи (аул находился вблизи современного с. Боранчи Ногайского р-на РД), в семье муллы Абдулганий-эфенди Баймырза-улы из ногайского рода (ырув) Шурша родо-племенного объединения (куб) Найман. Начальное исламское образование получил у отца. В последующем младший брат отца Абдулвахид-эфенди привез Г. в Назрань (ныне в Республике Ингушетия) для учебы в медресе богослова Ибрагима-эфенди. Завершив 8-летнее обучение в Назрани, Г. вернулся в Караногай и еще четыре года посещал уроки богословия у муллы Эстугана-эфенди из Терекли-Мектеба (РД).

С 1922 г. начал заниматься религиозной деятельностью, давал детям уроки на дому. В эти годы в условиях нехватки квалифицированных кадров для работы в местных органах стали привлекать людей, имеющих религиозное образование и лояльных к советской власти. Понимая важность ликвидации неграмотности среди населения, Г. откликнулся на предложение сотрудничать с новой властью. Мечтая открыть в родном ауле школу для детей, на собственные средства приобрел строительные материалы и стал строить школьное здание. Однако недоброжелатели не дали ему достичь желаемого — за ночь они каждый раз разрушали сделанное им за день. Тогда Г. начал учить детей у себя дома. Несмотря на неоднократные обращения к властям, ему как религиозному деятелю долгое время отказывали в просьбе открыть в его селе светскую школу. В 1928 г. просьба Г. была удовлетворена — в с. Кунбатар, а позднее в с. Кутлыбай (ныне с. Боранчи) были открыты первые советские школы.

В 1934–37 гг. работал ответственным секретарем редакции районной газеты «Кызыл байрак» («Красное знамя», ныне газета «Голос степи»). Тесно сотрудничал с просветителями *Джанибековым А. Ш.*, М. К. Курманалиевым и *Кайбалиевым Зеидом* Абдул-Халимовичем, вместе с которыми участвовал в создании ногайского алфавита на латинице и кириллице, внес вклад в становление ногайской литературы советской эпохи.

Частью многогранной деятельности Г. явилось собирание и популяризация произведений устного народного творчества. Был глубоким знатоком дореволюционной ногайской словесности. Им записаны многие произведения средневековых ногайских поэтов, а также эпические поэмы «Эдиге», «Мамай», «Шорабатыр», «Тахир и Зухра» и др. Помимо родного ногайского владел русским, арабским и ингушским языками.

В годы Большого террора за религиозную деятельность подвергался преследованиям и арестам со стороны органов НКВД РСФСР. Несмотря на это, Г. оставался человеком богобоязненным, исполнял религиозные обязанности и продолжал проповедовать и давать уроки ислама детям на дому. В годы ВОВ тайно проводил коллективные молитвы за дарование победы Красной Армии и спасение ушедших на фронт земляков.

В 1960-е гг. Г. нелегально давал желающим религиозные уроки. Среди его учеников были Ш. Болатов, А. Айтмамбетов, М. Джалалов, Я. Камашев, М. Караев, К. Кошекбаев и др. В период господства в СССР атеистической идеологии в прессе имя Г. упоминалось редко. Замалчивая его религиозную деятельность, о нем упоминали только как об «исполнителе произведений народного фольклора». За религиозные знания и мудрость Г. пользовался большим авторитетом, в народе почитался как деятель высокого религиозного статуса (апенди). Принимал людей, приходивших за советом и консультацией по религиозным вопросам.

Сохранившееся рукописное наследие Г. составляют стихи, назидания (назым), наставления (насихат), посвящения (арнав) религиозного характера, стихи на темы современной общественной жизни, записи собранных им фольклорных текстов, памятников средневековой литературы и др. Рукописи написаны на ногайской арабице. У Г. было четыре дочери — Асиет, Марипат, Алия, Марзиет. Именем Г. названа мечеть с. Кунбатар. Похоронен на кладбище Йолгиси в Ногайском р-не РД.

Соч.: Ганиев А.-К. Аманат. Назму ногай тилинде. Махачкала, 2015.

Лит.: Кусегенова Ф. А. Штрихи к портрету ногайского фольклориста, педагога, поэта и просветителя Абдулкерима Ганиева // Ногайцы: XXI в. История, язык, культура. От истоков к грядущему: материалы 2-й Межд. науч.-практич. конференции. Черкесск, 2016.

М. Заргишиев

Гарданов, Хусейн-хаджжи (1864–1914) — мусульманский религиозный деятель, основатель ветви (вирд) братства кадирийя в Ингушетии.

Родился в с. Цеча-Ахке (ныне Серноводский р-н ЧР). Начальное религиозное образование получил в родном селе, затем продолжил образование самостоятельно и под руководством ингушских 'улама' и суфийских наставников — *Белхороева Батал-хаджжи*, Багаудина Арсанова и др.

В возрасте 36 лет Г. Х.-х. принял обет затворничества, которому следовал последующие 13,5 лет. После окончания затворничества сформировал группу учеников, которая постоянно пополнялась; в настоящее время также существуют последователи Г. Х.-х. Вирд шейха Г. Х.-х. локален, численность ок. 500 чел., поэтому особую известность как суфийское братство не получил. География распространения: с. Плиево, Ниж. и Верх. Ачалуки и частично Барсуки (ныне Назрановский и Малгобековский р-ны РИ). В других р-нах Ингушетии встречаются единичные последователи Г. Х.-х.

Зийарат Г. Х.-х. находится в с. Плиево.

Лит.: Албогачиева М. С.-Г. Адепты Кунта-хаджи Кишиева: Бамат-Гирей-хаджи Митаев, Батал-хаджи Белхороев, Хусейн-хаджи Гарданов, Чимирза Таумерзаев, Вис-Хаджи Загиев, Мани шейх Назиров // Ислам в России и за ее пределами: история, общество, культура: сб. материалов Межрегиональной научной конференции, посвященной 100-летию со дня кончины выдающегося религиозного деятеля шейха Батал-хаджи Белхороева / отв. ред. М. С.-Г. Албогачиева. Магас; СПб., 2011; Албогачиев Р-Х. Ш.-Х. Шейх Овлия Батал-хаджи Белхороев. Нальчик, 2010.

М. Албогачиева

Гасанаев, Йусуф-хаджжи (Йусуф б. ал-Хасанайн ал-джунгути, 1869–1929) — мусульманский богослов и общественно-политический деятель Дагестана 1-й трети XX в.

Родился в с. Ниж. Дженгутай Темир-Хан-Шуринского окр. (ныне Буйнакский р-н РД). Начальное религиозное образование получил в медресе родного села. Учителя: Гоцинский 'Абдуллатип, ас-Салти 'Али-кади. На рубеже XIX–XX вв. работал кадием в родном селе; крупный земельный собственник. В 1914 г. Г. Йу.-х. был одним из лидеров *Антиписарского восстания 1913–1914 гг.* в

Темир-Хан-Шуринском окр. Последователь шафиитской правовой традиции, выступал с резкой критикой идей реформаторов; автор ряда работ по теории и практике мусульманского права, написал два полемических сочинения с критикой тех, кто призывал к практике абсолютного иджтихада. В 1917–19 гг. Г. Йу.-х. был членом парламента *Горской республики*.

В 1925–28 гг. Г. Йу.-х. — один из учредителей и членов редакции арабоязычного журнала «*Байан ал-хака'ик*»; написал ряд статей, посвященных практике развода (талак) в соответствии с шафиитской правовой традицией. На страницах журнала «*Байан ал-хака'ик*» Г. Йу.-х. также выступал с критикой журнала «Мулла Насреддин», издававшегося в г. Баку азербайджанскими просветителями.

В эти же годы (1925–28) был активным членом «*Дини комитета*» — религиозного комитета, который ставил перед собой цель противостояния влиянию атеистической пропаганды большевиков на население и защиты религиозных прав мусульман Дагестана.

В декабре 1929 г., вместе с другими активными членами «*Дини комитета*», за антисоветскую деятельность был арестован, осужден и расстрелян. Реабилитирован 10.11.1988 г. Верховным судом ДАССР.

Лит.: Абусуфьян Акаев: эпоха, жизнь, деятельность: сб. статей, переводов и материалов. Махачкала, 2012. С. 132; Идрисов Ю. М. Современники Абусуфьяна Акаева: единомышленники и противники (краткий биографический справочник // сост. и научн. ред. Г. М.-Р. Оразаев; Йусуф б. Хасанайн ал-джунгутий. Ал-Кавл ас-садид фи хасм маддат ал-иджтихад ва вуджуб ат-таклид: рукопись. Фонд восточных рукописей ИИАЭ ДНЦ РАН. ФМС. Оп. 1. № 35б. Л. 32а–66а; Йусуф б. Хасанайн ал-джунгути. Масала ан-нийиат: рукопись. Фонд восточных рукописей ИИАЭ ДНЦ РАН, ФМС. Оп. 1. № 35б. Л. 106а-108б.

Ш. Шихалиев

Геккиев, **Махмуд-хаджжи** Чукаевич (1935–2007) — муфтий *ДУМ Северного Кавказа* в 1978–89 гг.

Родился в с. Баксан Эльбрусского р-на Кабардино-Балкарской АССР. В марте 1944 г. был депортирован вместе со всей семьей. С детства интересовался исламским богословием. Окончил бухарское медресе Мир-и Араб в 1966 г., свободно владел русским, узбекским, несколькими кавказскими языками, знал арабский. По окончании медресе Г. М.-х. начал религиозную деятельность в ДУМ Средней Азии и Казахстана (САДУМ), где работал секретарем муфтията. В 1975 г. Г. М.-х. был назначен заместителем муфтия в *ДУМ Северного Кавказа*, а в 1976 г. — руководителем группы духовенства, представлявшей мусульман Сев. Кавказа за рубежом. В эту группу вошли представители мусульманской духовной элиты региона, прежде всего те, кто окончил медресе Мир-и Араб или Исламский ин-т в г. Ташкенте. К тому времени уже Г. М.-х. имел опыт работы в отделе международных отношений САДУМ и не раз присутствовал на встречах с зарубежными коллегами.

В 1978 г., после смещения с должности муфтия ДУМСК Хапиз-хаджжи Умарова, Г. М.-х. был назначен муфтием. При нем укрепились связи муфтията с республиканскими и союзными властями. Под руководством Г. М.-х. регулярно проводились совещания и съезды ДУМСК, на которые приглашались представители духовенства и власти. Сам Г. М.-х. принимал участие в партийно-советских мероприятиях, в том числе и на партийных региональных съездах. Г. М.-х. участвовал в подготовке и организации исламских конференций и симпозиумов, выступал с инициативой проведения конференций, устанавливал контакты с зарубежными коллегами из мусульманских стран. В мае 1981 г. Г. М.-х. выступил перед Советом по делам религий с инициативой созыва в г. Махачкале международной конференции под девизом «Ислам и борьба за мир», которая прошла 20–21.08.1981 г.

В 1984 г. Г. М.-х. возглавил делегацию мусульманского духовенства СССР в Турции, а в 1986 г. участвовал в составе советской делегации в «Неделе дружбы: Ливия — СССР», проходившей в столице Ливии — г. Триполи.

В 1986 г. Г. М.-х. издал ряд фетв, которые были направлены против посещений святых мест (зийараты), а также против суфизма. Одна из таких фетв «О деятельности ДУМСК и несовместимости деятельности мюридствующих групп с законами шариата и Корана» вызвала негативную реакцию в среде большей части просуфийских мусульман Сев.-Вост. Кавказа. В фетве Г. М.-х. обратил внимание своих оппонентов из числа суфиев на встречавшиеся в общинах мюридов обряды, противоречащие исламу.

В марте 1989 г. недовольная Г. М.-х. часть мусульманской элиты ДАССР выступила против него с рядом претензий. Их не устраивало, что муфтием ДУМСК является ханафит, тогда как подавляющее большинство мусульман ДАССР и ЧИАССР являлись шафиитами. Г. М.-х. вменялось также в вину нецелевое расходование финансовых средств, а также то, что он препятствует открытию новых мечетей. В мае 1989 г. Г. М.-х. был смещен с должности муфтия ДУМСК, после чего покинул г. Махачкалу и уехал в Кабардино-Балкарскую АССР, где стал имамом мечети г. Тырнауз; скончался в 2007 г. В 2008 г. *Координационный Центр мусульман Северного Кавказа* посмертно наградил Г. М.-х. орденом «За заслуги перед уммой» I степени.

Генуэзский торговый путь

Лит.: Макаров Д. В. Официальный и неофициальный ислам в Дагестане. М. 2000; Сулаев И. Х. Государство и мусульманское духовенство в Дагестане: история взаимоотношений (1917–91 гг.). Махачкала, 2009.

Ш. Шихалиев, И. Сулаев

Генуэзский торговый путь — сухопутный маршрут европейского купечества, в золотоордынский период проходивший через Верх. Кубань.

В международной торговле в XIII–XIV вв. среди европейских купцов преобладали генуэзцы, создавшие свои колонии и фактории на кавказском побережье Чёрного моря. Они упоминаются в фольклорном наследии местных народов под именами ференк («франк»), гене, генез, гуенэс, джену, джинуз. М. Н. Каменев (1869) и Е. Д. Фелицын (1889) сообщают о «следах генуэзской дороги», которая шла через Карачай и Цебельду (Абхазия). Генуэзцам приписывали постройку руин районе г. Зеленчук, в верхней части р. Кубани и Аксаута, развалины на р. Кефар, Теберда, Хумаринского городища. Г. т. п. проходил по территории современных КЧР, КБР, РСО–А и доходил до Дагестана, что подтверждается в карачаево-балкарском фольклоре сведениями о «франках» (предания были опубликованы до революции Ф. Х. Абаевым (1911), П. И. Ковалевским (1914)). Жители с. Верх. Баксан (Эльбрусский р-н КБР) развалины на территории села называли «Ференкской крепостью»; с «франками» старожилы с. Верхне-Чегемского (Чегемский р-н КБР) связывали сохранившийся со времен средневековья могильник с наземными склепами «Фардык». На маршрутах Г. т. п. действовали католические миссионеры. И. Шильтбергер (1414–16) сообщает о католическом епископстве в «гористой стране Джулад», где священнослужители (из ордена кармелитов) вели богослужение на тюркском языке. Археологические исследования подтверждают эти сообщения (*И. М. Чеченов*).

Лит.: Кубанские областные ведомости. 1869. № 36–37; Фелицын Е. Д. Некоторые сведения о средневековых генуэзских поселениях в Крыму и Кубанской области // Кубанский сборник. Екатеринодар, 1889; Чеченов И. М. Новые материалы и исследования по средневековой археологии Центрального Кавказа // Археологические исследования на новостройках Кабардино-Балкарии в 1972–79 гг. Нальчик, 1987. Т. 3.

Р. Хатуев

Ал-Гигатли, Мухаммад б. Газимухаммад ал-Хусайни (между 1835 и 1855–1934 или 1935) — мусульманский учёный, специалист по исламскому праву и суфизму, шейх, автор религиозный стихов и исторических сочинений на аварском языке.

Ал-Г. М. родился в с. Гигатли (ныне Цумадинский р-н РД) в семье сейидов — потомков пророка Мухаммада, переселившихся в начале XIX в. из лакского с. Кумух (ныне Лакский р-н РД). После обучения в местном медресе ал-Г. М. продолжил учёбу у Али-хаджжи ал-Унсукулави, а затем в с. Хуштада (ныне Цумадинский р-н РД) у шейха накшбандийского тариката Пир-Мухаммада ал-Хуштади, от которого получил разрешение на наставление мюридов.

В начале XX в. ал-Г. М. сотрудничал с дагестанскими издателями, в частности с владельцем типографии *М.-М. Мавраевым* в Темир-Хан-Шуре (ныне г. Буйнакск), его печатные труды сыграли положительную роль в развитии аварского языка и религиозного движения в Дагестане. Перу ал-Г. М. принадлежат произведения разных жанров. К историческим произведениям относятся написанные на аварском языке воспоминания о *Восстании Всеобщем 1877 г.* (Махачкала, 2013), а также рассказы о пророке Мухаммаде и его сподвижниках. «Мавлид ал-Кабир» ал-Г. М. (стихотворное изложение биографии пророка Мухаммада) был издан в «Исламской типографии» *М.-М. Мавраева* в 1906 г., выдержал несколько изданий. «Мавлид» в стихотворной форме посвящен биографии пророка Мухаммада.

На аварском языке ал-Г. М. написал и издал в начале XX в. 4 книги, посвящённые суфийской тематике: 1) «Тухват ал-Мутаваджидин» (Петровск, 1906); 2) «Имтихан ас-саликин (Темир-Хан-Шура, 1911); 3) «Манзумат ал-'аджамийя» (Темир-Хан-Шура, 1911); 4) «Ми'радж ан-наджат» (Темир-Хан-Шура, 1913).

Ал-Г. М. также является автором цикла неизданных аварских стихов на религиозные темы (турки). Не вышли в свет и переводы сур Корана и жизнеописание пророка Мухаммада на аварском языке. Сохранились в рукописном варианте исторические и метрические записи, глоссы и хашии на религиозные тексты.

Умер и похоронен ал-Г. М. в с. Агвали (ныне центр Цумадинского р-на РД), на кладбище квартала Колих. Дата рождения ал-Г. М. точно не известна, называются несколько дат: 1835, 1842, 1845 и 1855 г. Умер в 1934 или 1935 г.

Лит.: ГьигІалъ МухІаммад ХІусайнияв. МигІражуннажат. Махачкала, 2017 (на авар. яз.); Исаев Ш. Гигатлинская ветвь «Сагитхани» согласно родословной схеме сейидов Кумуха // Ислам и проблемы межцивилизационного взаимодействия М., 1992.

Ш. Хатизов

Ал-Гимрави, Хасанилав (Гасанилав, 1846–98) — мусульманский богослов, дагестанский 'алим, историк, аварский поэт.

Родился в 1846 г. в семье будуна (му'аззина) Хусейна в с. Гимры (ныне Унцукульский р-н РД). Начальное традиционное мусульманское образование получил у отца и гимринских 'алимов, позже продолжил его у др. дагестанских 'алимов, в частности, у известных ученых *ал-Карахи Мухаммадтахира*, Халила ал-Ангида, ас-Салти 'Али-Кади. К 30 годам ал-Г. Х. стал признанным в округе 'алимом и проживал в с. Кака-Шура (ныне Карабудахкентский р-н РД), где исполнял обязанности сельского дибира.

В начале 1880-х гг. ал-Г. Х. проживал в с. *Хунзах* (ныне адм. центр Хунзахского р-на РД), преподавал в мектебе. Затем вернулся в с. Гимры и несколько лет исполнял обязанности сельского имама (дибир); именно тогда к нему пристало имя «Хасанилав-дибир».

В 1888 г. ал-Г. Х. вновь покинул родное селение и вместе с семьей отправился в некие «земли Чергес» (авар. «Чергес ракьалда»). Вероятно, речь идет об украинском г. Черкассы, расположенном в 180 км от г. Киева, или одном из сел Черкасской обл. В конце жизни вместе с семьей вернулся в Дагестан и последние годы жизни провел в местности у пещеры Гудал («ГъудаI») в Гимринском ущелье. Ал-Г. Х. владел значительной коллекцией рукописных книг, но она не сохранилась.

Ал-Г. Х. был известен как автор религиозных поэтических сочинений (мавлидов, марсийя, турки). Его произведения приписывают различным авторам: Сираджуддину из Обода (1868–1914), *'Али-Хаджи из Инхо*, Мухаммад-бегу из Гергебиля (1830–1912), Мухаммаду из Чиркея (1836–1912) и др. М.-Н. Ибрагимову удалось выявить четыре произведения Ал-Г. Х.: «Правитель от Аллаха, Газимухамад», «Не вы ли счастливцы, газии», «Прими поздравления с раем, Газимухамад», «Посвящение кончине Патимат, дочери Пророка».

Ал-Г. Х. скончался в 1898 г., его письменное наследие оказалось утерянным. Однако его «Хроника об имаме Газимухаммаде» пользуется у дагестанских арабистов особой популярностью. В ней автор описывал жизнь, взгляды, политическую и религиозную деятельность первого имама *Газимухаммада* ал-Гимрави.

Ал-Г. Х. похоронен на кладбище с. Гимры, напротив могилы имама *Газимухаммада*. Надпись на могильной плите из песчаника лаконична: «Здесь покоится 'алим Хасанилав, сын Хусайна».

Соч.: Ал-Гимрави Хасанилав. Имам Газимухаммад: аварская хроника времен Кавказской войны, 1827–31 / пер. П. И. Тахнаевой, Д. М. Маламагомеда, М. А.-М. Магомедова. М., 2020.

Лит.: Алиев Б. Р. «Кавказская Сибирь»: селения Акнада, Ангида, Аща (к истории и этнографии тинда-лов). Махачкала, 2011; АхIмадил МухIамднаби «Генуб (тарихазул нугIзал)» (на авар. яз). Махачкала, 1997; Гасанилав Гимринский. Газимухаммад: повесть // Багадур Малачиханов. Жизнь и творчество. Махачкала, 2004; Имам ГъазимухIамад (на авар. яз). Махачкала, 1992; Кавказский календарь. Тифлис, 1910; Козубский Е. И. История Дагестанского конного полка. Петровск, 1909. С. 91; Маламагомедов Д. М. Новые сведения о биографии и творчестве Хасанилава ал-Гимрави (1846–93 гг.). Жизнь и творческое наследие дагестанских ученых XIX — начала XX в.: вопросы историографии и источниковедения: сб. статей, посвященный 180-летию Гасана Алкадари. Дербент, 2016; Фонд восточных рукописей ИИАЭ ДНЦ РАН. Ф. 1. Оп. 1 № 476. (40 л.); Хайбуллаев С. М. ПIелмудул чирахъал, (на авар. яз). Махачкала, 2008; ЦГА РД. Ф. 47 С/133. Оп. 2. Д. 1. Л. 83.

Д. Маламагомедов

Ал-Гиничутли, Хайдарбек (из Геничутля, 1829–83) — мусульманский ученый-богослов, автор ряда историко-биографических и исторических очерков.

Сын аварского узденя 'Умар-хаджи, родился 1829 в с. Геничутль *Аварского ханства* (ныне Хунзахский р-н РД). Ал-Г. Х. известен как автор прозаических произведений, которые написаны классической арабской рифмованной прозой. Очерки ал-Г. Х. представляют собой разделенные на отдельные главы произведения с хроникальным сюжетом; основаны на устных преданиях и различных рукописях местного происхождения. Также ал-Г. Х. описывал события, очевидцем которых являлся сам. Переводы очерков ал-Г. Х. с арабского языка на русский были опубликованы в 1992 г. в сборнике: Хайдарбек Геничутлинский. «Историко-биографические и исторические очерки».

Скончался в 1883 г. в Хиджазе во время совершения хаджжа.

Лит.: Мусаев М. А. Дагестанские арабоязычные историко-биографические сочинения XIX — начала XX в. // Современные проблемы науки и образования. М., 2014. № 1; Хайдарбек Геничутлинский. Историко-биографические и исторические очерки / пер. с араб. Т. М. Айтберова; под ред. М. Р. Мугумаева; коммент. и общ. ред. В. Г. Гаджиева. Махачкала, 1992; Шихсаидов А. Р., Тагирова Н. А., Гаджиева Д. Х. Арабская рукописная книга в Дагестане. Махачкала, 2001.

Д. Маламагомедов

Горская республика (Демократическая республика горцев Северного Кавказа и Дагестана) — государственное образование, политический и идеологический преемник *Союза объединенных горцев Северного Кавказа и Дагестана* и Республики Союза горцев Кавказа.

На фоне военно-политического противостояния между большевистской Россией и Республикой Союза горцев, последствий

Горская республика

Брестского мира (03.03.1918 г.) и начала Гражданской войны, 11.05.1918 г. в рамках четырехсторонней — Германия, Османская империя, Юж. и Сев. Кавказ — конференции в Батуми была провозглашена «Декларация об объявлении независимости Демократической Республики Горцев Северного Кавказа и Дагестана (Д. Р. Г. С. К. и Д., Г. р.)». Подписанная полномочными делегатами А. А. *Чермоевым* и *Бамматом Гайдаром*, она возвещала об отделении Союза горцев Кавказа от России и образовании независимого государства, рассматривающего себя с этого момента «закономерно установленным». Географическая территория Г. р. включала «области и провинции Дагестана, Терека, Ставрополя, Кубани и Черного моря бывшей Русской империи», с запада ограничивалась Черным морем, с востока — Каспийским, юж. границы предполагалось определить «по соглашению с Закавказским правительством». Сразу началась дипломатическая работа, нацеленная на достижение признания Г. р. международным сообществом, в первую очередь — Османской империей и Германией. Обращение с просьбой о признании суверенитета республики быстро распространилось в государствах Европы. Нота Горского правительства от 13.05.1918 г., оповещавшая правительство РСФСР о создании Северо-Кавказского государства, была передана в Народный комиссариат иностранных дел через посла Германской империи в Москве графа Вильгельма фон Мирбаха. В ответ на ноту 16.05.1918 г. германскому правительству советским руководством был подан протест, в котором указывалось, что «народы и племена Черноморского побережья, Кубани, Терека и Дагестана давно уже высказались на правах демократически организованных съездов за неразрывную связь с Российской Федерацией» (речь шла о провозглашенной в марте 1918 г., в качестве автономной республики в составе РСФСР, Терской Советской Республике с центром в г. Владикавказе) и что «против попытки небольшой кучки попрать волю широких слоев своего народа, а также узурпации власти этой кучки, российская советская власть будет выступать самым решительным образом». Помимо использования официальных дипломатических каналов (в частности, 31.05.1918 г. нарком иностранных дел Г. В. Чичерин направил телеграмму полномочному представителю РСФСР в Германии, где вновь подчеркивалась «недопустимость объявления независимости Северного Кавказа»), велись и «тайные» переговоры. Большевики направляли в г. Берлин доносы, выставлявшие лидеров Г. р. в лице А. А. *Чермоева* и *Баммата Гайдара* как «случайных авантюристов», а в германской прессе те нередко подвергались нападкам, осмеянию и сарказму, порой становясь и персонажами карикатурных изображений. Принципы действия советского руководства и всевозможные средства, к которым оно прибегло для дискредитации своих политических противников, не могли не сказаться на ходе событий в регионе. «Красные комиссары» Терской республики устремились последовательно выполнять поставленные перед ними задачи: «Покончить с идеей независимости горцев, разбить с помощью самих горцев вооруженные отряды сторонников Узун-Хаджжи и *Гоцинского Нажмутдина*, показать всему мусульманскому миру, как советская власть решает национально-религиозные проблемы угнетенных народов царской России, исповедующих ислам».

Правительство Г. р., не имевшее большого опыта в практике политической борьбы, не сумевшее сосредоточить и удержать власть в своих руках, было вынуждено покинуть родину и эмигрировать в демократическую Грузию. Многосторонние дипломатические контакты были разорваны. Однако Турция, заинтересованная в создании самостоятельного государства на Сев. Кавказе, возобновила переговорный процесс в узком формате: итогом стало официальное признание республики и заключение 08.06.1918 г. двустороннего дружественного договора. Для оказания помощи в налаживании внутренней жизни и укреплении внешних границ республики в июне–июле 1918 г. группа турецких офицеров и военных под командованием генерала Исма'ила Хакки прибыла в Дагестан. Общая организация воинских частей, согласно планам, должна была способствовать борьбе с большевиками и освобождению столицы независимой Г. р. — г. Владикавказа. В сентябре 1918 г. между Г. р. и Азербайджаном был подписан договор, в соответствии с которым создавалось единое министерство вооруженных сил, подчиненное турецкому командованию. Вслед за тем в г. Тбилиси состоялась встреча *А. А. Чермоева* с генералом Юсуфом Иззет Пашой, который был назначен командующим войсками Д. Р. Г. С. К. и Д. 10.10.1918 г. находившееся в вынужденной эмиграции в Грузии правительство Г. р. вместе с отрядами под командованием военного министра князя Нухбека и Юсуфа Иззет Паши вошло в г. Дербент, а 24(29?).10.1918 г. — в г. Темир-Хан-Шуру (ныне г. Буйнакск), где вновь было поднято знамя Г. р. Министром внутренних дел стал *Гайдаров Ибрагим-бек*, которому поручалось формирование органов государственной власти в республике. Главными критериями установления «нормальной жизни» и «порядка» фиксировались «справедливость без различия религии и национальностей ко всем, кто будет с уважением относиться к праву горцев строить свое независимое существование по принципу национального самоопределения», а также «отсутствие вражды» к народам, населяющим Кавказ, из-за содеянного ранее и «дружественные отношения с русскими людьми, особенно — с желающими остаться на своих местах».

В это время перемены происходили не только во внутрикавказской жизни. В связи с подписанием Мудросского перемирия (30.10.1918 г.), выводом турецких и германских войск с территории Кавказа и прибытием туда вооруженных сил Великобритании, кавказские политики и дипломаты были неизбежно поставлены перед новым «гарантами» своей независимости — странами Антанты и прежде всего Великобританией — и были вынуждены искать их военно-политической поддержки. Дипломатическая работа с зарубежными миссиями о признании Г. р. велась министром иностранных дел *Бамматом Гайдаром*, прибывшим 24.11.1918 г. в г. Берн. Во всех своих обращениях к представителям дипломатических миссий стран Антанты он поддерживал идею создания Кавказской Федерации, поскольку был убежден, что северокавказской независимости «вне всякой зависимости от Закавказья обречен на провал». Переговоры проходили и в г. Баку: 27–29.11.1918 г. состоялись беседы *А. А. Чермоева* и *Гайдарова Ибрагим-бека* с английской военной миссией, в ходе которых со стороны Союзных держав было обещано поддержать Горское правительство, вопрос же «окончательного закрепления» независимости откладывался до Парижской мирной конференции. При личной встрече британского генерала В. Томсона и *Коцева Пшемако* последнему было настоятельно предложено организовать новое коалиционное правительство (с включением представителей Терского казачества), которое бы действовало «в тесном единении» с Антантой. Сообразуясь с ситуацией, *А. А. Чермоев* подал в отставку; 19.12.1918 г. на заседании парламента Г. р. власть была вверена *Коцеву Пшемако*, был утвержден новый состав правительства. Должность начальника шариатского управления получил *Гоцинский Нажмутдин*.

В феврале 1919 г. на территорию Сев. Кавказа вступили войска генерала А. И. Деникина. Руководство Г. р. полагало, что с ним их сближает единая цель — борьба с советской властью, и надеялось, что, находясь под «высоким покровительством» Антанты, оно сможет отстоять независимость и добиться признания государства на международной арене. Но у главнокомандующего Вооруженными силами Юга России было собственное ви́дение ситуации, а у держав Антанты — собственные цели. А. И. Деникин не признал ни статуса автономии горцев в составе России, ни их самостоятельности вне ее рамок. Не обладая достаточными военными, экономическими, финансовыми средствами для противостояния Добровольческой армии, Г. р. не дождалась и реальной помощи со стороны стран Антанты. В этих условиях в марте 1919 г. была организована «Лига единения, независимости и прогресса горцев Кавказа», которая в качестве основной цели выдвигала создание независимого и единого демократического северокавказского государства. Важным представлялось политическое и экономическое сближение с республиками Азербайджана, Грузии и Армении для отстаивания самостоятельности, национального и культурного единства «от покушений на возврат в лоно» России и от разделения Кавказа на сферы влияния великими державами, с целью создания единого и независимого Кавказа на конфедеративных началах.

20.05.1919 г. в г. Порт-Петровске (ныне г. Махачкала) появилась первая колонна белогвардейцев. Перед парламентом были оглашены тезисы генерала А. И. Деникина о том, что белая армия независимой Г. р. не признает, но будет готова считаться с правительством Дагестана, «если дагестанцы поймут целесообразность отмежевания от других народов Сев. Кавказа и учредят отдельный орган власти». Поздним вечером 23.05.1919 г. Совет министров Г. р. во главе с *Коцевым Пшемако* объявил о сложении полномочий, а члены парламента сочли более разумным подчиниться обстоятельствам и разъехаться. Тогда на трибуну взошел шейх Узун-Хаджжи и обратился к депутатам (многие из них являлись офицерами царской армии) со словами: «Эй вы, белые плечи! Вы думаете, что ваш хлеб от казаков? Идите к ним, идите все! Я и Бог будем воевать с ними!»

Горская интеллигенция оказалась неподготовленной, неорганизованной и не смогла дать народу твердого национального руководства. Правительство Г. р. не нашло в себе силы проявить волю и ответственность перед обществом, интересы которого представляло, и покинуло реальное политическое поле Сев. Кавказа, продолжая содействовать его освобождению, но уже в эмиграции: сначала в демократической Грузии, где в июле 1919 г. был образован Союзный Меджлис горских народов Кавказа во главе с *Цаликовым Ахмедом*, а после ее советизации — за пределами Кавказа. Попытка реализации европейской модели государственности на Сев. Кавказе не осуществилась. Жесткие условия Гражданской войны, красного, а затем и белого террора усиливали социальное, политическое и идеологическое противостояние в обществе. Тем не менее основатели и деятели Д. Р. Г. С. К. и Д. добились создания демократических ин-тов, организовали армии, вели активную дипломатическую работу, пытались решить важнейшие земельные вопросы, сплотить кавказские народы перед внутренними и внешними врагами, развивать культуру и образование, создать основу для подлинно независимого и экономически сильного государства.

Лит.: Авторханов А. Революция и контрреволюция в Чечне. Из истории гражданской войны в Терской обл.: краткие очерки. Грозный, 1933; Внешняя политика контрреволюционных «правительств» в начале 1919 г. (Из документов парижского «посольства») // Красный архив. 1929. Т. 6(37); Гайдар Баммат — известный и неизвестный: сб. документов и материалов / сост. Х. М. Доного. Баку, 2015; Горская контрреволюция и интервенты // Красный архив. 1935. Т. 1(68); Гусейнова И. С. Горская республика: зарождение, становление и причины падения (1917–20 гг.): автореф. дис. ... канд. ист. наук. Махачкала, 2003; Даудов А. Х., Месхидзе Д. И. Национальная государственность горских народов Сев. Кавказа (1917–24). СПб., 2009; Джавахишвили Н. Г. Борьба за свободу Кавказа (Из истории военно-политич. сотрудничества грузин и северокавказцев в первой половине ХХ в.) Тбилиси, 2005; Дзидзоев В. Д. От Союза объединенных горцев Сев. Кавказа и Дагестана до Горской АССР (1917–24 гг.). Владикавказ, 2003; Доного Х. М. Полковник Магомед Джафаров: сб. материалов. Махачкала, 2005; История горских народов Кавказа (1917–20 гг.) и независимая Горская республика 11 мая 1918 г.: сб. материалов 1-й научно-практической конференции. 18–19 мая 1992 г. Махачкала, 1992; «Кристаллизация» горского освободительного движения. Размышления Б. Байтугана об истории мусульман Сев. Кавказа и Дагестана / вступ. ст. С. М. Исхакова // Вопросы истории. 2001. № 5; Лобанов В. Б. Терек и Дагестан в огне Гражданской войны: религ., военно-политич. и идеологическое противостояние в 1917–20-х гг. М., 2017; Мемуары полковника Джафарова // Полковник Магомед Джафаров: сб. материалов / отв. ред. Х. М. Доного. Махачкала, 2005; Союз объединенных горцев Сев. Кавказа и Дагестана (1917–18 гг.) и Горская Республика (1918–20 гг.): документы и материалы. 2-е изд., испр. и доп. Махачкала, 2013; Тахо-Годи А. А. Революция и контрреволюция в Дагестане. Махачкала, 1927; Церцвадзе К., Бахтадзе М. Документы об отношениях Грузии с Сев. Кавказом в 1918–21 гг. Тбилиси, 2000 (на груз. яз.).

Д. Месхидзе

Горско-мусульманский совет (Кисловодский мусульманский народный Совет) — орган самоуправления мусульманского населения Кисловодской котловины 1917–18 гг.

Создан весной 1917 г. общественными деятелями — представителями горских мусульманских народов (преимущественно карачаевцев и *абазин*). Председателем Г. м. с. был избран абазин Магомет Абуков (юрист), а председателем его исполнительного органа (Кисловодский мусульманский исполнительный комитет, КМИК) — карачаевец Хамзат Голаев (выпускник Санкт-Петербургских сельскохозяйственных курсов). Штаб-квартира располагалась в г. Кисловодске (ныне ул. Баязетская, 18). Одним из главных вопросов для организации стал карачаево-кабардинский земельный конфликт, который рассматривался на заседаниях КМИК в мае-июне 1917 г. В телеграмме в адрес исполкома Терского областного совета (июнь 1917 г.) сообщалось, что «для решения этого вопроса из среды своей карачаевцы избрали комиссию в 10 чел., которая вместе с Кисловодским мусульманским исполкомом будет защищать и отстаивать права и интересы карачаевцев». КМИК просил «принять меры к улаживанию в благоприятном для карачаевцев смысле этого вопроса и оказать воздействие на кабардинское общество». Обращение обсуждалось на заседании исполкома Терского областного совета 20.06.1917 г. под председательством *П. Коцева* («дело, возникшее между кабардинцами и карачаевцами на почве земельных неурядиц»). Аналогичное обращение КМИК было направлено на рассмотрение Центр. комитета *Союза объединенных горцев Сев. Кавказа и Дагестана* (СОГК) и Духовного совета СОГК, которые признали, что «скотоводство в Карачае является важнейшей отраслью хозяйства», но отметили «излишнюю страстность» и резкость телеграммы карачаевцев, указывая на то, что им «кабардинцы не отказывали в аренде пастбищ». ЦК СОГК подчеркнул, что «разрешение земельного вопроса всецело принадлежит Учредительному собранию, а в настоящее время Временное правительство и наш Союз стоят на точке зрения неприкосновенности прав каждой горской народности на ее землю». Прозвучал призыв «к спокойствию и братскому отношению друг к другу как мусульман и членов общегорского Союза»; при этом отмечалось, что «кабардинцы вправе как собственники земель, вольны и свободны распоряжаться ею, а потому карачаевцы не вправе требовать эту землю». Нерешенность земельной проблемы привела в итоге к карачаево-кабардинским конфликтам в 1920 и 1922 г.

Г.-м. с. мирно сосуществовал с органами советской власти, созданными весной 1918 г., и прекратил функционирование после захвата г. Кисловодска белогвардейцами в конце того же года.

Лит.: Терский вестник. 08.06.1917. № 30; 20.07.1917. № 42; Хатуев Р., Шаманов И. Горский комитет на КМВ // МК-Кавказ. Ставрополь, 2002. № 49.

Р. Хатуев

Гоцинский, Абдулатип (ал-Хуци 'Абдаллатиф, 1851/52–1890/91) — дагестанский 'алим, мударрис, поэт.

Родился в с. Ниж. Дженгутай Дагестанской обл. (ныне Буйнакский р-н РД). Г. А. обучался риторике и мусульманскому праву у *Курбана 'Али ал-Ашилти*, а затем у Са'аду б. Нурмухаммада и Хабибулаха б. 'Абдалмаджида ал-Харакани. Следующими преподавателями Г. А. по мусульманскому праву были 'Абдарразак б. 'Али ал-Унцукули, 'Усман Хаджжи и Дибир б. Будун ал-Буцри. Математическим, астрономическим и философским наукам обучался у *Атта Хаджжи б. 'Умара ал-Гумуки* и *ал-Куркли Зайда*.

После окончания курса обучения Г. А. преподавал арабский язык, логику, философию, естествознание, астрологию, математику, тафсир, хадисы, мусульманское право; самостоятельно изучил географию, историю, медицину, ботанику. В совершенстве владел многими дагестанскими (родной аварский, лакский, кумыкский), персидским и тюркским языками, о чем свидетельствуют письма и книги из его библиотеки, заметки на полях печатного издания перевода на турецкий язык «Гюлистан» Муслих ад-дина Саʿади аш-Ширази. Г. А. развернул активную педагогическую, писательскую, научную деятельность, вокруг него собралось множество мутаʿаллимов не только из Дагестана, но и из соседних регионов.

Г. А. возглавил медресе в родном с. Ниж. Джунгутай, оно пользовалось огромной популярностью и считалось одним из лучших в Дагестане в 1870–90-е гг. Одновременно обучалось не менее 30 шакирдов. Ученики Г. А.: Шейх ʿАли — внук знатного шейха Хаджжи ʿАбдарразака ал-Унцукули, ʿАбдаллах б. Курбан ʿАли ал-Ашилти, Нуруллах ал-Карахи, Мухаммад б. Батрик ал-Гулуди, Мухаммад ал-Курали, Ибрахим ал-Ахты, Ибрагим Хаджжи ал-Тилитли, ʿАбдассалам Хаджжи ал-Гиничутли, Хирияв Хаджжи ал-Карати, Хафиз Мухаммад Наби б. Шахав ал-Ансухи, Курбан ʿАли ал-Аргвани, ʿАбдалхалим Челеби ал-Аргвани, Ибрахим ал-Ашали, Ибачи ал-Дженгути, Хазак ал-Дженгути, Хаджияв ал-Михилти, ʿАбдаллазим — внук *Йусуфа ал-Йахсави*, ʿАбдалкадыр ал-Чиркави, Хамзат ас-Сугури, Дарвиш Мухаммад ал-Инхави, Мухаммад б. Исхак ал-Буцри, Кудияв Дибир ал-Хуцали — автор книги «Джавахир ас-сулук», Мухаммад б. Махаммад ал-Хунзахи, Мансур ал-Бухти, Ахкубек ал-Ашилти, Хаджжи-Мамма ал-Джунгути, Таджаддин ал-Джунгути, ал-Аргвани Фахру, Тамарил Дада ал-Ухли, Алиф Мухаммад ал-Микали, Кудияв Мухаммад (Нурмухамил Мухаммад) ал-Буцри.

В 1884 г. Г. А. отправился в г. Казань и посетил медресе «Марджания», где познакомился с Ш. Марджани и современными методами преподавания, рядом неизвестных ему книг по богословию. В течение двух лет (1889–90) без разрешения властей Г. А. посетил Грузию, Турцию, Египет, Мекку, Медину, где приобретал книги, встречался с авторитетными исламскими учеными, шейхами. По возвращении в Дагестан Г. А. был посажен царскими властями в тюрьму и через несколько месяцев выслан в Россию, где умер в 1890/91 г.

Известны около двадцати сочинений Г. А.: «Джуммана ат-таʿали фи шарх Бада ал-ʿамали» («Жемчужина высоты в толковании Начала надежд») — комментарий на небольшой трактат по догматике среднеазиатского богослова Абу ал-Хасана ʿАли б. ʿУсман ал-Ушли ал-Фиргауни, написанный в 1173 г. в стихах; «Ат-Тиб ал-анбари фи касб аш-шайх ал-Ашари» («Аромат Амбры о действии [человека] по шейху ал-Ашари») — небольшой трактат, написанный Г. А. в 1880 г. в защиту Абу ал-Хасана ал-Ашари по вопросу свободы действий человека по отношению к божественной воле; «Ал-Аламис ас-сафийййа ал-катиат ли-зуджадж салам баʿд ас-суфийййа» («Чистые алмазы, режущие стекло приветствия некоторых суфиев») — комментарий к формуле приветствия Пророка, составленной суфиями из редких слов и терминов в самой запутанной и сложной формулировке, который Г. А. написал в с. Дженгутай в 1883 г.; «Хубук ан-нужум фи таʾрифат ал-ʾулум» («Звездные пути в определении наук») — краткий справочник, написанный Г. А. в 1880 г., в котором автор дает определения и краткие характеристики тридцати пяти наукам, труд был издан в г. Темир-Хан-Шуре (ныне г. Буйнакск) в 1910 г. в типографии *М.-М. Мавраева*; «Ал-Фаваʾид ал-мубдада» («Рассеянные пользы») — небольшой сборник, в котором собраны самые редкие и практически важные правила грамматики арабского языка, издан в г. Темир-Хан-Шуре в 1910 г. в типографии *М.-М. Мавраева*; «Ар-Равзат ан-надийййа фи мадх ал-хазрат ан-набийййа» («Влажный луг о восхвалении величия [пророка] Мухаммада») — касыда, содержащая 231 бейт, сочинена в подражание касыдам египетского поэта Мухаммада ал-Бусири (ум. 1294), издавалась четырежды: в г. Стамбуле в 1889 г., в г. Порт-Петровске в 1905 г. и дважды в г. Темир-Хан-Шуре в 1907 г.; сборник стихов «Кавкаб ал-фалах аш-шарик мин машрик сама ал-ашар ал-милах» («Звезда благоденствия, восходящая с востока неба прекрасных стихов») и др.

Списки остальных трудов Г. А. на данный момент не обнаружены, но известны их названия: «Утур ал-йасамин Хашийя ʿала Шарх Мухаммад Амин» («Аромат жасмина по примечаниям к толкованию Мухаммад Амина») — субкомментарий на трактат по логике «Исагоге» ʾАсираддина ʿУмара ал-Абхари (ум. 1264/65), сохранилась касыда, написанная известным ученым арабистом Шейх ʿАли ас-Сугури, как похвальный отзыв об этом сочинении; «Ал-Канз ал-камин фи мазхаб ал-фалсафат ал-мутакаллимин» («Скрытое сокровище о толке философии мутакаллимов») — трактат по философии; «Ал-Касидат ал-джалила фи ал-ʿаруд в ал-кавафи» («Великолепная касыда о метрике и рифмах»); «Ал-Йакутат ал-джамила фи-шарх ал-касидат ал-джалила» («Прекрасный яхонт в толковании Великолепной касыды») — трактат по метрике; «Аз-Захаб ал-ашраф фи мазахиб ал-мутакаллим в ал-фалсаф» («Благороднейшее золото о толках мутакаллима и философии»); «Джавахир ал-лакитин фи-л-хулафа ва-с-салатин» («Драгоценные [сведения], собранные о халифах и правителях»); «Танвир ал-абсар би-зикр шуйух салиф ал-асар» («Просвещение разума воспоминанием великих людей прошлых веков»); «Рисала фи хакиййат дин ал-ислам байн са'ир ал-адийан мин-н-насраниййа ва-л-йахудиййа ва гайриха» («Трактат о достойности ислама среди других вер, как христианства, иудаизма и других», написан в 1879 г.); «Тухфат ал-мутамаллик фи хилат ал-мантик» («Подарок льстеца о дозволенности логики») — трактат о необходимости изучения логики согласно шариату; «Рисалат фи-л-вада» («Трактат о формах [арабского языка]»); «Ал-Му'ариб 'ала-л-'Авамил ал-джадида» («Грамматический анализ «Ал-Авамил джадида»); «Ал-Кава'ид ал-'арбаун» («Сорок правил»).

Лит.: Алкадари Х. Ал-Урда ал-махдиййа ли-р-равда ан-надийа ли-л-фадилайн ад-Дагистаниййайн. Петровск (б/г., дозволено цензурой в 1905 г.); Гайдарбеков М. Биография и труды Абдуллатифа из Гоцо // Рукописный фонд ИИАЭ ДНЦ РАН. Ф. 3. Оп. 1. Д. 179.

Д. Алхасова, М. Мусаев

Гоцинский, Нажмутдин (ал-Хуци Наджмуддин, 1865–28.09.1925) — дагестанский религиозный и общественный деятель. Председатель Духовного совета (муфтий) *Союза объединенных горцев Северного Кавказа и Дагестана*. Один из руководителей контрреволюционного движения в Дагестане в 1917–21 гг.

Родился в с. Гоцо Аварского окр. Дагестанской обл. (ныне Гергебильский р-н РД) в семье наиба имама *Шамиля* Мухаммада Доного. Прошел все ступени религиозного обучения. Окончив медресе и получив высшее духовное образование, 19.12.1880 г. поступил на службу нукером (всадником) в конный конвой Начальника Дагестанской области князя Н. З. Чавчавадзе. В 1884 г. за хорошую службу был награжден серебряной медалью «для ношения в петлице». Депутат Дагестанского народного суда (1891). В 1895 г. назначен Койсубулинским наибом в Аварском окр. Дагестанской обл. В 1903 г., получив разрешение от военного губернатора, отправился в длительную поездку по Османской империи, где встречался с султаном 'Абдул-Хамидом II. Под впечатлением встречи сочинил оду, прославлявшую повелителя мусульман, которая была опубликована в одной из стамбульских газет.

По возвращении в Дагестан преподавал в различных медресе Аварского окр. Дагестанской обл. Пребывание Г. Н. в Османской империи вызвало недовольство у властей Кавказского наместничества, и он попал под надзор жандармов. Последние боялись, что горцы предназначали Г. Н. в правители Дагестана, в связи с чем его подозревали в намерении «объединения всех магометанских племен Дагестанской области». В 1905 г. как землевладелец Темир-Хан-Шуринского окр. Г. Н. стал кандидатом от Дагестанской обл. в депутаты на выборах в 1-ю Государственную думу. В начале XX века Г. Н. пользовался большим авторитетом среди духовенства и жителей Нагорного Дагестана и Чечни. Как знаток шариата занимался урегулированием поземельных исков между селениями, в частности примирил горцев Аварского и Андийского окр. и Чечни. Участвовал в *Антиписарском восстании 1913–1914 гг.*

После Февральской революции Г. Н. вошел в состав Временного Дагестанского областного исполнительного комитета, созданного 09.03.1917 г. в г. Темир-Хан-Шуре (ныне г. Буйнакск). Оказывал поддержку организации городского самоуправления «Джами'ат ул-Исламийа», изданию газеты «Джаридат Дагистан». В мае 1917 г. на Первом съезде представителей горских племен Кавказа в г. Владикавказе Г. Н. был избран муфтием, председателем правления Горского духовного управления *Союза объединенных горцев Северного Кавказа и Дагестана*. В августе 1917 г. в аварском с. Анди (ныне Ботлихский р-н РД), на 2-м съезде горских народов Кавказа, религиозные лидеры Дагестана намеревались провозгласить Г. Н. имамом Сев. Кавказа. Съезд не состоялся по ряду причин, и Г. Н. был вновь объявлен муфтием. В сентябре 1917 г. на 3-м съезде горских народов в г. Владикавказе вновь был назначен муфтием Сев. Кавказа.

В январе 1918 г. национальные войска горцев во главе с Г. Н. заняли г. Темир-Хан-Шуру перед открытием 3-го Дагестанского областного съезда Советов, созванного для обсуждения вопроса о форме правления на Кавказе. Съезд направил ультиматум Г. Н.: убрать немедленно из города войска; явиться на съезд; признать съезд верховным законодательным органом и др. Г. Н. прибыл на съезд, где вновь был объявлен не имамом, а муфтием. Однако Г. Н. не принял советскую власть и отправился в горы с целью объединения под своими знаменами противников советской власти на Кавказе. В марте 1918 г. отряды Г. Н. свергли советскую власть в г. Порт-Петровске (ныне г. Махачкала), но в апреле 1918 г. после ее восстановления вынуждены были отступить в горы.

В политической борьбе в 1918–19 гг. Г. Н. занял нейтральную позицию по отношению к политике Л. Бичерахова, возглавлявшего Кавказскую армию, оборонявшую г. Порт-Петровск от частей Кавказской исламской армии, отрядов дагестанских и чеченских повстанцев, и политике сменившего его главе турецкой дивизии Юсуфа Иззет Паши, вступивших в Дагестан (1918). В конце 1918–19 гг. Г. Н. — начальник шариатского управления в правительстве *Горской республики*. Призывал местное население не вступать в борьбу с Добровольческой армией, вторгнувшейся на Кавказ в 1919 г.

По требованию командования Добровольческой армии парламент *Горской республики* был распущен, и 24.05.1919 г. власть в Дагестане перешла к генералу М. Халилову, который был назначен правителем Дагестана. На место Г. Н. в новый состав правительства в качестве «шейх-ул-ислама», или шариатского главы, был рекомендован *Акушинский 'Али-Хаджжи*. 30.03.1920 г. части Добровольческой армии покинули г. Порт-Петровск, в город вступила XI Красная Армия. В июле 1920 г. Г. Н. и К. Алиханов со своими сподвижниками действовали в Андийском окр., развернув усиленную антисоветскую агитацию и вербовку горцев, недовольных новой властью, в отряды; это вылилось в антисоветское восстание.

К середине мая 1921 г. восстание, длившееся почти 9 месяцев, было подавлено совместными усилиями частей Красной Армии и партизанских отрядов. Однако Г. Н. и др. активные участники группировок борьбу против советских органов не прекращали. Скрываясь на алмакских хуторах Хасавюртовского окр., Г. Н. прилагал усилия, чтобы сформировать повстанческие отряды для борьбы с советской властью. Аулы Андийского и Аварского окр. в Дагестане стали базой по снабжению Г. Н., когда тот скрывался в Чечне. Г. Н. установил связь с руководителями действовавших антисоветских формирований в Чечне и Ингушетии *Митаевым 'Али* и А. Шамилевым, а также с К. Челокаевым, который был ставленником военного центра «Паритетного комитета меньшевиков», созданного в августе 1922 г. в Грузии. 20.11.1923 г. в селении Кахиб Гунибского окр. состоялся съезд горских племен Дагестана, в котором приняли участие несколько сотен делегатов, в том числе просоветски настроенные суфийские шейхи и кадии. По результатам работы съезда была принята резолюция, в которой Г. Н. объявлен врагом «мусульман всего Дагестана, заслуживающим самой суровой кары». В марте 1924 г. Чеченским отделом ОГПУ был арестован накшбандийский шейх *Митаев 'Али*, что лишило Г. Н. опоры в Чечне. В апреле 1925 г. в с. Зумсой состоялась встреча Г. Н. с майором английской армии Г. Вильямсом, от которого была получена гарантия на поддержку восстания. Летом 1925 г. командование Северно-Кавказского военного окр. под наблюдением местного партийного руководства подготовило план операции по разоружению Чечни и нейтрализации Г. Н.

05.09.1925 г. специальная оперативная группа арестовала Г. Н. и нескольких его сподвижников на хуторе Чай, где они скрывались. С арестом «крупнейшего лидера контрреволюции на Северном Кавказе» начался спад в повстанческой борьбе против советской власти. 15.10.1925 г. в Ростове суд приговорил Г. Н. к высшей мере наказания — расстрелу.

Помимо политической деятельности, Г. Н. прославился как «большой поэт, писавший на арабском языке, у которого было свое политическое чутье и талант». В его творчестве представлены различные виды и жанры, свойственные арабской поэзии: поэма и ода, элегия и панегирик, любовная и философская лирика, сатира и публицистика, дидактическое и мистическое обращение, послание и назидание.

Одно из самых известных произведений Г. Н. — касыда «Азхар ар-равийя фи ал-мадайих ан-набавийиа» (1914, г. Темир-Хан-Шура). Она состоит из 10 глав и 362 бейтов, написана рифмой «мим», размером «басит» по аналогии с поэмой-панегириком «Плащ» средневекового арабского поэта Шарафуддина Абу 'Абдаллаха Мухаммада ал-Бусири ал-Санхаджи, пользовавшегося большой популярностью среди народов Дагестана и всего мусульманского мира. Касыда была переиздана в 1995 г. в Дамаске (Сирия) в книге «Ашвак Дагистан ила ал-харама ш-шарифа».

Лит.: Доного Х. М. Нажмутдин Гоцинский. Махачкала, 2011; Тахо-Годи А. А. Революция и контрреволюция в Дагестане. Махачкала, 1926.

Х. М. Доного

Гугов, **Махмут** Матгериевич (конец XIX — 1910-е гг.) — мусульманский религиозный и общественно-политический деятель Кабарды.

Родился в с. Кучмазокино (ныне г. Баксан, КБР). Неоднократно избирался делегатом народных съездов Кабарды и Балкарии, в марте 1918 г. был избран в состав Нальчикского окружного народного совета. Как делегат Кабарды принимал участие в работе съездов народов Терской обл. в 1918 г. В 1910-е гг. Г. М. открыл и содержал на свои средства новометодное медресе, преобразованное впоследствии в учительскую семинарию с преподаванием кабардинского языка, географии, истории, астрономии и математики.

Д. Рахаев

Гукемухов, **Абубекир** Махмудович (07.02.1905–27.07.1994) — первый ученый-арабист Черкесии советского периода.

Родился в с. Атажукинский Баталпашинского отд. (ныне Баксанский р-н КЧР). До 16 лет изучал мусульманские науки на дому, под руководством отца, затем — в медресе (1922–25). Религиозным наставником Г. А. был эфенди *Карданов Умар*-хаджжи Якупович, который обучал его арабскому языку, основам исламского вероучения и богослужения, тафсиру. В 1926 г. окончил краткосрочные учительские курсы при областном отделе народного образования. В 1926–39 гг. работал в школах а. Зеюко (быв. Атажукинский), Мал. Зеленчук, в 1929–32 гг. — в педагогическом техникуме г. Баталпашинска, в 1932–35 гг. в

Черкесском НИИ — ученым секретарем, зав. отделом языка и литературы. В 1935 г. поступил в аспирантуру Северо-Кавказского краеведческого ин-та в г. Ростове-на-Дону, но был отчислен как «лишенец». Окончил аспирантуру Центр. НИИ педагогического ин-та национальностей при Наркомате просвещения РСФСР (г. Москва, 1935–38), одновременно работал во Всесоюзной центр. комитете нового алфавита, Государственном театре ин-те им. А. В. Луначарского (преподавал кабардино-черкесский язык).

Впервые Г. А. находился в заключении в 01.1938–09.1939 гг., оправдан и отпущен на свободу. В 1939–42 гг. работал преподавателем Черкесского учительского ин-та, одновременно в 1939–41 гг. — заведующий отделом языка и литературы Черкесского НИИ. С 01.1946 по 09.1955 г. отбывал заключение в лагерях, в 1956–57 гг. — рабочий сельхозпредприятий в Сибири и Средней Азии. В 1960-е гг. преподавал арабский язык в Кабардино-Балкарском государственном ун-те, одновременно работал в Кабардино-Балкарски НИИ.

Автор работы «Краткое пособие по грамматике и стилистике кабардино-черкесского языка» (Баталпашинск, 1932). Один из составителей первого толково словаря кабардино-черкесского языка. Участвовал в подготовке 4-томного академического издания работы «Народные песни и инструментальные наигрыши адыгов» (М., 1980, 1981, 1986), первых 2 томов «Фольклора адыгов» (на кабардино-черкесском языке, 1963, 1970). Осуществлял переводы на русский язык с арабского, турецкого, кабардино-черкесского языков. До настоящего времени дошли несколько лирических произведений Г. А.; некоторые стихотворения переложены на музыку.

Лит.: Архив Карачаевского НИИ. Ф. 17 Д. 11; *Братов Х., Ширдий М.* Лъэпкъым и щIэныгъэлI // Черкес Хэку. Черкесск. 1996. 20 февраля; Кабардино-балкарская правда. 30.07.1994 (некролог); ЩIэнгъуазэм и лауреатхэр. ГъукIэмыхъу Абыбэчыр // ЩIэнгъуазэ. Нальчик. 1991. № 4.

Р. Хатуев

Ал-Гулуди, Малла-Мухаммад б. 'Али б. Нух (1611/16–96/97) — мусульманский религиозный деятель, математик, философ, теолог и суфий, основатель медресе.

Нисба «ал-Гулуди» связывает его происхождение с пос. Голода (ныне городище на севере Закатальского р-на Азербайджана, на границе с Дагестаном). Шу'айб ал-Багини писал, что ал-Г. М.-М. родился в 1025 г. х. (начался 20.01.1616 г.), а умер в 1108 г. х. (начался 30.07.1696 г.). Т. М. Айтберов, соглашаясь с датой смерти, указывает другую дату рождения — 1611 г.

Учитывая сообщение *Каяева 'Али* о переписке рукописи сочинения ат-Тафтазани «Шарх ал-Ака'ид ан-насифийа» в 1641 г. в медресе ал-Г. М.-М., более достоверной кажется дата, приведенная Т. М. Айтберовым, так как более вероятно, что человек в 30 лет (а не в 25) был допущен к руководству учебным заведением. В то же время окончательно определить как достоверную ни одну из этих дат нельзя. По письменным источникам известно, что отцом ал-Г. М.-М. был 'Али, его отцом — Нух — основатель одного из наиболее влиятельных родов аварцев Цора (Алазанской долины).

После получения начального религиозного образования в семье, ал-Г. М.-М. направился для продолжения образования в Ширван, где обучался у разных 'алимов, в том числе и у Мухаммад-Амина Ширвани (ум. 1626/27). После окончания обучения ал-Г. М.-М. основал в с. Голода медресе, ставшее одним из ведущих научно-образовательных центров Вост. Кавказа. *Каяев 'Али* писал, что ал-Г. М.-М. являлся основателем школы дагестанских логиков: «Будучи энциклопедически образованным человеком, он первым начал разрабатывать вопрос теологии (илм-ул-калам). Многие дагестанские ученые получили образование у Малла-Мухамада. Кроме того, он знал арифметику и рациональные науки (история, этика). Получив свое образование у ширванских ученых, Малла-Мухамад знал и др. языки, что позволило ему переписать и перевести ряд восточных рукописей на родной язык, а затем и распространить их среди своих учеников… В Дагестане сохраняется много трактатов и рукописей Малла-Мухамада в области 'аклийат».

Учениками ал-Г. М.-М. являются многие дагестанские 'алимы: 'Али ал-Кили, 'Иса аш-Шамгуди, Исма'ил аш-Шинази, Курбан'али ал-Ахалчи и *Тайгиб ал-Харахи*. Т. М. Айтберов считает ал-Г. М.-М. одним из основателей так называемой Джарской республики — государственного образования аварцев Юж. Кавказа, добившихся в XVII в. независимости от Сефевидского государства и Кахети. Будучи кадием с. Голода, ал-Г. М.-М. удалось заложить основы государственности и превратить свою малую родину в политический центр закавказских аварцев, которыми вплоть до середины XIX в. руководили избираемые кадии. Окончательное закрепление этой политической структуры произошло после решительной победы в 1695 г. голодинцев над кахетинским войском. Сам ал-Г. М.-М. только на полтора-два года пережил эти события, оставив потомкам признанную научную школу в с. Голода, сформированные государственные ин-ты, а главное — эффективную военную организацию, которая успешно отражала все нашествия завоевателей до 1830 г.

Могила ал-Г. М.-М. находится на кладбище пос. Голода, от которого ныне остались лишь груды камней. Голода была заброшена еще в

1741 г., после разрушения войсками афганского военачальника Гани-хана, руководившего одним из корпусов армии Надир-шаха. На надмогильной стеле ал-Г. М.-М. имеется лишь краткая информация: «Обладатель этого камня — Малла-Мухаммад, сын 'Али».

Лит.: Айтберов Т. М. Закавказские аварцы (VIII — начало XVIII в.). Махачкала, 2000. Ч. I; Шуайб б. Идрис ал-Багини. Табакат ал-хваджакан ан-накшбандийа васадат машайих ал- халидийа ал-махмудийа. Дамаск, 1996 (на араб. яз.).

Ш. Хатизов

Ал-Гулуди, Мухаммадвали б. Муса (?–1716) — мусульманский религиозный деятель, 'алим, мударрис, специалист по исламскому праву и грамматике арабского языка.

Нисба ал-Гулуди связывает его происхождение с пос. Голода (ныне городище на севере Закатальского р-на Азербайджана, на границе с Дагестаном). Могила ал-Г. М. поныне сохранилась на кладбище пос. Голода (расположено на высоте 1960 м, занимает площадь 4 га). Могила ал-Г. расположена в той части кладбища, которая граничит с местностью ГъуриавахIи (авар. «глубокая пустошь»). Эпитафия на могильной плите ал-Г. М. гласит: «Умер Мухаммадвали, сын Мусы, в тысяча сто двадцать восьмом году» (1128 г. х. начался 26.12.1715 г.). На это указывает и *Каяев 'Али*, ошибочно связывая эпитафию с *ал-Гулуди Малла-Мухаммадом* (ум. 1696/97).

Учителями ал-Г. М., вероятно, были *ал-Гулуди Малла-Мухаммад* и *ал-Кили 'Али* (ум. 1690). Известно, что у ал-Г. М. учились известный алим *ал-Харахи Тайгиб* (ум. 1735/36) и малоизвестный автор Сагитав б. 'Иса б. Мухаммад б. 'Иса б. Махамат. Последний в 1715 г. переписал во время учебы у ал-Г. М. сочинение 'Усмана б. ал-Хаджиба по грамматике «Вафийа шарх Шафийа ухт Кафийа».

Ш. Хатизов

Ал-Гумуки, 'Абдуррахман (1837–1900/01) — дагестанский историк, правовед, писатель, историограф движения имама *Шамиля*.

Сын муршида накшбандийского тариката шейха *ал-Гази-Гумуки Джамалуддина*, «родовитый сайид», как его именует *ал-Карахи Мухаммадтахир*. Получил традиционное мусульманское образование, обучался, у 'Али-Галбаца из с. Коло (ныне Хунзахский р-н РД), Мухаммада из с. Горткоро (ныне Хунзахский р-н РД), Махмуд-Дибира из с. Салта (ныне Гунибский р-н РД) и др. Специалист по мусульманскому праву, арабской грамматике и поэзии. Принимал участие в *Кавказской войне* на последнем этапе, один из защитников с. Гуниб в августе 1859 г. Ал-Г. 'А. — зять имама *Шамиля*, отправился с ним в ссылку в г. Калугу (1859–66), где продолжил изучать шариатские науки и исполнял обязанности секретаря *Шамиля*.

В 1866 г. после смерти жены переехал в г. Тифлис, где был зачислен в Дагестанскую конную милицию, в 1871 г. переведен в распоряжение начальника Дагестанской обл., поселился в с. Гази-Кумух (ныне Лакский р-н РД), где работал кадием.

Автор нескольких исторических трудов на арабском языке: «Книга воспоминаний сайида 'Абдурахмана, сына устада шейха тариката Джамалуддина ал-Хусейни о делах жителей Дагестана и Чечни», «Краткое изложение подробного описания дел имама Шамиля», «Падение Дагестана и Чечни вследствие подстрекательства османов в 1877 г.», «Выдержки из записок 'Абдуррахмана, сына Джамалэддина, о пребывании Шамиля в Ведене и о прочем» (русский текст сочинения издан в переводе А. И. Руновского в г. Тифлисе в 1862 г.).

Лит.: Абдурахман из Газикумуха. Книга воспоминаний сайида Абдурахмана, сына устада шейха тариката Джамалуддина ал-Хусейни, о делах жителей Дагестана и Чечни. Сочинено и написано в Тифлисе в 1285 г.х. / пер. с араб. М.-С. Саидова; редакция перевода, подготовка факсимильного издания, комментарии, указатели А. Р. Шихсаидова, Х. А. Омарова. Махачкала, 1997; Гаджиев В. Г. Абдурахман и его воспоминания // Из истории дореволюционного Дагестана. Махачкала, 1976; Гайдарбеков М. Антология дагестанских ученых // Рукописный фонд ИИАЭ ДНЦ РАН. Ф. 3. Оп. 1. Д.180; Гусейханов С. М., Мусаев М. А. Абдурахман из Газикумуха: «Падение Дагестана и Чечни вследствие подстрекательства османов в 1877 году» // Дагестанский востоковедческий сборник. Махачкала, 2008. Вып. 1. С. 52–66; Крачковский И. Ю. Арабская рукопись воспоминаний о Шамиле // Избранные сочинения. Т. VI. М.–Л., 1960; Руновский А. Выдержки из записок Абдуррахмана, сына Джамалэддинова, о пребывании Шамиля в Ведене и о прочем // Кавказ. Тифлис, 1862. № 72–76; Руновский А. Записки о Шамиле. Махачкала, 1989; Саййид Абдурахман, сын Джамалуддина ал-Хусайни ал-Газигумуки ад-Дагистани. Краткое изложение подробного описания дел имама Шамиля. Калуга, 1281 г.х.: Хуласат ат-тафсил ан ахвал ал-имам Шамуил / пер. с араб., введ., коммент., указ. Н. А. Тагировой. М., 2002.

Д. Алхасова, М. Мусаев

Ал-Гумуки, Аййуб (2-я половина XIX в.) — дагестанский ученый-богослов.

Родился с. Гази-Кумух (ныне Лакский р-н РД). Родословная ал-Г. А. берет свое начало от известного шейха Пир Наджмуддина. Начальное религиозное образование получил в семье, затем учился у кадия Исма'ила ал-Гумуки, погибшего во время *Восстания Всеобщего 1877 г.* Затем обучался у известного ученого 'Абдулхалима ал-Цуйши так называемым прикладным ('аклийа) шариатским наукам, под которыми в мусульманской литературной традиции понимают науки, являющиеся необходимым «инструментарием» для понимания смысла Корана и Сунны. К ним по сложившейся в исламской теологии классификации наук относятся морфология, синтаксис, логика, стилистика и т. д. Ал-Г. А. также изучил математические науки, хронометрию, философию и логику, пользовался астролябией, альмукантаратом, синус-квадрантом. Он прекрасно разбирался в арабской литературе, был автором касыд, в числе которых «назму», посвященное предкам (перечислил 25 поколений). Ал-Г. А. также являлся автором сочинений жанра такрират (юридических заключений) по различным правовым вопросам. Составил свой субкомментарий (хашийю) на субкомментарий 'Исамаддина к комментариям (шарх) на сочинения Ибн ал-Хаджиба «Ал-Кафийа».

Ал-Г. А. некоторое время проживал в Азербайджане, где выучил турецкий и персидский языки. Вскоре после возвращения в Дагестан ал-Г. А. скончался (незадолго до начала *Восстания Всеобщего 1877 г.*).

Лит.: Абдулмажидов Р. С., Шехмагомедов М. Г. Биографии кумухских ученых-богословов XIX в. в изложении Али ал-Гумуки (Каяева) // Вестник Дагестанского научного центра. 2015. № 57. С. 51–60; ал-Гумуки (Каяев) Али. Восстание 1877 г. Галерея ученых (на лакск. яз.) / пер. И. Каяева // Настоящее время. [Электронный ресурс] // URL: http://gazeta-nv.info/content/view/1483/216.

Р. Абдулмажидов

Ал-Гумуки, **Гази** б. Хасан-Хусайн (ум. 1921) — дагестанский ученый, богослов, поэт.

Родился в с. Гази-Кумух (ныне Лакский р-н РД), происходит из рода, претендующего на принадлежность к сейидам. Этот род возводил свою родословную к ал-Хусайну б. 'Али б. Аби Талибу, внуку Пророка. Имам *Шамиль* подтверждал их принадлежность к сейидам и с глубоким почтением относился к представителям этого рода. Сейидам в *Имамате* по указу *Шамиля* выделялась определенная доля из «хумса» — пятой части из захваченной добычи. У родственников ал-Г. Г. имелось письменное доказательство их принадлежности к сейидам, которое было составлено старшим сыном ас-Сугури 'Абдуррахмана Хаджжи Мухаммадом по приказу Шамиля и заверено его печатью.

Ал-Г. Г. был поэтом, автором касыд, прекрасно знал арабский язык и литературу, а также все разделы шариатских наук. Из прикладных наук изучил логику, арифметику, геометрию и алгебру, но основное внимание уделял арабской филологии, которую преподавал в кумухском медресе. У ал-Г. Г. учился *Каяев Али*. Ал-Г. Г. умер в 1921 г. и похоронен на кладбище с. Кумух.

Лит.: Абдулмажидов Р. С., Шихмагомедов М. Г. Биографии кумухских ученых-богословов XIX в. в изложении Али ал-Гумуки (Каяева) // Вестник Дагестанского научного центра. 2015. № 57. С. 51–60; ал-Гумуки (Каяев) Али. Восстание 1877 г. Галерея ученых (на лакск. яз.) / пер. И. Каяева // Настоящее время. [Электронный ресурс] // URL: http://gazeta-nv.info/content/view/1483/216.

Р. Абдулмажидов

Ал-Гумуки, **Ути-хаджжи** (Атал хаджи, 2-я половина XIX в.) — мусульманский богослов, кадий.

Родился в с. Кумух (ныне Лакский р-н РД). В биографическом словаре дагестанских улемов *Назира из Дургели* имя ал-Г. У.-х. указано в оригинальном тексте как «Атал», затем зачеркнуто и исправлено на «Удди». Переводчики указали первоначальный вариант имени — «Атал». Известен в арабоязычной литературе как ал-хаджж Ути ал-Гази-Гумуки. Обучался шариатским наукам у известных дагестанских ученых-богословов: *Араканского Са'ида*, суфия *'Абдуллаха ас-Сугури* и Махди-Мухаммада ас-Сугури. Последний преподавал в своем медресе широкий круг предметов, в том числе догматику, логику, философию, математику.

Ал-Г. У.-х. стал известным богословом и правоведом, посвятил свою жизнь изучению шариатских наук и преподавательской деятельности, вынесению фетв и судебных решений. Жители Дагестана часто обращались к нему с просьбами о вынесении фетвы по какому-либо вопросу, и эти правовые решения впоследствии были востребованы в мусульманской правовой практике. Ал-Г. У.-х. хорошо знал арабский язык и шариатские науки, разбирался в арифметике, геометрии, алгебре, астрономии, хронометрии, философии, логике, биологии и химии.

В родном с. Кумух ал-Г. У.-х. возглавил медресе, в котором обучались шакирды со всего Дагестана. Является автором работ (такрират) по хронометрии, философии, логике и догматике. Одно из его сочинений — небольшой субкомментарий на комментарий к «Хидайа ал-хикма» шейха 'Асир ад-дина ал-Абхари по философии, биологии и астрономии, который известен в Дагестане под названием «Кадиймир».

Ал-Г. У.-х. был одним из противников *Имамата Шамиля*, после падения которого работал в должности кадия Гази-Кумухского окр. Затем ал-Г. У.-х. покинул Дагестан и переселился в сирийский г. Алеппо, где и скончался в конце XIX в.

Лит.: Абдулмажидов Р. С., Шехмагомедов М. Г. Биографии кумухских ученых-богословов XIX в. в изложении Али ал-Гумуки (Каяева) // Вестник Дагестанского научного центра. 2015. № 57. С. 51–60; ал-Гумуки (Каяев) Али. Восстание 1877 г. Галерея ученых (на лакск. яз.) / пер.

И. Каяева // Настоящее время. [Электронный ресурс] // URL: http://gazeta-nv.info/content/view/1483/216; Кавказский календарь. Тифлис, 1872. С. 167.

Р. Абдулмажидов

Ал-Гумуки, Шамсуддин б. Мухаммад (Шаншаев, 2-я половина XIX в.) — мусульманский богослов, поэт.

Родился в с. Кумух (ныне Лакский р-н РД). Образование получил у дагестанских ученых-богословов: *ал-Уради Муртады 'али*, *'Абдулхалима ал-Цуйши*, *ал-Куркли Зайда*. После окончания учебы ал-Г. Ш. стал кадием в с. Сиртыч Кюринского окр. Дагестанской обл. (ныне Табасаранский р-н РД). Ал-Г. Ш. был известен как знаток шариатских наук, грамматики арабского языка, математических наук, астрономии и хронометрии (илм ал-микат), философии и логики. Является автором работ (такрират) по грамматике арабского языка и хронометрии.

Во время *Восстания Всеобщего 1877 г.* ал-Г. Ш. был обвинен в организации восстания в с. Кумух (ныне Лакский р-н РД): якобы он составил письмо от имени кумухцев к турецкому султану с просьбой о помощи. Однако письмо попало в руки начальника округа; это привело к арестам подписантов, в том числе и ал-Г. Ш. Вместе с остальными участниками восстания он был приговорен к ссылке в Сибирь, где и скончался. Находясь в ссылке, ал-Г. Ш. написал небольшое по объему сочинение на арабском языке, посвященное событиям *Восстания Всеобщего 1877 г.* В этой же рукописи, по сведениям *Каяева 'Али*, была записана большая поэма ал-Г. Ш. о *Восстании Всеобщем 1877 г.* на арабском языке.

Лит.: Абдулмажидов Р. С., Шехмагомедов М. Г. Биографии кумухских ученых-богословов XIX в. в изложении Али ал-Гумуки (Каяева) // Вестник Дагестанского научного центра. 2015. № 57. С. 51–60; ал-Гумуки (Каяев) Али. Восстание 1877 г. Галерея ученых (на лакск. яз.) / пер. И. Каяева // Настоящее время. [Электронный ресурс] // URL: http://gazeta-nv.info/content/view/1483/216.

Р. Абдулмажидов

Ал-Гунухи, 'Умарил Мухаммад ал-Карахи ал-Авари (1782/83–1865/66) — мусульманский религиозный деятель, суфий, шейх накшбандийского тариката, факих.

Родился в с. Гунух Карахского общества (ныне Чародинский р-н РД), родной брат *ал-Гунухи ал-хаджж Дибира*. По воспоминаниям современников, отличался богобоязненностью, честностью, красноречием, человеколюбием. Его учеником был известный ученый *ал-Уради Муртада 'али*.

М. Кемпер называет ал-Г. 'У. М. одним из преемников *ал-Гази-Гумуки Джамалуддина*. Ал-Г. 'У. М. занимал пост муфтия в Карахском наибстве и, несмотря на расположение к нему имама *Шамиля* и наиба Даниял-бека, сохранял дружественные отношения с их противником Аглар-ханом Газикумухским.

Умер в 1865/66 г. На надмогильной плите ал-Г. 'У. М. высечена эпитафия: «Это могила ученого, накшбандийского шейха, 'Умарил Мухаммада, да смилостивится над ним Аллах. Упокоился в 1270 г. х. (начался 03.10.1853 г.). Плита обновлена в 1347 г. х. (начался 13.06.1928 г.)».

Сын ал-Г. 'У. М. Нурмухаммад (ум. 1853/54) был 'алимом и в 1847–52 гг. занимал пост наиба Курахского общества. Его сыновья Газимухаммад (род. 1841) и Мухаммад (род. 1853) также были 'алимами.

Лит.: Кемпер М. К вопросу о суфийской основе джихада в Дагестане // Подвижники Ислама (культ святых и суфизм в Средней Азии и на Кавказе). М., 2003. С. 284; Мухаммадтахир ал-Карахи. Книга о значимости стремления улучшать свои деяния по мере сил / пер. с араб. и коммент. Р. С. Абдулмажидова, А. М. Маламагомедова, М. Г. Шехмагомедова. М., 2014. С. 45; МухIаммаднабиев М. Гьунухъ росдал тарих. Махачкала, 2010 (на авар. яз.); Шу'айб б. Идрис ал-Багини. Табакат ал-хваджакан ан-накшбандийя ва-садат машайих ал-халидийя ал-махмудийа. Дамаск, 1996. С. 386–390 (на араб. яз.).

Ш. Хатизов

Ал-Гунухи, ал-хаджж Дибир, ал-Карахи, ал-Авари (ум. 1860/61) — мусульманский религиозный деятель, суфий, специалист по исламскому праву и арабскому языку.

Родился в с. Гунух Карахского общества (ныне Чародинский р-н РД), родной брат известного мусульманского ученого *ал-Гунухи 'Умарил Мухаммада*.

Учился у мусульманского богослова Мухаммада б. Ибрахима ал-Хучави и других 'алимов. Учениками самого ал-Г. ал-х. Д. были *ал-Карахи Мухаммадтахир*, *ал-Уради Муртада'али* (ум. 1865), *Алкадари Хасан-эфенди* и др. 'алимы. Участвовал в движении *Шамиля*, в 1845 г. был взят в плен русскими под началом генерала М. З. Аргутинского, но затем при посредничестве Аглар-хана Газикумухского был освобожден.

У ал-Г. ал-х. Д. было два сына, которые также стали 'алимами. Старший — ал-хаджж Хаджияв ал-Гунухи — талантливый ученый и воин, сподвижник *Шамиля*, в 1852–59 гг. — наиб Курахского общества (ныне Курахский р-н РД), был сослан в Центральную Россию за участие в *Восстании Всеобщем 1877 г.*, вероятно, умер в ссылке.

Второй сын ал-Г. ал-х. Д. — ал-Гунухи Дибир-Мухаммад — в основном занимался религиозной деятельностью и изучением шариатских наук, умер в 1884. Его сын Ибнухаджжар (род. 1839) также был 'алимом, учителем Шу'айба ал-Багини. Дети Ибнухаджжара — Ибнукасум (род. 1859) и Ахбердил-Мухаммад (род. 1877) также стали 'алимами.

Лит.: ад-Дургели Назир. Услада умов в биографиях дагестанских ученых. (Нузхат ал-азхāн фӣ тарāджим уламā Дāгистāн). Дагестанские ученые X–XX вв. и их биографии. М., 2012. С. 94; Мухаммадтахир ал-Карахи. Книга о значимости стремления улучшать свои дрения по мере сил / пер. с араб. и коммент. Р. С. Абдулмажидова, Д. М. Маламагомедова, М. Г. Шехмагомедова. М., 2014. С. 44, 47–48; МухIамаднабиев М. Гъунухъ росдал тарих. Махачкала, 2010 (на авар. яз.); Шу'айб б. Идрис ал-Багини. Табакат ал-хваджакан ан-накибандийа ва-садат машайих ал-халидийа ал-махмудийа. Дамаск, 1996. С. 386–390 (на араб. яз.).

Ш. Хапизов

Гусейнов, Арслан'али-хаджжи Гусейнович (ок. 1859 — после 1937) — мусульманский религиозный деятель, суфийский шейх, мударрис.

Родился в Куядинских хуторах (ныне Тлогобская сельская администрация Гунибского р-на РД, близ с. Ругуджа). С 6-летнего возраста проживал в кумыкском с. Ниж. Казанище (ныне Буйнакский р-н РД), где учился в медресе у разных 'алимов, стал мюридом шейха *ас-Сугури 'Абдуррахмана*.

До революции получил известность как авторитетный 'алим и шейх, порядка 3 тыс. чел. считали себя его мюридами. В годы Гражданской войны поддержал имама *Гоцинского Нажмутдина*, был на стороне противников советской власти, в результате в первые годы советской власти число его последователей значительно увеличилось. Г. А.-х. вел открытую пропаганду против введения русских школ в Дагестане, считая, что они приведут к забвению детьми горцев ислама. В начале 1920-х гг. на свои средства открыл медресе, в котором обучались дети обоих полов, в с. Ниж. Казанище. Сам Г. А.-х. вел в медресе курсы по основам ислама и арабскому языку.

В июне 1927 г. Г. А.-х. был арестован и заключен в тюрьму по обвинению в принадлежности к суфийскому братству; в ноябре 1927 г. сослан на 10 лет в г. Сталинград (ныне г. Волгоград) без права возвращения на родину. В 1930 г. дело Г. А.-х. было пересмотрено, наказание в виде ссылки отменено, но запрет на возвращение в Дагестан подтвержден. Г. А.-х. переехал из г. Сталинграда на Сев. Кавказ, жил в одном из кумыкских сел на р. Терек, где и умер в конце 1930-х гг. (предположительно из кумыкского с. Бамматюрт, ныне Гудермесского р-на в Чечне). Сын Г. А.-х. Гусейн переселился из с. Ниж. Казанище в с. Эрпели Буйнакского р-на РД, также стал суфийским шейхом. В с. Ниж. Казанище построен мемориальный мавзолей в честь шейха Г. А.-х.

Лит.: Бамматули И. Х. Арсланали-устаз // Къумукъ иш. 1991. № 4; Гьажиев М. Къазаныш. Махачкала, 2004. С. 54, 171; Мусаев М. М. Палачи и жертвы. Кизилюрт, 1999. С. 137–142; Оразаев Гъ. Зар-зигерли шаир къыз // Соколенок. Махачкала, 2001. № 3–4. С. 14–18 (на кумык. яз.); Селимханов А. К. Из истории просвещения в Дагестане в XIX в. // Уч. записки Даг. жен. пед. ин-та. Махачкала, 1957. Т. 1. С. 147–148;

Г. Оразаев

Д

Ад-Дагестани, Мухаммад б. 'Али — см. *Казакай-ахун*.

Дагестани, 'Омар-хаджжи Зиявуддин (1849–1921) — мусульманский ученый-богослов, философ, поэт и переводчик.

Родился в с. Миатли (ныне Кизилюртовский р-н РД). Отец Д. 'О.-х. ал-хаджж 'Абдуллах ад-Дагестани ал-Авари был известным религиозным деятелем. Начальное религиозное образование Д. 'О.-х. получил у отца, затем продолжил учебу у др. дагестанских 'алимов, а также у известных ученых Аравии, Египта и Турции. В конце 60-х — начале 70-х гг. XIX в. эмигрировал в Османскую империю, на стороне которой принял участие в Русско-турецкой войне 1877–78 гг. в составе конного полка дагестанских мухаджиров, которым командовал сын имама *Шамиля* Газимухаммад. После войны вместе с др. дагестанцами переехал в г. Стамбул, где стал мюридом братства *накшбандийа*-халидийа, главой которого был известный в мусульманском мире и в Османской империи шейх Ахмед Зиявудин Гюмюшханеви. В медресе Гюмюшханеви Д. 'О.-х. изучал тафсир, хадисы, логику и др. науки, включая тасаввуф. В 1879 г. Д. 'О.-х. был назначен на должность муфтия 14-го полка османской армии в г. Эдирне, который он занимал до 1896 г., затем был переведен в г. Малкара городским кадием. В 1906–08 гг. Д. 'О.-х. был кадием в г. Текирдаг. После этого с семьей переехал в г. Стамбул.

После младотурецкой революции и принятия новой конституции Д. 'О.-х. принял сторону султанской власти и написал книгу «Арба'ун хадисан фи хукук ас-салатин» («Сорок хадисов о правилах канонических молитв»), где в резкой форме критиковал судебные и правовые реформы нового младотурецкого правительства. Был сослан в г. Мекку, где провел семь месяцев. Там он познакомился с правителем Египта 'Аббасом Хилми-пашой, который пригласил Д. 'О.-х. к себе. Вместе с семьей переехал в

Египет, где прожил несколько лет. В 1914 г. вместе с семьей вновь переехал в г. Стамбул, где в это время скончался шейх Исма'ил Нажати, руководивший ветвью братства халидийа. На его место был избран Д. 'О.-х.

Наряду с родным аварским свободно владел арабским, турецким, персидским, русским, кумыкским языками. Д. 'О.-х. является одним из основоположников жанра мавлида в аварской (дагестанской) литературе. В 1882 г. в г. Эдирне (Турция) издал на аварском языке сборник «Ми'раджийа» («Небесное путешествие»), в который вошли два мавлида и несколько проповедей. В 1908 г. в г. Темир-Хан-Шуре вышла вторая книга Д. 'О.-х. — поэма «Кисас ал-анабийа» («Повесть о пророках»), в которой повествуется о жизни и деятельности всех пророков — от Адама до Мухаммада. Д. 'О.-х. — автор ряда мавлидов о жизни и подвижничестве пророка Мухаммада. Скончался в возрасте 75 лет, похоронен в г. Стамбуле на территории мечети Сулеймание.

Лит.: Магомедов А. А. Дагестан и дагестанцы в мире. Махачкала, 1994; Муртазалиев А. М. Писатели дагестанского зарубежья: биобиблиографич. справочник. Махачкала, 2006; Хайбуллаев С. М. Духовная литература аварцев. Махачкала, 1998; Хафиз Омар-хаджи Зиявудин из Миатлы. Махачкала, 1996; Ayhan Y. İstanbul Evliyaları ve Ziyaret Yerleri. İstanbul, 1996; Erel Ş. Dağıstan ve Dağıstanlılar. İstanbul, 1961; Sefer E. Berzeg. Kafkas Diasporasında Edebiyatçılarve Yazarlar Sözlüğü. Samsun, 1995; Zübde-tül Buhari Tercümesi. İstanbul, 1992.

А. Муртазалиев

Дагестанский гуманитарный институт — современный исламский вуз в г. Махачкале, РД. Основан в 2004 г. Первоначально назывался Ин-том теологии и религиоведения, затем переименован в Ин-т теологии и международных отношений. 17.10.2014 г. в рамках реализации Приоритетного проекта главы РД Р. Г. Абдулатипова «Человеческий капитал» переименован в ДГИ. В основе проекта создания ДГИ была сформулирована стратегическая задача «организации патриотизма и соблюдения законов РФ и обучения и воспитания молодежи в духе духовно-нравственных ценностей традиционного ислама».

Для реализации проекта создания института была сформирована группа во главе с доктором философских наук *М. И. Садиковым*, который стал первым ректором ДГИ (2004–11). В нее вошли муфтий РД *А. М. Абдулаев*, зам. муфтия Магди-хаджжи Мутаилов, имам центральной мечети г. Махачкала Мухаммадрасул-хаджжи Саадуев, а также Мансур-хаджжи Зайнулабидов, Шамиль-хаджжи Мухидинов, Айшат-хаджжи Самедова, Са'ид-хаджжи Саидов, Меседу Абдулаева и др. В 2004 г. было открыто два факультета: теологии и экономики; в 2006 г. открыт факультет лингвистики. В 2007 г. ДГИ прошел государственную аккредитацию.

В настоящее время в структуре ДГИ действуют 3 факультета: теологии, лингвистики и журналистики, экономики и международных отношений, где обучаются свыше 2 тыс. студентов из различных городов и сел Дагестана и др. субъектов РФ. Профессорско-преподавательский состав ДГИ составляет более 100 преподавателей, из них ок. 50 докторов и кандидатов наук. ДГИ поддерживает партнерские связи со многими университетскими центрами и учебными заведениями не только России, но и дальнего зарубежья: Индонезии, Малайзии, Сирии, Турции, Кувейта. ДГИ также сотрудничает с российскими исламскими и светскими высшими учебными заведениями: Московским исламским ин-том, Башкирским и Казанским исламскими ун-тами, Московским лингвистическим ун-том, Санкт-Петербургским государственным ун-том, Пятигорским лингвистическим ун-том, Казанским федеральным ун-том и др. Студенты ДГИ принимают участие в международных, всероссийских и республиканских конкурсах, олимпиадах и конференциях по арабскому языку и исламским дисциплинам.

Лит.: Омаров М. Ислам в Дагестане. Махачкала 2014; Официальный сайт ДГУ. [Электронный ресурс] // URL: https://www.daggum.ru.

М. Омаров

Далгат, Магомед Магомедович (15.11.1849–1922) — дагестанский политический деятель, депутат Государственной думы 4-го созыва, комиссар по управлению Дагестанской обл.

Родился в с. Урахи Даргинского окр. (ныне Сергокалинский р-н РД), лезгин, дворянин (уздень). После окончания Ставропольской гимназии (с отличием) в 1869 г. поступил на медицинский факультет Московского ун-та. Однако после непродолжительной учебы, опасаясь преследований со стороны властей за участие в студенческом движении, Д. был вынужден эмигрировать. Окончив свое обучение в одном из ун-тов в Германии, вернулся в Россию и выдержал экзамен в Санкт-Петербургской военно-медицинской академии на звание доктора медицинских наук. Вскоре вернулся на Кавказ, в г. Владикавказ, где имел обширную медицинскую практику. После возвращения на родину Д. женился на дочери персидского консула в г. Ростове-на-Дону Насиханум (к 1912 г. — вдовец), отец троих детей: сыновей Джамалутдина и Саражетдина и дочери Джанет (впоследствии — первая женщина с высшим образованием и первая женщина-композитор на Сев. Кавказе).

Накануне избрания депутатом проживал в г. Владикавказе, находился на пенсии (около 600 руб. в год) и одновременно занимался частной врачебной практикой. Принимал участие в общественных делах края: городской гласный (в течение 16 лет) и почетный мировой судья. Издатель ряда газет демократической ориентации: «Весь Кавказ» и «Голос Кавказа».

В Госдуму 4-го созыва Д. был избран по съезду мелких землевладельцев. В Думе примкнул к прогрессистам. Состоял членом 4 думских комиссий: аграрной, законодательных предположений, переселенческой и по делам торговли и промышленности. Инициатор (в союзе с прогрессистом М. А. Карауловым) ряда законопроектов: «Об учреждении окружного суда в г. Пятигорске Терской обл. с введением в нем института присяжных заседателей» (06.02.1913); «Об увеличении оклада ремонтных денег, установленных для армейских и гвардейских казаков» (03.12.1913); «Об учреждении особого духовного управления (муфтията) для мусульман Сев. Кавказа» (03.12.1913); «Об упразднении горских словесных судов в Терской и Кубанской областях» (03.12.1913); «Об отмене ограничений в правах на вступление в сословие присяжных поверенных для лиц мусульманского вероисповедания» (12.02.1914). Выступал с думской трибуны с представлением ряда министерских законопроектов.

После Февральской революции с марта 1917 по 1918 г. был комиссаром по управлению Дагестанской обл.

Лит.: Акбиев С. Люблю тебя, Петра творенье. Санкт-Петербург в судьбах дагестанцев. Махачкала, 2003; Усманова Д. М. Мусульманские представители в российском парламенте. 1906–17. Казань, 2005.

Д. Усманова

Ад-Дарбанди, Мухаммад б. Муса б. ал-Фарадж Абу Бакр аш-Шафии ас-Суфи (ум. 1145) — мусульманский религиозный деятель, теолог-ашарит, правовед и суфий. В ряде источников упоминается с нисбой «аш-Ширвани».

Родился в квартале Химс г. *Баб ал-абваб* (Дербент) между 1058 и 1068 г. в семье переселенцев. Отец ад-Д. — Муса ал-Лаббад ал-Му'аддиб — был домашним воспитателем. В 70–80-х гг. XI в. ад-Д. обучался в г. Дербенте, Хумайдии (Гемейди), Арджиле (Хелипенджик) и др. поселениях «пограничной области» (ас-сагр) Халифата. В частности, «науку хадиса» (илм ал-хадис) он изучал под руководством Абу-л-Касима *ал-Варрака* (ум. между 1098 и 1104 г.) в мечети своего квартала, шафиитское право — у выпускника багдадского медресе *ан-Низамийа* Абу-л-Хасана ал-Басри (ум. в конце XI в.) в соборной мечети *Джума* г. Дербента и у Абу Мухаммада ал-Лакзи (ум. в конце XI в.), ученика известного багдадского факиха Абу-л-Касима ал-Исма'или (ум. 1084), в Курахе. Большую роль в формировании взглядов ад-Д. сыграли такие дербентские шейхи, как Абу Йа'куб *Йусуф ал-Лакзи* (ум. до 1089–90), Абу Исхак Ибрахим ал-Гадаири (ум. в начале XII в.), Абу Закарийа Йахйа ал-Гадаири (ум. после 1098) и Абу 'Абд Аллах *Маммус ал-Лакзи* (ок. 1040–1110).

К суфизму ад-Д. приобщил Абу-л-Касим *ал-Варрак*. Более углубленное изучение суфийской науки он продолжил в завийи Абу-л-Хасана ал-Джурджани (ум. до 1098 г.) на окраине г. Дербента. В середине 1080-х гг. ад-Д. отправился в традиционные странствия в поисках знаний (рихла). Долгое время жил в Табаристане, там же, в Амуле, окончил медресе *ан-Низамийа*. Абу Сад ас-Самани сообщает, что ад-Д. обучался также в багдадском медресе *ан-Низамийа*. К началу 1090-х гг., побывав в Мекке, Медине, Багдаде, Исфахане, Хамадане и др. городах Халифата, возвратился в г. Дербент и основал в нем собственное «собрание» (маджлис).

В начале 1098 г. ад-Д. был вынужден покинуть г. Дербент из-за изменения общественно-политической обстановки в городе. На чужбине он написал главный труд своей жизни — «Райхан ал-хака'ик ва-бустан ад-дака'ик» («Базилик истин и сад тонкостей»), наиболее значительный из дошедших до нас памятников раннего суфизма на Кавказе, в ту пору — сев. периферии Халифата. Сочинение, известное в единственном списке 1342–43 г., написано на рубеже XI–XII вв. в жанре энциклопедического словаря и представляет собой свод суфийских теоретических (доктринальных), практических (обрядовых) и специальных (технических) терминов, общеисламских понятий, используемых суфиями и соответствующих их мировоззрению и религиозной практике, а также морально-этических категорий, составляющих суфийский адаб — своеобразный кодекс правил, норм и обычаев суфиев.

Ад-Д. жил в период формирования суфийской идеологии и кодификации практики мусульманского мистицизма, предшествовавший появлению первых структурно оформившихся суфийских братств. Он был знаком со многими выдающимися людьми своей эпохи, в том числе с ал-Газали, творил в той же духовной среде, что и его знаменитый современник. Среди непосредственных наставников ад-Д. — верховный судья Табаристана и руководитель медресе *ан-Низамийа* в Амуле Фахр ал-ислам Абу-л-Махасин ар-Руйани (убит в 1108 г.), популярный ашаритский проповедник Абу 'Абд Аллах ал-Бакри (ум. 1105), известный хорасанский поэт Абу-л-Музаффар ал-Абиварди (ум. 1113), преподаватель медресе *ан-Низамийа* в Багдаде Шамс ал-ислам Имад ад-дин ал-Кийа ал-Харраси (ум. 1110), имам мечети ал-Мансура в Багдаде Джафар ас-Сарradж (ум. 1106), авторитетный мухаддис Ибн ал-Кайсарани (ум. 1113), один из разработчиков ханафитского мазхаба в Мавераннахре Шамс ал-аимма ас-Сарахси (ум. 1096/97 или 1107), автор знаменитого «Китаб ал-фирдаус» Ширавайх б. Шахридар (ум. 1115) и др.

У ад-Д. были ученики и последователи в различных обл. Халифата. Среди первых — Абу Джафар Мухаммад б. Аби-л-Касим ат-Табари ад-Даниши (ум. 1131), впоследствии видный деятель шиитского ислама, заслуживший почетное прозвище «Опора религии» (Имад ад-дин). Последователем морально-этических взглядов ад-Д. был известный в мусульманском мире традиционалист-шафиит Абу Тахир Ахмад б. Мухаммад ас-Силафи ал-Исфахани (ум. 1180), для которого Ибн ас-Саллар, влиятельный вазир египетского эмира аз-Захира, построил в Александрии в 1151 г. медресе, впоследствии названное его именем. Дом ад-Д. в г. Дербенте посещали многие видные ученые, среди которых вышеупомянутый ас-Силафи, ученик знаменитого захирита Ибн Хазма (ум. 1063) Абу 'Абд Аллах Мухаммад ал-Хумайди (ум. 1095) и др.

Ад-Д. был сторонником символико-аллегорического толкования Корана (тавил). Не отвергая общеисламские традиции как таковые, он объективно несколько ограничивал сферу их применения, частично сводя их к традициям суфизма, которые сами по себе были синкретичными. Ад-Д. не просто следовал традиционному толкованию суфийских терминов, но вводил в традицию новые элементы, главным образом путем включения в нее местного материала. Тем самым ад-Д. обогатил суфийскую традицию, приблизил теоретические положения мусульманского мистицизма к духовным запросам современников и насущным требованиям времени. В этом, пожалуй, и заключается главная ценность «Райхан ал-хакаик» с точки зрения развития традиций суфизма, а в более широком смысле — мусульманской религиозно-философской мысли в целом.

Подчеркивая принадлежность суфийских ценностей к общеисламскому духовному наследию, ад-Д. доказывал «правоверие» суфизма того направления, к которому он сам принадлежал. Тем самым он объективно сделал очередной после Абу-л-Касима ал-Кушайри (ум. 1071) шаг на пути сближения рационалистического направления мистицизма, восходящего к ал-Джунайду (ум. 910), и суннитского «правоверия». В этом смысле он выступал как идейный предшественник ал-Газали. Творчество ад-Д. показывает, что философия ал-Газали — не случайное явление в истории ислама: она подготовлена всем ходом предшествовавшего развития мусульманской религиозно-философской мысли.

Анализ «Райхан ал-хака'ик» позволяет на примере одного региона проследить действие более общих закономерностей развития ислама. В частности, подтверждается вывод о том, что широкое внедрение мусульманской идеологии на Сев. Кавказе происходило в форме суфизма. Выявленный на основе сведений источников механизм исламизации региона показывает, что процессы, происходившие на периферии Халифата на ранней стадии распространения ислама, во многом были схожи. Труд ад-Д. представляет особую ценность для понимания процессов формирования локальных форм ислама на Кавказе, диалектического взаимодействия общеисламских и суфийских приоритетов на окраине мусульманского мира (дар ал-ислам), в конечном счете — самого механизма функционирования ислама как целостной идеологической системы.

Вторую половину своей жизни ад-Д. провел в г. Багдаде, где и умер, согласно ас-Субки, в месяце шавваль 539 г. х., т. е. между 07.04 и 05.05.1145 г.

Соч.: Мухаммад б. Мусса Абу Бакр ад-Дарбанди. Райхан ал-хака'ик ва-бустан ад-дака'ик // ФВР ИИАЭ ДФИЦ РАН. Ф. 14. № 219.

Лит.: Аликберов А. К. Эпоха классического ислама на Кавказе: Абу Бакр ад-Дарбанди и его суфийская энциклопедия «Райхан ал-хака'ик» XI–XII вв. М., 2003; Ад-Дургели Назир. Услада умов в биографиях дагестанских ученых. (Нузхат ал-азхāн фū тарāджим уламā Дāгистāн). Дагестанские ученые X–XX вв. и их биографии. М., 2012.

А. Аликберов

Дарбиш, Мухаммад-Хаджжи (?–1925) — мусульманский религиозный деятель, богослов. Родился в с. Ниж. Инхо Андийского окр. Дагестанской обл. (ныне Гумбетовский р-н РД). Учился в медресе у *Гоцинского 'Абдулатипа*, представителя кадирийского тариката и последователя Омара Хаджжи из Анди, который в свою очередь был мюридом *Кунта-хаджжи Кишиева*. В родном с. Ниж. Инхо Д. М.-Х. открыл медресе, где учились многие дагестанские мута'аллимы, автор религиозных трудов, изданных в г. Темир-Хан-Шуре. На заседании съезда начальников округов 01.02.1919 г. отмечалось, что «Дарбиш Магома Хаджжи из Ниж. Инхо пользуется большим влиянием и мог бы оказать помощь администрации в деле водворения порядка». В восстании 1920–21 гг. воевал на стороне *Гоцинского Нажмутдина*, «отличался фанатизмом, решительностью и честолюбием». Арестован и расстрелян по приговору советского суда в 1925 г.

Лит.: Доного Х. М. Нажмутдин Гоцинский. Махачкала, 2011; Тодорский А. И. Красная Армия в горах: Действия в Дагестане. М., 1924.

Х. М. Доного

Дарпуш

Дарпуш («Заграждение ворот») — персидское название единого оборонительного комплекса сасанидского Ирана, а затем Арабского халифата на Сев.-Вост. Кавказе, включавшего в себя мощную дербентскую крепость (перс. Дарбанд, араб. *Баб ал-абваб* — «Главные ворота»), 40-километровую Горную стену (перс. Гав-бара, тюрк.-перс. Даг-бара / Даг-бары) и разветвленную сеть укреплений (с военными гарнизонами) по всей протяженности Горной стены. В списках *«Дербенд-наме»* название этого комплекса упоминается не только в исходной персидской, но и в искаженной арабизированной (*Дарпуш*) форме.

Создававшийся одновременно с крепостными стенами г. Дербента в IV–VI вв., Д. был задуман Сасанидами как надежный щит от постоянных набегов гуннов, савиров, аваров и других кочевников с севера. Он создавался многими поколениями людей (прежде всего иранскими, а затем и арабскими военными поселенцами при активном участии местного населения), укреплялся дербентскими амирами, ширваншахами и сельджукскими султанами.

Первоначально Д. состоял из двух связанных друг с другом промежуточных форт-рубежей обороны: передового, от северных стен г. Дербента к *Зирихгирану* (Зерехгеран) вдоль течения р. Уллучай, и тылового, включавшего в себя военные укрепления в Табасаране на левобережье р. Рубас. Впоследствии были созданы и другие рубежи обороны, глубоко эшелонированные, которые усиливали комплекс Д. на юге. Один из них, например, проходил через населенные пункты вдоль р. Гюльгерычай, другой — по левобережью р. Самур. Тем самым в нескольких местах прочно замыкалась цепь укреплений от Каспийского моря вплоть до труднодоступных отрогов Главного Кавказского хребта.

Во всех населенных пунктах оборонительных рубежей Д. выявлены куфические надписи на арабском языке, датированные X–XIII вв. Укрепления Д. связаны друг с другом транспортными артериями, которые проходят, как правило, по долинам рек. Окруженные труднодоступными горами, они представляют собой единственно возможные маршруты передвижений по данной местности, сохранившие свое значение до сих пор. Дорога к северу от г. Дербента проходит вдоль передового рубежа Д. Второй рубеж Д. был центральным и основным, так как был укреплен мощной стеной (Даг-бары), тянувшейся от крепостных стен г. Дербента вглубь на запад вплоть до Хайдакских гор. Остатки Даг-бары сохранились до сих пор, местами с куфическими надписями, составленными на арабском и персидском языках.

Кладка Даг-бары абсолютно идентична кладке стен дербентского оборонительного комплекса. На некоторых городищах (где некогда располагались мусульманские рибаты) сохранились руины укреплений такой же кладки.

В ходе археологических экспедиций подтвержден факт существования общей для основного рубежа Д. системы сигнальных огней. Ее появление исследователи относили к Средневековью. Она продолжала действовать и в эпоху борьбы с Надир-шахом Афшаром (убит в 1747 г.).

Обращает на себя внимание единый стиль надгробий XI–XII вв. из населенных пунктов основной оборонительной линии (полые, корытообразные). Такие надгробия обнаружены в табасаранских Якрахе и Хелипенджике, в даргинских Кала-Корейше и Уркарахе — «исламских центрах», продолжающих линию обороны на территории Хайдака, в крепости Джалган непосредственно под г. Дербенту, а также по крайней мере еще в трех лезгинских населенных пунктах на границе владений дербентского амира с ал-Лакзом: с. Белиджи Дербентского р-на, Куг Хивского р-на и Хорель Магарамкентского р-на РД.

Средневековые источники также сообщают о персидских и арабских переселенцах Дербента и *Табасарана*, «опорных базах», «центрах мусульман», располагавшихся в «пограничной области» (ас-сагр). Еще в X в. арабские географы описывали жителей некоторых из этих «центров» как мусульман, говоривших только по-арабски. Речь идет о пограничных рибатах арабов, превратившихся впоследствии в опорные пункты газиев — «воителей за веру».

Следы арабского и иранского присутствия на Кавказе обнаруживаются не только в районе г. Дербента (хотя здесь концентрация памятников наибольшая), но и на подступах к Бол. Кавказу. В X–XI вв. в долине р. Самур появились первые мечети, крупнейшая из них — культовый комплекс в с. Каракюре (ныне Докузпаринский р-н РД), построенный арабами в противовес «амирам Тарса», оплоту христианства в Юж. Дагестане — Гапцахе (ныне Магарамкентский р-н РД). Там же обнаружены арабо-персидские надписи XI–XII вв.

В 1239 г. монголы разрушили единый оборонительный комплекс Д. Ранее считалось, что монголы так и не смогли дойти до верховьев р. Самур. Однако надписи из с. Рича (ныне Агульский р-н РД), составлявшего с Хивом единую линию обороны (Рутул, Цахур и Мишлеш находились на другой линии), содержат прямое указание на причину разрушений — «войско татар». Попытку восстановления всего комплекса Д. предпринял Хулагуид Газан-хан, потомок Чингиз-хана, укрепляя свои границы с враждебной ему *Золотой Ордой*. Однако в прежнем виде воссоздать Д. не удалось ни тогда, ни тем более потом, когда Дагестан оказался политически раздробленным.

Лит.: Абакаров А. И., Давудов О. М. Археологическая карта Дагестана. М., 1993; *Аликберов А. К.* О некоторых строительных надписях Юж. Дагестана XI–XIII вв. // Архитектура древнего и средневекового Дагестана. Махачкала, 1989; *Аликберов А. К.* Эпоха классического ислама на Кавказе: Абу Бакр ад-Дарбанди и его суфийская энциклопедия «Райхан ал-хака'ик» (XI–XII вв.). М., 2003; *Бартольд В. В.* К вопросу о происхождении «Дербенд-наме» // Сочинения. Т. VIII. М., 1973; *Шихсаидов А. Р.* Эпиграфические памятники Дагестана. М., 1984; Эпиграфические памятники Сев. Кавказа на арабском, персидском и турецком языках / тексты, пер. комент. и прил. Л. И. Лаврова. М., 1966; *Bosworth C. E.* Islamic frontiers in Africa and Asia // The Legacy of Islam / ed. by Schachtwith J., Bosworth C. E. Oxf., 1979.

А. Аликперов

Даскиев, **'Умар Экиевич** (1910–88) — мусульманский религиозный и общественный деятель советского периода, шейх кадирийского тариката.

Родился в с. Тярш Джейрахского р-на РИ. В 12 лет начал учиться в медресе с. Ангушт (ныне с. Тарское Пригородного р-на РСО–А), после окончания которого продолжил свое обучение у богослова *Барахоева Усмана*-муллы.

В течение длительного времени был членом примирительной комиссии, активно участвовал в примирении кровников (семей и отдельных людей, находящийся в отношениях кровной мести с др. родом, семьей) как среди ингушей, так и среди соседних народов — чеченцев, осетин, кабардинцев и т. д. К Д. 'У. за консультациями и объективными решениями обращались известные богословы из Чечни: Халим-мулла, Вах-мулла, Са'ид-Ахмед-мулла, Изнаур-мулла и др. В 1944 г. Д. 'У. был депортирован в Кустанайскую обл. Казахской ССР, где продолжил религиозную деятельность.

В 1957 г., после реабилитации ингушей и чеченцев, Д. 'У. вернулся в Ингушетию, где до своей смерти 16.07.1988 г. продолжал религиозную и общественную деятельность. Д. 'У. — автор религиозных стихов, которые сохранились в его семье: песнопений (назм), посвященных пророку Мухаммаду, праведным халифам и шейху *Кунта-хаджжи* Кишиеву.

Сын Д. 'У. — 'Абдул-Хамид, многие годы был имамом мечети в с. Тярш, затем зам. муфтия РИ, главным специалистом по духовно-нравственному воспитанию, автор учебника по основам религии.

В РИ именем Д. 'У. названа одна из улиц в с. Новый Редант Малгобекского р-на.

Лит.: Барахоев М. Даскиев Умар-мулла Экиевич // Сердало. 2012. 20 сентября № 146; Вестник Ингушского исламского ун-та. 2013. № 3. С. 22.

М. Албогачиева

Дебиров, **Элах-Молла** (Алихан, 1845–1887) — религиозный и общественный деятель, шейх тариката *накшбандийа*-халидийа.

Родился в с. Шеды-Юрт / Чlаьнти-Юрт (ныне с. Терское Грозненского р-на ЧР) в семье Дебира Ибиева из тейпа энгеной. Д. Э.-М. был любимым учеником Абу-Шайха из с. Аксай (ныне Хасавюртовский р-н РД), от которого получил иджазу. После этого в Д. Э.-М. открыл свою суфийскую школу, в течение 12 лет также работал кадием с. Новые Атаги (ныне Шалинский р-н ЧР).

Согласно свидетельствам современников, Д. Э.-М. был «учителем-проповедником-уста-зом, проповедовавшим пришествие в Чечню Магда («Махди», Мессии) и великого Имама, приобретшим значительное влияние между туземцами Грозненского окр., мечтавшим о значительной политической роли». Д. Э.-М. передал иджазу двум шейхам: *Докка-шейху* из Старого Юрта (ныне с. Толстой-Юрт Грозненского р-на ЧР) и *Арсанову Дени* из Кень-Юрта (ныне Грозненский р-н РТ).

Д. Э.-М. в 1885 г. был арестован по ложному обвинению по делу о краже 20 тыс. руб. серебром у подполковника Шеды Эльмурзаева из Старого Юрта, 27.08.1885 г. был приговорен к 12 годам каторжных работ. Находясь во Владикавказской тюрьме, Д. Э.-М. не прекращал свои проповеди. 22.06.1887 г. во время следования морским путем к месту отбытия наказания на о. Сахалин ссыльнокаторжный Д. Э.-М. скончался от теплового удара, и тело умершего было предано морю.

Лит.: ГАРФ. Ф. 122. Оп. 5. Д. 1140. Л. 34, 41; Д. 1268. Л. 164 об., 184; Д. 1234. Л. 131; Д. 1268. Л. 99; *Духаев А. И.* Эпоха шайхов. Нальчик. 2016; РГИА. Ф. 98. Оп. 1. Д. 2868. Л. 100; Российский гос. исторический архив Дальнего Востока. Ф. 1133. Оп. 2. Д. 2256. Л. 120 об. — 121; ЦГА РСО–А. Ф. 12. Оп. 3. Д. 963. Л. 2 об.

С. Натаев, А. Духаев

Дербенд-наме — историческое сочинение, созданное Мухаммедом Аваби Акташи из Эндирея в конце XVI — начале XVII в.

Содержание большинства списков хроники относится к событиям V в. до 1064 г. Они касаются взаимоотношений сасанидских шахов с хазарским хаканом, строительной деятельности Сасанидов в Дагестане, походов арабских полководцев на г. Дербенд, арабо-хазарских сражений, походов Масламы (*Абу Муслима*) на г. Дербенд, описания битвы арабских завоевателей за хазарскую крепость Анжи и г. Семендер, завоевания Кумука и назначения первого мусульманского правителя города — Шахбала, дербентских адатов, установленных арабским халифом, и т. д. Сведения, имеющиеся в хронике Д.-н., восходят в подавляющем большинстве своем к раннесредневековым арабским и персидским историческим источникам. В то же время в ней содержится немало оригинальных сведений, почерпнутых из недошедших до наших дней местных первоисточников.

Историческая хроника Д.-н. стала широко известной в научном мире с 1727 г. благодаря стараниям российских историков и востоковедов Т. З. Байера, Г. Ю. Клапрота, Я. Рейнеггса, Н. М. Карамзина, М. А. Казембека, В. В. Бартольда, В. Ф. Минорского и др. Непосредственно в Дагестане ее изучали И. Х. Абдуллаев, А. К. Аликберов, А. А. Исаев, Д. М. Маламагомедов, Г. Б. Муркелинский, Г. М.-Р. Оразаев, М.-С. Саидов, *А. Р. Шихсаидов* и др.

Д.-н. является самым известным и распространенным памятником средневековой дагестанской историографии. На сегодняшний день зафиксировано более 60 рукописей Д.-н., написанных на тюркских (азербайджанском, кумыкском) языках, а также в переводах на другие восточные и дагестанские языки (арабский, персидский, лакский, даргинский, аварский); хроника переведена на 15 языков мира. Была издана несколько раз в XVIII–XX вв. на разных языках, в том числе европейских: английском, немецком, французском, русском и др. В 2017 г. в г. Москве и Стамбуле текст Д.-н. вышел в свет отдельными книгами на русском и турецком языках соответственно.

Лит.: Исаев А. А., Оразаев Г. М.-Р. Популярная дагестанская историческая летопись «Дербенд-наме» // «Дербенд-наме» на языках народов Дагестана. Махачкала, 2012. С. 5–27; Оразаев Г. М.-Р. «Дербенд-наме» — важная историческая летопись Дагестана // Актаии М. А. «Дербенд-наме»: тексты и коммент. (на кумык., англ. и рус. яз.) / сост., авт. предисл. Г. М.-Р. Оразаев. Махачкала, 2014. С. 4–18; Шихсаидов А. Р., Оразаев Г. М.-Р. О рукописях и изданиях «Дербенд-наме» // Мухаммед Аваби Актаиш. Дербенд-наме. Махачкала, 1992. С. 5–36.

Г. Оразаев

Дербентский эмират — мусульманское государство IX — 2-й четверти XIII в., находившееся на прикаспийском торговом пути с центром в г. *Баб ал-абваб* (ныне г. Дербент). Д. э. включал в себя земли приморской равнины на территории севернее г. Дербента до р. Самур на юге. На политическое и социально-экономическое развитие Д. э. существенно повлиял Арабский халифат.

Еще Сасаниды превратили г. Дербент в каменную крепость и порт. С 730-х гг. *Баб ал-абваб* стал военно-адм. центром Арабского халифата в Дагестане, а также крупнейшим торговым центром и портом, центром распространения ислама в Дагестане. Дербент являлся крупным портом для судов, плывущих из Персии в г. Итиль — столицу *Хазарии*, в нем производилась перегрузка товаров с кораблей на вьючные караваны, идущие в Закавказье.

В г. Дербенте осуществлялась чеканка собственных монет; самая ранняя медная монета была отчеканена в 794 г. Чеканка монет в г. Дербенте в основном совпадала с усилением самостоятельности города. Власть в городе находилась в руках группы семей арабского происхождения. Из их числа назначались «ра'исы» («старшины»). В 869 г. член семьи Суламидов Хашим II б. Сурака при поддержке остальных ра'исов был объявлен эмиром г. Дербента и добился фактической независимости от Халифата. Эмиры и ра'исы составили феодальную верхушку города, влиятельной силой являлись торговцы и духовенство. В 869–1066 гг. Д. э. правила династия Хашимидов. В конце XI в. их сменили Аглабиды, находившиеся в зависимости от Сельджукидов. Судя по монетам, после 655 г. х. / 1160 г. Д. э. становится независимым.

Дербент считался пограничной крепостью «исламского мира» (дар ал-ислам), обращенной против «стран неверных». Продолжая дело армий Халифата, газии Д. э. вели нескончаемые войны против горцев — язычников и иноверцев Горного Дагестана.

В «Истории Баб ал-абваба и Ширвана» сохранились сведения выступлений дербентцев против эмира Маймуна, который с помощью властителей *Табасарана* возвращал себе трон. Д. э. в союзе с Ширваном в 912 г. совершил поход против Шандана, княжества располагавшегося севернее Хайдака. В 938 г. дербентский эмир совершил поход против Лакза.

Д. э. просуществовал недолго. В 1239 г. он вошел в состав *Золотой Орды*, а с 1256 г. — государства Хулагуидов.

Лит.: Гаджиев М. Г., Давудов О. М., Шихсаидов А. Р. История Дагестана с древнейших времен до конца XV в. Махачкала, 1996; История Дагестана с древнейших времен до наших дней. Т. 1. М., 2004.

А. Пачкалов

Дербентское ханство — мусульманское государство на западном побережье Каспийского моря, в юж. части современного Дагестана. Столица — г. Дербент. Территория Д. х. охватывала территорию от владений кайтагского уцмия на юге до предгорий Табасаранского хребта Бент на западе и сев.-вост. границ Кубинского ханства.

Д. х. сформировалось на землях наместничества империи Сефевидов после того, как в 1509 г. Дербент, находившийся ранее в руках ширваншахов Дербенди, завоевал шах Исмаил I. Сефевидские наместники построили здесь ряд мечетей (в XVII в.), а шах Аббас I (1587–1628) следил за ремонтом укреплений и порта. Ханством управлял наместник, подчинявшийся беклербеку Ширвана и назначавшийся шахин-шахом из числа кызылбашей, его заместитель (наиб) — из местных жителей, передавал свои права по наследству. Население Д. х. было полиэтничным: персы, азербайджанцы, лезгины, табасараны, горские евреи и др. Основными занятиями населения были хлебопашество, садоводство, виноградарство, овцеводство, шелководство; различные ремесла; торговля.

В начале XVIII в. Дербент входил в состав Сефевидского государства. Постоянно вспыхивали восстания против шахского правительства. Этим воспользовалась Российская империя. В 1722 г. русская армия под командованием императора Петра I осуществила поход в прикаспийские владения Персии. При занятии Петром I г. Дербента наибом города был Имам-Кули-хан, происходивший из рода курчи (конных лучников из числа тюрков-кызылбашей). Он преподнес российскому императору ключи от городских ворот. Петр I назначил Имам Кули-хана ханом дербентским и начальником «туземного» войска с чином генерал-майора. В 1723 г. между Россией и Персией был заключен Петербургский мирный договор, в соответствии с которым персидский шах признавал за Россией г. Дербент и Баку с прилегающими к ним землями. Позднее, в связи с обострением русско-турецких отношений, российское правительство, пытавшееся не допустить войны с Османской империей и заинтересованное в союзе с Персией, в 1735 г. заключило с Персией Гянджинский договор, по которому Персии были возвращены г. Дербент и Баку с их провинциями.

В 1735 г. крымский хан сумел назначить правителем г. Дербента Ахмед-хана уцмия. Правитель Ирана Надир-шах заменил его на султанов из племен устаджлы и гарачорлу. До смерти Надир-шаха г. Дербент управлял его доверенный полководец — Мухаммедали-хан Герегли. Д. х. образовалось в 1747 г. после смерти Надир-шаха и распада его государства. Правителем ханства был избран сын местного владетеля Имам-Кули-хана Магомет-Гусейн-хан (Мухаммад-Хасан, Мухаммед-Гусейн). В состав Д. х. вошел также Улусский магал.

В 1765 г. кубинский хан Фетх-Али-хан с помощью шамхала, уцмия и табасаранского кадия овладел г. Дербентом и включил Д. х. в состав Кубинского ханства. Правительницей г. Дербента первоначально была жена Фетх-Али-хана Тути-Бике, а позже его брат — Ших-Али-хан (1789–96). Хан Мухаммед-Гусейн был ослеплен и заключен сначала в г. Кубе, а затем в г. Баку. После смерти Фетх-Али-хана созданное им государство распалось. Наследовавший ему Ахмет-хан правил всего два года и скончался в марте 1791 г., после чего новым кубинским ханом стал его брат Шейх Али-хан. Из-за недовольства правлением Шейх Али-хана Дербент вновь стал самостоятельным ханством, правителем которого в 1799 г. был провозглашен младший сын Фетх-Али-хана — Гасан-ага. В 1802 г., после смерти Гасан-хана, Шейх Али-хан снова присоединил Д. х. к Кубинскому ханству.

В ходе Русско-персидской войны 1804–13 гг. ханство в 1806 г. было присоединено к России. По Гюлистанскому миру 1813 г. Персия признала власть России над бывшим Д. х.

Лит.: История Дагестана с древнейших времен до наших дней. Т. 1. М., 2004; Магомедов Н. А. Дербент и Дербентское владение в XVIII — первой половине XIX в. Махачкала, 1998; Мустафаев Д. М. Северные ханства Азербайджана и Россия: конец XVIII — начало XIX в. Баку, 1989; Рамазанов Х. Х., Шихсаидов А. Р. Очерки истории Юж. Дагестана. Махачкала, 1964; Челеби Эвлия. Книга путешествия. Вып. 2. М., 1974.

А. Пачкалов

Джабагиев, **Вассан-Гирей** Ижиевич (Эльджиевич) (03.05.1882–18.10.1961) — ингушский просветитель, политический и общественный деятель, экономист-аграрник, социолог, публицист. Один из деятелей антисоветской кавказской эмиграции.

Родился в с. Насыр-Корт (ныне Назрановский р-н РИ) в семье полковника царской армии, полного георгиевского кавалера Ижи Джабагиева, который был в числе первых ингушей, получивших офицерский чин в царской армии и дворянский титул. Успешно окончив Владикавказское реальное училище, Д. В.-Г. поступил на сельскохозяйственный факультет Дерптского политехнического ин-та, а затем продолжил образование в Германии в Йенском ун-те, где изучал естественные науки, земледелие и экономику сельского хозяйства. По завершении учебы в 1908 г. Д. В.-Г. получил квалификацию экономиста в аграрной сфере.

После возвращения в Россию жил в г. Санкт-Петербурге, служил в Министерстве земледелия (вице-директор одного из департаментов). Принимал активное участие в общественной жизни столичных мусульман: накануне Первой мировой войны состоял зам. председателя Санкт-Петербургского мусульманского благотворительного общества (1913).

После Февральской революции 1917 г. переехал на Сев. Кавказ, участвовал в процессе создания национальных государственных образований на Кавказе. Был избран председателем исполкома Ингушского национального совета (март 1917 г.), участвовал в съезде народов Кавказа (май 1917 г.) и создании Союза объединенных горцев Кавказа. После создания Горского правительства и провозглашения *Горской республики* (ноябрь 1917 г.) был в числе разработчиков ее конституции (предложив в качестве основы пример федеративного устройства Швейцарского союза). После образования

Терской советской республики (март 1918 г.) члены правительства *Горской республики*, в том числе Д. В.-Г., бежали в Грузию, затем оказались в эмиграции.

С 1923 г. Д. В.-Г. жил в г. Варшаве, занимался журналистикой и публицистикой; организовал информационный бюллетень Orient (1927–30); редактировал журнал Przeglad Islamski («Исламское обозрение», 1930–37), который фактически был печатным органом мусульманской общины в г. Варшаве. В период Второй мировой войны, имея статус представителя Красного Креста, посещал лагеря с мусульманскими военнопленными, оказывал им гуманитарную помощь. После войны переехал в Турцию, где и умер; похоронен в г. Стамбуле.

Лит.: Miskiewicz Ali. Tatarzy polscy. 1918–39. Warszhawe, 1991; Tyszkiewicz Jan. Z historii tatarow polskich. 1794–1944. Zbior szkicow z aneksami zrodlowymi. Pultusk, 1998.

Д. Усманова

Джадидизм — мусульманское реформаторство в Дагестане первой половины XX в. Проникновение его идей на Сев. Кавказ следует отнести к началу XX в. Термин Д. восходит к арабскому понятию «ал-усул ал-джадид» (новый метод), основателем которого считается крымский ученый и просветитель Исмаил Гаспринский (1851–1914). Он разработал новый метод преподавания арабского языка, в котором упор делался на изучение фонетического, а не корневого строения слов. Впоследствии термин «Д.» включил в себя также более широкое значение реформы системы мусульманского образования, которая подразумевала включение в учебный план традиционных мусульманских медресе светских дисциплин (география, естествознание, история, математика и др.). После 1905 г. основные идеи *джадидизма* в Российской империи были распространены в Крыму (г. Бахчисарай), Волго-Уральском регионе (г. Казань, Уфа, Оренбург, Астрахань), среди азербайджанской интеллигенции в г. Баку, где *джадидизм* был поддержан значительной частью мусульманских предпринимателей, а также в Центр. Азии (г. Ташкент, Самарканд, Бухара).

Распространение идей мусульманского реформаторства в Дагестане было обусловлено прежде всего тесными контактами мусульман Дагестана с Крымом, Волго-Уральским регионом, а также Египтом, где эти идеи в конце XIX — начале XX в. были широко популярны.

Новометодной, «звуковой» системе дагестанские реформаторы обучались в медресе Поволжья и Урала. Вместе с тем реформаторы изучали издательское дело в г. Бахчисарае, имели близкие контакты с И. Гаспринским. С другой стороны, идеи реформы системы мусульманского права, призыв дагестанских реформаторов к иджтихаду были обусловлены тесными контактами дагестанских ученых с арабской моделью реформаторства — деятельностью египетских реформаторов Джамалуддина Афгани, Мухаммада ‘Абдо, Рашида Риды, работы которых были популярны в Дагестане в начале XX в.

В общем дискурсе о развитии мусульманского общества дагестанские реформаторы разделились на несколько групп. Первая группа призывала к реформам в сфере мусульманского образования, оставаясь при этом строгими последователями шафиитской правовой традиции (таклид). Основными условиями развития общества они считали необходимость широкого развития науки и просвещения через введение в учебный процесс естественно-научных дисциплин. Эти идеи в подавляющем большинстве дагестанскими интеллектуалами были заимствованы от татар Крыма и Волго-Уральского региона. Проект реформы системы мусульманского образования, предложенный дагестанскими реформаторами этой группы, практически дословно повторяют те идеи, которые были выдвинуты ранее татарскими учеными X. Фаизхановым и И. Гаспринским. В этом можно проследить несомненное влияние на дагестанцев джадидских идей татар Крыма и Волго-Уральского региона.

Вторая группа дагестанских ‘алимов, также выступая за реформу системы мусульманского образования, призывала расширить границы решения некоторых вопросов богословско-правового комплекса в рамках шафиитской правовой традиции, применяя систему принципов, аргументов, методов и приемов шафиитской системы («ал-иджтихад фи-л-мазхаб»). Отличительной особенностью этой группы ученых было то, что они выступали за необходимость реформ не только в сфере образования, но и призывали к более широкой интерпретации мусульманских источников в некоторых частных вопросах правового характера. В то же время предполагалось, что такая интерпретация не должна выходить за рамки существующей шафиитской правовой системы. Реформаторы этой группы призывали не к полному пересмотру или отказу от шафиитской правовой традиции, а предлагали, используя методологию и принципы шафиитской системы, вернуться к основным источникам мусульманского права и пересмотреть ряд частных мнений правоведов разных правовых школ.

Третья группа реформаторов пошла дальше и, кроме призыва к реформе системы мусульманского образования, выступала также с критикой четырех правовых суннитских школ. Они призывали «открыть врата иджтихада», не следовать мнениям мусульманских правоведов, а, опираясь на Коран и Сунну, выносить самостоятельные суждения по вопросам мусульманского права вне рамок правовых школ («ал-иджтихад ал-мутлак»). Эта третья группа реформаторов практически не была связана с джадидами внутренних регионов Российской империи, но имела тесные контакты и связи с египетскими реформаторами.

Таким образом, мы видим, что в дагестанской форме мусульманского реформаторства слились воедино несколько моделей:

1) «татарская» модель реформаторства, направленная преимущественно только на реформу системы мусульманского образования и связанная с «новометодной» (усул-и-джадид) системой обучения, разработанной И. Гаспринским (последователи первой группы реформаторов);

2) собственно дагестанская модель реформаторства, несколько скорректированная с учетом местной шафиитской правовой традиции, с частичным заимствованием татарской модели реформаторства (в вопросах образования), а также египетской модели (призыв к иджтихаду, богословские вопросы). В последнем вопросе представители этой группы не слепо копировали идеи египетских реформаторов, призывающих к абсолютному иджтихаду, а искали и находили некий компромисс в шафиитской правовой традиции, которая допускала форму частичного иджтихада — пересмотра ряда частных вопросов в рамках шафиитской системы (иджтихад фи-л-мазхаб);

3) третья форма реформаторства почти полностью копировала египетскую модель. Последователи этой группы в вопросах реформы образования не использовали «новометодный» звуковой метод обучения И. Гаспринского, заимствуя в этом вопросе идеи египтян, не имели никаких контактов с татарскими реформаторами и выступали критиками всех существующих правовых школ.

Говоря о специфике дагестанской формы реформаторства, следует отметить, что политические вопросы редко всплывали в дискурсе реформаторов и их оппонентов. В основном их дискуссия шла преимущественно вокруг специфических вопросов, связанных с системой мусульманского права, догматики и вопросов образования и науки. Кроме того, в вопросах национальной идентичности идеи И. Гаспринского о «единстве языка, мысли и действий» в среде большинства наиболее активных дагестанских реформаторов были не популярны.

Многие дагестанские реформаторы выступали против введения тюркского языка как основного языка обучения. Они выступали за широкое применение в учебном процессе родных языков, равно как и развитие национальной литературы на кумыкском, аварском, даргинском и лакском языках. Практически все дагестанские реформаторы были жесткими противниками секуляризации общества, и даже в ранний советский период некоторые из них писали работы с критикой идей материализма.

Все три группы реформаторов были категорическими противниками копирования любой модели европейского общества.

Многие идеи мусульманских реформаторов были близки и интересны дореволюционной власти в Дагестане. Призыв реформаторов к реформе образования, изучению естественных наук, равно как и жесткая критика частью из них суфизма, воспринимаемого властью как опасное явление, способствовало тому, что власть использовала идеи реформаторов в своих интересах. Видя во взглядах мусульманских реформаторов идеи, направленные на критику представителей местной духовной элиты (преимущественно представленной суфиями), царская администрация выступила с инициативой издания арабоязычной джадидской газеты *«Джаридат Дагистан»*. Инициация издания этой газеты принадлежала генерал-губернатору Дагестанской обл. С. Вольскому, который поручил издание этой газеты начальнику канцелярии военного губернатора Дагестанской обл. *Саидову Бадави* (1877–1927). Основную работу по изданию этой газеты выполняли дагестанский реформатор *Каяев 'Али* при финансовой поддержке основателя дагестанской типографии *М.-М. Мавраева*.

Царская администрация, инициируя издание этой газеты, а также финансируя ее издание в 1913–14 гг., поддержала антисуфийскую риторику дагестанских реформаторов и использовала ее в своих интересах.

Вместе с тем сами реформаторы не были активными сторонниками существующей власти, о чем свидетельствуют более поздние источники, в которых они критиковали имперскую власть. Это сотрудничество было следствием взаимных интересов имперской власти и реформаторов: первые использовали идеологию и риторику реформаторов против суфизма в интересах уменьшения влияния суфийских шейхов на мусульман; вторые использовали площадку, предоставленную имперской властью, для развития своих идей.

После установления советской власти большевики проводили политику в отношении ислама на Сев.-Вост. Кавказе, исходя тех же методов и идей, что и имперская власть. Большевики поддерживали более «слабые» группы мусульман, противостоящих более «сильным». На Сев. Кавказе реформаторы представляли собой все еще «слабую» силу. Довольно сильные позиции здесь занимала «старая» мусульманская элита, в большинстве своем несколько настороженно, если не враждебно относящаяся к имперской власти. Вместе с тем большевики, понимая огромное влияние мусульманского духовенства на население, использовали этот ресурс в своих интересах.

Во время гражданской войны в Дагестане социалистам удалось привлечь на свою сторону часть представителей местной духовной элиты (кадиев, суфийских шейхов, богословов), фактически расколов местное духовенство на две противоборствующие группы.

Поскольку в Дагестане представители «старой» мусульманской элиты, поддержавшей советскую власть (богословы, кадии, суфийские шейхи), все еще продолжали пользоваться авторитетом и влиянием на население, это не отвечало интересам социалистов. Поэтому в самом начале 1920-х гг. социалисты делали ставку на реформаторов, идеи которых в вопросах реформы образования, развития местной национальной культуры во многом отвечали интересам большевиков.

В начале 1920-х гг. мусульманские школы и медресе все еще продолжали функционировать, но после начала антирелигиозной кампании советского правительства в конце 1920-х гг. легальная их деятельность прекратилась. Это коснулось в том числе и тех немногих школ, где преподавание уже велось по новометодной системе. Вместо них и часто в тех же зданиях, где раньше существовали новометодные школы, начали функционировать советские школы, которые по своей структуре и методике обучения были несколько схожи с бывшими новометодными медресе.

Это было обусловлено тем, что организация, содержание и методы работы новометодных мусульманских школ, такие как установление учебного графика, экзаменов, одновременное изучение нескольких дисциплин, внедрение в программу школ математики, географии и т. д., совпадали с представлениями большевиков о советской системе обучения. Реформаторы, ранее преподававшие в новометодных школах, после их закрытия советским государством были в значительной степени включены в новую советскую образовательную систему. Это объясняется тем, что в ранний советский период просто не было других педагогических кадров. Практически все представители духовной элиты, которые выступали с идеями реформы мусульманского образования и ранее организовывали такие учебные заведения, стали учителями в советских школах. При этом почти все они проходили переподготовку в советских педагогических училищах. Так, многие дагестанские реформаторы преподавали математику, родной язык, геометрию, географию, историю и др. дисциплины в советских школах.

Др. реформаторы стали сотрудниками советских научных учреждений, в частности, открывшегося в Махачкале в 1924 г. Ин-та национальной культуры (впоследствии ИИАЭ ДНЦ РАН).

Все это завершилось в 1930-е гг., когда советская власть уже имела достаточно собственных научных кадров, и реформаторы, с их прошлым религиозным образованием, стали уже не нужны советской власти. Многие реформаторы были репрессированы (сосланы в лагеря или расстреляны) в конце 1920-х гг., перед началом всеобщей коллективизации, а затем — в конце 1930-х гг., в период массовых репрессий.

Соч.: Абу Суфйан б. Акай ал-Газаниши. Мас'алат ал-иджтихад // Байан ал-хака'ик. Буйнакск. 1926. № 3. С. 2–5; Автобиография Абусуфьяна Акаева / пер. А. Р. Шихсаидова; сост., коммент. Г. М.-Р. Оразаева // Литературное и научное наследие Абусуфьяна Акаева: сб. статей и материалов. Махачкала, 1992; 'Али б. 'Абд ал-Хамид ал-Гумуки. Рисала фи-т-таклид ва джаваз ат-талфик (рукопись) // Фонд восточных рукописей ИИАЭ ДНЦ РАН. ФМС. Оп. 1. № 37. Л. 101–106; 'Али б. 'Абд ал-Хамид ал-Гумуки. Фихакк ал-иджтихадва-таклид // Джаридат Дагистан. 1913. 3 августа; № 31; Гаспринский И. Русское мусульманство: мысли, заметки и наблюдения мусульманина // М. А. Усманов (ред.). Россия и Восток. Казань, 1993; ад-Дургили Назир. Ал-Иджтихад ва-т-таклид (рукопись) // Фонд восточных рукописей ИИАЭ ДНЦ РАН. ФМС. Оп. 1. № 35. Л. 2–32; ад-Дургили Назир. Та'лик ал-хамид 'ала-л-кавл ас-садид (рукопись) // Фонд восточных рукописей ИИАЭ ДНЦ РАН. ФМС. Оп. 1. № 35. Л. 69–108; Фаизханов Х. Реформа медресе (Ислах мадарис) / пер. И. Ф. Гимадеева; сост. и отв. ред. Д. В. Мухетдинов. Н. Новгород, 2007.

Лит.: Арапов Д. Ю. Записка Восточного отдела ОГПУ «О мерах борьбы с мусдуховенством». Октябрь 1926 // Арапов Д. Ю. Ислам и советское государство (1917–36): сб. документов. Вып. 2. М., 2010; Арапов Д. Ю. Ислам и советское государство (1917–36): сб. документов. Вып. 2. М., 2010; Исхаков Д. М. Феномен татар. джадидизма: введение к социокультурному осмыслению. Казань, 1997; Исхаков Д. М. Феномен татар. джадидизма: введение к социокультурному осмыслению. Казань, 1997; Кемпер М. Суфии и ученые в Татарстане и Башкортостане. Исламский дискурс под русским господством. Казань, 2008; Кемпер М., Шихалиев Ш. Дагестанское мусульманское реформаторство первой трети XX в. как разновидность джадидизма // Абусуфьян Акаев: эпоха, жизнь, деятельность: сб. статей, переводов и материалов / сост. Г. М.-Р. Оразаев. Махачкала, 2012. С. 52–58; Наврузов А. Р. «Джаридат Дагистан» — арабоязычная газета кавказских джадидов. М., 2012; Наврузов А. Р. Вопросы мусульманского просветительства в газете «Джаридат Дагистан» (1913–18) и журнале «Байан ал-хакаик» // Вестник Ин-та ИАЭ. Махачкала. 2008. № 1. С. 43–50; Реформа образования: татары Нижегородчины и мусульманский мир России: сб. работ и статей по исламскому образованию. Н. Новгород, 2008. С. 5–19; Сулаев И. Х. Государство и мусульманское духовенство в Дагестане: история взаимоотношений (1917–91). Махачкала, 2009; Хабутдинов А. Ю. От общины к нации: татары на пути от Средневековья к Новому времени. Казань, 2008; Шихалиев Ш. Ш. К вопросу о мусульманском реформаторстве в Дагестане в 1-й четверти XX в. // Мавраевъ. Культурно-исторический журнал. Махачкала. 2025. № 1(6). С. 15–27; Юзеев А. Н. Татарская религиозно-реформаторская мысль. Казань, 2012; Kemper M. Ijtihad into Philosophy: Islam as cultural heritage in post-Stalinist Daghestan, in Central Asian Survey (Routledge, Published online: 22 Jul 2014); Kemper M., Shikhaliev Sh. Qadimism and Jadidism in Twentieth-Century

Daghestan // Asiatische Studien — Études Asiatiques. Vol. 69. Iss. 3. Zürich, 2015. P. 593–624; Noak Ch. *Muslimischer Nationalismus im Russischen Reich. Nationsbildung und Nationalbewegung bei tataren und Baschkiren, 1861–1917. Franz Steiner Verlag. Stuttgart, 2000.*

Ш. Шихалиев

Джами'ат-ул-Исламийа (араб. «Исламский комитет») — мусульманское городское самоуправление, созданное в апреле 1917 г. в г. Темир-Хан-Шуре (ныне г. Буйнакск) Дагестанской обл. Инициатором создания Д.-ул-И. был городской глава г. Темир-Хан-Шура Д. Апашев. Организация под председательством городского кадия Агарагима-Кади из с. Ниж. Казанище (ныне Буйнакский р-н РД), занималась решениями споров между мусульманами — жителями города, разборами беспорядков, общественным обсуждением отдельных проблем. Например, по решению Д.-ул-И. была прекращена торговля алкогольными напитками в городе. Д.-ул-И. содержался в том числе и за счет средств состоятельных горожан, что позволило создать городскую милицию, оказать материальную поддержку газете «*Джаридат Дагестан*».

Первоначально Д.-ул-И. ставились исключительно религиозные цели (защита ислама, шариата). Но очень быстро «эта организация стала носить политический характер». В сентябре 1917 г. общество было преобразовано в организацию общедагестанского масштаба «Мусульманский национальный комитет» (*Милли комитет*).

Лит.: Джаридат Дагистан. 1917. 25 мая; Доного Х. М., Дахдуев Д. А. *Мухаммад-Кади Дибиров (Карахский). На изломе веков. Махачкала, 2015.*

Х. М. Доного

Джами'ат-ул-'улама' (араб. «Комитет улемов») — общественно-политическая организация, созданная в июле 1917 г. по инициативе лидеров мусульм. движения в Дагестане: *Дибирова Магомед-кади, Мавраева Мухаммада-Мирзы* и шейха Абуталиба в г. Темир-Хан-Шуре Дагестанской обл. (ныне г. Буйнакск). Руководителем общества стал 'Абд-ул-Басир. 02.08.1917 в г. Темир-Хан-Шуре состоялся съезд 'алимов, обсудивший вопросы о судах, благотворительных пожертвованиях, языке обучения в школах и открытии в Дагестане духовных школ.

Лит.: Доного Х. М., Дахдуев Д. А. *Мухаммад-Кади Дибиров (Карахский). На изломе веков. Махачкала, 2015.*

Х. М. Доного

Джанибек (Султан Джалал ад-дин Абу Музаффар Махмуд Джанибек-хан, ум. 22.07.1357) — хан *Золотой Орды* (1342–57), сын хана *Узбека*. По некоторым сведениям, считался номинальным наследником своего отца, который по какой-то причине отстранил от трона своего старшего сына Тинибека. Тем не менее после смерти *Узбека* (1341) ханом был провозглашен Тинибек; Д. вступил на трон в результате военного переворота, в ходе которого его старший брат был свергнут и убит.

В арабских средневековых источниках Д. представлен ревнителем ислама: он повелел представителям золотоордынской знати носить чалмы и фараджийат («ферязи»), при его дворе были созданы мусульманские богословские и правовые труды. Один из виднейших ученых того времени Маулана Са'ад ад-дин посвятил хану свой комментарий на богословское сочинение «Мухтасар ат-таххис», составленный в 756 г. х. (1355/56 г.).

Д. поддерживал союзные отношения с Египтом, подтвердил привилегии венецианским купцам в Причерноморье, пожалованные *Узбеком* (1342), однако вскоре начал войну с венецианскими и генуэзскими владениями в Крыму и Приазовье, в результате которой эти привилегии были существенно урезаны (1347). Хан благожелательно относился к своим вассалам на Руси; в русских летописях он охарактеризован как «добрый царь». Однако при нем Русская православная церковь (едва ли не впервые со времен установления зависимости Руси от *Золотой Орды*) была обложена налогами: по мнению исследователей, в своем ярлыке Д. отменил ряд льгот и привилегий, пожалованных церкви прежними ханами.

Д. возобновил военные действия с Ираном, в котором в это время происходили междоусобицы, и добился бо́льших успехов, чем его отец хан *Узбек*: в 1356 г. он захватил и присоединил к *Золотой Орде* Азербайджан, за который золотоордынские правители безуспешно боролись с Хулагуидами в течение почти ста лет.

На обратном пути из Азербайджана Д. сильно заболел и вскоре скончался. По одним сведениям, он умер от болезни, по другим — был убит по приказу своего сына Бердибека. Д. был последним ханом *Золотой Орды*, обладавшим сильной властью: с его смертью началась смута, известная как «Великая замятня», в результате которой ханская власть существенно ослабла, а государство фактически распалось на ряд независимых владений.

Лит.: Григорьев А. П., Григорьев В. П. *Коллекция золотоордынских документов XIV в. из Венеции: источниковедческое исследование. СПб., 2002;* Почекаев Р. Ю. *Цари ордынские. Биографии ханов и правителей Золотой Орды. СПб., 2010;* Приселков М. Д. *Ханские ярлыки русским митрополитам. Пг., 1916; Сб. материалов, относящихся к истории Золотой Орды. Т. II /*

собр. В. Г. Тизенгаузен. М.–Л., 1941; Тизенгаузен В. Г. Сб. материалов, относящихся к истории Золотой Орды. Т. I. СПб., 1884; Фахретдин Р. Ханы Золотой Орды. Казань, 1996; Юргевич В. Рассказ римско-католического миссионера доминиканца Юлиана о путешествии в страну приволжских венгерцев, совершенном перед 1235 г. и письма папы Венедикта XII к хану Узбеку, его жене Тайдолю и сыну Джанибеку в 1340 г. // Записки Одесского общества истории и древностей. Т. V. СПб., 1863. С. 998–1006.

Р. Почекаев

Джанибеков, 'Абд-ул-Хамид Шершенбиевич (Жаныбек, 1879–1955) — ученый-этнограф, просветитель, создатель ногайской письменности.

Родился в г. Астрахани. Выпускник медресе *ан-Низамийа*, ученик 'Абдурахмана Умерова. В 1901–17 гг. преподавал в с. Хожетай, Ясын-Сокан Красноярского у. Астраханской губ. (первое ныне не существует, второе — в Красноярском р-не Астраханской обл.). В 1917–20 гг. работал учителем в селах юртовских татар Астраханского у. и губ.

С 1920 г. Д. жил и работал учителем в школах Карачаево-Черкесии и ДАССР, возглавлял научно-методическую комиссию при Ачикулакском отделе народного образования Дагестанской АССР. В 1926 г. участвовал в I Всесоюзном тюркологическом съезде (Баку). В 1928 г. завершил работу над ногайским алфавитом на основе латиницы; в 1938 г. написал ногайскую грамматику на основе кириллицы.

В 1931 г. в Дагестанском государственном издательстве была создана ногайская секция. Д., работая сельским учителем в Ачикулакском р-не ДАССР, возглавлял ее. Под его руководством были подготовлены и изданы учебники и учебно-методическая литература для ногайских школ Сев. Кавказа.

Литературная деятельность Д. началась в 1918 г. — написал пьесу «Карагаш тойы» («Свадьба карагашей»), в 1925 г. поставил пьесу по мотивам лирической поэмы «Кызыл-Гуьл». В течение 30 лет Д. собирал произведения тюркского фольклора в Ниж. Поволжье, систематизировав их в рукописи «Соьз казнасы» («Сокровищница слов». Т. 1–4).

Лит.: Джанибеков А.-Х. Мое жизнеописание: рукопись // Рукописный фонд Карачаево-Черкесского ин-та гуманитарных исследований; Сикалиев А. И. Жизнь и деятельность ногайского просветителя А.-Х. Ш. Джанибекова (1879–1955) // Просветители. Черкесск, 1981. С. 5–19; Курмансеитова А. Х. Творческая деятельность Абдул-Хамида Джанибекова (1879–1955) // Астраханские краеведческие чтения. Астрахань, 2010. Вып. 2. С. 319–324.

А. Курмансеитова

«Джаридат Дагистан» (араб. «Газета Дагистан») — общественно-политический, литературный и научно-популярный еженедельник, издававшийся на арабском языке в г. Темир-Хан-Шуре (ныне. г. Буйнакск РД) с 07.01.1913 г. до конца 1918 г. Газета выходила сначала по понедельникам, а с 22-го номера 1913 г. — по субботам; распространялась по подписке в Дагестане, Чечне, Ставрополье, на Кубани, в Азербайджане и Туркестане. С 19.01.1918 г. газета издавалась под названием «Дагистан» как частное издание.

Инициатором создания «Дж. Д.» был генерал-губернатор Дагестанской обл. С. В. Вольский, который планировал сделать ее официальным органом российской администрации, в котором должны были перепечатываться материалы из «Дагестанских областных ведомостей». Газета должна была служить «просвещению» мусульман области и распространению среди них цивилизаторских идей российских властей. Она была рассчитана на местную мусульманскую интеллигенцию, для которой языком науки и культуры был литературный арабский.

Официальным редактором «Дж. Д.» стал *Саидов Бадави*, начальник Канцелярии военного губернатора Дагестана, одновременно занимавший пост председателя «Общества просвещения туземцев-мусульман Дагестанской области». В первый год (с 07.01.1913 по 31.01.1914 г.) газета финансировалась из бюджета администрации, а после 31.01.1914 г. до конца 1918 г., из-за убыточности издания, все расходы по ее публикации взял на себя *Саидов Бадави*. Большую помощь ему оказывал аварский общественный деятель *Мухаммад-Мирза Мавраев*, дагестанский первопечатник. Все номера «Дж. Д.» были отпечатаны литографским способом в его типографии.

В издании газеты активное участие принимал дагестанский мударрис и ученый, популяризатор научных знаний *Каяев 'Али*. Он работал в «Дж. Д.» все время ее выхода: сначала в качестве неофициального, а с 19.01.1918 г. — официального редактора. *Каяев 'Али* вел важнейшие рубрики газеты, регулярно отвечал на вопросы читателей, разъясняя интересовавшие их правовые и богословские проблемы ислама и его повседневной обрядовой практики. Его перу принадлежит большинство опубликованных в «Дж. Д.» статей. Через газету *Каяев 'Али* пропагандировал идеи мусульманского реформаторства, выступая прежде всего за введение в мактабах и медресе новых методов обучения (*джадидизм*). В результате на страницах газеты развернулась полемика между сторонниками новометодной и традиционной мусульманской школы.

В «Дж. Д.» было несколько постоянных рубрик: раздел официальных сообщений, хроника текущих событий на Кавказе, в России и за рубежом, литературная часть, разделы писем, объявлений и научно-популярных статей. В разделе официальных новостей (ал-кисм ар-расми) печатались переводы на араб. яз. приказов генерал-губернатора Дагестанской обл., распоряжения начальников округов и другие постановления российской администрации для мусульман и немусульман края.

После Февральской революции 1917 г. «Дж. Д.» большое внимание уделяла общероссийским проектам окончания Первой мировой войны, созыва Учредительного собрания, социализации земли. В последние месяцы существования газеты в ней оживленно обсуждались проблемы начинавшейся Гражданской войны и вызванного ею раскола (фитна) среди мусульман Сев. Кавказа.

Литературный раздел (ал-кисм ал-адаби / ал-адабийат) включал в себя стихи арабских и дагестанских авторов на суфийские сюжеты, сатиры в стихах про мусульман, ухитрявшихся обойти предписания шариата (ал-хийал аш-шарʻийа) или занимавшихся ростовщичеством (ар-риба'), стихотворения, посвященные пророку Мухаммаду, Корану, сунне Пророка.

«Дж. Д.» сыграла большую роль в деле просвещения мусульман Дагестана и Сев. Кавказа, а также в распространении в регионе идей реформы традиционного исламского образования (ислах ат-та'лим). Ее сторонники критиковали старометодные медресе, обвиняя их учителей в косности и невежестве.

В газете обсуждались также перспективы преобразований в мусульманской семье и обществе. Немало споров вызывал женский вопрос, связанный с начавшимся процессом эмансипации мусульманок региона в начале XX в. Вопросы иджтихада и таклида также волновали читателей Дж. Д. Корреспонденты газеты критиковали представителей местной мусульманской элиты, прежде всего невежественных суфийских шейхов.

Издание газеты прекратилось в связи с закрытием типографии *М.-М. Мавраева*. Арабоязычная мусульманская пресса Сев. Кавказа просуществовала еще около десяти лет, но издания, подобного «Дж. Д.» по уровню материалов и охвату читательской аудитории, так и не появилось. Благодаря деятельности издателей газеты идеи исламского реформаторства (модернизма) получили широкое распространение среди мусульманской интеллигенции Дагестана и некоторых др. районов Сев. Кавказа. «Дж. Д.» способствовала политизации ислама к началу Гражданской войны 1918–21 гг.

Лит.: Кандауров А. А. Обзор газеты «Джаридат Дагистан» за 1913 г. // РФ ИИАЭ ДНЦ РАН. Ф. 3. Оп. 1. Д. 253; Лемеш Н. Е. Библиографический обзор газеты «Джаридат Дагистан» за 1913–18 гг. РФ ИИАЭ ДНЦ РАН. Ф. 3. Оп. 1. Д. 206; Наврузов А. Р. Газета «Джаридат Дагистан» — историко-культурный памятник (1913–18). Махачкала, 2000; *Он же. «Джаридат Дагинстан» — арабоязычная газета кавказских джадидов. Москва, 2012.*

А. Наврузов

Джарские кадии — коллегиальные правители и судьи дагестанской конфедерации Джар (авар. Цор) на территории современного сев.-зап. Азербайджана. Алазанская долина, где находилось это политическое образование, также известная среди местного населения как Цор (Цор), исторически являлась регионом проживания аварцев Закавказья. Предположительно в XVI в. здесь сложилась форма государственности, ставшая известной в российской историографии как «Джарская республика». Д. Зубарев, посетивший в 1830 г. этот регион, пишет: «Джаро-Белоканская область до 1830 г. составляла республику, управлявшуюся своими законами, своими властями». С. Броневский называет эту область «Джарская республика» и «федеративная Джарская республика». Это название было принято и современными исследователями, к примеру, М. А. Агларовым. В 1830 г. «Джарская республика» была аннексирована Российской империей и преобразована в особую адм. единицу — Джаро-Белоканскую область, а впоследствии — Закатальский окр.

Управление Джарской республикой замыкалось на выборной должности кадия как главы судебной власти, выполнявшего в данном государстве также функции руководителя исполнительной власти. Местные письменные источники дают нам возможность проследить за хронологией пожизненного исполнения «кадиями Чара» обязанностей руководителей Джарской республики.

Первым известным из источников Д. к. был *ал-Гулуди Малла-Мухаммад* (1611–96/97). После него, вероятно, эту должность занимал *ал-Гулуди Мухаммадвали* (ум. 1716). Следующим Д. к. стал, по всей вероятности, его зять Муртазаʻали (в источниках упоминается как Малла-Муртазаали, Чапар Али, Хаджжи Муртазаали), ум. в 1745 г. Кратковременно, во время отсутствия Муртазаʻали, Д. к. являлся и хаджжи ʻАли (ум. 1157 г. х., начался 14.02.1744). В 1745–63 гг. должность Д. к. занимал малла ʻУсман (ум. 1177 г. х.; начался 11.07.1763). Следующим кадием был *ал-Гулуди Малла-Мухаммад* (ум. 1180 г. х.; начался 08.06.1766), являвшийся, согласно исследованию С. Сулеймановой, автором «Джарской летописи» (также известна как «Хроника войн Джара в XVIII столетии», авар. «Цораљул аваразул рагъазул тарих»).

Лит.: Агларов М. А. Кавказские реалии в российской историографии (XVIII — начало XIX в.) // Материалы Международной научной конференции «Кавказ: археология и этнология». Баку, 2009. С. 312–313; Айтберов Т. М. Закавказские аварцы (VIII — начало XVIII в.). Махачкала, 2000. Ч.

I; *Айтберов Т. М.* Памятные записи // Письменные памятники Дагестана XVIII–XIX вв. Махачкала, 1989. С. 137–140; *Айтберов Т. М.* ЦIораулъул аваразул рагъазул тарих. МахIачхъала, 1996 (на авар. яз.); *Броневский С. М.* Исторические выписки о сношениях России с Персией, Грузией и вообще с горскими народами, в Кавказе обитающими, со времен царя Иоанна Васильевича доныне / изд. И. К. Павловой. СПб., 1996. С. 141–142; *Зубарев Д.* Поездка в Кахетию, Тушетию, Пшавию, Хевсурию и Джаро-Белоканскую область // Русский вестник. СПб., 1841. Т. 2. С. 551–552; *Молла Мәһәммәд әл-Чари.* Чар Салнамәси / тәрч., кириш, геjд. *С. А. Сулеjманованыдыр.* Бакы, 1997 (на азерб. яз.); *Хапизов Ш. М.* Поселения Джарского общества (историко-географическое и этнографическое описание микрорегиона в Восточном Закавказье). М., 2011.

Ш. Хапизов

Дженгутайский, ʿАбдулгалим (1876–1919) — мусульманский религиозный и общественный деятель, просветитель.

Родился в с. Ниж. Дженгутай Темир-Хан-Шуринского окр. Дагестан. обл. (ныне Буйнакский р-н РД). Автор нескольких книг, изданных в «Исламской типографии» *М.-М. Мавраева* в г. Темир-Хан-Шуре, предназначенных для мектебов: «Облегченная азбука для мектебов» («Мактап учун тынч алиплер», 1913, 1914, 1915), «Уроки по шариату» («Шариʿат дарслары», 1915); «История пророков» («Пайхамбарланы таварихи», 1913/4). Д. ʿА. первым в Дагестане перевел на кумыкский язык широко известный на мусульманском Востоке любовный дастан «Лейли и Меджнун» («Лайла-Мажнун»), издал его в 1915 г.

Соч.: Лайла-Мажнун / текст в транслит. С. Алиева // Дослукъ (Дружба). 1972. № 3; 1973. № 2; 1973. № 3 (переизд./ Лит. Дагестан (Адабият Дагъыстан). 1988. № 1–3.

Лит.: *Абдурахманов А.* По пути Мар ал-ханум (Мар ал-ханымны гъызы булан) // Лит. Дагестан (Адабият Дагъыстан), 1988. № 5. С. 71–73; *Акаков З. Н.* Диалог времен. Махачкала, 1996. С. 169–173, 176; *Алиев С., Акаев М.-Г.* Хрестоматия по дореволюционной кумыкской литературе (Революциядан алдагъы къумукъ адабият). Махачкала, 1980. С. 109–110; *Алиев С.* Откуда пришла к нам «Лейли и Меджнун?» («Лайла ва Мажнун» бизге къайдан гелген? // Дружба (Дослукъ). 1972. № 3. С. 74–77.

Г. Оразаев

Джума (араб. джумʿа — «пятница», отсюда масджид ал-джумʿа, или ал-масджид ал-джамиʿ) — соборная мечеть (в обиходе Джума-мечеть) в г. Дербенте, один из наиболее важных в историко-культурном отношении культовых памятников ислама на Кавказе. Исследователи считают эту мечеть самым древним мусульманским культовым сооружением на территории современной Российской Федерации. Мечеть расположена у главной площади старого Дербента (Майдан ал-Баб), в верхней части шахрастана, в районе проживания местной знати. К ней ведет улица, начинающаяся от центр. ворот города (араб. Баб ал-хадид, тюрк. Орта-капы). Источники упоминают о фонтане перед соборной мечетью и большом рынке на примыкавшей к ней площади.

Д. — архитектурный ансамбль, состоящий из собственно мечети, медресе и жилых построек для служителей мечети. Основу комплекса составляет здание мечети — прямоугольное в плане сооружение больших размеров (68 ′ 28 м) с выступом в центр. части юж. фасада. Трехнефный зал, вытянутый в направлении восток — запад, имеет прямоугольную форму. Его внутренние размеры, согласно обмерам С. О. Хан-Магомедова, — 67 ′ 17 м. Ширина среднего, основного нефа — 6,3 м, а боковых нефов — по 6 м. Расстояние между квадратными в плане колоннами — 2,4 м. В поперечном направлении колонны связаны стрельчатыми арками. Центр. вход, расположенный посередине сев. фасада, ведет в квадратный в плане центр. зал со стрельчатым куполом, орнаментированным растительным узором. Интерьер зала оформлен пилястрами и др. архитектурными элементами.

В «Райхан ал-хакаʾик ва-бустан ад-дакаʾик» Абу Бакра *ад-Дарбанди* зафиксировано историческое название Д. — Масджид ал-Баб. Соборная мечеть упоминается в «Дербенд-наме» и других средневековых исторических источниках как памятник, построенный в середине VIII в. арабским полководцем Масламой, вытеснившим из города хазар.

Относительно происхождения Д. существует две точки зрения. Большинство исследователей считает, что в основе здания мечети лежит христианский храм (базилика), который обслуживал духовные запросы местных албан, греков и сирийцев. В середине VIII в. арабы переделали храм в мечеть, причем без кардинальных изменений. И. Н. Березин зафиксировал христианские предания о принадлежности этого здания «нашей» религии. А. А. Кудрявцев обнаружил в нем конструктивные особенности христианской культовой архитектуры, и это обстоятельство, по его мнению, объясняет типологическое сходство сооружения с христианской базиликой. Против общепринятой точки зрения выступает С. О. Хан-Магомедов, утверждающий, что Д. не перестраивалась, а изначально строилась как мечеть. Он, в частности, аргументирует свою точку зрения особенностями кладки нижних частей мечети.

Современная Д. существенно отличается от сооружений периода арабо-хазарских войн. Г. Дербент многократно подвергался разрушениям, и мечеть не раз перестраивалась. С. О. Хан-Магомедов признает, что объемно-пространственная композиция нынешней Д.

сложилась в основном в XIV в. Возможно, от эпохи Масламы сохранился лишь фундамент: топография центральной части города, в районе плотной застройки, не могла меняться произвольно, поэтому и сохранилось первоначальное ориентирование. Однако при генеральной реконструкции строители могли повторить в Д. конструктивные элементы наиболее известных в ту эпоху мечетей.

В архитектурном отношении Д. скорее всего напоминает культовые сооружения XI–XII вв. Это означает, что реконструкция ее была осуществлена в эпоху классического ислама, возможно даже при Сельджукидах, тем более что в последней четверти XI в. в г. Дербенте происходит смена правящих династий, строятся новые учебные заведения, суфийские обители, караван-сараи, создаются оригинальные сочинения местной исторической и мусульманской богословской литературы.

Изучение мусульманской архитектуры X–XII вв. показывает, что фасад Д. очень близко повторяют два некогда знаменитых исторических памятника г. Каира: мечеть ал-Хакима и мечеть Бейбарса. Строительство пятничной мечети, получившей имя фатимидского халифа ал-Хакима (ум. 1021), развернулось еще при его предшественнике, халифе ал-'Азизе (ум. 996), а ал-Хаким торжественно открыл ее в 1013 г. Центральный вход уравновешен двумя дополнительными входами с каждой стороны и небольшими минаретами по краям. Согласно реконструкции К. Кресвелла, минареты были частью и продолжением фасадной стены, выдвинутыми ровно на столько же, сколько и портал центральных дверей. Небольшие по размерам оконные проемы характерной формы, расположенные на равном удалении друг от друга чуть выше уровня дверей фасада, почти полностью повторяются в архитектуре Д.

Мечеть Бейбарса, построенная мамлюкским султаном в 1267–69 гг., после отражения нашествия монголов, повторяет архитектурные особенности фасадной части Д. в еще большей степени, за исключением того, что помимо центральных нет других дверных проемов. Окна находятся на том же уровне. Кладка стены мечети напоминает подпорную стену Д. (облицована мраморными плитами в середине 1990-х гг.). Над уровнем портала сооружение продолжается в том месте, где у дербентской мечети расположен большой свод. С двух торцевых сторон сооружения возвышаются башни-минареты с узкими окнами. Эта конструктивная особенность мечети Бейбарса имеет чрезвычайно важное значение, поскольку объясняет отсутствие минарета у главной мечети г. Дербента. По мнению С. О. Хан-Магомедова, не сохранилось никаких следов, доказывающих его существование в прошлом. Правда, они и не могли сохраниться: в г. Дербенте монголы разрушали верхние части башен до высоты городских стен. Так же они поступали с минаретами, в которых оборонялись осажденные: это доказывают многочисленные примеры дагестанских минаретов, пострадавших во время монгольской экспедиции 1239 г.

В ходе генеральной реконструкции от квадратного в плане сооружения, имевшего в центре внутренний двор, оставили лишь галерею, немного изменили форму башен-минаретов, которые сохранились лишь в виде башенных выступов опорной стены. Первоначально они были симметричны относительно портала, так же как и дополнительные дверные проемы фасадной стены. Один из дверных проемов впоследствии был заложен: изначально конструкция сооружения была строго симметричной. Существенным изменениям впоследствии подверглось лишь правое крыло фасада, примыкающее к пристройкам (хозяйственному блоку и медресе).

Поначалу Д. была мечетью ранних мусульманских переселенцев, позднее в ней собирались маликиты и ханбалиты, а во время правления Буидов — шиитская община города. В эпоху Великих Сельджуков шиитов на всех должностях замещали суннитами, и прежде всего шафиитами. Должность имама Д. занимали известные богословы того времени. Так, имам Ибн ал-Му'аззин был учеником знаменитого шейх ат-та'ифа Абу Джа'фара ат-Туси, одного из основоположников имамитского шиизма. Имам Абу 'Абд Аллах Мухаммад б. Исма'ил ал-Факих ал-Баби, более известный под нисбой ал-Кудайби, получил образование в одном из самых престижных высших учебных заведений Халифата того времени (до появления *ан-Низамийа* в г. Багдаде) — медресе суфия шейха ал-Хатиба ал-Мусанны. Ашаритский богослов Абу-л-Хасан 'Али б. Мухаммад ал-Басри, имам Д. во времена Великих Сельджуков, в свое время обучался в багдадской *ан-Низамийа* у выдающегося шафиитского шейха Абу Бакра аш-Шаши ал-Мустазхири (ум. 1114) и верховного шейха Багдада Абу Са'да ас-Суфи (ум. 1055). Шиитское влияние в г. Дербенте было вновь восстановлено Сефевидами.

Религиозное возрождение конца XX в. в Дагестане вновь было отмечено обострением борьбы суннитов и шиитов за влияние в Д., которая завершилась утверждением этнических азербайджанцев (шиитов) на наиболее важных должностях культового комплекса. Однако в конфессиональном отношении никаких особых изменений не произошло: в качестве главной мечети города Д. открыта для всех верующих мусульман.

Лит.: Аликберов А. К. Эпоха классического ислама на Кавказе: Абу Бакр ад-Дарбанди и его суфийская энциклопедия «Райхан ал-хака'ик» (XI–XII вв.). М., 2003; Хан-Магомедов С. О. Дербент. М., 1958; Он же.

Дибир-кади

Джума-мечеть в Дербенте // Советская археология, 1970, № 1, 202–220; Hoag J. D. Islamic Architecture. N. Y., 1975, 67–70, 78–79; Кудрявцев А. А. Древний Дербент. М., 1982.

А. Аликперов

Дибир-кади, Мухаммадшапи б. Максуд-кади б. Шалап (1742–1817) — мусульманский религиозный деятель, дагестанский ученый-энциклопедист, кадий, доверенное лицо и секретарь (катиб) правителя Аварии Умма-хана Аварского (1761/62–1801).

Родился в с. *Хунзах* (ныне центр Хунзахского р-на РД), в семье потомственных кадиев. Д.-к. подписывал свои сочинения нисбой «ат-Талти». Талта — одна из возвышенных частей с. *Хунзах*, где стояли дома знати, членов ханского (нуцальского) дома. Ат-Талти — нисба, которой сопровождали свои имена представители рода (тухум) Шалапилал (Шалаповых). Название рода произошло от арабского слова «шараф» — честь, знатное происхождение, благородство.

Начальное религиозное образование Д.-к. получил у своего отца, Максуда-кади, продолжил у известных в Дагестане ученых ('улама') *ал-Кудали Хасана ал-Кабира* и Махада из с. Чох (ныне Гунибский р-н РД). Совершенствовал знания в странах Ближнего и Среднего Востока. Персидский язык Д.-к. изучал у Мирзы Джамала Джаваншира (1773/74–1853) — политического деятеля, историка, автора исторического сочинения «Карабах-наме», а также у известного азербайджанского ученого Максуда Челеби Панахабади. Д.-к. владел арабским, персидским, тюркским (тюрки), азербайджанским и грузинским языками.

Выполнял обязанности кадия с. *Хунзах*, сменив отца. Согласно свидетельствам современников, хунзахский правитель называл Д.-к. своим ближайшим визирем, в его руках находились делопроизводство и официальная переписка Аварского государства. Будучи главным советником, секретарем и письмоводителем Умма-хана Аварского, Д.-к. принимал активное участие в политических событиях XVIII – начала XIX в., происходивших как внутри страны, так и за ее пределами. В 1796 г. он был делегирован Умма-ханом Аварским в г. Дербент для ведения переговоров с целью достижения согласия между дербентским правителем Шейх-'Али-ханом и русскими войсками под командованием генерала В. А. Зубова. Д.-к. три раза участвовал в переговорных процессах в качестве примиряющей стороны с целью склонить Шейх-'Али-хана на сторону России. Д.-к. был соратником Умма-хана Аварского в военных походах. Сведения об этих походах имеются в его автографах — записях историко-хроникального характера, оставленных на полях арабских сочинений, хранящихся в библиотеке его потомков в с. *Хунзах* и РФ ИИАЭ ДНЦ РАН. В них названы походы в местность Вахан и Гюмюшхане (1785–86), в Карабах с целью оказания помощи Ибрагим-хану Карабахскому в отражении нападения персидского правителя Ага Мухаммад-хана (1792), в Грузию, где в сражении у реки Иори Умма-хан Аварский потерпел поражение (1800). После смерти Умма-хана Аварского российские власти привлекали Д.-к. к решению спорных и сложных политических вопросов, возникавших между владетельными правителями Дагестана.

Д.-к. оставил значительное научное наследие. Работа Д.-к. в области составления двуязычных и трехъязычных словарей положила начало развитию в Дагестане лексикографии как науки. Перу Д.-к. принадлежат несколько лексикографических работ, написанных в 1781–82 гг. в г. Панахабаде, в доме карабахского правителя Ибрагим-хана: арабско-персидский словарь с подстрочным переводом на тюркский язык; словарь арабских слов и выражений с их переводом их персидский язык; словарь арабского, персидского, тюркского (тюрки) и аварского языков; словарь тюркского языка с подстрочным переводом на персидский, арабский и аварский языки. Толкуемые слова объединены по тематическому признаку и охватывают широкий круг лексики, связанной с трудовой деятельностью человека, флорой, фауной, географическими и космографическими представлениями.

Известны также др. работы Д.-к. «Маджма' ал-асам» («Собрание слов») — персидско-арабско-тюркский словарь. Это сочинение имеет еще одно название — «Тибйан ал-лисан ли-та'лим ас-сибйан» («Объяснение языка для обучения детей», 1784). Лексический материал распределен по разделам (баб) и главам (фасл), которые построены по алфавитному принципу. Каждая глава содержит грамматические комментарии на арабском языке.

«Маджму' ал-лугат» («Собрание языков», 1783–84) — персидско-тюркский словарь, в котором местами даны арабские эквиваленты персидских слов. Словарь разбит на разделы и главы, лексический материал распределен по грамматическим признакам: глаголы, прилагательные и имена существительные. Имена существительные Д.-к. группирует по тематическому принципу.

«Джами' ал-лугатайн ли-та'лим ал-ахавайн — Камус фарси-'араби-турки» («Собрание двух языков для обучения двух братьев — персидско-арабско-тюркский словарь», 1800). Этот фундаментальный лексикографический труд был создан в учебных целях по указанию Умма-хана Аварского, так как существовала необходимость подготовки переводчиков со знанием персидского и тюркского языков. Данный словарь, как и все другие словари, является автографом. Толковый персидско-арабско-тюркский словарь Д-к. содержит 538 страниц ценного материала из области лексикографии, этимологии, лингвистики и художественной литературы, состоит из 3790 словарных статей, структурно объединенных в разделы (баб) и главы (фасл). Лексический материал словаря разбит на 20 глав. В разделах глав изложен грамматический материал, далее следуют статьи толкуемых слов.

Д-к. также составил разговорники: аварско-азербайджанский, аварско-лакский и аварско-грузинский. Д-к. — автор поэтических сочинений дидактического и философского характера. Он писал стихи на арабском, персидском, аварском языках. Среди них касыда о г. Дербенте на арабском языке; элегия (марсийа), посвященная Умма-хану Аварскому (известна в переводе на аварский язык); проповеди и наставления религиозного содержания, написанные в стихотворной форме (мава'из) на арабском и аварском языках.

Д-к. принадлежит и сочинение о запрете питья вина «Такрират фи тахрим ал-хамр ва шурбих» (араб. «Установления о запрете вина и его питья»).

До наших дней не дошли поэмы Д-к., написанные на арабском языке: «Зарифат ал-касид ли-рагм ал-хасид» и «Бада'и ас-салат би-лавами ал-василат» (они указаны автором в перечне книг собственной библиотеки, поэмы были направлены против интриг его завистников), «Тухфат ал-ахавайан 'ан сафар ан-накдайн» («Подарок двух братьев о походе за двумя драгоценными металлами») — сочинение, написанное Д-к. во время похода Умма-хана Аварского в Чечню в поисках месторождений золота и серебра.

Из переводов Д-к. известны следующие: переводы персидских стихов (автор не указан) на арабский и аварский языки; перевод завещания пророка Мухаммада с персидского языка на арабский; перевод отдельных сур из Корана на персидский язык; перевод с арабского языка на аварский «Калилы и Димны» — сборника нравоучительных рассказов.

Также Д-к. был известен как переписчик сочинений арабских средневековых авторов по мусульманской юриспруденции (фикху), богословию (усул ад-дин), художественной прозе (наср) и поэзии (назм). Д-к. внес неоценимый вклад в историю развития аварского языка и литературных письменных традиций. Ему принадлежит заслуга в систематизации и усовершенствовании аджамской письменности; сохранился аджамский алфавит с внесенными им изменениями.

Умер Д-к. в 1817 г., место его захоронения не известно.

Соч.: Лексикографические сочинения: «Джами' ал-лугатайн ли-та'лим ал-ахавайн» — «Собрание двух языков для обучения двух братьев», персидско-арабско-тюркский словарь, дата составления 1214/1800 г.; «Маджму' ал-лугат» — «Собрание языков», персидско-тюркский словарь, дата составления 1198/1783–84 г.; «Маджма' ал-асам» — «Собрание слов», персидско-арабско-тюркский словарь, дата составления 1199/1784 г.; Аварско-грузинский словарь; Арабско-персидский словарь с подстрочным переводом на тюркский язык; Словарь арабских слов и выражений с переводом их на персидский язык; Словарь арабского, персидского, тюркского и аварского языков; Словарь тюркского языка с подстрочным переводом на персидский, арабский и аварский языки.

Поэтические соч. на араб. языке: «Бада' ас-салат би-лавам ал-василат»; [«Заветы талтница»]; «Зарифат ал-касид ли-рагм ал-хасид»; [«Касыда о Дербенте»]; «Тухфат ал-ахавайан 'ан сафар ан-накдайн»; на авар. языке: [Маваиз] (проповеди); [«Умма-хану Аварскому»] (элегия).

Лит.: Алибекова П. М. Жизнь и творческое наследие Дибир-кади из Хунзаха. Махачкала, 2009; Геничутлинский Х. Историко-биографические очерки. Махачкала, 1992. С. 50; Ад-Дургели Назир. Услада умов в биографиях дагестанских ученых. (Нузхат ал-азхāн фū тарāджим уламā Дāгистāн). Дагестанские ученые X–XX вв. и их биографии. М., 2012. С. 121–123; Каталог арабских рукописей Ин-та истории, языка и литературы Дагестанского филиала АН СССР / под ред. М-С. Д. Саидова. М., 1977. Вып. 1. С. 37–41; Мирзамагомедов Г. М., Стоянова Н. И. Дибир-кади Хунзахский — письмоводитель правителей Аварии // Дибир-кади из Хунзаха и вопросы гуманитарного наследия дореволюционного Дагестана. Материалы юбилейной научной сессии, посвященной 270-летию со дня рождения, ученого (Махачкала, 29 мая 2012 г.) и статьи по вопросам гуманитарного наследия дореволюционного Дагестана. Махачкала, 2012. С. 20–44; Саидов М-С. Д. Возникновение письменности у аварцев // Языки Дагестана. Махачкала, 1948. Вып. 1. С. 140; Он же. Из истории возникновения письменности у народов Дагестана // Языки Дагестана. Махачкала, 1976. Вып. 3. С. 125; Хапизов Ш. М. Ума-нуцал (Умахан) Великий. (Очерк истории Аварского нуцальства второй половины XVIII в.). Махачкала, 2013.

П. Алибекова

Дибиров, Магомед-кади Дибиргаджиевич (1877–1929) — общественно-политический, мусульманский религиозный деятель, публицист, просветитель, переводчик.

Родился в с. Гочоб Карахского общества (ныне Чародинский р-н РД). Известен в научной литературе также как «Дебиров Мухаммад-Кады», «Карахлы», «ал-Карахи» — по месту рождения и «Казанищенский» — по месту проживания. Впоследствии он перебрался в г. Темир-Хан-Шуру (ныне г. Буйнакск). Прекрасно владел как родным аварским, так и арабским, турецким, кумыкским языками, на которых писал публицистические статьи, учебные пособия и др. материалы. Учился в медресе Умалат-хаджжия в кумыкском с. Аксай (Хасавюртовского р-на РД). Впоследствии преподавал в медресе с. Ниж. Казанище (с 1895 г.), в медресе шейха А.-В. Дыдымова в с. Аксай (с 1901 г.), затем переехал в г. Темир-Хан-Шуру, где открыл медресе; состоял там же кадием народного училища, долгие годы был мударрисом, преподавал педагогику в Буйнакском педтехникуме.

Автор первых кумыкских букварей, книг на кумыкском языке: «Къумукъ арифба» (переиздалась в г. Темир-Хан-Шуре в 1913, 1914, 1915, 1922, 1924, 1926, 1927, 1928 гг.); «Букварь для взрослых» («Уллулар учун къумукъ арифба», 1924, 1926, 1927, 1928 гг.); «Уроки шариата» («Шари'ат дарслар уч йыллыкъ мактапларда», 1914); хрестоматии для 2-го года обучения под названием «Детский мир» («Яшланы дюньясы», 1922); учебного пособия для учителей по педагогике и педологии (1924); трактата о нравственности «Наука по этике» («Илму ахлакъ», 1915).

Д. М.-к. также известен как переводчик на кумыкский язык с русского, арабского, турецкого языков, перевел книги «Снотолкователь» («Ажам таъбир») Мухаммада ибн Сирина в 1907 и 1912 г.; «Акъаид: илму гъалдан биринчи къысым» — в 1914 и 1915 г.; «История культуры» («Маданият тарихи») Н. Н. Генко — в 1923 г.; рассказ «Бартек-победитель» («Озгъан Бартек») — в 1923 г.; учебное пособие «Природоведение» («Маълумат табиийя») А. П. Скрабе — в 1923 г. Известен «Легкий вечный календарь» («Битмейген тынч рузнама»), составленный Д. М.-к. и изданный в 1912 г. Д. М.-к. также издал букварь на аварском языке в 1927 г. и перевод на аварский язык повести Л. Н. Толстого «Кавказский пленник» («Къавкъазия эсири») в 1922 г.

Особо следует отметить значительное по объему (более 300 страниц) историческое сочинение, написанное Д. М.-к. на кумыкском языке и посвященное событиям революционного периода в Дагестане: «Дагъыстанда инкъылабны тарихи» («История революции в Дагестане»). В 1925 г. переведено Т. Бейбулатовым с кумыкского на русский язык (текст русского перевода опубликован историком А.-Г. Гаджиевым под названием «История Дагестана в годы революции и Гражданской войны». Махачкала, 1997).

В 1917 г. на съезде представителей всех округов Дагестана в г. Темир-Хан-Шуре Д. М.-к. был избран членом Исполкома вновь созданного Дагоблисполкома и комиссаром Гунибского окр.; вместе с Агарагим-кадием, *Акаевым Абсупьяном* и др. активистами создал *«Джами'ат-ул-исламийа»*; участвовал в съездах кавказских мусульман в г. Тифлисе, Баку; возглавил вновь созданный Дагестанской областной *Милли комитет*; назначен зам. директора впервые созданного в Дагестане педагогического ин-та в г. Темир-Хан-Шуре.

В 1918 г. совместно с *Бамматом Гайдаром*, З. Темирхановым, *А. Чермоевым* и А. Кантемиром ездил в Турцию с просьбой к турецкому султану оказать военную помощь в борьбе дагестанских контрреволюционеров против большевистской власти; активный деятель общественно-политической и религиозной организации «Мусульманский комитет»; член «Общества попечения о больных, раненых и убитых воинах», созданного правительством *Горской республики*.

Д. М.-к. активно сотрудничал с прессой, публиковался во многих журналах и газетах Дагестана 1917–28 гг., в том числе в «*Джаридат Дагистан*», «*Байан ал-хака'ик*», «*Маариф йолу*», «*Мусават*» и др. В 1920 г. был редактором тюркского журнала «Шура Дагыстан». Д. М.-к. был поборником движения за введение тюркского языка в дагестанской школе.

25.06.1929 г. был арестован по обвинению в членстве в «духовно-кулацкой контрреволюционной организации» и вскоре (14.12.1929) расстрелян в Махачкалинской тюрьме. Реабилитирован в 1988 г.

Лит.: Доного Х. М., Дахдуев Д. Мухаммад-Кади Дибиров: на изломе веков: историческое исследование. Махачкала, 2015; Оразаев Г. М.-Р. Магомед-Кади Дибиров: известный политический деятель, поборник культуры и просвещения Дагестана // Жизнь и творческое наследие дагестанских ученых XIX — начала XX в.: вопросы историографии и источниковедения. Дербент, 2016. С. 93–102.

Г. Оразаев

Дини Джами'а (искаж. рус. Дини-Джамиат) — мусульманская благотворительная религиозная организация, созданная весной 1920 г. в г. Темир-Хан-Шуре (ныне г. Буйнакск) после установления советской власти в Дагестане. Организатор — городской кадий *Адильбеков Бадави-кади*. До 1927 г. руководящим органом Д. Д. была «тройка» — председатель, казначей и секретарь — во главе с *Адильбековым Бадави-кади*, который формально не входил в тройку, но фактически ею руководил. Заседания «тройки» происходили нерегулярно, с приглашением почетных членов Д. Д. Средства на содержание служителей религиозного культа и пр. Д. Д. получал путем эксплуатации вакфного имущества (жилых домов, торговых помещений и пр.). Членских взносов не существовало, только отдельные добровольные пожертвования.

В 1927 г., когда часть вакфного имущества у Д. Д. была конфискована советской. властью, по инициативе *Адильбекова Бадави-кади* была произведена реорганизация руководящего органа Д. Д.: вместо «тройки» был организован *«Дини комитет»*, куда вошли представители от каждого квартала города. Комитет отличался от «тройки» тем, что он был организационно оформлен и проводил более активную работу.

Лит.: Доного Х. М., Дахдуев Д. А. Мухаммад-Кади Дибиров (Карахский). На изломе веков. Махачкала, 2015.

Х. М. Доного

Дини комитет — межконфессиональная благотворительная организация, созданная мусульманским религиозным обществом *«Дини Джами'а»* в г. Буйнакске в 1923 г. по инициативе *Адильбекова Бадави-кади*.

В исполнительный орган Д. к. входило от 8 до 12 чел., председатели: Мухаммад-'Али Султанов (1923–25), Темир Темиров (1926), вновь Мухаммад-'Али Султанов (1926), Мухаммад Мурзабеков (1927–28), Мехти Кадарский (1929).

Секретари организации: *Адильбеков Бадави-кади* (1923–28), Ибрагим Абакаров (1928–29). С 1924 по 1925 г. обязанности секретаря временно исполнял глава местной еврейской общины раввин Рафаиль Мушаилов.

Адильбеков Бадави-кади лично распоряжался денежными суммами, назначал по своему усмотрению членов организации, пытался провести своих людей во властные структуры, например, при выборах председателя окружного исполкома в 1924 г. Организация занималась эксплуатацией имевшегося в ее распоряжении вакфного имущества (жилых домов, торговых помещений и пр.). В 1927 г. была произведена реорганизация руководящего органа «*Дини Джами'а*» — вместо «тройки» им стал Д. к., который занимался не только чисто религиозными вопросами, но и общественно-политическими, превратившись в организующий и руководящий центр.

Зимой 1929 г. власти подняли вопрос о закрытии православной церкви с дальнейшим использованием ее под клуб, Д. к. решил выразить протест. С этой целью представители Д. к. обратились к мусульманам, собравшимся в праздничный день в мечети, и призвали их к поддержке православной общины. Кроме того, Д. к. обратился в Буйнакский комитет ВКП(б) с письменным протестом против закрытия православной церкви; по совету *Адильбекова Бадави-кади* выступили с письменным протестом и евреи.

В мае 1929 г. на заседании Д. к. обсуждался вопрос об антирелигиозной демонстрации, устроенной комсомольской и профсоюзной организациями в день православной Пасхи. Д. к. обратился к властям с письменным предупреждением, что если подобная демонстрация будет устроена на праздник Курбан-байрам, то он снимает с себя всякую ответственность за последствия. Периодически члены организации платили взносы, сдавая деньги в казну комитета, которые, по их словам, шли на защиту религии и шариатских законов. Каждому делающему взнос выдавалась квитанция.

Членами Д. к. являлись и представители других конфессий, например, раввин Рафаил Мушаилов, священник Владимир Жиромский.

На заседаниях Д. к. разбирались самые разные вопросы, например, о предоставлении пустующего здания под медресе, о строительстве минарета мечети, о раздельном обучении мальчиков и девочек в светских школах, о водоснабжении мечетей, о ремонте ограды кладбища, о жаловании служителям религиозного культа и т. п. Организация состояла на учете у властей, в окружную милицию ежегодно представлялись списки ее членов.

Филиалы Д. к. были созданы в сельских населенных пунктах: в Ниж. Казанище (28 чел.), Дургели (25 чел.), Буглене (19 чел.), Кум-Торкале (18 чел.) и др.

В конце 1929 г. Дагестанский отдел ОГПУ арестовал 75 чел. из Д. к., обвинив их в создании «духовно-кулацкой контрреволюционной организации». Коллегией ОГПУ от 14.12.1929 г. все они были осуждены: 20 чел. — к расстрелу, остальные получили различные наказания: заключения в концлагеря сроком на 10 лет, 5 лет, 3 месяца.

Лит.: Доного Х. М., Дахдуев Д. А. Мухаммад-Кади Дибиров (Карахский). На изломе веков. Махачкала, 2015.

Х. М. Доного

Докка-шейх ('Абд-ул-Азиз Шаптукаев, 1838–13.09.1914) — мусульманский религиозный и общественный деятель, суфийский шейх.

Родился в семье староюртовского кадия Шаптука Гайтаева. Вместе с *Хантиевым Упа* (Усман-Хаджи) из с. Ниж. Наур (ныне с. Надтеречное, адм. центр одноименного р-на ЧР) и Алиханом *Дебировым* (Элах-Молла) из с. Шеды-Юрт (ныне с. Терское в Грозненском р-не ЧР) обучался в медресе с. Энгель-Юрт (ныне в Гудермесском р-не ЧР). После окончания учебы стал помощником *Дебирова Элах-Моллы*, которого Д.-ш. признал своим устазом.

Во время составления в 1886 г. посемейных списков Д.-ш. работал переводчиком в Надтеречном участке Грозненского окр. Терской обл. После ареста своего устаза Элах-Моллы Д.-ш. стал продолжателем его учения.

В 1905–09 гг. конфликты между казаками и чеченцами вылились в ряд вооруженных столкновений. В ходе одного из них жители с. Ниж. Наур вступили в перестрелку с казаками из ст. Наурской. Благодаря мусульманскому духовенству во главе с Д.-ш., *Хантиевым Кана-Шейхом* и *Арсановым Дени* конфликты на Тереке между казаками и чеченцами в итоге закончились мирными переговорами. 24–25.02.1906 г. в ст. Червлённой состоялся съезд с участием уполномоченных от казаков и чеченцев, на котором Надтеречный участок Грозненского окр. представляли Д.-ш., Эти Яндаров, *Арсанов Дени*,

Хантиев Кана-Шейх и Гандор Себиев. На началах постановлений, принятых Червлёнским съездом, 01.11.1906 г. состоялось примирение между казаками и чеченцами в ст. Наурской. 04.04.1909 г. Д.-ш. в качестве кадия Надтеречного участка Грозненского окр. присутствовал на съезде представителей туземных народов в г. Грозном.

В октябре 1911 г. «за пособничество абреку Зелимхану» вместе с др. суфийскими шейхами Чечни Д.-ш. был сослан на вольное поселение в г. Калугу. Согласно «Сведениям о семейном и имущественном положении и прежней судимости шейхов Терской обл., подлежащих высылке в Калужскую губ., согласно предписания Главнокомандующего войсками Кавказского военного окр. от 15.10.1911 г.», жителю с. Старый-Юрт Д.-ш. было 75 лет, а его жене Хуште — 70 лет. Имущественное положение: «Имеет дом о 5 комнатах, крытый черепицей, водяную мельницу об одном поставе. В дачах ст. Щедринской имеет до 100 голов крупного и мелкого рогатого скота». Д.-ш. решено было направить для отбывания срока ссылки в г. Боровск Калужской губ., но он обратился к начальству с просьбой оставить его в г. Калуге. Ходатайство шейха было принято, с 15.03.1912 г. над ним был учреждён гласный надзор полиции.

06.04.1912 г. начальник штаба Кавказского военного окр. генерал-лейтенант Г. Э. Берхман обратился в Департамент полиции с ходатайством о помиловании Д.-ш. и возвращении его на родину, в связи с непричастностью «к делу шейхов-зикристов, способствующих разбойнической деятельности абрека Зелимхана». Решение об освобождении Д.-ш. из-под надзора полиции было принято 12.04.1912 г., после чего он выехал на родину. Д.-ш. скончался 13.09.1914 г., похоронен в родном с. Старый-Юрт, где позже был сооружён зийарат.

Лит.: ГАРФ. Ф. 102. Д-5. Оп. 146. 1910 г. Д. 635. Ч. 2. Л. 92, 106 с об.; Гос. архив Ставропольского края (ГАСК). Ф. 459. Оп. 1. Д. 2222. Л. 22 с об.; Гос. архив Калужской обл. (ГАКО). Ф. 785. Оп. 1. Д. 315. Л. 2–5, 7–8 с об.; РГВИА. Ф. 1300. Оп. 4. Д. 1540. Л. 11–12, 30, 57 с об.

С. Натаев, А. Духаев

Долаев, Алий-эфенди (1880–1974) — мусульманский религиозный деятель Карачаево-Черкесии советского периода.

Родился в с. Учкулан Баталпашинского отд. (ныне Карачаевский р-н КЧР). Мусульманское религиозное образование получил до революции в Дагестане, затем сам обучал основам исламского вероучения и богослужения детей и взрослых.

В документах 1928 г. Д. А.-э. числится в списке лишённых избирательных прав как «служитель религиозного культа». Широкую известность в регионе получил как народный целитель (в том числе с использованием айатов из Корана), обладающий экстрасенсорными способностями. В местах депортации жил с семьёй в колхозе «Кызыл Дехкан», откуда переехал в с. Гродиково (Джамбульский р-н Казахской ССР), где продолжал религиозную деятельность. После возвращения на родину поселился в с. Кызыл Октябрь Зеленчукского р-на КЧР, где прожил до своей кончины. Похоронен там же.

Лит.: Аппаланы Билял. Энтда этедиле бюсюреу // Къарачай. Черкесск, 31.01.2009; ГА КЧР. Ф.р-307. Оп. 2. Д. 30. Л. 85.

Р. Хатуев

ДУМ Дагестана (ДУМД) — см. *Муфтият Республики Дагестан.*

ДУМ Кабардино-Балкарской Республики (ДУМ КБР) — ЦРО. Создано 29.11.1989 г., зарегистрировано 09.10.1991 г.

Председатель (с 15.03.2011 г. — муфтий) Хазратали́й Олиевич Дзасежев (род. 09.04.1964). Сменил на этом посту А. М. Пшихачева (11.10.1967–15.12.2010), который стал жертвой теракта в г. Нальчике. Выпускник медресе Мир-и Араб (г. Бухара), Ин-та ислама им. имама Шамиля (с. Дылым Казбековского р-на РД), Исламского ин-та при ДУМ КБР.

В состав ДУМ КБР входят 152 мусульманские организации. Мечеть имеется при каждой мусульманской организации, входящей в состав ДУМ КБР. При ДУМ КБР функционирует высшее учебное заведение — Северо-Кавказский исламский ун-т им. имама Абу Ханифы, а также районные филиалы и местные медресе. При мечетях местных мусульманских организаций в составе ДУМ КБР действует 47 воскресных школ. Издаётся газета «Свет ислама».

Официальный сайт: http://kbrdum.ru

Н. Зотова, К. А.

ДУМ Карачаево-Черкесской Республики (ДУМ КЧР) — ЦРО в составе *Координационного центра мусульман Северного Кавказа.* Зарегистрировано 25.08.1994 г.

Председатель — муфтий Исмаил Алиевич Бердиев (род. 27.02.1954), одновременно председатель КЦМ СК. Выпускник медресе Мир-и Араб (г. Бухара), Ташкентского исламского ин-та. Прошёл годичное обучение в исламском ун-те Ал-Азхар (Египет).

Основным мотивом создания самостоятельного муфтията Карачаево-Черкесской республики и Ставропольского края послужил распад *ДУМ Северного Кавказа.* В мае 1989 г. дагестанское большинство низложило муфтия *Геккиева Махмуда-хаджжи* (балкарца по национальности) с должности председателя ДУМСК, что не было поддержано представителями мусульманских общин ряда народов Сев. Кавказа, в том числе Карачаево-Черкесии. В сентябре 1989 г. в с. Псыж (Прикубанский р-н КЧАО) состоялось собрание мусульман Ставропольского края, на котором было решено образовать независимый кадият мусульман Ставропольского края на правах духовного центра. Попытки дагестанского духовенства закрепить свои решения путем созыва в октябре 1989 г. в г. Махачкале собрания, объявленного «съездом мусульман Северного Кавказа», не увенчались успехом. Присутствовавшие на форуме представители др. регионов Сев. Кавказа расценили «съезд» как сугубо внутренние коллизии духовенства Дагестана и отказались участвовать в них. Попытка избрать нового муфтия Сев. Кавказа не увенчалась успехом, и ДУМСК распалось.

В январе 1990 г. был проведен I съезд мусульман Ставропольского края, который учредил самостоятельный краевой кадият, избрав его руководителем Исмаила Алиевича *Бердиева*. В марте 1991 г., на II съезде мусульман края, было создано Духовное управление мусульман Ставропольского края, председателем которого в сане муфтия стал *Бердиев И. А.* III съезд мусульман (11.12.1991) проголосовал за новое наименование: «Духовное управление мусульман Карачаево-Черкесии и Ставрополья» (ДУМКЧиС). Оно вместе со Ставропольской и Владикавказской епархией РПЦ организовало совместный летний лагерь православной и мусульманской молодежи в 2008 и 2009 г.

В 2000-е гг. усилились центробежные процессы ввиду возрастающей активности лидеров мусульманских общин Ставрополья, в которых преобладали ставропольские *ногайцы* и туркмены, представители дагестанских и вайнахских общин края. В 2010 г. их усилиями было образовано самостоятельное *ДУМ Ставропольского края* во главе с *Рахимовым* Мухаммадом Загитовичем (выходцем из КЧР). В таких условиях VIII съезд мусульман преобразовал ДУМКЧиС в *ДУМ Карачаево-Черкесской Республики* (2011).

При ДУМ функционирует Исламский ин-т им. *И. Бостанова*. Вуз назван в честь основателя и первого ректора, заместителя председателя ДУМ КЧР, убитого неизвестными в 2009 г.

Р. Хатуев, К. А.

ДУМ Республики Адыгея и Краснодарского края (ДУМ РА и КК) — ЦРО в составе *Координационного центра мусульман Северного Кавказа*. Действует на территории Республики Адыгея и Краснодарского края (в последнем — преимущественно в адыгской этнической среде). Зарегистрировано 13.03.2000 г.

Образовано на съезде 20.04.1991 г. Включает в себя 47 общин, в том числе городские общины г. Майкопа, Армавира, Новороссийска, при этом 40 общин — в Адыгее, 7 — в Краснодарском крае. Председатель — муфтий Аскарбий Хаджибиевич Карданов (род. 07.05.1968), выпускник ун-та Абу Нур (г. Дамаск, Сирия), Северо-Кавказского исламского ун-та им. имама Абу Ханифы в г. Нальчике.

Первым председателем был избран иорданский черкес Мос (Муса) Чениб. После его смерти в 1995 г. ДУМ возглавил сирийский черкес-репатриант Са'ид Хуако, которого в 1997 г. сменил муфтий — уроженец Адыгеи Аслан Цукович Евтыхов (1997–98), затем пост занимали Аскарбий Хаджимосович Хачемизов (1998–2000), Энвер Мишаустович Шумафов (2000–02), Нурбий Муссович Емиж (2002–13), Аскарбий Хаджибиевич Карданов (с 24.11.2012). Значимая роль черкесов-репатриантов в становлении ДУМ (нехарактерная в целом для России) связана с историческими особенностями и тем фактом, что адыги являются единственной этнической общностью России, чья диаспора за рубежом численно многократно превосходит оставшихся на исторической родине. Резиденция ДУМ РА и КК расположена в *Соборной мечети г. Майкопа*.

Издается газета «Нур», выходит телепередача «Азан».

Официальный сайт: http://dumraikk.ru

Дм. М., К. А.

ДУМ Республики Северная Осетия–Алания (ДУМ РСО–А) — ЦРО в составе СМР и *Координационного центра мусульман Северного Кавказа*. Зарегистрировано 26.07.1999 г. Председатель — муфтий Хаджимурат Харумович Гацалов (род. 20.09.1954). ДУМ РСО–А создано в 1994 г., его первым муфтием стал Дзанхот Хекилаев. В разные годы председателями ДУМ РСО–А были Руслан Валгасов, Мурат Тавказахов, Али Евтеев. С 17.03.2011 — муфтий Х. Гацалов.

ДУМ РСО–А объединяет в своем составе 27 МРОМ. За последние годы под руководством ДУМ РСО–А реконструированы или отреставрированы множество исторических мусульманских зданий, в том числе Владикавказская соборная мечеть, мечеть с. Эльхотово.

Х. Гацалов состоит в Общественной палате Республики Северная Осетия–Алания (с 2011 г.), Общественном совете при Министерстве Республики Северная Осетия–Алания по вопросам национальных отношений (с 2012 г.), группе Стратегического ви́дения «Россия — Исламский мир».

Издается газета «Осетия. Голос Ислама». Официальный сайт: http://islamosetia.ru

Н. Зотова, К. А.

ДУМ Ростовской области (Донской мухтасибат) — ЦРО в составе ДУМ РФ, созданное 12.09.2017 г.

Первым председателем ЦРО в 2017 году указом муфтия шейха Равиля Гайнутдина был назначен Хусяинов Мянсур Садекович. Первым заместителем стал Кулахметов Н. Д.

16.02.2019 г. указом муфтия шейха Равиля Гайнутдина председателем ДУМ Ростовской области назначен Кулахметов Наиль Джафярович (род. 09.03.1994), выпускник Московского исламского института (2016 г.), магистр СПбГУ (Восточный факультет, 2018 г.).

На 2022 г. *ДУМРО* объединяет 21 МРОМ практически во всех районах области, особенно широко представлено в Мартыновском, Сальском, Семикаракорском районах с большим количеством граждан РФ турецкой национальности (турки-месхетинцы).

В 2018 году ДУМ Ростовской области обратилось к губернатору Ростовской области с просьбой о возвращении исторической Соборной мечети, находящейся по адресу: г. Ростов, ул. Красноармейская, 97, однако получило отказ.

В 2022 г. ДУМ Ростовской области зарегистрировал РООДО «Ростовский исламский колледж» в Ростове-на-Дону, где ведется обучение основам ислама.

Будучи полномочным представителем председателя ДУМ РФ в Южном федеральном округе, Кулахметов Н. Д. активно способствует работе регулярных курсов повышения квалификации (КПК), проводимых Духовным управлением мусульман Российской Федерации в регионах. В ЮФО участниками КПК становятся имамы, муэдзины, сотрудники религиозных организаций, педагогические работники из мусульманских духовных образовательных учреждений. Делегаты, представляющие главным образом централизованные и местные религиозные организации, входящие в юрисдикцию ДУМ РФ, из Астраханской, Волгоградской и Ростовской областей, Краснодарского и Ставропольского краев, Республик Калмыкия и Крым, а также из Донецка и Луганска.

ДУМРО отличается активной просветительской и социально-благотворительной деятельностью. Таравих-намазы, лекции и уроки по основам ислама активно проходят во всех мусульманских организациях Донского мухтасибата.

В 2022 году *ДУМ Ростовской области* (Донской мухтасибат) проявило себя активно в регулярно оказываемой гуманитарной помощи беженцам из Донбасса. По указанию председателя ДУМ РФ муфтия шейха Равиля Гайнутдина 22.02.2022 г. в Ростове-на-Дону был организован штаб помощи беженцам из Донбасса, который оказывает поддержку людям всех национальностей и вероисповеданий.

Н. Шакиров

ДУМ Северного Кавказа (ДУМ СК) — мусульманская религиозная организация советского периода, работавшая как верховная инстанция шариатского суда для ханафитов, шафиитов и шиитов-имамитов Сев. Кавказа в 1944–89 гг.

Учреждено на организационном съезде ДУМ СК 20–23.06.1944 г. в г. Буйнакске ДАССР, проведенном согласно постановлению Президиума Верховного Совета СССР от 06.05.1944 г. На нем присутствовали представители мусульманской духовной элиты Дагестана, Кабарды, Сев. Осетии, Краснодарского и Ставропольского краев, муфтии Духовного управления мусульман европейской части СССР и Сибири (ДУМЕС), Духовного управления мусульман Средней Азии и Казахстана (САДУМ), Духовного управления мусульман Закавказья (ДУМЗак) — всего около 70 чел. Депортированные в 1944 г. народы региона в съезде не участвовали. Съезд принял Устав ДУМ СК и направил на имя И. В. Сталина приветственную телеграмму с молитвами за него и солдат Красной Армии, сражавшихся на фронтах Второй мировой войны; текст телеграммы был опубликован в газете «Правда» (23.04.1944), выпущен отдельной брошюрой на аварском, кумыкском, даргинском и лакском языках в арабской графике и разослан лояльным 'улама' Сев. Кавказа.

Организация духовного управления копировала структуру советских учреждений исполнительной власти на уровне союзных республик. Образцом было САДУМ, созданное годом раньше. Высшим органом, по уставу, считался съезд мусульманского духовенства и мусульман региона, собиравшийся раз в три года. На нем избиралось само ДУМ (Шура) в составе 9 чел., во главе которого стоял президиум из трех человек: председателя (муфтий) и двух членов (кадиев). Съезд избирал ревизионную комиссию ДУМ СК из 5 чел. В случае необходимости разрешалось проводить внеочередные съезды и пленумы между ними. В обязанности ДУМ СК входил учет зарегистрированных мечетей, молельных домов и святых мест (зийарат, пир), контроль за посещениями их верующими, надзор за духовенством и кандидатами на вакантные должности. Вместе с тем ДУМ СК должно было проверять знания основ веры ('акида, арабского языка и фикха у кандидатов на вакантные должности мусульманского духовенства, выдавать выдержавшим испытания удостоверения и утверждать их в должности, смещать с должности нарушителей советского законодательства о культах и лиц, вызвавших нарекания верующих.

В республиках и областях Сев. Кавказа были созданы отделения ДУМ СК, получившие название кадийатов. Изменение границ кадийатов и прибавление к ним новых произошло после возвращения в 1957 г. из депортации чеченцев, ингушей, карачаевцев и балкарцев. Изменения в структуре ДУМ СК зафиксировал новый устав, принятый на пленуме 17.10.1960 г. На низовом уровне в духовное управление входили имамы (мулла, дибир, кадий) и муаззины (будун) зарегистрированных джума-мечетей. Каждая примечетская община управлялась «тройкой» из имама, муаззина и секретаря, выбиравшей кадия, которого утверждало ДУМ СК. Были случаи совмещения должностей кадия, имама и муаззина в одном лице. Периодическая проверка финансовой отчетности мусульманских общин и верхушки муфтията, контроль сохранности материальных ценностей в действующих мечетях, разбор жалоб и заявлений верующих были возложены на ревизионную комиссию ДУМ СК. Ее председателем обычно был заместитель и наиболее реальный преемник муфтия. Так, при первом муфтии Хизри-кади Гебекове (1886–1950) из кумыкского с. Ниж. Казанище Буйнакского р-на ДАССР ее возглавлял будущий муфтий Мухаммад-хаджжи Курбанов (1888–1975) из аварского с. Кульзеб Кизилюртовского р-на ДАССР, а при третьем муфтии Хапиз-хаджжи Омарове — его преемник *Геккиев Махмуд-хаджжи*. Штат муфтията был невелик. После учредительного съезда 1944 г. в ДУМ СК входило 4 сотрудника, включая муфтия, 2 кадиев и технического секретаря. К 1964 г. он был расширен до 5 чел.

Бюджет ДУМ СК складывался из добровольных пожертвований верующих. Согласно уставу, они могли перечислять их «по почте, а также и телеграфу на текущий счет ДУМ, а также приносить и передавать… лично». По финансовым ведомостям муфтията, зарегистрированные имамы и кадии выполняли религиозные обряды, включая проведение суфийских зикров, бесплатно. Поступления на счет ДУМ СК шли только за счет отдаваемого в мечети перед Ураза-байрам закят ал-фитр и добровольной милостыни (садака), собиравшейся в мечетях и на зийаратах. Сотрудники ДУМ СК были обложены налогами, обязательной подпиской на займы по подъему промышленности; муаззины, имамы и кадии обязаны были отчислять до 11% доходов в кассу ДУМ СК, еще 13–35% — передавать в Отдел международных связей мусульманских организаций и до 6% — в Фонд мира. Основным источником дохода низшего звена мусульманского духовенства были пенсии и заработки в колхозах и совхозах, где они тоже работали. Высшему звену мусульманского духовенства были установлены зарплаты: муфтию — 2000 неденоминированных руб. в месяц, кадиям-членам ДУМ СК — по 1500 руб., техническому секретарю — 1000 руб. в месяц.

Устройство подразделений в ДУМ СК следовало общей модели региональных муфтиятов, опробованной в Центральном, Среднеазиатском и Закавказском ДУМ. В нем были учреждены Отделы деятельности мечетей, фетв и пр. Как и в САДУМ, в ДУМ СК была введена должность консультанта по юридическим вопросам, обязанного согласовать выносимые фетвы с Конституцией СССР и советским законодательством о культах. Несколько раз руководство муфтията подавало в советское правительство просьбы об открытии на Сев. Кавказе медресе для подготовки штатов ДУМ СК, однако ни одна из них не была удовлетворена. Представители мусульманской духовной элиты в большинстве своем получили местное домашнее образование в ранних советских медресе и нелегальных школах (худжра) послевоенного времени. Только к концу 1960-х — второй половине 1970-х гг. в штате муфтията появились выпускники открытого в 1946 г. в Бухаре при САДУМ медресе Мир-и Араб и Ташкентского исламского ин-та. Некоторые смогли продолжить исламское образование за рубежом — в ун-тах дружественных СССР Сирии, Египта, Ливии, Иордании. ДУМ СК не имел печатного органа.

Как и в других муфтиятах, главной обязанностью ДУМ СК было рассмотрение заявлений мусульманских общин и принятие решений об открытии мечетей и молельных домов либо отклонении заявок, регистрация имамов мечетей. ДУМ СК принимал участие в возобновившемся с 1944 г. хаджже, который, однако, носил спорадический характер и был доступен лишь высокопоставленным чиновникам муфтията. Наконец, ДУМ СК регулярно выпускал фетвы, регулирующие нормы поведения и религиозно-правовые практики мусульман региона. Отношения муфтията с властями курировал созданный в 1944 г. общесоюзный Совет по делам религиозных культов при Совете народных комиссаров (с 1946 г. — Совете Министров) СССР в Москве. При правительствах советских автономий на Сев. Кавказе работали уполномоченные Совета. В их обязанности входило пресечение нарушений советского законодательства о культах, открытие и закрытие мечетей, общий учет молельных домов мусульман в регионе, а с 1945 г. — курирование ежегодного хаджжа верхушки мусульманского духовенства. В 1965 г. он был слит с Советом по делам Русской православной церкви в единый Совет по делам религий (СДР). В 1986–90 гг. в РСФСР появился свой Совет по делам религий, функции которого пересекались с общесоюзным. Вплоть до 1989 г. муфтият находился под жестким контролем уполномоченных СДР и органов госбезопасности, где они по совместительству служили.

ДУМ Северного Кавказа

С 1957 г. деятельность ДУМ СК охватывала 8 северокавказских советских автономий Сев. Кавказа с мусульманским населением: Дагестанскую АССР, Чечено-Ингушскую АССР, Карачаево-Черкесскую АО, Кабардино-Балкарскую АССР, Северо-Осетинскую АССР, Адыгейскую АО, Краснодарский и Ставропольский края. Дагестан занимал в нем ключевые позиции. Сам муфтият располагался на территории ДАССР — сначала в г. Буйнакске, а после съезда 1975 г. — в столице республики г. Махачкале. В Дагестане находилось большинство зарегистрированных мусульманских общин, представленных при создании ДУМ СК. К 1985 г. здесь работало 27 джума-мечетей. Среди должностных лиц муфтията большинство были дагестанцы. В 1975 г. из 90 зарегистрированных в ДУМ СК кадиев и муаззинов 61 работало в ДАССР. Первые трое из четырех советских муфтиев были дагестанцами. Из уполномоченных СДР наиболее важную роль играл дагестанский. В 1944–58 гг. эту должность занимал И. Закарьяев, а в 1977–89 гг. — С.-А. Девришбеков. Официальным языком, на котором велась документация ДУМ СК, был русский. Во внутренней переписке оно также широко использовал языки народов ДАССР (прежде всего, кумыкский и аварский) в арабской, латинской и русской графике. Фетвы, выпускавшиеся ДУМ СК на русском, аварском и кумыкском языках, учитывали и ханафитскую и шафиитскую религиозно-правовые традиции при господстве последней в ДАССР и ЧИАССР.

Как и др. региональные муфтияты, ДУМ СК вынужден был реагировать на колебания советско-партийной конфессиональной политики. В ответ на многочисленные постановления ЦК КПСС, Верховного Совета и Совета Министров СССР по борьбе с нарушениями советского законодательства о культах издавались фетвы против нешариатских обычаев. К числу последних были отнесены наиболее распространенные в регионе, прежде всего в ДАССР и ЧИАССР, практики тасаввуфа и обряды, связанные с посещением святых мест: исполнение громкого кадирийского и шазилийского и тихого накшбандийского зикра (зикр джахр и зикр калби); совершение сама; коллективные молитвы на зийаратах в дни мусульманских праздников; посещение зийаратов, зажигание на них лампад (чирак) и проведение ночи на святых местах; ремонт могильных стел и мавзолеев на зийаратах. Кроме того, осуждению муфтията через фетвы подверглись чрезмерные расходы при проведении религиозных праздников и свадеб, тиражирование и распространение Корана. Эти практики осуждены в составленных и распространенных ДУМ СК в 1950-е — 1980-е гг. фетвах «О святых местах», «О зийарате», «О зикре», «Об отправлении панихиды по усопшим», «О закяте», «О фитре-садаке», «О богоугодности честного труда», «О пределах свадебных обрядов», «О необоснованности калыма с точки зрения шариата», «Об отношении верующих к Священному Корану», «О лжешейхах и мюридах» и пр. Несколько раз издавалась фетва «О несовместимости мюридизма с учением ислама» (1953, 1960, 1986). Для богословской аргументации выводимых решений муфтии ДУМ СК обращались почти исключительно к Корану и Сунне Пророка, реже — к шафиитским и ханафитским сборникам фетв: «Фатава ал-Байдавийа», «Ал-Фатава ал-кубра» Ибн Хаджара ал-Хайтами, «Ал-Фатава ал-Хиндийа», «Худжжат Аллах ал-балига» Валиаллаха Дихлави и др.

Помимо чисто религиозных, на ДУМ СК было возложены общественно-воспитательные и внешнеполитические функции. Наряду с общими нормами шариата муфтият пропагандировал советский образ жизни, дружбу народов и др. советские идеологические установки. Этой теме были посвящены пятничные и праздничные проповеди кади и даже некоторые фетвы: «О семейном долге», «О дружбе и о повелении добра и запрете дурного», «О дружбе народов», «О хлебе», «Об обязанностях супругов», «Об обязанностях соседей» (1983, 1986). Муфтий *Геккиев Махмуд-хаджжи* читал проповеди преимущественно на патриотические и политические темы. Традиционными для него стали проповеди, посвященные празднику Победы. Кроме того, представители высшего духовенства (муфтии и кадии) вовлекались в движение, организованное Советским комитетом защиты мира, созданным в 1949 г., а финансовые средства ДУМ СК привлекались в учрежденный в 1961 г. Фонд мира и Отдел международных связей при Совете по делам религиозных культов, созданный в 1962 г. для более тесной координации международных контактов четырех ДУМ. В 1960–80-е гг. делегации ДУМ СК регулярно участвовали в международных конференциях религиозных деятелей, проводившихся в г. Ташкенте, др. центрах СССР и за рубежом. Деятельность муфтиятов должна была доказать, что в Советском Союзе нет гонений на религию.

При последнем муфтии ДУМ СК *Геккиеве Махмуде-хаджжи* стиль работы организации меняется. Он имел опыт работы в САДУМ и оказался талантливым и гибким политиком, удобным для властей. При нем укрепились связи муфтията с республиканскими и союзными властями, что дало повод оппонентам называть *Геккиева Махмуда-хаджжи* агентом КГБ. В отличие от предшественников он регулярно проводил совещания и съезды мусульманского духовенства, активно участвовал в советской внешней политике.

Во 2-й половине 1980-х гг. в регионе начинается процесс религиозного возрождения. Одновременно падает контроль за деятельностью муфтията со стороны уполномоченных СДР и КГБ. Массово начинают открываться незарегистрированные мечети. На территории ДАССР и ЧИАССР появляются коранические классы и первые медресе. В начале марта 1989 г. в мечетях Дагестана стали появляться листовки, которые призывали «сделать переворот у себя в религии» и освободить муфтия от занимаемой должности, поскольку он является ханафитом, превысил срок пребывания в своей должности, увеличил себе зарплату и мешает открытию новых мечетей.

В марте 1989 г. возникла оппозиция муфтияту. 13.05.1989 г. в г. Буйнакске по инициативе имама Махачкалинской мечети Зайдуллаха Алибекова прошла Конференция мусульман Сев. Кавказа, собравшая ок. 300 участников. Делегаты приняли решение переизбрать *Геккиева Махмуда-хаджжи* и выдвинули на эту должность имама Таркинской мечети г. Махачкалы *Мухаммада-Мухтара Бабатова*. В тот же день оппозиционеры организовали демонстрацию и блокировали здание ДУМ СК в г. Махачкале, угрожая муфтию самосудом, но руководство ДАССР привлекло наряд милиции и предотвратило беспорядки. *Геккиев Махмуд-хаджжи* покинул пост муфтия, а исполняющим обязанности был назначен *М.-М. Бабатов*, обещавший провести ревизию денежных поступлений и расходов ДУМ СК за последние годы. Ситуация стала выходить из-под контроля республиканских властей, пришлось вмешаться Москве. Совет по делам религий при Совете Министров РСФСР 22.05.1989 г. принял постановление «О конфликтных ситуациях между ДУМ СК и верующими» и отправил на помощь республиканским властям своих чиновников, но события вокруг ДУМ СК разворачивались не по сценарию правительства. ДУМ СК прекратил существование в 1989 г. Его архив был расхищен вскоре после штурма здания муфтията.

Муфтии: Хизри-кади Гебеков (20.05.1944–11.1950); Магомед-хаджжи Курбанов (11.1950–11.03.1975); Хапиз-хаджжи ('Абд ал-Хафиз-хаджжи) Омаров (16.10.1975–1978); *Махмуд-хаджжи Геккиев* (1978–13.05.1989).

Лит.: Власть и мусульманская религия в Дагестане (ноябрь 1917 — декабрь 1991 г.). Документы и материалы / сост. Г. И. Какагасанов, М. Д. Бутаев, М. М. Амирханова. Махачкала, 2007. С. 155–217; Гос. архив Российской Федерации (ГА РФ). Ф. р-6991. Совет по делам религиозных культов при Совете Министров СССР; Ислам и советское государство (1944–90): сб. документов / сост., предисл., примеч. Д. Ю. Арапова. Вып. 3. М., 2011; Сулаев И. Х. Государство и мусульманское духовенство в Дагестане: история взаимоотношений (1917–91 гг.). Махачкала, 2009. С. 214–311; Центральный гос. архив Республики Дагестан (ЦГА РД). Ф. р-1234. Уполномоченный Совета по делам религий при Совете Министров СССР по ДАССР; Bobrovnikov V., Navruzov A., Shikhaliev Sh. Islamic education in Soviet and post-Soviet Dagestan // Islamic education in the Soviet Union and its successor states / ed. by M. Kemper, R. Motika, and S. Reichmuth. London; New York, 2010. P. 128–140.

В. Бобровников, И. Сулаев

ДУМ Ставропольского края (ДУМ СК) — ЦРО в составе *Координационного центра мусульман Северного Кавказа*. Зарегистрировано 05.05.2010 г.

Председатель — муфтий *Рахимов* Мухаммад Загитович (род. 18.03.1956). Выпускник медресе Мир-и Араб (г. Бухара). В ДУМ СК входят более 60 мусульманских религиозных организаций и 20 религиозных групп. В состав этих организаций входят ок. 100 тыс. человек, общая численность мусульманского населения в крае — более 500 тыс. человек.

При ДУМ организованы курсы по изучению ислама для молодежи, проводятся курсы повышения квалификации для имамов, работающих в сельских общинах, действует программа оказания помощи мусульманам, отбывающим наказание в пенитенциарной системе края, организованы молельные помещения. Совместно с РПЦ проводится ежегодный летний лагерь православной и мусульманской молодежи Сев. Кавказа «Кавказ — наш общий дом». На базе Пятигорской мечети проводится обучение иностранных граждан — этнических мусульман русскому языку. Функционирует женский клуб.

Издается газета «Дин ал-Хаят».
Официальный сайт: http://dumsk.com

Н. Зотова, К. А.

ДУМ Чеченской Республики (ДУМ ЧР) — ЦРО, действующее на территории Чеченской Республики. Зарегистрировано 26.09.2000 г.

Председатель — муфтий Салах Митаевич Межиев (род. 10.01.1970). В подчинение ДУМ ЧР входят все официально действующие мусульманские общины на территории республики. Структуру составляют: аппарат, секретариат, общий отдел, канонический отдел, центр внешних связей, информационно-аналитической работы и мониторинга, отдел образования и просвещения, отдел по работе с интернет-ресурсами, административно-хозяйственный отдел. Важное место отводится организации хаджжа.

ДУМ проявляет весьма значительную роль в жизни Чеченской Республики, а также в системе ее администрирования. Вокруг ДУМ ЧР также существует множество аффилированных структур с явным и неявным участием. Зарегистрировано более 125 мусульманских религиозных организаций. Действуют 18 медресе (17 мужских и 1 женское) и 2 высших духовно-образовательных учреждения (Российский исламский ун-т им. *Кунта-хаджжи*,

Курчалоевский ин-т им. *Ахмат-хаджжи Кадырова*).

Активно сотрудничает с телеканалами ГТРК «Вайнах», «Грозный», создан религиозно-просветительский телеканал «Путь».

Официальный сайт ДУМ ЧР: https://dumchr.com

Муфтии Чеченской Республики с 1999 г.: *Кадыров Ахмат-хаджжи* (1951–2004) — до 2000 г.; Ахмад-хаджжи Шамаев (род. 1949) — 2000–05; Султан Мирзаев (род. 1964) — 2005–14 гг.; Салах Межиев (род. 1970) — с 2014 г. по настоящее время.

Лит.: http://chechnya.gov.ru/page.php?id=39&info&r=167; http://www.dumchr.ru; https://dumsk.com/novosti/novosti-dum/; http://kcmsk.ru/index.php/struktura/obshchie-svedeniya; https://www.kavkaz-uzel.eu/articles/243719/%; https://halalummah.me/ru/person/mezhiev-salah-mitaevich/.

Д. Макаров

Духовный центр — имамат Карачая (1991–92) — мусульманская религиозная организация, учреждена решением *Съезда мусульман Карачая* 30.11.1991 г. Руководитель — Биджи Мухаммад («раис-имам Карачая»). Его решением были введены духовные звания и назначены:
• заместители Раис-имама (с титулом имам-наиба): М. Б. Боташев (одновременно — уполномоченный по Ставропольскому краю), Д. У. Тамбиев (одновременно — уполномоченный по Малокарачаевскому р-ну КЧР);
• руководители подразделений (мухтасибатов): Х. А. Лепшоков (секретарь имамата, одновременно — уполномоченный по Прикубанскому р-ну КЧР), А. К. Алботов (руководитель международного отдела имамата), Р. Т. Темирбулатов (пресс-секретарь имамата, одновременно — уполномоченный по Урупскому р-ну КЧР);
• уполномоченные (с титулом вакиль): Х. С. Эркенов (уполномоченный по г. Карачаевску), М. М. Хубиев (уполномоченный по Карачаевскому р-ну КЧР).

В первом «Послании имама Карачая Биджи улу Мухаммада» (опуб. 1992) Д. ц. и. К. характеризовался как «орган духовной мусульманской власти — первый орган государственности Карачаевской Республики. В нем содержалось обращение к «братьям — русским-казакам, осетинам, грекам, братьям и единоверцам — черкесам, *абазинам*, *ногайцам*» с просьбой «пройти до конца наш общий путь к демократии», включающий восстановление государственности карачаевского народа, ликвидированной сталинским режимом в 1943 г.

Д. ц. и. К. стал организатором на территории КЧР Международного фестиваля мусульманской молодежи (03–09.08.1992) с участием молодых мусульманских ученых из Египта, Иордании, Палестины, Саудовской Аравии. Печатный орган Д. ц. и. К. — газета «Ислам Нюрю».

После неудачных попыток официально зарегистрировать «Имамат Карачая» в региональных органах власти КЧР Биджи Мухаммад прекратил деятельность организации, создав вместо нее культурно-просветительскую организацию — Карачаево-балкарский информационный центр «Ал-Исламия» в г. Москве.

Лит.: Ислам Нюрю. 1992. № 5, 6.

Р. Хатуев

Духовный центр мусульман Республики Ингушетия (Муфтият Ингушетии) — высший религиозный орган мусульман Республики Ингушетия, образован 05.09.1993 г. на съезде мусульман республики, официально зарегистрирован 04.01.2003 г. Ликвидирован по решению суда 16.09.2019 г. Несмотря на отсутствие официального статуса, Муфтият Ингушетии продолжает работу.

Работу ДЦМ РИ возглавляет муфтий, который осуществляет руководство Совета 'алимов и муфтията. Муфтий избирается Советом 'алимов и имамами населенных пунктов РИ сроком на пять лет. Первым муфтием Ингушетии был избран *Албогачиев Магомед*. В 2004 — июле 2019 г. муфтием был *Хамхоев Исса* (род. 23.05.1972). В июле 2019 г. *Мартазанов Абдурахман* (род. 01.11.1956), на протяжении 20 лет возглавлявший кадият РИ, занял пост муфтия. 11.04.2020 г. *Мартазанов А.* скончался. 10.08.2020 г. члены Совета 'алимов и имамы снова избрали муфтием *Хамхоева Иссу*.

ДЦМ РИ образован в результате объединения мусульманских общин и организаций РИ, имеет устав, утвержденный на республиканском мусульманском съезде 05.09.1993 г. Органами управления ДЦМ РИ являются: Совет 'алимов, муфтий и аппарат ДЦМ РИ, кадий и члены кадията. Высшим органом Совета 'алимов является Съезд мусульман республики, который по уставу ДЦМ РИ созывается не реже одного раза в пять лет.

С конца 1990-х гг. ДЦМ РИ издавались учебники с переводом и транслитерацией арабских текстов на кириллический шрифт. Во всех школах республики в 5–11-х классах ведется преподавание основ ислама. Преподавателями в основном являются выпускники исламских ин-тов РИ. Все учителя богословия проходят ежегодную переаттестацию: для получения сертификата на право преподавания каждый должен сдать экзамен представителям ДЦМ РИ.

Мусульманское образование в республике можно получить в 40 учебных заведениях (медресе) при мечетях, в колледже при Исламском ин-те в г. Малгобеке, высшее — в Исламских ин-тах г. Малгобек и Сунжа.

ДЦМ РИ имело свой печатный орган — ежемесячную газету «Светлый путь» и *радио «Ангушт»* (2010–15). В настоящее время не функционируют.

Официальный сайт: http://muftiyatri.ru

Лит.: Албогачиева М. С.-Г. Ингуши в XX в.: этнографические аспекты религиозных практик // Сев. Кавказ. Традиционное сельское сообщество: социальные роли, общественное мнение, властные отношения. СПб., 2007; Павлова О. С. Ингушский этнос на современном этапе: черты социально-психологического портрета. М., 2012. С. 97; Устав Централизованной религиозной организации (Муфтият Ингушетии). Назрань, 2004. С. 5.

М. Албогачиева

Е

Евлоев, Суламбек Шахботович (26.08.1937–14.02.2008) — мусульманский религиозный деятель, первый муфтий Ингушетии (1991–92 гг.).

Родился в г. Орджоникидзе (ныне Владикавказ) СОАССР. Детство и юность прошли в г. Балхаш Карагандинской обл. Казахской ССР, куда его семья была депортирована в 1944 г. После возвращения на Кавказ учился в Северо-Кавказском горно-металлургическом ин-те г. Орджоникидзе, на электромеханическом факультете (1959–65). Трудовую деятельность начал в 1959 г. в Али-Юртовской 8-летней школе, до 1962 г. работал здесь учителем. В 1962–72 гг. работал на Назрановском заводе «Электроинструмент», где был начальником разных отделов. В 1967 г. Комитетом по делам изобретений и открытий при Совете Министров СССР Е. было выдано авторское свидетельство на ряд изобретений в области электромеханики.

Религиозное образование получил у *Оздоева* Махмада Салмарзиевича. В 1972 г. Е. организовал нелегальную подпольную школу для желающих изучить основы ислама. Многие его ученики впоследствии стали мусульманскими религиозными деятелями, преподавателями исламских учебных заведений. В 1980-е гг. Е. начал издавать Коран (в собственной квартире), печатные экземпляры которого распространяли в Ингушетии. В 1983 г. поступил на Восточный факультет ЛГУ по специальности «Арабский язык и литература».

Е. принял активное участие в открытии первой мечети в г. Назрани (1992), где в течение десяти лет работал имамом. В 1989–94 гг. Е. работал проректором Исламского ин-та г. Назрани. В 1991 г. он возглавил работу по созданию ДЦМ РИ и был избран председателем ДЦМ РИ — муфтием. Также Е. работал имамом Куртатинской мечети, занимал должность заместителя муфтия Сев. Осетии. В 1990 г. совершил хадж в числе первых паломников из ЧИАССР, а в 1992 г. лично возглавил первую группу паломников из Ингушетии для организованного проведения хаджжа. Осенью 1992 г. во время осетино-ингушского конфликта, спасая мирных жителей, Е. получил ранение.

В последние годы жизни Е. был имамом мечети с. Насыр-Корт. Е. скончался 14.02.2008 г., похоронен в с. Али-Юрт Назрановского р-на РИ.

Лит.: Патиев Я. Евлоев Суламбек Шахботович. Республика Ингушетия. События и люди. Энциклопедия: 1992–2008 гг. Махачала, 2008. С. 148; Цечоев И. Суламбек Евлов (1937–2008) — первый муфтий Ингушетии // Вестник Ингушского исламского университета. 2012. Август. С. 34–37; Холодов Д. Мюридов мирные потомки // Московский комсомолец. 1992. 23 декабря.

М. Албогачиева

Елисуйский султанат (Илисуйский султанат, Цахуро-илисуйское султанство) — государственное образование, возникшее в начале XVI в. в Горном магале, верховьях р. Самур, управлявшееся династией султанов, происходивших из горного с. Хиц (локализуется ныне на границе Чародинского и Гунибского р-нов РД).

После создания Сефевидами беклярбекства Ширванского (1538) оно было включено в его состав, а представителям были дарованы фирманы (указы) на владение принадлежавшими им землями в пределах верховий р. Самур и предгорий Алазанской долины (Цор). В XV в. предок правителей Е. с. 'Алибек и Уцуми жил в аварском с. Чардах, расположенном в предгорьях Цора, а потому впоследствии султаны имели здесь свои владения. Потомкам горского князя Уцуми удалось стать посредниками между сефевидскими шахами и потомственными династиями, правившими в *Хунзахе* и Кумухе.

В состав Е. с. в XVI–XIX вв. входила территория современного Кахского р-на Азербайджана, за исключением Джинихского общества, являвшегося частью *Джарской республики*. При этом султанство включало в свой состав помимо этого закавказского региона еще и земли, лежащие в верховьях р. Самур, т. е. часть территории горного Дагестана.

Первым князем в роду, который обосновался в Цахуре и вошел в число поданных шаха Тахмаспа (1524–69), стал, по-видимому, Ади-Гурклу «Уцумиев». Судя по тексту шахского фирмана, князя Ади-Гурклу не считали султаном, по крайней мере на первом этапе его правления. Первым правителем, ставшим именоваться султаном, был амир 'Алибек — сын Ади-Гурклу. Этого князя, оставшегося в памяти елисуйцев как «Сары-Алибек» (авар. ЦIетIав-ГIалибег), называют султаном дагестанские, турецкие и персидские письменные источники начала XVII в. Его именем Цетав стали в последующем называть своих потомков представители фамилии Е. с. Сефевидский Иран, сохранив Горный магал XVI–XVII вв. в составе Кахетии, создал, однако, крупную административно-политическую единицу с центром в труднодоступном Цахуре. Основой стали высокогорные территории, прилегающие к Кахетии и связанные с ней природно-экономическими факторами. К ним относился и бассейн р. Курмух. Уже Цетав-'Алибек, т. е. 'Али-султан I (погиб в 1630–31 в сражении с войском Теймураза Багратиони), проживал, судя по данным грузинских источников, в с. Елису, а не в Цахуре.

Поселение султанов в с. Елису должно было укрепить их связь с аварским миром, что нашло отражение, например, в контактах с научной и военной элитой Дагестана и Цора (*Джарской республики*). Вместе с этим, однако, елисуйская эпиграфика XVIII–XIX вв., историческая память аварцев XIX в. и данные отдельных переписей, проведенные в XX в., свидетельствуют, что правители Е. с., как и их родственники, на протяжении всего периода правления не порывали своей связи с высокогорным Цахуром.

Связи елисуйской знати с Цахуром носили характер не этноязыковой, а политический. Аристократы и их окружение считали себя «лезгинами», но их «лезгинским» языком был аварский, а не «кюринский», как тогда называли современный лезгинский язык.

Последним владельцем Е. с. был Даниял-бек, правивший в 1831–44 гг., а султанство было упразднено в 1844 г. в связи с переходом последнего султана на сторону имама *Шамиля*.

Лит.: Айтберов Т. М., Хапизов Ш. М. Елису и Горный магал в XII–XIX вв. (очерки истории и ономастики). Махачкала, 2011.

Ш. Хапизов

Ж

Женский антисоветский съезд и демонстрации в Адыгее 1928 г. — публичные выступления черкешенок против насильственной секуляризации мусульманского общества и культуры с развертыванием сплошной коллективизации. Их вызвало усиливающееся к концу 1920-х гг. давление на мусульманское духовенство. Был запрещен сбор закята. Суд, школа, регистрация браков, рождений и смертей передавались от эфенди в советские учреждения. Протестуя против этого, черкешенки провели ряд стихийных массовых митингов и демонстраций.

В июне 1928 г. группа черкешенок из 40–60 чел. в с. Блечепсин (ныне Кошехабльский р-н РА) вышла к зданию аулсовета с требованием прекратить хлебозаготовки. Для местного партийного и советского руководства это выступление было полной неожиданностью. Последующие собрания женщин и пленум аульского совета не смогли успокоить женщин. К лозунгу прекращения хлебозаготовок прибавились «Долой углубленное классовое землеустройство», «Долой коллективизацию», «Долой рождающиеся новые формы быта» (женщины требовали закрытия детских яслей, прекращения отправки детей на учебу, отрицали пользу передачи шариатских сборов ККОВам — крестьянским комитетам общественной взаимопомощи). «Блечепсинское дело» рассматривалось на заседании Бюро обкома ВКП(б) дважды в июне 1928 г.; была создана специальная комиссия, разработавшая комплекс мер, направленных на активизацию работы низовых органов власти — партячейки, сельсовета, комсомола и т. д. Закрытое письмо о «Блечепсинском деле», подписанное секретарем обкома ВКП(б) Адыгеи И. Черноглазом, было проработано на всех партийных ячейках области на закрытых партийных собраниях. Бюро Натырбовского райкома ВКП(б) был вынесен выговор.

Чрезмерное администрирование в ходе хлебозаготовок, отрыв партячейки от бедноты, плохая работа ККОВа, нарушение «классового принципа» в работе аулсовета, пьянство ответственных работников привели к демонстрации женщин. Изба-читальня в с. Блечепсин играла роль, не соответствующую ее предназначению: «Ее русификаторский уклон не мог найти одобрения у бедноты и середняков аула, а кулаки использовали и этот наш недостаток». Кампания по сбору шариатских сборов была проведена сотрудником райкома А. Поповым с нарушениями. «Блечепсинское дело» способствовало ревизии деятельности всех органов власти в Адыгейской автономной обл. — советов, ККОВов, кооперации, была усилена идеологическая, воспитательная, бытовая работа среди женщин, в первую очередь вдов и беднячек, общественниц, членов Совета, ККОВов, народных заседательниц в судах.

В с. Ходзь (ныне Кошехабльский р-н РА) 23.08.1928 г. прошла демонстрация женщин, явившихся в сельсовет в количестве 100 чел., с требованием разрешить преподавать Коран в советских школах, открыть медресе, закрыть ясли, снизить налог с эфенди (мулл) и прекратить хлебозаготовки.

24.08.1928 г. в с. Егерухай Хакуринохабльского окр. состоялся съезд черкешенок. Он был самым многочисленным по составу участниц и самым резонансным по повестке и последствиям. Решения съезда не протоколировались, так как грамотных среди его участниц не оказалось. О его повестке и итогах мы узнаем из отчета начальника 3-го отделения Информационно-регистрационного отдела ОГПУ по Северо-Кавказскому краю П. В. Федотова. Съезд собрал 200 участниц, 11 женщин были делегированы из различных аулов, основное число участниц проживало в с. Егерухай. За день до начала съезда около 100 активисток собрались в доме вдовы бывшего эфенди С. Дебаговой и обсудили повестку съезда; кандидатуру председателя съезда; делегирование в Адыгейский облисполком с требованием реализации решений съезда; вопрос финансирования для поездки делегаток съезда в г. Краснодар. Собрание делегировано двух женщин для поездок по аулам Хакуринохабльского и Натырбовского р-в области, для встреч с женщинами и информирования их о будущем съезда.

На повестку дня съезда были вынесены следующие вопросы: неприкосновенность шариата; разрешение преподавания арабского языка и Корана в советских школах; снижение налогов с духовных лиц; предложение о государственном содержании мулл. Во избежание дальнейших репрессий против духовенства депутаты отрицали участие духовенства в подготовке съезда.

Из отчета П. В. Федотова следует, что «антисоветские выпады места не имели. Съезд также не касался вопросов текущей политики советской власти в деревне». Делегатки съезда из 12 аулов направили письмо председателю Адыгейского облисполкома Ш. Хакурате, в котором просили сохранить шариат, вернуть мечеть, дать возможность учиться в медресе. «На все мы согласны с этой властью. Все нам нравится, только просим все женщины — возвратить нам нашу мечеть». За помощью в редактуре заявления в облисполком специальная делегация съезда обратилась к армянке, проживавшей в ауле.

Ответственность за организацию съезда была возложена ОГПУ на так называемое реакционное духовенство, которое, по мнению властей, перенесло уже апробированный в с. Блечепсине женский протест против хлебозаготовок на религию. Съезд был оценен как происки реакционного духовенства, подстрекавшего женщин к антисоветским выступлениям. Проведение съезда никак не сказалось на снижении темпов перевода адыгского алфавита на латиницу и не привело к корректировке методов проведения антирелигиозной кампании.

Лит.: Хранилище документов новейшей истории Национального архива Республики Адыгея. Ф. П-1. Оп. 1. Д. 234. Л. 130–130 об.; Государственное казенное учреждение Ростовской области «Центр документации новейшей истории Ростовской области». Ф. 7. Оп. 1. Д. 804. Л. 114–115.

Н. Нефляшева

З

Загалав-дибир — см. *ал-Хварши, Курбан‘али*.

Аз-Занати, Хаджжи-‘Абдуррахман (1834–1908) — дагестанский ‘алим, автор первого перевода хроники «*Дербенд-наме*» на аварский язык.

Родился в с. Заната Аварского окр. (ныне Шамильский р-н РД) в семье сельского ‘алима. Начальное религиозное мусульманское образование аз-З. Х.-‘А. получил у своего отца Думалаваи и др. местных ‘алимов. О дальнейшем образовании аз-З. Х.-‘А. ничего не известно. По свидетельствам источников, аз-З. Х.-‘А. знал нахв (грамматику арабского языка), логику, фикх, Коран и коранические науки и др. В 1850–60-е гг. аз-З. Х.-‘А. совершил хаджж, после чего стал известен в Дагестане, как Хаджжи-‘Абдуррахман. В 1860–70-е гг. аз-З. Х.-‘А. работает письмоводителем и секретарем при наибе ‘Али-Гиличе Чупанове в с. *Хунзах* (ныне районный центр РД), а также обучает его детей.

После отставки ‘Али-Гилича Чупанова в 1880-е гг. аз-З. Х.-‘А. покинул с. *Хунзах* и по приглашению джама‘ата с. Верх. Джунгутай (ныне Буйнакский р-н РД) работал кадием и мударрисом в местном медресе. Открыто выступал против политики царской администрации в Дагестане, за что был привлечен к следствию и выслан в Саратовскую губ. После нескольких лет ссылки аз-З. Х.-‘А. с разрешения властей возвращается на родину, в с. Заната.

Аз-З. Х.-‘А. собрал библиотеку (ок. 300 книг), большинство рукописей своей коллекции переписал собственноручно. У потомков аз-З. Х.-‘А. в с. Заната сохранилось более 30 книг: Кораны, тафсиры, хадисы, сочинения по логике, риторике, фикху и одно сочинение по толкованию снов на аварском языке. Аз-З. Х.-‘А. — автор рукописного сочинения по «Генеалогии Кахикумухских ханов» и единственного известного на сегодняшний день списка хроники «*Дербенд-наме*» на аварском языке.

Аз-З. Х.-‘А. умер в 1908 г. в возрасте 74 лет, похоронен в с. Ниж. Батлух Шамильского р-на РД на Верх. кладбище.

Лит.: Полевой материал автора; Давудов О. М. Турутлинцы. Историко-этнографический очерк. Махачкала, 2015. С. 219; «Дербенд-наме» на языках народов Дагестана: тексты и комментарии / Абдуллаев И. Х., Исаев А. А., Маламагомедов Д. М., Оразаев Г. М.-Р.; авт. проекта и науч. ред. Г. М.-Р. Оразаев; сост. Д. М. Маламагомедов. Махачкала, 2012; Шихсаидов А. Р., Айтберов Т. М., Оразаев Г. М.-Р. Дагестанские исторические сочинения. М., 1993. С. 180.

Д. Маламагомедов

Зандакский, Гази-хаджжи (1808–66/67) — шейх, общественный и мусульманский религиозный деятель.

Родился в чеченском с. Зандак (Ножай-Юртовский р-н ЧР) в семье Арзу, сына Гази-Махмы, из тейпа зандакъой. З. Г.-х. с раннего детства отличался тягой к религиозным знаниям. Мусульманское образование получил у дагестанского шейха *ал-Йараги Мухаммада-эфенди*. В медресе с. Яраг выросла целая плеяда выдающихся мусульманских деятелей Сев.-Вост. Кавказа: шейх *Гази-Гумуки Джамалуддин*, имамы *Газимухаммад* и *Шамиль*, Хан-Мухаммад Табасаранский, шейх *ал-Индири Ташав-хаджжи* и др.

В годы *Кавказской войны* З. Г.-х. выполнял функции мухтасиба, следившего за выполнением норм шариата различными должностными лицами *Имамата* (мудирами, наибами, кадиями и др.). В 1840-е гг. З. Г.-х. выступил в качестве исламского миссионера на Сев.-Зап. Кавказе среди адыгов, затем выполнял роль духовного наставника в Малой Чечне. После пленения *Шамиля* в августе 1859 г. шейх З. Г.-х. продолжил свою проповедническую деятельность, затем стал активным участником и духовным лидером повстанцев в восстании 1860–61 гг. После подавления восстания его вместе с семьей российские власти переселили на равнину в Надтеречный окр. Находясь в ссылке, лишенный права возвращения на родину, принял решение совершить хаджж; умер в г. Мекке ок. 1866/67 г. Похоронен в Мекке недалеко от главной святыни исламского мира — Масджид-ал-Харам (Заповедной мечети).

В Чечне существуют памятные места, связанные с З. Г.-х.: на юж. окраине с. Симсар Ножай-Юртовского р-на находится мазар (Пеза-Хьажи зиярт) на том месте, где З. Г.-х. держал обет халвата — уединения; рядом с ним родник, называемый в народе «Бези шовда» (родник Безашейха); по дороге из Зандака в Симсар, на склоне горы, лежит огромная глыба, которая называется «камнем Гази-Хаджжи».

Потомки З. Г.-х. оставили заметный след в истории Чечни: помимо его сыновей, Пир-Магомета (ум. 1890/1891) и Мутали, ученика шейха Абу Аксайского (ум. 1912), известна младшая дочь З. Г.-х. Теа (Тоа), активная участница *Восстания Всеобщего 1877 г.* Она погибла в сражении в окрестностях Симсара в начале октября 1877 г., где и похоронена. Ее могила, «Теи-каш», популярна у верующих. Имам Алибек-хаджжи, руководитель *Восстания Всеобщего 1877 г.*, родной племянник З. Г.-х., сын его младшего брата Алдама, в 22 года был избран имамом: его избранию способствовали не только личные качества, но и принадлежность к роду и наследию З. Г.-х. Жуоба (Джабраил), внук З. Г.-х., наставник равнинной духовной школы вирда З. Г.-х., получил мусульманское образование у 'алимов Дагестана и Чечни, владел несколькими языками, хранил библиотеку З. Г.-х., по преданию, был автором религиозных трактатов, на рубеже 1920–30-х гг. был имамом с. Бамат-Юрт (ныне с. Виноградное Грозненского р-на ЧР). В 1937 г. арестован в числе 300 мусульманских религиозных деятелей Чечни и Ингушетии, бо́льшая часть которых была либо расстреляна, либо погибла в лагерях.

Лит.: Полевые материалы автора; Ибрагимова З. Х. Чеченский народ в Российской империи: адаптационный период. М., 2006. С. 15; Ипполитов А. П. Учение «зикр» и его последователи в Чечне и Аргунском окр.: сб. сведений о кавказских горцах. Вып. II. Тифлис, 1869. С. 14; РГВИА. Ф. 13454. Оп. 6. Д. 721. Л. 1–2.

С. Мусхаджиев

Заргишиев, Мурад Расильевич (род. 19.08.1969) — общественный и политический деятель, историк, религиовед, политолог.

Родился в с. Терекли-Мектеб Ногайского р-на ДАССР (ныне РД). В 1991 г. окончил с отличием исторический факультет Дагестанского государственного ун-та им. В. И. Ленина. В 1992–94 гг. — слушатель и выпускник Дипломатической академии МИД РФ. В 2003 г. окончил Академию народного хозяйства при Правительстве РФ (по программе «государственная политика и государственное управление»), защитил научную работу по теме «Международно-правовые и политологические аспекты религиозной свободы и государственно-церковные отношения в РФ». В 1991–92 гг. — преподаватель кафедры истории Азии и Африки исторического факультета ДГУ. Делегат XX съезда ВЛКСМ, I съезда ЛКСМ РСФСР, I Всесоюзного студенческого форума.

В 1990 г. на первых конкурентных парламентских выборах (с участием 11 кандидатов) избран народным депутатом Российской Федерации от Дагестана, став самым молодым в истории членом парламента (занесен в Книгу рекордов). В предвыборной программе впервые в период правления КПСС выдвигал задачу принятия в РСФСР (ныне РФ) закона о религиозной свободе и соблюдении прав верующих, создания условий для свободного совершения мусульманами хаджжа, официального признания праздничными днями в России православного Рождества Христова и мусульманского праздника Курбан-байрам. С обращением к избирателям в поддержку З. выступили мусульманские религиозные деятели Дагестана (*Мугумаев Магомед-Расул, Мухаммад-Мухтар Бабатов*, Магомед Нурмагомедов и др.).

В июне 1990 г. был организатором первой встречи председателя Верховного Совета РФ Б. Н. Ельцина и председателя Духовного управления мусульман европейской части

СССР и Сибири (ныне ЦДУМ России) муфтия Т. Таджутдина, на которой были решены вопросы государственной поддержки первого официального хаджжа российских мусульман. Принимал участие в подготовке и принятии первого Закона РФ «О свободе вероисповеданий» 1990 г. Был членом Комиссии по культурному и природному наследию Совета Национальностей Верховного Совета РФ. В 1991–93 гг. — зам. председателя Комитета по свободе совести, вероисповеданиям, милосердию и благотворительности Верховного Совета РФ, занимался проблемами реституции (возвращения верующим) мечетей и иного имущества религиозного назначения, изъятого в советский период, вопросами исламского образования, организации хаджжа и т. д. В 1991 г. организовал первое участие председателя Верховного Совета РФ Р. И. Хасбулатова в праздничной молитве в Московской Соборной мечети. В том же году совершил 'умру в составе группы мусульман России во главе с муфтием Т. Таджутдином и имамом-мухтасибом г. Москвы и Московской области Р. Гайнутдином. В 1992 г. совершил хаджж в составе делегации мусульман РФ во главе с председателем Верховного Совета РФ Р. И. Хасбулатовым, участвовал в первых переговорах руководства РФ с королем Саудовской Аравии Фахдом б. Абдель-Азизом ас-Саудом.

Являлся советником вице-президента РФ А. В. Руцкого, в 1993 г. был его личным представителем на переговорах с наследным принцем Государства Кувейт Саадом ал-Абдалла ас-Сабахом и председателем парламента Кувейта Ахмадом ас-Саадуном.

В сентябре-октябре 1993 г. во время политического кризиса в России был на стороне парламента в противостоянии с президентом РФ Б. Н. Ельциным. Член Секретариата последнего, X (Чрезвычайного) съезда народных депутатов РФ, участвовал в защите расстрелянного 4 октября 1993 г. Дома Советов (Белого Дома) в Москве.

С января 1994 г. — советник муфтия Центрально-Европейского региона РФ шейха Р. Гайнутдина. В 1994–98 гг. — официальный представитель мусульман Центрально-Европейского региона РФ в Федеральном собрании РФ. В 1995 г. избран депутатом Народного собрания РД, состоял членом Комитета по межнациональным отношениям, внешним связям, делам общественных и религиозных организаций НС РД. В 1996 г. стал одним из учредителей и главным редактором первого российского культурно-просветительского журнала «Мусульмане».

В 1997 г. был членом Рабочей группы Государственной Думы ФС РФ по разработке Закона РФ «О свободе совести и религиозных объединениях». В 1994–2012 гг. — эксперт, консультант Комитета по делам общественных объединений и религиозных организаций Государственной Думы ФС РФ, зам. председателя Экспертно-консультативного совета.

В 2013–14 гг. — председатель Комитета по свободе совести и взаимодействию с религиозными организациями РД. В 2014–15 гг. — советник президента Дагестана.

Является вице-президентом Фонда поддержки и развития научных и культурных программ им. Ш. Марджани (Фонд Марджани). Занимается исследованиями в области истории, культуры, антропологии и фольклористики, государственно-конфессиональных отношений, укрепления духовной безопасности России и борьбы с экстремизмом под исламскими лозунгами. Автор научных статей и документальных видеоматериалов по истории и религиоведению, актуальным проблемам современной России.

Дм. М.

Зийараты Ингушетии — мусульманские святые места на территории современной РИ. В ингушской среде развито поклонение «святым местам» — могилам и мавзолеям исторических и мифических деятелей ислама. Посещение могил почитаемых лиц обычно осуществляется в дни их рождения, накануне месяца рамадан, в дни религиозных праздников.

В глубокой древности у ингушей был широко распространен культ природных объектов: деревьев, водных источников, пещер. Некоторые домонотеистические представления, которые не противоречат положениям мусульманской религии о душе и смерти, в несколько измененном варианте сохранились у ингушей после исламизации. На территории Ингушетии имеется 14 святых мест, посвященных ингушским шейхам, и один мавзолей *Борга-каш* — один из самых ранних сохранившихся мусульманских памятников в Ингушетии, памятник истории и культуры федерального значения (находится под охраной государства).

Остальные з. И. появились в XIX в. и связаны с именами суфийских шейхов двух тарикатов: *накшбандийа* и *кадирийа*. С тарикатом *накшбандийа* ингуши впервые познакомились в XVIII в., под влиянием шейха *Мансура*, когда часть ингушей приняла ислам. *Мансур* придерживался тариката *накшбандийа*, и под его влиянием тарикат начал активно распространяться среди ингушей. В XIX в. тарикат начал расширять ареал влияния, прежде всего благодаря влиянию имама *Шамиля* и чеченского шейха *Арсанова Дени*.

Кадирийский тарикат на Сев.-Вост. Кавказе связывают с именем религиозного деятеля *Кунта-хаджжи Кишиева*. Когда во 2-й половине XIX в. на территории Ингушетии распространяется и это суфийское братство, начался завершающий этап исламизации ингушского народа.

Наиболее почитаемые з. И. связаны с именем шейха *Кунта-хаджи Кишиева*:

1) мечеть им. святого устаза *Кунта-хаджжи Кишиева* в ст. Слепцовская;

2) мечеть им. Мовсара-хаджжи Кишиева (старший брат *Кунта-хаджжи*) в ст. Слепцовская при клинической больнице;

3) мечеть им. святого устаза *Кунта-хаджжи* Кишиева в г. Назрань, пос. Крепость. Все три мечети были построены на средства мецената М. С. Мальсагова;

4) святой родник — Хьажий хьастустаза *Кунта-хаджжи* Кишиева (РИ, г. Назрань, пос. Крепость). Основан *Кунта-хаджжи* Кишиевым в 1847 г. во время первого посещения Ингушетии;

5) гора молитвы — Доун Гу, г. Назрань, пос. Крепость. На этой горе *Кунта-хаджжи* и сопровождавшие его мюриды провели первый на территории Ингушетии громкий зикр;

6) мемориальный памятник, из белого мрамора, открыт в честь 200-летия со дня рождения *Кунта-хаджжи* в 2000 г.

З. И., посвященные *Белхороеву Батал-хаджжи*:

1) Куж бага хи, между селениями Экажево и Яндырка, на месте, где шейх посадил дерево. На этом же участке были преданы земле одежда и предметы быта шейха *Кунта-хаджжи*, подаренные им своему ученику и последователю *Белхороеву Батал-хаджжи*. При посещении зийарата совершается ритуальный обход вокруг святого места и читается сура «Йа Син»;

2) мечеть им. *Белхороева Батал-хаджжи* находится рядом с кладбищем, где он похоронен. При посещении з. И. совершается ритуальный обход вокруг святого места и читается сура «Йа Син».

З. И., посвященные *Гарданову Хусейн-хаджжи*:

1) его мавзолей на родовом кладбище в с. Плиево Назрановского р-на РИ. Квадратное помещение с крытой крышей с позолоченным куполом, украшенное звездой и полумесяцем. Могила располагается внутри сооружения, по центру, и покрыта сверху черным бархатом;

2) мечеть им. *Гарданова Хусейн-хаджжи* в с. Плиево Назрановского р-на РИ. Собираются на молитву в основном его адепты из окрестных сел.

Зийарат Гаирбек-хаджжи Евлоева располагается на кладбище в с. Насыр-Корт Назрановского р-на РИ. Это квадратное строение, украшенное в четырех углах небольшими куполами со звездой и полумесяцем. Могила располагается внутри сооружения.

В с. Барсуки Назрановского р-на РИ на кладбище расположен зийарат *Ужахова Тешала-хаджжи*. Рядом с могилой построено прямоугольное помещение в виде навеса. Многие ингуши, прежде чем отправиться в паломничество к могиле матери *Кунта-хаджжи* Хеди, поднимаются к могиле *Ужахова Тешала-хаджжи*, делают ду'а и отправляются в Эртени. Зийарат Хеди находится в Веденском р-не Чечни в с. Хажи-Эвла на вершине горы Эртан-Корт. Большое количество верующих из Ингушетии и из-за рубежа отправляются туда в месяц рамадан, в дни мусульманских праздников, предварительно посетив могилу *Ужахова Тешала-хаджжи*.

Национальное мемориальное кладбище гIоазот кашмаш близ Алханчуртского канала в последние десятилетия также приобрело значение зийарата. На кладбище похоронены жертвы осетино-ингушского конфликта 1992 г. и установлены памятники без вести пропавшим. На территории мемориального комплекса открыта мечеть.

Лит.: Албогачиева М. С.-Г. Зийараты и культовые сооружения в Ингушетии // Казанское исламоведение. 2015. № 1. С. 149–160; Албогачиев Р. Ш. Святые места, связанные с именем святого устаза Киши-Хаджи // Шейх, устаз, овлия Кунта-хаджи Кишиев. Нальчик, 2012. С. 617–620; Бабич И. Л. Современное исламское движение в Кабардино-Балкарии // Исламское возрождение в современной Кабардино-Балкарии: перспективы и последствия. М., 2003. С. 130–147; Виноградов В. Б. Время, горы, люди. Грозный, 1980. С. 51–59; Виноградов В. Б. И слава пережила его (биография научного поиска) // Грозненский рабочий. 1966. 19 ноября; Гостиева Л. К., Сергеева Г. А. Погребальные обряды у мусульманских народов Сев. Кавказа и Дагестана // Сев. Кавказ: бытовые традиции в XX в. М., 1996. С 192–210; Гребенец Ф. С. Борга-каш // Терские ведомости. 1913. № 223, 224; Далгат Б. К. Первобытная религия чеченцев и ингушей. М., 2004 С. 240; Кодзоев Н. Д. Мавзолей Борга-Каш // ВАЦ Ингушетии. Вып. 2. Назрань, 2002. С. 74–80.

М. Албогачиева

«Зикры» И. У. Семенова — первый полный сборник религиозной поэзии карачаевского народного поэта *Семенова И. У.*

Издан в 2011 г. с одобрения президиума ДУМ *Карачаево-Черкесской Республики*. В него вошли около 80 произведений известного литератора и народного певца (джырчы). Составители сборника — дети автора: сын, народный поэт КЧР Азрет Семенов, дочь Зубайда (в браке — Элекуева). Тематика зикров — восхваления Аллаху и мольбы к Нему, благопожелания пророку Мухаммаду, напоминание о Судном дне, об обязанностях верующего, коранические эпизоды. Некоторые стихи посвящены религиозным авторитетам (шейху *Бухарскому 'Абдуллаху*, имаму *Шамилю*), собственным духовным поискам и переживаниям. В книгу включено и несколько переводов с др. языков (арабского, тюрки). Редактор — К.-М. Н. Тоторкулов.

Р. Хатуев

Зирихгеран (от перс. «бронники») — государственное образование с центром в с. Кубачи в горном Дагестане VI–XV вв. (в основном на территории современного Дахадаевского р-на РД).

З. образовался до арабского вторжения в Дагестан. Население З. исповедовало разные религии, включая зороастризм. Позже распространился ислам, но долгое время в З. проживали зороастрийцы и христиане. Путешественник XII в. ал-Гарнати отмечает, что в 1116 г. на язычников З. был совершен закончившийся неудачей «исламский поход». В результате походов на З. Бадр-шамхала с запада и шейха ал-Хасана из с. Шири с востока, жители с. Кубачи приняли ислам к 1306 г.

В З. существовал Совет выборных старейшин (Чине), в распоряжении которых была отборная постоянная дружина воинов-батирте, живших изолированно от остального населения. З., как экономически наиболее развитая и сильная политическая единица и как крупный центр ремесла, торговли и культуры, включал в себя близлежащие села — небольшие родовые поселки, такие как Анчибачи, Амузги, Сулевкент, Дацамаже, Дешиже, Муглила, Шири, Шабана-маши, которые культурно, этнически и в хозяйственно-экономическом отношении были тесно взаимосвязаны. Территория З. в период Средневековья славилась высококачественной обработкой металла, особенно изготовлением оружия, кольчуг, бронзовых котлов, светильников и др. Ал-Гарнати сообщал, что металлообработка была главным занятием жителей З., из-за которого они забросили земледелие. Также, по его сведениям, кроме жен и детей, к этой работе широко привлекались слуги и военнопленные рабы.

В XIII в. произошло вторжение монголо-татар, в XIII–XIV вв. — междоусобные войны между Джучидами и Хулагуидами, также затронувшие территорию З. В начале правления Ахситана II (1251–81) ширваншахи организовали безуспешный военный поход на территорию З. В середине XIV в. З. оказался под властью уцмийства, но в 1396 г. вновь получил самостоятельность. В начале XV в. Кайтагское уцмийство окончательно присоединило территорию З.

Лит.: Ашурбейли С. Государство Ширваншахов (VI–XVI вв.). Баку, 1983; История Дагестана с древнейших времен до наших дней. Т. 1. М., 2004.

А. Пачкалов

Золотая Орда (в аутентичных источниках «Улуг Улус» / «Өлуг улус» / «Великая держава», или Улус Джучи — по имени родоначальника правящей династии), — средневековая империя в Сев. Евразии. Также называлась «царством северных татар», «государством Дашт-и Кыпчак» — в арабских источниках, «Ордой», «царством татар» — в русских, «Тартарией» — в латинских. Название З. О. как обозначение этого государства берет начало в русской исторической литературе с конца XVI–XVII в. и происходит от тюрко-монгольского названия ставки хана. В исторической литературе термин «З. О.» утвердился в XIX в.

Сев.-зап. часть Монгольской империи, выделенная Чингисханом во владение старшему сыну Джучи и его потомкам, в конце 1260-х гг. стала самостоятельным ханством. Правящая династия — Джучиды, делилась на две ветви, управлявшие в двух частях Улуса: зап. частью, Ак-Ордой (Белой Ордой), владели потомки ханов Бату, Берке, Бувала (Мувала) и др.; вост. частью, Кок-Ордой (Синей Ордой), — потомки Орду-эджена, Тука-Тимура, Шейбани (Шибана) и пр. Старшей ветвью считались Джучиды Ак-Орды, а ханы Кок-Орды изначально занимали подчиненное положение. Только в ходе смуты 1360-х гг., когда все Джучиды запада погибли, власть в Улусе Джучи перешла к ханам Кок-Орды из рода Тука-Тимура. Престол Улуса могли занимать исключительно представители рода Джучи, поэтому даже влиятельные улуг-карачи-беки (главы правительства — «дивана») и беклярбеки (правители областей), такие как Мамай и Идегей, всегда управляли формально от имени подставных ханов-марионеток из числа потомков Джучи.

Ханам З. О. в XIV в. была подвластна огромная территория, простиравшаяся от р. Дунай на западе до р. Иртыш на востоке, от г. Дербента и Хорезма на юге до Прикамья и среднего течения р. Оби на севере. На основании рассказов побывавших в Улусе Джучи купцов и дипломатов довольно точно территорию З. О. описал арабский историк и географ 1-й половины XIV в. ал-'Омари: «Границы этого государства со стороны Джейхуна (Амударьи) — Хорезм, Сыганак, Сайрам, Яркенд, Дженд, Сарай, г. *Маджар*, *Азак*, Акча-Кермен, *Кафа*, Судак, Саксин, Укек, *Булгар*, области Сибир, Ибир, Башкырд и Чулыман...»

На юге Крым и весь Сев. Кавказ и входили в Улус Джучи. Южные границы государства были ограничены Большим Кавказским хребтом, на Сев. Кавказе в XIV в. возникли крупные города, такие как *Маджар* на территории г. Буденновска Ставропольского края, Джулат (городище *Нижний Джулат*) в Кабардино-Балкарии, а завоеванный г. Дедяков (городище Верх. Джулат), расположенный на территории Осетии, был восстановлен и стал одним из мегаполисов З. О. На границе с владениями Хулагуидов стоял г. Дербент (*Баб ал-абваб*), который был воротами З. О. на Юж. Кавказ. Территория современного Азербайджана была спорной между государством Ильханов (Хулагуидов) и З. О. (Джучидами).

Золотая Орда

Сердцем Улуса Джучи было Ниж. Поволжье. Здесь находились крупнейшие мегаполисы Улуса Джучи — столичные города Сарай ал-Махрус (Сарай Богохранимый, Сарай-Бату — Селитренное городище в Астраханской обл.), Сарай ал-джадид (Нов. Сарай, Сарай Берке — Царевское городище в Волгоградской обл.), а также др. крупные города: Хаджитархан (близ современного г. Астрахани), Бельджамен (Водяное городище в Волгоградской обл.), Укек (в черте современного г. Саратова и Сарайчик (севернее г. Атырау (Гурьев) в Казахстане). Вместе с множеством окружавших их городков и сельских поселений они образовывали в степях огромный густонаселенный земледельческий оазис, тянувшийся по обеим берегам ниж. течения р. Волга и Урал. Это был политический, экономический и культурный центр империи, место, где шло накопление величайших материальных и людских ресурсов и уже в кон. XIII в. произошел небывалый, стремительный рост городов и расцвета городской культуры. Во многих города З. О. существовали крупные торгово-ремесленные общины евреев, армян, греков, славян и итальянцев. Итальянские города республики имели свои торговые колонии в Сев. Причерноморье (например, генуэзская в *Кафе*, венецианская в *Азаке*), функционирование которых регламентировалось договорами с золотоордынскими правителями).

На Средней Волге и Нижней Каме находились земли бывшей Волжской Булгарии. Эта была одна из самых развитых областей Орды с несколькими крупными городами (Кашан, Керменчук, Джукетау, Биляр, Казань), а также десятками мелких городков и сотнями сел. Самым крупным и известным был г. Булгар, возникший в X в.

Власть ханов в ряде вассальных владений (Русь, Булгария) устанавливается и упорядочивается во 2-й половине XIII в.; они напрямую подчинялись великому хану всей Монгольской империи, хотя фактически управлялись ханами Улуса Джучи. В 1257–59 гг. в целях укрепления ханского владычества на Руси и других завоеванных землях была произведена перепись подвластного населения, введено единое подворное налогообложение и установлено выполнение различных повинностей (ямской, воинской и т. д.), учрежден ин-т баскачества (сборщики дани на зависимых и вассальных территориях). Все эти мероприятия усилили Улус Джучи, позволив его правителям в конце 50-х гг. XIII в. добиться фактически полной независимости от великого хана, что выразилось в появлении на монетах изображения хана Берке (1257–66) — «великой тамги» рода Джучи.

В рамках этого государства формируется единая адм., правовая и финансовая система, развивается городское строительство и ремесла, активизируется внутренний обмен и международная торговля, складывается уникальная золотоордынская городская культура. Именно в городах, в условиях смешения разноэтнического населения происходит становление и утверждение норм единого разговорного и литературного языка (поволжского тюрки), постепенно вытесняющего монгольский даже из официального протокола и делопроизводства, развивается письменность и литература, продолжающие булгарские и среднеазиатские традиции. На поволжском тюрки созданы такие литературные произведения, как «Гюлистан би-т-тюрки» Сейфа Сараи, «Мухаббат-наме» Хорезми, «Хосров и Ширин» Кутба, «Нахдж ал-фарадис» Махмуда ас-Сараи ал-Булгари и др. Язык, называемый в источниках татарским, функционировал не только среди татар Вост. Европы, но и народов Сев. Кавказа в качестве литературного языка до середины XIX в.

Консолидации населения Улуса Джучи сильно способствовало распространение ислама, получившего в 1321 г. статус государственной религии. Благодаря развитой системе мектебов и медресе население Улуса Джучи обучалось грамоте и основным канонам религии. При медресе функционировали библиотеки и школы каллиграфов. О грамотности и культуре населения свидетельствуют отдельные предметы с надписями, эпиграфические надписи на надгробиях. Существовала официальная государственная историография, сохранившаяся в сочинениях типа «Чингиз-наме» и продолжений «Джами' ат-таварих» Рашид ад-дина, в отдельных генеалогиях правителей и фольклорной традиции. Высокого уровня развития достигли строительное дело и архитектура. Во время раскопок городов Улуса Джучи были обнаружены остатки кирпичных и белокаменных зданий, открыты остатки как общественных зданий — мечетей, медресе, квартальных бань, так и кирпичных частных домов, а также погребальных сооружений — мавзолеев (мазаров) и сагана. Некоторые здания носят влияние сельджукской архитектурной школы. Характерной чертой культуры Улуса Джучи в Поволжье явилась традиция установления на могилах белокаменных плит с эпитафийными надписями, украшенными резным орнаментом. Развивалась музыка, декоративно-прикладное искусство, устное народное творчество.

Социальная организация знати в З. О. имела иерархическую систему, связанную с правами на землевладение (или взимания определенного налога), как условное (суйюргал), за которое владелец обязан был служить своему сюзерену, так и безусловное (тархан) — освобождение от повинности (всех или части) в пользу хана. Высший слой знати составляли карачи беки и улусбеки, сыновья и ближайшие родственники хана — огланы или султаны, далее шли эмиры, беки, а слой рыцарства составляли багатуры (батыры) и казаки. Административно-фискальную власть на местах осуществляли чиновники — даруги. Территория страны была связана единой транспортной системой — ямской службой, состоявшей из ямов (станций), где гонцы и др. официальные лица могли отдохнуть, получить еду и сменить лошадей. Существование этой службы ускоряло распространение распоряжений центр. власти во все концы государства, внося единообразие и упорядоченность в управление.

Основная масса населения состояла из податного сословия, платившего налоги государству или феодалу. Основным налогом был йасак (йасак-калан); кроме того, существовали др. виды поземельных и подоходных налогов и пошлин (салыг муссама, тамга-тартнак, харадж и др.), а также различные повинности, такие как поставки провианта в войска и властям (анбар-малы, улуфа-сусун и пр.), ямская (илчи-кунак) и др. Кроме того, существовали налоги на мусульман (ушр и закят) в пользу духовенства, а также ряд даней и налогов на покоренные народы и немусульманское население Улуса Джучи. Всего число налогов и повинностей доходило до 16; их сбором ведали свыше 10 категорий чиновников. Население зависимых областей также платило налоги и пошлины в пользу хана (на Руси — ордынский выход, или харадж) и своих феодалов, а также выполняло некоторые повинности (например, воинскую, ямскую).

Войско Улуса Джучи состояло из личных отрядов знати (в том числе хана), войсковых формирований и ополчений различных улусов и городов, а также войск союзников, достигая общей численности до 250 тыс. воинов. Костяком армии была знать, которая составляла кадры военачальников и профессиональных воинов, главным образом тяжеловооруженных кавалеристов (общая численность их доходила до 50 тыс.). Вспомогательную роль в бою играла также пехота. При обороне укреплений применялось огнестрельное оружие. Основой тактики полевого боя являлось массированное применение тяжеловооруженной конницы, атаки которой чередовались с действиями конных лучников, изматывавших и поражавших противника на расстоянии. Применялись стратегические и оперативные маневры, охваты, фланговые удары и засады. Войско было неприхотливо, так как воины должны были снабжать себя сами. Благодаря этому войско татар было маневренным, быстрым и могло совершать длинные переходы, не теряя боеспособности.

Время наивысшего расцвета Улуса Джучи — период правления хана *Узбека*, который отмечается культурным подъемом и широким городским строительством, небывалым расцветом разнообразных ремесел и караванной торговли. Торговые пути стали не только безопасными, но и благоустроенными, связав Орду со странами Зап. Европы, Малой Азии, с Египтом, Индией, Китаем.

Однако этот золотой период Улуса Джучи продлился недолго. Уже при сыне хана *Узбека — Джанибеке* (не позднее 1357 г.) в улусе Шибана (Кок-Орде) был провозглашен собственный хан Минг-Тимур. А с момента убийства в 1359 г. хана Бердибека, сына *Джанибека*, начинается так называемая Великая замятня — время политической нестабильности, когда к власти в Сарае или отдельных улусах З. О. приходят самые разные претенденты на престол из числа вост. Джучидов. Так, в коротком промежутке с 1359 по 1380 г. в Улусе Джучи сменилось около 25 ханов. Некоторые из них приходили к власти не по одному разу. Иногда два и более правителя царствовали одновременно. Воспользовавшись неустойчивостью центр. власти, ряд областей вслед за улусом Шибана на какое-то время отделяются от З. О.

В 1380 г., после Куликовской битвы, хан Кок-Орды *Тохтамыш* сумел ненадолго восстановить Улус Джучи в прежних границах. Но после поражения *Тохтымыша*, нанесенного эмиром Мавераннахра Тимуром (Тамерланом) в битве на р. Кундурче (севернее Самары) в 1391 г. и в сражении на р. Терек в 1395 г., а также последовавшего разорения столичных городов Ниж. Поволжья и зап. улусов З. О., государство более не оправилось.

К середине XV в. процесс распада Улуса Джучи приобрел необратимый характер. Из его состава одновременно вышли независимые Казанское ханство (в 1438—45 гг.), *Крымское ханство* (в 1441 г.), Астраханское (в 1459—60-х гг.), Тюменское (в 1468 г., с 1495 г. именуется Сибирским) ханства, Ногайская Орда (в 1440-х гг.) и ряд меньших улусов и княжеств. Последним остатком З. О. была *Большая Орда*. Ханы *Большой Орды* номинально считались верховными правителями в пределах всех татарских государств бывшего Улуса Джучи, что не мешало правителям этих государств вести против *Большой Орды* постоянные войны. В 1480 г. хан *Большой Орды* Ахмат предпринял попытку восстановить власть над Русским, но потерпел неудачу и вскоре был убит отрядом *ногайцев* и сибирских татар. В 1502 г. *Большая Орда* пала под ударами *Крымского ханства*, и ханы крымской династии Гиреев стали считать, что достоинство верховных правителей Улуса Джучи перешло к ним. Заволжские владения *Большой Орды* достались *ногайцам*, а земли между Доном и Волгой ненадолго отошли к Крыму.

Независимые татарские гос-ва Вост. Европы и Зап. Сибири просуществовали немногим более ста лет — до 2-й пол. XVI в. Казанское ханство прекратило существование в 1552 г., когда царь Иван IV после долгой осады захватил Казань; в 1556 г. было присоединено Астраханское ханство. С 1582 по 1598 г. оборонялся последний правитель Сибирского ханства из дома Джучи — хан Кучум. Ногайская Орда, ослабленная внутренними противоречиями и враждебным окружением, в 1600 г. отдалась под покровительство царя. В 1634 г. *ногайцы*, не выдержав постоянных нападений калмыков, откочевали на правый берег р. Волги и окончательно перешли в русское подданство. В 1681 г. царским указом было упразднено Касимовское ханство («царство») — вассал Москвы с момента своего возникновения в 1452 г. До 1783 г. просуществовало *Крымское ханство*.

В татарских ханствах сохранялись традиционные ин-ты З. О.: основные правящие роды (Аргын, Барын, Кыпчак, Ширин, Мангыт), ханский диван, административно-территориальное деление (улусы, даруги и т. д.), сословное деление на эмиров, беков, мурз, уланов и «черных людей» («кара халык») и пр. В рамках этих государств, с одной стороны, существовала общая для наследников Улуса Джучи традиционная тюрко-мусульманская культура, с другой — формировались особенности основных этнографических групп татар: казанских, астраханских, сибирских, татар-мишарей, а также крымских татар и *ногайцев*.

Лит.: Барбаро и Контарини о России / пер. и коммент. Е. И. Скржинской. Л., 1971; Гарустович Г. Н., Овсянников В. В., Русланов Е. В. Городище Уфа-II в золотоордынский период // Oriental Studies. 2018. Т. 11. № 4; Греков Б. Д., Якубовский А. Ю. Золотая Орда и ее падение. М.—Л., 1950; Егоров В. Л. Историческая география Золотой Орды в XIII–XIV вв. М., 1985; Исхаков Д. М., Измайлов И. Л. Образование Золотой Орды и формирование средневекового татарского этноса (XIII — середина XV в.) // Татары. М., 2001; Книга Марко Поло. Алма-Ата, 1990; Крамаровский М. Г. Золото Чингисидов: культурное наследие Золотой Орды. СПб., 2001; Маськов Е. П. Политическая история Золотой Орды (1236–1313 гг.). Волгоград, 2003; Мухамадиев А. Г. Булгаро-татарская монетная система XII–XV вв. М., 1983; Насонов А. Н. Монголы и Русь (история татарской политики на Руси). М.—Л., 1940; Полное собрание русских летописей (переизд.). Т. 1–5, 15, 18. М., 1965 (1999–2003); Полубояринова М. Д. Русские люди в Золотой Орде. М., 1978; Путешествия в вост. страны Плано Карпини и Рубрука. М., 1957; Рашид ад-дин. Сб. летописей. Т. 1–3. М.—Л., 1952–60; Сафаргалиев М. Г. Распад Золотой Орды. Саранск, 1960; Смирнов А. П. Волжские булгары. М., 1951; Тизенгаузен В. Г. Сб. материалов, относящихся к истории Золотой Орды. Т. I. СПб., 1884; Т. II. М.—Л., 1941; Трепавлов В. В. Государственный строй Монгольской империи XIII в. Проблема исторической преемственности. М., 1993; Усманов М. А. Жалованные акты Джучиева Улуса XIV–XVI вв. Казань, 1979; Утемиш-хаджи. Чингиз-наме / пер. и исслед. В. П. Юдина. Алма-Ата, 1992; Фахретдин Р. Ханы Золотой Орды. Казань, 1996; Фахрутдинов Р. Г. Очерки по истории Волжской Булгарии. М., 1984; Федоров-Давыдов Г. А. Золотоордынские города Поволжья. М., 1994; Он же. Искусство кочевников и Золотой Орды. М., 1976; Он же. Кочевники Вост. Европы под властью золотоордынских ханов. М., 1966;

Он же. Общественный строй Золотой Орды. М., 1973; Халиков А. Х. Монголы, татары, Золотая Орда и Булгария. Казань, 1994; Юсупов Г. В. Введение в булгаро-татарскую эпиграфику. М.–Л., 1960.

И. Каримов, А. Х.

Золотоордынские памятники Ставрополья — мусульманские городища и мавзолеи XIII–XIV вв. В золотоордынский период возникли населенные пункты, самым крупным из которых был г. *Маджар*. Археологические исследования проводились в основном на Маджарском городище (с XVII в.). Эпоху Средневековья на Ставрополье в разное время исследовали Г. Н. Прозрителев, *Т. М. Минаева, Э. В. Ртвеладзе*, А. П. Рунич, В. А. Бабенко и др.

За исключением Маджарского городища и его окрестностей, З. п. С. остаются в целом малоизученными, ряд материалов еще не введен в научный оборот. За пределами Маджарского городища известны находки монет у с. Новогригорьевское, Северное, Грушевское, Рагули, Золотаревка, Сандаповское, Темнолесское и др. Мавзолеи были выявлены у с. Совруно, Золотаревка, Бургун-Маджары, Маслова Кута, в районе Пятигорья, курганные могильники исследовались у с. Айгурский и Золотаревка и др. По данным Г. Н. Прозрителева, золотоордынские кирпичи находили в могильниках у с. Падинка, Берестовка, (ныне Благодатное), Башанта, в окрестностях г. Ставрополя. Имеются данные о находках золотоордынской керамики на территории Первого Татарского и Мамайского городищ под г. Ставрополем. В окрестностях о. Довсун в Арзгирском р-не были изучены половецкие погребения и половецкое святилище, которое могло функционировать и в золотоордынское время.

В письменных источниках XVIII–XIX вв. фиксируется Маджарский тракт, проходивший от г. *Маджара* на возвышенность Ергени и далее в Ниж. Поволжье. Золотоордынские названия населенных пунктов (за исключением *Маджара*) не известны. Высказывалось предположение, что надпись Bachanti, обозначенная на Каталонском атласе 1375 г., соответствует балке и с. Башанта на территории к северу от р. Кумы, где в начале XX в. находили золотоордынские кирпичи. Существует также гипотеза, что область Чутур-Казак («область палаточных казаков»), названная Али Йезди среди разоренных Тимуром областей Сев. Кавказа, соответствует Ставропольской возвышенности.

Археологические материалы исследований З. п. С. хранятся в основном в Ставропольском краеведческом музее.

Лит.: Бабенко В. А. Памятники золотоордынского времени на территории Ставропольской возвышенности // Материалы по изучению историко-культурного наследия Сев. Кавказа. М., 2001. Вып. II. Археология, антропология, палеоклиматология; *Минаева Т. М.* Очерки по археологии Ставрополья. Ставрополь, 1965; *Прозрителев Г. Н.* Маджары. Один из древнейших городов Сев. Кавказа. Ставрополь, 1906; *Ртвеладзе Э. В.* Два мавзолея золотоордынского времени в районе Пятигорья // Советская археология. М., 1969. № 4.

А. Пачкалов

1957; *Тизенгаузен В. Г.* Сб. материалов, относящихся к истории Золотой Орды. СПб., 1884; *Тимофеев И.* Ибн Баттута. М., 1983; *Хенниг Р.* Неведомые земли. Т. III. М., 1962; Hrbek I. The Chronology of Ibn Battuta`s Travels // Archiv Orientalni. Praha, 1962. XXX. № 3; The Travels of Ibn Battuta A. D. 1325–1354 / ed. by H. A. Gibb. Cambridge, 1958–62. Vol. 1–2.

А. В. Пачкалов

И

Ибн Баттута, Абу 'Абдаллах Мухаммад б. 'Абдаллах ал-Лавати ат-Танджи (1304–77) — знаменитый арабский путешественник. Родом из г. Танжера (Марокко). В 1325–49 гг. путешествовал (в том числе в одиночку) по Ближнему и Среднему Востоку, Юж. и Вост. Азии (Аравия, Египет, Иран, Малая Азия, Причерноморье, Кавказ, Поволжье, Средняя Азия, Афганистан, Индия, Индонезия, Китай и др.). Записки И. Б. о его путешествиях были записаны секретарем марокканского султана Абу Инана («Подарок наблюдателям по части стран и чудес путешествий») и имели широкое хождение на Востоке с XIV в. И. Б. в ряде случаев представил первое подробное описание регионов, которые он посетил. Записки И. Б. до настоящего времени полностью не переведены на русский язык.

Важным для изучения отечественной истории является раздел, посвященный пребыванию И. Б. в *Золотой Орде* в 1332/33 г. (или в 1334/35 г.): в Крыму и Сев. Причерноморье, на Сев. Кавказе, в Поволжье и Хорезме. В них представлены сведения по исторической географии *Золотой Орды*, описание г. Сарая и двора хана Узбека, заметки о культурной, бытовой жизни и торговле населения Улуса Джучи и др.

Материалы, относящиеся к истории *Золотой Орды*, были переведены на русский язык В. Г. Тизенгаузеном в XIX в. Несмотря на огромную ценность этого источника, исследователями неоднократно было отмечено, что достоверность некоторых сведений И. Б. (хронология, описание отдельных земель и др.), в том числе посвященных пребыванию в *Золотой Орде*, вызывает сомнения (возможно, что в некоторых случаях для составления записок использовались более ранние письменные источники).

По мнению исследователя истории географических открытий Р. Хеннига, «И. Б., несомненно, должен быть признан величайшим из всех путешественников, которых знали Древний мир и Средневековье».

Лит.: Ибрагимов Н. Ибн Баттута и его путешествия по Средней Азии. М., 1988; *Крачковский И. Ю.* Арабская географическая литература // Сочинения. Т. IV. М.–Л.,

Имамат — военно-теократическое мусульманское государство, возникшее в ходе *Кавказской войны* на территории Сев.-Зап. Дагестана и Юж. Чечни, существовавшее в 1830–59 гг. Территория И. постоянно менялась, но с 1843 г. уже не увеличивалась. Первые попытки создания И. относят к событиям начала 1830-х гг. — периоду активной повстанческой военно-религиозной деятельности первого имама Дагестана *Газимухаммада* (1794–1832). Формирование И. завершилось в середине 1830-х гг. при третьем имаме Дагестана и Чечни *Шамиле* (1798–1871). В 1836 г. имам *Шамиль* в переписке с представителями кавказского командования в Дагестане называл себя правителем государства, обозначал его границы. Историограф *ал-Карахи Мухаммадтахир* называл И. «халифатом *Шамиля*»; по официальным русским источникам, в 1841 г. И. впервые определен как «род независимого теократического владения». Во главе государства И. стоял имам *Шамиль*, который официально принял титул халифа (амир алмуминин, араб. «повелитель правоверных»). И. представлял собой конфедерацию союзов общин, объединившихся под властью имама: вольные общества превратились в вилайяты или наибства. Верховная исполнительная, законодательная и судебная власть в И. сосредоточивалась в руках имама; в 1842 г. образован совет при имаме диван (диванхана). В И. по важным государственным вопросам, обычно связанным с предстоящими военными действиями, имам созывал совещания наибов и 'алимов. Основные статьи доходов, поступавших в казну И., составляли: закят — десятая часть доходов всего населения И. (вносился деньгами, хлебом или скотом); харадж — подать с горных пастбищ и селений; хумс — пятая часть военной добычи (имущества, пленных или вырученных за них денег); штрафные деньги, а также конфискованное имущество вероотступников — муртадов. Вероотступниками в И. объявлялись те мусульмане, которые не совершили хиджру на территорию И. или покидали ее; по отношению к ним допускалось насилие, в том числе и насильственное отчуждение имущества. Наибы являлись военно-адм. опорой власти (их число в различные периоды колебалось — от 4 в 1840 г. до 33 в 1856 г.). В обязанности наибов входили организация и вооружение военных отрядов, охрана границ наибства, возведение укреплений, сбор налогов, приведение в исполнение шариатских приговоров. Для контроля деятельности наибов некоторое время существовали должности мудиров, им подчинялись округа из нескольких наибств. За их деятельностью наибов и мудиров следили мухтасибы, тайные информаторы имама. Идейной и политической основой И. являлся шариат. Общественные и организационные вопросы в И. решались на основе «*Низама*» — свода различных инструкций и постановлений, утвержденных в 1842–47 гг. С начала 1850-х гг. положение И. стало ухудшаться в связи с истощением всех его ресурсов, прежде всего людских, вызванных экономической и военной блокадой, назревшим кризисом власти. После пленения *Шамиля* в 1859 г. И. прекратил свое существование, его территория вошла в состав образованных Дагестанской и Терской обл. Российской империи.

Источники: 'Абдурахман из Газикумуха. Книга воспоминаний / Китаб тазкират саййид 'Абд ар-Рахман б. устаз шайх ат-тарика Джамал ад-дин ал-Хусайни фи байан ахвал ахали Дагистан ва Чаган аллафа-ху ва катаба-ху фи Туплис фи санат 1285. Махачкала, 1997; Гаджи-Али. Сказание очевидца о Шамиле / сост., вступ. ст., коммент. и общ. ред. В. Г. Гаджиева. Махачкала: Ин-т ИАЭ, ИЯЛИ, 1995; Мусульманское право и обычай в российском Дагестане: источники и исследования: хрестоматия / сост. В. О. Бобровников, М. Г. Шехмагомедов, Ш. Ш. Шихалиев. СПб., 2017; Мухаммед-Тахир аль-Карахи. Блеск дагестанских сабель в некоторых шамилевских битвах. Ч. I. Махачкала, 1990; Шарафутдинова Р. Ш. Еще один «Низам» Шамиля // Письменные памятники Востока: ист.-филол. исследования. М., 1982.

Лит.: Кемпер М. Шариатский дискурс имамата в Дагестане 1-й половины XIX в. // Дагестан и мусульманский Восток. М., 2010; Покровский Н. И. Кавказские войны и Имамат Шамиля. М., 2000; Сев. Кавказ в составе Российской империи. М., 2007; Тахнаева П. И. Гуниб, август, 1859. «Последние дни джихада в Дагестане...» М., 2018.

П. Тахнаева

Ильясов, Каим Хаджжи (ум. 1925) — суфийский шейх Нагорной Чечни, министр эмира Узуна-Хаджжи, сторонник *Митаева 'Али*, *Гоцинского Нажмутдина*. В сентябре 1925 г. арестован ОГПУ, расстрелян.

Лит.: Доного Х. М. Нажмутдин Гоцинский. Махачкала, 2011.

Х. М. Доного

Ал-Ингиши, Абубакр (иначе Абубакар, Булач-хан ад-Дагистани, ок. 1837 — ок. 1901) — мусульманский религиозный деятель, шейх накшбандийского тариката.

Впервые упоминается в источниках в связи с *Восстанием Всеобщим 1877 г.* За участие в восстании житель с. Мехельта (ныне Гумбетовского р-н РД), 40-летний «Булач Хан Хаджжи Улуби вас» (Булач-хан, сын Хаджжи-Улубия), был выслан вместе с семьей (жена и трое детей) 26.06.1877 г. за пределы Дагестанской обл. Ссылку они отбывали в г. Тихвине Новгородской губ. Ал-И. А. получил возможность вернуться на родину после всеобщей амнистии по Манифесту 15.05.1883 г. По возвращении на родину ал-И. А. прибыл в с. Ингиши (ныне Гумбетовский р-н РД), где он в свое время учился в медресе.

Вскоре после возвращения ал-И. А. отправился в хаджж, из которого вернулся с новым именем Абубакр, которое по местной традиции произносится как Абубакар. В посемейных списках с. Ингиши 1886 г. ал-И. А. известен уже как «Абубакар Уллуби-оглы». Вероятно, находясь в хаджже, он получил иджазу на наставничество в накшбандийском тарикате от шейха ал-Убуди Мухаммада, сохранившуюся у потомка шейха ал-И. А. Пахрудина Пахрудинова (род. 1949) в с. Ингиши.

Тем не менее право ал-И. А. быть суфийским наставником оспаривалось шейхами его же ветви *накшбандийа*-халидийа, несмотря на наличие у него иджазы. Более того, суфийские шейхи ветви *накшбандийа*-махмудийа подвергали сомнению правомочность иджазы наставника ал-И. А. *ал-Убуди Мухаммада*. Но ал-И. А. продолжал наставлять мюридов тариката в течение всей жизни, имел множество учеников. После смерти шейха (вероятно, в 1901 г.) его сыновья создали в его доме медресе с богатой библиотекой, которая частично сохранилась до наших дней.

Лит.: Кемпер М. К вопросу о суфийской основе джихада в Дагестане // Подвижники ислама. Культ святых и суфизм в Средней Азии и на Кавказе. М., 2003. С. 286; Мусаев М., Тахнаева П. Опыт исследования биографий суфийских шейхов (на примере Абу-Бакра (Булач-хана) ал-Ингиши) // Вестник Майкопского технологического университета. Майкоп, 2011; Переписка по выселению из Дагестанской области во внутренние губернии России под надзор полиции и в Сибирь навсегда жителей той же области, виновных в бунте, произошедшем в Дагестане в 1877 г., во время войны с Турцией (23 мая 1877– 6 сентября 1880 г.) // ЦИА Грузии. Ф. 545. Оп. 1. Д. 1473. Л. 641–642; Сайгидинов Ш. Дир Аръвани — тарих, гIадамал, гIумру, кьисмат. Махачкала, 2010. ГЬ. 86–87 (на авар. яз.); Тахнаева П. И. Арвани. Мир ушедших столетий. М., 2012. С. 259–260.

М. Мусаев, П. Тахнаева

Ингушское адатно-шариатское правосудие — альтернативная негосударственная правовая система, действующая на локальном и республиканском уровнях, основанная на сочетании обычного ('адат) и мусульманского (шари'ат) права и являющаяся неотъемлемой частью жизни ингушского общества на современном этапе. Многие положения этих источников права играют важную регулятивную роль в отношениях между ингушами. Правовые обычаи применялись ингушами до полной исламизации в XIX в., позже стали использоваться некоторые нормы мусульманского права. Официально шариатский суд был сформирован в РИ только в мае 1999 г.

Современный шариатский суд в РИ рассматривает бракоразводные иски (никах, талак и пр.), раздел наследства (ал-фара'ид), земельные споры, причинение материального и физического ущерба, «дела частного обвинения» (клевета, оскорбление и т. п.), а также вопросы кровной мести и др. При рассмотрении дел судьи могут применять как нормы мусульманского права, так и местные 'адаты (ингуш. маслахIат, от араб. маслаха).

Решения современного И. а.-ш. п. в Ингушетии не имеют юридической силы. Его можно рассматривать как орган досудебного расследования, в котором главную роль играет принцип добровольности. Однако при вынесении решения четко оговариваются сроки исполнения наказания. Решение шариатского суда стараются контролировать адатные старейшины населенного пункта, где проживает виновный. Если в указанный срок не последует выполнения решения, вынесенного шариатским судом, то, учитывая сложившиеся обстоятельства, ответчику может быть продлен срок исполнения наказания. Если человек игнорирует вынесенное решение, в действительности не имея возможность исполнить приговор, его предают остракизму. Эта норма обычного права применяется в качестве санкции для более быстрого исполнения решения И. а.-ш. п. Такой человек отвергается местным обществом: только самые близкие родственники поддерживают его.

Исторически сложилось, что основными формами заключения браков у ингушей являются сватовство и «брак уводом». В большей степени было развито первое, предполагавшее соблюдение всех необходимых свадебных обрядов. Такие браки заключались по обоюдному согласию молодых и воле их родителей, с соблюдением традиционных норм обычного права и шариата. «Брак уводом» (как это чаще называют на Кавказе, похищение невесты) практиковался при отсутствии согласия со стороны невесты или ее родственников. В современном ингушском обществе присутствуют обе формы заключения брака, однако некоторые аспекты данных правовых обычаев изменились, в частности, размер калыма, процедура свадебной процессии.

Несмотря на то что похищение невесты как один из ин-тов обычного права ингушей

противоречит основам шариата, он оказался жизнеспособным. В 2014 г. был принят закон, запрещающий мусульманскому духовенству оформлять подобные браки, а нарушители должны выплачивать штраф 200 тыс. руб. в пользу жителей населенного пункта, в котором живет похититель. Эта мера оказалась очень действенной, и на некоторое время умыкание невест прекратилось. Большая часть ингушского общества его не одобряла, но он практиковался и в силу низкого социально-экономического уровня развития региона. Молодые люди, вставшие перед выбором спутницы жизни, вынуждены собирать огромные суммы денег для выплаты калыма. При наличии материальных трудностей многие прибегали к умыканию невесты. Бывали случаи, когда сами родители вынуждены были давать согласие на это, чтобы избежать предстоящих материальных затрат, связанных с женитьбой. В прежние времена калым как ин-т обычного права выполнял функцию выкупа за невесту и предназначался ее родителям. Теперь калым не предусматривает доли для родителей и весь используется на покупку приданого для невесты, сливаясь с шариатской практикой махра как предбрачного дара невесте. В настоящее время калым выплачивается сразу после согласия родителей невесты и жениха на брак. Сумма калыма и до революции, и после нее постоянно изменялась, а в последние годы эти изменения происходят под влиянием Муфтията Ингушетии, который стремится регулировать жизнь общества с учетом социально-экономических изменений.

В ингушском обществе полигамия — исторически сложившее явление еще в период бытования ин-тов обычного права, до принятия ингушами ислама. Официальную легализацию многоженство получило 19.07.1999 г. указом президента Республики Ингушетия Р. С. Аушева «О некоторых вопросах государственной регистрации заключения браков» в РИ гражданам мужского пола было разрешено вступать в брак с лицами женского пола, не состоящими в браке, до четырех раз. Р. С. Аушев приостановил применение на территории республики статей действовавшего в то время Уголовного кодекса РФ (редакция 1960 г.) относительно ответственности за многоженство и предоставление выкупа за невесту, ссылаясь при этом на местные традиции и демографические проблемы. Подчеркнем, что в этом стремлении Р. С. Аушева смешались нормы 'адата (предоставление родственникам с женской стороны выкупа за невесту) и шариата (разрешение мусульманину иметь до 4 жен).

Р. С. Аушев планировал впоследствии внести в Государственную Думу РФ в качестве законодательной инициативы проект федерального закона о внесении дополнения в статью 14 Семейного кодекса РФ, исходя из положений принятого указа. Министерство юстиции РФ не только не одобрило данный шаг президента РИ, но и признала данный указ противоречащим основами российского законодательства. Между тем в самой РИ со времени издания указа официально было зарегистрировано множество подобных браков.

В этот период в РИ находилось большое количество беженцев из Чечни и Сев. Осетии. Переизбыток женщин привел к тому, что родители были готовы отдавать своих дочерей замуж даже без уплаты брачного выкупа. На этой волне многие мужчины обзавелись несколькими женами. Зачастую это приводило к протесту со стороны «первых» жен и разводам по их инициативе.

Спустя пять с половиной лет, 16.02.2006 г., Законом Республики Ингушетия № 11-РЗ этот указ был отменен в связи полным противоречием Семейному кодексу РФ. При этом за период действия указа в РИ успели оформить многие полигамные браки. В результате возникающие спорные вопросы, связанные с бракоразводными процессами такого характера, решаются исключительно в созданном в те же годы шариатском суде. Дело в том, что многие ингушки, вступая в полигамный брак, не имели ни малейшего представления о том, что по законам РФ они совершают неправомерное действие. В целом общественное мнение в Ингушетии негативно настроено к многоженству.

Важную регулятивную функцию И. а.-ш. п. выполняет в вопросах кровной мести. Наряду с имамами, первой судебной инстанцией были и созданные в 1990-е гг. примирительные комиссии, которые, как правило, возглавляют: старшина мюридов (тхамада), его помощник — исполнитель (турк) и авторитетные члены сельского общества, владеющие нормами мусульманского и обычного права, которые, не доводя дела до шариатского разбирательства (или российского) суда, сами решают спорные и сложные вопросы.

Примирительные комиссии рассматривают дела, связанные с вопросами кровной вражды. Для рассмотрения наиболее сложных вопросов члены примирительной комиссии объединяются вместе с членами сельских советов старейшин. Если их знаний и возможностей недостаточно для урегулирования конфликта, они передают дело на рассмотрение в гражданский или шариатский суд. Для того чтобы дело было рассмотрено в примирительной комиссии, требуется добровольное обращение хотя бы одной из конфликтующих сторон. Выслушав жалобу, члены комиссии стараются найти компромиссные решения, которые удовлетворили бы обе стороны. Для того чтобы стороны согласились на примирение, члены комиссии прибегают к различным формам мотивации: взывают к уважению к старшим и старейшинам, а также к любви к Аллаху. Люди часто мирятся «ради Аллаху». Это главная мотивация в «успешных» примирениях. Если примирительной комиссии удается разрешить конфликт, то на заключительной стадии процедуры конфликтующие стороны должны в знак примирения подать друг другу руки и поклясться, что по данной проблеме между ними в будущем не возникнет претензий. Как правило, данное слово не нарушается, потому что авторитет лиц старшего возраста и цена данного слова еще очень высоки.

При урегулировании сложных конфликтов, когда в первичном конфликте произошло умышленное убийство, примирители назначают выплату компенсации, размеры которой диктуются потерпевшей стороной. Добиться примирения враждующих семей иногда очень сложно. До примирения кровная месть может длиться годами, иногда переходя из поколения в поколение.

У ингушей сохраняется и «этикет кровников», который диктуется И. а.-ш. п.; например, виновный не имеет права посещать мечеть, в котором родственники убитого совершают намаз, ходить на свадьбы и похороны к общим родственникам, женщины из семьи виновного и потерпевшего не носят светлые одежды и при встрече не разговаривают с кровниками. Из страха кровной мести многие увольняются с работы и учебы. Некоторые ингуши уезжают из родных и обжитых мест и скрывают свое местонахождение, боясь преследования.

Имамы мечетей всегда принимают активное участие в примирении враждующих сторон. Например, ныне покойный имам *Суламбек Евлоев* всю жизнь участвовал в решении многих спорных вопросов, состоял в примирительной комиссии и был членом шариатского суда. Среди действующего духовенства в примирении кровников участвуют Хазир и Сайфудин Цолоевы, Магомед Чибиев, Макшарип Султыгов, Султан Белхароев, Сасурко Латыров, Асхаб Барахоев и др.

Часто поступают на рассмотрение вопросы, связанные с разводом. И. а.-ш. п. в этом вопросе представляет единую нормативную систему, так как брак — главная ценность с точки зрения местных 'адатов и шариата. Исходя из предписаний, мужчинам нужно иметь веские причины для того, чтобы воспользоваться разводом (талак) по шариату. В основном в современном ингушском обществе инициатором развода является муж, однако встречаются разводы по инициативе жены.

Среди современных ингушей распространено заключение брака по мусульманскому обряду, и только спустя некоторое время брак оформляется в загсе. Поэтому развод тоже должен быть оформлен и по И. а.-ш. п., и официально в государственном учреждении. Иначе женщина, согласно российским законам, бесправна. Единственным официальным учреждением в республике, где будут считаться с ее интересами, является местный шариатский суд или имамы мечетей, которые вправе рассматривать и решать такого рода спорные вопросы.

Лит.: Албаков Д. X. О применении Шариата в Республике Ингушетия // Ислам и право в России. Вып. 2. М., 2004. С. 81–84; Албогачиева М. С.-Г. Ингуши в XX в.: этнографические аспекты религиозных практик // Сев. Кавказ. Традиционное сельское сообщество: социальные роли, общественное мнение, властные отношения. СПб., 2007. С. 75–102; Араханов У. А. Право и ислам в Ингушетии // Ислам и право в России. Вып. 1. М., 2004. С. 78–80; Бабич И. Л. Постсоветская государственность на Сев. Кавказе и ее соотношение с «концепцией исламского государства» // Постсоветская государственность: проблемы интеграции и дезинтеграция. СПб., 2007. Ч. 1. С. 21–25; Далгат Б. К. Первобытная религия чеченцев и ингушей. М., 2003; Керимов Г. М. Шариат: закон жизни мусульман. Ответы шариата на проблемы современности. СПб., 2007; Очерки истории Чечено-Ингушской АССР. Т. I. Грозный, 1967; Патиев Я. Хроника истории ингушского народа. Махачкала, 2007; Султыгов К. X. О положении мусульман в Ингушетии // Ислам и право в России. Вып. 1. М., 2004. С. 80–86.

М. Албогачиева

Ал-Индирави — см. *ал-Андарави Ибрахим*.

Ал-Индири, Ташав-хаджжи (вариант — Ташов-хаджжи, 1770–1845/46) — шейх накшбандийского и кадирийского тарикатов, ʻалим, видный религиозный и политический деятель Дагестана и Чечни.

Родился в с. Эндирей (ныне Хасавюртовский р-н РД), кумык. Традиционное исламское религиозное образование получил у ʻалимов в местном медресе, затем обучался у различных именитых ученых Дагестана, в том числе у *Араканского Саʻида*.

К накшбандийскому тарикату ал-И. Т.-х. приобщился через шейха *ал-Йараги Мухаммада-эфенди*, который назначил ал-И. Т.-х. наставником (муршид) с предоставлением ему абсолютного разрешения наставлять учеников на территории вплоть до крепости Анапа, с полнейшим правом руководить подготовкой суфиев.

Во 2-й половине 1820-х гг. ал-И. Т.-х. вернулся в с. Эндирей, где исполнял обязанности сельского муллы в одном из кварталов родного села. Не позднее 1831 г. совершил паломничество в Мекку. В это время он примкнул к имаму *Газимухаммаду*, а в июне 1831 г. принял участие в осаде крепости Внезапной, вблизи Эндирея. В ходе войны по указанию *Газимухаммада* был отправлен в агитационных целях в Чечню вместе с Умалатом ал-Кустаки, ʻАбдуллой ал-Ашилти, Хасан-Хусайном, Мухаммадом сыном Очара-хаджжи ал-Йахсави. После смерти *Газимухаммада* в октябре 1832 г. ал-И. Т.-х. не сразу примкнул к *Гамзат-беку*, а лишь в 1834 г. принял его сторону и обратился к чеченцам с призывом к восстанию. После смерти *Гамзат-бека* был одним из претендентов на его место наряду с *Шамилем*, но уступил. В феврале 1836 г. после встречи в с. Чирката ал-И. Т.-х. объединил свои военные силы с *Шамилем* и *ал-Бежти Кебед-мухаммадом*. К числу их совместных кампаний относится Телетлинское сражение, закончившееся подписанием договора. В 1839 г. после поражения в битве при Ахульго ал-И. Т.-х. вместе с *Шамилем* находился на территории Чечни, был наибом Ауха и Ичкерии. Осенью 1840 г. по доносу дагестанских мухаджиров ал-И. Т.-х. был смещен с наибства. Вновь вернулся к активным действиям летом 1841 г. и стал наибом Малой Чечни, однако вскоре его имя исчезло из обзоров военных происшествий. О периоде жизни ал-И. Т.-х. после отхода от участия в движении *Шамиля* и до самой смерти очень мало информации. Вероятно, он занимался преподаванием и наставнической деятельностью в качестве суфийского шейха.

Ал-И. Т.-х. известен как автор ряда прозаических и поэтических произведений, сохранилось более двух десятков произведений разного объема и жанра, практически все они религиозного характера, в большинстве своем написаны на арабском языке, несколько произведений — на кумыкском языке. Из прозаических произведений на арабском наиболее известна работа «Умм ал-хисан» («Мать благочестия»), представляющая собой комментарий к суфийскому произведению халватийского шейха Йусуфа ал-Мускури «Байан-ул-асрар ли-т-талибин фи-т-тасаввуф» («Изъяснение тайн желающим пройти путь суфизма»), в Чечне и Дагестане более известному под названием «Тифл ал-маʻан» («Детище смыслов»). Кроме того, заслуживает внимания его произведение «Мифтах ал-асрар» («Ключ тайн»), представляющее собой небольшой трактат по суфийской космогонии. Весьма интересно сочинение, написанное в жанре тарассул (послание), — «Письма из отдаленных мест», адресованное ал-И. Т.-х. к шейху *ал-Гази-Гумуки Джамалуддину*. Среди поэтических произведений следует отметить «Муриди кун маʻи фи иттихаз» («Мой мюрид, находись со мной в связи») и «Бурханух шамс-уд-духа» («Его довод подобен утреннему солнцу»). Из произведений на кумыкском языке известны «Валиюллагь Гьажи хариб болгъанда…» (Когда святой Хаджжи подвергся страданиям»), «Мюрютюм мени, экибизде бир ёлда болайыкъ…» («Мой мюрид …»), «Насиплилер даат къылагъан гечедир» («Ночь, которую счастливцы проводят в поклонении»).

Ал-И. Т.-х. умер в 1262/1845–46 гг. и был похоронен в своем доме в с. Саясан (ныне Ножай-Юртовский р-н ЧР); позднее эта территория стала кладбищем. Над могилой ал-И. Т.-х. построен небольшой зийарат. Его усыпальница является местом паломничества мусульман — не только местных, но и жителей соседних республик Сев. Кавказа.

Лит.: Закс А. Б. Ташев-Хаджи — сподвижник Шамиля. Грозный, 1992; *Покровский Н. И.* Кавказские войны и Имамат Шамиля. М., 2009; *Ханмурзаев И. И.* Ташав-хаджи ал-Индири в суфийских генеалогиях духовной преемственности XIX–XX вв. // Религиоведение. 2016. № 4. С. 20–27; *Ханмурзаев И. И.* Ташав-хаджи Эндиреевский: политический и религиозный деятель // Дагестанский востоковедческий сборник. Махачкала, 2011.

И. Ханмурзаев

Ионов, 'Иса Хухович (? — не ранее 1914) — абазинский мусульманский религиозный деятель, просветитель, глава духовенства мусульман Большого и Малого Зеленчуков (*абазин, ногайцев*, черкесов), кадий.

Получил религиозное образование. В конце 1890-х — 1903 г. работал преподавателем исламского вероучения («законоучителем») одноклассного начального училища с. Бибердовский Баталпашинского отдела. Являлся одним из ведущих факихов. Впоследствии был избран кадием Баталпашинского горского словесного суда мусульманского населения с. Большого и Малого Зеленчуков (по Бибердовского участка; второй кадий избирался от Хумаринского участка Баталпашинского отдела). В 1914 г. в качестве кадия приводил к присяге всадников 3-й Баталпашинской сотни Кавказской туземной конной («Дикой») дивизии.

Лит.: Батчаев Ш. М. Карачаевцы в войнах России (2-я половина XIX–XX в.). М., 2005 (ссылка: РГВИА. Ф. 3644. Оп. 1. Д. 4. Л. 268–269); *Кубанская справочная книжка на 1899–1903 гг.* Екатеринодар, 1903.

Р. Хатуев

Ал-Ири, 'Абдулкадир б. Талхат (ок. 1800 — ок. 1880) — мусульманский ученый, специалист по праву, логике и арабской грамматике.

Нисба ал-И. 'А. связывает его происхождение с с.Ириб в Тленсерухского общества (ныне Чародинский р-н РД). Родился в семье Талхата — потомка 'алима XVII в. *ал-Ири Талхата-кади ал-Кабира*. Был имамом мечети, мударрисом в медресе с. Ириб. Автор нескольких сочинений по логике, из которых до нас дошло лишь одно — «Ал-Хашийа ал-мусамма би-Фатх ал-куди», которое было широко распространено в XIX в. и известно как минимум в пяти списках (переписаны в 1868–71 гг.), два из которых хранятся в Рукописном фонде ИИАЭ ДНЦ РАН, а три — в частных коллекциях в населенных пунктах Чародинского и Шамильского р-нов РД.

Лит.: Абдулкеримов М. М. О составе арабоязычной рукописной книги в Дагестане // Источниковедение средневекового Дагестана. Махачкала, 1986. С. 125; *Хапизов Ш. М., Шехмагомедов М. Г.* Опыт исследования биографии дагестанского алима (Талхат-кади из Ириба) по местным письменным источникам // Вестник Дагестанского гос. ун-та. 2015. Т. 30. Вып. 4. С. 45–52.

Ш. Хапизов

Ал-Ири, Талхат-кади ал-Кабир (конец 1620–95) — дагестанский ученый-правовед, общественно-политический деятель.

Родился в конце 1620-х гг. в с. Ириб (ныне в Чародинский р-н РД). Религиозное образование ал-И. Т.-к. ал-К. получил в родном селе, у своих старших родственников, и продолжил его в с. Голода у *ал-Гулуди Малла-Мухаммада* и с. Кусур / Гочота у *ал-Кили 'Али*. К 1665 г. он стал известным 'алимом, преподавателем медресе и кадием с. Ириб. В с. Гапшима Акушинского р-на РД была выявлена рукопись, переписанная «в медресе нашего патрона Талхата в селении Ири[б]».

К 1667 г. относится арабоязычное сочинение агиографического характера, в котором центральным сюжетом является диалог ал-И. Т.-к. ал-К. с учеными и «королем» джиннов (состоялся 04.02.1666 г.), в котором знаниям ал-И. Т.-к. ал-К. дана высокая оценка. В известной в Дагестане рукописи, содержащей переписку по различным вопросам исламского права ученых Татилава из Карата, *ал-Усиши Давуда* (ум. 1757) и Ибрагима из Урады (ум. 1770), приводится ссылка на решение ал-И. Т.-к. ал-К. и его оценка как знатока исламского права.

Есть основания полагать, что ал-И. Т.-к. ал-К. погиб в конце марта — начале апреля 1695 г. во время обороны аварского с. Голода (ныне Закатальский р-н Азербайджана) от кахетинского войска. В дагестанских памятных записях приведен сюжет агиографического характера об отрезанной голове кадия, которым, вероятнее всего, был ал-И. Т.-к. ал-К. Согласно записи, отрезанная голова призывала на молитву и смогла вызвать кромешную тьму, когда грузины собирались ее перевезти в Кахетию. В итоге «неверным» пришлось бросить ее около озера, расположенного на окраине Голоды.

Ал-И. Т.-к. ал-К. значительный отрезок своей жизни прожил в аварском регионе Голода (ныне Белоканский, Закатальский и Гахский р-ны Азербайджана), некоторые рукописи из его библиотеки хранятся до сих пор в собрании при Джума-мечети с. Эхеди Тала Закатальского р-на Азербайджана. Вероятно, он был похоронен в с. Голода.

Лит.: Хапизов Ш. М., Шехмагомедов М. Г. Опыт исследования биографии дагестанского алима (Талхат-кади из Ириба) по местным письменным источникам // Вестник Дагестанского гос. ун-та. 2015. Т. 30. Вып. 4. С. 45–52.

Ш. Хапизов

Ал-Ири, 'Усман-дибир б. Мухаммад б. Муртаза'али (1813 — ок. 1900) — дагестанский теолог-правовед, кадий, муфтий и наиб, член окружного суда.

Нисба ученого связана с с. Ириб — центром союза общин Тленсерух (ныне Чародинский р-н РД). Ал-И. 'У.-д. участвовал в различных сражениях и военных действиях, однако не упоминается в числе выдающихся военачальников *Кавказской войны*. Ал-И. 'У.-д. был прежде всего ученым-богословом, а основным его поприщем стала административно-правовая деятельность.

В начале 1840-х гг. ал-И. 'У.-д. занимал должность кадия в селениях Тленсеруха (Ириб и Хинуб), а в 1844 г. он фигурирует в документах как заместитель наиба Башир-бека, управлявшего Рисором. Позднее он был назначен муфтием общества Тленсеруха, временами совмещая с обязанностями муфтия общества Мукратля. В течение года или двух ал-И. 'У.-д. исполнял обязанности наиба Тленсеруха. В 1851 г. он уже известен как кадий Келеба и, возможно, Ратлуб-Ахваха. Судя по содержанию писем, ал-И. 'У.-д. там выполнял функции заместителя имама (наиба) как минимум до 1854 г. К концу существования *Имамата* как государства он был заместителем мудира Даниял-бека ал-Илисуви (письмо от мая 1859 г.) и его наибом. Письма, в которых ал-И. 'У.-д. назван наибом *Имамата*, не датированы, но по ряду косвенных свидетельств можно предположить, что они написаны в конце 50-х гг. XIX в.

После падения *Имамата* ал-И. 'У.-д. вернулся на родину. В 1860 — первой половине 1870-х гг. ал-И. 'У.-д. не занимал государственных должностей, являясь авторитетным ученым, к мнению которого прислушивались в администрации Гунибского окр. Дагестанской обл.; он выносил судебные решения, если к нему обращались обе стороны, или же составлял завещания.

В 1877 г. ал-И. 'У.-д. в силу своего возраста не принимал участия в военных действиях *Восстания Всеобщего 1877 г.* против местных властей Российской империи, хотя и писал письма, в которых поддерживал это восстание. В конце сентября 1877 г. заступничество бывшего наиба Тленсерухского участка Хуршила Мухаммада помогло ал-И. 'У.-д. избежать репрессий; ал-И. 'У.-д. при его помощи ненадолго был назначен наибом Тленсерухского участка. В том же 1878 г. ал-И. 'У.-д. стал депутатом Гунибского окружного суда. В этой должности он проработал до второй половины 1880-х гг., после чего вышел на пенсию.

Ал-И. 'У.-д. является автором многочисленных письменных заключений по различным правовым вопросам (их копии содержатся в 4-томном сочинении «Тухфат ал-мухтадж»). М. О. Омаров и Х. А. Омаров также установили, что ал-И. 'У.-д. — автор сочинения «Сравнительная грамматика арабского и аварского языков». Также известно, что в 1839 г. ал-И. 'У.-д. написал работу по «теории проведения научных дискуссий».

Небольшая часть библиотеки ал-И. 'У.-д. дошла до наших дней. Она представлена сочинениями по фикху, среди которых довольно редкие на Кавказе труды по праву шафиитского мазхаба. Собрание писем ал-И. 'У.-д. свидетельствует о том, что к нему обращались наибы различных участков в случае возникновения сложных вопросов в сфере наследственного права.

Лит.: Образцы арабоязычных писем Дагестана XIX в. Махачкала, 2002. С. 228; Шехмагомедов М. Г., Хапизов Ш. М., Маламагомедов Д. М. Тленсерух в конце XVIII–XIX в.: историко-документальное исследование (на основе изучения материалов коллекции Усман-дибира ал-Ири). Махачкала, 2015.

Ш. Хапизов

Ислам в Адыгее и у западных адыгов. Республика Адыгея — субъект РФ. По данным на 01.01.2019 г. население Адыгеи составляет 454 485 чел. Согласно Всероссийской переписи населения 2010 г., 61,53% населения РА — русские, 24,33% — адыгейцы (западные адыги (черкесы)), значительные этнические группы в Адыгее — армяне (3,54%), украинцы (1,33%), греки, татары, белорусы, немцы.

Ислам у зап. адыгов — суннитского толка. Мусульманскую общину современной РА составляют не только адыги, но и чеченцы, татары, представители народов Дагестана, азербайджанцы и выходцы из республик Средней Азии, приехавшие в республику на заработки, а также студенты из Африки и арабских стран.

Ключевой фактор, повлиявший на исламизацию адыгов, — мощная этническая традиция, выполнявшая основную функцию тотального регулятора всех общественных отношений — Адыгэ Хабзэ (базовая мировоззренческая система мотиваций, морально-нравственных, этических и этикетных норм, на протяжении всей истории определявшая функционирование адыгского социума). Ислам усваивался адыгами по матрицам, уже выработанным Хабзэ, и адыгами воспринято было только то, что не вступало с ним в противоречие. Длительное время и христианская проповедь, и идеи коранического монотеизма не могли поколебать традиционный адыгский миропорядок, основанный на идеях личной свободы, индивидуализме, сословной иерархии и традициях социального одобрения, почти равного по силе одобрению божественному.

У зап. адыгов до принятия ислама господствовало не только Хабзэ, но присутствовало и христианское влияние. Христианская

Ислам в Адыгее и у западных адыгов

проповедь началась на территории Зап. Кавказа в III–IV вв., когда в Зихию, Абазгию и аланские земли в верховьях р. Кубани были сосланы христиане Римской империи. В эпоху императора Юстиниана I (527–65) шло интенсивное распространение христианства, а уже в 1-й половине VI в. адыги, как и абхазы, имели две собственные епископские кафедры — в Тмутаракани и Никопсии. VI Вселенский собор (680–91) включил адыгские земли в состав Мцхетской (грузинского) патриархата. На руб. VIII–IX вв. христианство распространилось среди закубанских адыгов (касогов), тогда как на причерноморских адыгов (зихов) оно оказало незначительное влияние. В распространении и поддержании христианства у адыгов значительную роль сыграли в X–XIII вв. Тмутараканская Русь, Абхазское государство (вост. часть адыгских земель контролировалась Севастопольской епископской кафедрой и Аланской кафедрой, основанной по инициативе абхазского князя Георгия в X в.). К XIII–XV вв. относятся попытки распространения католичества среди черноморских адыгов через генуэзские колонии и епископскую кафедру в г. *Кафе*.

Ислам впервые проник в адыгскую среду в XIV в. Основными государствами, через которые в Черкесию стало распространяться исламское учение, были *Золотая Орда* и, после взятия в 1475 г. турками *Кафы* и др. городов черноморского побережья, — *Крымское ханство* и Османская империя (см. *Кафа, провинция*). Для закрепления достигнутых результатов турки-османы стали возводить крепости на контролируемых землях Черкесии. В 1475–76 гг. в период правления султана Баязида II (1481–1512) полуостров Тамань был отвоеван у генуэзцев великим визирем Гедик Ахмед-пашой. Со временем на этой и близлежащей территории были возведены османские крепости — Тузла, Адда, Тамань, Кызыл-Таш, Темрюк и пр. В 1781 г. Ферах Али-паша, опытный османский государственный деятель, был назначен губернатором (вали) Суджук-Кале, чтобы усилить оборону от России и привлечь черкесов на османскую сторону, в том числе путем их исламизации. Была возведена крепость Анапа, ставшая базой коммуникации османов в политических и торговых контактах с народами Сев.-Зап. Кавказа, а также центром исламизации черкесов. Взаимоотношения адыгов с *Крымским ханством* определялись не только военными столкновениями. Многие черкесы состояли на службе у крымского хана и играли заметную роль в политической жизни Крыма и Османской империи. Черкесы попадали в Крым и Турцию и через систему работорговли. В то же время дети многих крымских ханов воспитывались в Черкесии на основании обычая *аталычества* (древний институт искусственного некровного родства, передача ребенка на воспитание в чужую семью до совершеннолетия). В Черкесии практически постоянно находились выходцы из рода Гиреев. Они носили титул султанов, в адыгской среде именовались «хъаныкъо» (дословно «сын хана»; «хануко» в русской транскрипции) и составляли особый слой аристократии в социальной структуре адыгского общества. В современном адыгском языке в переносном смысле употребляется поговорка «пхъорэлъфырэ хъанрэ» («племянник по женской линии хану подобен»), отражающая реалии политических контактов Черкесии и *Крымского ханства*. Семейно-брачные связи ханского дома с адыгской правящей элитой способствовали выезду родственников жен ханов и султанов на службу ко двору Гиреев. Не только родственники Гиреев, но и мн. др. знатные адыги служили при ханском дворе.

Миссионерские усилия Османской империи и Крыма, а затем *Кавказская война*, распространившаяся на территории Зап. Кавказа после пленения имама *Шамиля*, актуализировали мобилизационные возможности исламской проповеди, наложившись на внутренние изменения, начавшиеся в адыгских обществах ранее.

В конце XVIII в. в Кабарде разворачивается «шариатское движение», инициаторами которого стали майор князь *Атажукин Адиль-Гирей* и *Абуков Исхак-эфенди*. Движение ставило своей целью не только упразднение учрежденных царской властью в 1793 г. в Кабарде «родовых судов» и «расправ» и организация «духовного суда», но и выдвинуло широкую социальную программу уравнения прав адыгских князей и дворян. В 1807 г. в Кабарде было введено 3 духовных суда «мехкеме», разбиравших все дела по шариату, за исключением споров представителей разных сословий, разрешавшихся на основании адата. Суды мехкеме прекратили свое существование в связи с завоеванием Кабарды Россией в 1822 г. В дальнейшем шариатское движение охватило и отдельные общества зап. адыгов: Шапсугию, Натухай, Бжедугию, Темиргой, Абадзехию. В 1841 г. на р. Пшеха состоялось крупное собрание с участием абадзехов, убыхов и шапсугов. На собрании был заключен договор (дефтер), в котором провозглашалось строгое следование шариату, регламентировались отношения с др. народами.

Почву для дальнейшего усвоения общих положений Корана и шариата подготовила деятельность наибов (представителей) *Шамиля* в некоторых субэтнических группах Зап. Черкесии. С начала 1840-х до конца 1850-х гг. *Шамиль* направил в Черкесию трех представителей. Хаджжи-Магомет (май 1842 — май 1844 г.) посетил аулы темиргоевцев, хатукаевцев и бжедугов, добился определенного влияния среди абадзехов. Второй наиб *Шамиля* на Сев.-Зап. Кавказе — Сулейман-Эфенди (февраль 1845 — весна 1846 г.) — якобы изменил *Шамилю*, был подкуплен царскими властями и заявил о своем отказе бороться против России. Наибольших успехов достиг третий наиб — *Мухаммад Амин* (1848–59 гг.). Им был введен шариат первоначально в Абадзехии, где было учреждено управление через четыре так называемые мягкеме (араб. махкама — «суд, управление»), затем одно мягкеме было введено у шапсугов и два — у натухайцев. Мягкеме состояли из одного муфтия и трех кадиев. В каждом мягкеме действовала мечеть, суд, были выделены помещения для начальства и военной стражи, работало духовное училище, тюрьма или «яма» для заключения преступников, провиантский магазин, конюшня. *Мухаммад Амин* ввел систему наказаний по шариату и штрафы за неисполнение религиозных. обрядов. Им была введена конная стража — муртазиги, т. е. всадники, выставленные народом. К началу 1850-х гг. правление *Мухаммада Амина* вызвало неприятие у его недавних последователей — натухайцев, бжедугов, шапсугов. Политика репрессий, сочетавшаяся с социальным лавированием под исламскими лозунгами равенства между черкесской знатью и простыми общинниками, давала сбой. Наиб периодически восстанавливал свое влияние в Зап. Черкесии, со временем его позиции политического и духовного лидера ослабли.

События *Кавказской войны* и активизация борьбы адыгов против российского проникновения на Кавказ способствовали ускорению принятия ислама зап. черкесами и сделали его идеологической основой консолидации адыгских субэтнических групп. В ходе усвоения ислама адыгами определенное значение имела политическая ориентация — пророссийская или протурецкая — элит отдельных субэтносов. В зависимости от нее аристократия ориентировалась на ʼадат или на шариат.

Внутри одной и той же субэтнической группы разные сословия могли придерживаться разных верований. Натухаевские и шапсугские дворяне, тяготевшие к Османской империи, исламизировались довольно быстро, тогда как свободные крестьяне продолжали ставить кресты и употреблять в пищу свинину. У бжедугов, темиргоевцев и кабардинцев крестьян привлекала идея равенства перед Всевышним, тогда как князья и дворяне стремились сохранить свои сословные привилегии и отличия, видя для себя угрозу в распространении новой религии.

В описаниях Черкесии присутствует указание на неоднородность адыгских верований, на поверхностное усвоение адыгами новой религии. В первой половине XIX в. в культовой практике адыгов абсолютно преобладали доисламские традиции. Д. Лонгворт, сравнивая значимость языческих и мусульманских культовых мест, пишет: «Культовые рощи, или кодоши, …до сих пор остаются объектами более естественного и искреннего почитания, чем мечети, и религиозные обряды и празднества отмечаются в них при большем стечении народа, чем при намазе».

Мусульманские ценности в системе традиционных адыгских этических норм и мотиваций были восприняты неоднозначно. Относительно безболезненно адыгами были восприняты отдельные этические нормы и нравственные ценности ислама, созвучные уже существующим нравственным категориям адыгства (адыгагъэ). Этические принципы адыгства способствовали гармоничному освоению и воспроизводству мусульманской этики, дополняющей уже существующие нравственные категории, прежде всего идею «псапэ» — спасения души через благодеяние. Этническая идентичность на Сев.-Зап. Кавказе преобладала над религиозной: быть адыгом было важнее, чем христианином или мусульманином.

В обрядовой сфере, за исключением похоронного ритуала, преобладали языческо-христианские традиции. В адыгском фольклоре — благопожеланиях, здравицах и проклятиях — имя Аллаха стало употребляться наряду с языческим именем Тхьэ (первый бог среди равных в адыгском пантеоне). Практически не претерпело изменений традиционное представление адыгов о судьбе: новая вера не привела к господству исламских представлений о предопределенности Аллахом личной судьбы.

Адыгские служители культа, получившие заимствованное из Турции название эфенди, были, как правило, выходцами из крестьян. Наиболее существенное влияние на все слои адыгского общества оказывали судьи-кадии, прежде всего через судебную шариатскую практику, основанную на ханафитском мазхабе. Применение шариата ограничивалось делами семейно-брачного характера: о наследстве и калыме; законности рождения, заключении и расторжении брака. Сельские шариатские суды, наряду с мировым соглашением и адатными (медиаторскими) судами, образовывали полиюридическое пространство, в котором до 1860-х гг. реализовалась судебная практика адыгов. Сельские кадии могли участвовать и в разрешении дел по маслагату (маслахат). Ин-т вакфной собственности на северо-западе Кавказа не сложился.

В 1830-х гг. у причерноморских адыгов насчитывалось 40 мечетей и примечетных школ. Поручик И. Бларамберг писал о фактической монополизации служителями культа всей сферы образования у адыгов в 1-й половине XIX в.: «Все их научные знания, ограниченные умением толковать Коран, сосредоточены в руках духовенства».

После окончания *Кавказской войны* зап. адыги были включены в Кубанскую обл., образованную из Кавказской губ. в 1860 г.; к 1880-м гг. они входили в три из семи отделов: Майкопский с г. Майкопом (13 аулов), Баталпашинский (34 аула), Екатеринодарский с г. Екатеринодаром (33 аула). *Кавказская война* внесла значительные изменения в демографическую ситуацию в регионе. В 1897 г. в Кубанской обл. проживало 1 918 881 жителей, из них самая большая группа — русские — 1 737 908 чел. (90,6%), адыги — 52 798 (2,75%), карачаевцы — 26 877 (1,4%), греки — 20 137 (1%), армяне — 13 926. (0,7%).

В этой вновь созданной системе управления кубанскими горцами необходимо было определить место мусульманского духовенства, как это произошло в Волго-Уральском регионе. Имперская политич. элита оценивала риски появления «нового имамата Шамиля» как высокие, что придавало конфессиональной политике на Зап. Кавказе особый характер.

После окончания военных действий в регионе северокавказские мусульмане номинально были подчинены ОМДС. В отличие от закавказских мусульман, для которых в 1872 г. в г. Тифлисе было учреждено два муфтията — суннитский и шиитский, мусульмане Сев. Кавказа так и не получили своего духовного управления.

Реальный контроль над духовной жизнью черкесов осуществляла местная кубанская администрация — начальник Кубанской обл. и наказной атаман Кубанского казачьего войска, атаманы отделов и начальники участков. Кубанская администрация в г. Екатеринодаре использовала существующие, а также сконструировала новые мусульманские ин-ты и традиции. Общая регламентация духовной жизни мусульман в области, отправление шариатского судопроизводства, выборы аульных имамов (эфенди) с последующим утверждением в должностях, порядок открытия медресе и строительства мечетей, организация хаджжа осуществлялись текущими указаниями местной кубанской администрации.

Кубанская администрация не препятствовала постройке аульными обществами новых мечетей, следила за тем, чтобы их строительство соответствовало статьям Строительного устава 1857 г. В 1894 г. в аулах Кубанской обл., где компактно проживали зап. адыги, насчитывается всего 102 мечети, в Екатеринодарском — отделе 57, в Майкопском отделе — 45 мечетей; к 1903 г. их насчитывалось всего 95: в Екатеринодарском отделе — 38 мечетей, в Майкопском — 57. В 1903 г. в г. Майкопе мечетей или молитвенных домов не было, мусульмане во время праздников собирались в здании Горского словесного суда. В 1912 г. в Майкопском отделе зафиксировано 14 соборных мечетей и 46 пятивременных, в Екатеринодарском отделе — 37 соборных мечетей, 20 — пятивременных, 2 молитвенных дома. В 1910-х гг. мечети действовали в г. Майкопе и Екатеринодаре (см. *мечеть в Екатеринодаре*). Обе кирпичные мечети были построены на средства известного адыгского мецената, купца и фабриканта, одного из богатейших граждан г. Екатеринодара Л. Трахова.

Духовенство, служившее в этих мечетях, к 1880-м гг. было разделено российской администрацией на две категории: высших (кадиев — знатоков шариатского судопроизводства) и низших, к которым относилось приходское (мечетское) духовенство (старшие и младшие эфенди). Первая Всероссийская перепись населения в 1897 г. зафиксировала в Майкопском и Екатеринодарском отделах 36 эфенди и мулл, одного муэдзина. По данным 1912 г. по Кубанской обл., на территории проживания западных адыгов зафиксировано: в Майкопском отделе — 14 старших, 61 младших эфенди, 46 муэдзинов; в Екатеринодарском отделе — 38 хатыпов, 26 имамов, 10 мулл, 59 муэдзинов.

Старшие и младшие эфенди руководили традиционными пятикратными молитвами в мечетях и молениями, сопровождавшими свадебные и погребальные обряды. Младшие эфенди могли замещать старших эфенди в случае их болезни или отъезда. Обязательными действующими лицами мусульманских ритуалов являлись муэдзины.

Свои должности эфенди получали после «испытания» в Горском словесном суде. Претендент на должность муллы должен был «правильно, бегло и разумно» читать молитвы на арабском языке; уметь переводить прочитанное на адыгский язык «с полным умением разъяснить содержание прочитанного». От будущего муллы требовалось знание Сунны и сиры; обстоятельств возникновения мусульманских правовых школ (ханафитской, шафиитской, ханбалитской, маликитской), регионов их распространения; обрядовой практики ислама. В качестве отдельного пункта программы выделялось «знание отношений каждого мусульманина к российским властям, знание присяги (духовенство должно приводить мусульман к присяге обвиняемых, соблюдая предписанные шариатом правила о ненарушимости клятвенного обещания), ответственность перед Богом за непризнание властей и принятие ложной присяги». Эфенди выбирались «выборными» от каждого сельского общества, число выборных не должно было превышать 5 чел. на 100 домов. Доход аульного мечетского духовенства составляли: доля от собранного заката; вознаграждение за совершение «никаха» — брачного договора; «исхат» — вознаграждение за погребение. Некоторые сходы устанавливали денежное жалованье, выделяемое из общественных денег, собираемых населением аулов под руководством аульного старшины.

Наибольшей регламентации подверглись функции кадиев, их статус и полномочия в конце 1860-х — начале 1870-х гг. в ходе судебных преобразований на Сев. Кавказе. В 1870 г. на основании «Временных правил горских словесных судов Кубанской и Терской областей», утвержденных Кавказским наместником, в г. Екатеринодаре, Майкопе и Нальчике были открыты суды первой инстанции — окружные горские словесные суды, в аулах — «аульные суды». Система судопроизводства, основанная на этих правилах, демонстрирует сужение сферы применения шариата за счет расширения сферы применения ʻадата и российского имперского законодательства. Суды подчинялись начальнику Кубанской обл. В случае необходимости получения консультаций по шариатским делам начальник области обращался к закавказскому муфтию.

Функции председателя в горском словесном суде выполнял назначенный администрацией помощник атамана отдела или начальник участка, в состав суда входили несколько судей-депутатов и кадий, которые выбирались населением. Горским словесным судам в Кубанской обл. были подведомственны уголовные и гражданские дела с ценой иска до 2000 руб. и «шариатские дела»: «О заключении и расторжении брака, о личных и имущественных делах, из брака вытекающих, о законности рождения и дела о наследстве». Возможности влияния кадия на судебный процесс были сведены к минимуму. Кадиями могли стать только лица, имеющие от полицейского начальства удостоверение о «непринадлежности ни к каким недозволенным обществам».

В каждом селении создавался аульный суд. В его состав входили трое выборных судей, один кандидат и сельский эфенди. Должности главного судьи не было, полномочия всех судей были одинаковыми. ʻАдат являлся основой судопроизводства в аульном (сельском) суде.

Депутаты всех горских словесных судов получали в год по 200 руб. жалованья, а кадии Майкопского и Екатеринодарского словесных судов — по 300 руб. из сметы штаба Казачьих войск. Кроме судебных функций, кадии должны были «надзирать» за приходским духовенством: за правильным выполнением ими своих культовых обязанностей, ведением метрических книг, за их лояльностью правительству.

Начальные религиозные школы имелись при каждой мечети и содержались на общественные средства. Однако работали непостоянно, периодически закрывались. В медресе, кроме изучения арабской грамоты, учились чтению Корана. В некоторых темиргоевских медресе ученики изучали арифметику и геометрию на арабском языке. При этом качество образования оставляло желать лучшего: большинство обучающихся с трудом овладевали арабским языком, их знания Корана были поверхностными.

Качественно новый этап в развитии религиозного образования начинается в начале XX в., он был связан с деятельностью зарождающейся адыгской интеллигенции и Черкесского благотворительного общества, созданного в г. Екатеринодаре в 1908 г. и тесно взаимодействовавшего с представителями адыгской диаспоры из Турции и Сирии. Председателем правления Общества стал промышленник Л. Трахов.

Новометодные школы, открытые у адыгов в начале XX в., вышли за рамки обучения учеников на арабском языке основным положениям мусульманского вероучения. Курс обучения в школах составлял 2–4 года. Впервые на родном языке ученики знакомились с историей, русским языком, арифметикой, географией, основами астрономии. Религиозная школа оставалась для большинства крестьянских детей единственной возможностью социального продвижения.

В 1909–13 гг. в организации школ приняли участие представители адыгской диаспоры Сирии и Турции, организовавшие так называемый Поход в Хакуж (поход на малую родину, или поход на историческую родину). Двумя небольшими группами они переселились в Кабарду и шапсугские аулы Кубанской обл.

В 1909–10 гг. в Адыгее турецкими адыгами были открыты частные школы: И. Хидзетлем и Х. Течехуком в кубанских аулах Панахес (в школе Хидзетля училось 6 девушек) и Габукай. Школы осуществляли обучение детей на основе нового метода (см. *Джадидизм*). Позже новометодные школы появились в Тахтамукае (К. Шеучет), Шенджие (И. Халиль), Старом Бжегокае (*Х. Тлецерук*), Хатажукае (И. Юманкулов), Кабехабле (Г. Шаов), Адамие (С. Натхо, А. Набоков). Школы были популярны: в 1912–13 гг. в шести новометодных школах Екатеринодарского отдела обучалось 450 учеников-адыгов.

Новые религиозные школы содержались за счет аульных обществ, в начале XX в. чаще открывались за счет средств, собранных в виде заката. В качестве учебных пособий использовались книги, изданные в Каире и Стамбуле, в частности «Азбука», составленная на арабской графической основе *Цаговым Нури* и А. Дымовым, основателями Баксанского мусульманского просветительного центра в Кабарде. Сами школы становились каналом распространения изданных в Каире и Стамбуле азбук адыгейского и арабского языка и религиозной литературы. Все школы получили комплекты из четырех книг, каждый в количестве 100 экз. Одновременно с этими школами в начале XX в. действовали и традиционные школы-медресе. Они открывались за счет аульных обществ, особенно интенсивно в период 1906–15 гг., и функционировали нерегулярно.

Первые советские органы управления горцами бывшей Кубанской обл. — Мусульманская секция Кубано-Черноморского ревкома (1920), Горская секция (1920–21), позже преобразованная в Горский исполком (1921–22) при Кубано-Черноморском областном исполкоме, — предусматривали в своем составе наличие Горского народного суда (судебной секции). В состав суда входил кадий, рассматривавший по шариату наследственные, имущественные и семейно-брачные дела. В сельской местности действовали суды и по шариату, и по 'адату.

В 1922 г. постановлением ВЦИК была образована Адыгейская (Черкесская) автономная обл. В области в 1922 г. действовал Шариатский совет — аналог муфтиата.

В течение 1920-х гг. в Адыгее духовенство перестало существовать как «сословие» — самые образованные служители культа были в лучшем случае рекрутированы в советские структуры, чаще в райотделы народного образования, немалая часть была репрессирована, большинство отказалось от своих прямых обязанностей (преподавания в мечетях и культовой практики) через систему лишения избирательных прав. Мечети в начале 1920-х гг. действовали, однако источники отмечают их слабую посещаемость и факты разбора мечетей и использования стройматериалов для постройки клубов или др. госучреждений. Со 2-й половины 1920-х гг. обязательным условием работы мечетей стала регистрация при ней религиозной группы. Мечети, не имеющие постоянного «прихода» с определенным количеством человек, закрывались.

К концу 1920-х гг. все обязанности имамов (эфенди), кроме культовых (совершение молитв, иногда заключение брака, совершение погребального обряда), были перераспределены между государственными структурами: школами, советским судом, ЗАГСом и Крестьянскими комитетами общественной взаимопомощи (ККОВ), куда в адм. порядке передавался собираемый закят. В 1927–29 гг. в Адыгее был осуществлен переход с арабской на латинскую графику, появилась первая книжная продукция на латинице. Латинизация стала одним из инструментов сужения сферы компетенций мусульманских духовных лиц.

В 1927 г. в Адыгее действовали 23 медресе (11 для взрослых, 12 для детей). «Прогрессивное» духовенство (пытающееся соотносить принципы советской власти и положения Корана о равенстве) контролировало 4 медресе с 19 учениками, остальные 19 медресе принадлежали «реакционному» духовенству. До 1929 г. мечети в Адыгее работали; в 1924 г. в Адыгее в 45 аулах действовало 26 мечетей. К началу 1930-х гг. мечети в Адыгее были либо разрушены, либо отданы под школы, склады, медпункты.

В 1922–25 гг. состоялось 4 съезда мусульман Адыгейской автономной обл. Последний, в 1925 г., обозначен в источниках как дискуссионный. При различиях своих повесток съезды были направлены на обсуждение вопросов о непротиворечивости шариата и советской власти. Кроме того, обсуждались и актуальные вопросы мусульманского образования, порядка выплаты закята и передачи его в ККОВ, уплаты калыма, умыкания девушек, борьбы с конокрадством. В рамках комплиментарного по отношению к мусульманам дискурса ислама, присущего советской власти в 1-й половине 1920-х гг., проведение съездов можно рассматривать как конкретную региональную практику, демонстрирующую консервацию некоторых мусульманских ин-тов и традиций в этот период. На первом съезде в 1922 г. была выдвинута идея Шариатского совета (в составе эфенди Д. Хаткова, З. Индрисова, *М. Набокова*, Г. Шаова, Хабиба-эфенди, М. Совмиза, А. Карданова), осуществлявшего посреднические функции между советской властью и мусульманским населением. Четвертый съезд закрепил раскол между «реакционным» и «прогрессивным» духовенством в Адыгее. В 1925 г., на Третьем съезде мусульманского духовенства Адыгеи, эфенди *М. Набоков* предложил заменить арабским алфавитом вводимый латинский шрифт, однако его аргументация и решения съезда по этому вопросу не зафиксированы в протоколах съезда.

Вследствие советских антирелигиозных гонений вплоть до начала 1990-х гг. в Адыгее публичный исламский дискурс как таковой практически не существовал.

Лит.: Губжоков М. Религиозное сознание адыгов // Религиозные верования адыгов: хрестоматия исследований. Майкоп, 2000; Лонгворт Дж. Год среди черкесов. Нальчик, 2002; Налоев З. М. О восточном культурном канале // Общественно-политическая мысль адыгов, балкарцев и карачаевцев в XIX — начале XX в.: материалы конференции 28–29 марта 1974 г. Нальчик, 1976. С. 145–165; Нефляшева Н. А. Мусульмане Сев.-Зап. Кавказа: ислам и власть (20-е гг XX в.) // Ислам и право в России. Вып. I. М., 2004.

Н. Нефляшева

Ислам в Золотой Орде (Улусе Джучи). В эпоху становления государственности и идеологии в Монгольской империи имела место определенная веротерпимость, возведенная в статус закона «Ясой» Чингисхана. Это позволило Чингисидам сохранять свою власть в многонациональном и многоконфессиональном государстве, избегая религиозного противостояния с покоренными народами. Сама монгольская знать традиционно практиковала шаманизм и христианство несторианского толка, впрочем, подходя к вопросам религии прагматично. Персидский автор XIII в. Джувейни писал, что Бату-хан (1242–56) «не придерживался ни одной из религий или сект, равным образом не питал склонности к познанию бога (Аллаха)». Главным для монгольских властей было проявление подданными политической, а не религиозной лояльности правящей династии. Эта тенденция сохранялась на протяжении всей истории Улуса Джучи. В городах Улуса Джучи существовали христианские храмы, и православная церковь регулярно получала налоговые и др. льготы.

На начальном этапе монгольских завоеваний и образования Улуса Джучи ислам был распространен в Среднем Поволжье (Булгария) и Приаралье (Хорезм). Исповедовали ислам некоторые кыпчакские племена Центр. Азии, а также татары и уйгуры, составлявшие часть военно-служилой знати и адм. верхушки Улуса Джучи.

Вторая половина XIII в. характеризуется становлением нового государства, получает активное развитие международная торговля и бурный рост городов в Поволжье. Особое влияние на эти процессы оказывали Хорезм и Волжская Булгария. Бо́льшая часть городского населения и городской верхушки этого периода уже в основном были мусульманами.

Первым ханом *Золотой Орды*, принявшим ислам, был Берке (1257–66). Хан проводил политику поддержки мусульманкой аристократии, городского нобилитета и особенно суфийских тарикатов Хорезма. Среди ближайших родственников Берке-хана происходила ожесточенная борьба за власть, формальным поводом к которой стали вопросы веры. Верх в этом противостоянии одержал Берке, что на долгие годы определило внешнюю и внутреннюю политику Улуса Джучи. На внешнеполитической арене это выявилось в противостоянии с ханом Хулагу и его преемниками, происходившее под знаменем защиты прав наследников последнего багдадского халифа, казненного Хулагу в 1258 г., после взятия монголами Багдада. Ислам стал идеологическим обоснованием независимости империи Джучидов от власти монгольского великого хана. После смерти Берке-хана позиции мусульманской знати при ханском дворе были несколько ослаблены. Но внутри государства именно со времени его правления начинается распространение ислама среди степной аристократии, татарской знати и тюркского населения Дешт-и и Кипчак.

В начале XIV в. мусульманская община среди правящей верхушки Улуса Джучи значительно усилилась. Она сумела посредством правительственного переворота возвести на престол своего ставленника — хана *Узбека* (1312–42), который провозгласил ислам государственной религией *Золотой Орды*.

С целью усиления ислама в общественной жизни и политике государства, при веротерпимом отношении к другим религиям, хан *Узбек* провел реформы: в судебную практику были введены шариат и мусульманское судопроизводство, повсеместно началось широкое строительство мечетей, медресе, больниц, судебных палат. С принятием ислама изменился статус государственной власти. Среди его официальных титулов появляются формулы «меч повелителя правоверных», «слава ислама и мусульман», «подпора веры» и т. д. Таким образом, хан получал санкцию на власть именем Аллаха. Значительные изменения претерпевают государственная идеология Улуса Джучи и ее официальная историография, мусульманские мотивы становятся неотъемлемой части фольклора и народного эпоса.

Постепенно в *Золотой Орде* складывается и иерархическая структура мусульманского духовенства. Во главе их стоят сейиды — потомки пророка Мухаммада. Помимо них появляются факихи (правоведы), кадии, шейхи и факиры (суфии), талибы (шакирды) и т. д. Мусульманское духовенство превращается в профессиональную корпорацию, обладающую системой судопроизводства, массового начального образования (мектебы), профессионального образования (медресе), собственности (вакфы), суфийскими общинами. Судьи-кадии выполняли, кроме разрешения вопросов вероучения и судебной практики, еще и обязанности адм. руководителей общин, а иногда и дипломатические функции. В особо важных случаях судебные функции исполнял сам хан или высшие адм. чины государства.

Широкое распространение ислама способствовало становлению целостной системы мусульманского образования. Медресе, в свою очередь, готовили профессиональных ученых для утверждения в обществе мусульманского закона и веры, что, несомненно, влияло на еще большее распространение ислама среди населения страны.

Другим выражением процесса институционализации ислама в Поволжье, Хорезме и Крыму стало появление суфийских обителей (ханака, рибаты). Суфийские ханаки и их шейхи, прежде всего тариката йасавийа, служили эффективными центрами распространения ислама в разных регионах страны, включая Приуралье, Сев. Кавказ, Сибирь. И уже к середине XIV в. городское население Улуса Джучи было полностью исламизировано.

Активное и повсеместное распространение ислама в Улусе Джучи способствовало формированию и развитию мусульманской культуры. Ислам способствовал и повсеместному распространению грамотности. Прекрасным свидетельством этому являются эпитафии на надгробиях, различные надписи на бытовых предметах.

Исламизированный Улус Джучи подарил миру выдающихся мусульманских ученых, писателей, поэтов. Среди них Сад ат-Тафтазани — автор книг по риторике и праву, знаменитый факих Ибн ал-Баззаз Мухаммед Хафизуддин, создавший «Изречения Баззази», улемы и правоведы Ибн Арабшах Ахмад, Исамуддин б. ʻАбдулмулюк ал-Маргинани и многие др.

«Ислам Нюрю»

Во 2-й половине XIV в. *Золотая Орда* вступила в полосу серьезного политического кризиса, в историографии получившего название «Великая замятня». Хан *Тохтамыш* на какое-то время сумел предотвратить распад Улуса Джучи. Однако войны между Ордой и империей Тимура в 1390-е гг., разрушение городов привело к усилению влияния кочевников. На рубеже XIV–XV вв. в степях Евразии исчезает курганный языческий обряд, на смену ему приходят грунтовые мусульманские погребения.

В постордынских татарских ханствах сохраняется сильное влияние традиций Улуса Джучи, которые ярко проявились в созданных в этих средневековых государствах социально-политических структурах, неизменными остались также культурно-духовные основы этнополитического единства и общая религия — ислам. В целом распространение ислама в Улусе Джучи, активное развитие здесь единой мусульманской городской культуры, литературного языка способствовали формированию этнополитической, религиозной и культурной общности тюрко-татар Вост. Европы и Сибири. На ее основе возникли концепции единого миллета (этноконфессиональной общности) российских мусульман — наследников *Золотой Орды* и постордынских ханств у Ш. Марджани в «Мустафад ал-ахбар фи ахвал Казан ва-Болгар» (Казань) и российского мусульманства у И. Гаспринского (Крым).

Лит.: Бартольд В. В. Мусульманский мир // Бартольд В. В. Сочинения. Т. VI. М., 1966; Измайлов И. Л. Ислам в Золотой Орде // Ислам и мусульманская культура в Среднем Поволжье. Казань, 2001; Кобищанов Ю. М. Империя Джучидов // Очерки истории распространения исламской цивилизации. Т. 2. М, 2002; Малов Н. М., Малышев А. Б., Ракушин А. И. Религии в Золотой Орде. Саратов, 1998; Марджани Ш. Мостэфад ел-ахбар фи эхвал Казан вэ Болгар. Казань, 1989; Сафаргалиев М. Г. Распад Золотой Орды. Саранск, 1960; Усманов М. А. Мусульманское духовенство в ханствах Джучиева Улуса XIV–XVI вв. (по данным жалованных ярлыков) // Бартольдовские чтения — 1982. М., 1982; Федоров-Давыдов Г. А. Искусство кочевников и Золотой Орды. Очерки культуры и искусства народов Евразийских степей и золотоордынских городов. М., 1976.

Ф. Хузин, Г. Давлетшин

«Ислам Нюрю» («Свет Ислама») — первая карачаевская мусульманская религиозно-просветительская газета позднесоветского и постсоветского периодов.

Учреждена в г. Москве в 1990 г. М. Биджи, издавалась на русском и карачаево-балкарском языках. Зарегистрирована как официальный орган Карачаево-балкарского независимого информационного центра «Ал-Исламия». С конца 1991 г. — печатный орган *Духовного центра — имамата Карачая*. На страницах газеты публиковались статьи о событиях в мусульманском мире, в России, исторические очерки, сообщения о жизни мусульманских общин КЧР. В последний состав редакции «И. Н.» (1992) входили М. Биджи (редактор), А. Алботов, Б. Кубанов, Р. Хатуев. Прекратила деятельность в 1993 г.

Лит.: Ислам Нюрю. 1990. № 5.

Р. Хатуев

Ислам в улусе Маджар (*Кубано-Терском междуречье* в составе *Золотой Орды*). Территория *Кубано-Терского междуречья* полностью вошла в состав *Золотой Орды* во 2-й половине XIII в. Распространение ислама в *Золотой Орде*, включая и *Кубано-Терское междуречье*, было связано с именем хана Берке, который занял престол в 1256/57 г. уже будучи мусульманином. Он придерживался ханафитского мазхаба, «пригласил к себе ученых из всех краев да шейхов со всех сторон и концов, чтобы они научили людей уставам религии», щедро одаривал их, «оказывал покровительство науке и ученым». Исповедовали ислам и некоторые из его преемников, в том числе Туда-Менгу-хан, который «привязался к шейхам и факирам» (суфиям). Хан *Токта*, по одним данным, был мусульманином (ал-Муфаддал), а по другим (ад-Дахаби) — «особенно уважал мусульманство». Государственной религией *Золотой Орды* ислам сделал преемник и племянник Токты — хан *Узбек* (1312–42). Исламизация *Золотой Орды* тесно связана с деятельностью суфийских тарикатов.

Большинство известных на сегодняшний день грунтовых захоронений XIV в. на территории *Кубано-Терского междуречья* (из *Нижнего Джулата*, Татартупа, Хамидие, Кызбуруна-3 и др.) «совершены по строго мусульманскому обряду». Кроме того, «продолжает возрастать число не введенных пока в научный оборот синхронных захоронений омусульманившейся знати в кирпичных мавзолеях» (В. М. Батчаев). На наличие мусульманского населения в предгорьях Верх. Кубани той поры указывает выявление мусульманского кладбища золотоордынского времени у г. Усть-Джегуты (КЧР) (*Т. М. Минаева, Е. П. Алексеева*). Это подтверждает сообщение ал-'Омари (ум. 1348/49), который писал о *Золотой Орде* и ее «городах Черкесских, Русских и Ясских», что «в настоящее время между ними уже распространен ислам и засиял над странами их свет правоверия».

Анализ археологических материалов *Кубано-Терского междуречья* указывает на вероятность принятия ислама частью местного населения уже с середины XIII в. (Р. Ф. Фидаров). Во 2-й половине XIII в. «ислам стал религией части городского населения Алании», поскольку «об этом надежно свидетельствуют археологические материалы» (Р. С. Бзаров). Ал-Казвини (ум. 1283) в своем географическом словаре «Памятники стран и анналы их обитателей» пишет, что аланы «не повиновались одному царю, но каждое племя имело своего собственного вождя», причем среди них были не только христиане, но и мусульмане.

Ибн Баттута, перечисляя представителей народов, живущих в ордынской столице Сарай-Берке времен хана *Узбека*, упоминает и алан-асов из числа мусульман («асы, которые мусульмане»). В связи с этим испанский алановед А. Алемань заключает, что «аланы, похоже, единственный полностью мусульманский народ» в г. Сарае. Делается вывод, что данный факт может «указывать на близость к власти (или даже выдающееся положение) аланов», так как хан *Узбек* был одним из самых главных защитников и распространителей исламской веры в Орде». На территорию *Кубано-Терского междуречья* проникают передовые для своего времени компоненты культурного влияния исламского Востока.

После смерти хана *Узбека* (1342) *Золотая Орда* вступает в длительную полосу феодальных междоусобиц, обусловивших культурный и хозяйственный упадок *Кубано-Терского междуречья* и др. областей империи. Не смогло остановить этот процесс временное восстановление ее единства при хане *Тохтамыше*, после разгрома которого войсками Тимура (1395–96) *Золотая Орда* окончательно распадается. На ее месте образуется несколько государственных образований, в состав одной из которых — *Большой Орды* — до конца XV в. входила предгорно-равнинная часть *Кубано-Терского междуречья*.

В эпоху Позднего Средневековья на территории страны алан возникают горские княжества Осетии, Балкарии, Карачая, просуществовавшие до вхождения в состав России в 1-й трети XIX в. Часть правящих элит данных феодальных образований сохранила принадлежность к исламу. Исламизация *Кубано-Терского междуречья* в данный период соответствует культурно-конфессиональной характеристике *Золотой Орды*, которую «вполне можно назвать мусульманским государством», где «известны разнообразные элементы мусульманской культуры», в том числе «богословие и правоведение, структурная организация "уммы" — мусульманской общины, архитектура, литература и искусство». Процесс формирования «золотоордынской синкретичной, но яркой и самобытной культуры» шел на всей территории *Золотой Орды*, «но главным образом — в городах», а после распада этого государства процесс шел уже «в рамках локальных культур» (Д. В. Васильев). В то же время исламизация затронула преимущественно равнинную и предгорную часть *Кубано-Терского междуречья*, которая ранее высокогорных областей интегрировалась в политико-правовое и культурное пространство *Золотой Орды*.

Лит.: Батчаев В. М. Балкария в XV – начале XIX в. М., 2006; Васильев Д. В. Погребальные памятники центральных областей Улуса Джучи: к вопросу об исламизации населения Золотой Орды. Казань, 2007; Фидаров Р. Ф. Мусульманские погребения алан XIII–XIV вв. с могильников Верхнего Джулата // Историко-филологический архив. Владикавказ, 2004. № 1. С. 16–31; Хатуев Р. Т., Биджи М. А. Алания мусульманская. Очерк конфессиональной истории Центрального Кавказа VII–XV вв. Черкесск, 2011.

Р. Хатуев

«Исламский вестник» — духовно-просветительская газета. Издается с февраля 1998 г. на русском и аварском языках в г. Махачкале. Выходит 1 раз в неделю. Учредитель и главный редактор — М. З. Гамзатов.

Лит.: Омаров М. Ислам в Дагестане. Махачкала, 2014.

М. Омаров

Исламское образование в Ингушетии. Утверждение ислама в ингушском обществе приходится на середину XIX в., наибольшее влияние на эти процессы оказывали миссионеры из соседних исламских регионов. При этом среди ингушей были те, кто, исповедовал ислам и ранее. Литературные, археологические, фольклорные материалы подтверждают, что знакомство с исламом предков ингушей состоялось в период арабских завоевательных походов на Кавказ, но это все же не позволяет говорить о полной исламизации ингушского общества в то время.

Большое влияние на религиозные убеждения ингушей оказала деятельность уроженца чеченского с. Алды шейха *Мансура* (ныне в составе г. Грозного). В 1-й половине XIX в. значительную роль в укоренении среди ингушей тариката *накшбандийа* сыграла имам *Шамиль*. В середине XIX в., благодаря проповеднической деятельности шейха *Кунта-хаджи* Кишиева, на Кавказ проник кадирийский тарикат. На рубеже XIX–XX вв. *Арсанов Дени*, шейх накшбандийского тариката, распространял свое учение в ингушском и чеченском обществе. Также ислам в среде ингушей проповедовали 'алимы из аварцев, андийцев, кумыков, даргинцев, лезгин: Аслан-Хаджжи, Ослак-Хаджжи, Селий Мурдал (Аварский Мурдал), Селий Ахьмад (Аварский Ахмед), Ахмед-мулла, Батал-мулла, Джамалд-мулла, Дибр-мулла, Мурдал-Хаджжи, Магома-мулла и др.

Исламское образование в Ингушетии

Большую роль в распространении мусульманских знаний сыграли примечетские школы — медресе (хьужаре). Образование в медресе разделялось на начальное — «мута'аллимы», среднее — «дийшанах» (инг. «люди выучившиеся, читавшие») и высшее — «мол», «Іаламсаг» (инг. «человек науки», от араб. Іилм — «наука» и инг. саг — «человек»). Содержание мусульманских начальных школ осуществлялось за счет родителей-прихожан. Были отдельные меценаты, которые финансировали эти учебные заведения, были добровольные пожертвования от отдельных людей.

После принятия ислама среди ингушей распространилась письменность аджами, которая характерна для неарабских народов, принявших ислам. Письменность создана на основе арабской графики с использованием дополнительных надстрочных и подстрочных знаков. Аджамская письменность широко использовалась для обычной и деловой переписки, а также для создания историко-философских, художественных и иных произведений. Арабский язык получил значительное распространение как язык богослужения, науки, во многом — поэзии.

В конце XIX в. мечети в Ингушетии стали центрами изучения ислама. За сравнительно небольшой временной промежуток число мечетей на территории Ингушетии увеличилось. Согласно данным Первой всеобщей переписи населения Российской империи 1897 г., в Ингушетии насчитывалось 55 действующих мечетей, абсолютное их большинство располагалось в равнинных районах. Больше всего мечетей было в ингушском с. Базоркино (ныне с. Чермен Пригородного р-на РСО-А) — 9 квартальных и 1 соборная мечеть, а также школа для обучения детей основам ислама. При большинстве мечетей существовали школы для детей и взрослых.

Власти не могли остановить рост числа медресе и развитие мусульманского религиозного образования. Основную угрозу безопасности они видели в лидерах религиозных братств кадирийского тариката. Все шейхи кадирийского тариката — Сугаип Гайсумов, *Митаев Бамат-Гирей*, *Докка-шейх*, *Белхароев Батал-хаджжи*, Кана-хаджжи Чимирза, мулла Магома — в ноябре 1911 г. были репрессированы и высланы из Чечни и Ингушетии. Шейхи накшбандийского тариката не пострадали. Это несколько ослабило позиции кадирийского тариката, но серьезных изменений из-за этого не произошло. В 1915 г. губернатор Терской обл. сообщал, что, «предоставленные самим себе, магометане поневоле черпают понятия о религиозных истинах во время ежегодного паломничества в Мекку». Для изменения ситуации тогда же было принято решение об учреждении в г. Владикавказе Богословско-педагогических курсов для подготовки духовных лиц, но существенных результатов достичь так и не удалось.

В мае 1917 г. в г. Владикавказе открылся *Первый Горский съезд*, религиозная секция которого решила ввести в судах по всем делам мусульман шариат, учредить должность кавказского муфтия с резиденцией в г. Владикавказе для мусульман Терской, Кубанской и Дагестанской обл., Черноморской губ., *ногайцев*, караногайцев и туркмен Ставропольской губ. Важной сферой религиозной жизни съезд считал проблемы религиозного образования. В 1917–19 гг. ингуши в основном оказали поддержку советской власти.

С начала 1920-х гг. система религиозного мусульманского образования в Ингушетии, как и во всей стране, подверглась репрессиям, мактабы и медресе массово закрывались. Тем не менее в 1920-е гг. степень религиозности мусульман Ингушетии была достаточно высокой. Г. К. Мартиросиан писал: «Наблюдения мои в Нагорной Ингушетии летом 1926 г. привели меня к заключению, что степень религиозного чувства жителей остается почти прежней. Молитва совершается несколько раз в день и людьми пожилыми, и среднего возраста, и юношами. Даже один из председателей исполкомов ингушских обществ в горах не раз прерывал деловую беседу со мною и удалялся на время с тем, чтобы совершить молитву. Впрочем, у части населения отношение к религии, несомненно, только формальное». В Ингушской автономной обл. в этот период функционировало 146 мечетей. В 1929 г. в Ингушетии функционировало 32 школы с полутора тысячами учеников, в которых велось обучение основам ислама, и такое же количество медресе с 825 учащимися.

В 1928 г. была провозглашена «безбожная пятилетка», в соответствии с которой к 01.05.1937 г. на всей территории СССР не должно было оставаться ни одного молитвенного дома, а «само понятие Бога должно было быть изъято из употребления в Советском Союзе как пережиток Седневековья». Репрессии 1937–38 гг. затронули местное духовенство. Мечети и медресе были закрыты.

В 1944 г. Чечено-Ингушскую АССР упразднили, чеченцы и ингуши были депортированы в Среднюю Азию и Казахстан как «предатели Родины». В период депортации и позже работниками НКВД сжигалась духовная литература из частных рукописных собраний, библиотек мечетей, государственных архивов и т.д. Запрет возвращения на родину был отменен 09.01.1957 г. указом Президиумов Верховных Советов СССР и РСФСР, была восстановлена Чечено-Ингушская АССР. После восстановления Чечено-Ингушской республики партийные и советские органы развернули масштабную антирелигиозную кампанию. Деятельность суфийских братств перешла на нелегальное положение, муллы обучали детей и подростков тайно, в собственных домах. Запрещалось исполнение любых мусульманских обрядов.

Исламское образование в Ингушетии

В 1970 г., с апреля по июль, в Назрановском, Малгобекском и Сунженском р-нах ЧИАССР проходили сходы в населенных пунктах, на которых обсуждались вопросы, связанные с многоженством, уплатой калыма, похищением девушек и отправление религиозных обрядов. При этом многие ингуши искренне считали себя одновременно правоверными мусульманами и «советскими» людьми, принимая в быту, в семье исламские нормы и нормы обычного права, а во «внешнем мире» — на работе, при общении с людьми другой национальности, вне Чечено-Ингушетии — советские нормы.

На 01.01.1970 г. в ЧИАССР было учтено свыше 150 незарегистрированных мусульманских религиозных объединений, имевших постоянные молитвенные помещения, служителей культа, выборные органы, но вопрос о регистрации хотя бы одного из них не ставился местными органами власти. Активную работу по восстановлению мечетей Ингушетии стали вести в 1976 г. известные и авторитетные 'алимы Ахмед Тутаев, *Белхароев Ахмед, Евлоев Суламбек* и др. Благодаря им и деятельности активистов в 1977 г. было получено разрешение на открытие мечети в с. Сурхахи и Барсуки. В сентябре 1980 г. Советом по делам религии при Совмине СССР в числе первых была зарегистрирована Барсукинская мечеть, которая спустя некоторое время была сожжена. Работа по восстановлению мечети в с. Сурхахи завершились в 1988 г.

С конца 1980-х гг. начался процесс возрождения ислама: строительство мечетей, восстановление «святых мест», открытие исламских учеб заведений. 27.01.1990 г. был созван съезд мусульман Сев. Кавказа, на котором муфтием был избран Багаутдин Исаев. К этому времени из *ДУМ Северного Кавказа* начали выделяться республиканские духовные управления мусульман, в том числе ДУМ Чечено-Ингушетии (1989, муфтий Шахид-гаджи Газабаев). Реисламизация набирала обороты, начали функционировать шариатские суды, открывались новые мечети, зийараты, начальные школы (мактабы), медресе, исламские колледжи, ин-ты и ун-ты.

В октябре 1991 г. Чечено-Ингушетия «мирно и по обоюдному согласию» разделилась по национальному признаку на две республики — Чеченскую и Ингушскую. После образования РИ изменения в религиозной жизни продолжились. 05.04.1993 г. на съезде мусульман республики был образован Муфтият Ингушетии (см. *Духовный центр мусульман Республики Ингушетия*). Его работу возглавил *Албогачиев* Магомед-хаджи Османович. Муфтият назначил во всех населенных пунктах Ингушетии по одному имаму. В их обязанности входило совершение пятничной молитвы, различных религиозных обрядов, связанных со свадьбы, похоронами и поминками, примирение конфликтующих сторон, консультативная помощь в вопросах, касающихся ислама, и мн. др. Постепенно возросло количество мечетей и число школ-медресе при центральных мечетях. Существенным недостатком такого образования было то, что школы не имели программы, разработанной и утвержденной муфтиятом республики. Каждый основатель медресе ставил свои цели и задачи, с учетом которых и велось обучение. Такое положение дел в области религиозного образования тревожило местное духовенство, так как в религиозно неграмотном обществе появилась радикально настроенная часть населения, радеющая за «чистоту ислама».

Низкий уровень исламского образования у местного населения позволял вербовщикам из радикальных мусульманских группировок привлекать в свои ряды молодых людей. Для борьбы с этим явлением Распоряжением президента РИ Р. Аушева и Постановлением правительства Республики Ингушетия от 28.05.1998 г. во всех общеобразовательных школах Ингушетии в 5–11-х классах был введен обязательный курс «Основы религии». В процессе изучения данного курса учащиеся должны получить необходимые знания по основным положениям ислама согласно учению шафиитского мазхаба, приверженцами которого являются ингуши. Работа по составлению программы курса и учебных позиций была возложена на Муфтият РИ и Министерство образования РИ. Распоряжением президента РИ М. М. Зязикова от 22.12.2006 г. в общеобразовательных учреждениях курс «Основы религии» был переименован и стал преподаваться как курс «История религий» по 2 часа в неделю за счет регионального компонента базисного учебного плана.

Первый на территории современной России исламский ин-т был открыт 15.10.1990 г. в г. Назрани. К занятиям по результатам конкурсного отбора приступили 74 слушателя, которые изучали 24 дисциплины (как религиозные, так и светские). В 1992 г. Исламский ин-т имени имама аш-Шафии официально был зарегистрирован Минюстом РФ. С наступлением периода стабилизации в становлении исламского образования в начале 2000-х гг. Ин-т имени имама аш-Шафии был преобразован в Ин-т исследования исламской культуры и религии России и переведен в г. Москву.

В апреле 1994 г. в с. Экажево Назрановского р-на РИ был открыт Исламский ин-т имени короля Саудовской Аравии 'Абдул-'Азиза Фахда. 15.07.1994 г. ин-т был переведен в ст. Орджоникидзевская Сунженского р-на. За весь период деятельности в стенах ин-та высшее религиозное образование получили ок. 500 чел. В настоящее время здесь обучаются свыше 150 чел. Выпускники получают квалификацию «имам-хатиб мечети» и «преподаватель основ религии».

В 2007 г. на базе медресе в г. Малгобеке был создан Ингушский исламский ун-т. Ректором был избран *Барзиев Хаматхан*, выпускник Восточного факультета Ленинградского государственного ун-та. Студентами этого высшего учебного заведения стали жители Ингушетии и Чечни. В университете введено раздельное обучение юношей и девушек. Осуществляется преподавание не только религиозных дисциплин (рецитация и заучивание Корана, тафсир (комментарий) Корана, основы корановедения, фикх (исламское право), усул ал-фикх (основы права), арабский язык, грамматика арабского языка), но и русского языка и литературы, риторики, английского языка и др. При Ингушском исламском ун-те функционирует Исламский колледж. Обучение в колледже ведется на русском, арабском английском и ингушском языках.

В 2013 г. в РИ открылась школа хафизов, директор школы — Адам Малороев. В настоящее время школа рассчитана на 30 человек в возрасте 9–13 лет. Всего подготовлено 29 юношей — хафизов Корана.

В РИ функционирует культурно-просветительный центр «Рассвет», в котором молодые люди обоего пола (ок. 30–40 учеников) изучают арабский язык и чтение Корана. Курс рассчитан на шесть-семь месяцев.

В настоящее время мусульманское образование в РИ можно получить в 40 учебных заведениях (медресе) при мечетях, в колледже при Исламском ин-те в г. Малгобеке, высшее — в исламских ин-тах г. Малгобек и Сунжа.

Лит.: Албогачиева М. С.-Г. Ислам в Ингушетии: этнография и историко-культурные аспекты. СПб., 2017; Бобровников В. О. Исламское образование на Сев. Кавказе // Вестник Евразии. 2004. № 1. С. 190–195; Дударов А.-М. М. Некоторые вопросы расселения древних ингушей и существования у них собственной государственности // Научный вестник Ингушского государственного ун-та. № 1(13). Магас, 2010; Керимов М. М. Ислам в системе национальной культуры вайнахов. Грозный, 1999; Мужухоев М. Б. Проникновение ислама к чеченцам и ингушам. Археологические памятники Чечено-Ингушетии. Грозный, 1979; Музаев Т. Союз горцев. Русская революция и народы Северного Кавказа, 1917 — март 1918 г. М., 2007.

М. Албогачиева

Исма'ил из Шулани (1863/64–1930(?)) — мусульманский религиозный и общественный деятель, 'алим.

Учился в с. *Кудали* и Чох (ныне Гунибский р-н РД), затем в Согратлинском медресе. Во время учебы в с. *Согратль* (ныне Гунибский р-н РД) И. Ш. подружился с мута'аллимами, ставшими впоследствии известными религиозными и общественными деятелями Дагестана: *Акаевым Абусупьяном* из Казанище, *Мухаммадом-Мирзой Мавраевым* и др. По окончании учебы они вместе отправляются в Крым (г. Бахчисарай) и, устроившись на работу в типографию крымскотатарского реформатора И. Гаспринского, обучаются книгоиздательскому делу. Вернувшись в Дагестан, И. Ш. устроился в типографию *Мухаммада-Мирзы Мавраева* переписчиком книг. В начале он переписывал и готовил к изданию книги других авторов и ученых: 'Умара-хаджжи Дийа' ад-дина ад-Дагестани «Кисас ал-Анбийа'» («Истории пророков»), *Мухаммадатахира ал-Карахи* «Ат-тарджама Карахийа» («Переводы Карахского») и др. Первой книгой, подготовленной им и изданной в аварском переводе, является «Мунаббихат» Ибн Хаджара 'Аскалани. Затем И. Ш. перевел комментарий Ибрахима Бужури на «Абу Шужа'»; книга вышла под названием «Пояснения шариатских решений». Точная дата смерти И. Ш. не известна.

Лит.: Омаров М. Богословы Дагестана. Махачкала, 2014; Омаров М. Ислам в Дагестане. Махачкала, 2014.

М. Омаров

История ислама в Дагестане. Дагестан (Д.) — историческая обл. и республика (субъект) в Российской Федерации. Столица — г. Махачкала. Делится на три историко-географические зоны: Горы, Предгорье и Плоскость. Включает две историко-этнографические области — азербайджано-лезгинский Юг и аваро-даргино-кумыкский Север. По данным республиканской статистики, подавляющее большинство населения Д. составляют мусульмане (2753 из 2801 религиозных объединений и организаций, учтенных на 01.01.2022 г.). Религиозные меньшинства представлены христианами (42 организации, в том числе Махачкалинская епархия и 28 православных приходов РПЦ, 10 протестантских общин (баптистов, адвентистов седьмого дня, пятидесятников, евангельских христиан-лютеран), 1 древлеправославная община, 2 армяно-григорианские церкви и др.) и иудеями (6 общин в г. Махачкала, Дербент, Буйнакск, Хасавюрт, Кизляр, в том числе Централизованная религиозная организация иудейских общин РД).

Ислам исповедуют народы Д., говорящие на языках кавказской, тюркской и индоевропейской языковых семей. В первую входят следующие горские народы: аварцы вместе с андо-цезскими народами и арчинцами (по переписи 2010 г. — 850 тыс., 29,4% дагестанцев); даргинцы с кайтагцами и кубачинцами (490,4 тыс., 17%); лезгины (387,7 тыс., 13,3%); лакцы (161,3 тыс., 5,6%); табасаранцы (121,9 тыс., 4,2%); агулы (28,1 тыс., 1%); рутульцы (27,8 тыс., 1%); цахуры (9,8 тыс., 0,3%) и чеченцы-аккинцы (93,7 тыс., 3,2%, после первой чеченской войны 1994–96 гг. их численность выросла за счет вынужденных переселенцев).

Тюркские народы Плоскости и Предгорья Д. — кумыки (431,7 тыс., 14,9%) и *ногайцы* (40,4 тыс., 1,4%), а также переселенцы XVI–XX вв. — азербайджанцы с терекеменцами (всего 125,1 тыс., 4,3%), казанские и астраханские татары (3,7 тыс., 0,1%).

Таты-мусульмане (456 чел.) были выселены в Предгорье Д. из Ирана при Сасанидах, а в 20–50-е гг. XX в. почти полностью переселились в г. Дербент, Махачкалу, Буйнакск.

Исламизация Д. шла с Юга на Север и с Плоскости в Горы. Выделяют до 8 периодов этого процесса, которые можно объединить в три больших этапа. На первом этапе (середина VII–X в.) арабы силой оружия обратили в ислам лезгин, табасаранцев, рутульцев и цахуров. На втором этапе (конец X–XVI в.) ислам распространяли местные миссионеры, в том числе суфии. В XI–XIII вв. мусульманами стали агулы и лакцы, а к концу XIV в. — арчинцы, кубачинцы, кайтагцы и даргинцы, а также *ногайцы* (последние в процессе исламизации *Золотой Орды*). Кумыки и аварцы, а также андийцы приняли ислам в XIV–XV вв., а большинство андо-цезских народов и чеченцы-аккинцы — в XV–XVI вв. На третьем этапе (XVII — начало XIX в.) дагестанцы постепенно отошли от противоречащих шариату правовых и бытовых обычаев (захват имущества односельчан должника из чужого политического образования в обеспечение долга (ишкиль), лишение женщин наследства, некоторые свадебные обряды, употребление запретных для мусульманина еды и спиртных напитков и т. д.). В постсоветский период (с конца 80-х гг. XX в. по настоящее время) происходит быстрая реисламизация общества и культуры Д.

Примерно 86,7% населения республики — сунниты. Большинство титульных народов Д. с глубокого Средневековья следуют шафиитскому мазхабу, только *ногайцы* и татары — ханафиты (что связано с золотоордынским наследием). Шииты-имамиты составляют около 4% жителей РД, в основном это азербайджанцы. В XVI–XVIII вв. под персидским влиянием шиитами стали лезгины. Куруш и Мискинджа Докузпаринского р-на РД, но настоящему времени курущцы ассимилированы суннитами. Шиитскую идентичность сохранили лишь жители г. Дербента и с. Мискинджи.

По числу мечетей Д. исторически занимает первое место среди регионов Сев. Кавказа. В 1913 г. здесь была 2021 суннитская мечеть (включая 354 пятничные мечети) и 35 шиитских (включая 2 пятничные). В период борьбы с исламом в 1923–41 гг. все они были закрыты, часть разрушена. В период ВОВ советское правительство перешло к политике сотрудничества с ведущими религиозными конфессиями; 26.09.1945 г. возобновила работу древнейшая в России дербентская *Джума*-мечеть — первая из мечетей, восстановленных на послевоенном Сев. Кавказе. К 1985 г. в Д. было 27 действующих мечетей. С прекращением религиозных гонений в 1990-е гг. наблюдается быстрый рост числа мечетей и местных общин. К началу 1998 г. было зарегистрировано 1557 мусульманских общин (джама'атов), к лету 1999 г. их количество выросло до 1700. Особенно активно строительство мечетей шло в 1996–98 гг. При помощи архитекторов и строителей из Турции была построена крупнейшая в то время на Сев. Кавказе новая Центр. джума-мечеть г. Махачкалы вместимостью 7,5 тыс. чел. После реконструкции 2005–07 гг. она вмещает 15 тыс. чел. К концу 1990-х гг. темпы строительства упали. На 1 января 2022 г. в Д. отмечено 1337 пятничных и 1194 квартальных мечетей, 196 молитвенных домов. В селах и городах на севере и в центре Д. восстановлено несколько тысяч молельных домов (кул'а).

В Д. распространено паломничество к святым местам. Имеется несколько сотен, если не тысяч святых мест (пир, зийарат), где прежде проводили моления о дожде / солнце, а ныне устраивают мавлиды и зикры, раздают милостыню (садака). Верующие всех конфессий совершают к ним паломничество (зийара) в поисках чудесного исцеления, изгнания джиннов, рождения мальчиков, устранения семейных и иных неурядиц. Обычно это надгробия или мавзолеи кубической формы без окон (худжра), с куполом или без него, увенчанные деревянными шестами с белыми или разноцветными лоскутами. В 1930-е гг. часть из них была заброшена, часть уничтожена, но в 1990-е — 2010-е гг. вновь восстановлена. По своему значению для дагестанских мусульман похороненные в них шейхи образуют следующую иерархию:

• арабы-воители за веру VIII–XI вв., среди которых выделяются шейх *Абу Муслим*, полулегендарный исламизатор Д., его сестра и «сподвижники» — средневековые правители селений Ахты, Кала-Корейш, Кумух, *Хунзах*, Чох, Мачада и т. д.; Гази-Каландар из Сирии (аш-Шама), по преданию, обративший в ислам лакцев, и др.;

• миссионеры X–XVII вв. — ал-Мандала, похороненный в с. Кумух; шейх Джунайд, распространитель шиизма в Юж. Дагестане; Ханифа из *Хазарии*; пир Баба-хан и пир Хасан из Шама; хаджжи Удурат из Мачада, Рутия из Хуштада; *Багдад-Али*, похороненный в пос. Тарки, его сын и дочь, и др.;

• мученики (шахиды), павшие в сражениях с «неверными» в VIII — начале XX в.: эмир Джум-Джум и 40 шахидов (*Кырхляр*) Дербента; пир Хашим; шейх Хасан из Шири; «святые» кладбищ шахидов в селениях Карахала, *Хунзах*, Тинди, Гимры, Цудахар и т. д.; имамы XIX в. — *Газимухаммад, Гамзат-бек, Мухаммад-хаджжи ас-Сугури* (Согратлинский); шамилевский наиб Хаджжи-Мурад и мн. др.;

• суфии и 'улама' XIII–XX в.: шейхи пир Сулайман из с. Лгар, Халифа из с. Курар; два шейха Ибрахима — из с. Ахты и из с. Орта-Стал; Амир из с. Мишлеш; суфий Дауд из с. Тпиг; Кули-бек из г. Дербент; 17 шейхов *халватийа*, похороненные в святилище Халбат в с. Утамыш; *ал-Йараги Мухаммад-эфенди* (из Ярага); *ас-Сугури 'Абдуррахман*; Загалавдибир из с. Хварши; Хусенияв из с. Гигатли; 'Умар-хаджжи из с. Анди; Узун-Хаджжи ас-Салти (из с. Салта); Илйас ал-Цудахски (из с. Цудахар); *ал-Алмали Махмуд*, *Акушинский 'Али-Хаджжи*; *Сайпулла-кади*, *ал-Асали Мухаммад*, *Чиркейский Са'ид-афанди* и мн. др.;

• юродивые и невинно убиенные, безымянные шейхи, имена и заслуги которых забыты, в том числе чабаны / охотники.

Кроме того, мусульмане Д. совершают паломничества к «святым» местам, которые до принятия ислама были языческими капищами. Обряды поклонения им в основном соответствуют поклонению «святым» могилам. К ним относятся:

• горы: Адалло-Шугельмеэр, Ахульго, Буцрах, Турчидаг (у аварцев); Бахарган (у ботлихцев и андийцев); Чипир, Читырчаль (у дидойцев); Вацилла (у лакцев); Шалбуздаг и Цийкул (у лезгин, рутульцев); а также пещеры у с. Кужник, Мискинджа, Хустиль (пещера Дюрк), Цилитль, Чурдаф (у табасаранцев) и т. д.;

• камни, некоторые из них считаются окаменевшими людьми либо окаменевшей мечетью;

• источники и озера;

• деревья («святой» ясень в селениях Вертиль, Хучни; Сеид-Мяхъв в селении Хапиль; Исмаил-пир в селении Яргиль и т. д.) и «мечетские леса» селений Заан Ярак, Кванада, Ругуджа, Чере, Шиназ и т. д. Впервые централизованная организация мусульман Д. была создана в 1944 г. в форме *ДУМ Северного Кавказа* (ДУМ СК) в г. Буйнакске (в 1975 г. переведено в г. Махачкалу). В его компетенцию входило: регистрация мусульманских общин, утверждение и смещение имамов мечетей, участие в возобновившемся с 1945 г. хаджже, выпуск религиозно-правовых заключений (фетв), исполнение обязанностей шариатского суда. Деятельность ДУМ СК контролировалась общесоюзными властями (в 1944–65 гг. через республиканских уполномоченных общесоюзного Совета по делам религиозных культов, в 1965–91 гг. — Совета по делам религий при Совете министров СССР) и органами НКВД–НКГБ–МГБ–КГБ. ДУМ СК охватывало 8 северокавказских советских автономий и областей Сев. Кавказа с мусульманским населением: Дагестанскую АССР, Кабардинскую АССР (с 1957 г. Кабардино-Балкарская АССР), Северо-Осетинскую АССР, Адыгейскую АО, Краснодарский и Ставропольский края, Грозненскую обл., а с 1957 г. также вновь восстановленные после реабилитации депортированных

народов Чечено-Ингушскую АССР и Карачаево-Черкесскую АО. Представители Дагестана всегда занимали в нем ключевые позиции.

Еще до распада СССР, в мае 1989 г., произошел раскол ДУМ СК. Возникло ДУМ Дагестана (ДУМД), в 1992–93 гг. распавшееся по этническому признаку на аварское ДУМД (муфтии кумык Б. Исаев (27.01.1990–02.03.1992), аварцы С.-А. Дарбишгаджиев (02.03.1992–12.1993), М. Дарбишев (01.1994–01.1996), *Абубакаров С.* (01.1996–21.08.1998), *Абдулаев А.-х. М.* (с 1998 г. по настоящее время), Духовное возрождение лакского народа в г. Буйнакске (председатель Г. Гасанов), Кумыкское духовное управление в г. Махачкале (муфтий Б. Исаев) и даргинский Кадийат в г. Избербаш (председатель А. Алигаджиев, внук накшбандийского шейха *Акушинского 'Али-хаджжи*). В 1993 г. на съезде мусульман Юж. Дагестана был избран еще один муфтий — имам мечети г. Дагестанские Огни М. Латиков. В 1999 г. появилось шестое «территориально-этническое» ДУМ Ногайского р-на Республики Дагестан (председатель А. Арсланов). Однако ни одно ДУМ, кроме ДУМД, не прошло государственную перерегистрацию 1994 г. В результате последнее добилось статуса республиканского муфтията. В 2020 г. ДУМД сменило название и стало называться *Муфтиятом Республики Дагестан*. Ему подчиняются районные советы (шура) мечетей, состоящие из имамов пятничных мечетей. ДУМД организовывает хаджж и др. общедагестанские религиозные мероприятия. Совет имамов и Совет мечетей разбирают споры мусульманских джама'атов. Муфтия избирает Совет 'улама' (Совет богословов, мусульманских ученых), который формируется на выборной основе съездом мусульман, но реально формируется окружением муфтия (в основном из сторонников ныне покойного шейха *Чиркейского Са'ида-афанди* (Ацаева) из аварского с. Чиркей Буйнакского р-на РД).

Большим влиянием в религиозной жизни республики пользуются суфийские братства (тарикаты) *накшбандийа*, шазилийа и кадирийа. Тасаввуф, проникший в Д. по крайней мере в X–XI вв., затем распространявшийся через братства сухравардийа и *халватийа* в XIV–XVII вв., получил политический импульс в XVIII–XX вв. Его принципы были востребованы в *Имамате* — военно-теократическом государстве, созданном в 1828–59 гг. на территории Нагорного Д. и Чечни для установления шариата в ходе *Кавказской войны*. Имамы *Газимухаммад* (1828–32) и *Шамиль* (1834–59) были мюридами известных накшбандийских шейхов *ал-Йараги Мухаммада-эфенди* и *ал-Гази-Гумуки Джамалуддина* (Газикумухского), четвертый имам Мухаммад-хаджжи (1877–78) — сыном шейха *ас-Сугури 'Абдуррахмана*. Подобно шейхам тариката, они окружали себя последователями (муридун шарийа), из которых сложилась военная элита *Имамата*. С шейхами *накибандийа* был тесно связан пятый имам, *Гоцинский Нажмутдин*, в 1920–21 гг. поднявший в горах Д. восстание против советской власти.

К началу 30-х гг. XX в. братства были запрещены, но не распались. В 90-е гг. XX в. возродилось около двух десятков вирдовых общин *накибандийа*-махмудийа, *накибандийа*-халидийа, махмудийа-шазилийа и кадирийа. Наиболее влиятельные вирды возглавляли шейхи Мухаммад-Амин Гаджиев из с. Параул Карабудахкентского р-на (ум. 1999), *Чиркейский Са'ид-афанди* (Ацаев, 1937–2012), его бывший *халифа* шейх Арсланали Гамзатов из г. Буйнакска (род. 1954), Тажудин Рамазанов Хасавюртовский из с. Ашали Ботлихского р-на (1919–2001), *Бадрудин Кадыров* из с. Ботлих (1913–2003), *Хурикский Сираджудин* Исрафилов из с. Хурик Табасаранского р-на (1954–2011), Ильяс Ильясов из с. Аданак Карабудахкентского р-на (1947–2013), *Мухаммад-Мухтар Бабатов* из пгт. Кяхулай в составе г. Махачкалы (1954–2015), 'Абдулвахид-афанди из с. Какамахи Левашинского р-на, Рамазан Газимагомедов из с. Гимры Унцукульского р-на, 'Абдулгани-афанди из г. Загаталы Азербайджанской Республики, Мухаджир-хаджжи Акаев из Доргели Карабудахкентского р-на (ум. 2008). Отношения между шейхами напряженные. Руководство ДУМД признает лишь пятерых шейхов ветви *Чиркейского Са'ида-афанди*, объявляя всех остальных «ложными шейхами» (муташайих). Есть также вирды, считающие своей главой покойных шейхов XIX–XX вв.: *Кунта-хаджжи*, *Акушинского 'Али-Хаджжи* (1847–1930), *Сайпуллу-кади* из с. Ницовкра Лакского р-на (1853–1919), *ал-Кахи Хасана Хилми* (1852–1937), Вис-хаджжи Загиева (ум. 1973), Амая и др. В 1990-е гг. численность братств резко возросла, охватив, по некоторым оценкам, до 80–100 тыс. мюридов. В вирды вступили множество новообращенных русских, образовавшие Союз новообращенных мусульман. Исламским призывом (да'ва) активно занимается Союз исламской молодежи при *Муфтияте Республики Дагестан*.

Суфийским вирдам и официально признанным мусульманским организациям противостоят различные движения религиозных диссидентов-салафитов, в 1990-е — 2000-е гг. известные под именем *ваххабитов Северного Кавказа*. Они выступают против почитания шейхов, культа святых, использования талисманов, четок, современного похоронного обряда и ряда др. обычаев, которые объявляют «недозволенными новшествами» (араб. бида', ед. ч. бид'а) в исламе.

Большим влиянием среди религиозных диссидентов в конце XX в. Д. пользовался Ахмад-кади Ахтаев из селения *Кудали* Гунибского р-на (1942–98). После его смерти неформальным лидером ваххабитов стал Багаутдин б. Мухаммад (Магомедов, род. 1946) родом из с. Сантлада Цумадинского р-на РД, из-за преследований ДУМД, поддержанных властями Д., укрывшийся в декабре 1997 г. на территории Чеченской Республики и после начала второй чеченской войны (1999) покинувший территорию РФ. Бывший амир астраханских ваххабитов — ученик Багаутдина Ангута (Айуб) Ангутович Омаров из с. Кванада Цумадинского р-на. Под влиянием войны движение политизировалось, к нему примкнули криминальные группировки. 16.09.1999 г. был принят закон «О запрете ваххабитской и иной экстремистской деятельности на территории Республики Дагестан». Репрессии вынудили ваххабитов свернуть свою деятельность в республике. Точное число ваххабитов и их амиров не известно. Их влияние идет на спад. По данным российского востоковеда Д. В. Макарова, в 90-е гг. XX в. их поддерживало не более 5–10% населения Д. К 2010-м гг. движение сошло на нет.

В настоящее время в Д. насчитывается около более 3000 имамов (дибиров, мулл), муаззинов (будунов), мударрисов, мутааллимов и 'улама'. Большинство из них не связано ни с ваххабитами, ни с ДУМД. До репрессий 20–30-х гг. XX в., когда погибли десятки тысяч имамов и людей с религиозным образованием, мусульманская духовная элита составляла около 5% населения Д. (1913 г.).

С 1990-х гг. в Д. возрождается система мусульманского религиозного образования и просвещения. Большинство современных дагестанских имамов получили религиозное образование в примечетных школах — начальных (мактаб), средних и высших (медресе), в появившихся в республике в 1990-е гг. исламских вузах, а также в учебных заведениях мусульманских стран (Саудовская Аравия, Египет, Марокко и др.).

В 1913 г. в Дагестанской обл. было 755 медресе с 6727 мута'алимами. В 1927 г. примечетные школы были запрещены, но 'улама' десятков селений (Акуша, Ассаб, Верх. Гаквари, Губден, Дургели, Карабудахкент, Кахиб, Мачада, Нижний Дженгутай, Тидиб, Тлох, Урада, Саситли, *Хунзах*, Хучада, Хуштада, Яраг и т. д.) продолжали тайно преподавать на дому традиционный курс исламских наук.

В постсоветском Д. создана новая трехступенчатая сеть частных исламских учебных заведений. Нижнюю ее ступень образуют начальные примечетные школы, в которых обучают азам арабского языка, догматики ('акида) и исламской обрядности (усул ад-дин). На 1 января 2022 г. отмечено 132 таких мактаба с 5255 учениками. Они не подлежат государственной регистрации. Не все начальные примечетные школы учтены государственной статистикой. Успешно окончившие их могут поступать в 16 медресе и 2 филиала, где в настоящее время учатся 1288 чел. (2,4% от учащихся средних специальных заведений по РД). Высшую ступень исламского образования представляют исламские вузы. В начале 2000-х гг. их было около двух десятков, но в последнее время число их сократилась до 6; в исламских вузах учатся 694 чел. (1,2% учащихся дагестанских вузов).

На всех ступенях современного исламского образования преподается традиционный курс исламских дисциплин, включающий изучение Корана, правил его чтения (таджвид), грамматики и морфологии арабского языка (сарф и нахв), догматики ('акида), экзегетики (тафсир), хадисоведения, фикх (мусульманское право). Кроме того, в некоторых медресе и большинстве вузов изучается ряд предметов категории манкулат: мусульманское право (фикх шафиитского толка), спекулятивное богословие (калам), суфизм (тасаввуф).

Книгопечатание в арабской графике в Д., начатое в типографии *М.-М. Мавраева* в г. Темир-Хан-Шуре (более 220 изданий, в основном богословского содержания, за 1903–17 гг.) и в типографии А. М. Михайлова в г. Порт-Петровске, было прекращено к 1927 г. Постсоветская исламская печать ограничивается изданием Корана и просветительских брошюр на русском языке, а также газет, прежде всего, «*Ас-Салам*» (орган *Муфтията Республики Дагестан*). В 1990-е — 2000-е гг. выходили и др. мусульманские газеты и журналы, включая «*Исламские новости*», «*Нур-ул-ислам*», «*Путь ислама*»; салафитские «*Знамя ислама*» и «*Халиф*». Малыми тиражами в г. Махачкале выпускают репринты дореволюционных арабских книг и публикации преимущественно арабоязычных рукописей, в основном сочинения местных суфиев (*ал-Йараги Мухаммада-эфенди*, *ал-Гази-Гумуки Джамалуддина*, *ал-Кахи Хасана Хилми*, *Сайпуллы-кади* и др.). Тогда же московское издательство «Сантлада» (и его преемник «Бадр») печатали книги реформаторов Абу-л-'Ала Маудуди, Хуррама Мурада, Хасана ал-Банны, учебники идейного главы местных вахабитов Б. Магомедова. До начала гражданской войны в Сирии в г. Дамаске в 2000-е гг. работало издательство «Дар ан-нуман ли-л-улум», издававшее для Д. арабоязычные сочинения дагестанских шейхов. Религиозная тематика затрагивается в местных теле- и радиопрограммах, станции «ТВ Чиркей». С начала 2000-х гг. выходит журнал «Ислам».

Центром исламского движения в республике является Север, где сосредоточено большинство восстановленных мечетей и медресе. Именно отсюда исламский подъем в XIX–XX вв. начинался и распространялся на весь Д. Здесь в 1917–25 гг. оформились первые исламские партии дагестанцев, основанные на идеях мусульманского реформаторства, национального освобождения, панисламизма и пантюркизма: «*Джами'ат-ул-ислам*», «*Иттихад ва-ислам*», «*Истиклал*», «*Фиркат ал-Ваджан*», «*Урват ал-Вуска*», «*Дин Йулинда*». К 30–40-м гг. XX в. все они были уничтожены большевиками или распались.

В 1989–94 гг. здесь возникли новые партии и движения, выступавшие за исламизацию Д. Это «Исламская партия Дагестана» (председатель С. Асиятилов), «Джама'ат ва-л-хуррийат», «Единство и справедливость», «Политико-экономическая партия», а также «Жамаат-ул-муслимин» (или «Джама'ат ал-муслимин», председатель Х. Хасбулатов) и Партия исламского возрождения (ПИВ, председатель Ахмед-кади Ахтаев). В движениях, основанных в 1995–96 гг., главное внимание уделялось культурно-просветительской деятельности. К ним можно отнести созданные дагестанскими политиками (которые их и возглавили) общероссийские объединения: Союз мусульман России (СМР, председатель Н. Хачилаев, убит в 2003 г.), общественно-политическое движение «Нур» (зам. председателя *М. Садиков*) и «Ал-Исламийа» (председатель А.-к. Ахтаев, затем А. М. Кебедов), а также объединение женщин-мусульманок «Муслимат». Все эти партии прекратили существование после принятия в России закона о запрете создания партий по религиозному признаку от 11.07.2001 г.

С 90-х гг. XX в. быстро восстанавливаются культурные связи Д. с внешним мусульманским миром, прерванные в конце 1920-х гг. Были разрешены массовые хаджж и 'умра, число паломников во второй половине 90-х гг. XX в выросло до 12 тыс. в год, но затем упало до 6,4 тыс. из общероссийской квоты 16,4 тыс. чел. в 2016 г., к 2022 г. из-за пандемии коронавируса сократившейся до 11 318 чел. На 2022 г. Д. выделена квота в 4550 мест. С участием исламских общественных деятелей Средиземноморского региона в г. Махачкале были проведены Международный конгресс соотечественников (1992) и Конференция к 200-летию имама *Шамиля* (1997). Установлены контакты ДУМД и СМР с исламскими движениями и накшбандийскими шейхами Турции. В исламских ун-тах Турции, Египта и других стран Ближнего Востока получили образование более полутора тысяч дагестанцев.

Лит.: Айтбёров Т. М. Хрестоматия по истории права и государства Дагестана в XVIII–XIX вв. Ч. 1–2. Махачкала, 1999; Аликберов А. К. Сев. Кавказ // Ислам на территории бывшей Российской империи: энциклопедический словарь / под ред. С. М. Прозорова. М., 2006; Он же. Эпоха классического ислама на Кавказе: Абу Бакр ад-Дарбанди и его суфийская энциклопедия «Райхан ал-хакаик» (XI–XII вв.). М., 2003; Алкадари Г.-Э. Асари Дагестан. Махачкала, 1994; Ахмедов Ш. М. К вопросу о распространении ислама в Дагестане // Вопросы истории Дагестана. Махачкала, 1975. Вып. 2; Бакиханов, Аббас-Кули-Ага.Гюлистан-и Ирам. Баку, 1991; Бартольд В. В. Место прикаспийских областей в истории мусульманского мира // Бартольд В. В. Соч. Т.2. Ч. 1. М., 1963; Он же. Дагестан // Бартольд В. В. Соч. Т. 3. М.,

1965; Бобровников В. О. Ислам и советское наследие в колхозах Сев.-Зап. Дагестана // Этнографическое обозрение. М., 1997. № 5; Он же. Ислам на постсоветском Северном Кавказе (Дагестан): мифы и реалии // Ислам на постсоветском пространстве: взгляд изнутри. М., 2001; Он же. Мусульмане Сев. Кавказа: обычай, право, насилие (очерки по истории и этнографии права Нагорного Дагестана). М., 2002; Он же. Новые эпиграфические данные по истории ислама в Северо-Западном Дагестане // Дагестанский лингвистический сборник. Вып. 6. М., 1999; Волкова Н. Г. Арабы на Кавказе // Советская этнография. 1983. № 2; Гаджиев М. Г., Давудов О. М., Шихсаидов А. Р. История Дагестана с древнейших времен до конца XV в. Махачкала, 1996; Генко А. Н. Арабский язык и кавказоведение // Труды 2-й сессии ассоциации арабистов. М.–Л., 1941; ад-Дургели Назир. Услада умов в биографиях дагестанских ученых. (Нузхат ал-азхāн фӣ тарāджим улама̄ Дāгистāн). Дагестанские ученые X–XX вв. и их биографии. М., 2012; Крачковская В. А. Арабская эпиграфика на Кавказе с 60-х гг. XIX в. до Октябрьской революции // Эпиграфика Востока. М.–Л., 1954. Вып. IX; Крачковский И. Ю. Арабская литература на Северном Кавказе // Крачковский И. Ю. Избранные соч. Т. 6. М.–Л., 1960; Он же. Дагестан и Йемен // Крачковский И. Ю. Избранные соч. Там же; Лавров Л. И. Эпиграфические памятники Сев. Кавказа на арабском, персидском и турецком языках. Ч. 1–3. М., 1966, 1968, 1980; Макаров Д. В. Официальный и неофициальный ислам в Дагестане. М., 2000; Малашенко А. В. Исламские ориентиры Сев. Кавказа. М., 2001; Образцы арабоязычных писем Дагестана XIX в. / сост. Х. А. Омаров. Махачкала, 2002; Обычай и закон в письменных памятниках Дагестана V – начала XX в. / сост. и отв. ред. В. О. Бобровников. Т. I. До присоединения к России. Т. II. В царской и ранней советской России. М., 2009; Подвижники ислама. Культ святых и суфизм в Средней Азии и на Кавказе. М., 2003; Религии и религиозные организации в Дагестане: справочник. Махачкала, 2001; Самурский Н. Дагестан. Махачкала, 1925; Халидов Д. Ислам и политика в Дагестане // Дагестан: этнополитический портрет. М., 1994; Ханбабаев К. М. Тарикаты в Дагестане // Алимы и ученые против ваххабизма. Махачкала, 2001; Шихсаидов А. Р. Когда и как насаждался в Дагестане ислам. Махачкала, 1962; Он же. Ислам в средневековом Дагестане. Махачкала, 1969; Он же. Ислам в Дагестане // Центральная Азия и Кавказ. 1999. № 4; Шихсаидов А. Р. Эпиграфические памятники Дагестана X–XVII вв. как исторический источник. М., 1984; Шихсаидов А. Р., Айтберов Т. М., Оразаев Г. М-Р. Дагестанские исторические сочинения. М., 1993; Bennigsen A., Carrère dEncausse H. Une république soviétique musulmane: le Daghestan // Revue d'études islamique. 1956. T. XXIII; Bobrovnikov V. The Islamic revival and the national question in post-Soviet Daghestan // Religion, State & Society. 1996. Vol. 24. No. 2/3; Idem. Islam in the Russian Empire // The Cambridge History of Russia. Vol. 2. Imperial Russia. Cambridge, 2005; Gammer M., Knysh A. Al-Kabk // Encyclopaedia of Islam. Suppl. Vol. Fasc. 7–8. Leiden, 2004; Kemper M. Herrschaft, Recht und Islam in Daghestan. Von den Khanaten und Gemeindebünden zum gihad-Staat. Wiesbaden, 2005.

В. Бобровников

История ислама в Ингушетии. Первоначально ислам среди ингушей распространялся с территорий Чечни, Дагестана и Кабарды. При этом существует несколько версий первого знакомства ингушей с исламом. По преданиям, арабский полководец *Абу Муслим* распространял ислам и на территории Дагестана, и за ее пределами, в частности среди кистин (ингуши, чеченцы). По другой версии, знакомство с исламом ингушей связывают с пребыванием монголо-татар в плоскостных районах современной Ингушетии. Впоследствии определенную роль в исламизации ингушей в XVI–XVII вв. сыграли кабардинские феодалы, контролировавшие значительные территории равнины и предгорий Сев. Кавказа. Существуют исторические сведения, что в 1774 г. ингуши воевали против царских войск в составе отрядов крымского хана, которые уничтожили несколько царских форпостов на р. Терек. Большое влияние на религиозные убеждения ингушей оказала деятельность уроженца чеченского селения Алды шейха *Мансура* (1760–94).

В 1-й половине XIX в. значимую роль в укоренении среди ингушей тариката *накшбандийа* оказала деятельность имама *Шамиля*. *Имамат*, созданный им, был разделен на несколько округов, которые назывались «наибства». На территории Ингушетии им были созданы наибства Ингуш, Галгай и Галат, но они остались для ингушей периферийными и существовали недолго.

В середине XIX в. проповедническую деятельность стал осуществлять *Кунта-хаджжи* Кишиев, сумевший обратить в ислам остававшуюся в язычестве часть ингушей. Благодаря его деятельности в регионе начал распространяться кадирийский тарикат.

После окончания *Кавказской войны*, в 1865 г., началось переселение горцев в Турцию, которое возглавил генерал-майор *Кундухов Муса* Алхазович. Покинуть родину приняло решение ингушское племя карабулаков во главе с штабс-капитаном Алико Цуровым. Переселилось порядка 3–5 тыс. ингушей (карабулаков). Лишь незначительная часть из переселенцев впоследствии сумела нелегально вернуться на родину, но места их проживания уже были заняты новыми поселенцами из Юж. и Центр. России и казаками. В течение 1-й половины XIX в. Ингушетия не была полностью исламизирована. Известно, что последними ислам приняли жители с. Гвелети (Гелатхой, ныне территория Грузии) в 1861 г.

Во 2-й половине XIX в. благодаря деятельности мусульманских миссионеров позиции ислама постепенно укреплялись, ингуши овладели основами ислама и перешли на арабскую графику. В населенных пунктах Ингушетии строились мечети и мусульманские школы. По данным Первой Всеобщей переписи населения Российской империи 1897 г., в Ингушетии насчитывалось 55 действующих мечетей; большинство располагалось в равнинных р-нах. Самое большое число мечетей было в ингушском с. Базоркино (ныне с. Чермен Пригородного р-на РСО–А), где имелось 9 квартальных и одна соборная мечеть, а также одна начальная мусульманская школа. Официально все ингуши считались мусульманами суннитского толка, но в материалах переписи среди ингушей еще значится некоторое количество православных и язычников.

В ингушском обществе сформировалась мусульманская духовная элита, которая сыграла важную роль в общественной и культурно-просветительской деятельности во 2-й половине XIX — начала XX в.: *Албогачиев* Татре, Йусуп-хаджжи Плиев, Дугуз-хаджжи Беков, Мус-Мулла Дударов-Мохлоев, *Акталиев 'Абдуррахман-хаджжи*, *Ужахов Тешал*, *Куркиев Магомед*, Ильяс и Исмаил Озиевы, Гайрбек-хаджжи Евлоев, *Гарданов Хусейн-хаджжи*, Терсмейл-хаджжи Гагиев, *Белхароев Батал-хаджжи*, Чапанов Иссакх-мулла, Барахоев 'Усман-мулла, Хаджжи-Али Чумаков, Ахмед Арапханов и мн. др.

В конце XIX — начале XX в. шейх *Арсанов Дени* распространял среди ингушей накшбандийский тарикат.

Укрепление позиций ислама в регионе вызывало недовольство властей. В отношении духовных лидеров применялись репрессивные меры; в основном это были шейхи кадирийского тариката: Сугаип Гайсумов, *Митаев Бамат-Гирей*, *Докка-шейх*, *Белхароев Батал-хаджжи*, Кана-хаджжи Чимирза, мулла Магома. В ноябре 1911 г. они были высланы из Чечни и Ингушетии. В 1915 г. губернатор Терской обл. сообщал, что «предоставленные самим себе, магометане поневоле черпают понятия о религ. истинах во время ежегодного паломничества в Мекку». Для изменения ситуации тогда же было принято решение об учреждении в г. Владикавказе Богословско-педагогических курсов для подготовки духовных лиц — православных миссионеров среди горских народов Сев. Кавказа. Таким образом власть пыталась проводить христианскую духовно-просветительскую работу среди местного населения в предреволюционный период.

В мае 1917 г. в г. Владикавказе по инициативе Временного центр. комитета объединенных горцев открылся *Первый Горский съезд*, религиозная секция которого постановила введение *шариатских судов*. В 1920 г. в г. Назрани был открыт советский *шариатский суд* под председательством Гарданова Т.-Х., который с 1918 г. он поддерживал большевиков, участвовал в борьбе против Г. Ф. Бичерахова и А. И. Деникина, в народе имел прозвище Красный Шейх. Шариатскому суду, который он возглавил, были подведомственны гражданские иски и дела о наследстве, а для контроля над деятельностью этого органа при Отделе юстиции Терского облисполкома был создан Шариатский подотдел. При Облревкоме Терской обл., в состав которой входила Ингушетия (Назрановский окр.) был создан Отдел юстиции. Б. К. Далгат начал заведовать отделом юстиции в Назрановском окружном революционном комитете. В области официально продолжали функционировать *шариатские суды*. В Назрановском округе (Ингушетия) их было три: первый располагался в крепости Назрань; второй — Ачалуковский (с. Средние Ачалуки), третий — в ст. Сунженской. На учредительном съезде Советов ГАССР 16–22.04.1921 г. было принято постановление «О введении шариатского судопроизводства» в Горской АССР. Наиболее широкими полномочиями *шариатские суды* обладали в Чечне и Ингушетии, где их решения могли обжаловаться только в порядке надзора Верховным судом РСФСР. Действие шариатского правосудия было окончательно отменено в Ингушетии в январе 1926 г. В 1920-е гг. продолжало работать медресе в с. Гамурзиево, ставшее в тот период «кузницей» арабистов; в нем работал И. М. Озиев — известный арабист и кадий Назрановского окр.

В 1920-х гг. в Ингушской автономной обл., имевшей 75 тыс. населения, функционировало 146 мечетей. Партийные и комсомольские организации были не в состоянии осуществлять антирелигиозную кампанию на местах. В 1929 г. в Ингушетии функционировало 32 школы с 1,5 тыс. учеников, в которых велось обучение основам ислама, и такое же количество медресе с 825 учениками.

В 1930-х гг. начинается планомерная борьба с религией. Проводилась «безбожная пятилетка», в соответствии с положением которой к 01.05.1937 г. на всей территории СССР не должно было оставаться ни одного молитвенного дома, а само понятие «Бог» должно было быть «изъято из употребления в Советском Союзе как пережиток Средневековья». Тотальные репрессии 1937 г. затронули религиозных деятелей Чечено-Ингушетии. Подверглись арестам имамы мечетей, которые рассматривали спорные вопросы, основываясь на мусульманской правовой системе. Особым преследованиям подверглись последователи *Кунта-хаджжи* Кишиева. Судебные преследования священнослужителей и наиболее активных верующих не прекращались с 1957 по 1990 г., однако не носили массового характера 1930–1940-х гг.

В 1944 г. Чечено-Ингушскую АССР упразднили, все чеченцы и ингуши были насильственно депортированы в Среднюю Азию и Казахстан как «предатели Родины». Часть духовенства вынуждена была сотрудничать с НКВД во время и в период депортации ингушей и чеченцев. В телеграмме Л. Берия И. Сталину от 22.02.1944 г. говорится: «Была проведена беседа с наиболее влиятельными в

Чечено-Ингушетии высшими духовными лицами Б. Арсановым, А.-Г. Яндаровым и А. Гайсумовым, они призывали оказать помощь через мулл и других местных авторитетов». Участие духовенства в событиях 1944 г. сыграло важную роль в сохранении жизней депортированных: по свидетельствам очевидцев, мусульманское духовенство уговаривало тех, кто готовился к сопротивлению, сложить оружие и выполнить требования властей. В период депортации и позже работниками НКВД была уничтожена значительная часть духовного богословского и исторического наследия ингушского народа (религиозные книги из частных рукописных собраний, библиотек мечетей и государственных архивов и т. д.).

09.01.1957 г. указом Президиумов Верховных Советов СССР и РСФСР была восстановлена упраздненная Чечено-Ингушская АССР, чеченцам и ингушам было разрешено возвратиться на родину. В ее составе остались переданные в 1944 г. из Ставропольского края в Грозненскую обл. Наурский и Шелковской р-ны с преобладающим русским населением, но при этом ей не был возвращен Пригородный р-н, оставшийся в составе Сев. Осетии, где до депортации проживала значительная часть ингушского мусульманского духовенства.

После восстановления ЧИАССР партийные и советские органы развернули масштабную антирелигиозную кампанию. Деятельность суфийских братств перешла на нелегальное положение, муллы обучали шариатским наукам детей и подростков тайно, на дому. Запрещалось публичное исполнение любых мусульманских обрядов. При этом по состоянию на 01.01.1970 г. в ЧИАССР было учтено свыше 150 незарегистрированных объединений, имеющих постоянные молитвенные помещения служителей культа, выборные органы мусульманских общин, но вопрос об их регистрации не ставился местными органами власти.

В сентябре 1980 г. Советом по делам религии при Совмине СССР в числе первых была зарегистрирована Барсукинская мечеть, которую впоследствии сожгли. Постепенная легализация ислама и активизация религиозной жизни началась в 1989 г., когда первым секретарем обкома КПСС ЧИАССР был избран чеченец Доку Завгаев. Началось возрождение исламских ин-тов: строительство мечетей, восстановление «святых мест», открытие исламских образовательных учреждений. После образования Республики Ингушетия (1992) произошли еще более значительные изменения в религиозной жизни: был создан *Духовный центр мусульман Республики Ингушетия* (Муфтият Ингушетии).

Лит.: Албогачиева М. С.-Г. Ингуши в XX в.: этнографические аспекты религиозных практик // Сев. Кавказ. Традиционное сельское сообщество: социальные роли, общественное мнение, властные отношения. СПб., 2007; *Албогачиева М. С.-Г. Этнополитические процессы в Ингушетии на рубеже XX–XXI вв.* // *Материалы международной научно-практической конференции. Волгоград,* 2013; *Альтемиров М. Ингуши: исторический очерк* // *Жизнь национальностей* 1919. № 15(23). С. 3; *Анчабадзе Г. З. Вайнахи /* ред. *Н. В. Гелашвили. Тбилиси,* 2001. С. 59; *Ахмадов Я. З. История Чечни с древнейших времен до конца XVIII в. М.,* 2001. С. 399; *Деттмерин К. Исламизация Ингушетии, идеология ненасилия и особая роль Батал-хаджи Белхороева* // *Ислам в России и за ее пределами: история, общество, культура. Магас; СПб.,* 2011; *Джабагиев В. Э. Советский Союз и ислам* // *Наследие. Вассан-Гирей Эльджиевич Джабагиев. Публицистика по истории, культуре и экономике Кавказа, России, Западной Европы и ислама /* сост. *И. Г. Алмазов. Назрань,* 2015. С. 178; *Дзагуров Г. А. Переселение горцев в Турцию. Ростов н/Д.,* 1925. С. 64; *Долгиева М. Б., Харсиев Б. Г.-М. Мусульманские просветители Ингушетии (2-я половина XIX — начало XX в.)* // *Ислам в современном мире.* 2016. Т. 12. № 1. С. 130; *Дударов А.-М. М. Письменность, как компонент этнокультуры ингушей (становление и функционирование). СПб.,* 2015. С. 99; *Ермекбаев Ж. А. Чеченцы и ингуши в Казахстане. История и судьбы. Алматы,* 2009; *Кузнецова А. Б. Этнополитические процессы в Чечено-Ингушской АССР в 1957–90 гг.: последствия депортации и основные аспекты реабилитации чеченцев и ингушей: последствия депортации и основные аспекты реабилитации чеченцев и ингушей. М.,* 2005. С. 86; *Мартиросиан Г. К. Нагорная Ингушетия. Владикавказ,* 1928; *Мугуев Х. Ингушетия: очерки. М.,* 1931; *Музаев Т. Союз горцев. Русская революция и народы Сев. Кавказа,* 1917 — март 1918 г. *М.,* 2007; *Мухетдинов Д., Хабутдинов А. Ислам в России в XVIII–XXI вв.: модернизация и традиция. Н. Новгород,* 2011; *Патиев Я. Хроника истории ингушского народа. Махачкала,* 2007. С. 180; *Рошин М. Ислам в Чечне* // *Ислам в Европе и России:* сб. статей / сост. и отв. ред. *Е. И. Деминцева. М.,* 2009; *Сигаури И. М. Очерки истории и гос. устройства чеченцев с древнейших времен. М.,* 1997; *Сумбулатов А. Вечно гонимые* // *Шейх-овлия. Батал-хаджи Белхороев /* авт.-сост. *Р-Х. Ш-Х. Албогачиев. Нальчик,* 2010; *Уралов (Авторханов) А. Убийство чечено-ингушского народа. Народоубийство в СССР. М.,* 1991; *Чабиева Т. С. Религиозные воззрения ингушей в XX — начале XXI в. М.,* 2012.

М. Албогачиева

История ислама в Осетии. Процесс исламизации осетин, проживающих в центре северокавказского региона, имел существенные особенности. Ислам у осетин не стал доминирующей религией, уступив первенство православному христианству. Предки современных осетин — ираноязычные аланы, в X в., в процессе формирования своей государственности, через Грузию и Византию приняли православие как государственную религию. Часть алан принимает ислам в золотоордынский период.

В XIII в. Алания вошла в состав *Золотой Орды,* аланские воины обязаны были служить в монгольской армии. Из алан, отличавшихся

История ислама в Осетии

боевыми качествами и верностью, формировались элитные подразделения, в частности, ханская гвардия. По требованию хана *Узбека* представители служившей ему ордынской знати, в том числе аланской, обязаны были принять ислам. Через них ислам начал постепенно распространятся в христианской Алании. Но, по свидетельствам иностранных путешественников того времени, основная масса алан все же придерживалась христианской веры.

Процесс исламизации алан прервался в следствие нашествия Тамерлана и разгрома *Золотой Орды*. Политика завоевателя в регионе привела к потере предками осетин не только многих достижений христианской культуры, но и ислама, отбросив сохранившуюся в горах часть населения к язычеству. В результате у оказавшихся на три века в изоляции в ущельях Центрального Кавказа осетин сформировался своеобразный синкретический христианско-языческий культ с элементами ислама. Например, у сев. осетин за ритуальным столом запрещено использование свинины; перед исполнением обрядов жрецы-дзуарлаги совершали омовение и др.

С XVIII в. под влиянием шариатского движения соседней Большой Кабарды начался новый этап исламизации Осетии. В горах Сев. Осетии мусульманство начинает распространяться среди социальных верхов при содействии кабардинских феодалов, принявших незадолго до этого ислам. Наиболее раннее письменное свидетельство об этом процессе содержится у грузинского хрониста царевича Багратиони Вахушти (ум. 1757). Он не только отмечает наличие мусульман в Осетии, но и социальное разделение мусульман и христиан, а также поверхностное знание основ религии осетинами: «Главари и знатные — суть магометане, а простые крестьяне — христиане, но они не сведущие в той и другой вере: различие между ними состоит только в том, что кушающие свинину считаются христианами, а кушающие конину — магометанами» (Сакартвелос цховреба).

Ко 2-й половине XVIII в. практически все аристократические фамилии Сев. Осетии и зависимые от них сословия придерживались религиозно-этических норм ислама. Осетия периодически выдвигала из своей среды мусульманских деятелей межрегионального масштаба, таких как *Кундухов Муса* и *Цаликов Ахмед*.

На протяжении трехсот лет Кавказ являлся ареной ожесточенной борьбы между двумя исламскими державами — Турцией и Персией. Со 2-й половины XVI в. интерес к Кавказу проявляется и со стороны России. Большое значение Россия придавала Осетии, по территории которой проходил прямой путь в Закавказье. Завоевание Россией Астраханского ханства и создание в низовье р. Волги в середине XVII в. крупного военно-адм. центра, формирование и укрепление Терского казачьего войска, принятие его на военную службу Российской империей способствовали формированию базы для наступления на Кавказ.

Присоединение Осетии к Российской империи состоялось в 1774 г., после победы России в войне с Турцией и заключения Кючук-Кайнарджийского мирного договора. С конца XVIII в. в результате русско-персидских (1804–13, 1826–1928) и русско-турецких (1806–12, 1828–29) войн происходит завоевание Россией Закавказья. Процесс присоединения Кавказа к России стал переломным в истории и культуре осетин и др. народов региона. Входившие в состав Русского государства территории и народы адаптировались в российское социокультурное пространство, при этом они сохраняли свою культуру, язык и религию.

В 1-й трети XIX в. осетин массово переселяли на равнину. По приказу наместника Кавказского при переселении горцев на плоскость христиан и мусульман селили отдельно. Так на равнине появились поселения с мусульманским населением — Лескен, Хазнидон, Чикола (Вольно-Магометановское), Беслан, Ногкау (Пысылмонхъау), Зильга, Брут, Заманкул, Карджин, Эльхотово.

Отсутствие мечетей и вакфных земель, обеспечивающих деятельность общин, острая нехватка подготовленных, имеющих духовное образование мулл, — проблемы, характерные для мусульманских общин Осетии на протяжении всей истории их существования. До 60-х гг. XIX в. осетинская военная знать из числа мусульман стремились не к духовной, а к военной и чиновничьей карьере. После вхождения Осетии в состав России и переселения горцев на плоскость среди осетин проповедью ислама активно занялись турецкие, крымскотатарские и дагестанские миссионеры. Их деятельность активизировалась в годы *Кавказской войны* и дала заметные результаты. Небольшая часть осетин — представителей феодалов из вост. части Осетии — тагаурские алдары, приняли участие в движении *Шамиля*. Усиление в ходе войны российской колониальной политики на Кавказе вызвало недовольство осетин, вылившееся в многочисленные случаи принятия частью христиан ислама, и *мухаджирство* — переселение горцев-мусульман в единоверную Османскую Турцию. В 1867 г. в Северной Осетии и Чечне организатором переселения мусульман в Турцию стал генерал царской армии *Кундухов Муса*.

Ко 2-й половине XIX в. позиции ислама в Сев. Осетии заметно укрепились, он распространяется не только среди феодалов, но и среди простых крестьян. Началось формирование осетинской мусульманской духовной элиты, среди которой были местные и пришлые муллы, с разным уровнем образования. Владикавказ становится крупным адм., торговым и культурным центром Сев. Кавказа, его население значительно расширяется за счет приезжих из др. районов и областей империи и из-за ее пределов, что отразилось на составе мусульманской части городского населения. На рубеже XIX–XX вв. мусульманская община г. Владикавказа была представлена татарами, дагестанцами, осетинами, ингушами, иранцами и азербайджанцами. Городские мусульмане делились на две общины — суннитов шафиитского и ханафитского толка и шиитов-имамитов.

Отдельные этнические группы мусульман (татары, кумыки, ингуши) имели свои общины и своих мулл, которые претендовали на лидерство среди мусульман г. Владикавказа. Благодаря своей многочисленности, организованности и наличию образованных священнослужителей, лидерами городской общины с конца XIX в. до 1930-х гг. были татары. Место имама в построенной в г. Владикавказе в 1908 г. Джума-мечети по традиции занимали муллы-татары, а сама мечеть в народе получила название Татарской. В сельской местности, в местах компактного проживания ингушей и кумыков действовали мусульманские общины, объединявшие представителей этих этнических групп, из которых, по традиции, комплектовалось местное духовенство.

Происходит стабилизация религиозной ситуации в Сев. Осетии, укрепление мусульманских общин. В конце XIX — начале XX в. были построены мечети в с. Чикола, Эльхотово, Зильга, Беслане, две в г. Владикавказе. В быту осетинских мусульман обязательными становятся мусульманские ритуалы, приглашение муллы для оформления брака; чтением Корана сопровождались обряды похоронно-поминального цикла. Следуя учению ислама, осетины-мусульмане держали пост в месяц рамадан (комдаран), праздновали Ураза-байрам (Комузан). Для расширения знаний в сфере арабского языка и исламских наук при мечетях работали мактабы (мадрис), в которых детей обучали основам мусульманской религии. Осетины начали совершать хаджж.

В годы революции и Гражданской войны г. Владикавказ стал важным политическим центром мусульманского движения на Сев. Кавказе. После Февральской революции в г. Владикавказе были созданы ЦК *Союза объединенных горцев Кавказа Северного Кавказа и Дагестана*, Северо-Осетинский и Ингушский исполкомы. 01.05.1917 г. в здании Ольгинской женской гимназии открылся *Первый Горский съезд*, на котором присутствовали 300 делегатов. Были приняты Конституция Союза, ее политическая платформа, избраны ЦК Союза и члены Духовного управления. В подчинении ЦК находились территории Дагестанской обл., Назрановский, Нальчикский, Владикавказский, Грозненский, Веденский и Хасав-Юртовский окр. Терской обл., Ногайский участок Терской обл., Закатальский окр., горские земли Кубанской обл. и земли *ногайцев* и каранагайцев Ставропольской губ. Второй съезд горских народов Кавказа проходил 21–23.1917 г. в г. Владикавказе в кинематографе «Гигант». На этом съезде в состав Союза была принята Абхазия, были избраны Горское духовное управление во главе с *Гоцинским Нажмутдином* и новый состав ЦК *Союза объединенных горцев Сев. Кавказа, Дагестана и Абхазии*. В октябре 1917 г. Союз вошел в состав Юго-Вост. Союза казачьих войск, горцев Кавказа и вольных народов степей наряду с Донским, Кубанским, Терским, Уральским и Астраханским казачьими войсками и ЦИК по управлению калмыцким народом. В ноябре 1917 г. создается *Горская республика*, а ЦК становится Горским правительством. В 1918–20 гг. город был ареной боевых действий (в феврале 1919 г. Владикавказ заняли войска Добровольческой армии генерала А. И. Деникина, в марте 1920 г. — части Красной Армии). В 1921–24 гг. Владикавказ — столица Горской АССР, в 1924–36 гг. — центр Северо-Осетинской автономной обл., с 1936 г. — столица Северо-Осетинской АССР.

В советский период от давления атеистического государства больше других пострадали традиционные для края конфессии — ислам и православие. Мечети были либо разрушены, либо использовались не по назначению, представители духовенства репрессированы или прекратили исполнение своих обязанностей. Мусульманские общины в Осетии были ликвидированы — основная масса мусульман отошла от религии. Продолжавшие считать себя мусульманами осетины не выполняли предписанные исламом ритуалы; частично исполняли лишь похоронные обряды. Только суфийские общины кадирийского тариката, действовавшие среди ингушской части населения, перейдя на полулегальное положение, продолжали свою деятельность.

С конца 1980-х гг. в Осетии, как и в др. субъектах России, шел процесс возрождению религии; началось движение по возрождению мусульманских общин и восстановлению мечетей, миссионерской деятельности и обращению к «исламским ценностям». Инициаторами возрождения ислама в столице Сев. Осетии были представители осетинской интеллигенции — этнические мусульмане, далекие от культовой практики. В феврале 1988 г. в с. Чикола Ирафского р-на СОАССР была зарегистрирована первая мусульманская община; имамом чиколинской мечети был избран Хекилаев Дзанхот Османович, ставший лидером возрождения ислама в РСО–А. Община стала объединяющим центром мусульман-осетин. Мусульманские общины в 1990-е гг. были зарегистрированы в селах и городах РСО–А с мусульманским населением.

В 1990–2000-х гг. в РСО–А стали распространяться новые радикальные учения (салафийа, ваххабизм и др.). Идеи радикального ислама нашли некоторый отклик среди молодежи и приобрели организационные формы. В 2002 г. в Сев. Осетии группой «молодых мусульман» был зарегистрирован общественный Исламский культурный центр (ИКЦ) г. Владикавказа. Декларируемыми целями ИКЦ были: «Распространение исламского вероучения среди населения республики и просветительская работа». Но, по свидетельству бывшего руководителя ДУМ РСО–А Д. Хекилаева, культурно-просветительская деятельность ИКЦ была лишь прикрытием. Ее лидеры занимались проповедью среди верующих идей радикального исламского течения — ваххабизма.

С начала 1990-х гг. население РСО–А стало объектом террористических атак экстремистов. В г. Владикавказе в 1999–2010 гг. была осуществлена серия взрывов. 01.09.2004 г. террористами была захвачена и несколько дней удерживалась СОШ № 1 г. Беслана, в результате чего погибли 333 чел., включая 186 детей.

Однако в начале 2020-х гг., после поражения радикалов на Кавказе религиозная ситуация стабилизируется, восстанавливается традиционный для Осетии межконфессиональный (и внутриконфессиональный) мир.

Лит.: Вахушти царевич. География Грузии // Известия Кавказского отдела Русского географического общества. 1904. Вып. XXIV. Т. 5.; Дзеранов Т. Е. Ислам и исламизм в Осетии: традиции и современные проблемы // Исламские радикальные движения на политической карте современного мира. Вып. 2. Сев. и Юж. Кавказ. 2017. С. 318–344; Емельянова Н. Мусульмане Осетии: на перекрестке цивилизаций. М., 2003; Мухетдинов Д. В. История ислама в России. М., 2019; Таказов Ф. Исламские мотивы в фольклоре осетин. Владикавказ, 2006; Уарзиати В. С. Ислам в культуре осетин // Эхо Кавказа. 1993. № 3.

Т. Дзеранов

История ислама в Чечне. Территория *средневековой Чечни* после распада *Золотой Орды* в основном не вошла в состав кавказских мусульманских феодальных государств и владений, за исключением *Эндиреевского владения*, частично располагавшегося на территории Чечни, и отчасти — *ногайцев* Казыева улуса; поэтому чеченцы сравнительно поздно приняли ислам.

Проникновение ислама в Чечню происходило постепенно. Специалисты полагают, что раньше других исламизировалось население исторической Ичкерии, т. е. юго-восточной части Чечни (в верховьях р. Аксай и Хулхулау, притоке р. Сунжа). Массовая исламизация населения и укоренение ислама в Чечне произошло в конце XVIII — 1-й половине XIX в., когда началась активная борьба против экспансии Российской империи, а затем *Кавказская война*.

Первый этап этой борьбы связан с именем шейха *Мансура* (Ушурмы), который неоднократно подвергался преследованиям российских властей. В июле 1785 г. с. Алды (ныне в составе г. Грозный), в котором проживал шейх *Мансур* с семьей, было сожжено отрядом российсикх войск. На обратном пути отряд был разбит совместными силами алдинцев и их соседей. Событие было воспринято чеченцами как знак особого благоволения Аллаха к шейху *Мансуру*, который с этого времени стал значимой политической фигурой, причем не только в Чечне, но и на всем Сев. Кавказе. Шейх *Мансур* был взят в плен 06.07.1791 г. и заключен в Шлиссельбургскую крепость.

В Чечне преемниками шейха *Мансура* в 1820-е гг. стали шейхи 'Абд-ул-Кадыр, Авко и Мухаммад Майртупский, а также имам Яух. Новый значительный подъем ислама в Чечне и борьбы с российским правительством под лозунгом его защиты связан с формированием в 1840-е гг. военно-теократического государства — *Имамата* Чечни и Дагестана с центром сначала в Дарго, а с 1845 г. — в Ведено, во главе с имамом *Шамилем*. В государственной и религиозной деятельности имам *Шамиль*, аварец по национальности, руководствовался идейными и организационными принципами суфийского братства *накшбандийа*. При нем территория Чечни была разделена (без учета границ исторически сложившихся вольных обществ) на военно-адм. районы, которыми управляли назначенные им представители имама (наибы) согласно шариатскому законодательству — *низаму*. Они были наделены полномочиями осуществлять религиозную, адм., военную и судебную власть. В обязанности наибов входила также «забота о заключении наивозможно большего числа браков» между жителями вверенных им районов. Эти меры носили принудительный характер. Шариат, являясь вначале консолидирующей силой, позднее способствовал ослаблению *Имамата*. Противоречия между шариатом и 'адатом (народными обычаями), а также приверженность старинным доисламским традициям и родовая сплоченность чеченского населения расшатывали жесткую военно-теократическую структуру горского государства. После падения *Имамата* и пленения *Шамиля* (25.08.1859) территория Чечни была включена в состав Терской обл. Российской империи.

Во 2-й половине XIX в. в Чечне все бóльшую известность приобретает новый 'алим — шейх *Кунта-хаджжи* Кишиев (сын Киши). В конце 1850-х гг. он вступил в суфийское братство кадирийа, учение которого начал проповедовать, опираясь при этом на местные чеченские традиции и адат. Осуждение *Кунта-хаджжи* всякой войны как неугодной Аллаху, призывы к смирению перед его волей, к поиску спасения в вечности праведного мира противоречили воинственной идеологии имама *Шамиля*, поэтому учение *Кунта-хаджжи* в *Имамате* было запрещено, а сам алим подвергался гонениям. После падения *Имамата* число последователей *Кунта-хаджжи* стало быстро возрастать и в начале 1860-х гг. составило свыше 5 тыс. чел. Его мирная проповедь казалась привлекательной для людей, переживших многолетнюю кровопролитную *Кавказскую войну*.

В 1861–64 гг. вирд *Кунта-хаджжи* кадирийского тариката стал самым многочисленным по числу приверженцев в Чечне и остается таковым по настоящее время (согласно оценкам этнологов, сегодня к нему примыкает примерно 60% чеченцев). Вирд имел жесткую структуру: в крупные населенные пункты были назначены вакилы (поверенные) *Кунта-хаджжи*, им подчинялись тамады (старшие), а последним — туркхи (глашатаи), руководившие отдельными группами рядовых мюридов.

В последней трети XIX в. из вирда *Кунта-хаджжи* выделилось несколько самостоятельных вирдов: шейха *Митаева Бамат-Гирея-хаджжи* из с. Автуры, шейха Чимирзы из с. Майр-Туп (ныне Шалинский р-н ЧР) и ингушского шейха *Белхороева Батал-хаджжи* из с. Сурхахи.

Основной обряд всех вирдов — громкий зикр (коллективное радение), начинающийся медленными телодвижениями и перемещением, переходящим в быстрый бег по кругу против часовой стрелки. Каждый шейх разрабатывал свои, отличающиеся от других правила выполнения зикра. В промежутках между отдельными фазами зикра исполняются религиозные гимны (назмы), после которых читается дуа (молитва-просьба) на арабском и чеченском языках.

Последнее по времени возникновения ответвление последователей *Кунта-хаджжи* — вирд Вис-хаджжи Загиева (ум. 1973), которого также называют «Атбасарским шейхом». Его духовным наставником был шейх Чимирза. В 1950-е гг. в период депортации чеченцев в Казахстан Вис-хаджжи сообщил мюридам Чимирзы, что он установил в духовном мире непосредственный контакт с учителем *Кунта-хаджжи* и тот раскрыл ему истинный смысл своего учения и возложил на него миссию проповедовать. Помимо барабана, использовавшегося в ходе зикра шейхом Чимирзой, Вис-хаджжи добавил чеченскую скрипку (чондарг). Он считал, игра на чондарге — особая благодать Аллаха, ниспосланная для очищения мыслей и смягчения чувств.

Большое значение Вис-хаджжи придавал труду. Он учил, что Аллах обязывает трудиться ради семьи. Любая работа должна совершаться с сознанием, что это — ради Аллаха, исключая труд на табачных и винных предприятиях. Устаз запрещал женщинам выходить за мюридов другого вирда. Он сам заключал браки по достижении мюридами совершеннолетия (девушками — 18, юношами — 20 лет). Вис-хаджжи ввел в практику совместное совершение зикра мужчинами и женщинами. Во время коллективных и индивидуальных богослужений мюриды надевают белую папаху, поэтому вирд часто называют «вирдом белошапочников». Мужчины носят черные или темно-синие бешметы, а женщины — чухту (головную повязку, скрывающую волосы) и длинные шаровары.

Проповедь накшбандийского тариката в Чечне, согласно устной традиции, восходит к шейху *Мансуру*. В 1840–50-е гг. *накшбандийа* распространялась чеченскими учителями-устазами, сподвижниками имама *Шамиля*: ал-Индири Ташав-хаджжи, Умал-Ахадом и др. В 1880–90-е гг. в Чечне проповедовали накшбандийские шейхи из «аксайской династии»: *Докка-шейх* ('Абдул-'Азиз-хаджжи Шаптукаев), *Арсанов Дени*, Солса-хаджжи, 'Абдулвагап-хаджжи и др. Зачинателем этой ветви шейхов является мулла *Абу* (Бешир-шейх) из с. Аксай (ныне Хасавюртовский р-н РД). Для последователей накшбандийского тариката характерен тихий зикр, который верующий совершает «в сердце своем», т. е. про себя, либо шепотом.

Принадлежность к тому или иному вирду кадирийского или накшбандийского братств является составной частью образа жизни чеченцев и в значительной степени определяется семейно-родственными связями. Врастание местного суфизма в чеченский образ жизни в основном завершилось к началу XX в. Адм. власть в Чечне в дореволюционный период осуществлялась посредством военно-народного управления, значительную роль в котором играли религиозные лидеры.

Революция 1917 г. внесла существенные коррективы в развитие чеченского ислама. В мае 1917 г. состоялся *Первый Горский съезд*, одним из решений которого было образование *Союза объединенных горцев Северного Кавказа и Дагестана*, позже преобразованного в *Горскую республику*, президентом которой стал *Чермоев А. А.* Вместе с тем часть чеченского общества встала на сторону белых, в том числе генерал *Алиев Эрисхан*. В 1919–20 гг. на территории горных районов Чечни, Ингушетии и Западного Дагестана существовал *Северо-Кавказский эмират* во главе с Узун-Хаджжи Салтинским.

20.01.1921 г. в г. Владикавказе открылся Горский учредительный съезд, собравший представителей всех народов Сев. Кавказа, включая чеченцев. Съезд согласился признать советскую власть при условии признания последней шариата и 'адата на Сев. Кавказе и возвращения горцам ранее отобранных у них царизмом земель. Народный комиссар по делам национальностей и официальный представитель Москвы на съезде И. В. Сталин принял оба условия. В результате достигнутого соглашения была создана *Горская советская республика*, в состав которой вошла Чечня. По словам историка Абдурахмана Авторханова, «таким образом была создана совершенно неестественная советская республика горцев с советской эмблемой на знамени и шариатской конституцией в жизни. Во всех правительственных учреждениях, школах и др. публичных местах по приказу самих же большевиков вместо Ленина и членов Политбюро Российской Компартии красовались портреты *Шамиля* и его наибов (заместителей). Ряд казачьих станиц по прямому приказу Сталина и Орджоникидзе был переселен внутрь России, а чеченцам и ингушам были возвращены их исконные земли, не считая уже тех, которые были захвачены самим народом в явочном порядке». Действовали *шариатские суды*.

К концу 1920-х гг. советская власть в связи с начавшейся коллективизацией и усилением антирелигиозной пропаганды меняет вектор национальной и конфессиональной политики на Сев. Кавказе. В 1930-е гг. в Чечне были произведены массовые аресты традиционных мусульманских лидеров (имамов мечетей, руководителей вирдов суфийских братств), закрыты мечети. При этом большинство чеченцев продолжало сохранять исламскую идентичность. В связи с этим власти отказались от проведения массовой мобилизации лиц чеченской национальности в армию в годы ВОВ. В феврале 1942 г. Главным командованием Красной Армии был издан специальный приказ, мотивировавший освобождение чеченцев (а также ингушей) от военной службы по религиозным убеждениям, поскольку они отказывались есть свинину (консервы из которой составляли значительную часть рациона бойцов Красной Армии). 23.02.1944 г. в соответствии с Указом Президиума Верховного Совета РСФСР «О ликвидации Чечено-Ингушской Автономной Республики и выселении ее населения» началась депортация чеченцев и ингушей по обвинению их в коллаборационизме с немцами. Чеченские горцы в Казахстане, активно взаимодействовали с местным населением: казахами, киргизами, узбеками, русскими. Здесь чеченцы познакомились с «бухарской» исламской традицией. Большинство чеченских 'алимов не пережили депортации, но в условиях ссылки (тотальный идеологический контроль здесь был ниже, чем на Кавказе) успели передать религиозные знания следующим поколениям.

После возвращения чеченцев из ссылки (депортации) и восстановления ЧИАССР в 1957 г. религиозная жизнь в республике оказалась под контролем созданного в 1944 г. *ДУМ Северного Кавказа*. При этом на территории Чечни до 1978 г. не было ни одной мечети, ислам был фактически на нелегальном положении. Представители советской власти в 1950–80-е гг. провоцировали конфликты между различными течениями суфийского ислама.

Постепенная легализация и возрождение исламских ин-тов началась в 1980-е гг. В 1989 г. в ЧИАССР лидером обкома КПСС стал чеченец Доку Завгаев, с разрешения которого, строились мечети, восстанавливались «святые места», в г. Грозном и Назрани (Ингушетия) открылись исламские ин-ты. В начале 1990-х гг. большие группы чеченцев ежегодно стали совершать паломничество — хаджж, желающие направлялись на обучение в мусульманские, преимущественно арабские, страны.

«Чеченская революция» в сентябре 1991 г. привела к созданию де-факто самостоятельной Чеченской Республики — Ичкерии. В республике было создано самостоятельное Духовное управление мусульман. В годы первой чеченской войны (1994–96) Чечня превратилась в зону проникновения радикального ислама, так называемого ваххабизма (салафийи), в Чечню, что привело к серьезному кризису внутри местного ислама.

В годы Первой чеченской войны сложилось военное крыло, лидером которого стал Хаттаб (настоящее имя Самир б. Салих ас-Сувейлим, уроженец Саудовской Аравии), переехавший в Чечню в начале 1995 г., под командованием Шамиля Басаева.

К началу 1999 г. радикальный ислам превратился в значительный фактор политической дестабилизации не только в Чечне, но и в соседнем Дагестане. Центром радикального ислама в Чечне в это время был г. Урус-Мартан. Поздней весной 1999 г. Конгресс народов Дагестана и Чечни — организация, созданная летом 1997 г. рядом экстремистских партий и групп, — провозгласила Шамиля Басаева амиром Армии Освобождения Сев. Кавказа, а его первым заместителем стал Хаттаб.

В начале сентября 1999 г., Басаев и Хаттаб вторглись в Новолакский р-н Дагестана, что привело к началу Второй чеченской войны. В начале 2000-х гг. в чеченском исламе произошла определенная трансформация: суфизм, в частности вирд *Кунта-хаджжи*, стал в основном лояльным по отношению к России. Сегодня последователи *Кунта-хаджжи* возглавляют официальное *ДУМ Чеченской Республики*, а вооруженное подполье апеллировало к идеям радикального мусульманского фундаментализма, который распространялся не только в Дагестане и Чечне, но и в др. республиках Сев. Кавказа. Однако при Рамзане Кадырове, ставшем главой Чечни в феврале 2007 г., суфизм в республике, прежде всего вирд *Кунта-хаджжи*, стал надежным заслоном против разрастания радикального ислама.

В настоящее время чеченцы отличаются высокой религиозностью. Исполнение мусульманских обрядов и чеченских традиций, связанных с исламом, — неотъемлемая часть образа жизни народа. Суфизм стал характерной чертой чеченского ислама. В силу ряда исторических причин, в частности, из-за длительного пребывания чеченцев в ссылке, а также преследования суфийских учителей (устазов) в советское время, в Чечне нет живых устазов, и различными суфийскими вирдами (направлениями) руководят духовные лидеры, не имеющие прямой преемственной связи с шейхами. Тем не менее традиции местного суфизма хорошо сохраняются и в определенной степени консервируются.

Лит.: Авторханов А. Убийство чечено-ингушского народа // Ичкерия. Специальный выпуск исторического и правозащитного журнала «Карта». № 9; *Акаев В. Х.* Шейх Кунта-хаджи: жизнь и учение. Грозный, 1994; *Ахмадов Ш. Б.* Имам Мансур (народно-освободительное движение в Чечне и на Сев. Кавказе в конце XVIII в.). Грозный, 1991; *Месхидзе Д. И.* Вис-хаджи // Ислам на территории бывшей Российской империи (энциклопедический словарь). Т. 2. М., 1999; *Месхидзе Д. И.* Кунта-хаджи // Ислам на территории бывшей Российской империи (энциклопедический словарь). Т. 1. М., 1998; *Месхидзе Д. И.* Мансур // Ислам на территории бывшей Российской империи (энциклопедический словарь). Т. 1. М., 1998; *Нунуев С. Х.* Живительный дух ислама. М., 2000; *Рощин М. Ю.* Чеченский суфизм в период депортации: возникновение вирда Висхаджи. [Электронный ресурс] // URL: http://www.kavkazoved.info/news/2012/04/23/chechenskij-sufizm-v-period-deportacii-vozniknovenie-virda-vishazhi-video.html; *Рощин М., Бобровников В., Ярлыкапов А.* «Ваххабиты» Северного Кавказа // Ислам на территории бывшей Российской империи (энциклопедический словарь). Т. 2. М., 1999; *Соколов А.* Что делать, если хвост виляет собакой не в ту сторону? // Экспресс-хроника. № 39(594). 25.10. 1999.

М. Рощин

История ислама на Северном Кавказе. Кавказ — самая высокогорная населенная часть Европы и самая юж. окраина Российской Федерации. Включает в себя такие этнотерриториальные объединения, как (с юго-востока на северо-запад) Дагестан, Чечня, Ингушетия, Сев. Осетия–Алания, Кабардино-Балкария, Карачаево-Черкесия, Адыгея, Ставропольский и Краснодарский край. Регион занимает все сев. склоны Большого Кавказа, вытянут в направлении юго-восток — северо-запад и полностью закрывает пространство между двумя морями: Каспийским и Черным.

Коренные народы Сев. Кавказа обнаруживают между собой близкое родство во многих отношениях: географическом (общность территории расселения), историко-культурном (общность истории, материальной и духовной культуры), антропологическом, этнопсихологическом и т. д. Совершенно уникальны этнокультурная и языковая разнородность конгломерата местных обществ, многообразие их доисламского духовного субстрата, идеологических и правовых норм, народных культов и представлений. Только в Дагестане насчитывается свыше 30 языков и наречий.

Мусульмане Сев. Кавказа принадлежат к следующим основным этническим группам:

• абхазско-адыгским: кабардинцы, черкесы, адыгейцы, шапсуги, абхазы, *абазины*;

• нахско-дагестанским: вайнахи (чеченцы, ингуши) и дагестанцы (аварцы, даргинцы, лезгины, лакцы, табасараны, рутульцы, агулы, цахуры и др.);

• тюркским: азербайджанцы, кумыки, карачаевцы, балкарцы, *ногайцы*, туркмены;

• иранским: мусульмане-осетины и частично таты.

Кроме того, на Сев. Кавказе живут мусульмане — представители народов из др. регионов мира.

Начало истории ислама на Сев. Кавказе положили первые арабские экспедиции, направленные против хазар. Важнейшим для утверждения ислама в регионе стал период арабского владычества на Кавказе. Монгольское нашествие и крушение Арабского халифата в середине XIII в. открыли новую эру в эволюции локальных форм ислама. Они условно разделили процесс исламизации региона на два примерно равных периода: 1) халифатский, характеризовавшийся преимущественно «внешней» исламизацией (середина VII — середина XIII в.); 2) постмонгольский, характеризовавшийся преимущественно «внутренней» исламизацией (середина XIII–XX в.).

Также на основе преобладавших в разное время тенденций в развитии ислама можно выделить следующие наиболее существенные периоды в его истории на Сев. Кавказе: 1) период арабо-хазарских войн (VII–VIII вв.); 2) переселенческий период (VIII–IX вв.); 3) период эволюции пограничных рибатов (X — конец XI в.); 4) период утверждения шафиитского права (конец XI — середина XIII в.); 5) период расширения шафиитского влияния (середина XIII — середина XV в.); 6) период шиитского реванша (середина XV — начало XVII в.); 7) период обновленческого движения в исламе (XVII–XIX вв.); 8) период адаптации местных форм ислама к условиям Российского государства.

Приведенная периодизация не является и не может быть абсолютной — слишком различны особенности общественно-политического устройства, этнокультурные и конфессиональные признаки, характеризующие многочисленные горские народы Сев. Кавказа.

Первая волна распространения арабской культуры, по мнению И. Ю. Крачковского, началась сразу после ранних арабских завоеваний. Видимо, тогда же началась исламизация региона — насильственная, по мнению В. В. Бартольда (также спорадическая и малоэффективная). В первую очередь исламизация коснулась городов и политических центров областей, где размещались арабская администрация, фискальные органы и военные гарнизоны, которые обычно назначались халифами в дальние окраины Халифата с немусульманским населением с целью защиты страны от нашествий, в данном случае — от хазар. В VIII в. в районе крупнейшего опорного пункта ислама на Сев. Кавказе — г. Дербента (перс. Дарбанд, араб. *Баб ал-абваб*) — существовала целая сеть пограничных крепостей-рибатов (в которых переселенцы жили семьями); они были призваны усилить оборонительные возможности дербентской крепости и 40-километровой Горной стены, возведенных еще сасанидскими правителями Ирана для охраны своих сев. границ от набегов кочевников. Рибаты в пограничных районах играли роль очагов ислама в немусульманском окружении. Это были наблюдательные пункты и пограничные заставы, обитатели которых нередко становились активными пропагандистами ислама. В середине VIII в. переселенцы из различных областей Халифата возвели в *Баб ал-абвабе* первые мечети. Согласно «*Дербенд-наме*», в 733 г. Маслама построил во всех семи кварталах города по мечети; их стали называть по имени преобладавшего в каждом из них племени: Иорданская (она же Хазарская), Палестинская, Дамасская, Хомская, Кейсарийская, Джезирская и Мосульская. К тому же времени относится появление в городе богато орнаментированной соборной (пятничной) мечети — Масджид ал-Баб (ныне *Джума*-мечеть), которая стала местом сбора всех мусульман.

В связи с относительной стабилизацией внутреннего положения Халифата после прихода к власти Аббасидов на периферии государства постепенно начинают меняться общественно-политические условия. Впоследствии это обстоятельство отразилось и на пограничных рибатах: из центров обороны и прозелитизма они постепенно превращались в суфийские центры обучения и практики.

Процесс трансформации пограничных рибатов, происходивший динамично в течение продолжительного времени, обусловил изменения в характере распространения ислама «вширь». Как показывает изучение рукописи «Райхан ал-хака'ик ва-бустан ад-дака'ик» Абу Бакра *ад-Дарбанди*, распространение ислама в регионе шло под сильным влиянием суфизма. Именно суфии нашли понятную широким массам форму распространения новой религии; особенно благоприятной оказалась способность суфизма впитывать в себя местные культы. Формой бытования ислама в регионе стал синтез общеисламских суфийских и местных доисламских религиозных практик. Так зарождался антагонизм между исламом «предков» (ас-салафийа, в современной терминологии «фундаменталистским») и исламом «народным», являвшимся мощным стимулом постоянного развития и обновления мусульманской религии.

Исламизация горных районов Сев. Кавказа проходила поэтапно и на ранних этапах редко обходилась без насилия. В тех случаях, когда отдельным отрядам мусульман удавалось закрепиться в центрах союзов сельских общин в горной части, они создавали там опорную базу для дальнейшей исламизации. Некоторые удаленные от г. Дербента центры малых этнических зон в регионе, расположенные преимущественно в горных и предгорных районах, вследствие того, что в них располагались рибаты, воспринимались в качестве своего рода опорных баз распространения ислама. Во всяком случае, в лезгинских Каракюре, Кочхюре и даргинском Кала-Корейше сохранились материальные следы крупных культовых сооружений ислама, датируемых по высеченным на них надписям в пределах X в., а лакское с. Кумух имело прочную репутацию опорного пункта «воителей за веру».

На рубеже 60–70-х гг. XI в. в г. Дербенте начинается усиление позиций суннитов, обусловленное падением династии Буидов (принадлежавших к шиитам-зайдитам, но поддерживавших в политических целях деятельность более многочисленных и влиятельных шиитов-имамитов) и приходом к власти суннитов Сельджукидов.

Специально созданные в Багдаде и других городах Халифата учебные заведения стали готовить новую религиозную элиту для периферии. В медресе *ан-Низамийа*, основанном выдающимся сельджукским везиром Низам ал-Мулком, получили подготовку многие дербентские богословы, правоведы и суфии, в частности Абу-л-Хасан ал-Басри и *ал-Лакзи Маммус*. В *ан-Низамийи* преподавали известные ученые-шафииты Абу Исхак аш-Ширази, Абу Бакр аш-Шаши ал-Мустазхири, Абу Хамид ал-Газали.

На Сев. Кавказе особую популярность получила традиция шафиита Абу-т-Таййиба ат-Табари, выдающегося теоретика и полемиста, автора многих трудов, выходца из Табаристана. Не в последнюю очередь это можно объяснить традиционно прочными духовными контактами средневекового г. Дербента с Табаристаном, где учились такие дербентские ученые, как Абу Бакр Мухаммад *ад-Дарбанди*, Исма'ил ал-Джабали и др.

Торжество шафиизма в юго-восточной части Сев. Кавказа, обусловленное в первую очередь объективной расстановкой общественно-политических сил в Аббасидском халифате на решающем этапе исламизации его окраин, предопределило конфессиональную принадлежность горских народов.

Эпиграфика XI–XII вв. дает обильный материал, относящийся к конфессиональным процессам в крупных населенных пунктах «пограничья», находившихся в сфере влияния Халифата.

После распада Халифата «внутренняя» исламизация, стремительное продвижение мусульманской религии из местных «исламских центров» (ал-маракиз ал-исламийа), расположенных в долинах вдоль больших рек, в глубь горных районов, происходила уже на собственной основе. Этот процесс сопровождался значительными изменениями в этническом составе населения наиболее крупных населенных пунктов. Резкое увеличение числа арабоязычных эпиграфических памятников с середины XIII в. — наглядное тому подтверждение.

В конфессиональной сфере продолжился процесс суннитского прорыва, в котором преобладали суфизм, ашаризм и шафиитское право. Средневековая эпиграфика сообщает о строительстве в регионе суфийских обителей (ханака) и деятельности многочисленных суфиев (странствующих дарвишей — каландаров и др.). Элементы суфийской архитектуры зафиксированы во многих памятниках зодчества Сев. Кавказа. Так, хорошо сохранившиеся в Кала-Корейше стены и портал мечети обнаруживают близкое сходство с ханакой на р. Пирсагат в Ширване, с той самой, где служил пир Хусайн ал-Гадаири, ученик шейха Абу Са'ида ал-Майхани и родной племянник верховного кадия *Баб ал-абваба ал-Гадаири Ахмада*. Исследователи отмечают также сходство штуковых панно мечети Каракюре с куфическими надписями ряда исторических памятников, в частности мазара известного суфия ал-Хакима ат-Тирмизи в г. Тирмизе / Термезе (IX в.) и склепа султана Санджара в г. Марве / Мерве. «Исторические записи» Рафи' аш-Шангуди сообщают о суфиях 'Изз ад-дине ад-Дарбанди (ум. 1206/07) и 'Али б. Мухаммаде ад-Дарбанди (ум. 1336/37). В 1245/46 г. шейх Дауд Ба'ам б. Сулайман ал-Лакзи из Гдынка переписал «Танбих ал-гафилин» суфия-ханафита Абу-л-Лайса ас-Самарканди (ум. 955). Шейх Сулайман ал-Лакзи, один из наиболее влиятельных мусульманских деятелей при дворе ханов *Золотой Орды*, также был суфием и, возможно, сыном Дауда ал-Лакзи. В 1342/43 г. для практических нужд суфийской ханаки в *Маджаре* была переписана суфийская энциклопедия «Райхан ал-хака'ик» ад-Дарбанди. В 1444/45 г. Малик б. Муса ад-Дагистани переписал «ал-Ваджиз» Абу Хамида ал-Газали. В XIV в. предпринимаются первые попытки исламизации адыгов и *абазин*.

Значительно меньшее число арабских надписей конца XV в. и почти полное отсутствие надписей, датированных XVI в., фиксируют переход к новой фазе развития ислама. Она была обусловлена двумя важнейшими факторами, во многом связанными друг с другом: шиитским реваншем со стороны Сефевидов, религиозно-политическая деятельность которых ввергла регион в продолжительную смуту, и процессом массового укрупнения населенных пунктов в конце XV–XVI вв. на основе слияния отдельных общин и родов (тухумов), прежде населявших небольшие поселения. К концу XV в. количественные победы исламизации приводят к качественным изменениям в структуре местных обществ: родовые культы разрушаются, на основе идеи исламского единения запускаются механизмы ломки прежних внутриплеменных взаимоотношений. Процессы этногенеза местных народностей вступают в новую фазу.

Тюркоязычные Сефевиды происходили, как полагают, из курдской среды. Шейх и муршид Сафи ад-дин (ум. в 1334 г.) основал в г. Ардебиле суфийское братство ас-сафавийа. Под влиянием зайдитов и имамитов, имевших сильные позиции в юж. и юго-западном Прикаспии, а также из-за претензии руководителей братства на родство с Алидами суннитское по своему происхождению ас-сафавийа в течение XV в. приняло учение шиитов-имамитов («двунадесятников»). В отличие от ширваншахов и правителей тюркского государства Кара-Коюнлу Сефевиды вторглись в сферу религиозных представлений, превратив регион в плацдарм для своего возвышения. Так, шейх Джунайд во главе отрядов «борцов за веру» в кровавых сражениях с местным населением утверждал правоту учения ас-сафавийа, пока не погиб в 1460 г. в Дагестане. Шейх Джунайд стал героем множества легенд и преданий на Сев. Кавказе, где его называли Джуней (Джугьей). По своей архитектуре мавзолей Джунайда, построенный в 1544–45 гг. близ лезгинского с. Хазры, сходен с суфийскими мавзолеями XIV в., построенными неподалеку от современного г. Ессентуки и в *Маджаре*.

Методы пропаганды Сефевидов были схожи с военно-религиозными методами газиев XI–XII вв. Религиозные «подвиги» Джунайда и его сына Хайдара (убит в *Табасаране* в 1488 г.) были направлены на распространение шиизма и — через его утверждение — на расширение своего влияния.

Под натиском Сефевидов династия Кара-Коюнлу в Азербайджане была пресечена. При шахе Исма'иле (ум. 1524), сыне Хайдара и родоначальнике новой династии правителей Ирана, шиизм имамитского толка был объявлен государственной религией на территориях, подвластных Сефевидам. В Азербайджане, Ширване и др. тюркизированных областях региона произошел шиитский переворот, однако среди кавказских горцев суннизм сохранил свои позиции.

История ислама на Северном Кавказе

В эпоху расцвета сефевидского Ирана влияние шиизма на юго-восточные районы Сев. Кавказа вновь усиливается: шах 'Аббас I (1587–1629) изгнал Османов из Азербайджана и Дагестана, укрепил г. Дербент. За долгий период правления Аббаса I ши'изм проник и в горные районы, заселенные вайнахами. Очередную попытку утвердить влияние Ирана в регионе предпринял туркмен Надир-шах Афшар (1736–47), низложивший Сефевидов, однако в Дагестане его отряды были разбиты, и он сам едва не погиб. При туркменской династии Каджаров иранское влияние на регион было частично восстановлено, однако уже в 1813 г. Фатх-Али-шах (1797–1834) был вынужден подписать Гюлистанский договор, по условиям которого Иран отказывался в пользу России от Дагестана, Грузии, Карабахского, Гянджинского, Шекинского, Ширванского, Кубинского, Бакинского владений, *Дербентского ханства* и сев. части Талышского ханства. Шиитское влияние на Сев. Кавказе в конечном счете так и не вышло за пределы г. Дербента и его округи, сохранившись среди азербайджанцев, а также тюркизированных персов, именуемых в народе каджарами. Оно затронуло также удаленные населенные пункты, созданные иранскими переселенцами в качестве пограничных постов: так, жители лезгинского с. Мискинджа до сих пор являются шиитами. В связи с этим особого внимания заслуживают популярность некоторых шиитских обычаев в отдельных суннитских районах Сев. Кавказа, благожелательное отношение к шиитским лозунгам во многих районах, широкая география распространения шиитских имен и производных от них локальных вариантов среди местных суннитов.

Параллельно происходило углубление процессов исламизации в западных р-нах региона, связанное с усилением влияния Османской империи и *Крымского ханства* на эти земли. В 1583 г. объединенные отряды Османов и крымских татар разгромили войско Сефевидов на р. Самур. В XVI в. Османы предпринимают попытки распространить ислам среди *абазин* и адыгов.

Дж. С. Тримингэм утверждал, что обновление ислама в XVII–XIX вв. во всем мире связано с внутренней борьбой между «фундаментализмом» и суфизмом. Важнейшие вехи этого периода на Сев. Кавказе таковы: 1) мусульманский ренессанс Нового времени (XVI – 1-й половины XVIII в.); 2) движение шейха *Мансура* во 2-й половине XVIII в.; 3) движение имама *Шамиля* в 1-й половине XIX в.; 4) движение *Кунта-хаджжи* во 2-й половине XIX в. Эти явления обусловили содержание более поздних конфессиональных процессов в регионе.

В XVI–XVIII вв. ислам распространился среди населения горной Чечни, Ингушетии, Балкарии и Карачая, охватив и некоторые слои социальных верхов в Осетии. Опорными пунктами распространения ислама были Дагестан, с одной стороны, и Кабарда — с другой. После духовной стагнации XVI в. произошел прорыв в самых различных областях мусульманской культуры.

Начался бум культового строительства, продолжавшийся в течение всего периода «обновления» (см. *джадидизм*). Меняются стиль монументального письма, содержание эпитафий, размеры и формы надмогильных памятников. Особое распространение получает культ святых с ярко выраженными признаками суфийской обрядности.

Новым явлением в движении «чистого» ислама можно считать зарождение движения нур ал-мухаммадийа. В 1718 г. Шихаб б. Мухаммад ал-Акуши переписал сочинение «Ат-Тарика ал-мухаммадийа» Мухаммада ал-Биргили (ал-Биркави).

Активизировалась деятельность суфийских шейхов в Чечне, в частности шейха Мута в 1-й половине XVII в. В 1650 г. в Дагестане Ша'бан ал-Чираги переписал для нужд своей общины анонимное суфийское сочинение.

Движение шейха *Мансура* 1785–91 гг. было непосредственной реакцией на вхождение местных обществ в состав Российской империи и резкие изменения в их традиционном укладе жизни. Более значительное по своему размаху движение северокавказских мюридов под предводительством дагестанских имамов (поочередно *Газимухаммада*, *Гамзат-бека* и *Шамиля*) началось вскоре после заключения Гюлистанского договора 1813 г., после того как прозвучал призыв суфийского шейха *ал-Йараги Мухаммада-эфенди* к газавату. По своему духу и религиозному содержанию оно неразрывно связано с движением шейха *Мансура*.

Фундаменталистский культ пророка Мухаммада, распространившийся в Дагестане еще в начале XVIII в. и сохранившийся до сих пор, лежал и в основе движения *Шамиля*. Опираясь на идеологию «чистого» ислама, *Шамиль* использовал в своей борьбе все, что накопил к этому моменту ислам как мировосприятие и образ жизни Дагестана и Чечни начала XIX в., в том числе и организационную структуру суфийских братств (только мюрид — уже не послушник суфийского шейха, а воин, выполняющий приказ своего командира).

В ходе *Кавказской войны* в горных районах Дагестана и Чечни *Шамиль* создал теократическое государство — *Имамат*, в котором действовали шариатские суды и исламское управление.

Под влиянием событий *Кавказской войны* на Сев. Кавказе создаются сочинения, обогатившие духовное наследие местных ответвлений братств *накшбандийа* и кадирийа. Эти труды во многом напоминают ранние суфийские работы (в том числе своим «энциклопедизмом»), однако в них явственно обозначились новые тенденции, а именно особое внимание к интерпретации джихада, ее приспособление к изменившимся общественно-политическим условиям. В этот период в Нагорном Дагестане сложился тот тип религиозной практики, который мы называем традиционным.

Основные формы современной религиозной практики в Чечне и Ингушетии сложились под непосредственным влиянием религиозного движения, связанного с именем суфийского шейха *Кунта-хаджжи* и его последователей. В 1859 г., в год пленения *Шамиля*, он вернулся из Мекки в Чечню, получив иджазу от трех ханафитских шейхов братства кадирийа. Члены созданной им общины (тарикат) практиковали «громкий» зикр и ритуальные танцы по кругу, принятые в кадирийа, за что их и прозвали «зикристами».

Распространение идей *Кунта-хаджжи* и последующее отпочкование от его тариката других вирдов обусловили заметные внутриконфессиональные изменения в мусульманской общине Нагорной Чечни. На структуру местных родов (тейпов) причудливым образом стали накладываться структуры суфийских общин. Не случайно вайнахское родовое обозначение «тейп» происходит от араб. «та'ифа» («община»). Границы общины и рода полностью совпадали. Глава рода обычно становился и религиозным наставником общины. Духовная благодать (ал-барака) передавалась от шейха-наставника по наследству, формируя внутри общины новую религиозную элиту. Роды саййидов на поверку оказывались восходящими к роду пророка Мухаммада, а к известным местным шейхам, силсила которых по меньшей мере легендарна. Пополнение членов общины происходило за счет естественного прироста в роду. Такой порядок во многом сохраняется и поныне.

Главное отличие нового этапа в эволюции ислама на Сев. Кавказе — развитие локальных форм ислама в рамках неисламского, светского (в том смысле, что в этот период в России церковь была уже фактически подчинена государству, а затем и отделена от него), гражданского и индустриального общества. Основные вехи этого периода в регионе таковы: 1) адаптация ислама к условиям Российского государства 2-й половины XIX — начала XX в.; 2) крайняя политизация ислама в период двух революций, иностранной интервенции и Гражданской войны, сопровождавшаяся появлением самых различных союзов, коалиций и партий на исламской основе; 3) существование религиозных культов и ин-тов в условиях запретов, гонений, массовой атеизации населения в период господства советской власти и коммунистической идеологии; 4) современная реисламизация, начавшаяся вместе с национальным и религиозным возрождением постперестроечного периода.

Первоначальная адаптация местных форм ислама к общественно-политическим, социально-экономическим и конфессиональным условиям Российской империи происходила задолго до вхождения в ее состав мусульманских областей. Однако эта тенденция, сохранявшаяся в XX в., стала играть ведущую роль лишь со 2-й половины XIX в. в связи с подавлением движения *Шамиля* и реформированием всей системы политической, адм. и судебной власти в крае. Важнейшие явления этого периода: легитимизация шариатских судов; формирование лояльных властям религиозных объединений; вхождение религиозной элиты в структуры государственной власти на местах; переход книжной культуры на качественно новый этап развития (открытие типографии *М.-М. Мавраева* в г. Темир-Хан-Шуре, начало книгоиздания и т. п.); создание собственных алфавитов на основе арабской графики; развитие мусульманской литературы на местных языках; активизация процессов секуляризации во всех сферах общественной жизни; движение мусульманских обществ в направлении светского образования и светской культуры. Параллельно с этим под духовным руководством местных шейхов *накшбандийа* и *кадирийа*, а в Дагестане еще и *шазилийа*, в частности *ас-Сугури 'Абдуррахмана, Сайпуллы-кади, ал-Кахи Хасана Хилми, Белхороева Батал-хаджжи, Митаева Бамат-Гирей-хаджжи, ал-Индири Ташав-хаджжи, Арсанова Дени* и *Докка-шейха* Шаптукаева, в горах Сев. Кавказа продолжается развитие местных школ суфийского образования. В сфере культа следует отметить попытки осовременивания ислама в 1910-е гг., предпринятые Мухаммадом Катиевым и Муратом Горчхановым в Чечне и Ингушетии, а также деятельность в Дагестане мусульманских ученых новой формации, известных как «ученые-просветители».

Революции и Гражданская война породили хаос и разрушили сложившееся равновесие в мусульманских обществах на Сев. Кавказе. Турецкая оккупация стала еще одним дестабилизирующим фактором. Идея пантюркизма не могла быть поддержана суннитами региона, поскольку противоречила этноконфессиональной принадлежности кавказских народов (азербайджанцы — шииты, но тюрки; северокавказцы — сунниты, но в большинстве своем не тюрки).

В смутные годы Гражданской войны на политической карте Сев. Кавказа вновь появляются религиозные по форме новообразования: *Имамат* во главе с *Гоцинским Нажмутдином* в аварских р-нах Дагестана, *Северо-Кавказский эмират* аварского шейха Узун-Хаджжи с центром в чеченском с. Ведено и т. д. Однако в целом политическая ситуация в регионе под влиянием самых различных факторов (в том числе благодаря быстрой адаптации ислама к новым реалиям) стала развиваться в направлении светских моделей: Северо-Кавказская Советская Республика (1918) — Терская Советская Республика (1918–19) — *Горская республика*

История ислама на Северном Кавказе

(1918–20) — Горская АССР (1921–24) — разделение Горской АССР на несколько автономных республик. Новые политические модели все еще включали в себя значительный религиозный компонент. Во всех советских автономиях была создана своя иерархия *шариатских судов* и официально закреплена в постановлениях государственных органов.

С утверждением советской власти во всех этнокультурных областях Кавказа сложились условия, препятствовавшие свободному развитию всех религий, в том числе и ислама. Как и по всей стране, любая форма религиозной пропаганды была запрещена. Богословские книги безжалостно предавались огню, мечети разрушались либо приспосабливались под хозяйственные нужды. Служители культа подвергались массовым репрессиям. В горах Сев. Кавказа советская власть утверждалась в жестком противостоянии традиционным суфийским структурам. Насильственная депортация чеченцев, ингушей, балкарцев, карачаевцев и некоторых др. кавказских народов в годы ВОВ обусловила дальнейшую внутриконфессиональную эволюцию местных обществ, с одной стороны, и усиление различий между отдельными этническими группами — с другой, в результате чего сформировался ряд закрытых родовых обществ со многими выраженными признаками этноконфессиональных групп.

В годы советской власти мусульманские области Российской империи впервые в своей истории оказались по-настоящему оторванными от остального мусульманского мира. В результате их эволюционное развитие в рамках этого мира было прервано. Арабский язык стал постепенно утрачивать функции языка науки, делопроизводства, переписки. Вместе с тем впервые в истории Кавказа на его территории сложилось почти полное двуязычие. Языком межнационального общения стал русский язык. Сев. Кавказ и Закавказье стали частью новой геополитической общности, евразийской по своему цивилизационному типу.

В духовной сфере возобладала массовая атеизация населения, характер которой, однако, не был абсолютным: часть религиозного наследия продолжала признаваться в качестве культурного и духовного достояния социалистических народов. На самых различных уровнях общественного сознания внедрялись основы коммунистической идеологии и морали, материалистической в мировоззренческом отношении и идеалистической в своей социальной сущности. В сфере мусульманской практики наиболее живучими оказались погребальные обряды, а в сфере теории — суфийские знания, которые передавались с помощью иджазы в условиях глубокого подполья. Вместе с тем беспрецедентная насильственная секуляризация способствовала широкому признанию ценностей гражданского общества, изменился традиционный уклад жизни, появилась светская интеллигенция, относящаяся к исламу как к факту собственной культуры.

Начало качественно новому этапу в эволюции местных форм ислама положило крушение советской системы. С развитием процессов реисламизации значительно усиливаются внутрирелигиозные противоречия в мусульманских общинах региона. Как и во все переломные эпохи, обострение противоречий между приверженцами «чистого», «фундаменталистского» ислама (так называемыми ваххабитами) и «народного» ислама приобретает крайние формы, его апогей — события в Чечне.

Лагерь «народного» ислама представлен влиятельными шейхами северокавказских вирдов *накшбандийа*, шазилийа и кадирийа (*Чиркейский Са‘ид-афанди*, Арслан-Али Гамзатов (Параульский), ʻАбдулвахид Какамахинский, Магомед-Амин Гаджиев (Параульский), Таджудин Рамазанов, Багрудин (Бахр ад-дин) Кадыров (Ботлихский) и др.), большей частью инкорпорированными в структуру неформальной религиозной иерархии, а также их приверженцами. Их оппонентами были идеологи *ваххабизма на Северном Кавказе*, их последователи и сторонники. Багаутдин Магомедов — главный идеолог ваххабитов на Сев. Кавказе, который происходит, однако, из суфийской (накшбандийско-кадиритской) среды, — выступил с резкой критикой суфизма, «искаженного» ислама со стороны «самозваных лжешейхов». Религиозно-политические взгляды Б. Магомедова претерпели заметную эволюцию в сторону радикализации под влиянием событий чеченской войны.

Обвинения местных ваххабитов в адрес суфийских шейхов в соглашательстве с властями имеют в своей основе глубокий внутриконфессиональный конфликт: суфийские шейхи, влияющие на горские общины (джама‘ат), представляют сложившийся в течение столетий «народный» ислам, задача же ваххабитов — отвоевать авторитет и влияние у суфийских шейхов и ниспровергнуть местные власти. Борьба между этими двумя тенденциями есть проявление извечного противостояния между обычным правом (‘адат) и религиозным правом, шариатом. «Народный» ислам негласно канонизировал не только местных «святых», но и домонотеистические верования. Тем самым он законсервировал родовую основу конфессиональных общин, обусловив локальные различия в исламе, препятствующие образованию более широких религиозно-политических общностей. Адаптированные к местным культам, суфийские обряды и духовные ценности в форме традиций местных шейхов-наставников настолько переплелись с идеологическим функционированием рода и общины, что стали восприниматься в качестве неразрывной части народной культуры, чем они, в сущности, и являются. Кардинальные политические изменения без разрушения сложившейся системы взаимоотношений внутри религиозной общины в таких условиях практически невозможны.

Этнополитический конфликт в регионе так и не приобрел форму межконфессионального противостояния, поскольку интеграция локальных форм ислама в политическую систему России в основных чертах уже давно завершена.

Осмысление драматических событий на Сев. Кавказе — задача неблизкого будущего, однако некоторые выводы могут быть сделаны уже сейчас. В очередной раз, но уже на материале Новейшей истории, подтверждается следующая закономерность: реакция традиционных обществ на резкие изменения общественно-политических условий почти всегда имеет тенденцию к отторжению. Это объясняется тем, что близкий к классическому типу род / клан (тейп, тухум) обладает чрезвычайно консервативной социальной организацией и для его адаптации к новым порядкам требуется несравненно больше времени, чем для обществ, родовые связи в которых ослаблены или видоизменены в процессе эволюции.

В период политической нестабильности локальные формы ислама приобретают все более выраженную национальную окраску и большую организационную самостоятельность. Было бы упрощением, однако, сводить сложные по составу локальные формы «народного» ислама только к суфизму. Во-первых, потому что «народный» ислам на Сев. Кавказе не включает в себя идею мистического познания Бога, которая, собственно, и составляет сущность любой разновидности суфизма. Во-вторых, число последователей «истинного» (теоретического) суфизма, прежде всего членов кавказских ответвлений (вирдов) суфийских братств *накшбандийа* и *кадирийа*, пока еще слишком незначительно, чтобы считать их религиозный опыт преобладающим во всех местных обществах.

Лит.: Аликберов А. К. Современное мусульманское возрождение на Кавказе: особенности, тенденции и перспективы // Ислам. 21–32; ад-Дарбанди. Райхан ал-хака'ик; История народов Сев. Кавказа (конец XVIII в. — 1917 г.) / под ред. А. Л. Нарочницкого. М., 1988; Крачковский И. Ю. Арабская литература на Сев. Кавказе // Избранные сочинения. VI. М.–Л., 1960; Лавров Л. И. Эпиграфические памятники Сев. Кавказа на арабском, персидском и турецком языках: в 3 ч. М., 1980; Минорский В. Ф. История Ширвана и Дербенда X–XI вв. М., 1963; Мухаммад ал-Баркали. Ат-Тарика ал-мухаммадийа. Рук. № 1280 ИИАЭ ДНЦ РАН; Шихсаидов А. Р. Ислам в средневековом Дагестане (VII–XV вв.). Махачкала, 1969; Он же. Дагестан в X–XIV вв. Махачкала, 1973; Он же. Эпиграфические памятники; История народов Сев. Кавказа с древнейших времен до конца XVIII в. / под ред. Б. Б. Пиотровского. М., 1988; Шихсаидов А. Р. Когда и как насаждался в Дагестане ислам. Махачкала, 1962; Он же. Распространение ислама в Дагестане. Махачкала, 1960; Он же. Распространение ислама в Юж. Дагестане в X–XI вв. // УЗ ИИЯЛ. 1950. 6; Bennigsen A., Lemercier-Quelquejay Ch. Islam in the Soviet Union. L., 1967; Bennigsen A., Wimbush E. Mystics and Commissars. Sufism in the Soviet Union. California, Berkeley; Los Angeles, 1985; Derbend-Nameh.

А. Аликберов

История ислама у кабардинцев. В позднее Средневековье кабардинцы испытывали политическое и культурное влияние со стороны Крыма, *Дагестана*, Ногайской Орды. В XVI в. их элита была мусульманской, что подтверждается свидетельствами и документами того времени. Английский путешественник А. Дженкинсон, упоминая о женитьбе в 1561 г. Ивана Грозного на Марии Темрюковне, называет ее «знатной черкешенкой магометанской веры». В 1570 г. османский везир Мухаммед Соколлу говорил русскому посланнику, что «черкасы, кумыки и крымшевкалы» — мусульмане (у них «вера наша ж»). Князья Куденет и Мамстрюк в 1588 г. от имени «всей Черкасской Кабардинской земли» присягали царю «по мусульманскому закону». Русский документ 1588 г. сообщает, что «черкаские князя со своими улусы, Талостанов род Шолох-князь Тапсароков з братьею и з племянниками и з детьми, да Кайтукин род Тепшанук-князь да Асланбек да Жансох, служат Крымскому и Шевкалску» (шамхальскому) государям, т. е. подчиняются мусульманским правителям *Крымского ханства* и *Тарковского шамхальства* в Дагестане. В мечетях Большой Кабарды читали хутбу в честь трех сюзеренов местных князей (последовательно турецкого султана, крымского хана и шамхала). Эвлия Челеби в 1666 г. посетивший Большую и Малую Кабарду, пишет, что в мечетях первой «после хутбы в честь Османа (османского султана) читают хутбу в честь ханов Крыма, затем — падишаха Дагестана и, наконец, — бея Мисоста». Тот же автор пишет, что в Малой Кабарде («Таустан, Таусултан») хутбу «читают на имя дагестанского падишаха, а кроме того, и на имя их собственного Кучур-секбана. Их образ жизни таков же, как и у прочих знатных господ. Мусульман там мало». Мусульмане Малой Кабарды того времени принадлежали к шафиитскому мазхабу. В последующие столетия кабардинская элита укреплялась в своей приверженности исламу. В 1777 г. президент Коллегии иностранных дел России граф Н. И. Панин прямо признавал, что «закону магометанскому» кабардинские владельцы «весьма преданы».

Лит.: Кабардино-русские отношения в XV–XVII вв. Нальчик, 2006. Т. 1; Челеби Эвлия. Книга путешествия.

История ислама у карачаевцев и балкарцев

Извлечения из сочинения турецкого путешественника XVII в. / отв. ред. и сост. А. Д. Желтяков. М., 1979. Вып. 2.

Р. Хатуев

История ислама у карачаевцев и балкарцев. В карачаево-балкарских преданиях сохраняются сведения о двух истоках мусульманского влияния: восточного (Дагестан) и западного (Крым). Дореволюционные исследователи отмечали, что в Карачае мусульманство стало распространяться «под непосредственным влиянием *Крымского ханства*» (Н. С. Иваненков, 1912). Кроме того, «ислам, по утверждению старожилов исторического Карачая, пришел из Кумыкии» (К. М. Текеев). Турецкий историк Ф. Кирзиоглу, упоминая «карачаево-балкарских тюрков», называет мусульманское имя их владетеля начала 1580-х гг. — «Гази Мирза Бек». В дореволюционной записи песни о князе Каншаубие Крымшамхалове сообщается о его связях с восточно-кавказскими мусульманскими областями («Каншау ушел в Шемаху к казикумыкам», «Каншау, утешитель шемахинского хана» и др.). По преданию, этот князь скрепил эти связи брачным родством (выдал замуж за восточно-кавказских владетелей двух своих дочерей — Кантин и Каз). Таким образом, отмечена прочная фиксация в фольклоре связей карачаевцев с Вост. Кавказом. Религиозное влияние Дагестана сильно ощущалось и в горских обществах Балкарии. М. Ковалевский (1886) отмечал, что у балкарцев («горских татар») ислам окончательно утвердился «не без влияния миссионеров, высылаемых время от времени кумыкскими князьями (в частности, шамхалами Тарковскими), выдававшими своих дочерей замуж за старшин Чегемского или Балкарского общества». Процесс исламизации балкарцев также «начался до XVII в.» (Н. Г. Волкова, Я. С. Миронова). Письменные источники XVII в. прочно фиксируют мусульманскую антропонимию в именнике карачаево-балкарской знати; к тому же столетию относятся и первые арабографические памятники Карачая. Большинство источников XVIII в. единодушны в признании мусульманского вероисповедания карачаево-балкарской знати. Русский документ 1743 г., упоминая «Харачай, который живет в кубанских вершинах» и «волость Чегем — на вершинах р. Чегема» (Балкария), сообщает, что «владельцы их в махометанском законе». П. С. Паллас (1793–94), говоря о «балкарах», отмечает, что «их вожди и старейшины исповедуют магометанскую религию».

Лит.: Волкова Н. Г., Смирнова Я. С. Балкарцы // Народы и религии мира: энциклопедия / гл. ред. В. А. Тишков. М., 1998; Текеев К. М. Карачаевцы и балкарцы. Традиционная система жизнеобеспечения. *М., 1989; Fahrettin Kirzioğlu. Osmanlilar'in Kafkas-Elleri'nin fethi (1451–1590). 2 Baski. Ankara, 1998. С. 312.*

Р. Хатуев

История ислама у кубанских ногайцев. В предгорной части Прикубанья *ногайцы* появились с конца XV в., а в 1-й половине XVI в. доминируют в степных районах бассейна р. Терека (письмо ногайского правителя Исма'ила царю Ивану Грозному от 1549 г. о том, что северокавказское княжество Тюмень и «Черкасы Кабартейские нам здалися»). После распада Ногайской Орды обособился «Казиев улус» (Малая Ногайская Орда), в состав которого вошли прикубанские территории ногайских кочевий. Во времена Петра I на в Прикубанье появились новые группы *ногайцев*, которые поселились по левобережью Кубани и в р-не современного г. Черкесска. И. Гюльденштедт (2-я половина XVIII в.) указывает ареал обитания: «Страну от впадения (Кубани) в Меотийское болото (Азовское море) до Терека занимают *ногайцы*». В XVIII–XIX вв. фиксируются две группы *ногайцев* Сев.-Зап. Кавказа — кумские (в р-не горы Бештау, по р. Джегута, Тамлык, Барсуклы, Большой и Малый Янкуль, Калаус и др.) и кубанские («кочевали от Кабарды до Керченского пролива»).

Ногайцы приобщались к исламу ранее всех других современных народов Сев.-Зап. Кавказа; мусульманской изначально являлась правящая династия ногайских биев (верховных правителей), основанная Идегеем. Окончательная исламизация *ногайцев* произошла в составе Ногайской Орды, основанной потомками Идегея (конец XIV — начало XV в.). Основная часть *ногайцев* Сев.-Зап. Кавказа мигрировала в Османскую империю в ходе и после окончания *Кавказской войны*. Оставшаяся их часть в процессе перехода к оседлости образовала несколько аулов на территории современной КЧР и на западе Ставропольского края.

Мусульманское духовенство *ногайцев*, имевших наибольшую среди народов региона исламскую историю, выполняли культуртрегерскую роль. В 1860-е гг. кубанские черкесы свидетельствовали, что основная масса их духовенства («муллы и кадии») происходит «из Турции или из *ногайцев*».

Лит.: Берже А. Д. Краткий обзор горских племен на Кавказе. Тифлис, 1858; Кушева Е. Н. Народы Сев. Кавказа. М., 1963. С. 142; Некрасов А. М. Международные отношения и народы Зап. Кавказа (последняя четверть XV — 1-я половина XVI в.). М., 1990; Очерки истории Карачаево-Черкесии. Т. I. Ставрополь, 1967.

Р. Хатуев

Ал-Итлави, **Исин** ал-Авари (ум. 1790) — мусульманский религиозный деятель, 'алим, специалист по фикху и хадисам.

Нисба ученого увязывает его происхождение с ныне заброшенным населенным пунктом Итла (авар. Илъа), располагавшимся рядом с с. Арани Хунзахского района РД. Умер в месяце зу-л-хиджа 1204 г. х. (начался 12.08.1790). Хадис ал-Андихи (ум. 1813–14) называет его своим учителем.

Лит.: Гайдарбеков М. Хронология истории Дагестана // РФ ИИАЭ ДНЦ РАН. Ф. 3. Оп. 1. № 236. Т. VIII. Л. 22; Ад-Дургели Назир. Услада умов в биографиях дагестанских ученых. (Нузхат ал-азхāн фӣ тарāджим улама̄ Да̄гистāн). Дагестанские ученые X–XX вв. и их биографии. М., 2012. С. 95;

Ш. Хапизов

Й

Ал-Йараги, **Мухаммад-эфенди** б. Малла-Исма'ил б. Малла-Шейх-Камал б. Нузур ал-Йараги ал-Курали ад-Дагистани (Ярагский Магомед, 1772–03.09.1838) — мусульманский религиозный деятель, один из главных идеологов освободительной борьбы горцев-мусульман Дагестана и Сев. Кавказа в 1820–50-х гг., шейх тариката *накшбандийа*.

Родился в с. Юхари-Яраг (Верх. Яраг) Гази-Кумухского ханства (ныне урочище в Магарамкентском р-не РД) в семье потомственных факихов, что отразилось в названии рода — лезг. фекияр. Отец ал-Й. М.-э., Малла-Исма'ил, руководил сельской медресе, в котором ал-Й. М.-э. получил начальное мусульманское религиозное образование. Затем ал-Й. М.-э. обучался у разных дагестанских 'алимов: Са'ида Хачмазского, Са'ида Шиназского, *Хасана Кудалинского* и Магарам-эфенди Ахтынского. Зятем последнего ал-Й. М.-э. стал, женившись на его дочери Айшат. У них было 3 детей: Хаджжи-Исма'ил (1810–1904), Исхак и дочь Хафисат (ум. 1857/58). По окончании обучения ал-Й. М.-э. вернулся на родину и стал преподавать в медресе. Один из его учеников — ширванец Хас-Мухаммад, вернувшись после 7 лет за границей обучения на родину, был посвящен в тарикат *накшбандийа* муршидом ал-хаджж Исма'илом Кюрдамири. Хас-Мухаммад убедил ал-Й. М.-э. в 1237 г. х. (1821/22) вступить в тарикат и посетить с. Кюрдамир (ныне адм. центр одноименного р-на Азербайджана) ширванского шейха хаджж Исма'ила. Приобщившись к братству *накшбандийа* и получив иджазу на наставничество, ал-Й. М.-э. вернулся в родное с. Верх. Яраг и приступил к формированию группы своих последователей — движения, получившего в российском кавказоведение название «*мюридизм*».

В том году (1822) командующий Кавказским корпусом генерал А. П. Ермолов (1817–27), подавивший годом ранее «последние», как представлялось российскому правительству, очаги организованного сопротивления в Дагестане и лично составивший для мусульман Кавказа «молитву за царя», обязательную во всех мечетях «в молитвенные и торжественные дни», запретил мусульманам совершать хаджж без его персонального позволения, запретил шариатские суды (мехкеме) в Кабарде и возобновил попытки крещения ингушей и осетин. Одновременно ликвидировались азербайджанские ханства, равнины и предгорья Дагестана и Чечни застраивались линиями укреплений, а горные районы оказывались в блокаде — без возможности выгнать на равнину скот, отправить караван со своими товарами в города или привезти необходимые товары и предметы потребления. Это периодически вызывало локальные выступления горцев, но разрозненные очаги сопротивления в начале 1820-х гг. немедленно подавлялись с особой жестокостью.

В марте 1824 г. А. П. Ермолов дал указание Аслан-хану Газикумухскому (1812–36) покончить с деятельностью ал-Й. М.-э. в его владениях. Хан после встречи с шейхом отрапортовал «о совершенном водворении спокойствия», объявив, что «сделаны соответствующие внушения». Но жестокое подавление шариатского движения в Кабарде и погром, устроенный генералом Н. В. Грековым в ингушском с. Аршты (ныне Сунженский р-н РИ) в начале 1825 г., всколыхнули мусульман Сев. Кавказа. В конце мая 1825 г. в мечети с. Майртуп (ныне Курчалоевский р-н ЧР) прошел съезд религиозных и военных лидеров горцев-мусульман от Дагестана до Кабарды, на котором имамом был провозглашен дагестанский 'алим — Мухаммад *ал-Кудуки* (Кудутлинский), взят курс на всеобщее восстание и объявлен газават. Генерал Н. В. Греков попытался захватить участников съезда, но опоздал, а вскоре сам был убит. От Кумыкской равнины до Кабарды вспыхнули бои с участием крупных отрядов и из Нагорного Дагестана.

В съезде участвовали и представители религиозных кругов *Гази-Кумухского ханства*, в числе которых, по некоторым сведениям, был сам ал-Й. М.-э., но, вероятнее, присутствовали его ученики и связанные с ним лица. Российские военные докладывали А. П. Ермолову, что учение «муллы Магомета» (ал-Й. М.-э.) становится все более популярным среди местного населения. Последовало распоряжение «Аслан-хану схватить муршида и доставить его в Тифлис. Аслан-хан поручил это своему племяннику Гарун-беку, бывшему правителем кюринских

Ал-Йараги

владений, и, хотя мулла Магомет (ал-Й. М.-э.) без всякого сопротивления был приведен в с. Курах, однако тотчас бежал оттуда, или, как некоторые полагают, добровольно был отпущен. После бегства он скрывался в Вольном Табасаране, где с успехом проповедовал *мюридизм*; семейство же его и родные между тем спокойно проживали в с. Яраг».

В конце 1826 г. ал-Й. М.-э. вернулся в с. Яраг. Согласно тарикатской традиции, заступником ал-Й. М.-э. перед ханом стал возглавлявший ханскую канцелярию и диван потомственный кадий — *ал-Гази-Гумуки Джамалуддин*, сам вскоре ставший его последователем и в свою очередь получивший от ал-Й. М.-э. иджазу на наставничество. В это же время из Кабарды в Дагестан вернулся *Газимухаммад* Гимринский, развернувший проповедь среди населения и местных правителей о необходимости продолжения борьбы. Во время визита *Газимухаммада* в Гази-Кумух и встречи с Аслан-ханом *ал-Гази-Гумуки Джамалуддин* убедил посетить ал-Й. М.-э., чтобы познакомиться с тарикатом. В итоге *Газимухаммад*, пройдя с ал-Й. М.-э. соответствующую подготовку, заручившись поддержкой шейхов-наставников, получил в распоряжение тарикатскую сеть. Став в 1828 г. имамом, *Газимухаммад* в 1830–32 гг. возобновил и возглавил газават на Сев. Кавказе. В этой связи новый командующий Кавказским корпусом И. Ф. Паскевич (1827–31) вновь обратился к Аслан-хану с «настоятельным требованием» о выдаче ал-Й. М.-э., но шейх, не без ведома хана, успел в конце мая 1830 г. уйти от преследования российских властей в Верх. Табасаран, где провел 16 месяцев в с. Кюряг магала Кыхрыг (ныне Табасаранский р-н РД). Направленный на его поимку отряд царских войск был разбит табасаранами на горе Калух и с трудом ретировался в Ширван, что сильно воодушевило горцев.

В середине августа 1831 г. ал-Й. М.-э. выдвинулся в стратегически важное с. Дюбек магала Кырах (ныне Табасаранский р-н РД), что активизировало поборников шариата на подступах к Дербенту — во всем *Табасаране*, Кайтаге и Теркеме. Вскоре с большим войском прибыл и имам *Газимухаммад*, за которого ал-Й. М.-э. выдал свою дочь Хафсат. Последовавшая двухнедельная осада г. Дербента не принесла желаемых результатов, и в сентябре *Газимухаммад* с войском отступил, забрав с собой ал-Й. М.-э. и его домочадцев, а с. Дюбек подверглось карательному рейду российских войск. Проведя несколько дней в кумыкском с. Эрпели (ныне Буйнакский р-н РД), ал-Й. М.-э. переехал в салатавский Чиркей (с. Старый Чиркей, того же р-на, ныне затоплено водохранилищем Чиркей-ГЭС), где провел весь октябрь 1831 г., пока *Газимухаммад* осуществлял походы в Чечне и захват г. Кизляр. Здесь ал-Й. М.-э. пережил осаду и артиллерийскую бомбардировку российских войск, которые, однако, не могли взять город. 27.10.1831 г. при посредничестве ал-Й. М.-э. было заключено перемирие.

Ал-Й. М.-э. с семьей и учениками перебрался на зимовку поглубже в горы — в с. Игали (ныне Гумбетовский р-н РД), откуда в апреле следующего 1832 г. они переехали к вернувшемуся из-под г. Владикавказа *Газимухаммаду* в с. Гимры общества Койсу-бо (ныне Унцукульский р-н РД), где и прожили почти полгода до конца сентября. В октябре 1832 г., накануне последнего боя имама *Газимухаммада* (17.10.1832), ал-Й. М.-э. с семьей переехал в с. Балахани того же общества, где прожил до весны 1835 г. Здесь в 1834 г. у его дочери Хафсат в повторном браке родился сын Хасан (см. *Алкадари Хасан-эфенди*). Ал-Й. М.-э. начал терять зрение, в виду чего он выучил Коран наизусть и стал хафизом.

В правление имама *Шамиля*, в начале мая 1835 г., ал-Й. М.-э. вместе с семьей переехал в с. *Согратль* конфедерации Андалал (ныне Гунибский р-н РД), где прожил 4 года и 3 месяца, проповедуя и по-прежнему наставляя учеников. Вскоре началось восстание последователей ал-Й. М.-э. в Юж. Дагестане, охватившее в 1837–39 гг. *Табасаран*, Самурский окр. и смежные р-ны современного Азербайджана (Шеки, Куба). В конце августа 1838 г. ал-Й. М.-э. тяжело заболел и скончался 03.09.1838 г. Похоронен в с. *Согратль*. Могила ал-Й. М.-э. по сей день является объектом поклонения мусульман (зийарат) со всего Сев. Кавказа. Ал-Й. М.-э. прожил 66 лет, из которых последние 15 — в тарикате, 8 лет был мухаджиром. Новым муршидом вместо себя он оставил саййида *ал-Гази-Гумуки Джамалуддина*.

В 1910 г. в г. Темир-хан-Шуре в типографии *Мухаммада-Мирзы Мавраева* литографическим способом была издана книга (192 с.) с образцами письменного наследия ал-Й. М.-э. — «Асар аш-шайх ал-Йараги», которая до настоящего времени не переведена на русский язык. В Фонде восточных рукописей ИИАЭ ДФИЦ РАН хранится один ее экземпляр. Наряду с известным сочинением шейха «Асар ал-Йараги» (2–52 с.) здесь содержатся его поэтические произведения — «Касида ат-та'ийа ал-кубра» (53–126 с.) и «Касида ат-та'ийа ас-сугра» (127–134 с.), а также образцы поэзии и различного содержания корреспонденции ал-Й. М.-э., адресованной как известным, так и неизвестным лицам или целым обществам (с призывом строго придерживаться шариата, вступить в тарикат и пр.). Составителем книги стал сын ал-Й. М.-э. — Исмаил-эфенди ал-Йараги (1810–1904), который продолжил преподавать в медресе отца и деда в родном с. Юхари-Йараг и ок. 20 лет занимал пост верховного кадия Кюринского ханства (см. *верховные кадии*). Его перу принадлежит также краткая биография отца, записанная им из уст самого ал-Й. М.-э., — «Тарджамат хал аш-шайх Мухаммад б. Исмаʿил ал-Йараги ал-Курали» («Биография шейха Мухаммада, сына Исмаила ал-Йараги ал-Курали»), рукописный список которой хранится в Ин-те востоковедения РАН.

Лит.: Абдурахман из Газикумуха. Книга воспоминаний / пер. с араб. М.-С. Саидова; ред. пер., подгот. факсим. изд., коммент., указ. А. Р. Шихсаидова, Х. А. Омарова. Махачкала, 1997; С. 31–33; Агаев А. Г. Магомед Ярагский. Мусульманский философ. Духовный вождь дагестанского освободительного движения XIX в. Махачкала, 1996; Ал-Багини, Шуʿайб. Табакат ал-хваджаган ан-накшбандийя ва-с-садат ал-маша'их халидийя ал-махмудийя. Изд. ʿАбд ал-Джалил ал-Ата. Дамаск, 1417/1996. С. 394–396 (на араб. яз.); Гайдарбеков М. Антология дагестанских ученых // Рукописный фонд ИИАЭ ДНЦ РАН. Ф. 3. Оп. 1. Д. 162, Л. 90–91; Движение горцев Северо-Восточного Кавказа (сб. документов). 1959; Ад-Дургели Назир. Услада умов в биографиях дагестанских ученых. (Нузхат ал-азхāн фū тарāджим уламā Дāгистāн). Дагестанские ученые X–XX вв. и их биографии. М., 2012; Неверовский А. А. О начале беспокойств в северном и среднем Дагестане. СПб., 1847; Покровский Н. И. Кавказские войны и Имамат Шамиля. М., 2000. С. 160–184; Рамазанов Х. Х., Рамазанов А. Х. Мухаммад Ярагский: идейный вождь освободительной борьбы народов Кавказа. Махачкала, 1998; Хайдарбек Геничутлинский. Историко-биографические и исторические очерки / пер. с араб. Т. М. Айтберова; под ред. М. Р. Мугумаева; вступ. ст., коммент. и общ. ред. В. Г. Гаджиева. Махачкала, 1992; Хроника Мухаммад Тахира ал-Карахи о дагестанских войнах в период Шамиля, 1941 / пер. с араб. А. М. Барабанова; под ред. И. Ю. Крачковского. М.; Л., 1946. С. 39–139, 140, 198, 228, 251, 257, 258, 279, 296.

З. Гаджиев

Ал-Йахсави, ʿАбдулмутталиб сын Башира (1833/34–94/95) — мусульманский религиозный деятель, шейх накшбандийского тариката.

Ал-Й. ʿА. — сын шейха *ал-Йахсави Башира*. Был известен в народе, а также в литературе, как ʿАбдулмуталим, Абутай, Абулай, Апти, Аптай Аксайский, Абу Мубарак Аксайский. Нисба его указывает на происхождение из кумыкского с. Аксай. Получил иджазу от своего земляка шейха *ал-Йахсави Ходжа-Ахмада*, который был в свою очередь маʾзуном его узла — шейха Башира. Прямыми последователями ал-Й. ʿА. являются шейхи ʿАбдулвахаб-хаджжи ал-Йахсави, Сухайб аш-Шали, Йунус ал-Бамматюрти и Сулейман-хаджжи ал-Марти. Зийарат находится в с. Аксай Хасавюртовского р-на РД, рядом с могилой отца.

Лит.: Абусупиян. Василатун нажат. Темир-Хан-Шура, 1908. С. 31; Аджаматов Б. А. История. Кавказа и селения Эндирей. Башир-шейх ал-Яхсави. Махачкала. 2017; Аджаматов А. Святыни Дагестана. Махачкала, 2005. С. 226–227; Дидимов-Хаджжиев А. Слово об Аксайских шейхах // Свобода. 1994. 24–30 июня. № 23; Карамурзаевы А., Р. и Н. Произведения / сост., авт. предисл., транслит. с аджама на кириллицу и коммент. Г. М.-Р. Оразаев. Махачкала, 2013. С. 158–184.

Г. Оразаев

Ал-Йахсави, **Башир** (1810–75) — мусульманский религиозный деятель, шейх накшбандийского тариката.

Родился в кумыкском с. Эндирей (ныне Хасавюртовский р-н РД). Впоследствии переехал в с. Аксай (ныне Хасавюртовский р-н РД). В народе был известен как Абушайой (Абув, Абюв, Абувум). Его устазом, давшим иджазу, был шейх Умалат из с. Костек (Хасавюртовский р-н РД). Ал-Й. Б. оставил после себя целую плеяду шейхов так называемой «аксаевской линии», которые сыграли огромную роль в духовной жизни Дагестана и Чечни. Последователями ал-Й. Б. являлись шейхи ʿАлихан ал-Чанти (или ал-Кумуки), *ал-Йахсави Ходжа-Ахмад* и хаджжи Ука ан-Наури. Похоронен в с. Аксай. Одна из квартальных мечетей г. Хасавюрта названа именем ал-Й. Б.

Лит.: Абусупиян. Василатун нажат. Темир-Хан-Шура, 1908. С. 31; Аджаматов Б. А. История. Кавказа и селения Эндирей. Башир-шейх ал-Яхсави. Махачкала, 2017; Хашимов М. Яхсайваяс сайлылар. Махачкала, 2004. С. 43–45; Məhəmmədcəlil M., Xəlilli; F. Mövlanə Ismayıl Siracəddin Sirvani. Baki, 2003. S. 71–72, 123; Nadir ad-Durgilis (st. 1935). Nuzhat al-adhan fi tarağim' ulama' Dağistan / herausgegeben, übersetzt und kommentiert von Michael Ketmper und Amri R. Šixsaidov. Berlin, 2004. S. 229; Naziradad-Durgilis. Nuzhat... Berlin, 2004. S. 229.

Г. Оразаев

Ал-Йахсави, **Ходжа-Ахмад** (Хожа-Агьмат, середина — 2-я половина XIX в.) — мусульманский религиозный деятель, шейх накшбандийского тариката.

Родом из кумыкского с. Аксай (ныне Хасавюртовский р-н РД). Иджазу получил от шейха *ал-Йахсави Башира*. В свою очередь ал-Й. Х.-А. возвел в ранг шейха *ʿАбдулмутталиба б. Башира ал-Йахсави*. Зийарат находится в с. Аксай.

Лит.: Абусупиян. Василатун нажат. Темир-Хан-Шура, 1908. С. 30; Аджаматов Б. А. История Кавказа и селения Эндирей. Башир-шейх ал-Яхсави. Махачкала, 2017; Хашимов М. Яхсай ва яхсайлылар. Махачкала, 2004. С. 43–44.

Г. Оразаев

Ал-Йахсави, Йусуф (Юсуп-апанди, Юсупкади, Гаджи-Юсуф, Юсуп-хаджжи, 1795/96–1871) — мусульманский религиозный деятель, кумыкский 'алим.

Родился в семье состоятельных узденей в с. Аксай (ныне Хасавюртовский р-н РД). Начальное религиозное образование получил у своего отца Мусы-хаджжи, а также у др. мусульманских ученых с. Аксай и Эндирей. Затем для продолжения обучения направился в Нагорный Дагестан, где обучался у *Араканского Са'ида*, Нур-Мухаммада-кадия ал-Авари, Дайитбека ал-Гугутли (из Гоготля) и Хадбулава Хвахитинского. *Каяев 'Али* учителем ал-Й. Йу. также называет Йусуфа Слепого ал-Митлилти, у которого тот изучал арабский язык (ал-'улум ал-'арабиййа). Основы мусульманского права ал-Й. Йу. изучал под руководством Дайит-бека ал-Гугутли, математику — под руководством Нур-Мухаммада ал-Авари. В семейных преданиях рода Клычевых сохранились сведения, что ал-Й. Йу. владел наукой врачевания.

Завершив обучение, ал-Й. Йу. вернулся на родину, был кадием в с. Аксай, совмещая эту должность с преподаванием в местном медресе; в 1825 г. поступил на службу в царскую армию.

Ал-Й. Йу. был противником вооруженной борьбы с Российской империей, обосновывая это тем, что вооруженный джихад слабых против сильных врагов категорически запрещается. В противном случае, считал он, эта война не принесет ничего хорошего, кроме страданий и смертей жителям Дагестана. Такого же мнения придерживались и др. дагестанские богословы: *Араканский Са'ид*, Мама-киши Эндирейский, Мирза Таги Мулла Дербентский, Аййуб кадий Дженгутайский, Нур-Мухаммад кадий Хунзахский, Барка кадий Какамахинский, Зухум кадий Акушинский, Аслан кадий Цудахарский и др.

В ноябре 1832 г. ал-Й. Йу. был определен на службу в Лейб-гвардии Кавказский конно-горский полуэскадрон (входивший в Собственный Его Императорского Величества конвой), располагавшийся в Царском Селе (ныне г. Пушкин) под г. Санкт-Петербургом. Прослужив там несколько лет, в 1837 г. был уволен из полуэскадрона в звании поручика.

Вернувшись на родину в июне 1842 г., ал-Й. Йу. получил чин штаб-капитана милиции. В ноябре 1858 г. был утвержден кадием Кумыкского окружного народного суда, в котором прослужил до своего увольнения 02.06.1860 г. Как человек, верный российским властям, ал-Й. Йу. входил в состав администрации округа. После увольнения со службы получал пенсию в 400 руб. из Кизлярского уездного казначейства. Терская областная администрация высоко оценивала заслуги ал-Й. Йу., считая его одним из наиболее «полезных людей» Терской обл. За заслуги перед российским правительством был награжден 402 дес. земли. Ал-Й. Йу. приобрел имение с прилегающими землями в небольшом (ныне не существующем) с. Казакмурза-юрт, при мечети которой основал собственное медресе. После увольнения со службы в 1860 г. полностью посвятил себя преподавательской деятельности.

Рукописное наследие ал-Й. Йу. практически не изучено. Ал-Й. Йу. — автор множества стихов на арабском языке, но они никогда не издавались. Поэтические произведения приобрели широкую известность еще при жизни автора. По мнению М. Гайдарбекова, ал-Й. Йу. являлся «обладателем пальмы первенства в Дагестане по стилистике».

Перу ал-Й. Йу. принадлежит и ряд прозаических произведений: «Ал-Фарида ар-Рабанийа фи шарх ал-'Акида аш-Шайбанийа»; «Ал-Бахджа ас-Суфийа ли-л-Мунаджа ал-Йусуфийа»; «Дава' ал-Калб ал-Музабзиб фи шарх ан-Нусах ал-Мухазаб»; «Тухфат ал-Карар 'ала Кази-Малла ал-Гарар»; «Тухфат ал-Вурас шарх Афдал ал-Мирас»; «Ал-Ифсах фи Мас'ала ан-никах». Копии писем и произведений ал-Й. Йу. хранятся в ФВР ИИАЭ ДНЦ РАН, а также в многочисленных частных и мечетских коллекциях РД.

Ал-Й. Йу. трижды совершил хаджж, встречался с шейхом Ал-Азхара Ибрахимом ал-Баджури (ум. 1277/1860), автором нескольких популярных в Дагестане произведений. Предание гласит, что между ними состоялась научная дискуссия, «которая заставила шейха поблагодарить Бога за то, что в далеком от арабских стран Дагестане имеются также ученые арабисты, как ал-Й. Йу.».

Ал-Й. Йу. умер в 1289 г. х. (1871 г.), похоронен на кладбище с. Казакмурза-юрт.

Лит.: Алиев К. М. Кавалергарды Его Императорского Величества // Ёлдаш. 21.08.2009; Гаджиева С. Ш. Кумыки: историческое прошлое, культура быт. Кн. II. Махачкала, 2005. С. 246, 297; Гайдарбеков М. Юсуф из Аксая / Антология дагестанской поэзии на арабском языке. Махачкала, 1965; ад-Дургили Назир. Услада умов в биографиях дагестанских ученых / пер. с араб., коммент., факс. изд., указ. и библиогр. подгот. А. Р. Шихсаидовым, М. Кемпером, А. К. Бустановым. М., 2012. С. 136; Мусаев М. А. Биографии дагестанских ученых-богословов, противников имама Шамиля, в изложении 'Али ал-Гумуки (Каяева): пер., коммент. // Фундаментальные исследования. 2014. № 6. С. 635; НА ИИАЭ ДНЦ РАН Ф. 3. О. 1. № 3560.

И. Ханмурзаев

Йолакай-молла (Джумакаев Йолакай Юмакай-улы, 1877–1957) — мусульманский религиозный деятель Караногая и Сев. Кавказа, богослов.

Родился в с. Махмуд-аул Караногайского приставства Кизлярского окр. Терской обл. Российской империи (вблизи современного с. Нариман Ногайского р-на РД), в семье Юмакая Кадырберди-улы из рода (ырув) Тогыншы родо-племенного объединения (куб) Минг. Когда Й.-м. был еще младенцем, его отец выехал в хаджж, но во время хаджжа скончался в Мекке. Воспитывался матерью Гульханум в семье ее братьев, у которых она жила после смерти мужа. Дед Й.-м. по материнской линии Азиз-хаджжи был известным муллой.

В 1882 г. Й.-м. был отдан на обучение местному мулле, у которого получил начальное мусульманское образование. С 1887 г. учился в мактабе в ставке Терекли-Мектеб (ныне с. Терекли-Мектеб Ногайского р-на РД).

В 1891–1902 гг. учился в медресе в ставке Ачикулак Ставропольской губ. (ныне с. Ачикулак Нефтекумского р-на Ставропольского края). После завершения учебы жил в Махмуд-ауле, ездил по кочевым аулам Караногая, обучал детей основам ислама, преподавал грамматику арабского языка. Большое влияние на формирование духовно-нравственных и религиозных представлений Й.-м. оказало чтение сохранившихся книг из библиотеки его прадеда Мухамбет-кады, известного в начале XIX в. кадия.

Как знаток Корана и хадисов широкое признание Й.-м. получил в годы советской власти. После смерти последнего кадия Караногая *Бальтен-кады* Арсланова Й.-м. был одним из самых авторитетных ногайских мулл. По некоторым сведениям, в 1930 г. на похоронах *Бальтен-кады* присутствовавшие муллы договорились, что отныне будут считать новым кадием Й.-м., но власти не разрешили провести официальное собрание мулл для проведения выборов кадия.

В 1929 г. переехал в с. Абдулсатыр-аул (село находилось вблизи современного с. Татли Булак Ногайского р-на РД). В 1950-е гг. поддерживал тесное общение с муллами *Шутий-молла* Маушевым из с. Карасув и Абдул-Сатыром из с. Карагас (ныне села Ногайского р-на РД), с которыми вел переписку на арабском языке. Их переписка была перехвачена органами НКВД, было начато следствие по делу о религиозной пропаганде, но не получило дальнейшего развития и было прекращено. До конца жизни Й.-м. находился на учете органов НКВД как «служитель религиозного культа и пропагандист ислама».

В народе Й.-м. пользовался большим авторитетом за глубокие религиозные знания, большой жизненный опыт, мягкий и добрый нрав, гостеприимство. У Й.-м. было шестеро детей: сыновья Ханбий, Вахбий, Шаабий и дочери Зарипат, Марипат, Кошкан. Последние годы жизни прожил в с. Бригад-аул (вблизи современного с. Эдиге Ногайского р-на РД). Личная библиотека Й.-м., его переписка с религиозными деятелями 1920–50-х гг. и рукописи не сохранились. Ряд книг и рукописей хранятся у родственников. Согласно завещанию, похоронен на указанном им при жизни месте рядом с могилой матери на кладбище Коголли в Ногайском р-не РД.

Лит.: Заргишиев М. Ногайлы. Белый Сокол Золотой Орды. М., 2021; Личный архив автора: 1990 г. РД, с. Терекли-Мектеб. Информатор Х. Джумакаев (сын Й. Джумакаева), 1922 г.р.; 2002 г. РД, с. Татли Булак. Информатор К. Абдулмажаров, 1932 г.р.

М. Заргишиев

К

Кавказская война (1817–64). К началу XIX в. в результате войн с Ираном и Турцией на Кавказе и за его пределами Россия де-юре закрепила за собой большую часть Сев. Кавказа; вне российского контроля оставались труднодоступные горные районы Сев. и Центр. Дагестана, власть империи не распространялась также на горные районы Закубанской Черкесии. Задача объединения всего региона де-факто была решена российскими военными и политиками в годы К. в.

Понятие К. в. введено дореволюционным историком Р. А. Фадеевым в книге «Шестьдесят лет Кавказской войны» (1860), и впоследствии термин утвердился в советской историографии. Хронологически она условно охватывает 1817–64 гг. и делится на пять периодов: 1) действия А. П. Ермолова и восстание в Чечне (1817–27); 2) формирование *Имамата* Нагорного Дагестана и Чечни (1828 — начало 1840-х гг.); 3) распространение власти *Имамата* и деятельность М. С. Воронцова на Кавказе (1840-е — начало 1850-х гг.); 4) Крымская война и покорение А. И. Барятинским Чечни и Дагестана (1853–59); 5) покорение Сев.-Зап. Кавказа (1859–64).

Имамат, существовавший на территории Нагорного Дагестана и Чечни (1828–59 гг.), известен в истории К. в. своим долгим и упорным сопротивлением российскому присутствию на Сев. Кавказе. Вооруженное сопротивление трех имамов *Газимухаммада* (1829–32 гг.), *Гамзат-бека* (1832–34 гг.), *Шамиля* (1834–59 гг.), «борьба (за веру) на пути Аллаха» (газават) также включало в себя военные действия против дагестанских сельских общин (джама'атов), которые противились введению шариата в своих владениях и поддерживали отношения с царской властью. Имам *Шамиль* называл Дагестан «областью войны» (дар ал-харб), что означало требование вести войну в защиту ислама против «неверных» и их союзников из местных мусульман. О газавате, который он ведет, имам

Шамиль в 1853 г. сообщал правителям Мекки и Медины, что «дагестанские земли были присоединены к злополучной земле неверующих» и «эта беда побудила нас действовать в интересах нашей веры и ради повиновения… тому, что сказано о джихаде в айатах Корана…».

С началом вооруженных действий в Дагестане и Чечне в 1829 г. под руководством имама *Газимухаммада* корпусной командир генерал-адъютант граф И. Ф. Паскевич уже в начале 1830 г. обратился к горцам Дагестана с воззванием (переведенным на арабский язык) с призывами примириться с фактом их подданства в составе России, как примирились с этим фактом жители ханств *Мехтулинского, Аварского, Казыкумукского* и *Кюринского*, вольные общества акушинцев и др. народов. И. Ф. Паскевич утверждал, что в империи все мусульмане, живущие в России «от древних веков», свободно исповедуют ислам. Главный посыл обращения гарантировал дагестанцам неприкосновенность их религии, а всем дагестанским владетелям и духовным лицам — неприкосновенность их прав. Но горцы услышали др. воззвание, написанное имамом *Газимухаммадом* в том же 1830 г., с призывом взять в руки оружие и принимать участие в сражении «с отступниками и в изгнании их из своей земли и присвоении их имущества». В октябре 1832 г., с гибелью имама *Газимухаммада*, завершился первый этап религиозно-политического повстанческого движения мусульман Дагестана и Чечни за утверждение шариатского права, создания на его территории государства, вошедшего в историю под названием *Имамат*.

Преемники И. Ф. Паскевича — генералы Е. А. Головин (1838–42), А. И. Нейгардт (1842–44) и М. С. Воронцов (1844–54) — при вступлении на должность также обращались к горцам повстанческих р-нов Дагестана и Чечни с призывами принять подданство Российской империи. Однако все мирные призывы кавказского командования к горцам *Имамата* оставались тщетными, ответом на них были военные действия: с 1829 г., со времен воззваний имама *Газимухаммада*, и до последних дней *Имамата*. Определение «отступники веры», обозначенное имамом *Газимухаммадом*, на три десятилетия стало основным критерием разделения мусульман Дагестана. Личный секретарь имама *Шамиля ал-Карахи Мухаммадтахир* сформулировал содержание этого понятия: «Лицемер (мунафик) — тот, кто склонился к неверному врагу или убежал к нему, или жил под его управлением, хотя и был бы по религии мусульманином». Последний тезис считали спорным с самого начала многие 'алимы Дагестана, современники событий, подвергая, таким же образом, сомнению и правомерность газавата, объявленного первым имамом. В частности, современник событий, 'алим из Верх. Дженгутая Айййуб писал: «Появился *Имамат* и *Газимухаммад* ал-Гимрави, затем *Гамзат-бек* (из Гоцатля), затем *Шамиль* ал-Гимрави. Они утверждали, что являются шариатскими имамами, и стали призывать людей к [жизни] по законам шариата. Они считали неверными (кафир) тех, кто не ответил на их призыв, и воевали с ними подобно как с неверными, считая дозволенными их кровь, имущество и женщин». Другой современник, 'алим из с. Аксай *ал-Йахсави Йусуф* обращался к шафиитскому муфтию Мекки с просьбой дать фетву о незаконности власти имамов в Дагестане и их требований совершения хиджры с точки зрения шариата.

С 1834 г. имам *Шамиль* создавал в Дагестане и Чечне военно-теократическое государство *Имамат*, точнее, при нем завершилось государственное строительство, начатое при имаме *Газимухаммаде*. Он официально принял титул халифа (амир ал-му'минин, араб. «повелитель правоверных»). Вместе с тем в дипломатической переписке он признавал примат духовной власти османского султана. Подобно правителям халифата, имам сосредотачивал в своих руках религиозную, военную, исполнительную, законодательную и судебную власти. Основой своего государства имам *Шамиль* сделал мусульманское право (шариат). 25.08.1859 г., с пленением имама *Шамиля* в с. Гуниб, *Имамат* Чечни и Дагестана, который в отечественной историографии называют «теократической державой *Шамиля*», «движением горцев под предводительством *Шамиля*», «государством, созданное джихадом», прекратил свое существование. К. в. на Сев.-Вост. Кавказе была завершена.

На 1859–64 гг. приходится пятый, последний этап К. в. На Сев.-Зап. Кавказе. В отличие от первых двух периодов К. в. (1817–40-е гг.) активных военных действий между царскими войсками и «немирными» горцами не велось. В третий период войны (1840–50-е гг.) имам *Шамиль* пытался взять под контроль повстанческое движение этого региона, в Черкесию отправлялись его наибы — Хаджжи-Мухаммед (1842–44), Сулейман-эффенди (1845–46), *Мухаммад Амин* (1848–59). После пленения имама *Шамиля* царское военное командование перебросило значительные военные силы с Левого фланга Кавказской линии на Правый, на Сев.-Зап. Кавказ. В 1861 г. объединенное правительство абадзехов, шапсугов и убыхов пыталось добиться признания своей независимости и вести переговоры об условиях прекращения военных действий, но безуспешно. До весны 1864 г. продолжалось вооруженное сопротивление черкесов. 21.05.1864 г. в местности Каабда (Красная Поляна) торжественным молебном и парадом войск было отпраздновано окончание К. в. и утверждение власти Российской империи на Кавказе.

Лит.: Бобровников В. О. Крымская война на русском Кавказе: идеология фронтира и дискурс мусульманского сопротивления // The Crimean War 1853–56. Warszava, 2011; Воззвание Гази-Магомеда и Гамзат-бека к горцам Дагестана, январь, 1831 г. // ДГСВК; Воззвание наместника Кавказа гр. М. С. Воронцова к жителям Дагестана, 1845 г. // АКАК. Т. 10; *Кемпер М.* К вопросу о суфийской основе «джихада» в Дагестане // Подвижники ислама. Культ святых и суфизм в Средней Азии и на Кавказе / под ред. С. Н. Абашина, В. О. Бобровникова. Москва, 2003; *Кемпер М.* Шариатский дискурс имамата в Дагестане первой половины XIX в. // Дагестан и мусульманский Восток / сост. и отв. ред. А. К. Аликберов, В. О. Бобровников. М., 2010; *Мусаев М. А.* Биографии дагестанских ученых-богословов, противников имама Шамиля в изложении Али ал-Гумуки (Каяева): пер., коммент. // Фундаментальные исследования. 2014. № 6; Обращение командира Отдельного кавказского корпуса ген.-фельдмаршала И. Ф. Паскевича к горским народам Сев. Кавказа с призывом прекратить вооруженную борьбу, 30 мая 1830 г. // Народно-освободительная борьба Дагестана и Чечни под руководством имама Шамиля. М., 2005; *Покровский Н. И.* Кавказские войны и Имамат Шамиля / под ред. В. Г. Гаджиева, Н. Н. Покровского. М., 2000; Сев. Кавказ в составе Российской империи. М., 2007; *Тахнаева П. И.* Гуниб, август 1859 г. «Последние дни джихада в Дагестане…». Махачкала, 2018; Хроника Мухаммеда Тахира ал-Карахи о дагестанских войнах в период Шамиля / пер. с араб. А. М. Барабанова. М.; Л.: 1941; *Шарафутдинова Р. Ш.* Арабоязычные документы эпохи Шамиля. М., 2001.

П. Тахнаева

Кадийат Ингушетии — высший шариатский суд в Республике Ингушетия. Создан по инициативе Муфтията Ингушетии (см. *Духовный центр мусульман Республики Ингушетия*) в мае 1999 г., возглавляет духовный судья мусульман — кадий, который является консультантом по шариатским вопросам на территории Республики Ингушетии. Кадий избирается Советом 'алимов сроком на пять лет. Если работа кадия признается удовлетворительной, срок его полномочий может быть продлен. Кадий возглавляет К. И., в состав которого входят члены шариатского суда.

Стремление исламских лидеров РИ легализовать отдельные нормы мусульманского права совпало с аналогичными попытками республиканских парламентариев. В 1997 г. в РИ был принят «Закон о мировых судьях», заменивший сельский суд шариатским. Этот суд получил право рассматривать дела по разделу имущества и наследства, дела о клевете и оскорблениях, а также бракоразводные дела на основе норм шариата, в том числе применяя и некоторые специфические судебно-процессуальные нормы, в частности использование в качестве доказательства клятвы на Коране.

Для выборов кадия в г. Назрань был проведен общенародный сход, на котором избрали кадия *Мартазанова А. Ш.* (ум. 11.04.2020). Относительно численности членов суда определенных правил и ограничений в ингушском шариатском суде нет: в 1999 г. в него вошло 6 человек (через год — 8), в том числе и кадий. Решения шариатского суда РИ могут быть признаны только при отсутствии разногласий относительно рассматриваемого вопроса. Критерии выбора судей: знание шариата, наличие высшего духовного образования, высокий авторитет среди мусульманских религиозных деятелей и общества в целом. Родственные связи и материальное состояние кандидата не учитываются. Выдвинутый в члены суда мусульманин может взять самоотвод, если он считает себя недостойным или неспособным выполнять эту работу.

В течение двух лет (1999–2000) К. И. функционировал как официальный орган судебной власти. Республиканские государственные органы одобрили его организацию, деятельность шариатского суда была поддержана Верховным судом РИ.

За период работы К. И. было рассмотрено более 1000 дел. Решения суда фиксировались письменно, истцу и ответчику выдавались письменные судебные решения. Однако в 2001 г. Министерство юстиции РФ рекомендовало республиканским органам признать данный суд в качестве консультативного органа, что и было сделано с новым главой РИ — М. М. Зязиковым. С этого времени К. И. осуществляет деятельность в качестве консультативного органа для физических лиц. Муфтий РИ *Хамхоев Исса* в 2007 г. отметил, что местные мусульмане продолжают обращаться к К. И., и «более 90% обратившихся довольны тем, как их спорные дела рассматриваются в соответствии с нормами мусульманского права».

К. И. конца 1990-х гг. стал своеобразным «вторым» судебным уровнем в шариатской правовой структуре республики: «начальным» является «мечетский» уровень — каждый имам сельской мечети получил право рассматривать и решать некоторые спорные вопросы прямо на местах, не прибегая к К. И.

В К. И. рассматривается ограниченное количество дел, регулирование которых по мусульманскому праву не противоречит российскому законодательству. Шариатский суд разбирает дела, связанные с семейно-брачными отношениями, разделом наследства, земельными спорами, причинением материального и физического ущерба, а также «дела частного обвинения» (клевета, оскорбление и т. п.). Кроме того, члены шариатского суда часто бывают «посредниками» при урегулировании «кровных» дел. В шариатском суде не рассматриваются вопросы харама, т. е. продажа спиртного, наркотиков, дележа прибыли со сделки.

Если дела, рассматриваемые в К. И., подлежат рассмотрению и в российском гражданском суде, то решение шариатских судей никак не влияет на решение гражданского суда. Все дела, подлежащие рассмотрению шариатского суда, конфиденциальны и не передаются в гражданский суд для дальнейшего разбирательства. При этом в К. И. дела решаются в срочном порядке: если решения гражданских судов, как правило, приходится ждать до нескольких недель, то в шариатском суде решения выносятся через 3–7 дней после окончания судебных разбирательств. В период официальной деятельности К. И. его решения были письменными, в настоящее время — устные. При рассмотрении дел судьи могут применять как нормы мусульманского права, так и нормы 'адата (инг. маслахIат).

Дела в К. И. рассматриваются на родном языке. При необходимости подозреваемый в преступлении дает в ходе судебного шариатского судопроизводства очистительную присягу (инг. дув баа), в которой сочетаются элементы 'адата и шариата. Так, по шариату клятва должна приниматься только от обвиняемого, а по местным 'адатам во время принесения присяги могут присутствовать и свидетели, которые должны подтвердить эту клятву, при этом от них принесения клятвы не требуется.

Лит.: Албаков Д. Х. О применении шариата в Республике Ингушетия // Ислам и право в России. 2004. Вып. 2; Албогачиева М. С.-Г. Адат и шариат в современной Ингушетии: материалы Всероссийской научной конференции 24–26 сентября 2009. Карачаевск, 2009; Албогачиева М. С.-Г., Бабич И. Л. Правовая культура ингушей: история и современность» // История государства и права. 2009. № 20; Албогачиева М. С.-Г. Ингуши в XX в.: этнографические аспекты религиозных практик // Сев. Кавказ. Традиционное сельское сообщество: социальные роли, общественное мнение, властные отношения. СПб., 2007; Албогачиева М. С.-Г. Роль адата и шариата в российской правовой системе // Платон. 2014.

М. Албогачиева

Кадох-улу — см. *Хубиев, Мухаммад-эфенди*.

Кадыров, Ахмат-хаджжи Абдулхамидович (23.08.1951–09.05.2004) — мусульманский религиозный и общественно-политический деятель, муфтий и президент Чеченской Республики.

Родился в г. Караганде Казахской ССР (ныне Республика Казахстан), куда его семья была выслана в 1944 г. в ходе депортации чеченского народа, в семье имама. В апреле 1957 г. семья Кадыровых возвратилась в с. Центорой Шалинского р-на ЧИАССР.

После окончания средней школы К. А.-х. окончил курсы комбайнеров в ст. Калиновская Наурского р-на ЧИАССР. В 1969–71 гг. работал в рисоводческом совхозе «Новогрозненский» Гудермесского р-на ЧИАССР, в 1971–80 гг. — в строительных организациях в Нечерноземье и Сибири.

В 1980 г. по направлению Гудермесской соборной мечети К. А.-х. поступил в Бухарское медресе Мир-и Араб. В 1982 г. продолжил учебу в Ташкентском исламском ин-те. По окончании ин-та, в 1986–88 гг., работал заместителем имама Гудермесской соборной мечети. В 1989 г. в с. Курчалой Шалинского р-на ЧИАССР К. А.-х. открыл и до 1994 г. возглавлял Исламский ин-т. В 1990 г. К. А.-х. поступил на шариатский факультет Амманского исламского ун-та (Иордания).

В 1991 г., прервав учебу, возвратился на родину. В 1993 г. К. А.-х. был назначен заместителем, в сентябре 1994 г. — и. о. муфтия Чеченской Республики. В 1995 г. был избран муфтием Чеченской Республики — главой *ДУМ Чеченской Республики*.

В период боевых действий на территории Чеченской Республики, в 1994–96 гг., поддержал оппозиционные настроения, воевал в рядах чеченских ополченцев против федеральных войск, затем осознал ошибочность этой политики и необходимость мирного урегулирования ситуации в Чечне. Политическая позиция К. А.-х. способствовала установлению гражданского мира в Чечне. 11.06.2000 г. указом президента РФ В. В. Путина был назначен главой администрации Чеченской Республики.

В 2001 г. окончил экономический факультет Ин-та управления и бизнеса (г. Махачкала). Кандидат политических наук (2003), доктор экономических наук (2004). Почетный профессор Чеченского государственного ун-та.

В апреле 2002 г. возглавил Государственную конституционную комиссию по разработке Конституции Чечни. В сентябре 2002 г. был назначен руководителем группы президиума Госсовета по вопросам противодействия проявлениям религиозного экстремизма в России.

05.10.2003 г. на альтернативных выборах К. А.-х. был избран президентом Чеченской Республики. За его кандидатуру проголосовало 80,84% от общего числа зарегистрированных избирателей. 09.05.2004 г. К. А.-х. погиб в результате террористического акта на стадионе «Динамо» в г. Грозном, во время проведения торжественных мероприятий, посвященных Дню Победы. Похоронен в родовом с. Центорой Курчалоевского р-на ЧР.

К. А.-х. награжден орденом Дружбы народов (2001), медалями «За доблесть в службе», «За боевое содружество», «За отличие в службе» и «За воинскую доблесть», нагрудным знаком «За службу на Кавказе».

11.05.2004 г. Указом президента РФ К. А.-х. было присвоено звание Героя России (посмертно). Президент РФ В. В. Путин передал «Золотую Звезду» Героя России на вечное хранение его сыну Рамзану Кадырову. Президентом РФ также был подписал указ об увековечивании памяти К. А.-х.

Именем К. А.-х. названы центральные улицы всех крупных городов и районных центров ЧР. Улица К. А.-х. есть в г. Москве. Десятки школ, площадей и парков городов и сел Чечни носят его имя. Улицы и парки, мечети имени первого президента ЧР есть в Карачаево-Черкесии, Иордании, Турции. В столице ЧР г. Грозном именем К. А.-х. названы главная площадь, проспект, сквер, парк культуры и отдыха, соборная мечеть, Суворовское училище, гимназия № 1, открыт музей имени К. А.-х. Имя К. А.-х. носит высшее духовное образовательное учреждение — Курчалойский исламский ин-т, 248-й отдельный специальный моторизованный батальон внутренних войск МВД России. Создан и активно работает Региональный общественный фонд им. К. А.-х.

С 2006 г. футбольный клуб «Терек» называется «Терек Грозный им. *Ахмата Абдулхамидовича Кадырова*». В 2007 г. именем К. А.-х. был назван один из теплоходов компании «Донречфлот». В 2011 г. в ЧР состоялось торжественное открытие спорткомплекса «Ахмат-Арена». В марте 2014 г. имя первого президента Чеченской Республики получила открытая под Иерусалимом одна из самых больших мечетей в Израиле. В честь К. А.-х. названа белая звезда — сверхгигант из созвездия Льва.

С 1970 г. супругой первого президента Чечни является Аймани Кадырова. У *Ахмата Кадырова* осталось четверо детей: сыновья Зелимхан (1974–2004) и Рамзан (род. 1976) и две дочери — Зарган (род. 1971) и Зулай (род. 1972). Младший сын Рамзан Кадыров в 2007 г. был утвержден на пост президента Чеченской Республики, с 2011 г. — глава Чеченской Республики.

Казакай-ахун (Казый-акай ахун, или Мухаммад б. ʻАли ад-Дагестани, 1711–96) — мусульманский религиозный деятель Караногая, Поволжья, Приуралья и Казахстана, мударрис, богослов.

Родился близ поселения Кизляр на территории Караногая (ныне г. Кизляр в Кизлярском р-не РД). Прошел обычные для начала XVIII в. этапы мусульманского образования, обучался у дагестанского богослова Ахмада ад-Дагестани, который являлся учеником Мухаммада *ал-Кудуки* ад-Дагестани. По другим данным, также обучался в Кабуле (Афганистан). Был известным в прикаспийских степях мударрисом, кадием.

По некоторым предположениям, имя Казый-акай может быть именем собственным, хотя возможно, что под таким именем он стал известен в Караногае после избрания кадием (ага, акай — ногайское уважительное обращение к старшему). Нисба «Дагестани», которая встречается в трудах татарских авторов начала XX в., возможно, появилась в связи с тем, что в Поволжье термин «Дагестан» толковали расширительно, применяя его в отношении всего Сев.-Вост. Кавказа. К.-а. мог получить нисбу и в честь своего учителя. Согласно семейному родословию (шежире), К.-а. являлся потомком правителя *Золотой Орды* XIV в. эмира Эдиге по линии его сына Нураддина.

В 1745 г. (по другим сведениям, в 1766 г.) по решению царской администрации К.-а. вместе с семьями нескольких родственников по политическим мотивам был выслан из Кизляра в Оренбургскую губ. Находясь в политической ссылке, не прекращал религиозной и преподавательской деятельности, организовал в Сеитовой слободе (Каргале) медресе. Как и в др. мусульманских учебных заведениях Каргалы, в медресе К.-а. преподавали традиционные богословские науки — догматику (акида), правила орфоэпического чтения (таджвид) и толкования (тафсир), изречения Пророка (хадисы), право (фикх), грамматику (сарф) и синтаксис (наху) арабского языка и др. К.-а. был первым ученым, кто после падения Казанского ханства стал преподавать в Волжско-Уральском регионе морфологию и синтаксис арабского языка. Медресе К.-а. стало авторитетным исламским учебным заведением в Приуралье, имевшим тесные связи с признанными центрами исламской науки Средней Азии. Здесь за К.-а. закрепился титул «ахун».

В медресе К.-а. учились представители разных народов России (татары, башкиры, казахи и др.). Среди выпускников медресе были первый муфтий Российской империи, глава ОМДС Мухамеджан б. Хусаин, Валид б. Мухаммадамин ал-Каргали, ʻАбдуррахман б. Мухаммадшариф ал-Кирмани, Муса б. ʻАбдуррашид ат-Тюнтери, ʻАбдуссаттар ал-Камиви и др.

В период восстания под предводительством Е. И. Пугачева (1773–75) К.-а. оказался в Оренбуржье, в центре антиправительственного бунта. Будучи политическим ссыльным и питая симпатии к восставшим, значительную часть которых составляли представители мусульманских народов, К.-а. после поражения восстания ушел в казахские степи. Вместе с ушедшими с ним родственниками и последователями поселился в местности Шалкар (ныне г. Шалкар Актюбинской обл. Казахстана). Местный бий (судья, разбиравший вопросы на основе обычного права) Сары Шонгай построил для К.-а. мечеть, выделил землю для прибывших вместе с ним лиц. Место под названием «Ханский холм», на котором построили мечеть, с тех пор стало называться Ногайским холмом.

По просьбе К.-а. старейшины казахских родов (ру) выделили все необходимое для открытия мактаба на 40 шакирдов (5 больших юрт, 160 лошадей, 1 верблюдицу, 5 коров, одежду и питание для учеников и т. д.). Учебное заведение с пятилетним сроком обучения стало одним из центров религиозного образования на территории Младшего жуза казахов. Среди его выпускников были известные казахские религиозные деятели XVIII в. Каражигит Бектау-улы, Жанай, Отеген, Конакбай и др.

Как богослов К.-а. обрел почет и уважение среди народа и казахской знати. Семья К.-а. породнилась со знатными людьми того времени. Супругой его сына Мухамеджана (ставшего впоследствии ахуном) стала Бопай — дочь бия Сары Шонгая; супругой второго сына Ахмеджана стала Сырга — дочь главы рода (ру) Байбакты, участника пугачевского бунта и будущего предводителя антиправительственного восстания в Младшем жузе (1783–97) Сырыма Датова; дочь Уркия вышла замуж за известного муллу Нурымбета; дочь Зейнеп — за лучшего шакирда К.-а. бия Каражигита Бектау-улы. По преданию, единственным приданым Зейнеп стал верблюд, навьюченный мешками с богословскими книгами.

К.-а. скончался во время наводнения, из-за чего тело не смогли довезти до кладбища Абат-Байтак и похоронили на берегу речки Саукайынг, в 6 км к югу от с. Кобда (ныне с. Кобда Хобдинского р-на Актюбинской обл. Казахстана). Согласно завещанию К.-а. погребальную молитву (джаназа намаз) прочитал его шакирд мулла Жанай. Над могилой был построен мавзолей (кесене) из жженого кирпича.

В 1816 г. сын К.-а. Мухамеджан-ахун решил вернуться на родину отца. В этой связи на имя Главного пристава Караногая П. В. Балуева было направлено «Прошение от эфендиев, старшин и другого черного люда Найманова куба» (ногайского родо-племенного объединения Найман), в котором выражалась просьба разрешить ахуну Мухамеджану, прибывшему из Киргиз-Кайсацкой Орды к народу Караногая, «присоединиться к тутошним родственникам». П. В. Балуев направил обращение на рассмотрение астраханскому генерал-губернатору Н. Ф. Ртищеву. Позднее Мухамеджан-ахун получил разрешение переселиться в Кизлярский у. от А. П. Ермолова, сменившего Н. Ф. Ртищева на посту генерал-губернатора Астраханской губ.

Оставшиеся в Казахской степи другие потомки К.-а. продолжили семейную традицию религиозного служения: сын Ахмеджан преподавал в медресе отца, правнук Торемурат 12 лет учился в Хиве, так же стал ахуном и имамом мечети, в которой служил К.-а. Путь духовного служения избрали и сыновья дочери Зейнеп — Култай, Султан, Бербай, Нигмет. В 1930-е гг. в период преследования религиозных деятелей многие потомки К.-а. были вынуждены уехать и скрываться в г. Термезе в Узбекистане. Лишь в 1960 г. они вернулись в Актюбинскую обл.

В советский период старинный мавзолей К.-а. оказался разрушен. В 2003 г. потомки К.-а. воздвигли над могилой новый купольный мавзолей. В 1997 г. находящееся вблизи мавзолея с. Херсоновка было переименовано в с. Казакай (ныне не существует). Имя К.-а. присвоено одной из улиц адм. центра Актюбинской обл. г. Актобе.

Лит.: Ақтөбе энциклопедиясы. Ақтөбе, 2001 (на казахск. яз.); Аңыздар мен ақиқаттар өлкесі. Алматы, 2001 (на казахск. яз.); Байдосов З. Қаражігіт. Ақтөбе, 2008 (на казахск. яз.); ад-Дургели Назир. Услада умов в биографиях дагестанских ученых. (Нузхат ал-азхāн фӣ тарāджим уламā Дāгистāн). Дагестанские ученые X–XX вв. и их биографии. М., 2012; Заргишиев М. Ногайлы. Белый Сокол Золотой Орды. М., 2021; Ислам на Урале: энц. словарь / сост. и отв. редактор Д. З. Хайретдинов. М., 2009; Кемпер М. Суфии и ученые в Татарстане и Башкортостане (1789–1889). Исламский дискурс под русским господством. Казань, 2008; Мұхтаров С. Сарышоңай би және оның ұрпақтары // Ақтөбе. 2009. 28 шілде (на казахск. яз.); Сәрсембина Б. Ноғайлының Қазақай ахуны // Жас Алаш. 2010. 10 желтоқсан (на казахск. яз.); Фахреддин Р. Асар. Т. 1. Казань, 2006; Шалқар энциклопедиясы. Шалқар, 2009 (на казахск. яз.); Якупов В. Общероссийский муфтият и его муфтии. Казань, 1426 г.х. (2005); Якупов В. Соңгы сүз // Сәед әфәнде әл-Чиркави. Бәрәкәтле белемнәр хәзинәсе. Казан, 2006 (на татар. яз.).

М. Заргишиев

Казаки Крымского ханства (некрасовцы) — наиболее заметная и организованная часть восточнославянского населения ногайской Кубани конца XVII–XVIII в. В своем большинстве — донские казаки. Религиозная принадлежность — древлеправославные христиане (старообрядцы). Активные участники старообрядческого движения на Дону, поражение которого привело к появлению на Кубани первых казаков на рубеже 1680-х — 1690-х гг. Отступление К. К. х. с Дона на Кубань носило характер Исхода, а формирование местного казачества происходило затем за счет казаков с р. Кумы и р. Аграхани.

На Кубани К. К. х. были приняты и поддержаны крымскими ханами, а также властями османского г. *Азова*, поселившись в междуречье р. Кубани и Лабы в укрепленном городке (возведен в 1693 г.). Для поддержки К. К. х. из г. *Азова* на Кубань был направлен с группой *ногайцев* Кубек-ага. К. К. х. стали активными участниками набеговой системы населения *Крымского ханства*, неоднократно действуя самостоятельно и вместе с *ногайцами* в нападениях на пограничные российские территории (Дон, Нижнее Поволжье и т. д.). В конце XVII в. К. К. х. массово переселились в крепость Копыл, оттуда — на Таманский полуостров, основав в начале XVIII в. городок Хан-Тюбе, находившийся в 4 часах конного пути от г. Темрюка. Среди занятий К. К. х., помимо набегов, были рыбный промысел, работорговля. Несмотря на отдельные случаи возвращения, подавляющая часть К. К. х. избрала путь верного служения династии Гиреев. Лидеры — атаманы Л. Маноцкий, С. Пахомов. Вместе с первыми К. К. х. кубанские земли активно осваивает старообрядческое духовенство.

В начале XVIII в. сообщество кубанских К. К. х. пополнилось за счет донских казаков, участников Булавинского выступления. Это была группа атамана И. Некрасова (август 1708 г.), представленная в большинстве верховыми казаками. Эта часть кубанских К. К. х. больше известна в истории под именем некрасовских казаков / некрасовцев. Несколько лет они жили на Левобережной Кубани, а на Правобережную Кубань переселились примерно в 1710 г. Россия несколько раз пыталась добиться выдачи некрасовцев, но безрезультатно. Те расселились между Таманью и Ени-Копылом в укрепленных городках. Объединившись со «старыми» казаками, некрасовцы создали Кубанское (ханское) казачье войско, имевшее свои атрибуты. Бессменный лидер и войсковой атаман до конца 1720-х гг. — И. Некрасов; войсковой центр — г. Хан-Тюбе на Тамани.

К. К. х. приняли активное участие в русско-турецких войнах XVIII в. в составе крымских войск. Активные участники многочисленных набегов *ногайцев* и др. населения *Крымского ханства* на территорию России. Занимались «сманиванием» на Кубань российских подданных, а выражение «шпионы Некрасова» стало в России широко известным. К. К. х. сыграли заметную роль в развитии на Сев.-Зап. Кавказе Древлеправославной (Старообрядческой) церкви. Они пользовались расположением почти всех правящих крымских ханов (за исключением Шахин-Гирея), предоставившим им широкие права и религиозную свободу. Между правящими ханами и К. К. х. сложились особые отношения господства-подданства. С середины XVIII в., возможно — раньше, К. К. х. стали переселяться с Кубани в Османскую империю (Подунавье). В конце 1750-х гг. некрасовцы, притесняемые некоторыми кубанскими султанами, были переселены вовнутрь Крымского полуострова, в р-н Балаклавы. Затем последовало возвращение К. К. х. на Кубань. В 1-й половине 1770-х гг. они пытались решить вопрос о своем переселении в Османскую империю, хотя вели переговоры о переселении и в Россию. Усиление российского влияния в Крыму и приход к ханской власти Шахин-Гирея вызвали обеспокоенность К. К. х. В сентябре 1777 г. против последних казаков Кубани российскими войсками была проведена операция, закончившаяся бегством уцелевших К. К. х. в Закубанье, откуда они морем отправились на Дунай либо в Анатолию. Небольшая группа, возглавляемая старшиной Р. Решетниковым, переселилась в Россию. После событий 1777–78 гг. отдельные казаки оказались в османской Анапе. Поддержка анапских пашей способствовала стабилизации положения небольшой группы К. К. х., проживавших не только в Анапе, но и в Закубанье (конец XVIII в.). На территории Османской империи К. К. х. пользовались расположением османских властей, в начале XIX в. массово переселившись из Подунавья в Анатолию. К. К. х. оставили заметный след в истории многовековых отношений мусульманских государств Причерноморья и казачества.

Лит.: Боук Б. М. К истории первого Кубанского казачьего войска: поиски убежища на Сев. Кавказе // Восток (Oriens). 2001. № 4; Сень Д. В. «Войско Кубанское Игнатово Кавказское»: исторические пути казаков-некрасовцев (1708 г. — конец 1920-х гг.). Краснодар, 2002; Сень Д. В. Казаки Крымского ханства: начальный этап складывания войсковой организации и освоения пространства (1690-е гг. — начало XVIII в.) // Тюркологический сб. 2009–10: Тюркские народы Евразии в древности и средневековье / ред. кол. С. Г. Кляшторный [и др.]. М., 2011; Сень Д. В. Казачество Дона и Северо-Западного Кавказа в отношениях с мусульманскими государствами Причерноморья (вторая половина XVII — начало XVIII в.). Ростов н/Д., 2009; Усенко О. Г. Начальная история кубанского казачества (1692–1708 гг.) // Из архива тверских историков. Тверь, 2000. Вып. 2.

Д. Сень

Казикумухский, **Джамалуддин**, накшбандийский шейх — см. *ал-Гази-Гумуки Джамалуддин*.

Казикумухское ханство — государственное образование в Дагестане. Возникло в конце XVII — начале XVIII в. в долине р. Казикумухское Койсу. Основное население — лакцы. Центр — с. Кумух (Казикумух).

К. х. возникло на землях Казикумухского шамхальства, распавшегося в 1640-х гг. Основатель ханства — Сурхай-хан I Чулак (ум. 1748), победивший в поединке семерых двоюродных братьев, добивавшихся независимости от него и права сбора податей с подвластного ему населения. Потерял в поединке кисть левой руки (отсюда прозвище «Чулак» — «безрукий»). Сурхай-хан I подчинил ханству союзы сельских обществ аварцев, даргинцев, лезгин, табасаранов и агулов. В начале 1730-х гг. контролировал ряд городов (Куба, Нуха, Шемаха) и сел в Азербайджане, боролся против войск персидского правителя Надир-шаха, вторгавшихся в Дагестан в 1730–40-х гг. Преемниками Сурхай-хана I стали его сын Мухаммад-хан (1748–89) и внук Сурхай-хан II (1789–1820). В конце XVIII — начале XIX в. под властью ханов находились лезгинское Кюринское ханство, союз сельских обществ даргинцев Буркун-Дарго, Ахмарлинский союз сельских обществ Юж. Табасарана.

К началу XIX в. К. х. на севере граничило с аварским Андалальским и даргинским Цудахарским союзами сельских обществ, на востоке — с конфедерацией союзов сельских обществ Акуша-Дарго и Сюргинским союзом сельских обществ, на юге — с Агульским и Рутульским «вольными обществами», а также *Елисуйским султанатом*.

Законосовещательным органом при хане являлся казикумухский кват (сход). Из 104 населенных пунктов в 88 сохранились обычаи, связанные с их независимым отношением к хану (не платили податей), а 16 находились в зависимости от него. Наиболее крупными населенными пунктами являлись с. Кумух, Кули и Кусерех (Хосрех). Численность жителей ханства в начале XIX в. составляла по разным оценкам от 50 тыс. до 100 тыс. чел. и более. В Кумухе по четвергам функционировал крупный базар, на который съезжались торговцы со всех р-нов горного Дагестана.

Сурхай-хан II во время Русско-персидской (1804–13) и Русско-турецкой (1806–12) войн выступал против Российской империи. После взятия г. Дербента российскими войсками Сурхай-хан II присягнул Александру I. В 1812 г. российские власти восстановили Кюринское ханство, правителем которого был назначен противник Сурхай-хана II. В 1820 г. против Сурхай-хана II были вновь направлены российские войска, которым удалось занять территорию всего ханства. Хан бежал в с. *Согратль*, где умер в 1827 г. Новым ханом К. х. стал правитель Кюринского ханства Аслан-хан. Его преемники — сыновья Нуцал-ага (ум. 1835) и Магомед-Мирза (ум. 1838). Позже в ханстве правили вдова Аслан-хана Умму-Кусум-бике (1838–47) и Агалар-хан (1847–59). В 1859 г. ханство было ликвидировано, территория вошла в состав Дагестанской обл. в качестве Казикумухского окр.

Лит.: История Дагестана с древнейших времен до наших дней. Т. 1. М., 2004.

А. Пачкалов

Казымухамбет-эфенди (Аблезов Казымухамбет Абдулазиз-улы, или Казымухамбет-апенди, 1887 — август 1977) — мусульманский религиозный деятель Караногая и Сев. Кавказа, богослов.

Родился в с. Каклаш-аул (ныне не существует) Караногайского приставства Кизлярского окр. Терской обл. Российской империи (ныне Ногайский р-н РД) в семье муллы Абдулазиза-хаджжи из ногайского родо-племенного объединения (куб) Кобаншы. Старший брат К.-э. Абдулхалим (ум. в 1927 г., похоронен на кладбище Адис-апенди в Ногайском р-не РД) был известным в Караногае эфендием (апенди), в 1910–17 гг. являлся шариатским судьей (кадием).

В 1904–21 гг. К.-э. учился в медресе в с. Кумух Дагестанской обл. (ныне в Лакском р-не РД). В 1920-е гг. занимался религиозной деятельностью, мусульманской ритуальной практикой, обучал на дому мусульманской грамоте и Корану, проводил молитвы. Был знаком с кадием Караногая *Бальтен-кады* Арслановым.

В 1930–40 гг. преследовался органами НКВД РСФСР за религиозную деятельность, подвергался арестам. На К.-э. было заведено уголовное дело, содержался в тюрьме в г. Кизляре (ныне в РД), был лишен избирательных прав как «служитель религиозного культа».

Как чтец и знаток Корана, хадисов и мусульманского права К.-э. стал широко известен в 1960–70 гг. Несмотря на господство в СССР атеистической идеологии, поддерживал тесные связи и переписку на арабском языке с муллами *Йолакай-моллой* Джумакаевым, *М. Садиновым*, *Тангболат-эфенди* Магомедовым, *Шутий-моллой* Маушевым, А. Отевалиевым, *А. Таглановым*. В 1970-е гг. получил признание как самый авторитетный ногайский мулла и религиозный деятель в Дагестане. За советом и консультацией к К.-э. приезжали верующие из различных р-нов Дагестана, а также Ставрополья, Чечни, Карачаево-Черкесии.

Кроме родного ногайского, владел русским и арабским языками. Личная библиотека, переписка и рукописное наследие К.-э. (в том числе 8 томов рукописей) были изъяты органами НКВД. Погребальную молитву (джаназа намаз) по К.-э. проводил авторитетный богослов *Тангболат-эфенди* (апенди) Магомедов из с. Огузер (Кизлярский р-н РД). К.-э. похоронен рядом с отцом на кладбище Моллали-ажи в Ногайском р-не РД.

Лит.: Заргишиев М. Ногайлы. Белый Сокол Золотой Орды. М., 2021; Личный архив автора: 2022 г. Москва. Информатор М. Кошекбаев, 1977 г. р.; 2022 г. РД, с. Терекли-Мектеб. Информаторы А. А. Кувандикова, 1955 г. р., З. К. Ялмамбетова, 1982 г. р.;

М. Заргишиев

Кайбалиев, **Зеид** Абдул-Халимович (02.12.1898–27.04.1979) — мусульманский общественный и религиозный деятель Ставрополья и Сев. Кавказа, просветитель, писатель, поэт, педагог.

Родился в с. Кара-Тюбе Ачикулак-Джембойлуковского приставства Ставропольской губ. Российской империи (ныне с. Кара-Тюбе Нефтекумского р-на Ставропольского края), в бедной семье из ногайского рода (ырув) Кыпшак из родо-племенного объединения Етисан.

С детства был отдан родителями на обучение местному мулле. Позднее получил образование в медресе знаменитого кадия Сеита-эфенди Закерьяева в Кара-Тюбе и в школе в Ачикулаке (ныне села Нефтекумского р-на Ставропольского края). Считался одним из лучших учеников С. Закерьяева.

В 1918 г. вступил в ряды Красной Армии, служил писарем. В 1920 г. возглавил отдел образования Эдисанской вол. Ставропольской губ (ныне села Нефтекумского р-на Ставропольского края). В 1921–26 гг. был первым председателем Уч-Тюбинского сельсовета Эдисанской вол. С 1926 г. работал учителем Ачикулакской районной школы. С 1933 г. — ответственный секретарь газеты «Кызыл байрак» («Красное знамя») в Караногайском р-не ДАССР (ныне Ногайский р-н РД). С 1934 г. — главный редактор газеты «Колхозная правда» в Ачикулакском р-не Северо-Кавказского края (ныне Нефтекумский р-н Ставропольского края).

К. З. — участник ВОВ, имеет боевые награды. В 1945–57 гг. работал директором Кара-Тюбинской средней школы. В послевоенные годы, несмотря на атеистическую идеологию, обучил своего младшего брата Сеида религиозной грамоте. Вместе с братом негласно занимался религиозной деятельностью, обучал на дому мусульманской грамоте и Корану, проводил молитвы. После выхода на пенсию много времени проводил за чтением Корана и богословской литературы, писал стихи на религиозную тематику. Поддерживал общение с религиозными деятелями Ногайской степи и Кубани (*Бальтен-кады* Арслановым, А. Ганиевым, *Йолакай-моллой* Джумакаевым, *Шутий-моллой* Маушевым, *М. Садиновым*, А. Таглановым, Х.-М. Уракчиевым).

В период господства в СССР атеистической идеологии внимание акцентировалось лишь на деятельности К. З. в области просвещения и изучения ногайского языка и фольклора, его религиозная деятельность замалчивалась. Дома принимал людей, приходивших за советом и консультацией по религиозным вопросам.

К. З. был крупным специалистом по ногайскому языку, фольклору и народным традициям, собирал и записывал у сказителей образцы старинной эпической поэзии. В 1920–30 гг. вместе с просветителями *А. Ш. Джанибековым*, М. К. Курманалиевым, *М. С. Садиновым* принимал участие в разработке ногайского алфавита на основе латиницы (позднее и кириллицы). В 1963 г. участвовал в составлении ногайско-русского словаря под ред. Н. А. Баскакова. Кроме родного ногайского, владел русским, татарским и арабским языками. Наследие К. З. включает стихи, художественную прозу, статьи как светского, так и духовного содержания.

Именем К. З. названа улица в с. Кара-Тюбе. Похоронен в с. Кара-Тюбе Нефтекумского р-на Ставропольского края.

Лит.: Зеид Кайбалиев. Просветитель. Педагог. Писатель // сост.-ред. Ш. А. Курмангулова, науч. ред. Н. Х. Суюнова. Нальчик, 2021; Калмыков И. Х., Керейтов Р. Х., Сикалиев А. И. Ногайцы. Ист.-этнограф. очерк. Черкесск, 1988; Личный архив автора: 2007 г. Ставропольский край, с. Кара-Тюбе. Информатор А. З. Кайбалиев (сын З. А.-Х. Кайбалиева), 1939 г. р.

М. Заргишиев

Кайтаг — историческая обл. и политическое образование в Дагестане в VII–XIX вв. Занимало юго-восточную часть Дагестана, между Дербентом, *Табасараном*, Каракайтагом и *Тарковским шамхальством*. На территории *Кайтага* находились крепости Урцеки (Варачан), Шам-Шахар, Жалаги и др.

Сведения о К. встречаются у арабских авторов, начиная с раннего Средневековья, под названием Хамзин (Хайзан, Хайда, Хайдадж, Джидан и др.). В VIII в. арабы захватили и разрушили Жалаги, убили Газанфара — правителя К. — и избрали своей резиденцией *Кала-Корейш*. С этого времени на территории К. распространялся ислам. Часть населения К. исповедовала также христианство и иудаизм.

В X в. правитель К. назывался салифан, с XIV в. — уцмий (первым был Султан Мухаммад-хан, ум. 1386). Происхождение титула правителя «уцмий» неясно. Титул передавался не от отца к сыну, а одному из старших в роду, что часто приводило к столкновениям между претендентами.

В XI–XIII вв. произошло усиление К., в его состав вошли даргинские общества и Зирих-геран (территория, населённая кубачинцами). Столица правителя К. была перенесена в с. Уркарах.

В XIII–XIV вв. уцмийство оказалось в сфере влияния *Золотой Орды*. Столицей уцмийства стал Уркарах, К. имел тесные связи с Ширваном. Перед вторжением эмира Тимура умер уцмий Султан-Мухаммад. Между его двумя сыновьями, Султан-'Алибеком и Ильчи-Ахмадом, началась борьба за власть. Султан-'Алибек одержал победу и стал уцмием, в то время как Ильчи-Ахмаду пришлось бежать в Ширван. Он отличился в войне на стороне Тамерлана и получил прозвище Бахадур (богатырь). На территориях к северо-западу от Самура при помощи Тамерлана он создал собственное эмирство. В 1395–96 гг. К. подвергся нашествию эмира Тимура. Правитель К., Бек-Киши-хан, являлся сторонником золотоордынского хана *Тохтамыша*. После похода Тимура резиденция правителя К. была перенесена в с. Кала-Корейш, затем — в с. Маджалис, а впоследствии — в с. Башлы.

К. в XV в. снова стал одним из самых влиятельных государственных образований Дагестана. Потомки уцмия Султана Мухаммад-хана правили в Юж. Дагестане, находились в родственных связях с правителями Ширвана и распоряжались землями до *Тарковского шамхальства*. Власть правителя К. была наследственной. В начале XVIII в. уцмием стал Ахмед-хан (1698/99–1749/50), подчинивший ряд владений и обществ Дагестана. Он активно участвовал в антиперсидском восстании 1707–21 гг. народов Дагестана и Азербайджана, оказывал сопротивление российским войскам во время Персидского похода 1722–23 гг., но в 1725 г. уже принял российское подданство. Ахмед-хану наследовал его племянник Амир-Гамза (1750–1787/88), проводивший антироссийскую политику. В частности, в 1774 г. он задержал академика С. Г. Гмелина, который умер в К. В 1774 г. российские войска в местности Иран-Хараб нанесли поражение войскам уцмия, заставив его снять осаду г. Дербента.

В конце XVIII в. К. являлся полиэтническим образованием (проживали кайтагцы, даргинцы, кумыки, терекеменцы и горские евреи). В К. насчитывалось более ста сел, население — ок. 75 тыс. чел. Правитель К. мог выставить до 16 тыс. вооруженных воинов.

В конце XVIII — начале XIX в. правители К. признавали власть российских императоров, но после заключения Гюлистанского мира в 1813 г. уцмий Адиль-хан (1809–20) начал проводить антироссийскую политику. В 1819 г. российские войска разбили ополчение уцмия. В 1820 г. А. П. Ермолов отстранил от власти Адиль-хана и ликвидировал титул уцмия. К. был оставлен под управлением беков. В 1838 г. было восстановлено Кайтагское уцмийство, управление Верхним К. было поручено российским командованием сыну Адиль-хана — Джамав-беку. С 1843 г. он стал правителем всего К. (до 1857 г.). Последним правящим уцмием был его сын Ахмед-хан-бек (1857–60). В 1860 г. К. был включен в состав Кайтаго-Табасаранского окр. Российской империи.

Лит.: Гаджиев А. Г. Происхождение народов Дагестана. Махачкала, 1965; Гадло А. В. Этническая история Сев. Кавказа X–XIII вв. СПб., 1994; История Дагестана с древнейших времен до наших дней. Т. 1. М., 2004.

А. Пачкалов

Какашуринский, ʿАбдуррахман (Атлыбуюнский, ок. 1770–1841) — поэт и мусульманский религиозный деятель.

Родился в семье мусульманского богослова Мухаммада-хаджжи из с. Какашуры (ныне Карабудахкентский р-на РД). Начальное религиозное образование получил у отца, затем учился у различных дагестанских и ширванских ʿалимов, работал кадием в кумыкских селах — Какашуре, Алхожакенте и Атлыбуюне.

К. ʿА. — автор многочисленных в народе мавлидов, назмов, элегий марсийа, турку и эпиграмм на старокумыкском языке. Большинство стихов К. ʿА. написаны на злободневные темы, часто в форме обращения к оппонентам с критикой их взглядов и действий.

Над его могилой в с. Атлыбуюне (вблизи пос. Ленинкент, у г. Махачкалы) воздвигнут зийарат. Произведения К. ʿА. были популярны до революции, их тексты часто переписывались, неоднократно публиковались в начале XX в. Казанищенским *Акаевым Абусупьяном* и *Шихаммат-кадием Эрпелинским*.

Соч.: ʿАбдуррахман б. Мухаммад ал-Какашури. Маджмуʿ манзумат. ʿАбдуррахманны тюрклери. Темир-Хан-Шура, 1909; Маджмуʿ ал-манзумат ал-ʿаджамийа / сост. Абусуфьян Акаев. Симферополь, 1903 (1-е изд.); Темир-Хан-Шура, 1907 (2-е изд.); Темир-Хан-Шура, 1914 (3-е изд.); Абдурагьман Атлыбоюнлу-Къакъашуралы — къумукъ поэзияны классиги / сост. А.-Г. Гаджиев, М-Г. Акаев. Махачкала, 2000; Къакъашуралы-Атлыбоюнлу Абдурагьман. Назмуланыжыйымы / сост. А. Т. Акамов. Махачкала, 2005.

Лит.: Акамов А. Т. Суфийские художественные традиции в кумыкской литературе и творчество Абдурахмана из Какашуры. Махачкала, 2003; Абдуллатипов А.-К. Ю., Гусейнов М. А., Шабаева Л. А.-К. История кумыкской литературы. Т. I. Махачкала, 2015. С. 92–108.

Г. Оразаев

Камбаров, Ибрагим Арслан-улы (19.06.1925–05.11.2017) — мусульманский религиозный и общественный деятель Карачаево-Черкесии и Ставрополья.

Родился в с. Балтинском Карачаево-Черкесской АО Северо-Кавказского края (ныне с. Кызыл-Юрт Хабезского р-на КЧР) в ногайской семье. После окончания школы работал на различных должностях в совхозах и колхозах Ставрополья. Негласно обучался религиозным дисциплинам на дому у эфендиев и мулл.

В 1980-е гг. начал религиозную деятельность в качестве эфендия в с. Эркин-Халк КЧАО (ныне в КЧР). Является автором многих стихов духовно-религиозного содержания, поэтических назиданий. В народе пользовался большим уважением за большой жизненный опыт и доброту. Похоронен в с. Эркин-Халк КЧР.

М. Заргишиев

Камилов, ʿАли-хаджжи (1937–2013) — мусульманский религиозный деятель, муфтий Республики Дагестан в 1994–96 гг., шейх шазилийского тариката.

Родился в с. Кулецма Левашинского р-на РД. Учился у шейха накшбандийского и шазилийского тарикатов *Абдулхамида-афанди из с. Инхо*. В 1990–95 гг. работал имамом в г. Буйнакске. С 1994 по 1996 г. К. 'А. был муфтием и председателем ДУМ Дагестана. После отставки продолжил работу имама родного с. Кулецма, где при нем была построена новая джума-мечеть и медресе им. Бейбулата-кади. К. 'А. совмещал работу с преподавательской деятельностью В 2006 г. шейх *Са'ид-афанди* дал К. 'А. тарикатское повеление (амр) на духовное наставничество, после этого К. 'А. вернулся в с. Кулецма и начал наставлять мюридов. Умер 13.10.2013 г., похоронен в родном селе.

Лит.: Магомедалимев Г. С. Моя Кулецма и ее светила. Махачкала, 2000; Омаров М. Ислам в Дагестане. Махачкала, 2014; Ас-Салам. 2013. № 22.

М. Омаров

Кана-Шейх — см. *Хантиев, Кана-Шейх*.

Канкулов, **Хаджжи-Ахмед-Эфенди** Якубович (1839–?) — мусульманский религиозный деятель. Родился в с. Ашабово (Большая Кабарда). Окончил несколько медресе, сначала у себя на родине, затем в Дагестане и Стамбуле, где получил высшее духовное образование. Владел арабским и персидским языками. С конца XIX в. в течение длительного времени был кадием Нальчикского горского суда.

Д. Рахаев

Каппушев, **Яхья-эфенди** Асланбекович (1905–86) — мусульманский религиозный деятель Карачаево-Черкесии советского периода.
Родился в с. Джегута Баталпашинского отдела (ныне Усть-Джегутинский р-н КЧР). Мусульманское религиозное образование получил в медресе с. Кёнделен (ныне Эльбрусский р-н КБР), тогда же познакомился с балкарским шейхом Сюлемен-хаджжи Чабдаровым. Работал имамом аульной общины в Балкарии, затем вернулся в с. Джегута. В 1920–30-е гг., в условиях гонений властей на духовенство, осуществлял религиозное служение. Участник ВОВ. После депортации жил в г. Таласе (Киргизия), где женился вторично (первая супруга умерла в годы войны), но вновь овдовел, оставшись с 4 детьми на руках. Обучал верующих основам религии и арабского языка в местах ссылки. После возвращения на родину поселился в с. Старая Джегута, а затем с. Первомайском Малокарачаевского р-на КЧР; все последующие десятилетия продолжал религиозно-просветительскую деятельность; им был подготовлен ряд имамов современного периода.

К концу жизни К. Я.-э. ослеп. Ему посвящены стихи ученика *Эбзеева Абу-Юсуфа*. Составленный К. Я.-э. сборник религиозных стихов на карачаевском языке, освещающих основы веры и обрядности в исламе под названием «Иман. Ислам. Ихсан», был издан дважды после его смерти (1992 и 1993). Это сочинение является переложением популярных до революции у карачаевцев и балкарцев назмов, приписываемых шейху *Бухарскому 'Абдуллаху*.

Соч.: Каппушланы, Яхья афенди. Иман. Ислам. Ихсан. М., 1992.

Лит.: Биджиланы Секинат. Яхьяны джашау джолу // Иман. Ислам. Ихсан. 2-е изд. М., 1993. С. 5–8.

Р. Хатуев

Карабудахкентский, **Давуд** б. Баммат (ал-Гарабудаги, 1851–91) — мусульманский религиозный деятель и ученый, астроном.
Работал кадием в мечети с. Доргели (ныне Карабудахкентский р-н РД). Автор практического календаря «Рузнама» на арабском языке, предназначенного для исчисления времени начала постов, молитв. Этот календарь используется на практике в некоторых регионах Дагестана в настоящее время. В 1998 г. календарь переиздан под названием «Карабудагъгентли Давут къургъан Рузнама» с сопроводительными текстами на кумыкском языке (в кириллице); составители — Изамутдин Хажи и Абдулла Алиев.

Лит.: Абдуллатипов А.-К. Ю., Гусейнов М. А., Шабаева Л. А.-К. История кумыкской литературы. Махачкала, 2015. Т. I. С. 92–108; Галимов А. Очерки по истории с. Карабудахкент. Махачкала, 2008. С. 248; Оразаев Г. М.-Р. Давуд Карабудахкентский // Кумыкский энц. словарь. Махачкала, 2012. С. 106; Шихсаидов А., Омаров Х. Каталог арабских рукописей (Коллекция М-М. Саидова). Махачкала, 2005. С. 194.

Г. Оразаев

Карабудахкентский, **Джамалутдин-хаджжи** (1858 или 1861–1947) — мусульманский религиозный и общественный деятель, богослов, историк.
Родился в с. Карабудахкент (ныне адм. центр одноименного р-на РД) в семье узденя из знатного тухума Алтунчач. Мусульманское религиозное образование получил у дагестанских 'алимов в медресе с. Муги (ныне Акушинский р-н РД) и *Согратль* (ныне Гунибский р-н РД). В 1898 г. совершил хаджж. В течение всей жизни преподавал шариатские науки в одном с. Карабудахкент (до конца 1920-х гг. — в открытом им медресе, после — на дому, тайно). Февральскую

революцию встретил с воодушевлением, в апреле 1917 г. вошел в состав «*Джамиат-ул-Исламийа*». В годы Гражданской войны К. Д.-х. направил свои усилия на установление мира между народами Дагестана. Выступал на митингах, маджлисах, публиковал статьи в газетах. Несколько раз встречался с *Гоцинским Нажмутдином* и Узуном-Хаджжи (см. *Северо-Кавказский эмират*), стараясь объяснить им бессмысленность противостояния. Был избран делегатом *Первого Горского съезда* в г. Владикавказе. К концу 1917 г. в Дагестане образовались два органа власти: «Дагестанский Милли мажлис» (Дагестанский национальный комитет) и Дагестанская социалистическая группа, возглавляемая Дж. Коркмасовым. К. Д.-х. вместе с *Дибировым Магомед-кади*, Д Апашев, *Адильбековым Бадави-кади*, М.-М. Мавраевым и др. был членом Дагестанского национального комитета. От этого органа К. Д.-х. был избран делегатом Учредительного собрания.

После установления советской власти К. Д.-х. принял решение принять ее и продолжить мирную жизнь. 13.11.1920 г. в качестве делегата принял участие в Первом Учредительном съезде народов Дагестана в г. Темир-Хан-Шуре, на котором была провозглашена автономия Дагестана. В 1936 г. К. Д.-х. был арестован и вместе с семьей приговорен к высылке из родных мест, но он написал письмо И. В. Сталину; в Карабудахкентский райком РКП(б) пришло письмо за подписью М. И. Калинина, в котором было предписано высылку отменить. После освобождения К. Д.-х. на несколько лет переселился в г. Махачкалу. В 1943 г., во время ВОВ, он принял участие в съезде старейшин Дагестана, посвященном вопросам мобилизации и помощи фронту. Когда был открыт *ДУМ Северного Кавказа*, К. Д.-х. предложили его возглавить, но он отказался.

Подписывался фамилией «Мамаев» (по имени отца), а иногда — «Алтунчачев» (по названию рода). За детьми К. Д.-х. и их потомками закрепилась фамилия «Гаджиев» (очевидно, по почетному прозвищу, так как он совершил хаджж). Автор книги «Иман, мавсум би-нахбат ал-атфал» («Вера и вероисповедание для детей»), изданной на кумыкском языке в 1912 г. литографским способом в г. Темир-Хан-Шуре (ныне г. Буйнакск). Историческое сочинение «История Кавказа и селения Карабудахкент», написанное К. Д.-х. между 1917–26 гг. на арабском языке, переведено на кумыкский язык Н. Казиевым, на русский язык — Г. Оразаевым. В этой работе К. Д.-х. прослеживает политическую историю Сев.-Вост. Кавказа, кумыкского народа, своего родного с. Карабудахкент с древнейших времен до XIX в. Некоторые свои работы К. Д.-х. в 1930-е гг. уничтожил сам, как и значительную часть собственной библиотеки, опасаясь репрессий. Небольшая часть коллекции К. Д.-х. хранится в рукописном фонде ДНЦ РАН.

К. похоронен на кладбище родного с. Карабудахкент.

Соч.: «*История Кавказа и селения Карабудахкент*» Джамалутдина-Хаджи Карабудахкентского / пер. и сост. Г. М.-Р. Оразаев. Махачкала, 2001.

Лит.: Абдулатипов А.-К. Ю., Гусейнов М. А., Шабаева Л. А.-К. История кумыкской литературы. Махачкала, 2015. Т. I. С. 92–108; Галимов А. А. Очерки по истории с. Карабудахкент. Махачкала, 2008. С. 196–203; Дибиров М.-К. История Дагестана в годы революции и Гражданской войны. Махачкала, 1997. С. 44, 94, 109, 146, 157, 172; КНКО-Вести. Махачкала, 2001. № 2–3(6–7). С. 64.

Г. Оразаев

Ал-Карати, **Мухаммад** б. Татилав, ал-Авари (2-я половина XVII — 1-я половина XVIII в.) — мусульманский религиозный деятель, ученый-правовед.

Известно, что ал-К. М. являлся учеником дагестанского ученого Мухаммада б. Мусы *ал-Кудуки*. В рукописном фонде ИИАЭ ДНЦ РАН хранится рукопись комментария на «Шарх талхис мифтах», переписанная ал-К. М. в 1687/88 г., вероятно, во время учебы у *ал-Кудуки*. На данный момент это самая ранняя из переписанных им рукописей, что свидетельствует о том, что ал-К. М. родился в 1660-х гг. В музее ДГУ в Махачкале хранится переписанный ал-К. М. в 1700 г. сборник различных правовых решений.

Ал-К. М. преподавал в медресе при мечети с. Карата (ныне Ахвахский р-н РД). На это указывает его ученик Мухаммад-'Али б. Мухаммад ал-Милитли в колофонах переписанных им в 1733 и 1748 г. рукописей по праву. В документе 1-й половины XVIII в. ал-К. М. указан как кадий общества с. Карата.

Ал-К. М. был одним из наиболее авторитетных факихов Дагестана в первой половине XVIII в., он стал инициатором широкой дискуссии по различным темам исламского права в связи с нараставшим тогда шариатским движением за исламизацию права и быта горцев. Переписка между ал-К. М. и *ал-Усиши Давудом*, в которую позднее включился Ибрахим-хаджжи ал-Уради (ум. 1771), была составлена как единое сочинение и стала одним из наиболее популярных правовых сочинений в Дагестане вплоть до начала XX в. Оно состоит из нескольких десятков вопросов ал-К. М. и обстоятельных ответов *ал-Усиши Давуда* и ал-Уради по широкому кругу проблем, интересовавших дагестанское общество XVIII в.: наказания за смертельное ранение, воровство и возможность материальной компенсации подобных деяний, раздел собственности между супругами, определение размеров податей имаму и кадиям, порядок наследования пашен, недвижимости и скота согласно завещанию, условия дачи обета перед Всевышним, порядок передачи имущества на хранение, лугов и склонов в аренду, ишкиль и взимание долга у несостоятельного должника, условия свидетельствования, порядок расторжения брака, а также др. договоров, вопросы по совершению ритуальных обрядов ислама, захоронения и определению размеры заката, а также запрет нападения на иноверцев.

Лит.: ШагIбанов М. КIаратIаса МухIамад Татилав // Миллат. № 88. 22.02.2013 (на авар. яз.).

Ш. Хапизов

Ал-Карахи, **Мухаммадтахир** (1809–80) — мусульманский религиозный деятель, историк и богослов, автор сочинений по грамматике арабского языка, метрике и множества шариатских правовых заключений.

Родился в с. Цулда общества Карах (ныне Чародинский р-н РД). Начальное религиозное образование получил дома, затем продолжил обучение у таких дагестанских 'алимов, как Курбанмухаммад ал-Короди, Мустафа ал-Ангиди, Хаджжимухаммад ал-Короди, Хаджжи-Дибир ал-Хунухи, Нурмухаммад Старший ал-Моксоби, Даитбек ал-Гагатли.

По окончании обучения ал-К. М. приступил к преподавательской деятельности в с. Ницовкра (ныне Лакский р-он РД), часто посещал известного суфийского шейха *ал-Гази-Гумуки Джамалуддина*. В начале 1840-х гг. общество Карах вошло в состав *Имамата Шамиля*, и ал-К. М. возвращается в с. Цулда, где в течение нескольких лет работает кадием. Наибы Караха пытались отправить его кадием сначала в Телетль, а затем в Гочоб, но ал-К. М. отказался и отправился к имаму *Шамилю* с просьбой оставить его в с. Цулда, на что получил согласие. После назначения наибом Караха Даниялбека Елисуйского ал-К. М., по приказу *Шамиля*, стал муфтием. В этот период он также продолжил исполнять обязанности кадия и занимался строительством крепости Къулунуб.

В 1850 г. ал-К. М. оставил должность муфтия и с разрешения *Шамиля* прибыл в столицу *Имамата* с. Ведено. В этот период (1850–58) по предложению и при непосредственном участии имама *Шамиля* была написана главная работа ал-К. М., посвященная истории борьбы горцев Дагестана и Чечни под руководством имама *Шамиля*: «Барикат ас-суйуф ал-джабалийа (вариант: ад-дагистанийа) фи ба'д ал-газават аш-шамилийа» («Блеск горских (вариант: дагестанских) сабель в некоторых Шамилевских битвах»). Основными источниками сочинения являлись рассказы самого *Шамиля* и его сподвижников — непосредственных участников описываемых событий, а также переписка имама с наибами и официальные документы *Имамата*. Большое место занимают личные наблюдения автора. Работа получила широкое признание у специалистов как наиболее обстоятельная и информативная хроника по истории *Кавказской войны*. Было осуществлено несколько переводов на русский язык, из которых академическим требованиям наиболее соответствует издание 1941 г., переведенное А. Барабановым.

Помимо «Барикат ас-суйуф…» перу ал-К. М. принадлежат также сочинение по грамматике арабского языка, которыми пользовались в дагестанских медресе как учебным пособием, трактаты по теории фикха и *назру*, стихи, большое число писем-ответов на вопросы по мусульманскому праву и догматике. Следует отметить сочинения ал-К. М. по мусульманскому праву: «Шамс ал-манафи 'ала шарх Джам' ал-Джавами'» (субкомментарий на сочинение Тадж ад-дина ас-Субки (ум. 1370) по методике фикха); несколько небольших сочинений по проблемам *назра*, созданных в ходе полемики с дагестанским ученым *Акушинским 'Али-Хаджжи*.

Сохранилось несколько стихотворений ал-К. М. (элегия на смерть имама *Газимухаммада*; касыда о событиях 1839 г. в с. Ашильта; трактат по теории стихосложения), а также комментарий («Китаб ас-суллам») к популярному в мусульманском мире учебнику по логике «Суллам ал-бахй» арабского автора 'Абд ар-Рахмана ал-Адхари (ум. 1778).

Ал-К. М. часто выступал в качестве арбитра в конфликтных ситуациях между приближенными к *Шамилю* мюридами; участвовал также в маджлисах, проводимых имамом *Шамилем*. Дважды имам намеревался отправить его в качестве наставника к своему сыну Газимухаммаду в с. Карата, однако так и не осуществил свое намерение.

После падения *Имамата* ал-К. М. по просьбе начальника Среднего Дагестана генерала И. Д. Лазарева сделал копию «Барикат ас-суйуф…» и был освобожден от налогов. Учитывая авторитет ал-К. М. среди горцев, начальник Дагестанской обл. князь Л. И. Меликов уговорил ал-К. М. поступить на российскую службу. Осенью 1869 г. ал-К. М. приступил к исполнению должности кадия Дагестанского народного суда, которую занимал до смерти в 1880 г. Ал-К. М. похоронен в родном с. Цулда.

Ал-К. М. в основном известен как историк *Кавказской войны*, автор получившего широкую известность сочинения «Барикат ас-суйуф ал-джабалийа фи ба'д ал-газават аш-шамилийа». В русской историографии ал-К. М. часто упоминается как «писарь» или «секретарь» имама *Шамиля*, однако это не совсем правильно отражает действительный статус ученого в *Имамате*. Ал-К. М., являясь мусульманским ученым, знатоком мусульманского права (фикха), входил в ближний круг сподвижников имама, с которыми *Шамиль* советовался по наиболее важным вопросам.

У ал-К. М. имелась большая книжная коллекция, частично сохранившаяся в его родном с. Цулда. Она состоит из печатных и рукописных книг (150 ед.). В основном это сочинения по мусульманскому праву, грамматике арабского языка, логике, поэтические тексты, записи ал-К. М. по богословским вопросам. На основе этой коллекции в с. Цулда в 2008 г. был создан мемориальный музей ал-К. М.

Соч.: Мухаммадтахир ал-Карахи. Книга о значимости стремления улучшать свои деяния по мере сил / пер. с араб. и коммент. Р. С. Абдулмажидова, Д. М. Маламагомедова, М. Г. Шехмагомедова. М., 2014; Полемика дагестанских ученых по вопросу об отчуждении собственности по назру: сб. сведений о кавказских горцах. 1871. Вып. V. Отд. IV. 1–40; Хроника Мухаммада Тахира ал-Карахи / араб. текст подгот. А. М. Барабановым; под ред. И. Ю. Крачковского. М.; Л., 1946; Хроника Мухаммада Тахира ал-Карахи о дагестанских войнах в период Шамиля / пер. с араб. А. М. Барабанова. М.; Л., 1941.

Лит.: Крачковский И. Ю. Новые рукописи истории Шамиля Мухаммада Тахира ал-Карахи: избранные сочинения. М.; Л., 1960. Т. VI; Михайлова А. И. Каталог арабских рукописей Ин-та народов Азии АН СССР. Вып. 3. История. М., 1965; Саидов М-С. Дагестанская литература XVIII–XIX вв. на араб. яз. // Труды 25 Международного конгресса востоковедов. М., 1963. Т. II; Шихсаидов А. Р. Мухаммадтахир ал-Карахи (1809–80). Биобиблиографический очерк. Махачкала, 2010; Шихсаидов А. Р. Мухаммедтахир из Караха // Дагестанская правда. 1980. 24 октября.

Р. Абдулмажидов

Карачаево-Черкесский исламский институт (КЧИИ) им. имама Абу-Ханифы — первое высшее мусульманское учебное заведение Верх. Кубани.

КЧИИ прошел государственную регистрацию в качестве религиозного объединения 23.08.1993 г. Открыт в г. Черкесске под руководством *Бостанова Исмаила Мусаевича*. Тип — негосударственное образовательное учреждение высшего профессионального образования. Срок обучения — 4 года. В программу обучения было включено 18 дисциплин, в том числе три языка (русский, арабский, английский), фикх, чтение Корана, тафсир, наука о хадисах, светские предметы — «Государство и право», «Методика преподавания и психология» и др. Первый набор — 87 студентов, из которых было организовано 3 группы первокурсников и 1 группа второкурсников (ранее обучавшихся за пределами КЧР и пожелавших продолжить обучение в республике). В последние годы численность учащихся колебалась в пределах 60–80 чел. Поддерживаются научно-образовательные связи с каирским ун-том Ал-Азхар. В первый год деятельности преподавательский состав включал 4 чел.: ректора, трех преподавателей (двух выходцев с Арабского Востока, одного потомка мухаджиров из Иордании, вернувшегося на родину). Впоследствии численность преподавателей увеличилась за счет выпускников исламских вузов России и зарубежных стран, в том числе 4 выпускников Ал-Азхара. За первые 15 лет работы вуз закончили более 200 чел. Материально-техническое обеспечение осуществляется за счет благотворительных средств, спонсорской поддержки и частично государственной помощи. Ректоры: *И. М. Бостанов* (1993–2009), Р. М. Узденов (с 2009 по настоящее время).

Лит.: Мусульманин. (Ал-Муслим). Черкесск, 2005. № 1(8); 2009. № 5(20).

Р. Хатуев

Карачаевское княжество — феодальное государство XV — 1-й трети XIX в. на Сев.-Зап. Кавказе.

Население К. к. было представлено в основном карачаевцами — тюркоязычным этносом, имеющим дуальное происхождение (автохтонный, кавказский субстрат и пришлый, тюркский суперстрат).

Конфессиональный состав в начальный этап существования К. к. не был однородным. Часть его населения (в лице правящего класса) исповедовали ислам, но большинство придерживались синкретичных верований с элементами монотеистических религий и языческих культов. В XVI–XVII вв. среди населения К. к. укрепляются позиции ислама, что связывают с политическим и культурным влиянием в *Кубано-Терском междуречье* региональных мусульманских гегемонов — *Крымского ханства* и *Тарковского шамхальства*. В русском документе 1743 г. (данные, полученные от кабардинских князей), упоминающем «Харачай, который живет в кубанских вершинах», говорится, что «владельцы их в махометанском законе».

В социальном отношении население К. к. делилось на три основные группы: аристократию (акъсюек — «белая кость»), свободных общинников (къарахалкъ — «черный народ»), лично зависимое население (къул). Каждая из этих групп имела внутренние подразделения. Так, в аристократии выделяют князей первостепенных, полноправных (бий) и второстепенных, потерявших значение (чанка)); среди свободных общинников — узденство (ёзден) и свободное крестьянство (къара-киши); среди лично зависимых — крепостных крестьян (джоллу къул) и патриархальных, домашних рабов (джолсуз къул). К началу XIX в. статус биев имели лишь три фамилии: Крымшамхаловы (их представители, как правило, были старостами с. Карт-Джурт), Дудовы (в с. Хурзук) и Карабашевы (в с. Учкулан, а затем в Дуутском ущелье).

Сведения о численности населения К. к. фиксируются в основном с начала XIX в., но и они не отличаются достоверностью: если в «Историографической записке о странах, лежащих между морями Черным и Каспийским» (1810) упоминается лишь 200 дворов, то в сведениях подполковника А. М. Буцковского (1812) — 600 дворов. Нет точных демографических сведений и о последних годах существования К. к.: в документе графа И. Ф. Паскевича (1831) говорится о 800 дворах, в докладе князя И. В. Шаховского (1834) — о 700 домах, П. Зубов (1835) упоминает лишь 1 тыс. чел. карачаевцев, а «Ведомость народов, обитающих между Черным морем и Каспийским» за 1830-е гг., говорит о 24 тыс. чел.

Территория К. к. в Позднем Средневековье локализовалась в бассейнах верховий р. Кубани и левых притоков р. Терека. Восточную, терскую часть К. к. в разное время составляли долины верховий р. Кумы и Подкумка (в том числе Кисловодская котловина и р-н Пятигорья), р. Баксана и Чегема, именовавшегося «Нагорный Карачай» (Тау Къарачай), «Теснинный Карачай» (Тар Къарачай). К началу XIX в. граница К. к. на востоке проходила по р. Малке (с Большой Кабардой), водоразделу высокогорного Бийчесынского плато (с Урусбиевским обществом). Практически по тем же исторически сложившимся рубежам сейчас проходит и нынешняя адм. граница между Карачаево-Черкесией и Кабардино-Балкарией.

Западная, кубанская часть К. к. включала в себя долины верх. течения собственно р. Кубани и его притоков — р. Джегуты, Теберды, Большого и Малого Зеленчуков, Урупа, Большой Лабы. В позднем средневековье карачаевцы населяли урочище Загедан (Загъзан), р-н Архыза, именуемого Эски Джурт, где и по сей день находятся руины Замка Карчи (Къарча Къала). На западе граница К. к. проходила по р. Большой Лабе, т. е. по западным рубежам исторической Алании.

История К. к. на раннем этапе прослеживается с трудом ввиду скудости письменных свидетельств. Европейские источники фиксируют карачаевцев более 600 лет назад, и наиболее ранним источником считается сообщение 1404 г., которое дает Иоанн де Галлонифонтибус (епископ иранского города Султанийя) и он называет их «черными черкесами». Данный автор сообщает, что «никто никогда не посещал этих черных (черкесов)», которые живут в горах, «и они сами никогда не покидают гор, кроме тех случаев, когда им необходима соль».

Итальянский миссионер в Грузии Арканджело Ламберти (1630–50-е гг.) именует карачаевцев как «карачиоли», так и «карачеркес», отмечает их в числе «ближайших соседей Колхиды» (Западной Грузии), живущих «у подножья Кавказа на север». Они «носят такое имя не потому, что они черного цвета, ибо они очень белые, но, может быть, от того, что в их стране небо постоянно облачное и темное». Далее тот же автор указывает, что его «очень удивило, что карачаевцы… могли так чисто сохранить тюркский язык».

Карачаевцев на Кавказе, также под именем «карачиолов или карачеркесов», упоминает в 1671 г. французский автор Жан Шарден («Эти карачеркесы, как их зовут турки, т. е. черные черкесы… Турки дали им это название по причине беспрерывных туманов и облаков в стране, хотя они самый красивый народ в мире»).

Немецкий автор Энгельберт Кемпфер (1651–1715) отмечает, что карачаевцы «относятся к северным черкесам, называемым турками карачеркесами, т. е. черными черкесами».

Первое русское сообщение о К. к. («Карачаи», «Карачаева Кабарда») связано с дипломатической миссией Павла Захарьева и Федота Елчина, которую правительство России направило в Мегрелию (1639–40). Миссия проходила через К. к., где гостила у князей Гилястана и Эльбуздука Крымшамхаловых (документы миссии отмечают, что в октябре 1639 г. русские дипломаты «пришли в Карачаи», где пробыли 15 дней). В 1643 г. русский воевода М. Волынский фиксирует «карачаевских черкас» у Пятигорья (р-н Бештау).

Административно-политический центр К. к. вначале располагался в селении Эль-Джурт в верховьях р. Баксана (у современного г. Тырныауза в Кабардино-Балкарии), где сохранились руины каменных строений XVII в. владетельных князей Крымшамхаловых. Примерно на рубеже XVII–XVIII вв. центр К. к. переместился в с. Карт-Джурт (Верхнекубанская котловина), где обосновались Крымшамхаловы.

Важную роль в укреплении связей правящего класса К. к. с феодальной элитой соседних народов играли брачные узы карачаевской аристократии с княжескими и дворянскими родами мусульманских народов Центр. и Сев.-Зап. Кавказа (*абазин*, бесленеевцев, кабардинцев, *ногайцев*), а также сопредельных южнокавказских княжеств (Абхазии, Сванетии, Мегрелии).

Сведения о периоде функционирования карачаевских поселений в Закубанье сохранились в исторической памяти как карачаевцев, так и соседних народов. Н. Г. Петрусевич (1870-е гг.) приводил предание о том, что карачаевцы ранее занимали «с соседнюю с Загданом поляну Иркиз» (Архыз). Н. Иваненков (1912) пишет, что карачаевцы указывают в Архызе «даже место своего поселения, называя его "Старым жилищем"» (кар. топоним Эски Джурт точнее перевести как «старый юрт, старое место жительства»). *Абазины* еще до революции помнили о том, что «когда-то… жили карачаевцы» между р. Урупом и Кяфаром

Карачаевское княжество

(левым притоком р. Большой Зеленчук). Однако различного рода катаклизмы (фиксируется несколько крупных эпидемий чумы в конце XVII — начале XIX в.), феодальные междоусобицы, инвазии степняков и др. факторы обусловили сокращение территории К. к. Карачаевцы оставили на востоке Чегем и Баксан, а на западе — долины Большой Лабы и верховий Зеленчуков, где к началу *Кавказской войны* исчезают стационарные поселения. К концу первой трети XIX в. сохраняются поселения в бассейне р. Кубани (в Верхне-Кубанской котловине, по берегам р. Дуута, Теберды), а в терской части К. к. — селенья и хутора по р. Хасауту, Мушту, Кичмалке, Лахрани.

После неудачных попыток получить покровительство от России в 1780-х гг. К. к. приняло присягу на верность Османской империи и оказалось вовлеченным в *Кавказскую войну*. В 1804 г. карачаевцы вместе с балкарцами, осетинами и кабардинцами участвовали в сражении на р. Чегеме против царского отряда генерала Г. И. Глазенапа, который выбивал горцев из «12-ти окопанных аулов»; в 1821 г. карачаевцы вместе с *абазинами* и кабардинцами атаковали отряд царских войск майора И. А. Курилы и т. д. В 1820-е гг. по приказу генерала А. И. Ермолова была возведена Кисловодская кордонная линия (проходила по р. Малке и Хасауту, через горы Бермамыт и Гум-Башы, далее по ущелью р. Мары до р. Кубани), которая, по сути, отсекала терскую часть К. к. от кубанской. Карачаевцы вошли в состав России в итоге завоевательного похода царских войск во главе с генералом Г. А. Эмануэлем (конец октября — начало ноября 1828 г.).

Политический строй К. к. носил сословно-представительский характер. Ведущая роль в управлении принадлежала аристократии. Карачаевские владетели (как и др. князья мусульманских народов) в русских источниках именуются «мурзами» и в таком качестве фиксируется в источниках XVII в. В документах упоминавшейся миссии 1639–40 гг. говорится, что русский дипломат «в Карачаех ходил пировать к Карачайским мурзам к Ельбуздуке и к Галистану…и к матери их и к зятю их, к Ногайскому мурзе Урыстямбеку и к иным чаркасам».

Знать опиралась на горское дворянство (фамилии Боташевых, Хубиевых, Байрамуковых и др.), составлявшее верхушку свободных общинников (*ёзден*).

Княжеско-дворянские роды доминировали в системе *тёре* (советов) всех уровней, включая и общекарачаевский Народный Совет (Халкъ тёре), который являлся высшим представительным органом К. к., обладавшим полномочиями адм., законодательного и судебного характера. Он обычно собирался раз в 2–3 месяца, хотя мог иметь место чрезвычайные заседания. Именно народный *тёре* имел исключительные прерогативы принятия и отмены норм обычного права ('адатов), призыва народного ополчения.

Существовали сословно-корпоративные советы княжеских родов (бий тёре, бий кенгеш), которые собирались для решения вопросов регуляции отношений внутри знати.

Систему политического управления К. к. возглавлял верховный правитель, или старший князь, который в XVIII–XIX вв. носил титул «олий». В Карачае олийский престол свыше 200 лет занимали князья Крымшамхаловы, из которых последними олиями были представители этого рода — Ислам Ачахматович (род. 1765) и его сын Мухаммад (Магомет). Олий по своему статусу выступал высшим должностным лицом и председательствовал на Народном Совете (Халкъ тёре).

В ходе шариатского движения 1790-х г. на Центр. Кавказе в Карачае утвердился высший представительный орган нового типа — *мехкеме*. К началу XIX в. уголовное, земельное и имущественное право регулировалось в основном нормами 'адата, брачно-семейное право — преимущественно шариатом. В суде по 'адату решающее значение имело мнение бийской верхушки.

На уровне сельских общин высшим органом управления являлся сельский сход (джамагъат, эл джыйылыу). На сход допускались лишь мужчины, причем из числа лично свободных лиц, принятых в состав сельской общины. Сход решал хозяйственно-адм. вопросы пользования общинными угодьями (леса, пастбища, выгоны, пустоши), распоряжения землями, которые, по 'адату, переходили в собственность общины от семей, покинувших общину; установления времени и места отгона сельского скота на летние пастбища; определения количества скота, оставляемого на сельских выгонах на лето; определения времени запуска выгонов под сенокосы; проведения общественных работ (прокладка и ремонт дорог, мостов, постройка пятничной мечети села и т. п.).

Сход был органом прямой (непосредственной) демократии. Он избирал свой представительный орган — общинный совет (эл тёре), главного муллу сельской общины (эл апенди), а на начальном этапе, видимо, и старосту селения.

Сход созывался по решению общинного *тёре*, которое оглашалось глашатаем (къоду). Процедура голосования (чёб атыу) происходила открыто: в ведро (темирли) опускали орехи или камушки, которые затем подсчитывали как избирательные бюллетени.

Каждодневное управление общиной возлагалось на сельского старосту (некхуд, эль тамада, эл башчы). В его ведении находился, помимо всего, надзор за ирригационной системой, где назначались особые лица — илипинчиле (буквально «канальщики», следили за исправностью главных каналов системы) и суучула (буквально «водники», отвечали за распределение воды по дворам, соблюдением строгой очередности такого распределения).

Низший уровень управления К. к. охватывал родовые кварталы (тийре), которые были «целыми поселками, насчитывающими до сотни усадеб»; часто в них были свои, квартальные мечети и родовые кладбища. Отдельные крупные фамилии (тукъумла) могли иметь несколько кварталов-тийре. Организация и координация квартальных мероприятий (например, общественные работы по очистке ирригационных канав, возведение ограды квартального кладбища, постройка квартальной мечети и т. п.) осуществлялась старейшинами рода (тукъум тамадала) совместно с квартальным муллой (тийре апенди).

Военное управление возглавлял олий, которому подчинялась княжеская дружина (мыртазакъ аскер) и народное ополчение (къара аскер, зытчыу аскер). Для содержания дружины, которая выполняла не только военно-полевые, но и пограничные, фискальные, полицейские функции, олий имел право сбора специальных податей. К числу дружинников (мыртазакъ, салымчы) относились и бегеулы — уполномоченные олия, выполнявшие также полномочия судебных исполнителей и надзорные функции. Письменные источники 1-й половины XIX в. фиксируют в Карачае должность чауш (в значении «десятник»), которая, очевидно, также связана с дружиной. Это косвенно указывает на десятичный принцип военной структуры К. к.

Формально внутренняя самостоятельность карачаевцев и ин-т верховного правителя (олий) сохранялись до 1834 г., когда К. к. было упразднено и образовано Карачаевское приставство.

Лит.: Батчаев В. М. Из истории традиционной культуры балкарцев и карачаевцев. Нальчик, 1986; де Галлонифонтибус И. Сведения о народах Кавказа / пер. с лат. на английский Л. Тарди; пер. с англ. З. М. Буниятова. Баку, 1984; Лайпанов К. Т., Хатуев Р. Т., Шаманов И. М. Карачай с древнейших времен до 1917 г. Черкесск, 2009; Ламберти А. Описание Колхиды / пер. с итал. К. Ф. Гана // Сев. Кавказ в европейской литературе XIII–XVIII вв. Нальчик, 2006; О тюркском происхождении этнонима «черкес»: Волкова Н. Г. Этнонимы и племенные названия Сев. Кавказа. М., 1973.

Р. Хатуев

Карачаевцы и балкарцы (исламизация). В карачаево-балкарских преданиях сохраняются сведения о двух истоках мусульманского влияния: восточном (Дагестан) и западном (Крым). Дореволюционные исследователи отмечали, что в Карачае мусульманство стало распространяться «под непосредственным влиянием *Крымского ханства*» (Н. С. Иваненков, 1912). Кроме того, «ислам, по утверждению старожилов Исторического Карачая, пришел из Кумыкии» (К. М. Текеев). Турецкий историк Ф. Кирзиоглу, упоминая «карачаево-балкарских тюрков» (Karaçay-Balkar Türkleri), называет мусульманское имя их владетеля начала 1580-х гг. — «Гази Мирза Бек» (Gaazî Mîrzâ Beğ). В дореволюционной записи песни о князе Каншаубие Крымшамхалове сообщается о его связях связи с восточнокавказскими мусульманскими областями («Каншау ушел в Шемаху к казикумукам», «Каншау, утешитель шемахинского хана» и др.). По преданию, этот князь скрепил эти связи брачным родством (выдал замуж за восточнокавказских владетелей двух своих дочерей — Кантин и Каз). Таким образом, отмечена прочная фиксация в фольклоре связей карачаевцев с Вост. Кавказом. Религиозное влияние Дагестана сильно ощущалось и в горских обществах Балкарии. М. Ковалевский (1886) отмечал, что у балкарцев («горских татар») ислам окончательно утвердился «не без влияния миссионеров, высылаемых время от времени кумыкскими князьями (в частности, шамхалами Тарковскими), выдававшими своих дочерей замуж за старшин Чегемского или Балкарского общества». Процесс исламизации балкарцев также начался до XVII в. (Н. Г. Волкова, Я. С. Миронова). Письменные источники XVII в. прочно фиксируют мусульманскую антропонимию в именнике карачаево-балкарской знати; к тому же столетию относятся и первые арабографичные памятники Карачая.

Большинство источников XVIII в. единодушны в признании мусульманского вероисповедания карачаево-балкарской знати. Русский документ 1743 г., упоминая «Харачай», который живет в кубанских вершинах» и «волость Чегем — на вершинах р. Чегема» (Балкария), сообщают, что «владельцы их в махометанском законе». Академик П. С. Паллас (1793–94), говоря о «балкарах», отмечает, что «их вожди и старейшины исповедуют магометанскую религию».

Лит.: Волкова Н. Г., Смирнова Я. С. Балкарцы // Народы и религии мира: энц. / под ред. В. А. Тишков. М., 1998; Текеев К. М. Карачаевцы и балкарцы. Традиционная система жизнеобеспечения. М., 1989; Kirzioğlu, F. Osmanlilar'in Kafkas-Elleri'nin fethi (1451–1590). 2 Baski. Ankara, 1998. С. 312.

Р. Хатуев

«Карачай» («Къарачай») — первая газета мусульманского населения Верх. Кубани. Издавалась в г. Екатеринодаре (ныне г. Краснодар) с 1919 г. на карачаево-балкарском языке белогвардейской администрацией Баталпашинского отдела под редакцией Хызыра Биджиева, удостоенного офицерского чина. Ввиду отсутствия арабского шрифта в местных типографиях газета печаталась латинским шрифтом (т. е. впервые применилась карачаево-балкарская графика на основе латиницы). В газете публиковались сведения о Добровольческой армии, перепечатки из деникинской прессы.

Лит.: Магулаева Ф. А. Становление и развитие прессы Карачая (1918–59 гг.). Ставрополь, 2011.

Р. Хатуев

Карданов, Умар Якупович (1865–1926) — адыгский просветитель, ученый-арабист, в народе известен как Умар-хаджжи-эфенди.

Уроженец с. Ботащей Кубанской обл. (ныне с. Плановское Терского р-на КБР). Шестнадцатилетним юношей уехал учиться в Туркмению, где получил религиозное образование. Для продолжения обучения переехал в Дагестан, позже в г. Казань. В 1902 г. по просьбе представителей мусульманской общины с. Ботащей вернулся в родной аул и открыл там медресе. В дальнейшем К. У. открыл ок. 15 медресе на Сев. Кавказе, где преподавали многие его последователи и ученики. Авторитет знатока арабского языка и Корана, а также знание тюркских языков притягивало к нему учеников не только из адыгских и абазинских аулов, но также из карачаевских и ногайских.

Д. Я. Рахаев

Катханов, Назыр Адылгериевич (1891–1928) — советский государственный деятель, один из организаторов и руководителей борьбы горцев за советскую власть на Сев. Кавказе.

Родился в с. Лафишево (ныне с. Псыхурей Баксанского р-на КБР) в семье муллы. Окончил Баксанское медресе и Нальчикское реальное училище, после окончания преподавал в нем арабский язык и историю Востока (до 1918 г.), активный участник борьбы за советскую власть в Кабарде. К. Н. был убежден, что советская власть и шариат — вполне совместимые вещи. «Вера в Бога, — писал он, — совершенно не мешает советской власти, более того, такое сочетание вдохновляло бы трудовые массы на борьбу с контрреволюцией. С построением социализма настанет свобода вероисповедания». К. Н. считал, что большевики обеспечат равенство религий, обучение детей шариату в школах, а также введут советские *шариатские суды*. «Принципы ВКП(б) и шариата идентичны», — говорил К. Н. На Сев. Кавказе К. Н. прозвали «красным шариатистом».

В 1918–20 гг. — главнокомандующий большевистскими частями Кабардино-Балкарии, в 1920–23 — начальник окружной милиции, зав. отделом народного образования, зав. военным и земельным отделами Нальчикского окрисполкома, в 1924–25 гг. — официальный представитель КБАО в Президиуме ВЦИК, в 1925–28 гг. — уполномоченный Северо-Кавказских национальных республик по промышленности при ВСНХ СССР. Репрессирован в 1928 г. по обвинению в создании контрреволюционной националистической группы, ставившей своей целью совершение террористических актов. Реабилитирован в 1960 г.

Д. Рахаев

Катчиев, Ибрагим Азретович (11.08.1961–21.12.2020) — мусульманский религиозный деятель Карачаево-Черкесии, кадий.

Род в с. Привольное КЧАО (ныне Прикубанский р-н КЧР). После окончания сред. школы в с. Николевское (1978) работал в колхозе им. Красных партизан животноводом. Служил в Вооруженных силах СССР (1980–82). Религиозную деятельность начал с конца 1970-х гг., исполнял обязанности имама в с. Привольном, с 1988 г. работал имам-хатибом с. Дружба Прикубанского р-на КЧР. Одновременно с начала 1990-х гг. — председатель ревизионной комиссии *ДУМ Карачаево-Черкесской Республики* и Ставрополья, с 2010 г. — зам. председателя Духовного управления Карачаево-Черкесии, кадий. Активно участвовал в общественной деятельности.

Награжден орденом «За заслуги» (ДУМЕР), грамотами *Координационного совета мусульман Северного Кавказа*, муфтията республики и др.

Р. Хатуев

Кафа (Кефе) — провинция Османской империи, находившаяся в Крыму и в Приазовье в 1475–1588 гг. после распада *Золотой Орды* и ликвидации греко-православного княжества Феодоро.

В 1588 г. *Кафа* была преобразована в более высокий по статусу Кефинский эялет, существовавший до 1774 г., когда его территория вошла в состав *Крымского ханства* в качестве Кефинского каймаканства (1774–83). Адм. центр провинции — г. *Кефе* (средневековая *Кафа*, современная Феодосия).

Наиболее раннее описание шести кадылыков (каза) Кефинского санджака относится к 1529 г. В состав провинции находились юго-западные территории Крыма (южнее р. Кача), юж. берег полуострова до г. Судака включительно, окрестности г. *Кафы*, сев.-вост. часть Керченского полуострова, Таманский полуостров и окрестности крепости *Азак*. Глава санджака носил титул паши и назначался султаном в г. Стамбуле. В 1507–12 гг. губернатором провинции являлся будущий султан Османской империи Сулейман I Великолепный (1520–66). В дефтере 1542 г. сообщается, что губернатором провинции в это время являлся 'Али Бей, предшественником которого значится Мехмед Бей.

Кефинский санджак делился на семь волостей (нахийе), возглавлявшихся сотниками (субаши). В Крыму существовали Мангупская, Балаклавская, Инкерманская, Судакская и Керченская нахийе; в устье Дона — Азакская; на Таманском полуострове — Таманская. Нахийе являлись также судебными округами (кадылыки), имели судью (кадия) и судебную палату (мягкеме). В начале XVI в. статус волостей был поднят до уездов (каза). В состав Мангупского нахийе с этого времени также вошла территория Балаклавской и Инкерманской нахийе. В 1568 г. статус провинции был повышен с санджака до бейлербейства без территориальных изменений (в неофициальном обращении могли называться пашалыком). Часть земель и населенных пунктов провинции К. входили в султанский домен.

Первоначально на территории санджака была введена система земельных пожалований (тимаров) с годовым доходом до 20 тыс. акче. Находившееся в пользовании губернатора (санджакбея) провинции К. пожалование носило ранг хасса (имело доход свыше 100 тыс. акче в год).

Провинция просуществовала до 1774 г.

Лит.: Неделькин Е. В. Османская провинция Кефе в конце XV — первой половине XVI в. // IV Бахчисарайские научные чтения памяти Е. В. Веймарна (Бахчисарай, 8–9 сентября 2016 г.). Тезисы докладов и сообщений / ред.-сост. Д. А. Моисеев, О. М. Стойкова. Бахчисарай, 2016.

А. Пачкалов

Ал-Кахи, Хасан Хилми б. хаджжи Мухаммад б. Хасан ал-Хидали (1852–23.12.1937) — мусульманский религиозный и общественный деятель, суфийский шейх.

Родился в с. Кахиб Гунибского окр. Дагестанской обл. (ныне Шамильский р-н РД), аварец. Отец ал-К. Х. Х., Мухаммад-хаджжи, был ученым-богословом. Ал-К. Х. Х. получил мусульманское религиозное образование в различных дагестанских селах. Несколько лет учился в с. Ассаб (ныне Шамильский р-н РД) у известного богослова Шабанила Мухаммада. Первым суфийским наставником ал-К. Х. Х. стал шейх накшбандийской линии халидийа-махмудийа *ал-Асали Абдуррахман-хаджжи* (см. *Накшбандӣа в Дагестане*). Отправляясь вторично в паломничество в Мекку, *ал-Асали* сделал ал-К. Х. Х. своим единственным преемником (*халифа*), передав ему разрешение вести деятельность наставника (иджаза) по накшбандийскому тарикату. Однако ал-К. Х. Х. после смерти первого наставника вновь вступил под наставничество еще одного известного накшбандийского шейха — Шу'айба-афанди ал-Багини (ум. 1911). Спустя некоторое время ал-Багини также передал ал-К. Х. Х. инвеституру накшбандийского наставника. После смерти ал-Багини ал-К. Х. Х., уже в третий раз, становится учеником др. суфийского шейха — *Сайпуллы-кади*. Помимо инвеституры на наставничество по накшбандийской линии, последний сделал ал-К. Х. Х. шейхом еще кадирийского и шазилийского тарикатов. Ал-К. Х. Х., являясь первым и единственным преемником (ма'зун) *Сайпуллы-кади*, начал активную деятельность по распространению в Дагестане шазилийского учения, у которого до этих пор здесь не было своих последователей.

Ал-К. Х. Х. был наиболее плодотворным из дагестанских суфийских авторов: он оставил после себя более 12 произведений разных жанров, в основном составленных на арабском языке. Два сочинения написаны им на аварском языке. Все труды ал-К. Х. Х. посвящены религиозной тематике, в них в полной мере отражены его духовные взгляды и общественно-религиозная деятельность. Особое место в творчестве ал-К. Х. Х. занимает проблема «лжешейхства» (муташайихун), которая стала одной из ключевых тем и вокруг которой между представителями различных суфийских братств шла ожесточенная полемика. Пик это противостояния пришелся именно на начало XX в., и этой проблеме ал-К. Х. Х. посвятил несколько сочинений. Наиболее объемным из них является «Танбих ас-саликин ила гурур ал-муташайихин» («Предостережение мюридов от обмана лжешейхов»). Этой же тематике посвящены три следующих сочинения ал-К. Х. Х.: «Ал-Буруж ал-мушайида би-н-нусус ал-муайада» («Башни, укрепленные достоверными текстами»), «Ад-Дуррат ал-байда фи радд ал-бида' ва-л-ахва» («Сверкающий жемчуг в опровержении еретиков и порочных»), «Ал-Джавхара ал-нафиса фи и'анат ат-тарика ан-накшбандийа» («Драгоценные жемчужины для содействия тарикату *накшбандийа*»). Сочинение «Ас-Сифр ал-асна фи ар-рабита ал-хусна» («Великолепное послание о прекрасной рабите»), в котором ал-К. Х. Х. отвечает на критику суфизма и суфийских практик сторонников мусульманского реформаторства в Дагестане. «Васа'ил ал-мурид фи раса'ил ал-астаз ал-фарид» («Средства мюрида в письмецах бесподобного устаза»), более известная как «Мактубат ал-Кахи», — сборник писем ал-К. Х. Х., адресованных своим мюридам. «Сирадж ас-са'адат фи сийар ас-садат» («Светило счастья в биографиях великих господ») — сочинение ал-К. Х. Х. «Табакат» («Жизнеописание»), где он приводит биографию накшбандийских шейхов. В работе «Талхис ал-ма'ариф фи таргиб Мухаммад 'Ариф» («Краткое изложение сокровенных познаний в наставлении Мухаммад ʻарифа») кратко излагаются основные принципы шазилийского тариката, а также формы исполнения различных ритуальных суфийских практик. В агиографическом сочинении «Файд ар-Рахман фи зикр калам ʻАбдиррахман» («Божественная милость в упоминании речей ʻАбдуррахмана») ал-К. Х. Х. рассказывает о достоинствах, а также некоторых высказываниях и караматах (чудесных делах) *ал-Асали*. Сочинение «Хуласат ал-адаб лиман арада фатх ал-абваб» («Сущность этики для желающих открыть врата познания Аллаха») представляет собой уникальный двуязычный (на аварском и арабском языках) этико-догматический суфийский трактат. Работа составлена в стихотворной форме. Эта работа, так же как и «Бурудж ал-мушайда би-н-нусус ал-муайда», была издана еще при жизни автора в типографии *М.-М. Мавраева* в г. Темир-Хан Шуре. Остальные сочинения впервые были изданы 1996 г. в г. Дамаске и неоднократно переиздавались в Дагестане.

В годы Октябрьской революции и Гражданской войны ал-К. Х. Х. оказался втянут в процессы общественно-политических изменений, происходивших в регионе. Ал-К. Х. Х. был ярым противником вооруженного сопротивления, к которым призывали некоторые дагестанские религиозные и политические лидеры. На почве разногласий по поводу того, в какую сторону двигаться мусульманам Дагестана в сложившихся реалиях, между ал-К. Х. Х. и некоторыми духовными авторитетами, в том числе и с *Гоцинским Нажмутдином*, сложились натянутые отношения.

Знаковым событием в религиозной жизни региона стал съезд религиозных деятелей и ученых Дагестана, который проходил в родном селении ал-К. Х. Х. Кахиб в 1923 г. Председателем съезда был избран преемник ал-К. Х. Х. шейх Хабибуллах ал-Кахи (ум. 1924), секретарями — известный переписчик Газимухаммад ал-Ури и ʻалим ʻАбдуллатиф ас-Салти. Сам факт того, что данное мероприятие проводилось в с. Кахиб, говорит о высоком духовном авторитете, которым пользовался ал-К. Х. Х. Официально на съезде присутствовало 76 ученых-богословов. Большинство собравшихся депутатов выразили свою лояльность к новой власти.

Несмотря на преклонный возраст, ал-К. Х. Х. был репрессирован. 29.07.1937 г. он был арестован и по решению «тройки» приговорен к смертной казни. Расстрелян 23.12.1937 г. Место захоронения не известно. Зийарат ал-К. Х. Х. принято совершать на кладбище с. Верх. Казанище Буйнакского р-на РД, где находятся могилы шейха *Сайпуллы-кади* и сына ал-К. Х. Х. — шейха Мухаммадʻарифа.

Младший сын ал-К. Х. Х., Мухаммадʻариф ал-Кахи в последующем стал суфийским шейхом. Советская власть на местах пристально следила за религиозными лидерами, под особый контроль попал и Мухаммадʻариф, не только как сын «врага народа», но и как влиятельный шейх. Он сыграл значительную роль в сохранении суфизма в Дагестане.

Лит.: *Арипов Г.* Баракат. Махачкала, 2006; *Шихалиев Ш. Ш.* Дагестанская суфийская литература в XIX — начале XX в.: краткий обзор. Талхис ал-маʻариф фи таргиб Мухаммад ʻАриф (Краткое изложение сокровенных знаний для наставления Мухаммад ʻАрифа) / пер. И. Р. Насырова, А. С. Ацаева. М., 2006; *Шихалиев Ш. Ш., Шехмагомедов М. Г.* Сочинение Хасана Хильми ал-Кахи «Сирадж ас-саʻадат»: краткий источниковедческий обзор // Научное обозрение. Махачкала. 2011. № 52. С. 4–10.

М. Шехмагомедов

Качаев, ʻ**Омахан** (1816–1900) — мусульманский религиозный деятель, поэт-мистик. Литературный псевдоним — Дервиш.

Родился в с. Кумух (ныне Лакский р-н РД). Получил богословское образование, дважды совершил паломничество в Мекку. Принадлежал к старинному лакскому роду: его прадед Кача участвовал в борьбе с войсками Надир-шаха Афшара (1736–47), дед Мустапа пользовался большим авторитетом среди земляков и слыл мудрецом, отец Закарья (Зака) был крупным землевладельцем. В доме К. ʻО. была собрана богатая книжная коллекция, в которой были трактаты по риторике, диваны Абу-л-ʻАла ал-Маʻарри (973–1057), Камола Худжанди (1321–1400/1401), Хафиза Ширази (ок. 1325–89/90), Мухаммада Физули (ок. 1496–1556), «Маснави-йи маʻнави» Джалал ад-дина Руми (1207–73), труды «Ихйа ʻулум ад-дин» Абу Хамида ал-Газали (1058–1111) и «Ал-Футухат ал-маккийа» Ибн ʻАраби (1165–1240).

В возрасте 12 лет К. ʻО. принял участие в столкновениях кровников, получил ранение, остался хромым (отсюда прозвище «Аьрчча ʻОьмахан» / «Хромой ʻОмахан») и со шрамом на лице. По возвращении в с. Кумух после двухлетних странствий К. ʻО. поступил на государственную службу; в 1867 г. «за человеколюбивый подвиг» получил от наместника Кавказа великого князя Михаила Николаевича (1832–1909) благодарность и был возведен в офицерский чин. Позже К. ʻО. примкнул к *Восстанию Всеобщему 1877 г.*, после подавления которого был сослан в г. Усмань (ныне Липецкая обл.). На основании Манифеста императора Александра III (1883–94) «О даровании в день священного коронования Их Императорских величеств милостей» от 15.05.1883 г. участники восстания были амнистированы и полностью освобождены от наказания. В числе других ссыльных К. ʻО. вернулся на родину, где некоторое время занимал должность кадия с. Кумух.

Считается, что в ссылке К. 'О. приобщился к суфийской практике, став последователем учения братства *накшбандийа*. В литературе сведений о наставнике не зафиксировано; сам К. 'О. называл своими духовными учителями имама ал-Газали и 'Абд ал-Кадира ал-Джилани (Гилани) (1077–1166). К. 'О. известен как автор ряда религиозных произведений. Прозу он писал на арабском языке, стихи — на лакском (в них упоминаются Ибрахим б. Адхам, 718–81; Абу Йазид ал-Бистами, 804–74; ал-Джунайд ал-Багдади, 830–910; Абу Бакр аш-Шибли, 861–946 и др.). Находясь в г. Усмани, К. 'О. из 49 газелей составил сборник «Давришнал диван» («Диван Дервиша») и, переписав его в семи экземплярах для четырех сыновей и трех дочерей, отправил на родину. Два из них сохранил внук К. 'О. — И. М. Качаев, который издал печатный вариант сборника.

В настоящее время рукописи К. 'О. хранятся в частных собраниях. Его творчество проникнуто суфийскими идеями и насыщено многочисленными поэтическими символами и образами, оно характеризуется как типологической общностью с тюркско-арабо-персидской стихотворной традицией (особенно заметно влияние Хафиза Ширази), так и индивидуальным своеобразием: газели написаны силлабическим белым стихом с введением редифа. В стихах К. 'О., наряду с восхвалениями Аллаха и пророка Мухаммада, с темами небрежения к миру и отшельничества, звучат мотивы тоски ссыльного поэта по домашнему очагу.

Лит.: Ахмедов С. Х. Качаев Омахан // История лакской литературы: в 2 т. Т. 1. Дореволюционная литература. Махачкала, 2011. С. 135–141; АхIмадов С. Къячахал Оьмахан // Лакрал литературалул тарих. КIива томрайса. Цалчинмур том. Ч. I. Махачкала, 2015. С. 187–192; Гусейнаев А. Г. Суфизм и творчество Омахана Качаева // Народы Азии и Африки. Москва, 1968. № 3. С. 97–105; ХIусайнаев А. Тасаввуф (суфишиву) ва Къячахъал Оьмаханнул назмурду // Илчи. Махачкала, 1995. № 30–32; Къячахъал Оьмахан. Давришнал диван. Махачкала, 2004.

Д. Месхидзе

Каяев, 'Али б. 'Абдулхамид, ал-Гумуки (1878–21.12.1943) — мусульманский религиозный и общественно-политический деятель, писатель, просветитель, реформатор мусульманской школы на Сев. Кавказе.

Родился в с. Кумух (ныне Лакский р-н РД). Род Каяевых — один из древних родов Кумуха. Начал учиться в примечетском медресе у 'алима Гази Сеидгусейнова. Затем К. 'А., следуя традиции, совершенствовал свои знания у различных дагестанских ученых: Халила из с. Тлярош, Джабраила из с. Хачада, Курбан-Алил Мухаммада из с. Шулани, Муртазали из с. *Кудали*, Хантатаева Мирза-Кади из с. Балхар, Шейх-'Али, Махди-Мухаммада и 'Абдурразака из с. *Согратль*, Максуда из с. Мукар. Известно, что К. 'А. учился также в медресе в с. Ансалта и Параул. По свидетельству М. Г. Нурмагомедова, близко знавшего К. 'А., большую роль в становлении будущего ученого сыграл Шейх-Али Согратлинский. В с. *Согратль* К. 'А. проучился около пяти лет, изучал мусульманское право, логику, риторику, теорию диспута, хадисоведение, интересовался также историей и астрономией. В 1899 г. К. 'А. снял копию с известной хроники *ал-Карахи* Мухаммадтахира «Барикат ас-суйуф ал-джабалийа фи ба'д ал-газават аш-шамилийа» и отправил ее в дар астраханскому 'алиму 'Абдуррахману Алиеву. Эта рукопись, переписанная К. 'А., стала одной из трех списков, положенных в основу русского перевода, осуществленного А. Барабановым в 1941 г. (под ред. академика И. Ю. Крачковского). По приглашению А. Алиева (имама исторической Красной (Казаковской) мечети) К. 'А. приезжает в г. Астрахань, где работает в качестве преподавателя в медресе «Ваххабия» и одновременно совершенствует свои знания (1900–05).

В 1905 г. К. 'А. из г. Астрахани уехал в г. Каир с целью поступления в ун-т Ал-Азхар, пробыл в Египте два года. В г. Каире К. 'А. познакомился с известным мусульманским реформатором Мухаммадом Рашидом Рида' (1865–1935), главным редактором журнала «Ал-Манар», в котором К. 'А. успел некоторое время поработать. В 1908 г. К. 'А. переехал из Каира в Стамбул для «ознакомления с трудами восточных ученых, сосредоточенных в местных научных центрах», после чего вернулся в Дагестан.

По возвращении К. 'А. начал развивать идеи мусульманского реформаторства, в с. Гунделен Терской обл. (ныне с. Кенделен Эльбрусского р-на КБР) он открыл медресе, где наряду с традиционными дисциплинами по мусульманскому праву, логике, хадисам преподавал арифметику, историю и географию, одновременно продолжая сбор материалов по истории Дагестана.

В 1910 г. в типографии *М.-М. Мавраева* в г. Темир-Хан-Шуре вышел в свет первый печатный труд К. 'А. на лакском языке «Ал-хикайат ал-мадийа» («Рассказы о прошлом»). Работа представляет собой упорядоченное, обобщенное изложение истории Дагестана VIII–XIX вв., состоит из двух частей. К. 'А. излагает историю (войны, победы, поражения, дипломатическая деятельность, смена правителей и борьба за власть, борьба дагестанцев с иноземными захватчиками) Дагестана, начиная со времени появления арабов и до конца XIX в. В 1913 г. в той же типографии *Мавраева* был напечатан труд К. 'А. на лакском языке «Трактат о новой астрономии», где автор изложил гелиоцентрическую теорию Коперника. В том же 1913 г., по инициативе *Саидова Бадави*, начальника канцелярии генерал-губернатора Дагестанской обл., было решено издавать газету на арабском языке «*Джаридат Дагистан*». Организовать выпуск газеты было поручено К. ʻА. Газета выходила в г. Темир-Хан-Шуре в 1913–18 гг.

В 1917 г. К. ʻА. был избран в состав Дагестанского областного совета, а с января 1918 г. стал членом Исполнительного комитета. При этом он активно сотрудничает в газетах «Илчи» («Вестник») — печатном органе дагестанского просветительно-агитационного бюро — и «Чанна цӀуку» («Утренняя звезда»). В марте 1918 г. К. переехал из г. Темир-Хан-Шуры в с. Кумух, где открыл новое медресе. Основными предметами здесь были: мусульманское право, коранические науки (Коран, таджвид, тафсир), арабский язык, математика, астрономия, естествознание, алгебра, геометрия, география, астрономия, история и лакский язык. Медресе К. ʻА. просуществовало до 1926 г. В этот же период, с 1918 по 1926 г., К. ʻА. исполнял обязанности кадия и имама мечети с. Кумух.

В 1926 г. К. ʻА. начал работу в республиканском краеведческом музее (1926–28) и Ин-те национальных культур (1928–30) в г. Махачкале. К этому периоду относится создание им следующих работ: «Биографии дагестанских ученых» (на турецком и арабском языках, II части), «Грамматика лакского языка», «Лакку маз ва тарих» («Лакский язык и история», энц. словарь), «История восстания 1877 г. в Дагестане и Чечне», «Сравнительный лакско-аварско-даргинский словарь», «Материалы по истории мюридизма», «Материалы по истории и языку лаков», «Материалы по истории восстания 1877 г.» (на арабском языке), «Исторические песни лаков», «Материалы по разгрому Надир-шаха в Дагестане», «Пословицы, поговорки и крылатые выражения лаков». Немного ранее К. ʻА. написал работу «Стрела, пронзившая глотку безбожников» с критикой взглядов материалистов, где он отошел от традиционного богословского жанра и критиковал взгляды философов-материалистов, опираясь на труды западных философов-идеалистов. Им собраны богатейшие материалы по фольклору народов Дагестана. Его перу принадлежит ряд работ по мусульманскому праву, он критиковал местную приверженность фанатичному следованию мазхабам и призывал расширить границы иджтихада.

В 1930 г. К. ʻА. был арестован и сослан в г. Челябинск, затем по состоянию здоровья переведен для отбывания наказания в г. Воронеж. По ходатайству председателя Совнаркома ДАССР Дж. Коркмасова К. ʻА. был освобожден из мест ссылки и вернулся в Дагестан. 15.11.1934 г. он вновь приступил к своей работе в научно-исследовательском ин-те (до декабря 1938 г.). В январе 1939 г. вновь арестован, приговорен к ссылке в Казахстан, где написал свою последнюю работу «Материалы по языку и истории лаков». В декабре 1943 г. заболел тифом и скончался в больнице пос. Новогеоргиевка Джарминского р-на Семипалатинской обл. Казахской ССР.

Лит.: Бобровников В. О. Каяев Али // Ислам на территории бывшей Российской империи / под ред. С. М. Прозорова. М., 2006. Т. 1. С. 192–194; Каяев А. Грамматика лакского языка. Махачкала, 2009; Меджидов Ю. В., Абдуллаев М. А. Али Каяев. Очерки жизни и творчества. Махачкала, 1993; Наврузов А. Р. Али Каяев — последний энциклопедист Дагестана // Дагестанские святыни. Кн. 1. Махачкала, 2007. С. 162–185.

И. Каяев, Ш. Шихалиев

Кефе — см. *Кафа*.

Кешене — позднесредневековые усыпальницы в Карачае. К., являются, пожалуй, наиболее ярким атрибутом статуса знати. Из почти шести десятков позднесредневековых склепов, учтенных археологами в Карачае в 1980-х гг., особого внимания заслуживают 5 наземных прямоугольных мавзолеев из камня с двухскатными крышами (длина их доходит до 6 м, ширина — до 4 м, высота стен — до 3,5 м, с крышей — до 6 м). Толщина стен доходила до 70 см. Остальные склепы (по Х. Х. Биджиеву) или полусклепы (по И. М. Мизиеву) являли собой четырехугольные и многоугольные сооружения без перекрытия. Упомянутые К. сосредоточены в 4 могильниках: по одному — в с. Джамагат (Тебердинское ущелье) и Хурзук, два — в с. Карт-Джурта (Верхне-Кубанская котловина). Характерно, что именно в этих селах. находились резиденции князей; в то же время у большого с. Учкулан, где князья не проживали вовсе, полностью отсутствуют и склепы (Х. Х. Биджиев).

Археологи отмечают, что такие типы усыпальниц как «круглоплановые, многогранные и прочие усыпальницы-мавзолеи (или склепы-мавзолеи), известные у *абазин*, балкарцев, кабардинцев, осетин, своим происхождением обязаны в основном мусульманству, т. е. культовому зодчеству мусульман», хотя «и в них прослеживаются черты местного традиционного зодчества» (Р. Г. Дзаттиаты).

Генезис К. связан с историей пребывания народов Кубани и Терека в составе *Золотой Орды*, до которой они не знали устойчивой традиции возведения надземных склепов (мавзолеев). Суфийские мазары (надземные сооружения над могилами «святых людей» — аулийа') стали сооружаться с XIV в. в *Золотой Орде*, где культово-мемориальное зодчество получило исключительное развитие. В *Маджаре* было городское кладбище с мавзолеями, часть которых с сохранившими куполами застали авторы XVIII в. Именно влиянием *Золотой Орды* (где кыпчакский язык был государственным) и объясняется повсеместное бытование у северокавказцев сугубо тюркских наименований склепов. К кыпчакскому названию — кезене — восходят наименования мавзолеев у *абазин* (кузанака), карачаево-балкарцев (кешене), *ногайцев* (*кешене*), кабардинцев (кещанэ), вайнахов (каш). Название могильных сооружений у дигорцев — обай — также восходит к тюркскому оба́, имевшем значения «насыпь, курган, холм, камень или куча камней на могиле» (В. И. Абаев). Доминирование данных терминов указывает на то, что воздействие тюрко-мусульманской культуры *Золотой Орды* сыграло важную роль в возникновении мемориальной архитектуры народов Сев.-Зап. Кавказа.

Лит.: Биджиев Х. Х. Погребальные памятники Карачая XIV–XVIII вв. // Вопросы средневековой истории Карачаево-Черкесии. Черкесск, 1979; Дзаттиаты Р. Г. Культура позднесредневековой Осетии. Владикавказ, 2002; Мизиев И. М. Средневековые башни и склепы Балкарии и Карачая. Нальчик, 1970.

Р. Хатуев

Ал-Кикуни, **Мухаммад-хаджжи** Абу Мухаммад ал-Мадани б. ʻОсман, ад-Дагестани (1835/36–1913/14) — мусульманский религиозный деятель, ученый и правовед, суфийский поэт, шейх братства *накшбандийа*-халидийа.

Родился в с. Кикуни (ныне Гергебильский р-н РД). Учился в разных дагестанских медресе, сначала в родном селении, затем в др. известных школах, включая медресе в с. *Согратль* (ныне Гунибский р-н РД) у шейха *ас-Сугури ʻАбдурахмана-хаджжи*, который дал ему иджазу на наставление мюридов (иршад). Впоследствии соперники оспаривали наличие у ал-К. М.-х. иджазы накшбандийского тариката.

Ал-К. М.-х. принял горячее участие в *Восстании Всеобщем 1877 г.*, во главе которого стоял сын его наставника. В частности, ал-К. М.-х. возглавил нападение восставших на русский гарнизон, охранявший Георгиевский мост 29 августа 1877 г. (по старому стилю). После подавления восстания долгое время скрывался в горах, но 29 сентября 1889 г. был схвачен, заключен в крепость Гуниб и осужден на пожизненную ссылку; был отправлен по этапу через Саратов в г. Иркутск. В ссылке он женился на вдове другого ссыльного, Хаве из с. Гергебиль. В 1893 г. последовавшие за ним в Сибирь мюриды распустили слух о смерти шейха и инсценировали его похороны, между тем как он с семьей перебрался сначала в с. Гергебиль возле Кикуни (ныне Гергебильский р-н), где у него было много мюридов, а через некоторое время, опять же с семьей, пробрался в Кахетию, нелегально перешел через границу и поселился в Турции в мухаджирском селении Армуткёй под г. Бурса,

основанном *Мухаммадом Амином*, черкесским наибом имама *Шамиля*. Здесь у ал-К. М.-х. родилось трое сыновей: Мухаммад ал-Мадани, чье имя вошло в его почетную кунйу, ʻАли ʻаскар и Мухаммад.

Султан ʻАбдул-Хамид II (правил в 1876–1909 гг.) принял участие в судьбе ал-К. М.-х. Этот османский правитель увлекался суфизмом, покровительствовал дервишам и сам был мюридом суфийских наставников из братств шазилийа и кадирийа. Любимец султана и влиятельный при дворе религиозный советник (данышман) шазилийский шейх Зафир ал-Мадани из Триполитании устроил им встречу, после которой ал-К. М.-х. с его спутниками были пожалованы земли в понравившихся мухаджирам местах под г. Ялова. Здесь они основали деревню Алма-Алан, или Алмалы (ныне с. Гюней), — самое крупное современное поселение дагестанских мухаджиров в Турции. Ал-К. М.-х. оставался под покровительством султанского дома вплоть до кончины. Султан Мехмед V Решад, воцарившийся после революции в 1909 г., продолжал материально поддерживать мухаджиров, провел в деревню воду. В честь него деревню переназвали в Решаде. Ал-К. М.-х. основал и возглавил здесь медресе.

В Дагестане у ал-К. М.-х. остались мюриды и преемник (маʼзун) Сулайман-хаджжи из с. Апши, которому он передал иджазу еще до *Восстания Всеобщего 1877 г.* Он продолжал с ними переписываться. Путь на родину был ему заказан, но его сочинения переписывали и даже издавали там в начале XX в. Наиболее известной работой ал-К. М.-х. является стихотворный сборник с наставлениями по суфийской этике «Наджм ал-анам фи рийадат ал-авам» («Светило в обучении народа»), не раз издававшийся в Стамбуле и в Порт-Петровске (1905) на арабском и в переводе на аварский язык. Он адресован недавно инициированным в братство мюридам и известен также под названиями «Аййуха-л-валад!», «Йа валади!» («О сын мой!»). Сохранились упоминания др. сочинения ал-К. М.-х. для обучения мюридов — «Манакиб ал-махрум».

Похоронен ал-К. М.-х. на кладбище с. Гюней (Турция), где еще в 1920 г. его могила превратилась в зийарат. В 1960-е гг. над ней был построен мавзолей. Дагестанские паломники до сих пор нередко посещают его. В Дагестане у шейха есть еще один почитаемый зийарат — дом в Гергебиле, где он жил после побега из ссылки до отъезда в Турцию.

Лит.: Бобровников В. О. Дагестан в транснациональных суфийских сетях: шейхи из Кикуни и их зийарат в Турции // Восток. 2018. № 5. С. 21–36; Гайдарбеков М. Абдулатип Гоцинский // Ахульго. 1999. № 3. С. 36–45; Ад-Дургели Назир. Услада умов в биографиях дагестанских ученых. (Нузхат ал-азхāн фӣ тарāджим улама̄ Дāгистāн). Дагестанские ученые X–XX вв. и их биографии. М., 2012.

С. 144, 149; *Ибрагимова З. Б. Мухаммад-хаджи и Шарапудин Кикунинские — суфии, мухаджиры* // Дагестанские святыни / сост. и отв. ред. А. Р. Шихсаидов. Махачкала, 2008. Т. 2. С. 159–170; *Муртазалиев А. М. Писатели дагестанского зарубежья: биобиблиографический справочник.* Махачкала, 2006; Erel, Ş. Dağıstan ve Dağıstanlılar. İstanbul, 1961; Hazretin Muhammedin Varisleri. Derleyen Hasan Burkay. İstanbul, 1977.

З. Ибрагимова, В. Бобровников, А. Муртазалиев

Ал-Кикуни, Шарапуддин б. ʿАбдуррашид ад-Дагестани (01.12.1875–15.08.1936) — мударрис и ʿалим, шейх братства *накшбандийа*-халидийа из дагестанской диаспоры в османской и республиканской Турции, сохранивший тесные связи с суфийскими общинами на Сев.-Вост. Кавказе.

Родился в с. Кикуни Аварского окр. Дагестанской обл. (ныне Гергебильский р-н РД). Начальное образование получил в медресе родного селения, с. Гоцоб и у дяди по материнской линии, *ал-Кикуни Мухаммада-хаджжи*, после его нелегального возвращения из ссылки, последовав за ним в 1894 г. в Османскую империю. В эмиграции женился на его дочери Умм Кулсум. Предание приписывает ал-К. Ш. основание с. Алмалы (ныне Гюней-Кёй) на государственных землях (мири), переданных в дар *ал-Кикуни Мухаммаду-хаджжи*.

Перед смертью *ал-Кикуни Мухаммад-хаджжи* передал ал-К. Ш. иджазу на обучение мюридов в тарикате. Ал-К. Ш. также возглавил построенное дядей медресе в с. Алмалы-Решадие. Вскоре стал наиболее влиятельным в Османской империи суфийским наставником дагестанских мухаджиров. Благодаря переписке и через дагестанских паломников поддерживал контакты с мюридами на Сев.-Вост. Кавказе. В Дагестане его *халифа* стал шейх Мухаммад-хаджжи из с. Чиркей. В Турции он сделал своим преемником в тарикате дагестанского мухаджира из с. Ирганай ʿАбдаллаха ал-Фаʾиза ад-Дагестани (1891–1978), *халифа* которого в свою очередь стал знаменитый на рубеже веков киприотский шейх Назим ал-Хаккани (1922–2014).

От ал-К. Ш. сохранились письма, религиозные стихи и мавлиды на арабском и аварском языках. С его слов мюрид ал-К. Ш. Салман-эфенди ар-Рашади составил сборник жизнеописаний муршидов из силсилы кикунийских шейхов от раннего Средневековья до начала XX в. В 1997 г. ее первый том под названием «Хикматазул асарал» в переводе с арабского на аварский язык выпустил *М.-Р. Мугумаев*. На русском языке опубликовано др. сочинение ал-К. Ш. — «Сборник чудес».

Похоронен ал-К. Ш. на кладбище с. Гюней-Кёй под г. Ялова (Турция) в зийарате *ал-Кикуни Мухаммада-хаджжи*, который сам же начал строить в 1919 г. Почитается также второй зийарат ал-К. Ш. — дом в с. Кикуни, где он родился и жил до эмиграции.

Соч.: Шарапуддин Устар из Кикуни. Сборник чудес. Махачкала, 1997.

Лит.: *Бобровников В. О. Дагестан в транснациональных суфийских сетях: шейхи из Кикуни и их зийарат в Турции* // Восток. 2018. № 5. С. 21–36; *Гаджиева Л. А., Ибрагимова З. Б. Воспоминания мюрида о шейхе Шарапуддине Кикунинском* // Современные проблемы науки и образования. 2013. № 3; *Ибрагимова З. Б. Мухаммад-хаджи и Шарапудин Кикунинские — суфии, мухаджиры* // Дагестанские святыни / сост. и отв. ред. А. Р. Шихсаидов. Махачкала, 2008. Т. 2. С. 159–170; Hazreti Muhammedin Varisleri. Derleyen Hasan Burkay. Ankara, 1977; Şerafeddin Erel. Dağıstan ve Dağıstanlılar. İstanbul, 1961.

З. Ибрагимова, В. Бобровников, А. Муртазалиев

Ал-Кили, ʿАббас б. Ахмад (ум. 1636/37) — средневековый дагестанский суфий родом из аварской конфедерации Келеб, *халифа* тариката *халватийа*.

Согласно устной традиции, ал-К. ʿА. является «шейхом», учеником и преемником шейха *ал-Мачади Мухаммада* (ум. 1637). При изучении нескольких вариантов силсилы тариката *халватийа* удалось уточнить, что ал-К. ʿА. являлся не шейхом — преемником *ал-Мачади*, а его *халифа*. На кладбище ныне заброшенного с. Рукдах Шамильского р-на РД имеется зийарат — помещение, в котором расположена могила «шейха» ал-К. ʿА. Согласно эпитафии, ее обладатель умер в один год со своим учителем — шейхом *ал-Мачади Мухаммадом*: «Хозяин этой могилы — ʾАббас, сын Ахмада, да помилует их Аллах. Дата от хиджры Пророка — 1046 год» (началась 04.06.1636 г.).

Согласно устной традиции, ал-К. ʿА. жил последние годы и умер в с. Хорода (ныне Тляратинский р-н РД), которое находится в 15 км к северу от с. Рукдах. Там же он был и похоронен, но рукдахцы выкрали его тело и перенесли ночью в свое селение. Таким образом, у ал-К. ʿА. имеются две могилы — пустая в с. Хорода и место его захоронения в с. Рукдах.

Лит.: *Хапизов Ш. М., Шехмагомедов М. Г. Суфийский орден халватийа в горной Аварии: новые страницы истории суфизма в средневековом Дагестане (XVI–XVII вв.)* // Исламоведение. 2017. № 1; Khapizov S., Shekhmagomedov M., Abdulmazhidov R. The Khalwatiya sheikhs in Dagestan (16th–17th centuries) // Iran and the Caucasus. 2017. № 21. P. 303–309.

Ш. Хапизов

Ал-Кили, ʿАли б. Хусайн (ум. 1690) — средневековый дагестанский ученый и общественно-политический деятель.

Родился в с. Ругельда союза сельских общин Келеб (ныне не существует, на территории Шамильского р-на РД), но бо́льшую часть жизни прожил в аварском селе Кусур (авар. ГьочотIа; ныне Рутульский р-н РД). Нисба ал-К. ʻА. связана с названием конфедерации Келеб.

Ал-К. ʻА. упоминается в сочинениях дагестанских исследователей как один из самых компетентных мусульманских ученых Дагестана XVII в. Он развернул активную деятельность по распространению в Дагестане богословских знаний. По словам *Каяева ʻАли*, ал-К. ʻА. был автором трудов по логике, полемике и философии, однако его творческое наследие сохранилось лишь фрагментарно. В Национальном центре рукописей Грузии было обнаружено небольшое сочинение ал-К. ʻА., посвященное теории диспута (муназара), также известны его многочисленные фетвы, письма и глоссы.

После обучения в родном селе ал-К. ʻА. продолжил образование в аварском с. Голода (ныне городище на территории Закатальского р-на Азербайджана, на границе с РД) у ʻалима *ал-Гулуди Малла-Мухаммада* (1611–96/97). Время учебы здесь можно определить по датам переписки им рукописей — в 1640 г. («Шарх ал-ʻАкаʼид ал-Насафа», сочинение по теологии) и 1641 г. («Маʻан», сочинение по логике). Ал-К. ʻА. совершенствовал у *ал-Гулуди Малла-Мухаммада* свои знания по греческой философии, логике, риторике и диалектике. После ал-К. ʻА. продолжил образование у некоторых ʻалимов Ширвана.

После окончания учебы ал-К. ʻА. обосновался в аварском с. Кусур / Гочота. В Кусуре ал-К. ʻА. основал медресе, в котором учился Мухаммад б. Муса *ал-Кудуки* (1652–1717). *Ал-Гулуди Малла-Мухаммад* и ал-К. ʻА. превратили расположенные рядом горные укрепленные с. Голода и Кусур / Гочота, каждое из которых состояло из 400 и более дворов, в суннитские центры сопротивления шиитской экспансии, проводившейся в то время Сефевидами. В 1647 г. аварцы под руководством ал-К. ʻА. на окраине с. Кусур разгромили отряд сефевидского наместника Ширвана. В дальнейшем с. Кусур стало одним из крупных образовательных центров, а также опорным пунктом газийских отрядов, чья активность была направлена против Сефевидов и их вассалов — ширванских беклербеков и кахетинских царей.

Могила ал-К. ʻА. в с. Кусур является зийаратом. У ал-К. ʻА. были сыновья Дибир, Абу-Бакр и Мухаммад (ум. 1715), по указанию первого в 1689–90 г. Раджабом б. Деэн-Шаʻбаном было составлено историческое сочинение, повествующее о распространении ислама среди жителей верховьев р. Самур и Джурмут. Ныне потомки ал-К. ʻА. проживают в населенных пунктах РД (Кусур, Камбулат) и Азербайджана (Эхеди Тала, Тлебел-уба, Аласкар, Джиних / Гюллюк в Закатальском р-не).

Лит.: Айтберов Т. М., Шехмагомедов М. Г., Хапизов Ш. М. Опыт исследования биографий средневековых мусульманских ученых-богословов Кавказа (на примере Али ал-Кили) // Вестник Ин-та ИАЭ. 2013. № 2. С. 11–18; Мусаев М. А. Шуайб б. Идрис Ал-Багини о победе над Надир-шахом // Вестник Ин-та ИАЭ. Махачкала, 2010. № 4(24). С. 36.

Ш. Хапизов

Кисты (кистины, кистинцы; груз. kistebi, чечен. кистIий, гуьржийчуьра нохчийн / грузинские чеченцы) — этническая общность вайнахов (преимущественно чеченцев), проживающих в Панкисском ущелье, расположенном в верховьях р. Алазани, к югу от грузино-российской границы (Ахметский муниципалитет Грузии).

В настоящее время К. занимают с. Биркиани, Джоколо, Дзибахеви, Дуиси, Думастури, Омало, Шуа Халацани, Земо Халацани и являются единственными жителями на левом берегу р. Алазани. Численность (по данным переписи 2002 г.) — 7110 чел. Кистинский диалект чеченского языка представляет собой совокупность сельских говоров: джоколойского, дуисского, омалойского; фиксируется билингвизм: все К. владеют грузинским языком как родным. Фамилии оформлены в соответствии с грузинской традицией. Верующие — христиане и мусульмане-сунниты (традиционно — шафиитского толка); широкое распространение получили учения суфийских братств кадирийа и *накшбандийа*. В 1990-е — 2000-е гг. отмечается увеличение числа сторонников ваххабизма на Северном Кавказе.

Наиболее ранние упоминания этнонима К. засвидетельствованы в «Армянской географии» VII в. Анания Ширакаци (кистк, кусты) и в грузинской хронике XIII в. (кишты). В русских источниках XVIII–XIX вв. термин К. заимствован из грузинской историографии, где он употреблялся и как общий экзоним вайнахов, и как узкоэтническое название, обозначавшее чеченцев — жителей верховьев р. Чанты-Аргун и ингушей — жителей ущелья по р. Кистинка и Армхи. Согласно этнографическим и архивным материалам, значительная миграционная волна чеченцев (в большинстве — жителей граничащих с Грузией горных обществ) и ингушей (галашевцев и джераховцев) в Панкиси относится к 20–60 гг. XIX в., что обусловливалось различными факторами социально-экономического, военно-политического, религиозного характера, в частности, традициями кровной мести, событиями *Кавказской войны*, а в период *Имамата* — жесткими методами введения норм шариата и байтулмальской (имаматской) собственности на землю, борьбой с традиционными народными верованиями и культами, с отправлением ритуалов в древних святилищах. Среди переселенцев были как мусульмане, так и приверженцы древней религиозной системы, центральное место в которой занимал культ Великого Бога — Воккха Дела / Дяла / Диела / Диели / Дээл (с утверждением ислама теоним стал осмысляться как одно из божественных имен). Около 1826 г. было основано первое кистинское село Дуиси, чье исходное название Панкиси (чечен. Пlаьнгиз) дало наименование всему региону; оно являлось и самым крупным: к концу XIX в. его население составляло 546 жителей, из них 47 христиан и 499 мусульман (общая численность К. на 1901 г. — 1352 человека). В качестве главных характеристик К. этнографы выделяли уважение и благоговейное отношение к старшим, крепкие родственные узы, чувство совести и умение ценить дружбу.

Учрежденное российскими властями в г. Тифлисе Общество восстановления православного христианства на Кавказе приступило в 1866 г. к строительству церквей и духовных школ для распространения грамотности в Панкисском ущелье и стремилось рекрутировать священнослужителей из среды К.; процесс христианизации, как и в др. горных районах, нередко принимал насильственные формы (к примеру, в с. Джоколо, согласно официальным данным, в к. XIX в. проживало 18 мусульман и 187 христиан). Созданное в 1872 г. в г. Тифлисе Закавказское магометанское духовное правление суннитского учения регулировало религиозные практики и делопроизводство, им был принят и Устав о строительстве мечетей. В 1898 г. на частные средства верующих началось возведение мечети в Дуиси, однако со стороны начальника Тианетского уезда, в адм. границы которого входила тогда территория Панкиси, последовал запрет на продолжение работ. Этот факт повлек за собой вмешательство муллы 'Абдуллы Баканасула из аварского с. Билкан / Белоканы (ныне Балакенский р-н Азербайджанской Республики) и муфтия Кавказа, в итоге строительство возобновилось и в 1902 г. было завершено (строитель — И. Кистишвили из селения Кварелцкали).

В 60-х гг. XIX в. среди К. нашло отклик учение кадирийского шейха *Кунта-хаджжи*, некоторые под его влиянием встали на путь суфизма. Начало преподавания арабского языка детям заложил прибывший в с. Дуиси мулла из с. Караджала (ныне — Телавский муниципалитет Грузии). К. сохранили память о проповедниках ислама братьях Хангошвили (Гебиша, Ахига и Хонги) из с. Дуиси. Рассказывали, что Гебиша по возвращении из хаджжа ревностно занялся религиозной деятельностью: сначала из Чечни был приглашен ученый-богослов Ваат, а после его кончины — мулла Курмахам (вероятно, аварец; прожив в Панкиси около 10 лет, он вернулся на родину), затем из аварского селения в Дагестане приехал мулла Курбан (женившись на кистинке, остался в с. Дуиси), а в 1905 г. — чеченский шейх Тавсолта; в 1909 г. его сменил аварец из с. Кабали (ныне — Лагодехский муниципалитет Грузии) *ат-Таши 'Иса-афанди*. Поселившись в доме Махама Багакашвили, он возглавил местное ответвление *накшбандийа*-халидийа; последователи собирались в комнате своего наставника: мужчины вечером — с четверга на пятницу, женщины — в полдень по пятницам. Его духовным преемником стал Керим Маргошвили, который руководил вирдом после смерти шейха (ум. 30.03.1920 г., похоронен в с. Кабали). Во дворе дома, где жил и умер *ат-Таши 'Иса-афанди*, установлена окруженная оградой памятная плита, а сам дом и поныне служит местом пятничных собраний его мюридов: женщин — в первой половине дня, мужчин — во второй.

С установлением советской власти в Грузии в 1921 г. последовали антирелигиозные мероприятия, включавшие адм. и насильственные методы: *шариатский суд* и система религиозного обучения были упразднены, мечеть в с. Дуиси — закрыта, верующие подвергались преследованиям. Невзирая на политические репрессии, часть верующих продолжала соблюдать религиозные традиции и отправлять ритуалы, сохраняя передачу знаний в форме «устного образования». В восстановлении и поддержании влияния братства кадирийа значимую роль сыграл Мачиг Мачаликашвили, который несколько лет провел в Ингушетии, а в 1927 г. вернулся в с. Дуиси. Другим проповедником учения кадирийа был приехавший в Дуиси в 1928 г. Ода Хаджжи / Аду Шейх из чеченского с. Ца-Ведено. Он организовал отдельный вирд: во время радений стал использоваться барабан, в норму было введено ношение бороды и белых шапок. После отъезда шейха в Чечню вирд возглавил местный мулла Керим Дуишвили; собрания мюридов проходили каждое воскресенье в той комнате, где останавливался шейх (святая могила Ода Хаджжи находится в с. Дышни-Ведено Веденского р-на ЧР). В 1969 г. мечеть в с. Дуиси была воссоздана за счет верующих, там вновь возобновились и суфийские радения, проводившиеся после нормативных богослужений (женщины совершали ритуалы под открытым небом).

Мусульманская обрядность К. тесно переплетена как с древними традициями, так и с некоторыми христианскими элементами, что имеет проявления и в повседневной жизни, и в особенностях религиозных церемоний, в частности погребального и поминального циклов. Моления и праздничные обряды до недавнего времени проводили не только в мечети, но и у древних святилищ, ряд из них (например, Лашарис Джвари в тушинском с. Чиго) являлись общими местами поклонения К. и горцев Восточной Грузии — тушин, пшавов, хевсур. Календарь мусульманских праздников включает день окончания поста Рамазан (маарх дастар), Курбан-байрам — праздник жертвоприношения

(Гурба де; ему придается особое значение), день рождения Пророка (мевлуд) и др. почитаемые дни (пятница — *джума*, ночь предопределения — *баратли гаме*, ночное путешествие пророка Мухаммада в Иерусалим и его вознесение на небо — *мирадж* и т. д.). У К. принято посвящать жертву одному из членов семьи: обычно четыре семьи сообща покупают корову или быка, причем тот, ради кого приносится жертва, должен погладить животное по спине; жертвенное мясо делят на семь частей, одной из них угощают сирот. Религиозные гимны (назмы) исполняются на арабском и кистинском языках. Особое место в ритуальной практике К. отводится чтению Корана.

Военные действия в Чечне середине 1990-х — начале 2000-х гг. инициировали приток беженцев в Панкиси (согласно данным на июнь 2000 г., их число составляло около 6500 чел., на февраль 2008 г. — около 600 чел.), что осложнило социально-экономическое положение в Панкисском ущелье и сформировало его репутацию как «опасной зоны». Изменилась и религиозная ситуация: с одной стороны, увеличилось число приверженцев кадиритского тариката, с другой — началось распространение идей ваххабизма и радикального ислама. Устремления ваххабитов изменить жизненный уклад К., который начинается с семьи и охватывает все общество, традиционных факторов регулирования социального поведения, отрицание ими этнокультурной идентичности, бытующих форм «народного» ислама, вызвал негативное отношение со стороны большинства местного населения. В с. Дуиси общиной ваххабитов была построена отдельная мечеть, так как ее члены не допускались в действующую «традиционную».

С 2011 г. в Грузии функционирует зарегистрированное Духовное управление мусульман Грузии, его юрисдикция распространяется на всех мусульман страны. В настоящее время, помимо двух мечетей в с. Дуиси, в Панкисском ущелье открыты мечети в с. Биркиани, Джоколо, Омало, Цинубани, Шуа Халацани. Старшее поколение К. обеспокоено усиливающимися тенденциями распространения арабской культуры и влиянием «ваххабитской» пропаганды, в которую вовлечены существенные — как человеческие, так и материальные, — ресурсы. Исследователи обращают внимание на происходящие в регионе дезинтеграционные процессы, проявляющиеся не только в конфликте поколений и религиозной дифференциации внутри кистинского общества, но и в нарушении веками складывавшихся взаимоотношений К. с ближайшими соседями — грузинами, азербайджанцами, дагестанцами и осетинами.

Лит.: Маргошвили Л. Ю. Культурно-исторические взаимоотношения между Грузией и Чечено-Ингушетией в XIX и начале XX в. (Кисты Панкиси). Тбилиси, 1990; Меликишвили Л. Ш. Реисламизация в Грузии на фоне Чеченской войны (Панкисские кисты) // Адат. Кавказский культурный круг: традиции и современность. М.; Тб., 2003. С. 78–82; Хапизов Ш. М. Распространение ислама в Панкисском ущелье Грузии на рубеже XIX–XX вв. В свете деятельности шейха Иса-апанди Ташазула // Ислам в России и за ее пределами: история, общество, культура: сб. материалов межрегиональной научной конференции, посвященной 100-летию со дня кончины выдающегося религиозного деятеля шейха Батал-хаджи Белхороева / отв. ред. М. С-Г. Албогачиева. Магас; СПб., 2011. С. 391–397; Хуцишвили Л. К. Из грузино-вейнахских культурно-исторических взаимоотношений. Очерки этнографии горной Чечни // Кавказский этнографический сборник. 1986. Вып. 6. С. 105–110; Kurtsikidze Sh., Chikovani V. Ethnography and Folklore of the Georgia–Chechnya Border: Images, Customs, Myths and Folk Tales of the Peripheries. Munich, 2008. Pp. 227–261; Kurtsikidze Sh., Chikovani V. Georgia's Pankisi Gorge // Ethnographic Survey (Berkeley Programin Soviet and Post-Soviet Studies. Working Paper Series, 2002; Mamisimedishvili X. Pankisi: tsarsuli da t'anamedroveoba [Панкиси: прошлое и современность]. Tbilisi, 2008; Margoshvili L. Pankiselik'istebitsesch'veulebebidat'anamedroveoba [Обряды и обычаи кистов Панкиси и современность]. Tbilisi, 1985; Pankisis xeoba [Панкисское ущелье] / ed. L. Melikishvili. Tbilisi, 2002; Rau J. Russland, Georgien, Tschetschenien: der Konflikt um das Pankisi-Tal (1997–2003): ein Handbuch. Berlin, 2005; Sanikidze G. Islamic Resurgence in the Modern Caucasian Region: "Global" and "Local" Islam in the Pankisi Gorge. Slavic Eurasian Studies, Empire, Islam, and Politics in Central Eurasia / ed. by Tomohiko Uyama. 2007. No. 14. P. 263–280.

Д. Месхидзе

Кишиев, **Кунта-хаджжи** — см. *Кунта-хаджжи*.

Кожаев, Янмурза Аллаяр-улы (10.09.1914–26.07.1999) — мусульманский религиозный и общественный деятель Дагестана и Сев. Кавказа.

Родился в ставке Ачикулак Ставропольской губ. Российской империи (ныне с. Ачикулак Нефтекумского р-на Ставропольского края), в ногайской семье из рода (ырув) Сыжувыт родоплеменного объединения Кобаншы. Изучал арабский язык, исламское образование получил у местных эфендиев и мулл. В 1930-е гг. окончил Кизлярское педагогическое училище. После учебы работал в с. Уйсалган Ногайского р-на Дагестана. В рядах Красной Армии участвовал в Советско-финской войне 1939–40 гг.

К. — участник ВОВ, участвовал в боях за освобождение Белоруссии, Латвии, Литвы, Польши, награжден боевыми наградами. В послевоенные годы работал в сфере сельского хозяйства в Ногайском р-не ДАССР (ныне РД), в совхозе «Путь Ленина».

В конце 1980-х гг. К. был активным организатором и участником процесса духовно-религиозного возрождения в Ногайской степи. Как имам Ногайского р-на РД К. был участником многих религиозных и общественных мероприятий по возрождению исламской нравственности и культуры, укреплению межконфессионального мира на Сев. Кавказе. Внес большой вклад в борьбу с экстремизмом под религиозными лозунгами в Ногайской степи. В 1990 г. в с. Терекли-Мектеб открыл первое в Ногайском р-не РД исламское учебное заведение постсоветского времени — медресе им. имама Абу Ханифы, в котором прошли подготовку почти все будущие имамы р-на. Стал инициатором строительства и первым имамом районной мечети в с. Терекли-Мектеб.

В 1990-е гг. К. своим духовным служением получил широкое признание как самый авторитетный ногайский мулла и религиозный деятель в Дагестане, Ставрополье и Чечне. В народе пользовался большим уважением за религиозные знания, большой жизненный опыт, мягкий и добрый нрав. К. с супругой Салимет воспитали двоих детей: дочь Фатима — педагог, преподаватель ногайского языка и литературы, заслуженный работник образования РД, сын Магомет был известным журналистом, поэтом и прозаиком. Имя К. носят центр. мечеть и улица в райцентре Терекли-Мектеб. Похоронен на кладбище Коголли в Ногайском р-не РД.

Лит.: Заргишиев М. Ногайлы. Белый Сокол Золотой Орды. М., 2021; Личный архив автора: 2022 г. РД, с. Терекли-Мектеб. Информатор Н. М. Кожаева (внучка Я. А. Кожаева), 1978 г. р.

М. Заргишиев

Координационный центр мусульман Северного Кавказа (КЦ МСК, при основании — Высший координационный центр мусульман Северного Кавказа) — ЦРО, созданная на собрании муфтиев республик Сев. Кавказа 17.08.1998 г. Председатель — муфтий, председатель ДУМ КЧР *Бердиев* Исмаил Алиевич (род. 27.02.1954), выпускник медресе Мир-и Араб (г. Бухара), Исламского ин-та (г. Ташкент). Основой для консолидации ДУМД (ныне *Муфтията Республики Дагестан*), ДУМ *Карачаево-Черкесской Республики*, ДУМ Кабардино-Балкарской Республики, ДУМ Республики Северная Осетия–Алания, ДУМ Чеченской Республики и ДУМ Республики Ингушетия (ныне *Духовного центра мусульман Республики Ингушетии*) стала цель совместного противостояния распространению и укреплению на российском Сев. Кавказе нетрадиционных форм исповедования ислама, выступавших категорически против суфизма и культа святых, укорененных в регионе.

Созданию КЦ МСК предшествовало проведение по инициативе муфтия Чеченской Республики *Кадырова А.-х.* 25.07.1998 г. на стадионе в г. Грозном Конгресса мусульман Сев. Кавказа, а затем, 30.07.1998 г., в г. Назрани — конгресса «Мир и стабильность на Северном Кавказе», по инициативе муфтия Ингушетии *Албогачиева М.*

Впоследствии в состав КЦ МСК вошли *ДУМ Республики Адыгея и Краснодарского края*, ДУМ Республики Калмыкия, *ДУМ Ставропольского края*.

Первым председателем КЦ МСК стал избранный в 1998 г. на учредительном собрании *Албогачиев М.* На съездах в 2003 (в г. Москве), 2009 (в г. Москве), 2011 (в г. Черкесске), 2017 (в г. Пятигорске) председателем избирался муфтий Карачаево-Черкесии и Ставропольского края, а впоследствии муфтий КЧР *Бердиев Исмаил-хаджжи*.

В первые годы после учреждения КЦ МСК поддерживал весьма тесные связи с созданным в 1996 г. под председательством муфтия Р. Гайнутдина Советом муфтиев России (СМР). На момент возникновения КЦ МСК в состав СМР, в частности, входило *ДУМ Республики Адыгея и Краснодарского края*, а также ДУМД, председатель которого, *Абубакаров Сайидмухаммад*, являлся сопредседателем СМР.

На расширенном заседании СМР и КЦ МСК 09.09.1999 г. Координационный центр подтвердил свое коллективное членство в СМР. Также председатель КЦ МСК вошел в состав Межрелигиозного совета России, Совета по взаимодействию с религиозными объединениями при Президенте РФ.

Долгие годы направление и характер развития КЦ МСК во многом определяло противостояние с религиозными экстремистами, в том числе из-за преследования официального мусульманского духовенства, покушений на жизнь и убийства имамов и муфтиев на Сев. Кавказе. Так, буквально через несколько дней после создания КЦ МСК, 21.08.1998 г., въезжая во двор Джума-мечети г. Махачкалы незадолго до начала пятничной молитвы, автомобиль муфтия РД *Абубакарова С.* подорвался на радиоуправляемой бомбе; муфтий погиб.

В числе наиболее известных мусульманских религиозных деятелей Сев. Кавказа, также погибших в результате покушений: *Кадыров Ахмад-хаджжи* (муфтий в 1995–2000 гг., на момент убийства в 2004 г. — президент Чеченской Республики), шейх накшбандийского и шазилийского тарикатов *Чиркейский Са'ид-афанди* (Ацаев, убит в 2012 г.), ректор Ин-та теологии и международных отношений *Садиков Максуд* (2011), заведующий каноническим отделом ДУМД *Рамазанов Курамухаммад-хаджжи* (2007), ректор *Карачаево-Черкесского исламского ин-та* им. имама Абу Ханифы, зам. муфтия Ставропольского края и Карачаево-Черкесии *Исмаил Бостанов* (2009), председатель ДУМ Кабардино-Балкарии Анас Пшихачев (2010), заместитель председателя *ДУМ Ставропольского края Курман Исмаилов*

(2012), зам. муфтия Северной Осетии — Алании Ибрагим Дударов (2012) и Расул Гамзатов (2014) и др.

К середине 2000-х гг. КЦ МСК был признан в качестве одного из трех ключевых духовных центров мусульман (наряду с ЦДУМ и СМР), председатель организации стал обязательным участником встреч руководителей ведущих религиозных организаций с высшим руководством России.

С течением времени, однако, в структуре КЦ МСК наметились кризисные явления, связанные с дезинтеграционными процессами в рядах организации.

Позднее большинство конфликтных ситуаций удалось урегулировать.

В результате изменений, внесенных в устав организации на съезде в 2011 г., в структуре организации появился Исполнительный комитет, который формируется из представителей региональных ДУМ. Главой исполкома на съезде 2017 г. избран председатель ДУМ Ставрополья *М. Рахимов*. Московское представительство КЦ МСК возглавляет Шафиг Пшихачев.

Награда КЦ МСК — орден «За заслуги перед уммой».

Официальный сайт КЦ МСК: https://kcmsk.ru

Лит.: *Муфтий Рахимов о развале РАИС, укреплении КЦМ СК и пророческом исламе.[Электронный ресурс] // URL: http://islamkcmsk.ru/news/muftij-raximov-o-razvale-rais-ukreplenii-kcmsk-i-proroсheskom-islame/?fbclid=IwAR 3EKh4H6pf5yB1S6D6RA7deRMWcdzLOR1EPKZfMfgSvaF GX01HWlBDAe1M*

Д. Алхасова

Костекский, ал-хаджж **Хасбулат** (ал-Кустаки, ум. 1894/95) — мусульманский религиозный деятель, шейх тариката *накшбандийа*. Родился в кумыкском с. Костек (ныне Хасавюртовский р-н РД). Иджазу получил от *ал-Алмали Махмуда-афанди*. Ученики: *Сайпулла-кади ан-Ницовкри (Башларов)* и др. Умер и похоронен в с. Костек, где сохранился его зийарат на юж. кладбище села.

Лит.: *Ёлдаш. 1999. 20 августа; Назир ад-Дургили. Нузхат ал-азхан... Л. 177.*

Г. Оразаев

Коцев, **Пшемахо** Тамашевич (12.04.1884–08.01.1962) — общественно-политический и государственный деятель, председатель правительства (президент) независимой *Горской Республики*, юрист, публицист.

Родился в с. Бабуково Терской обл. (ныне с. Сармаково Зольского р-на КБР) в дворянской семье. Начальное образование получил в г. Пятигорске, продолжил — в мужской гимназии г. Новороссийска. В 1905 г. он поступил на арабское отделение восточного факультета Императорского Санкт-Петербургского ун-та, потом перевелся на юридический факультет, закончив который (1910), поступил на службу в окружной суд г. Екатеринодара (ныне г. Краснодар), затем — в Новочеркасскую судебную палату, где в 1916 г. занял должность присяжного поверенного округа. К. П. является одним из учредителей и секретарем правления Екатеринодарского черкесского благотворительного общества (официально зарегистрировано в мае 1912 г., председатель правления — Б. Б. Шарданов).

Еще в студенчестве К. П. занялся публицистикой. Его статьи под псевдонимом «П. Кабардей», касавшиеся проблем истории и религиозной жизни Кабарды, образования и землепользования, печатались в различных периодических изданиях, в частности журналах «*Мусульманин*» и «*Братская помощь*», газетах «*Кубанский край*» и «*Новая Русь*». Широкий резонанс вызвала публикация «Духовно-религиозные нужды мусульман Терской и Кубанской областей» (Новая Русь. 1910. № 109), в которой К. П. обосновал необходимость создания отдельного духовного правления мусульман Сев. Кавказа и создания в регионе за счет казны мусульманской духовной семинарии.

После Февральской революции К. П. в марте 1917 г. вернулся на родину, был избран присяжным поверенным Нальчикского городского суда и членом Нальчикского окружного гражданского исполнительного комитета (орган Временного правительства в Кабарде, создан 27.03.1917 г.). К. П. был избран делегатом *Первого Горского съезда* во Владикавказе от Большой и Малой Кабарды и горских обществ Нальчикского окр. Он активно включился в политическую деятельность и вошел в состав Центрального комитета *Союза объединенных горцев Северного Кавказа и Дагестана*. На состоявшемся вскоре съезде представителей населения Терской обл. (г. Владикавказ, 18–20.05.1917) К. П. был избран председателем Терского областного исполнительного комитета.

В условиях нараставшего политического и социально-экономического кризиса в России был сформирован Юго-Вост. союз казачьих войск, горцев Кавказа и вольных народов степей (г. Владикавказ, 20.10.1917). К. П. получил место заместителя председателя Объединенного правительства (председатель — С. Л. Макаренко). В учрежденном вслед за падением Временного правительства коалиционном Терско-Дагестанском правительстве (г. Владикавказ, 01.12.1917) он занял пост комиссара по делам общественного спокойствия, прилагая немало усилий для обеспечения межнационального согласия, законности и мира на Сев. Кавказе. Выдвижение К. П. в депутаты

Учредительного собрания от населения Нальчикского окр. явилось свидетельством его общественного авторитета.

Объявление большевиками о создании Терской Советской Республики в составе РСФСР (г. Пятигорск, 03.03.1918) побудило Горское правительство провозгласить независимость Демократической Республики Горцев Сев. Кавказа (см. *Горская республика*) во главе с председателем правительства *Чермоевым* Абдул-Меджидом (Батуми, 11.05.1918). К. П. был назначен министром внутренних дел, в круг его полномочий входило также ведение переговоров о военно-технической помощи со стороны Германии. Когда вследствие подписания Мудросского перемирия (30.10.1918) на кавказскую территорию в ноябре 1918 г. вступили войска Великобритании, К. П. был приглашен для переговоров в г. Баку. Признав факт существования *Горской Республики* до окончательного разрешения «кавказского вопроса» на Парижской мирной конференции, английское командование предложило ему образовать новое коалиционное правительство. Съезд в Темир-Хан-Шуре (ныне г. Буйнакск РД) принял отставку *Чермоева А. А.*, власть была вверена К. П. (17.12.1918). Вторжение Добровольческой армии в пределы *Горской Республики*, его социально-экономические и военно-политические последствия привели к отставке правительства; тем не менее парламент выразил доверие К. П. и поручил ему формирование нового кабинета (25.03.1919). Однако вскоре — на фоне продолжавшихся военных действий, агитационных мероприятий большевиков, министерского кризиса и внутриполитических разногласий в парламенте — правительство во главе с президентом К. П. солидарно сложило свои полномочия (12.05.1919).

В мае 1919 г. К. П. выехал в Грузию — это стало началом его политической эмиграции (отец и братья К. П. были арестованы ОГПУ и расстреляны в 1927 г. как враги советской власти). При непосредственном участии К. П. в г. Тбилиси был проведен Съезд горских деятелей Сев. Кавказа и создан Союзный меджлис (парламент) *Горской Республики* в эмиграции (02.09.1919), главной целью которого обозначалось международное признание независимости республики. В связи с советизацией Грузии (февраль 1921 г.) К. П. перебрался в Турцию — сначала в г. Самсун, затем в г. Стамбул, откуда оказывал содействие повстанческим силам на Сев. Кавказе. Подавление освободительного движения под руководством *Гоцинского Нажмутдина* (сентябрь 1925 г.) склонило К. П. к отказу от идеи вооруженной борьбы против советской власти. Поддерживая прочные связи с представителями северокавказской диаспоры на Ближнем Востоке и в Европе, он являлся одним из организаторов эмигрантского центра — «Турецкой ассоциации культуры и взаимопомощи северокавказцев» (Kuzey Kafkasyalılar Türk Kültür ve Yardımlaşma Derneği, 1951 г.) и сотрудничал с изданиями «Кавказ» (Kavkaz — Le Caucase — Kafkasya), «Кавказское обозрение» (Caucasian Review), «Ислам» (İslam), «Полумесяц» (Hilâl), «Муджахид» (Mücahit). Некоторые из его журнальных статей были переведены на русский язык и опубликованы.

К. П. умер в г. Стамбуле 08.01.1962 г. и с воинскими почестями (как глава правительства в изгнании) был похоронен на кладбище Ферикёй (Feriköy).

Лит.: Кармов А. Х., Саблиров М. З. Жизнь и общественно-политическая деятельность П. Т. Коцева // Исторический вестник. 2005. № 2. С. 374–398; *Коцев П.* Свобода не дается без жертв. Из истории Горской Республики // Наш Дагестан. 1994. № 172–173; Berzeg S. E. Kuzey Kafkasya Cumhuriyeti devlet başkanı Pşimaho Kotse (Kosok): yaşamı vegurbetyazıları. Ankara, 2011; Kosok P. Kuzey Kafkasya Hürriyet ve İstiklal Savaşı Tarihinden Yapraklar. İstanbul, 1960; Kosok P. Revolution and Sovietizationin the North Caucasus // Caucasian Review. Munich, 1955. No. 1. Pp. 47–54; 1956. No. 3. P. 45–53.

Д. Месхидзе

Кочкаров, Исма'ил-Солтан Кулчораевич (ок. 1830 — не ранее 1879) — мусульманский религиозный деятель, глава мусульманского духовенства Карачая, кадий.

Родился в с. Учкулан Баталпашинского отд. (ныне Карачаевский р-н КЧР). Получил духовное образование и считался одним из лучших знатоков мусульманского права (фикха). С 1869 г. — кадий Эльбрусского («Эльборусского») окружного словесного суда (вместе с *Байрамуковым Магометом-эфенди*). Согласно списку жителей Эльбрусского окр., которым царская администрация даровала земельные наделы, указывается, что К. И.-С. даровано 202 дес. земельных угодий. В период Русско-турецкой войны 1877–78 гг. оказывал активное содействие администрации, был отмечен серебряной медалью «За усердие». По имеющимся данным, был женат дважды (одна супруга — карачаевка, другая — черкешенка), потомки К. И.-С. живут в КЧР.

Лит.: Архив Карачаевского НИИ. Ф. 12. Д. 13; Батчаев Ш. М. Карачаевцы в войнах России (2-я половина XIX–XX в.). М., 2005; ГАКК. Ф. 774. Оп. 1. Д. 187.

Р. Хатуев

Кочкаров, Муса Ахматович (1900–04.01.1977) — мусульманский религиозный деятель Карачаево-Черкесии советского периода.

Родился в с. Дуут (после депортации карачаевцев в ноябре 1943 г. прекратило существование). Сын религиозного деятеля Ахмата-эфенди из дуутской ветви карачаевской фамилии Кочкаровых (атаул Гонтайлары). С детства обучался арабскому языку, основам мусульманского вероучения и богослужения, получил богословское образование в Дагестане (1915–19), в 1921 г. окончил медресе с. Учкулан (ныне Карачаевский р-н КЧР). В годы НЭПа переехал в с. Красный Восток (ныне Малокарачаевский р-н КЧР), где стал имамом мусульманской общины (с 1925 г.). Осуществил перевод на карачаево-балкарский язык арабских текстов мавлидов (маулуд). Они дважды изданы в 2000-е гг. отдельной книгой «Маулутла бла зикирле» с рекомендацией ученого совета *Карачаево-Черкесского исламского ин-та* им. имама Абу Ханифы (ред. Х. М. Акбаев; 64 с.).

Лит.: ГА КЧР. Ф. 314. Оп. 1. Д. 4. Л. 26; Маулутла бла зикирле. Черкесск, 2006.

Р. Хатуев

Крупнов, Евгений Игнатьевич (16.03.1904–29.09.1970) — археолог-кавказовед, доктор исторических наук, профессор, заслуженный деятель науки Кабардино-Балкарской АССР и Чечено-Ингушской АССР, создатель московской археологической школы кавказоведения.

Окончил среднюю школу в родном г. Моздоке. В 1924 г. поступил на этнологическое отделение Северо-Кавказского педагогического ин-та в г. Владикавказе. В 1927 г. перевелся на историко-археологическое отделение этнологического факультета Московского ун-та (окончил в 1930 г. по специальности «Археология Кавказа»). Работал в Государственном историческом музее, Ин-те археологии АН СССР. В 1957–1970 гг. руководил объединенной Северо-Кавказской археологической экспедицией. Автор более 200 научных работ. Основные труды посвящены древней и средневековой археологии и истории Сев. Кавказа и этногенезу кавказских народов. Проводил археологические исследования в разных регионах Сев. Кавказа. За работу «Древняя история Северного Кавказа» был удостоен Ленинской премии.

Памяти К. посвящены Крупновские чтения по археологии и этнографии Сев. Кавказа, которые проводятся с 1971 г. по настоящее время в различных городах России. В последнее время Крупновские чтения проводятся с периодичностью раз в два года. По материалам чтений издаются научные сборники. Крупновские чтения являются наиболее важным научным мероприятием в области кавказоведения на протяжении нескольких десятилетий. С начала XXI в. отмечается рост числа участников чтений, среди которых присутствуют наиболее авторитетные исследователи-кавказоведы из городов Северного Кавказа, из г. Москвы, г. Санкт-Петербурга, а также из стран ближнего и дальнего зарубежья.

Соч.: Древняя история и культура Кабарды. М., 1957; Древняя история Сев. Кавказа. М., 1970; Крупнов Е. И. Краткий очерк археологии Кабардинской АССР. Нальчик, 1946; Первые итоги изучения Восточного Предкавказья (по материалам экспедиции 1952 и 1953 гг.) // Советская археология. М., 1957. № 2.

А. Пачкалов

Крымское ханство — государство, существовавшее с XV до конца XVIII в. на территории большей части Крыма, а также прилегающих к нему землях Приазовья и Причерноморья. В европейских источниках часто фигурировало название Малая Тартария (Малая Татария, лат. Tartaria Minor, итал. Tartaria Piccola, фр. De la Petite Tartarie) или, реже, Европейская Тартария.

Наиболее полное исследование по истории К. х. было подготовлено историком конца XIX — начала XX в. В. Д. Смирновым («Крымское ханство под верховенством Оттоманской Порты», 1–2 т.).

Ханство возникло на базе Крымского улуса *Золотой Орды*, в ходе распада этого государства. Уже в золотоордынское время Крым являлся местом кочевок татарской знати, позже сыгравшей важную роль в истории К. х. (семьи Ширин, Барын, Аргын, Кипчак и др.). Представителями этих же родов стали карачибеки не только К. х., но и большинства др. постордынских государств, что говорит об их значимости не только в К. х. и Крымском улусе, но и во всей *Золотой Орде*. Возникновение ханства в основном относят к началу 1440-х гг., когда при поддержке крымскотатарской знати и Великого княжества Литовского ханом на территории Крыма стал основатель династии Гиреев хан Хаджи-Гирей I (ум. 1466).

Столицами ханства являлись города: Кырк-Ер (Чуфут-Кале, 1454 — конец XV в.), Крым (Старый Крым, конец XV в. — 1530-е гг.) и Бахчисарай (с 1530-х гг.).

В составе населения ханства преобладали крымские татары. Также проживали караимы, армяне, греки, черкесы, *ногаи* (мангыты), итальянцы и др. По некоторым оценкам, население ханства в середине XVIII в. составляло около 0,5 млн чел.

В ханстве был распространен ислам (в основном ханафитского толка). Также на территории ханства проживали православные, католики, караимы и иудеи.

С 1470-х гг. значительное влияние на К. х. стала оказывать Османская империя, которой

Крымское ханство

также было захвачено юж. побережье Крыма с крепостью *Кафа* (захвачена в 1475 г.). Также турецкие гарнизоны находились в Озю-Кале (Очакове), *Азове* и др. Верховная власть находилась в руках хана из династии Гиреев, бывшего вассалом султана Османской империи. С XVI в. К. х. принимало участие в военных операциях османских султанов. Ханы придерживались обязательств не иметь союзнических отношений с государствами, враждебными Турции. Долгое время один из сыновей крымского хана должен был находиться в Константинополе (Стамбуле) в качестве заложника. Султаны выплачивали ханам и членам их семей денежное содержание. Вместе с тем в XVI–XVII вв. между К. х. и Османской империи происходило ухудшение отношений, приводившее к отказу от участия ханства в военных походах империи. На протяжении всей истории существования К. х. осуществлялся чекан монет с именами крымским ханов. В мечетях К. х. читалась хутба с упоминанием крымских ханов. С одной стороны, имела место зависимость ханов К. х. от османских султанов, с другой — сакрализация власти потомков Чингисхана, к которым относились как К. х., также играла свою роль: предки Османов в XIII–XIV вв. находились в зависимости от Чингизидов и приносили им присягу. Кроме того, Гиреи находились в близком родстве с Османами по браку, и это были классические династийные браки. Ситуация отчасти напоминала Шерифскую династию в Хиджазе, где потомки пророка Мухаммада, хотя и были вассалами Османского халифа, с точки зрения сакральности стояли выше, нежели их сюзерен.

Наследник крымского престола (калга) назначался ханом. Нового хана должны были утверждать главы четырех кланов ханства (карачибеки) — Аргынов, Барынов, Кипчаков и Ширинов (с середины XVI в. добавился клан Селджиутов). Также наследник престола должен был получать акт, подтверждающий его утверждение в Османской империи.

В ханстве имелся совет знати — диван, в основном занимавшийся решением внешнеполитических вопросов. Важнейшая роль в диване принадлежала членам ханской семьи и карачибекам. С конца XVI в. в диване был визирь (башага), назначавшийся ханом. Также в составе дивана были и представители родов-посредников в отношениях ханства с Россией, Польшей, Великим княжеством Литовским (род Аппакамурзы, род Кулюкамурзы и др.), карачибеки крымских мангытов (беки Дивеевы). В XVI–XVIII вв. важную роль в диване играли карачибеки Ширины, связанные происхождением с Чингизидами.

Территория ханства была разделена на каймаканства (наместничества), состоявшие из кадылыков. Границы бейликов в основном не совпадали с границами каймаканств и кадылыков.

С одной стороны, ханы К. х. считали себя полноправными наследниками *Золотой Орды* и ее основными правопреемниками, что было обосновано в силу наибольшей военно-политической мощи К. х. из всех постордынских государств, сохранявшейся долгое время после разгрома *Большой Орды*, а в дальнейшем — и в силу сохранения государственных, воинских и культурных традиций *Золотой Орды* в К. х. С другой стороны, начиная с правления Менгли-Гирея I, К. х. переходит в вассальное подчинение Османскому государству, что отражается и в системе управления, и адм. системе. Крымская легкая конница принимала участие практически во всех военных кампаниях Османского государства от европейских походов до противостояния с Сефевидами в Ширване и Азербайджане. В то же время важнейшие пункты обороны К. х. охранялись османскими гарнизонами. Целый ряд городов Крымского полуострова входил в подчинение не К. х., а османского наместничества *Кафа*. Самих крымских ханов утверждали при дворе османского султана, и лишь по прибытии в Гезлев (Евпаторию) поднимали на белом войлоке (золотоордынская традиция). Османские военные инженеры, артиллерия и пехота (янычары) участвовали во многих военных походах К. х., в том числе в знаменитом Астраханском походе 1569 г.

Таким образом, очевидно сочетание золотоордынской и османской традиций как в сфере государственного управления, так и в военной сфере.

В военных силах К. х. преобладала конница, формировавшаяся для военных походов ханом и знатью. Часто войском руководили сами ханы.

Экономическая история К. х. остается менее изученной, нежели его политическая история. Ведущую роль в экономике играло скотоводство, земледелие. Вместе с тем их развитию препятствовали периодические засухи. Ханство являлось одним из важнейших поставщиков пшеницы в Османскую империю. Развивались виноградарство и огородничество, соледобыча. Доменом Гиреев являлись земли в долине р. Альма. Верховным собственником земли был хан. Хан раздавал земли вассалам в неотчуждаемое владение (бейлики). Владельцами обрабатываемых земель и скота являлись также семейства беев, мурзы и огланы и др. Среди сельских жителей сочеталась общинное и частное землевладение, также имелись вакфные земли. Земля предоставлялась в аренду на условиях выплаты десятины урожая.

Одной из крупных отраслей деятельности на территории Крыма была работорговля, которая велась в основном пленными, захваченными в ходе захватнических набегов.

Среди ремесел были распространены кузнечное, кожевенное, ювелирное, гончарное и др. Торговля была как местной, так и внешней.

После смерти основателя ханства Хаджжи-Гирея I в 1466 г. наследником стал его старший сын — Нур-Девлет-Гирей, однако брат последнего Менгли-Гирей I начал борьбу за власть и около 1468 г. смог захватить престол. Нур-Девлет-Гирей пытался опираться на поддержку *Большой Орды* и Великого княжества Литовского. Менгли-Гирей I стал союзником Великого князя московского Ивана III. К 1476 г. Нур-Девлет-Гирей вновь захватил ханство, но в 1478/79 г. Менгли-Гирей I одержал победу при поддержке османских войск. Второе правление Менгли-Гирея I (1478/79–1515) и правление его сына Мухаммед-Гирея I (1515–23) привело к усилению ханства.

В 1524 г. ханом при поддержке Османской империи стал брат Мухаммед-Гирея I Саадет-Гирей I (1524–32), в период правления которого возросла зависимость от Османской империи, а внешнеполитическая активность ханства несколько уменьшилась, при этом началось сооружение фортификационных сооружений на Перекопе с целью защиты от ногайских нападений. В 1532 г. хан отрекся от престола в пользу племянника Ислам-Гирея, поддержанного знатью.

Султан Сулейман I Кануни назначил ханом правившего ранее в Казани Сахиб-Гирея I (1532–51), который смог в 1537 г. разгромить войска Ислам-Гирея I. Деятельность Сахиб-Гирея I встречала сопротивление со стороны др. членов династии Гиреев и ногайской знати, организовавшей заговор против хана. К правлению Сахиб-Гирея I относится реформа, по которой кочевникам Крыма было запрещено вести прежний образ жизни и предписывалось жить оседло в аулах.

Внук Менгли-Гирея I — Девлет-Гирей I — провозгласил себя ханом. Его поддержала значительная часть знати. После гибели Сахиб-Гирея I Девлет-Гирей I (1551–77) был признан султаном в качестве хана. Ханом были истреблены многие представители династии Гиреев. К периоду его правления относится расцвет ханства.

На период правления сына Девлет-Гирея I Мухаммед-Гирея II (1577–84) пришёлся кризис. Часть знати поддерживала его братьев — Адиль-Гирея и Алп-Гирея, а султан — его дядю Ислам-Гирея. Мухаммед-Гирей II был убит в ходе заговора.

Новый хан Ислам-Гирей II (1584–88) продолжил борьбу с сыновьями Мухаммед-Гирея II Саадет-Гиреем, Сафа-Гиреем и Мурад-Гиреем, которые при поддержке *ногаев* захватили столицу ханства — Бахчисарай. Саадет-Гирей стал ханом, а Ислам-Гирей II при поддержке султана Мурада III сохранил номинальную власть. Русский царь Федор Иоаннович признал Саадет-Гирея (ум. 1587) крымским ханом.

Усобицы этого времени резко ослабили экономический и военный потенциал ханства. Стабилизация в К. х. пришлась на время первого правления брата Мухаммед-Гирея II — Гази-Гирея II (1588–96). Последний смог добиться поддержки большей части крымской знати. Множество сторонников Ислам-Гирея II бежали в Османскую империю. Вместе с тем в середине 1590-х гг. конфликты Гази-Гирея II с крымской знатью привели к тому, что те уговорили султана Мехмеда III назначить ханом Фетх-Гирея I (1596–97). Изза непрочного положения Фетх-Гирея I султаном на ханском троне в Крыму был восстановлен Гази-Гирей II, а Фетх-Гирей I был убит вместе с семьей.

На годы второго правления Гази-Гирея II (1597–1608) пришлись репрессии, направленные против ряда членов семьи Гиреев и поддерживавших их знатных родов.

В дальнейшем смена ханов на крымском престоле проходила еще более часто. Мухаммед-Гирей III (1623–24, 1624–28) пытался противодействовать султану Мураду IV, отказавшись от участия в турецко-персидской войне, заключил договор с Запорожской Сечью, направленный против Османской империи и др. В 1628 г. вооруженный конфликт Мухаммед-Гирея III с Османской империей привел к поражению войск К. х. и запорожцев. Мухаммед-Гирей III был изгнан из ханства.

В XVIII в. степень самостоятельности крымских ханов постепенно уменьшалась, возрастало влияние ногайской знати.

Достаточно полно документирована источниками внешняя политика К. х. На начальном этапе истории ханства основным его противником являлась *Большая Орда*, разгромленная при участии крымских татар к началу XVI в. В зависимость от К. х. попало значительное число *ногайцев*. В 1-й половине XVI в. крымские ханы проводили активную политику, направленную на укрепление своего влияния в Поволжье. Так, в 1521 г. Мухаммед-Гирей I добился того, что его брат Сахиб-Гирей стал правителем Казанского ханства. В 1523 г. правителем Астраханского ханства стал его калга Бахадур-Гирей. В 1523 г. Сахиб-Гирей вернулся в Крым, а в Казанском ханстве стал править его племянник — Сафа-Гирей (1524–31, 1535–46, 1546–49).

Сложными были отношения К. х. с Ногайской Ордой. *Ногаи* проживали в составе ханства, входили в состав войска. *Ногаи* составляли значительную часть населения степного Крыма, запереко́пских земель К. х. — Хейхата, Добруджи, а также правого берега р. Кубани. Вместе с тем усиление влияния К. х. в Поволжье вело к конфликтам с формирующейся Ногайской Ордой. Так, например, в 1523 г. *ногаями* были убиты хан Мухаммед-Гирей I и Бахадур-Гирей, а территория Крыма была разорена войсками *ногаев*. С середины XVI в. К. х. оказывало влияние на развитие Малой Ногайской Орды (Казыев улус), располагавшейся в степном Предкавказье и находившейся в подчинении К. х.

Крымское ханство

Другими территориями, входившими в состав К. х. за пределами Крымского полуострова, являлись заперекопские степи (Хейхат), занимавшие Сев. Причерноморье от устья Дуная до *Азова* (*Азак*), включая юг современной Украины и Бессарабию, и Добруджа. Энтони Дженкинсон (1558) и Адам Олеарий (1636–39) называют правый берег Волги крымским. При этом граница между Московским Великим княжеством и К. х. не была постоянной величиной и постоянно отодвигалась к югу при строительстве Москвой новых засечных черт и при размещении при них гарнизонов. Следует учитывать и факт наличия широкой — до 200 км — полосы отчуждения. Поэтому, если в середине XVI в. пограничными крепостями являлись Касимов, Тула (деюре входившая в К. х., но дефакто никогда не являвшаяся его частью), Крапивна, Орел, то к началу XVIII в. пограничными пунктами стали Петровск (современная Саратовская обл.), Тамбов, Белгород.

Запорожское войско неоднократно совершало походы на стороне К. х. В 1709 г. часть запорожцев бежала «в Крым» (в земли К. х. за Дунаем) и образовала там «Новую Сечь». В подчинении К. х. также находились азовские казаки и *казаки Крымского ханства* (некрасовцы) на Кубани.

Активной была деятельность крымских ханов на Зап. Кавказе в отношениях с адыгами. С конца XV в. в зоне влияния К. х. оказались Зап. Черкессия (Жания) и Вост. Черкессия (Кабарда). Со времени правления Менгли-Гирея I осуществлялись походы на Кабарду, возглавлявшиеся как ханом, так и его сыновьями. Указанные территории находились в зоне интересов К. х. вплоть до конца XVIII в. Политика К. х. на территории Зап. Кавказа осуществлялась не только посредством военных походов, важными ее элементами были привлечение адыгской знати на свою сторону (в том числе через ин-т аталычества), экономическое и культурное влияние (последнее — в том числе через исламизацию).

Уже со времени правления Менгли-Гирея I К. х. играло важную роль в международных отношениях в Вост. Европе, было тесно связано с Россией, Польшей и Великим княжеством Литовским. С государствами Вост. Европы заключались союзные договоры, получали «поминки» (в денежной и натуральной форме). В конце XV в. хан Менгли-Гирей I, противодействуя *Большой Орде*, проводил курс на создание коалиции государств, сепаратно вышедших из состава *Золотой Орды*, в том числе и на сближение с Московским Великим княжеством. Однако с начала XVI в. в отношениях между К. х. и Московским Великим княжеством постепенно нарастали конфликты, возрастали набеги крымских татар на юж. окраины русских земель. В 1510-х гг. начал формироваться союз К. х. и Великого княжества Литовского.

Отношения Московского Великого княжества и К. х. резко обострились при хане Девлет-Гирее I, после завоевания Москвой Среднего и Ниж. Поволжья (Казанского и Астраханского ханств) и начала проникновения Московского царства на Сев. Кавказ. В середине XVI в. А. Ф. Адашевым был разработан план военных действий, направленных против К. х., который, однако, не был в полной мере реализован из-за начавшейся Ливонской войны. В 1571 г. хан Девлет-Гирей I совершил поход на Москву, в ходе которого были разорены территории вплоть до окрестностей Москвы (включая Замоскворечье). Отношения между Московским Великим княжеством (позже царством) и К. х. характеризовались выплатой налогов, с одной стороны, и постоянным изменением границ с их смещением к югу и западу — с другой. Походы крымских татар на московские земли уменьшились после разгрома войск ханства под Москвой в битве при Молодях 1572 г. Вместе с тем в XVI в. крымские татары осуществляли набеги на юж. окраины Великого княжества Литовского (один из наиболее крупных набегов был осуществлен в 1566 г.), что происходило несмотря на союзнические соглашения между государствами. В 1588 г. Ислам-Гиреем II по приказу султана Мурада III был осуществлен военный поход на Речь Посполитую. В конце XVI в. русскокрымские отношения на короткое время улучшились, но на рубеже XVI–XVII вв. вновь ухудшились. В период Смутного времени польский король Сигизмунд III не смог заручиться поддержкой К. х., так как хан Гази-Гирей II и османский султан выступали против развития отношений с Речью Посполитой, союзницей Габсбургов. В начале XVII в. крымские татары продолжали совершать набеги на окраины Речи Посполитой. Для защиты юж. границ Московского царства от походов крымских татар в XVI–XVII вв. была создана система засечных черт (пограничных укрепленных линий).

До 1685 г. Русь выплачивала Гиреям ежегодную дань («поминки»), размер которой достигал 15 тыс. руб. (окончательно дань была формально отменена Константинопольским миром 1700 г.).

В конце XVII в. Россией в ходе войны с Османской империей были предприняты крымские походы 1687 и 1689 г. (во главе с князем В. В. Голицыным), которые кончились безрезультатно, так как русское войско было разбито под Перекопом, не решив задачи обеспечения безопасности юж. границ России.

В ходе Прутского похода в 1711 г. лично командовавший походом Петр I на территории Бессарабии (часть К. х.) был прижат османско-крымскими войсками к правому берегу р. Прут и вынужден пойти на подписание мирного соглашения с возвратом в состав К. х. и Османской империи побережья Азовского моря и крепости *Азов* (*Азак*).

В 1-й половине XVIII в. походы крымских татар на Российскую империю сократились, но вместе с тем набеги в 1730-е гг. и поход 1735 г. хана Каплан-Гирея I в Персию через территории Российской империи привели к вторжению Российской империи в Крым в ходе Русско-турецкой войны 1735–39 гг. В 1736 г. армия под командованием фельдмаршала Б. К. Миниха штурмом захватила перекопские укрепления и заняла Бахчисарай. Недостаток продовольствия заставил Б. К. Миниха покинуть территорию Крыма.

Во время Русско-турецкой войны 1768–74 гг. в Российской империи пытались склонить крымского хана Селим-Гирея III (1765–67, 1770–71) к принятию российского подданства. В 1771 г. российские войска под командованием князя В. М. Долгорукова взяли штурмом укрепления Перекопа и др. крепости К. х. Хан Селим-Гирей III бежал в Османскую империю. В 1772 г. новый хан Сахиб-Гирей II (1771–75) заключил договор о признании К. х. независимым государством, находящимся под покровительством Екатерины II. Кючук-Кайнарджийский мир 1774, завершивший Русско-турецкую войну 1768–74 гг., зафиксировал независимый статус ханства.

В 1777 г. крымским ханом с правом передачи престола по наследству был избран Шахин-Гирей, лояльный Екатерине II. Непопулярная налоговая политика этого хана и попытка создания придворной гвардии по российскому образцу привели к волнениям в ханстве. Непопулярность Шахин-Гирея привела к тому, что крымская знать избрала ханом союзника Османской империи Бахадур-Гирея II (1782–83). В 1783 г. Шахин-Гирей был возвращен на крымский престол при помощи русских войск. 08(19).04.1783 г. императрица Екатерина II издала манифест о присоединении Крыма, Таманского полуострова и земель до р. Кубань (последние две обл. находились во владении К. х.) к Российской империи.

Османская империя признала вхождение Крыма в состав России по итогам Русско-турецкой войны 1787–91 гг. (Ясский мир 1791 г.).

К. х. с его неповторимым сочетанием золотоордынской и османской культур с сохранением при этом местных доордынских традиций явилось уникальным примером сохранения и сосуществования различных культурных и государственных традиций и экономических и общественных укладов. Крым остался единственным местом, где сохранилась золотоордынская архитектура, в том числе дворцовая, повсеместно разрушенная в др. местах. Ряд объектов используется и в настоящее время. Крым со времени К. х. стал уникальным местом сосуществования различных культур и традиций, в том числе религиозных (мусульманской, православной, католической, григорианской, караимитете, иудейской), что отразилось на менталитете его коренного населения.

Чрезвычайно сложная социальная структура К. х., включавшая в себя элементы городского, степного и земледельческого обществ, а также всех его конфессиональных сообществ, сохранялась в течение периода существования К. х. Некоторые его элементы, такие как ин-т кадиаскеров, перешли в жизнь Крыма в период Российской империи. Несмотря на то, что сейиды существовали во всех постордынских государствах, единственный из поволжских сейидских родов, дошедших до начала XX в., — касимовские сейиды из рода Шакуловых — имеют крымское происхождение. Первый муфтий Крыма постсоветского периода Сеитджелиль Ибрагимов также происходил из сейидов. Многие мурзинские рода поволжских татар, а также дворянские рода Российской империи тоже связаны происхождением с К. х.

Лит.: Казачьи войска. Хроники гвардейских казачьих частей. СПб., 1912 (репринт 1992 г.); Смирнов В. Д. Крымское ханство под верховенством Оттоманской Порты. М., 2005. Т. 1–2; Трепавлов В. В. История Ногайской Орды. М., 2001; Хорошкевич А. Л. Русь и Крым. От союза к противостоянию. М., 2001; Le Khanat de Crimée dans les archives du Musée du palais de Topkapi. P., 1978; Kurat A. N. Topkapı Sarayı Müzesi arşi-vindeki Altın ordu, Kırım ve Türkistan hanla-rına ait yarlıkl ve bitikler. İst., 1940.

А. Пачкалов, Дм. М.

Кубаев, Ибрагим Асланбекович (1880 — после 1943) — мусульманский религиозный деятель, глава мусульманского духовенства Карачая 1-й половины XX., кадий Карачая.

Выходец из старинного карачаевского рода. Мусульманское религиозное образование получил в г. Стамбуле. До революции вел религиозную деятельность в родном с. Учкулан Хумаринского участка Баталпашинского отдела (ныне Карачаевский р-н КЧР). В 1917–18 гг. занимал должность кадия. В 1920-е гг. К. переселился в Малый Карачай, жил в с. Учкекен и г. Кисловодске. В качестве муллы (эфенди) продолжал работать и в советский период, до 1928 г., когда подвергся репрессиям (был лишен избирательных прав «как бывший священнослужитель и домовладелец»). В числе «лишенцев» он числится и в документах начала 1930-х гг. В период немецкой оккупации территории КАО (август 1942 – январь 1943 гг.) был вновь избран кадием, в качестве религиозного авторитета привлекался германским командованием к общественной жизни региона, участвовал в деятельности Карачаевского областного национального совета (местного правительства) во главе с К. К. Байрамуковым. В начале 1943 г. эмигрировал вместе с немецкими войсками на Запад. Сведений о дальнейшей судьбе нет.

Лит.: ГА КЧР. Ф. 307. Оп. 2. Д. 30. Л. 213–214, 218.

Р. Хатуев

Кубано-Терское междуречье золотоордынского времени. Территория К.-Т. м. (исторической Алании) полностью вошла в состав *Золотой Орды* во 2-й половине XIII в. Распространение ислама в *Золотой Орде*, включая и К.-Т. м., было связано с именем хана Берке, занявшего престол в 1256/57 г. уже мусульманином. Он придерживался ханафитского мазхаба, «пригласил к себе ученых из всех краев да шейхов со всех сторон и концов, чтобы они научили людей уставам религии», щедро одаривал их, «оказывал покровительство науке и ученым». Исповедовали ислам и некоторые из его преемников, в том числе Туда-Менгухан, который «привязался к шейхам и факирам» (суфиям). Хан *Токта*, по некоторым данным, был мусульманином (ал-Муфаддал), а по другим (ад-Дахаби) — «особенно уважал мусульманство». Государственной религией *Золотой Орды* ислам объявил преемник и племянник Токты — хан *Узбек* (1312–42). Исламизация *Золотой Орды* связана с деятельностью суфийских братств (см. *Суфизм на Северо-Западном Кавказе*).

Большинство известных на сегодняшний день грунтовых захоронений XIV в. на территории К.-Т. м. (из *Нижнего Джулата*, Татартупа, Хамидие, Кызбуруна-3 и др.) «совершены по строго мусульманскому обряду». Кроме того, «продолжает возрастать число не введенных пока в научный оборот синхронных захоронений омусульманившейся знати в кирпичных мавзолеях» (В. М. Батчаев). На наличие мусульманского населения в предгорьях Верх. Кубани той поры указывает выявление мусульманского кладбища золотоордынского времени у г. Усть-Джегуты (Карачаево-Черкесия) (*Т. М. Минаева, Е. П. Алексеева*). Это подтверждает сообщение ал-Омари (ум. 1348/49), который в отношении *Золотой Орды* и ее «городов черкесских, русских и ясских» пишет, что «в настоящее время между ними уже распространен ислам и засиял над странами их свет правоверия».

Анализ археологических материалов К.-Т. м. указывает на возможность принятия ислама частью местного населения уже с середины XIII в. (Р. Ф. Фидаров). Во 2-й половине XIII в. «ислам стал религией части городского населения Алании», поскольку «об этом надежно свидетельствуют археологические материалы» (Р. С. Бзаров). Ал-Казвини (ум. 1283) в своем географическом словаре «Памятники стран и анналы их обитателей» («Атар ал-билад ва-л-ахбар ал-'ибад») пишет, что аланы «не повиновались одному царю, но каждое племя имело своего собственного вождя», причем среди них были не только христиане, но и мусульмане. На территорию К.-Т. м. проникают передовые для своего времени компоненты культурного влияния исламского Востока.

После смерти *Узбека* (1342) *Золотая Орда* вступила в длительную полосу феодальных междоусобиц, обусловивших культурный и хозяйственный упадок К.-Т. м. и др. областей империи. Не смогло остановить этот процесс временное восстановление ее единства при хане *Тохтамыше*, после разгрома которого войсками Тимура (1395–96) *Золотая Орда* окончательно распадается. На ее месте образуется несколько государственных образований, в состав одной из которых — *Большой Орды* — до конца XV в. входила предгорно-равнинная часть К.-Т. м. Регион входит в эпоху Позднего Средневековья, когда на территории страны алан возникают горские княжества Осетии, Балкарии, Карачая, просуществовавшие до вхождения в состав России в 1-й трети XIX в. Часть правящих элит данных феодальных образований сохранила конфессиональную принадлежность к исламу.

Исламизация К.-Т. м. соответствует культурно-конфессиональной характеристике *Золотой Орды*, которую «вполне можно назвать мусульманским государством», где «известны разнообразные элементы мусульманской культуры, в том числе «богословие и правоведение, структурная организация "уммы" — мусульманской общины, архитектура, литература и искусство». Процесс формирования «золотоордынской синкретичной, но яркой и самобытной культуры» шел на всей территории *Золотой Орды*, «но главным образом — в городах», а после распада этого государства процесс шел уже «в рамках локальных культур» (Д. В. Васильев). В то же время исламизация затронула преимущественно равнинную и предгорную часть К.-Т. м., которая ранее и прочнее высокогорий интегрировалась в политико-правовое и культурное пространство *Золотой Орды*.

Лит.: Батчаев В. М. Балкария в XV — начале XIX в. М., 2006; Васильев Д. В. Погребальные памятники центральных областей Улуса Джучи: к вопросу об исламизации населения Золотой Орды. Казань, 2007; Фидаров Р. Ф. Мусульманские погребения алан XIII–XIV вв. с могильников Верхнего Джулата // Историко-филологический архив. Владикавказ, 2004. № 1. С. 16–31; Хатуев Р. Т., Биджи М. А. Алания мусульманская. Очерк конфессиональной истории Центр. Кавказа VII–XV вв. Черкесск, 2011.

Р. Хатуев

Кудали — селение в Гунибском р-не Республики Дагестан. Достоверных данных о времени возникновения селения нет. Нынешнее К. образовалось от слияния более девяти мелких селений. Села объединились в одно большое под названием КIудияб росо (авар. Большое село), а впоследствии его стали называть *Кудалиб*. Старая часть села расположена на вершине холма Оросиб, которая служила в Средние века крепостью. По данным А. В. Комарова, в 1869 г.

в К. насчитывалось 216 дворов, мужского пола — 330 чел., женского — 353 чел. В XII в. на территории союза сельских общин Андалал, в состав которого входило и К., было еще распространено христианство, видимо, православного толка, проникшее туда не ранее X в. из соседней Грузии. О времени и путях принятия ислама в К. существует мало документальных данных. В раннемусульманский период своей истории Андалал назывался Вицху и состоял из 12 авароязычных селений: Гамсутль, Гуниб, Кегер, Корода, К., Обох, Ругуджа, Салта, *Согратль*, Хиндах, Хоточ, Чох. Одним из источников, где сохранились сведения о принятии ислама кудалинцами, является «Та'рих-и Дагестан» Мухаммада Рафи. В одном из списков данного сочинения (а их насчитывается 38) приводится перечень селений, добровольно принявших ислам: «Что же касается селений Вицху, т. е. Чух, Сугул, Убухи, Мухуб, Гумсук, *Кудалиб*, Кухуриб, Салта, Куруда, Гуниб, Утч, Хунди, Кудахи, Ругуджи, то эти селения были обложены джизьей только в размере одного быка с каждого их селения в год назначения шамхала за то, что они добровольно приняли ислам… Все названные селения получили единое название Андалал ввиду освобождения их от хараджа при свидетельстве эмиров Гази-Гумика и их 'алимов». По ряду признаков *А. Р. Шихсаидов* относит этот перечень к XIV в.

Из сохранившихся исторических памятников в К. стоит отметить древнейшую «Большую мечеть» в местечке Оросиб, а также целый ряд надмогильных памятников с эпитафиями. Эти сооружения XI–XV вв. делятся на три обширные группы: сундукообразные, прямоугольно-вертикальные и крестообразные. В К. три кладбища (Музда хIуриб, ХIоболазул кIалла, Исубиль хIуриб). В центре села расположено старинное кладбище с большим числом недатированных надмогильных камней. На краю кладбища находится небольшой мавзолей, весьма почитаемый верующей частью населения, — предполагается, что это сооружение являлось мечетью, построенной до смерти знаменитого ученого Дауда Кудалинского. А также есть вероятность, что это сооружение надгробного характера, так как в более поздний период их устраивали только над могилами святых (шейхов), с помещением внутри его надмогильного камня. Сооружение не имеет на себе какой-либо резьбы или украшений. Только над дверью в каменной кладке мавзолея сохранилась надпись на арабском языке: «Мечеть ученого из ученых шейха *ал-Кудали Дауда*».

Не менее важным историческим памятником является могила шейха Мухаммада, которая относится к 1111 г. х. (1693 г.). Могила расположена на кладбище ХIоболазул кIалла; надмогильное сооружение относится к крестообразным. К полуцилиндрическим памятникам можно отнести могилу Ибрахима 1322 г. х. (1904 г.). К. известно такими учеными, как *ал-Кудали Хасан ал-Кабир*, *ал-Кудали 'Омар Джан*, Хасан младший (ум. 1878), Муртаза Гасанов (1873–1937), Камиль Эльдаров (1886–1973), Халил Фаталиев (1915–59).

Лит.: Агларов М. А. Сельские общества в Нагорном Дагестане в XVII — начале XIX в. М., 1988; Атаев Б. М. Аварцы. Махачкала, 2005; Костенецкий Е. О. Записки об Аварской экспедиции 1837 г. Ч. 2 // Современник. 1850. Т. 24; Магомедов М. М., Мамаев М. Кудалинская крепость // Советский Дагестан. 1971; Османов М-З. О. Поселения даргинцев // Материальная культура даргинцев. Махачкала, 1967; Шихсаидов А. Р. Ислам в средневековом Дагестане. Махачкала, 1969.

З. Магомедова

Ал-Кудали, **Дауд** б. Денга ал-Кудали, ал-Авари (XVII в.) — 'алим, суфийский шейх, предположительно тариката *халватийа*.

Родился в с. *Кудали* Андалалского общества (ныне Гунибский р-н РД). Годы жизни ал-К. Д. точно не известны, кроме того, что он являлся современником скончавшегося в 1655 г. *Багдад-'Али*. Согласно *Назиру из Дургели*, по прибытии в Дагестан последний поинтересовался о том, кто «наиболее крупный шейх этой эпохи», и в ответ ему указали на шейха ал-К. Д., который в то время жил в с. Тарки, у шамхалов.

Известно, что ал-К. Д. долгие годы учился и далее работал мударрисом в медресе с. Тлях Гидатлинского общества (ныне Шамильский р-н РД). Там же он и скончался, однако на следующий день после похорон, согласно устной традиции, молодежь с. *Кудали* ночью выкрала тело шейха из могилы в с. Тлях и понесла в родное селение, где он и был похоронен. Соответственно, у шейха ал-К. Д. имеется два зийарата: один — в родном с. *Кудали*, где покоится его тело, и другой — в с. Тлях, где находилась его первоначальная могила. Оба зийарата представляют собой небольшие прямоугольные строения с могилами внутри них, а также дополнительным помещением для халвата и молитв, расположенным перед входом в усыпальницу. Исходя из особенностей орнаментального оформления надмогильных стел (не имеют дат), выявленного источника XVIII в., указывающего на ал-К. Д. среди суфиев тариката *халватийа*, а также устной традиции, полагаем возможным считать его *халифа* шейха *ал-Мачади Мухаммада*.

Лит.: Ад-Дургели Назир. Услада умов в биографиях дагестанских ученых. (Нузхат ал-азхан фи тараджим улама Дагистан). Дагестанские ученые X–XX вв. и их биографии. М., 2012. С. 38–39; Магомедова З. А., Газимагомедова С. Х. Кудали: исторический очерк // Дагестанские святыни: Кн. 2. Махачкала, 2008. С. 77–81; МухIамадов Р. Гьидерил рухIияб хазина. МахIачхъала, 2004.

Ал-Кудали

Гъ. 191–192 (на авар. яз.); Khapizov S., Shekhmagomedov M., Abdulmazhidov R. The Khalwatiya sheikhs in Dagestan (16th-17th centuries) // Iran and the Caucasus. 2017. № 21. Pp. 303–309.

Ш. Хапизов

Ал-Кудали, 'Омар-Джан (XVIII в.) — мусульманский религиозный деятель, дагестанский 'алим.

Сведения о жизни ал-К. 'О.-Дж. очень скудны. Год рождения установить не удалось. По всей вероятности, он родился в 40-х гг. XVIII в., так как был современником *ал-Кудали Хасана ал-Кабира*. В детстве ал-К. 'О.-Дж. учился у 'алимов с. *Кудали*. Учителем ал-К. 'О.-Дж. был знаменитый *ал-Кудали Хасан ал-Кабир*, у которого он обучался турецкому и персидскому языкам. Позже ал-К. 'О.-Дж. продолжил изучение математики и астрономии у др. 'алимов — Исма'ила Шиназского и Мухаммада Убринского.

После завершения обучения ал-К. 'О.-Дж. стал *верховным кадием в Тарковском шамхальстве*, также преподавал в медресе. Его перу принадлежат примечания «Фатх ал-Галиб 'алал-мубтади-т-талиб» («Откровение побеждающего (Бога) начинающему ученику») к толкованию «Мулла-оглы», которые, несмотря на чрезвычайную запутанность изложения, были очень популярны у арабистов Дагестана. Ал-К. 'О.-Дж. оставил и менее объемные примечания и комментарии практически по всем шариатским наукам. Из литературной и научной прозы ал-К. 'О.-Дж. до настоящего времени дошли только несколько писем, посланий и научных статей. Одним из лучших произведений является стихотворный комментарий «Тахмис» на касыду имама аш-Шафии, которая начинается словами: «Ты разбуди свои веки, о несчастный, от дремоты…»

Ал-К. 'О.-Дж. был похоронен на старом кладбище с. *Кудали*, на правом берегу Октябрьского канала. На его могиле стоял надмогильный камень, на котором было написано: «Я буду искать знания или умру в городе, где редки слезы на моей могиле. Приобретенные знания, о моя душа и мое знание, — это не наследство моих достопочтенных предков или же родни» (стихотворение неизвестного арабского поэта). Под этими строками надпись: «Да помилует Аллах моего брата, лучшего из кадиев, *'Омара ал-Кудали*! Клянусь Аллахом, он был горой среди гор науки. В год 1216 от хиджры Пророка / 180/02 гг.».

Соч.: Фатх ал-Галиб ала ал-мубтадин ат-талиб; Стихотворный комментарий «Тахмис» на касыду имама Шафии.

Лит.: Каяев А. Биографии дагестанских ученых арабистов // РФ ИИАЭ ДНЦ РАН. Ф. 25х. ОП. 1. Д. 4. *№ 1678 / пер. с турец. Г. М-Р. Оразаева; Магомедова З. А., Газимагомедова С. Х. Кудали: исторический очерк //Дагестанские святыни. Кн. 2. Махачкала, 2008; Саидов М.-С. Дагестанская литература XVIII–XIX вв. на арабском языке // Труды XXV Международного конгресса востоковедов. Т. 2. М., 1960; Халималов М. М. Муртаза Гасанов Кудалинский // Вестник ДНЦ РАН. № 16. Махачкала, 1998; Шихсаидов А. Р. Ислам в средневековом Дагестане. Махачкала, 1969.*

З. Магомедова

Ал-Кудали, Хасан ал-Кабир (старший, XVIII в.) — мусульманский религиозный деятель.

Родился в с. *Кудали* (ныне Гунибский р-н РД). Годы жизни точно не определены, в литературе встречаются разногласия. Так, М.-С. Саидов дату смерти ал-К. Х. ал-К. относит к 1700 г., А. Гамзатов — приблизительно к 1795 г. Вероятнее всего, в статье М.-С. Саидова речь идет о дедушке ал-К. Х. ал-К., который был современником Мухаммада *ал-Кудуки* (Кудутлинского) и учился с ним у известного ученого-арабиста *ал-Убуди Ша'бана*. У А. Гамзатова речь идет об ал-К. Х. ал-К., учениками которого были известные 'алимы Дагестана: *ал-Кудали 'Омар-Джан*, *ал-Авари Нурмухаммад-кади, Араканский Са'ид, ал-Йараги Мухаммад-эфенди*, Махди Мухаммад из *Согратля* (ум. 1840).

По преданию, ал-К. Х. ал-К. обучался в с. *Согратль*, затем продолжил свое образование у известных богословов Дагестана того периода. По свидетельству *Каяева 'Али*, ал-К. Х. ал-К. был крупным знатоком математики, физики, астрономии, философии и автором ряда произведений на арабском языке. Его основная работа — «Хашийа 'ала шарх Талхис ал-мифтах» («Комментарии на толкование "Ключ сокращения" Хасана ал-Кудали»), а также известны его субкомментарии на книгу «Ал-Вафийа шарх аш-Шафийа» («Достаточная для комментария [мазхаба] Шафийа») по морфологии арабского языка, комментарии по вопросам мусульманского права, в том числе на сочинение Джалал ад-дина ас-Суйути (ум. 1505) «Шарх ат-тасбит» («Толкование упрочения»); субкомментария из «Шарх ал-Мухтасар» («Сокращенное толкование») по риторике («Хашийа 'ала Дибадж ал-Ма'ани» — «Комментарии на украшение удерживающего») комментария к теологии. Является автором трактата «Рисала», а также сохранились несколько рукописей, переписанных им: труд Мухаммада ал-Баркави «Изхар ал-асрар» («Выявление тайн») и комментарий Мухаммада *ал-Кудуки* к работе по логике. Ал-К. Х. ал-К. одним из первых создал на аварском языке стихи в жанре «турку»: его перу принадлежит 7 таких стихов. Также ал-К. Х. ал-К. — автор исторического сочинения «Манхул ал-Магази» («Достоверное о войнах за веру»), которое посвящено ранней истории Халифата, ранним арабским завоеваниям, а также жизни пророка Мухаммада. Как указывает *А. Р. Шихсаидов*, этот труд упоминается в каталоге арабских рукописей, который хранится в библиотеке Принстонского ун-та. В коллекции библиотеки сохранилось два списка этого сочинения, один из которых был переписан в сентябре 1826 г. для Даниял-султана Елисуйского. Полная версия сочинения «Манхул ал-Магази» переписана в 1816 г., переписчик — Исма'ил б. 'Али из с. Курах. Данный экземпляр находится в Рукописном Фонде ИИАЭ ДНЦ РАН.

К концу жизни ал-К. Х. ал-К. переехал в Сирию. Умер приблизительно в конце XVIII в., похоронен в г. Дамаске. Местонахождение могилы не известно.

Соч.: Комментарии на сочинение Джалал ад-дина ас-Суйути «Шарх ат-тасбит»; Субкомментарий из «Шарх ал-Мухтасар» по риторике («Хашийа 'ала Дибад ал-Ма'ани»); Субкомментарий на книгу «Ал-Вафия шарх аш-Шафия» («Достаточная для комментария Шафийа»); Хашийа 'ала шарх Талхис ал-мифтах.

Лит.: Абдуллаев М. А. Мыслители Дагестана XIX — начала XX в. Махачкала, 1969; Гамзатов А. Г. Избранные произведения дореволюционных аварских поэтов (на авар. яз.). Махачкала, 1990; Каяев А. Биографии дагестанских ученых арабистов // РФ ИИАЭ ДНЦ РАН. Ф. 25х. Оп. 1. Д. 4. № 1678 / пер. с турец. Г. М.-Р. Оразаева.; Саидов М.-С. Дагестанская литература XVIII–XIX вв. на арабском языке // Труды XXV Международного конгресса востоковедов. Т. 2. М., 1960; Халималов М. М. Муртаза Гасанов Кудалинский // Вестник ДНЦ РАН. № 16. Махачкала, 1998; Шихсаидов А. Р. Ислам в средневековом Дагестане. Махачкала, 1969.

З. Магомедова

Кудалинский, Муртаза (Гасанов, 1873–1937) — мусульманский ученый-арабист, астроном.

Родился в с. *Кудали* Андалальского наибства Гунибского окр. Дагестанской обл. (ныне Гунибский р-н РД). В возрасте 6 лет К. М., получив начальное образование в семье, продолжил учебу в местной мечети у арабиста Амиралава Хосенадибира. Затем в течение 14 лет учился в медресе с. Кумух, *Согратль*, Чох, Хунзах, Цудахар и Телетль (ныне Лакский, Гунибский, Хунзахский, Левашинский, Шамильский р-ны РД). Во время учебы у К. М. появился интерес к математическим наукам и астрономии, изучение которых стало главным делом жизни ученого. Он стал продолжателем дагестанских астрономов Махада Чохского, 'Абдулы (Шайтан) Согратлинского (*ас-Сугури 'Абдуллы*) и Дамадана Мегебского.

В 1910–20-е гг. К. М. самостоятельно вычислил дни лунных и солнечных затмений, составил первые вечные календари (рузнама), необходимые как для совершения молитв, так и для определения точного времени видимости Луны (для соблюдения постов и исламских ритуалов). До 1930 г. руководил собственной медресе в родном с. *Кудали*, где учились *Каяев 'Али, Акаев Абусупьян* и др. известные религиозные деятели Дагестана XX в. Помимо астрономии, в медресе ученики занимались переписыванием редких книг, в том числе богословских. В 1933–37 гг. К. М. преподавал в Чохском медресе астрономию, математику и географию.

В 1937 г. К. М. был арестован, без суда и следствия казнен в махачкалинской тюрьме как «антинародный реакционный ученый». Родственники тайно похоронили его в г. Буйнакске.

Лит.: Абдулаев М. Из истории научно-педагогической мысли досоветского Дагестана. Махачкала, 1986; Ад-Дургели Назир. Услада умов в биографиях дагестанских ученых. (Нузхат ал-азхан фи тараджим улама Дагистан). Дагестанские ученые X–XX вв. и их биографии. М., 2012; Идармачев Г. А. Чох. Махачкала, 1996; Магидов Г. Х. Очерки краткой истории развития образования в Дагестане. Махачкала, 1998; Омаров М. Ислам в Дагестане. Махачкала, 2014. С. 103; Халималов М. М. Муртаза Гасанов Кудалинский // Вестник Дагестанского Научного центра РАН. 1998. № 1; Шихсаидов А. Р. Газета «Джаридат Дагистан», образец арабоязычной публицистики Дагестана и Сев. Кавказа начала XX в. // Даг. правда. 2013. 27 декабря.

М. Омаров

Ал-Кудуки, хаджжи Мухаммад б. Муса б. Ахмад ал-Кудуки ар-Ругуджи ал-Авари ад-Дагистани (1652–1717) — разносторонний дагестанский ученый, автор популярных в Дагестане сочинений по грамматике арабского языка, логике, догматике, многочисленных записей по вопросам мусульманского права, основатель и преподаватель знаменитого медресе. Нисба ал-К. связана с названием селения Кудутль (ныне Гергебильский р-н Дагестана), арабская форма местных хроник и исторических записей — Кудук. В арабских памятных записях зафиксированы различные годы рождения и смерти ал-К.

Первоначальное образование ал-К. получил на родине, у своего отца Мусы из Кудутля, в его медресе, затем — в селении Ругуджа (ныне Гунибский р-н РД) у Абубакара, его будущего тестя. После этого он прошел основательную подготовку у двух знаменитых дагестанских ученых, основателей и преподавателей медресе — 'Алирзы (ум. 1676) из с. *Согратль* (ныне Гунибский р-н РД; арабская форма — Сугур, откуда и нисба ас-Сугури) и *ал-Убуди Ша'бана*. Учебный курс, который прошел ал-К., включал Коран, тафсир, хадисы, грамматику арабского языка, мусульманское право, логику. Для совершенствования знаний он посетил Египет, Хиджаз, Йемен, а также, по непроверенным данным, «исламские страны» — Крым, Кавказ, Азербайджан, Иран, Хорасан, Среднюю Азию, Турцию. В странах Ближнего Востока ал-К. углубил свои знания в вопросах догматики, права, математики, философии. В Йемене познакомился с Салихом ал-Йамани, у которого учился в течение 7 лет. По данным памятных записей, турецкий султан, шейх-ул-ислам поселил ал-К. в Египте, где он прожил много лет. После смерти Салиха ал-Йамани (сентябрь 1697 г.) ал-К. вернулся в Дагестан, захватив с собой свою книжную коллекцию, в том числе и рукописи своего учителя. В Дагестане он сначала преподавал в с. Корода и Кудутль. В последнем остановился окончательно, развернул преподавательскую деятельность и переписку рукописей. Вскоре он женился на дочери своего бывшего учителя Абубакара, которая родила ему трех сыновей, впоследствии также ставших учеными ('алим), — Дибира, Абубакара и Мухаммада (хаджжи Мухаммад).

Медресе ал-К. пользовалось большой популярностью, среди учащихся (араб. мута'аллимун) были уроженцы Сев. Кавказа, Поволжья. Многие выпускники кудутлинского медресе стали впоследствии видными учеными и деятелями просвещения: Дамадан из Мегеба, *ал-Усиши Давуд*, Мухаммад из Убра, 'Аликули из Ругельды, Мухаммад из Караты, *ал-Харахи Тайгиб*, Малламухаммад из Бацады, хаджжи Дауд из Нукуша, Мухаммад, сын хаджжи 'Умара и Мухаммад-Волкодав из Кудутля, Багачилав из Мачады и др.

В конце 1716 или начале 1717 г. ал-К. вместе с двумя сыновьями покинул Дагестан и отправился в Сирию. По мнению одних, это был обычный выезд в хаджж, другие же усмотрели в этом протест ал-К. против культивирования норм обычного права и пренебрежения установками шариата современниками, желание жить в стране с прочными позициями шариата. В Сирии ал-К. заболел и вскоре скончался в г. Алеппо, в «келье шейха Ихласа», и, как сообщает памятная запись, похоронен на кладбище Джилат (по др. данным — на кладбище Джубайла) «внутри городской стены». В том же году скончались от холеры его сыновья Мухаммад и Абубакар.

В догматических вопросах ал-К. придерживался системы основоположника схоластики в исламе ал-Ашари (877–935), а в каноническом праве — школы Мухаммада аш-Шафии (767–820), но не считал себя связанным с ними, а, по примеру Салиха ал-Йамани, «прибегал к иджтихаду».

Сочинение ал-К. «Ал-Хашийа 'ала-л-Чарпарди» — популярный в дагестанских медресе XVIII в. учебник, толкование на комментарий Ахмада ал-Чарпарди (ум. 1345) на сочинение Ибн ал-Хаджиба (ум. 1248) по грамматике арабского языка под названием «аш-Шафийа» («Исцеляющая»). В Рукописном фонде ИИАЭ ДНЦ РАН хранятся 12 экземпляров (среди них «прижизненные») этого сочинения, переписанных в Дагестане в 1709–60 гг. Ал-К. принадлежат еще два сочинения по арабской грамматике, из них наиболее популярно «'Исам 'ала-л-Джами'» — субкомментарий на шарх 'Исам ад-дина ал-Исфара'ини (ум. 1537) на учебный трактат 'Абд ар-Рахмана Джами (ум. 1492) «Ал-Фава'ид ад-Дийа'ийа». Это сочинение было известно и за пределами Дагестана, в 1892 г. оно было издано в Османской империи. Печатный труд был широко распространен в Дагестане, а на одном из экземпляров имеется поздняя запись о том, что изданный текст был сверен с автографом ал-К., который, к сожалению, до нас не дошел. Др. его сочинение, «Таркиб Ми'ат 'амил», представляет собой комментарий на труд ал-Джурджани (ум. 1078) «Ми'ат 'амил» («Сто управляющих») по морфологии арабского языка.

Научные интересы ал-К. выходили далеко за пределы грамматических изысканий. Он автор ценных работ и в др. областях знания того времени — трактата о метафорах («Исти'ара 'ала-л-Дибадж»), комментария на сочинения по логике (без названия), календаря, приспособленного к географическим координатам Дагестана («Хисаб ал-Кудуки»), разъяснений имен Аллаха («Шарх асма' Аллах ал-хусна»). Все упомянутые труды ал-К. написаны на арабском языке, но имеется несколько стихотворных текстов на его родном, аварском языке.

Ал-К. считали крупным правоведом, хотя до сих пор не обнаружено ни одного более или менее значительного его сочинения в области шафиитского фикха. Однако в Рукописном фонде ИИАЭ и в многочисленных частных коллекциях сохранилось огромное число отдельных высказываний ал-К., заметок, примечаний, глосс, ответов на письма по различным вопросам мусульманского права (о вакфе, проблемах земельного, семейного, наследственного права, взаимоотношении шариата и правовых норм 'адата, о распределении закята между учащимися, распределении денежных средств и т. д.). В сочинениях дагестанских авторов, а также на полях рукописей, переписанных в Дагестане, встречаются многочисленные суждения ал-К. именно по вопросам права. Материалы эти не собраны, не систематизированы и не изучены.

По некоторым сведениям, ал-К. лично переписал 300 книг, бóльшая часть их осталась, по преданию, в Халебе (Алеппо) после смерти ученого. Речь идет, очевидно, о рукописях, переписанных как им лично, так и его многочисленными учениками в его медресе. В различных коллекциях Дагестана обнаружены рукописи, переписанные ал-К.: «Шарх ал-Унмузадж» Мухаммада ал-Ардабили по грамматике арабского языка; «Ал-Минах ал-Маккийа» — комментарий Ибн Хаджара на поэму «Умм ал-кура» ал-Бусири; «Шарх ал-Иджаз» — комментарий Йусуфа ал-Ардабили по мусульманскому праву; ал-Мутаввал фи-л-ма'ани — сочинение Мас'уда ат-Тафтазани, представляющее собой комментарий на «Талхис ал-мифтах» Мухаммада ал-Казвини, пособие по риторике; два тома «Ал-Анвар» Мухаммада ал-Ардабили по мусульманскому праву.

Соч.: ал-Кудуки. Му'аллафи Мухаммад б. Муса ал-Кудуки ар-Ругуджи аш-Шафии ат-Тагустани. Бурса, 1310/1892.
Лит.: Айтберов Т. М., Нурмагомедов А. М. Койсубулинский союз и шамхальство в 1-й четверти XVIII в. // Общественный строй союзов сельских общин Дагестана в XVIII — начале XIX в. Махачкала, 1981; Гамзатов Г. Г., Саидов М.-С., Шихсаидов А. Р. Арабо-мусульманская литературная традиция в Дагестане // Гамзатов Г. Г. Дагестан: историко-литературный процесс. Махачкала, 1990; ад-Дургели Назир. Услада умов в биографиях дагестанских ученых. (Нузхат ал-азхан фи тараджим улама Дагистан). Дагестанские ученые X–XX вв. и их биографии. М., 2012; Крачковский И. Ю. Дагестан и Йемен // Избранные сочинения. М., 1960. Т. VI.

А. Шихсаидов

Ал-Кулзи, 'Али б. Хачи, ат-Тленсерухи (авар. Хъачил ГӀали, ум. 1834) — мусульманский религиозный деятель, дагестанский 'алим.

Нисба ал-К. 'А. б. Х. связана с с. Кулзеб конфедерации Мукратль (ныне Чародинский р-н РД). Согласно устной традиции, ал-К. 'А. б. Х. в возрасте около 20 лет переселился в с. Гимры, где продолжил учебу и женился. *Ал-Карахи Мухаммадтахир* упоминает ал-К. 'А. б. Х. в связи с событиями 1834 г. в качестве кадия с. Ашильта (ныне Унцукульский р-н РД). Видимо, вскоре после избрания *Шамиля* имамом он переселился в с. Ашильту и начал устанавливать там законы шариата. Из-за возникшей опасности нападения на с. Ашильту ал-К. 'А. б. Х. начал призывать *Шамиля* выехать из селения, но затем после спора с имамом признал свою ошибку и, сложив с себя обязанности кадия, уехал к себе домой, в с. Гимры. Видимо, вскоре он принял решение отправиться в хаджж и умер в пути, в том же 1834 г.

В 1869 г. этнограф П. К. Услар писал, что «лет за 35 тому назад, во время предшественника *Шамиля*, *Гамзат-бека*, на пути в Мекку умер известный в Дагестане ученый, Али-Кузеи Тлейсерухский. Память его высоко чтится в горах до сих пор. Горцы уверяют, будто бы он жил более ста лет. Можно полагать, что ученая деятельность его относится преимущественно к прошлому веку. Али-Кузеи на аварском языке писал пояснения на разные темные места Корана и др. духовных книг, в пользу тех, которые не совсем тверды в знании арабского языка. Эти пояснения до сих пор еще в ходу в горах».

Лит.: Услар П. К. О распространении грамотности между горцами: сб. сведений о кавказских горцах. Вып. III. Тифлис, 1870. Отд. IV. С. 1–30(18).

Ш. Хапизов

Кумуков, Адам-эфенди Абдул-Кадырович (1848–1933) — мусульманский религиозный деятель Карачая 1-й трети XX в.

Родился в с. Бойнак (ныне с. Уллубийаул Карабухкентского р-на РД). В течение 15 лет обучался шариатским наукам в различных медресе Дагестана (до 1873 г.). Переехал в Карачай и поселился в с. Джазлык (ныне Карачаевский р-н КЧР), где открыл медресе (мезирте), в котором стал мударрисом. С 1899 г. стал имамом мечети. Местное население называло К. «кумыкским эфенди» (къумукъ апенди), в личной подписи он обозначался по-арабски как «Адам б. 'Абд ал-Кадир Гумуки». Сын К. — Илйас (род. 1891), также получивший религиозное образование, в царское время был старшиной с. Джазлык (в конце 1930-х гг. репрессирован, умер в заключении). В 1924 г. Кумуковы переехали во вновь основанное карачаевское село Сары-Тюз, где К. возглавил местную общину мусульман. К. являлся религиозным авторитетом не только в Карачае, но и отчасти в Черкесии. Подвергся гонениям (как служитель культа был лишен избирательных прав). Умер и похоронен в с. Сары-Тюз в 1933 г.

Лит.: ГА КЧР. Ф. 314. Оп. 1. Д. 4. Л. 84–84 об.; Ф.р-307. Оп. 2. Д. 30. Л. 158, 161; Доюнов А. М., Койчуев А. Д. Мой аул — моя судьба. Карачаевск, 2004.

Р. Хатуев

Кумуков, Ахмеджан Батал-улы (1902–03.08.1981) — мусульманский религиозный деятель Карачаево-Черкесии и Ставрополья.

Родился в с. Тохтамышевское Баталпашинского отд. Кубанской обл. Российской империи (ныне с. Икон-Халк Ногайского р-на КЧР), в ногайской семье. Начальное мусульманское образование получил в родном селе у имама мечети Мухтара Хутова. В молодые годы занимался ногайской национальной борьбой на поясах (курес), был участником многих соревнований в Черкессии и Ставрополе. В разные годы работал в совхозе бухгалтером, учетчиком.

Участник ВОВ, имел боевые награды. В послевоенные годы был имамом в различных селах КЧАО (ныне КЧР): Кызыл-Юрт (1959–62), Кызыл-Тогай (1962–64), Икон-Халк (1962–81). В августе 1974 г. был участником Международной конференции, посвященной 1200-летию со дня рождения имама Мухаммада ал-Бухари, в г. Самарканде Узбекской ССР.

К. был известен как народный целитель, занимался лечением различных заболеваний посредством чтения Корана. Принимал всех обращавшихся к нему людей независимо от национальности и вероисповедания. Воспитал 10 детей (пятерых сыновей и пятерых дочерей). Всех сыновей обучил чтению Корана. За знания и мудрость К. пользовался авторитетом в Карачаево-Черкесии и на Ставрополье, а также в соседних регионах. Похоронен в с. Икон-Халк Ногайского р-на КЧР.

Лит.: Заргишиев М. Ногайлы. Белый Сокол Золотой Орды. М., 2021; Капаев И. С. Ногайские мифы, легенды и поверья. М., 2012; Личный архив автора: 2022 г. КЧР, с. Эркин Халк. Информатор Т. Р. Байдаров, 1968 г. р.

М. Заргишиев

Кундухов, **Муса** Алхасович (1818–89) — представитель осетинской военной знати на российской и османской военной службе, видный деятель *мухаджирства*. Генерал-майор русской армии, турецкий дивизионный начальник, паша.

Происходит из знатной осетинской мусульманской семьи. В 12 лет был взят аманатом в г. СПб., где окончил Павловское военное училище (1836). Участник *Кавказской войны*, Крымской (1853–56), Венгерской (1849) и Польской (1863–64) кампаний. Дослужился до чина генерал-майора, был награждён рядом российских орденов и медалей, золотой саблей с надписью «За храбрость». Последняя должность — начальник Военно-Осетинского и Чеченского окр. (конец 1850-х гг.).

К. М. предложил руководству проект по переселению (*мухаджирству*) части осетин-мусульман, чеченцев Малой Чечни и карабулаков в Османскую империю и, неожиданно для многих, возглавил его. Переселился в Турцию во главе 5 тыс. семей северокавказских мусульман — осетин, чеченцев и ингушей. Вместе с К. М. в Турцию переселились его сыновья Асламбек и Бекирбей (будущий министр иностранных дел Турции), два брата. К. М. принял турецкое подданство, получил титул паши и должность дивизионного генерала. В Русско-турецкой войне 1877–78 гг. генерал Муса-паша командовал османскими силами, сражался против царских войск на Кавказе. Последние годы К. М. жил в г. Эрзеруме, где командовал местным гарнизоном, позже вышел в отставку. Похоронен на территории эрзерумской мечети Харманли.

Р. Назаров

Кунта-хаджи Кишиев (род. 1830(?)) — мусульманский религиозный и общественный деятель, шейх кадирийского тариката.

Родился в бедной чеченской семье, отца звали Киши, мать — Хеди. По поводу места рождения К.-х. имеется несколько версий. Согласно одной из них, он родился в с. Исти-су (ныне с. Мелчхи Гудермесского р-на ЧР), вскоре после этого его семья переехала в с. Иласхан-Юрт (ныне Курчалоевский р-н ЧР). Согласно иной версии, К.-х. родился в Иласхан-Юрте. Некоторые исследователи писали о том, что его предки происходили из с. Гунх (ныне Ботлихский р-н РД).

Устная традиция гласит, что он получил мусульманское религиозное образование у известных 'алимов и шейхов Сев. Кавказа. Однако этому противоречат сведения, приводимые в записях мюрида К.-х., 'Абдуссалама из с. Алхан-Юрт (ныне Урус-Мартановский р-н ЧР), о том, что К.-х. был неграмотен и не получил систематического образования. Тем не менее некоторые исследователи полагают, что большое влияние на становление религиозных и политических воззрений К.-х. оказал шейх *Зандакский Гази-хаджжи*.

Начальник Аргунского окр. Военно-народного управления Кавказского края А. П. Ипполитов сообщал, что К.-х. начал проповедовать ещё во времена *Шамиля*. Это сообщение позволяет полагать, что к указанному времени он уже наставлял мюридов в качестве шейха кадирийского тариката. Следовательно, К.-х. уже в это время имел разрешение на наставничество. По другой версии, К.-х. якобы приобщился к кадирийя во время совершения хаджжа в Мекке. Имеются сведения о том, что разрешение на исполнение зикра К.-х. получил от *ал-Гази-Гумуки Джамалуддина*.

Особый интерес представляют два источника, в которых приводятся цепочки муршидов К.-х. Так, в дореволюционном издании К.-х. фигурирует в кадирийском силсиле, опубликованной в 1909 г. в книге Шихабуддина ал-Баммади (из Баммат-юрта) «Фурат Дагистан фи айна'и бустан» («Пресные воды Дагестана в самом зрелом саду»).

Вторая силсила опубликована в сети Интернет последователями К.-х., которые называют себя хаджжимюридийя или кадирийя-кунтийя.

Обе силсилы единогласно указывают на то, что первоначальное посвящение в кадирийское братство К.-х. получил на Кавказе через *ал-Индири Ташава-хаджжи*. Имеющиеся народные предания о тесных связях семьи К.-х., в частности его отца, с *ал-Индири Ташавом-хаджжи* в определённой мере подкрепляют достоверность этих сведений.

Несмотря на то, что все суфийские братства используют зикр в качестве основной духовной практики, именно за учением, которое проповедовал К.-х., в русских источниках закрепилось название «зикризм». Под этим словом подразумевалась именно та экзотичная для постороннего взгляда форма зикра местной кадирийя, которая отсутствовала в братстве *накшбандийа*, с представителями которой были уже знакомы представители царской администрации. При выполнении зикра К.-х. часто впадал в экстаз и вследствие этого переставал себя контролировать, совершал различные непроизвольные движения. Вслед за своим наставником эти же движения повторяли и его мюриды. Этот способ исполнения зикра в конечном итоге трансформировался в форму так называемого кругового зикра, внешне напоминающего танец. Именно об этом и писал А. П. Ипполитов, утверждавший, что обряды этого учения сопровождались «иступленною пляскою, пением и криками». Подобные формы зикра не были чем-то особенным, свойственным только братству К.-х.: экстатические танцы иной формы практиковались братством маулавийя, а последователи братства рифаийа получили название «воющие дервиши» — по пронзительным выкрикам, сопровождающим исполнение зикра. По поводу этого способа зикра между богословами шла дискуссия. Некоторые находили дозволенной такую форму зикра, другие подвергали резкой критике и запрещали. Этот вопрос дошел до имама *Шамиля*, и он, рассмотрев его, нашел не соответствующим канонам религии и категорически запретил К.-х. дальнейшую проповедь своего учения.

В 1859 г. К.-х. отправился в хаджж в Мекку, откуда он посылал письма, продолжая наставлять своих родственников и последователей в необходимости усердно молиться Богу и многократно совершать зикр. Домой К.-х. вернулся уже после окончания *Кавказской войны* и замирения Чечни в 1861 г. В начале 1860-х гг. мюриды собирались у К.-х. на дому и проводили совместные молитвы, совершал зикр. Во время этих собраний он делал различные наставления: они были направлены прежде всего на улучшение нравственности и морали последователей. Курение и употребление спиртных напитков для мюридов шейха были строго запрещены.

Народная молва приписывала К.-х. способность творить чудеса, излечивать больных, умение за небольшое время преодолевать огромные расстояния и т. д. Простой народ видел в нем своего защитника и заступника от адм. произвола, его считали величайшим святым. К 1863 г. число мюридов К.-х. заметно увеличилось, он уже не мог уделять каждому мюриду много внимания, поэтому наставления все чаще делал через своих преемников и представителей (вакил).

В этот же период, по мнению А. П. Ипполитова, в организации последователей К.-х., до этого времени носившей чисто мистический характер, «начали прослеживаться два начала: духовное и светское». Каждая из этих ветвей имела свою иерархию. Так, представителями духовного начала были «имам, или устус, и двое шейхов». Представителями светской власти являлись наибы, вакили и их мюриды. В Чечне тайно было избрано 8 наибов и большое число старшин. Таким образом было создано параллельное земскому государственному управлению независимое тайное управление. В большей части чеченских и назрановских аулов были свои старшины с избранными мюридами, к числу которых причислялись и ученики К.-х. Все они подчинялись шейхам и наибам, а те подчинялись К.-х. За короткое время бóльшая часть чеченских и ингушских аулов оказалась охвачена учением К.-х. Не исключено, что именно подобная иерархическая структурированность последователей К.-х. стала причиной последовавших позднее репрессий со стороны царской власти, усмотревших в ней подобие организации *Имамата*.

В числе учеников и последователей К.-х. было немало и тех, кому не нравилась царская власть, кто испытывал ностальгию по «времени шариата». По мнению А. П. Ипполитова, именно они и придали учению К.-х. тот материальный и вместе с тем воинственный характер, которого, в сущности, оно вовсе не имело. Начались открытые собрания мусульман в домах вакилей и на улицах, которые сопровождались исполнением зикра. Эти акции мюридов в значительной мере были формой протеста против произвола властей, которые своими необдуманными действиями способствовали тому, что недавнее прошлое вспоминалось с большой симпатией. В этот же период заметно увеличилось число случаев насильственных смертей русских солдат и казаков, инциденты повторялись все чаще.

Некоторые из мюридов распространяли идеи о том, что К.-х. послан Богом, чтобы в скором времени освободить народ от иноверцев-христиан, а пока они должны проявлять терпение и избегать всяческих отношений с ними и т. д. Местные власти были в курсе того, что подобные фанатичные наставления делались без ведома К.-х. В то время бóльшую часть своих проповедей он посвящал увещеваниям о важности совершения молитвы, проявления милосердия к бедным, любви к ближнему и необходимости физического труда. Тем не менее власти посчитали, что К.-х. своим бездействием в какой-то мере способствовал распространению антиправительственных настроений, так как в силу своего авторитета, имея огромное влияние на чеченцев-мусульман, мог привести к примирению их с российскими властями. Последние пришли к выводу, что учение К.-х. использовалось определенными силами как предлог и орудие, с помощью которого «они намеревались волновать умы и поднять целый край против Российской империи». Было принято решение об аресте К.-х.; 01.01.1864 г. он вместе с ближайшими мюридами был арестован и заключен в тюрьму крепости Грозная. Затем, во исполнение принятого решения об удалении самого К.-х. из края, 06.01.1864 г. он был переправлен в тюрьму г. Владикавказа, а впоследствии был доставлен в арестантские роты наказного атамана Войска Донского в г. Новочеркасск, где он пробыл более полугода.

Арест шейха вызвал протест и возмущение мюридов, что привело к их сбору 18.02.1864 г. у с. Шали. Собравшиеся обратились к властям с просьбой освободить К.-х. из-под ареста. Однако их петиция была проигнорирована, а для усмирения собравшихся были выставлены армейские батальоны. Среди последователей стали распространяться провокационные слухи о том, что оружие солдат не выстрелит, поскольку К.-х. явит чудо, сделав так, что порох в зарядах отсыреет. Воодушевленные этой вестью мюриды, вооруженные всего лишь кинжалами, совершая зикр и читая молитвы, двинулись на армейские позиции. Против невооруженных людей был открыт шквальный огонь. В результате столкновения, получившего название «Кинжальная битва», погибло, по разным сведениям, от 100 до 400 чел. После шалинской трагедии всяческие собрания, проповедование учения К.-х., были строго запрещены. В дальнейшем оно распространялось подпольно. В г. Новочеркасске К.-х. был разлучен с мюридами и этапирован в г. Устюжна Новгородской губ. (ныне Вологодская обл.) на вечную ссылку, где он содержался около трех лет. Последнее известное сообщение оттуда о К.-х. датировано 31(19).05.1867 г. Последователи шейха не признают факта его смерти, считая, что он скрылся и явится вновь людям в свое время.

Личность К.-х. и в настоящее время весьма почитаема на Сев.-Вост. Кавказе. В ЧР имеются памятные места, с которыми связаны различные моменты биографии К.-х. К числу наиболее значимых мест относится могила матери К.-х., расположенная в с. Хьажьи-Эвла Веденского р-на ЧР, которая является местом паломничества последователей кадирийа в этом регионе. Именем шейха назван Российский исламский ун-т в г. Грозном.

Сохранились сборники его высказываний, надиктованные им 'Абдуссаламу Тутгирееву из с. Алхан-Юрт (ныне Урус-Мартановский р-н ЧР), который находился с шейхом до отправки последнего в г. Устюжна. Услышанное от своего наставника он изложил в нескольких небольших рукописных сборниках на арабском языке. Арабский текст одного из этих памятников, представляющий собой сборник разрозненных изречений, по просьбе мюридов К.-х. был отредактирован, исправлен и сведен в единый сборник дагестанским мусульманским просветителем Шихаммат-кади ал-Ирфили (из с. Эрпели, ныне Буйнакского р-на РД) под названием «Макалат аш-шайх ал-хаджж Кунта» («Изречения шейха Кунта-хаджжи»). Арабский текст сборника был переведен им на кумыкский язык. В 1910 г. в г. Темир-Хан-Шуре в «Исламской типографии» *М.-М. Мавраева* этот сборник был издан под названием «Тарджамат ал-макалат» («Перевод изречений») на арабском языке с построчным переводом на кумыкский язык (на арабографическом шрифте).

Тексты «Макалат» пользовались большой популярностью у верующих, они переводились на различные языки. Спустя год после первого издания, в 1911 г., текст «Макалат» был переведен уже с кумыкского на чеченский язык Агамирзой, сыном Шу'айба, ал-Гуйти (из с. Гойты, ныне Урус-Мартановского р-на ЧР) и издан в г. Петровске (ныне г. Махачкала) в лито-типографии А. М. Михайлова на средства Шихамата-кади и Халида ал-Йахсави (из с. Аксай, ныне Хасавюртовского р-на РД). Известен также перевод этого произведения на аварский язык, переписанный в 1991 г. неким Хамзатом, сыном Нурмухаммада, ал-Хвайни (из с. Хвайни Цумадинского р-на РД). В 1998 г. в г. Грозном М. Асхабовым был издан сборник, включавший чеченский перевод этого труда и изречений шейха. В 2003 г. в г. Назрани был издан перевод текста «Макалат» на ингушском языке. В 2013 г. С. А. Ханмурзаевым был издан в виде книги кумыкский текст в транслитерации с аджама на кириллицу (г. Моздок).

Лит.: Акаев В. Х. Джамалудин Казикумухский — духовный наставник шейха Кунта-хаджи Кишиева // Тезисы докладов региональной научной конференции молодых ученых, посвященной гуманитарным исследованиям. К 50-летию образования Дагестанского научного центра РАН. Махачкала, 1995; Акаев В. Х. Шейх Кунта-хаджи: жизнь и учение. Грозный, 1994; Акаев В. Х. Нравственно-религиозное учение чеченского суфия Кунта-хаджи Кишиева // Известия высших учебных заведений. Северо-Кавказский регион. Серия: Общественные науки. 1995. № 2. С. 27; ал-Багини Шуайб б. Идрис. Табакат ал-хважаган ан-накибандийа ва-садат ал-машайх ал-халидийа ал-махмудийа. Дамаск, 1417/1996; Ипполитов А. П. Учение «Зикра» и его последователи в Чечне и Аргунском округе // Сб. сведений о кавказских горцах. Вып. II. Тифлис, 1869; Магомедова З. А. Суфийская элита Дагестана XIX в.: Мухаммад-эфенди ал-Яраги, Джамалуддин ал-Газигумуки, Абдурахман-Хаджи ас-Сугури // Дагестанский востоковедческий сборник. Махачкала, 2008. С. 78–86; Шейх Мухаммад Амин ал-Курди ал-Эрбили. Книга вечных даров (О достоинствах и похвальных качествах суфийского братства накшбандийа). Уфа, 2000. С. 281–283; Шихалиев Ш. Ш. Краткий обзор арабографических сочинений Кунта-хаджи Кишиева // Ислам в России и за ее пределами: история, общество, культура: сб. материалов материалы межрегиональной научной конференции, посвященной 100-летию со дня кончины выдающегося религиозного деятеля шейха Батал-хаджи Белхороева / отв. ред. М. С.-Г. Албогачиева. Магас; СПб., 2011.

И. Ханмурзаев

Депутаты Государственной думы Российской империи

Кардашев Аслан

Султанов Бейбала

Эльдарханов Таштемир

Религиозные деятели

Абдуллаев Ахмед

Абубакаров Сайидмухаммад

Албогачиев Магомед

Бердиев Исмаил

Гацалов Хаджимурат

Геккиев Махмуд

Дзасежев Хазраталий

Карданов Аскарбий

Межиев Салах

Пшихачев Анас

Рахимов Мухаммад

Суфийские шейхи

Ацаев Саид-афанди (Чиркейский)

Башларов Сайпулла-кади

Белхороев Батал-хаджи

Бабатов Мухаммад-Мухтар-хаджжи (Кяхулайский)

Исрафилов Сиражутдин (Хурикский)

Митаев Бамат-Гирей-хаджжи

Политические деятели

Баммат Гайдар

Кадыров Ахмад

Намитоков Айтек

Митаевы Бамат-Гирей-хаджжи и Али   Нажмутдин Гоцинский

Общественные деятели

Вассан-Гирей Джабагиев   Инал Кусов   Лю Трахов

Муса Кундухов   Татре Албогачиев   Мухаммад-Мирза Мавраев

Мечети Кавказа

Сердце матери в Аргуне. Чеченская Республика

Сердце Чечни в Грозном

Здание бывшей шиитской мечети Владикавказа

Суннитская мечеть Владикавказа

Соборная мечеть Майкопа

Татартупский минарет. XIV в. Снимок 1958 г.
Республика Северная Осетия–Алания

Джума-мечеть Дербента — старейшая мечеть России

Джума-мечеть

Ворота Джума-мечети

Минбар Джума-мечети

Джума-мечеть, вид со двора

Зийараты

Крепость в урочище Гъунна. Республика Дагестан, близ с. Хучни. 2017

Зийарат Абу Муслима в мечети Самилакх.
Республика Дагестан, с. Хунзах. 2020

Зийарат Абу Муслима в пещере Дюрк. Республика Дагестан, близ с. Хустиль. 2017

Кладбище Кырхляр. Дербент

Зийарат Хусейна-хаджжи Гарданова. Республика Ингушетия, с. Плиево.
Фото М.С-Г. Албогачиевой. 2011 г.

Зийарат Тешала-хаджжи Ужахова. Республика Ингушетия, с. Барсуки.
Фото М. С-Г. Албогачиевой. 2012 г.

Зийарат Бамат-Гирея-хаджжи Митаева. Республика Ингушетия, с. Автуры

Борга Каш. Республика Ингушетия, близ с. Плиево

Зийарат матери Кунта-хаджжи Кишиева — Хеди. Чеченская Республика, с. Эртан.
Фото Р. С. Джалил-Ходжа. 2012 г.

Памятные холламы. Чеченская Республика, с. Цоци-Юрт.
Фото П. Тахнаевой

Крепость Нарын-кала. Дербент

Крепость Нарын-кала. Вид сверху

Крепость Нарын-кала. Стены

Одни из ворот Дербентской стены

Монеты различных регионов Кавказа

Ширваншах Ибрагим I. Дербент, 812 г. х.

Абдаллах-хан. Маджар

Анэпиграфный пул. Маджар

Казбек. Дербент, 1217 г. х.

Серебро Аббаса I. Дербент, 1216 г. х.

Пул с изображением верблюда. Маджар

Чекан от имени хана Джанибека.
Маджар 1360-е г. н. э.

Надир-шах. Серебро. Дербент, 1154 г. х.

Токтамыш. Маджар, 794 г. х.

Токтамыш. Пул. Маджар

Фельс. Эль-Баб (Дербент), 115 г. х.

Андийский съезд. Х. Мусаясул, 1937 г.

Чохское знамя шейха Абу Муслима, обновленное, образец XIX в. ГМИР.
Обнаружила П. И. Тахнаева. Фото В. О. Бобровникова

Куркаев, ʻАбд-ул-Ваххаб (ʻАпи, 1858–1903) — мусульманский религиозный и общественный деятель, шейх накшбандийского тариката.

Родился в семье Курки из тейпа зандакъой в с. Старый-Юрт (ныне с. Толстой-Юрт, адм. центр Грозненского р-на ЧР). В это село его предки переселились из родового аула Зандак (ныне Ножай-Юртовский р-н ЧР), спасаясь от кровной мести. В 1885 г. Куркаевы поселились в с. Шеды-Юрт (ныне с. Кень-Юрт Грозненского р-на ЧР). В составленном в июне 1886 г. «Посемейном списке с. Шеды-Юртовского 1-го участка Грозненского окр. Терской области». К. ʻА. приведен под номером 83. В то время ему было 28 лет.

В 70-е гг. XIX в. К. ʻА. обучался в медресе ʻУсмана-Хаджжи в с. Лаха-Невр (ныне с. Надтеречное, адм. центр одноименного р-на ЧР). После учебы стал мюридом шейха Умалата-Хаджжи (Мата) из с. Аллерой (ныне Курчалоевский р-н ЧР), ученика шейха Гази-Хаджжи Ирзаева из с. Симсир (ныне Ножай-Юртовский р-н ЧР). От Маты он получил иджазу шейха. В 1880 г. К. ʻА. совершил хаджж в Мекку. После того, как К. ʻА. стал шейхом накшбандийского тариката, он получил суфийское прозвище ʻАпи.

К. ʻА. был женат на Хадишат из с. Кень-Юрт, у них было трое детей: сына звали Магомед, а дочерей — Хулимат и Зезерт. Последняя была замужем за мюридом К. ʻА. — ʻалимом Олум-муллой Хамзатовым из с. Кень-Юрт, который некоторое время был членом Горского суда в Грозненском окр. К. ʻА. скончался в 1321 г. х. (1903 г.) и похоронен в с. Шеды-Юрт (ныне с. Терское Грозненского р-на ЧР).

Лит.: Духаев А. И. Эпоха шайхов. Нальчик, 2016.

С. Натаев, Д. Алхасова

Куркиев, **Магомет** (Артаган) Кутиевич (1896–1975) — поэт, мусульманский просветитель.

Родился в с. Гамурзиево Сунженского окр. Терской обл. (ныне входит в состав г. Назрань) в семье крестьянина. Мусульманское религиозное образование получил у известных богословов: Иналук-муллы из с. Галашки (ныне Сунженский р-н РИ), арабиста Ильяс-муллы Актолиева (Озиева), который одновременно был кадием всего Ингушского окр., и др. Также К. М. закончил полный курс медресе в с. Гамурзиево. В 1918 г. изменил имя на Мухьаммад (Магомет).

В 1920-х поступил на арабский факультет Ленинградского ин-та живых восточных языков. Преподавателем К. М. был известный арабист, академик И. Ю. Крачковский, который в своей автобиографической работе «Над арабскими рукописями» (1951), писал: «…В 20-х годах два ингуша, присланные для завершения образования в Ленинградский ин-т восточных языков… совершенно свободно беседовали по-арабски на разнообразные темы мировой политики и современной жизни, а один (К. М.) с легкостью писал стихи по всем правилам старых арабских канонов».

Закончить учебу в ун-те К. М. не удалось, так как арабский факультет по политическим соображениям был закрыт. В 1929 г. К. М. тайно иммигрировал в Афганистан, где впоследствии работал в Министерстве просвещения на разных должностях, курируя работу местных медресе. К. М. — автор работ на арабском языке: «Мировой кризис», «Жемчужина ожерелья», «Для ищущего истинного пути» и др. На русский язык эти сочинения не переведены и не известны широкому кругу читателей. Исключение — работа «Одоление палиц нововведений, выходящих за пределы Сунны Законодателя», переведенная с арабского языка на русский и изданная в Москве в 2011 г.

К. М. умер в 1975 г., его именем названы колледжи и некоторые учебные заведения в Афганистане.

Лит.: Долгиева М. Б., Харсиев Б. М.-Г. Мусульманские просветители Ингушетии (2-я половина XIX — начало XX в.) // Ислам в современном мире: внутригосударственные и международно-политические аспекты. 2016. Т. 12. № 1. С. 127–136; Крачковский И. Ю. Над арабскими рукописями. 4-е изд. М., 1965; Куркиев М. К. Одоление палиц нововведений, выходящих за пределы Сунны Законодателя. М., 2011.

М. Албогачиева

Ал-Куркли, **Зайд** б. Исламбулат (1827–80) — ученый, мусульманский религиозный и общественный деятель.

Родился в с. Куркли *Казикумухского ханства* (ныне Лакский район РД). Ал-К. З. обучался мусульманским наукам в с. Кумух у Аттахаджжи ал-Гумуки и там же — у др. ученого, ʻАбдулхалима. Астрономии учился у Исмаʻила аш-Шинази в Юж. Дагестане. Ал-К. З. считается знатоком мусульманского права, сохранились его фетвы и юридические заключения. Также ал-К. З. был известен своими познаниями в естественных науках: математике, естествознании, практической астрономии. Знал логику, риторику, философию и мусульманскую догматику. Ученики ал-К. З.: *Гоцинский ʻАбдулатип*, Чупалав (Чуфалав) ад-Дургели и Дауд ал-Гарабудаги. Долгое время преподавал в с. Кумух философию, астрономию, математику, проводил астрономические наблюдения, используя астрономические таблицы Улугбека. Вместе с Сулайманом ал-Кумуки издал в г. Темир-Хан-Шуре календарь, который совпал с наиболее современным арабским календарем того времени. Среди его работ — сочинение «Йаʻкут ал-микат фи ʻилм ал-лугат», посвященное практической астрономии и переводу астрономических терминов на лакский и аварский языки.

Ал-К. З. принимал активное участие в *Восстании Всеобщем 1877 г.*, был писарем одного из лидеров восстания — Джаʻфара из с. Кумух, сопровождал его в поездках в Кайтаго-Табасаранский и Кюринский окр. и участвовал в ряде сражений. После подавления восстания ал-К. З. вместе с др. участниками был сослан в г. Спасск Томской губ., где и умер.

В ссылке ал-К. З. переписал книгу одного из багдадских ученых «Аман ал-фикр фи-л-хайа ал-джадида ли-асар», которое представляет собой сочинение по астрономии, основанной на гелиоцентрической теории Коперника. Также в ссылке ал-К. З. переписал еще одно сочинение на татарском языке, посвященное «истории Руси», как об этом упоминается в его биографии.

Скончался ал-К. З. в феврале 1880 г., был похоронен на мусульманском кладбище с. Чуртанлы в Каинском у. Томской губ.

Лит.: Али ал-Гумуки (Каяев). Тараджим ʻулама᾿ Дагестан: рукопись из частной коллекции И. А. Каяева. Л. 93; Ад-Дургели Назир. Услада умов в биографиях дагестанских ученых. (Нузхат ал-азхāн фӣ тарāджим улама᾿ Дāгистāн). Дагестанские ученые X–XX вв. и их биографии. М., 2012. С. 133–134; Ризаэддин Фахреддин. Асар. Казань, 2010. Т. 3. С. 110.

И. Каяев, Ш. Шихалиев

Ал-Куруши, Халил б. Мухаммад, ал-Карахи (1849–92) — ʻалим, мударрис, специалист по исламскому праву и естественным наукам.

Нисба ученого связывает его происхождение с с. Тлярош Карахского союза сельских общин (ныне Чародинский р-н РД). Родился ал-К. Х. в 1849 г. и до середины 1870-х гг. обучался у различных мударрисов Дагестанской обл. В 1869 г. учился в с. Ансалта, в 1871 г. — у Мухаммада ал-Цулди в с. Гачада, в 1873 г. — в с. Зубутли, Гимры.

Ал-К. Х. принял активное участие в *Восстании Всеобщем 1877 г.* Ему удалось выбраться из окруженного с. *Согратль*, после чего вынужден был скрываться сначала в пещерах ок. хуторов с. Тлярош в долине р. Бец-ор, а затем в с. Цора (ныне Закатальский р-н Азербайджана). Только в конце 1879 г. он смог вернуться на родину.

Через несколько лет ал-К. Х. с помощью общины выстроил в родном с. Тлярош новую мечеть и медресе. Его учениками были *Каяев ʻАли*, Исрафил б. Мухаммад ал-Гачади (род. 1849; впоследствии стал учителем в медресе с. Тляроша и Гачады), Умар ал-Ансалти, Узун-Хаджжи ас-Салти, ʻАбдулхамид б. Хаджимухаммад ал-Цени и др. Ал-К. Х. является автором трактата по вычислению времени молитв (Кашф ал-гъишагӀ гӀан вакът ал-гӀиша), написанного в 1879 г.

Ал-К. Х. умер в 1892 г., похоронен на кладбище с. Тлярош.

Лит.: Саидова П. А. Творческое наследие Абакар-хажи из Чоха. Махачкала, 2015. С. 136–139; Шехмагомедов М. Г., Хапизов Ш. М., Маламагомедов Д. М. Тленсерух в конце XVIII–XIX вв.: историко-документальное исследование (на основе изучения материалов коллекции Усман-дибира ал-Ири). Махачкала, 2015. С. 187; Шихсаидов А. Р., Омаров Х. А. Каталог арабских рукописей (Коллекция М. С. Саидова). Махачкала, 2005. С. 160.

Ш. Хапизов

Кучрабский, Ибрагим-хаджжи (1868–1923) — мусульманский религиозный и общественный деятель. Уроженец с. Кучраб Гунибского окр. Дагестанской обл. (ныне Чародинский р-н РД). Последователь шейха Шуʻайба-афанди из с. Багини, проживал в аварском с. Белоканы (ныне территория Азербайджана), где работал имамом. Участник борьбы против Добровольческой армии, а затем, по свидетельству *Гоцинского Нажмутдина*, К.И.-х. «организовал самостоятельное восстание и воевал против советской власти» и был назначен командующим Гунибского окр. После подавления восстания 1920–21 гг. скрывался в горах, но вскоре вновь активизировал свою деятельность. Однако в августе 1923 г. его отряд численностью в 70 чел., действовавший в Анцухо-Капучинском участке Гунибского окр., был разгромлен, после чего он вернулся в с. Белоканы, где был задержан, отправлен в Дагестан, судим и приговорен к смертной казни.

Лит.: Даниялов Г. Д. Строительство социализма в Дагестане 1918–37 гг. М., 1988; Доного Х. М. Нажмутдин Гоцинский. Махачкала, 2011; Тодорский А. И. Красная Армия в горах: действия в Дагестане. М., 1924.

Х. М. Доного

Кырхляр (искаженная форма исходного тюрк. названия Кырклар — мн. ч. от *кырк* «сорок») — место захоронения сорока «мучеников за веру» (шахидов), одно из древнейших и почитаемых мусульманами Сев. Кавказа «святых» мест; находится в г. Дербенте.

В источниках сохранились исторические названия К.: Чилтанан (перс., образовано слиянием сокращенной формы числительного чехел «сорок», слова тан «тело», «плоть», «человек» и суффикса мн. ч. -ан) и Джабал ал-арбаʻин (араб. «Гора сорока»). Могильник у сев. стены г. Дербента, напротив одноименных ворот Кырхляр-капы (исторические названия Баб ал-джихад, Баб ал-кабир) — главных сев. ворот города. В настоящее время находится в центре сев. кладбища г. Дербента.

К. представляет собой огороженный комплекс надмогильных саркофагов, высеченных из цельных каменных блоков. Саркофаги расположены в четыре ряда и ориентированы по оси запад–восток. Среди них заметно выделяется группа памятников, более крупных по сравнению с остальными. Саркофагообразная форма памятников имеет аналогии в погребальном обряде арабов: так, в эпоху Средневековья в г. Багдаде и др. арабских городах грунтовые могилы сверху обкладывались холмиками из камней, так что получалось нечто похожее на саркофаг.

История К. восходит к временам ранних сельджукских завоеваний. Молва удревняет местное святилище еще на несколько столетий, связывая его происхождение с эпохой арабо-хазарских войн. Местные жители верят, что здесь похоронены арабские военачальники, погибшие в борьбе за установление ислама. Дагестанская хроника «*Дербенд-наме*» относит возникновение К. к VII в. В хронике утверждается, что здесь похоронено 40 арабских мучеников во главе с Салманом б. Раби'а.

Д. Кантемир, в начале XVIII в. обстоятельно изучивший дербентские древности, зафиксировал предание об огузском происхождении этих могил. Речь в нем идет о 40 «мучениках» за веру — тюркских газиях, судя по именам, перечисленным в «*Дербенд-наме*». В первоначальной версии «*Дербенд-наме*», написанной в начале XII в., говорилось о 50 «мучениках», однако затем это число было уменьшено до сакральной и в христианстве, и в исламе цифры 40 (во многих религиозных системах считается, что на 40-й день после смерти душа окончательно отделяется от тела).

В «*Дербенд-наме*» перечислены имена некоторых из погребенных в К. «мучеников»: султан Пир-'Али ад-Димашки, султан Чумга, султан Кух-хан (?), султан-хаджжи Шамс ад-дин, султан Бабб, султан Кучек и др.

По всей видимости, имя Пир-'Али ад-Димашки после его смерти сохранилось как название военного поселения, расположенного в непосредственной близости от дербентской цитадели (кал'ат ал-Баб). В современной топонимике это названия Пир-Димашки, Пир-Демешки, Гирмешки и т. д. Под 1055 г. в местной хронике начала XII в., «Та'рих ал-Баб», зафиксирован топоним, по написанию напоминающий Пир-Димашки. В том году владетель *Сарира*, собрав сводный отряд, в составе которого были и тюрки, двинулся из ал-Баба на помощь ра'исам, но расположился лагерем у Димишка / Димашка. Затем он отправил людей к Баб ал-джихад, откуда они угнали скот. Если под Димишком / Димашком «Та'рих ал-Баб» подразумевает Пир-Димашки, а не дербентские врата Баб Димашк, то источник предлагает ниж. датировку К.: не все его памятники относятся к концу XI в.; 'Али ад-Димашки, руководивший военным гарнизоном ближайшего к ал-Бабу военного укрепления, за которым впоследствии закрепилось его имя, явно скончался задолго до этого времени.

В качестве дополнительного датирующего материала для определения времени образования К. выступают эпиграфические надписи, обнаруженные на подобных саркофагах. Все они выполнены в одном и том же стиле, характерном для сельджукской эпохи, — куфическим шрифтом с ясно выраженными элементами «цветения». Палеографически тексты датируются в пределах XI–XII вв., причем эти датировки подтверждаются куфическим текстом на саркофаге, обнаруженном на юж. могильнике г. Дербента. Текст памятника гласит: «Во имя Аллаха, Милостивого, Милосердного. Это могила Махмуда б. Аби-л-Хасана, сына убитого за веру… Да помилует его Аллах… Нет божества, кроме Аллаха, и Мухаммад — посланник Аллаха». Далее надпись продолжается на юж. и сев. сторонах: «Боже, когда соберешь первых и последних, то прости раба твоего, бедного обладателя этой могилы, да помилует его Аллах! Год четыреста шестьдесят девятый». 469 г. х. начался 05.08.1076 г. и закончился 24.07.1077 г.

Эпитафия одного из газиев, также сельджукского происхождения, похороненного на сев. кладбище г. Дербента неподалеку от К., гласит: «Во имя Аллаха, Милостивого, Милосердного. Нет божества, кроме Аллаха, Мухаммад — посланник Аллаха, 'Али — святой Аллаха (вали). Это могила павшего шахида султана хаджжи Шамс ад-дина б. хаджжи Рукн ад-дина. В почитаемом месяце раджаб 513 г. х. Пророка». Указанная в эпитафии дата, относящаяся к периоду между 05.04 и 04.05.1136 г., соответствует тому времени, когда формирование погребально-культового комплекса в основном уже завершилось. Таким образом, в могилах К. погребены предводители отрядов «воителей за веру», или газиев, которых в сельджукскую эпоху почетно титуловали султанами. Захоронение тюркских шахидов под стенами цитадели было исторически возможно лишь с последней четверти XI в.: при Йагме, представителе Сельджукидов в *Баб ал-абвабе*, и при Сау-Тегине, хаджибе Сельджукидов, под руководством которого город превратился в военно-политический аванпост Сельджукской империи на Кавказе.

Значение К. как объекта культового поклонения временами падало, но традиции, связанные с памятником, никогда не прерывались. П. И. Спасский, впервые описавший могильник, отмечал, что мусульмане-сунниты свято чтут эти могилы и верят в их чудодейственную силу: заступничество погребенных в них «святых» вызывает обильный дождь, бездетные женщины с молитвой подвязывают небольшие лоскутки к веткам растущих на К. кустов, веря, что у них будут рождаться дети. По наблюдениям, памятнику поклоняются не только сунниты, но и шииты.

За последнее десятилетие в сфере организации службы на К. произошли определенные изменения. Святилище обрело добровольных смотрителей, ухаживающих за памятником. Они регулируют поток страждущих приобщиться божественной благодати, исходящей из могил похороненных здесь «святых мучеников». Новые элементы появились и в сфере ритуала. В частности, паломники льют воду на памятник из выемки в одном из саркофагов или из специального сосуда. Некоторым из паломников дают чудодейственную землю, завернутую в лоскуток белой ткани, которая якобы спасает от сглаза и др. подобных напастей. Среди паломников К. сложился обычай отдавать небольшие пожертвования на содержание святого места и помощь страждущим.

Лит.: Аликберов А. К. Эпоха классического ислама на Кавказе. М., 2003; Кудрявцев А. А. Древний Дербент. М., 1982; Шихсаидов А. Р. Эпиграфические памятники Дагестана X–XVII в. как исторический источник. М., 1984; Эпиграфические памятники Сев. Кавказа на арабском, персидском и турецком языках / тексты, пер., коммент., введ. и прил. Л. И. Лаврова. М., 1966.

А. Аликберов

Л

Лавров, Леонид Иванович (04.05.1909–07.04.1982) — историк и этнограф, кавказовед, переводчик, доктор исторических наук.

Родился в ст. Медведовская Кубанской обл. (ныне Тимашевский р-н Краснодарского края). Окончил Краснодарскую школу II ступени в 1926 г. Поступил в Кубанский педагогический ин-т, но в 1927 г. уехал в г. Ленинград, где в следующем 1928 г. поступил на этнографическое отделение Ленинградского ун-та. В студенческие годы продолжал изучать историю и этнографию горских народов Сев. Кавказа, собирал историко-этнографический материал в Адыгее. В 1936 г. был зачислен в штат Ин-та этнографии АН СССР младшим научным сотрудником Кавказского кабинета, который в то время возглавлял профессор А. Н. Генко. Участник ВОВ, добровольцем ушел на фронт в 1941 г. В сентябре 1946 г. был демобилизован и вернулся в Ин-т этнографии.

Проводил этнографические исследования в разных регионах Сев. Кавказа в 1930–70-е гг., является создателем научной школы кавказоведов-этнографов. Основная часть научных работ Л. посвящена этногенезу и этнической истории народов Сев. Кавказа, а также фольклору, археологии и др. Большое значение для развития исламоведения и кавказоведения имела работа Л. по сбору и публикации мусульманских эпиграфических памятников Сев. Кавказа X–XX вв. В 1967 г. Л. защитил докторскую диссертацию «Эпиграфические памятники Северного Кавказа X–XIX вв. как историко-этнографический источник». Ученый приступил к составлению и публикации свода эпиграфических памятников Сев. Кавказа на арабском, персидском и турецком языках. Всего было опубликовано три части: «Эпиграфические памятники Северного Кавказа. Надписи X–XVII вв.» (М., 1966); «Надписи XVIII–XX вв.» (М., 1968); «Надписи X–XX вв. Новые находки» (М., 1980).

Соч.: Абазины (историко-этнографический очерк) // Кавказский этнографический сборник. М., 1955. Вып. I; Историко-этнографические очерки Кавказа. Л., 1978; Карачай и Балкария до 30-х гг. XIX в. // Кавказский этнографический сборник. М., 1969. Вып. 4; Рутульцы в прошлом и настоящем // Кавказский этнографический сборник. М., 1962. Вып. 3; Эпиграфические памятники Сев. Кавказа на арабском, персидском и турецком языках. Ч. 1. Надписи X–XVII вв. М., 1966; Ч. 2. Надписи XVIII–XX вв. М., 1968; Ч. 3. Надписи X–XX вв. Новые находки. М., 1980; Этнография Кавказа. Л., 1982.

А. Пачкалов

Ал-Лакзи, **Йусуф** б. ал-Хусайн б. Дауд Абу Йа‘куб ал-Факих ал-Баби (? — до 1089–90) — мусульманский религиозный деятель, знаток хадисов и придворный историограф династии Аглабидов, правителей *Баб ал-абваба* (г. Дербента). Последователь школы аш-Шафии.

Родом из «страны лезгин» (Билад лакз). Обучался в г. Багдаде у шафиита Абу-л-Музаффара ас-Самани (ум. 1096), деда автора «Китаб ал-ансаб» Абу Сада. Был знаком и с Абу Бакром ас-Самани, сыном Абу-л-Музаффара.

Сын ал-Л. Йу., Абу ‘Абд Аллах ал-Хасан (ум. в середине XII в.), избрал суфийский путь и проповедовал ашаритские взгляды. Он учился в г. Багдаде у суфия-ашарита Ибн аз-Захрат-Турайсиси (ум. 1103), последователя школы Абул-л-Касима ал-Кушайри (ум. 1071), с сыном которого, Абу Насром, ал-Л. Йу. постигал суфийский путь в рибате Абу Сада ас-Суфи. Ал-Хасан ал-Лакзи был особенно близок к суфию-шафииту Абу Исхаку Ибрахиму б. Мухаммаду ас-Суфи (ум. 1148), ученику Абу Хамида ал-Газали.

Ал-Л. Йу. — автор хроники «*Дербенд-наме*», важнейшего источника по истории ислама на Кавказе. До настоящего времени под этим названием подразумевалось компилятивное сочинение XVII в. Мухаммада ал-Аваби ал-Акташи. Известное в многочисленных персидских, арабских, тюркских и дагестанских списках, оно выдержало целый ряд комментированных изданий на английском, немецком, русском, французском и др. языках. Однако проблема его протографа X–XII вв., о существовании которого говорили многие исследователи, до сих пор не была решена из-за отсутствия достаточных фактических данных. Раскрыть некоторые аспекты этой проблемы позволяет изучение новых источников. В частности, один из ближайших учеников ал-Л. Йу., Абу Бакр Мухаммад *ад-Дарбанди* (ум. 1145), на рубеже XI–XII вв. написал объемистый суфийский энциклопедический словарь «Райхан ал-хака'ик ва-бустан ад-дака'ик» («Базилик истин и сад тонкостей»), который сохранился до наших дней. Из рукописи этого сочинения явствует, что в конце XI в. в г. Дербенте с помощью Сельджукидов произошла смена власти: правление династии Хашимидов было пресечено, к власти пришли Аглабиды, представители местной знати. Именно по этой причине *ал-Лакзи Маммус*, историограф Хашимидов и автор «Та'рих Баб ал-абваб ва Ширван», был вынужден прервать повествование своей хроники и бежать из Дербента. Аглабиды нуждались в серьезном обосновании своих политических претензий на верховенство в *Дербентском эмирате*, поэтому появление проаглабидского источника было закономерным.

Мухаммад ал-Акташи прямо пишет о том, что при описании ранней истории он пользовался только одним источником — «Таварих-и Дарбанд-нама». В его задачу входило перевести на тюркский язык наиболее интересные фрагменты этого источника, касающиеся истории построения и завоевания *Баб ал-абваба*, при этом он должен был избегать персидских и арабских выражений и сложных терминов. Исследования показывают, что ал-Акташи действительно писал свой труд с использованием источника, принадлежавшего к ярко выраженной проаглабидской ориентации. Возможность существования такого источника допускал и В. Ф. Минорский, правда, лишь в качестве одной из возможных версий. Решение этого вопроса позволило бы, помимо всего прочего, выявить степень достоверности различных сведений *«Дербенд-наме»*: некоторые фрагменты источника, представляющие собой попытки историографа Аглабидов намеренно удревнить этот род и подвести под его претензии фундамент традиций, по сей день воспринимаются исследователями без должного критического анализа. То обстоятельство, что проаглабидский протограф *«Дербенд-наме»* содержит массу неточностей и ошибок, которых нет в «Та'рих Баб ал-абваб ва Ширван», показывает, что автор его не был знаком с этой хроникой. Таким образом, протограф этого сочинения, точнее, первоначальная версия *«Дербенд-наме»*, давшая название позднейшей компиляции ал-Акташи, могла быть написана после прихода к власти Аглабидов (1075), но до появления в Дербенте хроники (после 1106 г.). Самого автора ее следовало бы искать среди дербентских историков, симпатизировавших Аглабидам. Об этом прямо говорит Мухаммад *ад-Дарбанди* в своем «Райхан ал-хака'ик»: в ходе политического противоборства в городе некоторые дербентские шейхи открыто выступили на стороне Аглабидов. Наиболее ревностным сторонником новой власти показал себя именно ал-Л. Йу. О его преданности Аглабидам свидетельствует хотя бы тот факт, что, когда суфийская верхушка, поддержанная народом, выступила в Дербенте против эмира с требованием выпустить из тюрьмы судью Абу Му'аммара и его сына, отсидевших свой срок, он сначала отправил своего ученика Мухаммада *ад-Дарбанди* понаблюдать за этими событиями, а затем сам отправился отговаривать от выступлений их главного зачинщика — суфия Абу-л-Хасана ал-Джурджани.

Сочинение некоего Йусуфа ад-Дарбанди, озаглавленное *«Дербенд-наме»*, уже упоминалось в научной литературе в числе исторических источников, созданных в XIX в. Однако данная рукопись так и не была атрибутирована. Личность автора также оставалась неизвестной: ни один автор XIX в. не упоминает Йусуфа ад-Дарбанди как своего современника. С другой стороны, вряд ли компиляция нового времени была бы названа столь известным именем. Наконец, имя Йусуфа ад-Дарбанди приводится в одном из матенадаранских списков *«Дербенд-наме»* в качестве его автора. Несомненно, это еще одно, помимо «Райхан ал-хака'ик», упоминание в источниках имени автора первоначальной редакции *«Дербенд-наме»*. Зная, что ал-Л. Йу. скончался до 1089/90 г., можно сузить хронологические рамки написания первоначального *«Дербенд-наме»* до 80-х гг. XI в.

Лит.: Аликберов А. К. Эпоха классического ислама на Кавказе. М., 2003; Кудрявцев А. А. Древний Дербент. М., 1982; Шихсаидов А. Р. Эпиграфические памятники Дагестана X–XVII вв. как исторический источник. М., 1984; Эпиграфические памятники Сев. Кавказа на арабском, персидском и турецком языках / тексты, пер., коммент., введ. и прил. Л. И. Лаврова. М., 1966.

А. Аликберов

Ал-Лакзи, **Маммус** б. ал-Хасан б. Мухаммад Абу 'Абд Аллах ад-Дарбанди (ок. 1040–10) — знаток хадисов и историк, один из влиятельнейших шейхов *Баб ал-абваба* (Дербента). Родился в г. Дербенте в семье выходцев из «страны лезгин»

(Билад лакз) — государственного образования к юго-западу от *Дербентского эмирата*. Его отец — мухаддис и историк Абу-л-Валид ал-Хасан б. Мухаммад ад-Дарбанди ал-Балхи ас-Суфи (ум. 1064) — личность, широко известная мусульманским биографам. По свидетельству источников, Абу-л-Валид — ученик «имама мухаддисов Мавараннахра» и автора «Истории Бухары» Абу 'Абд Аллаха Мухаммада б. Ахмада ал-Гунджара (ум. 1021). Он получил от ал-Гунджара право на передачу текста «Истории Бухары».

Ал-Л. М. учился в различных городах Халифата, в том числе в Багдаде, Самарканде и Бухаре. Наиболее видный из учителей ал-Л. М. — ал-Хатиб ал-Багдади, багдадский историк и знаток хадисов, автор многотомной «Истории Багдада». Сам ал-Хатиб ал-Багдади в свое время обучался у отца ал-Л. М. По крайней мере, при изложении биографий выходцев из г. Бухары автор «Истории Багдада» неоднократно ссылается на Абу-л-Валида ад-Дарбанди.

Происхождение и основательное образование позволили ал-Л. М. стать придворным историографом Хашимидов, правителей *Дербентского эмирата*. Он — автор хроники «Та'рих Баб ал-абваб ва Ширван» («История Дербента и Ширвана»), хорошо известной исследователям, но до недавнего времени считавшейся анонимной. После сельджукского завоевания Дербента и прихода к власти Аглабидов в 1075 г. ал-Л. М. был вынужден покинуть город и поселиться в Багдаде, где стал последователем Абу Бакра Мухаммада ал-Марвази, известного как Ибн ал-Хадиба ад-Даккак (ум. 1095). Ал-Л. М. поддерживал связи с ашаритами и суфиями, в частности с суфием-ханбалитом Абу-л-Хусайном Ибн ат-Туйури (ум. 1107), учеником Абу-л-Касима ал-Кушайри (ум. 1071). Он часто посещал медресе *ан-Низамийа*, чем, видимо, и объясняется широта его духовных связей. Ал-Л. М. был знаком с крупнейшими учеными своего времени: руководителем медресе *ан-Низамийа* в Багдаде Абу Исхаком аш-Ширази, Абу Насром ал-Кушайри, Абу Хамидом ал-Газали. Он оказывал всяческую поддержку начинающим ученым, в частности Мусе б. Ибрахиму ал-Лакзи, который по рекомендации своего покровителя изучал шафиитское право в *ан-Низамийи* под руководством ал-Газали. Впоследствии Муса ал-Лакзи успешно работал в Бухаре, где в свое время обучался сам ал-Л. М. и его отец.

Один из учеников ал-Л. М. — суфий Абу Бакр Мухаммад *ад-Дарбанди* (ум. 1145), автор «Райхан ал-хака'ик ва-бустан ад-дака'ик» («Базилик истин и сад тонкостей»), который обязан своему учителю знакомством со многими багдадскими учеными, в частности с тем же ал-Газали, Ибн ал-Хадибой и его дочерью Каримой ал-Марвазийа (ум. 1098).

Лит.: Аликберов А. К. Эпоха классического ислама на Кавказе. М., 2003; Кудрявцев А. А. Древний Дербент. М., 1982; Эпиграфические памятники Сев. Кавказа на арабском, персидском и турецком языках / тексты, пер., коммент., введ. и прил. Л. И. Лаврова. М., 1966.

А. Аликберов

Лаченилав — см. *ал-Харикули, 'Али б. Лачен.*

М

Мавраев, Мухаммад-Мирза (1878–1964) — мусульманский культурный деятель и реформатор, первый дагестанский книжный издатель.

Родился в с. Чох (ныне Гунибский р-н РД) в семье 'алима-арабиста Мухаммада-'Али, под руководством которого изучил арабский язык и арабоязычную письменность. Затем учился в медресе с. *Согратль* (ныне Гунибский р-н РД).

Деятельность М. непосредственно связана с движением *джадидизма*, которое получило распространение на Сев. Кавказе в конце 1900-х — начале 1910-х гг. и было официально зарегистрировано как «*Общество просвещения туземцев-мусульман Дагестанской области*». Устав общества был утвержден кавказским наместником в 1905 г., в нем «конечной целью общества» была объявлена задача «взять в свои руки постановку всего низшего образования в области». Активными участниками этого движения были представители дагестанской мусульманской интеллигенции дореволюционного периода: М., *Акаев Абусупьян*, *Карабудахкентский Джамалуддин*, Магомед-кади Дибиров, *Алкадари Хасан*, *Сайпулла-кади Башларов* и мн. др. (см. *Джадидизм*).

В 1901 г. по инициативе «Общества…» *Акаев Абусупьян* и М. были командированы в Казань и Уфу, а затем в Бахчисарай для изучения опыта преподавания в новометодных школах. «При содействии ученого и уважаемого инженера Адильгерея Даитбекова мы вдвоем поехали в сторону Казани с целью изучения алфавита по новометодной системе…», — вспоминал в 1925-м г. *Акаев Абусупьян*. В г. Бахчисарае они поступили на работу в типографию И. Гаспринского. В 1905 г. М. написал: «Находясь в Бахчисарае с целью ознакомления с процессом книгопечатания и приобретения типографского оборудования, был целиком охвачен идеей организации в Дагестане книгопечатания». В результате М. не только освоил технологию издания печатной продукции, но и задумался об основании собственного издательского дела для мусульман в Дагестане. Он намеревался приобрести типографское оборудование, но в силу ряда причин (издательская деятельность в России находилась под жестким правительственным контролем) был вынужден ограничиться приобретением небольшого типографского станка на имя И. Гаспринского. В 1902–04-м гг. в типографиях Бахчисарая и Симферополя М. удалось напечатать на арабском и кумыкском языках около 20 книг, в том числе учебное пособие по грамматике арабского языка «Китаб мухтасар фи байан ал-иман ва-л-ислам ва-с-Сунна» (составитель *Исма'ил из Шулани* (Абакаров). Тогда же были опубликованы работы Магомед-Али Мавраева «Фатава ал-Чухи» и «Маса'ил ва 'аджвабат» по грамматике арабского языка. На некоторых из этих книг был изображен издательский знак М. (ставший впоследствии фирменным в его издательстве): композиция из виньетки с растительным орнаментом, на верхней части на арабском написано «издатель Мухаммадмирза», а в нижней — «Маврайуф».

По возвращении в Дагестан М. приступил к созданию собственной типографии. В 1903 г. он открыл в г. Темир-хан-Шуре (ныне г. Буйнакск) собственную паровую типолитографию и издал первую книгу «Мавлид, посвященный пророку Мухаммеду». Она начиналась со слов: «Я, Мухаммадмирза, находясь в Бахчисарае… был целиком охвачен идеей организации в Дагестане книгопечатания. Тогда я дал себе обет: если мне удастся открыть типографию и организовать книгопечатание, то первым делом я издам в 1000 экземплярах "Мавлид манзур" и бесплатно раздам населению. Когда я с помощью всевышнего Аллаха достиг цели и позади остались все трудности, я выполнил свое обещание». В этой книге М. представил себя обществу: «Я, Мухаммад-Мирза, сын ученого Мухаммада-Али, сын Хаджжи-'Али, сына Мавра из рода Нахибашевых из селения Чох…»

В первый год типография принесла убытки, М. оказался в критическом финансовом положении, но родственники и друзья его поддержали. В последующие годы типография стала приносить прибыль, а М. стал одним из самых состоятельных людей Дагестана. Перед революцией ему принадлежали виноградники, консервные заводы, кинжальный завод, кожевенная фабрика, склады для хранения книг, книжный магазин, более 10 жилых домов, в которых жила его семья, а также техники, наборщики, переписчики и др. работники типографии, фабрики и заводов.

Объясняя цели организации типографии (по сути, издательства), М. в предисловиях торговых каталогов, изданных им на арабском языке в 1909 г. и 1914 г., писал: «Знание — это самое драгоценное сокровище любого народа; занятия по приобретению знаний — самая почитаемая деятельность, а книги — источник знаний. Чтобы приумножить знания, обогатить мир книгами и способствовать их распространению среди людей, я открыл в г. Темир-Хан-Шуре "Исламскую типографию". В ней я издал много книг, пользующихся популярностью в Дагестане и в других регионах. В целях оказания помощи тем, кто не знает арабского языка, я организовал издание книг на местных языках».

Издательство М. наряду с духовно-религиозными произведениями издавало учебники, учебные пособия, буквари, словари, календари, медицинские справочники, произведения художественной литературы, дагестанский фольклор, труды дагестанских ученых, рассказы об исторических личностях. Главной особенностью книгоиздательского дела М. является многоязычность печатной продукции. Отдельные произведения, изданные на одном из дагестанских языков, переводились и на др. языки. М. впервые организовал рецензирование подготавливаемых к изданию произведений. Рецензии помещались в начале или в конце книги. Издательскую деятельность М. строил на основе определения читательского спроса на те или иные произведения. С помощью *Акаева Абусупьяна* и др. 'алимов он определял наиболее популярные и востребованные работы дагестанских и недагестанских авторов (художественную, научную и духовную литературу), а затем издавал их.

Особое значение придавалось и реализации книг: помимо ряда книжных магазинов (один из них был открыт непосредственно при типографии), по всему Дагестану издательство распространяло свои торговые каталоги с указанием названий книг, языка, места их издания и цены. Много внимания издательство уделяло каллиграфическому и художественному оформлению изданий. Титульные листы большинства из них украшались растительным и геометрическим орнаментами, записи обрамляли в прямоугольные одно-двухлинейные рамки. Некоторые печатные книги переплетены в красочно оформленные кожаные обложки. Обработанную кожу для переплета книг М. изготовлялась на собственном кожевенном заводе в г. Темир-Хан-Шуре. В 1913 г. М. литографским способом издал Коран, который подготовил к изданию мастер книжного искусства Дагестана Газимагомед из Уриба. Практически весь тираж был реализован в Турции.

В 1913–17 гг. при типографии М. открылись редакции первых дагестанских газет. Так, в 1913 г. здесь стала издаваться газета «*Джаридат Дагистан*», с 1918 г. она выходила при финансовой поддержке М. На страницах газеты дагестанские 'алимы, выступавшие с просветительских реформаторских позиций против религиозного консерватизма, общей и культурной отсталости, печатали свои материалы. После Февральской революции, в 1917 г., в Дагестане под общей редакцией М. стали издаваться газеты на национальных языках: «Мусават» («Равенство») на кумыкском языке, «Аваристан» на аварском языке, «Чанка цуну» («Утренняя звезда») на лакском языке.

Газета «Мусават» одна из первых сообщила об Октябрьском перевороте 1917 г. В редакционной статье М. приветствовал лозунг большевиков «Мир народам!», но сам резко выступал против намерения большевиков национализировать и экспроприировать частную собственность. На страницах газеты «Мусават» еще весной публиковались материалы, направленные против «Апрельских тезисов» В. И. Ленина, в которых декларировалась программа национализации и экспроприации собственности помещиков и капиталистов. М. подчеркивал: «Недопустимо, чтобы кто-то занял чью-то землю. Коран и шариат защищают частную собственность. Виновных накажут закон и шариат». Автор имел в виду законы Временного правительства, предупреждал о недопустимости захвата земель до созыва Учредительного собрания. В статье «Свобода, равная для всех», М. пытался разобраться в содержании предложенных новой властью лозунгов, выдвинутых после Февральской революции 1917 г. М. писал: «По мнению одних, все дагестанцы — богатые и бедные, образованные и необразованные, умные и дураки, способные и неспособные, ученые и неучи, голодные и сытые — должны стать равными и одинаково равно пользоваться благами общества… Такого равенства в истории человечества не было и невозможно его осуществить».

Идея равенства, провозглашенная большевиками, нашла горячий отклик у многочисленных представителей бедноты. Но М. уверенно возражал им в своей статье: «Если сейчас собрать в одно место все богатства мира и земли и раздать их поровну всем людям земли, через некоторое время одни станут богатыми, а другие останутся бедняками. Более активные и предприимчивые станут богатыми, а лодыри станут жить за счет проданного дома. Мы являемся свидетелями того, как даже люди, получившие в наследство большое богатство, через некоторое время становились бедными, в то время как предприимчивые бедняки со временем становились богатыми». Стремление ко всеобщему равенству, по мнению М., являлось большим заблуждением. Он предлагал свое понимание равенства: «Свобода — это умение каждого занять в обществе подобающее место благодаря своим способностям. В таких случаях человеку можно и помочь». Например, способным, но бедным людям государство должно помочь получить образование. М. не принял Октябрьскую революцию. По его мнению, эта революция создала тревожную обстановку в обществе, «разожгла огонь войны между богатыми и бедными», положила начало кровопролитной Гражданской войне.

В 1917–18 гг. в типолитографии М. издавались газеты: «Ишчи халк» («Трудовой народ», ред. З. Батырмурзаев) на кумыкском языке, «XIалтIулел чагIи» («Трудовой народ», ред. *Акаев Абусупьян*) на аварском языке — органы Военно-Революционного Комитета Дагестана и его секции РКП(б); «Илчи» («Вестник», ред. Г. Саидов) на лакском языке — Орган Дагестанского просветительно-агитационного бюро. Нафисат Дахадаева издавала в типолитографии М. на кумыкском и аварском языках газету «Заман» (Время), на русском языке — «Время». В эти же годы на кумыкском языке выходил литературно-художественный журнал «Танг-Чолпан» («Утренняя звезда»). В журнале публиковались статьи У. Буйнакского, Дж. Коркмасова, С.-С. Казбекова, Х.-С. Булача, З. Батырмурзаева, *Акаева Абусупьяна* и др.

В 1920 г. типографии и остальная собственность М. были национализированы государством. В январе 1921 г. по решению Военного Совета Обороны республики в г. Темир-Хан-Шуре был открыт Отдел по печати при Народном комиссариате просвещения. Впоследствии Отдел был переименован в Даггосиздат. Первым заведующим производственного отдела Даггосиздата был назначен М. Когда завершилось строительство типографии в г. Махачкале, М. был назначен ее управляющим.

В конце 1920-х гг. были объявлены врагами народа, репрессированы (арестованы или расстреляны) почти все дагестанские 'алимы, многие из которых были единомышленниками и друзьями М. В 1929 г. в центральной республиканской газете вышла статья «Мавраев, вы еще в Даггизе?», что означало начало политических преследований М. О предстоящей публикации М. узнал накануне, его предупредил бывший сотрудник его типографии. М. спешно выехал из г. Махачкалы, первое время он жил в г. Андижане (ныне Республика Узбекистан) под именем своего бывшего извозчика Магомеда Исаева, работал рабочим, потом — мастером на лесопильном заводе. В начале 1930-х гг. переселился в г. Акмолинск (ныне Республика Казахстан), женился, открыл небольшую мастерскую по ремонту бытовых приборов.

М. владел аварским, арабским, кумыкским и русским языками. Писал обычно на арабском языке. При этом значительных литературных трудов М. после себя не оставил, за исключением многочисленных статей, опубликованных в издаваемых им газетах. Скончался М. в 1964 г., возрасте 86 лет, в г. Акмолинске.

Лит.: Исаев А. А. Искусство оформления рукописной и литографированной книги Дагестана // Письменные памятники Дагестана XVII–XIX вв. Махачкала, 1989; Исаев А. А. Каталог печатных книг и публикаций на языках народов Дагестана (дореволюционный период). Махачкала, 1989; Исаев А. А. Магомед-Мирза Мавраев и другие первопечатники Дагестана // Советский Дагестан. Махачкала. 1991. № 4(156); Исаев А. А., Сагидова Дж. А. Книжная культура Дагестана. (Печатная книга XIX — начала XX в.). Махачкала, 2008; Исаев

А. Магомедмирза Мавраев — первопечатник и просветитель Дагестана. Махачкала, 2003; Каталог печатных книг и публикаций на языках народов Дагестана. Махачкала, 1989; Тахнаева П. И. Аул Чох. Мир ушедших столетий. М., 2010.

П. Тахнаева

Маджар — *золотоордынский* город на р. Куме (ныне городище Большие Маджары на вост. окраине г. Буденновска Ставропольского края). Крупнейший золотоордынский город на Сев. Кавказе (площадь от 6 до 8 км²). Большая часть городища застроена в настоящее время г. Буденновском. В период расцвета город занимал территорию в длину более 5 км, в ширину — от 1 до 3 км. Культурный слой на городище достигает 2,5 м. М. упоминается в арабских, персидских, западноевропейских и русских средневековых источниках. Был отмечен на средневековых картах. В средневековых персидских источниках упоминается также Сарай-Маджар.

Версия о связи города с историей венгров (мадьяров) и их пребыванием на Сев. Кавказе остается недоказанной. По др. версии, название города связано с кем-то из кочевых владетелей этой территории (сын Шибана?), так как имя М. встречается среди представителей золотоордынской элиты. Не исключена возможность существования городского центра на территории М. в домонгольское время. Г. Н. Прозрителев и Н. Я. Караулов, основываясь на поздних и малодостоверных данных «*Дербент-наме*», связывали основание города с хазарским периодом. Н. Я. Караулов и Б. А. Рыбаков локализовали на месте М. хазарский г. Баланджар. Данные археологических исследований не дают в настоящее время оснований для связи М. с хазарским периодом.

В период расцвета (XIV в.) М. был крупным торгово-ремесленным центром на караванных путях, соединявших Закавказье и Малую Азию с устьями р. Дона и Волги, Сев. Причерноморьем. Из М. в Ниж. Поволжье вел так называемый Маджарский тракт, зафиксированный на картах и в др. источниках XVIII–XIX вв. Город имел пестрое в этническом отношении население (половцы, монголы, аланы, русские, армяне и др.).

Скорее всего, М. возник в период правления хана Токты. По предположению Э. В. Ртвеладзе, изначально город возник в возвышенной части на левом берегу р. Кумы. Становление керамического производства находилось под сильным влиянием Хорезма. Древнейшее упоминание в письменных источниках связано с гибелью в ставке хана *Золотой Орды Узбека* князя Михаила Ярославовича (1318). По сообщениям русских летописей, гроб с телом князя был перевезен через М. по дороге на Русь, при этом упоминается наличие в М. православного храма. При хане *Узбеке* в 1334 г. город посетил известный арабский путешественник *Ибн Баттута*, назвавший его «одним из лучших городов тюркских», городом с «обильными плодами». С конца XIV в. городская жизнь затухает (из-за гражданских войн 1360–70-х гг., разрушения амиром Тимуром в 1395 г.), но место остается известным. Монет XV в. на городище почти не находят. В XVI–XVII вв. были предприняты неудачные попытки по восстановлению М.

М. являлся одним из центров мусульманского богословия. О мусульманском духовенстве в М. сообщает *Ибн Баттута*: «По окончании (молитвы) на минарет взошел проповедник Иза ад-дин — один из знатоков мусульманского права и духовных ученых Бухары, у которого было (здесь) множество учеников и чтецов (Корана), читавших перед ним». По сведениям *Ибн Баттуты*, особой известностью пользовалась завийя во главе с шейхом Мухаммедом ал-Батаихи. К этому шейху за благословением приходил хан *Узбек*. Некоторые мусульманские погребения в некрополе М. имели каменные надгробия с надписями; на одном из них упоминается кадий. В городе существовало православное население, имелись церковь и христианский некрополь. Имеется сообщение о виденных в 1-й половине XIX в. в М. развалин церкви с изображениями святых на стенах. На городище были найдены армянские хачкары. По данным западноевропейских источников, в М. был и францисканский монастырь. Из письменного источника (*Ибн Баттута*) известно о пребывании в М. еврея из Андалусии.

В русских источниках XVI–XVII в. упоминается Можарово городище. В «Книге Большому чертежу» упоминается Можаров-юрт по р. Куме, в котором были семь мечетей на одном берегу реки и мечеть Арак-Кешень — на другом берегу. Развалины М. отмечались исследователями XVIII и начале XIX в. (Гербер, И. А. Гюльденштедт, П. С. Паллас, С. Г. Гмелин, Я. Потоцкий, Ю. Клапрот и др.), отметившими наличие на городище развалин зданий и мавзолеев. На рисунке Гербера (1726) присутствует более 30 целых и полуразрушенных мавзолеев, в конце XVIII в. на городище имелся уже лишь один мавзолей. В течение длительного времени на городище извлекали обожженный кирпич из развалин строений. Эпизодические исследования городища относятся к XIX в. Археологические исследования проводились в 1907 г. (В. А. Городцов), 1950-е гг. (*Е. И. Крупнов*), 1960–70-е гг. (*Э. В. Ртвеладзе*, А. П. Рунич), 1989–91, 1993–98 гг. (Э. Д. Зиливинская).

В городе преобладала среднеазиатская строительная техника с использованием обожженного кирпича, поливных изразцов, терракоты, резного ганча. В ходе раскопок были открыты остатки сооружений из сырцового и обожженного кирпича: однокомнатных и многокомнатных жилых домов, общественной бани, мечети и мавзолеев и др. (многие были украшены глазурованной плиткой, майоликой, мозаикой, рельефными надписями). Найдены остатки керамического водопровода, обнаружены предметы из Руси, Китая, Индии, Западной Европы и др. В городе имелись керамическое, железоделательное, бронзолитейное, косторезное, ювелирное и др. ремесла. Среди отдельных находок можно выделить китайские зеркала, селадоновую посуду, тальковую посуду из Хорезма, янтарные подвески, аптекарскую ступку, по-видимому, западноевропейского происхождения и др. В М. было развитое монетное обращение (с начала XIV в. до 1390-х гг. включительно), чеканилась собственная серебряная и медная монета (с 1310–11 до 1370-х).

Помимо многочисленных находок золотоордынского периода в М. были найдены отдельные предметы домонгольского времени (монеты Рима, Византии и др.). На месте Маджарского городища располагался могильник сарматского времени. Около городища были зафиксированы половецкие каменные изваяния XI–XII вв.

М. запечатлен в этногенетических преданиях карачаевцев, балкарцев и осетин-дигорцев. Клапрот первым приводит легенду карачаевцев о том, что они «переселились из М. в район, где ныне обитают, до прихода черкесов в Кабарду». Упоминая балкарцев («бассиан»), он пишет, что «некоторые племена бассианских татар в высоких горах Кавказа, у истоков Чегема и Черека, утверждают, что они произошли от жителей этого Кирк Маджара». Он также отметил, «их старики рассказывают, что в давние времена они обитали в степи Кума… Их столица, которая, как говорят, была очень величественна, называлась Кирк Маджаром, что на их языке означает "Сорок каменных строений" или "Сорок четырехколесных телег"… Они утверждают, что руины М. … являются остатками этого города».

В 1883 г. В. Миллер и М. Ковалевский записали предание о том, что из М. пришли в Верхне-Черекское ущелье «предки нынешних балкарцев», которые «стали теснить туземцев». Предки балкарских и дигорских князей Басиат и Бадинат (осет. Бадиль / Бадель) были родными братьями. Их отец жил «при Джамбек-хане маджарском»; после его кончины «братьям пришлось выселиться, и они отправились с дружиною в Дигорию». Бадилят остался в Дигории (Зап. Осетия) на правах правителя, а Басиат, «переехав через высокие хребты гор, отделявшие Дигорское ущелье от Малкарского, поехал к малкарам (балкарцам), где и был принят».

Кавказоведами отмечается, что «устная традиция вполне определено подчеркивает… мусульманское вероисповедание Басиата и его дружины» (В. М. Батчаев). Это соответствует выводам исследователей о том, что «уже к середине XIV в. все население Золотой Орды — городское и кочевое — можно считать в целом мусульманизированным» (Д. В. Васильев). Карачаевские, балкарские и дигорские предания об исходе из М. отражают миграцию маджарских (равнинных) алан в горы к своим соплеменникам, видимо, во времена походов Тимура на Сев. Кавказ (Ф. Х. Гутнов).

А. Пачкалов

Мансур (Ушурма, 1760(?)–94) — чеченский подвижник-аскет, проповедник ислама, религиозно-политический деятель и руководитель национально-освободительного движения горцев Сев. Кавказа (1785–91), первый имам Сев. Кавказа.

Родился в с. Алды (ныне в составе г. Грозный), тейп элистанжхой. Отец М. — Шабаз (Шебессе). Религиозное мусульманское образование получил в Дагестане, имя наставника М. не установлено, по некоторым свидетельствам, им был один из авторитетнейших накшбандийских муршидов. По словам самого М., в 1783 г. мусульманское духовенство региона одобрило его поучения и назвало шейхом. С 1785 г. М. стал выступать с проповедями (изначально в родном селе Алды), обличая «упорствующих в невежестве», пороки, кровную месть и призывая к «покаянию». Принципиальное место в наставлениях, а позже и в религиозно-политических воззрениях занимали эсхатологические мотивы: М. обращался к тем событиям, которые проявятся как предваряющие наступление конца света и Судного дня, к тому воздаянию, которое понесут люди за свои веру, нравственный облик и поступки. По свидетельствам современников, шейх жил замкнуто, ночевал в устроенной под домом землянке, еду ему готовила жена, и только из ее рук он брал пищу, выходил лишь в дни праздников и общественных молитв, облаченным в белое «платье» и под густым зеленым покрывалом (вариант: носил шапку наподобие капюшона). М. имел свое знамя, которое вносил в особых случаях, и «двойников». Сподвижники М.: Умар Хаджжи (советник, хранивший всю переписку М.), Бутык Хаджжи (был направлен М. с письмом к 'улама' Мекки), муллы Нагай Мурза Хаджжи, Бисултан Хаджжи, Хамби Хаджжи.

Среди мусульманского духовенства Чечни были те, кто обвинял М. в неверном отправлении богослужений, не верил в его «избранничество» и требовал явить «чудо». Не желая вступать в публичное противостояние со своими противниками, М. объявил, что «вскоре будет Глас с неба, и тогда принявшие Учение не устрашатся», а прочие — «впадут в исступление ума», почувствуют раскаяние и получат прощение. 12–13.02 и 04.03.1785 г. в Чечне произошли землетрясения (о них, в частности, 12.04.1785 г. писала газета «Московские ведомости»); они были восприняты как следствие предсказания, что утвердило за М. звание имама; именно тогда он принял имя *Мансур* (араб. «победитель»). Талант оратора и дар чудотворства (карама), строгий аскетизм, соблюдение суфийской практики «уединения» (халва) и величественный образ принесли М. широкую известность и авторитет не только в Чечне, но и за ее пределами. По свидетельствам источников, многие становились его последователями, ревностно исполняя предписания веры.

Российские власти неоднократно выдавали предписания «изловить» шейха и «усмирить» его сторонников. В июле 1785 г. с. Алды (в том числе дом М.) было сожжено отрядами под командованием полковника Н. Ю. Пиери, которые на обратном пути были разбиты совместными силами алдынцев и их соседей. Весть об этом распространилась среди горцев: событие было воспринято как знак особого благоволения Бога к М.; с этого момента он стал восприниматься как значимая религиозно-политическая фигура, целью деятельности которого была консолидация горцев Сев. Кавказа на основе шариата. Проповедническая деятельность М. не только играла значительную роль в процессе исламизации северокавказских народов, но и вдохновляла их к участию в газавате против колонизации. Один из призывов М.: «По повелению Божию нам предлежит идти для обращения народов в магометанский закон. Как скоро время наступит, я поставлю знамя мое и палатку на Чеченской поляне. Сколь она ни обширна, но едва вместит то многочисленное войско, которое туда ко мне соберется» (Бутков). В середине 1786 г. предполагалось объединенное выступление горцев и штурм Владикавказской крепости; однако по ряду причин этот план не был реализован: карательные экспедиции разоряли и уничтожали селения горцев и их жителей, влиятельный кумыкский владелец Муртазали Чепалов и князь Малой Кабарды Дол Мударов отошли от движения М. и перешли на сторону царской администрации. М. заявил, что «предвидел все бедствия, но в своих поражениях горцы должны видеть гнев Божий за ослабление веры, за взаимное несогласие и несоблюдение его наставлений».

В преддверии Русско-турецкой войны 1787–91 гг. М. во главе отряда горцев перебрался на Сев.-Зап. Кавказ, куда переместился и центр военно-политических событий. На р. Уруп во 2-й половине октября 1787 г. отряду М. (к ним примкнули темиргоевцы, бесленеевцы, *абазины*) нанесли поражение российские войска генерала П. А. Текели (Текелли). М. в сопровождении четырех спутников бежал в турецкую крепость Суджук-Кале, а затем в Анапу, утверждая, что это связано с желанием совершить хаджж. Но война не позволила М. отправиться в Мекку. Летом 1790 г. М. вернулся в Чечню, а после разгрома у р. Тохтамыш турецких войск, пленения Батала Паши и провала османских планов вытеснить Россию с Сев. Кавказа М. вновь ушел в Анапу, которая вскоре была осаждена войсками И. В. Гудовича. Своими проповедями М. поддерживал боевой дух осажденных мусульман. В донесении И. В. Гудовича зафиксировано, что в 8 часов утра 22.06.1791 г., когда «вся крепость была уже очищена», по войскам еще стреляли из одной землянки, «куда скрылся Лжепророк Шихъ с 16 человеками из приверженных, который взят был по увещеванию живым и отослан при рапорте к Высочайшему двору».

Плененный М. 06.07.1791 г. был препровожден в Царское Село, а оттуда — в Петропавловскую крепость. Дальнейшая судьба М. в разных источниках описывается по-разному. Согласно одним источникам, М. отправили в Соловецкий монастырь, по другим (официальным и потому более достоверным) — в соответствии с рескриптом императрицы Екатерины I от 15.10.1791 г. поместили в Шлиссельбургскую крепость «на безысходное в ней пребывание», где в феврале 1794 г. он якобы заболел, 13.04.1794 г. «пополудни во втором часу» умер, а 16.04.1794 г., ночью, его тело, без всякого обряда, было зарыто на Преображенской горе.

Своим духовным преемником М. называл Юсупа, сына Батырхана Усманова из с. Шали (ныне центр одноименного р-на ЧР).

О деятельности М. сохранилось множество устных преданий, о нем слагали стихи и песни, его фигура соотносилась с образом ал-Махди. Одни авторы сравнивали его с Лукманом в мудрости и с Александром Македонским — в доблести, другие называли «Пастухом-волком», третьи — «искрой, упавшей на бочку с порохом», именовали чеченским Савонаролой и итальянским авантюристом. В историографии представлены различные взгляды на происхождение и личность М.

Образ М. был настолько ярким, что интерес к нему возник в Европе. Английский чиновник и разведчик Эдмонд Спенсер, совершивший в 1830-е гг. путешествие в Черкесию, писал о М. как о «великом вожде, заслужившем занять достойное место среди благороднейших патриотов, которые когда-либо украшали ту или иную страну». Благоговение к его памяти среди горцев, по словам Э. Спенсера, было настолько велико, что каждый след, оставленный им, «ценился как драгоценность, а каждое место, где он останавливался, считалось святым». В 80-х гг. XIX в. громкий резонанс получила версия о легендарных деяниях и итальянском происхождении шейха М., чье настоящее имя якобы звучало как Джованни Баттиста Боэтти. По мнению итальянского историка Франко Вентури, «чеченский мятежник» Ушурма и доминиканский монах отец Боэтти, будучи в жизни совершенно разными по своему рождению, религии, языку и идеям, в памяти потомков переплелись в легенду о шейхе М. Хотя посвященная М. литература достаточно обширна, в науке до сих пор еще не обобщены все разнообразные сохранившиеся материалы: дипломатическая переписка, корреспонденция частных лиц, секретные донесения тайных агентов, письма самого имама и записи его проповедей.

Лит.: Ахмадов Ш. Б. Имам Мансур (народно-освободительное движение в Чечне и на Сев. Кавказе в конце XVIII в.). Грозный, 1991; Бутков П. Известие о бывшем в Кавказских горах Лжепророке Мансуре. Санкт-Петербургский филиал Архива РАН. Ф. 99. Оп. 2. Ед. хр. 37; Виноградов А. К. Шейх Мансур. М., 1934; Корольков М. Я. Шейх Мансур Анапский. Эпизод из первых лет завоевания Кавказа // Русская старина. 1914. № 5; Мансур. Авантюрист XVIII в. // Русская мысль. М., 1884. VII. С. 297–314; Мусаев А. Н. Шейх Мансур. М., 2007; Покровский Н. И. Кавказские войны и Имамат Шамиля. М., 2000; Смирнов Н. А. Турецкая агентура под флагом ислама (восстание шейха Мансура на Сев. Кавказе) // Вопросы истории религии и атеизма. М., 1950. Вып. 1. С. 11–63; Терещенко А. О лжепророке Мансуре // Сын Отечества. СПб., 1856. № 15–16; Шейх Мансур и освободительная борьба народов Сев. Кавказа в последней трети XVIII в. Тезисы докладов и сообщений международной научной конференции. Грозный, 1992; Юдин П. Лжепророк Ушурма-Ших-Мансур (из истории религиозных движений на Кавказе) // Русский архив. 1914. Кн. 3. Вып. 10; Bennigsen A. Un movement populaire au Caucase du XVIII siècle: La «guerre sainte» du Sheikh Mansur (1785–94). Page mal connue et controversée de relations Russo-Turques // Cahiers du monde russe et soviétique. Vol. V. No 2 (avril–juin, 1964). Pp. 159–205; Buonarroti Ph. La Riforma dell'Alkorano / A cura di Alessandro Galante Garrone e Franco Venturi. Palermo, 1992; Fedakâr C. Kafkasya'da İmparatorluklar Savaşı. İstanbul, 2014. Pp. 129–135, 175–179; Gammer M. A Preliminary to Decolonizing the Historiography of Shaykh Mansur // Middle Eastern Studies. 1996. Vol. 32. No 1. Pp. 191–202; Kemper M. Herrschaft, Recht und Islam in Daghestan [Von den Khanaten und Gemeindebünden zum ğihād-Staat]. Wiesbaden, 2005. Pp. 174–185; Kultu T. C. Imam Mansur: Osmanlı arşiv belgeleri ile Türk tarihlerende Kuzey Kafkasyanın ilk millî mücahidi ve önderi. Istanbul, 1987; Meskhidze J. Imam Shaykh Mansur: a few stanzas to a familiar portrait // Central Asian Survey. 2002. No 21(3). Pp. 137–151; Nart. The life of Mansur. Great independence fighter of the Caucasian Mountain People // Central Asian Survey. 1991. Vol. 10. No 1/2. Pp. 81–92.

Д. Месхидзе

Марван б. Мухаммад (*Марван II*) — арабо-мусульманский государственный и политический деятель. Наместник провинций Халифата ал-Джазира (на севере Ирака), Азербайджан и Арминия (730–44), последний халиф (744–50) Омейадской династии, известный полководец. В бытность наместником оказал колоссальное влияние на развитие ислама в Закавказье, на Сев. Кавказе, в первую очередь в Дагестане, и в Поволжье.

На серию походов *Хазарского каганата* в Закавказье, последний из которых состоялся в 730 г., М. б. М. ответил контрударом в 737 г., для которого избрал необычную тактику. Нанеся отвлекающий удар в р-не Дербентского прохода, он направил часть своих сил в Дарьяльское ущелье (стык границ Грузии, Сев. Осетии и Ингушетии). Дальнейший маршрут похода войск М. б. М. представляется следующим: он затронул территорию Сев.-Вост. Кавказа, включая равнинный Дагестан (где была разгромлена бывшая хазарская столица г. Семендер), равнинную Чечню и Сев. Осетию, Ставропольский край, Калмыкию. Дальнейшая локализация не бесспорна. Часть авторов считает, что войска М. б. М. прошли берегом Волги (территории Астраханской, Волгоградской, Саратовской обл.) и даже дошли до саратовского участка Волги или до Самарской луки (А.-З. Валиди, Д. Данлоп, С. Г. Кляшторный, М. И. Артамонов и др.). Причем, по мнению Артамонова, отряд М. б. М. дошел до хазарского города ал-Байда и даже переправлялся на левый берег Волги. Часть ученых, в том числе А. П. Новосельцев и Дж. Маркварт, считают, что М. б. М. через степи Волгоградской и Воронежской обл. вышел к берегу Дона.

Существуют различные трактовки того, какими последствиями закончился поход М. в Поволжье. Одни историки считают на основании сообщения Балазури, что хазарский каган был вынужден принять ислам, но часть исследователей с этим не согласна. В любом случае, археологически распространение ислама в *Хазарском каганате* выявлено уже для IX в., а по некоторым данным — и для 2-й половины VIII в., что хронологически увязывается с последствиями похода М. Однако первые мусульмане в *Хазарии* этнически связаны с выходцами из Хорезма — гузами, которые, в свою очередь, распространяли его среди местных хазар и булгар, причем эта ситуация характерна не только для Ниж. Поволжья, но также и для более западного Подонечья. Выходцы из Хорезма составляли и элитарную прослойку хазарского общества — гвардию *ал-Арсия*, пользовавшуюся большим влиянием. Вероятнее всего, что поход М. создал причины, сделавшие возможным распространение ислама в *Хазарии*, в том числе проникавшего из Хорезма.

Лит.: Артамонов М. И. История хазар. Л., 1962. С. 218–220; Кляшторный С. Г. Древнейшее упоминание славян в Ниж. Поволжье // Вост. источники по истории народов Юго-Вост. и Центр. Европы. М., 1964. Т. 1. С. 16–18; Мишин Д. Е. Сакалиба (славяне) в исламском мире. М., 2002. С. 42–43; Новосельцев А. П. Хазарское государство и его роль в истории Вост. Европы и Кавказа. М., 1990. С. 184–186;

Рахман Х. У. Хронология исламской истории / пер. Д. З. Хайретдинов. Н. Новгород, 2000; Dunlop D. M. The History of the Jewish Khazars. Prinston, 1954. P. 80–84; Lewicki T. Zrodla arabskie do dziejow sto-wianszczyzny. Wroclaw; Krakow, 1956. S. 133–134, 156; Marquart J. Osteuropaische und ostasiatische Streifzuge. Leipzig, 1903. S. 199; Zeki Validi Togan A. Ibn Fadlans Reisebericht. Leipzig, 1939. Pp. 305–307.

Дм. М.

Марзиев, Зайнабид Ибрагимович (1918–2011) — мусульманский религиозный и общественный деятель, шейх кадирийского тариката.

Родился в с. Салги Ингушского окр. Горской АССР (ныне Джейрахский р-н РИ). Рано лишившись родителей, был определен родственниками в медресе с. Ангушт (пос. Тарское СОАССР), где до совершеннолетия учился и жил на пожертвования односельчан. Его первым учителем стал *Барахоев 'Усман-мулла*. В дальнейшем учился у богослова 'Абд-ул-'Азиза Эльджеркиева, а позже — у дагестанских и чеченских 'алимов.

В 1944 г. со всем ингушским народом был сослан в Казахстан. Являясь последователем *Кунта-хаджи*, М. совершал громкий зикр даже во время депортации, несмотря на угрозы со стороны местных властей. После реабилитации в 1957 г. М. переехал в с. Редант СОАССР, а позже — в ст. Троицкая ЧИАССР, где был избран имамом. Он считался одним из лучших знатоков тариката и шариата на Сев. Кавказе, его приглашали для консультаций в соседние регионы — Осетию, Кабардино-Балкарию, Чечню, Дагестан и др. М. принял активное участие в создании *Духовного центра мусульман Республики Ингушетия*. Был членом примирительной комиссии, входил в совет тейпов.

М. скончался в 2011 г., похоронен на кладбище жертв осетино-ингушского конфликта. Одна из улиц в ст. Троицкой названа его именем. В семье М. сохранилась его богатая личная библиотека.

Лит.: Албогачиева М. Основные вирдовые братства у ингушей // Россия и мусульманский мир. 2016. № 11(293). С. 41–59; Албогачиева М. Этнографические аспекты мужской ритуальной практики громкого зикра в ингушском обществе // Кавказ и глобализация. 2014. Т. 8. № 3–4. С. 73–85; Долгиева М. Б., Харсиев Б. М.-Г. Мусульманские просветители Ингушетии (вторая половина XIX — начало XX в.) // Ислам в современном мире: внутригосударственный и международно-политический аспекты. 2016. Т. 12. № 1. С. 127–136.

М. Албогачиева

Мартазанов, Абдурахман Шамсудинович (01.11.1954–11.04.2020) — мусульманский религиозный деятель, кадий РИ.

Родился в г. Алма-Ате Казахской ССР. В 1965 г., в десятилетнем возрасте, начал изучать арабскую грамматику и основы мусульманских наук у ингушского богослова 'Абдуррашида Богатырева. В 1978 г. освоил полный курс шариатского права. В 1999–97 гг. М. работал в Исламском ин-те им. имама аш-Шафии проректором по учебной части, одновременно преподавал шариатское право. Затем М. перешел на работу в Муфтият Ингушетии (см. *Духовный центр мусульман Республики Ингушетия*), был зам. муфтия по вопросам шариата.

С 1999 г. М. являлся кадием РИ, был избран единогласно на расширенной конференции Совета 'алимов и Совета имамов. М. совмещал несколько религиозных должностей: с 1994 г. являлся имамом с. Гамурзиево Назрановского р-на РИ, в сентябре 1996 г. на заседании Совета 'алимов избран председателем Совета 'алимов РИ.

В 2019 г. на съезде имамов населенных пунктов и членов Совета 'алимов РИ был избран муфтием Ингушетии.

Лит.: Албогачиева М. С-Г. Из истории борьбы с кровной местью // Антропологический форум — 2011. № 14; Албогачиева М. С-Г. Ингуши // Ингуши / отв. ред. М. С-Г. Албогачиева, А. М. Мартазанов, Л. Т. Соловьева. М., Наука, 2013. С. 317–31; Албогачиева М. С-Г. Ингуши в XX в: этнографические аспекты религиозных практик // Сев. Кавказ. Традиционное сельское сообщество: социальные роли, общественное мнение, властные отношения. СПб., 2007; Албогачиева М. С-Г., Бабич И. Л. Кровная месть в современной Ингушетии // Этнографическое обозрение. 2010. № 6. С. 67–78; Бабич И. Л., Албогачиева М. С-Г. Правовая культура ингушей: история и современность // История государства и права. 2009. № 13.

М. Албогачиева

Маушев, Шутий-молла — см. *Шутий-молла*.

Махлоев, Яхья Хусейнович (1934–2016) — мусульманский религиозный и общественный деятель.

Родился в с. Аьхки-Юрт Пригородного р-на СОАССР. Основы религиозных знаний получил у отца Хусейна Махлоева, известного богослова Ингушетии. В 1944 г. был депортирован, продолжил обучение у Умах-моллы, депортированного вместе с ингушами дагестанца. По возвращении на родину М. поселился в г. Орджоникидзевская (Сунжа) и продолжил обучение у ингушских богословов Евлоева Хусейна Чолдар-Хаджиевича, Оздоева Магомеда Салмарзиевича и др. В общей сложности посветил изучению ислама и исламских наук более 15 лет.

В течение 20 лет был имамом центральной мечети Сунженского р-на ЧИАССР, также занимался преподавательской деятельностью. В числе первых в РИ совершил хаджж в 1992 г. М. стоял у истоков возрождения религиозной практики в постсоветской Ингушетии, вел активную работу по противодействию радикально настроенной части населения, появившейся в стране и в регионе в 1990-х гг. В августе 2008 г. члены ваххабитского подполья совершили покушение на жизнь 74-летнего М., однако, несмотря на полученные ранения, М. впоследствии продолжал общественную и преподавательскую деятельность до своей смерти в 2016 г.

Лит.: Покушения на исламских деятелей в Ингушетии: ваххабизм, тейпы, целительство. [Электронный ресурс] // URL: http://old.memo.ru/d/9819.html; Скончался председатель Совета алимов Ингушетии Яхья Махлоев. [Электронный ресурс] // URL: https://www.sunja-ri.ru/index. php/component/k2/item/628-skonchalsya-predsedatel-soveta-alimov-ingushetii-yakhya-makhloev

М. Албогачиева

Ал-Мачади, Мухаммад б. Багужа (Багужалав) ал-Мачади ал-Хидали (ум. в кон. 1770-х гг.) — мусульманский религиозный деятель, ученый-богослов.

Родился в аварском с. Мачада (ныне Шамильский р-н РД), одном из семи сел Гидатля — наиболее влиятельного в Нагорном Дагестане союза сельских общин (откуда и его двойная нисба: ал-Хидали и ал-Мачади). Получил мусульманское образование у авторитетных богословов Дагестана, в том числе у Мухаммада ал-Убри, который в свою очередь являлся учеником знаменитого дагестанского ученого-богослова 2-й половины XVII — начала XVIII в. Мухаммада б. Муса *ал-Кудуки*. Сам ал-М. М. также вел активную преподавательскую деятельность. В числе его учеников указывается известный дагестанский ученый 2-й половины XVIII в. *ал-Аймаки Абубакр*.

На полях правовых и грамматических сочинениях частных и мечетских собраний Дагестана встречаются многочисленные комментарии со ссылкой на ал-М. М., что свидетельствует о его авторитете в среде местной мусульманской элиты. В с. Мачада почти полностью сохранилась арабоязычная рукописная коллекция, принадлежавшая ал-М. М. и его потомкам. Многие сочинения переписаны ал-М. М. Есть упоминания о некоторых сочинениях, написанных самим ал-М. М., но они пока не выявлены.

Двое из сыновей ал-М. М. — Мухаммад и Идрис — были известными богословами. Точная дата смерти ал-М. М. не установлена. Он упоминается среди прочих известных ученых общества Гидатль, умерших от чумы в конце 70-х гг. XVIII в.

Лит.: Шехмагомедов М. Багужало из Мачада // МагIарухъ. Махачкала, 2014. № 1. С. 72; ШихмухIамадов М. Чолодаса ХIажи-Удурат // МагIарухъ. МахIачхъала, 2014. № 1. Гъ. 72.

М. Шехмагомедов

Ал-Мачади, Хадис б. Мухаммад б. 'Умар ал-Хидали ал-Мачади (ум. 1770) — дагестанский ученый-богослов и правовед XVIII в.

Родился в с. Мачада (ныне Шамильский р-н РД), одном из семи сел Гидатля — наиболее влиятельного в Нагорном Дагестане союза сельских общин (откуда и его двойная нисба: ал-Хидали и ал-Мачади). Получил серьезное религиозное образование; согласно местным письменным источникам того периода, одним из учителей ал-М. Х. был знаменитый дагестанский богослов-правовед *ал-Кудуки* Мухаммад.

Каяев 'Али так характеризует ал-М. Х.: «Хадис ал-Мачади был правоведом, специализирующимся в фикхе, ученым, устанавливающим истину. Он автор многочисленных изысканий в области фикха и важных фетв, большинство из которых были благосклонно приняты народом. Он был одним из тех, кто предостерегал от вынесения такфира (обвинение в неверии) по отношению к мусульманам [без особых на то оснований]».

В родном с. Мачада ал-М. Х. основал медресе, где получали религиозное образование мута'аллими со всего Дагестана. Из письменного наследия ал-М. Х. сохранились записи, заключения, фетвы по правовым вопросам. Ал-М. Х. — один из тех, кто ответил на вопросы Татилава ал-Карати по наиболее актуальным правовым проблемам, волновавших горцев Дагестана в тот период. Эти ответы в дальнейшем пользовались большой популярностью в среде местных мусульманских правоведов. Помимо просветительской деятельности ал-М. Х. также был вовлечен и в общественную жизнь горцев. Принял активное участие в организации сопротивления Надир-шаху в 1741–45 гг. По этому поводу Шу'айб ал-Багини писал: «Перед Андалальской битвой (1741) шайх и 'алим *Хадис ал-Мачади* поднялся на высокую гору в своей области (вилайат) со своими просвещенными учениками, где просили у Всевышнего победы над врагом, и были они на ней множество дней». Битва завершилась поражением превосходящих сил Надир-шаха, что связывали в том числе с чудодейственной силой молитв (карама) ал-М. Х.

Могила ал-М. Х. находится в с. Мачада. Согласно надписи на его надмогильном камне, ал-М. Х. умер в 1770 г. «от чумы», в числе прочих известных гидатлинских богословов, умерших в тот период по этой же причине.

Лит.: Али ал-Гумуки. Тараджим уламаи Дагистан (Биографии дагестанских ученых-богословов); ал-Багини Шуайб. Табакат ал-Хваджакан ан-накшбандийа ва садат машаих ал-Халидийа ал-Махмудийа (рукопись на араб. яз.). С. 157–158; Мусаев М. А., Шехмагомедов М. Г. Жизнь и творчество дагестанских ученых-богословов XVIII в. (ал-Усиши, ал-Уради, ал-Аймаки и ал-Мачади) в местных арабоязычных биографических сочинениях XIX — начала XX в. Современные проблемы науки и образования. 2013. № 3. С. 390; Мусаев М. А., Шихалиев Ш. Ш. Чудесные деяния святых в арабоязычных суфийских биографических сочинениях дагестанских шейхов начала XX в. Письменные памятники Востока. 2012. № 2(17). С. 218–232.

М. Шехмагомедов

Ал-Мачади, шейх Мухаммад б. Мамма ал-Мачади, ад-Дагистани (ум. 1637) — средневековый дагестанский суфий, шейх тариката *халватийа*.

Ал-М. ш. М. был представителем одного из влиятельных родов селения с. Мачада (ныне Шамильский р-н РД), владевшим одной из 4 фамильных башен в квартале Гъогьоа, переселившимся из из с. *Хунзах* (ныне центр одноименного р-на РД) в XVI в.

Согласно устной традиции, ал-М. ш. М. еще в детском возрасте обладал даром чудотворства (карамат) и тогда же в поисках религиозных знаний отправился в с. Ансалта (ныне Ботлихский р-н РД), где прожил не менее 10 лет и учился у шейха *ал-Ансалти Йунуса* (ум. 1598/99), впоследствии стал его преемником.

В с. Мачада сохранился почитаемый в округе зийарат шейха Ал-М. ш. М., состоящий из самой усыпальницы и комнаты для ее посетителей. На могиле шейха установлен камень белого цвета, имеющий антропоморфный верх (каменный шар установлен на сужающейся к верху колонне, напоминающей шею). Порода камня и его орнаментация говорит о выработке единого трафарета, который был характерен для надмогильных стел представителей элиты тариката *халватийа* в Нагорном Дагестане. В центр. части передней стороны стелы, на красном фоне, содержится эпитафия шейха: «Праведный раб, шейх, наставник (муршид), полюс полюсов (кутб ал-актаб) Мухаммад, сын Маммы, отправился на встречу со Всевышним Аллахом в месяце шабан 1046 года» (начался 28.12.1636 г.). Ал-М. ш. М. не имел преемников, которые получили звания шейха, но известно о нескольких учениках, которые были его халифа: *ал-Кили Аббас* (ум. 1636/37), 'Абдаллах ал-Уради, Рамазан ал-Гуури, Мустафа ас-Сугури (1657/58), 'Абд-ул-Кадир ас-Сугури (1646/47), 'Али (ал-Кабир) ал-Гулуки (1652/53) и т. д.

Лит.: Айтберов Т. М. Эпитафии шейхов братств Сафавийа, Халватийа и Сухравардийа в Дагестане: к истории ирано-дагестанских связей XV в. // Дагестан и мусульманский Восток. М., 2010. С. 185–186; Хапизов Ш. М., Шехмагомедов М. Г. Суфийский орден Халватийа в горной Аварии: новые страницы истории суфизма в средневековом Дагестане (XVI–XVII вв.) // Исламоведение. 2017. № 1; Khapizov Sh., Shekhmagomedov M., Abdulmazhidov R. The Khalwatiya sheikhs in Dagestan (16th–17th centuries) // Iran and the Caucasus. 2017. № 21. Pp. 303–309.

Ш. Хапизов

Медресе (от араб. мадраса — «место, где учатся») — среднее или высшее религиозное учебное заведение для подготовки мусульманского духовенства, обычно вторая ступень после начальной — мектеба (мактаба). История исламского образования в конкретных М. на Сев. Кавказе до 1920-х гг. изучена исключительно на материалах Дагестана. Информация о М. Центр. и Сев.-Зап. Кавказа даже не собрана.

По дореволюционным источникам различие между мектебом и медресе, особенно для сельской местности, не всегда понятно. Программой предусмотрено изучение Корана, правил его чтения и толкования, хадисов, богословия, права, истории ислама, арабского языка и др. наук. Первые М. на Сев. Кавказе известны с X в., прежде всего шафиитское М. *ан-Низамийа* в с. Цахур (ныне Рутульский р-н РД), созданное по образцу одноименного М. в г. Багдаде. Центрами мусульманской учености в Дагестане в Средневековье были населенные пункты: Дербент, Калакорейш, Каракюре, Рутул, Фите, Рича, Буршаг, Татиль, Хнов, Хив, Ахты, Кумух, Ашты, Худуг, Аркас, Кубачи, Тпиг, *Хунзах*. С образованием в г. Дербенте связаны имена таких мударрисов, как шейх Абу Исхак Ибрахим б. Фарис ал-Баби; *ал-Варрак*, Йусуф б. Ибрахим б. Наср ал-Хафиз Абу-л-Касим ал-Баби; Абу Бакр Мухаммад б. Муса *ад-Дарбанди*. В XVII–XIX вв. центрами образования в Дагестане были М. в с. Кудутль, Кусур, Мачада, Обода, Ругуджа, *Сограт ль*. Выдающуюся роль сыграли мударрисы: ал-Аличи ал-хаджж Мухаммад Чалаби; *ал-Гулуди Малла-Мухаммад*; *ал-Гулуди Мухаммадвали*; *ал-Гумуки Ути-хаджжи*; *ал-Карати Мухаммад б. Татилав*; *ал-Мачада Хадис*; *ас-Сугури 'Али-Риза*; *ар-Рочи Мамма-Дибир*; *ал-Убуди Ша'бан*; *ал-Харахи Тайгиб* и др.

Во 2-й половине XVI — 1-й половине XVIII в. на Сев. Кавказе можно говорить о доминировании дагестанской образовательной традиции. Исламское образование в регионе отличалось в целом свободой и отсутствием государственного контроля. Особое значение дагестанские улемы сыграли в передаче знаний по таким дисциплинам, как право (фикх), риторика, грамматика (сарф) и синтаксис (нахв) арабского языка, ахлак (этика), 'ака'ид (догматика), тафсир и хадисы, логика. Среди дагестанских мударрисов следует отметить прежде всего Мухаммада ал-*Кудуки*.

В период Нового времени главным центром развития М. в Российской империи стал Волго-Уральский регион. Тем не менее и в Поволжье были выпускники дагестанских М. Ш. Марджани и Р. Фахраддин называют имена улемов и мударрисов Поволжья и Приуралья, получивших образование в Дагестане: Ишмухаммад б. Тукмухаммад ал-Адаи; Муртаза б. Кутлугуш ас-Симети; Мухаммад ад-Дагестани (Кондыурау близ Оренбурга); 'Абдурррахман б. Мухаммадшариф ал-Каргали (Каргала); Мухаммадрахим б. Юсуф ал-Ашити (Мачкара); Ибрагим б. Худжаш (М. при 1-й Соборной («Марджани») мечети г. Казани). Лица, получившие образование на Кавказе, в XVIII в. оказали значительное влияние на возрождение и развитие классического мусульманского образования и суфизма в г. Казани, Заказанье и в Приуралье. Дагестанская традиция, в отличие от бухарской, носила прерывистый характер, так как бывшие ученики дагестанцев, в отличие от учеников бухарцев, не отправляли своих учеников в М., в которых сами получили религиозное образование.

До появления *джадидизма* как системы всестороннего реформирования общества М. пребывали в системном кризисе, так как было непонятно, как готовить экономически и административно успешную национальную элиту, отвечающую реалиям, сложившимся в России в результате великих реформ 1860–70-х гг. Создание М. Марджания (1850-е гг.) и Мухаммадия (1880-е гг.) в г. Казани, Хусаиния в г. Оренбурге и Расулия в г. Троицке (1890-е гг.) обозначали начало преобладания теоретического уровня городских М. над сельскими в Поволжье и на Юж. Урале. На рубеже XIX–XX вв. общероссийским центром джадидского образования становится М. Зынджырлы в г. Бахчисарае.

В начале XX в. центром *джадидизма* на Ниж. Волге было М. *Низамийа* в г. Астрахани, где также обучались и выходцы из Сев. Кавказа. В Дагестане центрами этого движения стали М. в с. Казанище (открыто в 1902 г., мударрис *Сайпулла-кади*) и Гази-Кумухе (мударрис *Каяев 'Али*); последнее просуществовало до 1926 г. В Кабарде в Баксане была организована М.-али («учительская семинария»), в Балкарии — М. в с. Кенделен. Образование на Сев. Кавказе при этом на рубеже XIX–XX вв. в целом сохраняло традиционный характер. Количество джадидских М. в целом по Сев. Кавказу было незначительным.

После революции 1917 г. ряд М. были преобразованы в национальные учительские ин-ты, техникумы или школы, здания городских М. были переданы органам образования. Многие сельские М. закрылись в период Гражданской войны и голода 1921–22 гг. По постановлению Президиума ВЦИК РСФСР о разрешении преподавания мусульманского вероучения в мечетях от 09.06.1924 г. при ряде приходов в городах шли занятия, продолжалось полулегальное преподавание в ряде М. На Сев. Кавказе вплоть до конца 1920-х гг. продолжали функционировать М. и мектебы (примечетские школы) (см статьи по регионам Сев. Кавказа)

28.05.1928 г. Президиум ЦИК СССР отменил закон ВЦИК 1924 г. о мусульманских религиозных школах. К концу 1930-х гг. все М. в регионе были закрыты. Между 1946 г. и концом 1980-х гг. единственными легально действующими М. для мусульман всего Советского Союза были Мир-и Араб в Бухаре и Буракхан в Ташкенте (в 1971 г. последнее было преобразовано в Исламский ин-т им. имама ал-Бухари). С 1989 г. начинается восстановление М. на Сев. Кавказе.

Лит.: Гамзатов Г. Г., Саидов М.-С., Шихсаидов А. Р. Арабо-мусульманская литературная традиция в Дагестане. Махачкала, 1990; Ислам на территории бывшей Российской империи / ред. и сост. С. М. Прозоров. Т. 1–2. М., 2006, 2018; Омаров М. Богословы Дагестана. Махачкала, 2014; Омаров М. Ислам в Дагестане. Махачкала, 2014; Омар-Оглы Абдулла. Воспоминания муталима // Сб. сведений о кавказских горцах. Вып. I, II. Тифлис, 1868, 1869; Фахурдин Р. Асар. Т. 1–4. Казань, 2006-2010; Bobrovnikov V., Navruzov A., Shikhaliev Sh. Islamic Education in Soviet and post-Soviet Daghestan // Islamic Education in the Soviet Union and its Successor States / ed. by M. Kemper, R. Motika and St. Reichmuth. Central Asian Studies Series. London; New York, 2010. Pp. 107–167.

А. Х., Д. М., Ш. Шихалиев

Медресе Карачаево-Черкесской Республики. Первое М. на территории республики открыто в 1991 г. в с. Учкекен Малокарачаевского р-на активистами исламского молодежного движения, но функционировало с перебоями и было закрыто. В 2011 г. на его базе было создано М.-интернат, работающее по настоящее время под началом ДУМ Карачаево-Черкесии. Директор М. — М. С. Эркенов, председатель Молодежного комитета при *ДУМ Карачаево-Черкесской Республики*, помощник председателя *Координационного центра мусульман Северного Кавказа*. Шакирды (дети в возрасте от 10 лет) находятся на полном пансионе с круглосуточным проживанием. Учащиеся в первую смену посещают местную сельскую общеобразовательную школу. М. рассчитано на 60 человек, имеет 3 этажа, 1600 м^2 полезной площади. При медресе действует мечеть.

М. Агъзамия (директор М. Ш. Тебуев) было создано в середине 1990-х гг. в структуре регионального муфтията. Оно функционировало несколько лет, осуществив четыре выпуска. Его работу курировал председатель

Молодежного комитета при *ДУМ Карачаево-Черкесской Республики* (с 1995 г. — А. И. Суюнчев). В начале 2000-х гг. было закрыто.

Р. Хатуев

Мекеров, **'Умар** Исмаилович (вариант: Микеров, 1847–91) — абазинский религиозный и общественный деятель, глава духовенства мусульман бассейна р. Большой и Малый Зеленчук (*абазин*, *ногайцев*, черкесов), кадий. Родился в а. Бибердовский Баталпашинского отд., принадлежал к роду первостепенных абазинских узденей (агIмыстаду). Сын народного кадия бассейна р. Большой и Малый Зеленчук. Образование получил в г. Стамбуле. На службе с 1863 г., в чине юнкера милиции стал старшиной с. Бибердовский. Проживал также в а. Абукова и Джантемирова. В 1866 г. М. 'У. «возбудил ходатайство о переселении в Кабарду, в аул Хахандукова». Как следует из официальных документов, на 02.11.1869 г. М. 'У. занимал должность кадия Зеленчукского окружного суда. За вклад в дело перехода русских войск через Марухский перевал в 1877 г. (во время Русско-турецкой войны) ему был присвоен первый офицерский чин прапорщика. Позднее был приглашен от Кубанской обл. на Промышленно-художественную выставку в г. Москве. В 1879 г. усилиями М. 'У. в а. Бибердовский было открыто одноклассное народное училище — первое светское учебное заведение у *абазин*. Газета «Кубанские ведомости» сообщала, что М. 'У. «устроил в своем ауле образцово поставленную школу с пансионатом и вообще способствовал распространению народного образования среди горцев». Отмечалось, что на основе арабской графики он «составил особую азбуку, приспособленную к местному наречию» (абазинскому языку) и «посредством ее сам обучал детей в школе удобопонятным для них правилам не только религии, но и другим предметам». Однако ни азбука, ни составленный на ее основе учебник не были изданы. С конца 1880-х гг. до своей смерти М. 'У. был исламским законоучителем Бибердовского одноклассного начального училища. Автор книги «Иман-Ислам» (1886, Тифлис — Бахчисарай).

Умер от воспаления легких в 1891 г. В некрологе отмечалось, что М. 'У. «был в высшей степени мягкосердечным, доброжелательным и отзывчивым человеком» и «отличался глубоким природным умом, был блестяще образованным арабистом, проникнутый стремлением просветить массу своих единомышленников». Современные исследователи указывают, что в истории *абазин* «никто до Умара Микерова не составлял ни алфавита, ни учебника, не открывал школ» (В. Б. Тугов). Дети М. 'У.: дочь Санет (род. 1863), сын Осман (род. 1856); по др. данным, у него были сыновья 'Абдулкерим и Хамид, обучавшиеся в Петербургском ун-те.

Лит.: Бибаркт — Эльбурган / под ред. В. Б. Тугова. Черкесск, 1996; Кубанские ведомости. Екатеринодар. 19.03.1891 (некролог); Кубанская справочная книжка на 1891 г. Екатеринодар, 1891; Чикатуева С. А. Родословная абазинского просветителя Умара Мекерова // Генеалогия Сев. Кавказа. Нальчик, 2002. № 2. С. 47–53.

Р. Хатуев

Меселасул Мухаммад-афанди Ал-Хучади (1909–87) — мусульманский религиозный деятель, шейх накшбандийского и шазилийского тарикатов, предшественник шейха *Чиркейского Са'ида-афанди*. М. М.-а. родился в с. Хучада (ныне Шамильский р-н РД), был мюридом *Хусенил Мухаммада-афанди* из с. Уриб (ныне Шамильский р-н РД). Получил иджазу и амр от Хамзата-афанди и Саадухаджиясул Мухаммада-афанди. По просьбе односельчан в течение нескольких лет М. М.-а. работал имамом с. Нечаевка Кизилюртовского р-на РД. В 1977 г. он начал принимать мюридов. От него получил иджазу шейх *Чиркейский Са'ид-афанди* из с. Чиркей Буйнакского р-на РД. Умер и похоронен в с. Нечаевка.

Лит.: Абдурахманов М. Золотая цепочка накшбандийских шейхов. Махачкала, 2002; Магомедов Р. Хучадаса Меселасул Мух1аммад-афанди. Махачкала, 2009; Омаров М. Ислам в Дагестане. Махачкала, 2014.

М. Омаров

Мехкеме в Карачае и Балкарии — высшая судебная инстанция мусульманской карачаево-балкарская общины, аналогичная судам, учрежденным в 1807 г., в других р-нах Большой Кабарды.

М. (от араб. махкама — суд) был создан в ходе шариатского движения 1790-х — начала 1800-х гг. у карачаевцев, балкарцев, кабардинцев, *абазин*, *ногайцев*. На заседаниях М. разбирали дела по 'адату и шариату. В последнем случае судопроизводство возлагалось на кадия («народного эфенди»). На М. председательствовал верховный (главный) князь, именовавшийся «олий» (от араб. «вали» — правитель; «вали» в русских документах XIX в.). В Балкарии олием становился «обыкновенно старейший и влиятельнейший из таубиев» (Б. А. Шаханов), «старейший и достойнейший из таубиев» (М. К. Абаев).

По данным «Комиссии для разбора сословных прав горцев Кубанской и Терской областей» (1885), «управление внешними и внутренними делами Карачая находилось в руках сословия бий, из которого выбирался народный вали, и притом всегда из одной только фамилии Крымшамхаловых». Далее говорится о том, что «суд и расправа (мехкеме) находились в руках первых двух сословий: бий и уллу-узден, т. е. членами суда могли быть только лица этих двух сословий, но с непременным участием народного эфенди».

Лит.: Лайпанов К. Т., Хатуев Р. Т., Шаманов И. М. Карачай с древнейших времен до 1917 г. Черкесск, 2009.

Р. Хатуев

Мехтулинское ханство — аваро-кумыкское государственное образование, существовавшее в XVII–XIX вв. на территории Дагестана. Состояло из 13 аулов, расположенных в бассейне р. Манас. По материалам Х.-М. О. Хашаева, М. х. также подчинялись несколько даргинских селений.

Ханство образовалось в XVII в. в результате распада Казикумухского шамхальства. Название произошло от имени его основателя — Кара-Мехти, который, по преданию, происходил из дома шамхалов. От его имени образовалось кумыкское название рода «Мехти-улу» («потомство Мехти»). По мнению Е. Н. Кушевой, мехтулинские ханы — родственные шамхалу владельцы. Первоначальная резиденция Кара-Мехти — с. Аймаки (ныне Гергебильский р-н РД), позже резиденцией мехтулинских ханов стало с. Ниж. Дженгутай (ныне Буйнакский р-н РД). Согласно народным преданиям, основателями с. Ниж. Дженгутая были выходцы из разрушенного в конце XIV в. эмиром Тимуром кумыкского средневекового г. Аркас.

В 1741 г. войска мехтулинского Ахмад-хана разбили в Аймакинском ущелье под Дженгутаем войско персидского Надир-шаха. Османский султан Махмуд I ему присвоил ему звание «мир-и миран» (беклербек).

В 1867 г. последний хан М. х. — Рашид-хан — сложил с себя права и обязанности по управлению. М. х. вошло в состав Российской империи, было включено в состав Темир-Хан-Шуринского окр.

Правители: Кара-Мехтий (упоминается в 1590 г.), Ахмат-хан I (упоминается в 1637 г.), Мехти II (середина XVII в.), Пир-Мухаммат (начало XVIII в.), Мехти III (упоминается 1732 г.), Ахмад-хан II (1735–49), Мехти IV (1749–73), Али-Султан (1773–1807), Ахмадхан Аджихан (?–1796), Гасан-хан (1809–18), Ахмад-хан (1820–43), Нух-Бике (1843–55), Ибрахим-хан (1855–59), Рашид-хан (1859–67).

Лит.: Алиев Б. Г., Умаханов М-С. К. Историческая география Дагестана XVII — начала XIX в. Кн. I. Махачкала, 1999; История Дагестана с древнейших времен до наших дней. Т. 1. М., 2004.

А. Пачкалов

Мечети Ингушетии. Наглядной иллюстрацией существования мусульманского зодчества на территории Ингушетии во 2-й половине XIX в. являются сохранившиеся развалины М. И. в горной части республики, в с. Эгикал и Цхаралте (ныне Джейрахский р-н РИ). Селение Эгикал является одним из крупнейших башенных комплексов горной Ингушетии. Расположен этот замковый комплекс на юж. склоне горы Цей-лом, в 2 км от р. Ассы, занимает площадь ок. 50 га. По периметру аула находятся подземные, полуподземные, надземные захоронения домусульманского и мусульманского периодов. В склепах — «солнечных могильниках» — видны останки предков ингушей. Мусульманские кладбища вплотную подходят к башенному комплексу. На некоторых надмогильных плитах (чуртах) сохранились тексты, написанные арабской вязью. В местечке Цхаралты сохранились остатки мечети и развалины уникального башенного комплекса, который по инициативе ЮНЕСКО планировалось включить в реестр мировых архитектурных достопримечательностей. Однако в августе 1994 г. башня была уничтожена боевыми вертолетами.

Архивные данные позволяют пролить свет на распространение ислама на территории Ингушетии и бытование культовых сооружений. Статистические сведения о населенных пунктах Сунженского отдела Терской обл. по Первой всероссийской переписи населения 1897 г. дают нам следующую картину. По одной мечети имелось в селах Семиогич, Ниж. Аршты, Бумут, Датых, Мужичий, Гади-Борш, Кескем, Сагопши, Верх. Ачалук, Ниж. Ачалук, Альты-Гамурзиевское, Барсуки. По несколько мечетей в селах: Пседах — 4, Средний Ачалук — 2 большие, Гамурзиево — 2, Насыр-Корт — 1 большая и 3 маленькие, Сурхахи — 1 большая и 3 маленькие, Яндырка — 1 большая и 1 маленькая, Плиево — 1 большая и 2 маленькие, Долкаково — 1 большая и 1 маленькая, Базоркино (ныне с. Чермен РСО–А) — 1 большая и 9 маленьких. Итого в конце XIX в. существовало 45 М. И. В настоящее время из всех М. И., существовавших до революции, сохранились только Насыр-Кортская и Средне-Ачалукская.

М. И. были уничтожены по следующим причинам: переселение жителей горной части на равнины, *мухаджирство*, революция, депортация, советское атеистическое движение и т. д. С образованием Республики Ингушетия в 1992 г. началось возрождение ислама, в том числе строительство культовых сооружений.

В настоящее время в *Духовном центре мусульман Республики Ингушетия* зарегистрировано более 200 мечетей, из которых 71 соборная (рузбане мяждиг), где каждую пятницу совершается коллективный намаз, остальные — квартальные (джамаат мяждиг), где жители близлежащих домов могут пять раз в день совершать групповую молитву. Квартальные мечети имеются почти во всех населенных пунктах республики, в некоторых несколько: если это большое село и в нем проживают несколько больших «родов», где почти каждая фамилия строит свой молельный дом. При этом каждое братство или род считает своим долгом построить мечеть, где собираются преимущественно члены одного толка, хотя присутствие других допускается. Так, некоторые приверженцы накшбандийского тариката в день пятничной молитвы пытаются посетить мечеть в г. Назрани, куда стекаются представители этого братства. Несмотря на многочисленность представителей вирда *Кунта-хаджжи Кишиева*, они не имеют привязки к конкретной мечети и совершают намаз там, где их застанет время. Возможно, это связано с тем, что кадирийский тарикат в Ингушетии самый большой и они не видят необходимости встречаться в конкретной мечети. Батал-хаджжинцы собираются на рузб ламаз в Сурхахинской мечети им. шейха *Белхороева Батал-хаджжи*. Вирд *Гарданова Хусейн-хаджжи* собирается в Плиевской мечети им. *Гарданова Хусейн-хаджжи*. Несмотря на деление по братствам и независимо от того, на чьи средства и чьими силами построены М. И., все они подчинены Муфтияту РИ, который руководит, координирует и контролирует их деятельность.

Религиозная женская активность не получила официальной поддержки со стороны духовенства Ингушетии. Хотя по шариату женщины имеют право посещать мечеть, в республике в этом вопросе придерживаются местных 'адатов, поэтому в М. И. не предусмотрены женские половины для совершения намаза.

В преддверии 20-летия Ингушетии в ст. Орджоникидзевской (Сунженский р-н РИ) 03.06.2012 г. открылась самая крупная соборная в районе. Она состоит из двух этажей и рассчитана более чем на 1000 прихожан. Мечеть отличается от других М. И. своим внешним видом, так как она построена по архитектурному типу турецких мечетей с вытянутым куполом и минаретами.

Выделяется строящаяся соборная мечеть «Сердце Кавказа» в столице Ингушетии, г. Магасе, которая сочетает величие и мощь башенных архитектурных памятников горной Ингушетии с изяществом и декоративным убранством исламских культовых сооружений. Согласно проекту, площадь застройки мечети составит 11 тыс. м2, диаметр главного купола — 50 м, высота минаретов, повторяющих родовые башни, — 64 м. Рассчитана на 10 тыс. прихожан.

Лит.: Албогачиева М. С.-Г. Ингуши в XX в.: этнографические аспекты религиозных практик // Сев. Кавказ. Традиционное сельское сообщество: социальные роли, общественное мнение, властные отношения. СПб., 2007;
Албогачиева М. С.-Г. Адепты Кунта-хаджи Кишиева: Бамат-Гирей-хаджи Митаев, Батал-хаджжи Белхороев, Хусейн-хаджи Гарданов, Чим-мирза Таумерзаев, Мани-шейх Назиров и Вис-хаджи Загиев // Ислам в России и за ее пределами: история, общество, культура: сб. материалов материалы межрегиональной научной конференции, посвященной 100-летию со дня кончины выдающегося религиозного деятеля шейха Батал-хаджи Белхороева / отв. ред. М. С.-Г. Албогачиева. Магас; СПб., 2011. С. 26–36; Мальсагов М. С., Пошев А.-Х. Древо жизни. Нальчик, 1999. С. 116; Матиев А. Великий Шейх из Сурхахов. Назрань, 2006. С. 120; РГИА Ф. 1290. Оп. 11. Д. 2390.

М. Албогачиева

Мечети Карачая. В XIX — начале XX в. М. К. функционировали во всех карачаевских селениях; в крупных населенных пунктах, как правило, было несколько мечетей (включая соборные и квартальные). Так, в 1898 г. в с. Хурзук (ныне Карачаевский р-н КЧР) с населением в 6309 чел. действовало 8 мечетей; в с. Учкулан (ныне Карачаевский р-н КЧР) с населением 6820 чел. — 5, из которых 2 были новыми. Одной из самых красивых и вместительных считалась мечеть с двумя минаретами в с. Верх. Учкулан, в квартале Урусовых; «это была уменьшенная копия мечети Айя-София», которую возвели зодчие-греки, прибывшие из г. Стамбула по приглашению Хамзат-хаджжи и Хусин-хаджжи Урусовых (последний стал ее имамом).

Дореволюционные М. К. сохранялись до начала 1940-х гг. в с. Учкулан (в квартале Урусовых, Байчоровых, Биджиевых-Бостановых, Тебуевых, Салпагаровых и др.), в с. Хурзук (у слияния р. Уллу Кама и Уллу Хурзу-ка, кварталы Каракетовых, Байрамуковых, Чотчаевых, Лайпановых, Элькановых-Тоторкуловых и др.), с. Карт-Джурт (Хубиевых, Боташевых и др.). Большинство их были возведены в местной строительной традиции срубного зодчества. Почти все М. К. были разрушены новыми поселенцами после депортации карачаевцев, во время передачи территории Большого Карачая Грузинской ССР (1943–57). Некоторые из М. К. запечатлены на фотографиях дореволюционной и довоенной поры (например, в кварталах Эркеновых, Байчоровых, Хубиевых).

Лит.: Байрамуков А. С. Урусов Хусин-хаджи — один из образованных людей дореволюционного Карачая // Алиевские чтения. Тезисы докладов. Карачаевск, 1998. Ч. 1. С. 259; Сысоев В. М. Карачай в географическом, бытовом и историческом описании // Сб. материалов для описания местностей и племен Кавказа. Тифлис, 1913. Вып. 43.

Р. Хатуев

Мечеть в г. Армавире

Мечеть в г. Армавире. Начало строительства суннитской мечети относится к 1908 г., мечеть была расположена на ул. Войсковой (ныне ул. Пугачева). Строительство мечети реализовано по инициативе и при финансовой поддержке людей разных конфессий и национальностей. Сбор средств на сооружение мечети осуществлялся по инициативе местной общины казанских татар. Инициатор строительства — ротмистр Кавказского запасного кавалерийского дивизиона ингуш Индриз Бекович Тутаев. Значительные финансовые средства в возведение мечети пожертвовал ногайский князь Атажук Адильгиреевич Капланов-Нечев. Строительные работы на сумму около 7 тыс. руб. осуществила строительная контора русского промышленника М. И. Мисожникова. По мнению С. Н. Ктиторова, автором проекта мечети является известный пятигорский архитектор армянин Э. Б. Ходжаев. К концу 1910 г. возведение мечети было завершено, сведения о ней содержит официальный справочник «Города России в 1910 году». Черкесогаи называли *мечеть в г. Армавире* Мэщыт жам (адыг.-арм.), объединив в этом названии адыгское слово «мэщыт» (мечеть) и армянское «жам» (церковь).

Отличительная архитектурная особенность мечети — восьмигранный трехуровневый минарет, опоясанный кружевным металлическим балконом. Минарет имел изящный шлемовидный купол и полумесяц на высоком шпиле. На всех углах мечети возвышались парапетные тумбы с небольшими куполами.

В 1911 г. при мечети было открыто русско-мусульманское училище, где мальчики и девочки обучались совместно. Советская власть сначала оставила мечеть действующей, затем здание было национализировано и сдавалось верующим в аренду. В 1928 г. мечеть была закрыта и преобразована в татарскую школу, переданную в ведение Отдела народного образования. В 1930-е гг. здание было передано в распоряжение военного ведомства, после ВОВ стало складом, в настоящее время используется как многоквартирный жилой дом.

Официально является памятником архитектуры, охраняемым государством. Первоначальный облик здания искажен разнообразными пристройками.

Лит.: Ктиторов С. Н. Старинная мечеть как памятник межэтнического добрососедства и сотрудничества // История и обществознание. Вып. 13. Армавир, 2016. С. 42–47; Ктиторов С. Н. Этнические сообщества предкавказского города: проблемы адаптации и идентичности (2-я половина XIX — начало XX в.). Армавир, 2014.

Н. Нефляшева

Мечеть в г. Екатеринодаре (ныне Краснодар). Строительство мечети связано с именем черкеса, хаджжи Лю Нахлуковича Трахова (1854–1914), одного из наиболее влиятельных людей Кубанской обл., лесопромышленника, мецената, председателя Черкесского благотворительного общества. Л. Н. Трахову принадлежала территория квартала в г. Екатеринодаре, по ул. Екатерининской (ныне ул. Мира, между ул. Седина и Суворова в г. Краснодаре), где им были построены из кирпича собственной выработки жилые дома, гостиницы, бесплатная столовая для неимущих, баня, пансион для нуждающихся черкесов, мечеть.

Небольшая домовая мечеть находилась при доме Л. Н. Трахова (ул. Мира, д. 61), а после совершения хаджжа предприниматель выстроил на территории своего участка двухэтажную мечеть. С 1896 г. в ней проводились богослужения для всех мусульман города. 03.05.1896 г. в день праздника Ураза-байрам в доме Л. Н. Трахова состоялось торжественное богослужение, на которое собрались «представители разных племен магометанских вероисповеданий, состоящие на службе в Екатеринодаре,— более 300 человек, в том числе из Анапского резервного батальона 30 солдат, а также чины Кубанской горской постоянной милиции 50 человек в полной парадной форме, во главе с командиром сотни этой милиции».

Богослужения в мечети продолжались в годы ПМВ. 24.10.1914 г. мусульмане г. Екатеринодара молились в доме Л. Н. Трахова о даровании победы русскому оружию. По этому случаю была послана телеграмма Кавказскому наместнику графу И. И. Воронцову-Дашкову 09.02.1917 г. Наказной атаман Кубанского казачьего войска, временный генерал-губернатор Кубанской обл. и Черноморской губ. М. П. Бабыч одобрил возведение мечети в г. Екатеринодаре и разрешил собирать средства на ее строительство, но отречение с престола 02.03.1917 г. императора Николая II и революционные события не позволили реализовать этот проект. В 1928 г. Облисполком Адыгейской автономной обл. (который тогда располагался в г. Краснодаре) выделил 3500 руб. на переоборудование под жилье здания мечети в г. Краснодаре.

Лит.: Бардадым В. Купец-благотворитель. К 150-летию со дня рождения Л. Н. Трахова // Вольная Кубань. 2004. 13 ноября; Екатеринодар — Краснодар. Два века города в датах, событиях, воспоминаниях (1793–1993). Материалы к летописи. Краснодар, 1993.

Н. Нефляшева

Милли комитет (Мусульманский комитет) — создан на основе темир-хан-шуринского общества *«Джамийат-ул-Исламийа»* в сентябре 1917 г. в противовес исполкому по инициативе *Дибирова Магомеда-кади* и инженера С. Куваршалова.

Цели М. к., который возглавил *Дибиров Магомед-кади*, были следующие: 1) разъяснять народу революционные нововведения и мероприятия и доводить до сведения стоящих у власти о нуждах и чаяниях народа; 2) при уходе из Дагестана правительственных войск гарантировать русскому населению выезд из Дагестана, устранять всякие причины возможности столкновения между войсками и народом; 3) информировать народ о созыве в России Учредительного собрания и о порядке выборов туда представителей; 4) работать неуклонно на пути возрождения национальной культуры народов, и за всеми необходимыми в этом направлении средствами обращаться к содействию бывшего органа власти в Дагестане.

Новая организация начала создавать свои филиалы в городах и аулах Дагестана. М. к. сыграл значительную роль в деле организации и укрепления новой власти. Вскоре *Дибирова Магомеда-кади* сменил полковник Арацхан Хаджи-Мурат, после которого М. к. возглавил Даниял Апашев. С этого момента стала развиваться организационная и общественно-политическая деятельность комитета: был избран секретарь, заведено делопроизводство. М. к. начал принимать участие не только в политической жизни дагестанского населения, но и присвоил себе функции определенной политической организации, диктовавшей в некоторых случаях органам власти свои условия в области политических мероприятий. В этот период М. к. объединил вокруг себя людей всех политических оттенков: от социалистов до самых крайних реакционеров. Объединяло их общее стремление к национальной независимости, не предрешая будущего политического строя в Дагестане.

М. к. имел собственные вооруженные отряды — исламскую милицию, издавал две газеты, располагал сетью комитетов и ячеек. Комитет подчинялся *Союзу объединенных горцев Северного Кавказа и Дагестана*, а его лидеры развернули активную пропаганду против исполкома Советов и «преуспели в этом отношении довольно удачно». В результате образовалось двоевластие: с одной стороны — власть исполкома (председатель Дж. Коркмасов), с другой — М. к. (председатель Д. Апашев), который вмешивался во все важнейшие дела и оказывал существенное влияние на политическую ситуацию.

М.-к. ликвидирован в 1918 г.

Лит.: Дибиров М.-К. История Дагестана в годы революции и гражданской войны. Махачкала, 1997; Доного Х. М. Нажмутдин Гоцинский. Махачкала, 2011; Тахо-Годи А. А. Революция и контрреволюция в Дагестане. Махачкала, 1927.

Х. М. Доного

Минаева, Татьяна Максимовна (07.01.1896–18.08.1973) — археолог-кавказовед.

Родилась в д. Цибульники Смоленского у. и губ. В 1924 г. окончила историко-филологический факультет Саратовского ун-та. Первые исследования были посвящены археологии Ниж. Поволжья. С 1929 по 1936 г. М. работала археологом и заведующим историческим отделом Сталинградского областного музея (ныне Волгоградский областной краеведческий музей). Затем была арестована и выслана. В 1936–39 гг., находясь в ссылке, работала преподавателем начальных классов школы в г. Соль-Илецке Чкаловской (ныне Оренбургской) обл.

В 1939 г. получила возможность вернуться к научной работе и переехала на Сев. Кавказ (г. Ставрополь); научные интересы были сосредоточены на археологических памятниках Сев. Кавказа. Кандидатская диссертация М. была посвящена археологическим памятникам верховьев р. Кубани. М. работала в Ставропольском краеведческом музее, преподавала в Ставропольском педагогическом ин-те. В 1942 г., во время изъятия немецкими оккупантами культурных и исторических ценностей из краеведческого музея, М. сумела спрятать археологические и этнографические коллекции, сохранив их для потомков.

Автор более 70 научных работ, в основном посвященных северокавказскому Средневековью (в том числе по археологии аланов, половцев, золотоордынского г. *Маджара* и др.), организатор археологических исследований в Старопольском крае. В память о М. в г. Ставрополе проходят Минаевские чтения по археологии, этнографии и краеведению Сев. Кавказа.

Соч.: Археологические памятники Черкесии // Труды Черкесского научно-исследовательского института. Черкесск, 1954. Вып. II; Золотоордынский город Маджар // Материалы по изучению Ставропольского края. Ставрополь, 1953. Вып. 5; К вопросу о половцах на Ставрополье по археологическим данным // Материалы по истории Сев. Кавказа. Ставрополь. 1964. № 11; К истории алан Верхнего Прикубанья по археологическим данным. Ставрополь, 1971; Кабардино-черкесские курганные могильники в Ставропольском крае // Материалы по истории Северного Кавказа. Ставрополь, 1954. № 6; Очерки по археологии Ставрополья. Ставрополь, 1965.

Лит.: Найденко А. В. Минаева Татьяна Максимовна (некролог) // Советская археология. М., 1975, № 4; Она же. Старейший археолог Сев. Кавказа (памяти Т. М. Минаевой, 1896–1973) // Материалы по изучению Ставропольского края. Ставрополь, 1976. Вып. 14.

А. Пачкалов

Митаев, ʻАли Бамат-Гиреевич (1890–1925) — мусульманский религиозный и общественный деятель.

Уроженец с. Автуры Веденского окр. (ныне Шалинский р-н ЧР), сын *Митаева*

Бамат-Гирея-хаджжи, сподвижника шейха *Кунта-хаджжи*. Закончил гимназию в г. Грозном, религиозное образование получил в медресе. Владел чеченским, русским, арабским языками. В 1911–12 гг. находился вместе с отцом в ссылке в г. Калуге. В 1912 г. в с. Автуры создал медресе с русским классом, в котором учебный курс предполагал изучение чеченского, русского, арабского языков, исламской теологии, математики, риторики, географии, астрономии, истории. М. 'А. пригласил русских учителей из г. Грозного, сам оплачивал их работу и содержание детей неимущих родителей.

После смерти отца (1914) стал его преемником, занимался религиозной деятельностью — стремился к созданию шариатского государства на территории Чечни. В годы Гражданской войны принял активное участие в событиях на Сев. Кавказе. Шариатский полк под руководством М. 'А. участвовали в боях с карательными белогвардейскими частями, но был рассеян. Во время антисоветского восстания (1920–21) М. 'А. занял нейтральную позицию, после его подавления выступил за установление твердого порядка в Чечне, занимался организацией *шариатских судов* и полков самообороны, которые к середине 1922 г. контролировали всю территорию области. Ко времени объявления ВЦИКом 15.01.1923 г. автономии Чеченской обл. М. 'А. был самым авторитетным национальным и религиозным лидером на ее территории. Формально оставаясь лояльным к советской власти, только начинавшей укрепляться на Сев. Кавказе, активно использовал ее ин-ты для упрочения своего влияния. По рекомендации председателя ревкома Чеченской АО *Эльдарханова Т. Э.* и секретаря Северо-Кавказского бюро ВКП(б) А. И. Микояна был избран членом ревкома Чеченской АО.

Напряженная социально-политическая ситуация в Чечне, грозившая вылиться в новое восстание, а также полученные ОГПУ данные о связи М. 'А. с *Гоцинским Нажмутдином* подтолкнули власти к его аресту. Арестован 18.04.1924 г., доставлен в г. Ростов-на-Дону, а затем в г. Москву. Постановлением коллегии ОГПУ от 19.01.1925 г. был осужден к десятилетнему заключению. В связи с поступлением в ОГПУ новых данных, изобличавших М. 'А. в ряде антисоветских действий, его дело было пересмотрено. 26.10.1925 г. Коллегия ОГПУ вынесла постановление о расстреле М. 'А.

Лит.: Акаев В. Х. Суфийская культура на Сев. Кавказе: теоретические и практические аспекты. Грозный, 2011; Вачагаев М. Шейхи и зияраты Чечни. М., 2009.

Х. М. Доного

Митаев, Бамат-Гирей-хаджжи (ок. 1838–1914) — мусульманский религиозный деятель, чеченский проповедник.

Родился в с. Автуры Веденского окр. (ныне Шалинский р-н ЧР). М. Б.-Г.-х. — ученик кадирийского шейха *Кунта-хаджжи* Кишиева. После окончания *Кавказской войны* продолжал учиться у своего муршида и вскоре после высылки последнего с Сев. Кавказа основал собственный вирд.

М. Б.-Г.-х. дважды привлекался к ответственности по статье № 63 «Устава о наказании» с высылкой за пределы Кавказа: в 1910 г. — в г. Одессу, а в 1911 г. — в г. Калугу вместе с др. горцами, оказывавшими поддержку знаменитому абреку Зелимхану Гушмазакаеву из Харачоя (убит в 1913 г.). Как наиболее влиятельные представители «зикризма», «вредные для общественного порядка и спокойствия и способствующие разбойнической деятельности Зелимхана», М. Б.-Г.-х. и еще 7 поднадзорных с семьями были определены в Калужскую губ. сроком на 5 лет.

Семье М. Б.-Г.-х., которая состояла из жены Аругаз (30 лет), третьей по счету; двух сыновей — *Али* (21 год), впоследствии известного участника событий Гражданской войны на Сев. Кавказе в 1920-х гг., и Омара (18 лет) — было определено место жительства на окраине г. Калуги, на ул. Ивановской. Гласный полицейский надзор в г. Калуге был учрежден над М. Б.-Г.-х. с 29.04.1912 г. В мае 1914 г. М. Б.-Г.-х. обратился к главе МВД с прошением разрешить ему ввиду преклонного возраста и старческой слабости, болезни его и сына возвратиться на родину или переселиться в местность ближе к родине. Прошение М. Б.-Г.-х. было «оставлены без удовлетворения» ввиду «неимения к тому» уважительных причин.

М. Б.-Г.-х. скончался 13.09.1914 г. в г. Калуге. По преданию, тело М. Б.-Г.-х. в сопровождении офицеров фельдъегерской службы МВД было отправлено на Кавказ, в родовое с. Автуры, на «расписном деревянном тарантасе-арбе». На кладбище с. Автуры ныне располагается мавзолей М. Б.-Г.-х., почитаемый в Чечне и за ее пределами.

Лит.: ГАКО. Ф. 783. Оп. 1. Д. 894. Л. 1, 5–13 об.; Шамиль. Иллюстрированная энциклопедия. М., 1997. С. 158.

И. Лысцева

Монетное обращение на средневековом Северном Кавказе. Обнаружены находки нескольких десятков монетных кладов периода Средневековья, а также многочисленные находки отдельных монет. Среди кладов имеются большие, насчитывающие несколько тысяч монет. Иногда клады обнаруживают со следами тары — керамическим или металлическим сосудом, с остатками ткани.

Монетное обращение изучалось такими исследователями, как В. В. Кропоткин, Е. А. *Пахомов*, А. В. Пачкалов, Ю. А. Прокопенко, Э. *В. Ртвеладзе*, Г. А. Федоров-Давыдов и др. Из-за недостаточной изученности средневековых поселений и городищ Кавказе мы располагаем лишь небольшой информацией о монетных находках на большинстве городищ региона. В последние два десятилетия на золотоордынских городищах было собрано огромное количество средневековых монет кладоискателями.

На территории Сев. Кавказа среди находок, относящихся к домонгольскому времени, зафиксированы византийские, сасанидские и куфические монеты. Развитого монетного обращения в домонгольское время в регионе не существовало за исключением р-на Дербента.

В горной части Кавказа находки монет более редки, здесь находки эти свидетельствуют не столько о денежном обращении, сколько об использовании монет в качестве украшений, так как многие из таких находок имеют следы для подвешивания. Монетная чеканка существовала в г. Дербенте (*Баб ал-абваб*), *Азаке*, *Маджаре*, а также, возможно, и в др. золотоордынских центрах региона. Среди золотоордынских монет основном встречаются монеты, выпущенные в городах Ниж. Поволжья (Сарай, Сарай ал-джедид, Гюлистан и др.), а также продукция Крыма, *Азака*, *Маджара*. Довольно редки находки продукции других золотоордынских городов. Встречаются также генуэзско-татарские монеты и единичные находки иноземных монет. Находки монет XIII в. немногочисленны. Расцвет монетного обращения в золотоордынское время пришелся на XIV — начало XV в. В некоторых захоронениях встречаются монеты («оболы мертвых»), чеканенные в городах *Золотой Орды*. Преобладают клады серебряных монет, клады с медными монетами немногочисленны.

Монетное обращение XV–XVIII вв. в регионе почти не изучалось, а монетные находки фиксировались слабо (известны находки монет *Крымского ханства* и Османской империи).

Монетные находки, сделанные в регионе, хранятся в музейных коллекциях городов Сев. Кавказа, а также в музеях Москвы и Санкт-Петербурга.

Лит.: *Кропоткин В. В. Клады византийских монет. М., 1962; Пахомов Е. А. Клады Азербайджана и др. республик и краев Кавказа. Баку, 1926. Вып. 1; Баку, 1938. Вып. 2; Пахомов Е. А. Клады Азербайджана и др. республик и краев Кавказа. Баку, 1926. Вып. 1; Он же. Монетные клады Азербайджана и других республик, краев и областей Кавказа. Баку, 1940–1966. Вып. 3–9; Федоров-Давыдов Г. А. Клады джучидских монет (основные этапы развития денежного обращения и денежно-весовых норм в Золотой Орде) // Нумизматика и эпиграфика. М., 1960.*

Т. I; Он же. Находки джучидских монет // Нумизматика и эпиграфика. М., 1963. Т. IV.

А. Пачкалов

Мугумаев, Магомед-Расул (1932–2005) — мусульманский религиозный и общественный деятель Дагестана и Сев. Кавказа, богослов, правозащитник, муфтий Конфедерации народов Кавказа.

Родился в с. Орота Хунзахского р-на ДАССР (ныне РД), в аварской семье. В детстве обучался религиозной грамоте у местного муллы. Одновременно с учебой в Оротинской средней школе тайно изучал арабский язык и исламское вероучение, посещая уроки местных богословов. В 1951 г. поступил сразу на второй курс медресе Мир-и Араб в г. Бухаре (ныне в Республике Узбекистан).

В годы обучения в Бухаре М. побывал в республиках Средней Азии, где имел возможность ознакомиться с тяжелым положением депортированных народов (карачаевцев, крымских татар, балкарцев, чеченцев, ингушей). Несправедливость по отношению к целым народам, насильственно высланным с исторической родины, оказала большое влияние на формирование мировоззрения и политических взглядов М.

В 1953 г. М. вместе с несколькими единомышленниками создал в г. Буйнакске (РД) подпольную группу «Братья-мусульмане». В собрании участвовали представители Дагестана и Чечни (ввиду того, что чеченцы и ингуши находились в местах высылки в Центр. Азии, их представлял единственный чеченец Жукайд Алхан-Юртовский). М. был избран председателем подпольной организации, сопредседателем стал Таджутдин Игалинский. Члены группы занимались нелегальным обучением молодых людей основам исламского вероучения в горных р-нах Дагестана (по оценке М., за период 1953–57 гг. курсы обучения прошли ок. 200 чел.).

В 1957 г. М. подготовил документ под названием «Обращение шестидесяти миллионов мусульман, находящихся в коммунистической тюрьме в СССР, ко всем мусульманам свободного мира». В обращении, составленном на арабском языке, говорилось, что мусульмане СССР готовы бороться за свободу и просят исламский мир о моральной и материальной помощи. М. привез документ в Москву на VI Всемирный фестиваль молодежи и студентов (28.07–11.08.1957) и тайно передал главе делегации Ирака Омару Абу Раду. Иракский чиновник сообщил о документе в КГБ при Совете Министров СССР. 09.08.1957 г. М. был арестован.

14.01.1958 г. М. был осужден на 7 лет заключения с отбыванием наказания в ИТК в п. Явас в Мордовии (ДубравЛАГ). После освобождения 08.08.1964 г. вернулся в Дагестан. Обратился в *ДУМ Северного Кавказа* с просьбой о приеме на работу, но получил отказ. В 1965 г. по ходатайству ряда ученых Дагестана был принят на работу в отдел арабских рукописей Ин-та истории, языка и литературы (ИИЯЛ) Дагестанского филиала АН СССР в Махачкале. Там М. подготовил перевод с арабского одной из книг дагестанского ученого *Каяева Али*, репрессированного в 1940-х гг. Перевод лег в основу монографии сотрудников ИИЯЛ, получившей негативную оценку арабского бюро Дагестанского обкома КПСС. Председатель КГБ при Совете министров ДАССР генерал-майор В. А. Бурмистров осудил книгу как антисоветскую, М. был уволен с работы.

В 1967 г. М. при содействии председателя Совета министров ЧИАССР М. Г. Гайрбекова устроился на работу в Чечено-Ингушский НИИ истории, языка и литературы (ЧИНИИ ИЯЛ). Здесь М. работал над переводом с арабского языка трактата шейха *Кунта-хаджжи Кишиева* о суфизме и книги иорданского историка Шевката ал-Муфти Хабажока «Герои и императоры в истории Кавказа». В 1968 г. М. вместе с сотрудниками ЧИНИИ ИЯЛ И. Саидовым, К. Чокаевым, А. Шамиловым был уволен с работы за выступление против открытия в ин-те сектора научного атеизма.

В 1974 г. М. направил телеграмму в адрес генерального секретаря ЦК КПСС Л. И. Брежнева с протестом против лишения советского гражданства лауреата Нобелевской премии по литературе А. И. Солженицына. В 1977 г. М. при содействии зам. председателя Совета по координации научной деятельности Академий наук союзных республик при Президиуме АН СССР В. Д. Новикова принят на работу в дагестанский филиал АН СССР. В 1981 г. против М. возбуждено уголовное дело за ношение холодного оружия (карманного перочинного ножа). Суд г. Каспийска приговорил М. к 1 году исправительных работ. После отбытия срока наказания работал в пчеловодческом хозяйстве, разводил пчел.

В 1986 г. М. стал участником общественного политклуба «Перестройка», объединившего представителей научной и творческой интеллигенции Махачкалы. М. активно поддерживал политику генерального секретаря ЦК КПСС М. С. Горбачева в деле развития демократии, свободы слова, защиты прав и свобод человека в СССР, был убежденным патриотом России, сторонником ее демократического развития.

На съезде Конфедерации народов Кавказа (КНК) в Махачкале 1991 г. М. был избран муфтием КНК. После провозглашения так называемой Чеченской Республики Ичкерия (ныне Чеченская Республика) встречался в Грозном с ее лидером Д. М. Дудаевым. В феврале 1994 г. М. участвовал в тайных похоронах в Грозном первого президента Грузии З. К. Гамсахурдии (с которым был лично знаком). В том же году М. покинул Чечню в знак несогласия с Дудаевым и его окружением, считая, что сепаратистская политика привела к конфронтации с Россией, оттоку русского населения из Чечни, распространению оружия и разгулу преступности в регионе. М. всегда выступал за единство России, за диалог и сотрудничество православных и мусульман, против политического экстремизма под религиозными лозунгами.

В сентябре 1993 г. во время политического кризиса в России и противостояния между Президентом РФ Б. Н. Ельциным и Съездом народных депутатов РФ во главе с председателем Верховного совета РФ Р. И. Хасбулатовым М. прибыл в Москву и в осажденном Доме Советов (Белом Доме) на Краснопресненской набережной встретился с Р. И. Хасбулатовым. М. пытался убедить Хасбулатова не выступать против политического курса Ельцина и пойти на компромисс. Встреча не имела положительного результата.

М. был специалистом по исламской теологии и фикху шафиитского и ханафитского мазхабов. Занимался изучением темы божественного предопределения и свободы воли человека в исламе, прав и свобод человека в свете установлений шариата, диалога конфессий. Был женат дважды: первой женой М. была дочь лидера повстанческого движения в Дагестане, муфтия Сев. Кавказа *Гоцинского Нажмутдина* Хамидат (ум. 1962), вторая жена была чеченкой (в этом браке родились две дочери). Усыновленный М. сын второй жены погиб в 1994 г. в Грозном.

За глубокие религиозные знания М. пользовался большим авторитетом среди мусульманских богословов в Дагестане, Чечне и др. регионах Сев. Кавказа. Имел большую библиотеку исламской литературы на арабском языке. М. отличали скромность, доброта, чувство юмора, гостеприимство. Кроме родного аварского, М. свободно владел русским, арабским и чеченским языками. Похоронен на кладбище с. Орота Хунзахского р-на РД.

Соч.: ГIоротIаса МухIамад-Расул МухIумаев — гIалим ва жамгIияв хIаракатчи / сост. А. А. Газимагомедов. Махачкала, 2017; Мугумаев М.-Р. Права и свободы человека в Исламе // Неопубл. рукопись.; [Мугумаев М.-Р. Из воспоминаний] Арабист из Орота / публ. М. Шахбанова // Черновик. 2005. № 12; [Ш. ал-Муфти Хабажок]. «Герои и императоры в истории Кавказа» // пер. с араб. М.-Р. Мугумаева (неопубл.).

Лит.: Личный архив автора: 1989–2003 гг. Г. Махачкала, г. Москва. Информатор М-Р. Мугумаев, 1932 г.р.; 2022 г. РД, г. Махачкала. Информатор Д. Ш. Халидов, 1951 г.р.

М. Заргишиев

Ал-Мукуки, ал-хаджж **Маха** (1698/99–1745/46) — мусульманский религиозный деятель, 'алим, мударрис, суфий.

Нисба ал-М. ал-х. М. увязывает его происхождение с с. Мукутль Мукратлинского союза сельских общин (ныне в составе Чародинского р-на РД). Родился он 1110 г. х. (начался 09.07.1698) в с. Мукутль; умер там же в 1158 г. х. (начался 02.02.1745). О его учителях и сочинениях сведений нет. Известно, что ал-М. ал-х. М. построил в родном селении мечеть с медресе. Сын ал-М. ал-х. М. — кадий 'Абдулла (1717/18–66/67) — также стал 'алимом. После обучения у своего отца он отправился в страны Ближнего Востока для продолжения образования. 'Абдулла ал-М. родился в 1130 г. х. (начался 04.12.1717) и умер в 1180 г. х. (начался 08.07.1766). Он и его отец ал-М. ал-х. М. похоронены на кладбище родного с. Мукутль.

Лит.: Шу'айб б. Идрис ал-Багини. Табакат ал-хваджакан ан-накшбандийа ва-садат машайх ал-халидийа ал-махмудийа. Дамаск, 1996. С. 405–406 (на араб. яз.).

Ш. Хапизов

Муртаза б. Ахмед (Муртоза, конец XV — начало XVI в.) — один из правителей *Большой Орды*. Старший сын хана Ахмеда б. Кучук-Мухаммеда.

После гибели хана Ахмеда в 1481 г. престол *Большой Орды* оставался не занятым; возможно, здесь недолго правил тюменский хан Са'ид-Ибрагим («Ибак» русских летописей). М. б. А. и его братья были спасены беклерибеком Тимуром б. Мансуром. Они бежали к враждебно настроенному крымскому хану Менгли-Гирею. Через 2–3 года Тимур смог вернуться в Большую Орду, взяв с собой одного из «Ахматовичей» — Са'ид-Махмуда, а М. б. А. остался в заложниках в Крыму. На выручку ему в Крым был отправлен военный отряд, который и освободил М. б. А.

М. б. А. был возведен на трон *Большой Орды* (Тахт эли) в 1484 г. вместе с братом Са'ид-Махмудом, ставшим младшим соправителем. Однако между братьями установились конфликтные отношения. Вскоре место М. б. А. на престоле занял еще один брат — Шейх-Ахмед. После смерти беклерибека Тимура ссоры усилились, и братья-«Ахматовичи» сменяли друг друга на троне *Большой Орды* несколько раз. М. б. А. упоминается в этом качестве в 1490–91, 1493 г. Однако в 1494 г. Шейх-Ахмеду удалось вернуть себе трон; М. б. А. вместе с беклерибеком Хаджике («Азика князь» русских летописей) пришлось бежать за р. Терек и скрываться у своих союзников-черкесов. Оба они обращались к Ивану III за разрешением поселиться на Руси. Впоследствии М. б. А. снова упоминается в качестве одного из ханов *Большой Орды*. В 1498 г. М. б. А. просил польского короля Александра предоставить ему убежище в своих землях. Осенью 1514 г. М. б. А. отказался от трона «Престольного владения» в пользу своего брата Хаджике б. Ахмеда, однако реставрации *Большой Орды* не произошло.

Лит.: Зайцев И. В. Астраханское ханство. 2-е изд., испр. М., 2006; Он же. Между Москвой и Стамбулом. Джучидские государства, Москва и Османская империя (начало XV — 1-я половина XVI в.). М., 2004; Почекаев Р. Ю. Цари ордынские. Биографии ханов и правителей Золотой Орды. СПб., 2010; Сафаргалиев М. Г. Распад Золотой Орды // На стыке континентов и цивилизаций... (из опыта образования и распада империй X–XVI вв.). М., 1996. С. 277–526; Трепавлов В. В. Большая Орда — Тахт эли. Очерк истории. Тула, 2010.

Б. Рахимзянов

Муса-хаджжи из Эрпели (ум. 1908) — мусульманский религиозный деятель, шейх накшбандийского тариката. После *Кавказской войны* выехал в Османскую империю и поселился в г. Стамбуле. Получил иджазу от шейха Исмата ал-Янъяви, который ее получил от 'Абдаллаха ал-Макки, а тот в свою очередь — от Халида ал-Багдади. Как отмечает известный дагестанский биограф *Назир из Дургели*, шейх «умер после Османской революции», т. е. младотурецкой революции 1908 г.

Лит.: Абусуфьян из Казанища. Василат ан-наджат. Темир-Хан-Шура, 1908; Ад-Дургели Назир. Услада умов в биографиях дагестанских ученых. (Нузхат ал-азхāн фӣ тарāджим улама̄ Дāгистāн). Дагестанские ученые X–XX вв. и их биографии. М., 2012. С. 141, 206.

Г. Оразаев

«Мусульманин» («Ал-Муслим») — первая общенациональная мусульманская религиозно-просветительская газета Карачаево-Черкесии.

Издается в г. Черкесске с 2000 г., официальную регистрацию прошла в 2001 г. Учредители — *Карачаево-Черкесский исламский институт* им. имама Абу-Ханифы, Р. Т. Хатуев. В разные годы редакторами «М.» были М. Ижаев, Х. Чотчаев, И. Бостанов. Публикует статьи, посвященные вопросам догматика ('акиды), богослужения, толкования Корана и хадисов, истории мусульманских народов. Издается за счет благотворительности, грантов российских фондов. В последние годы выпуск газеты ограничен в периодичности.

Р. Хатуев

Мусульманская книжная культура Большой Кабарды — круг чтения мусульманской духовной элиты региона в конце XVIII — первой четверти XX в. Как и в целом на Сев.-Зап.

Мусульманская книжная культура Большой Кабарды

Кавказе, плохо изучена. Научное изучение мусульманских обществ в этом регионе зародилось в последние десятилетия. Первые археографические экспедиции в республике были проведены в 2002 и 2014 г. В ходе обследования удалось собрать архивные материалы, среди которых следует отметить небольшие, но ценные собрания старопечатных и рукописных книг и документов на арабском, староосманском и персидском языках.

Эти данные не подтверждают устойчивого клише о неразвитости ислама на северо-западе региона. Конечно, интенсивность культурной жизни и размеры книжных коллекций в Дагестане были и остаются намного больше. Количество образованных мусульман, школ и книжных собраний в дореволюционных Балкарии и Кабарде в несколько раз уступали Вост. Кавказу, но образованные мусульмане были не менее грамотны в вопросах ислама, чем их российские (из других регионов Российской империи) и зарубежные единоверцы.

Типы и содержание книжных и рукописных коллекций в поздней дореволюционной Балкарии в целом совпадают с тематикой мусульманских библиотек Вост. Кавказа, Поволжья и Османской империи. Они делились на две большие категории: частные собрания и коллекции мечетей. Последние служили не только молельными домами мусульманских общин (джамаʻатов), но и библиотеками примечетных школ (мактабов и медресе). Из мусульманских книг и рукописей наибольшим спросом пользовались Коран и комментарии к нему, учебники и комментарии по мусульманскому праву, догматике и шариату, арабской грамматике, поэзии, суфийской этике. Книги по истории ислама, логике, теории диспута, математике и биологии представлены единичными сочинениями.

У мусульман Сев. Кавказа, Поволжья, Крыма и Вост. Средиземноморья были общие авторитеты в области исламского богословия, науки и культуры. В «коранических» науках в их число входили «Тафсир двух Джалалов», жизнеописание пророка Мухаммада ʻАли ал-Халаби («Ас-Сира ал-халабийа»), «Всеобъемлющий сборник по основам веры» Тадж ад дин ʻАбд ал-Ваххаб ас-Субки, в фикхе — работы Мухаммада ал-Махалли, Ибн Хаджара ал-Хайтами, «Сочинение о наследственном праве» Сирадж ад-дина ас-Саккаки, в арабской грамматике — «Ал-Кафийа» и «Аш-Шафийа» Ибн ал-Хаджиба, комментарии ал-Чарпарди, «Тасриф ʻИззи», в поэзии — касыда ал-Бусири о пророке Мухаммаде («Ал-Хамзийа»), поэтические сборники (диван) — как на арабском, так на персидском и староосманском языках, включая знаменитую поэму Физули «Лейли и Меджнун».

Был еще один важный жанр местного происхождения — памятные записи (араб. таварих), хроники и др. местные исторические сочинения. Такие произведения были и остаются крайне популярны в Дагестане. Можно предположить, что этот жанр был распространен и на Сев.-Зап. Кавказе. Так, в Фонде Купова в Архиве ИГИ значится «Сельская хроника Зоюкова. Рукопись И. Купова (1305/1887 г.)».

Сохранившиеся дореволюционные книжные коллекции распределены по территории Кабардино-Балкарии неравномерно. Большинство из них в настоящее время сосредоточено в балкарских районах. Здесь сказался целый ряд причин, не последнюю среди которых сыграло массовое уничтожение арабографичных книг и рукописей в советскую эпоху, сохранение частных коллекций в семьях балкарцев, депортированных в Среднюю Азию и затем возвращенных на родину и др. Немало старопечатных книжных коллекций прежде было сосредоточено и в Малой Кабарде.

Книжные коллекции дореволюционной Большой Кабарды подтверждают факт преобладания на Сев.-Зап. Кавказе ханафитской религиозно-правовой школы. Этим регион отличался от Дагестана и Чечено-Ингушетии, где в ходу были сочинения шафиитских факихов, в первую очередь Мухйи-д-дина б. Закарийа ан-Навави (1233–78), Йусуфа ал-Ардабили (ум. 1374 или 1396), их комментаторов и субкомментаторов. Дореволюционные Кабарда и Балкария отличались от Дагестана степенью распространения арабского языка. Если в последнем арабский (а отчасти тюрки) оставался языком официального делопроизводства до 1927 г., то в дореволюционной Терской обл. ту же роль играл русский.

Содержание книжных коллекций в немалой степени определялось теми функциями, которые выполняла арабо-мусульманская культура в дореволюционном обществе. До революции владение «исламскими науками» оставалось уделом мусульманской духовной элиты, численность которой была здесь гораздо меньше, чем на Вост. Кавказе, где она охватывала до 5% взрослого населения. Уровень «исламских знаний» основной массы населения, судя по данным дореволюционных авторов и полевым материалам экспедиции, в дореволюционную эпоху был низок. Он определялся необходимостью совершения элементарных мусульманских практик молитвы, поста и паломничества, а также соблюдения основных бытовых предписаний шариата. Здесь следует учитывать и гораздо более позднюю исламизацию Сев.-Зап. Кавказа по сравнению с Восточным.

В дореволюционной Кабарде, как и в др. регионах исламского мира, «исламские знания» в основном распространялись через суды и школы мечетных общин. Поэтому в книжных собраниях так много сочинений, судебных справочников и учебников по мусульманскому праву ханафитского толка (почти треть всех сочинений). На протяжении всего XIX и в начале XX в. значение фикха в судебной практике росло. Еще в 1807 г. в Большой Кабарде были учреждены три «духовных суда» — мехкеме по гражданским и уголовным делам, в состав которого входили местные кадии. Их вскоре упразднили; судебная организация не раз менялась, но и в Кабардинском временном суде начала XIX в., и в сельских, а затем городских судах, появившихся в эпоху «Великих реформ», участвовали шариатские судьи (эфенди) и применялись нормы фикха. Наконец, в 1917–22 гг. на территории Кабардино-Балкарии работало 65 сельских и 4 окружных *шариатских суда*.

В литературе господствует мнение о том, что шариат существенно не повлиял на мусульман дореволюционной Кабарды и Балкарии. В судебной практике, даже в семейно-брачных делах, его забивали нормы обычного права. Такое представление разделяют многие серьезные ученые, в частности Х. М. Думанов, И. Л. Бабич, Л. Г. Свечникова. Это утверждение кажется слишком категоричным. Книжные коллекции Кабардино-Балкарии говорят об усиленном изучении и использовании в регионе ханафитских сочинений и сборников правовых решений (араб. фатава) по брачно-наследному (ал-фара'ид) и отчасти торговому праву.

В числе старопечатных книг и рукописей не случайно много учебников. Книжные коллекции помогают восстановить круг предметов примечетных школ. По ним мы можем представить и общий ход исламского образования на его разных ступенях. Всего в дореволюционной Балкарии, как и в др. регионах мусульманского мира, было три-четыре уровня обучения. Для детей и подростков работали элементарные домашние коранические классы. Мальчики и девочки совместно обучались правилам чтения Корана (таджвид) и начаткам арабского письма. Их выпускники поступали на высшую ступень начальной школы (мактаб). Преподавали тут имамы (мулла, эфенди), обучавшие раздельно мальчиков и девочек с 7–13 лет. Занятия велись на родном языке. Основным учебным пособием на двух ступенях начальной школы служил Коран, обычно его рукописные части-джуз'ы.

Наконец, были еще медресе двух уровней, которые можно сравнить с колледжами и вузами. Учеников называли мута'аллимами, а выпускников — 'алимами. Мута'аллимы странствовали от одного ученого к другому. Методика обучения в большинстве школ разных уровней отличалась мало. В основе лежала семинарская система преподавания. Изучаемое произведение читалось вслух, а мударрис вместе со слушателями разбирал и комментировал его. Сами комментируемые тексты изучались сравнительно редко. Между мута'аллимами проходили ученые диспуты. Обучение велось на арабском языке (реже — на тюркских и персидском языках). На первой ступени медресе завершали изучение морфологии и синтаксиса арабского языка. Здесь также изучали логику и философию. Эту ступень обучения, по общей исламской традиции, называли ма'кулат (рациональные дисциплины). Наконец, на высшей ступени образования изучали манкулат (переданные [по исламской традиции] дисциплины) — право (фикх) и догматику (фикх и калам). Весь процесс обучения мог занимать до 15–20 лет.

С последней трети XIX в. число примечетных школ на территории Балкарии и Кабарды быстро росло. По свидетельству российской статистики, с 1873 по 1909 г. оно увеличилось с 42 до 105. Данные эти, однако, далеко не точны. В них не учтены домашние коранические классы, не делается различия между мактабами и медресе. Большинство исследователей относят чуть ли не все зарегистрированные школы к категории мактабов, о том же говорят материалы книжных коллекций. Недаром большинство используемых учебников по арабскому языку относятся к морфологии, и только два — к синтаксису. По той же причине экспедиции обнаружили много тафсиров и учебников по основам веры, но лишь два сочинения по суфийской этике (ахлак). Находки учебных пособий по педагогике говорят о появлении в начале XX в. интереса к новым методам обучения (усул-и джадид): звуковому методу обучения языкам в мактабах и введении в программу медресе точных и естественных наук. В регионе функционировали отдельные новометодные школы. В 1908–13 гг. одна из них, под руководством дагестанца *Каяева Али*, работала в балкарском селении Генделен.

Кроме деятельности мусульманской школы и шариатского судопроизводства, материалы книжных коллекций неплохо освещают историю культурных связей Балкарии и шире — Сев.-Зап. Кавказа — с др. российскими и зарубежными мусульманскими регионами в конце XVIII — начале XX в. Местных исламских издательств на арабском и др. восточных языках в этом регионе не было. В отличие от соседнего Дагестана тут не получило особого развития переписывание мусульманской литературы при медресе. Практически всю литературу, а также и преподавателей (например, того же *Каяева Али*) местные мусульмане получали от своих соседей. К ним же они приезжали в поисках завершения мусульманского образования. Материалы книжных коллекций показывают направление и изменение этих культурных связей и сетей книжной торговли.

Главным источником пополнения мусульманских библиотек дореволюционной Балкарии служило Вост. Средиземноморье, в основном типографии Каира и Стамбула. Из старопечатных книг подавляющее большинство напечатано в Египте. Чаще всего встречается продукция типографии «Ал-Майманийа» при знаменитой мечети и ун-те Ал-Азхар, принадлежавшая Мустафе ал-Баби с братьями. Кроме того, были книги, изданные в типографии самого ун-та Ал-Азхар.

Мусульманская книжная культура Большой Кабарды

Самые ранние датированные каирские старопечатные книги относятся ко 2-й трети XIX в. (1844), самые поздние — к началу XX в. (1899–1900). Оживленная торговля книгами на арабском и староосманском языке шла также с Малой Азией. Из Стамбула происходит целый ряд местных старопечатных книг. Чаще всего встречается название типографии и издательского дома «Дар ал-'амира» в г. Стамбуле, продукция которого продолжала поступать в регион более 30 лет подряд, с 1871 по 1901 г.

Пути книжной торговли отмечают направления культурных связей Балкарии с исламскими центрами османского Ближнего Востока. В Стамбуле и Каире мусульман региона интересовали не только издательства, но и ун-ты. Известно, что в вузах Стамбула и Каира учились несколько десятков студентов с Сев. Кавказа. В университете Ал-Азхар вместе с мута'аллимами из др. мусульманских регионов Российской империи, с Балкан и др. неарабских регионов Османской империи они образовывали одно из 16 студенческих землячеств. Этому ханафитскому землячеству был отведен «турецкий портик» (араб. ар-ривак ат-турки» в студенческом общежитии ун-та. В Ал-Азхаре продолжали образование известные представители мусульманской духовной элиты Сев. Кавказа, такие как упоминавшийся выше лакец *Каяев 'Али*, балкарцы Исхак Ахметов, Локман Асанов и Сюлемен Чабдаров.

В ун-тах Османской империи, прежде всего в Ал-Азхаре, где долго преподавал один из лидеров реформаторского движения Мухаммад 'Абдо (1849–1905), мусульмане Сев. Кавказа знакомились с мусульманским обновленчеством, или *джадидизмом*. Проводниками его идей в регионе были выпускники египетских и османских ун-тов, мусульманские ученые и преподаватели из Крыма и Поволжья. Книжные коллекции свидетельствуют о поступлениях в Балкарию исламской педагогической (в том числе обновленческой) литературы не только из Стамбула, но и из типографии И. Гаспринского в г. Бахчисарае. Здесь имеются также характерные татарские издания из Казани. Видны широкие поступления в регион старопечатных книг, изданных в Поволжье, главным образом в Казани и Оренбурге. Среди них были знаменитые казанские Кораны, учебники по таджвиду, жизнеописания Пророка (сира), сборники ханафитских фетв, сочинения по мусульманскому праву, «История татар» на старотатарском языке.

Но еще наиболее интенсивные культурные, в том числе и образовательные, контакты связывали дореволюционную Балкарию с Дагестаном. Книжные коллекции показывают, что начало этих связей было положено, возможно, еще в XVIII в. Самая старая находка — сборная рукопись 1781 г. — была переписана в Сев. Азербайджане и завезена на Сев.-Зап. Кавказ, вероятно, в период *Кавказской войны XIX в.* или сразу после нее. Часть рукописей происходит из Дагестана, причем одна рукопись датирована временем гражданской войны 1919 г. Это свидетельствует о том, что поступления арабских рукописей из Дагестана продолжалось и в советское время. Но в целом с начала XX в. рукописная продукция дагестанских медресе уступает место книжной, главным образом изданиям знаменитой на Сев. Кавказе «Исламской типографии» *Мухаммада-Мирзы Мавраева* в г. Темир-Хан-Шуре (1903–19). Темы их были самые различные: от арабской грамматики до учебников по шариату и сборников пятничных проповедей.

Книжные поступления из Дагестана показывают некоторые внутри- и межрегиональные особенности ислама на Сев.-Зап. и Сев.-Вост. Кавказе, о которых до настоящего времени было мало известно. Считается, в частности, что суфизм, пустивший глубокие корни в Дагестане и вообще на Вост. Кавказе еще в раннее Средневековье, не имел места на северо-западе региона. Собранные в каталоге материалы позволяют усомниться в справедливости этого представления. Мы еще не можем сказать ничего определенного о возможных ответвлениях дагестанских и позднеосманских суфийских братств в Балкарии XVIII в., но можно говорить о немалом интересе, который проявляла к суфизму мусульманская духовная элита края во 2-й половине XIX — начала XX вв. Свидетельство тому — неожиданное обилие работ по этике и религиозным практикам суфиев в обследованных книжных собраниях Кабардино-Балкарии.

Рукописи и старопечатные книги по тасаввуфу показывают пики его распространения и одновременно — мусульманского сопротивления российскому завоеванию Сев. Кавказа: конец XVIII в., 2-я и последняя трети XIX в. Не случайно годы переписки и издания этих сочинений относятся к эпохам восстания под руководством шейха *Мансура* (1760–94), *Имамата Шамиля* (1798–1871) и движения кадиритского шейха *Кунта-хаджжи* (ум. 1867). Идеи суфизма распространялись в регионе из Дагестана, Чечни и Ингушетии. Не случайно среди книг из частных библиотек встречается популярный в Дагестане трактат ал-Газали (ум. 1111) «Бидайат ал-хидайа». После появления нового ответвления братства кадирийа во главе с *Кунта-хаджжи* в рукописях распространяются изречения создателя братства кадирийа 'Абд ал-Кадира ал-Джилани (ум. 1166). Интерес представляет параграф «Взгляд христиан на законность наставления мюрида» из сочинения «Нур ал-идах». Он показывает реакцию мусульман на характерные для властей поздней Российской империи опасения перед суфизмом.

Период арабографичных рукописей и старопечатных книг в Балкарии, как и в др. мусульманских регионах России, заканчивается в первые годы после падения Российской империи. В советское время прежде тесные культурные связи Сев.-Зап. Кавказа с зарубежными исламскими центрами прерываются. Прекращение во 2-й половине 20-х гг. XX в. массового хаджжа, а затем долгий период существования «железного занавеса» и послевоенного противостояния эпохи «холодной войны», не говоря о репрессиях против ислама, коренным образом переменили положение арабо-мусульманской культуры в Балкарии. Во всем регионе наблюдается резкий упадок исламской и арабской грамотности. С потерей потенциальных читателей вост. рукописи и старопечатные книги быстро исчезают.

Лит.: Бабич И. Л., Ярлыкапов А. А. Исламское возрождение в современной Кабардино-Балкарии: перспективы и последствия. М., 2003; Биттирова Т. Ш. Религиозная культура и литература карачаевцев-балкарцев. Карачаевск, 1999; Бобровников В. О. Каталог рукописей и старопечатных книг на арабском, персидском и тюркских языках из Кабардино-Балкарии // Письменные памятники Востока. М., 2005. Вып. 1. С. 239–303; Он же. Мусульманская книжная культура Балкарии конца XVIII — начала XX в. // Исторический вестник. 2008. Вып. VII. С. 168–180; Копачев И. П. Школьное образование в Кабарде и Балкарии в конце XIX — начале XX в. // Ученые записки Кабардино-Балкарского НИИ. Т. 19. Нальчик, 1963; Крачковский И. Ю. Арабская письменность на Сев. Кавказе // Он же. Избранные сочинения. Т. VI. М.; Л., 1960; Bobrovnikov V. al-Azhar and Shari'a Court in Twentieth-Century Caucasus // Middle Eastern Studies. Vol. 37. 2001. October. No. 4.

В. Бобровников

Мусульманская литература Карачая. В XIX — начале XX в. у карачаевцев М. л. К. распространялась на трех языках: арабском, северокавказском тюркѝ, карачаево-балкарском.

М. л. К. на арабском языке. Единственное научное хранилище с наиболее полным собранием арабографических книг и их копий из личных библиотек КЧР — фонд архива Карачаевского НИИ им. А. И. Батчаева. Здесь представлены книги «Халбийа сагир» с краткой аннотацией на татарском языке (1883, Казань), «Нур ал-идах» (1908, Казань, типограф. братьев Каримовых); сочинения имама Абу-л-Хасана Ахмада б. Мухаммада ал-Кудури (1911, Казань, типография Братьев Кармовых), Мусы б. Мухаммада ад-Дагистани (1305 г. х.), шейха 'Абдуррахмана ал-Мааруфа (1319 г. х.), работы по фикху ханафитского и шафиитского мазхабов, сборники религиозных стихов и др.

М. л. К. на тюркѝ. Практически все книги составлены (частично опубликованы) в Дагестане. Значительная их часть относится к категории суфийской литературы (в основном тариката *накшбандийа*), содержит изложение норм богослужебной практики, произведения религиозной поэзии.

М. л. К. на карачаево-балкарском языке. К началу XX в. относится цикл зикров *Хачирова Юсуфа*, объединенных рефреном «Не обольщайтесь обреченным миром» («Алданмагъыз ахырзаман дуниягъа»). Рукописи его зикров (54 с.) датированы 1322 г. х. (1903 г.). Его зикры («Рай», «Ад», «Возможность») впервые переиздал доктор Йылмаз Невруз (Салпагаров) на страницах турецкого журнала Töre в 1979 г. В своей вводной статье он указывает на связь данной поэзии с суфизмом, в частности тарикатом *накшбандийа*. Вторично в Турции те же зикры опубликовал карачаево-балкарский журнал Kartcurt (г. Эскишехир. 1996. № 1; 1997. № 2–3). Акбаев Исма'ил-эфенди переложил на родной язык в стихотворной форме основы вероучения, которые в 1912 г. издал под названием «Иман. Ислам. Ихсан», а в 1915 г. — цикл собственных зикров «Маулуд». В советский период составлялись, но не издавались религиозные книги на карачаево-балкарском языке, которые опубликованы уже после смерти их авторов-составителей, в наши дни. В 2000-е гг. дважды издана книга «Малуты и зикры», которые составил Муса-эфенди *Кочкаров* (1900–77). В М. л. К. постсоветского периода ведущее место занимает *Эбзеев Абу-Юсуф*, чьи религиозные стихи неоднократно издавались («Дин назмула» — «Религиозные стихи», 2005, 2008; «Ауаз назмула», 2009). Им издана книга «Боташланы Шакай улу Хаджжи» (2008), посвященная шейху *Боташеву Хаджжи-Мухаммаду*. Он также перевел на родной язык с арабского и опубликовал такие книги, как «1001 хадис» (1993, 2005, 2010), «Керти ийман» («Подлинная вера», 1994), «Муслиман адеблы» («Мусульманская этика», 1995); «Уллу гюнахла» («Великие грехи»), «Намаз керек» («Нормы намаза», 1992).

С рубежа 1980–90-х гг. получает распространение религиозная литература на русском языке, в основном переводная.

Лит.: Алиев Т. К.-М. Арабографичная книга в Карачае: к вопросу об источниках // Известия Карачаевского НИИ. Черкесск, 2011; Кочхарланы Мусса-эфенди. Маулутла бла зикирле. Черкесск, 2006; Yılmaz Nevruz. Karaçayelyazması birmectuave Yusuf Haçir'indini manzumeleri // Töre. 1979. № 102. С. 20–28.

Р. Хатуев

Мусульманская община Кабардино-Балкарской Республики. Согласно Всесоюзной переписи населения 1989 г. численность народов, традиционно исповедующих ислам, составляла в республике 455 тыс. чел. (60,5% от общей численности населения региона). Наиболее многочисленными были кабардинцы (363,5 тыс. чел), балкарцы (70,8 тыс.), турки-месхетинцы (4,2 тыс.) и татары (3 тыс. чел.).

Мусульманская община Карачаево-Черкесской Республики

Согласно Всероссийской переписи населения 2002 г. общее число мусульманского населения республики выросло до 634 тыс. чел (70,4% от общей численности населения региона). Из них кабардинцы — 498,5 тыс. чел., балкарцы — 104,7 тыс., турки-месхетинцы — 8,8 тыс. и чеченцы — 4,3 тыс. чел. По данным переписи 2010 г. численность народов, традиционно исповедующих ислам, составила 633 тыс. чел. (73,6% от общей численности населения республики). Наиболее многочисленными мусульманскими народами являются кабардинцы — 490,5 тыс. чел., балкарцы — 108,6 тыс. и турки-месхетинцы — 14 тыс. чел.

По состоянию на 12.03.2020 г. на территории республики зарегистрировано 136 МРО, в том числе 1 ЦРО — *ДУМ Кабардино-Балкарской Республики*. Председатель (с 2011 г.) — муфтий Хазраталий Олиевич Дзасежев (род. 09.04.1964), выпускник медресе Мир-и Араб (г. Бухара), Ин-та ислама им. имама Шамиля (с. Дылым РД), Исламского ин-та при *ДУМ Кабардино-Балкарской Республики*. До Х. О. Дзасежева ДУМ КБР возглавляли: Анас Мусаевич Пшихачев (2002–10), Шафиг Ауесович Пшихачев (1992–2002).

Мечеть имеется при каждой мусульманской организации, входящей в состав *ДУМ Кабардино-Балкарской Республики*. При ДУМ КБР функционирует высшее учебное заведение — Северо-Кавказский исламский ун-т им. имама Абу Ханифы, а также его филиалы и местные медресе. При мечетях местных мусульманских организаций в составе ДУМ КБР действует 47 воскресных школ.

Официальный сайт: URL: www.kbrdum.ru Издается газета «Свет ислама».

Лит.: Всероссийская перепись населения. [Электронный ресурс] // URL: http://www.demoscope.ru/weekly/ssp/rus_etn_10.php?reg=39

К. А.

Мусульманская община Карачаево-Черкесской Республики. Согласно Всесоюзной переписи населения 1989 г. в республике численность народов, традиционно исповедующих ислам, составляла 220,5 тыс. чел. (53,2% от общей численности населения региона). Наиболее многочисленными были карачаевцы (129,5 тыс. чел.), черкесы (40,3 тыс.), *абазины* (27,5 тыс.) и *ногайцы* (13 тыс. чел.). Согласно Всероссийской переписи населения 2002 г. общее число мусульманского населения республики выросло до 277 тыс. чел. (63% от общей численности населения региона). Из них: карачаевцы — 169,2 тыс. чел., черкесы — 49,6 тыс., *абазины* — 32,4 тыс. и *ногайцы* — 14,9 тыс. чел. По данным переписи 2010 г. численность народов, традиционно исповедующих ислам, составила 314 тыс. чел. (65,7% от общей численности населения республики). Наиболее многочисленными мусульманскими народами являются карачаевцы (194,4 тыс. чел.), черкесы (56,5 тыс.), абазины (37 тыс.) и *ногайцы* (15,7 тыс. чел.).

По состоянию на 12.03.2020 г. на территории республики зарегистрировано 123 МРО, в том числе 1 ЦРО — *ДУМ Карачаево-Черкесской Республики*. Председатель — муфтий Бердиев Исмаил Алиевич (род. 27.02.1954), является также председателем *Координационного центра мусульман Северного Кавказа*. Выпускник медресе Мир-и Араб (г. Бухара).

На территории республики действует около 130 мечетей. Строительство центральной мечети в г. Черкесске (в ведении ДУМ КЧР) началось в 2010 г., открыта 09.02.2018 г.

При ДУМ функционирует учебное заведение — Исламский ин-т им. *И. Бостанова*. Вуз назван в честь основателя и первого ректора, зам. председателя *ДУМ Карачаево-Черкесской Республики*, убитого неизвестными в 2009 г.

Лит.: Всероссийская перепись населения. [Электронный ресурс] // URL: http://www.demoscope.ru/weekly/ssp/rus_etn_10.php?reg=40

Р. Хатуев, К. А.

Мусульманская община Краснодарского края. По данным Росстата 2021 г., население Краснодарского края составляет 5 838 273 млн чел. По разным оценкам численность мусульман на Кубани составляет от 180 до 400 тыс. человек, а в Краснодаре — 150–200 тысяч. Среди мусульман Краснодарского края преобладают татары (24.840), адыги (адыгейцы (13.834), кабардинцы (1.130), черкесы (5.258), шапсуги (3.839), вместе — 24.061), азербайджанцы (10.165), турки (8.527), курды (5899), лезгины (4.106), таджики (1853), осетины (4.537), чеченцы (2.313), казахи (1.616), крымские татары (1.407), аварцы (1.848), башкиры (1.840), хемшилы (1.404), карачаевцы (1.100). В последние годы сложились новые этнические меньшинства мусульман, ранее не проживавшие в крае, — курды (5899 чел.), лезгины (4106 чел.), узбеки (3469 чел.), чеченцы (2313 чел.), таджики (1853 чел.), аварцы (1848 чел.), табасараны (1651 чел.), даргинцы (1054 чел.) (данные по итогам Всероссийской переписи 2010 г.).

По переписи 1959 г. выделялись: адыги (адыгейцы (76.292, включая население Адыгейской АО в составе Краснодарского края), черкесы — 2.284, кабардинцы, шапсуги), татары и татары крымские (6992), азербайджанцы (1.363), народности Дагестана (1.126).

По переписи 1970 г. выделялись: адыги (адыгейцы (95.171, включая население Адыгейской АО в составе Краснодарского края), черкесы (3.508)), татары (15.316), татары крымские (2.393), азербайджанцы (2.099).

По переписи 1979 г. выделялись: адыги (адыгейцы (102.872, включая население Адыгейской АО в составе Краснодарского края), черкесы (4.022), кабардинцы, шапсуги), татары (21.508), татары крымские (4.564), азербайджанцы (3.080), осетины (1.864), башкиры (1.181), узбеки (1.151).

По переписи 1989 г. выделялись: адыги (адыгейцы (116.234, включая население Адыгейской АО в составе Краснодарского края), черкесы (3.800), кабардинцы, шапсуги), татары крымские (17.217), татары (17.213), азербайджанцы (11.363), лезгины (3.076), осетины (2.809), узбеки (2.657), курды (2.524), турки (2.135), башкиры (2.018), чеченцы (1.801), казахи (1.722), аварцы (1156), киргизы (1.107).

По переписи 2002 г. выделялись: татары (25.589), адыги (адыгейцы (15.821), черкесы (4.446), кабардинцы, шапсуги (3.213)), турки (13.496), азербайджанцы (11.944), курды (5.022), осетины (4.133), лезгины (3.752), чеченцы (2.864), татары крымские (2.609), узбеки (2.210), башкиры (2.061), аварцы (1.460), табасараны (1.341), казахи (1.331), таджики (1.179), хемшилы (1.019).

Повсеместное расселение по территории Краснодарского края характерно для татар. Территориями преимущественного проживания татар в крае являются г. Новороссийск и Новороссийский городской округ: здесь проживает 13,2% татар края. В г. Крымске и Крымском районе — более 13% татар, в г. Темрюке и Темрюкском районе — 10%, в г. Краснодаре и Краснодарском городском округе — 9%, в г. Сочи — 8%, в г. Анапе и Анапском районе — 8%. Территориями компактного расселения мусульман-адыгов являются Туапсинский, Лазаревский и Успенский районы.

Столица Краснодарского края, город Краснодар, относится к числу российских городов с высоким числом мусульман. Мусульмане составляют 43% жителей города (по данным 2017 г.).

По данным Минюста РФ, на конец 2022 г. в Краснодарском крае зарегистрировано 848 религиозных организаций. Из них 7 — мусульманских. К ним относятся: Местная религиозная организация «Духовное общество мусульман аула Урупский Успенского района Краснодарского края» Централизованной религиозной организации *Духовное управление мусульман Республики Адыгея и Краснодарского края*; Местная религиозная организация мусульман города Сочи Краснодарского края; Местная мусульманская религиозная организация аула Коноковского Урупского сельского поселения Успенского района Краснодарского края; Местная религиозная организация мусульман города Краснодара Краснодарского края (в стадии ликвидации); Местная религиозная организация мусульман Анапского района Краснодарского края; Местная религиозная организация мусульман города Кропоткина Краснодарского края; Местная религиозная организация мусульман Туапсинского района Краснодарского края Централизованной религиозной организации Духовное управление мусульман Республики Адыгея и Краснодарского края.

Одной из первых, зарегистрированных МРОМ в составе еще тогда ЦРО ДУМЕР, в регионе были МРОМ г. Сочи «Ясин», председатели: Рамазанова Равза-ханум, с 2010 года — Ильясов Валерий (Валит) Михайлович (Махмутович), с 2021 года — Ахметчин Раис Аскатович (дата создания организации 19.03.1996 г.) и МРОМ города Анапы (29.09.1998 г.) председатель Ахметзянов Ришат Максютович.

На территории Краснодарского края сохранились здания исторических мечетей — историческое здание мечети в Краснодаре, построенное черкесским купцом и меценатом Лю Траховым (1896), историческое здание *мечети в Армавире* (1908), деревянная мечеть в ауле Тхагапш (XIX в.). Последняя является действующей мечетью.

В местах традиционного проживания адыгов-шапсугов в Туапсинском районе действует 3 мечети (в аулах Агуй Шапсуг, Псеушхо, Тхагапш), в Успенском районе — 3 мечети (аулы Коноковский, Урупский, Кургуковский). В Отрадненском, Белореченском, Апшеронском районах и в г. Новороссийске действуют по одной молельной комнате в каждом. В Сочи открыт Исламский культурный центр. В торгово-развлекательном центре. «МЕГА Адыгея-Кубань» с 2020 г. для мусульман была открыта молельная комната. В аэропорту Сочи в секторе прилета международных линий C1 оборудовано «место для молитвы» для православных и мусульман. Еще одна зона для молитв расположена в стерильной зоне C2 возле выходов 25–26.

Молельная комната для осужденных мусульман открыта в исправительной колонии № 4 города Армавир. В качестве молельных комнат мусульмане использовали помещения многофункциональных комплексов «Транспарк» на трассе M4 «Дон» в Краснодарском крае. Помещения были закрыты в 2019 г. на основании проверки, которая показала, что управление Минюста России по Краснодарскому краю не было уведомлено о совершении в данных помещениях богослужений.

Большинство мечетей региона входят в состав *Координационного центра мусульман Северного Кавказа* (КЦМСК), который возглавляет муфтий Исмаил Бердиев, и относятся к ведению *Духовного управления мусульман Республики Адыгея и Краснодарского края*. В Краснодаре также находится представительство *Духовного управления мусульман Республики Адыгея и Краснодарского края*. В последнее время в Краснодарском крае активно действуют общины ДУМ РФ и ДУМ Дагестана.

2021 г. был отмечен активизацией конкуренции между КЦМСК, МРД и ДУМ РФ. В сентябре глава КЦМСК направил в адрес ДУМ РФ письмо, в котором подверг критике создание Краснодарского мухтасибата и других религиозных организаций на территории края без согласования с КЦМСК, считая, что «раздражает мусульман» и способствует развитию в крае деструктивных тенденций. В ответ на это письмо в ДУМ РФ заявили, что они действуют на основе российского законодательства и указали на недостатки в работе КЦМСК: недостаточность усилий по возврату мусульманам исторических мечетей — *Персидской мечети* во Владикавказе, Татарской суннитской *мечети Армавира*, мечети Ставрополя, а также отсутствие последовательной работы с мусульманской общиной турок-месхетинцев в Краснодарском крае.

Одной из серьезных проблем для мусульман Краснодарского края является отсутствие мечети в Краснодаре. Единственный молельный дом поблизости находится в поселке Колосистом, где отсутствуют какие-либо условия для реализации культовых практик. Мусульмане Краснодара приезжают на пятничную молитву в близлежащие населенные пункты Адыгеи — поселок Яблоновский, Энем, аулы Козет и Тахтамукай. В дни мусульманских праздников мечеть Яблоновского, рассчитанная на 500 человек, не может вместить 3 тыс. человек, приезжающих на хутбу.

Вопрос о строительстве мечети в краевом центре поднимался несколько раз. В 2008 г. местные власти заявили о планах построить в Краснодаре мечеть и мусульманское кладбище. Для мечети выделили земельный участок площадью 1,2 га на пересечении улиц 40 лет Победы и Восточно-Кругликовской. Однако строительство не началось. В 2007 г. полномочный представитель президента РФ в ЮФО Д. Козак на встрече с представителями делегаций мусульман России обсудил в том числе необходимость постройки мечети в краевом центре. В 2009 г. мусульмане направили губернатору края А. Ткачеву письмо с просьбой посодействовать в скорейшем получении разрешения на строительство необходимого культового сооружения. В 2011 г. муфтий *ДУМ Республики Адыгея и Краснодарского края* Н. Емиж поднял вопрос о строительстве мечети в Краснодаре на встрече муфтиев России с президентом Д. Медведевым в Нальчике.

В аулах Успенского и Туапсинского районов действуют мусульманские кладбища, в Сочи в Лазаревском районе — кладбище в ауле Кичмай; в Армавире, Ейске, Краснодаре выделены секторы для погребения мусульман на общих кладбищах. В Белореченском районе в местах проживания турок-месхетинцев организованы кладбища в каждом поселке.

В Краснодарском крае работает единственный сертифицированный производитель халяльной мясной продукции — компания Татарча, которая открыла в Республике Адыгея цех, специализирующийся на производстве халяльного мяса.

Баранов А. В. Картографирование факторов риска этнических конфликтов (по материалам Краснодарского края и Республики Адыгея) // Геополитика и экогеодинамика регионов. Т. 5 (15). Вып. 3. 2019 г. С. 41–50; О деятельности некоммерческих организаций. Информационный портал Министерства юстиции РФ. Код доступа http://unro.minjust.ru/NKOs. aspx; Регионы России. Основные характеристики субъектов Российской Федерации. 2021: Стат. сб. / Росстат. М., 2021. Р32 766 с. М., 2021; http://www.demoscope.ru/weekly/ssp/rus_nac_02.php?reg=38

Справочник централизованных и местных религиозных организаций, входящих в состав Духовного управления мусульман Российской Федерации и Совета муфтиев России. Журнал-справочник. 2-е изд., доп. и испр.; гл. ред. И. А. Нуриманов, вып. ред. Н. Р. Шакиров. М., 2021. 236 с.: ил.

Нефляшева Н. А.

Мусульманская община Республики Дагестан. Согласно Всесоюзной переписи населения 1989 г. в республике численность народов, традиционно исповедующих ислам, составляла 1 млн 600 тыс. чел. (89% от общей численности населения региона). Наиболее многочисленными были аварцы (496,1 тыс. чел.), даргинцы (280,5 тыс.), кумыки (231,5 тыс.) и лезгины (204,4 тыс. чел.). Согласно Всероссийской переписи населения 2002 г. общее число мусульманского населения республики выросло до 2 млн 434 тыс. чел. (94,5% от общей численности населения региона). Наиболее многочисленные из них: аварцы — 758,5 тыс. чел., даргинцы — 425,6 тыс., кумыки — 365,8 тыс. и лезгины — 336,7 тыс. чел. По данным переписи 2010 г. численность народов, традиционно исповедующих ислам, составила 2 млн 794 тыс. чел. (96% от общей численности населения республики). Наиболее многочисленными мусульманскими народами являются аварцы (850 тыс. чел.), даргинцы (490,4 тыс.), кумыки (431,8 тыс.) и лезгины (385,3 тыс. чел.). Мусульманская община республики является самой полиэтничной и одной из самых быстрорастущих в России.

По данным Министерства национальностей РД, на 01.01.2022 г. на территории республики зарегистрировано 2753 МРО, в том числе 1 ЦРО — *Муфтият Республики Дагестан*. Председатель — муфтий, председатель Совета 'алимов Дагестана шейх Ахмед-афанди (*Ахмад Магомедович Абдулаев*, род. 15.09.1959).

26.08.1996 г. во главе ДУМД становится С. *Абубакаров* (1959–98), последователь шейха *Чиркейского Саʻида-афанди*. В августе 1998 г. при участии ДУМД был образован *Координационный центр мусульман Северного Кавказа*. В него вошли муфтияты всех республик Сев. Кавказа и Краснодарского края.

В условиях обострения внутриполитической ситуации 21.08.1998 г. было совершено покушение на муфтия Дагестана *Абубакарова С.*, который был убит взрывом бомбы, подложенной под его автомобиль во дворе центр. мечети Махачкалы. Вина за это убийство была возложена на ваххабитов (см. *Ваххабиты Северного Кавказа*). Смерть главы ДУМД вызвала массовый протест, особенно в районах с аварским населением. Новым главой ДУМД 29.08.1998 г. был избран близкий соратник погибшего, последователь *Чиркейского Саʻида-афанди* Ахмед-хаджжи Абдулаев. 16.09.1999 г. Народным собранием республики был принят Закон «О запрете ваххабитской и иной экстремистской деятельности на территории Республики Дагестан». Он подтвердил монополию ДУМД как единственной республиканской централизованной исламской организации. Закон 1999 г. подчинил юрисдикции ДУМД все первичные территориальные общины мусульман и ввел на местах промежуточные звенья между ними — экспертные советы из представителей местного самоуправления и местных религиозных деятелей ДУМД.

В республике начался процесс упорядочения системы религиозной жизни мусульман. ДУМД приобрело в этой системе определяющее значение.

С последней трети 90-х гг. XX в. ДУМД активно действует в медийной сфере. Муфтият издает журнал «Ислам», газеты «*Нур-ул-ислам*» и «*Ас-Салам*». Последняя выходит на 8 языках народов Дагестана и широко распространяется по Сев. Кавказу, а также в др. регионах РФ.

Официальный сайт ДУМД: URL: www.muftiyatrd.ru; др. сайты: www.islam.ru; www.islamdag.ru

Работу этих сайтов, журналов и газет, а также телеканала ННТ курирует Медиа-холдинг ДУМД.

Лит.: Бобровников В. О. Дагестан // Ислам на территории бывшей Российской империи: энц. словарь / под ред. С. М. Прозорова. Т. I. М., 2006. С. 122–125; Всероссийская перепись населения. [Электронный ресурс] // URL: http://www.demoscope.ru/weekly/ssp/rus_etn_10.php?reg=37; Макаров Д. В. Официальный и неофициальный ислам в Дагестане. М., 2000; Малашенко А. В. Исламские ориентиры Сев. Кавказа. М., 2001; Мусульманские духовные организации и объединения Российской Федерации. М., 1999. С. 21, 30–31, 87, 89, 99–100, 110–112; Религии и религиозные организации в Дагестане: справочник / под ред. К. М. Ханбабаева, М. М. Омарова, И. Р. Шихзадаева. Махачкала, 2001. С. 94–117; Шихсаидов А. Р. Ислам в Дагестане // Центральная Азия и Кавказ. 1999. № 4. С. 108–118; Bobrovnikov V. The Islamic revival and the national question in post-Soviet Daghestan // Religion, State & Society. 1996. Vol. 24. No. 2/3. Pp. 235–237.

В. Бобровников, К. А.

Мусульманская община Республики Ингушетия. Согласно Всероссийской переписи населения 2002 г., в Республике Ингушетия численность народов, традиционно исповедующих ислам, составила 458 тыс. чел. (98% от общей численности населения региона). Из них: ингуши — 361,1 тыс. чел., чеченцы — 95,4 тыс. чел., турки — 1 тыс. чел. Согласно данным Всероссийской переписи населения 2010 г. численность народов, традиционно исповедующих ислам, существенно уменьшилась — до 405,6 тыс. чел., при этом общая доля мусульман в населении республики, напротив, немного выросла — до 98,4%. Это вызвано резким уменьшением численности чеченцев в межпереписной период, обусловленным выездом чеченского населения в стремительно восстанавливаемую после боевых действий Чеченскую Республику в середине 2000-х гг. Наиболее многочисленными остаются ингуши (385,6 тыс. чел.) и чеченцы (18,8 тыс. чел.). Особенность этнодемографической специфики Ингушетии заключается в том, что эта республика приняла значительное количество беженцев из соседней Чечни в период первой и второй чеченских кампаний, а также беженцев-ингушей из Республики Северная Осетия–Алания.

По состоянию на 02.12.2019 г. на территории Республики Ингушетия зарегистрировано 11 МРОМ и одна ЦРО — *Духовный центр мусульман Республики Ингушетия* (Муфтият Ингушетии).

Мусульманское образование в республике можно получить в 40 учебных заведениях (медресе) при мечетях, в колледже при Исламском ин-те в г. Малгобеке, высшее — в Исламских ин-тах г. Малгобек и Сунжа.

ДЦМ РИ выпускал свой печатный орган — ежемесячную газету «Светлый путь», работало *радио «Ангушт»* (2010–15). Имеется Youtube-канал, на телеканале «Ингушетия» выходят программы на исламскую тематику.

Официальных информационных ресурсов нет.

Лит.: Всероссийская перепись населения. [Электронный ресурс] // URL: http://www.demoscope.ru/weekly/ssp/rus_etn_10.php?reg=38

К. А., М. Албогачиева

Мусульманская община Республики Северная Осетия–Алания. Согласно Всесоюзной переписи населения 1989 г. численность народов, традиционно исповедующих ислам, составляла 158,5 тыс. чел (25% от общей численности населения региона). Наиболее многочисленными были осетины мусульманских фамилий / родов (около 100 тыс. чел.), ингуши (32,8 тыс. чел.) и кумыки (9,5 тыс. чел.). Согласно Всероссийской переписи населения 2002 г. общее число мусульманского населения республики составило 188,6 тыс. чел. (26,5% от общей численности населения региона). Из них: осетины мусульманских фамилий — более 130 тыс. чел., ингуши — 21,5 тыс. чел., кумыки — 12,7 тыс. чел., чеченцы — 3,4 тыс. чел. По данным переписи 2010 г. численность народов, традиционно исповедующих ислам, выросла до 201,9 тыс. чел (28,3% от общей численности населения республики). Наиболее многочисленными мусульманскими народами являются осетины мусульманских фамилий (порядка 130–140 тыс. чел.), ингуши (28,4 тыс. чел.), кумыки (16,1 тыс. чел.) и турки-месхетинцы (3,4 тыс. чел). Осетины мусульманских фамилий (родов) составляют примерно 30% от численности осетин в Северной Осетии, чем и объясняется высокая доля мусульманского населения в республике.

По состоянию на 12.03.2020 г., на территории республики зарегистрировано 27 МРО, в том числе 1 ЦРО — *ДУМ Республики Северная Осетия–Алания*. Председатель — муфтий Хаджимурат Харумович Гацалов (род. 20.09.1954). Данную должность он занимает с 2011 г. До него муфтиями республики были Али Евтеев (2008–11), Мурат Тавказахов (2005–08), Руслан Валгасов (2004–05) и Дзанхот Хекилаев (1991–2004).

На территории республики при мечетях функционируют многочисленные воскресные школы, женские организации, проводятся детские летние мусульманские лагеря. В 2019 г. в с. Эльхотово Кировского р-на РСО–А торжественно открылась историческая Соборная мечеть.

Издается газета «Осетия. Голос ислама» (в ведении ДУМ РСО–А).

Официальный сайт:
URL: www.islamosetia.ru

Лит.: Всероссийская перепись населения. [Электронный ресурс] // URL: http://www.demoscope.ru/weekly/ssp/rus_etn_10.php?reg=41

К. А., Дм. М.

Мусульманская община Ростовской области. Согласно Всесоюзной переписи населения 1989 г. численность народов, традиционно исповедующих ислам, составляла в Ростовской обл. 83 тыс. чел. (2% от общей численности населения). Наиболее многочисленными были татары, чеченцы (по 17,2 тыс. чел.), азербайджанцы (10,3 тыс. чел.) и даргинцы (6,2 тыс. чел). Согласно Всероссийской переписи населения 2002 г. общее число мусульманского населения области увеличилось до 116 тыс. чел (2,7% от общей численности населения региона). Из них: турки-месхетинцы — 28,3 тыс. чел., татары — 17,9 тыс. чел., азербайджанцы — 16,5 тыс. чел., чеченцы — 15,5 тыс. чел., даргинцы — 6,8 тыс. чел. По данным переписи 2010 г. численность народов, традиционно исповедующих ислам, выросла до 124 тыс. чел. (3% от общей численности населения области). Наиболее многочисленными мусульманскими народами являются турки-месхетинцы (35,9 тыс. чел.), азербайджанцы (18 тыс. чел.), татары (14 тыс. чел.), чеченцы (11,5 тыс. чел.) и даргинцы (8,3 тыс. чел.). Современное мусульманское население Ростовской обл. активно пополнялось, начиная со 2-й половины XIX в. Это были средневолжские, главным образом пензенские татары, переселявшиеся в регион в связи с начавшимся бурным промышленным развитием, а также казахи; в последнее время — представители народов Кавказа: дагестанцы, азербайджанцы, чеченцы; в начале 1990-х гг. переселились турки-месхетинцы.

По состоянию на 12.03.2020 г. на территории области зарегистрировано 39 МРО, в том числе 3 ЦРО: Духовное управление мусульман Ростовской обл. (Донской муфтият), *Духовное управление мусульман Ростовской обл.* (Донской мухтасибат, в составе ДУМ РФ) и Центральное духовное управление мусульман Ростовской обл. (в составе ЦДУМ). Также в регионе сильны позиции КЦМ СК и ДУМ Республики Дагестан.

Председатель ЦДУМ Ростовской обл. — главный имам-ахунд Бикмаев Мухаммед Джафярович.

Председатель *ДУМ Ростовской обл.* (Донского мухтасибата) — имам-мухтасиб Кулахметов Наиль Джафярович (род. 09.03.1994), выпускник МИИ и СПбГУ.

Председатель *ДУМ Ростовской обл.* (Ростовского муфтията) — муфтий Арсланов Флюр Ахсанович (род. 18.04.1962), выпускник Киевского исламского ун-та.

В 1999–2003 гг. была построена и открыта новая Соборная мечеть г. Ростова-на-Дону (в ведении ЦДУМ РО). Параллельно началу строительства мечети в Ростове разгорелся скандал, связанный со строительством мечети в Таганроге. Местная администрация сначала дала разрешение на строительство, но позже отозвала его. Против муфтия Д. Бикмаева был подан арбитражный иск с формулировкой за «несанкционированное» начало строительства. Судебное решение было обжаловано в областном арбитражном суде, но суд не изменил решения Арбитражного суда г. Таганрога.

В г. Ростове-на-Дону действуют две соборные мечети (в ведении ЦДУМ РО). Также имеется помещение-резиденция ДУМ РО (Донского мухтасибата), где регулярно проводятся курсы по изучению исламских дисциплин. Несмотря на наличие культовых зданий в Ростовской обл., достаточно большая часть религиозных обрядов совершается в домах верующих.

Официальный сайт ЦДУМ РО:
URL: www.islam-rostov.ru

Лит.: Всероссийская перепись населения. [Электронный ресурс] // URL: http://www.demoscope.ru/weekly/ssp/rus_etn_10.php?reg=36; http://dumrf.ru/regions/61/history

К. А.

Мусульманская община Ставропольского края. Согласно Всесоюзной переписи населения 1989 г. численность народов, традиционно исповедующих ислам, составляла 148 тыс. чел. (6,2% от общей численности населения региона). Наиболее многочисленными были даргинцы (32,3 тыс. чел.), *ногайцы* (15,6 тыс. чел), чеченцы (14,6 тыс. чел), карачаевцы (13,3 тыс. чел), туркмены (11,2 тыс. чел.) и татары (10,5 тыс. чел). Согласно Всероссийской переписи населения 2002 г. общее число мусульманского населения региона выросло до 195 тыс. чел. (7,2% от общей численности населения региона). Из них: даргинцы — 40,3 тыс. чел., *ногайцы* — (20,7 тыс. чел., карачаевцы — 15,2 тыс. чел., азербайджанцы — 15,1 тыс. чел., туркмены — 14 тыс. чел., чеченцы — 13,2 тыс. чел., татары — 13 тыс. чел. По данным переписи 2010 г. численность народов, традиционно исповедующих ислам, выросла до 228 тыс. чел (8,2% от общей численности населения края). Наиболее многочисленными мусульманскими народами являются даргинцы (49,4 тыс. чел.), *ногайцы* (22 тыс. чел.), азербайджанцы (17,8 тыс. чел.), карачаевцы (15,6 тыс. чел.), туркмены (15,1 тыс. чел.), чеченцы (12 тыс. чел.) и татары (11,8 тыс. чел.). Мусульманская община края на современном этапе является одной из самых полиэтничных и быстрорастущих в РФ, что связано с миграцией в регион представителей мусульманских народов из соседних республик Сев. Кавказа.

По состоянию на 12.03.2020 г. на территории края зарегистрировано 49 МРО, в том числе 1 ЦРО — *ДУМ Ставропольского края*. Председатель — муфтий Мухаммад Загитович *Рахимов* (род. 18.03.1956), выпускник медресе Мир-и Араб (г. Бухара).

На территории края функционируют курсы по изучению ислама для молодежи, проводятся курсы повышения квалификации для имамов, работающих в сельских общинах, действует программа оказания помощи мусульманам, отбывающим наказание в пенитенциарной системе края, организованы молельные помещения (все — в ведении *ДУМ Ставропольского края*). Муфтиятом совместно с РПЦ проводится ежегодный летний лагерь православной и мусульманской молодежи Сев. Кавказа «Кавказ — наш общий дом».

Функционирует женский клуб при *ДУМ Ставропольского края*.

На территории края издается мусульманская газета «Дин Ал-Хаят» (в ведении муфтията). Официальный сайт ДУМ СК:
URL: www.dumsk.com

Лит.: Всероссийская перепись населения. [Электронный ресурс] // URL: http://www.demoscope.ru/weekly/ssp/rus_etn_10.php?reg=43

К. А.

Мусульманская община Чеченской Республики. Согласно Всесоюзной переписи населения 1989 г. в республике (Чечено-Ингушетии в границах до разделения на Чеченскую и Ингушскую Республики) численность народов, традиционно исповедующих ислам, составляла 770 тыс. чел. (71% от общей численности населения региона). Наиболее многочисленными были чеченцы (715,3 тыс. чел.), ингуши (25,2 тыс. чел.), кумыки (9,6 тыс. чел.), *ногайцы* (6,9 тыс. чел.) и аварцы (6,1 тыс. чел.). Согласно Всероссийской переписи населения 2002 г. (в современных границах Чеченской Республики по состоянию на 2002 г.) общее число мусульманского населения республики выросло до 1 млн 61 тыс. чел. (96% от общей численности населения региона). Из них: чеченцы — 1 млн 32 тыс. чел., кумыки — 8,9 тыс. чел., аварцы — 4,2 тыс. чел., *ногайцы* — 3,6 тыс. чел., ингуши — 3 тыс. чел. По данным переписи 2010 г. численность народов, традиционно исповедующих ислам, составила 1 млн 243 тыс. чел (98% от общей численности населения республики). Наиболее многочисленными мусульманскими народами являются чеченцы (1 млн 207 тыс. чел.), кумыки (12,3 тыс. чел.), аварцы (4,9 тыс. чел.) и *ногайцы* (3,5 тыс. чел.).

На территории республики зарегистрировано 33 МРО (по состоянию на 23.03.2020) и 1 ЦРО — *ДУМ Чеченской Республики*. Его председатель — муфтий Салах Митаевич Межиев (род. 10.01.1970). Эту должность он занимает с 2014 г. До него муфтиями республики были Султан Мирзаев (2005–14), Ахмад Шамаев (2000–05) и *Кадыров Ахмат-хаджжи* (до 2000 г.)

ДУМ Чеченской Республики проявляет весьма значительную роль в социальной жизни Чеченской Республики, а также в системе ее администрирования. Вокруг него также существует множество аффилированных структур, действуют 18 медресе (17 мужских и 1 женское) и 2 высших образовательных учреждения (Российский исламский ун-т им. *Кунта-хаджжи*, Курчалоевский ин-т им. *Кадырова Ахмата-хаджжи*), все — в ведении ДУМ ЧР.

Официальный сайт *ДУМ Чеченской Республики*: URL: www.dumchr.ru

Активно сотрудничает с телеканалами ГТРК «Вайнах», «Грозный», создан религиозно-просветительский телеканал «Путь».

Лит.: Всероссийская перепись населения. [Электронный ресурс] // URL: http://www.demoscope.ru/weekly/ssp/rus_etn_10.php?reg=4; [Электронный ресурс] // URL: http://unro.minjust.ru/NKOS.aspx

К. А.

Мусульманская эпиграфика Карачая XVII – начала XX в. Основная часть памятников М. э. К. концентрируется в Верхне-Кубанской котловине (Большой Карачай). Наиболее ранний памятник — стела 1107 г. х. (1695 г.) в а. Карт-Джурта Карачаевского р-на КЧР. В левобережном некрополе с. Карт-Джурта имеются десятки надмогильных стел (сынташла; незначительная часть — XVIII в., остальные XIX — начало XX в.). Они имеются также на квартальных кладбищах с. Учкулана (например, два родовых некрополя Байчоровых), общинном и квартальных кладбищах Хурзука (XIX — начало XX в.). Памятники М. э. К. конца XIX — начала XX в. сохранились в населенных пунктах Тебердинской и Джегутинской долин. Группа надмогильных стел с арабографическими надписями (тюркские тексы) начала XVIII в. расположена у впадения р. Эльтаркача в р. Джегуту близ с. Новая Джегута. Единичные арабографические памятники XVIII–XIX вв. выявляются в гротах (например, на Бийчесынском плато, у а. Кызыл-Калы). Памятники XVIII в. практически лишены декора и снабжены коротким текстом трафаретного характера. С конца 1-й трети XIX в. усиливается наличие растительного и геометрического орнамента, а затем появляются искусные образцы камнерезного мастерства (дагестанское влияние). Увеличивается удельный вес текстового пространства (помещаются айаты из Корана, мольбы-дуа, родословная роспись и др.).

Р. Хатуев

Мусульманские государства на Северо-Восточном Кавказе домонгольского периода. На территории современного Дагестана в домонгольский период существовал ряд государств, как мусульманских — *Баб ал-абваб* (Дербент), Лакз (в Юж. Дагестане), *Табасаран*, Гумик (Кумух), Хайдак (*Кайтаг*), Карах (Уркарах), Филан, так и не мусульманских — *Зирихгеран* (ныне Дахадаевский р-н РД с центром в с. Кубачи), *Сарир*. Часть территории современных Дагестана, Чеченской Республики, Ингушетии, а также Ставрополья и Ростовской обл. входила в состав *Хазарского каганата* (главным образом равнинная часть).

В 1068 г. г. Дербент попал под власть ширваншахов, а позже — сельджукских султанов (формально находившихся в подчинении Аббасидского халифата). Однако в начале XII в. *Дербентский эмират* опять приобрел независимость, которую потерял в 1239 г. в ходе монгольского завоевания.

Лакз находился в бассейне р. Самур, Курахчай и Чирах-чай, население состояло из лезгин и родственных им народов — агулов, рутульцев, цахуров. Позже попал в зависимость от ширваншахов. Упоминается рядом арабских географов, в том числе Йа'кутом ал-Хамави.

Табасаран располагался юго-западнее Дербента, упоминается Абу Хамидом ал-Гарнати. В целом совпадает с одноименными более поздними государствами.

Филан — местоположение оспаривается, часть авторов указывает на территорию, позже известную как Акуша-Дарго. Позже попал в зависимость от Хайдака. Упоминается рядом арабоязычных источников в связи с событиями VI–X вв. Аналогичная судьба у Уркараха.

Хайдак был расположен северо-западнее г. Дербента, граничил с Дербентом, *Табасараном*, Гумиком, *Сариром*. Значительно усилился в X–XIII вв., предшественник более позднего Кайтагского уцмийства.

Гумик (Кумух) — в бассейне р. Казыкумухского Койсу. В настоящее время является центром лакцев. Второе название — Казикумух (Гази-кумух) — получил в качестве центра одного из ведущих (сразу после Дербента) центров распространения ислама в регионе. Описан ал-Ма'суди в X в. как ни от кого не зависимое образование. Впоследствии — один из центров шамхальства, а позже образованного *Казикумухского ханства*.

Зирихгеран (Кубачи) — уже в описываемый период один из центров ремесленного производства. Под конец описываемого периода область сокращается до двух селений.

Сарир находился на территории Зап. Дагестана, в значительной степени в Аварии. Столица в *Хунзахе*. Исламизация происходила в монгольский период и позже. *Сарир* играл значительную роль в делах других государств Дагестана.

Таким образом, на территории современного Дагестана домонгольского периода располагался целый конгломерат государств, в том числе послуживших для складывания более поздних образований (*Аварское* уцмийство, позже ханство, Казикумух, *Кайтаг*, *Табасаран* и др.). Часть территорий находилась в составе государств, центры которых лежали за пределами современного Дагестана: равнинная часть, север — в составе *Хазарского каганата*, часть Юж. Дагестана — в составе Ширвана, позже Сельджукского султаната. При этом столица *Хазарского каганата* до

VIII в. также находилась на территории современного Дагестана. Там же находился ряд крупных хазарских городов.

Лит.: Артамонов М. И. История хазар. СПб., 2001; История народов Сев. Кавказа с древнейших времен до конца XVIII в. М., 1988; Стэнли Лэн-пуль. Мусульманские династии. М., 2004.

Дм. М.

Мусульманские государства на Северо-Восточном Кавказе в XIII–XVII в. В период XIII–XIV вв. завершается период исламизации народов Дагестана, аналогичные процессы переходят в др. регионы Сев.-Вост. Кавказа — Чечню и частично Ингушетию. В этот период на территории современного Дагестана существовал целый ряд государств, как унаследовавших традицию и территорию более ранних предшественников, так и возникших на иной основе.

Дербент по-прежнему оставался крупным экономическим и культурным центром в регионе. Долгое время территория Юж. Дагестана и Азербайджана являлась полем борьбы между Джучидами и Хулагуидами, что обусловило периодические истребления его населения («охота на людей Газан-хана» в долине Самура) и повышенное внимание к его развитию. В XIV в. г. Дербент с округой был включен в состав государства Ширваншахов, а в 1437 г. стал одним из центров этого государства.

Впоследствии г. Дербент с округой постоянно входил в состав самого Ирана (Сефевидская, Каджарская династии) и подчиненных ему азербайджанских ханств, в том числе Кубинского. Аналогичная ситуация, хотя и в меньшей степени, распространялась на многие др. земли Юж. Дагестана.

Майсумство *Табасарана* — феодальное владение на юге Дагестана с наследственной властью. Выставляло до 60 тыс. ополченцев. В начале XVII в. из него выделился Табасаранский кадилык (кадийство, владения кадия *Табасарана*).

Кайтагское уцмийство располагалось на месте более раннего Хайтака, от которого унаследовало не только название, но и территорию. Правители находились в тесных родственных (и вассальных) связях с шамхалом. Имело смешанный состав населения, преимущественно кумыкско-даргинско-татский.

Аварское нуцальство, позже *ханство*, явилось прямым наследником *Сарира*, хотя и со значительно уменьшившейся территорией. Главным центром был *Хунзах*. Распространение ислама началось сравнительно поздно, лишь в XIV в. Позже называлось *Аварским ханством*. В XVI–XVII вв. ему также подчинялись ряд чеченских обществ. Несмотря на название ханства, его границы не совпадают с границами расселения аварского этноса. Часть аварцев проживала за пределами ханства, в то время как в самом ханстве не все население являлось аварцами. Являлось одним из наиболее мощных государств Сев.-Вост. Кавказа.

Шамхальство — наиболее сильное государство в Дагестане. Правитель носил титул «вали Дагестана» (правитель Дагестана) и находился в родственных отношениях со всеми другими, более мелкими владетелями. К нему обращались за судом и помощью в разрешении различных вопросов как более мелкие владетели, так и сельские общества и их союзы. Центр располагался сначала в Кумухе, потом в населенном пункте Тарки. Население было в высшей степени полиэтничным: кумыки, лакцы, даргинцы, аварцы, таты и др. Признавался субъектом международного права со стороны *Крымского ханства* (хан называл шамхала «своим братом» в дипломатической переписке), Османского халифата, Сефевидского Ирана и Московской Руси. Позже от него откололись *Казикумухское ханство*, *Эндереевское* (в русских документах — *Андреевское*) и Аксайское владение.

Также от шамхальства отделилось Дженгутайское владение, позже получившее наименование *Мехтулинского ханства*.

Тюменское княжество существовало в XV в. в низовьях р. Терек. Население — тюркское, разные исследователи связывают его с разными тюркскими группами (*ногайцами*, кумыками), также существуют версии о докыпчакском происхождении его жителей. Территория вошла в состав Руси на рубеже XVI–XVII вв. Позже здесь располагался Терский городок.

Эндереевское владение названо по названию центра Эндери (Эндерей, в русских документах XVIII–XIX вв. — *Андреевское владение*, Андрей-аул), откололось от шамхальства в 1557 г., располагалось в Засулакской Кумыкии, позже распалось на владения *Эндереевское*, Аксайское и Костековское.

Аксайское владение откололось от *Эндереевского владения*. Территория находилась на равнинных землях современных Чечни и Дагестана.

Чечен-Гумбетовское владение отделилось от *Аварского ханства*. Находилось на территории современной Чечни.

Табасаранское кадийство. В начале XVII в. выделилось из Табасаранского майсумства. Однако взгляд на это образование как на теократию может быть неверен. В то же время в некоторых сельских обществах (например, Акуша-Дарго), несмотря на отсутствие формального лидера, его роль играл кадий общества.

Казикумухское ханство откололось от шамхальства в 1640-х гг., существовало до подчинения России.

Элиты практически всех вышеперечисленных государств на этапе включения их в состав России максимально инкорпорировались имперскими властями в собственную структуру власти. Часть представителей этих элит была физически уничтожена имамом *Шамилем* (аварские ханы), часть — репрессирована уже при советской власти.

Лит.: История народов Сев. Кавказа с древнейших времен до конца XVIII в. М., 1988; Стэнли Лэн-пуль. Мусульманские династии. М., 2004.

Д. Макаров

Муфтият Республики Дагестан (МРД, до 2020 г. ДУМД) — ЦРО в г. Махачкале, зарегистрированная 31.05.1999 г.

Возник в результате прекращения деятельности в мае 1989 г. *ДУМ Северного Кавказа* (ДУМ СК). Делегаты первого съезда мусульман Сев. Кавказа, проходившего в г. Махачкале, 15.05.1989 г. взяли штурмом здание ДУМ СК и заставили покинуть должность муфтия балкарца *Геккиева Махмуда-хаджжи* (1935–2007), обвинив его во взяточничестве, моральном разложении и сотрудничестве с КГБ. В итоге ДУМ СК распалось, во всех республиках и краях Сев. Кавказа были образованы самостоятельные республиканские муфтияты.

В 1989–90 гг. в г. Махачкале продолжали избираться исполняющие обязанности муфтия ДУМ СК. ДУМД было учреждено на первом съезде мусульман Дагестана в январе 1990 г. Первым председателем-муфтием 27.01.1989 г. был избран кумык Багауддин-хаджжи Исаев. В первой половине 90-х гг. XX в. ДУМД не смогло объединить всех дагестанцев; сформировались отдельные, как правило, моноэтничные (по национональному признаку) объединения верующих на уровне республики. В этой ситуации ДУМД многими воспринимался как религиозная организация мусульман-аварцев.

В феврале 1992 г. группа религиозных активистов-аварцев сместила с поста муфтия Багаудина-хаджжи и 02.03.1992 г. утвердила в этой должности аварца Сайийд-Ахмада Дарбишгаджиева. Верующие и религилзные активисты кумыкской, даргинской, лакской, лезгинской и др. национальностей не признали нового муфтия и занялись созданием своих моноэтнических управлений. В 1992 г. в республике возникли др. муфтияты: Духовное возрождение лакского народа в г. Буйнакске (председатель Г. Гасанов), Кумыкское духовное управление в г. Махачкале (муфтий Б.-х. Исаев) и Даргинский казият в г. Избербаше (председатель А. Алигаджиев, внук накшбандийского шейха *Али-Хаджжи Акушинского*). В 1993 г. на съезде мусульман Юж. Дагестана был избран еще один муфтий — имам мечети г. Дагестанские Огни М. Латиков, который представлял лезгинскую мусульманскую общину РД. В 1999 г. появилось шестое «территориально-этническое» ДУМ Ногайского р-на РД (председатель А. Арсланов).

К 1994 г. руководство РД и ДУМД осознало необходимость преодоления дезинтегрирующих тенденций и объединения в муфтияте представителей всех национальностей Дагестана. В начале 1994 г. С.-А. Дарбишгаджиева на посту муфтия Дагестана сменил более лояльный к государственной власти М. Дарбишев, которого в свою очередь в 1995 г. сменил А. Алиев. Был образован новый Совет 'алимов, председателем которого стал кумык А. Гамзатов. 08.09.1994 г. решением Министерства юстиции Дагестана ДУМД было официально зарегистрировано как общественная организация. Ни один др. дагестанский муфтият не прошел государственную регистрацию. Вскоре они прекратили свое существование.

Кадровый состав ДУМД быстро менялся: к руководству пришли приверженцы одного из авторитетнейших накшбандийских и шазилийских шейхов *Чиркейского Са'ида-афанди*, преимущественно группировка из Гумбета. В результате ДУМД с 1995 г. приобрело статус религиозной организации, представляющей всех мусульман РД.

К этому времени организация хаджжа уже полностью перешла в ведение ДУМД. 26.08.1996 г. в атмосфере очередного политического кризиса, вызванного перевыборами состава Государственного совета РД — высшего коллегиального органа исполнительной власти республики, последовавшими вскоре после убийства влиятельного политика, министра финансов республики Г. Гамидова, во главе ДУМД становится *Абубакаров Сайидмухаммад* (1959–98), последователь шейха *Чиркейского Са'ида-афанди*. Завязываются внешние связи ДУМД с Азербайджаном и Чечней. В августе 1998 г. при участии ДУМД был образован *Координационный центр мусульман Северного Кавказа*. В него вошли муфтияты всех республик Сев. Кавказа и Краснодарского края.

В условиях обострения внутриполитической ситуации 21.08.1998 г. было совершено покушение на муфтия Дагестана *Абубакарова С.*, который был убит взрывом бомбы во дворе центральной мечети г. Махачкалы. Новым главой ДУМД 29.08.1998 г. был избран близкий соратник погибшего, также последователь *Чиркейского Са'ида-афанди*, Абдулаев Ахмад-хаджжи (род. 15.09.1959). Исполняет обязанности муфтия, председателя ДУМД по настоящее время.

Разгром ваххабитов в ходе боевых действий в августе 1999 г. и запрет *ваххабизма на Северном Кавказе* и его организаций закрепили лидирующее положение ДУМД как легитимного органа, представляющего интересы всех мусульман Дагестана. В республике начался процесс упорядочения системы религиозной жизни мусульман. ДУМД приобрело в этой системе определяющее значение. Народным собранием РД 16.09.1999 г. был принят Закон «О запрете ваххабитской и иной экстремистской деятельности на территории Республики Дагестан». Он подтвердил монополию ДУМД как единственной республиканской централизованной исламской организации. Закон 1999 г. жестко привязал к ДУМД все первичные территориальные общины мусульман и ввел на местах промежуточные звенья между ними — экспертные советы из представителей местного самоуправления и местных религиозных деятелей ДУМД.

МРД имеет централизованную иерархическую организацию. Согласно Уставу, принятому в 1999 г., это коллегиальная организация. Его высший орган — Совет имамов, выборы в который должны проводиться каждые 10 лет. При муфтияте также действует Совет 'алимов. Наряду с мюридами *Чиркейского Са'ида-афанди* в муфтияте сильно влияние родственников покойного муфтия *Абубакарова С.* В составе МРД имеются отделы: канонический, науки и образования, просвещения, фетв. До 2020 г. структура муфтията была более сложной и включала также отделы примирения (маслихата), да'ва (исламского призыва), хаджжа, международный, компьютерный и хозяйственный. Под управлением МРД находится культурно-просветительский центр «Дагестан» в г. Санкт-Петербурге. При МРД имеется также Совет новообращенных мусульман.

В сельских районах и городах Дагестана МРД подчиняются советы имамов (мухтасибаты). Каждая община верующих, объединенная вокруг мечети, превращается с юридической точки зрения в местную религиозную организацию, которая должна официально зарегистрироваться в Министерстве юстиции РД. Для этого ей необходимо принять устав по типовому образцу, установленному юридическими органами и согласованному с МРД. Только после проверки и визирования устава мечети экспертами МРД община мусульман может выполнять свои функции. Во многих районах, городах и селах РД действуют экспертные советы, в которых задействованы активисты МРД и работники органов местного самоуправления. Большинство из 6 исламских вузов и значительная часть из 16 медресе и 132 мактабов на территории республики контролируются МРД. Эта организация также занимается распределением выпускников исламских учебных заведений на должности имамов мечетей, издает учебники и др. пособия для образования и руководства в ритуальной практике.

В масштабах республики МРД подчиняется до 30–40% мусульманских организаций (мечетных общин) региона, общее число которых на начало 2020 г. превысило 2600. За последние полтора десятилетия влияние МРД в РД существенно выросло. Отсутствие широкой поддержки среди простых мусульман региона объясняется в том числе тем, что множество выпускников исламских вузов, контролируемых муфтиятом, не могут найти работу по специальности в джама'атах Дагестана. Положение обостряется острым соперничеством, расколовшим вышедшие из подполья суфийские общины (вирды). В РД действуют до 10 суфийских шейхов. Кроме того, есть общины, группирующиеся вокруг святых мест (зийаратов) суфийских наставников XIX–XX вв. Большинство из них не признаются последователями *Чиркейского Са'ида-афанди*, к числу мюридов которого относятся почти все работники ДУМД. 18.03.2017 г. ДУМД вышел из *Координационного центра мусульман Северного Кавказа*.

Основные учебные заведения ДУМД: *Дагестанский гуманитарный институт*; Исламский ун-т им. имама Шафии (г. Махачкала), открыт в 1990 г., является первым исламским вузом в РД; Исламский ун-т им. Сайфуллы Кади (г. Буйнакск), открыт 1993 г.; Исламский ун-т им. Мухаммад-Арифа (г. Махачкала), открыт в 2000 г.; Исламский ун-т им. Абдула-Афанди (г. Дербент), открыт в 2005 г.; «Муслимат» — женское медресе (г. Махачкала).

Муфтият издает журнал «Ислам», газеты «Нур-ул-ислам» и «Ас-Салам». Последняя выходит на русском и 8 языках народов Дагестана.

Официальный сайт ДУМД: URL: www.muftiyatrd.ru. На нем и на странице муфтията в Телеграме публикуются фетвы МРД. Еще два сайта ДУМД посвящены просветительской деятельности: www.islam.ru и www.islamdag.ru Работает телеканал ННТ.

Печатные СМИ, телеканал и сайты входят в Медиахолдинг ДУМД, которым руководит А. З. Гамзатова.

Муфтии ДУМД: *Мухаммад-Мухтар Бабатов* (15.05–10.07.1989, и.о. муфтия ДУМ СК); Абдуллах Алигаджиев (11.07–10.1989, и.о. муфтия ДУМСК); Ахмед Магомедов (10.1989–27.01.1990, и.о. муфтия ДУМ СК); Багауддин-хаджжи Исаев (27.01.1990–02.03.92); Сайиид-Ахмад-хаджжи Дарбингаджиев (2.3.1992–12.93); Мухаммад-хаджжи Дарбишев (01.1994–95); Али-хаджжи-афанди Алиев (1995–01.07.96); *Абубакаров Сайидмухаммад* (01.07–26.08.1996 — и. о. муфтия, 26.08.1996–21.08.98 — муфтий); *Абдулаев Ахмад-хаджжи* (21–28.08.1998 — и.о. муфтия, с 29.08.1998 по настоящее время — муфтий).

Соч.: Сб. фетв. Богословско-правовые решения отдела фетв. Ч. I. Махачкала, 2020.

Лит.: Бобровников В. О. Дагестан // Ислам на территории бывшей Российской империи: энц. словарь / под ред. С. М. Прозорова. Т. I. М., 2006. С. 122–125; Макаров Д. В. Официальный и неофициальный ислам в Дагестане. М., 2000; Малашенко А. В. Исламские ориентиры Сев. Кавказа. М., 2001; Мусульманские духовные

Мухаджирство

организации и объединения Российской Федерации. М., 1999. С. 21, 30–31, 87, 89, 99–100, 110–112; Религии и религиозные организации в Дагестане: справочник / под ред. К. М. Ханбабаева, М. М. Омарова, И. Р. Шихзадаева. Махачкала, 2001. С. 94–117; Шихсаидов А. Р. Ислам в Дагестане // Центральная Азия и Кавказ. 1999. № 4. С. 108–118; Bobrovnikov V. The Islamic revival and the national question in post-Soviet Daghestan // Religion, State & Society. 1996. Vol. 24. No. 2/3. Pp. 235–237.

В. Бобровников

Мухаджирство (вариант: махаджирство, от араб. мухаджир — «переселенец, эмигрант») — массовый исход преимущественно мусульманского населения Сев. и Зап. Кавказа в Османскую империю в конце *Кавказской войны* и вскоре после ее окончания, во 2-й трети XIX — начале XX в.

Общий ход массовых переселений на Сев. Кавказе XIX в. был задан во время Кавказской войны. Само понятие М. появилось в годы войны. Так называли себя сторонники *Имамата*, находившие убежище на его территории. В исламе первыми мухаджирами считаются пророк Мухаммад и его сподвижники, из-за притеснений язычников вынужденные совершить переселение (хиджру) из Мекки в Йасриб, ставший после этого центром первой в мире независимой мусульманской общины и государства, известной под названием «город Пророка» — Медина. Участники кавказского М. сознательно соотносили себя с героями раннего ислама. С такой коннотацией понятие вошло в арабоязычную литературу Кавказа и Османской Турции XIX в. В своих мемуарах *ал-Гумуки 'Абдуррахман*, зять имама *Шамиля*, пояснял: "«Мухаджир» — арабское слово, означающее того, кто переселяется из дар ал-харб [«область войны» — земли, воюющие против мусульман] в дар ал-ислам [«область ислама» — территория, находящаяся под властью мусульманских правителей]. Первым из Мекки в Медину переселился наш пророк Мухаммад, да будет мир над ним. После оно стало обычным для тех [т. е. мусульманской] общины и совершается при условиях, указанных в исламских книгах».

Как общественное явление М. выросло из внутренних миграций военного времени. С последней трети XVIII в. в связи с завоеваниями Российской империи, строительством и расширением Кавказской укрепленной линии такие переселения коснулись прежде всего горцев. Больше всего от них пострадали адыги Закубанской Черкесии, оказавшие активное сопротивление российскому продвижению на Кавказ. Вытесняя горцев из стратегически важных предгорий и долин рек, российские власти переселяли на их место казаков и военных поселенцев. Р-ны массовых внутренних миграций военного времени — Кубань и Кабарда, Осетия и Ингушетия — стали впоследствии центрами М. Массовые перемещения населения на Сев. Кавказе XIX в. чаще происходили насильственно. Все вовлеченные в борьбу за регион силы использовали их в политических целях.

С одной стороны, имам *Шамиль* опирался на мухаджиров как на военную элиту *Имамата*. При его поддержке некоторые из них проделали головокружительную карьеру, как, например, знаменитые наибы Даниял-бек Елисуйский и Хаджимурад Аварский. Жили мухаджиры за счет заката и военной добычи. Вместе с тем *Шамиль* ввел практику насильно переселять сельские общины, оказавшие сопротивление *Имамату*. Разрушив в 1843 г. *Хунзах* как оплот *Аварского ханства*, он переселил его жителей на земли, подчинявшиеся *Имамату*. В 1844 г. жители Чиркея перешли на сторону *Шамиля* и были поселены им на территории «вольного общества» аварцев Салатавии. Эта политика проводилась вплоть до падения *Имамата* в 1859 г. На Сев.-Зап. Кавказе с 1848 г. к ней прибегал шамилевский наиб *Мухаммад-Амин*.

В свою очередь, военные наместники и администраторы Российской империи проводили переселения как для поощрения «мирных горцев» и казаков, так и с тем, чтобы наказать их. Так, в 1810 г. ингуши, обязавшись охранять Военно-грузинскую дорогу в р-не Дарьяльского ущелья, добились права «землями и лесами пользоваться… безвозбранно по правую сторону течения реки Терек». Старшины общин горцев Осетии в 1820-е гг. получили отнятые у знати Малой Кабарды равнинные угодья на Центр. Кавказе. Вокруг Моздока возникла сеть хуторов и станиц приписанных к казакам крещеных осетин. В 1830-е гг. большинство осетин, согласно одобренному генералом А. П. Ермоловым плану командира Владикавказского полка Скворцова, добровольно переселились с гор на равнину. Цели экономического освоения региона при этом, похоже, не играли особой роли, отступая на второй план перед задачами охраны коммуникаций и «умиротворения» горных р-нов. Заселение равнины вокруг Владикавказа продолжалось в 1832–49 гг. в ходе так называемой военной колонизации. Сюда переносили станицы терских казаков. Переселение на равнину не спасало горцев от многочисленных повторных переселений, проводившихся уже без их согласия. Вслед за изменением фронта и расширением Кавказской линии массовые внутренние миграции стали бедствием для жителей Малой и Большой Кабарды и Закубанья. При проведении в 1817 г. Сунженской укрепленной линии большинство живших по Сунже ингушей были переселены из предгорий в Назрань. Очень часто с места на место передвигали чеченские селения. По свидетельству очевидцев, к 1860-м гг. «во всей Чечне не осталось ни одного аула, ни одного двора, который по несколько раз не переселялся бы с одного места на другое». После строительства в Черномории в 1830-е гг. Зеленчугской и Лабинской кордонных линий началось возвращение кабардинцев, бесленеевцев и *абазин* за Лабу, в долины Зеленчуков и Кубани. В 1850-е гг. тут было создано 18 укрупненных селений в окружении казачьих станиц.

В проектах «замирения» Сев. Кавказа, подготовленных военными в 1830-е — начале 1860-х гг., переселению отводилось важное место. Их создатели, как и часто сменявшие друг друга командующие Кавказской армией, не имели единого принципа переселенческой политики. Даже начальники разных участков Кавказской линии порой придерживались на этот счет противоположных взглядов. Противоречивым оставалось ви́дение проблемы массовых миграций в придворном окружении и в среде высшей петербургской бюрократии. Начальники Главного штаба Кавказской армии А. П. Карцов, штаба войск Терской обл. И. Зотов и глава Кубанской обл. Н. И. Евдокимов выступали за сгон горцев из труднодоступных горных ущелий. Их предложения поддерживал наместник Кавказский князь А. И. Барятинский (1856–62). Др. влиятельные военные и чиновники считали необходимым сохранить за горцами хотя бы часть прежних земель во избежание новых волнений. Таких взглядов придерживались начальники Правого крыла Кавказской линии Г. И. Филипсон, Кабардинского окр. В. В. Орбелиани, советник российского посольства в Константинополе В. А. Франкини, военный министр генерал-фельдмаршал Д. А. Милютин. Между сторонниками и противниками русской колонизации региона шла борьба. Она обострилась после окончания войны, в конце 1850-х — середине 60-х гг. Ход и результаты этой борьбы в немалой степени предопределили развитие М.

За это время был подготовлен ряд важных проектов переустройства управления краем и расселения в нем горцев и казаков. Еще в 1833 г. командующий войсками на Кавказской линии и в Черномории генерал А. А. Вельяминов разработал «Специальный проект по завоеванию и колонизации горских земель». Он предлагал переселять горцев в предгорья и на равнину, создавая по соседству с их аулами казачьи станицы, которые должны были облегчить задачу надзора за настроениями переселенцев. С целью ослабления кабардинцев он еще раньше советовал лишить их пастбищ, заняв их под казачьи поселения. Против проекта Вельяминова выступил начальник первого отделения Черноморской прибрежной линии генерал-лейтенант Н. Н. Раевский. В 1860 г., после прекращения *Кавказской войны*, во Владикавказе состоялось совещание командования армией, посвященное перспективам завершения войны

Мухаджирство

на Сев.-Зап. Кавказе. На совещании был принят разработанный Н. И. Евдокимовым план занятия русскими войсками непокорных р-нов Закубанской Черкесии. Он заключался в постепенном вытеснении горцев либо на открытые заболоченные равнины, либо в Османскую империю. Поддержав этот проект, власти Кавказского наместничества были не прочь отделаться от беспокойных подданных, устав от бесконечного сопротивления горцев.

Во многом благодаря тому, что в последние годы *Кавказской войны* на северо-западе региона возобладала точка зрения Евдокимова, массовые переселения после окончания войны выходят на межрегиональный уровень. Наряду с непрекращающимися внутренними переселениями массовый характер принимает эмиграция горцев-мусульман в Османскую империю, начавшаяся на Сев. Кавказ еще в первой половине XIX в. В это время и складывается движение, получившее в литературе название М. Среди переселенцев было немало бывших мухаджиров из разгромленного Россией в 1859 г. *Имамата*, в частности бывший духовный наставник имама, все еще крайне популярный на Сев.-Вост. Кавказе накшбандийский шейх *ал-Гази-Гумуки Джамалуддин*. Отправляющиеся в Османскую Турцию эмигранты тоже стали называть себя мухаджирами. Так это название закрепилось за всем переселенческим движением.

Эмиграция горцев-мусульман в Османскую империю была вызвана не только репрессивной переселенческой политикой российских военных властей — М. вызвал целый комплекс причин. Иначе оно не приняло бы такого массового характера и не продолжалось бы в течение более чем полувека. По всему региону эти причины сходны, но не идентичны. Наиболее широкий размах М. получило на Сев.-Зап. Кавказе. Эмиграция охватила подавляющее большинство коренного мусульманского населения.

Главной причиной выезда в Османскую империю был насильственный сгон мусульман Сев.-Зап. и ряда в-нов Центр. Кавказа с привычных им мест в горах и предгорьях. Большинство горцев Закубанской Черкесии не могли прижиться на непривычных для них приморских равнинах. Кроме того, после российского завоевания резко изменился экономический и общественный быт. Целый ряд привычных для горцев видов деятельности отошел в прошлое. С прекращением войны потеряли значение горские ополчения. После «умиротворения» горцев представители престижных прежде военных профессий рисковали остаться не у дел. Было уничтожено запрещенное в России еще в 1804 г. рабство и работорговля военнопленными, составлявшие важный источник доходов в Закубанской Черкесии, в частности у убыхов, полностью покинувших Сев. Кавказ после окончания войны.

Мухаджирство

Экономическим источником М. стало растущее разорение знати и обезземеливание горцев после окончания *Кавказской войны*. В Большой Кабарде и Горном Дагестане местная мусульманская знать не добилась возвращения конфискованных у нее во время *Кавказской войны* российскими военными и имамами владений. Не были восстановлены правовые привилегии знати. В ходе *Кавказской войны* у многих сельских конфедераций Чечни и Дагестана, поддержавших *Шамиля*, были конфискованы горные пастбища. Во время военных действий были разрушены многие поля на горных террасах. Конфискации и разорение земель восставших продолжались в 1860–70-е гг. Потерявшие земли и имущество участники войны и восстаний охотно уходили в Османскую империю с семьями. Однако обезземеливание никогда не выступало в качестве главной причины эмиграции: сильнее по горцам ударила русская колонизация на Центр. и Сев.-Зап. Кавказе.

Российское правительство приступило к урегулированию земельного вопроса на Сев. Кавказе сразу же после окончания войны. По всему региону начали работать сословно-поземельные комиссии. Однако подчас неумелые действия чиновников усиливали брожение в горском обществе. Судя по информации, поступавшей властям Кавказского наместничества из областей и округов, начавшиеся российские реформы 2-й половины 1860-х гг. вызывали скорее опасения коренного населения. Так, начальник Кабардинского окр., анализируя причины М., ставил на первое место среди них земельный вопрос и реформы. Представители бывшей военной знати Осетии и Балкарии эмигрировали целыми кланами, пытаясь сохранить своих рабов и крепостных. Потерянное имущество и привилегии они надеялись наверстать на военной службе у султана. Многие при этом бросали выгодную для них прежде работу в военной администрации края. Вместе с кланами знати уходили семьи зависимых крестьян, недовольные переселениями и обезземеливанием.

Кроме внутренних причин, ход М. сильно зависел от международной обстановки на арабо-османском Ближнем Востоке. В советскую эпоху в отечественной литературе укоренилась традиция перекладывать всю ответственность за М. на агентов Османской империи и зап. держав, пытавшихся оторвать Кавказ от России. Это клише продолжает оказывать влияние. Не нужно вдаваться и в другую крайность, игнорируя попытки зап. держав и Османской империи сыграть на карте массовых переселений с Кавказа. Дипломатические источники XIX в. хорошо показывают, что такие попытки имели место. М. стало частью продолжавшегося русско-османского соперничества на Ближнем Востоке, осложненного действиями пытавшихся ослабить Россию зап. держав. Своего пика оно достигло между Крымской (1853–56) и Русско-турецкой (1877–78) войнами. Это был новый виток демографической войны, начавшейся со времен покорения Крыма и русских завоеваний в Причерноморье в XVIII в. Обе великие державы периодически «обменивались» подданными. Османская Турция добивалась иммиграции мусульман российского пограничья, чтобы укрепить за их счет наиболее уязвимые р-ны османского фронтира на Балканах, в Малой Азии и на Ближнем Востоке. В свою очередь, Россия принимала и расселяла на своих пограничных землях уходившее с границ Османской империи христианское население, прежде всего армян и др. православных народов, укрепляя ими свои юж. границы.

Нельзя не отметить влияние на развитие М. местных элит. На российском Сев. Кавказе действовали османские эмиссары, пытавшиеся склонить побежденных горцев-мусульман к переселению в Турцию. В этой роли нередко выступали представители местной мусульманской военной и духовной знати. Благодаря им в Османскую империю уходили целые народы. Ярким примером деятеля такого типа является *Кундухов Муса* (1818–89), родом из осетинской мусульманской знати (алдаров), оставивший интересные мемуары о М. Он сделал блестящую карьеру в русской армии, дослужившись до генерал-майора, начальника Военно-Осетинского и Чеченского окр. Во главе отрядов горской милиции он участвовал в *Кавказской войне* с российской стороны. В 1864 г. *Кундухов Муса* ушел в отставку и по согласованию с властями Кавказского наместничества за вознаграждение 10 тыс. руб. серебром организовал переселение в Османскую империю более 5 тыс. семей чеченцев, ингушей и нескольких десятков мусульман-осетин, которыми он прежде управлял. Вместе с ними ушла и сама семья *Кундухова Мусы*. За оставленные на Кавказе имущество и земли он получил от русского правительства компенсацию в 45 тыс. руб. серебром. В эмиграции он смог сделать не менее стремительную военную карьеру, дослужившись до паши в чине мирлива. Уже на османской стороне он участвовал в Русско-турецкой войне 1877–78 гг. После войны долго командовал гарнизоном Эрзерума.

Среди эмиссаров М. на Сев.-Зап. Кавказе можно отметить др. представителей местной военной и мусульманской элиты, служивших в русской армии и окружной администрации. К их числу можно отнести кабардинцев полковника Кавказско-Горского полуэскадрона Фицу Абдрахманова, генерал-майора Кубанского казачьего войска Могукорова, начальника Шапсугского окр. генерал-лейтенанта Темирхана Шипшева, осетинского алдара из Дигории Абисалова и старшину Куртатинского ущелья осетин-мусульманин *Ахмеда Цаликова*. Пользуясь авторитетом среди горцев, они смогли организовать в управлявшихся ими округах партии переселенцев и переправить их на территорию Турции. Среди руководителей потоков мухаджиров из адыгов и вайнахов реже встречались религиозные деятели, такие как кабардинский мулла Жамурза Варитлов, уведший в Османскую империю в 1865 г. до 900 кабардинцев, мулла Исхак среди шапсугов, кадий Мухаммед-эфенди Хубиев у карачаевцев, мусульманские улемы Хут, Чанахока, Челягаштука из бжедугов.

На Сев.-Вост. Кавказе инициаторами переселения чаще выступали представители мусульманской духовной элиты, особенно суфии. На мусульман Дагестана и Чечни большее влияние оказали письма с призывами к М., которые распространяли в 1860–80-е гг. участники газавата времен *Кавказской войны* и *Восстания Всеобщего 1877 г.* Преемник ал-Гази-Гумуки Джамалуддина, известный накшбандийский шейх ас-Сугури 'Абдуррахман-хаджжи написал в конце 1870-х гг. на арабском языке сочинение в поддержку М. По мнению шейха, когда мусульманские земли попадают под власть немусульманских правителей, а правоверные уже не могут выполнять свои религиозные обязанности и нет надежды восстановить права ислама при помощи вооруженной борьбы, каждый мусульманин обязан покинуть территорию, ставшую дар ал-харб, и переселиться на территорию, где господствуют законы ислама. Сохранились стихи в поддержку М., написанные в середине 1860-х гг. известным кумыкским поэтом из Засулакской Кумыкии Ирчи Казаком (ок. 1830 — ок. 1879). Поэт призывает земляков: дурные люди продают свою веру за деньги; кто любит ислам — тот уедет («совершит хиджрет»)… «Давайте, мусульмане, соберем свои семьи и уедем в Османское государство, — пишет он. — Тем более что московский царь разрешает нам уехать. Султан (хункар) — это наша опора»; «Кто переселится, тот окажется в раю, а тот, кто любит спокойствие, пусть остается в Дагестане». Эти и другие сатиры Ирчи Казака с призывами к М. ходили в списках по всему региону.

Сильным стимулом для эмиграции служили многочисленные и самые невероятные слухи, циркулировавшие среди горцев-мусульман в неспокойное после окончания *Кавказской войны* время. Больше всего горцы боялись крещения и введения рекрутчины или обращения в казаки. Российские власти пытались разубедить своих новых подданных, указывая на нелепость этих слухов. С их опровержения начинается, например, «Прокламация к чеченскому народу», изданная князем А. И. Барятинским в 1860 г. Но горцы охотнее верили письмам из Османской империи, где их убеждали в скором начале преследований мусульман на Сев. Кавказе. В Турции им сулили земли, принадлежавшие переселившимся в Россию армянам, а также налоговые льготы и денежные пособия. Хотя роль слухов в возникновении мухаджирского движения пока еще слабо изучена, их значение было поистине огромно.

Основы М. были заложены на Сев. Кавказе намного раньше начала российского завоевания. Северокавказская (черкесская) диаспора начала складываться в Османской империи за несколько веков до появления М. В XVIII — 1-й половине XIX в. отдельные представители адыгской и дагестанской диаспоры сделали блестящую военную и духовную карьеру в Стамбуле. Особенно ценились здесь воины с Сев.-Зап. Кавказа и ученые из Дагестана. К 1840-м гг. некоторые ключевые посты в центр. османской администрации занимали бывшие черкесские мамлюки. Сохранив связи с родиной, они оказали впоследствии немалую поддержку своим соотечественникам, вынужденным массами уезжать в Османскую империю после окончания *Кавказской войны*.

М. оформилось в последний период войны и послевоенное пятидесятилетие. В истории М. выделяют до шести этапов: 1) 2-я половина 1850-х гг.; 2) 1-я половина 1860-х гг.; 3) 2-я половина 1860-х — начало 1870-х гг.; 4) 1870-е гг.; 5) 1880-е и начало 1890-х гг.; 6) 2-я половина 1890-х — 1920-е гг. От периода к периоду менялись численность эмигрантов, направление миграционных потоков и главное — миграционная политика правительства. Во время войн между Россией и Османской Турцией границы между обеими странами закрывались, масштабы переселения сокращались. С перерывами М. продолжалось до середины 20-х гг. XX в. Хронология М. имела свои нюансы. На северо-западе региона его первый этап начинается раньше 50-х гг. XIX в. В 1858 г. в Османскую империю уехали прикубанские *ногайцы* и черкесы. Рост миграций горцев в этот период отчасти вызван деятельностью черкесской диаспоры, представители которой звали горцев в Турцию. На втором этапе был реализован проект переселений генерала Евдокимова, главным образом по отношению к натухайцам, абадзехам, бжедугам, верх. абадзехам, темиргоевцам и хатукаевцам и горцам Черномории. Этот период М. лучше всего освещен в российских документальных источниках и переписке. Османские источники, еще полностью не введенные в научный оборот, лучше освещают историю М. на более поздних этапах.

В 1860-е гг. с российской и с османской стороны начинает разрабатываться миграционное законодательство, повлиявшее на ход М. Если до начала 1860-х гг. финансовая поддержка выселения горцев российскими властями в Османскую империю имела эпизодический характер, то с 1862 г. встал вопрос о финансировании из российской казны всех этапов эмиграции. 10.05.1862 г. вышло постановление Кавказского комитета «О переселении горцев», согласно которому было решено финансировать мухаджирское движение. Была образована Комиссия по делу о переселении горцев в Турцию. Комиссия была уполномочена организовывать переселение горцев Сев. Кавказа, выдавать им паспорта и денежные пособия на выселение, вести переговоры с владельцами транспортных судов о перевозке эмигрантов. Дополнительно в черноморских портах — Анапе, Тамани, Туапсе, Сочи и Константиновском — были организованы подкомиссии во главе с комиссарами, которые следили за погрузкой горцев на морские суда. Чуть позже были организованы Констатиновский и Анапский карантинно-таможенные посты. Руководители Комиссии и комиссары подкомиссий составляли подробные отчеты об отправке горцев в Османскую империю, в том числе и отчеты финансовые, для предоставления их в Главный штаб Кавказской армии.

В 1860 г. в Стамбуле была создана Верховная комиссия по переселению. Ее возглавил губернатор Трапезунда Хафиз-паша. Сначала она подчинялась Министерству торговли, а с июля 1861 по май 1875 г. действовала самостоятельно. В 1861 г. между Россией и Турцией было заключено специальное соглашение по вопросам эмиграции, вошедшее в историю под названием комиссии Лобанова — Лорис-Меликова, по имени возглавлявших ее российских чиновников. Османские власти обязались принимать и расселять на землях империи мухаджиров из Сев. Кавказа, но сами предъявили к российскому правительству требование начинать переселение не ранее мая 1864 г. и переселять ежегодно не более 5 тыс. семей. Российское правительство обязалось отправлять горцев небольшими партиями и завершить переселение за 10 лет. В действительности обе стороны не раз нарушали договоренности.

На третьем этапе М. переселения были в основном связаны с российскими реформами на Сев. Кавказе. В это время переселение жителей горных и предгорных районов на равнину приняло особенно массовый характер. Процесс переселения горцев на равнину проходил в Балкарии, но он не принял такого массового характера, как в Осетии и Чечне. С целью облегчения надзора и управления мелкими горными аулами в этот период началось образование так называемых укрупненных селений Сев.-Зап. и Центр. Кавказа. Их создавали, насильственно переводя общины разных предгорных и равнинных селений на новое место. Только в 1865–67 гг. 93 аула из населенных пунктов Большой Кабарды были укрупнены в 33, а из 25 аулов Малой Кабарды сделали 9.

Столкнувшись с многочисленными нарушениями российской стороной договоров о мухаджирах и неподготовленностью страны к приему переселенцев, Османская империя начинает в этот период ограничивать М. В Тифлисе и Петербурге также возобладали противники М. Появился запрет на массовую эмиграцию в Османскую империю. Был издан приказ главнокомандующего Кавказской армией «О прекращении дальнейшего выселения горцев массами» и предписание начальника Терской обл. «О запрещении жителям Большой и Малой Кабарды выезда в Турцию и об аресте лиц, агитирующих кабардинцев к переселению (с отправкой в тюрьму во Владикавказ)». Проводилась широкая агитационная кампания против выезда в Турцию. Пытаясь обойти официальные препоны на пути эмиграции, мухаджиры все чаще прибегают в этот период к получению билетов, разрешающих им временный выезд из России для совершения паломничества в Мекку. Многие из паломников навсегда оставались в Османской империи. В свою очередь, местная имперская администрация стала требовать от аульных старшин и начальников участков принятия на сельских сходах общественных приговоров, в которых горцы изъявляли желание остаться жить на Сев. Кавказе. Большинство аулов Сев.-Зап. и Центр. Кавказа соглашались предоставить администрации такие приговоры, но жители Малой Кабарды отказывались. В 1872 г. были введены Временные правила о порядке увольнения мусульман Кубанской обл. за границу, согласно которым горцам разрешался лишь временный выезд за границу с целью совершения паломничества в Мекку и Медину.

На четвертом этапе среди российских гражданских чиновников и военных вновь стали появляться сторонники массовых переселений. В это время некий Г. Буткевич подготовил план полного выселения горского населения с Сев. Кавказа, но в 1870-е гг. подобные идеи уже не находили особого сочувствия у высших российских властей в Тифлисе и Петербурге. Начальник Терской обл. (1863–73), известный в будущем российский государственный деятель М. Т. Лорис-Меликов был противником подобных планов. Он считал, что следует бороться с пропагандой переселения горцев, высылая за границу наиболее деятельных пропагандистов М. и вернувшихся на родину мухаджиров, которые вновь начинали агитировать за переселение в Османскую империю. В администрации Кавказского наместничества, возглавляемом тогда великим князем Михаилом Николаевичем (1862–81), возникло две «партии» — противников и сторонников эмиграции горцев. В результате в 1876 г. был подготовлен «Проект правил о переселении горцев в Турцию», снявший ряд ограничений на добровольный выезд горцев за пределы российских владений.

Новый всплеск М. произошел в 1880-е — начале 1890-х гг. Это было вызвано несколькими причинами. Во-первых, активизировались переселения горцев Сев.-Зап. и Центр. Кавказа на равнину и русская крестьянская колонизация региона. Во-вторых, после подавления *Восстания Всеобщего 1877 г.* многие из его участников пытались скрыться за границу. Многие из сосланных сумели бежать из Центральной России и нелегально пробирались в Османскую империю. Так, мюриды накшбандийского шейха из Нагорного Дагестана *ал-Кикуни Мухаммада-хаджжи* (ум. 1913) помогли ему бежать из сибирской ссылки и тайно переправили в Стамбул. То же удалось и др. участникам джихада 1877 г. В этой обстановке резко выросла роль слухов. Горцы опасались распространения на них всеобщей воинской повинности, введенной в России в 1876 г., и бежали в Турцию. Отчасти очередная волна М. была спровоцирована и активной организацией военных казачьих поселений на границах горских аулов.

На пятом этапе в кавказской администрации продолжались споры о выселении горцев. Немало сторонников этих проектов работало в администрации Кубанской обл., более прочих охваченной М. Они по-прежнему полагали, что горцы приносят «очень много вреда русскому населению Кубанской области, широко отдаваясь грабежам и воровству». Против столь резких мер выступал ряд не менее влиятельных лиц, в том числе сменивший Михаила Николаевича главноначальствующий гражданской частью на Кавказе А. М. Дондуков-Корсаков (1882–90). Он пытался ограничить М., находя его вредным для спокойствия региона и в целом для российского владычества. В 1885 г. были приняты новые «Правила переселения горцев». Ограничения на добровольный выезд горцев за границу были сняты. Для переселения сельской общины требовалось согласие на переселение 2/3 ее членов (впоследствии половины) и согласие османской стороны принять ее. Свой переезд эмигранты должны были оплачивать сами. Они навсегда теряли право возвращения на родину и в прежние владения, переходившие на северо-западе региона в собственность Кубанского казачьего войска. Османская сторона тоже принимала меры к урегулированию миграций и установлению государственного контроля над переселением. В 1887 г. в Стамбуле была восстановлена упраздненная в 1875 г. Верховная комиссия по переселению. Возобновление ее работы связано с резким увеличением численности М.

Во время шестого этапа наиболее важными стали уже не столько внешние, сколько внутренние миграции, связанные с крестьянской колонизацией региона. Наиболее массовой на этом этапе было М. горцев-мусульман из Чечни и Дагестана. На Сев.-Зап. Кавказе его размеры были скромнее. С 1890-х гг. на всем Сев. Кавказе, в том числе и в Кабарде, Чечне и Дагестане, возобновилась пропаганда М., которую вплоть до начала ПМВ вели османские эмиссары. Одним из основных стимулов к переселению стал религиозный. Расширяются культурные и экономические связи между северокавказской диаспорой и оставшимися в регионе горцами. Выпускники северокавказских медресе продолжали образование в Османской империи, прежде всего в знаменитом мусульманском ун-те Ал-Азхар в Каире, а также в медресе Стамбула. Книги, печатавшиеся в мусульманских издательствах Стамбула и Каира, поступали в медресе и библиотеки мусульман Сев. Кавказа.

В наместничество И. И. Воронцова-Дашкова (1905–15) и великого князя Николая Николаевича (1915–17) российская администрация Кавказского края пыталась скорее ограничить М. По негласному правилу, на поступавшие от горцев просьбы о разрешении переселиться местные власти должны были проводить переговоры с инициаторами отъезда и отговаривать их от этого шага. В 1909 г. в России было учреждено «Общество попечения о мусульманских паломниках». Оказывая визовую поддержку хаджжиям из России, оно вместе с тем занималось сбором информации и статистики о хаджже из России, что должно было облегчить российскому правительству надзор за потоками паломников, ускользавших из-под его надзора. Немалую часть хаджжиев по-прежнему давал российский Кавказ. Сторонники М. находили все новые уловки для обхода законов. Чаще всего они испрашивали разрешение на выезд «на богомолье в Мекку».

Маршруты М. в Османскую империю были проложены еще в первую половину XIX в. Окончательно они установились со 2-й половины 1850-х гг. Существовали как морской (по Черному морю), так и сухопутный (через Закавказье) пути. На Сев.-Зап. и отчасти Центр. Кавказе мухаджиры чаще избирали морской путь по Черному морю через Тамань и Керчь, а впоследствии и через российские порты Одессу, Новороссийск, Поти и Батуми. Кроме российской Черноморской компании, их перевозили османские, а также европейские суда. Мухаджиры прибывали в турецкие города-порты: Стамбул, Трабзон, Самсун.

Сухопутный путь мухаджиров лежал через Закавказье. Этим путем предпочитали двигаться дагестанцы, бо́льшая часть чеченцев, ингушей и осетин. Горцам Сев.-Зап. Кавказа пользоваться сухопутным путем было запрещено. Переходя через Большой Кавказский хребет в р-не Закатальского окр. или двигаясь по Военно-грузинской дороге через Владикавказ и Тифлис, они приходили к русско-турецкой границе через Эриванскую и Тифлисскую губ. Далее их путь лежал к анатолийским городам Карс и Муш. Этим путем шло особенно много нелегальных участников М. Обычно они пересекали границу по ночам, небольшими группами. Полиция и

Мухаджирство

кордонная стража регулярно задерживали их в Тифлисском и Александропольском уездах и по Военно-грузинской дороге, но перекрыть поток нелегального М. не могли.

Точной статистики М. не существует. По данным председателя Кавказской археографической комиссии А. П. Берже, только в 1858–65 гг., когда размеры эмиграции были наибольшими, Сев. Кавказ покинуло 439 194 чел. Из них подавляющее большинство составляли адыги Сев.-Зап. Кавказа (шапсуги, убыхи, абадзехи и т. д.) и близкие к ним по языку и культуре абхазы. По официальным данным, в 1856–1925 гг. Сев.-Вост. Кавказ покинуло около 40 тыс. чеченцев и ингушей, 39 660 *ногайцев* (включая *ногайцев* Кубанской обл.), 8–10 тыс. осетин и 20–25 тыс. дагестанцев. С середины 60-х гг. по начало XX в. с Кавказа выехало еще около 200 тыс. мухаджиров. Многие исследователи склонны считать эти цифры слишком заниженными. Например, А. Х. Касумов приводит цифру 900 тыс. эмигрировавших из России в османскую Турцию адыгов. Учитывая массовую смертность среди беженцев от эпидемий и тяжестей пути, турецкий историк Кемаль Карпат и его американский коллега М. Пинсон оценивали количество мухаджиров, покинувших Россию, в 1,2 млн чел. Выходцы из черкесской диаспоры впадают в крайность, доводя численность мухаджиров до 2 млн чел.

Все эти данные слишком приблизительные и неточные. Во-первых, никакой точной статистики горского населения Сев. Кавказа до его окончательного российского завоевания не велось. Для соблюдения условий договора 1860 г. и собственных интересов российская администрация областей долгое время преуменьшала количество выезжавших за пределы Сев. Кавказа участников М. Зачастую на целую семью выдавался один паспорт (на главу семьи), и в статистику заносился один человек. Следует также иметь в виду, что далеко не все архивные документы уцелели. В частности, во время гражданских войн и межэтнических конфликтов 1990-х гг. сгорели государственные архивы в Сухуми и Грозном. Нельзя также забывать, что значительная масса мухаджиров (особенно участники *Восстания Всеобщего 1877 г.*) переходили границу нелегально, в основном через Главный Кавказский хребет и Закавказье. Размеры нелегальной эмиграции с дореволюционного Сев. Кавказа были очень высоки. Что же касается османской статистики, то она не учитывала массовой гибели мухаджиров от голода и болезней в пути и до расселения в Турции.

Северокавказских мухаджиров расселяли в регионах, где османские власти были слабы, а антиосманское сопротивление сильно. Чеченцев и дагестанцев больше использовали для охраны столицы (Стамбула) и ведущих к ней стратегических путей. На юго-востоке Малой Азии военизированные поселения мухаджиров должны были сдерживать развитие антиосманского национального движения армян, курдов и кызылбашей. На Ближнем Востоке (в основном в Дамасском вилаете — современные Сирия, Ливан, Израиль и Иордания) мухаджиры использовались как буферная сила, охранявшая границы империи от арабских бедуинских племен и друзов. В отличие от выходцев с Сев.-Зап. Кавказа, переселенцев из Чечни, Ингушетии и Дагестана не размещали на Балканах. Документов, подтверждающих это, нет. О том же говорят результаты полевых исследований. Большинство дагестанцев и вайнахов прибыло в Османскую империю уже после *Восстания Всеобщего 1877 г.* Османская империя уже потеряла свои балканские провинции к этому времени и благодаря тому избежала вторичного переселения с Балкан на Ближний Восток и в Малую Азию. Дагестанцы и чеченцы в основном были расселены на территории Анатолии, откуда они частично расселились далее на юго-запад, образовав смешанные переселенческие общины в Ираке, Египте, Йемене, Аравии.

В Османской империи (и в возникших на ее обломках национальных государствах) власти привлекали мухаджиров и их потомков к службе в армии, силовых и правоохранных ведомствах. Из них формировались прежде всего полицейские части, а также иррегулярные воинские части (башибузуки) и жандармерия, использовавшиеся для подавления волнений и поддержки правящего режима. Из курдов и северокавказских мухаджиров были созданы полки иррегулярной кавалерии. По имени правившего тогда Абдул-Хамида II (1876–1909) они получили название Хамидие. Эти подразделения использовали для усмирения повстанческих движений на окраинах Османской империи. Согласно гипотезе А. Г. Авакяна, проект создания Хамидие был выработан в 1878 г. при деятельном участии известных мухаджиров *Кундухова Мусы* и сына *Шамиля* Гази-Мухаммеда, переселившегося в османскую Турцию в 1871 г. Использование выходцев из черкесской диаспоры в армии и госаппарате осталось традицией Ближнего Востока после распада Османской империи. В Сирии и Палестине, образовавших в 1920 г. подмандатную французскую территорию, отряды черкесской кавалерии вошли в состав так называемых специальных войск с функциями жандармерии. С 1925 г. черкесские иррегулярные войска стали основой французских сил оперативного назначения. Аналогичную роль отряды черкесской конницы играли в британской Трансиордании. После обретения независимости военная «специализация» черкесской диаспоры сохранилась. Утратив связи с исторической родиной, она превратилась в 1-й половине XX в. в отдельную относительно привилегированную страту мусульманского общества на Ближнем Востоке, сыгравшую важную роль в общественно-политических преобразованиях в регионе.

Изучение трагической истории М. в России XX в. долго оставалось под негласным запретом. В силу советской установки о «добровольном вхождении» вост. окраин в состав России и солидарности их трудящихся с русским народом историческое исследование массового бегства из «братской» России горцев-мухаджиров не приветствовалось. Кроме того, в условиях «железного занавеса» сбор материалов о северокавказских эмигрантах на зарубежном Ближнем Востоке для подавляющего большинства отечественных ученых был попросту невозможен. Положение резко изменилось за последние десятилетия. С 1990-х гг. начался шквал публикаций и диссертационных работ о М. Тема эта, как и *Кавказская война*, сохраняет популярность среди северокавказских и в целом российских историков и этнологов до настоящего времени. В восприятии М. сложно переплелись наука, эмоции и политика. Тема М. до сих пор используется в политических целях. Даже академические ученые, переходя к проблематике М., иногда теряют объективность.

Лит.: Авакян Б. Р. Черкесский фактор в Османской Турции (2-я половина XIX — 1-я четверть XX в.). Ереван, 2001; Адыгская и карачаево-черкесская зарубежная диаспора: история и культура. Нальчик, 2000; Алиев Б. Р. Северокавказская диаспора в странах Ближнего и Среднего Востока: история и современные процессы (2-я половина XIX–XX в.). Махачкала, 2001; Бадерхан Ф. Северокавказская диаспора в Турции, Сирии и Иордании. М., 2001; Берже А. П. Выселение горцев с Кавказа // Русская старина. Т. XXXIII. 1882; Вдали от Родины. Сб. документов / сост. Х. М. Думанов. Нальчик, 1994; Ганич А. А. Черкесы в Иордании: особенности исторического и этнокультурного развития. М., 2007; Касумов А. Х. Черкесская диаспора в арабских странах (XIX–XX вв.). Нальчик, 1997; Касумов А. Х., Касумов Х. А. Геноцид адыгов. Из истории борьбы адыгов за независимость в XIX в. Нальчик, 1992; Кудаева С. Г. Огнем и железом. Вынужденное переселение адыгов в Османскую империю (20–70-е гг. XIX в.). Майкоп, 1998; Кумыков Т. Х. Выселение адыгов в Турцию — последствие Кавказской войны. Нальчик, 1994; Кумыков Т. Х., Кумыков З. Т. Вопрос о выселении адыгов в Турцию в 50–60-х гг. XIX в. в историческом кавказоведении. Нальчик, 1998; Кушхабиев А. Черкесы в Сирии. Нальчик, 1993; Магомедханов М. М. Дагестанцы в Турции. Махачкала, 1997; Проблемы Кавказской войны и выселение черкесов в пределы Османской империи: сб. документов: в 2-х ч. Нальчик, 2003; Россия и Черкесия (2-я половина XVIII–XIX в.). Майкоп, 1995; Сев. Кавказ в составе Российской империи / сост. и отв. ред. В. О. Бобровников, И. Л. Бабич. М., 2007; Трагические последствия Кавказской войны для адыгов (2-я половина XIX — начало XX в.): сб. документов и материалов / сост. Р. Х. Гугов, Х. А. Касумов, Д. В. Шабаев. Нальчик, 2000; Эмиграция дагестанцев в Османскую империю: сб. документов и материалов. Кн. I–II / сост. А. М. Магомеддадаев. Махачкала, 2000; Эмиграция северокавказских народов в Османскую империю (2-я половина XIX — начало XX в.): сб. ст. / сост. С. Ф. Алибеков. Махачкала, 2000; Caucasia between the Ottoman Empire and Iran, 1555–1914 / Hrsg. von R. Motika und M. Ursinus. Wiesbaden, 2000; Hamed-Troyansky V. Caucasian Refugees and the Making of Amman, 1878–1914 // International Journal of Middle East Studies. 2017. Vol. 49. Pp. 605–653; Hamed-Troyansky V. Imperial Refuge: Resettlement of Muslims from Russia in the Ottoman Empire, 1860–1914. PhD Dissertation. Stanford, 2018; Karpat K. H. Ottoman Population 1830–1914. Demographic and Social Characteristics. Madison, 1985; Pinson M. Demographic Warfare — an Aspect of Ottoman and Russian Policy, 1854–66. Ph. D. Dissertation. Cambridge, 1970; Pinson M. Ottoman Colonization of the Circassians in Rumeli after the Crimean War // Etudes Balkaniques. Sofia, 1973. No. 3.

Н. Нефляшева, В. Бобровников

Мухаммад Амин (Асиялав Мухаммед-Амин, 1818–1901) — мусульманский политический и религиозный деятель, третий наиб имама *Шамиля* на Сев.-Зап. Кавказе.

Родился в с. Гонода (ныне Гунибский р-н РД) в знатной дагестанской семье. В 1834/35 г. стал шариатским мюридом имама *Шамиля*, находился при нем. По просьбе западных адыгов в 1848 г. был направлен *Шамилем* в Черкесию, где в силу начавшихся процессов общественно-политического и конфессионального переустройства адыгского общества был принят благожелательно. С целью противостояния российскому влиянию стремился перенести на черкесскую почву политический опыт *Имамата* и создать централизованное государство на основе установок шариата, сосредоточив в своих руках высшую духовную и светскую власть. В проведении реформ М. А. опирался на черкесскую аристократию, однако впоследствии главной опорой движения стало свободное крестьянство.

В течение 1848–59 гг. территория, контролируемая М. А., то увеличивалась до пределов практически всего Закубанья, то сокращалась до границ Абадзехии. Территория была разделена на участки, административно-политическими, религиозными, судебными и военными центрами которых являлись суды мехкеме. М. А. стремился провести тотальную исламизацию Черкесии, в том числе используя насильственные меры, что привело к жесткому противодействию со стороны адыгской аристократии, убыхов. С целью концентрации военной силы и концентрации прикубанских адыгов от российского влияния осуществлял политику их переселения с равнины в горы. Предпринимал усилия для координации своих действий с военно-дипломатическими мероприятиями *Шамиля*, для чего в 1855 г. совершил поход в Карачай. Поддерживал связь с Османской империей.

В 1856 г. признал право Российской империи на владения Кавказа и не оказывал сопротивления царской администрации. В 1859 г., после капитуляции *Шамиля*, вместе с верными ему абадзехами присягнул России. В 1863 г. М. А. уехал в Турцию, где и скончался в апреле 1901 г. недалеко от г. Бурсы.

Д. Рахаев

Мухаммад-хаджжи из Уриба, Алиев (1922–97) — мусульманский религиозный и общественный деятель.

Родился. в с. Уриб (ныне Шамильский р-н РД) в 1922 г. в семье мусульманского ученого ʻАли-дибира. В 1934 г. отца арестовали как представителя «реакционного» духовенства, А. начал изучать коранические науки у деда по матери, Газимухаммада (известного каллиграфа, в дореволюционный период — писаря и наборщика в типографии *Мухаммада-Мирзы Мавраева* в г. Темир-хан-Шуре). Затем, в течение нескольких лет А. учился у ʻалима ʻАбдулхамида из Уриба. В годы ВОВ был призван в армию, в 1942 г. комиссован по ранению. В 1944 г. со всеми жителями с. Уриб был переселен в Чечню после депортации чеченцев, где жил в течение следующих 17 лет. Преподавал тайно, на дому, мусульманское вероучение и исламские науки в с. Уриб, затем в г. Махачкале.

В 1990 г. А. был избран председателем Совета ʻалимов Дагестана, стоял у истоков создания единого ДУМД. Автор семи книг, наиболее известная из них — «Дурус ан-нахвийат» — учебник по грамматике арабского языка, который А. дополнил своими пояснениями. Др. работы — «40 хадисов Пророка Мухаммада (мир ему и благословение)», перевод и пояснения к 40 хадисам, выделенных имамом ан-Навави (Арбаʻина); «Сборник малых книг» — сюда вошли 9 сочинений по разным темам; «Таржаматул авари фи гIибадатил Бариʼ» (на аварском языке), «Как совершить хадж?», «Адабазул ах» («Сад этики», на аварском языке, включает правила поведения мусульманина в повседневной жизни). А. также является автором стихотворных произведений в жанрах назм, марсийа, мавлид. Скончался 27.10.1997 г., похоронен на кладбище пос. Ленинкент.

Лит.: Омаров М. Богословы Дагестана. Махачкала, 2014; Омаров М. Ислам в Дагестане. Махачкала, 2014.

М. Омаров

Муцольгов, Асман (Усман) Охлоевич (1909–13.04.2013) — мусульманский религиозный деятель, богослов, ученый-арабист, шейх накшбандийского тариката.

Родился в с. Сурхахи Назрановского окр. Терской обл. (ныне Назрановский р-н РИ). С 6-летнего возраста приступил к изучению богословских наук и арабского языка. Учителя: Солсбик Матиев из с. Ахки-Юрт, Муса Шанхоев, Увайс Балаев. В 1930-е гг. М. обучался толкованию Корана у Терсмейл-хаджжи Гагиева, Солсбик-муллы Бацаева, Алах-мулла Сапралиева и Ахмед-муллы Богатырева. В юности М. был последователем ʻАбд-ул-Вагапа-хаджжи Дититова из с. Таш-Кечу (ныне г. Аксай). В 1930-е гг. М. был председателем шариатского суда и преподавателем медресе. В 1944 г. был депортирован в Среднюю Азию, где получил признание и поддержку местного духовенства. В начале 1950-х г. Зияуддин-хан ибн Ишан Бабахан, муфтий САДУМ, приглашал М. преподавать в Бухарском медресе Мир-и Араб, но он отказался. После реабилитации одним из первых вернулся в Ингушетию и обучал исламу. В 1960-е гг. его учениками были ингуши Зяудин Муцольгов, Ибрагим Аушев, Султан Дакиев, Салангирей Измайлов и др. Также среди учеников М. было много представителей др. народов Сев. Кавказа. С 1957 г. и до 1980-х г. М. был бессменным имамом родного с. Сурхахи. Более 20 лет преподавал в медресе при одной из центральных мечетей г. Назрани. В 1991 г. совершил паломничество в Мекку. Его ученики Микаил Даурбеков, Адам Гарданов, Магомед-Сали Даурбеков, Хусейн Шадиев, ʻАбдула Оздоев стали имамами в населенных пунктах РИ. В 1990-е гг. у М. учились Асхаб Евлоев, Илез Газдиев, Илез Аушев, Ибрагим Леймоев и др. М. до конца жизни был консультантом по вопросам шариата при ДУМ Республики Ингушетия. В период становления Республики Ингушетия участвовал в переговорах с чеченской стороной по вопросам определения границ.

Умер М. 13.04.2013 г. в возрасте 104 лет.

Лит.: Дзарахова З. Бийсолт-мулла Мальсагов: благородство и мудрость // Ингушетия. [Электронный ресурс] // URL: http://gazetaingush.ru/obshchestvo/biysolt-mulla-malsagov-blagorodstvo-i-mudrost; Скончался ингушский алим и самый старый исламский ученый Ингушетии Усман Охлоевич Муцольгов. [Электронный ресурс] // URL: http://www.magas.ru/content/skonchalsya-ingushskii-alim-samyi-staryi-islamskii-uchenyi-ingushetii-usman-okhloevich-mutso

М. Албогачиева

Мюридизм (от араб. *мурид* — «желающий следовать [суфийскому пути], ученик [суфийского шейха]») — принятое в дореволюционной и советской литературе определение мусульманского повстанческого движения на Сев. Кавказе XIX в. Обычно к М. относят массовое религиозное движение, которое привело к созданию *Имамата* Нагорного Дагестана и Чечни (1828–59). Реже к М. также относят антироссийское *Восстание Всеобщее 1877 г.* и даже «антисоветский мятеж» 1920–21 гг. дагестанского религиозного и политического деятеля *Гоцинского Нажмутдина*. Понятие М. сложилось среди российских ученых, военных и политиков в период *Кавказской войны* (1817–64). В нем заметно влияние французского ориентализма 1-й половины XIX в. М. отождествляли с братством *накшбандийа*, сближая имамов Дагестана и Чечни с суфийскими шейхами, а их последователей — с мюридами тариката. В М. воплотилось характерное для колониального востоковедения представление об агрессивности ислама. Газават (в узком понятии «войны за веру») считали главным лозунгом движения, а его целью — строительство теократического государства (араб. имамат). Такой взгляд на М. господствовал до конца XX в.

С точки зрения исламоведения понятие М. не вполне корректно. Оно не отличает тасаввуфа от шариата, преувеличивает политическое значение суфийских братств на Сев. Кавказе. В действительности мусульманское повстанческое движение не опиралось на сеть подпольных отделений *накшбандийа*. Ни один из имамов не оставил суфийских сочинений и не был включен в современные им генеалогии (араб. силсила) суфийских шейхов. *Гази-мухаммад* (1828–32) и *Шамиль* (1834–59) были лишь мюридами накшбандийских шейхов *ал-Йараги Мухаммада-эфенди* и *ал-Гази-Гумуки Джамалуддина*. Четвертый имам, Мухаммад-Хаджжи (1877), похоже, не входил в братство, хотя и являлся сыном накшбандийского шейха *ас-Сугури 'Абдуррахмана*, а *Гамзат-бек* (1832–34) вообще не был связан с братством. *Гоцинский Нажмутдин* (1918–25) был очень близок с шейхом Узуном-Хаджжи ас-Салти (ум. 1920), но сам, по всей видимости, не являлся суфийским наставником. Гвардия *Имамата*, известная под именем наибских или шариатских мюридов, тоже не принадлежала к тарикату.

Вместе с тем нельзя отрицать, что тасаввуф оказал сильное влияние на мусульманское повстанческое движение. Проникновение на Вост. Кавказ во 2-й половине XVIII в. ветви халидийа братства *накшбандийа*-муджаддидийа, обновленной шейхом Дийа ад-дин Халидом (1778–1826) и продолженной его преемниками 'Исма'илом ал-Курдамири и Хасс-Мухаммадом аш-Ширвани, привело к распространению суфийских идей и организационных принципов во внесуфийской среде. Система личных связей учеников с наставниками была использована в военно-политической организации *Имамата*. При этом суфийская этика наложилась на идеи реформаторского шариатского движения, выступавшего за очищение ислама от немусульманских обычаев (араб. русум, 'адат) и недозволенных новшеств (араб. бида'), укоренившихся в быту местных мусульман под влиянием связей с русскими. Понятие «мюрид» приобрело значение мусульманина, следующего нормам шариата. В отличие от мюридов братства (иттиба'ийа) мюридов *Имамата* стали называть шариатскими.

В братстве *накшбандийа*-халидийа не было единого мнения о джихаде и использовании тасаввуфа в государственном строительстве. Шейхи *ал-Йараги Мухаммад-эфенди* и *ал-Гази-Гумуки Джамалуддин*, а позднее *ас-Сугури 'Абдуррахман*, поддержали войну за веру и бежали с земель, контролировавшихся царским правительством (араб. дар ал-харб), на территорию под властью мусульманских правителей *Имамата* (араб. дар ал-ислам). Они рассматривали шариат как подготовительную стадию для принятия учения братства (тариката) и дальнейшего пути суфия вплоть до постижения им Божественной истины (араб. хакика). Последователи шейха *ал-Алмали Махмуда* выступали против вооруженного сопротивления России. Они считали учение братства опорой мусульман на пути к шариату. Подобную квиетистскую позицию в вопросе о джихаде заняли кадиритские и шазилийские шейхи, появившиеся на Сев. Кавказе во 2-й половине XIX — начале XX в., в первую очередь *Сайпулла-кади Башларов* и *ал-Кахи Хасан Хилми*. Полемика между суфиями выразилась в спорах об обрядовой стороне практики богопоминания (араб. зикр). Последователи согратлинского шейха допускали к исполнению публичного «громкого» зикра шариатских мюридов, а их противники видели в этом профанацию тасаввуфа, придерживаясь «тихого» зикра сердца.

Не замечая различий между группировками северокавказских суфиев, российские военные и гражданские чиновники объединяли всех их под единым понятием М. После *Кавказской войны* они опасались тасаввуфа как непримиримого врага российской государственности. Пытаясь искоренить мусульманское повстанчество, они сделали ставку на поддержку 'адата в ущерб шариату. Такой политики придерживался победитель *Шамиля* наместник Кавказский князь А. И. Барятинский (1856–62). Во 2-й половине XIX в. М. стал одной из устойчивых антиисламских фобий в России (наряду с «зикризмом», как называли движение кадиритского шейха *Кунта-хаджжи*, «ишанизмом» в Средней Азии и появившимися к началу XX в. «панисламизмом» и «пантюркизмом»). Понятие М. дожило до советского времени и не раз служило орудием политического преследования мусульман в Российской империи и СССР. Оно использовалось, в частности, в фетвах 60–80-х гг. XX в. *ДУМ Северного Кавказа* и САДУМ против суфиев. Тут М. (муридийа) выступал синонимом тасаввуфа, осуждаемого как недозволенное новшество (бида'), запрещенное согласно шариату.

Лит.: '*Абд ар-Рахман ас-Сугури. Машраб [ат-тарика] ан-накшбандийа.* Темир-Хан-Шура, 1910; *Джамал ад-дин ал-Гази-Гумуки. ал-Адаб ал-мардийа фи-т-тарика ан-накшбандийа.* Петровск, 1904; *Илйас ал-Цудахари. Суллам ал-мурид.* Казань, 1904; *Казембек А. К.* Мюридизм и Шамиль // Русское слово. 1859. № 12; *Кемпер М.* К вопросу о суфийской основе джихада в Дагестане // Подвижники ислама. М., 2003; *Мактубат ал-Кахи ал-мусамма васаил ал-мурид фи расаил ал-устаз ал-фарид.* Дамаск, 1998; *Махмудбеков М.* Мюридическая секта на Кавказе // Сб. материалов для описания местностей и племен Кавказа. Тифлис, 1898. Вып. 24; *Мухаммад ал-Йараги. Асар аш-шейх ал-Йараги.* Темир-Хан-Шура, 1910; Мюридизм // Ислам. Словарь атеиста. М., 1988; *Смирнов Н. А.* Мюридизм на Кавказе. М., 1963; *Ханыков Н. В.* О муридах и муридизме. Тифлис, 1847; Хроника Мухаммада Тахира ал-Карахи. О дагестанских войнах в период Шамиля. М.; Л., 1946; [Сб. фетв ДУМ СК. Б. м., б. г.]; *Gammer M.* Muslim Resistance to the Tsar: Shamil and the Conquest of Chechnia and Daghestan. L., 1994; *Kemper M.* Herrschaft, Recht und Islam in Daghestan. Von den Khanaten und Gemeindebünden zum gihad-Staat. Wiesbaden, 2005. S. 265–276; *Knysh A.* Sufism as an Explanatory Paradigm. The Issue of the Motivations of Sufi Movements in Russian and Western Historiography // Die Welt des Islams. 2002. Vol. XLII. No. 2; *Idem.* Al-Kabk // Encyclopaedia of Islam. Supplement volume. Leiden, 2004. Fasc. 7–8; *Sidorko C. P.* Die Naqsbandiyya im nordostlichen Kaukasus. Ein historischer Ueberblick // Asiatische Studien. 1997. Bd. 51; *Zelkina A.* In Quest for God and Freedom. The Sufi Response to the Russian Advance in the North Caucasus. L., 2000.

В. Бобровников, М. Кемпер

Н

Набоков, Мишауст Джамбулетович (1869–1930) — мусульманский религиозный деятель.

Родился в. с. Адамий (ныне Красногвардейский р-н РА). В 1911 г. закончил ун-т Ал-Азхар, назначен на должность эфенди родного с. Адамий. В 1912 г. Н. открыл в с. Адамий медресе, в котором на родном языке велось преподавание общеобразовательных предметов. Принимал участие в деятельности Черкесского благотворительного общества, с 1914 г. — основной организатор и преподаватель первых в истории просвещения кубанских адыгов учительских курсов, организованных этим обществом. В 1915–17 гг. находился на фронте, исполнял обязанности старшего полкового муллы Черкесского конного полка Кавказской туземной конной дивизии. За мужество и усердие, проявленное в боях, удостоился орденов Св. Анны 3-й и 2-й степени, Св. Станислава 2-й ст., др. наград. Принял Октябрьскую революцию и активно поддерживал большевиков. В начале 1920-х гг. участвовал в работе съезда трудящихся Адыгеи, был сотрудником отдела народного образования и инспектором по улучшению материальной базы аульных школ. Во второй половине 1920-х гг., с началом антирелигиозной кампании, неоднократно подвергался репрессиям. В 1928 г. арестован, умер в тюрьме в г. Краснодаре в 1930 г.

Д. Рахаев

Назир из Дургели Магомедгаджиев (1891–1935) — мусульманский религиозный деятель, ученый-теолог, биограф.

Род. в кумыкском с. Дургели Т.-Х.-Шуринского окр. Дагестан. обл. (ныне Карабудахкентский р-н РД). Получил начальное религиозное образование сначала в родном селе, у своего отца и у местных знатоков Корана и арабского языка, позднее — у известных 'алимов в с. Парау̇л, Ниж. Казанище, Губден. Среди его учителей был *Акаев Абусупьян*, а также шейх Газанува из Губдена. Позже переселился с семьей в с. Тарки. Там собрал большую исламскую библиотеку из тысяч томов редких книг, в том числе все номера мусульманской газеты *«Джаридат Дагистан»* за 1913–18 гг., а также все статьи исламского реформатора *Каяева 'Али*.

Известен в литературе как *Назир из Дургели*, хотя официально носил фамилию Магомедгаджиев. Автор многочисленных богословских трактатов и статей, наиболее крупная его работа — «Нузхат ал-азхāн фӣ тарāджим улама Дāгистāн» («Услада умов в жизнеописании дагестанских ученых»), на арабском языке, написана 20-е годы ХХ в.; опубликована совместно *А. Р. Шихсаидовым* и М. Кемпером отдельной книгой в переводе на немецкий язык и ими же (совместно с А. Бустановым) — в переводе на русский язык. Это наиболее полная из создававшихся в Дагестане работ в биобиблиографическом жанре, посвященных дагестанским мусульманским ученым. В ней приведены более или менее полные сведения о 220 'алимах XI — начала XX в. Определенный интерес представляет также сборник памятных записей, созданный им в 1933 г. на кумыкском языке.

Соч.: Оразаев Г. Исторические сочинения на тюркских языках. Вып. 1. Махачкала, 2003; Услада умов в биографиях дагестанских ученых (Нузхат ал-азхāн фӣ тарāджим улама Дāгистāн). Дагестанские ученые X–XX вв. и их биографии. М., 2012; Nadirad-Durgilis (st. 1935) Nuzhatal-adhanfitarağim 'ulamā' Dāğistān / herausgegeben, übersetzt und kommentiert von Michael Kemper und Amri R. Šixsaidov. Berlin, 2004.

Лит.: Даг. правда. 1992. 24 ноября; Исламны нюрю. 1998. № 4 (на кумык. яз.) / Ленин ёлу. 1990. 24 мая; *Оразаев Г.* Ученый Назир-эфенди из Дургели (Дёргелыли Назир апенди) // Утренняя звезда (Танг Чолпан). Махачкала, 2011. № 3. С. 78–85; *Šixsaidov A. R.* The biographical genre in Daghestani

Arabic-language literature: Nadirad-Durgilisnuzhatal-adhānfitarāǧim 'ulamā' Dāgistan // Muslim Culture in Russia and Central Asia from the 18th to the Early 20th Centuries. Berlin, 1998. Vol. 2. Pp. 39–61 (на англ. яз.).

Г. Оразаев

Назиров, **Мани-шейх** (Мохьмад мулла, 1860–1924) — мусульманский религиозный и общественный деятель, шейх кадирийского тариката.

Родился в семье потомственных кузнецов в с. Харачой (ныне Веденский р-н ЧР), также стал кузнецом, закончил начальное мусульманское учебное заведение. Учитель: Ибрагим-шейх из с. Аргун; затем стал мюридом *Митаева Бамат-Гирея-хаджжи*, который передал ему разрешение на наставничество в тарикате. Последний порекомендовал Н. М.-ш. переселиться в Надтеречье для приобщения его жителей к зикризму. В 1907 г. переселился в с. Чулик-Юрт (ныне с. Знаменское Надтеречного р-на ЧР). Среди местных шейхов был единственным приверженцем кадирийского тариката. В 1911 г. был сослан в г. Калугу на 5 лет. Имеет два зийарата с мазаром: один символический в с. Знаменском и над местом погребения в с. Виноградное (Грозненский р-н ЧР). Зийараты восстановлены в 1956 и 1986 г., в 2009 г. зийарат в с. Виноградное реставрирован по поручению главы ЧР Р. Кадырова.

Лит.: Шейхи и эвлийа Чечни. Два основных тариката — накшбандийа и кадирийа. [Электронный ресурс] // URL: http://nohchalla.com/video/62/647-sheihi-i-evliyai.html; Яндаров Хаваж-Баудди хьаж. Рукопись.

С. Натаев

Назр (араб. обет Всевышнему совершения богоугодных деяний) — в Дагестане XIX в. служил предметом острой полемики. В мусульманском праве Н. называется взятое кем-либо на себя обязательство о выполнении каких-либо действий, которые не являются для мусульманина обязательным (фард) по религиозным канонам. В связи с этим при получении права собственности на какое-либо имущество посредством договора дарения и наследования по завещанию Н. стал играть чрезвычайно важную роль.

Перед судом были законны только Н., сделанные с каким-либо условием, и поэтому не считается законным обет без всякого условия. В то же время умышленное неисполнение Н. влекло за собой наказание в виде штрафа (каффарат).

По мусульманскому праву существует два вида наследования (ал-фара'ид): по закону и по завещанию. В первом случае порядок раздела наследства был строго регламентирован, в том числе и установлениями из Корана, хотя и имел некоторые различия в зависимости от принадлежности к различным правовым школам. Что касается второго вида наследования, то завещание не могло составляться в пользу законных наследников, затрагивать более трети имущества завещателя, его составление требовало присутствия двух свидетелей. И здесь стал широко применяться Н., который часто совершался в устной форме, что являлось характерной чертой обязательственного права в мусульманском обществе в целом.

В Дагестане, в условиях ограниченных материальных ресурсов, при наследовании по завещанию часто возникали конфликтные ситуации из-за того, что законные наследники не соглашались с применением Н. к наследуемому имуществу. Об этом свидетельствуют и ряд статей из сборников дагестанских 'адатов, когда тот или иной джама'ат, озабоченный этой проблемой, пытался установить строгие рамки шариата при разделе наследства. По Н. часто отчуждалась собственность и в вакфный фонд, однако в этом случае никаких разногласий практически не возникало.

Во 2-й половине XIX в. в Дагестане актуальность полемики по вопросам наследственного права и применения Н. возросла. Участились случаи, когда должник, которому угрожала продажа имущества по иску кредиторов, объявлял, что оно уже не принадлежит ему, а передано кому-либо по Н.; или отец, имея детей от второй жены, передавал все свое имущество им по Н., оставляя детей от первого брака без всякой доли наследства; или же, при невозможности совершить договор купли-продажи, вследствие отсутствия всех условий для его заключения по шариату, продавец и покупатель делали своеобразный обоюдный Н., так как обряд его совершения не требовал никаких формальностей, кроме простого принесения перед двумя свидетелями или перед кадием определенной формулы. Жалобы по подобным и мн. др. «неправильным Н.» поступали в Дагестанский народный суд, и, если обнаруживалось, что они были совершены не с богоугодными и благотворительными целями, то их признавали незаконными. Объявление решений по ним породили разногласия в среде дагестанских богословов, разделившихся на два лагеря.

Полемика о правомочности Н. в области ал-фара'ид послужила основой для сочинений на эту тему, которыми обменялись признанный знаток мусульманского права и кадий Дагестанского народного суда *ал-Карахи Мухаммадтахир* и *Акушинский 'Али-Хаджжи*, занимавший долгое время должность кадия в с. Акуша. Она была переведена на русский язык и опубликована в Сборнике сведений о кавказских горцах в 1871 г. В предисловии к ней дается предыстория применения Н. Дагестана в период *Имамата*.

Указывается, что сам *Шамиль*, за несколько лет до своего пленения, запретил делать Н. на подвластной ему территории.

М. ал-Карахи, выражая свое отношение к Н., настаивает на том, что он легитимен только в том случае, если нет сомнений в его богоугодности или явном намерении делающего Н. сделать его с богоугодной целью. Его позиция по отношению к Н. в результате и была принята властями Дагестанской обл.

Лит.: Книга о значимости стремления улучшать свои деяния по мере сил (Китаб ибарат ал-итибар фи истислах ал-амал би к'адри ал-ик'тидар). М., 2014; Мухаммадтахир ал-Карахи. Книга о значимости стремления улучшать свои деяния по мере сил (Китаб ибарат ал-итибар фи истислах ал-амал би к'адри ал-ик'тидар) / пер. Р. С. Абдулмажидова, Р. С. Шехмагомедова, Д. М. Маламагомедова. М., 2014; Полемика дагестанских ученых по вопросу об отчуждении собственности по назру // Сб. сведений о кавказских горцах. 1871. Вып. V. Отд. IV. 1–40; ССCКГ. Т. 3. С. 5; Торнау Н. Е. Изложение начал мусульманского законоведения. 1850. С. 372.

Р. Абдулмажидов

Накшбандийа — наиболее важное суфийское братство на Сев.-Вост. Кавказе в Новое и Новейшее время. Еще известный османский путешественник XVII в. Эвлия Челеби видел последователей тариката Н. в с. Эндирей (ныне Хасавюртовский р-н РД). С конца XVIII — начала XIX в. в Дагестан проникает его обновленная ветвь (муджаддидийа). М. Казембек связывал распространение Н. с деятельностью духовных лиц из Малой Азии и Турции, с одной стороны, и из Бухары и Туркестана — с другой. Ряд др. исследователей считает, что тарикат *накшбандийа*-халидийа был привнесен в Дагестан из османской Турции через Ширван.

Первым на Кавказе *накшбандийа*-халидийа распространял Хаджжи-Исма‘ил ал-Курдамири аш-Ширвани. Все линии Н., действующие в настоящее время в Дагестане, берут свое начало от него и шли по двум основным линиям: через Хас-Мухаммада аш-Ширвани и Мухаммад Салиха аш-Ширвани. Первая из них проходит через *ал-Йараги Мухаммада-эфенди*. Став мюридом Исма‘ила Курдамири, он первым в Дагестане получил статус муршида.

Ал-Йараги Мухаммад-эфенди передал иджазу, сделав муршидами Н. *ал-Гази-Гумуки Джамалуддина*, *ал-Индири Ташава-хаджжи* и Умалата Костековского. Он написал известное сочинение по тарикату «Асар». Он умер в с. *Согратль* (ныне Гунибский р-н РД), где в настоящее время находится его зийарат.

Ал-Гази-Гумуки Джамалутдин переселился сначала в *Имамат*, а после пленения *Шамиля* — в Турцию. Наиболее известное из его произведений — «Адабу-л-мардийа фи тарикат ан-накшбандийа». Он дал иджазу ‘Абдуррахману Согратлинскому и *Айди-хаджжи* из с. Казанище, который в свою очередь передал иджазу Сулейману-хаджжи из с. Апши (ныне Буйнакский р-н РД).

Ас-Сугури Абдуррахман получил иджазу от *ал-Йараги Мухаммада-эфенди* и *ал-Гази-Гумуки Джамалуддина*. В 1832 г. совершил паломничество в Мекку, на османо-арабском Ближнем Востоке занимался у ‘алимов Са‘ида Таха ал-Халиди ал-Багдади, ‘Али и ‘Абдуррахмана ал-Кузбари, Шейха ‘Абдуллаха аш-Шаркави, Мухаммада ад-Дахлави и др. После поражения *Восстания Всеобщего 1877 г.* он был посажен под домашний арест в с. Ниж. Казанище, где скончался. Там же находится его зийарат. *Ас-Сугури ‘Абдуррахману* принадлежат сочинения «Хашийа адаб ал-Бахс» и «Ал-Машраб ан-накшбандийа», изданные в г. Темир-Хан-Шуре (ныне г. Буйнакск) в исламской типографии *М-М. Мавраева*.

Ас-Сугури ‘Абдуррахман имел множество мюридов и возвел в ранг муршидов Узуна-Хаджжи из с. Салта (ныне Гунибский р-н РД), Тетекая-хаджжи из с. Ниж. Казанище (ныне Буйнакский р-н РД), Мухаммада-хаджжи из с. Обода (ныне Хунзахский р-н РД), Илйаса из с. Цудахар (ныне Левашинский р-н РД), Мусу-хаджжи из с. Кукни (ныне Лакский р-н РД), Хизри-Хаджжи из с. Мукрах (ныне Докузпаринский р-н РД), ‘Абдуллу-хаджжи из с. Гимры (ныне Унцукульский р-н РД), *ал-Кикуни Мухаммада-хаджжи*.

После этого одна из цепочек Н. переходит в Турцию. Первый муршид Н. из учеников *ал-Йараги Мухаммада-эфенди ал-Кикуни Мухаммад-хаджжи* бежал туда из сибирской ссылки и передал иджазу зятю и племяннику *ал-Кикуни Шарапудину*, а тот в свою очередь возвел в ранг муршида ‘Абдуллаха ал-Фа’из ад-Дагестани (1891–1978) из с. Ирганай, который передал иджазу Мухаммаду Назиму ал-Хаккани ал-Кибруси (1922–2014), имевшему более 2,5 млн последователей в Турции, на Кипре, ФРГ, Великобритании, США и др. странах.

Ал-Кикуни Мухаммад-хаджжи также передал иджазу Сулейману-хаджжи из с. Апши, который получил еще одну аналогичную иджазу от *Айди-Хаджжи* из с. Казанище. Зийарат Сулеймана-хаджжи находится в с. Ниж. Дженгутай (ныне Буйнакский р-н РД). *Айди-Хаджжи* также передал иджазу Мухаммаду-устазу из с. Дейбук (ныне Каякентский р-н РД). Эта ветвь Н. доходит до настоящих дней. Мухаммад-Устаз передал иджазу Зубаиру-Хаджжи из с. Хамри (ныне не существует), а тот — Мухаммаду-хаджжи из с. Дейбука. Последний сделал шейхом своего сына Мухаммада-Амина (ум. 1999), который возвел в ранг муршида троих шейхов: Илйаса-хаджжи Ильясова (убит в 2013 г.), *Мухаммад-Мухтара Бабатова* (1954–2015) и своего сына Мухаммада-Хаджжи Магомедова. Одну ветвь тариката идущего от Исма'ила Курдамири через Хас-Мухаммада Ширвани представляли в начале XXI в. эти три шейха.

Второй муршид Н. из учеников *ал-Йараги Мухаммада-эфенди — ал-Индири Ташав-хаджжи* — во главе части эндиреевцев примкнул к имаму *Газимухаммаду*. После этого он во главе части своих мюридов уезжает в Чечню и поселяется вблизи с. Саясан (ныне Ножай-Юртовский р-н ЧР). Наиболее известные из его произведений — «Умм ал-Хисан», «Муриди кун ма'и фи-ттихад». Он дал иджазу Башту Саясановскому. *Ташав-хаджжи* похоронен в с. Саясан.

Третий муршид Н. из учеников *ал-Йараги Мухаммада-эфенди* — Умалат ал-Кустаки был родом из с. Костек (ныне Хасавюртовский р-н РД). Прошёл обучение у учёных с. Костека и Эндирея, продолжил его в Нагорном Дагестане. Умалат ал-Кустаки умер в 1849/50 г. и похоронен в с. Сержень-Юрт (ныне Шалинский р-н ЧР). Он возвёл в ранг муршида *ал-Йахсави Башира* в с. Аксай (ныне Хасавюртовский р-н РД). Башир в свою очередь передал иджазу троим: *Хаджжи Упе* (*Хантиеву*, в дальнейшем получил имя 'Усман) из с. Наур (ныне центр одноимённого р-на ЧР), 'Алихану ал-Чанти и ал-хаджж Ахмаду ал-Йахсави из с. Аксай.

Хаджжи Упа Хантиев из с. Наура передал иджазу на наставничество в Н. своему брату *Хантиеву Кана-Шейху* и Ибрагиму-хаджжи из с. Гойты (ныне Урус-Мартановский р-н ЧР). 'Алихан ал-Чанти передал разрешение 'Абдул'азизу *Шаптукаеву* из с. Эски-юрт (ныне ок. с. Каякент РД), более известному в Чечне как *Докка-шейх*. Преемником 'Алихана был также шейх *Арсанов Дени* из с. Урус-Мартан (ныне центр одноимённого р-на ЧР). Он участвовал в *Восстании Всеобщем 1877 г.*, после поражения восстания вернулся домой.

От ал-хаджж Ахмада из с. Аксай силсила нисходит к 'Абдулмуталибу сыну Башира и разветвляется на две ветви. Одна идёт к 'Абдулваххабу-хаджжи Дыдуймову, Сулейману-хаджжи Яндарову из с. Урус-Мартан, известному в Чечне как Солса-хаджжи, и Сугаип-мулле из с. Шали (ныне центр одноимённого р-на ЧР).

По другой ветви ал-хаджж Ахмад передал иджазу Йунусу из с. Баммат-Юрт (Хасавюртовский р-н РД). От него силсила идёт к Мустафе-хаджжи из с. Ботаюрта (ныне Хасавюртовский р-н РД), затем к Арсануке Хидирлезову из с. Чабак-отара (ныне с. Герменчик, Бабаюртовского р-на РД). Этот накшбандийский шейх возглавил в конце 1929 — начале 1930 г. восстание против советской власти, перекинувшееся в Сев. Дагестан из Чечни.

Др. крупнейшая ветвь Н. — махмудийа — проникла в Дагестан от Исма'ила Курдамири через Мухаммад-Салиха Ширвани. Он родился в 1821 г., но достоверных сведений о его жизни нет. Передал иджазу Ибрахиму Кудкашани. В 1844 г. тот переселился в г. Стамбул, где и скончался. Его преемником является Хаджжи Йунус Лалали (1804–60), который передал иджазу *ал-Алмали Махмуду*. Последний возвёл в ранг муршидов 12 чел., включая Ахмада ат-Талали, Исма'ила ас-Сивакли, Джабра'ила ал-Цахури, Мухаммад-Закира ал-Чистави, через которых ещё одна линия Н. проникла в Дагестан. Исма'ил ас-Сивакли объединил в себе две разветвлённые цепочки Н. в Дагестане. Одна из них через Хас-Мухаммада аш-Ширвани идёт от Исма'ила Курдамири к *ал-Йараги Мухаммаду-эфенди* и *ал-Гази-Гумуки Джамалуддину*. После переселения последнего в Турцию Исма'ил ас-Сивакли вернулся в родное село в Азербайджане и стал мюридом *ал-Алмали Махмуда*, от которого также получил иджазу.

В дальнейшем Исма'ил ас-Сивакли возвёл в ранг муршида Хаджжи-Кусая-эфенди, который в 1893 г. передал иджазу Н. Шу'айбу-эфенди. После кончины Кусая-эфенди тот учился у Ахмада ат-Талали, который в 1896 г. также дал Шуайбу-эфенди разрешение быть муршидом Н. Мухаммад-Закир ал-Чистави возвёл в ранг шейха Н. *Сайпуллу-кади* Башларова. Ещё один муршид Джабра'ил ал-Цахури родом из с. Цахур (ныне Рутульский р-н РД) сначала был мюридом шейха Хаджжи-Ахмада из с. Алмалы, а когда из ссылки вернулся *ал-Алмали Махмуд*, Джабра'ил-эфенди вместе с 300 мюридами первого шейха перешёл к *Махмуда-эфенди* и в дальнейшем получил от него иджазу шейха Н. Через Джабра'ила ал-Цахури цепь преемничества Н. нисходит к *'Абдуррахману-хаджжи* из с. Асаб (ныне Шамильский р-н РД). Умер Джабраил-эфенди 29.10.1898 г.

Два муршида *накшбандийа*-халидийа-махмудийа — Хаджжи-Кусай-эфенди и Ахмад ат-Талали — передали иджазу Шу'айбу-эфенди ал-Багини. Последний родился в с. Багинуб (ныне Чародинский р-н РД). С 7 лет он начал мусульманское религиозное образование под руководством своего отца Идриса-эфенди. Затем он стал мюридом Кусая-эфенди из с. Масрух (не сохранилось) и в 1893 г. получил титул муршида.

В начале XX в. в Дагестане было три муршида Н.: 'Абдуррахман ал-Асави (ум. 1903/04), *Шу'айб ал-Багини* (ум. 1909) и *Сайпулла-кади* ан-Ницовкри (ум. 1919), который был мюридом также шазилийского и кадирийского тарикатов. Все эти три муршида дали по иджазе *ал-Кахи Хасану Хилми* из Кахиба. К концу 20-х гг. XX в. кахибский шейх был единственным муршидом трёх тарикатов в Дагестане. Он написал более десяти сочинений по суфизму, включая «Танбих ас-саликин», «Талхис ал-ма'ариф», «Хуласат ал-адаб», «Сифр ал-асна», «Сирадж ас-са'адат», «Бурудж ал-мушайяда ли-нусус ал-му'аййида» и др. В этих книгах изложены основы шариата и тариката, этика ислама. Незадолго до смерти ал-Каxи Хасан Хилми передал иджазу Мухаммаду из с. Асаб (ум. 1942). Далее эта цепочка тариката идет так: Хумайд-афанди из с. Андых Шамильского р-на РД (ум. 1952) — Мухаммад-Хусейн из с. Уриб Шамильского р-на РД (ум. 1967) — Мухаммад-'Ариф из с. Кахиб Шамильского р-на РД (ум. 1977) — Мухаммад Са'аду-хаджжи из с. Батлух Шамильского р-на РД (ум. 1995) — 'Абдулхамид-афанди из с. В. Инхо Гумбетовского р-на РД (ум. 1977) — Хамзат-афанди из с. Тлох Ботлихского р-на РД (ум. 1977) — Мухаммад-афанди Хучади (ум. 1987) — Бадрудин-афанди из с. Ботлих (центр одноименного р-на РД) и *Чиркейский Са'ид-афанди* из с. Чиркей Буйнакского р-на РД. Все перечисленные шейхи, начиная с *Сайпуллы-кади, Хасана Хильми* и до *Чиркейского Са'ида-афанди*, были муршидами накшбандийского, шазилийского и кадирийского тарикатов. В настоящее время в этой цепочке есть еще три шейха шазилийского тариката, возведенные *Чиркейским Са'идом-афанди*: Арсланали-афанди (живет в г. Буйнакске), 'Абдулвахид-афанди из с. Какамахи Левашинского р-на РД и Мулла Мухаммад из Закатальского р-на Азербайджана.

Лит.: *Абдуллаев М. А.* Суфизм и его разновидности на Сев.-Вост. Кавказе. Махачкала, 2000. С. 93; *Магомеддадаев А. М.* Эмиграция дагестанцев в Османскую империю. Кн. 1. Махачкала, 2000. С. 419; *Шуайб ал-Багини.* Табакат хваджакан ан-накшбандийа ва садат ал-машаих ал-халидийа ал-махмудийа. Дамаск, 1998. С. 457–458 (на арабск. яз.); *Эвлия Челеби.* Книга путешествий. Вып. 2. Москва, 1979. С. 117.

И. Ханмурзаев, Ш. Шихалиев

Намиток, Айтек Алиевич (1892–1963) — общественный и политический деятель.

Родился в с. Понежукай (Кубанская обл., современная Республика Адыгея). Юрист, автор первой в адыговедении академической монографии «Происхождение черкесов». Окончил Ставропольскую гимназию, юридический факультет Санкт-Петербургского ун-та. Один из организаторов Мусульманского комитета горцев в г. Петрограде (1911–16).

В студенческие годы публиковался в петербургской «Мусульманской газете» (в 1913 г. «Мусульмане и Турция» (23 янв., № 7); «Русская печать и мусульмане» (30 янв., № 8.); «Слова, слова…» (14 февр., № 10)).

В 1917 г. — член Совета Министерства народного образования во Временном правительстве, член Высшего педагогического совета и председатель его комиссии по нерусским школам. Н. как представитель *Союза объединенных горцев Сев. Кавказа и Дагестана* в августе 1917 г. участвовал в переговорах с КТКД (Кавказской туземной конной дивизией,

или Дикой дивизией) в составе делегации мусульманских лидеров: *Цаликова Ахмеда*, Усмана Токумбетова, Ильяса Кугушева. Позже к делегации присоединился *Шамиль Захид*, внук имама *Шамиля*.

Делегация была сформирована в результате переговоров Исполкома Всероссийского мусульманского совета (ВМС, Милли Шуро) и ЦИКа Советов рабочих и солдатских депутатов, а также переговоров Исполкома ВМС с управляющим Военным министерством Б. В. Савинковым. Делегация должна была вступить в переговоры с представителями национальных полков, чтобы прекратить их участие в Корниловском мятеже, движение на Петроград и участие в Гражданской войне. Н. вместе с *Цаликовым Ахмедом*, У. Токумбетовым на станции Вырица встречался с командирами Ингушского полка полковником Султаном Котиевым и Черкесского полка полковником Крым-Гиреем Султаном. Делегации удалось предотвратить наступление «Дикой дивизии» на Петроград, удержать мусульман от вовлечения в политический проект Л. Г. Корнилова.

Н. был членом Кубанской Краевой рады созыва 29.09–11.10.1917 г. от кубанских горцев. Той же Радой был избран членом первой Кубанской законодательной рады от горской фракции. В начале ноября 1917 г. вошел в состав Объединенного правительства Юго-Вост. Союза от горцев Сев. Кавказа (вместе с *Коцевым Пшемахо*). При формировании первого Кубанского краевого правительства Л. Л. Быча, с одобрения Законодательной рады, снова приглашен в состав этого правительства заведующим делами (министром) юстиции в ноябре-декабре 1918 г. Участвовал в первом и втором Кубанских походах 1918 г. Н. был избран Кубанской радой в состав делегации на Парижскую мирную конференцию (от горцев) после 1-й мировой войны. В г. Париже в июле 1918 г. делегация Кубанской рады заключила с Республикой горцев Сев. Кавказа «Союз дружбы» — взаимное признание независимости, предусматривающее военное сотрудничество и тесное экономическое сближение. Подписали этот договор со стороны Кубани Л. Быч, В. Савицкий, А. Калабухов и Н., а со стороны РГСК — *Чермоев 'Абдул-Меджид* и *Бамат Гайдар*. После избрания Войсковым атаманом А. П. Филимонова во второй раз, в декабре 1918 г., правительство Л. Быча, в том числе и Н., ушло в отставку. В 1919 г. Н., наряду с А. Кулабуховым, Л. Бычем и В. Савицким, был предан генералом А. И. Деникиным военно-полевому суду, но остался в г. Париже, в эмиграции.

В 1918–22 гг. учился в Сорбонне, занимался исследованием истории, этнографии, фольклора черкесов. На короткий срок переехал в Турцию (1922–24), затем вернулся в г. Париж, где занимался частной адвокатской практикой. Был одним из основателей кавказской масонской ложи в г. Париже «Золотое руно» (1924).

В числе ее основателей и членов были Пшемахо Аджигоев, Мурзала Куриев, Осман Чермоев (племянник *Чермоева 'Абдул-Меджида*), *Баммат Гайдар*.

С 1936 г. — член «Лингвистического общества в Сорбонне». В 1937 г. Н. выступил на Международном конгрессе фольклористов в г. Париже с докладом о феномене черкесских смертников. Совместно с профессором Сорбонны Жоржем Дюмезилем написал работу Fables de Tsey Ibrahim («Басни Ибрагима Цея», 1939).

Был женат на представительнице черкесской диаспоры Турции из убыхов Хайрие Мелек Хундж (1886–1963) — писательнице, главном редакторе журнала «Дияне» и газеты «Гъуаз», общественном деятеле, одной из организаторов «Общества взаимопомощи черкесских женщин» в Стамбуле (Çerkes Kadınları Teavün Cemiyeti).

Во время Второй мировой войны Н. был председателем организованного в Германии Мусульманского комитета, спасавшего пленных из гитлеровских лагерей. В 1949 г. переселился в Турцию. До конца жизни работал профессором французского языка в Стамбульском педагогическом ин-те, был руководителем Северокавказского национального центра в г. Стамбуле. С 1950 г. Н. — действительный член Ин-та по изучению истории и культуры СССР в г. Мюнхене (в комитете «Париж-блок»). Институт издавал журналы «Кавказское обозрение» и «Проблемы». Печатался во многих эмигрантских журналах.

Скончался в Турции, похоронен на кладбище Караджа-Ахмет.

Лит.: Казачий словарь-справочни. Т. 2 / сост. Г. В. Губарев; ред.-изд. А. И. Скрылов. [Репринт. воспроизведение]. Кливленд, 1966; Намиток А. Происхождение черкесов. Майкоп, 2019; Намитокова Р. Ю., Нефляшева Н. А. Из истории казачье-горской эмиграции. Айтек Намиток: опыт реконструкции политической биографии // Славянский мир на Сев.-Зап. Кавказе: сб. статей X научных чтений, посвященных Дню славянской письменности и культуры. Майкоп, 2017. С. 165–183.

Н. Нефляшева

Начальное исламское образование мусульман Верхней Кубани (XVII — начало XX вв.). Значительную роль в Н. и.о.м. В. К. сыграли медресе Дагестана и Крыма, а также турецкий форпостов на Кубани (например, 1660-е гг. в г. Тамани функционировало 7 духовных школ, в том числе 3 медресе). Али Малкаруков (XVIII в., Чегемское общество Балкарии) «ездил учиться у шамхалов арабскому языку и изучил Коран», оттуда привез с собой старую рукопись Корана и «стал ревностно утверждать мусульманство» (И. Иванюков, М. Ковалевский). И. Бларамберг (1-я треть XIX в.) пишет, что у *ногайцев* часть духовенства обучается «в Турции и через шесть лет возвращается». К началу XIX в. функционировали (обычно при аульных мечетях) начальные духовные школы. В Карачае упоминается такая школа-мезирте, которую вел Саркит-мулла, родоначальник фамилии Саркитовых; ее ученики стали жертвами эпидемии чумы начала 1800-х гг. Г.-Ю. Клапрот (1807–08), сообщает, что «многие карачаи поручают обучение своих сыновей мулле, который учит их чтению и письму. Когда они обретают умение в этих отраслях, то получают звание тохта [правильно: сохта] и назначаются петь Коран в мечети во время богослужения». Затем, «после исполнения в течение какого-то времени этих обязанностей», сохта получает «возможность оказаться избранным на должность муллы», если не захочет «для себя какой-либо иной профессии». До конца XIX в. начальное образование у мусульман получали преимущественно в примечетских школах. Рассматривая *ногайцев* Бештаво-Кумского и Калаусо-Ногайского приставств, Г. Бентковский (1883), отмечает, что они учились «татарской грамоте и арабскому языку в школах-«мектепах», устроенных в отдельных помещениях (такие мактабы при 13 мечетях в конце того же столетия имелись в с. Канглы). У *ногайцев* функционировал образовательный ин-т «ода» — «добровольное объединение юношей 13–16 лет, которые снимали комнату в определенном ауле, где был образованный мулла, обучавший их арабской грамоте. Юноши днями подрабатывали на пропитание, а вечерами учились. Окончившие «ода» назывались «сокта». За обучение мулла получал небольшое вознаграждение» (Р. Х. Керейтов). Многие молодые люди по-прежнему направлялись для обучения в Крым, Казань, Дагестан, а также за рубеж. В. Я. Тепцов (1892) пишет, что карачаевцы «посылают на свой счет молодых людей» в г. Стамбул «для изучения наук и богословия в тамошних мусульманских училищах», а также «сотнями рублей отсчитывают пожертвования на Каабу и другие святые места». Богатые пожертвования «деньгами и скотом» собиралась муллами «на поддержание и процветание этих училищ и содержание в них софтов (студентов)».

Основам ислама горцы обучались и в светских школах, которые содержались за счет аулов, где были введены специальные школьные подати. К началу 1890-гг. таких учебных заведений с учителями исламского вероучения и арабской грамматики в Верх. Кубни (Баталпашинский отдел) было лишь две — в Бибердовском и Учкуланском а. (в канун революции 1917 г. их насчитывалось около трех десятков). В них преподаватель «арабской грамоты и закона мусульманского» имел жалованье в 400 руб., старший учитель, он же зав. школой — 600 руб., а его помощник, он же младший учитель — 520 руб.

А. И. Лилов (1886) пишет, что в курс горского мусульманского образования входили: изучение (по разным книгам) грамматики арабского языка, риторики, логики, стихосложения и мусульманского законоведения. Говоря о черкесах, П. П. Надеждин (1901) также сообщает, что в «курс мусульманского образования» входили грамматика арабского языка, логика, мусульманское законоведение, стихосложение.

Лит.: Клапрот Ю. Описание поездок по Кавказу и Грузии в 1807–08 гг. / сост. и пер. К. А. Мальбахова. Нальчик, 2008; Кубанская справочная книжка за 1891. Екатеринодар, 1891; Курмансеитова А. Х. Бытование арабописьменной книги среди ногайцев // Современный быт и культура народов Карачаево-Черкесии. Вып. III. Сб. научных трудов КЧНИИИ ИФЭ. Черкесск, 1990; Лилов А. И. Очерк из быта горских мусульман // СМОМПК. Тифлис, 1886. Вып. 5; Миллер В. Ф., Ковалевский М. М. В горских обществах Кабарды // Вестник Европы. СПб, 1884; Надеждин П. П. Кавказский край, природа и люди. 3-е изд. Тула, 1901; Тепцов В. Я. По истокам Кубани и Черека. Нальчик, 2009.

Р. Хатуев

Негуч, Юсуф Суад (1877–1930) — адыгский политический лидер, просветитель и писатель.

Родился в с. Батаклык Каракёй провинции Дюздже Османской империи в семье мухаджиров. Отец — Хасан Хулуси-эфенди — был шейхом братства *накшбандийа*-халидийа. Получил теологическое образование дома, в джадидском медресе Дюздже и в Стамбульском ун-те, там же окончил юридический факультет (1912), поступил на государственную службу (1900) в секретариат Баб-и Мешихата (Духовное управление мусульман). Один из учредителей «Черкесского общества единения и взаимопомощи» (ЧОЕВ) в Турции (1908), которое сотрудничало с аналогичными организациями в г. Екатеринодаре и Нальчике. ЧОЕВ с 1910-х гг. способствовало становлению и развитию у черкесов России новометодного образования, вело разъяснительную работу по прекращению *мухаджирства*. С 1911 г. Н. — владелец газеты «Гъуазэ» («Путеводитель», всего 59 номеров) и один из ее главных корреспондентов. В 1914 г. Н. был уволен с государственной службы по собственному желанию и в январе–октябре 1914 г. находился на исторической родине, в Черкесии. При участии Н. были открыты новометодные школы в 9 аулах: Панахес, Тахтамукай, Шенджий, Понежукай, Габукай, Адамий, Хакуринохабль, Кошехабль и Блечепсин. Н. жил в с. Панахес и инспектировал эти девять сельских школ. Обучение велось в том числе и по учебникам, автором которых был сам Н. Из-за начавшейся ПМВ Н. вынужден был вернуться в Турцию.

В период революций 1917 г. в России с группой молодых соратников Н. вновь приехал (февраль 1918 г.) на историческую родину, где занимался просветительной работой в селах. В начале 1920-х гг. принимал участие в работе горских съездов Кубано-Черноморской области. 04.09.1922 г. Н. выступил организатором и секретарем III шапсугского съезда, на котором было принято постановление об образовании Шапсугской Советской Республики и ее вхождении в состав РСФСР.

После установления советской власти в регионе Н. пользовался популярностью среди населения. «В целях противодействия "автономистским" настроениям шапсугов ОГПУ по инициативе вышестоящих органов» начало кампанию по его компрометации. Как отмечает С. Берзег, чтобы доказать, что Н. был «турецким агентом», в публикациях советского периода к его имени прибавлялось слово «паша»: «Нагуч Юсуф Суад-паша». Арест «турецкого шпиона» произошел летом 1924 г., перед самым IV съездом шапсугов, на котором делегаты собирались окончательно решить вопрос об автономии. Н. был осужден за «контрреволюционную деятельность», вместе с Али Нагучевым выслан в Сибирь. Требования шапсугского съезда (август 1924 г.) освободить своего лидера были восприняты как «антисоветский выпад в защиту контрреволюционера». 03.10.1928 г. Н. был лишен турецкого гражданства, примерно в это же время вернулся на Кавказ, проживал в с. Афипсип, у родственников. В конце 1929 г. был вновь арестован, дальнейшая судьба не известна, вероятнее всего, был расстрелян в начале 1930 г.

Н. является автором нескольких теологических сочинений, мало известных в России. Написал два сочинения в жанре сират-ан-наби. Первое — трехтомное произведение «Мират-уш-шуун» (Mir'atü'ş-şuûn), первый том которого вышел в 1899 г., второй — в 1900 г., третий — в 1904 г. Другое сочинение, опубликованное в г. Стамбуле в 1911 г., — «Аквемус-сийер» (Akvemü's-siyer). Книга была задумана как шеститомный труд. Были написаны два тома, и лишь первый из них, составивший 456 с., увидел свет. Обе работы посвящены жизнеописанию пророка Мухаммада. Другие работы Н. остались в рукописном варианте: учебник по персидской грамматике «Джами-ул-каваид», учебник по арифметике «Зубдат-уз-зебед фи теркими-л-адед»; учебники, написанные на арабской графике и на родном языке: «Таджвид» (правила чтения Корана), «Илм-и хал» (основы мусульманской религии) и «Мухтасар та'рих-и ислам» (краткая история ислама).

Лит.: Денисова Н. Н., Унарокова Р. Б. Демократия в адыгском обществе: историко-культурные историко-политические аспекты (по материалам рукописи Ю.-С. Нагуча) // Доклады Адыгской (Черкесской) международной академии наук. Т. 1. Майкоп, 1998; Сибгатуллина А. Т. Некоторые материалы к биографии Юсуфа Суада Нагуча. [Электронный ресурс] // URL: http://www.natpressru.info/index.php?newsid=12348; Турецкий адвокат, который стал революционером в России. [Электронный ресурс] // URL: https://zen.yandex.ru/media/id/5a533cda9d5cb322a00e7979/tureckii-advokat-kotoryi-stal-revoliucionerom-v-rossie-5a5e5f2c9b403ce22956767b

Д. Рахаев

Некрасовцы — см. *Казаки Крымского ханства*.

Нижний Джулат — городище, археологический памятник Средневековья на территории Кабардино-Балкарской Республики, расположено в 2 км восточнее г. Майский, на высоком правом берегу р. Терек. Городище возникло на рубеже н. э. и существовало до XV в. Культурный слой достигает 4 м. Расцвет города пришелся на золотоордынский период.

Город и область Джулад известны по нескольким письменным источникам применительно к событиям конца XIV — начала XV в. Вопрос о точной локализации города остается открытым, но существование его в Притеречье можно считать установленным фактом. На отождествление с золотоордынским Джуладом претендуют два притерских городища, условно называемые Верх. и *Ниж. Джулатом* (Верх. Джулат — у с. Эльхотово Северной Осетии, Н. Д. — возле г. Майский Кабардино-Балкарии). Недавно была предпринята попытка отождествить золотоордынский город Джулад со Староглазовским поселением на Тереке.

Городище Н. Д. известно с начала XIX в. (Ю. Клапрот). В 1-й половине XX в. городище исследовали М. И. Ермоленко, Е. И. Крупнов и др. Стационарные археологические раскопки проводились экспедицией Кабардино-Балкарского научно-исследовательского ин-та под руководством Г. И. Ионе в 1962–63 гг., а в 1966–67 гг. — экспедицией под руководством *И. М. Чеченова*. Городище часто рассматривается в археологической литературе, но при этом остается малоизученным. В последние годы на городище был собран значительный подъемный материал частными коллекционерами (тысячи монет и др. ценные находки), разошедшийся по частным коллекциям разных городов.

На городище имеется цитадель, защищенная естественными преградами и мощными фортификационными сооружениями. В последнее время исследователи связывают разрушение фортификационных сооружений с периодом после захвата города монголо-татарами, а их восстановление — со 2-й половиной XIV в. (время гражданских войн в *Золотой Орде*). С юга к цитадели Н. Д. примыкает менее укрепленный посад, а к востоку — неукрепленное селище. На городище исследовалась крупнейшая из известных на Сев. Кавказе средневековых соборных мечетей (площадь 436 м2, сооружена из обожженного квадратного кирпича, относится к XIV в.), подземный склеп-мавзолей с мусульманскими погребениями XIV в., оборонительная стена и др. объекты. Возможно, в Н. Д. имелась и церковь. В городе существовал водопровод (обнаружены водопроводные трубы), развитое ремесленное производство и товарно-денежные отношения (многочисленные находки монет).

К югу от посада Нижне-Джулатского городища располагался грунтовый могильник, на котором в 1967 г. *И. М. Чеченовым* были исследованы 22 мусульманских погребения без инвентаря. В настоящее время могильник почти полностью уничтожен в ходе строительных работ.

В городе существовало развитое монетное обращение. Основой монетного обращения были медные и серебряные монеты *Золотой Орды*. Среди них монеты, выпущенные в городах Ниж. Поволжья, на Кавказе, в Крыму и Приазовье. Примечательно почти полное отсутствие монет 1-й половины — середины XIV в., что позволяет полагать, что в это время населенный пункт на месте Н. Д. был небольшим или вовсе не существовал. Подъем его пришелся на конец XIV в. *Маджар*, другой крупный золотоордынский город на Сев. Кавказе, также существовал во 2-й половине XIV в., но монет конца XIV — начала XV в. здесь значительно меньше. Можно полагать, что в самом конце XIV в. г. *Маджар* был почти полностью оставлен. Значение же города, находившегося на месте Н. Д., и после похода Тимура, в начале XV в., продолжало сохраняться: здесь зафиксированы находки монет хана Шадибека (1399–1407). Отсутствие информации о монетах более позднего времени позволяет полагать, что город был оставлен примерно на рубеже 1-го и 2-го десятилетий XV в. Известно о находке в Н. Д. клада серебряных золотоордынских монет XIV в., сокрытого в 1360-е гг. Монетное обращение Н. Д. остается малоизученным.

В справочной и популярной литературе вплоть до настоящего времени встречаются сведения о чеканке в золотоордынском Джуладе золотоордынских монет. Первая из таких монет была описана Х. М. Френом в 1-й половине XIX в. (серебряная анонимная монета конца XIII в.). А. В. Пачкаловым было установлено, что данная монета была выпущена на территории Среднего Поволжья (в «Биляре») и не имеет отношения к кавказскому Джуладу. В нумизматической литературе XIX в. встречаются упоминания о золотоордынском пуле, чеканенном в Джелладе(?) и чагатаидском дирхеме, чеканенном в Джуладе. Последний, по предположению В. Г. Тизенгаузена, «относится… ко времени нашествия Тамерлана на

Кавказ». Так как эти монеты не были опубликованы подробно, нельзя уверенно считать, что в Джуладе производилась чеканка монет.

По предположению некоторых исследователей, в районе городища в 1395 г. произошло сражение между золотоордынским ханом *Тохтамышем* и среднеазиатским завоевателем амиром Тимуром (Тамерланом).

А. Пачкалов

Низам (араб. «уложение», «устав», «строй») — 1) кодекс, совокупность отдельных инструкций и постановлений имама *Шамиля* и поддержавших его шафиитских факихов по разным правовым вопросам, имевших силу государственного законодательства в *Имамате* Нагорного Дагестана и Чечни в 40–50-х гг. XIX в. Полного арабского текста Н. пока обнаружить не удалось. Его содержание восстанавливается по вольному русскому пересказу арабской копии кодекса, составленной в конце 1850-х гг. шамилевским наибом Мухамой Танусским (Мухаммад ат-Тануси), извлечению из дневника полковника А. И. Руновского, записавшего свои беседы с пленным *Шамилем* в г. Калуге (1859–63), дагестанским арабоязычным хроникам *ал-Гумуки* 'Абдуррахмана, ал-Карахи Мухаммадтахира, ал-Чухи ал-Хаджж-'Али (2-я треть XIX в.), а также по обширной арабоязычной переписке между *Шамилем* и должностными лицами *Имамата* и донесениям российских военных властей 1840–50-х гг.

Кодекс был создан в годы затяжной *Кавказской войны* между полунезависимыми сельскими общинами (джама'ат) горцев-мусульман и Российской империей. Его характер во многом предопределило движение за упрочение шариата среди мусульман Сев.-Вост. Кавказа. Шариатское движение зародилось в начале XVIII в. в отдельных дагестанских джама'атах и их конфедерациях (араб. ед. ч. нахийа, джайш) — среди аварцев союзов Гидатля, Томурал и Джар, *Мехтулинского ханства*, лезгин союза Ахтыпара, даргинцев союза Акуша и др. Во 2-й трети XIX в. оно охватило все горные районы Дагестана и Чечни, вошедшие в военно-теократическое государство *Шамиля*. Целью движения было искоренение противоречащих шариату обычаев горцев, приведение обычного права ('адат, расм) в соответствие с требованиями шариата, усиление власти местных кадиев (дибир) и муфтиев (кади ал-джайш).

Термин Н. в значении государственного шариатского законодательства (канун) появился во 2-й половине 40-х гг. XIX в., но первые вошедшие в него указы были изданы на рубеже 30–40-х гг. Н. не был единым сводом законов. Согласно местной правовой традиции, принимаемые указы время от времени приписывались к «тетрадке» (дафтар) законов, хранившейся в резиденции *Шамиля*. Копии Н. рассылались заместителям-наибам имама. В упомянутой выше копии Мухамы Танусского текст кодекса состоит из 14 основных, двух дополнительных разделов (фасл) и специального положения о наказаниях. Наряду с законами, действовавшими на территории всего *Имамата*, Н. включает предписания для отдельных наибств (вилайа), например, ограничение размера махра в Юж. Чечне. Отдельные законы и даже разделы Н. (как положение о должности мудиров в 1845–49 гг.) могли отменяться. Последние изменения в Н. внесены осенью 1858 — летом 1859 г. Уложение потеряло силу закона после военного разгрома *Имамата* и пленения *Шамиля* 07.09.1859 г.

Среди авторов Н. следует отметить в первую очередь самого *Шамиля*, заслугой которого является создание первого централизованного судебно-административного устройства региона. В области собственно правовых преобразований *Шамиль* был менее оригинален. Он развивал идеи своих учителей и предшественников — дагестанских мусульманских правоведов XVIII — 1-й трети XIX в. Мухаммада *ал-Кудуки*, ал-Усиши Давуда, Араканского Са'ида, Лачинилава ал-Хунзахи ал-Авари и др. Отдельные статьи Н. разрабатывались на совещаниях (маджлис) мусульманских правоведов, наибов и представителей джама'атов, входивших в *Имамат*. Такие съезды проходили в 1841, 1842 и 1845 г. в с. Дарго, осенью 1847 г. — в с. Анди, в 1848 г. — в с. Шали на юге Чечни, в 1847 и 1849 г. — в аварском с. *Хунзах* в Нагорном Дагестане. Еще на совещании 1841 г. при *Шамиле* был создан верховный судебный законодательный орган — диван, в обязанности которого входила и подготовка Н. Имена всех мусульманских правоведов, принявших участие в создании кодекса, не установлены. Полностью известен лишь состав участников съезда 1848 г. Кроме самого имама *Шамиля*, на нем присутствовало 47 дагестанских факихов, среди которых были шамилевские наибы хаджжи 'Абд ар-Рахман ал-Карахи, хаджжи-Дибир ал-Авари, Галбац-дибир ал-Карати, Газияв ал-Анди, Кебед-Мухаммад ат-Тилитли, хаджжи-Йусуф из Чечни.

Постановления, включенные в Н., делятся на пять больших групп.

Большинство из них касалось военной и судебно-административной организации *Имамата*. Вся его территория была разделена на вилайаты, границы которых обычно совпадали с рубежами сельских конфедераций (джайш, нахийа, «вольные общества»). Число вилайатов колебалось от 4 (в 1840 г.) до 33 (в 1855 г.). Наибства состояли из отдельных сельских общин (джама'ат). Лишив власти кланы горской знати (ханов, беков) и сельской верхушки, *Шамиль* поставил над джама'атами своих сторонников. При этом был впервые осуществлен принцип разделения властей. Руководство отрядами ополчений горцев и все адм. полномочия на местах были переданы наибам и назначавшимся ими сельским старшинам (ра'ис). В 1845–49 гг. для контроля над деятельностью наибов была создана должность мудиров, каждый из которых управлял несколькими вилайатами. Суды были изъяты из ведения военных властей и переданы выборным сельским кадиям, или мазумам. Кассационной инстанцией являлись муфтии наибств, а также сам имам, посвящавший каждую субботу и воскресенье разбору судебных жалоб и апелляций.

Вторая группа постановлений включала нормы шариата, некоторые из них были по-новому истолкованы в *Имамате*. Н. закрепил осуществившийся к XVIII–XIX вв. переход мусульман Сев.-Вост. Кавказа к фикху в вопросах торгового и гражданско-семейного права. Сюда относились указы об ограничении размеров брачного дара мужа жене (махр), который был установлен в 20–28 руб. для девушек и 10–18 руб. для разведенных и вдов, запрет обычая умыкания невест, гарантии имущественных прав женщин при разводе, уравнение прав наследников мужского пола вне зависимости от их положения в семье и завещаний по обету (*назр*), гарантии прав продавцов и покупателей. В эту же категорию входили приказы беречь жизни русских солдат, которые сдавались в плен, и предавать смерти сопротивлявшихся, правила раздела военной добычи, включая распределение ее пятой части (хумс) среди потомков Пророка (саййидов), положения о наказаниях за преступления против нравственности (худуд). Последние претерпели наибольшие изменения: к ворам применялись тюремное заключение и смертная казнь в случае рецидива, пьянство и курение табака карались палочными ударами (свыше 40).

Третья группа постановлений относилась к обычному праву, которое с некоторыми изменениями широко применялось в *Имамате*. При *Шамиле* горцы продолжали обращаться к 'адату для урегулирования уголовных правонарушений и поземельных тяжб, касавшихся владения и пользования неделимыми общинными угодьями (мават, харим). Имам не упразднил, а лишь реформировал обычное право сельских конфедераций, унифицировав и модернизировав его процессуальные и правовые нормы. Кровная месть (кисас) была ограничена ближайшими родственниками потерпевшего. Налагался запрет на издавна распространенный среди горцев обычай насильственного отчуждения имущества односельчан или родственников неисправного должника (ишкиль, баранта). Шире стали применяться денежные штрафы (композиции) в возмещение нанесенного физического и имущественного ущерба. Были упорядочены штрафы, взимавшиеся за потраву частных и общинных угодий, нарушение единого севооборота. Часть их теперь отчислялась в государственную казну (байт ал-мал).

Четвертая категория постановлений представляет собой запреты противоречащих шариату обычаев и нововведений (бида'), укоренившихся в быту горцев под влиянием контактов с их христианскими соседями. Подданные *Имамата* были обязаны воздерживаться от употребления запрещенных исламом блюд, питья вина, курения и нюхания табака. Запрещалось танцевать и играть на любых музыкальных инструментах, кроме маленького барабана, в который били в случае военной тревоги. В женскую одежду горных селений Сев.-Зап. Дагестана и Юж. Чечни были введены шаровары. Горянок обязывали одеваться скромно и закрывать волосы и лица на улице. Эти меры имели своей целью исламизацию быта в горных р-нах, где обычаи порой сильно отличались от общепринятых в мусульманском обществе норм. За соблюдением правил поведения смотрели специально назначавшиеся имамом контролеры (мухтасибун). Правонарушителей ждали побои, тюрьма и публичное унижение.

Наконец, в Н. входили правила общего нерелигиозного характера. К ним относились военный дисциплинарный устав, положение о воинских наградах, запрет для подданных *Имамата* входить в торговые и иные контакты с властями и поддерживающими их мусульманами-«лицемерами» (мунафикун), обязательство принимать серебряные и медные российские монеты тифлисского чекана. Специальный указ карал смертью фальшивомонетчиков-рецидивистов. Уличенные в подделке российских денег были обязаны возмещать государственные и частные убытки, причиненные их деятельностью.

Дореволюционные российские исследователи преуменьшали значение правовой реформы *Шамиля* в Нагорном Дагестане и Чечне. Они полагали, что после разгрома *Имамата* горцы отказались от введенного насильно шариата, вернувшись к нормам дореформенного 'адата. Действительно, не все положения Н. удалось претворить в жизнь. Но в целом реформа оказалась плодотворной. Она в значительной мере предопределила дальнейшее развитие горского общества и права. Централизация судебно-административного аппарата Нагорного Дагестана и Чечни, осуществленная в *Имамате*, помогла утверждению российского владычества на Сев.-Вост. Кавказе. Опыт шамилевских реформ был использован при организации режима военно-народного управления на дореволюционном Сев. Кавказе (1860–1917). Многие бывшие должностные лица *Имамата* влились в российскую администрацию Дагестанской обл.

Само название кодекса *Шамиля* — Н. — указывает на возможный предмет подражания: реформы танзимата в Османской империи и преобразования, проводившиеся в Египте в 1-й трети XIX в. при паше Мухаммаде-Али. В этом можно видеть результат контактов между Сев-Вост. Кавказом и Ближним Востоком, сохранившихся вплоть до начала *Кавказской войны*. Отдельные представители северокавказской диаспоры из Машрика участвовали в подготовке Н. Среди них следует назвать в первую очередь чеченского ученого и инженера хаджи-Йусуфа, получившего образование в Стамбуле и Каире, а в 1834 г. вернувшегося на Кавказ и присоединившегося к *Шамилю*. С другой стороны, история сложения Н. и его применения обнаруживает любопытные параллели между Дагестаном и Алжиром накануне колониального завоевания. В Нагорном Дагестане и Чечне Н. *Шамиля* сыграл роль, подобную судебно-административным реформам эмира 'Абд ал-Кадира в Алжире 2-й трети XIX в.

2) Н. назывался отряд регулярной пехоты, сформированной *Шамилем* примерно в середине 40-х гг. XIX в. Источники скупо освещают недолгую историю его существования. Н. был организован вскоре после появления в армии *Имамата* регулярной конницы, созданной на основе рекрутской повинности. Каждые десять дворов обязаны были выставить и содержать одного вооруженного всадника (муртазик). О порядке формирования Н. ничего не известно. Как и муртазики, солдаты Н. были освобождены от сельских работ. В отличие от регулярной кавалерии они подчинялись не наибам, а самому имаму и, по-видимому, обороняли его резиденцию. Боевые качества Н. были невысоки. Единственный раз, когда отряд выступил против русских в 1851 г., он был наголову разбит ими.

Лит.: Абдурахман из Газикумуха. Книга воспоминаний / Китаб тазкират саййид Абд ар-Рахман. Махачкала, 1997. С. 52–78, 86–91, 110–113, 149–159; Арабоязычные документы эпохи Шамиля / сост., пер. и коммент. Р. Ш. Шарафутдиновой. М., 2001. С. 40–41, 120–123, 158–159; Бобровников В. О. Мусульмане Сев. Кавказа: обычай, право, насилие. М., 2002. С. 122–124; Гаджи-Али. Сказание очевидца о Шамиле / сост., ред. и коммент. В. Г. Гаджиева. Махачкала, 1995. С. 33–36, 43–44, 54–57, 123–128, 142–148; Гемер М. Государство Шамиля // Восток. М., 1993. № 2. С. 37–46; Он же. Шамиль — правитель государства и его дипломатия: статьи. Махачкала, 1997. С. 10–33, 36–52; Движение горцев Сев.-Вост. Кавказа в 20–50-х гг. XIX в.: сб. документов под ред. В. Г. Гаджиева и Х. Х. Рамазанова. Махачкала, 1959. С. 494–495, 499–501, 531–532, 560, 601–602, 619–620; Мухаммед-Тахир ал-Карахи. Блеск дагестанских сабель в некоторых шамилевских битвах / пер. с араб. и коммент. А. М. Барабанова и Т. М. Айтберова. Махачкала, 1990. Ч. I. С. 110–115. Ч. II. С. 35, 68–70; Низам Шамиля // Сб. сведений о кавказских горцах. Тифлис, 1870. Вып. III. Отд. 2. С. 1–18; Покровский Н. И. Кавказские войны и Имамат Шамиля. М., 2000. С. 56–57, 75–77, 346–360, 369–385; Руновский А. Кодекс Шамиля. Махачкала, 1992; Шарафутдинова Р. Ш. Еще один «Низам» Шамиля // Письменные памятники Востока. М., 1975. С. 168–171; Gammer M. Muslim Resistance to the Tsar: Shamil and the Conquest of Chechnia and Daghestan. L., 1994. P. 225–256; Kemper M. Herrschaft, Recht und Islam in Daghestan. Von den Khanaten und Gemeindebünden zum gihad-Staat. Wiesbaden, 2005. S. 366–382.

В. Бобровников

Ан-Низамийа — медресе, открытое в 1075 г. в горном с. Цахур (ныне Рутульский р-н РД), одно из древнейших высших учебных заведений в мусульманском мире. Здание было построено обучавшимися в г. Багдаде местными жителями. В ан-Н. готовили прежде всего фукаха'-шафиитов, ученых и учителей, оно стало центром переводов с арабского на местные языки книг мусульманских правоведов и богословов.

Свое название медресе получило от имени Абу 'Али ал-Хасана б. 'Али б. Исхака Низам ал-Мулка (1018–92) — везира сельджукских султанов Алп Арслана и Маликшаха, заказчика строительства целой сети таких медресе во многих крупных городах мусульманского мира, включая Багдад, Нишапур, Балх, Герат, Исфахан. Образцом для него послужила первая и самая знаменитая из этих школ — ан-Н. Багдада, открытая в 1065 г. Для преподавания в ан-Н. приглашались крупнейшие мусульманские ученые, в том числе Абу Исхак ал-Фирузабади аш-Ширази (1003–83), ал-Джувайни (1028–85), ал-Газали (1058–11). При каждом медресе были организованы библиотека, баня, больница и кухня; у входа стояли часы. Студентам предоставлялось бесплатное питание и проживание.

С перерывами медресе ан-Н. просуществовало в Цахуре до начала XX в. В межвоенный советский период медресе было закрыто, в цахурской мечети в 1936 г. открыли государственную общеобразовательную школу. За годы советской власти коллекция рукописей и книг цахурской мечети сократилась практически наполовину. Сохранились экземпляр Корана на арабском языке с подстрочным персидским переводом, руководство для паломников, включающее план трех основных мечетей (в Мекке, Медине и Иерусалиме) и др. достопримечательностей, посещаемых во время хаджжа.

В настоящее время медресе в с. Цахур не действует.

Лит.: Brill E. J. The Encyclopaedia of Islam. Leiden, 1986. Madrasa. Vol. V. P. 1123–1154; Nizam al-Mulk. Vol. 8. Pp. 69–72; al-Nizamiyya. Vol. 8. Pp. 81–82. [Электронный ресурс] // URL: https://mkala.mk.ru/articles/2015/08/04/cakhurskoe-medrese-stareyshee-uchebnoe-zavedenie-universitetskogo-tipa.htm

А. Наврузов

Ногаи — средневековый тюркский народ, население Ногайской Орды XV — 1-й половины XVII в. В конце XIV в. беклербек *Золотой Орды* Идигей собрал основную массу своих соплеменников — тюрков-мангытов — в междуречье Яика и Эмбы (Зап. Казахстан). Там образовалось удельное владение Мангытский юрт, который в 1480-х гг. стал полностью независимым. К тому времени вокруг мангытского ядра собралось много тюрко-кипчакских племен, которые стали обозначаться общим понятием «Н.». Мангытский юрт в русских средневековых источниках и в современной научной литературе получил название Ногайской Орды.

В историографии нет единого мнения относительно происхождения этнонима Н. В XVIII в. историками было высказано предположение, что в его основе — имя улусного правителя *Золотой Орды* конца XIII в. Ногая. Эта догадка, основанная только на сходстве имен, была поддержана Н. М. Карамзиным, и с тех пор темник Ногай и Н. оказались в исторических трудах прочно связаны между собой. На самом деле такое объяснение сомнительно. Во-первых, Ногай погиб в 1300 г., а название народа Н. появляется в документах только в конце XV в. Во-вторых, владения Ногая располагались в Сев. Причерноморье, вдалеке от будущего ядра Ногайской Орды на Яике. В-третьих, сами средневековые Н. и их потомки *ногайцы* в своих исторических преданиях не упоминали о Ногае. В качестве их предков и первых правителей фигурируют др. лица (Идигей, Баба-Туклес и др.).

Возможно, эпонимом народа и Ногайской Орды послужил один из носителей имени Ногай, о существовании которых авторы XVIII–XIX вв. не знали. Им мог оказаться Кара-Ногай — хан вост. части (левого крыла) *Золотой Орды* во 2-й половине XIV в. Некоторым подтверждением именно такого подхода может служить встречающаяся в героическом эпосе тюркских народов форма этнонима «ногайлы», т. е. «ногаевцы» — принадлежащие или служащие некоему Ногаю.

Правящий клан Н. принадлежал к племени мангытов, поэтому в вост. текстах Н. чаще называются мангытами.

Ногайская Орда считалась самым многочисленным из государств, возникших на месте *Золотой Орды*. Численность ее населения колебалась от 720–960 тыс. чел. в середине XVI в. (в период апогея ее могущества) до 80–120 тыс. чел. в 1620-х гг.

Н. представляли собой многоплеменное сообщество, возглавляемое мангытской знатью — мирзами. По источникам удается определить 70 ногайских племен (элей), однако некоторые из них ветвились и образовывали родовые подразделения. В 1-й половине XVII в. насчитывалось уже ок. 140 основных элей и их подразделений. Сами Н. называли себя народом 140 улусов. Османский автор XVII в. Эвлия Челеби, говоря о временах, предшествовавших приходу в Поволжье калмыков (XVI в.), тоже упоминал «140 племен ногайского народа». Самыми разветвленными из них в 1-й трети XVII в. были: аз, борлак, кипчак, минг, найман и уйшун.

До 1-й четверти XVI в. слово «Н.» являлось прежде всего географическим и политическим понятием, обозначением Орды. Монополизация мангытскими мирзами управления всеми элями в начале 1520-х гг. стало, очевидно, последним шагом в формировании этноинтегрирующего сознания у жителей Ногайской Орды, превращения слова «Н.» из политонима в этноним. Им стали обозначать всех подчинявшихся мангытскому бию кочевников, независимо от племенной принадлежности. Косвенным подтверждением этнической сплоченности Н. могут служить образы эпических героев из дастанов. Богатыри считают себя Н., хотя и не забывают о своей принадлежности к отдельным ногайским племенам.

По мере ослабления и распада Ногайской Орды ее жители откочевывали в Крымское, Казахское, Бухарское и Хивинское ханства. В аральско-сырдарьинских степях из них сложился народ каракалпаков. Одной из главных причин массовых миграций Н., как и окончательного крушения их Орды в 1-й трети XVII в., была миграция калмыков в волжско-яицкие степи. В 1630-х гг. бо́льшая часть Н. была вытеснена ими на правый берег р. Волги. Во 2-й половине XVII в. раздробленные группировки кочевых ногайских улусов расселялись в степях Сев. Кавказа, Сев. Причерноморья и Приазовья. Некоторые из этих улусов объединились в предгосударственные образования — Орды (Едисан, Едишкуль, Джембойлук и др.).

Потомками средневековых Н. являются современные *ногайцы*. Кроме того, в ходе миграций выходцы из Ногайской Орды влились в состав соседних тюркских народов (башкир, казахов, крымских, поволжских и сибирских татар).

Лит.: Трепавлов В. В. История Ногайской Орды. М., 2001.

В. Трепавлов

Ногайское казачье войско (16.07.1801–13.05.1805) — административно-правовой статус, предоставленный российским правительством *ногайцам*, поселенным в Сев. Приазовье, с целью легитимации их фактической автономии. Основу данной группы составили 900 семей во главе с едисанским мурзой Баязет-бием, которые осенью 1783 г., во время антироссийского выступления причерноморских *ногайцев* на Кубани, оставались лояльными России.

К 1790 г. их численность возросла до 3 тыс. семей за счет *ногайцев*, возвращавшихся из османских владений на Кавказ. По распоряжению российского правительства от 24.12.1790 г. данная группа была выведена из Правобережья Кубани, выделенного для поселения Черноморского казачьего войска, и размещена на территории между р. Молочная (Молочные Воды), Берда и Токмак, предназначенной для поселения *ногайцев*, переходивших из турецкого в российское подданство. С целью поощрения реэмиграции поселенцы освобождались от налогов, повинностей и рекрутского набора; правительство не вмешивалось в их внутреннее управление и судебные дела. При этом они не были отнесены ни к одной из социальных групп, зафиксированных в российском законодательстве того времени.

Указ Александра I о создании «тысячной команды конных казаков» от 16.07.1801 г., впервые после принятия *ногайцами* российского подданства в 1783 г., определил их статус как казачьего войска. Образцом для организации службы Н. к. в. стало Войско Донское. 05.10.1802 г. был утвержден состав Н. к. в.: 2 конных полка, состоящих из 5 сотен, и штат: «начальник ногайских орд» Баязет-бий, 2 полковника, в каждой сотне — по 1 полковому есаулу, сотнику и хорунжему, а также пятидесятники и урядники. Весной 1803 г. было закуплено оружие и даны знамена. Мобилизация и комплектование производились по принципу: каждые 4 семьи выбирали и обеспечивали 1 казака. В июне 1801 г. в р-не Молочных Вод проживало 3600 ногайских семей, число лиц мужского пола составило 7883 чел.; сохранялось деление на «орды»: Едисанскую, Едичкульскую и Джембойлукскую. Формирование Н. к. в. не было завершено из-за внутренних конфликтов среди *ногайцев*. 13.05.1805 г. Н. к. в. было упразднено, учреждена должность пристава для управления приазовскими *ногайцами* и осуществления их седентаризации. Основная их часть (более 10 тыс. чел.) эмигрировала в Турцию в 1860 г., одновременно с 16 тыс. кавказских *ногайцев*.

Лит.: Грибовський В. В. Ногайське козацьке військо: передумови і процес формування // Записки науково-дослідної лабораторії історії Південної України Запорізького державного університету: Південна Україна XVIII–XIX ст. Вип. 6. Запоріжжя, 2002. С. 151–171. Сергеев А. Ногайцы на Молочных водах (1790–1832 г.) // Известия Таврической ученой архивной комиссии. Симферополь, 1912. № 48. С. 1–144.

В. Грибовский

Ногайцы — народ, этнические группы которого проживают на Сев. Кавказе, в Астраханской обл., Крыму, Румынии (Добруджа), Турции (вилайет Конья) и др., говорят на ногайском языке кыпчакской подгруппы тюркской группы алтайской языковой семьи; мусульмане-сунниты ханафитского мазхаба. Начальный этногенез Н. связан с междуречьем р. Урала (Яик), Илека и Эмбы, где во 2-й половине XV в. на основе эля Мангытов образовалась Ногайская Орда, юго-зап. владения которой достигали Сев.-Вост. Кавказа. В результате распада Ногайской Орды (с середины XVI в.) выделились Большая и Малая Орды, впоследствии — Джембуйлуцкая, Едисанская и Едичкульская орды, караногайцы. В 30-е гг. XVII в. бо́льшая часть Н. включена в состав Калмыцкого государства (с 1655 г.— ханства) и в 1720-е гг., в связи с деятельностью Бахты-Гирея, мигрировала на Сев.-Зап. Кавказ и Сев. Причерноморье, находящиеся под властью *Крымского ханства*. В 1771 г. причерноморские Н. (Буджакская (Белогородская), Едисанская, Едичкульская и Джембуйлуцкая Орды) заключили союз с Россией и были переселены на правый берег р. Кубани.

28.06.1783 г. Н. дали присягу о подданстве России, но из-за намерения ее правительства переселить Н. на междуречье Волги и Урала подняли восстание, подавление которого привело к массовой миграции Н. в турецкие владения и гибели их значительной части. Н. приняли активное участие в Русско-турецкой войне 1787–92 гг., в основном выступали на стороне Турции и поддерживали Ушурму (шейх *Мансур*), находились под влиянием суфизма и *мюридизма*, проповедуемого Ушурмой. В 1793 г. в р-нах Сев. Кавказа, занимаемых Н., образованы Калаус-Саблинская, Калаус-Джембойлуковское, Закубанское и Караногайское приставства, деятельность которых привела к стабилизации р-нов расселения Н. и их постепенному переходу от кочевничества к оседлой жизни.

По результатам переписи населения в РФ 2010 г. численность Н. в Северо-Кавказском федеральном окр. составила 82 026 чел. (0,87% от общего населения окр.).

Лит.: Алиева С. И. Ногайские тюрки (XV–XX вв.). Баку, 2009; Кочекаев Б.-А. Б. Ногайско-русские отношения в XV–XVIII вв. Алма-Ата, 1988; Трепавлов В. В. История Ногайской Орды. М., 2002; Ярлыкапов А. А. Ислам у степных ногайцев. М., 2008.

В. Грибовский

Ногайцы Северо-Западного Кавказа (исламизация). Н. приобщились к исламу ранее всех др. современных народов Сев. Кавказа. Мусульманской с самого начала являлась правящая династия ногайских биев (верховных правителей), основанная Идиге, чей отец был эмиром золотоордынского хана Уруса. Сам Идиге некоторое время являлся фактическим правителем *Золотой Орды* (как гласят летописи, «он водворял в султанство кого хотел и смещал его с него, когда хотел; прикажет — и никто не противится ему, проведет грань — и [никто] не переступит эту черту»). Идиге создал основу мусульманского государственно-политического образования *ногайцев* — Мангытский юрт, который еще в составе *Золотой Орды* обособился в удельное владение в 1391/92 г. Образовавшаяся на его основе Ногайская Орда с центром в низовье р. Урала (г. Сарайчик) к концу XV — началу XVI в. занимала обширные территории в Поволжье, продвинулась в кавказском направлении. Она распалась на две части — Большую и Малую («Казыеву») Ногайские Орды; в состав последней вошли прикубанские территории ногайских кочевий.

В предгорной части Прикубанья Н. появились в конце XV в., а в 1-й половине XVI в. уже доминировали в степных р-нах бассейна р. Терек (письмо ногайского правителя Исмаила царю Ивану Грозному от 1549 г. о том, что северокавказское княжество Тюмень и «Черкасы Кабартейские нам здалися»). Документы русского посольства в Мегрелию (1639–40) дают сведения о том, что Н. проживали в соседстве с карачаевцами; русский документ 1646 г. сообщает, что Н. двинулись вверх по р. Кубани «под снеговые горы». По турецким данным, в XVII в. Н. кочевали по р. Большой и Малый Зеленчук, в верховьях р. Кумы, в Пятигорье. По данным русских источников, Н. в указанном столетии проживали между *абазинами* и бесленеевцами («к бесленеям близко»). Во времена Петра I в Прикубанье появились новые группы Н, которые поселились по левобережью р. Кубани и в р-не современного г. Черкесска. И. Гюльденштедт (2-я половина XVIII в.) указывает ареал обитания Н.: «Страну от впадения [Кубани] в Меотийское болото [Азовское море] до Терека занимают *ногайцы*».

В XVIII–XIX вв. фиксируются две группы Н.: на Сев.-Зап. Кавказе — кумские (в р-не горы Бештау, по р. Джегута, Тамлык, Барсуклы, Большой и Малый Янкуль, Калаус и др.) и кубанские («кочевали от Кабарды до Керченского пролива»).

Среди кубанских Н. на территории современной Карачаево-Черкесии проживали три группы, носившие имена правящих князей:
• касаевцы. Фиксируются по р. Кубани и между устьями Зеленчука и р. Арзы / Аксы (Аксаута?); по Гюльденштедту, «по Кубани около и между устьями рек Индишика (Зеленчука) и Аркоуют ногайские татары, называемые Касай-аул»;
• мансуровцы — ветвь касаевцев; кочевали по Большому Зеленчуку и Урупу «между абазинами шетиродными» (*абазинами*-тапанта);
• наурузовцы проживали по р. Лабе, на р. Песи-Байсы (Псебай?).

Основная часть Н. Сев.-Зап. Кавказа мигрировала в Османскую империю в ходе и после окончания *Кавказской войны*. Оставшаяся их часть в процессе перехода к оседлости образовала на территории современной Карачаево-Черкесии аулы: в 1821 г. — Ураковский (с 1929 г. — Эркен-Юрт), в 1857 г. — Балтинский (с 1929 г. — Кызыл-Юрт), в 1859 г. — Тохтамышевский (с 1929 г. — Икон-Халк), в 1861 г. — Верхне-Мансуровский (Шабазовский, с 1929 г. — Адиль-Халк), Нижне-Мансуровский (Эркин-Халк).

В 1860-е гг. кубанские черкесы свидетельствовали, что основная масса их духовенства («муллы и кадии») происходит «из Турции или из *ногайцев*».

Лит.: Берже А. Д. Краткий обзор горских племен на Кавказе. Тифлис, 1858; Кушева Е. Н. Народы Сев. Кавказа. М., 1963; Некрасов А. М. Международные отношения и народы Зап. Кавказа (последняя четверть XV — 1-я половина XVI в.). М., 1990; Очерки истории Карачаево-Черкесии. Т. I. Черкесск, 1972.

Р. Хатуев

Ногаи малые (казыевцы) — этническая группа *ногайцев*, проживающих в верховьях р. Кубани; мусульмане-сунниты ханафитского мазхаба. Сформировались в результате распада Ногайской Орды в середине XVI в. из улусов, находившихся в подчинении Казы(Газы)-мурзы (отсюда название — казыевцы). Во 2-й половине XVI — начале XVII в. М. н. принимали активное участие в войнах крымских ханов против России; контролировали правобережье р. Кубани и вост. побережья Азовского моря. Из-за усобицы одна часть М. н. в 1635 г. оказалась в Сев. Причерноморье и была поселена в Крыму «врознь по пяти человек на деревню», другая — в Буджаке. Оставшиеся на Кубани М. н., во главе с бием Касаем, образовали этническую группу касаи-улу. От разделения улусов Касаем между своими сыновьями Наврюзом и Каспулатом сформировались ответвления наврюз-улу и каспулат-улу, которые обще назывались салтан-улу (салтанаульцы). Приняли российское подданство 06.11.1769 г.

Лит.: Алиева С. И. Ногайские тюрки (XV–XX вв.). Баку, 2009; Грибовський В. В. Формування локальної групи причорноморських ногайців // Україна в Центрально-Східній Європі (з найдавніших часів до кінця XVIII ст.). Вип. 4. К., 2004. С. 279–306; Кочекаев Б.-А. Б. Ногайско-русские отношения в XV–XVIII вв. Алма-Ата, 1988; Трепавлов В. В. Тюркские народы средневековой Евразии. Избранные труды. Казань, 2011.

В. Грибовский

Ногмов, Шора Бекмурзович (05.10.1794–10.06.1844) — мусульманский общественный и религиозный деятель, собиратель кабардинского фольклора и хронист 1-й половины XIX в.

Родился в ауле на р. Джецу, недалеко от г. Пятигорска, в семье кабардинского дворянина. Окончил медресе в с. Эндирей (ныне Хасавюртовский р-н РД), но от должности муллы отказался, предпочтя службу в российской армии (в то время она предоставляла возможность карьерного роста и продвижения по социальной лестнице. Служил переводчиком, затем писарем 1-го Волжского казачьего полка (с 1824 г.), а также учителем в аманатской школе в г. Нальчике, затем служил в Горском полуэскадроне в г. Санкт-Петербурге (1830–35). В начале 1837 г. вернулся в Нальчик и посвятил себя творческой и просветительской деятельности. Владел арабским, турецким, персидским, абазинским и русским языками.

На основе собранных им (преимущественно фольклорных) материалов написал «Историю адыгейского народа». Работая секретарем Кабардинского временного суда, защищал интересы народа, ставил перед кавказским наместничеством вопросы об улучшении жизнеобеспечения кабардинского народа, развитии просвещения и культуры. В 1844 г., подготовив к изданию свои труды, Н. Ш. прибыл в российскую столицу для их обсуждения в Российской академии наук. Но, не успев сделать этого, скоропостижно скончался.

Лит.: История адыгейского народа. Майкоп, 1994.

Д. Рахаев

«Нур-ул-Ислам» — общественно-политическая и духовно-просветительская газета. Издается с января 2000 г. в Республике Дагестан на русском и аварском языках. Учредитель и главный редактор М. М. Гаджиев.

Лит.: Омаров М. Ислам в Дагестане. Махачкала, 2014.

М. Омаров

О

Общество просвещения туземцев-мусульман Дагестанской области — культурно-образовательное культуртрегерское объединение, созданное группой дагестанских интеллигентов в г. Темир-Хан-Шуре (ныне г. Буйнакск) из числа выпускников учебных заведений России, сторонников идеи необходимости прогрессивных реформ у мусульманских народов.

21.02.1901 г. Устав общества был представлен для утверждения начальству Дагестанской обл. В нем предполагалось открытие начальных училищ для детей местных мусульман с преподаванием предметов на национальных языках. Однако со стороны учебного ведомства данная инициатива не была поддержана, и Устав несколько раз возвращался на доработку вплоть до 1905 г. При этом, несмотря на отсутствие официально утвержденного устава со стороны властей, первая школа при обществе была открыта явочным порядком, занятия шли на кумыкском языке. 10.10.1905 г. на волне революционного движения устав общества был утвержден и 21.10.1905 г. в Темир-Хан-Шуринском общественном собрании было созвано первое (учредительное) общее собрание, на котором председателем О. п. т.-м. Д. о. и правления был избран П.-А. Эмиров, казначеем — З. Темирханов, секретарем — А.-Г. Даидбеков, членами правления — подполковник А.-Б. Талышханов, Н. К. Вишневский, местный купец З. Гаджиев и кадий г. Темир-Хан-Шуры М.-С. Кади. В обращении О. п. т.-м. Д. о. к населению Дагестанской обл. говорилось, что оно, «на основании уже проявленного к нему сочувствия, не сомневается в том, что все слои дагестанского населения, а также и другие лица, которым дороги интересы народного образования, без различия национальности и исповедания, отзовутся на этот призыв к делу, не только доброму, но и имеющему глубочайшее значение для массы всего дагестанского населения, только в просвещении могущего найти выход из своего нынешнего положения. Давно уже пора дать ему возможность войти в общение с общечеловеческой культурой и усвоением ее результатов занять достойное место в ряду других народностей нашего отечества. Пусть же каждый дагестанец и недагестанец внесут свою лепту в это великое дело пробуждения из тысячелетней спячки своих единоверцев и сограждан и по мере сил своих способствуют их просвещению и, через это, улучшению их и нравственной и материальной жизни!»

За счет собранных пожертвований О. п. т.-м. Д. о. удалось купить дом с большим двором, где была открыта начальная подготовительная русско-мусульманская школа для подготовки детей к поступлению в средние учебные заведения г. Темир-Хан-Шуры с общежитием. О. п. т.-м. Д. о. ставило своей целью «взять в свои руки постановку всего низшего образования в области». Для сбора средств на нужды О. п. т.-м. Д. о. организовывались спектакли, концерты, лекции, различные вечера. В новометодной школе О. п. т.-м. Д. о. преподавались предметы: на русском языке — арифметика, русский язык, геометрия, русская история, естественная история, география и законоведение; на кумыкскмо языке («местном татарском») — кумыкский язык, мусульманское вероучение (закон Божий) и арабский язык. Занятия велись по учебникам на русском и татарском (кумыкском) языке. В 1912–13 учебном году программа школы О. п. т.-м. Д. о. (в которой в это время училось 62 мальчика и 29 девочек) была приравнена к министерским начальным сельским школам.

Собрание членов О. п. т.-м. Д. о. 26.03.1906 г. отметило, что «дело народного образования в области пошло бы вперед крупными шагами, если бы в мечетских школах преподавались, кроме арабского языка и закона Божьего, также и общеобразовательные предметы… Преподавателями в них должны быть, разумеется, муллы и кадии, получившие серьезную современную воспитательно-педагогическую подготовку». Таким образом, О. п. т.-м. Д. о. стояло на позициях *джадидизма*, настаивало на развитии системы новометодных школ, в которых был бы установлен твердый учебный год и осуществлен переход к классно-урочной системе преподавания во всей Дагестанской обл.

В 1901 г. по инициативе О. п. т.-м. Д. о. в г. Казань и Уфу, а затем и в г. Бахчисарай для изучения опыта преподавания в новометодных школах были командированы *Акаев Абусупьян* и *Мавраев М.-М.* В г. Бахчисарае в типографии И. Гаспринского они освоили печатное дело и издали на кумыкском и арабском языках порядка 20 книг дагестанских просветителей. О. п. т.-м. Д. о., просуществовавшее до 1917 г. и стоявшее во главе мусульманского реформаторства в Дагестане, оказало большое влияние на развитие культуры и просвещения в регионе.

Лит.: Доного Х. М. Роль «общества просвещения туземцев мусульман» в развитии светского образования в Дагестане // Казанский педагогический журнал. 2015. № 6. Ч. 2. С. 427–430; Отчет о деятельности Общества просвещения туземцев-мусульман Дагестанской области за время с открытия Общества 21 октября 1905 г. по 1 января 1907 г. Темир-Хан-Шура, 1907; Устав Общества просвещения туземцев-мусульман Дагестанской области. Тифлис, 1905.

Х. М. Доного

Оздоев, Магомед-Басир Магомедович (1959–92) — мусульманский религиозный и общественный деятель.

Родился в г. Назрань ЧИАССР. В шестилетнем возрасте начал изучать Коран, в 8 лет и приступил к изучению начального курса исламского вероучения. Ко времени окончания средней школы О. уже был муллой со знанием исламского права. Ученики О. — 'алимы Абу-мулла Нальгиев, Магомед-мулла Чибиев, *Аушев Б. М.*, *Хамхоев И. Б.*, Муса-мулла Сагов, Ахмед-мулла Сагов, Ахмед-мулла Сейнароев, Хас-Магомед-мулла Накастхоев и мн. др. После открытия 15.10.1990 в г. Назрани Исламского ин-та им. имама аш-Шафии О. был приглашен преподавать в этом вузе. В 1992 г. совершил паломничество в Мекку. Осенью 1992 г., во время осетино-ингушского конфликта, О. принял участие в событиях, пытался спасти мирных жителей и был убит снайпером на Черменском посту. Его имя носит Центральная мечеть г. Назрани.

Лит.: Патиев Я. С. Первый Исламский ин-т в России // Сердало. 21.10.2016; Султанов С. Календарь событий // Сердало. 28.09.2015.

М. Албогачиева

Оздоев, Махьмад Салмарзиевич (1911–87) — мусульманский религиозный деятель, богослов, шейх кадирийского тариката.

Родился в горной Ингушетии, в с. Цхаралте (ныне Джейрахский р-н РИ), откуда в детстве переехал в с. Ангушт (ныне Пригородный р-н РСО–А), где начал изучать арабский язык и основы ислама у *Барахоева 'Усмана*. В 1937 г. в период репрессий О. и Умар Исиевич Даскиев, скрываясь в горной части Ингушетии, продолжали изучать основы ислама. В 1944 г. был депортирован со всем ингушским народом. После возвращения из ссылки в Ингушетию начал учить основам ислама детей. Ученик О. — *Аушев Башир-хаджжи*, богослов, один из первых ингушей, совершивших хаджж в советский период. О. помогал решать спорные вопросы, касающиеся не только религии, но и ингушских 'адатов: участвовал в примирении кровников, в решении спорных вопросов семейно-брачных отношений и мн. др.

Умер в 1987 г. в г. Назрани, похоронен на родовом кладбище.

Лит.: Патиев Я. С. Первый Исламский ин-т в России // Сердало. 21.10.2016; Султанов С. Календарь событий // Сердало. 28.09.2015.

М. Албогачиева

П

Памятники золотоордынского мусульманского зодчества Карачая, Балкарии и бассейна р. Кумы. Наибольшая концентрация памятников мусульманского зодчества наблюдается на берегу р. Кумы — в *Маджаре* (на месте современного г. Буденновска Ставропольского края). Академик-натуралист С. Г. Гмелин (сентябрь 1772 г.) первым дал его подробное описание: «Развалины сии свидетельствуют, что город был велик и великолепен; это видно из некоторых уцелевших остатков зданий». Отмечается, что наиболее сохранившиеся «и любопытнейшие остатки почти все находятся на краях» городища, «они и огромнее прочих, и кирпичи в них больше, украшений также более, самые строения более удалены одно от другого».

С. Г. Гмелин пишет, что маджарские «здания вообще разного вида: четырехугольные, осьмиугольные и круглые в вышину от 4 до 9 сажен». При этом «на четырех- и восьмиугольных зданиях или надстроена острая пирамида или во-обще пирамидой они оканчиваются». Это, безусловно, мавзолеи. А когда упоминаются «лестницы в стенах, винтом сделанные редкие более 15 вершков в ширину имеющие», которые «ведут в пирамиду или на купол», очевидно, что речь идет о минарете. Академик И. А. Гюльденштедт (1773) сообщает, что *Маджар* «содержит на одном месте приблизительно в 400 квадратных саженей приблизительно 50 различных строений из кирпичей».

Здания в *Маджаре* «возводились из хорошо обожженного кирпича, имевшего квадратную форму, и из естественного камня». Они украшались особым «обделочным» кирпичом, лицевая сторона которого покрывалась глазурью голубого, зеленого, красного идя желтого цвета. Такие глазированные кирпичи иногда украшались растительным орнаментом, зачастую делалась орнаментальная мозаика «из мелких глазированных кусочков… в виде звезд, цветных зигзагов и других геометрических фигур». Украшения такого рода размещались «на карнизах зданий, косяках дверей и окон, стенах и полах» общественных зданий, «на сооружениях над погребальными склепами и в частных жилых домах знати».

Использовался городской водопровод (длиной 648 м с четырьмя изгибами-коленами), который прокладывались от берега р. Кумы в виде сети глиняных цилиндрических труб в неглубокой канаве, облицованной квадратным кирпичом (после прокладки канава засыпалась землей). Головное сооружение «находилось в северо-западной части города и имело вид высокого вместительного кирпичного свода». Водопровод вел с северо-запада на юго-восток города.

Аналогичная водопроводная система выявлена и в др. мусульманских городах Кавказа. Как пишет археолог Т. М. Достиев, подземные гидросооружения, разветвленные канализационные линии и др. фактические материальные доказательства в таких городах «свидетельствуют о заботливом отношении к благоустройству и необходимых мерах, проводимых городским управлением». Столь «высокий уровень благоустройства города, был связан с высоким общим культурным уровнем горожан для тех времен, с существования древних традиций, с расширением экономическо-культурных связей, со строгими гигиеническими требованиями исламской религии» (Т. М. Достиев).

Уцелевшие П. м. з. в *Маджаре* стали уничтожаться после того, как в 1780–90-х гг. в долине р. Кумы появились деревни поселенцев, которые использовали местный «мамайский» кирпич для строительных целей. Если в 1780 г. в Большом (Верх.) *Маджаре* было 32 постройки, то в 1786 г. их осталось лишь 6 (П. С. Паллас). В XIX в. мусульманские мавзолеи и остатки мечетей были полностью разобраны на строительный камень; кроме того, «надгробные плиты использовали в качестве ступеней у входных дверей». Уничтожение *Маджара* как крупнейшего центра средневековой мусульманской культуры Сев. Кавказа Г.-Ю. Клапрот ставит в вину наместнику царя на Кавказе. «Их полный снос… должен быть приписан в особенности графу Павлу Сергеевичу Потемкину, приказавшему разрушить самую большую часть строений, в его времени еще сохранившихся».

Известны два основных типа исламской архитектуры рассматриваемого региона — мечети и усыпальницы (мавзолеи).

Мечети. Остатки самой крупной соборной мечети на Сев. Кавказе выявлены на городище *Нижний Джулат* (Кабардино-Балкария). Площадь — 436 м^2. Фундамент сложен из речного булыжника, а стены, как предполагают, из кирпича. К системе перекрытия относились помещенные внутри здания каменные базы колонн, поставленные на фундаменты из обожженного кирпича («строение этих фундаментов совершенно такое же», как и в мечети Селитренного городища, т. е. в столичном г. Сарай-Бату). Пол мечети был выложен кирпичом. К стене мечети примыкал прямоугольный в плане цоколь минарета размерами 5,8 × 4,75 м. «Кладка его, выполненная из больших тесаных каменных блоков, чередующихся с фигурно выложенными стопками кирпичей, почти идентична кладке цоколя Татартупского минарета». Внутри цоколя находилось круглое в плане помещение со следами деревянной лестницы, видимо, минарет мечети *Нижнего Джулата* был аналогичен Татартупскому минарету. Внутри мечети выявлен подземный склеп с мусульманскими погребениями.

В *Маджаре*, примерно в 500 саженях западнее от мавзолеев, академик И. Гюльденштедт (1773) отмечает «руины магометанской мечети с находящейся при ней башней или минаретом», а еще 500 саженей западнее — «другие развалины такого же молитвенного дома». Ученый допускает, что между обоими строениями, «вероятно, стояли жилища, от которых не осталось никаких следов».

Стены мечетей и медресе, помимо упомянутых декоративных элементов, «украшались рядами глазированных плиток с цитатами» из Корана. «На темно-синем или голубом фоне ярко выделялись белые или черные арабские письмена». Стены мавзолеев также «были украшены цветными глазированными кирпичами и причудливым орнаментом». Возможно, мечети принадлежит бронзовая дверная ручка из *Маджара*, на которой помещена арабская надпись «Кто пришел сюда, спасен будет».

В зданиях, включая мечети и суфийские обители, использовалась совершенная для той поры система отопления, при которой помещения обогревались посредством дымоходов, проведенных под полами. Сама топка располагалась вне жилых комнат, но под одной с ними крышей, в сенях. «Эту систему отопления принесли, по-видимому, среднеазиатские мастера».

Усыпальницы. В золотоордынских городах Сев. Кавказа выделяется несколько типов мусульманских погребений: внутри оградок из сырцового кирпича (Ставрополье); в грунтовых ямах (например, Верх. Джулат); в кирпичных склепах; в мавзолеях (*Маджар*, Пятигорье, *Борга-Каш*), один раз — в каменном ящике. Покойники были уложены вытянуто на спине с разворотом на правый бок, все — головой на запад, лицом к югу, т. е. к Мекке. Отмечено, что «во всех случаях отмечались следы деревянных гробовищ». Таким образом, захоронения в гробах вовсе не чужды были кавказским мусульманам золотоордынской поры.

Остатки мавзолея золотоордынского времени выявлены на территории Карачаево-Черкесии к югу от г. Усть-Джегуты, на месте карьера по добыче речной гальки у сооружения Большого Ставропольского канала (правобережье р. Кубани). Примерно на 4-метровой глубине был задет 3-метровый ограненный столб, на одной грани которого помещались «тщательно вырезанные арабские письмена». Этот столб ко времени осмотра «оказался разбитым на мелкие куски, и прочесть надпись не представлялось возможным»; столб считается карнизом мавзолея. «Вместе с обломками карниза найдены типичные квадратные золотоордынские кирпичи — остатки погребального склепа и разбитые кости человеческого скелета».

Группа мавзолеев золотоордынского времени располагалась в районе г. Ессентуки. Памятники зодчества просуществовали несколько веков и были разрушены (или разобраны) в конце XVIII — начале XIX в. колонистами, использовавшими кирпичи из мавзолеев для хозяйственных целей. Их остатки вновь открылись науке во 2-й половине XX в. Ессентукский мавзолей № 1 располагался на второй надпойменной террасе правого берега р. Подкумок, около Красновой Балки, между железнодорожными станциями Скачки и Золотушка. Основные параметры: общая длина по внешнему обмеру (вместе с портальной частью) — 7,70 м, ширина — 5,70 м; размеры по внутреннему обмеру 3,97 × 3,90 м. Толщина стен мавзолея составляла 90 см, фундамент был углублен на 40 см от пола. Усыпальница являла собой квадратное в плане однокомнатное помещение с порталом, ориентированное строго по линии север–юг. Ее ниша образована выступающими вперед на 2 м стенами основного объема. В юж. стене был устроен дверной проем шириной 96 см. К моменту обнаружения от здания сохранились лишь фундамент и часть цоколя (высота сохранившейся части — 38 см), выведенные из обработанных плит мергеля и известняка на глинистом растворе. Кладка фундамента и цоколя была осуществлена «в перевязку», а пол выровнен и смазан глиной. Для строительства использовались разные типы кирпича (квадратный жженый; брусковидный с продольными фасками кирпичи; трапециевидный в сечении с поливой голубого цвета на лицевой стороне, поливной кирпич с орнаментом в виде растительных побегов). Ессентукский мавзолей № 2 располагался на левом берегу р. Подкумка, в 400 м к северо-востоку от вокзала ст. Белый Уголь. Он также представлял собой почти квадратное в плане однокомнатное помещение с портальной частью, ориентированное по линии север-юг. Его параметры: общая длина по наружному обмеру вместе с порталом — 7,1 м, ширина — 5,5 м, по внутреннему обмеру — 3,90 × 3,52 м. Стены (толщиной от 78 до 84 см) были выложены «в перевязку» из квадратного жженого кирпича на известковом растворе. В срединной части северной, западной и восточной стен имелись ниши глубиной 37 см, шириной от 0,8 до 1,05 м. Вход был устроен с юга (ширина проема 98 см). Устои портала выступали вперед от юж. стены на 1,95 м; с внутренней стороны в них имелись маленькие ниши глубиной 27, шириной 90 см. Пол в интерьере и между устоями портала был вымощен кусками жженого кирпича. Судя по сохранившимся фрагментам, стены имели белую штукатурку. Фундамент был возведен из мергеля и известняка на известковом растворе и углублен в землю на 40 см. По преданию, именно в этой усыпальнице был похоронен легендарный Ессентук. В начале 1970-х гг. в р-не Ессентуков были выявлены еще 6 мавзолеев. Мавзолей, стоявший на возвышенности левого берега р. Большого Ессентучка, являл собой квадратную (кубическую) оштукатуренную кирпичную постройку на каменном фундаменте и «с купольным сводом и портальным входом с южной стороны». Внешние размеры (без портала) составляли 5 × 5,5 м. Вокруг усыпальницы обнаружено несколько погребений более позднего времени и остатки нескольких др. наземных погребальных сооружений. Из всех ессентукских мавзолеев один в плане представлял собой десятигранник, а семь — прямоугольник (с порталами). Любопытным представляется то, что один из этих мавзолеев — двухкамерный, углы которого фланкированы трехчетвертными колоннами. Усыпальницы были построены из жженого кирпича и облицованы поливными изразцами в основном в правление хана *Узбека*.

Под полом мечети Нижне-Джулатского городища был сооружен «уникальный в своем роде подземный двухкамерный "склеп-мавзолей"». В сев.-зап. углу Нижне-Джулатской мечети археологи выявили постройку из обломков обожженных кирпичей, «стены которой были поставлены на пол мечети и пристроены вплотную к стенам последней». Она считается «мавзолеем более позднего времени». Весьма интересным сооружением, найденным в пределах этой мечети, выступает подземный склеп-мавзолей (расположен ниже уровня пола мечети). Он имел высоту примерно 2 м и «был перекрыт восьмигранным куполом». Склеп был двухкамерным, сводчатым. Северная (гурхана — собственно погребальная камера) и южная (зиаратхана — помещение для посетителей) прямоугольные в плане камеры «были разделены высоким и широким порогом». Стены обеих камер были побелены и имели стрельчатые ниши, вырезанными в грунте. Вход в усыпальницу производился через дверь в вост. стене сев. помещения, которая крутой лестницей соединялась с поверхностью — с мечетью. Здесь было несколько мусульманских захоронений XIV в., два из которых в индивидуальных грунтовых ямах — в гурхане, одно — в зийархане, одно — на пороге между сев. и юж. помещениями. Отмечается захоронение в деревянном гробу. Антропологический анализ двух черепов позволил отнести одного к аланам (узколицый европеоид), а другого — к «ногайцам или их предкам» (южносибирский монголоид). Само сооружение этого склепа под полом мечети, пишет Е. И. Нарожный, вступает в формальное противоречие с правилами шариата. «Однако, здесь, как и во многих других случаях, мы сталкиваемся со стремлением поместить могилу в святое, освященное место, либо наделить ее священными свойствами, которые будут помогать погребенному на том свете».

На территории Кабардино-Балкарии находился и мавзолей Кобан-хана, датируемый 860 г. х. (1455 г.). Он располагался «на восточной стороне речки Яман-куль, в 3 верстах от Боташева Кабака, на равнине у северного подножья второго Гребня» (Малая Кабарда). «Это сооружение из вытесанного камня, а вокруг него находятся около сотни земляных холмиков, прозванных буграми, которые, вероятно, обозначают могилы князей. Сооружение восьмиугольное, каждая сторона которого измеряется 6 футами. Арочная дверь обращена на юг, а по обеим сторонам ее, на расстоянии в 2 ярда, простираются стены. С вост. и зап. сторон в 9 футах над землей расположены два схожих друг с другом окна. Высота стен составляет около 12 футов». В ниж. части усыпальницы был виден «глубокий склеп, каменные опоры которого упали, так что более не видны правильные стороны центрального проема, ведущего в склеп». Данная часть мавзолея была засыпана камнями (видимо, обрушившимися стенами) так, «что нельзя обнаружить никаких останков тел». Зап. сторона мавзолея «в основном разрушилась и там толщина стен не превышал 2 футов. Почти вся западная сторона сооружения пребывает в руинах, а стена там толщиной не превышает 2 футов». Памятник утерян.

Под влиянием исламской культуры *Золотой Орды* возникла архитектурная традиция ряда горных народов Сев. Кавказа. В XV–XVIII вв. впервые появились четырехугольные и круглоплановые мавзолеи в горной части бассейна р. Кубани и Терека — в Чечне, Ингушетии, Осетии (в основном в Дигории и Тагаурии), в Балкарии (усыпальница владельцев Усхурского замка, Верхне-Чегемский склеп, у с. Ташлы-Тапла), в Карачае (усыпальницы Крымшамхаловых в Эль-Джурте и Карт-Джурте). Многогранный тип мавзолеев, который встречается у балкарцев, осетин, кабардинцев, абазин, имеет аналоги в некрополях *Маджара* и др. золотоордынских городов, а также мусульманских областей Черноморско-Кубанского междуморья (Крым, Азербайджан и др.).

Лит.: Алексеева Е. П. Археологические памятники Карачаево-Черкесии. М., 1992; Минаева Т. М. Золотоордынский город Маджар // Материалы по истории Ставропольского края. Ставрополь, 1953. Вып. 5; Нарожный Е. И. К этносоциальной атрибуции городского населения терско-кумского междуречья (по материалам мусульманских захоронений эпохи Золотой Орды) // Погребальный обряд древнего и средневекового населения Сев. Кавказа. Орджоникидзе, 1988; Нечаева Л. Г. О мавзолеях Сев. Кавказа // Сб. музея антропологии и этнографии. Вып. XXXIV. Материальная культура и хозяйство народов Кавказа, Средней Азии и Казахстана. Л., 1978; Ртвеладзе Э. В. Два мавзолея золотоордынского времени в районе Пятигорья // Советская археология. 1969. № 4; Ртвеладзе Э. В. Мавзолеи Маджара // Советская археология. 1973. № 1; Чеченов И. М. Древности Кабардино-Балкарии. Нальчик, 1969.

Р. Хатуев

Пахомов, Евгений Александрович (1880–02.05.1965) — нумизмат и археолог, кавказовед, доктор исторических наук, член-корреспондент АН Азербайджанской ССР, заслуженный деятель науки Азербайджанской ССР.

Родился в Ставрополе, в 1900 г. окончил Санкт-Петербургский археологический ин-т, в 1902 г. — Технологический ин-т. С 1920 г. работал в г. Баку в Азербайджанском государственном ун-те (Бакинском ун-те), где в том числе заведовал кафедрой археологии. Автор более 100 научных работ, посвященных в основном мусульманской нумизматике разных регионов Сев. Кавказа и Закавказья (а также работ по археологии, эпиграфике и исторической географии). Особый вклад П. внес в изучение монетного обращения средневекового Кавказа, подготовив 9 выпусков сводов всех известных к тому времени монетных находок на Сев. Кавказе и в Закавказье. После смерти П. его уникальное собрание монет, согласно завещанию, было разделено между Государственным Эрмитажем, Государственным музеем Грузии и Музеем истории Азербайджана; небольшая часть коллекции была передана в ГМИИ, часть попала к частным коллекционерам.

Соч.: Клады Азербайджана и др. республик и краев Кавказа. Баку, 1926. Вып. 1; Клады Азербайджана и др. республик и краев Кавказа. Баку, 1938. Вып. 2; Монетные клады Азербайджана и др. республик, краев и областей Кавказа. Баку, 1940. Вып. 3; Монетные клады Азербайджана и др. республик, краев и областей Кавказа. Баку, 1949. Вып. 5; Монетные клады Азербайджана и др. республик, краев и областей Кавказа. Баку, 1954. Вып. 6; Монетные клады Азербайджана и др. республик, краев и областей Кавказа. Баку, 1957. Вып. 7; Монетные клады Азербайджана и др. республик, краев и областей Кавказа. Баку, 1959. Вып. 8; Монетные клады Азербайджана и др. республик, краев и областей Кавказа. Баку, 1966. Вып. 9.

Лит.: Пачкалов А. В. О научном наследии выдающегося нумизмата-востоковеда Е. А. Пахомова // XXIV «Крупновские чтения» по археологии Сев. Кавказа. Нальчик, 2006.

А. Пачкалов

Первая мечеть в г. Майкопе. Мечеть расположена по адресу: ул. Краснооктябрьская, 14.

Майкоп стал городом и уездным центром Кубанской обл. в 1871 г. Кубанская область как регион Российской империи появилась в результате нового адм. деления Сев. Кавказа после окончания *Кавказской войны*. К концу XIX в. в Майкопе открываются государственные структуры, деятельность которых направлена на горцев-мусульман. Для «черкесов-магометан» Майкопского у. Кубанской обл. здесь открылся Майкопский горский словесный суд (подобные суды были открыты для горцев Кубанской обл. также в Екатеринодарском и Баталпашинском у.).

Горцам Майкопского у. — черкесам (численность черкесов в уезде — 29 000 чел.), судопроизводство которых было основано не только на шариате, но и на местных традициях (адыгэ хабзэ), — было предписано разбирать по шариату в суде некоторые категории дел: семейно-имущественные и наследственные. В штате суда были учреждены должности кадия и депутатов. Первым кадием Горского суда был утвержден эфенди Хасан Шовгенов. В Майкопе также локализовалось небольшое (в 10–15 чел.) подразделение Майкопской горской временной милиции, набиравшееся из черкесского населения, а также Майкопская двухклассная пятилетняя горская школа, где учились черкесские дети. Черкесское население Майкопа профинансировало постройку и затем взяло на содержание капитальные каменные строения Горского словесного суда и Горской школы.

Община мусульман г. Майкопа была в конце XIX в. немногочисленна, не более 50 чел., и состояла из служащих и мелких чиновников уездного управления, депутатов Горского словесного суда, военных, учащихся, прислуги.

Со временем Майкоп развивался: появились Городская дума, телефонная станция, водопровод, шоссейные дороги, библиотека, кинотеатры, газеты. Открылись табачные фабрики Назарова и Сергеева, пивные заводы Чибиева и Тавара, литейный завод Российской монополии. В 1910–11 гг. молодой инженер, будущий академик И. М. Губкин, открыл в р-не Майкопа богатые месторождения нефти. 12.12.1910 г. в Майкоп со станции Белореченская прибыл первый поезд. В 1915 г. был открыт учительский ин-т для подготовки преподавателей начальных училищ Кубанской обл. В Майкопе устраивались и ярмарки. Среди жителей окрестных станиц большой популярностью пользовались «Конские точки» в Майкопе — места продажи племенных черкесских лошадей для нужд войск.

Появляются первые черкесские промышленники. По словам историка А. К. Бузарова, «одним из преуспевающих коннозаводчиков А. Тленоруковым была выстроена в Майкопе частная Центральная гостиница с кафешантаном во внутреннем дворе. Двумя доходными домами владели в центральной части города князья Болотоковы, прямые потомки знаменитого Джембулата Болотокова. Майкопчанам начала XX в. были хорошо известны восточные пекарня-кондитерская семьи турецкоподданного муллы Окумышева; частная баня Хаджжи-Хуажа («Хуажевские бани»); гостиные дворы, принадлежащие жителям города — мусульманам. В Майкопе располагалась и центральная контора лесопромышленного предприятия крупного адыгского коммерсанта хаджжи Трахова Лю и сыновей. В отдельные годы численность рабочих и служащих фирмы, рассредоточенных по производственным участкам и складам на окраине города и в предгорьях Майкопского отдела, достигала 800 человек».

Мусульманская община росла, в городе проживало 159 мусульман, черкесы из 20 близлежащих к Майкопу аулов часто приезжали в город. Стал актуальным вопрос о необходимости храма для мусульман Майкопа. Ранее мусульмане молились в здании Горского суда, пансионе Горской школы, в частных домах. В начале XX в. существовало «Черкесское подворье» семьи Траховых (на месте нынешней школы искусств № 1), одно из зданий которого было передано мусульманам для молитвы.

В 1910 г. с разрешения властей и по благословению Майкопского кадия Джанхота Хаткова в центре города, по ул. Садовой, рядом с домом городского головы Дмитрия Зинковецкого, началось строительство мечети. Стройку, первоначальное обзаведение, содержание имамов и др. служителей мечети взял на себя известный предприниматель и меценат *Трахов Лю*, часто посещавший Майкоп.

Через несколько месяцев, в 1911 г., мечеть в Майкопе была открыта. Стиль мечети отличался эклектичностью, присутствовали элементы культовой восточной архитектуры. Одновременно мечеть могла вместить 50–60 прихожан. В начале 1920-х гг. здание мечети было национализировано и перешло в распоряжение Коммунального отдела г. Майкопа. В Национальном архиве РА хранятся ходатайства и прошения адыгов, мусульманской общественности и государственных органов Адыгейской (Черкесской) автономной обл. к местным властям о возвращении населению зданий бывшей мечети, Горского суда, школы, другого недвижимого имущества «как принадлежавшего черкесам ранее».

Историческое здание Майкопской мечети сохранилось и сейчас. Оно входило в комплекс зданий гарнизонного Дома офицеров, числилось на балансе Министерства обороны РФ. *ДУМ Республики Адыгея и Краснодарского края* в 2018–19 гг. неоднократно обращалось в суды с просьбой передать первую мечеть Майкопа в собственность организации. В 2020 г., *после судебных споров с Министерством обороны РФ*, решением судьи Арбитражного суда г. Москвы здание мечети в Майкопе передали *ДУМ Республики Адыгея и Краснодарского края*. В мечети планируется создать музей истории ислама в регионе и выделить зал для молитвы.

Лит.: Неугасимый свет ислама: возрождение ислама в Республике Адыгея и Краснодарском крае. Майкоп, 2011. С. 29–34.

Н. Нефляшева

Первый Горский съезд — состоялся в г. Владикавказе 01–07.05.1917 г. под председательством Б. Шаханова. П. Г. с. объявило о создании *Союза объединенных горцев Северного Кавказа и Дагестана* (СОГСКД). Его полномочия распространялись на Дагестанскую обл., горские округа Терской обл. (Назрановский, Нальчикский, Владикавказский, Грозненский, Веденский, Хасав-Юртовский), Ногайский участок Терской обл., Кубанский Горский областной комитет, Закатальский окр. Елизаветпольской губ. и исполнительные комитеты *ногайцев* и караногайцев Ставропольской губ. В ходе П. Г. с. были обсуждены и утверждены Программа, Конституция, Политическая платформа, ряд резолюций, касавшихся наиболее болезненных проблем — земельных, религиозных, финансовых, местного судопроизводства СОГСКД. Принятая Конституция легитимизировала государственно-правовое существование СОГСКД на федеративной основе. Она отразила главные принципы формирования органов национального самоуправления, выборности и ответственности перед населением.

На П. Г. с. были созданы секции: социально-политические вопросы; аграрная; юридическая; борьба с воровством и разбоями; мусульманская религия; школьная; финансы.

Согласно принятой Конституции «Союз горцев Кавказа объединил все горские племена Кавказа, а также *ногайцев* и туркмен, является членом кавказского мусульманского союза и имеет целью обеспечение мирного сосуществования всех народов Кавказа и России; защиту и упрочение свобод, завоеванных революцией; претворение в жизнь демократических принципов; защиту общих для всех горских племен политических, культурных и национальных интересов» (ст. 1). Органами, объединяющими горцев, *ногайцев* и туркмен, согласно ст. 2., стали съезд делегатов и ЦК объединенных горцев.

П. Г. с. принял ряд важных решений по вопросам общественной жизни горского общества. По вопросу образования декларировалось всеобщее, обязательное и бесплатное начальное образование в горских школах. Неполное среднее образование также должно было стать всеобщим и бесплатным. Обучение идет на родном языке, с первого года вводится тюркский язык.

По вопросу религиозного управления в соответствии с резолюцией религиозной секции предполагалось создать в столице России Управление Шейх-ул-Ислам, «избранное по шариату мусульманами всей России», которое будет наделено «правами министра религиозных и политических дел мусульман». При Управлении планировалось создать совет из 6 представителей мусульманских народов, избранных по нормам шариата: 2 шафиита от Дагестана, Чечни и Ингушетии, 2 ханафита и 2 джаʿфарита (шиита), что в целом соответствовало резолюции III Всероссийского мусульманского съезда 1906 г. Для мусульман Терской, Кубанской обл. и Дагестана, Черноморской губ., *ногайцев*, карачаевцев и туркмен Ставропольской губ. должен быть избран «муфтий Кавказа» с резиденцией в г. Владикавказе. При муфтии — совет из 4 кадиев: 2 шафиита, 2 ханафита. Также должны быть созданы областные *шариатские суды*, состоящие из кадиев — по 1 от каждого окр., избирались «дееспособными мусульманами согласно точным нормам шариата». Для мусульман каждого окр. учреждались должность окружного кадия и окружные *шариатские суды*, в состав которых входили кадии, избиравшиеся строго по принципам шариата из расчета 1 от каждого участка. Эти суды должны были стать первой инстанцией по всем делам среди мусульман и кассационными — по отношению к судам сельских кадиев. Для каждого сельского участка планировалось учредить должность кадия, избранного дееспособными мусульманами этого участка.

Религиозная секция постановила просить съезд горцев организовать при *Союзе объединенных горцев Северного Кавказа и Дагестана* специальный религиозный совет из 9 человек: 5 — от Дагестанской и Терской обл., 2 — от Кубанской обл. и 1 — от *ногайцев*, карачаевцев и туркмен Ставропольской губ. Религиозный совет должен был заниматься религиозными делами мусульман Сев. Кавказа до назначения муфтия. В г. Владикавказе планировалось открытие Юридической академии шариата, с полным курсом шариата и циклами светских наук.

Наиболее противоречивый характер имела резолюция по аграрному вопросу: «Признавая, что земля должна принадлежать тем, кто ее обрабатывает, съезд оставляет последнее слово по аграрному вопросу за Учредительным собранием ввиду сложности этого вопроса». Между тем П. Г. с. признал, что земельный вопрос должен рассматриваться по законам шариата, «защищающего интересы трудящихся». Ввиду того что, в отличие от русского населения, горцы не имели права собственности на землю, съезд постановил, что все земли и леса, занимаемые горцами, следует объявить всенародными, не дожидаясь решения Учредительного собрания. Земли, леса и воды, отобранные ранее у горцев, входящих в объединенный союз, должны были быть немедленно переданы этим народам. Все свободные земли также передавались горцам.

Для борьбы с воровством и разбоями создавались милиции, подконтрольные местным исполкомам.

Лит.: Даудов А. Х., Месхидзе Д. И. Национальная государственность горских народов Сев. Кавказа (1917–24). СПб., 2009; Материалы съездов горских народов Сев. Кавказа и Дагестана 1917 г. / сост., автор вступит. ст. А. Х. Кармов. Нальчик, 2014; Музаев Т. М. Союз горцев: русская революция и народы Сев. Кавказа, 1917 — март 1918 г. М., 2007; Первый Горский съезд 1 мая 1917 г. / сост. Б. К. Далгат. Владикавказ, 2017; Союз объединенных горцев Сев. Кавказа и Дагестана (1917–18 гг.) и Горская Республика (1918–20 гг.). Документы и материалы. Махачкала, 2013.

А. Х.

Персидская мечеть в г. Владикавказе. Начало строительства персидской мечети относится к 1869 г. Мечеть была расположена на ул. Московской (ныне ул. Кирова, 2). Строительство мечети реализовано по инициативе и при финансовой поддержке персов, проживавших в г. Владикавказе. Сбор средств на сооружение мечети осуществлялся по инициативе местной общины персидскоподданных. Инициатором строительства выступили старейшины общины.

Финансовые средства на возведение мечети пожертвовали члены персидской общины. Исторические сведения о строительных работах не сохранились. Возведение мечети было завершено 1872 г.: это подтверждает надпись над входом мечети; также в надписи зашифрованы дата и имя человека, выделившего деньги на ее строительство.

Мечеть отличается восточно-мусульманским архитектурным стилем. Цоколь выполнен из местного камня. Фасады оштукатурены и окрашены в светлый оттенок. Центр. часть здания венчает шатровый купол, покрытый листовым металлом. Портал входа — со стрельчатой аркой, декорирован художественной кирпичной кладкой.

По ходатайству вице-консула персидского шаха в 1902 г. при мечети было открыто русско-персидское училище.

При советской власти здание было национализировано и сдавалось верующим в аренду. В 1929 г. мечеть была закрыта и отдана под склад строительных материалов. В 1963 г. заброшенное здание шиитской мечети переоборудовали в единственный на Сев. Кавказе планетарий, который функционирует в настоящее время. Здание является памятником архитектуры, охраняется государством. Первоначальный облик здания был сохранен и отреставрирован.

В советский период русско-персидское училище было переименовано в Владикавказскую персидскую школу № 21, которая позже была преобразована в городскую среднюю школу № 21.

Лит.: Старый Владикавказ. Историко-этнологическое исследование. Владикавказ, 2002. С. 198–199; Центр. государственный архив РСО–Алания. Ф. 629. О. 2. Д. 32. С. 45; Ф. 49. О. 1. Д. 241. С. 1.

Р. Агаев

Персидская мечеть в г. Грозном. История ходатайства о строительстве мечети относится к 1865 г. Мечеть была расположена на ул. Войсковой. Строительство мечети реализовано по инициативе и при финансовой поддержке мусульман, проживавших в Грозном. Первая грозненская мечеть была построена в 1908 г. Воздвигли храм полностью за счет пожертвований. Сбор средств на сооружение мечети осуществлялся по инициативе персидскоподданных. Инициатором строительства выступил ахунд, сотрудник вице-консульства персидского шаха во Владикавказе Али Гусейнов. Мечеть была отстроена в восточно-мусульманском архитектурном стиле.

Цоколь был выполнен из местного камня. Центр. часть здания венчал шатровый купол, покрытый листовым металлом. Портал входа — со стрельчатой аркой, был декорирован кирпичной кладкой. Первая грозненская мечеть находилась в центре города, на правом берегу р. Сунжа. В начале 1930-х гг., в рамках антирелигиозных гонений, мечеть была разрушена.

Лит.: Грозный: история и современность: историко-этнографический сб. ст. Вып. 1. Грозный, 2017; Терская обл. Список населенных мест по сведениям 1874 г. Тифлис, 1878. С. 12; Центр. государственный архив РСО–Алания. Ф. 12. О. 1. Д. 766. С. 1.

Р. Агаев

Плетнева, Светлана Александровна (01.04.1926–20.11.2008) — археолог, доктор исторических наук, профессор, специалист по археологии хазар и средневековых евразийских кочевников, лауреат Государственной премии СССР (1986).

Закончила исторический факультет МГУ в 1949 г. В 1952 г. защитила кандидатскую диссертацию «Кочевники южнорусских степей IX–XIII вв. (по археологическим материалам и письменным источникам)», в 1968 г. — докторскую диссертацию «От кочевий к городам». В 1952–2006 гг. работала в Ин-те археологии РАН (в 1993–2002 гг. — зав. группой средневековой археологии евразийских степей, в 1988–95 гг. — главный редактор журнала «Российская (Советская) археология»). П. проводила археологические исследования памятников салтово-маяцкой культуры и др. Руководила раскопками крепости *Тмутаракань*.

Соч.: Кочевники Средневековья. Поиски исторических закономерностей. М., 1982; На славяно-хазарском пограничье. Дмитриевский археологический комплекс. М., 1989; От кочевий к городам. Салтово-маяцкая культура. М., 1967; Очерки хазарской археологии. М., 1999; Печенеги и гузы на Ниж. Дону (по материалам кочевнического могильника у Саркела-Белой Вежи). М., 1990; Половецкие каменные изваяния. М., 1974; Половцы. М., 1990; Саркел и «Шелковый путь». Воронеж, 1996; Хазары. М., 1976.

А. Пачкалов

Позднесредневековые археологические памятники в Кабардино-Балкарии. Памятники позднего Средневековья (XIII–XVIII вв.) на территории Кабардино-Балкарии изучены слабо, это наименее изученная эпоха в регионе. На территории республики в период Позднего Средневековья проживали христиане, мусульмане, язычники.

Археологические исследования П. а. п. К.-Б. на территории Кабардино-Балкарии проводились во 2-й половине XIX–XX вв. *Е. П. Алексеевой*, В. Б. Антоновичем, Б. Е. Деген-Ковалевским, К. Э. Гриневичем, В. И. Долбежевым, Г. И. Ионе, А. Карауловым, *Е. И. Крупновым, Л. И. Лавровым*, О. П. Медведевой, И. М. Мизиевым, В. Миллером, П. И. Распоповым, В. Тепцовым, П. С. Уваровой, В. И. Филоненко, А. Фирковичем, *И. М. Чеченовым*, Н. А. Шафиевым, Т. Б. Шахановым и др. исследователями.

Многие из позднесредневековых городищ имеют и более ранние культурные слои. Точная датировка многих городищ не известна. Большая часть городищ известна только по данным археологических разведок и не исследовалась археологически. Рядом с некоторыми из городищ выявлены современные им грунтовые могильники. Крупнейшим среди городищ этого времени является *Нижний Джулат* у г. Майский. На этом городище исследовались крупнейшая из известных на Сев. Кавказе средневековых мечетей, склеп-мавзолей, мусульманские погребения XIV в. и др. объекты. В период Позднего Средневековья заселены были городища Булунгуевское (у с. Булунгу), Верхне-Чегемское (на берегу р. Джылги-Су в урочище Лыгыт у с. Верх. Чегем), Терекское (у с. Терек), Урухское (у с. Урух), Хамидиевское (у с. Хамидие). На Верхне-Чегемском городище, видимо, в период Позднего Средневековья возникла система укреплений из мощных башен, бастионов и лестниц (оборонительный комплекс Уллу-Битикле). На городище и в окрестностях выявлены христианские храмы, которые, видимо, могли быть связаны и с позднесредневековым периодом. По сообщению А. Фирковича, церкви посещались балкарцами до XIX в. На городище обнаружены следы металлургического и др. производств. Селище золотоордынского времени выявлено у г. Нальчика. Имеются сведения о существовании христианских храмов, возможно, относящихся к эпохе Позднего Средневековья, в р-не Нальчика и в его окрестностях.

Несколько позднесредневековых крепостей отмечены у Верх. Балкарии и Зильги. У с. Верх. Баксан располагалась «Ференкская» крепость с круглыми башнями. По местным преданиям, в этой крепости жили венецианцы. Видимо, крепость располагалась на торговом пути, который вел в Сванетию. У населенных пунктов Безенги, Былым, Верх. Балкария, Хулам и др. были зафиксированы позднесредневековые башни. У бывшего с. Джабоево — башня с бойницами и несколькими жилыми помещениями («Замок Джабоевых»).

К Позднему Средневековью относятся погребения из курганных могильников у г. Нальчика, у с. Аушигер, Бабугент, Гунделен, Залукокаже, Заюково, Зильги, Калеж, Карагач, Куба, Кызбурун, Лечинкай, Нарт-кала, Ниж. Акбаш, Ниж. Черек, Псыгансу, Солдатская, Старый Лескен, Старый Урух, Урвань; грунтовых могильников у с. Бабугент, Верх. Акбаш, Верх. Чегем, Каменномостское, Майский; наземные, подземные и полуподземные склепы у с. Бабугент, Безенги, Былым, Верх. Баксан, Верх. Чегем, Верх. Балкария (могильник «Городок мертвых»), Гунделен, Заюково, Лечинкай, Ташлы-кала, Хулам и др. погребальные памятники. На некоторых склепах известны мусульманские надписи, но лишь часть позднесредневековых склепов может быть связана с мусульманским населением.

Лит.: Акритас П. Г., Медведева О. П., Шаханов Т. Б. Архитектурно-археологические памятники горной части Кабардино-Балкарии // Ученые записки Кабардино-Балкарского НИИ. Нальчик, 1960. Т. 17; Ионе Г. И., Опрышко О. Н. Памятники рассказывают. Нальчик, 1969; Крупнов Е. И. Краткий очерк археологии Кабардинской АССР. Нальчик, 1946; Милорадович О. В. Кабардинские курганы XIV–XVI вв. // Советская археология. М., 1954. Т. XX; Чеченов И. М. Археологические работы на городищах Кабардино-Балкарии в 1965 г. // Ученые записки Кабардино-Балкарского НИИ. Нальчик, 1967. Т. XXV; Он же. Древности Кабардино-Балкарии. Нальчик, 1969; Шафиев Н. А. История и культура кабардинцев в период Позднего Средневековья (XIV–XVI вв.). Нальчик, 1968.

А. Пачкалов

Позднесредневековые археологические памятники в Карачаево-Черкесии. Изучением и систематизацией археологических памятников Карачаево-Черкесии (в том числе позднесредневековых — XIII–XVIII вв.) занимались *Е. П. Алексеева, Х. Х. Биджиев, В. А. Кузнецов, И. М. Мизиев, Т. М. Минаева, В. М. Сысоев, Е. Д. Фелицын, П. Н. Шишкин* и др. исследователи. П. а. п. К.-Ч. дают сведения по этногенезу, хозяйственной деятельности и культуре карачаевцев, черкесов, *абазин* и *ногайцев* и др. народов.

В период раннего Средневековья помимо языческих верований распространяется христианство; распространение ислама относится к золотоордынскому периоду XIII–XV вв. (к этому времени относится мавзолей с арабскими надписями из Усть-Джегуты). Мусульманское население присутствовало и в домонгольское время, о чем свидетельствует находка на Нижне-Архызском городище у пос. Буковского (X–XIII вв.) помимо христианских храмов надгробных мусульманских надписей XI в.

Период Позднего Средневековья на территории Карачаево-Черкесии остается изученным слабо. Поселения эпохи Позднего Средневековья известны в основном в горных р-нах (на поселении Джалан-кол XV–XIX вв. у с. Каменномостское при исследованиях были выявлены следы каменных сооружений), крупных городов в этот период не было.

К золотоордынскому периоду относится крепость Карча-кала, Хурзукская башня, к XVI–XVII вв. — Байтал-Чапканский могильник, Кызыл-калинская башня, к XVIII в. — поселение Джамагат (со следами каменных построек), некоторые погребения Карт-Джуртского могильника, башня Адиюх и башня у с. Новоисправненского.

Позднесредневековые погребения совершались в курганах из земли и камней (Жако, Бесленей, устье Карабежгонки, Кубина, Важный, Байтал-Чапкан и др.), в склепах. Известны бескурганные захоронения, отмеченные каменными плитами. У Усть-Джегуты был выявлен кирпичный мавзолей золотоордынского периода.

В позднесредневековый период торговля была в целом развита слабо, но в погребениях XVIII в. помимо находок северокавказского производства обнаружены предметы, которые могли доставляться из России.

Лит.: Алексеева Е. П. Археологические памятники Карачаево-Черкесии. М., 1992; Она же. Древняя и средневековая история Карачаево-Черкесии. М., 1971; Она же. Материалы к древнейшей и средневековой истории адыгов (черкесов). Черкесск, 1954; Она же. Очерки по истории черкесов в XIV–XV вв. Черкесск, 1954; Биджиев Х. Х. Погребальные памятники Карачая XIV–XVIII вв. // Вопросы средневековой истории народов Карачаево-Черкесии. Черкесск, 1979; Мизиев И. М. Средневековые башни и склепы Балкарии и Карачая (XIII–XVII вв.). Нальчик, 1970; Минаева Т. М. Археологические памятники Черкесии // Труды Черкесского НИИ. Черкесск, 1954. Вып. II.

А. Пачкалов

«Правила мусульманской веры» — учебное пособие по изучению религиозно-обрядовых предписаний ислама в Нальчикской окружной горской школе.

Подготовлено на кабардинском языке и представлено в главный штаб Кавказской армии в октябре 1863 г. адыгским общественным деятелем *Шардановым Магомедом*. Издано в 1865 г. с одобрения Кавказского наместника великого князя Михаила Николаевича (1862–81). Тираж брошюры составил 500 экз., из которых 400 было направлено начальнику Терской обл. генерал-лейтенанту М. Т. Лорис-Меликову для распределения среди местного населения.

П. м. в. — это сборник культовых и обрядовых предписаний, переведенный с арабского на кабардинский язык *Магомедом Шардановым*. Изложено в популярной форме вопросов и ответов, что было характерно для догматической литературы не только на мусульманском Востоке, но и в соседнем с Кабардой Дагестане.

Доступные на сегодняшний день сведения не позволяют определить арабский источник, с которого был сделан перевод, однако подготовка подобного текста для мусульман Кабарды свидетельствует об изначальной принадлежности оригинала к сочинению ханафитской религиозно-правовой школы.

Лит.: Ганич А. А., Рахаев Д. Я., Бижоев Б. Ч. Правила мусульманской веры Магомеда Шарданова // Восток. Афро-азиатские общества. 2011. № 4. С. 129–136.

А. Ганич, Д. Рахаев

Пушули — см. *ал-Хушали, Курбан 'али*.

Р

Радио «Ангушт» (2010–15) — просветительская мусульманская радиостанция. Директор и основатель радиостанции Р. А. — ученый богослов Магомед Мухарбекович Хаштыров. Министерство по делам национальностей РИ поддержало и профинансировало данный проект. Было заключено соглашение, что радиостанция Р. А. обязуется на своей волне проводить духовно-нравственное и национально-патриотическое воспитание населения, при этом согласовывать весь спектр программ с *Духовным центром мусульман Республики Ингушетия*.

03.08.2010 г. радиостанция впервые вышла в эфир, вещание шло на ингушском и русском языках и было рассчитано на охват всей территории Ингушетии, однако ее волна была слышна и в некоторых р-нах соседних республик. Также осуществлялось онлайн-вещание в сети Интернет — как на официальном сайте радиостанции, так и на др. ингушских интернет-порталах. Это значительно расширяло круг слушателей радио, особенно среди ингушской молодежи, проживающей за пределами республики. Вещание радио осуществлялось круглосуточно и являлось единственной радиостанцией такого рода в Ингушетии.

21.01.2013 г. журналистка радио А. М. Нальгиева победила в номинации «Лучшая аналитическая программа на радио» на V Всероссийском фестивале. В том же году Р. А. было включено в список номинантов независимой премии Radio Station Awards 2014.

Деятельность Р. А. способствовала противодействию экстремизму и радикализации общества. Р. А. проводило и организовывало различные научные лекции, конкурсы и др. мероприятия светского, религиозного и культурного характера. В просветительских целях на Р. А. приглашались общественные деятели, 'алимы не только из Ингушетии, но и из ближнего и дальнего зарубежья. Р. А. проработало пять лет — с 03.08.2010 г. по 20.12.2015 г.

Лит.: Албогачиева М. С.-Г. Радикальный ислам в Ингушетии: основные этапы и специфика распространения // Исламские радикальные движения на политической карте современного мира. Вып. 2. Сев. и Юж. Кавказ. М., 2017; Кодзоева М. Да не оскудеет рука дающего // Сердало. 21.09.2015; Планы, успехи и свершения // Сердало. 31.10.2015; Хадзиев Я. Уроки арабского языка // Сердало. 03.08.2015.

М. Албогачиева

Рамазанов, Курамухаммад-хаджжи (16.08.1956–27.07.2007) — богослов, заведующий Каноническим отделом ДУМД РД, зам. муфтия Дагестана (1996–2007).

Родился в с. Зехида Цунтинского р-на ДАССР. Начальное религиозное образование получил дома, затем уехал в с. Закаталы (ныне адм. центр одноименного р-на Азербайджана) к 'алиму 'Абдул-Хафизу. После окончания восьмилетней школы переехал в г. Буйнакск, где в то время проживало большинство дагестанских 'алимов. Дагестанскими учителями Р. К.-х. были Нурмухаммад из с. Унцукуль (центр одноименного р-на РД), Сидикил 'Али-хаджжи из с. Аймаки Гергебильского р-на РД, Мухаммад-хаджжи из с. Ассаб Шамильского р-на РД и др. Также он учился у шейха *накшбандийа-махмудийа* Меселасула Мухаммада-афанди в с. Нечаевка Кизилюртовского р-на РД и у шейха Мухаммада-афанди в г. Буйнакске.

В 1990 г. в г. Буйнакске открыли Исламский ин-т им. *Сайпуллы-кади*, Р. К.-х. пригласили на работу проректором по учебной работе. В 1991 г. совершил хаджж. В 1994 г. поступил в ун-т Абу Нур в г. Дамаске. В 1996 г. по приглашению муфтия *Абубакарова* Сайидмухаммада пришел в канонический отдел ДУМД, где проработал в качестве зав. отделом до конца жизни. Также работал имамом мечети им. имама *Шамиля* в г. Махачкале, имамом-хатибом в Центральной джума-мечети. Постоянно выступал с проповедями по телевидению, радио и на страницах периодической печати. В проповедях последовательно осуждал любые проявления экстремизма и радикализма.

Р. К.-х. — автор работ по исламскому просвещению: «Ваххабизм, Ислам и тарикат», «Пророк и четыре его асхаба», «Знаете ли вы, что такое иман?», «Знаете ли вы, что такое ислам?», «Знаете ли вы, что такое ихсан?», «Умеете ли вы правильно совершать намаз?», «Азан — призыв к намазу», «Исламская этика», «Пост — четвертый столп ислама», «Жертвоприношение (Курбан) и акика», «Гигиена женщины», «Хаджж — пятый столп ислама», «Проповеди», «Семь лучей солнца», «Намазы-суннат», «Добродетель и злонравие», «Истина суфизма», «Можно ли приписывать мусульманам многобожие?», «Разоблачение ваххабизма», «Смерть и похороны», «Научное пояснение переводам Корана».

Погиб в результате теракта, похоронен на кладбище с. Чиркей Буйнакского р-на РД.

Лит.: Омаров М. Алим Курамухаммад-хаджи. Махачкала, 2009; Он же. Богословы Дагестана. Махачкала, 2014; Он же. Ислам в Дагестане. Махачкала, 2014.

М. Омаров

Рахимов, Мухаммад Загитович (род. 18.03.1956) — мусульманский религиозный деятель Сев. Кавказа, муфтий, председатель *Духовного управления мусульман Ставропольского края*.

Родился в с. Сретенка Московского р-на Киргизской ССР в этнически смешанной семье (отец — татарин, мать — карачаевка). Среднее образование получил в г. Теберде (1972). Прошел службу в ракетных войсках стратегического назначения Вооруженных сил СССР (1974–76). В 1982 г. поступил в филиал Ставропольского политехнического ин-та в г. Черкесске. В 1983–88 гг. обучался в медресе Мир-и Араб (г. Бухара, Узбекская ССР), после чего осуществлял религиозную деятельность в Усть-Джегутинском р-не Карачаево-Черкесии, где в течение ряда лет занимал пост районного раис-имама. Вел курсы обучения основам ислама и арабского правописания в населенных пунктах КЧР. С 2006 г. Р. — имам-хатиб Пятигорской соборной мечети. С 27.04.2010 г. — председатель вновь созданной организации *Духовного Управления мусульман Ставропольского края*, муфтий. С 08.12.2010 г. одновременно — председатель Российской ассоциации исламского согласия.

Р. Хатуев

Ар-Рочи, Мамма-Дибир (1778–1878) — шейх тариката *накшбандийа*, богослов.

Родился в с. Рочиб (ныне с. Арчиб Чародинского р-на РД). В медресе с. Рочиб ар-Р. М.-Д. получил религ. образование, и джама'ат села просил его, 12–13-летнего подростка, работать муэдзином в сельской мечети, однако он отказался от работы и самостоятельно несколько лет изучал коранические науки дома. Затем учился у 'алимов в с. Дусрах, Хурух, Гачада, Бухты, *Согратль*, Урада, Кази-Кумух и др. Работал преподавателем в с. Дусрах и Хурух. После многократных просьб джама'ата некоторое время работал имамом и в своем родном с. Рочиб. Ар-Р. М.-Д. знал семь языков: арчинский, аварский, лакский, арабский, даргинский, падарский и азербайджанский.

Ученики ар-Р. М.-Д.: Хаджжи-Мухаммад из Гачада, Рамазан-хаджжи из Бухты, Давуд из Хуруха, 'Умарил Мухаммад из Дорони, Умарапанди из Багини, Будайчи-хаджжи из Кумуха, Унд ал-хаджжи из Урада. Также у него учились

ставшие впоследствии устазами накшбандийского, шазилийского и кадирийского тарикатов религиозные деятели *Сайпулла-кади Ницовкринский* и *Шу'айб-афанди ал-Багини*.

Ар-Р. М.-Д. вступил в тарикат и по прошествии семи лет получил иджазу на наставничество в качестве муршида. После 1859 г. за ар-Р. М.-Д. был установлен контроль со стороны властей и осуществлял его лично Казикумухский хан. Ар-Р. М.-Д. продолжал просветительскую деятельность, а его медресе в с. Рочиб в тот период было одним из ведущих в Дагестане мусульманских учебных заведений.

Ар-Р. М.-Д. скончался в 1878 г. в возрасте 100 лет, похоронен в с. Рочиб В настоящее время его зийарат отреставрирован и открыт для посещения. Потомком Ар-Р. М.-Д. был *Садиков Максуд*.

Лит.: Омаров М. Богословы Дагестана. Махачкала, 2014; Омаров М. Ислам в Дагестане. Махачкала, 2014.

М. Омаров

Ртвеладзе, Эдвард Васильевич (род. 14.05.1942) — историк и археолог, востоковед, доктор исторических наук, академик АН Узбекистана, лауреат Государственной премии Узбекистана им. Бируни.

В 1967 г. закончил исторический факультет Ташкентского государственного ун-та по специальности «Историк-археолог». Кандидатская диссертация была посвящена городской культуре Сев. Кавказа в XIII–XIV вв. и ее связям со Средней Азией (1975, Ленинградское отделение Ин-та археологии АН СССР). Проводил археологические исследования памятников Средневековья на территории Сев. Кавказа. Автор многочисленных работ по истории и археологии древнего и средневекового Востока, в том числе по истории, археологии, нумизматике и эпиграфике средневекового Сев. Кавказа (особенно по истории *Маджара*).

Соч.: Два динара делийских султанов с городища Маджар // Советская археология. М., 1970. № 1; Два мавзолея золотоордынского времени в районе Пятигорья // Советская археология. М., 1969. № 4; Из истории городской культуры на Сев. Кавказе в XIII-XIV вв. и ее связей со Средней Азией. Л., 1975; К истории города Маджар // Советская археология. М., 1972. № 3; Надпись Джанибек-хана на плите из Маджар // Советская археология. М., 1970. № 3; Новые данные о монетном чекане города Маджар // Нумизматический сб. ГИМ. М., 1971. Ч. 4. Вып. 3; О медных именных монетах Тохтамыша и подражаниях им // Эпиграфика Востока. Л., 1972. Т. XXI; О походе Тимура на Северный Кавказ // Археолого-этнографический сборник. Грозный, 1976. Вып. 4.

А. Пачкалов

Рутульский магал

Рутульский магал — средневековое государственное образование в горном Дагестане, существовавшее с XV по XIX в.

Р. м. занимал территорию, являющуюся сейчас юго-западной частью Юж. Дагестана. На западе граничило с цахурами, на северо-западе — с лакцами (Верх. Катрух, Аракул) и азербайджанцами (Ниж. Катрух), на северо-востоке — с агулами и даргинцами (Чираг), на востоке — с лезгинами. Жители вели оседлый образ жизни, занимались в основном коневодством, отгонным овцеводством, кузнечным делом, керамическим производством и охотой. Рутульцы испытали сильное культурное и лингвистическое давление со стороны азербайджанцев и в меньшей степени со стороны лезгин.

До присоединения к России рутульцы представляли собой конфедерацию сельских общин, известную как Р. м. Управляли этим обществом рутульские беки, которые были прежде всего военными предводителями Р. м. По преданиям, рутульские беки происходили от арабов или от елисуйских беков. Также существует версия, что рутульские беки, начиная с Кази-бека, являлись потомками шамхалов тарковских. Для решения важных вопросов беки были обязаны созывать народное собрание.

Рутульское вольное общество являлось одним из крупнейших вольных обществ, наряду с ахтынским, докузпаринским и алтыпаринским союзами общин; оно состояло из всех рутульских и части лезгинских родов. С XV в. участились военные столкновения рутульцев с соседями, вызванные нехваткой земли. Известно о набеге, совершенном в 1432 г. на территорию Цахурского ханства рутульцами. Попытка захватить Цахур окончилась неудачно. Позднее рутульские земли становятся объектами завоевательных походов Нуцальства и Шамхалата. В 1536 г. рутульские беки в союзе с Шамхальством нападают, разоряют и сжигают Ахты. В 1541–42 гг. Дербент принимал участие в междоусобных войнах Самурской долины. Рутул, находившийся в союзе с Кумухом, был сожжен кызылбашско-ахтынским войском. В 1542 г. рутульцы, при поддержке Кубы, разорили Ахты.

К концу XVI в. рутульские беки становятся союзниками шамхалов. В 1574 г. в Рутуле утверждается Гази-бек, представитель шамхальской династии. В 1588 г. турецкий султан Мурад III направляет правителю Гази-беку грамоту о пожаловании ему ханства. В 1598 г. от шамхала тарковского было отправлено письмо к русскому царю Федору Иоанновичу, в котором среди союзных шамхалу войск упомянуты рутульское и хновское войско. В 1635 г. турецкий султан Мурад IV пожаловал Ибрагим-хану Рутульскому с. Надим и Лойткам.

Первое упоминание о магале относится к 1728 г. В XVIII в. в состав Р. м. входили рутульские, цахурские, а также некоторые захваченные лезгинские селения. Включение лезгинских сел часто производилось насильственно. Сохранилось предание о кровопролитной борьбе Рутула с лезгинским селом Хрюг, которое вместе с другими лезгинскими селами рутульцам впоследствии удалось присоединить к своему магалу. В то же самое время два рутульских с. Ихрек и Мюхрек входили в состав *Казикумухского ханства*, а с. Борч и Хнов были под властью Ахтыпаринского магала.

По данным генерала П. Х. Граббе, в 1820-е гг. в Р. м. входило 18 селений, ок. 1600 семейств. В 1839 г. Р. м. был присоединен к *Елисуйскому султанату*.

Известные правители Р. м.: Кази-бек (XVI в.), Ибрагим-хан (XVII в.), Гасан-хан (XIX в.).

Лит.: История Дагестана с древнейших времен до наших дней. Т. 1. М., 2004.

А. Пачкалов

Ар-Ручи, Мухаммадамин (Хазахилав ар-Ручи, ум. 1714) — дагестанский ученый — астроном и математик.

Нисба «ар-Ручи» связана с аварским названием с. Арчиб (Рочиб; ныне Чародинский р-н РД). Начальное религиозное образование получил на родине, затем, по некоторым свидетельствам, он продолжил образование за пределами Дагестана. Достоверных данных об этом периоде жизни ар-Р. М. не сохранилось, хотя известно, что он «долго путешествовал по арабским странам». Известен один из учителей ар-Р. М. — Хаджжи ан-Нукуши (с. Нукуш, ныне Чародинский р-н РД), сын которого Давуд-хаджжи был учеником Мухаммада б. Муса *ал-Кудуки*.

Согласно устной традиции и отдельным дошедшим письменным свид-вам, ар-Р. М. знал медицину, астрономию и математику. Известно также, что ар-Р. М. знал наизусть Коран и 500 хадисов, а также изучил книгу «Сирру ар-Рабан» («Божественные сокровения»). Увлекался и поэзией, составляя в просветительских целях стихи религиозно-назидательного характера на аварском языке.

После возвращения с Ближнего Востока ар-Р. М. ок. 1680 г. открыл в с. Рисиб (ныне с. Дусрах Чародинского р-на РД) собственное медресе, где начал обучать естественным наукам, в чем, согласно *Каяеву 'Али*, стал новатором в РД. У него учились некоторые известные ученые XVII–XVIII вв., в частности Дамадан ал-Мухи (сохранились колофоны рукописей, переписанных им во время учебы у ар-Р. М. в 1688 и 1698 г.). Математику ар-Р. М. преподавал по книге «Шарх ал-мулаххас» Кади-заде ар-Руми (ум. 1437).

В 1690-х гг. ар-Р. М. переселился в с. Арчиб, став там кадием и открыв медресе при вновь построенной им мечети (ныне сохранились лишь руины). Имеется указание о переписке здесь книг в 1698–99 г. Впоследствии, видимо, в самом начале XVIII в., ар-Р. М. покинул родину и обосновался в с. Нукуш, где и был похоронен.

При археографическом обследовании кладбища с. Нукуш в 2013 г. удалось найти могилу ар-Р. М. Надмогильная плита оказалась не оригинальной, была обновлена в 1920-х гг. местной мусульманской общиной. Эпитафия, написанная на арабском языке, гласит: «Это усыпальница (маркъад) благородного шейха, святого человека (вали), известного в народе ученого — Мухаммад-Амина, прозванного (ал-мулакъаб) Хазахилав (Къазакъилав), родившегося в Арчибе (Ручи), умершего в Нукуше. Обновлена эта могила общиной Нукуша в 1346 г. х. (начался 30.06.1927 г.)».

Лит.: Хапизов Ш. М. Мухаммад-Амин (Хазахилав) ар-Ручи. Исследование биографии средневекового дагестанского ученого // Вестник СПбГУ. Сер. 13. 2016. Вып. 4. С. 65–71.

Ш. Хапизов

С

Садиков, Максуд Ибнугаджарович (16.03.1963 – 07.06.2011) — общественный и мусульманский религиозный деятель, ректор Ин-та теологии и международных отношений (ныне *Дагестанский гуманитарный институт*).

Родился в с. Арчиб Чародинского р-на РД. Окончил Московскую сельхоз академию им. К. А. Тимирязева, аспирантуру при ней (кандидат экономических наук), докторантуру при МГУ (доктор философских наук). 1997–99 гг. — начальник отдела в Министерстве национальной политики РФ; 1999–2002 гг. — консультант, советник в Министерстве по делам Федерации, национальной и миграционной политики РФ. В 2001–03 г. — президент НОУ ВПО «Духовно-гуманитарная академия» (г. Москва); 2003–11 г. — ректор НОУ ВПО «Ин-т теологии и международных отношений» (г. Махачкала).

В 1990–2000-е гг. С. занимался активной общественной деятельностью: 1995–2004 гг. — сопредседатель (1995–98), председатель (1998–2004) Общероссийского политического общественного движения «Нур» («Свет»). В 1998–99 гг. — руководитель Хадж-миссии России (организация паломничества российских мусульман в КСА). В 2002–04 гг. — руководитель редакционной коллегии, соавтор научной энциклопедии «Имам Шамиль» (русско-английская версия).

Застрелен 07.06.2011 г. вместе с племянником Залимханом Мусаевым. С. 05.07.2011 г. был награжден орденом Мужества (посмертно).

Похоронен в с. Арчиб Чародинского р-на РД. Внес огромный вклад в развитие исламского образования в Дагестане и в России в постсоветский период.

Лит.: Омаров Магомедрасул. Ислам в Дагестане. Махачкала, 2014.

М. Омаров

Садинов, Мустафа Садинович (10.03.1890–1981) — мусульманский общественный и религиозный деятель Ставрополья и Сев. Кавказа, просветитель, педагог.

Родился в с. Артезиан-Мангит Ачикулак-Джембойлуковского приставства Ставропольской губ. Российской империи (ныне с. Артезиан-Мангит Нефтекумского р-на Ставропольского края) в ногайской семье выходцев из с. Мангыт-аул. Отец С. Садин Садинов был известным религиозным деятелем, эфендием (апенди) в с. Абрам-Тюбе (Нефтекумский р-н Ставрополья). Начальное мусульманское образование получил дома у отца. Позднее учился в медресе в ставке Ачикулак (ныне с. Ачикулак Нефтекумского р-на Ставропольского края). По окончании учебы был муллой, обучал детей арабской грамоте и чтению Корана.

После установления советской власти С. продолжил религиозную деятельность, а также преподавал основы ислама в частном порядке на дому. В 1920-е гг. стал известен своим духовным служением как мулла среди ногайского населения Северо-Кавказского края (ныне Ставропольский край).

В условиях нехватки квалифицированных кадров советские власти привлекали С. для работы в образовательных учреждениях. В середине 1930-х гг. работал учителем средней школы в с. Кунай Ачикулакского р-на Орджоникидзевского края (ныне Нефтекумский р-н Ставропольского края). Активно участвовал в общественной и научной работе, негласно занимался религиозной деятельностью.

Как специалист по ногайской словесности, в 1944 г. вместе с просветителями *А. Ш. Джанибековым*, М. К. Курманалиевым, *Кайбалиевым Зеидом* принимал участие в подготовке учебников по ногайскому языку, а также в переводе на ногайский язык учебников для начальных классов (естествознание, арифметика, хрестоматия по литературе). В 1947–52 гг. работал учителем в школе с. Абрам-Тюбе Каясулинского р-на Грозненской обл. (ныне в Нефтекумском р-не Ставропольского края). Внес большой вклад в развитие школьного образования на ногайском языке в Ставропольском крае.

После выхода на пенсию в 1952 г. занимался религиозной деятельностью, мусульманской ритуальной практикой, много времени проводил за чтением Корана и богословской литературы, вел прием людей, приходивших за советом и консультацией по религиозным вопросам. Кроме родного ногайского, владел русским и арабским языками. Похоронен на кладбище с. Абрам-Тюбе Нефтекумского р-на Ставропольского края.

Лит.: Васильева Т. Вот и ожила история // Восход. 2018. 9 ноября; Заргишиев М. Ногайлы. Белый Сокол Золотой Орды. М., 2021; Личный архив автора: 2007 г. Ставропольский край, с. Кара-Тюбе. Информатор А. З. Кайбалиев, 1939 г. р.; 2021 г. РД, Терекли-Мектеб. Информатор М.-А. Ю. Ханов, 1962 г. р.

М. Заргишиев

Саидов, **Бадави** (1877–1927) — мусульманский религиозный и общественный деятель.

Родился в с. Вачи Гази-Кумухского окр. Дагестанской обл. (ныне Кулинский р-н РД). Окончил Кумухское начальное училище, 4 класса Темир-Хан-Шуринского реального училища. Служил коллежским асессором при военном губернаторе, начальником канцелярии. Официальный редактор газеты *«Джаридат Дагестан»* («Газета Дагестан») на арабском языке (19.01.1918 г.). Член Дагестанского областного исполкома (1917), член правительства Горской республики (1919), участник антисоветского восстания под руководством *Гоцинского Нажмутдина* (1920–21). Арестован, осужден советской властью сроком на 10 лет, сослан на Соловки, где и умер.

Лит.: Доного Х. М.; Дахдуев Д. А. Мухаммад-Кади Дибиров (Карахский). На изломе веков. Махачкала, 2015; Наврузов А. Р. Газета «Джаридат Дагестан» (1913–18) как историко-культурный памятник. Махачкала, 2007.

Х. М. Доного

Сайпулла-кади (Сайфуллах-кади Башларов, 1853–25.10.1919) — российский мусульманский религиозный и общественный деятель, муфтий, суфийский шейх накшбандийского, шазилийского и кадирийского тарикатов, врач. Полное имя С.-к., упоминаемое в письменных источниках, — аш-шайх ал-муджахид Мир Халид Сайфуллах б. Хусайн б. ал-хаджжи Муса б. Башлар ан-Ницубкри ал-Гази-Гумуки.

Родился в 1853 г. в лакском с. Ницовкра, недалеко от с. Кумух (Гази-Гумук), столицы *Казикумухского ханства* (ныне Лакский р-н РД). Начальное мусульманское образование С.-к. получил в родном с. Ницовкра. В 1861 г. С.-к. учился в одном из медресе г. Астрахани, а затем в течение 5 лет в русской школе, где выучил русский язык. В годы учебы в г. Астрахани С.-к. познакомился с соучениками-татарами, которые в дальнейшем оказали значительное влияние на его деятельность. В 1869 г. С.-к. вернулся на родину, устроился на работу писцом при русском гарнизоне, расквартированном в с. Кумух. В Нагорном Дагестане продолжил религиозное образование, совершенствуя свои знания в арабском языке, риторике, логике, хадисах и фикхе у известного в Дагестане ʻалима *Хасана ал-Кудали*, у него же начал изучать медицину. В с. *Кудали* (ныне Гунибский район РД) С.-к. познакомился с будущим своим преемником ал-Кахи Хасаном Хилми. В 1871–75 гг. С.-к. обучался в согратлинском медресе у накшбандийского шейха ас-Сугури ʻАбдурахмана.

В 1878 г. по подозрению в участии в *Восстании Всеобщем 1877 г.* С.-к. был выслан в Саратовскую губ., где при посредничестве местных влиятельных татар он был прикреплен на работу к немецким врачам, приглашенным поволжскими колонистами из Германии. Есть сведения, что в конце 1880-х гг. С.-к. был аттестован немецкими врачами и получил диплом врача, позволивший ему стать практикующим медиком. До 1891 г. находился в Ниж. Поволжье, переехав в г. Астрахань, где занимался врачебной практикой.

В 1891 г. С.-к. вернулся на Кавказ; в с. Костек (ныне Хасавюртовский р-н РД) продолжил свое религиозное образование под руководством суфийского шейха Хасбулата ал-Кустаки (ум. 1893), одного из преемников известного накшбандийского шейха *ал-Алмали Махмуда*. В 1892 г., по рекомендации Хасбулата ал-Кустаки, С.-к. отправился в г. Чистополь Казанской Губернии к суфийскому шейху Мухаммаду Закиру ал-Чистави. В конце 1890-х гг. после поездки в Турцию и Сирию С.-к. некоторое время работает врачом в Назрани, Харькове и Владикавказе. В начале 1903 г. по приглашению некоего богатого купца Турши переехал в Зап. Казахстан, где продолжил работать врачом.

После многолетней врачебной практики, в 1905 г. С.-к. получил место преподавателя в одной из новометодных медресе г. Уфы. В 1905–08 гг. проживал в разных городах Волго-Уральского региона, в том числе и в г. Троицке, где он стал последователем татарского шейха Зайнуллы Расули. В марте 1908 г. С.-к. переехал в столицу Дагестанской обл. — г. Темир-хан-Шура (ныне г. Буйнакск РД), где проживал до 1914 г. В марте 1914 г. как один из организаторов *Антиписарского восстания 1913–14 гг.* С.-к. вновь был сослан в Саратовскую губ., ему было разрешено переехать в г. Астрахань, где находился до конца ссылки в 1915 г. Вернулся в г. Темир-хан-Шура, где проживал до конца жизни. В 1906 г. вступил в партию «Иттифак ал-муслимин».

К учению и религиозной практике суфизма С.-к. приобщился в Волго-Уральском регионе, где прошла большая часть его сознательной жизни. 21.03.1907 г., после смерти шейха Мухаммад-Закира, получил иджазу;

14.07.1907 г. получил иджазу накшбандийского тариката от Зайнуллы Расули. Последний вместе с иджазой также передал С.-к. и свой халат, приписываемый четвертому праведному халифу ʻАли б. Аби Талибу. В тот же день С.-к. также получил иджазу кадирийского тариката от татарского шейха Мухаммад Мурада ар-Рамзи ал-Манзалави (1855–1934).

Находясь в ссылке по обвинению в участии в *Антиписарском восстании 1913–14 гг.*, С.-к. познакомился в г. Астрахани с неким шейхом, упоминаемым им как Мухаммад Салих б. ʻАбд ал-Халик ал-Аджави ал-Карманхани (в некоторых вариациях — ал-Хан-Кармани) ал-Казани, который был преемником известного мединского мухаддиса и суфийского шейха Мухаммада ʻАли б. Захира ал-Витри ал-Мадани. 01.03.1915 г. Мухаммад Салих ал-Аджави передал иджазу шазилийского тариката С.-к.

После возвращения в Дагестан из ссылки, 12.06.1915 г. С.-к. передал иджазу шазилийского тариката своему другу и преемнику, аварскому шейху *ал-Кахи Хасану Хилми*. В июне 1919 г. ему же передал иджазу накшбандийского и кадирийского тарикатов. В дальнейшем силсила, объединяющая представителей этих трех братств, шла в Дагестане через аварских шейхов — преемника *ал-Кахи Хасана Хилми*, *Мухаммада ал-Асали* из селения Ассаб (ум. 1942), Хумайда-афанди из селения Андых (ум. 1952), Мухаммада Хусайна из селения Уриб (ум. 1967), сына Хасана Кахибского Мухаммада ʻАрифа (ум. 1977), Мухаммада Саʻадухаджжи из с. Ниж. Батлух (ум. 1995), ʻАбд ал-Хамида-афанди из с. Верх. Инхо (ум. 1977), Хамзата-афанди из с. Тлох (ум. 1977), Мухаммада-афанди из селения Хучада (ум. 1987). Учеником предпоследнего был шейх *Чиркейский Саʻида-афанди* (Ацаев, 1937–2012).

С.-к. после Февральской революции 1917 г. вошел в состав Дагестанского временного областного комитета. После установления советской власти в Дагестане в 1918 г. его назначили заведующим Отделом духовно-шариатских дел Дагестанского военно-революционного комитета.

С.-к. скончался 25.10.1919 г., похоронен в с. Верх. Казанище (ныне Буйнакский р-н РД). Могила С.-к. почитается верующими как зийарат, который посещают мюриды шазилийского и накшбандийского тарикатов. В 1990-е гг. именем С.-к. были названы Исламский ун-т в г. Буйнакске и Исламский ин-т в с. Комсомольское Кизилюртовского р-на РД.

С.-к. оставил значительное наследие в области суфизма и медицины, но его библиотека была разграблена деникинскими войсками, которые захватили г. Темир-Хан-Шура в начале 1919 г. В архиве Ин-та истории, археологии и этнографии ДНЦ РАН в г. Махачкала имеется список книг из личной коллекции С.-к., сохранившихся после уничтожения его библиотеки (56 наименований). В Фонде восточных рукописей ИИАЭ ДНЦ РАН сохранилось сочинение «Шарх ал-унмузадж», переписанное самим С.-к., вероятно, во время учебы в Дагестане.

Из наиболее известных сочинений С.-к. по суфизму — «Канз ал-маʻариф ва-асрар ал-латаʼиф» («Сокровищница знаний о тайнах сокровенных мест души») на арабском языке, «Мавафик ас-садат фи хавз ал-мурадат ахл ас-саʻадат» («Очаги сейидов в степенях святости») на аварском языке в арабской графике, «Мактубат Халид Сайфуллах ила фукараʼ ахл Аллах» («Письма Халида Сайфуллаха для нуждающихся в Аллахе») на арабском языке. Первое из этих сочинений является одним из наиболее крупных сочинений по суфизму, принадлежащих перу дагестанских авторов XIX–XX вв.

Другое его сочинение, «Мактубат Халид Сайфуллах ила фукараʼ ахл Аллах», представляет собой сборник писем С.-к. к своим ученикам, которые собрал воедино его мюрид Мухаммад Умар ан-Нахри. В 87 письмах освещены многие аспекты ритуальной практики накшбандийского и шазилийского тарикатов, а также ответы С.-к. на вопросы своих мюридов.

Лит.: Абдуллаев М. А. Суфизм и его разновидности на Сев.-Вост. Кавказе. 2-е изд., доп. Махачкала, 2003; Герман А. А., Плеве И. Р. Немцы Поволжья: краткий исторический очерк. Саратов, 2002; Журнал регистрации канцелярии генерал-губернатора Дагестанской обл. № 62 за 1914 г. // Дагестанский объединенный историко-архитектурный музей. Ф. 62. Оп. 1. Д. 63. Л. 3; Зайнуллах б. Хабибуллах ар-Расули. Сабат малджа ал-василин ва-кутб ал-ʻарифин Абу ʻАбдурахман Зайнуллах б. Хабибуллах ар-Расули: рукопись; Мир Халид Сайфуллах б. Хусайн ан-Ницубкри. Мавафик садат; Мир Халид Сайфуллах б. Хусайн ан-Ницубкри. Мактубат Халид Сайфуллах ли фукара ахл Аллах. Дамаск, 1998; Мир Халид Сайфуллах б. Хусайн ан-Ницубкри. Канз ал-маʻариф фи асрар ал-латаʼиф: рукопись из частной коллекции семьи; Хасан б. Мухаммад ал-Кахи. Сирадж ас-Саʻадат фи сийар садат. Махачкала, 2011; Шихалиев Ш. Ш., Закиров А. Д. Духовные связи суфийских шейхов Зайнуллы Расулева и Сайфуллы-кади Башларова // Проблемы востоковедения. Уфа, 2016. № 3(73). С. 35–40.

Ш. Шихалиев

«Ас-Салáм» — мусульманская духовно-просветительская газета. Издается с апреля 1994 г. Учредитель (1994–2009) — ДУМД (см. *Муфтият Республики Дагестан*), с 2009 г. — Благотворительный фонд «Путь». В настоящее время распространяется по всей территории РФ. Издается на русском, аварском, даргинском, кумыкском, лакском, лезгинском, табасаранском, татарском и азербайджанском языках. На русском (24 с.) и аварском (12 с.) языках выходит два раза в месяц, на остальных языках (по 8 с.) — раз в месяц. До 2000 г. издавалась только на русском и аварском языках, различными тиражами.

В газете публикуются материалы о вопросах веры, жизни мусульманского общества в России и др. странах, интервью с деятелями разных общественно-политических, религиозных и мн. др. организаций. Газета печатается по согласованию с *Муфтиятом Республики Дагестан*. В разные годы главными редакторами газеты работали: *Гамзаев Магомед*, *Гамзатова Айна* (Патимат), Магомед Абдурахманов, Магомедрасул Омаров, Эльмира Ибрагимова, Магомед Магомедов, Заурбек (Абдула) Яикбаев, Азиз Мичигишев, Наира Махмудова.

Лит.: Омаров М. Ислам в Дагестане. Махачкала, 2014.

М. Омаров

Ас-Салти, 'Али-кади б. Нурмухаммад (1832–02.12.1893) — мусульманский религиозный деятель, историк.

Родился в с. Салта (ныне Гунибский р-н РД) в религиозной семье. Прадед ас-С. 'А.-к. по материнской линии — 'Али-дибир — был братом известного ученого *ас-Салти Йусуф-кади*. Начальное образование получил в с. Салта, продолжил образование у *Муртада'али ал-Уради* (в 1853 г.) и др. 'алимов Дагестана. Затем ас-С. 'А.-к. работал кадием и мударрисом в кумыкских с. Ниж. Дженгутай, Тарки, Какашура, Аксай и Кумторкала (ныне Буйнакский, Карабудахкентский, Хасавюртовский, Кутморкалинский р-ны РД); открыл свое медресе в с. Салта, в котором обучались *'Умар-кади ал-Ухли*, *Таджуддин ал-Жунгути*, *ал-Гимрави Хасанилав*, *Са'ид ал-Кудуки*, *'Али ал-Хаджжалмахи*, *Гоцинские Нажмутдин и 'Абдулатип*, *'Абдурразак ал-Унсукулави*, *'Абдуррахим-дибир ал-Хвартикуни*, *Газанув ал-Губдани*, *Карабудахкентский Джамалуддин-хаджжи*, *Мустафа-кади ал-Газануши*, а также салтинцы: Варангиласул Мухаммад, Сулайман-дибир, Амирхан-дибир, Амадал Али-хаджжи и др. В летнее время он со студентами занимался в местности Гьараланахъа в пещере Аликадил нохъо. Рядом располагалась принадлежавшие ему мельница и участок земли.

Ас-С. 'А.-к. умер и похоронен в родном селе рядом с могилой *ас-Салти Йусуф-кади*. На его могильной плите высечена надпись: «Это усыпальница и могила настоящего ученого, превосходного исследователя, моря наук и познаний — 'Али, сына Нурмухаммада, да возвеличит Аллах его достоинство в вечном мире. Он умер 2 числа месяца джумада ас-сани 1311 г. х.».

Произведения ас-С. 'А.-к.: «Тухфат ал-ихван», «Очерк о событиях в Дагестане в 1294 г.», посвященное описанию хода *Восстания Всеобщего 1877 г.*; небольшое сочинение, посвященное генеалогии аварских нуцалов, озаглавленное Т. М. Айтберовым как «Перечень родичей Умма-хана Аварского и его потомства».

Лит.: Али-кади ас-Салти. Этика студента («Тавдих ал-мурад мин алфаз ал-Мирсад» / «Разъяснение смысла слов Мирсада») / пер. с араб. Х. Г. Алибеков; ред. М. П. Гаджиев. Можайск, 2017. С. 112.

Ш. Хапизов

Ас-Салти, **Йусуф**, ас-Салти ал-Авари (?–1806) — мусульм. религ. деятель, ученый и поэт.

Род. в с. Салта (ныне Гунибский р-н РД). Об ас-С. Йу. оставил свои воспоминания *Назир из Дургели*: «Он был выдающимся, талантливым, понимающим, он был современником *ал-Кудали Хасана ал-Кабир*. Он был автором сочинения "Ислах ал-лайл ва-н-нахар", да помилует его Всевышний Аллах». *Шихсаидов А. Р.* в комментариях к этому сочинению указывает, что упомянутое *Назиром из Дургели* сочинение не обнаружено. Также *Назир из Дургели* сообщает, что имеются сведения о том, что ас-С. Йу. переложил на стихи «трактат одного арабского ученого» и о наличии его трактата по логике — «Ар-Рисала ал-мантикийя». Перу ас-С. Йу. принадлежит комментарий на «Умм ал-барахин» Сануси, поэтический текст «Манзума» и небольшой грамматический труд «ал-Кава'ид ал-латифа».

Помимо этих сведений имеются данные о том, что ас-С. Йу. являлся автором еще нескольких сочинений. Среди них необходимо отметить небольшое по объему сочинение по грамматике арабского языка — «Рисалат мукаддима фи-н-нахв» («Введение в грамматику»). Как пишет ас-С. Йу. в предисловии к этому сочинению, «этот (трактат) — введение в синтаксис, избавляет начинающих от барахтаний в его методах и помогает поклоняющимся в освоении его правил. Я составил его… для самых лучших моих учеников, добывающих знания и искренним братьям, как Исма'ил Шаркиси». Позднее, в 1843–44 г., Нурмухаммад ал-Карахи написал комментарий на это сочинение, назвав его «Аджвиба ли-мушкилат *Йусуф ас-Салти*» («Ответы на вопросы Йусуфа ас-Салти» по проблемам арабской грамматики). Известно и одно собрание 137 двустиший ас-С. Йу. на 6 листах, составленное 27 зу-л-хиджа 1217 г. х. (21.03.1803 г.) и названное «Аш'аф ли-Йусуф ас-Салти».

Одним из его учителей был *ал-Кудали Хасан ал-Кабир* (ум. ок. 1795). Известно имя лишь одного ученика, поскольку сохранился колофон, свидетельствующий, что Гугай б. Мухаммад аз-Зудахари для «своего брата Асхаба б. Хаджжи ас-Салти» переписал учебник арабского языка Манилава ал-Тлахи во время учебы у «устаза, имама, верховного кадия *Йусуфа ас-Салти*» в шавале 1198 г. х.

(август–сентябрь 1784 г.). Из записей М. Гайдарбекова следует, что умер ас-С. Йу.в 1221 г. х. (начался 20.03.1806 г).

Лит.: Абдулкеримов М. М. О составе арабоязычной рукописной книги в Дагестане // Источниковедение средневекового Дагестана. Махачкала, 1986; ад-Дургели Назир. Услада умов в биографиях дагестанских ученых. (Нузхат ал-азхāн фӣ тарāджим улама̄ Дāгистāн). Дагестанские ученые X–XX вв. и их биографии. М., 2012; Каталог арабских рукописей Научной библиотеки Дагестанского гос. ун-та / сост. А. Р. Шихсаидов, Х. А. Омаров, Д. Х. Гаджиева, П. М. Алибекова. Махачкала, 2004.

Ш. Хатизов

Сарир (Серир) — средневековое государство в горном Дагестане I–XII вв.

В современном кавказоведении устоялось мнение, что С. образовался в середине VI в. на основе местного государственного образования. Согласно В. Г. Гаджиеву, царство С. образовалось «на местной почве в результате глубоких процессов социально-экономического и политического развития страны. Однако процесс образования С., безусловно, ускорила крайне осложнившаяся внешнеполитическая обстановка, возникшая в связи с вторжением иноземных захватчиков на Кавказ».

В VIII в. происходит столкновение группы кавказских государств, ориентированных на Византию, и Арабского халифата, стремительно расширявшего свои границы. Первый крупный поход арабов на территорию С. состоялся в 739–740-х гг. Эта экспансия связана с назначением в 735 г. наместником Кавказских владений Арабского халифата *Марвана* б. Мухаммада, внука халифа Марвана I и будущего омейадского халифа. Согласно арабским источникам, в 739 г. с территории Юж. Кавказа (долины рек Иори и Алазани) состоялся поход арабов по руководством *Марвана* на территорию С., окончившийся поражением последнего и заключением мирного договора, на условиях выплаты ежегодной дани. Вскоре С. освободился от зависимости; начался долгий период его противостояния с наместниками и вассальными владениями Арабского халифата. К концу IX в. относятся несколько упоминаний о нападении на С. правителя Ширвана (861) и эмира г. Дербента (876/877, 878/879), но с начала X в. С. перешел в наступление. В 912 г. сарирцы разбили войско Ширвана и Дербента, в результате чего правители обеих стран попали в плен вместе с 10 тыс. мусульманского войска, но через три месяца были отпущены без выкупа. В 968 и 971 г. правители С. напали на Ширван и Дербент. В первом случае был взят и разрушен г. Шабран, во втором — дербентцы потерпели поражение, около тысячи человек были убиты. Это противостояние продолжилось и в XI в. В X в. С. вошел в союз христианских стран, находившихся под влиянием Византийской империи. Усиление государства С. совпало по времени с распрями внутри Омейадского халифата и ослаблением его натиска на Кавказ.

Все области Юж. Кавказа, традиционно входившие в состав халифата, назывались «Арминией». Арабские авторы уже в IX в. отмечают явное усиления влияния С. на Юж. Кавказе и расширение его границ. Арабский историк ал-Йа'куби, понимавший под Арминией собственно Армению, Албанию и Грузию, пишет, что Албания была крупнейшим государством в «Арминии», а бо́льшая ее часть принадлежала С. Как со слов Ахмеда б. Вадиха Исфаханского пишет Ибн ал-Факих ал-Хамадани (ок. 903), провинция Арминия «заключает в себя 18 000 сел; Арран — первое царство в Армении, и в нем 4000 сел; а большая часть их сел — правителя С.».

Последовавшим в X в. явным ослаблением Хазарского государства воспользовались правители С., расширив свои границы на север и вернув в свой состав равнинную часть современного Дагестана. По мнению А. В. Гадло, в связи с крушением *Хазарии* политические образования Алании и С. расширили свои территории в направлении степи. В то же время распад *Хазарии* предоставил свободу действий ордам кочевников, опустошавших степь, постоянное население которой «уходит в предгорье под защиту Алании и Сарира».

Средневековые арабские авторы отмечают, что в X–XI вв., до усиления Грузии, был едва ли не самым крупным государством на Кавказе. Согласно Мас'уди, в С. 12 тыс. селений. Ибн Русте писал, что это государство состояло из 20 тыс. долин, населенных людьми, видимо, подразумевая горные поселения, расположенные в ущельях гор. Ал-Йа'куби добавляет, что в Арране (территория от Тбилиси до Дербента и севернее р. Куры) имелось 4 000 селений, бо́льшая часть которых принадлежала царю С. Согласно арабским источникам, уже в середине IX в. *Кайтаг* вышел из состава Халифата и вошел в С. В географическом сочинении «Худуд ал-'алам» указывается, что «Х-ндан является резиденцией сипах-саларов (военачальников) царя Сарира». Возможно, что в *Кайтаге* («Х-ндан») традиционно располагалась резиденция военачальников С., основным призванием которых являлась оборона юго-вост. рубежей С. со стороны Дербента.

Согласно авторам XIII в. С. «предстает перед нами как крупнейшее государство, которое по количеству входящих в него селений превосходит другие государства Восточного Кавказа». Считается, что территория С. в XI–XII вв. значительно расширилась. Арабские и арабоязычные историки и географы, писавшие в X–XII вв., под этим названием начинают подразумевать территорию, превышающую размеры собственно Аварии. К этому времени С. становится одним из наиболее влиятельных государств на Вост. Кавказе.

В XII в. С. занимал, по-видимому, большую часть горной зоны современных Дагестана и Чечни, а также отдельные территории в Цоре (Алазанской долине) и равнинные земли в долине р. Терека. Вместе с этим происходило и постепенное сужение пределов С. с юго-востока в результате активности газиев, обращавших в ислам население Юж. Дагестана. Это направление стало потенциальной угрозой для С. в связи с распространением ислама в XI в., результатом чего стала исламизация Кумуха в самом конце XI в. (некоторые авторы называют дату 490–92 гг. х., т. е. 1097–99 гг.). Таким образом, как политическая ситуация, так и изменение климата обусловили постепенное ослабление государства С. в XII–XIII вв.

Процесс исламизации *Хунзаха* и в целом центр. части горной Аварии можно восстановить только при критическом анализе текстов дагестанских хроник и памятных записей XVI–XIX вв. Хотя эти события происходили в XIII–XIV вв., предания о них, опирающиеся на некоторые письменные источники, были распространены вплоть до 1-й половины XX в.

В составленном в середине XVIII в. историческом сочинении, известном как «Та'рих Аргвани», имеется указание, что газии из Кайтага сначала напали на Гелбах, который являлся сев. столицей государства С. Здесь они вступили в схватку с братом Суракаты, которого в источниках именуют Кахру, «убили его, разрушили резиденцию его, сожгли укрепления его». В данном тексте имеется одна дата — 645/1247–48 гг., которая может относиться к событиям в Гелбахе.

В середине XIII в. газии одолели брата нуцала — Кахру, имевшего резиденцию в Гелбахе, а затем повернули на *Хунзах*. Если 645 г. х. и в самом деле дата взятия Гелбаха, то вполне возможно, что др. дата — 654/1256–57 гг. — относится к первому газийскому походу на *Хунзах*. В таком случае это выглядело бы как стройная, хотя и маловероятная цепь событий.

Согласно письменным источникам XIX в., опиравшимся, видимо, на хунзахские предания, первое наступление газиев на *Хунзах* провалилось. В сражении на р. Тобот, в местности, где сейчас расположено с. Арани, газии во главе с *Абу Муслимом* потерпели поражение и вынуждены были отступить. Вторая попытка захватить *Хунзах*, согласно тому же источнику, имела место «через небольшой промежуток времени», видимо, не более 5 лет. К этому времени *Абу Муслиму* удалось собрать войско в два раза более многочисленное, чем при первом походе. Именно тогда и произошло отступление в Тушети аварского нуцала — сына Сураката по имени Байсар. Согласно *Алиханову-Аварскому М.*, хунзахский список «Та'рих Дагестан» об этих событиях сообщает, что Байсар «бежал к тушинам с семейством, роднею и приверженцами, а его страна охватилась войною за веру. Здесь мусульмане до основания разрушили Хунзак, резиденцию царя и крепчайший город Дагестана; умертвили его воинов и союзников, полонили их жен и детей, разграбили все достояние и сокровища, оставшихся жителей обратили в ислам». Войско, пришедшее из Кумуха, но состоявшее из уроженцев самых различных мест Вост. Кавказа, в том числе аварцев, не встретило единодушного сопротивления со стороны населения С. Причиной этому, вероятно, был внутренний раскол среди хунзахцев и вообще жителей плато, общественно-политический кризис.

В «Та'рих Дагестан» указано, что газии «опустошили сильнейший из городов Дагестана, резиденцию его владетеля — город, называемый Хумз (т. е. *Хунзах*), посредством принуждения и насилия, и убили многих воинов и помощников, пленили их жен и детей, забрали их имущество и богатства». Согласно хунзахскому письменному источнику XIX в., после захвата центр. части С., *Абу Муслим* начал последовательную исламизацию этого региона.

Возвратить свой престол удалось только сыну Байсара, которого «Та'рих Дагестан» именует Амир-Султаном, а хунзахский источник называет его 'Андуником (авар. ГIандуникI). Вероятно, при принятии ислама он сменил христианское имя 'Андуник на Амир-Султан. В разыгравшемся сражении газии потерпели поражение и были частично изгнаны, а частично убиты в сражении за столицу С., *Хунзах*. Восстановление в *Хунзахе* христианства, вероятно, имело место ок. 1286 г. Сын Сураката — Байсар — умер в вынужденной эмиграции «в Туше», а вернул престол предков только его сын 'Андуник (Амир-Султан) в к. XIII в. Реставрация христианства, вероятно, совпала с концом царствования в Грузии Дмитрия (1271–89), ко времени которого источники относят успешную деятельность грузинских миссионеров.

'Андуник (Амир-Султан), согласно «Та'рих Дагестан», «занял престол своего отца, подобно тому, как занимали его древние предки. Его народ отклонился [от ислама], и началась война между ними и мусульманами. Вражда и распри продолжались четырнадцать лет. [Наконец] исчерпались их средства к существованию, их жизнь сделалась трудной, они устали воевать, войны им опротивели. Тогда они уверовали, приняли ислам. И стали невозможными война и столкновения между мусульманами, и они нашли между собою мир в исламе». Эти события, согласно данному источнику, произошли за «много времени» до 1319 г.

Принятие ислама как государственной религии в государстве ильханов (Хулагуидов) в 1295 г., а в *Золотой Орде* — к 1312 г. не могло не привести к усилению позиций этой религии на Кавказе. Аварское государство к концу XIII — началу XIV в. оказалось в кольце мусульманских держав. К началу XIV в. для правящей в С. династии, восстановившей православное христианство как государственную религию, сложилась крайне невыгодная политическая обстановка на Сев. Кавказе. Важным обстоятельством в деле исламизации Аварии и конкретно *Хунзаха* было, вероятно, и то, что в эпоху культурного и технологического превосходства мусульманского мира С. и с юга, и с севера граничил с могучими государствами, официальной религией которых был ислам. Это привело к изоляции Аварии от внешнего мира, что, вместе с затяжной войной против соседей-мусульман, совершенно изнурило ее. Военные действия между ʼАндуником и мусульманами продлились, согласно разным версиям «Таʼрих Дагестан», то ли 24, то ли 14 лет (убедительнее выглядит первая цифра), т. е. до 1300–10-х гг. В то же время, т. е. в 1305–06 гг., было исламизировано и с. Кубачи. Это противостояние вконец истощило силы аварцев и мусульман, что привело к заключению договора о мире, согласно которому правители С. принимали ислам, но сохраняли бразды правления государством в своих руках. В «[Хунзахнаме]» говорится о том, что условием перемирия между мусульманами под руководством *Абу Муслима* и аварцами под началом ʼАндуника (Амир-Султана) стало принятие нуцалом ислама с одновременным сохранением власти в его руках.

Несмотря на принятие ислама верхушкой С., полноценное его проникновение в жизнь жителей Хунзахского плато заняло, видимо, значительное время. Одновременно *Абу Муслим* начал заново распространять ислам в центр. Аварии, что, однако, происходило во вполне мирной обстановке. Известный исследователь биографий дагестанских мусульманских ученых *Назир из Дургели* оставил запись о том, что «великий борец за ислам по имени ʼАбд-ул-Муслим», пробыв в *Хунзахе* «с десяток лет», умер в 712 г. х. (1312 г.). С учетом того, что ислам в Аварии был окончательно принят в самом начале XIV в., указанная в данном источнике дата кажется вполне правдоподобной. Если посчитать ее верной, то получается, что принятие ислама ʼАндуником (Амир-Султаном) и элитой центр. Аварии произошло в 1302 г. В пользу этой версии говорит и «Таʼрих Дагестан», согласно которому к 1319 г. хунзахцы и их правители были уже мусульманами.

К этому времени, т. е. к 1310-м гг., мусульманами стали, скорее всего, лишь представители элиты аварского государства, а исламизация всего населения центр. Аварии, видимо, затянулась еще надолго. Иначе сложно объяснить наличие в *Хунзахе* и близлежащих населенных пунктах целого ряда материальных памятников христианства, относящихся к XIII–XIV вв., а также упоминание в грузинском источнике 1310 г. епископов *Хунзаха* и Анцуха. Эти факты подтверждают, что большинство населения С. еще в начале XIV в. оставались христианами, хотя и с наличием в их рядах значительного числа мусульман.

Окончательная исламизация населения центральной части С. имела место, скорее всего, в 1360-е гг. В 1365 г. представители нуцальской фамилии во главе с Дахду (в надписи 1365 г. — авар. Дадхъуи), оппозиционно настроенные по отношению к усиливавшейся мусульманской элите *Хунзаха*, вынуждены были уйти в Андалал, где основали с. Ругуджа. Несмотря на принятие ислама в качестве государственной религии еще в начале XIV в., в *Хунзахе* сохранялось значительное в количественном отношении христианское аварское население, которое постепенно начало исламизироваться, но этот процесс затянулся более чем на полвека, и к 1360-м гг., видимо, последние, особенно упорные приверженцы христианства покинули *Хунзах* и обосновались в еще не подвергшихся исламизации регионах Аварии.

Лит.: Айтберов Т. М. *Древний Хунзах и хунзахцы.* Махачкала, 1990; Айтберов Т. М. *Центр. часть вост. Дагестана в VII–XIII вв.* // *Освободительная борьба народов Дагестана в эпоху Средневековья.* Махачкала, 1986; Атаев М. М. *Авария в X–XV вв.* Махачкала, 1995; Бейлис В. М. *Из истории Дагестана VI–XI вв. (Сарир)* // *Исторические записки.* Вып. 73. М., 1963; Гаджиев В. Г. *Сочинение И. Гербера «Описание стран и народов между Астраханью и рекой Курой находящихся» как исторический источник по истории народов Кавказа.* М., 1979; Гадло А. В. *Этническая история Сев. Кавказа X–XIII вв.* СПб., 1994; ад-Дургели Назир. *Услада умов в биографии дагестанских ученых. (Нузхат ал-азхāн фӣ тарāджим улама̄ Дāгистāн). Дагестанские ученые X–XX вв. и их биографии.* М., 2012; Минорский В. Ф. *История Ширвана и Дербента.* М., 1963; Хапизов Ш. М. *Ругуджинская надпись (о распространении христианства и ислама в Аварии)* // *Вестник ДНЦ РАН.* Вып. 56. Махачкала, 2015; Шихсаидов А. Р. *Дагестанская историческая хроника «Тарих Дагестан» Мухаммада Рафи (к вопросу об изучении)* // *Письменные памятники Востока: историко-филологические исследования.* М., 1977. С. 90–119; Шихсаидов А. Р., Айтберов Т. М., Оразаев Г. М.-Р. *Дагестанские исторические сочинения.* М., 1993.

Ш. Хапизов

Саркел (хазарск. «белый дом») — хазарский город на р. Дон. Отождествляется с левобережным Цимлянским городищем, располагавшимся около ст. Цимлянской в Ростовской обл. (ныне городище затоплено водами Цимлянского водохранилища). Попытки локализации С. на территории Волгоградской обл., в р-не Волго-Донской Переволоки в настоящее время считаются несостоятельными. По данным трактата Константина VII Багрянородного (X в.), С. был основан в 830-е гг. В 965 или 968–69 гг. был захвачен киевским князем Святославом Игоревичем. На месте С. возник древнерусский город Белая Вежа, существовавший до середины XII в.

Основные археологические исследования проводились под руководством М. А. Артамонова в 1934–36 и 1949–51 гг. Культурный слой достигал 3 м. Ниж. слой относится к салтово-маяцкой культуре, верх. — русский город. Была изучена хазарская крепость с мощными кирпичными стенами и башнями (193,5 × 133,5 м), обнаружены следы полуземляночных жилищ и юрт, выявлены предметы, свидетельствующие о том, что С. являлся ремесленным и торговым центром (следы ремесленного производства). Город имел полиэтническое население (хазары, болгары, гузы и др.). Среди отдельных находок можно отметить куфические монеты, гребень из слоновой кости, шахматную фигурку и др.

Лит.: Артамонов М. И. История хазар. М., 1962; Плетнева С. А. Очерки хазарской археологии. М., 1999; Она же. Печенеги и гузы на Ниж. Дону (по материалам кочевнического могильника у Саркела-Белой Вежи). М., 1990; Она же. Саркел и «Шелковый путь». Воронеж, 1996; Она же. Хазары. М., 1976; Труды Волго-Донской археологической экспедиции (Материалы и исследования по археологии СССР, № 62, 75, 109). М., 1958–63. Т. 1–3.

А. Пачкалов

Северный Кавказ в золотоордынский период. В золотоордынскую эпоху небольшие, но многочисленные населенные пункты домонгольского периода сменяются небольшим числом быстро развивающихся городов, ставших крупными ремесленными и торговыми центрами.

Г. Дербент в XIII–XIV вв. играл роль пограничной крепости, отделявшей владения Джучидов от территорий, находившихся под контролем Хулагуидов. Через Дербентский проход осуществлялись торговые связи со странами Ближнего и Среднего Востока. В XIV в. золотоордынские ханы вели длительные войны за Азербайджан, г. Дербент в это время играл роль пограничного форпоста, имевшего стратегическую важность. В золотоордынский период в городе периодически осуществлялась чеканка монет.

Г. Тарки располагался недалеко от современной Махачкалы. Возникновение его относится ко времени *Хазарского каганата*. В золотоордынский период продолжал сохранять значение городского центра.

В Ставропольском крае в золотоордынское время располагалось большое число поселений и городищ. Крупнейшее из них — Маджарское городище (ок. г. Буденновск). Город находился на обоих берегах р. Кумы. Известен по арабским, персидским, западноевропейским, русским средневековым источникам и картам (одно из древнейших упоминаний под 1318 г.). В период расцвета (XIV в.) — крупный торгово-ремесленный центр *Золотой Орды* на караванных путях, соединявших Закавказье с устьями р. Дона и Волги, Сев. Причерноморьем; в *Маджаре* эпизодически чеканилась собственная серебряная и медная монета. Являлся одним из центров мусульманского богословия. Среди жителей *Маджара* — половцы, русские, монголы, аланы и др., в том числе православные и католики (имелся монастырь францисканцев). К концу XIV в. (из-за гражданских войн 1360–70-х гг., разрушения Тимуром в 1395 г.) жизнь в *Маджаре* затухает. Развалины *Маджара* (в основном мавзолеи на левом берегу р. Кумы) описывались в XVIII — начале XIX вв. (И. А. Гильденштедт, П. С. Паллас, Я. Потоцкий, Г. Ю. Клапрот и др.). Археологические исследования в XIX–XX вв. проводились В. А. Городцовым, Э. Д. Зиливинской и др. исследователями. Изучались сооружения из сырцового и обожженного кирпича: многокомнатные дома, мавзолеи и др. (многие украшены глазурованной плиткой, мозаикой, надписями). Были найдены остатки керамического водопровода. Среди находок — многочисленные монеты (в основном 1300–90-х. гг.), несколько монетных кладов XIV в., надписи (в том числе с упоминанием хана *Узбека*), предметы с Ближнего и Среднего Востока, из Руси, Зап. Европы, Китая. На основании некоторых находок можно предположить существование на территории *Маджара* города в домонгольское время. На р. Кума ниже *Маджара* расположено др. золотоордынское городище — Малые Маджары. Известны монеты Нового Маджара (Маджар ал-джадид), относящиеся ко 2-й половине XIV в.

За исключением Маджарского городища и его окрестностей, *золотоордынские памятники Ставропольского края* остаются малоизученными, ряд материалов еще не введен в научный оборот. За пределами Маджарского городища известны находки монет у с. Новогригорьевское, Северное, Грушевское, Рагули, Золотаревка, Сандаповское, Темнолесское и др. Мавзолеи были выявлены у с. Совруно, Золотаревка, Бургун-Маджары, Маслова Кута, в р-не Пятигорья, курганные могильники исследовались у с. Айгурский и Золотаревка и др. По данным Г. Н. Прозрителева, золотоордынские кирпичи находили в могильниках у с. Падинка, Берестовка (ныне Благодатное), Башанта, в окрестностях г. Ставрополя. Имеются данные о находках золотоордынской керамики на территории Первого Татарского и Мамайского городищ под г. Ставрополем. В окрестностях о.

Довсун в Арзгирском р-не были изучены половецкие погребения и половецкое святилище, которое могло функционировать и в золотоордынское время. В письменных источниках XVIII–XIX вв. фиксируется Маджарский тракт, проходивший от *Маджара* на возвышенность Ергени и в Ниж. Поволжье. Золотоордынские названия населенных пунктов (за исключением *Маджара*) не известны. Существует также гипотеза, что область Чутур-Казак («область палаточных казаков»), названная Али Йезди среди разоренных Тимуром областей Сев. Кавказа, соответствует Ставропольской возвышенности.

Населенные пункты золотоордынского времени располагались в Кабардино-Балкарии у г. Майский, с. Булунгу, Урух, Терекское, Хамидие, Чегем и др. Наиболее значительным среди них был г. Джулат, находившийся у г. Майский КБР. Возникновение города относится к домонгольскому периоду, но расцвет его связан с золотоордынским временем.

Городище *Нижний Джулат* известно с начала XIX в. (Ю. Клапрот). В 1-й половине XX в. городище исследовалось М. И. Ермоленко, *Крупновым Е. И.* и др. Стационарные археологические раскопки проводились экспедицией Кабардино-Балкарского НИИ под руководством Г. И. Ионе в 1962–63 гг., а в 1966–67 гг. — экспедицией под руководством *Чеченова И. М.* Городище является известным и часто рассматривается в археологической литературе, но при этом остается малоизученным. В последние годы на городище был собран значительный подъемный материал частными коллекционерами (тысячи монет и др. ценные находки), разошедшийся по частным коллекциям разных городов.

На городище имеется цитадель, защищенная естественными преградами и мощными фортификационными сооружениями. В последнее время исследователи связывают разрушение фортификационных сооружений с захватом города монголо-татарами, а их восстановление — со 2-й половиной XIV в. (время гражданских войн в *Золотой Орде*). С юга к цитадели *Нижнего Джулата* примыкает менее укрепленный посад, а к востоку — неукрепленное селище. На городище исследовалась крупнейшая из известных на Сев. Кавказе средневековых соборных мечетей (площадь — 436 м², сооружена из обожженного квадратного кирпича, относится к XIV в.), подземный склеп-мавзолей с мусульманскими погребениями XIV в., оборонительная стена и др. объекты. Возможно, на *Нижнем Джулате* имелась и церковь. В городе существовал водопровод (обнаружены водопроводные трубы), развитое ремесленное производство и товарно-денежные отношения (многочисленные находки монет).

К югу от посада Нижне-Джулатского городища располагался грунтовый могильник, на котором в 1967 г. *Чеченовым И. М.* были исследованы 22 мусульманских погребения без инвентаря. В настоящее время могильник почти полностью уничтожен в ходе строительных работ.

В городе существовало развитое монетное обращение. Основой монетного обращения были медные и серебряные монеты *Золотой Орды*. Среди них монеты, выпущенные в городах Ниж. Поволжья, на Кавказе, в Крыму и в Приазовье. Примечательно почти полное отсутствие монет 1-й половины XIV в., что позволяет полагать, что в это время населенный пункт на месте *Нижнего Джулата* был небольшим или вовсе не существовал. Подъем его пришелся на конец XIV в. *Маджар*, др. крупный золотоордынский город на Сев. Кавказе, также существовал во 2-й половине XIV в., но монет конца XIV — начала XV в. здесь значительно меньше. Можно полагать, что в самом конце XIV в. *Маджар* был почти полностью оставлен. Значение же города, находившегося на месте *Нижнего Джулата*, и после похода Тимура, в начале XV в., продолжало сохраняться: здесь зафиксированы находки монет хана Шадибека (1399–1407). Отсутствие информации о монетах более позднего времени позволяет полагать, что город был оставлен примерно на рубеже 1-го и 2-го десятилетий XV в. Известно о находке на *Нижнем Джулате* клада серебряных золотоордынских монет XIV в., сокрытого в 1360-е гг. Монетное обращение *Нижнего Джулата* остается малоизученным.

В Сев. Осетии, у с. Эльхотово, расположено городище Верх. Джулат. Ряд историков предположительно отождествляли его с известным по летописям ясским городом Дедяковым. Раскопки показали, что расцвет его относится к XIV в., хотя древнейшие слои датируются X в. Археологические исследования выявили монументальные архитектурные сооружения — церковь и две мечети.

На Таманском полуострове, на месте современной Тамани, существовал г. Матрега, известный в основном по средневековым итальянским источникам. Значение его заметно возросло после основания здесь в начале XIV в. генуэзской колонии, развернувшей оживленную торговлю с местными племенами. Население Матреги в основном состояло из греков и черкесов. В XV в. город попал под контроль генуэзцев.

В устье р. Кубани находился г. Копа, известный с конца XIII в. как генуэзская колония, специализировавшаяся на торговле рыбой и икрой.

Поселение *Ангелинский ерик* находится у протоки Ангелинский ерик в 2 км к сев.-зап. от ст. Ивановской Красноармейского р-на Краснодарского края. Площадь памятника составляет от 40 до 80 га. По всей видимости, поселение является одним из крупнейших памятником эпохи *Золотой Орды* на территории Краснодарского края. Имело развитое монетное обращение. По нумизматическим данным, поселение *Ангелинский ерик* существовало с конца XIII в. или начала XIV в. до времени «Великой замятни» (в основном обнаружены монеты ханов *Токты*, *Узбека* и *Джанибека*; младшая монета относится к 1364 г.). Среди монет преобладает продукция *Азака*, Крыма и нижневолжских городов.

Азак являлся центром ремесла и торговли. Среди многочисленных ремесел наиболее изучено гончарное, однако локализация производства многих видов гончарной продукции остается спорной. На развитие местного гончарного ремесла особенно большое влияние оказали северокавказская и крымская ремесленные традиции. Ассортимент неполивной керамики состоял из амфор, кувшинов, горшков, кружек, чаш, афтоб, тазов, туваков, подсвечников, копилок, труб, дигирных сосудов. Поливная керамика представлена кувшинами, горшками, кружками, аптечными амфорами, альбарелло, чашами, блюдами, тарелками, светильниками, туваками и др. Преобладали чаши, небольшие кувшины и горшки с ручкой. Для всего периода истории золотоордынского *Азака* характерна высокая доля импортной керамики, ассортимент которой со временем менялся. Для всех периодов золотоордынской истории характерно присутствие керамики из Трапезунда и Крыма (с XIII до XV в.), с которыми поддерживались интенсивные торговые связи. На рубеже XIII–XIV вв. среди керамики появляется нижневолжская. Некоторые группы поливной керамики, найденной при археологических исследованиях г. Азова, были изготовлены в Зап. Средиземноморье (Италия, Испания). Особенно многочисленна венецианская керамика в комплексах 1330-х гг. Некоторые поливные сосуды связаны с Ниж. Поволжьем, Средней Азией, Закавказьем. Отдельные керамические находки могут быть связаны с Палестиной, а находки селадоновых чаш — с Китаем.

В г. *Азак* существовало развитое монетное обращение, при археологических исследованиях были обнаружены тысячи монет, среди которых преобладают медные монеты *Золотой Орды*. Расцвет монетного обращения в городе пришелся на XIV в. Для монетного обращения г. *Азака* характерно наличие большого числа монет местного чекана, присутствует большое число монет из Крыма и золотоордынских городов Ниж. Поволжья. Многие монеты, встреченные в *Азове*, анэпиграфны, что затрудняет их датировку. Среди иноземных монет были обнаружены монеты из Закавказья, Малой Азии, Ирана, Зап. Европы. В г. *Азаке* и его округе обнаружена серия кладов, состоявших из медных и серебряных монет *Золотой Орды* XIV — начала XV в., а также клад монет Гиреев. Многотысячный комплекс монетных находок в г. *Азове* опубликован лишь частично.

Вдоль вост. побережья Азовского и Черного морей в XIV в. существовало несколько десятков итальянских колоний. Слабая археологическая исследованность этого района не позволяет точно локализовать большинство из них. Колонии известны в основном по средневековым картам (портоланам), а также по сообщениям письменных источников. Колонии были, очевидно, небольшими поселками, но их большое количество свидетельствует об оживленной торговле, ведшейся итальянцами с местным населением. Среди вывозившихся товаров в источниках называются рыба (сушеная и соленая), икра, кожи, меха, хлопчатая бумага, хлеб, воск, вино, шафран, серебряная руда, фрукты и рабы. Итальянские торговцы ввозили хлопчатобумажные, суконные и различные дорогие виды тканей, соль, хлопок-сырец, ковры, пряности и т. п.

Сев. Кавказ представлял собой один из важных экономических районов *Золотой Орды*, о чем свидетельствуют масштабы его участия в международной торговле.

Из письменных источников известно о пребывании золотоордынских ханов на территории Приазовья и Сев. Кавказа. Данные джучидской нумизматики также дают такие основания.

Имеются сведения о пребывании хана *Узбека* в р-не г. *Азака* и в Пятигорье (Биш-Даг). Ставку *Узбека* в р-не Пятигорья посетил и описал известный арабский путешественник *Ибн Баттута*.

Основываясь на топографии серебряных монет Орды 1360–70-х гг., Г. А. Федоров-Давыдов предполагал, что Орда ханов 'Абдаллаха и Мухаммада (креатуры эмира Мамая) кочевала (и чеканила серебряные монеты) в р-не Сев. Приазовья. Видимо, некоторое время и сам г. *Азак* являлся местом пребывания амира Мамая и его ханов.

В русских летописях при описании решающей битвы между амиром Тимуром и ханом *Тохтамышем* указывается, что она произошла «на месте, называемом Ординском, на кочевище царя *Тохтамыша*, близ реки Савенчи (современная р. Сунжа)», т. е. указывается локализация ставки хана *Тохтамыша* где-то на Сев. Кавказе (точная локализация неясна). В связи с этим интерес представляют находки на Сев. Кавказе медных монет *Тохтамыша*, чеканенных в Орде. Редкие медные монеты времени правления *Тохтамыша* (без обозначения места чекана и чеканенные в Орде) известны среди находок на Маджарском городище. В последние годы серия медных монет *Тохтамыша*, чеканенных в Орде, была собрана в Моздокском р-не РСО–А (вероятно, на местах средневековых поселений). В течение нескольких последних лет серия золотоордынских монет (почти все времени правления хана *Тохтамыша* и чеканены в ханской ставке Орде) была собрана на территории г. Кропоткин Краснодарского края. Интересно, что основная часть монетных находок представлены лишь одним редким типом пулов *Тохтамыша*, чеканенных в ханской ставке в Орде в 792(?) г. х. На др. памятниках монеты этого типа почти не фиксируются, что дает основания предполагать чеканку монет этого типа (т. е. связанных с пребыванием ханской ставки *Тохтамыша*) на Сев. Кавказе, возможно, конкретно на месте г. Кропоткин, через который проходил торговый путь, связывающий г. *Азак* с городами Кавказа. Косвенно о кочевании *Тохтамыша* на Сев. Кавказе свидетельствуют данные современной топонимики, в которых получило отражение имя этого правителя.

На джучидских монетах Орды присутствуют различные эпитеты, среди которых в конце XIV — начале XV в. встречается эпитет «ал-джадид» («Новый»). В Орде ал-джадид чеканились серебряные и медные монеты в конце XIV и начале XV в. Наибольшее число монет Орды ал-джадид чеканилось при ханах *Тохтамыше*, Бек-Пуладе, Тимур-Кутлуге и Шадибеке. Основная часть известных в настоящее время монет хана Бек-Пулада чеканена в Орде ал-джадид в 793 г. х. Исходя из топографии монетных находок, состава монетных кладов, а также сведений из «Хожения» митрополита Пимена о местоположении «Бек-Булатова улуса», можно считать, что чеканка монет с легендой Орды ал-джадид производилась в р-не Подонья, где и располагалась ставка хана Бек-Пулада.

В ярлыке хана *Тохтамыша* 1392 г. Орда фиксируется на р. Дон (в местности Ур-тюбе). По данным русских летописей, в XV в. Орда хана Махмуда кочевала на р. Дон. В непосредственной близости от Дона помещена ханская ставка (lordo) на мировой карте венецианца Леардо 1452–53 гг. С Сев. Кавказом, вероятно, связано кочевание Орды хана Ахмата в конце XV в. В р-не Пятигорья в конце XV в. кочевали ханы Большой Орды — дети Ахмата.

Лит.: Греков Б. Д., Якубовский А. Ю. Золотая Орда и ее падение. М.; Л., 1950; Егоров В. Л. Историческая география Золотой Орды в XIII–XIV вв. М., 1985.

А. Пачкалов

Северо-Кавказский эмират — государственное образование периода Гражданской войны, так называемая шариатская монархия во главе с «Его Величеством эмиром и имамом шейхом Узун-Хаджжи Хайир-ханом» и резиденцией в чеченском с. Ведено, существовавшее в 1919–20 гг. на территории горных р-нов Чечни, Ингушетии и Зап. Дагестана.

С.-К. э. являлся продолжением традиции «исламского правления» на Сев. Кавказе. Непосредственными предпосылками возникновения С.-К. э. стали, с одной стороны, внутренние разногласия в кругу демократически настроенных политиков, между ними и религиозными деятелями, раскол (фитна) среди северокавказских мусульман, с другой — внешние факторы. На мирной конференции в Париже (18.01.1919–21.01.20) затягивалось решение вопроса о признании новых демократических государственных образований на Кавказе, столь актуальное для жизнеспособности *Горской Республики*, находившейся в условиях «кровавого хаоса», внесенного на ее территорию Добровольческой армией.

20.05.1919 г. белогвардейские войска вторглись на территорию Дагестана и перед горскими парламентариями были оглашены тезисы генерала А. И. Деникина (1872–1947). Совет министров *Горской республики* во главе с *Коцевым Пшемахо* объявил 23.05.1919 г. о сложении полномочий. Ответственность за дальнейшее отстаивание общегорской независимости взял на себя аварский шейх Узун-Хаджжи Салтинский (1847–1920), выступивший с призывом к мобилизации жителей Андийского, Аварского, Гунибского, Кази-Кумухского и Даргинского окр. На созванном в с. Ботлих (ныне центр одноименного р-на РД) меджлисе он был избран имамом и, перебравшись в чеченское с. Шатой (ныне центр одноименного р-на ЧР), провозгласил газават. Несмотря на неоднократные требования со стороны командования белой армии и назначенного Верховным правителем Чечни генерала *Эрисхана Алиева* изгнать шейха, чеченцы его не выдавали. В сентябре 1919 г. в с. Шатой прибыл князь Иналук (Магомед Камиль Хан) Арсанукаев-Дышнинский с фирманом османского султана Мехмеда VI Вахидеддина, обещавшего поддержку Узуну-Хаджжи и одобрение формирования независимого мусульманского государства под протекторатом Турции и халифа мусульманского мира. 19.09.1919 г. было возвещено о создании С.-К. э. — государства, основанного на шариате.

Главными задачами С. К. э. обозначались: сплочение кавказских народов против Деникинской армии, достижение суверенитета — сначала под протекторатом халифа мусульманского мира, а затем путем признания со стороны международного сообщества полной независимости государства; после чего планировалось подписать Союзное соглашение с правительствами демократических республик Азербайджана и Грузии. Были приняты государственные символы; в частности, герб С.-К. э. представлял собой поставленные пирамидой винтовку и саблю с изображенными над ними чалмой хаджжи и короной, а выше — весами как эмблемой справедливости: на одной чаше находится зеленое знамя газавата с навершием в форме полумесяца, на другой — раскрытый Коран; в ниж. части герба расположены полумесяц и три звезды как знак трех политических единиц, входивших в состав государства. «Шариатские территории» включали земли горских обществ Чечни и Ингушетии, Аварского, Андийского, Гунибского окр. Дагестана. Административно С.-К. э. был поделен на Андийское, Веденское, Шатоевское, Итум-Калинское, Грозненское и два Ингушских наибства, которые подразделялись на округа и участки. С.-К. э. поддержали Кабардинский шариатский полк, Малокабардинский и Балкарский полки, к ним примкнули и осетинские отряды. Согласно сведениям, это была боеспособная армия: ее численность составляла около 10 тыс. чел., а в случае осуществления полной мобилизации могла достичь 12–15 тыс. чел. И. Арсанукаев-Дышнинский, назначенный приказом от 22.09.1919 г. великим визирем и главнокомандующим войсками С.-К. э., занялся устройством властных гражданских и военных структур — Кабинета министров (среди членов правительства были аварцы, чеченцы, ингуши и кабардинцы) и Главного штаба (начальником учрежденного Штаба стал Магомет Ханиев, председателем Военного совета — Тоаркхо-Хаджжи Гарданов). Боевые силы были организованы в составе шести армий во главе с командующими: шейхом *Акушинским 'Али-Хаджжи*, Межу Гебергиевым, Шитой Истамуловым, Эски Байгиреевым, Хизыром Орцхановым и красноармейцем Николаем Гикало (отстранен 27.11.1919 г.); в числе командующих находились и представители турецкого Генерального штаба: кавалерией командовал Хусейн Дебрели, артиллерией — 'Али-Риза Чорумлу.

На территории С.-К. э. была введена традиционная исламская налоговая система, призванная обеспечить поступление доходов. Поскольку масштабы товарообмена были незначительны и натуральные налоги (20 руб. и одна мера хлеба, муки или кукурузы, либо два четверика пшеницы с каждого дома) не оправдывали себя, в оборот внедрялись боны. Др. денежные знаки («николаевские», «керенки», «народные») также имели право хождения, но с соответствующей визой, печатью и подписью визиря; за них взимался налог. В конце 1919 — начале 1920 г. в с. Ведено (ныне центр одноименного р-на ЧР) был создан «монетный двор» по изготовлению бумажных денежных знаков, объявленных правительством «кредитными билетами». Печатники не располагали необходимыми приспособлениями для изготовления клише, а потому «мастерили» их на камнях; рисунки лицевых и оборотных сторон знаков выполнял бежавший из русского плена и скрывавшийся среди горцев немецкий офицер Пауль Маурах.

С.-К. э. вел активную внешнюю политику: тесные связи были установлены с Грузией, Азербайджаном и Турцией. Постоянные контакты поддерживались между Узуном-Хаджжи и командующим турецкими войсками в Дагестане Нури Пашой. При этом И. Арсанукаев-Дышнинский рассчитывал исключительно на внутрикавказские силы (прежде всего на союзнические отношения с Грузией), расценивая военную помощь извне и появление военных советников в лице турецких и германских офицеров при дворе эмира как вмешательство в «кавказские дела» и «нежелание» видеть С.-К. э. самостоятельным государством, а Узуна-Хаджжи — его верховным главой. Внимание же зап. держав к «Узун-Хаджжинскому войску» перерастало в пристальный интерес к самому факту существования мусульманского государственного образования в горах Кавказа.

В сентябре 1919 г. Добровольческая армия (при непосредственной поддержке англичан) организовала «Комитет по очищению Чечни от банд большевиков и Узуна-Хаджжи», председателем которого стал Ибрагим Чуликов. 20.10.1919 г. белогвардейские отряды вступили в с. Шали, где их сторонники группировались вокруг суфийского шейха Сугаип-муллы Гойсумова: взаимоотношения между ним и Узуном-Хаджжи были довольно напряженными, в результате были изданы приказы «Комитета по очищению Чечни» — об аресте Узуна-Хаджжи, а великого визиря — об аресте Сугаип-муллы.

Для большевиков С.-К. э. представлял не меньшую опасность, чем противостоящая им на Кавказе белая армия. Руководствуясь тем принципом, что «сотрудничество» с эмиром «возможно и оправдано» в той мере, в которой «он боролся с белыми и отвлекал их силы», они сначала проявляли сдержанную осмотрительность в отношении к Узуну-Хаджжи и показное уважение к религиозным чувствам кавказских мусульман. Это позволило представителям советской власти заключить временный военный союз с С.-К. э. против общего врага. Однако уже 27.11.1919 г. всем военно-революционным комитетам Сев. Кавказа были даны инструкции: пропагандировать против С.-К. э. и шариата. В попытках «разоблачить» Узуна-Хаджжи и «низвергнуть» его авторитет в глазах местного населения, оттолкнуть от него (а попутно — «повернуть в сторону советской власти») хотя бы часть горцев, большевики измышляли и распространяли всевозможные агитационные «остроты» и «высказывания». Чтобы предотвратить объединение военных сил С.-К. э. с армией Нури Паши, большевики предпринимали спешные шаги: штаб Терской областной группы красных повстанческих войск требовал от Центра передачи существенных денежных сумм и скорейшего прихода дополнительных частей Красной Армии. 24.03.1920 г. отряды Красной Армии захватили г. Грозный, провозгласив там победу советской власти и срочно сообщив в г. Москву о том, что «нефтяные промыслы в полной исправности». Политика заигрывания с С.-К. э. со стороны Советов прекратилась. Нефтяная промышленность была национализирована и передана в ведение Грозненского нефтеуправления под председательством И. Ф. Коссиора. 26.03.1920 г.

был взят г. Гудермес, и по освобожденной территории открылось железнодорожное сообщение Грозный — Гудермес — Моздок. И если в феврале 1920 г. говорилось о необходимости «ослабления» шейха, то уже в письме, датированном мартом 1920 г., указывалось на необходимость «нажать возможно сильнее на Узуна-Хаджжи и, если возможно, ликвидировать его, так как он главный козырь Нури Паши и в незаконной связи с ним». Последовавшее завоевание г. Порт-Петровска (ныне г. Махачкала), главного и последнего опорного пункта деникинцев на Каспии, открыло дорогу силам XI и XX армий к г. Баку. Правительство Азербайджанской Демократической Республики пало 28.04.1920 г. — в руках большевиков теперь окончательно были и порты, и контроль торговых путей; перекачка нефти по нефтепроводу и вывоз нефтепродуктов были ими быстро налажены — этим Московское правительство заметно умножило свой вес в «дипломатическом товарообмене» с Антантой, в частности в коммерческих переговорах с Великобританией.

Как духовный и светский глава своего государственного образования Узун-Хаджжи направил делегацию в Штаб Красной Армии (размещался в г. Грозном) для установления рамок и норм мирных взаимоотношений между С.-К. э. и Советской Республикой. В ходе длительного переговорного процесса большевики в ультимативной форме потребовали от Узуна-Хаджжи публичного отказа от гражданской власти, роспуска армии и запрета на формирование новых военных отрядов, предписав ему подчиниться советской власти и не вмешиваться в ее распоряжения и действия. В случае согласия с поставленными условиями они давали обещание признать шейха в качестве «духовного отца мусульман Северного Кавказа» и «не покушаться на нормы шариата». Возвращения делегации Узун-Хаджжи не дождался: за несколько часов до ее прибытия в Ведено 30.03.1920 г. он скончался — по свидетельству официальных источников, от брюшного тифа. По иным данным, Узун-Хаджжи встретился со своими посланниками и отказался принять категорические требования большевиков, вскоре после этого он «скоропостижно и загадочно» умер. Согласно одним сведениям, власть в С.-К. э. воспринял шейх Дебриш Магомед-Хаджжи, по другим — И. Арсанукаев-Дышнинский, который в 1921 г. был убит агентами ВЧК на одной из улиц г. Грозного.

Отношение горцев к С.-К. э. было неоднозначным. И. Арсанукаев-Дышнинский говорил об отсутствии «чистосердечных и благоразумных людей, которые служили бы умело, честно и добросовестно», некоторые наибы сетовали, что «жители совершенно чувствуют себя свободными» от власти С.-К. э. и свободно вывозят сырье и лесной материал на грозненский рынок. Высказывалась точка зрения, что Узун-Хаджжи был «парализован» визирем и «из-за своей пассивности очень быстро лишался необходимого для вождя обаяния». Были и те, кто придерживался мысли, высказанной «вольным горцем» Хизыром Арслановым, что дистанцирование от всех воюющих сторон — единственно безошибочная позиция. При всей кратковременности своего существования С.-К. э. стал фактом политической и религиозной истории Сев. Кавказа.

Лит.: Апухтин В. Материалы о гражданской войне в Чечне в 1919 г. // Новый Восток. 1925. № 8–9; Гатуев Д. Империя Узун-Хаджи // Революционный Восток. 1928. № 4–5; Документы и материалы. Махачкала, 2013; Жуков А. Северо-Кавказский Эмират // Петербургский коллекционер. 2004. № 4(30). С. 4–7; Киндаров А. Шейх Сугаип-мулла Гойсумов. Биографический очерк. Грозный, 2012; Кобяков А. Узун-Хаджи // Северная корреспонденция. 1922. № 4. № 7/8; Костерин А. 1919–20. В горах Кавказа. Исторический очерк Горского революционного движения. Владикавказ, 1921; «Кристаллизация» горского освободительного движения. Размышления Б. Байтугана об истории мусульман Сев. Кавказа и Дагестана. Вступительная статья С. М. Исхакова // Вопросы истории. 2001. № 5; Лобанов В. Б. Терек и Дагестан в огне Гражданской войны: религиозное, военно-политическое и идеологическое противостояние в 1917–20-х гг. М., 2017; Магомедов М. А. О некоторых особенностях Октябрьской революции и Гражданской войны на Сев. Кавказе // Отечественная история. 1997. № 6; Месхидзе Д. И. Северо-Кавказский Эмират (1919–20 гг.): к историографии темы и к истории государства // Ислам на Юге России. Астрахань, 2007. С. 33–52; Нахибашев М. Н. Узун-Хаджи Салтинский — общественно-политический и религиозный деятель Дагестана и Чечни. Махачкала, 2009; Носов А. Ф. Октябрьская революция в Грозном и в горах Чечено-Ингушетии (К истории Чечено-Ингушетии). 1917–20. Воспоминания. Грозный, 1961; Орешин С. А. Эмират Узун-Хаджи — исламистская модель государственности на Сев. Кавказе 1919–20 гг. // Клио. 2014. № 8(92). С. 57–61; Осмаев А., Месхидзе Д. Исламское государство в Чечне: исторические параллели (1917–20 и 1990-е гг.) // Мир ислама. История. Общество. Культура: материалы междунар. исламовед. науч. конф. 11–13 дек. 2007 г., Москва, РГГУ / [сост. И. Л. Алексеев и др.]. М., 2009. С. 153–173; Ошаев Х. Очерк начала революционного движения в Чечне. Грозный, 1927; Самурский (Эфендиев) Н. Гражданская война в Дагестане (Из воспоминаний) // Новый Восток. 1923. № 3; Союз объединенных горцев Сев. Кавказа и Дагестана (1917–18 гг.) и Горская Республика (1918–20 гг.); Тахо-Годи А. А. Революция и контрреволюция в Дагестане. Махачкала, 1927.

Д. Месхидзе

Сеит-эфенди (Закерьяев Сеит Закерья-улы, или Сеит-апенди, ок. 1873–1933) — мусульманский религиозный деятель Ставрополья и Сев. Кавказа, богослов.

Родился в с. Оймаут Ачикулак-Джембойлуковского приставства Ставропольской губ. Российской империи (аул находился вблизи современного с. Кара-Тюбе Нефтекумского р-на Ставропольского. края), в ногайской семье из родо-племенного объединения Етисан. С детства был отдан родителями на обучение местному мулле, позднее получил образование в медресе в ставке Ачикулак (ныне с. Ачикулак Нефтекумского р-на Ставропольского края). По окончании учебы был муллой, у себя дома обучал детей чтению Корана.

В 1897 г. С.-э. построил в родном селе мечеть и открыл при ней медресе, сам преподавал в нем грамматику арабского языка и азы религиозных наук. Среди его учеников были будущие ногайские просветители, педагоги и общественные деятели М. К. Курманалиев, *Зеид Кайбалиев*, *М. С. Садинов*, Н. Колдасов. В начале 1900-х гг. С.-э. так же исполнял обязанности кадия, в народе пользовался большим уважением за глубокие знания в области шариатских наук. Совершил хаджж в Мекку.

После установления советской власти продолжал заниматься религиозной деятельностью, преподавал мусульманскую грамоту и чтение Корана в частном порядке на дому. В 1930-е гг. находился под надзором органов НКВД РСФСР как «служитель религиозного культа». Все его имущество было конфисковано и передано местному колхозу «Большевик», были изъяты личная библиотека, переписка и рукописи.

В 1932 г. был задержан органами ОГПУ при НКВД и доставлен в г. Моздок Северо-Кавказского края (ныне в РСО–А). После проведения следственных действий был направлен в СИЗО г. Буденновска Северо-Кавказского края (ныне Ставропольский край), где должен был пребывать в ожидании суда. В начале 1933 г. состояние здоровья С.-э. резко ухудшилось. Администрация СИЗО дала разрешение забрать его домой. Той же ночью дома он скончался. У С.-э. было две жены, от которых имел восьмерых детей (сыновья Умар, Умаргазы, Умар-Али, Нургазы, Каирбек, Темирхан и дочери Афизет и Феризат). Из-за преследования органов НКВД дети С.-э. были вынуждены переселиться в Дагестан. Рукописное наследие составляют стихи на религиозные темы, назидания. Похоронен на кладбище с. Кара-Тюбе Нефтекумского р-на Ставропольского края.

Лит.: Заргишиев М. Ногайлы. Белый Сокол Золотой Орды. М., 2021; Личный архив автора: 2007 г. Ставропольский край, с. Кара-Тюбе. Информатор А. З. Кайбалиев, 1939 г.р.; 2021 г. РД, Терекли-Мектеб. Информатор М-А. Ю. Ханов, 1962 г.р.; Ханов М-А. Оьмирлер коьпириннен оьтуьв // Шоьл тавысы. 2019. № 6, 13 (на ногайск. яз.).

М. Заргишиев

Семенов, Исма'ил Унухович (Джырчы Исмаил, 03.1891–01.08.1981) — карачаевский народный певец (джырчы), религиозный поэт и суфий.

Родился в с. Учкулан Баталпашинского отд. (ныне Карачаевский р-н КЧР), в семье потомственного религиозного деятеля, хаджжи *Семенова* Унуха. Как и отец, входил в братство *накшбандийа*. Начальное мусульманское религиозное образование получил в примечетской школе родного с. Учкулан, у Мухаммад-эфенди Тоторкулова; продолжил образование в медресе с. Кёнделен (ныне Эльбрусский р-н КБР), а позднее, по некоторым данным, уже в зрелом возрасте — в одном из мусульманских учебных заведений в Дагестане. Литературную деятельность начал в юности, писал на исламские темы, преимущественно тексты для зикров.

В 1920-е гг. С. создал поэму «Актамак», а также популярную песню-гимн «Минги-Тау». Был удостоен первого места на всесоюзном конкурсе народных певцов и сказителей, посвященном 1000-летию армянского эпоса «Давид Сасунский» (1936). Первый поэтический сборник С. («Джырла») был издан в 1937 г., затем вышли в свет сборники «Джырла бла инарла» (1938), «Джырла бла назмула» (1939). В довоенный период в г. Москве был издан сборник его стихов, переведенных на русский язык (переводчики С. Родов, Г. Орловский, В. Зягинцева, В. Торопецкий, Э. Капиев). До ВОВ С. был принят в члены Союза писателей СССР, удостоен ордена Трудового Красного Знамени (1940).

Репрессии конца 1930-х гг., потрясения 1940-х гг., связанные с войной и депортацией карачаевского народа, наложили глубокий отпечаток на творчество С., избравшего путь нравственной оппозиции советскому режиму. Особенно это проявилось в его творчестве в местах выселения 1940–50-х гг., где родились произведения, изобличавшие преступления сталинского режима. По возвращении из мест депортации (1957) С. поселился в с. Учкулан, но вскоре переселился в с. Кызыл Октябрь Зеленчукского р-на КЧР. Личностная и идейная трансформация С. попали в поле зрения властей Карачаево-Черкесии, которые ввели запрет на публикацию его произведений (до конца 1980-х гг.). До самой смерти С. не прекращал духовно-просветительской, религиозной деятельности.

Лит.: Караева З. Б. Художественный мир Исмаила Семенова. М., 1997; Тоторкулов К.-М. Н. Великий поэт Кавказа. Черкесск, 2006.

Р. Хатуев

Семенов, Унух Умарович (? — не ранее 1890) — мусульманский религиозный деятель Карачая 2-й половины XIX в., суфий.

Родился в семье религиозного деятеля 'Умар-хаджжи Семенова (сына народного поэта

Калтура Семенова). Принадлежал к суфийскому братству *накшбандийа*. По воспоминаниям, С. хорошо знал арабский язык, исламскую книжную традицию, считался святым провидцем, совершал карамат (чудеса). Неоднократно совершал хаджж. Умер в 42-летнем возрасте во время последнего хаджжа и был, по семейным данным, похоронен рядом с отцом, также умершим во время хаджжа. Сын — *Семенов Исма'ил*, известный поэт-суфий.

Лит.: Семенлени Исмаил. Зикирле // Ас-Алан. 2001. № 1(4); Семенов Азрет. Исмаил и Актамак // Минги Тау (на кар.-балк. яз.). 1996. № 1. С. 89; Тоторкулов К.-М. Н. Великий поэт Кавказа. Черкесск, 2006. С. 244.

Р. Хатуев

Соборная мечеть г. Майкопа. Строительство С. м. М. было начато в апреле 1999 г. и завершено в октябре 2000 г. 02.11.2000 г. мечеть была торжественно открыта для прихожан. Расположена на площади Дружбы, в одном из городских скверов г. Майкопа, между ул. Советская и Пионерская. Официальный адрес — ул. Советская, 200.

Построен на личные средства наследного принца княжества Ра'с ал-Хайма (ОАЭ) шейха Халида бин Сакр ал-Кассими. Мечеть проектировал архитектор и художник А. М. Берсиров. Руководитель строительного проекта — бизнесмен А. М. Панеш.

Внешний фасад выполнен из белого камня. Купола и вершины минаретов ярко-синего цвета. Всего куполов 5, главный из которых расположен в центре здания и окружен 4 меньшими по размеру куполами, за которыми следуют 4 минарета. Конструктивная часть мечети выполнена Пятигорской архитектурной мастерской, купола выполнены из голубой смальты новолипецкими мастерами. Внутренние стены мечети украшены изречениями из Корана.

С. м. М. состоит из трех уровней. Отдельное крыло занимает администрация *ДУМ Республики Адыгея и Краснодарского края* и библиотека.

В С. м. М. проводятся ежедневные пятикратные молитвы, пятничные хутбы. В конференц-зале проходят обряды бракосочетания, религиозные съезды, курсы по повышению квалификации имамов. Каждое воскресенье проходят занятия по изучению основ ислама и чтению Корана. В период рамадана в мечети проходят благотворительные ифтары. В 2018 г. впервые на площади возле здания С. м. М. прошел праздничный намаз под открытым небом по случаю Ураза-байрама.

Н. Нефляшева

Совещание «ста 'алимов» — съезд влиятельных улемов Дагестана, состоявшийся 12–14.02.1925 г. в г. Буйнакске Дагестанской АССР с целью обсуждения насущных проблем ранних советских преобразований в республике и на Сев. Кавказе. На совещании присутствовало сто 'алимов из Дагестана, отсюда и название совещания. Президиум составили 11 чел.: Осман Османов, Шарапудин Рашкуев, Кади Баркуев, *Гасанаев Йусуф-кади*, Хаджжикади Ханмурзаев, *Акаев Абусульян*, 'Абдурразак Альбориев, Махмуд-эфенди Занитинский, Мика'ил Османов, Зармагомед-эфенди Мангишиев, *Шамхалов Пахруддин*. Для обсуждения были вынесены следующие вопросы: 1) о международном положении (докладчик Осман Османов); 2) о народном просвещении (докладчик *Дибиров* М.-К.); 3) о закяте; 4) о вакфных средствах (докладчик *Гасанаев Йусуф-кади*); 5) разное, включая различные вопросы жизни горского общества: «а) О пожертвованиях, расходуемых по завещаниям исключительно на поминальные трапезы; б) О насильственном похищении девиц как пережитке прежних диких нравов отсталого Дагестана, которому давно пора положить конец; в) О кровной мести как зверском обычае самоуничтожения, составляющем бич дагестанского народа, который служит главным тормозом на пути к культурному развитию его».

От имени советского правительства на совещании выступили его представители А. Тахо-Годи и *Дибиров* М.-К. Они призывали 'алимов пропагандировать учебу в светских учебных заведениях, выступали за передачу поступлений от вакфов и закята крестьянским комитетам на местах.

Лит.: Омаров М. Ислам в Дагестане. Махачкала, 2014; ЦГА РД. Ф. п-1. Оп. 1. Д. 688.

М. Омаров

Согратль — селение в Гунибском р-не Республики Дагестан, важный культурный и политический центр дороссийского Дагестана. Научный интерес к этому населенному пункту вызван тем, что С. известен как центр организации сопротивления войскам Надир-шаха и место их поражения, а также как один из центров мусульманского образования в Дагестане в имперский период.

О происхождении названия селения у согратлинцев наиболее распространена следующая версия: «Сел» на местном диалекте аварского языка означает крутое, овражистое, малодоступное место, отсюда и первоначальное название их селения — «Салукъ». Раньше на данной территории было около трех десятков хуторов и селений. Большинство из них в настоящее время представляют собой развалины. Однако некоторые селения существуют поныне. К таким относятся: Пиридулмахи («Хутор молнии»), Обоноб (от названия растения), Гургул-РагIала (по одним объяснениям — «Вершина ветра», по другим — «Вершина Георгия»), Рухти-рагIала, ХурулЪ («Урожайное место»), Карзада, Асунав, Щукоб, КIудаб-нухала («Большая пещера»), Хициб, Безело, Рухи-чудала. Для безопасности часть хуторов объединилась в один аул, расположенный в труднодоступном укрепленном месте. Существует предание, что в период объединения этих хуторов в единый аул Салукъ (нынешний С.) его жители исповедовали христианство грузинского толка. Называют даже имя грузина-феодала Митли, который жил на окраине селения (отсюда и название этой территории — «Митлиб»).

Первого проповедника ислама в С., по преданию, прислал из с. Кумух полулегендарный *Абу Муслим*. Согратлинцы, однако, убили этого посланца, но через некоторое время они все же были вынуждены принять ислам. Якобы из-за того, что они приняли ислам добровольно, *Абу Муслим* не поставил над ними «хана». Позднее С. стал крупнейшим центром арабоязычной культуры в Дагестане. Здесь был сформирован крупный мусульманский учебный центр с несколькими медресе, богатейшей библиотекой и переплетной мастерской. Прошедшие обучение в С. получали право на продолжение учебы в каирском ун-те Ал-Азхар. В С. было несколько медресе, пользовавшихся большой популярностью в Дагестане. Среди них выделялись медресе мударриса Шафи-Хаджжи, окончившего Ал-Азхар в Египте, медресе Махди-Мухаммада и 'Абдуррахмана-Хаджжи. В них обучались в среднем по 150–200 чел. ежегодно. В свое время в С. получили образование *ал-Кудуки* Мухаммад (1652–1717), *ал-Йараги Мухаммад-эфенди* (1770/71–1838), *ал-Гази-Гумуки Джамалуддин* (1788–1869), *Акаев Абусупьян* (1872–1931), *Маврaев Мухаммад-Мирза* (1878–1964) и десятки др. выдающихся личностей Дагестана, Чечни и пр. регионов Сев. Кавказа.

В Согратлинском школьном музее собрана крупная рукописная коллекция (около 600 ед.), которая включает в себя сочинения, имевшие хождение в XVII–XIX вв. в Дагестане известных арабских и дагестанских авторов, таких как ал-Газали, Салих ал-Йамани, ан-Навави, Ибн Хаджар ал-Хайтами, 'Абдаррахман ал-Казвини, аз-Занджани, Халид ал-Азхари, ат-Тафтазани, Йусуф ал-Ардабили, Джалалуддин ас-Суйути, *Хасан ал-Кудали, ал-Аймаки Абубакр*, Шабанилав ас-Сугури, Мухаммад Мирза ал-Аймаки, Татилав ал-Карати, *ал-Усиши Давуд*, Ибрахим ал-Уради, *ал-Карахи Мухаммадтахир, ал-Йараги Мухаммад-эфенди, ал-Уради Муртада'али*, Шу'айб ал-Ури, Хаджжи Хасан ал-Гумуки, Махди Мухаммад ас-Сугури, ас-Сугури 'Абдуррахман-хаджжи, Мухаммад ас-Сугури, *Гоцинский Нажмутдин*, 'Абдаллах ас-Сугури и др.

Тематика сочинений разнообразна: грамматика арабского языка, мусульманское право, поэзия, логика, суфизм, комментарии к Корану, хадисы, теология, астрономия и т. д. Хронологически сочинения охватывают XVII–XX вв.

Лит.: Абдурахман из Газикумуха. Книга воспоминаний / пер. с араб. М-С. Саидова; ред. пер., подгот. факсим. изд., коммент., указ. А. Р. Шихсаидова, Х. А. Омарова. Махачкала, 1997; Магомедова З. А. Абдурахман-Хаджи ас-Сугури — ученый, пропагандист знаний, поборник свободы // Дагестанские святыни. Махачкала, 2007. Кн. I; Магомедов Р. М. По аулам Дагестана. Махачкала, 1997.

З. Магомедова

Союз объединенных горцев Северного Кавказа и Дагестана (с 24.09.1917 г. — Союз Объединенных Горцев Северного Кавказа, Дагестана и Абхазии) — национально-территориальное образование, ставшее идеологическим и организационным воплощением горского национального движения. С момента провозглашения (05.05.1917 г.) и до реорганизации в *Горскую республику*, или Республику Союза объединенных горцев Кавказа (15.11.1917) функционировал в качестве высшего представительного и исполнительного органа власти северокавказских народов на территории Дагестанской, Терской, Кубанской (частично) обл., Ставропольской и Черноморской губ., Закатальского окр. и Абхазии.

В начале XX в. идея общегорского объединения развивалась в среде кавказской эмиграции; главным замыслом учрежденной в 1908 г. в Турции ассоциации было отстаивание независимости Кавказа от Российского государства. События Февральской революции 1917 г. и крушение монархических ин-тов в России пробудили большие надежды у северокавказской интеллигенции, представители которой, четко выразив собственную политическую позицию и сформулировав общенациональные интересы на совещании в г. Владикавказе 05–06.03.1917 г., взяли на себя координацию демократических преобразований в крае. Был избран Временный Центральный комитет (ВЦК) объединенных горцев (председатель — балкарский юрист, просветитель и публицист Басият Шаханов, 1879–1919; среди членов — *Чермоев 'Абдул-Меджид*, Рашидхан Капланов, Тонт Укуров, Башир Далгат, Сабан Коченов, Таусултан Шакманов, Тажутдин Пензулаев, Саукудз Тхостов, Гапур Ахриев, Туган Алхазов, Бексултан Льянов, Алмахсит Кануков). Первоочередной задачей было провозглашено представительство горских народов в политической жизни, а целью — переустройство жизни в составе преображенной на «великих благах свободы» и «разумных демократических началах» Российской Федеративной Демократической Республики. ВЦК инициировал созыв представительного съезда и обнародовал воззвание «К горским племенам Кавказа». В преддверии форума были разработаны проекты основополагающих нормативных актов: Политической платформы, Программы, Конституции и назревших реформ адм. и духовного управления, аграрной и судебной системы, школьного образования и просвещения (в том числе женского). Активную сопричастность к подготовительной работе проявили действовавшие в г. Петрограде Комитет кавказских горцев и Комитет кавказских мусульман: не выдвигая политических лозунгов, они сконцентрировались на культурно-просветительском направлении.

Первый Горский съезд под председательством Б. Шаханова (г. Владикавказ, 01–07.05.1917 г.) объявил о создании С. о. г. С. К. Д. По итогам выборов был образован Центральный комитет (ЦК), среди 17 его членов — Елбыздыко Бритаев (1881–1923; юрист и драматург; от Осетии), Башир Далгат (1870–1934; юрист и этнограф; от Дагестана), *Джабагиев Вассан-Гирей* (1882–1961; экономист и публицист; от Ингушетии), Рашидхан Капланов (1883–1937; юрист; от Хасав-Юртовского окр.), *Коцев Пшемахо* (1884–1962, юрист, публицист; от Кабарды), Басият Шаханов (от Балкарии), возглавил ЦК *Чермоев 'Абдул-Меджид* (1882–1937). Полномочия ЦК распространялись на Дагестанскую обл., горские округа Терской обл. (Назрановский, Нальчикский, Владикавказский, Грозненский, Веденский, Хасав-Юртовский), Ногайский участок Терской обл., Кубанский Горский областной комитет, Закатальский окр. и исполнительные комитеты *ногайцев* и каранногайцев Ставропольской губ. В ходе съезда были обсуждены и утверждены Программа, Конституция, Политическая платформа, ряд резолюций, касавшихся наиболее болезненных проблем — земельных, рел., финансовых, местного судопроизводства. Принятая Конституция легитимизировала государственно-правовое существование С. о. г. С. К. Д на федеративной основе. Она отразила главные принципы формирования органов национального самоуправления, выборности и ответственности перед населением. Детальное решение аграрного вопроса откладывалось до Учредительного собрания. Общее же положение гласило, что все земельные и лесные угодья, занимаемые кавказскими народами, следует считать их неотъемлемой собственностью, отнятые казной — должны быть немедленно возвращены, свободные казенные земли — и в пределах проживания горцев, смежные с ними, — переданы во владение безземельным и малоземельным жителям. Обосновав необходимость всеобщего, обязательного и бесплатного начального и среднего образования, съезд назначил специальную комиссию для развернутого рассмотрения темы. В соответствии с резолюцией религиозной секции до назначения муфтия (при нем предполагалось создание Совета из четырех кадиев (по два от ханафитов и шафиитов) при С. о. г. С. К. Д формировался Духовный совет из 9 человек (5 — от Дагестанской и Терской обл., 2 — от горцев Кубанской обл. и 1 — от карачаевцев, *ногайцев* и туркмен Ставропольской губ.). Среди избранных членов были известные религиозные деятели — 'Абдул-Каххар *Хаджжи*, 'Алихан Шогенов, Сабит Мулла Идрисов, Шугаип Мулла, Алиев Османэфенди Мударрис и др.; возглавил ее *Гоцинский Нажмутдин*. В г. Владикавказе планировалось и открытие Юридической академии шариата, с полным курсом шариата и циклами светских наук. Печатным органом ЦК стала газета «Горская жизнь» (издание финансировал *Чермоев А. А.*; гл. редактор — Елбыздыко Бритаев). Есть основания считать, что тогда же появился флаг С. о. г. С. К. Д с расположенными горизонтально зелеными и белыми полосами, с синим крыжом, в котором изображен полумесяц и семь звезд (по числу административно-территориальных единиц).

Непростая общественно-политическая ситуация, сопряженная с имевшимися земельными противоречиями, летом 1917 г. резко осложнилась в связи с участившимися конфликтами горцев с казаками и бежавшими с фронта солдатами-дезертирами, с разбойными нападениями и грабежами. На этом фоне в еще недавно едином общегорском демократическом движении стали появляться новые течения и фракции, развернулась активная агитация социалистов, шло размежевание между светской интеллигенцией и монархическим офицерством, сторонниками демократического и теократического развития. На состоявшемся 19.08.1917 г. съезде, вошедшем в историю как Андийский (*Съезд в Анди в 1917 г.*), был избран имам — *Гоцинский Нажмутдин*: обряд его инаугурации совершил аварский шейх Узун-Хаджжи Салтинский (1847–1920). На всей территории С. о. г. С. К. Д было решено ввести нормы шариата. Однако делегаты Второго Горского съезда (21–28.09.1917 г., г. Владикавказ) подтвердили приоритет светской власти, признав при этом единогласно *Гоцинского Нажмутдина* духовным главой мусульман Сев. Кавказа в звании муфтия.

Характеризуя условия работы в течение предыдущих месяцев как близкие к социальной катастрофе (не хватало материальных средств, подготовленных к общественной деятельности кадров и т. д.), председатель съезда *Чермоев А. А.* (с 26.09.1917 г. — *Коцев Пшемахо*) призвал участников к сохранению «физического существования Союза», к взвешенному и быстрому поиску путей общегорского

Союз объединенных горцев

единения. Среди множества обсуждавшихся на заседаниях проблем были вопросы о подготовке выборов в Учредительное собрание, о форме федерации и сближении с Грузией, о финансах и продовольствии, об учреждении народной милиции и борьбе с преступностью, о муфтияте и имамате. Большой отклик получили выступления генерала П. А. Половцева и полковника Султан Крым-Гирея, представлявших Кавказский конный корпус, в котором видели мощную силу, способную защитить мирное население. Для обеспечения правопорядка была учреждена специальная комиссия, уполномоченная использовать военные ресурсы против преступников и их укрывателей. Съезд одобрил обращение абхазского Национального совета о вхождении Абхазии в состав С. о. г. С. К. Д (24.09.1917 г.). В связи с этим был разработан обновленный вариант Конституции, переизбран состав ЦК (15 чел.); кроме того, функции и мандат власти ЦК и делегатов были расширены до статуса правительства и парламента. Поставленный на обсуждение вопрос об альянсе с казачеством и о вхождении С. о. г. С. К. Д в Юго-Вост. Союз вызвал бурные дебаты. Противники вступления подвергали сомнению целесообразность данного шага и утверждали, что он не принесет горцам ни мира, ни спокойствия, сторонники — убеждали, что это защитит их от агрессии со стороны более организованного и более многочисленного казачества.

В рамках конференции Юго-Вост. областей России (г. Владикавказ, 16–21.10.1917 г.) 21.10.1917 г. лидерами С. о. г. С. К. Д был подписан договор о создании Юго-Вост. Союза (ЮВС) Казачьих войск, Горцев Кавказа и Вольных народов степей. Организаторы ЮВС ставили целью скорейшее провозглашение Российской Федеративной Демократической Республики, члены ЮВС являлись отдельными объектами федерации. Представлялось, что С. о. г. С. К. Д принесет мир и решит все проблемы в регионе и оградит его от большевизма и начинавшейся Гражданской войны, его создание подкреплялось силами Кавказской дивизии и казачьих войск. О готовности тесного сотрудничества с ЮВС заявили Грузинский национальный комитет и Украинская Рада. Вместе с тем не только часть населения расценила соглашение с казаками как предательство национальных интересов, вследствие чего авторитет ЦК в значительной степени был утрачен, но и в среде горских политических деятелей возник идеологический раскол (о выходе из ЦК заявил Магомед Джабагиев). Этот факт, а также игнорирование аграрных нужд горцев, попытки решать проблемы, имевшие социальные корни, исключительно насильственными и силовыми методами, стали разлагающими для общегорского движения. Постепенно руководители ЦК теряли связь с народом и лишались доверия местных жителей.

Полученное из Петрограда известие о свержении Временного правительства и вызванные им обстоятельства заставили руководителей С. о. г. С. К. Д, не признавших власть большевиков, изменить свои политические приоритеты. Областной исполнительный комитет как орган Временного правительства исчерпал себя, ЮВС продемонстрировал свою несостоятельность в решении каких бы то ни было государственных задач, и 12.11.1917 г. на заседании ЦК был посвящен «скорейшему введению автономии». Для подготовки проекта горской автономии 31.10.1917 г. состоялось Чрезвычайное совещание ЦК, где были сформированы специальные комиссии. Законодательным актом от 15.11.1917 г. С. о. г. С. К. Д был преобразован в Республику С. о. г. С. К. Д со столицей в г. Владикавказе, ЦК объявлен Временным — до созыва Учредительного съезда — Горским правительством во главе с *Чермоевым А. А.* (с 01.12.1917 г. председателем правительства стал Рашидхан Капланов). В правительство вошли *Коцев Пшемахо* — министр внутренних дел, *Баммат Гайдар* — министр иностранных дел, *Джабагиев Вассан-Гирей* — министр финансов и др. Было принято решение о подчинении Кавказского корпуса ЦК С. о. г. С. К. Д и организации при ЦК военного штаба с подчинением ему всех горских войсковых частей; военачальником был назначен Тембот Бекович-Черкасский. Одновременно был заключен союз между Горским правительством и Войсковым правительством Терского казачьего войска, создано объединенное Терско-Дагестанское правительство. В начале 1918 г. Республика С. о. г. С. К. Д вынуждено уступила власть правительству Терской Советской Республики.

За время своего существования С. о. г. С. К. Д, обладая координационными, распорядительными, представительными и контрольными функциями, действовал как высший орган национального самоуправления и демонстрировал единство целей северокавказских народов, жизнеспособность национально-государственных идей и принципов. Целью политики ЦК было создание федеративного союза горских народов на их исторической территории. В силу своего понимания исторической ситуации и имевшихся полномочий, в соответствии с политической программой, платформой и Конституцией, принятых на I и II горских съездах, ЦК стремился наладить мирную жизнь и обеспечить межнациональное согласие на Сев. Кавказе, ввести демократическую систему правления, обновить суды, решить земельные проблемы и т. д. Был заключен договор с Мусульманским комитетом в г. Баку, возглавляемым азербайджанским государственным и политическим деятелем М. Г. Джафаргулу Гаджинским (1875–1931). Предполагалось, что С. о. г. С. К. Д станет составной частью Кавказской Федерации, а та в свою очередь — одной из структурных единиц будущей Российской Демократической Федеративной Республики, установление которой намечалось на Учредительном собрании. Таким образом формировался фундамент будущего политического единства Сев. Кавказа, федеративного устройства и кантонального управления каждой национальной группы: продолжением национально-государственного строительства стало провозглашение 11.05.1918 г. на Батумской конференции Независимой Демократической Республики Горцев Сев. Кавказа (*Горской Республики*).

Лит.: Аксиго-Черный [Гойгов А.-Г.]. Бывший Союз горцев Сев. Кавказа. Его возникновение, цель и распад // Революционный горец. 1918. № 1; Владикавказская конференция Юго-Восточных областей 16–21 октября 1917 г. Владикавказ, 1917; Гайдар Баммат — известный и неизвестный: сб. документов и материалов / сост. Хаджи Мурад Доного. Баку, 2015; Даудов А. Х., Месхидзе Д. И. Национальная государственность горских народов Сев. Кавказа (1917–24). СПб., 2009; Материалы съездов горских народов Сев. Кавказа и Дагестана 1917 г. / сост., автор вступит. статьи А. Х. Кармов. Нальчик, 2014; Музаев Т. М. Союз горцев: русская революция и народы Сев. Кавказа, 1917 — март 1918 г. М., 2007; Первый Горский съезд 1 мая 1917 г. / сост. Б. К. Далгат. Владикавказ, 1917; Союз объединенных горцев Сев. Кавказа и Дагестана (1917–18 гг.) и Горская Республика (1918–20 гг.). Документы и материалы. Махачкала, 2013; Тахо-Годи А. А. Революция и контрреволюция в Дагестане. Махачкала, 1927.

Д. Месхидзе

Средневековая Ингушетия. В период раннего Средневековья территория Ингушетии контролировалась *Хазарским каганатом*, с X в. входила в состав государства, что способствовало распространению христианства (в основном через Грузию). В бассейне р. Сунжа локализуются ряд городищ; по одной из версий, здесь находилась столица Алании — средневековый г. Магас.

В XIII в. Сев. Кавказ, в том числе территория Ингушетии, был завоеван монголо-татарами и вошел в состав *Золотой Орды*. К памятникам этого периода на территории Ингушетии относится Келийский могильник. В золотоордынский период был возведен купольный мавзолей *Борга-Каш* (Брагунский мавзолей, 1405–06 гг.) близ с. Плиево. Сооружались оборонительные рвы (так называемый Ров Тамерлана около с. Сурхахи, Насыр-Кортский ров).

В степных р-нах известны кабардинские курганы XIV–XVI вв. К Позднему Средневековью в горной Ингушетии относятся многочисленные комплексы жилых и боевых башен, каменные склепы, П-образные и столпообразные святилища, подземные, полуподземные и наземные склепы, существовавшие до исламизации региона. В горных р-нах Ингушетии из камней строились заградительные стены (у с. Верх. Алкун, Даттых, Дошхакле), жилые башни («гала»; 2–3-ярусные с плоской кровлей, высотой до 10 м), полубоевые и боевые башни («воу»; 4–5-ярусные, высотой до 30 м, с бойницами; возводились с XV в.; в с. Вовнушки, Карт, Ляжш, Лейми, Лялах, Мецхал, Мяжги, Ний, Озиг (Барким), Пялинг, Таргим, Цори, Эгикал, Эрзи относятся к периоду XIII–XVIII вв.; входят в состав Джайрахско-Ассинского историко-культурного и природного государственного музея-заповедника. Камни украшались изображениями рук мастера-строителя, символами и оберегами (кресты, круги, зигзаги), сценами с участием людей и животных. Почти каждое село имело святилища (элгац), по форме представлявшие собой двускатные надземные склепы («Мят-Сели» на горе Мат-Лам, «Ауш-Сели» на левом берегу р. Асса, «Калой-Лам-Сели», в с. Мяжки, у с. Гадаборш, Гули, Мецхал, Эрзи, XV–XVI вв.), а также столпообразные святилища-сиелинги (у с. Лялах, Ний и др.).

Рядом с горными селениями, образующими живописные террасообразные композиции на склонах, расположены погребальные склепы — надземные (у с. Ляжги, Фалхан, Хамхи, Харпе и др.; высотой до 6–8 м), полуподземные и подземные (у с. Эгикал, Мужичи и др.), а также надмогильные крестообразные стелы-чурты, часто расписанные и снабженные навесами в виде крыши.

В XVI в. территория Ингушетии подвергалась набегам ногаев. По письменным источникам, известен ряд «обществ» (самоуправляющихся сельских общин или их объединений): Галгаевское, Цоринское, Джайраховское, Мецхальское и Феппинское (Кистинское). В XVII в. некоторые из равнинных ингушских «обществ» оказались в даннической зависимости от Кабарды.

По Белградскому миру 1739 г. территории ингушских «обществ» были признаны нейтральной зоной между Российской и Османской империями. Некоторые ингушские роды приняли российское подданство, подписав присягу на верность Российской империи. По Кючук-Кайнарджийскому мирному договору 1774 г. территория расселения ингушских «обществ» вошла в состав Российской империи.

Лит.: Крупнов Е. И. Средневековая Ингушетия. 2-е изд. Магас, 2008.

А. Пачкалов

Средневековая Чечня. На территории Чечни в период раннего Средневековья имелось влияние со стороны Тюркского и *Хазарского каганата*; с X в. — Алании. Вайнахи поклонялись местным божествам. Среди них были распространены магия, знахарство, почитание священных гор, рощ, деревьев и др. В XI–XII вв. из Грузии и Византии распространилось православие. Грузинские цари направляли проповедников, священников, священные книги. После падения Византийской империи и ослаблением влияния Грузии христианство среди вайнахов пришло в упадок; одновременно возрождались старые политеистические верования.

К середине XIII в. на регион распространилось влияние *Золотой Орды*. В XIII–XIV вв. существенное влияние оказывала культура *Золотой Орды*, с XIV–XV вв. строились мавзолеи, мечети (в с. Эткали, Хой). В горной местности строились жилые, полубоевые, боевые башни, подземные, полуподземные, наземные склепы. В конце XIV в. на территории Чечни существовало государство или историческая область Симсир (Симсим), захваченная эмиром Тимуром в 1396 г. Симсир упоминается в двух источниках: хронике Низам ад-дин Шами («Зафар-наме», начало XV в.) и хронике Шараф ад-дин Йазди («Зафар-наме», середина XV в.). Упоминание связано с походом Тимура на *Золотую Орду* в конце XIV в. Среди правителей Симсима назван Гаюр-хан (Гайур-хан) и его сын Мухаммад. Автор «Зафар-наме» сообщает, что Тимур преследовал отступивших, уничтожая крепости и замки.

В XIII–XV вв. на равнинной части Чечни через *Золотую Орду* и Дагестан (от соседей-кумыков) постепенно начал проникать ислам (надгробные памятники мусульманских погребений, в том числе чеченских шейхов (Термол, Бети, Берса и др.). Часть жителей Вост. и предгорной Чечни были мусульманами уже в XVI в., но большинство населения горной Чечни и Ингушетии приняло ислам лишь в XVII–XVIII вв.

После распада *Золотой Орды* равнинные районы современной ЧР попали под контроль кабардинских и дагестанских феодалов. В середине XV в. происходило переселение горцев на равнину. С XV в. на западе Чечни появляются кабардинские курганы, на равнине — грунтовые могильники горцев.

Ко 2-й половине XVI в. относятся первые письменные свидетельства русских властей о контактах с чеченцами. В 1570-е гг. один из крупнейших чеченских владетелей князь Шихмурза Окоцкий (Аккинский) установил связи с Москвой; в Москву прибыло первое чеченское посольство, ходатайствовавшее о принятии чеченцев под российское покровительство. Царь Федор Иоаннович издал соответствующую грамоту, но в 1610 г. Окоцкое княжество было захвачено кумыкскими князьями. В 1627, 1645 и 1657–58 гг. ряд обществ вост. Чечни приняли присягу на верность России, но во 2-й половине XVII в. они попали в зависимость от кабардинских, кумыкских и тушетских феодалов. Часть пограничных чеченских обществ и аулов на протяжении XVI–XVIII вв. входила в состав *Тарковского шамхальства*, *Аварского ханства*, Эндерейского владения и Малой Кабарды.

В XVI–XVIII вв. вайнахи заняли центр. и юж. часть современной Чечни до среднего течения р. Терек на севере. Со 2-й половины XVI в. на территории Чечни фиксируются объединения («землицы» или «общества») с выборной властью. Также существовали владения (улусы, юрты и др.), которыми управляла наследственная знать, — Окоцкое, Гехинское, Чеченское, Качкалыковское, Карабулакское, Герменчиковское, Брагунское, Алдинское и др.

В горных р-нах Чечни до XIX в. строились жилые (1–2-ярусные с плоской кровлей), боевые (4–5-ярусные с пирамидально-ступенчатой крышей, бойницами; высотой до 30 м; в урочищах Майста, Малхиста, в с. Хайбах, на территории Аргунского музея-заповедника; строились с XV в.) башни, крепости (руины в с. Моцарой), которые иногда образовывают целые комплексы построек (Кезеной-Ам, Алдам-Гези, в с. Хой, Шарой, близ хутора Дёре и др.; строились в XV–XVIII вв.). Многие памятники покрыты петроглифами XV–XVIII вв. Многие селения имели святилища, по форме близкие двухскатным надземным склепам.

Лит.: Вопросы древней и средневековой археологии Кавказа. Грозный; М., 2011; История Чечни с древнейших времен до наших дней. Т. 1. Грозный, 2006.

А. Пачкалов

Средневековый Эндирей (Эндери, Андреевская деревня) — один из крупнейших и древнейших населенных пунктов на Кумыкской равнине. Селение расположено на правом берегу р. Акташ, на северо-западе от г. Хасавюрт (ныне Хасавюртовский р-н РД).

Происхождение названия не известно. По одной из версий, назван по имени беглого донского казачьего атамана из «Ермаковых скопищ Андрея», якобы основавшего новое село, в котором поселился сам первым и «в свое имя назвал» (В. Н. Татищев). Однако некоторые современные исследователи склонны видеть в топониме Андрей (Андреева деревня, Андрейаул) «искаженное русскими название кумыкского аула Эндери. Возможно, от сочетания кумыкского «эниш» и персидско-турецкого «дере»: Энишдере / Эндере / Эндирей — «Нижняя (по отношению к верховьям р. Акташ) или широкая долина». Есть и др. версии.

Археологически окрестности села исследованы слабо. Известна серия средневековых памятников. Наиболее значимый — Андрейаульское городище (I тыс. н. э.). Городище имеет протяженность около 1,5 км и ширину до 450 м. Центр. часть, размерами 500 × 450 м, укреплена валами, достигающими 8–10 м в высоту, и глубокими рвами. К северу от городища простирается обширный посад, бо́льшая часть которого уничтожена рекой. С напольной стороны он также защищен системой валов и рвов, являющихся продолжением городских. Напротив Андрейаульского поселения, в 4 км к югу от Андрейаульского городища, находится Андрейаульская крепость. Она расположена на округлой поверхности незначительного надречного выступа, около 40 м в диаметре, который ограничен с боков оврагом. Крепость ограждена валом и рвом.

По мнению Р. М. Магомедова, Эндирей существовал «еще во времена хазарского владычества». В 2 км к северу от нынешнего расположения села находится крупное городище, относимое к хазарскому времени. Известный хазаровед М. И. Артамонов, исходя из созвучия названий, считал, что название а. Эндери «можно принять за единственный пока реальный остаток древней хазарской столицы Семендера». М. Г. Магомедов связывает Андрейаульское городище с хазарским г. Вабандаром.

В последние годы на городище в окрестностях современного села стали известны находки большого количества джучидских монет конца XIV — 1-й половины XV вв. Также был обнаружен клад серебряных монет *Золотой Орды* начала XV в. Судя по монетным находкам, город в это время играл важную роль в Улусе Джучи. Возможно, что в это время в городе осуществлялась чеканка серебряных монет. В XIV–XV вв. город являлся одним из крупнейших центров производства высокохудожественной керамики на Сев. Кавказе. Здесь производились так называемые индирские блюда, являвшие собой яркий пример парадной посуды.

Вероятно, окрестная территория в XIV–XV вв. называлась Мамукту — это историческая обл. либо государственное образование, существовавшее на территории Кумыкской плоскости. Упоминается в двух источниках: хронике Низам ад-дин Шами («Зафар-наме», начало XV в.) и хронике Шараф ад-дин Йазди («Зафар-наме», середина XV в.). Упоминание связано с успешным походом Тамерлана на *Золотую Орду* в конце XIV в.

Ногайцы называли С. Э. в XIV–XV вв. «Гуенской крепостью» — Гуен Кала; гуены проживали, по данным разных источников, от Гумбета до Терека, в Эндирее. В историческом сочинении «Та'рих-и Эндирей» говорится: «Эндирей был крупным городом: один его предел находился в Чумлу, а другой край — в местности Гюен-ар… Этот город называли вторым Стамбулом…».

В 1871 г. Н. Дубровина опубликовала два предания об образовании аула. Согласно первому, аул основан гумбетовцами (по др. сказаниям, салатавцами) из а. Рикони. Они «спустились к ущелью Акташа и поселились на правом берегу его, при впадении Сала-су в Акташ; потом они остановились у самого выхода из ущелья и основали знаменитую впоследствии деревню Эндери». Согласно второму преданию, аул основан сыновьями кумыкского князя Султан-Мута — Айдемиром и Казаналипом, которые переселились в эти местность вместе со своими подвластными людьми из родового а. Чумлы (располагался в 3 верстах выше Эндерея).

В конце XVI в. Эндирей стал столицей крупного феодального образования, Эндиреевского бийлика. Его основателем и первым правителем стал Солтан-Махмут Тарковский, превративший город в важный городской центр Сев. Кавказа. В городе в это время находились многие кабардинские и балкарские князья и уздени, бежавшие от князей Идаровых-Черкасских (князь Дударук Кануков, сыновья князя Янсоха Кайтукина Эльмурза и Урусхан, князь VII Алегуко, совершавший отсюда набеги на владения потомков Темрюка в Кабарде, карачаево-балкарские аристократы Баммат-Аджи и Умар-Аджи и др.). В середине XVII в. правителям Эндирея подчинялись Салатавия, князья Малой Кабарды.

15–17.05.1638 г. в Эндирее между кумыкским шамхалом Айдемиром, сыном Солтан-Махмуда, и послами голштинского герцога Фридриха III Филиппом Крузенштерном и Отто Брюггеманом был заключен договор о союзе Кумыкии и Голштинии. Договор оформил секретарь посольства Адам Олеарий, автор знаменитых записок путешествия по Вост. Европе.

Османский путешественник Эвлия Челеби в 1666 г. писал про С. Э.: «Прежде всего город расположен посреди обширной степи, на берегу реки Койсу. Вода и воздух здесь приятны, жители миловидны. Здесь тысяча домов с садами и виноградниками, много михрабов и соборных мечетей. Этот город древний, средоточие мудрых, источник совершенств, обитель поэтов и умиротворенных».

По данным Эвлия Челеби, первоначальный, Старый Эндирей находился на р. Койсу, т. е. на Сулаке. Также Эвлия Челеби сообщает о расположении Эндирея на берегу р. Акташ, т. е. на современном месте. Эвлия Челеби характеризует Эндирей как древний город и один из столиц (наряду с Джулатом и Таргу) дагестанского падишаха — шамхала кумыкского.

С. Э. считался большим городом, культурную традицию которого высоко оценивал посетивший его Эвлия Челеби. Он применил к нему следующие эпитеты: «стольный город падишаха Дагестана», «город древний, средоточие мудрых, источник совершенств, обитель поэтов и умиротворенных», его ученые «обладают мудростью арабов и великими знаниями». По словам путешественника, «искусные врачи и спускающие (дурную) кровь хирурги (здесь) несравненны». Титул правителя города — «уллу-бей-хан» (с кумыкского — великий-князь-хан). Население города и его окрестностей Эвлия Челеби назвал «племенем кумык». Позади города им была отмечена «крепость Эндери». В бывшей столице шамхальства, по его сообщению, было похоронено 47 шамхал-ханов. Кроме этого, он сообщил о находившихся здесь могилах «святых Аллаха великих Эль-Хаджжи Джема, Хаджжи Йасави-Султана, Хаджжи-'Абдуллы Ташкенди». По его же сведениям, в С. Э. имелось 27 мечетей, из них 7 джума-мечетей, 3 медресе, 7 начальных школ.

Здесь также находился важный невольничий рынок, поставлявший рабов в том числе в Персию и Турцию.

В середине и 2-й половине XVII в. город подвергался набегам калмыков. В конце XVII в. между эндиреевскими и брагунскими князьями происходили междоусобицы, что привело к усилению их соперников в регионе, особенно гребенцев и чеченцев. Гребенцы поддерживали в усобице брагунских, а чеченцы — эндиреевских князей. В итоге победу одержала эндиреевско-чеченская коалиция. Гребенцы были вытеснены на северный берег р. Терека, за речной рубеж, а по юж. берегу стали расселяться подконтрольные Эндирею чеченские аулы.

Лит.: Атаев Д. М., Магомедов М. Г. Андрейаульское городище // Древности Дагестана. Махачкала, 1974; Ахмадов Я. З. Очерки политической истории народов Сев. Кавказа в XVI–XVII вв. Грозный, 1988; Оразаев Г. М.-Р. Дагестанские исторические сочинения. Кн. I. Махачкала, 2003; Челеби Эвлия. Книга путешествия (Извлечения из сочинения турецкого путешественника XVII в.). Вып. 2. М., 1979.

А. Пачкалов

Ставки золотоордынских ханов на Северном Кавказе и на Дону. Из письменных источников известно о пребывании золотоордынских ханов на территории Приазовья и Сев. Кавказа. Данные джучидской нумизматики также подтверждают это обстоятельство.

Имеются сведения о пребывании хана *Узбека* в районе г. *Азака* и в Пятигорье (Биш-Даг). Ставку *Узбека* в р-не Пятигорья посетил и описал известный арабский путешественник *Ибн Баттута*.

Основываясь на топографии серебряных монет Орды 1360–70-х гг., Г. А. Федоров-Давыдов предположил, что Орда ханов 'Абдаллаха и Мухаммада (креатуры эмира Мамая) кочевала (и чеканила серебряные монеты) в р-не Сев. Приазовья. Видимо, некоторое время и сам г. *Азак* являлся местом пребывания амира Мамая и его ханов.

На джучидских монетах Орды присутствуют различные эпитеты, среди которых в конце XIV — начале XV в. встречается эпитет «ал-джадид» («новый»). В Орде ал-джадид чеканились серебряные и медные монеты в конце XIV и в начале XV в. Наибольшее число монет Орды ал-джедид чеканилось при ханах *Тохтамыше*, Бек-Пуладе, Тимур-Кутлуге и Шадибеке. Основная часть известных в настоящее время монет хана Бек-Пулада чеканена в Орде ал-джадид в 793 г. х. Исходя из топографии монетных находок, состава монетных кладов, а также сведений из «Хожения» митрополита Пимена о местоположении «Бек-Булатова улуса», можно считать, что чеканка монет с легендой Орда ал-джадид производилась в р-не Подонья, где и располагалась ставка хана Бек-Пулада.

В ярлыке хана *Тохтамыша* 1392 г. Орда фиксируется на р. Дон (в местности Ур-тюбе). По данным русских летописей, в XV в. Орда хана Махмуда кочевала на р. Дон. В непосредственной близости от р. Дон помещена ханская ставка (lordo) на мировой карте венецианца Леардо 1452–53 гг. С Сев. Кавказом, вероятно, связано кочевание Орды хана Ахмата в конце XV в. В р-не Пятигорья в конце XV в. кочевали ханы Большой Орды, дети Ахмата.

Лит.: Палимпсестова Т. Б., Рунич А. П. О ессентукских мавзолеях и ставке Узбек-хана // Советская археология. 1974. № 2; Пачкалов А. В. Новые данные по монетному обращению средневекового Кавказа // Новейшие открытия в археологии Сев. Кавказа. Исследования и интерпретации. XXVII Крупновские чтения. Материалы Международной научной конференции. Махачкала, 2012; Он же. О монетном дворе Орда ал-джедид // Вопросы истории и археологии Зап. Казахстана. 2010. № 2; Полное собрание русских летописей. М., 2000. Т. XI; Тизенгаузен В. Г. Сб. материалов, относящихся к истории Золотой Орды. СПб., 1884.

А. Пачкалов

Ас-Сугури, 'Абдуллах (2-я половина XVIII–XIX вв.) — мусульманский религиозный деятель. Ученик Махада из Чоха, известен как астроном и математик. Обладал способностью предсказывать некоторые природные явления, в частности время солнечного и лунного затмений. В итоге суеверный народ наградил его прозвищем «шайтан» (черт). Согласно преданию, ас-С. 'А. предсказал сожжение с. *Согратль*, постройку дороги на Казикумух, час убийства второго имама Дагестана *Гамзат-бека* и т. д.

Лит.: Каяев А. Биографии дагестанских ученых-арабистов (на турецк. яз.) // РФ ИИАЭ ДНЦ РАН. Ф. 25. Д. 1678; Магомедова З. А. Абдурахман-Хаджи ас-Сугури — ученый, пропагандист знаний, поборник свободы // Дагестанские святыни. Махачкала, 2007. Кн. I.

З. Магомедова

Ас-Сугури, 'Абдуррахман-хаджжи (14.02.1793–1882) — мусульманский религиозный и общественный деятель, ученый-суфий, третий шейх накшбандийского тариката в Дагестане.

Родился в с. *Согратль* (ныне Гунибский р-н РД), основам богословских наук ас-С. 'А.-х. обучался у Ибрагима Дибира из с. *Согратль*. Его учителя по тарикату и кораническим наукам: *ал-Йараги Мухаммад-эфенди, ал-Гази-Гумуки Джамалуддин*, Исма'ил ал-Курдамири, Хас Мухаммад аш-Ширвани. В 1832 г. ас-С. 'А.-х. совершил паломничество в Мекку, где также продолжил обучение у таких ученых, как Саййид Таха ал-Халиди ал-Багдади, 'Али ал-Кузбари, 'Абд ар-Рахман ал-Кузбари, аш-Шаркави, Мухаммад ад-Дахлави, Саййид Хусейн Джамал ал-Лайл ал-Макки и др.

Ученики ас-С. 'А.-х.: Мухаммад Ободинский, 'Абдуллах-Хаджжи Гимринский, Атанас Могохский, Султан-Кади Араканский, *ал-Кикуни Мухаммад-хаджжи*, Узун-Хаджжи Салтинский, Ильяс-хаджжи Цудахарский, *Акушинский 'Али-Хаджжи*, сподвижник и соратник *Шамиля — Мухаммад Амин* и др. Ас-С. 'А.-х. играл не последнюю роль в политической жизни дагестанского общества XIX в., являясь мухтасибом — своего рода государственным инспектором аппарата *Имамата* и советником имама. В 1877 г. стал духовным лидером «малого газавата» (см. *Восстание Всеобщее 1877 г.*), вспыхнувшего в Дагестане и Чечне против царского режима.

Возможно, что поражение *Восстания Всеобщего 1877 г.* стало причиной написания одного из сочинений ас-С. 'А.-х. на арабском языке, дошедшего до наших дней в рукописи и посвященного хиджре (переселению). В своем трактате он выступает за массовую эмиграцию мусульман с Кавказа. По мнению автора, в случае когда мусульманские земли попадают под власть немусульманских правителей, а правоверные уже не могут выполнять свои религиозные обязанности и нет надежды восстановить права ислама при помощи газавата, каждый мусульманин обязан покинуть эту территорию и переселиться туда, где господствуют законы ислама. Это, однако, не означает отказа от джихада. Согласно ас-С. 'А.-х., только переселение позволяет продолжать борьбу за установление шариатского общества и государства из-за границы (в данном случае с территории Османской империи). Действительно, многие последователи ас-С. 'А.-х. эмигрировали в Турцию, др. были высланы в отдаленные обл. внутренней России.

Ас-С. 'А.-х. — «ученому, познавшему тарикат, хаджжи, знающему наизусть Коран» — принадлежит «Касыда», посвященная победе войск *Шамиля* над отрядами М. С. Воронцова в Дарго, где упоминаются храбрейшие наибы *Шамиля* — Хатын, Сухайб, Ильдар, погибшие в сражениях при Бальгито, Дарго. Наиболее известное и имевшее большую популярность в Дагестане сочинение ас-С. 'А.-х. — «Машраб ан-накшбандийа» («Направление накшбандийа», Темир-Хан-Шура, 1906 г.). Трактат посвящен исламу и суфийско-тарикатскому учению и предназначен мюридам, вступающим на путь накшбандийского тариката. Сохранилась также его многочисленная переписка с учеными и представителями духовенства Дагестана: имамом *Шамилем*, *ал-Йараги Мухаммадом-эфенди*, *ал-Уради Муртада'али* и др. В Согратлинском школьном музее хранится ранее неизвестное произведение ас-С. 'А.-х. — «Маса'ил сугурийа» (Вопросы и ответы по мусульманскому праву) и стихотворение, посвященное событиям эпохи *Шамиля*.

Умер ас-С. 'А.-х. в с. Ниж. Казанище (ныне Буйнакский р-н РД), куда был сослан после подавления *Восстания Всеобщего 1877 г.* На месте захоронения воздвигнут зийарат, который является популярным местом паломничества мусульман.

Соч.: Касыда, посвященная победе войск Шамиля над отрядами Воронцова в Дарго; Маса'ил сугурийа (Вопросы и ответы по мусульманскому праву); Машраб ан-накшбандийа (Направление накибандийа). Темир-Хан-Шура, 1906; Рисала шарифа ли-шайх 'Абд ар-Рахман ас-Сугури. Сочинение, посвященное переселению дагестанцев в исламские страны; Хашийат ас-Сугури, или Хашийат Адаб ал-бахс (Субкомментарий к нормам поведения при дискуссии).

Лит.: Магомедова З. А. ГІабдурахман-хІажи Суґъурияв (1792–1881). ХІакьикьат. 2010. № 11; Магомедова З. А. История проникновения накибандийского тариката в Дагестан // Известия вузов. Северо-Кавказский регион. Ростов, 2009; Магомедова З. А. Шейх накшбандийского тариката — Абдурахман-Хаджи из Согратля. Махачкала, 2010; Magomedova Z. A. Abdal-Rahman-kajjial-Sughuri — advocate of sufi ideals and ideologue of the Nakshbandi tarika // Islam and Sufism in Dagestan. Helsinki, 2009.

З. Магомедова

Ас-Сугури, 'Алириза (1590/91–1677/78) — мусульманский религиозный деятель, специалист по мусульманскому праву и хадисам, основатель известного медресе.

Согласно памятным записям, ас-С. 'А. родился в 999 г. х. (начался 29.10.1590 г.) в с. *Согратль* (ныне Гунибский р-н РД), в семье образованного человека — представителя фамилии Жанайилал, тухума Келдерилал. Первоначальное образование ас-С. 'А. получил в своем родном селе, где еще в конце XVI в. действовало медресе. Конкретных данных об учителях ас-С. 'А. не имеется. Согласно Шу'айбу ал-Багини, ас-С. 'А. был «знатоком фикха и хадисов, обладателем глубоких познаний». Ал-Багини также называет его шейхом и добавляет к его имени («-афанди», что говорит о причастности ас-С. 'А. к суфизму, хотя конкретных сведений на этот счет исследователи пока не выявили. Источники также называют ас-С. 'А. прекрасным каллиграфом. В одной из своих рукописей его ученик *ал-Кудуки* Мухаммад б. Муса упомянул переписанную собственноручно ас-С. 'А. книгу «ал-Масабих», «которая ни в своем тексте, ни в комментариях, ни во флексии или огласовках не содержит ни единой ошибки».

После получения образования ас-С. 'А. открыл в с. *Согратль* медресе, которое стало местом обучения ведущих дагестанских ученых XVII — начала XVIII в. Прежде всего стоит отметить Мухаммада б. Муса *ал-Кудуки*, который по данным, нуждающимся в уточнении, в 1673–77 г. учился в медресе ас-С. 'А. Помимо него, у ас-С. 'А. учился дагестанский ученый-энциклопедист Дамадан ал-Мухи.

Из трудов ас-С. 'А. до наших дней дошла лишь одна рукопись по грамматике арабского языка, хранящаяся у наследников ас-С. 'А. — в семье согратлинцев Хабибовых. Умер ас-С. 'А. в возрасте 86 лет в 1088 г. х. (начался 05.03.1677 г.). Над его могилой в с. *Согратль* сооружен зийарат-худжра.

Лит.: Нурмагомедов М. Г. Дагестанская литература на арабском языке (на араб. яз.) // РФ ИИАЭ ДНЦ РАН. Ф. 3. Оп. 1. Д. 553. С. 2; Хайбулаев С. М. История аварской литературы. Махачкала, 2006. С. 245–246; Шуайб б. Идрис ал-Багини. Табакат ал-хваджакан ан-накшбандийа. Дамаск, 1996. С. 398.

Ш. Хапизов

Ас-Сугури, **Хаджжи-Мухаммад** б. 'Абдуррахман (1812–70) — мусульманский религиозный деятель, ученый-арабист и поэт.

Родился в с. *Согратль* (ныне Гунибский р-н РД) в семье известного ученого-богослова, сподвижника имама *Шамиля ас-Сугури 'Абдуррахмана-хаджжи*. В совершенстве владел классическим арабским языком, на котором писал поэтические произведения и религиозные трактаты. Блестяще и быстро окончив ун-т Ал-Азхар, ас-С. Х.-М. еще в молодые годы получил известность как одаренный ученый. Преподавал в медресе, давал консультации мударрисам-преподавателям. Во время *Кавказской войны* был одним из идеологов газавата. Свое ораторское искусство, талант ученого и блестящее слово поэта направлял на воодушевление и призыв народа «на борьбу с врагом за свободу и независимость родины». После окончания *Кавказской войны*, не смирившись с российской колонизацией Дагестана, эмигрировал в Османскую империю. Из поэтического наследия поэта известна касыда «Век-давитель», написанная в 1860 г. и опубликованная в г. Стамбуле в 1909 г. Свободно говорил и творил на аварском, арабском, персидском, турецком языках. Жил в г. Измире. Позже, в связи с болезнью, переехал в Аравию, где и скончался.

Лит.: Абдуллаев М. А. Деятельность и воззрения шейха Абдурахмана-хаджи и его родословная. Махачкала, 2002; Абдуллаев М. А. Мыслители Дагестана XIX и начала XX в. Махачкала, 1963; Муртазалиев А. М. Писатели дагестанского зарубежья: Биобиблиографический справочник. Махачкала, 2006.

А. Муртазалиев

Султанмагомедов, Салман Насибович (Мухаммадвакиль, 1951–11.08.2010) — главный редактор «Махачкала-ТВ» и издательства «Нуруль-Иршад». Долгое время работал зав. отделом просвещения ДУМД.

Под руководством С. ДУМД выпустило в свет более тридцати брошюр и книг по исламской тематике, в том числе: «Азбука Ислама», «История религий», «Основы Ислама и жизнеописание Пророка Мухаммада», «Подарок новобрачным», серию детских книг «Моя религия» и др.

С. является автором научно-популярных и теологических статей и публикаций в республиканских СМИ, аудио- и видеовыступлений с проповедями и лекциями.

Преподавал в ДГТУ курс «История ислама», заведовал отделом исламского просвещения ДУМД, занимал должность проректора Северокавказского исламского ун-та, руководил Дагестанским центром по изучению Корана. В последние годы он работал главным редактором телевизионного канала «Махачкала-ТВ» и был руководителем издательства «Нуруль-Иршад».

В августе 2008 г. автомобиль С. был взорван у его дома. Убит неизвестными в первый день месяца рамадан в 2010 г. в Махачкале. Похоронен на кладбище с. Дылым Казбековского р-на РД.

Лит.: Омаров М. Ислам в Дагестане. Махачкала, 2014.

М. Омаров

Султанов, **Бейбала-бек** Магомед-Мирзович (10.03.1876–20.03.1918) — общественно-политический деятель, депутат Государственной думы 2-го созыва от Дагестанской обл. и Закатальского окр.

Лезгин. Родился в с. Ахты (ныне Ахтынский р-н РД). В 1901 г. окончил медицинский факультет Московского ун-та. В 1902–06 гг. работал окружным врачом Кюринского окр. Дагестанской обл. с центром в с. Касумкент (ныне Сулейман-Стальский р-н РД).

06.02.1907 г. избран депутатом Государственной думы 2-го созыва (20.02–03.06.1907) от Дагестанской обл. и Закатальского окр. Член Мусульманской фракции, состоял в распорядительной комиссии, комиссии по народному образованию. Выступал в Думе по аграрному вопросу.

В 1908–10 гг. работал окружным врачом Кайтаго-Табасаранского окр. Дагестанской обл. с центром в с. Каякент (ныне Каякентский р-н РД), в 1910–11 гг. — врачом 4-й бесплатной лечебницы при Михайловской городской больнице г. Баку, в 1912–18 гг. — врачом 1-й бесплатной лечебницы при Михайловской городской больнице г. Баку. Надворный советник.

Убит дашнаком во время антимусульманских погромов в г. Баку.

Лит.: Государственная дума Российской империи: 1906–17: энц. М., 2008. С. 597.

Д. Д.

Ас-Сумуди, Тируч (ум. 1770) — мусульманский религиозный деятель, дагестанский 'алим.

Каяев 'Али в начале XX в. писал, что ас-С. Т. был крупным специалистом по логике, теологии и одним из наиболее компетентных преподавателей XVIII в. в Дагестане. В одной из рукописей, переписанных его учеником в 1758/59 г., указано, что ас-С. Т. «получил известность в Дагестане за свои научные познания, особенно в сфере грамматики». Он являлся автором трудов по логике, которые до настоящего времени не выявлены в рукописных коллекциях.

Не удалось также выяснить, чьим учеником был ас-С. Т. В собрании рукописей с. Кусур Рутульского р-на РД были обнаружены три рукописи, переписанные его учениками (Хасан б. Хаджжи ал-Гучути, Абубакр б. 'Умар б. Абусалим б. 'Али ал-Гучути и некий ал-Гунуди) в 1748, 1755/56 и 1758/59 г. Из содержания этих рукописей следует, что ал-С. Т. возглавлял медресе в с. Сомода (ныне Шамильский р-н РД).

В литературе встречается две даты смерти ас-С. Т.: 1757 и 1770 г. Учитывая содержание колофона рукописи, переписанной его учеником в 1758/59 г., более вероятной является вторая дата, приводимая *Каяевым 'Али*. Также стоит учитывать, что ас-С. Т. умер от эпидемии чумы, а она была распространена в соседнем Гидатле в 1770 г. Похоронен ас-С. Т. в родном селе Сомода, дата смерти на надмогильной стеле не поддается прочтению.

Лит.: Айтберов Т. М., Хапизов Ш. М. Елису и Горный магал в XII–XIX вв. (очерки истории и ономастики). Махачкала, 2011. С. 364–368; *Ali Kayayev. Teracim-i Ulema-yı Dağıstan. Dağıstan Bilginleri Biyografileri.* Ankara, 2012. S. 141.

Ш. Хапизов

Суннитская мечеть в г. Владикавказе. Начало строительства суннитской мечети относится к 1900 г., мечеть была расположена на ул. Надтеречной (ныне ул. Коцоева, 62).

Строительство было начато по инициативе мусульман-суннитов, при финансовой поддержке татар, проживавших во Владикавказе, и нефтепромышленника Мухтарова. Местная администрация назначила попечителем владикавказского приходского муллу С. Радимкулова (Рахимкулова). Первые финансовые средства на возведение мечети пожертвовали татары из Пензенской обл. и Казанской губ. Строительство было завершено 1909 г., что было зафиксировано в надписи. Мечеть отличается египетским архитектурным стилем. Архитектор — Иосиф Плошко, интерьер был оформлен художником Францем Долежалем, внутренняя отделка выполнена в технике сграффито. В 1919 г. при мечети была открыта русско-татарская школа русского и татарского языков и шариата.

Советская власть сначала оставила мечеть действующей, затем здание было национализировано и сдавалось верующим в аренду. В 1934 г. горсовет принял решение уничтожить суннитскую мечеть. Командир 25-й татарской роты 84-го кавалерийского полка Я. И. Беткенев отдал приказ воинам-татарам с оружием в руках встать на защиту мечети; властям пришлось уступить и присвоить мечети статус памятника архитектуры, после чего она функционировала в качестве музея до 1994 г.

В 1996 г. мечеть была передана *ДУМ Республики Северная Осетия–Алания*, в настоящее время это Соборная мечеть Владикавказа. Суннитская мечеть является памятником архитектуры и признана объектом культурного наследия России федерального значения.

Лит.: Центральный государственный архив РСО–Алания. Ф. 12. О. 1. Д. 920. С. 6, 12, 38–41. ПМА 1998 г.; Ф. 211. О. 1. Д. 161. С. 40. ПМА 1998 г.; Старый Владикавказ: историко-этнологическое исследование. Владикавказ, 2002. С. 198–199.

Р. Агаев

Суфизм на Северо-Западном Кавказе — мистико-аскетическое течение, в разных формах проявлявшееся в регионе с XIII по XX в. Согласно убедительной гипотезе А. К. Аликберова, он нередко служил формой исламизации на периферии мусульманского мира, в том числе на Сев. Кавказе от Средневековья до Нового времени. История С. С.-З. К. до сих пор практически не изучена, в ней много пробелов и спорных утверждений. В данном обзоре дана попытка обобщить собранные к настоящему времени данные, в особенности у тюркоязычных мусульман региона.

Первые общины суфиев в регионе появились в период *Золотой Орды*, правители которой приобщились к исламу именно через суфийских наставников. Берке-хан принял

Суфизм на Северо-Западном Кавказе

ислам еще при жизни своего брата Бату-хана, когда прибыл в г. Бухару, где «явился к одному из шейхов (своего) времени и от него удостоился наставления». Этим шейхом был Сайф ад-дин Бахарзи (1190–1261), «один из великих преемников шейха Наджм ад-дина Кубра» (1145–1221) — основателя-эпонима суфийского братства кубравийа.

Имеются данные о вкладе суфиев в исламизацию правящих элит *Золотой Орды*, в том числе на Сев.-Зап. Кавказе. Шейх «встречался с правителем татар и изменил его в лучшую сторону», строил у них «свои обители (ханака)», и «татары продолжали толпами входить в ислам». Ал-Муфаддал пишет, что у Берке был «факир (суфий) из Фаюмских жителей» — египетский шейх Ахмад ал-Мисри. *Ибн Баттута* (1334) сообщает об учащихся медресе (талибов) в числе тех, кому покровительствовал *Узбек*, в окружении которого упоминает «шейхов, кадиев, правоведов, шерифов, факиров» из Средней Азии, в числе которых — «почтенный сейийд», глава шерифов Ибн 'Абд ал-Хамид, верховный кадий Шихаб ад-дин ас-Са'или, кадий Хамза, имам Бадр ад-дин ал-Кавами, имам и преподаватель Хусам ад-дин ал-Бухари. Хан *Узбек* лично посещал в Сарае суфийскую обитель имама и факиха, шейха Нуман ад-дина ал-Хорезми; в ордынской столице были и др. обители суфиев (например, благочестивого хаджжи Низам ад-дина).

На Сев. Кавказе золотоордынские ханы покровительствовали суфийским обителям (ханака, завийа), которые одновременно являлись школами при мечетях. Во время посещения *Маджара* (1334) *Ибн Баттута* останавливался в обители (завийа) «благочестивого, религиозного, престарелого шейха» Мухаммеда ал-Батаиха, «родом из Бата'иха Иракского» под Басрой, который «был преемником Ахмада ар-Рифа'и». В этом завийа тогда жили ок. 70 суфиев «арабских, персидских, тюркских и румских, женатых и холостых», и, по словам путешественника, «живут они подаяниями». В данном сообщении указывается, что «жители этой страны питают большое доверие к факирам (суфиям) и каждую ночь приводят в завийа лошадей, коров и овец». В *Маджар* приглашали мударрисов из Средней Азии. Из них известен 'алим 'Изз ад-дин (или Мадж ад-дин), «один из правоведов и знаменитостей Бухары», у которого «было множество учеников и чтецов, читавших перед ним». Он вел проповеди в соборной мечети *Маджара*, а перед его возвращением на родину для него, по призыву шейха ал-Бата'иха, его одарили собранными подарками и дорожными припасами.

С XV в. к суфизму приобщалась кочевая элита Ногайской Орды. Согласно одной из версий генеалогии ногайских правителей дома Эдиге, составленной по указанию бия Нурадина, предком Эдиге был шейх Ходжа Ахмад Йасави. Другой легендарный предок ногайских князей — Баба Туклас (почитаемый как исламизатор *ногайцев*) — порой отождествляется с суфийским шейхом братства йасавийа.

В последующие века С. С.-З. К. распространялся преимущественно из Османской империи (где суфийские братства были влиятельны), а позже — и из намного ранее исламизированного Дагестана. В XV в. С. С.-З. К. представлен шейхами Йогуртчу-бабá, Ашчи-бабá, Башчи-бабá, сам титул которых (бабá) указывает на их деятельность как странствующих дервишей. Они были современниками турецкого султана Мехмеда II ал-Фатиха (1451–81), а их гробницы — тюрбе — у г. *Азова* отмечены в 1640–60-х гг.

Эвлия Челеби (XVII в.) сообщает про несколько дервишских обителей (текке) на Сев.-Зап. Кавказе: три — в г. Тамани; один — у г. *Азов* (близ «могилы лучезарнейшего» Хинди Баба, который «при жизни… сделал столько явных и очевидных необыкновенных чудес»). Он также пишет об активных дагестанских суфиях в Большой Кабарде (ныне КБР). По его словам, к святилищу Пяндж-и Хасан «приходят дервиши из Дагестана», под их влиянием здесь появились местные суфийские общины: «И сие племя кабарты с тех пор, как стало мусульманским, и поныне носит белые шапки из грубой ткани и белые одежды… У себя дома они перебирают четки» (четки — атрибут суфия).

В Позднее Средневековье — Новое время на Сев. Кавказе возникли общины братства *накшбандийа* (ветвь муджадидийа-халидийа, пришедшая сюда из Дагестана). В конце XVIII в. на Сев.-Зап. Кавказе действовал приверженец этого тариката шейх *Мансур*. К этой ветви братства принадлежал крупный религиозный просветитель горцев Верх. Кубани шейх *Бухарский 'Абдуллах*. В XIX в. *накшбандийа* распространяется у *абазин*, адыгов, *ногайцев*, карачаевцев. Османские и местные источники говорят про существование у мусульман Карачая XIX в. суфийских практик теомнемии (зикр), медитации (рабита), сорокадневного уединения в землянках и пещерах (халват), чтения определенных молитв и пр.

В 1-й трети XX в. С. С.-З. К. был представлен двумя общинами *накшбандийа*, одну из которых возглавлял *Биджиев Ожай-хаджжи*, а другую — *Боташев Хаджжи-Мухаммад* (Шакай улу Хаджжи). От последнего наставничество над мюридами (не как устаза, но доверенного — аманатчы) перешло к Хаджжи *Байрамукову Мурату* (атаул Хабич улу) и Локману Байрамукову (атаул Бюттю улу). Л. Байрамуков передал эту функцию Юнус-апенди Узденову, от которого ее переняли его сын Ахмат-хаджжи (с. Новая Джегута) и Олий Локманович Байрамуков (с. Красный Курган). Суфийская община Шакай улу имеет и др. ответвление во главе с Семеновым Хамид-хаджжи.

В этот период в регионе становится популярной суфийская поэзия. В частности, у карачаевцев появляются сочинения с суфийскими темами о цепи духовной генеалогии (силсила), о Божественном Логосе в виде предвечного «Света Мухаммада» (Мухаммады Нюрю), об эманации Логоса (Байхамбар боллукъ Нюрю «Свет, который станет пророком»), имманентности Бога через проявленность его Логоса в пророке («Маулуд» Акбаева И. Я.). Под влиянием С. С.-З. К. горцы приобщались к литературной классике арабо-мусульманского Ближнего Востока (основанной именно на творческом наследии поэтов-суфиев). Среди карачаевских суфийских поэтов конца XIX — начала XX в. особо известны *Хачиров Йусуф*, *Акбаев Исма'ил-эфенди* (Чокуна-эфенди), *Семенов Исма'ил*.

К суфийской литературной традиции восходит жанр «поучений владыкам», часть из которых в Карачае связывается с именем старца Карт-Баба (буквально «Старец-Бабá»). Характерна черта жанра суфийских «поучений» — примеры не только правоверных правителей (Сулайман, Давуд), но и могущественных владык из числа «неверных» (Нимрод). С суфийским влиянием связано возникновение в фольклоре горцев-мусульман пласта сюжетов и образов, связанных не только с кораническими, но и библейскими персонажами. Так, сказка «Юсуп» воспроизводит сюжет 12-й суры Корана («Йусуф»), но главный герой представлен как сын безымянного хана и, кроме того, фигурирует брат Йусуфа — Буниямин. В суфийской поэзии Карачая и Большой Кабарды эсхатологическая роль отводится кораническому персонажу — Давуду, обладающему «дивным голосом», от которого в Судный день будут покачиваться восемь частей рая (зикр *Семенова 'И. У.*). В сказке «Сюлемен», отражающей образ царя-пророка Сулаймана, также приводятся сюжеты мусульманской литературы внекоранического происхождения.

К настоящему времени среди карачаевцев имеется еще одна община суфиев-накшбандийцев, следующих вирду *накшбандийа*-махмудийа, принятому в постсоветское время от *Чиркейского Са'ида-афанди*.

Лит.: Карачаевцы и балкарцы (отв. ред. С. А. Арутюнов). М., 1999; *Лайпанов И. А.* Тарикаты у Джучидов и Хулагуидов (по материалам арабских источников) // Известия Карачаевского НИИ. Вып. 5. Черкесск, 2009; *Тизенгаузен В.* Сб. материалов, относящихся к истории Золотой Орды. Т. 1. СПб., 1884; Т. 2. М.; Л., 1940; *Хатуев Р.* Власть в идеях суфиев Кубано-Терского междуречья // Экспресс-почта. Черкесск. 25.02.2006; *Он же.* Суфийские тарикаты населения Верх. Кубани XIX–XX вв. // Лавровский сб.: материалы XXXIII Среднеазиатско-Кавказских чтений, 2008–09 гг. СПб., 2009. С. 351–352.

Р. Хатуев

Съезд в с. Анди 1917 г. — внеочередной съезд горцев Кавказа, который должен был продемонстрировать связь правительства Союза горцев с населением отдаленных районов края, показать единство горских народов, их твердость в отстаивании своих свобод, их приверженность шариату. Был назначен на 2-ю половину августа 1917 г.

С. Анди (ныне Ботлихский р-н РД), расположенное на границе Чечни и Дагестана в ее горной части, было избрано по нескольким причинам: эта местность воспринималась как признанный центр сопротивления царской армии XIX в., что в условиях роста столкновений с казачеством было символично. Место проведения съезда у многих ассоциировалось с правлением имама *Шамиля*; место было отдаленным, и это позволяло Союзу горцев избежать давления со стороны армии (в том числе казаков) и различных политических партий; планировалось достичь примирения пограничного на этой территории населения Дагестана и Чечни. На С. А. 1917 г. были приглашены представители от губерний Юж. Кавказа, областей Сев. Кавказа, от войск Сев. Кавказа, от казаков, из Украины и пр.

В организационный комитет по проведению С. А. 1917 г. вошли: председатель *Чермоев А.-М.*, его зам. Р. Капланов и *Коцев Пшемако*, а также Б. Шаханов, Б. Далгат, Эльбуздоко Бритаев, Султан Каплан-Гирей, Муслимов, князь Нух-бек Тарковский, З. Темирханов, Махач Дахадаев, Алибек Тахо-Годи. Роль *Чермоева А.-М.* заключалась в организации и финансировании самого С. А. 1917 г. Вряд ли он мог предположить, что речь шла не о сотне делегатов, а о нескольких десятках тысяч людей, которые собрались в итоге в р-не с. Анди.

Делегаты, согласно Конституции Союза объединенных горцев, должны были избираться в соотношении 1 на 15 тыс. жителей региона. Предполагалось пригласить на С. А. 1917 г. не только делегатов, но и по одному знатному или авторитетному человеку от каждого народа. Критерии выбора такого авторитетного лица были непонятны. Более того, предполагалось пригласить по одному человеку и от окружных комитетов.

На С. А. 1917 г. 20.08.1917 г. предполагалось вынести на повестку дня 8 вопросов: 1) духовные дела мусульман; 2) организация народных сил для спасения революции от анархии и контрреволюции (народная милиция); 3) борьба с разбоями; 4) продовольственный вопрос; 5) организация советов крестьянских депутатов и земельных комитетов; 6) подготовка населения к выборам в Учредительное собрание (перепись); 7) тесное сближение с грузинским народом и ликвидация недоразумений между горцами и грузинами, живущими по соседству; 8) др. вопросы текущего момента.

Съезд в с. Анди 1917 г

По большей части вопросы С. А. 1917 г. были связаны с установлением власти на местах и подготовкой населения к выборам в Учредительное собрание, для чего необходимо было провести перепись местного населения. Не имея четко выраженной территории, новая власть на Сев. Кавказе столкнулась с проблемами взаимоотношений с казаками и грузинами. Предполагалось создать специальную комиссию для налаживания отношений с грузинами. Остро стоял вопрос о разбоях в пределах территории Союза горцев. На местах все держалось фактически на авторитете того или иного влиятельного человека, но не было создано никаких ин-тов новой власти взамен распущенной; это касалось и милиции. Поэтому на С. А. 1917 г. возлагались определенные надежды по части создания вертикали власти.

Мусульманское духовенство, со своей стороны, намеревалось использовать С. А. 1917 г. для легитимации власти *Гоцинского Нажмутдина*. В преддверии С. А. 1917 г. шейх Узун-Хаджжи, имевший среди горского населения большой авторитет, начал разъезжать по аулам Чечни, Андийского и Аварского окр. Дагестанской обл. и агитировать горцев к избранию на С. А. 1917 г. имамом Чечни и Дагестана *Гоцинского Нажмутдина* для восстановления шариата. Предполагалось, что в момент его избрания произойдет сверхъестественное явление, и это станет доказательством правильности выбора нового имама. Это привлекло несколько тысяч чел. (по разным оценкам, до 20) на С. А. 1917 г. Люди хотели увидеть человека, наделенного выдающимися способностями, могущего изменить тяжелую ситуацию, которая сложилась в ходе ПМВ и последовавшего развала Российской империи. Население верило в чудо и ждало его от *Гоцинского Нажмутдина*. К началу С. А. 1917 г. перевес духовенства был очевиден, не говоря уже о том, что ожидания людей были связаны только с выборами имама, а не с программой строительства государства. Между тем выступающие представители духовенства призывали жителей края принять за основу законодательства шариат. Стоит отметить, что и руководство ЦК Союза горцев не имело ничего против признания шариата, считая, что его можно приспособить к демократическим идеям революции.

Прибывший на *съезд в с. Анди* председатель ЦК Союза горцев *Чермоев А.-М.*, увидев реальную картину, попытался взять бразды правления в свои руки и не позволить посвятить С. А. 1917 г. исключительно выборам духовного лидера. Хотя ему и передали функции председателя, С. А. 1917 г. шел своим ходом, а вопрос избрания *Гоцинского Нажмутдина* имамом был явно вне компетенции *Чермоева А.-М.* Повестка дня была изменена без согласования с *Чермоевым А.-М.* и др. членами ЦК Союза горцев еще до их приезда на место проведения съезда. Все руководство ЦК Союза горцев молча наблюдало, как власть плавно перетекла в руки шейхов (религиозных лидеров).

В итоге С. А. 1917 г. прошел сразу в двух местах: 17.08.1917 г. — на берегу оз. Эйзенам («Андийское озеро»), находящемся в нескольких километрах от с. Анди, и 19–20.08.1917 г. — в самом с. Анди. Не дожидаясь, пока соберутся все участники С. А. 1917 г., в частности члены ЦК Союза горцев, Узун-Хаджжи решил взять инициативу на себя. Со своими многочисленными сторонниками, он, «невзирая на не собравшийся съезд, тотчас же взял *Нажмутдина Гоцинского* и выехал с ним на Андийскую гору, провел там обряд избрания его имамом мусульман Дагестана и Северного Кавказа». Так завершилась прелюдия С. А. 1917 г., ставшая более известной и значимой, нежели работа самого с. А. 1917 г.

Утром 19.08.1917 г. в с. Анди начали собираться участники С. А. 1917 г. С прибытием *Гоцинского Нажмутдина* было составлено постановление по провозглашению Республики народов Сев. Кавказа на аварском, арабском, кумыкском, русском языках, которое решили огласить на следующий день.

20.08.1917 г. с. в Анди прошло совещание, где был принят ряд резолюций: «1) все земли и леса, принадлежавшие царской России в процессе покорения Кавказа, возвращаются в собственность народа; 2) все природные и водные ресурсы объявляются национальной собственностью Сев. Кавказа; 3) все решения созданной земельной и ревизионной комиссий выполнять своевременно».

Одобренная временная Конституция состояла из следующих основных положений: «1) народы Северного Кавказа образовали политический Союз; 2) в пределах Союза каждый народ самостоятелен; 3) решение законодательных вопросов в интересах Союза осуществляется двумя палатами. Нижняя палата состоит из представителей свободных народов, избранных по одному на 30 тыс. душ населения. Верхняя палата дает добро предложениям народов, каждый народ представлен тремя делегатами; 4) обе палаты совместно создают правительство. Центральный комитет создает первое национальное правительство. Он распределяет необходимые обязанности каждому из его членов; 5) ввиду ухудшения политической обстановки Съезд уполномочивает ЦК исключительной властью: право организации Народной армии, запрет на вывоз из страны товаров широкого потребления и, наконец, право провозгласить независимость северокавказской республики в самый благоприятный момент».

С. А. 1917 г. в с. Анди можно по праву считать съездом мусульманского духовенства Сев. Кавказа, с оговоркой, что при этом присутствовало все руководство ЦК Союза горцев. С. А.

1917 г. призвал также повсеместно содействовать утверждению шариата. На нем произошло избрание духовного лидера Сев. Кавказа, что было немаловажно для региона с преобладающим мусульманским населением. С. А. 1917 г. в с. Анди наглядно показал, что именно мусульманские силы на Сев. Кавказе первыми выдвинули требование полной независимости. Светская власть в лице Союза горцев в очередной раз убедилась, что она не вправе игнорировать духовенство. Мусульманское духовенство продемонстрировало свою силу, собрав на С. А. 1917 г. в с. Анди десятки тысяч людей. *Чермоев А.-М.* и др. не могли не увидеть в этом сигнал для себя: лучше сотрудничать с мусульманским духовенством, чем пытаться от него дистанцироваться.

При этом мероприятие, состоявшееся в с. Анди 20.09.1917 г., было бы неправильно называть съездом с его классическими атрибутами (стенограмма, отчеты, голосование, протоколы и др.). Скорее, это было совещание, поскольку ряд причин (огромное стечение народа, инициатива, перехваченная религиозными радикалами) не позволили провести настоящий С. А. 1917 г. Тем не менее в истории данное событие сохранилось под названием как «Андийский Съезд» или «внеочередной Съезд», «несостоявшийся Съезд», «С. А. 1917 г.», на котором *Гоцинский Нажмутдин* был избран имамом кавказских горцев. Впоследствии *Гоцинский Нажмутдин*, согласившись со званием «муфтия», открыто устно и письменно заявил об этом в своем обращении ко всем кавказским народам.

Лит.: Дибиров М.-К. История Дагестана в годы революции и гражданской войны. Махачкала, 1997; Доного Х. М. Нажмутдин Гоцинский. Махачкала, 2011; Кузнецов Б. М. 1918 г. в Дагестане. Гражданская война. Нью-Йорк, 1959; Kosok P. Revolution and sovietization in the Nothern Caucasus // Caucasusian Review. Munich. 1956. № 3.

Х. М. Доного

Съезд мусульманского духовенства Карачаево-Черкесии 1923 г. — первый исламский форум Верх. Кубани советского периода (официальное название в документах — Съезд магометанского духовенства Карачаево-Черкесской автономной обл.). Проходил 22.12.1923 г. в областном центре Карачаево-Черкесии — Баталпашинске (ныне г. Черкесск). Руководящий орган С. м. д. К.-Ч. 1923 г. — Президиум съезда (председатель — *Акбаев Исма'ил-эфенди*, заместители — С. Арифулин (секретарь), А. Чапаров, члены: Х. М. Эркенов, Н. Озов).

Делегаты приняли резолюцию «Ислам и его идеология», в которой указывается, что «национальные притеснения во время самодержавия, с одной стороны, с другой стороны, оторванность от мусульманского мира и наша некультурность» внесли «в наши религиозные обряды и в сущность религии ряд неточностей, служивших при старом режиме единственной опорой национального разъединения». Отмечается, что «завоевание Октябрьской революции и выдвинутые ею лозунги устранили вышеуказанные условия». Приветствовалось отделение церкви от государства. В связи с этим было решено «необходимым пересмотреть все нововведения и все те неточности в отношении Корана» и рекомендовать мусульманам региона следовать им. В частности, упорядочиванию подлежали семейно-брачные отношения, обряды поминовения усопших. С. м. д. К.-Ч. 1923 г. высказался за развитие системы женского образования и резко против «алкоголизации горцев». С. м. д. К.-Ч. 1923 г. осудил также многие нормы брачно-семейного цикла. В их числе — обычай одаривания родственников мужа (берне), обычаи затворничества невестки, табу на общение с близкими родичами мужа, на оглашение их и т. д. Делегаты избрали первое в истории Карачаево-Черкесии Духовное управление, в состав которого вошли 8 членов (*Акбаев Исма'ил-эфенди*, Махмут Найманов, Нуха Озов, 'Абд-ул-Керим Халкечев, Хаджи-Мурза Эркенов, Татлустан Табулов, Мусса Байрамуков, Асхад Алтадуков) и 3 кандидата (Юсуф Макушеков, Докаман Дайганов, Идрис Психомахов).

Лит.: ГА КЧР. Ф. Р-66. Оп. 1. Д. 2. Л. 42–42 об.

Р. Хатуев

Съезд мусульман Карачая 1991 г. — последний исламский форум Карачая советского периода.

Состоялся 30.11.1991 г. в Доме Советов г. Карачаевска по инициативе *Биджи М.* В работе С. м. К. 1991 г. принял участие зам. председателя ДУМ Карачаево-Черкесии и Ставропольского края (ДУМКЧиС) Абул-Керим-хаджи Байрамуков, а также большинство руководителей мусульманских общин карачаевских населенных пунктов. Были представлены МРО Зеленчукского, Карачаевского, Малокарачаевского, Урупского, Усть-Джегутинского, Прикубанского р-нов КЧР. Председатель съезда — Ильяс Салпагаров.

Повестка дня С. м. К. 1991 г.: 1) о положении дел в религиозной сфере и проблемах, стоящих перед мусульманами; 2) о ситуации в Карачае; 3) организационные вопросы.

Основные решения С. м. К. 1991 г.: учреждение *Духовного центра Карачая — имамата Карачая* с центром в г. Карачаевске и избрание его руководителем (в должности «раис-имама Карачая») *Биджи* М.; полная поддержка «стремлениям карачаевского народа к полной реабилитации и восстановлению его государственности в статусе Республики Карачай».

Проведение форума реализовалось в рамках нового этапа деятельности карачаевского национального движения по реабилитации карачаевского народа, в условиях, когда (с 19.11.1991 г.) проводился бессрочный митинг по восстановлению самостоятельной автономии Карача. Тогда же были созваны Съезд молодежи Карача, Съезд женщин Карача, проводились др. мероприятия.

Между тем решения С. м. К. 1991 г. не получили поддержки ДУМКЧиС, которое на 3-м (внеочередном) съезде мусульман Карачаево-Черкесии и Ставрополья осудило «политизированность религиозной молодежи во главе с М. Биджи» и не признало «имамат Карачая».

Лит.: Ислам Нюрю. 1990. № 5.

Р. Хатуев

Т

Табасаран — историческая область в Юж. Дагестане, в границах которой существовал ряд государственных образований от раннего Средневековья до Нового времени и присоединения в XIX в. к Российской империи. Занимало юго-вост. часть Дагестана, северо-западнее г. Дербента. Основную массу населения составляли табасараны и лезгины. Т. играл важную роль в политических событиях, связанных с историей Кавказа.

Впервые упоминается в сочинении Павстоса Бузанда «История Армении» (V в.) как Тавеспоран в связи с противостоянием государству Сасанидов в IV в.

Историческое развитие Т. в первую очередь определяла борьба за Дербентский проход. В VII–VIII вв. Т. подвергался нашествиям хазар и арабов, в VIII в. сюда была переселена большая группа арабских семей, ставших активными проводниками ислама. Сведения о Т. содержатся в сочинениях арабоязычных и персоязычных авторов IX–X вв. (ал-Балазури, Ибн ал-Факих и др.). С VIII в. правитель носил титулы майсума и шаха, его столица находилась в с. Хучни. Среди укрепленных населенных пунктов Т. — Дарваг, Дюбек, Ерси, Марага и др. Главным противником Т. являлся *Дербентский эмират*. В середине X в. Т. оказывался в зависимости от правителей Дербента и Ширвана. К началу XII в. Табасаранское майсумство распадается на 24 владения, во главе каждого стоял местный «сарханг» (военачальник).

С распространением ислама в Т. проникает арабская письменность (сохранились эпиграфические надписи, начиная с X в.), с XI–XII вв. действовали школы при мечетях, с XIII–XIV вв. известно о существовании медресе (в с. Зирдаг, Кюряг и др.).

В XII в. распался на мелкие владения — рустаки (группа населенных пунктов с центром в одном), которые были постепенно преобразованы в союзы сельских обществ (Гимейди, Джули, Дюбек, Ерси, Зиль, Марага, Татиль, Хив, Хучни и др.).

В XIII–XIV вв. рустаки неоднократно подвергались нападениям (монголо-татары в XIII в., эмир Тимур в конце XIV в. и др.).

В XV — 1-й половине XVI вв. Т. вновь стал единым государственным образованием. Во 2-й половине XV — 1-й половине XVII в. неоднократно подвергался нападениям персидских и турецких войск. Наиболее значительное разорение было связано с походом в 1509 г. персидского шаха Исма'ила I.

Во 2-й половине XVI в. Т. распался на два владения: Табасаранское кадийство с центром в с. Хучни на севере; Табасаранское майсумство с центром в с. Джарах на юге. Помимо майсумства и кадийства, на табасаранской территории существовал еще Горный (или Вольный) Т., в селах которого власть майсума и кадия признавали лишь номинально.

Во время Персидского похода 1722–23 гг. жители признали власть российского императора Петра I. В ходе Персидского похода 1796 г. войска кадия Рустама присоединились к российским войскам, в 1799 г. грамотой императора Павла I кадий Рустам был принят в российское подданство. После взятия российскими войсками г. Дербента (1806) во время Русско-персидской войны 1804–13 гг. правители Т. — майсум Мухаммад (Магомед) и кадий Рустам дали клятву на верность российскому императору Александру I. Окончательно Т. был присоединен к Российской империи по Гюлистанскому миру 1813 г.

Лит.: История Дагестана с древнейших времен до наших дней. Т. 1. М., 2004.

А. Пачкалов

Тагаев, Ахмад Салихович (1948–25.05.2009) — мусульманский религиозный деятель, зам. муфтия ДУМД.

Родился в 1948 г. в с. Килятли Гумбетовского р-на РД в семье имама. Т. закончил медицинский ин-т и некоторое время проработал детским врачом в горбольнице г. Хасавюрт. В 1992 г. перешел на работу в ДУМД. Руководил Общим отделом муфтията, затем был зам. по связям с общественностью и госструктурами. Т. считался одним из главных идеологов противостояния религиозному экстремизму в мусульманской среде. Занимался религиозно-просветительской деятельностью, активно участвовал в различных научных и научно-популярных мероприятиях. Автор статей на общественно-политические и нравственные темы, публиковавшихся в разное время в СМИ.

Убит 25.05.2009 г. Похоронен на кладбище в с. Новый Хушет (входит в городской округ Махачкала).

Лит.: Омаров М. Ислам в Дагестане. Махачкала, 2014.

М. Омаров

Тагир-хаджжи из Чиркея (1845–1925) — мусульманский религиозный и общественный деятель.

Родился в семье наиба имама *Шамиля* Хаджиява в с. Чиркей (ныне Буйнакский р-н РД). Учился в с. Ашильта (ныне Унцукульский р-н РД) у Курбанали, затем у Газимухаммада в с. Карах (ныне Чародинский р-н РД) и *ал-Карахи Мухаммадтахира*. В течение двух лет работал имамом в с. Дылым (ныне Казбековский р-н РД). Затем вернулся в с. Чиркей и преподавал в местной школе. В те годы благодаря Т.-х. Ч. и Хамзату-хаджжи с. Чиркей считалось признанным центром мусульманского образования в Дагестане. Здесь учились Пахрудин из с. Аргвани (ныне Гумбетовский р-н РД), Чанка из с. Батлаич (ныне Хунзахский р-н РД), Гамзат Цадаса, Маккашариф из с. Гимры (ныне Унцукульский р-н РД) и др. Умер Т.-х. Ч. в 1925 г. и похоронен на кладбище старого с. Чиркей, которое было затоплено в 1970-е гг. в ходе строительства Чиркейского водохранилища.

Лит.: Омаров М. Богословы Дагестана. Махачкала, 2014. С. 116–118; Омаров М. Ислам в Дагестане. Махачкала, 2014.

М. Омаров

Тагланов, Абубакар Иналукович (17.04.1896–1981) — мусульманский религиозный деятель Караногая и Сев. Кавказа.

Родился на хуторе Авалова Ставропольской губ. Российской империи (ныне с. Серноводское Курского р-на Ставроп. края) в многодетной кабардинской семье (кроме него в семье было еще 4 сына). Начальное духовное образование получил в юношеские годы у сельского имама.

В 1928 г. переехал в с. Орта-Тюбе Караногайского участка Кизлярского окр. ДАССР (ныне с. Орта-Тюбе Ногайского р-на РД). Работал экспедитором, позднее — председателем колхоза.

В 1933 г., после смерти жены, вернулся на хутор Авалова. В 1942 г. снова переехал в с. Орта-Тюбе. В 1947–49 гг. полулегально изучал арабский язык и продолжил исламское образование. Учителями и религиозными наставниками Т. стали выпускники дореволюционных медресе *Кайбалиев Зеид* и *Садинов М. С.* из Ставропольского края. Также Т. близко дружил с проживавшим тогда в с. Орта-Тюбе знатоком арабского языка лакским имамом М. Баратовым.

В 1950-е гг. Т. был избран верующими имамом с. Орта-Тюбе. В 1961 г. переехал в с. Карагас (ныне Ногайский р-н РД) и до конца жизни был имамом (муллой) села. Тесно общался и вел переписку с известными муллами Караногая *Казымухамбетом-эфенди* Аблезовым и *Шутий-моллой* Маушевым. За свою религиозную деятельность подвергался давлению со стороны советских властей. За ведение «религиозной пропаганды» Т. неоднократно обсуждали на заседании бюро Ногайского райкома КПСС, критиковали в районной прессе, однако он продолжал исполнение обязанностей имама.

От первой жены Т. имел троих детей: дочь Марию и сыновей Мальдина и Бозжигита (оба сына умерли в детском возрасте). Кроме родного кабардинского языка, свободно владел ногайским и русским. Похоронен на кладбище с. Орта-Тюбе Ногайского р-на РД.

Лит.: Заргишиев М. Ногайлы. Белый Сокол Золотой Орды. М., 2021; Личный архив автора: 2022 г. РД, с. Карагас. Информатор И. А. Койлубаев (внук А. И. Тагланова), 1952 г. р.

М. Заргишиев

Тажев, Шабхан Шухаибович (1899–1943) — педагог, просветитель кабардинского народа.

Родился в а. Муртазов (ныне ст. ж/д Муртазово в г. Терек КБР). Учился в Баксанском медресе, в котором родной язык и естественные науки преподавал *Цагов Нури* (создатель национального алфавита и первых учебников на родном языке). После окончания медресе до 1928 г. работал учителем, завучем, затем директором школы родного села. В конце 1920-х гг. перешел на работу в редколлегию газеты «Карахалк». В 1939 г. окончил Кабардино-Балкарский государственный педагогический ин-т, остался работать преподавателем кабардинского и русского языков. Автор нескольких учебников и пособий по кабардинскому языку. В 1941 г. ушел на фронт, попал в плен и погиб в концлагере.

Д. Рахаев

Тангболат-эфенди (Магомедов Тангболат Мухаммет-улы или Тангболат-апенди, 1896–1982) — мусульманский религиозный деятель Караногая и Сев. Кавказа, богослов.

Родился в с. Огузер Караногайского приставства Кизлярского у. Терской обл. Российской империи (ныне с. Огузер Кизлярского р-на РД), в семье сельского муллы Мухаммета-эфенди из рода (ырув) Найман. Начальное исламское образование получил в детстве у отца. В 1910 г. уехал из дома для продолжения учебы в различных медресе: в Темир-Хан-Шуре (ныне г. Буйнакск в РД), Ниж. Казанище, Яксае (ныне села в РД) и Назрани (Ингушетия). В 1928 г. вернулся в с. Огузер и был избран имамом сельской общины.

В советское время Т.-э. занимался частной религиозной практикой в Кизлярском и Тарумовском р-нах РД и пользовался большим авторитетом во всем Караногае. Помимо родного ногайского языка, владел арабским, русским, турецким, татарским, кумыкским. Свободно изъяснялся на аварском, даргинском и чеченском языках. Его домашняя библиотека насчитывала свыше ста книг по исламскому богословию на арабском и турецком языках. Его рукописи и дневники были написаны на ногайской арабице.

Был знатоком ногайского фольклора, собирал и записывал пословицы, поговорки, загадки, сказки. В 1980 г. сын Шарафутдин записал у него один из вариантов ногайского эпоса «Шора-батыр». Воспитал троих детей: сына Шарафутдина, дочерей Майманат и Мукминат. Похоронен в с. Огузер Кизлярского р-на РД.

Лит.: Заргишиев М. Ногайлы. Белый Сокол Золотой Орды. М., 2020; Личный архив автора: 2001 г. Г. Москва. Информатор М. Ш. Магомедов (внук Т. М. Магомедова), 1949 г.р.; Мусакаев И. Б. Кирис соьз (Таньболат аьпенди акында) // Мусакаев И. Б. Ногайский народный эпос «Шора батыр». Махачкала, 2020 (на ногайск. яз.).

М. Заргишиев

Таргу — средневековое городище в Дагестане. В литературе локализуется нередко в районе современного пос. Тарки (ныне в составе Махачкалы). По мнению ряда исследователей, на месте Т. или в непосредственной близости в VI–X вв. существовал г. Семендер. Возможно, Т. упоминается у Гевонда (VIII в.) как «город хонов (гуннов) Таргу», который во время арабо-хазарских войн осаждали арабские полководцы Маслама б. 'Абд ал-Малик (713/14) и Джаррах б. 'Абдуллах ал-Хаками (721). В 1396 г. Т. упоминается как город, а во время его второго похода через горный Дагестан останавливался Тимур. Возможно, с конца XIV в. город вошел в состав Казикумухского шамхальства, став летней резиденцией правителей. Т. неоднократно захватывался русскими войсками: в 1560 г. — отрядом под командованием И. С. Черемисинова, в 1593 г. взят отрядом князя А. И. Хворостинина, в 1605 г. выдержал нападение отряда под командованием И. М. Бутурлина. С 1640-х гг. по 1867 г. Т. — столица *Тарковского шамхальства*. В 1643 г. город подвергся нападению войск уцмия *Кайтага* и Эндиреевского владетеля; в 1668 г. был захвачен отрядом С. Т. Разина.

В XVII–XVIII вв. Т. являлся крупным торгово-ремесленным центром, связанным со всеми регионами Дагестана, Персией и Россией. Город делился на кварталы, которыми управляли родственники шамхала. Отдельный квартал занимал дворец шамхала и дома приближенных. В 1821 г. около Т. была основана русская военная крепость Бурная. После 1867 г. Т. утратил статус города.

Лит.: История Дагестана с древнейших времен до наших дней. Т. 1. М., 2004.

А. Пачкалов

Тарковское шамхальство (шаухальство, шевкальство) — государственное образование в сев.-вост. Дагестане в XVII–XIX вв. Столица — с. Тарки. Т. ш. в период расцвета включало подвластные территории от Каспийского моря до современной Кабардино-Балкарии. Шамхалы носили титул вали Дагестана.

Согласно убедительной гипотезе Л. И. Лаврова, изначально центром шамхальства был Кумух и связанное с ним средневековое государство Казикумух (Гази-Гумук). Т. ш. получило независимость после распада Казикумухского шамхальства в XVII в. Оно включало в себя Бамматулинский, Губденский, Карабудахкентский, Кумторкалинский и Эрпелинский бийлики.

Шамхалы пытались приписать себе благородную курайшитскую генеалогию от дядьев Пророка 'Аббаса и Хамзы. Согласно послемонгольским политическим памфлетам XIV–XVIII вв., обосновывавшим легитимность власти шамхалов Гази-Кумуха, («Та'рих Дагестан», «*Дербенд-наме*»), власть шамхалов была установлена в 730-е гг., когда полулегендарный арабский исламизатор *Абу Муслим* назначил в вилайате Кумух правителя по имени Шахбал. В. В. Бартольд и В. Ф. Минорский справедливо полагали, что титул «шамхал» послемонгольского, неарабского происхождения. Первоначальной формой термина является «шавкал», которое фиксируется русскими и персидскими источниками. Этимология его определяется по-разному. Сторонниками тюркской версии происхождения Т. ш. были *Каяев 'Али*, Ф. Кирзиоглу и др. Некоторые сторонники тюрко-татарской версии связывали основание шамхальства с монголо-татарским нашествием.

В 1556 г. Казикумухское шамхальство установило дипломатические связи с Московским царством. Посольство шамхала привезло Ивану IV Грозному, в числе богатых подарков, живого слона. В 1557 г. кабардинский князь Темрюк Идаров обратился к Ивану IV с просьбой помочь защититься от нападений шевкальского царя, крымского хана и османов. В 1560 г. Иван IV организовал поход Черемисинова в Дагестан. Иван Черемисинов захватил *Таргу*, но не остался в городе.

По данным османского путешественника XVII в. Эвлия Челеби, население Т. ш. составляло около 300–400 тыс. чел. По данным русских источников, в конце XVIII в. — ок. 100 тыс. чел. Основные занятия населения: животноводство, земледелие, оружейное дело и торговля.

Т. ш. играло важную роль в торговых связях с другими владениями Дагестана, Россией и др. государствами. Через территорию Т. ш. проходил морской путь (Дербент — Тарки — Астрахань). В XVII — 1-й половине XVIII в. шамхалы ежегодно получали от персидских шахов до 4 тыс. туманов (ок. 40 тыс. руб.). Шамхалы собирали пошлины с проходивших торговых караванов, контролировали обширные равнинные прикаспийские зимние пастбища, сдававшиеся в аренду (по русским источникам, в конце XVIII в. доходы шамхала составляли от 30 до 40 тыс. руб. серебром в год).

В 1651 и 1653 г. шамхал Сурхай Длинный (правил в 1640-х гг. — 1667 г.) принимал участие в походах войск персидского шаха 'Аббаса II на Сунженский городок. Сурхай Длинный выступил одним из лидеров антиперсидского восстания в 1659–60 гг. Во время Персидского похода 1722–23 гг. шамхал Адиль-Гирей помог русским войскам проследовать в г. Дербент. Однако в 1725 г. напал на крепость Святой Крест, потерпел поражение, подвергся аресту и сослан. Т. ш. было упразднено российскими властями, но восстановлено уже в 1734 г. во время походов Надир-Кули-бека (с 1736 г. — Надир-шах).

Во 2-й половине XVIII в. в состав шамхальства входили следующие населенные пункты: Тарки (столица), Кяхулай-Торкали, Амирхан-кент, Агач-аул, Атлы-боюн, Альбурикент, Кум-Тор-кала, Капчугай, Ниж. Казанище, Верх. Казанище, Буглен, Халимбекаул, Эрпели, Каранай, Ишкарты, Ахатлы, Улу-Бойнак, Карабудахкент, Каранайаул, Губден, Кадар, Гели. В Нагорном Дагестане имелись союзы сельских общин, зависимые от Т. ш., — Акушинский, Цудахарский и Койсубулинский. По оценкам русских источников конца XVIII в., тарковские шамхалы вместе с зависимыми акушинцами имели от 36 до 42 тыс. дворов, насчитывавших 98–100 тыс. душ обоего пола.

В 1776 г. шамхал Муртаза-Али (Муртуз-Али) II (правил в 1763–83 гг.) принял подданство Российской империи. Его брат — Баммат II (правил в 1783–94 гг.) грамотой Екатерины II был пожалован чином тайного советника. Шамхал Мехти II (правил в 1794–1830 гг.) грамотой Павла I в 1797 г. был официально утвержден шамхалом, пожалован чином тайного советника, позже получил звание генерал-лейтенанта. В 1806 г. Мехти II было передано управление присоединенным к России *Дербентским ханством* с правом сбора налогов в свою пользу. Гюлистанский мир 1813 г. подтвердил вхождение шамхальства в Российскую империю. Т. ш. просуществовало до 1867 г., когда было упразднено, а его территория образовала Темир-Хан-Шуринский окр.

Лит.: История, география и этнография Дагестана XVIII–XIX в. Архивные материалы. М., 1958; Кушева Е. Н. Народы Сев. Кавказа и их связи с Россией (2-я половина XVI — 30-е годы XVII в.). М., 1963; Магомедов Р. М. Общественно-экономический и политический строй Дагестана в XVIII — начале XIX в. Махачкала, 1957.

А. Пачкалов

Ташав-хаджжи — см. *ал-Индири Ташав-хаджжи*.

Ат-Таши, 'Иса-афанди б. Ибрахим ат-Таши, ад-Дагистани (ум. 27.03.1920) — мусульманский религиозный деятель, шейх накшбандийского тариката, миссионер, в результате проповеднической активности которого было исламизировано население Панкисского ущелья в Грузии.

Родился на хуторе Анада близ с. Хидиб в ущелье Ташал (ныне Тляратинский р-н РД). В молодом возрасте ат-Т. 'И.-а. переселился в с. Кабахчолиб (ныне Белоканский р-н Азербайджана). В 1890-х гг. переселился на территорию современного Лагодехского р-на Грузии, где в с. Кабали основал мусульманскую общину вместе со старшим братом Раджабом и др. земляками из горных обществ Анцух и Ташал, к которым присоединились тюркоязычные жители зап. Азербайджана.

В 1898 г. ат-Т. 'И.-а. построил в с. Кабали мечеть на собственном участке земли, в которой стал имамом. Он распространял среди прихожан идеи тариката *накшбандийа*. При этом шейх Шу'айб ал-Багини не признал ат-Т. 'И.-а. истинным шейхом накшбандийского тариката, вероятно, потому что тот не принадлежал к ее ветви махмудийа, идущей от шейха *ал-Алмали Махмуда*. До настоящего времени не удалось выяснить, чьим учеником являлся ат-Т. 'И.-а., но своим халифа он определил кистина Керима Маргошвили, который руководил в Панкиси общиной мюридов *накшбандийа* после 1920 г.

Современная картина доминирования ислама в Панкиси сложилась в результате сложных религиозных процессов на рубеже XIX–XX вв., в которых активное участие приняли дагестанские аварцы. Дело в том, что основная часть переселившихся в Панкиси чеченцев-кистин (см. *Кистины*) из горных ущелий на границе с Грузией была лишь формально мусульманами, а практически придерживалась традиционных верований. Во 2-й половине XIX в. власти пытались распространить среди них христианство, что частично им удалось к 1866 г. Только в самом конце XIX в. ислам начал распространяться среди кистин. Лишь часть их в начале XX в. придерживалась ислама, а большая часть — христианства и традиционных верований. В 1909 г. сюда приехал ат-Т. 'И.-а., благодаря деятельности которого в Панкисском ущелье усилились позиции ислама, ставшего доминирующей религией, а верующие-кистины стали придерживаться тариката *накибадийа*, до сих пор распространенного среди старшего поколения кистин.

Похоронен ат-Т. 'И.-а. в с. Кабали Лагодехского р-на Грузии. Здесь, в 200 м от мечети, находится фамильное кладбище потомков ат-Т. 'И.-а. Эпитафия на его надмогильной стеле гласит: «Это место захоронения шейха, совершенного муршида, известного в народе, подобно дневному солнцу, 'Исы-афанди, сына превосходного шейха Ибрахима ад-Дагистани ат-Таши, умершего, да смилуется над ним Аллах, 8-го дня благословенного месяца раджаб 1338 г.» (27.03.1920 г.).

Лит.: Хапизов Ш. М. *Распространение ислама в Панкисском ущелье Грузии на рубеже XIX–XX вв. в свете деятельности шейха Иса-апанди Ташазул* // Ислам в России и за ее пределами: история, общество, культура: сб. материалов материалы межрегиональной научной конференции, посвященной 100-летию со дня кончины выдающегося религиозного деятеля шейха Батал-хаджжи Белхороева / отв. ред. М. С-Г. Албогачиева. Магас; СПб., 2011. С. 391–397.

Ш. Хапизов

Темиров, Касбот Ахметович (1881–1983) — мусульманский религиозный деятель советского периода.

Родился в с. Хумара Баталпашинского у. (ныне Карачаевский р-н КЧР). Религиозное образование получил в медресе в Османской империи (Сирия). В 1916 г. упоминается как мусульманский вероучитель Хумаринского начального училища. На протяжении нескольких десятилетий вел духовно-просветительскую деятельность среди единоверцев. Владел арабским и карачаевским языками. Получил широкую известность в Карачаево-Черкесии как знаток традиционной народной лечебной культуры (в том числе лечил кораническими айатами). Долгое время возглавлял мусульманскую. общину в с. Хумара.

Лит.: Архив Карачаевского НИИ. Ф. 17 Д. 11; Кубанский календарь на 1916 г. Екатеринодар, 1916. С. 240.

Р. Хатуев

Тёре — традиционные органы управления и судопроизводства у мусульман Карачая и Балкарии до присоединения к Российской империи.

Т. был исполнительным органом общинного схода. Избирался, как правило, из лиц наиболее влиятельных родов (поначалу, видимо, являлся советом старейшин родов, входящих в общину). В системе традиционного управления функционировало несколько уровней Т. Общинный, или аульный Т. (эл тёре) избирался общинным сходом. Имел сравнительно небольшой состав (6–9 членов), что позволяло оперативно рассматривать и решать возникающие проблемы, реализовать решения общинных сходов. Из состава общинных Т. избирались члены общенародного Т. (халкъ тёре), который был высшим представительным органом, который имел исключительные прерогативы принятия и отмены норм обычного права ('адатов), созыва народного ополчения. Народный Т. собирался раз в 2–3 месяца, а также по необходимости в экстраординарных ситуациях. Имеются упоминания и о княжеских Т. (бий тёре), которые собирались для решения вопросов регуляции внутри знати. Т. всех уровней возглавлялись представителями княжеских родов, а народный *тёре* — верховным правителем (старшим князем), который носил титул олий. Впоследствии роль общенародного Т. выполнял *мехкеме*.

Лит.: Лайпанов К. Т., Хатуев Р. Т., Шаманов И. М. *Карачай с древнейших времен до 1917 г.* Черкесск, 2009.

Р. Хатуев

Тетакай-хаджжи б. Абулав из Ниж. Казанище (ум. 1941) — мусульманский религиозный деятель, шейх накшбандийского тариката.

Родился в с. Ниж. Казанище (ныне Буйнакский р-н РД). Иджазу получил от шейха *ас-Сугури 'Абдурахмана-хаджжи*, который жил под домашним арестом в последние годы жизни в с. Ниж. Казанище, а также от шейха Са'ида-афанди ал-Авахи. Его преемником-ма'зуном является *Ибрахим ал-Андарави* (из с. Эндирей, ныне Хасавюртовский р-н РД). Некоторое время проводил богослужения в зийарате шейха *ал-Аркаси Асилдара*. В 1905 г. совершил хаджж. Похоронен в с. Ниж. Дженгутай Буйнакского р-на РД.

Лит.: Абусупиян. *Василатун нажат.* Темирханшура, 1908. С. 31; Ёлдаш. 22.06.2007. С. 19.

Г. Оразаев

Ат-Тиди Мухаммад-хафиз-афанди (1895–1985) — мусульманский религиозный деятель, шейх накшбандийского и шазилийского тарикатов.

Родился в с. Тидиб (ныне Шамильский р-н РД). С 14 лет стал изучать мусульманские религиозные науки, к 18 годам выучил наизусть текст Корана, получил звание хафиза. В 1928 г. был арестован на 8 месяцев за активную религиозную деятельность. Разрешение на наставничество в шазилийском и накшбандийском тарикатах ему дал Хамзат-афанди в 1973 г. Вместе с мусульманским религиозным деятелем из с. Урада Шамильского р-на РД ʿАбдуллой перевел на аварский язык книгу суфия ʿАбдулкадыра Сафади «Силк ал-ʿайн». Похоронен на кладбище с. Тидиб Шамильского р-на РД.

Лит.: Абдурахманов М. Золотая цепочка накшбандийских шейхов. Махачкала, 2002; Омаров М. Ислам в Дагестане. Махачкала, 2014.

М. Омаров

Ат-Тлахи, **Мухаммад** б. Манилав ал-Карахи ал-Авари (ум. 1725/26) — мусульманский религиозный деятель.

Ат-Т. М. родился в с. Тлах (ныне не существует, на территории Чародинского р-на РД). Ат-Т. М. учился у *аш-Шамгуди ʿИсы*. Имена др. учителей не установлены. По сведениям *Каяева ʿАли*, ат-Т. М. достиг значительных успехов в области арабской филологии, особенно в риторике. После завершения обучения ат-Т. М. открыл собственное медресе и написал ряд сочинений, из которых до наших дней дошло только одно — «Истиарат ʿала Дибаджат шарх ал-ʿИззи». Это комментарий к толкованию учебника морфологии арабского языка Иззаддина аз-Занджани «Тасриф ал-ʿИззи», составитель ат-Тафтазани (1312–90). Работа получила признание дагестанских богословов и в течение почти двух веков широко использовалась на Вост. Кавказе в качестве учебника арабского языка для учеников медресе. В рукописном фонде ИИАЭ ДНЦ РАН хранятся около 20 копий этой работы, переписанные с 1727–28 по 1883–84 гг. в разных с. Дагестана.

Лит.: Хапизов Ш. Страницы биографии ученого Маниласул Мухаммада (ум. 1725–26) // «МК» в Дагестане. 2016. 4–11 мая. № 19. С. 16.

Ш. Хапизов

Тлехас, **Мурад Гирей Саофижевич** (Мурад Герай-бек, 15.08.1873–29.05.1920) — военачальник Российской императорской армии и Азербайджанской Демократической Республики (АДР), генерал-майор.

Родился в с. Гатлукай Екатеринодарского отд. Кубанской обл. (ныне в составе г. Адыгейск) в семье офицера-адыгейца. Начальное образование получил в г. Майкопе, затем окончил Михайловское артиллерийское училище в Санкт-Петербурге.

Участник Русско-японской войны, воевал при обороне Порт-Артура. В 1912–13 гг. служил в 51-й артбригаде в чине капитана. Участник ПМВ. Будучи подполковником 21-й артбригады, 17.04.1915 г. был награжден орденом Св. Георгия 4-й ст. В 1916 г. стал полковником.

После захвата белогвардейцами Кубани и Адыгеи Т. прибыл в Азербайджан и поступил на службу в Мусульманский корпус, формируемый согласно приказу от 11.12.1917 г. главнокомандующего войсками Кавказского фронта генерала от инфантерии М. А. Пржевальского. 26.06.1918 г. постановлением Совета Министров АДР Мусульманский корпус был переименован в Отдельный Азербайджанский корпус. ʿАли-Ага Шихлинский назначил Т. командиром 2-й артиллерийской бригады. 15.11.1918 г. генерал-майор Т. был назначен начальником артотдела Главного штаба. 04.12.1919 г. был назначен военным генерал-губернатором Бакинского укрепрайона. Принимая должность, Т. сказал: «Я со всей своей силой буду стараться оправдать оказанное мне доверие, сделать надежду былью…». По словам военного министра АДР генерала от артиллерии С. Мехмандарова и начальника Главного штаба генерал-майора Г. Салимова, «будучи рыцарем по характеру и не устающим опытным военным специалистом, *Мурад Герай-бек Тлехас* собирал разбросанные по всему Азербайджану артиллерийские единицы, участвовал в создании артиллерийских амбаров и мастерских».

04.12.1919 г. Т. был назначен бакинским военным генерал-губернатором, с совмещением этой должности с должностью начальника вновь образованного Бакинского укрепленного района и с подчинением ему территории Бакинского градоначальства. Принимал меры по борьбе с деятельностью большевиков на подведомственной территории: «Доношу, что в отношении лиц, являющихся вредными и опасными для общественного спокойствия и государственного порядка республики вне зависимости от их политических убеждений, а в частности в отношении большевиков, мною принимались и в настоящее время принимаются самые энергичные и решительные меры к недопущению их в пределы подведомственного мне района, а также и к выселению из столицы всех враждебных республике лиц».

После прихода большевиков генерал Т. был арестован. Его обвиняли в убийстве революционера А. Байрамова. 21–29.05.1920 г. он был допрошен в Верховном революционном трибунале. В своем последнем слове Т. сказал: «Я не участвовал в убийстве большевика Али Байрамова… Моими врагами являются добровольцы, покушающиеся на свободу Азербайджана. Я никогда не участвовал в политических делах. Моей целью было создание национальной армии (АДР), предотвращение резни… Мое сотрудничество с генералом Деникиным в принципе невозможно. В течение года я боролся с деникинцами. Его разведчики боятся моих сотрудников и меня как огня. Если бы в Баку вошли не большевики, а войско Деникина, первым был бы расстрелян я». После того как был зачитан смертный приговор, генерал с гордостью встал и, подписываясь под приговором, еще раз подтвердил свою непричастность к гибели А. Байрамова. Несмотря на отсутствие доказательств причастности к убийству, решением трибунала Т. был расстрелян как контрреволюционер и мусаватист 29.05.1920 г.

Лит.: Азербайджанская Демократическая Республика (1918–20). Армия (документы и материалы). Баку, 1998. С. 34; Назирли Ш. Расстрелянные генералы Азербайджана. Баку, 2006.

Р. Назаров

Тлецерук, Харун (1879–1938) — адыгский просветитель, богослов, публицист.

Родился в д. Пинарлар р-н Дюздже (Турция), окончил медресе Фатих в г. Стамбуле, работал учителем. В 1908 г. вступил в Черкесское общество единения и взаимопомощи, где занимался проблемами черкесского языка. Написал на черкесском языке (на основе арабского алфавита) «Сборник религиозно-житейских правил, обязательных для мусульман». Затем отправился на Кавказ с просветительской миссией, работал в адыгских школах, сотрудничал с газетой «Гъуазэ» («Путеводитель»). Т. Х. — автор книги «Алфавит адыгского языка» (1918) на основе арабской графики, редактировал газету «Краснэ Кубань», которая издавалась на адыгском языке в г. Краснодаре. После захвата Сев. Кавказа армией А. И. Деникина был обвинен в сотрудничестве с большевиками, и только вмешательство генерала Клыч-Гирея и Лю Трахова спасло его жизнь. Похоронив жену в 1922 г, Т. Х. возвратился в Турцию и занялся сельским хозяйством в д. Пинарлар. Рукописи Т. Х. были утрачены в конце 1930-х гг. из-за жесткой политики турецких властей, ограничивающей права и свободы этнических меньшинств.

Д. Рахаев

Тмутаракань (Таматарха, Матрега, Таман) — средневековое городище, располагавшееся на территории ст. Тамань Темрюкского р-на Краснодарского края. Имя города менялось: в хазарский период — Самкерц, в византийский — Таматарха, в древнерусский — Тмутаракань (Тмуторокань), в золотоордынский и генуэзский — Матрега (Матрика), в турецкий — Таман. Т. — крупный торговый, ремесленный и религиозный центр в период Средневековья. Город имел полиэтническое население, среди жителей города были православные, католики, мусульмане, иудеи, язычники.

Т. возникла на месте античной Гермонассы. В VI в. город вошел в состав Тюркского каганата (вероятно, название Таматарха происходит от тюркского титула «тархан» и слова «тумен», обозначавшее войсковое подразделение в 10 тыс. чел.). После распада Тюркского каганата Т. вошла в состав *Хазарского каганата*. В хазарский период здесь проживали хазары, аланы, греки, армяне, евреи и др. После разрушения *Хазарского каганата* киевским князем Святославом (965 или 968–969 гг.) город вошел в состав Киевской Руси, позднее став центром Тмутараканского княжества. В городе жили славяне, греки, армяне, аланы, евреи и народы Сев. Кавказа. В этот период в городе чеканились древнерусские монеты и подражания византийским монетам. Некоторое время город находился под властью Византии (в XII в. город упоминается в византийских источниках и уже не упоминается в русских летописях). Золотоордынский и генуэзский периоды в истории города остаются наименее изученными. Известно, что в XIII–XV вв. город являлся колонией Генуи, одновременно им управляли адыгские князья. В генуэзский период на месте современной станицы располагалась крепость. Длительное время город принадлежал знатной генуэзской семье де Гизольфи. В 1475 г. город был захвачен турками, присоединен к Османской империи и получил название Таман.

Средневековые слои на Таманском городище изучены слабо. Большая часть городища затоплена или уничтожена современной застройкой. Городище продолжает разрушаться и в настоящее время. Раскопки проводятся с XIX в. до настоящего времени (исследования В. Г. Тизенгаузена, А. А. Миллера, Б. А. Рыбакова, И. Б. Зеест, А. К. Коровина, С. И. Финогенова, Т. А. Ильина, В. Н. Чхаидзе и др.). В ходе археологических исследований изучена городская планировка и архитектура, выявлены кладбища, следы монастыря, церкви, башни-донжона и др. Основная часть находок имеет византийское происхождение (керамика, эпиграфика и др.). Вместе с тем известны находки вост. керамики, мусульманских монет, мусульманских эпиграфических надписей. Культурные слои, связанные с золотоордынским и османским периодами, остаются слабоизученными.

Лит.: Артамонов М. И. История хазар. М., 1962; Бабаев К. В. Монеты Тмутараканского княжества. М., 2009; Гадло А. В. Предыстория Приазовской Руси. Очерки истории Русского княжения на Сев. Кавказе. СПб., 2004; Егоров В. Л. Историческая география Золотой Орды в XIII–XIV вв. М., 1985; Мавродин В. В. Тмутаракань // Вопросы истории. 1980. № 11; От Тмуторокания до Тамани IX–XIX вв. // Сб. Русского исторического общества. 2002. № 4(152); Плетнева С. А. Очерки хазарской археологии. М., 1999; Она же. Хазары. М., 1976; Чхаидзе В. Н. Матрега — золотоордынско-генуэзский город XIII–XV вв. на Таманском полуострове // Город и степь в контактной Евроазиатской зоне. М., 2006; Он же. Таматарха. Раннесредневековый город на Таманском полуострове. М., 2008.

А. Пачкалов

Токта (Тохта,?–1312) — хан *Золотой Орды* (1290–1312), сын Менгу-Тимура. После свержения хана Туда-Менгу новый хан Тула-Буга и его соправители Алгуй и Тогрул, братья Т., заподозрили его в намерении захватить власть. Т. пришлось бежать, спасая жизнь, в вост. области *Золотой Орды*. Узнав, что Тула-Буга не ладит с могущественным временщиком — беклербеком Ногаем, Т. вступил в сговор с последним и при его содействии совершил переворот, схватив и казнив Тула-Бугу и его соправителей.

К середине 1290-х гг. отношения между Т. и Ногаем обострились, и вскоре между ними началась гражданская война, в которой окончательную победу в 1299 г. одержал Т. (Ногай был убит после поражения в решающей битве). В течение 1299–1301 гг. Т. сумел также расправиться с сыновьями Ногая и восстановить единство *Золотой Орды*. В течение 1300-х гг. поддерживал также Баяна — своего ставленника на троне Синей Орды в борьбе с его противниками, которых поддерживали правители улусов Чагатая и Угедея.

В начале XIV в. Т. принял участие в восстановлении Монгольской империи в виде конфедерации независимых улусов, лишь номинально признавших власть великого хана, императора династии Юань в Китае. Однако уже в 1305-09, увидев бесперспективность этого шага, Т. заключил союз с египетским султаном ан-Насиром и возобновил войну с хулагуидским Ираном. В 1310–11 гг. провел денежную реформу, пытаясь унифицировать монетную систему *Золотой Орды*.

На своих монетах Т. упоминается с почетным прозвищем «Гияс ад-дин» или «Насир ад-дин», что дает основание ряду исследователей считать его мусульманином. Др. авторы, ссылаясь на косвенные данные, полагают, что Т. исповедовал буддизм.

По одним сведениям, Т. умер, не оставив потомства, по другим — еще при жизни начал готовить своего сына к ханской власти и назначил его своим наследником, однако после смерти Т. тот был убит своим двоюродным братом *Узбеком*.

Лит.: Веселовский Н. И. Хан из темников Золотой Орды Ногай и его время. Петроград, 1922; Костюков В. П. Буддизм в культуре Золотой Орды // Тюркологический сб. 2007–08. М., 2009. С. 189–236; Мухамадиев А. Г. Булгаро-татарская монетная система XII–XV вв. М., 1983; *Петров П. Н. Ускенбай К. З. Вопросы исламизации улуса Джучидов и вероисповедание хана Токты // Вопросы истории и археологии Зап. Казахстана. 2010. № 1. С. 10–54; Почекаев Р. Ю. Цари ордынские. Биографии ханов и правителей Золотой Орды. СПб., 2010; Рашид ад-дин. Сб. летописей. Т. II. М., Л., 1960; Тизенгаузен В. Г. Сб. материалов, относящихся к истории Золотой Орды. Т. I. СПб., 1884; Утемиш-хаджи. Чингиз-наме. Алма-Ата, 1992.*

Р. Почекаев

Тохтамыш (Гийас ад-дин Махмуд Токтамыш, ум. 1406) — хан Синей Орды (1376, 1379–80), *Золотой Орды* (1380–95), сын Туй-Ходжа-оглана, потомок Туга-Тимура, сына Джучи.

В течение ряда лет соперничал за власть в Синей Орде с ханом Урусом, своим четвероюродным братом. Бежал от него в Чагатайский улус к эмиру Тимуру (Тамерлану), при поддержке которого неоднократно пытался занять трон Синей Орды в 1376–79 гг., однако постоянно терпел поражения от Уруса и его сыновей-наследников. В 1379 г. сумел привлечь на свою сторону ряд эмиров Синей Орды, которые изменили хану Тимур-Малику и признали власть Т.

К 1380 г. Т. удалось установить власть над Поволжьем, а к ноябрю того же года он сумел одержать победу над Мамаем — фактическим правителем зап. крыла *Золотой Орды* — и объединить государство под своей властью, положив конец «Великой замятне».

Т. удалось отчасти восстановить систему органов власти и управления, а также внешнеполитическое положение *Золотой Орды*. В 1381 г. он заключил союз с генуэзскими колониями в Крыму, вернув им ряд поселений, отнятых Мамаем несколькими годами ранее.

В 1382 г. осадил и взял Москву, восстановив сюзеренитет *Золотой Орды* над Русью, от которого она избавилась в результате победы на Куликовом поле (1380). Т. подтвердил права московских князей на великое княжение. В 1392 г. направил польскому королю и литовскому великому князю Ягайло ярлык, в котором признавал за ним права на южнорусские земли в обмен на выплату регулярной дани в *Золотую Орду*.

Стремясь привлечь на свою сторону аристократию и военачальников зап. крыла *Золотой Орды*, Т. выдавал большое количество тарханных и суюргальных ярлыков, жалуя знати многочисленные привилегии, налоговые, судебные и адм. льготы.

В середине 1380-х гг. выступил против своего прежнего покровителя эмира Тимура, образовав против него мощную коалицию мусульманских правителей, в которую вошли султан

Египта, правитель Ирана из династии Джелаиридов, хан Могулистана и правитель Кашгара. Начиная с 1386 г. совершил ряд походов на владения Тимура в Иране и Средней Азии, но все они окончились неудачно.

В начале 1390-х гг. Тимур, в свою очередь, перешел в наступление. В 1390–91 гг. он совершил поход на Синюю Орду. В результате поражения Т. на р. Кондурче (1391) вост. крыло *Золотой Орды* вышло из-под его власти, и там утвердились ставленники Тимура — хан Тимур-Кутлуг и эмир Идигей. Вскоре Т. заключил договор с Эдигеем: хан признавал, что Синяя Орда будет находиться под контролем эмира, который взамен соглашался номинально признавать власть Т.

В 1395–96 гг. Тимур совершил поход на зап. крыло *Золотой Орды*. Потерпев поражение в битве на р. Терек (1395), Т. лишился трона и бежал на запад. На трон в Сарае был возведен Койричак-оглан, сын хана Уруса, которого вскоре свергли Тимур-Кутлуги Эдигей.

В результате походов Тимура и последующих гражданских войн *Золотая Орда* практически перестала существовать как единое государство. Система управления была разрушена, у власти находились удельные царевичи-Джучиды и родо-племенные вожди, которые лишь номинально признавали власть сарайских ханов.

В конце 1390-х — начале 1400-х гг. Т. неоднократно пытался вернуть себе трон, однако терпел поражения в борьбе с Эдигеем и его ставленниками — Тимур-Кутлугом, Шадибеком, Пуладом. В 1398 г. Т. заключил договор с литовским великим князем Витовтом, согласно которому признавал за ним права на русские земли в обмен на помощь в овладении престолом *Золотой Орды*. Однако в битве на р. Ворскле (1399) Т. и Витовт потерпели сокрушительное поражение от Тимур-Кутлуга и Эдигея, и отношения между Т. и литовским великим князем испортились.

В начале 1400-х гг. Т. обосновался в Зауралье, предположительно основав автономный Тюменский юрт (будущее Сибирское ханство), и продолжал борьбу с Эдигеем. В конце 1406 г. Т. был убит, по одним сведениям — ханом Пуладом, по другим — эмиром Идигеем, по третьим — Нур ад-дином, сыном Идигея.

Лит.: Миргалеев И. М. Политическая история Золотой Орды периода правления Токтамыш-хана. Казань, 2003; Почекаев Р. Ю. Цари ордынские. Биографии ханов и правителей Золотой Орды. СПб., 2010; Сб. материалов, относящихся к истории Золотой Орды. Т. II / собр. В. Г. Тизенгаузен. М.; Л., 1941; Тизенгаузен В. Г. Сб. материалов, относящихся к истории Золотой Орды. Т. I. СПб., 1884; Утемиш-хаджи. Чингиз-наме. Алма-Ата, 1992; Фахретдин Р. Ханы Золотой Орды. Казань, 1996.

Р. Почекаев

Туганов, Хамби Асламбекович (17.11.1838–1917) — генерал-майор русской армии, кавалерийский военачальник.

Родился в мусульманской семье генерала русской армии Асламбека Туганова (первого российского генерала-осетина). Военное образование получил в Павловском кадетском корпусе. Служить начал в июне 1857 г. в Нарвском гусарском полку (39-й драгунский Нарвский Его Императорского Высочества великого князя Константина Николаевича полк), в 1863 г. переведен в Смоленскую губ.

Среди офицеров полка Т. выделялся энергичностью и распорядительностью, храбростью и дальновидностью. За ним укрепилась репутация человека, служившего на совесть. В 1868 г. Т. был назначен командиром эскадрона и за отличия по службе в 1870 г. произведен в майоры с награждением орденом Св. Анны 3-й степени. Кристальная честность и деловитость обусловили его назначение в 1873 г. председателем офицерского суда чести. За высокий воинский авторитет и знание дела, заботливое отношение к рядовому составу в 1876 г. был назначен и. о. командира полка.

В июне 1877 — октябре 1878 г. принимал участие в Русско-турецкой войне, в том числе в переправе через Дунай, участник трех штурмов Плевны, боев у Ловчи и в Шейново. В 1878 г. Т. был произведен в подполковники.

Службу продолжил в г. Козлове Тамбовской губ., куда прибыл 12.04.1879 г. В 1880 г. был назначен командиром Донского казачьего полка и награжден орденом Св. Станислава. В 1886 г. Т. был награжден орденом Св. Владимира и назначен начальником Муромского гарнизона Владимирской губ. На новом месте получил звание полковника, награжден орденом св. Анны 2-й степени. В 1891 г. Т. стал начальником кадров кавалерийского запаса с зачислением по армейской кавалерии в чине генерал-майора.

Т. был женат на дочери тагаурского алдара (осетинского князя) Инуса Дударова Пашихан. Имел 6 детей: Лези (род. 1876), Фатима (род. 1880), Ибрагим (род. 1882), Магомет (род. 1884), Алима (род. 1886), Темир-булат (род. 1888).

Лит.: Дзагурова Г. Т. Сыны Отечества. Владикавказ, 2003.

Р. Назаров

Тума́ (ед. ч., м.) — на Дону в значении «метис, полукровка, помесь», а также «ненастоящий», «некоренной», «неистинный» казак. Т. со временем станут называть тех, кого подозревали в стремлении нарушить казачьи устои. Понятие Т. семантически отражает историю казачьего (славянского) и неславянского взаимодействия в обширной мусульманско-христианской контактной зоне. В. Д. Сухоруков считал, что Т. — люди «чуждого, нерусского племени»; А. А. Потебня указывал, что Т. — «метис, полурусский, полутатарин». Ср.: «Емельяном зовут… а сын тума; родился де он… на Дону, в Черкаском. Отец де ево… был русский человек, Тамбовец, солдат, а мать Туркеня» (1686). В некоторых текстах Т. именуется донской атаман С. Т. Разин, «метисное» происхождение которого возможно. Известно, что С. Пахомов, один из лидеров *казаков Крымского ханства*, — Т., который «прежде сего (до 1694 г.) живал в городке на устье Хопра». Др. атамана этих казаков, Л. Маноцкого, в донских казачьих песнях тоже называют Т. На Дону была известна прослойка «прирожденных тум». Часть донской ст. Есауловской носила название «Тума прирожденная», полученное от коренных жителей — татар (по М. Чаусову). Со временем верховые донские казаки стали пренебрежительно называть Т. низовых казаков в ответ на прозвище их самих «чигами». Именование низовых казаков Т. было связано якобы с тем, что «у многих из них течет немало крови черкесской, татарской, турецкой, греческой и даже калмыцкой» (Е. Савельев). Этимология слова Т. связывалась некоторыми специалистами с черкесским миром в значении «приблудный» (метис). Т. на Кавказе называли сына адыгского князя и дворянки, считавшегося «незаконным». Т. как понятие имело широкое распространение по территории России. По всей видимости, слово Т. неславянского происхождения или, по выражению М. Фасмера, «иноязычного».

Лит.: Даль В. И. Толковый словарь живого великорусского языка: современное написание: в 4 т. Т. 4. М., 2001. С. 733; Миртов А. В. Донской словарь. Материалы к изучению лексики донских казаков. Ростов н/Д., 1929. С. 327–328; Рыблова М. А. Донское братство: казачьи сообщества на Дону в XVI — 1-й трети XIX в. Волгоград, 2006; Словарь русских донских говоров / авт.-сост. З. В. Валюсинская [и др.]. Ростов н/Д., 1976. Т. III. С. 164; Фасмер М. Этимологический словарь русского языка: в 4 т. Т. IV. М., 1987. С. 119.

Д. Сень

Тумгоев, Шахмурза Бердович (1910–2006) — мусульманский религиозный деятель, 'алим, шейх тариката *накшбандийа*.

Родился в с. Кантышево Назрановского окр. Терской обл. (ныне Назрановский р-н РИ) в семье крестьянина. Окончил медресе с. Кантышево. Учителя: Товси-мулла Шадиев, Казим-мулла Гантемиров. Также обучался в медресе с. Сурхfхи (ныне Назрановский р-н РИ) и Чермен (ныне Пригородный р-н РСО–А) вместе с будущими ингушскими 'алимами: Ибрагим-муллой Арчаковым, Мухтар-муллой Нальгиевым, Абуязит-муллой Тумгоевым, Халит-муллой Кантышевым, Ахмед-муллой Албаковым и др.

Т. Ш. часто выступал в качестве шариатского судьи, за что получил в народе прозвание «Справедливый Шахмурза». Был известен в советское время как мусульманский религиозный деятель в Ингушетии, Осетии, Чечне и Дагестане. В 2003 г. Т. Ш. был награжден почетным дипломом *Духовного центра мусульман* Республики Ингушетия «за распространение исламских ценностей и духовно-нравственное воспитание подрастающего поколения».

Одна из улиц г. Назрань РИ носит имя Т. Ш.

Лит.: Барахоев М. Справедливый Шахмурза // Сердало. 2012. 22 мая; «Къаман во1» на НТК «Ингушетия», посвященная одному из выдающихся богословов Ингушетии — Шахмурзе-Мулле Тумгоеву. [Электронный ресурс] // URL: http://mehkkhel.org/%D1%82%D1%83%

М. Албогачиева

Ат-Тухи, Салман б. 'Али б. Салман б. Касим, ал-Авари (ум. 1731/32) — мусульманский религиозный деятель, специалист по исламскому праву, грамматике арабского языка и риторике.

Его нисба указывает на происхождение из с. Тлох (ныне Ботлихский р-н РД). Ат-Т. С. родился в семье потомственных 'алимов, его дед Салман б. Касим был известным в Дагестане ученым. Дядя ат-Т. С. — 'Абдалкадир б. Салман ат-Тухи — был мударрисом, в 1659 г. преподавал в медресе с. Карата (ныне Ахвахский р-н РД). Начальное религиозное образование ат-Т. С. получил в родном с. Тлох. В дальнейшем ат-Т. С. проучился несколько лет у дагестанского мусульманского правоведа Шабана ал-Убуди (ум. 1667).

Впоследствии ат-Т. С. стал преподавать — сначала в медресе при мечети с. Мехельта (ныне центр Гумбетовского р-на РД), а в дальнейшем — в медресе, основанном в с. Тлох его дедом. Сохранилось немало указаний о переписке рукописей учениками ат-Т. С. во время учебы у него. Сохранились сведения о переписке религиозной книги во время преподавания ат-Т. С. в с. Мехельта (1694/95), а 1709 г. — уже в с. Тлох (переписчиком был племянник жены ат.-Т. С. — Муртазали б. Мухаммад).

Назир из Дургели указывает, что ат-Т. С. является автором трудов и глосс по исламскому праву и др. наукам. Из самостоятельных сочинений исследователям пока известна лишь одна работа ат-Т. С. — «Хашийат хашат 'ан ал-хилал халат 'ан ал-милал» — комментарии на сочинение по суфизму. В сочинении рассматриваются суфийские термины, даны грамматические, стилистические комментарии различных суфийских терминов и понятий.

Лит.: Маламагомедов Д. М. Мыслители и ученые Аварии 2-й половины XVIII — начала XIX в. // Дибир-кади из Хунзаха и вопросы гуманитарного наследия дореволюционного Дагестана: материалы юбилейной научной сессии, посвященной 270-летию со дня рождения ученого (Махачкала, 29 мая 2012 г.) и ст. по вопросам гуманитарного наследия дореволюционного Дагестана. Махачкала, 2012. С. 114.

Ш. Хапизов

Тюменское владение (княжество, ханство, Тюмень (Кавказская, Прикаспийская, Хвалимская, Шевкальская)) — государственное образование на Сев. Кавказе в XV–XVI вв. Территория Т. в. находилась в ниж. течении р. Терек, в сев. части современного Сев. Дагестана.

Владение было основано тюркской народностью тюменов (терские татары, тюменские татары и др.; от них была названа столица владения — г. Тюмень и р. Тюменка), также некоторое время подчинялось кумыкским шамхалам (шевкалам). В 1594 г. вошло в состав Московского царства.

Слово «тюмень» является русскоязычной версией термина тюрко-монгольского происхождения (тюрк. тюмен, монг. тумэн) и имеет несколько значений. Применительно к Т. в. предполагается о связи этого названия со значением как числительного, равнявшегося 10 тыс. (это могло быть 10 тыс. выставляемых воинов или 10 тыс. голов имеющегося во владении рогатого скота. Вместе с тем эта этимология до настоящего времени не доказана.

Т. в. в нижнем течении р. Терек становится известным с XV–XVI вв. Точные границы не установлены. Известно, что владение граничило на западе с Кабардой («Черкасской землей»). Правителя Т. в. в источниках именуют князем, шамхалом и царем. Его власть была наследственной, при передаче престола возникали междоусобицы. Некоторое время правители Тюмени признавали над собой главство своего юж. соседа Шамхальства, которому платило дань. В свою очередь Шамхальство в разные периоды находилось в зависимости от Сефевидского Ирана, от *Крымского ханства* и Османской империи. С 1556 г. правители Тюмени устанавливали политические и торговые связи с Россией, оставаясь при этом вассалами кумыкских шамхалов. Претенденты на престол часто искали поддержки во внутренних междоусобицах в России. Например, в 1560 г. Мамай Агишев добивался Тюменского престола, ездил в г. Астрахань и пытался заручиться там военной помощью. Не добившись успеха, Мамай и его брат уехали в г. Москву, где крестились (от них происходит российский дворянский род Тюменских).

Главным городом государства являлась Тюмень. Вероятно, во 2-й половине XVI в. город был разрушен речными половодьями. На его месте в 1588–89 гг. был построен Терский город (Тюменский острог).

В 1569 г. умер тюменский владетель Токлуй, ему наследовал племянник — Тюген Атяков. В 1594 г. Т. в. вошло в состав Русского царства и прекратило самостоятельное существование.

Лит.: Гусейнов Г.-Р. А.-К. Тюменское княжество в контексте истории взаимоотношений Астраханского ханства и Кумыкского государства с Русским в XVI в. // Средневековые тюрко-татарские государства. Казань, 2012; Кушева Е. Н. Народы Северного Кавказа и их связи с Россией. М., 1963; Лавров Л. И. Кавказская Тюмень // Из истории дореволюционного Дагестана. Махачкала, 1976.

А. Пачкалов

У

Ал-'Убуди, Ша'бан б. Исма'ил, ал-Авари ад-Дагистани (1608/1609–67) — мусульманский религиозный деятель.

Родился в с. Обода (ныне Хунзахский р-н РД). Упоминание о с. Обода в источниках XVII в. встречается именно в связи с ал-'У. Ш. Начальное образование ал-'У. Ш. получил, скорее всего, у своего отца и в дальнейшем — у разных дагестанских 'алимов. Позже продолжил свое образование за пределами Дагестана — в Персии и арабских вилайатах Османской империи. После возвращения в Дагестан отдельные крупные общины центр. части горного Аваристана стали его приглашать к себе на службу в качестве муллы и третейского судьи (хакима). Первое время ал-'У. Ш. был связан с жителями «города» Акалчи, затем все бо́льшую известность приобретает на равнине, в частности в р-не Сулакского бассейна Дагестана, куда его приглашают на должность дибира и третейского судьи. Вскоре, в 1-й половине XVII в., арабоязычные документы упоминают о работе ал-'У. Ш. в с. Ниж. Батлух (ныне Шамильский р-н РД).

С середины XVII в., находясь на государственной службе в столице *Аварского ханства — Хунзахе*, ал-'У. Ш. получает наибольшую известность. В это время он совмещал обязанности кадия нуцальского войска и имама пятничной мечети с. *Хунзах*, где периодически собиралась практически вся политическая и научно-религиозная элита Аваристана. Работая более 10 лет кадием аварских правителей-нуцалов, ал-'У. Ш. занимался вопросами внутренней и внешней политики, а также пропагандой и распространением шариата среди жителей Дагестана. В 60-х гг. XVII в. в среднем по величине горном с. Обода, в котором высшие мусульманские учебные заведения (медресе) упоминаются со 2-й половины XVI в., открылось новое медресе. Опираясь на разработанную ал-'У. Ш. новую программу, медресе под общим руководством его сына Малламухаммада начало обучать молодых дагестанцев. В медресе ал-'У. Ш. учились ставшие впоследствии известными учеными Мухаммад ал-Кудуки, ал-Кудали Хасан ал-Кабир, Салман ал-Тлухи и др. Созданное ал-'У. Ш. медресе работало вплоть до 30-х гг. XX столетия.

Ал-'У. Ш. являлся автором известного в Дагестане четырехтомного сочинения «Танабих фи шарх ал-Масабих» — комментария на «Масабих ад-дуджа» (или «Масабих ас-Сунна»), популярного на Ближнем Востоке собрания хадисов шафиитского имама ал-Багави (ум. 1117 или 1122). Его перу также принадлежат и др. сочинения — толкование на «Минхадж ал-'абидин» ал-Газали (ум. 1111), комментарии на ряд касыд. Сочинения ал-'У. Ш. хранятся во многих государственных и частных книжных коллекциях и в полном объеме не выявлены. В ФВР ИИАЭ ДНЦ РАН хранится ряд писем, документов, записей, связанных с именем ал-'У. Ш. В числе его сочинений значится и «Шарх Касида ас-Сарсарийа» — комментарий на знаменитый «Васийат» (Духовное завещание). Там также хранится первый том «Танаких фи шарх ал-Масабих», который поступил в Фонд 1963 г. из с. Карата от потомков бывшего наиба *Шамиля*. Остальные тома, по имеющимся сведениям, хранятся в с. Тлох, в частной коллекции Султан-Мухаммада Дибирова (ум. 2000), точнее — у потомков Патимат (Афифат), дочери ал-'У. Ш. Имеются также сведения, в 1638–39 гг. ал-'У. Ш. переписал книгу «Халл ал-абйат ли-л-Муфассал»; в коллекции Сутан-Мухаммада ал-Тлухи хранится «Мафатих шарх Масабих», переписанный рукою ал-'У. Ш. «на кладбище в с. Акалчи» в 1521–24 гг. Рукописные тексты ал-'У. Ш. хранятся также в личных коллекциях М. Г. Нурмагомедова (Араканского) и М. Гайдарбекова. В Ин-те восточных рукописей РАН хранится экземпляр рукописи (копия 1807 г.) «Шарх Васийат ли-Сарсари», принадлежащей перу ал-'У. Ш. Скончался ал-'У. Ш. в 1667 г. и похоронен в родном с. Обода.

Лит.: Айтберов Т. М. Древний Хунзах и хунзахцы. Махачкала, 1990. С. 118–131; Айтберов Т. М. Шабан из селения Обода. Махачкала, 2006; Арабские рукописи Ин-та востоковедения. 1986. Ч. I. № 3736. С. 184; Воспоминания Абдурахмана из Газикумуха. Махачкала, 1997. С. 213–214; Гамзатов Г. Г., Саидов М-С., Шихсаидов А. Р. Арабо-мусульманская литературная традиция в Дагестане // Гамзатов Г. Г. Дагестан: историко-литературный процесс. Махачкала, 1990. С. 232–233; ад-Дургели Назир. Услада умов в биографиях дагестанских ученых. (Нузхат ал-азхан фи тараджим улама Дагистан). Дагестанские ученые X–XX вв. и их биографии. М., 2012. С. 42–43; Маламагомедов Д. М. Мыслители и ученые Аварии 2-й половины XVIII — начала XIX в. // Материалы юбилейной научной сессии, посвященной 270-летию со дня рождения ученого XVIII — начала XIX в. Дибир-кади из Хунзаха (1742–1817). Махачкала, 2012. С. 111–132; Материалы археографической экспедиции в с. Обода; Материалы научной сессии «Шахбанкади из Обода. Проблемы научного наследия», состоявшейся 12–13 августа 1994 г. в с. Обода (в рукописи); Саидов М-С. Дагестанская литература XVIII–XIX вв. на арабском языке // Труды двадцать пятого конгресса востоковедов. Т. 2. М., 1963; Шихабудинов М., Шигабудинов Д. Ша'бан-кади — ученые-ободинцы. Махачкала. 1994 (на авар. яз)

Д. Маламагомедов

Узбек (Султан Гияс ад-дин Мухаммед Узбек) — хан *Золотой Орды* (1313–41), сын Тогрула б. Менгу-Тимура. По одним сведениям, вступил на трон, совершив государственный переворот и убив сына своего дяди и предшественника *Токты*; по другим сведениям, мирно наследовал *Токте*, не оставившему наследников.

У. вошел в историю как хан, утвердивший в *Золотой Орде* ислам в качестве официальной государственной религии. В 1320 г. У. уведомил своего союзника египетского султана ан-Насира о победе над противниками ислама. Некоторые исследователи склонны полагать, что У. не выделял ислам среди др. конфессий в *Золотой Орде*, однако в пользу установления ислама в качестве официальной религии свидетельствуют факты включения представителей мусульманского духовенства в систему власти *Золотой Орды*, ссылки на волю Аллаха в ханских ярлыках и т. д. У. провел радикальные административно-территориальные преобразования в *Золотой Орде*, покончив с автономией удельных царевичей-Чингизидов и племенных вождей. В золотоордынских улусах им были назначены ханские наместники, имевшие полный контроль над царевичами и эмирами, которые считались владетелями тех или иных уделов. Реформа У. вызвала противодействие со стороны ряда Джучидов; в 1328–29 гг. Мубарак-Ходжа, правитель Синей Орды (вост. крыла *Золотой Орды*), оказал вооруженное сопротивление хану, но был свергнут, и в Синей Орде также была установлена власть наместников.

Формально У. продолжил политику *Токты* по поддержанию связей с великим ханом — императором Юань в Китае. Он числился «князем 3-й степени» в имперской иерархии и в качестве такового номинально владел рядом областей на территории Китая и получал с них доход. На рубеже 1320–30-х гг. в качестве подарка императору Юань У. отправил в Китай русских пленников, захваченных в результате подавления антиордынского восстания в Тверском княжестве (1327); из них император Юань впоследствии образовал свою личную русскую гвардию.

У. возобновил войну с хулагуидским Ираном, однако в 1320 и 1335 г. потерпел поражение от иранских монголов. Неудачно участвовал в борьбе с Византией за контроль над Балканами, в 1323 г. войска У. и его союзника болгарского царя Георгия Тертера II потерпели поражение от византийцев. Более удачными были походы войск У. на Литву в 1320-е гг., однако и здесь серьезных успехов он не добился. Более того, к 1339 г. Смоленск, ранее находившийся под контролем *Золотой Орды*, перешел под власть литовских князей. А в 1340 г. Литва захватила Галицко-Волынскую Русь, тоже прежде находившуюся в зависимости от *Золотой Орды*.

У. установил полный контроль *Золотой Орды* над русскими землями, отдавая великокняжеский стол тому, кому сам считал нужным, а не в соответствии с династическими принципом, как поступали его предшественники. В правление У. в *Золотой Орде* было казнено больше русских князей, чем за время всех его предшественников. Тем не менее сохранился ярлык У., подтверждающий прежние права и привилегии Русской православной церкви (некоторые исследователи считают его поздней подделкой).

У. поддерживал традиционные для *Золотой Орды* связи с египетским султаном — сильнейшим в то время правителем мусульманского мира. В 1320 г. родственница У. Тулунбай была выдана замуж за египетского султана ан-Насира. Хан также поддерживал отношения и с европейскими католическими державами. В 1332 г. У. даровал венецианским купцам льготы и привилегии в торговле с *Золотой Ордой* в Причерноморье. Он также состоял в переписке с папой римским. В 1339 г. рядом подданных хана и иностранцев-католиков против У. был устроен заговор, окончившийся гибелью заговорщиков.

Период правления У. считается эпохой расцвета *Золотой Орды*. К концу правления У. и в правление его преемника *Джанибека Золотая Орда* юыла весьма могущественным государством, в том числе по причине установления в ней ислама в качестве государственной религии. Мавзолей У. входит, по всей видимости, в археологический комплекс у пос. Лапас Харабалинского р-на Астраханской обл.

Лит.: Григорьев А. П., Григорьев В. П. Коллекция золотоордынских документов XIV в. из Венеции. СПб., 2002; Костюков В. П. Историзм в легенде об обращении Узбека в ислам // Золотоордынское наследие. Вып. 1. Казань, 2009. С. 67–80; Почекаев Р. Ю. Цари ордынские. Биографии ханов и правителей Золотой Орды. СПб., 2010; Сб. материалов, относящихся к истории Золотой Орды. Т. II. / собр. В. Г. Тизенгаузен. М.; Л., 1941; *Соколов П. П. Подложный ярлык хана Узбека митрополиту Петру // Российский исторический журнал. 1918. Кн. 5. С. 70–85; Тизенгаузен В. Г. Сб. материалов, относящихся к истории Золотой Орды. Т. I. СПб., 1884; Утемиш-хаджи. Чингиз-наме. Алма-Ата, 1992; Фахретдин Р. Ханы Золотой Орды. Казань, 1996; Юрченко А. Г. Какой праздник отметил хан Узбек в 1334 г. // Золотоордынское наследие. Вып. 1. Казань, 2009. С. 110–126.*

Р. Почекаев

Узденов, Хабат-эфенди Джумалиевич (1885 — после 1939) — мусульманский религиозный деятель Карачая начала XX в.

Родился в многодетной семье в с. Каменномост Баталпашинского у. (ныне Зольский р-н КБР). По некоторым данным, получил мусульманское религиозное образование в Турции, стал хафизом (знал Коран наизусть), в дореволюционный период служил имамом. В конце 1920-х гг. подвергся гонениям со стороны советской власти (как представитель духовенства был лишен избирательных прав), впоследствии был арестован.

Получил известность среди мусульман региона как святой (шыйых адам), который лечил больных аятами Корана, общался с джиннами-мусульманами, обладал даром предсказаний (в числе предсказал собственный арест) и чудотворства (карамат). В частности, утверждалось о его способности — во время тюремного заключения — выходить за стены тюрьмы, совершать омовения и возвращаться в камеру для совершения очередного намаза.

Весьма вероятно, что У. Х.-э. принадлежал к суфийскому тарикату *накшбандийа*. Последний раз был арестован в 1939 г., из заключения не вернулся. Был женат дважды, имел 9 детей.

Лит.: Архив Карачаевского НИИ им. А. И. Батчаева. Ф. 12. Д. 88; ГА КЧР. Ф. р-307. Оп. 2. Д. 30. Л. 118.

Р. Хатуев

Узденова, Бушай Аубекировна (ок. 1860–1943) — мусульманская религиозная деятельница Карачая 1-й половины XX в.

Родилась в с. Карт-Джурт (ныне Карачаевский р-н КЧР). Происходит из старинного карачаевского рода Хубиевых (ветвь Амырханлары). Была замужем за Шогаем Узденовым, жителем с. Хурзук (ныне Карачаевский р-н КЧР). Владела арабской письменностью, основами исламского вероучения, являлась наставницей многих мусульман-карачаевцев (ее учеником был известный суфийский шейх *Боташев Хаджи-Мухаммад* (Шакай улу)). В народе были известны ее феноменальные способности экстрасенсорного плана, которые проявились с детства; некоторые говорили о наличии у нее дара предвидения, связей с «белыми» джиннами. У. владела традиционными методами народной лечебной культуры, что на протяжении десятилетий привлекало к ней массы людей, которым она по мере возможностей оказывала помощь. После ухода немецких оккупантов (январь 1943 г.) ее популярность решили использовать активисты антисоветского движения, которому желали придать характер религиозного сопротивления. У. противилась такой активности, указывая на бессмысленность борьбы, однако ее призывы не были услышаны. По итогам войсковой спецоперации, проведенной в с. Учкулан в марте 1943 г., У. была арестована, умерла от голода в камере областного управления НКВД в г. Микоян-Шахаре (ныне г. Карачаевск) и была тайно похоронена на территории городского христианского кладбища. В том же году умер в тюрьме ее муж, которому было ок. 90 лет. Могила У. поныне посещается верующими для поминальных молитв (ду‘а). Официально реабилитирована в постсоветский период.

Лит.: Хатуев Р. Т. Хубиевы. Краткий исторический очерк / авт.-сост. Р. Т. Хатуев. Нальчик, 2012. С. 30–31.

Р. Хатуев

Умаргаджиев, Хамзат Абубакирович (1892–17.07.1978) — мусульманский религиозный деятель, шейх тарикатов *накшбандийа* и *шазилийа*.

Родился в с. Тлях (ныне Шамильский р-н РД). Его дед Умар-хаджжи был мюридом Ахмада Талали, одного из девяти халифов кутбу *ал-Амали Махмуда*. Учился у *ал-Асали 'Абдуррахмана-хаджжи*, *ал-Кахи Хасана Хилми*, Мухаммада Ясуба, Хумайда-афанди и Хусенила Мухаммада. Писал религиозные стихотворения (назму и турки). Разрешение на наставничество У. получил от *Хусенил Мухаммада* из с. Уриб Шамильского р-на РД в 1962 г. У. возвел в ранг устаза Ибрагимхалилила Мухаммада из с. Тидиба, *Меселасула Мухаммада* из с. Хучада (оба с. в Шамильском р-не РД).

У. похоронен в с. Тлях, там же находится его зийарат.

Лит.: Абдурахманов М. Золотая цепочка накшбандийских шейхов. Махачкала, 2000; Мухамадов Р. Лъахъа Х1амзат-афанди. Махачкала, 2005; Омаров М. Ислам в Дагестане. Махачкала, 2014.

М. Омаров

Умаров, Батыр Дуйсенби-улы (1907–12.05.1995) — мусульманский религиозный деятель Ставрополья и Карачаево-Черкесии.

Родился в с. Кара-Тюбе Ачикулак-Джембойлуковского приставства Ставропольской губ. Российской империи (ныне с. Кара-Тюбе Нефтекумского р-на Ставропольского края), в ногайской семье, занимавшейся скотоводством. Начальное исламское образование получил в мактабе родного села и с. Ачикулак (ныне с. Ачикулак Нефтекумского р-на Ставропольского края).

Участник ВОВ. На фронте был санитаром, имел боевые ордена и медали. В послевоенные годы работал сельским кузнецом. С 1964 г. учился у местных имамов. С конца 1980-х гг. был эфендием (главным муллой) мусульманской общины с. Адиль-Халк (КЧР). В начале 1990-х гг. был участником религиозных и общественных мероприятий по возрождению исламской нравственности и культуры, укреплению межконфессионального мира и согласия в Карачаево-Черкесии. За религиозные знания и мудрость У. пользовался большим авторитетом в Карачаево-Черкесии и на Ставрополье, а также в соседних регионах. Похоронен в с. Адиль-Халк Ногайского р-на КЧР.

Лит.: Заргишиев М. Ногайлы. Белый Сокол Золотой Орды. М., 2021; Личный архив автора: 2022 г. КЧР, с. Адиль-Халк. Информатор Ф. Т. Керейтова (внучка Б. Д. Умарова), 1970 г. р.

М. Заргишиев

Упа — см. *Хантиев, 'Усман-хаджжи*.

Ал-Уради, **Муртада'али** б. Мухаммад б. Малик (начало XIX в. — 1865) — мусульманский религиозный деятель, ученый-богослов и правовед, политик.

Родился в с. Урада (ныне Шамильский р-н РД), учился у наиболее авторитетных мусульманских 'алимов Дагестана соответствующего периода. По дошедшим до нашего времени свидетельствам, ал-У. М. «в поисках учителя, уровень знаний которого устроили бы его, ходил по селам Дагестана и из таковых он встретил двоих». Это были пользовавшиеся большим авторитетом в среде местной мусульманской интеллигенции Курбанилав ал-Бацади и хаджжи *Дибир ал-Гунухи*. У первого ал-У. М. обучался богословию (каламу), у второго — основам шариатского законодательства. Впоследствии ал-У. М. переписывался с ними, советуясь по важным правовым вопросам. По некоторым сведениям, ал-У. М. учился также у *Загалава ал-Хварши*. У самого ал-У. М. учились дагестанские 'алимы *ал-Аргвани Шамхал*, 'Али Салтинский, Хаджжи'али из Чоха (автор знаменитой хроники «Рассказ очевидца о *Шамиле*»).

К середине 1840-х гг. ал-У. М. включается в освободительное движение горцев под руководством имама *Шамиля*. Правовые заключения по наиболее актуальным вопросам, в том числе касающимся вооруженного сопротивления горцев против имперской политики, всегда были весомым аргументом в руках имама, поэтому ал-У. М. неофициально носил почетный титул главного кадия *Имамата* (кади ал-кудат) и входил в так называемый круг ученых *Шамиля*. После сдачи имама русским войскам в августе 1859 г. по настоянию царской администрации исполнял в течение трех лет обязанности кадия Дагестанского народного суда в г. Темир-Хан-Шуре.

Ал-У. М. являлся автором нескольких сочинений по мусульманскому праву, грамматике арабского языка и логике, которые пользовались большой популярностью у учеников дагестанских медресе, а также составил субкомментарии: 1) на труд по морфологии арабского языка Саʿад ад-дина б. Масʿуда аз-Занджани «Тасриф ал-ʿИззи» под названием «Рафʿ ан-никаб»; «Макис ал-масаʾил» является супракомментарием на «Шарх ал-Унмузадж» (комментарий Мухаммада ал-Ардабили на сочинение Махмуда аз-Замахшари по синтаксису арабского языка); 2) на «Ал-Фаваʾид ад-дийаийа» ʿАбд ар-Рахмана ал-Джами. Однако самым «резонансным» трудом ʿалима является сочинение «Мургим», написанное в целях легитимизации *Имамата Шамиля*. Оно адресовано некоторым представителям местной мусульманской элиты, выступавшим против создания *Имамата* и не признававшим за имамом законной власти.

Умер ал-У. М. в июне 1865 г., похоронен в родном с. Урада. На его могиле сооружен небольшой куполообразный мавзолей.

Лит.: Абдурахман из Газикумуха. Книга воспоминаний / пер. с араб. М-С. Саидова; ред. пер., подгот. факсим. изд., коммент., указ. А. Р. Шихсаидова, Х. А. Омарова. Махачкала, 1997. С. 80; Гаджиева Д. Х. Грамматические сочинения Муртадаали ал-Уради // Письменные памятники Дагестана XVIII–XIX вв. Махачкала, 1989. С. 52–56; Ад-Дургели Назир. Услада умов в биографиях дагестанских ученых. (*Нузхат ал-азхāн фӣ тарāджим уламā Дāгистāн*) Дагестанские ученые X–XX вв. и их биографии. М., 2012. С. 115; Кемпер М. Шариатский дискурс имамата в Дагестане первой половины XIX в. // Дагестан и мусульманский Восток / сост. и отв. ред. А. К. Аликберов, В. О. Бобровников. М., 2010. С. 107–124; Омаров А. Как живут лаки. Воспоминания муталима. Махачкала, 2011. С. 155–156.

М. Шехмагомедов

Уракчиев, Хаджжи-Мурат Кубжетер-улы (30.03.1884–03.06.1962) — мусульманский религиозный деятель Ставрополья и Карачаево-Черкесии.

Родился в с. Верхне-Мансуровском Баталпашинского окр. Кубанской обл. Российской империи (ныне с. Адиль-Халк Ногайского р-на КЧР), в ногайской семье из рода (ыйрув) Оракшы. Начальное исламское образование получил в мактабе, у местных эфендиев и мулл. В 1910 г. совершил хаджж, дойдя пешком до Мекки. Вернулся домой, пройдя курс обучения в мекканском медресе.

После установления советской власти У. занимался религиозной деятельностью, преподавал мусульманскую грамоту и чтение Корана в частном порядке на дому. В 1930-е гг. находился под надзором органов НКВД РСФСР как «служитель религиозного культа».

У. был знатоком и хорошим чтецом Корана. Долгие годы был эфендием (главным муллой) с. Адиль-Халк. За религиозные знания и мудрость У. пользовался большим авторитетом в Карачаево-Черкесии и на Ставрополье, а также в соседних регионах. Воспитал сыновей Ислама и Муссу (оба воевали и пропали без вести на фронтах ВОВ) и 5 дочерей (Канитат, Медине, Рабият, Фаризат, Сапият). Похоронен в с. Адиль-Халк Ногайского р-на КЧР.

Лит.: Заргишиев М. Ногайлы. Белый Сокол Золотой Орды. М., 2021; Личный архив автора: 2022 г. КЧР, с. Адиль-Халк. Информатор З. А.-К. Уракчиева (правнука Х.-М. Уракчиева),1957 г. р.

М. Заргишиев

Урдашев, **Далгат** (младший) из Гергебиля (1884–14.02.1984) — мусульманский религиозный деятель, поэт, автор мавлидов.

Родился в 1884 г. в с. Гергебиль (ныне адм. центр одноименного р-на РД). У. Д. получил мусульманское религиозное образование в сельском медресе, а затем в медресе др. сел Дагестана, в том числе у ʿалима Саʿида из с. Кудутль (ныне Гергебильский р-н РД). Вернувшись в родное село, У. Д. два года проработал имамом. Затем вплоть до закрытия медресе (1936) занимался преподавательской деятельностью. В 1937 г. был арестован и провел несколько месяцев в гунибской тюрьме, был выпущен на свободу. Однако и после этого продолжил заниматься преподаванием на дому; у него учились Умарил Ансар, Абубакарил Мухаммад и др.

У. Д. является автором коротких мавлидов, назмов, турки. Многие годы У. Д. работал членом ревизионной комиссии Буйнакской городской мечети, в открытии которой он принимал участие.

У. Д. похоронен на сельском кладбище с. Гергебиль. Наследие У. Д., как и многих представителей духовной поэзии советского периода, практически не изучено.

Лит.: Омаров М. Богословы Дагестана. Махачкала 2014. С. 148–154; Омаров М. Ислам в Дагестане. Махачкала 2014. С. 104.

М. Омаров

Урусов, Хамзат-хаджжи Мамсурович (1858–1921) — мусульманский религиозный и общественный деятель Карачая конца XIX — 1-й трети XX в.

Родился в с. Учукулан Баталпашинского отд. (ныне Карачаевский р-н КЧР). Окончил начальную школу в родном селе, получил светское образование в ст. Баталпашинской. Религиозное образование получил в медресе с. Кёнделен (ныне Эльбрусский р-н КБР), где его наставником был Алий-эфенди Энеев, затем в медресе в г. Казани. Владел русским, арабским и турецким языками, фарси. Неоднократно совершил хаджж (7-й по счету — незадолго до начала ПМВ). Обладал большой личной библиотекой.

У. вместе с Хусин-хаджжи Урусовым построили новую мечеть в с. Верх. Учукулан (ныне Карачаевский р-н КЧР). После Февральской революции занимал пост председателя гражданского исполнительного комитета (ГИК), т. е. главы администрации с. Учукулан. С августа 1917 по март 1918 г. возглавлял администрацию Карачая в должности председателя Карачаевского ГИК. Выступил против массовой реквизиций властями Кубанской обл. скота у карачаевцев. Поддерживал связи с Центр. комитетом *Союза объединенных горцев Северного Кавказа и Дагестана* (правительство *Горской республики*). В годы Гражданской войны У. прилагал усилия по предотвращению репрессий: в 1918 г., как вспоминал участник войны А. К. Аджиев, «когда летом 1918 г. белогвардейцы повели расстреливать двух бывших советских функционеров, русских по национальности, случайно находившийся в укреплении Хумаринском *Урусов Хамзат* с другими карачаевцами вступились и не дали их расстрелять».

У. умер от тифа, похоронен на родовом кладбище Урусовых. Его кончине был посвящен народный плач (кюу). Сохранились предания о том, что он обладал способностями ясновидения. Его сын Акурма был арестован в 1937 г., расстрелян.

Общественная деятельность У. получила освещение в научно-популярной литературе досоветского и советского периодов. В 1911 г. в статье карачаевского просветителя Ислама Хубиева (Карачайлы) «Положение женщин в Карачае», опубликованной в русскоязычном парижском журнале *«Мусульманин»* (1911. № 24), отмечается: «Будем надеяться, что наши передовые и влиятельные муллы *Исма'ил-эфенди Акбаев, Дж/агафар/-эфенди Хачиров, Ш.-эфенди Акбаев, Хызыр-эфенди Боташев, Хусеин и Хаджжи-Хамза/т/ Урусовы* и некоторые другие не откажут в своей авторитетной помощи в деле образования и улучшения положения наших несчастных, обездоленных сестер». Уже в советское время (1928) тот же автор отнес У. к числу «передовых людей» своего времени, «пекущихся о просвещении народа». Как отмечалось в советской печати 1920-х гг., «в Карачае Февральская революция вызвала к жизни национальный мусульманский комитет Карачая под председательством эфенди Хамзат-хаджжи Урусова и *шариатские суды*». В поздней региональной историографии советского периода его роль искажена; в частности, во втором томе «Очерков истории Карачаево-Черкесии» (1972) У. характеризуется как «представитель реакционного духовенства».

Лит.: Хубиев (Карачайлы) И. Положение женщин в Карачае // *Мусульманин.* 1911. № 24; *Янчевский Н. Л.* Февральская революция на Сев. Кавказе // *Советский Юг.* 1926. № 63.

Р. Хатуев

Ал-Усиши, Давуд (1655/56–1757/58) — мусульманский религиозный деятель.

Родился в с. Усиша Даргинского окр. (ныне Акушинский р-н РД). Начальное религиозное образование получил у местных улемов, затем продолжил учебу в с. Акуша (ныне центр одноименного р-на РД), в с. Кудутль (ныне Гергебильский р-н РД) у *ал-Кудуки* Мухаммада. Затем отправился учиться в Египет. В 90-е гг. XVII в. побывал и в Сирии, что косвенно подтверждает запись на полях рукописи «Шарх Алфийа» Ибн Имада, переписанная в медресе при соборной мечети Омейядов (г. Дамаск) в начале рамадана 1104/1693 г. В Фонде восточных рукописей ИИАЭ ДНЦ РАН хранится комментарий на свод хадисов 'Абд ар-Рахмана ас-Суйути «Шарх ал-кабир ли-л-джами' ас-сагир фи-л-хадис ал-башир» 'Абд ар-Рауфа ал-Манави (ум. 1545), переписанный в 1707 г. На полях этой рукописи, вероятно, рукой ал-У. Д., сделана запись: «Я купил эту книгу во время моего паломничества в Мекку. Дауд ал-Усиши».

Вернувшись в Дагестан, ал-У. Д. начал преподавательскую деятельность в разных медресе. Дату смерти ал-У. Д. приводят как известные авторы, в той или иной мере затрагивающие биографии дагестанских богословов (*Каяев 'Али, Алкадари Хасан-эфенди, Назир из Дургели*), так и анонимные переписчики или читатели арабских рукописей, оставившие памятные записи на полях. Запись, имеющаяся непосредственно в рукописи сочинения ал-У. Д., хранящейся в Фонде восточных рукописей, гласит: «Умер паломник обеих святынь ал-У. Д., да смилостивится над ним Аллах, в пятницу утром благословенного месяца мухаррама в 1171 г.х. (1757–58), и совершили по нему молитву в центральной мечети после пятничной молитвы». Похоронен на старом кладбище с. Усиша.

Лит.: Абакарова Ф. О. Очерки даргинской дореволюционной литературы. Махачкала, 1963. С. 5; *Абдуллаев М. А.* Дауд-Эфенди из Усиша // *Дагестанская правда.* 22.11.1997 г.; *Айтберов Т. М., Абдулкеримов М. М.* Обзор некоторых рукописных собраний Дагестана // Изучение истории и культуры Дагестана: археографический аспект. Махачкала,

1988. С. 51; Алкадари Х. Асари Дагестан. Махачкала, 1929. С. 148; Алхасова Д. М. Дауд Хаджжи ал-Усиши: Жизнь и творческое наследие: дисс. ... канд. ист. наук. Махачкала, 2005; Гайдарбеков М. Хронология истории Дагестана // ФВР ИИАЭ ДНЦ РАН. Ф. 3. Оп. 1. Д. 236. Т. XII. Л. 230; Из дагестанских памятных записей / пер. Т. М. Айтберова, А. Р. Шихсаидова // Восточные источники по истории Дагестана. Махачкала, 1980. С. 119; Каймаразов Г. Ш. Просвещение в дореволюционном Дагестане. Махачкала, 1989. С. 24; Каяев А. Биографии дагестанских ученых арабистов (на тюрк. яз.) // РФ ИИАЭ ДНЦ РАН. Ф. 25. Оп. 1. Д. 1. Л. 51 / пер. Г. М-Р. Оразаева; Материалы археографических экспедиций. Экспедиция 1988 г. // Письменные памятники Дагестана XVIII–XIX вв. Махачкала, 1989. С. 127; ФВР ИИАЭ ДНЦ РАН. Ф. 1. Оп. 1. Д. 288. Л. 54; Ф. 16. Оп. 3. № 1496; Ф. 14. Оп. 1. № 733.

Д. Маламагомедов

Ф

Ал-Фукка'и, Йусуф б. Ахмад Абу-л-Касим ад-Дарбанди (ум. в середине XI в.) — наиболее влиятельный и почитаемый в *Баб ал-абвабе* (г. Дербенте) суфийский шейх и аскет (захид), духовный предводитель суфиев, знаток шафиитского права, наставник многих дербентских факихов и суфиев. Ал-Ф. Йу. — основатель суфийской обители (завия) на окраине г. Дербента, недалеко от цитадели сасанидской крепости и местечка *Кырхляр* — места погребения 40 мучеников за веру. Многие мюриды после обучения в этой обители оставались жить в г. Дербенте в общине своего шейха (в частности, Ибн аз-Занджани, Абу-л-Хасан ал-Джурджани и др.).

Много времени ал-Ф. Йу. проводил в «исламских центрах» (ал-маракиз ал-исламийа) — арабских пограничных поселениях в окрестностях г. Дербента. В частности, в Хумайдии (современный Гемейди) он обучал шафиитскому праву слепого подвижника Мунаббиха ал-Хумайди. О степени известности ал-Ф. Йу. за пределами Дербента свидетельствует, в частности, тот факт, что имя этого праведного старца было хорошо знакомо шейхам Табаристана. Суфий-ашарит Абу-л-'Аббас Ахмад б. Мухаммад ал-Асадабади (ум. ок. 1096), в свое время обучавшийся в дербентской завии, советовал ученым Табаристана отправиться в *Баб ал-абваб* выразить свое почтение шейху, факиху и аскету Абу-л-Касиму ал-Фукка'и.

Ал-Ф. Йу. умер и похоронен в г. Дербенте, на Северном кладбище, рядом с цитаделью. В 1928 г. надгробие с его могилы обнаружил *Пахомов Е. А.* Дата смерти на нем не сохранилась. Арабский текст эпитафии памятника, изданный *Л. И. Лавровым*, был прочитан исследователями неточно, а личность погребенного тогда не была установлена.

Лит.: Аликберов А. К. Эпоха классического ислама на Кавказе: Абу Бакр ад-Дарбанди и его суфийская энциклопедия «Райхан ал-хака'ик» (XI–XII вв.). М., 2003; Эпиграфические памятники Сев. Кавказа на арабском, персидском и турецком языках / тексты, пер., коммент., введ. и прил. Л. И. Лаврова. М., 1966.

А. Аликберов

Х

Хаджжи Удурат из Чолода (XV в.) — мусульманский религиозный деятель, 'алим, распространитель ислама в центр. части Аварии (Гидатль, Келеб, Батлух).

Родился Х. У., вероятно, в 1420-х гг. в с. Чолода, которое располагалось в 1,5 км выше с. Мачада (ныне Шамильский р-н РД) Гидатлинского общества. Ок. 1440 г. он попал в Грузию в качестве аманата (заложника), откуда его увели в плен на Ближний Восток. Здесь он попал к мусульманину-'алиму, который обучил его нормам ислама и направил на учебу в медресе. После принятия ислама Х. У. взял себе имя Ибрахим, но и в памяти земляков, и в письменных источниках остался известен как Х. У. Получил хорошее богословское образование.

В 1475 г. Х. У. вернулся в Гидатль (историческая обл. в Дагестане) и начал распространять там ислам; к 1476 г. гидатлинцы приняли ислам. В рукописной коллекции М. Исламова в с. Заната Шамильского р-на РД была обнаружена памятная запись о том, что одновременно с гидатлинцами ислам приняли и жители с. Ниж. Батлух (ныне Шамильский р-н РД). Устная традиция приписывает Х. У. распространение ислама и в с Келеб (ныне Шамильский р-н РД). Таким образом, благодаря Х. У. ислам приняло почти все население на территории современного Шамильского р-на РД, т. е. центральной части горной Аварии.

С заметной долей вероятности можно предположить, что погиб Х. У. в 1490-х гг., в возрасте ок. 70 лет. Его могила является зийаратом и расположена на кладбище с. Чолода, в 1 км выше по склону от с. Мачада. Другой зийарат Х. У. находится недалеко от первого. По преданию, здесь Х. У. впервые совершил молитву, вернувшись в Гидатль для распространения ислама среди своих земляков.

Лит.: Хапизов Ш. М., Шехмагомедов М. Г. К вопросу об исламизации центра Горной Аварии в XV в. на примере биографии хаджи Удурата из Гидатля // Кавказоведческие разыскания. 2016. № 7. С. 266–270.

Ш. Хапизов

Хадис-Дибир — см. *ал-Андихи Даитбек*.

Хаджетлаше Магомед-Бек — см. *Ахметуков Кази-бек.*

Хазарский каганат, Хазария (651–965) — одно из двух крупнейших раннесредневековых государств Вост. Европы, образовавшееся на территории Ниж. Поволжья и вост. части Сев. Кавказа в результате распада Западно-Тюркского каганата. К началу VIII в. под контролем Х. к. находились Сев. Кавказ, все Приазовье, вост. часть Крыма, а также степные и лесостепные территории Вост. Европы вплоть до Днепра.

Возникновение. После распада Западно-Тюркского каганата на его периферии в степях Вост. Европы появились два самостоятельных политических образования: Хазарское — в Прикаспийском регионе, Булгарское — в Причерноморье. Второе состояло из исторически мало связанных и враждебных между собой племен и просуществовало недолго. В 660-х гг., воспользовавшись разрозненностью булгар, обострившейся после смерти хана Кубрата, хазары осуществили захват Приазовья с целью расширения своих территорий и присоединения к своему объединению этнически близких им булгарских родов. В результате этого столкновения часть булгар откочевала за р. Дунай, а оставшаяся часть признала власть хазар. Это вдвое увеличило территорию Х. к., а языковая и этническая близость булгар позволила вновь влившемуся населению достаточно быстро интегрироваться.

Верховная власть в Х. к. в доиудейский период принадлежала кагану (хакану), всегда происходящему из хазарского рода, предположительно — правящего тюркютского рода Ашина, потомки которого бежали из Западно-Тюркского каганата на запад и осели у хазар. С IX в., с возвышением др. хазарского клана, исповедовавшего иудаизм, в государственной иерархии выделяется суверена — каган-бек, который осуществляет фактическое управление государством и является главнокомандующим войсками. Каган остается номинальным правителем Х. к., однако за ним закреплены лишь сакральные функции. Каган-бек обладает полномочиями назначения и устранения кагана. Некоторые исследователи утверждают, что в последние годы перед падением Х. к. произошло окончательное слияние двух постов, так как в ряде источников этого времени упоминания о двоевластии отсутствуют.

Организация власти имела иерархическую систему: каган-бек считался заместителем кагана, третьим по значимости лицом являлся кундур-хакан, ниже которого стоял джавишгар.

В системе управления действовал фискальный аппарат, контролировавший таможенную службу и сбор пошлин и податей (харадж), в том числе торговой десятины, взимаемой, согласно обычаю, на дорогах, в морских и речных портах.

Социальная организация в Х. к. изначально основывалась на обширной федерации племен, сохранявших в неприкосновенности свою внутреннюю организацию и значительную часть внешнеполитической самостоятельности в пределах подчинения каганской верховной власти. Первоначально социально-экономический строй в государстве сохранял старые патриархальные черты. Однако со временем в результате феодализации хазарского общества выделяется привилегированный социальный слой тарханов, свободный от повинностей. Основная масса населения состояла из податного сословия, которое облагалось натуральной рентой. Форма эксплуатации посредством изъятия натуральных налогов была привилегией не только кагана, но и довольно широкого круга хазарской знати.

В эпоху арабо-хазарских войн VIII в. основной силой хазарского могущества было ополчение. По требованию хазар зависимые народы выставляли военные контингенты. В IX–X вв. ситуация изменилась. Армия Х. к., по сути, становится профессиональной: войском в том или ином виде располагал теперь не только царь, но и представители знати, которые были обязаны поставлять царю воинов и содержать их сообразно своему имущественному положению и возможностям. Численность гвардии достигала по разным данным от 7 до 12 тыс. чел.

Хозяйство. По мере роста численности оседлого населения в Х. к. появлялись предпосылки для появления поселений городского типа — центров адм., религиозной и экономической жизни. Первоначально города строились в приморской части Дагестана, впоследствии хазарские города и укрепленные замки возникли в Предкавказье, в низовьях Волги и Дона. Крупнейшим городом каганата являлась его столица Итиль на берегу р. Волги. Вместе с городами, вырастаявшими из замков, во 2-й половине VIII в. начали отстраиваться разрушенные в IV–VI вв. приморские города.

Хозяйство Х. к. носило различный характер в разных частях государства. В степях Азовско-Каспийского междуморья долго сохранялось кочевое скотоводство как основной вид хозяйственной деятельности. В целом же основными занятиями населения Х. к. были сельское хозяйство, садоводство (виноградарство), рыболовство, ремесла.

Важной отраслью хозяйства Х. к. являлась торговля — как внутренняя, так и внешняя. Особое место в списке экспортируемых товаров занимали рыбий клей и меха.

С хазарами, а также булгарами и аланами связаны различные варианты салтово-маяцкой археологической культуры.

Религия, язык, культура. Первоначально хазары придерживались идолопоклонничества. Однако расположение на стыке христианского и исламского миров, а также значительное влияние иудейских общин привело к сложению в Х. к. уникальной конфессиональной ситуации: сосуществованию трех монотеистических религий. Этим было обусловлено функционирование соответствующих им правовых систем. В Х. к. действовали иудейские, мусульманские, христианские судьи, применявшие законы Моисея, шариат и христианское каноническое право соответственно. Кроме того, специальный судья судил жителей, исповедовавших какие-либо др. вероучения.

Знакомство с христианством было обусловлено близостью и контактами с Византией. Распространение среди населения Х. к. ислама происходило в несколько этапов. Проникновение иудаизма на территорию Х. к. связано с миграциями евреев с Ближнего Востока и Византии. Иудаизация правящей верхушки Х. к. сыграла ключевую роль в возведении иудаизма в ранг главенствующей религии. Однако археологические находки свидетельствуют о том, что попытка ввести единоверие не увенчалась успехом, иудаизм так и не получил распространения среди широких масс населения.

В языковом отношении население Х. к. также не демонстрировало единства. Не известно ни одного письменного источника на хазарском языке, а все имеющиеся о нем сведения получены из упоминаний в др. текстах, причем его характеристики основаны на несхожести хазарского языка с др. известными языками. Ряд средневековых авторов указывают на сходство языков хазар и булгар, что позволило ряду современных исследователей отнести его к тюркской группе.

Расцвет и распад Х. к. Политическое и экономическое могущество Х. к. во многом было обусловлено географическим положением на перекрестке важнейших торговых путей, что позволило хазарам играть ключевую роль в международной торговле. Доходы с налогов и торговых пошлин позволяли руководству Х. к. содержать армию наемников для обеспечения контроля над обширной территорией и разноплеменным населением, успешно противодействуя сепаратизму отдельных племен.

Внутренняя целостность государства, основанная на принципе конфедерации племен, была нарушена с приходом к власти династии иудейских правителей, которая поставила в положение оппозиции хазарских мусульман, христиан и язычников. К середине X в. из-под власти Х. к. вышли ряд славянских племен, волжские булгары и аланы.

Конец независимого хазарского государства обычно связывают с походами киевского князя Святослава 965 г., однако хазар упоминают в населении нижневолжского Саксина более поздние арабо-персидские источники, а Хазар как название местности сохранялось вплоть до ордынских времен. Присутствовал этот топоним также как название улуса в *Золотой Орде*. По мнению ряда археологов, приток хазаро-булгарского мусульманского населения в Среднем Поволжье в X–XI вв. способствовал усилению позиций ислама в регионе. Археологи также фиксируют сохранение и непрерывность традиций салтово-маяцкой культуры в Ниж. Поволжье вплоть до XIV в.

Лит.: Артамонов М. И. История хазар. Л., 1962; Казаков Е. П. Волжские болгары, угры и финны: проблемы взаимодействия. Казань, 2007; Книга Ахмеда Ибн-Фадлана о его путешествии на Волгу в 921–922 гг. Харьков, 1956; Новосельцев А. П. Хазарское государство и его роль в истории Вост. Европы и Кавказа. М., 1990; Плетнева С. А. Очерки хазарской археологии. М., 2000; Minorsky V. Hudud al-Alam. The Regions of the World. Oxford; London, 1937.

Н. Малкина, Д. Макаров

Хайбуллаев, Сиражутдин Магомедович (28.12.1937–16.08.2010) — филолог, доктор наук, профессор, заслуженный деятель науки РД и РФ, член Союза писателей СССР (с 1967 г.). Один из основателей научной школы изучения духовной литературы горцев. Предметом научного интереса Х. были произведения мусульманских ученых-богословов дореволюционного Дагестана. Работал главным научным сотрудником Ин-та языка, литературы и искусства им. Г. Цадасы Дагестанского научного центра РАН.

За свою многолетнюю научную и творческую деятельность Х. внес большой вклад в развитие истории и теории дагестанской литературы, фольклористики и культурологии, о чем свидетельствуют более 150 научных работ, из них 28 являются фундаментальными монографиями, в которых впервые исследован целый комплекс актуальных литературоведческих проблем, таких как природа народной поэзии, ее арабо-мусульманские истоки и ряд др. вопросов. Научные работы: «Наследие и открытия», «Поэзия высокого накала», «Поэзия мужества и нежности», «Поэтическая летопись Кавказской войны», «Духовная литература аварцев» и др. Х. воссоздал и переиздал художественные тексты дагестанской литературы дореволюционного периода. Был составителем и ответственным редактором ряда тематических сборников, посвященных классикам дагестанской литературы: Али-Гаджи из Инхо, Этиму Эмину, Ирчи Казаку, Махмуду из Кахабросо, Гамзату Цадасе, Эфенди Капиеву, Расулу Гамзатову и др.

Лит.: Поэты и писатели Дагестана. Махачкала, 2010.

М. Омаров

Халватийа — суфийское братство, возникшее на территории сев.-зап. Ирана и части современного Азербайджана во 2-й половине XIV в. как ответвление тариката сухравардийа. Тогда же проникает в Юж. Дагестан.

Этот регион в то время являлся в основном ареалом распространения шафиитского мазхаба суннитского ответвления в исламе. С приходом к власти в сев.-зап. Иране династии Сефевидов (1502–1736), бывших в то время представителями интересов тюркоязычных племен — ревностных приверженцев шиизма, общины последователей тариката Х. были вытеснены из этих регионов и перебрались на территорию Османской империи и Дагестана. После переезда основных шейхов в Османскую империю в XV–XVI вв. Азербайджан и сев.-зап. Иран перестали быть центром братства Х.

Последователями одного из основателей тариката — 'Умара ал-Халвати — были в основном жители г. Шемахи и его окрестностей, а сам город стал центром тариката Х. Наиболее выдающимся представителем братства был Йахйа ал-Бакуви (Йахйа б. Баха ад-дин аш-Ширвани аш-Шамахи ал-Халвати, ум. 1463/64). Родился Йа. ал-Бакуви в г. Шемаха, в семье известного и влиятельного купца, возглавлявшего сейидов Ширвана и носившего титул «накиб ал-ашраф». Впоследствии ему удалось приобрести влияние на правителя Ширвана Халилуллаха I (1418–64), который, как и его отец Ибрахим I (1382–1417), во внешней политике ориентировался на Тимуридов, воевавших с шиитскими правителями конфедерации кочевых тюркских племен Кара-Коюнлу. В этом противостоянии идеологическую поддержку Тимуридам и их вассалам Ширваншахам оказывали шейхи тариката Х. В частности, шейх 'Изз ад-дин ал-Халвати (ум. 1407), будучи в г. Марага, встречался с амиром Тимуром Барласом (1370–1405) и пользовался его расположением.

По приглашению Халилуллаха Йахйа покинул г. Шемаху и обосновался в г. Баку — столице Ширваншахов. Ему была выделена мечеть Кей-Кубада и резиденция на территории дворца ширваншахов. Более того, сам Халилуллах стал последователем (мюридом) шейха Йахйи, принявшего нисбу ал-Бакуви. Здесь его духовное наставничество приобрело огромные по тем временам масштабы — число мюридов достигло 10 тыс., а центр братства Х. переместился в г. Баку. Сам тарикат приобрел в государстве ширваншахов главенствующую роль. Йахйа умер через девять месяцев после смерти Халилуллаха и был похоронен в специально выстроенном мавзолее, который по сей день является одним из замечательных архитектурных памятников, украшающих историческую часть г. Баку. После его смерти шейхом Х. стал Зийа ад-дин Йусуф ал-Мускури (ум. 1475) — потомок арабских переселенцев, прибывших из Медины в Карабах, а оттуда — в Мушкур, в пределах современного Хачмазского р-на Азербайджана. Его преемником стал Мухаммад-Захид ал-Бардаи (в др. источниках — Мухаммад Ракийа, Мухаммад Кубинский), передавший разрешение на наставничество Шах-Кубаду Ширвани (ум. в Баку в 1502 г.), а от него оно перешло к шейху Амиру Агдаши.

Исследования Т. М. Айтберова и З. Ш. Закарияева позволили прояснить многие детали биографии этого шейха. Прежде всего, в источниках его имя и нисба даны в различных вариациях — «шейх Султан шейх Амир ал-Мишлиши», «Ших Амир Агдаши», «Шайих-амир Мушлиши» и т. д. Связано это с тем, что, являясь уроженцем населенного пункта Агдаш в Ширване (левобережье р. Куры), он вынужден был переехать в 1-й половине XVI в. Юж. Дагестан, в цахурское с. Мишлеш, расположенное в долине р. Самур, где и был похоронен в 970 г. х. (1562/63 гг.). Согласно записи на полях рукописной книги, переписанной в XVI в. в Нагорном Дагестане, «первоначально Шейх-Амир находился в селении Мулаг», под которым, вероятно, следует понимать цахурское с. Муслах в Самурской долине. О его желании переселиться в с. Мишлеш узнала богатая женщина и попросила остановиться у нее. Шейх Амир принял приглашение и впоследствии женился на ней, там же он и умер. З. Закариаев установил, что шейх Амир передал разрешение на наставничество нескольким преемникам в Юж. Дагестане, среди которых наиболее известен Махмуд аз-Захури.

Т. М. Айтберовым был опубликован вариант силсилы шейхов Х., датируемый 1-й половиной XX в., согласно которому «Ших-Амир Агдаши» сделал своим преемником шейха *«Йунуса ад-Дагистани ал-Ансалти»*, а тот — «Ших-Мухаммада ад-Дагистани из Гидатля». Некоторые рукописные материалы по истории тариката Х. в горном Дагестане содержат более раннюю копию цепочки (силсила) шейхов данной ветви.

В краеведческой литературе приводится предание о ниспослании дождя по просьбе шейха *ал-Ансалти Йунуса*, а также информация о принадлежности его к одному из четырех крупных родов с. Ансалта — «Бакълъулал», которые являются по происхождению выходцами из с. Ниж. Батлух (ныне Шамильский р-н РД).

В настоящее время на кладбище с. Ансалта (ныне Ботлихский р-н РД) имеется зийарат — небольшое прямоугольное строение, состоящее из двух комнат. Время его сооружения не известно, во внешней стене зийарата имеется надпись, сообщающая только о его реставрации в 1297 г. х. (начался 14.12.1879 г.). В первой комнате зийарата имеется место для совершения молитвы и две могилы, а вторая представляла собой помещение, в котором обнаружились еще

Халватийа

три могилы. В углу зийарата были обнаружены несколько обломков каменных плит с арабской вязью, оказавшиеся надмогильными плитами самого шейха *ал-Ансалти Йунуса* и его сына Мухаммада. Первая плита, судя по всему, была изначально установлена над могилой шейха Йунуса, но от нее сохранились не все фрагменты, а лишь часть плиты. Вторая плита была изготовлена в 1300 г. х. (начался 11.11.1882 г.). Удалось собрать и надмогильную стелу, принадлежавшую Мухаммаду, сыну Йунуса. Все они изготовлены из относительно редкого камня — плотного белого известняка, известного аварцам как «лъадал гIуцI» (водный камень), который добывается в одном из ущелий к северо-западу от с. Ансалта.

Захоронения в первой комнате зийарата: на одном из них установлена надмогильная плита из того же плотного белого известняка с эпитафией: «Мухаммад, упокоился паломник двух святынь в 1206 г.» (начался 30.08.1791 г.). Вторая надмогильная плита изготовлена из скальной породы серого цвета и имеет следующую надпись: «Хозяйка этой могилы — Сахиба, дочь Мухаммада Мамалава шейха ал-Мачади». Мухаммад б. Мама (авар. МухIаммад Мамалав) ал-Мачади был шейхом, получившим иджазу от *Йунуса ал-Ансалти*; факт захоронения в данном зийарате его дочери может свидетельствовать о том, что она была замужем за сыном *ал-Ансалти Йунуса* — Мухаммадом, т. е. их связывало не только духовное родство. В помещении зийарата хранятся несколько рукописей, в одной из которых был обнаружен документ, свидетельствующий о наличии в с. Ансалта вакфа, посвященного зийарату шейха *ал-Ансалти Йунуса*.

Шейх Амир ал-Агдаши умер в 1562/63 г. (970 г. х.), его ученик шейх *ал-Ансалти Йунус* — в 1598/99 г. (1007 г. х.), его преемник шейх *ал-Мачади Мухаммад* — в 1636/37 г. (1046 г. х.).

Преемником *ал-Ансалти Йунуса* стал *ал-Мачади Мухаммад*, который был представителем одного из влиятельных родов с. Мачада (ныне Шамильский р-н РД). В с. Мачада сохранился почитаемый в округе зийарат шейха, состоящий из самой усыпальницы, расположенной сейчас ниже уровня земли, и комнаты для посетителей. В центр. части стелы содержится эпитафия шейха: «Праведный раб, шейх, наставник (муршид), полюс полюсов (кутб ал-актаб) Мухаммад, сын Маммы, отправился на встречу со Всевышним Аллахом в месяц шабан 1046 г.» (начался 28.12.1636 г.).

Среди шейхов Х. в Дагестане необходимо назвать Ахмада аз-Зирихгерани, который упоминается в 1540–50-х гг. и является преемником шейха Амира ал-Агдаши.

Исследование средневековой эпиграфики Нагорного Дагестана показало, что братство Х. имело здесь широкое распространение в XVI–XVII вв. Более того, Х. способствовало исламизации многих регионов, в которых имел распространение религиозный синкретизм с элементами традиционных верований. Изучение письменных арабоязычных источников показало, что к середине XVI в. это суфийское братство проникло в среду горцев Дагестана, довольно быстро завоевав в этой среде прочные позиции, и стало важной частью мусульманской культуры в регионе.

В ныне заброшенном с. Рукдах Шамильского р-на РД, недалеко от с. Мачада, на кладбище имеется худжра — помещение, в котором расположена могила, приписываемая «шейху» 'Аббасу. Согласно эпитафии, ее обладатель умер в один год с шейхом *ал-Мачади Мухаммадом* в 1046 г. х. (начался 04.06.1636 г.). По устной традиции, 'Аббас последние годы жил и умер в с. Хорода (ныне Тляратинский р-н РД), которое находится в 15 км к северу от с. Рукдаха. Там же он был и похоронен, но рукдахцы выкрали его труп и перенесли ночью в свое селение. Таким образом, у 'Аббаса имеются две могилы: пустая в с. Хорода и место его захоронения в с. Рукдах. Согласно устной традиции, он также был последователем шейха *ал-Мачади Мухаммада*.

В с. Урада Шамильского р-на РД на кладбище имеется мавзолей (худжра), в которой расположена надмогильная плита со схожим орнаментальным оформлением и эпитафией: «Покойный хаджжи 'Абдаллах, сын Динчу». В с. Гоор Шамильского р-на РД, на окраине кладбища, имеется зийарат — прямоугольное помещение, которое состоит из 5 комнат, в одной из которых имеется надмогильная плита со схожим орнаментальным оформлением и эпитафией: «Хозяин этой [могилы] Рамазан, сын Мухаммада, да помилует Аллах их грехи». В с. *Согратль* Гунибского р-на РД, на территории кладбища, имеется зийарат, в котором находятся три могилы. Согласно эпитафиям, они принадлежат двум братьям и сыну одного из них: 'Абд-ул-Кадиру б. Мухаммаду, умершему в 1056 г. х. (начался 16.02.1646 г.), шейху Мустафе б. Мухаммаду (начался 09.10.1657 г.) и Арифу б. шейх Мустафа б. Мухаммаду, умершему в 1108 г. х. (начался 30.07.1696 г.).

Сама практика изготовления каменных мавзолеев на кладбище для горного Дагестана представляет собой исключение, которое в данном случае было представлено лишь зийаратами шейхов и ма'зунов Х. На кладбищах около 40 населенных пунктов мавзолеи шейхов Х. были единственными капитальными сооружениями, если исключить постройки последних 150 лет. Более того, изучение письменных арабоязычных источников показало, что зийараты шейхов *ал-Ансалти* и *ал-Мачади* имели свои вакфы, куда входили пашни, сады и стада овец и коз. Таким образом, они представляли собой сложившиеся религиозные ин-ты, которые по своим финансовым возможностям конкурировали с джума-мечетями тех населенных пунктов, в которых они располагались.

Лит.: Айтберов Т. М. Эпитафии шейхов братств Сафавийа, Халватийа и Сухравардийа в Дагестане: к истории ирано-дагестанских связей XV в. // Дагестан и мусульманский Восток. М., 2010. С. 179–188; Алескерова Н. Суфийское братство Халватийа. СПб., 2015. С. 270; Закариаев З. Ш. Средневековый дагестанский суфий Шейх Амир ал-Мишлиши и его зийарат в селении Мишлеш // Исламоведение. 2011. № 3. С. 105–111; Хапизов Ш. М., Шехмагомедов М. Г. Суфийский орден Халватийа в горной Аварии: новые страницы истории суфизма в средневековом Дагестане (XVI–XVII вв.) // Исламоведение. 2017. Т. 8. № 1. С. 70–81; Khapizov Sh., Shekhmagomedov M., Abdulmazhidov R. The Khalwatiya sheikhs in Dagestan (16th-17th centuries) // Iran and the Caucasus. 2017. № 21. P. 303–309.

Ш. Хапизов

Халиков, Абумуслим Губдалан (1942–2007) — мусульманский религиозный и общественный деятель.

Родился в с. Губден Карабудахкентского р-на РД. Мусульманское религиозное образование получил на дому у 'алимов родного с. Губден и в с. Левашинского р-на РД. В 1981–89 гг. работал имамом с. Мюрего Сергокалинского р-на РД. В 1990 г. издал «Самоучитель арабского языка» на русском языке.

В 1993 г. Х. стал имамом в родном с. Губден, в 1994 г. был приглашен на работу в ДУМД на должность заместителя муфтия, занялся просветительской и издательской деятельностью. В 1997 г. написал книгу «Учитель ислама» на даргинском языке (в трех частях). Первая часть включает упражнения по усвоению и правописанию арабских и даргинских текстов. Вторая часть — правила чтения Корана, описание разницы между мединским и казанским вариантами арабского письма. Третья часть — основы вероубеждения, основы ислама, молитва, закят, пост и паломничество. В том же году Х. издал книгу «Хаджж и 'умра» на даргинском языке, в которой представлен подробный анализ обязанностей, запретов и др. сведения о хаджже и 'умре. Четвертая книга, подготовленная им в 1999 г., является переводом на даргинский с аварского языка сочинения ал-Кахи Хасана Хилми «Суфийская этика». В 2001 г. Х. опубликовал брошюру «Ты не веришь в Аллаха?» на русском языке. В 2002 г. переиздан (с дополнениями) учебник «Арабский алфавит» в карманном варианте. В 2003 г. издал работу «Второй учитель» в двух частях на даргинском языке; перевел с арабского языка на даргинский и издал работу суфийского шейха Джамалудина Казикумухского «Адабу-ль-марзийа».

Похоронен на кладбище с. Губден.

Лит.: Омаров М. Богословы Дагестана. Махачкала, 2014; Омаров М. Ислам в Дагестане. Махачкала, 2014.

М. Омаров

Халифа и кайим («заместители») — должностные лица в государствах и вольных обществах Дагестана XV–XIX вв.

Институт х. и к. в целом до настоящего времени детально не изучен. По отрывочным данным, зафиксировано существование двух х. (в Шиназе и Хнове) и одного к. (в Чохе), но, несомненно (возможно, под др. названиями), и в др. округах существовали лица того же ранга и с теми же должностными функциями. Если судить об их положении по документам державы Сефевидов, безусловно оказывавшей сильное влияние на округа Юж. Дагестана, то там х. являлись высокопоставленными должностными лицами при дворе и в провинциях. Помимо наблюдения за исполнением религиозных предписаний, обрядов и соблюдением правил морали («по всей богохранимой стране для наблюдения за одобряемыми и греховными [поступками] назначаются халифе»), они уполномочивались контролировать внесение населением предусмотренных шариатом взносов. Будучи обязанными вести широкую пропаганду, х. должны были увеличивать число идейных приверженцев царствующей фамилии.

Так, х., управлявшие в магале Шиназ (Шиназ, Амсар, Кала, Пилек, Уна), добились определенной автономии (фискальной и судебной) в рамках Рутульского эмирата и с гордостью представлялись кунаками самого шамхала, «для встречи которого» они во главе небольшого отряда несли охрану горных проходов в своей округе. К концу XVIII в. х. открыто вступают в прямые сношения с Гази-Кумухом, порой направленные вразрез с интересами рутульских беков. В труднодоступном Хнове, где еще в XVI в. отмечаются некие весьма активные правители, а «Хновская рать» числилась в числе ратей, «сбираемых шамхалом», также зафиксированы х., пользовавшиеся в рамках своего автономного магала (Хнов, Борч, Гдым, Фий, Маза, Филиф), обычно именуемого в литературе «Ахты-пара-2», судебной автономией от Ахты — политико-адм. центра всей Самурской долины.

Наконец, в Чохе (нахийат Андалал), еще при Ильдар-шамхале (1623–35), называемом «одним из городов шамхала», известные к. (кайим-макамы) из тухума Атабеков, сконцентрировавшие в своих руках целый ряд самых разнохарактерных должностных обязанностей, вплоть до всеандалальского мангуша («вестник, глашатай»). Кроме того, как можно видеть из имеющихся источников, влиятельный чохский джама'ат, известный торговой активностью и обширнейшими связями, во главе с к. приобрел полномочия осуществлять внешние сношения Андалала, заключая различные соглашения с соседними округами, княжествами (эмиратами) и даже представителями российской военной администрации. Практика выделения подобных лиц сложилась, очевидно, еще в XV–XVI вв., когда провинциальные эмиры часто отвлекались от своих обязанностей по управлению вверенных им провинций в связи с военными экспедициями или выполнением иных заданий. Решение всех адм. вопросов они перекладывали на своих помощников. Как правило, ими были люди из свиты вали, даже его родственники. Это лишний раз показывает, что изначально данная должность считалась временной. Со временем Х. и к. включились в государственный аппарат, а их деятельность связывается с Советом старшин. Поэтому в XVIII в. их (пусть и формально) стали избирать по решению этого Совета.

Лит.: Панахян А. О роли халифе при Сефевидах // Народы Азии и Африки. 1968. № 1; Хрестоматия по истории права и государства Дагестана в XVIII–XIX вв. Ч. I. Махачкала, 1999; Шиназский аноним / пер. Т. М. Айтберова // СЭ. 1961. № 6.

З. Гаджиев

Хамхоев, Исса Баматгиреевич (род. 23.05.1962) — мусульманский религиозный деятель, муфтий ДУМ РИ (см. *Духовный центр мусульман Республики Ингушетия*).

Родился в г. Алма-Ата Казахской ССР. С детства изучал арабский язык и мусульманские теологические науки у ингушских богословов на дому. В 1993–94 гг. работал преподавателем в первом в Ингушетии Исламском ин-те им. имама ал-Шафии в г. Назрани. В 1994–95 гг. — глава администрации с. Насыр-Корт (ныне в составе г. Назрань). С 1995 г. — зам. муфтия РИ по связям с общественными и государственными организациями; 08.07.2004 г. на заседании Совета 'алимов Республики Ингушетия избран муфтием. В 2007 г. на Х. было совершено покушение. В июле 2014 г. Х. был переизбран муфтием на новый срок.

За период функционирования муфтията во главе с Х. проведено несколько съездов мусульман Республики Ингушетия. Работает Совет тейпов, Совет старейшин, Комиссия по примирению кровников и др. общественные ин-ты, регулирующие жизнь ингушского общества.

В 2015–16 гг. в результате разногласий вступил в конфликт с главой региона Юнус-беком Евкуровым. Стороны заочно критиковали друг друга, а в аппарате главы Ингушетии появилась должность начальника Управления по делам религии, дублирующая функции муфтия. При этом Х. в отставку не ушел.

27.05.2018 г. Муфтиятом Ингушетии, возглавляемым Х., было принято решение «отречь от мусульманской общины» Юнус-бека Евкурова, пока он «не остановит свою дискриминацию по отношению к духовенству и не отчитается за средства, собранные на строительство мечети в г. Магас».

На выборах муфтия 17.07.2019 г. взял самоотвод, но 10.08.2020 г. вновь был избран на должность муфтия РИ.

В разные годы за заслуги в деле распространения и утверждения ислама Х. награжден орденом «За заслуги», почетными грамотами и дипломами.

Лит.: Албогачиева М. С.-Г. Ингуши в XX в.: этнографические аспекты религиозных практик // Сев. Кавказ. Традиционное сельское сообщество: социальные роли, общественное мнение, властные отношения. СПб., 2007. С. 75–102; Албогачиева М. С.-Г. Радикальный ислам в Ингушетии: основные этапы и специфика распространения // Исламские радикальные движения на политической карте современного мира. Вып. 2. Сев. и Юж. Кавказ. М., 2017. С. 283–297; Имамы Ингушетии не будут отправлять муфтия в отставку. [Электронный ресурс] // URL: https://ria.ru/religion/20151228/1350438528.html

М. Албогачиева

Хантиев, Кана-Шейх (1848–1933) — мусульманский религиозный и общественный деятель, шейх братства *накшбандийа*.

Родился в с. Ниж. Наур (ныне с. Надтеречное, адм. центр одноименного р-на ЧР) в религиозной семье. Старший брат Х. К.-Ш. — известный в Чечне шейх Хантиев 'Усман-Хаджжи. Усман-Хаджжи отдал Х. К.-Ш. учиться в арабскую школу *Абу* Аксайского. После смерти шейха *Абу* Х. К.-Ш. стал шейх Хож-Ахмед из с. Аксай (ныне Хасав-юртовский р-н РД). Иджазу Х. К.-Ш. получил от двух шейхов: Хож-Ахмеда Аксайского и 'Усмана-Хаджжи. После смерти старшего брата в 1896 г. Х. К.-Ш. стал мударрисом в его медресе. В 1901 г. был главным инициатором открытия в с. Ниж. Наур русской школы, о чем ходатайствовал перед начальством Терской обл.

В октябре 1911 г. «за пособничество абреку Зелимхану» Х. вместе с др. шейхами *Митаевым Бамат-Гиреем-хаджжи*, Сугаип-муллой Гайсумовым, Чимирзой Хамирзаевым, 'Абдул'азизом *Шаптукаевым*, Магомедом Назировым был сослан в г. Калугу. По ходатайству генерал-майора Н. Ю. Юденича (генерал-квартирмейстера штаба Кавказского военного окр.) и благодаря новому разбирательству дела Х. К.-Ш. в мае 1912 г. был отпущен на родину.

В годы революции и Гражданской войны Х. К.-Ш. был вовлечен в политические события на Сев. Кавказе. В январе 1918 г. принял участие в боях с белыми войсками у с. Старый-Юрт и

Бамат-Юрт (на территории современной ЧР). Принимал участие в переговорах с генералом А. И. Деникиным весной 1919 г., приведших к перемирию. Осенью 1919 г. вся Чечня под знаменами Узуна-Хаджжи и Красной Армии восстала против белогвардейцев. Эмир Сев. Кавказа Узун-Хаджжи объявил Добровольческой армии газават и 26.03.1920 г. горцы изгнали войска А. И. Деникина со своей территории; деятельное участие в этом принял полк под командованием Х., состоявший из верных ему мюридов.

В 20-е гг. XX в. Х. К.-Ш. был советником Нижненаурского сельского *шариатского суда*; кадием был Гандор Муртаев, членами суда — Асхаб Чалаев (секретарь), Иду-мулла Исламов, Тата-мулла Арсебиев и Хамби-мулла Дакаев. В 1929 г. в связи с колхозным строительством начались повсеместные волнения крестьян.

В период колхозного строительства в Чечне, в 1930 г. начались протестные выступления, которые возглавили уроженцы с. Верх. Наур братья Ахмади и Кахид Зайпулаевы, Саадулла Магомадов. Они принадлежали к тому же тейпу, что и Х. К.-Ш. Власти потребовали от Х. К.-Ш. склонить «бандитствующих» абреков к сдаче. Х. К.-Ш. не смог уговорить абреков сдаться властям в оговоренные сроки, его обвинили в сговоре с бандитами и арестовали. В тюрьме он провел 1,5 года, но за недостаточностью улик был выпущен на свободу. Во второй раз Х. К.-Ш. был арестован 17.03.1933 г., в возрасте 85 лет; 09.04.1933 г. приговорен к расстрелу. Приговор был приведен в исполнение 10.05.1933 г. В 1990 г. Х. К.-Ш. был реабилитирован.

Лит.: Архивное управление Правительства ЧР (АУП ЧР). Ф. 236. Оп. 1. Д. 456. Л. 1–22; ГАРФ. Ф. 102. Д-5. Оп. 146. 1910 г. Д. 635. Ч. 2. Л. 130 с об., 131; Очерки истории Чечено-Ингушской АССР. Т. 2. Грозный, 1972. С. 55; Российский государственный архив социально-политической истории (РГАСПИ). Ф. 5. Оп. 1. Д. 2931. Л. 6.

С. Натаев, А. Духаев

Хантиев, 'Усман-хаджжи (Упа, 1836–96) — мусульманский религиозный и общественный деятель, суфий.

Родился в с. Ниж. Наур (ныне с. Надтеречное, адм. центр одноименного р-на ЧР) в семье Ханти Ахметханова из тейпа аллерой. Х. 'У.-х. болезненным ребенком, левая рука у него с рождения была увечной (чолакха). Отец отдал Х. 'У.-х. в начальную конфессиональную школу с. Мелчхи (ныне Гудермесский р-н ЧР), в которой арабской грамоте и догматам мусульманской религии обучал Чопан-Мулла. Учебу Х. 'У.-х. завершил в 1863 г., после чего принял своим духовным наставником (устаз) шейха *Абу* (Бешира) из с. Аксай (ныне Хасавюртовский р-н РД). Совершил хаджж в 1874–75 гг., после возвращения в родном селе открыл школу для обучения детей арабской грамоте. В школе прошли курс обучения 67 учеников, многие из которых стали впоследствии суфиями.

Х. 'У.-х. похоронен на центральном кладбище с. Надтеречное.

Лит.: Духаев А. И. Эпоха шайхов. Нальчик., 2016. С. 184–200.

С. Натаев, А. Духаев

Ал-Харахи, Тайгиб б. 'Умар б. Хужа (ум. 1735/36) — мусульманский религиозный деятель, 'алим, специалист по исламскому праву и арабской грамматике.

Родился в с. Харахи Аварского нуцальства (ныне Хунзахский р-н РД), предположительно в середине XVII в. Начальное образование, вероятнее всего, получил у своего отца — 'Умара б. Хужа (в с. Харахи, в частной коллекции хранится рукопись, переписанная 'Умаром б. Хужа в 1050 г. х. (начался 22.04.1640 г.), др. рукопись, переписанная им в том же 1050 г. х., сохранилась в коллекции Ибрахим-хаджжи ал-Уради). Затем ал-Х. Т. несколько лет проучился у Малла-Мухаммада ал-Хунзахи. В фонде *М.-С. Саидова* хранится фрагмент рукописи, переписанной ал-Х. Т. (Тайгиб б. 'Умар б. Хужа) во время учебы у этого 'алима в 1079 г. х. (начался 11.06.1668 г.). Известно также, что ал-Х. Т. учился у *ал-Кудуки* Мухаммада б. Муса, *ал-Гулуди Мухаммадвали б. Муса* и *ал-Гулуди Малла-Мухаммада* в с. Голода — центре государственности закавказских аварцев. Также есть неподтвержденные сведения, что ал-Х. Т. учился в ближневосточных медресе.

Помимо обучения, ал-Х. Т. занимался перепиской рукописей и составлением собственных сочинений. Согласно исследованию *А. Р. Шихсаидова*, в Фонде вост. рукописей Ин-та ИАЭ и в частных коллекциях сохранилось несколько арабских рукописей, переписанных ал-Х. Т. Сохранились высказывания ал-Х. Т. по вопросам исламского права, грамматике арабского языка, подлинные письма, в том числе письмо учителю — *ал-Кудуки* Мухаммаду. Сохранились принадлежащие ал-Х. Т. записи о нормах исламского права в области взаимоотношений полов. Известно, что ал-Х. Т. несколько лет был кадием с. Бактлулал (ныне Гумбетовский р-н РД) во время правления там ветви аварских нуцалов.

Выявлены по крайней мере два самостоятельных сочинения ал-Х. Т. Первое — «Хашийат тахмис» («Субкомментарий воодушевления»), а второе — комментарий к «Халл ал-Иджаз» («Разъяснение Краткого»), написанное *Багдад-'Али* в качестве комментария на сочинение «ал-Иджаз» Махмуда ал-Кирмани аш-Шатиби (ум. 807/1404).

Согласно *Назиру из Дургели*, ал-Х. Т. «был достойным, истинным, тонким ученым. Он автор (отдельных) трудов, субкомментариев на различные книги, что свидетельствует о широте его познаний в науках».

Дату смерти ал-Х. Т. приводит Шу'айб ал-Багини — 1148 г. х. (начался 23.05.1735 г.). Могила ал-Х. Т. находится на кладбище родного с. Харахи.

Лит.: Айтберов Т. М. Закавказские аварцы: этнос, государственность, законы (VIII – начало XVIII вв.). Ч. 1. Махачкала, 2000. С. 156; ад-Дургели Назир. Услада умов в биографиях дагестанских ученых. (Нузхат ал-азхāн фӣ тарāджим уламā Дāгистāн). Дагестанские ученые X–XX вв. и их биографии. М., 2012. С. 50–51; ШагIбанов М., Хъайтмазов ГI. Харахъиса ГIумарил ТIайгиб // Миллат. 07.02.2014. № 132 (на авар. яз.); Шихсаидов А. Р., Омаров Х. А. Каталог арабских рукописей (коллекция М.-С. Саидова). Махачкала, 2005. С. 96; Шуайб б. Идрис ал-Багини. Табакат ал-хваджакан ан-накшбандийа васадат машайих ал-халидийа ал-махмудийа. Дамаск, 1996. С. 399 (на араб. яз.).

Ш. Хапизов

Ал-Харахи, **Тайгиб**, **ал-Авари** (1521/22–1599/1600) — мусульманский религиозный деятель, один из основателей аварской письменности на основе арабского алфавита.

Родился в с. Харахи (ныне Хунзахский р-н РД). Из записей исследователя арабоязычного письменного наследия Дагестана Нурмухамадила Мухамада из с. Аракани следует, что «выдающийся и одаренный ученый арабист Таййиб, сын ученого Омара из Харахи, который странствовал по городам Востока и изучал там арабоязычные науки», родился в 928 г. х. (начался 01.12.1521 г.), а умер в 1108 г. х. (начался 23.07.1599 г.).

Согласно результатам исследования *М.-С. Саидова*, ал-Х. Т. ал-А. принадлежит авторство второго письменного памятника аварского языка, составленного на арабской графической основе. Они интересны тем, что для передачи аварских звуков были использованы буквенные начертания, вошедшие впоследствии в арабографическое аварское письмо — аджам и закрепились в нем. Таким образом, количество букв арабского алфавита было доведено до 48, что соответствовало аварскому алфавиту и позволяло передавать в письме звуковое богатство аварского языка.

Среди учеников ал-Х. Т. ал-А. источники называют *ал-Мачади Мухаммада*. Согласно преданиям, сохранившимся в с. Харахи и переданным местным 'алимом 'Абдулбасиром Кайтмазовым, ал-Х. Т. ал-А. был известен как КIудияв ТIайгиб (авар. «Старший Тайгиб»),

чтобы отличить его от одноименного ученого XVIII в. *ал-Харахи Тайгиба*. В последние годы жизни он уехал в Шам (Сирию), где и умер. Похоронен в г. Халеб (Алеппо).

Лит.: Саидов М.-С. Возникновение письменности у аварцев // Языки Дагестана. Махачкала, 1948. Вып. II. С. 138; ШагIбанов М., Хъайтмазов ГI. Харахъиса ГIумарил ТIайгиб // Миллат. 07.02.2014. № 132 (на авар. яз.).

Ш. Хапизов

Ал-Харикули, **'Али** б. Лачен, ал-Авари (Лаченилав, 1790/91–1871) — мусульманский религиозный и общественный деятель, наиб *Шамиля* в исторической обл. Чеберлой (1844–59).

Ал-Х. 'А. родился в с. Хариколо (ныне Хунзахский р-н РД). Начальное мусульманское образование получил у сельского имама в родном с. Хариколо, а затем несколько лет обучался в с. *Хунзах* (ныне адм. центр одноименного р-на РД) у *ал-Авари Нурмухаммада-кади* и у *Араканского Са'ида*.

В начале 1820-х гг. ал-Х. 'А. стал кадием и мударрисом в с. Балахуни (ныне Унцукульский р-н РД), затем преподавал в с. Игали (ныне Гумбетовский р-н РД), где у него учился имам *Шамиль*. В 1830-х гг. ал-Х. 'А., скорее всего, все еще проживал в с. Игали и противодействовал попыткам соратников *Шамиля* ввести здесь власть *Имамата*. В апреле 1835 г. *Шамиль* написал ал-Х. 'А. письмо с призывом не устраивать диспуты с Са'идом ал-Игали и др. сторонниками *Имамата*. В 1839 г. ал-Х. 'А. стал секретарем при Ахмад-хане — временном правителе Аварии. В 1843 г., после взятия с. *Хунзах*, был прощен имамом *Шамилем*. В 1843–44 гг. ал-Х. 'А. был кадием с. *Хунзаха*. С 1844(?) г. был назначен наибом обл. Чеберлой (ныне юж. часть Веденского р-на ЧР). 14.08.1859 г. ал-Х. 'А. явился к наместнику Российской империи на Кавказе А. И. Барятинскому и сложил оружие. В дальнейшем он жил в с. *Хунзах* и занимался преподавательской деятельностью, пока полностью не ослеп в конце 1860-х гг. Похоронен в родном с. Хариколо.

Сведений о написанных ал-Х. 'А. сочинениях не имеется, хотя он был автором некоторых фетв, в том числе направленных против легитимизации *Имамата*; ему же принадлежат немало глосс и комментариев на арабском языке. По мнению специалистов (П. К. Услар), ал-Х. 'А. во многом способствовал развитию арабографической письменности на аварском языке.

Лит.: Услар П. К. О распространении грамотности между горцами // Сб. сведений о кавказских горцах. Вып. III. Тифлис, 1870; Услар П. К. Этнография Кавказа. Языкознание. II. Чеченский язык. Тифлис, 1888. С. 37–40.

Ш. Хапизов

Хачиров, Джагафар Ахматович (30.11.1861–1938) — глава мусульманского духовенства Карачая конца XIX – начала XX в.

Родился в с. Карт-Джурт Баталпашинского отд. (ныне Карачаевский р-н КЧР) в семье потомственных религиозных деятелей (отец — Ахмат-хаджжи, дед — Исхак-эфенди Хачировы). Брат *Хачирова Юсуфа*. Духовное образование получил в Нальчикском окр., в медресе наставником Х. Д. был кабардинский ʻалим Ахмат Ашабов (Ачебеев), на дочери которого — Зурумхан — Х. Д. был женат. В конце 1890-х гг. Х. Д. стал кадием Баталпашинского горского словесного суда, в котором представлял Хумаринский участок (Карачай), награжден серебряной медалью «За усердие» на станиславской ленте (21.07.1905).

В статье карачаевского просветителя Ислама Хубиева (Карачайлы) «Положение женщин в Карачае», опубликованной в русскоязычном парижском журнале *«Мусульманин»* (1911. № 24), Х. Д. характеризуется как «передовой и влиятельный мулла», который может оказать «авторитетную помощь в деле образования и улучшения положения» горянок Карачая. В 1914 г. в качестве кадия Х. Д. приводил к присяге всадников 3-й Баталпашинской сотни Кавказской туземной конной («Дикой») дивизии. Должность кадия занимал до 1917 г. При установлении советской власти некоторое время работал секретарем аульного совета.

Х. Д. осуществил запись произведений национального фольклора (сказки, эпос). Автор книги «Что такое нравственность?» («Намыс деген неди?»). С 1928 г. являлся корреспондентом Северо-Кавказского краевого Горского НИИ. В годы НЭПа был лишен избирательных прав. В августе 1937 г. арестован, умер в местах заключения.

Лит.: Архив Карачаевского НИИ им. А. И. Батчаева. Ф. 12. Д. 61; Батчаев Ш. М. Карачаевцы в войнах России (2-я половина XIX–XX в.). М., 2005; ГА КЧР. Ф.р-314. Оп. 1. Д. 4. Л. 71–71 об.; Хатуев Р. Джагафар-эфенди — кадий Карачая // Эльбрусоид. 2010. № 10. С. 40–41.

Р. Хатуев

Хачиров, Юсуф Ахматович (ум. 1903) — мусульманский религиозный просветитель, суфийский поэт Карачая конца XIX — начала XX в.

Родился в с. Карт-Джурт Баталпашинского отд. (ныне Карачаевский р-н КЧР). Сын религиозного деятеля Ахмата-эфенди, брат кадия *Хачирова Джагафара*. В 1899–1903 гг. работал вероучителем в Карт-Джуртском начальном училище. Получил известность как религиозный поэт, автор зикров. Йылмаз Невруз (Салпагаров) указывает на связь поэзии Х. Ю. с суфизмом, в частности с тарикатом *накшбандийа*.

Лит.: Кубанский календарь на 1899–1903 гг. Екатеринодар, 1904; Тоторкулов К.-М. Н. Великий поэт Кавказа. Черкесск, 2006. С. 196–198; Yılmaz Nevruz. Karaçayelyazması birmectuave Yusuf Haçir'ındinî manzumeleri // Töre. № 102. С. 20–28.

Р. Хатуев

Ал-Хварши, Курбанʻали б. Зага (Загалавдибир, ум. 26.11.1870) — мусульманский религиозный деятель, муфтий наибства Тинди.

Отец ал-Х. К. родом из с. Гиндиб (ныне Тляратинский р-н РД), в молодости переселился в с. Хварши (где и родился ал-Х. К.) и работал там дибиром. После получения начального мусульманского образования в родном с. Хварши он обучался в др. медресе Дагестана, в том числе несколько лет у *Араканского Саʻида*.

Ал-Х. К. работал дибиром в с. Хварши, Тинди, Гигатль, Квантлада, Сантлада (ныне все в Цумадинском р-не РД). В 1830-х гг. — активный участник движения за установление власти *Имамата* в Горном Дагестане. Приводил *Шамиля* к присяге в мечети с. Харахи, в 1839 г. участвовал в сражении у с. Аргвани. Однако главным делом в жизни ал-Х. К. являлась научная деятельность и религиозное служение — был муфтием в Тиндинском наибстве. Здесь же он открыл медресе, был мударрисом, обучив в общей сложности около 150 учеников, среди которых Ахбердил Мухаммад ал-Хунзахи, Иманмухаммад ал-Гигатли, Идрис ал-Багини (отец Шуʻайба ал-Багини), Ибрагимдибир ал-Шугини и др. Шуʻайб ал-Багини со слов отца пишет, что ал-Х. К. «был морем всех наук, а особенно в науке хадисов. Он наизусть знал пятьсот хадисов вместе с именами всех их передатчиков».

Ш. Хапизов

Холлам — знак, отмечающий место захоронения шахида в Чечне XIX–XXI вв. Традиционно представлял собой деревянный шест (до 5–6 м) с флажком в навершии.

Х. ставили только тем мусульманам, кто погиб «в бою с неверными», «за газават». Установление Х. местные жители объясняли тем, что обязанностью посетивших кладбище было чтение поминальной молитвы-*дуʻа* у могил шахидов, поэтому их отмечали «маячками». Чеченский историк *Кавказской войны* Д. Хожаев, когда писал о потерях горцев в Даргинской экспедиции (1845), упоминал о Х. на могилах шахидов: «Наибы хоронили своих героически погибших соратников: Суаиба муллу из Эрсеноя, Элдара — наиба Ичкерии, Хитыну из Гумбета, дылымского Хаджжи-бека, андийского Мамада и других. Вновь на чеченских кладбищах выросли целые рощи высоких деревянных шестов с флажками на верхушках — Х. (шахиды)». Самое раннее изображение Х. — высоких деревянных шестов (с красными прямоугольными флажками в навершии) — встречается на акварельной работе В. С. Шлипнева «Памятник погибшим за газават в с. Шали», 1925 г. (Ставропольский государственный краеведческий музей).

Могильные памятники Х. на кладбищах чеченских с. Дарго, Белгатой, Зандак, Курчалой, Шали, Цоци-юрт, относятся к 1845–59 гг., времени *Кавказской войны*, *Восстания Всеобщего 1877 г.*, Гражданской войны (1919–21), первой чеченской (1994–96 гг.). На старом кладбище с. Белгатой Веденского р-на ЧР у надмогильного памятника с надписью на арабском языке «убитый в войне … шахид 'Аббас сын Касима, ум. 1270 г. х./1853/54 г.» сохранилась часть полуистлевшего деревянного шеста Х. У др. памятника, с надписью «храбрец, шахид … Назир, сын Хазрама, убитый в день, когда в Дарго воевали, ум. 1261 г. х./1845 г.», Х. не сохранился. Х. шахидов их потомки традиционно возобновляли. На этом же кладбище была выявлена могила шахида времен Гражданской войны с традиционной эпитафией «погибший в войне…, ум. 1339 г. х./1920/21 г.». У изголовья плиты установлен современный Х., выполненный из железной трубы с небольшим флажком из жести в навершии. В с. Цоци-юрт (Курчалоевский р-н ЧР) находится кладбище шахидов времен Гражданской войны, известное как «Гъазват кешнеш» («Кладбище за газават»). Здесь похоронены погибшие чеченцы из с. Цоци-юрт, Гелдагана, Шали, Чечен-Аула, которые в апреле 1919 г. приняли бой с белогвардейскими войсками Терско-Дагестанского края. Погибшие чеченцы (до 370 чел.) были похоронены на сельском кладбище как шахиды.

В советский период знаки шахидов были запрещены, и с кладбища «Гъазват кешнеш» их убрали, однако местные жители позже их восстанавливали. В 1989 г. на окраине с. Цоци-юрт была возведена мемориальная башня с названием «Защитникам Цоци-Юрта, павшим за честь и свободу своего народа в бою с деникинцами в апреле 1919 г.». Чуть позже возле башни были установлены несколько десятков памятных Х. из железных труб с прямоугольными флажками в навершии. Там же, рядом с мемориальной башней в 1996 г., появилось новое кладбище павших в первой чеченской войне 1994–96 гг. На могилах нет плит, лишь Х. из железных труб, на каждой из них табличка с указанием имени покойного на кириллице, датами рождения и смерти. Подобные кладбища известны в с. Зандак (Ножай-Юртовский р-н ЧР); в с. Курчалой (Курчалоевский р-н ЧР); в с. Шали (Шалинский р-н ЧР). Все могилы отмечены современными Х.; с. Шали Х. несколько отличаются, их украшают сложные конструкции из жести — помимо флажков и «фонариков», их венчают пятилопастные флюгеры; на каждой фигурной лопасти возвышается полумесяц, и уже на самом навершии Х. — звезда с полумесяцем. Такие Х. выше обычных метра на два, и в укреплении они вдеты в трубы более широкого диаметра.

Из простого высокого деревянного шеста с лоскутом ткани в навершии Х. постепенно видоизменяется и к началу XX в. представляет собой самостоятельное произведение, с введением металла и декоративных элементов — ажурной ковки, фигурной резьбы по жести, сложных конструкций и геометрических фигур; однако его функция остается прежней. В 1989 г. Х. впервые используют как художественный символ и устанавливают не у могилы шахида, а в память о нем — возле мемориального комплекса шахидов (с. Цоци-Юрт). С 2000-х гг. Х. из ритуального символа мемориальной культуры превращается в самостоятельный символ (в частности, в архитектуре, с. Хангиш-Юрт) и занимает отдельное место в художественном пространстве чеченской культуры.

Железные Х., украшенные флажками из жести, иногда — с четырех или пятилопастным флюгером-вертушкой, установлены у всех могил павших в первой чеченской войне (1994–96 гг.). На новом кладбище с. Белгатой известно несколько таких могил с Х. нового образца. Мастер по изготовлению современных Х. Билал Алиев (из с. Цоци-юрт Курчалоевского р-на ЧР) утверждает, что «Х.-флюгеры» появились в 1995 г. Для изготовления современных Х. используют железные трубы диаметром 15–20 мм, высотой 12 м. На один Х. уходит половина трубы, высота одного Х. достигает до 6 м (при установке один метр уходит под землю). По мнению мастера, вращающиеся лопастные «вертушки» пришли на смену прежним «маячкам» — лоскутам ткани, которые развевались на ветру. Х. нового образца украшены в навершии полумесяцем со звездой, флажком и необычными четырех-, пятилопастными флюгерами-«вертушками».

В 2013 г. в с. Хангиш-Юрт (Гудермесский р-н ЧР) был открыт мемориальный комплекс, посвященный чеченским женщинам — жертвам трагедии времен *Кавказской войны* (1819). Он представляет собой композицию в виде горной гряды, посреди которой возвышается чеченская боевая башня, рядом с ней установлены архитектурные сооружения — три стилизованных Х., ключевые элементы памятника. Примечательно, что для памятника были использованы Х. нового образца — «флюгеры».

Лит.: Айдамиров А. Молнии в горах. Грозный, 1989; Бобровников В. О. Из ориенталистики в кавказоведение // МавраевЪ. Махачкала. 2014. № 1(2). С. 11; Коллекция МАЭ РАН. И 2214–14, 15, 16, 38, 39; Хожаев Д. Чеченцы в русско-кавказской войне. Грозный, 1998;

П. Тахнаева

Хубиев, Мухаммад-эфенди (Кадох-улу, ум. 1873) — глава мусульманского духовенства Карачая 40–70-х гг. XIX в., кадий.

Х. М.-э. происходит из старинного карачаевского рода. В качестве «народного эфендия» (главы духовенства и религиозного лидера) Карачая упоминается с 1840-х гг. Участники русской научной экспедиции 1848 г. отмечали огромное влияние кадия Х. М.-э. на общественную сферу, гражданское обустройство и судебные дела как по шариату, так и по 'адату, называли его фактическим лидером местной мусульманской общины.

Во время Крымской войны 1853–56 гг. Х. М.-э. получил от царского командования перстень с бриллиантами и топазом (май 1854 г.), однако политика официального поощрения не обеспечила его лояльности по отношению к российским властям. В августе 1855 г. Х. М.-э. стал духовным лидером карачаевского восстания, поддержав движение *Мухаммад-Амина* — третьего наиба *Шамиля* на Сев.-Зап. Кавказе. После поражения восставших Х. М.-э. бежал в Абхазию «с семейством и имуществом своим, уведя с собою до двадцати семейств черного народа». На его место был назначен *Муртазали Алиев*. Через несколько лет Х. М.-э. по амнистии вернулся на родину и вновь был назначен «народным эфендием» — заместителем кадия окружного Горского суда. Сын Х. М.-э. Абул-Керим занимал значительное общественное положение в дореволюционном Карачае, а внук Ислам (Къарачайлы) — в советском Карачае (стал. публицистом, главным редактором национальной газеты).

Лит.: Бегеулов Р. М. Карачай в Кавказской войне XIX в. Черкесск, 2002; ГАКК. Ф. 774. Оп. 1. Д. 187. Л. 92, 96; Хатуев Р. Т. Мятежный эфенди // Экспресс-почта. Черкесск. 21–27.02.2006; Щербина Ф. А. История Кубанского Казачьего войска. Репринт. Екатеринодар, 1913. Т. 2.

Р. Хатуев

Хунзах — село в Республике Дагестан (ныне райцентр Хунзахского р-на), в прошлом — один из крупных мусульманских политических и религиозных центров региона.

В течение столетий все окружающие народы и сами аварцы называли этот населенный пункт городом (авар. Хунзахъ шагьар) и придавали ему большое значение в рамках всего Кавказа, считая одним из главных политических центров региона. В грузинских источниках Х. назван именно городом. Грузинский историк XI в. епископ Леонти Мровели таким образом описывает его основание: «Некий Хузуних, сын Лекана, вступил в горные теснины и построил собственный город, названный собственным именем Хузуних». По данным русского историка, военного и государственного деятеля (сенатора, действительного тайного советника, академика Петербургской академии наук) П. Буткова в Х. — «главном городе» Аварского нуцальства — в 1-й половине XVIII в. насчитывалось «до 2 тыс. дворов». В XVIII в. насчитывал примерно 10 тыс. чел. населения, что составляло «две трети от тогдашнего населения Тифлиса».

В конце XIX в. *Максуд Алиханов* писал: «Х., в сущности, небольшая теперь деревня, едва насчитывающая около 500 дворов полуголодного населения, считался тогда лучшим шааром (городом) Дагестана, с массой старых башенных зданий из тесаного камня и обнесенный массивной крепостной оградой. Хунзахцы, щеголявшие друг перед другом доспехами, блиставшими серебром и золотом, одни могли выставить на любой момент отборную конницу в несколько сотен на лучших питомцах Карабаха и Гурджистана, и в сундуках даже последнего из них не переводились сокровища, могущие прокормить семью многие годы».

Однако в XVII–XVIII вв. из перенаселенного Х., при ухудшении климатических и общественно-политических условий, население начало переселяться на бывшие хутора, охранные пункты и др. населенные пункты. Эта тенденция особенно усилилась в начале XIX в. после смерти Умма-хана (Умма-нуцала) Великого (1761–1801), когда в Аварском нуцальстве наступил общественно-политический кризис, повлекший за собой упадок в хозяйственной сфере. В результате к 1820-м гг. в Х. осталось лишь ок. 700 семей. В дальнейшем, с наступлением некоторой стабильности, численность населения Х. несколько выросла и составила в начале 1840-х гг. ок. 800 дворов. Однако в 1844 г. по приказу имама *Шамиля* в военно-стратегических целях г. Х. был разрушен до основания, за исключением мавзолея шейха *Абу Муслима* и мечети, у которой он располагался.

Как следует из описаний XIX в., Х. состоял из трех кварталов, расположенных на возвышенностях: Самилах (от авар. «соломенные», т. е. блондины), Чотота (от «ччут» — «ящерица», либо «ччути» — «лебеда») и Щулатлута («на укреплении»; др. название квартала — ТIалтIа, «на каменном плато»). Все три квартала представляли собой укрепленные пункты, между которыми располагались малозастроенные пустыри, поля и русло речки.

По руслу речки и в ниж. части села были расположены кварталы, возникшие позднее трех вышеуказанных, но не менее 400–500 лет назад: Тларах (авар. «у речки»), Хорих («у озера») и Чиух («у калитки»). Согласно письму наиба Хаджжимурада, в начале 1840-х гг., еще до разрушения Х., этот город состоял из 6 кварталов. После восстановления Х. в 1860 г. кварталы Наха-Роххен и Чиух были объединены в квартал, получивший название Тларах.

Согласно устной традиции, в Х. исторически имелось 7 мечетей: одна общая, центр-

мечеть и шесть квартальных, кроме того, была еще маленькая мечеть во дворце аварских нуцалов в квартале Щулатлута. В центре Самилаха, при квартальной мечети, находится почитаемый мусульманами Вост. Кавказа мавзолей шейха *Абу Муслима*. Т. М. Айтберов считает, что Соборная мечеть Х. Бол-мажгит с XIX в. стоит в квартале Тларах, но в прошлом она располагалась в Шулатлута и входила в единый укрепленный комплекс вместе с «дворцом», служившим местопребыванием правителей Аварии. Согласно *М. Алиханову*, «мечеть эта, построенная еще во времена арабов, стояла на краю 35-саженной отвесной скалы, издавна служившей местом казни преступников: их обыкновенно сталкивали отсюда в зияющую внизу бездну. Мечеть примыкала с одной стороны к ограде ханского дворца, где жил Гамзат (см. *Гамзат-бек*), и представляла собою довольно темное, но обширное сводчатое здание из тесаного камня, внутренние стены которого были испещрены крупными надписями из Корана». Однако, согласно устной традиции, подтверждаемой письменными источниками, центр. мечетью Х. последние века была современная Джума-мечеть, расположенная в квартале Тларах.

Процесс исламизации Х. можно восстановить на основе анализа текстов дагестанских историко-публицистических сочинений XVI–XIX вв. и анализа эпиграфики.

Первый поход газиев на Х. состоялся предположительно в 1256–57 гг. Составленное в Х. во 2-й половине XIX в. историческое сочинение, условно названное Т. М. Айтберовым «Хунзах-наме», более подробно описывает эти процессы. Согласно ему, шейх *Абу Муслим* после окончательной исламизации *Кумуха* якобы решил покорить «вилайат Аваристан», но первое наступление газиев на Х. провалилось. Вторая попытка газиев захватить Х. имела место «через небольшой промежуток времени», видимо, не более 5 лет. К этому времени шейху *Абу Муслиму* удалось собрать войско в два раза более многочисленное, чем при первом походе. Произошло отступление в Тушети аварского нуцала, а мусульмане до основания разрушили Х., «умертвили его воинов и союзников, полонили их жен и детей, разграбили все достояние и сокровища, оставшихся жителей обратили в ислам».

Т. М. Айтберов обнаружил в хунзахском квартале Самилах две самые ранние надписи на арабском языке куфическим письмом, которые отнесены к XII–XIII вв. Видимо, в квартале к тому времени уже имелась мусульманская община, и газии имели опору в лице самилахцев, благодаря чему им и удалось захватить власть в Х. Об этом также говорят предания, собранные Р. М. Магомедовым, согласно которым первыми ислам в Х. приняли жители Самилаха, там была возведена первая мечеть на Хунзахском плато.

Возвратить свой престол удалось только Амир-Султану, хунзахский источник называет его 'Андуником (вероятно, сменил христианское имя при принятии ислама). Этот наследник аварских нуцалов смог по договоренности с хунзахцами проникнуть с войском на плато.

Согласно «Та'рих Дагестан», *Абу Муслим*, увидев во сне предстоящие события — убийство мусульман и победу «неверных» — на следующее же утро «после восхода солнца» бежал в Кази-Кумух, вероятно, спустившись в долину реки Авар-ор по юж. дороге через хутор Хини. В это же время отряд 'Андуника (Амир-Султана) подступил с севера к Х. В разыгравшемся сражении газии потерпели поражение. Восстановление в Х. христианства произошло ок. 1286 г. 'Андуник (Амир-Султан), возвратив контроль над Х., вступил в долгую фазу конфронтации с исламским окружением.

К началу XIV в. для правящей в *Сарире* династии, восстановившей православное христианство как государственную религию, сложилась крайне невыгодная политическая обстановка на Сев. Кавказе. Важным обстоятельством в деле исламизации Х. было, вероятно, и то, что в эпоху культурного и технологического превосходства мусульманского мира Дагестан и с юга, и с севера граничил с государствами, официальной религией которых был ислам. В результате в первые годы XIV в. в Х. официальной религией был провозглашен ислам, хотя окончательная исламизация столицы *Сарира* затянулась до 1360-х гг.

Лит.: Айтберов Т. М. Древний Хунзах и хунзахцы. Махачкала, 1990; Хапизов Ш. М. К вопросу об исламизации Сарира и личности Абумуслима ал-Хунзахи // Вестник ДНЦ РАН. 2017. С. 22–31.

Ш. Хапизов

Ал-Хунзахи, **Хусайн** б. Атанас (ум. 1667) — мусульманский религиозный деятель, кадий. Согласно колофонам переписанных ал-Х. Х. рукописей, начальное образование ал-Х. Х. получил на родине, в с. *Хунзах* (ныне адм. центр одноименного р-на РД) в 1650-х гг. В дальнейшем в поисках религиозных знаний ал-Х. Х. посетил многие страны, в том числе и *Крымское ханство*, добившись приема у Мухаммад-гирей-хана (1654–66). Сюда он попал в поисках сочинения по толкованию Корана — «Хашийа 'ала Анвар ат-танзил» (автор Мухаммад б. Муслихуддин, по прозвищу Шейх-заде). Как следует из этой рукописи, хранящейся в библиотеке Шалапилал в с. *Хунзахе*, «ради этой Хашийа он пошел в вилайат Крым. Он искал ее в том вилайате, но не нашел. Затем он изложил дело господину Крыма Мухаммад-Гирай-хану, сыну Саламат-Гирай-хана. Тот направил тогда в прославленный город Кустантинию посланца с сотней динаров, и он купил ее (книгу) там. Затем названный амир отдал ее Хусайну ради награды от Аллаха».

Судя по сохранившимся в библиотеке Шалаповых из *с. Хунзах* памятным записям, ал-Х. Х. профессионально интересовался историей Дагестана. Он оставил ряд памятных записей о происходивших в XIV–XVII вв. в регионе событиях. Согласно документу (договор двух сельских обществ) от 1666 г., ал-Х. Х. уже служил дибиром в аварском с. Исиниб (ныне Асаб?). Согласно договору, жители аварских с. Амсуб (Верх. Батлух) и Исиниб согласились по целому ряду уголовных преступлений наказывать преступников из своих сел и прибегать к посредничеству и покровительству аварских нуцалов (представителем которых и был ал-Х. Х.) в случае возникновения споров между двумя селениями.

В 1660-е гг. ал-Х. Х. уже был мударрисом в медресе с. *Хунзах*. У него учился Малла-Мухаммад — сын дагестанского мусульманского ученого *ал-Убуди Ша'бана*. Из его памятных записей известна весьма ценная информация о смерти ал-Х. Х. В XVII в. в юго-зап. части Аваристана — Ункратле и Цунте — происходило дальнейшее укрепление позиций ислама. Аварские газии начали активно заниматься распространением ислама в ущельях горной Чечни. Эта политика активно проводилась в жизнь Дугри-нуцалом I (ум. 1667/68). По всей видимости, незадолго до его смерти, в 1667 г. сформированный в Аварии отряд газиев с участием или под руководством ал-Х. Х. направился на территорию горной Чечни, в бассейн р. Аргун для распространения там ислама. После ряда успешных мероприятий по утверждению ислама среди горных чеченцев близ с. Дангу в ущелье Хачарой (ныне территория Итумкалинского р-на ЧР) развернулось ожесточенное сражение, в ходе которого ал-Х. Х. был убит.

Лит.: *Айтберов Т. М., Абдулкеримов М. М.* Обзор некоторых рукописных собраний Дагестана // Изучение истории и культуры Дагестана: археографический аспект. Махачкала, 1988. С. 60; *Айтберов Т. М.* Древний Хунзах и хунзахцы. Махачкала, 1993. С. 121–122; *Айтберов Т. М.* Обзор некоторых рукописных собраний Дагестана // Рукописная и печатная книга в Дагестане. Махачкала, 1991. С. 144–149.

Ш. Хапизов

Хурикский, **Сиражутдин** Ханмагомедович Исрафилов, ал-Хурики (29.06.1955–27.10.2011) — муршид тариката *накшбандийа*, имам и проповедник, поэт. Родился в с. Хурик Табасаранского р-на Дагестанской АССР в 1955 г., в духовной семье. По материнской линии — потомок четвертого халифа Али.

Начальное исламское образование получил от своего деда шейха Мухаммада, который являлся преемником шейха Зияутдина-эфенди ал-Курихи. После смерти дедушки учился у 'Абдуллы-эфенди ал-Хурики (ум. 1989) в Дербенте с перерывом на службу в армии в 1975–77 гг. В 1982 г. направлен на учебу в медресе Мир-и Араб в Бухаре, проучился там полгода, вернулся и получил от 'Абдуллы-эфенди иджазу на наставничество в 1989 г.

В 1991 г. начал работать имамом в родном селе, также занимался преподавательской деятельностью. В 1993 г. совершил хаджж.

Х. С. получил образование в исламском ун-те им. Шафии в Махачкале и в исламском ун-те им. *Сайпуллы-кади* в Буйнакске. В 1999 г. открыл мечеть Баб-ул-Абваб в Дербенте, в том же году — филиал Исламского ун-та им. имама Шафии.

В 2000 г. Х. С. получил от муфтия Сирии шейха Ахмада Кафтару право на наставничество еще по четырем направлениям: сухравардийа, *накшбандийа*, шазилийа, бурганийа.

31.03.2007 г. состоялось открытие Исламского ун-та им. шейха 'Абдуллы-эфенди. Х. С. часто выступал в общественных местах перед различными аудиториями, со страниц газет «Голос Табасарана», «Ислам в Южном Дагестане».

Х. С. уделял много времени вопросам укрепления веры и согласия среди населения, борьбе с экстремизмом и радикализмом среди молодежи Юж. Дагестана. Благодаря стараниям Х. С. с 1999 по 2010 г. в Юж. Дагестане построено много мечетей (в г. Дербент, в Табасаранском, Магарамкентском, Рутульском, Докузпаринском в Сергокалинском р-нах). Последователи (мюриды) Х. С. живут не только в Дагестане, но и в Ингушетии, Кабардино-Балкарии, в др. регионах, а также в Азербайджане и Турции. Около 5 тыс. мюридов живут в Табасаранском р-не; также Х. С. имел много мюридов в Хивском, Сулейман-Стальском и в Ахтынском р-нах РД. В 2010 г. участвовал в качестве главного гостя в Третьем съезде народов Дагестана. Х. С. вел большую общественную работу по поддержке и сохранению молодых семей, решению спорных вопросов между гражданами, организации хаджжа и строительству мечетей, в особенности в Табасаранском р-не.

27.10.2011 г. Х. был убит двумя неизвестными во дворе своего дома.

Лит.: *Путь устаза* / авт.-сост. У. Сулейманова. Махачкала, 2012.

А. Исрафилов

Хусенил Мухаммад-афанди Гусейнов (1862–1967) — мусульманский ученый, богослов, духовный лидер мусульман Дагестана советского периода, суфийский шейх накшбандийского и шазилийского тарикатов.

Ал-Хухали

Родился в 1862 г. в с. Уриб (ныне Шамильский р-н РД). Х. М.-а. был мюридом *Сайпуллы-кади*, *ал-Кахи Хасана Хилми*, Мухаммада Йасуби, Хумайда-афанди. В ранг муршида Х. М.-а. возвел *ал-Кахи Хасан Хилми* в 1920 г., но это обстоятельство он скрывал от властей. В 1950 г. Х. М.-а. получил повторную иджазу Хумайда-афанди на наставничество. В 1944–57 гг. Х. М.-а. жил в с. Гоготль (ныне Шамильский р-н РД). Затем ок. 20 лет работал имамом в с. Верх. Казанище (ныне Буйнакский р-н РД). Передал иджазу сыну *ал-Кахи Хасана Хилми* шейху Мухаммад-'Арифу из с. Кахиб Шамильского р-на РД, шейху Абдулхамиду из с. Инхо Гумбетовского р-на РД и шейху Хамзату из с. Тлях Шамильского р-на РД.

Умер в 1967 г. в возрасте 105 лет и похоронен на кладбище родного с. Уриб.

Лит.: Абдурахманов М. Золотая цепочка накшбандийских шейхов. Махачкала, 2002; Магомедов Р. Гуриса Хусеинл Мухаммад-афанди. Махачкала, 2006; Омаров М. Ислам в Дагестане. Махачкала, 2014.

М. Омаров

Ал-Хухали, Махмуд б. Максуд (Мамма, 1836(?)–1856/57) — мусульманский религиозный деятель, ученый-богослов.

Родился в с. Кумух (ныне Лакский р-н РД). Арабскому языку и литературе обучался у шейха Мухаммада б. 'Абдулкадир ал-Гумуки. «Прикладные науки» ал-Х. М. изучал у «устаза своей эпохи» 'Абдулхалима ал-Цуйши. Особенно хорошо ал-Х. М. знал математику, астрономию, хронометрию, философию, логику и догматику (калам). Ал-Х. М. был также одним из немногих дагестанских 'алимов, кто занимался изучением химии и проведением химических опытов, а также много времени посвятил алхимии; по некоторым сведениям, ездил в г. Шеки (Азербайджан) чтобы освоить там ремесло производства серебра.

Каяев 'Али в своем биобиблиографическом словаре дагестанских ученых приводит об ал-Х. М. подробные сведения и сообщает, что он был также одаренным поэтом. Его перу принадлежат стихи на арабском языке, из которых известна касыда, которую он посвятил своему шейху Мухаммаду б. 'Абдулкадиру. Есть сведения, что стихи о тарикате на лакском языке, приписываемые хаджжи 'Умахану ал-Гумуки, принадлежат ал-Х. М., и что первый присвоил их себе.

Его перу принадлежит и касыда, которую он сочинил в ответ на касыду *ал-Йахсави Йусуфа*, в которой тот критиковал имама *Шамиля*. Ал-Х. М. вел тайную переписку с последним, и одно из его писем попало в руки правителю *Казикумухского ханства* Агалар-хану, который заключил его в зиндан на девять месяцев. При этом хан приказал проткнуть ал-Х. М. язык, куда вдели палки, и в таком виде пешком отправили до границ *Казикумухского ханства*. По-видимому, заключение в ханской тюрьме подорвало его здоровье. Точная дата смерти ал-Х. М. не известна, по преданиям, он умер на 21-м году жизни.

Лит.: Абдулмажидов Р. С., Шехмагомедов М. Г. Биографии кумухских ученых-богословов XIX в. в изложении Али ал-Гумуки (Каяева) // Вестник дагестанского научного центра. 2015. № 57. С. 51–60; ал-Гумуки (Каяев) Али. Восстание 1877 г. Галерея ученых. [Рукопись]. На лакск. яз. Пер. И. Каяева. [Электронный ресурс] // URL: http://gazeta-nv.info/content/view/1483/216

Р. Абдулмажидов

Ал-Хухали, Мухаммад-афанди (ум. 1899) — мусульманский религиозный деятель, 'алим.

Род. в с. Кумух (ныне Лакский р-н РД). Его нисба указывает на происхождение из с. Хухал, которое ранее располагалось вблизи с. Кумух. Правитель Гази-Кумуха Мухаммад-хан (1743–89), сын Чолака Сурхая, разрушил его в 1758 г.

Ал-Х. М.-а. получил прекрасное образование, обучался у популярного и талантливого 'алима 'Абдулхалима ал-Цуйши. Он одинаково хорошо разбирался и в богословских, и в прикладных науках. Из последних он хорошо знал арифметику, геометрию, алгебру, астрономию, логику и философию. Ал-Х. М.-а. всю жизнь посвятил изучению наук и преподавательской деятельности. По сведениям *Каяева 'Али*, он написал несколько интересных трудов по догматике и логике, а также несколько фетв, которые до сих пор не выявлены. При этом он никогда не работал кадием и не занимал др. религиозных или адм. должностей. Умер и похоронен на кладбище с. Хухал. Надмогильная плита гласит, что со смертью ал-Х. М.-а. погасло одно из светил науки в Дагестане.

Лит.: Абдулмажидов Р. С., Шехмагомедов М. Г. Биографии кумухских ученых-богословов XIX в. в изложении Али ал-Гумуки (Каяева) // Вестник дагестанского научного центра. 2015. № 57. С. 51–60; ал-Гумуки (Каяев) Али. Восстание 1877 г. Галерея ученых. [Рукопись]. На лакск. яз. Пер. И. Каяева. [Электронный ресурс] // URL: http://gazeta-nv.info/content/view/1483/216

Р. Абдулмажидов

Ал-Хучади, Меселасул Мухаммад-афанди — см. *Меселасул Мухаммад-афанди ал-Хучади*.

Ал-Хучади, Хаджжи-'Али, ал-Авари (ум. 1509) — мусульманский религиозный деятель, представитель фамилии аварских нуцалов, исламский миссионер.

Правивший в конце XV в. аварский нуцал 'Андуник не имел сыновей и определил своими наследниками сыновей своего брата Мухаммадмирзы. Племянники 'Андуника, Булач и ал-Х. Х.-'А., выбрав себе уделами *Хунзах* и Гидатль соответственно, начали между собой враждовать. В этой ситуации в 1485 г. на горе Анди, близ озера Анди-хор (Кезенойам), собралась элита Аварского нуцальства, чтобы выработать стратегию дальнейшего развития государства. С учетом сложившейся ситуации и личностных качеств своих племянников 'Андуник выбрал своим преемником Булача, что, видимо, было обусловлено и тем, что его резиденцией был *Хунзах* — древняя столица аварского государства.

Наиболее достоверным письменным источником, в котором зафиксированы основные вехи истории этого периода Аварии, является арабоязычная запись, сделанная в 1885 г. потомком рода аварских нуцалов — Гебеком Сиухским. В этой записи и в особой редакции «Завещания 'Андуника» сказано, что в конце XV в. правителем части Аваристана, в том числе Гидатля, расположенного на стратегически важной для Аварии дороге в Грузию, был ал-Х. Х.-'А. — родной брат Булач-нуцала. Согласно эпитафии Сурхайхана Аварского (дед Гебека Сиухского), убитого отцом Булач-нуцала, а следовательно, и ал-Х. Х.-'А., был Мухаммадмирза.

Гебек Сиухский основывался на записи происшедших событий, состоявшихся в 920 г. х. (1514–15 гг.), сыном ал-Х. Х.-'А. по имени Ганбулат, который в преданиях остался известным как Гайтулав. Это сочинение позволяет сделать нам следующие выводы. Между братьями Булачом и ал-Х. Х.-'А. произошли распри, в связи с чем близ Андийского озера был осуществлен раздел между ними подвластной им территории. Перемирие 1485 г. длилось недолго, а после смерти их дяди 'Андуника в конце XV в. распри только усилились. Итогом феодальной войны стал захват резиденции ал-Х. Х.-'А., с. Хучада, в 1508–09 г. и его убийство. Ал-Х. Х.-'А. был убит вместе с большим числом преданных ему хучадинцев.

Некоторые сведения из арабоязычной записи Гебека находят параллели в преданиях о прошлом Гидатля, собранных Р. М. Магомедовым не ранее 1930-х гг. К ним можно добавить и предания ахвахцев, которые составляли основной костяк владения ал-Х. Х.-'А. Согласно этим преданиям, потомки ал-Х. Х.-'А. стали 'алимами, распространявшими ислам в Технуцале, Чарбил и др. регионах вост. Чечни.

Ал-Х. Х.-'А. известен ахвахцам как Хвалчадулав (авар. «Сабельный»). По преданиям, он получил свое прозвище из-за мастерского владения саблей, которую ему нередко приходилось применять в процессе исламизации некоторых джама'атов. В 1480–90-х гг., по сведениям ахвахских краеведов-исследователей, ал-Х. Х.-'А. распространил ислам среди самих ахвахцев, багвалал и чамалал. Все эти три аварских региона признали якобы также его своим правителем. Предания ратлубцев говорят, что в их селении располагался юж. форпост ал-Х. Х.-'А., который позволял контролировать торговый путь вдоль р. Аварор.

Местные арабоязычные источники XVIII в. (прежде всего «История Анкратля») указывают, что в распространении ислама в Анкратле (ныне территория Тляратинского р-на и Бежтинского участка РД), который с юга примыкал к владениям ал-Х. Х.-'А., ключевое значение имела активность неких «курайшитов» 'Али-бека и Султан-Ахмада. Эти сведения подтверждает и письмо амира 'Али-бека к анцухцам («амсал»), датированное Т. М. Айтберовым XV в.

Исследователи полагают, что ал-Х. Х.-'А. и амир 'Али-бек, а также «курайшит» 'Али-бек — одно и то же лицо, фигурирующее в различных источниках под схожими именами.

Одним из важных обстоятельств, способствовавших успеху исламизации юж. районов горной Аварии в 1470–80-х гг., стало разделение Грузии на несколько самостоятельных государств в 1466 г., что явно способствовало ослаблению влияния христианской церкви в этом регионе. Вместо единой Грузии соседом горной Аварии стало Кахетинское царство, первым правителем которого был Давид Багратиони. В результате похода царя Гиорги на Кахетию Давиду пришлось бежать в Цунту. Согласно Вахушти Багратиони, «Давид с семейством своим бежал в Дидоети, и дидойцы приняли его с почетом и благожелательно». После смерти царя Гиорги Давид смог вернуться из Цунты и в 1469 г. короновался в Бодбийском монастыре. В 1471 г. Давид умер, однако цунтинцы и в правление его сына Гиорги сохранили свои отношения. «Туши[ны], пшавы и хевсуры не подчинялись ему, а Дидоети оставался верным из-за верности к Давиду», который умер в 1492 г. Можно предположить, что с его смертью прекратилась и некая зависимость цунтинских аварцев от Кахетинского царства. Одновременно произошло усиление влияния газиев.

Таким образом, формальное принятие ислама большей частью жителей Анкратля произошло в 1476–77 гг., за исключением Томурал, основная масса населения которого приняла ислам в 1482–83 гг. Исламизация же Цунты затянулась на несколько веков и была завершена в XVIII в.

Лит.: Айтберов Т. Компиляция Гебека Сиухского как источник по истории Дагестана XV–XVI вв. // Всесоюзная школа молодых востоковедов (Тезисы докладов и сообщений молодых ученых). Москва, 1980. Т. II. Ч. 2 (История. Идеология. Источниковедение). С. 131–134; Айтберов Т. М. Дагестанские документы XV–XVII вв. // Письменные памятники Востока. 1975. С. 4–11; Айтберов Т. М. Древний Хунзах и хунзахцы. Махачкала, 1990. С. 95–96; Хапизов Ш. М., Шехмагомедов М. Г. Роль шейхов-миссионеров в исламизации Горного Дагестана в XV в. (на примере микрорегиона Тленсерух) // Вестник Северо-Осетинского государственного ун-та им. К. Л. Хетагурова. Общественные науки. 2017. № 2. С. 63–67; Шехмагомедов М. Г., Абдулмажидов Р. С., Хапизов Ш. М. Эпиграфические памятники из селения Тлярата как источник по истории распространения ислама в нагорном Дагестане // Вестник Дагестанского научного центра. 2017. № 64. С. 32–35; Шехмагомедов М. Г., Хапизов Ш. М. «История Анкратля» (пер. с араб. яз., коммент. и исторический контекст) // Вестник ДНЦ РАН. 2016. № 61. С. 28.

Ш. Хапизов

Ал-Хушали, **Курбан'али** (Пушули, ум. 1931) — религиозный и общественный деятель, мусульманский ученый и мударрис.

Ал-Х. К. получил богословское образование у известных 'алимов дагестанских с. *Согратль*, Чох, Салта (ныне Гунибский р-н РД); определяющим этапом стало обучение в медресе в с. Ниж. Дженгутай (ныне Буйнакский р-н РД) у *Гоцинского 'Абдулатипа*. В августе 1917 г. принимал участие на *Съезде в с. Анди 1917 г.*, здесь произошла его встреча с имамом *Гоцинским Нажмутдином*. В 1919–20 гг. ал-Х. К. вместе с 'алимом Гаджи Хазамовым жил в с. Ведено (ныне центр одноименного р-на ЧР) — столице *Северо-Кавказского эмирата* шейха Узуна-Хаджжи. Он преподавал арабский язык и богословские науки, не только в с. Ведено, но и в др. аулах Чечни. Ал-Х. К. является автором работы «Основы грамматики арабского языка», которая пользовалась большой популярностью в Дагестане. В 1925–28 гг. ал-Х. К. стал мударрисом и преподавал в вновь открытого мектебе в с. Аргвани (ныне Гумбетовский р-н РД), в котором преподавал новоаджамскую письменность. Ал-Х. К. продолжал преподавать в школе вплоть до 1928 г. Обширная библиотека ал.-Х. К. (сочинения по грамматике арабского языка арабских авторов, многочисленные комментарии и субкомментарии к ним, сочинения по мусульманскому праву, этике, лексикографике, суфизму, сборники хадисов и др.) практически не сохранилась. Скончался ал.-Х. К. в с. Аргвани, похоронен на сельском кладбище.

Лит.: *Сулаев И. Х.* Мусульманское духовенство Дагестана и советская власть: борьба и сотрудничество (1917–21 гг.). Махачкала, 2004; *Тахнаева П. И.* Аргвани. Мир ушедших столетий. М., 2012. С. 283–301; ЦГА РД. Ф. 1-п. Оп. 1. Д. 607. Л. 25–78. Выступление наркома юстиции и просвещения А. А. Тахо-Годи на II Объединенном Пленуме ДК и ДКК (декабрь, 1925); *Шихсаидов А. Р., Тагирова Н. А., Гаджиева Д. Х.* Арабская рукописная книга в Дагестане. Махачкала, 2001. С. 142–153.

П. Тахнаева

Хушт-хаджжи Хасан (1826–69) — политический деятель Черкесии времен *Кавказской войны*. В 16 лет, по окончании медресе на родине, уехал в г. Стамбул, где продолжил обучение. Работал секретарем османского губернатора Ниша Васиф-паши. В 1851 г. вернулся в Черкесию. В 1855–56 гг. совершил хаджж. Неоднократно бывал в г. Стамбуле с дипломатическими миссиями по решению Черкесского меджлиса (создан в 1861 г.). В 1862 г. представлял Черкесию в Великобритании. После завершения *Кавказской войны* переселился в Османскую империю.

Д. Рахаев

Ц

Цагов, Нури Айтекович (17.09.1888–31.12.1935) — общественный деятель, просветитель, один из лидеров Баксанского просветительского центра.

Родился в с. Бираджам (Сирия) в семье черкесских мухаджиров, покинувших Кабарду в конце 1860-х гг. после окончания *Кавказской войны*. Рано потеряв отца, с детских лет воспитывался в семье дяди, генерала османской армии Якуба Цаго, с помощью которого окончил юридический факультет Стамбульского ун-та. Получив диплом юриста, Ц. отказался от карьеры адвоката, отдав предпочтение просветительской деятельности. Работал секретарем Черкесского благотворительного общества, созданного черкесами, проживавшими в Османской империи, редактором печатного органа этого общества — газеты «Гъуазэ» («Путеводитель»).

Вернувшись в 1913 г. на родину, продолжил просветительскую деятельность: был учителем Баксанского медресе — первой новометодной мусульманской школы в Черкесии; после ее закрытия основал свою школу. Многие его ученики впоследствии стали организаторами первых советских школ; один из них, *Шогенцуков 'Али*, стал основоположником кабардинской советской литературы. Вместе с Адамом Дымовым Ц. издавал в его типографии газету «Адыгэ макъ» («Адыгский голос») — первый печатный орган на кабардинском языке (выходила с ноября 1917 по июль 1918 г.). На страницах этой газеты публиковались статьи Ц., его художественные произведения. Также Ц. издал книги: «Хьэишэт гуащэм и щытхъу» (Похвала госпоже Хайшат. 1917), «Муслъымэн тхыдэ» (История мусульман. 1918) и «Адыгэ тхыдэ» (Адыгская история. 1918). Наиболее значительные произведения Ц. — исторические сочинения. В «Мусульманской истории» изложена история мусульманских народов, в частности арабов и адыгов, а также Израильско-Иудейского царства. Она начинается с библейско-коранической мифологии — «истории пророков» — и переходит к еврейской истории, затем подробно изложена биография пророка Мухаммада, история возникновения и становления ислама, политическая история Халифата и его распад. Значительная часть посвящена истории адыгов и их участию в мамлюкской истории. Ц. опирается на многочисленные источники: на труды древнегреческих и древнеримских историков — Геродота, Страбона, Аппиана, Плиния Старшего; французских археологов Жан-Жака Мари и Эрнеста Шантра, «Историю адыхейского народа» *Ногмова Шоры*. Использовал также древнегреческие мифы, Пятикнижие, Евангелие, адыгский фольклор.

С установлением советской власти Ц. принял активное участие в работе по ликвидации безграмотности среди адыгов, составлению алфавита, изданию учебников на адыгском языке. Преподавал в Ленинском учебном городке (ЛУГе) в г. Нальчике, одновременно являлся научным сотрудником Кабардино-Балкарского НИИ. В начале 1930-х гг. принимал активное участие в подготовке фундаментального издания — «Кабардинский фольклор» (М., 1936). 07.02.1935 г. был арестован по подозрению в антисоветской деятельности. Следствие по его делу было прекращено за недоказанностью инкриминируемого преступления. Погиб в автокатастрофе 31.12.1935 г., похоронен в с. Дыгылубгей (ныне в составе г. Баксан КБР).

Лит.: Хашхожева Р. Адыгские просветители 2-й половины XIX — начала XX в. Нальчик, 1983.

Д. Рахаев

Цаликов (Цалыккаты), **Ахмед** Тембулатович (1882–02.09.1928) — публицист, писатель, историк, журналист, политический деятель; осетин-мусульманин.

Родился в с. Ногкау Терской обл. (ныне Алагирский р-н РСО–А). Окончил ставропольскую гимназию, в 1899 г. поступил на юридический факультет Московского ун-та, участвовал в студенческом движении. Меньшевик, руководитель ряда студенческих кружков. 09.02.1902 г. за участие в сходке студентов Московского ун-та был арестован, затем был исключен из ун-та и получил наказание в виде 6-месячного тюремного заключения. В 1903 г. был выслан из г. Москвы на Кавказ, где занялся организацией социал-демократических комитетов, координировал деятельность Терско-Дагестанского и Северо-Кавказского союзов РСДРП, Владикавказского, Кубанского и Армавирского комитетов РСДРП; печатался в ряде крупных столичных изданий: «Русское слово», «Раннее утро», «Утро России», «Вестник Европы» и др. Автор книг, в том числе «Кавказ и Поволжье. Очерки инородческой политики и культурно-хозяйственного быта» (М., 1913), издатель московской газеты «Суз» («Слово») (декабрь 1915 — сентябрь 1916). Ц. А. как член меньшевистской группы «Вперед» оказал значительное влияние на политические взгляды М. Вахитова в период его обучения в Петрограде.

С 1916 г. — член бюро при мусульманской фракции IV Государственной думы. С марта 1917 г. — член Петроградского Совета рабочих и солдатских депутатов, председатель Временного центр. бюро российских мусульман. На I Всероссийском мусульманском съезде в г. Москве (май 1917 г.) избран председателем Всероссийского мусульманского совета (ВМС, татар. Милли Шуро). Главный редактор газеты «Известия Всероссийского мусульманского совета» (Петроград, июнь–декабрь 1917 г.). В начале декабря 1917 г. вел переговоры с наркомом по делам национальностей И. В. Сталиным относительно возвращения мусульманам их реликвии — Корана Османа, находившегося в Публичной библиотеке, который затем был отправлен в г. Уфу и передан Диния Назараты (Духовному ведомству) Милли Идарэ. Тогда же И. В. Сталин предложил Ц. А. возглавить мусульманский комиссариат (ВМС), заместителем комиссара должен был быть один из мусульманских социалистов. Ц. А. вынес этот вопрос на обсуждение Миллет Меджлисе и ВМС, которые отклонили возможность сотрудничества с большевиками. В здании ВМС состоялась встреча И. В. Сталина и членами мусульманской социалистической фракции Учредительного собрания. Г. Ибрагимов, М. Вахитов и представитель башкир Ш. Манатов хотели привлечь Ц. А. в качестве лидера будущего комиссариата, однако он решил остаться на позициях мусульманского национального движения.

Ц. А. был избран членом Всероссийского Учредительного собрания от Симбирской губ. На его заседании 05.01.1918 г. он провозгласил «Декларацию мусульманской социалистической фракции», в которой требовалось «действительное признание России федеративной республикой и санкционирование Учредительным собранием... штатов», включая штат «Поволжье» и «Южный Урал», «Туркестанский». В земельном вопросе предусматривалась социализация земли, однако при существовании фактически особых земельных кодексов частей федерации. Декларация предусматривала права народов России на формирование национальных воинских частей. Ц. А. призвал признать всю полноту власти за Учредительным собранием. Об этих событиях Ц. А. написал книгу «Мусульманская фракция в Учредительном собрании» (Петроград, 1917).

10.01.1918 г. Миллет Меджлисе приняло наказ «Солых хэяте» (Комиссии по вопросам мира), основной задачей было провозглашено «внесение на международную арену и обеспечение правового статуса решений, принятых Миллет Меджлисе… о конституции национальной автономии и Идель-Урал Штата». Членами комиссии были избраны Ф. Карими, Г. Исхаки и Ц. А.

После постановления об упразднении ВМС, подписанного И. В. Сталиным и М. Вахитовым 16.05.1918 г., Ц. А. уехал на Сев. Кавказ. На IV съезде народов Терека во Владикавказе (июль–август 1918 г.) Ц. А. избран членом осетинской фракции Терского народного совета, организатор V съезда народов Терека в ноябре 1918 г. как председатель Терского обл. народного совета. С июля 1919 г. — председатель Союзного Меджлиса горских народов Кавказа (см. *Горская республика*) в Тифлисе. В 1919 г. — член делегации этого меджлиса, направленной из Тифлиса в Дагестан для руководства восстанием горцев против армии генерала А. И. Деникина. Член Совета обороны Дагестана (октябрь 1919 г.) для борьбы с Деникиным. После установления советской власти в Грузии (1921) эмигрировал в Европу. Умер в Варшаве.

Лит.: *Исхаков С. И. Цаликов А.* // *Политические деятели России. 1917 г.: Биографический словарь*. М., 1993; *Съезды народов Терека. 1918 г.: сб. документов и материалов: в 2 т.* / сост. Х. Х. Бекузаров [и др.]. Орджоникидзе, 1977; *Хабутдинов А. Ю. Органы национальной автономии тюрко-татар Внутренней России и Сибири в 1917–18 гг.* Вологда, 2001.

А. Х.

Ч

Ал-Чанави, шейх Шамхусан 'Али-афанди ал-Хурухи (1726/27–83/84) — мусульманский религиозный деятель, суфий.

Родился, по всей вероятности, в с. Хурух в 1139 г. х. (начался 28.08.1726 г.), проживал в с. Чанаб (ныне оба в Чародинском р-не РД). Как пишет Шу'айб ал-Багини, он был «одним из умных ученых, следующих своим знаниям, и благочестивым святым». Проживал в с. Хурух, где занимался перепиской книг и работал мударрисом в медресе при местной мечети. Затем, как пишет ал-Багини, когда ал-Ч. увидел, что не может «строго следовать повелениям Аллаха», а главное — «люди не следуют его наставлениям», он покинул с. Хурух и переселился в удаленное, маленькое с. Чанаб, расположенное на вершине горного хребта. Там ал-Ч. построил мечеть и занялся обучением мута'аллимов. Шу'айб ал-Багини также пишет о многочисленных караматах, которыми обладал ал-Ч., указывая, что он умер в 1198 г. х. (начался 25.11.1783 г.) и похоронен в с. Чанаб, рядом с кладбищем. Над его могилой построен зийарат.

Лит.: *Шуайб б. Идрис ал-Багини. Табакат ал-хваджакан ан-накшбандийа васадат машайих ал-халидийа ал-махмудийа*. Дамаск, 1996. С. 415.

Ш. Хатизов

Чапанов, Иссакх-мулла Осмиевич (1854–1944) — мусульманский религиозный деятель, мударрис, распространитель тариката *накшбандийа* в Ингушетии.

Родился в с. Верх. Ачалуки Назрановского окр. Терской губ. (ныне Малгобекский р-н РИ), духовное образование получил у 'Усмана-хаджжи из Леха Неври (ныне с. Надтеречное, адм. центр одноименного р-на ЧР). Ч. И.-м. — один из его 63 учеников и один из пяти, ставших шейхами. В 22 года Ч. И.-м. был назначен муллой. По инициативе Ч. И.-м. в с. Верх. Ачалуки было создано медресе. Программа обучения предполагала изучение светских дисциплин.

Шейх Ч. И.-м. — соратник и друг шейха *Арсанова Дени*, наставник и учитель известных в Ингушетии 'алимов: Кази-муллы Гантемирова, Товси-муллы Шадиева, Бийсолт-муллы Мальсагова, Бийсолт-муллы Аушева, Орци-муллы Могушкова, Осман-муллы Келигова и мн. др.

На съезде Ингушского народа Ч. И.-м. был избран одним из трех руководителей Ингушетии в составе *Горской Республики* (декабрь 1917 — январь 1918). На него было возложено руководство шариатской частью. Ч. И.-м. сыграл важную роль в недопущении серьезных межнациональных конфликтов в крае.

Во время депортации был выслан в Казахстан; через два месяца, в начале июня 1944 г., скончался в Павлодарской обл. и похоронен на кладбище недалеко от с. Равнополье Лазовского р-на, где в настоящее время находится его зийарат.

Лит.: *Албогачиева М. С.-Г. Ислам* // *Ингуши* / отв. ред. М. С.-Г. Албогачиева, А. М. Мартазанов, Л. Т. Соловьева. М., 2013. С. 329–330; *Барахоев М. Алим Г1азмагомед-хаджи Тимурзиев* // *Сердало*. 2010. № 34; *Сагов А. Путь Устаза* // *Сердало*. 2002. № 4.

М. Албогачиева

Ал-Чари, Бала-афанди б. Муртазаали Чапаразул (1819–72) — мусульманский религиозный деятель, богослов, правовед и историк.

Дата рождения ал-Ч. Б-а. и его принадлежность к одному из влиятельных джарских тухумов Чапаразул была установлена по камеральному описанию Джаро-Белоканского окр. от

1844 г. В материалах переписи указан сам Балаафанди (25 лет), его братья Малалав («Муллалов» — 22 года, его сыну Муртазаали — 2 года) и 'Абдулкадир (20 лет, его сыну Газияву — 1 год). Согласно данным Центр. исторического архива Грузии, ал-Ч. Б.-а. являлся потомком «Малла Муртузалия, утвержденного в должности джарского кадия еще турецким и персидским правительствами». Ал-Ч. Б.-а. учился в с. *Согратль* (ныне Гунибский р-н РД), в медресе кадия Ахмада ас-Сугури, в 1256–59 г. х. (1840–43 гг.).

В республиканском рукописном фонде АН Азербайджана хранится небольшая рукопись на тюрки (азербайджанском) языке — автограф ал-Ч. Б.-а., написанный в 1285 г. х. (начался 23.04.1868 г.) и посвященный истории Дагестана. Сочинение не озаглавлено, но, исходя из содержания, получило условное название «Сведения по истории Дагестана».

Лит.: Алхасова Д. М. Дауд ал-Усиши. Жизнь и творческое наследие. Махачкала, 2006. С. 72; Оразаев Г. М.-Р. Азербайджанские нарративные сочинения XVIII–XIX вв. по истории Дагестана // Историко-культурные и экономические связи народов Дагестана и Азербайджана: через прошлый опыт взгляд в XXI в. Махачкала, 2007. С. 157–158.

Ш. Хапизов

Черкесское благотворительное общество в Екатеринодаре — первый опыт самоорганизации черкесов в условиях городской среды. Екатеринодар начала XX в. был бурно развивающимся городом, в котором заметное место занимала черкесская община. В 1908 г. в Кубанской обл. произошло наводнение на р. Кубань, многие аулы закубанских черкесов подверглись разрушениям. Черкесы Екатеринодара отреагировали на бедствие и создали Комитет по сбору пожертвований в пользу пострадавших от наводнения; в Комитет вошли С. Довлет-Гирей, К. Улагай и Трахов Лю. В 1908 г. в Екатеринодаре состоялся «Черкесский вечер». Целью вечера были благотворительные сборы для оказания помощи аулам, пострадавшим от наводнения. Вечер состоял из трех отделений, исполнялась адыгская традиционная музыка и театрализованное представление в форме «живых картин» на темы и сюжеты из национальной истории, повседневной жизни черкесов. На вечере было собрано около 3 тыс. руб., средства были направлены на помощь пострадавшим сельским обществам. Вечер имел большой успех не только у екатеринодарской публики, но и у гостей города из отдаленных мест Кубанской обл. «Черкесский вечер» был предтечей Ч. б. о.

В мае 1912 г. Екатеринодарское Ч. б. о. оформилось организационно и юридически, официально зарегистрировало свой устав. Целью Ч. б. о. было объединение усилий и финансовых возможностей черкесской интеллигенции и состоятельных людей для помощи своим соотечественникам. Ч. б. о. состояло преимущественно из образованных горцев, интеллигенции, служащих, учащейся молодежи Екатеринодара и близлежащих селений. Председателем Ч. б. о. был избран авторитетный общественный деятель, пользовавшийся уважением у местной кубанской администрации, инженер Б. Б. Шарданов. Почетную должность вице-председателя занял крупный промышленник и меценат Трахов Лю. В правление Ч. б. о. вошли также К. Д. Улагай, *П. Т. Коцев*, А. Н. Богарсуков, Ч. Тугуругов, П.-Б. Султанов и др.

Ч. б. о. реализовывало свои цели через благотворительные спектакли, театрализованные и танцевальные вечера, лотереи-аллегри и др. При поддержке и по инициативе Ч. б. о. 02.01.1914 г. состоялся новый «Черкесский вечер». Актеры-любители из труппы Ч. б. о. поставили драматический спектакль-пантомиму по мотивам повести черкесского писателя и этнографа С. Хан-Гирея «Наезд Кунчука». К участию в представлениях были привлечены военный оркестр, оркестр для сцены, национальные ансамбли сазандаров и адыгской народной музыки. На декорации, костюмы участников и театральный реквизит было потрачено более 1300 руб. Благотворительный сбор составил более 5 тыс. руб. На собранные средства Ч. б. о. реализовало просветительский проект — первые в истории народного образования адыгов национальные педагогические курсы. Инициатива их создания принадлежала учителю Сефер-Бею Сиюхову.

В 1914 г. правление Ч. б. о., обсудив доклад Сиюхова, «единогласно утвердило программу курсов и список преподавателей, разрешив отнести за счет общества все расходы по курсам; возбудило ходатайство перед начальником Кубанской области о разрешении курсов». Правление Ч. б. о. утвердило зав. учительскими курсами С. Х. Сиюхова, преподавателями были назначены выпускник ун-та Ал-Азхар эфенди *М. Набоков*, И. Хидзетль, С. Натхо, И. Юманкулов.

Первые курсы учителей родного языка и мусульманского вероучения, организованные на средства Ч. б. о., состоялись летом 1914 г. в а. Тахтамукай, после получения официальной санкции властей Кубанской обл. Программа курсов включала как общеобразовательные, так и богословские дисциплины. Основные цели курсов: «Дать молодым вероучителям и преподавателям черкесского языка возможность систематизировать свои познания, расширить их; приготовить преподавателей, удовлетворяющих минимуму требований современной педагогики…» В сентябре 1914 г., после завершения курсов, 29 учителей черкесского языка и мусульманского вероучения, выдержав экзамены и получив учительские удостоверения, вернулись в свои аулы и селения, чтобы приступить к работе в местных медресе и министерских училищах.

Активисты общества работали над изданием национальных учебных пособий и организацией печати на родном языке. Была составлена рукопись букваря «Адыгэ 1элфэб», позже апробированного в учебном процессе национальной школы. В ноябре 1916 г. под редакцией А. Хаткова (сына кадия Майкопского горского суда Джанхота Хаткова) и А. Тлябичева вышел в свет первый номер журнала на черкесском языке (в арабской графике) «Тропа».

Ч. б. о. основало в Екатеринодаре Черкесский госпиталь для демобилизованных раненых горцев, возвращавшихся с фронтов ПМВ. Члены Ч. б. о. регулярно принимали участие в благотворительных акциях Кубанской обл. в пользу неимущих и нуждающихся горожан, независимо от их национальности и вероисповедания. В предреволюционные годы Ч. б. о. ввело в состав правления лучших представителей черкесской интеллигенции (С. Довлет-Гирей, С. Сиюхов, *А. Намиток*, А. Бжассо и др.). В этот период Ч. б. о. переориентировало свою работу в сторону поддержки и поощрения национальной культуры и просвещения. Ч. б. о. занималось организацией и расширением сети школ, учительских курсов и музея Черкесской истории и культуры. В июне 1917 г. Ч. б. о. зарегистрировало обновленный устав и реорганизовалось в Черкесское культурно-просветительное общество. Политические события 1917–20 гг. повлияли на работу организации. Революция и гражданская война в регионе привели к многочисленным человеческим и материальным потерям, распространились инфекционные заболевания; все это стало причиной высокой смертности среди черкесов. Ч. б. о. открыло в аулах первые фельдшерские пункты, а Черкесский госпиталь в ноябре–декабре 1918 г. был преобразован в постоянно действующий Горский (Черкесский) лазарет. В лазарете было открыто мужское и женское отделения, работали врачи и ординаторы, владевшие черкесским языком. Женщины и девушки из семей состоятельных черкесов и черкесогаев Екатеринодара, незадолго до этого объединившиеся в Черкесский дамский комитет, дежурили в лазарете. Лечение было бесплатным, лазарет содержался за счет средств Ч. б. о. и пожертвований. Впоследствии на базе госпиталя и лазарета возникла Черкесская (Адыгейская) областная больница.

В июне–июле 1919 г. в Екатеринодарском городском училище были открыты вторые национальные учительские курсы. Программа курсов включала родной и русский языки, математику, адыгскую историю, методику обучения и мусульманское вероучение. Использовалась учебная литература на черкесском языке, в том числе и «Адыгская азбука» С. Сиюхова и И. Хидзетля, изданная в 1918 г. Учительские курсы были организованы также при народных училищах, в отдаленных от областного центра населенных пунктах. Курсы 1919 г. окончили 54 учителя и вероучителя, все они получили официальные свидетельства о праве преподавать. Вскоре Ч. б. о. прекратило свою деятельность.

Лит.: Бузаров А. К. Екатеринодарское Черкесское благотворительное общество (1912). 100 лет со дня создания первой адыгской общественной организации // Памятные даты по Республике Адыгея на 2012 г. Майкоп, 2011. С. 34–41; Сиюхов С. Х. Первые черкесские учительские курсы // Сиюхов С. Х. Избранное / сост., предисл. и коммент. Р. Х. Хашхожевой. Нальчик, 1997. С. 361–366.

Н. Нефляшева

Черкесы-репатрианты в исламском возрождении на Северо-Западном Кавказе. В результате завоеваний Сев. Кавказа Российской империей с середины XIX в. начался процесс *мухаджирства* — вынужденного переселения части населения Кавказа в Османскую империю. Переселенцы сформировали «черкесскую» диаспору, в состав которой, кроме адыгов, вошли представителей других этносов Сев. и Юж. Кавказа. При этом практически сразу после переселения мухаджиры были охвачены желанием вернуться на родину. Однако долгое время репатриация была запрещена, лишь немногим удавалось вернуться. СССР также не поощрял репатриацию.

Ситуация изменилась после окончания ВОВ. В 1957 г. в г. Москве был создан государственный орган — Комитет по культурным связям с соотечественниками за рубежом. В декабре 1966 г. по инициативе ЦК КПСС был образован Благотворительный фонд (ныне ассоциация) «Родина» с центром в г. Москве, филиалы которого были учреждены в некоторых союзных республиках и в Кабардино-Балкарской АССР. По линии общества «Родина» осуществлялись культурные контакты народов Кавказа со своими зарубежными соотечественниками. Через эти организации стала выстраиваться система взаимоотношений между исторической родиной и черкесской диаспорой. Начался обмен официальными делегациями, диаспора стала получать книги и журналы на родном языке, черкесская молодежь Иордании, Сирии, позже Турции стала впервые приезжать в вузы Кабардино-Балкарии и Адыгеи. В конце 80-х годов XX в. эти связи значительно активизировались в трех областях: культурно-просветительской, экономической и религиозной. Вопросами восстановления и укрепления связей с зарубежными адыгами занимались как международные организации, так и различные общественные движения и фонды в республиках Сев. Кавказа. С 1989 г. началась активная работа по созданию международной политической и культурной ассоциации черкесов. Инициаторами стали адыги из Голландии и ФРГ во главе с Фатхи Раджабом и Батыраем Озбеком. 4–5 мая 1990 г. в поселении Ден Алердник (под Амстердамом) прошла первая организационная конференция, которая начала готовить общечеркесский конгресс. Он состоялся 19–20 мая 1991 г. в Нальчике. В работе конгресса участвовали делегации черкесов из Турции, Сирии, Иордании, Израиля, Германии, голландии, Франции, США, а также черкесы из России — делегаты из Кабардино-Балкарии, Адыгеи, Карачаево-Черкесии, черкесы-шапсуги из Краснодарского края, Абхазии. Конгресс создал Всемирную черкесскую ассоциацию, позже переименованную в Международную черкесскую ассоциацию (МЧА). Устав МЧА был зарегистрирован в Минюсте СССР и РФ.

Большой вклад в развитие данного направления сотрудничества внесла Международная черкесская ассоциация (МЧА), созданная в г. Мюнхене в 1991 г.

Представители диаспоры из Турции, Сирии и Иордании сыграли значительную роль в так называемом исламском возрождении республик Сев. Кавказа в 90-е годы XX в. Многие из них заняли должности имамов мечетей, преподавали в медресе, переводили Коран с арабского на местные языки. В первое постсоветское десятилетие резко возрос интерес к исламу, изучению его догматики; отдельные группы населения стремились следовать религиозным нормам в повседневной жизни. Ислам стал осознаваться неотъемлемой частью исторического прошлого, как один из важных символов идентичности адыгов, чеченцев, дагестанских народов и др. этносов Сев. Кавказа. Кризис во всех сферах жизни российского общества после развала СССР, отсутствие четко сформулированной государственной идеологии привели к консолидации части населения на основе религиозной общности. В тот период в республиках Сев. Кавказа происходил процесс объединения отдельных групп населения на основе принадлежности к одной религии, в данном случае к исламу. Внутри таких религиозных общин (джама'атов) идентификация по национальному признаку становилась вторичной и уступала место религиозной идентичности.

В журнале «Нарт», органе Черкесской благотворительной ассоциации Иордании, в 1993 г. была опубликована статья об исламском возрождении в Кабардино-Балкарии. В представлении автора, оно должно было заключаться в преподавании норм шариата в государственных школах; открытии Центров для чтения Корана и изучения тафсиров; издании религиозной литературы на местных языках; проведении конференций с участием видных мусульманских деятелей; проповеднической деятельности; открытии магазинов, где мусульмане могли бы приобрести необходимую литературу, одежду, предметы культа.

Как и в др. республиках Сев. Кавказа, мусульмане Адыгеи, КБР и КЧР получили возможность изучать арабский язык, читать Коран, изучать историю подвижников пророка Мухаммада.

Религиозные организации занимались просветительской работой, направленной на обучение мусульман столпам ислама. Для этого в республики направлялась религиозная литература, в основном переводная, по исламской догматике ('акида), фикху, жизнеописания пророка Мухаммада (сира) и праведных халифов. В республиках издавались брошюры на национальных языках, посвященные религиозным нормам и практике.

Развивалось мусульманское образование. В 1992 г. в Нальчике открылся Ин-т шариатских наук. Костяк его первого преподавательского состава составили зарубежные адыги, репатрианты из различных стран проживания черкесов сегодня. В первые годы там училось 150 мужчин, которые были разделены на 3 класса. Обучение велось на кабардинском языке. В 1996 г., на момент закрытия ин-та, число студентов достигло 200 чел., в том числе обучались женщины. По мнению основателей ин-та, его выпускники должны были со временем сформировать мусульманские общины КБР. В 1997 г. *ДУМ Кабардино-Балкарской Республики* учредил Исламский ин-т как высшее образовательное исламское учреждение.

Первые репатрианты на заре исламского возрождения в КБР становились имамами вновь открывавшихся или уже действовавших мечетей. Это было связано с тем, что в начале 90-х гг. XX в. ощущалась серьезная нехватка знатоков шариата, норм ислама и арабского языка среди местных служителей культа. Молодежь республики не имела возможности получить образование в соответствующих религиозных учебных заведениях, так что знания, которыми обладали зарубежные соотечественники, рожденные и воспитанные в духе ислама и в мусульманском обществе, были необходимы.

В Республике Адыгея репатрианты также принимали участие в деятельности религиозных организаций. Так, лидер молодых мусульман, адыг — репатриант из Косово Неджметдин Абази в свое время возглавлял молодежную организацию при *ДУМ Республики Адыгея и Краснодарского края*. Активную общественную и образовательную религиозную деятельность осуществлял выпускник теологического факультета Амманского ун-та, репатриант из Косово Рамадан Цей, бывший неформальным лидером мусульманской молодежи региона. Позже из-за конфликта с руководством *ДУМ Республики Адыгея и Краснодарского края* Цей был депортирован из России.

В конце 1990-х гг. в России многие мусульманские учреждения и иностранные фонды были закрыты. Активность диаспоры, связанная с религиозной деятельностью, принимала новые формы. Имамы-репатрианты со временем получили гражданство России и стали учитывать существующий культурный контекст. Усилился государственный контроль за организациями, поддерживающими контакты с северокавказской диаспорой на Ближнем Востоке. В XXI в. в связи с появлением новых коммуникативных технологий и социальных сетей связь диаспоры с исторической родиной стала усиливаться. Появились совместные практики коммеморации: День Памяти и Скорби по погибшим в Кавказской войне 21 мая, День Черкесского флага регулярно проводится практически во всех странах проживания черкесов. Появились совместные масштабные благотворительные проекты, большая психологическая и финансовая помощь была оказана черкесам Сирии, переехавшим на историческую родину в период конфликта в Сирии в 2012–2014 гг. В КБР, Адыгею и КЧР с начала конфликта в Сирии переехало около 3 тыс. черкесов. Все они получили разрешение на временное проживание, некоторые — гражданство России. Молодежь из Турции и Сирии приезжает получать образование в вузах Адыгеи, Краснодарского края и Кабардино-Балкарии.

Лит.: МЧА, 1991–2011: сборник документов и материалов / выявл., сост., предисл. К. Ф. Дзамихова. Нальчик: Тетраграф, 2011. Ганич А. А. Черкесы в Иордании: особенности исторического и этнокультурного развития. М., 2007.

А. Ганич

Чермоев, **'Абдул-Меджид** (Тапа) Арцуевич (15.03.1882–28.08.1937) — предприниматель, нефтепромышленник, политический и государственный деятель, премьер-министр *Горской Республики* (май–декабрь 1918 г.), дипломат, один из лидеров кавказской политэмиграции.

Родился в семье генерала русской армии Арцу Чермоева в Грозном, окончил реальное училище в г. Владикавказе, затем Николаевское кавалерийское училище. В 1901 г. поступил на службу в лейб-гвардию личного конвоя императора Николая II (1894–1917), в 1908 г. в чине поручика гвардейской кавалерии вышел в отставку. Вернувшись на родину, Ч. 'А.-М. включился в хозяйственно-экономическую жизнь и успешно проявил свои способности в стремительно развивавшейся нефтяной промышленности г. Грозного. В 1913 г. основал фирму «Алдынская нефть», в 1914 г. добился рассмотрения Правительствующим Сенатом ходатайства о подтверждении права местных жителей на часть доходов от эксплуатации нефтепромыслов, расположенных на сельских землях. К 1912 г. Ч. 'А.-М. стал заметной фигурой в социально-политической жизни Сев. Кавказа. По мнению некоторых исследователей, именно в тот период он принял предложение вступить в масонскую ложу «Великий Восток народов России» (учреждена в 1912 г.).

С началом ПМВ Ч. 'А.-М. добровольно отправился на фронт: служил в чине штабс-ротмистра Чеченского конного полка, входившего в состав Кавказской туземной конной дивизии под командованием великого князя Михаила Александровича, затем — в чине адъютанта командира полка; кавалер ордена Св. Анны 3-й степени (15.06.1915) и ордена Св. Владимира 4-й степени (23.07.1915). Вследствие боевого ранения был доставлен во владикавказский госпиталь, находясь в котором, узнал о произошедшей в России Февральской революции и отречении Николая II от престола. Поддерживая идею политической консолидации северокавказских народов, Ч. 'А.-М. был среди инициаторов созыва *Первого Горского съезда* во Владикавказе, взял на себя финансирование его организации и проведения. В ходе форума было утверждено создание *Союза объединенных горцев Северного Кавказа и Дагестана* — нового национально-территориального образования как составной части Российского государства, сформирован Центр. комитет, Ч. 'А.-М. был избран его председателем. Известно, что он пользовался серьезной поддержкой шейхов Юсупа Хаджжи Байбатырова и *Арсанова Дени*. Во многом благодаря авторитету Ч. 'А.-М. среди населения и его товарищеским взаимоотношениям с атаманом Терского казачьего войска М. А. Карауловым, в условиях обострявшихся социальных и межнациональных противоречий удавалось разрешить конфликтные ситуации и предотвращать вооруженные столкновения между горцами и казаками. Общность политических и экономических интересов, необходимость борьбы с преступностью и преодоления анархии на Сев. Кавказе привели к учреждению Юго-Вост. Союза казачьих войск, горцев Кавказа и вольных народов степей (г. Владикавказ, 20.10.1917 г.); Ч. 'А.-М. вошел в Объединенное правительство.

После падения в России Временного правительства и перехода власти к большевикам, в ноябре 1917 г. Союз объединенных горцев был преобразован в *Горскую Республику* (Республику *Союза объединенных горцев Северного Кавказа и Дагестана*), а ЦК — в Горское правительство. В декабре Ч. 'А.-М. подал заявление об отставке с поста председателя, что связывается, согласно устоявшейся точке зрения, с обвинениями в его адрес в предательстве национальных интересов из-за альянса с руководителями Терского казачества и нерешенностью земельного вопроса. Вслед за тем, в январе 1918 г., Ч. 'А.-М.

покинул г. Владикавказ и перебрался в Чечню, потом в Дагестан, а весной 1918 г. в качестве члена делегации выехал с визитом в Грузию и Азербайджан для ведения переговоров с представителями Закавказского сейма и турецкого командования. В апреле 1918 г. лидеры Республики *Союза объединенных горцев* объявили об отделении Сев. Кавказа от советской России и обратились с воззванием к ряду государств о признании Горского правительства. На Батумской международной конференции 11.05.1918 г. была провозглашена Декларация об объявлении независимости Республики *Союза горцев Сев. Кавказа и Дагестана* (*Горской Республики*); Ч. ʻА.-М. возглавил ее правительство.

Осенью 1918 г. шло освобождение Северо-Кавказской территории от войск Красной Армии: 10.10.1918 г. Ч. ʻА.-М. с членами Горского правительства и отрядами под командованием военного министра республики князя Нухбека Тарковского и турецкого генерала Юсуфа Иззет-паши вошел в г. Дербент, который стал временной столицей *Горской Республики*, а 03.11.1918 г. правительство переехало в новую столицу — г. Темир-Хан-Шуру (ныне г. Буйнакск).

В связи с изменением внешнеполитической обстановки, выводом турецких и германских войск с территории Кавказа и прибытием туда вооруженных сил Великобритании, Ч. ʻА.-М. и министр внутренних дел *Ибрагим-бек Гайдаров* провели 27–29.11.1918 г. переговоры с английской военной миссией в г. Баку. Сообразуясь с обстоятельствами, когда требовалось заручиться поддержкой нового гаранта независимости республики, Ч. ʻА.-М. принял решение — поскольку с ним ассоциировалась германо-турецкая политическая ориентация — оставить пост главы правительства, и 17.12.1918 г. его сменил *Коцев Пшемахо*. Исходя из сложившейся к началу февраля 1919 г. военно-политической ситуации и вторжением в границы *Горской Республики* частей Добровольческой армии, Ч. ʻА.-М. перешел на дипломатическое поприще: представляя Зарубежную делегацию республики, он призывал к освобождению ее территории от деникинских войск. За этим последовало личное распоряжение А. И. Деникина о конфискации имущества Ч. ʻА.-М. и запрете нефтедобывающим фирмам выплачивать ему дивиденды и арендную плату за эксплуатацию принадлежащих ему промыслов. В поисках международного признания независимости Сев. Кавказа Ч. ʻА.-М. во главе дипломатической делегации направился в г. Париж, где вел консультации с участниками мирной конференции: 28.05.1919 г. состоялась его встреча с президентом США Т. В. Вильсоном. В июле 1919 г. при активном участии Ч. ʻА.-М. был подготовлен Договор об установлении дружественных отношений между правительствами *Горской Республики* и Кубанского края в эмиграции.

Находясь в вынужденной эмиграции, Ч. ʻА.-М. обосновался в г. Париже, продолжая пропагандировать идею восстановления *Горской Республики*, общекавказского единства и создания Кавказской конфедерации, соучаствовал в работе Совета Трех (1921–30), состоящего из руководителей дипломатических миссий Сев. Кавказа, Азербайджана и Грузии эмигрантского центра. В 1927 г. вступил в масонскую ложу «Прометей» (1926–30). Ч. ʻА.-М. оказывал финансовую помощь многим эмигрантам (в том числе вдовствующей российской императрице Марии Федоровне), поддерживал эмигрантские организации, на его средства в г. Париже издавался орган независимой национальной мысли — журнал «Кавказ», в Праге — «Вольные горцы», в г. Варшаве — «Северный Кавказ».

Скончался Ч. ʻА.-М. в г. Лозанне (Швейцария), где проходил курс лечения, 28.08.1937 г., по официальной версии — от сердечного приступа, по неофициальной — был отравлен агентом ГПУ. Тело Ч. ʻА.-М. было перевезено во Францию, и 25.09.1937 г. он был похоронен на мусульманском кладбище в пригороде Парижа Бобиньи.

Лит.: Баммат Г. Абдул-Меджид Чермоев // Кавказ (Париж). 1937. № 8(44). С. 31–33; Гешаев М. Тапа Чермоев // Знаменитые чеченцы. Т. 1. Грозный, 1999. С. 234–269; Лулуев А. Чермоев Абдул-Межид (Тапа): воин, политик, дипломат, предприниматель // Вайнах. 2012. № 3. С. 56–59; Музаев Т. Тапа Чермоев // Архивный вестник. 2013. № 1. С. 79–84.

Д. Месхидзе

Чеченов, Исмаил Магомедович (30.04.1938–04.07.2016) — российский и советский археолог-кавказовед. Ведущий научный сотрудник сектора археологии Кабардино-Балкарского научного центра РАН, заслуженный деятель науки Кабардино-Балкарии. В 1962 г. окончил историческое отделение КБГУ. В 1973 г. защитил диссертацию на соискание ученой степени кандидата исторических наук по теме «Археологические памятники Кабардино-Балкарии как исторический источник». Проводил археологические исследования на территории Кабардино-Балкарии. Автор более 90 научных работ, в том числе монографии «Древности Кабардино-Балкарии» (Нальчик, 1969), в которой впервые комплексно были рассмотрены все выявленные на территории Кабардино-Балкарии археологические памятники до эпохи Позднего Средневековья включительно.

Соч.: Археологические исследования на новостройках Кабардино-Балкарии. Памятники Средневековья. Нальчик, 1987. Т. III. Ч. 2; Археологические работы на городищах

Кабардино-Балкарии в 1965 г. // Ученые записки Кабардино-Балкарского НИИ. Нальчик, 1967. Т. XXV; Древности Кабардино-Балкарии. Нальчик, 1969; История и национальное самосознание. Пятигорск, 1998 (в соавторстве с В. А. Кузнецовым); История народов Сев. Кавказа. М., 1988. Т. I (соавтор глав III, V, VII, VIII и IX); Раскопки городища Ниж. Джулат в 1966 г. // Ученые записки Кабардино-Балкарского НИИ. Нальчик, 1967. Т. XXV.

А. Пачкалов

Ал-Чиркави, Амирхан, сын Нур-Мухаммада (1800–76) — мусульманский религиозный деятель, сподвижник имамов *Газимухаммада* и *Шамиля*, участник обороны Ахульго (1839), наиб, в 1840–43 гг. — муфтий *Имамата*, постоянный член и главный секретарь (катиб) Дивана, хранитель печати *Имамата* (1840–59). Родился в с. Чиркей (ныне не существует) в семье узденя. О детских и юношеских годах ал-Ч. сведений не сохранилось. Обучался у *ал-Гази-Гумуки Джамалуддина* вместе с *Шамилем*. В хронике *ал-Карахи Мухаммадтахира* есть упоминание об ал-Ч. как ученике *Шамиля*, познавшем тарикат. «Первым из его [*Шамиля*] друзей и самым заметным был секретарь имама Амир-Хан из Чиркея, которому имам доверял большинство дел, так как он дружил с имамом с малых лет». *Алкадари* так характеризовал ал-Ч.: «Этот писатель, происходивший из селения Чиркей, хорошо изучивший арабские науки и обладавший красивым письмом. Он более двадцати лет прослужил у *Шамиля*-эфенди в должности начальника канцелярии...» Нередко ал-Ч. выполнял дипломатические поручения имама. В 1843 г. вместе с Шейхом из Чиркея и Мусой из Балахани ал-Ч. был отправлен *Шамилем* в Османскую империю на встречу с султаном, с тем чтобы известить падишаха «о борьбе горцев против могущественной Российской империи». Участвовал в ряде военных акций: взятие Шубута (Шатоя) в 1839 г., поход на Эрпели и Каранай в 1844 г. и др. Как сообщает *ал-Карахи Мухаммадтахир*, в 1859 г. при подъеме *Шамиля* на Гуниб «Амирхан отстал, намереваясь отделиться от имама». Гаджи-Али Чохский (*ал-Чухи* ал-Хаджж 'Али) сообщал, что «Мирза (писарь) Шамиля Эмир Хан Чиркеевский, услышав о щедрости главнокомандующего, с печатью имама явился к нему, но, кажется, ничего не получил». Так или иначе, ал-Ч. перешел на сторону российских властей, и у него осталась печать имама *Шамиля*. В своем письме *Мухаммад Амину* от 26 раби ас-сани 1276 г. (24.10.1859 г.) *Шамиль* писал: «Я не скрепляю своей печатью это письмо потому, что печать моя осталась в руках Амир-хана, который изменил мне». Похоронен ал-Ч. был в с. Чиркей (ныне Буйнакский р-н РД). Сельское кладбище, где над могилой ал-Ч. была воздвигнута мемориальная каменная плита, ныне не существует. Сейчас вся эта местность находится под водой, на дне водохранилища. В связи со строительством плотины для ГЭС жители старого с. Чиркей — родственники ал-Ч. заблаговременно сняли со старого кладбища надмогильную плиту. Плита хранилась у правнука ал-Ч. Футулхаджжиява, а затем была передана в школьный музей. Четырехугольная надмогильная плита (120×78,16) на лицевой стороне имеет надпись: «19 мухаррама 1293 г. (15 февраля 1876 г.) Эта усыпальница несчастного благочестивого хаджжи Амир-хана, писателя и близкого друга имама Дагестана шейха *Шамиля*. Амир-хан — сын Нурмухаммада из Чиркея, да смилостивится над ним Аллах».

Лит.: Абдурахман из Газикумуха. Книга воспоминаний / пер. с араб. М.-С. Саидова; ред. пер., подгот. факсим. изд., коммент., указ. А. Р. Шихсаидова, Х. А. Омарова. Махачкала, 1997; Алкадари Г.-Э. Асари Дагестан. Махачкала, 1994; Гаджи-Али. Сказание очевидца о Шамиле. Махачкала, 1995; Образцы арабоязычных писем Дагестана XIX в. / сост., пер. с араб., введ., коммент., примеч. и указ. Х. А. Омарова. Махачкала, 2002; Хроника Мухаммеда Тахира ал-Карахи о дагестанских войнах в период Шамиля. М., 1941; 100 писем Шамиля. Махачкала, 1997.

Х. М. Доного

Чиркейский, **Са'ид-афанди** (Саид Абдурахманович Ацаев, ал-Чиркави, 1937–28.08.2012) — выдающийся суфийский наставник из Дагестана.

Родился в горном аварском с. Чиркей (Буйнакский р-н РД). В возрасте семи лет он лишился отца. Проучившись семь лет в школе, он был вынужден работать чабаном, чтобы содержать семью. Затем он три года прослужил в Советской Армии в Литве (под г. Каунасом), после чего вернулся к работе чабана. В возрасте 32 лет он был инициирован в братство шазилийа шейхом 'Абдулхамидом-афанди (1888–1977) из с. Инхо. После смерти своего наставника он стал мюридом шейха Мухаммада-афанди (1909–87) из с. Чучада, который жил в переселенческом а. Нечаевка. Последний инициировал его в братство *накшбандийа*-халидийа-махмудийа и дал ему иджазу на наставничество в тарикате. Сообщают также, что он получил др. иджазу — от шейха Бадруддина-афанди из с. Ботлих (1919–2002).

С 1820-х гг. преобладающей ветвью братства *накшбандийа* в Дагестане была *накшбандийа*-халидийа, в то время как махмудийа (восходящая к *ал-Алмали Махмуду*, ум. 1877) ограничивалась лишь несколькими аварскими р-нами. В начале XX в. шейхи махмудийи начали также инициировать своих мюридов в братство шазилийа. Обе ветви братства затем распространились на Плоскость и в предгорья, в первую очередь вследствие советской переселенческой политики. Но только в 1990-е гг., при Ч. С.-а., махмудийа становится доминирующей. Одной из причин такого успеха была двухстепенная модель инициации: ее наставники сначала вводят большое число своих последователей в шазилийа, не обременяя их др. обязанностями, кроме чтения специальной молитвы (вирд) и без прямого надзора, что обеспечивает большой приток мюридов. Наиболее преданные ученики затем вводятся в *накибандийа*-махмудийа, тем самым делая эту общину замкнутой и контролируемой. Во-вторых, Ч. С.-а. нашел способного преемника по линии шазилийа в лице Арсланали Гамзатова (род. 1956), распространявшего шазилийа среди кумыков, в то время махмудийа как братство выше статусом осталось в руках аварцев. Арсланали Гамзатов руководил Исламским ун-том им. *Сайпуллы-кади* в Буйнакске, в котором готовили будущих имамов, впоследствии устраивавшихся на работу в сети *Муфтията Республики Дагестан*. Наконец, что еще важнее, в начале 1990-х гг. ДУМД (ныне *Муфтият Республики Дагестан*) перешло под контроль аварцев из братств махмудийа-шазилийа. В настоящее время им руководит ученик Ч. С.-а. — муфтий *Ахмед-хаджжи Абдулаев*. В Дагестане количество мюридов Ч. С.-а. исчислялось десятками тысяч. По некоторым сведениям, у него есть последователи за пределами Кавказа — в Зап. Сибири, Центр. России и Волго-Уральском регионе.

Соперничая с ветвью *накибандийа*-халидийа, что выражалось прежде всего в полемике вокруг вариантов цепи духовной преемственности (силсила) братства, Ч. С.-а. и др. наставники и мюриды махмудийа-шазилийа были вовлечены также в упорную борьбу с воинствующим салафитским подпольем в Дагестане и Чечне. Несколько выдающихся последователей Ч. С.-а. были убиты в ходе нее. В начале 2012 г. Ч. С.-а. дал согласие на переговоры с умеренной салафитской организацией «Ахл ас-сунна ва-л-джамаʻа». Они были прерваны после убийства Ч. С.-а. 28 августа того же года смертницей в его доме в Чиркее. Тогда же погибла жена Ч. С.-а. Узлифат-хаджжи.

Перу Ч. С.-а. принадлежит 6 богословских трактатов на аварском языке, выходивших также в русских и английских переводах, и аварская исламская поэзия (назмы). Его главный труд «Маджмуʻат ал-фаваʼид» («Собрание полезных знаний», русский перевод издан под названием «Сокровищница благодатных знаний») написан в форме вопросов и ответов по проблемам богословия, суфийских практик (в особенности зикра, муракабы, рабиты), а также исламского права и этики. Его цель — доказать, что суфизм в том виде, в каком он практикуется в братстве махмудийа, не противоречит Корану и Сунне Пророка. Есть аварское (2000), несколько русских (2002, 2003, 2010) и татарское (2006) издания этой книги. В числе трудов Ч. С.-а. — комментарий к суре «Ал-Фатиха», разным айатам Корана, истории пророков. Во всех своих сочинениях, равно как и в интервью, он прибегал к простому и доходчивому стилю изложения, подчеркивая братство всех мусульман, мирный характер ислама, патриотизм общины своих последователей и принижая свое реальное значение в Дагестане.

В последние годы Ч. С.-а. отобрал иджазу на ведение наставнической деятельности у Арсланали Гамзатова и передал ее врачу родом из с. Верх. Каранай ʻАбдулджалилу-афанди (род. 1943). Последний стал его преемником (халифа) в братстве махмудийа-шазилийа.

Один из четырех сыновей Ч. С.-а., Абдулла Саидович Ацаев, — ректор Чиркейского теологического ин-та им. Саида-афанди.

Соч.: История пророков (Кисас ал-анбийаʼ): в 2 т. 4-е изд. Махачкала, 2010; Побуждение внять призыву Корана. Т. 1–4. Махачкала, 2007–11; Побуждение внять призыву Корана. Толкование суры «Ал-Фатиха». М.; СПб., 2008; Сб. выступлений / пер. с авар. Г.-М. Ичалова. Махачкала, 2008; Современность глазами шейха Саида афанди. Махачкала, 2005; Сокровищница благодатных знаний (Маджмуʻат ал-фаваʼид) / пер. с авар. 3-е изд. Махачкала, 2010.

Лит.: Биография досточтимого шейха Саида Афанди ал-Чиркави // Сокровищница ислама. Духовно-просветительский журнал «Ислам». 2012. № 3(29). С. 5–7; Горская мудрость: изречения выдающихся шейхов Дагестана / сост. М. Р. Омаров. Махачкала, 2009; Bustanov A. K., Kemper M. Valiulla Iakupov's Tatar Islamic Traditionalism // Asiatische Studien. 2013. Bd. 67. S. 809–835; Kemper M. The Discourse of Said-Afandi, Daghestan's Foremost Sufi Master // Islamic Authority and the Russian Language: Studies on Texts from European Russia, the North Caucasus and West Siberia / ed. by Alfrid K. Bustanov and Michael Kemper. Amsterdam, 2012. Pp. 167–218; Kemper M., Shikhaliev Sh. Islam and Political Violence in Post-Soviet Daghestan: Discursive Strategies of the Sufi Masters // Princeton Papers: Interdisciplinary Journal of Middle Eastern Studies. Vol. XVII. Special issue: Constellations of the Caucasus: Empires, Peoples, and Faiths / ed. by M. Reynolds. Princeton, 2016. Pp. 117–154.

М. Кемпер, В. Бобровников

Чокуна-эфенди — см. *Акбаев Исмаʻил-эфенди*.

Чохские реликвии Абу Муслима — сабля и знамя полулегендарного исламизатора Дагестана и Вост. Кавказа, прежде хранившиеся в квартальной мечети КIаланиб аварского селения Чох, в 1935 г. переданы сначала в фонды Центр. антирелигиозного музея в Москве, а после его расформирования (1947) — в ленинградский Музей истории религии и атеизма (ныне Государственный музей истории религии), где они выставлялись в 2018–19 гг.

Чохские реликвии Абу Муслима

Произведения народного эпоса приписывают шейху *Абу Муслиму* религиозные войны и походы, «которые велись на Вост. Кавказе почти 500 лет (710–910-е либо 1250-е гг.)», вплоть до XVI в. В ряде случаев многочисленные устные предания о походах шейха *Абу Муслима*, совершенных им в горные районы, объясняют появление реликвий, хранящихся в мусульманских святилищах (пир, зийарат). К ним относятся сабли, якобы принадлежавшие легендарному шейху, их несколько. Одна из таких реликвий, «меч» или «кинжал» (не описаны), до конца 1920-х гг. находилась в пире у табасаранского селения Чурдаф, другая реликвия — сабля (вместе с посохом и халатом шейха) — хранилась в мавзолее при квартальной мечети Самилах аварского с. *Хунзах*, еще одна сабля (вместе с белым знаменем с навершием) хранилась в джума-мечети (в квартале Каланиб).

Если о «чурдафской сабле» источники упоминали еще в XII в. (ал-Гарнати, 1131 г.), а «хунзахская сабля» палеографически датируется по надписи на лезвии клинка XIV в., то «чохская сабля» хронологически привязана к истории возникновения с. Чох и отсылает нас к концу XIV — середине XV в. Этнографы-кавказоведы склонны усматривать во всех трех случаях почитания оружия шейха «древний дагестанский земледельческий культ» либо «историю трансформации культа оружия в народном исламе». Известно, что «хунзахская сабля» использовалась в важном обряде хвалченбухьи (авар. «привязывание сабли»), который проводился при «освящении» выступления нуцала (хана) в военный поход либо при праздновании совершеннолетия сына нуцала; в некоторых случаях сабля использовалась «для прекращения сильного града».

История происхождения «чохской сабли» была связана с историей возникновения с. Чох и заложена в сценарий обряда, который запечатлел один из важных эпизодов исторических событий. По преданиям, *Абу Муслим* 12 раз приводил чохцев к исламу и столько же раз чохцы возвращались к своей вере. По одному из них, записанному в 1931 г., шейх *Абу Муслим* вонзил свое знамя в побежденную скалу, на том месте, где позднее воздвигли лучшую чохскую мечеть. На острие знамени ласточка свила гнездо, и приказал победитель собрать здесь в единый большой аул 12 малых. Такая же история, по преданиям, повторилась и с ругуджинцами, но они отказались от ислама и убили миссионера, посланного *Абу Муслимом*. Тогда *Абу Муслим* приказал чохцам, которые уже приняли ислам, выделить из своей среды почетных людей и послать их в Ругуджу, чтобы те склонили последних к новой вере. Чохцы отправили в аул двух почтенных представителей, но и они были убиты. Тогда чохцы объявили тревогу и пошли на Ругуджу. Произошел бой, в результате которого ругуджинцы были вынуждены покориться и принять ислам. В благодарность и в память об этих событиях чохцы получили от *Абу Муслима* белое знамя с медным навершием (догъ) и саблю (хвалчен). Чохцы ежегодно на праздники Ураза и Курбан-байрам выносили эти реликвии из мечети и выходили на дорогу, ведущую к Ругудже. Здесь сельский дибир трижды потрясал саблей, обращаясь в сторону Ругуджи. Обряд сопровождался разбиванием глиняных горшков, которые аульский глашатай сбрасывал с крыши, собравшиеся снизу бросали в них камни. Сценарий обряда оставался неизменным на протяжении нескольких столетий, со времен Средневековья до 1929 г.

Сохранилось графическое изображение этого обряда, выполненное в 1920-х гг. художником Халил Беком Мусаясулом, уроженцем с. Чох. На нем отчетливо видны сабля, флаг с круглым навершием, разбиваемый кувшин. Чохский обряд «кувшиноразбивания» был описан современниками XIX в., известно несколько его описаний — 1849 г., 1865, 1884 и 1915 г. У всех авторов основные информативные блоки текстов сходятся с незначительными расхождениями в деталях: «прибытие шейха *Абу Муслима*» — «объединение чохских поселений в один аул, с утверждением в нем ислама» — «вооруженный конфликт чохцев с ругуджинцами, не желавшими принимать ислам» — «сабля и знамя шейха, оставленные чохцам» — «чохцы прежде были христианами» — «ругуджинцы обращены в ислам силою оружия» — «привилегированный тухум Османов, ведущий начало от сподвижника шейха» — «обряд проводится по религиозным праздникам» — «разбивание кувшинов».

Обряд «кувшиноразбивания» исторически вызван событиями, связанными с принятием ислама в андалальских с. Чох и Ругуджа. Процесс проникновения и утверждения ислама в горном Дагестане, в частности, в селах общества Андалал (доисламского Вицху), одним из исторических центров которых является с. Чох, принято связывать с возраставшим влиянием соседнего Казикумухского шамхальства, возникшего на рубеже XI–XII вв. Проникновение ислама в Андалал А. Е. Криштопа датирует концом XIV в. Историк и краевед М. Ахдуханов по мусульманским генеалогиям надмогильных плит сельского кладбища относит утверждение ислама в с. *Согратль* к концу XIV в. Возможно, в этот же период происходит утверждение ислама в с. Ругуджа. В соседнем обществе Карах ислам приняли примерно в 1430-е гг. (в обществе Гидатль ислам утвердился в 1475 г., в Карахе — на 40 лет раньше Гидатля). Возможно, исламизация пограничных сел Ругуджа и общества Карах происходила одновременно.

О тухуме Османов — хранителе реликвий в 1946 г. писал Е. М. Шиллинг: «Среди чохских тухумов до сих пор замечателен малый по численности, но важный по значению в обществе род Османовых. Он считает себя происходящим от арабов, пришедших в Дагестан, по преданиям, с *Абу Муслимом*. В недавнем прошлом Османовы пользовались исключительными правами (как бы жреческими) при совершении упомянутого традиционного чохского обряда, в котором употреблялся особый флаг-байрах». Хранителями «чурдафского меча» также являлся один род. По словам старожил Чурдафа, «должность хранителя меча передавалась от отца к сыну. Им мог быть только мужчина из тухума Букяр, родословие которого вели от арабов, сподвижников *Абу Муслима*». Между тем «хунзахский меч» не имел привязки к какому-либо роду. В Нагорном Дагестане некоторые селения (Ахты, Кала-Корейш) и десятки родов возводили свое происхождение от «арабов», сподвижников шейха *Абу Муслима*. Однако тухумы хранителей «сабель» шейха выбиваются из этого общего ряда прямым отношением к определенному историческому событию и определенной реликвии.

В с. Чох, на Верх. кладбище, известна могила Шарапа из рода Османовых, который скончался в возрасте 115 лет. На его могильной плите указаны годы рождения и смерти: 1182–1304 г. х. (1767–1885 гг.). Могильная плита примечательна тем, что на ней приведено генеалогическое древо тухума Османов, которое нисходит от покойного Шарапа до предка седьмого колена Османа.

В квартальной мечети с. Чох Е. М. Шиллингом было обнаружено два знамени, старое и новое. Старое знамя, датированное исследователем концом XVIII в., из белой бумазейной материи местной кустарной выделки, с надписью, часть которой была перенесена на новый флаг: «(1) О отпускающий пленника! О восстанавливающий сокрушенного! (2) О удовлетворяющий нужды! О возвышающий степени! О избавляющий от забот, Есть Аллах». Флаг имел длинное деревянное древко с медным луженым навершием в виде шара диаметром 43 см, высотой 26 см. На нем была выгравирована арабская надпись: «Это знамя мусульман и вразумление для вразумляющихся». Е. М. Шиллинг о тухуме Османов писал, что «согласно их родовому преданию, покидая Дагестан, *Абу Муслим* оставил свои знамя и саблю как знак власти своему сподвижнику и родственнику Осману». О том, что знамя и сабля передавались Осману как знак власти, говорит арабская надпись на втором, обновленном флаге: «(1) О отпускающий пленника! О восстанавливающий сокрушенного! (2) О обогащающий бедного! О питающий малого! (3) О исцеляющий больного! Дата — 115, (4) Взявший это [знамя] старший из рода наместника пророка Османа, (5) Повелителя правоверных. [Это] остаток Абу-л-Муслима, победителя Дагестана». Надпись была переведена с арабского И. Ю. Крачковским и палеографически датирована XIX в.

По версии В. О. Бобровникова, первые три строки состоят из наиболее упоминаемых эпитетов Всевышнего, последние две строки — памятная запись о походе *Абу Муслима* и повеление передавать флаг только в руки саййиду, «старшему из рода наместника Пророка (?) 'Османа». В тексте наиболее примечательны 4-я и 5-я строки: слово «остаток» в 5-й строке по смыслу относится к первому слову 4-й строки, переведенному как «взявший», но имеющему так же значение «владеющий, держащий», т. е. несущий флаг является потомком *Абу Муслима*. Дата на знамени — 115 г. х., 733–34 гг. (дата, широко распространенная в многочисленных памятных надписях) — обозначает год прихода в Дагестан войска *Абу Муслима* и принятия ислама горцами. Поскольку исламизация Андалала происходила в XIV–XV вв., эту «популярную» дату, ставшую практически дежурной, можно объяснить самодеятельностью переписчика. Знамя шейха иногда обновлялось по причине ветхости, возможно, на первом экземпляре даты не было.

В 1944 г. с. Чох посетила этнографическая экспедиция Е. М. Шиллинга. Он писал, что «осмотрел чохскую мечеть Каланиб и при посредстве местных работников получил хранившийся здесь старый флаг и шашку, употреблявшуюся в обряде вместе с флагом». Местные реликвии, сабля и два знамени, были приобретены им у Шарафа, старшего в тухуме Османовых (ученый не совсем верно называет его «одним из последних Османовых). «Все три предмета, писал Е. М. Шиллинг, были переданы им в Центр. антирелигиозный музей (ЦАМ, г. Москва). После расформирования музея в начале 1950-х гг. вместе с др. экспонатами реликвии перешли в фонды Ленинградского музея истории религии и атеизма, позднее — Государственного музея истории религии, г. Санкт-Петербург (ГМИР, СПб.). Дальнейшая судьба реликвий вплоть до 2013 г. считалась неизвестной.

Знамя шейха *Абу Муслима* как безымянный памятник мусульманской культуры с 1981 г. по 1991 г. выставлялось в первой крупной экспозиции музея по исламу, в отделе «Ислам и свободомыслие народов Востока». После переезда музея в новое здание, в новой экспозиции «Ислам» флага уже не было, исламская экспозиция в прежнем виде не воссоздавалась. В 2013 г. реликвии удалось обнаружить благодаря помощи сотрудников ГМИРа (Н. Кашовской, Т. Г. Шубиной, Г. А. Ченской, Т. Н. Дмитриевой, И. В. Тарасовой) и атрибутировать по записям в книге поступлений. Они оказались рассредоточенными по различным фондам. Возможно, в 1950-е гг. в организации хранения в музее доминировал принцип вида материала, и только потом конфессиональная и историческая принадлежность: «чохская сабля» вместе с ножнами проходит как «сабля турецкая»; «знамя шейха» (новый образец, старый сотрудники музея выявили позже) хранится в фонде тканей; навершие знамени хранится в фонде

архаических и традиционных верований. У всех экспонатов по книге поступлений сохранились ЦАМовские данные «Из коллекции Шиллинга, Дагестан, 1944 г. Мечеть Каланиб», что и позволило уверенно атрибутировать их как утерянные чохские исламские реликвии.

Лит.: Бобровников В. О., Сефербеков Р. И. Абу Муслим у мусульман Вост. Кавказа (к истории и этнографии культа святых) // Подвижники ислама. М., 2003; Зыков Б. Чох — значит много // Красный Дагестан. 1931. 14 июня; Карнаилов О. Аул Чох // Сб. материалов для описания местностей и племен Кавказа. Тифлис, 1884. Т. 14. Ч. 2; Криштопа А. Е. Дагестан в XIII — начале XV в. М., 2007; Пржецлавский П. Дагестан, его нравы и обычаи // Вестник Европы. 1867. № 3. Т. 3. Отд. 1; Стецкевич Т. А. Ислам в музее // Труды государственного музея истории религии. СПб., 2007. Вып. 6–7; Тахнаева П. И. Аул Чох. Мир ушедших столетий. М., 2010; Тахнаева П. И. Христианская культура средневековой Аварии в контексте реконструкции политической истории (VII–XVI вв.). Махачкала, 2004; Шиллинг Е. М. Из истории одного дагестанского земледельческого культа // Краткие сообщения Ин-та этнографии. М., 1946. Вып. 1.; Шихсаидов А. Р. Ислам в средневековом Дагестане (VII–XV вв.). Махачкала, 1969.

П. Тахнаева

Чупалав из Игали (Биякаев, 1875–1937) — мусульманский религиозный деятель, просветитель, ученый, поэт.

Родился в с. Игали (ныне Гумбетовский р-н РД). Начальное исламское образование Ч. из И. получил в семье, затем учился у дагестанских 'алимов в селениях Корода, Аргвани, Голотль, Карах, Кудутль, Аракани и др. Во 2-й половине 1890-х гг. Ч. из И. по просьбе джама'ата возглавил мечетную общину в родном селе, тогда же пригласил в с. Игали 'алима Шихсаида из Инхо, у которого продолжил совершенствовать свои знания в области коранических наук. После завершения образования открыл и возглавил медресе в Игали; начал писать назмы, мавлиды, турки и др. произведения духовно-просветительского содержания. Особое место в творчестве Ч. из И. занимало жизнеописание пророка Мухаммада: каждый назм был посвящен определенному событию из его биографии: «Битве при Бадре», «Взятию крепости Хайбар», «Отъезду Пророка в Шам», «Его женитьбе на Хадидже» и мн. др. Каждое из этих произведений представляет собой небольшую поэму. Сохранилась поэма Ч. из И. «О прежних героях», где упоминаются все известные 'алимы Дагестана. В период революции и Гражданской войны Ч. из И. участия в политических событиях не принимал, продолжая заниматься исключительно преподавательской деятельностью и сочинением стихов.

В августе 1937 г. Ч. из И. был арестован НКВД по ложному обвинению в сотрудничестве с *Гоцинским Нажмутдином*. Содержался в тюрьме в г. Махачкале, затем был этапирован в г. Ташкент. По решению тройки НКВД 23.10.1937 г. он был приговорен к расстрелу, 27.12.1937 г. приговор был приведен в исполнение.

Сборник произведений Ч. из И. вышел в свет в 1995 г. (под редакцией профессора С. М. Хайбуллаева).

Лит.: Омаров М. Богословы Дагестана. Махачкала, 2014; Омаров М. Ислам в Дагестане. Махачкала, 2014; Игьалиса Чупалав. Назмаби ва шиг1ру / сост. С. М. Хайбуллаев. Махачкала, 1995.

М. Омаров

Ал-Чухи, Махад б. Аййуб, ал-Авари (ум. 1813) — мусульманский религиозный деятель, дагестанский ученый-энциклопедист.

Нисба ал-Ч. М. связана с с. Чох (ныне Гунибский р-н РД). Получив начальное образование в родном с. Чох, ал-Ч. М. отправился в с. Аракани (ныне Унцукульский р-н РД), где учился у знаменитого правоведа *ал-Аймаки Абубакра*. Также учился у др. 'алимов — учеников Мухаммада б. Муса *ал-Кудуки*. В дальнейшем продолжил обучение за границей: в Карабахе, Иране, Ираке и Египте (окончил ун-т Ал-Азхар в г. Каире). Изучал математику, философию, астрономию, космографию, геометрию и физику. Один из учителей ал-Ч. М., Мухаммад-Рида б. 'Усман ад-Дарджизини, посвятил ал-Ч. М. свою книгу «ал-Ишрак» или «Китаб аш-шашаа» («Сияние» или «Книга блеска»), написанную в 1789–90 гг.

После возвращения с Ближнего Востока ал-Ч. М. основал в с. Чох медресе. Особенно большое значение он придавал естественным наукам, сам преподавал математику, философию, логику и астрономию. Ученики ал-Ч. М.: согратлинцы *ас-Сугури 'Абдуллах* (Шайтан-'Абдулла) и Махди-Мухаммад (ум. 1837), хунзахцы *Дибир-кади* и *ал-Авари Нурмухаммад-кади*, кудалинцы Умар и Хасаа, цийшинец Абдулхалим. Ок. 12 лет (1801–12) в медресе ал-Ч. М. обучался имам *Гамзат-бек*.

Лит.: Хапизов Ш. М. Махад из Чоха: новые факты биографии // Жизнь и творческое наследие дагестанских ученых XIX — начала XX в.: вопросы историографии и источниковедения: сб. статей, посвященный 180-летию Гасана Алкадари. Дербент, 2016. С. 156–163.

Ш. Хапизов

Ал-Чухи, Мухаммад-'Али (Мухаммад-'Али, сын Мухаммад-Мирзы, сын Мухаммад-'Али, сын Хаджжи-'Али, сын Мавра из рода Нахибашевых, 1833–89) — мусульманский религиозный деятель, дагестанский 'алим и правовед.

Родился в с. Чох (ныне Гунибский р-н РД). Отец ал-Ч. М.-ʻА. Мухаммад-Мирза был известным ʻалимом и наибом обществ Карах и Гидатль-Телетль, дружил с будущим учителем своего сына, впоследствии секретарем и историографом имама *Шамиля* — *ал-Карахи Мухаммадтахиром*. Начальное религиозное образование ал-Ч. М.-ʻА. получил у своего отца, затем учился у *ал-Карахи Мухаммадтахира*, ʻАбдуссалама из с. Муни (ныне Ботлихский р-н РД), *Зайда* из с. Куркли (ныне Лакский р-н РД), Хамзатхаджжи и Юсуфа из с. Телетль (ныне Шамильский р-н РД). Распространенные среди ʻалимов Дагестана мусульманские сочинения «Усул ал-фикх» и «Шарх джамʻ ал-джавамиʻ» ал-Ч. М.-ʻА. изучил под руководством «большого» ученого из с. Бацада (ныне Гунибский р-н РД) Газимухаммада.

Перу ал-Ч. М.-ʻА. принадлежат несколько популярных среди дагестанских мусульман сочинений: «Фатава ал-Чухи» — сочинение по мусульманскому праву, «Масаʼил ал-Чухийа» или «Масаʼил ва аджвибат» — сочинение по грамматике арабского языка, «Китаб ал-кафийа ли-ахл-ал-бидайа» — учебное пособие по орфоэпии (правил чтения арабоязычных текстов).

«Фатава ал-Чухи» написана в жанре вопросов и ответов (суал-джаваб), в котором для пояснения наиболее трудных и запутанных вопросов по мусульманскому праву (фикху) автор, кроме известных арабских ученых, привлекает и мнения таких дагестанских авторов, как Шахбанкади ал-Убуди, Мухаммад *ал-Кудуки*, *ал-Аймаки Абубакр*, Дамадан ал-Мухи, Ибрагим-хаджжи ал-Уради, *ал-Мачади Хадис*, *Хадис-Дибир ал-Андихи* и др.

В сочинении по арабской грамматике «Масаʼил ал-Чухийа» ал-Ч. М.-ʻА. в простой форме объясняет наиболее запутанные моменты грамматики (нахв) арабского языка. Это сочинение также написано в жанре вопросов и ответов. Книга была издана в типографии *М.-М. Мавраева* в Темир-Хан-Шуре (ныне г. Буйнакск) дважды — в 1907 и 1913 г.

Учебное пособие ал-Ч. М.-ʻА. по орфоэпии (правила чтения арабоязычных текстов) под названием «Китаб ал-кафийа ли-ахл-ал-бидайа» в 1907 г. было издано в типографии *М.-М. Мавраева*.

Дружеские отношения у ал-Ч. М.-ʻА. сложились с *Гоцинским Абдулатипом*, что подтверждается их письмами друг к другу. Известно, что последний был известным ʻалимом и все вопросы, касающиеся акиды (мусульманского вероубеждения) ал-Ч. М.-ʻА. пересылал ему и его ответы считал самыми авторитетными и достоверными. Взяв за основу эту переписку *Гоцинский Абдулатип* составил книгу под названием «Нуджум залам фи тахкик дин ул-ислам».

Ал-Ч. М.-ʻА. был суфием и на страницах своих сочинений призывал мусульман вступать в тарикат, убеждал их в необходимости иметь духовного наставника (устаза). У ал-Ч. М.-ʻА. было две дочери — Аминат и Патимат, сын — *Мухаммад-Мирза Мавраев*, впоследствии известный дагестанский первопечатник и просветитель.

Умер ал-Ч. М.-ʻА. в родном с. Чох, похоронен на Верх. кладбище.

Лит.: Гасанилаев М. Восемнадцать лет спустя. Махачкала, 2009 г. С. 58; Магомедов А. Ч1охъа Мух1амад1али (на авар. яз.). Б. м., 2017; Магомедов К. Гуниб: события и факты. Махачкала, 2016. С. 18; Тахнаева П. И. Аул Чох. Мир ушедших столетий. М. 2010. С. 244, 274; Фатава ал-Чухийа. Темир-Хан-Шура, 1908. С. 400.

Д. Маламагомедов

Ал-Чухи, ал-Хаджж-ʻАли (Гаджи-ʻАли Чохский) б. ʻАбдулмалик-эфенди Нахибаши (1819–78(?)) — мусульманский религиозный деятель, дагестанский ʻалим, историограф имама *Шамиля*.

По рождению ал-Ч. Х.-ʻА. принадлежал к верхушке свободных общинников (узденей) аварского с. Чох горской конфедерации Андалал (ныне Гунибский р-н РД). Отец хрониста ʻАбдулмалик (род. ок. 1780) из рода (тухума) Нахибашевых состоял на русской военной службе, выполнял обязанности переводчика с арабского и аварского языков при представлявших высшую русскую военную и гражданскую власть на Кавказе командующих Отдельным кавказским корпусом И. Ф. Паскевиче-Эриванском (1827–31) и бароне Г. В. Розене (1831–37). ʻАбдулмалик участвовал в посольстве Г. В. Розена к имаму *Газимухаммаду* в 1832 г., в церемонии принятия присяги России от ханов и владетелей Авариии в 1836 г. В 1838 г. он вышел в отставку в чине поручика и поселился в с. Чох.

Следуя местной традиции, сначала ал-Ч. Х.-ʻА. учился у своего отца и в одной из примечетных школ с. Чох. Далее продолжил образование у мударрисов разных горских селений Среднего Дагестана и Сев. Азербайджана. Среди его учителей были известные ученые *ал-Уради Муртадаʻали* и шейх Казан-бек-эфенди ал-Илисави из с. Илису (ныне Гахский р-н Азербайджана).

Ал-Ч. Х.-ʻА. пошел по стопам отца, в юности поступив на русскую военную службу. При этом он продолжал учиться в медресе тех селений, в которых ему приходилось служить. Военным начальником ал-Ч. Х.-ʻА. был Даниял-бек б. Ахмад-хан, с 1830 г. правивший под русским протекторатом небольшим *Елисуйским султанатом* на севере современного Азербайджана. У последнего были обширные связи как в политической элите Вост. Кавказа, так среди улемов и суфиев братства *накшбандийа*, пользовавшихся значительным весом в регионе.

После упразднения в 1840 г. *Елисуйского султаната* Даниял-бек начал переговоры с *Шамилем* и перешел в 1844 г. на его сторону, получив в управление юж. наибства *Имамата*. Возможно, под его влиянием после 1842 г. к *Шамилю* перешел ал-Ч. Х.-'А. вместе с братом Давудилавом ал-Чухи. Уже после окончания *Кавказской войны* сам ученый объяснял свой переход на сторону *Шамиля* действиями имама, заключившего в тюрьму отца ал-Ч. Х.-'А., откуда его выпустили только после переселения на территорию *Имамата* ал-Ч. Х.-'А. и Давудилава.

Не без поддержки Даниял-бека, покровительствовавшего суфиям и ученым *Имамата*, ал-Ч. Х.-'А. вошел в окружение *Шамиля*. Он продолжал свое образование у *ал-Уради Муртада'али*, одновременно занимался математикой, архитектурой и инженерным искусством с выпускником османских и египетского медресе наибом Чечни Хаджжи-Йусуфом. Позднее ал-Ч. Х.-'А. был назначен главным военным инженером *Имамата*, возводил крепости, завалы и иные оборонительные сооружения во всех наибствах Нагорного Дагестана и Чечни. Добившись доверия со стороны имама, стал его секретарем (катиб) — в 1847–59 гг. ал-Ч. Х.-'А. вел дипломатическую переписку, расходно-приходные книги, заведовал снабжением регулярной пехоты (*низам*), сформированной в середине 40-х гг. XIX в. по османскому образцу. Сопровождая *Шамиля* в походах, он также заведовал казной (байт ал-мал).

Ученый стал ревностным сторонником шариатского движения. Не входя в тарикат, он симпатизировал шейхам ветви *накшбандийа*, идущей через *ал-Йараги Мухаммада-эфенди* и *ал-Гази-Гумуки Джамалуддина*, которые считали следование шариату обязательным условием и начальной ступенью продвижения по суфийскому пути. Свое бегство на земли *Имамата* ал-Ч. Х.-'А. оправдывал как предписанное шариатом переселение (хиджра) из области войны (дар ал-харб) в область под властью исламских законов (дар ал-ислам). В конце 50–60-х гг. XIX в. взгляды ученого меняются. Как и мн. др. сторонники джихада 1828–59 гг., он считал дальнейшее сопротивление Российской империи бессмысленным. Но, в отличие от своего покровителя Даниял-бека, не эмигрировал в Османскую империю, не видя необходимости покидать российский Кавказ. Оставаясь доверенным лицом имама до его пленения 06.09.1859 г., ал-Ч. Х.-'А. был парламентером при сдаче *Шамиля* в Гунибе.

Дальнейшая биография ал-Ч. Х.-'А. плохо известна. Недавно дагестанский историк П. И. Тахнаева установила, что политические взгляды ал-Ч. Х.-'А. еще раз поменялись. Он принял участие в *Восстании Всеобщем 1877 г.*, после поражения его был лишен чинов, заключен в крепость, где, по всей вероятности, скончался под следствием.

Оригинал его знаменитой хроники (та'рих) на арабском языке оказался потерян в архивах Кавказского наместничества в г. Тифлисе. Это сочинение, составленное между 1847 и 1859 г. и отредактированное в 1860-е гг., дошло до нас под названием «Сказание очевидца о Шамиле» в сокращенном русском переводе (точнее пересказе), принадлежащем, вероятно, военному переводчику Х. А. Подхалюзину. Оно представляет краткую летопись военно-политических событий *Кавказской войны* от избрания в конце 1820-х гг. имамом *Газимухаммада* и недолгого правления имама *Гамзат-бека* до пленения *Шамиля* в сентябре 1859 г. Хроника начинается с автобиографии автора и критики выступивших против *Имамата* ханов и беков Дагестана. Здесь ал-Ч. Х.-'А. суммирует генеалогические сведения местных хроник и памятных записей X–XIX вв. «*Дербенд-наме*», «*Та'рих Дагестан*» и «[*Та'рих Аби Муслим*]», повторяя их выпады против местной знати (умара', салатин), нарушавшей предписания шариата и превратившейся в тиранов. Своим главным героем ал-Ч. Х.-'А. сделал *Шамиля*, рисуя имама полководцем, законодателем и восстановителем ислама. Русская писарская копия сочинения, выполненная для великого князя Михаила Николаевича, хранится в Отделе рукописей РГБ в г. Москве и остается одним из главных источников по истории мусульманского сопротивления горцев Дагестана и Чечни Российской империи.

В 1995 г. дагестанский историк В. Г. Гаджиев выпустил на ее основе первое научное издание хроники.

Соч.: Гаджи-Али. Сказание очевидца о Шамиле / под ред. В. Г. Гаджиева. Махачкала, 1995; Хаджи-Али. Сказание очевидца о Шамиле // Сб. сведений о кавказских горцах. Тифлис, 1873. Вып. VII. Отд. I. С. 1–76.

Лит.: Али ас-Салти. Тарих // Научный архив Ин-та истории, археологии, этнографии Дагестанского научного центра РАН. Ф. 1. Оп. 1. Д. 430. Л. 1–18; Бобровников В. О. Историк джихада Хаджи-Али Чохский: опыт критической биографии // Дагестан и мусульманский Восток. М., 2011. С. 218–232; Восстания дагестанцев и чеченцев в послешамилевскую эпоху и имамат 1877 года: материалы. Кн. I. / сост. Т. М. Айтберов, Ю. У. Дадаев, Х. А. Омаров. Махачкала, 2001. С. 122, 153, 243, 255, 256; Неймат М. С. Корпус эпиграфических памятников Азербайджана. Т. II. Арабо-персо-тюркоязычные надписи Шеки-Закатальской зоны (XIV — начало XX в.). Баку, 2001. С. 158 (надпись № 821), 223–224, 343; Покровский Н. И. Обзор источников [по истории имамата] // Кавказские войны и Имамат Шамиля. М., 2000. С. 70–72, 78–79; Тахнаева П. И. Аул Чох: мир минувших столетий. Махачкала, 2010. С. 142, 160, 163, 240–241, 267, 440; Она же. Чох в блистательную эпоху Шамиля (1840–50 гг.). Махачкала, 1997. С. 30, 154–158.

В. Бобровников

Ш

Шайтан 'Абдулла — см. *ас-Сугури 'Абдуллах*.

Аш-Шамгуди, 'Иса б. Хусайн (1580–1654/55) — средневековый дагестанский ученый-энциклопедист, математик и философ.

Даты жизни аш-Ш. 'И. точно не известны, однако по ряду косвенных данных (в основном — даты переписки книг) следует полагать, что родился он ок. 1580 г. и умер в середине XVII в. — в 1650-х гг. Краевед Р. Халилов пишет, что аш-Ш. 'И. умер в 1035 г. х. (начался 02.10.1625 г.), т. е. в 1625/26 г. Однако ниже приведены данные о переписке рукописи в его медресе в 1636/37 г., и есть основания полагать, что датой смерти аш-Ш. 'И. является 1065 г. х. (начался 10.11.1654 г.).

После получения начального религиозного образования в родном с. Шамгуда (ныне Гунибский р-н РД), аш-Ш. 'И. продолжил обучение у нескольких дагестанских 'алимов. Прежде всего он получил образование у кадия 'Али б. Сулаймана. Сам аш-Ш. 'И. в одной из своих рукописей указывает, что в 1009 г. х. (начался 12.06.1600 г.) он переписал во время учебы у этого ученого книги Динкузи («Шарх марах ал-арвах» Ахмада Динкузи, т. е. комментарий на «Марах ал-арвах» — школьный учебник грамматики арабского языка Ахмада б. 'Али б. Мас'уда) и «Чагмини» (труд по астрономии «Шарх ал-мулаххас фи-л-хайа» Махмуда б. Мухаммада ал-Джагмини ал-Хваризми из Средней Азии). Среди книг, хранившихся у его потомков в с. Шамгода (ныне Гунибский р-н РД), имелись рукописи по математике, риторике, грамматике, переписанные им во время учебы в различных дагестанских медресе в 1600–13 гг. Аш-Ш. 'И. продолжил образование в Ширване и Сефевидском государстве. Среди его учителей был известный ширванский 'алим Файзуллах-афанди ал-Агдаши и выдающегося иранского математика, астронома, философа и поэта Баха' ад-дина Мухаммада б. ал-Хусайна ал-Амили (1547–1622), который занимал должность шейх-ул-ислама при дворе шаха Аббаса I (1571–1629) в г. Исфахане.

После нескольких лет учебы в г. Исфахане аш-Ш. 'И. вернулся на родину и основал медресе, в котором получили образование многие дагестанские 'алимы XVII в. Здесь он написал несколько научных произведений, которые, к сожалению, пока не выявлены и не изучены специалистами. Также аш-Ш. 'И. прославился как переписчик и переводчик с арабского языка, библиофил.

Известно, что в медресе аш-Ш. 'И. в 1046 г. х. (начался 4.06.1636 г.) учился Пир-Мухаммад б. Махмут, ставший во 2-й половине XVII в. кадием Аварского нуцальства. Учеником аш-Ш. 'И. был Мухаммад б. Манилав ал-Тлахи (ум. 1725/26) — автор трудов по грамматике, логике и риторике. Вместе с ал-Тлахи в медресе аш-Ш. 'И. учился и родной сын аш-Ш. 'И. — *'Али аш-Шамгуди*, ставший в последствии известным 'алимом, переписчиком, преподавателем грамматики и риторики в медресе аш-Ш. 'И.

Лит.: Айтберов Т. М., Абдулкеримов М. М. Обзор некоторых рукописных собраний Дагестана // Изучение истории и культуры Дагестана: археографический аспект. Махачкала, 1988. С. 50–59; Матвиевская Г. П., Розенфельд Б. А. Математики и астрономы мусульманского средневековья и их труды (VIII–XVII вв.). М., 1983. Кн. 2: Математики и астрономы, время жизни которых известно. С. 600; Халилов Р. А. Шамгода. Махачкала, 2001; Ali Kayayev. Teracim-i Ulema-yı Dagıstan. Dağıstan Bilginleri Biyografileri / haz. H. Orazayev, T. I. Durmuş. Ankara, 2012. S. 124–125.

Ш. Хапизов

Шамиль (26.06.1797–1871) — третий имам Дагестана и Чечни, основатель государства *Имамат*, выдающийся кавказский государственный и военный деятель.

Родился в аварском с. Гимры (ныне Унцукульский р-н РД), в семье узденя Денгав Мухаммада и Баху-Меседо, дочери Пирбудага из с. Ашильта (ныне Унцукульский р-н РД). В науке выдвигались разные версии о происхождении Ш., но наиболее достоверной является его родословная из тухума мадайилал, который был одним из основателей с. Гимры. Получив начальное образование в гимринской примечетской школе, в 12-летнем возрасте отправился в медресе с. Унцукуль (ныне адм. центр одноименного р-на РД). Затем вместе со своим старшим другом и наставником, первым имамом Дагестана *Газимухаммадом*, учился в с. Аракани (ныне Унцукульский р-н РД) у известного 'алима *Араканского Са'ида*. Также Ш. и *Газимухаммад* посещали накшбандийских шейхов *ал-Йараги Мухаммада-эфенди* и *ал-Гази-Гумуки Джамалуддина*, которые стали их наставниками в тарикате.

Дружба с *Газимухаммадом* предопределила всю дальнейшую судьбу Ш.: после того как первый имам начал борьбу за независимость против Российской империи, Ш. участвовал во всех его походах. Во время неудачного похода в 1830 г. на с. *Хунзах* (ныне адм. центр одноименного р-на РД) Ш. возглавлял отряд из багулалов. Когда в 1832 г. *Газимухаммад* вместе с несколькими соратниками был осажден в башне вблизи с. Гимры, Ш. находился рядом с имамом. После того как у осажденных пришло в негодность оружие, имам *Газимухаммад*, сказав своим сотоварищам, что смерть неизбежна и лучше встретить ее в бою, бросился на штурмующих башню солдат и погиб. Ш. сумел прорваться и, тяжелораненый, скрылся в безопасном месте.

Борьбу за независимость горцев возглавил *Гамзат-бек*, ближайшим сподвижником которого стал Ш. Вместе они начали привлекать на свою сторону различные общины Нагорного Дагестана, некоторые из которых (Ругуджа, Унцукуль и Телетль) оказали сопротивление, были взяты в заложники влиятельные лица (аманаты). После того как власть *Гамзат-бека* признали союзы сельских общин Гидатль, Андалал, Ункратль, Карата, Багулал и Тинди, он направил свои силы против *Аварского ханства*.

Во время переговоров, состоявшихся в лагере *Гамзат-бека*, были убиты молодые аварские ханы, затем войска имама вошли в с. *Хунзах* и заняли дворец аварских правителей. Ханша Баху-бике была казнена, а ханское имущество конфисковано. *Гамзат-бек* перенес столицу *Имамата* в *Хунзах*, куда переселился вместе с казной. Однако *Гамзат-бек* вскоре был убит. Осенью 1834 г. в с. Ашильта был созван съезд 'алимов и представителей дагестанских общин, на котором Ш. был избран имамом. Ш. занял Гоцатль, где завладел казной и принудил дядю *Гамзат-бека* Иман-'Али сдать ему Булач-хана — оставшегося в живых представителя аварского ханского дома, который позднее погиб.

В октябре 1834 г. из г. Темир-Хан-Шуры (ныне г. Буйнакск РД) выдвинулась экспедиция царских войск, целью которой было восстановление подорванных имамом *Гамзат-беком* позиций в Нагорном Дагестане и пресечение действий нового имама. Отряд под командованием Ф. К. Клюге фон Клюгенау в октябре 1834 г. занял Гергебиль и штурмом взял Гоцатль, куда были вызваны влиятельные хунзахцы. Было принято решение вплоть до совершеннолетия новорожденного сына убитого Нуцал-хана назначить аварским ханом Аслан-хана Казикумухского. Ш. в 1835 г. решает переселиться на родину своей матери, в с. Ашильта, где он проживал в течение последующих двух лет, которые характеризуются относительным спокойствием в горах. Воспользовавшись временным затишьем, имам Ш. принялся укреплять свое влияние; его власть признали влиятельные дагестанские религиозные и политические деятели: Галбац-дибир из с. Карата, Кебедмухаммад из с. Телетль и *ал-Индири Ташав-хаджжи* из с. Эндирей. Ш. начал возводить укрепления на берегу Андийского койсу, в Ахульго.

В 1837 г. царские войска предприняли экспедицию, получившую название Аварской, в ходе которой заняли с. *Хунзах* и Ашильту. Однако после кровопролитного сражения отряд под командованием генерала К. К. Фези не смог взять с. Телетль, и был заключено перемирие. В сентябре 1837 г. император Николай I впервые посетил Кавказ и остался недоволен темпами покорения горцев Дагестана, несмотря на многолетние усилия и большие потери. Его призыв к решительным действиям начали претворять в жизнь летом 1839 г. В Сев. Дагестан против главных сил Ш., укрепившихся у с. Аргвани, были отправлены войска под командованием генерала П. Х. Граббе. После ожесточенного сражения царским войскам удалось опрокинуть позиции защитников аула. Ш. перешел в укрепленное им с. Ахульго, куда стали стекаться его приверженцы, тем более само его название означало «Набатная гора». Битва за Ахульго стала одной из самых героических и трагических страниц *Кавказской войны*. Она продолжалась около трех месяцев и стоила обеим сторонам огромных потерь. После ожесточенных боев начались переговоры, в ходе которых Ш. не принял ультимативные требования противника, и штурм с. Ахульго возобновился. Ценой огромных потерь царским войскам удалось взять передовые укрепления горцев и приблизиться к Новому Ахульго, Ш. согласился выдать в аманаты своего старшего сына Джамалуддина. Было установлено трехдневное перемирие, в ходе которого шли переговоры, но они закончились безрезультатно. 21.08.1939 г. штурм вновь возобновился, и Ахульго было взято. Ш. удалось бежать. Взятие Ахульго имело столь громадное значение для царского правительства, что всех участников его штурма отметили специально учрежденной медалью «За взятие штурмом Ахульго» на георгиевской ленте.

После поражения в Ахульго Ш. прибыл в Чечню, где с конца февраля 1840 г. под руководством Шу'айба, *ал-Индири Ташав-хаджжи* и др. горских предводителей начался новый этап противостояния. Возмущение чеченских обществ было вызвано тем, что в декабре 1839 г. и январе 1840 г. генерал А. П. Пулло предпринял карательные экспедиции, разорив несколько аулов. К Ш. добровольно присоединился ряд чеченских обществ, и резиденция имама была основана в с. Дарго. К осени уже бо́льшая часть Чечни была на стороне Ш. В 1841 г. на сторону Ш. перешло хунзахское общество под руководством Хаджжи-Мурада. С этого времени начинается так называемая блистательная эпоха Ш., сопровождавшаяся крупными успехами горцев.

В июне 1842 г. большой отряд под руководством генерала П. Х. Граббе был разбит возле с. Белгатой. 31.08.1843 г. имам Ш. захватил крепость при с. Унцукуль, уничтожив отряд, шедший на выручку осажденным. В последующие дни под натиском горцев пало еще несколько укреплений. 11.09.1842 г. был взят Гоцатль, а в ноябре 1843 г. после кровопролитного сражения захвачено укрепление вблизи с. Гергебиль. Царские войска несли значительные потери, а результаты многолетних усилий оказались напрасными. В 1844 г., с переходом на сторону Ш. Даниял-бека Елисуйского, все приграничные с Грузией горские общества признали власть Ш., и вся территория Нагорного Дагестана оказалась в составе *Имамата*.

В этот период Ш. приступил к строительству военно-адм. и финансово-судебного аппарата своего государства. Все общества, входившие в *Имамат*, были подчинены наибам, обладавшими военно-политической. властью на местах. При этом судебные функции в наибствах исполняли кадии и муфтии, в дела которых наибам было строго запрещено вмешиваться. Кадии назначались в каждом селении наибом, а муфтиев назначал сам Ш. в каждом наибстве. Для контроля за исполнением шариатских предписаний Ш. учредил также ин-т мухтасибов, т. е. особых надзирателей, следивших за исполнением заповедей ислама. Высшей судебной инстанцией являлся сам имам. Два раза в неделю он занимался разбирательством всевозможных жалоб и прошений. Вынесенный им приговор незамедлительно приводился в исполнение. В случае необходимости Ш. направлял соответствующему должностному лицу или общине письмо с указанием, как поступить в том или ином деле. Для помощи имаму в политических, адм., религиозных и судебных делах был учрежден диван, состоявший из нескольких доверенных лиц Ш. Он служил совещательным органом при вынесении важнейших решений, с одной стороны, и облегчал имаму бремя повседневных обязанностей — с другой.

Был принят «*Низам*» — собрание отдельных инструкций и правовых установлений имама Ш. и поддерживаемых им дагестанских богословов шафиитского мазхаба по различным вопросам социально-политической и военной жизни *Имамата*. Была проведена также военная реформа, в ходе которой созданы регулярные части, определен порядок рекрутирования ополчения и снабжения армии. Основу войск имама Ш. составляло народное ополчение. Когда к нему приходило сообщение о вторжении войск противника на территорию *Имамата*, наибам отправлялись письма с приказанием выступить со своими воинами в определенное место, взяв с собой необходимый провиант. Если кто-то не мог выступить в поход по той или иной причине, то обязан был дать лошадь или заплатить (уджра) тому, кто выходил в поход. Также в *Имамате* было созданы регулярные вооруженные части. Своеобразную «гвардию» составили наиболее преданные сторонники Ш. — мюриды. Их насчитывалось около 400 и примерно треть из них составляла личную охрану имама. Остальные распределялись по мудирам и наибам, служили им телохранителями и доверенными для особых поручений. Содержание, включая оружие, коней, снаряжение и обеспечение семьи, полностью лежало на имаме или наибах.

Кроме того, от каждых десяти домов для армии Ш. выделялся один вооруженный всадник — муртазек. Эти воины освобождались от всех др. обязанностей; содержание их семей, уход за полями и скотом переходили в обязанность девяти др. семей, а сами воины несли только военную службу — стояли в дозорах, патрулировали окрестности своего селения, устраивали засады и т. д. Муртазеки объединялись в отряды, которые действовали независимо от пешего ополчения какого-либо общества. Согласно данным чеченского наиба Ш. Йусуфахаджжи Сафарова, войско *Имамата* состояло в основном из аварских и чеченских ополченцев. Так, в конце 1840-х гг. аварцы предоставляли Ш. 10 480 воинов, которые составляли 71,10% всего войска, чеченцев же насчитывалось 28,90%, общей численностью в 4 270 воинов. Ш. удалось создать артиллерию, в которой служили обычно перешедшие к нему солдаты царской армии: на вооружении было несколько десятков пушек различного калибра, часть из них были захвачены у противника, другие, небольшого размера, были отлиты горцами самостоятельно. Ядра в основном собирали с полей сражений, а для обеспечения порохом был построен завод со всем необходимым оборудованием. Свинец для изготовления пуль доставлялся к ним тайно из царских крепостей или контрабандой через купцов.

Имамат Ш. представлял собой совершенно новую форму политической организации общества в Дагестане. Это было надэтническое государственное образование, организационным фундаментом которого выступал ислам. Важнейшие решения в *Имамате* принимались коллегиально, на совете Ш. с ближайшими сподвижниками, наибами и авторитетными учеными-богословами. Это обстоятельство плохо соотносится с утверждениями некоторых исследователей о «теократическом» и «деспотическом» характере государства *Имамат*.

В конце 1844 г. был назначен новый главнокомандующий — граф М. С. Воронцов, а в мае 1845 г. он с несколькими крупными отрядами вторгся в пределы *Имамата*. Ему удалось захватить резиденцию имама — Дарго, однако в целом экспедиция закончилась неудачно. Царские войска едва не попали в окружение и при отступлении понесли тяжелые потери. Крупным успехом имама стала также деятельность на Зап. Кавказе наиба *Мухаммада Амина*, которому удалось сплотить разрозненные черкесские общества и периодически совершать нападения на прилегающие территории.

В 1847 г. М. С. Воронцов осадил с. Гергебиль, но вследствие распространения в войсках холеры должен был отступить. В конце июля он предпринял осаду укрепленного с. Салта, которое, несмотря на значительность осадных средств у наступающих войск, пало только 14.09.1847 г. После этого Ш. попытался привлечь на свою сторону ряд дагестанских обществ, не признававших его власть, однако все его усилия в этом направлении заканчивались безрезультатно: он организовал несколько походов в Юж. Дагестан, но каждый раз его наибы возвращались без успеха. После одной из неудач он сместил с должности наиба знаменитого Хаджжи-Мурада, на действия которого имаму пожаловались представители табасаранских обществ. Недовольный этим Хаджжи-Мурад вскоре перешел на сторону противника, что стало достаточно сильным ударом по позициям *Имамата*.

К началу 1853 г. *Имамат,* измотанный длительной войной на уничтожение и торгово-экономической блокадой, переживал тяжелые времена. Непрерывные военные действия приводили к большим людским потерям. Ш., прекрасно осознававший неравенство сил, предпринимал постоянные попытки получить военно-политическую и экономическую поддержку извне, в первую очередь от Османской империи, правитель которой обладал в мусульманском мире статусом «халифа мусульман» и «защитника религии». Однако власти Османской Турции, связанные определенными обязательствами сначала по Ункяр-Искелесийскому договору (1833), а затем по Лондонской конвенции о проливах (1841), не спешили на помощь народам Сев. Кавказа, сражавшимся в неравной борьбе за свою независимость. Начиная с 1843 г. Ш. неоднократно отправлял послания к турецкому султану, но, кроме заверений в моральной поддержке и обещаний, реальной помощи не получил.

Ситуация изменилась весной 1853 г., когда отношения Блистательной Порты с Российской империей резко обострились. После начала Крымской войны Ш. предпринял поход на Лезгинскую кордонную линию, в Джаро-Белоканский окр., который закончился неудачно, а на Сев.-Зап. Кавказе горцы также потерпели несколько поражений. В конце июня 1854 г., после переговоров с одним из турецких пашей, который приглашал его двинуться на соединение с ним со стороны Дагестана, Ш. с крупным отрядом вторгнулся в Кахетию. Узнав о невозможности соединения с турецкими войсками, его отряды разорили Цинандали — родовое село князей Чавчавадзе, захватили в плен некоторых представителей их рода и, разграбив несколько близлежащих селений, вернулись в горы. Впоследствии пленные грузинские княгини были обменяны на сына Ш. Джамалуддина.

В середине 1856 г. главнокомандующим Отдельного Кавказского корпуса и кавказским наместником был назначен генерал А. И. Барятинский. В 1856–57 гг. было завершено строительство и укрепление ряда крепостей; по всем направлениям прорублены широкие просеки. Такие же меры были предприняты на Лезгинской кордонной линии, где нападения приграничных горцев постепенно прекратились. Тяжелые потери, понесенные в боях, привели к тому, что многие общества, входившие в *Имамат,* уже отказывались выделять ополченцев по приказу Ш. В самом политическом руководстве намечается разлад: Даниял-бек Елисуйский и Кебедмухаммад из Телетля были смещены со своих должностей и находились в резиденции имама в Дарго под домашним арестом. Др. известные горские предводители, такие как Галбац-дибир из Карата и Хаджжи-Йусуф Сафаров, были также отрешены от должностей, а последний и вовсе был отправлен в ссылку. Царская администрация в Чечне призывала чеченские общества изгнать «тавлинцев», т. е. дагестанцев, которые объявлялись источником их бедствий. Подобная пропаганда привела к тому, что в последние месяцы 1858 г. некоторые чеченские наибы, изменившие Ш., совершили нападения на мюридов его сына Газимухаммада. К концу 1858 г. практически вся территория Чечни была взята под контроль царских войск.

В начале 1859 г. войска под руководством генерала Н. И. Евдокимова подошли к с. Ведено, где укрепился имам, и приступили к бомбардировке аула. 01.04.1859 г. резиденция имама была взята в ходе штурма. Ш. ушел со своими сподвижниками в Дагестан, где построили укрепления между с. Килятль и Ичичали, и на правом берегу Андийского Койсу. Положение осложнялось тем, что со стороны Лезгинской кордонной линии в Дагестан вторгся крупный отряд под командованием барона А. Е. Врангеля, и после ряда военных столкновений наибы и старшины анцухского, капучинского, дидойского, карахского и тленсерухского союзов общин явились с прошениями о вступлении в подданство Российской империи. В середине августа 1859 г. с повинной явился Даниял-бек Елисуйский. В итоге Ш. вынужден был укрепиться в с. Гуниб с отрядом примерно из 400 воинов. После ожесточенных боев начались переговоры, в ходе которых Ш. выставил несколько условий окончания военных действий: оставление его при оружии, амнистию его соратников и мюридов, разрешение ему отправиться в хаджж. А. И. Барятинский заверил Ш. в том, что все его условия будут неукоснительно выполнены, оговорив при этом, что вопрос о разрешении отправиться в хаджж будет отдан на рассмотрение российского императора.

Ш. отправили в Санкт-Петербург, где он был с большим почетом принят в высших кругах империи. Дальнейшим местом его пребывания стал г. Калуга, в котором он со своей семьей прожил около 10 лет. Содержание бывшего имама Чечни и Дагестана обходилось казне в 15 тыс. руб. в год. Сын Ш., Мухаммад-Шафи, был направлен для обучения в Пажеский корпус и затем служил в Собственном Его Императорского Величества конвое. В 1866 г. в торжественной обстановке, в присутствии своей семьи и дворянского собрания Калужской губ.,

Ш. принес верноподданническую присягу Российской империи. Климатические условия в г. Калуге губительно сказывались на здоровье членов семьи имама Ш., и в 1869 г. ему разрешили переехать в г. Киев, где он пробыл около года. В 1870 г., после многократных просьб, Ш. добился разрешения отправиться в хаджж. По пути он остановился в г. Стамбуле, где его с большими почестями принял турецкий султан 'Абдул-'Азиз, который поручил египетскому хедиву Исма'илу сопроводить Ш. во время хаджжа. Имам, посетив Мекку, в феврале 1871 г. скончался по пути в Медину, где и был похоронен на кладбище Джаннат ал-Баки.

Лит.: Волконский Н. А. Погром Чечни в 1852 г. // Кавказский сборник. Т. 5. Тифлис, 1880; Гаджи-Али. Сказание очевидца о Шамиле / сост. и коммент. В. Г. Гаджиева. Махачкала, 1995; Гаммер М. Шамиль. Мусульманское сопротивление царизму. Завоевание Чечни и Дагестана / пер. с англ. В. Симакова. М., 1998; Геничутлинский Х. Историко-биографические и исторические очерки. Махачкала, 1992; Движение горцев Сев.-Вост. Кавказа в 20–50 гг. XIX в.: сб. документов / сост. В. Г. Гаджиев, Х. Х. Рамазанов. Махачкала, 1959; Мусаев М. А. «Карта страны Шамиля на 27 мухаррама 1273 г.» хаджи Йусуфа Сафар-заде: расшифровка и описание // Вестник ИИАЭ. 2014. № 2(34). С. 42–56; Мухаммадтахир ал-Карахи Китаб'баратал — и'тибар фи истислав ал-а'мал би кадри ал-иктидар («Книга о значимости стремления улучшать свои деяния по мере сил») / пер. и коммент. Р. С. Абдулмажидова, М. Г. Шехмагомедовой, Д. М. Маламагомедовой. М., 2014; Неверовский А. Истребление аварских ханов в 1834 г. СПб., 1834; Окольничий Н. А. Перечень последних военных событий в Дагестане. (1843 г.) // Военный сборник. 1859. № 2; Покровский Н. И. Кавказские войны и Имамат Шамиля. М., 2000; Хроника Мухаммеда Тахира ал-Карахи. О дагестанских войнах в период Шамиля / араб. текст подгот. А. М. Барабановым под ред. акад. И. Ю. Крачковского. М.; Л., 1946.

Р. Абдулмажидов

Шамиль Мухаммад-Са'ид (Са'ид-бей, Са'ид-бек, 1901–81) — один из потомков имама *Шамиля*, общественный деятель российской мусульманской эмиграции.

Родился в г. Стамбуле (Турция), выпускник Галатасарайского лицея. Летом 1920 г. Ш. М.-С. был отправлен отцом Мухаммад-Камилем (сын имама *Шамиля*) на Кавказ для участия в народно-освободительной борьбе горцев. Прибыв в Дагестан, Ш. М.-С. произвел впечатление на горцев. С собой он привез крупную сумму денег и партию мануфактуры, при нем была личная охрана в 25 сабель, состоявшая из жителей с. Гимры (ныне Унцукульский р-н РД). Принимал участие в антисоветском восстании *Гоцинского Нажмутдина* 1920–21 гг., после разгрома которого раненый Ш. М.-С. некоторое время скрывался в горах, а затем возвратился в Турцию. Имел двойное гражданство — турецкое и саудовское. В Аравии работал во Всемирной исламской организации «Рабита» («Связь»), одним из направлений деятельности которой являлась «поддержка угнетенных исламских народов». Накануне Второй мировой войны вместе с другими политэмигрантами с Сев. Кавказа обосновался в г. Варшаве, где стал одним из руководителей Кавказского национального комитета. Гитлеровцы пытались привлечь Ш. М.-С. на свою сторону, однако планы Ш. М.-С. на создание независимого Кавказа не совпали с идеей германских политиков включить Дагестан в состав Третьего рейха.

После войны Ш. М.-С. принимал активное участие в исламских конференциях, симпозиумах, где постоянно поднимал вопрос о необходимости моральной и материальной поддержки со стороны исламских правительств и организаций справедливого, по его мнению, «дела национального освобождения мусульманских народов СССР». В 1978 г. в Турции вместе с др. кавказцами основал северокавказский культурный центр «Фонд образования и культуры имени *Шамиля*» (Şamil Eğitim ve Kültür Vakfı), который успешно работает и по сей день. Похоронен на кладбище Караджа-Ахмад в г. Стамбуле.

Лит.: Доного Х. М. Нажмутдин Гоцинский. Махачкала, 2011; Мехди Н. Четинбаш. След кавказского орла: последний Шамиль // Чагрышым. 1993. № 9 (на турецк. яз.); Саид Шамиль. Исторический портрет. Воспоминания. Публицистика. Очерки. Махачкала, 2003.

Х. М. Доного

Шамхалов, Пахруддин (Пахру, Фахру или Фахруддин ал-Аргвани, 1869–1932) — мусульманский религиозный деятель, кадий, дагестанский 'алим, ученый-арабист, поэт.

Родился в с. Аргвани (ныне Гумбетовский р-н РД). Начальное мусульманское религиозное образование получил у своего отца, *ал-Аргвани Шамхала*, знатока арабского языка, исламских наук и богословия; затем, следуя традиции, был отправлен мута'аллимом в с. Ансалта (ныне Ботлихский р-н РД) к мударрисам Омар Дибиру и Хасай Мирзе (первый был кадием и в свое время работал секретарем у начальника Дагестанской обл. князя Н. З. Чавчавадзе, а второй был известен как специалист по грамматике арабского языка). Ш. П. много лет учился у самых известных 'алимов и мударисов тех лет: в с. Кахиб (ныне Шамильский р-н РД) у Гитинава и Мухаммада, в с. Гаквари (ныне Цумадинский р-н РД) — у Гаджиява и там же — у математика и астронома Гамзата-Гаджи, в с. Салта (ныне Гунибский р-н РД) — у 'Али-кади, в с. Местерух (ныне Ахвахский р-н РД) — у Нурмухаммада, в с. Гаквари у Гаджиява и т. д. Некоторое время Ш. П. обучался в с. Чиркей (ныне Буйнакский р-н РД), в медресе Тагир-хаджиява (1845–1925), который более 30 лет занимал в с. Чиркей должность кадия и считался лучшим знатоком законов шариата, в то время у него обучалось более 400 учеников. Также Ш. П. учился в медресе *Гоцинского 'Абдулатипа* в с. Дженгутае (ныне Буйнакский р-н РД), которого называл в последствии одним из лучших своих учителей.

Ш. П. был тонким знатоком и ценителем средневековой арабской поэзии, был крайне взыскателен и требователен к поэтическому слову. 'Абдулатип Шамхалов писал о своем старшем брате, что тот в знании арабского языка и литературы конкурировал с самим *Гоцинским Нажмутдином*. Сам же Ш. П. пробовал себя почти во всех жанрах арабской поэзии, стараясь подражать образцам арабской литературы периода классицизма. Сохранилось несколько примеров его поэтических произведений; помимо касыд и элегий, накид (взаимных поношений), фахра (самовосхваления), хиджи (сатиры), сохранились и газели (любовная лирика), такие как «Красавицам из Ансалта», «Фахру воспевает женщину», «Фахру о красивой, как газель, певице Разият из Дженгутая» и др. Последнее произведение считается одним из лучших в своем жанре.

Ш. П., как и его отец, стал чиновником на русской службе; на тот момент ему было уже больше 40 лет. О Ш. П. в «Списках чинов управления Андийского окр. (1912–13)» содержится информация: «Пахрудин Шамхал Дибир-оглы (род. 1866), на службе с 1907 г., был депутатом Андийского окружного суда; в 1910 г. награжден серебряной медалью "За усердие" на станиславской ленте». В годы Гражданской войны и первых лет советской власти занял нейтральную позицию. В августе 1929 г. Ш. П. был арестован вместе с братом Асадулой по громкому делу их сводного брата 'Исы Гаирбекова, обвинявшегося в антисоветском заговоре «шариатистов». На допросах Ш. П. свою вину полностью отрицал, на протокольные вопросы о себе отвечал коротко: «Я сам ученый арабист, кадий, член окружного шариатского суда, в мирное время был депутатом в окружном управлении. В 1921–22 г. я был чином высшего *шариатского суда*. Когда в Дагестане была Гражданская война, я все время жил на своем хуторе и никуда не выезжал. Участия в Гражданской войне никакого не принимал и ни на каких фронтах не был. Я был назначен членом Горского парламента от Гумбетовского участка. В парламенте я всего был недели три-четыре». Ш. П. и его брату Асадуле в числе 47 арестованных по тому же делу было предъявлено обвинение по ст. 58 п. 2 УК РСФСР в том, что он являлся участником контрреволюционной организации и одним из руководителей ячейки организации. Ш. П. отбывал срок в одном из подразделений ГУЛАГа, Управления северных лагерей ОГПУ особого назначения (УСЕВЛОН), в Котласском ИТЛ Архангельской обл., где и умер. Место захоронения не известно.

Лит.: Архив УФСБ РФ по РД. Д. № 2/8254. Т. 3. Л. 407. Из протокола допроса обвиняемого Пахру Шамхалова; Волконский Н. А. 1858 г. в Чечне // Кавказский сборник. Т. 3. Тифлис, 1879; Гаджилова Ш. М. Арабоязычная дагестанская литература и творчество Фахрудина из Аргвани. Махачкала, 2007. С. 75; Гайдарбеков М. Биография и труды Фахру из Аргвани. РФ ИИАЭ ДНЦ РАН. Ф. 3. Оп. 1. Д. 181. С. 13; Тахнаева П. И. Аргвани. Мир ушедших столетий. М., 2012. С. 276–287.

П. Тахнаева

Шамхальство — см. *Тарковское шамхальство*.

Шаптукаев, **'Абдул-'Азиз** — см. Доккашейх.

Шарданов, **Магомед** Якубович (13.08.1819 — не позднее 1904) — мусульманский религиозный деятель.

Родился в с. Шалушка (ныне Чегемский р-н КБР), сын виднейшего представителя общественно-политической мысли Кабарды 1-й половины XIX в., узденя 2-й степени *Шарданова Якуба*. Получил домашнее образование, знал турецкий, арабский, персидский и русский языки. Военную службу Ш. М. начал в 1834 г. с поступления в лейб-гвардии Кавказско-горский полуэскадрон. В следующем году перевелся на Кавказ для несения службы в части, находившейся на Кавказской линии. В связи с отъездом отца в Мекку был направлен в г. Нальчик для исполнения обязанностей переводчика Кабардинского временного суда, спустя два месяца переведен на должность секретаря суда, которую ранее занимал его отец. После возвращения *Шарданова Якуба* из Мекки Ш. М. продолжил службу в войсках, прослужив во 2-м Волжском казачьем полку с 1844 по 1852 г. 27.06.1852 г. был назначен секретарем Кабардинского временного суда и служил до 07.08.1858 г., после чего был оставлен при управлении Кабардинского окр. в качестве переводчика. Во время проведения с 1863 г. в Кабарде крестьянской реформы Ш. М. принимал участие в работе посреднического суда, где переводил с арабского языка на русский условия, заключенные владельцами со своими крестьянами. Одновременно со службой в суде в 1861 г. Ш. М. был назначен преподавателем арабского языка и «законоучителем мусульманского закона» в Нальчикской окружной горской школе, открытой годом раньше. Пособием для изучения религиозно-обрядовых предписаний ислама служил подготовленный им перевод *«Правил мусульманской веры»*. В конце 1866 г. Ш. М.

по состоянию здоровья был вынужден подать в отставку. Внесен в «Список потомственных дворян не казачьего сословия, проживавших и проживающих в Терской обл., утвержденных в сем дворянстве Правительственным сенатом и записанных в дворянскую родословную книгу Ставропольской губ.» 29.04.1858 г.

Лит.: Исламское знание на российском Кавказе: «Правила мусульманской веры» Магомеда Шарданова (Публикация, вступление и примечания А. А. Ганич, Дж. Я. Рахаева. Перевод Б. Ч. Бижоева) // Восток (Oriens) № 4. М., 2011. С. 129–1364 А. А. Ганич, Дж. Я. Рахаев. Новые материалы о Магомеде Шарданове // Архивы и общество. 2012. № 12. С. 71–79.

А. А. Ганич, Д. Я. Рахаев

Шарданов, Якуб Магомедович (1788–1850) — общественный деятель Кабарды 1-й половины XIX в., секретарь Временного кабардинского суда.

Уроженец с. Шалушка (ныне Чегемский р-н КБР). Знал арабский, персидский, османский, татарский, французский и русский языки. В составе посольства России в 1817 г. находился в Иране и награжден орденом Льва и Солнца 2-й степени (07.01.1818). Произведен в чин капитана 30.12.1817 г. С 1822 г. — секретарь Кабардинского временного суда, с 12.02.1828 г. — майор. В 1838 г. совершил хаджж в Мекку. Награжден орденом Св. Анны 3-й степени (15.12.1838). Представлен 11.09.1846 г. к производству из майоров в следующий чин «за отличия в делах по отражению вторжения *Шамиля* в Кабарду». Призывал к уничтожению неограниченных прав кабардинских князей и дворян, выступал за отмену обычно-правовых норм, усиливавших эксплуатацию крестьян. Сыграл решающую роль в организации переписи населения Кабарды в 1825 г., составлении списка землевладельцев, проекта реформы по управлению Кабардой на основе традиционных форм правления с учетом интересов российского правительства. Принимал активное участие в уничтожении шариатского суда мехкеме в Кабарде (см. *Мехкеме в Карачае и Балкарии*).

В 1841 г. перевел «Тарикат» (уложения мусульманской религии) с арабского языка на русский. Внесен в «Список потомственных дворян, проживавших и проживающих в Терской обл., утвержденных в сем дворянстве Правительственным сенатом и записанных в дворянскую родословную книгу Ставропольской губ.» вместе с сыновьями *Шардановым Магомедом*, Бекмурзой, Асланбеком, Жамботом и внуками 29.04.1858 г. Подготовил записки: «Постановление о сословиях в Кабарде», «Записка об обычном праве», «О принадлежности земель в Кабарде», «Об управлении Кабардой», «Народное условие, сделанное 1807 г. июля 10-го, после прекращения в Кабарде заразы, в отмену прежних обычаев». Участвовал в подготовке «Полного собрания кабардинских древних обрядов».

Лит.: Думанов Х. М. Якуб Шарданов. Из истории изучения обычного права кабардинцев. Нальчик, 1988.

А. А. Ганич, Д. Рахаев

Шариатские суды (махкама шарʻийя, реже диван шарʻи; араб. калька с рус. «шариатский суд», «шариатская канцелярия», сокращенно «шарсуд») — судебная инстанция, учрежденная в России после крушения империи Романовых для мусульман Сев. Кавказа. Основным источником права для Ш. с. признавались нормы шариата. На западе региона Ш. с. следовали ханафитскому толку фикха, на востоке — шафиитскому (среди мусульман-суннитов) и джафаритскому (среди мусульман-шиитов).

Восстановление шариата в полном объеме стало одним из главных лозунгов революции 1917 гг. на Сев. Кавказе. Решение о создании первых Ш. с. было принято на *Первом горском съезде* в г. Владикавказе в мае 1917 г. и I съезде народов Терека в г. Моздоке в январе 1918 г. Городские Ш. с. (араб. махаким / дававин ал-мадина) открылись в г. Владикавказе, Грозном, Нальчике, Темир-Хан-Шуре и др., сельские Ш. с. (араб. махаким / дававин ал-карйа) — в отдельных селениях в горах, предгорьях и на равнине. К ним перешли функции так называемых словесных, горских и народных судов, которые до революции разбирали уголовные и отчасти поземельные дела в соответствии с местным обычным правом (ʻадат), а гражданско-семейные и наследственные споры — по шариату.

В годы Гражданской войны эти суды были преобразованы в военно-шариатские, игравшие роль военно-полевых трибуналов. «Положение о военно-шариатских судах» было утверждено в январе 1919 г. Советом министров *Горской республики*. Военно-шариатские суды продолжали работать при сменявших друг друга военных режимах: турецких оккупационных властях, под властью полковника Л. Ф. Бичерахова и Добровольческой армии генерала А. И. Деникина. Независимо от них с сентября 1919 по март 1920 г. в чеченском с. Ведено, дагестанских с. Анди, Ботлих и некоторых др. действовали *Северо-Кавказского эмирата* шейх ал-ислам Узуна-Хаджжи. На территориях, контролируемых большевиками, в 1919–20 гг. работали революционные Ш. с. Они использовались для расправы над политическими врагами всеми противоборствующими сторонами. Так, в июле 1919 г. главный военно-шариатский суд г. Темир-Хан-Шуры приговорил к смертной казни У. Буйнакского и др. советских работников

Шариатские суды

Дагестана, арестованных деникинцами. В марте 1920 г. при большевиках члены этого суда были расстреляны по приговору Темир-Хан-Шуринского революционного Ш. с. После установления советской власти на Сев. Кавказе Ш. с. были узаконены везде, где они существовали, — в Дагестане, Чечне, Ингушетии, Сев. Осетии, Кабарде, Карачае. Нарком по делам национальностей И. В. Сталин, выступая 13.11.1920 г. на Чрезвычайном съезде народов Дагестана от имени правительства РСФСР, заявил: «До нашего сведения также дошло, что враги Советской власти распространяют слухи, что Советская власть запрещает шариат. Я здесь от имени правительства РСФСР уполномочен заявить, что эти слухи неверны. Правительство России предоставляет каждому народу полное право управляться на основании своих законов и обычаев». Зимой 1921 г. на Учредительном съезде Горской ССР С. М. Киров обещал горским депутатам: «Если вы желаете судиться по шариату — судитесь по шариату, это дело ваше в том смысле, что, очевидно, только такая форма суда в данном случае понятна народу».

Отношение советской власти к мусульманскому праву было противоположно политике дореволюционной российской администрации. Последняя поддерживала 'адат, надеясь ослабить мусульманское повстанчество. Большевики же в начале 1920-х гг., наоборот, искали союза с мусульманским освободительным движением. Пока советская власть была слаба, большевики пытались привлечь на свою сторону мусульманские народы, поддерживая шариат в ущерб 'адату. Расчет большевиков оказался верен. Так, в Дагестане советская власть была установлена благодаря поддержке Советов со стороны партизанских отрядов во главе с накшбандийским шейхом *Акушинским 'Али-Хаджжи*, с 1918 г. занимавшим должность шейх-ул-ислама — своего рода муфтия Сев. Кавказа. В Кабарде и Карачае в установлении советской власти принимали участие представители либерально настроенной мусульманской интеллигенции, получившие в советских документах название Ш. с. «шариатистов». Их лозунгом было: «Да здравствует советская власть, шариат и объединение народа!» Среди них многие одновременно работали в Ш. с. и занимали видные советские и партийные посты. Например, «шариатист» Н. Катханов командовал войсками Нальчикского военного окр.

В каждой советской автономии была создана своя иерархия Ш. с. Основные принципы их деятельности закрепили «Положение о Ш. с.» Дагестанского Ревкома и ЦИК ДАССР от июня 1920 и июля 1922 г., постановление «О введении шариатского судопроизводства» в Горской АССР от апреля 1921 г., законодательство о Ш. с., разработанное в Адыгейской, Кабардино-Балкарской, Карачаево-Черкесской, Северо-Осетинской, Чеченской и Ингушской автономных обл. (АО), на которые в 1922–24 гг. распались Горская АССР и Кубано-Черноморская республика.

В Дагестанской АССР организация шариатского правосудия была трехступенчатой. Ее низовой уровень составляли сельские и городские Ш. с. — «шариатские тройки» из двух членов и председателя (дибира). Они рассматривали иски о разделе имущества размером до 300 руб. (в ценах 1922 г.), гражданские и наследственные споры на сумму до 100 руб., мелкие уголовные и поземельные дела. Апелляции на их решения подавались в окружные Ш. с. (араб. махаким / дававин ан-нахийа) в составе «шариатской тройки», писца и рассыльного. Эти же суды рассматривали гражданские и наследные споры, дела о разделе имущества на сумму до 1000 руб., поземельные тяжбы между селениями, убийства и др. тяжкие преступления. Кассационной инстанцией для Ш. с. всех уровней были Шариатский подотдел и следственные комиссии при Народном комиссариате юстиции (НКЮ) ДАССР. В благодарность за помощь по постановлению ЦИК и СНК ДАССР *Акушинский 'Али-Хаджжи* был назначен его главой с полномочиями заместителя народного комиссара юстиции.

В Горской АССР и в выделившихся из нее автономиях система шариатского правосудия была проще. Основным ее звеном были не сельские и городские Ш. с., а окружные «шариатские тройки» во главе с кадием (эфенди). Они разбирали гражданские и наследственные споры на сумму до 200 руб., кражи размером до 50 руб., др. мелкие уголовные правонарушения, а также составляли «списки порочных лиц», т. е. преступников-рецидивистов, подлежавших адм. высылке за пределы региона или заключению в концентрационный лагерь. Наиболее широкими полномочиями Ш. с. обладали в Чечне и Ингушетии, где их решения могли обжаловаться только в порядке надзора Верховным судом РСФСР. В Кабарде и Адыгее кассационной инстанцией для Ш. с. был местный НКЮ. Наконец, в Кубано-Черноморской республике вместо Ш. с. была учреждена должность кадия в составе местных народных судов.

Ш. с. ежегодно разбирали от 30–50 (на Сев.-Зап. Кавказе) до 70–80% (в Дагестане и Чечне) всех судебных дел. Местные мусульмане предпочитали обращаться не в советский народный, а в Ш. с. по ряду причин. Дело в том, что процесс в Ш. с. велся на понятном, родном языке. Немалую роль при этом играл авторитет местных имамов, участвовавших в работе Ш. с. Среди их председателей были известные на Сев. Кавказе мусульманские шейхи *Акушинский 'Али-Хаджжи*, *Акаев Абусупьян*, *Каяев 'Али*, Али Абуков, *Акбаев Исмаил-эфенди* (Чокуна-эфенди) и мн. др. Ш. с. меньше страдали от бумажной волокиты, характерной для всех советских учреждений. В их постановлениях использовались принципы иджтихада в рамках мазхаба и фетвы. Наряду с исламским правом Ш. с. применяли нормы 'адата и советского уголовного законодательства (примирение-маслихат, адм. высылка кровника-канлы, штрафы и заключение в лагерь на срок до трех лет и пр.). Под запретом оказались и уголовные нормы шариата (такие, как смертная казнь убийцы, отрубание руки вору, побивание прелюбодеев камнями). Например, в ответ на запрос, пришедший в Областной народно-шариатский судебный отдел Дагестанского ревкома из Гуниба, еще в апреле 1920 г. было сделано распоряжение, ограничивающее на территории Дагестана применение уголовных норм шариата (ал-худуд), влекущих за собой смерть или членовредительство.

Как и до революции, в 1920-е гг. отличительной чертой Сев. Кавказа оставался правовой плюрализм, сосуществование в регионе нескольких судебно-правовых систем. Кроме Ш. с., были созданы народные и сельские словесные суды (их не следует путать с одноименными дореволюционными учреждениями, с которыми их объединял лишь внешний характер судопроизводства, тогда как фактически они судили по советскому праву), а также земельные комиссии. Первые народные суды были созданы в июле 1920 г. В их штат входили народный судья, добавочный судья, секретарь, помощник секретаря и сторож-курьер. Они могли рассматривать гражданские и уголовные иски против немусульман, а также обвинения немусульманами мусульман в совершении уголовных преступлений. В народные суды передавались гражданские и уголовные тяжбы между мусульманами (в тех случаях, когда хотя бы одна из сторон отказывалась обращаться в Ш. с.), а с 1923 г. — все дела по убийствам и кровной мести, изъятые из ведения Ш. с. Все эти дела должны были разбираться по советскому законодательству.

Если в начале 20-х гг. XX в. советская власть пыталась привлечь на свою сторону мусульманское большинство населения Сев. Кавказа, признав шариат «правомочным обычным правом» (И. В. Сталин), то накануне коллективизации окрепшее советское государство решило уничтожить шариатское судопроизводство. Уголовные дела были изъяты из ведения Ш. с. и переданы в народные суды. Наиболее активные противники советской власти лишались избирательных прав и исключались из состава Ш. с. В Сев. Осетии, Адыгее и Кабарде большинство знатоков шариата было отстранено от судебной практики. Должность председателей Ш. с. тут нередко занимали лояльные к власти выходцы из беднейших слоев, абсолютно невежественные в вопросах права. Все это значительно затрудняло работу Ш. с. В Горской АССР Ш. с. несколько раз то запрещали, то вновь открывали, пока окончательно не ликвидировали в августе–декабре 1922 г. на территории современной Сев. Осетии. В остальных автономиях в 1922–24 гг. их сняли с государственного обеспечения и перевели на содержание мусульманских общин, желавших судиться по шариату. Тяжкие уголовные правонарушения, поземельные тяжбы, дела по опеке над вдовами и сиротами, а также иски, в которых одна из сторон отказывалась обращаться в Ш. с., передавались в народные суды. В январе 1925 г. Ш. с. были отменены в Адыгее и Кабардино-Балкарии, в январе 1926 г. — в Ингушетии и Чечне, в апреле–октябре 1927 г. — в Дагестане. В 1928 г. в УК РСФСР была введена X глава «О преступлениях, составляющих пережитки родового быта». По ст. 203–204 уличенные в участии в Ш. с. на год ссылались в концентрационный лагерь. Подобные наказания были сохранены и в Уголовном кодексе РСФСР 1960 г., только уже не в составе единой главы, а разбросанные по др. главам.

Насильственное объединение крестьян-мусульман в колхозы и гонения на Ш. с. вызвали крестьянские волнения. Крупнейшие из них: движения 1928–29 гг. в Кабарде (Баксанское и Верхнекурповское «дела»), восстания 1930 г. в Большом Карачае, Дагестане и Сев. Азербайджане (Дидойский и Хновский мятежи, «дело» шейха Штульского), бунты горцев Чечено-Ингушетии и Сев. Дагестана в 1934–36 и 1940–42 гг. Одним из главных требований восставших было восстановление Ш. с. Восстания были жестоко подавлены Красной Армией при поддержке отрядов НКВД и Частей особого назначения (ЧОН). В 1944 г. чеченцы, ингуши, карачаевцы и балкарцы были насильно депортированы в Среднюю Азию. Однако, несмотря на репрессии в 1930–50-х гг., во многих сельских районах Сев. Кавказа и даже в среднеазиатской ссылке продолжали тайно действовать Ш. с. После распада СССР, на волне движения за мусульманское возрождение началось восстановление Ш. с. Несколько десятков Ш. с. учреждено в сельских и городских мусульманских общинах Дагестана и Чечни. В 1996 г. из УК РФ были изъяты ст. 212 и 235, приравнивавшие применение норм шариата к тяжкому преступлению, однако Ш. с. так и не были легализованы в РФ. Их узаконили только в ЧР Ичкерия, где в 1996 г. был рецепирован уголовный кодекс Судана, в целом основанный на нормах шариата, и в РИ, где в декабре 1997 г. был принят закон о мировых судьях, обязывающий их «руководствоваться нормами 'адата и шариата» (ст. 3). Позднее, однако, в обеих республиках Ш. с. были распущены как противоречащие установлениям законодательства РФ. В отличие от 1920-х гг. действующие сегодня де-факто Ш. с. чаще всего состоят из имама (дибира, эфенди) соборной мечети, который по пятницам председательствует на заседаниях совета старейшин общины и выполняет обязанности местного кадия. Обычно они ограничиваются разбором мелких уголовных и брачно-семейных дел, нотариальным оформлением завещаний. Российское законодательство не признает Ш. с., помимо них у мусульман Сев. Кавказа работают российские народные и общественные третейские суды.

Лит.: Бобровников В. О. Ислам и советское наследие в колхозах Сев.-Зап. Дагестана // Этнографическое обозрение. М., 1997. № 5. С. 132–142; Он же. Исламская трансформация колхозов Аварии (Нагорный Дагестан) // Восток. 1998. № 5. С. 100–108; Он же. Мусульмане Сев. Кавказа: обычай, право, насилие (очерки по истории и этнографии права Нагорного Дагестана). М., 2002; Он же. Мусульманские традиции, право и общество на российском Кавказе // Вестник российской нации. 2014. № 4. С. 66–79; Бобровников В. О., Ярлыкапов А. А. Реституция шариата на российском Кавказе: проблемы и перспективы// Paxislamica. 2013. № 2. С. 61–92; Мисроков З. Х. Адат и шариат в российской правовой системе. Исторические судьбы юридического плюрализма на Сев. Кавказе. М., 2002; Он же. Адатские и шариатские суды в автономиях Сев. Кавказа. М., 1979; Он же. Отмирание шариатской юстиции в автономиях Сев. Кавказа. М., 1979; Союз объединенных горцев Сев. Кавказа и Дагестана (1917–18 гг.). Горская республика (1918–20 гг.): документы и материалы. Махачкала, 1994; Съезды народов Терека. Орджоникидзе, 1977. Т. I; Хашаев Х. М. Шариат, адат и преступления, составляющие пережитки родового быта в Дагестане. Москва, 1949; Bobrovnikov V. The Islamic revival and the national question in post-Soviet Daghestan // Religion, State & Society. 1996. Vol. 24. No. 2/3. Pp. 233–238.

В. Бобровников

Шариатский суд Верхней Кубани — коллегиальная судебная инстанция, включавшая шариатского судью (кадия) в системе окружных «народных судов», созданных в Карачае в 1867 г. на время перехода от военно-адм. системы управления к гражданской. Введение «народного суда» здесь проходило с определенными трудностями. В отчете о военно-народном управлении Кубанской обл. (1869) говорилось, что «высшие сословия и муллы, не желая расставаться со своими исключительными правами на судебную власть в обществах, представляли народу в невыгодном свете учреждение судов из выборных от всех свободных сословий и тем замедлили ход выборов». Как отмечает В. П. Невская, в основу нового судопроизводства был положен судебный устав 1864 г., согласно которому вводился «бессословный гласный суд», «постоянный суд из выборных от всех сословий». В Эльбрусском окр. такой суд состоял из 6 лиц, в том числе председатель суда (начальник окр.), 2 кадия, 3 депутата (судьи) — представители от сословий. Эльбрусский окружной суд располагался в а. Кумско-Лоовском, но при необходимости выезжал на места для производства судебных разбирательств. После упразднения горских окр. вместо «народных судов» были созданы горские словесные суды (1871–1917), которые состояли из председателя (начальника уезда, позднее — атамана отд. или его помощника), 2 кадиев (по одному из двух горских участков — Хумаринского и Бибердовского), 2 депутатов (по одному от двух участков) и 2 кандидатов к ним (по одному от двух участков). Ежегодный оклад каждого кадия составлял здесь 150 руб. (в др. отделах Кубанской обл., где было по одному кадию, — 300 руб.). Местоположением Баталпашинского горского словесного суда было определено укрепление Хумаринское, где он функционировал 3–4 месяца в году; здесь же находились тюрьма и верховые милиционеры (в 1903 г. — 48 чел.). Было установлено, что разбирательству по шариату подлежат дела «о заключении и расторжении брака; о личных имущественных правах, вытекающих из брака; о законности рождения и дела о наследстве». Определялось, что «в местностях, занятых мусульманским населением, заседания судов закрываются по пятницам и во время праздников Байрама и Курбана».

Лит.: Невская В. П. Карачай в XIX в. / под общ. ред. И. М. Шаманова // Ас-Алан. М., 2002. № 1(6).

Р. Хатуев

Шеретлоков (Гогутль), **'Умар** (XIX в.) — мусульманский религиозный деятель, народный эфенди Кабарды в 1822–46 гг., член Кабардинского временного суда. Уроженец с. Аушигер (ныне Черкесский р-н КБР). Выходец из семьи вольноотпущенника, служившего у кабардинского князя Казиева. Сделал стремительную духовную карьеру в среде мусульманского духовенства Кабарды. Поддерживал консервативные идеи кабардинской аристократии, что сделало его непримиримым противником *Шарданова Якуба*. В 1836 г., воспользовавшись отъездом последнего, Ш. 'У. добился отстранения его от должности в Кабардинском временном суде. Предположительно является главным инициатором вторжения *Шамиля* в Кабарду в апреле 1846 г. В том же году император Николай I «за преданность и особенные услуги, оказываемые правительству», велел выдать Ш. 'У. «единовременно пятьсот рублей». После отступления *Шамиля* из Кабарды, когда антиправительственная деятельность Ш. 'У. раскрылась, он был лишен царских наград, арестован и выслан в г. Георгиевск, откуда далее — в г. Воронеж. В 1849 г. возвращен в Кабарду. Во 2-й половине XIX в. Ш. 'У. вместе с семьей переселился в Османскую империю.

Лит.: Карданов Ч. Э. Групповой портрет в Аушигере. Годы и судьбы. Нальчик, 1998.

Д. Рахаев

Шихсаидов, Амри Рзаевич (20.03.1928, Дербент — 21.09.2019, Махачкала) — кавказовед, исламовед, источниковед. Доктор исторических наук, профессор, главный научный сотрудник Ин-та истории, археологии и этнографии Дагестанского федерального исследовательского центра РАН.

Родился 20.03.1928 г. в г. Дербенте, в интеллигентной лезгинской семье. Его отец Рза Шихсаидов (1891–1930), родом из с. Касумкент, окончил в 1916 г. Санкт-Петербургскую военно-медицинскую академию, был популярным врачом и первым народным комиссаром здравоохранения Дагестанской АССР. В лице Ш. А. дагестанская мусульманская ученая традиция сложно переплелась с российской академической школой востоковедения. По линии матери он — потомок внука *ал-Йараги Мухаммада-эфенди* — *Алкадари Хасана-эфенди*.

Окончив среднюю школу в Касумкенте, Ш. А. поступил в 1946 г. на арабское отделение восточного факультета Ленинградского ун-та. Он принадлежал к последнему поколению востоковедов, слушавших лекции академика И. Ю. Крачковского (1883–1951). Его учителями были классики истории и лингвистики: академики В. В. Струве, В. М. Жирмунский, профессора В. И. Беляев, А. Ю. Якубовский. На одном с ним курсе учились его друзья, ставшие впоследствии известными арабистами: А. Б. Халидов (1929–2001), Л. Е. Куббель (1929–88), А. Г. Лундин (1929–94), Б. Я. Шидфар (урожд. Шустер, 1928–93), О. Г. Большаков (1929–2020). В ун-те Ш. А. познакомился со своей будущей женой, также историком-востоковедом, Р. С. Давыдовой, с которой прожил всю жизнь.

После окончания восточного факультета Ш. А. преподавал историю в мужской средней школе № 5 г. Махачкалы. С 1954 г. до конца своих дней работал научным сотрудником (с 1998 г. — главным) в Ин-те истории, языка и литературы им. Г. Цадасы Дагестанского филиала АН СССР (ныне — Ин-т истории, археологии и этнографии Дагестанского федерального исследовательского центра РАН), руководил отделом восточных рукописей (1973–98). В 1963 г. защитил кандидатскую диссертацию «Распространение ислама в Дагестане», а в 1976 г. — докторскую на тему «Дагестан в X–XIV вв. Опыт социально-экономической характеристики». Обе диссертации были переработаны в книги и изданы в Махачкале. Ш. А. всегда отличал живой интерес к истории родного края, который он сумел привить своим ученикам.

Руководитель сектора восточных рукописей Ин-та Магомед-Саид Саидов (1902–85), с которым Ш. А. посчастливилось работать более 30 лет, был уникальным знатоком оригинальной дагестанской литературы на арабском языке. Его научная судьба знаменует еще более сложное превращение мусульманского ученого, ученика знаменитого в Дагестане реформатора-джадида *Каяева 'Али* (1878–1943) в филолога и историка советской академической школы, высоко ценимого Крачковским и др. классиками отечественной арабистики. С именем Саидова связаны первые критические издания арабских источников из Дагестана, впоследствии продолженные Ш. А. и его школой.

Итогом долгой научной деятельности Ш. А. и его дагестанских коллег был не только отказ от восходящего к колониальной эпохе ориенталистского мифа, рисовавшего Дагестан отсталой окраиной и царством горских хищников, но и полный пересмотр истории кавказской периферии мусульманского мира и ее отношений с др. мусульманскими регионами с раннего Средневековья до Новейшего времени. Современная научная хронология, источниковедение и сам нарратив долгой исламизации Дагестана и Вост. Кавказа, затянувшейся более чем на тысячелетие, были разработаны Ш. А. и его учениками.

Ш. А. принадлежит более 450 научных работ, в том числе 35 монографий, изданных на русском, немецком, английском, арабском и языках народов Дагестана. Он сделал себе имя как ученый мирового уровня в основном в трех областях. Прежде всего — в истории и источниковедении распространения ислама и арабского языка на Вост. Кавказе. Еще М.-С. Д. Саидов и его учитель *Каяев 'Али* обнаружили и верно оценили ряд классических источников по истории Дагестана на арабском языке. С именем Ш. А. и его учеников связано введение их в научный оборот и критическое академическое издание. Он выявил, исследовал и опубликовал переводы и отчасти тексты хроник «*Дербент-наме*» и «Та'рих Дагестан», учитывая их многочисленные аульные списки, политического памфлета конца XV в. «Завещание 'Андуника», хроники Махмуда из Хиналуга XIV–XV вв., биографического словаря дагестанских ученых, суфиев и поэтов *Назира из Дургели*. Под его редакцией вышло факсимильное издание и подготовленный М.-С. Д. Саидовым русский перевод воспоминаний и историко-этнографических заметок зятя и секретаря имама *Шамиля* — ал-Гази-Гумуки 'Абдуррахмана (1997).

Другой областью научных интересов Ш. А. была арабоязычная эпиграфика, которой серьезно занимался еще Саидов. Настоящим пионером здесь был ленинградский этнограф и историк *Лавров Л. И.*, защитивший в 1967 г. докторскую диссертацию по мусульманской эпиграфике Сев. Кавказа и издавший первый и единственный каталог надписей региона на арабском, персидском и турецком языках в 3 томах (1966–80). Основу публикации *Лаврова* составили дагестанские эпитафии, строительные и исторические надписи X–XX вв. К сожалению, *Лавров* не в совершенстве владел арабским и методиками эпиграфики, поэтому в его каталог вкралось масса ошибок. В домашней библиотеке Ш. А. хранится экземпляр книги *Лаврова*, испещренный поправками в чтении надписей. Ш. А. не только обнаружил множество ярких памятников, но и выработал общую методику описания и датировки надписей, изложенную в классическим труде «Эпиграфические памятники Дагестана X–XVII вв. как исторический источник» (1984). В 2003 г. он перевел и опубликовал древнейшую арабскую строительную надпись 176/792–93 г., обнаруженную М. С. Гаджиевым в с. Митаги под Дербентом.

Третьим основным направлением исследований Ш. А. стало систематическое изучение библиотек арабских и арабоязычных рукописей, по числу которых Дагестан намного превосходит даже страны арабского Ближнего Востока. Более 60 лет он являлся организатором и руководителем историко-археографических экспедиций в республике. Им открыты сотни вост. книжных рукописных коллекций, тысячи манускриптов, писем и документов по истории и культуре Дагестана, обнаружены и охарактеризованы наиболее значительные центры их переписки на Вост. Кавказе. По его подсчетам, в частных и восстановленных в постсоветское время мечетных коллекциях хранятся не менее 60 тыс. рукописных книг и сборников. Их число было бы существенно больше, если бы не репрессии сталинского времени, в ходе которых было уничтожено множество рукописей и старопечатных книг. Ш. А. разработал новые принципы изучения рукописных собраний. Если в советскую эпоху целью археографических экспедиций был поиск и сбор отдельных оригинальных сочинений и их наиболее древних копий, то с 1990-х гг. была начата фронтальная фиксация частных библиотек мусульманских рукописей, охватившая большинство р-нов республики. Книги уже не изымались из коллекций. Под руководством Ш. А. была начата работа по изданию каталогов частных и государственных рукописных коллекций Дагестана, продолженная его учениками. Можно по праву сказать, что Ш. А. открыл миру богатую мусульманскую культуру Дагестана.

Результаты исследований по всем этим трем направлениям отражены в авторитетных академических энциклопедиях, учебных и справочных изданиях. Ш. А. принимал участие в двух изданиях многотомной «Истории Дагестана» (1967, 2004), «Истории народов Северного Кавказа с древнейших времен до конца XVIII в.» под редакцией академика Б. Б. Пиотровского (1988), подготовленной с участием российских этнографов коллективной монографии «Народы Дагестана» (2002), издал новую написанную на основе последних научных достижений книгу «История Дагестана от древнейших времен до конца XV в.» (1996), собирал и редактировал трехтомник «Дагестанские святыни» (2007, 2008, 2013). Особенный интерес представляют словарные статьи Ш. А. и его учеников в международном энциклопедическом словаре петербургского исламоведа С. М. Прозорова «Ислам на территории бывшей Российской империи» (вып. 1–5, т. I–II, 1998–2018).

Более 60 лет, с 1957 г., Ш. А. преподавал в Дагестанском государственном ун-те (ДГУ) историю Дагестана, арабский язык, а впоследствии и ряд востоковедных дисциплин. В последние десятилетия он разработал оригинальные спецкурсы «Ислам в средневековом Дагестане», «Теория и практика археографических исследований», «Арабская рукописная книга в Дагестане», «Арабские источники по истории Дагестана», руководил созданным им Центром археографических исследований на факультете востоковедения ДГУ и летней археографической практикой студентов. Он был великолепным лектором, чутким наставником. Сегодня уже ученики Ш. А. преподают в ДГУ, выращивая новые кадры дагестанских востоковедов. Огромен вклад Ш. А. и в широкую популяризацию истории региона, памятников истории и культуры Дагестана. На протяжении многих лет он являлся руководителем Дагестанского отделения Российского фонда культуры.

Научные изыскания Ш. А., его вклад в изучение истории и культуры Дагестана получили широкое признание, особенно после прекращения советских гонений на религию, от которых он сам и его ближайшие сотрудники пострадали в конце 1970-х гг. Он избирался членом Общественной палаты Республики Дагестан, был членом Президиума ДНЦ РАН, ученым секретарем Ин-та, членом Ученого и Диссертационного советов Ин-та ИАЭ, членом Российской ассоциации востоковедов и Европейского союза арабистов и исламоведов, редсоветов и редколлегий журналов Central Asian Survey, «Вестник Дагестанского научного центра», «История, археология и этнография Кавказа». Ему присвоены почетные звания «Заслуженный деятель науки Дагестана» (1985) и «Заслуженный деятель науки России» (1993), он награжден орденами Дружбы (1998) и «За заслуги перед Республикой Дагестан» (2015), золотой медалью Международного фонда имени имама Шамиля (2005). Ш. А. — лауреат премии правительства РФ в области образования (1997) и в области культуры (2011).

Статьи Ш. А. и дагестанских востоковедов его школы в переводах на немецкий и английский языки в четырехтомном сборнике Muslim Culture in Russia and Central Asia, изданном немецким исламоведом М. Кемпером с рядом коллег в 1996–2004 гг., познакомили зарубежную научную аудиторию с достижениями российского востоковедения. Ш. А. не раз представлял российское и дагестанское востоковедение на многочисленных международных научных форумах. Многие известные зарубежные востоковеды и этнографы гостили у него в Махачкале, участвовали в ежегодных экспедициях по селениям Дагестана. Еще в 1970-е гг. благодаря Ш. А. Дагестаном начала заниматься французский этнолог Фредерика Лонге-Маркс. В постсоветские десятилетия в республике побывали немецкие исламоведы Штефан Райхмут, Михаэль Кемпер, Клеменс Сидорко. Тесная дружба связывала Ш. А. с крупным израильским кавказоведом Моше Гаммером (1950–2013), устроившим в Тель-Авиве несколько конференций по истории ислама в Дагестане и издавшим в Хельсинки три тома их материалов (2006, 2009, 2015).

Ш. А. создал в Махачкале академическую школу дагестанской арабистики, целое направление своих последователей в рамках пусть небольшой, но талантливой группы археографов, эпиграфистов и востоковедов, которые продолжают его работу.

Осн. соч.: Когда и как насаждался в Дагестане ислам. Из истории мусульманской религии в Дагестане (VII–XV вв.). Махачкала, 1962; Гл. VI, VII // История Дагестана / отв. ред. В. Г. Гаджиев. Т. I. М., 1967. С. 121–231; Ислам в средневековом Дагестане (VII–XV вв.). Махачкала, 1969; Мулк в Дагестане X–XIV вв. // Формы феодальной земельной собственности на Ближнем и Среднем Востоке. Бартольдовские чтения 1975 г. М., 1979. С. 159–167; (соавт. Г. Г. Гамзатов). Арабские рукописи в Дагестане, Арабские надписи X в. из Дагестана, (соавт. Х. А. Омаров). Арабские рукописи из дагестанских селений Ицари, Мехельта, Акуша // Новые исследования советских арабистов. Кн. 2. М., 1988. С. 62–83, 112–129, 193–207 (на араб. яз.); Изучение истории и культуры Дагестана: археографический аспект / сост. и отв. ред. А. Р. Шихсаидов. Махачкала, 1988; Историко-литературное наследие Гасана Алкадари / сост. и отв. ред. А. Р. Шихсаидов. Махачкала, 1988; (в соавт.) Гл. VII–X // История народов Сев. Кавказа с древнейших времен до конца XVIII в. / отв. ред. акад. Б. Б. Пиотровский. М., 1988. С. 144–275; Исследование древних рукописей в Дагестане // Новые исследования советских арабистов. Кн. 5. М., 1991. С. 77–106 (на араб. яз.); Sammlungen arabischer Handschriften in Daghestan, (соавт. N. A. Tagirova). Abdarahman al-Gazigumuqi und seine Werke // Muslim Culture in Russia and Central Asia from the 18th to the Early 20th Centuries / ed. by M. Kemper, A. von Kügelgen, D. Yermakov / Islamkundliche Untersuchungen. Bd. 200. Berlin, 1996. S. 297–339; (соавт. А. В. Khalidov). Manuscripts of Gazali's works in Daghestan // Manuscripta Orientalia. 1997. Vol. 3. No 2. Pp. 18–30; The bibliographical genre in Daghestani Arabic-language Literature: Nadir ad-Durgili's Nuzhat al-adhan fi taragim 'ulama' Dagistan // Muslim Culture in Russia and Central Asia from the 18th to the Early 20th Centuries. Vol. 2. Inter-Regional and Inter-Ethnic Relations / ed. by A. von Kügelgen, M. Kemper, A. J. Frank / Islamkundliche Untersuchungen. Bd. 216. Berlin, 1998. S. 39–61; Islam in Daghestan // Political Islam and Conflicts in Russia and Central Asia / ed. by Lena Jonson and Murad Esenov. Stockholm, 1999. Pp. 59–70; (соавт. М. Г. Магомедов). Калакорейш (Крепость курейшитов). Махачкала, 2000; (соавт. Н. А. Тагирова, Д. Х. Гаджиева). Арабская рукописная книга в Дагестане. Махачкала, 2001; Ислам и исламская культура в Дагестане / сост. и отв. ред. А. Р. Шихсаидов. М., 2001; (соавт. M. S. Gadjiev). The Darband-nāma on Hārūn Al-Rashīd and a Newly Discovered Arabic Inscription from A. H. 176 // Manuscripta Orientalia. 2002. Vol. 8. No. 3. P. 3–10; (соавт. M. Kemper, N. Tagirova). The Library of Imam Shamil // Princeton University Library Chronicle. Autumn 2002. Vol. LXIV. No. 1. P. 121–140; Muslim Treasures of Russia. II: Manuscript Collection of Daghestan. Pt. I // Manuscripta Orientalia. 2006. Vol. 12. No. 4. Pp. 59–71; The Political History of Daghestan in the Tenth-Fifteenth Centuries // Daghestan and the World of Islam / ed. by Moshe Gammer and David J. Wasserstein. Helsinki, 2006. Pp. 45–53; Гасан Алкадари — ученый, поэт, просветитель. Сб. материалов научной сессии, посвященной 170-летию со дня рождения Гасана Алкадари / сост. и отв. ред. А. Р. Шихсаидов. Махачкала, 2006; Muslim Treasures of Russia. II: Manuscript Collection of Daghistan. Pt. II // Manuscripta Orientalia. 2007. Vol. 13. No. 1. Pp. 25–61; Алкадари, ал-Йамани А., ал-Кудуки, Мухаммад-Рафи' // Ислам на территории бывшей Российской империи: энц. словарь / отв. ред. и сост. С. М. Прозоров. Т. I. 2-е изд. испр. и доп. М., 2006. С. 30–32, 42–43, 222–223, 296–297; Дагестанские святыни. Кн. 1–3 / сост. и отв. ред. А. Р. Шихсаидов. Махачкала, 2007, 2008, 2013; Очерки истории, источниковедения и археографии средневекового Дагестана. Махачкала, 2008; Ancient mosques in Daghestan // Islam and Sufism in Daghestan / ed. by Moshe Gammer. Helsinki: Finnish Academy of Science and Letters, 2009. Pp. 15–27; Завещание Андуника, 1485 г. // Обычай и закон в письменных памятниках из Дагестана V — начала XX в. Т. I. М., 2009. С. 110–126; Мухаммадтахир ал-Карахи (1809–80). Биобиблиографический очерк. Махачкала, 2010; Arabic Historical Studies in Twentieth Century Dagestan // The Heritage of Soviet Oriental Studies / ed. by M. Kemer, S. Conermann. London and New York, Abingdon, 2011. P. 203–216; Востоковедение в Дагестане // Исламоведение. 2012. № 1. С. 4–21; The Manuscript Collections in Daghestan // Written Culture in Daghestan / Ed. by M. Gammer. Sastamala: Vammalan Kirjapaino Oy, 2015. Pp. 201–226; Генко и его статья «Арабский язык и кавказоведение» // Исламоведение. 2016. Т. 7. № 3. С. 40–52; (соавт. Н. А. Тагирова). ал-Гази-Гумуки 'А., Дербент-наме, Зерехгеран, Калакорейш, Каракюре, ал-Карахи М. // Ислам на территории бывшей Российской империи: энц. словарь / отв. ред. и сост. С. М. Прозоров. Т. II. М., 2018. С. 124–129, 140–145, 167–173, 207–216.

Изд. источн.: Эпиграфические памятники Дагестана X–XVII вв. как исторический источник. М., 1984; Акташи Мухаммед Аваби. Дербенд-наме / пер. с тюрк. и араб. списков, предисл. и библиография Г. М.-Р. Оразаева и А. Р. Шихсаидова; коммент. А. Р. Шихсаидова. Махачкала, 1992; (соавт. Т. М. Айтберов, Г. М.-Р. Оразаев). Дагестанские исторические сочинения. М., 1993; Махмуд из Хиналуга. События в Дагестане и Ширване. XIV–XV вв. / пер. с араб., сост., предисл., коммент. и прилож. А. Р. Шихсаидова. Махачкала, 1997; Абдурахман из Газикумуха. Книга воспоминаний сайййда Абдурахмана, сына устада шейха тариката Джамалуддина ал-Хусайни, о делах жителей Дагестана и Чечни / пер. с араб. М.-С. Саидова; ред. пер., подготовка факсимильного изд., коммент., указатели А. Р. Шихсаидова и Х. А. Омарова; предисловие А. Р. Шихсаидова. Махачкала, 1997; (соавт. М. Кемпер). *Nadir ad-Durgili's (st. 1935) Nuzhat al-adhan fi taragim 'ulama' Dagistan / Muslim Culture in Russia and Central Asia from the 18th to the Early 20th Century*. Vol. 4. Kemper M., Šixsaidov A. R. *Die Islamgelehrten Daghestans und ihre arabischen Werke*. Berlin, 2004; (соавт. Х. А. Омаров, Д. Х. Гаджиева, П. М. Алибекова). *Каталог арабских рукописей Научной библиотеки Дагестанского государственного ун-та*. Т. I–II. Махачкала, 2004; (соавт. Х. А. Омаров). *Каталог арабских рукописей. Коллекция М.-С. Саидова*. Махачкала, 2005; (соавт. А. Р. Наврузов, З. Ш. Закарияев, Н. Г. Мамед-заде). *Каталог арабских рукописей и старопечатных книг. Коллекция Дийа'аддина Йусуф-хаджи ал-Курихи*. М., 2011; ад-Дургели Назир. *Услада умов в биографиях дагестанских ученых. (Нузхат ал-азхāн фй тарāджим уламā Дāгистāн). Дагестанские ученые Х–ХХ вв. и их биографии*. М., 2012; *Каталог арабских рукописей: коллекция Хаджи Ибрагима Урадинского*. Махачкала, 2014.

Лит.: Аликберов А. К., Бобровников В. О., Гаджиев М. С. к 75-летию Амри Рзаевича Шихсаидова // *Восток*. 2003. № 6. С. 209–212; Аликберов А. К., Бобровников В. О., Гаджиев М. С., Шихалиев Ш. Ш. Памяти Амри Рзаевича Шихсаидова // *Кавказский сборник*. Т. 12(44). М., 2020. С. 378–392; Амри Рзаевич Шихсаидов. К 90-летию со дня рождения. Биобиблиография / сост. М. С. Гаджиев, М. Р. Гасанов, О. М. Давудов, А. Р. Наврузов. Махачкала, 2018. С. 16–59; *Дагестан и мусульманский Восток: сб. статей* / сост. и отв. ред. А. К. Аликберов, В. О. Бобровников. М., 2010; Шихсаидов Амри Рзаевич // *Милибанд С. Д. Востоковеды России. ХХ — начало XXI в. Биобиблиографический словарь. В 2-х кн. Кн. 2*. М., 2008. С. 670–671; Kemper M., Alikberov A. K., Bobrovnikov V., Gadzhiev M. S., Shikhaliev Sh. Sh. *In memoriam. Amri Rzaevich Shikhsaidov (20 March 1928–21 September 2019)* // *Caucasus Survey*. 2019. Vol. 7. No. 3. Pp. 253–255.

А. Аликберов, В. Бобровников, М. Гаджиев, М. Кемпер, Ш. Шихалиев

Шогенов, Алихан-хаджжи Индрисович (1880–1918) — мусульманский религиозный деятель, народный кадий при Нальчикском горском словесном суде с конца XIX по июль 1914 г.

Родился в с. Атажукино-3 (ныне с. Куба Баксанского р-на КБР). Ш. А.-х. известен своими симпатиями к просветительскому движению в Терской обл. Совершил хаджж. С началом ПМВ в 1914 г. ушел на фронт в качестве муллы (полковой кадий) Кабардинского полка Кавказской Туземной конной дивизии (до августа 1917 г.). 25.03.1915 г. был награжден Георгиевским крестом 4-й степени, орденом Св. Станислава 3-й степени. После октября 1917 г. продолжал заниматься духовной и политической деятельностью. В ноябре 1918 г. обвинен в контрреволюционной деятельности и расстрелян большевиками.

Д. Рахаев

Шутий-молла (Маушев Дуйсенби Маллыбай-улы, 1898–1978) — мусульманский религиозный деятель Караногая и Сев. Кавказа.

Род. в с. Моллали Караногайского приставства Кизлярского у. Терской обл. Российской империи (вблизи современного с. Карасув Ногайского р-на РД), в семье муллы Маллыбая Маушева из ногайского рода (сырув) Туркмен и его супруги Салият. С детства был отдан на обучение местному мулле, у которого получил начальное мусульманское образование. С 1912 г. учился в мактабе в ставке Терекли-Мектеб (ныне с. Терекли-Мектеб Ногайского р-на РД). До 28-летнего возраста проходил религиозное обучение у разных мулл и эфендиев (апенди) Караногая.

После установления советской власти работал в колхозе «Коммунист» в с. Карасув. В период массового голода 1932–33 гг. вместе со всей семьей был также вынужден работать на ферме № 2 Караногайского р-на ДАССР Северо-Кавказского края (ныне Ногайский р-н РД). С середины 1940-х гг. занимался частной религиозной практикой. Как мулла и знаток Корана Ш.-м. получил широкое признание в 1950-е гг. Имел тесное общение с известными муллами *Йолакай-моллой* Джумакаевым, *Казымухамбетом-эфенди* Аблезовым, Аджимамбетом Отевалиевым. Переписка Ш.-м. с *Йолакай-моллой* Джумакаевым на арабском языке была перехвачена органами НКВД, было начато следствие по делу о религиозной пропаганде, но не получило дальнейшего развития и было прекращено.

В период антирелигиозной кампании 1960-х гг. не прекращал своей религиозной деятельности, вел прием людей, приходивших за советом и консультацией по религиозным вопросам.

Кроме родного ногайского, владел русским и арабским языками. Бо́льшую часть времени проводил за чтением религиозных книг. Воспитал двоих детей — сына Анварбека и дочь Базархан.

Ш.-м. является автором различных духовных стихов, наставлений (назым). Бо́льшая часть из его тетрадей (тептером) с рукописями не сохранилась. После смерти Ш.-м. родственники раздали книги и арабографичные рукописи покойного знавшим его муллам. Некоторые из его стихов изданы в сборниках религиозных наставлений. Похоронен на кладбище Коголли в Ногайском р-не РД.

Лит.: Ганиев А.-К. *Аманат. Назму ногай тилинде*. Махачкала, 2015. (на ногайск. яз.); Заргишиев М. *Ногайлы. Белый Сокол Золотой Орды*. М., 2021; Личный архив автора: 1999 г. Г. Москва. Информатор К. А. Маушев (внук Ш. Маушева),1962 г.р.; 2022 г. РД, с. Карасув. Информатор Е. Копиев, 1937 г.р.; 2022 г. Г. Москва. Информатор К. А. Оразбаева (внучка Ш. Маушева), 1970 г. р.

М. Заргишиев

Э

Эбзеев, Абу-Юсуф Хусеевич (род. 07.01.1937) — мусульманский религиозный деятель Карачаево-Черкесии, ученый-арабист, поэт.

Родился в с. Учкекен Малокарачаевского р-на КЧР. В ходе депортации карачаевского народа семья Э. была выслана в Киргизию, поселилась в с. Покровка, затем переехала в г. Талас, где с 1947 г. Э. учился в средней школе. Основам ислама и арабскому языку начал обучаться в местах депортации у Батдал-эфенди Байчорова, а после его смерти — у *Каппушева Яхьи-эфенди* (остававшегося его духовным наставником в течение последующих 30 лет). Возвратившись на историческую родину, Э. поселился в с. Красный Курган Малокарачаевского р-на Ставропольского края, в котором в 1986 г. возглавил мусульманскую общину. Обучал мусульман Малокарачаевского р-на основам исламского вероучения и арабскому письму. Прилагал активные усилия по очищению религиозной жизни паствы от неисламских нововведений (разорительных поминальных обычаев, свадебных обрядов и т. п.), недопущению радикализма. Совершил хаджж в 1995 г.

Э. подготовил к изданию работу «Иман. Ислам. Ихсан» *Каппушева Я. А.*, а впоследствии издал в г. Кисловодске и с. Учкекене ряд др. книг. Э. является автором первого перевода Корана на карачаево-балкарский язык с языка оригинала (издан в 2005 г. в г. Мин. Воды, тираж 3 тыс. экз.). Удостоен звания Почетного доктора Карачаевского НИИ (31.03.2011 г., «за крупный вклад в развитие духовной культуры карачаево-балкарского народа, плодотворную деятельность в области просвещения, включая первый перевод смыслов Корана с языка оригинала на родной язык»). Дипломант литературного конкурса Союза писателей КЧР «Наш Джырчы Исмаил Семенов» (04.07.2012). В его поэтическом творчестве ведущее место занимают темы духовного совершенствования, морально-нравственного плана, философского осмысления общественных проблем.

Р. Хатуев

Эльгайтаров, Ибрагим Мавлимберди-улы (1911–99) — мусульманский религиозный деятель Дагестана.

Родился в с. Шобытлы Караногайского приставства Кизлярского у. Терской обл. Российской империи (ныне с. Новодмитриевка Тарумовского р-на РД), в зажиточной семье из ногайского рода (ырув) Кыпшак. С детства был отдан на обучение местному мулле, у которого получил начальное мусульманское образование. После окончания средней школы работал в колхозе.

В 1930-е гг. у семьи Э. было конфисковано имущество, скот. Работал в различных хозяйственных учреждениях, совхозах Ногайского р-на ДАССР. В сознательном возрасте самостоятельно изучил арабскую грамоту, позднее учился у авторитетного в советское время эфендия (апенди) *Казымухамбета-эфенди* Аблезова. В 1970–90 гг. занимался религиозной деятельностью, был муллой в с. Терекли-Мектеб (РД). У Э. было 7 детей (2 сына и 5 дочерей). Похоронен на кладбище Моллали-ажи в Ногайском р-не РД.

Лит.: Заргишиев М. Ногайлы. Белый Сокол Золотой Орды. М., 2021; Личный архив автора: 2022 г. РД, с. Терекли-Мектеб. Информатор Л. И. Уразаева (дочь И. М. Эльгайтарова), 1953 г. р.

М. Заргишиев

Эльдарханов, Таштемир Эльжуркаевич (01.04.1870–14.11.1934) — чеченский просветитель, российский и советский общественный, политический и государственный деятель, депутат Государственной думы 1-го и 2-го созывов от Терской обл.

Родился в семье крестьян с. Гехи (ныне Урус-Мартановский р-н ЧР). Учился в сельской мусульманской школе, правительственной Грозненской горской школе, Владикавказском ремесленном училище, в 1889–93 гг. — в Александровском учительском ин-те г. Тифлиса (ныне г. Тбилиси, Грузия). По его окончании в 1893–98 гг. работал учителем-надзирателем горской школы в г. Майкопе, а в 1898–1907 гг. — в г. Грозном. Параллельно, еще в годы учебы, собирал в архивах Тифлиса и Владикавказа материалы по истории и этнографии, записывал на родине легенды и сказания чеченского народа. В 1900 г. опубликовал переводы на русский язык чеченских сказок в «Сборнике материалов для описания местностей и племен Кавказа». Активная просветительская деятельность принесла ему широкую известность на Сев. Кавказе.

С началом Первой русской революции 1905–07 гг. активно включился в общественно-политическую деятельность, создал Союз учащихся и учителей, пропагандировал демократические идеалы, посещал рабочие собрания и митинги. За это администрацией в декабре 1905 г. ему было предложено уволиться с должности учителя по мотивам политической неблагонадежности.

16.05.1906 г. Э. был избран депутатом Государственной думы 1-го созыва от Терской обл. В ее составе был членом аграрной комиссии. По политическим убеждениям был близок к социалистам. 08.06.1906 г. в составе группы из 33 депутатов выдвинул аграрный законопроект, который в соответствии с программой эсеров требовал перехода земли в общенародное достояние (социализации) и ее уравнительного перераспределения. Подписал 11 депутатских запросов, в том числе о недопустимости преследования властями членов Всероссийского крестьянского союза. 22.06.1906 г. выступил инициатором парламентского запроса председателю Совета министров Российской империи И. Л. Горемыкину с резким осуждением практики найма чеченцев стражниками для подавления народных выступлений в центр. губерниях Российской империи.

06.02.1907 г. Э. избран депутатом Государственной думы 2-го созыва от Терской обл. В ее составе был членом комиссии по разработке Наказа (регламента Думы), аграрной комиссии, комиссии по местному управлению и самоуправлению. С думской трибуны остро обличал царскую политику на Кавказе, полувоенный характер и коррумпированность администрации, недостаточное внимание к развитию образования среди горских народов, практику расхищения их земель и природных богатств.

После третьеиюньского переворота и роспуска Госдумы хотел вернуться к педагогической деятельности на родине, но из-за прежней антиправительственной критики получил запрет на преподавание в пределах Терской обл. Уехал в Закавказье, где в 1908–14 гг. работал учителем Бакинского городского Алексеевского шестиклассного училища. В 1908 г. подготовил, а в 1911 г. издал в Тифлисе «Чеченскую азбуку и первую книгу для чтения» на родном языке кириллическим алфавитом, разработанную в 1860-е гг. бароном П. К. Усларом. Э. модернизировал ряд букв в соответствии с особенностями национальной фонетики. В 1915 г. работал учителем, а в 1916–17 гг. — инспектором 3-го Бакинского высшего начального училища. Надворный советник.

После Февральской революции 1917 г. вернулся в Чечню, где активно включился в революционное движение. 14.03.1917 г. избран комиссаром Грозненского окр. на Первом съезде чеченского населения Терской обл. в г. Грозном, который признал власть Временного правительства и образовал Чеченский национальный комитет во главе с социал-демократом А. М. Мутушевым. Из-за нарастающих противоречий между национальной интеллигенцией и духовенством о путях светского или религиозного развития 25–26.06.1917 г. смещен с должности комиссара Грозненского окр. и заменен шейхом *Арсановым Дени* на прошедшем в г. Грозном Съезде представителей духовенства и сельских общин Чечни, который принял решение о повсеместном введении норм шариата. 12.07.1917 г. на Всеобщем съезде чеченского народа в с. Новые Алды (ныне в черте г. Грозный) Э. был избран зам. председателя Чеченского национального комитета А. М. Мутушева, который ориентировался на союз с меньшевиками и эсерами.

После начала Гражданской войны из-за политических разногласий разорвал отношения с Комитетом и 11.04.1918 г. на съезде своих сторонников в с. Гойты (ныне Урус-Мартановский р-н ЧР) был избран председателем образованного здесь Чеченского народно-трудового совета, заявившего о поддержке советской власти и формировании Чеченской Красной Армии. С августа по ноябрь 1918 г. в период Стодневных боев против терских белоказаков, оказал помощь осажденному большевистскому гарнизону г. Грозного посылкой отрядов, боеприпасов и продовольствия.

После полного освобождения Чечено-Ингушетии от белогвардейских войск 03.04.1920 г. по рекомендации Г. К. Орджоникидзе Э. был назначен председателем Чеченского окружного ревкома. С 24 апреля по ноябрь 1921 г. одновременно был председателем ЦИК Горской АССР. В августе–сентябре 1921 г. работал председателем Чеченского окружного исполкома. С 30.11.1922 г. был председателем Чеченского областного ревкома, а со 02.08.1924 г. по 27.09.1925 г. — председателем ЦИК Чеченской автономной обл.

После образования 16.10.1925 г. Северо-Кавказского края назначен председателем Национального Совета при крайисполкоме, переехал в г. Ростов-на-Дону.

Был делегатом 8-го, 10-го, 11-го и 12-го Всероссийских съездов Советов, членом ВЦИК 10-го, 11-го, 12-го созывов (1922–27), членом ЦИК СССР 1-го, 2-го, 3-го созывов (1922–27) от Чеченской автономной обл.

В 1929 г. вернулся в г. Грозный. Последние годы жизни занимал руководящие должности в объединении «Грознефть».

Лит.: Шаипов И. Таштемир Эльдарханов. Грозный, 1960; *Эльдарханов Таштемир Эльжуркаевич. Просветитель, политический и государственный деятель* / отв. ред. Х. В. Туркаев. М., 2014.

Д. Д.

Эндиреевское владение — мусульманское государственное образование, которое было создано представителем династии шамхалов Султан-Махмудом Эндиреевским в начале XVII в.

С начала XVII в. правители Э. в. претендовали на главенство среди кумыкских князей. В 1605 г. Султан-Махмуд в союзе с шамхалом разгромил царское войско в Караманской битве. Эндиреевские правители организовывали походы в Кабарду, выступали против терских казаков и калмыков. В конце XVII в. между эндиреевскими и брагунскими князьями происходили междоусобицы, что привело к усилению их соперников в регионе, особенно гребенцев и чеченцев. Гребенцы поддерживали в усобице брагунских, а чеченцы — эндиреевских князей. В результате победу одержала эндиреевско-чеченская коалиция. Гребенцы были вытеснены на сев. берег Терека, за речной рубеж, а по юж. берегу стали расселяться подконтрольные Эндирею чеченские аулы. Брагунское владение оказалось под властью эндиреевского уллубия.

Во время Персидского похода Эндирей за сопротивление российскому императору Петру I был сожжен, что привело к ослаблению княжества.

По сведениям середины XVIII в., Э. в. принадлежало четырем княжеским родам (Казаналиповы, Хамзины, Чопановы и Чопан-Шамхаловы), по сведениям начала XIX в. их было пять (Алишевы, Темировы, Казаналиповы, Муртазали-Аджиевы, Айдемировы).

В середине XIX в. Э. в. вошло в состав Российской империи.

Лит.: История Дагестана с древнейших времен до наших дней. Т. 1. М., 2004.

А. Пачкалов

Эсмурзиев, Муса Магомедович (17.10.1971–19.04.2009) — мусульманский религиозный деятель, шейх кадирийского шариата.

Родился в г. Назрань ЧИАССР, с 10 лет учился в местном медресе, в 1989–93 гг. — в г. Бишкеке у мусульманских богословов Киргизии, в 1993–96 гг. — в с. Ботлих РД, у шейха кадирийского тариката Магомеда Хабиба Рамазанова. Затем вернулся в Ингушетию и открыл медресе в здании Центр. мечети г. Назрани, обучение в которой велось по разработанной самим Э. методике. Дважды совершил хаджж: в 1996 и 2007 г.

Э. был известен на Сев. Кавказе как 'алим и общественный деятель. С появлением на Кавказе радикальных учений начал вести активную борьбу с ваххабизмом. 19.04.2009 г. Э. был убит. Медресе в г. Назрань носит имя Э.

Лит.: Албогачиева М. С.-Г. Радикальный ислам в Ингушетии: основные этапы и специфика распространения // Исламские радикальные движения на политической карте современного мира. Вып. 2. Сев. и Юж. Кавказ. М., 2017; В Ингушетии убит мулла Муса Эсмурзиев. [Электронный ресурс] // URL: http://www.vesti.ru/doc.html?id=277029; Эсмурзиева З. А. Вечная память Мусе Эсмурзиеву // Республиканская научно-исследовательская конференция «Любовью к родине дыша…». Назрань, 2016. С. 1–12.

М. Албогачиева

Ю

Юсупов, 'Абдулхамид-афанди (1888–1977) — мусульманский религиозный деятель, шейх накшбандийского и шазилийского тарикатов.

Родился в с. Верх. Инхо (ныне Гумбетовский р-н РД) в семье так называемого арабского рода, представители которого считались потомками пророка Мухаммада. Работал имамом в с. Эндирей Хасавюртовского р-на РД. С 1955 г. начал наставлять мюридов по повелению устаза Мухаммада-афанди из с. Уриб Шамильского р-на РД. Имел разрешение (мутлак) принимать мюридов как на равнине, так и в горах. Был первым устазом шейха *Чиркейского Са'ида-афанди*. Внук Ю. 'А.-а. *Ахмед Магомедович Абдулаев* (род. 15.09.1959) — шейх накшбандийского и шазилийского тарикатов, муфтий Дагестана с 1998 г. Умер Ю. 'А.-а. в 1977 г. Его зийарат находится в с. Верх. Инхо. В Советском р-не г. Махачкалы одна из улиц названа именем Абдулхамида Юсупова, там же открыта мечеть им. шейха Абдулхамида-афанди.

Лит.: Абдурахманов М. Золотая цепочка накшбандийских шейхов. Махачкала, 2002; Омаров М. Ислам в Дагестане. Махачкала, 2014.

М. Омаров

Я

Яндаров, 'Абд-ул-Хамид (Ама, 1883–1946) — мусульманский религиозный и общественный деятель, шейх тариката *накибандийа*. Родился в с. Урус-Мартан (ныне адм. центр одноименного р-на ЧР). Сын Солса-хьажи Яндарова (Вуса), который также был устазом Я. 'А., а затем посвятил его в шейхи. С сентября 1944 по апрель 1945 г. с Бахауддином Арсановым и др. религиозными авторитетами способствовал воссоединению с семьями отставших от депортации, благодаря чему от расстрела были спасены тысячи чеченцев. Умер в ссылке в Казахстане в ноябре 1946 г. В 1958 г. тайно от властей его останки были перевезены в Чечню; на месте погребения устроен зийарат.

Лит.: Шейхи и эвлийи Чечни. Два основных тариката — накибандийа и кадирийа. [Электронный ресурс] // URL: http://nohchalla.com/video/62/647-sheihi-i-evliyai.html; Яндаров Хаваж-Баудди хьаж. [Рукопись].

С. Натаев

Ярагский Магомед, накшбандийский шейх — см. *ал-Йараги Мухаммад-эфенди*.

СПИСОК СОКРАЩЕНИЙ

А
адм. – административный (-ая, -ое, -ые)
ак. – академик, академия
араб. – арабский (-ая, -ое, -ие)

Б
б. – бин (от араб. ибн), букв. «сын (такого-то)», аналог отчества
Ближ. – Ближний (Восток)
Бол. – Большой (-ая, -ое, -ие);
бр. – братья
быв. – бывший

В
в. – век; вв. – века
Верх. – Верхний (-яя, -ее, -ие)
вол. – волость, волостной (-ая, -ое, -ые)
ВМН – высшая мера наказания
ВОВ – Великая Отечественная война
вост. – восточный (-ая, -ое, -ые)
всерос. – всероссийский (-ая, -ое, -ие)
выс. – высший (-ая, -ое, -ие)

Г
г. – год (гг. – годы); гора; город
газ. – газета
ген. – генеральный (-ая, -ое, -ые)
гл. – главный (-ая, -ое, -ые)
гор. – городской (-ая, -ое, -ие)
гос. – государственный (-ая, -ое, -ые)
гос-во – государство
губ. – губерния; губернский (-ая, -ое, -ие)
губком – губернский комитет

Д
д. – дело; деревня; дом
действ. – действительный (член)
дет. – детский (-ая, -ое, -ие)
доп. – дополнительный (-ая, -ое, -ые)
др. – другой
д.и.н. – доктор исторических наук
дип. – дипломатический (-ая, -ое, -ие)
д.филол.н. – доктор филологических наук
д-р – доктор

Е
европ. – европейский (-ая, -ое, -ие)
ед. хр. – единица хранения

Ж
жур. – журнал
ж/д – железная дорога, железнодорожный
жен. – женский (-ая, -ое, -ие)
жен. п. – женского пола

З
зав. – заведующий (-ая)
зам. – заместитель
зап. – западный (-ая, -ое, -ые)
засл. – заслуженный (-ая)
значит. – значительный (-ая, -ое, -ые)

И
изд. – издатель, изданный (-ая, -ое, -ые)
изд-во – издательство
им. – имени
ин-т – институт
искл. – исключение
исполком – исполнительный комитет
историч. – исторический, -ая, -ое, -ие
ИТЛ – исправительно-трудовые лагеря

К
кв. – квадратный (-ая, -ое, -ые)
к.и.н. – кандидат исторических наук
км – километр
кн. – книга, книжный
к-н – кантон
кол-во – количество
коммент. – комментарий, -и
кон. – конец
коп. – копейки, -ек
корр. – корреспондент, -ы
к.филол.н. – кандидат филологических наук
к. филос. н. – кандидат философских наук
культ. – культурный (-ая, -ое, -ые)

Л
л. – лист; лл. – листы
лит. – литература (в сносках); литературный (-ая, -ое, -ие)
лит-ра – литература

М
м – метр
мин. – министерство
мл. – младший (-ая)

Список сокращений

муж. п. – мужского пола
муж. – мужской (-ая, -ое, -ие)
Мал. – Малый (-ая, -ое, -ые)
междунар. – международный (-ая, -ое, -ые)
мед. – медицинский (-ая, -ое, -ие)
мл. – младший (-ая)
млн – миллион
Моск. – Московский (-ая, -ое)
мус. – мусульманский (-ая, -ое, -ие)

Н
наб. – набережная
назв. – название
напр. – например
нарком – народный комиссар
нас. – население; населенный (-ые)
наст. – настоящий (-ая, -ее, -ие)
науч. – научный (-ая, -ое, -ые)
науч-поп. – научно-популярный (-ая, -ое, -ые)
нац. – национальный (-ая, -ое, -ые)
нач. – начало; начальный (-ая)
Ниж. – Нижний (-яя, -ее, -ие)
Нов. – Новый (-ая, -ое, -ые)

О
об. – оборот
обком – областной комитет
обл. – область; областной (-ая, -ое, -ые)
общ-во – общество
общенац. – общенациональный (-ая, -ое, -ые)
общерос. – общероссийский (-ая, -ое, -ие)
обществ. – общественный (-ая, -ое, -ые)
оз. – озеро
ок. – около
оп. – опись
орг. – организационный (-ая, -ое, -ые)
орг-ция – организация
Оренб. – Оренбургский, -ая, -ое
отд. – отделение

П
п. – поселок
п.г.т. – поселок городского типа
пед. – педагогический (-ая, -ое, -ие)
пер. – переулок
перс. – персидский (язык)
Петерб. – Петербургский (-ая, -ое)
пл. – площадь
ПМВ – Первая мировая война
п-ов – полуостров

пол. – половина
политич. – политический (-ая, -ое, -ие)
полпред – полномочный представитель
посл. – последний (-яя, -ее, -ие)
пред. – председатель
проф. – профессор, профессиональный (-ая, -ое, -ые)

Р
р. – река; рр. – реки
РТ – Республика Татарстан
РБ – Республика Башкортостан
р-н – район
рев. – революционный (-ая, -ое, -ые)
ред. – редактор; редакционный
рел. – религиозный (-ая, -ое, -ые)
рес-ка – республика
респ. – республиканский (-ая, -ое, -ие)
руб. – рубль (-и, -ей)
рук. – руководитель (-и), руководство
рус. – русский (-ая, -ое, -ие) (прилагательное)

С
с. – село; сс. – села
СА – Советская Армия
сб. – сборник
сев. – северный (-ая, -ое, -ые)
сер. – середина
см. – смотрите
собств. – собственный (-ая, -ое, -ые)
совм. – совместно, совместный (-ая, -ое)
совр. – современный (-ая, -ое, -ые)
соц. – социалистический (-ая, -ое, -ие)
соч. – сочинение (-я)
СПб. – Санкт-Петербург
спец. – специальный
ср. – сравните
Ср. – Средний (-яя, -ее, -ие)
сред. – среднее (образование, уч. заведение)
Ст. – Старый (-ая, -ое, -ые)
ст. – степень, -и
с/х – сельское хозяйство; сельскохозяйственный

Т
т.е. – то есть
т.к. – так как
т.н. – так называемый (-ая, -ое)
татар. – татарский (-ая, -ое, -ие)
тер. – территория; территориальный (-ая, -ое, -ые)

Список сокращений

тир. – тираж
тов-во – товарищество
торг. – торговый, (-ая, -ое, -ые)
турецк. – турецкий (язык)
тыс. – тысяча (-и)

У
у. – уезд, уездный (-ая, -ое, -ые)
ул. – улица
ун-т – университет
уч. – учебный (-ая, -ое, -ые)
уч-ще – училище

Ф
ф. – фонд
ф-ка – фабрика
фак-т – факультет
факт. – фактический (-ая, -ое, ие)
философ. – философский, (-ая, -ое, -ие)
ф.о. – федеральный округ
фран. – французский (язык)

Х
хоз. – хозяйственный (-ая, -ое, -ые)

хоз-во – хозяйство
худ. – художественный (-ая, -ое, -ые)

Ц
центр. – центральный (-ая, -ое, -ые)

Ч
чел. – человек
четв. – четверть
чл. – член

Э
экз. – экземпляр, -ы
экономич. – экономический

Ю
юж. – южный (-ая, -ое, -ые)
юр. – юридический (-ая, -ое, ие)

Я
яз. – язык, -и

АВТОРЫ

А. Аликберов — Аликбер Калабекович Аликберов. д. и. н., директор Института востоковедения РАН.

А. Ганич — Анастасия Алексеевна Ганич, к. и. н., с. н. с. Института стран Азии и Африки МГУ им. Ломоносова (г. Москва).

А. Духаев — Духаев Адам Идрисович, начальник отдела научно-исследовательской работы Архивного управления Правительства Чеченской Республики.

А. Исрафилов — Абдулкадыр Абдулгафарович Исрафилов, преподаватель Московского исламского института.

А. Курмансеитова — Аминат Хасановна Курмансеитова, к. и. н., с. н. с. отдела этнографии КЧР Карачаево-Черкесского института гуманитарных исследований (г. Черкесск).

А. Муртазалиев — Ахмед Магомедович Муртазалиев, д. ф. н., Институт языка, литературы и искусства им. Гамзата Цадасы.

А. Наврузов — Амир Рамазанович Наврузов, к. и. н., в. н. с. ИИАЭ ДФИЦ РАН.

А. Пачкалов — Александр Владимирович Пачкалов, к. и. н., директор Музея финансов, доцент Департамента экономической теории Финансового университета при Правительстве РФ (г. Москва).

А. С. — Алексей Николаевич Старостин, к. и. н., доцент кафедры теологии Уральского государственного горного университета, доцент кафедры археологии и этнологии Уральского федерального университета им. Б. Н. Ельцина (г. Екатеринбург).

А. Х. — Айдар Юрьевич Хабутдинов, д. и. н., профессор Казанского филиала Российского государственного университета правосудия, профессор кафедры регионоведения и евразийских отношений Института международных отношений Казанского федерального университета (г. Казань), директор Центра изучения истории ислама в России МИИ.

А. Шихсаидов — Амри Рзаевич Шихсаидов, д. и. н., проф., г. н. с. ИИАЭ ДФИЦ РАН.

А. Ярлыкапов — Ахмет Аминович Ярлыкапов, к. и. н., с. н. с. Центра проблем Кавказа и региональной безопасности МГИМО МИД.

Б. Рахимзянов — Булат Раимович Рахимзянов, к. и. н., с. н. с. Института истории им. Ш. Марджани АН Республики Татарстан (г. Казань).

В. Бобровников — Владимир Олегович Бобровников, к. и. н., зав. Центром изучения Центральной Азии, Кавказа и Урало-Поволжья Института востоковедения РАН.

В. Грибовский — Владислав Владимирович Грибовский, к. и. н, с. н. с. Института украинской археографии и источниковедения им. М. Грушевского НАН Украины (г. Киев, Украина).

В. Трепавлов — Вадим Винцерович Трепавлов, д. и. н., г. н. с., руководитель Центра истории народов России и межэтнических отношений Института российской истории РАН (г. Москва).

Авторы

Г. Давлетшин — Гамирзан Миргазянович Давлетшин, д. и. н., профессор (г. Казань).

Г. Мамулиа — Георгий Гурамович Мамулиа, исследователь (Париж).

Г. Оразаев — Гасан Магомедрасулович Оразаев, с. н. с. ИИАЭ ДФИЦ РАН.

Д. Алхасова — Диана Мурадовна Алхасова, к. и. н., исследователь.

Д. Д. — Денис Николаевич Денисов — к. и. н., с. н. с. НИИ истории и этнографии Южного Урала Оренбургского государственного университета.

Д. М. — Дамир Ваисович Мухетдинов — доктор теологии, к. п. н., первый заместитель председателя ДУМ РФ, ректор Московского исламского института, директор Центра исламских исследований (СПбГУ), профессор Санкт-Петербургского государственного университета.

Д. Маламагомедов — Джамалутдин Муртузалиевич Маламагомедов, к. и. н., м. н. с. ИИАЭ ДФИЦ РАН.

Д. Месхидзе — Джульетта Изауовна Месхидзе, к. и. н., н. с. Отдела европеистики Музея антропологии и этнографии им. Петра Великого РАН СПб «Кунсткамера».

Д. Рахаев — Джамал Якубович Рахаев, к. и. н., с. н. с. Центра истории народов России и межэтнических отношений Института российской истории РАН (г. Москва).

Д. Сень — Дмитрий Владимирович Сень, д. и. н., профессор кафедры специальных исторических дисциплин и документоведения Южного федерального университета (г. Ростов-на-Дону).

Д. Усманова — Диляра Миркасымовна Усманова, д. и. н., профессор Приволжского (Казанского) федерального университета.

Д. Х. — Дамир Зинюрович Хайретдинов, к. и. н., директор Центра исламских исследований Московского исламского института (г. Москва).

Дм. М. — Дмитрий Витальевич Макаров, руководитель кинодокументальных проектов Духовного управления мусульман РФ (г. Москва), магистр истории.

З. Гаджиев — к. и. н., ученый секретарь Дагестанского объединенного государственного музея.

З. Ибрагимова —Заира Багудиновна Ибрагимова, н. с. ИИАЭ ДФИЦ РАН.

З. Магомедова — Зейнаб Ахмеддибировна Магомедова, к. и. н., н. с. ИИАЭ ДФИЦ РАН.

И. Каримов — Ильдар Римович Каримов, к. и. н., в. н. с. Института истории им. Ш. Марджани АН Республики Татарстан (г. Казань).

И. Каяев — Ильяс Абдулгамидович Каяев, к. и. н., исследователь.

И. Лысцева —Изабелла Вениаминовна Лысцева, член Союза журналистов России (г. Калуга).

И. Сулаев — Иманутдин Хабибович Сулаев, д. и. н., проф. каф. отечественной истории ист. фак. ДГУ.

И. Ханмурзаев — Исмаил Ибрагимович Ханмурзаев, м. н. с. ИИАЭ ДФИЦ РАН.

И. Яхьяев — Ибрагим Яхьяев, исследователь (г. Махачкала).

Авторы

К. А. — Камиль Наилевич Ахмадеев, к.полит.н., доцент каф. международных отношений, истории и востоковедения Уфимского государственного нефтяного технического университета.

М. Албогачиева — Макка Султан-Гиреевна Албогачиева, д. и. н., с. н. с. Отдела этнографии Кавказа Музея антропологии и этнографии им. Петра Великого РАН СПб «Кунсткамера».

М. Гаджиев — Муртазали Серажутдинович Гаджиев, д. и. н., профессор, заведующий Отделом археологии ИИАЭ ДФИЦ РАН (г. Махачкала).

М. Заргишиев — Мурад Расильевич Заргишиев, вице-президент Фонда Марджани.

М. Кемпер — Михаэль Кемпер, д. и. н., профессор отделения восточноевропейской истории факультета гуманитарных наук Амстердамского университета (Нидерланды).

М. Мусаев — Махач Абдулаевич Мусаев, к. и. н.. руководитель Агентства по охране памятников РД.

М. Омаров — Магомедрасул Магомедович Омаров, пресс-секретарь Муфтията Дагестана.

М. Рощин — Михаил Юрьевич Рощин, к. и. н., проф., с. н. с. Центра изучения Центральной Азии, Кавказа и Урало-Поволжья Института востоковедения РАН.

М. Шехмагомедов — Магомед Гаджиевич Шехмагомедов, м. н. с. ИИАЭ ДФИЦ РАН.

Н. Зотова — Нина Петровна Зотова, собственный корреспондент DUMRF.ru

Н. Малкина — Наталья Анатольевна Малкина, магистр политологии.

Н. Нефляшева — Наима Аминовна Нефляшева, к. и.н, доцент, с. н. с. Центра цивилизационных и региональных исследований Института Африки РАН (г. Москва).

Н. Шакиров — Наиль Рушанович Шакиров, руководитель Департамента внутренней политики ДУМ РФ.

П. Алибекова — Патимат Магомедовна Алибекова, к. филол.н., с. н. с. Института языка, литературы и искусства им. Гамзата Цадасы.

П. Гусейнова — Патимат Омаровна Гусейнова, главный специалист РИА «Новости» (г. Москва).

П. Тахнаева — Патимат Ибрагимовна Тахнаева, к. и. н., с. н. с., заведующая сектором Кавказа Центра изучения Центральной Азии, Кавказа и Урало-Поволжья Института востоковедения РАН.

Р. Абдулмажидов — Рамазан Султанович Абдулмажидов, к. и. н., директор ИИАЭ ДФИЦ РАН.

Р. Агаев — Руслан Борисович Агаев — старший преподаватель Северо-Осетинского госуниверситета.

Р. Назаров — Равшан Ринатович Назаров, к. и.н, с. н. с. Института истории АН Республики Узбекистан (г. Ташкент, Узбекистан).

Р. Почекаев — Роман Юлианович Почекаев, к. ю. н., доцент, заведующий кафедрой теории и истории права и государства Юридического факультета НИУ ВШЭ в Санкт-Петербурге (г. Санкт-Петербург).

Авторы

Р. Хатуев — Рашид Тохтарович Хатуев, к. и. н., ученый секретарь государственного Карачаево-Черкесского историко-культурного и природного музея-заповедника им. М. О. Байчоровой (г. Черкесск).

С. Исхаков — Салават Мидхатович Исхаков, д. и. н., в. н. с. Центра изучения новейшей истории России и политологии Института Российской истории РАН (г. Москва).

С. Мусхаджиев — Саид-Хасан Хамзатович Мусхаджиев, к. и. н., руководитель Центра народной дипломатии и межкультурных коммуникаций Майкопского государственного технологического университета (г. Майкоп).

С. Натаев — Натаев Сайпуди Альвиевич, к. и. н., доцент кафедры История народов Чечни Чеченского государственного университета.

Т. Дзеранов — Тимур Ефимович Дзеранов, к. филос. н., председатель правления Ассоциации исследователей цивилизационно-экологических проблем и сохранения природно-культурного наследия народов Осетии «Культура и Натура».

Ф. Хузин — Фаяз Шарипович Хузин, д. и. н., член-корреспондент АН Республики Татарстан, заместитель директора Института археологии АН Республики Татарстан (г. Казань).

Х. М. Доного — Хаджи Мурад Доного, д. и. н., заместитель генерального директора Национального музея Республика Дагестан им. А. Тахо-Годи.

Ш. Хапизов — Шахбан Магомедович Хапизов, к. и. н., м. н. с. Отдела этнографии ИИАЭ ДФИЦ РАН.

Ш. Шихалиев — Шамиль Шихалиевич Шихалиев, к. и. н., ведущий научный сотрудник, руководитель научной группы археографии и источниковедения ИИАЭ ДФИЦ РАН.

Алфавитный указатель словарных статей

А

Абазины	7
ʻАбдулмеджид-ахун	8
ʻАбдул-эфенди	8
Абдулаев, Ахмед Магомедович	8
Абсалык-молла	9
Абу (Бешир-шейх)	9
Абу Муслим	9
Абубакаров, Сайидмухаммад Хасмухаммадович	13
Абуков, Исхак-эфенди	13
Абуюсуп, сын Акая	14
Аварское ханство	14
Агаев, Гази-эфенди	14
Адильбеков, Бадави-кади	15
Адыги кубанские	15
Азак	16
Азов	17
Айди-Хаджжи, сын Муртазы	19
Ал-Аймаки, Абубакр	19
Акаев, Абусупьян	20
Акбаев, Исмаʻил-эфенди б. Йаʻкуб	21
Акбаев, Токмак-эфенди Асланович	22
Акбердиев, Сарайдар Сыдыйк-улы	22
Актолиев, ʻАбдуррахман-хаджжи	22
Акушинский, ʻАли-Хаджжи	23
Албаков, Ибрагим Хасултанович	24
Албогачиев, Магомед-хаджжи Османович	25
Албогачиев, Татре Дотмурзиевич	25
ʻАли ал-Багдади — см. Багдад-ʻАли	26
ʻАли-Гаджи из Инхо — см. ʻАли-Хаджжи из Инхо	26
Алексеева, Евгения Павловна	26
Алиев, Муртазали	26
Алиев, Умар Джашуевич	26
Алиев, Эрисхан-Султан-Гирей	27
ʻАли-Хаджжи из Инхо	28
Алиханов-Аварский, Максуд	28
Алкадари, Хасан-эфенди	29
Ал-Алмали, Махмуд	31
Ал-Ангиди, Халил б. Шейхилав	32
Ама — см. Яндаров, ʻАбд-ул-Хамид	32
Ангелинский ерик	32
Ал-Андарави, Ибрагим б. Мухаммадʻали	33
Ал-Анди, ал-хаджж Мухаммад-Хаджжи б. Мухаммад	33
Ал-Андихи, Дайитбег	34
Ал-Ансалти, Йунус, ад-Дагистани	34
Антиписарское восстание 1913–1914 гг.	34
Антисоветское восстание в Карачае 1920 г.	35
Анчок, Хаджибек Шахангериевич	36
Араканский, Саʻид	36
Ал-Аргвани Абакар-дибир	37
Ал-Аргвани, ал-хаджж Мухаммад-Хаджжи	37
Ал-Аргвани, хаджжи-ʻАли б. Хасан ал-Аргуни, ал-Авари	38
Ал-Аргвани, Шамхал	39
Ал-Аркаси, хаджжи-Асилдар, ад-Дагистани	39
Арсанов, Дени	41
Ал-Арсия	42
Ал-Асали, ʻАбдуррахман-хаджжи	42
Ал-Асали, Мухаммад	43
Атажукин, Адиль-Гирей	43
Ал-Ахалчи, Муртазаʻали хаджжи	44
Аушев, Башир-хаджжи Магомедович	44
Ахлов, Ахлау Муссович	44
Ахмад ал-Йамани, Ахмад	45
Ахметуков, Кази-бек Ахмедович	46
Ахреяне	47
Ахтынское бекство	48
Ашильтинский, Курбанʻали	49

Б

Баб ал-абваб	49
Баб ал-Кийама	52
Бабатов, Магомед-Мухтар Османович	53
Багадаев, Багаудин	54
«Байан ал-хакаʼик»	55
Багдад-ʻАли	55
Багужалав	55
Байболатов, Шихаммат-кади	56
Байдаров, Ибрагим Магомед-Аминович	56
Байдаров, Магомед-Амин Батыр-Исаевич	57
Байрамуков, ʻАбдул-Керим-хаджжи Акбузоуович	57
Байрамуков, Магомет-эфенди Кучукович	57
Балаханский, Магома шейх	58
Бальтен-кады	58
Баммат Гайдар	59
Барахоев, ʻУсман Саадолович	60
Барзиев, Хаматхан Алиханович	60
Батал-Хаджжи — см. Белхороев Батал-хаджжи	61
Батлаича мусульманские книжные коллекции	61
Ал-Батлухи, Мухаммад-афанди б. Саʻаду-хаджжи	63
Ал-Батлухи, Мухаммад-хаджжи Абдулгафурович	64
Батлухское медресе имени Мухаммада-афанди Саадухаджжи	64
Батчаев, Даут-эфенди Хаджжаевич	65
Батчаев, Хаджжи-Бекир-эфенди Шидакович	65
Батырмурзаев, Нухай	65
Ал-Бежти, Кебедмухаммад	66
Башларов, Сайфуллах-кади — см. Сайпулла-кади	66
Бекбулатов, Мутай-эфенди	66
Бело Хаджжи	67
Белхороев, Ахмед-хаджжи Магомедович	67
Белхороев, Батал-хаджжи	67
Белхороев, Султан Курейшович	68
Белхороева Батал-хаджжи, орден имени шейха	68
Бердиев, Исмаил Алиевич	69
Бешир-шейх — см. Абу	69
Биджиев, Ожай-хаджжи Гаппаевич	69
Большая Орда	69
Борга Каш	71
Бостанов, ʻАли (Хусей) Идрисович	72
Бостанов, Исмаил Муссаевич	73
Боташев, Хаджжи-Мухаммад Шакаевич	73
Ботлихский, Бадрудин Кадыров	73
Булач-хан из с. Ингиши — см. ал-Ингиши Абубакар	74
Булгары (болгары)	74
Бухарский, ʻАбдуллах	74

В

Ал-Варрак, Йусуф б. Ибрахим б. Наср ал-Хафиз Абу-л-Касим ал-Баби	75
Ваххабиты Северного Кавказа	75
Великий шелковый путь	80
Верховные кадии	81
Восстание Всеобщее 1877 г.	81

Алфавитный указатель словарных статей

Г

Габиев, Саʻид Ибрагимович	83
Гадаборшев (Сурхоев) Астемир-хаджи Сурхоевич	83
Ал-Гадаири, Ахмад б. ал-Хусайн б. ʻУбайд Аллах аш-Шиʻи	84
Ал-Гази-Гумуки, Джамалуддин б. ʻАбдаррахман б. Хаджжи-Батир ад-Дагистани	84
Гаджи-Али Чохский — см. ал-Чухи, ал-Хаджж-ʻАли	84
Газимухаммад (Гази-Магомед, Гази-Мухаммад, Кази-Мулла)	87
Гайдаров, Ибрагим-бек Исабекович	89
Гамзат-бек	89
Ганиев, Абдулкерим	91
Гарданов, Хусейн-хаджжи	92
Гасанаев, Йусуф-хаджжи	92
Геккиев, Махмуд-хаджжи Чукаевич	93
Ал-Гигатли, Мухаммад б. Газимухаммад ал-Хусайни	94
Ал-Гимрави, Хасанилав	94
Генуэзский торговый путь	94
Ал-Гиничутли, Хайдарбек	95
Горская республика	95
Горско-мусульманский совет	98
Гоцинский, Абдулатип	98
Гоцинский, Нажмутдин	100
Гугов, Махмут Матгериевич	101
Гукемухов, Абубекир Махмудович	101
Ал-Гулуди, Малла-Мухаммад б. ʻАли б. Нух	102
Ал-Гулуди, Мухаммадвали б. Муса	103
Ал-Гумуки, ʻАбдуррахман	103
Ал-Гумуки, Аййуб	103
Ал-Гумуки, Гази б. Хасан-Хусайн	104
Ал-Гумуки, Ути-хаджжи	104
Ал-Гумуки, Шамсуддин б. Мухаммад	105
Ал-Гунухи, ʻУмарил Мухаммад ал-Карахи ал-Авари	105
Ал-Гунухи, ал-хаджж Дибир, ал-Карахи, ал-Авари	105
Гусейнов, Арсланʻали-хаджжи Гусейнович	106

Д

Ад-Дагистани, Мухаммад б. ʻАли — см. Казакай-ахун	106
Дагистани, ʻОмар-хаджжи Зиявуддин	106
Дагестанский гуманитарный институт	107
Далгат, Магомед Магомедович	107
Ад-Дарбанди, Мухаммад б. Муса б. ал-Фарадж Абу Бакр аш-Шафии ас-Суфи	108
Дарбиш, Мухаммад-Хаджжи	109
Дарпуш («Заграждение ворот»)	110
Даскиев, ʻУмар Экиевич	111
Дербенд-наме	111
Дербентский эмират	112
Дербентское ханство	112
Джабагиев, Вассан-Гирей Ижиевич	113
Джадидизм	114
Джамиʻат-ул-ʻулама'	117
Джамиʻат-ул-Исламийа	117
Джанибек	117
«Джаридат Дагистан»	118
Джанибеков, ʻАбд-ул-Хамид Шершенбиевич	118
Джарские кадии	119
Дженгутайский, ʻАбдулгалим	120
Джума	120
Дибир-кади, Мухаммадшапи б. Максуд-кади б. Шалап	122
Дибиров, Магомед-кади Дибиргаджиевич	123
Дини Джамиʻа	124
Дини комитет	125
Докка-шейх	125
Долаев, Алий-эфенди	126
ДУМ Дагестана (ДУМД) — см. Муфтият Республики Дагестан	126
ДУМ Кабардино-Балкарской Республики	126
ДУМ Карачаево-Черкесской Республики	126
ДУМ Республики Адыгея и Краснодарского края	127
ДУМ Республики Северная Осетия–Алания	127
ДУМ Ростовской области	128
ДУМ Северного Кавказа	128
ДУМ Ставропольского края	131
ДУМ Чеченской Республики	131
Духовный центр мусульман Республики Ингушетия	132
Духовный центр — имамат Карачая	132

Е

Евлоев, Суламбек Шахботович	133
Елисуйский султанат	133

Ж

Женский антисоветский съезд и демонстрации в Адыгее 1928 г.	134

З

Аз-Занати, Хаджжи-ʻАбдуррахман	135
Загалав-дибир — см. ал-Хварши, Курбанʻали	135
Зандакский, Гази-хаджжи	136
Заргишиев, Мурад Расильевич	136
Зийараты Ингушетии	137
«Зикры» И. У. Семенова	138
Зирихгеран	139
Золотая Орда	139
Золотоордынские памятники Ставрополья	142

И

Ибн Баттута, Абу ʻАбдаллах Мухаммад б. ʻАбдаллах ал-Лавати ат-Танджи	143
Имамат	143
Ал-Ингиши, Абубакр	144
Ильясов, Каим Хаджжи	144
Ингушское адатно-шариатское правосудие	144
Ал-Индирави — см. ал-Андарави Ибрахим	147
Ал-Индири, Ташав-хаджжи	147
Ал-Ири, ʻАбдулкадир б. Талхат	148
Ал-Ири, Талхат-кади ал-Кабир	148
Ионов, ʻИса Хухович	148
Ал-Ири, ʻУсман-дибир б. Мухаммад б. Муртазаʻали	149
Ислам в Адыгее и у западных адыгов	149
Ислам в Золотой Орде	154
«Ислам Нюрю»	156
Ислам в улусе Маджар	156
«Исламский вестник»	157
Исламское образование в Ингушетии	157
Исмаʻил из Шулани	160
История ислама в Дагестане	160
История ислама в Ингушетии	165
История ислама в Осетии	167
История ислама в Чечне	170
История ислама на Северном Кавказе	173
История ислама у кабардинцев	179
История ислама у карачаевцев и балкарцев	180
История ислама у кубанских ногайцев	180
Ал-Итлави, Исин ал-Авари	181

Алфавитный указатель словарных статей

Й
Ал-Йараги, Мухаммад-эфенди — 181
Ал-Йахсави, 'Абдулмутталиб сын Башира — 183
Ал-Йахсави, Башир — 183
Ал-Йахсави, Ходжа-Ахмад — 183
Ал-Йахсави, Йусуф — 184
Йолакай-молла — 184

К
Кавказская война — 185
Кадийат Ингушетии — 187
Кадох-улу — см. Хубиев, Мухаммад-эфенди — 188
Кадыров, Ахмат-хаджжи Абдулхамидович — 188
Казакай-ахун — 189
Казаки Крымского ханства — 190
Казикумухский, Джамалуддин, накшбандийский шейх — см. ал-Гази-Гумуки Джамалуддин — 191
Казикумухское ханство — 191
Казымухамбет-эфенди — 192
Кайбалиев, Зеид Абдул-Халимович — 192
Кайтаг — 193
Какашуринский, 'Абдуррахман — 194
Камбаров, Ибрагим Арслан-улы — 194
Камилов, 'Али-хаджжи — 194
Кана-Шейх — см. Хантиев, Кана-Шейх — 195
Канкулов, хаджжи-Ахмед-Эфенди Якубович — 195
Каппушев, Яхья-эфенди Асланбекович — 195
Карабудахкентский, Давуд б. Баммат — 195
Карабудахкентский, Джамалуддин-хаджжи — 195
Ал-Карати, Мухаммад б. Татилав, ал-Авари — 196
Ал-Карахи, Мухаммадтахир — 197
Карачаево-Черкесский исламский институт — 198
Карачаевское княжество — 198
«Карачай» — 201
Карачаевцы и балкарцы (исламизация) — 201
Карданов, Умар Якубович — 202
Катханов, Назыр Адылгериевич — 202
Катчиев, Ибрагим Азретович — 202
Кафа (Кефе) — 202
Ал-Кахи, Хасан Хилми б. хаджжи Мухаммад б. Хасан ал-Хидали — 203
Качаев, 'Омахан — 204
Каяев, 'Али б. 'Абдулхамид, ал-Гумуки — 205
Кефе — см. Кафа — 206
Кешене — 206
Ал-Кикуни, Мухаммад-хаджжи — 207
Ал-Кикуни, Шарапуддин б. 'Абдуррашид ад-Дагестани — 208
Ал-Кили, 'Аббас б. Ахмад — 208
Ал-Кили, 'Али б. Хусайн — 208
Кисты — 209
Кишиев, Кунта-хаджжи — см. Кунта-хаджжи — 211
Кожаев, Янмурза Аллаяр-улы — 211
Координационный центр мусульман Северного Кавказа — 212
Костекский, ал-хаджж Хасбулат — 213
Коцев, Пшемахо Тамашевич — 213
Кочкаров, Исма'ил-Солтан Кулчораевич — 214
Кочкаров, Муса Ахматович — 214
Крупнов, Евгений Игнатьевич — 215
Крымское ханство — 215
Кубаев, Ибрагим Асланбекович — 219
Кубано-Терское междуречье золотоордынского времени — 220
Кудали — 220
Ал-Кудали, Дауд б. Денга ал-Кудали, ал-Авари — 221
Ал-Кудали, 'Омар-Джан — 222
Ал-Кудали, Хасан ал-Кабир — 222
Ал-Кудуки, хаджжи Мухаммад — 223
Кудалинский, Муртаза — 223
Ал-Кулзи, 'Али б. Хачи, ат-Тленсерухи — 225
Кумуков, Адам-эфенди Абдул-Кадырович — 225
Кумуков, Ахмеджан Батал-улы — 225
Кундухов, Муса Алхасович — 226
Кунта-хаджжи Кишиев — 226
Ал-Куркли, Зайд б. Исламбулат — 229
Куркаев, 'Абд-ул-Ваххаб — 229
Куркиев, Магомет — 229
Ал-Куруши, Халил б. Мухаммад — 230
Кучрабский, Ибрагим-хаджжи — 230
Кырхляр — 230

Л
Ал-Лакзи, Йусуф б. ал-Хусайн — 232
Лавров, Леонид Иванович — 232
Ал-Лакзи, Маммус б. ал-Хасан — 233
Лаченилав — см. ал-Харикули, 'Али б. Лачен — 234

М
Мавраев, Мухаммад-Мирза — 234
Маджар — 237
Мансур — 238
Марван б. Мухаммад (Марван II) — 240
Марзиев, Зайнабид Ибрагимович — 241
Мартазанов, Абдурахман Шамсудинович — 241
Маушев, Шутий-молла — см. Шутий-молла — 241
Махлоев, Яхья Хусейнович — 241
Ал-Мачади, Мухаммад б. Багужа — 242
Ал-Мачади, Хадис б. Мухаммад б. 'Умар ал-Хидали ал-Мачади — 242
Ал-Мачади, шейх Мухаммад — 243
Медресе — 243
Медресе Карачаево-Черкесской Республики — 244
Мекеров, 'Умар Исмаилович — 245
Меселасул Мухаммад-афанди Ал-Хучади — 245
Мехкеме в Карачае и Балкарии — 245
Мехтулинское ханство — 246
Мечети Ингушетии — 246
Мечети Карачая — 247
Мечеть в г. Армавире — 248
Мечеть в г. Екатеринодаре — 248
Милли комитет — 248
Минаева, Татьяна Максимовна — 249
Митаев, 'Али Бамат-Гиреевич — 249
Митаев, Бамат-Гирей-хаджжи — 250
Монетное обращение на средневековом Северном Кавказе — 250
Мугумаев, Магомед-Расул — 251
Ал-Мукуки, ал-хаджж Маха — 252
«Мусульманин» («Ал-Муслим») — 253
Муртаза б. Ахмед — 253
Муса-хаджжи из Эрпели — 253
Мусульманская книжная культура Большой Кабарды — 253
Мусульманская литература Карачая — 257
Мусульманская община Кабардино-Балкарской Республики — 257
Мусульманская община Карачаево-Черкесской Республики — 258
Мусульманская община Краснодарского края — 258
Мусульманская община Республики Дагестан — 260
Мусульманская община Республики Ингушетия — 261
Мусульманская община Республики Северная Осетия–Алания — 261

Алфавитный указатель словарных статей

Мусульманская община Ростовской области	262
Мусульманская община Ставропольского края	263
Мусульманская община Чеченской Республики	263
Мусульманская эпиграфика Карачая XVII – начала XX в.	264
Мусульманские государства на Северо-Восточном Кавказе домонгольского периода	264
Мусульманские государства на Северо-Восточном Кавказе в XIII–XVII в.	265
Муфтият Республики Дагестан	266
Мухаджирство	268
Мухаммад Амин	275
Мухаммад-хаджжи из Уриба, Алиев	276
Муцольгов, Асман (Усман) Охлоевич	276
Мюридизм	276

Н

Набоков, Мишауст Джамбулетович	278
Назир из Дургели Магомедгаджиев	278
Назиров, Мани-шейх	279
Назр	279
Накшбандийа	280
Намиток, Айтек Алиевич	282
Начальное исламское образование мусульман Верхней Кубани (XVII — начало XX вв.)	283
Негуч, Юсуф Суад	284
Некрасовцы — см. Казаки Крымского ханства	285
Нижний Джулат	285
Низам	286
Ан-Низамийа	288
Ногаи	289
Ногайское казачье войско	289
Ногайцы	290
Ногайцы Северо-Западного Кавказа	290
Ногаи малые	291
Ногмов, Шора Бекмурзович	291
«Нур-ул-Ислам»	292

О

Общество просвещения туземцев-мусульман Дагестанской области	292
Оздоев, Магомед-Басир Магомедович	293
Оздоев, Махьмад Салмарзиевич	293

П

Памятники золотоордынского мусульманского зодчества Карачая, Балкарии и бассейна р. Кумы	293
Пахомов, Евгений Александрович	296
Первая мечеть в г. Майкопе	297
Первый Горский съезд	298
Персидская мечеть в г. Владикавказе	299
Персидская мечеть в г. Грозном	299
Плетнева, Светлана Александровна	300
Позднесредневековые археологические памятники в Кабардино-Балкарии	300
«Правила мусульманской веры»	301
Позднесредневековые археологические памятники в Карачаево-Черкесии	301
Пушули — см. ал-Хушали, Курбан'али	302

Р

Радио «Ангушт»	302
Рамазанов, Курамухаммад-хаджжи	302
Ар-Рочи, Мамма-Дибир	303
Рахимов, Мухаммад Загитович	303
Ртвеладзе, Эдвард Васильевич	303
Ар-Ручи, Мухаммадамин	304
Рутульский магал	304

С

Садиков, Максуд Ибнугаджарович	305
Садинов, Мустафа Садинович	305
Саидов, Бадави	306
Сайпулла-кади	306
«Ас-Салам»	307
Ас-Салти, 'Али-кади б. Нурмухаммад	308
Ас-Салти, Йусуф, ас-Салти ал-Авари	308
Сарир (Серир)	309
Саркел	311
Северный Кавказ в золотоордынский период	312
Северо-Кавказский эмират	315
Сеит-эфенди	317
Семенов, Исма'ил Унухович	318
Семенов, Унух Умарович	318
Соборная мечеть г. Майкопа	319
Совещание «ста 'алимов»	319
Согратль	319
Союз объединенных горцев Северного Кавказа и Дагестана	320
Средневековая Ингушетия	323
Средневековая Чечня	323
Средневековый Эндирей	324
Ас-Сугури, 'Абдуллах	326
Ставки золотоордынских ханов на Северном Кавказе и на Дону	326
Ас-Сугури, 'Абдуррахман-хаджжи	327
Ас-Сугури, 'Алириза	327
Ас-Сугури, Хаджжи-Мухаммад б. 'Абдуррахман	328
Султанмагомедов, Салман Насибович	328
Султанов, Бейбала-бек Магомед-Мирзович	328
Ас-Сумуди, Тируч	329
Суннитская мечеть в г. Владикавказе	329
Суфизм на Северо-Западном Кавказе	329
Съезд в с. Анди 1917 г.	331
Съезд мусульман Карачая 1991 г.	333
Съезд мусульманского духовенства Карачаево-Черкесии 1923 г.	333

Т

Табасаран	334
Тагаев, Ахмад Салихович	334
Тагир-хаджжи из Чиркея	335
Тагланов, Абубакар Иналукович	335
Тажев, Шабхан Шухаибович	335
Тангболат-эфенди	335
Таргу	336
Тарковское шамхальство	336
Ат-Таши, 'Иса-афанди б. Ибрахим ат-Таши, ад-Дагистани	337
Ташав-хаджжи — см. ал-Индири Ташав-хаджжи	337
Ат-Тиди Мухаммад-хафиз-афанди	338
Темиров, Касбот Ахметович	338
Тёре	338
Тетакай-хаджжи б. Абулав	338
Ат-Тлахи, Мухаммад б. Манилав ал-Карахи ал-Авари	339
Тлехас, Мурад Гирей Саофижевич	339
Тлецерук, Харун	340
Тмутаракань	340
Токта	341

Алфавитный указатель словарных статей

Тохтамыш	341
Туганов, Хамби Асламбекович	342
Ат-Тухи, Салман б. 'Али	343
Тумгоев, Шахмурза Бердович	343
Ал-'Убуди, Ша'бан б. Исма'ил	344
Тюменское владение	344

У

Узбек	345
Узденов, Хабат-эфенди Джумалиевич	346
Узденова, Бушай Аубекировна	346
Ал-Уради, Муртада'али б. Мухаммад б. Малик	347
Умаргаджиев, Хамзат Абубакирович	347
Умаров, Батыр Дуйсенби-улы	347
Упа — см. Хантиев, 'Усман-хаджжи	347
Уракчиев, Хаджжи-Мурат Кубжетер-улы	348
Урдашев, Далгат (младший)	348
Ал-Усиши, Давуд	349
Урусов, Хамзат-хаджжи Мамсурович	349

Ф

Ал-Фукка'и, Йусуф б. Ахмад Абу-л-Касим ад-Дарбанди	350

Х

Хаджжи Удурат из Чолода	350
Хадис-Дибир — см. ал-Андихи Даитбек	350
Хаджетлаше Магомед-Бек — см. Ахметуков Кази-бек	351
Хазарский каганат, Хазария	351
Хайбуллаев, Сиражутдин Магомедович	352
Халватийа	353
Халиков, Абумуслим Губдалан	355
Халифа и кайим	355
Хамхоев, Исса Баматгиреевич	356
Хантиев, Кана-Шейх	356
Ал-Харахи, Тайгиб б. 'Умар б. Хужа	357
Хантиев, 'Усман-хаджжи	357
Ал-Харахи, Тайгиб, ал-Авари	358
Ал-Харикули, 'Али б. Лачен, ал-Авари	358
Ал-Хварши, Курбан'али б. Зага	359
Хачиров, Джагафар Ахматович	359
Хачиров, Юсуф Ахматович	359
Холлам	359
Хубиев, Мухаммад-эфенди	361
Хунзах	361
Ал-Хунзахи, Хусайн б. Атанас	362
Хурикский, Сиражутдин Ханмагомедович Исрафилов, ал-Хурики	363
Хусенил Мухаммад-афанди Гусейнов	363
Ал-Хухали, Махмуд б. Максуд	364
Ал-Хухали, Мухаммад-афанди	364
Ал-Хухали, Меселасул Мухаммад-афанди — см. Меселасул Мухаммад-афанди ал-Хучади	364
Ал-Хучади, Хаджжи-'Али, ал-Авари	364
Ал-Хушали, Курбан'али	366
Хушт-хаджжи Хасан	366

Ц

Цагов, Нури Айтекович	366
Цаликов (Цалыккаты), Ахмед Тембулатович	367

Ч

Ал-Чанави, шейх Шамхусан 'Али-афанди ал-Хурухи	368
Ал-Чари, Бала-афанди б. Муртазаали Чапаразул	368
Чапанов, Иссакх-мулла Осмиевич	368
Черкесское благотворительное общество в Екатеринодаре	369
Черкесы-репатрианты в исламском возрождении на Северо-Западном Кавказе	370
Чермоев, 'Абдул-Меджид (Тапа) Арцуевич	372
Чеченов, Исмаил Магомедович	373
Ал-Чиркави, Амирхан, сын Нур-Мухаммада	374
Чиркейский, Са'ид-афанди	374
Чокуна-эфенди — см. Акбаев Исма'ил-эфенди	375
Чохские реликвии Абу Муслима	375
Чупалав из Игали	378
Ал-Чухи, Махад б. Аййуб, ал-Авари	378
Ал-Чухи, Мухаммад-'Али	379
Ал-Чухи, ал-Хаджж-'Али	379

Ш

Шайтан 'Абдулла	381
Аш-Шамгуди, 'Иса б. Хусайн	381
Шамиль	381
Шамиль Мухаммад-Са'ид	385
Шамхалов, Пахрудdin	385
Шамхальство — см. Тарковское шамхальство	386
Шаптукаев, 'Абдул-'Азиз — см. Докка-шейх	386
Шарданов, Магомед Якубович	386
Шарданов, Якуб Магомедович	387
Шариатские суды	387
Шариатский суд Верхней Кубани	390
Шеретлоков (Гогутль), 'Умар	390
Шихсаидов, Амри Рзаевич	391
Шогенов, Алихан-хаджжи Индрисович	394
Шутий-молла	394

Э

Эбзеев, Абу-Юсуф Хусеевич	395
Эльгайтаров, Ибрагим Мавлимберди-улы	395
Эльдарханов, Таштемир Эльжуркаевич	395
Эндиреевское владение	396
Эсмурзиев, Муса Магомедович	397

Ю

Юсупов, 'Абдулхамид-афанди	397

Я

Яндаров, 'Абд-ул-Хамид	397
Ярагский Магомед, накшбандийский шейх — см. ал-Йараги Мухаммад-эфенди	397

Перечень словарных статей выпуска I «Ислам на Нижегородчине»

Абделманнафов Абу-Бекер
Абделхаликов Мухетдин
Абдрахимов Даян
Абдрахимов Сабир
Абдулгазизов Тухветулла
Абдулжаббаров Хамза
Абдулжалилов Садек
Абдуллин Ахмет Ахтямович
Абдуллин Ахтям Абдуллович
Абдурахманов Хамзя
Абу-Ханифа ан-Нуман
«Абу-Ханифа: жизнь и наследие»
Абызы
Абыстай
Авлия
Агаев (Агаоглу) Ахмед бек
Адат
Азан
«Азан над Волгой»
Айзятуллин Исмаил
Акида
Акчура (Акчурин) Юсуф
Алиев Шакир
Алимов Бедретдин
Алимовы
Алкин Саид-Гирей
Аллах
Аллямов Абдулбари Хусейнович
Аллямов Ильхам Мансурович
Аллямов Садретдин
«Ал-Фатиха»
Альманах «Ислам в современном мире: внутригосударственный и международно-политический аспекты»
Альмухаммятов Хабибулла
Альмушев Хамидулла
Апанаев Абдаллах (Габдулла)
Ассоциация женщин-мусульманок
Асфандияров Осман
Ахират, ал-Ахира
Ахтямов Фаттахутдин
Ахун
Ашрафов (Ашрафетдинов) Аббас
Ашура
Аят

Бадамшины Мифтях и Фаттях
Баракат
Баруди Галимджан
Басыров Риза
Батров Рустам Гаярович
Батырша Галиев Габдулла
Башкиро-мещеряцкое войско
Баязитов Ряшит Жаббарович
Бетанкур Августин Августинович
Беюсов Ахмет Юсипович
Библиотека Нижегородского исламского медресе «Махинур»
Бигиев Муса Джарулла
Бигилдин Хамит
Бидаат
Биккинин Абдулжалил
Биккинины-Абдулзямиловы (Абдулжалиловы)

Билялетдинов Абделькадир
Благотворительность мусульман Нижегородчины
Булгария, Волжская Булгария
Буртасы
Бюллетень «Форумы российских мусульман»

Вагапова Фирдаус Габдуллазяновна
Ваисовское движение
Вакуф, вакф, вакыф
Вакуфные владения Нижегородчины
Вахитов Кябер
Ваххабизм, ваххабиты
Велемеевы
Всероссийские мусульманские съезды
Всероссийские мусульманские форумы

Газета «Аль-Хаят»
Газета «Жихан»
Газета «Медина аль-Ислам»
Газета «Миллят»
Газета «Нур аль-Ильм»
Газета «Тарджеман»
Газета «Туган як»
Гаспринский (Гаспралы) Исмаил-бей
Гильманов Фаиз Абдрахманович
Губейдуллин Камалетдин
Гусева Юлия Николаевна

Дагват
Дамаскин
«Двухсветная гостиница»
Джадидизм
Джаназа, джиназа
Джаннат
Джаханнам
Джинны
Джихад
Джума
«Диалог цивилизаций»
Дин
Династии нижегородских имамов
Дмитриев Максим Петрович
Добролюбов Николай Александрович
Домбровский Павел Антонович
Дуа, дога
Духовное управление мусульман Нижегородской области (ДУМНО)

Ендовищинские мечети и мектебе
Естифеев Василий

Желялетдинов (Жаламетдинов) Фатех
Журнал «Ислам на Нижегородчине»
Журнал «Минарет»

Закиров Гаяз Салихович
Закят

Перечень словарных статей выпуска I «Ислам на Нижегородчине»

Замзам
Заходер Борис Николаевич
Здания старинных мечетей Нижегородского края, сохранившиеся до наших дней
Зикр
Зиярат
Золотая Орда

Ибадат
Иблис
Ибрагимов Габдеррашид, Рашид
Ибрагимов (Абрамов) городок
Ибрагимов Фаим Ибрагимович
Иджтихад
Идрисов Бадретдин
Идрисов Заур Шикарович
Идрисов Умар Юсипович
Издательство Нижегородского исламского медресе «Махинур»
«Из истории нижегородских мусульманских общин в XIX – 30-х гг. XX в.»
«Из прошлого религиозного мусульманского образования на Нижегородчине в XVIII – начале XX вв.»
Ильясов Садек
Ильясов Шагимердян
Имам
Имамы – жертвы трагедии в деревне Семеновской (1919 г.)
Имамы Макарьевской и Нижегородской ярмарочных мечетей
Иман
Интернет-сайт «Ислам в Нижнем Новгороде» (www.islamnn.ru)
Интернет-сайт «Нижгар» (www.nizgar.ru)
Ислам
Ислам в Нижегородском крае
Исламский информационный портал «Медина» (www.medina.su)
Исламский культурно-просветительский комплекс «Медина»
«Ислах мадарис»
«Ислахат асаслары»
Исторические мечети Нижегородчины, имевшие каменные здания
«История исламских общин Нижегородской области»
Исхаки Гаяз
Исхаков Габдулвагаб Исхакович
«Иттифак ал-муслимин»
Ишан

Йа-Син
«Йа-Син»

Кааба
Кабр
Кадимизм
Казанское ханство
Казый, кадый
Каримов Хасян
Каримовых, род
Касимовское ханство
Кибла
Киямат
Кияс
«Книга о джаназа»

Конференции, организованные ДУМНО, и их сборники
Коран
Курбан-байрам
Курбангали-мулла и его семья
Кустова Нина Александровна
Куфр
Кушаев Нугман
Кямберов Рызван
Кяфир
Леер Антон Лаврентьевич
Ликвидация мечетей на нижегородской земле
Ляйлят ал-Кадр

Мавлид
«Мавлид ан-Набий»
Магометанская площадь Н. Новгорода
Маджары / мачары
Мазар
Мазхаб
Макарьевская ярмарка и мечеть
Максуди Садри
Мангушев Якуб Ибряевич
Марджани Харун
Махалля
Махр
Меджлис, маджлис
Медина
«Медина», издательский дом
Медресе
Медресе «Азимовское»
Медресе «Апанаевское»
Медресе «Галия»
Медресе «Марджания»
Медресе «Махинур»
Медресе «Мачкара»
Медресе «Медина»
Медресе «Мухаммадия»
Медресе Мухсина-хазрата в с. Сафаджай
Медресе на Нижегородской ярмарке
Медресе с. Овечий Овраг
Медресе с. Сафаджай
Медресе «Усмания»
Медресе «Якуповское»
Мекка
Мектебе
Мектебе «Арафат»
Мектебе «Ихсан»
Мектебе им. Хамидуллы Альмушева
Мектебе им. Хусаина Фаизханова
Мектебе «Рашида»
Мечети Нижегородчины, открытые в послевоенный период
Мечеть, масджид
Мечеть «Абдул-Хамита»
Мечеть «Апанаевская»
Мечеть на ул. Ижевской
Мечеть на ул. Луганской
Мечеть «Рашида»
«Мечети Российской империи»
Мечеть «Тауба»
Мечеть «Хамидуллы»
Мещера
Мещерский Улус, Мещерский Юрт
Милли Шура
Минарет
Минбар
Мирадж

Перечень словарных статей выпуска I «Ислам на Нижегородчине»

Михраб
Мишари, мещеряки
Могила Галиба Тали казыя
Молодежное движение «Нур»
Му(г)аллим
Мударрис
Муджтахид
Мулла
Мусалля
Муслимов Абдулбари Маратович
«Мустафад ал-ахбар фи ахвал Казан ва Болгар»
Мустафин Ахметзян
Мусульман хезмят таифасе
Мусульманские праздники
Мусульманские фракции в Государственной Думе России
Мусульманское благотворительное общество Нижегородской ярмарки
Мусульманское кладбище Н. Новгорода
Мутаваллият
Муфтий
Мухаметдиаров Гаязетдин
Мухаметшин Таджетдин
Мухетдинов Гаязетдин
Мухетдинов Дамир Ваисович
Мухетдинов Салахетдин
Мухетдиновы
Мухтасиб
Муэдзин
Мюрид, мурид

Назиров Адиятулла
Накшбандийа ан-, накшбандийя
Намазлык
Нариманов Нариман-бек Наджаф-оглы
Нежеметдинов Абдулла
Нежеметдинов (Соколов) Жалялетдин
Нежеметдиновы
Нижегородская городская мусульманская община
Нижегородская Соборная мечеть и ее имамы
«Нижегородская Ярмарочная мечеть»
Нижегородские имамы Москвы и Подмосковья
Нижегородский исламский институт им. Х. Фаизханова
Нижегородские корни татаро-мишарской общины Финляндии
Нижегородские татары в Польше
Нижегородские татары в Эстонии
Нижегородский центр мусульманской культуры (НЦМК)
Никах, никах
Нурджулар (нурсисты)
Нурмухамятов Юсип

Общероссийский мусульманский сайт «Ислам в Российской Федерации» (www.IslamRF.ru)
Омаров Сафар Билалович
Ордынское посольство в Н. Новгороде
Оренбургское Магометанское духовное собрание
Оруви Хабибулла

Памятный мемориал
Пансион «Волга»
Первые азербайджанцы на Нижегородчине
Премия Хусаина Фаизханова

Равиль-мулла
Рамадан
Рамазановы
Расули Габдуррахман
Расули Зайнулла
Рахимов Юсуф
Региональная национально-культурная автономия татар Нижегородской области (РНКАТНО)
Региональная национально-культурная автономия азербайджанцев Нижегородской области (РНКАА)
Религиозное общество мусульман (РОМ) «Медина»
Религиозное объединение мусульман (РОМ) г. Дзержинска Нижегородской области
Религиозное объединение мусульман (РОМ) Нижнего Новгорода
Репрессированные имамы г. Горького и татарских деревень области
Российские мусульмане
«Россия, Азия моя!»
Рукья

Саберов Бедретдин
Сабиров Вафа
Сабиров Закир
Садака
Садеков Мансур Саитович
Сайдашев Шарафутдин
Салахетдинов Абидулла
Салафиты
Салахетдинов Марат Батыршинович
Салимов (Селимов) Абдул-Керим
Салюков (Селюхов) Сулейман
Салят
Сараклыч
Саум
«Сафаджайские тетради»
Сборник и конференция «Фаизхановские чтения»
Сборник и цикл лекций «Рамазановские чтения»
Сеид-Бурхан Хусаин
Сейид
Сенюткина Ольга Николаевна
Сенюткин Сергей Борисович
Сергач
Серия «Ислам в Российской Федерации»
Серия «Ханафитское наследие»
Сира
Сихр
Совет улемов
Соколов Зямил Самирхан
Соколов Мухаммад-Фатих
Соколов Садек Хусаинович
Соколовы
Соловьев Тимурша Салаватуллович
Субханкул Тахир
Сулеймани Габдулла
Сулейманов Габдулвахид
Сулейманов Мухаммет-Халим
Сулейманов Салех

Перечень словарных статей выпуска I «Ислам на Нижегородчине»

Сулейманов Шарафутдин
Султангалеев Якуб
Султанов Мухаммедьяр
Сунна
Суннат
Суннизм (сунниты)
Сура
Суфизм
Суфизм на Нижегородчине
Суфийские братства
Сыртланов Шах-Айдар Шах-Гарданович

Таджвид
Таджетдиновы
Такбир
Тарджемани Кашшаф
Тасбих
Татаро-мусульманские селения Нижегородского и Симбирского наместничеств
Таухид
Тафсир
Тафсир Священного Корана
Тахарат
Тевкелев Кутлуг-Мухаммед Батыргиреевич
Телепередача «Минарет»
Тиморшин Зэкэрья Исмаилович
Топонимы Нижнего Новгорода тюркского и мусульманского происхождения
Топтыгин Жафяр Хамзяевич
Топчибашев Али-Мардан бек Алекпер оглы
Туктар-мулла
Турецкие военнопленные в Нижнем Новгороде во время 1-й мировой войны
Тюнтяри Гали
Тюркские постордынские государства
Тюркские раннесредневековые государства

Умра
Улемы
Умма
Ураза-байрам
Усманов Хайрулла
Ушр

Фаизханов Габделгаллям
Фаизханов Хусаин
Факих
Фаттахетдинов (Фаттахутдинов) Абдулвадуд
Фаттахетдиновы
Фахретдин Ризаэтдин
Фахрутдинов Ахмят Билялович
Фетва, фатва
Фикх
Фонд имени имама Абу-Ханифы
Фяхретдинов Мухсиння

Хабибуллин Абдулбяр
Хабибуллин Мухсин
Хабибуллины Мухсин, Абдрахман, Наджип, Абдулбяр Малик
Хадж
«Хадж-наме»
Хадис
Хазарский каганат
Хазрат
Хайретдинов Вагап

Хайров Умяр Насибуллович
Хаким Вали-Ахмет
Халитов Хамидулла
Халифа
Хальфа
Хальфя-бабай
Халяль
«Ханафитский фикх в новом обличье»
Ханафиты
Харам
Хатм ал-Коран
Хатиб, имам-хатиб
Хафиз
Хиджаб
Хиджра
«Хизб ат-тахрир ал-ислами»
«Хронология исламской истории»
Хузин Рустем Фаитович
Хусаинов Ахмет
Хусяинов Мансур Садекович
Хусяинов Салей
Хусяинова Наимя Ситдековна
Хутба

Центральное духовное управление мусульман (ЦДУМ)

Чалма

Шайтан
Шакирд
Шамуков Вахит б. Шамсетдин
Шарафутдинов Багаутдин
Шариат
Шаффеев Абдул-Сатар
Шахада
Шахид
Шахмаев Аминбай Абдул
Шейх
Шейх ал-ислам
Шертная клятва на Коране
Шииты

Юнис-мулла и его сыновья
Юнусов Мухаммед-Зариф
Юнусов Мухаммед-Шакир
Юсипов Исмаил Магдиев
Юсупов Махмуд

Ярмарочная мечеть Нижнего Новгорода и ее имамы
Ярмухамятов Асфандияр

Перечень словарных статей выпуска II «Ислам в Москве»

Абдурахманов Хамзя Жалялетдинович
Авдулов Кутлымамет
Агеевы Рафек, Хайретдин
Азербайджанцы; азербайджанская община
Акилов Александр
Акчурин Расим Сулейманович
Алимов Абдурахман Бедретдинович
Алимов Бедретдин Алимович
Алимов Сафа Бедретдинович
Аль-Асма аль-хусна
«Аль-Вахдат» («Единение»), газета
Аль-Джами
«Аль-Марказ аль-Ислами»
Аляутдинов Ильдар Рифатович
Аляутдинов Шамиль Рифатович
«Андалус», Издательско-переводческий центр
«Ансар», Издательский дом
Антирелигиозная комиссия и постановка антирелигиозной пропаганды среди мусульман в 1920–1930-е гг.
Арабские исламские организации
Арабы; арабская община
Асадуллаев Ага Шамси
Асадуллаев Мирза Шамси оглы
Асадуллин Фарид Абдулович
Асханов Сайфулла Мулюкович
Афганская мечеть (мусалля)
Афганцы; афганская община
Африканцы; африканская община
Ахль аль-Байт
Ахль аль-Китаб
Ахметжанов Руфат Сафаевич
Аширов Нафигулла Хучатович

«Бадр», Издательский дом
«Байт-Аллах», РОМ
Байцины
Балакин Андрей
Баруди Галимджан Мухаммаджанович
Басмалла
Басыров Ризаутдин Салахетдинович
Башкиры; башкирская община
Баязитов Ряшит Жаббарович
Беккин Ренат Ирикович
Биги (Бигеев) Муса Яруллович
Билялетдинов Абдул-Кадер б. Беляледтин
Богобоязненность и любовь к Богу среди мусульман Москвы
Болвановка (Болвановье), слобода
«Большой тафсир снов» Ибн Сирина
Боровицкая башня, версия о восточном происхождении топонима
Брачное агентство на Ислам.Ру
Булгары и буртасы
Бутовская религиозная организация мусульман
Вайнахи; вайнахская община

Вакуф, вакф
Вакфы в Москве и Подмосковье
Валиди Ахмед-Заки Ахметшахович
Валитов Абдулкадыр Абдулхакович
Валиуллин Якуп Фатыхович
Василия Блаженного храм
Вахитов Мулланур Муллазянович
Вахитов Муса Кабирович
«Введение в коранические науки»
Векилов Мустафа бек Надир оглы
Велитов Махмут Абдулхакович
Версия о восточном происхождении топографии древнейшей части Москвы
«Весы деяний»
Восточные корни «вселенского» элемента в титулатуре московских царей
«Восточный базар», интернет-магазин
Временное центральное организационное бюро мусульманок России
«Все об Исламе», газета
I Всероссийский мусульманский съезд
Второй мусульманский приход Москвы 1894–1904 гг.
Вуду
«Выборы в России и выбор мусульман»
Высший координационный центр Духовных управлений мусульман России (ВКЦ ДУМ)

Гаибов Джахангир бек
Гайнутдин Равиль Исмагилович
Гасанов Мухаммадбасир Шамилович
Гаспринский (Гаспралы) Исмаил-бей
Гизатуллин Дамир Халиуллович
Гильманов Фаиз Абдрахманович
«Голос Ислама»
«Голубушка», просветительский центр
Горячев Виктор Владимирович
Государственные символы и регалии Руси-России мусульманского происхождения
Государственный щит
Гуламов Султанмурад Хожиевич
Гусль

Дагестанцы; дагестанская община
Даниловское мусульманское кладбище
Дербентское
Детский сад № 318
Детский сад № 2497
Джамаат
Джафаров Мамед Юсиф Гаджибаба оглы
Джахилийя
Джемаль Гейдар Джахидович
Джемаль Орхан Гейдарович
«Дозволенное и запретное в исламе»
Дом Асадуллаева

Перечень словарных статей выпуска II «Ислам в Москве»

Дом Измайловых
Досмухамедов Джанша Досмухамедович
Духовное управление мусульман Азиатской части России (ДУМ АЧР)
Духовное управление мусульман Европейской части России (ДУМЕР)
«Евангелие глазами мусульманина»
«Евангелие от Варнавы»
Египетский культурный центр
Ерзин Салих Юсупович

Женская мусульманская религиозная идентичность в Москве
«Жизнеописание пророка Мухаммада» Ибн Хишама

Забур
Зарубежные мусульманские источники и литература в московских хранилищах
Звенигородский удел, XV–XVI вв.
Земляной вал, его возведение пленными татарами
Зиатханов Адиль Абульфат оглы
Зиатханов Исмаил Хан Абульфат оглы
«Значение и смысл Корана»
«Золотой родник», журнал
Зульфикар

«Ибрагим бин Абдулазиз Аль Ибрагим», благотворительный фонд
Иджма
«Из истории московской мусульманской общины в начале XVIII в.: дело о московском муэдзине (1712 г.)»
Избрание Михаила Федоровича Романова на московский престол в 1613 г., участие татарских мурз
«Иль» («Страна»), газета
«Иман», общеобразовательная школа
«Инам», мечеть
Индопакистанцы; община
Иностранные студенты-мусульмане в Москве в 1970–1980-е гг.
«Ирано-Славика», журнал
Иранцы; иранская община
«Ислам», журнал
«Ислам в вопросах и ответах»
«Ислам в России: традиции и перспективы»
«Ислам в современной России»
«Ислам и 624 судьбы»
«Ислам и иудаизм», международный форум
«Ислам и наука: проблемы и перспективы»
«Ислам и христианство: на пути к диалогу», богословская конференция
«Ислам минбаре» («Трибуна ислама»), Газета
Ислам.Ру, сайт
Ислам-ньюс.Ру, сайт
Исламоведение в Москве

«Исламофобия в российских СМИ», круглый стол
«Исламская интеллектуальная инициатива в ХХ веке»
Исламская партия Возрождения
Исламский комитет России
Исламский конгресс России
Исламский культурный центр России
«Исламский Мир», телевидеокомпания
«Исламский энциклопедический словарь»
Исмаилитская община
Иснад
Истихсан
Истоки мусульманской общины Москвы
Историческая мечеть
«Историческая мечеть», РОМ
Исхаки Гаяз (Исхаков Мухамметгаяз) Гилязетдинович
Итикяф
Ифтар
«Ихляс», благотворительный фонд
Ихрам
Ихсан

«К кому обращается муэдзин в Москве»
Када (каза)
Кадкеев Ашир
Казанский посольский двор
Казахи; казахская община
Кантемиров Алихан Гадоевич
Карабеков Карабек Исмаил оглы
Карачай (Биджиев) Мухаммад Абдуллаевич
Каримов Мухамметфатых (Карими Фатих) Гильманович
Каримов Хасян Абделдианович
Касимовские татары в Москве
Касимовский двор, дворец касимовских царевичей
Каширский удел, XV–XVI вв.
Керимов Гасым Мемеджан-оглы
Киргизы; киргизская община
Кожевники, слобода
Комитет солдат-мусульман Московского гарнизона
Коммунистический университет трудящихся Востока
Конный базар за Земляным городом и коневодство в Москве
«Коран в России»
«Краткая историческая записка»
Кремль, версия о восточном происхождении топонима
Крещения мусульман, политика церкви
Крещеные ханы и царевичи, захоронения в Москве
«Крушение позиций философов»
Крымские татары; крымско-татарская община
Крымский двор
«Культура Востока», клуб
Кутафья башня, версия о восточном

Перечень словарных статей выпуска II «Ислам в Москве»

происхождении топонима
Кямилев Саид Хайбуллович

«Ладомир», научно-издательский центр
Леон Анна
«Личность мусульманина»
«Любовь и секс в исламе»

Магометанский молитвенный дом в Замоскворечье в нач. XIX в.
Макаров Ахмад Дмитрий Витальевич
Максудов (Максуди) Садри Низамутдинович
Маркус Джаннат Сергей Владимирович
Масх
Машхади Саид
«Меджлис»
Медресе при Исторической мечети
Медресе при Соборной мечети
Международная исламская миссия
Мемориальная мечеть
«Метрическая книга 1836–1840 гг. [Исторической] мечети Москвы»
«Мечети России»
Мечеть в Замоскворечье в XVII–XVIII вв.
Мечеть пос. Родники Раменского р-на
Мечеть резиденции иранского посла
Мечеть «Сафар» (аэропорт «Домодедово»)
Милли Шуро (Всероссийский мусульманский совет)
«Мир души»
Мифологические сюжеты, связанные с прошлым и настоящим московских мусульман
Монетчики, слобода
Москалев Сергей
«Москва мусульманская: история и современность»
Москов, имя личное среди татар XVII в.
«Московская Соборная мечеть за сто лет (исламская составляющая культурного наследия Москвы)»
Московский даруга
Московский исламский университет
Московский мусульманский национальный совет
Московское мусульманское благотворительное общество
Мурзы и беи в Москве
Муртазин Марат Фахрисламович
Мусафир
Мусин Хайдар Исмаилович
Муслим
Муслим-пресс, сайт, информагентство
Мустафин Ахметзян Мустафинович
Мустафин Рафаэль Хайдарович
«Мусульмане», журнал
«Мусульмане», телепрограмма
Мусульманская община Балашихи
Мусульманская община Домодедовского р-на
Мусульманская община Звенигорода
Мусульманская община Коломны
«Мусульманская община Москвы»
«Мусульманская община Москвы в XIV – начале XX вв.»
Мусульманская община Москвы в годы советской власти
Мусульманская община Наро-Фоминского р-на
Мусульманская община Ногинского р-на
Мусульманская община Орехово-Зуево
Мусульманская община Подольска
Мусульманская община Пушкинского р-на
Мусульманская община Сергиева Посада
Мусульманская община Солнечногорска
Мусульманская община Щелково
Мусульманская община Яхромы
Мусульманская юридическая интернет-консультация
«Мусульманские духовные организации и объединения Российской Федерации»
Мусульманские сайты Москвы
Мусульманские участки на кладбищах Москвы и Подмосковья
«Мусульманский курьер», газета
Мусульманский миротворческий центр
Мусульманский народный комитет в Москве
Мусульманский самиздат 1970–1980-х гг.
Мусульманско-православные диспуты
Мухамедьяров Шакир Зарифович
Мухамедьяров Шамиль Фатыхович
Мухаметов Ринат Мидихатович
«Мухаммад в Библии»
Мухарский Алескер Адамович
Мухтасар
Муштари Исмаил (Муштареев И. М.)
«На пути к Корану»

Набий
«Надежда», культурно-образовательный фонд
Нариманов Нариман-бек Наджаф-оглы
Народы Северо-Западного Кавказа
Насретдинов Халил Фидаевич
«Наставление верующим»
«Наставление правителям»
Насыров Ильшат Рашитович
Нафс
Национальная организация русских мусульман
Нашиды
Незаметдинов Ринат Абдулберович
Нереализованные проекты по развитию ислама в Москве 1990-х гг.
Нийят
Нирша Абдулла Владимир Михайлович
Ниязов Абдул-Вахед Валидович
«Новые грани», журнал
Новые мусульмане
«Новые мусульмане», фильм
«Новый свет», Издательский дом
Ногаи в средневековой Москве
Ногайский двор
«Нур», общественно-политическое движение
«Нур», религиозная организация
«Ныне», телепрограмма

Перечень словарных статей выпуска II «Ислам в Москве»

«О передаче традиции и о московских татарах»
«Оазис университетской жизни», газета
Общество по изучению истории, литературы, быта и нравов мусульман России
Опрос московских мусульман в 2002 г.
Ордынская дорога в Москве
Ордынцы, слобода и урочище в Замоскворечье
«Ориентирование в исламе»
Орлов Алексей Михайлович
«Основы Ислама»
«Основы социальной программы российских мусульман»
Особенности политики по отношению к мусульманским объединениям в годы войны 1941–1945 гг.
«От темы к теме»
«Ответы на ваши вопросы об Исламе»
Открытое письмо мусульманской общественности Президенту В. В. Путину
Отношение московских мусульман к своим религиозным обязанностям

«Палестина на экране», фестиваль
Параисламские течения в Москве
Первая доставка халяльных мясопродуктов
Перевод Корана М.-Н. О. Османова
Перевод смыслов Корана В. М. Пороховой
Перевод смыслов Корана Э. Р. Кулиева
«Письмо Кучукая Сакаева Абдулле Байцину»
«Под сенью Корана»
Подворья мусульманских стран в Москве в эпоху Средневековья
Политические воззрения московских мусульман
Полосин Али Вячеслав Сергеевич
«Полумесяц над Москвой»
Поминки («тыш») в постордынскую эпоху
Попов Владимир Александрович
Порохова Иман Валерия Михайловна
«Постановления и рекомендации Совета Исламской академии правоведения (фикха) – фетвы»
Президентский набор
Проект татарских школ и детских садов в Москве от 1988 г.
Псевдомессианские течения в Москве
Пулатов Тимур Исхакович
«Путь к вере и совершенству»
«Путь размечен. Отказ от мазхабов – опаснейшее из нововведений»

«Раваби», концерт в Москве
Разин Степан
«Разные мнения… Почему?»
«Райхан», концерт в Москве
«Рассказы из жизни пророка Мухаммеда»
«Расуль Акрам»
Рахматуллин Исмаил
«Реальность»
Региональная татарская национально-культурная автономия г. Москвы
Региональная татарская национально-культурная автономия Московской области
Резиденция ЦДУМ в Москве
Религиозная организация мусульман Мытищинского р-на
Религиозная организация мусульман Одинцовского р-на
Религиозная толерантность московских мусульман
«Рефах» («Благоденствие»)
Ризы Господней Положения, церковный праздник, истоки
«Рисаля», фильм
Роль чеченского конфликта в формировании новых международных связей России с арабско-мусульманским миром
«Российское исламское наследие»
«Русия аль-Йаум» («Россия сегодня»), телеканал
«Рух», продюсерский центр

Сабр
«Сад», Издательская группа
Садретдинова Динара Рафиковна
Садур Валиахмет Гареевич
«Сады праведных» («Рияд ас-салихин»)
Сайты московских татар и башкир
Сайфутдинов Марат Кадирович
Салават
Салихов Камаритдин Багаутдинович
Салямов Шейхьлислям
Саляхетдинов Мухаммед Абдулхаевич
Саубянов Харис Ахмедович
«Саф Ислам»
Сафаров Марат Абясович
«Сахих» аль-Бухари
Семейные и гендерные установки мусульман Москвы
Серпуховский удел, XV–XVI вв.
Сетдиков Ринат Ахметович
Симеон Бекбулатович
Синельников Михаил Исаакович
Скрябин Александр Николаевич
Соборная мечеть
«Собрание», Ассоциация
Совет муфтиев России
Совместничество Лжедмитрия I и царя Симеона Бекбулатовича в 1605 г.
«Современная мысль», газета
«Современные фатвы»
Социализация уммы
Союз мусульман России
Союз мусульманских журналистов
Средняя школа № 1186
Старые Толмачи, урочище
Статьи в журнале «Наука и религия» по теме московских мусульман (1990-е гг.)
Судебный процесс редакции Ислам.Ру против газеты «Известия»

Перечень словарных статей выпуска II «Ислам в Москве»

Сулеймани Габдулла
Султан-Галиев Мирсаид
Султанов, Шамиль Загитович
Суфизм.Ру, сайт
Суфийские течения в Москве

Таберов Ходжамкул
Таджики; таджикская община
Тажуризина Зульфия Абдулхаковна
Таква
«Тарбийяи-атфаль» («Воспитание детей»), журнал
Тарджемани Кашшаф
Татарская национально-культурная автономия Юго-Восточного округа (ТНКА ЮВАО)
Татарская пресса в Москве до Великой Отечественной войны
Татарская роща в Кускове
Татарская слобода
Татарские детские образовательные заведения в Москве
Татарские национальные организации Москвы
«Татарские новости», газета
Татарское кладбище за Калужскими воротами
«Татарское население Москвы (1860–1905 гг.)»
Татарское подворье в Китай-городе
«Татары в Москве XVII – середины XIX века»
Татары; татарская община
«Тафсир. Смыслы Священного Корана»
Тевкелевы
Тенденции интеллектуального роста современного мусульманского сообщества Москвы
Титул антиохийского патриарха в послании царю Алексею Михайловичу
Титулатура московского имама в XIX в.
«Толкование Священного Корана» Абд ар-Рахмана Саади
Толмацкая слобода
Толмачи и переводчики с восточных языков Посольского приказа
Толстой Сергей Львович
Труды О. А. Иванова по московскому краеведению 1992–2000 гг.
Тугра
Турки; турецкая община
Туркмены; туркменская община
Тюркско-мусульманские поселения в Подмосковье в эпоху средневековья
Тюркско-мусульманские топонимы Москвы

Узбеки; узбекская община
Узбеков Абдулла
«Умма», проект
Уразаев Абдурахман Бек Аль-Мухамедович
Ураз-Мухаммед
Урусов Урак (Петр)

Фард
Фаттахетдинов Абдулвадуд
Фехретдинов Хасян Фаттахетдинович
«Фикр», газета
Фонд им. Ш. Марджани
Фонд научных исследований Харуна Яхьи
Фонд поддержки исламской культуры, науки и образования

«Хадиджа», благотворительный фонд
Хазарский каганат
Хайретдинов Дамир Зинюрович
Халяльное мясо, инфраструктура
Хан Инайат
Ханский двор в Кремле
Хасмамедов Халил бек Гаджибаба оглы
Хикмет Назым Ран
Ходжаев Файзулла Губайдуллаевич
Хойский Фатали Хан Искендер оглы
Хошалов Назарбай Алибаевич
Хусаинов Анвар Юнусович
Хусяинова Лейла Ганиевна

Цаликов Ахмед Тембулатович

Черкесы в средневековой Москве

Шазилийско-накшбандийская суфийская дагестанская община
Шамиль Захид Шафиевич
«Шамиль», иллюстрированная энциклопедия
Шамиль, имам
Шамсутдинов Абдулла Хасанович
«Шариат и его социальная сущность»
Шииты в Москве в XVI–XIX вв.
Шииты; шиитская община Москвы в современности

Эжаев Асламбек Каспиевич
Этнический состав московских мечетей
«Этнический состав мусульманской общины Москвы»

Юнеев Шамиль Хансеварович

Ямбаев Гаяс Алиевич
«Ярдям», мечеть

Перечень словарных статей
выпуска III «Ислам в Санкт-Петербурге»

1-й Финляндский стрелковый
мусульманский полк
«365 дней с любимым пророком»

Абубакиров Гайнутдин
Абуев Амир Ибрагимович
Авшаров Агаси-Бек
Адмиралтейство и татары-мусульмане
в первой четверти XVIII в.
Азербайджанцы; азербайджанская
община СПб.
«Азери», газета
Азиатская типография в СПб.
Азиатский департамент Министерства
иностранных дел
Азизбеков Мешади Азимбек-оглы
Акенжуд Абдаллах
Алави Абдулла
Александр I и мусульмане
Александр II и мусульмане
Александр III и мусульмане
Алиев Эрис-Хан Султан-Гирей
Алиханов-Аварский Максуд
Алкин Ильяс Саид-Гиреевич
Алкин Саид-Гирей Шагиахметович
Алтонбаев Алиакбер
«Ал-Футухат ал-маккийа»
Аль-Мавас Мухаммад
«Аль-Минбар», газета
«Аль-Фатх», газета
«Аль-Фатх», МРОМ
«Амаль», благотворительный фонд
Аманулла-хан
Аминов Дауд Ахатович
Аминов Фаизрахман Абдрахманович
Анна Иоанновна и мусульмане
Ансары
Арабы, арабская община СПб.
Арипов Малик Карабаевич
Асхабы (сахабы)
«Атлас Корана. Земли. Народы. Вехи»
Ат-Тантави Мухаммед Айяд
Ат-Таура (Тора)
«Ат-Тилмиз», газета
Афганцы, афганская община СПб.
«Ахли-Бейт», культурный центр
Ахмад Дониш
Ахматович Александр Матвеевич
Ахматовичи
Ахмедов Рахим Ахмедович
Ахметшина Наиля Мигмановна
Ахтямов Ибниамин Абусугудович
Ахтямов Самигулла Фаттяхович
Аят аль-Курсий

Байматов Абдумумин
Байчура Узбек Шарифович
Бардвил Висам Али
Бариев Риза Халирахманович
Бартольд Василий Владимирович
Басыров Камалетдин Басырович
Батыркаев Тимур Олегович
Батырша (Абдулла Галиев)
«Бахет куне», газета
Башкиры; башкирская община СПб.
и Ленинградской обл.
«Баязитов А. Избранные труды»
Баязитов Атаулла
Баязитов Мухаммед-Сафа
(Сафа) Атауллович
Бекбулатовское общество взаимной
благотворительности касимовских татар
Библиотека Академии наук (БАН):
восточные коллекции
Бигиев (Бигеев) Муса Яруллович
Большаков Олег Георгиевич
Бораганский Ильяс-мурза
Брюллов Александр Павлович
«Брюхо Петербурга»
Букейханов Алихан Нурмухамедович

«В мире мусульманства», газета
«Вакыт. Время», альманах
Валиди Ахмед-Заки Ахметшахович
Валиханов Чокан Чингисович
Васильев Николай Васильевич
Вахитов Мулланур Муллазянович
«Введение в ислам.
Мухтасар ильми-халь»
Вебер Виктория (Фатима) Алексеевна
Военные имамы в Военно-морском
ведомстве
Военные имамы в Кронштадте
Военные имамы в регулярных войсках
Российской империи
Военные имамы Отдельного гвардейского
корпуса и Петерб. (Петрогр.)
военного округа
Воронихин Андрей Никифорович
Восточные вечера Мусульманского
благотворительного общества
Восточный факультет СПб. ун-та
Временное правительство:
взаимоотношения с мусульманами
Временное центральное бюро
российских мусульман
Временный мусульманский комитет
по оказанию помощи раненым
воинам и их семьям
Всероссийские мусульманские съезды

Перечень словарных статей выпуска III «Ислам в Санкт-Петербурге»

Всероссийский мусульманский народный союз «Сират аль-Мустаким»
Всероссийский мусульманский совет (ВМС, Милли Шуро)
Всероссийское демократическое совещание в Петрограде: участие мусульман
Всероссийское Учредительное собрание и мусульмане
Второй мусульманский приход в СПб.

Габиев Саид Ибрагимович
Гаибов Фаррух-Ага Мамед-Керим-Ага-оглы
Гайдаров Ибрагим-бек Исабекович
«Галяме ислямия», газета
Гаспринский Исмаил мирза
Георги Иоганн Готлиб
Гмелин Самуил Готлиб
«Государственная Дума и вопрос о кремации»
Государственный Эрмитаж: коллекции искусства мусульманского Востока
Гумилев Лев Николаевич
Гусейн-хан Нахичеванский

Далгат Магомет Магометович
Даудов Муса Абдул-Вахидович
Департамент духовных дел иностранных исповеданий
Джабагиев Висан-Гирей
Джамалов Руслан Рамис Оглы
«Диля», изд-во
«Долг, отвага, честь. Страницы истории татарских воинских частей в Российской армии и императорской гвардии»
Дом эмира Бухарского
Досмухамедов Джанша Досмухамедович
«Дума», газета
Духовное управление мусульман (ДУМ) Республики Карелия
Духовное управление мусульман Санкт-Петербурга и Северо-западного региона России

«Единство», МРОМ
Екатерина II и мусульмане
Елизавета Петровна и мусульмане
Еникеев Айса Хамидуллович

Жалеев Фаат Билялович

Забиров Шамиль Мавлютович
«Замечание»
Зарипова Мухлися Хамзиновна
«Заря Дагестана», газета
Зиатханов Исмаил-Хан Абульфат оглы

Ибрагимов Габдер-Рашид
Иджаза
«Известия Временного центрального бюро российских мусульман», газета
«Известия Всероссийского мусульманского совета», газета
«Иль», газета
Иностранцы-мусульмане в СПб. во второй пол. XIX в.
Интернет-сайт «Ислам на Неве»
Исаев Абдулбари Низамутдинович
Исаев Гумер Галиевич
«Ислам ва магариф»
«Ислам как идеологическая система»
«Ислам на территории бывшей Российской империи»
«Ислам. Энциклопедический словарь»
Исламоведение в СПб.
«Исламские институты в Российской империи: Мусульманская община в Санкт-Петербурге. XVIII – начало XX веков»
Исламский культурный центр «Источник»
«Исламское просвещение», организация
Ислямов Исхак Ибрагимович
«История Корана и его списков»
История мусульман Калининграда
Исхаки Гаяз Гилязетдинович
Исхаков Лутфулла Феткулович
Исхаков Рашид Махмудович
«Иттифак аль-муслимин»

Кавказский горский полуэскадрон Собственного е. и. в. конвоя
Каратаев Султан Бахиджан Бисалиевич
Квартальная мечеть
«Кимийа-йи са'адат»
Киргизы, киргизская община СПб.
«Китаб ал-харадж»
Кладбище мусульманское шиитское СПб.
Коллекция Государственного музея истории религий по исламу
Команда л.-гв. крымских татар Собственного е.и.в. конвоя
Команда лезгин Собственного е. и. в. конвоя
Команда мусульман Собственного е. и. в. конвоя
Комиссариат по делам мусульман Внутренней России (Муском)
Комитет по постройке Соборной мечети в СПб.
Кондухов Муса
Конкурс архитекторов по разработке проекта Соборной мечети в СПб.
«Коран и его мир», научное издание
Коран Османа
Косяков Георгий Антонович
Крачковский Игнатий Юлианович
«Крестовые походы. Взгляд с Востока: мусульманская перспектива»

Перечень словарных статей выпуска III «Ислам в Санкт-Петербурге»

Кричинский Леон-Найман-Мирза Константинович
Кричинский Ольгерд-Найман-Мирза Константинович
Кричинский Стефан Самойлович
Кулманов Бахтигирей Ахметович
Кунсткамера: коллекции мусульманского Востока
Курсы по исламоведению при Императорском обществе востоковедения
Кутуев Инятулла Ганиевич

Лапин Сер-Али (Шерали)
Лейб-гвардии Крымско-татарский эскадрон
Леманов Исмаил Номанович
Ликвидация мусульманских общин в Пг. в 1920-х гг.
Ликвидация мусульманской общины Кронштадта в кон. 1920-х гг.
Лито-типография И. Бораганского и К°

Мавританский стиль в архитектуре СПб.
Магамадов Хамзат Алиевич
Магдиев Ринат Рауфович
«Магомет как пророк»
Магометанская мечеть Архангельска
Максуди (Максудов) Садри Низамутдинович
Максутов Мосягут
Максутов Мухаммед-Алим Рахимович
«Маленькие мысли по большим вопросам»
Махмудов Абиджан Абдухалик-оглы
Махмудов Хафиз Валиевич
Мельников Авраам Иванович
Места компактного проживания татар в СПб.
Мехмандаров Самедбек Садыкбек-оглы
Миграционные процессы в СПб. в 2000-е гг. и их результаты
«Миллят», газета
«Милосердие», МРОМ
Милушкин Роман (Ибрагим) Сергеевич
«Минареты над Невой»
«Мир ислама», журнал
«Миръат», серийное издание
Молельная комната на Московском проспекте
Молельная комната на Сенном рынке
Молельные дома в Карелии
Молитвенное здание (мусалля) в Калининграде
Муджиза
Мулеев Харрас Хайруллович
Мурат-мулла (Мурат Ишапов) Ишкалиев
«Муса Джаруллах Бигиев»
Мустафин Чулпан Галимович
Мусульман хезмэт таифэсе

Мусульмане в военно-учебных заведениях СПб.
Мусульмане в гражданских учебных заведениях СПб.
Мусульмане на праздновании 300-летия дома Романовых
«Мусульманская газета»
Мусульманская община Архангельска
Мусульманская община Калининградской области
Мусульманская община Кронштадта в кон. XIX – нач. XX вв.
Мусульманская община Ленинградской области
Мусульманская община Мурманска
Мусульманская община Республики Карелия
Мусульманская община СПб.: динамика численности
Мусульманская фракция Государственной думы России
Мусульманские и тюркские интернет-сайты северо-западного региона России
Мусульманские конфессиональные школы 1920-х гг.
Мусульманские общины Новгородской и Псковской обл.
Мусульманские участки общегородских кладбищ СПб.
Мусульманские учебные заведения в СПб. в 1912 г.
Мусульманский военный совет Петроградского гарнизона
«Мусульманский мир», журнал
Мусульманский приход военнослужащих в СПб.
Мусульманское благотворительное общество
Мусульманское общество вспоможествования
Мусульманское попечительство Романовского поселка при ст. Лигово
Мухаджиры
Мухамедьяров Шакир Зарифович

«Наджат», журнал
Назмеева Фарида Канзельевна
Наступление генерала Л. Г. Корнилова на Петроград: роль мусульман
Научный центр «Петрополь»
Нафигина Ильфания Нажметдиновна
Национальные клубы и дома просвещения в Петрограде
Национальные организации и СМИ мусульманских народов СПб.
Национальные организации мусульманских народов в Архангельской обл. и Ненецком автономном округе
Национальные организации мусульманских народов в Калининградской обл.

Перечень словарных статей выпуска III «Ислам в Санкт-Петербурге»

Национальные организации мусульманских народов в Карелии
Нежеметдинов (Соколов) Жялялетдин
Николай I и мусульмане
Николай II и мусульмане
Ново-Волковское мусульманское кладбище (татарское) в СПб.
Нофаль Ириней (Селим) Георгиевич
Нугайбеков Абдулгафар
«Нур», газета
«Нур-Петербург», газета

«Образцовые проекты» мечетей 1843 г.
«Образцовый проект» мечети 1829 г.
Общество офицеров, исповедующих мусульманство, Отдельного гвардейского корпуса
Общество помощи раненым воинам и их семьям, организованное русскими мусульманами
Общество помощи учащимся в СПб. туркестанцам
Общество последователей Кур'ана и Сунны
Общество распространения просвещения среди мусульман
Общество содействия распространению коммерческого образования среди мусульман
Октябрьская революция 1917 г. и мусульмане
Орбели Иосиф Абгарович
Османов Магомет Эфенди
«Основы шариата»
Особое межведомственное совещание по делам мусульман 1914 г.
Особое совещание по вопросам образования восточных инородцев (1905 г.)
Особое совещание по выработке мер для противодействия татарско-мусульманскому влиянию в Поволжском крае (1910 г.)
Особые совещания по национальным вопросам
«Отношение ислама к науке и к иноверцам»
Отчеты Мусульманского благотворительного общества в СПб.
«Очерк истории образованности и литературы»

Павел I и мусульмане
Паллас Петр Симон
Памятники поэтам и мыслителям мусульманского Востока в СПб.
Первый мусульманский приход в СПб.
«Петербургское востоковедение», издательство
Петр I и мусульмане
Петроградский мусульманский батальон
Пиотровский Михаил Борисович
Пончаев Жафяр Насибуллович
Попытка постройки соборной мечети в Кронштадте в нач. XX в.

Посольство Османского государства в имперский период
«Права человека в Исламе»
Преподавание исламских дисциплин в совр. СПб.
Преподавание основ ислама в военно-учебных заведениях СПб.
Программа по изучению ислама и исламской культуры для детей от 7 до 17 лет
Проект строительства мечети в Калининграде
Проект «Татарская мечеть 1803 г.»
Проект «Татарское подворье в Петербурге 1804 г.»
Прозоров Станислав Михайлович
Проникновение мусульманской культуры Волжской Булгарии на тер. совр. российского Северо-Запада
«Путеводитель паломника. Высокочтимая Мекка – Лучезарная Медина»
«Путь истины», газета

Рабб
Районные попечительства Мусульманского благотворительного общества
Расселение татар в СПб. во второй пол. XIX – нач. XX вв.
Рахманкулов Емлихан
Резван Ефим Анатольевич
Религиозная организация мусульман (РОМ) Калининграда
Религиозные права военнослужащих-мусульман в Российской империи
«Религиозный налог – закят»
Родионов Михаил Анатольевич
Российская национальная библиотека: фонды на языках мусульманских народов
Руку (рукуъ)
Рух

Саджда
Сайт Азербайджанской НКА Калининградской обл.
«Салават», газета
«Санкт-Петербургская Соборная кафедральная мечеть. Исторический очерк»
«Санкт-Петербургская Соборная мечеть. Исторический очерк»
Санкт-Петербургский Дом национальностей
Санкт-Петербургский Дом национальных культур
Санкт-Петербургский просветительский центр исламской культуры
«Санкт-Петербургский центр изучения современного Ближнего Востока»
Сбор пожертвований на строительство Соборной мечети СПб. в 1881–1905 гг.
Сеид Абдул-Ахад-хан, бухарский эмир
Сеид Мир-Алим-хан, бухарский эмир

Перечень словарных статей выпуска III «Ислам в Санкт-Петербурге»

Сеид Мир-Мансур, бухарский принц
«Сиркэ», газета
Смирнов Василий Дмитриевич
Смирнова Мария Витальевна
Соборная мечеть СПб.
Собственный е. и. в. конвой
Совет солдатских делегатов мусульман Петроградского гарнизона
и его окрестностей
Совещание по вопросу о постановке школьного образования для инородческого, инославного и иноверного населения (1910–1911)
Сословный состав татар-мусульман в СПб. во второй пол. XIX в.
«Союз польско-мусульманских студентов»
«Союз татар Польши, Литвы, Белоруссии и Украины»
Специальный выпуск журнала «Татарстан», посвященный 300-летию татарской общины в СПб.
Стипендии им. А. Тукаева
Строительство Соборной мечети в СПб.
Сулейманов Габдулвахид
Султанов Магомед-Мирза Султанович
Сыртланов Али-Оскар Шахайдарович

Таваф
Тагирджанов Абдурахман Тагирович
Тагиржданова Альмира Наимовна
Тарикат
«Татар учагы»
«Татарская газета "Нур" в Санкт-Петербурге и ее основатель Атаулла Баязитов»
«Татарская диаспора Янтарного края»
Татарская община г. Луги
Татарская община Гатчинского р-на
«Татарская община Санкт-Петербурга. К 300-летию города»
Татарская община Тосненского р-на
Татарская слобода в СПб.
в первой четверти XVIII в.
Татарская топонимика СПб.
и Кронштадта
Татарские детские дома в Пг.
Татарский (Мусульманский) комиссариат по делам национальностей Петрограда
Татарский театр в Петрограде
Татарско-мусульманские общины Карельского перешейка в кон. XIX в. – 1940 г.
«Татары в Великой Отечественной войне и блокаде Ленинграда»
«Татары в С.-Петербурге»
«Татары на службе Отечеству. Страницы истории Военно-морского флота России»
«Татары Петербурга», журнал
Татары-мусульмане в строительстве СПб.
в первой четверти XVIII в.
«Татулык», общество
Тевкелев Кутлуг-Мухаммед Батыргиреевич

Теляшов Рахим Халилович
«Темы Корана»
Типография Максутова М.-А. («Аманат»)
Тлехас Мурад Гирей
Токумбетов Усман Гидиятуллович (Осман Токумбет)
Топчибашев Али-Мардан бек Алекпер оглы
Третий мусульманский приход в СПб.
Тугушев Наиль Анверьевич
Тукаев Мухаммет-Шакир Мухаммед-Харисович
Туркмены, туркменская община СПб.
Тынышпаев Мухамеджан Тынышпаевич

Узбеки, узбекская община СПб.
Уложенная комиссия
«Ульфат», газета
«Ульфат», типография
Участие калининградских мусульман в образовательной программе «Толерантность..»
Участие мусульман столицы в благотворительных кампаниях помощи раненым воинам и солдатам в 1914–17 гг.

Фаизханов Хусаин б. Фаизхан
Фахретдин Ризаэтдин
Февральская революция 1917 г. в России
фон Гоген Александр Иванович

Хаджи Шамси Камар
Хаджиев Хан
Хайдаров Алиджан Джахангирович
Халидов Анас Бакиевич
Халиков Якуб Камалович
Халитов Хамидулла
Халяльное мясо, инфраструктура в СПб.
Хаметов Мутугулла (Мутигулла) б. Гайнулла
Хантемиров Мухаммед-Алим
Хантемиров Мухаммед-Амин
Хасанов Калимулла Гумерович
Хасмамедов Халил-бек Гаджибаба оглы
Хенни Мохаммед
Хисамов Иршат Насыбуллович
Хисматулин Алексей Александрович
«Хоррият», газета
«Хрестоматия по исламу»

Цаликов Ахмед Тембулатович

Черкесы; черкесская община СПб.
Четвертый мусульманский приход в СПб.
Численность татар в СПб.

Перечень словарных статей выпуска III «Ислам в Санкт-Петербурге»

в XX – нач. XXI вв.
Численность татар в СПб. во второй пол. XIX – нач. XX вв.
Чокаев Мустафа
«Чулпан», газета

Шагиахметов Шахислам (Ислам) Шагисултанович
Шадиев Абдурахим Фатохович
Шамиль Захид Шафиевич
Шарх
Шиитская община в СПб. в имперский период
«Шималь ягы», газета
Шихлинский Али-Ага Исмаил-Ага-оглы
Школа русско-татарская Мусульманского благотворительного общества
Школа «Салям»

Школа частная Я. А. Мухлио по обучению торговле
Шмидт Александр Эдуардович
Шумовский Теодор Адамович

Экскурсии «Татары в СПб.»
Электропечатня газеты «Нур»
«Этническая группа в современном советском городе. Социологические очерки»
«Эшче», типография
Юзефович (Юсуфович) Яков Давидович
Юнусов Мухаммед-Зариф
Юнусов Мухаммед-Шакир

Яппаров Рафаил Шагабович
«Ярлы халык», газета

Перечень словарных статей выпуска IV
«Ислам в центрально-европейской части России»

Абдершин Алимкай Абдуллович
Абдул-Латиф б. Ибрагим, касимовский хан
Абул-Хайр б. Кучум,
сибирский царевич
Авган-Мухаммед б. Араб-Мухаммед,
хивинский царевич
Аганины, мурзы
Агеев Фахрель-Ислам Невмятуллович
Агжитов Адиль Роз-Мухамедович
Административно-политическая
структура Касимовского ханства
Азеево
Аипов Насибулла
Айзатуллин Зяки Абдулкаримович
Акбулатовы
Акжигитов Азис Харьясович
Акчурины, мурзы
Акъегетзаде (Акъегет) Муса
Алалыкины, дворяне
Али б. Кучум, сибирский хан
Алимов Салахетдин Алимович
Алтанай б. Кучум, сибирский царевич
Алтары
Алты авыл
Алышев Фатих Ибрагимович
Алышевы
Алышевы, мурзы
Альбетков Вениамин Валеевич
Альмяшев Кабир Абдуллович
«Аль-Рахмат»,
МРОМ Курска и Курской обл.
Андреев городок каменный
Антирелигиозная кампания среди мусульман
Пензенской обл.
Ариков Юнир Сафиуллович
Арслан б. Али, касимовский хан
Арслан-Али б. Гайбулла,
астраханский царевич
Археологические свидетельства культурных
контактов Северо-Восточной Руси и стран
Востока
Арцыбашевское погребение
Арынгазы-хан б. Абулгазы-хан
Астраханские Чингизиды
в России XVI–XVII вв.
Асфатуллин Салават Газимович
Аталычество
Атамак, воевода
Афанасий Никитин и ислам
Ахляк
Ахмат, курский баскак
Ахматовы слободы
Ахтямов Ринат Тагирович
Ахунов Мукаддас Сафиуллович
Аширов Рафаиль Закиевич

Баляев Алексей Андреевич
(Асым Айзятулович)
Баскак
Баскаки
Бастаново
Басыров Камалетдин Басырович
Батров Рустам Гаярович
Батыево
Батыргареев Фарит Батырович

Бахмет Усеинов сын Ширинский,
золотоордынский князь
Баязитов Атаулла (Гатаулла)
Баязитов Мухаммад-Сафа Атауллович
Бегишев Мухаметжан Назмутдинович
Бежецкий Верх
«Без булдырабыз», телепередача
«Безнең Бистән – Гөлбустан»
Бекбулатов Рустам Равильевич
Бекбулатовское общество взаимной
благотворительности касимовских татар
Бек-Пулад (Бекбулат), астраханский царевич
Белёвская битва
Белозерье (Мордовия)
Белоозеро (Вологодская обл.)
Белхороев Батал-хаджи
Беляев Адиль Бакиевич
Беляк
Бердедат б. Худайдат,
ордынский царевич
Берендеево
Беседнинский археологический омплекс
«Беседы о религии», телепередача
Бибарсов Аббас Шабанович
Библиотека-читальня Касимовского мус.
благотворительного общества
Биккинин Ирек Дамирович
Бикмаев Абубякар Алиевич
Бикмаев Шамиль Закариевич
Битва на Ворскле
Болгорская волость (губа)
Бордаковские татары
Браки служилых Чингизидов
Булатова Сагдия Хасановна
Бултачеев Рашид (Ринат) Амирович
Булушевы, мурзы
Буртасы

Валиулин Анвер Гарифович
Вельяминов-Зернов Владимир Владимирович
Взаимоотношения Рязанской земли
и волжских булгар
«Владимирский муфтият»
«Власть и мусульмане России. 1945–2000 гг.
(По материалам Среднего Поволжья)»
Вокняжение Симеона Бекбулатовича
как попытка разрешения русско-крымских
противоречий
Вокняжение Симеона Бекбулатовича
как попытка решения экономического кризиса
в России
Воскресная татарская школа Пензы

Габунова Альмира Хамзеевна
Газиев Марат Рашидович
Гайбулла б. Аккубек,
астраханский царевич
Гарипов Нургаяз Камильянович
Гендерный аспект среди мусульман Пензенской
обл. в 1950–1980-е гг.
Гимальдинов Ибрагим
Гимальдинович
Гиреи в России XV–XVI вв.
Городен

Перечень словарных статей выпуска IV

Городищенский район
Гочевский археологический комплекс
Губайдуллина Амина Хусаиновна
Гурган

Давыдов Ришат Зияутдинович
Данияр, касимовский султан
Дашкины, мурзы
Девлеткильдеевы, мурзы
Дервиш-Али б. Шейх-Хайдар, астраханский хан
«Джами ат-таварих»
Джанай б. Нур-Даулет, касимовский султан
Джан-Али б. Шейх-Аулиар, касимовский султан и казанский хан
Джиен
Дивеевы, мурзы
Дирхем: находки на тер. тер. верхневолжских областей
Долотказины, мурзы
Духовное управление мусульман Респ. Мордовия

Единое духовное управление мусульман Пензенской обл.
Еналеев Борис (Барый) Мусеевич
Еналиев Назиф Идрисович
Енгалычевы, мурзы
Еникеев Аюб Семенеев сын
Еникеев Хамзя Юнисович
Еникеевы, мурзы

Забиров Рауф (Абдуррауф) Абдулкадырович
Заборов Латып Гафарович
«Загадочный город Мохши»
Законодательство о татарах в России XVI–XVII вв.
Замалетдинов Кыям
Зарипов Хасан Салихович
Зелимов Рамиль Алиевич
Зиганшин Шаймардан
Золотаревское поселение
Золотая Орда
Золотоордынские мечети-мавзолеи у пос. Красный
Зосима (Изосима), монах

Ибрагимов Ринат Рушанович
Идегей, темник
Издательская деятельность мусульман Костромы
Измайлов Аббас (Абяз) Халиуллович
Изучение истории и этнографии татар Рязанской области: историографический обзор
Ильхам б. Ибрагим, казанский хан
Ильясов Абдуррагим Абдуррашидович
Имамы Костромы советского времени
Имамы Пензенской обл. во 2-й пол. 1940-х – 1-й пол. 1980-х гг.
«Иман», газета
«Иман», МРОМ Тулы и Тульской обл.
Имелдеш
«Именные стипендии муфтията», проект
Институционализация мусульманской общины ЦФО
Интернет-сайт ДУМ Республики Мордовия
Ислам в культуре мордвы

«Ислам в Мордовии», газета
Ислам у мордвы в золотоордынский период
Исламский молодежный центр (Мордовия)
Исламское религиозное возрождение в Пензенской обл. в постсоветский период
«Исследование о касимовских царях и царевичах»
«История города Касимова с древнейших времен»
История ислама в Белгородской обл.
История ислама в Воронежской обл.
История ислама в Калужской обл.
История ислама в Курской обл.
История ислама в Тамбовской обл.
История ислама в Тульской обл.
История ислама во Владимирской обл.
История централизованных мусульманских организаций Мордовии
Итяковское городище
«Ихсан», газета
Ишимбаев Ахмет Муртазинович

«К вопросу о северных улусах золотоордынского ханства»
Кадомские служилые татары
Кадыр-Али бек
Кадыров Абдулла Насруллович (Анатолий Николаевич)
Казанская украина
Казанские Чингизиды в России XV–XVI вв.
Камал Шариф (Байгильдиев Шариф Камалутдинович)
Карамышев Исиней
Карамышево
Карамышевы, дворяне
Карасу
Карголом
Касим б. Улуг-Мухаммед, касимовский султан
Касимов
«Касимовские корни и современные ветви с древнейших времен»
Касимовское мусульманское благотворительное общество
Касимовские служилые татары
«Касимовские татары», книга В.В. Акимова
«Касимовские татары», монография Ф. Л. Шарифуллиной
Касимовские татары
Касимовское ханство
«Касимовское ханство (1445–1552 гг.). Очерки истории»
«Касимский ханлыгы»
Кастрова Рауза Ахмедовна
Кастровское медресе
Касыда
Келяу
Кержнев Тагир Калюкович
Кильдеяров Кулдаш, мурза
Китаев Али Умярович
Княжество Акчуры Адашева
Княжество Бедишевых
Княжество Бутаковых
Княжество Долотказиных
Княжество Мансыревых–Аганиных
Княжество Темиря Якшенина
Княжество Тениша Кугушева
Концепции Касимовского ханства в работах российских историков
Котикова Галия Летфелловна

Перечень словарных статей выпуска IV

«Краткая история татар Ивановской области»
Крещение романовских татар
Крещение служилых Чингизидов
Кугушевы, мурзы
Кудашевы, мурзы
Кузнецкий район
Кулахметов Гафур (Габдулгафур) Юнусович
Куликовская битва
Кулунчаковы, мурзы
Курская тьма
Курсы летние детские
в Пензенской обл.
Кутлуг-Гирей б. Арслан-Али,
астраханский царевич
Кутумовы, мурзы
Кяфен, кафан

Лагерь мусульманского актива «Аль-Ансар»
Лев и барс: мотивы в прикладном искусстве Руси
Ложные Чингизиды
Лямбирь
Ляпин Фарит Усманович
Ляпина (Шабаева) Мястура Билаловна

Мавлид в Пензенской обл.
Маджиди (Мазитов) Салахеддин
Максутовы, мурзы
Мактабы в Пензе и Каменке
Мамай, темник
Маматказины, мурзы
Маматовы, мурзы
Мамины, мурзы
Мамлеевы, мурзы
«Мамотяковщина»
Мансыревы, мурзы
Материально-финансовая деятельность
мусульманских общин Пензенской обл.
в 1940–80-х гг.
«Махалля», МРО Ивановской обл.
«Махалля», РОМ г. Владимира
Махмутов Мирза Исмаилович
Махмутова Ляйля Тагировна
Медресе «Абу-Ханифа» (Мордовия)
«Международный ифтар», проект
Местная религиозная организация мусульман
г. Касимова
Мечети и молельные дома в учреждениях
исполнения наказаний Пензенской обл.
Мечети и молельные дома
Ивановской обл.
Мечети Пензенской обл.
Мечети Рязанской обл.
Мечети Тамбовской губ.
Мечеть Вологды
Мещеров Зариф Ибрагимович
Мещерский юрт
Мизгить
Милушев Умяр Мухамеджанович
«Мир и созидание», МРОМ Белгорода
«Мирный договор 1445 г.» между
Улуг-Мухаммедом и Василием II
Митаев Бамат-Гирей-хаджи
Мишари
Могильник «Олень-Колодезь»
Молельная комната областного
призывного пункта в Пензе
Молельные дома Ярославля в годы советской
власти

Мохши
Мугреевские татары
Мурома в сфере раннесредневековой восточной
торговли
Муртаза-Али б. Гайбулла, астраханский царевич
Мусин Рустам Мухаметгазиевич
Мустафа б. Улуг-Мухаммед,
казанский царевич
Мустафа-Али б. Гайбулла, касимовский хан
Мустафин Альберт Равилевич
Мустафин Михаил Андреевич (Мударис
Идрисович)
Мустафин Равиль Бариевич
«Мусульмане Воронежа», интернет-сайт
Мусульмане Елатьмы
Мусульмане Пензенской обл. во 2-й пол. 1940-х
– 1-й пол. 1980-х гг.
«Мусульмане Ярославля»
Мусульманская община Белгородской обл.
Мусульманская община в Вологде
в дооктябрьский период
Мусульманская община Владимирской обл.
Мусульманская община Вологодской обл.
Мусульманская община Воронежской обл.
Мусульманская община г. Галича
Мусульманская община Ивановской обл.
Мусульманская община Калужской обл.
Мусульманская община Костромской обл.
Мусульманская община Курской обл.
Мусульманская община Липецкой обл.
Мусульманская община Мордовии в XX в.
Мусульманская община Орловской обл.
Мусульманская община Тамбовской обл.
Мусульманская община Тверской обл.
Мусульманская община Тульской обл.
Мусульманская община Ярославской обл.
Мусульманские кладбища в Касимове
Мусульманские кладбища Калуги
Мусульманские кладбища в Тверской обл.
Мусульманские общины Брянской и Смоленской
областей
«Мусульманские религиозные организации
Среднего Поволжья во второй половине 1940-х –
первой половине 1980-х гг.
(по материалам Пензенского региона)»
Мусульманские сайты Центральной России
Мусульманское кладбище в г. Иваново-
Вознесенске
Мусульманское кладбище Костромы
Мусульманское религиозное объединение
Ивановской обл.
Мухамедова Рамзия Гиниатовна
Мухаммад-Мурад, хивинский девaнбеги
Мухаммед-Кул б. Атаул, сибирский царевич
Мухаммед-Кул б. Хаджи-Мухаммед, хивинский
царевич

Навруз Накшбандийский суфийский тарикат
в Пензенской обл.
Нарчатка, буртасская правительница
Нафиль
Неверкинский район
Неофициальные муллы Центральной России
советского периода
Нереализованный проект строительства мечети
в г. Иваново-Вознесенске
«Нижегородец Махмуд Юсупов –
первый имам Ярославской мечети»
Новая мечеть г. Касимова

Перечень словарных статей выпуска IV

Новохарьковский могильник
Ногай, темник
«Нур», МРОМ Рязани
Нур-Даулет б. Хаджи-Гирей, крымский и касимовский хан
Нурси Саид

Образование Касимовского ханства
Обряд возведения хана
Общество мусульманок Касимова
Оглан, улан
Ордынские монетные клады на юго-востоке Вел. княжества Литовского в кон. XIV – XV вв.
«Основы исламской культуры»
Особенности похоронного обряда мус. этнических общин ЦФО
«Очерк истории татарского дворянства»

Памятник советским воинам-мусульманам на Курской дуге
Педагогический отряд «Аль-Ансар»
«Пенза татарлары»
Переписка городской администрации Тулы с неофициальным имамом З.А. Давыдовым
Подвиги мусульман во время Острогожско-Россошанской наступательной операции
Подлипки
Покрова Пресвятой Богородицы собор (с. Наровчат)
Политика крещения касимовских татар
«Политика российских властей по отношению к нехристианскому населению и новокрещенам в XVI – начале XX вв. (на примере Тамбовского края)»
«Полумесяц над Волгой»
Потиев Шарафетдин Хабибулович
Принятие ислама ханом Узбеком
Пронские и михайловские татары
Просветительско-образовательная деятельность уммы Респ. Мордовия
«Просвещение», организация
«Просвещение», газета
Противостояние постордынских государств на тер. Центр. Черноземья в нач. 1500-х гг.
Публичная исламская библиотека Саранска

Разгильдеев Баюш, мурза
Рамазанов Гаджирамазан Гамдиевич
Распространение ислама в городских центрах западной части Хазарского каганата
Региональное духовное управление мусульман Респ. Мордовия
Религиозная организация мусульман Вологды
Религиозная организация мусульман Тамбова
Романовские служилые татары
Романовский улус
Русско-ордынское пограничье в Среднем Подонье

Сабантуй
Саин-Булат б. Бек-Пулад, касимовский хан
Сайфутдинов Таир Абдулбариевич
Саконское княжество
Салаватов Ринат Тагирович
Салимов Абдулхак Абдулгафурович
Салимов Марат Шамилевич
Салихов Извиль Фаляхович
Салманов Рауф Фаталы оглы
Салтаган б. Нур-Даулет, касимовский султан
Салюков Равиль Идрисович
Сафаргалиев Магомет Гарифович
Сафаргалиевские чтения
Сафаров Тухфатулла
Связи Северо-Восточной Руси с Волжской Булгарией
Связи Северо-Восточной Руси со странами Востока в X–XIV вв.
Сеид-Бурхан б. Арслан, касимовский султан
Сеид-Бурхан Хусаин
Секиз-бий, золотоордынский князь
Сельские поселения касимовских татар
Семинеевы, мурзы
Сибирские Чингизиды в России XV–XVI вв.
Сиддиков Зариф Сиддикович
Ситдикова Фяриха Мухаммятряхимовна
Скановское городище
«Солнце ислама», газета
Сосновоборский район
Социализация мусульманских общин Центральной России
Союз мусульманок Мордовии
«Средняя Елюзань: Страницы истории самого крупного татарского села России»
Ссыльные азербайджанские правители в Курске
Старопосадское кладбище г. Касимова
Суздальская битва 1445 г.
«Сунна», МРО Калуги и Калужской обл.
Сургодь
Сутушевы, мурзы
Сююмбике, казанская и касимовская царица

Тагай, золотоордынский эмир
Таджетдинов Мустафа Хисмятуллович
Такфир
«Тан», газета
Тарбаево
Тарпищев Шамиль Анвярович
«Татарская газета»
Татарская Пишля
Татарская подгородная слобода Костромы
Татарская слобода в г. Касимове
Татарские горы (Тверь)
Татарские княжества в Мещере
«Татарские места» (Тульский край)
Татарские мурзы, не утвержденные в дворянском достоинстве
«Татарские» мотивы в фольклоре Тульского края
Татарский гостиный двор в Твери
Татарское предпринимательство в Касимове в XVIII – нач. XX вв.
Татарщино
«Татары в Тверском крае»
Татары Мордовии
«Татары Пензенского края»
Татары Пензенской области
Татары Рязанской области
Тверская соборная мечеть
Текие Авган-Мухаммеда
Текие Арслана б. Али
Текие Шах-Али
Темиревы, мурзы

Перечень словарных статей выпуска IV

Темников
Темниковские служилые татары
Тенишев Эдхям Рахимович
Тенишевы, мурзы
Ткани восточные на Руси
Тонкачевы, мурзы
Торговые связи русского населения Верхнего Подонья с Востоком
Торговый путь из Булгара в Киев
Трансформация мусульманских этнополитических и гособразований в Окско-Сурском регионе
«Третий муфтият» в Респ. Мордовия
«Трибуна ислама», радиопередача
Туганов Хамби Асламбекович
Тугушевы, мурзы
Туктаров Жиганша Зейнятуллович
Тулебердиев Чолпонбай
Тьма
Тюрко-мусульманская топонимика Ивановской обл.
Тюрко-мусульманские юрты Московии XV–XVI вв.

Узбек, хан
Украинная служба татар (XVII в.)
Улуг-Мухаммед б. Ичкеле-Хасан, хан
Улус Мохши
Ураз-Мухаммед б. Ондан, касимовский хан
Урманов Ибрагим
Урусов Петр (Урак) Арсланович, мурза
Усть-Уза
Утяшевы, мурзы
Участие костромских мусульман в Великой Отечественной войне 1941–45 гг.
Участие мусульман в Отечественной войне 1812 г.
Участие татар в Смуте нач. XVII в.
Фаизханов Хусаин б. Фаизхан
Фархутдинова Фения Фарвасовна
Фатима-Султан, касимовская царица
Фитна Хади Закир Хадиевич
Хаеров Рифкат Миннисламович
Хайрутденов Измаил Минигараевич
Хайрутдинов Мансур Хайруллович
Хакимов Абдусалом Рахимович
Халиков Рашит Шамильевич
Халиков Якуб Камалович
Халимов Кюри Ахматович
Халяльное мясо, инфраструктура производства и продажи в Центр. России
Ханская мечеть г. Касимова
Ханский дворец
Хансюер б. Али, сибирский царевич
Хариджиты
Хасаншин Агзам

Хелендж
«Хожение за три моря»
Худай-Кул б. Ибрагим, казанский царевич
Худяков М. Г. и история Касимовского ханства
Цветной металл с Востока на Руси
Центральная соборная мечеть Саранска
Цненские служилые татары
Цыбин Михаил Владимирович
Чанышевы, мурзы
Чегодаевы, мурзы
Червленый Яр
Черкасские, князья
Чура Нарыков, воевода
Чюрмонтеев Василий, мурза
Шагимарданов Нурмухаммад Шаймарданович
Шакиров Галимзан Гилязович
Шакулова Сара Касимовна
Шакуловы, сеиды
Шамиль, имам
Шах-Али б. Шейх-Аулияр, касимовский и казанский хан
Шахин-Гирей, крымский хан
Шацкие татары
Шейх-Аулияр б. Бахтиар, касимовский султан
Шейх-Назар-Есаулбаши
Ширинская Фазыля Хусаиновна
Шихим б. Мухаммед, шемаханский царевич
Школа Коран-хафизов (Иваново)
Энгуразово Этносоциальная структура Касимовского ханства
Этносоциальные процессы в мусульманской общине Ярославля в новейшее время
Юловское городище
Юрт
Юртовские татары
Юрьев-Польский
Юсупов Махмуд
Юсупов Ярула Сулейманович
Юсуповы, мурзы

Яголдаева тьма
«Якташлар», газета
«Якташлар», мордовская обществ. организация
«Якташлар», пензенская обществ. организация
Якупов Ахмет Садыкович
Янаев Хамзя Исмагилович
Ярлык
Ярлыки крымских правителей великим князьям литовским
«Ярлыки скорописчатые»
Ярлыково
Ярославские служилые татары
Яруллин Вафа Сейтбатталович
Ясак

Перечень словарных статей выпуска V «Ислам на Урале»

1-е Имангуловское благотворительное культурно-экономическое общество
1-й башкирский кавалерийский полк
1-й революционный мусульманский батальон Урала
1-я соборная мечеть г. Оренбурга
2-я соборная мечеть г. Оренбурга
3-я соборная мечеть г. Оренбурга
4-я соборная мечеть г. Оренбурга
5-я соборная мечеть г. Оренбурга
6-я соборная мечеть г. Оренбурга
7-я соборная мечеть г. Оренбурга
451-й (21-й Мусульманский) Краснознаменный стрелковый полк 51-й стрелковой дивизии

I съезд мусульман Оренбургской губернии
I съезд тюрко-татарских учителей Оренбургской губернии
I-я мечеть г. Троицка
II-я мечеть г. Троицка
III Всебашкирский Курултай
III-я мечеть г. Троицка
IV-я мечеть г. Троицка
V-я мечеть г. Троицка
VI-я мечеть г. Троицка
VII-я мечеть г. Троицка

Абдрахман б. Мухаммедшариф аль-Кирмани
Абдрахманов Мансур
Абдулвагапов Надыр
Абдулгазизов Лутфулла Калимуллович
Абдулкарим б. Балтай
Абдулкаримов Абдрешит
Абдулкаримов Исхак
Абдулкаримов Хисамутдин
Абдуллатифов (Адигамов) Мухаммедшариф
Абдусалямов Султанмурат Абдульминович
Абзалов Альберт Феликсович
Абубакиров Абдували Абдулвагапович
Абубакирова Гульфарида Вагаповна
Абубакирова Марьям Тагировна
Абузяров Ахмат Салахутдинович
Агафуровы
Адамова Фатима Миркамилевна
Адильгареев Исхак Салахутдинович
Азербайджанцы на Урале

Азиатское отделение (Второй эскадрон) Оренб. Неплюевского кадетского корпуса
Азигулово
Азнабаев Мухамедвали Султангалеевич
Аитова Фатиха Абдулваевна
Айдаров Харис Ахметжанович
Айжанов Советбек Установич
«Айкап», журнал
Акманев Рафик Фатыхович
Ак-мечеть. См. Соборная мечеть г. Челябинска
«Акмулла», журнал
Акперов Вугар Ибрагим оглы
«Алаш», партия
Алаш-Орда

Алтынгузин Гатаулла
«Аль-Ихлас», газета
Альметев Мухаммедшакир Мухаммедьярович
«Аль-Фуркан», медресе
Аминов Маснави Ахунзянович
Амиров Мингазитдин Миндубаевич
Антиисламская деятельность Союза воинствующих безбожников на Урале
«Антисоветская организация ишанизма» в Молотовской обл.
Арабо-персидские ученые IX–XII вв. об Урале
Аргаяшский башкирский национальный округ
Арские князья
Аскаров (Мухаммедаскаров) Мухаммедхаким
Ассамблея народов Челябинской обл.
Атнабаев Рахимзян (Рахимжан)
«Ахли-Бейт», МРОМ
Ахмадиев Нурислам (Вакиф) Таифович
Ахмадуллин Шайх Рази
Ахмаров (Ахмеров) Габдрахман Мифтахутдинович
Ахмедов Шаехахмед б. Шаехбаба
Ахметов Расим Исмагилович
Ахметов Фаиз Галимзянович
Ахметов Шакир Ахметович
Ахунов Закир Залялетдинович
Ашрапов Мыхамматнур Галимзянович

Бабинцев Владимир Алексеевич
Байбурин Зигангир Нургалиевич
Байгулатов Сарварбик Зарулович
Бай-могила
Байтурсунов Ахмет Байтурсунович
Бакировы
Бактиков Фатых Ахмедзянович
«Баракат», общество
Баттал Габдулбари Абдуллович
Батырша (Галиев Абдулла)
Баширов Салахутдин Сахбзадович
Башкиро-Мещерякское войско
Башкирская армия
Башкирские восстания XVII–XVIII вв.: Религиозный аспект
Башкирское правительство
«Башкиры восточного Оренбуржья (история расселения, родо-племенной состав, хозяйство)»
Башкиры на Урале
Башня Тамерлана
Бектимиров Абдрахман
Бердыкаево
Березин Илья Николаевич
Бережанов Ахмет Кургамбекович
Беркимбаев Дербисали
«Берлек», молодежная организация
Бесермяне
Библиотека им. Х.Ямашева (Оренбург)
Бигер шай, бесермянские кладбища
Бикбов Габдулахат Шагиахметович
Бикбов Юнус Юлбарисович
Бикишев (Бегишев) Габдулгазиз
Бикказаков Иксан
Бикматов Мухаммед Мухаммед-зарифович
Билялов Масгут
Благотворительное общество д. 2-й Имангуловой

Перечень словарных статей выпуска V «Ислам на Урале»

Богатиевы
Богданов Габдрауф Габдуллинович
Большеказакбаевский 2-й курганный могильник
Буби Мухлиса Абдулгаллямовна
Бугурусланский муфтият
Букейханов Алихан Нурмухамедович
Бурнаевы

Вайнахи на Урале
«Вакыт», газета
«Вакыт», типография
Валеев (Валиев) Мухамметжан Фазылович
Валеев Гадель Камилович
Валеев Ильяс Мухамадеевич
Валид б. Мухаммедамин аль-Каргали
Валидов (Валиди) Ахмет-Заки Ахметшахович
Валитдин б. Хасан аль-Багдади
«Валия», медресе
Верхотурские татары
Восточные вечера (г. Троицк)
Временный революционный совет Башкурдистана

Габдель-Вагапов Габдель-Хаким Габдель-Латифович
Габдессалям б. Ураи
Габдессалямов Абдрауф
Габдессалямов Абдулнасыр
Габдессалямов Абдулфатих
Габдрахимов Габдессалям
Габдрахманов Мухамедгали
Габдулгафаров Габдулбарый Мухаметхажиевич
Габдуллов Мухаметсадык Габдульмажипович
Габдурахимов Габдурафит Габдурахимович
Габитов Хабибулла Габделькагирович
Гадиев Мунир Гариевич
Гази Салех Абдель Рахман
«Гайлям», журнал
Гайнетдинов Мухаммедфатых
Гайнуллин Гисматулла Муртазович
Гайсаров Фанур Шарифуллович
Гайсин Галихан Муллаханович
Галеев Азат Харисович
Галеев Закир Галеевич
Галиев Аллаяр Бахрирадзыевич
Галикеев Хайрулла Зайнуллович
Галимзян б. Мухаметзян
Галимов Акрам Миннегалиевич
Галимов Рустем Ральдусович
Галиуллин Рафаил Гибадуллович
Галяутдинов Хамит Махмутович
Ганеев Хикматулла
Гаратуев Масхут Вахитович
Гарифуллин Галимзян Хамидуллович
Гафуров-Чытай Галиаскар Мугинутдинович
Гаязов Валиахмад Рифкатович
Генеральное консульство США в Екатеринбурге
Гилязов Вафа Гилазетдинович
Гисмати (Гисматуллин) Габдулла Тухватуллович
Глазовское уездное национальное мусульманское Шуро
«Город на стыке двух континентов: оренбургское татарское меньшинство и государство»
Государственная конфессиональная политика в отношении ислама в кон. XIX – нач. XX вв.
Грак Валентина Николаевна

«Грань веков», фотофестиваль
Губайдуллины

Давлетов Данис Маликович
Давлетша-ишан
Давлетшин Абдулла
Давлетшин Габдулгалим Габдулгаллямович
Дагестанцы на Урале
«Дар аль-мугаллимат»
«Дар аль-мугаллимин»
Даутов Анвар Миргасимович
Даутов Сулейман
Даутов Файзрахман Сулейманович
Даутов Халиулла Газизович
Дашкин Зюлькарнаин Шангиреевич
Девишев Магди Юсупович
Денисов Денис Николаевич
Джадидизм
Джадидские учебные заведения в Бугурусланском уезде
Джалиль Муса Мустафович
Диваев Абубекр Ахмеджанович
«Дин ва магишат», журнал
«Дин ва магишат», типография
Донсков (Донской) Хусаин Усманович
«Донья ва магишат», журнал
Дулатов Мирякуб
«Дуслык», центр
Духовное управление мусульман Оренбургской обл. (Оренб. муфтият)
Духовное управление мусульман Пермского края
Духовное управление мусульман Республики Коми

«Евразийская партия – Союз патриотов России», партия
«Евразия», фонд
Екатеринбургское мусульманское благотворительное общество
Еналеев Альберт Хусаинович
Еникеев Гайса Хамидулович
Еникеев Нигматулла Салимгараевич

«Загадки незагадочного народа: историко-этнографические очерки о чепецких татарах»
«Загидия», медресе
Загиров Валиулла Загирович
Заитов Ишмухаммед-хаджи
Зайни (Зайникеев) Хабиб Халилович
«Зайнулла Расулев – выдающийся башкирский мыслитель-филолог, теолог и педагог-просветитель мусульманского мира»
Зарипов Сирин Раифович
«Земля Аргаяшская: История и современность»
Зинатуллин Фарук Зинатуллович
Зирэт, мус. кладбище г. Перми

«Иж шәһәре татарлары тарихыннан»
Ижевская мечеть на ул. К. Маркса
Ижевская соборная мечеть №1
Ижевская соборная мечеть №2
Ижевская соборная мечеть на ул. Азина
Ижевский муфтият
«Изге юл», журнал
Издательство Пермского муфтията

Перечень словарных статей выпуска V «Ислам на Урале»

Изобильнинский мавзолей
Имаметдинов Яхья Аляутдинович
«Иман», телепрограмма
Инан Абдулкадир
Исакаев Габдулла Гафиуллович
Искандеров Халим Фаттахович
Искерское княжество Тайбугидов
Ислаев Файзулхак Габдулхакович
«Ислам в Екатеринбурге», сайт
Ислам в культуре удмуртов
Ислам в Курганской области
«Ислам в Оренбургской области»
Ислам в Пермском крае
«Ислам в Пермском крае», газета
«Ислам в Пермском крае», сайт
Ислам в Республике Коми
Ислам в Свердловской области
Ислам в Удмуртии
«Ислам в Удмуртии», конференция
Ислам в Челябинской области
«Ислам как он есть», телепрограмма
«Ислам сегодня», телепрограмма
«Ислам&Жизнь», журнал
«Ислам-Каргала», сайт
Исламизация финно-угорского населения Ср. Урала
Исламские конференции в Республике Коми
Исламский культурный центр Республики Коми
Исмагилов Исхак Махмутович
«Истина», газета
«Историю оставить народу своему»
«История ислама в Пермской губернии, области, крае»
История махалли г. Глазова
Исхаков Ахметхан Мухаммедлатифович
Исхаков Ибрагим Зарифович
Исхаков Мухаммедлатиф
Исхаков Фазыл Гарифович
«Иттифак аль-муслимин» («Союз мусульман»)
«Ихлас», фонд
«Ихсан», газета
Ичкинские татары
Ишбулатов Ходжи-Ахмет Исхакович
Ишмухаметов Рамазан Саримович
Ишнияз б. Ширнияз аль-Хорезми

Кадимизм
«Казах», газета
Казахи и башкиры Оренбургской обл.: демографический обзор
Казахи на Урале
Казыятское управление мусульман Курганской обл.
Казыятское управление мусульман Свердловской обл.
Кальметьев Мухаррам Халиль-рахманович
Камаловы
Капкаев Абубакир Юсупович
Караван-Сарайская мечеть. См. 2-я соборная мечеть г. Оренбурга
Караван-Сарайское медресе
Каргала
Каргалый Абульманих
Каримов Мухамметфатых (Карими Фатих) Гильманович
«Каримова, Хусаинова и Ко» типография
Каринское опричное княжество
«Кармак», журнал
«Карчыга», журнал
Касимов Зуфар Ахметшакирович
Касимов Ильмир Харисович

Касимов Раиф Хнафиевич
Касимов Салим Гильфанович
Касимова Диана Габдулловна
Касимовы, Галиулла и Самигулла
Кахимбаев Аманжол Отемисович
Кашаев Загидулла Хабибуллович
Кашапов Алмаз Равильевич
Каюмов Нагим Баянович
Кестымская татаро-мусульманская библиотека
Киникеевы (Оренбург)
Киникеевы (Орск)
Киргизы на Урале
Клады арабо-персидского серебра на тер. Пермского края
Конгресс татар Челябинской обл.
Кондуровцы
Косач Григорий Григорьевич
Кояново
«Край Оренбургский. Праведной дорогой ислама»
«Красноуфим татарлары. Тарих. Тел. Фольклор»
Красноуфимское мусульманское культурно-экономическое и благотворительное общество
Крещение татар и бесермян Удмуртии
Крымов Маргазиан Галлиулович
Крымские татары на Урале
Кувандыкский коридор
Кузияров Фарид Шакирович
Кузьмин Вадим Александрович
Кульбаков Шарафутдин Абдулгалимович
Кунгурское мусульманское культурно-экономическое и благотворительное общество
Курбангалиев Мухаммед-Габдулхай
Курбангалиевы
Курманаев Закир Тозеевич
Кутыев Камалетдин Ибрагимович
«Куш Манара», мечеть
Кызыл-Мечеть

Латыпов Халиулла Латыпович
Луппов Павел Николаевич

Маврина Жамиля Рамазановна
Магазов Габдулла Мухаммедгарифович
«Магариф», журнал
Маметев Ситдык Абдулхаликович
«Манара», телестудия
Манатов Шариф Ахметович (Ахметзянович)
Маннапов Минхаж Низамутдинович
«Мансурия», медресе
Мансуров Мухаммадгата
Матинов Шагишариф Медетгалиевич
Махмудов Рамазан Хасанович
«Медная» мечеть
Медресе Каргалы
Медресе при соборной мечети г. Челябинска
«Медресе», фонд
Межконфессиональный консультативный комитет Пермского края
«Межнациональный Информационный Центр»
Мемеделин Махмут
Метрические книги
Мечети в войсковых частях, тюрьмах и больницах Урала
Мечети д. Кестым
«Мечети Урала», экскурсионный проект
Мечеть в лечебно-исправительной колонии №4 (Удмуртия)

Перечень словарных статей выпуска V «Ислам на Урале»

Мечеть г. Воткинска
Мечеть г. Красноуфимска
Мечеть г. Кушва
Мечеть г. Можга
Мечеть г. Нижнего Тагила
Мечеть г. Усинска
Мечеть д. Ахмади
Мечеть д. Верхний Дасос
Мечеть д. Гордино
Мечеть д. Засеково
Мечеть д. Кесшур
Мечеть д. Малый Вениж
Мечеть д. Новый Бугалыш
Мечеть д. Падера
Мечеть д. Палагай
Мечеть д. Починки
Мечеть д. Татарские Ключи
Мечеть д. Татарские Парзи
Мечеть д. Татарский Тоймобаш
Мечеть д. Шафеево
Мечеть и медресе г. Бугуруслана в XIX – нач. XX вв.
Мечеть Исмагила
Мечеть м/р-на «Элеконд» г. Сарапула
Мечеть м/р-на Данилиха г. Перми
Мечеть на тер. исправительной колонии №4 (Удмуртия)
Мечеть п. Кама
Мечеть п. Кизнер
Мечеть п. Люга
Мечеть п. Пычас
Мечеть п. Ува
Мечеть п. Шолья
Мечеть п. Яган
Мечеть хутора Миасский
Мещеряки
Миллет Меджлисе (Национальное собрание)
Милли Идарэ (Национальное управление)
Мингазов Василь Мингазович
Миндубаева Фатыйма (Гульзада)Ахатовна
Минигалиев Мухаммад Хасимянович
«Мир», издательство
«Мирас», приложение
Мирзаянов Фнун Гавасович
Миропольский Александр Степанович
Миссионерская деятельность в отношении крещеных татар Вятской губ. в кон. XIX – нач. XX в. Михалева Альбина Викторовна
Могильный камень в д. Гордино
Молитвенные дома Глазовского уезда
Молитвенный дом г. Сарапула
Мослем.ру, сайт Пермского муфтията
Мрясов Сагит Губайдуллович
«Мугаллим», журнал
Музафаров Марат Нашатович
Мукимов Зуфар Мукимович
Мукминова Багбустан
Мулануров Мухамеднур Муллануровович
Муратов Ямиль
Муртазин Абдулгазиз Сибагатуллович
Муртазин Муса Лутович
Мусалимов Кабир Алгамович
Мусин Усман
«Муслим», газета
Мустафин Альфрид Ануарович
Мустафин Улульфазыл
Мусульмане в Оренбургском казачьем войске
Мусульмане на ярмарках Урала
Мусульманская библиотека г. Магнитогорска
Мусульманская библиотека г. Челябинска
Мусульманская община г. Бугуруслана в XIX – нач. XX вв.
Мусульманская община г. Бузулука в XIX – нач. XX вв.
Мусульманская община г. Екатеринбурга
Мусульманская община г. Златоуста
Мусульманская община г. Карабаш
Мусульманская община г. Кургана
Мусульманская община г. Куса
Мусульманская община г. Магнитогорска
Мусульманская община г. Миасса
Мусульманская община г. Оренбурга
Мусульманская община г. Пласт
Мусульманская община г. Сарапула в XIX – нач. XX вв.
Мусульманская община г. Сатка
Мусульманская община г. Троицка
Мусульманская община г. Шадринска
Мусульманские благотворительные и культурно-просветительские организации Оренбургской губ.
Мусульманские кладбища г. Троицка
Мусульманские коммунистические комитеты
Мусульманские общины заводов и городов Бакальских рудников
Мусульманские общины на фабриках и заводах Урала в XIX – нач. XX вв.
Мусульманские общины Оренбургской обл. в постсоветское время
Мусульманские социалистические комитеты
Мусульманское (Подшиваловское) кладбище г. Ижевска

Мусульманское кладбище г. Екатеринбурга
Мусульманское культурно-экономическое и благотворительное общество г. Перми
Мусульманское общество башкир Бурзян-Кипчакской, 1-й и 2-й Каракипчакской и Аллабердинской волостей
Мусульманское общество башкир Бурзянской волости
Мусульманское общество башкир Бушман-Суун-Каракипчакской волости
Мусульманское общество башкир семи Усерганских волостей
Мусульманское общество г. Илецкая Защита
Мусульманское общество г. Оренбурга
Мусульманское общество г. Орска
Мусульманское общество пос. Никитинского Пречистенской станицы
Мусульманское общество Сеитовского посада
Мусульманское училище на оренбургском Меновом дворе
«Муфтий Габдрахман Расулев – старший сын Ишан Хазрата Расулева»
Мухамедшин Габдулла Мухамедшинович
Мухамедшин Фаиз Габдуллаевич
Мухаметзянов Айрат Анварович
«Мухаммадия», медресе
Мухаммед б. Али ад-Дагестани
Мухаммед б. Хусаин аль-Бурундуки (Мухамеджан Хусаинов)
Мухаммедшафигов Мухаммедхафиз

«Мюридизм на Среднем Урале» (1933 г.)

«На пути истины», приложение Нагайбаки
«Нагайбаки (Комплексное исследование группы крещеных татар-казаков)»
Нагайбеков Муслухутдин Ахметжанович
«Наджат», библиотека (Троицк)

Перечень словарных статей выпуска V «Ислам на Урале»

Назмутдинов Сайфутдин Фаттахутдинович
Назыровы
«Наречие каринских и глазовских татар»
«Научное общество» (Троицк)
«Научно-информационный вестник истории и этнографии татарского населения Урала»
«Национальная деревня», культурный комплекс
Национально-культурная автономия татар Свердловской обл.
Национальные общества и объединения тюрко-мусульманских этносов Оренбургской обл.
Несохранившиеся мечети деревень Елабужского уезда Вятской губ.
Нигматуллин Рахматулла Гизатуллович
Нижне-Тагильское мусульманское культурно-экономическое и благотворительное общество
Ногайская Орда
Нукратское княжество. См. Каринское опричное княжество
Нуриманов Багаутдин Ялалетдинович
Нуриманов Раис Глюмович
«Нурлы Барда», газета
Нурметов Руслан Рафикович
Нурмухамедов Мухаммедгариф б. Нурмухамед

«Озерский Нур», приложение
ОМДС. См. Оренбургское магометанское духовное собрание
Оренбург и первые российские национальные автономии: 1919-1920 гг.
Оренбургская городская казенная мечеть. См. 1-я соборная мечеть г. Оренбурга
Оренбургская киргизская (русско-киргизская) учительская школа
Оренбургская меновнинская мечеть
Оренбургская татарская учительская школа
Оренбургский гос. татарский драматический театр им. М. Файзи
«Оренбургский минарет», газета
Оренбургский мусульманский военный комитет
Оренбургский мусульманский женский комитет
Оренбургское магометанское духовное собрание
Оренбургское Михайло-Архангельское братство, миссионерская организация
Оренбургское мусульманское бюро
Оренбургское мусульманское женское общество
Оренбургское мусульманское музыкально-драматическое общество
Оренбургское общество попечения об учащихся мусульманах
Орская соборная мечеть
«Очерки по истории мусульманских общин Челябинского края (XVIII – начало XX вв.)»

Периферийные районы «Малой Башкирии»
Пермские татары
«Пермские татары»
Пермское мусульманское благотворительное и просветительское общество
Пермское общество распространения грамотности среди мусульман
«Перспективы и трудности межконфессионального диалога», семинар
Политика в области просвещения казахов: роль Оренбурга
Политика Горнозаводской администрации Урала в отношении башкир в XVIII в. Попечительский совета вакуфа А.Г. Хусаинова

Православная колонизация Ср. Урала в XVIII в.
«Приуральские татары»
Противомусульманская миссия Екатеринбургской епархии

Раев Ринат Афраемович
«Рамазан», мечеть. См. 7-я соборная мечеть г. Оренбурга
Рамиевы
Ранние мусульманские могильники в Предуралье
Расулев Габделькадир Зайнуллович
Расулев Габдрахман Зайнуллович
Расулев Габдулла Зайнуллович
Расулев Зайнулла Хабибуллович
«Расулия», медресе
Рафиков Абдулкарим
Рахманкулов Ахметхази Абдулзагирович
Рахманкулов Гирфан Шайхильмарданович
Рахманкулов Зариф Хусаинович
Рахманкулов Зиятдин Мухамеджанович
Рахматуллин Ахмедзян Хабибуллович
Рахматуллин Исмаил
Региональное ДУМ Курганской обл.
Региональное ДУМ Свердловской обл.
Региональное ДУМ Челябинской обл.
Реисламизация татар-кряшен Вятской губ. в посл. трети XIX в. Ремесленная учебно-показательная школа с. Кояново
Репрессированные имамы Курганской обл.
Репрессированные имамы Оренбургской обл.
Репрессированные имамы Пермского края
Репрессированные имамы Свердловской обл.
Репрессированные имамы Удмуртской Республики
Репрессированные имамы Челябинской обл.
Рождественский археологический комплекс
Рыбаков Сергей Гаврилович

Саади (Сагди) Габдрахман
Сабитов Габделнасыйр
Сабитов Сарваретдин Мифтахитдинович
Саид-Галиев Сахиб-Гарей
Сайдулин Сибагатулла Сунагатович
«Сайт татар и башкир Урала»
Сакмарское городище
Салимов Мухаммедхаким Мухаммедзарифович
Салихов Галиулла Мухамедсадыкович
Салихов Хибатулла Саидбатталович
Салтанаульцы
Саматов Тагир Габдулхакович
Самедов Эльхан Аслан Оглы
Сарапульская мус. библиотека-читальня
«Саф Ислам», газета
«Сафакүл татарлары: тарих, тел, халык ижаты»
Сафакулево
Сафаров Назим Фарсиевич
Сафин Габдрахман
Сафин Рафаил Васильевич
Сафина Расима Акзамовна
Сафитов Мухаммедгат Мухамметович
Сахибзянов Наиль Ахмедович
Сачко Галина Владимировна
Сеитовский посад. См. Каргала

Перечень словарных статей выпуска V «Ислам на Урале»

Сейфитдинов Шахбал Сахаутдинович
Сейфульмулюков Исмагил Ибрагимович
Сельское тюрко-мусульманское население Свердловской обл.
Селянинова Гульсина Дагирьяновна
«Семейная обрядность чепецких татар (середина XIX – XX в.)»
Семенов Заит
Соборная мечеть г. Кургана
Соборная мечеть г. Магнитогорска
Соборная мечеть г. Перми
Соборная мечеть г. Челябинска
Соборная мечеть ичкинских татар
Собрание мусульман г. Глазова
Советская система образования для мусульман на Ср. Урале в 1920-е гг.
Соглашение о сотрудничестве между администрацией Челябинской обл. и ЦДУМ
Сорокин Петр Матвеевич
Социальный облик имамов Свердловской обл.
«Социальный облик имамов Урала начала XXI века»
«Социальный портрет мусульманина 1930-х гг.»
«Союз мусульманок Урала»
Союз мусульманской молодежи Екатеринбурга
Старостин Алексей Николаевич
Статьи Али Рахима о культуре чепецких татар
Субханкулов Бик-Араслан
Судебный процесс над педагогами Бубинскими
«Сулеймания», мечеть. См. 5-я соборная мечеть г. Оренбурга
Сулейманов Абдулсаттар
Сулейманова Биби-Разыя Тазитдиновна
Султан-Сейдалин Ахия Али-Мухамедович
Суюндуков Мусалим Салимгиреевич
Съезд мусульманского духовенства Бугурусланского уезда (1912 г.)
Съезд мусульман Глазовского уезда Вятской губ.
Съезд мусульманского духовенства 4-го Горно-Заводского р-на Уральской обл. 1927 г.
Съезды казаков-мусульман Оренбургского казачьего войска

Табаринские татары
Таджики на Урале
Тажетдинов Фарит Зиякович
Танып
«Тарик», колледж
Татарский общественный центр Удмуртии
Татары в Пермском крае
Татары на Урале
Татары Оренбургской области
Татары Свердловской области
Татары Удмуртии
Татары Челябинской области
Тевкелев Кутлуг-Мухаммед Мамешевич
Тенишевы
Тептяри
Тимошев Нигматулла Файзуллович
Типология закрытия мечетей Ср. и Юж. Урала
Троицкое 2-классное русско-татарское училище
Троицкое мусульманское благотворительное общество
Троицкое общество «Хайрат»
Троицкое общество поощрения сценического искусства
«Троицкое общество приказчиков»
Троицкое общество распространения просвещения

Трудмобилизованные из Средней Азии на предприятиях и стройках Урала в годы Великой Отечественной войны
Турецкие военнопленные в годы I мировой войны на Урале
Туринские татары
Турки-месхетинцы в Оренбургской области
Тынкачиев Фазыл Ибрагимович
Тынышпаев Мухаммеджан Тынышпаевич
Тюменское ханство

Узбеки на Урале
Уразаев Галиулла Фаткуллович
«Урал карчыгасы», газета
«Урал», газета
Уральские казаки-мусульмане
Уральские областные мусульманские военные съезды 1917 г. Уральский областной мусульманский военный совет
Урманче Баки (Габдельбаки) Идрисович
«Урта Урал татарлары (Свердловск өлкәсе). Рухи мирас»
Усманов Махмуд Сейфульмулюкович
Усманов Мухаммедсадык Махмудович
Усманов Хайрулла Абдрахманович
Усманов Шакир Садрутдинович
Училище для киргизских (казахских) детей в г. Троицке

Файзулин Равкат Шайдуллович
Файзулин Исмагиль б. Хисматулла
Файзулин Рафаэль Фаритович
Фак-т Евразии и Востока Челябинского государственного ун-та
Фахретдин Ризаэтдин

Хабибуллин Ахмадулла Шайдуллович
Хабибуллин Мухаметхафиз (Хафиз-бай) Хабибуллович
Хайбуллин Абдрауф Рустамович
Хайруллин Абдель-Барый Хабиевич
Хакимов Карим Абдрауфович
Хакимов Рашид Шавкатович
Халитов Ахмед (Ахмед б. Халид аль-Менгери)
«Халык авазы», газета
Халяль-индустрия на Урале
Хамидуллин (Хамиди) Шакирзян Ассадулович
Хамидуллин Гизятулла
Хамитов (Ушмави) Габдулла Хамитович
Харисов Халим Набиахметович
Хасанжанова Розалия Валеевна
Хасанкаев Салих Хаялетдинович
Хасанов Миргазиян Нуруллович
«Хафиз-бай акалы»
Хафизов Тавафетдин Гафиевич
«Хезмет», издательство
«Хилял», газета
Хисамутдинов Ирек Саетмухаматович
Хиялетдинов Шакир Шайхисламович
Худайбердин Шагит Ахметович
Хузин Мухаммедгали Равилович
«Хусаиния» (1), дореволюционное медресе
«Хусаиния» (2), современное медресе
«Хусаиния», мечеть. См. 6-я соборная мечеть г. Оренбурга
Хусаинов Мухаммедвали Абдулганиевич
Хусаинов Мухаммедмунир Мухаммедхадиевич

Перечень словарных статей выпуска V «Ислам на Урале»

Хусаиновы
Хуснутдинов Мухаммедгариф

Центр иранских исследований Уральского государственного ун-та
Центр. соборная мечеть г. Оренбурга. См. 3-я соборная мечеть г. Оренбурга
Централизованное религиозное управление мусульман Пермского края
Центральная мечеть г. Сарапула

Чагин Георгий Николаевич
Чачаковы
Челябинская учительская семинария
Челябинский муфтият ДУМ АЧР
Челябинское мусульманское благотворительное общество
Чепецкие татары
«Чикертке», журнал
«Чукеч», журнал

Шагиахметов Махмуд Шагинурович
Шаехбаба б. Гульахмад ад-Дагестани
Шаймарданов Габдулла Хуснуллович
Шаймарданов Наиль Залилович
Шаймиев Фарид Шаймухаметович
Шайханов Марат Кашафович
Шакаев Габдулла Юмабаевич
Шакиров Ульфат Мухаметьянович
Шамигулов Гали Камалетдинович
Шамсутдинов Искандар Мухаммедвалеевич
Шангареев Исмагил Калямутдинович
«Шанс», женский клуб
Шарафеев Халим Хатибович
Шарафулин Марс Мансурович
Шарафутдинов Фарук Шарафутдинович
Шарипов Альфит Асхатович
Шарипов Хакимьян Шаихович
Шариповы
Шафиев Бахтигарей Агзамович
«Шейх Ахмат Хаджи Рахманкулов и его потомки»

«Шейх Зайнулла Расулев. Божественные истины»
«Шейх Зайнулла Расулев»
«Шейх Зайнулла»
Школа для «киргизских» (казахских) детей при Оренбургской пограничной комиссии
«Шура», журнал

«Юлдаш», фонд
Юлтый Даут Исхакович
Юмаев Джамалетдин Халиуллович
«Юные знатоки ислама», олимпиада
Юсупов Рафаэль Ренатович

«Яз», журнал
«Якташ», фонд
Якупов Ильгиз Нургалимович
Ямбаевы
«Яңарыш», газета
Ярмарочная мечеть г. Ирбит
Яруллин Хужажан
Яушевы
«Яшен», молодежная организация

Barda.narod.ru, сайт татар Бардымского р-на
Ihlas.su, сайт Челябинского муфтията
Islam.usinsk.info, сайт ДУМ Респ. Коми

Перечень словарных статей выпуска VI «Ислам в Поволжье»

450-летний юбилей Астрахани
I мусульманское культурно-просветительское общество г. Самары
II мусульманское культурно-просветительское общество г. Самары

Art-Medxia, фестиваль

Абдулжаббаров Жиганша ан-Нижгарути аль-Хаджитархани
Абдуллин Басир Маджитович
«Абдурахман Умеров: научно-биографический сборник»
Абдуррахим б. Абдулла б. Али аль-Хаджитархани
Абу Шахма б. Муса б. Абдуррахман
Абубакер б. Юсуф б. Ильяс аль-Джабали
Абубикер Кара-Укар Хызыр-ата Туркестани
Авлия в Астраханской области
Автозаводской грунтовый могильник
Агрыжанские татары
Агрыжанский двор
ад-Дагистани Махмуд аль-Алмали
Административно-территориальное устройство Золотой Орды
«Азан», газета
«Азат халык», газета
«Азат ханым», журнал
Азербайджанцы в Астрахани
Азизджан б. Мухаммеджан
Акпатыр
Акчурин Юсуф
Акчурина Зухра Асфандияровна
Акчурины
Алиев Абдул-Вагап
Алиев Ермек Баделович
Алимбек Амина Валиулловна
Алимбеков Ахмет Валиуллович
Алиуллов Фатых Санатуллович
«Аллаху акбар», передача
Алмаев Махмут Садретдинович
Алтата
«Алтата авылы: тарих һәм халык авазы ижаты»
Аль-арсия
Аль-Гарнати (аль-Андалуси) Абу Хамид Мухаммад
Алькино
Альмяшев Юсуф
Ансар.ру, Интернет-сайт
Арбухим (Арабук)
Арские князья
Арсланов Мухаммедфатих б. Аюп аль-Ильмини
Археологические свидетельства «Великой замятни» в Нижнем Поволжье
«Астраханская катастрофа» 1523 г.
Астраханские казахи
Астраханские мусульманские общества
Астраханские татары
Астраханские туркмены
Астраханский кремль
Астраханский поход 1569 г. Астраханское Региональное ДУМ
Астраханское ханство
Асфандияр б. Мадяр
Атласи Хади
Ахмед б. Кучук-Мухаммед, хан Тахт эли

Ахмед б. Хасан аль-Мастаки
Ахуны Самарской губернии
Ашмасов Гакиль Билалович

Баба Туклес
Базджин / Бездеж
Баишев Махмуд б. Хусаин
Байбиков Мухаммад (Руслан) Фаридович
Баллод Франц Владимирович
Баскунчакский соляной промысел: рабочая махалля
Бату (Батый), каан
«Бац», МРОМ
Бачман, эмир
Башкиры Самарской области
«Безнең фикер», газета
Белая мечеть г. Астрахани
Бердибек, хан
Берке, хан
Бибарсов Мукаддас Аббасович
Библиотека И.К. Акчурина
Биккулов Ибрагим Джамалетдинович
Биктимиров Ильяс Алиевич
«Биляр», медресе
Благотворительность мусульман Ульяновской области
Большая Орда, Тахт эли
Букеевская Орда
Булатов Николай (Рашит) Михайлович
«Булгарская цивилизация на Волге»
«Булгарское возрождение»
«Бурхан-и таракки», газета
Бурханутдин б. Насрутдин

Ваисов Багаутдин
Ваисовское движение
Вайнахи
Визирь в Золотой Орде
Викторин Виктор Михайлович
Водянское городище
Волго-Донская Переволока
Волжская Булгария
Восточная периодика Астрахани (1906–1914)
Восточная периодика Астрахани (1917–1918)
Восточные рукописи из Астрахани
Вятская земля и татары в XIV–XVI вв.
Вятская соборная мечеть
Вятское Милли Шуро

Гасри (Мавлюбердиев) Наджиб
Гафуров Сибгатулла Садыкович
Гилянский двор
Гимаев Сеидзада Мингалиевич
«Голос Азербайджана», газета
Гребенские татары
Григорьев Василий Васильевич
Губайдулла б. Сапкул
Губайдуллин Гатаулла
«Гулистан», медресе
Гюлистан

Давыдов Якуб Фахретдинович
Дагестанцы
«Даруль-Эдеп», медресе
Дебердеев Мухамят-Сафа
«Джамияти-Исламийя», общество

А

«Джамияти-Хайрийä», общество
Джанибек, хан
Джанибеков Абдул-Хамид Шаршенбиевич
Джигит Джайдак-ата
Джиен «Священного Булгара»
Джихангир (Жангир), хан Букеевской Орды
«Джумхурият», газета
Динамика развития ислама в Марий Эл
на рубеже XX–XXI вв.
«Дини джамият»
«Древности Малмыжского уезда»
ДУМ Кировской области
ДУМ Республики Калмыкия
ДУМ Республики Марий Эл
ДУМ Саратовской области
«ДУМ Саратовской области», интернет-сайт
ДУМ Ульяновской области
ДУМ Чувашской Республики
Дунгане
«Дуслык», общество

Емешные татары
Енгалычев Саид Мухамеджанович
Енгалычевы

«Жолдастык», общество

Зайковский Богдан Викторович
Зайнетдинов Мавия Фатихович
«Замятня великая»
Зарегистрированные имамы Куйбышевской области
Зарегистрированные религиозные объединения мусульман Куйбышевской области
Зеленая мечеть г. Астрахани
Золотая Орда
Золотоордынские городища и поселения на территории Астраханской области
Золотоордынские городища и селища на территории Саратовской области
Золотоордынские поселения на территории Волгоградской области

Ибн аль-Баззаз Мухаммед Хафизуддин
Ибн Арабшах Ахмад
Ибн Баттута Абу Абдаллах Мухаммад
Ибрагим б. Шабай б. Бикмай
«Идель», газета
«Идель», общество
Иджтихад и таклид в Поволжье в XIX в.
Идрис б. Зуль-Мухаммед
Измайлов Мустафа Хаджи-Садрутдинович
«Икътисад», журнал
«Икътисад», магазин
Ильязов Назымбек Актажиевич
Институционализация мусульманских общин Поволжья
Институционализация мусульманской общины Ульяновской области
Интерстадиал
Исамуддин б. Абдулмулюк аль-Маргинани
Искандер б. Каландар-суфи аль-Маргинани
«Ислам в Самарской области»
«Ислам в Саратовской области»
«Ислам в Чувашии»
«Ислам и политика в современной России: "ядро" и "периферия" мусульманского пространства»
«Исламские религиозные учреждения в имперской России. Исламский мир
Новоузенского уезда и Внутреннего казахского жуза (1780–1910)»
Ислам в культуре марийцев
Ислам среди калмыков
Исламизация чувашей
«Исламская мозаика», передача
Исламские праздники у татар XIX – начале XXI в.
Исламский культурный центр Ульяновской области
Исламской партии Возрождения учредительный съезд
«Ислах», газета
«Историко-лингвистический анализ тюрко-татарской топонимии Ульяновской области»
Историография ислама в Астраханской области
Историография Хазарского каганата и Золотой Орды
Историческая мечеть г. Самары
«История татарского народа с древнейших времен до наших дней»
История ислама в Астраханской области
История ислама в Волгоградской области
История ислама в Калмыкии
История ислама в Кировской области
История ислама в Марий Эл
История ислама в Самарской области
История ислама в Саратовской области
История ислама в Ульяновской области
История ислама в Чувашии
История мусульманских приходов Самары
Итиль
«Ихсан», МРОМ
Ишанизм

«К тюрко-татарскому народу государства Российского», Обращение Комуча
Кадыри Закир б. Халим
Казаков Мухамметшакир Мухамметзянович
Казанское ханство
Казахи
Календарная система в Золотой Орде и постордынских государствах
Камалов Рустам Абдулович
Камалутдинов Габдельнур Салимович
Кандак
Кандалый Габдельджаббар
Канцелярия и делопроизводство в Золотой Орде и постордынских государствах
«Кара пулат», мечеть с. Урмаево
Карагаши
Каралаев Султан-Ахмед
Карашев Гумар
Карино
Каринские татары – см. Нукратские татары
Каринский стан
Касимов Махмет-Исуп
Касимов Сулейман Касимович
Коллекция предметов исламской тематики в фондах АГОИМЗ
Колобовское городище
Комплекс у пос. Лапас
Комсомольское (Ахтубинское, Аксарайское) городище
Комуч: участие мусульман
Красная мечеть г. Астрахани
Красносюндюковское I городище
Красноярское городище
Крганов Альбир Рифкатович
Крещение татар Симбирской губернии
Криушинская мечеть г. Астрахани

Перечень словарных статей выпуска VI «Ислам в Поволжье»

Кротков Александр Августинович
Кузяхметов Расим Мухтарович
Кундровцы (кундровские татары)
Кучук-Мухаммед, хан
«Кызылбаши» Самарской губернии

Локализация городов Золотой Орды в Нижнем Поволжье

«Магариф», журнал
«Маджлис Шура-и Ислам», общество
Малмыжский мусульманский комитет
Малов Ефимий Александрович
Мамай, беклерибек
Мамич-Бердей, князь
Маннафов Сатдар
Марван б. Мухаммад, халиф
Марийцы-мусульмане
Массагутов Хабибрахман Ситдикович
Махалли на предприятиях татарских промышленников в Среднем Поволжье
Махметов Ахмет Шамилевич
Махмуд б. Кучук-Мухаммед, хан Тахт эли
Махмудов Абдрахман Абдряхимович
Маячный бугор
Медресе Мачкара
Мельзетдинов Зайнэндж
Мельзетдинов Зайнуль-Абидин б. Абдряхим
Менгу-Тимур, хан
«Меннәрнең остазы – ишан Хабибулла Хансуяров»
Мечети г. Астрахани
Мечети золотоордынских городов Нижнего Поволжья
Мечети Кировской области
Мечети с. Верхазовка
Мечети с. Карино
Мечети Самарской области
Мечети Ульяновской области в постсоветский период
Мечети Чувашии
Мечетная слобода
Мечетное городище
«Мечеть на Татарской улице»
Мечеть г. Вольск
Мечеть г. Пугачев
Мечеть г. Хвалынск
Мечеть с. Осинов Гай
«Мечеть трех сахабов» (с. Шыгырданы)
«Мизан», газета
«Мизан», типография
Миллет Меджлисе (Национальное собрание)
Милли Идарэ (Национальное управление)
Милли Идарэ в Астрахани
Минюшев Шигабутдин б. Хуснутдин
Молельный дом г. Куйбышева
Монетная система Золотой Орды
Монетная чеканка в Нижнем Поволжье в эпоху Золотой Орды
Монетное обращение на Нижней Волге в средние века
Мочинская слобода
Мошаик, городище
Муджавиры
Муллин Минреис Минатуллович
Мулловка: рабочая махалля на суконной фабрике
Мурадбаки б. Ишали
Муранское селище
Муромский городок
Муртаза б. Ахмед, хан Тахт эли

Муртазин Мухаммет-Фатых б. Шигабутдин Мустакимовы
Мусульманская община Волгоградской области
Мусульманская община г. Волгограда
Мусульманская община г. Димитровграда
Мусульманская община г. Самары в XVIII – начале XX вв.
Мусульманская община г. Симбирска в XIX – начале XX вв.
Мусульманская община г. Ставрополя (Тольятти) в начале XX в.
Мусульманская община г. Сызрани во второй половине XIX – начале XX вв.
Мусульманская община г. Ульяновска в 1946 – конце 1980-х гг.
Мусульманская община Кировской области
Мусульманская община Лаганского р-на Калмыкии
Мусульманская община пос. Вырыпаевка, г. Ульяновск
Мусульманская община Палласовского р-на
Мусульманская община Республики Калмыкия
Мусульманская община Республики Марий Эл
Мусульманская община Самарской области
Мусульманская община Саратовской области
Мусульманская община Ульяновской области
Мусульманская община Чувашской Республики
Мусульманские благотворительные общества Симбирской губернии
Мусульманские кладбища г. Самары
«Мусульманские приходы в Самарской губернии во второй половине XIX – начале XX в.»
Мусульманские приходы Симбирской губернии
Мусульманские приходы Ульяновской области
Мусульманские религиозные организации в г. Кирове
Мусульманские сайты Поволжья
Мусульманские учебные заведения Вятской губернии
Мусульманские учебные заведения Самарской губернии
«Мусульманский вестник», газета
Мусульманский комиссариат Астрахани
Мусульманский ономастикон у чувашей
Мусульманский приход г. Самары на ул. Казанской
Мусульманский приход г. Самары на ул. Саратовской
Мусульманский приход г. Самары на ул. Соборной
Мухаджирство поволжских татар в Османскую империю
Мухамедьяров Шакир Зарифович
Мухетдин б. Хасан
Мухсин б. Биккул аш-Шаши
«Мухтариат», газета
Мухтасибаты Самарской губернии в 1920-е гг.

Налоги и сборы в Золотой Орде
Нариманов Нариман-бек Наджаф-оглы
Население золотоордынских городов Нижнего Поволжья по данным антропологии
Насретдинов Халил Фидаевич
Насруллаев Асадулла Гамзаевич
Нежметдинов Абдулла Аймалетдинович
Незарегистрированные имамы Куйбышевской области
Незарегистрированные религиозные группы мусульман Куйбышевской области
Незарегистрированные религиозные группы

Перечень словарных статей выпуска VI «Ислам в Поволжье»

мусульман Ульяновской области
Нигматулла-ходжа б. Зуннун-ходжа
Нижнее Поволжье золотоордынского времени на редневековых картах
«Низамийа», медресе
Нишан
Новометодные школы Симбирской губернии
Ногаи
«Ногайская бойня» конца 1548 – начала 1549 гг.
Ногайская мечеть г. Астрахани
Ногайская Орда
Ногайское национально-культурное возрождение в Астраханской области
Ногайско-казанские отношения, XV–XVI вв.
Ногайско-османские отношения, XV–XVII вв.
Ногайско-русские отношения, XV–XVII вв.
Нократское княжество
Нукратские (каринские) татары
Нурмухаммед Ахун-ходжа

«О прошлом и настоящем татарского народа»
Опрос о состоянии бытового ислама среди татар Чувашии
Опрос о состоянии межнациональных отношений в Саратовской области
Оренбургское Магометанское духовное собрание (ОМДС)
Особенности организации религиозного уклада рабочих-мусульман в Поволжье

Параньгинский район
Переселенческое движение мусульман Самарской губернии в Турцию
Персидская мечеть г. Астрахани
Персы в Астрахани
Пиляры
Письмо последователей секты «Кугу сорта» османскому султану
Поисковые работы в Калмыкии
Походы эмира Тимура в Поволжье
Противостояние Большой Орды и Крымского ханства
«Прошлое как вера в будущее»

Радикальные религиозные идеи в мусульманской среде Самарской области
Расселение и численность мусульман Симбирской губернии
Расулев Габделькадир Зайнуллович
Рашитов Фрид Айниевич
Региональное ДУМ Волгоградской области
Региональное ДУМ Самарской области
Региональное ДУМ Ульяновской области
Реисламизация татар-кряшен Симбирской губернии
Религиозная мусульманская составляющая в семейной обрядности татар Поволжья
Религиозные аспекты права Золотой Орды и постордынских государств
Репрессии имамов Куйбышевской области в 1920–1930-х гг.
Русско-татарская школа в Саратове

Сабиров Валиахмет б. Габделсабир
Саблуков Гордий Семенович
Саид-Махмуд б. Ахмед, хан Тахт эли
Саксин
Салафиты Астрахани
Салимгареев Фанус Рифгатович
Салих Абу Абдулла б. Юсуф аль-Джабали

Салих б. Хакбирде б. Хасан аль-Хаджитархани
Салихов Джагфар аль-Кулатки
Салихов Камаритдин Багаутдинович
Самарская соборная мечеть
Самарское Милли Шуро
Самосдельское городище
Сарай
Сарай как религиозный и культурный центр
«Сарай», газета
Саратовская историческая мечеть
Саратовская мечеть на ул. Валовая
Саратовский исламский комплекс
Саратовское Милли Шуро
Саратовское мусульманское общество
Саратовское общество распространения просвещения среди мусульман
«Свет истины»
Связи между тюрко-мусульманским населением Нижнего и Среднего Поволжья
Связи Нижнего Поволжья и Хорезма в средние века
Сеит-баба Хожетаевский
Селитренное городище
«Селитренное городище», археологический музей-заповедник
Сельские поселения Золотой Орды
«Сембер», клуб
Симбирская I соборная мечеть
Симбирское мусульманское бюро
Система современного исламского образования в Самарской области
Совет муфтиев России (СМР)
Состояние межнациональных браков в Марий Эл
Спицын Александр Андреевич
Средневековые городища и селища на территории Самарской области
Средневековые поселения на территории Калмыкии
Средневолжские татары-переселенцы в Астраханском крае
Староалейкинское городище
Старотимошкино
Статус ислама в России
Стояние на р. Угре 1480 г.
Сулейманов Савбян Юнусович
Султанов Мансур Исламович
Суфизм в Поволжье
Сюургал
Съезды самарских мусульман
Сюнчелей Шариф Хамидуллович

«Таварих-и Алтата»
«Таварих-и Булгарийа»
Таджики
Таиров Наиль Измайлович
Тамга
Таначев (Танашев) Валидхан
«Тарик аль-инсаф», журнал
Тархан
Татарская этнокультурная идентичность (Саратов)
Татарские СМИ Самарской области
Татарские СМИ Ульяновской области
Татарский молодежный центр
Татарское Урайкино
Татары в Поволжье
Татары Самарской области
Татары Саратовской области
Татары-«каракалпаки» в Нижнем Поволжье
Теологический дискурс мусульман Поволжья в XIX в.

Перечень словарных статей выпуска VI «Ислам в Поволжье»

Теории о тюрко-мусульманском населении Поволжья XV–XVII вв.
Тепловская суконная фабрика: рабочая махалля
Терещенко Александр Власьевич
Тизенгаузен Владимир Густавович
Тимур б. Мансур, беклерибек Тахт эли
Тимур-Кутлуг, хан
Тияковская слобода
Токта, хан
Торговые связи Нижнего Поволжья в доордынскую эпоху
Торговые связи Нижнего Поволжья в эпоху Золотой Орды
Тохтамыш, хан
Трехдворовые татары
Туда-Менгу, хан
Туйбактин Касим Шагизиганович
Туктаров Фуад Фасахович
«Туп», журнал
Турецкие военнопленные в Самарской губернии
«Тысяча и одна тайна», передача

Увекское городище
Узбек, хан
Узбеки
Узбеков Абдулла
Укек
Уложенная комиссия: участие депутатов-мусульман
«Ульяновский джамаат»
Умеров Абдурахман б. Измаил
Умеров Хабибулла
Усманов Ильдар Камильевич
Утары (алабугатские татары)

Фатхулла б. Бикчантай б. Курмаш
Федоров-Давыдов Герман Алексеевич
Формирование мусульманской общины Астраханской области в советский период
Френ Христиан Мартин

Хабибулла б. Хусаин аль-Оруви
Хабибуллин Наджиб б. Хабибулла
Хадж, маршруты в XIII–XVI вв.
Хаджи Али б. Абубакир аль-Хаджитархани
Хаджи-Тархан
Хазарский каганат
Хайбуллов Айрат Рашидович

«Хакъ», газета
Халим Сабит (Шибай)
Халитов Габдуллатиф
«Халык», газета
Хаммам в золотоордынских городах
Хансуваров (Хансаваров) Хабибулла
Хафизутдин б. Насрутдин б. Абдуссалам
Худяков Михаил Георгиевич
Хуснутдин б. Сайфутдин б. Абдуссаттар

Царевское городище
Царицынский отдел по делам национальных меньшинств
Центральная (Казанская) мечеть г. Астрахани
Центральное ДУМ Ульяновской области
Центральное ДУМ Чувашской Республики
Центральное духовное управление мусульман (ЦДУМ)

Черемисские войны
Черная мечеть г. Астрахани
Чертово городище
Чингизидское государственно-правовое наследие в мусульманских ханствах Поволжья
Чингизидское право в Поволжье эпохи Московского царства и Российской империи
Чуваши-мусульмане Симбирской губернии

Шареный бугор
Шариат в правовой системе Золотой Орды
Шафеев Назиб б. Ишмухамед
«Шейх Саид», медресе
Шейх-Ахмед б. Ахмед, хан Тахт эли
Шыгырданские чтения
Шыгырданы

«Энджумен Хайрийа», организация
Этнические анклавы в г. Астрахани
Этноконфессиональная ситуация в золотоордынских городах Нижнего Поволжья

Юртовские татары (юртовцы)
Юсуф Джамалуддин б. аль-Хасан б. Махмуд

Якубовский Александр Юрьевич
Ярлык
Яруллин Вагиз Летфуллович
Яса

Перечень словарных статей выпуска VII «Ислам в Татарстане»

Аббас б. Абдуррашид аль-Кушари
Абдулали б. Убайдулла (Убайдуллах) аль-Байрякави
Абдулбасыр б. Абдуннасыр аль-Джабали
Абдулвагап б. Абдулмазит
Абдулвали б. Абдулвахид аль-Кичуви
Абдулвали б. Абдулгаффар аль-Джабали (Абдулвалей Абдул Гафаров)
Абдулвали б. Нигматулла аль-Утяки
Абдулвахид б. Абдулманнан б. Аблай
Абдулвахид б. Абдуррахман аль-Буави
Абдулваххаб б. Иманкул
Абдулгалим б. Яхуда б. Хасан
Абдулгалям б. Абдулкадыр аш-Шарифи ас-Сабави
Абдулгалям б. Салих б. Сайфулла аль-Казани
Абдулгани б. Салих аль-Кили аль-Казани
Абдулгафаров, Киям Хисамутдинович
Абдулгафур б. Абдулманнан б. Аблай
Абдулгафур б. Махмуд б. Мухаммадамин
Абдулгаффар б. Адельшах б. Халиль
Абдулгаффар б. Абдулхамид б. Утяган
Абдулгаффар б. Сагид аш-Ширдани
Абдулгафур б. Сайфулла б. Адельшах
Абдулджаббар б. Забир б. Султан
Абдулджаббар б. Абдулкарим б. Абдулманнан
Абдулджаббар б. Абдуррахман аль-Урнашбаши
Абдулджаббар б. Абдуррахман Туймухаммад
Абдулджаббар б. Джафар аль-Парави
Абдулджаббар б. Рахманкули аль-Елгави
Абдулджалиль б. Абдуррашид
Абдулкарим б. Абдулла аль-Чалпави
Абдулкаххар б. Абдуссаттар аш-Ширдани
Абдулкаюм б. Абдулбадиг б. Башир
Абдулла б. Абдулгаффар аш-Ширдани аль-Казани (Абдуллазян Абдулгафаров Сагитов)
Абдулла б. Нигматулла аль-Буби
Абдулла б. Яхья аль-Чиртуши аль-Мачкарави
Абдуллатиф б. Яхуда ат-Тинчали
Абдуллин, Сафиулла (Сафиулла б. Абдулла)
Абдулманнан б. Абдуррахман б. Туймухаммад
Абдулманнан б. Адель Ахмар
Абдулмумин б. Фаиз б. Ахмар
Абдулфаттах б. Абдулкаюм б. Исматулла
Абдулхаким б. Абдулкарим аль-Курмаши
Абдулхаким б. Исламкул
Абдулхалик б. Агзам ат-Тенеки
Абдулхалик б. Ибрахим аль-Курсави
Абдулхалим б. Зайнельгабидин
Абдулхамид б. Динмухаммад б. Шигай
Абдулхамид б. Утяган б. Ярмухаммад аль-Тюнтери
Абдуннасыр б. Абид аль-Баллыкули
Абдуннасыр б. Абдуррахим б. Ахмер ат-Тайсугани (Абдрахимов, Абдулнасыр)
Абдуннасыр б. аль-Мухаммад
Абдуннасыр б. Мухаммадамин аль-Буави
Абдуннасыр б. Рахманкули аль-Биги (Абденнасир Рахманкулов)
Абдуннасыр б. Сайфульмулюк аль-Чукали аль-Джабали
Абдуннасыр б. Тухфатулла б. Биккиня
Абдурраззак б. Ишмухаммад б. Тайми
Абдурракиб б. Абдулмумин б. Абдуррахим
Абдуррахим б. Бикчентай аль-Берескеви
Абдуррахман б. Исмагил аль-Мачкарави (Утямышев)
Абдуррахман б. Туймухаммад б. Бикмухаммад
Абдуррашид б. Кадермухаммад
Абдуррашид б. Муртаза б. Исмагиль
Абдуррашид б. Мухаммад б. Абдулла
Абдуррашид б. Юсуф аль-Каргали
Абдуссалям б. Абдулваххаб б. Муртаза
Абдуссалям б. Абдуррахим — см. Габдуссалям б. Габдуррахим
Абдуссалям б. Урай (Уразмухаммад) б. Кулмухаммад
Абдуссалям б. Абдуррахман аль-Курсави
Абдуссалям б. Хасан аль-Кариле
Абдуссаттар б. Сагид аш-Ширдани (Габдусаттар Сагитов, Шаффеев)
Абдуш б. Абдуссалям б. Исмагил
Абдушшакур б. Абдуррахим б. Абдуррашид
Абид б. Абдулазиз аль-Кинери
Абид б. Минка б. Якуб
Абубакр б. Джафар аль-Агерзеви
Абубакр б. Ибрагим аль-Казани
Абубакр б Яхуда б. Якуб
Абу-л-Али Хамид б. Идрис аль-Булгари (Абел-Галя Хамид б. Идрис аль-Болгари)
Абызы
Абыстай
Адиатуллина, Альмира Лутфулловна
Аднаш Хафиз б. Мухаммадхафиз
Адутов, Якуб Мустафович
«Азат»
Азимов, Муртаза Мустафович
Аитов, Мухамметзян Сулейманович
Аитова, Фатиха Абдулвалиевна
Айдар-хан
Айнутдин б. Алиакбар б. Мурад
Айтугановы
Акчурин, Юсуф
«Ак юл»
Али б. Сайфулла ат-Тюнтери
Алибай б. Ярмухаммед б. Нугайбак
Алкин, Ильяс (Илиас) Саид-Гиреевич
Алкин, Саид-Гирей Шагиахметович
Аллахияр Суфий
Алмуш
«Алтай»
«Алты бармак китабы» («Книга Шестипалого»)
Алтынбаев, Таиб Шигабутдинович
Алтынбек
Альметьевский мусульманский религиозно-просветительский центр им. Р. Г. Галеева
Амин б. Дамин б. Мухаммедкул

Перечень словарных статей выпуска VII «Ислам в Татарстане»

Амирхан б. Абдулманнан б. Исмагил ат-Талкыши
Амирхан б. Кучкар б. Якуб
Амирханов, Хусаин см. Хусаин б. Амирхан
Амирханов, Габдулла Насретдинович
Амирханов, Мухаммадзариф (Мухаммадзариф б. Хусаин б. Амирхан)
Апанаев, Габдулла (Абдаллах б. Абд аль-Карим Апанай)
Апанаевы
Арсаевы
Арслан б. Туйчи б. Тама
Арсланов Габдрахман Сибгатович
Асгадуддин б. Ибрахим б. Мухаммед
Ассоциация исламских врачей Республики Татарстан
Асфандияр б. Ибрагим б. Юсыф
Атаулла б. Абдулвахид аль-Бурундуки
Атаулла б. Абдуллатиф б. Абдуннасир
Атаулла б. Мухаммад аль-Курсави
Атаулла б. Фаиз аль-Кинери
Атласов, Ахматхади (Хади Атласи)
Аухади б. Искандер б. Сагид
«Ахбар»
Ахмад б. Абдулкадыр б. Сайфульмулюк
Ахмад б. Ихсан аль-Мамсяви
Ахмад б. Мухаммадмас ас-Суыксуви
Ахмад б. Сагид б. Ахмад б. Юсуф аш-Ширдани
Ахмад Зияуддин б. Шамсуддин ат-Тархани
Ахмаджан б. Амирхан б. Кучкар
Ахмадзаки б. Нугман б. Таджуддин
Ахмадкарим б. Хусаин б. Шам'ун
Ахмадлатиф б. Абдуллатиф б. Масуд
Ахмадсафа б. Аббас б. Махмуд
Ахмадшакир б. Абдуррафиг б. Суюендек
«Ахыр заман китабы»

Багауддин б. Субхан б. Абдулкарим аль-Марджани
Багдадское посольство в Булгарию (921–922 гг.)
«Бадавам»
Баймурад б. Мухаррам б. Му'мич
«Бакырган китабы»
Баруди, Галимджан (Галеев)
Бату-хан
Баширов, Камал Садреевич
Бейурган сейид
Берке
Беркутов, Мухаммед Гайнетдинович
Биги, Муса Джарулла
Биккулов, Ахметсафа Фатхуллович
Бикчентай б. Джафар б. Масалим
Бикчентай б. Ибрагим аль-Бересскеви
Биляр
Буби (Нигматуллин), Габдулла
Буби (Нигматуллина), Мухлиса
Букали (Фахруддин аль-Букали)
Булат Ширин
Булгар (Булгарское городище)
Булгарское посольство в Бухару и Багдад (920–921)
Булгары
Бургануддин б. мелла Шариф б. Сулейман
Бурнаевы

Ваисовское движение
Вакф
«Вакф», местная мусульманская религиозная организация (ММРО)
«Вакф» Республики Татарстан, общественная организация
«Вакф Идель», фонд
«Вакф Казань», фонд
«Вакф Республики Татарстан», фонд
Вакфы в Республике Татарстан
Валид б. Мухаммад аль-Амин б. Сулейман (Валид-ишан)
Валид б. Сагид б. Фулад
Валиди (Валидов), Джамал
Валишах б. Махмуд б. Усман
«Вафият ал-аслаф ва тахият ал-ахлаф»
Вахидов, Саид Габдулманнанович (Саид Вахиди)
Вахитов, Мулланур
Волжская Булгария
Восточный разряд
Всероссийские мусульманские съезды
II Всероссийский мусульманский съезд
Всероссийский съезд духовенства
II Всероссийский мусульманский военный съезд
I Мусульманский военный съезд
Всероссийский союз духовенства (Бөтенрусия руханиләр иттифакы)
Всероссийский съезд мусульманок
Всероссийский форум татарских религиозных деятелей

Габдессалям аль-Габдери (Габдрахимов, Габдессалям)
Габди
Габяши, Хасан-Гата
Гайнуллин, Гарифулла Гайнуллович
Гайнутдин б. Алиакбар б. Мурад см. Айнутдин б. Алиакбар б. Мурад
Гайнутдинов, Равиль Исмагилович
Гайса б. Абдулмаджид б. Уразгилде
Галеев (Галиев), Мухаммадзян Ибнаминович
Галибай б. Ярмухаммад б. Нугайбак см. Алибай б. Ярмухаммад б. Нугайбак
Галиуллин, Габдулла Сафович (Абдулла хазрат Галиуллин)
Гарнати, Абу Хамид Мухаммад б. Абдрахим аль-Андалуси
Гиззатуллин, Сафиулла
Гилязиев, Вафа Гилязиевич
Гисматулла б. Абдуррахман б. Туймухаммед ат-Тайсугани
Главный мухтасибат Татарстана (Главное мухтасибатское правление Татарстана)
Губайдуллин, Газиз (Габдулгазиз) Салихович
Губайдуллин, Салих Сабитович
Гульнар ханум
Гыясуддин б. Хабибулла б. Рахманкули (Гияседдин Рахманкулов)

Дело «нелегального медресе» в Казани (1927–1928)
День принятия ислама Волжской Булгарией

Перечень словарных статей выпуска VII «Ислам в Татарстане»

Джадидизм
Джалалуддин б. Ахмад аль-Багыши
Джалалуддин б. Бурхануддин б. мулла Шариф аш-Шигайи
Джалалуддин б. Таджуддин («Джаллал-казый»)
Джамалуддин б. Бикаш
Джамалуддин б. Шамсуддин ас-Сабави
Джами-мечеть в Биляре
Джами-мечеть в Булгаре
Джафар ас-Садик б. Миннебай
Джафар б. Аднакул аль-Агерзеви
Джафар б. Ибрагим б. Сармат
Джукетау (Жукотин)
ад-Дин ва аль-адаб»
ДУМ РТ. Съезды 1998–2013 гг.
Первый съезд ДУМ РТ («Объединительный»)
Второй съезд ДУМ РТ
Третий съезд ДУМ РТ
Четвертый съезд ДУМ РТ («Безальтернативный»)
Пятый съезд ДУМ РТ (Внеочередной)
Шестой съезд ДУМ РТ (Внеочередной)
Духовное управление мусульман Республики Татарстан

Зайнуддин б. Абдуррашид б. Абдукай
Зайнулабидин б. Исхак б. Исмаил
«Закят», комитет
«Закят», благотворительный фонд
Зиганшина, Наиля Касимовна
Зияуддин б. Джалалуддин б. Бурхануддин
Зияуддин б. Таджуддин б. Абдуррашид аль-Иштиряки ас-Саснави
Золотая Орда

Ибн Фадлан, Ахмед
Ибрагим, Абдаррашид (Рашид казый)
Ибрагим б. Абдулла б. Абдулгафур
Ибрагим б. Мадйьяр б. Ярмак
Иванай, Юнус б. Иванай
Иванай б. Усай
Идегей
«Идель-хадж»
Ильясов, Тагир Ахметзянович (Тахир Ильяси)
«Иман», издательство
«Иман» — центр исламской культуры
Иманкулый, Мухаммад-Садык (Иманкулов, Мухаметсадык Шагиахметович, Садык Иманкулов)
Искандер б. Али б. Аит
Иске Казан
Ислам в Волжской Булгарии
Ислам в Золотой Орде (Улусе Джучи)
Ислам в Казанском ханстве
Ислам в царской России (1552–1917)
Ислам на территории Татарстана в период революций 1917 г. и гражданской войны
Ислам в советский период
Ислам в Татарстане в 1990 – 1-й половине 2010-х гг.
Исламоведение в Татарстане
«ал-Ислах»
Исмагил б. Габид б. Абдулла

Исмагил б. Муса б. Абдулла (Утямышев)
Исхак б. Сагид аль-Лази (Исхак Сагитов)
Исхаки, Гаяз (Исхаков, Мухамметгаяз) Гилязетдинович
Исхаков, Гусман Гумерович (Гусман-хазрат Исхаков)
Исхакова, Рашида Абдулловна (Рашида абыстай)
«Иттифак аль-Муслимин»
«Ихлас»
Ишан
Ишмухаммад б. Тукмухаммад аль-Адаи

«Йолдыз»

Кавамуддин б. ас-Сираджульмунир б. Мухаммад
Кадимизм
Кадыров, Киям Кадырович (Киямутдин Кадыри)
«Казан мухбире» («Казанский вестник»)
Казанская Татарская ратуша (Казанская городовая ратуша Татарских слобод)
Казанская татарская учительская школа
Казанский губернский Милли Шуро
Казанский губернский мусульманский крестьянский съезд
Казанский губернский мусульманский съезд
Казанский международный фестиваль мусульманского кино
Казанский мусульманский комитет
«Казанский муфтият»
Казанское ханство
Казань средневековая (X–XVI вв.)
Казем-Бек, Александр Касимович (Мирза Мухаммед Али)
Казый (кади)
Камалуддин б. Сайфуддин б. Абдуннасир
Камаль Эль Зант (аз-Зант, Камаль 'Абд ар-Рахман)
Каримовых книготорговая фирма
Каримовых типография, литография и словолитня
Касим шейх б. Ибрагим аль-Казани
Касым-бабай, см. Нуруллин, Касым Хайруллович
Кашан
«Кояш»
Кул Шариф
Культяси, Шамсутдин
Курсави, Абданнасир (Абуннасыр Абданнасир б. Ибрахим аль-Курсави)
«Курултай»

Латыпов, Халиль Латыпович
Лука (Конашевич, Канашевич Лаврентий)
Лутфулла б. Сибгатулла ас-Сулеймани
Лутфуллин, Исхак

Мавзолеи Булгара
«Маджмуа»
Максуд б. Курбангали б. Аднакул аль-Кульбаши
Максуди, Ахмад-Хади
Максуди, Садри
Максютов (Максутов), Сафиулла Тазетдинович
Малов, Евфимий Александрович
Малый минарет в Болгаре
Мансур б. Абдуррахман б. Анас аль-Бурундуки
Мансур сейид

Перечень словарных статей выпуска VII «Ислам в Татарстане»

Марджани, Харун б. Бахаддин б. Субхан (Шихабаддин Марджани)
«Марджани», сборник
Махмуд б. Мухаммадамин аль-Казани
Махмудек
Медресе
Медресе Адаево
Медресе Азимовское («Гаффария»)
Медресе Амирхановское
Медресе Апанаевское («Кул буе» «Приозерное», «Касымия»)
Медресе Арсаевское см. Медресе «Халидия»
Медресе Береске
Медресе «Буби»
Медресе с. Богатые Сабы
Медресе Бурнаевское
Медресе г. Буинска («Нурия»)
«Гаффария» см. Азимовское
Медресе «Губайдия»
Медресе с. Верхняя Корса
Медресе с. Верхняя Ура
Медресе К(ы)шкар
Медресе Курманаево (Кизляу)
Медресе «Марджания» (Ахуновское, при Соборной большой каменной мечети, Багаутдиновское)
Медресе Мачкара
Медресе «Мухаммадия» («Галеевское»)
Медресе с. Нижняя Сосна
Медресе Сагитовское
Медресе Сатышево
Медресе Тайсуганово
Медресе Тарджемановское
Медресе Ташкичу
Медресе д. Урнашбаш
Медресе Тюнтер
Медресе Усмановское
Медресе Утямышевское (на Сенном базаре, Юнусовское)
Медресе «Халидия» (Арсаевское, Айттугановское, Мустакимовское, на Мал. Мещанской)
Медресе Чистополя
Медресе «Ак мечеть»
Медресе РТ современные
Медресе Якуповское (при нововыстроенной каменной мечети)
Буинское медресе
Казанский исламский колледж
Медресе им. Ризаэтдина Фахретдина
Медресе имени 1000-летия принятия Ислама
Медресе имени Габдуллы ибн Масгуда
Медресе Кукморское
Медресе «Мухаммадия»
Медресе «Фанис»
Мечети Казани
Мечеть «Марджани» («Эфенди», 1-я Соборная, «Юнусовская»)
Апанаевская мечеть (2-я Соборная, «Байская»)
Бурнаевская мечеть (3-я Соборная)
«Голубая» мечеть (4-я Соборная)
«Галеевская» мечеть (5-я Соборная)
Азимовская мечеть (6-я Соборная)
Сеннобазарская мечеть («Сенная», «Юнусовская», 7-я Соборная)
Усмановская мечеть («Красная», «Султановская», 8-я Соборная)
Мечеть «Иске Таш» («Старокаменная», 9-я Соборная)
Мечеть «Низенькая Бухарская» (10-я Соборная)
Мечеть «Белая» («Большая каменная», 11-я Соборная)
Мечеть «Марджани» в советский и постсоветский период
Микаил ибн Джафар
Миллет Меджлисе
Милли Идарэ
Миниахметов, Рафикъ Радикович
Минлебай б. Абдуррашид аль-Казани
Минхаджуддин б. Абульмуаллим б. Абдуссалам
Мофлюхунов, Нурулла Мофлюхунович
Музафаров, Ханафи Мухаметзянович
Музаффар б. Абдулгаффар б. Ибрахим
Музаффария Магруй Габдельвалиевна
«Мукаддима»
Муʻинуддин б. Абдуррашид б. Мухаммад
Мулюков, Габдулбари
Мурад мулла
Муртаза б. Абдулгазиз б. Бикмухаммад
Муртаза б. Фатхулла ас-Сердеви
Муса б. Абдуррашид ат-Тюнтери
Муса б. Абид б. Давеки
Муса б. Убайдулла
Мустафа б. Ахмар б. Мансур
Мустафа б. Муртаза аль-Миндюши
Мустафа б. Муса аль-Казани
«Мустафад аль-ахбар фи ахвал Казан ва Болгар»
Мусульманская фракция Государственной думы России
Мусульманские традиции питания у татар
Мусульманский социалистический комитет
Мусульманское образование в современном Татарстане
Мусульманское образование в Татарстане в советский период
Муфтий
Мухаметшин, Рафик Мухаметшович
Мухаммад-Амин
Мухаммадамин (Мухаммад аль-Амин) б. Мухсин б. Али
Мухаммад б. Али аль-Юлгави
Мухаммад б. Убайдулла аль-Кизляви
Мухаммад б. Хамид б. Муртаза
Мухаммадамин (Мухаммад аль-Амин) б. Наурузгали б. Абдулкарим
Мухаммадамин (Мухаммад аль-Амин) б. Сайфулла ан-Наласави
Мухаммадвафа б. Убайдулла
Мухаммадвафа б. Фазыл аль-Кизляви
Мухаммадзакир б. Абдулваххаб ас-Саснави (Мухамматзакир Габделвахапов Камалов)
Мухаммад б. Ихсан б. Умар
Мухаммади б. Салих аль-Умари (Салихов, Мухамамадей)

Перечень словарных статей выпуска VII «Ислам в Татарстане»

Мухаммадкарим б. Исхак б. Исмагил
Мухаммадкарим б. Мухаммадрахим ат-Таканеши (Мухамедрахимов)
Мухаммаднаджиб б. Баймурад аль-Менгери
Мухаммаднаджиб б. Шамсуддин ат-Тюнтери
Мухаммадрахим б. Амир ат-Таршинави
Мухаммадрахим б. Юсуф аш-Ашити
Мухаммадсадык б. Алиакбер аль-Ури
Мухаммадшакир б. Мухаммадзакир б. Ишмурза
Мухаммадшариф б. Аббас б. Абдулла
Мухаммадшариф б. Ибрагим аль-Байрякави
Мухаммадшариф б. Сулейман б. Бимак-суфий
Мухаммадюсуф б. Ахмер аль-Исаки
Мухлисулла б. Максуд б. Субханкул ас-Сагиди
Мухсин б. Биккул б. Ибрагим аш-Шаши
Мухтасиб
Муштариев, Исмагил Мингалиевич (Исмагил Муштари)

Накшбандийа
Насрулла-бабай
Насыри, Каюм
Нигматулла б. Гумар аль-Утари (Ниматуллах б. Умар аль-Утари)
Нигматулла б. Мунасиб аль-Буби
Нигматулла б. Рахматулла б. Иманкул
Нигматулла б. Убайдулла б. Джафар
Нигматулла б. Хабибулла б. Абдулманнан
Низамуддин б. Салимджан
Нур-Али (Муралей, Нурали)
Нургали б. Абдурракиб б. Абдулму'мин (Абдракипов)
Нургали б. Хасан б. Исмагил (Нургали Буави, Хасанов)
Нурмухаммад б. Ибрагим б. Худжаш
Нуруддин б. Мифтахуддин б. Мустай
Нуруллин, Касым Хайруллович

Общество духовенства
Общество пособия бедным мусульманам г. Казани
Оренбургское магометанское духовное собрание (ОМДС)
Ошель (Ошль, Ашел)

Радлов, Василий Васильевич
Рамзи, Мурадаллах б. Бахадиршах Абдаллах (Мухаммад Мурад Рамзи)
Рамкул б. Максуд б. Мухсин
Рафик б. Таиб аль-Курсави
Рахимов, Мухамед Рахимович
Рахматулла б. Абдуш б. Ишман
Рахматулла б. Убайдулла аль-Кизляви
Рахматуллин, Исмаил Динмухамметович
«Рашида»
Репрессии среди мусульманского духовенства Татарстана 1920–1930-х гг.
«Рисала дибага»
Российский исламский университет

Сабит б. Габдри б. Габбас
Сабит б. Сагид б. Салих
Сабитов, Мустафа Хайрутдинович
Сагид б. Ахмад б. Хусаин аш-Ширдани
Сагид б. Ибрагим б. Абдулла аль-Барыши
Сагид б. Хамид б. Султан
Сагъдуддин б. Салих ан-Нурмави
Сагъдуддин б. Файзулла б. Утяш
Садруддин б. Багауддин аль-Марджани
Садык б. Сафакул б. Кутуй
Сайфуддин б. Абубакир аш-Шинари
Сайфуддин б. Субханкул б. Бикмухаммед
Сайфуддин б. Халил б. Дурас-баба
Сайфулла б. Муртаза аль-Миндюши
Сайфулла б. Файзулла б. Абдулгазиз
Салахуддин б. Исхак аль-Казани
Салимьяров, Ахмедхафиз
Салих б. Сагид аль-Кинери аль-Кили
Салихов, Камаритдин Багаутдинович
Салихов, Мухаммадгариф Мухаммадиевич
Салихов, Мухаммадкасим Абдулгаллямович (Касим Салихи)
Саматов, Габдулхак Абелгатович
Самигуллин, Камиль Искандарович
Саттаров, Файзрахман
Сафар б. Исмагил ат-Талкыши
Сафиуллин, Ахметзаки Сафиуллович
Сафкул б. Кутуй б. Килмек
Сейид
Сибгатулла б. Абдулкадыр аш-Шарифи
Сибгатулла б. Фахруддин б. Валишах
Симети, Муртаза (Муртаза б. Кутлугуш ас-Симети)
Служилые татары
Совет по делам религий при Кабинете министров РТ
Союз мусульманских табибов (врачей)
Субхан б. Абдулкарим аль-Марджани
Субханкул б. Бикмухаммед б. Юлдаш
Сувар (Суар)
Сулеймани, Габдулла (Сулейманов Абдул-Мухамет Халилович)
Султан-Галиев, Мирсаид
Султанбек б. Сагындык б. Минлебай
Султанов, Мухаммедъяр
Сунгатулла б. Джарулла б. Усман
Сусан ар-Расси
Суфизм на территории Татарстана
«Сююмбике»

«Таварих-е Булгарийа» («Булгарские хроники»)
Хусаина Амирхана
«Таварих-и Булгарийа» («История Булгарии»)
Тагири Шакирджан (Тагиров, Шакирджан Ахмеджанович)
Таджуддин б. Абдулджалиль ас-Сардави
Таджуддин б. Абдуррашид аль-Иштиряки
Таджуддин б. Абдуссаттар б. Абдуррахман
Таджуддин б. Башир б. Надир (Тазетдин Баширов)
Таджуддин б. Максуд
Таджуддин б. Мансур
Таджуддин, Талгат Сафович (Талгат Тазиев)
Таджуддин б. Мустафа б аль-Ашняки
Таджуддин б. Нигматулла б. Халилулла
Таджуддин б. Ялчыгул б. Маматкул
«Такбир»
«Танг йолдызы»

Перечень словарных статей выпуска VII «Ислам в Татарстане»

«Тангчылар»
Тарджемани, Кашшаф
Тахир б. Абдулхалик ат-Тюнтяри
Тахир б. Субханкул аль-Курмыши аль-Адайи аль-Микри
Тевкелев, Салим-Гирей б. Шагингирей б. Юсуф
Тохтамыш
Тукай, Габдулла
Туктаров, Махмуд-Фуад (Фуат Фасахович Туктаров)
Тухфатулла б. Халиль б. Сагид

Убайдулла б. Джафар б. Ибрагим
Убайдулла б. Ибрагим б. Ишкуат
Узбек
Уложенная комиссия
Улуг-Мухаммад
«Умма»
Уразгильдеев, Гариф Хасанович
Усман б. Рахматулла
Утыз-Имяни, Абдаррахим аль-Булгари
Утяган б. Уразмет

«Фаваких аль-джуласа»
Фазлулла б. Файзулла ат-Тактави
Фазыл б. Ибрагим аль-Кимеви
Фазыл б. Сайфулла аль-Кизляви (Сайфутдинов)
Фазылулла б. Абдулманнан б. Абдуррахман
Фаиз б. Абдулазиз аль-Кинери
Фаизханов, Хусаин б. Фаизхан б. Файзулла аль-Джабали ас-Сабачаи аль-Ханафи
Файзов, Ильдус Ахметович
«Файзрахманисты»
Файзулла б. Аббас б. Мукмин
Файзулла б. Муртаза аль-Миндюши
Фаттахов, Абдулбари Фаттахович
Фатхулла б. Сафаргали аль-Манавези
Фатхулла б. аль-Хусаин б. Абдулкарим аль-Оруви (Ури, Фатхулла ахун)
Фахретдин, Ризаэтдин (Ризаэтдин Фахретдинов)
Фахруддин б. Абдуррахман б. Морадым
Фахруддин б. Абдуррашид б. Саид
Фахруддин б. Бикмухаммед б. Рахматулла
Фахруддин б. Ибрагим б. Худжаш аль-Казани
Фахруддин б. Курбанали б. Курмаш
Фахруддин б. Муртаза б. Абдулгазиз
Фахруддин б. Мустафа аль-Ашняки
Фахруддин б. Мустафа ан-Нурлаты
Фахруддин б. Мухаммадсадык ас-Суни
Фахруддин б. Сайфуддин б. Субханкул
Фахруддин б. Субханкул
Хабибулла б. Мухаммадшариф б. Биккул
Хабибулла б. Рафик б. Махмуд
Хабибулла б. Рахманкули аль-Биги (Хабибулла Рахманкулов)

Хабибулла б. Хусаин б. Абделькарим аль-Ури
Хадж из Татарстана
Хакимов, Музакки Гимадитдинович
«Халяль», комитет
Хамид б. Ислам б. Нурмухаммад
Хамид б. Муртаза б. Нурмухаммад
Хаммад б. Халид б. Абдулваххаб

Ханский мавзолей
Харби Шуро
Хасан б. Хамид аль-Курсави
Хибатулла б. Динмухаммад б. Бикмухаммад
Хидаятулла б. Ниматулла б. Абубакир
Хисамуддин б. Му'мин б. Будач
Худжаши, Ибрагим б. Худжаш
Хусаин б. Абдулкарим б. Ярмухаммад
Хусаин б. Амирхан б. Абдулманнан ат-Талкыши (Хусаин Амирханов)
Хусаинов, Ахмед Галиевич (Ахмед-бай Хусаинов)
Хуснуддин б. Камалуддин аль-Аксуи
Хуснуддин б. Умар б. Саид б. Ишмухаммад ас-Суыксуви (Хуснутдин Сеитов)

ЦДУМ — Центральное духовное управление мусульман

Черная палата

Шагиахмад б. Аббас б. Башир
Шагиахмад б. Абуязид б. Ахматулла (Шагиахмет Баязитов Иманкулов)
Шагиахмад б. Рафик ас-Симеки
Шагиахмад б. Юсуф аль-Кавали
Шагидуллин, Абдулсамат Шарафутдинович
Шагимардан б. Ахмад б. Абдулгаффар (Утяганов)
Шайхевалиев, Рустам Шайхразиевич
Шайхульислам б. Асадулла аль-Хамиди
Шакир б. Абдулджаббар б. Абдуррахман (Шакир Абдулзаббарович Кулеев)
Шамсуддин б. Абдуррашид б. Гаид
Шамсуддин б. Абдуррашид б. Усман
Шамсуддин б. Башир аль-Кишети
Шамсуддин б. Зубаир б. Джафар
Шамсуддин б. Мингол аль-Джабали
Шамсуддин б. Мухаммадъяр аль-Парави
Шамсуддин б. Рахматулла б. Махмуд б. Субханкул
Шараф, Шахар (Шахаретдин Шарафетдинов)
Шарафуддин б. Сайфулла б. Саидкул
Шарафуддин б. Хисамуддин б. Шамсевар (Шарафутдин Хисамутдинов Абызов)
Шарафутдинов, Фарук
Шафи б. Али б. Орус
Шафи б. Якуб аль-Багыши

Юнусовы
Юсуф б. Иманкул

Ядгари, Халиль (Султанбеков, Халиль Султанбекович)
Якуб б. Нигматулла аль-Альми (Якуб Мансуров)
Якуб б. Яхъя б. Джафар ат-Дубъязи
Якубов, Гааз Сагдетдинович
Якупов, Валиулла Махмутович (Якупов Винер)
Ялчыгул, Таджуддин (Таджуддин б. Йалчигул ал-Булгари)
Янсари хафиз б. Байсари б. Кильдюш
Ярулла б. Бикмухаммад б. Биктимер аль-Ишки
Яруллин, Габдельхабир Яруллович
Яруллин, Рашид Яруллович
Яхъя б. Сафар б. Арслан

Перечень словарных статей выпуска VIII «Ислам в Крыму»

Афиф ад-Дин-эфенди Абдалла б. Ибрахим
Аджи Абибулла-эфенди
Административно-территориальное деление Крымского ханства
«Азиз Махмуд Хюдаи»
Азизы
Азовское медресе см. Медресе Азовское (Къалай)
Акчокраклы, Осман Нури-Асанович
Акчурина-Гаспринская Зухра Асфандияровна
«Алеми нисван»
«Асрий мусульманлыкъ»

ал-Баззази (Ибн ал-Баззаз) Мухаммад
ал-Кардари Хафиз ад-Дин
Байрам Али, Афуз Амет Али
Бахчисарай, городские маале (махалли)
Бахчисарай; средневековые археологические памятники Бахчисарайского р-на Крыма
Бахчисарайский мусульманский женский комитет
Бахчисарайский Ханский дворец
Бекир Ниметулла
«Бирлик»
Благотворительные мусульманские общества Крыма
Боданинский Усейн Абдурефиевич
Боз-оглу
Булгакова Диляра Алиевна
Ал-Буркаи Ибн Раджаб
Бурун-Эли

Вакфы в Крыму
Велиулла Сеит-Мурад
Вирати Джемаледин Абдураман
Всекрымские съезды мусульман

Гази Мансур Медини
Ганкевич Виктор Юрьевич
Гаспринская Шефика
Гаспринский Исмаил
Гераи в России
Гезлёв (см. Евпатория)

Давулджар
Девлет-Герай
Девлет-заде Сеит-Билял аджи
«Дёрт оджах»
Динислям Абдуль Джеппар
Диянет в Крыму
Духовное управление мусульман Республики Крым и г. Севастополя (ДУМ Крыма и Севастополя)
ДУМ Крыма: Курултаи мусульман Крыма
Дюрбе

Евпатория (Гезлёв)

Заведения мусульманского благочестия в Крыму
Зынджирлы медресе

Ибн Баттута Мухаммад б. Абдалла ат-Танджи
Ибрагимов Сеитджелил
Ильми Шура
Исламский Банк развития в Крыму
«Ислям»
История ислама в Крыму
«Источник мудрости»
Исхакова Айше Якубовна

Кади-аскер
Кади-заде Сеитмемет
Кадизаделизм
Кадият мусульман Крыма
Каландар Руми ал-Умми Абу Бакр
Карашайский Адиль мурза
Карнобат
Ал-Кафави Абдалла
Ал-Кафави Абу ль-Бака Айюб б. Муса
Ал-Кафави Ахмад б. Хасан
Ал-Кафави Махмуд б. Сулайман
Ал-Кафави Мухаммад Абу-л-Файд б. Хаджи Хайдар
Ал-Кафави Мухаммад б. Хаджи Хамид
Ал-Кафави Таки ад-Дин Абу Бакр
Ал-Кафави Хусейн-эфенди
Кафа (Кефе)
Каффа (Феодосия)
Кемаль-ата
Керлеут
Кодекс Куманикус
«Крым-2000»
Крымский двор
Крымский улус
Крымское ханство
Крымско-татарские воинские формирования Российской империи
Крымско-татарские переводы Корана
Куртнезир Закир
Курултай 1917 года
Кыргыз-Казак
Кырк-Азизлер

Перечень словарных статей выпуска VIII «Ислам в Крыму»

Кырк-Чолпан
Ал-Кырыми Абд ас-Саттар
Кырыми Абдульгаффар
Ал-Кырыми Ахмад б. Абдалла
Ал-Кырыми ад-Дешти Ибрахим
Ал-Кырыми Дийа ад-Дин
ал-Кырыми Исхак б. Исмаил Наджм ад-Дин
Ал-Кырыми Кутб ад-Дин
Ал-Кырыми Рукн ад-Дин Абд ал-Мумин
Ал-Кырыми Сирадж ад-Дин
ал-Хаджитархани
Ал-Кырыми Хамид «Би-Нува»
Ал-Кырыми Шамс ад-дин Мухаммад
Ал-Кырыми Шараф ад-Дин
Кырымлы Махмуд
Кырымлы Селим Диване

Леманов Исмаил Номанович

Мавзолеи в Крыму
Малик-Аштер
Мангуп (Мангуп-Кале)
Медиев Абдурешид Медий-оглу
Медресе Азовское (Къалай)
Медресе Инджи-Бек-хатун
Медресе Къурман
Медресе Сеит-Сеттар
Менгли-Герай
Мечети Балаклавы в османский период
Мечети Инкермана в османский период
Мечети Карасубазара
Мечети Крыма золотоордынского периода
Мечети Крымского ханства
Мустафаев Нури
Мусульманская община Крыма
Мусульманское образование в Крыму в 1920-е годы
Мусульманское образование в постсоветском Крыму
Муфтий-заде Исмаил

Народное управление религиозными делами мусульман Крыма
Нур-Салтан

Права христиан в Крымском ханстве

Реэмиграция крымских татар в XIX — начале XX вв.
Риза-Эфенди Сейид Мухаммед

Салгир-баба
Соборная мечеть в Симферополе
Старый Крым (Эски-Къырым, Солхат)
Судак
Сулькевич Мамед-бек Сулейманович
«Ас-Сунна»
Суфизм в Крыму

Таврическое магометанское духовное правление
Такыл
Тарпи Ибраим Амет
«Терджиман» («Переводчик»)

«Файдалы илим»

Хаджи-Герай
Хаджж из Крыма в XIII–XVI веках.
Хаджж мусульман Крыма (постсоветское время)
Халватийа в Крыму
Халиль Мусляхиддин Хаджи
Ал-Хиджаби Абдульбака
Хункалов Али-бей
Хутба в Крымском ханстве

Челебиджихан Номан Ибрахим-оглу
Чингиз-хан Губайдулла Джангирович
Чуфут-Кале

Шабадин Абдуль Муталиб
Шахин-Герай
Школа хафизов
Шукри Сеит Амет

Эвлия Челеби
Эмиграции крымских татар в конце XVIII — начале XX вв.
Эски-Юрт
Эснаф

Якуб-Кемаль Якуб Меметович

Перечень словарных статей выпуска IX
«Ислам в Башкортостане»

Абдельмаликов, Гатаулла Абдулмаликович
Абдрахманов, Мансур
Абдулвалеев (Валеев), Хазиахмет Нурмухаметович
Абдулзялиль Максютов
Абдулжалиль б. Утякол
Абдулкадыр б. Сулейман б. Мустафа б. Юнус
Абдулкаримов, Хисамутдин
Абдуллатиф б. Субханкул б. Рамкул
Абдуллах б. Амирхан б. Худжамкол ал-Верхнеурали
Абдулхабиров, Хайрулла
Абдуннасыйр б. Тырманай
Абдуссаттар б. Абдулла б. Султанкул
Абызы
Аб(ы)згильдин, Джихангир Талхович
«Авыл конкуреше»
Адгамов, Абдуллатиф
Айнулькамал б. Абдулвахид б. Салим б. Ишмухаммед ал-Карани
«Ал-(Г)алями ал-ислами»
Алкин, Кутлуг-Мухаммед Султанович
Алтынгузин, Гатаулла
Амиров, Мубаракьян Васфиевич
Амирхан б. Кучкар б. Якуб
Антирелигиозная комиссия
«Асар»
Ахтямов, Абуссугуд Абдулхаликович
Ахтямов, Хабибулла Абдулхакович
Ахун
Аюханов, Закир Насырович

Багаутдинов, Фазлутдин Аляутдинович
Байтеряков, Габдуллатиф Хабибуллович
Баруди, Галимджан
Биглов, Мухаметакрам
Басимов, Сабирьян Ахметьянович
Батырша
Башкиро-мещерякское войско
Башкирские восстания
Башкирское правительство
Баязитов, Мухаммад-Сафа
«Безнен юл»
Бекчурин, Мирсалих Мирсалимович
Бикбулатов, Сунгатулла Нигматуллович
Биргалин, Айнур Азаматович
Богданов, Закуан Сафич

Вакфы округа ОМДС
Валид б. Максуд б. Афак б. Дустмухаммед б. Байгура б. Тукгура б. Чукгура
Валидов (Валиди), Ахмет-Заки Ахметшахович
Валидовы

Габдессалямов, Ахмади
Габдрахимов, Габдессалям
Габяши Хасан-Гата

Гайса б. Туктаргали б. Али
Голяма жэмгыяте (Общество улемов)
Голямалар Шурасы
Гурвич, Николай Александрович

Давлетша-ишан
Давлетшин, Абдулазиз
Давлетшин, Абдулла
«Дар-л-мугаллимат» (Дар ул-мугаллимат)
Даушев, Абдулла Муслюмович
Джагфар б. Абди б. Исхак б. Котлугмухаммед б. Нариман
Джадидизм
Джантюрин Селимгирей Сеидханович
Джантюрина, Суфия Саидгиреевна
«Дианат»
Диния назараты (Религиозное министерство)
Духовное управление мусульман БАССР
Духовное управление мусульман Республики Башкортостан

Еникеев, Гайса Хамидуллович

Заитов, Ишмухаммед-хаджжи
Зайнулла б. Ульмаскул б. Худжамкул ал-Калкани
Зайнульгабидин б. Абдулла б. Ярмухаммед ал-Юлыки
Земская деятельность в области просвещения мусульман в Уфимской губ.
Земские педагогические курсы
Земские статистические обследования мусульманских школ 1908–1913 гг.

Ибрагимов, Альмухаммет
Ибрагимов, Галимджан Гирфанович
Ибраев, Габдулхалик Мазитович
Игнатьев, Руф Гаврилович
Инан Абдулкадир
«Ислам маджалласы»
Исмагил б. Тимергали ас-Сулеймани
История ислама в Башкортостане
Ишбулатов (Ижбулатов), Ходжи-Ахмет (Хозгахмет) Исхакович

Кадимизм
Кадыри Закир б. Халим
Камалетдинов, Мирсаяф
Камалетдинов, Мутагар Мирхайдарович
Камали, Зыя
Капкаев, Гиниятулла Мусич
Караван-Сарай
Кильдибеков, Мухаметхади
Кульбаков, Шарафутдин Абдулгалимович
Курбангалиевы

Мавзолеи Южного Урала
Мавзолей Бэндэбикэ
Мавзолей Тура-хана

Перечень словарных статей выпуска IX «Ислам в Башкортостане»

Мавзолей Хусейн-бека
«Маглюмати махкамаи шаргияи Орынбургия»
Максютов, Сахипзаде Давлетшинович
Малахов, Ильдар Загидуллович
Мамлеев, Нурмухамет Бикбулатович
Манатов, Шариф Ахметович
Матинов, Шагишариф Медетгалиевич
Маулид б. Мустафа б. Юнус
Махалля
Махмудов, Шарафутдин Зелялетдинович
Медресе
Медресе Башкортостана:
    Медресе «Галия»
    Медресе д. Балыклы
    Медресе д. Балыклыкуль
    Медресе д. Киешки
    Медресе Муллакаевское
    Медресе Стерлибаш
    Медресе Стерлитамакское
    Медресе «Усмания»
    Медресе Утяково
    Медресе «Хакимия»
    Медресе «Валия»
Медресе Оренбургской области:
    Медресе с. Юлук
    Медресе «Хасания»
    Медресе слоб. Каргала
    Караван-Сарайское медресе
    Медресе «Хусаиния»
    Медресе г. Троицка
    Медресе «Мухаммадия»
    Медресе Челябинской области
    Медресе «Расулия»
    Медресе при Соборной мечети г. Челябинска
Мечети г. Уфы исторические
    1-я соборная мечеть г. Уфы
    2-я соборная мечеть г. Уфы
    3-я соборная мечеть г. Уфы
    4-я соборная мечеть г. Уфы
    5-я соборная мечеть г. Уфы
    6-я соборная мечеть г. Уфы
Мечеть «Ляля-Тюльпан»
Миллет Меджлисе
Милли Идарэ
Мусульманская община Башкортостана
Мусульманская трудовая группа
Мусульманская фракция Государственной думы России
Мусульманские гласные (депутаты) в земствах Уфимской губернии
Мусульманское образование в современном Башкортостане
Мусульманское общество башкир
Мусульманское общество башкир Бурзян-Кипчакской, 1-й и 2-й Каракипчакской и Аллабердинской волостей
Мусульманское общество башкир Бурзянской волости
Мусульманское общество башкир Бушман-Суун-Каракипчакской волости
Мусульманское общество башкир семи Усерганских волостей

Муфтий
Мухамммадхафиз б. Абдулвали б. Абдулгафар ал-Казани
Мухаммадшафи б. Мухаммадшариф
Мухаммеджан б. Хусаин б. Габдеррахман
«Мухтариат»
Мухтасиб
Мухтасибат

Нагаев, Камалетдин Шарафутдинович
Нагаев, Шарафутдин Зайнутдинович
Нагаевы
Нариман б. Сулейман б. Мустафа
Нигматуллин, Нурмухамет Магафурович
Низамуддин б. Шарафуддин б. Бахтияр б. Яхъя

Обухов, Михаил Иванович
Оренбургское магометанское духовное собрание

Партия татарских мусульманских левых эсеров
Переводчики и толмачи
Политика Горнозаводской администрации Урала в отношении башкир в XVIII в.
Попечительство о бедных мусульманах г. Уфы

Рамеевы
Расули(ев), Габдуррахман Зайнуллович
Расули(ев), Зайнулла Хабибуллович
Региональное духовное управление мусульман Республики Башкортостан
Репрессии в отношении мусульманского духовенства Центрального духовного управления мусульман в 1920–1930-х гг.
Ризван б. Асадулла ал-Халиди
Рычков, Николай Петрович
Рычков, Петр Иванович

Сафаров, Мухаммедшакир Мухаммедзарифович
Салих б. Мифтахуддин б. Зайнульгабидин
Совещание по начальной общеобразовательной мусульманской школе
Союз безбожников БАССР
Сулейман б. Мустафа б. Юнус
Сулеймани(ов), Габдулла
Сулейманов, Абдуссаттар
Сулейманов, Габдулвахид
Сулейманов, Шарафутдин
Султанов, Араслан-Али Мухамедьярович
Султан-Галиев, Мирсаид Хайдаргалиевич
Султанов, Искандарбек Мухамедьярович
Султанов, Мухамедьяр Мухаметшарипович
Сунчелеевы, Шариф
Сыртланов, Али-Оскар (Галиаскар) Шахайдарович
Сыртланов, Шахайдар (Шагихайдар) Шахгарданович
Съезд мусульман Уфимский губернский, Первый
Съезд мусульманского духовенства Уфимской губернии
Съезд Уфимский губернский мусульманский, Второй

Перечень словарных статей выпуска IX «Ислам в Башкортостане»

Таджуддин, Талгат Сафович
Таджуддин б. Ялчыгул б. Маматкул
    б. Янтимер б. Джаянчура
    б. Кутлугбулат ал-Булгари ал-Иштяки
Тарджемани, Кашшаф
Тевкелев, Кутлуг-Мухаммед Мамешевич
Тевкелев, Кутлуг-Мухаммед Батыргиреевич
Тевкелев, Салимгарей Шангареевич
Терегулов, Гумер Хабибрахманович
Тимербек б. Вильдан б. Валид б. Максуд б. Афак
Токумбетов, Усман Гидиятуллович
«Тормыш»
Туабил б. Сабак б. Сарман б. Кучтан
    б. Тимерфулад б. Сиюш б. Тимаш
Тугузбаев, Баймухамет Вильданович
Тукаев, Мухаммет-Шакир Мухаммад-Харисович
Тукаевы
Тулунхуджа б. Муса

Уложенная комиссия 1767 г.: участие
    депутатов-мусульман
Уметбаев, Мухаметсалим Ишмухаметович
Урманов, Салихджан
Усманов, Хайрулла
Утяки (Сатлыков), Хабибназар
«Уфа хеберляре»
Уфимская татарская учительская школа
Уфимский комитет распространения
    идей гражданственности среди мусульман
Уфимский приют престарелых мужчин
    и мальчиков-магометан ведомства
    Императорского человеколюбивого общества
Уфимское губернское Милли Шуро
Уфимское мусульманское
    благотворительное общество
Уфимское мусульманское дамское общество
Уфимское Харби Шуро

Участие мусульман в Отечественной
    войне 1812 г. и заграничных походах
    русской армии
Участие представителей мусульманских
    народов Российской империи
    в Первой мировой войне

Фазлулла б. Файзулла ат-Тактави
Фаизханов, Габделгаллям б. Фаизхан
Фахраддин, Ризааддин
Фахретдинов, Мухаметгади

Хакимов Карим Абдрауфович
Хакимовы
Ханисламов, Галлямутдин Хуснутдинович
Хасан б. Забир б. Ураза
Хасанов, Калимулла Гумерович
Хасанов, Мухаммедсабир Мухаммеджанович
Хиялетдинов, Шакир Шайхисламович
Хозясеитов, Мукмин Тагирович
Хурамшин, Джамалетдин Хурамшинович
Хусаин б. Габдуррахман б. Анас ал-Бурундуки
Хуснуддин б. Ибрагим б. Бикмухаммед

Центральное духовное управление мусульман

Чокрый, Гали

Шайхильисламов, Хазильислам
Шамсуддин б. Даванай б. Мамбат-
    суфи б. Сулейман б. Кулмухаммед
    б. Кудратбирде б. Бикмат-абыз
Шамсуддин б. Ярмухаммед б. Губайдулла
Шарафуддин б. Галикай
Шарафуддин б. Сагид ал-Юкали
«Шарык матбагасы»
Шахингарай б. Абдуннасир б. Яхья б. Якуб

Для заметок

Для заметок

Для заметок

www.idmedina.ru

ИСЛАМ НА СЕВЕРНОМ КАВКАЗЕ

Энциклопедический словарь

Серия «Ислам в Российской Федерации»
Выпуск X

Главный редактор серии: **Д. В. Мухетдинов**
Ответственные редакторы серии: **А. Ю. Хабутдинов, Д. З. Хайретдинов**
Ответственные редакторы: **В. О. Бобровников, Д. М. Тимохин**
Научный редактор: **М. М. Имашева**
Выпускающий редактор: **А. Ю. Хабутдинов**
Ответственные за выпуск: **И. А. Нуриманов, С. М. Абубакаров**
Верстка, дизайн: **А. А. Паньшин**
Корректоры: **А. А. Конькова, А. М. Опиева**

Тираж 500 экз.

ISBN 978-5-9756-0159-9

ООО «Издательский дом „Медина"»
109382, Москва, проезд Кирова, 12
Тел./факс: +7 (495) 684-47-04
idmedina@yandex.ru

www.dumrf.ru www.muslim.ru www.muslims.ru www.miu.su
www.islamsng.com www.muslim-forum.info www.manuscriptaislamica.ru
www.spbu.ru cis.spbu.ru

INTERNATIONAL BIBLIOGRAPHY OF HISTORICAL SCIENCES

INTERNATIONALE BIBLIOGRAPHIE DER GESCHICHTSWISSENSCHAFTEN
BIBLIOGRAFIA INTERNACIONAL DE CIENCIAS HISTORICAS
BIBLIOGRAPHIE INTERNATIONALE DES SCIENCES HISTORIQUES
BIBLIOGRAFIA INTERNAZIONALE DELLE SCIENZE STORICHE

VOLUME LXIII
1994

Edited by Massimo Mastrogregori

with the contribution of a number of scholars,
under the auspices of the
International Committee of Historical Sciences

K·G·SAUR MÜNCHEN 2000

The IBOHS for the years 1978 to 1992 (Vol. 47 – 61) was edited by
Michel François and Michael Keul for Vol. 47/48 (1978/1979) and
Jean Glénisson and Michael Keul for Vol. 49 – 61 (1980 – 1992)
on behalf of the International Committee of Historical Sciences
and was published by K. G. Saur Munich.

Die Deutsche Bibliothek - CIP-Einheitsaufnahme
International bibliography of historical sciences
= Internationale Bibliographie der Geschichtswissenschaften
= Bibliografia internacional de ciencias historicas /
Ed. by Massimo Mastrogregori - München : Saur
ISSN 0074-2015
Erscheint jährl.

Vol. 45/46. 1976/77 ff.–1980 ff.
Auf der Haupttitels. auch: Comité International
des Sciences Historiques.– Bis Vol. 43/44.
1974/75 im Verl. Colin, Paris.

Printed on acid-free paper / Gedruckt auf säurefreiem Papier

©2000 by K. G. Saur Verlag GmbH & Co. KG, München
Part of Reed Elsevier
Printed in the Federal Republic of Germany

All Rights Strictly Reserved / Alle Rechte vorbehalten
No part of this publication may be reproduced, stored in a retrieval system,
or transmitted in any form or by any means, electronic, mechanical, photocopying,
recording, or otherwise, without permission in writing from the publisher /
Jede Art der Vervielfältigung ohne Erlaubnis des Verlags ist unzulässig

Technical partner: Dr. Rainer Ostermann, München
Managing partner and technical support: Ellediemme libri dal mondo, Roma
Printed and Bound by Strauss Offsetdruck GmbH, Mörlenbach

ISSN 0074-2015
ISBN 3-598-20418-3

General editor
Massimo MASTROGREGORI, Roma

Assistant editor
Carlo COLELLA, Roma

Advisory board
Maria Teresa AMADO, Instituto superior de novas profissoes, Lisboa
Girolamo ARNALDI, Istituto storico italiano per il Medioevo, Roma
Yuri BESSMERTNY, Institute of General History, Russian Academy of Sciences, Moscow
Wieslaw BIENKOWSKI, Polska Akademia Nauk
Làszlò BIRÒ, Hungarian Academy of sciences, Budapest
Th. S. H. BOS, Gouda, The Netherlands
Luciano CANFORA, Università di Bari
Alejandro CATTARUZZA, University of Buenos Aires, Argentina
Anne EIDSFELDT, Universitetsbiblioteket I Oslo, Norway
Jean GLENISSON, Comité International des Sciences Historiques, Paris
Alexander KAN, Uppsala Universitet, Sweden
Kazuhiko KONDO, University of Tokyo
Mario MAZZA, Università di Roma "La Sapienza"
Matjaz REBOLJ, Ljubljana
Jacques REVEL, Ecole des Hautes Etudes en Sciences Sociales, Paris
Ruggiero ROMANO, Ecole des Hautes Etudes en Sciences Sociales, Paris
Gabrielle M. SPIEGEL, Johns Hopkins University, Baltimore
Martina STERCKEN, Universität Zurich
Natasa STERGAR, Ljubliana
Serban TURCUS, Università di Cluj Napoca, Romania
Ilse VAHAKYRO, Turku University Library, Finland
Romain VAN EENOO, Universiteit Gent, Belgium
Nenad VEKARIC, Dubrovnik
Bahaeddin YEDIYLDIZ, Hacettepe Universitesi, Ankara

Contributing editors
Maria Teresa AMADO, Instituto superior de novas profissoes, Lisboa (*Portuguese historiography*)
Luisa AZZOLINI, Milano (*History of international relations*)
Wieslaw BIENKOWSKI, Polska Akademia Nauk (*Polish historiography*)
Làszlò BIRÒ, Hungarian Academy of sciences, Budapest (*Hungarian historiography*)
Th. S. H. BOS, Gouda, The Netherlands (*Dutch historiography*)
Rosa CAROLI, Università di Venezia (*Japanese historiography*)
Alejandro CATTARUZZA, University of Buenos Aires, Argentina (*Latin American historiography*)
Gaetana COVIELLO, Università di Roma "La Sapienza" (*Ancient history*)
Emanuele CUTINELLI-RENDINA, Université de Lausanne (*Modern religious history, History of modern culture*)

Anne EIDSFELDT, Universitetsbiblioteket I Oslo, Norway (*Norvegian historiography*)
Timophey GUIMON, Institute of General History, Russian Academy of Sciences, Moscow (*Russian historiography*)
Libby KAHANE, The Jewish National and University Library, Jerusalem (*Historiography of Israel*)
Alexander KAN, Uppsala Universitet, Sweden (*Slavonic historiography*)
Mauro LENZI, Istituto italiano per gli studi storici B. Croce, Napoli (*Palaeography, Diplomatics, History of the book*)
Massimo MASTROGREGORI, Roma (*Auxiliary sciences, General works, Modern history, Modern economic and social history, Modern legal and constitutional history*)
Matjaz REBOLJ, Ljubljana (*Slovenian historiography*)
Guido SAMARANI, Università di Venezia (*Chinese Historiography*)
Evgeni SAVIZKI, Russian State University of Humanities, Moscow (*Russian Historiography*)
Giovanni SCIROCCO, Milano (*History of international relations*)
Natale SPINETO, Università di Milano (*History of religions*)
Martina STERCKEN, Universität Zurich (*Swiss historiography*)
Natasa STERGAR, Ljubliana (*Slovenian historiography*)
Kristine STREUBÜR, Istituto storico germanico, Roma (*History of the middle ages: history of music*)
Serban TURCUS, Università di Cluj Napoca, Romania (*Romanian historiography*)
Ilse VAHAKYRO, Turku University Library, Finland (*Finnish historiography*)
Romain VAN EENOO, Universiteit Gent, Belgium (*Belgian historiography*)
Nenad VEKARIC, Institute of historical sciences, Dubrovnik (*Croatian historiography*)
Amedeo VISCONTI, Roma (*Ancient history*)
Bahaeddin YEDIYLDIZ, Hacettepe Universitesi, Ankara (*Historiography of Turkey*)
Krzysztof ZABOKLICKI, Accademia Polacca delle Scienze, Roma (*Polish historiography*)

Consulting editors

Maurice AYMARD, Maison des sciences de l'homme, Paris
Eric BRIAN, Centre Alexandre Koyré, Paris
Louis CHATELLIER, Université de Nancy II
Sten EBBESEN, University of Copenhagen
Carlo FRANCO, Venezia
Olivier GUYOTJEANNIN, Ecole nationale des Chartes, Paris
Daniele MENOZZI, Istituto per le scienze religiose, Bologna
Michel MORINEAU, Paris
Brian TIERNEY, Cornell University, Ithaca
Giusto TRAINA, Università di Lecce
Pietro VANNICELLI, Istituto per gli studi micenei ed egeo-anatolici, CNR, Roma
André VAUCHEZ, Ecole Française de Rome

Special Assistant editor

Dario IPPOLITO (*Index of names, Geographical index*)

INDICE DEL VOLUME

	Pag.
AVVERTENZA	IX
SCHEMA	XI
BIBLIOGRAFIE STORICHE GENERALI	XV
BIBLIOGRAFIA	1
INDICE DEI NOMI	335
INDICE GEOGRAFICO	397

AVVERTENZA

La Bibliografia internazionale delle scienze storiche (I.B.O.H.S.) è una bibliografia selettiva e segnaletica; le opere che menziona – volumi, articoli di rivista, saggi compresi in volumi collettivi – sono presentate secondo lo schema cronologico e tematico originariamente concepito e stabilito dalla Commissione bibliografica del Comitato internazionale di scienze storiche. Lo schema in questione è stato modificato solo in alcuni punti di dettaglio.

Nelle pagine che seguono si offrirà al lettore una breve esposizione dei principi di selezione e delle regole di presentazione seguiti per il presente volume.

A. Principi di selezione.

In accordo con l'indicazione espressa dalla Commissione bibliografica del Comitato internazionale di scienze storiche, la selezione risponde innanzitutto alla doppia esigenza di garantire alla I.B.O.H.S. il carattere di bibliografia generale che abbraccia l'intero campo delle scienze storiche, e di mettere a disposizione degli studiosi di storia e dei bibliotecari l'informazione sulla produzione essenziale della storiografia di tutto il mondo – in un volume da pubblicarsi con cadenza annuale.

Di fronte al moltiplicarsi delle bibliografie specializzate, è parso infatti più che mai necessario offrire ai singoli studiosi ed anche agli istituti scientifici (che non possano raccogliere tutte queste opere di informazione specifica) il mezzo per tenersi informati sui progressi della ricerca storica. Naturalmente era opportuno che queste bibliografie speciali fossero anch'esse menzionate, e questo è stato fatto in due modi: in primo luogo abbiamo elencato, prima della bibliografia sistematica vera e propria, le bibliografie storiche nazionali di carattere generale; e in secondo luogo abbiamo fatto precedere, in capo ad ogni paragrafo della bibliografia, l'indicazione dei lavori bibliografici relativi all'argomento del paragrafo stesso. In quest'ultimo caso, le bibliografie sono contrassegnate da un asterisco (*).

Per assolvere al meglio la funzione di strumento di lavoro di alta qualità scientifica e di respiro internazionale, la I.B.O.H.S. intende segnalare solo i volumi e gli articoli di importanza generale. Sono stati di norma esclusi dalla selezione i lavori meramente riassuntivi, quelli di storia locale, le ristampe e le traduzioni non provviste di apparati o sezioni nuovi, le opere di divulgazione e di propaganda.

Quando il titolo delle opere segnalate non è abbastanza esauriente, i redattori hanno aggiunto tra parentesi quadre le notizie necessarie a far comprendere meglio il contenuto; senza che con questo la I.B.O.H.S. – che è un repertorio selettivo e segnaletico, come si è osservato – si trasformi in bibliografia analitica e critica specializzata.

Sul piano cronologico degli eventi trattati, nessuna data fissata limita le opere incluse nella I.B.O.H.S.: nel capitolo P § 8 il lettore troverà i lavori sulla storia più recente, dal 1945 ai giorni nostri, in particolare sotto il profilo delle relazioni internazionali.

B. Regole di presentazione.

Il volume LXIII, 1994 menziona le opere pubblicate con la data di stampa: 1994. All'interno di ogni paragrafo o sottoparagrafo le opere sono presentate nell'ordine alfabetico degli autori. I nomi slavi, greci, giapponesi, arabi ed ebraici sono traslitterati in caratteri latini, e ordinati secondo l'alfabeto latino; i caratteri speciali (ad es. č, š), sono considerati come normali c, s etc. Analogamente, nei nomi germanici e scandinavi, ä, ö, ø, ü valgono come a, o, u, e Mc e M' come Mac.

Le opere collettive o anonime sono ordinate alfabeticamente secondo l'iniziale della prima parola significativa del titolo: ad es. «Congress (Fourteenth) of the learned societies ...»; in grassetto sono impressi invece i nomi di studiosi e storici oggetto di studi speciali (B § 2 b), e quelli dei santi (G § 4, I § 13 d); nel primo caso, le opere sono presentate nell'ordine alfabetico delle persone studiate.

Nel paragrafo K § 2, l'ordinamento alfabetico degli stati è stabilito in base alla lingua in cui è stampato il volume della I.B.O.H.S.

Come nel caso delle bibliografie specializzate, così anche per le pubblicazioni di fonti, in capo ad ogni paragrafo della bibliografia – con esclusione di quelli in cui è già prevista dall'ordinamento dell'opera una sezione dedicata alle fonti: E, F, G, H – il lettore troverà l'indicazione delle fonti a stampa relative all'argomento del paragrafo stesso. Le edizioni di fonti sono contrassegnate da due asterischi (**). In questo modo il lettore ha sotto gli occhi innanzitutto le bibliografie specializzate, poi le pubblicazioni di fonti su un particolare periodo o una questione storica.

Quando l'anno in questione è stato caratterizzato dalle celebrazioni di un importante evento storico, le opere relative sono raggruppate in un sottoparagrafo apposito, in calce al paragrafo in cui l'evento importante va collocato.

Per consentire di seguire lo stato della critica storiografica, le recensioni di opere già segnalate su volumi precedenti della I.B.O.H.S. sono riportate in forma abbreviata, con il rinvio al volume precedente. Il riferimento a pagine, illustrazioni, tavole, riassunti, abstracts etc. è stato ove possibile unificato ed espresso in francese o inglese; alla fine di ogni paragrafo si trova invece il rinvio (indicato da "*Cf. n°...*") ad altre opere pertinenti, collocate in altri paragrafi.

Nell'indice degli autori e delle persone, i nomi di santi, papi e imperatori romani sono riportati nella forma latina del nome.

SCHEMA

A

SCIENZE AUSILIARIE DELLA STORIA
(p. 1–19)

§ 1. Paleografia. 1-47. – § 2. Diplomatica. 48-62. – § 3. Storia del libro. 63-230. – § 4. Cronologia. 231-243. – § 5. Genealogia. 244-263. – § 6. Sfragistica ed araldica. 264-285. – § 7. Numismatica e metrologia. 286-309. – § 8. Storia delle lingue. 310-367. – § 9. Geografia storica e storia della geografia. 368-441. – § 10. Iconografia. 442-460.

B

MANUALI, OPERE GENERALI E LAVORI D'INSIEME
(p. 21–52)

§ 1. Archivi, biblioteche e musei (*a.* Archivi; *b.* Biblioteche; *c.* Musei). 461-513. – § 2. Storia della storiografia (*a.* Opere generali; *b.* Studi particolari). 514-698. – § 3. Metodologia, filosofia ed insegnamento della storia. 699-772. – § 4. Etnografia e folclore. 773-815. – § 5. Storia generale. 816-918. – § 6. Teoria dello stato e della società. 919-955. – § 7. Storia del diritto e delle istituzioni. 956-993 – § 8. Storia economica e sociale. 994-1042. – § 9. Storia della civiltà, delle scienze e della scuola. 1043-1088. – § 10. Storia dell'arte e delle arti applicate. 1089-1114. – § 11. Storia delle religioni (*a.* Opere generali; *b.* Studi particolari). 1115-1213. – § 12. Storia della filosofia. 1214-1239. – § 13. Storia della letteratura. 1240-1293.

C

PREISTORIA E PROTOSTORIA
(p. 53–59)

§ 1. Opere generali. 1294-1331. – § 2. Paleolitico e mesolitico. 1332-1352. – § 3. Neolitico. 1353-1380. – § 4. Età del bronzo. 1381-1418. – § 5. Età del ferro. 1419-1430. – § 6. Popoli protostorici dell'Europa, eccettuati quelli della Grecia e dell'Italia antica. 1431-1460.

D

POPOLI DELL'ANTICO ORIENTE
(comprese le monarchie ellenistiche)
(p. 61–70)

§ 1. Antico oriente in generale. 1461-1478. – § 2. Asia anteriore in generale. 1479-1512. – § 3. Egitto. 1513-1574. – § 4. Mesopotamia. 1575-1618. – § 5. Ittiti. 1619-1637. – § 6. Ebrei e stirpi semitiche sino alla fine dell'antichità. 1638-1690. – § 7. Iran. 1691-1718.

E

STORIA GRECA
(p. 71–86)

§ 1. Mondo classico in generale. 1719-1758. – § 2. L'età preellenica. 1759-1772. – § 3. Fonti e critica delle fonti (*a*. Fonti epigrafiche; *b*. Fonti letterarie). 1773-1846. – § 4. Storia generale e politica. 1847-1880. – § 5. Storia del diritto e delle istituzioni. 1881-1915. – § 6. Storia economica e sociale. 1916-1964. – § 7. Storia della letteratura, della filosofia e delle scienze. 1965-2085. – § 8. Religione e mitologia. 2086-2123. – § 9. Archeologia e storia dell'arte. 2124-2187.

F

STORIA DI ROMA, DELL'ITALIA ANTICA E DELL'IMPERO ROMANO
(p. 87–104)

§ 1. Popolazioni dell'Italia antica. 2188-2223. – § 2. Etruscologia. 2224-2248. – § 3. Fonti e critica delle fonti (*a*. Fonti epigrafiche; *b*. Fonti letterarie). 2249-2357. – § 4. Storia generale e politica. 2358-2437 – § 5. Storia del diritto e delle istituzioni. 2438-2473. – § 6. Storia economica e sociale. 2474-2533. – § 7. Storia della letteratura, della filosofia e delle scienze. 2534-2593. – § 8. Religione e mitologia. 2594-2624. – § 9. Archeologia e storia dell'arte. 2625-2674.

G

STORIA DELLA CHIESA ANTICA SINO A GREGORIO MAGNO
(p. 105–109)

§ 1. Fonti. 2675-2711. – § 2. Opere generali. 2712-2733. – § 3. Studi particolari. 2734-2795. – § 4. Agiografia. 2796-2807.

H

STORIA BIZANTINA
(Da Giustiniano in poi)
(p. 111–116)

§ 1. Fonti. 2808-2853. – § 2. Opere generali. 2854-2875. – § 3. Studi particolari. 2876-2943.

I

STORIA DEL MEDIOEVO
(p. 117–160)

§ 1. Fonti e critica delle fonti. 2944-3121. – § 2. Opere generali. 3122-3168. – § 3. Storia politica (*a*. Opere generali; *b*. 476–900; *c*. 900–1300; *d*. 1300–1500). 3169-3312. – § 4. Ebrei. 3313-3325. – § 5. Islam. 3326-3346. – § 6. Vichinghi. 3347-3384. – § 7. Storia del diritto e delle istituzioni. 3385-3434. – § 8. Storia economica e sociale. 3435-3569. – § 9. Storia della civiltà, della letteratura, della scuola, delle scienze e della tecnica. 3570-3751. – § 10. Storia dell'arte (*a*. Opere generali; *b*. Studi particolari). 3752-3802. – § 11. Storia della musica. 3803-3826. – § 12. Storia della filosofia. 3827-3905. – § 13. Storia della Chiesa (*a*. Opere generali; *b*. Storia del Papato; *c*. Storia monastica; *d*. Agiografia; *e*. Studi particolari). 3906-4049. – § 14. Storia degli insediamenti. Toponomastica. Storia delle città. 4050-4070.

SCHEMA XIII

K

STORIA DELL'ETÀ MODERNA, OPERE GENERALI
(p. 161–211)

§ 1. Opere generali. 4071-4185. – § 2. Singoli stati. 4186-5362. – § 3. Scoperte geografiche ed esplorazioni. 5363-5379.

L

STORIA DELLE RELIGIONI NELL'ETÀ MODERNA
(p. 213–224)

§ 1. Opere generali. 5380-5420. – § 2. Cattolicesimo (*a*. Opere generali; *b*. La Santa Sede; *c*. Studi particolari; *d*. Ordini religiosi; *e*. Missioni). 5421-5532. – § 3. Chiesa ortodossa. 5533-5552 – § 4. Protestantesimo. 5553-5619. – § 5. Religioni e sette non cristiane. 5620-5687.

M

STORIA DELLA CULTURA NELL'ETÀ MODERNA
(p. 225–260)

§ 1. Opere generali. 5688-5816. – § 2. Accademie ed istituti di cultura. 5817-5840. – § 3. Pedagogia ed insegnamento. 5841-5909. – § 4. Stampa ed editoria. 5910-5980. – § 5. Filosofia. 5981-6143. – § 6. Scienze esatte, tecnica, scienze naturali e medicina. 6144-6275. – § 7. Letteratura (*a*. Opere generali; *b*. Rinascimento; *c*. Classicismo; *d*. Romanticismo ed età contemporanea). 6276-6465. – § 8. Arti ed arti applicate (*a*. Opere generali; *b*. Architettura; *c*. Scultura, pittura, stampe e disegni; *d*. Arti applicate ed arti popolari). 6466-6604. – § 9. Musica, teatro, cinema, radio e televisione. 6605-6719.

N

STORIA ECONOMICA E SOCIALE NELL'ETÀ MODERNA
(p. 261–279)

§ 1. Economia politica. 6720-6736. – § 2. Storia economica generale. 6737-6779. – § 3. Industria, miniere e trasporti. 6780-6836. – § 4. Commercio. 6837-6867. – § 5. Agricoltura e problemi agrari. 6868-6894. – § 6. Moneta e finanza. 6895-6946. – § 7. Demografia e storia delle città. 6947-6980. – § 8. Storia sociale. 6981-7147. – § 9. Movimento operaio e socialismo. 7148-7198.

O

STORIA DEL DIRITTO E DELLE ISTITUZIONI NELL'ETÀ MODERNA
(p. 281–284)

§ 1. Storia generale del diritto. 7199-7210. – § 2. Storia del diritto costituzionale. 7211-7219. – § 3. Diritto pubblico e istituzioni pubbliche. 7220-7246. – § 4. Diritto civile e penale. 7247-7271. – § 5. Diritto internazionale. 7272-7276.

P

STORIA DELLE RELAZIONI INTERNAZIONALI TRA GLI STATI MODERNI
(p. 285–316)

§ 1. Opere generali. 7277-7416. – § 2. Storia della colonizzazione (*a*. Opere generali; *b*. Asia; *c*. Africa; *d*. America; *e*. Oceania). 7417-7476. – § 3. Storia dal 1500 al 1789 (*a*. Opere generali; *b*. 1500–1648; *c*. 1648–1789). 7477-7510. – § 4. Storia dal 1789 al 1815. 7511-7525. – § 5. Storia dal 1815 al 1910. 7526-7576. – § 6. Dal 1910 al 1935. La prima guerra mondiale. 7577-7659. – § 7. Dal 1935 al 1945. La seconda guerra mondiale (*a*. Opere generali; *b*. Diplomazia. Economia; *c*. Operazioni militari; *d*. Resistenza). 7660-7783. – § 8. Storia dal 1945 in poi. 7784-8176.

R

ASIA
(p. 317–327)

§ 1. Opere generali. 8177-8192. – § 2. Asia occidentale e centrale. 8193-8203. – § 3. Asia del Sud. 8204-8206. – § 4. Asia del Sud-Est. 8207-8210. – § 5. Cina. 8211-8397. – § 6. Giappone (fino al 1868). 8398-8463. – § 7. Corea. 8464-8472.

S

AFRICA
(p. 329–330)

N°s 8473-8501

T

AMERICA
(p. 331–332)

N°s 8502-8538

U

OCEANIA
(p. 333)

N°s 8539-8548

BIBLIOGRAFIE STORICHE GENERALI

I. [Austria] Österreichische historische Bibliographie. Austrian historical bibliography. 1992. [1991. Cf. Bibl. 93, n° *II*.]. Hrsg. v. Günther HÖDL u. Wolfdieter BIHL. Bearb. v. Ulrike WINKLER, Elfriede SIEDLER, Uta HÖDL u. Bettina KUTTIN. Graz, Neugebauer u. Santa Barbara, Clio, 94, 599 p.

II. [Belgio] Bibliographie de l'histoire de Belgique. Bibliografie van de geschiedenis van België 1992. [1991. Cf. Bibl. 93, n° *III*.]. Ed. par Romain VAN EENOO, Jean BOVESSE [et alii]. *Revue Belge de Philologie et d'Histoire – Belgisch Tijdschrift voor Filologie en Geschiedenis*, 94, 72, 2, p. 381-540.

III. [Danimarca] Dansk Bogfortegnelse Bogkatalog. (The Danish national bibliography, books [on history]). Vol. 143. Annual list 1993. Ballerup, Dansk Bibliographical Center, 94, p. 1250-1252.

IV. [Finlandia] ANTIN (Kirsti). Finländsk historisk litteratur 1992. bibliografiskt urval. (Bibliographie choisie d'ouvrages d'histoire publiées en Finlande en 1992). *Historisk tidskrift* (Finland), 94, 79, p. 144-168. – Suomen kirjallisuus 1993. (The Finnish national bibliography 1993 [books on history]). Helsinki, University Library, 94, p.167-168.

V. [Francia] Bibliographie annuelle de l'histoire de France, du Ve siècle à 1958. Année 1993. [1992. Cf. Bibl. 93, n° *V*.]. Réd. par Colette ALBERT-SAMUEL, Brigitte MOREAU et Brigitte KERIVEN. Paris, Ed. du C.N.R.S., 94, XCIII-1090 p.

VI. [Germania] Historische Bibliographie. Berichtsjahr 1993 [1992. Cf. Bibl. 93, n° *I*.]. Hrsg. von der Arbeitsgemeinschaft ausseruniversitärer Forschungseinrichtungen in der Bundesrepublik Deutschland. München, Oldenbourg, 94, 640 p. – Jahresberichte für Deutsche Geschichte. Neue Folge. 44. Jahrgang 1992 mit Nachträgen. Hrsg. von der Berlin-Brandenburgischen Akademie der Wissenschaften. Berlin, Akademie Verlag, 94, VI-738 p.

VII. [Gran Bretagna] Annual bibliography of British and Irish history. Publications of 1993. [1992. Cf. Bibl. 93, n° *VI*.]. General editors: Katharine F. BEEDHAM, Barbara ENGLISH and John Joseph N. PALMER, for the Royal Historical Society and in association with the Institute of Historical Research. London, Oxford U. P., 94, XI-305 p.

VIII. International Committee of Historical Sciences. Comité International des Sciences Historiques, Lausanne-Paris. International bibliography of historical sciences. Internationale Bibliographie der Geschichtswissenschaften. Bibliografía internacional de ciencias históricas. Bibliographie internationale des sciences historiques. Bibliografia internazionale delle scienze storiche. Vol. LIX, 1990. [Vol. LVIII, 1989. Cf. Bibl. 93, n° *VII*.]. Ed. with the contribution of the national committees by Jean GLÉNISSON a. Michael KEUL. Published with the assistance of Unesco and under the patronage of the International Council for Philosophy and Humanistic Studies. München, New Providence, London a. Paris, 94, XXIV-447 p.

IX. [Irlanda] Major Accessions to Repositories [in Great Britain and Ireland] Relating to Irish History, 1992. *Irish Historical Studies*, 94, 29, 113, p. 120-121.

X. [Islanda] Íslensk bokaskrá: 1948–1988. (The Icelandic national bibliography 1948–1988 [books on history]). Reykjavík, Landsbókasafn Íslands, 94, p.171-173.

XI. [Messico] Bibliografía histórica mexicana. Publ. Anual del Centro de estudios históricos, Colegio de Mexico. Vol. 24. [Vol. 23. Cf. Bibl. 93, n° *IX*.] Mexico, Colegio de Mexico, 94, [s. p.].

XII. [Norvegia] Norsk Bogfortegnelse. Årskatalog 1993. (The Norwegian national bibliography. Catalogue for 1993 [books on history]). 1993. Oslo, Den Norske Bokhandelsforening 94, p. 81-85.

XIII. [Olanda] Repertorium van boeken en tijdschriftartikelen betreffende de geschiedenis van Nederland. (Repertoire de livres et articles concernant l'histoire des Pays-Bas). [Cf. Bibl. 93, n° *X*.]. Samengest. door Th. S. H. BOS en M. E. J. VAN WEERT-GAALMAN m. m. v. M. T. A. SCHOUTEN en A. H. SLINGS. Den Haag, Instituut voor Nederlandse Geschiedenis, 94, 527 p. (R. G. P.). – Kroniek. (CR d'ouvrages sur l'histoire des Pays-Bas et de la Belgique). *Bijdr. Meded. Gesch. Ned.*, 94, 109, p. 148-205, p. 322-414, p. 519-609, p. 693-806. – Nederlandse en Nederlandstalige dissertaties betreffende de geschiedenis 1993. *T. Gesch.*, 94, 107, p. 664-667.

XIV. [Polonia] Bibliografia Historii Polskiej zarok 1990. (Bibliografia storica polacca, 1990). Oprac. Waldemar BUKOWSKI, Stanisław GŁUSZEK, Zbigniew SOLAK. Red. Wiesław BIEŃKOWSKI. Wrocław, Zakł. Nar. im. Ossolińskich, 94, VIII-350 p. (Polska Akademia Nauk. Instytut Historii, Zakład Bibliografii Bieżącej). – Bibliografia Historii Polskiej zarok 1991. (Bibliografia storica polacca, 1991). Oprac. Wojciech FRAZIK [et al.]. Red. Wiesław BIEŃKOWSKI. Wrocław, Zakł. Nar. im. Ossolińskich, 94, VII-397 p. (Polska Akademia Nauk. Instytut Historii, Zakład Bibliografii Bieżącej). – Bibliografia Historii Polskiej zarok 1992. (Bibliografia storica polacca, 1992). Oprac. Wojciech FRAZIK [et al.]. Red. Wiesław BIEŃKOWSKI. Kraków, Wydaw. Profesjonalnej Szkoły Biznesu, 94, VIII-400 p. (Polska Akademia Nauk. Instytut Historii, Zakład Bibliografii Bieżącej).

XV. [Portogallo] Repertório bibliográfico da historiografia portuguesa (1974–1994). Coimbra, Instituto Camões, Faculdade de Letras da Universidade de Coimbra, 94, 755 p.

XVI. [Spagna] Indice histórico español. Publicación semestral del centro de estudios históricos internacionales. Ed. por Rosa ORTEGA CANADELL, Pere MOLAS RIBALTA. Vol. 32, n. 101-102, 1994. [1993. Cf. Bibl. 93, n° 4.]. Barcelona, Publicacions de la Universitat de Barcelona, 94, 2 vol., 227 p., 406 p.

XVII. [Svezia] Svensk bokförteckning 1993. (The Swedish national bibliography 1993 [books on history]). Stockholm, Bibliographical Department at the Royal library in Stockholm, 94, p. 983-987.

XVIII. [Svizzera] Bibliographie der Schweizergeschichte. Bibliographie de l'histoire de Suisse. 1991. Bearb. v./ établie par Pierre Louis SURCHAT. Hrsg. v. Schweizerischen Landesbibliothek./ publ. par la Bibliothèque Nationale Suisse. Bern, Eidgenössische Drucksachen- und Materialzentrale, 94, XXVII-263 p.

XIX. [Ungheria] Történeti bibliográfia, 1991. Összeáll. ROZSNYÓI Ágnes, PÓTÓ János, szerk. PÓTÓ János. (Bibliographie historique, 1991.). Budapest, MTA Történettud. Int.-História, 94, 108 p. (História könyvtár, Bibliográfiák, 2). – Történeti bibliografia, 1992. Összeáll., szerk. PÓTÓ János. (Bibliographie historique, 1992). Budapest, MTA Történettud. Int.-História, 94, 135 p. (História könyvtár, Bibliográfiák, 3).

A

SCIENZE AUSILIARIE DELLA STORIA

§ 1. Paleografia. 1-47. – § 2. Diplomatica. 48-62. – § 3. Storia del libro. 63-230. – § 4. Cronologia. 231-243. – § 5. Genealogia. 244-263. – § 6. Sfragistica ed araldica. 264-285. – § 7. Numismatica e metrologia. 286-309. – § 8. Storia delle lingue. 310-367. – § 9. Geografia storica e storia della geografia. 368-441. – § 10. Iconografia. 442-460.

§ 1. Paleografia.

* 1. BMB. Bibliografia dei manoscritti in scrittura beneventana. Dati relativi a pubblicazioni apparse a partire dal 1990. Vol. 2. [Vol. 1. Cf. Bibl. 93, n° 2.]. Raccolti da Cristina ARESTI [et al.] ed elaborati da Francesco BIANCHI e Antonio MAGI SPINETTI. Roma, Viella, 94, 329 p.

* 2. BUONOCORE (M.). Bibliografia retrospettiva dei fondi manoscritti della Biblioteca Vaticana. Città del Vaticano, Biblioteca Apostolica Vaticana, 94, 568 p., ill. (Studi e testi, 361).

* 3. COCKSHAW (Pierre), MANNING (Eugène). Bulletin codicologique. 1994. [1993. Cf. Bibl. 93, n° 3.]. *Scriptorium*, 94, 48, 1, p. 1*-96*; 2, p. 97*-171*.

** 4. Corpus christianorum, Autographa Medii Ævi. T. 1. Liutprando di Cremona e il codice di Frisinga Clm 6388. Cura et studio P. CHIESA. Turnhout, Brepols, 94, 82 p. (tav.).

5. Autografi medievali (Gli). Problemi paleografici e filologici. Atti del convegno di studio della Fondazione Ezio Franceschini, Erice, 25 settembre–2 ottobre 1990. A cura di P. CHIESA e L. PINELLI. Spoleto, Centro italiano di studi sull'Alto Medioevo, 94, 318 p. (tav.) (Fondazione Ezio Franceschini, Firenze. Quaderni di cultura mediolatina, 5).

6. AZEVEDO SANTOS (M. J.). Da visigótica à carolina: a escritura em Portugal de 882 a 1172. Aspectos técnicos e culturais. Lisboa, Fund. Calouste Gulbenkian e Junta nacional de investig. científica e tecnológica, 94, [s. p.]. (Textos universitários de ciências sociais e humanas.)

7. BARILE (E.). Littera antiqua e scritture alla greca. Notai e cancellieri copisti a Venezia nei primi decenni del Quattrocento. Venezia, Istituto veneto di scienze, lettere e arti, 94, 155 p. (ill.).

8. BOBOWSKI (Kazimierz). Skróty w piśmie neogotyckim. Na podstawie materiału śląskiego od początku XVI do połowy XX wieku. (Les abréviations en écriture néogothique. En tenant compte du matériel silésien dès le début du XVIe à la moitié du XXe siècle). Wrocław, [s. n.], 94, 40 p. (Acta Univ. Wratislaviensis, n. 1552).

9. BOWMAN (A. K.), THOMAS (J. D.). The Vindolanda writing tablets (Tabulae Vindolandenses II). With contrib. by J. N. ADAMS. London, British Museum Press, 94, 408 p. (tab.).

10. Chartae Latinae Antiquiores. Faksimileausgabe sämtlicher lateinischer Urkunden b. zum Jahre 800. Band 41–42. Aegypten I–II. Hrsg. v. T. DORANDI. Dietikon-Zürich, Urs Graf Verlag, 94, 2 vol., 100 p., 100 p.

11. Civiltà del Mezzogiorno d'Italia. Libro scrittura documento in età normanno-sveva. Atti del Convegno dell'Associazione Italiana dei Paleografi e Diplomatisti (Napoli-Badia di Cava dei Tirreni, 14–18 ottobre 1991. A cura di Filippo D'ORIA. Salerno, Carlone, 94, 463 p. (tav.). (Cultura scritta e memoria storica. Studi di paleografia, diplomatica, archivistica, 1).

12. CONDELLO (Emma). Una scrittura e un territorio. L'onciale dei secoli V–VIII nell'Italia meridionale. Spoleto, Centro italiano di studi sull'Alto Medioevo, 94, XIV-164 p., (tav.) (Società inernazionale per lo studio del Medioevo latino. Biblioteca di «Medioevo latino», 12.).

13. DE DONATO (Vittorio). Pergamene anteriori al secolo IX conservate nella Biblioteca nazionale centrale «Vittorio Emanuele II». *Nuovi annali della Scuola speciale per archivisti e bibliotecari*, 94, 8, 73-100.

14. DE GREGORIO (G.). Attività scrittoria a Mistrà nell'ultima età paleologa: il caso del cod. Mut. gr. 144. *Scrittura e civiltà*, 94, 18, p. 243-280.

A. SCIENZE AUSILIARIE DELLA STORIA

15. Eye priory cartulary and charters. Vol. 2. Ed. by V. BROWN. Woodbridge, Suffolk Records Society, 94, XVIII-193 p. (Suffolk Charters, 13).

16. Fonti documentarie in scrittura latina. Repertorio (secc. VII a. C.–VII d. C.). A cura di G. BARTOLETTI e I. PESCINI. Firenze, L. S. Olschki, 94, XX-296 p. (Biblioteca di «Scrittura e civiltà», 5).

17. GASNAULT (Pierre). Fragment retrouvé du manuscript sur papyrus des homélies de Saint Avit. *Comptes-rendus de l'Académie des inscriptions et belles-lettres*, 94, p. 315-323.

18. GASPARRI (Françoise). Introduction à l'histoire de l'écriture. Louvain-la-Neuve, Brepols, 94, 239 p. (Reference works for the study of Mediaeval civilization).

19. GIOVÈ MARCHIOLI (Nicoletta), GIUSA (Antonio). Un nuovo frammento in beneventana in Friuli. *Studi medievali*, 94, 35, 2, p. 783-796

20. GODART (L.). Il disco di Festo. L'enigma di una scrittura. Torino, Einaudi, 94, X-150 p. (Saggi, 782).

21. GREIN (Marion). Einführung in die Entwicklungsgeschichte der japanischen Schrift. Mainz, Liber, 94, 121 p. (maps).

22. IRIGOIN (Jean). Pour un bon usage des abréviations: le cas du Vaticanus graecus 1611 et du Barocci 50. *Scriptorium*, 94, 48, 1, p. 3-17.

23. KHATIBI (A.), SIJELMASSI (M.). L'art calligraphique de l'Islam. Paris, Gallimard, 94, 240 p. (ill.).

24. KORDES (M.). Der Einfluss der Buchseite auf die Gestaltung der hochmittelalterlichen Papsturkunde. Studien zur graphischen Konzeption hoheitlicher Schriftträger im Mittelalter. Hamburg, Kovac, 94, XXXV-286 p.

25. Late-medieval religious texts and their transmission. Essays in honour of A. I. Doyle. Ed. by A. J. MINNIS. Cambridge, Brewer, 94, X-198 p. (York manuscripts conferences: proceedings series, 3).

26. LUISELLI FADDA (Anna Maria). Tradizioni manoscritte e critica del testo nel Medioevo germanico. Roma e Bari, Laterza, 94, XII-323 p.

27. MANFREDI (Antonio). I codici latini di Niccolò V: edizione degli e identificazione dei manoscritti. Città del Vaticano, Biblioteca Apostolica Vaticana, 94, XCII-602 p. (Studi e testi, 359; Studi e documenti sulla formazione della Biblioteca Apostolica Vaticana, 1).

28. MÉTAYER (Ch.). Humble métier et métier des humbles: l'écrivain public à Paris aux XVIIe–XVIIIe siècles. *Scrittura e civiltà*, 94, 18, p. 325-350.

29. MEYER (Andreas). Der luccheser Notar Ser Ciabatto und sein Imbreviaturbuch von 1226/1227. *Quellen und Forschungen aus italienischen Archiven und Bibliotheken*, 94, 74, p. 172-293.

30. MIGLIO (L.). Criteri di datazione per le corsive librarie italiane dei secoli XIII–XIV. Ovvero riflessioni, osservazioni, suggerimenti sulla lettera mercantesca. *Scrittura e civiltà*, 94, 18, p. 143-158.

31. MORDEK (H.). Bibliotheca capitularium regum Francorum manuscripta. Überlieferung und Traditionszusammenhang der fränkischen Herrscherklasse. München, Monumenta Germaniae Historica, 94, 800 p. (Monumenta Germaniae Historica. Hilfsmittel, 15).

32. MOYSE (G.), BERNARDIN (P.). Lire les archives des XVIe et XVIIe siècles. Exercices de paléographie française moderne appliqués aux documents des Archives de la Haute-Saône. Vesoul, Les Amis des Archives, 94, 170 p. (facsim., ill.).

33. MUNK OLSEN (Birger). Chronique des manuscrits classiques latins (IXe–XIIe siècle), II. *Revue d'histoire des textes*, 94, 25, p. 199-250.

34. Naissance des écritures (La). Du cunéiforme à l'alphabet. Ed. par L. BONFANTE, J. CHADWICK, B. F. COOK, [et al.]. Paris, Ed. du Seuil, 94, 504 p. (ill.).

35. NÚÑEZ CONTRERAS (L.). Manual de paleografía. Fundamentos e historia de la escritura latina hasta al siglo VIII. Madrid, Catedra, 94, 576 p. (Historia. Mayor, 30).

36. OESER (Wolfgang). Beobachtungen zur Strukturierung und Variantenbildung der Textura. Ein Beitrag zur Paläographie des Hoch- und Spätmittelalters. *Archiv für Diplomatik, Schriftgeschichte, Siegel- und Wappenkunde*, 94, 40, p. 359-439.

37. ORLANDELLI (G.). Scritti da «Paleografia e diplomatica». A c. di R. FERRARA e G. FEO. Milano, Giuffrè, 94, XXII-584 p. (ill.) (Opere dei maestri, 7).

38. Pergamene milanesi dei secoli XII e XIII. Le pergamene milanesi del secolo XII conservate presso l'Archivio di Stato di Milano. Vol. 10. S. Ulderico detto Bocchetto, S. Valeria, Veteri, S. Vittore al Corpo, Vittoria, varie (provincia di Milano). A cura di M. F. BARONI. Vol. 11. S Margherita (S. Pietro in Caronno), S. Maria Beltrade, S. Maria della Passarella, S. Nazaro in Brolio, S. Pietro delle Rote (sic, ma ad Cornaredum), S. Pietro delle Vigne, S. Pietro (diversi), S. Protaso ad Monachos. A cura di L. ZAGNI. Vol. 12. S. Apollinare, S. Caterina della Chiusa, S. Dionigi, S. Donnino, S. Eusebio, S. Eustorgio, Lentasio, S. Marco. A cura di L. MARTINELLI, Milano, Università degli Studi, 94, 3 vol., IX-87 p., X-111 p., XI-129 p.

39. Pergamene siciliane dell'archivio della Corona d'Aragona (1188–1347). A cura di Laura SCIASCIA. Palermo, Società siciliana per la storia patria, 94, 340 p. (Documenti per servire alla storia di Sicilia, 33).

40. PERRI (A.). Il codex Mendoza [Oxford, Bodleian Library, Arch. Selden. A. 1] e le due paleografie. Bologna, CLUEB, 94, 332 p. (ill.).

41. PRATESI (Alessandro). Frustula palaeografica. Firenze, Olschki, 94, X-410 p. (tav.). (Biblioteca di Scrittura e Civiltà, 4).

42. PRATO (Giancarlo). Studi di paleografia greca. Spoleto, Centro italiano di studi sull'alto Medioevo, 94, X-183 p. (tav.) (Collectanea, 4)

43. RAFTI (P.). Alle origini dell'interpunzione petrarchesca. *Scrittura e civiltà*, 94, 18, p. 159-182.

44. ROTHSCHILD (Jean-Pierre). Les traductions du Livre des causes et leurs copies. *Revue d'histoire des textes*, 94, 25, p. 393-484.

45. SABARD (V.). L'abc de ... [La gothique. L'anglaise. L'antiqua. L'onciale. La capitale romaine. La caroline. La chancelière. La cursive romaine. La quadrata. La rustica]. Paris, Scripsit, 94, 10 vol., [s. p.], (ill.) (Les dossiers pédagogiques de Scripsit).

46. SCHARTAU (Bjarne). Codices Graeci Haunienses. Ein deskriptiver Katalog des griechischen Handschriftenbestandes der Königlichen Bibliothek Kopenhagen. København, Museum Tusculanum Press, 94, 615 p. (Danish humanist texts and studies, 9).

47. SHAW (H.). Alphabets and numbers of the Middle Ages. London, Bracken, 94, 96 p., (ill.).

Cf. n°s 69, 70, 98, 106, 108, 2944-3121

§ 2. Diplomatica.

48. CÁRCEL ORTÍ (Mª. M.). Vocabulaire international de la diplomatique. Valencia, Generalitat, Conselleria de Cultura et Universitat, Servei de Publicacions, 94, 308 p. (Commission internationale de diplomatique du Comité international des sciences historiques. Col·lecció oberta, 28).

49. COLLAVINI (S. M.). Aristocrazia d'ufficio e scrittura nella Tuscia dei secoli IX–XI. *Scrittura e civiltà*, 94, 18, p. 23-52.

50. *Vacat.*

51. Diplomatica corsa. A cura di Silio P. P. SCALFATI. Ospedaletto e Pisa, Pacini, 94, 262 p. (Percorsi, 6).

52. Kancelarie okresu księgi wpisów w Prusach Królewskich. Materiały sesji odbytej 20–21 listopada 1992 roku w Archiwum Państwowym w Toruniu. (Les chancelleries de la période du livre d'inscription en Prusse Royale [XIIe–XXe siécles]. Matériaux de la session tenue les 20–21 novembre 1992 aux Archives d'Etat á Toruń). Réd. Andrzej TOMCZAK. Warszawa, 94, 147 p. (Naczelna Dyr. Archiwów Państw., Archiwum Państw. W Toruniu).

53. KLOOSTERHUIS (Jürgen). Der "Klevische Kanzleigebrauch". Beiträge zur Aktenkunde einer Fürstenkanzlei des 16. Jahrhunderts. *Archiv für Diplomatik, Schriftgeschichte, Siegel- und Wappenkunde*, 94, 40, p. 253-334.

54. KÜTÜKOĞLU (Mubahat S.). Osmanlı Belgelerinin Dili -Diplomatik-. (La Langue des documents ottomans. La Diplomatique). İstanbul, Kubbealtı Neşriyatı, 94, XXXIV-605 p.

55. Ludovici II Diplomata. A cura di K. WANNER. Roma, Istituto storico italiano per il Medioevo, 94, 373 p. (Fonti per la storia dell'Italia medievale. Antiquitates, 3).

56. PAGAROLAS I SABATÉ (Laureà). Notaris y auxiliars de la funció notarial a les escribanies de la Barcelona medieval. *Lligall. Revista catalana d'arxívistica*, 94, 8, p. 53-72.

57. POLLEY (Reiner). Standard und Reform des deutschen Kanzleistiks im frühen 19. Jahrhundert. Eine Fallstudie. *Archiv für Diplomatik, Schriftgeschichte, Siegel- und Wappenkunde*, 94, 40, p. 335-357.

58. RABIKAUSKAS (Paulus, P.). Diplomatica pontificia. Praelectionum lineamenta. Roma, Pontificia Università gregoriana, 94, 166 p.

59. Suomen historian asiakirjalähteet. (Handbook of diplomatics in the Finnish history). Ed. by Eljas ORRMAN, Elisa PISPALA. Helsinki, WS, 94, 336 p. (ill., maps).

60. VAN MINGROOT (Erik). Sapientie immarcessibilis. A diplomatic and comparative study of the bull of the University of Louvain (december 9, 1425). Documentation ed. by Marc NELISSEN. Leuven, Leuven U. P., 94, VI-329 p. (tab., ill., facs.) (Katholieke Universiteit Leuven, Instituut voor middeleeuwse studies. Mediaevalia Lovanensia. Studia, 25).

61. WAGNER (Wolfang). Das Gebetsgedenken der Liudolfinger im Spiegel der Königs- und Kaiserurkunden von Heinrich I. bis zu Otto III. *Archiv für Diplomatik, Schriftgeschichte, Siegel- und Wappenkunde*, 94, 40, p. 1-78.

62. WOLF (Gunter). Die Kanonisationbulle von 993 für den Hl. Oudalrich von Augsburg und Vergleichbares. *Archiv für Diplomatik, Schriftgeschichte, Siegel- und Wappenkunde*, 94, 40, p. 85-104. – IDEM. Nochmals zur benedictio Ottonis in regem: 927 oder 929? *Archiv für Diplomatik, Schriftgeschichte, Siegel- und Wappenkunde*, 94, 40, p. 79-84.

Cf. n°s 467, 2944-3121

§ 3. Storia del libro.

* 63. ABHB. Annual bibliography of the history of the printed book and libraries. Ed. by the Department of Special Collections of the Koninklijke Bibliotheek, The Hague. Vol. 23. [Vol. 21. Cf. Bibl. 93, n° 98.]. Dordrecht, Kluwer Academic Publishers, 482 p.

* 64. Bibliographie der Buch- und Bibliotheksgeschichte (BBB). Vol. 12. 1992 (Mit Nachträgen aus den Jahren 1980 bis 1991). [Vol. 11, 1991. Cf. Bibl. 93, n° 100.]. Hrsg. v. Horst MEYER. Bad Iburg, Bibliographischer Verlag Dr. Horst Meyer, 94, 633 p.

* 65. CARRETE PARRONDO (J.), [et al.]. Historia ilustrada del libro español. De los incunables al siglo XVIII. Madrid, Fundación Sánchez Ruipérez, 94, 586 p. (Biblioteca del Libro, 60).

* 66. CHAMBERS (Bettye Thomas). Bibliography of French Bibles. 2. Seventeenth century French-language editions of the scriptures. Genève, Droz, 94, XX-942 p.

* 67. FRANCHI (Saverio). "Le Impressioni Sceniche". Dizionario bio-bibliografico degli editori e stampatori romani e laziali di testi drammatici e libretti per musica dal 1579 al 1800. Ricerca storica, bibliografica e archivistica condotta in collaborazione con Orietta SARTORI. Roma, Edizioni di Storia e letteratura, 94, LXI-864 p. (Sussidi eruditi).

* 68. PÉREZ PASTOR (C.). La imprenta en Toledo. Descripción bibliográfica de las obras impresas en la imperial ciudad desde 1483 hasta nuestros días. Valencia, Librerías "París-Valencia", 94, 392 p.

69. ADAMOVIC (M.). Kelile ü Dimne [Kalila wa-Dimna]. Türkische Handschrift T 189 der Forschungsbibliothek Gotha. Hildesheim, Olms, 94, 570 p.

70. Advances in handwriting and drawing: a multidisciplinary approach. Ed. by C. FAURE, P. KEUSS, G. LORETTE, A. WINTER. Paris, Europia, 94, 582 p. (ill.).

71. AGATI (Maria Luisa). Giovanni Onorio da Maglie: caratteri a mano – caratteri a stampa. *Scriptorium*, 94, 48, 1, p. 122-139.

72. ALCOCER MARTÍNEZ (M.). Catálogo razonado de obras impresas en Valladolid (1481–1800). Valladolid, Junta de Castilla y León, 94, 898 p. (La imprenta, libros y libreros).

73. ALLAIRE (Gloria). Unknown exemplars of Andrea da Barberini in the Ashburnham Collection of the Biblioteca Medicea Laurenziana. *Scriptorium*, 94, 48, 1, p. 151-158.

74. ANDERSSON-SCHMITT (M.). Die Lübecker Historienbibel. Niederdeutsche Bearbeitung der zweiten niederländischen Historienbibel. Köln u. Wien, Böhlau, 94, 350 p. (Niederdeutsche Studien, 40).

75. Anglo-Saxon manuscripts in microfiche facsimile. Vol. 1. Books of prayer and healing. Ed. by A. N. DOANE. Vol. 2. Psalters, 1. Ed. by P. PULSIANO. Binghamton, State University of New York, 94, 10 mss., 8 mss. (Medieval and Renaissance texts and studies, 136-137).

76. Antiphonarium: Karlsruhe, Badische Landesbibliothek, Aug. perg. 60. Einführung v. H. MÖLLER. München, Edition H. Lengenfelder, 94, 10 microf., 30 p. (Codices illuminati Medii Aevi, 37).

77. *Vacat.*

78. BABCOCK (R. G.). Manuscripts of classical authors in the bindings of sixteenth-century Venetian books. *Scrittura e civiltà*, 94, 18, p. 309-324.

79. Bagdad à Ispahan (De). Manuscrits islamiques de l'Institut d'études orientales, filiale Saint-Petersbourg, Académie des sciences de Russie. Catalogue de l'exposition, Paris, Musée du Petit-Palais, 14 septembre 1994–8 janvier 1995. Lugano, Fondation ARCH et Paris, Editions des Musées de la Ville, et Milano, Electa, 94, 302 p. (ill.).

80. BALSEM (Astrid C.). «Libri omissi» italiani del Cinquecento provenienti dalla Biblioteca di Isaac Vossius, ora nella biblioteca della Rijksuniversiteit di Leida. Leiden, Bibliotheek der Rijksuniversiteit Leiden, 94, XXI-380 p. (ill.). (Bibliotheca Vossiana. Books from Isaac Vossius's library now in Leiden University Library, 1).

81. BASILE (C.). I papiri carbonizzati di Ercolano. La temperatura dei materiali vulcanici e le tecniche di manifattura dei rotoli. Siracusa, Associazione Istituto internazionale del papiro, 94, 104 p. (ill.) (Quaderni dell'Associazione Istituto internazionale del papiro, 3).

82. BELTRAN (E.). Pierre-Paul Senilis (Vieillot) secrétaire de Louis XI et éditeur des Elegantiae de Valla. *Bibliothèque d'Humanisme et Renaissance*, 94, 56, 1, p. 107-126.

83. BIANCHI (Francesco), [et al.]. Une recherche sur les manuscrits à cahiers mixtes. *Scriptorium*, 94, 48, 2, p. 259-286.

84. Biblioteca de Catalunya: Catàleg del Museu del Llibre Frederic MARÈS. Ed. por Anscari M. MUNDÓ. Barcelona, Biblioteca de Catalunya, 94, XL-508 p.

85. Bibliothèque nationale de France [Paris]. Manuscrits du Moyen Age et de la Renaissance: enrichissements du Département des manuscrits, fonds européens, 1983–1992. Sous la dir. de J. SCLAFER. Paris, Bibliothèque nationale de France, 94, XII-164 p. (ill.)

86. BILLANOVICH (Giuseppe). I libri dei papi. *Italia medioevale e umanistica*, 94, 37, p. 187-192.

87. BINGEN (Nicole). Philausone (1500–1660). Répertoire des ouvrages en langue italienne publiés dans les pays de langue française de 1500 à 1660. Genève, Droz, 94, 557 p. (Travaux d'Humanisme et Renaissance, 285).

88. BOLOGNA (G.). Manoscritti e miniature. Il libro prima di Gutenberg. Milano, Fenice, 94, 198 p. (ill.).

89. BONDY (L. W.). Miniature books. Their history from the beginnings to the present day. Farnham, R. Joseph, 94, 222 p. (ill.).

90. Bookbindings & other bibliophily: essays in honour of Anthony Hobson. Ed. by D. E. RHODES. Verona, Valdonega, a. London, British Library, 94, 366 p. (ill.).

91. BOUYER (C.). L'histoire du papier. Paris, Brepols, 94, 76 p. (Les artisans du Moyen Age).

92. BOZZOLO (C.). La production manuscrite dans les pays rhénans au XVe siècle (à partir des manuscrits datés). *Scrittura e civiltà*, 94, 18, p. 183-242.

93. BRESSON (O.). Catalogue du fonds hispanique ancien (1492-1808) de la Bibliothèque Sainte-Geneviève de Paris. Paris, Presses de la Sorbonne Nouvelle, Publications de la Sorbonne, 94, XVI-412 p. (ill., pl.) (Textes et documents du Centre de recherche sur l'Espagne des XVIe et XVIIe siècles, 4).

94. British Library [London]. Catalogue of additions to the manuscripts, new series (1981-1985): Add. mss 61891-63649, Egerton mss 3803-3812, Add. charters and rolls 75882-76608, Egerton charters and rolls 8851-8852, detached seals and casts CCV. 1-17. London, British Library, 94, 2 vol., XIV-364 p., 208 p.

95. BROWN (M. P.). Understanding illuminated manuscripts. A guide to technical terms. Malibu, Getty Trust Publications a. the British Library, 94, 128 p. (ill.)

96. BUBENHEIMER (U.). Schwarzer Buchmarkt in Tübingen und Frankfurt. Zur Rezeption nonkonformer Literatur in der Vorgeschichte des Pietismus. *Rottenburger Jahrbuch für Kirchengeschichte*, 94, 13, p. 149-163.

97. Buch in Mittelalter und Renaissance (Das). Hrsg. v. R. HIESTAND. Düsseldorf, Droste, 94, 220 p., (ill.) (Studia humaniora, 19).

98. BÜREN (Veronika von). Note sur le ms. Vaticano Arch. S. Pietro H 19 et son modèle Vaticano lat. 3868: les Térence de Cluny? *Scriptorium*, 94, 48, 2, p. 287-293.

99. Catálogo de manuscritos del Palacio Real de Madrid. Vol. 1. Madrid, Patrimonio nacional, 94, 900 p.

100. Catalogo dei manoscritti in scrittura latina datati o databili per indicazione di anno, di luogo o di copista. Vol. 3, 1. Perugia: Biblioteca comunale Augusta, Archivio storico di San Pietro, Biblioteca Dominicini. Secc. XIV-XV. A c. di M. G. BISTONI, C. CICILIONI. Torino, Bottega d'Erasmo e Padova, A. Ausilio, 94, VI-134 p., (tav.).

101. Catalogo delle edizioni antiche della Biblioteca della Camera dei Deputati (sec. XV-XVII). A cura di Giorgio DEL GRECO e Enrico SETA. Roma, Biblioteca della Camera dei Deputati, 94, X-279 p. (tav.).

102. Catalogue of Alexandria University manuscripts. Vol. 1. Ed. by Y. ZIEDAN. Cairo, Institute of Arab manuscripts, 94, [s. p.].

103. Catalogue of the Hebrew manuscripts in the Bodleian Library and in the College libraries of Oxford. Supplement of Addenda and Corrigenda to vol. 1 [Neubauer's catalogue, 1886]. Ed. by R. A. MAY, under the dir. of M. BEIT-ARIÉ. Oxford, Clarendon Press, 94, 596 col.

104. CHARTIER (Roger). Dalla storia del libro alla storia della lettura: la prospettiva francese. *Archivio storico italiano*, 94, 152, 559, p. 135-172.

105. Cinquecentine (Le) della Biblioteca Casanatense [Roma]. Vol. 1. Spagna e Portogallo. A c. di A. CORONGIU e G. FLORIO. Roma, Istituto poligrafico e Zecca dello Stato, 94, 168 p. (ill., tav.).

106. CONDELLO (E.). Scriptor est Eustasius ... Nuove osservazioni sull'origine del codice Vaticano latino 5949. *Scrittura e civiltà*, 94, 18, p. 53-76.

107. CSAPODI (Csaba), CSAPODINÉ GÁRDONYI (Klára). Bibliotheca Hungarica. Kódexek és nyomtatott könyvek Magyarországon 1526 előtt. Vol. 3. Adatok elveszett kötetekről. (Codex et livres imprimés en Hongrie avant 1526. Données concernant des volumes perdus). Budapest, MTA Könyvtára, 94, 360 p. (Az MTA Könyvtárának közleményei, 108).

108. Datierten Handschriften der Bayerischen Staatsbibliothek München (Die). Teil 1. Die deutschen Handschriften bis 1450. Hrsg. von Karin SCHNEIDER. Stuttgart, A. Hiersemann, 94, XXXVIII-108 p. (taf.) (Datierte Handschriften in Bibliotheken der Bundesrepublik Deutschland, IV/1).

109. DELAPORTE (Y.). Les manuscrits enluminés de la Bibliothèque de Chartres. Chartres, Société archéologique d'Eure-et-Loir, 94, XII-190 p. (ill.).

110. Deutsche Handschriften des Mittelalters in der Bodmeriana. Hrsg. von R. WETZEL. Cologny-Genève, Foundation M. Bodmer, 94, 280 p. (Bibliotheca Bodmeriana. Kataloge, 7).

111. DEVOTI (L.). Aspetti della produzione del libro a Bologna: il prezzo di copia del manoscritto giuridico tra XIII e XIV secolo. *Scrittura e civiltà*, 94, 18, p. 77-142.

112. DREYFUS (J.). Into print: selected writing on printing history, typography and book production. London, British Library, 94, X-340 p. (ill.).

113. Early medieval Bible (The). Its production, decoration and use. Ed. by Richard GAMESON. Cambridge, Cambridge U. P., 94, XIV-242 p. (Cambridge studies in paleography and codicology).

114. Early sixteenth century printed books 1501-1540 in the library of the Leuven Faculty of Theology. Ed. by Frans GISTELINCK a. Maurits SABBE. Leuven, Peeters, 94, XXIV-568 p. (Documenta Libraria, 15).

115. EDROIU (Nicolae). Ioachim Crăciun și Bibliologia românească. Studiu și bibliografia operei. (Ioachim Crăciun and the Romanian Bibliology. Biographical study and bibliography of the work). Cluj-Napoca, Editura "Philobiblon", 94, 110 p. (Bibliotheca Bibliologica. Serie Nouă, 1).

116. ELSWORTH (R.), BERRESFORD ELLIS (P.). The Book of Deer [Cambridge, University Library, ms II. 6. 32]. London, Constable, 94, 80 p., (ill.). (Library of Celtic illuminated manuscripts, 1).

117. ENGELS (S.). Das Antiphonar von St. Peter in Salzburg [Codex ÖNB, Ser. nov. 2700], 12. Jahrhundert. Paderborn, F. Schöningh, 94, VIII-352 p., (ill.). (Beiträge zur Geschichte der Kirchenmusik, 2).

118. Etymachie-Traktat: ein Todsündentraktat in der Sammelhandschrift Augsburg, Staats- und Stadtbibliothek, 2° Cod. 160 [Swabia, 1447; Papier, Bl. 76-

104]. Einführung von W. WILLIAMS-KRAPP. München, Edition H. Lengenfelder, 94, 3 microf., 40 p. (Codices illuminati Medii Aevi, 36).

119. Ex libris et manuscriptis. Quellen, Editionen, Untersuchungen zur österreichischen und ungarischen Geistesgeschichte. Hrsg. von I. NÉMETH und A. VIZKELETY. Budapest, Akadémiai Kiadó u. Wien, Verlag der Österreichischen Akademie der Wissenschaften, 94, 278 p., (ill.). (Schriftenreihe des Komitees Österreich-Ungarn, 3).

120. Exultet di Bari (Gli). A cura di Gaetano BARRACANE. Bari, Edipuglia, 94, 171 p. (ill.). (Per la storia della Chiesa di Bari, 8).

121. Exultet romano. Biblioteca Casanatense [Roma]. Tres Cantos, Versol, 94, 112 p.

122. FACUNDUS BEATO DE LIÉBANA. Códice de Fernando I y Doña Sancha [Madrid, Biblioteca nacional, Vitr. 14. 2]. 1 vol. Facsímil. 2 vol. Estudio. Barcelona, M. Moleiro, 94, 2 vol., 624 p., 634 p. (Tesoros de España).

123. FERRARI (Michele Camillo). «Sancti Willibrordi venerantes memoriam». Echternacher Schreiber und Schriftsteller von der Angelsachsen bis Johann Bertels: ein Überblick. Luxembourg, Centre luxembourgeois de documentation et d'études médiévales, 94, 126 p., (pl.). (Publications du C.L.U.D.E.M, 6).

124. Fihris makhtutat ba'd al-Maktabat al Khassah fi 'l-Yaman [Inventory of manuscripts of some private library of Yemen]. Ed. by 'ABD ALLAH MUHAMMAD AL-HIBSHI and J. JOHANSEN. London, Al-Furqan Islamic Heritage Foundation, 94, 506 p.

125. FILLITZ (Hermann), KAHSNITZ (Peter), KUDER (Ulrich). Zierde für Ewige Zeit. Das Perikopenbuch Heinrichs II. Frankfurt am Main, Fischer, 94, 132 p.

126. Fleurs de la Renaissance / Flores aetatis novae. Catalogue descriptif des éditions françaises, néo-latines et autres (1501–1600) de la Bibliothèque municipale de Versailles. Ed. par T. PEACH, avec la collab. de P. TAWN. Paris, H. Champion, 94, XVIII-782 p. (La Renaissance française, 7).

127. FORTUNA (S.). Galeno a Sarnano: le Giuntine del 1531 e del 1533. Italia medioevale e umanistica, 94, 37, p. 241-250.

128. Fuldische Handschriften aus Hessen mit weiteren Leihgaben aus Basel, Oslo, dem Vatikan und Wolfenbüttel: Katalog zur Ausstellung anlässlich des Jubiläums, von H. BROSZINSKI und S. HEYNE. Fulda, Hessische Landesbibliothek, 94, 148 p. (ill.) (Veröffentlichungen der Hessischen Landesbibliothek Fulda, 6).

129. GLAUCHE (Günter). Katalog der Pergamenthandschriften aus Benediktbeuern in der Bayerischen Staatsbibliothek München: Clm 4501-4663. Wiesbaden, O. Harrassowitz, 94, XXIV-368 p. (Catalogus codicum manuscriptorum Bibliothecae Monacensis, 3/13).

130. GLORIEUX (Geneviève), OP DE BEECK (Bart). Belgica typographica, 1541–1600. Catalogus librorum impressorum ab anno MDXLI ad annum MDC in regionibus quae nunc Regni Belgarium partes sunt. Vol. 3. Aliae bibliothecae Regni Belgarum. Vol. 4. Indices. Nieuwkoop, De Graaf, 94, 2 vol., XVI-236 p., XIV-634 p. (Centre National de l'archéologie et de l'histoire du livre, II, 3-4).

131. GOLOB (N.). Obsecro te: images of manuscripts workers. Arte medievale, 94, 8, 2, p. 97-112. – IDEM. Stiski rokopisi iz 12. stoletja = Codices sitticenses saeculi XII: [Katalog der Ausstellung] Narodna galerija Ljubljana. Ljubljana, Narodna in univerzitetna knjiznica, 94, 112 p. (ill.).

132. Handschriften der Gesamthochschul-Bibliothek Kassel (Die). Landesbibliothek und Muhardsche Bibliothek der Stadt Kassel. Band. 1. Manuscripta theologica. 1. Die Handschriften in Folio. Bearb. v. K. WIEDEMANN. Wiesbaden, Harrassowitz, 94, XXXIV-352 p.

133. HENRY (Avril). Lichfield Cathedral MS 16: its illuminated borders and original order. Scriptorium, 94, 48, 1, p. 39-61.

134. HERMANN (J.). La miniatura estense. Modena, F. C. Panini, 94, 298 p. (ill.).

135. Het Geraardsbergse handschrift, Hs. Brussel, Koninklijke Bibliotheek Albert I., 837–845. Diplomatische editie bezorgd door M.-J. GOVERS. [et al.], met een codicologische beschrijving door H. KIENHORST. Hilversum, Verloren, 94, 192 p.

136. HIDALGO OGAYAR (J.). Libro de horas de Lorenzo II el Joven [Madrid, Fundación Lázaro Galdiano, ms. 15512]. Vol. 1. Facsímil. Vol. 2. Estudio. Torrejón de Ardoz, Testimonio, 94, 2 vol., 332 p., 1488 p. (Scriptorium).

137. Historische Kataloge. Münchener Hofbibliothek und andere Provenienzen. Verzeichnis von S. KELLNER und A. BARTHEL. Wiesbaden, Harrassowitz, 94, 480 p. (Catalogus codicum manuscriptorum Bibliothecae Monacensis, 11).

138. HOPF (C.). Die abendländischen Handschriften der Forschungs- und Landesbibliothek Gotha. B. 1: Großformatige Pergamenthandschriften: Memb. I. Gotha, Forschungs- und Landesbibliothek, 94, 152 p. (ill.) (Veröffentlichungen der Forschungs- und Landesbibliothek Gotha, 32).

139. Hours of Mary of Burgundy (The) (Wien, Österrreichische Nationalbibliothek, Cod. Vind. 1857). Complete facsimile with a commentary by E. INGLIS. London, Harvey Miller, 94, 448 p., (pl.). (Manuscripts in Miniature.)

140. Humanistische Buchkultur. Deutsch-niederländische Kontakte im Spätmittelalter (1450–1520). Hrsg. v. J. M. M. HERMANS und R. PETERS. Münster u. Hamburg, Lit, 94.

141. IBORRA (A.). Biblioteca provincial franciscana de Cartagena: manuscritos, incunables. Murcia, Espigas y Azucenas, 94, 242 p.

142. Incunaboli della Biblioteca civica di Trieste, unici in Italia. Catalogo della mostra, Trieste, 1994. Trieste, Comune di Trieste, Biblioteca civica Attilio Hortis, 94, 64 p. (ill.).

143. Incunabula. The printing revolution in Europe, 1445–1500 [Reproductions in microfiches]. Ed. by L. HELLINGA. [a] Vol. 6. The image of the world, II: Travelers' tales. [b] Guide to fourth and fifth units of the microfiches collection [Chronicles and historiography]. [c] Guide to the sixth unit of the microfiches collection [Image of the world, II: Travellers' tales]. Reading, Primary Source Media Ltd., 94, 490 fiches, 100 p., 100 p.

144. Index of Jewish art. Iconographical index of Hebrew illuminated manuscripts of the Copenhagen collection at the Royal Library, Copenhagen, by B. NARKISS and G. SED-RAJNA. Jerusalem, The Israel Academy of sciences and humanities, 94, 3 vol., (microfiches).

145. Katalog der illuminierten Handschriften des 11. und 12. Jahrhunderts aus dem Benediktinerkloster Allerheiligen in Schaffhausen. Bearb. v. Annegret BUTZ. In Zusammenarbeit mit der Stadtbibliothek Schaffhausen. Hrsg. v. Wolfgang AUGUSTYN. Stuttgart, Anton Hiesermann, 94, VIII-204 p. (Denkmäler der Buchkunst, 2).

146. Katalog der lateinischen Fragmente der Bayerischen Staatsbibliothek München. Band. 1. Clm 29202-29311. Beschr. v. H. HAUKE. Wiesbaden, O. Harrassowitz, 94, XVI-454 p. (Catalogus codicum manuscriptorum Bibliothecae Monacensis, 4, 12/1).

147. KOEHLER (Wilhelm), MÜTTERICH (Florentine). Die karolingischen Miniaturen. 6. Die Schule von Reims. 1. Von den Anfängen bis zur Mitte des 9. Jahrhunderts. Berlin, Deutscher Verlag für Kunstwissenschaft, 94, 2 vol., 196 p. (Denkmäler Deutscher Kunst).

148. LANDAU (David), PARSHALL (Peter). The Renaissance print, 1470–1550. New Haven a. London, Yale U. P., 94, XII-433 p.

149. Lateinisch-althochdeutsche (Die) Tatianbilingue Stiftsbibliothek St. Gallen Cod. 56, unter Mitarb. v. E. DE-FELIP-JAUD, hrsg. v. A. MASSER. Göttingen, Vandenhoeck & Ruprecht, 94, 696 p., (ill.). (Studien zum Althochdeutschen, 25).

150. Legatura dei libri antichi (La) tra conoscenza, valorizzazione e tutela. Atti del convegno internazionale, Parma, 1989. A c. di A. DI FEBO e M. L. PUTTI. Roma, Istituto centrale per la Patologia del libro, 94, 410 p. (ill.) [= Bollettino dell'Istituto centrale par la Patologia del libro, 44-45].

151. LEMAIRE (Claudine). Remarques relatives aux inventaires de la Librairie de Bourgogne réalisés en 1467–69, 1477, 1485, 1487 et aux manuscrits des duchesses. *Scriptorium*, 94, 48, 2, p. 294-298.

152. LEVI D'ANCONA (M.). The choirs books of Santa Maria degli Angeli in Florence. Vol. 1. The inluminators and inluminations of the choir books from Santa Maria degli Angeli and Santa Maria Nuova and their documents. Firenze, Centro Di, 94, 262 p. (ill.).

153. Libro de horas de Carlos V. Codex vindobonensis 1859 de la Biblioteca nacional de Austria [Wien]. Texto de H. K. VON LIECHTENSTEIN, trad. del alemán. Madrid, Casariego, 94, 142 p.

154. LIST (C.), BLUM (W.). Buchkunst des Mittelalters: ein illustriertes Handbuch. Darmstadt, Wissenschaftliche Buchgesellschaft u. Stuttgart u. Zürich, Belser, 94, 160 p., (ill.).

155. Literary Coptic manuscripts (The) in the A. S. Pushkin State Fine Arts Museum in Moscow. Ed. by A. I. ELANSKAYA. Leiden, New York, Köln, E. J. Brill, 94, VIII-530 p., (Vigiliae christianae. Supplement, 18).

156. Lorscher Rotulus (Der), Stadt- und Universitätsbibliothek Frankfurt am Main, Ms. Barth. 179. Vollst. Faksim.-Ausg. im Originalformat. Wissenschaftliche Kommentar hrsg. v. H. SCHEFERS. 1. Faksim. 2. Kommentar. Graz, Akademische Druck- und Verlagsanstalt, 94, [s. p.] (Codices selecti, 99).

157. Luminatum et ligatum fuit de manu mea. Codici miniati padani: scriptoria e committenza. Catalogo della mostra, Parma, Galleria Nazionale, 8 dicembre 1994–31 gennaio 1995. A cura di G. Z. ZANICHELLI. Parma, Grafiche Step, 94, 212 p. (ill.).

158. Luoghi della memoria scritta (I): manoscritti, incunaboli, libri a stampa di Biblioteche statali italiane. A cura di Guglielmo CAVALLO. Roma, Istituto Poligrafico e Zecca dello Stato, 94, XIX-488 p. (ill.).

159. MAC KITTERICK (Rosamond). Books, scribes, and learning in the Frankish Kingdoms, VIth–IXth centuries. Aldershot, Variorum, 94, X-340 p. (Collected studies series, 452).

160. MACHIELS (J.). De boekdrukkunste Gent tot 1560. Gent, Universiteit, 94, X-302-XX p. (ill.).

161. Making the medieval book: techniques of production. Ed. by L. L. BROWNRIGG. Proceedings of the 4th Conference seminar in the history of the book to 1500 [Oxford, 1992]. London a. Los Altos Hills, Anderson-Lovelace, 94, 248 p., (tab.).

162. Manoscritti Landau-Finaly (I) della Biblioteca nazionale centrale di Firenze. Catalogo a cura di Giovanna LAZZI e Maura ROLIH SCARLINO. Firenze, Giunta regionale toscana, 94, 2 vol., XXIV-600 p. (tav.). (Inventari e cataloghi toscani, 46-47).

163. Manoscritti polifonici (I) della Biblioteca musicale Laurence K. J. Feininger presso il Castello del Buonconsiglio di Trento: catalogo. A cura di C. LUNELLI. Trento, Provincia autonoma di Trento, Servizio beni librari e archivistici, 94, XVIII-198 p. (ill.). (Patrimonio storico e artistico del Trentino, 16).

164. Manuscrit arabe et la codicologie (Le). Al-mahtut al-'arabi wa-'ilm al-mahtutat. Actes du colloque, Rabat, 1992. Ed. par A. C. BINEBINE. Rabat, Université Mohammed V, 94, 256 p. (Publications de la Faculté des lettres et des sciences humaines. Colloques et séminaires, 33).

165. MARROW (James). The hours of Simon de Varie. Malibu, J. Paul Getty Museum, in association with Koninklijke Bibliotheek, The Hague, 94, XII-255 p. (Getty Museum monographs on illuminated manuscripts).

166. MARTÍN ABAD (J.). Catálogo general de incunables en bibliotecas españolas (IBE). Adiciones y correcciones, II. Madrid. Biblioteca nacional, 94, 90 p.

167. Matthias Corvinus und die Bildung der Renaissance: Handschriften aus der Bibliothek und dem Umkreis des Matthias Corvinus aus dem Bestand der Österreichischen Nationalbibliothek [Wien]. Katalog von E. GAMILLSCHEG u. B. MERSICH, mit Beitr. Von O. MAZAL. Wien, Österreichische Nationalbibliothek, 94, 144 p. (taf.).

168. Medieval codicology, iconography, literature, and translation. Studies for Keith Val Sinclair. Ed. by Peter Rolfe MONKS a. D. D. R. OWEN. Leiden, New York a. Köln, E. J. Brill, 94, XXVII-395 p. (Litterae textuales).

169. MELE (G.). Psalterium-hymnarium Arborense. Il manoscritto P. XIII della Cattedrale di Oristano (secolo XIV / XV). Roma, Torre d'Orfeo, 94, 402 p. (tav.).

170. METZGER (T.). Die Bibel von Meschullam und Joseph Qalonymos: ms. M 1106 der Universitätsbibliothek Breslau (Wroclaw). Würzburg, Schöningh, 94, 148 p., (ill.). (Verein zur Erforschung Jüdischer Geschichte und Pflege Jüdischer Denkmäler im Tauberfränkischen Raum, 2. Quellen und Forschungen zur Geschichte des Bistums und Hochstifts Würzburg, 42).

171. METZGER (W.). Das Stundenbuch Rom, Biblioteca Vaticana, Ms. Pal. lat. 537 und verwandte Handschriften. Studien zur englischen Buchmalerei 1330–1370. Frankfurt am Main, P. Lang, 94, 382 p. (Europäische Hochschulschriften. Reihe 28, Kunstgeschichte, 199)

172. MILANO (E.). La Biblioteca Estense [Modena]. I codici miniati italiani. A cura di M. BINI. Modena, Il Bulino, 94, 60 p. (ill.).

173. Millennium of the book (A). Production, design and illustration in manuscript and print, 900–1900. Ed. by R. MYERS a. M. HARRIS. Winchester, St. Paul's Bibliographies, 94 [s. p.].

174. Ministerialbibliothek Schaffhausen. Katalog der mittelalterischen Handschriften. Hrsg. von Rudolf GAMPER, Gaby KNOCH-MUND, Marlis STÄHLI, Dietikon-Zürich, Urs Graf Verlag, 94, 302 p. (ill.).

175. Missal of Robert of Jumièges (The) [Rouen, Bibl. mun., ms 274 (Y. 6)]. Ed. by H. A. WILSON. Woodbridge, Boydell & Brewer, 94, 348 p., (tab.). (Henry Bradshaw society, 11).

176. Missale Auriense, 1494 [Ed. Monterey: Gonzalo Rodrigo de la Pasera et Juan Porras, 3 febrero 1494]. Estudio preliminar e edición de I. CABANO VÁSQUEZ e X. M. DÍAZ FERNÁNDEZ. Santiago de Compostela, Dirección Xeneral de Cultura, 94, 48-102 p. (ill.). (Haebler, Bibliografia iberica, 437).

177. Mittelalterlichen Handschriften der Universitätsbibliothek Eichstätt (Die). Band. 1. Aus Cod. st 1-Cod. st 275, beschr. v. H. HILG. Wiesbaden, Harrassowitz, 94, XXX-322-[8] p., (ill.). (Kataloge der Universitätsbibliothek Eichstätt, 1, 1).

178. ORNATO (Ezio). Exigences fonctionnelles, contraintes matérielles et pratiques traditionnelles dans le livre médiéval: quelques réflexions. In: Rationalisierung der Buchherstellung im Mittelalter und in der frühen Neuzeit [Cf. n° 195], p. 7-31.

179. OROFINO (Giulia). I codici decorati dell'Archivio di Montecassino. Vol. 1. I secoli VIII–X. Roma, Istituto Poligrafico e Zecca dello Stato, 94, 404 p. (ill.).

180. ORRIOLS I ALSINA (Anna). Les illustracions del manuscrit Vat. Lat. 5730 i la seva relació amb altres produccions catalanes de l'entorn del 1100. Anuario de estudios medievales, 94, 24 p. 943-966.

181. Painting and illumination in early Renaissance Florence, 1300–1450. Ed. by L. B. KANTER, B. DRAKE BOEHM a. C. BRANDON STREHLKE, [et al.]. Publ. in conjunction with the exhibition, New York, Metropolitan Museum of Art, 1994–1995. New York, Metropolitan Museum of Art, 94, X-394 p., (ill.).

182. PAOLI (M.). I codici di Cesare e Giacomo Lucchesini: un esempio di raffinato collezionismo tra '700 e '800. Lucca, Pacini Fazzi, 94, 148 p. (ill.).

183. PEACH (Trevor). Catalogue descriptif des éditions françaises, néolatines et autres 1501–1600 de la Bibliothèque municipale de Versailles. Paris, Champion, 94, XVIII-782 p.

184. PEARSON (D.). Provenance research in book history. A handbook. London, British Library, 94, X-326 p. (ill.). (The British Library studies in the history of the book).

185. PETERS (Marion). From the study of Nicolaes Witsen (1641–1719). His life with books and manuscripts. Lias, 94, 21, p. 1-47.

186. Piers Plowman: a facsimile of the Z-text in Bodleian library, Oxford, MS Bodley 851. Ed. by Charlotte BREWER a. A. G. RIGG. Woodbridge a. Rochester, Boydell & Brewer, 94, VI-48 p.

187. POWITZ (G.). Mittelalterliche Handschriftenfragmente der Stadt- und Universitätsbibliothek Frankfurt am Main. Frankfurt am Main, V. Klostermann, 94, XXIV-238-16 p. (ill.). (Die Handschriften der Stadt- und Universitätsbibliothek Frankfurt am Main, 6. Kata-

3. STORIA DEL LIBRO

loge der Stadt- und Universitätsbibliothek Frankfurt am Main, 10).

188. Preziosi in biblioteca: mostra di legature in raccolte private piemontesi, Torino, Centro congressi, 1994. Catalogo a c. di F. MALAGUZZI. Torino, Camera di commercio, industria, artigianato e agricoltura di Torino e Ca dë studi piemontèis, 94, XVIII-272 p. (ill.).

189. Prima edizione a stampa della Divina Commedia. Studi, 1. A c. di P. LAI e A. M. MENICHELLI. Foligno, Comune di Foligno, Assessorato alla cultura, 94, 120 p. (ill.).

190. Print culture in Renaissance Italy: the editor and the vernacular text, 1470–1600. Ed. by B. RICHARDSON. Cambridge, Cambridge U. P., 94, 256 p. (Cambridge studies in publishing and printing history, 8).

191. Prontuario del restauro cartaceo e membranaceo (Il). Torino, Fondazione Paolo Ferraris, 94, XVI-80 p.

192. RABENAU (K. von). Deutsche Bucheinbände der Renaissance um Jakob Krause, Hofbuchbinder des Kurfürsten August I. von Sachsen [anlässlich der Ausstellung Brussel]. Unter Mitarbeit v. S. ROTHE u. A. WITTENBERG. Bruxelles, Bibliotheca Wittockiana, 94, 116 p. (ill.).

193. Ragyndrudis-Codex (Der) des Hl. Bonifatius [Fulda, Domschatz, Cod. bonif. 11]. Hrsg. v. L. E. VON PADBERG u. H.-W. STORK. Paderborn, Bonifatius u. Fulda, Parzelles, 94, 134 p. (ill.).

194. RAJKOV (B.), KOZHUKHAROV (S.), MIKLAS (H.), KODOV (Kh.). Katalog na slavjanskite râkopisi v Bibliotekata na Zografskija manastir v Sveta Gora. (Katalog der slavischen Handschriften im Athoskloster Zographou Heiliger Berg). Sofia, CIBAL, 94, 448 p. (taf.). (Centre international d'information sur les sources de l'histoire balkanique et méditerranéenne [CIBAL]. Narodna biblioteka "Sv. Sv. Kiril i Metodij" Bâlgarska arkheografska komisija).

195. Rationalisierung der Buchherstellung in Mittelalter und Frühen Neuzeit. Ergebnisse eines buchgeschichtlichen Seminars der Herzog August Bibliothek Wolfenbüttel 12.–14. November 1990. Paul Raabe zum Abschied gewidmet. Hrsg. v. Peter RÜCK u. Martin BOGHARDT. Marburg a. d. Lahn, Institut für Historische Hilfswissenschaften, 94, 204 p. (Elementa diplomatica, 2). [Cf. n° <Auswahl> 178.]

196. Répertoire de la recherche sur le livre, la lecture et l'écriture. Edité par le Centre George Pompidou. Bibliothèque publique d'information, Paris, 94, 96 p.

197. RIEDMAIER (J.). Die "Lambeth-Bibel". Struktur und Bildaussage einer englischen Bibelhandschrift des 12. Jahrhunderts [London, Lambeth Palace library, ms 3]. Frankfurt am Main, P. Lang, 94, 426 p. (Europäische Hochschulschriften, Reihe 28, Kunstgeschichte, 218).

198. RUCCI (P.). Le cinquecentine della raccolta Molli conservate alla Fondazione «A. Marazza» di Borgomanero. Vol. 3. Edizioni straniere. Borgomanero, Fondazione Achille Marazza, 94, 222 p. (ill.).

199. RUIZ ASENCIO (J. M.). Beato de Liébana [El Escorial, Bibl. monást., &.II.5]. 1. Facsimil. 2. Estudio. Torrejón de Ardoz, Testimonio, 94, 304 p., 98 p. (Scriptorium).

200. RUIZ FIDALGO (L.). La imprenta en Salamanca (1501–1600). Madrid, Arco libros, 94, 3 vol., 488 p. 472 p., 488 p. (Tipobibliografía española).

201. Sacramentario di Ellinger: manoscritto su pergamena, secondo terzo del sec. XI (Biblioteca Apostolica Vaticana, Cod. Vat. Ross. 204, fol. 10). Commento di L. CARLINO. Zürich, Belser, e Milano, Jaca Book Codici, 94, [s. p.]. (Biblioteca di miniature in facsimile. Miniature ottoniane, 9).

202. SANTORO (Marco). Storia del libro italiano. Libro e società in Italia dal Quattrocento al Novecento. Milano, Bibliografica, 94, VIII-446 p. (Bibliografia e biblioteconomia, 47).

203. SCAPECCHI (P.). Aldo Manuzio. I suoi libri, i suoi amici tra XVI e XVI secolo. Firenze, Cantini Octavo Franco, 94, 84 p. (ill.).

204. SCOTTI (A.). Catalogo generale dei manoscritti scientifici delle Biblioteche di Monaco di Baviera. Gesamtkatalog der naturwissenschaftlichen Handschriften der Münchener Bibliotheken. Vol. 1. Biblioteca Universitaria. München, Institut für Geschichte der Naturwissenschaften, Ludwig-Maximilians-Universität, 94, 450 p. (Materialien zur Geschichte der Naturwissenschaften, 1).

205. SED-RAJNA (G.), FELLOUS (S.). Les manuscrits hébreux enluminés des bibliothèques de France. Notices codicologiques, relevé des inscriptions, par S. FELLOUS. Leuven et Paris, Peeters, 94, XXVI-390 p. (Corpus van verluchte Handschriften = Corpus of illuminated manuscripts, 7. Oriental series, 3).

206. SIGNORINI (M.). Alfabetizzazione nella Roma municipale: l'archivio Frangipane (1468–1500). *Scrittura e civiltà*, 94, 18, p. 281-308.

207. SIMMONS (E.). Les Heures de Nuremberg. Reprod. intégrale du calendrier et des images du ms Solger 4.4° de la Stadtbibliothek de Nuremberg. Paris, Ed. du Cerf, 94, 96 p. (ill.) (Mémoire des couleurs).

208. Sir Robert Cotton as collector. Ed. by C. WRIGHT. London, British Library, 94, 384 p.

209. SIRAT (C.). Du scribe au livre: les manuscrits hébreux au Moyen Age. Paris, C.N.R.S., 94, 286 p. (ill.).

210. SPECIALE (Licinia). Una cellula e i suoi libri: i SS. Vincenzo e Anastasio alle Tre fontane e Casamari. *Arte medievale*, 94, 8, 2, p. 47-76.##

211. SPINELLI (Enrico). Scriptum per me dominum Jacobum Adurnum de Diano ... Note sul codice VI G 8

della Biblioteca nazionale di Napoli. *Nuovi annali della Scuola speciale per archivisti e bibliotecari*, 94, 8, p. 119-140.

212. STEVICK (R. D.). The earliest Irish and English bookarts. Visual and poetic forms before A. D. 1000. Philadelphia, University of Pennsylvania Press, 94, XIV-282 p. (ill.). (University of Pennsylvania Press Middle Ages series).

213. Stundenbuch der Maria von Burgund (Wien, Österreichische Nationalbibliothek, Cod. Vindob. 1857). Hrsg. v. F. UNTERKIRCHER. Graz, Akademische Druck- und Verlagsanstalt, 94, 72 p., (taf.). (Glanzlichter der Buchkunst, 3).

214. THIOFRIDUS EPTERNACENSIS. Opera selecta. Gotha, Forschungs- und Landesbibliothek, Membr. I.70 [Echternach, St. Willibrordkloster, Anf. 12. Jh.; Pergament, 149 Bl.]. Hrsg. v. M. C. FERRARI. München, Edition H. Lengenfelder, 94, 6 microf., 25 p. (Codices illuminati Medii Aevi, 34).

215. TITE (C. G. C.). Manuscript library of sir Robert Cotton. London, British Library, 94, 124 p., (ill.). (The Panizzi lectures, 9).

216. Treasures in Heaven. Armenian illuminated manuscripts. Ed. by T. F. MATHEWS and Roger S. WIECK. Catalogue of the exhibition, the Pierpont Morgan Library, New York, 1994. Princeton, Princeton U. P., 94, [s. p.].

217. TRENKLER (E.). Libro de horas Rothschild. Codex Vindobonensis series nova 2844 de la Biblioteca nacional de Austria [Wien]. Madrid, Casariego, 94, 94 p.

218. Trésors du Grand écuyer (Les): Claude Gouffier, collectionneur et mécène à la Renaissance. Catalogue de l'exposition, 1994–1995, Musée national de la Renaissance, Château d'Ecouen. Paris, Réunion des Musées nationaux, 94, 150 p. (ill.).

219. Universitäts- und Landesbibliothek Düsseldorf. Inkunabelkatalog. Hrsg. von G. GATTERMANN. Wiesbaden, L. Reichert, 94, X-542 p., (ill.) (Schriften der Universitäts- und Landesbibliothek Düsseldorf, 20).

220. Universitätsbibliothek Basel. Die hebräischen Handschriften: Katalog auf Grund der Beschreibungen von J. Prijs. Hrsg. v. B. PRUS u. D. PRIJS. Basel, Universitätsbibliothek, 94, 116 p. (Publikationen der Universitätsbibliothek Basel, 21).

221. VAN DE VEN (J. M. M.). Over Brabant geschreven: handschriften en archivalische bronnen in de Tilburgse universiteitsbibliotheek. Deel 1. Middeleeuwse handschriften en fragmenten. Leuven, Peeters, 94. XII-210 p. (ill.). (Miscellanea neerlandica, 8.)

222. Verzeichnis der orientalischen Handschriften in Deutschland. Band 20/6. Äthiopische Handschriften. Teil 3. Handschriften deutscher Bibliotheken, Museen und aus Privatbesits. Hrsg. von V. SIX und H. HAMMERSCHMIDT. Stuttgart, E. Steiner, 94, 569 p.

223. WILLIAMS (John). The illustrated Beatus: a Corpus of the illustrations of the commentary on the Apocalypse. 1. Introduction. 2. The ninth and tenth centuries. London, Harvey Miller, 94, 215 p., 319 p.

224. WILSON (E. B.). Bibles and bestiaries. A guide to illuminated manuscripts. New York a. Farrar, Straus and Giroux, 94, 64 p.

225. Winchcombe sacramentary (The) (Orléans, Bibliothèque municipale 127 [105]). Ed. by A. DAVRIL. Woodbridge, Boydell & Brewer, 94, 460 p., (ill.) (Henry Bradshaw society, 109).

226. WINN (M. B.). Guillaume Tardif's hours for Charles VIII and Vérard's Grandes heures royales. *Bibliothèque d'Humanisme et Renaissance*, 94, 56, 2, p. 347-384.

227. WINTER (U.). Die europäischen Handschriften der Bibliothek Diez. Band 3: Abschlußband: die Manuscripta Dieziana C. Wiesbaden, O. Harrassowitz, 94, XVI-212 p., (ill.). (Die Handschriften-Verzeichnisse der Deutschen Staatsbibliothek zu Berlin, 1)

228. ZAPPELLA (Giuseppina). La filigrana risolve un problema di imposizione? *Nuovi annali della Scuola speciale per archivisti e bibliotecari*, 94, 8, p. 25-40.

229. Zehn Gebote. Beicht- und Sündenspiegel (Die). Biblia pauperum. Totentanz. Symbolum apostolicum. Septimania poenalis. Planetenbuch. Fabel vom kranken Löwen: der Sammelband Cod. Pal. germ. 438 der Universitätsbibliothek Heidelberg. Beschreibung von W. WERNER. München, Edition H. Lengenfelder, 94, 6 microf., 50 p. (Monumenta xylographica et typographica, 3).

230. Zierde für ewige Zeit. Das Perikopenbuch Heinrichs II. [a] Faksimile-Edition der Handschrift Clm 4452 der Bayerischen Staatsbibliothek München. [b] Katalog der Ausstellung, 1994–1995, im Bayerischen Nationalmuseum, München, von H. FILLITZ, R. KAHSNITZ, U. KUDER. Frankfurt am Main, S. Fischer, 94, 128 p., 132 p. (ill., taf., facs.). (Katalog der Bayerischen Staatsbibliothek und des Bayerischen Nationalmuseums München, 62-63).

Cf. n°s 486-501, 863

§ 4. Cronologia.

231. BEDINI (Silvio A.). The trail of time: time measurement with incense in East Asia "Shih-chien ti tsu-chi". Cambridge, Cambridge U. P., 94, XXIII-342 p.

232. FOMENKO (Anatolii T.). Empirico-statistical analysis of narrative material and its applications to historical dating. Vol. 1. The development of the statistical tools. Vol. 2. The analysis of ancient and medieval records. Dordrecht a. Boston, Kluwer Academic, 94, XXII-204 p., XIII-455 p. (ill.).

233. JECK (Udo Reinhold). Aristoteles contra Augustinum: zur Frage nach dem Verhaltnis von Zeit und Seele bei den antiken Aristoteleskommentatoren, im arabischen Aristotelismus und im 13. Jahrhundert. Amsterdam, B. R. Gruner, 94, XVI-521p. (Bochumer Studien zur Philosophie, 21).

234. JONES (Charles Williams). Bede, the schools, and the Computus. Ed. by Wesley M. STEVENS. Brookfield, Variorum, 94, 250 p. (Collected studies series).

235. KITCHEN (Kenneth Anderson). Documentation for ancient Arabia. Part 1. Chronological framework and historical sources. Liverpool, Liverpool U. P., XXIV-268p. (The world of ancient Arabia series).

236. MAC CONVILLE (J. Gordon), MILLAR (J. G.). Time and place in Deuteronomy. Sheffield, Sheffield Academic Press, 94, 155 p. (Journal for the study of the Old Testament supplement series, 179).

237. MAC KENZIE (Iain M.). The anachronism of time: a theological study into the nature of time. Norwich, Canterbury Press, 94, XVI-191p.

238. MALMSTEDT (Goran). Helgdagsreduktionen: overgangen fran ett medeltida till ett modernt ar i Sverige 1500–1800. (History of calendar in modern Swede, 1500–1800). Goteborg, Historiska institutionen i Goteborg, 94, 285 p. (Abstract and summary in English). (Avhandlingar fran Historiska institutionen i Goteborg = Dissertations from the Department of History, University of Goteborg, 8).

239. MILLARD (Alan Ralph). The eponyms of the Assyrian empire, 910–612 B. C. With a contribution by Robert WHITING. Helsinki, Neo-Assyrian Text Corpus Project, 94, XVI-153 p. (ill.). (State archives of Assyria studies, 2).

240. MORETON (J.). John of Sacrobosco and the calendar. *Viator*, 94, 25, p. 229-244.

241. PROTEVI (John). Time and exteriority: Aristotle, Heidegger, Derrida. Lewisburg, Bucknell U. P. a. London, Associated University Presses, 94, X-218 p.

242. Radiocarbon dating and Italian prehistory. Ed. by Robin SKEATES a. Ruth WHITEHOUSE. London, British School at Rome, 94, X-288 p. (ill., maps). (Archaeological monographs of the British School at Rome, 8. Accordia specialist studies on Italy, 3).

243. WEBB (Clifford). Dates and calendars for the genealogist. London, Society of Genealogists, 94, 34 p.

Cf. n° 1563

§ 5. Genealogia.

* 244. Bibliografia bieżąca genealogii polskiej. (Bibliografia corrente della genealogia polacca). Cz. 2. Oprac. Marek GÓRNY. *Genealogia*, 94, 4, p. 163-172.

* 245. RAYMOND (Stuart). British genealogical periodicals: a bibliography of their contents. Suppl. 1. British genealogy in miscellaneous journals. Exeter, S.A. & M. J. Raymond, 94, 80 p.

246. BRETTELL (Caroline B.). Fratelli, sorelle e successioni nel Portogallo nord-occidentale (XIX–XX secolo). *Quaderni storici*, 94, 29, 87, p. 701-722.

247. Bsod-nams-rgyal-mtshan, Sa-skya-pa Bla-ma Dam-pa, 1312–1375. The mirror illuminating the royal genealogies: Tibetan Buddhist historiography: an annotated translation of the XIVth century Tibetan chronicle, rGyal-rabs gsal-ba'i me-long. Ed. by Per K. SORENSEN. Wiesbaden, O. Harrassowitz, 94, XII-673 p. (Asiatische Forschungen, 128).

248. COLLAS (A.). Le père, l'héritier et l'ancêtre. Quelques images de la parenté chez les notables urbains au XVe siècle: l'exemple de Bourges. *Revue historique*, 94, 118, 291 (589), p. 37-50.

249. DRELICHARZ (Wojciech). Z pogranicza historiografii i polityki. Traktat genealogiczno-historyczny zwany Rocznikiem mazowieckim. (On the borderline of historiography and politics. The genealogical-historical treatise called the Mazovian yerbook). *Kwartalnik Historyczny*, 94, 101, 1, p. 15-48.

250. FITZHUGH (Terrick V. H.). The dictionary of genealogy. London, A & C Black, 94, 304 p.

251. FRANKLIN (Peter). Some medieval records for family historians: an introduction to the purposes, contents and interpretation of pre-1538 records available in print. Birmingham, Federation of Family History Societies, 94, 101 p.

252. Genealogicheskie issledovaniia (Genealogical studies): sbornik nauchnykh trudov. Redaktsionnaia kollegiia: V.A. MURAV'EV (otv. red.) i dr. Moskva, Rossiiskii gos. gumanitarnyi universitet, 94, 328 p.

253. GIBBENS (Lilian). An introduction to church registers. Birmingham, Federation of Family History Societies, 94, 43 p.

254. Irish genealogical source (An): guide to church records. Belfast, Ulster Historical Foundation on behalf of Public Record Office of Northern Ireland, 94, XIX-279 p.

255. KEATS-ROHAN (K. S. B.). Two studies in North French Prosopography. *Journal of Medieval History*, 94, 20, 1, p. 3-38.

256. KLAPISCH-ZUBER (Christiane). Albero genealogico e costruzione della parentela nel Rinascimento. *Quaderni storici*, 94, 29, 86, p. 405-420.

257. MOEGLIN (Jean M.). Memoria et conscience dynastique. La représentation monumentale de la généalogie princière dans les principautés allemandes (XIVe–XVe s.). *In*: Héraldique et emblématique de la Maison de Savoie (XIe–XVIe s.) [Cf. n° 272], p. 169-205.

258. MOLHO (Anthony), BARDUCCI (Roberto), BATTISTA (Gabriella), DONNINI (Francesco). Genealogia e

parentado. Memorie del potere nella Firenze tardo medievale. Il caso di Giovanni Rucellai. *Quaderni storici*, 94, 29, 86, p. 365-404.

259. PINCHES (John Harvey). European nobility and heraldry: a comparative study of the titles of nobility and their heraldic exterior ornaments for each country, with historical notes. Ramsbury, [s. n.], 94, XII-323 p.

260. PROBERT (Eric D.). Company and business records for family historians. Birmingham, Federation of Family History Societies, 94, II-80 p. (facs.).

261. SAVELOV (Leonid Mikhailovich). Lektsii po russkoi genealogii. (Lectures on Russian genealogy). Chitannye v Moskovskom Arkheologicheskom institute prepodavatelem instituta L. M. Savelovym: reprintnoe vosproizvedenie izdaniia 1909 goda: pervoe i vtoroe polugodie v odnoi knige. Moskva, Arkheograficheskii tsentr, 94, 270 p. (Spravochniki po russkoi istorii, 3).

262. SCHMID (K.). Ein verlorenes Stemma Regum Franciae. Zugleich ein Beitrag zur Entstehung und Funktion karolingischer (Bild-) Genealogien in salischstaufischer Zeit. *Frühmittelalterliche Studien*, 94, 28, p. 196-225.

263. TIMBERINI (Sandro). Origini e radicamento territoriale di un lignaggio umbro-toscano nei secoli X-XI: i «Marchesi di Colle» (poi «Del Monte S. Maria»). *Archivio storico italiano*, 94, 152, 561, p. 481-560.

Cf. n°s 243, 303, 317, 348

§ 6. Sfragistica ed araldica.

* 264. VAN DEN BORNE (J. C. C. F. M.). Bibliografie van de Nederlandse Heraldiek. (Bibliography of Dutch heraldry). Den Haag, Centraal Bureau voor Genealogie, 94, XXX-488 p.

265. Armorial de la Maintenance héraldique de France. Tours, Maintenance héraldique de France, 94, 76 p. (ill.).

266. BUBEN (Milan). Encyklopedie heraldiky: svetska a cirkevni titulatura a realie. Praha, Nakl. Lidove noviny, 1994, 420 p. (ill.).

267. CAPITANIO (Antonella). La sfragistica nella cultura erudita settecentesca. Una testimonianza lucchese. *Annali della Scuola normale superiore di Pisa*, 94, ser. 3, 24, p. 729-737.

268. Catalogue of Byzantine seals at Dumbarton Oaks and in the Fogg Museum of Art. 2. South of the Balkans, the Islands, south of Asia Minor. Ed. by John NESBITT a. Nicolas OIKONOMIDES. Washington, Dumbarton Oaks Research Library and Collection, 94, XIII-233 p.

269. CAVALLAR (Osvaldo), DEGENRING (Susanne), KIRSHNER (Julius). A grammar of signs: Bartolo da Sassoferrato's Tract on insignia and coats of arms. Berkeley, Robbins Collection, University of California at Berkeley, 94, XV-200 p. (ill.). (Studies in comparative legal history).

270. CHASSEL (Jean-Luc). L'usage du sceau au XIIe siècle. *In*: XIIe siècle (Le) [Cf. n° 3569], p. 61-102.

271. DOGARU (Maria). Din heraldica României: album. Bucureşti, Editura JIF, 94, 191 p. (plates, ill., maps).

272. Héraldique et emblématique de la Maison de Savoie (XIe-XVIe siècle). Ed. par B. ANDENMATTEN, Agostino PARAVICINI BAGLIANI et A. VADON. Lausanne, Fondation Humbert II et Marie-José de Savoie, 94, 231 p. (Cahiers lausannois d'histoire médiévale, 10). [Cf. n° <sélection> 257.]

273. HOUWEN (Luuk), GOSMAN (M.). Un traité d'héraldique inédit: le ms. Londres, Collège des Hérauts, M19, F. 79^v-95. *Romania*, 94, 112, 447-448, p. 488-521.

274. Japanese emblems and designs. Ed. by Walter AMSTUTZ, with an introduction by J. HILLIER. New York, Dover Publications a. London, Constable, 94, 142 p.

275. KAISER (R.). War der Ring des Graifarius der Siegelring des «Vaefarius dux Francorum» ? *In*: Iconologia sacra [Cf. n° 3763], p. 263-282.

276. LOSKOUTOFF (Yvan). L'écureuil, le serpent et le léopard: présence de l'héraldique dans les Fables de La Fontaine. *Dix-septième siècle*, 94, 46, 184, p. 503-528.

277. MARCUS (Michelle I.) Emblems of identity and prestige: the seals and sealings from Hasanlu, Iran. Commentary and catalog. Philadelphia, University Museum, University of Pennsylvania, 94, XXVIII-171 p. (Hasanlu special studies, 3. University Museum monograph, 84).

278. MILLET (Patrick-Lucien). Le chien héraldique dans l'armorial européen. Puiseaux, Pardès, 94, 190 p. (ill.).

279. NASSIET (Michel). Alliance et filiation dans l'héraldique des XIVe-XVe siècles. *Revue française d'héraldique et de sigillographie*, 94, 64, p. 9-29.

280. PASTOREAU (Michel). La naissance des armoiries. *In*: XIIe siècle (Le) [Cf. n° 3569], p. 103-122.

281. PATRI (S.). La bulle de Nicolas, proèdre de Russie. *Byzantinoslavica*, 94, 55, p. 56-60.

282. PITTMAN (Holly). The glazed steatite glyptic style: the structure and function of an image system in the administration of protoliterate Mesopotamia. Berlin, Dietrich Reimer, 94, XXII-393 p. (plates, ill., maps). (Berliner Beitrage zum Vorderen Orient, 16).

283. ROTHERY (Guy Cadogan). Concise encyclopedia of heraldry. London, Senate, 94, XIX-359 p. (ill.).

284. ROVA (Elena). Ricerche sui sigilli a cilindro Vicino-Orientali del periodo di Uruk/Jemdet Nasr. Roma, Istituto per l'Oriente C. A. Nallino, 94, X-331 p. (plates, ill.). (Orientis antiqui collectio, 20).

285. VILLELA-PETIT (Inès). Les techniques de moulage des sceaux du XVe au XIXe siècle. *Bibliothèque de l'Ecole des Chartes*, 94, 152, 2, p. 511-520.

Cf. n° 257, 259, 2815

§ 7. Numismatica e metrologia.

* 286. Bibliographie numismatique française, 1970–1994, n° 1 à 4088. Ed. par Guilhermino CARVALHO et Jean-Yves KIND. Loray, K. et C. Ed., 94, 353 p.

* 287. VISONÀ (P.). Carthage. A numismatic bibliography. *Studi di egittologia e di antichità puniche*, 94, 13, p. 117-231.

288. Activité universelle (Une). Peser et mesurer à travers les âges. 6e Congrès international de métrologie historique. Acta metrologiae IV. *Cahiers de métrologie*, 93-94, 11-12, 544 p. [Cf. n^{os} <sélection> 302, 304.]

289. BASMAHJI (Faraj). al-Akhtam al-ustuwaniyah fi al-Mathaf al-'Iraqi (Uruk wa-Jamdat Nasr). (Catalogues of Cylinder seals in Mathaf al-Iraqi, Iraq). Landan, Manshurat Nabu, 94, 124, V, 35 p. (plates, ill.). (EDUBBA, 3).

290. BELL (D. N.). The measurement of Cistercian space. The evidence from England. *In*: Espace cistercien (L') [Cf. n° 3978], p. 253-261.

291. Canada's money. Ed. by John M. KLEEBERG. New York, American Numismatic Society, 94, 159 p. (ill., facs.). (Proceedings of the Coinage of the Americas Conference, 8).

292. CARVALHO (Guilhermino), KIND (Jean-Yves). L'atelier municipal de Besançon, 1534–1676. Loray, K. & C., 94, 347 p. (ill.).

293. COARELLI (Filippo). Moneta. Le officine della zecca di Roma tra repubblica e impero. *Annali dell'Istituto italiano di numismatica*, 91-94, 38-41, 1, p. 23-66.

294. Congreso Nacional de Numismatica. VIII Congreso Nacional de Numismatica: Aviles, 1–4 abril 1992: [ponencias]. Madrid, Museo Casa de la Moneda, 1994, 655 p. (ill., maps).

295. CRUSAFONT I SABATER (Miquel). El sistema monetario visigoto: cobre y oro. Barcelona y Madrid, Asociación Numismática española, Museo Casa de la Moneda, 94, 167 p. (mapas).

296. DAY (John). Monnaies et marchés au Moyen Age. Paris, Comité pour l'histoire économique et financière de la France, Ministères de l'Economie et du Budget, 94, XI-307 p.

297. DESNIER (J.-L.). «Rector orbis» ou le Card. de Richelieu sur une médaille de Jean Varin. *Mélanges de l'Ecole française de Rome. Antiquité*, 94, 106, p. 683-697.

298. DUCHHARDT (H.). Münzwurf und Krönungsmünze. *In*: Iconologia sacra [Cf. n° 3763], p. 625-631.

299. Eslovenia: 'las 'monedas en la historia: Sevilla, 29 de septiembre al 19 de noviembre 1994. Exposicion organizada por Fundacion El Monte y Narodni muzej, [Ljubljana]. Sevilla. Fundacion El Monte, 94, 109 p.

300. HOCQUET (Jean-Claude). Pesi e misure. *In*: Storia d'Europa. Vol. 3. Il Medioevo [Cf. n° 908], p. 895-934.

301. JARNUT (Jörg). Münzbilder als Zeugnisse langobardischer Herrschaftsvorstellungen. *In*: Iconologia sacra [Cf. n° 3763], p. 283-290.

302. NOËL (Yves). Episodes dans l'histoire du litre. *In*: Activité universelle (Une) [Cf. n° 288], p. 221-230.

303. PALUMBO (Bernardino). Tu per sette generazioni. Alcune riflessioni su discendenza e parentela in Europa. *Uomo*, 94, 7, 1-2, p. 235-302.

304. PORTET (Pierre). La système métrologique de Paris au Moyen Age. *In*: Activité universelle (Une) [Cf. n° 288], p. 463-488.

305. SARMANT (Thierry). «Déclin» et transformations de la numismatique au XVIIIe siècle: la mort du Président de Maisons. *Revue d'histoire moderne et contemporaine*, 94, 41, p. 650-666.

306. STAHL (Alan Michael). Mérovingiens et royaumes barbares: fonds Bourgey. Paris, Ed. Errance-Bourgey, 94, 95 p. (ill.).

307. STECK (Volker). Das Siegelwesen der südwestdeutschen Reichsstadte im Mittelalter. Esslingen am Neckar, Stadtarchiv Esslingen am Neckar, 94, 178 p. (plates, ill.). (Esslinger Studien. Schriftenreihe, 12).

308. UZDENIKOV (Vasilii Vasil'evich). Monety Rossii XVIII-nachala XX veka: ocherki po numizmatike. (Essay on Russian numismatics XVIIIth–XXth centuries). Pod redaktsiei A. S. MEL'NIKOVOI. Moskva, Izd-vo "Mir otechestva", 1994, 207 p. (ill.).

309. VILLARONGA (Leandre). Corpus nummum hispaniae ante Augusti aetatem. Madrid, Jose A. Herrero, 94, XXI-518 p. (ill., maps).

Cf. n°s 1437, 1675, 2511, 2885

§ 8. Storia delle lingue.

* 310. APOSTOLOPOULOS (Photis). Inventaire methodique de linguistique byzantine (grec medieval): essai d'une bibliographie raisonnée des travaux sur la langue byzantine (1880–1975). Thessalonike, Vanias, 94, 642 p. (Hetaireia Vyzantinon Ereunon, 14).

* 311. DÍAZ DE BUSTAMANTE (José M.), LAGE COTOS (María Elisa), LÓPEZ PEREIRA (José Eduardo).

Bibliografía de latín medieval en España (1950–1992). Spoleto, Centro italiano di Studi sull'Alto Medioevo, 94, XII-514 p. (Biblioteca di «Medioevo Latino», 13).

* 312. NIEDEREHE (Hans-Josef). Bibliografía cronologica de la linguistica, la gramatica y la lexicografía del español (BICRES): desde los comienzos hasta el año 1600. Amsterdam, J. Benjamins Publishing Co, 94, 457 p. (Amsterdam studies in the theory and history of linguistic sciences. Series III, Studies in the history of the language sciences, 76).

313. BADER (Françoise). Il problema indoeuropeo: lingue locali e non locali in Europa tra il 600 a. C. e il 500 d. C. *In*: Storia d'Europa. Vol. 2. Preistoria e antichità [Cf. n° 907], p. 953-1020.

314. BANGE (Raphaël). Recherche sur les prénoms révolutionnaires à Paris. *Annales historiques de la Révolution française*, 94, 295, p. 39-65.

315. Cambridge history of the English language (The). Vol. 5. English in Britain and overseas: origins and development. Ed. by Robert BURCHFIELD, general editor Richard M. HOGG. Cambridge, Cambridge U. P., 94, XXIII-656 p. (ill.).

316. COLÓN DOMÈNECH (Germà). Fonètica històrica versus història lèxica. El cas de "saloma"–kéleusma "cant dels mariners". *Anuario de estudios medievales*, 94, 24 p. 625-646.

317. CORRARATI (P.). Nomi, individui, famiglie a Milano nel secolo XI. *Mélanges de l'Ecole française de Rome. Moyen âge*, 94, 106, p. 459-474.

318. DANIELS (Wim). De geschiedenis van de komma. Den Haag, Sdu Uitgeverij Koninginnegracht, 94, 91 p.

319. DAVIS (Stuart), NAPOLI (Donna Jo). A prosodic template in historical change: the passage of the Latin second conjugation into Romance. Torino, Rosenberg & Sellier, 94, 154 p. (Linguistica, 10).

320. Dizionario di linguistica e di filologia, metrica, retorica. A cura di Gian Luigi BECCARIA. Torino, Einaudi, 94, XX-817 p. (bibliografia). (Dizionari Einaudi, 6).

321. Documentos para la historia linguistica de Hispanoamerica: siglos XVI a XVIII. Ed. por M.a Beatriz FONTANELLA DE WEINBERG. Madrid, Real Academia Española, 94, XII-440 p. (Anejos del Boletín de la Real Academia Española, 53).

322. DUCROT (Oswald). Dictionnaire encyclopédique des sciences du langage. Paris, Ed. du Seuil, 94, 69 p.

323. EBERENZ (Rolf). "Nave" y "nao" en castellano medieval: historia de la sustitución lexica. *Anuario de estudios medievales*, 94, 24 p. 609-624.

324. Editing of old English (The): papers from the 1990 Manchester Conference. Ed. by D. G. SCRAGG, Paul E. SZARMACH, Helene SCHECK a. Holly HOL-BROOK. Woodbridge a. Rochester, Boydell & Brewer, 94, IX-317 p.

325. ELLIOTT (John Huxtable). Lengua e imperio en la España de Felipe IV. Salamanca, Ediciones Universidad de Salamanca, 94, 79 p. (ill.). (Acta salmanticensia. Estudios historicos & geograficos, 91).

326. English historical linguistics 1992. Papers from the 7th International Conference on English historical linguistics, Valencia 22–26 September 1992. Ed. by Francisco FERNÁNDEZ, Miguel FUSTER a. Juan José CALVO. Amsterdam, John Benjamins, 94, VIII-388 p. (Amsterdam studies in the theory and history of linguistic science, series IV, Current issues in linguistic theory, 113).

327. FREY (Evelyn). Einführung in die historische Sprachwissenschaft des Deutschen: Lehr- und Ubungsbuch der diachronen Linguistik mit ausführlichen Darstellungen zur Bifurkationstheorie. Heidelberg, J. Groos, 94, VIII-146 p. (ill.).

328. GHEȚIE (Ion), MAREȘ (Al.). Diaconul Coresi și izbânda scrisului în limba română. (Deacon Coresi and the triumph of Romanian writing). București, Editura Minerva, 94, 394 p. (ill.). (Institutul de lingvistică din București al Academiei Române).

329. GOUNELLE (R.). Sens et usage d'«apocryphus» dans la Légende dorée. *Apocrypha*, 94, 5, p. 189-210.

330. Grammaire et rhétorique: notion de romanité. Actes du colloque organisé à Strasbourg les 28, 29 et 30 novembre 1990 par l'Institut de Latin avec le concours du Centre de recherche sur le Proche Orient et la Grèce antiques et du Groupe de recherche d'histoire romaine. Ed. par Jacqueline DANGEL. Strasbourg, Université des sciences humaines de Strasbourg, 94, 232 p. (Contributions et travaux de l'Institut d'histoire romaine, 7).

331. HOLTUS (Günther), KRAMER (Johannes). L'articolazione linguistica medievale. *In*: Storia d'Europa. Vol. 3. Il Medioevo [Cf. n° 908], p. 85-168.

332. Investigating Arabic: linguistic, pedagogical and literary studies in honor of Ernest N. McCarus. Ed. by Raji M. RAMMUNY, Dilworth B. PARKINSON. Columbus, Greyden Press, 94, XVI-298 p. (port).

333. Italian studies in linguistic historiography: proceedings of the conference "In ricordo di Antonino Pagliaro: gli studi italiani di storiografia linguistica", Rome, 23–24 January 1992. Ed. by Tullio DE MAURO a. Lia FORMIGARI. Münster, Nodus Publikationen, 94, 295 p. (Materialien zur Geschichte der Sprachwissenschaft und der Semiotik, 6).

334. JOAN (Bernat), PAZOS (Ma. Lluisa), SABATER (Ernest). Historia de la llengua catalana. Vilassar de Mar, Maresme, Oikos-Tau, 94, 234 p. (La Busca. Ensenyament Edition, 1).

335. KINNE (Michael), SCHWITALLA (Johannes). [Die] Sprache im Nationalsozialismus. Heidelberg,

J. Groos, 94., 67 p. (Studienbibliographien Sprachwissenschaft, 9).

336. KNAPPE (G.). On rhetoric and grammar in the Hisperica famina. *Journal of medieval latin*, 94, 4, p. 130-162.

337. LABOV (William). Principles of linguistic change. Vol. 1. Internal factors. Oxford, Blackwell, XIX-641p. (ill., maps). (Language in society, 20).

338. LANGHADE (Jacques). Du Coran à la philosophie: la langue arabe et la formation du vocabulaire philosophique de Farabi. Damas, Institut français de Damas, 94, 438 p. (Publications de l'Institut francais de Damas, 149).

339. Language and the law. Ed. by John GIBBONS. London, Longman, 94, XIV-476 p. (Language in social life series).

340. Language change and language structure. Older Germanic languages in a comparative perspective. Ed. by Toril SWAN, Endre MØRCK a. Olaf Jansen WESTVIK. Berlin, de Gruyter, 94, XI-346 p. (Trends in linguistics: Studies and monographs, 73).

341. Languages of the Mediterranean. Substrata – The islands – Malta. Proceedings of the conference held in Malta, 26–29 September 1991. Ed. by Joseph M. BRINCAT. [S. l.], University of Malta, Institute of Linguistics, 94, IX-323 p.

342. LAW (V.). The sources of the 'Ars Donati quam Paulus Diaconus exposuit'. *Filologia mediolatina. Rivista della fondazione Ezio Franceschini*, 94, 1, p. 71-80.

343. Lexicon of Greek personal names (A). Ed. by P. M. FRASER, E. MATTHEWS. Vol. 2. Attica. Ed. by M. G. OSBORNE, S. G. BYRNE. Oxford, Clarendon Press, 94, 510 p.

344. MAC MAHON (April Mary Scott). Understanding language change. Cambridge, Cambridge U. P., 94, XI-361p. (ill.).

345. Mare Balticum, mare nostrum: Latin in the countries of the Baltic Sea (1500–1800): acts of the Helsinki Colloquium, 16–21 August, 1992. Ed. by Outi MERISALO a. Raija SARASTI-WILENIUS. Helsinki, Academia Scientiarum Fennica, 94, 175 p. (Suomalaisen Tiedeakatemian toimituksia. Sarja B, 274 = Annales Academiae Scientiarum Fennicae. Ser. B, 274).

346. MENGALDO (Pier Vincenzo). Il Novecento. Bologna, Il Mulino, 94, 491 p. (Nuova scienza. Serie di linguistica e critica letteraria. Storia della lingua italiana).

347. MILOV (L. V.), [et al.]. Ot Nestora do Fonvizina: Novye metody opredeleniya avtorstva. (New methods of defining authorship: Slavonic and Russian literary texts from 10th to 18th centuries). Moskva, Izd. gruppa "Progress", 94, [s. p.]. (tabl., bibl.).

348. PEROL (C.). Sortir de l'anonymat: apparition et diffusion des noms de famille à Cortone, XIIIe–XVIe s.

Mélanges de l'Ecole française de Rome. Moyen âge, 94, 106, p. 559-571.

349. PORTER (D. W.). The Latin syllabus in Anglo-Saxon monastic schools. *Neophilologus*, 94, 78, p. 463-482.

350. PRINCI BRACCINI (G.). Nuove voci longobarde tra apparato e glosse nelle «Leges Langobardorum». *Studi medievali*, 94, 35, 1, p. 67-100.

351. RAIDT (Edith Hildegard). Historiese taalkunde: studies oor die geskiedenis van Afrikaans. Johannesburg, Witwatersrand U. P., 94, XIV-362 p. (ill., maps).

352. RIEDINGER (R.). Die lateinischen Übersetzungen der Epistula encyclica Papst Martins I. (CPG 9403) und der Epistula synodica des Sophronios von Jerusalem (CPG 7635). *Filologia mediolatina. Rivista della fondazione Ezio Franceschini*, 94, 1, p. 45-69.

353. SALVATORI (E.). Il sistema antroponimico a Pisa tra XI e XIII secolo. *Mélanges de l'Ecole française de Rome. Moyen âge*, 94, 106, p. 487-507.

354. SCARDIGLI (Piergiuseppe). Der Weg zur deutschen Sprache: von der indogermanischen bis zur Merowingerzeit. Bern a. New York, P. Lang, 94., 376 p. (Germanistische Lehrbuchsammlung, 2).

355. SEMERANO (Giovanni). Le origini della cultura europea. Vol. 2. Dizionari etimologici. Basi semitiche delle lingue indeuropee. Firenze, Olschki, 94, C-726 p. (Biblioteca dell'Archivum Romanicum, II/43).

356. SMALLEY (William Allen). Linguistic diversity and national unity: language ecology in Thailand. Chicago a. London, University of Chicago Press, 94, XV-436 p.

357. SMIRAGLIA (P.). Latinitatis Italicae medii aevi inde ab a. CDLXXVI usque ad a. MXXII lexicon imperfectum. Addenda. Fasc. 10 (medicativus-onyrogmon). Cura et studio A. DE PRISCO. *Archivum latinitatis medii aevi*, 94, 62, p. 5-36.

358. SPRINGER (M.). Agrarii milites. *Niedersächsisches Jahrbuch für Landesgeschichte*, 94, 66, p. 129-166.

359. Storia della lingua italiana (La). Percorsi e interpretazioni: atti della Giornata di studio, Torino, 11 novembre 1993. A cura di Gian Luigi BECCARIA e Elisabetta SOLETTI. Torino, Istituto dell'Atlante linguistico italiano, 94, 71 p.

360. Storia della lingua italiana. Vol. 2. Scritto e parlato. Vol. 3. Le altre lingue. A cura di Luca SERIANNI e Pietro TRIFONE. Dir. da Alberto ASOR ROSA. Torino, Einaudi, 94, 2 vol., XXII-910 p., XXIV-1052 p. (ill). [Cf. n^{os} <scelta> 6276, 6447.]

361. STUSSI (Alfredo). Introduzione agli studi di filologia italiana. Bologna, Il Mulino, 94, 317 p. (Strumenti. Linguistica e critica letteraria).

362. Synchronic and diachronic approaches to language. A festschrift for Toshio Nakao on the occasion

of his Sixtieth birthday. Ed. by Shuji CHIBA [et al.]. Tokyo, Liber Press, XX-627 p.

363. THOMAS (H.). Zur Geschichte des Wortes «deutsch» vom Ende des XI. bis zur Mitte des XIII. Jhts. *In*: Geschichtliche Landeskunde der Rheinlande [Cf. n° 398], p. 131-158.

364. TURNER (R. V.). Toward a definition of the «curialis». Educated court cleric, courtier, administrator, or a «new man»? *Medieval prosopography*, 94, 15, 2, p. 3-35.

365. VAN COPPERNOLLE (René). L'apporto dell'epigrafia e della linguistica anelleniche: lo Status quaestionis nella prospettiva storica. *Annali della Scuola normale superiore di Pisa*, 94, ser. 3, 24, p. 895-908.

366. VAN UYTFANGHE (M.). La Bible et l'instruction des laïcs en Gaule mérovingienne. Des témoignages textuels à une approche langagière de la question. *Sacris erudiri*, 94, 34, p. 67-123.

367. YOUNG (F. M.). On epískopos and presbyteros. *Journal of theological studies*, 94, 45, p. 142-148.

§ 9. Geografia storica e storia della geografia.

* 368. Europäische Reiseberichte des späten Mittelalters. Eine analytische Bibliographie. T. 1. Deutsche Reiseberichte. Bearb. v. Christian HALM. Hrsg. v. Werner PARAVICINI. Frankfurt am Main, Berlin u. Bern, Lang, 94, 527 p. (Kieler Werkstücke, Rh. D: Beiträge zur europäischen Geschichte des späten Mittelalters, 5).

369. ANTICO GALLINA (Maria Vittoria). Dall'immagine cartografica alla ricostruzione storica. Milano, LED, 94, 208 p. (ill.).

370. Atti del Convegno Italo-Polacco "Viaggio in Italia e viaggio in Polonia" organizzato dall'Istituto di Storia dell'Università Jagiellonica di Cracovia dal 19 al 20 Ottobre 1992 in occasione del cinquecentesimo anniversario della scoperta dell'America. A cura di Danuta QUIRINI-POPŁAWSKA. Kraków, 94, 256 p. (Zesz. Nauk. Uniw. Jagiell., 1128).

371. AUGUSTINOS (Olga). French odysseys. Greece in French travel literature from the Renaissance to the Romantic era. Baltimore a. London, Johns Hopkins U. P., 94, 346 p.

372. Ausgewählte Probleme europäische Landnahmen des Früh- und Hochmittelalters. Methodische Grundlagendiskussion im Grenzbereich zwischen Archäologie und Geschichte. T. 1. 2. Hrsg. v. Michael MÜLLER-WILLE u. Reinhard SCHNEIDER. Sigmaringen, Thörbecke, 94, 360 p., 380 p. (Vorträge und Forschungen, 41). [Cf. n° <Auswahl> 3383.]

373. AYDİN (Celal). Türkiye'nin Beşerî ve Ekonomik Coğrafyası, II. (La Géographie humaine et économique de la Turquie). Ankara, Doğan Yayıncılık, 94, 151 p.

374. AZNAR VALLEJO (Eduardo). Viajes y descubrimientos en la Edad Media. Madrid, Editorial Sintesis, 94, 159 p. (Historia universal medieval, 13).

375. BABICZ (Josef). Two geopolitical concepts of Poland. *In*: Geography and national [Cf. n° 397], p. 212-220.

376. BASSIN (Mark). Russian geographers and the "National Mission" in the Far East. *In*: Geography and national [Cf. n° 397], p. 112-133.

377. BERDOULAY (Vincent). Stateless national identity and French-Canadian geographic discourse. *In*: Geography and national [Cf. n° 397], p. 184-196.

378. BIGER (Gideon). An empire in the Holy Land: historical geography of the British administration in Palestine, 1917–1929. New York, St. Martin's Press a. Jerusalem, Magnes Press, the Hebrew University, 94, 288 p.

379. BONNER (M.). The naming of the frontier: 'Awāṣim, Thughūr, and the Arab geographers. *Bulletin of the School of Oriental and African studies*, 94, 57, p. 17-24.

380. BOUDREAU (Claude). La cartographie au Quebec, 1760–1840. Sainte-Foix, Les Presses de l'Université Laval, 94, 270 p. (bibl., cartes, planches). (Géographie historique).

381. BROC (Numa). Regards sur la géographie française de la Renaissance à nos jours. Perpignan, Presses Universitaires de Perpignan, 94, 2 vol., 607 p. (ill.).

382. CA' DA MOSTO (Alvise). Voyages en Afrique Noire d'Alvise Ca' da Mosto (1455 et 1456). Ed. par Frédérique VERRIER. Paris, Editions Chandeigne et Editions UNESCO, 94, 222 p. (ill.).

383. CARTER (F. W.). Trade and urban development in Poland: an economic geography of Cracow, from its origins to 1795. Cambridge, Cambridge U. P., 94, XXII-509 p. (Cambridge studies in historical geography, 20).

384. Catalogue of ancient heartquakes in the Mediterranean area up to the Xth century. Ed. by Emanuela GUIDOBONI, Alberto COMASTRI a. Giusto TRAINA. Roma, Istituto nazionale di Geofisica, 94, 504 p. (tav.).

385. CAVAL (Paul). From Michelet to Braudel: personality, identity and organization of France. *In*: Geography and National. [Cf. n° 397], p. 39-57.

386. CROCOMBE (Ron). The continuing creation of identities in the Pacific Islands: blood, behaviour, boundaries and belief. *In*: Geography and national [Cf. n° 397], p. 311-330.

387. DOĞANAY (Hayati). Türkiye Beşerî Coğrafyası. (La Géographie Humaine de la Turquie). Ankara, Gazi Büro Kitabevi, 94, 510 p.

388. DUBBINI (R.). Geografie dello sguardo. Visione e paesaggio in età moderna. Torino, Einaudi, 94, XXVII-189 p.

389. DUCELLIER (A.). La notion d'Europe à Byzance des origines au XIIIe s. Quelques réflexions. *Byzantinoslavica*, 94, 55, p. 1-7.

390. ESCOLAR (Marcelo), QUINTERO PALACIOS (Silvana), REBORATTI (Carlos). Geographical identity and patriotic representation in Argentina. *In*: Geography and national [Cf. n° 397], p. 346-366.

391. ETAYO-PIÑOL (M. A.). Premiers récits publiés à Lyon sur la mission en Asie aux XVIe et XVIIe siècles. *Revue historique*, 94, 118, 291 (589), p. 71-84.

392. European outthrust and encounter (The). The first phase c.1400–c.1700: essays in tribute to David Beers Quinn on his 85th birthday. Ed. by Cecil H. CLOUGH and P. E. H. HAIR. Liverpool, Liverpool U. P., 94, 348 p. (ill., maps). (Liverpool historical studies, 12).

393. FIORENTINO (Carlo). La Società Geografica Italiana e la spedizione in Abissinia del 1870. *Rassegna storica del Risorgimento*, 94, 81, p. 311-342.

394. FIORINO (Fulvia). La lingua del viaggiatore francese. Fasano, Schena Editore, 94, 387 p.

395. FLORJANČIČ DE GRIENFELD (Janez Dizma). Deželopisna karta vojvodine Kranjske [Kartografsko gradivo]. (Land map of the duchy of Carniola; Cartographic material). Ljubljana, Slovenska knjiga, 94, [s. p.]. (Monumenta slovenica, 6).

396. GARCÍA-RAMON (Maria Dolores), NOGUÉ-FONT (Joan). Nationalism and geography in Catalonia. *In*: Geography and national [Cf. n° 397], p. 197-211.

397. Geography and national identity. Ed. by David HOOSON. Cambridge, Blackwell, 94, 389 p. [Cf. n^{os} <choice> 375, 376, 377, 385, 386, 390, 396, 403, 404, 407, 412, 418, 420, 422, 423, 428, 429, 432, 437, 441.]

398. Geschichtliche Landeskunde der Rheinlande. Regionale Befunde und raumübergreifende Perspektiven. Georg Droege zum Gedenken. Hrsg. v. M. NIKOLAY-PANTER, W. JANSSEN u. W. HERBORN. Weimar, Wien u. Köln, Böhlau, 94, XI-618 p. [Cf. n° <Auswahl> 363.]

399. GUGLIELMI (Nilda). Guía para viajeros medievales (Oriente, siglos XIII–XV). Buenos Aires, Programa de Investigaciones Medievales, Consejo Nacional de Investigaciones Científicas y Técnicas, 94, 438 p.

400. Historians' guide to early British maps: a guide to the location of pre-1900 maps of the British isles preserved in the United Kingdom and Ireland. Ed. by Helen WALLIS a. Anita MAC CONNELL. London, Royal Historical Society, 94, IX-465 p. (Royal Historical Society guides and handbooks, 18).

401. Historischer Atlas Österreich. Hrsg. v. Manfred SCHEUCH. Wien, Brandstätter, 94, 208 p.

402. History of Cartography (The). Vol. II. Book 2. Cartography in the traditional East and Southeast Asian societies. Ed. by J. B. HARLEY a. David WOODWARD. Chicago a. London, University of Chicago Press, 94, 970 p.

403. HOOSON (David). Ex-Soviet identities and the return of geography. *In*: Geography and national [Cf. n° 397], p. 134-140.

404. HUSMANN (Lisa E.). "National Unity" and national identities in the People's Republic of China. *In*: Geography and national [Cf. n° 397], p. 141-158.

405. KONOPSKA (Beata). Polskie atlasy historyczne: koncepcje i realizacje. (The Polish historical atlas). Warszawa, Polska Akademia Nauk, Instytut Historii Nauki, 94, 197 p.

406. KOZLIČIĆ (Mithad). Starije zemljopisne karte u Sveučilišnoj knjižnici u Splitu: izložba u Galeriji umjetnina, Split 30. listopada–10. studenoga 1994. g. (Older geographical charts at the University Library in Split: exhibition at the Art Gallery, Split 30 October–10 November 1994). Split, Sveučilišna knjižnica, 94, 63 p.

407. KRISTOF (Ladis K. D.). The image and the vision of the Fatherland: The case of Poland in comparative perspective. *In*: Geography and national [Cf. n° 397], p. 221-232.

408. LECOQ (Danielle). Géographie et cartographie: la représentation du monde en milieu monastique au XIIe siècle, ou du bon usage des mappemondes. *In*: Monachisme et technologie dans la société médiévale du Xe au XIIIe siècle [Cf. n° 3989], p. 213-265.

409. LESTRINGANT (Frank). Mapping the Renaissance world: the geographical imagination in the age of discovery. Cambridge, Polity Press, XVII-197 p. (plates, ill., maps).

410. LÉVY (Jacques). L'espace légitime. Sur la dimension géographique de la fonction politique. Paris, Presses de la Fondation Nationale des Sciences Politiques, 94, 442 p.

411. LIEBERSOHN (Harry). Discovering indigenous nobility: Tocqueville, Chamisso, and romantic travel writing. *American historical review*, 94, 99, 3, p. 746-766.

412. LOWENTHAL (David). European and English landscapes as national symbols. *In*: Geography and National. [Cf. n° 397], p. 15-38.

413. MADDRELL MANDER (Avril). Geography, gender and the state: a critical evaluation of the development of geography, 1830–1918. [S. l.], [s. n.], 94, 429 p. (leaves, ill., map, photos).

414. MOUSSA (Sarga). Le débat entre philhellènes et mishellènes chez les voyageurs français de la fin du XVIIIe siècle au début du XIXe siècle. *Revue de littérature comparée*, 94, 68, 4, p. 411-434. – IDEM. Les premiers «touristes» en Orient. Regards en mouvement et fantasmes d'immersion chez quelques écrivains romantiques. *Romanische Forschungen*, 94, 106, 1-4, p. 168-186.

415. PARISSE (M.). Portrait de la France autour de l'an Mil. Remarques sur un atlas. *Cahiers de civilisation médiévale*, 94, 37, p. 325-340.

416. PIOTROWICZ (Ludwik). Atlas historii starożytnej. (Atlas de l'histoire antique). Wrocław, Wydawn. Kartograf. im. Eugeniusza Romera, 94, in-4, 48 p. (cartes).

417. POUJOL (Olivier). L'invention du Massif Central. *Revue de géographie alpine*, 94, 82, 3, p. 49-62.

418. RAGAZ (Cheri). Tradition, culture and imposed change in Indonesia. *In*: Geography and national [Cf. n° 397], p. 331-345.

419. RENDA (Günsel). Osmanlılar ve Deniz Haritacılığı / Ottomani e Cartografia Nautica (avec S. Biadene, A. Dorigato, F. Çağman, B. Mahir, G. Romanelli). *In*: XIV–XVIII. Yüzyıl Portolan ve Deniz Haritaları / Portolani e Carte Nautiche. A cura dell'Istituto italiano di cultura di İstanbul, İstanbul, Guzel Sanatlar Matbaasi, 94, p. 19-26.

420. ROBIC (Marie-Claire). National identity in Vidal's Tableau de la géographie de la France: from political geography to human geography. *In*: Geography and national [Cf. n° 397], p. 58-70.

421. ROEGIERS (Jan), VAN DER HERTEN (Bart). Eenheid op papier. De Nederlanden in kaart van Keizer Karel tot Willem I. (Unité sur papier. Les Pays-Bas dans les cartes géographiques à partir de Charles Quint jusq'à Guillaume Ier). Leuven, Davidsfonds, 94, 136 p.

422. RÖSSLER (Mechtild). Berlin or Bonn? national identity and the question of the German capital. *In*: Geography and national [Cf. n° 397], p. 92-103.

423. SANDNER (Gerhard). In search of identity: German nationalism and geography, 1871–1910. *In*: Geography and national [Cf. n° 397], p. 71-91.

424. SCARABÔTOLO (Hélio A.). Viagem pelo Brasil de Carlos Frederico vom Martius (1794–1869). Roteiro e observações. *Revista do Instituto Histórico e Geográfico Brasileiro*, 94, 384, p. 512-525.

425. SCHWARTZ (Herman M.). States versus markets: history, geography, and the development of the international political economy. New York, St. Martin's Press a. Basingstoke, Macmillan, 94, XVI-351 p. (ill.).

426. SEMOTANOVA (Eva). Kartografie v historicke praci. (Cartography and history). Praha, Historicky ustav AVCR, 94, 235 p. (ill., maps). (Prace Historickeho ustavu CAV. Rada A, Monographia, 10).

427. Slovensko ozemlje na vojaškem zemljevidu iz druge polovice 18. stoletja. Sekcije 201-205, 212-215. Vzorčni zv. (Slovene territory on the military map from the second half of the 18th century. Sections 201-205, 212-215, Sample volume). Ed. by Vincenc RAJŠP. Ljubljana, Znanstvenoraziskovalni center SAZU, Arhiv Republike Slovenije, 94, 168 p. (ill.).

428. SPATE (Oskar). Geography and national identity in Australia. *In*: Geography and national [Cf. n° 397], p. 277-282.

429. STEBELSKY (Ihor). National identity of Ukraine. *In*: Geography and national [Cf. n° 397], p. 233-248.

430. Stuttgarter Kolloquium zur Historischen Geographie des Altertums: 4, 1990. Hrsg. v. Eckart OLSHAUSEN u. Holger SONNABEND. Amsterdam, Hakkert, 94, X-647 p. (plates). (Geographica historica, 7).

431. SVENSSON (Jan). Towns and toponyms in the Old Testament: with special emphasis on Joshua 14-21. Stockholm, Almqvist & Wiksell International, 94, 155 p. (map). (Coniectanea biblica. Old Testament series, 38).

432. TAKEUCHI (Keiichi). Nationalism and geography in modern Japan, 1880s to 1920s. *In*: Geography and national [Cf. n° 397], p. 104-111.

433. TAYLOR (John). A dream of England: landscape, photography, and the tourist's imagination. Manchester, Manchester U. P., 1994, XIV-295 p. (ill.). (Photography. Critical views).

434. TONNERRE (Noël-Yves). Naissance de la Bretagne. Géographie historique et structures sociales de la Bretagne méridionae (Nantais et Vannetais) de la fin du VIIIe à la fin du XIIe siècle. Angers, Presses de l'Université d'Angers, 94, XXII-626 p. (Bibliothèque Historique de l'Ouest).

435. TOUZERY (Mireille). Atlas de la Généralité de Paris au XVIIIe siècle. Paris, Comité pour l'Histoire économique et financière, 94, 173 p.

436. Travel fact and travel fiction. Studies on fiction, literary tradition, scholarly discovery and observation in travel writing. Ed. by Zweder von MARTELS. Leiden, New York a. Köln, E. J. Brill, 94, XVIII-246 p. (Brill's studies in intellectual history, 55).

437. VELIKONJA (Joseph). The quest for Slovene national identity. *In*: Geography and national [Cf. n° 397], p. 249-256.

438. WHITFIELD (Peter). The image of the world: twenty centuries of world maps. London, British Library, 94, 144 p.

439. WILLIAMS (D. H.). The mapping of Cistercian lands, with special reference to Wales. *In*: Espace cistercien (L') [Cf. n° 3978], p. 311-318.

440. WINICHAKUL (Thongchai). Siam mapped: a history of the geo-body of a nation. Honolulu, University of Hawaii Press, 94, XVI-228 p.

441. YOON (Hong-key). Maori identity and Maori geomentality. *In*: Geography and national [Cf. n° 397], p. 293-310.

Cf. n°s 4108, 4740, 5375, 5715

§ 10. Iconografia.

442. AGRAWALA (Prithvi Kumar). Studies in Indian iconography. Jaipur, Publication Scheme, 94, 158 p. (plates).

443. AGULHON (Maurice). Combats d'images: la République au temps de Vichy. *Ethnologie française*, 94, 24, 2, p. 209-215.

444. AIKEN (J. A.). Truth in images. From the technical drawings of Ibn al-Razzaz al-Jazari, Campanus of Novara, and Giovanni de' Dondi to the perspective projection of Leon Battista Alberti. *Viator*, 94, 25, p. 325-359.

445. BOESPFLUG (François), ZALUSKA (Yolanta). Le dogme trinitaire et l'essor de son iconographie en Occident de l'époque carolingienne au IVe concile du Latran (1215). *Cahiers de civilisation médiévale*, 94, 37, 147, p. 181-240.

446. CHAMBOREDON (Jean-Claude). L'édification de la nation: naissance, diffusion, circulation de quelques motifs iconographiques. *Ethnologie française*, 94, 24, 2, p. 187-197.

447. DE BAECQUE (Antoine). The allegorical image of France, 1750–1800: a political crisis of representation. *Representations*, 94, 47, p. 111-143.

448. DELPORTE (Christian). Images d'une guerre civile larvée: la caricature au temps de l'affaire Dreyfus. *Historiens et Géographes*, 94, 346, p. 103-119.

449. ESCHWEILER (Peter). Bildzauber im alten Ägypten: die Verwendung von Bildern und Gegenständen in magischen Handlungen nach den Texten des Mittleren und Neuen Reiches. Göttingen, Vandenhoeck & Ruprecht u. Freiburg, Universitätsverlag Freiburg Schweiz, 94, 371 p. (ill.). (Orbis biblicus et orientalis, 137).

450. FUMAROLI (Marc). L'école du silence: le sentiment des images au XVIIe siècle. Paris, Flammarion, 94, 510 p. (ill.).

451. HUNT (Lynn). Pourquoi la République est-elle une femme? La symbolique républicaine et l'opposition des genres, 1792–1799. *In*: Révolution et République: l'exception française [Cf. n° 4159], p. 358-365.

452. JACOB (Robert). Images de la justice: essai sur l'iconographie judiciaire du Moyen Age à l'âge classique. Paris, le Leopard d'Or, 94, 256 p. (ill.).

453. LERCH (Dominique). La représentation de la guerre par l'imagerie populaire (1854–1945). *Ethnologie française*, 94, 24, 2, p. 263-275.

454. MATHIEU-CASTELLANI (Gisèle). L'inscription épitaphe ou le tombeau figuré. *Licorne*, 94, 29, p. 143-154.

455. MILLIOT (Vincent). Le travail sans le geste. Les représentations iconographiques des petits métiers parisiens (XVIe–XVIIIe s.). *Revue d'histoire moderne et contemporaine*, 94, 41, janv.-mars, p. 5-28.

456. MULLER (F.). Les premières apparitions du tétragramme dans l'art allemand et néerlandais des débuts de la Réforme. *Bibliothèque d'Humanisme et Renaissance*, 94, 56, 2, p. 327-346.

457. SPITZER (Laura). The cult of the Virgin and Gothic sculpture: evaluating opposition in the Chartres West façade capital frieze. *Gesta*, 94, 33, 2, p. 132-150.

458. TAVARD (Christian-Henry). Les chevaux de Napoléon. *Souvenir napoléonien*, 94, 57, 4, p. 23-30.

459. WILLIAMS (Val). Warworks: women, photography and the iconography of war. London, Virago, 94, 96 p. (ill).

460. WIRTH (Jean). L'emprunt des propriétés du nom par l'image médiévale [étude des images censée traduire les réalités spirituelles]. *Etudes de lettres*, 94, 3-4, p. 61-92.

Cf. n°s 223, 1099, 2658, 3762, 3763, 3765, 3773, 3780

B

MANUALI, OPERE GENERALI E LAVORI D'INSIEME

§ 1. Archivi, biblioteche e musei (*a*. Archivi; *b*. Biblioteche; *c*. Musei). 461-513. – § 2. Storia della storiografia (*a*. Opere generali; *b*. Studi particolari). 514-698. – § 3. Metodologia, filosofia ed insegnamento della storia. 699-772. – § 4. Etnografia e folclore. 773-815. – § 5. Storia generale. 816-918. – § 6. Teoria dello stato e della società. 919-955. – § 7. Storia del diritto e delle istituzioni. 956-993 – § 8. Storia economica e sociale. 994-1042. – § 9. Storia della civiltà, delle scienze e della scuola. 1043-1088. – § 10. Storia dell'arte e delle arti applicate. 1089-1114. – § 11. Storia delle religioni (*a*. Opere generali; *b*. Studi particolari). 1115-1213. – § 12. Storia della filosofia. 1214-1239. – § 13. Storia della letteratura. 1240-1293.

§ 1. Archivi, biblioteche e musei.

a. Archivi.

461. Archivalischen Quellen (Die). Eine Einführung in ihre Benützung. Hrsg. v. F. BECK u. E. HENNING. Weimar, Wien u. Köln, Böhlau, 94, 298 p. (Veröffentlichungen d. Brandenburgischen Landeshauptarchivs, 29).

462. Archives before writing: proceedings of the International Colloquium, Oriolo Romano, October 23–25, 1991. Ed. by Piera FERIOLI [et al.]. Roma, Pubblicazioni degli archivi di Stato, Ministero per i beni culturali e ambientali, Ufficio centrale per i beni archivistici, 94, 416 p. (ill.). (Pubblicazioni del Centro internazionale di ricerche archeologiche antropologiche e storiche, 1).

463. Archives de la France. T. 1. Le Moyen Age, V^e–XIe siècle. Dir. par Jean FAVIER. Paris, Fayard, 94, 467 p. (ill.).

464. Archivi e archivistica a Roma dopo l'unità. Genesi storica, ordinamenti, interrelazioni. Atti del convegno, Roma, 12–14 marzo 1990. Roma, Ministero per i beni culturali e ambientali, Ufficio centrale per i beni archivistici, 94, 563 p. (Pubblicazioni degli archivi di Stato. Saggi, 30).

465. ARİKAN (Zeki). Tapu Tahrir Defterleri'nin Kent Tarihi Kaynağı Olarak Önemi. (L'importance des registres du cadastre ottoman comme source de l'histoire de la ville). *In*: Kent Tarihçiliği İstanbul 5-6 Mart 1994, İstanbul, 94, p. 116-119.

466. BUCCI (Oddo). La legislazione di tutela degli archivi privati dallo Stato fascista allo Stato democratico. *Archivio storico italiano*, 94, 152, 562, p. 821-840.

467. CHMIELEWSKA (Mieczysława). Listy i dokumenty królów i królowych polskich w Archiwum Państwowym we Wrocławiu. (Lettres et documents des rois et des reines polonais [des années 1335–1782] dans les Archives d'Etat à Wrocław). *Archeion*, 94, 93, p. 67-82.

468. CHMIELEWSKI (Zdzisław). Polska myśl archiwalna w XIX i XX wieku. (La pensée polonaise concernant les archives aux XIXe et XXe siècles). Warszawa, Naczelna Dyr. Arch. Państw., 94, 189 p. [Deutsche Zsfassung].

469. COMBE (Sonia). Archives interdites, les peurs françaises face à l'histoire contemporaine. Paris, A. Michel, 94, 327 p.

470. DELSALLE (Paul). L'archivistique sous l'Ancien Régime, le Trésor, l'Arsenal et l'histoire. *Histoire, économie et société*, 94, 12, 4, p. 447-472.

471. GOLDER (Hilary). Documenting a nation: Australian Archives, the first fifty years. Canberra, Australian Govt. Pub. Service, 94, VIII-76 p.

472. KHORKHORDINA (T. I.). Istoriya Otechestva i arkhivy, 1917-1980-e gg. (Russian history and archives: from 1917 till 1980s). Moskva, RGGU, 94, 358 p. (bibl.). (Programma: "Obnovlenie gumanitarnogo obrazovaniya v Rossii").

473. KRAKOVITCH (Odile). Les archives d'après les Lieux de mémoire, passage obligé de l'histoire à la mémoire. *Gazette des Archives*, 94, 164, p. 5-23.

474. Legal records in the Commonwealth. Ed. by William TWINING a. Emma VARNDEN QUICK. Aldershot, Dartmouth, 94, XI-332 p.

475. LOMBARDO (Maria Luisa). Carte degli archivi papali trasferite a Parigi al seguito di Napoleone. Un viaggio senza ritorno. *Archivi e cultura*, 94, 27, p. 9-32.

476. Mémoire perdue (La): à la recherche des archives oubliées, publiques et privées, de la Rome antique. Ed. par Segolene DEMOUGIN. Paris, C.N.R.S. et Université de Paris I, Publ. de la Sorbonne, 94, XVII-185 p. (Publications de la Sorbonne. serie "Histoire ancienne et médiévale", 30). [Cf. n^{os} <sélection> 2360, 2373, 2410, 2474, 2509, 2510, 2619.]

477. Pratique archivistique française (La). Dir. par J. FAVIER. Paris, Archives nationales, 94, 630 p.

478. Problemy opracowania archiwaliów staropolskich w skomputeryzowanych systemach informacyjnych. Materiały sympozjum, Toruń 9 i 10 września 1993 r. (Les problémes de classement des piéces d'archives anciens polonais [XIVe–XVIIIe siécles] dans les systèmes d'information assistés d'ordinateur. Materiaux du symposium, Toruń 9 et 10 septembre 1993). Réd. par Bohdan RYSZEWSKI. Toruń, Uniw. Mikołaja Kopernika, 94, 88 p. (Komputeryzacja Archiwów, 1).

479. ROMITI (Antonio). L'armarium Comunis della Camara actorum di Bologna. L'inventariatio archivistica nel XIII secolo. Roma, Ministero per i beni culturali e ambientali, Ufficio centrale per i beni archivistici, 94, CCCXLVIII-410 p. (Pubblicazioni degli Archivi di Stato. Fonti, 19).

480. SOMERS (E.), PIER (M.). Archievengids van de tweede wereldoorlog. Nederland en Nederlands-Indië. (Guide of the archives on the second World War in the Netherlands East Indies). Amsterdam, Rijksinstituut voor Oorlogsdocumentatie, 94, 407 p.

481. STAROSTIN (E. V). Istoriya Rossii v zarubezhnykh arkhivakh. (Histoire de la Russie dans les archives étrangers). Ros. gos. gumanit. un-t. Moskva, Vyssh. shk., 94, 80 p.

482. STEIN (Robert). Politiek en historiographie. Het ontstaansmilieu van de Brabantse kronieken in de eerste helft van de vijftiende eeuw. (Politique et historiographie. Le milieu d'origine de chroniques brabançonnes dans la première moitié du quinzième siècle). Leuven, Peeters, 94, 372 p. (Miscellanea neerlandica, X).

483. Strumenti archivistici (Gli). Metodologia e dottrina. Atti del Convegno. Rocca di Papa, 21–23 maggio 1992. *Archivi per la storia*, 94, 7, 1, p. 7-336.

484. SZÖGI (László). Az egyetemi levéltárak Európában és Magyarországon. (Les archives universitaires en Europe et en Hongrie). *Levéltári szle.*, 94, 44, 1, p. 3-16.

485. VITALI (Stefano). Stato e organizzazione della ricerca storica: gli archivi fiorentini nella prima metà dell'Ottocento. *Passato e presente*, 94, 12, 31, p. 91-106.

b. Biblioteche.

486. BERGGÖTZ (O.). Hrabanus Maurus und seine Bedeutung für das Bibliothekswesen der Karolingerzeit. Zugleich ein Beitrag zur Geschichte der Klosterbibliothek Fulda. *Bibliothek und Wissenschaft*, 94, 27, p. 1-48.

487. BISCHOFF (Bernhard). Manuscripts and libraries in the age of Charlemagne. Ed. by Michael GORMAN. Cambridge, Cambridge U. P., 94, XV-193 p. (Cambridge studies in palaeography and codicology; 1).

488. COURTENAY (W. J.). Book production and libraries in XIVth-century. Paris. *In*: Filosofia e teologia nel Trecento [Cf. n° 3848], p. 367-380.

489. DELATOUR (Jérôme), SARMANT (Thierry). La charge de bibliothécaire du Roi aux XVIIe et XVIIIe siècles. *Bibliothèque de l'Ecole des Chartes*, 94, 152, 2, p. 465-502.

490. DEPREUX (Philippe). Büchersuche und Büchertausch im Zeitalter der karolingischen Renaissance am Beispiel des Briefwechsels des Lupus von Ferrières. *Archiv für Kulturgeschichte*, 94, 76, p. 267-284.

491. Encyclopedia of library history. Ed. by Wayne A. WIEGAND a. Donald G. DAVIS. (Garland reference library of social science, 503). New York a. London, Garland, 94, XXXI-707 p.

492. FERNANDEZ SANCHEZ (Jose). Historia de la bibliografia en España. Madrid, Compania Literaria, 94, 299 p.

493. GERMANN (M.). Die reformierte Stiftsbibliothek am Großmünster Zürich im 16. Jahrhundert und die Anfänge der neuzeitlichen Bibliographie: Rekonstruktion des Buchbestandes und seiner Herkunft, der Bücheraufstellung und des Bibliotheksraumes. Mit Edition des Inventars von 1532/1551, von C. PELLIKAN. Wiesbaden, O. Harrassowitz, 94, 184 p., (ill.) (Beiträge zum Buch- und Bibliothekswesen, 34).

494. GIONFRIDA (A.). Gabriel Naudé bibliotecario di Mazzarino. *Dimensioni e problemi della ricerca storica*, 94, 1, p. 146-168.

495. GOLDBERG (P. J. P.). Lay book ownership in late medieval York. The evidence of wills. *The Library*, 94, 16, p. 181-189.

496. GRAFINGER (Chr. M.). Die Forschungen des deutschen Dichters Paul Heyse in Rom und sein Ausschluss aus der Vatikanischen Bibliothek. *Römische historische Mitteilungen*, 94, 36, p. 219-229.

497. Historia, biblioteki, informacja naukowa, papier drukowny. (Studies on library and information history). Pod red. Bronislawa ZYSKI. Katowice, Wydawn. Uniwersytetu Slaskiego, 94, 180 p. (ill.). (Pracc naukowe Uniwersytetu Slaskiego w Katowicach, 1464. Bibliotekoznawstwo i informacja naukowa. Studia bibliologiczne, 8).

498. IGLESIAS (J. A.). La cultura dels clergues a la Catalunya baix-medieval a través de les seves biblioteques. *Analecta sacra Tarraconensia*, 94, 117, 1, p. 93-103.

499. NOE (A.). Das erste humanistische Bücherverzeichnis im deutschen Sprachraum? Der Katalog von Amphonius Ratinck, 1410–1412. *Archiv für Geschichte des Buchwesens*, 94, 41, p. 255-260.

500. ROZZO (Ugo). Biblioteche italiane del Cinquecento tra Riforma e Controriforma. Udine, Arti grafiche friulane, 94, XI-307 p. (ill.). (Libri e biblioteche, 3).

501. Straty bibliotek w czasie II wojny światowej w granicach Polski z 1945 roku. Wstępny raport o stanie wiedzy. (Les pertes subies par les bibliothèques pendant la IIe guerre mondiale sur le territoire de la Pologne dans les frontières de l'année 1945. Rapport préparatoire sur l'etat de la connaissance). Auteurs: Barbara BIEŃKOWSKA, [et al.]. Réd. scient. Andrzej MĘŻYŃSKI. Cz. 1-2: Analiza. Tablice, cz. 3: PASZKOWSKA (Urszula). Bibliografia. (P. 1-2: Analyse. Tables, P. 3: PASZKOWSKA U. Bibliographie). Warszawa, Wydawn. Reklama-W. Wójcicki, 94, 2 vol., 424 p., 102 p. (cartes 2). (Min. Kult. I Sztuki. Biuro Pełnomocnika Rządu do Spraw Pol. Dziedzictwa Kult. Za Granicą. Ser. A. Straty Kult. Pol.).

Cf. n°s 63-230, 5832, 5833

c. Musei.

* 502. POULOT (Dominique). Bibliographie de l'histoire des musées de France. Paris, CTHS, 94, 182 p.

503. BAIONI (Massimo). La religione della patria. Musei e istituti del culto risorgimentale, 1884–1918. Quinto di Treviso, Pagus, 94, 194 p. (I fronti della storia).

504. CALLU (Agnès). La réunion des musée nationaux, 1870–1940, genèse et fonctionnement. Genève, Droz et Paris, Champion, 94, 555 p.

505. CAPPELLETTI (Francesca), TESTA (Laura). Il trattenimento di virtuosi: le collezioni secentesche di quadri nei Palazzi Mattei di Roma. Pref. di Maurizio CALVESI. Roma, Argos edizioni, 94, VIII-452 p. (tav.).

506. FINDLEN (Paula). Possessing nature. Museums, collecting, and scientific culture in early modern Italy. Berkeley a. Los Angeles, University of California Press, 94, XVIII-449 p. (Studies on the history of society and culture, 20).

507. GEERTZ (Hildred). Images of power: Balinese paintings made for Gregory Bateson and Margaret Mead. Honolulu, University of Hawaii press, 94, IX-135 p.

508. HOCHREITER (Walter). Vom Musentempel zum Lernort: zur Sozialgeschichte deutscher Museen, 1800–1914. Darmstadt, Wissenschaftliche Buchgesellschaft, 94, 327 p.

509. MAC CLELLAN (Andrew). Inventing the Louvre: art, politics, and the origins of the modern museum in eighteenth-century Paris. Cambridge, Cambridge U. P., 94, XIII-289 p. (ill).

510. Museum culture: histories discourses spectacles. Ed. by Daniel J. SHERMAN a. Irit ROGOFF. London, Routledge, 94, XX-301 p. (ill.).

511. Museums and the making of ourselves: the role of objects in national identity. Ed. by Flora E. S. KAPLAN. London a. New York, Leicester U. P., 94, XI-430 p. (ill.).

512. RESCIGNO (Paola). Tra culto della memoria e scienza: il Museo Archeologico di Fiesole tra Otto e Novecento. Firenze, Ponte alle Grazie, 94, 224 p. (tav., ill.).

513. SARMANT (Thierry). Le Cabinet des médailles de la Bibliothèque nationale, 1661–1848. Paris, Ecole des chartes et Champion et Genève, Droz, 94, 403 p. (Memoires et documents de l'Ecole des chartes, 40).

§ 2. Storia della storiografia.

a. Opere generali.

* 514. HERUBEL (Jean-Pierre V. M.). Annales historiography and theory: a selective and annotated bibliography. Westport a. London, Greenwood Press, 94, IX-173 p. (Bibliographies and indexes in world history; 34).

515. AGNELLO (Santi Luigi). I congressi nazionali di archeologia cristiana. *Rivista di storia della storiografia moderna*, 94, 15, 1-2, p. 127-132.

516. AMADO (Maria Tereza). El pensamiento historiográfico español bajo los austrias. *Rivista di storia della storiografia moderna*, 94, 15, 1-2, p. 59-94.

517. ARIELI (Yehoshua). Modern history as reinstatement of the Saeculum: a study in the semantics of history. *Jewish History*, 94, 8, 1-2, p.

518. ASSAYAG (Jackie). Violence de l'histoire, histoires de violence. *Annales*, 94, 49, 6, p. 1281-1314.

519. AZÉMA (Jean-Pierre), BÉDARIDA (François). L'historisation de la Résistance. *Esprit*, 94, 1, p. 19-35.

520. AZIZ (Khursheed Kamal). The Pakistani historian. Delhi, Renaissance Publishing House, 94, XIV-218 p.

521. BAILYN (Bernard), TILLY (Louise A.), GINZBURG (Carlo). Percorsi di storici tra Europa e America. *Passato e presente*, 94, 12, 33, p. 81-104.

522. BERTÉNYI (Iván). A történeti segédtudományok fejlődése Magyarországon 1951–1991 között. II. (Le développement des sciences auxiliaires historiques en Hongrie entre 1951–1991. II). *Turul*, 94, 67, 1-2, p. 1-11.

523. BIETENHOLZ (Peter G.). Historia and Fabula. Myths and legends in historical thought from antiquity

to the modern age. Leiden, New York a. Köln, E. J. Brill, 94, IX-434 p.

524. BLACKER (Jean). The faces of time: portrayal of the past in Old French and Latin historical narrative of the Anglo-Norman regnum. Austin, University of Texas Press, 94, XV-263 p.

525. BLUMENAU (S. F.). Spory o revolyutsii vo frantsuzskoy istoricheskoy nauke vtoroy poloviny 60-kh-70-kh godov. (Les discussions sur la révolution dans la science historique francaise des 1960–70). Bryan. gos. ped. in-t. im. I. G. PETROVSKOGO. Bryansk, Izd-vo Bryan. gos. ped. in-ta, 94, 137 p.

526. BOOMGAARD (Peter). Historical studies in 150 volumes of Bijdragen. *Bijdr. Taal-, Land-, Volkenkde*, 94, 150, p. 685-702.

527. BREDI (Daniela). L'uso delle fonti nella storiografia indomusulmana nella prima metà del XX secolo: la storia del Baltistan, Ḥashmātulah Khān e lo Shingarnāma. *Rivista degli studi orientali*, 94, 68, p. 267-289.

528. BREISACH (Ernst). Historiography: ancient, medieval, & modern. Chicago a. London, University of Chicago Press, 94, XII-481 p.

529. BRIGGS (W. W. Jr.). Biographical dictionary of North American classicists. Westport a. London, Greenwood, 94, 800 p.

530. BRIOT (Frédéric). Usage du monde, usage de soi. Enquête sur les mémorialistes d'Ancien Régime. Paris, Ed. du Seuil, 94, 297 p.

531. CHAREWICZOWA (Łucja). Historiografia i miłośnictwo Lwowa. (La historiographie et les amateurs de Lwów [Lviv, XVIe–XXe siécles]). Warszawa, Pol. Dom Wydawn., 94, 291 p. (phot., fig.). (Bibl. Lwowska, 6).

532. CHEN (Qitai). Zhongguo jindai shixue de licheng. (The course of Chinese modern historiography). Zhengzhou, Henan renmin chubanshe, 94, 420 p.

533. COCO (Antonio). La città siciliana tra ideologia e storiografia. L'evoluzione del modello nel Sei e Settecento. *Rivista di storia della storiografia moderna*, 94, 15, 1-2, p. 47-58.

534. COLEMAN (Joyce). Talking of chronicles: the public reading of history in late medieval England and France. *Cahiers de littérature orale*, 94, 36, p. 91-111.

535. Commemorations. The politics of national identity. Ed. by John R. GILLIS. Princeton, Princeton U. P., 94, 288 p.

536. CORTADELLA (Jordi). Historia antigua y reconstrucción historiográfica en la Cataluña del siglo XVIII. *Rivista di storia della storiografia moderna*, 94, 15, 1-2, p. 95-126.

537. DAMIAN-GRINT (Peter Benedict). Vernacular history in the making: Anglo-Norman verse historiography in the Twelfth Century. [S. l.], [s. n.], 94, 515 p.

538. DE ROSA (Gabriele). La storiografia socio-religiosa in Italia. *Ricerche di storia sociale e religiosa*, 94, 23, 45, p. 191-203.

539. DER MANUELIAN (Peter). Living in the past: studies in archaism of the Egyptian twenty-sixth dynasty. London, Kegan Paul, 94, XLII-466 p. (plates, ill., facs.). (Studies in Egyptology).

540. East and the meaning of history (The): international conference (23–27 November 1992). Roma, Bardi, 94, 525 p. (Studi orientali, 13).

541. EDGERTON (D. E. H.). British industrial R. and D. 1900–1970. *Journal of European economic history*, 94, 23, 1, p. 49-68.

542. ESCH (Arnold). Zeitalter und Menschenalter. Der Historiker und die Erfahrung vergangener Gegenwart. München, Beck, 94, 245 p.

543. Etudes germaniques en France, 1900–1970. Ed. par Michel ESPAGNE et Michel WERNER. Paris, CNRS Ed., 94, 560 p.

544. FERRETTI (Maria). Politiche della memoria nella Russia contemporanea: il tabù del nazismo e la rimozione dello stalinismo. *Passato e presente*, 94, 12, 33, p. 31-48.

545. FLORESCANO (Enrique). Memory, myth, and time in Mexico: from the Aztecs to independence. Austin, University of Texas Press, 94, IX-282 p. (ill.).

546. Future of the Middle Ages (The): medieval literature in the 1990s. Ed. by William D. PADEN. Gainesville, University Press of Florida, 94, XII-233 p. (ill.).

547. GABBA (Emilio). Storia romana e critica storica nell'Europa dell'Illuminismo. *Rivista storica italiana*, 94, 106, 1, p. 134-139.

548. GALAN SANCHEZ (Pedro Juan). El genero historiografico de la Chronica: las cronicas hispanas de epoca visigoda. Caceres, Universidad de Extremadura, 94, 230 p. (Anejos del Anuario de estudios filologicos, 12).

549. GALLERANO (Nicola). Memoria e storia: un dibattito. *Passato e presente*, 94, 12, 33, p. 105-112.

550. GEARY (Patrick J.). Phantoms of remembrance. Memory and oblivion at the end of the first millennium. Princeton, Princeton U. P., 94, XIV-248 p.

551. GLATZ (Ferenc). Politikai rendszer és történettudomány. A szovjet zóna országai, 1945–1989. (Système politique et science historique. Les pays de la zone soviètique, 1945–1989). *Debreceni szle.*, 94, 2, 1, p. 96-115.

552. GRAFTON (Anthony). The footnote from de Thou to Ranke. *History and theory* (Theme issue), 94, 33, p. 53-76.

553. Greek historiography. Ed. by Simon HORNBLOWER. Oxford, Clarendon Press, 94, XII-286 p.

554. GRELL (Chantal). L'histoire de France et le mythe de la monarchie au XVIIe siècle. *In*: Histoires de France, historiens de la France [Cf. n° 557], p. 165-188.

555. GROENEN (Marc). Pour une histoire de la préhistoire: le Paléolithique. (L'homme des origines). Grenoble, Editions J. Millon, 94, 603 p.

556. HAAS (Stefan). Historische Kulturforschung in Deutschland 1880–1930. Geschichtswissenschaft zwischen Synthese und Pluralität. Weimar, Wien u. Köln, Böhlau, 94, XI-570 p. (Münsterische Historische Forschungen, 5).

557. Histoires de France, historiens de la France. Actes du Colloque international organisé par la Société d'Histoire de France, Reims [Marne], 14 et 15 mai 1993. Paris, Champion, 94, 336 p. [Cf. n[os] <sélection> 554, 569, 601, 649, 653, 659, 668, 677.]

558. Historiographie im frühen Mittelalter. Hrsg. v. Anton SCHARER u. Georg SCHEIBELREITER. Wien u. München, Oldenbourg, 94, 544 p. [Cf. n[os] <Auswahl> 3061, 3621, 3643.]

559. History and memory in African-American culture. Ed. by Genevieve FABRE, Robert O'MEALLY. New York a. Oxford, Oxford U. P., 94, X-321 p.

560. HOSE (Martin). Erneuerung der Vergangenheit: die Historiker im Imperium Romanum von Florus bis Cassius Dio. Stuttgart, Teubner, 94, XI-522 p. (Beiträge zur Altertumskunde, 45).

561. HUREL (Nahalie). Les chroniques universelles en rouleau (1457–1521): une source de l'iconographie religieuse. *Revue d'histoire de l'Eglise de France*, 94, 80, 205, p. 303-314.

562. İLGÜREL (Mücteba). Japonya'da Türk Tarihi Uzerindeki Çalışmalar. (Recherches sur l'histoire turque en Japon). *Belleten*, Ankara, Türk Tarih Kurumu, 94, 223, p. 751-781.

563. Istoriograficheskiy sbornik. (Collection of works on history of historical science). Mezhvuz. sb. nauch. tr. (Coll. of articles). Vyp. 16. Redkol.: I. V. POROKH (otv. red.) i dr. Saratov, Izd-vo Sarat. un-ta, 94, 168 p. (ill.). [Cf. n° <choice> 4448.]

564. JANSEN (H. S. J.). Kleio's verborgen handen. Drie soorten geschiedtheorie en twee vormen van stadsgeschiedschrijving. *Theoretische geschiedenis*, 94, 21, p. 162-180.

565. JØRGENSEN (Bent Raymond). Etablering af en dansk historiografisk forskningstradition, 1975–1985. (The establishment of a Danish historiographic research tradition, 1975–1985). *Historisk Tidsskrift* (Denmark), 94, 94, 2, p. 225-260 (English summary).

566. KHALIDI (T.). Arabic historical thought in the classical period. Cambridge, Cambridge U. P., 94, XIII-250 p.

567. KNABE (G. S.). Obshchestvenno-istoricheskoe poznanie vtoroy poloviny XX veka, ego tupiki i vozmozhnosti ikh preodoleniya. (Studying history in the second half of the twentieth century: impasses and byways). *In*: Odissey. Chelovek v istorii. 1993. Obraz "drugogo" v kul'ture [Cf. n° 749], p. 247-256. (Eng. summary).

568. KOPOSOV (N.E.). Sovetskaya istoriografiya, marksizm i totalitarizm. (K analizu mental'nykh osnov istoriografii). (Soviet historiography, marxism and totalitarism. An analysis of the mental basis of historiography). *In*: Odissey. Chelovek v istorii. 1992. Istorik i vremya [Cf. n° 748], p. 51-68. (Eng. summary).

569. KRIEGEL (Blandine). Historiographie et histoire du droit aux XVIIe et XVIIIe siècles. *In*: Histoires de France, historiens de la France [Cf. n° 557], p. 189-207.

570. KRIEGER (Kl.-St.). Geschichtsschreibung als Apologetik bei Flavius Josephus. Tübingen u. Bâle, Francke, 94, 366 p. (Texte u. Arbeiten z. neutestamentl. Zeitalter, 9).

571. KRISTÓ (Gyula). A történeti irodalom Magyarországon a kezdetektől 1241–1g. (La littérature historique en Hongrie des débuts jusqu'à l'année 1241). Budapest, Argentum, 94, 149 p.

572. KRUS (Luis). Passado, memoria e poder na sociedade medieval portuguesa: estudos. Redondo, Patrimonia, 94, 257 p. (Patrimonia historica).

573. KÜÇÜK (Abdurrahman). Türkiye'de Dinler Tarihi Çalışmaları ve Prof. Dr. Hikmet Tanyu. (Les travaux de l'histoire des religions en Turquie et le Prof. Dr. Hikmet Tanyu). *Erciyes Üniversitesi Sosyal Bilimler Enstitüsü Dergisi*, Kayseri, 94, 5, p. 21-30.

574. LAMBERT (Pierre-Yves). «Style de traduction». Les traductions celtiques de textes historiques. *Revue d'histoire des textes*, 94, 25, p. 375-392.

575. LU (Sheldon Hsiao-peng). From historicity to fictionality: the Chinese poetics of narrative. Stanford, Stanford U. P., 94, VIII-213 p.

576. MAC CORMACK (Sabine). Ubi Ecclesia? Perceptions of Medieval Europe in Spanish America. *Speculum*, 94, 69, 1, p. 74-100.

577. MAISSEN (Thomas). Attila, Totila e Carlo Magno fra Dante, Villani, Boccaccio e Malispini. Per la genesi di due leggende erudite. *Archivio storico italiano*, 94, 152, 561, p. 461-539. – IDEM. Von der Legende zum Modell. Das Interesse an Frankreichs Vergangenheit während der italienischen Renaissance. Bâle u. Frankfurt am Main, Helbing & Lichtenhahn, 94, 472 p. (Basler Beiträge zur Geschichtswissenschaft, 166).

578. MASTROGREGORI (Massimo). Storiografia e tradizione storica. *Passato e presente*, 94, 12, 32, p. 91-104.

579. MATCZUK (Alicja). Rozwój metodyczny polskich bibliografii historycznych regionalnych. (Le développement méthodique des bibliographies historiques régionales polonaises). Lublin, [s. n.], 94, 219 p.

(Uniw. Marii Curie-Skłodowskiej, Zakł. Nauk Pomocniczych Hist. i Bibliotekoznawstwa). [Eng. summary].

580. MAZZA (Mario). Storia antica tra le due guerre. Linee di un bilancio provvisorio. *Rivista di storia della storiografia moderna*, 94, 15, 1-2, p. 7-46.

581. MEDICK (Hans). Die sogenannte "Laichinger Hungerchronik". *Revue Suisse d'Histoire*, 94, 44, 2, p. 105-119.

582. MIKHAL'CHENKO (S. I.). Kievskaya shkola. Ocherki ob istorikakh. (L'école de Kiev. Essais sur les historiens). Bryan. gos. ped. in-t. im. I. G. Petrovskogo. Bryansk, Izd-vo Bryan. gos. ped. in-ta, 94, 77 p.

583. MINUTI (Rolando). Oriente barbarico e storiografia settecentesca: rappresentazioni della storia dei Tartari nella cultura francese del XVIII secolo. Venezia, Marsilio, 94, 195 p. (Ricerche).

584. MISKOLCZY (Ambrus). Eszmék és téveszmék. Kritikai esszék a román múlt és jelen vitás kéerdéseit tárgyaló könyvekről. (Idées et idées fausses. Essais critiques sur des livres concernant les questions controversée du passé et du présent roumain). Budapest, Bereményi, 94, 233 p.

585. MOMIGLIANO (Arnaldo Dante). Studies on modern scholarship. Ed. by G. W. BOWERSOCK and T. J. CORNELL. Berkeley, University of California Press, 94, XXI-341 p.

586. MYHRE (Jan Eivind). Den norske historiske kultur: om sammenheng og fragmentering i norsk historieforskning. (The Norwegian historical culture. Coherence and fragmentation in Norwegian historical research). *Historisk tidsskrift* (Norway), 94, 73, 3, p. 320-337.

587. MYHRE (Lise Nordenborg). Arkeologi og politik: en arkeo-politisk analyse av faghistoria i tida 1900–1960. (Archaeology and politics: an archaeopolitical analysis of professional history 1900–1960). Oslo, IAKN (Institutt for arkeologi, kunsthistorie og numismatikk), 94, 174 p., (ill.). (Varia. Universitetets Oldsaksamling, 26).

588. NEDDERMEYER (Uwe). "Was hat man von solchen confusionibus (...) recht und vollkömmlichen berichten können?" Der Zusammenbruch des einheitlichen europäischen Geschichtsbildes nach der Reformation. *Archiv für Kulturgeschichte*, 94, 76, p. 77-110.

589. NEVEU (Bruno). Erudition et religion aux XVIIe et XVIIIe siècles. Paris, Albin Michel, 94, XVI-522 p. (Bibliotheque Albin Michel de l'histoire).

590. NIEDERHAUSER (Emil). A nemzeti mozzanat a kelet-európai történetírásban a hosszú 19. század második felében. (Le moment national dans l'historiographie est-européenne dans la deuxième moitié du long XIXe siècle). *Magyar Tudomány*, 94, 39, 2, p. 129-142.

591. NOTH (Albrecht). The early Arabic historical tradition: a source-critical study. In collaboration with Lawrence I. CONRAD. Princeton, Darwin Press, 94, XI-248 p. (Studies in late antiquity and early Islam, 3).

592. OREDSSON (Sverker). Geschichtsschreibung und Kult: Gustav Adolf, Schweden und der Dreissigjährige Krieg. Berlin, [s. n.], 94, 320 p. (Historische Forschungen, 52).

593. PAGGI (Leonardo). Per una memoria europea dei crimini nazisti. *Passato e presente*, 94, 12, 32, p. 105-118.

594. Past and future of medieval studies (The). Ed. by John VAN ENGEN. Notre Dame a. London, University of Notre Dame Press, 94, XI-431 p. (ill.). (Notre Dame conferences in medieval studies, 4).

595. Paths of continuity. Central European historiography from the 1930s to the 1950s. Ed. by Hartmut LEHMANN a. James VAN HORN MELTON. Washington, German Historical Institute a. Cambridge, Cambridge U. P., 94, X-406 p.

596. PHILIPP (T.). Geschichtswissenschaft und die Geschichte des Nähen Ostens. *Saeculum*, 94, 45, 1, p. 166-178.

597. PRAK (Maarten). De nieuwe sociale geschiedschrijving in Nederland. (Changes in the study of the social history in the Netherlands). *T. soc. gesch.*, 94, 20, p. 121-148.

598. PRAKASH (Gyan). Subaltern studies as postcolonial criticism. *American historical review*, 94, 99, 5, p. 1475-1490.

599. Professionalizm istorika i ideologicheskaia kon'iunktura: problemy istochnikovedeniia sovetskoi istorii. (Professional history and ideological conjuncture: some problems of Soviet history). Otv. red. A. K. SOKOLOV; redkollegiia IU. P. BOKAREV [et al.]. Moskva, In-t rossiiskoi istorii RAN, 94, 397 p.

600. PURI (Baij Nath). Ancient Indian historiography: a bi-centenary study. Delhi, Atma Ram & Sons, 94, XXVII-432 p.

601. RANUM (Orest). Historiographes, historiographie et monarchie en France au XVIIe siècle. *In*: Histoires de France, historiens de la France [Cf. n° 557], p. 149-163.

602. RIBEIRO (Ana). Historiografia nacional (1880–1940): de la epica al ensayo sociologico. Montevideo, Ediciones de la Plaza, 94, 83 p.

603. RICUPERATI (Giuseppe). Le categorie di periodizzazione e il Settecento. Per una introduzione storiografica. *Studi settecenteschi*, 94, 14, p. 9-106.

604. SCHÖTTLER (Peter). Le Rhin comme enjeu historiographique dans l'entre-deux-guerres, vers une histoire des mentalités frontalières. *Genèses*, 94, 14, p. 63-82.

605. SCHRADER (Fred. E.). Comment une histoire nationale est-elle possible? *Genèses*, 94, 14, p. 153-163.

606. SIEWEKE (Gabriele). Der Romancier als Historiker: Untersuchungen zum Verhältnis vom Literatur und Geschichte in der englischen Historiographie des 19. Jahrhunderts. Frankfurt am Main, Lang, 94, 220 p. (Münsteraner Monographien zur englischen Literatur = Munster monographs on English literature, 16).

607. SIMON-NAHUM (Perrine). Dix ans d'historiographie du judaïsme français. Bilans et perspectives. *Annales*, 94, 49, 5, p. 1171-1182.

608. Słownik historyków polskich. (Dictionnaire des historiens polonais). Réd. Maria PROSIŃSKA-JACKL. Auteurs: Krzysztof BACZKOWSKI [et al.]. Warszawa, Wiedza Powsz., 94, 630 p.

609. SOFFER (Reba N.). Discipline and power. The university history and the making of an English elite, 1870-1930. Stanford, Stanford U. P., 94, VIII-308 p.

610. STEFANOVSKA (Malina). Strolling through the galleries, hiding in a cabinet: Clio at the French absolutist court. *Eighteenth Century*, 94, 35, 3, p. 261-279.

611. Storici e politici fiorentini del Cinquecento. A cura di Angelo BAIOCCHI; testi a cura di Simone ALBONICO. Milano, R. Ricciardi, 94, XCIII-1217 p. (La letteratura italiana: storia e testi, 31).

612. Svenska Clio (Den): historia i liv och lasning: en antologi. (Historical studies in Sweden: an anthology). Redaktion av Anders BJORNSSON. Stockholm, Clio, 94, 169 p.

613. SZLACHTA (Bogdan). Historiozofia polskich ultramontanów. (La historiosophie des ultramontains polonais [XIXe s.]. *Historyka*, 94, 24, p. 41-56. [Eng. summary].

614. TOLLEBEEK (J.). De ijkmeesters. Opstellen over de geschiedschrijving in Nederland en België. (Essays on the historiography in the Netherlands and Belgium). Amsterdam, Bakker, 94, 249 p.

615. TREMP (Ernst). Rückkehr zu einem finsteren Mittelalter? Geschichten um Ekkehardus Palatinus, von den Casus sancti Galli Fernsehfilm. *Archiv für Kulturgeschichte*, 94, 76, p. 451-488.

616. UJVÁRY (Gabor). Tudományszervezés-történetkutatás-forráskritika. Klebelsberg Kuno és a bécsi Magyar Történeti Intézet megalapítása. [Organisation de science-recherche d'histoire-critique des sources. Kuno Klebelsberg (1875-1932) et l'établissement de l'Institut Hongrois des Sciences historiques à Vienne]. *Levéltári szle.*, 94, 44, 3, p. 10-31.

617. VAN DER HERTEN (Bart). Het begin van het einde: eschatoligische interpretaties van de Franse Revolutie (Le début de la fin: des interprétations eschatologiques de la Révolution française). Leuven, Peeters, 94, 372 p.

618. VANSINA (Jan). Living with Africa. Madison, University of Wisconsin Press, 94, XV-312 p.

619. VESZPRÉMY (László). Közös motívumok a 12-13. Századi magyarországi és hispániai historiográfiában. (Motifs communs dans l'historiographie de Hongrie et d'Espagne aux XIIe-XIIIe siècles). *Aetas*, 94, 1, p. 36-48.

620. WESSEL (M.). Lucien Febvre, Marc Bloch en de "Annales". Biografische elementen voor de geschiedenis van een tijdschrift. (Lucien Febvre, Marc Bloch and the "Annales". Biographical information for the history of a journal). *T. Gesch.*, 94, 7, p. 23-43.

621. WICKERSHAM (John Moore). Hegemony and Greek historians. Lanham, Rowman & Littlefield, 94, X-195 p. (Greek studies: interdisciplinary approaches).

622. Zhongguo jindai shixue fazhan gailun, 1840-1949 (The development of modern Chinese historiography, 1840-1949). Ed. by Ma JINKE, Hong JINGLIN. Beijing, Zhonggo Renmin daxue chubanshe, 94, 461 p.

Cf. n^{os} *482, 525, 1101, 1199, 2020, 2056, 2582, 2904, 3167, 3729, 3731, 3786, 3845, 3992, 4004, 4448, 4537, 4615, 7467, 7514, 7691, 7934, 8302*

b. Studi particolari.

623. VALENSISE (M. R.). Il saggio di F. **Algarotti** (1765) e l'idea di clima nella storiografia del Settecento. *Rivista di storia della storiografia moderna*, 94, 15, 1-2, p. 133-154.

624. IMBRUGLIA (Girolamo). Tra **Anquetil-Duperron** e l'Histoire des deux Indes. Libertà, dispotismo e feudalesimo. *Rivista storica italiana*, 94, 106, 1, p. 140-193.

625. ZEN (S.). **Baronio** storico: Controriforma e crisi del metodo umanistico. Pref. di R. DE MAIO. Napoli, Vivarium, 94, X-455 p.

626. BRUNO SUNSERI (Giovanna). Giulio **Beloch** a Palermo. Lettere di Francesco Paolo Allegra-De Luca a Karl Julius Beloch. *Quaderni di storia*, 94, 20, 40, p. 85-140.

627. **BLOCH** (Marc), FEBVRE (Lucien). Correspondance. Vol. 1. La naissance des Annales, 1928-1933. Ed. par Bertrand MÜLLER. Paris, Fayard, 94, LXI-550 p. – RAPHAEL (Lutz). Die Erben von **Bloch** und Febvre. Annales Geschichtsschreibung und Nouvelle Histoire in Frankreich 1945-1980. Stuttgart, Klett Cotta, 94, 635 p.

628. AGUIRRE ROJAS (Carlos Antonio). (Ri)costruendo la biografia intellettuale di Fernand **Braudel**. *Rivista di storia della storiografia moderna*, 94, 15, 3, p. 275-316. – TOPOLSKI (Jerzy), WRZOSEK (Wojciech), KAJZER (Leszek), OSTOJA-ZAGORSKI (Janusz), SZIETYLLO (Janusz). Fernand **Braudel** et les conceptions de l'histoire de la culture matérielle. Débat à l'Institut de l'Archéologie et de Ethnologie de l'Académie polonaise des Sciences, Varsovie, le 7 décembre 1993. *Kwartalnik historii kultury materialnej*, 94, 42, 2, p. 153-182.

629. FUCHS (Eckhardt). Henry Thomas **Buckle**. Geschichtsschreibung und Positivismus in England und Deutschland. Leipzig, Leipziger Universitätsverlag, 94, 400 p. (Beiträge zur Universalgeschichte und vergleichenden Gesellschaftsforschung, 9).

630. PERINI (Leandro). A proposito degli «Eretici italiani» di Delio **Cantimori**. *Archivio storico italiano*, 94, 152, 561, p. 669-674.

631. LUNDEN (Kåre). Min klassikar – E. H. **Carr**: The dual character of history. (My classic, E. H. Carr: the dual character of history). *HIFO-nytt*, 94, 3, p.13-21.

632. BIEŃKOWSKI (Wiesław). Władysław **Chojnacki** – badacz dziejów Mazur. (Władysław Chojnacki [1920–1991] – chercheur sur l'histoire de la Masurie). *Komunikaty maz.-warm.*, 94, 42, 1, p. 69-77. [Deutsche Zsfassung].

633. Carlo **Cipolla** e la storiografia italiana fra Otto e Novecento. Atti del Convegno di studio. Verona 23-24 novembre 1991. A cura di Giovanni Maria VARANINI. Verona, Accademia di agricoltura scienze e lettere, 94, XV-389 p. (ill.).

634. GANDA (Arnaldo). Vicende editoriali della Patria Historia di Bernardino **Corio**. *La Bibliofilia*, 94, 96, p. 217-232.

635. HOUBEN (Hubert). Pietro Fedele, Benedetto **Croce** e la riapertura dell'Istituto Storico Germanico di Roma nel 1922. *Nuova rivista storica*, 94, 78, p. 665-674.

636. HECKEL (W.). Notes on Q. **Curtius Rufus**' History of Alexander. *Acta classica. Classical Association of South Africa*, 94, p. 67-78.

637. AGRIPPA D'AUBIGNÉ. Histoire Universelle. Tome 8. 1588–1593. Ed. par André THIERRY. Genève, Droz, 94, 382 p.

638. CHARTIER (Roger). Georges **Dandin**, ou le social en représentation. *Annales*, 94, 49, 2, p. 277-310.

639. DE COMMYNES (Ph.). Mémoires. Paris, Imprimerie Nationale, 94, 490 p. – DUFOURNET (Jean). Philippe **de Commynes**, un historien à l'aube des temps modernes. Bruxelles, De Boeck Univ., 94, 317 p.

640. Diario segreto (Il) di Gaetano **De Sanctis** (1917–1933). A cura di Silvio ACCAME. *Nuova Antologia*, 94, 129, 572, 2189-2190, p. 5-53, p. 284-339; 573, 2191, p. 45-104.

641. BERRIOT (François). Les origines mythiques de la Corse et le combat contre l'Islam dans la Cronica de Giovanni **Della Grossa** (1464). *Journal of Mediterranean Studies* (Durham), 94, 4, 1, p. 53-60.

642. FROYANOV (I. Ya.), SMIRNOV (Yu. P.). Istorik, issledovatel', uchenyy, V. D. **Dmitriev**. (Historian V. D. Dmitriev). Cheboksary, Izd-vo Chuvash. un-ta, 94, 52 p. (ill.).

643. GROTTANELLI (Cristiano). Ancora **Dumézil**: addenda e corrigenda. *Quaderni di storia*, 94, 20, 39, p. 195-208. – IDEM. Un lettore «supplente» e i trabocchetti della polemica [su G. **Dumézil**; risposta al saggio di A. Zambrini]. *Rivista di storia della storiografia moderna*, 94, 15, 3, p. 391-404. – ZAMBRINI (Andrea). Georges **Dumézil**. Una polemica. *Rivista di storia della storiografia moderna*, 94, 15, 3, p. 317-390.

644. D'ALESSANDRO (Giuseppe). Teoria e prassi della storiografia in J. G. **Eichhorn**. *Archivio di storia della cultura*, 94, 7, p. 203-221.

645. ARNALDI (Girolamo). Giorgio **Falco**, la scelta e il periodizzamento. *Cultura*, 94, 32, p. 497-512.

646. FEBVRE (Lucien). Der Rhein und seine Geschichte. Hrsg. v. Peter SCHÖTTLER. Frankfurt am Main, Campus u. Paris, Editions de la Fondation Maison des Sciences de l'Homme, 94, 263 p. – PERINI (Leandro). Lucien **Febvre** et la renaissance de Jules Michelet [un article de 1950]. *Cahiers Vilfredo Pareto*, 94, 32, 98, p. 177-187.

647. Guglielmo **Ferrero**: itinerari del pensiero. A cura di Lorella CEDRONI. Napoli, Edizioni Scientifiche Italiane, 94, 850 p.

648. VARVARO (Alberto). Il libro I delle Chroniques di Jean **Froissart**. Per una filologia integrata dei testi e delle immagini. *Medioevo romanzo*, 94, 19, p. 3-36.

649. COLLARD (Franck). Histoire de France en latin et histoire de France en langue vulgaire: la traduction du Compendium de origine et gestis Francorum de Robert **Gaguin** au début du XVIe siècle. *In*: Histoires de France, historiens de la France [Cf. n° 557], p. 91-118.

650. AGUIRRE GANDARIAS (Sabino). Lope **Garcia de Salazar**. El primer historiador de Bizkaia (1399–1476). Bilbao, Diputación Foral de Bizkaia, 94, 460 p. (ill.).

651. MONZALI (Luciano). Amedeo **Giannini** e la nascita della storia delle relazioni internazionali in Italia. *Storia contemporanea*, 94, 25, 4, p. 493-528.

652. WOOTTON (David). Narrative, irony, and faith in **Gibbon**'s Decline and Fall. *History and theory* (Theme issue), 94, 33, p. 77-105.

653. BREUKELAAR (Adrian H. B.). Historiography and episcopal authority in VI-century Gaul. The histories of **Gregory of Tours** interpreted in their historical context. Göttingen, Vandenhoeck & Ruprecht, 94, 391 p. – HEINZELMANN (Martin). **Grégoire de Tours**, «père de l'histoire de France»? *In*: Histoires de France, historiens de la France [Cf. n° 557], p. 19-45. – IDEM. **Gregor von Tours** (538–594). «Zehn Bücher Geschichte». Historiographie und Gesellschaftskonzept im 6. Jahrhundert. Darmstadt, Wissenschaftliche Buchgesellschaft, 94, X-275 p. – MEYERS (Jean). Les citations et réminiscences virgiliennes dans les Libri Historiarum de **Grégoire de Tours**. *A. Fac. Lettres de Toulouse, Pallas*, 94, 41, p. 67-90.

654. BATKIN (L. M.). O tom, kak A. Ya. **Gurevich** vozdelyval svoy alod. (On the way Aaron Gurevich

tilled his alodis). *In*: Odissey. Chelovek v istorii. 1994. Kartina mira v narodnom i uchenom soznanii [Cf. n° 750], p. 5-28. (Eng. summary).

655. MOLHO (Anthony), KLAPISCH-ZUBER (Christiane), COHN (Samuel Jr.), FASANO GUARINI (Elena). David **Herlihy**: la figura e l'opera nel ricordo di amici e allievi. *Archivio storico italiano*, 94, 152, 559, p. 173-222.

656. JOHNSON (W. A.). Oral performance and the composition of **Herodotus**' Histories. *Greek, Roman and Byzantine studies*, 94, p. 229-254. – PAYEN (Pascal). Logos, mythos, ainos: de l'intrigue chez **Hérodote**. *Quaderni di storia*, 94, 20, 39, p. 43-77.

657. LORETO (Luigi). «Staatsverfassung» e «Heeresverfassung» antiche in Otto **Hintze**. *Quaderni di storia*, 94, 20, 39, p. 127-163.

658. DINI (Bruno), FRANCESCHI (Franco). Ricordo di Hidetoshi **Hoshino**. *Archivio storico italiano*, 94, 152, 560, p. 413-432.

659. BAUTIER (Robert-Henri). L'école historique de l'abbaye de Fleury [Saint-Benoît-sur-Loire, Bénédictins, Loiret] d'Aimon à **Hugues de Fleury**. *In*: Histoires de France, historiens de la France [Cf. n° 557], p. 59-72.

660. GRÜNEWALD (E.). «Sanctus amor patriae dat animum», ein Wahlspruch des Georges-Kreises? Ernst **Kantorowicz** auf dem Historikertag zu Halle a. d. Saale im Jahr 1930 (mit Edition). *Deutsches Archiv für Erforschung des Mittelalters*, 94, 50, p. 89-125.

661. HERLING (Marta). Le Riflessioni sulla storia di Witold **Kula**. *Annali dell'Istituto italiano per gli studi storici*, 91-94, 12, p. 639-659.

662. GRANGE (Jacques). Un document peu connu du dialogue franco-allemand après Sedan [Ardennes]: Ernest **Lavisse**, Essais sur l'Allemagne impériale (1887). *In*: Offene Gefüge [Cf. n° 1277], p. 437-453.

663. AVESANI (Rino). Ricordo di Vincenzo **Licitra** (con la bibliografia di Vincenzo Licitra a cura di Franco-Lucio SCHIAVETTO). *Studi medievali*, 94, 35, 2, p. 931-944.

664. POCOCK (J. G. A.). **Machiavelli** and the rethinking of history. *Pensiero politico*, 94, 27, p. 215-230.

665. PÁSZTOR (E.). Bibliografia di Raoul **Manselli**. Spoleto, Centro italiano di studi sull'Alto Medioevo, 94, XXV-64 p. (Testi, studi, strumenti, 9).

666. TAZBIR (Janusz). Tadeusz **Manteuffel** (1902–1970). L'intellectuel face aux totalitarisme. *Acta Poloniae hist.*, 94, 70, p. 165-174.

667. CHARTIER (Roger). Pouvoirs et limites de la représentation. Sur l'œuvre de Louis **Marin**. *Annales*, 94, 49, 2, p. 419-428.

668. FAUQUET (Eric). La place de l'Histoire de France de **Michelet**. *In*: Histoires de France, historiens de la France [Cf. n° 557], p. 267-279. – **MICHELET** (Jules). Correspondance générale. Tome 1. 1820–1832. Paris, Champion, 94, 977 p. – IDEM. Correspondance générale. Tome 2. 1833–1838. Ed. par Louis LE GUILLOU, en coll. avec Simone BERNARD-GRIFFITHS et Ceri CROSSLEY. Paris, Champion, 94, 915 p.

669. BLOCH (R. Howard). God's plagiarist: being an account of the fabulous industry and irregular commerce of the abbé **Migne**. Chicago, University of Chicago Press, 94, 160 p.

670. Lettere a Raffaello **Morghen** 1917–1983. A cura di Gabriella BRAGA, Alberto FORNI e Paolo VIAN; introduzione di Ovidio CAPITANI. Roma, Istituto storico italiano per il Medio Evo, 94, LXIV-287 p. (Nuovi studi storici, 24).

671. ŻYROMSKI (Marek). Gaetano **Mosca** – historyk zapomniany. (Gaetano Mosca [1858–1941] – un historien oublié). *Historyka*, 94, 24, p. 25-40. [Eng. Summary].

672. GREVER (M.). Strijd tegen de stilte. Johanna **Naber** (1859–1941) en de vrouwenstem in de geschiedenis. [Struggle against silence. Johanna Naber (1859–1941) and the women's voice in history]. Hilversum, Verloren, 94, 427 p. (fig.). (Diss. Nijmegen).

673. Eduard **Norden** (1868–1941): ein deutscher Gelehrter judischer Herkunft. Hrsg. v. Bernhard KYTZLER, Kurt RUDOLPH u. Jorg RUPKE. Stuttgart, F. Steiner, 94, 239 p. (ill.). (Palingenesia, 49). [Cf. n° <Auswahl> 1173.]

674. CAGNETTA (Mariella). Ettore **Pais** e il nazionalismo. *Quaderni di storia*, 94, 20, 39, p. 209-226.

675. CAVARZERE (Alberto). [Giorgio] **Pasquali** in tombola. *Quaderni di storia*, 94, 20, 40, p. 141-150.

676. RENNAN (Brian). **Ranke**'s Caesar. *Quaderni di storia*, 94, 20, 39, p. 79- 93.

677. SOT (Michel). **Richer de Reims** a-t-il écrit une Histoire de France? *In*: Histoires de France, historiens de la France [Cf. n° 557], p. 47-58.

678. VIGEZZI (Brunello). Rosario **Romeo**, Giolitti, la crisi dello Stato liberale e la prima guerra mondiale. *Storia contemporanea*, 94, 25, 1, p. 5-38.

679. MARCONE (Arnaldo). M. **Rostovtzeff** e la storia dei Seleucidi. *Quaderni di storia*, 94, 20, 40, p. 5-8. – IDEM. **Rostovtzeff** e l'opposizione all'impero romano. *Rivista storica dell'antichità*, 94, 24, p. 117-128.

680. NAPOLITANO (Saverio). Girolamo **Rossi** e la storiografia nazionale. *Rivista di storia della storiografia moderna*, 94, 15, 3, p. 253-274.

681. **ROSCHER** (Wilhelm). Ansichten der Volkswirtschaft aus dem geschichtlichen Standpunkte. Nachdruck der 1861 in Leipzig und Berlin erschienen Erstausgabe. Düsseldorf, Verlag Wirtschaft und Finanzen, 94, 500 p. – STREISSLER (Erich), BALTZAREK (Franz), MILFORD (Karl), ROSNER (Peter). Wilhelm

Roscher und seine «Ansichten der Volkswirthschaft aus dem geschichtlichen Standpunkte». Vademecum zu einem Klassiker der Historischen Schule. Düsseldorf, Verlag Wirtschaft und Finanzen, 94, 214 p.

682. OEXLE (O. G.). Gruppen in der Gesellschaft. Das wissenschaftliche Œuvre von Karl **Schmid**. *Frühmittelalterliche Studien*, 94, 28, p. 410-423.

683. ROTH (Michael S.). Performing history: modernism contextualism in Carl **Schorske**'s Fin-de-Siècle Vienna. *American historical review*, 94, 99, 3, p. 729-745.

684. PROST (Antoine). [Charles] **Seignobos** revisité. *Vingtième siècle*, 94, 43, p. 100-117.

685. PROVIDENTI (Elio). Pietro **Silva**, la corte e Mussolini. *Quaderni di storia*, 94, 20, 39, p. 95-126.

686. BOGDANOV (A. P.). Letopisets i istorik kontsa XVII veka: Ocherki istoricheskoy mysli "Perekhodnogo vremeni". (A chronicler and a historian of late 17th-century Russia: Joseph **Snazin** and Silvester Medvedev. The transition from chronicle-writing to historiography). Gos. publ. bibl. Rossii. Moskva, [s. n.], 94, 147 p. (bibl. incl.)

687. LENGER (Friedrich). Werner **Sombart** 1863-1941. Eine Biographie. München, Beck, 94, 570 p.

688. MARCHAND (Suzanne L.). The rhetoric of artifacts and the decline of classical humanism: the case of Josef **Strzygowski**. *History and theory* (Theme issue), 94, 33, p. 106-130.

689. KELLER (H.). Das Werk Gerd **Tellenbachs** in der Geschichtswissenschaft unseres Jahrhunderts. *Frühmittelalterliche Studien*, 94, 28, p. 374-397.

690. FLOWER (M. A.). **Theopompus** of Chios: history and rhetoric in the fourth century B. C. Oxford, Clarendon Press, 94, XII-252 p.

691. GRENDI (Edoardo). E. P. **Thompson** e la «cultura plebea». *Quaderni storici*, 94, 29, 85, p. 235-248. – SLACK (Paul), INNES (Joanna). E. P. **Thompson**. *Past and Present*, 94, 142, p. 3-5.

692. HORNBLOWER (Simon). **Thucydides**. London, Duckworth, 230 p. – SANCHO ROCHER (Laura). **Tucidides** y el tema de la polis-tyrannos. *Quaderni di storia*, 94, 20, 40, p. 59-83.

693. SKOGSTAD (Ola). Arnold **Toynbee** – historikar og profet. (Arnold Toynbee. Historian and prophet). *Syn & Segn*, 94, 5, p. 443-449.

694. FRANCO (Carlo). Werner Jaeger in Italia: il contributo di Piero **Treves**. *Quaderni di storia*, 94, 20, 39, p. 173-194. – PERTICI (Roberto). Piero **Treves** storico di tradizione. *Rivista storica italiana*, 94, 106, 3, p. 651-734.

695. COTONI (Marie-Hélène). Histoire et polémique dans la critique biblique de **Voltaire**: le Dictionnaire philosophique. *Raison présente*, 94, 112, p. 27-47.

696. GOUTTEBROZE (Jean-Guy). Pourquoi congédier un historiographe, Henri II Plantagenêt et **Wace** (1155-1174). *Romania*, 94, 112, 447-448, p. 289-311 p.

697. GERMER (Andrea). Wissenschaft und Leben: Max **Webers** Antwort auf eine Frage Friedrich Nietzsches. Göttingen, Vandenhoeck & Ruprecht, 94, 232 p. (Kritische Studien zur Geschichtswissenschaft, 105). – JAEGER (Friedrich). Bürgerliche Modernisierungskrise und historische Sinnbildung: Kulturgeschichte bei Droysen, Burckhardt und Max **Weber**. Göttingen, Vandenhoeck & Ruprecht, 94, 343 p. (Burgertum, 5). – Max **Weber**. Briefe 1909-1910. Hrsg. v. M. Rainer LEPSIUS u. Wolfgang J. MOMMSEN. Tübingen, Verlag J. C. B. Mohr, 94, XXIV-854 p. (Max Weber Gesamtausgabe, II, Briefe, 6).

698. BREMER (J. M.), CALDER (W. M.). Prussia to Holland. **Wilamowitz** and two Kuipers. [Koenraad Kuiper and Wolter E. J. Kuiper, both professor of Greek at the University of Amsterdam]. *Mnemosyne*, 94, 47, p. 177-216. (fig.).

Cf. n°s 1107, 1167, 1264, 1816, 1819, 1877, 1948, 1968, 2039, 2061, 2272, 2295, 2306, 2309, 2313-2316, 2323, 2544, 2545, 2552, 2557, 2560, 2822, 2824, 2835, 2836, 2837, 2953, 2957, 2989, 3003, 3004, 3009, 3023, 3052, 3058, 3061, 3067, 3076, 3078, 3079, 3084-3086, 3105, 3106, 3107, 3180, 3199, 3219, 3612, 3650, 3831, 3931, 4033, 7361, 7362

§ 3. Metodologia, filosofia ed insegnamento della storia.

* 699. Histoire et informatique: une bibliographie internationale, 1993. History and computing: an international bibliography. Liege, Laboratoire d'etudes et de recherches sur l'information et la documentation et Göttingen, Max-Planck-Institut fur Geschichte, 94, 169 p. (Halbgraue Reihe zur historischen Fachinformatik. Serie A, Historische Quellenkunden, 24).

700. ABRASH (Barbara), Walkowitz (Daniel J.). Sub/version of history: a meditation on film and historical narrative. *History Workshop*, 94, 38, p. 203-214.

701. ANKERSMIT (F. R.). History and tropology: the rise and fall of metaphor. Berkeley a. Los Angeles, University of California Press, 94, VII-244 p.

702. APPLEBY (J.), HUNT (L.), JACOB (M.). Telling the truth about history. London, Norton, 94, 322 p.

703. BEARDS (Andrew). Reversing historical skepticism: Bernard Lonergan on the writing of history. *History and theory*, 94, 33, 2, p. 198-219.

704. BESSMERTNYY (Yu. L.). Novaya demograficheskaya istoriya. (New demographic history). *In*: Odissey. Chelovek v istorii. 1994. Kartina mira v narodnom i uchenom soznanii [Cf. n° 750], p. 239-256. (Eng. summary).

705. BEVIR (Mark). Objectivity in history. *History and theory*, 94, 33, 3, p. 328-344.

706. BINOCHE (Bertrand). Les trois sources des philosophies de l'histoire (1764-1798). Paris, PUF, 94, 256 p. (Pratiques théoriques).

707. BLOK (Josine H.). Quests for a scientific mythology: F. Creuzer and K. O. Müller on history and myth. *History and theory* (Theme issue), 94, 33, p. 26-52.

708. BRAUN (Robert). The Holocaust and problems of historical representation. *History and theory*, 94, 33, 2, p. 172-197.

709. BURGUIÈRE (André). Les rapports entre générations: un problème pour l'historien. *Communications*, 94, 59, p. 15-27.

710. CHARTIER (Roger). L'histoire entre récit et connaissance. *Modern language notes*, 94, 109, 4, p. 583-600.

711. DAMI (Roberto). I tropi della storia. La narrazione nella teoria della storiografia di Hayden White. Milano, Angeli, 94, 192 p. (Filosofia, 65).

712. DEAN (Carolyn J.). The productive hypothesis: Foucault, Gender, and the history of sexuality. *History and theory*, 94, 33, 3, p. 271-296.

713. DESIDERI (Paolo). La prova nell'oratoria giudiziaria e nella storiografia del mondo antico. *Quaderni storici*, 94, 29, 85, p. 43-58.

714. DROYSEN (Johann Gustav). Istorica. Lezioni di enciclopedia e metodologia della storia (1857). A cura di Silvia Caianiello. Napoli, Guida, 94, 547 p. (Micromegas, 42).

715. EVM i matematicheskie metody v istoricheskikh issledovaniyakh. (PC and mathematical methods in historical studies). Sb. st. (Coll. of articles). Ros. Akad. nauk., In-t vseobshch. istorii, Otv. red. Yu. L. BOKOREV. Moskva, IRI, 94, 223 p. [Cf. n° <choice> 718.]

716. Foucault and the writing of history. Ed. by Jan GOLDSTEIN. Oxford, Blackwell, 94, IX-310 p.

717. GALLERANO (Nicola). Histoire et usage public de l'histoire. *Diogène*, 94, 168, p. 87-106.

718. GARSKOVA (I. M.). Bazy i banki dannykh v istoricheskikh issledovaniyakh. (Bases and banks of data in historical studies). Moskva, MGU a. Gottingen, Max-Planck-Institut fur Geschichte, 94, 215 p. (ill.). – IDEM. Problemy koordinatsii issledovatel'skikh podkhodov k sozdaniyu baz i bankov dannykh na osnove istoricheskikh istochnikov. (Problems of coordination of approaches in creation of bases and banks of data concerning historical sources). *In*: EVM i matematicheskie metody v istoricheskikh issledovaniyakh [Cf. n° 715], p. 198-208.

719. GINZBURG (Carlo). Aristotele, la storia, la prova. *Quaderni storici*, 94, 29, 85, p. 5-17.

720. GUREVICH (A. Ya.). "Put' pryamoy, kak nevskiy prospekt", ili ispoved' istorika. ("The road straight like Nevski avenue", or a historian's confession). *In*: Odissey. Chelovek v istorii. 1992. Istorik i vremya [Cf. n° 748], p. 7-34. (Eng. summary). – IDEM. "V etom bezumii est' metod": K probleme "individ v srednie veka". ("Dans cette folie il y a du méthode": De l'individualite au Moyen age). *Mirovoe drevo*, 94, 3, p. 80-97. – IDEM. Istorik i istoriya. K 70-letiyu Yuriya L'vovicha Bessmertnogo. (A historian and history. Towards Yu. Bessmertny's 70th anniversary). *In*: Odissey. Chelovek v istorii. 1993. Obraz "drugogo" v kul'ture [Cf. n° 749], p. 209-217. (Eng. summary).

721. HARDY (Grant). Can an ancient Chinese historian contribute to modern western theory? The multiple narratives of Ssu-ma Ch'ien. *History and theory*, 94, 33, 1, p. 20-38.

722. HEEHS (Peter). Myth, history, and theory. *History and theory*, 94, 33, 1, p. 1-19.

723. HILDESHEIMER (Françoise). Introduction à l'histoire. Paris, Hachette, 94, 156 p.

724. Historiography between modernism and postmodernism: contributions to the methodology of the historical research. Ed. by Jerzy TOPOLSKI. Amsterdam a. Atlanta, Rodopi, 94, 221 p. (bibl). (Poznan studies in the philosophy of the sciences and the humanities, 41).

725. Historische Faszination. Geschichtskultur heute. Hrsg v. Klaus FÜSSMANN, Heinrich Theodor GRÜTTER u. Jörn RÜSEN. Köln, Weimar u. Wien, Böhlau, 94, VIII-284 p.

726. JONKER (E.). Hedendaags historisme en anachronisme. *Theoretische geschiedenis*, 94, 21, p. 1-15.

727. KELLNER (Hans). "Never again" is now. *History and theory*, 94, 33, 2, p. 127-144.

728. KOMLOS (John). On the significance of anthropometric history. *Rivista di storia economica*, 94, 11, 1, p. 97-110.

729. KUITENBROUWER (M.). Drie omwentelingen in de historiografie van het imperialisme: Engeland en Nederland. (Three "revolutions" in the historiography of imperialism: England and the Netherlands). *T. Gesch.*, 94, 107, p. 559-585.

730. LA CAPRA (Dominick). Representing the Holocaust. History, theory, trauma. Ithaca, Cornel U. P., 94, XIII-230 p.

731. LABIB (Abdel Aziz). Sociabilité et histoire chez Ibn Khaldun et Mably. *Revue d'Histoire Maghrebine*, 94, 75-76, p. 237-250.

732. LANDES (David S). What room for accident in history? Explaining big changes by small events. *Economic history review*, 94, 47, 4, p. 637-656.

733. LAVABRE (Marie-Claire). Usages du passé, usages de la mémoire [à propos des ouvrages Les lieux

de mémoire, sous la dir. de Pierre Nora]. *Revue française de science politique*, 94, 44, 3, p. 480-493.

734. LORENZ (Chris). Historical knowledge and historical reality: a plea for "Internal Realism". *History and theory*, 94, 33, 3, p. 297-327.

735. LUNDEN (Kåre). Korleis skrive eldre samfunnshistorie? Gjensyn med empiri, modellar og logikk. (How to write older history. Empiricism, models and logic). *Historisk tidsskrift* (Norway), 94, 73, 3, p. 338-347.

736. MANETTI (Giovanni). Indizi e prove nella cultura greca. Forza epistemica e criteri di validità dell'inferenza semiotica. *Quaderni storici*, 94, 29, 85, p. 19-42.

737. MARRAMAO (Giacomo). Cielo e terra: genealogia della secolarizzazione. Roma e Bari, Laterza, 94, 199 p. (Saggi tascabili, 174. Letture / Fondazione Lelio e Lisli Basso-Issoco, 1).

738. MEGILL (Allan). Jörn Rüsen's theory of historiography between modernism and rhetoric inquiry. *History and theory*, 94, 33, 1, p. 39-60.

739. Metodologicheskie i istoriograficheskie voprosy istoricheskoy nauki. (Methodological and historiographical problems of historical science). Sb. st. (Coll. of articles). Vyp. 21. Red. B. G. MOGIL'NITSKIY (otv. red.) i dr. Tomskiy gos. un-t. Tomsk, Izd-vo Tom. un-ta, 94, 225 p.

740. Modernes Mittelalter. Neue Bilder einer populären Epoche. Hrsg. v. Joachim HEINZLE. Frankfurt am Main, Insel Verlag, 94, 495 p.

741. MUSI (Aurelio). La storia debole. Critica della nuova storia. Napoli, Edizioni scientifiche italiane, 94, 125 p. (ESI-uni, 13).

742. MYHRE (Jan Eivind). Verdien av lokalhistorie: lokalhistorien mellom bevisstgjøring og Matnytte. (The value of local history). *Heimen*, 94, 4, p. 227-235.

743. Mythologies historiques. Centre d'histoire de l'imaginaire, Colloque du 12 novembre 1993. *Analele Universității București. Seria științe sociale, istorie*, 93-94, 42-43, 119 p.

744. NAGL-DOCEKAL (Erta). Geschichtsphilosophie als Theorie der Geschlechterdifferenz. Das Beispiel Rousseaus. *Deutsche Zeitschrift für Philosophie*, 94, 42, 4, p. 571-589.

745. New historicism reader (The). Ed. by H. A. VEESER. London a. New York, Routledge, 94, VII-376 p.

746. NOIRIEL (Gérard). En mémoire de Marc Bloch. Retour sur l'Apologie pour l'histoire. *Genèses*, 94, 17, p. 122-139.

747. Novomu ponimaniyu cheloveka v istorii (K). Ocherki razvitiya sovremennoy zapadnoy istoricheskoy mysli. (Vers la nouvelle conception de l'homme dans l'histoire. Sur le developement de la pensée historique occidentale). Sb. st. (Coll. of articles.) G. K. GUL'BIN, K. YU. GUR'EVA, S. G. KIM i dr. Pod red. B. G. MO-GIL'NITSKOGO. Tom. gos. un-t. Tomsk, Izd-vo Tom. un-ta, 94, 226 p.

748. Odissey. Chelovek v istorii. 1992. Istorik i vremya. (Odisseus. Man in history. 1992. Historian and time). Sb. st. (Coll. of articles). Otv. red. A. Ya. GUREVICH. Ros. Akad. nauk., In-t vseobshch istorii. Moskva, Krug', 94, 224 p. (Eng. summaries). [Cf. n[os] <choice> 567, 720, 2901, 3412, 4016.]

749. Odissey. Chelovek v istorii. 1993. Obraz "drugogo" v kul'ture. (Odisseus. Man in history. 1993. Image of the "other" in culture). Sb. st. (Coll. of articles). Otv. red. A. Ya. Gurevich. Ros. Akad. nauk., In-t vseobshch istorii. Moskva, Nauka, 94, 336 p. (ill., Eng. summaries). [Cf. n[os] <choice> 654, 704, 3336, 3338, 7132.]

750. Odissey. Chelovek v istorii. 1994. Kartina mira v narodnom i uchenom soznanii. (Odisseus. Man in history. 1994. The picture of the world in popular and learned vision). Sb. st. (Coll. of articles). Otv. red. Yu. L. BESSMERTNYY. Ros. Akad. nauk., In-t vseobshch istorii. Moskva, Nauka, 94, 336 p. (ill., Eng. Summaries). [Cf. n[os] <choice> 2414, 2901, 3338, 3352, 3617, 4028, 7132.]

751. OWENSBY (Jacob). Dilthey and the narrative of history. Ithaca a. London, Cornell U. P., 94, X-193 p.

752. Proof and persuasion in history. Ed. by Anthony GRAFTON a. Suzanne L. MARCHAND. Middletown, Wesleyan U. P., 94, 130 p. (History and theory: studies in the philosophy of history. Theme issue, 33).

753. PUCCI (Giuseppe). La prova in archeologia. *Quaderni storici*, 94, 29, 85, p. 59-74.

754. Rediscovering history: culture, politics, and the psyche. Ed. by Theda SKOCPOL. Stanford, Stanford U. P., XVII-535 p. (Cultural Sitings).

755. Rethinking Objectivity. Ed. by A. MEGILL. Durham, Duke U. P., 94, IX-342 p.

756. RICŒUR (Paul). Histoire et rhétorique. *Diogène*, 94, 168, p. 9-26.

757. ROMERO (F.). Le frontiere storiografiche della guerra fredda. *Studi storici*, 94, 3, p. 667-675.

758. RØSSAAK (Eivind). Nyhistorismen, historien som tekst eller teksten som historie? (New historicism: history as text or text as history?). *Samtiden*, 94, 6, p. 39-45.

759. RÜSEN (Jörn). Historische Orientierung: über die Arbeit des Geschichtsbewusstseins, sich in der Zeit zurechtzufinden. Weimar, Wien u. Köln, Böhlau, 94, X-264 p.

760. SAMUEL (Raphael). Theatres of memory. Vol. 1. Past and present in contemporary culture. London, Verso, 94, XIV-479 p.

761. SCHWAB (Ute). Glossen zu einem neuen mediaevistischen Handbuch. *Studi medievali*, 94, 35, 1, p. 321-366.

762. Social responsibility of the historian (The). Ed. by François BEDARIDA. Providence a. Oxford, Berghahn Books, 94, 104 p. (Diogenes, 168).

763. STANFORD (Michael). A companion to the study of history. Oxford a. Cambridge, Blackwell, 94, VII-309 p.

764. Storia & Multimedia. Atti del Settimo Congresso internazionale. Association for History & Computing. A cura di Francesca BOCCHI e Peter DENLEY. Bologna, Grafis, 94, XIX-860 p.

765. Storia al cinema (La). Ricostruzione del passato, interpretazione del presente. A cura di G. MIRO GORI. Roma, Bulzoni, 94, 505 p.

766. TAZBIR (Janusz). Opowieści prawdziwe i zmyślone. (Storie vere inventate). Warszawa, Interim, 94, 181 p.

767. Transcrire les mythologies: tradition, écriture, historicité. Dir. par Marcel DETIENNE. Paris, Albin Michel, 94, 273 p. (Bibliotheque Albin Michel des idees).

768. TVEDT (Terje). Økologihistoriske betraktninger. (Some reflections on ecological history). *Historisk tidsskrift* (Norway), 94, 73, 4, p. 450-470.

769. VALERA (Gabriella). La Historie e le sue scienze ausiliari. Le lezioni di enciclopedia delle scienze storiche nelle università tedesche durante il Settecento. *Archivio di storia della cultura*, 94, 7, p. 9-34.

770. VINEIS (Paolo). La prova in medicina. *Quaderni storici*, 94, 29, 85, p. 75-90.

771. WEHLING (Arno). A concepção histórica de Von Martius. *Revista do Instituto Histórico e Geográfico Brasileiro*, 94, 385, p. 721-731.

772. WITTKAU (Annette). Historismus: zur Geschichte des Begriffs und des Problems. Göttingen, Vandenhoeck & Ruprecht, 94, 237 p. (Sammlung Vandenhoeck).

Cf. n°s 347, 567, 575, 578, 606, 1103, 1145, 1152, 1219, 1225, 1229, 2545, 2901, 3015, 3294, 5703, 7788

§ 4. Etnografia e folclore.

* 773. CID (Manuel). Bibliografía de etnografía alentejana. Évora, Delegação Regional do Alentejo da Secretaria de Estado da Cultura, 94, 183 p.

* 774. KUBOVA (Milada). Bibliografia slovenskej etnografie a folkloristiky za roky 1986–1990. Bratislava, SAP, Ustav etnologie SAV, 94, 315 p.

* 775. ORIS (Michel). Bibliographie de l'histoire des populations belges. Bilan des travaux des origines à nos jours. Liège, Derouaux-Ordina, 475 p.

* 776. South Slavic folk culture: a bibliography of literature in English, German, and French on Bosnian-Hercegovinian, Bulgarian, Macedonian, Montenegrinian and Serbian folk culture. Südslavische Volkskultur: Bibliographie zur Literatur in englischer, deutscher und französischer Sprache zur bosnisch-herzegowinischen, bulgarischen, mazedonischen, montenegrinischen und serbischen Volkskultur. Ed. by Klaus ROTH a. Gabriele WOLF with the cooperation of Tomislav HELEBRANT. Columbus, Slavic Publishers, 94, 553 p.

777. ALTMAN (Ida), BUTLER (Reginald D.). The contact of cultures: perspectives on the quincentenary. *American historical review*, 94, 99, 2, p. 478-503.

778. Anthropology of Europe (The): identity and boundaries in conflict. Ed. by Victoria A. GODDARD, Josep R. LLOBERA a. Cris SHORE. Oxford, Berg, 94, X-310 p. (Explorations in anthropology).

779. ASSAYAG (Jackie). Homo Hierarchicus, Homo symbolicus. Appoche structurale ou herméneutique en anthropologie sociale (de l'Inde). *Annales*, 94, 49, 1, p. 133-150.

780. BOYM (Svetlana). Common Places, mythologies of everyday life in Russia. Harvard, Harvard U. P., 94, 356 p.

781. BUSH (Alfred L.), MITCHELL (Lee Clark). The photograph and the American Indian. Princeton a. Chichester, Princeton U. P., .94, XXVI-334 p. (ill.).

782. CASTELLAN (Georges). Histoire des peuples de l'Europe centrale. Paris, Fayard, 94, 528 p.

783. CAVALLI-SFORZA (Luigi Luca), MENOZZI (Paolo), PIAZZA (Alberto). The history and geography of human genes. Princeton, Princeton U. P., 94, 2 vol., XI-541 p., 518 p. (ill., maps).

784. CHABOT (Isabelle). «La sposa in nero». La ritualizzazione del lutto delle vedove fiorentine (secoli XIV–XV). *Quaderni storici*, 94, 29, 86, p.421-462.

785. DE LAUBRIE (Edouard), TROCHET (Jean-René). Véhicules agricoles des régions de France: matériaux pour une ethnologie historique. Paris, Ministère de la Culture et de la Francophonie, Musée national des Arts et Traditions populaires, Association française des Musée d'Agriculture, 94, 660 p. (ill.).

786. DEHOUVE (Daniele). Entre el caimán y el jaguar: los pueblos indios de guerrero. México, Centro de Investigaciones y Estudios Superiores en Antropología Social, 94, 210 p.

787. DIOUF (Makhtar). Senegal: les ethnies et la nation. Geneve, UNRISD; Dakar, Forum du Tiers-Monde et Paris, L'Harmattan, 94, 205 p.

788. DOUTHWAITE (Julia). Rewriting the savage: the extraordinary fictions of the «wild girl of Champagne». *Eighteenth-century studies*, 94-95, 28, 2, p. 163-192.

789. DU PRE (Roy H.). Separate but unequal: the 'coloured' people of South Africa: a political history. Johannesburg, J. Ball, 94, XVIII-292 p.

790. DURRENBERGER (E. Paul). Icelandic essays: explorations in the anthropology of modern Iceland. Iowa City, Rudi Publishing, 94, XI-157 p.

791. Encyclopedia of world cultures. Vol. 7. South America. Ed. by Johannes WILBERT. Boston, G. K. Hall, 94, 425 p.

792. Ethnographic atlas of Slovakia: translations and explanations of texts. V Bratislave, Ethnographic Institute of the Slovak Academy of Sciences, 94, 235 p.

793. Ethnohistorical dictionary of the Russian and Soviet empires (An). Ed. by James S. OLSON, Lee Brigance PAPPAS a. Nicholas C. J. PAPPAS. Westport a. London, Greenwood Press, 94, VIII-840 p.

794. Ethnologie du Portugal: unité et diversité. Actes du colloque, Paris, 12–13 Mars 1992. Dir. par Colette CALLIER-BOISVERT. Paris, Centre Culturel Calouste Gulbenkian, 94, 306 p.

795. FINK-EITEL (Heinrich). Die Philosophie und die Wilden: Über die Bedeutung des Fremden für die europäische Geistesgeschichte. Hamburg, Junius, 94, 407 p.

796. FORMISANO (Ronald P.). The invention of the ethnocultural interpretation. *American historical review*, 94, 99, 2, p. 453-477.

797. FULLER (C. J.). La cohérence à la lumière de l'hindouisme populaire. *Annales*, 94, 49, 1, p. 151-158.

798. GRAFENAUER (Bogo). Oblikovanje severne slovenske narodnostne meje. (Formation of the northern Slovene ethnic border). Ljubljana, Zveza zgodovinskih društev Slovenije, 94, 41 p. (Zbirka Zgodovinskega časopisa, 10).

799. HÆTTA (Odd Mathis). Samene: historie, kultur, samfunn. (The Lapps: history, culture, society). Oslo, Grøndahl Dreyer, 94, 208 p. (ill.).

800. HALL (Catherine). Dealing with difference: histories, ethnicities and the "New Europe". *In*: Kvinnohistoriens nya utmaningar [Cf. n° 8272], p. 11-22.

801. HAVELANGE (Carl), HÉLIN (Etienne), LEBOUTTE (René). Vivre et survivre. Témoignages sur la condition populaire au pays de Liège XIIe-XXe siècle. Liège, Musée de la Vie wallonne, 94, 342 p. (Collection d'études 7).

802. Inventions and boundaries: historical and anthropological approaches to the study of ethnicity and nationalism: papers from the researcher training course held at Sandbjerg Manor, 23 to 29 May 1993. Ed. by Preben KAARSHOLM a. Jan HULTIN. Roskilde, International Development Studies, Roskilde University, 94, 324 p. (Roskilde Universitetscenter. International Development Studies; Occasional paper, 11).

803. LAZZERINI (Luigi). Le radici folkloriche dell'anatomia. Scienza e rituale all'inizio dell'età moderna. *Quaderni storici*, 94, 29, 85, p. 193-234.

804. Mediterranean societies: tradition and change. Ed. by Alexandar LOPASIC a. Pavao RUDAN. Zagreb, Croatian Anthropological Society, 94, 305 p. (ill.).

805. MONTESANO (Marina). Santa Maria del Sasso presso Bibbiena e altri santuari mariani in Toscana. Razionalizzazione ufficiale e cultura folkloristica. *Archivio storico italiano*, 94, 152, 560, p. 299-316.

806. PALUMBO (Genoveffa). L'archetipo oscuro e dimenticato della sorella: Calmana, sorella di Caino. *Quaderni storici*, 94, 29, 87, p. 669-700.

807. PORQUERES (Enric). Gli statuti di purezza del sangue: il caso di Maiorca. *Quaderni storici*, 94, 29, 85, p. 153-192.

808. Rituals of rule, rituals of resistance: public celebrations and popular culture in Mexico. Ed. by W. H. BEEZLEY, C. M. ENGLISH a. W. E. FRENCH. Wilmington, SR Books, XXXII-374 p.

809. ROOIJAKKERS (G. W. J.). Rituele repertoires. Volkscultuur in oostelijk Noord-Brabant 1559–1853. (Ritual repertoires. Folk culture in the east of North Brabant [the Netherland]). Nijmegen, SUN, 94, 702 p. (fig.). (Diss. Nijmegen).

810. SAARIKOSKI (Helena). Kouluajan kivoin päivä. Folkloristinen tutkimus penkinpainajaisperinteestä. (The best school day. A folkloristic study on the tradition of "Penkinpainajaset"). Helsinki, SKS, 94, 240 p. (ill., English summary). (Suomalaisen Kirjallisuuden Seuran toimituksia, 617).

811. SARMELA (Matti). Suomen perinneatlas. Atlas of Finnish ethnic culture. Folklore. Helsinki, SKS, 94, 259 p. (ill., maps, text in Finnish and English). (SKS, 587. Suomen kansankulttuurin kartasto. Atlas of Finnish folk culture 2).

812. SINGH (Kumar Suresh), BHALLA (V.), KAUL (V.). The biological variation in Indian populations. Delhi a. Oxford, Oxford U. P. [in association with] Anthropological Survey of India, 94, XVII-760 p. (People of India. National series, 10).

813. Suomen väestö. (The people of Finland from Middle Ages to 21st century: a demographic study). Ed. by Seppo KOSKINEN [et al.]. Helsinki, Gaudeamus, 94, 340 p. (maps, tables).

814. VLADYKIN (V. E.). Religiozno-mifologicheskaya kartina mira udmurtov. (Religious and mythological image of the world of Udmurts). Izhevsk, Udmurtiya, 94, 383 p. (ill., schemes, English summary, bibl.).

815. ZUNINO (Maddalena Luisa). Del buon uso del sacrificio. *Quaderni di storia*, 94, 20, 40, p. 33-58.

Cf. n° 8204

§ 5. **Storia generale.**

* 816. Bibliographie zu den biographischen Archiven. Biographical archives bibliography. Mit einem Essay von Hans WOLLSCHLÄGER. München, New Providence, London a. Paris, K. G. Saur, 94, 185 p.

---

817. Ahmed Vâsif Efendi. Mehâsinü'l-âsâr ve Hakâikü'l-Ahbâr. (Les œuvres meilleures et les informa-

tions véridiques). Ed. par Mücteba İLGÜREL. Ankara, Türk Tarih Kurumu, 94, LIV-446 p.

817. ANTOLJAK (Stjepan). Pregled hrvatske povijesti. (A survey of Croatian history). Split, Orbis, Laus, 94, 247 p.

818. Art of war in world history (The): from antiquity to the nuclear age. Ed. by Gerard CHALIAND. Berkeley a. London, University of California P., 94, 1071 p.

819. BALA (Mehmetzade Mirza). Ermeniler ve İran. (Les Arméniens et l'Iran). Ed. par Yavuz ERCAN. Ankara, Osmanlı Tarihi Araştırmaları Merkezi, 94, XXII-44 p.

820. BARBERO (A.), FRUGONI (C.). Dizionario storico del medioevo. Roma e Bari, Laterza, 94, 261 p.

821. BARLAS (Mehmet). Turgut Özal'in Anıları. (Mémoires de Turgut Özal). İstanbul, Sabah Kitapları, 94, 338 p.

822. BEAUMONT (Roger). War, chaos, and history. Westport, Praeger, 94, XV-214 p.

823. Belarus, Lithuania, Poland, Ukraine. The Foundations of historical and cultural traditions in East Central Europe. International Conference, Rome, 28 April–6 May 1990. Ed. by Jerzy KŁOCZOWSKI [et al.]. Lublin a. Roma, Institute of East Central Europe, Foundation John Paul II, 94, 502 p. (Spotkania Rzymskie = Roman Meetings, 1).

824. BENDA (Kálmán). From St. Stephen (998–1038) to Post-Ceauşescu Transylvania. *Hung. quarterly*, 94, 35, 133, p. 67-71.

825. BERENGER (Jean). Histoire de l'Autriche. Paris, PUF, 94, 127 p. (bibl). (Que sais-je ?, 222).

826. BJARNAR (Ove). Eikers historie. Vol. 3. Elvekulturen. (The history of Eiker. Vol. 3. The river culture). Ed. by Øystein Kock JOHANSEN. Hokksund, Øvre Eiker kommune, Nedre Eiker kommune, 94, 453 p. (ill.).

827. BOURDON (A. A.). Histoire du Portugal. Paris, Chandeigne, 94, 183 p.

828. BOZEMAN (Adda B.). Politics and culture in international history: from the ancient Near East to the opening of the modern age. New Brunswick a. London, Transaction Publishers, 94, 560 p.

829. Brassey's encyclopedia of military history and biography. Ed. by Franklin D. MARGIOTTA. Washington, Brassey's, 94, XXX-1197 p. (ill.).

830. BUDAK (Neven). Prva stoljeća Hrvatske. (The earliest centuries of Croatia). Zagreb, Hrvatska sveučilišna naklada, 94, 248 p.

831. Cambridge ancient history (The). Vol. 6. The fourth century B.C.. Ed. by D. M. LEWIS, [et al.]. Cambridge, Cambridge U. P., 94, 1077 p.

832. Cambridge Encyclopedia (The) of Russia and the former Soviet Union. Ed. by Archie BROWN, Michael KASER a. Gerald S. SMITH. Cambridge, Cambridge U. P., 94, XI-604 p.

833. CAPELO (Rui Grilo). História de Portugal em datas. Dir. António SIMOES RODRIGUES. Lisboa, Círculo de Leitores, 94, 480 p.

834. Cities and the rise of states in Europe, A. D. 1000 to 1800. Ed. by Charles TILLY a. Wim P. BLOCKMANS. Boulder, Westview Press, 94, 290 p.

835. Civilisation phénicienne et punique (La): manuel de recherche. Ed. par Veronique KRINGS. Leiden, New York et Köln, E. J. Brill, 94, 923 p. (Handbuch der Orientalistik, 1).

836. Clios tro tjener: festskrift til Per Fuglum. (Festschrift in honour of Per Fuglum). Ed. by Håkon With ANDERSEN. Trondheim, Historisk institutt, Universitetet i Trondheim, 94, 195 p. (bibl.). (Skriftserie fra Historisk institutt, 1).

837. CONRAD (Margaret), FINKEL (Alvin), JAENEN (Cornelius). History of Canadian peoples. Vol. 1. Beginnings to 1867. Toronto, Copp Clark Pitman Ltd, 94, XXIII-631 p.

838. CONRAD (Margaret), FINKEL (Alvin), STRONG-BOAG (Veronica). History of the Canadian people. Vol. 2. 1867 to the present. Toronto, Copp Clark Pitman Ltd, 94, XXI-631 p.

839. DELOGU (Paolo). Introduzione allo studio della storia medievale. Bologna, Il Mulino, 94, 327 p. (Orientamenti).

840. Dicionário da história de Lisboa. Dir. Francisco SANTANA, E. LUCENA. Lisboa, [s. n.], 94, VIII-991 p.

841. Dictionary of ancient history (A). Ed. by G. SPEAKE. Oxford, Blackwell, 94, X-758 p. (maps, tables).

842. Dictionnaire biographique du Canada. Vol. XIII. De 1901 à 1910. [S. l.], Presses del'Université de Laval, 94, 1396 p.

843. Dictionnaire de biographie française. Vol. 18. Humann-Lacombe. Dir. par M. PREVOST, A. ROMAN D'AMAT, H. TRIBOUT DE MOREMBERT et J.-P. LOBIES. Paris, Librairie Letouzey et Ané, 94, IV-1528 p.

844. Dizionario biografico degli italiani. Vol. 44. Fabron-Farina. Roma, Istituto della Enciclopedia italiana, 94, XV-826 p.

845. Dokumenti slovenstva. (The documents of the Slovenes). Besedila so napisali Metod BENEDIK [et al.]; strokovno uredil Jože ŽONTAR; večino dokumentov iz slovenskih arhivov posnel Brane PILIH. Ljubljana, Cankarjeva založba, 94, 375 p. (ill.).

846. DRŠKA (Václav), SKŘIVAN (Aleš), STELLNER (František). Kapitoly z dějin evropské politiky do roku 1648. (Kapitel aus der europäischen Politik bis zum Jahr 1648). Praha, Institut pro středoevropskou kulturu a politiku, 94, 205 p.

847. DUGGAN (Christopher). A concise history of Italy. Cambridge, Cambridge U. P., 94, XIII-320 p. (ill., tab., papers).

848. DYBKOWSKA (Alicja), ŻARYN (Jan), ŻARYN (Małgorzata). Polskie dzieje od czasów najdawniejszych do współczesnych. (Storia della Polonia dai tempi più antichi fino ad oggi). Pod red. Anny SUCHENY-GRABOWSKIEJ i Eugeniusza Cezarego KRÓLA. Warszawa, Wyd. Nauk. PWN, 94, 378 p.

849. Economic (The) and social history of the Ottoman Empire, 1300–1914. Ed. by Halil INALCIK a. Donald QUATAERT. Cambridge, Cambridge U. P., 94, XXXI-1026 p.

850. EDELHEIT (Abraham J.), EDELHEIT (Hershel). History of the Holocaust: a handbook and dictionary. Boulder, Westview Press, XIX-524 p. (ill., facs., maps).

851. EMECEN (Feridun), BEYDILLI (Kemal). Osmanlı Siyasî Tarihi. (Histoire politique de l'Empire Ottoman). *In*: Osmanlı Devleti ve Medeniyeti [Cf. n° 4152], p. 5-135.

852. Enciclopedia arheologiei și istoriei vechi a României. Vol. 1. (The Encyclopedia of Romanian archaeology and ancient history). Ed. by Constantin PREDA. București, Editura Enciclopedică, 94, 475 p.

853. Europäische Geschichte. Quellen und Materialien. Hrsg. v. Hagen SCHULZE u. Ina Ulrike PAUL unt. Mitw. v. Ulrich MARCH u. Traute PETERSEN. München, Bayerischer Schulbuch-Verlag, 94, 1288 p.

854. FODOR (Pál). A terjeszkedés ideológiája az Oszmán Birodalomban. (L'Idéologie de l'expansion dans l'empire Ottoman). *Világtörténet*, 94, 1-2, p. 25-31.

855. Forêt et guerre. Paris, l'Harmattan, 94, 326 p.

856. FRIED (Joachim). Der Weg in die Geschichte. Die Ursprünge Deutschlands bis 1024. Berlin, Propyläen, 94, 922 p. (Propyläen Geschichte Deutschland, 1).

857. GILDEA (Robert). The past in French history. London a. New Haven, Yale U. P., 94, XIV-418 p.

858. GOTHONI (René). Tales and truth: pilgrimage on Mount Athos. Helsinki, Helsinki U. P., 94, 221 p.

859. GOUBERT (Pierre). Initiation à l'histoire de la France. Paris, Fayard et Tallandier, 94, 490 p.

860. Handbook of European history 1400–1600. Late Middle Ages, Renaissance and Reformation. 1. Structures and assertions. Ed. by Thomas BRADY jr., Heiko Augustinus OBERMANN a. James D. TRACY. Leiden, New York a. Köln, E. J. Brill, 94, XXV-709 p.

861. Handbuch der Geschichte Lateinamerikas. Hrsg. v. Walther L. BERNECKER, Raymond Th. BUVE, John R. FISHER [u. a.]. Band 1. Mittel-, Südamerika und die Karibik bis 1760. Hrsg. v. Horst PIETSCHMANN. Red. Jochen MEISSNER. Stuttgart, Klett-Cotta, 94, XVIII-1063 p. (Karten).

862. Handbuch der historischen Buchbestände in Österreich. Bd. 1. T. 1. Hrsg. von der Österreichischen Nationalbibliothek. Bearb. von W. BUCHINGER und K. MITTENDORFER. Hildesheim, Olms-Weidmann, 94, 272 p.

863. Histoire de la population française. Vol. 1–4. Ed. par Jacques DUPAQUIER. Paris, PUF et Quadrige, 94, 4 vol., XXI-559 p., 597 p., 548 p., 586 p.

864. Historii (Z) ludności żydowskiej w Polsce i na Śląsku. (Della storia del popolo ebreo in Polonia e Slesia). Pod red. Krystyna MATWIJOWSKIEGO. Wrocław, Wyd. Uniw. Wrocławskiego, 94, 250 p. (Zsf. Acta Univ. Wratislaviensis, 1568).

865. History of Transylvania. Ed. by Béla KÖPECZI. Budapest, Akad. Kiadó, 94, 805 p.

866. HOURANI (Albert). De arabiske folks historie. (The history of the Arabic people). Oslo, Gyldendal, 94, 574 p. (ill.).

867. Inscripții medievale și din epoca modernă a României. Județul istoric Argeș (sec. XIV–1848). (Mediaeval and modern inscriptions in Romania. The historical county of Argeș, 14th century–1848). Ed. by Constantin BĂLAN. București, Editura Academiei, 94, 645 p.

868. JOHANSEN (Øystein Kock). Eikers historie. Vol. 1. Fra fangstmann til viking. (The history of Eiker. Vol. 1. From hunters to Vikings). Ed. by Øystein Kock JOHANSEN. Hokksund, Øvre Eiker kommune, Nedre Eiker kommune, 94, 368 p. (ill.).

869. JONES (Colin). The Cambridge illustrated history of France. Cambridge, Cambridge U. P., 94, 352 p. (ill.).

870. KAFESOĞLU (Ibrahim). A short history of Turkish-Islamic states: (Including the Ottoman state). Ed. by E. MERÇIL, H. Y. NUHOĞLU. Ankara, Atatürk Supreme Council for Culture, lang a. İstanbul, IRCICA, 94, 436 p.

871. KATZ (Steven T.). The holocaust in historical context. 1. The holocaust and mass death before the modern age. New York a. Oxford, Oxford U. P., 94, XVII-702.

872. Kritiske analyse (Den): festskrift til Ottar Dahl på 70-årsdagen den 5. januar 1994. (Festschrift in honour of Ottar Dahl). Ed. by Sivert LANGHOLM. Oslo, Universitetsforlaget, 94, 296 p. (bibl.).

873. Laws of war (The). Constraints on warfare in the western world. Ed. by Michael HOWARD, George J. ANDREOPOULOS a. Mark R. SHULMAN. New Haven, Yale U. P., 94, VII-303 p.

874. LE GLAY (M.), VOISIN (J.-L.), LE BOHEC (Y.). Histoire romaine. Paris, PUF, 94, 587 p.

875. Lexikon des Mittelalters. Teil 7. Fasc. 1. Planudes – Privileg(ien). Fasc. 2. Privilegium Andreanum – Rasophat, Rasophoros. Fasc. 3. Rasso – Reisen, Reisebeschreibungen. Fasc. 4. Reiser – Robert. Fasc. 5. Robert le Diable – Russische Literatur. München, Artemis, 94, 224 p., 224 p., 224 p., 224 p., 224 p.

5. STORIA GENERALE

876. LILLEHAMMER (Arnvid). Aschehougs Norgehistorie. (History of Norway). Band 1. Fra jeger til Bonde – intill 800 e Kr. Oslo, Aschehoug, 94, 234 p.

877. LUČIĆ (Josip), OBAD (Stijepo). Konavoska prevlaka. (The History of Prevlaka). Dubrovnik, Matica hrvatska, 94, 226 p.

878. MAC FARLANE (Anthony). The British in the Americas 1480–1815. London a. New York, Longman, 94, XIV-365 p.

879. Magyar életrajzi lexikon. Vol. 4. 1978-1991. A–Z. (Dictionnaire biographique hongrois). Főszerk. Agnes KENYERES. Budapest, Akad. Kiadó, 94, 993 p.

880. MÁLYUSZ (Elemér). Népiségtörténet. (Histoire de la population). Sajtó alá rend., jegyz. István SOÓS. Budapest, MTA Történettud. Int., 94, 157 p. (Társadalom- és művelődéstörténeti tanulmányok, 13).

881. MERLIN (Pierpaolo), ROSSO (Claudio), SYMCOX (Geoffrey). Storia d'Italia. Vol. 8. Il Piemonte sabaudo. Stato e territorio in età moderna. Torino, UTET, 94, XVI-934 p.

882. Między monarchią a demokracją. Studia z dziejów Polski XV–XVIII wieku. (Fra monarchia e democrazia. Studi per la storia della Polonia, secoli XV–XVIII). Red. nauk. Anna SUCHENI-GRABOWSKA, Małgorzata ŻARYN. Warszawa, Wyd. Sejmowe, 94, 397 p.

883. MITCHELL (Brian Redman). International historical statistics: Africa, Asia & Oceania, 1750–1988. Basingstoke, Macmillan, 94, XXIII-1089 p.

884. MOSENG (Ole Georg). Eikers historie. Vol. 2. Sigden og sagbladet. (The history of Eiker. Vol. 2. The Sickle and the Saw Blade). Ed. by Øystein Kock JOHANSEN. Hokksund, Øvre Eiker kommune, Nedre Eiker kommune, 94, 349 p. (ill.).

885. Moyen Age (Le), IVe–X^e. Dir par Michel KAPLAN. Rosny, Bréal, 94, 431 p. (ill.).

886. NEMESKÜRTY (István). Nous, les Hongrois. Histoire de Hongrie. Budapest, Akad. Kiadó, 94, 382 p.

887. Nordiske historikermøte (Det). Rapporter. Det 22. nordiske historikermøte, Oslo 13.–18. august 1994. Ed. by Kåre TØNNESSON. Vol. 1. Norden og Baltikum: rapport 1. Ed. by Aleksander LOIT. Vol. 2. Normer og sosial kontroll i Norden ca 1550–1850: domstolene i samspill med lokalsamfunnet: rapport 2. Ed. by Sølvi SOGNER. Vol. 3. Fra kvinnehistorie til kjønnshistorie?: rapport 3. (Reports from the 22end Nordic Conference on history, 13th–18th August, 1994. Vol. 1. Scandinavia and the Baltic States. Vol. 2. Norms and social control in Scandinavia 1550–1850: the Courts of Justice in local society. Vol. 3. From history of women to history of gender?). Oslo, IKS, Avdeling for historie, Universitetet i Oslo, den norske historiske forening, 94, 179 p., 171 p., 144 p.

888. Origini dello Stato. Processi di formazione statale in Italia fra Medioevo ed età moderna. A cura di Giorgio CHITTOLINI, Anthony MOLHO e Pierangelo SCHIERA, Bologna, Il Mulino, 94, 629 p. (Annali dell'Istituto storico italo-germanico. Quaderni, 39).

889. Osmanlı Öncesi ve Osmanlı Araştırmaları Uluslararası VII. Sempozyumu Bildirileri, 7–11 Eylül 1986. (Comité International d'Etudes Pré-Ottomanes et Ottomanes VIIè Symposium Actes, 7–11 Septembre 1986). Ed. par İlber ORTAYLİ, Emeri va DONZEL. Ankara, Türk Tarih Kurumu, 94, 530 p.

890. ÖZCAN (Abdulkadir). Osmanlı Askerî Teşkilâtı. (L'Organisation militaire dans l'Empire Ottoman). *In*: Osmanlı Devleti ve Medeniyeti [Cf. n° 4152], p. 337-371.

891. PAVLIČEVIĆ (Dragutin). Moravski Hrvati: povijest, život, kultura. (The Croats of Moravia: history, life, culture). Zagreb, Hrvatska sveučilišna naklada, Zavod za hrvatsku povijest Filozofskog fakulteta, 94, 375 p. – IDEM. Povijest Hrvatske. (A history of Croatia). Zagreb, Naklada Pavičić, 94, 422 p.

892. PIPPIDI (Andrei). România regilor. (La Roumanie des rois). București, Editura Litera, 94, 160 p.

893. Polski Słownik Biograficzny. (Dictionnaire biographique polonais). Red. Henryk MARKIEWICZ. T. 35. Warszawa-Kraków, Fundusz Nauki Pol., 94, XIV-640 p.

894. PORTER (Bruce D.). War and the rise of the state: the military foundations of modern politics. New York, Free press, 94, XX-380 p. (bibl).

895. PORTUGAL (Maria Idalina). Provas Académicas de 1992 e 1993. *Penélope*, 94, 14, p. 221-229.

896. Prosopographisches Lexikon der Palaiologenzeit. Vol. 12. Toblatan – Oravios. Hrsg. v. Erich TRAPP. Wien, Verlag der österreichischen Akademie der Wissenschaften, 94, 267 p. (Veröffentlichungen der Kommission für Byzantinistik, I/12).

897. Reinterpreting Russian history. Readings 860–1860s. Ed. by Daniel H. KAISER a. Gary MARKER. New York a. Oxford, Oxford U. P., 94, XVII-445 p.

898. ROVAN (Joseph). Histoire de l'Allemagne: des origines à nos jours. Paris, Ed. du Seuil, 94, 969 p.

899. SCOCOZZA (Benito). Danmarkshistoriens hvem, hvad og hvornår. (A reference book on the history of Denmark: who, what, when). København, Politiken, 94, 468 p. (ill.).

900. SEE (Klaus von). Barbar, Germane, Arier. Die Suche nach der Identität der Deutschen. Heidelberg, Winter, 94, 417 p.

901. SEIM (Jardar). Øst-Europas historie. (The history of Eastern-Europe). Oslo, Aschehoug, 94, 638 p. (ill.).

902. SELSER (Gregorio). Cronologia de las intervenciones extranjeras en America Latina. T. 1. 1776–1848. T. 2. 1849–1898. Mexico, UNAM, Centro de Investigaciones Interdisciplinarias, 94, [s. p.] (ill.). (Cuadernos del CIIH. Serie Fuentes, 12).

903. SEMENNIKOVA (L. I.). Rossiya v mirovom soobshchestve tsivilizatsiy: Ucheb. posobie dlya vuzov. (Russia inside the world community of civilizations). Moskva, Interpraks, 94, 604 p. (bibl.). (Programma: "Obnovlenie gumanitarnogo obrazovaniya v Rossii").

904. Slavyane i ikh sosedi. Ros. akad. nauk. In-t slavyanovedeniya i balkanistiki. Vol. 5. Evreyskoe naselenie v Tsentral'noy, Vostochnoy i Yugo-Vostochnoy Evrope: Srednie veka – novoe vremya (Jewish population of Central, Eastern and South-Eastern Europe: Middle Ages and modern time). Moskva, W.p.h., 94, 227 p. (Eng. summaries, bibl.).

905. SONNET (Martine), CHARMASSON (Thérèse), LELORRAIN (Anne-Marie). Chronologie de l'histoire de France. Paris, PUF, 94, 876 p.

906. Storia d'Europa. Vol. 2. Preistoria e antichità. A cura di Jean GUILAINE e Salvatore SETTIS. Torino, Einaudi, 94, 2 vol., 1471 p. [Cf. n^{os} <scelta> 313, 1294, 1298, 1299, 1305, 1306, 1307, 1313, 1320, 1328, 1332, 1343, 1351, 1370, 1374, 1377, 1379, 1385, 1390, 1393, 1394, 1422, 1432, 1441, 1444, 1457, 1458, 1729, 1739, 1892, 1975, 2095, 2102, 2129, 2138, 2210, 2375, 2392, 2426, 2724, 5740.]

907. Storia d'Europa. Vol. 3. Il Medioevo. Secoli V–XV. A cura di Gherardo ORTALLI. Torino, Einaudi, 94, 1267 p. [Cf. n^{os} <scelta> 300, 331, 2862, 3130, 3136, 3140, 3141, 3148, 3149, 3152, 3335, 3351, 3419, 3530, 3546, 3549, 3556, 3577, 3784, 3909, 3923, 3958.]

908. Storia dell'Italia repubblicana. Vol. 1. La costruzione della democrazia. Dalla caduta del fascismo agli anni Cinquanta. A cura di Francesco BARBAGALLO [et al.]. Torino, Einaudi, 94, XV-1029 p.

909. SULYOK (Vince). Ungarns historie og kultur. (The history of Hungary). Oslo, Solum, 94, 705 p.

910. Tanzimat'ın 150. Yıldönümü Uluslararası Sempozyumu-Ankara, 31 Ekim–3 Kasım 1989. (Symposium International pour le 150ème anniversaire de Tanzimat-Ankara, 31 Octobre–3 Novembre 1989). Ankara, Türk Tarih kurumu, 94, 580 p.

911. TEMIMI (A.). Importance de l'héritage arabo-ottoman et son impact sur les relations arabo-turques. *Revue d'Histoire Maghrebine*, 94, 74, p. 123-133.

912. TODERAȘCU (Ion). Permanențe istorice medievale. Factori ai unității românești. (Mediaeval historic permanences. Factors of Romanian unity). Iași, Editura Universității "Al. I. Cuza", 94, 191 p.

913. Tracce dei vinti. A cura di Sergio BERTELLI e Pietro CLEMENTE. Firenze, Ponte delle grazie, 94, 387 p. (Laboratorio di storia, 8).

914. Ungarn (Die). Ihre Geschichte und Kultur. Hrsg. v. László KÓSA. Budapest, Akad. Kiadó, 94, 498 p.

915. Universalgeschichte und Nationalgeschichten. Ernst Schulin zum 65. Geburtstag. Hrsg. v. Gangolf HÜBINGER, Jürgen OSTERHAMMEL u. Erich PELZER. Freiburg, Rombach, 94, 370 p. (Rombach Wissenschaft. Reihe Aktuell).

916. Weimar Republic sourcebook (The). Ed. by Anton KAES, Martin JAY a. Edward DIMENDBERG. Berkeley, University of California Press, 94, XX-806 p. (Weimar and now: German cultural criticism, 3).

917. ZERNACK (Klaus). Polen und Rußland. Zwei Wege in der europäischen Geschichte. Berlin, Propyläen, 94, 710 p. (Propyläen Geschichte Europas, Ergänzungsbd.).

Cf. n°s 1014, 1295, 1489, 1856, 2855, 2875, 2979-2981, 4124, 4129, 4283, 4304, 4314, 4324, 4365, 4698-4879, 4912, 5148, 5277, 8323

§ 6. Teoria dello stato e della società.

** 919. MACHIAVELLI (Niccolò). De principatibus. A cura di Giorgio INGLESE. Roma, nella sede dell'Istituto storico italiano per il Medioevo, 94, XV-326 p. (Fonti per la storia dell'Italia medievale. Antiquitates, 1).

---

920. BAAL (Gérard). Histoire du radicalisme. Paris, la Découverte, 94, 121 p.

921. BECKER (Hartmuth). Die Parlamentarismuskritik bei Carl Schmitt und Jürgen Habermas. Berlin, Duncker & Humblot, 94, 172 p.

922. BELARDELLI (Giovanni). Il fantasma di Rousseau: fascismo, nazionalsocialismo e «vera democrazia». *Storia contemporanea*, 94, 25, 3, p. 361-390.

923. BRAVO (Gian Mario), MALANDRINO (Corrado). Il pensiero politico del Novecento. Casale Monferrato, Piemme, 94, 328 p. – IIDEM. Profilo di storia del pensiero politico. Da Machiavelli all'Ottocento. Roma, NIS, 94, 524 p. (Studi superiori NIS, 184).

924. BRINKLEY (Alan). The problem of American conservatism (Cf. Will the real conservative please stand-up? Or, the pitfalls involved in examining ideological sympathies: a comment on Alan Brinkley's "Problem of American conservatism" by Susan M. YOHN; Why is there so much conservatism in the United States and why do so few historians know anything about it? by Leo p. RIBUFFO, and the reply by Alan BRINKLEY). *American historical review*, 94, 99, 2, p. 409-452.

925. CAGNETTA (Mariella). Democrazia come «disgusto»: fra tradizione classica e propaganda. *Quaderni di storia*, 94, 20, 40, p. 151-160.

926. CAUCHIES (Jean-Marie), DE SCHEPPER (Hugo). Justice, grace et législation. Genèse de l'état et moyens juridiques dans les Pays-Bas, 1200-1600. Bruxelles, Facultés Universitaire Saint-Louis, 94, 127 p. (Centre de Recherches en Histoire du droit et des institutions, Cahiers 2).

927. CESA (Marco). Le ragioni della forza: Tucidide e la teoria delle relazioni internazionali. Bologna, il Mulino, 94, 126 p. (Ricerca).

928. CEVA (Lucio). Buone maniere per il tiranno. *Rivista storica italiana*, 94, 106, 2, p. 403-426.

929. Conservative century. The Conservative Party since 1900. Ed. by Anthony SELDON a. Stuart BALL. Oxford, Oxford U. P., 94, XIX-842 p.

930. Dictionnaire de géopolitique. Sous la dir. de Yves LACOSTE. Paris, Flammarion, 94, XI-1680 p.

931. Dictionnaire international du fédéralisme. Sous la direction de Denis DE ROUGEMONT. Ed. par François SAINT-OUEN. Bruxelles, E. Bruylant, 94, 475 p.

932. EINAUDI (Luigi). A proposito di autonomie, federalismo e separatismo. Due inediti e un articolo. A cura di Corrado MALANDRINO. *Annali della fondazione Luigi Einaudi*, 94, 28, p. 545-567.

933. ENGINEER (Asghar Ali). The Islamic state. New Delhi, Vikas, 94, 211 p.

934. Filosofia, politica, retorica: intersezioni possibili. (Atti del convegno, Torino, 23–25 maggio 1988). A cura di Lucio BERTELLI e Pierluigi DONINI. Milano, F. Angeli, 94, XIX-212 p. (tab.). (Collana 'Gioele Solari' del Dipartimento di Studi politici dell'Università di Torino, 18).

935. FRANCIS (Mark), MORROW (John). A history of English political thought in the nineteenth century. London, Duckworth, 94, VIII-336 p.

936. French Idea of freedom (The). The Old Regime and the Declarations of Rights of 1789. Ed. by Dale VAN KLEY. Stanford, Stanford U. P., 94, 436 p.

937. HAZAREESINGH (Sudhir). Political traditions in modern France. Oxford, Oxford U. P., 94, IX-355 p.

938. KINNEGING (A. A. M.). Aristocracy, antiquity and history. An essay on classicism in political thought. [S. l.], [s. n.], 94, 352 p. (Diss. Leiden).

939. KNIGHTS (Mark). Politics and opinion in crisis, 1678–81. Cambridge, Cambridge U. P., 94, XV-424 p.

940. KOMESAR (Neil K.). Imperfect alternatives: choosing institutions in law, economics, and public policy. Chicago a. London, University of Chicago Press, 94, XI-287 p.

941. Liberalism at the crossroads: an introduction to contemporary liberal political theory and its critics. (Papers of the Conference organized by the American Public Philosophy Institute). Ed. by Christopher WOLFE a. John HITTINGER. Lanham, Rowan and Littlefield, 94, XVII-194 p.

942. MEIER (Heinrich). Die Lehre Carl Schmitts. Vier Kapitel zur Unterscheidung Politischer Theologie und Politischer Philosophie. Stuttgart u. Weimar, J. B. Metzler, 94, 267 p.

943. RAEFF (Marc). Political ideas and institutions in Imperial Russia. Boulder, Westview Press, 94, XIII-389 p.

944. RAZ (Joseph). Ethics in the public domain. Essays in the morality of law and politics. Oxford, Clarendon Press, 94, X-364 p.

945. Regicidio (Il): la storia, il mito, la scrittura: atti della giornata di studio di Perugia, 21 gennaio 1993. A cura di Monique STREIFF MORETTI. Napoli, ESI, 94, 173 p. (Collana di letterature moderne e contemporanee. Incontri, 3).

946. ROBERTS (Jennifer Tolbert). Athens on trial: the antidemocratic tradition in Western thought. Princeton, Princeton U. P., 94, XIX-405 p.

947. Scots and Britons. Scottish political thought and the union of 1603. Ed. by Roger A. MASON. Cambridge, Cambridge U. P., 94, XIV-323 p.

948. SELLERS (M. N. S.). American republicanism: Roman ideology in the United States Constitution. Basingstoke, Macmillan, 94, XIII-349 p. (Studies in modern history).

949. Spaniens Beitrag zum politischen Denken in Europa um 1600. Hrsg. v. Reyes MATE u. Friedrich NIEWÖHNER. Wiesbaden, Harrassowitz, 94, VII-222 p. (Wolfenbütteler Forschungen, 57).

950. STEPHANUS JUNIUS BRUTUS. Vindiciae Contra Tyrannos: or, concerning the legitimate power of a prince over the people, and of the people over a prince. Ed. by George GARNETT. Cambridge, Cambridge U. P., 94, LXXXVIII-221 p.

951. SUVANTO (Pekka). Konservatismi Ranskan vallankumouksesta 1990-luvulle. (Conservatism from the French Revolution to the 1990s). Helsinki, SHS, 94, 385 p. (English summary).

952. UNGERN-STERNBERG (Franziska von). Kulturpolitik zwischen den Kontinenten. Deutschland und Amerika. Das Germanische Museum in Cambridge. Weimar, Wien u. Köln, Böhlau, 94, XIV-251 p. (Beiträge zur Geschichte der Kulturpolitik, 4).

953. Varieties of British political thought (The), 1500–1800. Ed. by J. G. A. POCOCK with the ass. of Gordon J. SCHOCHET a. Lois G. SCHWOERER. Cambridge, Cambridge U. P. a. Washington, Folger Institute, 94, X-373 p.

954. VIROLI (Maurizio). Dalla politica alla ragion di stato: la scienza del governo tra XIII e XVII secolo. Roma, Donzelli, 94, XV-222 p. (Saggi. Storia e scienze sociali).

955. ZIZEK (Slavoj). Mapping ideology. London, Verso, 94, 341 p. (Mapping).

Cf. n°s 889, 956, 987, 1721, 1724, 1747, 3871

§ 7. Storia del diritto e delle istituzioni.

956. BEAUD (Olivier). La puissance de l'Etat. Paris, PUF, 94, 512 p. (Leviathan).

957. BOUINEAU (Jacques). Histoire des institutions, Ier–XVe siècles. Paris, Litec, 94, 648 p.

958. BRETONE (Mario). Diritto e tempo nella tradizione europea. Roma e Bari, Laterza, 94, 223 p. (Quadrante, 71).

959. CASSANDRO (Giovanni). Lex cum moribus. Saggi di metodo e di storia giuridica meridionale. Pref. di Mario CARAVALE, pres. di Adriana CAMPITELLI. Bari, Cacucci, 94, 2 vol., XVI-797 p., VI-813 p.

960. CHIANÉA (Gérard). Histoire des institutions publiques de la France, 476–1870. Tome 1. Du démembrement à la reconstitution de l'Etat, 476–1492. Grenoble, Presses univ. Grenoble, 94, 168 p.

961. Codice civile (Il): convegno del cinquantenario dedicato a Francesco Santoro-Passarelli (Roma, 15–16 dicembre 1992). Roma, Accademia nazionale dei Lincei, 94, 282 p. (Atti dei convegni lincei, 106).

962. CONSTABLE (Marianne). The law of the other: the mixed jury and changing conceptions of citizenship, law, and knowledge. (New practices of inquiry). Chicago a. London, University of Chicago Press, 94, XII-192 p.

963. DEL GRATTA (Rodolfo). 'Feudum a fidelitate': esperienze feudali e scienza giuridica dal medioevo all'età moderna. Pisa, ETS, 94, 539 p. (Pubblicazioni del Seminario per le scienze giuridiche e politiche dell'Università di Pisa, 29).

964. European legal traditions and Israel: essays on legal history, civil law and codification, European law, Israeli law: with appendix, New Israeli laws on contracts, property, and succession. Ed. by Alfredo MORDECHAI RABELLO. Jerusalem, Harry and Michael Sacher Institute for Legislative Research and Comparative Law, Hebrew University of Jerusalem, 94, XIII-780 p.

965. Fallstudien zur spänischen und portugiesischen Justiz, 15. bis 20. Jahrhundert. Hrsg. v. Johannes Michael SCHOLZ. Frankfurt am Main, Vittorio Klostermann, 94, XLIV-761 p.

966. Fiscal crises, liberty, and representative government, 1450–1789. Ed. by Philip T. HOFFMAN a. Kathryn NORBERG. Stanford, Stanford U. P., 94, XII-392 p. (The making of modern freedom).

967. Fundacion del Estado mexicano (La), 1821–1855. Ed. por Marcello CARMAGNANI, Josefina ZORAIDA VAZQUEZ, [et al.]. Mexico, Nueva Imagen, 94, 187 p. (Interpretaciones de la historia de Mexico).

968. GARCIA LAGUARDIA (Jorge Mario). Centroamerica en las Cortes de Cadiz. Mexico, Fondo de Cultura Economica, 94, 252 p. (Seccion de obras de politica y derecho).

969. Handbuch des humanitären Völkerrechts in bewaffneten Konflikten. Hrsg. v. Dieter FLECK. In Zusammenarb. mit Michael BOTHE, Horst FISCHER, Hans-Peter GASSER [et al.]. München, Beck, 94, XVI-476 p.

970. HAUNFELDER (Bernd). Biographisches Handbuch für das Preußische Abgeordnetenhaus 1849–1867. Düsseldorf, Droste, 94, 297 p. (Handbücher zur Geschichte des Parlamentarismus und der politischen Parteien, 5).

971. İPŞIRLI (Mehmet). Klasik Dönem Osmanlı Devlet Teşkilâtı. (L'Organisation d'Etat dans l'Empire Ottoman à l'époque classique). In: Osmanlı Devleti ve Medeniyeti [Cf. n° 4152], p. 139-279.

972. JACOB (Robert). Doctrine et culture nationale. La naissance de la littérature juridique de langue populaire en France et en Allemagne. Droits, 94, 20, p. 5-20.

973. JOHNSON (Herbert Alan). American legal and constitutional history: cases and materials. San Francisco a. London, Austin & Winfield, 94, XIII-635 p.

974. KÜHNE (Thomas). Handbuch der Wahlen zum preußischen Abgeordnetenhaus 1867–1918. Wahlbündnisse und Wahlkandidaten. Düsseldorf, Droste, 94, 1027 p. (Handbücher zur Geschichte des Parlamentarismus und der politischen Parteien, 6).

975. Lastovski statut. (The Statutes of Lastovo). Ed. Antun CVITANIĆ. Split, Književni krug, 94, 515 p.

976. LUPOI (Maurizio). Alle radici del mondo giuridico europeo. Saggio storico-comparativo. Roma, Istituto poligrafico e Zecca dello Stato, Libreria dello Stato, 94, 627-CLVI p.

977. MACERATINI (Ruggero). Ricerche sullo status giuridico dell'eretico nel diritto romano-cristiano e nel diritto canonico classico: da Graziano a Uguccione. Padova, CEDAM, 94, 882 p. (Dipartimento di scienze giuridiche, Università di Trento, 19).

978. MARCHETTI (Paolo). Testis contra se. L'imputato come fonte di prova nel processo penale dell'età moderna. Milano, Giuffrè, 94, 303 p.

979. Mittelalterlichen Recht zur neuzeitlichen Rechtswissenschaft (Vom). Bedingungen, Wege und Probleme der europäischen Rechtsgeschichte. Hrsg. v. Norbert BRIESKORN [et al.]. Paderborn, Schöningh, 94, XXII-612 p. (Rechts- und Sozialwissenschaftliche Veröffentlichungen der Görres Gesellschaft, Neue Folge, 72).

980. ORTAYLİ (İlber). Tanzimat Devri ve Sonrası Idarî Teşkilât. (L'Organisation administrative ottomane à l'époque des Tanzimat et dans les années suivantes). In: Osmanlı Devleti ve Medeniyeti [Cf. n° 4152], p. 283-334.

981. POUMARÈDE (Jacques). Les tribulations de l'autorité paternelle de l'ancien droit au code Napoléon. Annales de l'Université des sciences sociales de Toulouse, 94, 42, p. 15-29.

982. ROBINSON (Olivia F.), FERGUS (T. D.), GORDON (W. M.). European legal history: sources and institutions. London, Butterworths, 94, XVI-368 p.

§ 8. Storia economica e sociale.

983. RODRIGUEZ (Antonio Dougnac). Manual de historia del derecho indiano. Mexico, Universidad Nacional Autonoma de Mexico, 94, 465 p. (Serie C, Estudios historicos, 47).

984. ROMANO (Andrea). Famiglia, successioni e patrimonio familiare nell'Italia medievale e moderna. Torino, Giappichelli, 94, X-246 p. (Il diritto e la storia, 3).

985. ROSANVALLON (Pierre). La monarchie impossible: les Chartes de 1814 et de 1830. Paris, Fayard, 94, 376 p. (Les constitutions françaises).

986. ROSE (Monika). Das Gerichtswesen des Herzogtums Pfalz-Zweibrücken im 18. Jahrhundert. Ein Beitrag zur territorialen Gerichtsbarkeit im Alten Reich. Frankfurt am Main, Berlin u. Bern, Lang, 94, XXIII-187 p.

987. SPRUYT (Hendrik). The sovereign state and its competitors: an analysis of systems change. Princeton, Princeton U. P., 94, XII-288 p. (maps, tables). (Princeton studies in international history and politics).

988. Storia delle istituzioni parlamentari (Per una). A cura di Guido D'AGOSTINO. Napoli, Esi, VIII-595 p. (bibl.).

989. UDOMA (Udo). History and the law of the constitution of Nigeria. Lagos, Malthouse Press, 94, 414 p.

990. Urzędnicy dawnej Rzeczypospolitej XII–XVIII wieku. Spisy. (Les fonctionnaires de l'ancienne République XIIe-XVIIIe siécles. Registres). [T. 6 cf. Bibl. 90, no 733]. T. 8. Urzędnicy podlascy XIV–XVIII wieku. Spisy. (Les fonctionnaires de Podlachie XIVe–XVIIIe siécles. Registres). Elab. par Ewa DUBAS-URWANOWICZ, [et al.]. T. 9. Urzędnicy inflanccy XVI–XVIII wieku. Spisy. (Les fonctionnaires de la Livonie XVIe–XVIIIe siécles. Registres). Elab. par Krzysztof MIKULSKI et Andrzej RACHUBA. T. 11. Urzędnicy centralni i dygnitarze Wielkiego Księstwa Litewskiego XIV–XVIII wieku. Spisy. (Les fonctionnaires centraux et les dignitaires du Grand-Duché de Lituanie XIVe–XVIIIe siécles. Registres). Ed. par Henryk LULEWICZ et A. RACHUBA. Kórnik, Bibl. Kórnicka, 94, 3 vol., 199 p., 292 p., 255 p. (Pol. Akad. Nauk, Bibl. Kórnicka, Inst. Hist.).

991. Verwaltung und Politik in Städten Mitteleuropas. Beiträge zu Verfassungsnorm und Verfassungswirklichkeit in altständischer Eit. Hrsg. v. Wilfried EHBRECHT. Weimar, Wien u. Köln, Böhlau, 94, XIII-291 p. (Städteforschung, Rh. A: Darstellungen, 34).

992. WARD (Alan J.). The Irish constitutional tradition: responsible government and modern Ireland, 1782–1992. Blackrock, Irish Academic Press, 94, VIII-412 p.

993. ZUCKERT (Michael P.). Natural rights and the new republicanism. Princeton, Princeton U. P., 94, XX-397 p.

Cf. n°s 339, 926, 1902, 2464, 2866

* 994. Bibliographie de l'histoire urbaine. Belgique/Luxembourg. Ed. par Michel ORIS, Michel PAULY, Marc RYCKAERT e. a. Liège, Laboratoire de démographie de L'Université, 94, 164 p.

* 995. Bibliography of publications in economic and social history printed in Poland in 1986–1988 (A). Ed. by Ewelina KOWAL. Stud. Hist. Oecon., 94, 21, p. 185-236.

996. BARONE (G.), [et al.]. Storia delle donne in Italia. Donne e fede: santità e vita religiosa in Italia. A cura di Lucetta SCARAFFIA e Gabriella ZARRI. Roma e Bari, Laterza, 94, XVI-552 p. (ill., tav.). (Storia e società).

997. BISSON (T. N.). The "feudal revolution". Past and Present, 94, 142, p. 6-42.

998. BOLLE (Willi). Physiognomik der modernen Metropole. Weimar, Wien u. Köln, Böhlau, 94, 422 p. (Europäische Kulturstudien, 6).

999. Boschi italiani (I). Valori naturalistici ed economici, aspetti amministrativi. Storia urbana, 94, 18, 69, p. 5-208.

1000. BRAMWELL (Anna). The fading of the greens: the decline of environmental politics in the West. New Haven, Yale U. P., 94, XI-224 p.

1001. BROWN (Nathan J.). Who abolished corvee labour in Egypt and why? Past and Present, 94, 144, p. 116-137.

1002. Burg (Die) – ein kulturgeschichtliches Phänomen. Hrsg. v. Hartmut HOFRICHTER. Stuttgart, Theiss, 94, 130 p. (Veröff. Der Deutschen Burgenvereinigung, 2).

1003. Campagnes de la France méditerranéenne (Les) dans l'Antiquité et le haut Moyen Age. Etudes microrégionales. Ed. par François FAVORY et Jean-Luc FICHES. Paris, Editions de la Maison de sciences de l'Homme, 94, 344 p. (ill.). (Documents d'Archéologie française, 42).

1004. CLASSEN (C.), HOWES (D.), SYNNOTT (A.). Aroma: the cultural history of smell. London a. New York, Routledge, 94, VIII-248 p.

1005. DEL PANTA (Lorenzo), RETTAROLI (Rosella). Introduzione alla demografia storica. Roma e Bari, Laterza, 94, XI-314 p. (Manuali Laterza, 55).

1006. Disciplina dell'anima, disciplina del corpo e disciplina della società tra medioevo ed età moderna. A cura di Paolo PRODI. Bologna, Il Mulino, 963 p. (Annali dell'Istituto storico italo-germanico, Quaderno 40).

1007. Echanges dans l'Antiquité: le rôle de l'Etat. Entretiens d'archéologie et d'histoire. Ed. par Jean ANDREAU, Pierre BRIANT et Raymond DESCAT. Saint-Bertrand de Comminges, Musée archéologique départemental, 94, 239 p.

1008. Edo and Paris. Urban life and the state in the early Modern Era. Ed. by James L. MCCLAIN, John M. MERRIMAN a. Kaoru UGAWA. Ithaca a. London, Cornell U. P., 94, 483 p.

1009. Encyclopedia of social history. Ed. by Peter N. STEARNS. New York a. London, Garland, 94, XXXVI-856 p. (Garland reference library of social science, 780).

1010. Entrepreneurship and the transformation of the economy (X^{th}–XXth centuries). Essays in honour of Herman Van der Wee. Ed. by Paul KLEP a. Eddy VAN CAUWENBERGHE. Leuven, Leuven U. P., 94, 693 p.

1011. Forms of identity (definitions & changes). Ed. by Ladislaus LÖB, István PETROVICS a. György E. SZŐNYI. Szeged, József Attila University, 94, 170 p.

1012. FRANUŠIĆ (Boris). Povijest navigacije u Hrvata. (The history of navigation in Croatia). Dubrovnik, Pomorski fakultet, 94, 242 p.

1013. GILCHRIST (R.). Gender and material culture: the archaeology of religious women. London a. New York, Routledge, 94, XIII-222 p.

1014. GORSKAYA (N. A.). Istoricheskaya demografiya Rossii epokhi feodalizma: Itogi i problemy izucheniya. (Historical demography of Russia before 1861: results and problems of study). Ros. Akad. nauk. In-t Rossiyskoy istorii. Moskva, Nauka, 94, 213 p. (bibl.).

1015. HAJNAL (István). From estates to classes. *History and Society in Central Europe*, 94, 2, p. 164-179.

1016. Handbook of the history of European banks. Ed. by European Association for Banking History. Aldershot, E. Elgar, 94, XVIII-1303 p.

1017. Haushalten in Geschichte und Gegenwart. Hrsg. v. Irmintraut RICHARZ. Göttingen, Vandenhoeck & Ruprecht, 94, 271 p.

1018. Istoriya krest'yanstva Severo-Zapada Rossii: Period feodalizma. (A history of the peasantry of the North-West of Russia: from the oldest time till 1861). Otv. red. A. I. KOPANEV. Ros. Akad. nauk. S.-Peterb. filial. In-t istorii. Sankt-Peterburg, Nauka, 94, 331 p. (bibl.).

1019. JACOB (Annie). Le travail, reflet des cultures. Du sauvage indolent au travailleur productif. Paris, PUF, 94, 276 p. (Economie en liberté).

1020. JANEKOVIĆ-RÖMER (Zdenka). Rod i grad. (The Dubrovnik Family, 13th–14th centuries). Dubrovnik, Zavod za povijesne znanosti HAZU Dubrovnik a. Zavod za hrvatsku povijest Filozofskog fakulteta Zagreb, 94, 170 p.

1021. KUTUKOĞLU (Mubahat S.). Osmanlı İktisadî Yapısı. (La Structure économique de l'Empire Ottoman). *In*: Osmanlı Devleti ve Medeniyeti [Cf. n° 4152], p. 513-650.

1022. Lectures de la ville (XVe siècle–XXe siècle). Ed. par Jacques BOTTIN et Alain CABANTOUS. *Histoire, économie et société*, 94, 13, 3, p. 397-559.

1023. MORICEAU (Jean-Marc). Le changement agricole. Transformations culturales et innovations (XIIe–XIXe siècle). *Histoire et sociétés rurales*, 94, 1, 1, p. 37-66.

1024. Okzidentale Stadt nach Max Weber (Die): zum Problem der Zuhörigkeit in Antike und Mittelalter. Hrsg. v. Christian MEIER. München, Oldenbourg, 94, 242 p. (Historische Zeitschrift. Beihefte, 17).

1025. PAMUK (Şevket). Osmanlı Ekonomisinde Bağımlılık ve Büyüme. (La Dépendance et le développement dans l'économie ottomane). İstanbul, Türkiye Ekonomik ve Toplumsal Tarih Vakfı Yayını, 94, 267 p.

1026. PANAITESCU (P. P.). Interpretări românești. Studii de istorie economică și socială. (Romanian Interpretations. Studies of economic and social history). Ed. by Ștefan S. GOROVEI a. Maria Magdalena SZÉKELY. București Editura Enciclopedică, 94, 263 p.

1027. Protoindustrialisierung in Europa. Hrsg. v. Marcus CERMAN u. Sheilagh OGILVIE. Wien, Verlag für Gesellschaftskritik, 94, 236 p.

1028. RISSE (Jacques). Histoire de l'élevage français. Paris, l'Harmattan, 94, 365 p. (ill.).

1029. Romania's economic history from the beginning to World War II. Ed. by N. N. CONSTANTINESCU. București, Editura Academiei, 94, 260 p.

1030. SCHMIDT (Uta C.). Vom Rand zur Mitte. Aspekte einer feministischen Perspektive in der Geschichtswissenschaft. Zürich u. Dortmund, eFeF-Verlag, 94, 271 p.

1031. Sistema di rapporti ed élites economiche in Europa (secoli XII–XVII). A cura di Mario DEL TREPPO. Napoli, GISEM e Liguori, 94, XX-386 p. (Europa mediterranea. Quaderni, 8).

1032. SMIL (Vaclav). Energy in world history. Boulder, Westview Press, 94, XVIII-300 p. (Essays in world history).

1033. Sozialgeschichte, Alltagsgeschichte, Mikro-Historie. Hrsg. v. W. SCHULZE. Göttingen, Vandenhoeck & Ruprecht, 94, 82 p.

1034. Städtebund zum Zweckverband (Vom). Hrsg. v. Bernhard KIRCHGÄSSNER u. Hans-Peter BECHT. Sigmaringen, Thorbecke, 94, 176 p. (Stadt in der Geschichte, 20).

1035. STOLBERG (Michael). Ein Recht auf saubere Luft? Umweltkonflikte am Beginn des Industriezeitalters. Erlangen, Fischer, 94, 365 p.

1036. Structures rurales et sociétés antiques. Ed. par P. N. DOUKELLIS et L. G. MENDONI. Paris, Belles Lettres et Annales Littéraires de l'Université de Besançon, 94, 491 p.

1037. ŠUMI (Nace). Naselbinska kultura na Slovenskem: urbana naselja. (Settlement culture in Slovenia: urban settlements). Ljubljana, Viharnik, Znanstveni inštitut Filozofske fakultete, 94, 291 p. (ill.).

1038. Terre au ciel (De la). I. Paysages et cadastres antiques. Ed. par Monique CLAVEL-LÉVÊQUE, Isabelle JOUFFROY et Annie VIGNOT. Paris, Les Belles Lettres, 94, 275 p.

1039. Umweltgeschichte. Umweltverträgliches Wirtschaften in historischer Perspektive. Acht Beiträge. Hrsg. v. Werner ABELSHAUSER. Göttingen, Vandenhoeck & Ruprecht, 94, 221 p. (Geschichte und Gesellschaft, 15).

1040. WEINMANN (Cornelia). Der Hausbau Skandinavien vom Neolithikum bis zum Mittelalter. Mit einem Beitrag zur interdisziplinären Sachkulturforschung für das mittelalterliche Island. Berlin, de Gruyter, 94, XII-480 p. (Quellen und Forschungen zur Sprach- und Kulturgeschichte der germanischen Völker, 106).

1041. YEDIYİLDİZ (Bahaeddin). Osmanlı Toplumu. (La Société ottomane). *In*: Osmanlı Devleti ve Medeniyeti [Cf. n° 4152], p. 441-510.

1042. ZIRNSTEIN (Gottfried). Ökologie und Umwelt in der Geschichte. Marburg, Metropolis, 94, 346 p.

Cf. n°s 1061, 8500

§ 9. **Storia della civiltà, delle scienze e della scuola.**

* 1043. Bibliografia italiana di storia della scienza. 9-10. 1990-91. Firenze, Olschki, 94, 344 p. (Biblioteca di bibliografia italiana, 137).

* 1044. Bibliography on the history of chemistry and chemical technology 17th to the 19th century. Ed. by Valentin WEHEFRITZ, with the assistance of Zoltan KOVATS. München, New Providence, London a. Paris, K. G. Saur, 94, 3 vol., XI-1749 p.

* 1045. BRIDSON (Gavin D. R.). The history of natural history: an annotated bibliography. Hamden a. New York, Garland, 94, XXXI-740 p. (Garland Reference Library of the Humanities, 991).

* 1046. LOWOOD (Henry). Current bibliography in the history of technology (1992). *Technology and Culture*, 94, 35, 232 p. (Supplement).

1047. BENKŐ (Samu). Education, culture, and the arts in Transylvania. *Hung. Quarterly*, 94, 35, 133, p. 72-82.

1048. BLOOM (Harold). The western canon: the books and the school of the ages. New York, San Diego a. London, Harcourt Brace, 94, XI-578 p.

1049. CANFORA (Luciano). Libro e libertà. Roma e Bari, Laterza, 94, 97 p. (Il nocciolo, 4).

1050. Charters of foundation and early documents of the Universities of the Coimbra Group. Ed. by Jos. M. M. HERMANS a. Marc NELISSEN. Groningen, Selbstverlag der Coimbra Group, 94, 112 p.

1051. Classification des sciences (La). Journées d'Etude du Centre Alexandre-Koyré, Paris, 14–15 mai 1991. *Revue de Synthèse*, 94, 115, sér. 4, 1-2, p. 5-197.

1052. CLAVERO (Bartolomé). Dictum beati. A proposito della cultura del lignaggio. *Quaderni storici*, 94, 29, 86, p. 335-364.

1053. Companion encyclopedia of the history of philosophy of the mathematical sciences. Ed. by I. GRATTAN-GUINNESS. London a. New York, Routledge, 94, 2 vol., XIII-1806 p. (ill.).

1054. Consumption and the world of goods. Ed. by John BREWER a. Roy PORTER. London a. New York, Routledge, 94, XXI-564 p.

1055. CROMBIE (Alistair C.). Styles of scientific thinking in the European tradition. The history of argument and explanation especially in the mathematical and biomedical sciences and arts. London, Duckworth, 94, 3 vol., XXXII-2456 p.

1056. CROOK (David Paul). Darwinism, war and history: the debate over the biology of war from the 'Origin of species' to the First World War. Cambridge, Cambridge U. P., 94, XII-306 p.

1057. Dictionnaire de Voltaire. Ed. par Raymond TROUSSON, Jeroom VERCRUYSSE et Jacques LEMAIRE. Bruxelles, Espace et Libertés, 94, 281 p.

1058. EAMON (William). Science and secrets of nature. Books of secrets in medieval and early modern culture. Princeton, Princeton U. P., 94, XVII-490 p.

1059. GANTAR-GODINA (Irena). Neoslavizem in Slovenci. (Neo-Slavism and the Slovenes). Ljubljana, Znanstveni inštitut Filozofske fakultete, 94, 191 p. (ill.).

1060. GAZAGNADOU (Didier). La poste à relais. La diffusion d'une technique de pouvoir à travers l'Eurasie (Chine-Islam-Europe). Paris, Editions Kimé, 94, 180 p.

1061. GOUDSBLOM (Johan). Fire and civilization. London, Penguin, 94, VIII-248 p.

1062. HACQUEBORD (Louwrens), LEINENGA (Jurgjen R.). De ecologie van de Groenlandse walvis in relatie tot walvisvaart en klimaatveranderingen in de zeventiende en achttiende eeuw. (The ecology of the Greenland whale in relation to the whaling and climate changes in the 17th and 18th centuries). *T. Gesch.*, 94, 107, p. 415-438.

1063. HALL (Alfred Rupert). Science and society: historical essays on the relations of science, technology, and medicine. Aldershot, Variorum, 94, IX-465 p. (Variorum collected studies series, CS434).

1064. HERCIGONJA (Eduard). Tropismena i trojezična kultura hrvatskoga srednjovjekovlja. (The three scripts and the three languages of the Croatian Medieval culture). Zagreb, Matica hrvatska, 94, 279 p.

1065. History of science. Vol. 2. History of physics. Ed. by Rajbir SINGH. Jaipur, Printwell, 94, XVII-415 p.

1066. HUPCHICK (Denis P.). Culture and history in eastern Europe. Basingstoke a. London, Macmillan, 94, XVII-206 p.

1067. Interpreting the hierarchy of nature: from systematic patterns to evolutionary process theories. Ed. by Lance GRANDE a. Olivier RIEPPEL. San Diego a. London, Academic Press, 94, VIII-298 p.

1068. LANGER (Ullrich). Perfect friendship. Genève, Droz, 94, 276 p. (Studies in literature and moral philosophy from Boccaccio to Corneille, «Histoire des idées et critique littéraire», 331).

1069. LETTINCK (Paul). Aristotle's Physics and its reception in the Arabic world: with an edition of the unpublished parts of Ibn Bajja's Commentary on the Physics. Leiden, New York a. Köln, E. J. Brill, 94, IX-793 p. (Aristoteles Semitico-latinus, 7).

1070. MORANGE (Michel). Histoire de la biologie moleculaire. (Histoire des sciences). Paris, La Découverte, 94, 357 p.

1071. MORETTI (Gabriella). Gli antipodi: avventure letterarie di un mito scientifico. Parma, Pratiche, 94, 183 p. (Nuovi Saggi, 115).

1072. NEMESKÜRTY (István). Abriß der Kulturgeschichte Ungarns. Budapest, Corvina, 94, 208 p. – IDEM. Kis magyar művelődéstörténet. (Petite histoire culturelle hongroise). Budapest, Szent István Társ., 94, 196 p.

1073. OLENDER (Maurice). Europe, or how to escape Babel. *History and theory* (Theme issue), 94, 33, p. 5-25.

1074. POUNDS (N. J. G.). The culture of the English people. Iron age to the industrial revolution. Cambridge, Cambridge U. P., 94, XVIII-477 p.

1075. PRAIRIAT (Eirick). Eduquer et punir. Généalogie du discours psychologique. Nancy, Presses Universitaires de Nancy, 94, 300 p.

1076. Prophétisme et politique. Actes du 9ᵉ Colloque international de la Sorbonne, Paris, 5–6 décembre 1993. *Pol. hermetica*, 94, 8, p. 9-175.

1077. Rao (S. Balachandra). Indian mathematics and astronomy: some landmarks. Bangalore, Jnana Deep Publications, 94, viii, 234 p.

1078. Reflections of Nero: culture, history, and representation. Ed. by Jás ELSNER a. Jamie MASTERS. Chapel Hill a. London, University of North Carolina Press, 94, 239 p. (ill.).

1079. Self-Motion. From Aristotle to Newton. Ed. by Mary Louise GILL a. James G. LENNOX. Princeton, Princeton U. P., 94, XXI-367 p.

1080. SPINA (Luigi). Perché leggere i classici: da Stazio a Pier Vittorio Tondelli. *Quaderni di storia*, 94, 20, 39, p. 165-172.

1081. STEHLE (Philip). Order, chaos, order: the transition from classical to quantum physics. New York a. Oxford, Oxford U. P., 94, XIV-322 p.

1082. Storia delle scienze. Vol. 4. Natura e vita: l'età moderna. A cura di Pietro CORSI, Claudio POGLIANO. Torino, Einaudi, 94, 551 p.

1083. Studien zur Geschichte der Deutsch-polnischen Kulturbeziehungen vom Mittelalter bis zum 19. Jahrhundert. Hrsg. v. Jan PIROZYNSKI. Krakow, Nakladem Uniwerssytetu Jagiellonskiego, 94, 182 p. (Zeszyty naukowe Uniwersytetu Jagiellonskiego. Prace historyczne, 3; Zeszyty naukowe Uniwersytetu Jagiellonskiego, 1138; Studia Germano-Polonica, 2).

1084. SZUMOWSKI (Władysław). Historia medycyny filozoficznie ujęta. (Histoire de la médecine conçue du point de vue philosophique). Réd. par le com. Zdzisław GAJDA, Julian DYBIEC et Andrzej ŚRÓDKA. Warszawa, Sanmedia, 94, XXXI-700 p. (phot., fig., dessins, tables).

1085. Transfer of science and technology between Europe and Asia (The), 1780–1880: the Second Conference on the Transfer of Science and Technology Between Europe and Asia Since Vasco da Gama (1498–1998). Ed. by Yamada KEIJI. Tōkyō, International Research Center for Japanese Studies, 94, 255 p. (International research symposium, 7).

1086. Unia brzeska. Geneza, dzieje i konsekwencje w kulturze narodów słowiańskich. (Unione di Brześć. Genesi, storia e conseguenze nella cultura dei popoli slavi). Praca zbior. pod red. Ryszarda ŁUŻNEGO, Franciszka ZIEJKI i Andrzeja KĘPIŃSKIEGO. Kraków, Tow. Autorów i Wyd. Prac Nauk. "Universitas", 94, 555 p.

1087. Values of precision (The). Ed. by Norton WISE. Princeton, Princeton U. P., 94, 372 p.

1088. ZELDIN (Theodore). An intimate history of humanity. London, Minerva, 94, VII-487 p.

Cf. n° 5758

§ 10. Storia dell'arte e delle arti applicate.

* 1089. BHA. Bibliography of the History of Art. Bibliographie de l'Histoire de l'Art. Vol. 4, 1-4, 1994. [Vol. 3, 1-4, 1993. Cf. Bibl. 93, n° 1066.]. Ed. by Michael RINEHART and Marise BIDEAULT. Paris, Centre National de la Recherche Scientifique a. Santa Monica, The J. Paul Getty Trust, 94, 4 vol., XXV-453 p., XXV-377 p., XXV-455 p., XXV-425 p.

1090. Architecture et vie sociale. L'organisation intérieure des grandes demeures à la fin du Moyen Age et à la Renaissance. Actes du Colloque tenu à Tours du 6 au 10 juin 1988. Paris, Picard, 94, 279 p. (ill.).

1091. Beelden in de late middeleeuwen en Renaissance. (Late Gothic and Renaissance sculpture in the Netherlands. Editors R. FALKENBURG, [et al.]. Zwolle, Waanders, 94, 446 p. (fig.). [Nederlands Kunsthist. Jb., vol. 45].

1092. BELTING (Hans). Likeness and presence: a history of the image before the era of art. Chicago a.

London, University of Chicago Press, 94, XXIV-651 p. (ill.).

1093. CORK (Richard). A bitter truth. Avant-garde art and the great war. New Haven, Yale U. P., 94, 336 p.

1094. DE BLAAUW (Sible). Cultus et decor: liturgia e architettura nella Roma tardoantica e medievale. Città del Vaticano, Biblioteca Apostolica Vaticana, 94, 2 vol., 448 p., 476 p. (Studi e testi, 355, 356).

1095. DE KREEK (M. L.). De kerkschat van het Onze-Lieve-Vrouwekapittel te Maastricht. (The church treasuries of Our Lady Chapter at Maastricht). Amsterdam, Architectura & Natura pers, 94, 333 p. (Clavis kunsthistorische monografieën, 14. Diss. Utrecht).

1096. Disney discourse: producing the magic kingdom. Ed. by Eric SMOODIN. (AFI film readers). New York a. London, Routledge, 94, X-270 p.

1097. FAJCSÁK (Györgyi). A kínai buddhizmus művészete a 10–19. században. (Chinese Buddhist art from the Xth to XIXth centuries). Budapest, Iparművészeti Múz., 82 p.

1098. HOLLINGSWORTH (Mary). Patronage in Renaissance Italy: from 1400 to the early sixteenth century. London, John Murray, 94, IX-372 p. (ill.).

1099. Lexikon Iconographicum Mythologiae Classicae. Vol. 7. Oidipous-Theseus. Zürich u. München, Artemis, 94, 2 vol., XXXI-1065 p., 816 p. (drawings, ills., pls.).

1100. Magyar színházművészeti lexikon. (Dictionnaire de l'art dramatique hongrois). Főszerk. György SZÉKELY. Budapest, Akadémiai, 94, 882 p.

1101. MINOR (Vernon Hyde). Art history's history. Englewood Cliffs a. London, Prentice Hall, 94., XII-211 p.

1102. MOILANEN (Eero). Melos ja Logos. Siionin virsien ja Siionin kanteleeen melodinen toimintaperusta. (Melos and Logos. Melodic basis of the Hymns Zion an Zion Kantele). Tampere, Tampereen yliopisto, 94, 264 p. (notes, tables, English summary). (Acta Univ. Tamperensis, A 408).

1103. MOXEY (Keith). The practice of theory: poststructuralism, cultural politics, and art history. Ithaca, Cornell U. P., 94, XV-153 p.

1104. MUTHESIUS (Stefan). Art, architecture and design in Poland, 966–1990: an introduction. Königstein im Taunus, K. R. Langewiesche Nachfolger H. Koster Verlagsbuchhandlung, 94, 107 p. (ill.).

1105. NASSAR (Eugene Paul). Illustrations to Dante's "Inferno". London a. Toronto, Associated University Presses a. Rutheford, Madison a. Teaneck, Fairleigh Dickinson U. P., 94, 398 p.

1106. NEICH (Roger). Painted histories: early Maori figurative painting. Auckland, Auckland U. P., 94, XII-330 p.

1107. POTTS (A. D.). Flesh and the ideal. Winckelmann and the origins of art history. New Haven a. London, Yale U. P., 94, VI-294 p.

1108. RAGER (Catherine). Dictionnaire des sujets mythologiques, bibliques, hagiographiques et historiques dans l'art. Paris, Brepols, 94, X-762 p.

1109. RENDA (Gunsel). Osmanlı'da Uslup Çoğulluğu. (La Pluralité des styles chez les Ottomans). (Avec A. KURAN et F. YENISEHIRLIOĞLU). In: Anatomi Dersleri: Osmanlı Kültürü, Salı Toplantıları, 93-94, YKY, İstanbul, 94, p. 77-104.

1110. STEER (John), WHITE (Antony). Atlas of western art history: artists, sites, and movements from ancient Greece to the modern age. New York a. Oxford, Facts on File, 94, 335 p. (ill.).

1111. Studi in onore di Giulio Carlo Argan. Scandicci, La Nuova Italia, 94, 421 p. (Storia dell'arte).

1112. Suomalaisia säveltäjiä. (Finnish composers. A handbook). Ed. by Mikko HEINIÖ [et al.]. Helsinki, Otava, 94, 573 p.

1113. TARNÓC (Marton). Mátyás király és a magyaroroszági reneszánsz, 1450–1541. [Le roi Mathias (1458–1490) et la renaissance en Hongrie, 1450–1541). Budapest, Balassi, 94, 192 p.

1114. WIDACKA (H.), ŻENDARA (Alicja). Katalog osobistości polskich i obcych w Polsce działających. (Catalogue de portraits des personnalités polonaises et étrangères actives en Pologne). T. 4. P.-S. Réd. Hanna WIDACKA. Warszawa, 94, 499 p. (Katalogi Zakł. Zbiorów Ikonograficznych Bibl. Narod., Grafika, 1).

Cf. n°s 2859, 2928, 3329, 6472, 6485, 6496

§ 11. Storia delle religioni.

a. Opere generali.

* 1115. Ephemerides theologicae lovanienses. Elenchus bibliographicus. Editae cura E. BRITO, L. DE FLEURQUIN, A. DE HALLEUX, J. ETIENNE, A. HAQUIN, J. LUST, F. NEIRYNCK, R. WIELOCKX, B. WILLAERT. Tomus LXX. [Tomus LXIX. Cf. Bibl. 93, n° 1112.]. Leuven, Peeters, 94, 696 p.

* 1116. Francis. Bulletin signalétique 527: Histoire et sciences des religions. History and Sciences of Religions. T. 48: 1994. N° 1-4 et Tables annuelles. [T. 47, 1993. Cf. Bibl. 93, n° 1111.]. Paris, Ed. du CNRS, 94, 5 vol. Vol. 1, réf. 1-711, VII-82 p.; Vol. 2, réf. 712-1665, VII-105 p.; Vol. 3, réf. 1666-2363, VII-86 p.; Vol. 4, réf. 2364-3822, VII-160 p.; Tables annuelles, 85 p.

* 1117. Revue d'histoire ecclésiastique. Bibliographie. Tome 89. Année 1994. Ed. par R. AUBERT, Cl. BRUNEEL, M. CLOET [et al.]. Louvain-la-Neuve, Bibliothèque de l'Université catholique, 94, 621 p.

1118. Actes de la 22ème Conférence Internationale de Sociologie des Religions (19–23 juillet 1993, Budapest Hongrie). Proceedings of the 22nd International Conference of the Sociology of Religion (19–23 July 1993, Budapest, Hungary). *Social Compass*, 94, 41, 1, p. 3-192.

1119. Apocalypses et la fin des temps (Les). Cinquième Colloque tenu les 10 et 11 janvier 1970 à Paris. Alliance mondiale des religions. Paris, Désiris, 94, 280 p.

1120. Aspects of Religion. Essays in Honour of Ninian Smart. Ed. by P. MASEFIELD a. D. WIEBE. Frankfurt am Main, Lang, 94, IX-417 p.

1121. BORGEAUD (Philippe). Le couple sacré/profane. Genèse et fortune d'un concept "opératoire" en histoire des religions. *Revue de l'histoire des religions*, 94, 211, p. 387-418.

1122. CANNUYER (C.), RIES (J.), VAN TONGERLOO (A.). Guerre et paix. Bruxelles, Louvain-la-Neuve et Leuven, SBEO, 94, 224 p. (Acta Orientalia Belgica, 9).

1123. CARMAN (J.B.). Majesty and Meekness. A comparative study of contrast and harmony in the concept of god. Grand Rapids, Eerdmans, 94, X-453 p.

1124. Comparatisme, mythologies, langages. En hommage à Claude Lévi-Strauss. Ed. par C. VIELLE, P. SWIGGERS, G. JUCQUOIS. Leuven, Peeters-Peeters-France, 94, 454 p. (Bibliothèque des cahiers de l'Institut de linguistique de Louvain, 73).

1125. Conciles oecuméniques (Les). T. I. L'histoire. T. II. Les décrets. Vol. 1. Nicée à Latran V. Vol. 2. Trente à Vatican II. Ed. par Giuseppe ALBERIGO. Paris, Ed. du Cerf, 94, 430 p., 1140 p, 1340 p.

1126. CONGAR (Yves). Eglise et Papauté. Regards Historiques. Paris, Ed. du Cerf, 94, 320 p. (Cogitatio fidei, 184).

1127. DE ROSA (Gabriele). Tempo religioso e tempo storico. Saggi e note di storia sociale e religiosa dal Medioevo all'età contemporanea. Vol. 2. Roma, Edizioni di storia e letteratura, 94, XIV-456 p. (Storia e letteratura, 184).

1128. ELIADE (Mircea), PETTAZZONI (Raffaele). L'histoire des religions a-t-elle un sens? Correspondance 1926–1959. Ed. par Natale SPINETO. Paris, Ed. du Cerf, 94, 310 p.

1129. Enciclopedia delle religioni. Diretta da Mircea Eliade. Edizione tematica europea a cura di Dario M. COSI, Luigi SAIBENE, Roberto SCAGNO, da un primo progetto di tematizzazione di Ioan P. COULIANO. Vol. 2. Il rito. Oggetti, atti, cerimonie. [Vol. 1. Cf. Bibl. 93, n° 1121.]. Settimo Milanese, Marzorati e Milano, Jaca Book, 94, 634 p.

1130. Gnosisforschung und Religionsgeschichte. Festschrift Kurt Rudolf. Hrsg. v. H. PREISSLER u. H. SEIWERT. Marburg, Diagonal Verlag, 94, 596 p.

1131. Guide du chercheur en histoire religieuse. Dir. par J.-P. DURAND et Cl. PRUDHOMME. Lyon, Presses Universitaires, 94, 144 p.

1132. Heresy and literacy, 1000–1530. Ed. by Peter BILLER a. Anne HUDSON. Cambridge, Cambridge U. P., 94, XXVI-313 p.

1133. Humanisme, science et religion. In memoriam Aristide Théodoridès. Ed. par P. NASTER, J. RIES, A. VAN TONGERLOO. Bruxelles, Louvain-la-Neuve et Leuven, SBEO, 94, 323 p. (Acta orientalia belgica, 8).

1134. International Biographical Dictionary of Religion. An Encyclopedia of More Than 4.000 Leading Personalities. Ed. by J. C. JENKINS a. C. VANDEN BLOOK. München, New Providence, London a. Paris, K. G. Saur, 94, XVIII-385 p.

1135. LEUPEN (P. H. D.). De kerkhistorische produktie in Nederland betreffende de middeleeuwen (1959–1993). (Survey of the output in the field of medieval church history in the Netherlands 1959–1993). *Trajecta*, 94, 3, p. 1-18.

1136. MAYEUR (Jean-Marie). Dictionnaire du monde religieux dans la France contemporaine. Paris. Beauchesne, 453 p.

1137. NICHOLLS (David). Deity and domination. Images of God and the state in the nineteenth and twentieth centures. London a. New York, Routledge, 94, XIV-321 p. (paper).

1138. Notion of "religion" in comparative research (The). Selected proceedings of the XVIth Congress of the International Association for the History of Religions. Rome, 3rd–8th September, 1990. Ed. by Ugo BIANCHI, Francine MORA-LEBRUN a. Luca BIANCHI. Roma, "L'Erma" di Bretschneider, 94, 921 p. (Storia delle Religioni, 8). [Cf. n[os] <choice> 2096, 2098, 2101, 2104, 2111, 2119, 2612, 2614, 2618.]

1139. Oubli et remémoration des rites. Histoire d'une répugnance. Ed. par C. MALAMOUD. *Archives de sciences sociales des religions*, 39, 94, 85, p. 5-152.

1140. PELIKAN (Jaroslav). La tradition chrétienne: histoire du developpement de la doctrine. Vol. 1. L'emergence de la tradition catholique: 100–600. Vol. 2. L'esprit du Christianisme oriental: 600–1700. Vol. 3. Croissance de la théologie médiéval: 600–1300. Vol. 4. La réforme de l'Eglise et du dogme: 1330–1700. Vol. 5. Doctrine chrétienne et culture moderne: depuis 1700. Paris, PUF, 94, XXXII-413 p., XXXVI-360 p., XXXIV-350 p., LXIV-424 p., LXIX-362 p. (bibl.). (Théologiques).

1141. PYE (Michael). Religion: shape and shadow. *Numen*, 94, 41, p. 51-75.

1142. Religion and Literature. Some new directions. *Journal of Religion*. 94, 74, p. 297-371.

1143. RENNSTICH (K.). Heil und Unheil in der Sicht der Religionen. *Theologische Zeitschrift*, 94, 50, p. 220-251.

1144. RIES (Julien). I riti di salute/salvezza nelle religioni del passato. Interferenze storico-religiose tra salute e salvezza. *In*: Liturgia e terapia. La sacramentalità a servizio dell'uomo nella sua interezza. A cura di A. N. TERRIN. Padova, Messaggero, 94, p. 36-53. (Caro salutis cardo. Contributi, 10).

1145. RUDOLPH (Kurt). We learn what religion is from history: on the relation between the study of history and the study of religions. *Historical reflections*, 94, 20, 3, p. 357-376.

1146. Sacrifice dans les religions (Le). Colloque de l'ISTR. Ed. par M. NEUSCH. Paris, Beauchesne, 94, 310 p. (Sciences théologiques et religieuses, 3).

1147. SOMVILLE (P.), LEJEUNE (C.), [et al.]. Le signe, le symbole et le sacré. *Cahiers internationaux de symbolisme*, 94, 77, 78, 79, 374 p.

1148. Storia delle religioni. Vol. 1. Le religioni antiche. A cura di Giovanni FILORAMO con la collaborazione di Luigi CAGNI [et al.]. Roma e Bari, Laterza, 94, 702 p. (ill.).

1149. THAPAR (Romila). Sacrifice, surplus, and the Soul. *History of Religions*, 94, 33, p. 305-324.

1150. Theologenlexicon. Von den Kirchenvätern bis zur Gegenwart. Hrsg. v. W. HAERLE u. H. WAGNER. München, Beck, 94, 312 p.

1151. Theologische Realenzyklopädie. Vol. 23–24. Hrsg. v. Gerhard KRAUSE, Gerhard MÜLLER [et al.]. Berlin u. New York, de Gruyter, 94, IV-807 p., 788 p.

1152. Tradition und Translation. Zum Problem der interkulturellen Übersetzbarkeit religiöser Phänomene. Festschrift für Carsten Colpe zum 65. Geburtstag. Berlin u. New York, de Gruyter, 94, XXXVI-565 p.

1153. VAN DER HORST (Pieter W.). Silent prayer in antiquity. *Numen*, 41, 94, p. 1-25.

1154. WAARDENBURG (Jacques). Religionen in der Zukunft Europas. *Zeitschrift für Missionswissenschaft und Religionwissenschaft*, 94, 78, p. 25-37.

1155. WEILER (A. G.). Il significato della devotio moderna per la cultura europea. *Cristianesimo nella storia*, 94, 15, 1, p. 51-69.

Cf. n°s 1477, 2624, 2805, 3955

b. Studi particolari.

* 1156. Bibliographia Internationalis Spiritualitatis. T. 26, 1991. [T. 25, 1990. Cf. Bibl. 93, n° 1157.]. Director: Juan Luis ASTIGARRAGA. Roma, Edizioni del Teresianum, 94, XXVII-482 p.

* 1157. Bibliographia patristica. Internationale patristische Bibliographie. Hrsg. v. Knut SCHÄFFER-DIEK. Bd. XXX-XXXII. Die Erscheinungen der Jahre 1985–1987. Berlin u. New York, de Gruyter, 94, LVI-803 p.

* 1158. Biographisch-Bibliographisches Kirchenlexicon. Begründet und hrsg. v. F. W. BAUTZ: Fortgeführt von T. BAUTZ. Band 7. Patocka, Jan – Remachus. Band 8. Rembrandt – Scharbel. [Bd. 5–6. Cf. Bibl. 93, n° 1158.]. Herzberg, Traugott Bautz, 94, XXXIX p.-1598 col.; XXXVIII p.-1600 col.

* 1159. Bulletin de bibliographie biblique. N. 10. Avril 94, IV-72 p. N. 11. Juillet 94, IV-120 p. N. 12. Déc. 94, VIII-118 p. [N°s 7-9. Cf. Bibl. 93, n° 1159.].

* 1160. Index to English Periodical Literature on the Old Testament and Ancient Near Eastern Studies. Vol. VI. Ed. by William G. HUPPER. Metuchen a. London, The American Theological Library Association and The Scarecrow Press, 94, LII-727 p. (Atla Bibliography Series, 21).

* 1161. Internationale Zeitschriftenschau für Bibelwissenschaft und Grenzgebiete. International Review of Biblical Studies. Revue internationale des études bibliques. Band. XXXIX 1992–1993. [Bd. XXXVIII. Cf. Bibl. 93, n° 1160.]. Düsseldorf, Patmon Verlag, 94, XIV-469 p.

* 1162. JAHNDEL (M.), HENZE (K.M.). Theologische Literatur. Übersicht über die bei der Schriftleitung eingegangenen Bücher und Zeitschriften. *Theologische Revue*, 94, 90 [Bd. 89. Cf. Bibl. 93, n° 1161.], p. 165-176, p. 255-264, p. 347-352, p. 435-444, p. 507-528.

* 1163. New Testament Abstracts. Vol. 38. [Vol. 37. Cf. Bibl. 93, n° 1162.]. Cambridge, College School of theology, 94, 539 p.

* 1164. NORTH (Robert). Elenchus of Biblical Bibliography. Vol. 7, 1991. [Vol. 6, 1990. Cf. Bibl. 93, n° 1163.]. Roma, Ed. Istituto Pontificio Biblico, 94, 1062 p.

* 1165. Old Testament Abstracts. Vol. 17. [Vol. 16. Cf. Bibl. 93, n° 1164.]. Washington, Catholic University of America, 94, 755 p.

1166. Afrikaanse religies. Ed. R. KRANENBORG. *Religieuze Bewegingen in Nederland*, 94, 28, 1-8, p. 1-134.

1167. ALLEN (Douglas). Recent defenders of Eliade. A critical evaluation. *Religion*, 94, 24, p. 333-351.

1168. Augustinus-Lexikon. Vol. 1. Fasc. 7–8. Civitas Dei – Conversio. Bâle. Hrsg. v. C. MAYER. Stuttgart, Schwabe, 94, 961-1294 p.

1169. BÆK SIMONSEN (J.). Islam Leksikon. Copenhagen, Politikens Forlag, 94, 184 p.

1170. BALAGANGHADARA (S. N.). "The Heathen in His Blindness ...". Asia, the West and the Dynamic of Religion. Leiden, New York a. Köln, E. J. Brill, 94, XII-563 p. (Studies in the History of Religions, 64).

1171. BELIER (W.W.). Arnold Van Gennep and the Rise of French Sociology of Religion. *Numen*, 94, 41, p. 141-162.

1172. BETHENCOURT (Francisco.). História das inquisiçoes: Portugal, Espanha, e Itália. Lisboa, Círculo de Leitores, 94, 400 p. (ill., bibl.). (Grandes temas da nossa história).

1173. CASADIO (Giovanni). Eduard Norden storico delle religioni e l'antichistica italiana. In: Eduard Norden (1868–1941). Ein deutscher Gelehrter jüdischer Herkunft [Cf. n° 673], 94, p. 151-169.

1174. CASANOVA (J.). Public Religions in the Modern World. Chicago, Chicago U. P., 94, X-320 p.

1175. Catholicisme hier aujourd'hui demain. Encyclopédie publiée sous le patronage de l'Institut Catholique de Lille par G. MATHON, G. H. BAUDRY. Vol. 14. Fasc. 64. SIDA-Solitude. Fasc. 65. Solitude-Structure. [Fasc. 62-63. Cf. Bibl. 93, n° 1168]. Paris, Letouzey & Ané, 94, col. 9-256; 257-512.

1176. CAUVIN (J.), Naissance des divinités, naissance de l'agriculture. La révolution des symboles au néolithique. Paris, CNRS éditions, 94, 304 p.

1177. Cento anni di studi biblici (1893–1993). L'interpretazione della Bibbia nella Chiesa. *Studia patavina*, 94, 41, 2, p. 305-490.

1178. Dictionnaire historique de la papauté. Paris, Fayard, 94, 1759 p.

1179. ELON (M.). Jewish law: history, sources, principles. Philadelphia, Jewish Publication Society, 94, 4 vol., 2231 p.

1180. Encyclopaedia of Islam. New Edition. Encyclopédie de l'Islam. Nouvelle édition. Index of subjects to volumes I–VII and to the supplement. Index des matières des tomes I–VII and du supplément. Ed. by – Ed. par P. J. BEARMAN. Fascicules 1–7. Livraisons 1–7. Leiden, New York a. Köln, E. J. Brill, 94, 230 p.

1181. Encyclopaedia of Islam. New Edition. Volume VIII: Fasc. 137–138. Raf – Rida Shah. Fasc. 139–140. Rida Shah – Rustem Pasha. Fasc. 141–142. Rustem Pasha – Safawids. [Vol. VII. Cf. Bibl. 93, n° 1175.]. Ed. by C. E. BOSWORTH, E. VAN DONZEL, W. P. HEINRICHS, C. PELLAT [et alii]. Leiden, New York a. Köln, E. J. Brill, 94, 127 p., 127 p., 127 p.

1182. Festschrift Prosdocimi. Cristianità ed Europa. Miscellanea di studi in onore di Luigi Prosdocimi. Vol. 1. Vol. 2. A cura di C. ALZATI. Roma, Herder, 94, 860 p. [Cf. n°s <Auswahl> 3720.]

1183. Forme di religiosità e tradizioni sapienziali in Magna Grecia. Atti del Convegno. Napoli 14–15 dicembre 1993. *AION, Annali*, 94,17, 220 p.

1184. GEERTZ (Armin W.). On reciprocity and mutual reflection in the study of native American religions. With replies by June O'CONNOR, Kenneth MORRISON, John W. FULBRIGHT, Lee IRWIN and a response by Armin W. GEERTZ. *Religion*, 94, 24, p. 1-22.

1185. Geschichte der Evangelischen Kirche der Union (Die): ein Handbuch. Hrsg. v. J. F. Gerhard GOETERS u. Joachim ROGGE. Band 2. Die Verselbständigung der Kirche unter dem königlichen Summepiskopat (1850–1918). Hrsg. v. Joachim ROGGE u. Gerhard RUHBACH. Leipzig, Evangelische Verlagsanstalt, 94, 545 p.

1186. HAAS (Volkert). Geschichte der hethitischen Religion. Leiden, New York u. Köln, E. J. Brill, 94, 1031 p.

1187. HÄUSSLING (R.A.M.). Sprachbarrieren der interkulturalen Kommunikation. *Mitteilungen für Anthropol. und Religionsgesch.*, 94, 9, p. 124-140.

1188. Histoire du christianisme des origines à nos jours. Dir. par Jean-Marie MAJEUR, Charles PIETRI, André VAUCHEZ, Marc VENARD. Vol. 7. De la réforme à la Réformation (1450–1530), dir. par Marc VENARD. Paris, Desclée, 94, 926 p.

1189. Hymnen der Alten Welt im Kulturvergleich. Ed. W. BURKERT u. F. STOLZ. Freiburg, Universitätsverlag u. Göttingen, Vandenhoeck & Ruprecht, 94, 123 p.

1190. LEEMING (D.), PAGE (J.). Goddess. Myths of the Female Divine. New York a. Oxford, Oxford U. P., 94, XIV-189 p.

1191. Lexikon für Theologie und Kirche. Bd. 2. Barclay bis Damodos. Hrsg. v. Walter KASPER [et al.] Freiburg, Basel, Roma u. Wien, Herder, 94, 14 p. – 1388 col.

1192. Marienlexikon. Hrsg. v. R. BÄUMER u. L. SCHEFFCZYK. Sechster Bd. Scherer – Zypresse. Nachträge. St. Ottilien, EOS, 94, 872 p.

1193. MASQUELIER (Ysé). Les valeurs symboliques du jaune en Grèce à Rome et dans les cultes orientaux. *Cahiers d'anthropologie religieuse*, 94, 3, p. 103-135.

1194. MASSENZIO (Marcello). Sacro e identità etnica. Senso del mondo e linea di confine. Milano, Angeli, 94, 206 p.

1195. MESLIN (Michel). De la transe chamanique à l'extase du sage. *Cahiers d'anthropologie religieuse*, 94, 3, p. 51-66.

1196. MINOIS (Georges). L'Eglise et la guerre. De la Bible à l'ère atomique. Paris, Fayard, 94, 531 p.

1197. Mircea Eliade e Georges Dumézil. Atti del simposio "Dalla Fenomenologia delle religioni al pensiero religioso del mondo classico". A cura di Dario M. COSI. Padova, Sargon, 94, 120 p.

1198. MISIUREK (Jerzy). Historia i teologia polskiej duchowości katolickiej. T. 1. (Wiek X–XVII). (Histoire et théologie de la spiritualité catholique polonaise. T. 1: X^e–XVIIe siécles). Lublin, Wydawn. Kat. Uniw. Lub., 94, in-8, 421 p.

1199. PICCALUGA (G.). La specificità dei libri lintei romani. *Scrittura e civiltà*, 94, 18, p. 5-22.

1200. PIPPIDI (Andrei). Vision de la mort et l'au-delà dans les anciennes sources roumaines. *Revue Roumaine d'Histoire*, 94, 33, 1-2, p. 91-99.

1201. Reallexikon für Antike und Christentum (Das). Sachwörterbuch zur Auseinandersetzung des Christentums mit der antiken Welt. Hrsg. v. Ernst DASSMANN. Band 16. Lief. 128. Jakob und Esau [Forts.] – Ianus (Mit Titelbogen und Register zu Band XVI). Band 17. Lief. 129. Iao – Ich-Bin-Worte. Lief. 130. Ich-Bin-Worte – Jenseits (Jenseitsvorstellungen). Stuttgart, Hiersemann, 94, 1121-1296 col., 1-192 col., 193-319 col.

1202. Reallexikon für Antike und Christentum (Das) und das F. J. Dölger-Institut in Bonn. Mit Registern der Stichwörter A bis Ianus sowie der Autoren Bände 1–6. Stuttgart, Hiersemann, 94, VII-78 p.

1203. RIBICHINI (S.), XELLA (P.). La religione fenicia e punica in Italia. Roma, Istituto poligrafico dello Stato, 94, 141 p. (Itinerari, 14).

1204. Rozhkov (V.). Ocherki po istorii rimsko-katolicheskoy tserkvi. (Essais d'histoire de l'église catholique de Rome.) Vol. 1. Moskva, Pravoslav. tovarishchestvo "Kolokol", Khristian. lit., 94, 304 p.

1205. SANTIEMMA (Adriano). L'unione dei cinquanta cieli di Iroquoia, Roma, Bulzoni, 94, 356 p. (Chi siamo?, 23).

1206. SMIRNOV (P.). Istoriya khristianskoy pravoslavnoy tserkvi. (Histoire de l'église chrétienne orthodoxe). Moskva, Pravoslavnaya beseda, 94, 199 p. (ill.).

1207. Storia della Chiesa. Vol. XXV. 1. La Chiesa del Vaticano II (1958–1978). A cura di Maurilio GUASCO, Elio GUERRIERO, Francesco TRANIELLO. 1-2. Alba, San Paolo, 94, 2 vol., 594 p., 727 p.

1208. Supplément au Dictionnaire de la Bible. Sous la direction de Jacques BRIEND, Edouard COTHENET, Henri CAZELLES, André FEUILLET. Fasc. 69. Sermon sur la montagne – Sexualité. [Fasc. 68. Cf. Bibl. 93, n° 1201.]. Paris, Letouzey & Ané, 94, col. 769-1023.

1209. Teologi. Vita, opere e pensiero di 750 teologi cristiani. A cura di A. FONTANA. Casale Monferrato, Piemme, 94, 266 p. (Dizionari Piemme).

1210. Theologische Realenzyklopädie. Abkürzungsverzeichnis. 2. Überarbeitete und erweiterte Auflage. Hrsg. v. S. SCHWERTNER. Berlin u. New York, de Gruyter, 94, XXVI-488 p.

1211. WOLFFE (John). God and Greater Britain. Religion and national life in Britain and Ireland 1843–1945. London a. New York, Routledge, 94, XII-324 p.

1212. Wörterbuch der Mythologie. Hrsg. v. H. W. HAUSSIG. Abt. 1. Die alten Kulturvölker. Bd. 6. Götter und Mythen Ostasiens. Hrsg. v. Egidius SCHMALZRIEDT u. Hans Wilhelm HAUSSIG. Stuttgart, Klett-Cotta, 94. [s. p.].

1213. ZACCAGNINI (Carlo). Sacred and human components in ancient Near Eastern law. *History of Religions*, 94, 33, p. 265-286.

§ 12. Storia della filosofia.

* 1214. Bibliography of philosophy = Bibliographie de la philosophie: a quarterly bulletin. Vol. 41, 1994. Fasc. 1–4. [Vol. 40, 1993. Cf. Bibl. 93, n° 1206.]. Paris, Vrin, 475 p.

* 1215. International philosophical bibliography = Répertoire bibliographique de la philosophie. Vol. 46, 1994. [Vol. 45, 1993. Cf. Bibl. 93, n° 1207.]. Louvain, Ed. de l'Institut Supérieur de Philosophie, [s. p.].

* 1216. Bibliografia filosofica italiana, 1992. A cura di Carlo SCALABRIN. Firenze, Olschki, 94, 231 p. (Biblioteca di bibliografia italiana, 135).

1217. Aristotle in late antiquity. Ed. by Lawrence P. SCHRENK. Washington, Catholic University of America Press, 94, IX-207 p. (Studies in philosophy and the history of philosophy, 27).

1218. AVENDANO GONZALEZ (Antonio). Introducion a la historia del pensamiento colombiano. Barranquilla, Editorial Antillas, 94, 248 p.

1219. BERMEJO BARRERA (Jose Carlos). Entre historia y filosofia. Madrid, Akal Ediciones, 94, 251 p. (Akal universitaria. Serie interdisciplinar, 174).

1220. CACCIARI (Massimo). Geo-filosofia dell'Europa. Milano, Adelphi, 94, 170 p. (Saggi, 15).

1221. COHN (Jonas). Histoire de l'infini: le probleme de l'infini dans la pensée occidentale jusqu'à Kant. Paris. Ed. du Cerf, 94, 265 p. (Passages).

1222. Grundriß der Geschichte der Philosophie. Begründet von Friedrich Ueberweg. Völlig neubearbeitete Ausgabe. Die Philosophie der Antike. Band 4. Die hellenistische Philosophie. Von Michael ERLER, Hellmut FLASHAR, Günther GAWLICK, Woldemar GÖRLER, Peter STEINMETZ. Hrsg. v. Hellmut FLASHAR. Halbband 1. Einleitung. Von Hellmut FLASHAR, Woldemar GÖRLER; Epikur. Die Schule Epikurs. Lukrez. Von Michael ERLER. Halbband 2. Die Stoa. Von Peter STEINMETZ; Älterer Pyrrhonismus. Jüngere Akademie. Antiochos aus Askalon. Von Woldemar GÖRLER; Cicero. Von Günther GAWLICK, Woldemar GÖRLER. Basel, Schwabe and Company, 94, XXVII-782 p.

1223. Individuation in scholasticism: the later Middle Ages and the counter-reformation (1150–1650). Ed. by Jorge J. E. GRACIA. Albany, State University of New York Press, 94, XIV-619 p. (SUNY series in philosophy).

1224. LEAHY (David G). Novitas mundi: perception of the history of being. Albany, State University of New York Press, 94, XI-422 p.

1225. LEVINAS (Emmanuel). Les imprévus de l'histoire. Préf. de Pierre HAYAT. St. Clement-la-Riviere, Fata Morgana, 94, 211 p.

1226. LOSSKII (Nikolai Onufrievich). Istoriia russkoi filosofii. (History of Russian philosophy). Moskva, Izd. gruppa "Progress", 94, 456 p. (Biblioteka zhurnala "Put'").

1227. MANSFELD (Jaap). Prolegomena: questions to be settled before the study of an author, or a text. Leiden, New York a. Köln, E. J. Brill, 94, VI-246 p. (Philosophia antiqua, 61).

1228. MARÓTH (Miklós). Die Araber und die antike Wissenschaftstheorie. Leiden, New York a. Köln, E. J. Brill, 94, VI-274 p. (Islamic philosophy, theology, and science, 17).

1229. MURPHEY (Murray G). Philosophical foundations of historical knowledge. Albany, State University of New York Press, 94, XIV-344 p.

1230. NG (On-cho). Mid-Ch'ing new text (Chin-wen) classical learning and its Han provenance: the dynamics of a tradition of ideas. *East Asian History*, 94, 8, p. 1-32.

1231. O'NEILL (John). Two body criticism: a genealogy of the postmodern anti-aesthetic. *History and theory*, 94, 33, 1, p. 61-78.

1232. Oxford illustrated history of Western philosophy (The). Ed. by Anthony KENNY. Oxford a. New York, Oxford U. P., 94, XII-407 p.

1233. Papers on Tradition and Traditions (from a conference held at St. Patrick's College, Manly, N. S. W., 12–15 July 1990). Ed. by D. W. DOCKRILL and R. G. TANNER. *Prudentia*, suppl. number, 94, 366 p.

1234. Philosophie et son histoire (La): essais et discussions. Ed. par Gilbert BOSS. Zurich, Editions du Grand Midi, 94, 353 p.

1235. PUTNAM (Hilary). Words and life. Ed. by James CONANT. Cambridge a. London, Harvard U. P., 94, LXXVI-531p

1236. Radovi sa znanstvenog skupa »Stanje istraživanja povijesti hrvatske filozofije«. (The proceedings of the Symposium «The Update Research of the History of Croatian Philosophy». Ed. by Ljerka SCHIFFLER. *Prilozi za istraživanje hrvatske filozofske baštine*, 94, 20, 1-2, p. 7-432.

1237. REVEL (Jean François). Histoire de la philosophie occidentale: de Thales à Kant. Paris, Ed. du Seuil, 94, 523 p.

1238. Routledge history of philosophy. Vol. 7. The nineteenth century. Ed. by C. L. TEN. Vol. 8. Twentieth century continental philosophy. Ed. by Richard KIERNEY. London a. New York, Routledge, 94, 2 vol., XXV-466 p., XLIII-524 p.

1239. SHAND (John). Philosophy and philosophers: an introduction to Western philosophy. London, Penguin, 94, XI-348 p.

Cf. n°s 1992, 3881, 8374

§ 13. Storia della letteratura.

* 1240. Bibliographie der deutschen Sprach- und Literaturwissenschaft. Vol. 33. Hrsg. v. Wilhelm R. SCHMIDT. Frankfurt am Main, Klostermann, 94, XXXI-765 p.

* 1241. BIGLI. Bibliografia generale della lingua e della letteratura italiana. Vol. 2, 1992. Tomi 1–2. [Vol. 1, 1991. Cf. Bibl. 93, n° 1238.]. Diretta da Enrico MALATO. Roma, Salerno, 94, 2 vol., 634 p., 222 p. (Pubblicazioni del "Centro Pio Rajna").

* 1242. HASCHAK (Paul G.). Utopian / dystopian literature: a bibliography of literary criticism. Metuchen, Scarecrow, 94, VIII-370 p.

* 1243. KOZIELEK (Gerard). Bibliographie der deutsch-polnischen Wechselbeziehungen in der Literatur. Erstellt unter Mitwirkung von Grazyna FOLTYN. Wrocław, Wydawn. Uniwersytetu Wrocławskiego, 94, 147 p. (Acta Universitatis Wratislaviensis, 1519. Germanica Wratislaviensia, 103).

* 1244. KUHLES (Doris). Deutsche literarische Zeitschriften von der Aufklärung bis zur Romantik: Bibliographie der kritischen Literatur von den Anfängen bis 1990. München, New Providence, London a. Paris, K. G. Saur, 94, 2 vol., LI-554 p. (Bibliographien und Kataloge der Herzogin Anna Amalia Bibliothek zu Weimar).

* 1245. LEJEUNE (Philippe). Bibliographie des études en langue française sur la littérature personnelle & les récits de vie. 6. (1992–1993). Nanterre, Université de Paris X, 94, 103 p. (RITM, 8).

* 1246. Letteratura italiana. Aggiornamento bibliografico. Trieste, Alcione, 94, p. 290 (Indici nomi e soggetti).

* 1247. SIMON DIAZ (José). Bibliografía de la literatura hispánica. Tom. 16. Madrid, C.S.I.C., 94, 805 p.

* 1248. VOLPI (Vittorio). DOC. Dizionario delle opere classiche. Intestazioni uniformi degli autori, elenco delle opere e delle parti componenti, indici degli autori, dei titoli e delle parole chiave della letteratura classica, medievale e bizantina. Vol. 1. Abelardus – Gurhedenus. Vol. 2. Haager – Zosimus. Vol. 3. Indici. Milano, Editrice Bibliografica, 94, 3 vol., XXVII-900 p., 918 p., 933 p. (Grandi opere).

1249. Animalité (L'): hommes et animaux dans la littérature française. Ed. par Alain NIDERST. Tübingen, Günter Narr Verlag, 94, 240 p.

1250. ARAGON (Louis). Projet d'histoire littéraire contemporaine. Ed. par Marc DACHY. Paris, Gallimard, 94, XIV-159 p. (Digraphe).

1251. BEATON (Roderick). An introduction to modern Greek literature. Oxford, Clarendon Press, 94, XIII-426 p.

1252. BEJCZY (I. P.). Pape Jansland en Utopia. De verbeelding van de beschaving van middeleeuwen en renaissance. (Le pays du prêtre Jean et L'Utopie. La représentation de la culture du moyen âge et de la renaissance). Nijmegen, Universitair Publikatiebureau, 94, 360 p. (Diss. Nijmegen).

1253. BOHRER (Karl Heinz). Das absolute Präsens: die Semantik ästhetischer Zeit. Frankfurt am Main, Suhrkamp, 94, 184 p. (Suhrkamp Taschenbuch Wissenschaft, 1055).

1254. BRUCE (Donald). Literature and science. Ed. by Donald BRUCE a. Anthony PURDY. Amsterdam, Rodopi, 94, 179 p. (Rodopi perspectives on modern literature, 14).

1255. Cambridge History of American Literature. Vol. 1. 1590–1820. Ed. by Sacvan BERCOVITCH a. Cyrus R. K. PATELL. Cambridge, Cambridge U. P., 94, 693 p.

1256. COHEN (Tom). Anti-mimesis from Plato to Hitchcock. Cambridge, Cambridge U. P., 94, XIII-266 p. (Literature, culture, theory; 10).

1257. Columbia anthology of traditional Chinese literature (The). Ed. by Victor H. MAIR. New York a. Chichester, Columbia U. P., 94, XXXVIII-1335 p.

1258. Dictionnaire des littératures de langue française. A–D, E–L, M–R, S–Z. Ed. par Jean-Pierre DE BEAUMARCHAIS, Daniel CONTY et Alain REY. Paris, Bordas, 94, 4 vol., XV-766 p., VIII-676 p., VIII-767 p., VIII-665 p.

1259. Dictionnaire universel des littératures. Ed. par Beatrice DIDIER. Paris, PUF, 94, 3 vol., CXXVIII-4393 p.

1260. DUPONT (Florence). L'invention de la littérature. De l'ivresse grecque au livre latin. Paris, La Découverte, 94, 300 p.

1261. DURSCHEID (Christa) KIRCHER (Hartmut), SOWINSKI (Bernhard). Germanistik: eine Einführung. Weimar, Wien u. Köln, Böhlau, 94, 362 p. (Böhlau-Studienbücher. Grundlagen des Studiums).

1262. FOSTER (David William). Mexican literature: a history. Austin, University of Texas Press, 94, 488 p.

1263. FRIGO (Gianfranco), VELLUCCI (Giuseppe). Unità o dualità della Commedia: il dibattito su Dante da Schelling ad Auerbach. Con testi di F. W. J. SCHELLING e F. BOUTERWEK. Firenze, Olschki, 94, 127 p. (Università di Padova. Facoltà di lettere e filosofia, Opuscoli accademici, 21).

1264. Grande rhétorique (La). Hommage à la mémoire de Paul Zumthor. Actes du Colloque international, Université Mc Gill, Montréal, 5–6 octobre 1992. *Moyen Français*, 94, 34, 250 p.

1265. HADFIELD (Andrew David). Literature, politics, and national identity: Reformation to Renaissance. Cambridge, Cambridge U. P., 94, XVII-265 p.

1266. Historiographic metafiction in modern American and Canadian literature. Hrsg. v. Bernd ENGLER u. Kurt MULLER. Paderborn, F. Schoningh, 94, 511 p. (Beiträge zur englischen und amerikanischen Literatur, 13).

1267. HUMBLE (Malcolm), FURNESS (Raymond). Introduction to German literature, 1871–1990. London, Macmillan, 94, VIII-216 p.

1268. IRVINE (Martin). The making of textual culture: "Grammatica" and literary theory, 350–1100. Cambridge, Cambridge U. P., 94, XIX-604 p. (ill.). (Cambridge University studies in medieval literature, 19).

1269. İSEN (Mustafa). Künhü'l-Ahbâr'in Tezkire Kismi. (La Partie biographique de Künhü'l-Ahbâr). Ankara, Atatürk Kültür Merkezi, 94, 396 p. (Atatürk Kültür Merkezi yayını, 93. Tezkireler dizisi, 2).

1270. Italia (L') e la formazione della civiltà europea. Vol. 2. Letteratura e vita intellettuale. A cura di Francesco BRUNI. Torino, UTET, 94, 389 p. (ill.).

1271. JACKSON-LAUFER (Guida Myrl). Encyclopedia of traditional epics. Santa Barbara a. Oxford, ABC-CLIO, 94, XVIII-732 p. (ABC-CLIO literary companion).

1272. Johns Hopkins guide to literary theory & criticism (The). Ed. by Michael GRODEN a. Martin KREISWIRTH. Baltimore a. London, Johns Hopkins U. P., 94, XIII-775 p.

1273. MAUREL (Anne). La critique. Paris, Hachette, 94, 155 p. (Collection "Contours litteraires").

1274. MORETTI (Franco). Opere mondo: saggio sulla forma epica dal Faust a Cent'anni di solitudine. Torino, Einaudi, 94, IX-243 p. (Saggi, 787).

1275. NGAL (Georges). Création et rupture en littérature africaine (Critiques littéraires). Paris, L'Harmattan, 94, 137 p.

1276. NIELSEN (Rosemary M.), SOLOMON (Robert H.). Horace, Strabo, and Ezra Pound: the lie of the final poem (Odes 3.30). *Revue belge de philosophie et d'histoire*, 94, 72, 1, p. 62-77.

1277. Offene Gefüge. Literatursystem und Lebenswirklichkeit. Festschrift für Fritz Nies zum 60. Geburtstag. Tübingen, Günter Narr Verlag, 94, 560 p. [Cf. n° <Auswahl> 662.]

1278. OLINTO (Antonio). Breve historia da literatura brasileira (1500–1994). Sao Paulo, LISA, 94, 96 p.

1279. Paradoxes of traditional Chinese literature. Ed. by Eva HUNG; with an introduction by Robert E. HEGEL. Hong Kong, The Chinese U. P., 94, XX-263 p.

1280. Penguin history of literature (The). Vol. 7. The twentieth century. Ed. by Martin DODSWORTH. London, Penguin, 94, IX-470 p.

1281. RAIMONDI (Ezio). La letteratura italiana: il moderno, la tradizione e l'identità nazionale: appunti dalle lezioni del corso monografico 1993/94. Bologna, C.U.S.L., 94, 460 p.

1282. Romantic period (The). Ed. by David B. PIRIE. London, Penguin Books, 94, XIX-535 p. (Penguin history of literature, 5).

1283. SAID (Edward William). Culture and imperialism. London, Vintage, 94, XXXII-444 p.

1284. SAINT-JACQUES (Denis), VIALA (Alain). A propos du champ littéraire. Histoire, géographie, histoire littéraire. *Annales*, 94, 49, 2, p. 395-406.

1285. SANDERS (Andrew). The short Oxford history of English literature. Oxford, Clarendon Press, 94, 678 p.

1286. SCHULTZ (William R.). Genetic codes of culture? The deconstruction of tradition by Kuhn, Bloom, and Derrida. New York, Garland, 94, XVI-610 p. (Garland reference library of the humanities, 1701; Wellesley studies in critical theory, literary history, and culture, 6).

1287. SONTAG (Susan). Against interpretation. London, Vintage, 94, 304 p.

1288. Storia e simbolo (Tra). Studi dedicati a Ezio RAIMONDI dai direttori, redattori e dall'editore di "Lettere italiane. Firenze, Olschki, 94, IX-301 p. (Biblioteca di "Lettere italiane", Studi e testi, 46).

1289. THEMELLY (Mario). Tradizione classica e storia nazionale in un trattato inedito di Luigi Settembrini. *Belfagor*, 94, 49, p. 505-518.

1290. Tombeau poétique en France (Le). Ed. par Dominique MONCON'HUY. Poitiers, La Licorne, 94, 398 p.

1291. Uses of tradition (The): a comparative enquiry into the nature, uses and functions of oral poetry in the Balkans, the Baltic and Africa. Ed. by Michael BRANCH a. Celia HAWKESWORTH. (SSEES occasional papers, 26). London, School of Slavonic and East European Studies, University of London, 94, XIV-299 p.

1292. WHINNOM (Keith). Medieval and Renaissance Spanish literature: selected essays. Ed. by Alan DEYERMOND, W. F. HUNTER a. Joseph T. SNOW. Exeter, University of Exeter Press with the Journal of hispanic philology, 94, XLI-228 p.

1293. Yunus Emre, Risâletü'n-Nushiye. (Le petit traité des conseils). Ed. par Umay GÜNAY et Osman HORATA. Ankara, Türkiye Diyanet Vakfı Yayınları, 94, 198 p. (Türk Halk Klasikleri Serisi, 2).

Cf. n° 3010

C

PREISTORIA E PROTOSTORIA

§ 1. Opere generali. 1294-1331. – § 2. Paleolitico e mesolitico. 1332-1352. – § 3. Neolitico. 1353-1380. – § 4. Età del bronzo. 1381-1418. – § 5. Età del ferro. 1419-1430. – § 6. Popoli protostorici dell'Europa, eccettuati quelli della Grecia e dell'Italia antica. 1431-1460.

§ 1. Opere generali.

1294. AGOSTINIANI (Luciano). La nascita delle scritture. *In*: Storia d'Europa. Vol. 2. Preistoria e antichità [Cf. n° 907], p. 637-682.

1295. Arkheologicheskaya karta Rossii. (Archaeological map of Russia). Ros. Akad. nauk. In-t arkheologii. Dir. Yu. A. KRASNOV. "Moskovskaya oblast' (Moscow region). Part 1". "Ivanovskaya oblast' (Ivanovo region)". "Ryazanskaya oblast' (Ryazan' region). Part 2". Moskva, [s. n.], 94, 3 vol., 319 p., 225 p., 213 p. (maps).

1296. Arkheologicheskie otkrytiya 1993 goda: Ezhegodnik. (Archaeological discoveries of 1993). Ros. Akad. nauk. In-t arkheologii; Min-vo kul'tury Ros. Federatsii. Dir. V. V. SEDOV. Moskva, [s. n.], 94, 224 p. (ill.).

1297. BOWMAN (Sheridan). Using radiocarbon: an update. *Antiquity*, 94, 68, 261, p. 838-843.

1298. BRIARD (Jacques). Miti e religioni dal Neolitico all'inizio dell'età del Ferro. *In*: Storia d'Europa. Vol. 2. Preistoria e antichità [Cf. n° 907], p. 619-636.

1299. BRUN (Patrice). L'Europa temperata e il tempo dell'espansione. *In*: Storia d'Europa. Vol. 2. Preistoria e antichità [Cf. n° 907], p. 521-554.

1300. BUCK (C. E.), LITTON (C. D.), SCOTT (E.M.). Making the most of radiocarbon dating. Some statistical considerations. *Antiquity*, 94, 68, 259, p. 252-263.

1301. CHAPMAN (John). Destruction of a common heritage: the archaeology of war in Croatia, Bosnia and Hercegovina. *Antiquity*, 94, 68, 258, p. 120-126.

1302. CHERNYKH (Eugène N.). L'ancienne production minière et métallurgique et les catastrophes écologiques anthropogènes: introduction au problème. *Trabajos de Prehistoria*, 94, 52, 2, p. 55-68.

1303. COSTANTINI (Lorenzo), STANCANELLI (Mauro). La preistoria agricola dell'Italia centro-meridionale: il contributo delle indagini archeobotaniche. *Origini. Preistoria e Protostoria delle Civiltà Antiche*, 94, 18, p. 149-244.

1304. D'ARRAGON (Bert). Presenza di elementi cultuali sui monumenti dolmenici del Mediterraneo centrale. *Rivista di Scienze Preistoriche*, 94, 46, 1, p. 41-85.

1305. GRECO (Emanuele). Dal villaggio alla città. *In*: Storia d'Europa. Vol. 2. Preistoria e antichità [Cf. n° 907], p. 587-600.

1306. GUILAINE (Jean). I primi agricoltori: il Mediterraneo. *In*: Storia d'Europa. Vol. 2. Preistoria e antichità [Cf. n° 907], p. 145-166.

1307. HARRISON (Richard J.). La cultura dei Vasi Campaniformi: 2600-1900 a. C. *In*: Storia d'Europa. Vol. 2. Preistoria e antichità [Cf. n° 907], p. 333-354.

1308. HOARE (Peter G.). A grave error concerning the demise of 'Hunstanton Woman'. *Antiquity*, 94, 68, 260, p. 590-596.

1309. Homenaje a José Mª Blázquez. 2. Ed. por J. MANGAS y J. ALVAR. Madrid, Ediciones Clásicas, 94, 519 p.

1310. IWANISZEWSKI (Stanislaw). De la Astroarqueología a la Astronomía cultural. *Trabajos de Prehistoria*, 94, 51, 2, p. 5-20.

1311. KOCHMAR (N. N.). Pisanitsy Yakutii. (Sanctuaries and petroglyphs of Yakutia from paleolithic till late Middle Age). Yakut. gos. un-t; Ros. Akad. nauk. Sib. otd. Komis. po vostokovedeniyu; In-t arkheologii i etnografii. Dir. V. E. LARICHEV. Novosibirsk, [s. n.], 94, 263 p. (ill., Eng. summary, bibl.).

1312. KOSINSKAYA (L. L.), FEDOROVA (N. V.). Arkheologicheskaya karta Yamalo-Nenetskogo avtonomnogo okruga. (Archaeological map of Yamalo-Nenetski autonomous district, Russia). In-t istorii i arkheologii i dr. Ekaterinburg, [s. n.], 94, 113 p. (ill., bibl.). (Panorama kul'tur Yamala).

1313. L'HELGOUAC'H (Jean). I megaliti dell'Europa. *In*: Storia d'Europa. Vol. 2. Preistoria e antichità [Cf. n° 907], p. 213-248.

1314. Late Quaternary chronology and paleoclimates of the eastern Mediterranean. Ed. by Ofer BAR-YOSEF a. Renee S. KRA. Tucson, Radiocarbon, 94, VI-371 p. (ill., maps).

1315. LUGLI (Francesca), PRACCHIA (Stefano). Modelli e finalità nello studio della produzione di carbone di legna in archeologia. *Origini. Preistoria e Protostoria delle Civiltà Antiche*, 94, 18, p. 425-479.

1316. MAC CORRISTON (Joy). Acorn eating and agricultural origins: California ethnographies as analogies for the ancient Near East. *Antiquity*, 94, 68, 258, p. 97-107.

1317. MASON (Sarah L. R.), HATHER (Jon J.), HILLMAN (Gordon C.). Preliminary investigation of the plant macro-remains from Dolní Věstonice II, and its implications for the role of plant foods in Paleolithic and Mesolithic Europe. *Antiquity*, 94, 68, 258, p. 48-57.

1318. Metodologiya i metodika arkheologicheskikh rekonstruktsiy: Sb. nauch. tr. (Methodology and methodics of archaeological reconstruction: A coll. of art.). Ros. Akad. nauk. Sib. otd. In-t arkheologii i etnografii. Dir. A. P. DEREVYANKO, Yu. P. KHOLYUSHIN. Novosibirsk, [s. n.], 94, 149 p. (ill., bibl.).

1319. NEELEY (Michael P.), BARTON (C. Michael). A new approach to interpreting late Pleistocene microlith industries in southwest Asia. *Antiquity*, 94, 68, 259, p. 275-288.

1320. PÉTREQUIN (Pierre). Abitare nell'Europa dei primi agricoltori. *In*: Storia d'Europa. Vol. 2. Preistoria e antichità [Cf. n° 907], p. 281-310.

1321. PRADOS TORREIRA (Lourdes). Los santuarios ibéricos. Desarrollo de una arqueología del culto. *Trabajos de Prehistoria*, 94, 51, 1, p. 127-140.

1322. RADI (Giovanna), VENTURA (Orante). Nuovo sito con ceramica a squame nel Fucino. *Rivista di Scienze Preistoriche*, 94, 46, 1, p. 177-189.

1323. ROEBROEKS (Wil), VAN KOLFSCHOTEN (Thijs). The earliest occupation of Europe: a short chronology. *Antiquity*, 94, 68, 260, p. 459-503.

1324. SARABIA HERRERO (Francisco Javier). Aproximación teórica y metalográfica a la reducción de hierro en la prehistoria partiendo del trabajo experimental. *Trabajos de Prehistoria*, 94, 51, 1, p. 95-109.

1325. Scoperte e scavi preistorici in Italia nell'anno 1994. A cura di D. ANGELUCCI *et al. Rivista di Scienze Preistoriche*, 94, 46, 1, p. 213-235.

1326. Statuaria antropomorfa in Europa dal Neolitico alla romanizzazione (La). La Spezia, Istituto Internazionale di Studi Liguri, 94, [s. p.].

1327. STODUTI (P.). Miscellanea archeologica in onore di Antonio Mario Radmilli. Pisa, Edizioni EIS, 94, 446 p.

1328. TELEGIN (Dmitrij Jakovlevič). Storia e cultura delle popolazioni dell'Europa orientale nella fase iniziale dell'età dei metalli. *In*: Storia d'Europa. Vol. 2. Preistoria e antichità [Cf. n° 907], p. 373-416.

1329. Terre cuite et societé. La ceramique, document technique, économique, culturel. Actes des Rencontres Internationales d'Archeologie et d'Histoire d'Antibes. Antibes, Éditions APDCA Juan-Les-Pins, 94, 499 p.

1330. VÁZQUEZ VARELA (José Manuel). Aplicación de la teoría y método de análisis de C. Alonso del Real a Auga da Laxe, Gondomar, Pontevedra, roca con grabados de la Edad del Bronce en Galicia. *Trabajos de Prehistoria*, 94, 51, 1, p. 163-168.

1331. VYNER (B. E.). The territory of ritual: cross-ridge boundaries and the prehistoric landscape of the Cleveland Hills, northeast England. *Antiquity*, 94, 68, 258, p. 27-38.

§ 2. Paleolitico e mesolitico.

1332. BARBAZA (Michel). Il Mesolitico. *In*: Storia d'Europa. Vol. 2. Preistoria e antichità [Cf. n° 907], p. 105-144.

1333. BEDNARIK (Robert G.). A taphonomy of palaeoart. *Antiquity*, 94, 68, 258, p. 69-74. – IDEM. Traces of cultural continuity in Middle and Upper Paleolithic material evidence. *Origini. Preistoria e Protostoria delle Civiltà Antiche*, 94, 18, p. 47-67.

1334. BEVILACQUA (Roberta). La Grotta Continenza di Trasacco. I livelli mesolitici ed epigravettiani. *Rivista di Scienze Preistoriche*, 94, 46, 1, p. 3-39.

1335. BOSCATO (Paolo). Grotta Paglicci: la fauna a grandi mammiferi degli strati 22-24. *Rivista di Scienze Preistoriche*, 94, 46, 1, p. 145-176.

1336. BRADLEY (Richard), CRIADO BOADO (Felipe), FÁBREGAS VALCARCE (Ramón). Los petroglifos como forma de appropriación del espacio: algunos ejemplos gallegos. *Trabajos de Prehistoria*, 94, 51, 2, p. 159-168.

1337. CARRERA RAMÍREZ (Fernando), COSTAS GOBERNA (Fernando J.), DE LA PEÑA SANTOS (Antonio), REY GARCÍA (Jose Manuel). El arte rupestre galaico: una reflexión crítica sobra el presente y una propuesta para el futuro. *Trabajos de Prehistoria*, 94, 51, 2, p. 41-54.

1338. DEREVYANKO (A. P.), MARKIN (S. V.), VASIL'EV (S, A.). Paleolitovedenie: vvedenie i osnovy. (An introduction into paleolithic studies). Ros. Akad. nauk. Sib. otd. In-t arkheologii i etnografii. Novosibirsk, VO "Nauka", 94, 287 p. (Eng. summary, bibl.).

1339. D'ERRICO (Francesco). Birds of the Grotte Cosquer: the Great Auk and Paleolithic prehistory. *Antiquity*, 94, 68, 258, p. 39-47.

1340. DUHARD (Jean-Duhard). L'identité physiologique, un élément d'interprétation des figurations féminines paléolithiques. *Trabajos de Prehistoria*, 94, 51, 1, p. 39-53.

1341. FARIZY (C.), DAVID (F.), JANBERT (J.). Hommes et bisons du Paléolithique Moyen à Mauran (Haute Garonne). Paris, CNRS Editions, 94, 267 p.

1342. HOYOS GÓMEZ (Manuel), DE LA RASILLA VIVES (Marco). Datactiones C 14 del Paleolítico Superior del Abrigo de Cuento de la Mina (Posada de Llanes, Asturias). *Trabajos de Prehistoria*, 94, 51, 2, p. 143-147.

1343. KOZŁOWSKI (Janusz K.), OTTE (Marcel). Il Paleolitico superiore in Europa. *In*: Storia d'Europa. Vol. 2. Preistoria e antichità [Cf. n° 907], p. 29-104.

1344. LADIER (E.), WELTÉ (A.C.). Bijoux de la Préhistoire: la parure magdalénienne dans la vallée de l'Averyon. Montauban, Muséum d'histoire naturelle de Montauban, 94, 191 p.

1345. MAC DONALD (Joan F.). Identifying Great Auks and other birds in the Paleolithic art of western Europe: a reply to D'Errico. *Antiquity*, 94, 68, 261, p. 850-858.

1346. MAC NIVEN (Ian J.). Technological organization and settlement in southwest Tasmania after the glacial maximum. *Antiquity*, 94, 68, 258, p. 75-82.

1347. MARTINI (Fabio), VOLANTE (Nicoletta). L'industria acheuleana di Capraia (Firenze). *Origini. Preistoria e Protostoria delle Civiltà Antiche*, 94, 18, p. 7-46.

1348. Neandertal'tsy Gupsskogo ushchel'ya na Severnom Kavkaze. (Neanderthal people of Gups gorge, the Nothern Caucasus.) Dir. V. P. LYUBIN. Adygskiy resp. in-t gumanit. issled.; Ros. Akad. nauk. In-t istorii i mater. kul'tury. Maykop, Meoty, 94, 238 p. (ill., portr., bibl.).

1349. PERINI (R.). Scavi archeologici nella zona palafitticola di Fiavé-Carena. Trento, Servizio Beni Culturali della Provincia Autonoma, 94, 3 vol., 360 p., 445 p., 1148 p.

1350. RIPOLL LOPEZ (Sergio), MUÑOZ (Francisco Javier), PÉREZ (Sara), MUÑIZ (Marta), CALLEJA (Félix), MARTOS (Juan Antonio), LOPEZ (Ramon), AMAYA (Carmen). Arte rupestre paleolítico en el yacimiento solutrense de la cueva de ambrosio (Vélez Blanco, Almería). *Trabajos de Prehistoria*, 94, 51, 2, p. 21-39.

1351. TUFFREAU (Alain). Il Paleolitico inferiore e medio (da oltre un milione a 35000 anni). *In*: Storia d'Europa. Vol. 2. Preistoria e antichità [Cf. n° 907], p. 5-28.

1352. VISHNYATSKY (L. B.). 'Running ahead the time' in the development of Paleolithic industries. *Antiquity*, 94, 68, 258, p. 134-140.

§ 3. Neolitico.

1353. Arkaeologiske udgravninger i Danmark. (Excavations in Denmark 1993). Rigsantikvarens Arkaeologiske Sekretariat. Årgang 1993. København, Det Arkaeologiske Naevn, 94, 328 p. (ill.).

1354. BARFIELD (Lawrence). The Iceman reviewed. *Antiquity*, 94, 68, 258, p. 10-26.

1355. BARTOSIEWICZ (László). Late neolithic dog exploitation. Chronology and function. *Acta archaeol. Acad. Sci. Hungaricae*, 94, 46, 1-4, p. 59-71.

1356. BEUKER (J. R.). Import van noordelijke vuursteen: enkele voorlopige conclusies met betrekking tot sikkels in Noordwest-Europa. (Importation of northern flint: some preliminary conclusions concerning sickles in Northwest Europe). *Palaeohistoria*, 91-92 [=94], 33-34, p. 141-153 (fig.).

1357. BOCH ARGILAGOS (Josef), ESTRADA MARTIN (Alicia). La Venus de Gavà (Barcelona). Una aportación fundamental para el estudio de la religión neolítica del sureste europeo. *Trabajos de Prehistoria*, 94, 51, 2, p. 149-158.

1358. BOSCH LLORET (ÁNGEL). El Neolítico antiguo en el nordeste de Cataluña. Contribución a la problematica de la evolución de las primeras comunidades neolíticas en el Mediterraneo occidental. *Trabajos de Prehistoria*, 94, 51, 1, p. 55-75.

1359. BRINDLEY (A. L.), LANTING (J. N.). A reassessment of the "hunebedden" 01, D30 and D40: structures and finds. *Palaeohistoria*, 91-92 [=94], 33-34, p. 97-140. (fig.).

1360. DI SALVO (Rosaria). Analisi preliminare dei resti cranici eneolitici della tomba Roccazzello (Trapani). *Rivista di Scienze Preistoriche*, 94, 46, 1, p. 203-212.

1361. EOGAN (George), ROCHE (Helen). A Grooved Ware wooden structure at Knowth, Boyne Valley, Ireland. *Antiquity*, 94, 68, 259, p. 322-330.

1362. EVANS (Christopher). Natural wonders and national monuments: a meditation upon the fate of The Tolmen. *Antiquity*, 94, 68, 259, p. 200-208.

1363. INDRELID (Svein). Fangstfolk og bönder i fjellet: bidrag til Hardangerviddas förhistorie 8500–2500 år för nåtid. (Hunters and peasants in the fells: a contribution to the prehistory of hardangervidda 8500–2500 years B. C.). Oslo, Universitetets Oldsaksamling, 94, 344 p, (ill.). (Universitetets oldsaksamlings skrifter. Ny rekke, 17).

1364. MAC MANN (Jean). Forms of power: dimensions of an Irish megalithic landscape. *Antiquity*, 94, 68, 260, p. 525-544.

1365. MANFREDINI (Alessandra). La sepoltura intenzionale del cavallo a Maccarese (RM): una premessa archeologica. *Origini. Preistoria e Protostoria delle Civiltà Antiche*, 94, 18, p. 291-350.

1366. MARCONI (Nadia). Le facies di Pre-stentinello e Stentinello in Sicilia: alcune considerazioni. *Origini. Preistoria e Protostoria delle Civiltà Antiche*, 94, 18, p. 115-148.

1367. MARTÍNEZ SÁNCHEZ (Consuelo). Nueva tradición de C-14 para el Neolítico de Murcia: los Abrigos del Pozo (Calasparra). *Trabajos de Prehistoria*, 94, 51, 1, p. 157-161.

1368. MÉNDEZ FERNÁNDEZ (Fidel). La domesticación del paisaje durante la edad del Bronce Gallego. *Trabajos de Prehistoria*, 94, 51, 1, p. 77-94.

1369. MENESES FERNÁNDEZ (María Dolores). Útiles de hueso del Neolítico final del sur de la Península Ibérica empleados en alfarería: placas curvas, biseles, placas y apuntados. *Trabajos de Prehistoria*, 94, 51, 1, p. 143-156.

1370. MERPERT (N. Ja.). Il Neolitico nell'Europa orientale. *In*: Storia d'Europa. Vol. 2. Preistoria e antichità [Cf. n° 907], p. 187-212.

1371. MIARI (Monica). Il rituale funerario della necropoli eneolitica di Ponte S. Pietro (Ischia di Castro – Viterbo). *Origini. Preistoria e Protostoria delle Civiltà Antiche*, 94, 18, p. 351-390.

1372. NADEL (Dani). Two neolithic bone arrowheads from Shaldag Beach, Lake Kinneret. *Tel Aviv*, 94, 21, 2, p. 186-193.

1373. NUR (Balkan-Atlı). La Neolithisation de l'Anatolie. İstanbul, Institut Français d'Etudes Anatoliennes, 94, 246 p.

1374. PHILLIPS (Patricia). Produzione e commercio nell'Europa del Neolitico. *In*: Storia d'Europa. Vol. 2. Preistoria e antichità [Cf. n° 907], p. 249-280.

1375. SPATAFORA (Francesca), MANNINO (Giovanni). Tombe eneolitiche nella Sicilia occidentale. *Rivista di Scienze Preistoriche*, 94, 46, 1, p. 191-201.

1376. STEADMAN (Sharon R.). Prehistoric sites on the Cilician coastal plain: Chalcolithic and early Bronze Age pottery from the 1991 Bilkent University survey. *Anatolian Studies*, 94, 44, p. 85-103.

1377. STRAHM (Christian). I grandi focolari dell'età del Rame. *In*: Storia d'Europa. Vol. 2. Preistoria e antichità [Cf. n° 907], p. 311-332.

1378. TRUFELLI (Franca). Standardisation, mass production and potter's marks in the Late Chalcolithic pottery of Arslantepe (Malatya). *Origini. Preistoria e Protostoria delle Civiltà Antiche*, 94, 18, p. 245-289.

1379. VAN BERG (Paul-Louis). Il Neolitico del Nordeuropa. *In*: Storia d'Europa. Vol. 2. Preistoria e antichità [Cf. n° 907], p. 167-186.

1380. ZALAI GAÁL (István). Betrachtungen über die kultische Bedeutung des Hundes im mitteleuropäischen Neolithikum. *Acta archaeol. Acad. Sci. hungaricae*, 94, 46, 1-4, p. 33-57.

§ 4. Età del bronzo.

* 1381. KORFMANN (Manfred), BAYKAL-SEEHER (Ayse), KILIC (Sinan). Anatolien in der Frühen und Mittleren Bronzezeit. I. Bibliographie zur Frühbronzezeit. Mitarbeit v. Hartmut KUHNE. Wiesbaden, Reichert, 94, 248 p. (Tübinger Atlas des Vorderen Orients. Beihefte. Reihe B, 73, Pt.1).

1382. ARMBRUSTER (Barbara R.), PEREA (Alicia). Tecnología de herramientas rotativas durante el Bronce Final Atlántico. El depósito de Villena. *Trabajos de Prehistoria*, 94, 51, 2, p. 69-87.

1383. BIANCO PERONI (Vera). I pugnali nell'Italia Continentale. Prähistorische Bronzefunde. Stuttgart, Franz Steiner Verlag, 94, 213 p.

1384. BIETAK (Manfred). Der Übergang von der Frühen zur Mittleren Bronzezeitkultur im Vorderen Orient anhand von Wandbildern in Gräbern des ägyptischen Mittleren Reiches. *Mitteilungen der Anthropologischen Gesellschaft in Wien*, 93-94, 123/124, p. 391-399.

1385. BRIARD (Jacques). L'età del Bronzo finale nell'Europa atlantica e settentrionale. *In*: Storia d'Europa. Vol. 2. Preistoria e antichità [Cf. n° 907], p. 555-586.

1386. BUDD (P.), GALE (D.), IXER (R.A.F.), THOMAS (R.G.). Tin sources for prehistoric bronze production in Ireland. *Antiquity*, 94, 68, 260, p. 519-524.

1387. CAZZELLA (Alberto), MOSCOLONI (Maurizio). La cronologia dell'insediamento fortificato dell'età del Bronzo di Coppa Nevigata sulla base delle datazioni radiometriche. *Origini. Preistoria e Protostoria delle Civiltà Antiche*, 94, 18, p. 411-423.

1388. CHLENOVA (N. L.). Pamyatniki kontsa epokhi bronzy v Zapadnoy Sibiri. (Monuments of late bronze age in Western Siberia). Ros. Akad. nauk. In-t arkheologii. Moskva, Lenton LTD & MTO Meteo, 94, 170 p. (ill., bibl.).

1389. CLINE (Eric H.). Sailing the Wine-Dark Sea. International trade and Late Bronze Age Aegean. Oxford, Tempus Reparatum, 94, 316 p. (BAR International Series, 591).

1390. DOUMAS (Christos). L'Egeo durante la prima età del Bronzo: dai Cicladi ai Cretesi. *In*: Storia d'Europa. Vol. 2. Preistoria e antichità [Cf. n° 907], p. 355-372. – IDEM. L'Egeo durante la media e tarda età del Bronzo. *In*: Storia d'Europa. Vol. 2. Preistoria e antichità [Cf. n° 907], p. 445-472.

1391. EFE (Turan). Early Bronze Age III pottery from Bahçehisar: the significance of the Pre-Hittite sequence in the Eskişehir Plain, northwestern Anatolia. *American Journal of Archaeology*, 94, 98, 1, p. 5-34.

1392. Epokha bronzy Kavkaza i Sredney Azii: Rannyaya i srednyaya bronza Kavkaza. (The bronze age of the Caucasus and Central Asia: Early and middle bronze age of the Caucasus). O. M. DZHAPARIDZE, K. Kh. KUSHNAREVA, V. I. MARKOVIN [et al.]. Dir. K. Kh. KUSHNAREVA, V. I. MARKOVIN. Moskva, Nauka, 94, 382 p. (ill., bibl.). [Arkheologiya. Ros. Akad. nauk. In-t arkheologii].

1393. FERNÁNDEZ-MIRANDA (Manuel). L'età del Bronzo nel Mediterraneo occidentale. *In*: Storia d'Europa. Vol. 2. Preistoria e antichità [Cf. n° 907], p. 473-520.

1394. HARDING (Anthony). Il Bronzo antico e medio nell'Europa centrale, occidentale e settentrionale. *In*: Storia d'Europa. Vol. 2. Preistoria e antichità [Cf. n° 907], p. 417-444.

1395. HIEBERT (Fredrik T.). Production evidence for the origins of the Oxus Civilization. *Antiquity*, 94, 259, p. 372-387.

1396. HUNTER (Fraser), Davis (Mary). Early Bronze Age lead – a unique necklace from southeast Scotland. *Antiquity*, 94, 68, 261, p. 824-830.

1397. JACOBSSON (Inga). Aegyptiaca from Late Bronze Age Cyprus. Jonsered, Paul Åströms Förlag, 94, 125 p. (Studies in Mediterranean Archaeology, 112).

1398. KOZENKOVA (Valentina I.). Anthropomorphic figurines from the north Caucasus. *Antiquity*, 94, 68, 258, p. 141-147.

1399. KUZ'MINA (E. E.). Otkuda prishli indoarii?: Material'naya kul'tura plemen andronovskoy obshchnosti i proiskhozhdenie indoirantsev. (Material culture of the tribes of Andronovo unity and the problem of the origin of the Indo-Iranians). Ros. Akad. nauk; M-vo kul'tury Ros. Federatsii. In-t kul'turologii. Moskva, [s. n.], 94, 464 p. (ill., maps, bibl.).

1400. LAMBERG-KARLOVSKY (C. C.). The Bronze Age khanates of Central Asia. *Antiquity*, 94, 68, 259, p. 398-405.

1401. LÓPEZ GARCÍA (Pilar), LÓPEZ-SÁEZ (José Antonio). Estudio palinológico de los sedimentos arqueológicos del yacimiento del Llanete de los Moros. *Trabajos de Prehistoria*, 94, 51, 2, p. 179-186.

1402. MOORE (Katherine M.), MILLER (Naomi F.), HIEBERT (Fredrik T.), MEADOW (Richard H.). Agriculture and herding in the early oasis settlements of the Oxus Civilization. *Antiquity*, 94, 68, 259, p. 418-427.

1403. Neolit i początki epoki brązu na ziemi chełmińskiej. Referaty ogólnopolskiej konferencji, Grudziądz 20–22 X 1993. (Le néolithique et les débuts de l'âge du bronze sur la terre de Chełmno. Rapports de la conférence polonaise générale, Grudziądz 20–22 X 1993). Réd. Lech CZERNIAK. Toruń, 94, 224 p. (dessins, cartes). (Inst. Archeologii i Etnologii Uniw. Mikołaja Kopernika w Toruniu). [Eng. summary].

1404. PERSIANI (Carlo). An Early Bronze Age II pottery complex from Pit K1031 in Arslantepe Turkey – Period VI C. *Origini. Preistoria e Protostoria delle Civiltà Antiche*, 94, 18, p. 391-409.

1405. PULLEN (Daniel J.). A lead seal from Tsoungiza, Ancient Nemea, and Early Bronze Age Aegean sealing systems. *Journal of American Archaeology*, 94, 98, 1, p. 35-52.

1406. P'YANKOVA (L.). Central Asia in the Bronze Age: sedentary and nomadic cultures. *Antiquity*, 94, 68, 259, p. 355-372.

1407. RIVERA (Diego), OBON (Concepcion), DIAZ-ANDREU (Margarita). Estudio del aprovechiamiento del medio natural en el yacimiento de la Edad del Bronce de El Recuenco (Cervera del Llano, Cuenca). *Trabajos de Prehistoria*, 94, 51, 2, p. 169-178.

1408. SAGONA (Antonio G.). The Avşan Site, 3: Keban rescue excavations, Eastern Anatolia: the early bronze age. London, The British Institute of Archaelogy at Ankara, 94, XIX-249 p. (ill.).

1409. SARIANIDI (Viktor). Temples of Bronze Age Margiana: traditions of ritual architecture. *Antiquity*, 94, 68, 259, p. 388-397.

1410. SCHLOR (Ingrid). Kulturbeziehungen während der Frühbronzezeit zwischen Mitteleuropa und Syrien. Ein Kulturvergleich anhand von Ösenhalsringen. *Klio*, 94, 76, p. 7-66.

1411. SHALEV (Sariel). The change in metal production from the Chalcolithic period to the Early Bronze Age in Israel and Jordan. *Antiquity*, 94, 68, 260, p. 630-637.

1412. VAN DE MOORTEL (Aleydis). Un graffito de bateau de l'âge du Bronze à Malia. *Bulletin de Correspondance Hellénique*, 94, 118, 2, p. 389-397.

1413. WARD (William A.), DEVER (William G.). Scarab typology and archaeological context: an essay on Middle Bronze Age chronology. San Antonio, Van Siclen Books, 94, VII-221 p. (ill.). (Studies on scarab seals, 3).

1414. WHITLEY (James). The monuments that stood before Marathon: tomb cult and hero cult in Archaic Attica. *American Journal of Archaeology*, 94, 98, 2, p. 213-230.

1415. YANAY (Eli). A Late Bronze Age gate at Gezer? *Tel Aviv*, 94, 21, 2, p. 283-287.

1416. YEKUTIELI (Yuval), GOPHNA (Ram). Excavations at an early Bronze Age site near Nizzanim. *Tel Aviv*, 94, 21, 2, p. 162-185.

1417. ZANGGER (Eberhard). Landscape changes around Tiryns during the Bronze Age. *American Journal of Archaeology*, 94, 98, 2, p. 189-212.

1418. ZANINI (Alessandro). L'età del Bronzo finale nella Toscana interna alla luce delle più recenti acquisizioni. *Rivista di Scienze Preistoriche*, 94, 46, 1, p. 87-144.

Cf. n° 8482

§ 5. Età del ferro.

1419. ALLABY (Robin G.), JONES (Martin K.), BROWN (Terence A.). DNA in charred Wheat grains from the Iron Age hillfort at Danebury, England. *Antiquity*, 94, 68, 258, p. 126-132.

1420. Archäologische Untersuchungen zum Übergang von der Bronze- zur Eisenzeit zwischen Nordsee und Kaukasus: Ergebnisse eines Kolloquiums in Regensburg. 28.–30. Oktober 1992. Hrsg. v. Dietmar-Wilfried R. BUCK. Regensburg, Universitätsverlag Regensburg u. Bonn, In Kommisssion R. Hablet, 94, 405 p. (Regensburger Beiträge zur prähistorischen Archäologie).

1421. BEWLEY (Robert Howard). English heritage book of prehistoric settlements. London, Batsford, 94, 144 p.

1422. CUNLIFFE (Barry). L'età del Ferro nell'Europa del Nord. *In*: Storia d'Europa. Vol. 2. Preistoria e antichità [Cf. n° 907], p. 805-842.

1423. FERNÁNDEZ RODRÍGUEZ (Macarena), LÓPEZ FERNÁNDEZ (Francisco Javier), MADRIGAL BELINCHÓN (Antonio), MAYORAL HERRERA (Victorino). Aproximación al estudio etnoarqueológico del Guardiana Menor (Jaén). *Trabajos de Prehistoria*, 94, 51, 1, p. 111-125.

1424. FINKELSTEIN (Israel). Penelope's shroud unravelled: Iron II date of Gezer's Outer Wall established. *Tel Aviv*, 94, 21, 2, p. 276-282.

1425. Installations agricoles de l'Age du Fer en Ile-de-France (Les). Actes du Colloque de Paris, 1993. Ed. par O. BUSCHENSCHUTZ, P. MENIEL. Paris, Presses de l'Ecole normale superieure, 94, 299 p. (Etudes d'histoire et archeologie, 4).

1426. Iron Age in Wessex (The): recent work. Ed. by A. P. FITZPATRICK, E. L. MORRIS. Salisbury, Trust for Wessex Archaeology Ltd. on behalf of the Association Française d'Etude de l'Age du Fer, 94, 124 p.

1427. Proceedings (The) of the third Anatolian Iron Ages Colloquium held at Van (6–12 August 1990). Ed. by Altan ÇILINGIROĞLU a. D. H. FRENCHE. London, The British Institute of Archaeology at Ankara, 94, 314 p. (British Institute of Archaeology at Ankara, 16).

1428. SAVILLE (Alan), HALLÉN (Yvonne). The 'Obanian Iron Age': human remains from the Oban cave sites, Argyll, Scotland. *Antiquity*, 94, 68, 261, p. 715-723.

1429. Siderurgie ancienne de l'Est de la France dans son contexte europeen: archeologie et archeometrie (La). Actes du colloque de Besançon, 10–13 novembre 1993. Ed. par Michel MAGIN. Paris, Diffusion Les Belles Lettres, 94, 424 p. (Annales litteraires de l'Université de Besançon, 536).

1430. TUCK (Anthony S.). The Etruscan seated banquet: Villanovan ritual and Etruscan iconography. *American Journal of Archaeology*, 94, 98, 4, p. 617-628.

Cf. n° 8482

§ 6. Popoli protostorici dell'Europa, eccettuati quelli della Grecia e dell'Italia antica.

** 1431. [GINDIN (L. A.), IVANOV (S. A.), LITAVRIN (G. G.)]. Svod drevneyshikh pis'mennykh izvestiy o slavyanakh. (Corpus of the most ancient written evidence concerning the Slavs: texts, translation, commentary). Vol. 1. "I–VI vv. (1st–6th centuries)". Moskva, "Izd. firma "Vostochnaya literatura", 94, 472 p. (schemes, map, bibl.).

1432. ALMAGRO-GORBEA (Martin). Il Mediterraneo centrale e occidentale (800–200 a. C.). *In*: Storia d'Europa. Vol. 2. Preistoria e antichità [Cf. n° 907], p. 707-754.

1433. BEWLEY (Robert Howard). Prehistoric and Romano-Britain settlement in the Solway Plain, Cumbria. Oxford, Oxbow Books, 94, 100 p. (Oxbow Monograph, 36).

1434. CERDEÑO (M. Luisa), CABANES (Emilio). El simbolismo del Jabalí en el ámbito peninsular. *Trabajos de Prehistoria*, 94, 51, 2, p. 103-119.

1435. CLAY (Patrick), POLLARD (Richard). Iron Age and Roman occupation in the West Bridge area, Leicester: excavations 1962–1971. Leicester, Leicestershire Museum Arts and Records Service, 94, 170 p.

1436. CORNELIUS (Izak). The iconography of the Canaanite gods Reshef and Baal: late Bronze and Iron Age I periods (C 1500–1000 BCE). Fribourg, Fribourg U. P. a. Göttingen, Vandenhoeck & Ruprecht, 94, 298 p. (Orbis Biblicus et Orientalis, 140).

1437. DE JERSEY (Philip). Coinage in Iron Age Armorica. Oxford, Oxford University Committee for Archaeology, 94, 266 p. (University of Oxford. Committee for Archaeology, 39).

1438. DIXON (Philip). Crickley Hill. Vol. 1. The Hillfort defences. Nottingham, Crickley Hill Trust and the Department of Archaeology, University of Nottingham, 94, 259 p.

1439. DRUMMOND (James). Sculptured monuments in Iona and West Highlands. Lampeter, Llanerch, 94, 240 p.

6. POPOLI PROTOSTORICI DELL'EUROPA, ECCETTUATI QUELLI DELLA GRECIA E DELL'ITALIA ANTICA

1440. GĄSSOWSKI (Jerzy). Prehistoria sztuki. (Préhistoire de l'art.). Warszawa, Oficyna Wydawn. S. Szymański, 94, 226 p. (phot., dessins). (Ser. Monografii Nauk.).

1441. JOVANOVIĆ (Borislav). Illiri, Traci, Daci, Geti, Sciti (Europa sudorientale non greca). *In*: Storia d'Europa. Vol. 2. Preistoria e antichità [Cf. n° 907], p. 683-706.

1442. LAJARS (Thierry). Gurnay III: les fourreaux d'epee. La sanctuaire de Gurnay-sur-Aronde et l'armement des Celtes de la Tene moyenne. Paris, Errance, 94, 234 p. (Archeologie aujourd'hui).

1443. MAIER (Bernhard). Lexicon der keltischen Religion und Kultur. Stuttgart, A. Kroner, 94, 392 p. (Kröners Taschenausgabe, 466).

1444. MASSET (Claude). Demografia e popolazioni: paleoantropologia dell'Europa. *In*: Storia d'Europa. Vol. 2. Preistoria e antichità [Cf. n° 907], p. 601-618.

1445. MICHELL (John). At the centre of the world: polar symbolism discovered in Celtic, Norse and other ritualized landscapes. London, Thames and Hudson, 94, 184 p.

1446. MOSHKOVA (M. G.). K voprosu o prirode skhodstva i razlichiya v kul'turakh kochevnikov Evraziyskikh stepey I tys. do n.e. (On the problem of nature of similarities and differences in the cultures of Euroasian stepp nomades in the I millenium B.C.). *Vestnik drevney istorii*, 94, 58, 1, p. 89-98. (Eng. summary).

1447. NAYLING (Nigel), MAYNARD (David), MCGRAIL (Sean). Barland's Farm, Magor, Gwent: a Romano-Celtic boat. *Antiquity*, 94, 68, 260, p. 596, 597.

1448. Necropole protohistoriques du Senonais: Serbonne, La Creocle, Michery, La Longue Raie, Soucy, Mocques Bouteilles (Yonne). Ed. par Luc BARAY. Paris, Editions de la Maison des sciences de l'homme, 94, 230 p. (Document d'Archéologie Française, 44).

1449. OLMSTED (Garret S.). The gods of the Celts and the Indo-Europeans. Budapest, Archaeolingua Alapitvany, 94, 493 p. (Innsbrucker Beiträge zur Kulturwissenschaft, 92).

1450. PHILP (Brian). The Iron Age and Romano-British site at Lenham, Kent: the discovery and excavation of an extensive farmstead and iron-working site at Runhams Farm. West Wickham, Kent Archaeological Rescue Unit, 94, 48 p. (Kent Special Subject, 7).

1451. RAFTERY (Barry). Pagan Celtic Ireland: the enigma of the Irish Iron Age. London, Thames and Hudson, 94, 240 p.

1452. Ruinische Schriftkultur in kontinental-skandinavischer und -angelsachsischer Wechselbeziehung. Internationales Symposium in der Werner-Reimers-Stiftung vom 24.–27. Juni 1992 in Bad Homburg. Hrsg. v. Klaus DUWEL. Berlin u. New York, de Gruyter, 94, 408 p. (Ergänzungsbande zum Reallexikon der germanischen Altertumskunde, 10).

1453. SEDOV (V. V.). Slavyane v drevnosti. (The Slavs in Antiquity). Ros. Akad. nauk. In-t arkheologii; Ros. fond fundament. issled. Moskva, [s. n.], 94, 343 p. (ill., Eng. summary, bibl.).

1454. Sel gaulois (Le): bouilleurs de sel et ateliers de briquetages armoricains a l'Age du Fer. Ed. par Yves COPPENS. Saint-Malo, Editeur Centre Regional d'Archeologie d'Alet, 94, 182, p. (Les Dossiers du Centre Regional d'Archeologie d'Alet).

1455. SPENCE (Lewis). The mysteries of Britain: secret rites and traditions of ancient Britain. London, Senate, 94, 256 p.

1456. Statisticheskaya obrabotka pogrebal'nykh pamyatnikov Aziatskoy Sarmatii: Sovmestnyy issledovatel'skiy proekt po teme "Pogrebal'nye pamyatniki rannikh kochevnikov evraziyskikh stepey: Opyt komp'yuternoy obrabotki arkheologicheskikh materialov". (Funeral monuments of Eurasian steppes: An essay of computer elaboration of archaeological data: Asian Sarmatia). Ros. Akad. nauk. In-t arkheologii; In-t Sred. i Dal. Vostoka. Koordinatory: M. G. MOSHKOVA, B. DZHENIBO. Dir. M. G. MOSHKOVA. Vol. 1. "Savromatskaya epokha (The epoch of the Savromats)". Moskva, [s. n.], 94, 223 p.

1457. SZABÓ (Miklós). I Celti. *In*: Storia d'Europa. Vol. 2. Preistoria e antichità [Cf. n° 907], p. 755-804.

1458. TORELLI (Mario). Le forme dell'integrazione. Colonizzazione, integrazione economica e politica, stati etnici e stati interetnici. *In*: Storia d'Europa. Vol. 2. Preistoria e antichità [Cf. n° 907], p. 843-890.

1459. VINOGRADOV (Yu.G.). Ocherk voenno-politicheskoy istorii sarmatov v I v. n.e. (Histoire politique et militaire des Sarmates au I^e siècle). *Vestnik drevney istorii*, 94, 58, 2, p. 151-170. (Eng. summary).

1460. ZASETSKAYA (I. P.). Kul'tura kochevnikov yuzhnorusskikh stepey v gunnskuyu epokhu (konets IV-V vv.). (The culture of nomades of the steppes of Southern Russia at the age of Huns, the end of Ivth–Vth cent.). Sankt-Peterburg, AO "Ellips LTD", 94, 224 p. (ill., map, Eng. summary, bibl.).

Cf. n° 8482

D

POPOLI DELL'ANTICO ORIENTE
(comprese le monarchie ellenistiche)

---

§ 1. Antico oriente in generale. 1461-1478. – § 2. Asia anteriore in generale. 1479-1512. – § 3. Egitto. 1513-1574. – § 4. Mesopotamia. 1575-1618. – § 5. Ittiti. 1619-1637. – § 6. Ebrei e stirpi semitiche sino alla fine dell'antichità. 1638-1690. – § 7. Iran. 1691-1718.

§ 1. Antico oriente in generale.

* 1461. Bibliographie linguistique de l'année 1991 et complément des années précédentes. [1990. Cf. Bibl. 93, n° 1430.]. Ed. par M. JANSE et S. TOL. Dordrecht, Boston a. London, Kluwer Academic Publishers, 94, 1312 p.

* 1462. DELLER (K.), KLENGEL (H.), MAKSEN (K.). Keilschriftbibliographie. 53. 1993. (Mit Nachträgen aus früheren Jahre). *Orientalia*, 94, 63 pp. 1*-111*.

1463. CAVEING (Maurice). Essai sur le savoir mathématique dans la Mésopotamie et l'Égypte anciennes. La constitution du type mathématique de l'idéalité dans la pensée grecque. I. Villeneuve d'Asq, Presses Universitaires de Lille, 94, 417 p. (Histoire de Sciences).

1464. CLIFFORD (Richard J.). Creation accounts in the Ancient Near East and in the Bible. Washington, Catholic Biblical Association of America, 94, 217 p. (The Catholic Biblical quarterly monograph series, 26).

1465. Drinking in ancient societies: history and culture of drinks in the ancient Near East. Papers of a symposium held in Rome, May 17–19, 1990. Ed. by Lucio MILANO. Padova, Sargon, 94, 469 p. (History of the ancient Near East Studies, 6).

1466. DURING CASPERS (Elisabeth C. L.). Non-Indus glyptics in a Harappan context. *Iranica Antiqua*, 93, 29, p. 83-106.

1467. EDEL (Elmar). Die ägyptisch-hethitische Korrespondenz aus Boghazköi in babylonischer und hethitischer Sprache. Band 1. Umschriften und Übersetzungen. Band 2. Kommentar. Opladen, Westdeutscher Verlag, 94, 2 vol., 240 p., 382 p.

1468. Handwerk und Technologie im Alten Orient. Ein Beitrag zur Geschichte der Technik im Altertum. Internationale Tagung in Berlin 12.–15. März 1991. Hrsg. v. Ralf.-B. WARTKE. Mainz, von Zabern, 94, 114 p.

1469. Hidden futures. Death and immortality in Ancient Egypt, Anatolia, the Classical, Biblical and Arabic-Islamic world. Ed. by J M. BREMER, Th. P. J. VAN DEN HOUT, R. PETERS. Amsterdam, Amsterdam U. P., 94, [s. p.].

1470. KURSAT-AHLERS (Elcin). Zur frühen Staatenbildung von Steppenvolkern: über die Sozio- und Psychogenese der eurasischen Nomadenreiche am Beispiel der Hsiung-Nu und Gokturken mit einem Exkurs über die Skythen. Berlin, Duncker & Humblot, 94, 450 p. (Sozialwissenschaftliche Schriften, 28).

1471. LIVERANI (Mario). Guerra e diplomazia nell'antico oriente, 1600–1100 a. C.. Roma e Bari, Laterza, 94, VII-315 p. (ill., prosp., bibl.). (Collezione storica).

1472. PETERMAN (Glen L.). Archaeology in Jordan. *American Journal of Archaeology*, 94, 98, 3, p. 521-559.

1473. RATTÉ (Christopher). Anthemion stelae from Sardis. *American Journal of Archaeology*, 94, 98, 4, p. 593-607.

1474. *Vacat.*

1475. ROSTOVTZEFF (Michael). L'Asia ellenistica all'epoca dei Seleucidi. *Quaderni di storia*, 94, 20, 40, p. 9-32.

1476. SCHNEIDER (M.). Un rapport en arabe sur un pétiole de palme originaire du Yemen. *Aula Orientalis*, 94, 12, 2, p. 193-210.

1477. Stifter der grossen Religionen (Die). Echnaton, Zarathustra, Mose, Jesus, Mani, Muhamman, Buddha, Konfuzius, Lao Tze. Hrsg. v. Emma BRUNNER-TRAUT. Freiburg, Basel u. Wien, Herder, 94, [s. p.].

1478. Vetri del Mediterraneo orientale. A cura di Claudia MACCABRUNI e Ezio FREA. Milano, Garzanti, 94, 113 p.

Cf. n° 836

§ 2. Asia anteriore in generale.

** 1479. [YANKOVSKAYA (N. B.).] "Den'spaseniya – den' miloserdiya" (Um etarim – um gamalim.). ["The day of Salvation – the day of Mercy": About private correspondence of kanishits, XIX cent. B.C. (With publication of documents)]. *Vestnik drevney istorii,* 94, 58, 1, p. 3-19. (Eng. summary).

1480. ARBEITMAN (Y. L.). Kybernétes: a helmsman from the East. *Aula Orientalis,* 94, 12, 1, p. 5-28.

1481. BALCER (Jack Martin). Herodotus, the 'early state', and Lydia. *Historia,* 94, 43, 2, p. 246-249.

1482. BARNES (Hugh), WHITTOW (Mark). The Oxford University/British Institute of Archaeology at Ankara: survey of medieval castles of Anatolia. Yilanly Kalesi: preliminary report and new perspectives. *Anatolian studies,* 94, 44, p. 187-206.

1483. BELLI (Oktay). Urartian dams and artificial lakes recently discovered in Eastern Anatolia. *Tel Aviv,* 94, 21, 1, p. 77-116.

1484. BIER (Lionel). The upper theatre at Balboura. *Anatolian Studies,* 94, 44, p. 27-46.

1485. BÖRKER-KLÄHN (Jutta). Neues zur Geschichte Lykiens. *Athenaeum,* 94, 82, 2, p. 315-330.

1486. BRAUND (D.). Georgia in antiquity. A history of Cholchis and Transcaucasian Iberia, 550 B. C. – A. D. 562. Oxford, Clarendon P., 94, 360 p.

1487. BRENTJES (BURCHARD). Das Pektorale aus des Tolstaja Mogila und altkleinasiatische Beziehungen. *Altorientalische Forschungen,* 94, 21, 1, p. 176-180.

1488. ÇILINGIROĞLU (Altan). Decorated stone vessels from the Urartian fortess of Ayanis. *Tel Aviv,* 94, 21, 1, p. 68-76.

1489. *Vacat.*

1490. GATES (Marie-Herniette). Archaeology in Turkey. *American Journal of Archaeology,* 94, 98, 2, p. 249-278.

1491. GEORGES (P.). Barbarian Asia and the Greek experience. From the archaic period to the age of Xenophon. Baltimore a. London, The Johns Hopkins U. P., 94, 358 p. (Ancient Society and History).

1492. *Vacat.*

1493. KIENAST (Dietmar). Die Auslösung des Jonischen Aufstandes und das Schicksal des Histiaios. *Historia,* 94, 43, 4, p. 387-401.

1494. KLEINER (Fred S.). Archaeology in Asia minor/Anatolia, 1955–1933. *American Journal of Archaeology,* 94, 98, 1, p. 1-3.

1495. LIGHTFOOT (C. S.). Amorium excavations 1993: the sixth preliminary report. *Anatolian Studies,* 94, 44, p. 105-128.

1496. MERHAV (Rivka). Gold and silver pins from Urartu: typology and methods of manufacture. *Tel Aviv,* 94, 21, 1, p. 129-143.

1497. MILNER (N. P.), SMITH (Martin F.). New votive reliefs from Oinoanda. *Anatolian Studies,* 94, 44, p. 65-76.

1498. MITCHELL (Stephen). Three cities in Pisidia. *Anatolian Studies,* 94, 44, p. 129-148.

1499. NIELSEN (Inge). Hellenistic palaces: tradition and renewal. Aarhus, Aarhus universitets forlag, 94, 341 p., (ill.). (Studies in Hellenistic civilization, 5).

1500. PADILLA MONGE (A.). Consideraciones sobre el Tarsis bíblico. *Aula Orientalis,* 94, 12, 1, p. 51-71.

1501. RATTÉ (C.). Not the Tomb of Gyges. *Journal of Hellenic Studies,* 94, 114, p. 157-161.

1502. REGER (Gary). The political history of the Kyklades 260–200 B. C. *Historia,* 94, 43, 1, p. 32-69.

1503. ROBINSON (Marcelle). Pioneer, scholar, and victim: an appreciation of Frank Calvert (1828–1908). *Anatolian Studies,* 94, 44, p. 153-168.

1504. SAPRYKIN (S. J.). Ancient farms and land plots on the khora of Khersonesos Taurike (Research in the Herakleian Peninsula 1974–1990). Amsterdam, J. C. Gieben, 94, 153 p. (McGill University Monographs in Classical Archaeology and History, 16).

1505. SCHAUS (Gerald P.), SPENCER (Nigel). Notes on the topography of Eresos. *American Journal of Archaeology,* 94, 98, 3, p. 411-430.

1506. SEVIN (Veli). Three Urartian rock-cut tombs from Palu. *Tel Aviv,* 94, 21, 1, p. 58-67.

1507. SHIFMAN (I. Sh.). Bile'am syn Be'ora. Iz istorii obshchestvenno-politicheskoy i literaturnoy zhizni Peredneaziatskogo Sredizemnomor'ya v pervoy polovine I tysyacheletiya do n.e. (From the history of social-political and literary life of the Near Asian Mediterranean in the 1st half of the 1st millenium B.C.). *Vestnik drevney istorii,* 94, 58, 1, p. 99-134. (Eng. Summary).

1508. STAVRIANOPOULOU (Eftychia). Die Wiederverheiratung auf Kos. *Historia,* 94, 43, 1, p. 119-125.

1509. TARHAN (M. Taner). Recent research at the Urartian capital Tushpa. *Tel Aviv,* 94, 21, 1, p. 22-57.

1510. USSISHKIN (David). On the architectural origin of the Urartian standard temples. *Tel Aviv,* 94, 21, 1, p. 144-155.

1511. WAELKENS (Marc), OWENS (Edwin). The excavations at Sagalassos 1993. *Anatolian Studies*, 94, 44, p. 169-186.

1512. YAKAR (Jak). Studies on Eastern Anatolia in the Iron Age. An introduction. *Tel Aviv*, 94, 21, 1, p. 3-5.

Cf. n° 2414

§ 3. Egitto.

* 1513. SEMENOVKER (B. A.). Drevneegipetskie bi-bliografiheskie teksty, Vostok/Oriens. Moscow, [s. n.], 94, p. 110-126.

1514. Ägyptische Tempel, Struktur, Funktion und Programm. Akten der Ägyptologischen Tempeltagungen in Gosen 1990 und in Mainz 1992. Hrsg. v. Rolf GUNDLACH, Matthias ROCHHOLZ. Hildesheim, Gerstenberg Verlag, 94, 331 p. (Hildesheimer Ägyptologische Beiträge, 37).

1515. Amarna Letters. Essays on Ancient Egypt ca. 1390–1310 B. C. Vol. 3. Winter 1994. San Francisco, KMT Communications, 94, 152 p.

1516. Aspekte spätägyptischer Kultur. Festschrift für Erich Winter zum 65. Geburtstag. Hrsg. v. Martina MINAS, Jürgen ZEIDLER, unter Mitarbeit v. Stefanie SCHIPS, Simone STÖHR. Mainz am Rhein, Verlag Philipp von Zabern, 94, 298 p. (Aegyptiaca Treverensia. Trierer Studien zum Griechisch-Römischen Ägypten, 7).

1517. ASSMANN (Jan). Der Amunshymnud des Papyrus Leiden I 344, verso. *Orientalia*, 93, 63, 2, p. 98-110.

1518. BARD (Kathryn A.). From farmers to pharaohs. Mortuary evidence for the rise of complex society in Egypt. Sheffield, Sheffield Academic P., 94, 144 p. – IDEM. State collapse in Egypt in the late third millennium B. C. *Annali dell' Istituto Universitario Orientale di Napoli*, 94, 54, p. 275-281.

1519. BECKERATH (Jürgen von). Chronologie des ägyptischen Neuen Reiches. Hildesheim, Gerstenberg Verlag, 94, 129 p. (Hildesheimer Ägyptologische Beiträge, 39). – IDEM. Zur Rückeninschrift der Statuette Kairo CG 42192. *Orientalia*, 94, 63, 2, p. 84-87.

1520. BICKEL (Susanne). La cosmogonie égyptienne avant le Nouvel Empire. Fribourg, Editions Universitaires et Göttingen, Vandenhoeck & Ruprecht, 94, 346 p. (Orbis Biblicus et Orientalis, 134).

1521. BURKARD (Günter), FISCHER-ELFERT (Hans-Werner). Ägyptische Handschriften. Teil 4. Hrsg. v. Erich LÜDDECKENS. Stuttgart, Steiner, 94, 255 p. (Verzeichnis der Orientalischen Handschriften in Deutschland, 19/4).

1522. BURKARD (Günter). Medizin und Politik: Altägyptische Heilkunst am persischen Königshof. *Studien zur Altägyptischen Kultur*, 94, 21, p. 35-57.

1523. CHEVEREAU (Pierre-Marie). Prosopographie des cadres militaires égyptiens du Nouvel Empire. Antony, chez l'Auteur, 94, 254 p.

1524. CIMMINO (Franco). Vita quotidiana degli Egizi. Milano, Rusconi, 94, 360 p.

1525. CLAYTON (Peter A.). Chronicle of the pharaohs. The reign-by-reign record of the rulers and dynasties of Ancient Egypt. London, Thames a. Hudson, 94, 224 p.

1526. COLIN (Frédéric). Identités ethniques et interactions culturelles dans l'Antiquité. Réflexions autour de l'ouvrage Ethnicity in Hellenistic Egypt. *L'Antiquité Classique*, 94, 53, p. 253-262.

1527. DECKER (Wolfgang), HERB (Michael). Bildatlas zum Sport im Alten Ägypten. Corpus der bildlichen Quellen zu Leibesübungen, Spiel, Jagd, Tanz und verwandten Themen. Teil. 1. Text. Teil 2. Abbildungen. Leiden, Brill, 94, 2 vol., 1009 p., 450 pl.

1528. ELLIS (Walter M.). Ptolemy of Egypt. London a. New York, Routledge, 94, 104 p.

1529. FOWLER (Barbara Hughes). Love lyrics of Ancient Egypt translated. Chapel Hill a. London, The University of North Carolina Press, 94, 85 p.

1530. GALÁN (J.M.). Religious beliefs in the early history of Ancient Egypt. *Aula Orientalis*, 94, 12, 2, p. 147-157.

1531. GASCOU (Jean). Un codex fiscal hermopolite (P. Sorb. II 69). Atlanta, Scholars Press, 94, 289 p. (American studies in papyrology), 32).

1532. GINTER (Bolesaw), KOZLOWSKI (Janusz K.). Predynastic settlement near Armant. Heidelberg, Heidelberg Orientverlag, 94, 194 p. (Studien zur Archäologie und Geschichte Altägyptens, 6).

1533. GOEDICKE (Hans). Comments on the "Famine Stela". San Antonio, Van Siclen Books, 94, 152 p. (Aegyptiaca Supplement, 5).

1534. GRAINDORGE-HÉREIL (Catherine). Le Dieu Sokar à Thèbes au Nouvel Empire. Tome 1. Textes. Tome 2. Planches. Wiesbaden, Harrassowitz, 94, 2 vol., 555 p., 140 p.

1535. GRANDET (Pierre). Le Papyrus Harris I (BM 9999). Le Caire, Institut Français d'Archéologie Orientale, 94, 2 vol., 342 p., 358 p. (Bibliothèque d'étude, 109/1-2).

1536. GRIMM (Alfred). Die altägyptischen Festkalender in der Tempeln der griechisch-römischen Epoche. Wiesbaden, Harrassowitz Verlag in Kommission, 94, 447 p. (Ägypten und Altes Testament. Studien zu Geschichte, Kultur und Religion Ägyptens und des Alten Testament, 15).

1537. GUKSCH (Heike). Königsdienst. Zur Selbstdarstellung der Beamten in der 18. Dynastie. Heidelberg, Heidelberg Orientverlag, 94, 277 p. (Studien zur Archäologie und Geschichte Altägyptens, 11).

1538. GUNDLACH (Rolf). Die Zwangsumsiedlung auswärtiger Bevölkerung als Mittel ägyptischer Politik bis zum Ende des Mittleren Reiches. Stuttgart, Steiner, 94, 238 p. (Forschungen zur antiken Sklaverei, 26).

1539. HALLOF (Jochen), BARTEL (Hans-Georg). Gaugötterprozessionen in Texten der griechisch-römischen Zeit als Begriffsverbände. *In:* Hommages à Jean Leclant [Cf. n° 1544], p. 109-123.

1540. HELTZER (M.). Trade between Egypt and western Asia: new metrological evidence (On E. W. Castle in JESHO XXXV). *The Journal of the Economic and Social History of the Orient*, 94, 37, p. 318-321.

1541. HERBIN (François René). Le Livre de parcourir l'éternité. Leuven, Uitgeverij Peeters, 94, 582 p. (Orientalia Lovaniensia Analecta, 58).

1542. HÖLBL (Günther). Geschichte des Ptolemäerreiches. Politik, Ideologie und religiöse Kultur von Alexander dem Großen bis zur römischen Eroberung. Darmstadt, Wissenschaftliche Buchgesellschaft, 94, XXXII-402 p.

1543. HOLZHAUSEN (Jens). Der 'Mythos vom Menschen' im hellenistischen Ägypten. Eine Studie zum 'Poimandres' (= CH I), zu Valentin und dem gnostischen Mythos. Bodenheim, Athenäum-Hain-Hanstein, 94, 299 p. (Athenäums Monografien, Theophaneia, 33).

1544. Hommages à Jean Leclant. Vol. 1. Etudes pharaoniques. Vol. 2. Nubie, Soudan, Ethiopie. Vol. 3. Etudes isiaques. Vol. 4. Varia. Ed. par Catherine BERGER, Gisèle CLERC, Nicolas GRIMAL. Le Caire, Institut Français d'Archéologie Orientale, 94, 4 vol., 548 p., 428 p., 503 p., 491 p. (Bibliothèque d'étude, 106/1-4.). [Cf. n° <sélection> 1539.]

1545. HUß (Werner). Der makedonische König und die ägyptischen Priester. Studien zur Geschichte des ptolemäischen Ägypten. Stuttgart, Steiner, 94, 238 p.

1546. KAHL (Jochem). Zu den Särgen des Mittleren Reiches in Ägypten. *Welt des Orients*, 94, 25, p. 21-35.

1547. KÁKOSY (László). Ninth preliminary report on the Hungarian excavation in Thebes; tomb No 32. *Acta archaeol. Acad. Sci. hungaricae*, 94, 46, 1-4, p. 21-31.

1548. KOEMOTH (Pierre P.). Hathor et le buisson kk comme lieu de renaissance d'Osiris. *Welt des Orients*, 94, 25, p. 7-16. – IDEM. Osiris et les arbres. Contribution à l'étude des arbres sacrés de l'Egypte ancienne. Liège, Centre Informatique de Philosophie et Lettres C.I.P.L., 94, 336 p. (Aegyptica Leodiensia, 3).

1549. KOENIG (Yvan). Magie et magiciens dans l'Egypte ancienne. Paris, Pygmalion/Gérard Watelet, 94, 360 p. (Bibliothèque de l'Égypte ancienne).

1550. KURTH (Dieter). Treffpunkt der Götter. Inschriften aus dem Tempel des Horus von Edfu. Eingeleitet, übersetzt und erläutert. Zürich u. München, Artemis Verlag, 94, 420 p.

1551. LECLANT (J.), CLERC (G.). Fouilles et travaux en Egypte et au Soudan, 1992-1993 (Tab. VI-XLV). *Orientalia*, 94, 63, 4, p. 345-473.

1552. LEITZ (Christian). Tagewählerei. Das Buch HAt nHH pH.wy Dt und verwandte Texte. Textband und Tafelband. Wiesbaden, Harrassowitz Verlag, 94, 525 p. (Ägyptologische Abhandlungen, 55).

1553. MORENO GARCÍA (J.C.). Ḥùwt y la retribución de los funcionarios provinciales en el Imperio Antiguo. *Aula Orientalis*, 94, 12, 1, p. 29-50.

1554. MURNO (Irmtraut). Die Totenbuchhandschriften der 18. Dynastie im Ägyptischen Museum Cairo. Mit einem Beitrag von Wolfgang Helck. Textband und Tafelband. Wiesbaden, Harrassowitz, 94, [s. p.], (Ägyptologische Abhandlungen, 54).

1555. NEUREITER (Sabine). Eine neue Interpretation des Archaismus. *Studien zur Altägyptischen Kultur*, 94, 21, p. 219-254.

1556. ONASCH (Hans-Ulrich). Die assyrischen Eroberungen Ägyptens. Teil 1. Kommentare und Anmerkungen. Teil 2. Texte in Umschrift. Wiesbaden, Harrassowitz Verlag in Kommission, 94, 2 vol., 264 p., 190 p. (Ägypten und Altes Testament. Studien zu Geschichte, Kultur und Religion Ägyptens und des Alten Testaments, 27/ 1-2).

1557. PEDEN (A. J.). Egyptian historical inscriptions of the twentieth dynasty. Jonsered, Paul Åströms Förlag, 94, 286 p. (Documenta Mundi Aegyptiaca, 3). – IDEM. The reign of Ramesses IV. Warminster, Aris a. Phillips, 94, 130 p.

1558. PESTMAN (P. W.). Les papyrus démotiques de Tsenhor (P. Tsenhor). Les archives privées d'une femme égyptienne du temps de Darius Ier. Transcriptions hiéroglyphiques et paléographie établies par P. W. PESTMAN et S. P. VLEEMING. I. Textes. II. Paléographie et planches. Leuven, Peeters, 94, 2 vol., 209 p., 57 p. (Studia Demotica, 4).

1559. Problèmes institutionnels de l'eau en Egypte ancienne et dans l'Antiquité méditerranéenne (Les). Ed. par Bernadette MENU. Le Caire, Institut français d'archéologie orientale, 94, 326 p. (Bibliothèque d'étude, 110).

1560. Proceedings of the 20th International Congress of Papyrologists. Copenhagen, 23-29 August, 1992. Ed. by Adam BÜLOW-JACOBSEN. KØBENHAVN, Museum Tusculanum P. a. University of Copenhagen, 94, 674 p.

1561. QUACK (Joachim Friedrich). Die Lehren des Ani. Ein neueägyptischer Weisheitstext in seinem kulturellen Umfeld. Freiburg, Universitätsverlag u. Göttingen, Vandenhoeck & Ruprecht, 94, 338 p. (Orbis Biblicus Orientalis, 141). – IDEM. Gefangene oder Edelfrau? *Welt des Orients*, 94, 25, p. 17-20.

1562. RAY (John David C.). How demotic is Demotic? *Egitto e Vicino Oriente*, 94, 17, p. 265-273.

1563. Revolutions in time. Studies in Ancient Egyptian calendrics. Ed. by Anthony J. SPALINGER. San Antonio, Van Siclen Books, 94, 107 p. (Varia Aegyptiaca Supplement, 6).

1564. ROCCATI (Alessandro). Sapienza egizia. La letteratura educativa in Egitto durante il III millennio a. C. Brescia, Paideia, 94, 149 p. (Testi del Vicino Oriente Antico, I. Letteratura egiziana classica, 4).

1565. RÖMER (Malte). Gottes- und Priesterherrschaft in Ägypten am Ende des Neuen Reiches. Ein religionsgeschichtliches Phänomen und seine Grundlagen. Wiesbaden, Harrassowitz Verlag, 94, 622 p. (Ägypten und Altes Testament, 21).

1566. ROSE (Lynn E.). The astronomical evidence for dating the end of the Middle Kingdom of ancient Egypt to the early second millennium: a reassessment. *Journal of Near Eastern Studies*, 94, 53, 4, p. 237-261.

1567. SCHENKEL (Wolfgang). Zur Formenbildung des Verbs im Neuägyptischen. *Orientalia*, 94, 63, 1, p. 10-15.

1568. SCHMIDT (Heike C.), WILLEITNER (Joachim). Nefertari, Gemahlin Ramses' II. Mit Aufnahmen aus dem Königinnengrab von Alberto SILIOTTI (CEDAE). Mainz am Rhein, Verlag Philipp von Zabern, 94, 144 p. (Zaberns Bildbände zur Archäologie, 10).

1569. SHAW (Ian). Pharaonic quarrying and mining: settlement and procurement in Egypt's marginal regions. *Antiquity*, 94, 68, 258, p. 108-119.

1570. THOMPSON (Stephen E.). The anointing of officials in ancient Egypt. *Journal of Near Eastern Studies*, 94, 53, 1, p. 15-25.

1571. Unbroken reed (The). Studies in the culture and heritage of Ancient Egypt in honour of A. F. Shore. Ed. by Christopher EYRE, Anthony LEAHY a. Lisa MONTAGNO LEAHY. London, The Egypt Exploration Society, 94, 401 p. (Occasional Publications, 11).

1572. VISON (Steve). Egyptian boats and ships. Princes Risborough, Shire Publications, 94, 56 p. (Shire Egyptology, 20).

1573. VLEEMING (S. P.). Ostraka Varia. Tax receipts and legal documents on Demotic, Greek and Greek-Demotic ostraka, chiefly of the early Ptolemaic period, from various collections (P. L. Bat). Leiden, New York a. Köln, E. J. Brill, 94, 172 p. (Papyrologica Lugduno-Batava, 26).

1574. ZEIDLER (Jürgen). Einige neue keilschriftliche Entsprechungen ägyptischer Personennamen. *Welt des Orients*, 94, 25, p. 36-56.

Cf. n°s 449, 1467

§ 4. Mesopotamia.

* 1575. ROMER (Willem H. Ph.). Die Sumerologie: Versuch einer Einführung in den Forschungsstand nebst einer Bibliographie in Auswahl. Kevelaer, Butzon & Bercker u. Neukirchen-Vluyn, Neukirchener Verlag, 94, 208 p. (Alter Orient und Altes Testament, 238. Nimwegener sumerologische Studien, 2).

** 1576. [KLOCHKOV (I. S.)]. Dar Shel-Sina. (Shel-Sin's gift. Deciphering an inscription on the vessel from Southern Mesopotamia, XIX–XVIII centuries B. C.). *Vestnik drevney istorii*, 94, 58, 2, p. 107-110. (Eng. summary).

1577. BLOCHER (Felix). Probleme der Bearbeitung altbabylonischer Siegelabrollungen. *Zeitschrift für Assyrologie*, 94, 84, 1, p. 89-129.

1578. BRENTJES (Burchard). Selbstverherrlichung oder Legitimitätsanspruch? Gedanken zu dem Thronrelief von Nimrud-Kalaḫ. *Altorientalische Forschungen*, 94, 21, 1, p. 50-64.

1579. COLE (Steven W.). The crimes and sacrileges of Nabû-šuma-iškun. *Zeitschrift für Assyrologie*, 94, 84, 2, p. 220-252.

1580. DANDAMAYEV (Muhammad A.). The Neo-Babylonian zazakku. *Altorientalische Forschungen*, 94, 21, 1, p. 34-40.

1581. DINÇOL (Ali M.). Cultural and political contacts between Assyria and Urartu. *Tel Aviv*, 94, 21, 1, p. 6-21.

1582. DSHARAKIAN (Rusan). Altakkadische Wirtschaftstexte aus den Archiven von Awal und Gasur (III. Jahrtausend v. Chr.). *Zeitscrift für Assyroligie*, 94, 84, 1, p. 1-10.

1583. FINCKE (Jeannette). Noch einmal zum mittelassyrischen šiluḫli. *Altorientalische Forschungen*, 94, 21, 2, p. 339-351.

1584. FRANKLIN (Norma). The room V reliefs at Dur-Sharrukin and Sargon II's Western campaigns. *Tel Aviv*, 94, 21, 2, p. 255-275.

1585. FREYDANK (Helmut). Drei Tafeln aus der Verwaltung des mittelassyrischen Kronlandes. *Altorientalische Forschungen*, 94, 21, 1, p. 13-30. – IDEM. Nachlese zu den mittelassyrischen Gesetzen. *Altorientalische Forschungen*, 94, 21, 2, p. 203-211.

1586. FUCHS (Andreas). Die Inschriften Sargons II aus Khorsabad. Göttingen, Cuvillier, 94, 475 p.

1587. HEIMPEL (W.). Towards an understanding of the Sikkum institution. *Revue d'Assyriologie*, 94, 88, 1, p. 5-31.

1588. JAGODA LUZZATTO (Maria). Ancora sulla «Storia di Ahiqar». *Quaderni di Storia*, 94, 39, 1, p. 253-275.

1589. KREBERNIK (Manfred). Ein Keulenkopf mit Weihung an Gilgameš im Vorderasiatischen Museum, Berlin. *Altorientalische Forschungen*, 94, 21, 1, p. 5-12.

1590. LAFONT (Bertrand). L'Avènement de Su-sîn. *Revue d'Assyriologie*, 94, 88, 2, p. 97-119.

1591. LION (Brigitte). Un contrat de vente de maison daté du règne d'Enlil-Bâni d'Isin. *Revue d'Assyriologie*, 94, 88, 2, p. 129-133.

1592. MAC GINNIS (John). The royal establishment at Sippar in the 6th century B. C. *Zeitschrift für Assyrologie*, 94, 84, 2, p. 198-219.

1593. MARZAHN (Joachim). Zum sogennanten Stadtschloß-Grundriß von Babylon. *Altorientalische Forschungen*, 94, 21, 1, p. 41-49.

1594. MAYER (W. R.). Akkadische Lexikographie: CAD Š₁. *Orientalia*, 94, 63, 2, p. 111-120.

1595. MICHEL (Cécile). Règlement des comptes du défunt Hurassānum. *Revue d'Assyriologie*, 94, 88, 2, p. 121-128.

1596. MIGLUS (P. A.). Das neuassyrische und das neubabylonische Wohnhaus. Die Frage nach dem Hof. *Zeitschrift für Assyrologie*. 94, 84, 2, p. 262-281.

1597. MOORTGAT-CORRENS (Ursula). Die Rosette – ein Schriftzeichen? Die Geburt des Sterns aus dem Geiste der Rosette (mit einem philologischen Kommentar von Barbara Böck). *Altorientalische Forschungen*, 94, 21, 2, p. 359-371.

1598. NA'AMAN (Nadav). Assyrian chronicle fragment 4 and the location of Idu. *Revue d'Assyriologie*, 94, 88, 1, p. 33-35. – IDEM. Hezekiah and the kings of Assyria. *Tel Aviv*, 94, 21, 2, p. 235-254.

1599. PONGRATZ-LEISTEN (Beate). Ein neuassyrisches Duplikat zu HAR-RA hubullu XV. *Welt des Orients*, 94, 25, p. 66-70.

1600. QUINTANA CIFUENTES (E.). Los gobernantes elamitas. *Aula Orientalis*, 94, 12, 1, p. 73-94.

1601. READE (J. E.). Revisiting the North-West Palace, Nimrud (Tab. IV-V). *Orientalia*, 94, 63, 3, p. 273-278.

1602. RENGER (Johannes). On economic structures in ancient Mesopotamia. *Orientalia*, 94, 63, 3, p. 157-208.

1603. RICHTER (Thomas). Untersuchungen zum Opferschauwesen. II. Zu einigen speziellen Keulenmarkierungen. *Altorientalische Forschungen*, 94, 21, 2, p. 212-246.

1604. ROAF (Michael), GALBRAITH (Jane). Pottery and p-values: 'Seafaring merchants of Ur'? re-examined. *Antiquity*, 94, 68, 261, p. 770-783.

1605. SNELL (Daniel). A Neo-Babylonian Colophon. *Revue d'Assyriologie*, 94, 88, 1, p. 59-63.

1606. SPRUYTTE (J.). La roue du char royal Assyrien. *Revue d'Assyriologie*, 94, 88, 1, p. 37-48.

1607. STRECK (Michael P.). Funktionsanalyse des akkadischen Št₂-Stamms. *Zeitschrift für Assyrologie*, 94, 84, 2, p. 161-197.

1608. VALLAT (François). Deux tablettes élamites de l'Université de Fribourg. *Journal of Near Eastern Studies*, 94, 53, 4, p. 263-274.

1609. VAN DE MIEROOP (Mara). The Tell Leilan Tabletts 1991: a preliminary report. *Orientalia*, 94, 63, 4, p. 305-344.

1610. VAN DEN TOORN (KAREL). Gods and ancestors in Emar and Nuzi. *Zeitschrift für Assyrologie*, 94, 84, 1, p. 38-59.

1611. VANSTIPHOUT (H.L.G.). Another attempt at the «spell of Nudimmud». *Revue d'Assyriologie*, 94, 88, 2, p. 135-154.

1612. VIGANO (Lorenzo). Mari and Ebla: of time and rulers. *Studii Biblici Francisc.*, 94, 44, p.351-373.

1613. VIVANTE (Anna). The sacrificial altar in Assyrian temples. *Revue d'Assyriologie*, 94, 88, 2, p. 163-168.

1614. VULPE (Nicola). Irony and the unity of the Gilgamesh Epic. *Journal of Near Eastern Studies*, 94, 53, 4, p. 275-283.

1615. WASSERMAN (Nathan). BM 78613 – A Neo-Babylonian imposture of an Old-Babylonian amulet? *Revue d'Assyriologie*, 94, 88,1, p. 49-57.

1616. WILHELM (Gernot). Bemerkungen zur urartäischen Paläographie. *Altorientalische Forschungen*, 94, 21, 2, p. 352-358.

1617. YAMADA (Shigeo). The editorial history of the Assyrian king list. *Zeitschrift für Assyrologie*, 94, 84, 1, p. 10-37.

1618. ZACCAGNINI (Carlo). Feet of clay at Emar and elsewhere. *Orientalia*, 94, 63, 1, p. 1-4.

§ 5. Ittiti.

1619. BÖRKER-KLÄHN (Jutta). Der hethitische Areopag: Yerkapı, die Bronzetafel und der "Staatsstreich". *Altorientalische Forschungen*, 94, 21, 1, p. 131-160.

1620. CAVIGNEAUX (Antoine). Magica Mariana. *Revue d'Assyriologie*, 94, 88, 2, p. 155-161.

1621. FREYDANK (Helmut). Gewänder für einen Dolmetscher. *Altorientalische Forschungen*, 94, 21, 1, p. 31-33.

1622. GIRBAL (Christian). Der hurritische Ausdruck für "sowohl ... als auch ... ". *Altorientalische Forschungen*, 94, 21, 2, p. 376-379. – IDEM. Šummi im Boğazköy-Hurritischen. *Altorientalische Forschungen*, 94, 21, 1, p. 171-175.

1623. GLOCKER (Jürgen). Ein hethitischer Schreiberirrtum. *Altorientalische Forschungen*, 94, 21, 1, p. 125-130.

1624. GONZÁLEZ SALAZAR (J.M.). Tiliura, un ejemplo de la política fronteriza durante el impero hitita (CTH 89). *Aula Orientalis*, 94, 12, 2, p. 159-176.

1625. GRODDEK (Detlev). Fragmenta Hethitica dispersa I. *Altorientalische Forschungen*, 94, 21, 2, p. 328-338.

1626. GURNEY (O. R.). The ladder-men at Alaca Höyük. *Anatolian Studies*, 94, 44, p. 219-220.

1627. HAASE (Richard). Deuteronomium und hethitisches Recht. *Welt des Orients*, 94, 25, p. 71-77. – IDEM. Drei Kleinigkeiten zum hethitischen Recht. *Altorientalische Forschungen*, 94, 21, 1, p. 65-72.

1628. HANSEN (O.). The Ilissos-River and Hittite Wilusa (Ilios). *L'Antiquité Classique*, 94, 53, p. 263-264.

1629. MARAZZI (Massimiliano). Tarife und Gewichte in einem althethitischen Königserlaß. *Orientalia*, 94, 63, 2, p. 88-92.

1630. MÜLLER (Gerfrid G. W.). Ein hethitisches Ritualfragment aus Privatbesitz. *Altorientalische Forschungen*, 94, 21, 2, p. 372-375.

1631. OTTEN (Heinrich). Die hethitische Großkönigin Ḫenti in ihren Siegeln. *Zeitschrift für Assyrologie*, 94, 84, 2 p. 253-261.

1632. PUGLIESE CARRATELLI (Giovanni). La clausola del 'Testamento' di Ḫattusili I. *La Parola del Passato*, 94, 49, 5, p. 401-408.

1633. SALVINI (Mirjo), VAGNETTI (Lucia). Una spada di tipo egeo da Boğazoköy. *La Parola del Passato*, 94, 49, 2, p. 215-236.

1634. SCHUOL (Monika). Die Terminologie des hethitischen SU-Orakels. Eine Untersuchung auf der Grundlage des mittelhethitischen Textes KBo XVI 97 unter vergleichender Berücksichtigung akkadischer Orakeltexte und Lebermodelle, I. *Altorientalische Forschungen*, 94, 21, 1, p. 73-124. – IDEM. Die Terminologie des hethitischen SU-Orakels. Eine Untersuchung auf der Grundlage des mittelhethitischen Textes KBo XVI 97 unter vergleichender Berücksichtigung akkadischer Orakeltexte und Lebermodelle, II. *Altorientalische Forschungen*, 94, 21, 2, p. 247-304.

1635. ÜNAL (Ahmet). The textual illustration of the "jester scene" on the sculptures of Alaca Höyük. *Anatolian Studies*, 94, 44, p. 207-218.

1636. VAN DEN HOUT (Theo P. J.). Der Falke und das Kücken: der neue Pharao und der hethitische Prinz? *Zeitschrift für Assyrologie*, 94, 84, 1, p. 60-88. – IDEM. Träume einer hethitischen Königin: KUB LX 97? XXXI 71. *Altorientalische Forschungen*, 94, 21, 2, p. 305-327. – IDEM. Hurritische Verba dicendi mit einfacher und doppelter Absolutiv-Rektion. *Altorientalische Forschungen*, 94, 21, 1, p. 161-170.

1637. WEINREICH (Matthias). Glossar zur Geschichte von Jōist ī Friyān. *Altorientalische Forschungen*, 94, 21, 1, p. 181-187.

Cf. n°s 1186, 1467

§ 6. Ebrei e stirpi semitiche sino alla fine dell'antichità.

1638. ALBANI (Matthias). Astronomie und Schöpfungsglaube: Untersuchungen zum astronomischen Henochbuch. Neukirchen u. Vluyn, Neukirchener Verlag, 94, 386 p. (Wissenschaftliche Monographien zum Alten und Neuen Testament, 68).

1639. AMIET (Pierre). Un sceau-cylindre syrien de Naucratis. *Revue d'Assyriologie*, 94, 88, 2, p. 169-173.

1640. AMIRAN (David H. K.), ARIEH (E.), [et al.]. Earthquakes in Israel and adjacent areas; macroseismic observations since 100 B. C. E. *Israel Exploration Journal*, 94, 44, 3-4, p. 260-305.

1641. Aramaic (The) Bible: Targums in their historical context. Ed. by D. R. G. BATTIE, M. J. MAC NAMARA. Sheffield, JSOT P., 94, 470 p. (Journal for the Study of the Old Testament, 166).

1642. ARCHI (Alfonso). Studies in the Pantheon of Ebla. *Orientalia*, 94, 63, 3, p. 249-256.

1643. BALDACCI (Massimo). Some Eblaite bird names and biblical Hebrew. *Welt des Orients*, 94, 25, p. 57-65.

1644. BEYER (Klaus). Die aramaischen Texte vom Toten Meer. Samt den Inschriften aus Palastina, dem Testament Levis aus der Kairoer Genisa, der Fastenrolle und den alten talmudischen Zitaten: aramaistische Einleitung, Text, Übersetzung, Deutung, Grammatik/Wörterbuch, deutsche-aramäische Wortliste, Register. Göttingen, Vandenhoeck & Ruprecht, 94, 450 p.

1645. Biblo: una città e la sua cultura. A cura di Enrico ACQUARO. Roma, Consiglio Nazionale delle Ricerche, 94, 230 p. (Collezione di Studi Fenici, 34).

1646. Cartago, Gadir, Ebusus y la influencia punica en los territorios hispanos. VIII Jornadas de Arqueologia Fenicio-Punica, Ibiza 1993. [S. l.], [s. n.], 94, [s. p.]. (Trabajos del Museo Arqueologico de Ibiza, 33).

1647. CASTILLO DE DONA (Blanca). Archeoenvironmental investigations in the Bay of Cadiz, Spain (750-500 B. C.). Ed. by Eufrasia ROSELLO, Arturo MORALES. Oxford, Tempus Reparatum, 94, 228 p. (British Archaeological Reports – International series, 593).

1648. COOK (Edward M.). On linguistic dating of the Phoenician Ahiram inscription (KAI 1). *Journal of Near Eastern Studies*, 94, 53, 1, p. 33-36.

1649. DAWSON (David Allan). Text-linguistics and Biblical Hebrew. Sheffield, Sheffield Academic P., 94, 241 p. (Journal for the Study of the Old Testament, 177).

1650. DEUTSCH (R.). Forty new ancient west Semitic inscriptions. Jaffa, Archaeological Center, 94, 100 p.

1651. DÍEZ MERINO (L.). Historia de la lexicografía aramea. *Aula Orientalis*, 94, 12, 2, p. 211-224.

1652. ERDER (Yoram). The Karaites' Sadducee dilemma. *Israel Oriental Studies*, 94, 14, p. 195-226.

1653. Ethics and politics in the Hebrew Bible. Ed. by Douglas A. KNIGHT, Carol MEYERS. Atlanta, Scholars Press a. Society of Biblical Literature, 94, [s. p.]. (Semeia, 66).

1654. FISHWICK (Duncan). On the origins of Africa Proconsularis. II. The administration of Lepidus and the commission of M. Caelius Phileros. *Antiquites Africaines*, 94, 30, p. 57-80.

1655. FRITZ (Volkmar). An introduction to Biblical archaeology. Sheffield, JSOT P., 94, 223 p. (Journal for the study of the Old Testament, 174).

1656. FULFORD (Michael Gordon). Excavations at Carthage: the British mission. Vol. 2. The circular harbour, north side. Part. 1. The site and finds other than pottery. Ed. by H. R. HURST. Oxford, Oxford U. P., 94, 335 p. (British Academy Monographs in Archaeology, 4).

1657. GAL (Zvi). Phoenician bronze seal from Hurbat Rosh Zayit. *Journal of Near Eastern Studies*, 94, 53, 1, p. 27-33.

1658. GARBINI (Giovanni). La religione dei Fenici in Occidente. Roma, Università degli Studi di Roma "La Sapienza", 94, 122 p. (Studi Semitici, 12).

1659. GIANTO (Agustinus). Subject fronting in the Jerusalem Amarna letters. *Orientalia*, 94, 63, 3, p. 209-225.

1660. GIBSON (Shimon). The Tell ej-Judeideh (Tel Goded) excavations: a re-appraisal based on archival records in the Palestine exploration fund. *Tel Aviv*, 94, 21, 2, p. 194-234.

1661. HANDY (Lowell K.). Among the host of Heaven: the Syro-Palestinian pantheon as bureaucracy. Winona Lake, Eisenbrauns, 94, 218 p.

1662. HOCH (James E.). Semitic words in Egyptian texts of the New Kingdom and Third Intermediate Period. Princeton, Princeton U. P., 94, 572 p.

1663. JAGERSMA (H.). A history of Israel to Bar Kochba. London, SCL P., 94, 2. vol., 304 p., 224 p.

1664. LEONARD (Albert). An index to the Late Bronze Age Aegean pottery from Syria-Palestine. Jonsered, P. Astroms Forlag, 94, 251 p. (Studies in Mediterranean Archaeology, 114).

1665. LINDENBERGER (James M.). Ancient Aramaic and Hebrew letters. Ed. by Kent Harold RICHARDS. Atlanta, Scholars P., 94, 155 p. (Writings from the Ancient World – Society of Biblical Literature, 4).

1666. Magna Grecia, Etruschi e Fenici. Atti del Trentesimo Convegno di Studi sulla Magna Grecia (Taranto, 8-13 ottobre 1993). Napoli, Istituto per la Storia e l'Archeologia della Magna Grecia, 94, 2 vol., [s. p.]. [Cf. n[os] <scelta> 2188, 2191, 2226, 2229, 2230, 2231, 2232, 2234, 2236, 2238, 2241, 2246.]

1667. MÜLLER-KESSLER (Christa). Eine aramäische Zauberschale im Museum für Vor- und Frühgeschichte zu Berlin (Tab. I–III). *Orientalia*, 94, 63, 1, p. 5-9.

1668. Mundo punico: historia, sociedad y cultura (El). Cartagena, 17–19 de noviembre de 1990. Coloquios de Cartagena, I. Ed. por Antonino GONZALEZ BLANCO, Jesus Luis CUNCHILLOS ILARRI, Manuel MOLINA MARTOS. Murcia, Editoria Regional de Murcia, 94, 516 p. (Biblioteca Basica Murciana, 4).

1669. Mutius (Hans-Georg von). Jüdische Urkundenformulare aus Marseille in Babylonisch-Aramaischer Sprache . Frankfurt am Main, Berlin u. Bern, Lang, 94, 98 p. (Judentum und Umwelt, 50).

1670. NAGEL (Wolfram), STROMMENGER (Eva). Die Ausgrabungen in Uruk-Warka, Endberichte. *Orientalia*, 94, 63, 3, p. 261-272.

1671. NICACCI (Alvielo). The stele of Mesha und the Bible: verbal system and narrativity. *Orientalia*, 94, 63, 3, p. 226-248.

1672. NOEGEL (S.N.). Dialect and politics in Isaiah 24-27. *Aula Orientalis*, 94, 12, 2, p. 177-192.

1673. Nomadism to monarchy: archaeological and historical aspects of early Israel (From). Jerusalem, Yad Izhak Ben-Zvi, Israel Exploration Society a. Washington, Biblical Archaeological Society, 94, 399 p.

1674. Peoples of the Old Testament world. Ed. by Alfred J. HOERTH, Gerald L. MATTINGLY, Edwin M. YAMAUCHI. Grand Rapids, Baker Books, 94, 400 p.

1675. POTTS (Daniel T.). The pre-Islamic coinage of eastern Arabia. Carsten Niebuhr Institute of ancient Near Eastern studies. København, University, Museum Tusculanum, 94, 88 p. (ill.).

1676. REED (Stephen A.). The Dead Sea scrolls catalogue: documents, photographs and museum inventory numbers. Atlanta, Scholars P., 94, 558 p. (Resources for Biblical Study, 32).

1677. SCHMITZ (Philip. C.). The name "Agrigentum" in a Punic inscription (CIS I 5510.10). *Journal of Near Eastern Studies*, 94, 53, 1, p. 1-13.

1678. SEASE (Catherine), REESE (David S.). An unpublished stone palette. *Journal of Near Eastern Studies*, 94, 53, 4, p. 285-289.

1679. STERN (Ephraim). A Phoenician-Cypriote votive scapula from Tel Dor: a maritime scene. *Israel Exploration Journal*, 94, 44, 1-2, p. 1-12 (ill., plans). – IDEM. Dor: ruler of the seas. Twelve years of excavations at the Israelite-Phoenician harbor town on the Carmel coast. Jerusalem, Israel Exploration Society, 94, 348 p.

1680. STRANGE (James F.), GROH (Dennis E.). Excavations at Sepphoris. The location and identification of Shikhin. *Israel Exploration Journal*, 94, 44, 3-4, p. 216-227 (ill., plans).

1681. Symposium Syriacum (VI), 1992. University of Cambridge, Faculty of Divinity, 30 August–2 September 1992. Ed. by Rene LAVENANT. Roma, Pontificio Istituto Orientale, 94, 495 p. (Orientalia Christiana Analecta, 247).

1682. WASHINGTON (Harold C.). Wealth and poverty in the instruction of Amenemope and Hebrew proverbs. Atlanta, Scholars P., 94, 242 p. (Society of Biblical Literature Dissertation Series, 142).

1683. WATSON (Wilfred G. E.). Final -m in Ugaritic Again. *Aula Orientalis*, 94, 12, 1, p. 95-103. – IDEM. Traditional techniques in classical Hebrew verse. Sheffield, Sheffield Academic P., 94, 534 p. (Journal for the Study of the Old Testament, 170).

1684. WEISS (Harvey). Archaeology in Syria. *American Journal of Archaeology*, 94, 98, 1, p. 101-158.

1685. Wer ist wie du, Herr, unter den Göttern? Studien zur Theologie und Religionsgeschichte Israels für Otto Kaiser zum 70. Geburtstag. Hrsg. v. Ingo KOTTSIEPER, Jürgen VAN OORSCHOT, Diethard RÖMHELD, Harald Martin WAHL. Göttingen, Vandenhoeck & Ruprecht, 94, [s. p.].

1686. WOLFF (Samuel R.). Archaeology in Israel. *American Journal of Archaeology*, 94, 98, 3, p. 481-519.

1687. YADIN (Ygael), GREENFIELD (Jonas). Babatha's "Ketubba". *Israel Exploration Journal*, 94, 44, 1-2, p. 75-101 (ill., plans).

1688. ZONTA (Mauro). Hebraica veritas: Temistio, Parafasi del De Coelo. Tradizione e critica del testo. *Athenaeum*, 94, 82, 2, p. 403-428.

1689. ZORN (Jeffrey R.), YELLIN (Joseph). The "m (w) sh" stamp impressions and the Neo-Babylonian period. *Israel Exploration Journal*, 94, 44, 3-4, p. 161-183 (ill., plans, tables).

1690. ZWICKEL (Wolfgang). Der Tempelkult in Kanaan und Israel: Studien zur Kultgeschichte Palastinas von der Mittelbronzezeit bis zum Untergang Judas. Tübingen, J. C. B. Mohr, 94, 424 p. (Forschungen zum Alten Testament, 10).

§ 7. Iran.

1691. AMIET (Pierre). Un sceau trans-élamite a Susa. *Revue d'Assyriologie*, 94, 88, 1, p. 1-4.

1692. AZARPAY (Guitty). Designing the body: human proportions in Achaemenid art. *Iranica Antiqua*, 94, 29, p. 169-184.

1693. BOUCHARLAT (R.), HAERINCK (E.). Das Ewig-Weibliche. Figurines en os d'époque parthe de Suse. *Iranica Antiqua*, 94, 29, p. 185-199.

1694. BOYCE (Mary). The sedentary Arsacids. *Iranica Antiqua*, 94, 29, p. 241-251.

1695. BRENTJES (B.). Zum Problem der verschwundenen Prunkwaffen der Pazyryk-Kurgane. *Iranica Antiqua*, 94, 29, p. 215-224.

1696. BROWN (K. S.). Seeing stars: character and identity in the landscapes of modern Macedonia. *Antiquity*, 94, 68, 261, p. 784-796.

1697. BURNEY (Charles). Contact and conflict in north-western Iran. *Iranica Antiqua*, 94, 29, p. 47-62.

1698. Charis Didaskalias. Studia in honorem Ludovici Aegidii: homenaje a Luis Gil. Ed. por R. M. AGUILAR, M. LÓPEZ SALVÁ, I. RODRÍGUEZ ALFAGEME. Madrid, Editorial Complutense, 94, 837 p.

1699. Continuity and change. Proceedings of the last Achaemenid history workshop, April 6–8 1990, Ann Arbor, Michigan. Leiden, Nederlands Instituut voor het Nabile Oosten, 94, 216 p. (Achaemenid History VIII).

1700. CURTIS (John E.). A fibula of possible Luristan type. *Iranica Antiqua*, 94, 29, p. 107-115.

1701. CURTIS (Vesta Sarkhosh). More Parthian finds from ancient Elymais in south-western Iran. *Iranica Antiqua*, 94, 29, p. 201-214.

1702. DASSOW (E. von). Archival documents of Borsippa families. *Aula Orientalis*, 94, 12, 1, p. 105-120.

1703. DINÇOL (Belkis). New archaeological and epigraphical finds from Ivriz. A preliminary report. *Tel Aviv*, 94, 21, 1, p. 117-128.

1704. FAKLARIS (Panayiotis B.). Aege: determining the site of the first capital of the Macedonians. *American Journal of Archaeology*, 94, 98, 4, p. 609-616.

1705. FRANCFORT (H.-P.). The Central Asian dimension of the symbolic system in Bactria and Margiana. *Antiquity*, 94, 68, 259, p. 406-418.

1706. HAMMOND (Nicholas). Philip of Macedonia. London, Duckworth, 94, 235 p.

1707. HARMATTA (János). Nyugati türk uralom Kelet-Iránban, Kr. u. 650-750. (Le règne des Turqs Occidentaux en Iran Oriental après J. Ch.). *Antik tanulm*, 94, 38, 1-2, p. 149-164.

1708. HATZOPOULOS (M. B.). Cultes et rites de passage en Macedoine. Préface de Pierre VIDAL-NAQUET. Athens et Paris, Diffusion de Boccard, 94, 171 p. (MELETEMATA, 19).

1709. HERLING (Anja). Excavations at Karranah Mound I, Bahrain. A preliminary report. *Iranica Antiqua*, 94, 29, p. 225-239.

1710. JACOBS (Bruno). Drei Beiträge zu Fragen der Rüstung und Bekleidung in Persien zur Achämenidenzeit. *Iranica Antiqua*, 94, 29, p. 125-167.

1711. KEALL (Edward J.). How many kings did the Parthian king of kings rule? *Iranica Antiqua*, 94, 29, p. 253-272.

1712. KLEISS (W.). Bemerkungen zur Aufhäufung des Tepe Madjid, eines Tumulus am Zendan-i Suleiman in Iranisch-Azerbaidjan. *Iranica Antiqua*, 94, 29, p. 117-124.

1713. Macedonia from Philip II to the Roman conquest. Ed. by R. GINOUVÈS. Princeton, Princeton U. P., 94, 254 p.

1714. SEKUNDA (N.). Seleucid and Ptolemaic reformed armies 168–145 B. C. Vol. 1. The Seleucid Army under Antiochus IV Epiphanes. Stockport, Montvert, 94, 80 p.

1715. TATAKI (A. B.). Macedonian Edessa: prosopography and onomasticon. Athens a. Paris, Diffusion de Boccard, 94, 128 p. (MELETEMATA, 18).

1716. VAN DER SPEK (R. J.). '... en hun machthebbers worden weldoeners genoemd'. Religieuze en economische politiek in het Seleucidische Rijk. Amsterdam, Vrije Universiteit Boekhandel – Uitgeverij, 94, 51 p.

1717. VANDEN BERGHE (L.), TOUROVETS (A.). La glyptique de Kalleh Nisar, Pusht-i Kuh-Luristan. *Iranica Antiqua*, 94, 29, p. 9-45.

1718. VELDE (Christian). Die steinernen Türme. Gedanken zum Aussehen der bronzezeitlichen Gräber und zur Struktur der Friedhöfe auf Bahrain. *Iranica Antiqua*, 94, 29, p. 63-82.

E

STORIA GRECA

§ 1. Mondo classico in generale. 1719-1758. – § 2. L'età preellenica. 1759-1772. – § 3. Fonti e critica delle fonti (*a*. Fonti epigrafiche; *b*. Fonti letterarie). 1773-1846. – § 4. Storia generale e politica. 1847-1880. – § 5. Storia del diritto e delle istituzioni. 1881-1915. – § 6. Storia economica e sociale. 1916-1964. – § 7. Storia della letteratura, della filosofia e delle scienze. 1965-2085. – § 8. Religione e mitologia. 2086-2123. – § 9. Archeologia e storia dell'arte. 2124-2187.

§ 1. Mondo classico in generale.

* 1719. Année (L') philologique. Bibliographie critique et analytique de l'antiquité gréco-romaine (fondée par J. Marouzeau). Publ. par la Société Internationale de Bibliographie Classique, sous la dir. de Juliette ERNST, Viktor PÖSCHL, Laurens D. STEPHENS, et réd. par Marianne BAMMATE, Lisa D. CARSON, Pierre-Paul CORSETTE [et al.]. Tome 63. Bibliographie de l'année 1992 et compléments d'années antérieures. [Vol. 62, 1991. Cf. Bibl. 93, n° 1683.]. Paris, Les Belles Lettres, 94, XXXIX-1202 p.

* 1720. Archäologische Bibliographie 1993. [1992. Cf. Bibl. 93, n° 1684.]. Hrsg. v. W. HERMANN, R. NEUDECKER unter Mithilfe von A. DUMMER. Berlin, de Gruyter, 94, [s. p.].

* 1721. EDER (Birgitta). Staat, Herrschaft, Gesellschaft in frühgriechischer Zeit: eine Bibliographie, 1978–1991/92. Wien, Verlag der Österreichischen Akademie der Wissenschaften, 94, 248 p. (Sitzungsberichte. Österreichische Akademie der Wissenschaften, Philosophisch-Historische Klasse, 611. Bd. Veröffentlichungen der Mykenischen Kommission, 14).

1722. Ancient Greece. Social and historical documents from archaic times to the death of Socrates (c. 800–399 B. C.). Ed. by M. DILLON, L. GARLAND. London a. New York, Routledge, 94, 472 p.

1723. ANDREEV (Yu. V.). Egeyskiy mir: prirodnaya sreda i ritmy kul'turogeneza. (Aegean world: environments and rythmes of cultural genesis). *Vestnik drevney istorii*, 94, 58, 3, p. 102-113. (Eng. summary).

1724. Athenian political thought and the reconstruction of American democracy. Ed. by J. P. EUBEN. Ithaca, Cornell U. P., 94, 352 p.

1725. BASLEZ (M. F.). Histoire politique du monde grec antique. Paris, Nathan, 94, 316 p. (FAC Histoire).

1726. Birth of the European identity (The). The Europe-Asia contrast in Greek thought 490-322 B. C.. Ed. by H. A. KHAN. Nottingham, University of Nottingham, 94, 161 p. (Nottingham Classical Literature Studies, 2).

1727. BLEICKEN (J.). Die athenische Demokratie. Zweite völlig überarbeitete und wesentlich erweiterte Auflage. Paderborn u. Munich u. Vienna u. Zürich, Ferdinand Schöningh, 94, 648 p.

1728. CHRYSOS (E.). Eine Einleitung. *In:* Unity and units of antiquity [Cf. n° 1756], p. 13-17.

1729. CORBIER (Mireille). Produzioni, economie, vie di comunicazione (600 a. C.–500 d. C.). *In:* Storia d'Europa. Vol. 2. Preistoria e antichità [Cf. n° 907], p. 927-952.

1730. Datenbanken in der Alten Geschichte. Hrsg. v. M. FELL [et al.]. St. Katharinen, Scripta Mercaturae, 94, 231 p. (Computer und Antike, 2).

1731. DIETER (H.). Koiné eirene and pax romana. *In:* Unity and units of antiquity [Cf. n° 1756], p. 85-102.

1732. DIHLE (A.). Die Griechen und die Fremden. München, C. H. Beck, 94, 173 p.

1733. DOUKELLIS (P. N.). Présent européen, histoire grecque ancienne et histoire romaine: tensions et contrastes. *In:* Unity and units of antiquity [Cf. n° 1756], p. 103-112.

1734. Economie antique. Les échanges dans l'Antiquité: le rôle de l'Etat. Saint Bertrand de Comminges, Conseil Général, 94, 239 p. (Entretiens d'archéologie et d'histoire: Saint-Bertrand-de-Comminges).

1735. ERRINGTON (R. M.). Von der Struktur antiker zwischenstaatlicher Beziehungen. *In:* Unity and units of antiquity [Cf. n° 1756], p. 113-124.

1736. Eukrata. Mélanges offerts à Claude Vatin. Ed. par Marie-Claire AMOURETTI et Pierre VILLARD. Aix-en-Provence, Publications de L'Université de Provence, 94, 209 p. (Travaux du Centre Camille Jullian, 17).

1737. Frauenreichtum. Die Frau als Wirtschaftsfaktor im Altertum. Hrsg. v. Edith SPECHT. Wien, Wiener Frauenverlag, 94, [s. p.].

1738. FUNKE (P.). Staatenbünde und Bundesstaaten. Polis-übergreifende Herrschaftsorganisationen in Griechenland und Rom. *In:* Unity and units of antiquity [Cf. n° 1756], p. 125-136.

1739. HARTOG (François). Conoscenza di sé / conoscenza dell'altro. *In*: Storia d'Europa. Vol. 2. Preistoria e antichità [Cf. n° 907], p. 891-926.

1740. HATZOPOULOS (M. B.). State and government in classical and Hellenistic Greece. *In:* Unity and units in antiquity [Cf. n° 1756], p. 161-168.

1741. JEHNE (Martin). Koiné Eirene. Untersuchungen zu den Befriedungs- und Stabilisierungsbemühungen in der griechischen Poliswelt des 4. Jahrhunderts v. Chr. Stuttgart, Steiner, 94, 329 p. (Hermes. Einzelschriften, 63).

1742. KOLB (F.). Die Stadt in der griechischen und römischen Welt. *In:* Unity and units of antiquity [Cf. n° 1756], p. 181-198.

1743. Laughter down the centuries. I. Ed. by S. JÄKEL, A. TIMONEN. Turku, Turku Yliopisto, 94, 223 p. (Annales Universitatis Turkuensis, 208).

1744. Literacy and power in the ancient world. Ed. by Alan K. BOWMAN a. Greg WOOLF. Cambridge, Cambridge U. P., 94, IX-249 p.

1745. LONIS (R.). La cité dans le monde grec: structures, fonctionnement, contradictions. Paris et Nathan, Nathan Universite, 94, 320 p.

1746. LUKE (Joanna). The krater, kratos, and the polis. *Greece & Rome*, 94, 61, 1, p. 23-32.

1747. OTTO (D.). Das utopische Staatsmodell von Platons Politeia aus der Sicht von Orwells Nineteen Eighty-Four: ein Beitrag zur Bewertung des Totalitarismusvorwurfs gegenüber Platon. Berlin, Duncker & Humblot, 94, 341 p. (Philosophische Schriften, 12).

1748. PLANA MALLART (Rosa). La chora d'Emporion. Paysage et structures agraires dans le Nord-Est catalan à la période pré-romaine. Annales Littéraires de l'Université de Besançon et Paris, Centre de Recherches d'Histoire Ancienne, 93, 228 p. (Espaces et paysages, 2).

1749. PRITCHETT (W. K.). Essays in Greek history. Amsterdam, Gieben, 94, 293 p. (65 fig.).

1750. RAMOU-HAPSIADI (A.). The polis-state: emergence, growth and decline. *In:* Unity and units of antiquity [Cf. n° 1756], p. 217-222.

1751. Ritual, finance, politics. Athenian democratic accounts presented to D. M. Lewis. Ed. by R. OSBORNE, S. HORNBLOWER. Oxford, Clarendon Press, 94, 408 p.

1752. SALMON (John). Greek history. *Greece & Rome*, 94, 61, 1, p. 94-95. – IDEM. Greek history. *Greece & Rome*, 94, 61, 2, p. 231-233.

1753. Shadow (The) of Sparta. Ed. by Anton POWELL, Stephen HODKINSON. London a. New York, Routledge for The Classical Press of Wales, 94, 408 p. [Cf. n^{os} <choice> 1930, 1935, 1961, 2002, 2006, 2051, 2052, 2063, 2073.]

1754. SZABÓ (Miklós). Kelta harcosok Delphoi előtt és után. Adalékok az ókori kelták történetének egyik kritikus periódusához. (Guerriers celtes avant Delphoi et àpres. Contributions à une période critique de l'histoire des Celtes à l'antiquité). *Antik tanulm*, 94, 38, 1-2, p. 37-56.

1755. TRAINA (Giusto). La tecnica in Grecia e a Roma, Roma e Bari, Laterza, 94, IX-155 p.

1756. Unity and units of antiquity. Papers from a colloquium at Delphi, 5.-8. 4. 1992. Ed. by K. BURASELIS. Delphi, European cultural centre a. Athens, 'Nea Synora' Livani publishing organization A. A., 94, 263 p. [Cf. n^{os} <choice> 1728, 1731, 1733, 1735, 1738, 1740, 1742, 1750, 1923, 1934, 1955, 2107, 2157.]

1757. Ventures into Greek history. Ed. by I. WORTHINGTON. Oxford, Oxford U. P., 94, 401 p.

1758. VIVIERS (Didier). Attica (I). *L'Antiquité Classique*, 94, 53, p. 309-313.

Cf. n^{os} *832, 842, 927, 1007, 1036, 1038, 1099, 1469, 1491, 1929, 1954, 1962*

§ 2. L'età preellenica.

1759. Aegean archaeology. Warsaw, Art and Archaeology, 94, [s. p.]. (Studies and monographs in Mediterranean archaeology and civilization, 2).

1760. ALBERS (Gabriele). Spätmykenische Stadtheiligtümer: systematische Analyse und vergleichende Auswertung der archäologischen Befunde. Oxford, Tempus Reparatum, 94, 234 p. (British Archaeological Reports. International Series).

1761. ANTONACCIO (Carla M.). Contesting the past: hero cult, tomb cult, and epic in Early Greece. *American Journal of Archaeology*, 94, 98, 3, p. 389-410.

1762. DAVARAS (Kostes). Gournia. Congleton, Old Vicarage Publications, 94, 22 p. – IDEM. The Palace of Zakros. Congleton, Old Vicarage Publications, 94, 31 p.

1763. GINDIN (L. A.), TSYMBURSKIY (V. I.). Pragreki v Troe. Mezhdistsiplinarnyy aspekt. (The Proto-Greeks in Troy: interdisciplinary aspect). *Vestnik drevney istorii*, 94, 58, 4, p. 19-39. (Eng. summary).

1764. GRINBAUM (N. S.). U istokov pervogo poeticheskogo yazyka Evropy. (Sources of the 1st poetic language of Europe: on the study of Cretan-Mycenian textes, XIV–XII centuries B. C.). *Vestnik drevney istorii,* 94, 58, 4, p. 153-158. (Eng. summary).

1765. LURZ (Norbert). Der Einfluss Ägyptens, Vorderasiens und Kretas auf die mykenischen Fresken: Studien zum Ursprung der frühgriechischen Wandmalerei. Frankfurt am Main, Berlin u. Bern, Lang, 94, 284 p. (Europäische Hochschulschriften – Archäologie, 48).

1766. NEROZNYAK (V. P.), SAPRYKIN (S. Ya.). Drevnegrecheskaya etimologiya v svete dannykh kritomikenskikh nadpisey. (Ancient greek etimologies in the light of data of Cretan-Mycenian inscriptions). *Vestnik drevney istorii,* 94, 58, 4, p. 118-123. (Eng. summary).

1767. PALMER (Ruth). Wine in the Mycenaean palace economy. Liege, Université de Liege a. Austin, University of Texas, 94, 209 p. (Aegeum, 10).

1768. PÖTSCHER (Walter). Der Termin des Festes auf dem Sarkophag von Haghia Triada. *Klio,* 94, 76, p. 67-77.

1769. SAKELLARAKIS (Yannis), OLIVIER (Jean-Pierre). Un vase en pierre avec inscription en linéaire A du sanctuaire de sommet minoen de Cythère. *Bulletin de Correspondance Hellénique,* 94, 118, 2, p. 343-351.

1770. SAPOUNA-SAKELLARAKE (E.). Minoan Crete: an illustrated guide with recostructions of the ancient monuments. Roma, Vision, 94, 119 p.

1771. Società (La) micenea. A cura di Massimiliano MARAZZI. Roma, Bagatto, 94, 590 p. (Ricerche di storia, epigrafia e archeologia mediterranea, 2).

1772. WATROUS (L. Vance). Review of Aegean Prehistory III: Crete from earliest Prehistory through the Protopalatial Period. *American Journal of Archaeology,* 94, 98, 4, p. 695-753.

Cf. n° 1414

§ 3. Fonti e critica delle fonti.

a. Fonti epigrafiche.

1773. Beichtinschriften Westkleinasien (Die). Hrsg. v. Georg PETZL. Bonn, Habelt, 94, 175 p. (Epigraphica Anatolica, 22).

1774. BIELMAN (Anne). Retour à la liberté. Libération et sauvetage des prisonniers en Grèce ancienne. Recueil d'inscriptions honorant des sauveteurs et analyse critique. Athènes, Ecole française d'Athèns et Lausanne, Université de Lausanne. Paris, De Boccard, 94, 367 p. (Etudes épigraphiques, 1).

1775. BOUSQUET (J.), GAUTHIER (Ph). Inscriptions du Létôon de Xanthos. *Revue des Études Grecques,* 94, 107, 2, p. 319-361.

1776. BUTZ (Patricia). The double publication of a sacred prohibition on Delos: ID 68, A and B. *Bulletin de Correspondance Hellénique,* 94, 118, 1, p. 69-98.

1777. CABANES (Pierre), DRINI (Faïk). Appoitas, fils d'Antigonos, théarodoque de Delphe, dans les inscriptions de Bouthrôtos. *Bulletin de Correspondance Hellénique,* 94, 118, 1, p. 113-130.

1778. EMPEREUR (Jean-Yves), SIMOSSI (Angeliki). Inscriptions du port de Thasos. *Bulletin de Correspondance Hellénique,* 94, 118, 2, p. 407-415.

1779. FEISSEL (Denis). Notes d'épigraphie chrétienne (IX). *Bulletin de Correspondance Hellénique,* 94, 118, 1, p. 277-290.

1780. FOLLET (Simone). Lettres d'Hadrien aux Épicuriens d'Athènes (14.2-14.3.125): SEG III 226 + IG II^2 1097. *Revue des Études Grecques,* 94, 107, 1, p. 158-171.

1781. GOETTE (Hans Rupprecht). Neue attische Felsinschriften. *Klio,* 94, 76, p. 120-134.

1782. JEFREMOW (Nikolai). Die Amphorenstempel des Myrsilos. *Klio,* 94, 76, p. 263-270.

1783. KEARSLEY (R. A.). The Milyas and the Attalids: a decree of the city of Olbasa and a new royal letter of the second century B.C.. *Anatolian Studies,* 94, 44, p. 47-57.

1784. LEFÈVRE (François). Un document amphictionique inédit du IVe siècle. *Bulletin de Correspondance Hellénique,* 94, 118, 1, p. 99-112.

1785. MALAY (Hasan). Greek and Latin inscriptions in the Manisa Museum. Wien, Verlag der Österreichischen Akademie der Wissenschaften, 94, 192 p. (Österreichische Akademie der Wissenschaften. Phil.-hist. Kl., Denkschriften, 237. Tituli Asiae Minoris. Ergänzungsbände, 19).

1786. MILLER (M.). Two inscriptions from West Lokris and Doris: a reconsideration. *In:* Boeotia antiqua [Cf. n° 1848], p. 175-183.

1787. ROUSSET (Denis). Les Dorienss de la Métropole. Nouveaux documents. *Bulletin de Correspondance Hellénique,* 94, 118, 2, p. 361-374.

1788. RYAN (F. X.). The original date of the dêmos plethýon provisions of IG I^3 105. *Journal of Hellenic Studies,* 94, 114, p. 120-134.

1789. SMITH (Martin Ferguson). New readings in the Demostheneia inscription from Oinoanda. *Anatolian studies,* 94, 44, p. 59-64.

1790. STEINHAUER (Georges). Inscription agoranomique du Pirée. *Bulletin de Correspondance Hellénique,* 94, 118, 1, p. 51-68.

1791. TURNER (L. A.). IG VII 3073 and the display of inscribed texts. *In:* Boeotia antiqua [Cf. n° 1848], p. 17-30.

1792. VELIGIANNI (Chrissoula). Das Dekret für Sestos IG II² 274. *Klio*, 94, 76, p. 185-191.

1793. VELKOV (Velizar), DOMARADZKA (Lidia). Kotys I (383/2-359) et l'emporion de Pistiros en Thrace. *Bulletin de Correspondance Hellénique*, 94, 118,1, p. 1-15.

Cf. n°s 553, 621, 656, 690, 692, 1481, 1905, 1911

b. Fonti letterarie.

1794. [Alexander Aphrodisiensis] Alexander of Aphrodisias. Quaestiones 2.16-3.15. London, Duckworth, 94, 212 p.

1795. [Androtion] Androtion and the Atthis. Ed. by Philip HARDING. Oxford, Clarendon P., 94, 236 p.

1796. Anthologie grecque. Première partie: Anthologie palatine. Tome XI. Livre XII. Texte établi et traduit. Ed. by R. AUBRETON [et al.]. Paris, Les Belles Lettres, 94, 145 p. (Collection des Universités de France, Association Guillaume Budé).

1797. [Aristophanes] Aristophanes, Thesmophoriazusae. Ed. by A. H. SOMMERSTEIN. Warminster, Aris a. Phillips Ltd, 94, 237 p. (The Comedies of Aristophanes, 8).

1798. BANDINI (Michele). La costituzione del testo dei Commentarii Socratici di Senofonte dal Quattrocento ad oggi. *Revue d'histoire des textes*, 94, 25, p. 61-92.

1799. BARRÉ (Véronique), LAKS (André). Les sens de lektikôs dans la définition stoïcienne de l'ambiguïté (Diogène Laërce VII, 62 = SVF III, 23). *Revue des Études Grecques*, 94, 107, 2, p. 708-712.

1800. BELARDINELLI (A. M.). Menandro Sicioni. Introduzione, testo e commento. Bari, Adriatica Editrice, 94, 281 p. (Studi e commenti, 11).

1801. BERNABÉ PAJARES (A.), RODRÍGUEZ SOMOLINOS (H.). Poetisas griegas. Edición, traducción, introducción y notas. Madrid, Ediciones Clásicas, 94, 282 p. (Bibliotheca Graeca).

1802. BRICKHOUSE (T. C.), SMITH (N. D.). Plato's Socrates. Oxford a. New York, Oxford U. P., 94, 240 p.

1803. BRODERSEN (K.). Dioysius von Alexandria. Das Lied von der Welt. Hildesheim, Zürich a. New York, Olms, 94, 167 p.

1804. BYRE (Calvin S.). On the description of the Harbor of Phorkys and the Cave of the Nymphs, Odyssey 13.96-112. *American Journal of Philology*, 94, 115, 1, p. 1-13.

1805. CAMPBELL (Malcom). A commentary on Apollonius Rhodius Argonautica III 1-471. Leiden, New York a. Köln, E. J. Brill, 94, 424 p. (Mnemosyne, 141).

1806. DE STRYCKER (E.), SLINGS (S. R.). Plato's Apology of Socrates. A literary and philosophical study with a running commentary. Leiden, New York a. Köln, E. J. Brill, 94, 405 p. (Mnemosyne, 137).

1807. DI BENEDETTO (Vincenzo). Aesch. Sept. 95. *Rivista di Filologia e di Istruzione Classica*, 94, 122, 3, p. 271-272. – IDEM. Callimaco di fronte al modello omerico: il fr. 228 Pf. *Rivista di Filologia e di Istruzione Classica*, 94, 122, 3, p. 273-278.

1808. DYSON (M.). Prometheus and the wedge: text and staging at Aeschylus, PV 54-81. *Journal of Hellenic Studies*, 94, 1114, p. 154-156.

1809. Epicurus Reader (The). Selected writings and testimonia. Ed. by B. INWOOD, L. P. GERSON. Indianapolis, Hackett Publishing Company, 94, 111 p.

1810. [Euripides] Euripides, Andromache. Ed. by M. LLOYD. Warminster, Aris a. Phillips, 94, 178 p. (The Plays of Euripides).

1811. [Euripides] Euripides, Cyclops, Alcestis, Medea. Ed. by D. KOVACS. Cambridge a. London, Harvard U. P., 94, 427 p. (Loeb Classical Library).

1812. [Euripides] Euripides, Electra. Ed. by J. LEMBE, K. J. RECKFORD. New York a. Oxford, Oxford U. P., 94, 89 p. (The Great Tragedy in New Translations).

1813. [Euripides] Euripides, Hippolytus. Ed. by W. STOCKERT. Stuttgart u. Leipzig, B. G. Teubner, 94, 118 p. (Bibliotheca Scriptorum Graecorum et Romanorum Teubneriana).

1814. [Euripides] Euripides, Phoenisse. Ed. by Donald J. MASTRONARDE. Cambridge, Cambridge U. P., 94, 673 p. (Cambridge Classical Texts and Commentaries, 29).

1815. FEDERSPIEL (Michel). Notes critiques sur le Livre I des Coniques d'Apollonius de Pergè. *Revue des Études Grecques*, 94, 107, 1, p. 203-218.

1816. FROMENTIN (Valérie). Les manuscrits récents du livre I et l'Epitomè des Antiquités romaines de Denys d'Halicarnasse. *Revue d'histoire des textes*, 94, 25, p. 61-92.

1817. GÉHIN (Paul). Nouveaux fragments grecs des Lettres d'Evagre. *Revue d'histoire des textes*, 94, 25, p. 117-148.

1818. HATZIKOSTA (Styliani). Il., 21, 126 and its alleged interpretation by Philetas. *L'Antiquité Classique*, 94, 53, p. 201-209.

1819. [Herodotus] Erodoto. Le Storie. Libro V. La rivolta della Ionia. A cura di Giuseppe NENCI. Milano, Arnoldo Mondadori Editore, 94, 352 p.

1820. [Hippocrates] Hippocrates. Vol. VII. Ed. by Wesley D. SMITH. Cambridge, Harvard U. P., 94, 424 p. (Loeb Classical Library).

1821. [Homerus] Homer, Odyssey, Books VI-VIII. Ed. by A. F. Garvie. Cambridge, Cambridge U. P., 94, 368 p. (Cambridge Greek and Latin Classics).

1822. [Homerus] Homeric Hymn to Demeter (The). Translation, commentary and interpretive essays. Ed. by H. P. FOLEY. Princeton, Princeton U. P., 94, 297 p.

1823. KOVACS (D.). Euripidea. Leiden, New York a. Köln, E. J. Brill, 94, 181 p. (Mnemosyne, 132).

1824. MAC KIRAHAN (R. D.). Philosophy before Socrates. An introduction with texts and commentary. Indianapolis a. Cambridge, Hackett, 94, 436 p.

1825. MEULDER (Marcel). La mètis du tyran ou l'aporie d'un pouvoir malin (PLAT., Rép., VIII, 565 d – IX, 579 e). *L'Antiquité Classique*, 94, 53, p. 45-63.

1826. MORELLI (A. M.). Sul papiro di Ossirinco LIV 3723. Considerazioni sui caratteri dell'elegia erotica ellenistica alla luce dei nuovi ritrovamenti papiracei. *Rivista di Filologia e di Istruzione Classica*, 94, 122, 4, p. 385-421.

1827. NEGRI (Monica). Due misconosciuti frammenti di Pindaro (Fr. 18 E 303 Turyn). *Athenaeum*, 94, 82, 1, p. 221-223.

1828. [Nonnos] Nonnos de Panopolis, Les Dionysiaques. Tome 6. Chants XIV-XVII. Ed. par Bernard GERLAUD. Paris, Les Belles Lettres, 94, 271 p. (Collection des universités de France).

1829. [Nonnos] Nonnos de Panopolis, Les Dionysiaques. Tome 8. Chants XX-XXIX. Ed. par N. HOPKINSON, F. VIAN. Paris, Les Belles Lettres, 94, 306 p. (Collection des Universités de France).

1830. Oresteia of Aeschylus (The). Agamemnon, The Libation Bearers, Eumenides, Fragments. Ed. by E. W. HAILE. Lanham, New York a. London, U. P. of America, 94, 175 p.

1831. Philoponos. On Aristotle Physics 3. Ed. by M. J. EDWARDS. London, Duckworth, 94, 218 p. (Ancient Commentaries on Aristotle).

1832. [Photius] Photius.The Bibliotheca. A selection translated with notes. Ed. by N. G. WILSON. London, Duckworth, 94, 264 p.

1833. [Plato] Plato Symposium. A new translation. Ed. by R. WATTERFIELD. Oxford. Oxford U. P., 94, 104 p.

1834. PLATTER (Charles). Heracles, Deianeira, and Nessus: reverse chronology and human knowledge in Bacchylides 16. *American Journal of Philology*, 94, 115, 3, p. 338-349.

1835. PLAZENET (Laurence). Théocrite: Idylle 7. *L'Antiquité Classique*, 94, 53, p. 77-108.

1836. POMEROY (S. B.). Xenophon, Oeconomicus. A social and historical commentary. Oxford, Clarendon P., 94, 388 p.

1837. Soranos d'Ephèse. Maladies des Femmes. Tome III, livre III. Ed. par P. BURGUIÈRE, D. GOUREVITCH, Y. MALINAS. Paris, Les Belles Letters, 94, 123 p.

1838. TASSINARI (P.). Ps. Alessandro d'Afrodisia: Trattato sulla febbre. Alessandria, Dell'Orso, 94, 141 p. (Culture antiche. Studi e testi, 8).

1839. TEBBEN (J. R.). Concordantia Homerica. Pars I. Odyssea. A computer concordance to the Van Thiel Edition of Homer's Odyssey. Vol 1. A–I. Vol. 2. K–Ω. Hildesheim, Zurich a. New York, Olms-Weidmann, 94, 691 p.

1840. [Theophrastus] Teofrasto, Caratteri. Introduzione, traduzione e note. Teofrasto: profilo storicocritico dell'autore e dell'opera. Guida bibliografica. Milano, Garzanti, 94, 108 p. (I Grandi Libri Garzanti).

1841. VANCAMP (Bruno). Note sur le texte de l'Hippias mineur de Platon dans les manuscrits de Vienne. *L'Antiquité Classique*, 94, 53, p. 35-44.

1842. VISA (Valérie). Une image cynégétique et sportive pour le triomphe de Cypris (Hippolyte, 1268-1271). *Revue des Études Grecques*, 94, 107, 2, p. 381-399.

1843. WATERFIELD (R.). Plato Gorgias. Oxford a. New York, Oxford U. P., 94, 172 p.

1844. [Xenophon] Xenophon, Memorabilia. Translated and annotated with an introduction by C. BRUELL. Ed. by A. L. BONNETTE. Ithaca a. London, Cornell U. P., 94, 171 p.

1845. [Xenophon] Xenophon, Oeconomicus 7-12. Ed. by R. DOTY. London, Bristol Classical P., 94, 83, p.

1846. ZIMMERMANN (Clayton). An Iliadic model for Theocritus 1.95-113. *American Journal of Philology*, 94, 115, 3, p. 375-380. – IDEM. The pastoral Narcissus. A study of the First Idyll of Theocritus. Lanham, Rowman a. Littlefield, 94, 111 p. (Greek studies: interdisciplinary approaches).

Cf. n°s 553, 621, 656, 690, 692, 1481, 1905, 1911

§ 4. Storia generale e politica.

1847. ABRAMENKO (Andrik). Alexander vor Mazagae und Aornus. Korrekturen zu den Berichten über das Massaker an den indischen Söldern. *Klio*, 94, 76, p. 192-207.

1848. Boeotia Antiqua. IV. Proceedings of the 7th international congress on Boiotian antiquities, Boiotian (and other) epigraphy. Ed. by J. M. FOSSEY. Amsterdam, J. C. Gieben, 94, 187 p. (McGill University Monographs in Classical Archaeology and History, 15). [Cf. n^{os} <choice> 1786, 1791, 1853, 1860, 1872, 1873, 1875, 1876, 1878, 1931, 1946, 2018, 2146.]

1849. BUCK (R. J.). Boiotia and the Boiotian League, 432–371 B. C., Edmonton a. Alberta, University of Alberta, 94, 183 p.

1850. CORSTEN (Thomas). Zum Angebot einer Schenkung Alexanders an Phokion. *Historia*, 94, 43, 1, p. 113-118.

1851. ENGELS (Johannes). Hypereides, sein Vetter Dionysios und der Kampf Athens um die Kleruchie auf Samos 324-322 v. Chr. *Klio*, 94, 76, p. 208-211.

1852. FALKNER (Caroline). A note on Sparta and Gytheum in the fifth century. *Historia*, 94, 43, 4, p. 495-501.

1853. FOSSEY (G. M.). Boiotia and the Pontic cities in the archaic to Hellenistic periods. *In:* Boeotia antiqua [Cf. n° 1848], p. 107-115.

1854. FREITAG (Klaus). Oiniadai als Hafenstadt – Einige historisch-topographische Überlegungen. *Klio*, 94, 76, p. 212-238.

1855. HARRIS (Edward M.). Demosthenes loses a friend and Nausicles gains a position: a prosopographical note on Athenian politics after Chaeronea. *Historia*, 94, 43, 3, p. 378-384.

1856. JAMESON (Michael H.), RUNNELS (Curtis N.), VAN ANDEL (Tjeerd H.). A Greek countryside. The Southern Argolid from prehistory to present day. With a register of sites by Curtis N. RUNNELS, Mark H. MUNN. Stanford, Stanford U. P., 94, 654 p.

1857. JOYAL (Mark A.). Socrates and the Sicilian Expedition. *L'Antiquité Classique*, 94, 53, p. 21-33.

1858. KARPYUK (S. G.). Nikiy: doblest' i politika. (Nicias: politician's virtue). *Vestnik drevney istorii,* 94, 58, 3, p. 38-57. (Eng. summary).

1859. L'HOMME-WERY (Louise-Marie). Solon, libérateur d'Éleusis dans les «Histoires» d'Hérodote. *Revue de Études Grecques*, 94, 107, 2, p. 362-380.

1860. LICHELI (V.). Problems of the history of relations between the Aegean and the western Caucasus. *In:* Boeotia antiqua [Cf. n° 1848], p. 117-127.

1861. LINK (S.). Das griechische Kreta. Untersuchungen zu seiner staatlichen und gesellschaftlichen Entwicklung vom 6. bis zum 4. Jahrhundert v. Chr. Stuttgart, Steiner, 94, 149 p.

1862. LURAGHI (Nino). Pausania e la fondazione di Messene sullo stretto. Note di lettura. *Rivista di Filologia e di Istruzione Classica*, 94, 122, 2, p. 140-151.

1863. MARCHENKO (K. K.). "Stikhiynaya liniya" grecheskoy kolonizatsii, ili k voprosu o kharaktere i putyakh formirovaniya sel'skogo naseleniya severozapadnogo Prichernomor'ya. (Spontaneous character of Greek colonisation: based on the materials from the North-Western Black sea Coast). *Vestnik drevney istorii*, 94, 58, 4, p. 92-99. (Eng. summary).

1864. MARÓTI (Egon). Zur Problematik des Wettlaufes und Reihenfolge der einzelnen Disziplinen beim altgriechischen Pentathlon. *Acta antiqua Acad. Sci. hungaricae*, 94, 35, p. 1-24.

1865. MASSON (Olivier). Kypriaka, XVIII. *Bulletin de Correspondance Hellénique*, 94, 118, 1, p. 261-275.

1866. MOLES (J. L.). Xenophon and Callicratidas. *Journal of Hellenic Studies*, 94, 114, p. 70-84.

1867. MUCCIOLI (Federico Maria). Considerazioni generali sull'epiteto philadelphos nelle dinastie ellenistiche e sulla sua applicazione nella titolatura degli ultimi Seleucidi. *Historia*, 94, 43, 4, p. 403-422.

1868. NAGY (Blaise). Alcibiades' second "profanation". *Historia*, 94, 43, 3, p. 275-285.

1869. PETZOLD (Karl-Ernst). Die Gründung des Delisch-Attischen Seebundes: Element einer 'imperialistischen' Politik Athens? II. Zielsetzung des Seebundes und Politik der Zeit. *Historia*, 94, 43, 1, p. 1-31.

1870. PLANT (I. M.). The battle of Tanagra: a Spartan initiative? *Historia*, 94, 43, 3, p. 259-274.

1871. POUILLOUX (Jean). Théogénès de Thasos ... Quarante ans après. *Bulletin de Correspondance Hellénique*, 94, 118, 1, p. 199-206.

1872. RAUBITSCHEK (A. E.). Anacreosis. *In:* Boeotia antiqua [Cf. n° 1848], p. 131-133.

1873. REGER (Gary). Regionalism and change in the economy of independent Delos, 314–167 B. C. Berkeley, Los Angeles a. Oxford, University of California Press, 94, XVII-396 p. (Hellenistic culture and society, 14). – IDEM. Some Boiotians in the Hellenistic Kyklades. *In:* Boeotia antiqua [Cf. n° 1848], p. 71-99.

1874. ROBINSON (Eric W.). Reexamining the Alcmeonid role in the liberation of Athens. *Historia*, 94, 43, 3, p. 363-369.

1875. ROGERS (G. M.). A Boiotian flute-player at Ephesos. *In:* Boeotia Antiqua [Cf. n° 1848], p. 101-106.

1876. ROLLER (D. W.). Some corrections and addenda to the prosopography of Tanagra. *In:* Boeotia antiqua [Cf. n° 1848], p. 31-34.

1877. SCHEIDEL (Walter). Thukydides Pantain<et>ou Gargettios: Gegner des Perikles. Geschichte eines Phantoms. *Historia*, 94, 43, 3, p. 372-378.

1878. TRACY (St. V.). Hands in Greek epigraphy – Demetrios of Phaleron. *In:* Boeotia antiqua [Cf. n° 1848], p. 151-161.

1879. TSETSKHLADZE (Gocha R.). Colchians, Greeks and Achaemenids in the 7th–5th centuries B. C.: a critical look. *Klio*, 94, 76, p. 78-102.

1880. VIVIERS (Didier). La cité de Dattalia et l'expansion territoriale de Lyktos en Crète centrale. *Bulletin de Correspondance Hellénique*, 94, 118, 1, p. 229-259.

Cf. n°s 1738, 1744, 2414

§ 5. Storia del diritto e delle istituzioni.

1881. AGER (Sheila L.). Hellenistic Crete and KOINODIKION. *Journal of Hellenic Studies*, 94, 114, p. 1-18.

5. STORIA DEL DIRITTO E DELLE ISTITUZIONI

1882. ASHERI (David). Di nuovo a pseudo Senofonte 'Ath. Pol.' I,11. *Quaderni di storia*, 94, 20, 39, p. 289-293.

1883. BACCHIELLI (L.). L'ostracismo a Cirene. *Rivista di Filologia e di Istruzione Classica*, 94, 122, 3, p. 257-272.

1884. BILE (M.). La patroiokos des Lois de Gortyne. *In:* Symposion 1993 [Cf. n° 1907], p. 45-51.

1885. BURCHFIEL (K. J.). The myth of 'prelaw' in early Greece. *In:* Symposion 1993 [Cf. n° 1907], p. 79-104.

1886. CAREY (Christpher). Legal space in classical Athens. *Greece & Rome*, 94, 61, 2, p. 172-186.

1887. COHEN (E. E.). Status and contract in fourth-century Athens: a reply to Stephen C. Todd. *In:* Symposion 1993 [Cf. n° 1907], p. 141-152.

1888. DE FIDO (Pia). Diodoro VII 9 e la norma di successione dei Bacchiadi. *La Parola del Passato*, 94, 49, 2, p. 169-202.

1889. GAGARIN (M.). The economic status of women in the Gortyn code: retroactivity and change. *In:* Symposion 1993 [Cf. n° 1907], p. 61-71.

1890. GSCHNITZER (F.). Diskussionbeitrag zum Referat Peter Siewert. *In:* Symposion 1993 [Cf. n° 1907], p. 33-34.

1891. HARRIS (E. M.). 'In the art' or 'red-handed'? Apagoge to the Eleven and furtum manifestum. *In:* Symposion 1993 [Cf. n° 1907], p. 169-184.

1892. LANATA (Giuliana). Diritti locali – non locali (400 a. C.–600 d. C.). *In:* Storia d'Europa. Vol. 2. Preistoria e antichità [Cf. n° 907], p. 1037-1068.

1893. LAPINI (W.). Note testuali sulla Athenaion politeia dello pseudo-Senofonte. *Rivista di Filologia e di Istruzione Classica*, 94, 122, 2, p. 129-138.

1894. LINK (Stefan). Der Kosmos Sparta. Recht und Sitte in klassischer Zeit. Darmstadt, Wisssenschaftliche Buchgesellschaft, 94, 167 p. – IDEM. Temenos und ager publicus bei Homer. *Historia*, 94, 43, 2, p. 241-245.

1895. MICHELINI (Ann N.). Political themes in Euripides' Suppliants. *American Journal of Philology*, 94, 115, 2, p. 219-252.

1896. NAKATEGAWA (Yoshio). Forms of interstate justice in the late fifth century. *Klio*, 94, 76, p. 135-154.

1897. OGDEN (Daniel). Crooked speech: the genesis of the Spartan rhetra. *Journal of Hellenic Studies*, 94, 114, p. 85-102.

1898. PODES (Stephan). The introduction of jury pay by Pericles. *Athenaeum*, 94, 82, 1, p. 95-110.

1899. ROSIVACH (Vincent). The system of public sacrifice in fourth-century Athens. Atlanta, Scholars Pr., 94, 171 p. (American classical studies, 32).

1900. RYAN (Francis X.). Areopagite domination and prytanies. *L'Antiquité Classique*, 94, 53, p. 251-252. – IDEM. Thetes and the archonship. *Historia*, 94, 43, 3, p. 369-371.

1901. SCHMITT (H. H.). Überlegungen zur Sympolitie. *In:* Symposion 1993 [Cf. n° 1907], p. 35-44.

1902. SEALEY (Raphael). The justice of the Greeks. Ann Arbor, University of Michigan Press, 94, X-164 p.

1903. SHARPLES (R. W.). Plato on democracy and expertise. *Greece & Rome*, 94, 61, 1, p. 49-56.

1904. SHEETS (George A.). Conceptualizing international law in Thucydides. *American Journal of Philology*, 94, 115, 1, p. 51-73.

1905. SICKINGER (James P.). Inscriptions and archives in classical Athens. *Historia*, 94, 43, 3, p. 286-296.

1906. SIEWERT (Peter). Eine archaische Rechtsaufzeichnung aus der antiken Stadt Elis. *In:* Symposion 1993 [Cf. n° 1907], p. 17-32.

1907. Symposion 1993. Vorträge zur griechischen und hellenistischen Rechtsgeschichte (Graz-Andriz, 12.–16. September 1993). Hrsg. v. Gerhard Thür. Wieimar, Wien u. Köln, Böhlau, 94, 287 p. [Cf. n°^{os} <Auswahl> 1884, 1885, 1887, 1889, 1890, 1891, 1901, 1906, 1909, 1910, 1912, 1914, 1915.]

1908. THOMAS (Carol G.). Justice in the air. *La Parola del Passato*, 94, 49, 4, p. 337-355.

1909. THÜR (Gerhard). Diskussionbeitrag zum Referat Henri und Micheline Van Effenterre. *In:* Symposion 1993 [Cf. n° 1907], p. 11-15.

1910. TODD (Stephen C.). Status and contract in fourth-century Athens. *In:* Symposion 1993 [Cf. n° 1907], p. 125-140.

1911. VAN EFFENTERRE (Henri), RUZÉ (Françaice). Nomima. Recueil d'inscriptions politiques et juridiques de l'archaisme grec. Vol. 1. Paris, De Boccard et Roma, L'Erma di Bretschneider, 94, 404 p. (Collection de l'Ecole française de Rome, 188).

1912. VAN EFFENTERRE (Henri), VAN EFFENTERRE (Micheline). Arbitrages homérique. *In:* Symposion 1993 [Cf. n° 1907], p. 3-10.

1913. VAN STEEN (Gonda A. H.). Aspects of «public performance» in Aristophanes Acharnians. *L'Antiquité Classique*, 94, 53, p. 211-224.

1914. VÉLISSAROPOULOS-KARAKOSTAS (J.). Altgriechische pistis und Vertrauenshaftung im altgriechischen Recht. *In:* Symposion 1993 [Cf. n° 1907], p. 185-190.

1915. WALLACE (R. W.). The Athenian laws against slander. *In:* Symposion 1993 [Cf. n° 1907], p. 109-124.

§ 6. Storia economica e sociale.

1916. BALDRIGA (Roberto). Mopso tra Oriente e Grecia. Storia di un personaggio di frontiera. *Quaderni Urbinati*, 94, 46, 1, p. 35-71.

1917. BONNECHÈRE (P.). Le sacrifice humain en Grèce ancienne. Athens et Liège, Centre International d'Étude de la Religion Grecque Autique, 94, 423 p. (KERNOS, 3).

1918. BRADFORD (A. S.). The dublicitous Spartan. *In:* Shadow (The) of Sparta [Cf. n° 1753], p. 59-85.

1919. BRAUND (David). The luxuries of Athenian democracy. *Greece & Rome*, 94, 61, 1, p. 41-48.

1920. CABRERA (Paloma). Cádiz y el comercio de productos griegos en Andalucía occidental durante los Siglos V y IV a. C. *Trabajos de Prehistoria*, 94, 51, 2, p. 89-101.

1921. CASSIO (Albio Cesare). Giavellotti contro frecce. Nuova lettura di una tessera dal tempio di Atena a Camarina e Hom. Od. 8, 229. *Rivista di Filologia e di Istruzione Classica*, 94, 122, 1, p. 5-20.

1922. CURTY (Olivier). À propos de la syggheneia entre cités. *Revue des Études Grecques*, 94, 107, 2, p. 698-707.

1923. DAVIES (J. K.). Greek and Roman social history: affinities and differences. *In:* Unity and units of antiquity [Cf. n° 1756], p. 61-83.

1924. DEMAND (N.). Birth, death and motherhood in classical Greece. Baltimore a. London, Johns Hopkins U. P., 94, 276 p. (Ancient Society and History).

1925. DETTENHOFER (M. H.). Die Frauen von Sparta. Ökonomische Kompetenz uns politische Relevanz. *In:* Reine Männersache? [Cf. n° 1954], p. 15-40. – IDEM. Einführung. *In:* Reine Männersache? [Cf. n° 1954], p. 1-14.

1926. DOBLHOFER (G.). Vergewaltigung in der Antike. Stuttgart u. Leipzig, B. G. Teubner, 94, 134 p. (Beiträge zur Altertumskunde, 46).

1927. DOVER (K. J.). Marginal comment. A memoir. London, Duckworth, 94, 271 p.

1928. DUCAT (J.). Les Pénestes de Thessalie. Paris, Université de Besançon – Les Belles Lettres, 94, 135 p. (Centre de Recherches d'histoire ancienne, 128 = Annales littéraires de l'Université de Besançon , 512).

1929. FANTHAM (Elaine), PEET FOLEY (Helene), BOYMEL KAMPEN (Natalie), POMEROY (Sarah B.), SHAPIRO (H. Alan). Women in the classical world. Image and text. New York a. Oxford, Oxford U. P., 94, 430 p.

1930. FISHER (N. R. E.). Sparta re(de)valued: some Athenian public attitudes to Sparta between Leuctra and the Lamian War. *In:* Shadow (The) of Sparta [Cf. n° 1753], p. 347-400.

1931. FOSSEY (J. M.). Boiotian decrees of proxenia. *In:* Boeotia antiqua [Cf. n° 1848], p. 35-59.

1932. GABRIELSEN (Vincent). Financing the Athenian fleet. Public taxation and social relations. Baltimore a. London, Johns Hopkins U. P., 94, 306 p.

1933. GÜNTHER (M.). Aspasia und Perikles: Rufmord im klassischen Athen. *In:* Reine Männersache? [Cf. n° 1954], p. 41-67.

1934. HERZIG (H. E.). Der alte Mensch in der griechisch-römischen Antike. *In:* Unity and units of antiquity [Cf. n° 1756], p. 169-179.

1935. HODKINSON (St.). 'Blind Ploutos'? Contemporary images of the role of wealth in classical Sparta. *In:* Shadow (The) of Sparta [Cf. n° 1753], p. 183-222.

1936. HUNTER (V. J.). Policing Athens. Social control in the Attic lawsuits, 420–320 B. C. Princeton, Princeton U. P., 94, 303 p.

1937. JOUANNA (Jacques). La route tourne et le sportif court ... Avec une couronne sur la tête (Aristophane, Nuées 1005-1007). *Bulletin de Correspondance Hellénique*, 94, 118, 1, p. 35-49.

1938. KONSTANT (David). Sexuual symmetry. Love in ancient novel and related genres. Princeton, Princeton U.P., 94, 270 p.

1939. KULESZA (Ryszard). Zjawisko korupcji w Atenach V–IV wieku p. n. E. (La phénomène de la corruption à Athènes aux Ve–IVe siècles av. notre ère). Warszawa, [s. n.], 94, 175 p. (Wydawn. Uniw. Warsz., Studia Antiqua, 5). [Eng. summary].

1940. LAPLACE (Marcelle). Récit d'une éducation amoureuse et discours panégyrique dans les Éphésiaques de Xénophon d'Éphèse: le romanesque antitragique et l'art de l'Amour. *Revue des Études Grecques*, 94, 107, 2, p. 440-479.

1941. LE RIDER (Georges). Antiochos IV (175-164) et le monnayage de bronze Séleucide. *Bulletin de Correspondance Hellénique*, 94, 118, 1, p. 17-34.

1942. LECLERC (Marie-Christine). La résistible ascension du progrès humain chez Eschyle et Sophocle. *Revue des Études Grecques*, 94, 107, 1, p. 68-84.

1943. LITVINENKO (Yu. N.). Grecheskie kolonisty i tayny egipetskogo zemledeliya. Po dannym papirusov Zenona. (Greek colonists and misteries of Egyptian agriculture). *Vestnik drevney istorii*, 94, 58, 2, p. 119-124. (Eng. summary).

1944. MAC KECHNIE (Paul). Greek mercenary troops and their equipment. *Historia*, 94, 43, 3, p. 297-305.

1945. MANTOVANI (Dario). Gli argomenti economici nell'Athenaion Politeia pseudosenofontea. *Athenaeum*, 94, 82, 1, p. 7-29.

1946. MIGEOTTE (L.). Ressources financières des cités béotiennes. *In:* Boeotia antiqua [Cf. n° 1848], p. 3-15.

1947. MILLER (P. C.). Dreaming in late antiquity. Studies in the imagination of a culture. Princeton, Princeton U. P., 94, 273 p.

1948. MORRISON (James V.). A key topos in Thucydides: the comparison of cities and individuals. *American Journal of Philology*, 94, 115, 4, p. 525-541.

1949. MUSTI (Domenico). Elogio di un oplita in una lamina di Camarina? *Rivista di Filologia e di Istruzione Classica*, 94, 122, 1, p. 21-23.

1950. NUSSBAUM (M. C.). The therapy of desire. Theory and practice in hellenistic ethics. Princeton, Princeton U. P., 94, 558 p. (Martin Classical Lectures, 2).

1951. PERRIN (Éric). Héracleidès le Crétois a Athènes: les plaisirs du tourisme culturel. *Revue des Études grecques*, 94, 107, 1, p. 192-202.

1952. PICARD (Olivier). Deux émissions de bronzes d'Amphipolis. *Bulletin de Correspondance Hellénique*, 94, 118, 1, p. 207-214.

1953. Post-Herulian Athens: aspects of life and culture in Athens A. D. 267–529. Ed. by Paavo CASTRÉN. Helsinki, Foundation of the Finnish Institute at Athens, 94, XI-194 p. (ill.).

1954. Reine Männersache? Frauen in Männerdomänen der antiken Welt. Hrsg. v. Maria H. DETTENHOFER. Weimar, Wien u. Köln, Böhlau, 94, 266 p. [Cf. n^{os} <Auswahl> 1925, 1933, 1957.]

1955. SCHULLER (W.). Frauenleben in der griechischen Antike. *In:* Unity and units of antiquity [Cf. n° 1756], p. 223-242.

1956. SEEBERG (Axel). Epoiesen, egrapsen, and the organization of the vase trade. *Journal of Hellenic Studies*, 94, 114, p. 162-164.

1957. STEIN (M.). Die Frau in den gynäkologischen Schriften des 'Corpus Hippocraticum'. *In:* Reine Männersache? [Cf. n° 1954], p. 69-95.

1958. STELE (Eva M.). Cold meats: Timokreon on Themistokles. *American Journal of Philology*, 94, 115, 4, p. 507-524.

1959. VAN WEES (Hans). The Homeric way of war: the Iliad and the hoplite phalanx (I). *Greece & Rome*, 94, 61, 1, p. 1-18. – IDEM. The Homeric way of war: the Iliad and the hoplite phalanx (II). *Greece & Rome*, 94, 61, 2, p. 131-155.

1960. VIRGILIO (Biagio). La città ellenistica e i suoi «benefattori»: Pergamo e Diodoro Pasparos. *Athenaeum*, 94, 82, 2, p. 299-314.

1961. WHITBY (M.). Two shadows: images of Spartan and helots. *In:* Shadow (The) of Sparta [Cf. n° 1753], p. 87-126.

1962. Women in ancient societies. 'An illusion of the nigth'. Ed. by L. ARCHER, S. FISCHLER, M. WYKE. Basingstoke, Macmillan, 94, 308 p.

1963. WORLEY (L. J.). Hippeis. The cavarly of ancient Greece. Boulder a. San Francisco a. Oxford, Westview Press, 94, 241 p.

1964. YOSHITAKE (Sumio). Disgrace, grief and other ills: Herakles' rejection of suicide. *Journal of Hellenic Studies*, 94, 114, p. 135-153.

Cf. n°s 1734, 1737, 1742, 1873

§ 7. Storia della letteratura, della filosofia e delle scienze.

1965. ALBINI (Umberto). La rivolta di Oreste. *La Parola del Passato*, 94, 49, 5, p. 409-417.

1966. ANDERSON (W. D.). Music and musicians in ancient Greece. Ithaca a. London, Cornell U. P., 94, 248 p.

1967. BALLÉRIAUX (Omer). Les Dialogues de Platon et les agrapha dogmata. Le Parménide et le Sophiste à la lumière des doctrines non écrites. *L'Antiquité Classique*, 94, 53, p. 299-307.

1968. BELLEMORE (Jane), PLANT (Ian M.). Thucydides, rhetoric and plague in Athens. *Athenaeum*, 94, 82, 2, p. 385-401.

1969. BING (Peter), UHRMEISTER (Volker). The unity of Callimachus' hymn to Artemis. *Journal of Hellenic Studies*, 94, 114, p. 19-34.

1970. BLANC (Alain). Kárax, chárasso et kárcharos: homophonie radicale ou parenté étymologique? *Revue des Etudes Grecques*, 94, 107, 2, p. 686-693.

1971. BLOEDOW (Edmund F.). Alexander's speech on the eve of the siege of Tyre. *L'Antiquité Classique*, 94, 53, p. 65-76.

1972. BONELLI (Guido). La saga di Drimaco nel sesto libro di Ateneo: ipotesi interpretativa. *Quaderni Urbinati*, 94, 46, 1, p. 135-142.

1973. BYL (Simon). La parodie de Diogène d'Apollonie dans les Nuées. *Revue belge de philologie et d'histoire*, 94, 72, 1, p. 5-9.

1974. CANFORA (Luciano). Epikurs Verbreiter in Kleinasien. *In*: Festschrift R. W. Müller. Marburg, 94, p. 69-77. – IDEM. Histoire de la littérature grecque d'Homère à Aristote. Paris, Editions Desjonquères, 94, 710 p.

1975. CAVALLO (Guglielmo). I centri di cultura. *In:* Storia d'Europa. Vol. 2. Preistoria e antichità [Cf. n° 907], p. 1189-1206.

1976. CELENTANO (M. S.). La codificazione retorica della comunicazione epistolare nell'Ars rhetorica di Giulio Vittore. *Rivista di Filologia e di Istruzione Classica*, 94, 122, 4, p. 422-435.

1977. CENTANNI (Monica). Eschilo, Sette contro Tebe 699-700: melanaigis (...) Erinys. *Quaderni Urbinati*, 94, 46, 1, p. 129-134.

1978. CONCHE (M.). Pyrrhon, ou l'Apparence. Paris, Presses Universitaires de France, 94, 326 p. (Perspectives Critiques).

1979. COOTJANS (Gérrit). La physiologie sensorielle dans le Corpus aristotélicien: schéma et terminologie. *Revue belge de philosophie et d'histoire*, 94, 72, 1, p. 10-24.

1980. CORDES (P.). Iatros: das Bild des Arztes in der griechischen Literatur von Homer bis Aristoteles. Stuttgart, Franz Steiner, 94, 208 p. (Palingenesia, 39).

1981. CORVISIER (Jean-Nicolas). Médicine et biographie: l'exemple de Plutarque. *Revue des Études Grecques*, 94, 107, 1, p. 129-157.

1982. COZZOLI (Adele-Teresa). Dalla catarsi mimetica aristotelica all'auto catarsi dei poeti ellenistici. *Quaderni Urbinati*, 94, 48, 3, p. 95-110.

1983. CROALLY (N. T.). Euripidean polemic. The Trojan women and the function of tragedy. Cambridge, Cambridge U. P., 94, 315 p. (Cambridge Classical Studies).

1984. CROTTY (K.). The poetics of supplication: Homer's Iliad and Odyssey. Ithaca a. London, Cornell U. P., 240 p. (Myth and poetics).

1985. DAVIDSON (John). Prometheus vinctus on the Athenian stage. *Greece & Rome*, 94, 61, 1, p. 33-40.

1986. DEAN-JONES (Lesley Ann). Women's bodies in classical Greek science. Oxford, Clarendon P., 94, 293 p.

1987. DEE (J. H.). The epithetic phrases for the Homeric gods (Epitheta deorum apud Homerum). A repertory of the descriptive expressions for the divinities of the Iliad and the Odyssey. New York a. London, Garland Publishing Inc., 94, 165 p. (The Albert Bates Lord Studies in Oral Tradition).

1988. DI BENEDETTO (Vincenzo). Nel laboratorio di Omero. Torino, Einaudi, 94, 374 p.

1989. DIGGLE (J.). Euripidea. Collected Essays. Oxford, Clarendon P., 94, 559 p.

1990. DILTS (Mervin R.). Hiatus in the orations of Aeschines. *American Journal of Philology*, 94, 115, 3, p. 367-373.

1991. DOUGHERTY (Carol). Archaic Greek foundation poetry: questions of genre and occasion. *Journal of Hellenic Studies*, 94, 114, p. 35-46.

1992. EVERSON (S.). Companions to ancient thought 3. Language. Cambridge, Cambridge U. P., 94, 280 p.

1993. FELSON-RUBIN (Nancy). Regarding Penelope. From character to poetics. Princeton, Princeton U. P., 94, 215 p.

1994. FINKELBERG (Aryeh). Plural worlds in Anaximander. *American Journal of Philology*, 94, 115, 4, p. 485-506.

1995. FLAUMENHAFT (M. J.). The civic spectacle. Essays on drama and community. Lanham, Rowman a. Littlefield, 94, 168 p.

1996. FORD (Andrew). Protagoras' head: interpreting philosophic fragments in Theaetetus. *American Journal of Philology*, 94, 115, 2, p. 199-218.

1997. FRAZIER (Françoise). A propos de la dispositio du Sur l'ambassade infidèle: stratégie rhétorique et analyse politique chez Démosthène. *Revue des Études Grecques*, 94, 107, 2, p. 414-439.

1998. FRENCH (R.). Ancient natural history. Histories of nature. London a. New York, Routledge, 94, 355 p. (Sciences of Antiquity).

1999. FRÖHDER (D.). Die dichterische Form der Homerischen Hymnen, untersucht am Typus der mittelgrossen Preislieder. Hildesheim, Georg Olms, 94, 390 p. (Spudasmata, 53).

2000. FUNKE (Peter). Chronikai syntaxeis kai historiai. Die rhodische Historiographie in hellenistischer Zeit. *Klio*, 94, 76, p. 255-252.

2001. GIGANTE (Marcello). 'La Scuola di Platone' e 'la Scuola di Epicuro'. Quindici anni di lavoro ecdotico. *La Parola del Passato*, 94, 49, 3, p. 305-319.

2002. GRAY (V.). Images of Sparta: writer and audience in Isocrates' Panathenaicus. *In:* Shadow (The) of Sparta [Cf. n° 1753], p. 223-271.

2003. Greek fiction. The Greek novel in context. Ed. by J. R. MORGAN, Richard STONEMANN, London a. New York, Routledge, 94, [s. p.].

2004. HAMILTON (J. R.). The start of Nearchus' voyage. *Historia*, 94, 43, 4, p. 501-504.

2005. HAMMOND (Nicholas G. L.). Literary evidence for Macedonian speech. *Historia*, 94, 43, 2, p. 131-142.

2006. HARVEY (D.). Laconica: Aristophanes and the Spartans. *In:* Shadow (The) of Sparta [Cf. n° 1753], p. 35-58.

2007. HECQUET-DEVIENNE (Myriam). Lecture nouvelle de l'Œdipe roi de Sophocle dans les mss. L et A. *Revue d'histoire des textes*, 94, 25, p. 1-60.

2008. HUBBARD (Thomas K.). Elemental psychology and the date of Semonides of Amorgos. *American Journal of Philology*, 94, 115, 2, p. 175-197.

2009. HUGONNARD-ROCHE (Henri). Les traductions syriaques de l'Isagoge de Porphyre et la constitution du corpus syriaque de logique. *Revue d'histoire des textes*, 94, 25, p. 293-312.

2010. INGLESSIS-MARGELLOS (Cécile). Socrate et son double. *Revue des Études Grecques*, 94, 107, 1, p. 85-106.

2011. ISNARDI PARENTE (Margherita). Idee o numeri: note al Filebo di Platone. *Rivista di Filologia e di Istruzione Classica*, 94, 122, 1, p. 24-49.

2012. KENNEDY (G. A.). A new history of classical rhetoric. An extensive revision and abridgement of the art of persuasion in Greece, the art of rhetoric in the Roman world and Greek rhetoric under Christian emperors. Princeton, Princeton U. P., 94, 301 p.

2013. *Vacat.*

2014. KURKE (Leslie). Crisis and decorum in sixth-century Lesbos: reading Alkaios otherwise. *Quaderni Urbinati*, 94, 47, 2, p. 67-92.

2015. LABARBE (Jules). Socrate épique dans le Phèdre de Platon. *L'Antiquité Classique*, 94, 53, p. 224-230.

2016. LAUCIANI (Paolo). Teocrito, Id. XXVI. *Quaderni Urbinati*, 94, 48, 3, p. 111-117.

2017. LÉTOUBLON (Françoise). Regard sur les études homériques. *Revue des Études Grecques*, 94, 107, 1, p. 177-182.

2018. LEVIN (S.). The abandonment of dots between words and of boustrophedon. In: Boeotia antiqua [Cf. n° 1848], p. 135-150.

2019. LOHR (C.). Johannis Philoponi Commentariae Annotationes in Libros Priorum Resolutivorum Aristotelis. Übersetzt von Guillelmus DOROTHEUS. Neudruck der Ausgabe Venedig 1541 mit einer Einleitung von K. VERRYCKEN und C. LOHR. Stuttgart u. Bad Cannstatt, Frommann-Holzboog, 94, 87 p. (Commentaria in Aristotelem Graeca, Versiones Latinae Resuscitatarum Litterarum [CAGL], 4).

2020. LÓPEZ EIRE (A.), SCHRADER (C.). Los orígenes de la oratoria y la historiografía en la Grecia Clásica. Zaragoza, Dipartimento de Ciencias de la Antigüedad Universidad de Zaragoza, 94, 199 p. (Monografías de la Filología Griega, 5).

2021. Lucien de Samosate. Actes du colloque international de Lyon organisé au Centre d'Études Romaines et Gallo-romaines, le 30 septembre–1er octobre 1993. Ed. par A. BILLAULT. Lyon et Paris, De Boccard, 94, 220 p. (Centre d'Études Romaines et Gallo-romaines, 13).

2022. MAC CABE (M. M.). Plato's individuals. Princeton, Princeton U. P., 94, 339.

2023. MAC INTOSH (F.). Dying acts. Death in ancient Greek and modern Irish tragic drama. Cork, Cork U. P., 94, 212 p.

2024. MACHACEK (Gregory). The occasional contextual appropriateness of formular diction in the Homeric poems. *American Journal of Philology*, 94, 115, 3, p. 321-335.

2025. MADDOLI (G.). L'Athenaion Politeia di Aristotele, 1891-1991. Per un bilancio di cento anni di studi. Perugia, Università degli Studi di Perugia, 94, 314 p. (Incontri perugini di storia della storiografia antica sul mondo antico, 6).

2026. MARCH (Jenny). Greek literature. *Greece & Rome*, 94, 61, 1-2, p. 82-87, p. 220-226.

2027. MARCOS MARÍN (Francisco A.). La variante, le choix électronique, le Libro de Alexandre et une hypothèse sur son auteur. *Revue belge de philosophie et d'histoire*, 94, 72, 3, p. 608-617.

2028. MASARACCHIA (Emanuela). Note al Ciclope di Euripide. *Quaderni Urbinati*, 94, 48, 3, p. 41-66.

2029. MASTROMARCO (G.). Introduzione a Aristofane. Bari, Editori Laterza, 94, 221 p. (Gli scrittori, 50).

2030. MAUDUIT (Christine). Remarques sur les emplois de l'adjectif agroteros, dans l'épopée et la poésie lyrique. *Revue des Études Grecques*, 94, 107, 1, p. 47-67.

2031. MELISSANO (Paola). Solone e il mondo degli esthloi. *Quaderni Urbinati*, 94, 47, 2, p. 49-58.

2032. MÉTHY (Nicole). Dion Chrysostome et la domination romaine. *L'Antiquité Classique*, 94, 53, p. 173-192.

2033. MILLER (P. A.). Lyric Texts and lyric consciousness. The birth of a genre from archaic Greece to Augustan Rome. London a. New York, Routledge,94, 236 p.

2034. MORAITOU (D.). Die Äußerungen des Aristoteles über Dichter und Dichtung außerhalb der Poetik. Stuttgart u. Leipzig, Teubner, 94, 163 p. (Beiträge zur Altertumskunde, 49).

2035. MOREAU (Alain). Le mythe de Jason et Médée. Paris, Les Belles Lettres, 94, 340 p.

2036. NAPOLITANO (Michele). Ariphrades poneros: una riconsiderazione (Ar. Eq. 1274–1289). *Quaderni Urbinati*, 94, 48, 3, p. 67-92.

2037. NAPOLITANO VALDITARA (L. M.). Lo sguardo nel buio. Metafore visive e forme grecoantiche della razionalità. Roma e Bari, Laterza, 94, 196 p. (Quadrante, 69).

2038. Orchestra: Drama Mythos Bühne. Festschrift für Hellmut Flashar. Hrsg. v. A. BIERL, P. VON MÖLLENDORFF. Stuttgart u. Leipzig, B. G. Teubner, 94, 380 p.

2039. ORWIN (Clifford). The humanity of Thucydides. Princeton, Princeton U. P., 94, XIV-235.

2040. OUELLETTE (Gabriel-Pierre). La parole et le meurtre dans l'Agamemnon d'Eschyle. *Revue des Études Grecques*, 94, 107, 1, p. 183-191.

2041. PACE (Cristina). La scure di Eros (Anacr. fr. 25 Gent. = 413 P.). *Quaderni Urbinati*, 94, 47, 2, p. 93-102.

2042. PARDINI (Alessandro). Problemi di ecdotica stesicorea: Stes. S 17, 1-2 e 178 Davies. *Quaderni Urbinati*, 94, 47, 2, p. 59-66.

2043. Peripatetic rhetoric after Aristotle. Ed. by William W. FORTENBAUGH a. David C. MIRHADY. New Brunswick, Transaction Publishers, 94, IX-415 p. (Rutgers University studies in classical humanities, 6).

2044. PESELY (George E.). Did Aristotle use Androtion's Atthis? *Klio*, 94, 76, p. 155-171.

2045. PETROPOULOS (J. C. B.). Heat and lust. Hesiod's midsummer festival scene revisited. Maryland, Rowman and Littlefield, 94, 115 p. (Greek Studies. Interdisciplinary Approaches).

2046. PICCIONE (Rosa Maria). Sulle citazioni euripidee in Stobeo e sulla struttura dell'Anthologion. *Rivista di Filologia e di Istruzione Classica*, 94, 122, 2, p. 175-218.

2047. PICCIRILLI (Luigi). Per una nuova lettura di due passi andocidei. *Quaderni di storia*, 94, 20, 40, p. 161-168.

2048. PIER (Raymond A.). And who is the Woof? Response, Ecphrasis and the 'Egg' of Simmias. *Quaderni Urbinati*, 94, 46, 1, p. 79-92.

2049. Pindaro, Sofocle, Terenzio, Catullo, Petronio: corsi seminariali di Eduard Fraenkel, Bari 1965-69. Ed. da R. RONCAL. Roma, Edizioni di Storia e Letteratura, 94, 137 p. (Sussidi Eruditi, 43).

2050. Platón. Les Diálogos Tardíios. Actas del Symposium Platonicum 1986. Ed. por C. EGGERS LAN (C.). Sankt Augustin, Academia Verlag, 94, 169 p. (International Plato Studies, 3).

2051. POOLE (W.). Euripides and Sparta. *In:* Shadow (The) of Sparta [Cf. n° 1753], p. 1-33.

2052. POWELL (A.). Plato and Sparta: modes of rule and of non-rational persuasion in the Laws. *In:* Shadow (The) of Sparta [Cf. n° 1753], p. 273-321.

2053. REECE (Steve). The Cretan Odyssey: a lie truer than truth. *America Journal of Philology*, 94, 115, 2, p. 157-173.

2054. REHM (R.). Marriage to death. The conflation of wedding and funeral rituals in Greek tragedy. Princeton, Princeton U. P., 94, 246 p.

2055. RENGAKOS (A.). Apollonios Rhodios und die antike Homererklärung. Munich, C. H. Beck, 94, 205 p. (Zetemata, 92).

2056. RHODES (P. J.). In defence of the Greek historians. *Greece & Rome*, 94, 61, 2, p. 156-171.

2057. RIGINOS (Alice Swift). The wounding of Philip II of Macedon: fact and fabrication. *Journal of Hellenic Studies*, 94, 114, p. 103-119.

2058. ROOCHNIK (David). Counting on number: Plato on the goodness of arithmos. *American Journal of Philology*, 94, 115, 4, p. 543-563.

2059. SADUN BORDONI (G.). Linguaggio e realtà in Aristotele. Roma e Bari, Laterza, 94, 208 p.

2060. SBARDELLA (Livio). La variatio formulare nella dizione epica. *Quaderni Urbinati*, 94, 47, 2, p. 21-45.

2061. SCANLON (Thomas F.). Echoes of Herodotus in Thucydides: self-sufficiency, admiration, and law. *Historia*, 94, 43, 2, p. 143-176.

2062. SCHUBERT (A.). Untersuchungen zur stoischen Bedeutungslehre. Göttingen, Vandenhoeck and Ruprecht, 94, 284 p.

2063. SCHÜTRUMPF (E.). Aristotle on Sparta. *In:* Shadow (The) of Sparta [Cf. n° 1753], p. 323-345.

2064. SCHWINDT (Jürgen Paul). Das Motiv der 'Tagesspanne'. Ein Beitrag zur Ästhetik der Zeitgestaltung im griechisch-römischen Drama. Paderborn, Schöningh, 94, 232 p. (Studien zur Geschichte und Kultur des Altertums. Reihe Monographien, 9).

2065. SEAFORD (R.). Reciprocity and ritual. (Homer and tragedy in the developing city-state). Oxford, Clarendon Press, 94, 455 p.

2066. SEGAL (C.). Singers, heroes and gods in the Odyssey. Ithaca a. London, Cornell U. P., 94, 244 p. (Myth and Poetics).

2067. SKODA (Françoise). Le marasme dans les textes médicaux grecs. Sens et histoire du mot. *Revue des Études Grecques*, 94, 107, 1, p. 107-128.

2068. Socratic (The) movement. Ed. Paul A. VAN DER WAERDT. Ithaca a. London, Cornell U. P., 94, 406 p.

2069. SOLANA DUESSO (José). Retórica y dialéctica: la disputa sobre la unidad del Fedro. *L'Antiquité Classique*, 94, 53, p. 231-236.

2070. STEINER (D.). The tyrant's writ: myths and images of writing in Ancient Greece. Princeton, Princeton U. P., 94, VIII-279 p.

2071. TATUM (J.). The search for the ancient novel. Baltimore a. London, Johns Hopkins University Press, 94, 463 p.

2072. TRAMPEDACH (K.). Platon, die Akademie und die zeitgenössische Politik. Stuttgart, Franz Steiner, 94, 300 p. (Hermes. Einzelschriften, 66).

2073. TUPLIN (Ch.). Xenophon, Sparta and the Cyropedia. *In:* Shadow (The) of Sparta [Cf. n° 1753], p. 127-181.

2074. USENER (Sylvia). Isokrates, Platon und ihr Publikum. Hörer und Leser von Literatur im 4. Jahrhundert v. Chr. Tübingen, Narr, 94, 264 p. (ScriptOralia, 63).

2075. VAGNONE (Gustavo). Onerismi e non in Apollonio Rodio (Argon. 3, 701 sgg.): il desiderio di morte. *Quaderni Urbinati*, 94, 46, 1, p. 75-78.

2076. VETTA (M.). La saga di Gilgamesh e l'epica greca fino all'arcaismo. *Quaderni Urbinati*, 94, 47, 2, p. 7-20.

2077. VIANO (Cristina). Aristotle, De coel. I 10: Empédocle, l'alternance et le mythe du Politique. *Revue des Études Grecques*, 94, 107, 2, p. 400-413.

2078. VIOLETTE (R.). Les formes de la conscience chez Plotin. *Revue des Études Grecques*, 94, 107, 1, p. 222-237.

2079. WAKKER (G. C.). Conditions and conditionals. An investigation of ancient Greek. Amsterdam, Gieben, 94, 450 p. (Amsterdam Studies in Classical Philology).

2080. WALLACE (Robert W.). Frammentarietà e trasformazione: evoluzione nei modi della comunicazione nella cultura ateniese fra V e IV sec. *Quaderni Urbinati*, 94, 46, 1, p. 7-20.

2081. WHITTAKER (A. J.). Homer sings the bluses. *Greece & Rome*, 94, 61, 1, p. 19-22.

2082. XANTHAKIS-KARAMANOS (Georgia). The Daphnis or Lityerses of Sositheus. *L'Antiquité Classique*, 94, 53, p. 237-250.

2083. YAMAGATA (N.). Homeric morality. Leiden a. New York a. Cologne, Brill, 94, 261 p. (Mnemosyne, 131).

2084. ZIERL (Andreas). Affekte in der Tragödie. Orestie, Oidipus Tyrannos und die Poetik des Aristoteles. Berlin, Akademie Verlag, 94, 288 p.

2085. ZORODDU (Donatella). Nonno di Panopoli e "Le reti piene di vento" (Par. Φ 15-18 – Ev. Io. 21, 3). *Athenaeum*, 94, 82, 1, p. 227-233.

Cf. n°s 553, 621, 656, 690, 692, 1217, 1222, 1463, 1481, 1726, 1755, 1794-1846, 1942

§ 8. Religione e mitologia.

2086. Agathe elpis. Studi storico-religiosi in onore di Ugo Bianchi. A cura di Giulia SFAMENI GASPARRO. Roma, L'Erma di Bretschneider, 94, 551 p. (Storia delle Religioni, 11). [Cf. n^{os} <scelta> 2097, 2098, 2100, 2112, 2115, 2599, 2611, 2614, 2620, 2734, 2763.]

2087. Ancient Greek cult practice from the epigraphical evidence. Proceedings of the second international seminar on ancient greek cult, organized by the Swedish Institute at Athens, 22–24 November 1991. Ed. by R. HÄGG. Jonsered, Paul Åström, 94, 184 p. (Skriften Utgivna Institutet i Athen, Acta Instituti Atheniensis Regni Sueciae, 8).

2088. Apollo. Origins and influences. Ed. by J. SOLOMON. Tucson a. London, The University of Arizona P., 94, 196 p.

2089. BALDICK (J.). Homer and the Indo-Europeans. Comparing mythologies. London a. New York, I. B. Tauris, 94, 182 p.

2090. BERMEJO BARRERA (José Carlos). Introducción a la sociología del mito griego. Madrid, Akal, 94, 196 p. (Bàsica de Bolsillo Akal, 12).

2091. BORGHINI (Alberto). Narciso e la luna. *Athenaeum*, 94, 82, 1, p. 201-207.

2092. BRAKKE (David). The authenticity of the ascetic Athanasiana. *Orientalia*, 94, 63, 2, p. 17-56.

2093. BREMMER (J. N.). Greek religion. Oxford, Oxford U. P., 94, 111 p. (News Surveys in the Classics, 24).

2094. BUXTON (R.). Imaginary Greece: the contexts of mythology. Cambridge, Cambridge U. P., 94, 250 p.

2095. CAMASSA (Giorgio). Luoghi di culto. *In*: Storia d'Europa. Vol. 2. Preistoria e antichità [Cf. n° 907], p. 1167-1188.

2096. CASADIO (G.). La nozione di religione nel De Iside et Osiride di Plutarco e lo studio scientifico della religione. *In*: Notion (The) of "religion" in comparative research [Cf. n° 1138], p. 349-354. – IDEM. Storia del culto di Dioniso in Argolide. Roma, GEI, 94, 570 p. (ill.).

2097. CERUTTI (M. V.). Heis bios kai mia politeia (Plut., de Is. 47). Contributo per l'analisi storico-religiosa di un tema universalistico. *In*: Agathe elpis [Cf. n° 2086], p. 243-268.

2098. CHIODI (S. M.). Il concetto di religione nel De Isisde et Osiride di Plutarco. *In*: Notion (The) of "religion" in comparative research [Cf. n° 1138], p. 355-368. – IDEM. Il dualismo caldeo secondo Plutarco. *In:* Agathe elpis [Cf. n° 2086], p. 269-283.

2099. DE LAMBERTERIE (Charles). Grec skyzan, skyzesthai et les grognements d'Héra. *Revue des Études Grecques*, 94, 107, 1, p. 15-46.

2100. DES PLACES (E.). Les Oracles chaldaiques dans le commentaire de Proclus sur le Premier Alcibiade de Platon. *In*: Agathe elpis [Cf. n° 2086], p. 285-289.

2101. DIETRICH (B. C.). Problems and methodology in the study of Greek religion. *In*: Notion (The) of "religion" in comparative research [Cf. n° 1138], p. 33-41.

2102. DOWDEN (Ken). Paganesimi europei. *In*: Storia d'Europa. Vol. 2. Preistoria e antichità [Cf. n° 907], p. 1095-1146.

2103. GARLAND (R.). Religion and the Greeks. London, Bristol Classical P., 94, 109 p. (Classical World).

2104. IRMSCHER (J.). Der Terminus religio und seine antiken Entsprechungen im philologischen und religionsgeschichtlichen Vergleich. *In*: Notion (The) of "religion" in comparative research [Cf. n° 1138], p. 63-73.

2105. JÖRDENS (Andrea), BECHT-JÖRDENS (Gereon). Ein Eberunterkiefer als 'Staatssymbol' des Aitolischen Bundes (IG XII 2, 15). Politische Identitätssuche im Mythos nach dem Ende der spartanischen Hegemonie. *Klio*, 94, 76, p. 185-191.

2106. KLEIJWEGT (Marc). Beans, baths and the barber ... A sacred law from Thuburbos Maius. *Antiquités Africaines*, 94, 30, p. 209-220.

2107. KYRTATAS (D. J.). Religious tolerance and intolerance. Arguments from history. *In:* Unity and units of antiquity [Cf. n° 1756], p. 207-215.

2108. LOMBARDI (Tiziana). Alcune considerazioni sul mito di Pandora. *Quaderni Urbinati*, 94, 46, 1, p. 23-34.

2109. MALKIN (I.). Myth and territory in the Spartan Mediterranean. Cambridge, Cambridge U. P., 94, 278 p.

2110. MARASCO (G.). Giuliano e la tradizione pagana sulla conversione di Costantino. Rivista di Filologia e di Istruzione Classica, 94, 122, 3, p. 340-354.

2111. MIERSE (W. E.). The interplay between religion, politics, and entertainment in the Graeco-Roman world: archaeological and literary evidence. In: Notion (The) of "religion" in comparative research [Cf. n° 1138]. [s. p.].

2112. MORA (F.). Nomi teofori e politeismo greco: prospettive di ricerca. In: Agathe elpis [Cf. n° 2086], p. 177-186.

2113. O'BRIAN (J. V.). The transformation of Hera. A study of ritual, hero and the goddess in the Iliad. Lanham, Rowman a. Littlefield, 94, 248 p. (Greek Studies: Interdisciplinary Approaches).

2114. PENGLASE (Charles). Greek myths and Mesopotamia. Parallels and influence in the Homeric Hymns and Hesiod. London a. New York, Routledge, 94, 278 p.

2115. PISI (Paola). La figura di Prometeo nel neoplatonismo. In: Agathe elpis [Cf. n° 2086], p. 337-359.

2116. Placing the gods. Sanctuaries and sacred space in Ancient Greece. Ed. by ALCOCK (S. E.), OSBORNE (R.). Oxford, Academic P., 94, 271 p.

2117. PUCCI (Pietro). Gods' intervention and epiphany in Sophocles. American Journal of Philology, 94, 115, 1, p. 15-46.

2118. ROMER (F. E.). Atheism, impiety and the limos Mēlios in Aristophanes' Birds. American Journal of Philology, 94, 115, 3, p. 351-365.

2119. SCHLESIER (R.). Olympische Religion und chthonische Religion. In: Notion (The) of "religion" in comparative research [Cf. n° 1138], p. 301-310.

2120. SUYS (Véronique). Le culte de Déméter Achaia en Béotie. Etat actuel des connaissances. L'Antiquité Classique, 94, 53, p. 1-20.

2121. TROMBLEY (F. R.). Hellenic religion and Christianization c. 370–529. Leiden, New York a. Köln, E. J. Brill, 94, 2 vol., 344 p., 430 p. (Religions in the Graeco-Roman world, 115).

2122. WALLACE (Richard). Philosophy. Greece & Rome, 94, 61, 1, p. 104-110.

2123. WOODFORD (Susan). Palamedes seeks revenge. Journal of Hellenic Studies, 94, 114, p. 164-169.

Cf. n° 1917

§ 9. Archeologia e storia dell'arte.

2124. Archaeology (The) of Athens and Attica under the democracy. Proceedings of an International Conference celebrating 2500 years since the birth of democracy in Greece, held at the American School of Classical Studies at Athens, December 4–6, 1992. Ed. by W. D. E. COULSON, O. PALAGIA, T. L. SHEAR jr., H. A. SHAPIRO a. F. J. FROST. Oxford, Oxford Books, 94, 250 p. (Oxbow Monographs in Archaeology, 37). [Cf. n^{os} <choice> 2127, 2133, 2136, 2137, 2142, 2145, 2162, 2165, 2166, 2170, 2171, 2175, 2179, 2181, 2182.]

2125. Art and text in ancient Greek culture. Ed. by Simon GOLDHILL a. Robin OSBORNE. Cambridge, Cambridge U. P., 94, 341 p. (Cambridge Studies in New Art History and Criticism). [Cf. n^{os} <choice> 2132, 2143, 2147, 2148, 2151, 2154, 2158, 2170, 2187.]

2126. BEMMANN (K.). Füllhörner in klassischer und hellenistischer Zeit. Frankfurt am Main Berlin u. Bern, Lang, 94, 333 p. (Europäische Hochschulschriften, 38. Archäologie, 51).

2127. BRENNE (St.). Ostraka and the process of ostrakophoria. In: Archaeology (The) of Athens and Attica under the democracy [Cf. n° 2124], p. 13-24.

2128. BRIESE (Christoph), Roald (Docter). The Lambros Group: a late geometric grave group between Attica and the East. B. ant. Besch., 94, 69, p. 1-47. (fig.).

2129. BRILLIANT (Richard). L'arte locale e non locale dal 600 a. C. al 500 d. C. In: Storia d'Europa. Vol. 2. Preistoria e antichità [Cf. n° 907], p. 1069-1094.

2130. BRINKMANN (Vinzenz). Die Friese des Siphnierschatzhauses. Beobachtungen zum formalen Aufbau und zum Sinngehalt der Friese des Siphnierschatzhauses. München, Biering u. Brinkmann, 94, 190 p. (Studien zur antiken Malerei und Farbgebung, 1).

2131. BRULOTTE (Eric L.). The "Pillar of Oinomaos" and the location of Stadium I at Olympia. Journal of American Archaeology, 94, 98, 1, p. 53-64.

2132. BRYSON (N.). Philostratus and the imaginary museum. In: Art and text in ancient Greek culture [Cf. n° 2125], p. 255-283.

2133. CAMP (J. McK.). Before democracy: the Alkmaionidai and Peisistratidai. In: Archaeology (The) of Athens and Attica under the democracy [Cf. n° 2124], p. 7-12.

2134. CAMPENON (Christine). La céramique attique à figures rouges autour de 400 avant J.-C. Les principales formes, évolution et production. Paris, De Boccard, 94, 162 p. (De l'archéologie à l'histoire).

2135. CHAMOUX (François). Réflexions sur la sculpture grecque. Revue des Études Grecques, 94, 107, 1, p. 1-14.

2136. CHILDS (W. A. P.). The date of the old temple of Athena on the Athenian acropolis. In: Archaeology (The) of Athens and Attica under tthe democracy [Cf. n° 2124], p. 1-6.

2137. CLINTON (C.). The Eleusinian mysteries and Panhellenism in democratic Athens. In: Archaeology

(The) of Athens and Attica under the democracy [Cf. n° 2124], p. 161-172.

2138. CRISTOFANI (Mauro), MARTELLI (Marina). Lo stile del potere e i beni di prestigio. *In*: Storia d'Europa. Vol. 2. Preistoria e antichità [Cf. n° 907], p. 1147-1166.

2139. CROISSANT (Francis). Le Dionysos du fronton occidental de Delphes: histoire d'un faux problème. *Bulletin de Correspondance Hellénique*, 94, 118, 2, p. 353-360.

2140. DE ZWARTE (R.). Der ionische Fuss und das Verhältnis der römischen, ionischen und attischen Fussmasse zueinander. *B. ant. Besch.*, 94, 69, p. 115-143 (fig.).

2141. EASTON (D. F.). Priams's gold: the full story. *Anatolian Studies*, 94, 44, p. 221-243.

2142. EICKSTEDT (K.-V. von). Bemerkungen zur Ikonographie des Frieses vom Ilissos-Tempel. *In*: Archaeology (The) of Athens and Attic under the democracy [Cf. n° 2124], p. 105-111.

2143. ELSNER (J.). From the Pyramids to Pausanias and Piglet: monuments, travel and writing. *In*: Art and text in ancient Greek culture [Cf. n° 2125], p. 224-254.

2144. Excavations at Sabratha 1948–1951. Vol. 2. The finds. Part. 2. Ed. by M. FULFORD a. R. TOMBER. London, Society for Libyan Studies, 94, 210 p. (Society for Libyan Studies Monographs, 3).

2145. FROST (F. J.). The rural demes of Attica. *In*: Archaeology (The) of Athens and Attica under the democracy [Cf. n° 2124], p. 173-174.

2146. GEAGAN (D.). Children in Athenian dedicatory monuments. *In*: Boeotia antiqua [Cf. n° 1848], p. 163-173.

2147. GOLDHILL (Simon), OSBORNE (Robin). Introduction: programmatics and polemics. *In*: Art and text in ancient Greek culture [Cf. n° 2125], p. 1-11.

2148. GOLDHILL (Simon). The naive and knowing eye: ecphrasis and the culture of viewing in the Hellenistic world. *In*: Art and text in ancient Greek culture [Cf. n° 2125], p. 197-223.

2149. GUÉRY (Roger). Les marques de potiers sur terra sigillata découvertes en Algérie. IV/2. Sigillée italique. *Antiquités Africaines*, 94, 30, p. 89-187.

2150. HEDREEN (Guy). Silens, nymphs and maenads. *Journal of Hellenic Studies*, 94, 114, p. 47-69.

2151. HENDERSON (J.). Timeo Danaos: Amazons in early Greek art and pottery. *In*: Art and text in ancient Greek culture [Cf. n° 2125], p. 85-137.

2152. HERMARY (Antoine). La date du temple d'Aphrodite à Amathonte. *Bulletin de Correspondance Hellénique*, 94, 118, 2, p. 321-330.

2153. HIMMELMANN (N.). Realistische Themen in der griechischen Kunst der archaischen und klassischen Zeit. Berlin u. New York, De Gruyter, 94, 160 p. (Jahrbuch des Deutschen Archäologischen Institut. Ergänzungsheft, 28).

2154. HOFFMANN (H.). Dulce et decorum est pro patria mori: the imagery of heroic immortality on Athenian painted vases. *In*: Art and text in ancient Greek culture [Cf. n° 2125], p. 28-51.

2155. JAROSCH (V.). Samos, XVIII. Samische Tonfiguren des 10. bis 7. Jahrhunderts v. Chr. aus dem Heraion von Samos. Bonn, Deutsches Archäologisches Institut in Kommission bei Dr. Rudolf Habelt, 94, 190 p.

2156. KREUZER (Bettina). Überlegungen zum Handel mit bemalter Keramik im 6. Jahrhundert v. Chr. unter besonderer Berücksichtigung des Heraion von Samos. *Klio*, 94, 76, p. 103-119.

2157. KYRIAKIDIS (St.). Art as a link in the Graeco-Roman cultural relations. *In*: Unity and units of antiquity [Cf. n° 1756], p. 199-206.

2158. LISSARANGUE (F.). Epiktetos egrapsen: the writing on the culp. *In*: Art and text in ancient Greek culture [Cf. n° 2125], p. 12-27.

2159. LOOS-DIETS (Eliz. P. de). Le "monosandalos" dans l'Antiquité. *B. ant. Besch.*, 94, 69, p. 175-198. (fig.).

2160. MANZELLI (V.). La policromia nella statuaria greca antica. Roma, L'Erma di Bretschneider, 94, 340 p. (Studia Archaeologica, 69).

2161. MARCHETTI (Patrick). Recherches sur les mythes et la topographie d'Argos. II. Présentation du site. III. Le téménos de Zeus. *Bulletin de Correspondance Hellénique*, 94, 118, 1, p. 131-160.

2162. MATTUSCH (C. C.). The eponymos heroes: the idea of the sculptural groups. *In*: Archaeology (The) of Athens and Attica under the democracy [Cf. n° 2124], p. 73-81.

2163. METZGER (Henri). Les légendes des dieux et des héros de la Grèce dans l'art des primitifs. *Revue des Études Grecques*, 94, 107, 1, p. 172-176.

2164. MORIZOT (Yvette). Le hiéron de Messéné. *Bulletin de Correspondance Hellénique*, 94, 11, 2, p. 399-405.

2165. MUSCHE (H. F.). Thorikos during the last years of the sixth century B. C. *In*: Archaeology (The) of Athens and Attica under the democracy [Cf. n° 2124], p. 211-215.

2166. NEILS (J.). The Panathenaia and Kleisthenic ideology. *In*: Archaeology (The) of Athens and Attica under the democracy [Cf. n° 2124], 151-160.

2167. NENNA (Marie-Dominique), SEIF EL DIN (Mervat). La petite plastique en faïence du Musée gréco-romain d'Alexandrie. *Bulletin de Correspondance Hellénique*, 94, 118, 2, p. 291-320.

2168. OAKLEY (J. H.), SINOS (R. H.). The wedding in ancient Athens. Madison, University of Wisconsin P., 94, 163 p., (Wisconsin Studies in Classics).

2169. Opus Mixtum. Essays in ancient art and society. Ed. by E. RYSTEDT, Ch. SCHEFFER, Ch. WIKANDER. Stockholm, Paul Åström, 94, 176 p. (Skrifter utgivna av Svenska Institutet i Rom [Acta Instituti Romani Regni Sueciae] 8, 21).

2170. OSBORNE (R.). Democracy and imperialism in the Panathenaic procession: the Parthenon frieze in its context. *In:* Archaeology (The) of Athens and Attica under the democracy [Cf. n° 2124], p. 143-150. – IDEM. Framing the centaur: reading fifth-century architectural sculpture. *In:* Art and text in ancient Greek culture [Cf. n° 2125], p. 52-84.

2171. PALAGIA (O.). No demokratia. *In:* Archaeology (The) of Athens and Attica under the democracy [Cf. n° 2124], p. 113-122.

2172. PEACOCK (D. P. S.), WILLIAMS-THORPE (Olwen), THORPE (R. S.), TINDLE (A.G.). Mons Claudianus and the problem of the 'granito del foro': a geological and geochemical approach. *Antiquity*, 94, 68, 259, p. 209-230.

2173. POULSEN (E.). Asine II: results of the excavations East of the Acropolis, 1970-74. Fasc. 6. The Post-Geometric periods. Part 2. The Post-Geometric settlement material and tombs of the hellenistic period. Stockholm, Paul Åström, 94, 52 p. (Skriften Utgivna av Svenska Institutet i Athen, 4, XXIX, 6, 2).

2174. RIDGWAY (B. S.). Greek sculpture in the Art Museum, Princeton University. Greek originals, Roman copies and variants. Princeton, The Art Museum, Princeton University, 94,131 p.

2175. SHAPIRO (H. A.). Myth into art. Poet and painter in classical Greece. London a. New York, Routledge, 94, 196 p. – IDEM. Religion and politics in democratic Athens. *In:* Archaeology (The) of Athens and Attic under the democracy [Cf. n° 2124], p. 123-129.

2176. SIEBLER (Michael). Troia. Geschichte – Grabungen – Kontroversen. Mainz, von Zabern, 94, 120 p. (Zaberns Bildbände zur Archäologie, 17).

2177. SMITH (Laurajane). Heritage management as postprocessual archaeology? *Antiquity*, 94, 68, 259, p. 300-309.

2178. SPARKES (B. A.). Archaeology and art. *Greece & Rome*, 94, 61, 1, p. 100-103. – IDEM. Archaeology and art. *Greece & Rome*, 94, 62, 1, p. 238-244.

2179. STANTON (G. R.). The rural demes and Athenian politics. *In:* Archaeology (The) of Athens and Attica under the democracy [Cf. n° 2124], p. 217-224.

2180. STIBBE (C. M.). Between Babyka and Kannakion. *B. ant. Besch.*, 94, 69, p. 63-102. (fig.).

2181. STUPPERICH (R.). The iconography of Athenian state burials in the classical period. *In:* Archaeology (The) of Athens and Attica under the democracy [Cf. n° 2124], p. 93-103.

2182. TIBERIOS (M. A.). Theseus and Panathenaia. *In:* Archaeology (The) of Athens and Attica under the democracy [Cf. n° 2124], p. 131-142.

2183. TÖLLE-KASTENBEIN (Renate). Das Olympieion in Athen. Weimar, Wien u. Köln, Böhlau, 94, 238 p. (Arbeiten zur Archäologie).

2184. VARALIS (Yannis). Un sceau paléochrétien de pain eucharistique de l'agora d'Argos. *Bulletin de Corresponance Hellénique*, 94, 118, 2, p. 331-342.

2185. VICKERS (M.), GILL (D.). Artful crafts. Ancient Greek silverware and pottery. Oxford, Clarendon P., 94, 255 p.

2186. VICKERS (M.). Nabatea, India, Gaul, and Carthage: reflections on Hellenistic and Roman gold vessels and red-gloss pottery. *American Journal of Archaeology*, 94, 98, 2, p. 231-248.

2187. ZEITLIN (F.). The artful eye: vision, ecphrasis and spectacle in Euripidean theatre. *In:* Art and text in ancient Greek culture [Cf. n° 2125], p. 138-196.

F

STORIA DI ROMA, DELL'ITALIA ANTICA E DELL'IMPERO ROMANO

§ 1. Popolazioni dell'Italia antica. 2188-2223. – § 2. Etruscologia. 2224-2248. – § 3. Fonti e critica delle fonti (*a.* Fonti epigrafiche; *b.* Fonti letterarie). 2249-2357. – § 4. Storia generale e politica. 2358-2437 – § 5. Storia del diritto e delle istituzioni. 2438-2473. – § 6. Storia economica e sociale. 2474-2533. – § 7. Storia della letteratura, della filosofia e delle scienze. 2534-2593. – § 8. Religione e mitologia. 2594-2624. – § 9. Archeologia e storia dell'arte. 2625-2674.

§ 1. Popolazioni dell'Italia antica.

2188. AMPOLO (Carmine). Greci d'Occidente, Etruschi, Cartaginesi: circolazione di beni e di uomini. *In*: Magna Grecia, Etruschi, Fenici [Cf. n° 1666], p. 223-252.

2189. ANTONELLI (Luca). Aristodemo Malakos e la dea dell'Averno. Per una storia del culto presso il nekyomanteion in territorio cumano. *Hesperìa. Studi sulla grecità di Occidente*, 94, 4, p. 97-121.

2190. Apoikia. I più antichi insediamenti greci in Occidente: funzioni e modi dell'organizzazione politica e sociale. Scritti in onore di Giorgio Buchner. A cura di Bruno D'AGOSTINO, David RIDGWAY. Napoli, Istituto Universitario Orientale. Dipartimento di Studi del mondo classico e del Mediterraneo antico, 94, 216 p. (ill.). (Annali di Archeologia e Storia antica, 1).

2191. ARIAS (Paolo Enrico). L'immaginario della ceramica greca di Spina. *In*: Magna Grecia, Etruschi, Fenici [Cf. n° 1666], p. 561-610.

2192. BERTI (Fede). Spina: analisi preliminare della necropoli di Valle Trebba. *In*: Nécropoles [Cf. n° 2208], p. 181-202.

2193. BRIQUEL (Dominique). Haleso, eroe campano (Virgilio, Eneide 7, 723-730) e i Falisci, coloni calcidesi (Giustino 20, 1, 13). *Hesperìa. Studi sulla grecità di Occidente*, 94, 4, p. 83-94.

2194. CAMPANILE (Enrico). Appunti sulla diffusione orizzontale delle grandi famiglie sannitiche in età anteriore alla guerra sociale. *Athenaeum*, 94, 82, 2, p. 557-567.

2195. CIPRIANI (Marina). Necropoli del V secolo a. C. a Poseidonia: il caso di contrada S. Venera. *In*: Nécropoles [Cf. n° 2208], p. 169-180.

2196. COMPATANGELO (Rita). Traditions littéraires et géographie ethnique de l'ancienne Calabria. *In*: Mélanges Pierre Lévêque [Cf. n° 2408], p. 61-87.

2197. Culti pagani nell'Italia settentrionale. A cura di Attilio MASTROCINQUE. Trento, Università degli Studi di Trento. Dipartimento di Scienze filologiche e storiche, 94, 150 p. (ill.). (Labirinti, 6). [Cf. n[os] <scelta> 2243, 2607, 2609, 2610.]

2198. DE LIBERO (Loretana). Italia. *Klio*, 94, 76, p. 303-325.

2199. DE SENSI SESTITO (Giovanna). Il federalismo in Magna Grecia: la Lega italiota. *In*: Federazioni e federalismo [Cf. n° 2385], p. 195-216.

2200. Enotri e Micenei nella Sibaritide. A cura di Renato PERONI, Flavia TRUCCO, Carlo BELARDINELLI, *et al.* Taranto, Istituto per la Storia e l'Archeologia della Magna Grecia, 94, 2 vol., 879 p. (ill.). (Magna Grecia, 8).

2201. GABBA (Emilio). Ancora sulla storia dei Sanniti. *In*: Federazioni e federalismo [Cf. n° 2385], p. 435-442.

2202. GIANGIULIO (Maurizio). Le laminette auree nella cultura religiosa della Calabria greca: continuità ed innovazione. *In*: Storia della Calabria [Cf. n° 2217], p. 11-53.

2203. GUGLIELMINO (Riccardo). La necropoli di Entella. *In*: Nécropoles [Cf. n° 2208], p. 203-219.

2204. GUZZO (Pier Giovanni). L'archeologia dei Brettii tra evidenza e tradizione letteraria. *In*: Storia della Calabria [Cf. n° 2217], p. 197-218.

2205. ISLER (Hans Peter). Les nécropoles de Sélinonte. *In*: Nécropoles [Cf. n° 2208], p. 165-168.

2206. LETTA (Cesare). Dall'oppidum al nomen: i diversi livelli dell'aggregazione politica nel mondo oscoumbro. *In*: Federazioni e federalismo [Cf. n° 2385], p. 387-406.

2207. LOMBARDO (Mario). Greci e indigeni in Calabria: aspetti e problemi dei rapporti economici e sociali. *In*: Storia della Calabria [Cf. n° 2217], p. 57-137.

2208. Nécropoles et sociétés antiques (Grèce, Italie, Languedoc). Actes du Colloque International du Centre de Recherches Archéologiques de l'Université de Lille III (Lille, 2–3 Décembre 1991). Ed. par Juliette DE LA GENIÈRE. Napoli, Centre Jean Bérard, 94, 229 p. (ill.). (Cahiers du Centre Jean Bérard, 18). [Cf. n^{os} <sélection> 2192, 2195, 2203, 2205.]

2209. PARISE (Nicola Franco). Le emissioni monetarie di Magna Grecia: dalla fondazione di Turi all'età di Archidamo. *In*: Storia della Calabria [Cf. n° 2217], p. 365-419.

2210. PERUZZI (Emilio). La cultura greca nelle origini di Roma. *In*: Storia d'Europa. Vol. 2. Preistoria e antichità [Cf. n° 907], p. 1021-1036.

2211. PESETTI (S.). Capua preromana. Terrecotte votive. Vol. 6. Animali, frutti, giocattoli, pesi da telaio. Firenze, Olschki, 94, 147 p. (fotogr., tavole).

2212. POCCETTI (Paolo). Il quadro linguistico della Calabria fino all'epoca romana. *In*: Storia della Calabria [Cf. n° 2217], p. 221-240.

2213. PONTRANDOLFO (Angela). Etnogenesi e emergenza politica di una comunità italica: i Lucani. *In*: Storia della Calabria [Cf. n° 2217], p. 142-193.

2214. RADKE (Gerhard). Die Ceres-Inschrift in Falerii. *Latomus*, 94, 53, 1, p. 105-109.

2215. RIX (Helmut). Die Termini der Unfreiheit in den Sprachen Alt-Italiens. Stuttgart, Steiner, 94, VIII-148 p. (Forschungen zur antiken Sklaverei, 25).

2216. SOLINAS (Patrizia). Il celtico in Italia. *Studi Etruschi*, 94, 60, p. 311-408.

2217. Storia della Calabria antica. Età italica e romana. A cura di Salvatore SETTIS. Reggio Calabria, Gangemi, 94, 902 p. (ill., tavole). [Cf. n^{os} <scelta> 2202, 2204, 2207, 2209, 2212, 2213, 2220, 2372, 2412.]

2218. TAGLIAMONTE (Gianluca). I figli di Marte: mobilità, mercenari e mercenariato italici in Magna Grecia e Sicilia. Roma, L'Erma di Bretschneider, 94, 294 p. (tavole). (Tyrrhenica, 3. Archaeologica, 105).

2219. TAGLIAMONTE (Gianluca). Sinistrum crus ocrea tectum. *Studi Etruschi*, 94, 60, p. 125-141.

2220. TALIERCIO MENSITIERI (Marina). Le emissioni monetarie della Calabria dall'età di Dionigi II a quella di Annibale. *In*: Storia della Calabria [Cf. n° 2217], p. 423-436.

2221. VAN WONTERGHEM (F.) Il culto di Esculapio fra i Peligni. *Ancient Society*, 94, 25, p. 177-188.

2222. VANDERMERSCH (Christian). Vins et amphores de Grand Grèce et de Sicile, IVe–IIIe s. avant J.-C. Naples, Centre Jean Bérard, 94, 279 p. (ill., tab.). (Etudes, 1).

2223. ZECCHINI (Giuseppe). Aspetti del federalismo celtico. *In*: Federazioni e federalismo [Cf. n° 2385], p. 407-424.

§ 2. Etruscologia.

2224. AIGNER FORESTI (Luciana). La Lega etrusca. *In*: Federazioni e federalismo [Cf. n° 2385], p. 327-350. – IDEM. Movimenti etnici nella Roma dell'VIII secolo a. C. *In*: Emigrazione e immigrazione [Cf. n° 2382], p. 3-10.

2225. BARTOLONI (Gilda), BERARDINETTI (Alessandra), DRAGO (Luciana), DE SANTIS (Anna). Veio tra IX e VI sec. a. C.: primi risultati sull'analisi comparata delle necropoli veienti. *Archeologia Classica*, 94, 46, p. 1-46.

2226. BESCHI (Luigi). I Tirreni di Lemno alla luce dei recenti dati di scavo. *In*: Magna Grecia, Etruschi, Fenici [Cf. n° 1666], p. 23-50.

2227. BRIQUEL (Dominique). I passi liviani sulle riunioni della Lega etrusca. *In*: Federazioni e federalismo [Cf. n° 2385], p. 351-372.

2228. CHIERICI (Armando). Porsenna e Olta, riflessioni su un mito etrusco. *Mélanges de l'Ecole Française de Rome. Antiquité*, 94, 106, 1, p. 353-402.

2229. COLONNA (Giovanni). L'Apollo di Pyrgi. *In*: Magna Grecia, Etruschi, Fenici [Cf. n° 1666], p. 345-375. – IDEM. L'etruscità della Campania meridionale alla luce delle iscrizioni. *In*: Presenza etrusca [Cf. n° 2242], p. 343-378.

2230. D'AGOSTINO (Bruno). La Campania e gli Etruschi. *In*: Magna Grecia, Etruschi, Fenici [Cf. n° 1666], p. 431-448.

2231. DE SIMONE (Carlo). I Tirreni a Lemnos: l'alfabeto. *Studi Etruschi*, 94, 60, p. 145-163. – IDEM. Il problema storico-linguistico. *In*: Magna Grecia, Etruschi, Fenici [Cf. n° 1666], p. 89-121.

2232. DENOYELLE (Martine). La ceramica protoitaliota: alcune testimonianze delle relazioni tra Magna Grecia ed Etruria. *In*: Magna Grecia, Etruschi, Fenici [Cf. n° 1666], p. 281-293.

2233. LEGNANI (Anna). La presunta invasione celtica del VI secolo a. C. *In*: Emigrazione e immigrazione [Cf. n° 2382], p. 55-68.

2234. MARCHESINI (Simona). L'onomastica etrusca in Campania. Rapporti tra lingue. *In*: Magna Grecia, Etruschi, Fenici [Cf. n° 1666], p. 123-163.

2235. MARTINEZ-PINNA (Jorge). L'oenochoé de Tragliatella: considerations sur la société étrusque archaïque. *Studi Etruschi*, 94, 60, p. 79-92. – IDEM. Poblamiento y sociedad en la Etruria arcaica. *In*: Emigrazione e immigrazione [Cf. n° 2382], p. 11-38.

2236. MASSA-PAIRAULT (Françoise-Hélène). La transmission des idées entre Grande Grèce et Etrurie. *In*: Magna Grecia, Etruschi, Fenici [Cf. n° 1666], p. 377-422. – IDEM. Le tombeau des Tite Vesi à Pérouse. Microcosme familial et culture hellénistique. *Ktema*, 94, 19, p. 79-96.

2237. MENICHETTI (Mauro). Archeologia del potere. Re, immagini e miti a Roma e in Etruria in età arcaica. Milano, Longanesi, 94, 175 p. (ill.). (Biblioteca di Archeologia).

2238. MERTENS (Dieter). Elementi di origine etrusco-campana nell'architettura della Magna Grecia. *In*: Magna Grecia, Etruschi, Fenici [Cf. n° 1666], p. 195-219.

2239. MORANDI (Alessandro). Etrusco zavena. *Revue belge de philosophie et d'histoire*, 94, 72, 1, p. 86-88.

2240. Murlo and the Etruscans: art and society in ancient Etruria. Ed. by Richard D. DE PUMA, Jocelyn P. SMALL. Madison, University of Wisconsin Press, 94, XXXI-251 p. (ills.). (Wisconsin Studies in Classics).

2241. PRAYRON (Friedhelm). L'architettura etrusca ed il problema degli influssi (magno-)greci. *In*: Magna Grecia, Etruschi, Fenici [Cf. n° 1666], p. 183-193.

2242. Presenza etrusca nella Campania meridionale (La). Atti delle giornate di studio (Salerno-Pontecagnano, 16-18 novembre 1990). Firenze, Olschki, 94, 516 p. (ill., tavole). (Biblioteca di Studi Etruschi, 28). [Cf. n°ˢ <scelta> 2229, 2243.]

2243. SASSATELLI (Giuseppe). Ex-voto, culti, divinità dell'Etruria padana. *In*: Culti pagani [Cf. n° 2197], p. 131-145. – IDEM. Problemi del popolamento nell'Etruria padana con particolare riguardo a Bologna. *In*: Presenza etrusca [Cf. n° 2242], p. 497-508.

2244. SCHNEIDER (Rolf M.). Gegenbilder und Verhaltensideale auf der Ficoronischen Ciste. *Studi Etruschi*, 94, 60, p. 105-123.

2245. SMALL (Jocelyn P.). Scholars, Etruscans, and Attic painted vases. *Journal of Roman Archaeology*, 94, 7, p. 34-58.

2246. TORELLI (Mario). Riflessi in Etruria del mondo fenicio e greco d'Occidente. *In*: Magna Grecia, Etruschi, Fenici [Cf. n° 1666], p. 295-319.

2247. VALVO (Alfredo). Permanenze culturali in età romana della colonizzazione etrusca dell'Italia settentrionale. I casi dei servi con capacità possessoria e degli Arusnates. *In*: Emigrazione e immigrazione [Cf. n° 2382], p. 39-53.

2248. WYLIN (Koen). Una grammatica psicologico-linguistica ed un'applicazione eventuale al verbo etrusco. *Revue belge de philosophie et d'histoire*, 94, 72, 1, p. 78-85.

§ 3. Fonti e critica delle fonti.

a. Fonti epigrafiche.

2249. ADAMS (J. N.). Latin and Punic in contact? The case of the Bu Njem ostraca. *Journal of Roman Studies*, 94, 84, p. 87-112.

2250. BODEL (John). Graveyards and groves. A study of the Lex Lucerina. Cambridge, 94, VII-133 p. (figs., tables). (American Journal of Ancient History, 11).

2251. CRAWFORD (Michael H.). The end of the rogatio Valeria Aurelia. *Athenaeum*, 94, 82, 2, p. 429-435.

2252. D'ISANTO (G.). Capua romana. Ricerche di prosopografia e storia sociale. Roma, Quasar, 94, 352 p. (Vetera, 9).

2253. DUPUIS (Xavier). L'épigraphie de la Numidie depuis 1892. *Antiquités africaines*, 94, 30, p. 229-234.

2254. Epigrafia della produzione e della distribuzione. Actes de la VIIe Rencontre franco-italienne sur l'épigraphie du monde romain organisée par l'Université de Roma - La Sapienza et l'Ecole française de Rome sous le patronage de l'Association internationale d'épigraphie grecque et latine (Rome, 5–6 juin 1992). Rome, Università di Roma La Sapienza et Ecole Française de Rome, 94, 776 p. (Collection de l'Ecole Française de Rome, 193). [Cf. n°ˢ <sélection> 2259, 2265, 2479, 2489, 2505.]

2255. FEISSEL (Denis). L'ordonnance du préfet Dionysios inscrite à Mylasa en Carie (1er août 480). *Travaux et mémoires du Centre de recherches d'hist. et civil. byzantines*, 94, 12, p. 263-297.

2256. Giessener literarischen Papyri und die Caracalla-Erlasse (Die). Hrsg. v. Peter Alois KUHLMANN. Giessen, Universitätsbibliothek, 94, 270 p. (Berichte und Arbeiten aus der Universitätsbibliothek und dem Universitätsarchiv Giessen, 46).

2257. HERRMANN (Peter). Milet unter Augustus. C. Iulius Epikrates und die Anfänge des Kaiserkults. *Istanbuler Mitteilungen*, 94, 44, p. 203-236.

2258. LEVI (Mario Attilio). Le iscrizioni di Lambaesis e l'esercito di Adriano. *Rendiconti dell'Accademia Nazionale dei Lincei*, 94, 9, 5, p. 711-723.

2259. LIOU (Bernard), TCHERNIA (André). L'interprétation des inscriptions sur les amphores Dressel 20. *In*: Epigrafia della produzione [Cf. n° 2254], p. 133-156.

2260. NIGDÉLIS (Pandélis M.). M. Insteius L. F. Autokrator et la province de Macédoine au début du second triumvirat: à propos d'une inscription inédite d'Europos. *Bulletin de Correspondance Hellénique*, 94, 118, 1, p. 215-228.

2261. OJEDA TORRES (Juan Matías). El servicio administrativo imperial ecuestre en la Hispania romana durante el Alto Imperio. Vol. 1. Prosopografía. Sevilla,

Kolaios, 94, 283 p. (tabellas). (Kolaios. Publicaciones ocasionales, 2).

2262. PAPA (Giovanni). Note sulla Tabula Alimentaria di Veleia. *Labeo*, 94, 40, p. 59-72.

2263. PIKHAUS (D.). Répertoire des inscriptions latines versifiés de l'Afrique romaine (Ier–Ve siècles). Vol. 1. Tripolitaine, Byzacène, Afrique proconsulaire. Bruxelles, Epigraphica Bruxellensia, 94, 162 p. (Epigraphica Bruxellensia, 2).

2264. RICCI (Cecilia). Soldati delle milizie urbane fuori di Roma. La documentazione epigrafica. Roma, Quasar, 94, 64 p. (Opuscula Epigraphica, 5).

2265. RODRÍGUEZ-ALMEIDA (Emilio). Scavi sul Monte Testaccio: novità dai tituli picti. *In*: Epigrafia della produzione [Cf. n° 2254], p. 111-131.

2266. Supplementa Italica. Nuova Serie. Vol. 12. Roma, Quasar, 94, 168 p. (carte, disegni, ill.).

2267. THURMOND (David L.). Some Roman slave collars in CIL. *Athenaeum*, 94, 82, 2, p. 459-493.

2268. *Vacat*.

2269. VARONE (Antonio). Erotica Pompeiana. Iscrizioni d'amore sui muri di Pompei. Roma, L'Erma di Bretschneider, 94, 192 p. (tavole). (Studia Archaeologica, 70).

Cf. n° 560

b. Fonti letterarie.

2270. ABRAMENKO (Andrik). Drusus' Umkehr an der Elbe und die angebliche Opposition gegen seine germanischen Feldzüge. Zum literarischen Vorbild für Cass. Dio 55, 1, 1-4 und Suet. Claud. 1, 2. *Athenaeum*, 94, 82, 2, p 371-383.

2271. ALONSO-NÚÑEZ (J. M.). Trogue-Pompée et Massilia (Justin, Epitoma XLIII, 3, 4-XLIII, 5, 10). *Latomus* 94, 53, 1, p. 110-117.

2272. ATKINSON (J. E.). A commentary on Q. Curtius Rufus' Historiae Alexandri Magni Books 5 to 7, 2. Amsterdam, Hakkert, 94, IV-284 p. (maps). (Acta Classica, suppl. 1).

2273. [AUGUSTINUS Aurelius] Agostino. Confessioni. Vol. 3. Libri VII-IX. A cura di Goulven MADEC e Luigi F. PIZZOLATO. Roma, Fondazione Lorenzo Valla e Milano, Mondadori, 94, 370 p. (Scrittori Greci e Latini).

2274. [AUGUSTINUS Aurelius] Agostino. L'istruzione cristiana. A cura di Manlio SIMONETTI. Roma, Fondazione Lorenzo Valla e Milano, Mondadori, 94, LX-630 p. (Scrittori Greci e Latini).

2275. [AURELIUS Victor] Aurelius Victor. De caesaribus. Ed. by H. W. BIRD. Liverpool, Liverpool U. P., 94, XXX-228 p. (maps). (Translated texts for historians, 17).

2276. BLAIR DEBROHUN (Jeri). Redressing elegy's puella: Propertius IV and the rhetoric of fashion. *Journal of Roman Studies*, 94, 84, p. 41-63.

2277. BOWDICHT (Lowell). Horace's poetics of political integrity: Epistle 1.18. *American Journal of Philology*, 94, 115, 3, p. 409-426.

2278. CÈBE (Jean-Pierre). Varron, Satires Ménippées. Edition, traduction et commentaire. Vol. 10. Pappus aut indigena-Pransus paratus. Rome, Ecole Française de Rome, 94, XXX-141 p. (Collection de l'Ecole Française de Rome, 9).

2279. [CICERO Tullius (Marcus)] Cicero. Partitiones oratoriae. Rhetorik in Frage und Antwort. Hrsg. v. K. BAYER u. G. BAYER. Zürich, Artemis & Winkler, 94, 312 p. (Sammlung Tusculum).

2280. [CICERO Tullius (Marcus)] Ciceron. De l'invention. Ed. par G. ACHARD. Paris, Les Belles Lettres, 94, 245 p. (Collection des Universités de France).

2281. [CICERO Tullius (Marcus)] M. Tulli Ciceronis. De officiis. Ed. by M. WINTERBOTTOM. Oxford, Clarendon Press, 94, XVIII-172 p. (Oxford Classical Texts).

2282. [CICERO Tullius (Marcus)] M. Tulli Ciceronis. Topica. A cura di M. L. R. COLETTI. Chieti, Vecchio Faggio, 94, 115 p.

2283. [CICERO Tullius (Marcus)] M. Tullius Cicero. The fragmentary speeches. Ed. by J. W. CRAWFORD. Atlanta, Scholars Press, 94, X-350 p. (American Philological Association: American Classical Studies, 37).

2284. [CICERO Tullius (Marcus)] Marci Tulli Ciceronis. Topica. A cura di Giorgio DI MARIA. Palermo, L'Epos, 94, XLVIII-133 p. (Bibliotheca Philologica, 1).

2285. CLAUSEN (Wendell). A commentary on Virgil, Eclogues. Oxford, Clarendon Press, 94, XXX-328 p.

2286. COVA (P. V.). Virgilio. Il libro terzo dell'Eneide. Milano, Vita e Pensiero, 94, CXXXVII-167 p. (Biblioteca di Aevum Antiquum, 5).

2287. DUC (Thierry). Postulat, ut capiat, quae non intellegit, arma (Ov., Met. XIII, 295): un discours programmatique? *Latomus*, 94, 53, 1, p. 126-131.

2288. [FESTUS Rufius] Festus. Abrégé des hauts faits du peuple romain. Ed. par Marie-Pierre ARNAUD-LINDET. Paris, Les Belles Lettres, 94, XLIV-84 p. (Collection des Universités de France).

2289. FICHTNER (Rudolf). Taufe und Versuchung Jesu in den Evangeliorum libri quattuor des Bibeldichters Juvencus (I, 346-408). Stuttgart u. Leipzig, Teubner, 94, 222 p. (Beiträge zur Altertumskunde, 50).

2290. FLACH (Dieter). Die Gesetze der frühen römischen Republik. Text und Kommentar. Darmstadt, Wissenschaftliche Buchgesellschaft, 94, XIII-389 p.

2291. [FORTUNATUS Venantius] Venance Fortunat. Poèmes. Livres I-IV. Ed. par Marc REYDELLET. Paris,

Les Belles Lettres, 94, XCVII-207 p. (Collection des Universités de France).

2292. FRANÇOIS (Paul). Liviana quaedam. A propos du livre XXIX de Tite-Live: leçons nouvelles et conjectures. *Latomus*, 94, 53, 1, p. 118-125.

2293. GIMENO (Javier). Plinio, Nat. Hist. III, 3, 21: reflexiones acerca de la capitalidad de Hispania Citerior. *Latomus*, 94, 53, 1, p. 39-79.

2294. GUERRINI (Roberto). Lentiginosi oris. Val. Max. I, 7, Ext. 6. Gli aggettivi in – osus nei Fatti e detti memorabili. *Athenaeum*, 94, 82, 1, p. 61-74.

2295. GWYN MORGAN (M.). Rogues march: Caecina and Valens in Tacitus, Histories 1.61-70. *Museum Helveticum*, 94, 51, p. 103-125.

2296. HARTMANN (C. C.). Philologische Studien zur Chronik des Hydatius von Chaves. Stuttgart, Steiner, 94, XIV-220 p. (Palingenesia, 47).

2297. HEATH (John). Prophetic horses, bridled nymphs: Ovid's metamorphosis of Ocyroe. *Latomus*, 94, 53, 2, p. 340-353.

2298. HELDMANN (Konrad). Ovids Sabinus-Gedicht (AM. 2, 18) und die Epistulae Heroidum. *Hermes*, 94, 122, p. 188-219.

2299. HOEFMANS (Marjorie). Myth into reality: the metamorphosis of Daedalus and Icarus (Ovid, Metamorphoses, VIII, 183-235). *L'Antiquité Classique*, 94, 63, p. 137-160.

2300. HOLLIS (A. S.). Statius' Parthian king (Thebaid 8.286-93). *Greece & Rome*, 94, 41, 2, p. 205-212.

2301. [HORATIUS Flaccus (Quintus)] Horace. Epistles. Book I. Ed. by Roland MAYER. Cambridge, Cambridge U. P., VIII-291 p. (Cambridge Greek and Latin Classics).

2302. [HORATIUS Flaccus (Quintus)] Horace. Odes and Epodes. Ed. by D. MULROY. Ann Arbor, University of Michigan Press, 94, VIII-242 p.

2303. [HORATIUS Flaccus (Quintus)] Orazio. L'invito a Torquato. Epist. 1, 5. Introduzione, testo, traduzione e commento. A cura di F. CITTI. Bari, Edipuglia, 94, 331 p. (Scrinia, 6).

2304. [HORATIUS Flaccus (Quintus)] Q. Orazio Flacco. Le opere. Vol. 2. Tomo I. Introduzione generale di Francesco DELLA CORTE. Le Satire. Testo critico di Paolo FEDELI; traduzione di Carlo CARENA. Tomo II. Le Satire. Commento di Paolo FEDELI. Roma, Istituto poligrafico e zecca dello stato, 94, 267 p., 488 p. (Antiquitas perennis).

2305. HOSE (Martin). Die römische Liebeselegie und die griechische Literatur. Überlegungen zu P.Oxy. 3723. *Philologus*, 94, 138, 1, p. 67-82.

2306. [IUSTINUS Iunianus (Marcus)] Justin. Epitome of the Philippic History of Pompeius Trogus. Ed. by J. C. YARDLEY. Atlanta, Scholars Press, 94, XII-339 p.

(American Philological Association. Classical Resources Series, 3).

2307. JANAN (Micaela). There beneath the roman ruin where the purple flowers grow: Ovid's Minyeides and the feminine imagination. *American Journal of Philology*, 94, 115, 3, p. 427-448.

2308. KENNELL (Stefanie. A. H.). Hercules' invisible basilica (Cassiodorus, Variae I, 6). *Latomus*, 94, 53, 4, p. 159-175.

2309. KRAUS (Christina S.). No second Troy: topoi and refoundation in Livy, Book V. *Transactions of the American Philological Association*, 94, 124, p. 267-289.

2310. KUBIAK (David P.). Aratean influence in the De consulatu suo of Cicero. *Philologus*, 94, 138, 1, p. 52-66.

2311. KUEN (Gabriele). Die Philosophie als dux vitae. Die Verknüpfung von Gehalt, Intention und Darstellungsweise im philosophischen Werk Senecas am Beispiel des Dialogs De vita beata. Einleitung, Wortkommentar und systematische Darstellung. Heidelberg, Winter, 94, 502 p. (Wissenschaftliche Kommentare zu griechischen und lateinischen Schriftstellern).

2312. LENNARTZ (Klaus). Non verba sed vim. Kritisch-exegetische Untersuchungen zu den Fragmenten archaischer römischer Tragiker. Stuttgart u. Leipzig, Teubner, 94, 323 p. (Beiträge zur Altertumskunde, 54).

2313. [LIVIUS (Titus)] Livy. Ab Urbe Condita. Book VI. Ed. by C. S. KRAUS. Cambridge, Cambridge U. P., 94, X-356 p. (map). (Cambridge Greek and Latin Classics).

2314. [LIVIUS (Titus)] T. Livius. Römische Geschichte. Buch VII-X, Fragmente der zweiten Dekade. Hrsg. v. H. J. HILLEN. Zürich, Artemis & Winkler, 94, 710 p. (Sammlung Tusculum).

2315. [LIVIUS (Titus)] Tite-Live. Histoire romaine. Vol. 19. Livre XXIX. Ed. par Paul FRANÇOIS. Paris, Les Belles Lettres, 94, CXII-165 p. (tab., cartes). (Collection des Universités de France).

2316. [LIVIUS (Titus)] Tite-Live. Histoire romaine. Vol. 29. Livre XXXIX. Ed. par Anne-Marie ADAM. Paris, Les Belles Lettres, 94, CXLIII-205 p. (cartes). (Collection des Universités de France).

2317. [LUCANUS Annaeus (Marcus)] Lucan. Pharsalia. Ed. by J. W. JOYCE. Ithaca a. London, Cornell U. P., 94, XXIX-332 p. (Masters of Latin Literature).

2318. [LUCRETIUS Carus (Titus)] Tito Lucrezio Caro. La natura. A cura di F. GIANCOTTI. Milano, Garzanti, 94, LXXVI-573 p. (I grandi libri Garzanti).

2319. MAURACH (Gregor). Horazens Bacchusoden. *Philologus*, 94, 138, 1, p. 83-100.

2320. MORA (Fabio). Arnobio e i culti di mistero. Analisi storico-religiosa del V libro dell'Adversus Nationes. Roma, L'Erma di Bretschneider, 94, 217 p. (Storia delle religioni, 10).

2321. MORELLI (Giuseppe). Una testimonianza di Cesio Basso su Filico di Corcira. *Rivista di Filologia e di Istruzione Classica*, 94, 122, 3, p. 285-297.

2322. MORESCHINI (Caludio). Il mito di Amore e Psiche in Apuleio. Napoli, D'Auria, 94, 243 p. (Storie e testi, 3).

2323. NOÈ (Eralda). Commento storico a Cassio Dione LIII. Como, Edizioni New Press, 94, 248 p. (Biblioteca di Athenaeum, 22).

2324. PASCHALIS (Michael). The bull and the horse: animal theme and imagery in Seneca's Phaedra. *American Journal of Philology*, 94, 115, 1, p. 105-128.

2325. [PLINIUS Secundus (Caecilius)] C. Plinius Secundus der Ältere. Naturkunde, Lateinisch-deutsch. Buch 31. Medizin und Pharmakologie: Heilmittel aus dem Wasser. Hrsg. v. R. KÖNIG et al. Zürich u. München, Artemis & Winkler, 94, 176 p. (Sammlung Tusculum).

2326. [PLINIUS Secundus (Caecilius)] C. Plinius Secundus der Ältere. Naturkunde, Lateinisch-deutsch. Buch 37. Steine: Edelsteine, Gemmen, Bernstein. Hrsg. v. R. KÖNIG u. J. HOPP. Zürich u. München, Artemis & Winkler, 94, 260 p. (Sammlung Tusculum).

2327. PÖHLMANN (Egert). Einführung in die Überlieferungsgeschichte und in die Textkritik der antiken Literatur. Vol. 1. Altertum. Darmstadt, Wissenschaftliche Buchgesellschaft, 94, XVI-166 p. (Die Altertumswissenschaft. Einführung in Gegenstand, Methoden und Ergebnisse ihrer Teildisziplinen und Hilfswissenschaften).

2328. Praise of later Roman emperors (In). The Panegyrici Latini. Ed. by C. E. NIXON, B. S. RODGERS. Berkeley a. Los Angeles a. Oxford, University of California Press, 94, X-735 (Transformation of the Classical Heritage, 21) [latin text of R. A. B. MYNORS].

2329. Problemi di edizione e di interpretazione nei testi grammaticali latini. Atti del colloquio internazionale (Napoli, 10-11 dicembre 1991). A cura di L. MUNZI. Roma, Gruppo Editoriale Internazionale, 94, 286 p.

2330. [PROPERTIUS Aurelius (Sextus)] Propertius. The Poems. Ed. by G. LEE. Oxford, Clarendon Press, 94, XXV-205 p. [with an introduction by R. O. A. M. LYNE].

2331. PUCCI (Miriam Ben Zeev). Marcus Antonius, Publius Dolabella and the Jews. *Athenaeum*, 94, 82, 1, p. 31-40.

2332. Quaestionum medicinalium et Peri sfigmon librorum qui Sorani feruntur esse concordantiae. Hrsg. v. Giuseppe FLAMMINI. Hildesheim u. Zürich u. New York, Olms-Weidmann, 94, 201 p. (Coll. Alpha-Omega. Reihe A: Lexika, Indizes, Konkordanzen zur Klassischen Philologie, 151).

2333. REES (Roger). Common sense in Catullus 64. *American Journal of Philology*, 94, 115, 1, p. 75-88.

2334. REGGIANI (Renato). Silla peior atque intestabilior e scaevus Romulus. (Nota a Sall. Hist. 1, 55, 1 e 5 M.). *Athenaeum*, 94, 82, 1, p. 207-221.

2335. RICHARD (Jean-Claude). Sur une source possible de Tacite, Annales XI, 23, 2-3. *Latomus*, 94, 53, 3, p. 594-604.

2336. ROSELLINI (Michela). Sulla tradizione dei Carmina duodecim sapientum (Anth. Lat. 495-638). *Rivista di Filologia e di Istruzione Classica*, 94, 122, 4, p. 436-463.

2337. RYAN (F. X.). The praetorship of Favonius. *American Journal of Philology*, 94, 115, 4, p. 587-601.

2338. SAGE (Paula W.). Vatic admonition in Horace Odes 4.9. *American Journal of Philology*, 94, 115, 4, p. 565-586.

2339. [SALLUSTIUS Crispus (Gaius)] Sallust. The Histories. Vol. 2. Books III-V. Ed. by P. MAC GUSHIN. Oxford, Clarendon Press, 94, X-259 p. (Clarendon Ancient History Series).

2340. SCHMELING (G.). Notes on the text of the Historia Apollonii Regis Tyri. *Latomus*, 94, 53, 1-2, p. 132-154, p. 386-403.

2341. SCHMITZER (Ulrich). Non modo militiae turbine factus eques: Ovids Selbstbewusstsein und die Polemik gegen Horaz in der Elegie AM. 3, 15. *Philologus*, 94, 138, 1, p. 101-117.

2342. [SENECA Annaeus (Lucius)] Seneca. Four dialogues: De vita beata; De tranquillitate animi; De constantia sapientis; Ad Helviam matrem de consolatione. Ed. by C. D. N. COSTA. Warminster, Aris and Phillips, 94, VI-218 p.

2343. [SENECA Annaeus (Lucius)] Seneca. Troades. Ed. by A. J. BOYLE. Leeds, Francis Cairns, 94, X-250 p. (Latin and Greek Texts, 7).

2344. SIMPSON (C. J.). Unnecessary homosexuality. The correspondent's request in Catullus 68A. *Latomus*, 94, 53, 3, p. 564-569.

2345. SMOLENAARS (J. J. L.). Statius. Thebaid VII. A commentary. Leiden, New York a. Köln, E. J. Brill, 94, XLII-462 p. (Mnemosyne. Suppl., 134).

2346. STABRYLA (Stanisław). In defence of the autonomy of the poetic world (some remarks on Ovid's Tristia II). *Hermes*, 94, 122, p. 469-478.

2347. [STATIUS Papirius] Stace. Thébaide. Livres IX-XII. Ed. par Roger LESUEUR. Paris, Les Belles Lettres, 94, IX-224 p. (Collection des Universités de France).

2348. [STATIUS Papirius] Stazio. Achilleide. A cura di G. ROSATI. Milano, Rizzoli, 94, 169 p. (I Classici della BUR).

2349. STOFFELEN (Veerle). Vergil's Circe: sources for a sorceress. *L'Antiquité Classique*, 94, 63, p. 121-135.

2350. SUSSMAN (Lewis A.). The Declamations of Calpurnius Flaccus. Text, translation, and commentary.

Leiden, New York a. Köln, E. J. Brill, 94, 258 p. (Mnemosyne. Suppl., 133).

2351. Synonyma Ciceronis: la raccolta accusat, lacescit. A cura di P. GATTI. Trento, Università degli Studi di Trento. Dipartimento di Scienze filologiche e storiche, 94, 88 p. (Labirinti, 9).

2352. [TERTULLIANUS Florens Settimius (Quintus)] Tertullien. Contre Marcion. Tome III (livre III). Ed. par René BRAUN. Paris, Les Editions du Cerf, 94, 363 p. (Sources chrétiennes, 399).

2353. [TIBULLUS Albius] Tibullus. Elegies II. Ed. by Paul MURGATROYD. Oxford, Clarendon Press, 94, 324 p. (Oxford Classical Texts).

2354. TIMPANARO (Sebastiano). Note al commento serviano-danielino ad Aen. X, con contributi minori a poeti citati e a problemi di lingua latina. *Rivista di Filologia e di Istruzione Classica*, 94, 122, 2, p. 152-174.

2355. TRAILL (David A.). Propertius 1.21: the sister, the bones, and the wayfarer. *American Journal of Philology*, 94, 115, 1, p. 89-96.

2356. VAN LOON (Jozef), WOUTERS (Annelies). De stamnaam Geidumni (Caesar, De bello Gallico, 5, 39). *Revue belge de philosophie et d'histoire*, 94, 72, 1, p. 25-34.

2357. VEDALDI JASBEZ (Vanna). La Venetia orientale e l'Histria. Le fonti letterarie greche e latine fino alla caduta dell'Impero Romano d'Occidente. Roma, Quasar, 94, 528 p. (Studi e ricerche sulla Gallia Cisalpina, 5).

Cf. n° 560

§ 4. Storia generale e politica.

2358. ANDERSON (Graham). Sage, saint and sophist. Holy men and their associates in the early Roman Empire. London a. New York, Routledge, 94, XII-304 p.

2359. BANASZKIEWICZ (Jacek). Les hastes colorées des Wisigoths d'Euric (Idace c. 243). *Revue belge de philosophie et d'histoire*, 94, 72, 2, p. 225-240.

2360. BATS (Maria). Les débuts de l'information politique officielle à Rome au premier siècle avant J. C. *In*: Mémoire perdue [Cf. n° 476], p. 19-43.

2361. BAUMAN (R. A.). Tanaquil-Livia and the death of Augustus. *Historia*, 94, 43, 2, p. 177-188.

2362. BELLEN (Heinz). Grundzüge der römischen Geschichte. Parte I. Von der Königszeit bis zum Übergang der Republik in den Prinzipat. Darmstadt, Wissenschaftliche Buchgesellschaft, 94, 228 p.

2363. BERTRAND-ECANVIL (Estelle). Présages et propaganda idéologique: a propos d'une liste concernant Octavien Auguste. *Mélanges de l'Ecole Française de Rome. Antiquité*, 94, 106, 2, p. 487-531.

2364. BURNS (Thomas S.). Barbarians within the gates of Rome: a study of Roman military policy and the Barbarians, ca. 375-425 A. D. Bloomington a. Indianapolis, Indiana U. P., 94, XXIII-419 p. (ill., maps).

2365. CAMPANILE (Maria Domitilla). I sacerdoti del koinon d'Asia (I sec. a. C.–II sec. d. C.). Contributo allo studio della romanizzazione delle élites provinciali nell'Oriente greco. Pisa, Giardini, 94, 230 p. (Studi ellenistici, 7. Biblioteca di studi antichi, 74).

2366. CAMPBELL (Brian). The Roman army, 31 B. C. - A. D. 337. London a. New York, Routledge, 94, 299 p. (ills.).

2367. CANFORA (Luciano). Roma «città greca». *Quaderni di storia*, 94, 20, 39, p. 5-41.

2368. CESA (Maria). Impero tardoantico e barbari: la crisi militare da Adrianopoli al 418. Como, Edizioni New Press, 94, 192 p. (Biblioteca di Athenaeum, 23).

2369. CHASTAGNOL (André). L'évolution politique du règne de Dioclétien (284-305). *Antiquité tardive*, 94, 2, p. 23-31.

2370. CHRIST (K.). Caesar. Annäherungen an einen Diktator. Münich, Beck, 94, 398 p. (ill.).

2371. CIZEK (Eugène). A propos de la guerre parthique de Trajan. *Latomus*, 94, 53, 2, p. 376-385. – IDEM. L'empereur Aurélien et son temps. Paris, Les Belles Lettres, 94, 310 p.

2372. COSTABILE (Felice). Dalle poleis ai municipia del Bruzio romano. *In*: Storia della Calabria [Cf. n° 2217], p. 439-464.

2373. COUDRY (Marianne). Sénatus-consultes et acta senatus: rédaction, conservation et archivage des documents émanant du sénat, de l'Epoque de César à celle des Sévères. *In*: Mémoire perdue [Cf. n° 476], p. 65-102.

2374. CULLHED (Mats). Conservator Urbis Suae. Studies in the politics and propaganda of the emperor Maxentius. Stockholm, Jonsered: Åmströms förl., 94, 198 p. (figs.). (Acta Instituti Romani regni Sueciae, 20).

2375. CUNLIFFE (Barry). L'organizzazione della frontiera come fattore di destabilizzazione. *In*: Storia d'Europa. Vol. 2. Preistoria e antichità [Cf. n° 907], p. 1257-1292.

2376. DE BLOIS (Lukas). Sueton, Aug. 46 und die Manipulation des mittleren Militärkaders als politisches Instrument. *Historia*, 94, 43, 3, p. 324-345.

2377. DE CAZANOVE (Olivier), MOATTI (Claude). L'Italie romaine d'Hannibal à César. Paris, Colin et Hachette, 94, 288 p.

2378. DEL CASTILLO (Arcadio). El denominado primer tratado romano-cartagines en el contexto de las relaciones entre Caere y Cartago. *Athenaeum*, 94, 82, 1, p. 53-60.

2379. DUROV (V. S.). Neron, ili akter na trone. (Neron, ou un acteur sur le trône). Sankt-Peterburg, Aleteyya, 94, 318 p. (ill.). (Antichnaya biblioteka: issledovaniya).

2380. E fontibus haurire. Beiträge zur römischen Geschichte und zu ihren Hilfswissenschaften. Hrsg. v. Rosmarie GÜNTHER, Stefan REBENICH. Paderborn, Schöningh, 94, XII-405 p. (Abb.). (Studien zur Geschichte und Kultur des Altertums. Monographien, 8).

2381. ECK (Werner). Kaiserliches Handeln in italischen Städten. *In*: Italie d'Auguste à Dioclétien [Cf. n° 2396], p. 329-351.

2382. Emigrazione e immigrazione nel mondo antico. A cura di Marta SORDI. Milano, Vita e Pensiero, 94, VIII-302. (Contributi dell'Istituto di storia antica, 20). [Cf. n^{os} <scelta> 2224, 2233, 2235, 2247.]

2383. ERSKINE (Andrew). The Romans as common benefactors. *Historia*, 94, 43, 1, p. 70-87.

2384. EVANS (R. J.). Gaius Marius: a political biography. Pretoria, University of South Africa, 94, XIV-247 p.

2385. Federazioni e federalismo nell'Europa antica. Atti del convegno (Bergamo, 21–25 settembre 1992). A cura di Luciana AIGNER FORESTI, Alberto BARZANÒ, Cinzia BEARZOT, [et al.]. Vol. 1. Milano, Vita e Pensiero, 94, 488 p. [Cf. n^{os} <scelta> 2199, 2201, 2206, 2223, 2224, 2227, 2386, 2428, 2471, 2557.]

2386. FIRPO (Giulio). Considerazioni sull'organizzazione degli Italici durante la guerra sociale. *In*: Federazioni e federalismo [Cf. n° 2385], p. 457-478.

2387. FOWDEN (Garth). The last days of Constantine: oppositional versions and their influence. *Journal of Roman Studies*, 94, 84, p. 146-170.

2388. GALSTERER (Hartmut). Regionen und Regionalismus im römischen Italien. *Historia*, 94, 43, 3, p. 306-323.

2389. GARNSEY (P.), SALLERS (R.). L'Empire romain. Economie, société, culture. Avec une contr. de M. GOODMAN. Paris, La Découverte, 94, 360 p. (Textes à l'appui. Série histoire classique).

2390. GARRIDO-HORY (Marguerite). L'empereur chez Martial. Dominus, Caesar, Deus. *In*: Mélanges Pierre Lévêque [Cf. n° 2408], p. 235-257.

2391. GIARDINA (Andrea). L'identità incompiuta dell'Italia romana. *In*: Italie d'Auguste à Dioclétien [Cf. n° 2396], p. 1-89.

2392. GODŁOWSKI (Kazimierz). I barbari nell'età imperiale romana. *In*: Storia d'Europa. Vol. 2. Preistoria e antichità [Cf. n° 907], p. 1293-1338.

2393. GRANT (Michael). The Antonines. The Roman empire in transition. London a. New York, Routledge, 94, VIII-210 p.

2394. HAVAS (László). Corpus Imperii. *Antik tanulm*, 94, 38, 1-2, p. 104-115.

2395. HEATHER (Peter). Goths and Romans 332-489. Oxford, Clarendon Press, 94, 394 p. (figs., maps). (Oxford Historical Monographs).

2396. Italie d'Auguste à Dioclétien (L'). Actes du colloque international organisé par l'Ecole française de Rome, l'Ecole des hautes études en sciences sociales, le Dipartimento di scienze storiche, archeologiche, antropologiche dell'Antichità dell'Università di Roma La Sapienza et le Dipartimento di scienze dell'Antichità dell'Università di Trieste (Rome, 25–28 mars 1992). Rome, Ecole Française de Rome, 94, 446 p. (Collection de l'Ecole Française de Rome, 198). [Cf. n^{os} <sélection> 2381, 2391, 2403, 2413, 2427, 2440, 2447, 2460, 2473, 2474, 2481, 2513, 2530, 2642, 2672.]

2397. KNEPPE (Alfred). Metus Temporum. Zur Bedeutung von Angst in Politik und Gesellschaft der römischen Kaiserzeit des 1. und 2. Jahrhunderts n. Chr. Stuttgart, Steiner, 94, 410 p.

2398. KONRAD (C. F.). Segovia and Segontia. *Historia*, 94, 43, 4, p. 440-453.

2399. KOTULA (Tadeusz). Autour de Claude II le Gothique: péripéties d'un mythe. *Revue des Etudes Anciennes*, 94, 96, 3-4, p. 499-509. – IDEM. Cesarz Klaudiusz II i bellum Gothicum lat 269–270. (Empereur Claude II et le bellum Gothicum des années 269-270). Wrocław, 94, 140 p. (carte). (Acta Univ. Wratislaviensis, 1612, Antiquitas, 20). [Deutsche Zsfassung]. – IDEM. Julien Auguste et l'aristocratie municipale d'Afrique. Réflexions méthodologiques. *Antiquités africaines*, 94, 30, p. 271-280.

2400. KREMER (Bernhard). Das Bild der Kelten bis in augusteische Zeit. Studien zur Instrumentalisierung eines antiken Feindbildes bei griechischen und römischen Autoren. Stuttgart, Steiner, 94, 362 p. (Historia Einzelschriften, 88).

2401. LAURENCE (Ray). Rumour and communication in Roman politics. *Greece & Rome*, 94, 41, 1, p. 62-74.

2402. LINDNER (Ruth). Mythos und Identität. Studien zur Selbstdarstellung kleinasiatischer Städte in der römischen Kaiserzeit. Stuttgart, Steiner, 94, 200 p.

2403. LO CASCIO (Elio). La dinamica della popolazione in Italia da Augusto al III secolo. *In*: Italie d'Auguste à Dioclétien [Cf. n° 2396], p. 91-125. – IDEM. The size of the Roman population: Beloch and the meaning of the Augustan census figures. *Journal of Roman Studies*, 94, 84, p. 23-40.

2404. LORETO (Luigi). Il piano di guerra dei pompeiani e di Cesare dopo Farsalo (giugno–ottobre 48 a. C.). Uno studio sulla grande strategia della guerra civile. Amsterdam, Hakkert, 94, 101 p.

2405. Macht und Kultur im Rom der Kaiserzeit. Hrsg. v. Klaus ROSEN. Bonn, Bauvier, 94, 190 p. (Abb.). (Studium Universale, 16).

2406. MARCONE (Arnaldo). I cambiamenti dell'Impero Romano. *Rivista storica italiana*, 94, 106, 2, p. 393-402.

2407. MARTIN (P. M.). L'idée de royauté à Rome. Vol. 2. Haine de la royauté et séductions monarchiques (du IVe siècle av. J.-C. au principat augustéen). Clermont-Ferrand, Adosa, 94, XXIII-511 p. (tables). (Miroir des civilisations antiques, 2).

2408. Mélanges Pierre Lévêque. Ed. par Marie-Madeleine MACTOUX et Evelyne GENY. Vol. 8. Religion, anthropologie et société. [Vol. 7. Cf. Bibl. 93, n° 1923.]. Paris, Les Belles Lettres, 94, XXIX-409 p. (Annales Littéraires de l'Université de Besançon, 499. Centre de Recherches d'Histoire Ancienne, 124). [Cf. n^{os} <sélection> 2196, 2390, 2474, 2514, 2893.]

2409. MELANI (Chiara). Roma e le tribù della Mauritania Cesarense nel III secolo d. C.: una difficile convivenza. *Athenaeum*, 94, 82, 1, p. 153-176.

2410. MOREAU (Philippe). La mémoire fragile: falsification et destruction des documents publics au Ier siècle av. J. C. *In*: Mémoire perdue [Cf. n° 476], p. 121-147.

2411. NEMIROVSKIY (A. I.). Katalog narodov v "Etimologiyakh" Isidora Sevil'skogo (IX.1.1-2.135.). [Catalog of peoples in "Etimologias" of Isidor of Seville, (IX.1.1.-2.135.)]. *Vestnik drevney istorii*, 94, 58, 4, p. 158-167. (Eng. summary).

2412. PAOLETTI (Maurizio). Occupazione romana e storia delle città. *In*: Storia della Calabria [Cf. n° 2217], p. 467-556.

2413. PATTERSON (John R.). The collegia and the transformation of the towns of Italy in the second century AD. *In*: Italie d'Auguste à Dioclétien [Cf. no 2396], p. 227-238.

2414. PODOSINOV (A. V.). Orientatsiya po stranam sveta v drevnikh kul'turakh kak ob"ekt istoriko-antropologicheskogo issledovaniya. (Orientation towards cardinal points in ancient cultures as an object of historio-antropological research). *In*: Odissey. Chelovek v istorii. 1994. Kartina mira v narodnom i uchenom soznanii [Cf. n° 750], p. 37-53. (Eng. summary).

2415. PORTE (Danielle). La perle de Servilia (note sur la naissance de Marcus Junius Brutus). *Revue des Etudes Anciennes*, 94, 96, 3-4, p. 465-484.

2416. POTTER (D.). Prophets and emperors: human and divine authority from Augustus to Theodosius. Cambridge, Harvard U. P., 94, VIII-281 (figs.). (Revealing Antiquity, 7).

2417. Regierungszeit des Kaisers Claudius (41–54 n. Chr.) (Die). Umbruch oder Episode? Internationales interdisziplinäres Symposion aus Anlaß des hundertjährigen Jubiläums des Archäologischen Instituts der Universität Freiburg i. Br. (16.–18. Februar 1991). Hrsg. v. Volker M. STROCKA. Mainz, von Zabern, 94, IX-331 p. (Abb.). [Inhalt: KOSTER (Severin). Julier und Claudier im Spiegel literarischer Texte, p. 1-9. – DEMOUGIN (Ségolène). Claude et la société de son temps, p. 11-22. – ECK (Werner). Die Bedeutung der claudischen Regierungszeit für die administrative Entwicklung des römischen Reiches, p. 23-34. – TIMPE (Dieter). Claudius und die kaiserliche Rolle, p. 35-44. – KAENEL (Hans-Markus von). Zur Prägepolitik des Kaisers Claudius. Überlegungen zur Funktion von frisch geprägtem Edelmetall in der frühen Kaiserzeit, p. 45-68. – TRILLMICH (Walter). Aspekte der Augustus-Nachfolge des Kaisers Claudius, p. 69-90. – HÖLSCHER (Tonio). Claudische Staatsdenkmäler in Rom und Italien. Neue Schritte zur Festigung des Principats, p. 91-105. – LEFÈVRE (Eckard). Die Literatur der claudischen Zeit. Umbruch oder Episode? p. 107-117. – SCHMIDT (Peter L.). Claudius als Schriftsteller, p. 119-131. – MALITZ (Jürgen). Claudius (FGrHist 276) – der Princeps als Gelehrter, p. 133-144. – WOLF (Joseph G.). Claudius iudex, p. 145-158. – MASSNER (Ann-Kathrein). Zum Stilwandel im Kaiserporträt claudischer Zeit, p. 159-176. – TORELLI (Mario). Per un'eziologia del cambiamento in epoca Claudia. Vicende vicine e vicende lontane, p. 177-190. – STROCKA (Volker M.). Neubeginn und Steigerung des Principats. Zu den Ursachen des claudischen Stilwandels, p. 191-220. – ANDREAE (Bernard). Zur Einheitlichkeit der Statuenausstattung im Nymphäum des Kaisers Claudius bei Baiae, p. 221-243. – HESBERG (Henner von). Bogenmonumente und Stadttore in claudischer Zeit, p. 245-260. – MEGOW (Wolf R.). Claudische Kleinkunst – Toreutik und Kameen, p. 261-266. – LA ROCCA (Eugenio). Arcus et Arae Claudii, p. 267-293. – DÖPP (Siegmar). Claudius in Senecas Trostschrift an Polybius, p. 295-306. – GRIFFIN (Miriam T.). Claudius in the judgement of the next-half century, p. 307-316].

2418. RICHARD (Jean-Claude). A propos du premier triomphe de Publicola. *Mélanges de l'Ecole Française de Rome. Antiquité*, 94, 106, 1, p. 403-422. – IDEM. Kalendiis Ianuariis. Sur deux épisodes de la carrière de C. Marius. *Museum Helveticum*, 94, 51, p. 72-87.

2419. RUEBEL (J. S.). Caesar and the crisis of the Roman aristocracy. A civil war reader. Norman a. London, University of Oklahoma P., 94, XX-189 p. (maps). (Oklahoma Series in Classical Culture, 18).

2420. RYAN (F. X.). The quaestorship of Favonius and the tribunate of Metellus Scipio. *Athenaeum*, 94, 82, 2, p. 505-521.

2421. SALWAY (Benet). What's in a name? A survey of Roman onomastic practice from c. 700 B. C. to A. D. 700. *Journal of Roman Studies*, 94, 84, p. 124-145.

2422. SCUDERI (Rita). Il comportamento di Verre nell'orazione ciceroniana De suppliciis. Oratoria politica e realtà storica. *Rendiconti dell'Accademia Nazionale dei Lincei*, 94, 9, 5, p. 119-143.

2423. SHOTTER (D.). The fall of the Roman Republic. London a. New York, Routledge, 94, XI-114 p. (Lancaster Pamphlets).

2424. Starożytny Rzym we współczesnych badaniach. Państwo – społeczeństwo – gospodarka. (Rome antique dans les recherches contemporaines. Etat – société – économie). Liber in memoriam Lodovici Piotrowicz. Réd. József WOLSKI, Tadeusz KOTULA et Andrzej KUNISZ. Kraków, Uniw. Jagiell., 94, 410 p. (phot.).

2425. STORONI MAZZOLANI (Lidia). L'idea di città nel mondo romano. L'evoluzione del pensiero politico di Roma. Firenze, Le Lettere, 94, 163 p. (Le vie della storia, 16).

2426. TAINTER (Joseph A.). La fine dell'amministrazione centrale: il collasso dell'Impero romano d'Occidente. *In*: Storia d'Europa. Vol. 2. Preistoria e antichità [Cf. n° 907], p. 1207-1256.

2427. WHITTAKER (Dick). The politics of power: the cities of Italy. *In*: Italie d'Auguste à Dioclétien [Cf. n° 2396], p. 127-143.

2428. WIEDEMANN (Thomas). Emperors, usurpers and bandits. The power of the centre and the power of the provinces in the politics of the Principate. *In*: Federazioni e federalismo [Cf. n° 2385], p. 425-434.

2429. WIEMER (Hans-Ulrich). Libanios und Zosimos über den Rom-Besuch Konstantins I. im Jahre 326. *Historia*, 94, 43, 4, p. 469-494.

2430. WIERSCHOWSKI (Lothar). Die historische Demographie: ein Schlüssel zur Geschichte? Bevölkerungsrückgang und Krise des Römischen Reiches im 3. Jh. n. Chr. *Klio*, 94, 76, p. 355-380.

2431. WILD (Helmut). Untersuchungen zur Innenpolitik des Gaius Flaminius. München, Dissertationsdruck, 94, 335 p.

2432. WILLIAMS (Stephen), FRIELL (Gerard). Theodosius. The Empire at bay. London a. New York, Routledge, 94, 240 p. (ills., figs., maps). (Roman imperial biographies).

2433. *Vacat.*

2434. World of Roman costume (The). Ed. by Judith L. SEBESTA, Larissa BONFANTE. Madison, The University of Wisconsin Press, 94, XVIII-274 p. (Wisconsin Studies in Classics).

2435. WYLIE (Graham). Lucullus daemoniac. *L'Antiquité Classique*, 94, 63, p. 109-119.

2436. ZOSSO (François), ZINGG (Christian). Les empereurs romains (27 av. J.-C.-467 ap. J.-C.). Paris, Ed. Errance, 94, 256 p.

2437. ZUCKERMAN (Constantin). L'Empire d'Orient et les Huns. Notes sur Priscus. *Travaux et mémoires du Centre de recherches d'hist. et civil. byzantines*, 94, 12, p. 159-182. – IDEM. Les campagnes des tétrarques, 296-298. Notes de chronologie. *Antiquité tardive*, 94, 2, p. 65-70.

Cf. n^{os} *875, 1078, 1738, 1744*

§ 5. Storia del diritto e delle istituzioni.

2438. AGUSTA-BOULAROT (Sandrine). Les références épigraphiques aux grammatici et grammatikoi de l'Empire romain (Ier siècle av. J.-C.–IVe siècle ap. J.-C.). *Mélanges de l'Ecole Française de Rome. Antiquité*, 94, 106, 2, p. 653-746.

2439. ALSTON (R.). Roman military pay from Caesar to Diocletian. *Journal of Roman Studies*, 94, 84, p. 113-123.

2440. ARCE (Javier). La transformación administrativa de Italia: Diocleciano. *In*: Italie d'Auguste à Dioclétien [Cf. n° 2396], p. 399-409.

2441. BURNAND (Yves). Remarques sur quelques problèmes institutionnels du pagus et du vicus en Narbonnaise et dans les Trois Gaules. *Latomus*, 94, 53, 4, p. 733-747.

2442. CAVALLINI (Eleonora). Legge di natura e condizione dello schiavo. *Labeo*, 94, 40, p. 72-86.

2443. CECCONI (Giovanni Alberto). Governo imperiale e élites dirigenti nell'Italia tardoantica. Problemi di storia politico-amministrativa (270–476 d. C.). Como, Edizioni New Press, 94, 270 p. (Biblioteca di Athenaeum, 24). – IDEM. Sulla denominazione dei distretti di tipo provinciale nell'Italia tardoantica. *Athenaeum*, 94, 82, 1, p. 177-184.

2444. CHASTAGNOL (A.). L'empereur Hadrien et la destinée du droit latin provincial au IIe siècle après Jésus-Christ. *Revue historique*, 94, 118, 292 (592), p. 217-228.

2445. CLOPPET (Christian). Le droit et l'aménagement des voies publiques sous l'Empire romain. *Ktema*, 94, 19, p. 309-318.

2446. COREY BRENNAN (T.). M. Curius Dentatus and the praetor's right to triumph. *Historia*, 94, 43, 4, p. 423-439.

2447. DEMOUGIN (Ségolène). A propos des élites locales en Italie. *In*: Italie d'Auguste à Dioclétien [Cf. n° 2396], p. 353-376.

2448. DONDIN-PAYRE (Monique). Choix et contraintes dans l'expression de la parenté dans le monde romain. *Cahiers du Centre G. Glotz*, 94, 5, p. 127-163.

2449. HERMON (Ella). Coutumes et lois dans l'histoire agraire républicaine. *Athenaeum*, 94, 82, 2, p. 496-505. – IDEM. Les lois Licinia-Sextia: un nouvel examen. *Ktema*, 94, 119, p. 119-142.

2450. HURLET (Frédéric). Recherches sur la durée de l'imperium des co-régents sous les principats d'Auguste et de Tibère. *Cahiers du Centre G. Glotz*, 94, 5, p. 255-289.

2451. KRZYNÓWEK (Jerzy). Precarium a klientela. (Precarium et la clientéle). *Przegl. hist.*, 93 (94), 84, 4, p. 427-432.

2452. LAFFI (Umberto). Senatori prosciolti: a proposito di un provvedimento poco noto del 33 a. C. (Cassio Dione, XLIX, 43, 5). *Athenaeum*, 94, 82, 1, p. 41-52.

2453. LE ROUX (Patrick). La tessère de Montealegre et l'évolution des communautés indigènes d'Auguste à Hadrien. *Klio*, 94, 76, p. 342-354.

2454. LINDSAY (Hugh). Suetonius as ab epistulis to Hadrian and the early history of the imperial correspondence. *Historia*, 94, 43, 4, p. 454-468.

2455. LIOU-GILLE (Bernadette). La perduellio: les procès d'Horace et de Rabirius. *Latomus*, 94, 53, 1, p. 3-38.

2456. MANTOVANI (Dario). Gaio Gracco e i dikastai di Plut. C. Gr. 3.7. *Athenaeum*, 94, 82, 1, p. 13-29.

2457. MIGL (J.). Die Ordnung der Ämter. Prätorianerpräfektur und Vikariat in der Regionalverwaltung des Römischen Reiches von Konstantin bis zur valentinianischen Dynastie. Frankfurt am Main, Berlin u. Bern, Lang, 285 p. (Europäische Hochschulschriften. Reihe 3, Geschichte und ihre Hilfswissenschaften, 623).

2458. MUSTAKALLIO (Katarina). Death and disgrace. Capital penalties with post mortem sanctions in early Roman historiography. Helsinki, Suomalainen Tiedeakatemia, 94, 96 p. (maps). (Annales Academiae Scientiarum Fennicae Dissertationes Humanarum Litterarum, 72).

2459. NAVARRA (M.). Riferimenti normativi e prospettive giuspubblicistiche nelle «Res Gestae» di Ammiano Marcellino. Milano, Giuffrè, 94, 310 p.

2460. NICOLET (Claude). L'Italie comme ordre juridique sous le Haut-Empire. *In*: Italie d'Auguste à Dioclétien [Cf. n° 2396], p. 377-398.

2461. PENNITZ (M.). Die Gefahrtragung beim Weinverkauf im klassischen römischen Recht. *R. Hist. Droit*, 94, 62, p. 251-296.

2462. POMATA (Gianna). Legami di sangue, legami di seme. Consanguineità e agnazione nel diritto romano. *Quaderni storici*, 94, 29, 86, p. 299-334.

2463. RIVIÈRE (Yann). Carcer et uincula: la détention publique à Rome (sous la République et le Haut-Empire). *Mélanges de l'Ecole Française de Rome. Antiquité*, 94, 106, 2, p. 579-652.

2464. Roman law tradition (The). Ed. by A. D. E. LEWIS, D. J. IBBETSON. Cambridge, Cambridge U. P., 94, 248 p.

2465. ROTH (Jonathan). The size and organization of the Roman imperial legion. *Historia*, 94, 43, 3, p. 346-362.

2466. RYAN (Frank). The ciceronian phrase for Antragsteller. *Klio*, 94, 76, p. 326-341.

2467. SARGENTI (Manlio). Le res nel diritto del tardo impero. *Labeo*, 94, 40, p. 309-324.

2468. SIRKS (A. J. B.). Sacra, succession and the lex Voconia. *Latomus*, 94, 53, 2, p. 273-296.

2469. SPEIDEL (M. P.). Riding for Caesar: the Roman emperor's horse guard. London, Batsford, 94, 223 p. (pls., maps).

2470. TOKMAKOV (V. N.). Rimskiy senat i tsenturiatnaya voennaya organizatsiya v period Ranney respubliki. (Roman senate and centurial military organisation in the Early republic of the 5th and 4th centuries B. C.). *Vestnik drevney istorii*, 94, 58, 2, p. 34-49. (Eng. Summary).

2471. VALVO (Alfredo). Modalità del giuramento romano a conclusione di un trattato o di un'alleanza. *In*: Federazioni e federalismo [Cf. n° 2385], p. 373-386.

2472. VIRLOUVET (Catherine). Les lois frumentaires d'époque républicaine. *In*: Ravitaillement en blé [Cf. n° 2517], p. 11-29.

2473. ZACCARIA (Claudio). Il territorio dei municipi e delle colonie dell'Italia nell'età alto imperiale alla luce della più recente documentazione epigrafica. *In*: Italie d'Auguste à Dioclétien [Cf. n° 2396], p. 309-327.

Cf. n°s 2290, 2491, 2521, 2521

§ 6. Storia economica e sociale.

2474. ANDREAU (Jean). Encore quelques mots sur les latifundia. *In*: Mélanges Pierre Lévêque [Cf. n° 2408], p. 1-12. – IDEM. L'Italie impériale et les provinces: déséquilibre des échanges et flux monétaires. *In*: Italie d'Auguste à Dioclétien [Cf. n° 2396], p. 175-203. – IDEM. Pouvoirs publics et archives des banquiers professionnels. *In*: Mémoire perdue [Cf. n° 476], p. 1-18.

2475. AUBERT (Jean-Jacques). Business managers in ancient Rome. Institor, 200 B. C.–A. D. 250. Leiden, New York a. Köln, E. J. Brill, 94, 552 p.

2476. BAUMANN (Richard A.). Women and politics in ancient Rome. London a. New York, Routledge, 94, 320 p.

2477. BEAUCAMP (Joëlle). Discours et normes: la faiblesse féminine dans les textes protobyzantins. *Cahiers du Centre G. Glotz*, 94, 5, p. 199-220.

2478. BRADLEY (K. R.). Slavery and society at Rome. Cambridge, Cambridge U. P., 94, XIV-202 p. (Key Themes in Ancient History).

2479. CAMILLI (Luciano), TAGLIETTI (Franca). Osservazioni sulla produzione laterizia della tarda età repubblicana e della prima età imperiale. *In*: Epigrafia della produzione [Cf. n° 2254], p. 303-333.

2480. CAMODECA (Giuseppe). Puteoli porto annonario e il commercio del grano in età imperiale. *In*: Ravitaillement en blé [Cf. n° 2517], p. 103-128.

2481. CARANDINI (Andrea). I paesaggi agrari dell'Italia romana visti a partire dall'Etruria. *In*: Italie d'Auguste à Dioclétien [Cf. n° 2396], p. 167-174.

2482. CARRIE (Jean-Michel). Dioclétien et la fiscalité. *Antiquité tardive*, 94, 2, p. 33-64.

2483. CLARK (Gillian). Women in late antiquity. Pagan and christian lifestyles. Oxford, Clarendon Press, 94, XIX-159 p. (tables).

2484. COARELLI (Filippo). Saturnino, Ostia e l'annona. Il controllo e l'organizzazione del commercio del grano tra II e I secolo a. C. *In*: Ravitaillement en blé [Cf. n° 2517], p. 35-46.

2485. CORCORAN (Simon), DELAINE (Janet). The unit measurement of marble in Diocletian's Prices Edict. *Journal of Roman Archaeology*, 94, 7, p. 263-273.

2486. COULON (Gérard). L'enfant en Gaule Romaine. Paris, Ed. Errance, 94, 208 p. (ill.).

2487. DE MARTINO (Francesco). Dalle lettere di Plinio Junior alla Tavola di Veleia. *La parola del passato*, 94, 49, p. 321-336.

2488. DENIAUX (Elizabeth). Le patronage de Cicéron et l'arrivée des blés de Sicile à Rome. *In*: Ravitaillement en blé [Cf. n° 2517], p. 243-253.

2489. DOMERGUE (Claude). Production et commerce des métaux dans le monde romain: l'exemple des métaux hispaniques d'après l'épigraphie des lingots. *In*: Epigrafia della produzione [Cf. no 2254], p. 61-91.

2490. DUNCAN-JONES (Richard). Money and government in the Roman Empire. Cambridge, Cambridge U. P., 94, 300 p. (ill.).

2491. FAYER (Carla). La familia romana: aspetti giuridici ed antiquari. Parte I. Roma, L'Erma di Bretschneider, 94, 728 p. (Problemi e ricerche di storia antica, 16).

2492. HAHN (Ulrike). Die Frauen des römischen Kaiserhauses und ihre Ehrungen im griechischen Osten anhand epigraphischer und numismatischer Zeugnisse von Livia bis Sabina. Saarbrücken, Saarbrücker Druckerei und Verlag, 94, 447 p. (Saarbrücker Studien zur Archäologie und alten Geschichte, 8).

2493. HARRIS (W. V.). Child-exposure in the Roman Empire. *Journal of Roman Studies*, 94, 84, p. 1-22.

2494. HERRMANN-OTTO (Elisabeth). Ex ancilla natus. Untersuchungen zu den hausgeborenen Sklaven und Sklavinnen im Westen des römischen Kaiserreiches. Stuttgart, Steiner, 94, VIII-512 p. (Forschungen zur antiken Sklaverei, 24).

2495. HEUCKE (Clemens). Circus und Hippodrom als politischer Raum. Untersuchungen zum großen Hippodrom von Konstantinopel und zu entsprechenden Anlagen in spätantiken Kaiserresidenzen. Hildesheim, Zürich u. New York, Olms-Weidmann, 94, VIII-456 p. (Altertumswissenschaftliche Texte und Studien, 28).

2496. HOWGEGO (Christopher). Coin circulation and the integration of the Roman economy. *Journal of Roman Archaeology*, 94, 7, p. 5-21.

2497. KEHOE (Dennis P.). Approaches to profit and management in Roman agriculture: the evidence of the Digest. *In*: Landuse [Cf. n° 2502], p. 45-58.

2498. KOLENDO (Jerzy). Praedia suburbana e loro redditività. *In*: Landuse [Cf. n° 2502], p. 59-71.

2499. KOPTEV (A. V.). Formirovanie krepostnogo prava v pozdney Rimskoy imperii. (Formation of serfdom in the late Roman empire). *Vestnik drevney istorii*, 94, 58, 4, p. 40-63. (Eng. summary).

2500. KRAUSE (Jens-Uwe). Witwen und Waisen im Römischen Reich (200 v. Chr.–600 n. Chr.). Vol. 1. Verwitwung und Wiederverheiratung. Vol. 2. Wirtschaftliche und gesellschaftliche Stellung von Witwen. Stuttgart, Steiner, 94, XI-304 p., VIII-357 p. (Habes, 16-17).

2501. KYTZLER (Bernhard). Frauen der Antike. Von Aspasia bis Zenobia. Zürich, Artemis & Winkler, 94, 191 p. (Abb.).

2502. Landuse in the Roman Empire. Ed. by Jesper CARLSEN, Peter ØRSTED, Jens E. SKYDSGAARD. Roma, L'Erma di Bretschneider, 94, 192 p. (ills., maps). (Analecta Romana Instituti Danici, Supplementum 22). [Cf. n^os <choice> 2497, 2498, 2508, 2512, 2515, 2519, 2524.]

2503. LEVICK (Barbara). Roman women in a corporate state? *Ktema*, 94, 19, p. 259-267.

2504. MALISSARD (A.). Les Romains et l'eau. Fontaines, salles de bains, thermes, égouts, aqueducs. Paris, Les Belles Lettres, 94, 342 p. (ill.).

2505. MANACORDA (Daniele). Produzione agricola, produzione ceramica e proprietà della terra nella Calabria romana tra Repubblica e Impero. *In*: Epigrafia della produzione [Cf. n° 2254], p. 3-59.

2506. MARASCO (Gabriele). L'inscription de Takina et la politique sociale de Caracalla. *Mnemosyne*, 94, series 4, 47, p. 495-511.

2507. MARTEM'YANOV (A. P.). Agrarnye otnosheniya v Nizhney Mezii i Frakii v pervykh vekakh nashey ery. (Agrarian relations in Lower Moesia and Thracia in the firsts centuries A. D.). *Vestnik drevney istorii*, 94, 58, 2, p. 124-142. (Eng. summary).

2508. MATTINGLY (David J.). Regional variation in Roman Oleoculture: some problems of comparability. *In*: Landuse [Cf. n° 2502], p. 91-106.

2509. MOATTI (Claude). Les archives des terres publiques à Rome (Ier siècle av.–Ier siècle ap. J.-C.): le cas des assignations. *In*: Mémoire perdue [Cf. n° 476], p. 103-121.

2510. NICOLET (Claude). Dîmes de Sicile, d'Asie et d'ailleurs. *In*: Ravitaillement en blé [Cf. n° 2517], p. 215-229. – IDEM. Documents fiscaux et géographie de la Rome ancienne. *In*: Mémoire perdue [Cf. n° 476], p. 149-172.

2511. Numismatique romaine. Ed. par Georges DEPEYROT. L'Empire Romain. Vol. 1. 31 av. J.-C.–95 ap. J.-C.). Ed. par Sabine BOURGEY et Georges DEPEYROT. Paris, Ed. Errance, 94, 176 p. (tab.).

2512. ØRSTED (Peter). From Henchir Mettich to the Albertini tablets. A study in the economic and social significance of the Roman lease system (locatio-conductio). *In*: Landuse [Cf. n° 2502], p. 115-125.

2513. PANELLA (Clementina), TCHERNIA (André). Produits agricoles transportés en amphores: l'huile et surtout le vin. *In*: Italie d'Auguste à Dioclétien [Cf. n° 2396], p. 145-165.

2514. PÉREZ (Christine). Prolégomènes à l'étude d'un rouage essentiel dans le fonctionnement des relations d'amicitia et de la vie publique de Cicéron: les messagers. *In*: Mélanges Pierre Lévêque [Cf. n° 2408], p. 293-360.

2515. QUILICI GIGLI (Stefania). The changing landscape of the Roman Campagna. Lo sfruttamento del territorio in età imperiale. *In*: Landuse [Cf. n° 2502], p. 135-143.

2516. RAEPSAET-CHARLIER (Marie-Thérèse). La vie familiale des élites dans la Rome impériale: le droit et la pratique. *Cahiers du Centre G. Glotz*, 94, 5, p. 164-197.

2517. Ravitaillement en blé de Rome et des centres urbains des débuts de la République jusqu'au Haut Empire (Le). Actes du colloque international organisé par le Centre Jean Bérard et l'URA 994 du CNRS (Naples, 14–16 février 1991). Napoli, Centre Jean Bérard et Roma, Ecole Française de Rome, 94, 335 p. (ill.). (Collection du Centre Jean Bérard, 11. Collection de l'Ecole Française de Rome, 196). [Cf. n°s <sélection> 2472, 2480, 2484, 2488, 2510, 2533.]

2518. ROMAN (Yves). L'idéologie des nobles à Rome et ses conséquences économiques et sociales à l'époque républicaine. *Ktema*, 94, 119, p. 111-118.

2519. ROSAFIO (Pasquale). Slaves and Coloni in the villa system. *In*: Landuse [Cf. n° 2502], p. 145-158.

2520. SABBAH (Guy). Castum, incestum: éléments d'une éthique sexuelle dans l'Histoire d'Ammien Marcellin. *Latomus*, 94, 53, 2, p. 317-339.

2521. SALIOU (Catherine). Les lois des bâtiments. Voisinage et habitat urbain dans l'Empire romain. Recherches sur les rapports entre le droit et la construction privée du siècle d'Auguste au siècle de Justinien. Beyrouth, Institut français d'archéologie du Proche-Orient, 94, 340 p.

2522. SALLER (Richard P.). Patriarchy, property and death in the Roman family. Cambridge, Cambridge U. P., 94, XIV-249 p. (Cambridge studies in population, economy and society in the past time, 25).

2523. SCHALL (Ute). Am Anfang war die Wölfin. Frauen im alten Rom. Düsseldorf, Droste, 94, 466 p.

2524. SCHEIDEL (Walter). Columellas privates ius liberorum: Literatur, Recht, Demographie. Einige Probleme. *Latomus*, 94, 53, 3, p. 513-527. – IDEM. Grain cultivation in the villa economy of Roman Italy. *In*: Landuse [Cf. n° 2502], p. 159-166. – IDEM. Grundpacht und Lohnarbeit in der Landwirtschaft des römischen Italien. Frankfurt am Main, Berlin u. Bern, Lang, 94, XIII-281 p. (Europäische Hochschulschriften, 3: Geschichte und ihre Hilfswissenschaften, 624).

2525. SCHLINKERT (Dirk). Der Hofeunuch in der Spätantike: ein gefährlicher Außenseiter? *Hermes*, 94, 122, p. 342-359.

2526. SCHULTE (Claudia). Die Grammateis von Ephesos. Schreiberamt und Sozialstruktur in einer Provinzhauptstadt des römischen Kaiserreiches. Stuttgart, Steiner, 94, V-234 p.

2527. SORICELLI (Gianluca). Lo sfruttamento minerario della Gallia Transalpina tra il II secolo a. C. ed il I secolo d. C. *Rendiconti dell'Accademia Nazionale dei Lincei*, 94, 9, 5, p. 215-245.

2528. STRUBBE (J. H. M.). Armenzorg in de Grieks-Romeinse wereld. (Poor relief in the Greek-Roman world). *T. Gesch.*, 94, 107, p. 163-183.

2529. SUDER (Wiesław). Starość i śmierć w antycznym Rzymie. (La vieillesse et la mort à Rome antique). *Przegl. hist.*, 94, 85, 1-2, p. 1-14.

2530. VERA (Domenico). L'Italia agraria nell'età imperiale: fra crisi e trasformazione. *In*: Italie d'Auguste à Dioclétien [Cf. n° 2396], p. 239-248.

2531. WALLACE-HADRILL (Andrew). Houses and society in Pompeii and Herculaneum. Princeton, Princeton U. P., 94, XIX-244 p. (figs., tables, color pls.).

2532. WHITTAKER (C. R.). Frontiers of the Roman empire. A social and economic study. Baltimore a. London, Johns Hopkins U. P., 94, XVI-341 p.

2533. ZEVI (Fausto). Le grandi navi mercantili, Puteoli e Roma. *In*: Ravitaillement en blé [Cf. n° 2517], p. 61-68.

Cf. n°s *1734, 1737, 1742, 1923, 1929, 1934, 1954, 1962*

§ 7. Storia della letteratura, della filosofia e delle scienze.

2534. ABRAMENKO (Andrik). Zeitkritik bei Sueton. Zur Datierung der Vitae Caesarum. *Hermes*, 94, 122, p. 80-94.

2535. ADAMIK (Tamás). Római irodalom az aranykorban. (Littérature romaine à l'époque dorée). Pécs, Seneca, 94, 317 p.

2536. AMORY (Patrick). Ethnographic rhetoric, aristocratic attitudes and political allegiance in post-Roman Gaul. *Klio*, 94, 76, p. 438-453.

2537. ANCONA (Ronnie). Time and the erotic in Horace's odes. Durham a. London, Duke U. P., 94, X-186 p.

2538. Aufstieg und Niedergang der römischen Welt. Geschichte und Kultur Roms im Spiegel der neueren

Forschung. Hrsg. v. Wolfgang HAASE u. Hildegard TEMPORINI. Teil 2. Principat. Bd. 37. Wissenschaften (Medizin und Biologie). Teilbd. 2. [Teilbd. 1. Cf. Bibl. 93, n° 2607.]. Hrsg. v. Wolfgang HAASE. Berlin u. New York, de Gruyter, 94, XIX-1141 p.

2539. BARCHIESI (Alessandro). Il poeta e il principe: Ovidio e il discorso augusteo. Roma e Bari, Laterza, 94, XVI-358 p.

2540. BARTSCH (S.). Actors in the audience. Theatricality and doublespeak from Nero to Hadrian. Cambridge, Harvard U. P., 94, VIII-310 p. (Revealing Antiquity, 6).

2541. BATTY (R. M.). On Getic and Sarmatian shores: Ovid's account of the Danubian lands. *Historia*, 94, 43, 1, p. 88-111.

2542. BELL, Jr. (Albert A.). Fact and exemplum in accounts of the deaths of Pompey and Caesar. *Latomus*, 94, 53, 4, p. 824-836.

2543. Bimilenario de Horacio. Ed. por R. CORTÉZ TOVAR, J. C. FERNÁNDEZ CORTE. Salamanca, Ediciones Universidad de Salamanca, 94, 431 p. (Acta Salamanticensia, Estudios Filológicos, 258).

2544. BLÄNSDORF (Jürgen). Die Kunst der historischen Szene in den Annalen des Tacitus. *Latomus*, 94, 53, 4, p. 761-778.

2545. BOWERSOCK (Glenn W.). Fiction as history. From Nero to Julian. Berkeley a. London, California U. P., 94, XIV-181 p. (Sather classical lectures, 58).

2546. CANOBBIO (Alberto). Sulla cronologia del V libro di Marziale. *Athenaeum*, 94, 82, 2, p. 540-550.

2547. COGITORE (Isabelle). Praecursoria consolatoria: hypothèses de travail sur la Consolatio ad Liuiam de morte Drusi. *Mélanges de l'Ecole Française de Rome. Antiquité*, 94, 106, 2, p. 1095-1117.

2548. COX MILLER (Patricia). Dreams in late antiquity. Studies in the imagination of a culture. Princeton, Princeton U. P., 94, 273 p.

2549. DOMINIK (William J.). Speech and rhetoric in Statius' Thebaid. Hildesheim a. Zürich a. New York, Olms-Weidmann, 94, IX-377 p. (Altertumswissenschaftliche Texte und Studien, 27). – IDEM. The mythic voice of Statius. Power and politics in the Thebaid. Leiden, New York a. Köln, E. J. Brill, 94, XIV-198 p. (Mnemosyne Suppl., 136).

2550. EDWARDS (M. J.). Callimachus, roman poetry and the impotence of song. *Latomus*, 94, 53, 4, p. 806-823.

2551. FEIN (S.). Die Beziehungen der Kaiser Trajan und Hadrian zu den litterati. Stuttgart u. Leipzig, Teubner, 94, 404 p. (Beiträge zur Altertumskunde, 26).

2552. FORSYTHE (G.). The historian L. Calpurnius Piso Frugi and the Roman annalistic tradition. New York a. London, University Press of America, 94, XI-552 p.

2553. FRANGOULIDIS (Stavros A.). Performance and improvisation in Terence's Eunuchus. *Quaderni Urbinati*, 94, 48, 3, p. 121-130.

2554. GALE (Monica). Myth and poetry in Lucretius. Cambridge, Cambridge U. P., 94, XIV-260 p. (Cambridge classical studies).

2555. GÄRTNER (Ursula). Gehalt und Funktion der Gleichnisse bei Valerius Flaccus. Stuttgart, Steiner, 94, 360 p. (Hermes. Einzelschriften, 67).

2556. HARRIES (J.). Sidonius Apollinaris and the fall of Rome, AD 407–485. Oxford, Clarendon Press, 94, XIV-292 p. (map).

2557. HAVAS (Laszlo). Fédéralisme romain dans la conception organique de l'histoire. A propos de l'Epitomé de Florus. *In*: Federazioni e federalismo [Cf. n° 2385], p. 443-456.

2558. HERBERT-BROWN (Geraldine). Ovid and the Fasti. An historical study. Oxford, Clarendon Press, 94, XIII-249 p. (Oxford classical monographs).

2559. HORSFALL (Nicholas). The prehistory of latin poetry. Some problems of method. *Rivista di Filologia e di Istruzione Classica*, 94, 122, 1, p. 50-75.

2560. HOSE (M.). Erneuerung der Vergangenheit. Die Historiker im Imperium Romanum von Florus bis Cassius Dio. Stuttgart u. Leipzig, Teubner, 94, XI-522 p. (Beiträge zur Altertumskunde, 45).

2561. JANAN (M.). When the lamp is shattered. Desire and narrative in Catullus. Carbondale, Southern Illinois U. P., 94, XVIII-204 p.

2562. LIBERMAN (Gauthier). Observations sur le texte et la date de la Consolation à Livie. *Mélanges de l'Ecole Française de Rome. Antiquité*, 94, 106, 2, p. 1119-1136.

2563. LYNE (R. O. A. M.). Vergil's Aeneid: subversion by intertextuality. Catullus 66.39-40 and other examples. *Greece & Rome*, 94, 41, 2, p. 187-204.

2564. MAC KECHNIE (Paul). St. Perpetua and Roman education in A. D. 200. *L'Antiquité Classique*, 94, 63, p. 279-291.

2565. MAC L. CURRIE (H.). The Satyricon's serious side: Petronius and Publilius. *Latomus*, 94, 53, 4, p. 748-760.

2566. MALEUVRE (J.-Y.). L'Enéide sous l'Enéide d'après une étude du neuvième livre. *Revue belge de philosophie et d'histoire*, 94, 72, 1, p. 35-61.

2567. MAUSE (Michael). Die Darstellung des Kaisers in der lateinischen Panegyrik. Stuttgart, Steiner, 94, X-317 p. (Palingenesia, 50).

2568. MÉTHY (Nicole). Une signification nouvelle pour le nom de Rome au second siècle de notre ère? A propos d'une phrase de Marc-Aurèle. *Revue belge de philosophie et d'histoire*, 94, 72, 1, p. 98-110.

2569. MOTTO (Anna L.), CLARK (John R.). Satire in Seneca's De brevitate vitae. *L'Antiquité Classique*, 94, 63, p. 161-171.

2570. MYERS (K. S.). Ovid's causes: cosmogony and aetiology in the Metamorphoses. Ann Arbor, University of Michigan Press, 94, XVI-206.

2571. NESSELRATH (Heinz-Günther). Menippeisches in der Spätantike: von Lukian zu Julians Caesares und zu Claudians In Rufinum. *Museum Helveticum*, 94, 51, p. 30-44.

2572. PERKINS (Judith B.). The Passion of Perpetua: a narrative of empowerment. *Latomus*, 94, 53, 4, p. 837-847.

2573. Projet de Vitruve (Le). Objet, destinataires et réception du De architectura. Actes du colloque international organisé par l'Ecole française de Rome, l'Institut de recherche sur l'architecture antique du CNRS et la Scuola normale superiore de Pise (Rome, 26-27 mars 1993). Roma, Ecole Française de Rome, 94, 259 p. (Collection de l'Ecole Française de Rome, 192).

2574. RAMAGE (E. S.). The so-called Laudatio Turiae as panegyric. *Atnenaeum*, 94, 82, 2, p. 341-370.

2575. RAMON (Vicente). El «Cato» de Cornelio Nepote y los origines de la biografia politica grecolatina. *Quaderni di storia*, 94, 20, 39, p. 279-288.

2576. RIST (John M.). Augustine. Ancient thought baptized. Cambridge, Cambridge U. P., 94, XX-334 p.

2577. RIVES (J. B.). The priesthood of Apuleius. *American Journal of Philology*, 94, 115, 2, p. 273-290.

2578. RÖMER (Franz). Mode und Methode in der Deutung panegyrischer Dichtung der nachaugusteischen Zeit. *Hermes*, 94, 122, p. 95-113.

2579. RONCA (Italo). Ex Africa semper aliquid novi: the ever surprising vicissitudes of a pre-aristotelian proverb. *Latomus*, 94, 53, 3, p. 570-593.

2580. ROSSI (Chiara). Osservazioni su modelli e stile del De Insitione. *Athenaeum*, 94, 82, 1, p. 75-93.

2581. SAAVEDRA GUERRERO (M. Daría). El mecenazgo femenino imperial: el caso de Julia Domna. *L'Antiquité Classique*, 94, 63, p. 193-200.

2582. SCHOLZ (Udo W.). Annales und Historia(e). *Hermes*, 94, 122, p. 64-79.

2583. SHACKLETON BAILEY (D. R.). Homoeoteleuton in latin dactylic verse. Stuttgart a. Leipzig, Teubner, 94, X-241 p. (Beiträge zur Altertumskunde, 31).

2584. SHARROCK (Alison). Seduction and repetition in Ovid's Ars Amatoria II. Oxford, Clarendon Press, 94, XIV-320 p.

2585. STAGNI (Ernesto). Apokolokyntosis. Appunti sulla tradizione di Dione Cassio-Xifilino. *Rivista di Filologia e di Istruzione Classica*, 94, 122, 3, p. 298-339.

2586. SVARLIEN (John). Lucilianus character. *American Journal of Philology*, 94, 115, 2, p. 253-267.

2587. TABORELLI (Luigi). Aromata e medicamenta exotica in Plinio. *Athenaeum*, 94, 82, 1, p. 111-151.

2588. TAISNE (A. -M.). L'esthétique de Stace. La peinture des correspondances. Paris, Les Belles Lettres, 94, 433 p. (Collection d'études anciennes, 122).

2589. TRAINA (Giusto). Roma e l'Italia: tradizioni locali e letteratura antiquaria (II a. C.–II d. C.). Parte II. *Rendiconti dell'Accademia Nazionale dei Lincei*, 94, 9, 5, p. 87-118.

2590. VIELBERG (Meinolf). Necessitas in Senecas Troades. *Philologus*, 94, 138, 2, p. 315-334.

2591. WIEDEMANN (T.). Cicero and the end of the Roman Republic. London, Bristol Classical Press, 94, X-92 p. (figs.). (Classical World Series).

2592. WILKINS (A. T.). Villain or hero. Sallust's portrayal of Catiline. New York, Peter Lang, 94, IX-171 p. (American University Studies, XVII, 15).

2593. WILLIAMS (Gareth D.). Banished voices. Readings in Ovid's exile poetry. Cambridge, Cambridge U. P., 94, IX-234 p. (Cambridge Classical Studies).

Cf. n°s 560, 1222, 1755, 1938, 2064, 2270-2357

§ 8. Religione e mitologia.

2594. ABERSON (M.). Temples votifs et butin de guerre dans la Rome républicaine. Olten et Lausanne, Urs Graf Verlag, 94, 286 p. (Bibliotheca Helvetica Romana, 26).

2595. ADAMO MUSCETTOLA (Stefania). I Flavi tra Iside e Cibele. *La parola del passato*, 94, 49, p. 83-118.

2596. BAKKER (J. Th.). Living and working with the gods. Studies of evidence for private religion and its material environment in the city of Ostia (100–500 AD). Amsterdam, Gieben, 94, IX-311 p. (pls., figs.).

2597. BĂRBULESCU (Mihai). La religione nella Dacia romana. *In*: Atti. Accademia Peloritana dei Pericolanti. Classe di lettere, filosofia e belle arti. Vol. 68. Anno accademico CCLXIII (1992). Messina, 94, p. 145-159.

2598. BECK (R.). Cosmic models: somes uses of hellenistic science in Roman religion. *Apeiron*, 94, 27, 4, p. 99-117.

2599. CALDERONE (Salvatore). Per l'interpretatio astrologica di divinità pagane nella tarda antichità: il caso dei Dioscuri su monete e nell'ippodromo di Costantinopoli. *In*: Agathe elpis [Cf. n° 2086], p. 237-241.

2600. CAMERON (Averil). Christianity and the rhetoric of Empire. The development of Christian discourse. Berkeley a. London, University of California Press, 94, 260 p. (Sather classical lectures, 55).

2601. Città e il sacro (La). A cura di Franco CARDINI. Milano, Scheiwiller, 94, XVI-498 p. (ill., piante). (Civitas Europaea). [Cf. n^{os} <scelta> 2617, 2860.]

2602. CLAUSS (Manfred). Die Anhängerschaft des Silvanus-Kultes. *Klio*, 94, 76, p. 381-387.

2603. COARELLI (Filippo). Iside e Fortuna a Pompei e a Palestrina. *La parola del passato*, 94, 49, p. 119-129.

2604. COHEE (Peter). Instauratio Sacrorum. *Hermes*, 94, 122, p. 451-468.

2605. DE VOS (Mariette). Aegyptiaca Romana. *La parola del passato*, 94, 49, p. 130-159.

2606. DEREMETZ (Alain). La prière en représentation à Rome. De Mauss à la pragmatique contemporaine. *Revue de l'Histoire des Religions*, 94, 221, 2, p. 142-165.

2607. GALSTERER (Hartmut). Il pagus Arusnatium e i suoi culti. *In*: Culti pagani [Cf. n° 2197], p. 53-62.

2608. GHEDINI (F.). La fortuna del mito di Achille nella propaganda tardo repubblicana ed imperiale. *Latomus*, 94, 53, 2, p. 297-316.

2609. LANDUCCI GATTINONI (Franca). Le Fatae nella Cisalpina romana. *In*: Culti pagani [Cf. n° 2197], p. 85-95.

2610. MASTROCINQUE (Attilio). Il culto di Saturno nell'Italia settentrionale romana. *In*: Culti pagani [Cf. n° 2197], p. 97-117.

2611. MAZZANTI (A. M.). La nozione di religione in Apuleio: una questione antropologica? *In*: Agathe elpis [Cf. n° 2086], p. 323-335.

2612. MONTANARI (Enrico). Il concetto di religione in Virgilio. *In*: Notion of religion [Cf. n° 1138], p. 311-317.

2613. MONTERO HERRERO (S.). Diosas y adivinas. Mujer y adivinación en la Roma antigua. Madrid, Trotta, 94, 254 p. (Coleccion Paradigmas: Biblioteca de Ciencias de las Religiones, 4).

2614. PALADINO (Ida). Cesare e Iuppiter. *In*: Agathe elpis [Cf. n° 2086], p. 187-195. – IDEM. Fatum, fatidici e fatales duces nella Roma repubblicana. *In*: Notion of religion [Cf. n° 1138], p. 319-325.

2615. RADKE (Gerhard). Betrachtungen zu den feriae des Montas April. *Pomoerium*, 94, 1, p. 51-61.

2616. RIVES (J.). Venus Genetrix outside Rome. *Phoenix*, 94, 48, p. 151-166.

2617. SANFILIPPO (Mario). Il sacro e le tre città di Roma. *In*: Città e il sacro [Cf. n° 2601], p. 163-202.

2618. SANTI (Claudia). Divinazione e civitas. *In*: Notion of religion [Cf. n° 1138], p. 327-334.

2619. SCHEID (J.). Les archives de la piété. Réflexions sur les livres sacerdotaux. *In*: Mémoire perdue [Cf. n° 476], p. 173-185.

2620. SORDI (Marta). I più antichi rapporti fra Roma e Delfi. *In*: Agathe elpis [Cf. n° 2086], p. 203-210.

2621. SPEYER (W.). Das Hören einer göttlichen Stimme. Zur Offenbarung und zu Heiligen Schriften im frühen Rom. *Helmatica*, 94, 45, p. 7-27.

2622. SPICKERMANN (Wolfgang). Muliere ex voto. Untersuchungen zur Götterverehrung von Frauen im römischen Gallien, Germanien und Rätien (1.–3. Jahrhundert). Bochum, Brockmeyer, 94, 514 p. (Bochumer historische Studien. Alte Geschichte, 12). – IDEM. Priesterinnen im römischen Gallien, Germanien und den Alpenprovinzen (1.–3. Jahrhundert n. Chr.). *Historia*, 94, 43, 2, p. 189-240.

2623. STEWART (Roberta). Domitian and Roman religion: Juvenal, Satires Two and Four. *Transactions of the American Philological Association*, 94, 124, p. 309-332.

2624. Studies in Mithraism. Papers associated with the Mithriac Panel organized on the occasion of the XVIth congress of the International Association for the History of Religions (Roma 1990). Ed. by John R. HINNELS. Roma, L'Erma di Bretschneider, 94, 299 p. (ill.). (Storia delle Religioni, 9).

Cf. n[os] 2111, 2358

§ 9. Archeologia e storia dell'arte.

2625. ADAM (Jean-Pierre). Le temple de Portunus au Forum Boarium. Paris, de Boccard, 94, 110 p. (ill.).

2626. ANDREAE (Bernard). Praetorium Speluncae. Tiberius und Ovid in Sperlonga. Stuttgart, Steiner, 94, 240 p. (Abb., Taf.). (Akademie der Wissenschaften und der Literatur, Mainz. Abhandlungen der Geistes- und Sozialwissenschaftlichen Klasse, Jahrgang 12).

2627. ARCHER (William C.). The maturing of the Fourth Style: the Casa delle Nozze d'Argento at Pompeii. *Journal of Roman Archaeology*, 94, 7, p. 129-150.

2628. BLIQUEZ (Lawrence J.). Roman surgical instruments and other minor objects in the National Archaeological Museum of Naples. Mainz, von Zabern, 94, XVI-238 p. (figs., pls.). [with a catalogue of the surgical instruments in the Antiquarium at Pompeii by Ralph JACKSON].

2629. BRECCIAROLI TABORELLI (Luisa). L'Heroon di Cozio a Segusio. Un esempio di adesione all'ideologia del principato augusteo. *Athenaeum*, 94, 82, 2, p. 331-339.

2630. CIFANI (Gabriele). Aspetti dell'edilizia romana arcaica. *Studi Etruschi*, 94, 60, p. 185-226.

2631. Classical Gems: ancient and modern intaglios and cameos in the Fitzwilliam Museum, Cambridge. Ed. by M. HENIG et al. Cambridge, Cambridge U. P., 94, XXX-538 p. (ills., pls.).

2632. DAREGGI (Gianna). Severo Alessandro, Romanus Alexander, e il complesso santuariale di Thugga. *Latomus*, 94, 53, 4, p. 848-858.

2633. DARMON (Jean Pierre). Recueil général des mosaïques de la Gaule. Vol. 2. Province de Lyonnaise. Parte V. Partie nord-ouest: Cités des Veneti, Osismi, Coriosolitae, Redones, Abrincatui, Unelli, Baiocasses, Viducasses, Lexovii, Esuvii, Eburovices, Veliocasses, Caleti. Paris, CNRS, 94, 138 p. (carte, tab.). (Gallia. Suppl., 10).

2634. DE CARO (Stefano). La villa rustica in località Villa Regina a Boscoreale. Roma, L'Erma di Bretschneider, 94, 242 p. (figg., tavv., pieghevoli f. t.).

2635. DOBBINS (John J.). Problems of chronology, decoration, and urban design in the Forum at Pompeii. *American Journal of Archaeology*, 94, 98, p. 629-694.

2636. DONDERER (Michael). Pavimente als Bedeutungsträger herrscherlicher Legitimation. *Journal of Roman Archaeology*, 94, 7, p. 257-262.

2637. ERISTOV (Hélène). Les éléments architecturaux dans la peinture campanienne du quatrième style. Paris, de Boccard, 94, XVI-256 p. (ill., tab.)

2638. EVANS (H. B.). Water distribution in ancient Rome. The evidence of Frontinus. Ann Arbor, University of Michigan Press, 94, XII-168 p. (figs.).

2639. FENTRESS (Elizabeth). Cosa in the empire: the unmaking of a Roman town. *Journal of Roman Archaeology*, 94, 7, p. 209-222.

2640. GAGGADIS-ROBIN (Vassiliki). Jason et Médée sur les sarcophages d'époque impériale. Rome, L'Erma di Bretschneider, 94, 218 p. (ill.). (Collection de l'Ecole Française de Rome, 191).

2641. GREGORY (Andrew P.). Powerful images: responses to portraits and the political uses of images in Rome. *Journal of Roman Archaeology*, 94, 7, p. 80-99.

2642. GROS (Pierre). Les théâtres en Italie au Ier siècle de notre ère: situation et fonctions dans l'urbanisme impérial. *In*: Italie d'Auguste à Dioclétien [Cf. n° 2396], p. 287-307.

2643. GURY (Françoise). Principes de composition de l'image zodiacale. *Latomus*, 94, 53, 3, p. 528-542.

2644. HANNESTAD (Niels). Tradition in late antique sculpture: conservation, modernization, production. Århus, Århus U. P., 94, 166 p. (figs.). (Acta Jutlandica, 69, 2. Humanities Series, 69).

2645. HATCHER (Helen), KACZMARCZYK (Alexander), SCHERER (Agnès), SYMONDS (Robin P.). Chemical classification and provenance of some roman glazed ceramics. *American Journal of Archaeology*, 94, 98, p. 431-456.

2646. HESBERG (H. von), PANCIERA (Silvio). Das Mausoleum des Augustus: der Bau und seine Inschriften. München, Bayerische Akademie der Wissenschaften, 94, V-199 p. (Abb., Taf.). (Abh. München N. F., 108).

2647. HOLLOWAY (Robert R.). The archaeology of early Rome and Latium. London a. New York, Routledge, 94, XX-203 p. (maps, figs.).

2648. JOHANSEN (Ida M.). Rings, fibulae and buckles with imperial portraits and inscriptions. *Journal of Roman Archaeology*, 94, 7, p. 223-242.

2649. JONES (Susan C.). The Toledo bronze youth and east mediterranean bronze workshops. *American Journal of Archaeology*, 94, 7, p. 243-256.

2650. KIILERICH (Bente), TORP (Hjalmar). Mythological sculpture in the fourth century A. D.: the Esquiline group and the Silahtaraǧa statues. *Istanbuler Mitteilungen*, 94, 44, p. 307-316.

2651. KINNEY (Dale). A late antique ivory plaque and modern response. *American Journal of Archaeology*, 94, 98, p. 457-480.

2652. KONDOLEON (Christine). Domestic and divine. Roman mosaics in the House of Dionysos. Ithaca, Cornell U. P., 94, 392 p. (ills., pls.).

2653. KONRAD (C. F.). Proconsuls of Africa, the future emperor Galba, and the togatus in the Villa Massimo. *Journal of Roman Archaeology*, 94, 7, p. 151-162.

2654. KÖSTER (Reinhard). Der sogenannte Tabernakelbau in Milet. Reste eines Grabbaus der frühen Kaiserzeit? *Istanbuler Mitteilungen*, 94, 44, p. 237-301.

2655. LAURENCE (R.). Roman Pompeii. Space and society. London a. New York, 94, XI-158 p. (figs., maps, pls.).

2656. MIERSE (William E.). Ampurias. The urban development of a Graeco-Roman city on the Iberian coast. *Latomus*, 94, 53, 4, p. 790-805.

2657. MOITRIEUX (G.). Les sculptures gallo-romaines d'Audun-Le-Tiche (Moselle). *Latomus*, 94, 53, 2, p. 366-375.

2658. MÜLLER (Frank G. J. M.). Iconological studies in Roman art. Vol. 1. The so-called Peleusand Thetis Sarcophagus in the Villa Albani. Vol. 2. The wall paintings from the Oecus of the villa of Publius Fannius Synistor in Boscoreale. Vol. 3. The Aldobrandini wedding. Amsterdam, Gieben, 94, XII-179 p., IX-156 p., XII-207 p. (figs., pls.). (Iconological studies in Roman art, 3).

2659. PACKER (James E.). Trajan's Forum again: the Column and the Temple of Trajan in the master plan attributed to Apollodorus (?). *Journal of Roman Archaeology*, 94, 7, p. 163-182.

2660. PARRISH (David). Imagery of the gods of the week in Roman mosaics. *Antiquité tardive*, 94, 2, p. 193-204.

2661. ROYO (Manuel). Le palais dans la ville. Formes et structures topographiques du pouvoir impérial d'Auguste à Néron. *Mélanges de l'Ecole Française de Rome. Antiquité*, 94, 106, 1, p. 219-245.

2662. SAURON (Gilles). Quis deum? L'expression plastique des idéologies politiques et religieuses à Rome à la fin de la République et au début du Principat. Roma, Ecole Française de Rome, 94, 735 p. (Bibliothèque des Ecoles françaises d'Athènes et de Rome, 285).

2663. SMITH (R. R. R.). Spear-won land at Boscoreale: on the royal paintings of a Roman villa. *Journal of Roman Archaeology*, 94, 7, p. 100-128.

2664. SPEIDEL (Michael P.). Die Denkmäler der Kaiserreiter. Equites Singulares Augusti. Köln, Rheinland-Verlag, 94, 460 p. (Beihefte der Bonner Jahrbücher, 50).

2665. SREJOVIC (Dragoslav). The representations of tetrarchs in Romuliana. *Antiquité tardive*, 94, 2, p. 143-152.

2666. STANLEY SPAETH (Barbette). The goddess Ceres in the Ara Pacis Augustae and the Carthage relief. *American Journal of Archaeology*, 94, 98, p. 65-100.

2667. STICHEL (Rudolf H. W.). Zum Postament der Porphyrsäule Konstantins des Größen in Kostantinopel. *Istanbuler Mitteilungen*, 94, 44, p. 317-327.

2668. Strade romane. Percorsi e infrastrutture. A cura di Lorenzo QUILICI, Stefania QUILICI GIGLI. Roma, L'Erma di Bretschneider, 94, 248 p. (fig.). (Atlante tematico di topografia antica, 2).

2669. TROSO (Cristina). La fase iniziale della produzione decorata a rilievo di P. Cornelius: testimonianze inedite. *Athenaeum*, 94, 82, 2, p. 522-533.

2670. ULRICH (Roger B.). The Roman orator and the sacred stage: the Roman Templum Rostratum. Brussels, Editions Latomus, 94, 345 p. (figs., pls.). (Collection Latomus, 222).

2671. WELCH (Katherine). The Roman arena in late-republican Italy: a new interpretation. *Journal of Roman Archaeology*, 94, 7, p. 59-80.

2672. ZANKER (Paul). Veränderungen im öffentlichen Raum der italischen Städte der Kaiserzeit. *In*: Italie d'Auguste à Dioclétien [Cf. n° 2396], p. 259-284.

2673. ZEVI (Fausto). Sul tempio di Iside a Pompei. *La parola del passato*, 94, 49, p. 37-56.

2674. ZIOLKOWSKI (Adam). I limiti del Foro Boario alla luce degli studi recenti. *Athenaeum*, 94, 82, 1, p. 184-196.

Cf. n^{os} *2157, 2573*

G

STORIA DELLA CHIESA ANTICA SINO A GREGORIO MAGNO

§ 1. Fonti. 2675-2711. – § 2. Opere generali. 2712-2733. – § 3. Studi particolari. 2734-2795. – § 4. Agiografia. 2796-2807.

§ 1. Fonti.

2675. ALAND (K.), WELTE (M.). Kurzgefaßte Liste der griechischen Handschriften des Neuen Testaments. Band 2. Neubearb. und erg. Aufl. Berlin u. New York, De Gruyter, 94, XX-508 p. (Arbeiten zur neutestamentlichen Textforschung, 1).

2676. ATHANASE D'ALEXANDRIE. Vie d'Antoine. Ed. par G. J. M. BARTELINK. Paris, Ed. du Cerf, 432 p. (Sources chrétiennes, 400).

2677. BAGUENARD (J.-M.). Dans la tradition basilienne. Les Constitutions ascétiques, l'Admonition à un fils spirituel et autres écrits. Bégrolles-en-Mauges, Abbaye de Bellefontaine, 94, 409 p. (Spiritualité orientale, 58).

2678. BANNIARD (M.). Zelum discretione condire: langage et styles de Grégoire le Grand dans sa correspondance. *In*: Papauté [Cf. n° 3991], p. 29-46.

2679. BAUCKHAM (R.). The Apocalypse of Peter. A jewish christian apocalypse from the time of Bar Kokhba. *Apocrypha*, 94, 5, p. 7-111.

2680. BOVON (François). The words of life in the Acts of the Apostle Andrew. *Harvard Theological Review*, 94, 87, 2, p. 139-154.

2681. BROCK (A. G.). Genre of the Acts of Paul. One tradition enhancing another. *Apocrypha*, 94, 5, p. 119-136.

2682. BUSCHMANN (G.). Martyrium Polycarpi. Eine formkritische Studie. Ein Beitrag zur Frage nach der Entstehung der Gattung Märtyrerakte. Berlin, de Gruyter, 94, XIII-363 p.

2683. CAESARIUS OF ARLES. Life, testament, letters. Ed. by William E. KLINGSHIRN. Liverpool, University Press, 94, XVII-155 p. (Translated texts for historians, 19).

2684. CARLETON PAGET (James). The Epistle of Barnabas. Outlook and background. Tübingen, Mohr, 94, 319 p. (Wissenschaftliche Untersuchungen zum Neuen Testament, 2).

2685. CIPRIANI (Nello). Le fonti cristiane della dottrina trinitaria nei primi Dialoghi di S. Agostino. *Augustinianum*, 94, 34, 2, p. 253-312.

2686. CLEMENS. Epistola ad Corinthios. Hrsg. v. G. SCHNEIDER. Freiburg im B., Herder, 94, 276 p. (Fontes Christiani, 15).

2687. CLEMENTE DE ALEJANDRÍA. El pedagogo. Ed. por M. MERINO, E. REDONDO. Madrid, Ciudad Nueva, 94, 746 p. (Fuentes Patrísticas, 5).

2688. CLEMENTE DE ROMA. Carta a los corintios. Homilía anónima. Ed. por J. J. AYÁN CALVO. Madrid, Ciudad Nueva, 94, 236 p. (Fuentes Patrísticas, 4).

2689. DOLBEAU (François). Nouvelles recherches sur le De ortu et obitu prophetarum et apostolorum. *Augustinianum*, 94, 34, 1, p. 91-107.

2690. DROBNER (Hubertus R.). Lehrbuch der Patrologie. Freiburg u. Basel u. Wien. Herder, 94, XLIV-452 p.

2691. ETAIX (Raymond). Le sermon 218 de Saint Augustin. Edition complétée et authenticité. *Augustinianum*, 94, 34, 2, p. 359-375.

2692. GAIN (Benoît). Traductions latines des Pères grecs: la collection du manuscrit Laurentianus San Marco 584. Edition des lettres de Basile de Césarée. Frankfurt am Main, Berlin u. Bern, Lang, 94, XIII-536 p. (Publications Universitaires Européennes, 15; Philologie et littératures classiques, 64).

2693. GRAUMANN (Thomas). Christus interpres. Die Einheit von Auslegung und Verkündigung in der Lukaserklärung des Ambrosius von Mailand. Berlin u. New York, De Gruyter, 94, XI-477 p. (Patristische Texte und Studien, 41).

2694. GREGORIO DI NISSA. Teologia trinitaria. A cura di Claudio MORESCHINI. Milano, Rusconi, 94, LXXII-679 p.

2695. GREGORIO MAGNO. Omelie sui Vangeli. A cura di G. CREMASCOLI. Roma, Città Nuova, 94, 608 p. (Opere di Gregorio Magno, 2).

2696. Index in S. Hieronymi epistulas. Hrsg. v. J. SCHMID. Hildesheim, Olms, 94, 588 p. (Coll. Alpha-Omega, 140).

2697. JEAN CHRYSOSTOME. Sur l'égalité du Père et du Fils. Contre les Anoméens, homélies VII–XII. Ed. par Anne-Marie MALINGREY. Paris, Ed. du Cerf, 94, 378 p. (Sources chrétiennes, 396).

2698. JOEST (Christoph). Bibelstellenkonkordanz zu den wichtigsten älteren Mönchsregeln. Steenbrugge u. La Haye, M. Nijhoff International, 94, XLV-149 p. (Instrumenta Patristica, 9).

2699. [LACTANTIUS Firmianus Caelius (Lucius)] L. Caelius Firmianus Lactantius. Epitome divinarum institutionum. Hrsg. v. E. HECK, A. WLOSOK. Stuttgart u. Leipzig, Teubner, 94, XLVIII-128 p.

2700. LINGES (S. M.). Das Barnabas-Evangelium. Wahres Evangelium Jesu, genannt Christus, eines neuen Prophete, von Gott der Welt gesandt gemäss dem Bericht des Barnabas, seines Apostels. Bonndorf, Turban-Verlag, 94, 319 p.

2701. MARTÍN (J. P.). La cultura romana y la Prima Clementis. Observaciones de contenido y de método. *Teologia*, 94, 31, p. 55-71.

2702. MIMOUNI (S. C.). Les Vies de la Vierge. Etat de la question. *Apocrypha*, 94, 5, p. 211-248.

2703. MUNIER (Ch.). L'Apologie de S. Justin philosophe et martyr. Fribourg, Editions Universitaires, 94, XXV-174 p. (Paradosis. Etudes de littérature et de théologie anciennes, 38).

2704. Neue Testament auf Papyrus (Das). Vol. 2. Parte II. Die paulinischen Briefe. Hrsg. v. Klaus WACHTEL u. Klaus WITTE. Berlin u. New York, De Gruyter, 94, XCVI-359 p. (Arbeiten zur neutestamentlichen Textforschung, 22).

2705. NIL D'ANCYRE. Commentaire sur le Cantique des Cantiques. Vol. 1. Ed. par M.-G. GUÉRARD. Paris, Ed. du Cerf, 94, 385 p. (Sources chrétiennes, 403).

2706. ORIGENES. Commentarii in epistulam ad Romanos. Vol. 4. Hrsg. v. Thomas EITHER. Freiburg im B., Herder, 94, 344 p. (Fontes Christiani, 2).

2707. PONTIUS. Vie de Cyprien. PAULIN. Vie d'Ambroise. POSSIDIUS. Vie d'Augustin. Ed. par J.-P. MAZIÈRES et N. PLAZANET-SIARRI. Paris, Migne, 94, 193 p. (Les Pères dans la foi, 56).

2708. ROLLAND (P.). L'origine et la date des évangiles. Les témoins oculaires de Jésus. Paris, Editions Saint-Paul, 94, 177 p.

2709. SCOTT (Alan). Origen and the life of the stars. A history of an idea. Oxford, Clarendon Press, 94, XVI-189 p. (Oxford early Christian studies).

2710. SQUITIER (Karl A.). Acts of the Apostles: an unknown book? *In*: Presence of Byzantium [Cf. n° 2871], p. 19-44.

2711. WEIMA (Jeffrey A. D.). Neglected endings: the significance of the Pauline letter closings. Sheffield, JSOT, 94, 270 p. (Journal for the study of the New Testament. Suppl., 101).

§ 2. Opere generali.

2712. BAMMEL (Ernst). Heidentum und Judentum in Rom nach einer christlichen Darstellung des fünften Jahrhunderts. *Augustinianum*, 94, 34, 2, p. 437-446.

2713. BONANATE (U.). Nascita di una religione. Le origini del cristianesimo. Torino, Bollati Boringhieri, 94, 211 p.

2714. BOVON (François), NORELLI (Enrico). Dal Kerygma al canone. Lo statuto degli scritti neotestamentari nel secondo secolo. *Cristianesimo nella storia*, 94, 15, 3, p. 525-540.

2715. CONSOLINO (F. E.). Teodosio e il ruolo del principe cristiano dal De obitu di Ambrogio alle storie ecclesiastiche. *Cristianesimo nella storia*. 94, 15, 2, p. 257-278.

2716. Cristianesimo e specificità regionali nel Mediterraneo latino (sec. IV–VI). XXII incontro di studiosi dell'antichità cristiana. Roma, 6–8 maggio 93. Roma, Institutum Patristicum Augustinianum, 94, 640 p. (Studia Ephemeridis «Augustinianum» 46). [Cf. n[os] <scelta> 2718, 2723, 2748, 2750, 2752, 2755, 2757, 2771, 2772, 2778, 2783, 2789, 2790, 2795, 2801.]

2717. GUYOT (P.), KLEIN (R.). Das frühe Christentum bis zum Ende der Verfolgungen. Eine Dokumentation. Vol. 2. Die Christen in der heidnischen Gesellschaft. Darmstadt, Wissenschaftliche Buchgesellschaft, 94, XII-412 p. (Texte zur Forschungen, 62).

2718. HALTON (Thomas). Early christian Ireland's contacts with the Mediterranean world to c. 650. *In*: Cristianesimo e specificità [Cf. n° 2716], p. 601-618.

2719. HOFFMANN (P.). Studien zur Frühgeschichte der Jesus-Bewegung. Stuttgart, Verlag Katholisches Bibelwerk, 94, 368 p. (Stuttgarter biblische Aufsatzbände, 17).

2720. KOESTER (H.). Jesus' Presence in the Early Church. *Cristianesimo nella storia*. 94, 15, 3, p. 541-558.

2721. KRUSE (I.). Und Priska liess sich nicht beirren. Frauengeschichten aus dem frühen Christentum. Gütersloh, Gütersloher Verlags-Haus, 94, 156 p. (Abb.). (Gütersloher Tascenbücher, 541).

2722. LÉGASSE (S.). Le procès de Jésus. Vol. 1. L'histoire. Paris, Ed. du Cerf, 94, 196 p. (Lectio Divina, 156).

2723. LUISELLI (Bruno). Cristianesimo e fenomeni regionali dell'inculturazione nei secc. IV–VII. *In*: Cristianesimo e specificità [Cf. n° 2716], p. 7-30.

2724. MAC CORMACK (Sabine). L'avvento del cristianesimo e la tarda antichità. *In*: Storia d'Europa. Vol. 2. Preistoria e antichità [Cf. n° 907], p. 1339-1370.

2725. MAC LYNN (Neil B.). Ambrose of Milan. Church and court in a Christian capital. Berkeley, Los Angeles a. London, University of California Press, 94, 406 p.

2726. MERKLEIN (H.). Die Jesusgeschichte, synoptisch gelesen. Stuttgart, Verlag Katholisches Bibelwerk, 94, 246 p. (Stuttgarter Bibelstudien, 156).

2727. Mistero del male e la libertà possibile (Il). Lettura dei Dialoghi di Agostino. Atti del V Seminario del Centro di Studi Agostiniani di Perugia. A cura di L. ALICI, R. PICCOLOMINI, A. PIERETTI. Roma, Institutum Patristicum Augustinianum, 94, 178 p. (Studia Ephemeridis Augustinianum, 45).

2728. Mönchtum, Orden, Klöster. Von den Anfängen bis zur Gegenwart. Ein Lexicon. Hrsg. v. Georg SCHWAIGER. München, Beck, 94, 483 p.

2729. MORA (V.). Die Urkirche und die Mönchsgemeinschaft. *Regulae Benedicti Studia*, 94, 18, p. 157-165.

2730. MYLLYKOSKI (M.). Die letzten Tage Jesu. Markus, Johannes, ihre Traditionen und die historische Frage. Vol. 2. Helsinki, Suomalainen Tiedeakatemia, 94, 232 p. (Annales Academiae Scientiarum Fennicae, 272).

2731. PRZYBYLSKI (Ryszard). Pustelnicy i demony. (Les anachorètes et les démons). Kraków, Znak, 94, 188 p. (phot., dessins). (Mity, Obrazy, Symbole).

2732. REVENTLOW (Henning G.). Epochen der Bibelauslegung. Vol. 2. Von der Spätantike bis zum Ausgang des Mittelalters. München, Beck, 94, 324 p.

2733. TAJRA (H. W.). The martyrdom of St. Paul. Historical and judicial context, traditions, and legends. Tübingen, Mohr, 94, XII-225 p. (Wissenschaftliche Untersuchungen zum Neuen Testament, 67).

Cf. n° 2121

§ 3. Studi particolari.

2734. ALOE SPADA (C.). Esempi di conversioni femminili negli Atti apocrifi degli Apostoli. *In*: Agathe elpis [Cf. n° 2086], p. 375-382.

2735. BECKER (M.). Chresis. Die Methode der Kirchenväter im Umgang mit der antiken Kultur. Vol. 4. Die Kardinaltugenden bei Cicero und Ambrosius. Basel, Schwabe & Co., 94, 295 p.

2736. BENOÎT (A.), MUNIER (Ch.). Le baptême dans l'Eglise ancienne, Ier–IIIe s. Frankfurt am Main, Berlin et Bern, Lang, XCV-276 p. (Traditio christiana. Thèmes et documents patristiques, 9).

2737. BERGJAN (Petra S.). Theodoret von Cyrus und der Neunizänismus. Aspekte der altkirchlichen Trinitätslehre. Berlin u. New York, de Gruyter, 94, X-246 p. (Arbeiten zur Kirchengeschichte, 60).

2738. BOVON (F.). La structure canonique de l'Evangile et de l'Apôtre. *Cristianesimo nella storia*. 94, 15, 3, p. 559-576.

2739. BRAKKE (David). Canon formation and social conflict in fourth-century Egypt: Athanasius of Alexandria's thirty-ninth Festal Letter. *Harvard Theological Review*, 94, 87, 4, p. 395-419.

2740. BROCK (Peter). Why did St. Maximilian refuse to serve in the Roman army? *Journal of Ecclesiastical History*, 94, 45, 2, p. 195-209.

2741. BRUNERT (Maria-Elisabeth). Das Ideal der Wüstenaskese und seine Rezeption in Gallien bis zum Ende des 6. Jahrhunderts. Münster, Aschendorff, 94, XLVIII-465 p. (Beiträge zur Geschichte des alten Mönchtums und des Benediktinertums, 42).

2742. CARCIONE (Filippo). Ambasciate bizantine presso la Santa Sede in età giustinianea (527–565). *Antonianum*, 94, 69, 2-3, p. 261-272.

2743. CAZIER (Pierre). Isidore de Séville et la naissance de l'Espagne catholique. Paris, Beauchesne, 94, 329 p. (Théologie historique, 96).

2744. Césaire d'Arles et la christianisation de la Provence. Actes des journées Césaire (Aix-en-Provence-Arles-Lerins, 3-5 novembre 1988, 22 avril 1989). Ed. par Dominique BERTRAND, Maria-José DELAGE, Paul-Albert FÉVRIER, [et al.]. Paris, Ed. du Cerf, 94, 162 p. (Initiations aux Pères de l'eglise). [Cf. n^{os} <sélection> 2749, 2751, 2758, 2761.]

2745. CHRUPCALA (Leslaw D.). Il tema del regno di Dio nell'opera lucana. *Antonianum*, 94, 69, 1, p. 3-34.

2746. CLARK (Mary T.), R. S. C. J. Augustine. Washington, Georgetown U. P., 94, XXIV-136 p. (Outstanding Christian Thinkers).

2747. DAL COVOLO (E.). Chiesa, società, politica. Aree di laicità nel cristianesimo delle origini. Roma, LAS, 94, 187 p.

2748. DAREGGI (Gianna). Il soggetto del labirinto in ambiente cristiano nell'Africa tardo-romana. *In*: Cristianesimo e specificità [Cf. n° 2716], p. 259-281.

2749. DE VOGÜÉ (Adalbert). Césaire et le monachisme prébénédictin. *In*: Césaire d'Arles [Cf. no 2744], p. 109-132.

2750. DEGÓRSKI (Bazyli). Peculiarità nel monachesimo del Mediterraneo latino secondo i concili dei secoli IV–VI. *In*: Cristianesimo e specificità [Cf. n° 2716], p. 83-126.

2751. DELAGE (Maria-José). Un évêque au temps des invasions. *In*: Césaire d'Arles [Cf. n° 2744], p. 21-43.

2752. DÍAZ (Pablo C.). Monacato y ascesis en Hispania en los siglos V–VI. *In*: Cristianesimo e specificità [Cf. n° 2716], p. 377-384.

2753. DUCLOUX (Anne). Ad ecclesiam confugere. Naissance du droit d'asile dans les églises (IVe milieu du Ve siècle). Paris, de Boccard, 94, 320 p.

2754. ENNULAT (A.). Die minor agreements. Untersuchungen zu einer offenen Frage des synoptischen Problems. Tübingen, Mohr, 94, 594 p. (Wissenschaftliche Untersuchungen zum Neuen Testament, 62).

2755. ESCRIBANO (Victoria). Haeretici iure damnati: el proceso de Tréveris contra los Priscilianistas. *In*: Cristianesimo e specificità [Cf. n° 2716], p. 393-416.

2756. FERNÁNDEZ SANGRADOR (J. J.). Los origines de la comunidad cristiana de Alejandría. Salamanca, Universidad Pontificia, 94, 233 p. (Plenitudo Temporis. Estudios sobre los origines y la antigüedad cristiana, 1).

2757. FERNÁNDEZ-ARDANAZ (Santiago). Cristianizzazione e cambiamenti sociali nelle culture montane del nord dell'Hispania. *In*: Cristianesimo e specificità [Cf. no 2716], p. 483-512.

2758. FÉVRIER (Paul-Albert). Césaire et la Gaule méridionale au VIe siècle. *In*: Césaire d'Arles [Cf. n° 2744], p. 45-73.

2759. FRAZEE (Charles). The Popes and the Balkan churches: Justinian to Gregory the Great, 525–604. *In*: Presence of Byzantium [Cf. n° 2871], p. 45-57.

2760. GIRARDI (M.). Erotapokriseis neotestamentarie negli Ascetica di Basilio di Cesarea. Evangelismo e paolinismo nel monachesimo delle origini. *Annali di storia dell'esegesi*, 94, 11, p. 461-490. – IDEM. Fra esigenze di perfezione e rapporti con i fratelli. Basilio di Cesarea e le Beatitudini. *Nicolaus*, 94, 21, p. 95-132.

2761. GUYON (Jean). D'Honorat à Césaire. L'évangélisation de la Provence. *In*: Césaire d'Arles [Cf. n° 2744], p. 75-108.

2762. HÄFNER (G.). Der verheissene Vorläufer. Redaktionskritische Untersuchung zur Darstellung Johannes des Täufers im Matthäusevangelium. Stuttgart, Verlag Katholische Bibelwerk, 94, XIII-443 p. (Stuttgarter biblische Beiträge, 27).

2763. HINNELS (J. R.). Zoroastrian influence on Judaism and Christianity: some further reflections. *In*: Agathe elpis [Cf. n° 2086], p. 305-322.

2764. KAESTLI (J.-D.). La place du Fragment de Muratori dans l'histoire du canon. A propos de la thèse de Sundberg et Hahneman. *Cristianesimo nella storia*, 94, 15, 3, p. 609-634.

2765. KALMIN (Richard). Christians and heretics in rabbinic literature of late antiquity. *Harvard Theological Review*, 94, 87, 2, p. 155-169.

2766. KLINGSHIRN (William E.). Caesarius of Arles: the making of a christian community in late antique Gaul. Cambridge, Cambridge U. P., 94, XXI-317 p. (maps). (Cambridge studies in medieval life and thought, IV, 22).

2767. KOIVUNEN (Hannele). The woman who understood completely. A semiotic analysis of Mary Magdalene myth in the Gnostic gospel of Mary. Imatra, International Semiotics Institute, 94, 318 p. (ill.).

2768. LAMBERT (Chiara), PEDEMONTE DEMEGLIO (Paola). Ampolle devozionali ed itinerari di pellegrinaggio tra IV e VII secolo. *Antiquité tardive*, 94, 2, p. 205-231.

2769. LEYSER (Conrad). Lectio divina, oratio pura: rhetoric and the techniques of ascetism in the Conferences of John Cassian. *In*: Modelli di santità [Cf. n° 2805], p. 79-105.

2770. MACH (Michael). Verus Israel. Towards the clarification of a Jewish factor in early Christian self-definition. *Israel Oriental Studies*, 94, 14, p. 143-171.

2771. MAPWAR (Faustin B.). La résistance de l'église catholique à la foi arienne en Afrique du nord: un exemple d'une église locale inculturée? *In*: Cristianesimo e specificità [Cf. n° 2716], p. 189-213.

2772. MARCOS (Mar). Los orígenes del monacato en la península ibérica. Manifestaciones ascéticas en el siglo VI. *In*: Cristianesimo e specificità [Cf. n° 2716], p. 353-376. – IDEM. Ortodossia ed eresia nel cristianesimo ispano del quarto secolo: il caso delle donne. *In*: Cristianesimo e specificità [Cf. n° 2716], p. 417-435.

2773. MIKAT (Paul). Die Inzestgesetzgebung der merowendisch-fränkischen Konzilien (511–626/27). Paderborn, 94, I-149 p. (Rechts und Staatswissenschaftliche Veröffentlichungen des Görres-Gesellschaft, 74).

2774. MINNS (Denis), O. P. Irenaeus. Washington D. C., Georgetown U. P., 94, XVI-143 p. (Outstanding Christian Thinkers).

2775. PENNA (R.). L'origine del Corpus Paulinum: alcuni aspetti della questione. *Cristianesimo nella storia*, 94, 15, 3, p. 577-608.

2776. PERRONE (L.). «Quaestiones et responsiones» in Origene. Prospettive di un'analisi formale dell'argomentazione esegetico-teologica. *Cristianesimo nella storia*, 94, 15, 1, p. 1-50.

2777. PLADEVALL (A.). La introducció i diffusió del cristianisme a Catalunya a l'època romana. Barcelone, [s. n.], 94, 69 p.

2778. POLLMANN (Karla). La genesi dell'ermeneutica nell'Africa del secolo IV. *In*: Cristianesimo e specificità [Cf. n° 2716], p. 137-145.

2779. PORTEFAIX (L.). Woman's role in the Pastorals reconsidered in the light of Roman rule. *Kyrkohistorisk årsskrift*, 94, p. 15-22.

2780. Psautier chez les Pères (Le). Strasbourg, Centre d'analyse et de documentation patristiques, 94, 310 p. (Cahiers de Biblia Patristica, 4).

2781. REBILLARD (Eric). In hora mortis: évolution de la pastorale chrétienne de la mort aux IVe et Ve siècles dans L'Occident latin. Roma, Ecole Française de Rome, 94, XV-269 p. (Bibliothèque des Ecoles Françaises d'Athènes et de Rome, 283).

2782. RIESNER (Rainer). Die Frühzeit des Apostels Paulus. Studien zur Chronologie, Missionsstrategie und Theologie. Tübingen, Mohr, 94, XIV-509 p. (ill., maps). (Wissenschaftliche Untersuchungen zum Neuen Testament, 71).

2783. RINALDI (Giancarlo). Obiezioni al monachesimo da parte dei pagani in area mediterranea (secoli IV e V). *In*: Cristianesimo e specificità [Cf. n° 2716], p. 31-82.

2784. SEIBT (Klaus). Die Theologie des Markell von Ankyra. Berlin u. New York, De Gruyter, 94, XIV-558 p. (Arbeiten zur Kirchengeschichte, 59).

2785. SUMRULD (W. A.). Augustine and the Arians. The bishop of Hippo's encounters with Ulfilan arianism. Selinsgrove a. London a. Toronto, Susquehanna U. P., 94, 196 p.

2786. TANZARELLA (Sergio). Rifiuto del servizio militare e della violenza nel cristianesimo africano tra la fine del III e l'inizio del IV secolo. *Augustinianum*, 94, 34, 2, p. 455-465.

2787. TAUER (Johann). Neue Orientierungen zur Paulusexegese des Pelagius. *Augustinianum*, 94, 34, 2, p. 313-358.

2788. TILLY (M.). Johannes der Täufer und die Biographie der Propheten. Die synoptische Täuferüberlieferung und das jüdische Prophetenbild zur Zeit des Täufers. Stuttgart, Kohlhammer, 94, 293 p. (Beiträge zur Wissenschaft vom Alten und Neuen Testament, 137).

2789. VESSEY (Mark). Peregrinus against the heretics. Classicism, provinciality, and the place of the alien writer in late Roman Gaul. *In*: Cristianesimo e specificità [Cf. n° 2716], p. 529-565.

2790. VILELLA MASANA (Josep). La correspondencia entre los obispos hispanos y el papado durante el siglo V. *In*: Cristianesimo e specificità [Cf. n° 2716], p. 457-481.

2791. WIDDICOMBE (Peter). The fatherhood of God from Origenes to Athanasius. Oxford, Clarendon Press, 94, XII-290 p. (Oxford theological monographs).

2792. WILLIS (G. G.). A history of early Roman liturgy in the death of Pope Gregory the Great. London, Woodbridge a. Rochester, Boydell & Brewer, 94, XV-168 p. (Subsidia, 1).

2793. WIPSZYCKA (Ewa). Kościół w świecie późnego antyku. (L'Eglise dans le monde de l'Antiquité avancée [IIe–VIe siécles]. Warszawa, Państw. Inst. Wydawn., 94, 414 p. (phot., fig., cartes).

2794. WIRBELAUER (Eckhard). Die Nachfolgerbestimmung im römischen Bistum (3.-6. Jh.). Doppelwahlen und Absetzungen in ihrer herrschaftssoziologischen Bedeutung. *Klio*, 94, 76, p. 388-437.

2795. ZELZER (Klaus). La Suburbicaria come culla delle regole monastiche latine. *In*: Cristianesimo e specificità [Cf. n° 2716], p. 283-291.

Cf. n°s 1204, 1206, 2414, 2849, 3819

§ 4. Agiografia.

2796. BARBERO (Alessandro). Santi laici e guerrieri. Le trasformazioni di un modello nell'agiografia altomedievale. *In*: Modelli di santità [Cf. n° 2805], p. 125-140.

2797. BEAUJARD (Brigitte). Le culte des saints chez les Arverners aux Ve e VIe siècles. *Revue d'histoire de l'Eglise de France*, 94, 80, p. 5-22.

2798. BOULHOL (Pascal). Hagiographie antique et démonologie. *Analecta Bollandiana*, 94, 112, 3-4, p. 255-303. – IDEM. L'apport de l'hagiographie à la connaissance de la Nicomédie paléochrétienne (toponymie et monuments). *Mélanges de l'Ecole Française de Rome. Antiquité*, 94, 106, 2, p. 921-992.

2799. CONSOLINO (Franca Ela). La santità femminile fra IV e V secolo: norma, esempi e comportamenti. *In*: Modelli di santità [Cf. n° 2805], p. 19-42.

2800. COOPER (Kate). Of romance and mediocritas: re-reading the martyr exemplum in the Passio **Sanctae Anastasiae**. *In*: Modelli di santità [Cf. n° 2805], p. 107-123.

2801. CROUZEL (Henri). **Saint Exupère**, évêque de Toulouse d'après la correspondance de **Saint Jérôme**. *In*: Cristianesimo e specificità [Cf. n° 2716], p. 589-599.

2802. DEVOS (Paul). Egeriana IV. *Analecta Bollandiana*, 94, 112, 3-4, p. 241-254. – IDEM. La jeune martyre perse **Sainte Širin**. *Analecta Bollandiana*, 94, 112, 1-2, p. 5-31.

2803. FORLIN PATRUCCO (Marcella). Modelli di santità e santità episcopale nel IV secolo: l'elaborazione dei padri cappadoci. *In*: Modelli di santità [Cf. no 2805], p. 65-77.

2804. LIZZI (Rita). Tra i classici e la Bibbia: l'otium come forma di santità episcopale. *In*: Modelli di santità [Cf. n° 2805], p. 43-64.

2805. Modelli di santità e modelli di comportamento. A cura di Giulia BARONE, Marina CAFFIERO, Francesco SCORZA BARCELLONA. Torino, Rosenberg e Sellier, 94, 446 p. (Sacro/santo). [Cf. n^{os} <scelta> 2769, 2796, 2799, 2800, 2803, 2804.]

2806. SIMS-WILLIAMS (Nicholas). Dadišo 'Qatraya's commentary on the Paradise of the Fathers. *Analecta Bollandiana*, 94, 112, 1-2, p. 33-64.

2807. WOODS (David). The origin of the legend of Maurice and the Theban legion. *Journal of Ecclesiastical History*, 94, 45, 3, p. 385-395.

H

STORIA BIZANTINA
(Da Giustiniano in poi)

---

§ 1. Fonti. 2808-2853. – § 2. Opere generali. 2854-2875. – § 3. Studi particolari. 2876-2943.

§ 1. Fonti.

2808. Actes d'Iviron. 3. De 1204 à 1328. 1. Texte. 2. Album. Ed. par Jacques LEFORT, Nicolas OIKONOMIDÈS, Denise PAPACHRYSSANTHOU, Vassiliki KRAVARI et Hélène MÉTRÉVÉLI. Paris, Lethielleux, 94, XIII-412 p., III-68 plates (Archives de l'Athos, 18).

2809. ALEXAKIS (Alexander). A Florilegium in the Life of Nicetas of Medicion and a letter of Theodore of Studios. *Dumbarton Oaks Papers*, 94, 48, p. 179-197.

2810. Almanac for Trebizond for the year 1336 (An). Ed. by R. MERCIER. Louvain-la-Neuve, Institut Orientaliste de Louvain, 94, 196 p. (ill.). (Corpus des Astronomes Byzantins, 7).

2811. ANGELIDI (Christine). Un texte patriographique et édifiant: le Discours narratif sur les Hodègoi. *Revue des Etudes Byzantines*, 94, 52, p. 113-149.

2812. ANONYMUS. Dialogus cum Iudaeis saeculi ut videtur sexti. Nunc primum editus curante José H. DECLERCK. Turnhout-Leuven, Brepols-University Press, 94, CXLI-134 p. (Corpus Christianorum. Series Graeca, 30).

2813. Byzantinischen Grabreden (Die). Prosopographie, Datierung, Überlieferung von 142 Epitaphien und Monodien aus dem byzantinischen Jahrtausend. Hrsg. v. Alexander SIDERAS. Wien, Verlag der Österreichischen Akademie der Wissenschaften, 94, 536 p. (Wiener byzantinische Studien, 19).

2814. CASTILLO DIDIER (Miguel). Poesia heroica griega: Epopeya de Diyenis Akritas, Cantares de Armuris y de Andronico. Santiago, Centro de Estudios Bizantinos y Neohelenicos, Universidad de Chile, 94, 351 p.

2815. CHEYNET (Jean-Claude). Sceaux byzantins des musées d'Antioche et de Tarse. *Travaux et mémoires du Centre de recherches d'hist. et civil. byzantines*, 94, 12, p. 391-478.

2816. Collectio tripartita: Justinian on religious and ecclesiastical affairs. Ed. by N. VAN DER VAL, B. H. STOLTE. Groningen, Forsten, 94, LIX-176 p.

2817. DÉROCHE (Vincent). L'Apologie contre les Juifs de Léontios de Néapolis. *Travaux et mémoires du Centre de recherches d'hist. et civil. Byzantines*, 94, 12, p. 45-104.

2818. DICK (Andrew R.). Psellus tragicus: observations on Chronographia 5. 26 ff. *In*: Presence of Byzantium [Cf. n° 2871], p. 269-290. – IDEM. The timing of Digenes: the plan of Digenes Akrites, Grottaferrata version, book IV. *Greek, Roman, and Byzantine Studies*, 94, 35, 3, p. 293-308.

2819. FEATHERSTONE (Jeffrey). Theodore Metochites' Poem to his nephew, the protasecretis Leo Bardales. *In*: Philohistor [Cf. n° 2871], p. 451-468.

2820. FOURNET (Jean-Luc). Un papyrus médical byzantin de l'Académie des Inscriptions et Belles-Lettres. *Travaux et mémoires du Centre de recherches d'hist. et civil. byzantines*, 94, 12, p. 309-322.

2821. GAUER (Heinz). Texte zum byzantinischen Bilderstreit: der Synodalbrief der drei Patriarchen des Ostens von 836 und seine Verhandlung in sieben Jahrhunderten. Frankfurt am Main, Berlin u. Bern, Lang, 94, LXXXIV-198 p. (Abb.). (Studien und Texte zur Byzantinistik, 1).

2822. GUNTHER VON PAIRIS. Historia constantinopolitana. Hrsg. v. Peter ORTH. Hildesheim, Weidmann, 94, 219 p. (Abb.). (Spolia Berolinensia, 5).

2823. HÖRANDNER (Wolfram). A cycle of epigrams on the Lord's Feasts in Cod. Marc. Gr. 524. *Dumbarton Oaks Papers*, 94, 48, p. 117-133.

2824. IOSEPH GENESIOS. Peri vasileion. (Sur les empereurs). Ed. par Paulos NIAVES et Demetres TSOUNKARAKES. Athenai, Ekdoseis Kanake, 94, 260 p. (ill.). (Keimena Vyzantines historiographias, 3).

2825. JEAUNEAU (Edouard). Theotokia grecs conservés en version latine. *In*: Philohistor [Cf. n° 2871], p. 399-421.

2826. KOMINIS (Athanasios), POLEMIS (Joannis). Unpublished texts on S. Donatos of Euroia (BHG³ 2111-2112). *Rivista di Studi Bizantini e Neollenici*, 94, 31, p. 3-44.

2827. Life and letters of Theoleptos of Philadelphia (The). Ed. by Angela CONSTANTINIDES HERO. Brookline, Hellenic College Press, 94, 121 p. (The Archbishop Iakovos Library of Ecclesiastical and Historical Sources, 20).

2828. LOUKAKI (Marina). Première didascalie de Serge le Diacre: éloge du patriarche Michel Autôreianos. *Revue des Etudes Byzantines*, 94, 52, p. 151-173.

2829. MARKESINIS (Basile). Un florilège composé pour la défense du tome du concile de 1351. *In*: Philohistor [Cf. n° 2871], p. 469-493.

2830. Martyre de Pionios prêtre de Smyrne (Le). Ed. par Louis ROBERT. Washington, Dumbarton Oaks Research Library and Collection, 94, IX-152 p.

2831. MICHAEL PSELLUS. Orationes forenses et acta. Hrsg. v. George T. DENNIS. Stuttgart u. Leipzig, Teubner, 94, XVI-204 p. (Bibliotheca Scriptorum Graecorum et Romanorum Teubneriana).

2832. MICHAEL PSELLUS. Orationes hagiographicae. Hrsg. v. Elisabeth A. FISHER. Stuttgart u. Leipzig, Teubner, 94, XXV-382 p. (Bibliotheca Scriptorum Graecorum et Romanorum Teubneriana).

2833. MICHAEL PSELLUS. Orationes panegyricae. Hrsg. v. George T. DENNIS. Stuttgart u. Leipzig, Teubner, 94, XVI-214 p. (Bibliotheca Scriptorum Graecorum et Romanorum Teubneriana).

2834. MILLER (Timothy S.). The legend of Saint Zotikos according to Constantine Akropolites. *Analecta Bollandiana*, 94, 112, 3-4, p. 339-376.

2835. NAUTIN (Pierre). Théodore Lecteur et sa réunion de différentes histoires de l'église. *Revue des Etudes Byzantines*, 94, 52, p. 213-243.

2836. NICEPHORUS. Historia syntomos. (Abrégé d'histoire). Ed. par Lina KOSTARELE et Demetres TSOUNKARAKES. Athenai, Ekdoseis Kanake, 94, 190 p. (ill.). (Keimena Vyzantines historiographias, 4).

2837. NICETA CONIATA. Grandezza e catastrofe di Bisanzio. Vol. 1. Libri I-VIII. A cura di Alexander P. KAZHDAN, Riccardo MAISANO e Anna PONTANI. Roma, Fondazione Lorenzo Valla e Milano, Mondadori, 94, CVIII-660 p. (Scrittori Greci e Latini).

2838. NIKEPHOROS GREGORAS. Rhomaische Geschichte. Hrsg. v. Jan L. VAN DIETEN. Stuttgart, Hiersemann, 94, [s. p.]. (Bibliothek der griechischen Literatur, Abteilung Byzantinistik).

2839. PASCHOUD (F.). Les fragments 8, 8A et 9 de l'ouvrage historique Eunape. *In*: Scritti classici e cristiani offerti a Francesco Corsaro. A cura di C. CURTI e C. CRIMI. Catania, Facoltà di Lettere e filosofia, 94, p. 549-560.

2840. PHOTIUS. The Bibliotheca. A selection. Ed. by Nigel G. WILSON. London, Duckworth, 94, VII-264 p.

2841. ROCHOW (Ilse). Kaiser Konstantin V. (741–775). Materialen zu seinem Leben und Nachleben. Frankfurt am Main, Berlin u. Bern, Lang, 94, XXII-253 p. (Berliner Byzantinistische Studien, 1).

2842. Romanzo bizantino del XII secolo (Il): Teodoro Prodromo, Niceta Eugeniano, Eustazio Macrembolita, Costantino Manasse. A cura di Fabrizio CONCA. Torino, Utet, 94, 800 p. (Classici greci).

2843. SIDERAS (Alexander). Zur Zusammengehörigkeit zweier Grabredenfragmente des Gregorios Antiochos. *Rivista di Studi Bizantini e Neoellenici*, 94, 31, p. 175-183.

2844. Sprüche der sieben Weisen (Die): zwei byzantinische Sammlungen. Hrsg. v. Maria TZIATZI-PAPAGIANNI. Stuttgart u. Leipzig, Teubner, 94, XXV-497 p. (Beiträge zur Altertumskunde, 51).

2845. Supplement to the Philokalia (A). The second century of saint John of Karpathos. Ed. by David BALFOUR. Brookline, Hellenic College Press, 94, 150 p. (The Archbishop Iakovos Library of Ecclesiastical and Historical Sources, 16).

2846. TALBOT (Alice-Mary). Epigrams of Manuel Philes on the Theotokos tes Peges and its art. *Dumbarton Oaks Papers*, 94, 48, p. 136-165. – IDEM. The posthumous miracles of St. Photeine. *Analecta Bollandiana*, 94, 112, 1-2, p. 85-104.

2847. Tre canoni di Giovanni Mauropode in onore di santi militari. A cura di Francesco D'AIUTO. Roma, Accademia Nazionale dei Lincei, 94, [s. p.]. (Supplemento al Bollettino dei classici, 13).

2848. VAN DEUN (Peter). Les extraits de Maxime le Confesseur contenus dans les chaînes sur l'Evangile de Matthieu. *In*: Philohistor [Cf. n° 2871], p. 295-328.

2849. VAN ESBROECK (Michel). Neuf listes d'apôtres orientales. *Augustinianum*, 94, 34, 1, p. 109-199.

2850. VAN ROMPAY (Lucas). The Syriac version of the Life of Symeon Salos. First soundings. *In*: Philohistor [Cf. n° 2871], p. 381-398.

2851. WOLSKA-CONUS (Wanda). Stéphanos d'Athènes (d'Alexandrie) et Théophile le Prôtospathaire, commentateurs des Aphorismes d'Hippocrate, sont-ils indépendants l'un de l'autre? *Revue des Etudes Byzantines*, 94, 52, p. 5-68.

2852. ZIRNHELD (Claire-Agnès). Le double visage de la Passion: malédiction due au péché et/ou dynamisme de la vie. Quaestiones ad Thalassium de S. Maxime le Confesseur XXI, XXII et XLII. *In*: Philohistor [Cf. n° 2871], p. 361-380.

2853. ZUCKERMAN (Constantin). Chapitres peu connus de l'Apparatus Bellicus. *Travaux et mémoires du Centre de recherches d'hist. et civil. byzantines*, 94, 12, p. 359-389.

§ 2. Opere generali.

* 2854. Byzantinische Zeitschrift. Supplementum bibliographicum I. Hrsg. v. Peter SCHREINER u. Cordula SCHOLZ. Stuttgart u. Leipzig, B. G. Teubner, 94, XXXIX-331 p.

2855. ANASTASIJEVIC (Dragutin N.). Vizantija i Vizantinci: enciklopedijski recnik. (Byzantium and the Byzantines: an encyclopaedic dictionary). Beograd, Knjizevno drustvo Sveti Sana, 94, 264 p. (Biblioteka Izvori, 1).

2856. Andrias. Herbert HUNGER zum 80. Geburtstag. Hrsg. v. Wolfram HORANDER, Johannes KODER u. Otto KRESTEN. Wien, Verlag der Österreichischen Akademie der Wissenschaften, 94, XXV-473 p. (Abb., Taf.). (Jahrbuch der Österreichischen Byzantinistik, 44).

2857. ANGELOV (Dimitur S.). Vizantiia. (Byzantium). Stara Zagora, Izd-vo Ideia, 94, 335 p.

2858. BLAUM (Paul A.). The days of the warlords: a history of the Byzantine Empire, A. D. 969–991. Lanham, University Press of America, 94, 132 p.

2859. Byzance et les images. Cycle de conférences organisé au musée du Louvre par le Service culturel du 5 octobre au 7 décembre 1992. Ed. par André GUILLOU et Jannic DURAND. Paris, La Documentation française, 94, 379 p. (ill.). (Louvre conférences et colloques). [Cf. n^{os} <sélection> 2864, 2878, 2886, 2889, 2900, 2912, 2930.]

2860. CARILE (Antonio). Costantinopoli nuova Roma. *In*: Città e il sacro [Cf. n° 2601], p. 203-242.

2861. CUTLER (Anthony). The hand of the master: craftmanship, ivory, and society in Byzantium (IXth–XIth centuries). Princeton, Princeton U. P., 94, XV-293 p. (ill., plates).

2862. FERLUGA (Jadran). Bisanzio. *In*: Storia d'Europa. Vol. 3. Il Medioevo [Cf. n° 908], p. 219-294.

2863. FÖGEN (Marie Theres). Legislation in Byzantium: a political and a bureaucratic technique. *In*: Law and society [Cf. n° 2866], p. 53-70.

2864. GUILLOU (André). Le monde des images à Byzance. *In*: Byzance et les images [Cf. n° 2859], p. 13-39.

2865. IVANOV (Sergei Arkadevich). Vizantiiskoe iurodstvo. (Byzantine madness). Moskva, Mezhdunarodnye otnosheniia, 94, 234 p. [English summary]

2866. Law and society in Byzantium: ninth-twelfth centuries. Ed. by Angeliki E. LAIOU u. Dieter SIMON. Washington, Dumbarton Oaks Research Library and Collection, 94, IX-267 p. [Cf. n^{os} <choice> 2863, 2867, 2873, 2889, 2901, 2903, 2904, 2907, 2910, 2911.]

2867. MAGDALINO (Paul). Justice and finance in the Byzantine state, ninth to twelfth centuries. *In*: Law and society [Cf. n° 2866], p. 93-115.

2868. MANGO (Cyril). Byzantium: the empire of the new Rome. London, Phoenix, IX-334 p.

2869. PANAIOTOV (Nikolai). Vizantiiski imperatori i vasilevsi. (Byzantine emperors and rulers). Varna, Izd. Avt., 94, 222 p. (Iz nai-tainite dosieta na miropomazanite, 1).

2870. Philohistor. Miscellanea in honorem Caroli Laga septuagenarii. Ed. by Antoon SCHOORS a. Peter VAN DEUN. Leuven, Uitgeverij Peeters en Departement Oriëntalistiek Leuven, 94, XV-582 p. (ill.). (Orientalia Lovaniensia Analecta, 60). [Cf. n^{os} <choice> 2819, 2825, 2829, 2848, 2850, 2852, 2898.]

2871. Presence of Byzantium: studies presented to Milton V. Anastos in honor of his eighty-fifth birthday. Ed. by Andrew R. DYCK a. Sarolta A. TAKACS. Amsterdam, Hakkert, 94, 290 p. (pls.). (Byzantinische Forschungen, 20). [Cf. n^{os} <choice> 2759, 2818, 2883, 2900, 2940.]

2872. SHLOSSER (Franziska E.). The reign of the emperor Maurikios (582–602): a reassessment. Athens, S. D. Basilopoulos Historical Publications, 94, 189 p. (Historical monographs, 14).

2873. SIMON (Dieter). Legislation as both a world order and a legal order. *In*: Law and society [Cf. n° 2866], p. 1-25.

2874. VRYONIS (Speros). Byzantine institutions, society, and culture. Vol. 1. Institutions and society. New Rochelle, Aristide D. Caratzas, 94, [s. p.].

2875. ZANINI (Enrico). Introduzione all'archeologia bizantina. Roma, NIS, 94, 274 p. (ill., tav.). (Studi superiori NIS, 228).

Cf. n° 897

§ 3. Studi particolari.

2876. ARUTYUNOVA-FIDANYAN (Viada. Arturovna). Armyano- vizantiyskaya kontaktnaya zona X–XI vv.: Rezul'taty vzaimodeystviya kul'tur. (La zone des contacts entre Arménie et Byzance aux X–XI siècles. Les résultats de la pénétration mutuelle des cultures). Ros. Akad. nauk. In-t istorii Rossii. Moskva, Nauka, Izd. firma "Vost. lit.", 94, 234 p. – IDEM. Obraz Vizantii v armyanskoy srednevekovoy istoriografii XI v. (Aristakes Lastiverttsi). [Byzance dans l'historiographie médiévale arménienne du XI siècle (Aristaces Lastivertci)]. *In*: Vizantiyskiy vremennik. [Cf. n° 2942] p. 146-151.

2877. AUZÉPY (Marie-France). Constantin V, l'empereur isaurien et les Carolingiens. *In*: Assises du pouvoir (Les) [Cf. n° 3169], p. 49-65. – IDEM. De la Palestine à Constantinoples (VIIIe–IXe siècles): Etienne le Sabaïte et Jean Damascène. *Travaux et mémoires du*

Centre de recherches d'hist. et civil. byzantines, 94, 12, p. 183-218.

2878. BABIC (Gordana). Les images byzantines et leurs degrés de signification: l'exemple de l'Hodigitria. *In*: Byzance et les images [Cf. n° 2859], p. 189-222.

2879. BALIVET (Michel). Romanie byzantine et pays de Rum Turc: histoire d'un espace d'imbrication gréco-turque. İstanbul, Isis, 94, 250 p. (cartes). (Les Cahiers du Bosphore, 10).

2880. Byzantine and early Islamic near east (The). 2. Land use and settlement patterns. Ed. by G. R. D. KING a. Averil CAMERON. Princeton, The Darwin Press, 94, XIV-270 p. (figs.). (Studies in Late Antiquity and Early Islam, 1).

2881. Byzantine and post-Byzantine art in Corfu: monuments, icons, treasures, culture. Ed. by Lucy BRAGGIOTTI, Alexandra DOUMAS. Kerkyra, Holy Metropolis of Corfu Paxoi and Diapontia Islands, 94, 228 p. (ills.).

2882. CAPIZZI (Carmelo). Giustiniano I tra politica e religione. Roma, Eva, 94, 245 p. (Accademia Angelica Costantiniana. Saggi-Studi-Testi, 1).

2883. CAPPEL (Andrew J.). The Byzantine response to the 'Arab (10th–11th centuries). *In*: Presence of Byzantium [Cf. n° 2871], p. 113-132.

2884. CICHOCKA (Helena). Teoria retoryki bizantynskiej. (Theory of Byzantine rhetoric). Warszawa, Wydawnictwa Uniwersytetu Warszawskiego, 94, XV-177 p. (ills.).

2885. Coins of the crusader states 1098–1291. Including the Kingdom of Jerusalem and its vassal states of Syria and Palestine, the Lusignan Kingdom of Cyprus, the Latin Empire of Constantinople and its vassal states of Greece and the archipelago. Ed. by Alex G. MALLOY, Irene FRALEY PRESTON a. A. J. SELTMAN. New York, Attic Books, 94, VIII-521 p. (ills., pls.).

2886. CORMACK (Robin). The emperor at St. Sophia: viewer and viewed. *In*: Byzance et les images [Cf. n° 2859], p. 223-253.

2887. COTSONIS (John A). Byzantine figural processional crosses. Catalogue of an exhibition at Dumbarton Oaks, 23 September 1994–29 January 1995. Washington, Dumbarton Oaks Research Library and Collection, 94, 124 p. (Dumbarton Oaks Byzantine collection publications, 10).

2888. Culto e insediamenti micaelici nell'Italia meridionale fra tarda antichità e medioevo. Atti del convegno internazionale (Monte Sant'Angelo, 18–21 novembre 1992). A cura di Carlo CARLETTI e Giorgio OTRANTO. Bari, Edipuglia, 94, 618 p. (ill., carte, tavv.). [Cf. n[os] <scelta> 2913, 2914.]

2889. DAGRON (Gilbert). Lawful society and legitimate power: Ennomos politeia, ennomos arche. *In*: Law and society [Cf. n° 2866], p. 27-51. – IDEM. L'image de culte et le portrait. *In*: Byzance et les images [Cf. n° 2859], p. 121-150. – IDEM. Nés dans la pourpre. *Travaux et mémoires du Centre de recherches d'hist. et civil. byzantines*, 94, 12, p. 105-142. – IDEM. Formes et fonctions du pluralisme linguistique à Byzance (IXe–XIIe siècles). *Travaux et mémoires du Centre de recherches d'hist. et civil. byzantines*, 94, 12, p. 219-240.

2890. DVORKIN (A.). Ideya vselenskoy teokratii v pozdney Vizantii. (The idea of universal theocracy in late Bizantium). *Al'fa i omega*, 94, 1, p. 57-72.

2891. FAILLER (Albert). Les émirs turcs à la conquête de l'Anatolie au début du XIVe siècle. *Revue des Etudes Byzantines*, 94, 52, p. 69-112.

2892. FOWDEN (Garth). Constantine, Silvester and the church of S. Polyeuctus in Constantinople. *Journal of Roman Archaeology*, 94, 7, p. 274-284.

2893. FRÉZOULS (Edmond). La fondation des villes chez Malalas. *In*: Mélanges Pierre Lévêque [Cf. n° 2893], p. 217-234.

2894. GANCHOU (Thierry). Le mésazon Démétrius Paléologue Cantacuzène a-t-il figuré parmi les défenseurs du siège de Constantinople (29 mai 1453)? *Revue des Etudes Byzantines*, 94, 52, p. 245-272.

2895. GARLAND (Lynda). The eye of the beholder: Byzantine imperial women and their public image from Zoe Porphyrogenita to Euphrosyne Kamaterissa Doukaina (1028-1203). Part I. *Byzantion*, 94, 64, 1, p. 19-39. – IDEM. The eye of the beholder: Byzantine imperial women and their public image from Zoe Porphyrogenita to Euphrosyne Kamaterissa Doukaina (1028–1203). Part II. *Byzantion*, 94, 64, 2, p. 261-313.

2896. GERSTEL (Sharon E. J.). Liturgical scrolls in the Byzantine sanctuary. *Greek, Roman, and Byzantine Studies*, 94, 35, 2, p. 195-204.

2897. HAASE (Richard). Untersuchungen zur Verwaltung des spätrömischen Reiches unter Kaiser Justinian I. Wiesbaden, L. Reichert, 94, XI-162 p. (maps).

2898. HOSTENS (Michiel). A la découverte d'un auteur byzantin inconnu du IX/Xe siècle. *In*: Philohistor [Cf. n° 2871], p. 423-433.

2899. JEFFREYS (Michael), JEFFREYS (Elizabeth). Who was Eirene the Sevastokratorissa? *Byzantion*, 94, 64, 1, p. 40-68.

2900. KARTSONIS (Anna). Protection against all evil: function, use and operation of Byzantine historiated phylacteries. *In*: Presence of Byzantium [Cf. n° 2871], p. 73-102. – IDEM. The emancipation of the Crucifixion. *In*: Byzance et les images [Cf. n° 2859], p. 151-187.

2901. KAZHDAN (Aleksandr Petrovich). Ideya dvizheniya v slovare vizantiyskogo istorika Nikity Khoniata. (The concept of motion in the vocabulary of the Byzantine historian Nicetas Choniates). *In*: Odissey. Chelovek v istorii. 1994. Kartina mira v narodnom i uchenom soznanii [Cf. n° 750], p. 95-116. (Eng. Summary). – IDEM. Trudnyy put' v Vizantiyu. (A hasardous climb to Byzantium). *In*: Odissey. Chelovek v istorii. 1992. Istorik i vremya [Cf. n° 748], p. 35-50. (Eng. summary). – IDEM. Some observations on the Byzantine concept of law: three authors of the ninth through the twelfth centuries. *In*: Law and society [Cf. n° 2866], p. 199-216.

2902. KIDONOPOULOS (Vassilios). Bauten in Konstantinopel 1204–1328: Verfall und Zerstörung, Restaurierung, Umbau und Neubau von Profan- und Sakralbauten. Wiesbaden, Harrassowitz, 94, XXVII-290 p. (ills., maps). (Mainzer Veröffentlichungen zur Byzantinistik, 1).

2903. KONIDARIS (Ioannis M.). The ubiquity of canon law. *In*: Law and society [Cf. n° 2866], p. 131-150.

2904. LAIOU (Angeliki E.). Law, justice, and the Byzantine historians: ninth to twelfth centuries. *In*: Law and society [Cf. n° 2866], p. 151-185.

2905. LIMBERIS (Vasiliki). Divine heiress: the Virgin Mary and the creation of christian Constantinople. London a. New York, Routledge, 94, X-199 p.

2906. LISON (Jacques). L'Esprit répandu. La pneumatologie de Grégoire Palamas. Paris, Ed. du Cerf, 94, 305 p.

2907. LOKIN (J. H. A.). The significance of law and legislation in the law books of the ninth to eleventh centuries. *In*: Law and society [Cf. n° 2866], p. 71-91.

2908. LOMIZE (E. M.). K voprosu ob otnosheniyakh tserkvi i gosudarstva v Vizantii v svyazi s Florentiyskoy uniey (1439g.). (Les relations entre l'église et l'état en Byzance et l'union de Florence (1439). *In*: Istoriya. Kul'tura. Etnologiya. Moskva, 94, [s. n.], p. 21-36.

2909. LUZZI (Andrea). Un esempio di uso strumentale dell'agiografia: la machaira di San Pietro e la dinastia macedone. *Rivista di Studi Bizantini e Neoellenici*, 94, 31, p. 165-173.

2910. MACRIDES (R. J.). The competent court. *In*: Law and society [Cf. n° 2866], p. 117-129.

2911. MAGUIRE (Henry). From the evil eye to the eye of justice: the saints, art, and justice in Byzantium. *In*: Law and society [Cf. n° 2866], p. 217-239. – IDEM. Epigrams, art, and the Macedonian Renaissance. *Dumbarton Oaks Papers*, 94, 48, p. 105-115.

2912. MANGO (Cyril). L'attitude byzantine à l'égard des antiquités gréco-romaines. *In*: Byzance et les images [Cf. n° 2859], p. 95-120.

2913. MARTIN (J.-M.). Le culte de saint Michel en Italie méridionale d'après les actes de la pratique (VIe– XIIe siècles). *In*: Culto e insediamenti [Cf. n° 2888], p. 375-404.

2914. MARTIN-HISARD (B.). Le culte de l'archange Michel dans l'empire byzantin (VIIIe–XIe siècles). *In*: Culto e insediamenti [Cf. n° 2888], p. 351-373.

2915. MENTZOS (A.). To proskynema tou hagiou Demetriou Thessalonikes sta byzantina chronia. (Le culte de Saint Demetrios de Thessalonique à l'époque byzantine). Athenai, Hetaireia ton philon tou laou, 94, 183 p. (planches). (Kentron Ereunes Byzantiou, 1).

2916. MERGIALI-FALANGAS (Sophia). Didascale de l'église: un titre et deux réalités. *Revue des Etudes Byzantines*, 94, 52, p. 175-185.

2917. MOORHEAD (John). Justinian. London a. New York, Longman, 94, IX-202 p. (The medieval world).

2918. MURAV'EV (A. V.). Episkop protiv kesarya. Istoki odnogo vizantiyskogo ideologicheskogo motiva. (Bishop against caesar: to the background of one Byzantian ideological motive). *Vestnik drevney istorii*, 94, 58, 4, p. 140-153. (Eng. summary).

2919. New Constantines. The rhythm of imperial renewal in Byzantium, IVth–XIIIth centuries. Papers from the twenty-sixth Spring Symposium of Bizantine Studies, St Andrews, March 1992. Ed. by Paul MAGDALINO. Aldershot, Variorum, 94, X-312 p. (Society for the promotion of Byzantine studies, publications, 2).

2920. NICOL (Donald M.). The Byzantine lady: ten portraits, 1250–1500. Cambridge, Cambridge U. P., 94, X-143 p.

2921. OIKONOMIDÈS (Nicolas). La couronne dite de Constantin Monomaque. *Travaux et mémoires du Centre de recherches d'hist. et civil. byzantines*, 94, 12, p. 241-262.

2922. OLSTER (David). Byzantine hermeneutics after iconoclasm: word and image in the Leo Bible. *Byzantion*, 94, 64, 2, p. 419-458.

2923. PATLAGEAN (Evelyne). La double Terre sainte de Byzance. Autour du XIIe siècle. *Annales*, 94, 49, 2, p. 459-470.

2924. PERRIA (Lidia), IACOBINI (Antonio). Il Vangelo di Dionisio. Il codice F. V. 18 di Messina, l'Athous Stavronikita 43 e la produzione libraria costantinopolitana del primo periodo macedone. *Rivista di Studi Bizantini e Neoellenici*, 94, 31, p. 81-163.

2925. PERTUSI (Chiara). La flagellazione di Piero della Francesca e le fonti letterarie sulla caduta di Costantinopoli. Bologna, Editrice Lo Scarabeo, 94, 33 p. (Quaderni della Rivista di bizantinistica, 12).

2926. PILTZ (Elisabeth). Le costume officiel des dignitaires byzantins à l'époque Paléologue. Uppsala, Academiae Upsaliensis, 94, 172 p. (ill.). (Acta Universitatis Upsaliensis. Figura, 26).

2927. PRINZING (Günther). Byzantinische Aspekte der mittelalterlichen Geschichte Polens. *Byzantion*, 94, 64, 2, p. 459-484.

2928. RODLEY (Lyn). Byzantine art and architecture: an introduction. Cambridge, Cambridge U. P., 94, XIV-380 p.

2929. Roman and Byzantine army in the East (The). Proceedings of a colloquium held at the Jagiellonian University Krakow in september 1992. Ed. by E. DA-

BROWA. Krakow, Drukarnia Uniwesrytetu Jagiellonskiego, 94, 311 p. (ill.).

2930. SABEV (Todor). L'Iconoclasme. In: Byzance et les images [Cf. n° 2859], p. 329-369.

2931. SARADI (Hélène). On the archontike and ekklesiastike dynasteia and prostasia in Byzantium with particular attention to the legal sources. A study in social history of Byzantium. Part I. Byzantion, 94, 64, 1, p. 69-117. – IDEM. On the archontike and ekklesiastike dynasteia and prostasia in Byzantium with particular attention to the legal sources. A studi in social history of Byzantium. Part II. Byzantion, 94, 64, 2, p. 314-351.

2932. SHAHÎD (Irfan). Heraclius and the unfinished themes of Oriens. Some final observations. Byzantion, 94, 64, 2, P. 352-376.

2933. SIFONAS (Charalambos S.). Basile II et l'aristocratie byzantine. Byzantion, 94, 64, 1, p. 118-133.

2934. SOPHOCLEOUS (Sophocles). Icons of Cyprus, VIIth–XXth century. Nicosia, Museum Publications, 94, 239 p.

2935. STEPHENSON (Paul). A development in nomenclature on the seals of the Byzantine provincial aristocracy in the late tenth century. Revue des Etudes Byzantines, 94, 52, p. 187-211.

2936. STRATIKIS (Leon). Byzantium and France: the twelfth-century Renaissance and the birth of the medieval romance. Ann Arbor, UMI, 94, X-327 p.

2937. SYNEK (Eva Maria). Heilige Frauen der frühen Christenheit: zu den Frauenbildern in hagiographischen Texten des christlichen Ostens. Würzburg, Augustinus Verlag, 94, 239 p. (Das östliche Christentum. Neue Folge, 43).

2938. Theotokos Evergetis und eleventh-century monasticism (The). Papers of the third Belfast Byzantine International Colloquium (Belfast, 1–4 May 1992). Ed. by Margaret MULLETT a. Anthony KIRBY. Belfast, Belfast Byzantine Enterprises, 94, XVI-408 p. (ills., pls.). (Belfast Byzantine texts and translations, 6).

2939. TODIC (Branislav). Anapeson. Iconographie et signification du thème. Byzantion, 94, 64, 1, p. 134-165.

2940. TROMBLEY (Frank R.). Religious transition in sixth-century Syria. In: Presence of Byzantium [Cf. n° 2871], p. 153-195.

2941. VAN DER VLIET (J.). Une vierge de Daphné. Notes sur un thème apocalyptique. Byzantion, 94, 64, 2, p. 377-390.

2942. Vizantiyskiy vremennik. (Byzantine review). Sb. st. (Coll. of articles.) T. 54, part 1. Ros. Akad. nauk., In-t vseobshch. istorii. Otv. red. G. G. LITAVRIN. Moskva, Nauka, 94, 240 p. (ill.). [Cf. n° <choice> 2876.]

2943. YANNOPOULOS (Panayotis). La Grèce dans la Vie de S. Elie le Jeune et dans celle de S. Elie le Spéléote. Byzantion, 94, 64, 1, p. 193-221.

I

STORIA DEL MEDIOEVO

§ 1. Fonti e critica delle fonti. 2944-3121. – § 2. Opere generali. 3122-3168. – § 3. Storia politica (*a*. Opere generali; *b*. 476–900; *c*. 900–1300; *d*. 1300–1500). 3169-3312. – § 4. Ebrei. 3313-3325. – § 5. Islam. 3326-3346. – § 6. Vichinghi. 3347-3384. – § 7. Storia del diritto e delle istituzioni. 3385-3434. – § 8. Storia economica e sociale. 3435-3569. – § 9. Storia della civiltà, della letteratura, della scuola, delle scienze e della tecnica. 3570-3751. – § 10. Storia dell'arte (*a*. Opere generali; *b*. Studi particolari). 3752-3802. – § 11. Storia della musica. 3803-3826. – § 12. Storia della filosofia. 3827-3905. – § 13. Storia della Chiesa (*a*. Opere generali; *b*. Storia del Papato; *c*. Storia monastica; *d*. Agiografia; *e*. Studi particolari). 3906-4049. – § 14. Storia degli insediamenti. Toponomastica. Storia delle città. 4050-4070.

§ 1. Fonti e critica delle fonti.

2944. 5 Numaralı Mühimme Defteri (973/1565–1566). [Registres des ordres relatifs aux affaires importantes (973/1565–1566), 5]. Ankara, T. C. Devlet Arşivleri Genel Müdürlüğü, 94, 2 vol., 703 p., XLIX-447 p.

2945. ABU MA'SAR. The abbreviation of the introduction to Astrology. Together with the medieval latin translation of Adelard of Bath. Ed. by C. BURNETT, K. YAMAMOTO and M. YANO. Leiden, New York a. Köln, E. J. Brill, 94, VIII-172 p. (Islamic Philosophy, Theology and Science. Texts and Studies, 15).

2946. Acta iudiciaria civitatis Cassoviensis 1393–1495. Das älteste Kaschauer Staadbuch. Hrsg. Von O. R. HALAGA. München, Oldenbourg, 94, XVI-468 p. (Buchreihe des Südostdeutschen Historischen Kommission, 34).

2947. Actes de l'Abbaye de Cava concernant le Gargano (Les) (1086–1370). Ed. par. J.-M. MARTIN. Bari, Società di storia patria per la Puglia, 94, 306 pp. (tab.) (Codice diplomatico pugliese, 32).

2948. ADAM DE SAINT-VICTOR. Quatorze proses du XIIe siècle à la louange de Marie. Ed. par Bernadette JOLLÈS. Turnhout, Brepols, 94, 319 p. (Sous la Règle de saint Augustin, 1).

2949. AELRED DE RIEVAULX. L'amitié spirituelle. Ed. par G. DE BRIEY. Bégrolles-en-Mauges, Abbaye de Bellefontaine, 94, 103 p. (Vie monastique, 30).

2950. AGRIMI (Jole), CRISCIANI (Chiara). Les consilia médicaux. Ed. par Caroline VIOLA. Turnhout, Brepols, 94, 106 p. (Typologie des sources du Moyen Age occidental, 69).

2951. AL-MAKIN IBN AL-'AMID. Chronique des Ayoubides (602–658/1205-6–1259-60). Ed. par Anne Marie EDDÉ et Françoise MICHEAU. Paris, Académie des inscriptions et belles-lettres, 94, 146 p. (Documents relatifs a l'histoire des croisades, 16).

2952. Anglo-Norman medicine. 1. Roger Frugard's "Chirurgia". The "Practica brevis" of Platearius. Ed. by Tony HUNT. Woodbridge a. Rochester, Boydell & Brewer, 94, VII-328 p.

2953. ARNULF VON MAILAND. Liber gestorum recentium. Hrsg. v. Claudia ZEY. Hannover, Hahnsche Buchhandlung, 94, VIII-298 p. (Monumenta Germaniae Historica, Scriptores Rerum Germanicarum in Usum Scholarum Separatim Editi, 67).

2954. Atti originali della Cancelleria Veneziana (Gli). Vol. 1. 1090–1198. A cura di M. POZZA. Venezia, Il Cardo, 94, 146 p. (tav.) (Ricerche. Collana della Facoltà di lettere e filosofia dell'Università di Venezia, 8).

2955. Avicenna latinus: codices. Codices descripsit Marie-Thérèse D'ALVERNY; addenda collegerunt Simone VAN RIET et Pierre JODOGNE. Louvain-la-Neuve, Peeters et Leiden, E. J. Brill, pour l'Académie royale de Belgique, 94, 476 p.

2956. BAUMGÄRTNER (Ingrid). Regesten aus dem Kapitelarchiv von S. Maria in Via Lata (1201–1259). Teil I. *Quellen ind Forschungen aus italienischen Archiven und Bibliotheken*, 94, 74, p. 42-171.

2957. BEDE. The Ecclesiastical History. Ed. by B. COLGRAVE. With the Great Chronicle and Letter to

Egbert, ed. by J. MAC CLURE a. R. COLLINS. Oxford, Oxford U. P., 94, 472 p. (ill.) (World's Classics).

2958. BELL (D. N.). An index of Cistercian authors and works in medieval library catalogues in Great Britain. Kalamazoo, Cistercian publications, 94, 202 p. (Cistercian studies series, 132).

2959. BENEDEIT. Il viaggio di San Brendano. A cura di R. A. BARTOLI e F. CIGNI. Parma, Pratiche, 94, 171 p. (Biblioteca medievale, 32) [con testo originale a fronte].

2960. Benedicto XIII, el papa Luna. Muestra de documentación histórica aragonesa [Zaragoza, 1994] en conmemoración del sexto centenario de la elección papal de Don Pedro Martínez de Luna (Aviñón, 28 septiembre 1394). Zaragoza, Gobierno de Aragón, 94, 236 p., (ill.).

2961. BENEDICTUS CANONICUS. En fullstaedig beskrivelse af Rom: den aeldste romerske mirabilieredaktion fra 1140. (Benedictus Canonicus. A complete description of Rome: the oldest compilation of Roman sights from 1140). Ed. by Erik WORM. København, Museum Tusculanum, 94, 169 p.

2962. Berlin commentary (The) on Martianus Capella's "De nuptiis Philologiae et Mercurii". Book 1. Ed. by Haijo Jan WESTRA a. Christina VESTER. Leiden, New York a. Köln, E. J. Brill, 94, XLII-362 p. (Mittellateinische Studien und Texte, 20).

2963. BERLIOZ (J.), [et al.]. Identifier sources et citations. Turnhout, Brepols, 94, 336 p. (L'atelier du Médiéviste, 1).

2964. BERNARDO DI CHIARAVALLE. La via dell'amore. A cura di B. SCHELLENBERGER. Padova, Ed. Messaggiero, 94, 256 p. (Classici dello spirito).

2965. Biblical commentaries from the Canterbury School of Theodore and Hadrian. Ed. by Bernhard BISCHOFF a. Michael LAPIDGE. Cambridge, Cambridge U. P., 94, XIV-612 p. (Cambridge studies in Anglo-Saxon England, 10).

2966. BONAVENTURA. Opera omnia di San Bonaventura. A cura di J. G. BOUGEROL, C. DEL ZOTTO e L. SILEO. Vol. 6, 1. Sermoni teologici, 1. A cura di B. DE ARMELLADA. Roma, Città Nuova, 94, 472 p. (ill.).

2967. BREFELD (Josephie). A guidebook for the Jerusalem pilgrimage in the late Middle Ages: a case for computer-aided textual criticism. Hilverum, Verloren, 94, 243 p. (ill., tables). (Middeleeuwse Studies en Bronnen, 40).

2968. CARRASCO (Juan), MIRANDA GARCÍA (Fermin), RAMIREZ-VAQUERO (Eloísa). Los judíos del reino de Navarra: documentos, 1093–1333. Pamplona, Gobierno de Navarra, Departamento de Educacion y Cultura, 94, 984 p. (Navarra judaica, documentos para la historia de los judíos del reino de Navarra, 1).

2969. Carta de logu del regno di Arborea (La). A cura di F. C. CASULLA. Cagliari, Consiglio Nazionale delle Ricerche, Istituto sui rapporti italo-iberici, 94, 300 p. (Collana di studi italo-iberici).

2970. Carte dell'Archivio di Stato di Siena. Opera Metropolitana (1000–1200). A cura di A. GHIGNOLI. Siena, Accademia degli Intronati, 94, XXXIX-309 p. (Fonti di storia senese).

2971. Carte di Fonte Avellana. Vol. 6. Regesti degli anni 1265–1294. A cura di E. BALDETTI. Fonte Avellana, Centro di Studi Avellaniti, 94, 475 p.

2972. Cartulary of the Knights of St. John of Jerusalem in England (The). Part 2. Prima Camera, Essex. Ed. by M. GERVERS. Oxford, Oxford U. P., 94, 400 p. (ill.) (Records of Social and Economic History, 22).

2973. Chanson de Roland (La). Ed. par L. CORTÉS. Éd. etablie d'après le manuscrit d'Oxford. Paris, Niget, 94, 477 (facs., ill.). [texte en ancien français et trad. en français moderne en regard].

2974. Chartae antiquissimae Hungariae. Ab anno 1001 usque ad annum 1196. Introd., composuit Georgius GYÖRFFY. Budapest, Balassi, 94, 95 p. (Monumenta medii aevi).

2975. Charters of the Redvers family and the earldom of Devon, 1090–1217. Ed. by Robert BEARMAN. Exeter, BPC Wheatens, 94, XVI-227 p. (Devon and Cornwall record society, 37).

2976. CHAUCER (Geoffrey). The house of fame. Ed. by Nicholas R. HAVELY. Durham, Durham Medieval Texts, 94, VII-216 p. (Durham Medieval Texts, 11).

2977. CHIESA (Paolo). Liutprando di Cremona e il codice di Frisinga, Clm 6388. Turnhout, Brepols, 94, 84 p. (Corpus Christianorum, Autographa Medii Aeui, 1).

2978. CHRISTINE DE PISAN. The book of the body politic. Ed. by K. L. FORHAN. Cambridge, Cambridge U. P., 94, 224 p. (Cambridge Texts in the History of Political Thought).

2979. Clavis Patricii, II. Libri epistolarum sancti Patricii episcopi: introduction, text and commentary. Ed. by Ledwig BIELER. Dublin, Royal Irish Academy, 94, 294 p.

2980. Clavis patristica pseudepigraphorum medii aevi, 2A–2B. II: Theologica, exegetica, ascetica, monastica. Ed. by J. MACHIELSEN. Turnhout, Brepols, 94, 2 vol., XXII-1212 p. (Corpus christianorum. Series latina, 2A–2B.).

2981. Clavis scriptorum latinorum Medii Aevi. Tome I. Auctores Galliae, 735–987. 1: Abbon de Saint-Germain – Ermold le Noir. Ed. par Marie Hélène JULLIEN et Françoise PERELMAN. Turnhout, Brepols, 94, 2 vol., XIV-378 p., 125 p. (Corpus christianorum. Continuatio medievalis).

2982. Codex diplomaticus ecclesiae cathedralis necnon dioeceseos vilnensis. Vol. 1. (1387–1507). Préface de Władysław SEMKOWICZ. Indices ed. Tadeusz GLEMMA, Zofia PLEZIOWA et Adam VETULANI. Réd.

Wiesław FILIPCZYK. Cracoviae, [s. n.], 94, XXXVII-VI-220 p. (Editionum Collegi Hist. Acad. Litterarum Pol., num. 81).

2983. Constantin the African and Ali ibn al-Abbas al Magusi: the «Pantegni» and related text. Ed. by Charles BURNETT a. Danielle JACQUARD. Leiden, New York a. Köln, E. J. Brill, 94, IX-364 p. (Studies in ancient medicine, 10).

2984. Constitucións de Pau (Les) i Treva de Catalunya (segles XI–XIII). Ed. por Gener GONZALVO I BOU. Barcelona, Departament de Justícia, Generalitat de Catalunya, 94, LXXII-221 p. (Textos Jurídics Catalans, 9; Lleis i Costums, 2-3).

2985. Corpus catalogorum Belgii: the medieval booklists of the Southern Low Countries. Tome 2. Provinces of Liege, Luxemburg and Namur. Ed. by A. DEROLEZ with B. VICTOR. Brussel, Koninklijke Akademie van Wetenschappen, 94, 256 p. (tab.).

2986. Corpus des inscriptions de la France médiévale. T. 17. Ain, Isère (sauf Vienne), Rhône, Savoie, Haute-Savoie. Ed. par Robert FAVREAU, Jean MICHAUD et Bernadette MORA. Paris, CNRS, 94, VIII-255 p.

2987. Corpus orationum. Inchoante E. MOELLER, subsequente I. M. CLÉMENT, totum opus perfecit B. COPPIETERS 'T WALLANT. Vol. 4. E: orationes 2390–3028. Vol. 5. I–O: orationes 3029–3699. Turnhout, Brepols, 94, 2 vol., LXIV-322 p., LXIV-318 p. (Corpus christianorum. Series latina, 160C-D)

2988. Critica del testo mediolatino (La). Atti del Convegno (Firenze, 6–8 dicembre 1990). A cura di Claudio LEONARDI. Spoleto, Centro italiano di studi sull'Alto Meioevo, 94, VIII-455 p. (Biblioteca di Medioevo latino, 5)

2989. Crónica de Enrique IV de Diego Enríquez del Castillo. Ed. por Aureliano SANCHEZ MARTIN. Valladolid, Universidad de Valladolid, 94, 432 p.

2990. DAFYDD AP GWILYM. Un barde gallois du XIVe siècle. Petit antologie d'un grande poète. Texte original et trad. française de D. JOHNSON et J.-C. LOZAC'HMEUR. Greifwald, Reineke, 94, 138 p. (Wodan, 34).

2991. Danse macabre of women (The): Ms. fr. 995 of he Bibliothèque Nationale. Ed. by Ann Tukey HARRISON. Kent a. London, Kent State U. P., 94, X-162 p.

2992. DE TEPLA (Johannes). "Epistola cum Libello Ackerman" und "Das büchlein Ackerman" nach der Freiburger Hs. 163 und nach der Stuttgarter Hs. HB X 23. Hrsg. v. Karl BERTAU. Berlin u. New York, de Gruyter, 94, 2 vol., XXXVII-301 p., VI-801 p.

2993. DE TROIA (Giuseppe). Foggia e Capitanata nel Quaternus excadenciarum di Federico II di Svevia. Con la collaborazione di Itala PIACENTE. Foggia, Banca del Monte di Foggia, 94, 449 p. (ill.) (Pubblicazione della Banca del Monte di Foggia per l'VIII centenario della nascita di Federico II) [con riproduzione del manoscritto].

2994. DEL SER QUIJANO (G.). Colección diplomática de Santa María de Otero de las Dueñas (León) (854–1037). Salamanca, Universidad de Salamanca, 94, 267 p.

2995. Destructiones modorum significandi. Hrsg. v. Ludger KACZMAREK. Amsterdam u. Philadelphia, B. R. Grüner, 94, LX-138 p. (Bochumer Studien zur Philosophie, 9).

2996. Deutsche Lucidarius (Der). Band 1. Kritische Text nach den Handschriften. Hrsg. von D. GOTTSCHALL u. G. STEER. Tübingen, Niemeier, 94, X-480 p. (Texte und Textegeschichte, 35).

2997. Disputationen (Die) zu Ceuta (1179) und Malorca (1286). Zwei antijüdische Schriften aus dem mittelalterlichen Genua. Hrsg. v. Ora LIMOR. München, Monumenta Germaniae Historica, 94, XII-353 p. (Monumenta Germaniae Historica, Quellen zur Geistesgeschichte des Mittelalters, 15).

2998. Documente Romaniae Historica. C. Transilvania. Vol. 13. 1366–1370. Volum întocmit de Ioan DANI, Konrad GÜNDISCH, Viorica PERVAIN, Aurel RĂDUȚIU, Adrian RUSU și Susana ANDEA. București, Editura Academiei Române, 94, 933 p.

2999. Documenti per la storia dell'Università di Pavia nella seconda metà del '400. Vol. 1. 1450–1455. A cura di Agostino SOTTILI. Bologna, Cisalpino, 94, 230 p. (Fonti per la storia dell'Università di Pavia, 21).

3000. Documenti relativi alle diocesi del Ducato di Milano. Vol. 1. I libri annatarum di Pio II e Paolo II (1458–1471). A cura di Michele ANSANI. Milano, UNICOPLI, 94, 475 p. (Materiali di storia ecclesiastica lombarda, sec. 14-16).

3001. DONADELLO (Aulo). Il libro di messer Tristano («Tristano Veneto»). Venezia, Marsilio, 94, 647 p. (Medioevo Veneto).

3002. [DZHAKSON (T. N.)]. Islandskie korolevskie sagi o Vostochnoy Evrope: Pervaya tret' XI v.: Texty, perevod, commentariy. (Icelandic king sagas about Eastern Europe (sagas about St Olaf): Texts, translation, commentary). Ros. Akad. nauk. In-t ros. istorii. Moskva, Ladomri, 94, 255 p. (bibl.). [Drevneyshie istochniki po istorii narodov Vostochnoy Evropy (The most ancient evidence for the history of Eastern Europe)]. [Cf. Bibl. 93, n° 3050].

3003. EADMER MOINE DE CANTORBÉRY. Histoire des temps nouveaux en Angleterre (I–IV). D'après le texte établi par M. RULE. Vie de saint Anselme. D'après le texte établi par R. W. SOUTHERN. Ed. Par H. ROCHAIS. Paris, Ed. du Cerf, 94, 423 p. (L'oeuvre d'Anselm de Cantorbéry, 9) [éd. bilingue latin-français].

3004. EDENDORFER (Thomas). Chronica pontificum Romanorum. Hrsg. von H. ZIMMERMANN. München,

Monumenta Germaniae Historica, 94, 650 p. (Monumenta Germaniae Historica. Scriptores. Scriptores rerum Germanicarum, 16)..

3005. English Episcopal Acta. Vol. 9. Winchester 1205-1238. Ed. by N. VINCENT. Vol. 10. Bath and Wells 1061-1205. Ed. by F. M. R. RAMSEY. Oxford, Oxford U. P., 94, 2 vol., 320 p., 344 p. (ill.).

3006. ETAIX (Raymond). Homéliaires patristiques latins. Recueil d'études de manuscrits médiévaux offert par la Faculté de théologie de Lyon à l'occasion de son départ à la retraite. Paris, Institut d'études augustiniennes, 94, XX-702 p. (Collection des «Études augustiniennes», Moyen Age-Temps modernes, 29).

3007. Exeter anthology (The) of old English poetry: an edition of Exeter Dean and chapter MS 3501. 1. Textes. 2. Commentary. Ed. by Bernard J. MUIR. Exeter, University of Exeter Press, 94, 2 vol. XIV-382 p., VI-435 p. (Exeter medieval English texts and studies).

3008. FALKENBUCH FRIEDRICHS II. (Das): (Ausstellung der Württembergischen Landesbibliothek zum 800. Geburtstag des Stauferkaiser Friedrich II. Am 26. Dezember 1994). Dorothea WALZ (Konzeption und Durchführung Vera TROST unter Mitwirkung von Hendrikje KILIAN und Dorothea WALZ). Graz, Akademische Druck- und Verlagsanstalt, 94, 32 p.

3009. FILIPPO DI NOVARA. La guerra di Federico II in Oriente (1223-1242). Ed. crit. a cura di Silvio MELANI. Napoli, Liguori, 94, 356 p. (Nuovo Medioevo, 46).

3010. Filologia testuale e le scienze umane (La). Convegno internazionale, Roma, 19-22 aprile 1993. Organizzato in collaborazione con l'Associazione internazionale per gli studi di lingua e letteratura italiana. Roma, Accademia nazionale dei Lincei, 94, 282 p. (Atti dei convegni lincei, 111).

3011. FIRMINUS VERRIS. Dictionarius. Dictionnaire latin-français de Firmin Le Ver. Ed. par Brian MERRILEES and William EDWARDS. Turnhout, Brepols, 94, XXXV-545 p. (Corpus Christianorum, Continuatio Mediaeualis, 1; Lexica Latina Medii Aeui, 1).

3012. FOWLER-MAGELL (Linda). Ordines iudiciarii and libelli de ordine iudiciorum. From the middle of the twelfth to the end of the fifteenth century. Turnhout, Brepols, 94, 130 p. (Typologie des sources du Moyen Âge occidental, 63).

3013. FRANGIONI (Luciana). Milano fine Trecento. Il carteggio milanese dell'Archivio Datini di Prato. Vol. 1. Testo e bibliografia. Vol. 2. Documenti. Firenze, Opuslibri, 94, 619 p., IX-636 p.

3014. FROISSART (J.). La prison amoreuse. The Prison of love. Ed. by L. DE LOOZE. New York a. London, Garland, 94, 294 p. (Garland Library of Medieval Literature, A, 96) [original text and English transl.].

3015. FRUGONI (Chiara). Le immagini come fonte storica. In: Spazio letterario del Medioevo (Lo). I. II [Cf. n° 3728], p. 721-737.

3016. GALBERTUS NOTARIUS BRUGENSIS. De multro, traditione, et occisioni gloriosi Karoli, comitis Flandriarium. Ed. by J. RIDER. Turnhout, Brepols, 94, 290 p. (Corpus christianorum continuatio medievalis, 131).

3017. GARCÍA FERNANDEZ (Manuel). Documentación del Archivio ducal de Osuna (1257-1528). Sevilla, Universidad de Sevilla, 94, 178 p.

3018. GERTRUD DIE GROSSE. Le rivelazioni di S. Gertrude. A cura di C. TIRONE. Siena, Cantagalli, 94, 2 vol., 719 p. (I classici cristiani).

3019. Geste de Garin de Monglane (La) (Paris, Bibl. de l'Arsenal, ms. 3351). Ed. par H. E. KELLER. Aix-en-Provence, Centre Univérsitaire d'études et de recherches médiévales d'Aix et Université de Provence, 94, 270 p. (Sénéfiance, 35).

3020. GIRART D'AMIENS. Escanor. Roman arthurien en vers de la fin du XIIIe siècle. Ed. par Richard TRACHSLER. Genève, Droz, 94, 2 vol., VI-472 p., IV-612 p. (Textes Littéraires Français, 449).

3021. GOTTFRIED VON STRASBURG. Tristan und Isolde. Originaltext (nach F. RANKE) mit einer Versübersetzung und Einleitung von W. SPIEWOK. Greifswald, Reineke, 94, 380 p. (Wodan 9).

3022. GRAHAM (Timothy). A Parkerian transcript of the list of Bishop Leofric's procurements for Exeter cathedral: Matthew Parker, the Exeter Book, and Cambridge university library MS II.2.11. T. of the Cambridge Bibliographical soc., 94, 4, p. 421-460.

3023. GUENÉE (Bernard). Documents insérés et documents abrégés dans la "Chronique du religieux de Saint-Denis". Bibliothèque de l'Ecole des Chartes, 94, 152, p. 375-428.

3024. GUILLAUME DE MACHAUT. Guillaume de Machaut's Tale of the alerion. Ed. by M. GAUDET a. C. B. HIEATT. Toronto a. Buffalo, University of Toronto Press, 94, 192 p. (Toronto Medieval Texts and Translation, 10).

3025. Gwaith Bleddyn Ddu. (The works of Bleddyn Ddu). Ed. by R. Iestyn DANIEL. Aberystwyth, Canolfan Uwchefrydiau Cymreig a Cheltaidd, 94, XV-81 p.

3026. GYÖRFFY (Georgius). Chartae antiquissimae Hungariae ab anno 1001 usque ad annum 1196. Budapest, Balassi Kiadó, 94, 95 p.

3027. HALM (Christian). Europäische Reiseberichte des späten Mittelalters. Eine analytische Bibliographie. Teil 1. Deutsche Reiseberichte. Frankfurt am Main, Berlin u. Bern, Lang, 94, 532 p. (Kieler Werkstücke, 5).

3028. HARRIS (Nigel). The Latin and German «Etymachia». Textual history, edition, commentary. Tübingen, Max Niemeyer Verlag, 94, 466 p. (Münchener Texte und Untersuchungen zur deutschen Literatur des Mittelalters, 102).

3029. HEIRICUS AUTISSIODORENSIS. Homiliae per circulum annni. B. Pars aestiva, 1-50. Ed. R. QUADRI et R. DEMEULENAERE. Turnhout, Brepols, 94, 570 p. (Corpus christianorum continuatio mediaevalis, 116B).

3030. HERMES TRISMEGISTUS. De triginta sexdecanis. Translatio Gallica capitum XXIV–XXV. A cura di Simonetta FERABOLI e Sylvain MATTON. Turnhout, Brepols, 94, XLIV-387 p. (Hermes Latinus, 4-1; Corpus Christianorum, Continuatio mediaevalis, 144).

3031. HERRERO JIMÉNEZ (Mauricio). Colección documental del Archivo de la Catedral de León. 10. Obituarios medievales. León, Centro de Estudios e Investigación "San Isidoro", Caja España de Inversiones, 94, 627 p. (Fuentes y estudios de historia leonesa, 56).

3032. HEYTESBURY (G.). Sophismata asinina. Une introduction aux disputes médiévales. Éd. crit. Par F. PIRONET. Paris, J. Urin, 94, 644 p. (Sic et non).

3033. HÖFLINGER (Klaus), SPIEGEL (Joachim). Ungedruckte Urkunden Kaiser Friedrichs II. für das Florenserkloster Fonte Laurato. *Archiv für Diplomatik, Schriftgeschichte, Siegel- und Wappenkunde*, 94, 40, p. 105-122.

3034. Hugh Primas and the Archpoet. Ed. by F. ADCOCK. Cambridge, Cambridge U. P., 94, 130 p. (Cambridge Medieval Classics, 2) [bilingual ed.].

3035. HUON DE MERY. Le tournoi de l'Antéchrist / Li tornoiemenz Antecrit. Ed. par G. WIMMER et E. ORGEUR. Orléans, Paradigme, 94, 296 p. (Medievalia, 13).

3036. HUTH (Volkfard). Erzbischof Arnulf von Reims und der Kampf um das Königtum im Westfrankenreich. Zugleich ein Beitrag zur Geschichte der Reinser Remigius-Fälschungen. *Francia*, 94, 21, 1, p. 85-124.

3037. Inscriptions latines d'Aquitaine (I. L. A.). B. Santons. Ed. par L. MAURIN, avec la collaboration de M. THAURÉ et F. TASSAUX. Bourdeaux, Centre P. Paris, 94, 518 p. (ill.)

3038. IOHANNES SARESBERIENSIS. Le Policratique de Jean de Salisbury (1372), livres I-III. Ed. par D. FOULECHAT. Ed. crit. par C. BRUCKER. Genève, Droz, 94, 456 p. (Publications romanes et françaises, 209).

3039. Jardin d'Eden, jardin d'Espagne. Anthologie de la poésie hébraïque médiévale en Espagne et en Provence. Ed. par M. ITZHAKI et M. GAREL. [S. l.], [s. n.], 94, 224 p. [éd. bilingue français-hébreu].

3040. JASIŃSKI (Toimasz). Złota Bulla Fryderyka II dla zakonu krzyżackiego z roku rzekomo 1226. (La Bulle d'or de Frédéric II pour l'ordre teutonique prétendument de l'année 1226). *Roczn. hist.*, 94, 60, p. 107-154 (phot.). [Deutsche Zsfassung].

3041. JOHANNES DE HAUVILLA. Architrenius. Ed. by W. WETHERBEE. Cambridge, Cambridge U. P., 94, 288 p. (Cambridge Medieval Classics, 3). [bilingual ed.].

3042. JOHANNES DE RUPESCISSA. Liber secretorum eventuum. Ed. crit. par R. E. LERNER et C. MOREROD-FATTEBERT. Friburg, Edition Universitaires, 94, 332 p. (Spicilegium friburgense, 36).

3043. JUREK (Tomasz). Testament Henryka Probusa. Autentyk czy falsyfikat? (Le testament de Henri le Probe [de 23 VI 1290]. Un acte authentique ou une falsification?). *Studia źródłozn.*, 94, 35, p. 79-99. [Deutsche Zsfassung].

3044. KAEPPELI (T.), PANELLA (E.). Scriptores ordinis Praedicatorum Medii Aevi. Vol. IV: Addenda et corrigenda ad volumina I-III; index scriptorum alphabeticus; index scriptorum chronologicus; index incipitarius. Roma, Lidar, 94, 600 p.

3045. KAHN (Didier). Le fonds Caprara de manuscrits alchymiques de la Bibliothèque universitaire de Boulogne. *Scriptorium*, 94, 48, 1, p. 61-110.

3046. KOCH (W.). Auszeichnungsschrift und Epigraphik. Zu zwei Westschweizer Inschriften aus der Zeit um 700. Vorgetragen am 6. Mai 1994. München, C. H. Beck, 94, 38-[6] p., (ill.) (Bayerische Akademie der Wissenschaften, Philosophisch-historische Klasse. Sitzungsberichte, Jg. 1994, 6). – IDEM. Literaturbericht zur mittelalterlichen und neuzeitlichen Epigraphik (1985–1991). Unter Mitarbeit von F. A. BORNSCHLEGL, A. DIETRL und M. GLASER. München, Monumenta Germaniae Historica, 94, 300 p. (Monumenta Germaniae Historica. Hilfsmittel, 14).

3047. Konzilsordines des Früh- und Hochmittelalters (Die). Hrsg. von H. SCHNEIDER. München, Monumenta Germaniae Historica, 94, 700 p. (Monumenta Germaniae Historica. Leges. Ordines de celebrando concilio).

3048. Księga czynszów fary chełmińskiej. Liber censuum parochiae Culmensis (1435–1496). (Le livre de redevance de l'église paroissiale [de Notre-Dame] à Chełmno [près Toruń], 1435–1496). Ed. par Zenon Hubert NOWAK et Janusz TANDECKI. Toruń, 94, XIX-78 p. (Tow. Nauk. w Toruniu, Fontes, 78).

3049. LALOU (Elisabeth). Un compte de l'Hôtel du roi sur tablettes de cire, 10 octobre–14 novembre [1350]. *Bibliothèque de l'École des chartes*, 94, 152, 1, p. 91-127.

3050. Laudario orvietano. A cura di G. SCENTONI. Spoleto, Centro italiano di studi sull'alto Medioevo, 94, XV-576 p. (Quaderni del Centro per il collegamento degli studi medievali e umanistici in Umbria).

3051. Laudes in the Middle Ages (The). Ed. by V. TRAVERSA. New York, Peter Lang, 94, XXXVIII-432 p. (American University Studies, 2, 197).

3052. Lebensbeschreibungen der Königin Mathilde (Die). Hrsg. v. Bernd SCHÜTTE. Hannover, Hahn, 94, 236 p. (Monumenta Germaniae Historica, Scriptores rerum Germanicarum in usum scholarum separatim editi, 66).

3053. Libro Biscia di S. Mercuriale di Forlì (Il). Vol. 4.: Anni 1221–1231. A cura di Silvia TAGLIAFERRI e Bruno GUROLI. Appendice documentaria di Giuseppe RABOTTI. Forlì, Cassa dei risparmi di Forlì, 94, 334 p.

3054. Livre des amours (Le) du Chastellain de Councy et de la dame de Fayel. Ed. par Aimé PETIT et François SUARD. Lille, Presses Universitaires de Lille, 94, 245 p.

3055. LÓPEZ ALCARAZ (Josefa). Los juramentos de Estrasburgo y La Cantilena de Santa Eulalia. Comentario filológico de los primeros textos franceses. Murcia, Universidad de Murcia, 94, 84 p. (Col. Filología Romanica, 2).

3056. LOTHRINGEN GRÄFIN ZU NASSAU-SAARBRÜCKEN (Elisabeth von). Sibille. Das Buch von König Karl von Frankrich und siner Husfrouwen Sibillen die umb eins Getwerch willen vejaget wart. Hrsg. v. Y. RECH. St. Ingbert, Rohrig, 94, 120 p. (ill.).

3057. Louis VI (roi de France). Recueil des actes de Louis VI, roi de France, 1108–1137. Tome 4. Tables. Ed. par Robert-Henri BAUTIER. Paris, Académie des Inscriptions et Belles Lettres et de Boccard, 94, 193 p.

3058. LUDWIG (Uwe). Die Gedenklisten des Klosters Novalese-Möglichkeiten einer Kritik des Chronicon Novaliciense. *In*: Memoria in der Gesellschaft des Mittelalters [Cf. n° 3518], p. 32-55.

3059. LULLE (R.). Livre de l'ami et de l'aimé. Ed. par P. GIFREU. Paris, La Différénce, 94, 190 p. (Orphée, 6) [éd. bilingue catalan-français].

3060. LUR'E (Ya. S.). Dve istorii Rusi XV veka: rannie i pozdnie, nezavisimye i ofitsial'nye letopisi ob obrazovanii Moskovskogo gosudarstva. (L'état Moscovite au XVe siècle: deux visions de l'histoire a travers les chroniques russes). Sankt-Peterburg, Editions Dmitriy Bulanin; Paris, Institut d'études slaves, 94, 240 p. (stemmas, bibl.). (Collecton historique de l'institut d'études slaves, 35).

3061. MAC KITTERICK (Rosamond). The audience for Latin historiography in the early middle ages. Text transmission and manuscript dissemination. *In*: Historiographie im frühen Mittelalter [Cf. n° 558], p. 96-114.

3062. MACHAN (Tim William). Textual criticism and middle English texts. Charlottesville a. London, University Press of Virginia, 94, X-250 p.

3063. MAIMONIDE. Lettera sull'astrologia. A cura di E. LOEWENTHAL. Genova, Il Melangolo, 94, 81 p. (Opuscula, 60).

3064. MÁLYUSZ (Elemér). Zsigmondkori oklevéltár. Vol. 4. 1913–1414. (Recueil des chartes de l'époque de Sigismond). Ed. par Iván BORSA. Budapest, Akad. Kiadó, 94, 778 p. (A Magyar Országos Levéltár kiadványai II).

3065. MELONI (Giuseppe), DESSI FULGHERI (Andrea). Mondo rurale e Sardegna del XII secolo: il Contaghe di Barisone II di Torres. Napoli, Liguori, 94, p. 217 (tav., ill.). (Biblioteca di Nuovo Medioevo, 37) [con testo e versione italiana a fronte].

3066. METZGER (Marcel). Les sacramentaires. Turnhout, Brepols, 94, 138 p. (Typologie des sources du Moyen Age occidental, 70).

3067. Monumenta Poloniae Historica. Nova series. T. 11. Magistri Vincenti dicti Kadłubek Cronica Polonorum. Ed., praefatione notisque instruxit Marian PLEZIA. Cracoviae, Secesja, 94, XXXIV-212 p. (Acad. Scientiarum et Litterarum Pol.).

3068. Monumenta Poloniae Vaticana. T. 9. Acta Camerae Apostolicae. Vol. 3. Liber receptorum et expansarum Petri Stephani 1373–1375. Ed. Stanisław SZCZUR. Cracoviae, 94, XLV-146 p. (Acad. Scientiarum et Litterarum Pol.).

3069. MORRONE (Fiorangelo). San Bartolomeo in Galdo. Immunità, franchigie, libertà, statuti. Napoli, Arte tipografica, 94, 259 p. (tav., ill.).

3070. Nine medieval latin plays. Ed. by P. DRONKE. Cambridge, Cambridge U. P., 94, 288 p. (Cambridge Medieval Classics, 1) [bilingual ed.].

3071. Notaio romano del Trecento (Un). I protocolli di Francesco di Stefano de Caputgallis (1374–1386). A cura di R. MOSTI. Roma, Viella, 94, L-660 p. (tav.).

3072. Old English lives (The) of St. Margaret. Ed. by Mary CLAYTON a. Hugh MAGENNIS. Cambridge, Cambridge U. P., 94, XI-239 p. (Cambridge studies in Anglo-Saxon England, 9).

3073. Old English version of the Gospel (The). Vol. 1. Text and introduction. Ed. by R. M. LIUZZA. Oxford, Oxford U. P., 94, 280 p. (ill.). (Early English Texts Society. Original Series, 304).

3074. Oorkondenboek van Gelre en Zutphen tot 1326. (Cartulary of the Dutch counties Gelre and Zutphen until 1326). Vol. 6. Klooster Bethlehem bij Doetinchem (tweede gedeelte). Ed. by E. J. HARENBERG. Den Haag, Instituut voor Nederlandse Geschiedenis, 94, XV-474 p. (Rijks Geschiedk. Publ.).

3075. Paenitentialia Franciae, Italiae et Hispaniae saeculi VIII–XI. 1. Paenitentialia minora Franciae et Italiae saeculi VIII–IX. Hrsg. v. Ludger KÖRNTGEN u. Ulrike SPENGLER-REFFGEN. Turnhout, Brepols, 94, LIV-239 p. (Corpus Christianorum, Serie Latina, 156).

3076. PARENTI (Piero di Marco). Storia fiorentina. 1. 1476–1478, 1492–1496. A cura di Andrea MATUCCI. Firenze, Olschki, 94, LI-364 p. (Studi e testi, 33).

3077. PAULI (Heinrich), HAUBST (Rudolph). Nicolai de Cusa opera omnia iussu et auctoritate Academia Litterarum Heidelbergensis ad codicum fidem edita. T. XVIII, Fasc. 1. Sermones CXXII–CXL. Hamburg, Meiner, 94, 94 p.

3078. [PAULUS DIACONUS] PAUL DIACRE. Histoire des Lombards. Ed. par François BOUGARD. Turnhout, Brepols, 94, 206 p. (tab.) (Miroir du Moyen Âge, 2).

3079. PELHISSON (Guillaume). Chronique de Guillaume Pelhisson (1229–1244), suivi du récit des troubles d'Albi (1234). Ed. par J. DUVERNOY. Paris, IRHT-CNRS-Ed., 94, 123 p.

3080. Peregrinationes tres: Saewulf, John of Würzburg, Theodoricus. Ed. by R. B. C. HUYGENS. Turnhout, Brepols, 94, XCIX-236 p. (ill., map). (Corpus Christianorum, Continuatio Mediaevalis, 139).

3081. PETRARCA (Francesco). Le Familiari. Libro terzo. A cura di U. DOTTI. Roma, Archivio Guido Izzi, 94, XII-142 p. [con testo latino a fronte].

3082. PETRARCA (Francesco). Lettere disperse. Varie e miscellanee. A cura di A. PANCHERI. Milano, Fondazione Pietro Bembo, 94, LXIII-563 p. (Biblioteca di scrittori italiani) [con testo latino a fronte].

3083. PÉTRARQUE (F.). Secretum, ou Mon secret. Ed. par Père G. ZUCCHELLI. Marsat, La Source d'Or, 94, 324 p.

3084. PETRUS DE EBOLO. Liber ad honorem Augusti sive de rebus Siculis. Codex 120 II der Bürgerbibliothek Bern. Eine Bilderchronik der Stauferzeit. Hsrg. v. Theo KÖLZER u. Marlis STÄHLI. Sigmaringen, Thorbecke, 94, 304 p. (facs.).

3085. PINTOIN (Michel). Chronique du Religieux de Saint-Denis [Michel Pintoin] contenant le règne de Charles VI de 1380 à 1422. T. 1 à 3. Prés. par Bernard GUENÉE. Paris, CTHS, 94, 3 vol., 791 p., 781 p., 806 p.

3086. Polnoe sobranie russkikh letopisey. (The complete edition of Old Russian chronicles.) Vol. 39. "Sofiyskaya pervaya letopis' po spisku I. N. Tsarskogo. (1st Sophian chronicle from the MS of I. N. Tsarskiy, c. 1508)". Dir. V. I. BUGANOV, B. M. KLOSS. Intr. by B. M. KLOSS. [Text prepared by L. A. KUZ'MINA]. Ros. Akad. nauk. In-t Rossiyskoy istorii. Moskva, Nauka, 94, 205 p.

3087. Propriétés (Les) des choses selon le "Rosarius" (B. N. f. fr. 12483). Ed. par Anders ZETTERBERG et Sven SANDQVIST. Lund, Lund U. P., 94, 221 p. (Etudes Romanes de Lund, 52).

3088. Radzivilovskaya letopis'. (Radziwill chronicle: a Russian 15th century chronicle manuscript with miniatures.) Vol. 1. "[A facsimile]". Vol. 2. "Tekst, issledovanie, opisanie miniatyur (Transcription, introduction, description of miniatures)". Under the dir. of M. V. KUKUSHKINA. General dir. G. M. PROKHOROV. Sankt-Peterburg, Glagol a. Moskva, Iskusstvo, 94, 2 vol., 518 p., 416 p.

3089. Records of the medieval ecclesiastic courts (The). Reports of the working group on church court records. 2. England. Ed. by Charles DONOHUE jr. Berlin, Duncker & Humblot, 94, 264 p. (Comparative studies in continental and Anglo-American legal history, 7).

3090. Register Innocenz III (Die). Band 5. Pontifikatsjahr 1202/1203. Indices. Hrsg. von A. SOMMERLECHNER gemeinsam mit C. EGGER, K. RUDOLF u. H. WEIGL. Wien, Verlag der Österreichischen Akademie der Wissenschaften, 94, 64 p. (Publikationen des Historischen Instituts beim Österreichischen Kulturinstitut in Rom, II/1, 5 ind.).

3091. RICHTER (Michael). The oral tradition in the early Middle Age. Turhout, Brepols, 94, 76 p. (Typologie des sources du Moyen Age occidental, 71).

3092. *Vacat.*

3093. Roman de Tristan en prose (Le). Publié sous la dir. de P. MÉNANT. Tome 6. Du séjour des amants à la Joyeuse Garde jusqu'aux premières aventures de la «Queste du Graal». Ed. par. E. BAUMGARTNER et M. SZKILNIK. Tome 7. De l'appel d'Yseut jusqu'au départ de Tristan de la Joyeuse Garde. Ed. par D. QUERUEL et M. SANTUCCI. Genève, Droz, 94, 2 vol., 480 p., 538 p. (Textes littéraires français, 437, 450).

3094. Saga dei Völsunghi (La). A cura di L. KOCH. Parma, Pratiche, 94, 271 p. (Biblioteca medievale, 38) [con testo originale a fronte].

3095. Saga di Oddr l'arciere. Örvar-Oddrs Saga. A cura di F. FERRARI. Milano, Iperborea, 94, 168 p.

3096. SÁINZ DE LA MAZA LASOLI (Regina). El monasterio de Sijena. Catálogo de Documentos del Archivio de la Corona de Aragón. 1. (1208–1348). Barcelona, Consejo Superior de Investigaciones Científicas, Institución, Mylá y Fontanals, 94, 372 p. (Anejos del "Anuario de Estudios Medievales", 29).

3097. SCALFATI (Silio P. P.). La Corse médiévale. Ajaccio, Piazzola, 94, 431 p. (Sources de l'histoire de la Corse. Textes et documents. Publication de l'Association Pandetta Corsica, 94).

3098. SEVERUS EPISCOPUS. Severi Episcopi "Malacitani (?)" in Evangelia libri XII: Das Trierer Fragment der Bücher VIII-X. Hrsg. v. Otto ZWIERLEIN. München, Bayerische Akademie der Wissenschaften, 94, 219 p. (Philosophisch-Historische Klasse, Abhandlungen, Neue Folge, 109).

3099. Shropshire. 1. The Records. 2. Editorial Apparatus. Ed. by J. Alan B. SOMERSET. Toronto, Buffalo a. London, University of Toronto Press, 94, XI-356 p., 477 p. (Records of early English drama).

3100. Sirventesi di Garin d'Apochier e di Torcafol (I). Ed. critica a cura di F. LATELLA. Modena, Mucchi, 94, 422 p. (Subsidia al «Corpus des troubadours», 15).

3101. SOTINEL (Claire). Rhétorique de la faute et pastorale de la réconciliation dans le «Lettre apologétique contre Jean de Ravenne». Un texte inédit de la fin du VIe siècle. Rome, Ecole française de Rome, 94. X-154 p. (Collection de l'Ecole française de Rome, 185).

3102. Sposa delle spose (La) / 'Arus al-'Ara'is. A cura di R. ROSSI TESTA, E. SALVANESCHI e Y. TWIFIK. Parma, Pratiche, 94, 195 p. (Biblioteca medievale, 45) [con testo arabo a fronte].

3103. Statuti di Riva del Garda del 1451 con le aggiunte fino al 1637. A cura di Ermanno ORLANDO. Venezia, Il Cardo, 94, 290 p. (tav.) (Corpus statutario delle Venezie, 12).

3104. STENICO (Remo). Il più antico libro dei conti di una chiesa del Trentino, secc. XV–XVI. La pieve di Giovo. Trento, Gruppo culturale Civis, XIII-95 p. (Biblioteca Civis, 7).

3105. STUTEN (Albert). Die Weltchronik des Mönchs Albert 1273/77–1454/56. Hrsg. v. Rolf SPRANDEL. München, Monumenta Germaniae Historica, 94, 391 p. (Scriptores rerum Germanicarum. Nova series, 17).

3106. SUGER. La geste de Louis VI et autres oeuvres. Ed. par M. BUR. Paris, Imprimerie nationale, 94, 314 p. (Acteurs de l'histoire).

3107. THEGAN. Die Taten Kaiser Ludwigs (Gesta Hludowici). ASTRONOMUS. Das Leben Kaiser Ludwigs (Vita Hludowici). Hrsg. von E. TREMP. München, Monumenta Germaniae Historica, 94, 650 p. (Monumenta Germaniae Historica. Scriptores. Scriptores rerum Germanicarum in usum scholarum separatim editi, 64).

3108. THIEBAUX (Marcelle). The writings of medieval women: an anthology. New York, Garland Publishing, 94, 536 p.

3109. THOMAS (Charles). And shall these mute stones speak? Post-Roman inscriptions in Western Britain. Cardiff, Wales U. P., 94, XXIV-353 p.

3110. TONEATTO (L.). Codices artis mensoriae. I manoscritti degli antichi opuscoli latini d'agrimensura (V–XIX secolo). Spoleto, Centro di studi sull'alto medioevo, 94, 2 vol., 922 p. (ill.) (Testi, studi, strumenti, 5).

3111. Towneley plays (The). Vol. 1. Introduction and text. Vol. 2. Notes and glossary. Ed. by Martin STEVENS a. A. C. CAWLEY. Oxford, Oxford U. P., 94, XLIX-436 p., V-297 p. (Early English text society, 13–14).

3112. ULRICH VON TÜRHEIM. Tristan und Isolde. Originaltext (nach der Heidelberger Hs. Pal. Germ. 360), Versübersetzung und Einleitung von W. SPIEWOK in Zusammenarbeit mit D. BUSCHINGER. Greifswald, Reineke, 94, 207 p. (Wodan, 11).

3113. Vacat.

3114. Urkundenregesten zur Tätigkeit des deutschen Königs- und Hofgerichts bis 1451. Band 7. Die Zeit Karls IV. (1335 April–1359). Hrsg v. Bernhard DIESTELKAMP u. Bearb. v. Friedrich BATTENBERG. Wiemar, Wien u. Köln, Böhlau, 94, XLVI-409 p. (Quellen und Foschungen zur Höchsten Gerichtsbarkeit im Alten Reich, Sonderrh., 7).

3115. URVOY (Marie-Thérèse). Le Psautier mozarabe de Hafs le Goth. Toulouse, Presses Universitaires du Mirail, 94, XXII-233 p. (Col. Textes).

3116. VENANCE FORTUNAT. Poèmes. Tome 1. Livres I–IV. Texte établi et traduit par Marc REYDELLET. Paris, Les Belles Lettres, 94, XCV-206 p.

3117. Waltham Chronicle (The). An account of the discovery of our holy cross at Montacute and its conveyance to Walthan. Ed. by L. WATKISS and M. CHIBNALL. Oxford, Clarendon Press, 94, 152 p. (ill.) (Oxford Medieval Texts).

3118. WEIJERS (Olga). Le travail intellectuel à la Faculté des arts de Paris: textes et maîtres (ca. 1200–1500). 1. Répertoire des noms commençant par A–B. Turnhout, Brepols, 94, 92 p. (Studia Artistarum, 1).

3119. WITCZAK (Krzysztof Tomasz). Król Gebalim w liście Chasdaja. Nowa interpretacja. (Le roi Gebalim dans la lettre de Hasday. Une nouvelle interprétation). *Roczn. hist.*, 94, 60, p. 5-19. [Eng. summary].

3120. WOLFRAM VON ESCHENBACH. Willeham. Nach der Handschrift 857 der Stiftsbibliothek St. Gallen. Hrgs. V. J. HEINZLE. Tübingen, M. Niemeyer, 94, XXXII-474 p. (Altdeutsche Textbibliothek, 108).

3121. World survey of Islamic manuscripts. Vol. 4. Ed. by G. ROPER. London, Al-Furqan Islamic Heritage Foundation, 94, 490 p. (Al-Furqan Islamic Heritage Foundation. Publications).

Cf. n^{os} *1-62, 347, 3657, 3852, 3857-3859, 3899, 3904, 3966, 3967*

§ 2. Opere generali.

* 3122. Bibliographie annuelle du moyen âge tardif. Auteurs et textes latins. Rassemblée et compilée à la section latine de l'Institut de recherche et d'histoire des textes (CNRS) par Jean-Pierre ROTSCHILD. T. IV. [T. III. Cf. Bibl. 93, n° 3120.]. Turnhout, Brepols, 94, IX-536 p.

* 3123. International Medieval Bibliography (450–1500). Ed. by Simon FORDE. Vol. 27, part 1 and part 2. [Vol. 26, part 1 and part 2. Cf. Bibl. 93, n° 3121.]. Leeds, W. S. Maney & Son, 94, 2 vol., L-419 p., LI-441 p.

* 3124. Medioevo latino. Bollettino bibliografico della cultura europea dal secolo VI al XIV. A cura di Claudio LEONARDI e Lucia PINELLI. Vol. XV. [XIV. Cf. Bibl. 93, n° 3122.]. Spoleto, Centro italiano di studi sull'alto medioevo, 94, XLII-1484 p.

3125. BIERBRAUER (V.). Archäologie und Geschichte der Goten vom 1.–7. Jahrhundert. Versuch einer Bilanz. *Frühmittelalterliche Studien*, 94, 28, p. 51-171.

3126. BOOCKMANN (H.). Stauferzeit und spätes Mittelalter. Deutschland 1125–1517. Berlin, Siedler, 94, XII-431 p. (Das Reich u. die Deutschen; Siedler dt. Geschichte; Sammlung Siedler).

3127. BREZEANU (Stelian). Model european şi realitate locală în întemeierile statelor medievale româneşti. Un caz: "Terra Bazarab". (Le modèle européen et la réalité locale dans la fondation des Etats médiévaux roumains. Un cas: "Terra Bazarab"). *Revista Istorică*, 94, 5, 3-4, p. 211-232.

3128. CANTOR (Norman F.). Medieval lives: eight charismatic men and women of the Middle Ages. New York, Harper Collins, 94, XIX-197 p.

3129. Circulation des nouvelles (La) au Moyen Age. XXIVe Congrès de la SHMES (Avignon, juin 1993). Paris, Publications de la Sorbonne et Roma, Ecole française de Rome, 94, 261 p. (Série Histoire ancienne et médiévale, 29; Collection de l'Ecole française de Rome, 190).

3130. ĆIRKOVIĆ (Sima). Gli Slavi occidentali e meridionali e l'area balcanica. *In*: Storia d'Europa. Vol. 3. Il Medioevo [Cf. n° 908], p. 539-598.

3131. CRACCO (Giorgio). Gregorio Magno e Maometto. *Rivista di storia e letteratura religiosa*, 94, 30, p. 247-261.

3132. DEMIRKENT (Işın). Haçlı Seferleri Düşüncesinin Doğuşu ve Hedefleri. (La naissance de l'idée de croisades et ses objectifs). *İ. Ü. Edebiyat Fakültesi Tarih Dergisi*, İstanbul, 94, p. 65-78.

3133. Ethnogenese und Überlieferung: Angewandte Methoden der Frühmittelalterforschung. Hrsg. v. K. BRUNNER u. B. MERTA. Wien, Oldenbourg, 310 p. (Veröffentlichungen des Instituts für österreichische Geschichtsforschung, 31). [Cf. n° <Auswahl> 3170.]

3134. Framing Medieval bodies. Ed. by Sarah KAY a. Miri RUBIN. Manchester a. New York, Manchester U. P., 94, VIII-287 p. (ill.).

3135. FRANCE (John). Victory in the East: a military history of the first crusade. Cambridge, Cambridge U. P., 94, XV-425 p.

3136. FUMAGALLI (Vito). Ad Occidente, l'"entità" Europa nell'alto Medioevo. *In*: Storia d'Europa. Vol. 3. Il Medioevo [Cf. n° 908], p. 341-414. – IDEM. Paesaggi della paura. Vita e natura nel Medioevo. Bologna, Il Mulino, 94, 380 p. (ill., tav.). (Biblioteca storica).

3137. GALLAND (B.). Deux archevêchés entre la France et l'Empire. Les archevêques de Lyon et les archevêques de Vienne du milieu du XIIe siècle au milieu du XIVe. Roma, Ecole française de Rome, 94, 831 p. (cartes).

3138. GERICS (József). Szent László uralmának vitás Kérdései a legendában és a krónikában. [Les questions controverses du règne de St. Ladislas (1077–1095) dans la légende et dans les chroniques]. *Aetas*, 94, 1, p. 28-35.

3139. HUDSON (Benjamin T.). Kings of Celtic Scotland. Westport a. London, Greenwood Press, 94, XIX-195 p. (Contributions to the study of world history, 43).

3140. JACOBY (David). Nuovi e mutevoli orizzonti: verso ed oltre l'Oriente mediterraneo. *In*: Storia d'Europa. Vol. 3. Il Medioevo [Cf. n° 908], p. 1143-1192.

3141. KÄMPFER (Frank). Russi e Slavi orientali. *In*: Storia d'Europa. Vol. 3. Il Medioevo [Cf. n° 908], p. 599-652.

3142. KLANICZAY (Tibor). Szent Margit legendái és stigmái. [Légendes et stygmes de Sainte Marguerite (1242–1270)]. Budapest. Argumentum, 94, 255 p.

3143. Kontinuität zwischen Antike (Zur) und Mittelalter am Oberrhein. Hrsg. v. Franz STAAB. Sigmaringen, Thorbecke, 94, 111 p. (Oberrheinische Studien, 11).

3144. KRUS (Luís). A concepçao nobiliárquica do espaço Ibério: (1280–1380). Lisboa, Fund. Calouste Gulbenkian, 94, 334 p. (ill., bibl.). (Textos universitários de ciências sociais e humanas).

3145. KUBINYI (András). A Jagelló-kori Magyarország történeték vázlata. (Esquisse de l'histoire de la Hongrie à l'époque des Jagellon). *Századok*, 94, 128, 2, p. 288-319.

3146. LADERO QUESADA (Miguel-Angel). Las ferias de Castilla siglos XII a XV. Madrid, Comité español de ciencias históricas, 94, 133 p.

3147. LASZLOVSZKY (József). Anglo-magyar kapcsolatok a 12. század második felében. (Relations anglo-hongroises dans la deuxième moitié du XIIe siècle). *Századok*, 94, 128, 2, p. 223-253.

3148. LECIEJEWICZ (Lech). Il barbaricum: presupposti dell'evoluzione altomedievale. *In*: Storia d'Europa. Vol. 3. Il Medioevo [Cf. n° 908], p. 41-84.

3149. MATTHEW (Donald J. A.). L'"entità" Europa nel basso Medioevo. *In*: Storia d'Europa. Vol. 3. Il Medioevo [Cf. n° 908], p. 415-538.

3150. MAXWELL (Hope). Trionfi terrestri e marittimi nell'Europa medievale. *Archivio storico italiano*, 94, 152, 561, p. 641-668.

3151. ORABONA (Luciano). I normanni. La Chiesa e la protocontea di Aversa. Napoli, ESI, 94, 152 p. (ill., tav.).

3152. ORTALLI (Gherardo). Scenari e proposte per un Medioevo europeo. *In*: Storia d'Europa. Vol. 3. Il Medioevo [Cf. n° 908], p. 5-40.

3153. PETNEKI (Áron). Advenae et peregrini. Utazás és zarándokság a középkori mentalitástörténetben. (Voyage et pèlerinage dans l'histoire des mentalités du moyen âge). *Századok*, 94, 128, 2, p. 352-393.

3154. POP (Ioan-Aurel). Observaţii privitoare la structura etnică şi confesională a Ungariei şi Transilvaniei medievale (secolele IX–XIV). (Observations concernant la structure éthnique et confessionelle de l'Hongrie et de la Transylvanie médiévale). *In*: Istoria României. Pagini transilvane. Cluj-Napoca, Centrul de Studii transilvane, Fundaţia Culturală Română, 94, p. 9-44.

3155. POPA (Radu). Remarques et complémentes concernant l'histoire de la Roumanie autor de l'An Mil. *Revue Roumaine d'Histoire*, 94, 33, 1-2, p. 123-157.

3156. RUPPRECHT (Klaus). Ritterschaftliche Herrschaftswahrung in Franken. Die Geschichte der von Guttenberg im Spätmittelalter und zu Beginn der Frühen Neuzeit. Neustadt a. d. Aisch, Degener, 94, XI-556 p. (Veröffentlichungen der Gesellschaft für fränkische Geschichte, 9. Darstellungen aus der fränkische Geschichte, 42).

3157. SEDLAR (Jean W.). East central Europe in the Middle Ages, 1000–1500. Seattle a. London, University of Washington Press, 94, XVI-556 p. (A history of east central Europe, 3).

3158. SENNIS (Antonio). Potere centrale e forze locali in un territorio di frontiera. La Marsica tra i secoli VIII e XII. *Bullettino dell'Istituto storico italiano per il Medio Evo*, 94, 99, 2, p. 1-78.

3159. SESTAN (Ernesto). Stato e nazione nell'alto Medioevo. Ricerche sulle origini nazionali in Francia, Italia, Germania. Napoli, ESI, 94, VIII-372 p.

3160. Società, istituzioni, spiritualità. Studi in onore di Cinzio VIOLANTE. Spoleto, Centro italiano di studi sull'Alto Medioevo, 94, 2 vol., XXXV-1091 p. (Collectanea, 1).

3161. SOLYMOSI (László). Harangozók és Harangozó nevű települések a középkori Magyarországon. [Sonneurs (de cloche) et noms de lieux Sonneur en Hongrie du moyen âge]. *Századok*, 94, 128, 2, p. 335-351.

3162. Srednevekovaya Evropa glazami sovremennikov i istorikov. Kn. dlya chteniya. (Medieval Europe as seen by contemporaries and historians). Vol. 1. Rozhdenie i stanovlenie srednevekovoy Evropy. (The birth and formation of the medieval Europe). A. L. YASTREBITSKAYA, L. P. REPINA. Vol. 2. Evropeyskiy mir X–XV vv. (The European world of X–XV centuries). A. L. YASTREBITSKAYA, Yu. L. BESSMERTNYY, L. P. REPINA i dr. Otv. red. A. L. YASTREBITSKAYA. Vol. 3. Srednevekovyy chelovek i ego mir. (Medieval man and his world). A. L. YASTREBITSKAYA i dr. Vol. 4. Ot srednevekov'ya k novomu vremeni. Novyy chelovek. (From Middle Ages to Modernity. The new man). M. L. ABRAMSON i dr. Moskva, Interpraks, 94, 4 vol., 216 p., 379 p., 396 p., 320 p. (Vsemirnaya istoriya i kul'tura glazami sovremennikov i istorikov).

3163. Srednie veka. (Moyen âge). Sb. st. (Coll. of articles). Vyp. 57. Otv. red. A. A. SVANIDZE. Ros. Akad. nauk., In-t vseobshch. istorii. Moskva, Nauka, 94, 320 p.

3164. Storia (La) dell'alto Medioevo italiano (VI–X secolo) alla luce dell'archeologia. Convegno internazionale. Siena, 2–6 dicembre 1992. A cura di Riccardo FRANCOVICH e Ghislaine NOYÉ. Firenze, All'insegna del giglio, 94, 759 p. (ill.). (Biblioteca di Archeologia medievale, 11).

3165. TONOMURA (Hitomi). Black hair and red trousers: gendering the flesh in medieval Japan. *American historical review*, 94, 99, 1, p. 129-154.

3166. VÁCZY (Péter). A magyar történelem korai századaiból. (Des premiers siècles de l'histoire hongroise). Budapest, MTA Történettud. Int.-História, 94, 184 p. (História könyvtár, Monográfiák, 5).

3167. VALLERANI (Massimo). La città e le sue istituzioni. Ceti dirigenti, oligarchia e politica nella medievistica italiana del Novecento. *Annali dell'Istituto storico italo-germanico in Trento*, 94, 20, p. 165-230.

3168. VIDIGAL DE CARVALHO (Côn. José Geraldo). Panorâmico econômico, social e religioso da Idade Média. *Revista do Instituto Histórico e Geográfico Brasileiro*, 94, 384, p. 479-498 p.

Cf. n°s 720, 821, 840, 876, 886, 913

§ 3. Storia politica.

a. Opere generali.

3169. Assises du pouvoir (Les). Temps médiévaux, territoires africains. Ed. par Odile REDON, Bernard ROSENBERGER et Jean DEVISSE. Saint-Denis, Presses Univ. Vincennes, 94, 246 p. [Cf. n° <sélection> 2877.]

3170. BACHRACH (B. S.). Medieval siege warfare: a reconnaissance. *Journal of military history*, 94, 58, p. 119-133. – IDEM. The Hun army at the battle of Chalons (451): an essay in military demography. *In*: Ethnogenese und Überlieferung: Angewändte Methoden der Frühmittelalterforschung [Cf. n° 3133], [s. p.].

3171. BONDE (Sheila). Fortress-churches of Languedoc: architecture, religion, and conflict in the high Middle Ages. Cambridge, Cambridge U. P., 94, XV-270 p.

3172. CAPITANI (Ovidio). L'Impero e la Chiesa. *In*: Spazio letterario del Medioevo (Lo). I. II [Cf. n° 3728], p. 221-271.

3173. CASTELNUOVO (G.). Seigneurs et lignages dans le Pays de Vaud. Du royaume de Bourgogne à l'arrivée des Savoie. Lausanne, Cahiers lausannois d'histoire médiévale, 94, 236 p.

3174. CULLEN (Clara), HENCHY (Monica), WARD-PERKINS (Sarah). Writings on Irish history. Dublin, Irish Commission of Historical Sciences, 94, 110 p.

3175. England and Normandy in the Middle Ages. Ed. by David BATES a. Anne CURRY. London a. Rio Grande, Hambledon Press, 94, XIV-336 p.

3176. England in Europe 1066–1453. Ed. by Nigel SAUL. London, Collins & Brown, 94, 179 p. (A history today book).

3177. España medieval (En la). XVII. Madrid, Universidad Complutense, 94, 359 p.

3178. HELVÉTIUS (Anne-Marie). Abbayes évêques et laïques. Une politique du pouvoir en Hainaut au Moyen Age (VIIe–XIe siècle). Bruxelles, Crédit Communal, 94, 367 p. (Crédit Communal, Collection histoire, 92).

3179. KLAIĆ (Nada). Srednjovjekovna Bosna, politički položaj bosanskih vladara do Tvrtkove krunidbe (1377. g.). (The Medieval Bosnia: political position of the Bosnian rulers prior to the crowning of Tvrtko, 1377). Zagreb, Eminex, 94, 275 p.

3180. MORGAN (Hiram). A booke of questions and answers concerning the wars or rebellions of the kingdome of Ireland. *Analecta Hibernica*, 94, 36, p. 93-156.

3181. NAZARENKO (A. V.). Rus'i Germaniya v IX–X vv. (Rus' and Germany in IXth and Xth centuries). *In*: Drevneyshie gosudarstva Vostochnoy Evropy: materialy i issledovaniya, 1991 god. Moskva, Nauka, 94, p. 5-138 (bibl.).

3182. PETERSOHN (Jürgen). Rom und der Reichstitel "Sacrum Romanum Imperium". Stuttgart, Steiner, 94, 35 p. (ill). (Sitzungsberichte der Wissenschaftlichen Gesellschaft an der Johann Wolfgang Goethe-Universität Frankfurt am Main, 32, 4).

3183. Polska – Śląsk – Czechy. Studia nad dziejami stosunków kulturalnych i politycznych w średniowieczu. (La Pologne – la Silésie – la Bohême. Etudes sur l'histoire des relations culturelles et politiques au Moyen-Age). Réd. Ryszard GŁADKIEWICZ. Wrocław, 94, 153 p. (Acta Univ. Wratislaviensis, Historia, 81). [Deutsche Zsfassung].

3184. Proceedings of the Battle Conference. Anglo-Norman studies. T. 16. 1993. Woodbridge, Boydell Press, 94, XII-315 p.

3185. SERGI (Giuseppe). L'aristocrazia della preghiera: politica e scelte religiose nel medioevo italiano. Roma, Donzelli, 94, XII-208 p. (Saggi: storia e scienze sociali).

3186. STHAMER (Eduard Heinrich). Beiträge zur Verfassungs- und Verwaltungsgeschichte des Königreichs Sizilien im Mittelalter. Hrsg. u. eing. v. Hubert HOUBEN mit Registern von Andreas KIESEWETTER. Aalen, Scientia Verlag, 94, XXX-751 p.

3187. TABACCO (Giovanni). Le signorie locali ed ecclesiastiche. *In*: Spazio letterario del Medioevo (Lo). I. II [Cf. n° 3728], p. 273-297.

3188. WALKER (David). The Normans in Britain. Oxford, Blackwell, 94, VIII-178 p.

b. 476–900.

** 3189. FEES (Irmgard). Abbildungsverzeichnis der original überlieferten fränkischen und deutschen Königs- und Kaiserurkunden von den Merowingern bis zu Heinrich VI. Marburg an der Lahn, Institut für Historische Hilfswissenschaften, 94, 87 p. (Elementa diplomatica, 1).

** 3190. Ludwig II, King of the Lombards, ca. 822–875. Die Urkunden der Karolinger. Band. 4. Die Urkunden Ludwigs II. = Ludovici II. Diplomata. Bearb. v. Konrad WANNER. München, Monumenta Germaniae Historica, 94, VIII-373 p. (Monumenta Germaniae historica. Diplomata Karolinorum, 4).

3191. BACHRACH (Bernard S.). The anatomy of a little war: a diplomatic and military history of the Gundovald affair (568–586). Boulder, Westview Press, 94, XX-283 p. (ill., maps). (History and warfare).

3192. BAUER (Thomas). Die Ordinatio Imperii von 817, der Vertrag von Verdun 843 und die Herausbildung Lotharingiens. *Rheinische Vierteljahrsblätter*, 94, 58, p. 1-24.

3193. CHALMETA (P.). Invasión e islamización. La sumisión de Hispania y la formación de Al-Andalus. Madrid, Edit. Mapfre, 94, 439 p.

3194. DALY (William M.). Clovis: how barbaric, how pagan? *Speculum*, 94, 69, 3, p. 619-664.

3195. DARK (Kenneth R.). Civitas to kingdom: British political continuity, 300–800. London, Leicester U. P., 94, XV-322 p.

3196. DEPREUX (Philippe). Le comte Matfrid d'Orléans (av. 815–836). *Bibliothèque de l'Ecole des Chartes*, 94, 152, 2, p. 331-374. – IDEM. Louis le Pieux reconsidéré? A propos des travaux récents consacrés à «l'héritier de Charlemagne» et à son règne. *Francia*, 94, 24, 1, p. 181-212. – IDEM. Wann begann Kaiser Ludwig der Fromme zu regieren? *Mitteilungen des Instituts für Österreichische Geschichtsforschung*, 94, 102, 3-4, p. 253-270.

3197. EBLING (Horst). Die inneaustrasische Opposition. *In*: Karl Martell in seiner Zeit [Cf. n° 3208], p. 381-304

3198. EHLERS (Joachim). Die Entstehung des Deutschen Reiches. München, Oldenbourg, 94, VIII-152 p. (Enzyklopädie deutscher Geschichte, 31).

3199. FERGUSON (Adam Timothy Baty). The continuations of the Chronicle of Fredegar and the political aims of the Carolingians. Leeds, [s. n.], 94, 98 p.

3200. FRITZE (Wolfgang H.). Untersuchungen zur frühslawischen und frühfränkischen Geschichte bis ins 7. Jh. Frankfurt am Main, Berlin u. Bern, Lang, 94, 479 p. (Europäische Hochschulschriften, R. 3, 581).

3201. GARCÍA MORENO (Luis A.). Gothic survivals in the Visigoth kingdoms of Toulouse and Toledo. *Francia*, 94, 21, 1, p. 1-15.

3202. GEARY (Patrick). Die Provence zur Zeit Karl Martells. *In*: Karl Martell in seiner Zeit [Cf. n° 3208], p. 381-392.

3203. GERBERDING (Richard A.). A crucial year for Charles Martel. *In*: Karl Martell in seiner Zeit [Cf. n° 3208], p. 205-216.

3204. Germani in Italia. A cura di Barbara SCARDIGLI e Piergiuseppe SCARDIGLI. Roma, Consiglio nazionale delle ricerche, 94, XII-360 p. (Monografie scientifiche. Serie Scienze umane e sociali).

3205. GOLDING (Brian). Conquest and colonisation: the Normans in Britain, 1066–1100. New York, St. Martin's Press, 94, XIV-227 p. (British history in Perspective).

3206. GRUFFYDD (R. Geraint). In search of Elmet. *Studia Celtica*, 94, 28, p. 63-79.

3207. HIGHAM (N. J.). The English conquest: Gildas and Britain in the fifth century. Manchester a. New York, Manchester U. P., VIII-220 p.

3208. Karl Martell in seiner Zeit. Hrsg. v. Jörg JARNUT, Ulrich NONN, Michael RICHTER, Matthias BECHER u. Waltraud REINSCH. Sigmaringen, Thorbecke, 94, 412 p. (Beihefte der Francia, 37). [Cf. n^{os} <Auswahl> 3197, 3202, 3203, 3921, 3935, 3938.]

3209. MAC QUEEN (William Buchanan). Monks and aristocrats: church and society in Lombard principalities of Southern Italy 774–981. Milano, Electa, 94, 399 p.

3210. MAGNOU-NORTIER (E.). Charlemagne, l'Eglise franque et l'Etat. *Mélanges de science religieuse*, 94, 51, p. 359-373.

3211. MUSSET (Lucien). Les invasions. Les vagues germaniques. Suppl. bibliograph. par Stéphane LEBECQ. Nouvelle Clio, l'histoire et ses problèmes. Paris, PUF, 94, XXVII-323 p.

3212. POLEK (Krzysztof). Państwo wielkomorawskie i jego sąsiedzi. (L'Etat Morave et ses voisins). Kraków, 94, 149 p. (dessins, cartes). (Prace Monogr. Wyższej Szkoły Pedagog. w Krakowie, 183).

3213. REISS (Robert). Der merowingerzeitliche Reihengräberfriedhof von Westheim (Kreis Weissenburg-Gunzenhausen): Forschungen zur frühmittelalterlichen Landesgeschichte im südwestlichen Mittelfranken. Nürnberg, Verlag des Germanischen Nationalmuseums, 94, 430 p. (ill.). (Wissenschaftliche Beibände zum Anzeiger des Germanischen Nationalmuseums, 10).

3214. ROTH (Norman). Jews, Visigoths, and Muslims in medieval Spain: cooperation and conflict. Leiden, New York a. Köln, E. J. Brill, 94, 367 p. (Medieval Iberian Peninsula. Texts and studies, 10).

3215. SCHNEIDMÜLLER (Bernd). Tausend Jahre Frankreich? Forschungen zum Herrschaftsantritt Hugo Capets 987. *Francia*, 94, 21, 1, p. 227-244.

3216. SCHULZE (H. K.). Vom Reich der Franken zum Land der Deutschen. Merowinger und Karolinger. Berlin, Siedler, 94, 430 p. (Das Reich u. die Deutschen; Siedler dt. Geschichte; Sammlung Siedler).

3217. SCHWAGER (Helmut). Graf Heribert II. von Soissons, Omois, Meaux, Madrie sowie Vermandois (900/06–943) und die Francia (Nord-Frankreich) in der 1. Hälfte des 10. Jahrhunderts. Kallmünz/Opf., Lassleben, 94, 482 p. (maps). (Münchener historische Studien. Abteilung mittelalterliche Geschichte, 6).

3218. VENSKUS (Renhard). Religion abâtardie. Materialien zum Synkretismus in der vorchristlichen politischen Theologie der Franken. *In*: Iconologia sacra [Cf. n° 3763], 179-248.

3219. WOOD (Ian N.). Gregory of Tours. Bangor, Headstart History, 94, IV-63 p. (Headstart History Papers). – IDEM. The Merovingian kingdoms, 450–751. London, Longman, 94, XII-395 p. (ill., maps).

Cf. n°s 31, 301

c. 900–1300

3220. AINSWORTH (P.). Collationnement, montage et jeu parti: le début de la campagne espagnole du Prince Noir (1366–67) dans les Chroniques de Jean Froissart. *Le Moyen Age*, 94, 8, 3, p. 369-412.

3221. Anarchy (The) of King Stephen's reign. Ed. by Edmund KING. Oxford, Clarendon Press a. New York Oxford U. P., 94, XXIII-332 p.

3222. Auslandsbeziehungen unter den salischen Kaisern. Geistige Auseinandersetzung und Politik (Speyer, 22–24. XI.1990). Hrsg. v. Franz STAAB. Spire, Pfälzische Gesellschaft zur Forderung der Wissenschaften, 94, 296 p.

3223. BARDOEL (Agatha Anna). The urban uprising at Bruges, 1280–1281. Some new findings about the rebels and the partisans. *Revue belge de philosophie et d'histoire*, 94, 72, 4, p. 761-792.

3224. BARTLETT (Robert). The making of Europe: conquest, colonization and cultural change, 950–1350. Princeton, Princeton U. P., 94, XVI-432 p. (maps, tables).

3225. BERLIOZ (Jacques). «Tuez-les tous, Dieu reconnaîtra les siens». La croisade contre les Albigeois vue par Césaire de Heisterbach. Portet-sur-Garonne, Loubatières, 94, 128 p. (ill.).

3226. BRUNNER (Karl). Österreichische Geschichte 907–1156. Herzogtümer und Marken. Vom Ungarnsturm bis ins 12. Jahrhundert. Wien, Ueberreuter, 94, 560 p.

3227. CAFERRO (W.). Mercenaries and military expenditure: the costs of undeclared warfare in XIVth century Siena. *Journal of European economic history*, 94, 23, 2, p. 219-249.

3228. Cardiganshire County history. 1. From the earliest times to the coming of the Normans. Ed. by J. L. DAVIES and D. P. KIRBY. Cardiff, University of Wales Press, for he Cardiganshire Antiquarian Society a. the Royal Commission on he Ancient and Historical Monuments of Wales, 94, XXII-445 p.

3229. CARON (Marie-Thérèse). Noblesse et pouvoir royal en France, XIIIe–XVIe siècle. Paris, Armand Colin, 94, 349 p.

3230. CHAPLAIS (Pierre). Piers Gaveston: Edward II's adoptive brother. Oxford, Clarendon Press, 94, XIV-150 p.

3231. CRON (B. M.). The duke of Suffolk, the Angevin marriage, and the ceding of Maine, 1445. *Journal of Medieval History*, 94, 20, 1, p. 77-99.

3232. D'AVRAY (David L.). Death and the prince: memorial preaching before 1350. Oxford, Clarendon Press a. New York, Oxford U. P., 94, XI-315 p.

3233. DALTON (Paul). Conquest, anarchy and lordship: Yorkshire, 1066–1154. Cambridge, Cambridge U. P., 94, XXII-345 p. (maps, tables). (Cambridge studies in Medieval life and thought, IV, 27).

3234. DIAGO HERNANDO (Máximo). Los Haro de Cameros en los siglos XIII y XIV. Análisis del proceso de su afianzamiento político en el ámbito regional. *Anuario de estudios medievales*, 94, 24 p. 775-806.

3235. DOXEY (G.). Diplomacy, trade and war: Muslim Majorca in international politics, 1159–81. *Journal of Medieval History*, 94, 20, 1, p. 39-62.

3236. Federico II. Tomo 1. Federico II e il mondo mediterraneo. Tomo 2. Federico II e le scienze. Tomo 3. Federico II e le città italiane. A cura di Pierre TOUBERT e Agostino PARAVICINI-BAGLIANI. Palermo, Sellerio, 94, 3 vol., 357 p., 500 p. 458 p.

3237. Forme della propaganda politica nel Due e Trecento (Le). Relazioni tenute al convegno internazionale organizzato dal Comitato di studi storici di Trieste, dall'Ecole française de Rome e dal Dipartimento di storia dell'Università degli studi di Trieste (Trieste, 2–5 marzo 1993). A cura di Paolo CAMMAROSANO. Roma, Ecole française de Rome, 94, VI-552 p. (Collection de L'Ecole française de Rome, 201).

3238. FUHRMANN (Horst). Quis Teutonicos constituit indices nationum? The trouble with Henry. *Speculum*, 94, 69, 2, p. 344-358.

3239. GILLINGHAM (John). Richard Cœur de Lion: kingship, chivalry and war in the twelfth century. London a. Rio Grande, Hambledon Press, 94, XIX-266 p.

3240. GUÉRET-LAFERTÉ (Michèle). Sur les routes de l'Empire mongol: ordre et rhétorique des relations de voyage aux XIIIe et XIVe siècles. Paris, Champion, 94, IX-435 p. (Nouvelle Bibliothèque du Moyen Age, 28).

3241. HÖROLDT (Ulrike). Studien zur politischen Stellung des Kölner Domkapitels zwischen Erzbischof, Stadt Köln und Territorialgewalten 1198–1332. Untersuchungen und Personallisten. Siegburg, Schmitt, 94, 724 p. (Studien zur Kölner Kirchengeschichte, 27).

3242. HUDSON (Benjamin). William the conqueror and Ireland. *Irish Historical Studies*, 94, 29, p. 145-158. – IDEM. Land, law, and lordship in Anglo-Norman England. Oxford, Clarendon Press a. New York, Oxford U. P., 94, IX-320 p. (Oxford historical monographs).

3243. JESSEE (W. S.). Robert d'Abrissel: aristocratic patronage and the question of heresy. *Journal of Medieval History*, 94, 20, 3, p. 221-236.

3244. Kaiser Friedrich Barbarossa. Landesausbau – Aspekte seiner Politik – Wirkung. Hrsg. v. Evamaria ENGEL u. Bernhard TÖPFER. Weimar, H. Böhlaus Nachfolger, 94, 225 p. (Forschungen zur mittelalterlichen Geschichte, 36).

3245. KRIEGER (Karl F.). Die Habsburger im Mittelalter. Von Rudolph I. bis Friedrich III. Stuttgart, Kohlhammer, 94, 240 p. (Urban-Taschenbucher, 452).

3246. Kun László emlékezete. [A la mémoire de Ladislas le Couman (1272–1290)]. Ed. par Gyula KRISTÓ. Szeged, Szegedi Középkorász Műhely, 94, 277 p. (Szegedi középkortörténeti középkortörténeti könyvtár, 5).

3247. LABUDA (Gerard). Mieszko II król Polski w czasach przełomu 1025–1034. (Mesco II roi de Pologne aux temps du tournant 1025–1034). Poznań, Wydawn. WBP, 94, 175 p. (Bibl. "Kroniki Wielkopolski").

3248. LADERO QUESADA (Miguel Angel). Monarquía y ciudades de realengo en Castlla. Siglos XII–XV. *Anuario de estudios medievales*, 94, 24 p. 719-774.

3249. LEYSER (Karl). Communications and power in Medieval Europe. Vol. 1. The Carolingian and Ottonian centuries. Vol. 2. The Gregorian revolution and beyond. Ed. by Timothy REUTER. London a. Rio Grande, Hambledon Press, 94, XVII-244 p., XXV-214 p.

3250. *Vacat.*

3251. MARTIN (G.). Der Salische Herrscher als Patricius Romanorum. Zur Einflußnahme Heinrichs III. und Heinrichs IV. auf die Besetzung der Cathedra Petri. *Frühmittelalterliche Studien*, 94, 28, p. 257-295.

3252. MARTIN (J. H.). Italies normandes, XIe–XIIe siècles. Paris, Hachette, 94, 407 p. (ill.).

3253. MAŽEIKA (R.). Of cabbages and knights: trade and trade treaties with the infidel on the northern frontier. *Journal of Medieval History*, 94, 20, 1, p. 63-76.

3254. MELONI (Maria Giuseppina). Ordini religiosi e politica regia nella Sardegna catalano-aragonese della prima metà del XIV secolo. *Anuario de estudios medievales*, 94, 24 p. 831-856.

3255. Meuse à l'Oder (De la). L'Allemagne au XIIIe siècle. Ed. par Michel PARISSE. Paris, Picard, 94, 231 p.

3256. MOEGLIN (J.-M.). Edouard III et les six bourgeois de Calais. *Revue historique*, 94, 118, 292 (592), p. 229-268.

3257. MORILLO (Stephen). Warfare under the Anglo-Norman kings, 1066–1135. Woodbridge a. Rochester, Boydell & Brewer, 94,XII-207 p.

3258. MORTIMER (Richard). Angevin England, 1154–1258. Oxford a. Cambridge, Blackwell, 94, XI-226 p. (A history of medieval Britain).

3259. NAUMANN (Claudia). Der Kreuzzug Kaiser Heinrichs VI. Frankfurt am Main, Berlin u. Bern, Peter Lang, 94, I-305 p.

3260. Normands en Méditerranée (Les), dans le sillage des Tancrède: colloque de Cerisy-la-Salle, 24–

27 septembre 1992: actes. Publiés sous la direction de Pierre BOUET et Francois NEVEUX. Caen, Presses universitaires de Caen, 94, 272 p.

3261. Organizzazione del territorio (L') in Italia e Germania: secoli XIII–XIV. A cura di Giorgio CHITTOLINI e Dietmar WILLOWEIT. Bologna, Il Mulino, 94, 503 p. (Annali dell'Istituto Storico Italo-Germanico in Trento, Quaderno 37).

3262. Poteri dei Canossa (I) da Reggio Emilia all'Europa. Atti del convegno internazionale di studi (Reggio Emilia-Carpineti, 29–31 ottobre 1992). A cura di Paolo GOLINELLI. Bologna, Patron, 94, 514 p. (Il Mondo Medievale: studi di storia e storiografia).

3263. POWIERSKI (Jan), ŚLIWIŃSKI (Błażej), BRUSKI (Klemens). Studia z dziejów Pomorza w XII wieku. (Etudes sur l' histoire de la Poméranie du XIIe siécle). Słupsk, 94, 221 p. (Pol. Tow. Hist. Oddz. w Słupsku, Bibl. Słupska, 350). [Deutsche Zsfassung].

3264. REGLERO DE LA FUENTE (Carlos Manuel). Espacio y poder en la Castilla medieval: los Montes de Torozos (siglos X-XIV). Valladolid, Diputación Provincial de Valladolid, 94, 454 p.

3265. RODRÍGUEZ-PICAVEA (Enrique). La formación del feudalismo en la meseta meridional castellana. Los señoríos de la Orden de la Calatrava en los siglos XII–XIII. Cerro de Agua a. Madrid, Siglo Veintiuno, 94, XXVI-433 p.

3266. ROWELL (S. C.). Lithuania acending: a pagan empire within east-central Europe. 1325–1345. Cambridge, Cambridge U. P., 94, XXXVIII-375 p. (ill., maps, tables). (Cambridge studies in Medieval life and thought, IV, 25).

3267. RYMAR (Edward). Interwencja niemiecka na Śląsku w 1172 r. a walka potomstwa Władysława II Wygnańca o polski pryncypat w latach 1163–1180. (L'intervention allemande en Silésie en 1172 et la lutte des descendants de Ladislas II l'Exilé pour la suzeraineté polonaise dans les années 1163–1180). Śląski Kwart. Hist. Sobótka, 94, 49, 3-4, p. 175-189. [Deutsche Zsfassung].

3268. SALICRÚ I LLUCH (Roser). Fou Yusuf V ibn Ahmad, rei de Granada, l'infant Coix de les cròniques castellanes? Anuario de estudios medievales, 94, 24, p. 807-830.

3269. SHERBORNE (James). War, politics and culture in XIVth-century England. Ed. by Anthony TUCK. London a. Rio Grande, Humbledon Press, 94, XVI-200 p.

3270. SWIEŻAWSKI (Aleksander). "Dux Regni Poloniae" and "Haeres Regni Poloniae". The Titles of Polish rulers in the 13th–14th centuries. Acta Poloniae hist., 94, 69, p. 5-16.

3271. TURNER (Ralph V.). King John. London a. New York, Longman, 94, XII-306 p. (The medieval world).

3272. WERNER (Karl Ferdinand). Von den Regna des Frankenreichs zu den «deutschen Landen». Zeitschrift für Literaturwissenschaft und Linguistik (Göttingen), 94, 94, p. 69-81.

3273. Verwaltung und Politik in Städten Mitteleuropas. Beiträge zur Verfassungsnorm und Verfassungswirklichkeit in altständischer Zeit. Hrsg. v. Willfried EHBRECHT. Weimar, Wien u. Köln, Böhlau, 94, XIV-219 p. (Städteforschung, Darstellungen, 34).

Cf. n° 3477

d. 1300–1500

* 3274. ROSENTHAL (Joel T.). Late medieval England, 1377–1485. A bibliography of historical scholarship. Kalamazoo, Western Michigan University, 94, XXXV-250 p.

3275. Arms, armies and fortifications in the Hundred Years War. Ed. by A. CURRY a. M. HUGHES. Woodbridge, Boydell Press, 94, XX-221 p.

3276. AUTRAND (Françoise). Charles V le Sage. Paris, Fayard, 94, 903 p.

3277. BASSO (Enrico). "Ferro, fame ac peste oppressa": l'ammiraglio Bernat de Vilamarí e il blocco navale di Genova (1456–1458). Anuario de estudios medievales, 94, 24 p. 539-556.

3278. BAUM (Wilhelm). Reichs- und Territorialgewalt (1273–1437). Königtum, Haus Österreich und Schweizer Eidgenossen im späten Mittelalter. Wien, Turia & Kant, 94, 426 p.

3279. BERTELLI (Sergio). «Li portamenti del re Carlo». In: Italie 1494 [Cf. n° 3293], p. 121-141.

3280. BULLARD (Melissa Meriam). Lorenzo il Magnifico. Image and anxiety, politics and finance. Firenze, Olschki, 94, 247 p. (Istituto Nazionale di Studi sul Rinascimento, Studi e Testi, 34).

3281. CLOULAS (Ivan). Charles VIII et les Borgia en 1494. In: Italie 1494 [Cf. n° 3293], p. 41-49.

3282. CONTAMINE (Philippe). De Jeanne d'Arc aux guerres d'Italie. Figures, images et problèmes du XVe siècle. Orléans, Paradigme, 94, 290 p. (ill.).

3283. Corrispondenze diplomatiche veneziane da Napoli. Dispacci di Zaccaria Barbaro. 1 novembre 1471- 7 settembre 1473. A cura di Giorgio CORAZZOL. Roma, Istituto poligrafico e Zecca dello Stato, Libreria dello Stato, 94, 708 p.

3284. DUFOURNET (Jean). Commynes, l'Italie et la ligue anti-française. In: Italie 1494 [Cf. n° 3293], p. 95-120.

3285. ENGEL (Pál). Magyarország és a török veszély Zsigmond korában, 1387–1437. (La Hongrie et la danger turc dans l'époque de Sigismond, 1387–1437). Századok, 94, 128, 2, p. 273-287 p. 273-287.

3286. FONTANA (Alessandro). Les ambassadeurs après 1494: la diplomatie et la politique nouvelles. *In*: Italie 1494 [Cf. n° 3293], p. 179-225.

3287. FUBINI (Riccardo). Italia quattrocentesca. Politica e diplomazia nell'età di Lorenzo il Magnifico. A cura di Marino BERENGO e Franco DELLA PERUTA. Milano, F. Angeli, 94, 364 p. (Studi e ricerche storiche, 181).

3288. GALLINARI (Luciano). Nuove notizie sui rapporti economico-politici tra la republica di Genova e il Giudicato di Arborea fra Tre e Quattrocento (1387–1410). *Anuario de estudios medievales*, 94, 24 p. 395-418.

3289. HARRIS (Robin). Valois Guyenne. A study of politics, government and society in late Medieval France. Suffolk, The royal historical Society a. Boydell Press, 94, 227 p. (Studies in history, 71).

3290. HATCHER (John). England in the aftermath of the black death. *Past and Present*, 94, 144, p. 3-35.

3291. HEERS (Jacques). Gilles de Rais. Paris, Perrin, 94, 249 p.

3292. HOEN (Barbara). Deutsches Eigenbewußtsein in Lübeck. Zu Fragen spätmittelalterlicher Nationsbildung. Sigmaringen, Thorbecke, 94, 222 p. (Historische Forschungen, 19).

3293. Italie 1494. Ed. par Adelin Charles FIORATO. Paris, Publications de la Sorbonne, 94, 250 p. [Cf. n[os] <sélection> 3279, 3281, 3284, 3286.]

3294. JUSTICE (Steven). Writing and rebellion: England in 1381. Berkeley, Los Angeles a. London, University of California Press, 94, XIV-289 p. (The new historicism: studies in cultural poetics, 27).

3295. KRUPA (Katarzyna). Polityczne związki Giedyminowiczów z Nowogrodem Wielkim w latach 1430–1471. (Les rapports politiques des Gédymians avec Novgorod Grand dans les années 1430–1471). *Przegl. hist.*, 93 (94), 84, 3, p. 289-306 (cartes 2).

3296. KUBINYI (András). Szalkai László esztergomi érsek politikai szereplése. [Le rôle politique, joué par László Szalkai (1470–1526), archevêque d'Rsztergom). *Aetas*, 94, 1, p. 102-119.

3297. Lorenzo il Magnifico e il suo mondo. Convegno internazionale di studi, Firenze, 9–13 giugno 1992. A cura di Gian Carlo GARFAGNINI. Firenze, Olschki, 94, XVII-470 p. (ill., tav.). (Atti di convegni. Istituto nazionale di studi sul Rinascimento, 19). [Cf. n[os] <scelta> 6511, 6528.]

3298. MÁLYUSZ (Elemér). Az első Habsburg a magyar trónon. Albert király 1438–1439. (Le premier Habsburg sur le trône hongrois. Le roi Albrecht 1438–1439). *Aetas*, 94, 1, p. 120-150.

3299. MIRANDA GARCIA (Fermin). Reyes de Navarra. Vol. 13. Felipe III y Juana II de Evreux. Iruña y Pamplona, Editorial Mintzoa, 94, 301 p. (ill.).

3300. MOLHO (Anthony). Marriage alliance in late Medieval Florence. Cambridge a. London, Harvard U. P., 94, XX-458 p. (tables). (Harvard historical studies, 114).

3301. MUSSO (R.). Il dominio sforzesco in Corsica (1464–1481). I. *Nuova rivista storica*, 94, 78, p. 531-588.

3302. PAULY (Michel): Luxemburg im späten Mittelalter. 2. Weinhandel und Weinkonsum. Luxembourg, Editions du CLUDEM, 94, 384 p. (Publications de la Section historique de l'Institut grand-ducal, 109; Publications du CLUDEM, 5).

3303. POLLINI (Nadia). La Mort du Prince. Rituels funéraires de la Maison de Savoie (1343–1451). Lausanne, Université de Lausanne, Section d'histoire, Faculté des Lettres, 94, 286 p. (Cahiers lausannois d'histoire médiévale, 9).

3304. POTKOWSKI (E.). Schrift und Politik im 15. Jahrhundert. Die Anfänge politischer Publizistik in Polen. *Frühmittelalterliche Studien*, 94, 28, p. 355-373.

3305. RUSSOCKI (Stanisław). Concessions conditionelles de terres et centralisation des monarchies du Centre-Est de l'Europe au bas Moyen Age [XVe–XVIe siécles]. *Acta Polonaie hist.*, 94, 69, p. 17-29.

3306. SABATÉ (Flocel). Lo senyor rei és mort! Actitud i cerimònies dels municipis catalans baix-medievals davant la mort del monarca. Lleida, Estudi General, 94, 265 p.

3307. SENATORE (Francesco). Il Principato di Salerno durante la guerra dei baroni (1460–63). Dai carteggi diplomatici al «De Bello Napolitano». *Rassegna storica salernitana*, 94, 11, 22, p. 29-114.

3308. SIERADZAN (Wiesław). Mazowiecki materiał dowodowy w procesach polsko-krzyżackich w latach 1412–1423. (Les pièces à conviction mazoviennes dans les procès polonais contre les chevaliers teutoniques dans les années 1412–1423). *Komunikaty maz.-warm.*, 93 (94), 41, 4, p. 495-509. [Deutsche Zsfassung].

3309. Sigismund von Luxemburg. Kaiser und König in Mitteleuropa 1387–1437. Beiträge zur Herrschaft Kaiser Sigismund und der Europäischen Geschichte um 1400. Hrsg. v. Josef MACEK, Ernö MAROSI u. Ferdinand SEIBT. Warendorf, Fahlbusch, 94, XX-356 p. (Studien zu den Luxemburgern und ihrer Zeit, 5).

3310. TWELLENKAMP (Markus). Die Burggrafen von Nürnberg und das deutsche Königtum (1273–1417). Nürnberg, Selbstverlag des Stadtarchivs Nürnberg, 94, VII-270 p. (Nürnberg Werkstücke zur Stadt- und Landesgeschichte, 54).

3311. VELICH (Andrea). VII. Henrik és a londoni lobbyk. (Henri VII et les lobbies de Londres). *Aetas*, 94, 4, p. 27-52.

3312. ZICHY (Mihály). Propaganda és királyválasztás. [Propagande et élection du roi (L'élection de Maximilien Habsburg comme roi allemand en 1486)]. *Sic itur ad astra*, 94, 3-4, p. 18-66.

Cf. n°s. 3060, 3477

§ 4. Ebrei.

3313. BEDOS-REZAK (Brigitte Miriam). Les juifs et l'écrit dans la mentalité eschatologique du Moyen Age chrétien occidental (France 1000–1200). *Annales*, 94, 49, 5, p. 1049-1064.

3314. BEINART (Haim). Gerush Sefarad. (The expulsion of the Jews from Spain). Jerusalem, Magnes Press, 94, 562 p. (facs.).

3315. BRINNER (William M.). The image of the Jew as "other" in medieval Arabic texts. *Israel Oriental Studies*, 94, 14, p. 227-240.

3316. CAMERON (Averil). The Jews in seventh-century Palestine. *Scripta class. Israel*, 94, 13, p. 75-93.

3317. COHEN (Mark R.). Under crescent and cross. The Jews in the Middle Ages. Princeton, Princeton U. P., 94, XI-280 p.

3318. HAYOUN (Maurice-Ruben). Maïmonide ou l'autre Moïse: 1138–1204. Paris, Ed. J.-C. Lattès, 94, 409 p.

3319. Jewish intellectual history in the middle ages. Ed. by Joseph DAN. Westport, Praeger, 94, XIII-200 p. (Binah: studies in Jewish history, thought and culture, 3).

3320. LÉVI (Israêl). Le Ravissement du Messie à sa naissance et autres essais. Ed. par Evelyne PATLAGEAN. Paris et Louvain, Peeters, 94, 327 p. (Collection de la «Revue des Etudes Juives»).

3321. OLSTER (David). Roman defeat, christian response and the literary construction of the Jew. Philadelphia, University of Pennsylvania Press, 94, XI-203 p. (Middle ages series).

3322. SADAN (Joseph). Identity and inimitablity. Contexts of inter-religious polemics and solidarity in medieval Spain in the light of two passages by Mose ibn Ezra and Yaaqov ben Elazar. *Israel Oriental Studies*, 94, 14, p. 325-347.

3323. TAITZ (Emily). The Jews of Medieval France: the community of Champagne. Westport a. London, Greenwood Press, 94, VIII-340 p. (Contributions to the study of world history, 45).

3324. TURNER (Ralph V.). Judges, administrators and the Common Law in Angevin England. London a. Rio Grande, Hambledon Press, 94, XXIV-317 p.

3325. WOLFSON (Elliot R.). Through a speculum that shines: vision and imagination in Medieval Jewish mysticism. Princeton, Princeton U. P., 94, X-452 p.

Cf. n°s 2968, 2997, 3039, 3214, 3735

§ 5. Islam.

3326. Alimentación en las culturas islámicas (La). Ed. por Manuela MARIN y David WAINES. Madrid, Agencia Española de Cooperación Internacional, 94, 354 p. (Mundo árabe e Islam).

3327. AVERROÈ. L'accordo della legge divina con la filosofia. A cura di F. LUCCHETTA. Genova, Marietti, 94, 190 p. (Corpus arabo islamico, 1) [con testo arabo].

3328. BALAÑÀ I ABADIA (Pere). Les arrels islàmiques de Mequinensa. Barcelona, Rafael Dalmau editor, 94, 85 p. (Camí Ral, 4).

3329. BLAIR (Sheila S.), BLOOM (Jonathan M.). The art and architecture of Islam, 1250–1800. New Haven a. London, Yale U. P., 94, XVI-348 p. (Pelican history of art).

3330. BULLIET (Richard W.). Islam: the view from the edge. New York, Columbia U. P., 94, IX-236 p.

3331. CONSTABLE (Olivia Remie). Trade and traders in Muslim Spain: the commercial realignment of the Iberian peninsula, 900–1500. Cambridge, Cambridge U. P., 94, XXV-320 p. (maps, plates). (Cambridge studies in medieval life and thought, IV, 24).

3332. DE EPALZA (Mikel). Fray Anselm Turmeda ('Abdallah Al-Tarŷumān) y la su polémica islamocristiana. Edición, traducción y estudio de la "Tuhfa". Madrid, Ed. Hiperión, 94, XXIV-518 p. (Libros Hiperión, 152).

3333. DÍAZ DE RÁBAGO (Carmen). La morería de Castelló de la Plana, 1462–1527: estudio socio-económico de una aljama musulmana medieval. Castellón, Ayuntamiento de Castellón de la Plana, Biblioteca Ciudad de Castellón, 94, 186 p. (Miscelánea, 5).

3334. Formation du vocabulaire scientifique et intellectuel (La) dans le monde arabe. Ed. par Danielle JACQUART. Turnhout, Brepols, 94, 111 p. (CIVICIMA, Etudes sur le Vocabulaire Intellectuel du Moyen Age, 7).

3335. GUICHARD (Pierre). L'Islam e l'Europa. *In*: Storia d'Europa. Vol. 3. Il Medioevo [Cf. n° 908], p. 295-340.

3336. IGNATENKO (A. A.). Obman v kontekste arabo-islamskoy kul'tury srednevekov'ya. (Deception within the context of the arab islamic culture of the Middle Ages). *In*: Odissey. Chelovek v istorii. 1993. Obraz "drugogo" v kul'ture [Cf. n° 749], p. 138-160 (Eng. summary).

3337. Introducción als Estudis Arabs i Islàmics. Dir. por María Jesús RUBIERA MATA. Alicante, Universidad de Alicante, 94, 126 p. (Area de estudios árabes e islámicos).

3338. LUCHITSKAYA (S. I.). Arab glazami franka. (Konfessional'nyy aspekt vospriyatiya musul'manskoy kul'tury). (The Arab as seen by the Frank: a confessional aspect of the perception of Muslim culture). *In*: Odissey. Chelovek v istorii. 1993. Obraz "drugogo" v kul'ture [Cf. n° 749], p. 19-38 (Eng. summary). – IDEM. Obraz Mukhammada v zerkale latinskoy khronistiki XII–XIIIvv. (The image of Muhammad as mirrored in latin chronicles, the twelfth and thirteenth centuries). *In*: Odissey. Chelovek v istorii. 1994. Kartina mira v narodnom i uchenom soznanii [Cf. n° 750], p. 182-195 (Eng. summary).

3339. PETRY (Carl F.). Protectors or praetorians? The last Mamlūk sultans and Egypt's waning as a great power. Albany, State University of New York Press, 94, XV-280 p. (maps, tables). (SUNY Series in Medieval middle east history).

3340. SABRA (Abdelhamid Ibrahim). Optics, astronomy and logic: studies in Arabic science and philosophy. Aldershot, Variorum, 94, X-323 p. (Collected studies series, 444).

3341. ŠAIJA (Ŷuma 'A.). Ba'adu l-māzahir al'dīniya fī rihlat 'Abd Allāh Ibn As-Sabbāh Al-Andalusi. (Algunos aspectos religiosos en la rihla de Ibn As-Sabbāh). *Dirāsāt Andalusiyya*, 94, 1415, 12, p. 36-44.

3342. SANDERS (Paula). Rituals, politics, and the city in Fatimid Cairo. Albany, State University of New York Press, 94, 231 p. (SUNY series in medieval Middle East history).

3343. SCALES (Peter C.). The fall of the Caliphate of Córdoba. Berbers and Andalusis in conflict. Vol. 9. Ed. by Rachel ARIÉ a. Hans Rudolf SINGER. Leiden, New York a. Köln, E. J. Brill, 94, 250 p. (Medieval Iberian peninsula texts and studies).

3344. SPAULDING (Jay). Medieval christian Nubia and the Islamic world: a reconsideration of the Baqt treaty. *International journal of African historical studies*, 94, 28, 3, p. 577-594.

3345. SŪYSĪ (Muhammad). Al-'ulūm al-'àrabiyya bi-l-Andalus wanaqlu-hā ilà Ūrūbbā wa-duri-hā fī tatawwur al-'ulūm. (Las ciencias árabes en Al-Andalus su transferencia a Europa y su lugar en la evolución de las ciencias). *Dirāsāt Andalusiyya*, 94, 1415, 12, p. 5-19.

3346. VARISCO (Daniel Marin). Medieval agriculture and Islamic science. The Almanac of a Yemeni sultan. Seattle a. London, University of Washington Press, 94, XV-349 p.

Cf. n°s 566, 591, 2945, 2951, 2983, 3102, 3121, 3131, 3193, 3214, 3235, 3253, 3268, 3393, 3778, 3781, 3796, 3829, 3830, 3834

§ 6. Vichinghi.

3347. ANDERSEN (Per Sveaas). Den Norske innvandringen til Hebridene i vikingtiden og den norrøne bosetningens senere skjebne. (The Norwegian immigration to the Hebrides during Viking age). *Historisk tidsskrift* (Norway), 94, 73, 3, p. 265-285.

3348. BOYER (Régis). Die Wikinger. Stuttgart, Klett, 94, 408 p.

3349. BRINK (Stefan). The place-names of Markim-Orkesta. *In*: Twelfth Viking Congress (The) [Cf. n° 3381], p. 277-279.

3350. CALLMER (Johan). Urbanization in Scandinavia and the Baltic region c. AD 700–1100: trading places, centres and early urban sites. *In*: Twelfth Viking Congress (The) [Cf. n° 3381], p. 50-90.

3351. CHRISTIANSEN (Eric). L'europeizzazione dell'area baltica e nordorientale. *In*: Storia d'Europa. Vol. 3. Il Medioevo [Cf. n° 908], p. 653-720.

3352. DZHAKSON (T. N.). Orientatsionnye printsipy prostranstva v kartine mira srednevekovogo skandinava. (Orientation principles of space in the world picture of the medieval scandinavian). *In*: Odissey. Chelovek v istorii. 1994. Kartina mira v narodnom i uchenom soznanii [Cf. n° 750], p. 54-64 (Eng. summary).

3353. FANNING (Thomas). Viking age ringed pins from Dublin. Dublin, Royal Irish Academy, 94, 140 p.

3354. FELLOWS-JENSEN (Gillian). From Scandinavia to the British Isles and back again. Linguistic give-and-take in the Viking period. *In*: Twelfth Viking Congress (The) [Cf. n° 3381], p. 253-268.

3355. FEVEILE (Claus). The latest news from Viking Age Ribe. Archaeological excavations 1993. *In*: Twelfth Viking Congress (The) [Cf. n° 3381], p. 91-99.

3356. GRÄSLUND (Anne-Sofie). Rune stones – on ornamentation and chronology. *In*: Twelfth Viking Congress (The) [Cf. n° 3381], p. 117-131.

3357. HAGLAND (Jan Ragnar). The Dublin runes. *In*: Twelfth Viking Congress (The) [Cf. n° 3381], p. 302-304.

3358. HALL (Richard). The English Heritagebook of Viking age. London, Batsford, English Heritage, 94, 128 p. – IDEM. Vikings gone west? A summary review. *In*: Twelfth Viking Congress (The) [Cf. n° 3381], p. 32-49.

3359. HELLE (Knut). Descriptions of Nordic towns and town-like settlements in early literature. *In*: Twelfth Viking Congress (The) [Cf. n° 3381], p. 20-31.

3360. HOLMBERG (Bente). Recent research into sacral names. *In*: Twelfth Viking Congress (The) [Cf. n° 3381], p. 280-287.

3361. HULTGÅRD (Anders). Ragnarok and Valhalla. Eschatological beliefs among the Scandinavian of the Viking period. *In*: Twelfth Viking Congress (The) [Cf. n° 3381], p. 288-293.

3362. JESCH (Judith). Skaldic and runic vocabulary and the Viking Age. A research project. *In*: Twelfth Viking Congress (The) [Cf. n° 3381], p. 294-301.

3363. KRÖTZL (Christian). Pilger, Mirakel und Alltag: Formen des Verhaltens im Skandinavischen Mittelalter (12.–15. Jahrhundert). Helsinki, Societas Historica Finlandiae, 94, 393 p. (maps). (Studia historica, 46).

3364. LUND (Niels). If the Vikings knew a Leding – what was it like? *In*: Twelfth Viking Congress (The) [Cf. n° 3381], p. 100-105.

3365. MAC KINNELL (John). Both one and many. Essays on change and variety in late norse heathenism. Roma, Editrice 'Il Calamo', 94, 212 p. (Philologia, 1).

3366. MARTENS (Irmelin). Norwegian Viking Age weapons. Some questions concerning their production and distribution. *In*: Twelfth Viking Congress (The) [Cf. n° 3381], p. 180-182.

3367. METCALF (David M.). The beginnings of coinage in the North Sea coastlands. A Pirenne-like hypothesis. *In*: Twelfth Viking Congress (The) [Cf. n° 3381], p. 196-214.

3368. MORRIS (Christopher D.), BARRETT (James H.), BATEY (Colleen E.). The Viking and Early Settlement Archaeological Research Project. Past, present and future. *In*: Twelfth Viking Congress (The) [Cf. n° 3381], p. 144-158.

3369. NOONAN (Thomas S.). The Vikings in the East. Coins and commerce. *In*: Twelfth Viking Congress (The) [Cf. n° 3381], p. 215-236.

3370. OWEN (Olwyn), DALLAND (Magnar). Scar, Sanday. A Viking boat-burial from Orkney. An interim report. *In*: Twelfth Viking Congress (The) [Cf. n° 3381], p. 159-172.

3371. PARSONS (David). Sandwich. The oldest Scandinavian rune-stone in England? *In*: Twelfth Viking Congress (The) [Cf. n° 3381], p. 310-320.

3372. PETERSON (Lena). Scandinavian runic-text data base. A presentation. *In*: Twelfth Viking Congress (The) [Cf. n° 3381], p. 305-309.

3373. PURDON (Liam O.). The rite of vassalage in Havelok the Dane. *Medievalia et Humanistica*, 94, 20, p. 25-40.

3374. ROESDAHL (Else). Dendrochronology and Viking studies in Denmark, with a note on the beginning of the Viking Age. *In*: Twelfth Viking Congress (The) [Cf. n° 3381], p. 106-116.

3375. SANDRED (Karl Inge). Viking administration in the Danelaw. A look at Scandinavian and English hundred-names in Norfolk. *In*: Twelfth Viking Congress (The) [Cf. n° 3381], p. 269-276.

3376. SCHROETER (Klaus R.). Entstehung einer Gesellschaft. Fehde und Bündnis bei den Wikingern. Berlin, Reimer, 94, 364 p. (Schriften zur Kultursoziologie, 15).

3377. SÖDERBERG (Barbro). Cultural progression. Latin and runic writing. *In*: Twelfth Viking Congress (The) [Cf. n° 3381], p. 247-252.

3378. STALSBERG (Anne). The Russian-Norwegian sword project. *In*: Twelfth Viking Congress (The) [Cf. n° 3381], p. 183-189.

3379. STEEN-JENSEN (Jørgen). Do the coin finds of recent years change our ideas about the character of monetary circulation in Denmark in the Viking Age? *In*: Twelfth Viking Congress (The) [Cf. n° 3381], p. 237-241.

3380. STEIN-WILKESHUIS (Martina). Legal prescriptions on manslaughter and injury in a Viking age treaty between Constantinople and northern merchants. *Scandinavian Journal of History*, 94, 19, 1, p. 1-16.

3381. Twelfth Viking Congress (The). Developments around the Baltic and the North Sea in the Viking age. Ed. by Björn AMBROSIANI and Helen CLARKE. Stockholm, Birka Project, 94, 320 p. (Birka studies, 3). [Cf. n^{os} <choice> 3349, 3350, 3354, 3355, 3356, 3357, 3358, 3359, 3360, 3361, 3362, 3364, 3366, 3367, 3368, 3369, 3370, 3371, 3372, 3374, 3375, 3377, 3378, 3379, 3382, 3384, 4052.]

3382. WEBER (Birthe). Iron age combs. Analyses of raw material. *In*: Twelfth Viking Congress (The) [Cf. n° 3381], p. 190-193.

3383. WILSON (David M.). The Vikings in Britain. *In*: Ausgewählte Probleme europäische Landnahmen des Früh- und Hochmittelalters. 2 [Cf. n° 372], p. 81-94.

3384. ZACHRISSON (Inger). Saamis and Scandinavians – examples of interaction. *In*: Twelfth Viking Congress (The) [Cf. n° 3381], p. 173-179.

Cf. n°s 3352, 3491, 3501

§ 7. **Storia del diritto e delle istituzioni.**

3385. ASCHERI (Mario). Istituzioni medievali: una introduzione. Bologna, Il Mulino, 94, 387 p.

3386. BAUER (Thomas). Rechtliche Implikationen des Ehestreites Lothars II. Eine Fallstudien zu Theorie und Praxis des geltenden Eherechts in der späten Karolingerzeit. Zugleich ein Beitrag zur Geschichte des frühmittelalterlichen Eherechtes. *Zeitschrift der Savigny-Stiftung für Rechtsgeschichte. Kanonistische Abteilung*, 94, 111, p. 41-80.

3387. BEZEMER (K.). French customs in the Commentaries of Jacques de Revigny. *R. Hist. Droit*, 94, 62, p. 81-112.

3388. BLATTMANN (M.). Über die 'Materialität' von Rechtstexten. *Frühmittelalterliche Studien*, 94, 28, p. 333-354.

3389. BRASINGTON (B. C.). Prologues to canonical collections as a source for jurisprudential change to the eve of the investiture contest. *Frühmittelalterliche Studien*, 94, 28, p. 226-242.

3390. BRODMAN (James W.). What is a soul worth? Pro anima bequests in the municipal legislation of Reconquest Spain. *Mediaevalia et Humanistica*, 94, 20, p. 15-24.

3391. BROWN (Elizabeth A. R.), FAMIGLIETTI (Richard C.). The "Lit de Justice": semantics, ceremonial, and the Parlement of Paris, 1300–1600. Sigmaringen, Thorbecke, 94, 163 p. (Beihefte der Francia, 31).

3392. BUSCH (J. W.). Vom einordnenden Sammeln zur argumentierenden Darlegung. Beobachtungen zum Umgang mit Kirchenrechtssätzen im 11. und frühen 12. Jahrhundert. *Frühmittelalterliche Studien*, 94, 28, p. 243-256.

3393. *Vacat.*

3394. CONSTABLE (O. R.). The problem of jettison in medieval Mediterranean maritime law. *Journal of Medieval History*, 94, 20, 3, p. 207-220.

3395. DE BRUIJN (M. W. J.). Husinghe ende hofstede. Een institutioneel-geografische studie van de recht spraak over onroerend goed in de stad Utrecht in de middeleeuwen. (The developement of the administration of justice in real estate cases in the territory of the Dutch city of Utrecht in the middle ages). Utrecht, Het Spectrum, 94, 464 p. (Stichtse Hist. Reeks, 18).

3396. Diritto canonico (Il) quale diritto proprio delle comunità cristiane dell'Oriente mediterraneo. IX Colloquio internazionale romanistico canonistico. Città del Vaticano, PUL, 94, XII-624 p. (Utrumque Ius. Collectio Pontificiae Universitatis Lateranensis, 26).

3397. ERDŐ (Péter). A középkori officiális bíráskodás írott emlkei Lengyelországban. és Magyarországon. (Les monuments écrits de la juridiction des officialités en Pologne et en Hongrie au moyen-âge). *Magy. Könyvszle.*, 94, 110, 3, p. 117-129.

3398. FAVREAU-LILIE (Marie-Luise). Civis peregrinus. Soziale und rechtliche Aspekte der bürgerlichen Wallfahrt im späten Mittelalter. *Archiv für Kulturgeschichte*, 94, 76, p. 321-350.

3399. FINCH (A. J.). Sexual morality and canon law: the evidence of the Rochester consistory court. *Journal of Medieval History*, 94, 20, 3, p. 261-276.

3400. FREEDMAN (Paul H.). Church, law, and society in Catalonia 900–1500. Aldershot, Variorum, 94, XII-270 p. (Collected Studies Series, 440).

3401. GAUDEMET (Jean). Eglise et Cité. Histoire du droit canonique. Paris, Ed. du Cerf et Montchrestien, 94, X-740 p. – IDEM. La doctrine canonique médiévale. Aldershot, Variorum, 94, X-323 p. (Collected studies series, 435).

3402. GERBER (Roland). Öffentliches Bauen im mittelalterlichen Bern. Verwaltungs- und finanzgeschichtliche Untersuchung über das Bauherrenamt der Stadt Bern 1300 bis 1550. Bern, Historischer Verein des Kantons Bern, 94, 184 p. (Archiv des Historischen Verein des Kantons Bern, 77).

3403. Geschichte der Zentraljustiz in Mitteleuropa. Festschrift für Bernhard Diestelkamp zum 65. Geburtstag. Hrsg. v. Friedrich BATTENBERG u. Filippo RANIERI. Weimar, Wien u. Köln, Böhlau, 94, XIV-477 p.

3404. GROSSI (Paolo). Alla ricerca dell'ordine giuridico medievale. *Rivista di storia del diritto italiano*, 94, 67, 67, p. 5-26.

3405. GUILLOT (Olivier), RIGAUDIÈRE (Albert), SASSIER (Yves). Pouvoirs et institutions dans la France médiévale. 1. Des origines à l'époque féodale. 2. Des temps féodaux aux temps de l'Etat. Paris, Armand Colin, 94, 332 p.

3406. KOS (Dušan). Imago iustitiae: historični sprehod skozi preiskovanje, sojenje in pravo pri plemstvu v poznem srednjem veku. (Imago iustitiae: a walk through the history of investigation, legal procedures and law by the late mediaeval nobility. Ljubljana, Znanstvenoraziskovalni center SAZU, 94, 142 p. (Zbirka ZRC, 3).

3407. KROESCHELL (Karl). Der Rechtsbegriff der Rechtsgeschichte. Das Beispiel des Mittelalters. *Zeitschrift der Savigny-Stiftung für Rechtsgeschichte. Germanistische Abt.*, 94, 111, p. 310-329.

3408. KUTTNER (Stephan). On the Medieval tradition of Justinians Novellae: an index Titulorum Authentici in Novem Collationes digesti. *Zeitschrift der Savigny-Stiftung für Rechtsgeschichte. Kanonistische Abt.*, 94, 111, p. 81-98.

3409. LILIE (Ralf J.). Byzanz-Kaiser und Reich. Weimar, Wien u. Köln, Böhlau, 94, 300 p. (Böhlau-Studienbücher).

3410. LYON (Bryce). What role did communes have in the feudal system? *Revue belge de philologie et d'histoire*, 94, 72, 2, p. 241-254.

3411. MAFFEI (Domenico), MAFFEI (Paola). Angelo Gambiglioni, giureconsulto aretino del Quattrocento: la vita, i libri, le opere. Roma, Fondazione Sergio Mochi Onory per la Storia del Diritto Italiano, 94, 238 p. (Biblioteca della Rivista di Storia del Diritto Italiano, 34).

3412. MALININ (Yu. P.). Srednevekovyy "dukh soveta". (The medieval "spirit of counsel"). *In*: Odissey. Chelovek v istorii. 1992. Istorik i vremya [Cf. n° 748], p. 176-192. (Eng. summary).

3413. MÜLLER (Wolfgang P.). Huguccio. The life, works, and thought of a twelfth-century jurist. Washington, The Catholic University of America Press, 94, IX-220 p. (Studies in medieval and early modern canon law, 3).

3414. MURRAY (Alexander Callander). Immunity, nobility, and the Edict of Paris. *Speculum*, 94, 69, 1, p. 18-39.

3415. MUSCA (Giosuè). La nascita del Parlamento nell'Inghilterra medievale. Bari, Dedalo, 94, 188 p. (ill.). (Nuova biblioteca Dedalo, 168).

3416. NEVILLE (C. J.). Common knowledge of the common law in later Medieval England. *Canadian journal of history*, 94, 29, 3, p. 461-478.

3417. NIELSEN (Torben K.). Vicarius Christi, Plenitudo Potestatis og Causae Maiores. Teologi og jura hos pave Innocens III (1198-1216) og ærkebiskop Anders Sunesen (1201-1223). [Vicarius Christi, Plenitudo Potestatis and Causae Maiores: theology and law according to Pope Innocent III (1198-1216) and Archbishop Anders Sunesen (1201-1223)]. *Historisk Tidskrift* (Denmark), 94, 94, 1, p. 1-29 (English summary).

3418. PEDERSEN (Frederik). Did the Medieval laity know the Canon law rules on Marriage? Some evidence from fourteenth-century York cause papers. *Mediaeval studies*, 94, 56, p. 111-152.

3419. PETIT (Carlos), VALLEJO (Jesús). La categoria giuridica nella cultura europea del Medioevo. *In*: Storia d'Europa. Vol. 3. Il Medioevo [Cf. n° 908], p. 721-760.

3420. PORRAS ARBOLEDA (Pedro A.). Fuero de Sabiote. *Cuadernos de Historia del Derecho*, 94, 1, p. 243-441.

3421. PORTEAU-BITKER (A.), TALAZAC-LAURENT (A.) Droit coutumier et capacité délictuelle des «sous âgés» aux XIIIe et XIVe siècles. *Revue historique de droit français et étranger*, 94, 72, 4, p. 527-547.

3422. PROVERO (Luigi). Aristocrazia d'ufficio e sviluppo di poteri signorili nel Piemonte sud-occidentale (secoli XI–XII). *Studi medievali*, 94, 35, 2, p. 577-628.

3423. REPGEN (Tilman). Vertragstreue und Erfüllungszwang in der mittelalterlichen Rechtswissenschaft. Paderborn, Schöningh, 94, 386 p. (Rechts- und Staatswissenschaft N. F., 73).

3424. SANTINI (Giovanni). Il sapere giuridico occidentale e la sua trasmissione dal VI all'XI secolo. *Rivista di storia del diritto italiano*, 94, 67, 67, p. 91-204.

3425. Scritti apocrifi di Giustiniano. A cura di Anna Maria DEMICHELI. Nuovi testi epigrafici e altri Addenda et Corrigenda ai Subsidia 1-3. A cura di Livia MIGLIARDI ZINGALE. Torino, Giappichelli, 94, IX-238 p. (ill., tav.). (Legum Iustiniani imperatoris vocabularium. Subsidia, 4).

3426. SPECIALE (Giuseppe). La memoria del diritto comune. Sulle tracce d'uso del Codex di Giustiniano (secoli XII–XV). Roma, Il Cigno Galileo Galilei, 94, 410 p. (I libri di Erice, 10).

3427. STACEY (Robert Chapman). The road to judgment: from custom to court in medieval Ireland and Wales. Philadelphia, University of Pennsylvania Press, 94, XVI-342 p. (Middle Ages series).

3428. Stadtregiment und Bürgerfreiheit. Handlungsspielräume in deutschen und italienischen Städten des späten Mittelalters und der frühen Neuzeit. Hrsg. v. Klaus SCHREINER u. Ulrich MEIER. Göttingen, Vandenhoeck & Ruprecht, 94, 321 p. (Bürgertum. Beiträge zur europäischen Gesellschaftsgeschichte, 7).

3429. SUPPE (Frederick C.). Military institutions on the Welsh marches: Shropshire, A. D. 1066–1300. Woodbridge a. Rochester, Boydell & Brewer, 94, XI-191 p. maps). (Studies in Celtic history, 14).

3430. THEISEN (F.). Die Wiederentdeckung des römischen Rechts im Alltag des 11. Jahrhunderts, dargestellt an einer Urkunde von 1076. *R. Hist. Droit*, 94, 62, p. 127-143.

3431. VAN CAENEGEM (R.-C.). Law, history. The Low Countries and Europe. London a. Rio Grande, The Hambledon Press, 94, 200 p.

3432. WEITZEL (Jürgen). Strafe und Strafverfahren in der Merowingerzeit. *Zeitschrift der Savigny-Stiftung für Rechtsgeschichte. Germanistische Abteilung*, 94, 11, p. 66-147.

3433. WETTLAUFER (Jörg). Jus primae noctis: historisch-anthropologische Überlegungen zum Verständnis eines «mittelalterlichen Feudalrechts». *Francia*, 94, 24, 1, p. 245-262.

3434. WEY (Jean-Claude). La justice au Moyen Age et son application particulièrement dans l'ancienne République de Strasbourg. *Recherches médiévales*, 94, 43, p. 11-22.

Cf. n°s 2946, 2984, 3012, 3069, 3071, 3089, 3103, 3186, 7259

§ 8. Storia economica e sociale.

3435. 1492 – Lo dulce a la conquista de Europa. Actas del Cuarto Seminario Internacional sobre la Caña de Azúcar, Motril, 21–25 de sep. de 1992. Ed. por Antonio MALPICA. Granada, Diputación provincial, 94, 305 p.

3436. ABULAFIA (David). A Mediterranean emporium: the Catalan kingdom of Majorca. Cambridge, Cambridge U. P., 94, XXIV-292 p. (maps, tables).

3437. AMARAL (Luís Carlos). Sao Salvador de Grijó na segunda metade do século XIV: estudo de gestao agrária. Lisboa, Cosmos, 94, 321 p. (bibl). (História, 5).

3438. ARRIAZA (A.). Le statut nobiliaire adapté à la bourgeoisie: mobilité des status en Castille (1re partie). *Le Moyen Age*, 94, 8, 3, p. 413-438.

3439. AURELL I CADORNA (Jaume). El procés de sedenritazació dels mercaders barcelonins al segle XV. La delegació de la feina comercial i els perills de la navegació. *Anuario de estudios medievales*, 94, 24, p. 49-66.

3440. AYTON (Andrew). Knights and warhorses. Military service and the English aristocracy under Edward III. Woodbridge a. Rochester, Boydell & Brewer, 94, XII-304 p.

3441. BALARD (Michel). Les républiques maritimes italiennes et le commerce en Syrie-Palestine (XIe–

8. STORIA ECONOMICA E SOCIALE

XIIIe siècles). *Anuario de estudios medievales*, 94, 24 p. 313-348.

3442. BALDWIN (John W.). The language of sex: five voices from northern France around 1200. Chicago a. London, University of Chicago Press, 94, XXVIII-331 p. (Chicago series on sexuality, history, and society).

3443. BALLETTO (Laura). Chio dei Genovesi e la rivolta Maonese. Corsari catalani ed attacchi veneziani. *Anuario de estudios medievales*, 94, 24 p. 479-490.

3444. BARCELÓ I CRESPÍ (Maria). Niçards a la Mallorca baixmedieval. *Anuario de estudios medievales*, 94, 24 p. 67-88.

3445. BEHRMANN (Thomas). Domkapitel und Schriftlichkeit in Novara (11.–13. Jahrhundert). Sozial- und Wirtschaftsgeschichte von S. Maria und S. Gaudenzio im Spiegel der urkundlichen Überlieferung. Tübingen, Niemeyer, 94, X-385 p. (Bibliothek des Deutschen Historischen Instituts in Rom, 77).

3446. BERGDOLT (Klaus). Der Schwarze Tod in Europa: die große Pest und das Ende des Mittelalters. München, Beck, 94, 267 p.

3447. BLIZNYUK (S. V.). Mir torgovli i politiki v korolevstve krestonostsev na Kipre, 1192–1373. (The world of trade and politics in the kingdom of crusaders of Cyprus, 1192–1373). Moskva, MGU, 94, 191 p.

3448. BOOCKMAN (Hartmut). Fürsten, Bürger, Edelleute. Lebensbilder aus dem späten Mittelalter. München, Beck, 94, 239 p.

3449. BORSARI (Silvano). Una compagnia di Calimala: gli Scali (sec. XIII–XIV). Macerata, Università degli Studi di Macerata, 94, 143 p. (Università degli Studi di Macerata, Facoltà di Lettere e Filosofia, Studi, 12).

3450. BOSWELL (John). Same-sex unions in premodern Europe. New York, Villard Books, 94, XXX-412 p.

3451. BOURNAZEL (Eric). L'argent du renouveau: les revenus de la royauté française au XIIe siècle. *Anuario de estudios medievales*, 94, 24 p. 703-718.

3452. BOUSMAR (Eric). Des alliances liées à la procréation: les fonctions du mariage dans les Pays-Bas bourguignons. *Mediaevistik*, 94, 7, p. 11-69.

3453. BREISCH (Agneta). Frid och fredslöshet, sociala band och utanförskap på Island under äldre medeltid. (Law and outlawry: social ties and outcast in early mediaeval Iceland). Stockholm, Almqvist & Wiksell International, 94, 187 p. (Studia historica Upsaliensia, 174).

3454. BRESC (Henri). Un marché rural: Corleone en Sicile, 1375–1420. *Anuario de estudios medievales*, 94, 24 p. 371-394.

3455. BRITNELL (Richard H.). The Black Death in English towns. *Urban History*, 94, 21, p. 195-210.

3456. BYNUM (C.). Jeûnes et festins sacrés. La femme et la nourriture dans la spiritualité médiévale. Paris, Ed. du Cerf, 94, 449 p.

3457. CADRADA (Coral), ORLANDI (Angela). Ports, tràfics, vaixells, productes: italians i catalans a la Mediterrània baixmedieval. *Anuario de estudios medievales*, 94, 24 p. 3-48.

3458. CAFERRO (William). City and countryside in Siena in the second half of the fourteenth century. *Journal of Economic History*, 94, 54, 1, p. 85-103.

3459. CARIÑENA BALAGUER (Rafael), DÍAZ BORRÁS (Andrés). La colonia genovesa en Valencia de la primera mitad del siglo XV. *Anuario de estudios medievales*, 94, 24 p. 155-178.

3460. CASTELNUOVO (Guido). Ufficiali e gentiluomini. La società politica sabauda nel tardo medioevo. Milano, Franco Angeli, 94, 426 p.

3461. CLARKE (Peter A.). The English nobility under Edward the Confessor. New York, Clarendon Press, 94, XI-386 p. (maps, tables). (Oxford historical monographs).

3462. CLEMENTE RAMOS (Julián). La Extremadura musulmana (1142–1248). Organización defensiva y sociedad. *Anuario de estudios medievales*, 94, 24 p. 647-702.

3463. CONTAMINE (Philippe). The soldiery in late medieval urban society. *French history*, 94, 8, 1, p. 1-13.

3464. CORREIA (Francisco). Compilação de Fontes Manuscritas da Biblioteca Nacional para a História Económica Portuguesa (séculos XII a XVI). *Revista da Biblioteca Nacional*, 94, 9, 1, p. 67-138.

3465. Corte degli Estensi (Alla). Atti del Convegno internazionale di studi. Ferrara, 5–7 marzo 1992. A cura di Marco BERTOZZI. Ferrara, Università degli studi di Ferrara, 94, 466 p. (tav.).

3466. CRUSELLES (Enrique). Las organización del transporte marítimo en la Valencia de la primera mitad del siglo XV. *Anuario de estudios medievales*, 94, 24 p. 155-178.

3467. D'ALESSANDRO (Vincenzo). Terra, nobili e borghesi nella Sicilia medievale. Palermo, Sellerio, 94, 208 p. (Prisma, 161).

3468. DANILOVA (L. V.). Sel'skaya obshchina v srednevekovoy Rusi. (Rural commune in medieval Russia). Ros. Akad. nauk. In-t rossiyskoy istorii. Moskva, Nauka, 94, 316 p.

3469. Demografia e società nell'Italia medievale, secoli IX–XIV. A cura di Rinaldo COMBA e Irma NASO. Cuneo, Società per gli studi storici, archeologi ed artistici della provincia di Cuneo, 94, 497 p. (Da Cuneo all'Europa, 4).

3470. DEPEYROT (Georges). Richesse et société chez les Mérovingiens et Carolingiens. Paris, Ed. Errance, 94, 191 p. (ill.).

3471. DERVILLE (Alain). Naissance du capitalisme [en France du Nord vers le milieu du XIIe siècle]. *In*: XIIe siècle (Le) [Cf. n° 3569], p. 33-60.

3472. DETTE (Christoph). Kinder und Jugendliche in der Adelsgesellschaft des frühen Mittelalters. *Archiv für Kulturgeschichte*, 94, 76, p. 1-34.

3473. DÍAZ IBÁÑEZ (Jorge). Pobreza y marginación en la Castilla Bajomedieval. Notas sobre el ejercicio de la caridad en Cuenca a fines de la Edad Media. *Anuario de estudios medievales*, 94, 24 p. 887-924.

3474. DUBUIS (Pierre). Le jeu de la vie et de la mort: la population du Valais (XIVe–XVIe s.). Lausanne, Université de Lausanne, Section d'Histoire, 94, 426 p. (tables). (Cahiers Lausannois d'Histoire Médiévale, 13).

3475. DUBY (George). Love and marriage in the Middle Ages. Chicago, University of Chicago Press, 94, 231 p.

3476. Economie rurale et économie urbaine au Moyen Age. Landwirtschaft und Stadtwirtschaft im Mittelalter. Ed. par Adriaan VERHULST et Yoshiki MORIMOTO. Gand, Belgisch Centrum voor Landelijke Geschiedenis et Fukuoka, Kyushu U. P., 94, 224 p. (Publications du Centre belge d'histoire rurale, 108).

3477. Environment and economy in Anglo-Saxon England: a review of recent work on the environmental archaeology of rural and urban Anglo-Saxon settlements in England. Proceedings of a conference held at the Museum of London, 9–10 April, 1990. Ed. by James RACKHAM, with contributions from Martin O. H. CARVER [et al.]. York, Council for British Archaeology, 94, VI-151 p. (CBA research report, 89).

3478. EPSTEIN (S. R.). Regional fairs, institutional innovation, and economic growth in late medieval Europe. *Economic history review*, 94, 47, 3, p. 459-482.

3479. FAITH (Rosamond). Demesne resources and labour rent on the manors of St Paul's Cathedral, 1066–1222. *Economic history review*, 94, 47, 4, p. 657-678.

3480. FEJIC (Nenad). Les Catalans à Dubrovnik et dans le Bassin Adriatique à la fin du Moyen Age. *Anuario de estudios medievales*, 94, 24 p. 429-452.

3481. FOSSATI RAITERI (Silvana). Presenze genovesi a Siviglia nella seconda metà del Quattrocento. *Anuario de estudios medievales*, 94, 24 p. 299-312.

3482. FRANCOVICH (Riccardo), WICKHAM (Chris). Uno scavo archeologico ed il problema dello sviluppo della signoria territoriale. Rocca San Silvestro e i rapporti di produzione minerari. *Archeologia medievale*, 94, 21, p. 7-30.

3483. FÜGEDI (Erik). Kingship and privilege. The social system of medieval Hungary nobility as defined in customary law. *History and Society in Central Europe*, 94, 2, p. 56-75.

3484. GARCIA I SANZ (Arcadi). La marea en la navegació comercial mediterrània (segles XIV–XVI). *Anuario de estudios medievales*, 94, 24 p. 583-608.

3485. Genèse médiévale de l'anthroponymie moderne. L'espace italien. 1. (Actes de la table ronde de Rome, 8–9 mars 1993). Préf. de Monique BOURIN. *Mélanges de l'Ecole Française de Rome, Moyen âge*, 94, 106, p. 313-736.

3486. Genoese (The) and their rivals in medieval Mediterranean commerce: studies in honour of Hilmar C. Krueger on his ninetieth birthday. Ed. by George S. ROBBERT, Louise Buenger ROBBERT a. John E. DOTSON. *Journal of Medieval History*, 94, 20, 4, p. 293-394 [Articles by M. Angelos, S. A. Epstein, J. E. Dotson, T. Blomquist, B. M. Kreutz, K. L. Reyerson, L. B. Robbert].

3487. GERBET (Marie-Claude). Les noblesses espagnoles au Moyen Age. XIe–XVe siècle. Paris, Armand Colin, 94, 298 p.

3488. GREIF (Avner). On the political foundations of the late medieval commercial revolution: Genoa during the twelfth and thirteenth centuries. *Journal of Economic History*, 94, 54, 2, p. 271-287.

3489. GUIRAL HADZIIOSSIF (Jacqueline). La diffusion et la production de la canne à sucre. XIIIe–XVIe siècles. *Anuario de estudios medievales*, 94, 24 p. 225-246.

3490. HANAWALT (Barbara A.). La debolezza del lignaggio. Vedove, orfani e corporazioni nella Londra tardo medievale. *Quaderni storici*, 94, 29, 86, p. 463-486.

3491. HANSEN (Lars Ivar). Slektskap, eiendom og sosiale strategier i nordisk middelalder. (Kinship, property and social strategies in Scandinavia during the Middle Ages). *Collegium medievale*, 94, 7, 2, p. 103-154.

3492. HÄRTEL (R.). «Autodeterminazione» e «allodenominazione» nei secoli centrali del Medioevo (Aquileia, secoli XII e XIII). *Mélanges de l'Ecole française de Rome. Moyen âge*, 94, 106, p. 331-341.

3493. HEERS (Jacques). Entre Gênes et Barcelone. Les ports français du Languedoc: guerre, commerce et piraterie (1380–1450 environ). *Anuario de estudios medievales*, 94, 24 p. 509-538.

3494. HENNING (Friedrich W.). Deutsche Agrargeschichte des Mittelalters 9.–15. Jh. Stuttgart, Ulmer, 94, 368 p.

3495. Himmel, Hölle, Fegefeuer: das Jenseits im Mittelalter. Bearb. V. Peter JEZLER, mit Beiträgen von Hans-Dietrich ALTENDORF, [et al.]; hrsg. v. der Gesellschaft für das Schweizerische Landesmuseum. München, Wilhelm Fink Verlag, 94, 449 p.

3496. HINOJOSA MONTALVO (José). Apertura y comprensión del Mediterráneo meridional peninsular al espacio europeo. *Anuario de estudios medievales*, 94, 24 p. 105-130.

8. STORIA ECONOMICA E SOCIALE

3497. HIRSCHFELDER (Günther). Die Kölner Handelsbeziehungen im Spätmittelalter. Köln, Veröffentlichungen des Kölnischen Stadtmuseum, 94, 662 p. (ill). (Heft X).

3498. HUNT (Edwin S.). The medieval super-companies: a study of the Peruzzi company of Florence. Cambridge, Cambridge U. P., 94, X-291 p.

3499. HUTCHINSON (Gilliam). Medieval ships and shipping. Leicester, Leicester U. P., 94, 256 p.

3500. IGUAL LUIS (David). Las galeras mercantiles venecianas y el puerto de Valencia (1391-1534). *Anuario de estudios medievales*, 94, 24 p. 179-200.

3501. IVERSEN (Tore). Trelldommen: norsk slaveri i middelalderen. (Bondage: Norwegian slavery in the Middle Ages). Bergen, Historisk institutt, Universitetet i Bergen, 94, 520 p. (bibl.).

3502. JACKSON (W. H.). Chivalry in twelfth-century Germany: the works of Hartmann von Aue. Woodbridge a. Rochester, Boydell & Brewer, 94, XIV-320 p. (Arthurian studies, 34).

3503. JACOBY (David). Italian privileges and trade in Byzantium before the fourth Crusade: a reconsideration. *Anuario de estudios medievales*, 94, 24 p. 349-370.

3504. Kommunikation zwischen Orient und Okzident: Alltag und Sachkultur. Internationaler Kongress Krems an der Donau 6. bis 9. Oktober 1992. Hrsg. v. Helmut HUNDSBICHLER. Wien, Verlag der Österreichischen Akademie der Wissenschaften, 94, 448 p. (Österreichischen Akademie der Wissenschaften. Philos.-hist. Klasse. sitzungsberichte, 619. Veröffentlichungen des Instituts für Realienkunde des Mittelalters und der frühen Neuzeit, 16).

3505. KOS (Dušan). Med gradom in mestom: odnos kranjskega, slovenještajerskega in koroškega plemstva do gradov in meščanskih naselij do začetka 15. Stoletja. (Between a castle and a town: the relation of Carniolan, Slovene Styrian and Carinthian nobility to the castles and urban settlements until the early 15th century). Ljubljana, Znanstvenoraziskovalni center SAZU, 94, 224 p.

3506. KUBINYI (András). Buda és Pest szerepe a távolsági kereskedelemben a 15-16. század fordulóján. (Le rôle de Buda et de Pest dans le commerce à distance au tournant des XVe-XVIe siècles). *Tört. szle.*, 94, 36, 1-2, p. 1-52.

3507. LANGDON (John). Lordship and peasant consumerism in the milling industry of early fourteenth-century England. *Past and Present*, 94, 145, p. 3-46.

3508. LAZZARINI (I.). Gerarchie sociali e spazi urbani a Mantova dal Comune alla signoria gonzaghesca. Pisa, Edizioni ETS, 94, 185 p. (Piccola Biblioteca GISEM, 4).

3509. LE GOFF (Jacques). Economie, morale et religion au XIIIe siècle. *Ricerche di storia sociale e religiosa*, 94, n. s., 23, 46, p. 7-20.

3510. LEES (C. A.). Medieval masculinities: regarding men in the middle ages. Minneapolis, University of Minnesota Press, 94, XXV-193 p.

3511. LÓPEZ DE COCA CASTAÑER (José-Enrique). Orán y el comercio genovés en la transición a los tiempos modernos. *Anuario de estudios medievales*, 94, 24 p. 275-298.

3512. LÓPEZ PÉREZ (María Dolores). Las asociaciones de fletadores mallorquines bajomedievales. Un intento de monopolización del comercio magrebí? *Anuario de estudios medievales*, 94, 24 p. 89-104.

3513. MAINONI (P.). Economia e politica nella Lombardia medievale. Da Bergamo e Milano fra XIII e XV secolo. Cavallemaggiore, Gribaudi, 94, 286 p. (Le testimonianze del passato, 2).

3514. MAINONI (Patrizia). Compagnie iberiche a Milano nel secondo Quattrocento. *Anuario de estudios medievales*, 94, 24 p. 419-428.

3515. MÁLYUSZ (Elemér). Hungarian nobles of medieval Transylvania. *History and Society in Central Europe*, 94, 2, p. 25-53.

3516. MARTÍNEZ CARRILLO (M^a de los Llanos). El reino de Murcia en el sistema económico mediterráneo de la Baja Edad Media. *Anuario de estudios medievales*, 94, 24 p. 247-274.

3517. MATTOSO (José). A nobreza medieval portuguesa: a família e o poder. Lisboa, Estampa, 94, 424 p. (Histórias de Portugal, 9).

3518. Memoria in der Gesellschaft des Mittelalters. Hrsg. v. Dieter GEUENICH u. Otto Gerhard OEXLE. Göttingen, Vandenhoeck & Ruprecht, 94, 371 p. (Veröffentlichungen des Max-Planck-Instituts für Geschichte, 111). [Cf. n^{os} <Auswahl> 3058, 3573.]

3519. Métiers au Moyen Age (Les). Aspects économiques et sociaux. Actes du Colloque international de Louvain-la-Neuve, 7-9 octobre 1993. Ed. par Pascale LAMBRECHTS et Jean-Pierre SOSSON. Louvain-la-Neuve, Institut d'Etudes Médiévales de l'Université Catholique de Louvain, 94, XI-430 p. (Textes, études, congrès, 15).

3520. MICHAUD (Francine.). Apprentissage et salariat à Marseille avant la peste noire. *Revue historique*, 94, 118, 291 (589), p. 3-36. – IDEM. Un signe des temps: accroissement des crises familiales autour du patrimoine à Marseille à la fin du XIIIe siècle. Toronto, Pontifical Institute of Mediaeval Studies, 94, XXIII-232 p. (maps). (Studies and texts, 117).

3521. MODIGLIANI (Anna). I Porcari. Storie di una famiglia romana tra Medioevo e Rinascimento. Roma, Roma nel Rinascimento, 94, 606 p. (Roma nel Rinascimento inedita, saggi, 10).

3522. MOLÀ (Luca). La comunità dei Lucchesi a Venezia. Immigrazione e industria della seta nel tardo Medioevo. Venezia, Istituto veneto di Scienze, Lettere ed Arti, 94, 354 p. (Memorie, Classe di Scienze morali, Lettere ed Arti, 53).

3523. MORICEAU (Jean-Marc). Les fermiers de l'Ile-de-France. L'ascension d'un patronat agricole (XVe–XVIIIe siècle). Paris, Fayard, 94, 1069 p. (ill., cartes, plans).

3524. MUTGÉ I VIVES (Josefina). Contribució a l'estudi del comerç al Mediterrani Occidental en el segle XIV: l'atac piràtic a la coca d'Esteve Bordell. *Anuario de estudios medievales*, 94, 24 p. 465-478.

3525. NAVARRO ESPINACH (Germán). Los genoveses y el negocio de la seda en Valencia (1457–1512). *Anuario de estudios medievales*, 94, 24 p. 201-224.

3526. Nobilities in central and eastern Europe. Kingship, property and privilege. Ed. by János M. BAK. Krems, Medium Aevum Quotidianum, 94, 184 p. (History and society in central Europe, 2; Medium Aevum Quotidianum, 29).

3527. Norwegen und die Hanse. Wirtschaftliche und kulturelle Aspekte im Europäischen Vergleich. Hrsg. v. Volker HENN u. Arnved NEDKVITNE. Frankfurt am Main, Berlin u. Bern, Lang, 94, 214 p. (Kieler Werkstücke, Reihe A: Beiträge zur schleswig-holsteinischen und skandinavischen Geschichte, 11).

3528. Orígenes del feudalismo en el mundo mediterráneo (Los). Ed. por P. TOUBERT [et al.]. Granada, Universidad, Servicio de publicaciones, 94, 167 p.

3529. OTHENIN-GIRARD (Mireille). Ländliche Lebensweise und Lebensformen in Spätmittelalter. Eine wirtschafts- und sozialgeschichtliche Untersuchung der nordwestschweizerischen Herrschaft Farnsburg. Liestal, Verlag des Kantons Basel-Landschaft, 94, 517 p.

3530. OWEN HUGHES (Diane). Riti di passaggio nell'Occidente medievale. *In:* Storia d'Europa. Vol. 3. Il Medioevo [Cf. n° 908], p. 985-1038.

3531. PATTERSON (Nerys). Cattle lords and clansmen: the social structure of early Ireland. Notre Dame, Notre Dame U. P., 94, 424 p.

3532. PIANOWSKI (Zygmunt). "Sedes regni principales". Wawel i inne rezydencje piastowskie do połowy XIII wieku na tle europejskim. ("Sedes regni principales. Wawel et autres résidences des Piast jusqu'à la moitié du XIIIe siècle en comparaison avec les résidences européennes). Kraków, [s. n.], 94, 217 p. (dessins). (Politechnika Krak. im. Tadeusza Kościuszki. Ser. A: Architektura. Monogr., 178). [Eng. summary, Deutsche Zsfassung].

3533. POWELL (Timothy E.). The "three orders" of society in Anglo-Saxon England. *Anglo-Saxon England*, 94, 23, p. 103-132.

3534. PREVOT (Brigitte), RIBÉMONT (Bernard). Le cheval en France au Moyen Age. Sa place dans le monde médiéval; sa médecine: l'exemple d'un traité vétérinaire du XIVe siècle, la Chirurgie des chevaux. Orléans, Paradigme, 94, 524 p. (ill.). (Medievalia).

3535. PRICE (Arnold H.). The Germanic Warrior Club. An inquiry into the dynamics of the era of migrations and into the antecedents of medieval society. Tübingen, Universitas Verlag, 94, 98 p.

3536. RANFT (Andreas). Adelgesellschaften. Gruppenbildung und Genossenschaft im spätmittelalterlichen Reich. Sigmaringen, Thorbecke, 94, 364 p. (Karten). (Kieler Historische Studien, 38).

3537. Religiosidad y sociedad en el País Vasco (ss. XIV–XVI). Ed. por Ernesto GARCÍA FERNÁNDEZ. Bilbao, Universidad del País Vasco, 94, 179 p.

3538. REYNOLDS (Susan). Fiefs and vassals. The Medieval evidence reinterpreted. Oxford, Oxford U. P., 94, 544 p.

3539. RIERA MELIS (Antonio). Jerarquía social y desigualdad alimentaria en el Mediterráneo Noroccidental en la Baja Edad Media. La cocina y la mesa de los estamentos populares. *Anuario de estudios medievales*, 94, 24 p. 857-886.

3540. Roma capitale (1447–1527). A cura di Sergio GENSINI. Pisa, Pacini, 94, XI-629 p. (Pubblicazioni degli Archivi di Stato, Saggi, 29). [Cf. n^{os} <scelta> 6748, 6906.]

3541. ROUSSEAU (Constance M.). The spousal relationship: marital society and sexuality in the letters of Pope Innocent III. *Mediaeval studies*, 94, 56, p. 89-110.

3542. ROUX (S.). Le monde des villes au Moyen Age, XIe–XVe siècles. Paris, Hachette, 94, 190 p.

3543. RUSSELL (James C.). The Germanization of early medieval christianity: a sociohistorical approach to religious transformation. New York a. Oxford, Oxford U. P., 94, XIII-258 p.

3544. SABATÉ (Flocel). Femmes et violence dans la Catalogne du XIVe siècle. *Annales du Midi*, 94, 106, 207, p. 277-316.

3545. SALVATORI (E.). La popolazione pisana nel Duecento. Il patto di alleanza di Pisa con Siena, Pistoia e Poggibonsi del 1228. Pisa, Edizioni ETS, 94, 362 p. (Piccola biblioteca GISEM, 5).

3546. SAMSONOWICZ (Henryk). Il tardo Medioevo: sviluppo e sottosviluppo. *In:* Storia d'Europa. Vol. 3. Il Medioevo [Cf. n° 908], p. 1193-1218.

3547. SCHMITT (J. C.). Les revenants. Les vivants et les morts dans la société médiévale. Paris, Gallimard, 94, 306 p. (Bibliothèque des histoires).

3548. SCHÖLLER (Wolfgang). Frauenarbeit in der mittelalterlichen Bauwirtschaft. *Archiv für Kulturgeschichte*, 94, 76, p. 305-321.

3549. SHAHAR (Shulamith). Condizione e ruolo della donna. *In:* Storia d'Europa. Vol. 3. Il Medioevo [Cf. n° 908], p. 1039-1102.

3550. *Vacat.*

3551. SIMBULA (Pinuccia Franca). Navigare nel Medioevo. Aspetti finanziari delle squadre navali: il caso della spedizione per la liberazione di Maria di Sicilia. *Anuario de estudios medievales*, 94, 24 p. 491-508.

3552. SONDEREGGER (Stefan). Landwirtschaftliche Entwicklung in der Spätmittelalterlichen Nordostschweiz: eine Untersuchung ausgehend von den wirtschaftlichen aktivitäten des Heiliggeist-Spitals St. Gallen. St. Gallen, Staatsarchiv und Stiftsarchiv, 94, 509 p. (ill., maps, facs). (St. Galler Kultur und Geschichte, 22).

3553. Sozialer Wandel im Mittelalter. Wahrnehmungsformen, Erklärungsmuster, Regelungsmechanismen. Hrsg. v. Jürgen MIETHKE u. Klaus SCHREINER. Sigmaringen, Thorbecke, 94, 425 p.

3554. Spazio urbano e organizzazione economica nell'Europa medievale: atti della Session C23 eleventh international economic history congress, Milano, 12–16 settembre, 1994. A cura dell'Università degli studi di Perugia. Napoli, ESI, 94, 469 p. (ill., bibl.). (Università di Perugia, Annali della Facoltà di Scienze Politiche, 29. Materiali di storia, 14).

3555. Społeczeństwo Polski średniowiecznej. (La société de la Pologne médiévale). Recueil d'études réd. par Stefan Krzysztof KUCZYŃSKI. T. 6. Warszawa, Wydawn. DiG, 94, 249 p. (phot., cartes).

3556. SUCHODOLSKI (Stanisław). La moneta. *In*: Storia d'Europa. Vol. 3. Il Medioevo [Cf. n° 908], p. 847-894.

3557. SZENTPÉTERI (József). Archäologische Studien zur Schicht der Waffenträger des Awarentums im Karpatenbecken. II. *Acta archaeol. Acad. Sci. Hungaricae*, 94, 46, 1-4, p. 231-305.

3558. SZOLDOS (Attila). Iobagio castri possessionem habens. A váriobbágyi jogállás anyagi hátterének kérdései. (Questions de l'arrière-fond matériel du statut juridique du vassal des châteaux). *Századok*, 94, 128, 2, p. 254-272.

3559. TODESCHINI (Giacomo). Il prezzo della salvezza. Lessici medievali del pensiero economico. Roma, NIS, 94, 288 p. (Studi superiori NIS, 205).

3560. TURNER (Ralph V.). Toward a definition of the curialis: educated court cleric courtier, administrator, or "new man"? *Medieval Prosopography*, 94, 15, p. 3-35.

3561. UNALI (Anna). Considerazioni sulla pirateria e sulla corsa musulmana e cristiana all'epoca della conquista portoghese di Ceuta (1415). *Anuario de estudios medievales*, 94, 24 p. 557-582.

3562. VAN HOUTS (E.). Women in medieval history and literature. *Journal of Medieval History*, 94, 20, 3, p. 277-292.

3563. VERDON (Jean). Dormir au Moyen Age. *Revue belge de philosophie et d'histoire*, 94, 72, 4, p. 749-760.

3564. Violence dans le monde médiéval (La). 19e Colloque du CUERMA, Aix-en-Provence [Bouches-du-Rhône], mars 1994. Aix-en-Provence, CUERMA Univ. de Provence, 94, 597 p.

3565. WEINBERGER (Stephen). The ennoblement of the aristocracy in Medieval Provence. *Medievalia et Humanistica*, 94, 20, p. 1-14.

3566. WICKHAM (Chris J.). Land and power. Studies in Italian and European social history, 400–1200. London, The British School at Rome, 94, 323 p.

3567. Work of work (The): servitude, slavery, and labor in medieval England. Ed. by Allen J. FRANTZEN a. Douglas MOFFAT. Glasgow, Cruithne Press, 94, 232 p.

3568. XHAYET (G.). Autour des solidarités privées au Moyen Age: partis et réseaux de pouvoirs à Liège du XIIIe au XVe siècle. *Le Moyen Age*, 94, 8, 2, p. 205-220.

3569. XIIe siècle (Le). Mutations et renouveau en France dans la première moitié du XIIe siècle. Ed. par Françoise GASPARRI. Paris, Le Léopard d'Or, 94, 354 p. (ill.). (Cahiers du Léopard d'Or, 3). [Cf. n^{os} <sélection> 270, 280, 3471.]

Cf. n°s 296, 720, 3181, 7059, 7132

§ 9. Storia della civiltà, della letteratura, della scoula, delle scienze e della tecnica.

* 3570. Bibliographie [de civilisation médiévale] 1994. *Cahiers de civilisation médiévale*, 94, 37, 148 B, 253 p.

* 3571. WATTS (William H.), UTZ (Richard J.). Nominalist perspectives on Chaucer's poetry: a bibliographical essay. *Medievalia et Humanistica*, 94, 20, p. 147-174.

3572. ALESSIO (Gian Carlo). Il commento di Jacques di Dinant alla «Rhetorica ad Herennium». *Studi medievali*, 94, 35, 2, p. 853-894.

3573. ALTHOFF (Gerd). Zur Verschriftlichung von Memoria in Krisenzeiten. *In*: Memoria in der Gesellschaft des Mittelalters [Cf. n° 3518], p. 56-73.

3574. Arras au Moyen Age. Histoire et littérature. Ed. par Marie-Madeleine CASTELLANI et Jean-Pierre MARTIN. Arras, Artois Presses université, 94, 303 p. (Langue et littérature françaises, 1).

3575. ASTELL (Ann W.). Job, Boethius, and epic truth. Ithaca a. London, Cornell U. P., 94, XV-240 p.

3576. BARRALT I ALTET (Xavier). Observacions sobre les relacions històriques i artístiques entre Cluny i la Península Ibèrica (segles X–XIII). *Anuario de estudios medievales*, 94, 24 p. 925-942.

3577. BARTOLI LANGELI (Attilio). Scritture e libri da Alcuino a Gutenberg. *In*: Storia d'Europa. Vol. 3. Il Medioevo [Cf. n° 908], p. 935-984.

3578. BASCHET (Jérôme). Le Moyen Age a-t-il eu peur de l'enfer? *Histoire*, 94, 182, p. 26-33.

3579. BESAMUSCA (Bart), GERRITSEN (Willem P.), HOGETOORN (Corry), LIE (Orlanda S. H.). Cyclification. The development of narrative cycles in the chansons de geste and the arthurian romances. Amsterdam, Noord-Holland, 94, 235 p. (Koninklijkc Nederlandse Akademie van Wetenschappen. Verhandelingen, Afdeling Letterkunde, Nieuwe Reeks, 159).

3580. BIANCIOTTO (Gabriel). Le roman de Troyle. Rouen, Publications de l'Université de Rouen, 94, 2 vol., 376 p., 482 p. (Publications de l'Université de Rouen, 75).

3581. BILLANOVICH (Eugenio), BILLANOVICH (Myriam). Epitafi ed elogi per il Gattamelata. *Italia medioevale e umanistica*, 94, 37, p. 224-232.

3582. BILLANOVICH (Giuseppe). I primi umanisti italiani nello scontro tra papa Giovanni XXII e Ludovico il Bavaro. *Italia medioevale e umanistica*, 94, 37, p. 179-186.

3583. BILLANOVICH (Maria Pia). A proposito di Costantina e dei suoi «Versus» in onore di s. Agnese. *Italia medioevale e umanistica*, 94, 37, p. 1-12.

3584. BJORK (Robert E.). Speech as gift in Beowulf. *Speculum*, 94, 69, 4, p. 993-1022.

3585. BLUMENFELD-KOSINSKI (Renate). Jean le Fèvre's Livre de Leesce: praise or blame of women? *Speculum*, 94, 69, 3, p. 705-725.

3586. BOWEN (B. C.). The collection of facezie attribuited to Angelo Poliziano. *Bibliothèque d'Humanisme et Renaissance*, 94, 56, 1, p. 27-38.

3587. BROWN (Michelle P.). The role of the wax tablet in medieval literacy: a reconsideration in light of a recent find from York. *British Library J.*, 94, 20, p. 1-16.

3588. BROWN (Peter). Chaucer at work: the making of the "Canterbury Tales". London a. New York, Longman, 94, XII-186 p.

3589. BUC (Philippe). L'ambiguïté du livre: prince, pouvoir, et peuple dans les commentaires de la Bible au moyen âge. Préf. par Jacques LE GOFF. Paris, Beauchesne, 94, XVI-427 p. (Théologie Historique, 95).

3590. BUNT (Gerrit H. V.). Alexander the Great in the literature of Medieval Britain. Groningen, Egbert Forsten, 94, V-109 p. (Mediaevalia Groningana, 14).

3591. BURNLEY (David), TAJIMA (Matsuji). The language of middle English literature. Woodbridge a. Rochester, Boydell & Brewer, 94, VIII-280 p. (Annotated bibliographies of old and middle English literature, 1).

3592. CALABRESE (Michael A.). Chaucer's Ovidian arts of love. Gainesville, University Press of Florida, 94, X-170 p.

3593. CALBOLI (Gualtiero). Latino volgare e latino classico. *In*: Spazio letterario del Medioevo (Lo). I. II [Cf. n° 3728], p. 11-62.

3594. CALIN (William). The French tradition and the literature of medieval England. Toronto, Buffalo a. London, University of Toronto Press, 94, XVI-587 p. (University of Toronto romance series).

3595. CAMARGO (Martin). Beyond the Libri Catoniani: models of Latin prose style at Oxford University ca. 1400. *Mediaeval studies*, 94, 56, p. 165-188.

3596. Cambridge companion (The) to medieval English theatre. Ed. by Richard BEADLE. Cambridge, Cambridge U. P., 94, XXII-372 p.

3597. CANOVA (A.). Paolo Taegio da poeta a «dottor di leggi» e altri personaggi bandelliani. *Italia medioevale e umanistica*, 94, 37, p. 99-136.

3598. Carolingian culture. Emulation and innovation. Ed. by Rosamond MAC KITTERICK. Cambridge, Cambridge U. P., 94, XVIII-334 p. [Cf. n^{os} <choice> 3651, 3821.]

3599. CAROZZI (Claude). Le voyage dans l'au-delà dans la littérature latine (V^e–XIIIe siècles). Roma, Ecole Française de Rome, 94, 711 p. (Collection de l'Ecole Française de Rome, 189).

3600. CARRAI (S.). Minturno traduttore di Plutarco in un manoscritto della Nazionale di Madrid. *Italia medioevale e umanistica*, 94, 37, p. 233-240.

3601. CÁTEDRA (Pedro M.). Sermón sociedad y literatura en la Edad Media. San Vicente Ferrer en Castilla (1411–1412). Salamanca, Junta de Castilla y León, 94, 714 p.

3602. CERCHI (Paolo). Andreas and the ambiguity of courtly love. Toronto, Buffalo a. London, University of Toronto Press, 94, XV-194 p. (Toronto Italian Studies).

3603. CHANCE (Jane). Medieval mythography: from Roman North Africa to the School of Chartres. A. D. 433–1177. Gainesville, Tallahasse a. Tampa, University of Florida Press, 94, XXXVIII-731 p. (ill., tables).

3604. CHAREYRON (N.). De chronique en roman: l'étrange épopée amoureuse de la «jolie fille de Kent». *Le Moyen Age*, 94, 8, 2, p. 185-204.

3605. CHOCHEYRAS (J.). Sur l'historicité des héros tristaniens. *Le Moyen Age*, 94, 8, 1, p. 51-64.

3606. City of scholars (The): new approaches to Christine de Pizan. Ed. by Margarete ZIMMERMANN a. Dina DE RENTIIS. Berlin a. NewYork, de Gruyter, 94, XI-314 p. (European cultures, studies in literature and the arts, 2).

3607. COULSON (Frank T.). Newly identified manuscripts containing the «Summa memorialis» on the «Metamorphoses» by Oricus de Capriana. *Studi medievali*, 94, 35, 2, p. 817-822.

9. STORIA DELLA CIVILTÀ, DELLA LETTERATURA, DELLA SCOULA, DELLE SCIENZE E DELLA TECNICA

3608. CRANE (Susan). Gender and romance in Chaucer's "Canterbury Tales". Princeton, Princeton U. P., 94, VIII-233 p.

3609. CROPP (G.). La «Ballade des seigneurs» de François Villon et les chroniques. *Le Moyen Age*, 94, 8, 2, p. 221-236.

3610. CSUKOVITS (Enikő). "Cum capsa ... cum bacillo". Középkori magyar zarándokok. (Pélerins hongrois au moyen âge). *Aetas*, 94, 1, p. 5-27.

3611. Culture and the king: the social implications of the Arthurian legend. Ed. by Martin B. SHICHTMAN a. James P. CARLEY. Albany, State University of New York Press, 94, 324 p.

3612. CURLEY (Michael J.). Geoffrey of Monmouth. New York, Twayne, 94, XIV-183 p. (Twayne's English authors series, 509).

3613. Custom, culture and community in the later Middle Ages. A symposium. Ed. by Thomas PETTIT a. Leif SØNDERGAARD, 94, 125 p.

3614. DADIĆ (Žarko). Hrvati i egzaktne znanosti u osvitu novovjekovlja. (The Croats and natural sciences at the dawn of Modern Age). Zagreb, Naprijed, 94, 342 p.

3615. DAGENAIS (John). The ethics of reading in a manuscript culture: glossing the "Libro de buen amor". Princeton, Princeton U. P., 94, XXIII-278 p.

3616. DAHOOD (Roger). Hugh de Morville, William of Canterbury, and anecdotal evidence for English language history. *Speculum*, 94, 69, 1, p. 40-56.

3617. DANILOVA (I. E.). "Tsvetok Toskany, zerkalo Italii": Florentsiya XV veka: golosa sovremennikov. ("Flower of Toscana, mirror of Italy": The fifteenth-century Florence: voices of contemporaries). Ros. gos. gumanitarn. un-t, In-t vysshikh gumanitarnykh issledovaniy. Moskva, RGGU, 94, 32 p. (Chteniya po istorii i teorii kul'tury, vyp. 7). – IDEM. Prostranstvennyy obraz palatstso vo florentiyskom iskusstve kvatrochento. (The spatial image of palazzo in the florentine Quattrocento art). *In*: Odissey. Chelovek v istorii. 1994. Kartina mira v narodnom i uchenom soznanii [Cf. n° 750], p. 117-140. (Eng. summary).

3618. DANTE ALIGHIERI. La Commedia secondo l'antica vulgata. A cura di G. PETROCCHI. Vol. 1. Introduzione. Vol. 2. Inferno. Vol. 3. Purgatorio. Vol. 4. Paradiso. Firenze, Le Lettere, 4 vol., 636 p., 642 p., 628 p., 660 p. (Le opere di Dante Alighieri. Edizione nazionale a cura della Società Dantesca Italiana, 7/1-4).

3619. DARRAH (John). Paganism in Arthurian romance. Woodbridge a. Rochester, Boydell & Brewer, 94, XVI-304 p.

3620. DE CARLOS (Helena). Los retornos de Eneas y Antenor: fondamentos antiguos de un tema medieval. *Studi medievali*, 94, 35, 2, p. 629-642.

3621. DE NIE (Giselle). Gregory of Tours' smile. Spiritual reality, imagination and hearthly events in the "Histories". *In*: Historiographie im frühen Mittelalter [Cf. n° 558], p. 68-95.

3622. DELANY (Sheila). The naked text: Chaucer's "Legend of good women". Berkeley, Los Angeles a. London, University of California Press, 94, XI-259 p.

3623. DICKE (Gerd). Heinrich Steinhöwels «Esopus» und seine Fortsetzer. Untersuchungen zu einem Bucherfolg der Frühdruckzeit. Tübingen, Niemeyer, 94, X-564 p. (Münchener Texte und Untersuchungen zur deutschen Literatur des Mittelalters, 103).

3624. DILLON (Janette). Mankind and the politics of "Englysch Laten". *Medievalia et Humanistica*, 94, 20, p. 41-64.

3625. DINZELBACHER (Peter). Visioni e profezie. *In*: Spazio letterario del Medioevo (Lo). I. II [Cf. n° 3728], p. 649-687.

3626. DONNINI (Mauro). Galla Placidia nelle fonti latine medievali, umanistiche e rinascimentali. *Studi medievali*, 94, 35, 2, p. 695-732.

3627. DOSS-QUINBY (Eglal). The lyrics of the Trouvères: a research guide (1970–1990). New York a. London, Garland, 94, XIII-264 p. (Garland Medieval bibliographies, 17; Garland reference library of the Humanities, 1423).

3628. DRONKE (Peter). Verse with prose from Petronius to Dante: the art and scope of the mixed form. Carl Newell Jacson Lectures (1992). Cambridge a. London, Harvard U. P., 94, XI-148 p.

3629. DURISSINI (Daniela). La voce 'usura' nel «Supplementum Summae Pisanellae» di Niccolò da Osimo. *Studi medievali*, 94, 35, 1, p. 217-258.

3630. DUTTON (Paul Edward). The politics of dreaming in the Carolingean empire. Lincoln a. London, University of Nebraska Press, 94, XVII-329 p. (Regents studies in medieval culture).

3631. EARL (James W.). Thinking about "Beowulf". Stanford, Stanford U. P., 94, XIII-204 p.

3632. ENGLISCH (B.). Die Artes liberales im frühen Mittelalter (V.–IX. Jht). Das Quadrivium und der Komputus als Indikatoren für Kontinuität und Erneuerung der exakten Wissenschaften zwischen Antike und Mittelalter. Stuttgart, Steiner, 94, 494 p. (Sudhoffs Archiv, 33).

3633. FERNÁNDEZ GALLARDO (Luis). Tradición clásica, política y humanismo en la Castilla del Cuatrocientos. Las Glosas de Alonso de Cartagena a "De Providentia". *Anuario de estudios medievales*, 94, 24 p. 967-1002.

3634. Fifteenth-century attitudes: perceptions of society in late medieval England. Ed. by Rosemary HORROX. Cambridge, Cambridge U. P., 94, XII-244 p.

3635. FÖRSTEL (Christian). Bartholomeo Aragazzi et Manuel Chrysoloras: le codex Vratislav. Akc. Kn. 60. *Scriptorium*, 94, 48, 1, p. 111-121.

3636. FRAKES (Jerold C.). Brides and doom: gender, property, and power in Medieval German women's epic. Philadelphia, University of Pennsylvania Press, 94, VII-290 p. (Middle ages series).

3637. FRIGGÈ (D.). Redazioni e tradizione della «Politia litteraria» di Angelo Decembrio. *Italia medioevale e umanistica*, 94, 37, p. 27-66.

3638. FROVA (Carla). Scuole e università. *In*: Spazio letterario del Medioevo (Lo). I. II [Cf. n° 3728], p. 331-360.

3639. GARGAN (Luciano). Le note "conduxit". Libri di maestri e studenti nelle università italiane del Trecento e Quattrocento. *In*: Manuels, programmes de cours et techniques d'enseignement dans les universités médiévales [Cf. n° 3669], p. 385-400.

3640. GAZZOTTI (M.). Jacopo Corbinelli annotatore di una sconosciuta edizione delle «Commedie» di Terenzio (1531). *Italia medioevale e umanistica*, 94, 37, p. 77-98.

3641. GREEN (Dennis Howard). Medieval listening and reading: the primary reception of German literature, 800–1300. Cambridge, Cambridge U. P., 94, XV-483 p.

3642. GWARA (Scott). Manuscripts of Aldhelm's «Prosa de Virginitate» and the rise of hermeneutic literacy in tenth-century England. *Studi medievali*, 94, 35, 1, p. 101-160. – IDEM. The continuance of Aldhelm Studies in Post-Conquest England and Glosses to the Prosa. *Scriptorium*, 94, 48, 1, p. 18-38.

3643. HANNICK (Christian). Liturgie und Geschichtsschreibung. *In*: Historiographie im frühen Mittelalter [Cf. n° 558], p. 179-185.

3644. HASELDINE (J.). Understanding the language of amicitia. The friendship circle of Peter of Cele (c. 1115–1183). *Journal of Medieval History*, 94, 20, 3, p. 237-260.

3645. HIESTAND (R.). Un centre intellectuel en Syrie du Nord? Notes sur la personnalité d'Aimeri d'Anthioche, Albert de Tarse et Rorgo Fretellus. *Le Moyen Age*, 94, 8, 1, p. 7-36.

3646. HINDMAN (Sandra). Sealed in parchment: rereadings of Knighthood in the illuminates manuscripts of Chrétien de Troyes. Chicago a. London, University of Chicago Press, 94, XIV-225 p.

3647. HOOD (A. B. E.). The golden rose of Besançon: Ecclesiastical politics and the feast of fools in a poem of Walter of Châtillon. *Studi medievali*, 94, 35, 1, p. 195-216.

3648. HOROWITZ (Jeannine), MENACHE (Sophia). L'humour en chaire: le rire dans l'Eglise médiévale. Genève, Labor et Fides, 94, 288 p. (Histoire et société, 28).

3649. HYATTE (Reginald). The arts of friendship: the idealization of friendship in medieval and early Renaissance literature. Leiden, New York a. Köln, E. J. Brill, 94, XI-249 p. (Brill's studies in intellectual history, 50).

3650. INGLEDEW (Francis). The book of Troy and the genealogical construction of history: the case of Geoffrey of Monmouth's Historia regum Britanniae. *Speculum*, 94, 69, 3, p. 665-704.

3651. INNES (Matthew), MAC KITTERICK (Rosamond). The writing of history. *In*: Carolingian culture. Emulation and innovation [Cf. n° 3598], p. 193-220.

3652. Intellectual life at the Court of Frederick II Hohenstaufen. Ed. by William TRONZO. Washington, National Gallery of Art, 94, 295 p. (Studies in history of art, 44; Center for advanced study in the visual arts, Symposium papers, 24).

3653. JAEGER (Stephen C.). The envy of angels: cathedral schools and social ideas in medieval Europe, 950–1200. Philadelphia, University of Pennsylvania Press, 94, XVI-515 p. (Middle ages series).

3654. JENAL (Georg). Caput autem mulieris vir (I Kor 11, 3). Praxis und Begründung des Doppelklosters im Briefkorpus Abaelard-Heloise. *Archiv für Kulturgeschichte*, 94, 76, p. 285-304.

3655. JORIS (A.). Autour du Devisement du monde. Rusticien de Pise et l'empereur Henri VII de Luxembourg (1310–1313). *Le Moyen Age*, 94, 8, 3, p. 353-368.

3656. KENNEDY (William J.). Authorizing Petrarch. Ithaca, Cornell U. P., 94, XII-301 p.

3657. KHABURGAEV (G. A.). Pervye stoletiya slavyanskoy pis'mennoy kultury: Istoki drevnerusskoy knizhnosti. (The 1st centuries of Slavonic written culture: the sources of Old Russian literature). Moskva, Izd. Mosk. un-ta, 94, 181 p. (ill., bibl.).

3658. KIBLER (William W.). The Lancelot-Grail cycle: text and transformation. Austin, University of Texas Press, 94, VII-247 p.

3659. KIECKHEFER (Richard). The specific rationality of medieval magic. *American historical review*, 94, 99, 3, p. 813-836.

3660. KLEINER (John). Mismapping the underworld: daring and error in Dante's "Comedy". Stanford, Stanford U. P., 94., XVII-182 p. (Figurae: reading medieval culture).

3661. LEMAIRE (Jacques). Les visions de la vie de cour dans la littérature française de la fin du Moyen Age. Bruxelles, Palais des Académies, Académie royale de langue et de littérature françaises et Paris, Klincsieck, 94, 579 p. (Académie royale de Langue et de Littérature françaises).

3662. Liber Miraculorum Sancte Fidis. A cura di Luca ROBERTINI. Spoleto, Centro italiano di Studi sull'Alto Medioevo, 94, IX-476 p. (Biblioteca di «Medioevo latino», 10).

9. STORIA DELLA CIVILTÀ, DELLA LETTERATURA, DELLA SCOULA, DELLE SCIENZE E DELLA TECNICA

3663. LIFSHITZ (F.). Dudo's historical narrative and the Norman succession of 996. *Journal of Medieval History*, 94, 20, 2, p. 101-120.

3664. LITTLETON (C. Scott), MALCOR (Linda A.). From Scythia to Camelot: a radical reassessment of the legends of King Arthur, the knights of the Round Table, and the Holy Grail. New York a. London, Garland, 94, XXXIII-401 p. (Garland reference library of the humanities, 1795).

3665. MAC DONOUGH (C. J.). Hugh Primas's bilingual poem 16. *Mediaeval studies*, 94, 56, p. 247-278.

3666. MAC GINN (Bernard). Apocalypticism in the western tradition. Aldershot, Variorum, 94, X-324 p. (Collected studies series, 430).

3667. MAC GUIRE (Brian Patrick). Brother and lover: Aelred of Rievaulx. New York, Crossroad, 94, XVIII-186 p.

3668. MAC VAUGH Michael, [et al.]. Le Scienze alla corte di Federico II = Sciences at the court of Frederick. Redazione, Veronique PASCHE [et al.]. Turnhout, Brepols, 94, 244 p. (ill.). (Micrologus: natura, scienze e societa medievali = nature, sciences, and medieval societies, 2. Micrologus, 2).

3669. Manuels, programmes de cours et techniques d'enseignement dans les universités medievales. Actes du Colloque international de Louvain-la-Neuve (9–11 septembre 1993). Ed. par Jacqueline HAMESSE. Louvain-la-Neuve, Université catholique de Louvain, 94, XXII-477 p. (ill.). (Textes, Etudes, Congres. Institut d'Etudes Medievales de l'Universite Catholique de Louvain, 16). [Cf. n[os] <sélection> 3639, 3747.]

3670. MARGHERITA (Gayle). The romance of origins: language and sexual difference in middle English literature. Philadelphia, University of Pennsylvania Press, 94, XVI-214 p.

3671. Matthias Corvinus (1443–1490) and the humanism in Central Europe. Ed. by Tibor KLANICZAY, József JANKOVICS. Budapest, Balassi, 94, 280 p. (Studia humanitatis, 10).

3672. Medieval Dutch literature in its European context. Ed. by Erik KOOPER. Cambridge, Cambridge U. P., 94, XVI-327 p. (Cambridge studies in medieval literature, 21).

3673. MEIER (C.). Pascua, rura, duces. Verschriftungsmodi der Artes mechanicae in Lehrdichtung und Fachprosa der römischen Kaiserzeit. *Frühmittelalterliche Studien*, 94, 28, p. 1-50.

3674. MENETTI (Elisabetta). Il Decameron fantastico. Bologna, CLUEB, 94, 152 p.

3675. MENOCAL (María Rosa). Shards of love: exile and the origins of the lyric. Durham a. London, Duke U. P., 94, XV-295 p.

3676. MEYERS (Jean). Le classicisme lexical dans la poésie de Sedulius Scottus. Liège, Université de Liège, Faculté de Philosophie et Lettres et Genève, Droz, 94, 327 p. (Bibliothèque de la Faculté de Philosophie et Lettres de l'Université de Liège, 259).

3677. MILIN (G.). Le bon chevalier loup-garou et la mauvaise femme: l'histoire de Sir Marrok dans La Mort d'Arthur de Thomas Malory. *Le Moyen Age*, 94, 8, 1, p. 65-80.

3678. MORENZONI (Franco). Epistolografia e «artes dictandi». *In*: Spazio letterario del Medioevo (Lo). I. II [Cf. n° 3728], p. 443-464.

3679. MORIN (L.). Etude du personnage de Gauvin dans six récits médiévaux. *Le Moyen Age*, 94, 8, 3, p. 333-352.

3680. MOSSLER FIGG (Kristen). The short lyric poems of Jean Froissart: fixed forms and the expression of the courtly ideal. New York a. London, Garland, 94, IX-293 p. (Garland studies in medieval literature, 10; Garland reference library of the humanities, 1749).

3681. MOTTA (U.). Tra Paolo V e la Bibbia: la produzione epigrafica di Antonio Quarenghi. *Italia medioevale e umanistica*, 94, 37, p. 137-172.

3682. MYLES (Robert). Chaucerian realism. Woodbridge a. Rochester, Boydell & Brewer, 94, XIII-153 p. (Chaucer studies, 20).

3683. NAVONE (Paola). La «Doctrina loquendi et tacendi» di Albertano da Brescia. Censimento dei manoscritti. *Studi medievali*, 94, 35, 2, p. 895-930.

3684. NETZER (Nancy). Cultural interplay in the eighth century. The Trier Gospels and the making of a scriptorium at Echternach. Cambridge, Cambridge U. P., 94, 258 p.

3685. NOWAKOWSKI BAKER (Denise). Julian of Norwich's "Showings": from a vision to book. Princeton, Princeton U. P., 94, XI-215 p.

3686. OLDONI (Massimo). La «scena» nel Medioevo. *In*: Spazio letterario del Medioevo (Lo). I. II [Cf. n° 3728], p. 489-535.

3687. ORCHARD (Andy). The poetic art of Aldhelm. Cambridge, Cambridge U. P., 94, XIII-314 p. (tables). (Cambridge studies in Anglo-Saxon England, 8).

3688. PABST (Bernhard). Prosimetrum: Tradition und Wandel einer Literaturform zwischen Spätantike und Spätmittelalter. Köln, Weimar u. Wien, Böhlau, 94, 2 vol., X-600 p., VIII-584 p. (Ordo: Studien zur Literatur und Gesellschaft des Mittelalters und der frühen Neuzeit, 4, 1-2).

3689. PARAVICINI (Werner). Die ritterlich-höfische Kultur des Mittelalters. München, Oldenbourg, 94, VIII-140 p. (Enzyklopädie deutscher Geschichte, 32).

3690. PARKES (Malcom Beckwith). Le pratiche di lettura. *In*: Spazio letterario del Medioevo (Lo). I. II [Cf. n° 3728], p. 465-486.

3691. PASSALACQUA (Marina). Un papa e tre codici (Silvestro II ed Erlangen, Universitätsbibl., 380; Bamberg, Stattsbibl., Misc class. 25; Bamberg, Staatsbibl., Hist. 5). *Scriptorium*, 94, 48, 1, p. 147-150.

3692. PAXSON (James J.). The poetics of personification. Cambridge, Cambridge U. P., 94, XII-210 p. (Literature, culture, theory, 6).

3693. PEDEN (Alison. M). «De semitono»: some Medieval exercises in arithmetic. *Studi medievali*, 94, 35, 1, p. 367-404.

3694. Personenbeziehungen in der mittelalterlichen Literatur. Hrsg. v. Helmut BRALL, Barbara HAUPT u. Urban KÜSTERS. Düsseldorf, Droste, 94, 476 p. (Studia humaniora, 25)

3695. PERUGI (Maurizio). Ancora sul tema dell'usura. *Studi medievali*, 94, 35, 2, p. 823-834.

3696. PETRINA (Alessandra). Some dream-related images in «The Kingis Quair». *Studi medievali*, 94, 35, 1, p. 307-316.

3697. PIEPHO (Lee). Mantuan's religious poetry in early Tudor England: humanism and Christian Latin vers. *Medievalia et Humanistica*, 94, 20, p. 65-84.

3698. PIERSON PRIOR (Sandra). The pearl poet revisited. New York, Twayne, 94, XI-161 p. (Twayne's English Authors Series, 512).

3699. PINTO (Raffaele). Dante e le origini della cultura letteraria moderna. Paris, Champion, 94, 196 p. (Etudes et Essais sur la Renaissance, 3).

3700. PITTALUGA (Stefano). La restaurazione umanistica. *In*: Spazio letterario del Medioevo (Lo). I. II [Cf. n° 3728], p. 191-217.

3701. POIREL (Dominique). Un poème inédit d'Almanne de Hautvillers. *Revue d'histoire des textes*, 94, 25, p. 275-290.

3702. POLAK (Emil J.). Medieval and Renaissance letter treatises and form letters. A census of manuscripts found in part of western Europe, Japan, and the United States of America. Leyden, New York, Köln, Brill, 94, XVII-475 p. (Davis medieval texts and studies, 9).

3703. Problema zhanra v literature Srednevekovya. (The problem of genre in Medieval literature: A coll. of art.). Pos. akad. nauk. In-t mir. lit. im. A. M. GOR'KOGO. Dir. A. D. MIKHAYLOV. Moskva, Nasledie, 94, 393 p. (Literatura Srednikh vekov, Renessansa i Barokko, 1).

3704. PULSIANO (Philip), MAC GOWAN (Joseph). Four unedited prayers in London, British Library Cotton Tiberius A.III. *Mediaeval studies*, 94, 56, p. 189-216.

3705. PULSONI (C.). Chiose dantesche in mano a Boccaccio. *Italia medioevale e umanistica*, 94, 37, p. 13-26.

3706. PUNZI (A.), MANFREDI (A.). Per le biblioteche del Boccaccio e del Salutati. I. I libri del Boccaccio e un nuovo codice di Santo Spirito: il Vaticano Barberiniano lat. 74. II. Un manoscritto ritrovato di Coluccio Salutati: il Vaticano lat. 5644. *Italia medioevale e umanistica*, 94, 37, p. 193-214.

3707. QUINONES (Ricardo J.). Foundation sacrifice in Dante's "Commedia". University Park, Pennsylvania U. P., 94, IX-138 p.

3708. RAMBO (Elizabeth L.). Colonial Ireland in Medieval English literature. Selinsgrove, Susquehanna U. P. a. London a. Toronto, Associated University Presses, 94, 166 p.

3709. RICHÉ (Pierre), ALEXANDRE-BIDON (Danièle). L'enfance au moyen âge. Paris, Ed. du Seuil et Bibliothèque Nationale de France, 94, 220 p.

3710. RICHTER (Michael). The formation of the medieval West. Studies in the oral culture of the Barbarians. Dublin, Four Courts P. a. New York, St. Martin's Press, 94, XV-292 p.

3711. Riti e rituali nelle società medievali. A cura di J. CHIFFOLEAU, L. MARTINES e A. PARAVICINI BAGLIANI. Spoleto, Centro Italiano di Studi sull'Alto Medioevo, 94, 334 p. (Collectanea, 5).

3712. ROBERTS (Michael). The description of landscape in the poetry of Venantius Fortunatus [Fortunat]. *Traditio*, 94, 49, p. 1-22.

3713. RONEY (Lois). Winner and Waster's "Wyse Wordes": teaching economics and nationalism in fourteenth-century England. *Speculum*, 94, 69, 4, p. 1070-1100.

3714. ROSIŃSKA (Grażyna). Algebra w Srodowisku astronomów krakowskich w XV wieku. Traktat z Flores Almagesti Jana Bianchiniego. (L'algèbre dans le milieu des astronomes cracoviens au XVe siècle. Traité de Flores Almagesti de Giovanni Bianchini). *Kwart. Hist. Nauki Techn.*, 94, 39, 2, p. 3-19. [Eng. summary].

3715. RUSCHE (Philip G.). A twelfth-century English fragment of Justinus. *Scriptorium*, 94, 48, 1, p. 140-146.

3716. RUSTICHELLO DA PISA. Il romanzo arturiano di Rustichello da Pisa. Ed. crit. a cura di F. CIGNI. Ospedaletto, Pacini e Pisa, Cassa di Risparmio di Pisa, 94, 397 p. (ill.) [con la riproduzione del ms. fr. 1463 della Biblioteca Nazionale di Parigi].

3717. SANTI (Francesco). Il racconto mediato. *In*: Spazio letterario del Medioevo (Lo). I. II [Cf. n° 3728], p. 689-719.

3718. SCALIA (Giuseppe). Le epigrafi. *In*: Spazio letterario del Medioevo (Lo). I. II [Cf. n° 3728], p. 409-441.

3719. SCANLON (Larry). Narrative, authority, and power: the medieval exemplum and the Chaucerian tradition. Cambridge, Cambridge U. P., 94, XII-378 p. (Cambridge studies in medieval literature, 20).

3720. SCHIMMELPFENNING (Bernhard). "Guide di Roma" im Mittelalter. *In*: Festschrift Prosdocimi. 1 [Cf. n° 1182], p. 273-288.

9. STORIA DELLA CIVILTÀ, DELLA LETTERATURA, DELLA SCOULA, DELLE SCIENZE E DELLA TECNICA

3721. SCHMIDT (Klaus M.). Begriffsglossar und Index zur Kudrun. Tübingen, Max Niemeyer, 94, XII-487 p. (Indices zur deutschen Literatur, 20).

3722. SCHMIEDER (Felicitas). Europa und die Fremden. Die Mongolen im Urteil des Abendlandes vom 13. bis 15. Jahrhundert. Sigmaringen, Thorbecke, 94, 396 p. (Beiträge zur Geschichte und Quellenkunde des Mittelalters, 16).

3723. *Vacat.*

3724. Scuole e i maestri (Le). Il medioevo. A cura di Gian Paolo BRIZZI e Jacques VERGER. Cinisello Balsamo, Silvana, 94, 276 p. (ill.). (Le università dell'Europa, 5).

3725. SERGI (Giuseppe). Le corti e il mecenatismo. *In*: Spazio letterario del Medioevo (Lo). I. II [Cf. n° 3728], p. 299-329.

3726. SIMS-WILLIAMS (Patrick). Historical need and literary narrative: a caveat from ninth-century Wales. *Welsh History Review*, 94, 17, p. 1-40.

3727. SMITH (Pamela H.). The business of alchemy: science and culture in the Holy Roman Empire. Princeton, Princeton U. P., 94, 308 p.

3728. Spazio letterario del Medioevo (Lo). I. Il Medioevo latino. II. La circolazione del testo. A cura di Guglielmo CAVALLO, Claudio LEONARDI e Enrico MENESTÒ. Roma, Salerno, 94, 747 p. [Cf. n^{os} <scelta> 3015, 3172, 3187, 3593, 3625, 3638, 3678, 3686, 3690, 3700, 3717, 3718, 3725, 3733, 3808, 4009, 4034, 4039.]

3729. SPRANDEL (Rolf). Chronisten als Zeitzeugen. Forschungen zur spätmittelalterlichen Geschichtsschreibung in Deutschland. Weimar, Wien u. Köln, Böhlau, 94, 308 p. (Kollektive Einstellungen und sozialer Wandel im Mittelalter, 3).

3730. STANLEY (Eric Gerald). In the foreground: "Beowulf". Woodbridge a. Rochester, Boydell & Brewer, 94, XIV-273 p.

3731. STEINDORFF (Ludwig). Memoria in Altrußland. Untersuchungen zu den Formen christlichen Totensorge. Stuttgart, Steiner, 94, 294 p. (Quellen und Studien zur Geschichte des östlichen Europa, 38).

3732. STONE (Gregory B.). The death of the Troubadour: the late Medieval resistance to the Renaissance. Philadelphia, Univerty of Pennsylvania Press, 94, IX-229 p.

3733. STOTZ (Peter). Le sorti del latino nel medioevo. *In*: Spazio letterario del Medioevo (Lo). I. II [Cf. n° 3728], p. 153-190.

3734. STRUBEL (Armand), DE SAULNIER (Chantal). La poétique de la chasse au Moyen Age. Les livres de chasse du XIVe siècle. Paris, PUF, 94, 261 p.

3735. SZERWINIACK (Olivier). Des recueils d'interpretation de noms hébreux chez les Irlandais et le Wisigoth Théodulf. *Scriptorium*, 94, 48, 2, p. 187-258.

3736. TAMBURINI (Filippo). Il poema didascalico «De hominum deificatione» di Gregorio abate di Montesacro sul Gargano († 1250 c.). *Studi medievali*, 94, 35, 1, p. 435-468.

3737. TERASAWA (Jun). Nominal compounds in old English: a metrical approach. København, Rosenkilde and Bagger, 94, X-138 p. 8Anglistica, 27).

3738. THIOLIER-MÉJEAN (Suzanne). La poétique des troubadours: trois études sur la sirventes. Paris, Presses de l'Université de Paris-Sorbonne, 94, II-445 p. (Centre d'Enseignement et de Recherche d'Oc, 7).

3739. THOMSON (Francis J.). L'évolution de la manière de traduire chez le Slaves au Moyen Age. Comparaison et édition de deux traductions slavonnes (X^e–XIVe siècles) de passages d'Irénée et d'un Pseudo-Augustin. Appendice par Jacques NORET. *Revue d'histoire des textes*, 94, 25, p. 313-336.

3740. TRAILL (David A.). Parody and original: the implications of the relationship between "Dum domus lapidea" and "Dum Diane vitrea". *Medievalia et Humanistica*, 94, 20, p. 137-146.

3741. Traum und Träumen. Inhalt, Darstellung, Funktionen einer Lebenserfahrung und Renaissance. Hrsg. v. Rudolf HIESTAND. Düsseldorf, Droste, 94, 224 p. (Studia humaniora. Düsseldorfer Studien zu Mittelalter und Renaissance, 24).

3742. TROYAN (Scott D.). Textual decorum: a rhetoric of attitudes in medieval literature. New York a. London, Garland, 94, IX-288 p. (Garland studies in medieval literature, 12; Garland reference library of the humanities, 1814).

3743. VAN DEN ABEELE (Baudouin). La fauconnerie au Moyen Age. Connaissance, affaitage et médecine des oiseaux de chasse d'après les traités latins. Paris, Klincksieck, 94, 343 p. (ill.). (Collection Sapience, 22).

3744. VAN HERWAARDEN (J.). De opmars van de medio-neerlandici. (The rise of studies on Dutch medieval literature and the history of the middle ages). *T. Gesch.*, 94, 107, p. 184-213.

3745. VOISENET (Jacques). Bestiaire chrétien. L'imagerie animale des auteurs du Haut Moyen Age (V^e–XIe siècles). Préf. de Pierre BONAISSIE. Toulouse, Presses universitaires du Mirail, 94, 386 p.

3746. WAPNEWSKI (Peter). Zuschreibungen. Gesammelte Schriften. Hrsg. v. Fritz WAGNER u. Wolfgang MAAZ. Hildesheim u. Zürich, Weidmann, 94, 551 p. (Spolia Berolinensia. Berliner Beiträge zur Mediävistik, 4).

3747. WEJERS (Olga). L'enseignement du "trivium" à la faculté des arts de Paris. La "quaestio". *In*: Manuels, programmes de cours et techniques d'enseignement dans les universités médiévales [Cf. n° 3669], p. 57-74.

3748. WELS (D. A.). Fatherly advice. The precepts of 'Gregorius', Marke, and Gurnemanz and the school tradition of the 'Disticha Catonis'. With a note on Grimmelshausen's 'Simplicissimus'. *Frühmittelalterliche Studien*, 94, 28, p. 296-332.

3749. WENZEL (Siegfried). Macaronic sermons: bilingualism and preaching in late-medieval England. Ann Arbor, University of Michigan Press, 94, XIII-361 p. (Recentiores: later Latin texts and contexts).

3750. Wunderbare in der mittelalterlichen Literatur (Das). Hrsg. v. Dietrich SCHMIDTKE. Göppingen, Kümmerle, 94, 223 p. (Göppinger Arbeiten zur Germanistik, 223).

3751. ZÜHLKE (Bärbel). Christine de Pizan in Text und Bild. Zur Selbstdarstellung einer frühhumanistischen Intellektuellen. Stuttgart u. Weimar, J. B. Metzler, 94, 368 p. (ill.). (Ergebnisse der Frauenforschung, 36).

Cf. n°s 140, 347, 550, 558, 572, 653, 1069, 2936, 2952, 2962, 2973, 2976, 2983, 2990, 2999, 3001, 3007, 3014, 3019, 3020, 3021, 3054, 3081, 3082, 3083, 3093, 3094, 3095, 3100, 3112, 3116, 3118, 3250, 3502, 3883, 3891, 4016, 4028, 8364

§ 10. Storia dell'arte.

a. Opere generali.

3752. Actas del I Simposio Internacional de Emblemática. Teruel, 1 y 2 de octubre de 1991. Teruel, Institutos de Estudios Turolenses, 94, 859 p.

3753. BARTOLI (Lando). Il disegno della Cupola del Brunelleschi. Firenze, Olschki, 94, 203 p. (Studi, Accademia toscana di scienze e lettere 'La Colombaria', 136).

3754. BENGTSON (Jonathan Blake). Saint George and the development of English nationalism in the late Middle Ages. [S. l.], [s. n.], 94, 82 p.

3755. Book of Kells (The): proceedings of a conference at Trinity College Dublin, 6–9 September 1992. Ed. by Felicity O'MAHONY. Aldershot, Published for Trinity College Library by Scolar Press, 94, XIV-603 p.

3756. CASTELFRANCHI VEGAS (Liana). L'arte del Medioevo. Con un contributo di Alessandro CONTI. Milano, Jaca Book, 94, 392 p.

3757. CONCIONI (Graziano), FERRI (Claudio), GHILARDUCCI (Giuseppe). Arte e pittura nel medioevo lucchese. Presentazione di Arnold ESCH. Lucca, Matteoni, 94, 429 p.

3758. FREULER (Gaudenz). Bartolo di Fredi Cini: ein Beitrag zur sienesischen Malerei des 14. Jahrhunderts. Mit Aufnahmen von Luigi ARTINI. Disentis, Desertina, 94, 534 p.

3759. GONZALEZ (Valerie). Emaux d'al-Andalus et du Maghreb. Préf. de Marthe BERNUS-TAYLOR. Aix-en-Provence, Edisud, 94, 267 p.

3760. GREEN (Rosalie Beth). Studies in Ottonian Romanesque and Gothic Art. London, Pindar P., 94, 224 p.

3761. GRIMME (Ernst Gunther). Der Dom zu Aachen: Architektur und Ausstattung. Aachen, Einhard-Verlag, 94, 386 p.

3762. Iconography of heaven (The). Ed. by Clifford DAVIDSON. Kalamazoo, Medieval Institute Publications, Western Michigan University, 94, XI-206 p. (Early drama, art, and music monograph series, 21).

3763. Iconologia sacra: Mythos, Bildkunst und Dichtung in der Religions- und Sozialgeschichte Alteuropas: Festschrift für Karl Hauck zum 75. Geburtstag. Hrsg. v. Hagen KELLER u. Nikolaus STAUBACH. Berlin, de Gruyter, 94, XII-667 p. (Arbeiten zur Frühmittelalterforschung, 23). [Cf. n^{os} <Auswahl> 275, 298, 301, 3218.]

3764. International census of doctoral dissertations in medieval art, 1982–93. Ed. by Dorothy F. GLASS, with coll. Martha EASTON a. Margaret LUBEL. New York, International Center of Medieval Art, 94, III-30 leaves.

3765. Iskusstvo Drevnei Rusi: problemy ikonografii. (Russian medieval art: problems of iconography). Redsostaviteli A. V. RYNDINA, A. L. BATALOV. Moskva, NII Rossiiskoi akademii khudozhestv, 94, 198 p.

3766. JOHNSON (Geraldine A.). In the eye of the beholder: Donatello's sculpture in the life of Renaissance Italy. Ann Arbor, UMI Dissertations, 94, VI-488 p.

3767. Karl der Grosse als vielberufener Vorfahr: sein Bild in der Kunst der Fursten, Kirchen und Städte. Hrsg. v. Lieselotte E. SAURMA-JELTSCH. Sigmaringen, Thorbecke, 94, 175 p. (ill.). (Schriften des historischen Museums Frankfurt am Main, 19).

3768. KESSLER (Herbert Leon). Studies in pictorial narrative. London, Pindar Press, 94, II-582 p.

3769. KUHNEL (Bianca). Crusader art of the twelfth century: a geographical, an historical, or an art historical notion? Berlin, Gebr. Mann, 94, 263 p.

3770. MAGUIRE (Henry). Art and eloquence in Byzantium. Princeton, Princeton U. P., 94, XXIII-148 p.

3771. MENDE (Ursula). Die Bronzetüren des Mittelalters, 800–1200. Aufnahmen, Albert HIRMER u. Irmgard ERNSTMEIER-HIRMER. München, Hirmer, 94, 198 p.

3772. Mittelalterliches Kunsterleben nach Quellen des 11. bis 13. Jahrhunderts. Hrsg. v. Günther BINDING u. Andreas SPEER. Stuttgart, Frommann u. Bad Connstatt, Holzboog, 94, 346 p.

3773. NICHOLS (Ann Eljenholm). Seeable signs: the iconography of the seven sacraments, 1350–1544. Woodbridge, Boydell Press, 94, XVII-412 p.

3774. Pannonia regia: muveszet a Dunantulon, 1000–1541 = Kunst und Architektur in Pannonien, 1000–

1541. Magyar Nemzeti Galeria, 1994 oktober–1995 februar. Szerkesztette Arpad MIKO, Imre TAKACS; a kiallitast rendezte Arpad MIKO, Imre TAKACS, Sandor TOTH. Budapest, Magyar Nemzeti Galeria, 94, 626 p. (Magyar Nemzeti Galeria kiadvanyai, 1994/3).

3775. PARRONCHI (Alessandro). Pietro Cavallini: "discepolo di Giotto". Firenze, Polistampa, 94, 236 p.

3776. PEREZ HIGUERA (Teresa). Objetos e imagenes de al-Andalus. Madrid, Instituto de Cooperacion con el Mundo Arabe y Barcelona, Lunwerg, 94, 189 p.

3777. REHM (Ulrich). Bebilderte Vaterunser-Erklärungen des Mittelalters. Baden-Baden, Koerner, 94, 339 p. (Saecula spiritalia, 28).

3778. Sacred image East and West (The). Ed. by Robert OUSTERHOUT a. Leslie BRUBAKER. Urbana, University of Illinois Press, 94, XIII-312 p. (Illinois Byzantine studies, 4).

3779. Scientia und ars im Hoch- und Spätmittelalter. Vol. 1. Vol. 2. Hrsg. v. Ingrid CRAEMER-RUEGENBERG u. Andreas SPEER. Berlin, de Gruyter, 94, 2 vol., XXX-1065 p. (Miscellanea mediaevalia, 22). [Cf. n^{os} <Auswahl> 3811, 3828, 3845, 3886, 3892.]

3780. SEPIERE (Marie-Christine). L'image d'un Dieu Souffrant (IXe-Xe siècle): aux origines du crucifix. Préf. de Carol Heitz. Paris, Editions du Cerf, 94, 280 p. (Histoire).

3781. SHALEM (Avinoam). Islamic portable objects in the medieval church treasuries of the Latin West. [S. l.], [s. n.], 94, [s. p.].

3782. SKAUG (Erling S.). Punch marks from Giotto to Fra Angelico: attribution, chronology, and workshop relationships in Tuscan panel painting with particular consideration to Florence, c.1330–1430. Oslo, IIC, Nordic Group, the Norwegian section, 94, 2 vol., [s. p.].

3783. Testo e immagine nell'alto medioevo: 15–21 aprile 1993. Spoleto, Centro italiano di studi sull'alto medioevo, 94, 2 vol., 1013 p. (Settimane di studio del Centro italiano di studi sull'alto medioevo, 41).

3784. WIRTH (Jean). L'immagine. *In*: Storia d'Europa. Vol. 3. Il Medioevo [Cf. n° 908], p. 1103-1142.

b. Studi particolari.

3785. BETTELLI BERGAMASCHI (Maria). Seta e colori nell'alto Medioevo. Il siricum del monastero bresciano di San Salvatore. Milano, Cisalpino, 94, XVII-459 p. (Biblioteca dell'Archivio storico lombardo, II serie, 5).

3786. COCKER JOSLIN (Mary). The illustrator as reader: influence of text on images in the Histoire ancienne. *Medievalia et Humanistica*, 94, 20, p. 85-122.

3787. COLDSTREAM (Nicola). The decorated style: architecture and ornament, 1240–1360. Toronto a. Buffalo, University of Toronto Press, 94, 208 p.

3788. DE VOS (Dirk). Hans Memling. Het vollegide oeuvre. (Hans Memling. L'oeuvre complet). Antwerp, Mercatorfonds, Paribas, 94, 432 p.

3789. *Vacat*.

3790. GILLERMAN (Dorothy). Enguerran de Marigny and the church of Notre-Dame at Ecouis: art and patronage in the reign of Philip the Fair. University Park, Pennsylvania State U. P., 94, XV-237 p.

3791. GRAPE (Wolfgang). The Bayeux Tapestry. München, Prestel, 94, 175 p.

3792. HALL (Edwin). The Arnolfini Betrothal: medieval marriage and the enigma of van Eyck's double portrait. Berkeley, Los Angeles a. London, University of California Press, 94, XXI-180 p. (California studies in the history of art, discovery series, 3).

3793. HIEKKANEN (Markus). The stone churches of the medieval diocese of Turku: a systematic classification and chronology. Helsinki, SMY, 94, 412 p. (ill., maps). (Suomen Muinaismuistoyhd. aikakausk., 101).

3794. HÜLSEN-ESCH (Andrea von). Romanische Skulpturen in Oberitalien als Reflex der kommunalen Entwicklung im 12. Jahrhundert: Untersuchungen zu Mailand und Verona. Berlin, Akademie Verlag, 94, 313 p. (Artefact, 8).

3795. Italian altarpieces, 1250–1550: function and design. Ed. by Eve BORSOOK a. Fiorella SUPERBI GIOFFREDI. Oxford, Clarendon Press a. New York, Oxford U. P., 94, IX-296 p.

3796. MENTRÉ (M.). El estilo mozárabe. La pintura cristiana hispánica en torno al año 1000. Madrid, Ediciones Encuentro, 94, 318 p. (ill.).

3797. Mittelalterlichen Grabmäler in Rom und in Latium (Die) vom 13. bis zum 15. Jahrhundert. Band 2. Die Monumentalgräber. Bearb. v. Jörg GARMS, Andrea SOMMERLECHNER u. Werner TELESKO u. Mitw. v. Ulrike KNALL-BRSKOVSKY, Johanna KUGLER, Ewald MÜHLMEIER [et al.]. Wien, Verlag der Österreichischen Akademie der Wissenschaften, 94, VIII-299 p. (Publikationen des Historischen Instituts beim Österreichichen Kulturinstitut in Rom, Abt. 2, Quellen, 5).

3798. MOSKOVITZ (Anita Fiderer). Nicola Pisano's Arca di San Domenico and its legacy. University Park, Pennsylvania State U. P., College art association, 94, XIV-78 p. (Monographs on the fine arts, 50).

3799. OLSZEWSKI (Andrzej M.). Mulier amicta sole w sztuce gotyku w Polsce. (Mulier amicta sole dans l'art gothique en Pologne). *Nasza Przeszłość*, 94, 82, p. 35-95 (phot.). [Deutsche Zsfassung].

3800. Primitifs flamands et leurs temps (Les). Ed. par Brigitte DE PATOUL et Roger VAN SCHOUTE. Bruxelles, La Renaissance du Livre, 94, 656 p.

3801. RAPPOPORT (P.A.). Stroitel'noe proizvodstvo Drevney Rusi, X–XIII vv. (Building industry in Ancient Rus', from Xth to XIIIth century). Sankt-Peterburg, Nauka, 94, 160 p. (Bibl., Eng. summary).

3802. ZALEWSKI (Władysław), STEC (Mieczysław). Rytowana romańska posadzka w kolegiacie wiślickiej. Studium konserwatorskie. The engraved Romanesque floor in Wiślica Collegiate Church. Conservator's study. Der gravierte romanische Fussboden in der Kollegiatkirche von Wiślica. Konservierungsstudium. Kraków, Wydawn.Liter., 94, 284 p. (phot., fig., dessins). (Studia i Mater. Wydz. Konserwacji Dzieł Sztuki Akad. Sztuk Pięknych w Krakowie, 4). [Eng. summary, Deutsche Zsfassung].

Cf. n°s 134, 144, 147, 212, 1094, 3532

§ 11. Storia della musica.

* 3803. JEFFERY (Peter). Liturgical chant bibliography 3. *Plainsong and Medieval Music*, 94, 3, p. 195-206.

3804. Ars cantus mensurabilis mensurata per modos iuris: the art of mensurable song measured by the modes of law. Ed. by C. Matthew BALENSUELA. Lincoln, University of Nebraska, 94, XII-330 p. (Greek and Latin music theory, 10)

3805. Beneventanum troporum corpus. 1. Tropes of the proper of the mass from southern Italy, A. D. 1000–1250. Ed. by Alejandro Enrique PLANCHART. Madison, A-R Editions, 94, 2 vol., LVI-95 p., VIII-250 p. (Recent researches in the music of the Middle Ages and early Renaissance, 16-17).

3806. BOYNTON (Susan). Recent research on latin hymns. *Plainsong and Medieval Music*, 94, 3, p. 103-119.

3807. CATTIN (Giulio). Tra Padova e Cividale: nuova fonte per la drammaturgia sacra nel medioevo. *Il saggiatore musicale*, 94, 1, 1, p. 7-112.

3808. DELLA SETA (Fabrizio). Parole in musica. *In*: Spazio letterario del Medioevo (Lo). I. II [Cf. n° 3728], p. 537-569.

3809. DEMOVIC (Miho). Rano srednjovjekovno viseglasje u Hrvatskoj. (Early medieval polyphony in Croatia). *Bascinski glasi: Juznohrvatski etnomuzikoloski godisnjak*, 94, 3, p. 261-338.

3810. EVERIST (Mark). French motets in the thirteenth century: music, poetry and genre. Cambridge, Cambridge U. P., 94, XIV-199 p. (Cambridge studies in Medieval and Renaissance music).

3811. GODDU (André). Music as Art and science in the fourteenth century. *In*: Scientia und Ars im Hoch- und Spätmittelalter. 2 [Cf. n° 3779], p. 1023-1046.

3812. GRIER (James). A new voice in the monastery: tropes and Versus from eleventh and twelfth-century Aquitaine. *Speculum*, 94, 69, 4, p. 1023-1070.

3813. HUGLO (Michel). Les diagrammes d'harmonique interpolés dans les manuscrits hispaniques de la Musica Isidori. *Scriptorium*, 94, 48, 2, p. 171-186.

3814. JEFFERY (Peter). The earliest Christian chant repertory recovered: the Georgian witnesses to Jerusalem chant. *Journal of the American Musicological Society*, 94, 47, 1, p. 1-38.

3815. KESSEL (Silvius von). Original oder Adaption? Eine Untersuchung an fünf Paaren gregorianischer Gesänge mit jeweils gleicher Melodie bei verschiedenem Text. *Beiträge zur Gregorianik*, 94, 18, p. 15-74.

3816. KRISTENSEN (Tenna R.), Middalderlige musikinstrumenter i Skandinavien med saerlig vaegt på Danmark. (Medieval musical instruments from Scandinavia, with special emphasis on Denmark). Hojbjerg, Afd. for Middelalder-arkaeologi og Middelalderarkaeologisk Nyhedsbrev, 94, 229 p.

3817. LANNUTTI (M. S.). Anisosillabismo e semiografia musicale. *Studi medievali*, 94, 35, 1, p. 1-66.

3818. LE MÉE (Katharine W.). Chant: the origins, form, practice, and healing power of Gregorian chant. New York, Bell Tower, 94, 169 p.

3819. MARTYNOV (V. I.). Istoriya bogosluzhebnogo peniya. (Histoire du chant liturgique). Moskva, Red.-izd. otd. federal. arkhivov i dr., 94, 239 p.

3820. MOISESCU (Titus). La musica bizantina nel medioevo romeno. *In*: Danubio – Una civiltà musicale. IV. Croazia, Serbia, Bulgaria, Romania. A cura di Carlo DE INCONTRERA e Alba ZANINI. Monfalcone, Teatro Comunale, 94, p. 335-367.

3821. RANKIN (Susan). Carolingian music. *In*: Carolingian culture. Emulation and innovation [Cf. n° 3598], p. 274-316.

3822. SANTOSUOSSO (A.). Firenze, Biblioteca nazionale centrale, conventi soppressi, F III 565. Ottawa, The Institute of mediaeval music, 94, 178 p. (fac-sim.). (Publications of mediaeval music manuscripts, 19).

3823. TRAUB (Andreas). Die mittelalterlichen Grundlagen der europäischen Musik. *Württembergisch Franken*, 94, 78, p. 217-228. – IDEM. Zur Kompositionslehre im Mittelalter. *Beiträge zur Gregorianik*, 94, 18, p. 55-90.

3824. VANIN (Claudio). Musical form and tonal structure in troubadour song. [S. l.], University of Western Ontario, 94, 307 p.

3825. WALTER (Michael). Grundlagen der Musik des Mittelalters: Schrift – Zeit – Raum. Stuttgart, Metzler, 94, X-356 p.

3826. WULSTAN (David). Goliardic rhythm with special reference to the play of Daniel, the Dublin sepulchre drama, and the "Carmina burana". *Peritia*, 94, 8, p. 180-215.

§ 12. Storia della filosofia.

* 3827. MENSA I VALLS (Jaume). Arnau de Vilanova, espiritual: guia bibliográfica. Barcelona, Institut d'Estudios Catalans, 94, 174 p. (Traballs de la Seccó de Filosofia i Ciències Socials, 17).

3828. AERTSEN (Jan A.). Was heißt Metaphysik bei Thomas von Aquin? *In*: Scientia und Ars im Hoch- und Spätmittelalter. 1. [Cf. n° 3779], p. 217-239.

3829. Arab influence in Medieval Europe (The). Folia Scholastica Mediterranea. Ed. by Dionisius A. AGIUS a. Richard HITCHCOCK. Reading, Ithaca Press, 94, XI-181 p. (Middle East cultures series, 18).

3830. Averroismus im Mittelalter und in der Renaissance. Hrsg. v. Friedrich NIEWÖHNER u. Loris STURLESE. Zürich, Spur, 94, 380 p.

3831. Bede and his world. The Jarrow lectures. 1. 1958-1978. 2. 1979-1993. Aldershot, Variorum for the Rector, the Churchwardens a. the Parochial Church Council of the Parish of Jarrow, 94, 2 vol., XVI-490 p., 508 p.

3832. Bernhard von Clairvaux. Rezeption und Wirkung im Mittelalter und in der Neuzeit. Hrsg. v. Kaspar ELM. Wiesbaden, Harrassowitz, 94, 436 p. (Wolfenbütteler Mittelalter-Studien, herausgegeben von der Herzog August Bibliothek, 6). [Cf. n°s <Auswahl> 3875, 4005.]

3833. BOTTERILL (Steven). Dante and the mystical tradition: Bernard of Clairvaux in the "Commedia". Cambridge, Cambridge U. P., 94, X-269 p. (Cambridge studies in medieval literature, 22).

3834. BURMAN (Thomas E.). Religious polemic and the intellectual history of the Mozarabs, c. 1050-1200. Leiden, New York a. Köln, E. J. Brill, 94, XV-407 p. (Brill's studies in intellectual history, 52).

3835. COCHRANE (Louise). Adelard of Bath: the first English Scientist. London, British Museum Press, 94, X-125 p.

3836. Comprendre et maîtriser la nature au Moyen Age. Mélanges d'histoire des sciences offerts à Guy Beaujouan. Ed. par D. JACQUART. Genève, Droz, 94, XXVIII-631 p. (Hautes études médiévales et modernes, 73).

3837. D'ALVERNY (M. T.). La transmission des textes philosophiques et scientifiques au Moyen Age. Ed. by C. BURNETT. Aldershot, Variorum, 94, 368 p., (ill.) (Collected studies series, CS 463).

3838. DANTE ALIGHIERI. Philosophische Werk. Band 2. Abhandlung über das Wasser und die Erde (Questio de aqua et terra). Hrsg. von D. PARLER. Buchleinen, Genebe, 94, LXXVII-151 p. (Philosophischer Bibliothek, 464) [Lateinisch-deutsch].

3839. DELFGAAUW (Pacificus). Saint Bernard, maître de l'amour divin. Paris, FAC, 94, 223 p. (Spirituels, 6).

3840. Diálogo filosófico-religioso (el) entre cristianismo, judaísmo e islamismo durante la Edad Media en la Península Ibérica. Actes du Colloque international de San Lorenzo de El Escorial, 23-26 juin 1991. Ed. por Horacio SANTIAGO-OTERO. Turnhout, Brepols, 94, XII-508 p. (Société Internationale pour l'Etude de la Philosophie Médiévale. Rencontres de philosophie médiévale, 3).

3841. DUPRÉ (Louis). Metaphysics and culture. Milwaukee, Marquette U. P., 94, XIII-65 p. (The Aquinas Lecture).

3842. DUTTON (Paul Edward), LUHTALA (Anneli). Eriugena In Priscianum. *Mediaeval studies*, 94, 56, p. 153-164.

3843. Enciclopedismo medievale (L'). A cura di Michelangelo PICONE. Ravenna, Longo, 94, 420 p.

3844. ENGELEN (Eva-Maria). Zeit als Prozeß und Abbild. Der Zeitbegriff bei Johannes Scottus Eriugena. *Archiv für Kulturgeschichte*, 94, 76, p. 35-50.

3845. EPP (Verena). "Ars" und "Scientia" in der Geschichtsschreibung des 12. Jh. *In*: Scientia und Ars im Hoch- und Spätmittelalter. 2 [Cf. n° 3779], p. 829-845.

3846. Eriugenia. East and west. Papers of the Eighth International Colloquium of the Society for the promotion of Eriugenian studies. Chicago and Notre Dame, 18-20 October 1991. Ed. by Bernard MAC GINN a. Willemien OTTEN. Notre Dame, Indiana U. P., 94, XI-290 p.

3847. Fifteenth-century attitudes. Perceptions of society in late medieval England. Ed. by Rosemary HORROX. Cambridge, Cambridge U. P., 94, XII-244 p.

3848. Filosofia e teologia nel Trecento. Studi in onore di Eugenio RANDI. A cura di Luca BIANCHI. Louvain-la-Neuve, Fédération internationale des Instituts d'études médiévales, 94, VII-575 p. (Textes et études du moyen âge, 1). [Cf. n° <scelta> 488.]

3849. Fine dei tempi (La). Storia e escatologia. A cura di Mario NALDINI. Firenze, Nardini, 94, 158 p. (Letture patristiche, 1).

3850. GALLY (M.). Les enjeux de l'Histoire: Dante, penseur de la monarchie universelle. *Le Moyen Age*, 94, 8, 2, p. 171-184.

3851. HÄMMERL (Alfons). Die Welt – Symbol Gottes oder eigenständige Wirklichkeit? Verachtung und Hochschätzung der Welt bei Heinrich von Langenstein († 1397). Ratisbonne, Verlag Fridrich Pustet, 94, 195 p. (Studien zur Geschichte der katholischen Moraltheologie, 31).

3852. HENRICUS BATE. Speculum divinorum et quorundam naturalium. Parts VI–VII. On the unity of intellect, on the Platonic doctrine of ideas. Ed. by C. STEEL a. Emiel VAN DE VYVER. Leuven, Leuven U. P., 94, LIV-205 p. (Ancient and medieva philosophy, De Wulf-Mansion Centre, 1, 9).

3853. HOENEN (Maarten J. F. M.). Speculum philosophiae medii aevi: Die Handschriftensammlung des Dominikaners Georg Schwartz († nach 1484). Amsterdam u. Philadelphia, B. R. Grüner, 94, XI-169 p. (Bochumer Studien zur Philosophie, 22).

3854. HUNT (Tony). Medieval surgery. Woodbridge, Boydell, 94, XVI-104 p.

3855. Introduction of Arabic philosophy into Europe (The). Ed. by Charles E. BUTTERWORTH a. Blake Andrée KESSEL. Leiden, New York a. Köln, E. J. Brill, 94, VIII-149 p. (Studien und Texte zur Geistesgeschichte des Mittelalters, 39).

3856. JACQUART (Danielle). Vestiges romains dans la science médiévale. *Médiévales*, 94, 26, p. 5-16.

3857. JOHANNES BURIDANUS. Questiones Elencorum. Ed. R. VAN DER LECQ, H. A. G. BRAAKHUIS. Nijmegen, Ingenium, 94, XXXVIII-153 p. (Artistarium, 9).

3858. JOHANNES BURIDANUS. Summulae de praedicabilibus. Ed. L. M. DE RIJK. Nijmegen, Ingenium, 94, XLIV-82 p. (Artistarium, 10, 2).

3859. JOHANNES BURIDANUS. Summulae in praedicamenta. Ed. E. P. BOS. Nijmegen, Ingenium, 94, LIV-157 p. (Artistarium, 10, 3).

3860. KAY (Richard). Dante's christian astrology. Philadelphia, University of Pennsylvania Press, 94, XII-395 p. (Middle Ages series).

3861. KINTZINGER (Martin). Norma elementorum. Studien zum naturphilosophischen und politischen Ordnungsdenken des ausgehenden Mittelalters. Stuttgart, Steiner, 94, 146 p. (Sudhoffs Archiv, 34).

3862. KNEEPKENS (C. H.). From eternal to perpetual truths: a note on the Mediaeval history of Aristotle, "De interpretatione", Ch. 1, 16a18. *Vivarium*, 94, 32, p. 161-185.

3863. LANZA (Lidia). Aspetti della ricezione della «Politica» aristotelica del XIII secolo: Pietro di Alvernia. *Studi medievali*, 94, 35, 2, p. 643-694.

3864. Latin translation (The) of Anaritiu's commentary on Euclid's elements of geometry, books I-IV. Ed. by P. M. J. E. TUMMERS. Nijmegen, Ingenium, 94, XXIX-187 p.

3865. LINDGREN (Uta). Albertus Magnus und die Geographie als "scientia naturalis". *Archives internationales d'histoire des sciences*, 94, 44, p. 3-21.

3866. LOHR (Carolus). Aristotelica Helvetica. Freiburg, Universitätsverlag Freiburg Schweiz, 94, XII-387 p. (Scrinium Friburgense, 7; Sonderband, 6).

3867. MADDICOTT (John Robert). Simon de Montfort. Cambridge, Cambridge U. P., 94, XXV-404 p.

3868. MANN (Jesse D.). William of Ockham, Juan de Segovia, and heretical pertinacy. *Mediaeval studies*, 94, 56, p. 66-88.

3869. MARMO (Costantino). Semiotica e linguaggio nella Scolastica: Parigi, Bologna, Erfurt, 1270-1330. La semiotica dei Modisti. Roma, Istituto Storico Italiano per il Medio Evo, 94, V-526 p. (Nuovi studi storici, 26).

3870. MARSTON ROGERUS. Quodlibeta quatuor. Editio secunda ad fidem codicum nunc primum edita studio et cura G. I. ETZKORN et I. C. BRADY. Grottaferrata, Collegio di San Bonaventura, 94, LXXXVIII-552 p. (Bibliotheca Scholastica Medii Aevi, 26).

3871. MONAHAN (Arthur P.). From personal duties towards personal rights: late medieval and early modern political thought, 1300-1600. Montreal a. Kingston, McGill-Queen's U. P., 94, XXV-445 p. (McGill-Queen's Studies in the history of ideas, 17).

3872. MOONAN (Lawrence). Divine power: the medieval power distinction up to its adoption by Albert, Bonaventure, and Aquinas. Oxford, Clarendon Press a. New York, Oxford U. P., 94, XI-396 p.

3873. MORRIS (Colin). San Ranieri of Pisa: the power of limitation of sanctity in twelfth-century Italy. *Journal of Ecclesiastical History*, 94, 45, p. 588-599.

3874. MOSETTI CASARETTO (Francesco). Il topos misogino del «poculum mortis» nell'«Ecloga Theodul» e i suoi esiti in Pietro Abelardo. *Studi medievali*, 94, 35, 2, p. 543-576.

3875. NILGEN (Ursula). Historischer Schriftsinn und ironische Weltbetrachtung. Buchmalerei im frühen Cîteaux und der Stein des Anstoßes. *In*: Bernhard von Clairvaux [Cf. n° 3832], p. 67-140.

3876. PABST (Bernhard). Atomtheorien des lateinischen Mittelalters. Darmstadt, Wissenschaftliche Buchgesellschaft, 94, VIII-373 p.

3877. PANIAGUA (Juan A.). Studia Arnaldiana. Trabajos en torno a la obra médica de Arnau de Vilanova, c. 1240-1311. Barcelona, Fundación Uriach 1838, 94, 507 p.

3878. PESCH (Otto Hermann). Thomas d'Aquin. Grandeur et limites de la théologie médiévale. Paris, Ed. du Cerf, 94, 576 p.

3879. Philosophie und geistiges Erbe des Mittelalters. Beiträge gehalten auf dem Symposion zum 65. Geburtstag von Professor Albert Zimmermann am 9. Juli 1993. Hrsg. v. Andreas SPEER. Köln, Thomas-Institut der Universität, 94, 65 p. (Kölner Universitätsreden, 75).

3880. PIAZZONI (Ambrogio M.). Exegesis as a theological methodology between the eleventh and twelfth centuries. *Studi medievali*, 94, 35, 2, p. 835-852.

3881. Platonism and the English imagination. Ed. by Anna BALDWIN a. Sarah HUTTON. Cambridge, Cambridge U. P., 94, XV-357 p.

3882. Popular and practical science of Medieval England. Ed. by Lister M. MATHESON. East Lansing, Colleagues Press, 94, XIII-425 p. (Medieval texts and studies, 11).

3883. Practical medicine from Salerno to the Black Death. Ed. by Luis GARCÍA-BALLESTER [et al.]. Cambridge, Cambridge U. P., 94, XIII-402 p.

3884. PRANGER (M. B.). Bernard of Clairvaux and the shape of monastic thought: broken dreams. Leiden, New York and Köln, E. J. Brill, 94, XII-375 p. (Brill's studies in Intellectual history, 56).

3885. Prophecy and eschatology. Ed. by Michael WILKS. Oxford, Blackwell, 94, XII-282 p. (Subsidia, 10).

3886. QUILLET (Jeannine). De l'art des conjectures à la science divine selon Nicolas de Cues. *In*: Scientia und Ars im Hoch- und Spätmittelalter. 1 [Cf. n° 3779], p. 95-106.

3887. QUINTO (Riccardo). "Doctor Nominatissimus": Stefano Langton († 1228) e la tradizione delle sue opere. Münster, Aschendorf, 94, XXXIII-325 p. (Beiträge zur Geschichte der Philosophie und Theologie des Mittelalters, Texte und Untersuchungen, 39).

3888. Ratio. VII Colloquio internazionale. Roma, 9–11 gennaio 1992. A cura di Marta FATTORI e Massimo Luigi BIANCHI. Firenze, Olschki, 94, VI-574 p. (tav.). (Lessico intellettuale Europeo, 61).

3889. RONNICK (Michele V.). The Raison d'Etre of Fust and Schoeffer's De Officiis et Paradoxa Stoicorum, 1465, 1466. *Medievalia et Humanistica*, 94, 20, p. 123-136.

3890. SAARINEN (Risto). Weakness of the will in medieval thought: from Augustine to Buridan. Leiden, New York a. Köln, E. J. Brill, 94, VII-207 p. (Studien und Texte zur Geistesgeschichte des Mittelalters, 44).

3891. SAMSÓ (Julio). Astronomy and medieval Spain. Aldershot, Variorum, 94, XIV-335 p. (tav.). (Collected studies series, 448).

3892. SCHNEIDER (Jakob H. J.). Al-Farabis Kommentar zu "De interpretatione" des Aristoteles. Ein Beitrag zur Entwicklung der Sprachphilosophie im Mittelalter. *In*: Scientia und Ars im Hoch- und Spätmittelalter. 2 [Cf. n° 3779], p. 687-738.

3893. SCHUFREIDER (Gregory). Confessions of a rational mystic: Anselm's early writings. West Lafayette, Purdue U. P., 94, IX-392 p. (Purdue University series in the history of philosophy).

3894. SHORT (Ian). Gaimar's epilogue and Geoffrey of Monmouth's Liber vetustissimus. *Speculum*, 94, 69, 2, p. 323-343.

3895. SMOLLER (Laura Ackerman). History, prophecy and the stars. The christian astrology of Pierre d'Ailly, 1350–1420. Princeton, Princeton U. P., 94, 233 p. (ill.).

3896. SPETIA (Lucilla). Un nuovo frammento dell'«Epistola Aristotelis and Alexandrum». *Studi medievali*, 94, 35, 1, p. 405-434.

3897. THOMPSON (Kathleen). Orderic Vitalis and Robert of Bellême. *Journal of Medieval History*, 94, 20, 2, p. 133-141.

3898. TODD (R. B.). Baltasar Meliavacca, Andronicus Callistus, and the Greek Aristotelian commentators in fifteenth-century Italy. *Italia medioevale e umanistica*, 94, 37, p. 67-76.

3899. TOMMASO D'AQUINO. Commento alla Lettera ai Romani. A cura di L. M. DE SANTIS e M. M. ROSSI. Vol. 1. Libri I–VIII. Vol. 2. Libri IX–XIV. Roma, Città Nuova, 94, 400 p., 288 p. (Fonti cristiane per il terzo millennio. Sezione medievale).

3900. Unità e autonomia del sapere. Il dibattito del XIII secolo. A cura di Rafael MARTÍNEZ. Roma, A. Armando, 94, 200 p. (Studi di filosofia).

3901. Universität in Alteuropa (Die). Hrsg. v. Alexander PATSCHOVSKY u. Hors RABE. Konstanz, Universitätsverlag Konstanz, 94, 239 p. (Konstanzer Bibliothek, 22).

3902. WALACH (Harald). Notitia experimentalis Dei, Erfahrungserkenntnis Gottes: Studien zu Hugo de Balmas Text "Viae Sion lugent" und deutsche Übersetzung. Salzburg, Universität Salzburg, Institut für Anglistik und Amerikanistik, 94, IV-406 p. (Analecta Cartusiana, 98, 1).

3903. WESTBERG (Daniel). Right practical reasons: Aristotle, action, and prudence in Aquinas. Oxford, Clarendon Press, 94, XII-283 p. (Oxford theological monographs).

3904. William Ockham: opera politica, IV. Ed. by H. S. OFFLER. Oxford, Oxford U. P. for British Accademy, 94, 480 p.

3905. WILLIAM (Steven J.). Roger Bacon and his edition of the Pseudo-Aristotelian Secretum secretorum. *Speculum*, 94, 69, 1, p. 57-73.

Cf. n^{os} *233, 2955, 2966, 2995, 3032, 3038, 3041, 3327, 3340.*

§ 13. Storia della Chiesa.

a. Opere generali.

* 3906. ARATO (Paulus S. J.). Bibliographia historiae pontificiae 1994. *Archivum historiae pontificiae*, 94, 32, p. 361-625.

3907. BARBU (Daniel). Țara Românească și Conciliul de la Basel. (La Valachie et le Concile de Bâle). *Revista Istorică*, 94, 5, 1-2, p. 5-15.

3908. BERIOU (Nicole), D'AVRAY (David L.), COLE (P.), RILEY-SMITH (J.), TAUSCHE (M.). Modern questions about medieval sermons: essays on marriage, death, history and sanctity. Spoleto, Centro italiano di studi sull'Alto medioevo, 94, XI-408 p. (Biblioteca di "Medioevo latino", 11).

3909. BOESCH GAJANO (Sofia). Pratiche e culture religiose. *In*: Storia d'Europa. Vol. 3. Il Medioevo [Cf. n° 908], p. 169-218.

3910. Chiesa, società e Stato a Venezia. Miscellanea di studi in onore di Silvio Tramontin. A cura di B. BERTOLI. Venezia, Edizioni Studium Cattolico Veneziano, 94, XXV-345 p.

3911. CUENCA MUÑOZ (Paloma). Una "carta de licencia e indulgencia" de 1438: estudio diplomático y paleográfico. *Hispania sacra*, 94, 46, 93, p. 141-152.

3912. EBERHARD (Winfried). Klerus und Kirchenkritik in der spätmittelalterlichen deutschen Stadtchronistik. *Historisches Jahrbuch*, 94, 114, 2, p. 349-380.

3913. Eglise (L') et le droit dans le Midi (XIII–XIVe s.). Toulouse, Privat, 94, 448 p. (Cahiers de Fanjeaux, 29).

3914. Environnement des églises et la topographie religieuse des campagnes médiévales (L'): actes du IIIe Congrès international d'archéologie médiévale (Aix-en-Provence, 28–30 septembre 1989). Sous la direction de M. FIXOT et E. ZADORA-RIO. Paris, Editions de la Maison des sciences de l'homme, 94, 177 p. (Documents d'archéologie francaise, 46).

3915. Exultet: rotoli liturgici del medioevo meridionale. Diretto da Guglielmo CAVALLO; coordinamento, Giulia OROFINO e Oronzo PECERE. Roma, Istituto poligrafico e zecca dello stato, Libreria dello stato, 94, XXIII-499 p.

3916. FIEY (Jean Maurice). Une page oubliée de l'histoire des églises syriaques à la fin du XVe–début du XVIe siècle. *Le Muséon*, 94, 107, 1-2, p. 123-133.

3917. Firenze e il Concilio del 1439. Convegno di studi, Firenze, 29 novembre–2 dicembre 1989. A cura di Paolo VITI. Firenze, Olschki, 94, 2 vol., XX-489 p., 519 p. (Biblioteca storica toscana, 29).

3918. FRIOLI (D.). Da Ravenna ad Aldersbach: antiche testimonianze liturgiche ravennati e un codice di Pier Damiani. *Studi medievali*, 94, 35, 1, p. 161-194

3919. GEARY (Patrick J.). Living with the dead in the Middle Ages. Ithaca a. London, Cornell U. P., 94, VIII-273 p. (ill.).

3920. Geschichte des Christentums (Die). Religion, Politik, Kultur. Band 4. Bischöfe, Mönche und Kaiser (642–1054). Hrsg. v. Egon BOSHOF. Freiburg, Herder, 94, 1000 p.

3921. GOETZ (Hans-Werner). Karl Martell und die Heiligen. Kirchenpolitik und Maiordomat im Spiegel der spätmerowingischen Hagiographie. *In*: Karl Martell in seiner Zeit [Cf. n° 3208], p. 101-118.

3922. GRANDJEAN (Michel). Laics dans l'Eglise: regards de Pierre Damien, Anselme de Cantorbery, Yves de Chartres. Préface de Andre VAUCHEZ. Paris, Beauchesne, 94, XV-434 p. (Théologie historique, 97).

3923. HERRIN (Judith). Le istituzioni ecclesiastiche. *In*: Storia d'Europa. Vol. 3. Il Medioevo [Cf. n° 908], p. 761-818.

3924. IMBERT (Jean). Les temps carolingiens, 741–891. Preface de Jean GAUDEMET. Paris, Cujas, 94, 253 p. (Histoire du droit et des institutions de l'Eglise en Occident, 5).

3925. Kirche und Gesellschaft im Heiligen Römischen Reich des 15. und 16. Jahrhunderts. Hrsg. v. Harmut BOOCKMANN. Göttingen, Vandenhoeck & Ruprecht, 94, 245 p. (ill). (Abhandlungen der Akademie der Wissenschaften in Göttingen. Philologisch-historische Klasse, 3. Folge, 206).

3926. LÖWE (H.). Religiosität und Bildung im frühen Mittelalter. Ausgewählte Aufsätze. Hrsg. v. T. STRUVE. Weimar, Wien u. Köln, Böhlau, 94, XV-384 p.

3927. MAC LAUGHLIN (Megan). Consorting with saints: prayer for the dead in early medieval France. Ithaca, Cornell U. P., 94, X-306 p. (ill.).

3928. MARTÍNEZ PIZARRO (J.). Images of Church and State. From Sulpicius Severus to Notker Balbulus. *Journal of medieval latin*, 94, 4, p. 25-38.

3929. MUSCHIOL (Gisela). Famula dei. Zur Liturgie in merowingischen Frauenklöstern. Münster, Aschendorff, 94, LI-396 p. (Beiträge zur Geschichte des alten Mönchtums und des Benediktinerordens, 41).

3930. Nikolaus von Kues: Kirche und Respublica Christiana: Konkordanz, Repräsentanz und Konsens: Akten des Symposions in Trier vom 22. bis 24. April 1993. Hrsg. v. Klaus KREMER u. Klaus REINHARDT. Trier, Paulinus-Verlag, 94, XV-354 p. (Mitteilungen und Forschungsbeitrage der Cusanus-Gesellschaft, 21).

3931. O'CARRAGAIN (Eamonn). The city of Rome and the world of Bede. Newcastle upon Tyne, [s.n.], 94, 81 p. (Jarrow lecture, 1994).

3932. PALAZZO (Eric). Les sacramentaires de Fulda: etude sur l'iconographie et la liturgie à l'époque ottonienne. Munster, Aschendorff, 94, XIX-260 p. (Liturgiewissenschaftliche Quellen und Forschungen, 77).

3933. Politik und Heiligenverehrung im Hochmittelalter. Hrsg. v. Jürgen PETERSOHN. Sigmaringen, Thorbecke, 94, 652 p. (ill.). (Vorträge und Forschungen, 42).

3934. Prélats (Les), l'Eglise et la société, XIe–XVe siècles. Hommage à Bernard Guillemain. Bordeaux, Univ. Michel de Montaigne et CROCEMC, 94, 353 p.

3935. REUTER (Timothy). "Kirchenreform" und "Kirchenpolitik" im Zeitalter Karl Martells: Begriffe und Wirklichkeit. *In*: Karl Martell in seiner Zeit [Cf. n° 3208], p. 35-59.

3936. REYNOLDS (Roger Edward). Law and liturgy in the Latin church, 5th–12th centuries. Aldershot, Variorum, 94, XII-318 p. (Collected studies, 457).

3937. SPITERIS (Yannis). Perché Bisanzio rifiutò il papato. *Laurentianum*, 94, 35, 1, p. 139-173.

3938. STAAB (Franz). "Rudi populo rudis adhuc presul". Zu den wehrhaften Bischöfen der Zeit Karl Martells. *In*: Karl Martell in seiner Zeit [Cf. n° 3208], p. 249-275.

3939. Storia della Chiesa. Vol. 11. La crisi del Trecento e il papato avignonese (1274–1378). A cura di Diego QUAGLIONI. Cinisello Balsamo, 94, 535 p. (tav.). [Cf. n^os <scelta> 3951, 3953, 3959.]

3940. STRATMANN (Martina). Karls des Kahlen Auseinandersetzung mit dem Klerus von Ravenna (875) – ein Briefwechsel. *Zeitschrift für Kirchengeschichte*, 94, 105, 3, p. 329-343.

3941. SULLIVAN (Richard Eugene). Christian missionary activity in the early Middle Ages. Aldershot, Variorum, 94, [s. p.]. (Collected studies series, 431).

3942. THUMSER (Matthias). Die ältesten Statuten des Kapitels von Santa Maria Maggiore in Rom (1262/ 1271, 1265). *Quellen und Forschungen aus italienischen Archiven und Bibliotheken*, 94, 74, p. 294-334.

3943. VAUCHEZ (André). La spiritualité du Moyen Age occidental: VIIIe–XIIIe siècle. Paris, Ed. du Seuil, 94, 214 p.

3944. WINKELMANN (F.). Die Kirchen im Zeitalter der Kreuzzüge, XI.–XIII. Jht. Leipzig, Evangelische Verlagsanstalt, 94, 158 p. (Kirchengeschichte in Einzeldarstelln., 1; Alte Kirche u. frühes Ma., 10).

Cf. n° 3047

b. Storia del Papato.

** 3945. EBENDORFER (Thomas). Chronica pontificum Romanorum. Hrsg. v. Harald ZIMMERMANN. München, Monumenta Germaniae Historica, 94, XIII-752 p. (Monumenta Germaniae historica. Scriptores rerum Germanicarum. Nova series, 16).

3946. ACCROCCA (Felice). Ancora sul caso del papa eretico: Giovanni XXII e la questione della povertà. A proposito del MS. XXI del convento di Capestrano. *Archivum Historiae Pontificiae*, 94, 32, p. 329-341.

3947. BEULERTZ (Stefan). Gregor VII. als Publizist. Zur Wirkung des Schreibens Reg. VIII, 21. *Archivum Historiae Pontificiae*, 94, 32, p. 7-29.

3948. COSENTINO (Salvatore). Dissidenza religiosa e insubordinazione militare nell'Italia bizantina: Martino I papa (649–653) e il suo tempo. *Rivista di storia della Chiesa in Italia*, 94, 48, 2, p. 496-512.

3949. GAHRN (Lars). Sveariket och påvebreven om ärkestiftet Hamburg-Bremen. (The Swedish kingdom and the papal letters concerning the archbishopric of Hamburg-Bremen). *Historisk tidskrift* (Sweden), 94, 2, p. 189-202.

3950. GÖSSMANN (E.). «Mulier papa», der Skandal eines weiblichen Papstes. Zur Rezeptionsgeschichte der Gestalt der Päpstin Johanna. München, Iudicium-Verlag, 94, 929 p. (Archiv f. philosophie- u. theologie-geschichtl. Frauenforschung, 5).

3951. GUILLEMAIN (Bernard). Bonifacio VIII e la teocrazia pontificia. *In*: Storia della chiesa, XI [Cf. n° 3939], p. 129-174.

3952. HAENDLER (G.). Von der Reichskirche Ottos I. zur Papstherrschaft Gregors VII. Leipzig, Evangelische Verlags-Anstalt, 94, 176 p. (Kirchengeschichte in Einzeldarstelln. I: Alte Kirche u. frühes Ma., 9).

3953. HERDE (Peter). Celestino V. *In*: Storia della chiesa, XI [Cf. n° 3939], p. 93-127. – IDEM. I papi tra Gregorio X e Celestino V: il papato e gli Angiò. *In*: Storia della chiesa, XI [Cf. n° 3939], p. 23-91.

3954. KAUFHOLD (Martin). Gladius spiritualis: das päpstliche Interdikt über Deutschland in der Regierungszeit Ludwigs des Bayern (1324–1347). Heidelberg, Winter, 94, 333 p. (Heidelberger Abhandlungen zur mittleren und neueren Geschichte. Neue Folge, 6).

3955. KELLY (J. N. D.). Dictionnaire des papes. Turnhout, Brepols, 94, XXIII-727 p. (Petits dictionnaires bleus).

3956. OZAKI (Hideo). Kyōko Innokentiusa 4-sei no seiji-riron ni okeru kyōko-ken to sezoku-ken. (Papal power and secular power in the political theory of Pope Innocent IV). *Shirin*, 94, 77, 1, p. 32-63.

3957. PAPADAKIS (Aristeides), MEYENDORFF (John). The Christian East and the rise of the papacy: the Church 1071–1453 A. D. Crestwood, St. Vladimir's Seminary Press, 94, 424 p. (The Church in history, 4).

3958. PARAVICINI BAGLIANI (Agostino). Il corpo del papa. Torino, Einaudi, 94, XXII-394 p. (Biblioteca di cultura storica, 204). – IDEM. Il papato medievale e il concetto di Europa. *In*: Storia d'Europa. Vol. 3. Il Medioevo [Cf. n° 908], p. 819-846.

3959. QUAGLIONI (Diego). Papato avignonese e problemi politici. *In*: Storia della chiesa, XI [Cf. n° 3939], p. 311-363.

3960. ROUSSEAU (Constance M.). Innocent III, defender of the innocents and the law: children and papal policy (1198–1216). *Archivum Historiae Pontificiae*, 94, 32, p. 31-42.

3961. SAYERS (Jane Eleanor). Innocent III: leader of Europe 1198–1216. London, Longman, 94, XIII-222 p. (maps). (The Medieval world).

3962. SCHWARTZ (O.), LERNER (R. E.). Iluminated propaganda: the origins of the 'Ascende calve' pope prophecies. *Journal of Medieval History*, 94, 20, 2, p. 157-191.

3963. SIENELL (St.). Papst Innocenz III. (1198–1216) und die Kölner Erzbischöfe. *Jahrbuch des Kölnischen Geschichtsvereins*, 94, 65, p. 13-53.

3964. WEISS (Sabine). Kurie und Ortskirche: Die Beziehungen zwischen Salzburg und dem päpstlichen Hof unter Martin V. (1417–1431). Tübingen, Max Niemeyer, 94, XII-575 p. (Bibliothek des Deutschen Historischen Instituts in Rom, 76).

Cf. n°s 24, 1178, 3090

c. Storia monastica.

* 3965. DE CASTRO Y CASTRO (Manuel). Bibliografia hispanofranciscana. Santiago de Compostela, [s. n.], 94, 895 p.

** 3966. Diplomata Novevallensia: the Nydala charters, 1172–1280. A critical edition with an introduction, a commentary and indices by Claes GEJROT. Stockholm, Almqvist & Wiksell International, 94, 237p. (Acta Universitatis Stockholmiensis. Studia Latina Stockholmiensia, 37).

** 3967. KONRAD ABBOT OF EBERBACH. Exordium magnum Cisterciense, sive, Narratio de initio Cisterciensis Ordinis. Ad codicum fidem recensuit Bruno GRIESSER. Turnhout, Brepols, 94, 455 p. (Corpus Christianorum. Continuatio mediaevalis, 138).

3968. BINNS (John). Ascetics and ambassadors of Christ: the monasteries of Palestine, 314–631. Oxford, Clarendon Press a. New York, Oxford U. P., 94, XI-276 p. (maps, tables). (Oxford early christian studies).

3969. BRUNDAGE (J. A.), MAKOWSKI (E. M.). Enclosure of nuns: the decretal Periculoso and its commentators. *Journal of Medieval History*, 94, 20, 2, p. 143-155.

3970. BURTON (Janet). Monastic and religious orders in Britain, 1000–1300. Cambridge, Cambridge U. P., 94, XI-354 p. (Cambridge medieval textbooks).

3971. CALATI (Benedetto). Sapienza monastica: saggi di storia, spiritualità e problemi monastici. A cura di Alessandra CISLAGHI e Giordano REMONDI; introduzione di Innocenzo GARGANO. Roma, Pontificio Ateneo S. Anselmo, 94, 591 p. (Studia Anselmiana, 117).

3972. Cisterciensi nel Mezzogiorno medievale (I). Atti del Convegno internazionale di studio in occasione del IX centenario della nascita di Bernardo di Clairvaux (Martano-Latiano-Lecce, 25–27 febbraio 1991). A cura di Hubert HOUBEN e Benedetto VETERE. Galatina, Congedo e Lecce Università degli Studi di Lecce, 94, 430 p. (Pubblicazioni del Dipartimento di studi storici dal medioevo all'età contemporanea. Studi storici, 28. Saggi e ricerche, 24).

3973. CONTI (Martino). Studi e ricerche del francescanesimo delle origini. Roma, Edizioni dehoniane, 94, 279 p. (Studi e ricerche, 2).

3974. COTTER (Francis J.). The Friars Minor in Ireland: from their arrival to 1400. Ed. by Roberta A. MAC KELVIE. St. Bonaventure, Franciscan Institute, St. Bonaventure University, 94, XII-264 p. (Franciscan Institute publications. History series, 7).

3975. DICKENS (A. G.). Late monasticism and the Reformation. London a. Rio Grande, Hambledon Press, 94, XIII-222 p.

3976. Dzieje, kultura artystyczna i umysłowa polskich cystersów od średniowiecza do końca XVIII wieku. Materiały trzeciego ogólnopolskiego sympozjum naukowego zorganizowanego przez Instytut Historii Uniwersytetu im. Adama Mickiewicza, Poznań, 27–30 września 1993 r. (Histoire, culture artistique et intellectuelle des cisterciens polonais dès le Moyen-Age jusqu'à la fin du XVIIIe siècle. Matériaux du troisième symposé scientifique polonais organisé par l'Institut d'Histoire de l'Université Adam Mickiewicz, Poznań, 27–30 septembre 1993). Red. par Jerzy STRZELCZYK. Kraków, Inst. Wydawn. Księży Misjonarzy, 94, 527 p. (phot., fig., dessins, cartes). (Nasza Przeszłość, 83). [Eng. summary].

3977. ELM (Kaspar). Vitasfratrum: Beiträge zur Geschichte der Eremiten- und Mendikantenorden des zwölften und dreizehnten Jahrhunderts: Festgabe zum 65. Geburtstag. Hrsg. v. Dieter BERG; unter Mitwirkung des Friedrich-Meinecke-Instituts der Freien Universität Berlin. Werl, Dietrich-Coelde-Verlag, 94, X-391 p. (Saxonia Franciscana, 5).

3978. Espace cistercien (L'). Sous la direction de Leon PRESSOUYRE. Paris, Comité des travaux historiques et scientifiques, 94, 591 p. (Mémoires de la Section d'archéologie et d'histoire de l'art, 5). [Cf. n^{os} <sélection> 290, 439.]

3979. FELD (Helmut). Franziskus von Assisi und seine Bewegung. Darmstadt, Wissenschaftliche Buchgesellschaft, 94, XIV-539 p.

3980. Franziskanisches Leben im Mittelalter. Studien zur Geschichte der rheinischen und sächsischen Ordensprovinzen. Hrsg. v. Dieter BERG. Werl, D. Coelde, 94, X-253 p. (Saxonia Franciscana, 3).

3981. GRUNDMANN (Herbert). Religious movements in the Middle Ages: the historical links between heresy, the Mendicant Orders, and the women's religious movement in the twelfth and thirteenth century, with the historical foundations of German mysticism. Notre Dame, University of Notre Dame Press, 94, XXXII-443 p.

3982. International Congress on the Rule of St. Benedict, 8th (1993: Abtei Montserrat). Achter Internationaler Regula-Benedicti-Kongress: Abtei Montserrat 27. 9–3. 10. 1993. Hrsg. v. Makarios HEBLER. St. Ottilien, EOS Verlag, 94, XI-238 p. (Regulae Benedicti studia, 18).

3983. KOCH (E. M. F.). De kloosterpoort als sluitpost? Adellijke vrouwen langs Maas en Rijn tussen huwelijk en convent, 1200–1600. (Der Klostereintritt: ein haushaltpolitisches Schlusslischt? Adelige Frauen zwischen Ehe und Konvent im Maas-Rhein-Gebiet, 1200–1600). Leeuwarden, Eisma, 94, XXXI-293 p. (Diss.Amsterdam VU. Maaslands monografieën, 57).

3984. LANGE (Tadeusz Wojciech). Szpitalnicy, joanici, kawalerowie maltańscy. (Les Hospitaliers, les Hospitaliers de Saint-Jean, l'Ordre de Malte). Poznań, Drawa, 94, 159 p. (phot., fig.).

3985. LAWRENCE (C. H.). The friars: the impact of the early mendicant movement on Western society. London a. New York, Longman, 94, X-245 p.

3986. MAIER (Christoph T.). Preaching the Crusades. Mendicant friars and the cross in the thirteenth century. Cambridge, Cambridge U. P., 94, X-202 p. (Cambridge studies in medieval life and thought, IV, 28).

3987. Moines et religieux au moyen âge. Ed. Par J. BERLIOZ. Paris, Ed. du Seuil, 94, 346 p. (Points. L'histoire, 185).

3988. Monachesimo benedettino (Il): profili di un'eredita culturale: [Atti delle giornate di studio Montecassino-Cassino 23–24 marzo 1991]. A cura di Oronzo PECERE. (Pubblicazioni dell'Universita degli studi di Cassino. Sezione Atti, convegni, miscellanee, 45). Napoli, ESI, 94, 100 p.

3989. Monachisme et technologie dans la société médiévale du Xe au XIIIe siècle. Actes du Colloque scientifique international, Cluny [Saone-et-Loire], 4–6 septembre 1991. Ed. par Ch. HETZLEN et R. DE VOS. Cluny, Ecole Nationale Supérieure d'Arts et Métiers, 94, 469 p. [Cf. n° <sélection> 408.]

3990. OBERSTE (Jörg). Ut domorum status certior habeatur ... Cluniazensischer Reformalltag und administratives Schriftgut im 13. und frühen 14. Jahrhundert. *Archiv für Kulturgeschichte*, 94, 76, p. 51-76.

3991. Papauté, monachisme et théories politiques: études d'histoire médiévale offertes à Marcel Pacaut 1. Le pouvoir et l'institution ecclésiale. 2. Les églises locales. Ed. par P. GUICHARD [et al.]. Lyon, Centre interuniversitaire d'histoire et d'archéologie médiévaleset Presses universitaires de Lyon, 94, 856 p. (Collection d'histoire et d'archéologie médiévales, 1). [Cf. n° <sélection> 2678.]

3992. PROKSCH (Constance). Klosterreform und Geschichtsschreibung im Spätmittelalter. Weimar, Wien u. Köln, Böhlau, 94, 300 p. (Kollektive Einstellungen und sozialer Wandel im Mittelalter, 2).

3993. Rapporti tra le comunità monastiche benedettine italiane (I) tra alto e pieno medioevo. Atti del III Convegno del «Centro di Studi Farfensi». Santa Vittoria in Matenano, 11–13 settembre 1992. San Pietro in Cariano, Il Segno, 94, 307 p. (tav.). (Scuola di memoria storica. Centro di Studi Farfensi per la storia del monachesimo mondiale e del meditare universale, 3).

3994. SCHNEIDER (Reinhard). Vom Klosterhaushalt zum Stadt- und Staatshaushalt: der zisterziensische Beitrag. Stuttgart, Hiersemann, 94, 201 p. (Monographien zur Geschichte des Mittelalters, 38).

3995. Vie quotidienne des moines et chanoines réguliers au Moyen Age et temps modernes (La): actes du premier Colloque International du LAHRCOR, Wrocław, Ksiaz 30 novembre–4 decembre 1994. Sous la direction de Marek DERWICH. Wrocław, Instytut Historyczny Uniwersytet Wrocławski, 94 s. p. (Supplément à la Revue Benedictine, 105, 3-4).

Cf. n° 2949

d. Agiografia.

3996. ABOU-EL-HAJ (Barbara). The medieval cult of saints: formations and transformation. Cambridge, Cambridge U. P., 94, XVIII-456 p.

3997. BENVENUTI (A.). Pellegrini, cavalieri ed eremiti: gli ordini religioso-cavallereschi e la memoria agiografica. *Cristianesimo nella storia*, 94, 15, 2, p. 279-312.

3998. CORMACK (Margaret). The saints in Iceland: their veneration from the conversion to 1400. Préf. par Peter FOOTE. Bruxelles, Société des Bollandistes, 94, XVI-296 p. (Subsidia Hagiographica, 78).

3999. DALARUN (Jacques). Lapsus linguae. La légende de **Claire de Rimini**. Spoleto, Centro italiano di studi sull'alto Medioevo, 94, 533 p. (ill., tav.). (Biblioteca di medioevo latino, 6).

4000. Frate **Francesco d'Assisi**. Atti del XXI Convegno internazionale, Assisi, 14–16 ottobre. Spoleto, Centro italiano di studi sull'alto medioevo, 94, X-302 p. (Atti dei Convegni della Società internazionale di studi francescani e del Centro interuniversitario di studi francescani, 4).

4001. FROS (Henryk). Pamiętając o mieszkańcach nieba. Kult świętych w dziejach i liturgii. (En songeant aux habitants du ciel. Le culte des saints dans l'histoire et dans la liturgie). Tarnów, Biblos, 94, 204 p. (Alfa. Teologia dla Wszystkich, 3).

4002. Hagiographies: histoire internationale de la littérature hagiographique latine et vernaculaire en Occident des origines à 1550. Vol. 1. Ed. par Guy PHILIPPART. Turnhout, Brepols, 94, 512 p. (Corpus Christianorum, Hagiographies, 1).

4003. GODDING (R.). Italia hagiographica. Chronique d'hagiographie italienne. *Analecta Bollandiana*, 94, 112, p. 401-422.

4004. LIFSHITZ (Felice). Beyond positivism and Genre: "Hagiographical" texts as historical narrative. *Viator*, 94, 25, p. 95-113.

4005. MAC GUIRE (Brian P.). A Saint's afterlife. **Bernhard** in the Golden Legend and in other medieval collections. *In*: Bernhard von Clairvaux [Cf. n° 3832], p. 179-212.

4006. MUÑOZ FERNÁNDEZ (Angela). Beatas y santas neocastellanas: ambivalencias de la religión y políticas correctoras del poder (ss. XIV–XVI). Madrid, Comunidad de Madrid, Dirección General de la Mujer, 94, 173 p.

4007. NAHMER (Dieter von der). Die lateinische Heiligenvita. Eine Einführung in die lateinische Hagiographie. Darmstadt, Wiss. Buchges, 94, [s. p.].

4008. NI MHEARA (Roisin). In search of Irish saints: the Peregrinatio pro Christo. Dublin, Four Courts Press, 94, 128 p.

4009. PHILIPPART (Guy). Hagiographes et hagiographie, hagiologes et hagiologie: des mots et des concepts. *Hagiographica*, 94, 1, p. 1-16. – IDEM. Martirologi e leggendari. *In*: Spazio letterario del Medioevo (Lo). I. II [Cf. n° 3728], p. 605-648.

4010. PRINZ (Friedrich). Agiographische Texte über Kult- und Wallfahrsorte: Auftragsarbeit für Kultpropaganda, persönliche Motivation, Rolle der Mönche. *Hagiographica*, 94, 1, p. 17-42.

4011. SMITH (Julia M. H.). The hagiography of **Hucbald of Saint-Amand**. *Studi medievali*, 94, 35, 2, p. 517-542.

4012. TOWNSEND (David). Henry of Avranches: Vita **sancti Oswaldi**. *Mediaeval studies*, 94, 56, p. 1-66.

4013. ZERBI (Pietro). L'ultimo sigillo (Par. XI, 107). Tendenze della recente storiografia italiana sul tema delle stigmate di **San Francesco**. *Rivista di storia della Chiesa in Italia*, 94, 48, p. 7-42.

Cf. n^{os} *3142, 3921, 3933*

e. Studi particolari.

4014. BARBER (Malcom). The new knighthood: a history of the order of the Temple. Cambridge, Cambridge U. P., 94, XXI-441 p.

4015. BARBU (Daniel). Pélerinage à Rome et croisade. Contribution à l'histoire religieuse des Roumains dans la première moitié du XVe siècle. *Revue Roumaine d'Histoire*, 94, 33, 1-2, p. 27-42.

4016. BATKIN (L.M.). Ital'yanskoye vozrozhdenie i religiya. (Italian renaissance and religion). *In*: Odissey. Chelovek v istorii. 1992. Istorik i vremya [Cf. n° 748], p. 109-159. (Eng. summary).

4017. BRENTANO (Robert). A new world in a small place: church and religion in the diocese of Rieti, 1188–1378. Berkely, Los Angeles a. London, University of California Press, 94, XXIII-452 p. (A centennial book).

4018. CAROLUS-BARRÉ (Louis). Le procès de canonisation de Saint Louis (1272–1297): essai de reconstitution. Ed. par Henri PLATELLE. Roma, Ecole Française de Rome, 94, 325 p. (Collection de l'Ecole Française de Rome, 195).

4019. CHAUSSIER (Claude), VAN INNIS (Gonzague). L'Ordre des Chevaliers de Saint-Antoine en Hainaut (XIVe–XVe siècles). Bruxelles, Editions Calceator, 94, 362 p.

4020. Christentum im bairischen Raum (Das). Von den Anfängen bis ins 11. Jahrhundert. Hrsg. v. Egon BOSHOF u. Hartmut WOLFF. Köln, Weimar u. Wien, Böhlau, 94, XI-483 p. (Passauer Historische Forschungen, 8).

4021. Chrystianizacja Polski Południowej. Materiały sesji naukowej odbytej 29 czerwca 1993 roku. (La christianisation de la Pologne du Sud. Matériaux de la session tenue le 29 juin 1993). Kraków, Secesja, 94, 172 p. (phot., dessins, tables). (Tow. Miłośników Hist. I Zab. Krakowa. Rola Krakowa w Dziejach Narodu, 13).

4022. CLEGG (Nancy W.), REED (Clyde G.). The economic decline of the Church in medieval England. *Explorations in Economic History*, 94, 31, p. 261-280.

4023. CROSBY (Everett U.). Bishop and chapter in twelfth-century England: a study of the "Mensa Episcopalis". Cambridge, Cambridge U. P., 94, XIV-450 p. (Cambridge studies in medieval life and thought, IV, 23).

4024. DE LA RONCIÈRE (Charles Marie). Religion paysanne et religion urbaine en Toscane (c. 1250–c. 1450). Aldershot, Variorum, 94, X-319 p. (Collected studies series, 458).

4025. DELMAIRE (Bernard). Le diocèse d'Arras de 1903 au milieu du XIVe siècle: recherches sur la vie religieuse dans le nord de la France au moyen âge. Arras, Conseil Général du Pas-de-Calais et Scientifique de l'Université Charles de Gaulle-Lille III, 94, 2 vol., 408 p., 232 p. (Mémoires de la Commission départementale d'Histoire et Archéologie du Pas-de-Calais, 31).

4026. Eretici ed eresie medievali nella storiografia contemporanea. Atti del XXXII Convegno di studi sulla Riforma e i movimenti religiosi in Italia. A cura di Grado G. MERLO. *Bollettino della società di studi valdesi*, 94, 61, 174, p. 5-152.

4027. FLETCHER (Alan J.). "Benedictus qui venit in nomine Domini": A thirteenth-century sermon for advent and the macaronic-style in England. *Mediaeval studies*, 94, 56, p. 217-246.

4028. GORYUNOV (E. V.). Sootnoshenie narodnoy i uchenoy kul'tur srednevekov'ya v zerkale tserkovnykh obryadov i svyashchennykh predmetov (Rakurs raskhozhdeniya i vzaimopronikoveniya). (Correlation of the popular and learned cultures of the middle ages as mirrored in church rites and sacred objects. The angle of variance and the angle of intertwinement). *In*: Odissey. Chelovek v istorii. 1994. Kartina mira v narodnom i uchenom soznanii [Cf. n° 750], p. 141-164. (Eng. summary).

4029. HUGHES (Andrew). Late medieval liturgical offices: resources for electronic research. Toronto, Pontifical Institute of Mediaeval Studies, 94, X-229 p. (Subsidia Mediaevalia, 23).

4030. KÖBLÖS (József). Az egyházi középréteg Mátyás és a Jagellók korában. A budai, fehérvári, győri és a pozsonyi káptalan adattára. (La couche moyenne ecclésiastique à l'époque de Mathias et des Jagellons. Recueil de données concernant les chapitres de Buda, Fehérvár, Győr et Pozsony). Budapest, MTA Történettud. Int., 94, 408 p. (Társadalom- és művelődés-történeti tanulmányok, 12).

4031. KOSZTA (László). Egy francia származású főpap Magyarországon. Bertalan pécsi püspök, 1219–1251. (Un membre du haut clergé d'origine française en Hongrie. Bartholomé évêque de Pécs, 1219–1251). *Aetas*, 94, 1, p. 64-88.

4032. KÜRBIS (Brygida). Szkoła i kateheza według rękopisu zssobrun. (München, clm 22053, ok. 800 r.). (L'enseignement scolaire et la catéchèse selon le manuscrit de Wessobrunn: München, Clm. 22053, env. 800). *Studia źródłozn.*, 94, 35, p. 1-14 (phot.). [Rés. franç.].

4033. MAC CREADY (William D.). Miracles and the venerable Bede. Toronto, Pontifical Institute of Mediaeval Studies, 94, XV-287 p. (Studies and texts, 118).

4034. PAOLINI (Lorenzo). L'eresia e l'inquisizione. *In*: Spazio letterario del Medioevo (Lo). I. II [Cf. n° 3728], p. 361-405.

4035. RAHN (Kerstin). Religiöse Bruderschaften in der spätmittelalterlichen Stadt Braunschweig. Hannover u. Braunschweig, Reichold, 94, 311 p. (Braunschweiger Werstücke, 91; Veröffentlichungen aus dem Stadtarchiv und der Stadtbibliothek, A, 38).

4036. RANDO (Daniela). Una chiesa di frontiera: le istituzioni ecclesiastiche veneziane nei secoli VI–XII. Bologna, Il Mulino, 94, 324 p. (Ricerca).

4037. REYNOLDS (Philip Lyndon). Marriage in the western church: the christianization of marriage during the patristic and early medieval periods. Leiden, New York a. Köln, E. J. Brill, 94, XXX-436 p. (Supplements to Vigilae Christianae, 24).

4038. RODRÍGUEZ LLOPIS (Miguel), GARCÍA DÍAZ (Isabel). Iglesia y sociedad feudal. El cabildo de la catedral de Murcia en la Baja Edad Media. Murcia, Universidad de Murcia, 94, 182 p.

4039. RUSCONI (Roberto). La predicazione: parole in chiesa, parole in piazza. *In*: Spazio letterario del Medioevo (Lo). I. II [Cf. n° 3728], p. 571-603.

4040. SCHÄFERDIEK (K.). Fragen der frühen angelsächsischen Festlandmission. *Frühmittelalterliche Studien*, 94, 28, p. 172-195.

4041. SCHULTE VAN KESSEL (E.). The quietus to a German hospice in Rome. The annexation of Santi Andrea e Birgitta to the Anima (1431). *Meded. Nederlands Inst. Rome*, 94, 53, p. 1-17.

4042. SIRE (H. J. A.). The knights of Malta. New Haven a. London, Yale U. P., 94, XIII-305 p.

4043. SROKA (Stanislaw). Egy lengyel származású főpap a 14. századi Magyarországon. Boleszló esztergomi érsek, 1321–1328. (Un membre du haut clergé d'origine polonaise en Hongrie du XVIe siècle. Boleslas archevêque d'Esztergom, 1321–1328). *Aetas*, 94, 1, p. 89-101.

4044. STOYANOV (Yuri). The hidden tradition in Europe. The secret history of medieval christian heresy. Arkana, Pinguin Books, XIX-309 p.

4045. STUMP (P. H.). The Reforms of the Council of Constance (1414–1418). Leiden, New York a. Köln, E. J. Brill, 94, XV-463 p. (Studies in the history of Christian tought, vol.53).

4046. VOGEL (Cyrille). En rémission des péchés. Recherches sur les systèmes pénitentiels dans l'Eglise latine. Ed. par A. FAIVRE. Aldershot, Variorum, 94, X-354 p. (Collected studies series, 396).

4047. WĘGRZYNEK (Hanna). Oskarżenia przeciw Żydom o morderstwa rytualne i profanowanie hostii w Europie do końca XIV wieku. (Les accusations contre les Juifs des assassinats rituels et de profanation de la hostie en Europe jusqu'à la fin du XIVe siècle). *Biul. Żyd. Inst. Hist.*, 93 (94), 41, 3-4, p. 15-22.

4048. WILTS (Andreas). Beginen im Bodenseeraum. Sigmaringen, Thorbecke, 94, 508 p. (Bodensee-Bibliothek, 37).

4049. WOOD (Ian). The mission of Augustine of Canterbury to the English. *Speculum*, 94, 69, 1, p. 1-17.

§ 14. Storia degli insediamenti. Toponomastica. Storia delle città.

4050. AITCHISON (N. B.). Armagh and the royal centres in early Medieval Ireland: monuments, cosmology, and the past. Woodbridge a. Rochester, Boydell & Brewer, 94, X-356 p.

4051. Atlas de la France de l'an Mil. Etat de nos connaissances. Ed. par M. PARISSE et J. LEURIDAN. Paris, Picard, 94, 129 p.

4052. BUCKLAND (P. C.), [et al.]. Twig layers, floors and middens. Recent palaeoecological research in the Western settlement, Greenland. *In*: Twelfth Viking Congress (The) [Cf. n° 3381], p. 132-143.

4053. BUDAK (Neven). Gradovi Varaždinske županije u srednjem vijeku: (urbanizacija Varaždinske županije do kraja 16. stoljeća). (The towns of the County of Varaždin in the Middle Ages: urbanization of the Varaždin County to the close of the sixteenth century). Zagreb a. Koprivnica, Nakladnička kuća "Dr. Feletar", 94, 225 p.

4054. Camino de Santiago (El) y la articulación del espacio hispánico. XX Semana de Estudios Medievales (Estella, 26–30 julio 1993). Pamplona, Gobierno de Navarra, Departamento de Educación y Cultura, 94, 383 p.

4055. Cherasco. Origine e sviluppo di una Villanova. A cura di Fracesco PANERO. Cuneo, Società per gli studi storici, archeologici ed artistici, 94, 203 p. (ill.).

4056. DARK (Kenneth R.). Discovery by design: the identification of secular élite settlements in western Britain, AD 400–700. Oxford, BAR, 94, VII-190 p. (British ser. 237).

4057. DI BARTOLO (Bruno). Les minorités gallo-italiennes en Sicile à l'époque normanno-suève. *Studi medievali*, 94, 35, 2, p. 797-816.

4058. DUBOIS (Henri). En Normandie, une population médiévale dans son espace. *Francia*, 94, 24, 1, p. 125-174.

4059. Felolvasóülések az Árpád-korból. 2. Veszprém kora középkori emlékei. (Séance de travail de la période des Arpads. 2. Les vestiges de Veszprém du haut moyen-âge). Ed. par Zsuzsa FODOR. Veszprém, Laczkó Múz., 94, 132 p.

4060. Irish towns. Ed. by Angret SIMMS. Cork, Mercier, 94, 192 p.

4061. JAGER (A.). Stinsen en het elite-netwerk in de middeleeuwse bewoningsgeschiedenis van Sneek en haar ommeland. (Fortified townhouses in the medieval settlement history of Sneek, the Netherlands, and its surroundings). *Palaeohistoria*, 91/92 [=94], 33-34, p. 321-336. (fig.).

4062. KENDALL (Calvin B.). The plan of St. Gall: an argument for a 320-foot church prototype. *Mediaeval studies*, 94, 56, p. 279-297.

4063. KENEDY (Hugh). Crusader castles. Cambridge, Cambridge U. P., 94, XVI-221 p.

4064. MARTINENA RUIZ (Juan José). Castillos reales de Navarra (siglos XIII al XVI). Pamplona, Gobierno de Navarra, Departamento de Educación y Cultura, 94, 793 p.

4065. Oppidum de Saint-Blaise (L') du Ve au VIIe s. (Bouches-du-Rhône). Ed. par Gabrielle DÉMIANS D'ARCHIMBAUD. Paris, Maison des Sciences de l'Homme, 94, 257 p. (Documents d'Archéologie Française, 45).

4066. REDON (Odile). L'espace d'une cité: Sienne et le pays siennois (XIIIe–XIVe siècles). Roma, Ecole Française de Rome, 94, II-324 p. (Collection de l'Ecole Française de Rome, 200).

4067. RICHARDS (Marie). Chapels and chantries in late medieval and early modern Besançon: the record book of Jean Ferreux, chaplain. *Journal of Medieval History*, 94, 20, 2, p. 121-132.

4068. RUIZ (Teofilo F.). Crisis and continuity: land and town in late medieval Castile. Philadelphia, University of Pennsylvania Press, 94, XVI-351 p. (maps, tables). (Middle ages series).

4069. VERHULST (Adriaan). The origins and the early development of medieval towns in northern Europe. *Economic history review*, 94, 47, 2, p. 362-373.

4070. WINDLER (Renata). Das Gräberfeld von Elgg und die Besiedlung der Nordostschweiz im 5.–7. Jh. Zürich u. Egg, Fotorotar, 94, 356 p. (Zürcher Denkmalpflege, Archäologische Monographien, 13).

Cf. n°s 3505, 3542

K

STORIA DELL'ETÀ MODERNA, OPERE GENERALI

§ 1. Opere generali. 4071-4185. – § 2. Singoli stati. 4186-5362. – § 3. Scoperte geografiche ed esplorazioni. 5363-5379.

§ 1. Opere generali.

* 4071. Bibliographie zur Zeitgeschichte. Zusammengestellt von Christoph WIESZ u. Ingeborg ÜNAL. Jahrgang 42, 1994 [41, 1993. Cf. Bibl. 93, n° 4075.]. München, Oldenbourg, 144 p.

* 4072. Eighteenth-Century (The): a current bibliography. Vol. 13. 1987. Ed. by Jim SPRINGER BORCK a. Robert A. BECKER. New York, AMS Press, 94, VII-605 p.

* 4073. European Bibliography of Slavonic and East European Studies / Bibliographie européenne des travaux sur l'ex-URSS et l'Europe de l'Est / Europäische Bibliographie zur Osteuropaforschung. Vol. XVI, 1990. Ed. by Armand MONIQUE, Wanda GAIGNEBET a. Paerle KORNBAUM. Paris, Editions de l'EHESS, 94, XXXV-396 p.

* 4074. "Jewish question" in German-speaking countries (The), 1848–1914: a bibliography. Ed. by Rena R. AUERBACH. Continues the Bibliographie zur Geschichte der Judenfrage by Volkmar EICHSTADT. New York a. London, Garland, 94, XXV-385 p. (Garland reference library of the humanities, 1571).

* 4075. LATHAM (Anthony John Heaton). Africa, Asia and South America since 1800: a bibliographical guide. Manchester, Manchester U. P., 94, XXXIII-259 p. (History and related disciplines select bibliographies).

* 4076. Swedish bibliography of urban history: a selection of books and articles published up to 1992. Ed. by Lars NILSSON. Stockholm, Stads- och kommunhistoriska institutet, 94, 123 p.

** 4077. DE ZURARA (Gomes Eanes). Chronique de Guinée (1543). Paris, Editions Chandeigne, 94, 380 p. (Collection Magellane).

** 4078. Documenti turchi (I) dell'Archivio di Stato di Venezia. A cura di Maria Pia PEDANI FABRIS. Roma, Pubblicazioni degli Archivi di Stato, 94, LXXI-697 p. (Strumenti, 122).

** 4079. Epistolae ad principes. A cura di Tomislav MARKONJIC. Città del Vaticano, Archivio segreto vaticano, 94, VIII-647 p. (Collectanea Archivi Vaticani, 29).

** 4080. Materialen zur rheinischen Geschichte. Band 3. Das Inventar der Geheimen Kanzlei der Herzöge von Jülich-Berg aus dem Hause Pfalz-Neuburg (1609–1716). Nach den Unterlagen im Bayerischen Hauptstaatsarchiv München. Bearb. v. Ruth FÜCHTNER u. Heike PREUSS. Düsseldorf, Droste, 94, 777 p. (Publikationen der Gesellschaft für Rheinische Geschichtskunde, 61).

** 4081. RUGGIERI (Fulvio). La Descrittione della Pollonia di Fulvio Ruggieri (1572). A cura di Paolo BELLINI. Trento, Dipartimento di scienze filologiche e storiche, 94, 167 p. (ill., tav.). (Labirinti, 7).

4082. Balkanskie issledovaniya. Ros. akad. nauk. In-t slavyanovedeniya i balkanistiki. Dir. I. V. CHURKINA. Vol. 12. Revolutsii i reformy na Balkanakh. (Revolutions and reforms in Balkan countries, 19th–20th centuries). Moskva, Nauka, 94, 231 p. (bibl., Eng. contents).

4083. BAUER (Yehuda). Jews for sale? Nazi-Jewish negotiations, 1933–1945. New Haven, Yale U. P., 94, XIII-306.

4084. BECKER (Annette). La guerre et la foi. De la mort à la mémoire (1914–1930). Préf. de Etienne FOILLOUX. Paris, Armand Colin, 94, 141 p.

4085. BECKER (Marvin B.). The emergence of civil society in the eighteenth-century: a privileged moment in the history of England, Scotland and France. Bloomington a. Indianapolis, Indiana U. P., 94, XXVI-165 p.

4086. BEN HAFRI (Chakib). Las relaciones entre España, el Imperio otomano y las regencias berberiscas en el siglo XVIII (1759–1792). *Revue d'Histoire Maghrebine*, 94, 75-76, p. 279-285.

4087. BERNICS (Ferenc). A Julián akció. Egy "magyarságmentő egyesület" tevékenysége Horvátországban, Bosznia-Hercegovinaban és a jelen, 1904–1992. (L'action "Julián". L'activité d'une société "sauvant les Hongrois" en Croatie, Bosnie-Herzégovine et le présent, 1904–1992). Pécs, Baranya Megyei Könyvtár, 94, 178 p.

4088. BERTHIER (Annie). Magnifiques retrouvailles: la lettre de Soliman à François Ier. *Revue de la Bibliothèque nationale de France*, 94, 3, p. 61-62.

4089. BLACK (Jeremy). European warfare, 1660–1815. New Haven, Yale U. P., 94, X-276 p.

4090. BLANCPAIN (Jean-Pierre). Migrations et mémoire germaniques en Amérique latine. Strasbourg, Presses Universitaires de Strasbourg, 94, 353 p.

4091. BLUM (Jerome). In the beginning. The advent of the Modern Age: Europe in the 1840s. New York, Charles Scribner's Sons, 94, XX-405 p.

4092. BOCŞAN (Nicolae), DUMA (Mihai), BONA (Petru). Franţa şi Banatul. 1789–1815. (La France et le Banat). Reşiţa, Muzeul de istorie al judeţului Caraş-Severin, 94, 244 p.

4093. BODIAN (Miriam). "Men of the nation": the shaping of Converso identity in early modern Europe. *Past and Present*, 94, 143, p. 48-76.

4094. BORA (Tanil). Bosna Hersek: Yeni Dünya Düzeninin Av Sahası. (Bosnie-Herzégovine: Espace de chasse de l'ordre nouveau du monde). Istanbul, Birikim Yayınları, 94, [s. p.].

4095. CARMILLY-WEINBERGER (Moshe). Istoria evreilor din Transilvania (1623–1944). (The history of the Jews in Transylvania. 1623–1944). Bucureşti, Editura Enciclopedică, 94, 191 p. (ill.). (Institutul de Iudaistică şi Istorie Evreiască "Dr. Moshe Carmilly", Cluj-Napoca, Bibliotheca Judaica I).

4096. CHABOD (Federico). Idea di Europa e politica dell'equilibrio. A cura [e con un saggio introduttivo] di Luisa AZZOLINI. Bologna, Il Mulino, 94, LXI-293 p. (Testi storici, filosofici e letterari dell'Istituto italiano per gli studi storici, 4).

4097. COUTINHO DE MELLO COELHO (Lucinda). A expansão portuguesa e as bulas pontificias. *Revista do Instituto Histórico e Geográfico Brasileiro*, 94, 384, p. 526-546.

4098. CRAMPTON (R. J.). Eastern Europe in the twentieth century. London a. New York, Routledge, 94, XX-475 p.

4099. DELILLE (Gérard). Storia politica e antropologia. Gruppi di potere locale nel Mediterraneo occidentale dal XV al XVII secolo. *Uomo*, 94, 7, 1-2, p. 131-155.

4100. DEWERPE (Alain). Espion: une anthropologie historique du secret d'Etat contemporain. Paris, Gallimard, 94, 478 p. (Bibliothèque des histoires).

4101. Dunaj in Slovenci: posvetovanje Zveze zgodovinskih društev Slovenije, Avstrijskega inštituta za vzhodno in jugovzhodno Evropo – Izpostava Ljubljana, Slovenske izseljenske matice, Ljubljana, 18. in 19. junija 1992. (Vienna and the Slovenes: conference of the Association of Historical Societies of Slovenia, the Austrian Institute for Eastern and South-eastern Europe – the Branch in Ljubljana, the Slovene Emigrants' Office, Ljubljana, 18th–19th June, 1992). Ed. by Darja MIHELIČ. Ljubljana, Zveza zgodovinskih društev Slovenije, Znanstvenoraziskovalni center SAZU, 94, 181 p. (ill.).

4102. DURANDIN (C.). La France contre l'Amérique. Paris, PUF, 94, 212 p.

4103. Ecrire l'histoire du XXe siècle. La politique et la raison. Paris, Ed. du Seuil et Gallimard, 94, 266 p. (La pensée politique, 2).

4104. EMECEN (Feridun Mustafa). Hicaz'da Osmanlı Hâkimiyeti'nin Tesisi ve Ebu Nümey. (La fondation de la domination ottomane sur Hédjaz et Ebu Nümey). *Istanbul Üniversitesi Edebiyat Fakültesi Tarih Enstitüsü Dergisi*, Istanbul, 94, p. 87-120.

4105. Ethnic nationalism and regional conflict: the former Soviet Union and Yugoslavia. Ed. by Raymond W. DUNCAN a. G. Paul HOLMAN jr. Boulder, Westview press, 94, IX-218 p. (ill., bibl.).

4106. Eurooppalainen ihminen: todellisuutta, ihanteja ja pelkkoja. (The European man: reality, ideals, apprehensions). Ed. by Anssi HELMESVIRTA. Jyväskylä, Atena, 94, 272 p. (ill.).

4107. FERGUSON (Niall). Public finance and national security: the domestic origins of the First World War revisited. *Past and Present*, 94, 142, p. 141-168.

4108. Finlande depuis 500 ans sur les cartes d'Europe (La). Musée de Finlande centrale, Collection de cartes Fredrikson. Ministère des affaires étrangères de Finlande. Jyväskylä, Musée de Finlande centrale, 94, 32 p.

4109. French Revolution (The) and the creation of modern political culture. Vol. 4. The Terror. Ed. by Keith Michael BAKER. Oxford, New York a. Tokyo, Pergamon, 94, XXVIII-398 p.

4110. FURET (François). La passion révolutionnaire au XXe siècle [le bourgeois]. *Pensée politique*, 94, 2, p. 11-43.

4111. GANNHOLM (Ture). Gotland Östersjöns pärla: centrum för handel och kultur i östersjöområdet under 2000 år. (Gotland the Baltic pearl: center of commerce and culture in the baltic region during 2000 years). Stånga, Gamel Burs, 94, 320 p.

4112. GAZİOĞLU (Ahmet C.). Kıbrıs'ta Türkler (1570–1878): 308 Yıllık Türk Dönemine Yeni Bir Bakış. [Les Turcs dans le Chypre (1570–1878): un aperçu nouveau sur l'époque turque de 308 années]. Lefkoşe, Kıbrıs Araştırma ve Yayın Merkezi, 94, 480 p.

1. OPERE GENERALI

4113. GODBOLT (James). USA i vår tid: trekk frå nyare amerikansk historie. (Topics from contemporary American history). Oslo, Ad notam Gyldendal, 94, 373 p. (diagr).

4114. GROSBOIS (T.). L'idée européenne en temps de guerre dans le Benelux (1940–1944). (The idea of Europe during the war in the Benelux, 1940–1944). Louvain-la-Neuve, Academia, 94, 267 p. (Pédasup, 28).

4115. Gudmundur Finnbogason. Islandske saertraek: tre foredrag. (The peculiarities of Iceland: three lectures). Fotografiske nytryck. Lyngby, Dansk-islandske samfund, 94, 44 p.

4116. GUERRA (F. X.). The Spanish-American tradition of representation and its European roots. *Journal of Latin American Studies*, 94, 26, 1, p. 1-17.

4117. Guerre fratricide: le guerre civili in età contemporanea. A cura di Gabriele RANZATO. Torino, Boringhieri, 94, LXVI-354 p. (Nuova cultura, 42).

4118. HARTMANN (Peter C.). Französische Könige und Kaiser der Neuzeit von Ludwig XII. bis Napoleon III. 1498–1870. München, Beck, 94, 500 p. (ill.).

4119. HARVIE (Christopher). The rise of regional Europe. London a. New York, Routledge, 94, XIII-92 p. (ill., bibl.). (Historical connections).

4120. HAYES (Bascom Barry). Bismarck and Mitteleuropa. London, Associated University Press, 94, 623 p.

4121. HOBSBAWM (Eric John). The age of extremes. A history of the world, 1914–1991. New York, Pantheon Books, 94, XII-627 p. (ill.).

4122. Istoriya Evropy: V 8-mi tomakh s drevneyshikh vremen do nashikh dney. (A history of Europe: from the oldest time till today). Dir.: A. O. CHUBARYAN [et al.]. Vol. 4: "Evropa novogo vremeni (XVII–XVIII vv.) (Modern Europe, XVIIth and XVIIIth century)". Dir.: M. A. BARG [et al.]. Ros. Akad. nauk. In-t vseobshchey istorii.; In-t rossiyskoy istorii; In-t slavyanovedeniya i balkanistiki. Moskva, Nauka, 94, 509 p. (Eng. summary, bibl.).

4123. KAMÍSKI (A. S.). Republic vs. autocracy. Poland, Lithuania and Russia 1686–1697. Harvard, Harvard U. P., 94, 312 p.

4124. KLINGE (Matti). A brief history of Finland. Helsinki, Otava, 94, 163 p. (ill.maps).

4125. KOCABAŞOĞLU (Uygur), BERGE (Metin). Bolşevik İhtilâli ve Osmanlılar. (La Révolution Bolchévique et les Ottomans). Ankara, Kebikec, 94, 366 p. (Tarih Kitapliği Dizisi).

4126. KUNDERA (M.). Tragediya Tsentral'noy Evropy. (The tragedy of Central Europe, 1945–1985.) *Problemy Vostochnoy Evropy. Problems of Eastern Europe*, 94, 41-42, p. 66-87.

4127. Latin America since 1930: economy, society and politics. Ed. by Leslie BETHELL. Part 2. Politics and society. Cambridge, Cambridge U. P., 94, XIV-736 p.

4128. LESAFFER (Randall). Defensor pacis hispanicae, de kardinaal-infant, de Zuidelijke Nederlanden en de Europsese politiek van Spanje: van Nördlingen tot Breda (1634-1637). (Defensor pacis hispanicae, le cardinal-infant, les Pays-Bas et la politique européenne de l'Espagne, de Nördlingen à Breda, 1634-1637). Kortrijk-Heule, UGA, 94, XLV-222 p. (Standen en Landen 97).

4129. LINTON (Michael). Sveriges historie. (The history of Sweden). Århus, Århus universitets forlag, 94, 250 p.

4130. LOVOLL (Odd Sverre). Innvandrernes Amerika. (The America of the immigrants). *Heimen*, 94, 3, p. 147-155.

4131. MALETTKE (Klaus). Europabewusstsein und europäische Friedenspläne im XVII. und XVIII. Jahrhundert. *Francia*, 94, 21, 2, p. 63-93. – IDEM. Frankreich, Deutschland und Europa im XVII. und XVIII. Jahrhundert. Beiträge zum Einfluss französischer politischer Theorie, Verfassung und Aussenpolitik in der frühen Neuzeit. Marburg, Hitzeroth, 94, 445 p.

4132. MALLON (Florencia E.). The promise and dilemma of subaltern studies: perspectives from Latin American history. *American historical review*, 94, 99, 5, p. 1491-1515.

4133. MARONGIU BUONAIUTI (Cesare). Chiese e stati: dall'età dell'illuminismo alla prima guerra mondiale. Roma, NIS, 94, 395 p. (Studi superiori NIS, 202).

4134. MARTELLONE (Anna Maria). Ideologia di un'appartenenza: «anglosassonismo» e «Anglo-Saxondom» nel discorso pubblico angloamericano (1895–1917). *Passato e presente*, 94, 12, 31, p. 41-60.

4135. MARTIN (Xavier). Nature humaine et Révolution française. Du siècle des Lumières au Code Napoléon. Bouère, Dominique Martin Morin, 94, 277 p.

4136. MAXIM (Mihai). Haraciul Moldovei şi Ţării Româneşti în ultimul sfert al veacului XVI. (Le Tribut de Moldavie et de Valachie pendant le dernier quart du XVIe siècle). *Studi şi Materiale de Istorie Medie*, 94, 12, p. 3-46. – IDEM. Sur la question des "ahid nâme" octroyés par les sultans ottomans aux princes de la Moldavie et de la Valachie. *Transylvanian Review*, 94, 3, 1, p. 3-14.

4137. MEDUSHEVSKIY (A. N.). Utverzhdenie absolyutizma v Rossii: Sravnitel'no-istoricheskoe issledovanie. (The beginning of absolutism in Russia: a comparative study.) Moskva, Tekst, 94, 319 p. (bibl.).

4138. MESTROVIĆ (Stjepan G.). The balkanization of the West: the confluence of postmodernism and postcomunism. London a. New York, Routledge, 94, 226 p.

4139. Military intervention in European conflicts. Ed. by Lawrence FREEDMAN. Cambridge a. Oxford, Blackwell, 94, 195 p. (bibl.).

4140. Minoranze tra le due guerre (Le). A cura di Umberto CORSINI e Davide ZAFFI. Bologna, Il Mulino,

94, 314 p. (Annali dell'Istituto italo-germanico. Quaderni, 38).

4141. MÖNNESLAND (Svein). För Jugoslavia, og etter: nye stater – gamle nasjoner. (Before and after Jugoslavia: new states – old nations). Oslo, Sypress forlag, 94, 373 p. (ill.).

4142. MULDOON (James). The Americas in the Spanish world order. The justification for conquest in the seventeenth century. Philadelphia, University of Pennsylvania Press, 94, XII-239 p.

4143. NABLI (Mahmoud). Renaissance, tendances de sécularisation et tradition dans l'Orient arabe des siècles 19ème et 20ème. *Revue d'Histoire Maghrebine*, 94, 75-76, p. 287-302.

4144. Nacjonalizm. Konflikty narodowościowe w Europie Środkowej i Wschodniej. (Nazionalismo. Conflitti nazionali nell'Europa centrale ed Orientale). Pod red. Stanisława HELNARSKIEGO. Toruń, Wyd. Adam Marszałek, 361 p.

4145. Nationen, Nationalitäten, Minderheiten: Probleme des Nationalismus in Jugoslawien, Ungarn, Rumänien, der Tschechoslowakei, Bulgarien, Polen, der Ukraine, Italien und Österreich 1945–1990. Hrsg. v. Valeria HEUBERGER [et al.]. Wien, Verlag für Geschichte und Politik u. München, Oldenbourg, 94, 268 p. (Schriftenreihe des Österreichischen Ost- und Südosteuropa-Instituts, 22).

4146. Nations, nationalism and patriotism in the European past. Ed. by C. BJØRN [et al.]. København, Academic Press, 94, 229 p. [Cf. n^{os} <choice> 4637.]

4147. NIEMI (Einar). Fra Nord-Norge til Amerika: noen refleksjoner om problemstillinger, perspektiver og utfordringer. (From Northern Norway to America: some reflections on problems, perspectives and challenges). *Heimen*, 94, 3, p. 172-184.

4148. Nordnorsk kulturhistorie. (A cultural history of Northern Norway). Vol. 1. Det gjenstridige landet. (The obstinate country). Vol. 2. Det mangfoldige folket. (The multiform people). Ed. by Einar-Arne DRIVENES [et al.]. Oslo, Gyldendal, 471 p., 471 p.

4149. Nouveau systeme du monde (Le): colloque international, Sorbonne, 29 et 30 mai 1992. Organisé par la revue Actuel Marx et l'Istituto italiano per gli studi filosofici. Sous la dir. de Jacques BIDET et Jacques TEXIER. Paris, PUF, 94, 286 p. (Actuel Marx confrontation).

4150. Novyy mir: Vostochnaya Evropa v protsesse izmeneniy. (Modern changes in Eastern Europe). Tsentr politicheskikh issledovaniy. Dir. by D. VARNAP. Budapest, [s. n.], 94, 84 p. (Corridor).

4151. Ochagi trevogi v Vostochnoy Evrope: Drama natsional'nykh protivorechiy: Sb. st. (National conflicts in the history of Eastern Europe: A coll. of art.). Ros. Akad. nauk. In-t slavyanovedeniya i balkanistiki etc. Moskva, ISB, 94, 328 p. (bibl.). [Cf. n^{os} <choice>

568, 720, 4340, 4358, 4822, 4829, 4845, 4848, 4849, 4877, 5056.]

4152. Osmanlı Devleti ve Medeniyeti tarihi. Ed. by Ekmeleddin İHSANOĞLU. İstanbul, İslâm Tarih, Sanat ve Kültür Araştırma Merkezi, 94, 868 p. (ill.). (Osmanli devleti ve medeniyeti tarihi serisi, 1). [Cf. n^{os} <choice> 852, 891, 971, 980, 1021, 1041, 7201.]

4153. Partii i partiynye sistemy sovremennoy Evropy. (Parties and party systems of modern Europe). Problemno-tematicheskiy sbornik. (Coll. of articles). Otv. red. V. P. LYUBIN. Moskva, INION, 94, 220 p.

4154. Politicheskie partii i dvizheniya Vostochnoy Evropy: Problemy adaptatsii k sovremennym usloviyam. (Political parties and movements in Eastern Europe: problems of adaptation to the modern situation: a coll. of art.). Ros. Akad. nauk. In-t slavyanovedeniya i balkanistiki etc. Under the dir. of Yu. S. NOVOPASHIN. Moskva, ISB, 94, 317 p. (portr.).

4155. Politische Totenkult (Der). Kriegerdenkmäler in der Moderne. Hrsg. v. Reinhart KOSELLECK u. Michael JEISMANN. München, Fink, 94, 440 p.

4156. PRITZ (Pál). Magyarságkép és a külföldi propaganda a húszas évek első felében. (L'image de la Hongrie et la propagande à l'étranger dans la première moitié des années vingt). *Századok*, 94, 128, 6, p. 1078-1116.

4157. Regionen in der Frühen Neuzeit: Reichskreise im deutschen Raum, Provinzen in Frankreich, Regionen unter polnischer Oberhöheit: ein Vergleich ihrer Strukturen, Funktionen und ihrer Bedeutung. Hrsg. v. Peter Claus HARTMANN. Berlin, Duncker & Humblot, 94, 286 p. (bibl). (Zeitschrift fur historische Forschung, Beiheft, 17).

4158. Religion et Révolution. Colloque de Saint-Florent-le-Vieil, mai 1993. Ed. par Jean-Clément MARTIN. Paris, Anthropos-Economica, 94, 272 p. [Cf. n^{o} <sélection> 5405.]

4159. Révolution et République: l'exception française. Actes du Colloque de Paris I, 21–26 septembre 1992. Paris, Ed. Kimé, 94, 699 p. [Cf. n^{o} <sélection> 451.]

4160. ROOT (Hilton L.). La construction de l'Etat moderne en Europe [1500–1760]: la France et l'Angleterre. Paris, PUF, 94, IX-390 p. – IDEM. The Fountain of privilege. Political foundations of markets in Old Regime France and England. Berkeley, University of California Press, 94, 280 p.

4161. Rossiyskaya emigratsiya v Turtsii, Yugo-Vostochnoy i Tsentral'noy Evrope 20-kh godov: Grazhdanskie bezhentsy, armiya, uchebnye zavedeniya: Uchebnoe posobie dlya studentov. (The emigrants from Russia in Turkey, South-Eastern and Central Europe in the 1920s: civil refugees, army, educational institutions: A manual). Ed. by E. I. PIVOVAR, N. P. GERASIMOVA, S. I. GOLOTIK [et al.]. Moscva, Istorikoarkhivnyy in-t RGGU, 94, 117 p. (Novye uchebnye posobiya po istoricheskim distsiplinam).

4162. Rothschilds (Die). Teil 1. Eine europäische Familie. Teil 2. Beiträge zur Geschichte einer europäischen Familie. Hrsg. v. Georg HEUBERGER. Sigmaringen, Thorbecke, 94, 208 p., 424 p. [Cf. n^{os} <Auswahl> 6402, 6949.]

4163. SAITTA (Armando). Momenti e figure della civiltà europea. Saggi storici e storiografici. Vol. 3 e Vol. 4. Roma, Edizioni di storia e letteratura, 94, XIII-476 p., 353 p. (Storia e letteratura, 185-186).

4164. SCHAUB (Jean-Frédéric). La crise hispanique de 1640. Le modèle des «révolutions périphériques» en question. *Annales*, 94, 49, 1, p. 219-240.

4165. SCHROEDER (Paul W.). The transformation of European politics, 1763–1848. Oxford, Clarendon Press, 94, 894 p.

4166. Schweizerische Teil der ehemaligen Diözese Konstanz (Der): Referate, gehalten an der Tagung der Helvetia Sacra in Fischingen (Thurgau vom 16.– 18. September 1993). Redaktorin dieser Nummer Brigitte DEGLER-SPENGLER. Basel, Schwabe, 94, 136 p. (Itinera, 16).

4167. Senryō kaikaku no kokusai hikaku. Nihon, Ajia, Yōroppa. (Comparative studies on occupied areas. Japan, Asia and Europe). Ed. by Daizaburō YUI [et al.]. Tōkyō, Sanseidō, 94, 404 p.

4168. SKOCPOL (Theda). Social revolutions in the modern world. Cambridge, Cambridge U. P., 94, VIII-354 p. (Cambridge Studues in Comparative Politics).

4169. SØRENSEN (Nils Arne). Nationalismer og nationale identiteter i Storbritannien. *Historisk Tidskrift* (Denmark), 94, 94, 2, p. 271-291.

4170. SPERBER (Jonathan). The European revolutions, 1848–1851. Cambridge, Cambridge U. P., 94, XVIII-282 p. (New approaches to European history, 2).

4171. STETTLER (Bernhard). Reichsreform und werdende Eidgenossenschaft. *Revue Suisse d'Histoire*, 94, 44, 3, p. 203-229.

4172. STONE (Bailey). The genesis of the French Revolution. A global-historical interpretation. Cambridge, Cambridge U. P., 94, 268 p.

4173. STOYE (John). Marsigli's Europe, 1680–1730. The life and times of Luigi Ferdinando Marsigli, soldier and virtuoso. New Haven, Yale U. P., 94, XII-356 p.

4174. Svensk historia underifrån. (Swedish history from below). Vol. 2. Bryta, bygga, bo. (To break, to build, to settle). Ed. by Gunnar BROBERG [et al.]. Stockholm, Ordfronts förlag, 94, 268 p.

4175. SZECHI (Daniel). The Jacobites. Britain and Europe, 1688–1788. Manchester a. New York, Manchester U. P., 94, XXV-172 p.

4176. Szlovákok az európai történelembem. (Slovaques dans l'histoire de l'Europe). Ed. par Imre MOLNÁR. Budapest, Közép-Európa Int., 94, 123 p.

4177. TEMIMI (A.). Nouvelles réflexions sur la destinée des morisques de la chute de Grenade jusqu'à leur expulsion en 1609. *Revue d'Histoire Maghrebine*, 94, 75-76 (Partie Arabe), p. 353-360.

4178. VILLARI (Rosario). Per il re o per la patria. La fedeltà nel Seicento. Roma e Bari, Laterza, 94, 198 p. (Quadrante, 67).

4179. WARRING (Annette). Køn, seksualitet og national identitiet. *Historisk Tidskrift* (Denmark), 94, 94, 2, p. 292-314.

4180. WATSON (Cameron J.). Ethnic conflict and the League of Nations. The case of Transylvanian, 1918–1940. *Hung. Stud.*, 94, 9, 1-2, p. 173-180.

4181. WĘGRZYNEK (Hanna). Ludność żydowska wobec oskarżeń o popełmiane przestępstw o charakterze rytualnym. (The Jewish population and accusations of ritual crimes). *Kwartalnik Historyczny*, 94, 101, 4, p. 13-26.

4182. Wehrpflicht (Die). Entstehungen, Erscheinungsformen und politisch-militärische Wirkung. Hrsg. v. Roland G. FOERSTER. München, Oldenbourg, 94, X-262 p. (Beiträge zur Militärgeschichte, 43).

4183. Wojna i polityka. Studia nad historią XX wieku. (La guerre et la politique. Etudes sur l'histoire du XXe siècle). Réd. Andrzej PANKOWICZ. (Au professeur Marian Zgórniak pour le 70ème anniversaire de sa naissance ses disciples et ses collaborateurs). Kraków, 94, 236 p. (phot.). (Zesz. Nauk. Uniw. Jagiell. no 1547. Prace Hist. z. 112).

4184. XVIIIe siècle (Le), 1715–1815. Ed. par Robert MUCHEMBLED. Rosny, Bréal, 94, 357 p. (ill.).

4185. ZUB (Alexandru). În orizontul istoriei. Eseuri de ieri şi de azi. (A l'horizon de l'histoire: essais d'hier et d'aujourd'hui). Iaşi, Institutul european, 94, 280 p.

Cf. n°s 4532, 5743, 7110, 7246

§ 2. Singoli stati.

Afghanistan

4186. GULZAD (Zalmay). External influences and the development of the Afghan state in the Nineteenth century. New York, P. Lang, 94, VIII-267 p.

4187. RAIS (Rasul Bux). War without winners. Afghanistan's uncertain transition after the Cold War. New York, Oxford U. P., 94, XI-286 p.

4188. SAPPER (Manfred). Die Auswirkungen des Afghanistan-Krieges auf die Sowjetgesellschaft: eine Studie zum Legitimitätsverlust des Militärischen in der Perestrojka. Münster, Lit, 94, 494 p.

4189. WEINBAUM (Marvin G.). Pakistan and Afghanistan: resistence and reconstruction. Boulder, Westview Press a. Lahore, Pak Book Corp., 94, XII-190 p.

Albania

4190. JANDOT (Gabriel). L'Albanie d'Enver Hoxa: 1944-1985. Paris, L'Harmattan, 94, 383 p.

4191. SCHREIBER (Thomas). Enver Hodja: le sultan rouge. Paris, J.C. Lattes, 94, 286 p.

Algeria

** 4192. Inventaire des archives de l'Algerie. Sous-serie I H. Par Jean NICOT [et al.]. Vincennes, Ministère de la Défense, Etat majeur de l'Armée de terre. Service historique, 94, [s. p.].

4193. AMINE (Mohamed). La situation d'Alger vers 1830. Revue d'Histoire Maghrébine, 94, 74, p. 7-45.

4194. AMROUCHE (Jean). Un Algerien s'adresse aux Français, ou l'histoire d'Algerie par les textes: 1943-1961. Paris, L'Harmattan, 94, LXVI-378 p.

4195. DESCOMBIN (Henry) Guerre d'Algerie 1959-60: le Cinquième bureau ou "Le théorème du poisson". Paris, L'Harmattan, 94, 159 p.

4196. DINE (Philip D.). Images of the Algerian War: French fiction and film, 1954-1992. Oxford, Clarendon Press a. New York, Oxford U. P., 94, 267 p.

4197. LAFFITTE (Robert). C'était l'Algerie. Perros-Guirec, Editions Confrerie Castille, 94, 463 p.

4198. LENOIR (René). Mon Algerie tendre et violente. Paris, Plon, 94, 401 p.

4199. RODRIGUES DA SILVA (Hélenice). Texte, action et histoire: refléctions sur le phénomène de l'engagement. Paris, L'Harmattan, 94, 134 p.

Angola

* 4200. Angola, the struggle for power: the political, social and economic context, 1980-1993. A selected and annotated bibliography. Ed. by Beth STRACHAN. Johannesburg, South Africa Institute of International Affairs, 94, XIV-608 p.

4201. Angola: Naturraum, Wirtschaft, Bevölkerung, Kultur, Zeitgeschichte und Entwicklungsperspektiven. Hrgs v. Manfred KUDER u. Wilhelm J. G. MOHLIG, München, Weltforum Verlag, 94, 382 p.

4202. MINTER (William). Apartheid's contras: an inquiry into the roots of war in Angola and Mozambique. Johannesburg, Witwatersrand U. P., 94, 308 p.

4203. REGO (Antonio da Silva). Estudos de historia luso-africana e oriental (seculos XVI-XIX). Lisboa, Academia Portuguesa de Historia, 94, 229 p.

Arabia Saudita

4204. AREBI (Saddeka). Women and words in Saudi Arabia: the politics of literary discourse. New York, Columbia U. P., 94, XI-357 p.

4205. PETERS (F. E.). The Hajj: the Muslim pilgrimage to Mecca and Holy places. Princeton, Princeton U. P., 94, 399 p.

Argentina

4206. ADELMAN (Jeremy). Frontier development: land, labour and capital on the wheatlands of Argentina and Canada, 1890-1914. Oxford, Clarendon Press, 94, XIII, 322 p.

4207. ALTAMIRANO (Carlos). El orientalismo y la idea del despotismo en el Facundo. Boletin del Instituto de Historia Argentina y Americana 'Dr. Emilio Ravignani', 94, 9, p. 7-20.

4208. Argentine à l'aube du troisième millénaire (L'). Ed. par A. COLLIN DELVAUD et J.-C. NEFFE. Paris, ILHEAL, 94, 239 p.

4209. BOTANA (Natalio R.). El orden conservador. La politica argentina entre 1880 y 1916. Buenos Aires, Sudamericana, 94, 345 p.

4210. BRENNAN (James P.). The labor wars in Cordoba, 1955-1976: ideology, work and labor politics in an Argentine industrial city. Cambridge, Harvard U. P., 94, XI-440 p.

4211. BUCH (Esteban). Oh, juremos con gloria morir! Historia de una épica de estado. Buenos Aires, Sudamericana, 94, 220 p.

4212. CATTARUZZA (Alejandro). Las huellas de un diálogo. Demócratas radicales y socialistas en España y Argentina durante el período de entreguerras. Estudios Sociales, 94, 4, 7, p. 29-48.

4213. Construcción de las democracias rioplatenses (La): proyectos institucionales y prácticas políticas 1900-1930. Ed. por Fernando J. DEVOTO, Marcela P. FERRARI. Buenos Aires, Biblios, 94, 268 p. [Cf. n[os] <selección> 4220, 4232, 5352.]

4214. CTACH (César). Reforma constitucional y lucha interna en la UCR. El sabattinismo en el ensayo frustrado de 1957. Estudios Sociales, 94, 4, 7, p. 9-28.

4215. DE PRIVITELLIO (Luciano). Sociedad urbana y actores políticos en Buenos Aires: el partido "independiente" en 1931. Boletin del Instituto de Historia Argentina y Americana 'Dr. Emilio Ravignani', 94, 9, p. 75-93.

4216. GORELIK (Adrián). La búsqueda del centro. Ideas y dimensiones de espacio público en la gestión urbana y en las polémicas sobre la ciudad. Buenos Aires, 1925-1936. *Boletin del Instituto de Historia Argentina y Americana 'Dr. Emilio Ravignani'*, 94, 9, p. 41-74.

4217. GUY (Donna). El sexo peligroso. La prostitución legal en Buenos Aires 1875-1955. Buenos Aires, Sudamericana, 94, 309 p.

4218. HALPERIN DONGHI (Tulio). La larga agonía de la Argentina peronista. Buenos Aires, Ariel, 94, 143 p.

4219. LETTIERI (Alberto). La construcción del consenso en los inicios del sistema político moderno argentino: formación y disciplinamiento de la opinión pública (1862-1868). *Entrepasados*, 94, 4, 6, p. 33-48.

4220. MACOR (Darío). Reforma política, reforma del estado. La ciudad de Santa Fe en los años veinte y treinta. Espacios de construcción de lo político. *In*: Construcción de las democracias rioplatenses (La): proyectos institucionales y prácticas políticas 1900-1930 [Cf. n° 4213], p. 222-228.

4221. PLOTKIN (Mariano). Mañana es San Perón. Buenos Aires, Ariel, 94, 225 p.

4222. Revolution and restoration: the rearrangement of power in Argentina, 1776-1860. Ed. by Mark D. SZUCHMAN a. Jonathan C. BROWN. Lincoln, University of Nebraska Press, 94, 282 p.

4223. ROCCHI (Fernando). La armonía de los opuestos. Industria, importaciones y la construcción urbana de Buenos Aires en el período 1880-1920. *Entrepasados*, 94, 4, 7, p. 43-66.

4224. ROMERO (Luis Alberto). Breve historia contemporánea de la Argentina. Buenos Aires, Fondo de Cultura Económica, 94, 405 p.

4225. ROSTI (Marzia). L'evoluzione giuridica dell'Argentina indipendente (1810-1950). Milano, Unicopli, 94, 188 p.

4226. SABATO (Hilda). Ciudadanía, participación política y la formación de la esfera pública en Buenos Aires, 1850-1880. *Entrepasados*, 94, 4, 6, p. 65-86.

4227. SCARZANELLA (Eugenia). Il «Baedeker del progresso»: visitatori italiani e istituzioni modello a Buenos Aires (1907-1910). *Storia contemporanea*, 94, 25, 2, p. 247-276.

4228. SERRAFERO (Mario D.). Liderazgo y reelección presidencial en la Argentina. *Desarrollo Económico*, 94, 33, 132, p. 565-585.

4229. SHEININ (David). Defying infection: Argentine foot-and-mouth disease policy, 1900-1930. *Canadian journal of history*, 94, 29, 3, p. 501-524.

4230. SURIANO (Juan). Vivir y sobrevivir en la gran ciudad. Habitat popular en la ciudad de Buenos Aires a comienzos de siglo. *Estudios Sociales*, 94, 4, 7, p. 49-66.

4231. SVAMPA (Maristella). El dilema argentino: civilización o barbarie. De Sarmiento al revisionismo peronista. Buenos Aires, El Cielo por Asalto, 94, 239 p.

4232. ZIMMERMAN (Eduardo). Reforma política y reforma social: tres propuestas de comienzos de siglo. *In*: Construcción de las democracias rioplatenses (La): proyectos institucionales y prácticas políticas 1900-1930 [Cf. n° 4213], p. 17-29.

Armenia

4233. CHALABIAN (Antranig). Revolutionary figures: Mihram Damadian, Hambardzum Boyadjian, Serob Abhbiur, Hrair-Dzhoghk, Gevorg Chavush, Sebastatsi Murad, Nikol Duman. [S. l.], A. Chalabian, 94, 384 p.

4234. SAMARDZHIEV (Bozhidar). Armenskiiat vupros i Angliia, 1894-1897. Sofia, Universitesko izd-vo "Sv. Kliment Okhridski", 94, 216 p.

Cf. n° 8194

Australia

* 4235. Select bibliography of Australia's foreign relations 1975-1992 (A). Ed. by Pauline KERR, Davis SULLIVAN, Robin WARD. Canberra, Australian Foreign Policy Publications Programme, Dept. of International Relations, Research School of Pacific and Asian Studies, Australian National University, 94, VI-101 p.

4236. BEILHARZ (P.). Transforming Labor: Labour Tradition and the Labor Decade in Australia. Cambridge, Cambridge U. P., 94, XV, 245 p.

4237. BLAINEY (Geoffrey). A shorter history of Australia. Port Melbourne, William Heinemann, 94, 251 p.

4238. BUCKLEY (Kenneth D.). Doc Evatt: patriot, internationalist, fighter and scholar. Melbourne, Longman Cheshire, 94, XIV-433 p.

4239. GARTON (Stephen). Sound minds and healthy bodies: re-considering eugenics in Australia, 1914-1940. *Australian historical studies*, 94, 26, 103, p. 163-181.

4240. GRIMSHAW (Patricia). Creating a nation. Ringwood, McPhee Gribble Publisher a. New York, Viking Penguin, 94, 360 p.

4241. HUGEL (Karl Alexander, Freiherr von). New Holland Journal, November 1833-October 1834. Ed. by Dymphna CLARK. Carlton, Melbourne U. P. at the Miegunyah Press in association with the State Library of New South Wales, 94, XXI-539 p.

4242. KWAN (Elizabeth). The Australian flag: ambiguous symbol of nationality in Melbourne and Sidney, 1920-21. *Australian historical studies*, 94, 26, 103 p. 280-303.

4243. LIVINGSTON (K. T.). Anticipating federation: the federalising of telecommunications in Australia. *Australian historical studies*, 94, 26, 102, p. 97-118.

4244. MEAD (Tom). Empire of straw: the dynamic rise and disastrous fall of dashing colonial tycoon Benjamin Boyd. Sydney, Dolphin Books, 94, VIII-286 p.

4245. Memory and history in twentieth-century Australia. Ed. by Kate DARIAN-SMITH and Paula HAMILTON. Melbourne a. New York, Oxford U. P., 94, VIII-255 p.

4246. Pastiche I: reflections on nineteenth-century Australia. Ed. by Penny RUSSELL a. Richard WHITE. St. Leonard, Allen & Unwin, 94, XIV-287 p.

4247. PICKARD (William j.). From Britain with love: early Australian immigrants. Springwood, Butterfly Books, 94, VI-130 p.

4248. TURNER (G.) Making it national: nationalism and Australia popular culture. St. Leonards, Allen & Unwin, 94, XII-189 p.

Cf. n° 8192

Austria (Impero austro-ungarico)

4249. Austria in the Nineteen Fifties. Ed. by Gunter BISCHOF, A. PELINKA a. R. STEININGER. New Brunswick, Transaction Pub., 94, 311 p. (Contemporary Austrian Studies, Vol. 3).

4250. BEIN (Werner). Schlesien in der habsburgischen Politik. Ein Beitrag zur Entstehung des Dualismus im Alten Reich. Sigmaringen, Thorbecke, 94, 396 p. (Quellen und Darstellungen zur schlesischen Geschichte, 26).

4251. DIÓSZEGI (István). Nemzeti törekvések és dinasztikus velleitások az Osztrák-Magyar Monarchia külpolitikájában a 19. század utolsó harmadában. (Efforts nationaux et velléités dynastiques dans la politique étrangère de la monarchie Austro-Hongroise dans le troisième tiers du XIXe siècle). *Aetas*, 94, 2, p. 5-42.

4252. GEHELER (Michael). Korporationsstudenten und Nationalsozialismus in Österreich. *Geschichte und Gesellschaft*, 94, 20, 1, p. 1-28.

4253. Habsburg legacy: national identity in historical perspective (The). Ed. by Ritchie ROBERTSON a. Edward TIMMS. Edinburgh, Edinburgh U. P., 94, X-242 p. (Austrian Studies, 5).

4254. HANISCH (Ernst). Der lange Schatten des Staates. Österreichische Gesellschaftsgeschichte im 20. Jahrhundert. Wien, Ueberreuther, 94, 599 p. (Österreichische Geschichte 1890-1990).

4255. INGRAO (Charles W.). The Habsburgh Monarchy 1618-1815. Cambridge, Cambridge U. P., 94, XIII-262 p.

4256. Insiders and outsiders: Jewish and Gentile culture in Germany and Austria. Ed. by Dagmar C. G. LORENZ and Gabriele WEINBERGER. Detroit, Wayne State U. P., 94, XII-365 p.

4257. KONRAD (Helmut). Arbeiterbewegung und bürgerliche Öffentlichkeit. Kultur und nationale Frage in der Habsburgmonarchie. *Geschichte und Gesellschaft*, 94, 20, 4, p. 506-518.

4258. Kontroversen um Österreichs Zeitgeschichte: verdrängte Vergangenheit, Österreich-Identität, Waldheim und die Historiker. Hrsg. v. Gerhardt BOTZ u. Gerhardt SPRENGNAGEL. Frankfurt u. New York, Campus, 94, 586 p.

4259. LUTTENBERGER (Albrecht P.). Kurfürsten, Kaiser, und Reich. Politische Führung und Friedenssicherung unter Ferdinand I. und Maximilian II. Mainz, Verlag Philipp von Zabern, 94, XII-488 p. (Veröffentlichungen des Instituts für europäische Geschichte Mainz, Abteilung Universalgeschichte, 149. Beiträge zur Sozial- und Verfassungsgeschichte des alten Reiches, 12).

4260. MISES (Ludwig von). Stato, nazione ed economia. Contributi alla politica e alla storia del nostro tempo. Milano, Bollati-Boringhieri, 94, CXII-208 p.

4261. MORGENBROD (Brigitt). Wiener Großbürgertum im Ersten Weltkrieg. Die Geschichte der "Österreichischen Politischen Gesellschaft" (1916–1918). Weimar, Wien u. Köln, Böhlau, 94, 260 p. (Veröffentlichungen der Kommission für Neuere Geschichte Österreichs, 85).

4262. Nachlaß Aehrenthal (Aus dem). Briefe und Dokumente zur Österreichisch-ungarischen Innen- und Außenpolitik 1885–1912. Teil 1. 1885–1906. Teil 2. 1907–1912. Hrsg. v. Solomon WANK. Unt. Mitarb. von Christine M. GRAFINGER u. Franz ADLGASSER. Graz, Neugebauer, 94, L-830 p. (Quellen zur Geschichte des 19. und 20. Jahrhunderts, 6).

4263. NAUTZ (Jürgen). Die Österreichische Handelspolitik der Nachkriegszeit 1918–1933. Die Handelsvertragsbeziehungen in den Nachfolgestaaten. Wien, Köln u. Graz, Böhlau, 94, 603 p. (Studien zu Politik und Verwaltung, 44).

4264. Naval policy of Austria-Hungary (The), 1867–1918: navalism, industrial development and the politics of dualism. West Lafayette, Purdue U. P., 94 XV-441 p.

4265. PICHLER (Eva). Die Auswirkungen der Liberalisierung und der späteren Entliberalisierung des Gewerberechts in Österreich in der zweiten Hälfte des 19. Jahrhunderts. *Geschichte und Gesellschaft*, 94, 20, 1, p. 57-87.

4266. SCHILLING (Lothar). Kaunitz und das Renversement des alliances. Studien zur außenpolitischen Konzeption Wenzel Antons von Kaunitz. Berlin, Duncker & Humblot, 94, 419 p.

4267. SOMOGYI (Éva). A delegáció intézményének létrejötte 1867-ben. (La formation de l'institution de la délégation en 1867). *Századok*, 94, 128, 3-4, p. 466-516.

4268. SZABO (Franz A. J.). Kaunitz and Enlightened Absolutism, 1753–1780. Cambridge, Cambridge U. P., 94, XVIII-380 p.

4269. SZÁNTAY (Antal). Justi és Beck: kormányzati teóriák II. József környezetében. [Justi (Johann Heinrich Gottlob von, 1717–1771) et Beck (Christian August): théories gouvernementales dans l'entourage de Joseph II]. *Tört. szle.*, 94, 36, 1-2, p. 53-78.

4270. VERMES (Gábor). A délszláv törekvések és a magyar nacionalizmus az Osztrák-Magyar Monarchiában. (Les mouvements sud-slaves et le nationalisme hongrois dans la monarchie Austro-Hongroise). *Aetas*, 94, 2, p. 203-220.

4271. WOLF (Hubert). Die Reichskirchenpolitik des Hauses Lothringen (1680–1715). Eine Habsburger Sekundogenitur im Reich? Stuttgart, Steiner, 94, 331 p. (Beiträge zur Geschichte der Reichkirche in der Neuzeit, 15).

Cf. n° 7527

Azerbaigian

4272. GOLTZ (Thomas). Requiem for a would-be republic: the rise and demise of the former Soviet Republic of Azerbaijan. A personal account of the years 1991–1993. Istanbul, The Isis Press, 94, X-526 p.

Bangladesh

4273. MATINUDDIN (Kamal). Tragedy of errors: East Pakistan crisis, 1968–1971. Lahore, Wajidalis, 94, 530 p.

Belgio

** 4274. Archives générales du Royaume (Belgium). Inventaire des archives de la Cour d'appel de Bruxelles. Serie II. Vol. 1. Ed. par Arthur FRANS COSEMANS; revu et completé par Alexandre NOTEBAERT. Bruxelles, Archives générales du Royaume, 94, [s. p.].

** 4275. Archives générales du Royaume (Belgium). Repertoire numérique des microfilms de complément à ceux de sécurité conservés aux Archives générales du Royaume. Ed. par René LAURENT. Bruxelles, Archives générales du Royaume, 94, [s. p.].

4276. BALACE (F.), BRAIVE (G.), COLIGNON (A.), CONWAY (M.), FROGNIER (A. P.), GÉRARD-LIBOIS (J.), GOTOVITCH (J.), JAVEAU (C.), MABILLE (X.), REZSOHAZY (R.). De l'avant à l'après guerre. L'extrême droite en Belgique francophone. (From pre-war to after-war times. The extreme-right in french-speaking Belgium). Bruxelles, De Boeck Université, 94, 256 p.

4277. BAUER (Raoul). De Lange Landen: een geschiedenis in de spiegel van Europa. Tielt, Lannoo, 94, 294 p.

4278. BOER (Adrian van den). Vier jaar lang onder het juk van Duitse pinhelmen: Lommel tijdens de erste Wereldoorlog (1914-1918). Lommel, V.Z.W. Museum Kempenland, 94, 132 p.

4279. DE WEVER (B.). Greep naar de macht. Vlaams-nationalisme en Nieuwe Orde. Het V. N. V. 1933–1945. (L'assaut au pouvoir. Le nationalisme flamand et l'Ordre Nouveau. Le V. N. V. [L'alliance nationaliste-flamande], 1933–1945). Tielt, Lannoo en Gent, Perspectief Uitgaven, 94, 701 p.

4280. Election (Les) communales et leur impact sur la politique belge (1890–1970). 16ᵉ Colloque international. Actes. Bruxelles, Crédit communal, 94, 613 p. (Collection Histoire, 87).

4281. FRANÇOIS (Luc). De verhouding tussen Kerk en Staat en het politieke personeel (1780–1830): een wisselende relatie. (The relation between Church and State and its political workers in the Southern Netherlands 1780–1830). *Trajecta*, 94, 3, p. 297-306.

4282. GUERIVIÈRE (J. de). Belgique, la revanche des langues. Paris, Ed. de Seuil, 94, 192 p.

4283. HAYT (Franz). La Belgique, des tribus gauloises à l'état féderal. Bruxelles, De Boeck Université, 94, 206 p.

4284. Juifs de Belgique (Les). De l'immigration au génocide 1925–1945. Ed. par Rudi VAN DOORSLAER. Bruxelles, Centre de Recherches et d'Etudes historiques de la seconde Guerre mondiale, 94, 246 p.

4285. LAMPAERT (Roger). 1914 – de inval: Belgie tijdens de Eerste Wederloorlog. Erpe, De Krijger, 94, 80 p.

4286. Lexicon geschiedenis van Nederland & Belgie. Eindredactie, Liek MULDER. Utrecht u. Antwerpen, Kosmos-Z&K, 94, p. 395.

4287. MOMMEN (A.). The Belgian Economy in the Twentieth Century. (L'économie belge au vingtième siècle). London a. New York, Routledge, XXX-296 p. (Contemporary Economic History of Europe Series).

4288. SEBERECHTS (Frank). Ieder zijn zwarte: verzet, collaboratie en repressie. Leuven, Davidsfond; Gent, Perspectief, 94, 221 p.

4289. VERHOEYEN (Etienne). La Belgique occupée: de l'an 40 à la libération. Ed. par Serge GOVAERT. Bruxelles, De Boeck Université, 94, 611 p.

Bielorussia

4290. BRYM (Robert J.). The Jews of Moscow, Kiev and Minsk. Identity, antisemitism, emigration. Basingstoke, Macmillan a. London, Institute of Jewish Affairs, 94, XVI-142 p.

4291. DOVNAR-ZAPOL'SKII (M.V.). Historyia Belarusi. Minsk, "Belaruskaia entsyklapedyia" imia P. Brouki, 94, 509 p.

4292. ERSHOVA (E. B.). Istoricheskie sud'by khudozhestvennoy intelligentsii Belorussii (1917–1941). (Artistic intelligentsia of Bielorussia, 1917–1941). Moskva, Rossiya molodaya, 94, 282 p. (bibl.).

4293. JASIEWICZ (Krzysztof). Obywatele polscy aresztowani na terytorium tzw. Zachodniej Bialorusi w latach 1939–1941 w świetle dokumentacji NKWD/ KGB. (Polish citizens arrested in western Bielorussia in 1939–1941 in the light of documents of the NKVD/ KGB). *Kwartalnik Historyczny*, 94, 101, 1, p. 105-134.

4294. MECHKOVSKAYA (N. B.). Yazykovaya situatsiya v Belarusi: Eticheskie kollizii dvuyazychiya. (Linguistic situation in Belarus': Ethical problems of bilinguism). *Russian linguistics*, 94, 18, 3, p. 299-322 (bibl.).

4295. SAHM (Astrid). Die weissrussische Nationalbewegung nach der Katastrophe von Tschernobyl: 1986–1991. Münster, Lit, 94, 150 p.

4296. SNAPKOVSKIY (V. E.). Put' Belorussii v OON, 1944–1945. (The way of Bielorussia into the Organization of United Nations, 1944–1945). AN Belorussii. In-t istorii. Minsk, Navuka i tekhnika, 94, 141 p. (bibl.).

Birmania (Myanmar)

4297. AUNG (Cin Win). Burma: from monarchy to dictatorship. Bloomington, Eastern Press, 94, 212 p.

4298. CLEMENTS (Alan). Burma's revolution of the spirit: the struggle for democratic freedom and dignity. New York, Aperture, 94, 112 p.

4299. GUEDES (M. Ana de Barros Serra Marques). Interferencia e integração dos portugueses na Birmania: 1580–1630. Lisbon, Fundação Oriente, 94, 261 p.

4300. LINTNER (Bertil). Burma in revolt: opium and insurgency since 1948. Boulder, Westview Press, 94, XV-514 p.

4301. Tradition and modernity in Myanmar: proceedings of an international conference held in Berlin from May 7th to May 9th, 1993. Vol 1. History and politics. Vol. 2. Culture, social life and languages. Ed. by Uta GARTNER a. Jens LORENZ. Münster, Lit, 94, [s.p.].

Bolivia

** 4302. GUEVARA (Ernesto Che). The Bolivian diary of Ernesto Che Guevara. Ed. by Mary-Alice WATERS. New York, Pathfinder, 94, 467 p.

4303. ANTEZANA ERGUETA (Luis). Las grande masacres y levantamientos indigenas en la historia de Bolivia: 1850–1975. La Paz, Libreria Editorial "Juventud", 94, 140 p.

4304. BARRIGA ANTELO (Oswaldo). Compendio descriptivo de historia boliviana. Santa Cruz, Editora El Pais, 94, 331 p.

4305. JUST (Estanislao). Comienzo de la independencia en el Alto Peru: los sucesos de Chuquisaca, 1809. Sucre, Editorial Judicial, 94, 858 p.

4306. PEREZ TORRICO (Alexis). El estado oligarquico y los empresarios de Atacama (1871-1878). La Paz, Ediciones Graficas "E.G.", 94, 211 p.

4307. ROTCHIN (Glen). The clientelist state and international patronage: the case of revolutionary Bolivia, 1952–64. Genève, Institut universitaire de hautes études internationales, 94, 98 p.

Bosnia-Erzegovina

4308. Bosnia. Ed. por Victoria CAMPS [et al.]. Barcelona, Deriva Editorial, 94, 168 p.

4309. Bosnien und Europa: die Ethnisierung der Gesellschaft. Hrsg. von Nenad STEFANOV und Michael WERZ. Frankfurt am Main, Fischer, 94, 207 p.

4310. DONIA (Robert J.). Bosnia and Hercegovina: a tradition betrayed. New York, Columbia U. P., 94, XI-318 p.

4311. DZAJA (Srecko). Bosnien-Herzegowina in der Österreichisch-ungarischen Epoche (1878–1918): die Intelligentsia zwischen Tradition und Ideologie. München, Oldenbourg, 94, 278 p.

4312. HANDZIC (Adem). Population of Bosnia in the Ottoman period: a historical overview. İstanbul, Organisation of the Islamic Conference, Research Center for Islamic History, Art and Culture, 94, 42 p.

4313. MALCOLM (Noel), Bosnia: a short history. New York, New York U. P., 94, XXIV-340 p.

4314. Muslims of Bosnia-Hercegovina (The): their historic development from the Middle Ages to the dissolution of Yugoslavia. Ed. by Mark PINSON. Cambridge, Harvard U. P., 94, XIII, 187.

Brasile

4315. 1964, 30 años depois. Organizado por Eduardo RAPOSO. Rio de Janeiro, Agir, 94, 276 p.

4316. ARAUJO (Mundinha). Insurreição de escravos em Viana, 1867. Sao Luis, SIOGE, 94, 239 p.

4317. BEZERRA CÂMARA (José Gomes). Meses de terror: 1894–1895. *Revista do Instituto Histórico e Geográfico Brasileiro*, 94, 382, p. 102-114.

4318. Brasil: o transito da memoria. Organizado por Saul SOSNOWSKI e Jorge SCHWARTZ. São Paulo, Edusp e Maryland, The University of Marymand, 94, 226 p.

4319. CARNEIRO (Maria Luiza Tucci). O racismo na historia do Brasil: mito e realidade. São Paulo, Editora Atica, 94, 64 p.

4320. CHIAVENATO (Julio José). O golpe e a ditadura militar? São Paulo, Editora Moderna, 94, 136 p.

4321. Cronologia de historia do Brasil colonial, 1500–1831. Organizado por Istvan JANCSO. São Paulo, Departamento de Historia, FFLCH-USP, 94, IX-286 p.

4322. DE SEIXAS CORRÊA (Luiz Felipe). O governo dos reis esoanhóis em Portugal (1580–1640): um período singular na formação do Brasil. *Revista do Instituto Histórico e Geográfico Brasileiro*, 94, 385, p. 732-748.

4323. Dicionario da historia da colonização portuguesa no Brasil. Organizado por Maria Beatriz NIZZA DA SILVA. Lisboa, Verbo, 94, 839 p.

4324. FAUSO (Boris). Historia do Brasil. São Paulo, Edusp, 94, 650 p.

4325. FREIXINHP (Nilton). Brasil, os dificeis caminhos da integridade. Rio de Janeiro, Livraria Kosmos Editora, 94, XVIII-448 p.

4326. MAESTRI FILHO (Mario José). O senhores do litoral: conquista portuguesa e agonia tupinamba no litoral brasileiro. Porto Alegre, Editora da Universidade, Universidade Federal do Rio Grande do Sul, 94, 164 p.

4327. MEIRA (Silvio). Dados históricos sobre o Registro Civil no Brasil. *Revista do Instituto Histórico e Geográfico Brasileiro*, 94, 382, p. 48-53.

4328. MIR (Luis). A revolução impossivel. São Paulo, Editora Best Seller, 94, 755 p.

4329. MOLON (Newton Duarte). Colapso da União: o separatismo no Brasil. São Paulo, Pensieri, 94, 179 p.

4330. PONCE LEAL (Joaquim). Elucidação sobre a Intentona Comunista de 1935. *Revista do Instituto Histórico e Geográfico Brasileiro*, 94, 385, p. 767-773.

4331. RIBAS CARNEIRO (Maria Cecília). A insurreição de 1935. *Revista do Instituto Histórico e Geográfico Brasileiro*, 94, 384, p. 579-596.

4332. TEIXEIRA VINHOSA (Francisco Luiz). Estados e partidos político no Brasil. A experiência republicana (1889–1930). *Revista do Instituto Histórico e Geográfico Brasileiro*, 94, 382, p. 7-32.

4333. Utopia e formações sociais. Organizado por Alexandrina SOBREIRA DE MOURA. Recife, Fundação Joachim Nabuco, Editora Massangana, 94, 262 p.

4334. WEHLING (Arno). Formação do Brasil colonial. Rio de Janeiro, Editora Nova Fronteira, 94, 359 p.

Bulgaria

4335. DENCHEV (K.). Bolgariya: vremya peremen, 1989–1994. (Changes in Bulgaria, 1989–1994). *Novaya i noveyshaya istoriya*, 94, 38, 6, p.37-53.

4336. HASKELL (Guy H.), From Sofia to Jaffa: the Jews of Bulgaria and Israel. Detroit, Wayne State U. P., 94, [s. p.].

4337. KHRISTOVA (N.). Satira i politicheskaya propaganda v Bolgarii s obosobleniya oppozitsii do vyborov v XXVI Obyknovennoe narodnoe sobranie (sentyabr'–noyabr' 1945 goda). (Satire and political propaganda in Bulgaria, september–november 1945). *Bulgarian historical review*, 94, 22, 4, p. 52-81.

4338. LYAMTSEVA (L. V.). Bolgarskie burzhuaznye partii v kontse XIX–nachale XX v. (Bourgeois political parties in Bulgaria in the end of XIXth and the beginning of XXth cent.). *In*: Sotsial'no-politicheskie problemy v istorii zarubezhnykh stran, [S. l.], [s. n.], 94, p. 55-61.

4339. MOSER (C.). Theory and history of the Bulgarian transition, Sofia, Free Initiative Foundation, 94, 285 p.

4340. ZUDINOV (Yu. F.). "Musul'manskiy faktor" v zhizny bolgarskogo obshchestva. ("Islamic factor" in the life of Bulgarian society). *In*: Ochagi trevogi v Vostochnoy Evrope: Drama natsional'nykh protivorechiy: Sb. st. [Cf. n° 4151], p. 215-247.

Cf. n° 7640

Cambogia

4341. Cambodian culture since 1975: homeland and exile. Ed. by May M. EBIHARA, Carol A. MORTLAND a. Judy LEGERWOOD. Ithaca, Cornell U. P., 94, XVI-194 p.

4342. CORFIELD (Justin J.). Khmers stand up: A history of the Cambodian government 1970–1975. Clayton a. Victoria, Centre of Southeast Asian Studies, Monash University, 94, XVII-253 p.

4343. SOLA (Richard). Le Cambodge de Sihanouk: espoir, désillusion et amertume, 1982–1993. Paris, Sudestasie, 94, 340 p.

Canada

* 4344. Canadian history: A reader's guide. Beginnings to Confederation. Ed. by M. Brook TAYLOR. Toronto and Buffalo, University of Toronto Press, 94, [s. p.].

* 4345. Canadian history: A reader's guide. Confederation to the present. Ed. by Doug OWRAM. Toronto and Buffalo, University of Toronto Press, 94, [s. p.].

4346. COUGLE (R. James). Canadian blood, American soil: the story of Canada's contribution to the American Civil War. Fredericton, Civil War Heritage Society of Canada, 94, XII-79 p.

4347. DARROCH (Gordon). SOLTOW (Lee). Property and inequality in Victorian Ontario: structural patterns and cultural communities in the 1871 census. Buffalo, University of Toronto Press, 94, XVI-280 p. (Social History of Canada, 51).

4348. LARIN (Robert). La contribution du Haute-Poitou au peuplement de la Nouvelle-France. Moncton, Edition d'Acadie, 94, 393 p.

4349. PATRIAS (Carmela). Patriots and proletarians: politicizing Hungarian immigrants in interwar Canada. Buffalo, McGill-Queen's U. P., 94, X-320 p. (McGill-Queen's Studies in Ethnic History, 19).

4350. PEERS (Laura). The Ojibwa of Western Canada, 1780 to 1870. St. Paul, Minnesota Historical Society Press, 94, XVIII-288 p. (Manitoba Studies in Native History, 8).

4351. PORTES (Jacques). Le Canada et le Québec au XX siècle. Paris, Armand Colin, 94, 195 p.

4352. RAWLYK (G.A.). The Canada fire: radical evangelicalism in British North America, 1772–1812. Buffalo, McGill-Queen's U. P., 94, XIX-224 p.

4353. SHEPPARD (George). Plunder, profit and paroles: A social history of the war of 1812 in Upper Canada. Montreal, McGill-Queen's U. P., 94, X-334 p.

4354. STRUTHERS (James). The limits of affluence: welfare in Ontario, 1920–1970. Buffalo, University of Toronto Press, 94, XII-401 p. (Ontario Historical Studies Series).

4355. WHITAKER (Reg), MARCUSE (Gary). Cold War Canada: the making of a national insecurity state, 1945–1957. Buffalo, University of Toronto Press, 94, XXI-511 p.

Cf. n°s 839, 843, 7474, 7786

Repubblica Ceca

4356. KUBŮ (Eduard). Německo – zahraničněpolitické dilema Edvarda Beneše. (Germany. The dilemma of Edvard Beneš's foreign policy). Praha, Charles University, 94, 141 p.

4357. WÖRSTER (Peter). Humanismus in Olmütz. Landesbeschreibung, Stadtlob, und Geschichtsschreibung in der erste Hälfte des 16. Jahrhunderts. Marburg, N.G. Elwert, 94, 231 p.

4358. ZADOROZHNYUK (E. G.), KHARTSEVA (G. Yu.). Algoritm raspada. (The disintegration of Checkoslovakia). In: Ochagi trevogi v Vostochnoy Evrope: Drama natsional'nykh protivorechiy: Sb. st. [Cf. n° 4151], p. 137-161.

Cf. n° 4963

Cile

** 4359. RAMIREZ (Francisco Xavier). Cronicon Sacro-imperial de Chile. Santiago de Chile, Dirección de Bibliotecas, Archivos e Museos, Centro de Investigaciones Diego Barros Arana, 94, 277 p.

** 4360. Relaciones económicas del reino de Chile (1780). Ed. por Francisco DE SOLANO. Madrid, Consejo Superior de Investigaciones cientificas, 94, 286 p.

4361. CUACA PRADA (Antonio). Vivir con honor o morir con gloria. Santa Fe de Bogota, Publicaciones Universidade Central, 94, 356 p.

4362. EPPLE (Juan Armando). El arte de recordar: ensayos sobre la memoria cultural de Chile. Santiago de Chile, Mosquitos Editores, 94, 211 p.

4363. Immigración española en Chile. Ed. por Baldomero ESTRADA. Santiago, Universidad de Chile, 94, 191 p.

Cina

Cf. n°s 8211-8379

Cipro

4364. GRAZIOGLU (Ahmet). Kibris'ta Turkla, 1570–1878 (Turks in Cyprus, 1570–1878), Levkose, Kibris Araştırma ve Yain Merkezi, 94, XVIII-480 p.

4365. PENTELI (Stavros). Historical Dictionary of Cyprus. Metuchen, Scarecrow Press, 94, XXXI-223 p.

Congo

4366. FASSIN (Didier). Le domaine privé de la santé publique. Pouvoir, politique et sida au Congo. Annales, 94, 49, 4, p. 745-776.

Costa Rica

4367. HARPELLE (Ronald N.). Ethnicity, religion and repression: the denial of African heritage in Costa Rica. Canadian journal of history, 94, 29, 1, p. 95-112.

Croazia

4368. Fejezetek a horvátországi magyarok történetéből. (Chapitres de l'histoire des Hongrois de Croatie). Ed. par Lajos ARDAY. Budapest, Közép-Európa Int., 94, 199 p.

4369. KOŠUTIĆ (Ivan). Hrvatsko domobranstvo u drugom svjetskom ratu. (Croatian Home Guard in World War II). Vol. 2. Zagreb, Nakladni zavod Matice hrvatske, Školska knjiga, Ministarstvo obrane Republike Hrvatske, 94, 387 p.

4370. KOZUL (Stjepan), Terra combusta. Zagreb, AGM, 94, 267 p.

4371. NEUSTAEDTER (Joseph). Ban Jelačić i događaji u Hrvatskoj od godine 1848. (Count Jelačić and the events in Croatia from the year 1848). Sv. 1. Zagreb, Školska knjiga, 94, 615 p.

4372. PAVIČIĆ (Slavko). Hrvatska vojna i ratna poviest i prvi svjetski rat. (Croatian military and war history and World War I). Zagreb, "Mato Lovrak", 94, 764 p.

4373. PAVLOVIC (Pavas). Lament over Europe. Zagreb, Croatian Writers' Association, 94, 59 p.

4374. PLEĆAŠ (Dušan). Socijalna demokracija u Hrvatskoj: 1894–1919. (Social Democracy in Croatia: 1894–1919). Zagreb, Socijaldemokratska partija Hrvatske, 94, 77 p.

Cuba

4375. BENGELSDORF (Carollee). The problem of democracy in Cuba: between vision and reality. New York, Oxford U. P., 94, VIII-229 p.

4376. HALPERIN (Maurice). Return to Havana: the decline of Cuban society under Castro. Nashville, Vanderbilt U. P., 94, IX-200 p.

4377. MARTINEZ-FERNANDEZ (Luis). Torn between empires: economy, society and patterns of political thought in the Hispanic Caribbean, 1840–1878. Athens, University of Georgia Press, 94, IX-333 p.

4378. PEREZ-STABLE (Marifeli). The Cuban revolution: origin, course and legacy. New York, Oxford U. P., 94, 288 p.

4379. ZATZ (Marjorie S.), Producing Legality: law and socialism in Cuba. London a. New York, Routledge, 94, XII-273 p.

Danimarca

4380. BORK-PEDERSEN (Ebbe) [et al.]. Danish politics: from absolutism to democracy. København, Royal ministry of foreign affairs, 94, 23 p. (ill.).

4381. DILLING-HANSEN (Mogens), RASK PETERSEN (Kristian), SMITH (Valdemar). Growth and convergence in Danish regional incomes. *Scandinavian Economic History Review*, 94, 42, 1, p. 54-76.

4382. GROOS (Paul). 300 års dansk-russiske flådeforbindelser. (300 years of Danish-Russian naval connections). København, Orlogsmuseum, 94, 24 p.

4383. HELLEBERG (Maria). Louise laenge leve: en biografi om grevinde Danner. (Long live Louise: a biography of countess Danner). 2. opl. København, Gyldendal, 94, 141 p. [A biography of the popular lady Danner (1815–1874), the morganatic wife of the Danish king Frederick VII].

4384. HYLDTOFT (Ole). Modern theories of regulation: an old story. Danish gasworks in the nineteenth century. *Scandinavian Economic History Review*, 94, 42, 1, p. 29-53.

4385. John Christmas Möller – en konservativ profil. (John Christmas Möller. A conservative profile). Ed. by Torben RECHENDORFF. København, Christmas Möllers Mindesfond, 94, 80 p.

4386. JÖRGENSEN (Anker). Fra Christianshavn til Christiansborg: erindringer 1922–1972. (From Christianshavn to Christiansborg: memoirs 1922–1972). København, Fremad, 94, 343 p. (ill.).

4387. KAUFMANN (Hanne). Die Nacht am Öresund: ein Jüdisches Schicksal. Gerlingen, Bleichen, 94, 127 p.

4388. KJRGAARD (Thorkild). The Danish revolution, 1500–1800: an ecohistorical interpretation. Cambridge, Cambridge U. P., 94, XII-314 p. (Studies in environment and history).

4389. MÖLLER (Jan), [et al.]. Frederik 7.: en kongeskaebne (Frederick VII: the king's destinies). København, Sesam, 94, 254 p. (ill.).

4390. OTTMER (Hans-Martin), "Weserübung": der deutsche Angriff auf Dänemark und Norwegen im April 1940. München, Oldenbourg, 94, XV-217 p.

4391. Struktur og funktion (Structure or funcion). Ed by Ladewig PETERSEN. Odense, Odense Universitetsforlag, 94, 338 p.

4392. WAMBERG (Bodil). Christian IV en mand under indflydelse. (Christian IV the influenced man). København, Gad, 94, 329 p. (ill.).

Ecuador

4393. MINCHOM (Martin). The people of Quito 1690–1810, change and unrest in the underclass. Boulder, Westview Press, 94, 297 p. (Dellplain Latin American studies, 32).

Egitto

4394. ANNESLEY (George), The rise of modern Egypt: a century and a half of Egyptian history, 1798–1957. Edinburgh, Pentland Press, 94, 511 p.

4395. BEHRENS-ABOUSEIF (Doris). Egypt's adjustment to Ottoman rule: institutions and architecture in Cairo, 16th and 17th centuryes. Leiden a. New York, E. J. Brill Academic Publishers, 94, XIII-311 p. (Islamic History and Civilization, vol. 7).

4396. STĘPNIEWSKA-HOLZER (Barbara). Bariery modernizacji. Studium z dziejów Egiptu w pierwszej połowie XIX wieku. (Les barriéres de la modernisation. Etude d'histoire de l'Egypte de la première moitié du XIXe siécle). Warszawa, [s. n.], 94, 269 p. (Rozpr. Uniw. Warsz., Dissertationes Univ. Varsoviensis, 380).

Eritrea

4397. DUFFIELD (Mark), PRENDERGAST (John). Without troops and tanks: the emergency relief desk and the cross border operation into Eritrea and Tigray. Lawrenceville, Read Sea Press, 94, XX-215 p.

4398. Eritrea and Ethiopia: from conflict to cooperation. Ed. by Amare TEKLE, Lawrenceville, Red Sea Press, 94, [s. p.].
Cf. n° 4402

Estonia

4399. NYMAN METCALF (Katrin). Estonia 1918–1994: the development of human rights. Stockholm, Estonian national fund, 94, 119 p.

4400. Peasants on the world market: agricultural experience of independent Estonia 1919–1939. Ed. by Anu-Mai KOLL. Stockholm, Almqvist & Wiksell International, 94, 150 p. (Acta Universitatis Stockholmiensis, Studia Baltica Stockholmiensia, 14).
Cf. n° 4835

Etiopia

4401. BRANCATISANO (Ilaria). La colonizzazione demografica in Etiopia. *Clio*, 94, 30, 3, p. 455-496.

4402. CALCHI NOVATI (Gianpaolo). Il Corno d'Africa nella storia e nella politica: Etiopia, Somalia e Eritrea fra nazionalismi, sottosviluppo e guerra. Torino, Società editrice internazionale, 94, V-284 p. (La nuova Africa).
Cf. n° 4398

Finlandia

** 4403. Helsingin kaupunginarkisto. Kaupunginarkiston yleisluettelo. (The archive of the city of Helsinki. The general catalogue). Helsinki, Helsingin kaupunki, tietokeskus, 94, 319 p. (Helsingin kaupungin tietokeskuksen arkisto julkaisuja, 1994, 4).

** 4404. Suomen poliittisten puolueiden julkaisuja filmikorteilla (1880–1944). (Publications of Finnish political parties, on microfiche). Ed. by Anna-Maija PIETILÄ. Helsinki, Helsingin yliopiston kirjasto, 94, 75 p.

4405. ALAPURO (Risto). Suomen synty paikallisena ilmiönä 1890–1933. (The birth of Finland as a local phenomenon). Helsinki, Hanka ja jää, 94, 386 p.

4406. AROSALO (Sirkka). Poliittisen väkivallan yhteiskunnallisista edellytyksistä. Punainen ja valkoinen väkivalta Suomessa 1918. (Social conditions for political violence. Terror perpertrated by Reds and Whites in the Finnish Civil War of 1918). Tampere, Tampereen yliopisto, 94, 554 p. (ill., English summary). (Acta Univ. Tamperensis, A 428).

4407. FRANZÉN (Ruth). Rivals or allies? Gender interaction in the Finnish Student Christian Federation 1897–1914. *Scandinavian Journal of History*, 94, 19, 2, p. 117-142.

4408. GOMBOS (József). Finnország politikatörténete, 1809–1917. (Political history of Finland, 1809–1917). Szeged, JGYTF, 94, 283 p.

4409. HAATAJA (Lauri), KALLIO (Veikko). Suomalainen sisu. (Finnish guts). Porvoo, WSOY, 94, 237 p.

4410. HÄGGMAN (Kai). Perheen vuosisata. Perheen ihanne ja sivistyneistön elämäntapa 1880-luvun Suomessa. (The century of family. The ideal family and bourgeois lifestyle in nineteenth-century Finland). Helsinki, SHS, 94, 255 p. (ill., English summary). (Hist. tutkimuksia, 179).

4411. HÄKLI (Jouni). Maakunta, tieto ja valta. Tutkimus poliittis-hallinnollisen maakuntadiskurssiin ja sen historiallisten edellytysten muotoutumisesta Suomessa. (Region, knowledge and power – the emergence of and historical preconditions for the politico-administrative discourse on provinces in Finland). Tampere, Tampereen yliopisto, 94, 246 p. (English Summary). (Acta Univ. Tamperensis A 415.)

4412. JOKIPII (Mauno). Finnland und Deutschland im 20. Jahrhundert. Kuopio, [s. n.], 94, 131 p. (ill.). (Snellman-instituutti, A 16/94).

4413. KALELA (Jorma). Unemployment as a dimension of politics in Finland between the wars. *Scandinavian Economic History Review*, 94, 42, 2, p. 145-172.

4414. KALLEINEN (Kristina). Suomen kenraalikuvernementti, kenraalikuvernöörin asema ja merkitys Suomen asioiden esittelyssä 1823–1861. (Finlands general governement, the stand and importance of the governor-general in the presentation of Finnish issues 1823–1861). Helsinki. Painatuskesku, 94, 390 p. (Hallintohistoriallisia tutkimuksia).

4415. KATAJALA (Kimmo). Nälkäkapina. Veronvuokraus ja talonpoikainen vastarinta Karjalassa 1681–1697. (Foodriot in Karelia: leaseholders and peasant resistance 1683–1697). Helsinki, SHS, 94, 464 p. (English summary). (Hist. tutkimuksia, 185).

4416. LEPISTÖ (Vuokko). Joko Teillä on priimuskeitin? Kotitalousteknologian saatavuus ja tarjonta Helsingissä 1800-luvun puolivälistä 1910-luvun lopulle. ("Have you, too, got a Primus?" The availability of household technology in Helsinki, the capital of Finland, during the latter half of the 19th century and up to the end of the 1910s). Helsinki, SHS, 94, 300 p. (ill., English summary). (Hist. tutkimuksia, 181).

4417. LETTO-VANAMO (Pia). On the history of assistance in conflict resolution in Finland: the emergence of the profession of advocates in the 17th century. *Scandinavian Journal of History*, 94, 19, 3, p. 193-200.

4418. LINDBERG (Steve). Hotbilder för Finland. Säkerhetspolitisk förändring och kontinuitet. (Threat scenarios for Finland – change and continuity in security policy?) Åbo, Åbo akademis förl. 94, 447 p. (English summary).

4419. MAJANDER (Mikko). The limits of sovereignty: Finland and the question of the Marshall Plan in 1947. *Scandinavian Journal of History*, 94, 19, 4, p. 309-327.

4420. MÄNNISTÖ (Jyrki). Sivistyksen kylvö. Suomen kansakoululaitos johtavien puoluelehtien mielenkiinnon kohteena vuosina 1918–1939. (The sowing of education. Finland's elementary school system as an object of interest of the leading party newspapers in the years 1918–1939). Tampere, Tampereen yliopisto 94, 324 p. (tables, English summary). (Acta Univ. Tamperensis, A 395).

4421. MARKKOLA (Pirjo). Työläiskodin synty. Tamperelaiset työläisperheet ja yhteiskunnallinen kysymys 1870-luvulta 1910-luvulle. (The making of the working-class home. The question of working-class families in Finland, 1870s through 1910s). Helsinki, SHS, 94, 271 p. (ill., maps, English summary). (Hist. Tutkimuksia, 187).

4422. OLIN (Karl-Gustav). Aseilaiva John Grafton. (Armament transport ship John Grafton). Kangasala, Aselehti, 94, 302 p., (ill.).

4423. PALE (Erkki). Totuus Stella Polariksesta. (The truth about Stella Polaris). Helsinki, E. Pale, 94, 257 p.

4424. SALLINEN-GIMPL (Pirkko). Siirtokarjalainen identiteetti ja kulttuurin kohtaaminen. (Cultural identity and cultural clash. The resettled Karelians in Finland). Helsinki, Suomen Muinaismuistoryhdistys, 94, 416 p. (ill., maps, English summary). (Kansat. arkisto, 40).

4425. SAVOLAINEN (Raimo). Suosikkisenaattorit. Venäjän keisarin suosio suomalaisten senaattorien menestykseen perustana 1809–1892. (Finnish senators and favoritism practised by the Russian emperor in 1809–1892). Helsinki, VP, 94, 409 p. (ill., English summary). (Hallintohistoriallisia tutk., 14).

4426. SUOMI (Juhani). Urho Kekkonen 1962–1968: Presidentti. (Urho Kekkonen 1962–1968: the president). Helsinki, Otava, 94, 663 p.

4427. Svenska Folkpartiet. Vol. 4. 1939–1956: krigstid och återuppbyggnad. (The Swedish People's party 1939–1956: war times and reconstruction). Ed. by Göran von BONSDORFF. Helsingfors, Svenska Folkpartiet, 94, 488 p. (ill.).

4428. VARMARVIRTA (Ya.). Karl Gustav Emil' Mannergeym. (K. G. E. Mannergeim, a biography). *Voprosy istorii*, 94, 68, 1, p. 56-74.

4429. WALTARI (Mika). Neuvostovakoilun varjossa: Helsingin neuvostolähetystö kiihotus- ja vakoilutoiminnan keskustassa. (In the shadow of Soviet espionage: Soviet embassy in Helsinkis: a center of espionage and agitation). Helsinki, Otava, 94, 194 p.

Cf. n° 6986

Francia

** 4430. DE DAINVILLE-BARBICHE (S.), LE MOËL (G.), POULIQUEN (M.). Cabinet de Napoléon Ier et Secrétairie d'Etat impériale. Pièces ministérielles, an VIII-1815. Inventaire des articles AF IV 1287 à 1589. Paris, Archives nationales, 94, 303 p.

** 4431. France du XXème siècle (La): documents d'histoire. Par Olivier WIEVIORKA et Christophe PROCHASSON. Paris, Ed. du Seuil, 94, 734 p.

** 4432. RICHELIEU (Armand-Jean du Plessis, cardinal de). Testament politique. Ed. par Françoise HILDESHEIMER. Paris, Champion, 94, 382 p.

4433. AMSON (D.). Gambetta ou le rêve brisé. Paris, Tallandier, 94, 417 p.

4434. BAUMGARTNER (Frederic J.). Louis XII. New York, St. Martin's Press, 94, XV-319 p.

4435. BÉLY (Lucien). La France moderne, 1498–1789. Paris, PUF, 94, XV-670 p.

4436. BENOT (Yves). Massacres coloniaux 1944–1950: la IVème république et la mise au pas des colonies françaises. Paris, La Découverte, 94, XV-198.

4437. BERTIÈRE (Simone). Les reines de France au temps des Valois. Tome 2. Les années sanglantes. Paris, de Fallois, 94, 496 p.

4438. BEZANÇON (Xavier). L'organisation des services publics en France: des origines juridiques jusqu'en 1789. Paris, Presses de l'Ecole nationale des Ponts et Chaussées, 94, 438 p.

4439. BINGHAM (John). Defining French fascism, finding fascist in France. *Canadian journal of history*, 94, 29, 3, p. 525-544.

4440. BIRNBAUM (Pierre). L'affaire Dreyfus: la Rèpublique en péril. Paris, Gallimard, 94, 144 p. (ill.).

4441. BLANCHARD (Pascal), BOËTSCH (Gilles). Races et propagande coloniale sous le régime de Vichy, 1940–1944. *Africa*, 94, 49, 4, p. 531-561.

4442. BLANQUIE (C.). Les restitutions du Prince de Conti. *Revue historique*, 94, 118, 292 (592), p. 269-296.

4443. BONNEFOUS (Georges). Histoire politique de la Troisième République. Tome 1. L'avant-guerre, 1906–1914. Paris, PUF, 94, XVI-458 p.

4444. BOROS (Zsuzsanna). Vichy-Franciaország, 1940–1942. A francia állam születése és a "nemzeti forradalom" első időszaka. (La France de Vichy, 1940–1942. La naissance de l'Etat français et la première période de la "révolution nationale"). Budapest, Akad. Kiadó, 94, 179 p. (Ertekezések a történeti tudományok köréből, 116).

4445. BOULANGER (Gérard). Maurice Papon, un technocrate français dans la collaboration. Paris, Ed. du Seuil, 94, 312 p.

4446. CASTERAS ARCHIDONA (Ramón). Escritores y reformadores sociales en el Paris de las recoliciones romanticas, 1830-1848. Barcelona, PPU, 94, 385 p.

4447. CÉLINE (Louis-Ferdinand Destouches, dit). Lettres des années noires. Ed. par Philippe ALMÉRAS. Paris, Berg international, 94, 140 p.

4448. CHERNAKOVA (G. A.). Evolyutsiya ponyatiy v istoriografii pravogo radikalizma vo Frantsii. (L'evolution des notions dans l'historiographie du radicalisme droit en France). *In*: Istoriograficheskiy sbornik [Cf. n° 563], 94, 16, p. 105-121.

4449. CONAN (Eric), ROUSSO (Henry). Vichy, un passé qui ne passe pas. Paris, Fayard, 94, 332 p.

4450. CORBIN (Alain). Les cloches de la Terre. Paris, Albin Michel, 94, 360 p.

4451. CORNETTE (Joël). Histoire de la France. 1515-1652. L'affirmation de l'Etat absolu. Paris, Hachette, 94, 254 p.

4452. DE WAELE (Michel). Pour la sauvegarde du roi et du royaume. L'expulsion des Jésuites de France à la fin des guerres de religion. *Canadian journal of history*, 94, 29, 2, p. 267-281.

4453. DEFRANCE (Corine). La politique culturelle de la France sur la rive gauche du Rhin 1945-1955. Strasbourg, Presses Universitaires de Strasbourg, 94, 363 p.

4454. DEFRASNE (Jean). Le pacifisme en France. Paris, PUF, 94, 261 p.

4455. DIAZ (Furio). Successo e crisi del liberalismo nella Francia del primo Ottocento. I. *Rivista storica italiana*, 94, 106, 2, p. 262-304.

4456. DOISE (Jean). Un secret bien gardé, histoire militaire de l'affaire Dreyfus. Paris, Ed. du Seuil, 94, 230 p.

4457. DUCLERT (Vincent). L'affaire Dreyfus aux Archives nationales. *Historiens et Géographes*, 94, 346, p. 131-137. – IDEM. L'affaire Dreyfus. Paris, La Découverte, 94, 125 p. – IDEM. Un engagement dreyfusard: Léopold Delisle et la Bibliothèque nationale pendant l'affaire Dreyfus. *Revue de la Bibliothèque nationale de France*, 94, 2, p. 44-55. – IDEM. Une expertise inédite de Léopold Delisle pendant l'affaire Dreyfus. *Revue de la Bibliothèque nationale de France*, 94, 2, p. 56-61.

4458. Ecrivains (Les) et la Collaboration, 1940-1945 [numéro spécial]. *Enquête sur l'histoire*, 94, 10, p. 10-75.

4459. FAYOL (Pierre). Les deux Frances 1935-1945. Paris, L'Harmattan, 94, 316 p.

4460. FORD (Caroline). Private lives and public order in Restoration France: the seduction of Emily Loveday. *American historical review*, 94, 99, 1, p. 21-43.

4461. France de l'affaire Dreyfus (La). Ed. par Pierre BIRNBAUM. Paris, Gallimard, 94, 597 p.

4462. Französische Jahre (Die): Austellung aus Anlass des Einmarsches der Revolutiontruppen in Köln am 6. Oktober 1794. Hrsg. v. Joachim DEETERS [et al.]. Köln, Des Archiv, 94, 141 p.

4463. GALLO (Max). Le grand Jaurès. Paris, Laffont, 94, 636 p.

4464. GERDES (Dirk). Regionalismus und Regionalisierung in Frankreich: Ansatzpunkte einer vergleichenden Regionalismus-/Nationalismusforschung. *Geschichte und Gesellschaft*, 94, 20, 3, p. 385-401.

4465. GERMANI (Ian). Representations of the republic at war: Lille and Toulon, 1792-1793. *Canadian journal of history*, 94, 29, 1, p. 51-94.

4466. GIRAULT DE COURSAC (Paul). Septembre 1792, la mort organisée. Paris, de Guibert. 94, 219 p.

4467. GRAHAM (B. D.). Choice and democratic order. The French Socialist Party, 1937-1950. Cambridge, Cambridge U. P., 94, XVI-430 p.

4468. HAMED-TOUATI (M'Barka). Immigration maghrébine et activités politiques en France de la Première guerre mondiale à la veille du Front Populaire. Tunis, Publications de la Faculté des Sciences humaines et sociales, 94, 333 p.

4469. HAMILTON-WILLIAMS (Davis). The fall of Napoleon: the final betrayal. New York, Wiley, 94, 352 p.

4470. HORCH (Nicoline). Republikanische Personennamen: eine anthroponymische Studie zur Französischen Revolution. Tübingen, M. Niemeyer, 94, XVI, 624 p.

4471. JEROSME (Pierre). De l'engagement de la nation française dans la triste aventure du gouvernement de Vichy. Paris, L'Harmattan, 94, 179 p.

4472. JOLY (B.). Les antidreyfusards croyaient-ils Dreyfus coupable? *Revue historique*, 94, 118, 291 (590), p. 401-438.

4473. KATZ (Philip Mark). Americanizing the Paris Commune, 1861-1877. Princeton, Princeton U. P., 94, 465 p.

4474. KNECHT (R. J.). Renaissance warrior ad patron: the reign of Francis I. Cambridge, Cambridge U. P., 94, XXV-612 p.

4475. KONNERT (Mark). Provincial governors and their regimes during the French wars of religion: the duc de Guise and the city council of Châlons-sur-Marne. *Sixteenth century journal*, 94, 25, 4, p. 823-840.

4476. KÖVÉR (Lajos). Turgot politikai pályája. (La carrière politique de Turgot [1727-1781]). *Aetas*, 94, 4, p. 107-132. – IDEM. XVI. Lajos és Franciaország. (Louis XVI et la France). *Aetas*, 94, 2, p. 75-101.

4477. LEJEUNE (Dominique). La France des débuts de la IIIe République 1870–1896. Paris, Armand Colin, 94, 191 p.

4478. LÉVÊQUE (Pierre). Histoire des forces politiques en France, 1880–1940. Tome 2. Paris, Armand Colin, 94, 311 p.

4479. LOSSKY (Andrew). Louis XIV and the French Monarchy. New Brunswick, Rutgers, 94, 312 p.

4480. LUCAS (Colin), VIOLA (Paolo), POZZI (Regina), DEAN (Carolyn), HUNT (Lynn). Family romance of the French Revolution: un dibattito. *Società e storia*, 94, 17, 65, p. 611-652.

4481. LUTUN (B.). Le plan d'Estaing de 1763 ou l'impossible réforme de la Marine. *Revue historique*, 94, 118, 292 (591), p. 3-30.

4482. LUZZATTO (Sergio). L'Autunno della Rivoluzione. Lotta e cultura politica nella Francia del Termidoro. Torino, Einaudi, 94, X-462 p. (Piccola biblioteca Einaudi, 94).

4483. MALETTKE (Klaus). Ludwig XIV. von Frankreich. Leben, Politik und Leistung. Göttingen u. Zürich, Muster-Schmidt, 94, 170 p. (Persönlichkeit und Geschichte, 143-145).

4484. MOLLIER (Jean-Yves), GEORGE (Jocelyne). La plus longue des républiques, 1870–1940. Paris, Fayard, 94, 872 p.

4485. MULLER (Jean-Marie). Désobéir à Vichy: la résistance civile des fonctionnaires de police. Nancy, Presses univ. de Nancy, 94, 144 p.

4486. OLSEN (Mark). Enlightened nationalism in the early Revolution: the Nation in the language of the Société de 1789. *Canadian journal of history*, 94, 29, 1, p. 23-51.

4487. PADOA SCHIOPPA (Antonio). Giuria penale in Francia. Dai philosophes alla Costituente. LED, 94, 200 p.

4488. Paris 1944, les enjeux de la Libération. Actes du Colloque, Paris, 24 février 1994. Paris, Albin Michel, 94, 566 p.

4489. PÉAN (Pierre). Une jeunesse française. François Mitterand, 1934–1947. Paris, Fayard, 94, 616 p.

4490. PERNOT (Michel). La Fronde. Paris, Editions de Fallois, 94, 475 p.

4491. Pouvoirs en France à la Liberation (Les). Par Philippe BOUTON et J. M. GUILLOU, Paris, Belin, 94, 590 p.

4492. POZNANSKI (R.). Porter l'étoile jaune à Paris. *Revue historique*, 94, 118, 292 (591), p. 53-72.

4493. Présence de Babeuf. Lumières, Révolution, communisme. Ed. par Alain MAILLARD, Claude MAZAURIC et Eric WALTER. Paris, Publications de la Sorbonne, 94, 334 p.

4494. REBÉRIOUX (Madeleine). Jaurès: la parole et l'acte. Paris, Gallimard, 94, 160 p. (ill.).

4495. Robespierre. De la nation artésienne à la République et aux nations. Actes du Colloque d'Arras, avril 1993. Lille, Univ. Charles de Gaulle-Lille III, 94, 464 p. [Cf. n° 7250.]

4496. SAHLINS (Peter). Forest rites. The war of the demoiselle in nineteenth-century France. Cambridge, Harvard U. P., 94, 188 p.

4497. SAINCLIVIER (J.). La Bretagne dans la guerre 1939–1945. Rennes, Ouest-France-Memorial de Caen, 94, 218 p. (ill.).

4498. SCHAPIRA (Charlotte). Il faudra que je me souvienne: la déportation des enfants de l'Union générale des Israélites de France. Paris, l'Harmattan, 94, 140 p.

4499. SCHECHTER (Ronald). Translating the "Marseillaise": biblical republicanism and the emancipation of Jews in revolutionary France. *Past and Present*, 94, 143, p. 108-135.

4500. SCHUNK (Peter). Geschichte Frankreichs: von Heinrich IV bis zur Gegenwart. München, Piper, 94, 702 p.

4501. SEWELL (William H.). A rhetoric of bourgeois revolution. The Abbé Syeyès and "What is the third estate?". Durham, Duke U. P., 94, XXV-221 p. (Bicentennial reflections on the French revolution).

4502. THOMPSON (E. P.). Hunting the Jacobin fox. *Past and Present*, 94, 142, p. 94-140.

4503. TONE (John Lawrence). The fatal knot. The guerrilla war in Navarre and the defeat of Napoleon in Spain. Chapell Hill, University of North Carolina Press, 94, VIII-239 p.

4504. TRUCHE (Pierre). L'anarchiste et son juge: à propos de l'assassinat de Sadi Carnot. Paris, Fayard, 94, 190 p.

4505. VADÁSZ (Sándor). Lajos Fülöp, a polgárkirály. (Louis Philippe, le roi bourgeois). *Aetas*, 94, 2, p. 43-74.

4506. VALAT (B.). Résistance et Sécurité sociale, 1941–1944. *Revue historique*, 94, 118, 292 (592), p. 315-346.

4507. Victimes de la révolution en Vandée. A cura della Diocesi di Lucan. La Roche sur Lou, Silol, 94, 204 p.

4508. Vie entreprise sous l'occupation (La): une enquête à l'échelle locale. Par A. BELTRAM, R. FRANK, H. ROUSSO. Paris, Belin, 457 p.

4509. VILLAIN (Jean). La fortune de Colbert. Paris, Comité pour l'histoire économique et financière, Ministère de l'Economie, 94, IX-404 p.

4510. WĄSOWICZ (Marek). Między tronem, giełdą i barykadą. Francja 1830–1848. (Entre le thrône, la bourse et la barricade. La France en 1830–1848). Warszawa, Omnia, 94, 335 p. (phot.).

4511. WEBER (Eugen). The hollow years. France in the 1930s. New York, W. W. Norton, 94, XII-352 p.

4512. WOLFF (Frieda). O centenário do Caso Dreyfus, visto especialmente pelo noticiário carioca da época. *Revista do Instituto Histórico e Geográfico Brasileiro*, 94, 384, p. 571-573.

4513. WOLOCH (Isser). The New Regime transformations of the French civic order, 1789–1820s. New York a. London, W. W. Norton and Company, 94, 536 p.

4514. ZINK (Anne). Une niche juridique. L'installation des Juifs à Saint-Esprit-lès-Bayonne au XVIIe siècle. *Annales*, 94, 49, 3, p. 639-670.

Cf. n^{os} *985, 4118, 6995, 7014, 7015, 7019, 7077, 7100, 7132, 7235, 7236, 7314*

Georgia

4515. SUNY (Ronald Grigor). The making of the Georgian Nation. Bloomington, Indiana U. P., 94, 418 p.

Germania

** 4516. Gegner Bismarcks (Ein): Dokumente zur neuen Ära und zum Preussischen Verfassungskonflikt aus dem Nachlass des Abgeordneten Heinrich Beitzke (1798–1867). Hrsg. v. Horst CONRAD. Münster, Landschaftsverband Westphalen-Lippe, 94, 500 p.

** 4517. Generalplan Ost zum Generalsiedlungsplan (Vom). Hrsg. v. Czesław MADAJCZYK. Unt. Mitarb. v. Stanisław BIERNACKI, Karin BORCK, Hans-Jenning HAHN, Eligiusz JANUS, Blanka MEISSNER u. Michael G. MÜLLER. München, New Providence, London u. Paris, Saur, 94, XXXVI-576 p. (Einzelveröffentlichungen der Historischen Kommission zu Berlin, 80).

** 4518. Zonenbeirat. Zonal Advisory Council, 1946–1948. Protokolle und Anlagen 1.–11. Sitzung, 1946/47. Teil 2. 7.–11. Sitzung, 1946/47. Hrsg. v. Gabriele STÜBER. Düsseldorf, Droste, 94, XXVIII-1050 p. (Quellen zur Geschichte des Parlamentarismus und der politischen Parteien. IV: Deutschland seit 1945, 9).

4519. Adenauer to Kohl: the development of the German Chancellorship. Ed. by Heidrun ABRONEEIT, Stephen PADGETT. Washington, Georgetown U. P., 94, XV-204 p.

4520. ASMUSS (Burkhard). Republik ohne Chance? Akzeptanz und Legitimation der Weimarer Republik in der deutschen Tagespresse zwischen 1918 und 1923. Berlin u. New York, de Gruyter, 94, XVIII-619 p. (Beiträge zur Kommunikationsgeschichte, 3).

4521. BIEFANG (Andreas). Politisches Bürgertum in Deutschland, 1857–1868. Nationale Organisationen und Eliten. Düsseldorf, Droste, 94, 511 p. (Beiträge zur Geschichte des Parlamentarismus und der politischen Parteien, 102).

4522. CONRAD (Christoph). Vom Greis zum Rentner. Der Strukturwandel des Alters in Deutschland zwischen 1830 und 1930. Göttingen, Vandenhoeck & Ruprecht, 94, 541 p. (Kritische Studien zur Geschichtswissenschaft, 104).

4523. DEMPS (Laurenz). Berlin-Wilhelmstraße. Eine Topographie preußisch-deutscher Macht. Berlin, Links, 94, 342 p.

4524. Deutsche Frage in der Nachkriegszeit (Die). Hrsg. v. Wilfried LOTH. Berlin, Akademie, 94, 231 p.

4525. DRULAVY (T.). Politics and industrialization: early railroads in the United States and Prussia. Princeton, Princeton U. P., 94, 303 p.

4526. FAIRBAIRN (Brett). History from the ecological perspective: Gaia theory and the problem of cooperatives in turn-of-the-century Germany. *American historical review*, 94, 99, 4, p. 1203-1239.

4527. Fall Spengler (Der). Eine kritische Bilanz. Hrsg. v. Alexander DEMANDT u. John FARRENKOPF. Weimar, Wien u. Köln, Böhlau, 94, 200 p.

4528. FENSKE (Hans). Deutsche Parteiengeschichte. Von den Anfängen bis zur Gegenwart. Paderborn, München, Wien u. Zürich, Schöningh, 94, 363 p.

4529. FRIEDRICH (Martin). Die Preussische Landeskirche im Vormärz: evangelische Kirchenpolitik unter dem Ministerium Eichhorn (1840–1848). Waltrop, Spemm, 94, 524 p.

4530. GAILUS (Manfred). Food riots in Germany in the late 1840s. *Past and Present*, 94, 145, p. 157-193.

4531. GALLI (Giorgio). Hitler. Album Terzo Reich. Milano, Rizzoli, 94, 304 p.

4532. GARCIA MONERRIS (Encarnacion). La crisis del Antiguo regimen y los absolutismos. Madrid, Editorial Sintesis, 94, 159 p.

4533. German unification: process and outcomes. Ed. by M. Donald HANCOCK a. Helga A. WELSH. Boulder, Westview press, 94, X-393 p.

4534. Germany's new position in Europe: problems and perspectives. Ed. by Arnulf BARING. Oxford a. Providence, Berg, 94, IX-134 p.

4535. "Gesäuberte" Antifaschismus (Der). Die SED und die roten Kapos von Buchenwald. Dokumente. Hrsg. v. Lutz NIETHAMMER unt. Mitarb. v. Karin HARTEWIG, Harry STEIN u. Leonie WANNENMACHER. Berlin, Akademie, 94, 566 p.

4536. GESTRICH (Andreas). Absolutismus und Öffentlichkeit. Politische Kommunikation in Deutschland zu Beginn des 18. Jahrhunderts. Göttingen, Vandenhoeck & Ruprecht, 94, 381 p. (Kritische Studien zur Geschichtswissenschaft, 103).

4537. HASSELL (U. von). The von Hassell diaries. The story of the forces against Hitler inside Germany, 1939-1944. Ulrich von Hassell. Oxford, Westview Press, 94, 400 p.

4538. HEIDEMAYER (H.). Flucht und Zuwanderung aus der SBZ/DDR 1945/1949-1951. Die Flüchtlingspolitik der Bundesrepublik Deutschland bis zum Bau der Berliner Mauer. Düsseldorf, Droste, 94, 359 p. (ill.).

4539. HEINZ (Hans-Joachim). NSDAP und Verwaltung in der Pfalz. Allgemeine innere Verwaltung und kommunale Selbstverwaltung im Spannungsfeld nationalsozialistischer Herrschaftspraxis 1933-1939. Ein Beitrag zur zeitgeschichtlichen Landeskunde. Mainz, Gardez, 94, 583 p. (Geschichte im Kontext, 1).

4540. HENTILÄ (Seppo). Jaettu Saksa, jaettu historia. Kylmä historiasota 1945-1990. (Geteiltes Deutschland, geteilte Geschichte. Etappen eines kalten Geschichtskrieges 1945-1990). Helsinki, SHS, 94, 422 p. (Dt. Zsfassung). (Hist. tutkimuksia, 183)

4541. HILDESHEIMER (Esriel). Jüdische Selbstverwaltung unter dem NS-Regime. Der Existenzkampf der Reichsvertretung und Reichsvereinigung der Juden in Deutschland. Tübingen, Mohr, 94, XVI-258 p. (Schriftenreihe wissenschaftlicher Abhandlungen des Leo Baeck Instituts, 50).

4542. HUMPHREYS (S.). Media and media policy in Germany: the press and broadcasting since 1945. Oxford, Berg, 94, 381 p.

4543. JESSEN (Ralph). Polizei, Wohlfahrt und die Anfänge des modernen Sozialstaats in Preußen während des Kaiserreichs. *Geschichte und Gesellschaft*, 94, 20, 2, p. 157-180.

4544. JOHNSTON (Pamela), SCRIBNER (Bob). The Reformation in Germany and Switzerland. Cambridge, Cambridge U. P., 94.

4545. KANSTEINER (Wulf). From exception to exemplum: the new approach to nazism and the "Final solution". *History and theory*, 94, 33, 2, p. 145-171.

4546. KÖHLER (Henning). Adenauer. Eine politische Biographie. Frankfurt am Main u. Berlin, Propyläen, 94, 1324 p.

4547. LEMMONS (Rivell). Goebbels und der Angriff. Lexington, University Press of Kentucky, 94, X-172 p.

4548. ŁUCZAK (Czesław). Herrmann Göring. Poznań, Pracownia Serwisu Oprogramowania, 94, 125 p. (phot., fig.).

4549. MAC DONOGH (Giles). Prussia. The perversion of an idea. London, Sinclair & Stevenson, 94, XX-456 p.

4550. MACIEJEWSKI (Marek). U źródeł antysemityzmu Adolfa Hitlera. (Aux sources de l'antisémitisme d'Adolf Hitler). *Śląski Kwart. Hist. Sobótka*, 94, 49, 1-2, p. 51-79. [Deutsche Zsfassung].

4551. MIDELFORT (H. C. Erik). Mad princes of Renaissance Germany. Charlottesville a. London, University Press of Virginia, 94, XII-204 p.

4552. MIESBECK (Peter). Bürgertum und Nationalsozialismus in Rosenheim. Studien zur politischen Tradition. Rosenheim, Historischer Verein, 94, 652 p. (Quellen und Darstellungen zur Geschichte der Stadt und des Landkreises Rosenheim, 13).

4553. MLECHINA (I. V.). Uroki nemetskogo. Vek XX. (Les leçons d'allemand. Le XXe siècle). Moskva, Progress, Kul'tura, 94, 240 p.

4554. NAASNER (W.). Neue Machtzentren in der deutschen Kriegswirtschaft 1942-1945. Boppard am Rhein, Harald Bolt, 94, 534 p.

4555. Nazism and German society, 1933-1945. Ed. by David F. CREW. London a. New York, Routledge, 94, XI-316 p. (Rewriting histories).

4556. NOLTE (Paul). Gemeindebürgertum und Liberalismus in Baden, 1800-1850. Tradition, Radikalismus, Republik. Göttingen, Vandenhoeck & Ruprecht, 94, 561 p. (Kritische Studien zur Geschichtswissenschaften, 102).

4557. OLIVIERI (Claudio). Spartacisti nella rivoluzione tedesca 1914-1919. [S. l.], Prospettive, 94, 192 p.

4558. OMGUS-Handbuch. Die amerikanische Militärregierung in Deutschland, 1945-1949. Hrsg. v. Christopher WEISZ. München, Oldenbourg, 94, XXI-847 p. (Quellen und Darstellungen zur Zeitgeschichte, 35).

4559. OVERY (R. J.). War and economy in the Third Reich. Oxford, Clarendon Press, 94, XIV-390 p.

4560. PETERSEN (Jensen). Die Berücksichtigung von Unterhaltsleistungen in den Preussischen Einkommensteuergesetzen von 1806 bis 1945. Osnabrück, Universität von Osnabrück, 94, 159 p.

4561. Resistance against the Third Reich, 1933-1990. Ed. by Michael GEYER a. John W. BOYER. Chicago, University of Chicago Press, 94, 357 p. (Studies in European history from the Journal of Modern History).

4562. Rußlandbild im Dritten Reich (Das). Hrsg. v. Hans-Erich VOLKMANN. Weimar, Wien u. Köln, Böhlau, 94, VI-466 p.

4563. RZHEVSKAYA (E. I.). Goebbel's: Portret na fone dnevnika. (Goebbels: Le portrait au fond du journal). Moskva, Izd-vo sov.-brit. sovmest. predpriyatiya "Slovo", 94, 384 p. (ill.).

4564. STADELMAN (Marcus). The dependent ally: German foreign policy 1949-1990. San Francisco, San Francisco International Scholars Pub., 94, III-202 p.

4565. STANG (Joachim). Die Deutsche Demokratische Partei in Preussen (1918-1933). Düsseldorf, Droste, 94, 433 p.

4566. STARGARDT (Nicholas). The German idea of militarism. Radical and socialist critics, 1866-1914. Cambridge, Cambridge U. P., 94, XIV-232 p.

4567. STONE (James). Bismarck and the containment of France 1873-1877. *Canadian journal of history*, 94, 29, 2, p. 281-304.

4568. THOMPSON (Alastair). Honours uneven: decorations, the state and bourgeois society in imperial Germany. *Past and Present*, 94, 144, p. 171-204.

4569. WANGER (Bernd Herbert). Kaiserwahl und Krönung im Frankfurt des 17. Jahrhunderts. Darstellung anhand der zeitgenössischen Bild- und Schriftquellen und unter besonderer Berücksichtigung der Erhebung des Jahres 1612. Frankfurt am Main, Kramer, 94, 402 p. (Studien zur Frankfurter Geschichte, 34).

4570. WECKERLEIN (Friedrich). Streitfall Deutschland. Die britische Linke und die 'Demokratisierung' des Deutschen Reiches, 1900-1918. Göttingen, Vandenhoeck & Ruprecht, 94, 451 p.

4571. ZABALUEV (V.G.). Germanskiy politicheskiy katolitsizm kak predshestvennik khristianskoy demokratii. (German political catholicism as precursor of christian democracy). *Novaya i noveyshaya istoriya*, 94, 38, 3, p. 43-58.

Cf. n[os] *917, 970, 974, 4120, 4412, 4818, 4975, 6983, 6988, 7021, 7704*

Ghana

4572. LI (Anshan). Asafo and destoolment in colonial southern Ghana, 1900-1953. *International journal of African historical studies*, 94, 28, 2, p. 327-358.

Giappone

4573. ASAMI (Masao). Kazoku tanjō. (The birth of a peerage). Tōkyō, Riburopōto, 94, 284 p.

4574. BERRY (Mary Elizabeth). The culture of civil war in Kyoto. Berkeley, University of California Press, 94, XXXII, 373 p.

4575. EGUCHI (Keiichi). Shōwa no rekishi 4. Jūgonen sensō no kaimaku. (A history of Shōwa era. Vol. 1. The start of the fifteen-year war). Tōkyō, Shōgakkan, 94, 440 p.

4576. GIFFARD (Sydney). Japan among the powers 1890-1990. New Haven, Yale U. P., 94, XXI, 218 p.

4577. HAARE (James). Japan's treaty and foreign settlements: the uninvited guests, 1858-1899. Folkestone, Japan Library, 94, XVI-264 p.

4578. HASEGAWA (Takashi). Nihon hoterukan monogatari. (Hotels in the modern history of Japan). Tōkyō, Pureshidensha, 94, 351 p.

4579. HOWELL (David L.). Ainu ethnicity and the boundaries of the early modern Japanese state. *Past and Present*, 94, 142, p. 69-93.

4580. INAGAKI (Takeshi). "Akumabarai" no sengoshi. Shinpoteki bunkajin no genron to sekinin. (The postwar "exorcism". The views and responsabilities of Japan's progressive intellectuals). Tōkyō, Bungei shunjū, 94, 382 p.

4581. IROKAWA (Daikichi). Kitamura Tōkoku. (Kitamura Tōkoku). Tōkyō, Tōkyō daigaku shuppankai, 94, 320 p.

4582. ISHII (Kanji). Jōhō tsūshin no shakaishi. (A social history of information and communications). Tōkyō, Yūhikaku, 94, 222 p.

4583. ISHIKAWA (Eisuke). Ō-Edo risaikuru jijō. (Recycling in Edo Japan). Tōkyō, Kōdansha, 94, 316 p.

4584. ITASAKA (Yōko). Edo no onna, ima no onna. (Women of Edo, women today). Fukuoka, Ashi shobō, 94, 245 p.

4585. Iwanami kōza. Nihon tsūshi 16. Kinsei 1. (Iwanami lecture series. A general history of Japan. Vol. 16. The modern period 1). Ed. by Naohiro ASAO, Yoshihiko AMINO, Susumu ISHII, Masanao KANO, Shōhachi HAYAKAWA, Yoshio YASUMARU. Tōkyō, Iwanami shoten, 94, 339 p.

4586. JANSEN (Marius B.). Sakamoto Ryoma and the Meiji restoration. New York, Columbia U. P., 94, XVIII-423. p.

4587. Kanryō. Kishimu kyodai kenryoku. (Bureaucratic power. The ailint giant). Ed. by Nihon keizai shinbunsha. Tōkyō, Nihon keizai shinbunsha, 94, 452 p.

4588. KARATANI (Kōjin). "Senzen" no shikō. ("Prewar" thinking). Tōkyō, Bungei shunjū, 94, 244 p.

4589. KATŌŌ (Norihiro). Nihon to iu shintai. (The communal body of Japan). Tōkyō, Kōdansha, 94, 306 p.

4590. KATŌ (Tetsutarō). Watashi wa kai ni naritai. Aru BC-kyū senpan no sakebi. (I want to be a shellfish. The anguish of a BC-class war criminal). Tōkyō, Shunjūsha, 94, 270 p.

4591. KIKUCHI (Isao). Ainu minzoku to Nihonjin. (The Ainu and the Japanese). Tōkyō, Asahi shinbunsha, 94, 298 p.

4592. KIM (Jung-Mi). Suiheiundōshi kenkyū. Minzoku sabetsu hihan. (A study of the Levellers' movement. A critique of ethnic discrimination). Tōkyō, Gendai kikakushitsu, 94, 772 p.

4593. KINBARA (Samon). Shōwa no rekishi 1. Shōwa e no taidō. (A history of Shōwa era. Vol. 1. Preliminary signs of the Shōwa era). Tōkyō, Shōgakkan, 94, 406 p.

4594. Kindai Nihon no Ajia ninshiki. (Modern Japan's perceptions of Asia). Ed. by Tetsuo FURUYA. Kyōto, Kyōto daigaku jinbutsu kagaku kenkyūjo, 94, 704 p.

4595. Kindai Nihon no kiseki 1. Meiji ishin. (The course taken by modern Japan. Vol. 1. The Meiji restoration). Ed. by Akira TANAKA. Tōkyō, Yoshikawa kōbunkan, 94, 288 p.

4596. Kindai Nihon no kiseki 3. Nisshin, nichiro sensō. (The course taken by modern Japan. Vol. 3. The sino-japanese and russo-japanese wars). Ed. by Kazuki IGUCHI. Tōkyō, Yoshikawa kōbunkan, 94, 272 p.

4597. Kindai Nihon no kiseki 4. Taishō demokurashī. (The course taken by modern Japan. Vol. 4. Taishō democracy). Ed. by Samon KINBARA. Tōkyō, Yoshikawa kōbunkan, 94, 274 p.

4598. Kindai Nihon no kiseki 6. Senryō to sengo kaikaku. (The course taken by modern Japan. Vol. 6. The occupation and postwar reform). Ed. by Masanori NAKAMURA. Tōkyō, Yoshikawa kōbunkan, 94, 260 p.

4599. Kindai Nihon no kiseki 8. Sangyō kakumei. (The course taken by modern Japan. Vol. 8. The industrial revolution). Ed. by Naosuke TAKAMURA. Tōkyō, Yoshikawa kōbunkan, 94, 284 p.

4600. Kindai Nihon no kiseki 10. 'Teikoku' Nihon to Ajia. (The course taken by modern Japan. Vol. 10. 'Imperial' Japan and Asia). Ed. by Kyōji ASADA. Tōkyō, Yoshikawa kōbunkan, 94, 292 p.

4601. KOIKE-GOOD (Ursula). Die Auflösung der Samuraiklasse und die Samuraiaufstände: ein Beitrag zur Japanischen Geschichte von 1868 bis 1878. Frankfurt am Main, Berlin u. Bern, Lang, 94, VII-259 p.

4602. MAEDA (Tetsuo). Nihon no guntai. (The japanese military). Tōkyō, Gendai shokan, 94, 174p.

4603. Meido in Japan. Nihon seizōgyō henkaku e no shishin. (Made in Japan. Ideas for reforming Japan's manufacturing industry). Ed. by Hiroyuki YOSHIKAWA a. JCIP [Japan Commission on Industrial Performance]. Tōkyō, Dayamondosha, 94, 492 p.

4604. MINAMI (Hiroshi). Nihonjinron. Meiji kara konnichi made. (Discussions on the Japanese. From the Meiji to the present). Tōkyō, Iwanami shotōen, 94, 410 p.

4605. MITO (Tadashi)."Ie" to shite no Nihon shakai. (Japan as an "ie" society). Tōkyō, Yūhikaku, 94, 238 p.

4606. MOODY (Sydney). War against Japan. Novato, Presidio Press, 192 p.

4607. MORRIS-SUZUKI (Tessa). Creating the frontier: border, identity and history in Japan's far north. *East Asian History*, 94, 7, p. 1-24.

4608. NAKAMURA (Ikuo). Nihon no kami to ōken. (The gods and imperial sovereignty in Japan). Kyōto, Hōzōkan, 94, 262 p.

4609. NAKAMURA (Masanori). Shōwa no rekishi 2. Shōwa kyōkō. (A history of Shōwa era. Vol. 2. The Shōwa depression). Tōkyō, Shōgakkan, 94, 424 p.

4610. NAKANO (Shigeharu). Haisenzen nikki. (Diary from before the surrender). Tōkyō, Chūō kōronsha, 94, 656 p.

4611. Nihon no kazoku wa dō kawatta no ka. (How the japanese family has changed). Ed. by Nissei kiso kenkyūjo. Tōkyō, Nihon hōsō shuppan kyōkai, 94, 302 p.

4612. OCHIAI (Emiko). Nijūisseiki kazoku e. (Towards the family in the twenty-first century). Tōkyō, Yūhikaku, 94, 244p.

4613. ŌE (Shinobu). Shōwa no rekishi 3. Tennō no guntai. (A history of Shōwa era. Vol. 1. The emperor army). Tōkyō, Shōgakkan, 94, 440 p.

4614. ŌTAKE (Hideo). Sengo seiji to seijigaku. (Politics and political analysis in postwar Japan). Tōkyō, Tōkyō daigaku shuppankai, 94, 224 p.

4615. SAKAMOTO (Takao). Nihon wa mizukara no rareki o katariuru ka. (Can Japan tell its own story?). Tōkyō, Chikuma shobō, 94, 256 p.

4616. SATŌ (Shigerō). Bakumatsu-ishin no minshū sekai. (The world of the people in the Bakumatsu and Meiji restoration period). Tōkyō, Iwanami shoten, 94, 246 p.

4617. SHIOBARA (Tsutomu). Tenkan suru Nihon shakai. (Japanese society in transition). Tōkyō, Shin'yōsha, 94, 172 p.

4618. Shirīzu Nihon kingendaishi 4. Sengo kaikaku to gendai shakai no keisei. (Series on Japan's modern and contemporary history. Vol. 4. The postwar reforms and the formation of contemporary society). Ed. by Junji BANNO [et al.]. Tōkyō, Iwanami shoten, 94, 424 p.

4619. TAKAHASHI (Yasuo). Media no akebono. Meiji kaikokuki no shinbun shuppan monogatari. (The dawn of mass media. Newspaper and book publishing during the early Meiji period). Tōkyō, Tōkyō keizai shinbunsha, 94, 372 p.

4620. TAKEFA (Haruhito). Dangō no keizaigaku. Nihonteki chōsei shisutemu no rekishi to ronri. (Dangō economics. The history and logic of Japanese style consensus in business). Tōkyō, Shūeisha, 94, 254 p.

4621. TAKENOBU (Mieko). Nihon kabushikigaisha no onnatachi. (The women of Japan Inc.). Tōkyō, Asahi shinbunsha, 94, 204p.

4622. TANAKA (Naoki). Nihon seiji no kōsō. (A vision of Japanese politics). Tōkyō, Nihon keizai shinbunsha, 94, 474 p.

4623. TANIYAMA (Masamichi). Kinsei minshū undō no tenkai. (The development of popular movements in the early modern period). Tōkyō, Takashina shoten, 94, 475 p.

4624. TERASHIMA (Jitsurō). Shin keizaishugi sengen. (Manifesto for new economism). Tōkyō, Shinchōsha, 94, 206 p.

4625. TORIUMI (Yasushi). Meiroku zasshi to kindai Nihon 1. (The Meiroku zasshi and modern Japan. Vol. 1). Tōkyō, Nihon hōsō shuppan kyōkai, 94, 174 p.

4626. UENO (Chizuko). Kindai kazoku no seiritsu to shūen. (The rise and the fall of the modern family). Tōkyō, Iwanami shoten, 94, 352 p.

4627. YAMAMOTO (Yūji). Saikōsai monogatari, jōshita. (The story of the supreme court. Vol. 1–2). Tōkyō, Nihon hyōronsha, 94, 324 p.

Cf. n° 7528

Giordania

4628. LAYNE (Linda). Home and Homeland: the dialogic of tribal identities in Jordan. Princeton, Princeton U. P., 94, XVI-188.

4629. SATLOFF (Robert). From Abdullah to Hussein: Jordan in transition. New York, Oxford U. P., 94, XII-251 p. (Studies in Middle Eastern History).

Gran Bretagna

** 4630. Calendar of entries in the Papal Registers relating to Great Britain and Ireland. Papal letters. Vol. 17. Part 1. Alexander VI (1492–1503). Lateran Registers. Part 2. 1495–1503. Ed. by Anne P. FULLER. Dublin, Irish Manuscript Commission, 94, LXVII-926 p.

** 4631. Gladstone diaries (The). With Cabinet minutes and prime-minister correspondance. Vol. 12. 1887–1891. Vol. 13. 1892–1896. Vol. 14. Index. Ed. by H. C. G. MATTHEW. Oxford, Clarendon Press, 94, LXXXVII-535 p., 486 p., XV-862 p.

4632. ALTHOLZ (Joseph). Anatomy of a controversy: the debate over "Essays and Reviews" 1860–1864. Aldershot, Brookfield, 94, 198 p.

4633. ASHTON (Robert). Counter-Revolution. The second civil war and its origins, 1646–1648. New Haven a. London, Yale U. P., 94, XXI-521 p.

4634. BEVAN (Bryan). Henry IV. New York, St. Martin's Press, 94, IX-166 p.

4635. BORUS (György). Politikai játékszabályok Angliában a 18. század közepén. (Règles de jeu politiques en Angleterre au milieu du XVIIIe siècle). Aetas, 94, 4, p. 53-71.

4636. British defence policy since 1945. Ed. by Ritchie OVENDALE. Manchester a. New York, Manchester U. P., 94, XV-218 p.

4637. BROUN (D.). The origin of Scottish identity. In: Nations, nationalism and patriotism in the European past [Cf. n° 4146], p. 35-55.

4638. COUDREN (Conal). The language of politics in Seventeenth-century England. [S. l.], MacMillan Press Ltd., 94, 215 p.

4639. DARVILL (Giles). Little sir Hal Killigrew: Elizabethan voice in Europe. Southwell, CRM Publications and Dyllanson Truran, 94, 94, 150 p.

4640. DE BONI (Claudio). Politica e leggi dell'economia. Il dibattito sulla povertà nell'Inghilterra della rivoluzione industriale. Padova, CEDAM, 94, 266 p.

4641. DONAGAN (Barbara). Atrocity, war crime, and treason in the English civil war. American historical review, 94, 99, 4, p. 1137-1166.

4642. EPSTEIN (James A.). Radical expression. Political language, ritual, and symbol in England, 1790–1850. Oxford, Oxford U. P., 94, X-233 p.

4643. FELDMAN (David). Englishmen and Jews. Social relations and political culture, 1840–1914. New Haven a. London, Yale U. P., 94, XIII-401 p.

4644. FINLAYSON (Geoffrey). Citizen, state, and social welfare in Britain, 1830–1990. Oxford, Oxford U. P. a. Clarendon Press, 94, 467 p.

4645. FISSEL (Mark Charles). The Bishops' wars. Charles I's campaigns against Scotland, 1638–1640. Cambridge, Cambridge U. P., 94, XV-336 p. (Cambridge studies in early modern British history).

4646. FOSTER (Andrew). The Church of England 1570–1640. Addison, Wesley Pub Co. 94, 137 p.

4647. KATZ (David S.). The Jews in the history of England, 1485–1850. Oxford, Oxford U. P. a. Clarendon Press, 94, XV-447 p.

4648. KLOVLAND (Jan Tore). Pitfalls in the estimation of the yield on British Consols, 1850–1914. Journal of Economic History, 94, 54, 1, p. 164-187.

4649. KONTLER (László). Állam, egyház, államegyház. Politikai teológia és valláspolitika a liberalizálódó Angliában. (Etat, église, église d'Etat. Théologie politique et politique confessionnelle en Angleterre libéralisant). Világosság, 94, 35, 5-6, p. 138-158.

4650. KOVEN (Seth). Remembering and dismemberment: crippled children, wounded soldiers, and the Great War in Great Britain. American historical review, 94, 99, 4, p. 1167-1202.

4651. LEVIN (Carole). The heart and stomach of a king: Elizabeth I and the politics of sex and power. Philadelphia, University of Pennsylvania Press, 94, X-243 p.

4652. LOACH (Jennifer). The function of ceremonial in the reign of Henry VIII. Past and Present, 94, 142, p. 43-68.

4653. MAGNSSON (Lars). The contest for control: metal industries of Sheffield, Solingen, Remschied and Eskilstuna during industrialisation. Oxford a. Providence, Berg Pub Ltd, 94, VII-223 p.

4654. MARSHALL (Alan). Intelligence and espionage in the Reign of Charles II, 1660–1685. Cambridge, Cambridge U. P., 94, XVI-334 p.

4655. Nordirland in Geschichte und Gegenwart. Northern Ireland. Past and present. Hrsg. v. Jürgen ELVERT. Stuttgart, Steiner, 94, 573 p.

4656. PATRICK (Joyce). Democratic subjects: the self and the social in nineteenth-century England. Cambridge, Cambridge U. P., 94, XII-242 p.

4657. READ (Donals). The age of urban democracy England 1868-1914. London a. New York, Longman, XIII-56 p.

4658. SMITH (Nigel). Literature and revolution in England, 1640–1660. New Haven, Yale U. P., 94, 432 p.

4659. SPECK (W. A.). The birth of Britain: a new nation 1700–1710. Oxford, Blackwell, 94, XIV, 235 p.

4660. STONE (Glynn). The oldest ally: Britain and the Portuguese connection. [London], Royal Historical Society a. Rochester, Boydell Press, 94, IX-228 p.

4661. STREITBERGER (W.R.). Court revel, 1485–1559. Toronto, University of Toronto Press, 94, XVI, 454 p.

4662. TABILI (Laura). "We ask for British justice". Workers and racial difference in late imperial Britain. Ithaca, Cornell U. P., 94, IX-255 p. (Wilder House series in politics, history, and culture).

4663. TANDORI (Mária). A reformmozgalom irányzatai a brit parlamentben az 1780-as évek elején. (Les tendances du mouvement pour les réformes au parlement britannique au début des années 1780). *Aetas*, 94, 4, p. 72-106.

4664. Victorian periodicals and Victorian society. Ed. by J. DON VANN a. Rosemary J. VAN ARSDEL. Toronto, Toronto U. P., 94, XII, 370.

4665. WENHAM (Leslie Peter). The great and close siege of York, 1644. York, Sassons Book Trust, 94, XVIII, 250 p.

Cf. n^{os} *7000, 7007, 7010, 7036, 7055, 7095, 7145, 7174, 7197, 7333, 7483*

Grecia

4666. BEEVOR (Anthony). Crete: the battle and the resistance (History and Warfare). Boulder, Westview Press, 94, XIII-383 p.

4667. LYKOGIANNIS (A.). The early post-war Greek economy, from liberation to the Truman doctrine. *Journal of European economic history*, 94, 23, 2, p. 345-364.

4668. Modern Greek Studies Yearbook. Ed. by Theofanis G. STAVRON. Minneapolis, University of Minnesota Press, 94.

4669. PROUSIS (Theophilus C.). Russian society and the Greek revolution. DeKalb, Northern Illinois U. P., 94, XI-259 p.

4670. SOFUOĞLU (Adnan). Anadolu Üzerindeki Yunan Hedefleri ve Mütareke Dönemi Fener Rum Patrikhanesi'nin Faaliyetleri. (Les buts grecs sur l'Anatolie et les activités du Patriarcat de Phanar à l'époque de l'armistice). *Atatürk Araştırma Merkezi Dergisi*, Ankara, 94, 10, 28, p. 211-256.

Cf. n^{os} *7198, 7640, 8101*

Guatemala

4671. JONES (Oakah). Guatemala in the Spanish colonial period. Norman, University of Oklahoma Press, 94, XXI-344 p.

4672. LEVENSON-ESTRADA (Deborah). Trade Unionists against terror in Guatemala city 1945–1985. Chapel Hill, University of North Carolina Press, 94, XV-288 p.

4673. LUJÁN MUÑOZ (Jorge). La biblioteca jurídica de don José C. Del Valle. *Anales de la Academia de Historia y Geografía de Guatemala*, 94, 70, 68, p. 99-119.

4674. MAC CREERY (David). Rural Guatemala, 1760–1940. Stanford, Stanford U. P., 94, X-450 p.

4675. RUBIO SÁNCHEZ (Manuel). La influencia de la masonería en la vida política del reino de Guatemala, 1717-1821. *Anales de la Academia de Historia y Geografía de Guatemala*, 94, 70, 68, p.71-98.

India

4676. American studies in India: essays in history, politics and foreign affairs. Ed. by P. M. KAMATH. New Dehli, Prestige Books, 94, 128 p.

4677. Bengal: communities, development and states. Ed. by Sekhar BANDYOPADHYAYA, Abhijit DASGUPTA, Willem VON SCHENDEL. New Delhi, Manohar, 94, VI-361 p.

4678. BOSE (Sumantra). States, nations, sovereignty: Sri Lanka, India at the Tamil Eelam movement. New Delhi, Thousand Oaks, 94, 236 p.

4679. BROWN (Judith, M.) Modern India: the origins of an Asian democracy. Oxford a. New York, Oxford U. P., 94, XIV-459 p.

4680. Contesting colonial hegemony: state and society in Africa and India. Ed. by Dagmar ENGELS, Shula MARKS. London, British Academy Press, VIII-349 p.

4681. DALE (Stephen Frederic). Indian merchants and Eurasian trade, 1600–1750. Cambridge, Cambridge U. P., 94, XIV-162 p.

4682. GORDON (Stewart). Marathas, Marauders and state formation in Eighteenth-century India. Delhi a. New York, Oxford U. P., 94, XI-223 p.

4683. Histoire de l'Inde Moderne, 1480–1950. Ed. par Claude MARKOVITS. Paris, Fayard, 94, 727 p.

4684. ISRAEL (M.). Communications and power. Propaganda and the press in the Indian nationalist struggle, 1920–1947. Cambridge, Cambridge U. P., 94, 336 p.

4685. METCALF (Thomas). Ideologies of the Raj. Cambridge, Cambridge U. P., 94, XII-244 p. (The New Cambridge History of India, III, 4).

4686. NAKAZATO (Nariaki). Agrarian system in eastern Bengal, 1870–1910. Calcutta, K. P. Bagchi & Co., 94, XIX, 337 p.

4687. RAGHAVAN (G. N. S.). Press in India: a new history. New Delhi, Gyan Pub. House, 94, VII-245 p.

Indonesia

4688. ARITONANG (Jan S.). Mission schools in Batakland (Indonesia), 1861–1940. Leiden, New York a. Köln, E. J. Brill, 94, XII-379 p.

4689. BRIERLEY (Johanna Hall). Spices: the story of Indonesia's spice trade. Kuala Lumpur a. New York, Oxford U. P., 94, IX-78 p.

4690. PEMBERTON (John). On the subject of "Java". Ithaca, Cornell U. P., 94, XIII-333 p.

4691. RAMANATHAN (Indira). China and the ethnic Chinese in Malaysia and Indonesia. New Delhi, Radiant Publishers, 94, VIII-203 p.

4692. VAN DER BRUG (P. H.). Malaria en malaise. De VOC in Batavia in de achttiende eeuw. (The unhealthiness of Batavia in the 18th century). Amsterdam, Bataafsche Leeuw, 94, 256 p. (fig.). (Diss. Leiden).

Iran

4693. Century of revolution (A): social movements in Iran. Ed. by John FORAN. Minneapolis, University of Minnesota Press, 94, XVII-263 p.

Iraq

4694. ALNASRAWI (Abbas). The economy of Iraq: oil, wars, destruction of development and prospects, 1950–2010. Westport, Greenwood Press, 94, XVI-186 p.

4695. DAVIS (Paul K.). Ends and means: the British Mesopotamian campaign and commission. Rutherford, Fairleigh Dickinson U. P., 94, 279 p.

4696. DESHEN (Shlomo). La communauté juive de Bagdad à la fin de l'époque ottomane: l'émergence de classes sociales et de la sécularisation. *Annales*, 94, 49, 3, p. 681-704.

4697. NAKASH (Yitzhak). The Shi'Is of Iraq. Princeton, Princeton U. P.. XIV, 312 p.

4698. SIMONS (Geoffrey Leslie). Iraq: from Sumer to Saddam. New York, St. Martin's Press, 94, XV-406 p.

Irlanda

4699. BRADY (Ciaran). The chief governors: the rise and fall of reform government in Tudor Ireland, 1536–1588. Cambridge-New York, 94, XVIII-322 p.

4700. CAMPBELL (Colm). Emergency law in Ireland, 1918–1925. Oxford, Clarendon Press, 94, XXIII-429 p.

4701. Conflict, identity and economic development: Ireland and Scotland, 1600–1939. Ed. by S. J. CONNOLLY, R. H. HOUSTON, R. J. MORRIS. Preston, Carnegie Pub. 94, X-275 p.

4702. ENGLISH (Richard). Radicals and the republic. Socialist republicanism in the Irish free state, 1925–1937. Oxford, Clarendon Press, 94, X-309 p.

4703. HELLE (Andreas). Demokratisierung und regionaler Protest in Ulster 1885–1923. *Geschichte und Gesellschaft*, 94, 20, 3, p. 324-348.

4704. HUGHES (Michael). Ireland divided: the roots of the modern Irish problem. New York, St. Martin's Press, 94, XIII, 143 p.

4705. LEIGHTON (C. D. A.). Catholicism in a protestant kingdom: a study of the Irish ancien regime. New York, St. Martin's Press, 94, X-218 p.

4706. O'CALLAGHAN (Margaret). British high policy and a nationalist Ireland: criminality, land and the law under Forster and Balfour. New York, St. Martin's Press, 94, XI-223 p.

4707. Strangers to that land: British perceptions of Ireland from the Reformation to the Famine. Ed. by Andrew HADFIELD a. John MAC VEAGH. Gerrards Cross, Colin Smythe, 94, XII-315 p.

4708. THUENTE (Mary Helen). The harp re-strung: the United Irishmen and the rise of Irish nationalism. Syracuse, Syracuse U. P., 94, X-286 p.

Cf. n° 992

Islanda

4709. Fjallkonur i fimmtíu ár. (Queens of the fells in fifty years). Ed. by Guðrun Þóra MAGNÚSDOTTIR. Seltjarnarnesi, Blik, 94, 230 p. (ill.).

4710. JÓNSDÓTTIR (Guðrun Guðfinna). Íslenska lyðveldið 50 ára: kennsluhugmyndir og heimildaskrá (50 years of the Icelandic republic: teaching ideas and the list of information sources). Reykjavík, Námasgagnastofnun, 94, 24 p.

4711. JÓNSSON (Klemenz). Hátíd i hálfa öld: lyðveldí fagnað i Reykjavík 1944–1994. (A halfcentury birthday – the celebration of the 50 years of republic in Reykjavík 1944–1994). Reykjavík, ITR, 94, 359 p. (ill.).

4712. SCHULER (Martin). Búsetuðroún á Islandi 1880–1990. (The settlement history of Iceland 1880–1990). Reykjavík, Landmaelingar Íslands, 94, XXXIII-305 p. (ill).

Israele

4713. BAR-SIMAN-TOV (Yaacov). Israel and the peace process, 1977–1982: in search for legitimacy for peace. Albany, State University of New York Press, 94, XI-338 p. (Suni Series in Israeli Studies).

4714. BEILIN (Yossi). Israel: den politiske historien. (Israel: a political history). Birkeland, Exodus, 94, 330 p.

4715. Conflict with Israel in Arab Politics and society (The). Ed. by S. LUSTICK. New York, Garland Pub, 94, XII-393 p.

4716. Critical essays on Israeli social issues and scholarship. Ed. by Russell A. STONE, Walter P. ZENNER. Albany, State U. P., 94, VI-268 p.

4717. DUMPER (Michael). Islam and Israel: Muslim religious endowments and the Jewish state. Washington, Institute for Palestinian Studies, 94, XI-192 p.

4718. GORNI (Yosef). The state of Israel in Jewish public thought: the quest for collective identity. New York, New York U. P., 94, XIII, 279 p.

4719. KORNILOV (A. A.). Mezhdu voynoy i mirom. O protsesse prinyatiya voennykh resheniy v gosudarstve Izrail' (1948–1993gg.). (Between war and peace. On the taking of military decisions in Israel, 1948–1993). Nizhegorod. gos. un-t im. Lobachevskogo. Nizhniy Novgorod, Izd-vo Nizhegorod. un-ta, 94, 142 p.

4720. New encyclopedia of Zionism and Israel. Ed. by Geoffrey WIGODER [et al.]. Madison, Fairleigh Dickinson U. P. a. London a Cranbury, Associated U. P., 94, 2 vol., 1521 p.

4721. PENKOVER (Monty Noam). The Holocaust and Israel reborn: from catastrophe to sovereignty. Urban, University of Illinois Press, 94, XIII-361 p.

Italia

** 4722. BECCARIA (Cesare). Edizione nazionale delle opere di Cesare Beccaria. Diretta da Luigi FIRPO. Vol. 4. Carteggio. Parte 1. 1758–1768. A cura di Carlo CAPRA, Renato PASTA e Francesca PINO PONGOLINI. Milano, Mediobanca, 94, 742 p. (ill.).

** 4723. BERNARDINI (Paolo). Magnifici e re. Le corrispondenze diplomatiche di Pietro Paolo Celesia dalla corte di Spagna: gli ultimi anni di regno di Carlo III, 1748–1788. Genova, Civico istituto colombiano, 94, 252 p. (Studi e testi. Civico istituto colombiano. Serie storica, 17).

** 4724. CAVOUR (Camillo Benso conte di). Epistolario. A cura della Commissione per la pubblicazione dei carteggi del Conte di Cavour. 14. 1857. 1. Gennaio–Luglio. 2. Agosto–Dicembre. A cura di Carlo PISCHEDDA e Rosanna ROCCIA. Firenze, Olschki, 94, VIII-349 p., 372 p.

** 4725. Commissioni parlamentari d'inchiesta della Camera Regia (1862–1874). A cura di Vittorio MALVAGNA e Carla NARDI. Roma, Camera dei Deputati, 94, XXXI-84 p. (tav., ill.). (Quaderni dell'Archivio storico, 2).

** 4726. Documenti Diplomatici Italiani (I). Serie 8. 1935–1939. Vol. 5. 1 settembre–31 dicembre 1936. A cura del Ministero degli Affari Esteri, Commissione per la pubblicazione dei Documenti Diplomatici. Roma, Istituto Poligrafico e Zecca dello Stato e Libreria dello Stato, 94, LXIV-875 p.

** 4727. Documenti Diplomatici Italiani (I). Serie 10. 1943–1948. Vol. 4. 13 luglio 1946–1 febbraio 1947. A cura del Ministero degli Affari Esteri, Commissione per la pubblicazione dei Documenti Diplomatici. Roma, Istituto Poligrafico e Zecca dello Stato e Libreria dello Stato, 94, LXXII-903 p.

** 4728. FUIDORO (Innocenzo). Successi historici raccolti dalla sollevazione di Napoli dell'anno 1647. A cura di Anna Maria GIRALDI e Marina RAFFAELLI. Milano, Angeli, 94, XLII-528 p. (ill.).

** 4729. GUICCIARDINI (Francesco). Dialogo del reggimento di Firenze. A cura di Mario ANSELMI e Carlo VAROTTI. Torino, Bollati Boringhieri, 94, XXXVIII-257 p. (Universale Bollati Boringhieri. I classici, 12).

** 4730. Legati e governatori dello Stato pontificio (1550–1809). A cura di Christoph WEBER. Roma, Ministero per i beni culturali e ambientali, Ufficio centrale per i beni archivistici, 94, 989 p. (Pubblicazioni degli Archivi di Stato, Sussidi 7).

** 4731. MORETTI (Mario). Brigate Rosse: una storia italiana. Intervista di Carla MOSCA e Rossana ROSSANDA. Milano, Anabasi, 94, XXXIV-259 p. (metropolis).

** 4732. Provvisioni concernenti l'ordinamento della Repubblica fiorentina, 1494–1512. Vol. 1. 2 dicembre 1494–14 febbraio 1497. A cura di Giorgio CADONI. Roma, Istituto Storico Italiano per il Medio Evo, 94, XXXIV-378 p. (Fonti per la storia dell'Italia Medievale, Antiquitates, 2).

** 4733. TANUCCI (Bernardo). Epistolario. Vol. 13. 1764. A cura di M. BARRIO, Napoli, Società napoletana di storia patria, 94, XXXIII-455 p.

** 4734. VALERIO (Lorenzo). Carteggio (1825–1865). Vol. 2. 1842–1847. Raccolto da Luigi FIRPO, Guido QUAZZA e Franco VENTURI. A cura di Adriano VIARENGO. Torino, Einaudi, 94, XCV-637 p.

** 4735. Verbali del Consiglio dei ministri: luglio 1943–maggio 1948. Vol. 1. Governo Badoglio: 25 luglio 1943–22 aprile 1944. Vol. 2. Governo Badoglio: 22 aprile 1944–18 giugno 1944. Roma, Presidenza del Consiglio dei ministri, Dipartimento per l'informazione e l'editoria, 94, LVII-379 p., XXXIX-229 p. (Collana di storia e cultura).

4736. Abbadia San Salvatore. Una comunità autonoma nella Repubblica di Siena, con edizione dello statuto (1434-sec. XVIII). A cura di Mario ASCHERI e

Fulvio MANCUSO. Siena, Il Leccio, 94, 567 p. (carte, tav.). (Documenti di storia, 8).

4737. AGA ROSSI (Elena), ZASLAVSKY (Victor). L'URSS, il PCI e l'Italia: 1944-1948. *Storia contemporanea*, 94, 25, 6, p. 929-982.

4738. AGNELLI (Arduino). Socialisti divisi e nazione unico legame. *Storia contemporanea*, 94, 25, 6, p. 1041-1058.

4739. ANATRA (B.), [et al.]. Nel sistema imperiale, l'Italia spagnola. A cura di Aurelio MUSI. Napoli, Edizioni scientifiche italiane, 94, 255 p. (L'identità di Clio, 7).

4740. Atlante storico-economico. La penisola italiana dal 1796 al 1914. A cura di G. GALLI e P. TAVECCHIO. Torino, Giappichelli, 94, XVI-144 p.

4741. BALLONE (Adriano). Storiografia e storia del PCI. *Passato e presente*, 94, 12, 33, p. 129-146.

4742. BARBAGALLO (Francesco). La modernità squilibrata del Mezzogiorno d'Italia. Torino, Einaudi, 94, XI-120 p. (Piccola biblioteca Einaudi, 608).

4743. BARBALACE (Giuseppe). Riforme e governo municipale a Roma in età giolittiana. Napoli, Liguori, 94, 272 p.

4744. BATTAGLIA (Luisella). Dilemma della modernità. Profili di storia della cultura in Italia tra '800 e '900, Napoli, ESI, 94, 214 p.

4745. BEVILACQUA (Piero), [et al.]. Lezioni sull'Italia repubblicana. Introduzione di Carmine DONZELLI. Roma, Donzelli, 94, XVI-191 p. (Saggi. Storia e scienze sociali).

4746. BIDUSSA (D.). Il mito del bravo italiano. Milano, Il Saggiatore, 94, 110 p. (Biblioteca delle Silerchie, 151).

4747. BONDARCHUK (V. S.). Neapolitanskaya revolyutsiya 1647-1648 gg. (La révolution de Naples de 1647-1648). Moskva, MGU, 94, 239 p. (ill.).

4748. BONFIL (Robert). Changing mentalities of Italian Jews between the periods of the Renaissance and the Baroque. *Italia*, 94, 11, p. 61-79.

4749. BORGOGNI (Massimo). Italia e Francia durante la crisi militare dell'Asse (1942-1943). L'ombra di Berlino sui rapporti diplomatici fra Italia fascista e Francia di Vichy. Siena, NIE, 368 p.

4750. BRACALINI (Romano). Cattaneo, un federalista per l'Italia unita. Milano, Mondadori, 94, 252 p.

4751. CADONI (Giorgio). Crisi nella mediazione politica e conflitti sociali. Niccolò Machiavelli, Francesco Guicciardini e Donato Giannotti di fronte al tramonto della Florentina libertas. Roma, Jouvence, 94, 262 p. (Storia, 31).

4752. CANALI (Mauro). Documenti inediti sul delitto Matteotti. Il memoriale di Rossi del 1927 e il carteggio Modigliani-Salvemini. *Storia contemporanea*, 94, 25, 4, p. 549-634.

4753. CHARNITZKY (Jürgen). Die Schulpolitik des faschistischen Regimes in Italien (1922–1943). Tübingen, Niemeyer, 94, XII-493 p. (Bibliothek des Deutschen Historischen Institus in Rom, 79).

4754. CHIARINI (Roberto). La fortuna del gollismo in Italia. Le suggestioni di una «Seconda Repubblica». *Storia contemporanea*, 94, 25, 2, p. 173-222.

4755. COLARIZI (Simona). Storia dei partiti nell'Italia repubblicana. Roma e Bari, Laterza, 94, 738 p. (Manuali Laterza, 48).

4756. COPPINI (Romano Paolo), DE FRANCESCO (Antonino), MERIGGI (Marco), PESCOSOLIDO (Guido). Storia d'Italia. Vol. 1. Le premesse dell'unità. Dalla fine del Settecento al 1861. A cura di Giovanni SABBATUCCI e Vittorio VIDOTTO. Roma e Bari, Laterza, 94, XVI-530 p.

4757. COSMACINI (Giorgio). Storia della medicina e della sanità nell'Italia contemporanea. Roma e Bari, Laterza, 94, XI-424 p. (Storia e società).

4758. DAN NOVELLI (Cecilia). Famiglia e modernizzazione in Italia fra le due guerre. Roma, Studium, 94, 284 p.

4759. DAVIS (Robert C.). The war of the fists. Popular culture and public violence in late Renaissance Venice. New York a. Oxford, Oxford U. P., 94, VI-232 p.

4760. DE MARCO (Vittorio). Barricate invisibili. La Chiesa in Italia tra politica e società (1945–1978). Galatina, Congedo, 94 398 p.

4761. ESPING-ANDERSEN (Gøsta), FERRERA (Maurizio), GOZZINI (Giovanni), SALVATI (Mariuccia). Lo Stato sociale in Italia: caratteri originali e motivi di una crisi. *Passato e presente*, 94, 12, 32, p. 13-32.

4762. FANTONI (Marcello). La corte del Granduca, forma e simboli del potere mediceo fra Cinque e Seicento. Roma, Bulzoni, 94, 269 p.

4763. FERRARI (Ada). Democrazia cristiana e idea nazionale: la memoria e il progetto. *Storia contemporanea*, 94, 25, 6, p. 887-928.

4764. FORMICA (Marina). La città e la rivoluzione. Roma 1798–1799. Roma, Istituto per la storia del Risorgimento italiano, 94, 524 p.

4765. Francia e Italia negli anni della rivoluzione. A cura dell'Archivio sardo del movimento operaio contadino autonomista. Roma, Editori Riuniti, 94, 306 p.

4766. GALASSI (Francesco L.), COHEN (Jon S.). The economics of tenacy in early twentieth-century southern Italy. *Economic history review*, 94, 47, 3, p. 585-600.

4767. GALASSO (Giuseppe). Alla periferia dell'impero. Il Regno di Napoli nel periodo spagnolo, secoli XVI–XVII. Torino, Einaudi, 94, XII-438 p. (Biblioteca di cultura storica, 201). – IDEM. Italia, nazione difficile. Contributo alla storia politica e culturale dell'Italia unita. Firenze, Le Monnier, 94, 342 p. (Quaderni di storia, 87).

4768. GALLETTI (Mirella). La politica italiana verso assiri e curdi (1920–1943). *Storia contemporanea*, 94, 25, 3, p. 391-422.

4769. GALLUZZI (Carlo). Il paese dei gattopardi. Il trasformismo come carattere permanente della realtà italiana. Firenze, Ponte alle Grazie, 94, 176 p.

4770. GAMBETTA (Diego), LUPO (Savatore), PEZZINO (Paolo), TRANFAGLIA (Nicola). La mafia e la sua storia. Radici locali e dimensione internazionale. *Passato e presente*, 94, 12, 31, p. 19-40.

4771. GENTILE (Emilio). Il culto del littorio: la sacralizzazione della politica nell'Italia fascista. Roma e Bari, Laterza, 94, XII-326 p. (ill.). (Biblioteca universale Laterza, 406).

4772. GRENDI (Edoardo). Gli asientos dei Balbi e il conte di Villalvilla. *Rivista storica italiana*, 94, 106, 3, p. 565-621.

4773. HAMEL (Pasquale). Breve storia della società siciliana, 1790–1980. Palermo, Sellerio, 94, 104 p. (Biblioteca sicicliana di storia e letteratura. Quaderni, 76).

4774. IACHELLO (Enrico). Centralisation étatique et pouvoir local en Sicile au XIXe siècle. *Annales*, 94, 49, 1, p. 241-266.

4775. ISNENGHI (Mario). L'Italia in piazza. I luoghi della vita pubblica dal 1848 ai giorni nostri. Milano, Mondadori, 94, 433 p. (Le scie).

4776. Italia e Ungheria all'epoca dell'Umanesimo corviniano. A cura di S. GRAZIOTTI e C. VASOLI. Firenze, Olschki, 94 XIV-238 p.

4777. Italia tra rivoluzione e riforme 1831–1846 (L'): atti del LVI congresso di storia del Risorgimento italiano, Piacenza, 15–18 ottobre 1992. Roma, Istituto per la storia del Risorgimento italiano, 94, 493 p. (Biblioteca scientifica. Atti dei congressi, 25).

4778. LAREBO (Haile M.). The building of an empire. Italian land policy and practice in Ethiopia, 1935–1941. Oxford, Oxford U. P. a. Clarendon Press, 94, XXVII-350 p.

4779. LEVRA (Umberto), PETERSEN (Jens), RUSCONI (Gian Enrico). Nazione e Stato nazionale in Italia: crisi di una endiadi imperfetta. A cura di Simonetta SOLDANI. *Passato e presente*, 94, 12, 33, p. 13-30.

4780. LUBKIN (Gregory). A Renaissance court: Milan under Galeazzo Maria Sforza. Berkeley, Los Angeles a. London, University of California Press, 94, 405 p.

4781. Luigi Luzzatti e il suo tempo. Atti del convegno internazionale di studio (Venezia, 7–9 novembre 1991). A cura di P. BELLINI e P. PECORARI, [S. l.], [s. n.], 94, 557 p.

4782. MACK SMITH (Denis). Mazzini. New Haven a. London, Yale U. P., 94, IX-302 p.

4783. MASTELLONE (Salvo). Il progetto politico di Mazzini: Italia-Europa. Firenze, Olschki, 94, 243 p. (Il pensiero politico. Biblioteca, 21).

4784. Mezzogiorno agli inizi del Seicento (Il). A cura di Luigi DE ROSA. Roma e Bari, Laterza, 94, LX-326 p. (Classici meridionali).

4785. MILZA (Pierre). L'image de l'Italie et des Italiens du XIXe siècle à nos jours. *Cahiers de l'Institut d'histoire du temps présent*, 94, 28, p. 71-82.

4786. MORANO (Michelangelo). Storia di una società rurale. La Basilicata nell'Ottocento. Pref. di Gabriele DE ROSA. Roma e Bari, Laterza, 94, XXVII-670 p.

4787. MULDER (S.). La tutela del patrimonio culturale a Roma tra il 1800 e il 1870. Legislazione e organizzazione burocratica. *Meded. Nederlands Inst. Rome*, 94, 53, p. 81-133.

4788. NARINSKIJ (Michail M.). Togliatti, Stalin e la svolta di Salerno. *Studi storici*, 94, 35, p. 657-666.

4789. NATOLI (Claudio). Il socialismo italiano nella crisi dello Stato liberale. *Passato e presente*, 94, 12, 32, p. 135-150.

4790. NEGLIE (Pietro). Il Movimento Sociale Italiano fra terzaforzismo e atlantismo. *Storia contemporanea*, 94, 25, 6, p. 1167-1196.

4791. PAVONE (Claudio). Una guerra civile. Saggio storico sulla moralità nella Resistenza. Torino, Bollati Boringhieri, 94, XXII-825 p. (Gli archi).

4792. PRETO (Paolo). I servizi segreti di Venezia. Spionaggio e controspionaggio, intercettazioni, delazioni, tra mito e realtà. Milano, Il Saggiatore, 94, 638 p.

4793. Progresso economico dell'Italia. Permanenze, discontinuità, limiti. A cura di C. COTTA. Bologna, Il Mulino, 280 p.

4794. RIALL (Lucy). The Italian Risorgimento: state, society and national unification. London a. New York, Routledge, 94, XIV-101 p. (Historical connections).

4795. RICUPERATI (Giuseppe). Le avventure di uno Stato ben amministrato. Rappresentazioni e realtà nello spazio sabaudo tra ancien régime e rivoluzione. Torino, Tirrenia Stampatori, 94, 248 p.

4796. ROGARI (Sandro). Proprietà fondiaria e modernizzazione. La società degli agricoltori italiani (1895–1920). Milano, Angeli, 94, 272 p.

4797. ROMANI (M. A.). Regions in Italian history (XVth–XVIIIth centuries). *Journal of European economic history*, 94, 23, 1, p. 177-193.

4798. ROMANO (Ruggiero). Paese Italia. Venti secoli di identità. Roma, Donzelli, 94, XVIII-108 p.

4799. SALVADORI (Massimo L.). Storia d'Italia e crisi di regime: alle radici della politica italiana. Bologna, Il Mulino, 94, 109 p. (Contemporanea, 64).

4800. SALVATI (Mariuccia). Da piccola borghesia a ceti medi. Fascismo e ceti medi nelle interpretazioni dei contemporanei e degli storici. *Italia contemporanea*, 94, 21, p. 65-84.

4801. SARFATTI (Michele). Le «carte di Merano»: la persecuzione antiebraica nell'Italia fascista. *Passato e presente*, 94, 12, 32, p. 119-128.

4802. SECHI (Salvatore). Togliatti e la questione nazionale: un pretesto per la legittimazione. *Storia contemporanea*, 94, 25, 6, p. 983-1040.

4803. SINELLI (Alfonso). Marco Vincenzo. Cento anni di socialismo italiano. A cura della Fondazione Pietro Nenni. Roma, Gangemi, 94, 200 p.

4804. *Vacat.*

4805. Storia d'Italia. Le regioni dall'unità a oggi. La Liguria. A cura di A. GIBELLI e P. RUGAFIORI. Torino, Einaudi, 94, XVII-1034 p.

4806. Storia e progresso nell'Italia dell'Ottocento. Atti del convegno di studio su Gino Capponi. (Firenze, 21-23 gennaio 1993). A cura di P. BAGNOLI. Firenze, Olschki, 94, XIV-290 p.

4807. TOSCANO (Mario). Dalla democrazia risorgimentale all'Italia nuova: il Partito Repubblicano Italiano e il problema della nazione (1943-1946). *Storia contemporanea*, 94, 25, 6, p. 1059-1108. – IDEM. L'uguaglianza senza diversità: stato, società e questione ebraica nell'Italia liberale. *Storia contemporanea*, 94, 25, 5, p. 685-714.

4808. TRANFAGLIA (Nicola). L'Italia democratica. Profilo del primo cinquantennio 1943-1994. Milano, UNICOPLI, 94, 202 p. (Testi e studi, 113).

4809. TRINCHESE (Stefano). Governare dal centro. Il modello tedesco nel "cattolicesimo politico" italiano del '900. Roma, Edizioni Studium, 94, XVI-247 p. (La cultura, 55).

4810. TURI (Gabriele). Le libere professioni nello Stato fascista. *Passato e presente*, 94, 12, 31, p. 61-90.

4811. VAINI (Mario). Ricerche gonzaghesche (1189– inizi sec. XV). Firenze, Olschki, 94, VI-242 p.

4812. VASSALLO (Salvatore). Il governo di partito in Italia (1943-1993). Bologna, Il Mulino, 94, 324 p. (bibl).

4813. VERGA (Marcello). Il Bruderzwist, la Spagna, l'Italia. Dalle lettere del duca di Moles. *Cheiron*, 94, 11, 21, p. 13-53.

4814. VIGO (Giovanni). Uno Stato nell'impero. La difficile transizione al moderno nella Milano di età spagnola. Milano, Guerini, 94, 162 p.

4815. VIVARELLI (Roberto). L'eredità liberale del Risorgimento dopo l'Unità. *Rivista storica italiana*, 94, 106, 1, p. 115-133.

4816. YUDIN (A.N.). Evropeizm v ideologii i politicheskoy deyatel'nosti De Gasperi, 1946-1953. (Europeism in ideology and political activity of De Gasperi, 1946-1953). *In*: Edinaya Evropa: ideya i praktika [Cf. n° 7875], p. 127-143.

Cf. n^{os} *882, 889, 909, 5116, 5246, 6991, 7029, 7033, 7086, 7089, 7237, 7253*

Jugoslavia

**4817. [SHEMYAKIN (A. L.)]. Obzor deyatel'nosti serbskoy oppozitsii: zapiska N. Pashicha direktoru Aziatskogo departamenta MID Rossii I. A. Zinov'evu, 1887 g. (A letter of N. Pašić to the chief of Asian department of Russian Foreign Ministry being an account of the activities of Serbian opposition, 1887). *Istoricheskiy arkhiv. Historical archive*, 94, 3, 5, p. 108-135.

**4818. TRUSHNOVICH (A. Ya.). Russkie v Yugoslavii i Germanii, 1941-1945 gg. (Russians in Yugoslavia and Germany, 1941-1945: memoires of an emigrant from Russia). *In*: Novyy chasovoy, [S. l.], [s. n.], 94, p. 140-172.

4819. BIANCHINI (Stefano). La nuova «questione d'Oriente»: nazioni e Stati in Jugoslavia. *Passato e presente*, 94, 12, 31, p. 7-17.

4820. BOTLIK (József), CSORBA (Béla), DUDÁS (Károly). Eltévedt mezsgyekövek. Adalékok a délvidéki magyarság történetéhez. (Bornes égarées. Contributions à l'histoire des Hongrois du Sud, 1918-1993). Budapest, Hatodik Síp Alapítvány, 94, 343 p.

4821. GLIGOROV (Vladimir). Why do countries break up? The case of Yugoslavia. Uppsala, Uppsala Universiy a. Stockholm, Almqvist & Wiskell International, 94, 128 p. (Acta Universitatis Uppsaliensis. Uppsala Studies on Eastern Europe, 1104-6481, 2).

4822. GUS'KOVA (E. Yu.), KARASEV (A. V.). Balkanskaya tragediya: 90-e gg. XX veka. (Balkan tragedy.) *In*: Ochagi trevogi v Vostochnoy Evrope: Drama natsional'nykh protivorechiy: Sb. st. [Cf. n° 4151], p. 292-315.

4823. Konflikt im ehemaligen Jugoslawien (Der) (1991-1994). Hrsg. Walter BADIN. Wien, Landesverteidigungsakademie, Zentraldokumentation, 94, 94 p.

4824. KOVACEVIC (Slobodanka). Hronologija Jugoslavenske krize 1942-1993 (Jugoslavian crisis' chronology). Beograd, Institut za evropske studije, 94, 284 p.

4825. LESHCHILOVSKAYA (I. I.). Istoricheskie korni yugoslavskogo konflikta. (Historical routes of the conflict in Yougoslavia). *Voprosy istorii*, 94, 69, 5, p. 40-56. – IDEM. Serbskaya kul'tura XVIII veka. (Serbian culture in the XVIIIth century). Ros. Akad. nauk. In-t slavyanovedeniya i balkanistiki i dr. Moskva, AO "ISM", 94, 285 p.

4826. MÉSZÁROS (Sándor). Újvidéki hideg hetek 1944-ben. (Semaines froides à Újvidék [Novi Sad] en 1944 [Massacre des Hongrois]). *Regio*, 94, 5, 1, p. 77-95.

4827. Muslim communities reemerge: historical perspectives on nationality, politics and opposition in the former Soviet Union and Yugoslavia. Ed. by Andreas KAPPELER, Gerhard SIMON, George BRUNNER, Edward ALLWORTH. Durham, Duke U. P., 94, XII-365 p. (English supplemented and translated edition).

4828. RIDLEY (Joseph Godwin). Tito. London, Constable, 94, 495 p.

4829. ROMANENKO (S. A.). Yugoslaviya: "ot bratstva i edinstva" k voyne i raspadu. (The disintegration of Yougoslavia). *In*: Ochagi trevogi v Vostochnoy Evrope: Drama natsional'nykh protivorechiy: Sb. st. [Cf. n° 4151], p. 248-291.

4830. Yugoslavia through documents: from its creation to its dissolution. Ed. by Snezana TRIFUNOVSKA. Dordrecht, Nijhoff, 94, XXVIII-1074 p. (ill.).

4831. ZACEVIC (Miodrag). Jugoslavija 1918–1992, Beograd, Prosveta, 94, 302 p.

Kazakhistan

Cf. n° 5068

Kenia

4832. COHEN (David William). The combing of history. Chicago, University of Chicago Press, 94, XXV-264 p.

4833. MALINEN (Pekka). Väestö ja kehitys. Vertaileva tutkimus kahden kehitysmaan, Kenian ja Mauritiuksen, erilaisesta väestönkasvusta ja kehityksestä sekä niiden syistä. (A comparative study of population, environment, institution development and development strategies in Mauritius and Kenya). Helsinki, Suomen itsenäisyyden juhlavuoden rahasto, 94, 248 p. (English summary). (Sitran julk.,135).

4834. MARGOR (Thomasin). African warriors: the Samburu. New York, H. N. Abrams, 94, 255 p.

Lettonia

4835. Baltic states (The): the national self-determination of Estonia, Latvia and Lithuania. Ed. by Graham SMITH. New York, St. Martin's Press, 94, XII, 214 p.

4836. SHEN (Raphael). Restructuring the Baltic economies: disengaging fifty years of integration with the URSS. Westport, Praeger, 94, VI-241 p.

Libano

4837. Peace for Lebanon? From war to reconstruction. Ed. by Deidre COLLINGS. Boulder, Lynne Rienner Publ., 94, IX-338 p.

Cf. n° 5100

Libia

4838. AHMIDA (Ali Abdullatif). The making of modern Libya: state formation, colonization and resistance, 1830–1932. Albany, State University of New York Press, 94, XV-222 p.

4839. AL-BARBAR (Aghil M.). Political change in Libya. Vol. 1. A study in the decline of the Libyan traditional élite. Palermo, Centro culturale Al-Farabi, 94, 131 p. (Quaderni del Centro culturale Al-Farabi. Storia e idee, 5).

4840. DEL BOCA (Angelo). Gli italiani in Libia: dal fascismo a Gheddafi. Roma e Bari, Laterza e Milano, Mondadori, 94, 564 p.

4841. TUCCARI (Luigi). I governi militari della Libia, 1911–1919. Roma, SME, Ufficio Storico dell'Esercito, 94, 2 vol., [s. p.].

Lituania

4842. KUKUSHKINA (I. A.). Litva v sisteme evropeyskikh gosudarstv (nachalo 1920-kh godov). (Lithuania in the system of European states: the beginning of the 1920es). *In*: Edinaya Evropa: Ideya i praktika [Cf. n° 7875], p. 5-31.

4843. Personal freedom and national resurgence. Ed. by. Aleksander DOBRYNIN a. Bronins KUZMICKAS. Washington, Paideia Press & Council for research in values and philosophy, 94, 172 p.

Cf. n° 4835

Lussemburgo

4844. Ville de Luxembourg (La). Sous la direction de Gilbert TRAUSCH. Anvers, Fonds Mercator Paribas, 94, 463 p.

Macedonia

4845. BILUNOV (B. N.). K istorii makedonskogo voprosa. (On the history of Macedonian question). *In*: Ochagi trevogi v Vostochnoy Evrope: Drama natsional'nykh protivorechiy [Cf. n° 4151], p. 162-170.

4846. Makedoniia: istoriia i politicheska subda. (Macedonia: history and political studies). Ed. by Petur PETROV [et al.]. Stara Zagora, Izd-vo "Znanie" OOD, 94, [s. p.].

4847. NELHANS (Bertil). Den Makedonska Fragan. (The Macedonian question). Stokholm, Utrikes politiska Institutet, 94, 32 p.

4848. TSEMISTRENKO (S. P.). Gretsiya i makedonskiy vopros. (Greece and the question of Macedonia). *In*: Ochagi trevogi v Vostochnoy Evrope: Drama natsional'nykh protivorechiy [Cf. n° 4151], p. 194-214.

4849. ZHILA (L. I.). Problemy byvshey yugoslavskoy respubliki Makedonii. (Problems of Macedonia). *In*: Ochagi trevogi v Vostochnoy Evrope: Drama natsional'nykh protivorechiy [Cf. n° 4151], p. 171-193.

Madagascar

4850. KOERNER (F.). La protection sanitaire des populations à Madagascar (1862–1914). *Revue histori-*

que, 94, 118, 291 (590), p. 439-458. – IDEM. Madagascar: colonisation française et nationalisme malgache, XXe siècle. Paris, L'Harmattan, 94, 463 p.

4851. LARSON (Pier M.). Multiple narratives, gendered voices: remembering the past in Highland Central Madagascar. *International journal of African historical studies*, 94, 28, 2, p. 295-326.

Malaysia

4852. METZGER (Laurent). Les sultanats de Malaisie: un regime monarchique au vingtième siècle. Paris, L'Harmattan, 94, 261 p.

Malta

* 4853. Malta reviews: kommentierte Bibliographie zur Malta Forschung. Hrsg. v. Anita BESTLER. Augsburg, Lehrstuhl für Soziologie und Kommunikationswissenschaft der Universität Augsburg, 94, 110 p.

4854. ABELA (Albert E.). A nation's praise: Malta, people, praise and events. Malta, Progress Press, 94, XV-232 p.

Marocco

4855. BENOIST-MECHIN. Histoire des Alauites, 1268–1971. Paris, Perrin, 94, 284 p.

4856. ELGER (Ralf). Zentralismus und Autonomie. Gelehrte und Staat in Marokko, 1900–1931. Berlin, K. Schwarz, 94, 260 p.

4857. WOLF (Jean). Les secrèts du Maroc espagnol: l'Oepopée d'Abd-el-Khaleq Torre. Paris, Balland et Casablanca, EDDIF, 94, 368 p.

Messico

4858. BRADING (D. A.). Church and state in Bourbon Mexico: the diocese of Michoacan, 1749–1810. Cambridge, Cambridge U. P., 94, XIII-300 p.

4859. COPE (Douglas R.). The limits of racial domination. Plebeian society in colonial Mexico City, 1660–1720. Madison, University of Wisconsin Press, 94, 220 p.

4860. COTHRAN (Dan A.). Politic stability and democracy in Mexico: the "perfect dictatorship"? Westport, Praeger, 94, XII-252 p.

4861. CROSBY (Harry). Antigua California, mission and colony of the peninsula frontier, 1697–1768. Albuquerque, University of New Mexico Press, 94, XVII-556 p.

4862. Everyday forms of state formation: revolution and negociation of rule in modern Mexico. Ed. by Gilbert M. JOSEPH a. Daniel NUGENT. Durham, Duke U. P., 94, XIX-432 p.

4863. FAVRE (Henri). Race et nation au Méxique. De l'indépendance à la révolution. *Annales*, 94, 49, 4, p. 951-976.

4864. FONTANA (Bernard L.). Entrada: the legacy of Spain and Mexico in the United States. Tucson, Southwest Parks and Monuments Association, 94, XII-286 p.

4865. JOSEPH (Gilbert M.), WELLS (Allen). Un replanteamiento de la movilización revolucionaria mexicana: los tiempos de sublevación en Yucatán, 1909–1915. *Historia Mexicana*, 93-94, 43, p. 505-546.

4866. MARICHAL (Carlos), MIÑO GRIJALVA (Manuel), RIGUZZI (Paolo). Historia de la hacienda pública del estado de México, 1824–1990. Tomos I-IV. México, El Colegio de México-Gobierno del Estado de México, 94, [s. p.].

4867. MARTÍNEZ ASSAD (Carlos). Del fin del porfiriato a la Revolución en el sur-sureste de México. *Historia Mexicana*, 93-94, 43, p. 487-504.

4868. MARTÍNEZ BARACS (Andrea). Colonizaciones tlaxcaltecas. *Historia Mexicana*, 93-94, 43, p. 195-250.

4869. MEDINA PEÑA (Luis). Hacia el nuevo estado: México 1920–1993. México, Fondo de Cultura Económica, 94, 338 p.

4870. MELVILLE (Elinor G. K.). A plague of Sheep. Environmental consequences of the conquest of Mexico. Cambridge, Cambridge U. P., 1994, 203 p.

4871. Mexico in the age of democratic revolutions, 1750–1850. Ed. by Jaime E. RODRIGUEZ. Boulder, Lynne Rienner, 94, XIII-330 p.

4872. MEYERS (William K.). Forge of progress, crucible of revolt: origins of the Mexican revolution in La Comaeca Lagunera, 1880-1911. Albuquerque, University of New Mexico Press, 94, XI-293 p.

4873. RODRÍGUEZ O. (Jaime E.). La transición de colonia a nación: Nueva España, 1820–1821. *Historia Mexicana*, 93-94, 43, p. 265-322.

4874. SHADLE (Stanley F.). Andres Molina Enriquez: Mexican land reformer of the revolutionary era. Tucson, University of Arizona Press, 94, 159 p.

4875. SHADOW (Robert D.), Rodríguez-Shadow (María). Religión, economía y política en la rebelión cristera: el caso de los gobiernistas de Villa Guerrero, Jalisco. *Historia Mexicana*, 93-94, 43, p. 657-699.

Cf. nos 967, 7038

Moldavie

** 4876. [PASSAT (V. I.)]. Trudnye stranitsy istorii Moldovy, 1940–1950-e gg. (Collection de documents sur l'histoire de la République Socialiste Soviétique de Moldavie aux années quarantes et cinquantes). Dir. V. P. DMITRENKO. Moskva, Terra, 94, 800 p. (tabl.).

4877. VINOGRADOV (V.N.). Bessarabiya -kamen' pretknoveniya v rossiysko-rumynskikh otnosheniyakh. (Bessarabia as a stumbling stone in Russian-Romanian relations). *In*: Ochagi trevogi v Vostochnoy Evrope: Drama natsional'nykh protivorechiy [Cf. n° 4151], p. 11-54.

Mongolia

4878. GOLDSTEIN (Melville), BEALL (Cynthia). The changing world of Mongolian nomads, Berkeley, University of California Press, 94, 176 p.

Namibia

4879. Historical dictionary of Namibia. Ed. by John J. GROTPETER. Metuchen, Scarecorw Press, 94, XXXI-724 p.

Nicaragua

4880. ARNOVE (Robert F.). Educacion como tereno de conflicto: Nicaragua 1979–1993. Managua, UCA, 94, 276 p.

4881. BENDANA (Alejandro). La mistica de Sandino. Managua, Centro de estudios internacionales, 94, 260 p.

4882. SPALDING (Rose J.). Capitalists and revolution in Nicaragua: opposition and accomodation, 1979–1993. Chapel Hill, University of North Carolina Press, 94, XVIII-314 p.

Nigeria

4883. ADEBAYO (A. G.). Jangali: Fulani pastoralists and colonial taxation in northern Nigeria. *International journal of African historical studies*, 94, 28, 1, p. 113-150.

4884. ADEDIRAN (Biodun). The frontier state of Western Yorubaland. 1660–1889: state formation and political growth in an ethnic frontier zone. Ibadan, IFRA, 94, X-248 p.

4885. CLERGERIE (Jean-Louis). La crise du Biafra. Paris, Presses Universitaires de France, 94, 385 p.

4886. FALOLA (Toyn). The military factor in Nigeria, 1966–1985. Lewinston, E. Mellen Press, 94, 238 p.

4887. MILES (William F. S.). Hausaland divided. Colonialism and indipendence in Nigeria and Niger. Ithaca, Cornell U. P., 94, XVII-368 p.

Norvegia

4888. ANGELL (Svein Ivar). Frå splid til nasjonal integrasjon: norsk nasjonalisme i mellomkrigstida. (From the split to a national integration: Norwegian nationalism during the interwar times). Oslo, Norsk forskingsråd, 94, 161 p. (Nasjonal identitet, 4).

4889. BENUM (Edgeir). Byråkratienes by: fra 1948 til våre dager. Vol. 5 of Oslo bys historie. (The city of bureaucracy: from 1948 until our days. Vol. 5. The history of the city of Oslo). Ed. by Sivert LANGHOLM [et al.]. Oslo, Cappelen, 94, 512 p. (ill.).

4890. BERG (Roald). Norsk utenrikspolitikks historie 1905–1920. (The history of the Norwegian foreign policy). Stavanger, Høgskolesenteret i Rogaland, 94, 411 p. (bibl.). (Skrifter / Høgskolesenteret i Rogaland, 8).

4891. BERNTSEN (Bredo). Grønne linjer: natur- og miljøvernets historie i Norge. (The history of the environmental protection in Norway). Oslo, Grøndahl Dreyer, Norges naturvernforbund, 94, 312 p. (ill.).

4892. BJØRNSON (Øyvind), Haavet (Inger Elisabeth). Langsomt ble landet et velferdssamfunn: trygdens historie 1894–1994. (The history of the national insurance, 1894–1994). Oslo, Ad notam Gyldendal, 94, 341 p. (ill.).

4893. ESPELI (Harald). Norway and the green pool 1952–1954. *Scandinavian Journal of History*, 94, 19, 4, p. 327-348.

4894. FURRE (Berge). Nei til EU. (No to the European Union). Oslo, Gyldendal, 94, 71 p. (Gyldendals pamfletter).

4895. HENNUM (Sigurd B.). De kampglade 70-årene. (The fighting seventies). Oslo, Schibsted, 94, 151 p. (ill.).

4896. Historie og samtidsdebatt: historikerinnhogg ved presentasjonen av Etterkrigshistorisk register. (History and current debates: topics from Norwegian postwar history). Ed. by Hans Otto FRØLAND. Bergen, LOS-senteret, 94, 14 p.

4897. KAN (Aleksander). Mer om NKPs reaksjon på Bucharin-prosessen i 1938. (More about the Norwegian Communist Party's reaction to the Bucharin process in 1938). *Historisk tidsskrift* (Norway), 94, 73, 4, p. 426-429.

4898. KJELDSTADLI (Knut). Aschehougs Norgehistorie. Band. 10. Et splittet smafunn 1905–35. Oslo, Aschehoug, 94, 235 p.

4899. KOLSRUD (Ole). Eksil-Norge og jødene under 2. Verdenskrig. (Norway and the Jews during the Second World War). *Historisk tidsskrift* (Norway), 94, 73, 3, p. 301-319.

4900. MOEN (Eli). Technological change and the decline of the traditional pulp and paper industry in Norway, 1950–1980. *Scandinavian Economic History Review*, 94, 42, 3, p. 257-278.

4901. MYHRE (Jan Eivind). Finding the middleclass. Norway in a comparative perspective, c. 1870–1940. *Scandinavian Journal of History*, 94, 19, 3, p. 237-251.

4902. NORDVIK (Helge W.), GRYTTEN (Ola H.). The labour market, unemployment and economic growth in Norway, 1920-1939. *Scandinavian Economic History Review*, 94, 42, 2, p. 125-143.

Cf. n° 7075

Nuova Zelanda

4903. ARNOLD (Rollo). New Zealand's burning: the settlers' world in the mid 1880s. Wellington, Victoria U. P., 94, 319 p.

4904. CAUGHEY (Angela). Pioneers families: the settlers of Nineteenth-century New Zealand. Glenfield, D. Bateman, 94, 212 p.

4905. Leap into the dark: the changing role of the state in New Zealand since 1984. Ed. by Andrew SHARP. Auckland, Auckland U. P., 94, 255 p.

4906. MOON (Paul). The origins of the Treaty of Waitangi. Auckland, Birdwood Pub., 94, 204 p.

Paesi Bassi

* 4907. BRINKMAN (M.). Honderd jaar sociaal-democratie in boek en tijdschrift. Bibliografie van de geschiedenis van de SDAP en de PvdA 1894-1994. (Bibliography of the history of the Dutch social-democratic parties SDAP and PvdA). Amsterdam, Stichting Beheer IISG, 94, 90 p.

** 4908. Briefwisseling (De) van Anthonie Heinsius 1702-1720. (The correspondence of Anthonie Heinsius 1702-1720). Vol. XIII. 1 februari-31augustus 1712. Bewerkt door. Ed. by A. J. VEENENDAAL Jr. [m. m. v.] C. HOGENKAMP. Den Haag, Instituut voor Nederlandse Geschiedenis, 94, IX-786 p. (Rijks Geschiedk. Publ., Grote Serie, vol. 224).

** 4909. Resolutiën der Staten-Generaal. Nieuwe reeks 1610-1670. (Resolution of the Estates General. New series 1610-1670.). Bewerkt door. Vol. 7. 1 juli 1624-31 december 1625. Ed. by J. ROELEVINK. Den Haag, Instituut voor Nederlandse Geschiedenis, 94, LXXVIII-769 p. (Rijks Geschiedk. Publ., Grote serie, vol. 223).

4910. AERTS (M.). De Politiek van de katholieke. Van Marga Kompé tot Jacqueline Hillen. (Political emancipation of Dutch catholic women). Amsterdam, SUA, 94, 238 p. (Diss. Amsterdam, U. v. A.).

4911. BAKKER (Kees). "Een poëtisch gewest". Thorbecke, Duitsland en de Romantiek. (A poetical country. Thorbecke, Germany and the Romantic Movement). *T. Gesch.*, 94, 107, p. 517-536.

4912. Biografisch Woordenboek van Nederland. Deel 4. Onder eindred. Van J. CHARITÉ en A. J. C. M. GABRIËLS. (Biographical dictionary of the Netherlands. Vol. 4). Den Haag, Instituut voor Nederlandse Geschiedenis, 94, XIV-602 p. (Rijks Geschiedk. Publ.).

4913. BORNEWASSER (J. A.). Denkbeelden over christen-democratie in katholiek Nederland. Verschuivend begrip en veranderende werkelijkheid 1892-1973. (The "Christian Democratic" tradition in the Catholic parties RKSP and KVP 1892-1972). *Trajecta*, 94, 3, p. 131-154.

4914. BRAUDE (Benjamin). Les contes persans de Menasseh Ben Israël. Polémique, et dissimulation à Amsterdam au XVIIe siècle. *Annales*, 94, 49, 5, p. 1107-1138.

4915. Colijn. Bouwstenen voor een biografie. (Essays on H. Colijn). Ed. by J. DE BRUIJN en H. J. LANGEVELD. Kampmen, Kok, 94, 338 p. (Historische Boekerij, 3).

4916. DRIESSEN (A. M. A. J.). Watersnood tussen Maas en Waal. Overstromingsrampen in het rivierengebied tussen 1780 en 1810. (Floods between Meuse and Waal. Flood disasters in the river district between 1780 and 1810). Zutphen, Walburg Pers, 94, 333 p. (fig., maps). (Gelderse Historische Reeks, dl 21. Diss. Amsterdam, U. v. A.).

4917. EGMOND (Florike). Limits of tolerance; justice and anti-semitism in a sixteenth-century Dutch town. *Jewish History*, 94, 8, p. 73-94.

4918. Formatiedagboeken (De) van Beel 1945-1973. Handboek voor formateurs. (Diaries from L. J. M. Beel as "formateur" of various governments 1945-1973). 's-Gravenhage, SDU, 94, 282 p. (fig.).

4919. GIEBELS (H. M. T. M.). Katholicisme en socialisme. Het zelfbeeld van de Eindhovense christen-socialisten in het spanningsveld tussen traditie en moderniteit 1885-1920. (The relation between catholicism and socialism in the dutch town Eindhoven 1885-1920). Tilburg, Stichting Zuidelijk Historisch Contact, 94, XXXI, 584 p. (Bijdragen tot de geschiedenis van het zuiden van Nederland, 98).

4920. HOOYKAAS (G. J.). Koning Willem III en de grondwet in april 1853. (King William III and the Constitution in april 1853). *Bijdr. Meded. Gesch. Ned.*, 94, 109, p. 53-56.

4921. KNEVEL (P.). Burgers in het geweer. De schutterijen in Holland 1550-1700. (The schutterijen [new urban militias] in Holland 1550-1700). Hilversum, Verloren, 94, 420 p. (fig.). (Hollandse studiën, 32. Diss. Amsterdam U.v.A.).

4922. KORTHALS (Altes A.). The forgotten battle: Overloon and the Maas salient (1944-45). New York, Sarpedon, 94, XIII-226 p.

4923. MULDER (A. M.). Denker over beleid, de Nederlandse economische politiek in het interbellum. (An analysis of Dutch economic policy in the inter world war period). Delft, Eburon, 94, 352 p. (Diss. Rotterdam).

4924. PRICE (J. L.). Holland and the Dutch republic in the seventeenth century. The politics of particularism. Oxford, Clarendon Press, 94, 312 p.

4925. PRINS (Piet). Dispelling the Tyranny. Neerlandia, Inheritance Publications, 94, 152 p.

4926. RANDERAAD (Nico). Ambtenaren in Nederland (1815–1915). (Civil servants in the Netherlands 1815–1915). *Bijdr. Meded. Gesch. Ned.*, 94, 109, p. 209-236. – IDEM. Thorbecke en de inrichting van het lokaal bestuur. (Thorbecke and the organization of the local government). *T. Gesch.*, 94, 107, p. 537-558.

4927. Rondom de reductie. Vierhonderd jaar provincie Groningen 1595–1994. (Province of Groningen four hundred years 1594–1994). Ed. by P. Th. F. M. BOEKHOLT, [et al.]. Assen, Van Gorcum, 94, VIII-366 p. (Groninger Historische Reeks, 10).

4928. SWART (K. W.). Willem van Oranje en de Nederlandse opstand 1572–1584. Den Haag, Sdu, 94, 311 p.

4929. TERMEER (H. J. C.). "Het geweten der natie". De voormalige ille galiteit in het bevrijde Zuiden, september 1944–mei 1945. (The history of the former Resistance in the liberated southern parts of the Netherlands september 1944–may 1945). Assen, Van Gorcum, 94, XLIV-745 p. (fig.). [Diss. Nijmegen.]

4930. UBACHS (P. J. H.), EVERS (I. M. H.). Ongewilde revolutie. Limburgs Maasland onder Frankrijkn 1794–1814. (Unintended revolution. Dutch and Belgian Limburg under French government 1794–1814). Maastricht, Limburgs Geschied en Oudheidkundig Genootschap 94, 281 p. (Publications de la Société Historique et Archéologique dans le Limbourg, 130).

4931. VAN DEN OORD (A.), KUIJPERS (G.), BROUWERS (J.). Noord-Brabant in de tweede wereldoorlog. Een gids voor bronnen in literatuur. (North-Brabant in World War II. A guide for sources and literature). Den Bosch, Stichting Brabantse Regionale Geschiedbeoefening, 94, 175 p. (Werken met Brabantse bronnen, 3).

4932. VAN DER VOORT (R. H.). Overheidsbeleid en overheidsfinanciën in Nederland 1850–1913. (Government policy and public finance in the Netherlands 1850–1913). Amsterdam, NEHA, 94, 320 p. (Diss. Amsterdam V. U.).

4933. VAN DER WOUDE (R. E.). Leeuwarden 1850–1914. De modernisering van een provinciehoofdstad. (Leeuwarden 1850–1914. The modernization of a provincial capital). Leeuwarden, Fryske Akademy, 94, 398 p. (Fryske histoaryske rige, vol. Diss. Groningen).

4934. VAN DEURSEN (A. Th.). Een dorp in de polder. Graft in de zeventiende eeuw. (The village Graft [North-Holland] in the 17th century). Amsterdam, Bakker, 94, 379 p. (fig.).

4935. VAN FELIUS (H.), METSELAARS (H. J.). Noordhollandse Statenleden 1840–1919. (Members of the Provincial Council of North Holland). Dan Haag, Stichting Hollandse Historische Reeks, 94, 294 p. (Hollandse Historische Reeks, 21).

4936. VAN ROON (E. W. R.). De dienstplicht op de markt gebracht. Het fenomeen dienstvervanging in de negentiende eeuw. (Military service put on the market. The phenomem of replacements in the 19th-century). *Bijdr. Mededed. Gesch. Ned.*, 94, 109, p. 614-637.

4937. VERBURG (M. E.). Geschiedenis van het ministerie van justitie. I, 1798–1898. (History of the Department of Justice. I, 1798–1898). Den Haag, SDU, 94, 544 p.

4938. WOLTJER (J. J.). Tussen vrijheidsstrijd en burgeroorlog. Over de Nederlandse opstand 1555–1580. (Between a war of liberation and a civil war. The Dutch revolt 1555–1580). Amsterdam, Balans, 94, 159 p.

Pakistan

4939. NANDA (K. L.). Conquering Kashmir: a Pakistan obsession. New Delhi, Lancers Books, XVI-400 p.

4940. NASR (Seyyed Vali Reza). The vanguard of the Islamic revolution: the Jama'at-i Islami of Pakistan. Berkeley, University of California Press, 94, XXII, 301 p.

4941. NICOLINI (Beatrice), REDAELLI (Riccardo). Quetta. History and archives. Note of a survey of the archives of Quetta. *Nuova rivista storica*, 94, 78, p. 401-438.

Palestina

4942. GRESH (Alain), VIDAL (Dominique). Palestine 47: un partage avorté. Bruxelles, Editions Complexe, 94, 284 p. (La memoire du siècle, 49).

Perù

4943. ASSADOURIAN (Carlos). Transiciones hacia el sistema colonial andino. Lima, Instituto de Estudios Peruanos y México, El Colegio de México, 94, 265 p.

4944. DE LA CADENA (Marisol). Decencia y cultura política: los indigenistas del Cuzco en los años veinte. *Revista Andina*, 94, 12, 1, p. 79-122.

4945. GERBI (Antonello). Il Perù. Una storia sociale: dalla conquista alla seconda guerra mondiale. Milano, Angeli, 94, 308 p. (Saggi di storia, 12).

4946. GUARDINO (Peter), WALKER (Charles). Estado, sociedad y política en el Perú y México entre fines de la Colonia y comienzos de la República. *Histórica*, 94, 18, 1, p. 27-68.

4947. GUILLEN (Edmundo). La guerra de reconquista. Lima, E. Guillen-Guillen, 94, 357 p.

4948. Historia general del Peru. Dir. de la investigación José Antonio DEL BUSTO DUTHURBURO. Lima,

Editorial Brasa, 94, 7 vol., [s. p.]. [1. Los origines de la civilizacion andina. Por Peter KAULICKE; 2. Las culturas preincas. Por Roger RAVINES; 3. Los Incas. Por Fernendo Silva SANTISTEBAN y Roger RAVINES; 4. La conquista. Por José Antonio DEL BUSTO; 5. El virreinato. Por Guillermo LOHMANN VILLENA et al.; 6. La independencia. Por José Augustin DE LA PUENTE CANDAMO; 7. La republica. Por Margarita GUERRA MARTINIERE.]

4949. HOLGUÍN (Oswaldo). Tiempos de infancia y bohemia. Ricardo Palma (1833–1860). Lima, Fondo Editorial Pontificia Universidad Católica, 94, 735 p.

4950. MAC EVOY (Carmen). Estampillas y votos: el rol del correo político en una campaña electoral decimonónica. *Histórica*, 94, 18, 1, p.95-134

4951. MALLON (Florencia). De ciudadano a "otro". Resistencia nacional, formación del estado y visiones campesinas sobre la nación en Junín. *Revista Andina*, 94, 12, 1, p. 7-54.

4952. MARTÍNEZ RIAZA (Ascensión). El Perú y España durante el oncenio. El hispanismo en el discurso oficial y en las manifestaciones simbóica (1919–1930). *Histórica*, 94, 18, 2, p. 335-363.

4953. MAZZEO (Cristina Ana). El comercio libre en el Perú. Las estrategias de un comerciante criollo: J.A. de Lavalle y Cortés, 1777–1815. Lima, Fondo Editorial Pontificia Universidad Católica, 94, 279 p.

4954. QUIJADA (Mónica). De la Colonia a la República. Inclusión, exclusión y memoria histórica en el Perú. *Histórica*, 94, 18, 2, p. 365-382.

4955. ROUX (Jean-Claude). L'Amazonie peruvienne: un eldorado dévoré par la forêt. Paris, L'Harmattan, 94, 332 p.

4956. VERÓN GABAI (Rafael). Negocios y gobierno de los Pizarro del Perú. *Histórica*, 94, 18, 2, p. 417-433.

Polonia

* 4957. ROMANOWSKI (Marian). Bibliografia wschodnia 1993. (Bibliographie de l'Est 1993). *Przegl. wsch.*, 94, 3, 1, p. 4-132.

** 4958. Dokumenty Komitetu Obrony Robotników Samoobrony Społecznej "KOR". (Les documents du Comité de Défense des Ouvriers et du Comité d'Autodéfense Sociale "KOR"[1956–1989]). Ed. et avantpropos de Andrzej JASTRZĘBSKI. Warszawa, Wydawn. Nauk. PWN, 94, 780 p.

** 4959. Opozycja demokratyczna w Polsce 1976–1980. (L'opposition démocratique en Pologne 1976–1980). Choix de documents réd. par Zygmunt HEMMERLING, [et al.]. Warszawa, Wydawn. Uniw. Warsz., 94, 753 p.

** 4960. Żydowskie partie polityczne w Polsce 1918–1927. Wybór dokumentów. (Les partis politiques juifs en Pologne 1918–1927. Choix des documents).
Choix et réd. par Czesław BRZOZA. Kraków, Wydawn. Leksykon, 94, 157 p.

4961. BARDACH (Juliusz). Le principe fédéraliste et le principe unitaire dans la législation de la Diète polono-lituanienne de Quatre Ans (1788–1792). *Acta Poloniae hist.*, 94, 70, p. 75-86.

4962. BELLINI (Paolo). Per la storia dello Stato polacco-lituano nel sec. XVI: la "Descrittione della Pollonia" di Fulvio Ruggeri. Trento, Università di Trento, 94, 170 p.

4963. BOCK (Ivo), [et al.]. Kollektiven Identitäten in Ostmitteleuropa: Polen und die Tschechoslowakei. Bremen, Edition Temmen, 94, 205 p. (Forschungstelle Osteuropa an der Universität Bremen).

4964. BOGDAN (Danuta). Sejmik warmiński w XVI i w pierwszej połowie XVII wieku. (Le diétine de la Warmie au XVIe et dans la première moitié du XVIIe siécles). Olsztyn, [s. n.], 94, 206 p. (cartes 2). (Rozpr. i Mater. Ośrodka Badań Nauk. im. Wojciecha Kętrzyńskiego w Olsztynie, 137). [Deutsche Zsfassung].

4965. BOGUCKA (Maria). Anna Jagiellonka. (Anne Jagellon [reine de Pologne dans les années 1575–1596]). Wrocław, Zakł. Narod. Im. Ossolińskich, 94, 178 p. (phot., fig.).

4966. CIEŚLAK (Edmund). Stanisław Leszczyński. (Stanislas Leszczyński [roi de Pologne dans les années 1704–1709, 1735–1736]. Wrocław, Zakł. Narod. Im. Ossolińskich, 94, 281 p. (phot., fig., cartes).

4967. CZUBIŃSKI (Antoni). Dzieje najmowsza Polski. (Storia contemporanea della Polonia). T. 1. Do roku 1945. T. 2. Polska Ludowa 1944–1989. Poznań, Wielkopolska Agencja Wyd, 94, 678 p., 734 p.

4968. DOBROSZYCKI (Lucjan). Reptile journalism. The official Polish language press under the Nazis, 1939–1945. New Haven, Yale U. P., 94, XI-199 p.

4969. DOROBISZ (Janusz). Sejm nadzwyczajny z 1624 roku. (La Diète extraordinaire de l'année 1624). Opole, Opol. Tow. Przyj. Nauk., 94, 110 p. [Eng. Summary].

4970. [Dwusetna] 200 rocznica powstania kościuszkowskiego. (200éme anniversaire de l'insurrection de Kościuszko). Réd. Henryk KOCÓJ. Katowice, Uniw. śląski, 94, 277 p. (phot., fig., cartes). [Prace Nauk. Uniw. Śląskiego w Katowicach, 1407]. [Rés. franç., Deutsche Zsfassung].

4971. Dzieje Poznania. (Histoire de Poznań). Réd. par Jerzy TOPOLSKI. T. 2: Dzieje Poznania w latach 1793–1945. [T. 1 Cf. Bibl. 88, n° 758]. (Histoire de Poznań dans les années 1793-1945). P. 1: 1793–1918. Réd. J. TOPOLSKI, Lech TRZECIAKOWSKI. Warszawa-Poznań, Wydawn. Nauk. PWN, 94, 787 p. (phot., fig., cartes).

4972. Dziejów polityki i dyplomacji polskiej (Z). Studia poświęcone pamięci Edwarda hr. Raczyńskiego

2. SINGOLI STATI

Prezydenta Rzeczypospolitej Polskiej na wychodźstwie. (De l'histoire de la politique et de la diplomatie polonaises [XVIe–XXe siécles]. Etudes consacrées á la mémoire du Edward comte Raczyński président de la République Polonaise à l'émigration). Com. de réd. Henryk BUŁHAK [et al.]. Warszawa, Wydawn. Sejmowe, 94, 407 p. (phot.).

4973. Dzieje Szczecina. (Histoire de Szczecin). Sous la réd. de Gerard LABUDA. T. 3. Dzieje Szczecina 1806–1945. [T. 2 Cf. Bibl. 85, n° 848]. (Histoire de Szczecin dans les années 1806–1945). Réd. Bogdan WACHOWIAK. Auteurs: Bogdan FRANKIEWICZ [et al.]. Szczecin, 13 Muz, 94, 996 p. (phot., fig., cartes, tables).

4974. Encyklopedia Warszawy. (Encyclopédie de Varsovie). Réd. en chef: Bartłomiej KACZOROWSKI. Warszawa, Wydawn. Nauk. PWN, 94, 1071 p. (phot., fig., dessins, cartes).

4975. ERLER (P.). SEPG i "pol'skiy krizis". (The United Socialist Party of Germany and the "crisis in Poland" at the beginning of the 1980s.). *In*: Rossiyskie istoriki-germanisty: kto oni, nad chem rabotayut? Byulleten'. Moskva, 94, 2, p. 98-112.

4976. FYDA (Ryszard). Emigracja polska w Estonii w latach 1918–1939. (L'émigration polonaise en Estonie dans les années 1918–1939). *Nasza Przeszłość*, 94, 81, p. 211-258. [Deutsche Zsfassung].

4977. Galicja i jej dziedzictwo. Materiały z międzynarodowej konferencji naukowej, Łańcut i Rzeszów w dn. 14–18 września 1992 r. (La Galicie et son patrimonie. Matériaux de la conférence internationale scientifique, Łańcut et Rzeszów, 14–18 septembre 1992). Com. de réd. Zbigniew SOWA [et al.]. T. 1. Historia i polityka. (Histoire et politique). Réd. Włodzimierz BONUSIAK, Józef BUSZKO. T. 5. KŁAK (Czesław). Pisarze galicyjscy. Szkice literackie. (Les écrivains de la Galicie. Essais littéraires). Rzeszów, Wydawn. Wyższej Szkoły Pedagog., 94, 262 p., 160 p. [Eng. summary, Deutsche Zsfassung].

4978. GZELLA (Jacek). Małopolska elita władzy w okresie rządów Ludwika Węgierskiego w Polsce w latach 1370–1382. (L'élite du pouvoir en Petite Pologne à l'époque du règne de Louis d'Anjou en Pologne dans les années 1370–1382). Toruń, 94, 173 p. (Uniw. Mikołaja Kopernika w Toruniu. Rozpr.). [Deutsche Zsfassung].

4979. KIEVAL (Hillel J.). La vie de la communauté juive en Pologne au XVIIIe siècle. *Annales*, 94, 49, 3, p. 671-680.

4980. KIM (I. K.). Politicheskaya organizatsiya lagerya "sanatsii" v Pol'she vo vtoroy polovine 30-kh gg. (Political organization of adherents of "sanation" in Poland in the 2nd half of the 1930s.). *In*: Obshchestvennaya mysl' i sotsial'no-politicheskie dvizheniya v novoe i noveyshee vremya. Volgograd, 94, 1, p. 107-118.

4981. Kościuszce w hołdzie. (En hommage à Kościuszko). Ouvrage collectif réd. par Mieczysław ROKOSZ. Kraków, Secesja, 94, 293 p. (phot., fig.). (Bibl. Krak., 133).

4982. KUBIK (Jan). The power of symbols against the symbol of power: the rise of Solidarity and the fall of state socialism in Poland. University Park, Pennsylvania U. P., 94, XIV-322 p.

4983. KUKIEL (Marian). Historia w służbie teraźniejszości i inne szkice emigracyjne. (L'histoire en service du temps actuel et autres essais de l'émigration). Warszawa, 94, 325 p. (Inst. Badań Liter. Pol. Akad. Nauk).

4984. KULA (Henryk Mieczysław). Polska straż graniczna w latach 1918–1939. (La garde frontière polonaise dans les années 1928–1939). Warszawa, Bellona, 94, 271 p. (phot., fig., cartes).

4985. Kultura międzywojennego Wilna. Materiały konferencji w Trokach (28–30 VI 1993). (La culture de Wilno [Vilnius] d'entre les guerres. Matériaux de la conférence tenue à Troki [Trakai], 28–30 juin 1993). Réd. par Anna KIEŻUŃ. Białystok, Oddz. Tow. Liter. im. Adama Mickiewicza, 94, 387 p. (phot., fig.). (Non Omnis Moriar. Bibl. Pamięci i Myśli, 10).

4986. KUSEK (Janusz). Polacy na Węgrzech w latach 1918–1939. (L'émigration polonaise en Hongrie dans les années 1918–1939). *Nasza Przeszłość*, 94, 81, p. 259-277. [Deutsche Zsfassung].

4987. KUTYAVIN (V. V.). O respublikanskikh i monarkhicheskikh tendentsiyakh v pol'skom natsional'noosvoboditel'nom dvizhenii 1830-kh gg. (Republicain and monarchist tendencies in Polish national movement in the 1830s.). *In*: Problemy istorii i istoriografii zarubezhnogo mira. Samara, 94, p. 51-57.

4988. LEBEDEVA (N.S.). Katyn': prestuplenie protiv chelovechestva. (Khatyn': A crime against the humanity). Moskva, Izd. gr. "Progress"-Kultura, 94, 350 p.

4989. Lekkoatletyka w Polsce 1919–1994. (L'athlétisme en Pologne en 1919–1994). Réd. par Bernard WOLTMANN. Warszawa-Poznań, [s. n.], 94, 182 p. (phot., fig.). (Pol. Tow. Nauk. Kultury Fizycznej. Sekcja Hist. Kultury Fizycznej).

4990. ŁOJEK (Jerzy). Kalendarz historyczny. Polemiczna historia Polski. (Calendario storico. Storia polemica della Polonia). Warszawa, Alfa-Wero, 94, 717 p.

4991. Lud żydowski w narodzie polskim. Materiały sesji naukowej w Warszawie 15–16 wrzesień 1992. (The Status of Jews in the Polish nation [XVIIIe siècle]. Papers from the conference held in Warsaw 15–16 September 1992). Réd. par Jerzy MICHALSKI. Warszawa, [s. n.], 94, 120 p. (Inst. Hist. Pol. Akad. Nauk).

4992. Lustracja województw wielkopolskich i kujawskich 1616–1620. (Inspection dans les voïvodies de la Grande Pologne et la Couïavie dans les années 1616–1620). Ed. Zbigniew Górski, Ryszard KABACIŃ-

SKI, Jan PAKULSKI. P. 1-2. Wrocław, Zakł. Narod. im. Ossolińskich, 94, XXXV-378 p., 194 p. (cartes). (Bydgoskie Tow. Nauk., Inst. Hist. Pol. Akad. Nauk, Lustracje dóbr królewskich XVI-XVIII wieku. Wielkopolska i Kujawy).

4993. MADEJ (Alina). Mitologie i konwencje. O polskim filmie fabularnym dwudziestolecia międzywojennego. (Mythologies et conventions. Le film de fiction polonais dans les vingt ans d'entre les guerres [1918–1939]. Kraków, Universitas, 94, 170 p. [Rés. franç.].

4994. MIRANOVICH (A.). Vybor very i sud'by. (Bielorussians in Poland after the Second World War). *Neman*, 94, 43, 11, p. 72-97.

4995. MISZTAL (Jan). Ludność żydowska w Polsce w latach 1944–1946. (The Jews in Poland in 1944–1946). *Studia Historyczne*, 94, 37, p. 215-230.

4996. MODRAS (Ronal E.). The Catholic Church and antisemitism: Poland 1933–39. Chur, Langhorne Pa., 94, XVI-429 p.

4997. NAGIELSKI (Mirosław). Rokosz Jerzego Lubomirskiego w 1665 r. (La révolte de Jerzy Lubomirski en 1665). Warszawa, [s. n.], 94, 258 p. (Inst. Hist. Uniw. Warsz., Rozpr., 1).

4998. NAŁĘCZ (Daria). Sen o władzy. Inteligencja wobec niepodległości. (La songe sur le pouvoir. L'intelligentsia face á l'indépendance [1918–1939]). Warszawa, Państw. Inst. Wydawn., 94, 305 p.

4999. Obrona Lwowa 1–22 listopada 1918. (La défense de Lwów 1–22 novembre 1918). T. 1-2: Relacje uczestników. (Relations des participants). Réd. Eugeniusz WAWRZKOWICZ et Józef KLINK. Avant-propos: Artur LEINWAND. T. 3 (cz. 1): Organizacja listopadowej obrony Lwowa – ewidencja uczestników walk. (Cz. 2): Lista strat. (T. 3 P. 1: Organisation de la défense de Lwów en novembre – régistre des participants des luttes). P. 2: Registre des pertes). Réd. E. WAWRZKOWICZ et J. KLINK. Warszawa, Volumen, 93 (94), 363 p., 864 p., 444 p. (phot., fig., tabeles). (O Wolność i Niepodległość).

5000. OKONIEWSKA (Barbara). Europejskość Polski Zachodniej w świadomości jej mieszkańców w okresie międzywojennym. (The European nature of western Poland in the consciousness of its population during the inter-war period). *Kwartalnik Historyczny*, 94, 101, 4, p. 51-72.

5001. ORDYŁOWSKI (Marek). Walka z opozycją polityczną na Dolnym Śląsku w latach 1945–1948. (La lutte contre l'opposition politique en Basse Silésie dans les années 1945–1948). Wrocław, 94, 253 p. (Akad. Wychowania Fizycznego we Wrocławiu, Studia i Monogr., 39). [Eng. summary].

5002. PEPŁOŃSKI (Andrzej). Oddział II Sztabu Generalnego NDWP [Naczelnego Dowództwa Wojska Polskiego]. Zarys organizacji i działalności (1919–1920). (Le IIème Bureau de l'Etat-Major NDWP [Principal Commandement de l'Armée Polonaise]. Précis d'organisation et d'activité, 1919–1920). *Wojsk. Przegl. hist.*, 94, 39, 1-2, p. 88-103.

5003. PODGORECKI (Adam). Polish society. Westport, Praeger, 94, 189 p.

5004. PODHORODECKI (Leszek). Sławni hetmani Rzeczypospolitej. (Les célèbres hetmans de la République [XVIe–XVIIe siécles]). Warszawa, Mada, 94, 559 p. (fig., carte).

5005. Polska – Kresy – Polacy. Studia historyczne. (Polonia – zona del confine orientale polacco – polacchi. Studi storici). Pod red. Stanisława CIESIELSKIEGO, Teresy KULAK, Krystyna MATWIJOWSKIEGO. Wrocław, Wyd. Uniw. Wrocławskiego, 358 p. (Axcta Univ. Wratislaviensis, 1636. Historia, 116).

5006. Polska polityka rolna 1944–1994. Wybrane zagadnienia. (La politique agraire polonaise 1944–1994. Problèmes choisis). Réd. Barbara KOŻUCH. Białystok, Dział Wydawn. Filii Uniw. Warsz., 94, 246 p.

5007. Polskie mity polityczne XIX i XX wieku. (Les mythes politiques polonais des XIXe et XXe siècles). Red. Wojciech WRZESIŃSKI. Wrocław, Wydawn. Uniw. Wrocł., 94, 260 p. (phot., fig.). (Polska Myśl Polit. XIX i XX Wieku, 9). [Eng. summary].

5008. Powstanie Kościuszkowskie 1794. Dzieje militarne. (L'insurrection de Kościuszko en 1794. Histoire militaire). Par Andrzej AJNENKIEL [et al.]. Réd. scient.: Tadeusz RAWSKI, Janusz WOJTASIK. T. 1. Warszawa, Egros, 94, XXVII-451 p. (phot., fig.m, cartes). (Wojsk. Inst. Hist.).

5009. Rinascimento in Polonia. Atti dei Colloqui italo-polacchi. A cura di J. ZURAWSKA. Napoli, Bibliopolis, 94, 456 p.

5010. SKOWRONEK (Jerzy). Adam Jerzy Czartoryski 1770–1861. Warszawa, Wiedza Powsz., 94, 609 p. (phot., fig., dessins). (Bibl. Wiedzy Hist. Historia Pol.). – IDEM. Mlodzież polska i jej organizacje w ruchu narodowym 1795–1864. (Les jeunes gens polonais et leurs organisations dans le mouvement national 1795–1864). Warszawa, Neriton, 94, 88-VI p. (fig.).

5011. SZCZUCZKO (Witold). Sejmy koronne 1562–1564 a ruch egzekucyjny w Prusach Królewskich. (Les diétes de la couronne en 1562–1564 et le mouvement exécutoire en Prusse Royale). Toruń, [s. n.], 94, 212 p. (Uniw. Mikołaja Kopernika w Toruniu. Rozpr.). [Deutsche Zsfassung].

5012. SZCZYGIELSKI (Wojciech). Referendum trzeciomajowe. Sejmiki lutowe 1792 roku. (Le référendum du 3 mai. Les diétines de février 1792). Łódź, Wydawn. Uniw. Łódzkiego, 94, 426 p. (carte). [Eng. summary].

5013. TKACZEW (Władysław). Powstanie i działalność organów informacji Wojska Polskiego w latach 1943–1948. Kontrwywiad wojskowy. (La formation et l'activité des organes d'information de l'Armée Polonaise dans les années 1943–1948. Le contre-espionnage militaire). Warszawa, Bellona, 94, 338 p.

5014. TOBJAŃSKI (Zbigniew). Czesi w Polsce. (Les Tchéques en Pologne [XVIe–XXe siécles]. Kraków, Zarząd Gł. Tow. Społ.-Kult. Czechów i Słowaków w Pol., 94, 233 p. (phot., fig., cartes 2).

5015. TOPOLSKI (Jerzy). Polska w czasach nowożytnych: od środkowoeuropejskiej potęgi do utraty niepodległości (1501–1795). (La Polonia nei tempi moderni dall'impero centroeuropeo alla perdita dell'indipendenza). Poznań, Wydawn. Naukowe UAM, 943 p. (Polska, dzieje narodu, panstwa i kultury, 2).

5016. VYATR (E.). Pol'sha: pyat' let posle pereloma. (Poland in 1989–1993). *Svobodnaya mysl'*, 94, 4, 12-18, p. 92-96.

5017. WALASZEK (Adam). Światy emigrantów. Tworzenie polonijnego Cleveland 1880–1930. (Les mondes des immigrants. La formation de Cleveland polonais 1880–1930). Kraków, Nomos, 94, 231 p. [Eng. summary].

5018. WALLIS (Aleksander). Atlas kultury polskiej 1946–1980. (Atlas de la culture polonaise 1946–1980). Międzchód, Eco, 94, 464 p. [Eng. summary].

5019. WALO (Jerzy). Polonia w Bośni i Hercegowinie w okresie międzywojennym. (La Polonie en Bosnie et Herzégovine pendant la période d'entre deux guerres). *Nasza Przeszłość*, 94, 81, p. 163-209. [Deutsche Zsfassung].

5020. WANDYCZ (Piotr). Pod zaborami. Ziemie Rzeczypospolitej w latach 1795–1918. (Les territoires annexés. Les Terres de la République dans les années 1795–1918). Warszawa, Państw. Inst. Wydawn., 94, 551 p. (fig., cartes). – IDEM. Rola powstań w dziejach nowożytnych Polski. (The role of insurrections in Polish modern history). *Kwartalnik Historyczny*, 94, 101, 4, p. 73-86.

5021. WIJACZKA (Jacek). Polska a Moldawia w latach 1541–1546. (Poland and Moldavia in 1541–1546). *Studia Historyczne*, 94, 37, p. 163-178.

5022. Wiosna Ludów w Królestwie Polskim. Organizacja 1848 roku. (Le Printemps des peuples dans le Royaume de Pologne. Organisation de l'année 1848). Réd. par Vladimir Anatol'evič D'JAKOV, Stefan KIENIEWICZ, Wiktoria ŚLIWOWSKA. Auteurs: V. A. D'JAKOV [et al.]. Wrocław, Zakł. Narod. im. Ossolińskich, 94, 584 p. (Pol. Akad. Nauk Inst. Hist., Komitet Nauk Hist., Inst. Badań Liter.; Rossijskaja Akad. Nauk Inst. Slavjanovedenija i Balkanistiki).

5023. WŁUDYKA (Tadeusz). "Trzecia droga" w myśli gospodarczej II Rzeczypospolitej. Koncepcje Adama Doboszyńskiego a program obozu narodowego. (La "trosième voie" dans la pensée économique de la IIe République. Les conceptions d'Adam Doboszyński et le programme du camp national). Kraków, Universitas, 94, 169 p. [Deutsche Zsfassung].

5024. WRATNY (Jerzy). Związki zawodowe w prawodawstwie polskim w latach 1980–1991. (Les syndicats dans la législation polonaise dans les années 1980–1991). Lublin, Wydawn. Kat. Uniw. Lub., 94, 106 p. [Rés. franç., Eng. summary].

5025. WRZESIŃSKI (Wojciech). Prusy Wschodnie w polskiej myśli politycznej w latach 1864–1945. (La Prusse Orientale dans la pensée politique polonaise dans les années 1864–1945). Olsztyn, [s. n.], 94, 468 p. (Rozpr. i Mater. Ośrodka Badań Nauk. im. Wojciecha Kętrzyńskiego w Olsztynie, 141). [Eng. summary, Deutsche Zsfassung].

5026. YUSUPOV (R. R.). Obshchestvennaya rol' pol'skoy intelligentsii vo II Rechi Pospolitoy (1918–1944 gg.). (Social role of Polish intelligentsia in the 2nd Republic of Poland, 1918–1944). *In*: Dukhovnaya kul'tura: idei, istoriya, real'nost'. Kazan', 94, p. 67-68.

5027. ZIĘBA (Andrzej Aleksander). Historia a współczesne stosunki polsko-ukraińskie. (L'histoire et les relations polono-ukraïniennes [XVIe–XXe siécles]). *Przegl. polon.*, 93 (94), 19, 4, p. 125-143. [Eng. Summary].

Cf. n°s 4081, 6998, 7054, 7070, 7194, 7622, 7623

Portogallo

* 5028. Bibliographie der historischen und Reiseliteratur zur Iberischen Halbinsel: ein annotiertes Inventar der Fürstlichen Bibliothek Corvey. Hrsg. v. Andreas RUPPERT. Paderborn, Igel Verlag Wissenschaft, 94, 185 p.

5029. BUESCU (Ana Isabel). Imagens do Príncipe. Discurso Normativo e Representação (1525–1549). Lisboa, F. C. S. H. - U. N. L., 94, 656 p. (bibl.).

5030. COELO (Antonio Borges). Clerigos, mercadores, "judeus" e fidalgos. Lisboa, Caminho, 94, 258 p.

5031. CRUZ (Manuel Braga). Homenagem a Sedas Nunes. *Análise Social*, 94, 125-6, 1-2, p. 1-497.

5032. FERREIRA (José Medeiros). História de Portugal. Vol.. 8. Portugal em transe (1974–1985). Dir. José MATTOSO. Lisboa, Círculo de Leitores, 94, 518 p. (ill., bibl.).

5033. GARCIA (José Manuel). Ao encontro dos Descobrimientos: temas de historia de espansão. Lisboa, Editorial Presença, 94, 294 p.

5034. HESPANA (António Manuel). As vésperas do Leviathan: instituições e poder político. Coimbra, Almedina, 94, 682 p. (ill., bibl.).

5035. PEDREIRA (Jorge Miguel Viana). Estrutura industrial e mercado colonial: Portugal e Brasil (1780–1830). Lisboa, Difel, 94, XV-582 p. (bibl). (Memória e sociedade).

5036. PEREIRA (Miriam Halpern). Das revoluções liberais ao Estado Novo. Lisboa, Presença, 94, 267 p., (ill., bibl.). (Métodos, 32).

5037. PINTO (António Costa). Os camisas azuis: ideologia, elites e movimentos fascistas em Portugal 1914–1945. Lisboa, Estampa, 94, 342 p. (Histórias de Portugal, 6).

5038. RAMOS (Rui). História de Portugal. Vol. 6. A Segunda Fundação (1890–1926). Dir. José MATTOSO. Lisboa, Círculo de Leitores, 94, 683 p. (ill., bibl.).

5039. REIS (Jaime), LAINS (Pedro). Donde vem a economia portuguesa? A história económica de Portugal no século XX. *Análise Social*, 94, 128, 4, p. 773-1044.

5040. ROSAS (Fernando). História de Portugal. Vol. 7. O Estado Novo (1926–1974). Dir. José MATTOSO. Lisboa, Círculo de Leitores, 94, 587 p. (ill., bibl.).

5041. SERRÃO (Joaquim Veríssimo). O tempo dos Filipes em Portugal e no Brasil (1580–1668): estudos historicos. Lisboa, Ediçoes Colibri, 94, 343 p.

5042. TELO (António José). Economia e império no Portugal contemporâneo. Lisboa, Cosmos, 94, 307 p. (bibl.).

5043. TENGARRINHA (José). Movimentos populares agrários em Portugal, 1751–1807. Lisboa, Europa-América, 94, 268 p. (Forum da história, 18).

5044. VALLADARES (Rafael). Felipe IV y la restauracion de Portugal. Malaga, Editorial Algazara, 94, 368 p.

5045. VARGUES (Isabel Nobre). Do Estado Novo ao 25 de Abril. *Revista de História das Ideias*, 94, 16, 596 p.

Cf. n°s 7040, 7078

Portorico

5046. PICÓ (Fernando). El día menos pensado. Historia de los presidiarios en Puerto Rico. Porto Rico, Río Piedras, Ediciones Huracán, 94, 198 p.

Romania

* 5047. POPA (Opritsa D.), HORN (Marguerite E.). Ceauşescu's Romania: an annotated bibliography. Westport, Greenwood Press, 94, X-153 p.

** 5048. IANCU (Carol). Le combat international pour l'émancipation des Juifs de Roumanie. Documents et témoignages. Vol. 1. 1913–1919. Tel Aviv, Université de Tel Aviv, Centre Goldstein-Goren pour l'histoire des Juifs de Roumanie, Institut de Recherche de la Diaspora, 94, 317 p.

** 5049. România – marele sacrificat al celui de-al doilea război mondial. Documente. Vol. 1. (Romania. The great sacrificed of World War II. Documents). Ed. by Marin Radu MOCANU, Bucureşti, [s. n.], 94, 335 p.

** 5050. România – Viaţa politică în documente – 1945. (Romania. Its political life in Documents. 1945). Ed. by Ioan SCURTU, Bucureşti, [s. n.], 94, 477 p.

** 5051. România – Viaţa politică în documente – 1947. (Romania. Its political life in Documents. 1947). Ed. by Ioan SCURTU, Bucureşti, [s. n.], 94, 319 p.

5052. BARTA (Gabor), [et al.]. History of Transylvania. Ed. by Bela KOPECZI. Budapest, Akademiai Kiadó, 94, 805 p.

5053. BERINDEI (Dan). La Roumanie face à la France et à la Prusse pendant la guerre franco-allemande 1870–1871. *Revue roumaine de histoire*, 94, 33, 1-2, p. 63-89.

5054. GIURESCU (Dinu C.). Romania's comunist takeover. The Rădescu government. New York, Boulder a. Columbia U. P., 94, 202 p. (East European Monographs).

5055. HITCHINS (Keith). Rumania, 1866–1947. Oxford, Oxford U. P. a. Clarendon Press, 94, XV-579 p. (Oxford history of modern Europe).

5056. ISLAMOV (T. M.), POKIVAYLOVA (T. A.). Transilvaniya-yabloko razdora mezhdu Vengriey i Rumyniey. (Transilvania: between Hungary and Romania). *In*: Ochagi trevogi v Vostochnoy Evrope: Drama natsional'nykh protivorechiy: Sb. st. [Cf. n° 4151], p. 54-136.

5057. KIRK (Roger), RACEANU (Mircea). Romania versus the United States: diplomacy of the absurd, 1985–1989. New York, St. Martin's Press, 94, XII-320 p.

5058. SCURTU (Ioan). Istoria Partidului Naţional Ţărănesc. (The history of the National Peasants' Party). Bucureşti, Editura Enciclopedică, 94, 488 p.

5059. VINCZE (Gábor). A romániai magyar kisebbség történeti kronológiája, 1944–1953, (Chronologie historique de la minorité hongroise de Roumanie, 1944–1953). Budapest, Teleki Alapítvány, 94, 107 p. (Kisebbségi adattár, 1).

Ruanda

5060. DORSEN (Learthey). Historical dictionary of Rwanda. Metuchen, Scarecrow Press, 94, XVI-437 p.

5061. VASSALL-ADAMS (Guy). Rwanda: an agenda for international action. Oxford, Offam Publications, 94, 70 p.

5062. Volk verlässt sein Land (Ein): Krieg und Völkermord in Ruanda. Hrsg. v. Hilda SCHÜRINGS. Köln, ISP, 94, 253 p.

Russia

* 5063. Russica: the Russian collection in the Nobel library of the Swedish Academy: a selective catalogue 1766–1936. Ed. by Katarzyna GRUBER and Bengt

JANGFELDT. Stockholm, Almqvist & Wiksell International, 94, XI-129 p.

** 5064. Arkhiv noveyshey istorii Rossii. (An archive of modern history of Russia). Gos. arkhiv. Sluzhba Ros. Federatsii; Gos. arkhiv Ros. Federatsii. Dir. V. A. KOZLOV, S. V. MIRONENKO. Vol. 1. 'Osobaya papka' I.V. Stalina: Na materialakh sekretariata NKVD/ MVD SSSR 1944–1953 gg.: Katalog dokumentov (The 'special folder' of I. V. Stalin: On the materials of the secretariat of NKVD/MVD of the USSR, 1944–1953: A catalogue of documents). Vol. 2. 'Osobaya papka' V. M. Molotova: Iz materialov sekretariata NKVD/ MVD SSSR 1944–1956 gg.: Katalog dokumentov (The 'special folder' of V. M. Molotov: On the materials of the secretariat of NKVD/MVD of the USSR, 1944–1956: A catalogue of documents). Moskva, Blagovest, 94, 355, 219 p. (ind.).

** 5065. [BUDNITSKIY (O. V.).] "Krov' po sovesti": Terrorizm v Rossii: Dokumenty i biografii. (Terrorism in Russia: documents and biographies). Rostov-na-Donu, Izd. Rost. gos. ped. un-ta, 94, 256 p. (bibl.).

** 5066. [GALILI (Z.), NENAROKOV (A.), (et al.)]. Men'sheviki v 1917 godu. V 3-kh tomakh. (The party of Mensheviks in 1917: In 3 volumes). Mezhdunar. komiss. sovmest. issled. po istorii Rossii etc. Dir. Z. GALILI [et al.]. Vol. 1. Ot yanvarya do iyul'skikh sobytiy (From January till the events of July). Moskva, Progress-Akademiya, 94, 751 p.

** 5067. [ZAKHAROVA (L. G.), TYUTYUNNIK (L. I.).] Perepiska imperatora Aleksandra II s velikim knyazem Konstantinom Nikolaevichem, 1857–1861; Dnevnik velikogo knyazya Konstantina Nikolaevicha, [1858–1861]. (The correspondence between the emperor Alexander II and the great prince Konstantin Nikolaevich, 1857–1861; The diary of the great prince Konstantin Nikolaevich, 1858–1861). Moskva, Terra, 94, 383 p. (ill., facs., bibl.).

5068. AMANZHOLOVA (D. A.). Kazakhskiy avtonomizm i Rossiya: Istoriya dvizheniya Alash. (A history of Kazakh national movement Alash during the Civil War in Russia). Postface by Yu. A. POLYAKOV. Assotsiatsiya issledovaeteley rossiyskogo obshchestva XX v. Moskva, Rossiya molodaya, 94, 214 p. (bibl.). (Seriya: "Pervaya monografiya").

5069. ANDRLE (Vladimir). A social history of twentieth-century Russia. London, New York a. Melbourne, Arnold, 94, XI-289 p.

5070. BARON (Samuel H.). Plekhanov in Russian history and Soviet historiography. Pittsburgh, University of Pittsburgh Press, 94, 296 p.

5071. CZUBATY (Jarosław). Świat widziany z Petersburga. Zasięg geograficzny wyobraźni politycznej elity rządzącej Cesarstwa Rosyjskiego na początku XIX wieku. (Le monde vu de Saint-Pétersbourg. L'étendu géographique de l'imagination politique de l'élite au pouvoir en Empire de la Russie au début du XIXe siècle). Przegl. wsch., 94, 3, 2, p. 201-214.

5072. DIETERICH (Susanne). Württemberg und Russland. Geschichte einer Beziehung. Stuttgargt, DRW-Vlg., 94, 216 p.

5073. EKSHTUT (S. A.). V poiske istoricheskoy al'ternativy. Aleksandr I. Ego spodvizhniki. Dekabristy. (Searching historical alternative, Russia, 1801–1825: Alexander I. His associates. The Decembrists). Assotsiatsiya issledovateley ros. obshch-va XX veka. Moskva, Rossiya molodaya, 94, 230 p. (portr., bibl.). (Seriya: "Pervaya monografiya").

5074. England and the North: the Russian embassy of 1613–1614. Ed. by Maija JANSSON, Nikolai ROGOZHIN. [S. l.], Amer. Philosophical Society, 94, [s. p.]. (Memoirs of the American Philosophical Society, 210).

5075. Evrei v Rossii: Istoriograficheskie ocherki, vtoraya polovina XIX v.–XX v. (Jews in Russia: Historiographical essays, 2nd half of XIXth–XXth cent.). Dir. M. AGRANOVSKAYA. Moskva, Evreyskiy un-t v Moskve, Jerusalem, 94, 256 p. (ill., bibl.). (Uchebnaya biblioteka Evreyskogo universiteta).

5076. FRIEDGUT (Theodore H.). Iuzovka and revolution. Vol. 1. Politics and revolution in Russia's Donbass, 1689-1924. Princeton, Princeton U. P., 94, XXI-514 p. (Studies of the Harriman Institute).

5077. GATRELL (Peter). Government, industry, and rearmament in Russia, 1900–1914. The last argument of Tsarism. Cambridge, Cambridge U. P., 94, XX-399 p. (Cambridge Russian, soviet and post-soviet studies, 92).

5078. GREGORY (Paul R.). Before command: an economic history of Russia from emancipation to the first Five-Year Plan. Princeton, Princeton U. P., 94, 188 p.

5079. *Vacat.*

5080. Istoriya politicheskikh partiy v Rossii. (A history of political parties in Russia). N. G. DUMOVA, N. D. EROFEEV, S. V. TYUTYUKIN etc. Dir. A. I. ZEVELEV. Moskva, Vysshaya shkola, 94, 447 p.

5081. KAISER (Robert J.). The geography of nationalism in Russia and the USSR. Princeton, Princeton U. P., 94, 471 p.

5082. KOSTYRCHENKO (G.). V plenu u krasnogo faraona: Politicheskie presledovaniya evreev v SSSR v poslednee stalinskoe desyatiletie: Dokumental'noe issledovanie. (Political persecution of Jews in the USSR during the last Stalin's decade: a documental study). Moskva, Mezhdunarodnye otnoshniya, 94, 399 p. (ill., bibl.).

5083. MILOJKOVIC-DJURIC (Jelena). Panslavism and national identity in Russia and in the Balkans 1830-1880. Images of the self and others. New York, Columbia U. P., 94 (East European Monographs, 394).

5084. MOYNAHAN (Brian). Das Jahrhundert Russlands 1894–1994. München, Bertelsmann, 94, 319 p.

5085. MUCHA (Bogusław). Dzieje cenzury w Rosji. (Histoire de la censure en Russie [XVIIIe–XXe siécles]). Łódź, Wydawn. Uniw. Łódzkiego, 94, 195 p.

5086. NIMMO (William F.). Japan and Russia. Westport, Greenwood Press, 94, 240 p.

5087. ROGATCHI (Inna). The Zhirinovsky phenomenon as the mirror of mutation of human nature. *In*: Zhirinovski-ilmiö. Venäjän ja Saksan historian vertailua [Cf. n° 5096], p. 58-70.

5088. ROGINSKI (Vadim. V.). Vladimir Wolfovits Zhirinovski. (W.W. Zhirinovsky). *In*: Zhirinovski-ilmiö. Venäjän ja Saksan historian vertailua [Cf. n° 5096], p. 42-57.

5089. Rossiya v XX veke. Russia in the XXth-century: Istoriki mira sporyat: [Sb. st.]. (Discussions among the historians from different countries: a coll. of articles). Ros. Akad. nauk. In-t rossiyskoy istorii. Otd. istorii. Dir. D. I. KOVAL'CHENKO. Moskva, Nauka, 94, 751 p. (bibl.).

5090. RUANE (Christine). Gender, class, and the professionalization of Russian city teachers, 1860–1914. Pittsburgh, Pittsburgh U. P., 94, [s. p.]. (Pitt Series in Russian and East European Studies, 24).

5091. RUSTEMEYER (Angela). Dienstboten in Petersburg und Moskau, 1861–1917. Hintergrund, Alltag, soziale Rolle. Stuttgart, Steiner, 94, 248 p. (Quellen und Studien zur Geschichte des östlichen Europa, 45).

5092. SCHLÖGEL (Karl). Der grosse Exodus. Die russische Emigration und ihre Zentren 1917–1941. München, Beck, 94, 446 p.

5093. SOKOLOV (Yu. V.). Krasnaya zvezda ili krest? (Zhizn' i sud'ba generala Brusilova). (Red star or cross? life and fortune of general Brusilov). Assotsiatsiya issledovaeteley rossiyskogo obshchestva XX v. Moskva, Rossiya molodaya, 94, 169 p. (bibl.). (Seriya: "Pervaya monografiya").

5094. STARR (Frederick S.). The international politics of Eurasia. Vol 1. The legacy of history in Russia and the new states of Eurasia. Armonk, M. E. Sharpe, 94, 328 p.

5095. STEELE (Jonathan). Eternal Russia: Yeltsin, Gorbachev, and the mirage of democracy. Cambridge, Harvard U. P., 94, 427 p.

5096. Zhirinovski-ilmiö. Venäjän ja Saksan historian vertailua. (The Zhirinovsky-phenomen. Diffences and similarities in Russian and German history). Toim. Arto LATVAKANGAS. Turku, 94, 101 p. (Turun yliopiston Historian laitos. julk., 29). [Cf. n^{os} <choice> 5087, 5088.]

Cf. n°s 472, 568, 943, 1014, 4137, 4161, 4818, 4988, 5311, 5758, 5774, 6153, 6398, 6749, 6775, 6903, 6945, 6982, 6985, 7052, 7120, 7438, 7528, 7623, 7691

Senegal

5097. BIAGUI (Jean-Marie François). Sénégal: trois manifestes pour la paix en Casamance. Villeurbanne, 94,154 p.

5098. DILLEY (Roy). Senegal. Oxford and Santa Barbara, Clio Press, 94, XLII-284 p.

5099. KNIGHT (Derrick). A burning hunger. London, Panos, 94, VIII-208 p.

Siria

5100. CHOUEIRI (Youssef M.). State and society in Syria and Lebanon 1919–1990. New York, St. Martin's Press, 94, 208 p.

5101. Contemporary Syria. Liberalization between Cold War and cold peace. Ed. by Eberhard KIENLE. London, British Academic Press, 94, [s. p.].

5102. MARDAM BAY (Salma). Syria's quest for independence. Reading, Ithaca Press, 94, 274 p.

Repubblica slovacca

5103. Language, values and philosophy in the Slovak nation. Ed. by Tibor PICHLER, Jana GASPARIKOVA, Council for Research in Values and Philosophy, 94, [s. p.].

5104. MAGOCSI (Paul Robert). The Rusyns of Slovakia: an historical survey. 381. New York, Columbia U. P., 94, [s. p.]. (East European Monographs)

Slovenia

5105. FILIPIČ (France). Ob razpotjih zgodovine. (At the crossroads of history). Maribor, Obzorja, 94, 409 p.

5106. HOLZ (Eva). Razvoj cestnega omrežja na Slovenskem ob koncu 18. in v 19. stoletju: predelana doktorska disertacija. (Development of road system in Slovenia at the end of the 18th century and in the 19th century: adapted doctoral thesis). Ljubljana: Znanstveno-raziskovalni center SAZU, 94, 159 p. (ill.). (Zbirka ZRC, 2).

5107. Independent Slovenia: origins, movements, prospects. Ed. by Jill BENDERLY, Evan KRAFT. New York, St. Martin's Press, 94, 256 p.

5108. KLAVORA (Vasja). Koraki skozi meglo: Soška fronta – Kobarid – Tolmin 1915–1917. (Footsteps through the fog: the Isonzo river front Kobarid-Tolmin 1915–1917). Klagenfurt, Ljubljana a. Wien, Hermagoras-Mohorjeva družba, 94, 326 p. (ill.).

5109. PRINČIČ (Jože). Povojne nacionalizacije v Sloveniji: 1945–1963. (Nationalizations in Slovenia after the Second World War: 1945–1963). Novo mesto, Tiskarna Novo mesto, Dolenjska založba, 94, 176 p.

5110. Vovko (Andrej). Mal položi dar – portret slovenske narodnoobrambne šolske organizacije Družbe sv. Cirila in Metoda: 1885–1918. (Present a small gift: a portrait of the Slovene national defence and educational organization the Society of Saint Cyril and Methodius: 1885–1918). Ljubljani, Slovenska matica, 94, 237 p.

Spagna

5111. Castilian crisis of the seventeenth century (The). New perspective on the economic and social history of seventeenth-century Spain. Ed. by I. A. A. Thompson and Bartolomé Yun Casalilla. Cambridge, Cambridge U. P., 94, XIV-328 p. (Past and Present publications).

5112. Critical practices in post-Franco Spain. Ed. by Silvia L. Lopez, Jenaro Tanlens y Dario Villanueva. Minneapolis, University of Minnesota Press, 94, XXV-196 p.

5113. Expulsion of the Jews (The): 1942 and after. Ed. by Raymond B. Waddington, Arthur H. Williamson. New York, Garland, 94, X-296 p.

5114. Levoshchenko (S. A.). Poiski resheniya natsional'no-regional'noy problemy v dokonstitutsionnyy period v Ispanii (1975–1978gg.). (Les recherches de la décision du probléme national et regional en Espagne preconstitutionaliste, 1975–1978). *Problemy reformirovaniya Rossii i sovremennyy mir*, 94, p. 127-144.

5115. Mees (Ludger). Nationalismus und Arbeiterbewegung im spanischen Baskenland zwischen 1876 und 1923. *Geschichte und Gesellschaft*, 94, 20, 3, p. 364-384.

5116. Mugnaini (Marco). Italia e Spagna nell'età contemporanea. Cultura, politica e diplomazia (1814–1871). Alessandria, Edizioni dell'Orso, 94, 366 p.

5117. Nagel (Klaus-Jürgen). Arbeiter und Vaterland: Katalonien zwischen 1898 und 1923. *Geschichte und Gesellschaft*, 94, 20, 3, p. 349-363.

5118. Pagden (Anthony). The uncertainties of empire: essays in Iberian and Ibero-American intellectual history. Aldershot, Variorum a. Brookfiel, Ashgate Pub Co., 94, [s. p.].

5119. Preston (Paul). Franco: a biography. New York, Harper & Collins, 94, XXI-1002 p.

5120. Schreiber (Markus). Marranen in Madrid 1600–1670. Stuttgart, Steiner, 94, 455 p. (Vierteljahrschrift für Sozial- und Wirtschaftsgeschichte, Beihefte, 117).

5121. Stadling (R. A.), Spain's struggle for Europe, 1598-1668. London a. Rio Grande, Hambledon Press, 94, XXV-303 p.

5122. Walton (Timothy R.). The Spanish treasure fleets. Sarasota, Pineapple Press, 94, XIII-256 p.

5123. Zurita (Rafael). La natura del potere politico nella Spagna della Restaurazione (1875–1902): un bilancio storiografico. *Quaderni storici*, 94, 29, 87, p. 804-828.

Cf. n°s 8501, 7399, 7484, 7666

Sri Lanka

5124. Wilson (A. Jeyaratnam). S. J. V. Chelvanayakam and the crisis of Sri Lankan Tamil nationalism, 1947–1977: a political biography. Honolulu, University of Hawaii Press, 94, [s. p.].

Stati Uniti

* 5125. American foreign policy during the French Revolution-Napoleonic period, 1789–1815: a bibliography. Ed. by James A. Carr. New York a. London, Garland, 94. (Garland Reference Library of Social Science, 5).

* 5126. Early United States – Hispanic Relations 1776–1860: an annotated bibliography. Ed. by Rafael E. Tarrago. Metuchen, Scarecrow, 94, VIII-171 p.

* 5127. Southern History in Periodicals, 1993: a selected bibliography. *Journal of Southern History*, 94, 60, p. 285-354.

** 5128. Pfeiffer (Ida). Reise in die Neue Welt. Amerika im Jahre 1853. Wien, Promedia, 279 p.

5129. Abolitionist sisterhood (The): women's political culture in antebellum America. Ed. by Jean Fagan Yellin and John C. Van Horne. Ithaca, Cornell U. P., in cooperation with the Library Company of Philadelphia, 94, XVIII-363 p.

5130. Abzug (Robert H.). Cosmos crumbling: American reform and the religious imagination. New York, Oxford U. P., 94, 285 p.

5131. Amberg (Stephen). The union inspiration in American politics: the autoworkers and the making of the liberal industrial order. Philadelphia, Temple U. P., 94, XIII-354. (Labor and Social Change).

5132. American frontier (The): opposition viewpoints. Ed. by Mary Ellen Jones. [S. l.], Green Haven Press, 94, 306 p.

5133. Amerikanskiy ezhegodnik: 1993. (Annual studies of America: 1993). Sb. st. (Coll. of articles.) Ros. Akad. nauk., In-t vseobshch. istorii. Moskva, Nauka, 94, 206 p. (Eng. summaries).

5134. Arnesen (Eric). "Like Banquo's ghost, it will not down": the race question and the American railroad brotherhoods, 1880–1920. *American historical review*, 94, 99, 5, p. 1601-1633.

5135. Baer (George W.). One hundred years of sea power: the U.S. Navy, 1890–1990. Stanford, Stanford U. P., 94, 553 p.

5136. BESSETTE (Joseph M.). The mild voice of reason: deliberative democracy and American national government. Chicago, University of Chicago Press, 94, XVI-289 p. (American Politics and Political Economy Series).

5137. BOUCHARD (Giorgio). Puritanesimo e democrazia in America. Roma, Claudiana, 94, 96 p.

5138. BRILLMAYER (Lea). American hegemony: political morality in a one-superpower world. New Haven, Yale U. P., 94, 263 p.

5139. CHASE (Jeanne). L'élaboration de l'immigrant américain. *Annales*, 94, 49, 4, p. 929-950.

5140. CHUSED (Richard H.). Private acts in public places: a social history of divorce in the formative era of American family law. Philadelphia, University of Pennsylvania Press, 94, VIII-234 p.

5141. CLARK (Clarles E.). The public prints: the newspapers in Anglo-American culture, 1665-1740. New York, Oxford U. P., 94, 330 p.

5142. CUTLIP (Scott M.). The unseen power: public relations. A history. Hillsdale, Lawrence Erlbaum, 94, XXI-807 p. (LEA's Communication Series).

5143. DATHORNE (O. R.). In Europe's image. [S. l.], Bergin & Garvey, 94, 215 p.

5144. DAVIS (William C.). "A Government of Our Own": the making of the Confederacy. New York, Free Press of Macmillan, 94, X-550 p.

5145. DINNERSTEIN (Leonard). Antisemitism in America. New York, Oxford U. P., 94, 369 p.

5146. DUBLIN (Thomas). Transforming women's work: New England lives in the Industrial Revolution. Ithaca, Cornell U. P., XIX-324 p.

5147. EGERTON (John). Speak now against the day: the generation before the Civil Rigths Movement in the south. New York, Alfred A. Knopf, 94, 704 p. (A Borzoi Book).

5148. Encyclopedia of the American Revolution. Ed. by Mark M. BOATNER. [S. l.], Stackpole Books, 94, 1312 p.

5149. FERRELL (Robert H.). Harry S. Truman: a life. Columbia, University of Missouri Press, 94, XIV-501 p.

5150. FERRIE (Joseph P.). The wealth accumulation of antebellum European immigrants to the U.S., 1840-60. *Journal of Economic History*, 94, 54, 1, p. 1-33.

5151. FREYER (Tony A.). Producers versus capitalists: constitutional conflict in antebellum America. Charlottesville, University Press of Virginia, 94, X-250 p. (Constitutionalism and Democracy).

5152. GARTHOFF (Raymond L.). Detente and confrontation: American-Soviet relations from Nixon to Reagan. [S. l.], Brookings Inst. Revides edition, 94, 1206 p.

5153. GARTNER (Lloyd P.). Nezhin in Philadelphia; the families and occupations of an immigrant congregation. *Jewish History*, 94, 8, p. 229-253.

5154. GENOVESE (D. Eugene). The southern tradition: the achievement an American conservatorism. Cambridge, Harvard U. P., 94, XIII-138 p. (The Willliam E. Massey, Sr., Lectures in the History of American Civilization).

5155. GERSTLE (Gary). The protean character of American Liberalism. *American historical review*, 94, 99, 4, p. 1043-1073.

5156. GINZBURG MIGLIORINO (Ellen). Marcia immobile. Storia dei neri americani dal 1770 al 1970. [S. l.], Selene, 94, 272 p.

5157. GOODFRIEND (Joyce D.). Before the melting pot. Society and culture in colonial New York City, 1664–1730. Princeton, Princeton U. P., 94, 304 p.

5158. GORDON (Colin). New deals: business,labor, and politics in America, 1920-1935. Cambridge, Cambridge U. P., 94, XII-329 p.

5159. GOREN (Arthur Aryeh). Sacred and secular; the place of public funerals in the immigrant life of American Jews. *Jewish History*, 94, 8, p. 269-305.

5160. GRANTHAM (Dewey W.). The south in modern America: a region at odds. New York, Harper & Collins, 94, XX-359 p. (The New American Nation Series).

5161. GUROCK (Jeffrey S.). How "frum" was Rabbi Jacob Joseph's court? Americanization within the Lower East Side's orthodox elite, 1886–1902. *Jewish History*, 94, 8, p. 255-268.

5162. HANLEY (Mark Y.). Beyond a Christian commonwealth: the Protestant quarrel with the American republic, 1830-1860. Chapell Hill, University of North Carolina Press, 216 p.

5163. HARGROVE (Erwin C.). Prisoners of myth: the leadership of the Tennessee Valley authority, 1933-1990. Princeton, Princeton U. P., 94, XVI-374 p. (Princeton studies in American politics: historical, international, and comparative perspectives).

5164. HUDNUT-BEUMLER (James). Looking for God in the suburbs: the religion of the American Dream and its critics, 1945-1965. New Brunswick, Rutgers U. P., 94, XI-229 p.

5165. HUTHCHINSON (Earl Ofari). Blacks and reds: race and class in conflict 1919–1990. East Lansing, Michigan state U. P., 94, 338 p.

5166. JILLSON (Calvin), WILSON (Rick K.). Congressional dynamics: structure, coordination, and choice in the First American Congress, 1774–1789. Stanford, Stanford U. P., 94, XII-375 p. (Stanford Studies in the New Political History).

5167. KELLER (Morton). Regulating a new society: public policy and social change in America, 1900-1933. Cambridge, Harvard U. P., 94, [s. p.].

5168. LERNER (Ralph). Revolution rivisited: two faces of political of Enlightenment. Chapel Hill, University of North Carolina Press, 94, [s. p.].

5169. LEWIS (David Rich). Neither wolf nor dog: American Indians, environment, and agrarian change. New York, Oxford U. P., 94, X-240 p.

5170. LIVINGSTON (James). Pragmatism and the political economy of cultural revolution, 1850–1940. Chapel Hill, University of North Carolina Press, 94, XXIII-392 p. (Cultural Studies of the United States).

5171. MAC KENZIE (Robert Tracy). One south or many? Plantation belt and upcountry in Civil War-era Tennessee. Cambridge, Cambridge U. P., 94, X-213 p.

5172. MATHEWS (Richard K.). If mes were angels: James Madison and the heartless empire of reason. Lawrence, University Press of Kansas, 94, 302 p.

5173. MATTIELLO (Cristina). Frontiere della solidarietà. Chiesa cattolica statunitense e New Deal. Roma, Bulzoni, 94, 262 p.

5174. MAY (Dean L.). Three frontiers: family, land and society in the American West. Cambridge, Cambridge U. P., 94, 313 p.

5175. NERONE (John). Violence against the press: policing the public sphere in U.S. history. New York, Oxford U. P., 94, 306 p.

5176. ROBBINS (William G.). Colony and empire: the capitalist transformation of the American West. Lawrence, University Press of Kansas, 94, XVI-225 p. (Development of Western Resources).

5177. ROSS (William G.). Forging new freedoms: nativism, education, and the constitution, 1917–1927. Lincoln, Univerity of Nebraska Press, 94, X-227 p.

5178. SELIGMAN (Adam B.). Innerworldly individualism: charismatic community and its institutionalization. New Brunswick, Transaction, 94, XII-254 p.

5179. SHAIN (Barry Alan). The myth of American individualism: the protestant origins of American political thought. Princeton, Princeton U. P., 94, XVI-394 p.

5180. SILVERSTEIN (Alan). Alternatives to assimilation: the response of reform Judaism to American culture, 1840–1930. Hanover, University Press of New England for the Brandeis U. P., 94, X-275 p. (Brandeis Series in American Jewish history, culture, and life).

5181. SIOLI (Marco). Contro i padri fondatori. Petizioni e insurrezioni nell'America post-rivoluzionaria. Milano, UNICOPLI, 94, 180 p.

5182. Small words, large questions: explorations in early American social history, 1600–1850. Ed. by Darrett B. RUTMAN a. Anita H. RUTMAN. [S. l.], University Press of Virginia, 94, [s. p.].

5183. SMITH (Tony). The United States and the struggle for democracy in the Twentieth century. Princeton, Princeton U. P., 94, 455 p.

5184. TUCHER (Andie). Froth and scum: truth, beauty, goodness, and the ax murder in America's first mass medium. Chapel Hill, University of North Carolina Press, 94, IX-257 p.

5185. TULLY (Alan). Forming American politics: ideals, interests, and institutions in colonial New York and Pennsylvania. Baltimore, Johns Hopkins U. P., 94, XIII-566 p.

5186. TUO-KOFI GADZEY (Anthony). The political economy of power: egemony and economic liberalism. New York, St. Martin's Press, 94, [s. p.].

5187. UEDA (Reed). Postwar immigrant America: a social history. New York, St. Martin's Press, 94, 182 p.

5188. WALDREP (Christopher). The making of a border state society: James McGready, the great revival, and the prosecution of profanity in Kentucky. *American historical review*, 94, 99, 3, p. 767-784.

Cf. n°s 7106, 7174, 7470, 7548, 7565, 7889

Suriname

5189. MEEL (Peter). Verbroederingspolitiek en nationalisme: het dekolonisatievraagstuk in de Sirinaamse politiek. (The policy of reconciliation and nationalism: the question of decolonization in Suriname politics 1954–1975). *Bijdr. Meded. Gesch. Ned.*, 94, 109, p. 638-659.

5190. ZAMUEL (H. S.). Johannes King. Profeet en apostel van het Surinaamse bosland. Johannes King. (Prophet and apostle of the Surinamese hinterland). Zoetermeer, Boekencentrum, 94, VI-241 p. (fig.). (Mission, 6. Diss. Utrecht).

Svezia

* 5191. Swedish imprints 1731–1833: a retrospective national bibliography. Vol. 38. Vol. 39. Ed. by Rolf E. DU RIETZ and Center for bibliographic studies, Uppsala. Uppsala, Dahlia Book, 94, 191 p., 193 p.

5192. ANDERSSON (Karl-Olof). Vårt dramatiska sekel. Mellankrigstiden. (Our dramatic century. Interwar period). Stockholm, Utbildningsförlaget Brevskolan, 94, 272 p. (ill.).

5193. ÅSELIUS (Gunnar). The "Russian Menace" to Sweden. The belief system of a small power security élite in the age of imperialism. Stockholm, Almqvist & Wiksell, 94, VI-455 p. (Acta Universitatis Stockholmiensis, Stockholm studies in history, 51).

5194. BERGLUND (Joakim). Quisling centralen: nazismen i Skåne på 30- och 40-talet. (A Quisling center: Nazism in Skaane during the 30s and 40s). Malmö, E. Berglund, 94, 132 p.

5195. CARLÉN (Stefan). An institutional analysis of the Swedish salt market, 1720–1862. *Scandinavian Economic History Review*, 94, 42, 1, p. 3-28.

5196. FREGERT (Klas). Relative wage struggles during the interwar period, general equilibrium and the rise of the Swedish model. *Scandinavian Economic History Review*, 94, 42, 2, p. 173-187.

5197. GUSTAFSSON (Björn), TASIRAN (Ali C.). Wages in Sweden since World War II. Gender and age specific salaries in wholesale and retail trade. *Scandinavian Economic History Review*, 94, 42, 1, p. 77-100.

5198. HEDERBERG (Hans). Lögnen i Sverige: från Ivar Kreuger till Ultima Thule. (Lying in Sweden: from Ivar Kreuger to Ultima Thule). Stockholm, Natur och kultur, 94, 255 p.

5199. Historia kring Oskar II. (Histories around Oscar II). Ed. by Stig HADENIUS. Ny utg. Stockholm, Wahlström & Widstrand, 94, 183 p.

5200. KENYERES (Zsolt). A svéd dinasztizmus, 1523–1721. (Le dynastisme suédois, 1523–1721). *Aetas*, 94, 2, p. 121-133.

5201. KUMMEL (Bengt). Svenskar i all världen förenen eder! Vilhelm Lundgren och den allsvenska rörelsen (The Swedes of the world, unite! Vilhelm Lundgren and the pan-Swedish movement). Åbo, Åbo akademins förlag, 94, XII-288 p.

5202. NELSON (Marie C.), ROGERS (John). Cleaning up the cities: application of the first comprehensive public healt law in Sweden. *Scandinavian Journal of History*, 94, 19, 1, p. 17-40.

5203. NYSTRÖM (Per). Tre kvinnor mot tiden. Drottning Kristina, Mary Wollstonecraft och Alma Åkermark. (Three women against their time: reign Kristina, Mary Wollstonecraft and Alma Aakermark). Förord av Tomas FORSER. Stockholm, Tidens förlag, 94, 187 p.

5204. OHLSSON (Rolf). Demographic aspects on the labour market situation in Sweden during the interwar period. *Scandinavian Economic History Review*, 94, 42, 2, p. 187-199.

5205. SANDSTRÖM (Allan). Sveriges sista krig. De dramatiska åren 1808–1809. Örebro, Libris, 94, 196 p.

5206. SOMMESTAD (Lena). Gendering work, interpreting gender: the masculinization of dairy work in Sweden, 1850–1950. *History Workshop*, 94, 37, p. 57-75.

5207. Suecana extranea: books on Sweden and Swedish literature in foreign languages 1993. Stockholm, Kungliga Biblioteket, 94, 71 p.

5208. SUND (Bill). The Safety Movement and Swedish Model. *Scandinavian Journal of History*, 94, 19, 1, p. 41-62.

5209. SVENSSON (Olle). Maktspel synat. På Erlanders, Palmes and Carlssons tid. (Power games under inspection. The times of Erlander, Palme and Carlsson). Stockholm, Norstedts, 94, 286 p.

5210. WYSS (Laure). Weggehen ehe des Meer zufriert. Fragmente zur Königin Christina von Schweden. Zürich, Linmat VLG., 94, 216 p.

Svizzera

** 5211. Documents Diplomatiques Suisses. Diplomatische Dokumente der Schweiz. Documenti Diplomatici Svizzeri, 1848–1945. Vol. 4. 1890–1903: 1er janvier 1890–31 décembre 1903. Préparé par Yves COLLART, Marco DURRER et Verdiana GROSSI avec la collaboration de Ronald DREYER. Bern, Benteli, 94, CIV-1028 p.

** 5212. Documents Diplomatique Suisses. Diplomatische Dokumente der Schweiz. Documenti Diplomatici Svizzeri, 1848–1945. Vol. 12. 1937–1938: 1er janvier 1937–31 décembre 1938. Préparé sous la direction d'Oscar GAUYE par Gabriel IMBODEN et Daniel BOURGEOIS. Bern, Benteli, 94, CLIII-1210 p.

5213. Achtung: die 50er Jahre! Annäherungen an eine widersprüchliche Zeit. Hrsg. v. Jean-Daniel BLANC u. Christine LUCHSINGER. Zürich, [s. n.], 94, [s. p.].

5214. Allmächtige Zauberin unserin Zeit. Zur Geschichte der elektrischen Energie in der Schweiz. Hrsg. v. David GUGERLI. Zürich, Chronos, 94, [s. p.].

5215. BERTONI (Brenno). Carteggio, 1900–1940. A cura di Giovanni ORELLI, Diana RUESCH. Lugano, G. Casagrande, 94, 346 p.

5216. BESSON (Jacques). La révolution vaudoise de 1798, d'aprés la correspondance de Fréderic-Cesar de La Harpe sous la Republique helvetique. Le Mont sur Lausanne, Editions Ouverture, 94, 2 vol., [s. p.].

5217. CHIESI (Giuseppe). Venire cum equis ad partes Lumbardie. Mercanti confederati alle fiere prealpine nella seconda metà del XV secolo. *Revue Suisse d'Histoire*, 94, 44, 3, p. 252-265.

5218. CORBOZ (André). Pour une "Ultrahistoire" de Tell. *Revue Suisse d'Histoire*, 94, 44, 3, p. 266-287.

5219. DE TRIBOLET (Maurice). Le comte de Neuchâtel, l'Empire et le modèle confédéré au XVe siècle: aspects institutionnels. *Revue Suisse d'Histoire*, 94, 44, 3, p. 230-251.

5220. GAUTSCHI (Willi). Helvetische Streiflichter: Aufsätze und Vorträge zur Zeitesgeschichte. Zürich, Verlag Neue Zürcher Zeitung, 94, 303 p.

5221. GUZZI (Sandro). Logiche della rivolta rurale: insurrezioni contro la Repubblica elvetica nel Ticino meridionale (1798–1803). Bologna, Cisalpino, 94, XVIII-516 p.

5222. HAUSER (Claude). Aux origines du "Büro Ha": l'action de la Société suisse des officiers dans la campagne pour la révision de la loi militaire fédérale (24 février 1935). *Revue Suisse d'Histoire*, 94, 44, 2, p. 144-165.

5223. KUTTLER (Markus). Peter Ochs statt Wilhelm Tell? Zurück zu den Ursprüngen der modernen Schweiz. Basel, Reinhardt, 94, 62 p.

5224. Perlon, Petticoats und Pestizide. Mensch-Umwelt-Beziehung in der Region Basel der 50er Jahre. Hrsg. Arne ANDERSEN. Basel u. Berlin, [s. n.], 94, [s. p.].

5225. RADEFF (Anne), KAUFMANN (Uri R.). De la tolérance à l'ostracisme: la politique des Etats confédérés envers les Juifs, 1750-1798. *Revue Suisse d'Histoire*, 94, 44, 1, p. 2-13.

5226. Rechte und linke Fundamentalopposition: Studien zur Schweizer Politik 1965-1990. Hrsg. v. Urs ALTERMATT [et al.]. Basel, Helbing & Lichtenhahn, 94, X-186 p.

5227. SCHRÖTER (Harm G.). Unternehmensleitung und Auslandsproduktion: Entscheidungsprozesse, Probleme und Konsequenzen in der schweizerischen Chemieindustrie vor 1914. *Revue Suisse d'Histoire*, 94, 44, 1, p. 14-53.

5228. Vielstimmiges Gedächtnis. Beiträge zur Oral History. Hrsg. v. Gregor SPUHLER, [et al.]. Zürich, Chronos-Verlag, 94, 237 p.

5229. WALTER (François). La Suisse urbaine, 1750-1950. Carouge et Geneve, Editions Zoe, 94, 447 p.

5230. ZIEGLER (Béatrice). Schweizerinnen wandern aus. *Revue Suisse d'Histoire*, 94, 44, 2, p. 120-143.

Sudafrica

5231. BREWER (John D.). Black and Blue: policing in South Africa. Oxfrod a. New York, Clarendon Press, 94, 400 p.

5232. GOLAN (Dafna). Inventing Shaka: using history in the construction of Zulu nationalism. Boulder, Lynne Rienner Pub., 94, [s. p.].

5233. HYSLOP (Jonathan). Incident at Ziman brothers: the politics of gender and race in a Pretoria factory, 1934. *International journal of African historical studies*, 94, 28, 3, p. 509-526.

5234. OMER COOPER (J. D.). A History of Southern Africa. [S. l.], James Currey Publishers, 94, 324 p.

5235. South Africa and the United States: the declassified history. Ed. by Kenneth MOKOENA. [S. l.], New Press, 94, 313 p.

5236. WORDEN (Nigel). The making of modern South Africa: conquest, segregation and apartheid. Oxford a. Cambridge, Blackwell, 94, 166 p. (Historical association studies).

5237. ŻUKOWSKI (Arkadiusz). W kraju złota i diamentów. Polacy w Afryce Południowej XVI-XX w.

(Dans le pays de l'or et des diamants. Les Polonais en Afrique du Sud aux XVIe-XXe siécles). Warszawa, Wydawn. Nauk. PWN, 94, 311 p. (cartes). [Eng. Summary].

Sudan

5238. MAC HUGH (Neil). Holymen of the Blue Nile: the making of an Arab-Islamic community in the Nilotic Sudan, 1500-1850. [S. l.], Northwestern U. P., 94, 240 p.

5239. Perspectives and challenges in the development of Sudanese studies. Ed. by Ismail ABDALLA, David SCONYERS. [S. l.], Edwin Mellen Press, 94, 308 p.

5240. SIKAINGA (Ahmad). Shari'a courts and the manumission of female slaves in the Sudan. *International journal of African historical studies*, 94, 28, 1, p. 1-24.

5241. STEWART (Marjorie). Borgu and its kingdoms. [S. l.], Edwin Mellen Press, 94, 506 p.

Taiwan

5242. TSANG (Steve). Unwitting partners: relations between Taiwan and Britain, 1950-1958. *East Asian History*, 94, 7, p. 105-132.

Tanzania

5243. SHETLER (Jan). A gift for generations to come: a Kiroba popular history from Tanzania and identity as social capital in the 1980s. *International journal of African historical studies*, 94, 28, 1, p. 69-112.

Thailandia

5244. SPORTES (Morgan). Ombres siamoises. Paris, Editions Mobius, 94, 165 p.

5245. WYATT (David K.). Studies in Thai history: collected articles. [S. l.], [s. n.], 94, VII-288 p.

Tunisia

5246. CARPI (Daniel). Between Mussolini and Hitler: the Jews and the Italian authorities in France and Tunisia. Hanover, University Press of New England, 94, IX-341 p.

5247. EL BAHI (Mabrouk). Les significations de l'espace tunisien chez une élite d'historiographes à l'époque moderne: (17, 18, 19 siècles). *Revue d'Histoire Maghrébine*, 94, 74 (Partie Arabe), p. 7-44.

5248. SGHAIR (Amira aleya). La droite française en Tunisie entre 1934 et 1946. *Revue d'Histoire Maghrébine*, 94, 75-76, p. 303-306. – IDEM. La Fédération Républicaine Radicale et Radicale Socialiste de Tunisie. *Revue d'Histoire Maghrébine*, 94, 74, p. 99-121.

Turchia

** 5249. Miralay Bekir Sami Günsay'ın Kurtuluş Savaşı Anıları. (Souvenirs du Colonel Bekir Sami Günsay concernant la Guerre d'Indépendance). Ed. Par M. ÜNAL. İstanbul, Cem Yayınları, 94, 494 p. (Kültür Dizisi).

5250. ALPARGU (Mehmet). Onaltıncı Yüzyılda Türk Dünyası: Özbek ve Kazak Hanlıkları. (Le Monde Turc au XVIe siécle: Les khanats de l'Ouzbékistan et du Kazakhstan). Ankara, M. Alpargu, 94, 153 p.

5251. AVŞAR (B. Zakir). Yeni Bir Yüzyılın Eşiğinde Türkiye ve Türk Cumhuriyetleri. (La Turquie et les républiques turques au début d'un nouveau siècle). Ankara, Vadi Yayınları, 94, 182 p.

5252. CONCINA (Ennio). Dell'arabico: a Venezia tra Rinascimento e Oriente. Venezia, Marsilio, 94, 139 p.

5253. DEMIREL (Ahmet). Birinci Meclis'te Muhalefet: İkinci Grup. (L'Opposition dans la Première Assemblée Nationale: Le Deuxième Groupe). İstanbul, İletişim Yayınları, 94, 638 p. (Araştırma-İnceleme Dizisi: 44).

5254. DEVRIM (Shirim). A Turkish tapestry: the Shakirs of Istanbul. London, Quartet Books, 94, XI-243 p.

5255. FODOR (Pál). Két szárazfödi háború között. Oszmán tengeri előkészületek 1590-92-ben. (Entre deux guerres sur terre. Préparatifs maritimes ottomans en 1590–1592). Hadtört. közl., 94, 107, 2, p. 7-27. – IDEM. Nagyvezíri előterjesztés (Telhis). Adalékok az oszmán központi adminisztráció működéséhez. [La présentation du Grand-Vizir (telhis). Contributions au fonctionnement de l'administration centrale Ottomane]. Levéltári közl., 94, 65, 1-2, p. 27-63.

5256. GEREDE (R. Husrev). Harp İçinde Almanya (1939–1942). Ed. by Hulusi TURGUT a. Sırrı YÜKSEL CEBECI. İstanbul, ABC, Binay Matbaacılık, 94, 416 p.

5257. GIRGIN (Kemal). Osmanlı ve Cumhuriyet Dönemleri Hariciye Tarihimiz (teşkilât ve Protokol). [L'Histoire du Ministère des Affaires étrangères turques (l'organisation et le protocole)]. Ankara, Türk Tarih Kurumu, 94, VIII-216 p.

5258. GRONAU (Dietrich). Mustafa Kemal Atatürk, oder die Geburt der Republik. Frankfurt am Main, Fischer Verlag, 94, 288 p.

5259. GÜRLER (Hamdi). Kurtuluş Savaşında Bekir Sami. (Bekir Sami dans la Guerre de l'Indépendance Turque). Ankara, Genelkurmay Basımevi, 94, X-172 p.

5260. GÜRÜN (Kamuran). Bükreş-Paris-Atina: Büyükelçilik Anıları. (Bucarest-Paris-Athènes: mémoires de l'embassade). İstanbul, Milliyet Yayınları, 94, 484 p. (Anı Dizisi).

5261. HALAÇOĞLU (Ahmet). Balkan Harbi Sırasında Rumeli'den Türk Göçleri, 1912–1913. (Les migrations turques de Roumélie pendant la Guerre Balkanique, 1912–1913). Ankara, Türk Tarih Kurumu, 94, VIII-156 p.

5262. İPEK (Nedim). Birinci Dünya Savaşı Esnasında Karadeniz ve Doğu Anadolu'da Cereyan Eden Göçler. (Les migrations dans la régions de la Mer Noire et dans l'Anatolie orientale pendant la Première Guerre Mondiale). 19 Mayıs ve Millî Mücâdele'de Samsun Sempozyumu Bildirileri, Samsun, 94, p. 54-112. – IDEM. Yahudilerin Filistin'e Yerleştirilmeleriyle İlgili Olarak II. Abdülhamid'e Sunulan Layiha. (Le Rapport présenté à Abdulhamid II en 1879 à propos de la colonisation des Juifs dans la Palestine). Belleten, Ankara, Türk Tarih Kurumu, 94, 62, 219, p. 566-580.

5263. KARANIS (Fikri). Koltuk Deynekli Demokrasi ve 27 Mayıs Darbesi. (La Démocratie à béquille et le Coup d'Etat de 27 Mai). İstanbul, [s. n.], 94, 525 p.

5264. MAJOROS (Ferenc). Das Osmanisches Reich (1300–1922): die Geschichte eine Grossmacht. Regensburg, Pustet, 94, 396 p.

5265. NUR (Rıza). 1878 ya da – 1942 ya da. Milli Kıyam: Millî Mücâdele'nin iç yüzü. (1878 ou 1942. La Résurrection Nationale: l'aspect intérieur du Combat National). Ed. par Yalçın TOKER. İstanbul, Toker Yayınları, 94, 664 p. (Tarihî Eserler Dizisi: 22).

5266. OZBARAN (Salih). The Ottoman response to European expansion: studies on Ottoman-Portuguese relations in in the Indian ocean and Ottoman administration in the Arab lands during the Sixteenth-century. Istanbul, Isis Press, 94, XV-222 p.

5267. ÖZTÜRK (Necdet). Osmanlı İdaresinde Bosna-Hersek. (Bosnie et Herzégovine sous l'administration Ottomane). Türk Dünyası Tarih Dergisi, 94, 85, p. 28-38.

5268. PEDANI FABRIS (Mariapia). In nome del Gran Signore: inviati ottomani a Venezia dalla caduta di Costantinopoli alla guerra di Candia. Venezia, Deputazione editrice, 94, XXVI-251 p.

5269. ŞIMŞIR (Nahide). Ahkâm Defterleri'nin Tarihî Kıymeti ve 107 No'lu Anadolu Ahkâm Defterleri'ndeki İzmir İle İlgili Hükümler. [L'importance historique des Registres des Ordres et les Ordres relatifs à Smyrne dans les Registres (no: 107) de la Province d'Anatolie]. Ege Üniversitesi Tarih İncelemeleri Dergisi, İzmir, 94, 9, p. 357-390.

5270. Sultan II. Abdülhamid ve Devri Semineri (İstanbul, 27–29 Mayıs 1992). (Séminaire sur Abdülhamid II et son époque). İstanbul, İ. Ü. Edebiyat Fakültesi Tarih Araştırma Merkezi, 94, VIII-232 p.

5271. TEKIN (Emrullah). Timur ve Devlet Yönetim Stratejisi. (Tamerlan et sa stratégie administrative de l'Etat). İstanbul, Burak Yayınevi, 94, 141 p.

5272. TURAN (Gökçe). Anadolu Vilâyeti'ne Dâir 1513 Tarihli Bir Kadı Defteri. (Un Registre de cadi daté de 1513 appartenant la Province d'Anatolie). Tarih İncelemeleri Dergisi, İzmir, 94, 9, p. 215-259.

5273. VATIN (Nicolas). L'Ordre de Saint-Jean de Jerusalem, l'empire ottoman et la Mediterranée orientale entre les deux sièges de Rhodes 1480–1522. Paris, Peeters, 94, 571 p.

5274. YAZICI (Nesimi). Lâyihalar Işiğinda II. Abdülhamid Döneminde Libya Üzerine Bazı Gözlemler. (Quelques observations sur la Libye à l'époque d'Abdülhamid II d'après les Rapports donnés au Sultan). *Sultan II. Abdülhamid ve Devri Semineri (İstanbul 27– 29 Mayıs 1992)*, İstanbul, İ. Ü. Tarih Araştırmaları Merkezi, 94, p. 47-84.

Cf. n°s 4161, 8194

Ucraine

5275. KUZIO (Taras), WILSON (Andrew), STONE (Norman). Ukraine: Perestroika to Independence. London a. New York, Macmillan Press Ltd., 94, 274 p.

5276. PODGAETSKIY (V. V.). Goroda Ukrainy v gody NEPa: Variant kliometricheskogo podkhoda k analizu sotsial'nykh struktur: Monografiya. (Towns of the Ukraine during the New Economic Policy (the 1920es): An example of quantitative approach: A monograph). Dnipropetrovs'k, Vid-vo DDU, 94, 174 p. (schemes, bibl.).

5277. SUBTELNY (Orest). Ukraine: a history. Toronto, University of Toronto Press, 94, XIV-692 p.

Ungheria

** 5278. Emberitás, embermentés. Svéd követjelentések 1944-ből. (Extermination des hommes, sauvetage des hommes. Rapports de la légation de Suède de 1944). Ed. par Péter BAJTAY. Budapest, Katalizátor Iroda, 94, 182 p. (Holocaust könyvek, 3).

** 5279. Iratok a magyar külügyi szolgálat történetéhez, 1918–1945. (Documents pour servir à l'histoire du service diplomatique hongrois, 1918–1945). Ed. par Pál PRITZ. Budapest, Akad. Kiadó, 94, 528 p.

** 5280. KOSSUTH (Lajos) [1802–1894]. Írások és beszédek 1848–1849-ből. (Ecrits et oraisons de 1848–1849). Ed. par. Tamás KATONA. Budapest, Európa, 94, 651 p.

** 5281. Magyarországi zsidó hitközségek 1944. április. A Magyar Zsidók Központi Tanácsának összeírása a német hatóságok rendelkezése nyomán. (Communautés juives en Hongrie en 1944. Conscription, élaborée par le Conseil général des Juifs Hongrois à la suite d'une ordonnance des autorités allemandes). Ed. par József SCHWEITZER. Budapest, MTA Judaisztikai Kutatócsoport, 94, 2 vol., 888 p. (Hungarica Judaica, 6).

** 5282. Moszkvának jelentjük .... Titkos dokumentumok, 1944–1948. (Nous rapportons à Moscou .... Documents secrets, 1944–1948). Ed. par Lajos IZSÁK et Miklós KUN. Budapest, Századvég, 94, 293 p.

** 5283. Relationes missionariorum de Hungaria et transilvania, 1627–1707. Misszionáriusok jelentései Magyarországról és Erdélyről, 1627–1707. Berichte von Missionaren über Ungran und Siebenbürgen, 1627–1707. Hrsg. v. István György TÓTH. Roma, Római Magyar Akad. u. Budapest, Ráday Gyűjtemény, 94, 459 p.

** 5284. SIPOS (Levente). Hiányos leltár. MSZMP dokumentumok a "személyi kultusz idején elkövetett törvénysértésekről". (Inventaire incomplet. Documents du MSZMP [Parti hongrois socialiste ouvrier] concernant "les infractions à la loi, commises au temps du culte de la personne"). *Társad. szle.*, 94, 49, 11, p. 72-94; 12, 69-87.

** 5285. STYKALIN (A. S.). Vengerskie sobytiya 1956 goda i pozitsiya rukovodstva SSSR: Po materialam TsKhSD. (The events of 1956 in Hungary and the position of the USSR leaders: from the documents of the Central Archive of Modern Documentation, Moscow). *Slavyanovedenie*, 94, 30, 3, p. 51-61.

5286. ARCIDIACONO (Bruno). L'eccezione ungherese: occupazione sovietica e relazioni interalleate in Ungheria, 1944–1946. *Storia contemporanea*, 94, 25, 3, p. 323-360.

5287. BARTA (Gábor). La route qui mène à Istambul, 1526–1528. Budapest, Akad. Kiadó, 94, 132 p. (Studia hist. Acad. Sci. hungaricae, 195).

5288. BÉNYEI (Miklós). Reformkori országgyűlések a sajtószabadságról. (Les diètes de l'époque des réformes sur la liberté de la presse). Debrecen, Stúdium, 94, 164 p.

5289. BÖLCSÉSZKAR (A). Az 1956-os forradalomban. (La faculté de philosophie dans la révolution de 1956). Ed. par Sándor VADÁSZ. Budapest, ELTE BTK, 94, 126 p.

5290. BOROSS (Elizabeth A.). Inflation and industry in Hungary, 1918–1929. Berlin, Haude & Spener, 94, XII-264 p. (Schriften der Historischen Kommission zu Berlin, 3. Beiträge zu Inflation und Wiederaufbau in Deutschland und Europa, 1914–1924).

5291. CSÁK (Zsófia). 1848 és Kossuth Lajos emlékének őrzése 1945 és 1948 között. (Le maintien du souvenir de 1848 et de Lajos Kossuth entre 1945 et 1948). *Vasi szle.*, 94, 48, 2, p. 239-255.

5292. DORNBACH (Alajos). The secret trial of Imre Nagy. Westport, Praeger Pub. Text, 94, XVII-194 p.

5293. Endre-Baky-Jaross per (Az). (Le procès. Endre [László, 1895–1946], Baky [László, 1898–1946], Jaross [Andor, 1896–1946]). Ed. par László KARSAI et Judit MOLNÁR. Budapest, Cserépfalvi, 94, 650 p.

5294. FATA (Márta). Bleyer Jakab nemzetiségi koncepciója és politikája, 1917–1933. (La conception et la politique de Jakab Bleyer [1874–1933] concernant la question des nationalités, 1917–1933). *Regio*, 94, 5, 1, p. 175-190.

5295. FEITL (István). A bukott Rákosi. Rákosi Mátyás 1956–1971. (Rákosi échoué. Mátuás Rákosi en 1956–1971). Budapest, Politikatört. Alapítvány, 94, 88 p.

5296. FRANK (Tibor). Between Red and White. The mood and mind of Hungary's Radicals, 1919–1920. *Hung. stud.*, 94, 9, 1-2, p. 105-126.

5297. GATES-COON (Rebecca). The landed estates of the Esterhazy princes: Hungary during the reforms of Maria Theresa and Joseph II. Baltimore, Johns Hopkins U. P., 94, XXI-312 p.

5298. GYÁNI (Gábor). A szociálpolitika múltja Magyarországon. (Le passé de la politique sociale en Hongrie). Budapest, MTA Történettud. Int.-História, 94, 31 p. (História könyvtár, Előadások a történettudomány műhelyeiből, 4).

5299. HERMANN (Róbert). Görgei Artúr és Kossuth Lajos levelezésének kiadatlan darabjai. (Des lettres inédites de la correspondance de Artur Görgei [1818–1916] et Lajos Kossuth [1802–1894]). *Századok*, 94, 128, 5, p. 922-999. – IDEM. Műfajok és tendenciák az 1848–49-es polgári memoárirodalomban. (Genres et tendances dans les mémoires bourgeoises des années 1848–1849). *Századok*, 94, 128, 1, p. 113-134.

5300. IZSÁK (Lajos). Polgári pártok és programjaik Magyarországon, 1944–1956. (Partis bourgeois et leurs programmes en Hongrie, 1944–1956). Pécs, Baranya Megyei Könyvtár, 94, 323 p. (Pannónia könyvek).

5301. JANNAZZO (Antonio). Trasformazioni economiche, classi sociali e politica in Ungheria 1945–1990. Palermo, La Zisa, 94, 152 p. (Passato e Presente, 2).

5302. KÉTHLY (Anna) [1889–1976]. Szabadságot Magyarországnak! Írások, beszédek, tanúságtétel a magyar szabadságért a száműzetésben, 1956–1976. (Liberté à la Hongrie! Ecrits, oraisons, témoignage pour la liberté hongroise dans l'exil, 1956–1976). Budapest, [s. n.], 94, 437 p.

5303. KOVÁCS (Anikó). Adalékok a magyar revíziós mozgalom történetéhez. (Contributions à l'histoire du mouvement révisionniste hongrois). *Regio*, 94, 5, 3, p. 70-94,

5304. KOVACS (Maria M.). Liberal professions and illiberal politics: Hungary from the Habsburgs to the Holocaust. New York, Oxford U. P., 94, XXII-169 p.

5305. LŐRINCZ (Zsuzsa). Az önálló külügyi szervezet újjáalakításának kezdetei, 1919–1921. (Les débuts de la formations de l'organisation indépendante hongroise des affaires étrangères en 1919–1921). *Levéltári szle.*, 94, 44, 1, p. 16-27.

5306. Lillafüredi írói értekezlet(A), 1942. November. Jegyzőkönyv. (La conférence des écrivains à Lillafüred, novembre 1942. Protocôle). Ed. par István KRISTÓ NAGY. Budapest, [s. n.], 94, 221 p.

5307. Magyarország 1944. I. Német megszállás. (La Hongrie en 1944. L'occupation allemande). Ed. par Gyula VARGYAI et János ALMÁSI. Budapest, Nemzeti Tankönyvkiadó, 94, 168 p.

5308. Magyarország XX. századi választási atlasza. I. Parlamenti képviselőválasztások, 1920–1990. (Atlas des élections en Hongrie au XXe siècle. Elections à la chambre des députés, 1920–1990). Ed. par György FÖLDES et László HUBAI. Budapest, Politikatört. Alapítvány, 94, 339 p.

5309. MÁLYUSZ (Elemér). A szerb nemzetiségi kérdés történetéhez. (Contributions à l'histoire de la question de la nationalité serbe). *Tört. szle.*, 94, 36, 3-4, p. 227-237.

5310. MEN'KHART (L.). Vneshnyaya politika Rossii i vengerskaya politicheskaya obshchestvennost' v 70-e gody XIX v. (The foreign policy of Russia and Hungarian public opinion in the seventies of XIXth cent.). *Acta Univ. Lodzensis. Folia historica*, 94, 51, p. 11-51. (Polish summary).

5311. MOL'NAR (L. V.). Russkie puteshestvenniki, ucheniki i knigi v Vengrii (1750–1815 gg.). (Russian travellers, students and books in Hungary, 1750–1815). *Studia slavica Acad. sci. hung.*, 94, 39, 3-4, p. 163-202. (bibl.).

5312. NAGY (Zsuzsa). A liberális pártok nemzetfelfogása a két világháború között. (La notion de nation chez les partis libéraux dans l'entre-deux-guerres). *Világosság*, 94, 35, 4-5, p. 190-202.

5313. NÉMETH (István). Szabad királyi városok és a nagy-birtokosok konkurenciája. (La concurrence des villes libres royales et des grand-propriétaires). *Sic itur ad astra*, 94, 1-2, p. 5-37.

5314. OKVÁTH (Imre). A hadsereg irányítása Magyarországon, 1945–1956. (La direction de l'armée en Hongrie, 1945–1956). *Hadtört. közl.*, 94, 107, 2, p. 75-100.

5315. PACH (Zsigmond Pal). Hungary and European economy in early modern times. Aldershot, Variorum, 94, [s. p.].

5316. PAJKOSSY (Gábor). Kossuth és a kormányzati "terrorismus" politikája 1835–1839. (Kossuth et la politique du "terrorisme gouvernemental" entre 1835–1839). *Századok*, 94, 128, 5, p. 809-817.

5317. Petőfi Kör vitái (A). V. Gazdasági vezetés, műszaki fejlesztés, Kertmagyarország? (Les discussions du Cercle Petőfi. V. Direction économique, développement technologique, la Hongrie-jardin?) Ed. par András B. HEGEDŰS. Budapest, '56-os Int., 94, 178 p.

5318. Petőfi Kör vitái (A). VII. Iparművészvita, orvosvita. (Les discussions du Cercle Petőfi. VII. Discussion concernant l'art décoratif, discussion concernant les médecins). Ed. par András B. HEGEDŰS, Mária EMBER et Róbert BOHÓ. Budapest, '56-os Int., 94, 210 p.

5319. PÉTERY (György). Modernity versus democracy. The politics of Albert Szent-Györgyi, 1945–47. *Hung. stud.*, 94, 9, 1-2, p. 181-198.

5320. PÖLÖKSEI (Ferenc). A köztársasági eszme története Magyarországon. (Histoire de l'idée de la république en Hongrie). Budapest, Cégér, 94, 239 p.

5321. POOR (János). "Emléke törvénybe iktattatik". József nádor, 1776–1847. ("Sa mémoire soit promulguée par la loi." Le palatin Joseph, 1776–1847). *Budapesti negyed*, 94, 2, 1, p. 19-34.

5322. PÜSKI (Levente). Folytonosság és változás. A magyar parlamenti elit 1919 után. (Continuité et changement. L'élite parlementaire hongroise après 1919). *Acta Univ. Debreceniensis, Történeti tanulm.*, 94, 3, p. 93-101.

5323. Sortüzek, megtorlás, menekülés, 1956–1957. II. Jelentés. (Feu de salve, répression, fuite 1956–1957. II. Rapport). Ed. par Frigyes KAHLER. Lakitelek, Antológia, 94, 584 p.

5324. SZAKÁLY (Ferenc). Gazdasági és társadalmi változások a török hódítás árnyékában. (Transformations économiques et sociales à l'ombre de la conquête ottomane). Budapest, MTA Történettud. Int.-História, 94, 39 p. (História könyvtár, Előadások a történettudomány műhelyeiből, 5).

5325. SZARKA (László). The Slovak national question and Hungarian nationality policy before 1918. *Hung. quarterly*, 94, 35, 136, p. 68-114.

5326. SZESZTAY (Ádám). Nemzetiségi törekvések az 1956-os forradalomban. (Efforts des nationalités dans la révolution de 1956). *Regio*, 94, 5, 2, p. 106-126.

5327. TILKOVSZKY (Loránt). Nemzetiség és magyarság. Nemzetiségpolitika Magyarországon Trianontól napjainkig. (Nationalités et Hongrois. Politique en Hongrie concernant les nationalités depuis Trianon [1920] jusqu'à nos jours). Budapest, Ikva, 94, 164 p.

5328. URBÁN (Aladár). Kossuth Lajos és a szegedi olasz foglyok kiszabadítása 1848 októberében. (Lajos Kossuth et la libération des prisonniers italiens en Szeged dans l'octobre de 1848). *Századok*, 94, 128, 5, p. 872-887.

5329. VARGA (László). Az elhagyott tömeg. Tanulmányok 1950–1956-ról. (La foule abandonnée. Etudes concernant l'époque de 1950–1956). Budapest, Cserépfalvi, 94, 166 p.

5330. VÁRKONYI (Ágnes). Europica varietas. Hungarica varietas. Tanulmányok. (Etudes). Budapest, Akad. Kiadó, 94, 268 p.

5331. VIDA (István). János Kádár [1912–1989] and the Czechoslovak crisis of 1968. *Hung. quarterly*, 94, 35, 135, p. 108-123.

5332. VONYÓ (József). A kormánypárt és a választások. A NEP és a MÉP helyi szervezeteinek feladatai az 1935. És 1939. évi választások során. (Le parti gouvernemental et les élections. Les devoirs des organisations du NEP [Parti d'unité nationale] et de MÉP [Parti de la vie hongroise] aux élections de 1935 et 1939). *Századok*, 94, 128, 6, p. 1165-1198.

Cf. n°s 880, 7035

Unione delle Repubbliche Socialiste Sovietiche

** 5333. [DANILOV (V. P.), (et al.)] Krest'yanskoe vosstanie v Tambovskoy gubernii v 1919–1921 gg. ("Antonovshina"): Dokumenty i materialy. [Peasant rebellion against Bolsheviks in Tambov province in 1919–1921 ("Antonovshchina"): Corpus of documents]. Intertsentr; Gos. arkhiv Tambov. obl.; Ros. Akad. nauk. In-t rossiyskoy istorii etc. Tambov, [s. n.], 94, 332 p. (bibl.). (Krest'yanskaya revolyutsiya v Rossii 1902–1922 gg.: Dokumenty i issledovaniya).

** 5334. [Memuary Nikity Sergeevicha Khrushcheva. [Memoirs of N.S. Khrushchov). *Voprosy istorii*, 94, 69, 1-8, 10-12, p. 75-97, p. 77-95, p. 77-94, p. 63-80, p. 73-86, p. 104-126, p. 78-96, p. 75-93, p. 77-98, p. 63-88, p. 91-113.

5335. BALL (Alan M.). And now my soul is hardened. Abandoned children in the Soviet Russia, 1918–1930. Berkeley a. Los Angeles, University of California Press, 94, 335 p.

5336. BROVKIN (Vladimir N.). Behind the front lines of the Civil War: political parties and social movements in Russia, 1918–1922. Princeton, Princeton U. P., 94, 455 p.

5337. FILTZER (Donald). Soviet workers and the collapse of Perestroika: the Soviet labour process and Gorbachev's reforms, 1985–1991. Cambridge, Cambridge U. P., 94, 295 p.

5338. FITZPATRICK (Sheila). Stalin's peasants. Resistance and survival in the Russian village after collectivization. New York, Oxford U. P., 94, XX-386 p.

5339. HÄFNER (Lutz). Die Partei der linken Sozialrevolutionäre in der russischen Revolution von 1917–18. Weimar, Wien u. Köln, Böhlau, 94, IX-816 p. (Beiträge zur Geschichte Osteuropas, 18).

5340. HARDEMAN (Hilde). Coming to terms with the Soviet regime: the "Changing Signposts" Movement among Russian emigrés in the early 1920s. DeKalb, Northern Illinois Univ Press, 94, [s. p.].

5341. HOLLOWAY (David). Stalin and the bomb. The Soviet Union and atomic energy, 1939–1956. New Haven a. London, Yale U. P., 94, XVI-464 p.

5342. LAQUEUR (Walter). The dream that failed: reflections on the Soviet Union. Nex York, Oxford U. P., 94, 231 p.

5343. LUUKKANEN (Arto). The party of unbelief. The religious policy of the Bolshevik Party (1917–1929). Helsinki, SHS, 94, 274 p.

5344. MALIA (Martin). Vollstreckter Wahn. Russland 1917–1991. Stuttgart, Klett-Cotta, 94, 645 p.

5345. MARCUCCI (Loris). Quando gli archivi iniziano a «parlare». Società e repressione nell'URSS staliniana. *Passato e presente*, 94, 12, 31, p. 107-125.

5346. PONTON (Geoffrey). The Soviet era: from Lenin to Yeltsin. Oxford a. Cambridge, Blackwell, 94, X-293 p. (bibl).

5347. RAVINDRANATHAN (T. R.). The legacy of Stalin and Stalinism: a historiography survey of the literature, 1930–1990. *Canadian journal of history*, 94, 29, 1, p. 113-146.

5348. RYWKIN (Michael). Moscow's lost empire. Armonk, M. E. Sharpe, 94, [s. p.].

5349. STEINFELD (Hans Wilhelm). Fremover mot fortiden. Russland og det tapte århundret. (Forward towards the future. Russia and the lost century). Oslo, Cappelen, 94, 422 p.

5350. SWORD (Keith). Deportation and exile: Poles in the Soviet Union, 1939-48. New York, St. Martin's Press, 94, 269 p. (Studies in Russia and East Europe).

5351. WERTH (Nicolas), MOULLEC (Gaël). Rapports secrets soviétiques. 1921–1991. La société russe dans les documents confidentiels. Paris, Gallimard, 94, 699 p.

Cf. n°s 4827, 5064, 5069, 5078, 5081, 5082, 5084, 5089, 6997, 7398

Uruguay

5352. CAETANO (Gerardo). La articulación electoral del sistema político uruguayo (1919–1933). *In*: Construcción de las democracias rioplatenses (La): proyectos institucionales y prácticas políticas 1900–1930 [Cf. n° 4213], p. 99-104.

5353. CICALESE (Vicente). El latín en el parlamento uruguayo. *Revista Histórica*, 94, 88, 56, 166, p. 7-48.

5354. FREGA (Ana). Los pueblos y la construcción del estado en el crisol de la revolución. *Cuadernos del CLAEH*, 94, 19, 1, p. 48-63.

5355. MAIHOLD (Gunter). El krausismo en América Latina: aventura o ejercicio intelectual? *Cuadernos del CLAEH*, 94, 19, 1, p. 108-124.

5356. NAHUM (Benjamín). La primera suspensión de pagos de la deuda externa uruguaya, 1875. *Revista Histórica*, 94, 88, 56, 166, p. 49-72.

5357. TOPEL (Marta). La identidad judía diaspórica. *Cuadernos del CLAEH*, 94, 19, 1, p. 78-92.

Venezuela

5358. CAPRILES AYALA (Carlos). Decadas de historia de Venezuela. Los añs treinta el quarenta. Caracas, Consorcio de Ediciones Capriles, 94.

5359. CASTELLANOS (Rafael Ramon). Caudillismo y nacionalismo: de Guzman Blanco a Gomez: vida y accion de José Ignacio Lares. Caracas [s.n.], 94, 668 p.

5360. KRISPIN (Karl). Golpe de estado: Venezuela, 1945–48. Caracas, Editorial Panapo, 94, 147 p.

Vietnam

5361. MARR (David G.). Vietnam 1945: the quest for power. Berkeley, University of California Press, 94, XXVIII-602 p.

Zambia

5362. BEACH (D. N.). A Zimbabwean past: Shona dynastic histories and oral traditions. Gweru, Mambo Press, 94, XVIII-368 p.

§ 3. Scoperte geografiche ed esplorazioni.

5363. Australia: studies on the history of discovery and exploration. Ed. by H. LAMPING a. M. LINKE. Frankfurt am Main, Im Selbsteverlag des Institutes fur Wirtschafts- und Sozialgeographie der Johann-Wolfgang-Goethe-Universität Frankfurt am Main, 94, V-258 p. (Frankfurter wirtschafts- und sozialgeographische Schriften, 65).

5364. Avantages et désavantages de la découverte de l'Amerique: Chastellux [Francois-Jean, marquis de], Raynal [Guillaume-Thomas-François abbe] et le concours de l'Academie de Lyon. Ed. par Hans-Jurgen LUSEBRINK et Alexandre MUSSARD. Saint-Etienne, Université de Saint-Etienne, 94, 147 p. (Lire le dix-huitieme siècle).

5365. Christophe Colomb et la découverte de l'Amérique. Réalités, imaginaire et réinterprétations. Rencontres de la Société des Italianistes de l'Enseignement Supérieur et de la Société des Hispanistes Français, 3–5 avril 1992. Ed. par José GUIDI et Dominique MUSTAPHA. Aix-en-Provence, Publications de l'Université de Provence, 94, 309 p.

5366. Découvertes européennes et nouvelle vision du monde (1492–1992). Paris, Publications de la Sorbonne, 94, 187 p. (Série Internationale, Institut d'Histoire des Relations Internationales Contemporaines, 44).

5367. Dicionário de história dos descobrimentos portugueses. Dir. Luís DE ALBUQUERQUE. Ed. Francisco CONTENTE DOMINGUES. Lisboa, Círculo de Leitores, 94, 1120 p. (ill., bibl.).

5368. Epopea delle scoperte (L'). A cura di Renzo ZORZI. Firenze, Olschki, 94, XX-578 p. (ill., tav.). (Civiltà veneziana. Saggi, 40).

5369. GODINHO (Vitorino Magalhaes). O papel de Portugal nos séculos XV–XVI: que significa descobrir? Lisboa, Grupo de Trab. do Ministério da Educaçao para as Comemorações dos Descobrimentos Portugueses, 94, 94 p.

5370. HOLLAND (Clive). Arctic exploration and development, c. 500 B.C. to 1915: an encyclopedia. New York a. London, Garland, 94, XVI-704 p. (Garland reference library of the humanities, 930).

5371. Inventions et découvertes au temps de la Renaissance. Dir. par M.T. JONES-DAVIES. Paris, Klincksieck, 94, 218 p. (Centre de recherches sur la Renaissance, 19).

5372. LIEBAU (Heike). Deutsche Missionare als Indienforscher. Benjamin Schultze (1689–1760). Ausnahme oder Regel? *Archiv für Kulturgeschichte*, 94, 76, p. 111-134.

5373. MARQUES (Alfredo Pinheiro). A maldiçao da memoria do Infante Dom Pedro: e as origens dos descobrimentos portugueses. Figueira da Foz, Centro de Estudos do Mar, 94, 625 p. (Coleccao Memorias CEMAR, 1).

5374. MARTINIERE (Guy). Le Portugal à la rencontre de "trois mondes": Afrique, Asie, Amérique aux XVe–XVIe siècles. Paris, Institut des hautes études de l'Amérique latine, 94, 190 p. (Collection Travaux et mémoires de l'Institut des hautes études de l'Amérique latine, 59. Série Essai, 15).

5375. RESENDE (Maria Teresa). Cartografia Impressa nos Séculos XVI e XVII: imagens de Portugal e Ilhas Atlânticas. Ed. Maria Fernanda ALEGRIA, João Carlos GARCIA. Porto, Com. Nac. para as Comemorações dos Descobrimentos Portugueses, 94, 146 p. (ill., bibl.).

5376. RIBEIRO (Orlando). Originalidade da expansão portuguesa. Lisboa, Edições Joao Sá da Costa, 94, 159 p. (bibl).

5377. SACCONE (Salvatore). Alla scoperta del mondo. Relazioni di viaggio, sec. XV–XVIII. Bologna, CLUEB, 94, 245 p. (ill.).

5378. SARAIVA (António José). Inquisiçao e cristaosnovos. Lisboa, Estampa, 94, 308 p. (Histórias de Portugal, 9).

5379. SERRÃO (Joaquim Veríssimo). Portugal e o mundo: nos seculos XII a XVI: um percurso de dimensão universal. Lisboa, Verbo, 94, 373 p.

Cf. n°s 370, 382, 392, 409

L

STORIA DELLE RELIGIONI NELL'ETÀ MODERNA

§ 1. Opere generali. 5380-5420. – § 2. Cattolicesimo (*a*. Opere generali; *b*. La Santa Sede; *c*. Studi particolari; *d*. Ordini religiosi; *e*. Missioni). 5421-5532. – § 3. Chiesa ortodossa. 5533-5552 – § 4. Protestantesimo. 5553-5619. – § 5. Religioni e sette non cristiane. 5620-5687.

§ 1. Opere generali.

5380. African-American Christianity. Essays in history. Ed. by Paul E. JOHNSON. Berkeley a. London, University of California Press, 94, X-189 p.

5381. ALMOND (Phillip C.). Heaven and Hell in the Enlightenment England. Cambridge, Cambridge U. P., 94, XII-218 p. (ill.).

5382. BASCIO (Patrick). The failure of white theology. A black theological perspective. New York, Lang, 94, 160 p. (Martin Luther King, Jr. memorial studies in religion, culture, and social development, 3).

5383. BORRA (Edoardo). Il Maskal e il Leone di Guida. Appunti di storia, religione e letteratura sull'altopiano etiopico dal IV al XX secolo. Cinisello Balsamo, San Paolo, 94, 238 p. (ill.).

5384. CASANOVA (José). Protestant fundamentalism and catholic traditionalism and conservatism. *The catholic historical review*, 94, 80, p. 102-135.

5385. CERVANTES (Fernando). The Devil in the New World. The impact of diabolism in New Spain. New Haven a. London, Yale U. P., 94, X-182 p.

5386. DARTEVELLE (Raymond). Sources d'archives et émigration religieuse. Construction et transformation de la biographie en histoire religieuse. *Gazette des Archives*, 94, 166, p. 305-313.

5387. DE ANDRES (Melquiades). Historia de la mistica de la Edad de Oro en España y América. Madrid, Biblioteca de Autores Cristianos, 94, XX-492 p.

5388. DEN OUDEN (W. H.). Kerk onder patriottenbewind. Kerkelijke financiën en de Bataafse Republiek 1795–1801. (L'Eglise Réformée sous le règne des patriotes. Les finances ecclésiastiques dans la République Batave 1795–1801). Zoetermeer, Boekencentrum, 94, 376 p. (Diss. Groningen).

5389. DEREGNAUCOURT (G.), POTON (D.). La vie religieuse en France aux XVIe, XVIIe, XVIIIe siècles. Paris, Gap. Ophrys, 94, 309 p.

5390. DI SIMPLICIO (Oscar). Peccato, penitenza, perdono. Siena 1575–1800. La formazione della coscienza nell'Italia moderna. Milano, Angeli, 94, 423 p. (Studi e ricerche storiche, 189).

5391. DOWELL (Susan). Sacred, secular and the feminism. *Modern believing*, 94, 35, p. 8-14.

5392. Farewell to apartheid? Church relations in South Africa. The WARC Consultation in South Africa, March 1–5, 1993. At the Koinonia Centre, Judith's Pearl, Johannesburg a. Geneva, World Alliance of Reformed Churches, 94, 96 p. (Studies from the World Alliance of Reformed Churches, 22).

5393. FILORAMO (Giovanni). Le vie del sacro. Modernità e religione. Torino, Einaudi, 94, VIII-102 p. (Einaudi Contemporanea, 25).

5394. FRAJESE (Vittorio). Sarpi scettico. Stato e Chiesa a Venezia tra Cinque e Seicento. Bologna, Il Mulino, 94, 488 p. (Ricerca. Storia).

5395. GRESCHAT (M.). Christliche Verantwortung für Europa. *Zeitschrift für Kirchengeschichte*, 94, 105, p. 58-90.

5396. HOLZEM (Andreas). Kirchenreform und Sektenstiftung. Deutschkatholiken, Reformkatholiken und Ultramontane am Oberrhein 1844–1866. Paderborn, München, Wien u. Zürich, Schöningh, 94, XLVI-460 p. (Veröffentlichungen der Kommission für Zeitgeschichte, Rh. B: Forschungen, 65).

5397. Hugo Grotius, theologian. Essays in honour of G.H.M. Posthumus Meyjes. Ed. by Henk J. M. NELLEN a. Edwin RABBIE. Leiden, New York a. Köln, E. J. Brill, 94, IX-274 p. (ill.).

5398. KEPEL (Gilles). The revenge of God. The resurgence of Islam, Christianity, and Judaism in the modern world. Cambridge, Polity, 94, 215 p.

5399. Kirchenzucht und Sozialdisziplinierung im frühneuzeitlichen Europa (mit einer Auswahlbibliographie). Hrsg. v. Heinz SCHILLING. Berlin, Duncker & Humblot, 94, 232 p.

5400. LAPLANCHE (François). La Bible en France entre mythe et critique, XVIe–XIXe siècle. Paris, Albin Michel, 94, 318 p. (L'évolution de l'humanité).

5401. LIMAYE (Madhu). Religious bigotry. A threat to ordered state. Delhi, Ajanta Publications, 94, X-191 p.

5402. MARSHALL (Peter). The catholic priesthood and the English reformation. Oxford, Oxford U. P. a. Clarendon Press, 94, XI-271 p. (Oxford historical monographs).

5403. MILLS (Kenneth). An evil lost to view? An investigation of post-evangelisation Andean religion in mid-colonial Peru. Liverpool, University of Liverpool, Institute of Latin American Studies, 94, 147 p. (Monograph series University of Liverpool. Institute of Latin American Studies, 18).

5404. Partnership in God's mission in Africa today. The papers and reports of the consultation of African Women and Men of Reformed Traditon, 9–15 March 1994, Limuru, Kenya. Ed. by Nyambura J. NJOROGE a. Paraic REAMONN. Geneva, World Alliance of Reformed Churches, 94, 94 p.

5405. POULAT (Emile). Contre-révolution et religion. Pour une contre-histoire de la contre révolution: la généalogie d'une tradition catholique. *In*: Religion et Révolution [Cf. n° 4158], p. 229-238.

5406. PROSPERI (Adriano). I cristiani e la guerra. Una controversia tra '500 e '700. *Ricerche di storia sociale e religiosa*, 94, 30, p. 57-83.

5407. Relations of compatibility and incompatibility between Christians and Muslims in Bulgaria. Ed. by Antonina ZHELYAZKOVA, Jorgen NIELSEN a. Jilles KEPELL. Sofia, "International Centre for Minority Studies and Intercultural Relations" Foundation, 94, XX-395 p.

5408. Religion, culture and society in early modern Britain. Essays in honour of Patrick Collinson. Ed. by Anthony FLETCHER a. Peter ROBERTS. Cambridge U. P., 94, XX-372 p. (ill.).

5409. Religion in Europe. Contemporary perspectives. Ed. by Sean GILL, Gavin D'COSTA, a. Ursula KING. Kampen, Netherlands, Pharos, 94, X-213 p.

5410. ROPER (Lyndal). Oedipus and the devil. Witchcraft, sexuality and religion in early modern Europe. London a. New York, Routledge, 94, IX-254 p.

5411. SAVARIARADIMAI (Emmanuel). Culture, gospel and parish. An integral approach to parish renewal in South India. St. Ottilien, EOS Verlag, 94, XVII-306 p. (Theologische Reihe, 70).

5412. SEIDEL MENCHI (Silvana). Chi fu Ortensio Lando? *Rivista storica italiana*, 94, 106, 3, p. 501-564.

5413. SMITH (Mark). Religion in industrial society. Oldham and Saddleworth, 1740–1865. Oxford, Oxford U. P. a. Clarendon Press, 94, XI-311 p. (Oxford historical monographs).

5414. Spirituality of the third world. Ed. by K. C. ABRAHAM a. Bernadette MBUY-BEYA. New York, Orbis Books, 94, p. XII-260.

5415. Storia dell'Italia religiosa. 2. L'Età moderna. A cura di Gabriele DE ROSA, Tullio GREGORY, Andre VAUCHEZ. Roma e Bari, Laterza, 94, XX-595 p. (Storia e società). [Contiene: DE ROSA (Gabriele). Introduzione. p. V-XIX. – PROSPERI (Adriano). Riforma cattolica, controriforma, disciplinamento sociale, p. 3-48. – FIRPO (Massimo). Riforma protestante ed eresie nell'Italia del Cinquecento, p. 49-136. – ROZZO (Ugo). Editoria e storia religiosa, p. 137-165. – COLLARETA (Marco). La Chiesa cattolica e l'arte nell'età moderna. Un itinerario, p. 167-188. – ROMEO (Giovanni). I processi di stregoneria, p. 189-210. – CAIAZZA (Pietro). I Gesuiti: pedagogia ed etica, p. 211-230. – ROSA (Mario). Il Giansenismo, p. 231-270. – ROSA (Mario). Spiritualità mistica e insegnamento popolare. L'Oratorio e le scuole pie, p. 271-301. – DE ROSA (Gabriele). I codici di lettura del vissuto religioso, p. 303-373. – OSBAT (Luciano). L'Inquisizione e la storia dei comportamenti religiosi, p. 375-391. – ZOVATTO (Pietro). Nuove forme di religiosità tra Sette e Ottocento, p. 393-417. – ORLANDI (Giuseppe). La missione popolare in età moderna, p. 419-52. – DE SPIRITO (Angelomichele). Il "sesso devoto". Religiosità femminile tra Settecento e Ottocento, p. 453-476. – GIARRIZZO (Giuseppe). Illuminismo e religione: l'Italia religiosa alla fine del Settecento, p. 477-522. – Cartografia, p. 523-534. – Bibliografia, p. 535-568. – Indici dei nomi]

5416. Sünde und Geschichte. Hrsg. v. Louis M. Alonso SCHÖKEL. [S. l.], Neukirchener Verlag, 94, VI-384 p. (Jahrbuch für biblische Theologie, 9). [Cf. n^{os} <Auswahl> 5559, 5662.]

5417. Today's woman in world religions. Ed. by Arvind SHARMA. Albany, State University of New York Press, 94, XII-459 p. (McGill studies in the history of religions).

5418. TOUATI (Houari). Entre Dieu et les hommes. Lettrés, saints et sorciers au Maghreb (XVIIe siècle). Paris, Editions de l'Ecole des Hautes Etudes en Sciences Sociales, 94, 311 p.

5419. VISMARA (Paola). Settecento religioso in Lombardia. Milano, Nuove edizioni Duomo, 94, 308 p. (Archivio ambrosiano, 69).

5420. WOLTJER (J. J.). Geweld tijdens godsdienstoorlogen in Frankrijk en in de Nederlanden: een vergelijking. (The use of violence in religious matters during the religious wars in France and in Netherlands). *Trajecta*, 94, 3, p. 281-296.

§ 2. Cattolicesimo.

a. Opere generali.

* 5421. Bibliographia Historiae Pontificiae. *Archivum historiae pontificiae*, 94, 32, p. 381-625.

5422. ALTERMATT (U.). Le catholicisme au défi de la modernité. L'histoire sociale des catholiques suisses aux XIXe et XXe siècles. Lausanne, Payot, 94, 395 p.

5423. Anglicans and Roman Catholics: the search for unity. Ed. by Christopher HILL a. E. J. YARNOLD. London, SPCK/CTS, 94, VIII-344 p.

5424. BOUDON (J.-O.). Les élites ecclésiastiques à la fin du Premier Empire: les vicaires généraux de 1813. *Revue historique*, 94, 118, 291 (590), p. 265-298.

5425. Catholic identity. Ed. by James H. PROVOST a. Knut WALF. London, SCM Press, 94, viii-147 p. (Forms "Concilium", 5).

5426. Catholicism and liberalism. Contributions to American public philosophy. Ed. by R. Bruce DOUGLAS a. David HOLLENBACH. Cambridge, Cambridge U. P., XVI-352 p. (Cambridge studies in religion and American public life).

5427. Christianisme et identité nationale. Une certaine idée de l'Europe. Ed. par Paul POUPPARD. Paris, Beauchesne, 94, 146 p. (Collection Politiques et Chrétiens).

5428. DE BUJANDA (J. M.), ROZZO (Ugo), BIETENHOLZ (Peter G.), GRENDLER (Paul F.). Index de Rome, 1590, 1593, 1596. Avec étude des index de Parme 1580 et Munich 1582. Genève, Droz, 94, 1172 p. (Index des livres interdits, 9).

5429. DEFAUX (G.). Marot, traducteur des Psaumes: du nouveau sur l'édition anonyme (et genevoise) de 1543. *Bibliothèque d'Humanisme et Renaissance*, 94, 56, 1, p. 59-82.

5430. DINTER (Paul E.). Beyond naive belief. The Bible and adult Catholic faith. New York, Crossroad Publishing Company, 94, XI-348 p.

5431. DUMONS (B.). Prédicateurs et directeurs spirituels des élites catholiques lyonnaises (1890–1950). *Revue historique*, 94, 118, 292 (591), p. 95-122.

5432. GUAL Y TORTELLA (Miquel). Elements per a una Esglesia de comunio: del Vatican I a "Lumen gentium" Barcelona, Facultat de Teologia de Catalunya, Barcelona, Editorial Herder, 94, XVIII-280 p. (Collectania Sant Pacia, 48).

5433. Historiography of the Chinese Catholic Church, XIXth and XXth cent. Ed. by J. HEYNDRICKX. Louvain, K. U. Leuven, Ferdinand Verbiest Foundation, 94, 510 p. (Louvain Chinese studies, 1).

5434. LIPSKI (Jan Jozef). Katolickie panstwo narodu Polskiego. Ed. by Szymon RUDNICKI. London, "Aneks", 94, X-227 p. (ill.).

5435. MAZZA (E.). La riforma liturgica: le tappe e la questione del metodo. *Cristianesimo nella storia*, 94, 15, 1, p. 117-135.

5436. O'CONNELL (Marvin R.). Critics on trial. An introduction to the catholic modernist crisis. Washington, Catholic University of America Press, 94, XIII-394 p.

5437. O'DOHERTY (Colm). Church as sacrament: the need for self-questioning. Blackrock, Columba Press, 94, 96 p.

5438. PRUDHOMME (Claude). Stratégie missionaire du Saint-Siège sous Léon XIII (1878–1903). Centralisation romaine et défis culturels. Roma, Ecole Française de Rome, 94, 621 p.

5439. TURCOTTE (Paul-André). Intransigeance ou compromis. Sociologie et histoire du catholicisme actuel. Québec, FIDES, 94, 455 p. (Héritage et projet, 51).

Cf. n°s 1188, 1204

b. La Santa Sede.

5440. Chiesa (La) del Vaticano II (1958–1978). A cura di Maurilio GUASCO, Elio GUERRIERO, Francesco TRANIELLO. Cinisello Balsamo, San Paolo, 94, 2 vol., [s. p.]. (Storia della chiesa, 25).

5441. Enchiridion delle encicliche. 1. Benedetto XIV, Clemente XIII, Clemente XIV, Pio VI, Leone XII, Pio VII. Edizione bilingue. A cura di Erminio LORA e Rita SIMIONATI. Bologna, Ed. Dehoniane, 94, XVIII-1057 p.

5442. Enchiridion delle encicliche. 7. Giovanni XXIII, Paolo VI (1958–1978). Edizione bilingue. A cura di Erminio LORA e Rita SIMIONATI. Bologna, Ed. Dehoniane, 94, 1534 p.

5443. FOUILLOUX (E.). Théologiens romains et Vatican II (1959–1962). *Cristianesimo nella storia*, 94, 15, 2, p. 373-395.

5444. GONNET (Dominique). La liberté religieuse au Vatican II: la contribution de John Courtney Murray, S.J. Paris, Ed. du Cerf, 94, 410 p. (Cogitatio fidei, 183).

5445. GROOTAERS (Jan). I protagonisti del Vaticano II. Cinisello Balsamo, Edizioni San Paolo, 94, 280 p.

5446. Jan Paweł II a Uniwersytet Jagielloński w latach 1978–1983. Wybór dokumentów. (Jean Paul II et l'Université Jagellone dans les années 1978–1983. Choix des documents). Réd. Wojciech Maria BARTEL. Kraków, 94, 85 p. (fig.). (Uniw. Jagiell. Varia, 331).

5447. KOMONCHAK (J. A.). U. S. bishops' suggestions for Vatican II. *Cristianesimo nella storia*, 94, 15, 2, p. 313-372.

5448. MOLINARI (Francesco), TEDESCHI (Mario). Giovanni Battista Montini maestro di religione. I corsi alla F.U.C.I., Brescia, Fondazione Civiltà Bresciana, 94, 285 p. (Preti bresciani, 1).

5449. MRKONJIC (Tomislav). Epistolae ad principes. 2 s. Pius V - Gregorius XIII (1566-1585). Città del Vaticano, Archivio Segreto Vaticano, 94, X-650 p. (Collectanea Archivi Vaticani, 29).

5450. NIESSEN (James). Hungarians and romanianism in Habsburg and Vatican diplomacy. The creation of the diocese of Hajdúdonrog. *The catholic historical review*, 94, 80, p. 238-247.

5451. PENNINGTON (M. Basil). Vatican II: we've only just begun. New York, Crossroad, 94, XII-167 p.

5452. PESCH (Otto Hermann). Das Zweite Vatikanische Konzil (1962-1965). Vorgeschichte, Verlauf, Ergebnisse, Nachgeschichte. Würzburg, Echter, 94, 443 p.

5453. PICCIALUTI (Maura). La carità come metodo di governo. Istituzioni caritative a Roma dal pontificato di Innocenzo XII a quello di Benedetto XIV. Torino, Giappichelli, 94, VII-318 p.

5454. Storia dei papi. A cura di M. GRESCHAT e E. GUERRIERO. Cinisello Balsamo, Edizioni San Paolo, 94, 1015 p. (ill.).

Cf. n°s 1178, 7372

c. Studi particolari.

5455. ANDRETTA (Stefano). La venerabile superbia. Ortodossia e trasgressione nella vita di suor Francesca Farnese (1593-1651). Torino, Rosenberg e Sellier, 94, 254 p.

5456. ANUSZ (Anna), ANUSZ (Andrzej). Samotnie wśród wiernych. Kościół wobec przemian politycznych w Polsce (1944-1994). (En solitude parmi les fidéles. L'Eglise en présence des transformations politiques en Pologne 1944-1994). Warszawa, Alfa-Wero, 94, 295 p. (phot., fig.).

5457. AUBERT (Roger). Le Cardinal Mercier (1851-1926). Louvain-La-Neuve, Presses Universitaires de Louvain, 94, 500 p.

5458. BARALLAT Y BARÉS (Jaume). L'esglesia sota el franquisme. Una mostra local. Lléida 1938-1968. Lléida 94, 314 p. (ill.).

5459. BŁACHNIO (Jan Ryszard). Idealizm niemiecki i filozofia narodowa w polskiej myśli chrześcijańskiej lat 1831-1863. (L'idéalisme allemand et la philosophie nationale dans la pensée polonaise chrétienne des années 1861-1863). Bydgoszcz, Wyższa Szkoła Pedagog., 94, 101 p. [Eng. summary].

5460. BLACKBOURN (David). Apparitions of the Virgin Mary in Bismarckian Germany. Oxford, Clarendon Press, 94, XVI-464 p. (ill.).

5461. BRADLEY (George). Four essays in Yorkshire Catholic history (in the post-Reformation period). Leed, Leeds Diocesan Archives a. Middlesbrough Diocesan Archives, 94, 46 p. (ill.).

5462. CHADWICK (Priscilla). Schools of reconciliation. Issues in joint Roman Catholic-Anglican education. London, Cassell, 94, X-229 p.

5463. CLEMENS (Theo). Een onbedoel kind van de revolutie. Veranderingen in de opleiding van priesters voor de Rooms-Katholieke Kerk van de Noordelijke Nederlanden na 1795. (An unintended consequence of the French Revolution. Changes in the education of Catholic priests in the Netherlands after 1795). *Trajecta*, 94, 3, p. 307-327.

5464. CONVEY (Martin A.). Keeping the faith in a changing society. Religious practice and belief in Ireland in the light of Vatican II. Dublin, Columba, Press, 94, 203 p.

5465. CRIPPA (A.). Il servo di Dio Alfredo Idelfonso Schuster, O.S.B. nel quarantesimo anniversario della morte, 1954-94. Roma, Abbazia di S. Paolo, 94, 310 p. (Serie monastica, 8).

5466. D'AGOSTINO (Peter). Italian ethnicity and religious priests in the American church. *The catholic historical review*, 94, 80, p. 714-740.

5467. DE GRANADA (Luis). Obras completas. I: Libro de la oración y meditación. Edición y nota critica de Alvaro HUERGA. Madrid, Fundación Universitaria Española et Dominicos de Andalucia, 94, 665 p.

5468. DE HAAN (P. I. M.). Van volgzame elitestrijder tot kritische gelovige. Geschiedenis van de Katholieke Actie in Nederland (1934-1966). (From obedient defender of the faith to responsible believer. The history of Catholic Action in the Netherlands 1934-1966). Nijmegen, KDC/KSC, 94, 352 p. (fig.). (Scripta van het KSC en het KDC, 2. Diss. Utrecht).

5469. DEBOUTÉ (Eugénie). Sans feu ni lieu, un maître spirituel au temps de la Fronde. Jean-Antoine Le Vachet. Paris et Montreal, Médiaspaul, 94, 176 p.

5470. DEL COL (Andrea). Alcune osservazioni sui processi inquisitoriali come fonti storiche. *Metodi e ricerche*, 94, 13, 1-2, p. 85-105.

5471. ENENKEL (K. A. E.). Alciatos bürgerhumanistische Religionskritik und die Wiederentdeckung des Essener ("Contra vitam monasticam"). *Nederlands Arch. Kerkgeschiedenis*, 94, 74, p. 1-20.

5472. EVERS (J. H. M.). Pastoraat en bedevaart. Een onderzoek naar het pastorale aanbod in het kader van de devotie tot Sint Gerardus Majella en de bedevaart naar Wittem, met bijzondere aandacht voor het gezangrepertoire. (Pastoral practice and pilgrimage. A research of pastoral availability within the framework of the devotion to Saint Gerard Majella and the pilgrimage to Wittem, that pays special attention to the repertory of songs). [S. l.], [s. n.], 94, 592 p. (fig.). (Diss. Nijmegen).

5473. FAHNROTH (Martin). Das Verhältnis von Papst und Gesamtheit der Glaubigen am Beispiel von Filippo Maria Guidi und der nachtridentinischen Tradition. Altenberge, Oros Verlag, 94, 338 p. (Münsteraner theologische Abhandlungen, 32).

5474. FRANCHOT (Jenny). Roads to Rome. The antebellum Protestant encounter with Catholicism. Berkeley, University of California Press, 94, XXVIII-500 p. (ill.). (The new historicism, 28).

5475. FROESCHLÉ-CHOPARD (Marie-Hélène). Espace et Sacré en Provence (XVIe–XIXe siècle). Cultes, Images, Confréries. Paris, Ed. du Cerf, 94, 608 p. (graph., ill., cartes).

5476. GUILLET (Claude). La rumeur de Dieu. Apparitions, prophéties et miracles sous la Restauration. Paris, Imago, 94, 250 p.

5477. HENGST (K.). Westfaelisches Klosterbuch. Lexikon der vor 1815 errichteten Stifte und Kloster vor ihrer Gründung bis zur Aufhebung. Teil 2. Münster-Zwillbrock. Münster, Aschendorffsche Verlagsbuchhandlung, 94, 800 p.

5478. HEYBERGER (Bernard). Les chrétiens du Proche-Orient au temps de la réforme catholique: Syrie, Liban, Palestine, XVIIe–XVIIIe siècles. Rome, Ecole française de Rome, 94, 665 p. (ill. maps). (Bibliothèque des Ecoles françaises d'Athenes et de Rome, 284).

5479. HOLENHUSEN (Irmtraud Götz von). Klerus und abweichendes Verhalten. Zur Sozialgeschichte katholischer Priester im 19. Jahrhundert: Die Erdiözese Freiburg. Göttingen, Vandenhoeck & Ruprecht, 94, 503 p. (Kritische Studien zur Geschichtswissenschaft, 106).

5480. IOZZELLI (I.). Modernismo e antimodernismo a Perugia: il caso Fracassini. *Rivista di storia e letteratura religiosa*, 94, 30, p. 299-345.

5481. JACOBS (J. Y. H. A.). Bernardus Johannes kardinaal Alfrink (1900–1987): gezaghebbend vanaf leerstoel en bisschopszetel. (Biographical outline of teh Dutch cardinal Alfrink; an authoritative exegetist and bishop). *Trajecta*, 94, 3, p. 155-170.

5482. JOBERT (Ambroise). Od Lutra do Mohyły. Polska wobec kryzysu chrześcijaństwa 1517–1648. (De Luther á Mohila. La Pologne face á crise de la chrétienté 1517–1648). Avant-propos de Jerzy KŁOCZOWSKI. Post-face de Zofia LIBISZOWSKA. Warszawa, Pax, 94, 333 p. (Nowa Marianna. La nouvelle Marianne).

5483. KINDER (A. G.). The Spanish confession of faith of London, 1560–1561. *Bibliothèque d'Humanisme et Renaissance*, 94, 56, 3, p. 745-750.

5484. KOETTER (Ralf). Johannes Bugenhagens Rechtfertigungslehre und der römische Katholizismus. Studien zum Sendbrief an die Hamburger (1525). Göttingen, Vandenhoeck & Ruprecht, 94, 490 p. (Forschungen zur Kirchen- und Dogmengeschichte, 59).

5485. Księga pamiątkowa w 75-lecie Katolickiego Uniwersytetu Lubelskiego. Wkład w kulturę polską w latach 1968–1993. (Le livre commémoratif pour le 75ème anniversaire de l'Université Catholique de Lublin. L'apport à la culture polonaise dans les années 1968–1993). Réd. Marian RUSECKI. Lublin, Red. Wydawn.Kat. Uniw. Lub., 94, 828 p. (phot., fig.).

5486. LE BRUN (Jacques). Autorité doctrinal, définition et censure dans le catholicisme moderne. *Revue de l'histoire des religions*, 94, 211, p. 335-343.

5487. MAC MANNUS (Leo). Newman's "Great anxiety". *The catholic historical review*, 94, 80, p. 457-475.

5488. MALLE (Louis). Les sources du baptême. Découvrir les baptistères et les fonts baptismaux. Paris, Éditions ouvrieres, 94, 112 p.

5489. MARGRY (Peter Jan). Bedevaartcultuur in het Bataafs-Franse Nederland (1795-1814). (The culture of pilgrimage in the Netherlands in the years 1795-1814). *Trajecta*. 94, 3, p. 209-232.

5490. Metropolita Andrzej Szeptycki. Studia i materiały. (Le métropolite Andrzej Szeptycki [1865–1944]. Etudes et matériaux). Réd. par Andrzej Aleksander ZIĘBA. Kraków, Pol. Akad. Umiej., 94, 274 p. (phot., fig., dessins). (Pol. Akad. Umiej. Prace Komisji Wschodnioeuropejskiej, 1).

5491. NIEDERKORN-BRUCK (Meta). Die Melker Reform im Spiegel der Visitationen. Wien, Oldenbourg, 94, 262 p. (Mitteilungen des Instituts für Österreichische Geschichtsforschung. Ergänzungsband, 30).

5492. OVERGAAUW (E. A.). Relieken, legende en poëzie. De verering van de heilige Basilia bij de Cisterciënzers van Mariënhaven in Warmond. (Relics, legends and poetry. The worship of St. Basilia at the Cistercian abbey of Mariënhaven in Warmond). *Nederlands Arch. Kerkgeschiedenis*, 94, 74, p. 5-71, p. 173-193.

5493. PAGE (John R.). What will Dr. Newman do? John Henry Newman and papal infallibility, 1865–1875. Collegeville, Liturgical Press, 94, XII-234 p.

5494. PEDRINI (A.). Pio IX e la fuga a Gaeta nella narrazione della famiglia Filippini. *Pio IX*, 94, 34, p. 132-154.

5495. POLIZZOTTO (Lorenzo). The elect nation. The Savonarolan movement in Florence, 1494–1545. Oxford, Clarendon Press, 94, XIV-488 p.

5496. PUT (Eddy), HARLINE (Craig). Dagboek van een aartsbisschop. Een portretstudie van Matthias Hovius (1542–1620). (The diary of the Mechlin archbischop Matthias Hovius kept between 1617 and 1620; a source for a life-like portrait). *Trajecta*, 94, 3, p. 19-33.

5497. SALLMANN (Jean-Michel). Naples et ses saints à l'âge baroque (1540–1750). Paris, PUF, 94, 423 p.

5498. Saint Philip's Roman Catholic Sixth Form College. Report of an enquiry into the governance and management of the college / Further Education Funding Council. Ed. by John CAINES. Coventry, FEFC, 94, 108 p.

5499. SCHWAIGER (Georg). Das Herzogliche Georgianum in Inglostadt, Landshut, München, 1494–94. Regensburg, Verlag Schnell u. Steiner, 94, 256 p. (ill.).

5500. SPIERTZ (M. G.). Over de christelijke hoop. Ontwerp voor een herderlijk schrijven bij gelegenheid van het eeuwfeest van het bisschoppelijk bestuur in Nederland (1953). (A concept for a pastoral letter "concerning Chistian Hope" on the occasion of the celebration of the Restauration of the Episcopal Hierarchy in the Netherlands 1853–1953). *Trajecta*, 94, 3, p. 347-368.

5501. TELLECHEA IDIGORAS (J. Ignacio). Fray Batolome Carranza. Documentos historicos. T. VII: Audiencias IV (1563). Madrid, Real Academia de Historia, 94, 538 p. (Archivio documental español publicado par la Real Academia de la Historia, 34).

5502. TIERNEY (Mark). Dom Columba Marmion. A biography. Dublin, The Columba Press, 94, 286 p. (ill.).

5503. TÜSKÉS (Gábor), Knapp (Éva). A katakombaszentek tisztelete. Fejezetek a barokk kori szent- és ereklyekultusz történetéből. (Le culte des saints des catacombes. Un chapitre de l'histoire du culte des saints et des reliques à l'époque baroque). *Századok*, 94, 128, 1, p. 3-45.

5504. ULRICH (Jörg). Die Anfänge der abendländischen Rezeption des Nizaenums. Berlin, De Gruyter, 94, XII-328 p. (Patristische Texte und Studien, 39).

5505. VALLEJO PENEDO (Juan José). Fray Enrique Enriquez de Almansa, O.S.A., obispo de Osma y de Plasencia (ca 1555–1622). Madrid, Editorial Revista Agustiniana, 94, 92 p. (Perfiles, 7).

5506. VAN ECK (X.). Kunst, twist en devotie. Goudse katholieke schuilkerken 1572–1795. (Art, conflict and devotion. Clandestine Catholic churches in Gouda 1572–1795). Delft, Eburon, 94, 275 p. (Bundel Die Goude, 24. Diss. Amsterdam V. U.).

5507. VANDEN BROECKE (S.). Seculiere geestelijken in het 17de eeuwse bisdom Gent: een prosopografie. (The recruitment and career of the secular clergy in the 17th century bishopric of Gent). *Trajecta*, 94, 3, p. 193-208 (graph.).

5508. Visitation articles and injunctions of the Early Stuart Church. Ed. by Kennet FINCHAM. Woodbridge, Boydell Press for the Church of England Record Society, 94, XXVIII-228 p.

5509. WINGENS (M. F. M.). Over de grens. De bedevaart van katholieke Nederlanders in de zeventiende en achttiende eeuw. (The pilgrimage of Dutch catholics in the 17th and 18th centuries). Nijmegen, SUN, 94, 304 p. (Diss. Rotterdam).

d. Ordini religiosi.

* 5510. POLGÁR (László S. J.). Bibliographie sur l'histoire de la Compagnie de Jésus [1993]. *Archivum historicum Societatis Iesu*, 94, 63, 126, p. 321-463.

5511. ACKERMANS (Gian). Vereeniging van vrouwen Franciscanessen van Heythuysen in Nederland (1900–1975). Heythuysen, Provincialat de la congrégation, 94, 496 p.

5512. BOOKMANN (Hartmut). Der deutsche Orden. Zwoelf Kapitel aus seiner Geschichte. München, Beck, 94, 320 p. (ill.).

5513. DALARUN (Jacques). Francesco: un passaggio. Donna e donne negli scritti e nelle leggende di Francesco d'Assisi. Roma, Viella, 94, 198 p.

5514. DÉMIA (Charles). Journal de 1685–1689. Presenté, transcrit et annoté par Y. POUTET. Rome, Maison Saint Jean-Baptiste de la Salle, 94, 440 p. (ill.). (Cahiers lasalliens, 56).

5515. Dominicains (Les) et leur histoire. Ed. Par G. BEDUOELLE. Numéro speciale de *Mémoire dominicaines*, 94, 324 p.

5516. DUVIGNACQ-GLESSGEN (Marie-Ange). L'ordre de la Visitation à Paris aux XVIIe et XVIIIe siècles. Paris, Ed. du Cerf, 94, 350 p.

5517. "Fir Glawen a Kultur". Les Jésuits à Luxembourg. Die Jesuiten in Luxemburg (1594–94). Sous la dir. de J. BIRSENS. *Revue d'Histoire luxembourgeoise* (numéro spécial), 94, 348 p. (ill.).

5518. FORNEY (Alan). Military Orders and Crusades. Aldershot, Variorum, 94, VIII-318 p. (Collected Studies, 432).

5519. Gesuiti e Venezia (I). Momenti e problemi di storia veneziana della Compagnia di Gesú. Atti del Convegno di studi Venezia, 2–5 ottobre 1990. A cura di Mario ZANARDI. Padova, Giunta regionale del Veneto, 94, 892 p. (ill., index).

5520. Helvetia sacra. Abt. III. Band 2. Die Orden mit Benediktinerregel. Die Cluniazenser in der Schweiz. Hrsg. v. Hans-Jörg GILOMEN u. Elsanne GILOMEN-SCHENKEL. Basel u. Frankfurt am Main, [s. n.], 94, [s. p.].

5521. MEZZADRI (Luigi), ROMÁN (José-Maria). Histoire de la Congrégation de la Mission. 1. De la fondation jusqu'à la fin du XVIIe siècle (1625–1697). Paris, Desclèe de Brouwer, 94, 584 p.

5522. ROMANOTTO (G.), CISOTTO (G.A.). Istituti e congregazioni religiose nel Veneto. Padova, Istituti e congregazioni religiose nell'Italia moderna, 94, XXVIII-486 p.

5523. SAUZET (Robert). Mendiants et Réformes. Les réguliers mendiants acteurs du changement religieux dans le Royaume de France, 1480–1560. Tours, Publications de l'Université de Tours, 94, XXVI-252 p.

5524. TARIFA FERNÁNDEZ (Adela). Pobreza y asistencia social en la España moderna. La Confradía de San José y niõs expósitos de Ubeda (Siglos XVII y XVIII). Jaén, Instituto de estudios Giennenses, 94, 316 p.

5525. Unidivers salésien (L')? Saint François de Sales hier et aujourd'hui. Actes du Colloque international de Metz, 17–19 sept. 1992. Ed. par Hélène BORDES et Jacques HENNEQUIN. Paris, Champion, 94, 530 p.

5526. VEDOVATO (Giuseppe). Camaldoli e la sua congregazione dalle origini al 1184. Storia e documentazione. Cesena, Badia di S. Maria del Monte, 94, XXIV-338 p. (Pubblicazioni del centro storico benedettino italiano. Italia Benedettina, 13).

5527. VELASCO BAYÓN (Balbino). Historia del Carmelo español. III: Provincias de Castilla y Andalucia, 1536–1835. Roma, Istitutum Carmelitanum, 94, 712 p. (ill.).

e. Missioni.

5528. Lettere di P. Giovanni Piamaria e dei suoi corrispondenti. A cura di A. FAPPANI. Brescia, Queriniana, 94, XLVIII-926 p. (ill.).

5529. TOSTI (O.). Il padre Gian Crisostomo Salistri visitatore e commissario generale nel centro Europa. *Archivum Scholarum Piarum*, 94, 18, p. 117-164.

5530. VARESCHI (Severino). Martino Martini S. J. e il decreto del Sant'Ufficio nella questione dei riti cinesi (1655–56). *Archivium Historicum Societatis Iesu*, 94, 63, p. 209-260.

5531. WILLEKE (B. H.). Pedro Baptista Porres Tamago, O.F.M. (1571–1630), ein Missionar im Dienste der japanischen Kirche. *Archivium Franciscanum Historicum*, 94, 87, p. 65-128.

5532. YATES (Thimoty). Christian mission in the Twentieth Century. Cambridge, Cambridge U. P., 94, XVI-275 p.

§ 3. Chiesa ortodossa.

* 5533. BRIA (Ion). Dicţionar de teologie ortodoxa: A–Z. Tipărit cu binecuvîntarea prea fericitului părinte Teocrist, patriarhul bisericii Ortodoxie Române. Bucureşti, Editura Institutului Biblic şi de Misiune al Bisericii Ortodoxe Române, 94, 428 p.

5534. ALLEN (Joseph J.). Inner way. Eastern Christian spiritual direction. Grand Rapids, Eerdmans, 94, XIV-141 p.

5535. BESSE (J.B.). L'Église orthodoxe roumaine de Paris. Au coeur du Quartier Latin. Paris, DUC, 94, 165 p. (ill.).

5536. BULGAKOV (Sergei Vasil'evich). Pravoslavie: prazdniki i posty, bogosluzhenie, treby, raskoly, eresi, sekty, protivnye khristianstvu i pravoslaviiu ucheniia, zapadnye khristianskie veroispovedaniia: sobory vostochnoi, russkoi i zapadnoitserkvei: iz "Nastol'noi knigi dliasviashchenno-tserkovno-sluzhitelei". Moskva, "Sovremennik", 94, 575 p.

5537. Christianity and the Eastern Slavs. Vol. 2. Russian culture in modern times. Ed. by Robert P. HUGHES a. Irina PAPERNO. Berkeley a. London, University of California Press, 334 p. (California Slavic studies, 17).

5538. DAVIS (Nathaniel). A long walk to church. A contemporary history of Russian orthodoxy. Boulder, Westview Press, 94, 346 p.

5539. Ekklesia tes Hellados. The sacrament of holy baptism. The Greek text with a rendering in English. Wirral, Anargyroi, 94, 70 p. (Services of the Greek Orthodox Church).

5540. Gates of mystery. The art of holy Russia. Ed. by Roderick GRIERSON. Cambridge, Lutterworth Press, 94, 336 p. (ill.).

5541. GEORGE (K. M.). The silent roots: Orthodox perspectives on Christian spirituality. Geneva, WCC Publications, 94, XII-81p. (Risk book series, 63).

5542. General Menaion of the Orthodox Church (The). The Saint Seraphim's translations of the service books. Anargryroi Press for the Brotherhood of Saint Seraphim of Sarov, 94, 166 p.

5543. GIAKALIS (Ambrosios). Images of the divine in the Eastern Orthodox Church. The theology of icons at the Seventh Ecumenical Council With a foreword by Henry CHADWICK. Leiden, New York a. Köln, E. J. Brill, 94, 452 p. (Studies in the history of Christian thought, 54)

5544. MANTZARIDES (Georgios I.). Orthodox spiritual life. Brookline, Holy Cross Orthodox Press, 166 p.

5545. Morning and evening prayers of the Orthodox Church. The Saint Seraphim's translations of the service books. Wallasey, Anargyroi Press, 94, 24 p.

5546. MOUSALIMAS (S. A.). The transition from Shamanism to Russian Orthodoxy in Alaska. Providence, Berghahn Books, 94, VIII-254 p.

5547. Orthodox visions of ecumenism. Statements, messages and reports of the ecumenical movement, 1902–1992. Ed. by Gennadios LIMOURIS. Genève, WCC Publications, 94, XII-283 p.

5548. Pravoslavnaia tserkov i evrei: XIX–XX vv.: sbornik materialov k teologii mezhkonfessional'nogo dialoga. Moskva, Rudomino, Bog Edin, 94, 149 p.

5549. SHUL'TS (Sergei Sergeevich). Mladshii Khramy Sankt-Peterburga: istoriia i sovremennost'. Spravochnoe izdanie pod nauchnoi redaktsiei M.V. Shkarovskogo. Sankt-Peterburg, Glagol, 94, 320 p. (ill.).

5550. SPIDLIK (Tomas). L'idée russe. Une autre vision de l'homme. [S. l.], Editions Fates, 94, 394 p.

5551. Sosud izbrannyi: istoriia rossiiskikh dukhovnykh shkol v ranee ne publikovavshikhsia trudakh, pis'makh deiatelei Russkoi Pravoslavnoi Serkvi, a takzhe v sekretnykh dokumentakh rukovoditelei sovetskogo gosudarstva, 1888–1932. Sostavitel', avtor predisloviia, poslesloviia i komentariev Marina SKLIAROVA. Sankt-Peterburg, Izd-vo "Borei", 94, 452 p. (ill., facsims.).

5552. VUKŠIĆ (Tomo). Međusobni odnosi katolika i pravoslavaca u Bosni i Hercegovini: (1878–1903): povijesno-teološki prikaz. (The relations between the Catholics and the Orthodox in Bosnia and Herzegovina, 1878–1903: a historical and theological survey). Mostar, Teološki institut, 94, 373 p.

Cf. n°s 1206, 3819

§ 4. Protestantesimo.

* 5553. Archiv für Reformationsgeschichte. Beiheft Literaturbericht 1994. Beiheft Literaturbericht 1995. *Archiv für Reformationsgeschichte*, 94, 23, 114 p.

* 5554. BENZING (Josef). Lutherbibliographie. Verzeichnis der gedrückten Schriften Martin Luthers bis zu dessen Tod. Baden-Baden, Heitz, 94, 2 vol., [s. p.]. (Bibliotheca bibliographica Aureliana, 10, 16, 19, 143).

** 5555. FLOURNOY (Jacques). Journal 1675–1692. Ed. par Olivier FATIO, Michel GRANDJEAN et Louise Martin VAN BERCHEM. Genève, Publications de l'Association suisse pour l'histoire du refugé huguenot et Droz, 94, XLII-448 p.

5556. ADORNI-BRACCESI (Simonetta). «Una città infetta». La republica di Lucca nella crisi religiosa del Cinquecento. Firenze, Olschki, 94, 413 p.

5557. ASSEL (Heinrich). Der andere Aufbruch. Die Lutherrenaissance, Ursprünge, Aporien und Wege: Karl Holl, Emanuel Hirsch, Rudolf Hermann (1910–1935). Göttingen, Vandenhoeck & Ruprecht, 94, 528 p. (Forschungen zur systematischen und ökumenischen Theologie, 72).

5558. BARTH (Karl). Vorträge und kleinere Arbeiten 1925–1930. Hrsg. v. Hermann SCHMIDT. Zürich, Theologischer Verlag, 94, XX-609 p. (Karl Barth Gesamtausgabe. III, Vorträge und kleinere Arbeiten).

5559. BEINTKER (Michael). Schuld und Verstrickung in der Neuzeit. *In*: Sünde und Geschichte. [Cf. n° 5416], p. 219-234.

5560. BEYER (Franz-Heinrich). Eigenart und Wirkung des reformatorisch-polemischen Flugblatts im Zusammenhang der Publizistik der Reformationszeit. Frankfurt am Main, Berlin u. Bern, Lang, 94, 299 p. (ill.). (Mikrokosmos, 39).

5561. BONFIL (Robert). Jewish life in Renaissance Italy. Berkeley, Los Angeles a. London, University of California Press, 94, 320 p.

5562. BUSSER (Fritz). Die Prophezei: Humanismus und Reformation in Zürich. Ausgewählte Aufsätze und Vorträge zu seinem 70. Geburtstag am 12. Februar 1993. Hrsg. v. Alfred SCHINDLER. Frankfurt am Main, Berlin u. Bern, Lang, 94, 241 p.(ill.). (Zürcher Beiträge zur Reformationsgeschichte, 17).

5563. CAJETAN (Tommaso). Cajetan et Luther en 1518. Edition, traduction et commentaire des opuscules d'Augsbourg de Cajetan. Fribourg, Editions Universitaires, 94, 676 p. (Cahiers oecumeniques, 26).

5564. CALVIN (Jean). Opera exegetica. Vol. 15. Commentarii in secundam Pauli epistolam ad Corinthios. Edidit Helmut Feld. Genève, Droz, 94, LX-248 p. (Ioannis Calvini opera omnia denua recognita, II/15).

5565. Calvinism in Europe, 1540–1620. Ed. by Andrew PETTEGREE, Alastair DUKE a. Gilliand LEWIS. Cambridge, Cambridge U. P., 94, XII-283 p.

5566. CHEVALIER (Françoise). Prêcher sous l'édit de Nantes. La prédication réformée au XVIIe siècle en France. Préf. de Pierre CHAUNU. Paris, Labor et Fides, 94, 251 p. (Histoire et sociétés, 30).

5567. CHEVALLIER (Marjolaine). Pierre Poiret (1646–1719). Du protestantisme à la mystique. Genève, Labor et Fides, 94, 296 p. (ill. index). (Histoire et société).

5568. Christ entre Orthodoxie et Lumières (Le). Actes du Colloque tenu à Genève en août 1993. Ed. par Maria Cristina PITASSI. Genève, Droz, 94, 210 p.

5569. DOWEY (Edward A.).The knowledge of God in Calvin's theology. Grand Rapids, Eerdmans, 94, XVIII-283 p.

5570. EDWARDS (Mark. U.). Printing, propaganda and Martin Luther. Berkeley, Los Angeles a. London, University of California Press, 94, XII-225 p.

5571. FOX (R. V.). United Reformed Church Potters Bar. A history (1934 to 1994). Potters Bar, PBURC, 94, 39 p.

5572. GAMMONET (Étienne). Au Bouschet de Pranles. Étienne Durand et les siens. Un siècle de résistance protestante pacifique en Vivarais. Préface de Pierre BOLLE. Montpellier, Les Presses du Languedoc, 94, IV-150 p.

5573. GRANE (Leif). Martinus noster. Luther in the German reform movement, 1518–1521. Mainz, Zabern, 94, XII-326 p. (Veröffentlichungen des Instituts für Europäische Geschichte Mainz. Abteilung Religionsgeschichte, 155).

5574. GRIFFIN (Keith L.). Revolution and religion: American Revolutionary War and the Reformed clergy. New York, Paragon House, 94, 145 p.

5575. GUELZO (Allen C.). For the union of Evangelical Christendom. The irony of the Reformed Episcopalians. University Park, Pennsylvania State U. P., 94, XII-404 p. (ill.).

5576. HASSALL (Mollie). Luther. Studley, Brewin, 94, 28 p.

5577. HAUSER (Martin). Prophet und Bischof: Huldrych Zwinglis Amtsverständnis im Rahmen der Zürcher Reformation. Freiburg, Universitätsverlag, 94, 290 p. (Ökumenische Beihefte zur Freiburger Zeitschrift für Philosophie und Theologie, 21).

5578. HOBURG (Ralf). Seligkeit und Heilsgewissheit. Hermeneutik und Schriftauslegung bei Huldrych Zwingli bis 1522. Stuttgart, Calwer Verlag, 94, X-308 p. (Calwer theologische, 11).

5579. HOUSTON (R. A.). Elders and deacons. Membership of the consistory of the Scotch Church, Rotterdam (1643–1829) and the kirk session of Tolbooth parish, Edinburgh (1690–1760). *T. soc. gesch.*, 94, 20, p. 282-308.

5580. International Congress on Calvin. Calvinus Sacrae Scripturae professor. Calvin as confessor of Holy Scripture. Die Referate des Congrès International des Recherches Calviniennes, International Congress on Calvin Research, Internationalen Kongresses fur Calvinforschung, vom 20. bis 23. August 1990 in Grand Rapids. Hrsg. v. Wilhelm H. NEUSER. Grand Rapids, Eerdmans, 94, XIV-277 p.

5581. IWAŃCZAK (Wojciech). Babilon czy Jeruzalem. Praga w literaturze i propagandzie czasów husyckich. (Babylone ou Jérusalem. Prague dans la littérature et la propagande de l'époque hussite [XVe s.]). *Przegl. hist.*, 93 (94), 84, 3, p. 271-288. – IDEM. Hussite Prague in the political litterature and propaganda of the period [1ère moitié du XVe siécle]. *Acta Poloniae hist.*, 94, 70, p. 5-28.

5582. JANSE (Win). Albert Hardenberg als Theologe. Profil eines Bucer-Schüler. Leiden, New York a. Köln, E. J. Brill, 94, 608 p. (Studies in the History of the Christian Thought, 57).

5583. JANSEN (D.). Op zoek naar nieuwe zekerheid. Negentiende-eeuwse protestanten en het spiritisme. (Nineteenth-century Dutch protestants and the spiritualism). Amsterdam, Thesis, 94, 288 p. (Diss. Groningen).

5584. JANZ (Oliver). Bürger besonderer Art. Evangelische Pfarrer in Preußen 1850–1914. Berlin u. New York, de Gruyter, 94, XIV-615 p. (Veröffentlichungen der Historischen Kommission zu Berlin, 87).

5585. KIZIK (Edmund). Mennonici w Gdańsku, Elblągu i na Żuławach Wiślanych w drugiej połowie XVII i XVIII wieku. Studium z dziejów małej społeczności wyznaniowej. (Les mennonites à Gdańsk, à Elbląg et aux bas-fonds de la Vistule dans la seconde moitié du XVIIe et au XVIIIe siécles. Etude sur l'histoire d'une petite société cultuelle). Gdańsk, Wydawn. Morskie, 94, 267 p. (phot., dessins, cartes). (Gdańskie Tow. Nauk., Wydz. 1 Nauk Społ. i Humanist., Ser. Monografii, 95). [Deutsche Zsfassung].

5586. KLAUBER (Martin I.). Between reformed scholasticism and pan-Protestantism. Jean-Alphonse Turretin (1671–1737) and enlightened orthodoxy at the Academy of Geneva. Selinsgrove, Susquehanna U. P., 94, 244 p.

5587. KLEFFMANN (Tom). Die Erbsündenlehre in sprachtheologischem Horizont. Eine Interpretation Augustins, Luthers und Hamanns. Tübingen, Mohr, 94, VIII-396 p. (Beiträge zur historischen Theologie, 86).

5588. LADÁNYI (Sándor). Vázlatos történeti áttekintés a magyarországi (Esquisse historique du passé récent de l'église reformée de Hongrie). *Valóság*, 94, 37, 4, p. 3-30.

5589. Later Calvinism. International perspectives. Ed. by W. Fred GRAHAM. Kirksville, Sixteenth Century Journal Publisher, 94, XII-564 p. (Sixteenth Century essays and studies, 22).

5590. Martin Bucer: reforming church and community. Ed. by D. F. WRIGHT. Cambridge, Cambridge U. P., 94, XIV-195 p.

5591. MEISS (Klaus). Streit um die Lutherbibel. Sprachwissenschaftliche Untersuchungen zur neuhochdeutschen Standardisierung. Frankfurt am Main, Berlin u. Bern, Lang, 94, X-220 p.

5592. MOREAU (Jean-Pierre). Henry VIII et le schisme anglican. Paris, PUF, 94, 128 p.

5593. NAPHY (William G.). Calvin and the consolidation of the Genevan Reformation. Manchester, Manchester U. P., 94, X-272 p.

5594. *Vacat.*

5595. NIJENHUIS (W.) Ecclesia Reformata. Studies on Reformation. Volume II. Leiden, New York a. Köln, E. J. Brill, 94, XIII-325 p. (Kerkhistorische Bijdragen, 16).

5596. NISCHAN (Bodo). Prince, people and confession. The second reformation in Brandenburg. Philadelphia, University of Pennsylvania Press, 94, XII-366 p.

5597. PAWLAK (Marian). Reformacja i kontrreformacja w Elblągu w XVI–XVIII wieku. (La Réforme et la Contre-Réforme à Elbląg aux XVIe–XVIIIe siécles). Bydgoszcz, Wyższa Szkoła Pedagog., 94, 121 p. (phot., fig.). [Eng. summary, Deutsche Zsfassung].

5598. PESCH (Otto Hermann). Martin Luther, Thomas von Aquin und die reformatorische Kritik an der Scholastik. Zur Geschichte und Wirkungsgeschichte eines Mißverständnisses mit weltgeschichtlichen Folgen. Hamburg, Selbstverlag der Joachim-Jungius-Gesellschaft der Wissenschaften, 94, 82 p. (Berichte aus den Sitzungen der Joachim-Jungius-Gesellschaft der Wissenschaften, Jg. 12, 3).

5599. PETER (Rodolphe), GILMONT (Jean-François). Bibliotheca Calviniana. Les œuvres de Jean Calvin publiées au XVIe siècle. 2. Ecrits théologiques, littéraires et juridiques 1555–1564. Genève, Droz, 94, 622 p. (T. H. R., 281).

5600. PEURA (Simo). Mehr als ein Mensch? Die Vergöttlichung als Thema der Theologie Martin Luthers von 1513 bis 1519. Mainz, Zabern, 94, X-326 p.

5601. POT (O.). Une encyclopédie protestante autour de Simon Goulart. *Bibliothèque d'Humanisme et Renaissance*, 94, 56, 2, p. 475-494.

5602. Protestants français pendant la seconde guerre mondiale (Les). Actes du colloque de Paris (19–21 septembre 1992). Ed. par André ENCREVÉ et Jacques POUJOL. *Bulletin de la Société de l'histoire du Protestantisme français* (Supplément), 94, 3, 737 p.

5603. RABBIE (Edwin). An illegal manuscript copy of Hugo Grotius' Ordinum Hollandiae ac Westfrisiae Pietas (1613). *Nederlands Arch. Kerkgeschiedenis*, 94, 74, p. 162-171.

5604. ROOKE (Reginald). His candlestick and a light among them. A history of Great Chishill and Barley United Reformed Church. Royston, Rooke, 94, 60 p. – IDEM. His Him Lord of all. A history of Bassingbourn United Reformed Church. Royston, Rooke, 94, 41 p.

5605. SCHLICHT (Matthias). Luthers Vorlesung über Psalm 90. Überlieferung und Theologie. Göttingen, Vandenhoeck & Ruprecht, 94, 181 p. (Forschungen zur Kirchen- und Dogmengeschichte, 55).

5606. SCHMIDT-LAUBER (Gabriele). Luthers Vorlesung über den Romerbrief 1515/1516. Ein Vergleich zwischen Luthers Manuskript und den studentischen Nachschriften. Weimar, Wien u. Köln, Böhlau, 94, VIII-164 p. (Archiv zur Weimarer Ausgabe der Werke Martin Luthers, 6).

5607. SCHREINER (Susan Elizabeth). Where shall wisdom be found? Calvin's exegesis of Job from medieval and modern perspectives. Chicago, University of Chicago Press, 94, X-264 p.

5608. SCREECH (M. A.). Clément Marot: a Renaissance poet discovers the Gospel: Lutheranism, Fabrism and Calvinism in the Royal Courts of France and of Navarre and the Ducal Court Ferrara. Leiden, New York a. Köln, E. J. Brill, 94, 181 p. (Studies in Medieval and Reformation thought, 54).

5609. Sin and Calvinists. Morals controls and the Consistory in the Reformed tradition. Ed. by Raymond A. MENTZER. Kirksville, Sixteenth Century Journal Publisher, 94, X-208 p. (Sixteenth Century essays and studies, 32).

5610. SPEELMAN (Herman Anthonie). Calvijn en de zelfstandigheid van de kerk. Kampen, Kok, 94, 264 p.

5611. STEPHENS (William Peter). Zwingli. An introduction to his thought. Oxford, Clarendon Press, 94, XIV-174 p.

5612. TALANDIER (Catherine). Au-delà des murs. Les Eglises évangéliques d'Allemagne de l'Est, 1980–1993. Paris, Labor et Fides, 94, 209 p. (Histoire et société).

5613. TRIGG (Jonathan D.). Baptism in the theology of Martin Luther. Leiden, New York a. Köln, E. J. Brill, 94, 324 p. (Studies in the history of Christian thought, 56).

5614. VAN GELDEREN (J.), Veldman (R. H.). Schisma 1944 in geschriften. Bibliografie over de geschillen in de Gereformeerde kerken in Nederland (1936–1952). (Bibliography on the "Liberation" of 1944 in the "Gereformeerde kerken in Nederland", 1936–1952). Kampen, Kok, 94, 182 p.

5615. WALSHAM (Alexandra). "The fatall vesper": providentialism and anti-popery in late Jacobean London. *Past and Present*, 94, 144, p. 36-87.

5616. WHITE (Graham). Luther as nominalist: a study of the logical methods used in Martin Luther's disputations in the light of their medieval background. Helsinki, Luther-Agricola-Society, 94, 418 p. (Schriften der Luther-Agricola Gesellschaft, 30).

5617. World Alliance of Reformed Churches. General index 1875–1992. Ed. by Edmond PERRET. Genève, World Alliance of Reformed Churches, 94, XXXII-1993 p.

5618. WOUTERS (A. Ph. F.), ABELS (P. H. A. M.). Nieuw en ongezien. Kerk en samenleving in de classis Delft en Delfland 1572–1621. Boek 1. De nieuwe kerk. Boek 2. De Nieuwe samenleving. (The establishment and development of the reformed church in the classis Delft and Delfland, 1572–1621). Delft, Eburon, 94, 661 p., 543 p. (fig.). (Werker van de Vereniging voor Nederlandse kerkgeschiedenis, 1-2. Diss. Nijmegen).

5619. YAFFE (Aharon). Pe'ilut ha-mision ha ameriqani ... (The American mission in the Holy Land during the 19th century). *Cathedra*, 94, 73, p. 36-61 (ill.).

Cf. n[os] 4544, 5749

§ 5. Religioni e sette non cristiane.

** 5620. Processi del S. Uffizio di Venezia contro ebrei e giudaizzanti. Vol. 12. 1682–1734. A cura di Pier Cesare IOLY ZORATTINI. Firenze, Olschki, 94, 317 p. (Storia dell'ebraismo in Italia. Studi e testi, 16. Sezione veneta, 13).

5621. ASTON (Margaret). Corpus Christi and Corpus Regni: heresy and the peasants' revolt. *Past and Present*, 94, 143, p. 3-47.

5622. BATCHELOR (Stephen). The awakening of the West. The encounter of Buddhism and Western culture, 542 B.C.-1992. London, Aquarian, 94, XVI-416 p.

5623. BERCHOLZ (Samuel). Entering the stream. An introduction to the Buddha and his teachings. London, Rider, 94, XVIII-334 p. (ill.).

5624. BIONDI (A.), [et al.]. L'inquisizione e gli ebrei in Italia. A cura di Michele LUZZATI. Roma e Bari, Laterza, 94, XV-339 p. (Biblioteca di cultura moderna, 1066).

5625. BROWN (Brian Edward). The Buddha nature. A study of the tathagatagarbha and alayavijnana. Delhi, Motilal Banarsidass Publishers, 94, XXXVI-316 p. (Buddhist tradition series, 11).

5626. CESARANI (David). The Jewish chronicle and Anglo-Jewry, 1841–1991. Cambridge, Cambridge U. P., 94, XIV-329.

5627. Chrétiens, Musulmans et Juifs dans l'Espagne médiévale de la convergence à l'expulsion. Ed. par Ron BARKAI. Paris, Ed. du Cerf, 94, 333 p.

5628. CLANCY-SMITH (Julia). Rebel and saint, muslim notables, populist protest, colonial encounters (Algeria and Tunisia, 1800–1904). Los Angeles, University of California Press, 94, 370 p.

5629. CONSTABLE (Nicole). Christian souls and Chinese spirits. A Hakka community in Hong Kong. Berkeley a. London, University of California Press, 94, XVI-233 p. (8 p. of plates).

5630. CRANGLE (Edward Fitzpatrick). The origin and development of early Indian contemplative practices. Wiesbaden, Harrassowitz, 94, 314 p. (Studies in oriental religions, 29).

5631. DEN BOER (Harm), PRINS SALOMON (Herman). Haham David Nunes Torres (1660–1728), bezitter van het enig overgebleven exemplaar van Uriël de Costa's "Examen das tradiçoes fariseas". *Studia Rosenth.*, 94, 28, p. 10-98.

5632. DOOB SAKENFELD (Katherine). Listening to Asian voices. *Biblical interpretation.* 94, 2, p. 363-369.

5633. DUMOULIN (Heinrich). Zen Buddhism. A history. Vol. 1. India and China: with a new supplement on the Northern School of Chinese Zen. New York a. London, Simon & Schuster a. Macmillan, XXIV-387 p. (ill.). (Nanzan studies in religion and culture).

5634. ELLIS (Marc H.). Ending Auschwitz. The future of Jewish and Christian life. Louisville, Westminster/John Knox Press, 94, XII-162 p.

5635. Fundamentalism and gender. Ed. by John Stratton HAWLEY. New York a. Oxford, Oxford U. P., 94, VI-220 p.

5636. GARBE (D.). Zwischem Widerstand und Martyrium. Die Zeugen Jehovas im "Dritten Reich". München, Oldenburg, 94, 578 p.

5637. GEERTZ (Armin W.). The invention of prophecy. Continuity and meaning in Hopi Indian religion. Berkeley a. London, University of California Press, 94, XX-490 p. (ill.).

5638. GIBSON (Todd A.). The wild and the tame in Tibet. *History of religions,* 94, 34, p. 281-301.

5639. GOLDBERG (Harvey E.). Les jeux de Pourim et leurs déclinaisons à Tripoli. *Annales,* 94, 49, 5, p. 1183-1196.

5640. Himalayan Buddhist villages. Environment, resources, society and religious life in Zangskar, Ladakh. Ed. by John CROOK a. Henry OSMASTON. Bristol, University of Bristol, 94, 866 p. (plates, ill.).

5641. HOROWITZ (Elliot S.). The early eighteenth century confronts the beard. Kabbalah and Jewish self-fashioning. *Jewish History,* 94, 8, p. 95-115. – IDEM. Visages du judaïsme: de la barbe en monde juif et de l'élaboration de ses significations. *Annales,* 94, 49, 5, p. 1065-1090.

5642. IDEL (Moshe). Mystique juive et histoire juive. *Annales,* 94, 49, 5, p. 1223-1240.

5643. *Vacat.*

5644. IRWIN (Lee). The dream seekers. Native American visionary traditions of the Great Plains. London, University of Oklahoma Press, 94, XII-306 p. (The Civilization of the American Indian series, 213).

5645. Islam. A challenge for Christianity. Ed. by Hans KÜNG and Jürgen MOLTMANN. London, SCM Press, Orbis, 94, VIII-163 p. (Concilium, 3).

5646. ISRAEL (Jonathan). Lopo Ramirez (David Curiel) and the attempt to establish a Sephardi community in Antwerp in 1653–1654. *Studia Rosenth.*, 94, 28, p. 99-119.

5647. Japanese new religions in the West. Ed. by Peter B. CLARKE a. Jeffrey SOMERS. Sandgate, Folkestone, 94, X-167 p. (Japan Library).

5648. JENSEN (Robin M.). The offering of Isaac in jewish and christian tradition. *Biblical interpretation.* 94, 2, p. 85-110.

5649. Jewish Christians and Christian Jews: from the Renaissance to the Enlightenment. Ed. by Richard H. POPKIN and Gordon M. WEINER. Dordrecht a. London, Kluwer Academic, 94, VI-218 p. (Archives internationales d'histoire des idées / International archives of the history of ideas, 138)

5650. Jews and Christians speak of Jesus. Ed. by Arthur E. ZANNONI. Minneapolis, Fortress, 94, XIV-191 p.

5651. KAHN (Dominique-Sila). Duex rites tantriques dans une communauté d'intouchable au Rajasthan. *Revue de l'histoire des religions,* 94, 211, p. 443-462.

5652. KAPLAN (Yosef). Wayward new Christians and stubborn new Jews: the shaping of a Jewish identity. *Jewish History,* 94, 8, 1-2, p. 27-42.

5653. KATZ (David S.). Christian and Jew in early modern English Perspective. *Jewish History,* 94, 8, 1-2, p. 55-72.

5654. KELSANG GYATSO (Geshe). Tantric grounds and paths. How to begin, progress on, and complete the Vajrayana path. London, Tharpa, 94, VIII-272 p.

5655. KENBIB (Mohammed). Juifs et musulmans au Maroc, 1859–1948. Contribution à l'histoire des relations inter-communautaires en terre d'Islam. Préf. de Jean-Baptiste DUROSELLE. Rabat, Université Mohammed V, Faculté des Lettres et des Sciences Humaines, 94, 760 p. (Thèses et Mémoires, 21).

5656. KHOURY (Adel-Theodor). Christen unterm Halbmond: religiöse Minderheiten unter der Herrschaft des Islam. Freiburg im Breisgau, Herder, 94, 155 p.

5657. LEMOINE (M.). Abélard et les juifs. *Revue des études juives*, 94, 153, p. 253-267.

5658. LINCON (Bruce). A Lakota sun dance and the problematics of sociocosmic reunion. *History of religions*, 94, 34, p. 1-14.

5659. LIU (Xinru). Ancient India and ancient China: trade and religious exchanges, AD 1–600. Delhi, Oxford U. P., 94, 231 p. (ill.) (Oxford India paperbacks).

5660. LOEWE (Michael). Ways to paradise: the Chinese quest for immortality. Taipei, SMC, 94, XIV-270 p. (plates a. ill.).

5661. MAC WILLIAMS (Mark). Buddhist pilgrim/ buddhist exile. *History of religions*, 94, 34, p. 303-328.

5662. MAIER (Johan). Sühne und Vergebung in der jüdischen Liturgie. *In*: Sünde und Geschichte [Cf. n° 5416], p. 145-174.

5663. MARCUS (Ivan G.). Une communauté pieuse et le doute: mourir pour la Sanctification du Nom (Quiddouch ha-Chem) en Achkenaz (Europe du Nord) et l'histoire de rabbi Amnon de Mayence. *Annales*, 94, 49, 5, p. 1031-1048.

5664. MURPHY (Joseph M.). Working the spirit. Ceremonies of the African diaspora. Boston, Beacon Press, 94, 263 p.

5665. NAHON (G.). La nation juive portugaise en France au XVIème-XVIIIème: espace et pouvoir. *Revue des études juives*, 94, 153, p. 353-382.

5666. NAUMANN (Nelly). Religionen Abschnitt 1: Die einheimische Religion Japans. Teil 2. Synkretistische Lehren und religiose Entwicklungen von der Kamakura- bis zum Beginn der Edo-Zeit. Leiden, New York a. Köln, E. J. Brill, 94, X-264 p. (Handbuch der Orientalistik, 5/4).

5667. NIVEDITA (Sister). Hindus and Buddhists. London, Senate, 94, 425 p. (Myths and legends).

5668. OKANO (Masazumi). Kodo Kyodan. A modern Japanese lay Buddhist movement: a sociological analysis. [S. l.], [s. n.], 94, VIII-389 p.

5669. Osho. Heartbeat of the absolute. Discourses on the Ishavasya Upanishad. Shaftesbury, Element, 94, 321 p.

5670. PENTH (Hans). Jinakalamali index. An annotated index to the Thailand part of Ratanapanna's Chronicle Jinakalamali. Oxford, Pali Text Society, 94, XX-358 p.

5671. PEUKER (P.M.). Das Diarium von Nikolaus Ludwig Graf von Zinzendorf, geschrieben während seiner Reise durch die Niederlande 1736. *Nederlands Arch. Kerkegeschiedenis*, 94, 74, p. 72-122.

5672. PHOUGIAS (Methodios G.). To Helleniko hypovathro tou Islamismou. Athena, "Nea Synora", Ekdotikos Organismos Livane, 94, 267 p (ill. maps).

5673. POWELL (Andrew). Living buddhism. London, British Museum, 94, 200 p. (ill.).

5674. Questione ebraica dall'illuminismo all'impero (La), 1700–1815. Atti del Convegno della Società italiana di studi sul secolo XIII. Roma, 25–26 maggio 1992. A cura di Paolo ALATRI e Silvia GRASSI. Napoli, Edizioni scientifiche italiane, 94, XIII-293 p. (Pubblicazioni del Dipartimento di scienze storiche dell'Università degli studi di Perugia, 2).

5675. Religion and education. Islamic and Christian approaches. Ed. by Syed Ali ASHRAF, Paul H. HIRST. Cambridge, Islamic Academy, 94, XIV-238 p. (Religion and education series).

5676. Religion in Africa. Experience and expression. Ed. by Thomas D. BLAKELY, Walter E.A. VAN BEEK, Dennis L. THOMSON. London, Currey, 94, XVI-512 p. (ill. a. maps). (Monograph series of the David M. Kennedy Center for International Studies at Brigham Young University, 4).

5677. RENDTORFF (Ralf). Israel, die Völker und die Kirche. *Kirche und Israel*, 94, 9, p. 126-137.

5678. SHAHAK (Israel). Jewish history, Jewish religion. The weight of three thousand years. London, Pluto Press, 94, VIII-127 p. (Pluto Middle Eastern series).

5679. SHAPIRA (Abraham). Historische Gedächtnis und Utopie bei Gershom Sholem. *Kirche und Israel*, 94, 9, p. 107-125.

5680. SHAW (Miranda Eberle), Passionate enlightenment. Women in Tantric Buddhism. Princeton, Princeton U. P., 94, XIV-291 p. (ill.).

5681. STRENG (Toos). "Joden-kwesties" in Nederland rond 1870. Humaniteit, moderniteit en Nederlanderschap. (The discrimination of the Jews ca. 1870. Humanity, modernity and Dutch nationality). *Studia Rosenth.*, 94, 62, p. 156-176.

5682. SUBHUTI (Dharmachari). Sangharakshita. A new voice in the Buddhist tradition. Birmingham, Windhorse, 94, 324 p.

5683. SWEARER (Donald K.). Hypostasizing the Buddha. The Buddha image consecration in the northern Thailand. *History of religions*, 94, 34, p. 263-280.

5684. TURNER (Bryan Stanley). Orientalism, postmodernism and globalism. London a. New York, Routledge, 94, XII-228 p. (ill.).

5685. VAN GORKOM (Nina). The Buddha's path. London, Triple Gem, 94, 156 p.

5686. VASOLI (Cesare). La tradizione cabalistica e l'esperienza religiosa cristiana del Rinascimento. *Italia*, 94, 11, p. 11-35.

5687. YASSIF (Eli). Entre culture populaire et culture savante. Les exempla dans le Sefer Hassidim. *Annales*, 94, 49, 5, p. 1197-1222.

Cf. n°s 905, 5075, 5082

M

STORIA DELLA CULTURA NELL'ETÀ MODERNA

§ 1. Opere generali. 5688-5816. – § 2. Accademie ed istituti di cultura. 5817-5840. – § 3. Pedagogia ed insegnamento. 5841-5909. – § 4. Stampa ed editoria. 5910-5980. – § 5. Filosofia. 5981-6143. – § 6. Scienze esatte, tecnica, scienze naturali e medicina. 6144-6275. – § 7. Letteratura (*a*. Opere generali; *b*. Rinascimento; *c*. Classicismo; *d*. Romanticismo ed età contemporanea). 6276-6465. – § 8. Arti ed arti applicate (*a*. Opere generali; *b*. Architettura; *c*. Scultura, pittura, stampe e disegni; *d*. Arti applicate ed arti popolari). 6466-6604. – § 9. Musica, teatro, cinema, radio e televisione. 6605-6719.

§ 1. Opere generali.

* 5688. CONLON (Pierre M.). Le siècle des lumières: bibliographie chronologique. Tom. 13. 1716–1763. Genève, Droz, 94, 482 p. (Histoire des idées et critique littéraire, 333)

* 5689. Dictionnaire critique de la sociologie. Ed. par Raymond BOUDON. Paris, PUF, 94, XVIII-714 p.

* 5690. GARFAGNINI (Giancarlo). Bibliografia italiana di studi sull'Umanesimo ed il Rinascimento 1992. Firenze, Olschki, 94, VI-230 p. ("Rinascimento", XXXIII. Supplemento).

** 5691. CAPPONI (Gino), VIEUSSEUX (Gian Pietro). Carteggio. Vol. 1. 1821–1833. A cura di Aglaia PAOLETTI. Firenze, Fondazione Spadolini-Nuova antologia e Le Monnier, 94, VIII-203 p. (Centro di studi sulla civiltà toscana fra '800 e '900, 2).

** 5692. Correspondance de Théodore de Bèze. Vol. 17. (1576). Ed. par Alain DUFOUR, Béatrice NICOLLIER et Reinhard BODENMANN. Genève, Droz, 94, XX-303 p.

5693. AMALVI (Christian). Les personnages exemplaires du passé proposés à l'admiration de la jeunesse dans les livres de lecture et de prix de 1814 à 1914. *Revue française d'histoire du livre*, 94, 63, 84-85, p. 241-258.

5694. AMES (Roger T.). The art of ruling. A study of ancient Chinese political thought. Albany, State University of New York Press, 94, XXVI-278 p.

5695. ARON (Daniel). American notes. Selected essays. Boston, Northestearn U. P., 94, XXXVII-330 p.

5696. BADINI CONFALONIERI (Luca). Immagini di Robespierre negli scritti di Manzoni. *Intersezioni*, 94, 14, 3, p. 415-434.

5697. BAXTER (Richard). A holy commonwealth. New York, Cambridge U. P., 94, XXXII-254 p.

5698. BENZONI (Gino). Cultura umanistica e cultura universitaria a Padova e Venezia tra fine '400 e primi '500. Qualche appunto e qualche spunto. *Studi veneziani*, 94, 27, p. 41-77.

5699. BETHMANN (Anke), DONGOWSKI (Gerhard). Adolph Freiherr Knigge an der Schwelle zur Moderne. Ein Beitrag zur politischen Ideengeschichte der deutschen Spätaufklärung. Hannover, Hahn, 94, 149 p. (Quellen und Darstellungen zur Geschichte Niedersachsens, 112).

5700. BOTSCH (Elisabeth). La Révolution française et le transfert culturel politique: la Terreur à travers les textes révolutionnaires traduits en allemand 1789–1799. *Francia*, 94, 20, 2, p. 109-132.

5701. BOUDON (Raymond). D'où viennent les valeurs morale? Le difficile mariage de la morale et des sciences humaines. *Analyses de la S.E.D.E.I.S.*, 94, 102, p. 1-8. – IDEM. Durkheim et Weber: convergences de méthode. *In:* Durkheim et Weber [Cf. n° 5726], p. 99-122. – IDEM. La logique des sentiments moraux. *L'année sociologique*, 94, 44, p. 19-51.

5702. BRANCA-ROSOFF (Sonia), SCHNEIDER (Nathalie). L'écriture des citoyens. Une analyse linguistique de l'écriture des peu lettrés pendant la période révolutionnaire. Paris, Klincksieck, 94, 306 p.

5703. BRENNAN (Teresa). History after Lacan. London a. New York, Routledge, 94, XVI-240 p. (bibl., index).

5704. BROCHAND (Christian). Histoire générale de la radio et de la télévision en France. Tome 1. 1921–1944. Tome 2. 1944–1974. Paris, la Documentation française, 94, 692 p., 690 p.

5705. BURKE (Peter). Popular culture in early modern Europe. Aldershot, Scholar Press, 94, XXVII-377 p.

5706. BURTON (Antoinette). Burdens of history. British feminists, Indian women, and imperial culture, 1865–1915. Chapell Hill, University of North Carolina Press, 94, XI-301 p. (paper).

5707. BUSINO (Giovanni). Qu'est-ce qu'une identité reconstructive? In: Nos identités [Cf. n° 5778], p. 37-39.

5708. BUTLER (Christopher). Early modernism. Literature, music, painting in Europe, 1900–1916. Oxford, Clarendon Press, 94, XIII-318 p.

5709. CABANIS (José). Dieu et la N. R. F. [Nouvelle revue française], 1909–1949. Paris, Gallimard, 94, 311 p.

5710. CAÏN (Jacques). L'incohérent, l'inachevé, le plaisir. Paris, Presses Universitaire de France, 94, 190 p. (Le fait psychanalytique).

5711. CANZIANI (Guido). Filosofia e religione nella letteratura clandestina dei secoli XVII e XVIII. Milano, Angeli, 94, 520 p.

5712. CENGIAROTTI (Giuseppe). Il teatro e il labirinto. Saggio sulle radici praghesi di Comenio. Venezia, Il Cardo, 94, 123 p.

5713. Classical tradition and the Americas. Vol. 1. European images of the Americas and the classical tradition. Part. 1. Ed. by Wolfgang HAASE a. Reinhold MEYER. Berlin a. New York, de Gruyter, 94, XXXVIII-681 p.

5714. CLERC (Denis). Déchiffrer l'économie. Paris, Syros, 94, 427 p.

5715. CLOUT (Hugh). Autour de Paul Vidal de la Blache. *Ecumene*, 94, 1, p. 197-200.

5716. COLE (Joshua). The chaos of particulars facts. Statistics, medicine and the social body in early 19th century France. *History of human science*, 94, 7, p. 1-28.

5717. COLOMBO (Arrigo). Il crollo del comunismo sovietico e la ripresa dell'utopia. Bari, Dedalo, 94, 490 p. (Nuova biblioteca Dedalo).

5718. Commercium litterarium. La communication dans la République des Lettres. Forms of communication in the Republic of Letters. 1600–1750. Conférences des colloques tenus à Paris 1992 et a Nimègue 1993. Ed. par H. BOTS et F. WAQUET. Maarssen, Academic Publishers Associated et Amsterdam, Holland U. P., 94, XII-333 p. (Etudes de l'Institut Pierre Bayle, 25).

5719. CONNIFF (James). The useful cobbler. Edmund Burke and the politics of progress. Albany, SUNY Press, 94, VIII-364 p.

5720. CUTINELLI-RÈNDINA (Emanuele). Rassegna di studi sulle opere politiche e storiche di Niccolò Machiavelli (1969–1992). *Lettere italiane*, 94, 35, p. 123-172.

5721. DE SILVA (A.). La "Utopia" de Moro y la crisis postmoderna. *Anuario de Historia de la Iglesia*, 94, 3, 203-35.

5722. DELAUNAY (Jean-Marc). Des palais en Espagne. L'école des hautes études hispaniques et la Casa de Velazquez au cœur des relations franco-espagnoles du XXe siècle (1898–1979). Madrid, Bibliothèque de la Casa de Velazquez, 94, 670 p.

5723. DESMET-GRÉGOIRE (Hélène). Le «divan» magique: l'Orient turc en France au XVIIIe siècle. Paris, l'Harmattan, 94, 260 p.

5724. DIATKINE (René). L'enfant dans l'adulte ou L'éternelle capacité de rêverie. Neuchâtel et Paris, Delachaux et Niestlé, 94, 398 p. (ill.). (Champs psychanalytiques).

5725. DUNN (Susan). The deaths of Louis XVI. Regicide and the French political imagination. Princeton, Princeton U. P., 94, XIII-178 p. (Literature in history).

5726. Durkheim et Weber. Vers la fin des malentendus?. Actes du symposium "Durkheim-Weber" organisé par l'Association internationale des sociologues de langue française et par la faculté des sciences sociales de l'Université de Strasbourg 2, les 8 et 9 avril 1991. Ed. par Monique HIRSCHHORN et Jacques COENEN-HUTHER. Paris, L'Harmattan, 94, 239 p. [Cf. n° <sélection> 5701.]

5727. ECSEDY (Judit). Cirill betűs könyvnyomtatás a 17. századi Erdélyben. (L'imprimerie cyrillique en Transylvanie au XVIIIe siècle). *Magy. könyvszle.*, 94, 110, 3, p. 155-176.

5728. ELDRIGE (Larry D.). A distant heritage. The growth of the free speech in early America. New York, New York U. P., 94, XVI-198 p. (bibl., index).

5729. FEDERN (Ernst). Témoin de la psychanalyse: de Vienne à Vienne via Buchenwald et les Etats-Unis. Paris, PUF, 94, XVII-340 p. (Histoire de la psychanalyse).

5730. FEEST (Christian F.). Europa und die Indianer: Anmerkungen zu einer langen Geschichte. *Tendenzen. Jahrbuch des Übersee-Museums*, 94, 3, p. 101-137.

5731. FOX (Robin). The challenge of anthropology. Old encounters and new excursions. New Brunswick a. London, Transaction, 94, XVI-431 p. (ill.).

5732. FREISSE (Genèviene). Reason's muse. Sexual difference and the birth of democracy. Chicago, University of Chicago Press, 94, XVII-208 p. (Women in culture series).

5733. FRITSCH (Bruno). Mensch, Umwelt, Wissen: evolutionsgeschichtliche Aspekte des Umweltproblems. Zürich u. Stuttgart, Teubner, 94, XIII-442 p.

5734. FUMAROLI (Marc). La diplomatie de l'esprit: de Montaigne à La Fontaine. Paris, Hermann, 94, XXXII-552 p.

5735. GALBRAITH (John Kenneth). A journey through economic time. A firsthand view. Boston a. New York, Houghton Mifflin Company, 94, XIII-255 p.

5736. GASCOIGNE (John). Joseph Banks and the English enlightenment. Useful knowledge and polite culture. Cambridge, Cambridge U. P., 94, XI-324 p.

5737. GIARRIZZO (Giuseppe). Massoneria e illuminismo nell'Europa del Settecento. Venezia, Marsilio, 94, 529 p. (ill., tav.). (Saggi Marsilio. Storia e scienze sociali).

5738. GOETSCHEL (Pascale), LOYER (Emmanuelle). Histoire culturelle et intellectuelle de la France au XX siècle. Paris, Armand Colin, 94, 187 p. (bibl). (Collection Cursus).

5739. GOODMAN (Dena). The republic of letters. A cultural history of the French Enlightenment. Ithaca, Cornell U. P., 94, XII-338 p.

5740. GRAFTON (Anthony). Come gli Antichi divennero classici. In: Storia d'Europa. Vol. 2. Preistoria e antichità [Cf. n° 907], p. 1371-1414.

5741. GREEN (André). Un psychanalyste engagé. Conversations avec Manuel Macias. Paris, Calmann-Lévy, 94, 232 p.

5742. GRELL (Chantal). Nature et antiquité dans la France des Lumières. *Philosophie politique*, 94, 6, p. 99-124.

5743. GRENVILLE (John Ashley Soames). A history of the world in the twentieth century. Cambridge, The Belknap Press of Harvard U. P., 94, XVIII-973 p. (ill.).

5744. GROSS (Richard D.). Themes, issues and debates in psychology. London, Hodder e. Stoughton, 94, VIII-344 p. (ill.).

5745. GUTTMANN (Allen). Games and empires. Modern sports and cultural imperialism. New York, Columbia U. P., 94, X-275 p.

5746. HALLYN (Fernand). Le sens des formes. Etudes sur la Renaissance. Genève, Droz, 94, 306 p. (ill.). (Romanica Gandensia, 23).

5747. HESS (H. J.), NAGEL (F.). The edition of collected papers. A one-off performance or a permanent service? *Physis*, 94, 31, p. 322-327.

5748. HOERNER (Jean-Michel). Je philosophe, donc je géographe. Perpignan, Presses Universitaires de Perpignan, 94, 162 p. (ill. et cartes). (Collection études / Presses Universitaires de Perpignan, 14).

5749. HÜBINGER (Gangolf). Kulturprotestantismus und Politik. Zum Verhältnis von Liberalismus und Protestantismus im wilhelminischen Deutschland. Tübingen, J. C. B. Mohr, 94, XII-347 p.

5750. Implicit understandings. Observing, reporting, and reflecting on the encounters between Europeans and other peoples in the early modern era. Ed. by Stuart B. SCHWARTZ. Cambridge, Cambridge U. P., 94, XV-637 p. (Studies in comparative early modern history).

5751. Intellectuels engagés d'une guerre à l'autre. Actes de la Table ronde du 18 novembre 1993 préparatoire au Colloque «Les dictionnaires biographiques du mouvement ouvrier», Paris, 22–24 novembre 1993. *Cahiers de l'Institute d'histoire du temps présent*, 94, 26, 274 p. [Cf. n° <sélection> 5923.]

5752. International conference on the occasion of the seventeenth birthday of Yuri Mikhailovich Lotman (1992: Stoke-on-Trent). Structure and tradition in Russian society. Ed. by Robert REID [et al.]. Helsinki, Dept. of Slavonic languages, University of Helsinki, 94, VIII-196 p. (Slavica Helsingensia, 14).

5753. Jacques Bouveresse: parcours d'un combattant. *Critique* (numéro spécial), 94, 567-568, p. 547-735. (bibl.).

5754. JONARD (Norbert). La France et l'Italie au siècle des Lumières: essai sur les échanges intellectuels. Paris, Champion, 94, 197 p.

5755. JOUHAUD (Christian). Sur le statut d'homme de lettres au XVIIe siècle. La correspondance de Jean Chapelain (1595-1674). *Annales*, 94, 49, 2, p. 311-348.

5756. KALLIO (Veikko). Finland: a cultural outline. Porvoo, WSOY, 94, 214 p. (ill.).

5757. KILANI (Mondher). L'invention de l'autre. Essais sur le discours anthropologique. Lausanne, Payot, 94, 318 p. (ill.). (Sciences humaines).

5758. KONDAKOV (I. V.). Vvedenie v istoriyu russkoy kul'tury: Teoreticheskiy ocherk: Ucheb. posobie dlya vuzov. (An introduction to the history of Russian culture: A theoretical essay). Moskva, Nauka, 94, 378 p. (bibl.). (Programma: "Obnovlenie gumanitarnogo obrazovaniya v Rossii").

5759. KROTZ (Stefan). Kulturelle Andersheit zwischen Utopie und Wissenschaft. Ein Beitrag zu Genese, Entwicklung und Neuorientierung der Anthropologie. Frankfurt am Main, Berlin u. Bern, Lang, 94, 397 p. (Europäische Hochschulschriften. XX/420).

5760. KURÁNYI (Éva). Magyar-lengyel kulturális és egyetemi kapcsolatok a 19. század első felében. (Relations culturelles et universitaires Hongaro-polonaises à la première moitié du XIXe siècle). *Levéltári szle.*, 94, 44, 2, p. 19-28.

5761. Laboratoires et réseaux de diffusion des idées en Belgique (XIXe-XXe siècle). (Laboratories and networks of diffusion of ideas en Belgique (XIXth–XXth centuries)). Ed. par Ginette KURGAN-VAN HENTENRYK. Bruxelles, Université de Bruxelles, 94, 136 p. (Faculte de Philosophie et Lettres, CIV histoire).

5762. LANGER (Sandra). Bouveresse anthropologue. *Critique*, 94, 567-568, p. 561-576.

5763. LINDEMAN (R.), SCHERF (Y.), DEKKER (R. M.). reisverslagen van Noord-Nederlaners van de zestiende tot begin neentiende eeuw. Een chronologische lijst. (Dutch travel reports from the 16th to the beginning of the 19th-century. A chronological list). Haarlem, Stichting Egodocumentem, 94, 218 p.

5764. MAC CLURE (Charles R.) a. Moen (William). Libraries and the Internet. Perspectives, issues and challenges. Westport, Mecklermedia, 94, XIV-516 p.

5765. MAC ILVEEN (Robin). Talking points in psychology. London, Hodder and Stoughton, 94, 90 p.

5766. MASSON (Olivier). Le faussaire grec C. Simonides à Paris en 1854, avec deux lettres inconnues de Sainte-Beuve et un récit du comte de Marcellus. *Journal des savants*, 94, juil.–déc., p. 367-379.

5767. MATHEWS (Georges). L'avenir de la population mondiale. Quand les perspectives officielles se trompent lourdement. *Futuribles*, 94, 190, p. 45-65.

5768. MATLES (David). Moral geography in Broadland. *Ecumene*, 94, 1, p. 127-56.

5769. MERLIN (Hélène). Langue et souveraineté en France au XVIIe siècle. La production autonome d'un corps de langage. *Annales*, 94, 49, 2, p. 369-394.

5770. Middling sort of people (The). Culture, society and politics in England, 1550–1800. Ed. by Jonathan BARRY a. Christopher BROOKS. New York, St. Martin's Press, VI-282 p.

5771. MIKKELI (Heikki). Euroopan idea: Euroopaatteen ja euroopalaisuuden pitkä historia. (The European idea: a long history of the European spirit and Europeanism). Helsinki, Suomen historiallinen seura, 94, 208 p.

5772. MILLER (Peter N.). Defining the common good. Empire, religion and philosophy in eighteenth-century Britain. Cambridge, Cambridge U. P., 94, XII-472 p. (Ideas in context, 29).

5773. MONNIER (Victor). Matériaux pour servir à la biographie de William E. Rappard (1883–1958). Genève, Institut universitaire de hautes études internationales, 94, IV-755 p.

5774. MORYAKOV (V. I.). Russkoe prosvetitel'stvo vtoroy poloviny XVIII veka (Russian enlightenment in the 2nd half of the XVIIIth century). Moskva, Izd. Mosk. un-ta, 94, 216 p. (bibl.).

5775. MUCHEMBLED (Robert). L'invention de l'homme moderne: culture et sensibilités en France du XVe au XVIIIe siècles. Paris, Hachette, 94, 517 p.

5776. MÜLLER (Bertrand). Critique bibliographique et construction disciplinaire: l'invention d'un savoir-faire. *Genèses*, 94, 14, p. 105-123.

5777. NOLAN (Mary). Visions of modernity. American business and the modernization of Germany. New York, Oxford U. P., 94, XI-324 p.

5778. Nos identités. Textes des conférences et des entretiens organisés par les trente-quatrièmes Rencontres internationales de Genève 1993. Ed. par Yves BONNEFOY. Boudry-Neuchãatel, La Baconnière, 94, 320 p. (ill.). (Histoire et société d'aujourd'hui). [Cf. n° <sélection> 5707.]

5779. PARKHURST FERGUSON (Priscilla). Paris as revolution. Writing the nineteenth-century city. Berkeley a. Los Angeles, University of California Press, 94, XIV-261 p.

5780. PAVLINOVIĆ (Mihovil). Misao hrvatska i misao srbska u Dalmaciji: od godine 1848 do godine 1882. (Croatian and Serbian thought in Dalmatia between the years 1848 and 1882). Split, Laus, 94, 121 p.

5781. PLATT (Jennifer). The Chicago school and first-hand data. *History of human science*, 94, 7, p. 57-80.

5782. PRÉVOST (Claude-Marcel). La psychologie fondamentale. Paris, PUF, 94, 127 p. (Que sais-je? 2835).

5783. PUPPI (L.). Nel mito di Venezia. Autocoscienza urbana e costruzione delle immagini: saggi di lettura. Venezia, Il Cardo, 94, 111 p.

5784. Rationalité reconstruite et les sciences du salmigondis historique (La). Ed. par Giovanni BUSINO. Genève et Paris, Droz, 94, 214 p. (Cahiers Vilfredo Pareto, 98).

5785. Renaissance in Scotland (The). Studies in literature, history and culture offered to John Durkan. Ed. by Alasdair A. MAC DONALD, Michael LYNCH a. Ian B. COWAN. Leiden, New York a. Köln, E. J. Brill, 94, XXIV-428 p. (Brill's studies in intellectual history, 54).

5786. Republicanism, liberty, and commercial society, 1649–1776. Ed. by David WOOTTON. Stanford, Stanford U. P., 94, VIII-497 p.

5787. Responsabilité sociale de l'historien (La). *Diogène* (numéro spécial), 94, 168, 107 p. [Contiene: François BÉDARIDA, Praxis historienne et responsabilité, p. 3-8. – Paul RICOEUR, Histoire et réthorique, p. 9-26. – Christian MEIER, Science et responsabilité de l'historien, p. 27-42. – Enrique FLORESCANO, La fonction sociale de l'histoire, p. 43-51. – Eric J. HOBSBAWM, L'historien entre la quête d'universalité et la quête d'identité, p. 52- 66. – Aaron I. GOURÉVITCH, La double responsabilité de l'historien, p. 67-87. – Nicola GALLERANO, Histoire et usage public de l'histoire, p. 87-106. – Notices bio-bibliographiques, p. 107].

5788. ROMANO (Sergio). Finis Italiae. Declino e morte dell'ideologia risorgimentale: perché gli italiani si odiano. Milano, All'insegna del pesce d'oro, 94, 59 p.

5789. Rue d'Ulm [à Paris], chroniques de la vie normalienne. Ed. par Alain PEYREFITTE. Ed. du bicentenaire. Paris, Fayard, 94, 651 p. (ill.).

5790. SCARTEZZINI (Riccardo), GUIDI (Roberto), ZACCARIA (Anna Maria). Tra due mondi. L'avventura americana tra i migranti italiani di fine secolo: un approccio analitico. Milano, Angeli, 94, 281 p. (Sociologia urbana e rurale. Sez. 2. Ricerche, 16).

5791. SCHEIBLING (Jacques). Qu'est-ce que la géographie? Paris, Hachette, 94, 199 p. (ill.). (Carré: Géographie, 1).

5792. SCHWARTZ (Daniel). Le jeu de la science et du hasard. La statistique et le vivant. Paris, Flammarion, 94, VIII-111 p. (ill.).

5793. SELBMANN (Rolf). Versteinerte Poesie oder Verkehrshindernis? Zur Geschichte der Dichterdenkmäler in Deutschland. *Archiv für Kulturgeschichte*, 94, 76, p. 365-388.

5794. SERRÃO (Joaquim Veríssimo). Figuras e caminhos do Renascimento em Portugal. Lisboa, Impr. Nac. Casa da Moeda, 94, 476 p. (bibl.). (Temas portugueses).

5795. SÈVE (Lucien). Pour une critique de la raison bioéthique. Paris, Jacob, 94, 418 p.

5796. SHAPIN (Steven). A social history of truth. Civility and science in seventeenth-century England. Chicago, University of Chicago Press, 94, XXXI-483 p. (Science and its conceptual foundations).

5797. SILVA (V. M. Aguiar e). Camões: Labirintos e Fascínios. Lisboa, Cotovia, 94, 246 p.

5798. SIRINELLI (Jean-François). Génération intellectuelle: khâgneux et normaliens dans l'entre-deux-guerres. Thèse Lettres, Paris X, 1986. Paris, PUF, 94, 720 p.

5799. SŁUPECKI (Leszek Paweł). Archeologia polska w latach 1939-1989. Rozwój myśli i metod. Konferencja w IAE PAN [Instytucie Archeologii i Etnologii Polskiej Akademii Nauk]. (Archéologie polonaise dans les années 1939-1989. Le développement de la pensée et des méthodes. Conférence tenue à IAE PAN [Institut d'Archéologie et d'Ethnologie de l'Académie Polonaise des Sciences]). *Kwart. Hist. Kult. mater.*, 94, 42, 2, p. 278-288.

5800. SMAIL (John). The origins of middle-class culture. Halifax, Yorkshire, 1660-1780. Ithaca, Cornell U. P., 94, 296 p.

5801. SMELSER (Neil J.). Sociology. Cambridge a. Oxford, Blackwell, 94, XII-388 p. (Contemporary social sciences, 1).

5802. ŚRÓDKA (Andrzej). Uczeni polscy XIX-XX stulecia. (Les savants polonais des XIXe-XXe siècles). T. 1. A-G. Warszawa, Aries, 94, 622 p. (phot., fig.).

5803. SUTTON (Robert P.). Les Icariens: the utopian dream in Europe and America. Urbana, University of Illinois Press, 94, XIV-199 p. (Statue of Liberty-Ellis Island Centennial Series).

5804. SZEGEDY-MASZÁK (Mihály). Conservatism, modernity, and populism in Hungarian culture. *Hung. stud.*, 94, 9, 1-2, p. 15-37.

5805. THOMAZ (Luís Filipe F. R.). De Ceuta a Timor. Lisboa, Difel, 94, XVIII-778 p. (Memória e sociedade).

5806. TRAMPUS (Antonio). L'illuminismo e la «nuova politica» nel tardo settecento italiano: l'uomo libero di Gianrinaldo Carli. *Rivista storica italiana*, 94, 106, 1, p. 42-114.

5807. Tudománytól a tömegkultúráig (A). Művelődéstörténeti tanulmányok, 1890-1945. (De la science jusqu'à la culture populaire. Etudes concernant l'histoire culturelle, 1890-1945). Ed. par Miklós LACKÓ. Budapest, MTA Történettud. Int., 94, 248 p. (Társadalom- és művelődéstörténeti tanulmányok, 14).

5808. ȚURLEA (Petre). Școala Română din Franța. (The Romanian School of France). București, Editura Academiei Române, 94, 121 p.

5809. Uczeni wrocławscy. (Les savants de Wrocław). T. 2. (1974-1994). [T. 1. Cf. Bibl. 80, n° 4282]. Réd. Jan TRZYNADLOWSKI. Wrocław, 94, 354 p. (phot.). (Prace Wrocł. Tow. Nauk. Ser. A, 248).

5810. VAJDA (György Mihály). Keletre nílik Bécs kapuja. Közép-Európa kulturális képeskönyve, 1740-1918. (La porte de Vienne s'ouvre vers l'Est. Album culturel de l'Europe Centrale). Budapest, Akad. Kiadó, 94, 206 p.

5811. VOIT (Krisztina). Magán- és közgyűjteményeink sorsa a II. világháborúban és az azt követő években, 1944-1950. (Sur le sort de nos collections privées et publiques au cours de la seconde guerre mondiale, 1944-1950). *Magy. könyvszle.*, 94, 110, 2, p. 269-280.

5812. WALLACE (William). Regional integration. The West European experience. Washington, Brookings Institution, 94, XXVIII-142 p.

5813. WALLISER (Bernard). L'intelligence de l'économie. Une science singulière. Paris, Jacob, 94, 282 p.

5814. WOHL (Robert). A passion for wings. Aviation and the western imagination, 1908-1918. New Haven, Yale U. P., 94, VIII-320 p.

5815. WOLFF (Larry). Inventing Eastern Europe. The map of civilization in the mind of the Enlightenment. Stanford, Stanford U. P., 94, XIV-419 p.

5816. ZAUNER (Stefan). Erziehung und Kulturmission. Frankreichs Bildungspolitik in Deutschland 1945-1949. München, Oldenbourg, 94, 351 p. (Studien zur Zeitgeschichte, 43).

Cf. n°s 96, 450, 919, 3741, 4292

§ 2. Accademie ed istituti di cultura.

* 5817. HÜBNER (Piotr). Siła przeciw rozumowi ... Losy Polskiej Akademii Umiejętności w latach 1939-1989. (La force contre la raison ... Histoire de l'Académie des Sciences et des Lettres dans les années 1939-1989). Kraków, Secesja, 94, VII-453 p.

5818. BERNARD (Michel Yves). Le Conservatoire national des arts et métiers. Vers le XXIe siecle. Paris, Eyrolles, 94, VI-119 p. (ill.).

5819. BIOT (B.). Un projet innovant pour un collège humaniste. Le Formulaire et Institution du College de la Trinité de Lyon, par B. Aneau (4 mai 1540). *Bibliothèque d'Humanisme et Renaissance*, 94, 56, 2, p. 445-464.

5820. BRABERS (J.). De Faculteit der Rechstgeleerdheid van de Katholieke Universiteit Nijmegen 1923-1982. (Histoire de la faculté de droit de l'Université Catholique de Nimègue 1923-1982). Nijmegen, Gerard Noodt Instituut, 94, 565 p. (Diss. Nijmegen).

5821. BUKOWSKI (Zbigniew). Instytut Archeologii i Etnologii PAN (1953-1993). Ludzie – struktury – dokonania. (Institut d'Archéologie et d'Ethnologie de l'Académie Polonaise des Sciences, 1953-1993. Hommes – structures – réalisations). *Kwart. Hist. Kult. Mater.*, 94, 42, 2, p. 289-311.

5822. CARTER (Jennifer J.). Crown and gown 1495-1995. An illustrated history of the University of Aberdeen. Aberdeen, Aberdeen U. P., 94, VI-120 p. (ill.).

5823. CHARLE (Christophe). Histoire des universités. Paris, PUF, 94, 126 p. (ill.). (Que sais-je? 391). – IDEM. La République des universitaires, 1870-1940. Paris, Ed. du Seuil, 94, 506 p. (L'univers historique).

5824. Ecole normale supérieure: le livre du bicentenaire. Ed. par Jean-Francois SIRINELLI. Paris, PUF, 94, XIV, 456 p. [Cf. n° <sélection> 5847.]

5825. FIX (Karl-Heinz). Universitätstheologie und Politik. Die Heidelberger Theologische Fakultät in der Weimarer Republik. Heidelberg, Winter, 94, 365 p. (Heidelberger Abhandlungen zur Mittleren und Neueren Geschichte, 79.

5826. GEMELLI (Giuliana). Enciclopedie e scienze sociali negli Stati Uniti tra l'età di Hoover e la guerra fredda. *Passato e presente*, 94, 12, 32, p. 33-68.

5827. HENSEL (Witold), KURNATOWSKA (Zofia). Jubileusz Instytutu Archeologii i Etnologii PAN (dawniej Instytutu Historii Kultury Materialnej PAN). (Le jubilé de l'Institut d'Archéologie et d'Ethnologie de l'Académie Polonaise des Sciences, jadis l'Institut d'Histoire de la Culture Matérielle de l'Académie Polonaise des Sciences). *Kwart. Hist. Kult. mater.*, 94, 42, 2, p. 267-274.

5828. History of the University of Oxford (The). Vol. 8. The twentieth century. Ed. by Brian HARRISON. Oxford, Clarendon Press, 94, XXIX-872 p.

5829. HUNTER (Michael). The Royal Society and his fellows. Oxford, BSHS Monographs, 94, X-292 p. (ill.).

5830. KÓNYA (Sándor). "Magyar Akadémia állíttassék fel ..." Akadémiai törvények, alapszabályok, ügyrendek, 1827-1990. ("Que soit érigée une Académie hongroise ..." Lois, status, règlements acadèmiques 1827-1990). Budapest, MTAK, 94, 512 p. (A Magyar Tudományos Akadémia Könyvtárának közleményei, 107).

5831. LADOUS (Régis). Des Nobel au Vatican. La fondation de l'Académie pontificale des sciences. Paris, Ed. du Cerf, 94, 221 p. (Histoire).

5832. MARTIN (Rebecca R.). Libraries and the changing face of academia. Responses to growing multicultural populations. Metuchen a. London, Scarecrow Press, 94, X-264 p.

5833. MASON (Ellsworth). The University of Colorado Library and its makers, 1876-1972. Metuchen a. London, Scarecrow Press, 94, XII-387 p. (ill.).

5834. Paris (Le) des polytechniciens. Des ingénieurs dans la ville, 1794-1994. Textes réunis par Bruno BELHOSTE. Paris, Délégation à l'action artistique de la ville de Paris, 94, 299 p. (ill.). (Paris et son patrimoine: Bicentenaire de l'Ecole polytechnique).

5835. Poteri (I) politici e il mondo universitario (XIII–XX secolo). Atti del Convegno internazionale di Madrid, 28–30 agosto 1990. A cura di A. ROMANO e J. VERGER. Soveria Mannelli, Rubbettino, 94, XII-310 p. (Materiali per una storia delle istituzioni giuridiche e politiche medievali, moderne e contemporanee 1).

5836. ROSSI (Marco). Julius Evola e la Lega teosofica indipendente di Roma. *Storia contemporanea*, 94, 25, 1, p. 39-56.

5837. SHATTOCK (Michael). The UGC and the management of British universities. Buckingham, Society for Research into Higher Education a. Open U. P., 94, XIV-173 p.

5838. Słownik polskich towarzystw naukowych. (Dictionnaire des sociétés scientifiques polonaises). Réd. scient. Barbara SORDYLOWA. Ed. par Barbara KRAJEWSKA-TARTAKOWSKA avec la collab. de Krystyna GÓRA-SZKARADEK [et al.] T. 2. Towarzystwa naukowe i upowszechniające naukę działające w przeszłości na ziemiach polskich. Cz. 2. (Les sociétés scientifiques et popularisant la science qui agissaient sur les terres polonaises dans le passé. P. 2). [T. 2, p. 1. Cf. Bibl. 90, n° 4863). Warszawa, Bibl. Pol. Akad. Nauk, 94, 604 p.

5839. TAFT (Robert F.), LEE DUGAN (James). Il 75° anniversario del Pontificio Istituto Orientale. Atti delle celebrazioni giubilari, 15–17 ottobre 1992. Roma, Pontificio Istituto Orientale, 94, 318 p. (ill.). (Orientalia Christiana Analecta, 244).

5840. University College, London. Institute of Jewish Studies. The first forty years: 1954-1994. London, Institute of Jewish Studies, University College London, 94, 56 p.

§ 3. Pedagogia ed insegnamento.

* 5841. MICHALIK (Bożenna). Bibliografia dziejów oświaty polskiej w okresie II wojny światowej. (Bibliografia della storia dell'istruzione polacca durante la Seconda Guerra Mondiale). Cz. 3. Warszawa, Wydawnictno Uniwersytetu Warszawskiego, 94, 147 p.

** 5842. Consiglio (Il) superiore della pubblica istruzione 1847-1928. A cura di Gabriella CIAMPI e Claudio SANTANGELI. Roma, Ministero per i beni culturali e ambientali Ufficio centrale per i beni archivistici, 94, 343 p. (Fonti per la storia della scuola. Serie istituzionale, 2. Pubblicazioni degli Archivi di Stato, Fonti, 18).

5843. ANDERSEN (Anton Fredrik). Opplysningsidéer, nyhumanisme og nasjonalisme i Norge i de förste årene etter 1814: nytt lys på vår förste skoledebatt. (Enlightment ideas, new humanism and nationality during the first years after 1814: a new light on your first school debate). Oslo, Nasjonale forskningsråd, 94, 126 p. (ill.). (Nasjonal identitet, 31).

5844. AUDUC (Jean-Louis). Le système éducatif. Paris, Hachette Education, 94, 270 p.

5845. AVANZINI (Guy). Education et pédagogie à Lyon de l'antiquité à nos jours. Lyon, CLERSE, 94, 399 p.

5846. BARTH (Britt-Mari). La détermination et l'apprentissage des concepts. In: Pédagogie (La): une encyclopédie pour aujourd'hui. Paris, [s. n.], 94, p. 275-88.

5847. BAUDELOT (Christian), MATONTI (Frédérique). Le recrutement social des normaliens, 1914–1992. In: Ecole normale supérieure [Cf. n° 5824], p. 155-190.

5848. BECK (Johannes). Der Bildungswahn. Reinbek bei Hamburg, Rowohlt Taschenbuch Verlag, 94, 191 p.

5849. BÉNYEI (Miklós). Oktatáspolitikai törekvések a reformkori országgyűléseken. (Efforts concernant la politique scolaire aux diètes de l'époque des réformes). Debrecen, Csokonay, 94, 423 p.

5850. BERG (Hans Christoph). Lehrkunst und Schulvielfalt. Neuwied u. Kriftel, Luchterhand, 94, 219 p.

5851. BERNER (Hans). Aktuelle Strömungen in der Pädagogik und ihre Bedeutung für den Erziehungsauftrag der Schule. Bern u. Stuttgart, Haupt, 94, 278 p. (Studien zur Geschichte der Pädagogik und Philosophie der Erziehung, 15).

5852. BOSCH (M.). Het geslacht van de wetenschap. Vrouwen en hoger onderwijs in Nederland 1878-1948. (The gender of science. Women and higher education in the Netherlands 1878-1948). Amsterdam, SUA, 94, 597 p. (fig.). (Diss. Rotterdam).

5853. BOURDONCLE (Raymond). L'université et les professions. Un itinéraire de recherche sociologique. Paris, L'Harmattan, 94, 188 p. (ill.).

5854. CAIN (John). In a class of its own. BBC education 1924-1994. London, BBC Education, 94, 144 p.

5855. CAPPELLI (Vittorio). Storia dell'Istituto d'arte di Firenze (1869-1989). Firenze, Olschki, 94, 304 p.

5856. CHARPENTIER (Jacky). De l'orientation au projet de l'élève. Paris, Centre régional de documentation pédagogique de Lorraine CNDP et Hachette Education, 94, 124 p.

5857. CHROUST (Peter). Gießener Universität und Faschismus. Studenten und Hochschullehrer 1918-1945. Band 1 u. 2. Münster u. New York, Waxmann, 94, 515 p.

5858. Collège (Le) de Riom et l'enseignement oratorien en France au XVIIIe siècle. Colloque organisé par la Société des Amis du Centre de recherches révolutionnaires et romantiques en collaboration avec le Centre de recherches historiques (E.H.E.S.S.-C.N.R.S., Paris) et le Centre de recherches révolutionnaires et romantiques (Université Blaise Pascal, Clermont-Ferrand). Maison Antoine Pandu, Riom, 28–30 mars 1991. Ed. par Jean EHRARD. Paris et Oxford, CNRS et Voltaire Foundation, 93, 370 p. (ill.).

5859. COSNIER (Colette). Marie Pape-Carpantier. De l'école maternelle à l'école des filles. Paris, L'Harmattan, 93, 287 p. (Chemins de la mémoire).

5860. DAJEZ (Frédéric). Les origines de l'école maternelle. Paris, PUF, 94, 185 p.

5861. DELOYE (Yves). Ecole et citoyenneté. L'individualisme républicain de Jules Ferry à Vichy: controverses. Paris, Presses de la Fondation Nationale des Sciences Politiques, 94, 431 p.

5862. DENIS (Marcelle). Comenius. Paris, PUF, 94, 128 p. (Pédagogues et pédagogies).

5863. DEVAUX (Olivier). L'enseignement à Toulouse sous la Restauration. Toulouse, Presses de l'Université des Sciences Sociales de Toulouse, 94, 216 p.

5864. DOUET (Bernard). Autorité et sanctions. In: Pédagogie (La): une encyclopédie pour aujourd'hui. Paris, [s. n.], 94, p. 191-199.

5865. Education in a free society. Ed. by Anne HUSTED BURLEIGH. Indianapolis, Liberty Press, 94, 272 p.

5866. Erziehungswissenschaft: die Disziplin am Beginn einer neuen Epoche. Hrsg. v. Heinz-Hermann KRÜGER u. Thomas RAUSCHENBACH. Weinheim u. M,nchen, Juventa Verl., 94, 296 p.

5867. *Vacat.*

5868. GARCIA (Jean-François). L'école unique en France. Paris, PUF, 94, 232 p.

5869. GOLDBERG (Bettina). Schulgeschichte als Gesellschaftsgeschichte. Die höheren Schulen im Berliner Vorort Hermsdorf (1893-1945). Berlin, Hentrich, 94, 400 p.

5870. Government and higher education relationships across three continents. The winds of change. Ed. by Guy NEAVE a. Frans A. VAN VUGHT. Oxford a. New York, Pergamon, 94, XI-322 p. (Issues in higher education). [Cf. n° <choice> 5897.]

5871. GRUNDER (Hans-Ulrich). Die Schweiz im Abseits? Bestimmende Themen der Pädagogik zwischen 1945 und 1954. *Paedagogica historica*, 94, 30, p. 67-85.

5872. HOFSTETTER (Rita). Le drapeau dans le cartable. Histoire des écoles privées à Genève au 19ème siècle. Genève, Zoé, 94, 253 p.

5873. Istruzione (L') normale dalla legge Casati all'età giolittiana. A cura di Carmela COVATO e Anna Maria SORGE. Roma, Ministero per i beni culturali e ambientali, Ufficio centrale per i beni archivistici, 94, 335 p. (Fonti per la storia della scuola. Serie istituzionale, 1. Pubblicazioni degli Archivi di Stato. Fonti, 17).

5874. KNOOP (Karl). Einführung in die Geschichte der Pädagogik. Heidelberg u. Wiesbaden, Quelle u. Meyer, 94, 318 p. (Uni-Taschenbücher, 1100. Pädagogik).

5875. Körperkultur und Sport in der DDR. Dokumentation eines geschlossenen Systems. Hrsg. v. Hajo BERNETT. Schorndorf, Hofmann, 94, 284 p. (Texte, Quellen, Dokumente zur Sportwissenschaft, 27).

5876. KOVÁCS (Bálint). Protestáns népfőiskolai mozgalom Magyarországon, 1936–1948. (Mouvement des hautes écoles du peuple protestante en Hongrie). Budapest, Püski, 94, 202 p.

5877. LARDY (Michel). L'éducation des filles de la noblesse et de la gentry en Angleterre au XVIIe siècle. Bern, Lang, 94, XIV-266 p.

5878. LEBLON (Muriel). Le personnel enseignant des jardins d'enfants de la Ville de Bruxelles (1878–1914). Étude d'une catégorie socio-professionnelle. Bruxelles, Édition du Crédit Communal, 94, 266 p.

5879. LELIÈVRE (Claude). Batisseurs d'école. Histoire biographique de l'enseignement en France. Paris, Nathan, 94, 494 p. (Repères pédagogiques. Série Histoire de l'éducation).

5880. MECHOULAN (Eric). Normales sup': des élites pour quoi faire? La Tour d'Aigues, Ed. de l'Aube, 94, 231 p.

5881. MEINANDER (Henrik). Towards a bourgeois manhood. Boy's physical education in Nordic secondary schools 1880–1940. Helsinki, Soc. Sci. Fennica, 94, 250 p. (ill.). (Commentationes scientiarum socialium, 47).

5882. MEIRIEU (Philippe). Histoire et actualité de la pédagogie. Repères théoriques et bibliographiques. Lyon, Univ. Lumière Lyon 2 et Institut des sciences et pratiques d'éducation et de formation, 94, 87 p.

5883. MICHALSKI (Stanisław). Praca naukowo-badawcza nauczycieli w Drugiej Rzeczypospolitej. (Les recherches scientifiques des instituteurs de la Deuxième République [1918–1939]). Poznań, 94, 190 p. (Uniw. im. Adama Mickiewicza w Poznaniu, Psychologia i Pedagogika, 99). [Eng. summary].

5884. MOLIK (Witold). Polscy studenci na Uniwersytecie w Würzburgu w drugiej połowie XIX i początkach XX wieku. (Les étudiants polonais à l'Université à Wurtzbourg dans le seconde moitié du XIXe et au début du XXe siécles). *Zap. hist.*, 94, 59, 1, p. 45-72. [Deutsche Zsfassung].

5885. NIQUE (Christian). La République n'éduquera plus. La fin du mythe Ferry. Paris, Plon, 94, 266 p. (Sciences et savoirs).

5886. ORTIZ (Eduardo). Ciencia, enseñanza superior y fuerzas armadas (1850–1950). *Ciclos*, 94, 4, 1, p. 3-42.

5887. OSTENC (Michel). L'histoire de l'éducation en Italie. *Histoire de l'éducation*, 94, 61, p. 3-39.

5888. Pädagogik als Zeitdiagnose. Festschrift zum 70. Geburtstag von Heinrich Kupffer. Hrsg. v. Jürgen SCHIEDECK u. Martin STAHLMANN. Neum͵nster, Paranus Verl. der Brücke, 94, 200 p.

5889. PANCERA (Carlo). Una vita tra politica e pedagogia: Marc-Antoine Jullien de Paris (1775–1848). Fasano, Schena, 94, 348 p.

5890. PERKOWSKA (Urszula). Studentki Uniwersytetu Jagiellońskiego w latach 1894–1939. W stulecie immatrykulacji pierwszych studentek. (Les étudiantes de l'Université Jagellonne dans les années 1894–1939. Pour le centenaire de l'immatriculation des premiéres étudiantes). Kraków, Secesja, 94, 266 p. (fig.). (Bibl. Krak., 12).

5891. *Vacat.*

5892. PÖPPINGHEGHE (Rainer). Absage an die Republik. Das politische Verhalten der Studentenschaft der Westfälischen Wilhelms-Universität Münster 1918–1935. Münster, Agenda, 94, 269 p.

5893. Professeurs du Conservatoire national des arts et métiers (Les). Dictionnaire biographique 1794–1955. Ed. par Claudine FONTANON et André GRELON. Paris, INRP et CNAM, 94, 2 vol., 752 p., 687 p.

5894. RETEGAN (Simion). Sate şi şcoli româneşti din Transilvania la mijlocul secolului al XIX-lea (1867–1875). (Villages et écoles roumains de Transylvanie à la moitié du XIX siècle; 1867–1875). Cluj-Napoca, Editura Dacia, 94, 255 p.

5895. SAUVÉ (Georges). Le collège Stanislas. Deux siècles d'éducation. Chauray, Edition patrimoine et médias, 94, 445 p.

5896. SCHMINNES (Bernd). Bildung und Staatsbildung. Theoretische Bildung und höhere Staatsverwaltungstätigkeit. Entwicklungen in Preußen im 18. und frühen 19. Jahrhundert. Kleve, Boss, 94, 327 p.

5897. SCHWARTZMAN (Simon), KLEIN (Lucia). Brazil, higher and government. *In*: Government and higher education [Cf. n° 5870], p. 210-224.

5898. SMOŁALSKI (Antoni). Ideały wychowawcze w polskiej myśli pedagogicznej od XVI w. Do końca II Rzeczypospolitej. (Les idéaux éducatifs dans la pensée pédagogique polonaise depuis le XVIe siécle jusqu'à la fin de la Deuxieme République). Opole, 94, 88 p. (Uniw. Opolski, Studia i Monogr., 217).

5899. TILMAN (Francis). Les chemins de la pédagogie. Guide des idées sur l'éducation et l'apprentissage. Bruxellex, Vie ouvrière, 94, 127 p.

5900. TITZE (Hartmut). Expansion universitaire et sélection. Bilan d'une controversie biséculaire. *Histoire de l'éducation,* 94, 62, p. 31–54.

5901. Università della comunicazione (L'). Forme e contenuti per una nuova università. Atti del convegno del 27 e 28 maggio 94 (Ascona, Centro seminariale Monte Verità – Lugano, Biblioteca cantonale). A cura di Alessio PETRALLI e Stefano VASSERE. Lugano, Nuova Critica, 94, 147 p.

5902. Università tra Otto e Novecento (L'). I modelli europei e il caso italiano. A cura di Ilaria PORCIANI. Napoli, Jovene, 94, XII-398 p. (Bibliotheca di Unistoria, 1)

5903. Université, droit de cité. Ed. par de Raymonde SÉCHET. Rennes, Presses Universitaires de Rennes, 94, 447 p. (ill.). (Ouest, 2).

5904. VASCONCELLOS (Maria). Le système éducatif. Paris, La Découverte, 94, 126 p. (ill.). (Repères, 131).

5905. VOIGT (Stefanie). Biologisch-pädagogisches Denken in der Theorie. Frankfurt am Main, Berlin u. Bern, Lang, 94, 167 p. (Erziehungskonzeptionen und Praxis, 25).

5906. WENNEMUTH (Udo). Wissenschaftsorganisation und Wissenschaftsförderug in Baden. Die Heidelberger Akademie der Wissenschaften 1909–1949. Heidelberg, Winter, 94, XIII-640 p. (Suplemente zu den Sitzungsberichten der Heidelberger Akademie der Wissenschaften, Philosophisch-historische Klasse, 8).

5907. WEST (Edwin G.). Education and the state. A study in political economy. Indianapolis, Liberty Fund, 94, XXX-364 p. (ill.). (Liberty Fund studies in education and liberty).

5908. WOOLBRIDGE (Adrian). Measuring the mind. Education and psycology in England, 1860–1990. Cambridge, Cambridge U. P., 94, X-448 p. (bibl.).

5909. WRIGHT (Simon). Waterfield's school. A preparatory school in its Victorian heyday. [S. l.], Herons Ghyll Press, 94, XII-244 p. (ill.).

§ 4. Stampa ed editoria.

* 5910. Bibliografia czasopism warszawskich 1579–1981. (Bibliographie des publications périodiques de Varsovie 1579–1981). Réd. Zofia BRUDZIŃSKA [et al.]. T. 1. A–D. Warszawa, 94, XXIII-408 p. (Bibl. Publ. M. St. Warszawy. Bibl. Główna).

* 5911. FERRARI (Miralla). Catalogo storico delle edizioni "Vita e pensiero", 1914–1994. Milano, Vita e Pensiero, 94, LXXVI-822 p. (ill.).

* 5912. KALLENDORF (Craig). A bibliography of Renaissance italian translations of Virgil. Firenze, Olschki, 94, 116 p. (ill.). (Biblioteca di bibliografia italiana, 136).

5913. ABRUZZESE (Alberto), [et al.]. Storia della stampa italiana. Vol. 7. La stampa italiana nell'età della TV, 1975–1994. A cura di Valerio CASTRONOVO e Nicola TRANFAGLIA. Roma e Bari, Laterza, 94, XI-633 p. (Storia e società).

5914. Aldo Manuzio e l'ambiente veneziano, 1494–1515. A cura di Susy MARCON e Marino ZORZI. Venezia, Il Cardo, 94, 268 p. (ill.).

5915. Aldo Manuzio tipografo, 1494–1515. A cura di L. BIGLIAZZI, A. DILLON BUSSI e G. SAVINO, Firenze, Octavo-Franco Cardini, 94, 240 p. (ill.).

5916. Aprópénz a történelem színpadán. A kárpátaljai magyar nyelvű saitó, 1945–1948. (Monnaie menue sur la scène de l'histoire. La presse en langue hongroise de la Ruthénie subcarpatique, 1945–1948). Ed. par Lajos TAKÁCS. Ungvár-Budapest, Intermix, 94, 317 p. (Kárpátaljai magyar könyvek, 40).

5917. BERNASCONI (Marina). Le associazioni librarie in Ticino nel XVIII e XIX secolo. Bellinzona, Casagrande, 94, 377 p. (ill.). (Strumenti storico-bibliografici, 4).

5918. BLÉCHET (Françoise). Le livre du sacre de Louis XV. *In*: Libro a corte (Il) [Cf. n° 5953], p. 427-455.

5919. BONORA (Elena). Ricerche su Francesco Sansovino imprenditore librario e letterato. Venezia, Istituto Veneto di Scienze, Lettere ed Arti, 94, 241 p. (Memorie classe di scienze morali, lettere ed arti, 52).

5920. BOST (Hubert). Un «intellectuel» avant la lettre: le journaliste Pierre Bayle (1647–1706). L'actualité religieuse dans les «Nouvelles de la République des Lettres» (1684–1687). Amsterdam et Maarsen, APA-Holland U. P., 94, 596 p.

5921. BOTS (Hans), LAGARRIGUE (Bruno). L'unique exemplaire d'un préambule à "L'histoire critique des journaux" par François-Denis Camusat (1700–1732) et les remarques manuscrites de Pierre Des Maizeaux pour améliorer ce texte, 1720. *Lias,* 94, 21, p. 95-134.

5922. BRITNELL (J.). La mort de Jean Lemaire de Belges, l'édition de 1517 du Traité des schismes et des Conciles, et les impertinences d'un éditeur. *Bibliothèque d'Humanisme et Renaissance,* 94, 56, 1, p. 127-134.

5923. BURGER-ROUSSENNAC (Annie). Les intellectuels du P. C. F.: le cas des journalistes de l'Humanité (1921–1939). *In*: Intellectuels engagés d'une guerre à l'autre [Cf. n° 5751], p. 173–184.

5924. CARPANÈ (Lorenzo). Annali della tipografia veronese del Cinquecento. Vol. 2. 1589–1600. Baden-

Baden, Koerner, 94, p. 349-736 (ill., indici). (Bibliotheca bibliographica Aureliana).

5925. Catalogo della Biblioteca di scienze "Carlo Viganò". Fondo antico (1482–1800) e fondo manoscritti. Milano, Vita e Pensiero, 94, XIX-869 p.

5926. CAVAGNA (Anna Giulia). Libri in Lombardia e alla corte sforzesca tra Quattro e Cinquecento. *In*: Libro a corte (Il) [Cf. n° 5953], p. 89-137.

5927. CENSER (Jack R.). The French press in the age of Enlightenment. London a. New York, Routledge, 94, XXII-263 p.

5928. CHEVREFILS DESBIOLLES (Yves). Les revues d'art à Paris, 1905–1940. Paris, Ent'revues, 93, 374 p. (planches).

5929. CHOMARAT (Michel). Ouvrages maçonniques du XVIIIe siècle (1720–1810) de la Bibliothèque Municipale de Lyon. Lyon, Bibliothèque Municipale de Lyon, 94, 187 p. (ill.). (Bibliographica, 1).

5930. CONSAGRA (Francesca). The De Rossi family print publishing shop. A study in the history of the print industry in seventeenth-century Rome. Ann Arbor, UMI, 94, XVI-592 p. (ill.).

5931. DELPORTE (C.). «La trahison du clerc ordinaire». L'épuration professionnelle des journalistes, 1944–1948. *Revue historique*, 94, 118, 292 (592), p. 347-376.

5932. ELIOT (Simon). Some patterns and trends in British publishing, 1800–1919. London, The Bibliographical Society, 94, VI-176 p. (ill.). (Occasional papers, 6).

5933. EMISON (Patricia A.). Invention and the Italian Renaissance print, Mantegna to Parmigianino. Ann Arbor, UMI, 94, XVI-346 p.

5934. FEATHER (John). Publishing, piracy and politics: a historical study of copyright in Britain. London a. New York, Mansell, 94, VII-261 p. (bibl).

5935. FLORKOWSKA-FRANCIC (Halina). W Bendlikonie i Zurychu. Polska drukarnia emigracyjna (1864–1873). (A Bendlikon et à Zurich. Imprimerie polonaise de l'émigration, 1864–1873). *Przegl. polon.*, 94, 20, 2, p. 39-50. [Eng. summary].

5936. FRIED (István). Magyar hírlapi kísérlet Lipcsében: Vierteljahrschrift aus und für Ungarn, 1843–44. (Une tentative de gazette hongroise à Leipzig). *Magy. Könyvszle.*, 94, 110, 1, p. 41-55.

5937. GAWRONSKI (J. H. G.). De Hollandia en de Amsterdan. Twee scheperi en een bedrijf. Organisatie en materiële cultuur van de VOC in Amsterdam in de jaren 1740-1750. (Material facilities and the industrial organization of the Dutch East India Company [VOC] with regard to the construction and equipment of the Hollandia and the Amsterdam, two VOC-ship from the 1740s). [S. l.], [s. n.], 94, 401 p. (Diss. Amsterdam U.v.A.).

5938. GIUNCHEDI (Carla), GRIGNANI (Elisa). La società bibliografica italiana, 1896–1915. Firenze, Olschki, 94, XII-228 p. (Biblioteconomia e bibliografia, 26).

5939. GOBLOT (Jean-Jacques). Le Globe, 1824–1830. Paris, Champion, 94, 353 p. (Bibliothèque de littérature moderne, 9).

5940. GOLDMAN (Paul). Victorian illustrated books 1850–1870. The heyday of wood-engraving. The Robin de Beaumont Collection. London, Published for the Trustees of the British Museum by British Museum Press, 94, 144 p. (ill.).

5941. GÖTZE (Heinz). Der Springer-Verlag: Stationen seiner Geschichte. Teil 2. 1945–1992. Berlin u. Heidelberg, Springer Verlag, 94, XXV-413 p. (ill.).

5942. HOFMEISTER-HUNGER (Andrea). Pressepolitik und Staatsreform. Die Institutionalisierung staatlicher Öffentlichkeitsarbeit bei Karl August von Hardenberg (1792–1822). Göttingen, Vandenhoeck & Ruprecht, 94, 446 p. (Veröffentlichungen des Max-Planck-Instituts für Geschichte, 107).

5943. IMAŃSKA (Iwona). Rola książki w okresie wczesnego Oświecenia na przykładzie Prus Królewskich. (Le rôle du livre au début de l'Age des Lumières sur l'exemple de la Prusse Royale Polonaise). *Roczn. bibl.*, 94, 38, 1-2, p. 97-109. [Rés. franç.].

5944. Imprimés limousins 1788–1799 (Les). Ed. par Jean BOUTIER et Michel CASSAN. Limoges, PULIM, 94, 734 p.

5945. JYRKIÄINEN (Jyrki). Sanomalehdistön keskittyminen. Joukkoviestinnän ja erityisesti sanomalehdistön keskittymisilmiö, sen kulku ja seuraukset jälkiteollisissa yhteiskunnissa 1980-luvun lopulla. (Concentration in newspapers. The nature, process and consequences of concentration in mass communication and particularly in the newspapers in post-industrial societes in the late 1980s). Tampere, Tampereen yliopisto, 94, 466 p. (tables, English summary). (Acta Univ. Tamperensis, A 409).

5946. KÓKAY (György), Buzinkay (Géza), Murányi (Gábor). A magyar sajtó története. (Histoire de la presse hongroise). Budapest, MUOSZ, 94, 229 p.

5947. KURKOWSKI (Jarosław). Warszawskie czasopisma uczone doby Augusta III. (Journaux savants varsoviens au temps du roi Auguste III). Warszawa, Retro-Art, 94, 328 p. (Komitet Hist. Nauki i Techn. Pol. Akad. Nauk, Rozpr. z Dziejów Nauki i Techn., 2). [Rés. franç., Deutsche Zsfassung].

5948. KWASITSU (Lishi). Printing in Victoria, Australia, 1850–1900. *The Library*, 94, 16, p. 30-42.

5949. LAGARRIGUE (Bruno). Un temple de la culture européenne (1728–1753). L'histoire externe de la "Bibliothèque raisonnée des ouvrages des savants de l'Europe". Nijmegen, B.P.L., 93, XII-403 p. (ill.).

5950. LAMARCA LANGA (Genaro). La cultura del libro en la época de la ilustración, València, 1740–

1808. València, Edicions Alfons el Magnànim, 94, 214 p. (Estudios universitarios, 60).

5951. LAURENTI (Joseph L.), PORQUERAS (Mayo A.). Nuevos estudios bibliográficos sobre la edad de Oro. Barcelona, PPU, 94, 478 p. (ill.).

5952. LENTZ (T.). La presse républicaine modérée sous la Convention thermidorienne et le Directoire: Pierre-Louis Roederer, animateur et propriétaire du Journal de Paris et du Journal d'économie publique. *Revue historique*, 94, 118, 292 (592), p. 297-314.

5953. Libro a corte (Il). A cura di Amedeo QUONDAM. Roma, Bulzoni, 94, 486 p. (ill.). (Biblioteca del Cinquecento, 60). [Cf. n^{os} <scelta> 5918, 5926, 5957, 5963.]

5954. Libro bolognese del Rinascimento (Sul). A cura di Luigi BALSAMO e Leonardo QUAQUARELLI. Bologna, Archivio umanistico rinascimentale bolognese, Dipartimento di italianistica, Università degli studi di Bologna e CLUEB, 94, 190 p. (Quaderni di schede umanistiche, 3).

5955. Linguaggio (Il) della biblioteca. Scritti in onore di Diego Maltese. A cura di Mauro GUERRINI. Firenze, Regione Toscana, 2 vol., 646 p. (Toscana, Beni librai, 4).

5956. Livre (Le) d'enfance et de jeunesse en France. *Révue française d'histoire du livre* (numéro spécial). Dir. par Jéan GLÉNISSON et Ségolène LE MEN. Paris, [s. n.], 240 p.

5957. LOMBARDI (Giuseppe). Aspetti del libro a Corte nella Roma del Quattrocento. *In*: Libro a corte (Il) [Cf. n° 5953], p. 41-55.

5958. MATHELART (S.), Pour l'histoire des médias en Belgique. Avec la collaboration de Eliane GUBIN. Bibliographie de 1830 à nos jours. Bruxelles, Université libre, Presse Universitaire, 94, 439 p. (Centre d'Etudes et de Recherches sur les Médias en Europe).

5959. MONTECCHI (Giorgio). Il libro nel Rinascimento. Saggi di bibliologia. Milano, La storia, 94, 302 p. (Gli studi, 4).

5960. PARMELEE (Lisa Ferraro). Printers, patrons, readers and spies: importation of French propaganda in late Elizabethan England. *Sixteenth century journal*, 94, 25, 4, p. 853-872.

5961. PEARSON (David). English centrepiece bookbindings 1560-1640. *The Library*, 94, 16, p. 1-17.

5962. PETRUCCIANI (Alberto). Il libro a Genova nel Settecento. *La Bibliofilia*, 94, 96, p. 151-193 e 243-294.

5963. QUONDAM (Amedeo), Le biblioteche della corte estense. *In*: Libro a corte (Il) [Cf. n° 5953], p. 7-39.

5964. REDDY (William M.). Condottieri of the pen: journalists and the public sphere in postrevolutionary France (1815–1850). *American historical review*, 94, 99, 5, p. 1546-1570.

5965. RHODES (Dennis H.). Lelio Capilupi and the 'Centone on Virgilio'. *The Library*, 94, 16, p. 208-218.

5966. RICHARDSON (Brian). Print culture in Renaissance Italy. The editor and the vernacular text, 1470–1600. Cambridge, Cambridge U. P., 94, XVI-265 p. (Cambridge studies in publishing and printing history).

5967. ROMANOW (Andrzej). Gdańska prasa polska 1891–1920. (La presse polonaise à Gdańsk 1891–1920). Warszawa, Inst. Hist. Pol. Akad. Nauk, 94, 265 p. (phot., fig.). [Deutsche Zsfassung].

5968. ROSSETTO (Sante). Due secoli di stampa a Belluno e a Feltre (XVII–XVIII). Firenze, Olschki, 94, 116 p. (ill.). (Biblioteca di bibliografia italiana, 133).

5969. ROSSI (Marielisa). Il libro antico dal XV al XIX secolo. Firenze, Olschki, 94, 212 p. (Biblioteconomia e bibliografia, 27).

5970. SISTO (Pietro). Arte della stampa e produzione libraria a Bari. Secoli XVI–XIX. Fasano, Schena, 94, VI-392 p.

5971. SPESSO (Fulvia). Un'impresa editoriale del primo '800 tra Venezia e Pisa. *Nuovi annali della Scuola speciale per archivisti e bibliotecari*, 94, 8, p. 151-172.

5972. SPRINGHALL (John). 'Disseminating impure literature': the 'penny dreadful' publishing business since 1860. *Economic history review*, 94, 47, 3, p. 567-584.

5973. SPRUNGER (K. L.) Trumpets from the tower. English puritan printing in the Netherlands, 1660–1640. Leiden, New York a. Köln, E. J. Brill, 94, XVI-240 p. (fig.). [Brill's studies in intellectual history, vol. 46].

5974. Stampa (La) in Piemonte tra Ottocento e Novecento. *Quaderni del Centro studi "C. Trabucco"* (numero speciale), 94, 20, 146 p.

5975. STUART (Mary). The evolution of librarianship in Russia, 1808–1868. *The librarian quarterly*, 94, 64, p. 1-29.

5976. TŐKÉCZKI (László). A Magyar Figyelő (1911–1918) eszméi. (Les idées de la revue Magyar Figyelő [Spectateur hongrois]). *Tört. szle.*, 94, 36, 3-4, p. 239-281. – IDEM. Magyar Társadalomtudományi Szemle, 1908–1914; 1917–1918. (La revue Magyar Társadalomtudományi Szemle [Revue hongroise des sciences sociales] 1908–1914; 1917–1918). *Valóság*, 94, 37, 4, p. 60-88.

5977. WIECH (Stanisław). Echa afery Dreyfusa w polskiej prasie prowincjonalnej (na przykładzie "Gazety Kieleckiej"). (Les échos de l'affaire de Dreyfus [1894–1906] dans la presse polonaise locale, par exemple la "Gazeta Kielecka"). *Biul. Żyd. Inst. Hist.*, 93 (94), 41, 3-4, p. 37-51.

5978. WINTER (Michael). Georg Philipp Wucherer (1734–1805): Grosshändler und Verleger. Frankfurt am Main, Buchhändler-Vereinigung, 93, 98 p. (ill.).

5979. WOSH (Peter J.). Spreading the word: the Bible business in nineteenth-century America. Ithaca, Cornell U. P., 94, XII-271 p.

5980. YAZICI (Nesimi). Osmanlı Devleti'nin Araplarla Meskun Bölgelerindeki Resmî Vilâyet Basını Konusunda Bir Değerlendirme. (Une observation sur la presse officielle provinciale dans les régions arabes de l'Etat Ottoman). *In*: XI. Türk Tarih Kongresi, Ankara, Türk Tarih Kurumu, 94, 5, p. 2047-2066.

Cf. n°s 4337, 5141

§ 5. Filosofia.

* 5981. Bibliografia filozofii polskiej 1896–1918. Z. 1. (Bibliographie de la philosophie polonaise 1896–1918). C. 1. Réd. Andrzej PRZYMUSIAŁA et Marta MŁOCZKOWSKA avec la collab. de Janusz JAWOROWSKI. Warszawa, 94, 477 p. (Pol. Akad. Nauk, Inst. Filozofii i Socjologii).

* 5982. Quarto contributo alla bibliografia vichiana (1986–1990). A cura di Alessandro STILE e Daniela ROTOLI. Napoli, Bibliopolis, 94, p. [415]-583, (Bollettino del Centro di studi vichiani, 24-25. Supplemento).

* 5983. ZIMBRICH (Ulrike). Bibliographie zu Platons Staat: die Rezeption der Politeia im deutschsprachigen Raum von 1800 bis 1970. Mit einem Vorwort von Ada B. NESCHKE-HENTSCHKE. Frankfurt am Main, Klostermann, 94, XVII-312 p.

** 5984. Guida agli archivi della Fondazione Istituto Gramsci di Roma. A cura di Linda GIUVA. Roma, Editori Riuniti, 94, XXXVIII-289 p. (Accademia).

** 5985. HUSSERL (Edmund). Briefwechsel. Hrsg. v. Elisabeth SCHUHMANN u. Karl SCHUHMANN. Dordrecht a. Boston, Kluwer Academic Publishers, 94, 10 vol., [s. p.]. (Husserliana. Dokumente, 3).

5986. ALLEN (Michael J. B.). Nuptial arithmetic. Marsilio Ficino's commentary on the fatal numbering book VII of Plato's Republic. Berkeley, University of California Press, 94, X-292 p.

5987. ANDERSSON (G.). Criticism and the history of science: Kuhn's, Lakatos's, and Feyerabend's criticisms of critical rationalism. Leiden, New York a. Köln, E. J. Brill, 94, IX-161 p.

5988. ANKERSMIT (Franklin Rudolf). Tocqueville and the sublimity of democracy. Part 2. Form. *Tocqueville review*, 94, 15, 1, p. 193-217.

5989. ASHTON (Rosemary). The German idea. Four English writers and the reception of German thought 1800–1860. London, Libris, 94, X-245 p.

5990. BARNOUW (Dagmar). Critical realism: history, photography, and the work of Siegfried Kracauer. Baltimore, Johns Hopkins U. P., 94, XII-350 p. (Parallax).

5991. BECCHI (Paolo). Hegel e Cousin: storie di plagi e di censure. *Verifiche*, 94, 23, 3-4, p. 211-235.

5992. BEDESCHI (Giuseppe). Il pensiero politico di Kant. Roma e Bari, Laterza, 94, 236 p. (I pensatori politici, 5).

5993. BERLAGE (Andreas). Empfindung, Ich und Sprache um 1900. Ernst Mach, Hermann Bahr und Fritz Mauthner im Zusammenhang. Frankfurt am Main u. New York, Lang, 94, 237 p. (Europäische Hochschulschriften. Reihe XX, Philosophie, 414).

5994. BESSIERE (Jean). Modernité, fiction, déconstruction. Paris, Lettres Modernes, 94, 238 p. (Etudes romanesques, 2).

5995. BOEDER (Heribert). Das Bauzeug der Geschichte. Würzburg, Könighausen und Neumann, 94, XIII-376 p.

5996. BOOLOS (Georges). Gödel's second incompleteness theorem explained in words of one syllabe. *Mind*, 94, 103, p. 1-3.

5997. BORDOLI (Roberto). Memoria e abitudine. Descartes, La Forge, Spinoza. Milano, Guerini, 94, 180 p. (Socrates, 15).

5998. B. Croce – G. Gentile. Bibliografia 1980–1993. A cura di S. BONECHI. *Giornale critico della filosofia italiana*, 94, p. 528-660

5999. BORNE (Etienne). Les grands thèmes de la pensée politique de Rousseau. *Revue philosophique*, 94, 7, 19, p. 41-63.

6000. BORRELLI (Gianfranco). Aristotélisme politique et raison d'Etat en Italie. *In*: Raison et déraison d'Etat [Cf. n° 6101], p. 173-192.

6001. BOZÓKI (András), SÜKÖSD (Miklós). Az anarchizmus elmélete és magyarországi története. (La théorie de l'anarchisme et son histoire en Hongrie). Budapest, Cserépfalvi, 94, 250 p.

6002. BUZON (Fréderic). Descartes et les "Principia" II: corps et mouvement. Paris, PUF, 94, 128 p. (ill.). (Philosophies, 52).

6003. CAMPI (Emidio). Michelangelo e Vittoria Colonna: un dialogo artistico-teologico ispirato da Bernardino Ochino. Torino, Claudiana, 94, 207 p.

6004. CARL (Wolfgang). Frege's theory of sense and reference. Its origins and scope. Cambridge, Cambridge U. P., 94, VIII-220 p.

6005. CASALE (Giuseppe). Benedetto Croce between Naples and Europe. New York, Lang, 94, X-228 p. (Studies in modern European history, 9).

6006. CASTRO SOARES (Naïr de Nazareth). O Príncipe Ideal no Século XVI e a Obra de D. Jerónimo Osório. Coimbra, Institut National de la Recherche Scientifique, 94, 522 p. (Collection de textes humanistes portugais, 11).

6007. *Vacat.*

6008. CAVAILLÉ (Jean-Pierre). «Le plus éloquent philosophe des derniers temps». Les stratégies d'auteur de René Descartes. *Annales*, 94, 49, 2, p. 349-368.

6009. CEDRONIO (M.). La democrazia in pericolo: politica e storia nel pensiero di Hannah Arendt. Bologna, Il Mulino, 94, 266 p.

6010. CILIBERTO (Michele). Bruno allo specchio. Filosofia e autobiografia nel Cinquecento. *Rinascimento*, 94, 45, 34, p. 83-111.

6011. CLOULAS (Ivan). Savonarole ou la révolution de Dieu. Paris, Fayard, 94, 530 p. (ill.).

6012. COLISH (Marcia L.). Peter Lombard. Leiden, New York, a. Köln, E. J. Brill, 94, 2 vol., XXIII-1239 p. (bibl., index).

6013. COMBS (Allan). Synchronicity. Science, myth and the trickster. Edinburgh, Floris, 94, XXXII-176 p.

6014. CONTARDI (Simone). La rivincita dei "filosofi di carta". Saggio sulla filosofia naturale di Antonio Vallisneri junior. Firenze, Olschki, 94, XVI-133 p. (Centro studi "Lazzaro Spallanzani" di Scandiano, 2).

6015. CONTE (Domenico). Catene di civiltà. Studi su Spengler. Napoli, ESI, 94, 394 p. (La cultura delle idee, 22).

6016. COOK (John). Wittgenstein's metaphysics. New York, Cambridge U. P., 94, VII-336 p. (bibl., index).

6017. COPPIETERS (Bruno). Kritik einer reinen Empirie. Hegels Jenaer Kommentar zu Montesquieus Theorie des Politischen. Berlin, Akademie Verlag, 94, 252 p. (Hegel-Forschungen).

6018. Correspondence of Jeremy Bentham (The). Vol. 10. July 1820 to December 1821. Ed. by Stephen CONWAY. Oxford, Clarendon Press, 94, XXII-492 p.

6019. COTRONEO (Girolamo). Questioni crociane e post-crociane. Napoli, ESI, 94, 219 p. (bibl.). (L'identità di Clio: collana di storia e scienze sociali, 6).

6020. CROCE (Benedetto). La biblioteca di Benedetto Croce: le note autografe ai libri. Vol. 1. Scrittori dell'età barocca. A cura di Dora Beth MARRA. Napoli, Bibliopolis, 94, 317 p. (Edizione nazionale delle opere di Benedetto Croce. Bibliografia). – IDEM. La poesia: introduzione alla critica e storia della poesia e della letteratura. A cura di Giuseppe GALASSO. Milano, Adelphi, 94, 415 p. (Biblioteca Adelphi, 285).

6021. CSORDAS (Thomas). Embidment and experience. The existenzial ground of culture of self. Cambridge, Cambridge U. P., 94, 294 p. (index).

6022. DAENENS (F.). Le traduzioni del trattato Della vera tranquillità dell'animo (1544): l'irriconoscibile Ortensio Lando. *Bibliothèque d'Humanisme et Renaissance*, 94, 56, 3, p. 665-694.

6023. DAVIDOVICH (Adina). How to read "Religion within the limits of reason alone". *Kant-Studien*, 94, 85, p. 1-14.

6024. DE ANGELIS (William J.). Wittgenstein and Spengler. *Dialogue*, 94, 33, p. 41-62.

6025. DE PUIG (Jaume). Les sources de la pensée philosophique de Raimond Sebond (Ramon Sibiuda). Paris, Champion, 94, 318 p. (Etudes montaignistes dirigées par Claude Blum, 17).

6026. Deleuze and the theater of philosophy. Ed. by Constantin V. BOUNDAS et Dorothea OLKOWSKI. London a. New York, Routledge, 94, X-343 p.

6027. DEMANDT (Alexander), FARRENKOPF (John). Der Fall Spengler. Eine kritische Bilanz. Weimar, Wien u. Köln, Böhlau, 94, VIII-200 p.

6028. DERKX (P.). H. J. Pos 1898–1955. Objectief en partijdig. Biografie van een filosoof en humanist. (H. J. Pos. Objective and partisan. A biography of a philosopher and humanist in the Netherlands). Hilversum, Verloren, 94, 558 p. (Diss. Utrecht Univ. Humanistiek).

6029. DI VONA (Pietro). I concetti trascendenti in Sebastian Izquierdo e nella scolastica del Seicento. Napoli, Loffredo, 94, 464 p. (index).

6030. DUMMET (Michael). Origins of analytical philosophy. Cambridge, Harvard U. P., 94, XII-200 p.

6031. EBERL (Matthias). Die Legitimität der Moderne. Kulturkritik und Herrschaftskonzeption bei Max Weber und bei Carl Schmitt. Marburg, Tectum, 94, XXXII-101 p.

6032. EHRARD (Jean). L'idée de nature en France dans la première moitié du XVIIIe siècle. Paris, Albin Michel, 94, 861 p.

6033. Europaideen im 18. und 19. Jahrhundert in Frankreich und Zentraleuropa. Hrsg. v. Helmut REINALTER. Frankfurt am Main, Lang, 94, 125 p. (Schriftenreihe der Internationalen Forschungsstelle 'Demokratische Bewegungen in Mitteleuropa 1770-1850', 14).

6034. FATTORI (Marta). Lessico filosofico dei secoli XVII e XVIII, sezione latina. Vol. 1, 2: aetherius–animositas. Firenze, Olschki, 94, 442 p.

6035. Ferrara e la Francia: filosofia, arte e cultura a Ferrara nei secoli XV e XVI. Dagli atti del Convegno di Studi "Alla Corte degli Estensi". Gruppo di studio sul Cinquecento francese, in collaborazione con l'Università di Ferrara (5–7 marzo 1992). A cura di M. BERTOZZI, P. CARILE, R. GORRIS. Ferrara, Università degli studi, 94, 116 p.

6036. FIGAL (Günther). Für eine Philosophie von Freiheit und Streit. Politik, Ästhetik, Metaphysik. Stuttgart, Metzler, 94, 181 p.

6037. FRAJESE (Vittorio). La «monarchia del Messia» di Tommaso Campanella. Identificazione di un testo tra profetismo e controriforma. *Quaderni storici*, 94, 29, 87, p. 723-768.

6038. FREYDBERG (Bernard). Imagination and depth in Kant's "Critique of pure reason". New York, Lang, 94, 123 p. (Literature and the sciences of man, 6).

6039. FRICK (Charlotte Ann). The cognitive turn. The interdisciplinary story of thought in Western culture. Lanham, University Press of America, 94, 159 p.

6040. GARDT (Andreas). Sprachreflexion in Barock und Frühaufklärung. Entwurfe von Böhme bis Leibniz. Berlin, de Gruyter, 94, X-520 p. (Quellen und Forschungen zur Sprach- und Kulturgeschichte der germanischen Völker, 108).

6041. GARGETT (Graham). Jacob Vernet, Geneva, and the philosophes. Oxford, Voltaire Foundation, 94, XX-588 p. (Studies on Voltaire and the eighteenth century, 321).

6042. GARRARD (Graeme). Rousseau, Maistre and the Counter-Enlightenment. *History of political thought*, 94, 15, 1, p. 97-120.

6043. GASCHÉ (Rodolphe). Inventions of difference. On Jacques Derrida. Cambridge, Harvard U. P., 94, VIII-286 p.

6044. GIBBONS (Sarah L.). Kant's theory of imagination. A bridging gaps in judgement and experience. Oxford, Clarendon, 94, VIII-205 p. (Oxford philosophical monographs).

6045. GILBERT (Alan). «Internal restlessness». Individuality and community in Montesquieu. *Political theory*, 94, 22, 1, p. 45-70.

6046. GIORDANO BRUNO. Œuvres complètes. 6. Cabale du cheval pégaséen. Paris, Belles-Lettres, 94, LXIX-205 p.

6047. Gramsci e l'Italia: atti del Convegno internazionale di Urbino, 24–25 gennaio 1992. A cura di Ruggero GIACOMINI, Domenico LOSURDO e Michele MARTELLI. Napoli, La Città del sole, 94, 444 p. (Il Pensiero e la storia, 2).

6048. HARRIS (Ian). The mind of John Locke. A study of political theory in its intellectual setting. Cambridge, Cambridge U. P., 94, XV-429 p.

6049. Hegel reconsidered. Beyond metaphysics and the authoritarian state. Ed. by H. Tristram ENGELHARDT Jr. a. Terry PINKARD. Dordrecht a. London, Kluwer Academic, 94. X-257 p. (Philosophical studies in contemporary culture, 2).

6050. HENRICH (Dieter). The unity of reason. Essays on Kant's philosophy. Cambridge, Harvard U. P., 94, 250 p.

6051. HOOK (Sidney). From Hegel to Marx. Studies in the intellectual development of Karl Marx. New York, Columbia U. P., 94, XXX-335 p.

6052. HOPKINS (John). A miscellany on Nicholas of Cusa. Minneapolis, The Arthur Banning Press, 94, 312 p.

6053. HUDSON (Nicholas). Writing and European thought 1600–1830. Cambridge, Cambridge U. P., 94, XVI-220 p.

6054. HUNTER (Greame). Spinoza. The enduring questions. Toronto, Toronto U. P., 94, XVIII-182 p.

6055. KALBERG (Stephen). Max Weber's comparative-historical sociology. Chicago, University of Chicago Press, 94, XI-221 p.

6056. *Vacat.*

6057. KLEIN (Lawrence E.). Shaftesbury and the culture of politeness. New York, Cambridge U. P., 94, XIII-217 p.

6058. KESSLER (Sandford). Tocqueville's civil religion. American christianity and the prospects for freedom. Albany, SUNY P., 94, XIV-238 p. (SUNY series in religion, culture and society).

6059. KNOX (John). On rebellion. New York, Cambridge U. P., LXVIII-219 p.

6060. KNEIZ-PAZ (Baruch). Can historical consequences falsify ideas? Or: Karl Marx after the collapse of the Soviet Union. *Australian journal of politics and history* (special issues), 94, 40, p. 72-82.

6061. KOECKE (Christian). Zeit des Ressentiments, Zeit der Erlösung: Nietzsches Typologie temporaler Interpretation und ihre Aufhebung in der Zeit. Berlin, de Gruyter, 94, XII-242 p. (Monographien und Texte zur Nietzsche-Forschung, 29).

6062. Kognitive Semantik. Cognitive semantics. Ergebnisse, Probleme, Perspektiven. Hrsg. v. Monika SCHWARZ. Tübingen, Günther Narr, 94, 242 p. (Tübinger Beiträge zur Linguistik, 395).

6063. KUROKAWA (Kisho). The philosophy of symbiosis. London, Academy Editions, 94, 293 p.

6064. Language and understanding. Ed. by Gillian BROWN. Oxford, Oxford U. P., 94, VII-208 p. (ill.). (Oxford applied linguistics).

6065. LAZZERI (Christian). Spinoza et le problème de la raison d'état. *In*: Raison et déraison d'Etat [Cf. n° 6101], p. 359-394.

6066. LE RU (Véronique). Jean Le Rond D'Alembert philosophe. Paris, Vrin, 94, 312 p.

6067. Logica e filosofia della scienza. Problemi e prospettive. Atti del Congresso triennale della Società italiana di logica e filosofia delle scienze, Lucca, 7–10 gennaio 1993. A cura di Carlo CELLUCCI, Maria Concetta DI MAIO, Gino RONCAGLIA. Pisa, ETS, 94, X-826 p.

6068. Logique et littérature à la Renaissance. Actes du Colloque de la Baume-les-Aix, Université de Provence, 16–18 septembre 1991. Ed. par Marie-Luce DEMONET-LAUNAY et André TOURNON. Paris, Champion, 94, 252 p. (Confluences-Champion, 4).

6069. LOSKOUTOFF (Y.). La parturition des clercs: figures de la maïeutique dans la correspondance d'Erasme. *Bibliothèque d'Humanisme et Renaissance*, 94, 56, 2, p. 305-326.

6070. MAYER (David N.). The constitutional thought of Thomas Jefferson. Charlottesville, University Press of Virginia, 94, XIV-397 p. (bibl.).

6071. MANNES (James). Reid and his French disciples. Aesthetics and metaphysics. Leiden, New York a. Köln, E. J. Brill, 94, X-225 p. (bibl. index).

6072. MARSH (D.). Guarino of Verona's translation of Lucian's Parasite. *Bibliothèque d'Humanisme et Renaissance*, 94, 56, 2, p. 419-444.

6073. MARSHALL (John). John Locke. Resistance, religion, and responsability. Cambridge, Cambridge U. P., 94, XXI-485 p. (Cambridge studies in early modern British history).

6074. Marxismus in seinem Zeitalter (Der). Hrsg. v. Helmut FLEISCHER. Leipzig, Reclam, 94, 252 p. (Reclam-Bibliothek, 1515).

6075. MASOLO (D. A.). African philosophy in search of identity. Bloomington, Indiana U. P., 94, X-302 p.

6076. MATHERON (Alexandre). Les fondements d'une éthique de la similitude. *Revue de Métaphysique et de Morale*, 94, 99, p. 475-492.

6077. Montesquieu [numéro spécial]. *Rivista di storia della filosofia*, 94, 49, 1, p. 9-119.

6078. MORGAN (Vance G.). Foundations of Cartesian ethics. Atlantic Highlands, Humanities Press International, 94, 237 p.

6079. MORI (Gianluca). Origine des êtres et espèces: un inedito cosmogonico tra le carte di Boulainvilliers. *Rivista di storia della filosofia*, 94, 49, 1, p. 169-187.

6080. MOWAT (Robert Case). Modern prophetic voices. From Kierkegaard to Buchman. Oxford, New Cherwell Press, 94, XII-92 p.

6081. MELTZER (Françoise). Hot property. The stakes and claims of literary originality. Chicago, University of Chicago Press, 94, XI-171 p.

6082. MUNZ (Peter). How Nietzsche's idea about language came to be transformed into Derrida's ideology of deconstruction. *Australian journal of politics and history*, 94, 40 (special issues), p. 57-71.

6083. NACCI (M.). Il passato come modello. Spunti sul tradizionalismo, *Democrazia e diritto*, 94, 1, p. 45-75.

6084. NEGRI (Antimo). Interminati spazi ed eterno ritorno. Nietzsche e Leopardi. Firenze, Le Lettere, 94, 234 p. (Bibliotheca).

6085. NICHOLLS (Moira). The Kantian inheritance and Schopenhauer's doctrine of will. *Kant-Studien*, 94, 85, p. 257-279.

6086. Nietzsche and Soviet culture. Ally and adversary. Ed. by Bernice GLATZER ROSENTHAL. Cambridge, Cambridge U. P., 94, XVI-421 p. (Cambridge studies in Russian literature).

6087. Oeuvres complètes de Diderot (Les): éditer les manuscrits. *Studi settecenteschi*, 94, 14, p. 213-408. [Con scritti di Georges DULAC, Jean VARLOOT, Michel DELON, Roland DESNÉ, Didier KAHN, Annette LORENCEAU, Jean-Noël PASCAL e Gianluigi GOGGI).

6088. OHASHI (Ryosuke). Kire: das "Schöne" in Japan. Philosophisch-ästhetische Reflexionen zu Geschichte und Moderne. Köln, DuMont, 94, 171 p. (ill.).

6089. OLDRINI (Guido). L'estetica di Hegel e le sue conseguenze. Roma e Bari, Laterza, 94, VII-127 p. (Biblioteca di cultura moderna).

6090. O'REGAN (Cyril). The heterodox Hegel. Albany, State University of New York Press, 94, XVI-517 p. (SUNY series in Hegelian studies).

6091. ORMOS (Mária). Boldogság-ideológiák a XX. században. (Idéologies du bonheur au XXe siècle). *Magyar Tudomány*, 94, 39, 10, p. 1189-1201.

6092. OSLER (Margaret J.). Divine will and the mechanical philosophy. Gassendi and Descartes on contingency and necessity in the created world. Cambridge a. New York, Cambridge U. P., 94, XII-284 p.

6093. PACHECO FARFAN (Juvenal). Filosofia inka y su projección al futuro. Cusco, Universidad Nacional de San Antonio Abad del Cusco, 94, 332 p. (ill.).

6094. PALMER (Donald D.). Looking at philosophy. The unbearable heaviness of philosophy made lighter. Mountain View a. London, Mayfield, 94, XII-412 p.

6095. PARABOSCHI (Germana). Etica ed estetica in Croce e Irving Babbit. La sintesi di un conservatore americano. *Cultura*, 94, 33, p. 303-21.

6096. PERLER (Dominik). Spiegeln Ideen die Natur? Zum Begriff der Repräsentation bei Descartes. *Studia leibnitiana*, 94, 26, p. 187-209.

6097. PESSINA (Adriano). Introduzione a Bergson. Roma e Bari, Laterza, 94, 147 p. (I filosofi, 62).

6098. PETRUCCIANI (Stefano). L'argomentazione confutativa in prospettiva trascendental-pragmatica. *Cultura*, 94, 33, p. 447-475.

6099. Politique et révolution chez Jean-Jacques Rousseau. Ed. par Tanguy L'AMINOT. Oxford, Voltaire Foundation, 94, VIII-188 p. (Studies on Voltaire and the eighteenth century, 324).

6100. QUILLIEN (Philippe-Jean). Dictionnaire politique de René Descartes. Villeneuve d'Ascq, Presses univ. Lille, 94, 261 p.

6101. Raison et déraison d'Etat. Ed. par Yves Charles ZARKA. Paris, PUF, 94, VIII-436 p. (Fondements de la politique). [Cf. n[os] <sélection> 6000, 6065, 6130.]

6102. REALE (Mario). Da che nasce il conflitto nello stato di natura di Hobbes? *Cultura*, 94, 33, p. 251-81.

6103. Reassessing Foucault: power, medicine, and the body. Ed. by C. JONES a. R. PORTER. London a. New York, Routledge, 94, 225 p.

6104. Registre des conclusions de la Faculté de Théologie de l'Université de Paris. Tome 2. Du 26 novembre 1533 au 1 mars 1550. Ed. par James K. FARGE. Paris, Klincksieck, 94, XXIV-578 p. (ill.)

6105. REILL (Peter Hanns). Science and the construction of the cultural sciences in late Enlightenment Germany: the case of Wilhelm von Humboldt. *History and theory*, 94, 33, 3, p. 345-366.

6106. RICHMOND (Sheldon Saul). Aesthetic criteria. Gombrich and the philosophies of science of Popper and Polanyi. Amsterdam, Rodopi, 94, 152 p. (Series in the philosophy of Karl R. Popper and critical rationalism, 6).

6107. RICOEUR (Paul). Lectures. Vol. 3. Aux frontières de la philosophie. Paris, Ed. du Seuil, 94, 369 p. (La couleur des idées).

6108. RIPSTEIN (Arthur). Universal and general wills: Hegel and Rousseau. *Political theory*, 94, 22, 3, p. 444-467.

6109. ROCKMORE (Tom). Hegel et la tradition philosophique allemande. Bruxelles, Ousia, 94, 195 p.

6110. Saint Thomas à Hegel (De). Publié sous la direction de Jean-Louis VIEILLARD-BARON. Paris, PUF, 94, 151 p. (Travaux du Centre de recherche et de documentation sur Hegel et sur Marx).

6111. SALA (Giovanni B.). Lonergan and Kant. Five essays on human knowledge. Toronto a. London, University of Toronto Press, 94, XVI-178 p. (Lonergan studies).

6112. SANTAYANA (George). The last puritan. A memoir in the form of a novel. Ed. by Herman J. SAATKAMP. Cambridge, MIT Press, 94, XLII-747 p. (The works of George Santayana).

6113. SASSO (Gennaro). Filosofia e idealismo. Vol. 1. Benedetto Croce. Napoli, Bibliopolis, 94, 625 p. (Saggi Bibliopolis, 47). [contiene: L'estetica di Benedetto Croce, p. 217-272]. – IDEM. Giovanni Gentile. L'atto, il tempo, la morte. *Cultura*, 94, 33, p. 5-43, 181-225. – IDEM. Tempo ed esperienza. *Cultura*, 94, 33, p. 361-407.

6114. SCHICK (Friedrike). Hegels Wissenschaft der Logik. Metaphysische Letztbegründung oder Theorie logischer Formen? Freiburg, Alber, 94, 336 p. (Symposion, 100).

6115. SCHORLEMMER (Friedrich). Zu seinem Wort stehen. München, Kindler, 94, 399 p.

6116. SCHWENTKER (Wolfgang). Karl Löwith und Japan. *Archiv für Kulturgeschichte*, 94, 76, p. 415-450.

6117. Secular (The) city. Studies in the Enlightenment. Ed. by T.D. HEMMING, E. FREEMAN a. D. MEAKIN. Exeter, University of Exeter Press, 94, XVI-243 p.

6118. SIEDENTROP (Larry). Tocqueville. New York, Oxford U. P., 94, 153 p.

6119. SIMONCELLI (Paolo). Cantimori, Gentile e la Normale di Pisa: profili e documenti. Milano, F. Angeli, 94, 190 p. (bibl.). (Studi e ricerche storiche, 192).

6120. SNIDER (Alvin Martin). Origin and authority in seventeenth-century England. Bacon, Milton, Butler. Toronto a. London, University of Toronto Press, 94, VIII-286 p.

6121. States (The) of "theory". History, art, and critical discourse. Ed. by David CARROLL. Stanford, Stanford U. P., 1994, 316 p. (Irvine studies in the humanities).

6122. STELLA (Aldo). Il concetto di relazione nella scienza della logica di Hegel. Milano, Guerini, 94, [s. p.].

6123. SULLIVAN (Roger J.). An introduction to Kant's ethics. Cambridge, Cambridge U. P., 94, VIII-183 p.

6124. TABONI (Pier Franco). Libertà e cittadinanza. Saggio su Eric Weil. Napoli, La Città del Sole, 94, 387 p. (Il pensiero e la storia, 4).

6125. THIERRY (Augustin). Compte rendu du Commentaire sur l'esprit des lois de Montesquieu de Destutt de Tracy, Le Censeur (1818). *Corpus*, 94, 26-27, p. 149-156.

6126. Thomas Aquinas and his legacy. Ed. by David A. GALLAGHER. Washington, Catholic University of America Press, 94, XVI-230 p. (ill.). (Studies in philosophy and the history of philosophy, 28).

6127. Thomas Hobbes. The correspondence. Vol. 1. 1622–1659. Vol. 2. 1660–1679. Ed. by Noel MALCOLM. Oxford, Clarendon Press, 94, LXXV-511 p., XV-495 p.

6128. TONELLI (Giorgio). Kant's Critique of pure reason within the tradition of modern logic. A commentary on its history. Ed. from the unpublished works of Giorgio TONELLI by David H. CHANDLER. Hildesheim, Olms, 94, XXX-381 p. (Studien und Materialien zur Geschichte der Philosophie, 37).

6129. TRINCIA (Francesco Saverio). Marx, Weber, Löwith e il problema dell'origine del capitalismo. *Cultura*, 94, 33, p. 83-111.

6130. TRIOMPHE (Micheline). Hobbes et la raison d'état. *In*: Raison et déraison d'Etat [Cf. n° 6101], p. 327-340.

6131. ULMAN (H. Lewis). Things, thoughts, words and actions: the problem of language in late eighteenth-century British rhetorical theory. Carbondale, Southern Illinois U. P., 94, XI-240 p.

6132. VALCKE (Louis), GALIBOIS (Roland). Le périple intellectuel de Jean Pic de la Mirandole suivi du «Discours de la dignité de l'homme» et du traité «L'Etre et l'un». Sainte-Foy, Presses de l'Université de Laval et Sherbrooke, Centre d'Etudes de la Renaissance, 94, XXIII-353 p.

6133. VAN MEIRVENNE (Joachin). Indexed adaptive logics. *Logiques et analyse*, 94, 37, p. 41-56.

6134. VARGA (Csaba). Law and philosophy. Selected papers in legal theory. Budapest, Faculty of Law of Lorand Eotvos University, 94, XII-530 p. (Publications of the Project on Comparative Legal Cultures of the Faculty of Law of Lorand Eotvos University in Budapest).

6135. VERBEEK (Th.). De vrijheid van de filosofie. Reflecties over een cartesiaans thema. Utrecht, Universiteit Utrecht Faculteit der Wijsbegeerte. 94, 25 p. (Quaestiones Infinitae, 8).

6136. WEINSTEIN (Deena). Postmodern(ized) Simmel. London a. New York, Routledge, 94, X-235 p.

6137. WIKE (Victoria S.). Kant on happiness in ethics. Albany, State University of New York Press, 94, XX-194 p. (SUNY series in ethical theory).

6138. WILSON (Robert A.). Wide computationalism. *Mind*, 94, 103, p. 351-372.

6139. WOLFLE (Gerhard Martin). Die Wesenslogik in Hegels "Wissenschaft der Logik". Versuch einer Rekonstruktion und Kritik unter besonder Berücksichtigung der philosophischen Tradition. Stuttgart u. Bad Cannstatt, Frommann u. Holzboog, 94, XXII-560 p. (Spekulation und Erfahrung. Texte und Untersuchungen zum Deutschen Idealismus, II/30).

6140. Women philosophers of the early modern period. Ed. with introduction by Margaret ATHERTON. Indianapolis, Hackett, 94, X-166 p.

6141. WONDE (Jurgen). Subjekt und Unsterblichkeit bei Pietro Pomponazzi. Stuttgart, Teubner, 94, XII-264 p. (Beiträge zur Altertumskunde, 48).

6142. WOOLHOUSE (Roger Stuart). Locke's philosophy of science and knowledge. A consideration of some aspects of 'An essay concerning human understanding'. Aldershot, Gregg Revivals, 94, XII-204 p. (Modern revivals in philosophy).

6143. ZAMBELLI (Paola). Pico, la Cabala e l'Osservanza francescana. Un inedito commento alle «Tesi» di Pico. *Archivio storico italiano*, 94, 152, 562, p. 735-766.

Cf. n°s 919, 921, 922, 942, 1057, 1238, 8286

§ 6. Scienze esatte, tecnica, scienze naturali e medicina.

―――

6144. ACOT (Pascal). Histoire de l'écologie. Paris, PUF, 94, 127 p. (Que sais-je? 2870).

6145. ADRIAN (Jean). Les pionniers français de la science alimentaire: d'Olivier de Serres à Louis-Camille Maillard. Londres a. New York, Lavoisier, 94, 323 p. (ill.).

6146. AITON (Eric John). Astronomy in Harriot's time. Durham. School of Education, University of Durham, 94, 23 p. (ill.). (Occasional paper. Durham Thomas Harriot Seminar, 15).

6147. ALBRECHT (Michael). Eklektik. Eine Begriffsgeschichte mit Hinweisen auf die Philosophie- und Wissenschaftsgeschichte. Stuttgart u. Bad Cannstatt, Frommann u. Holzboog, 94, 771 p. (Quaestiones, 5).

6148. BARROSO FILHO (Wilton). La mécanique de Lagrange. Principes et méthodes. Paris, Ed. Karthala, 94, 331 p. (ill.).

6149. BARROTTA (Pierluigi). Dogmatismo ed eresia nella scienza. Joseph Priestley. Milano, Angeli, 94, 184 p.

6150. BARONA (J. L.), LLINARES (J.). Encontre interdisciplinari malaltia i cultura. Disease and culture. *Physis*, 94, 31, p. 879-882.

6151. BEDINI (Silvio A.). Science and instruments in seventeenth century Italy. Aldershot, Variorum, 94, X-268 p.

6152. BERETTA (Marco). A new course in chemistry. Firenze, Olschki, 94, 102 p.

6153. BERNSHTEYN (A. I.), KORABLEV (V. P.), PAVLUSHENKO (M. I.). Otechestvennoe vozdukhoplavanie: Uchebnoe posobie. (A history of Russian aviation: A manual). Part 1. Vol 1. 1906–1941. Vol. 2. 1939–1994. Moskva, Mosk. federatsiya vozdukhoplavaniya, 94, 476 p., 661 p. (ill., portr., facs., bibl.).

6154. BLASIUS (Dirk). "Einfache Seelenstörung". Geschichte der deutschen Psychiatrie 1800–1945. Frankfurt am Main, Fischer, 94, 250 p.

6155. BLONDEL (Christine). Histoire de l'électricité. Paris, Cité des sciences et de l'industrie Presses, 94, 127 p. (ill.).

6156. BOUDON (Raymond). Les deux sociologies de la connaissance scientifique. *In*: Le relativisme est-il résistible? Regards sur la sociologie des sciences. Paris, PUF, 94, p. 17-43. (Sociologies).

6157. BRIAN (Eric). La mesure de l'Etat. Administrateurs et géomètres au XVIIIe siècle. Paris, A. Michel, 94, 462 p. (ill.).

6158. BRZOZOWSKI (Stanisław Marian). Polskie doktoraty na Politechnice Wiedeńskiej 1902–1942. (Les doctorats polonais à l'Ecole Polytechnique de Vienne en 1902–1942). *Kwart. Hist. Nauki Techn.*, 94, 39, 3-4, p. 85-92. [Eng. summary].

6159. BUCHHAUPT (Siegfried). Die Gesellschaft für Schwerionenforschung. Geschichte einer Großforschungseinrichtung für Grundlangenforschung. Frankfurt am Main u. New York, Campus, 94, 302 p. (Studien zur Geschichte der deutschen Großforschungseinrichtungen, 10).

6160. *Vacat.*

6161. BUFFETAUT (Eric). Les dinosaures. Paris, PUF, 94, 127 p. (ill.). (Que sais-je? 2827).

6162. BYNUM (William F.). Science and the practice of medicine in the nineteenth century. Cambridge,

Cambridge U. P., 94, XVI-283 p. (ill.). (Cambridge history of science).

6163. CARLINO (Andrea). Corpi di carta. Fogli volanti e diffusione delle conoscenze anatomiche nell'Europa moderna. *Physis*, 94, 31, p. 731-770. – IDEM. La fabbrica del corpo. Libri e dissezione nel Rinascimento. Torino, Einaudi, 94, XXIV-268 p. (Piccola Biblioteca Einaudi).

6164. CAROZZI (Albert V.). The scientific library of Horace-Bénédict de Saussure (1797). Annotated catalog of an 18th-century bibliographic and historic treasure. Genève, Société de physique et d'histoire naturelle, 94 X-201 p. (ill.). (Mémoires de la Société de physique et d'histoire naturelle de Genève, 46).

6165. CARPENTER (Kenneth J.). Protein and energy. A study of changing ideas in nutrition. Cambridge, Cambridge U. P., 94, XIII-280 p. (ill.).

6166. CAUMANNS (Ute). Technischer Fortschritt und sozialer Wandel in deutschen Ostprovinzen. Ein Vergleich ausgewählter Mittel- und Ostprovinzen. Bonn, Selbstverlag der Kulturstiftung der deutschen Vertriebenen, 94, 273 p.

6167. CAVAILLÈS (Jean). Oeuvres complètes de philosophie des sciences. Ed. par Bruno HUISMAN. Paris, Hermann, 94, 686 p.

6168. CIMINO (Guido). Il progetto 'Storia della scienza' dell'Istituto dell'Enciclopedia italiana. *Physis*, 94, 31, p. 612-620.

6169. CHIROLLET (Jean-Claude). Esthétique et technoscience. Pour la culture techno-esthétique. Liège, Mardaga, 94, 244 p. (ill.).

6170. COHEN (H. Floris). The scientific revolution. A historiographical inquiry. Chicago a. London, University of Chicago Press, 94, XVIII-662 p.

6171. COHEN (I. Bernard). Interactions. Some contacts between the natural sciences and the social sciences. Cambridge a. London, MIT Press, 94, XX-204 p.

6172. CROSLAND (Maurice P.). In the shadow of Lavoisier. The Annales de chimie, and the establishment of a new science. Faringdon, British Society for the History of Science, 94, XII-354 p. (ill.). (BSHS monographs, 9).

6173. CROWE (Michael John). Modern theories of the universe: from Herschel to Hubble. New York a. London, Dover Publications a. Constable, 94, X-435 p. (ill.).

6174. CURTIS (Ron). Narrative form and normative force. Baconian story-telling in popular science. *Social studies of science*, 94, 24, p. 419-461.

6175. DARS (René). Les applications de la géologie. Paris, PUF, 94, 127 p. (ill.). (Que sais-je? 2862).

6176. DEBRU (Claude) [et al.]. Les sciences médicales et biologiques en France, 1920–1950. Paris, Editions du CNRS, 94, 357 p.

6177. DESMOND (Adrian). Huxley: the devil's disciple. London, Joseph, 94, XVII-475 p. (ill.).

6178. Development of mathematics, 1900–1950. Ed. by Jean-Paul PIER. Boston a. Basel, Birkhäuser, 94, XVII-729 p. (ill.).

6179. DOWBIGGIN (Ian). La folie héréditaire, ou comment la psychiatrie française s'est constituée en un corps de savoir et de pouvoir dans la seconde moitié du XIXe siècle. Paris, EPEL, 94, 229 p.

6180. DUNHAM (William). The mathematical universe. An alphabetical journey through the great proofs, problems, and personalities. New York a. Chichester, Wiley, 94, VI-314 p.

6181. ELLENBERGER (Francois). Histoire de la géologie. Paris, Technique et documentation – Lavoisier, 94, 2 vol., [s. p.]. (ill.). (Petite collection d'histoire des sciences).

6182. ELMIR (Francois). Science et technique. Etude comparative d'histoire et d'épistémologie. Villeurbanne, Ed. Recherches/Sciences/Techniques, 94, 200 p.

6183. ESPINOZA (Miguel). Théorie de l'intelligibilité. Toulouse, Ed. Universitaires du Sud, 94, 216 p. (Collection Philosophie).

6184. FANTOLI (Annibale). Galileo: for Copernicanism and for the church. Roma, Vatican Observatory Publications, 94, 352 p. (Studi Galileiani, 3).

6185. FAURE (O.). Histoire sociale de la médecine (XVIIIe–XXe siècles). Paris, Economica, 94, 272 p.

6186. FERRONE (Vincenzo). Lo scienziato nell'età moderna. Pref. di Paolo ROSSI. Roma e Bari, Laterza, 94, XXIII-128 p. (Universale Laterza, 753).

6187. FORTES (Jacqueline). Becoming a scientist in Mexico. The challenge of creating a scientific community in an underdeveloped country. University Park, Pennsylvania State U. P., 94, VIII-225 p. (ill.).

6188. French medical culture in the nineteenth century. Ed. by Ann LA BERGE a. Mordechai FEINGOLD. Amsterdam a. Atlanta, Rodopi, 94, XII-384 p. (Clio medica, 25).

6189. GAMBA (E.). Documenti di Muzio Oddi per la storia del compasso di riduzione e di proporzione. *Physis*, 94, 31, p. 799-816.

6190. GARY (Claude). La foudre: des mythologies antiques à la recherche moderne. Paris, Masson, 94, XIX-208 p. (ill.).

6191. GATTO (Romano). Tra scienza e immaginazione. Firenze, Olschki, 94, 392 p.

6192. GIACOMONI (Paola). Immagini del corpo in età moderna. Trento, Editrice Università degli studi di Trento, 94, 282 p.

6193. GOLDEN (Gloria). On the way of Juppiter. Psychological dimensions of the *Galileo* mission. *Social studies of science*, 94, 24, p. 419-461.

6194. GOMANE (Jean-Pierre). L'exploration du Mékong. La mission Ernest Doudart de Lagrée – Francis Garnier (1866–1868). Paris, L'Harmattan, 94, 288 p.

6195. GRANT (Edward). Planets, stars, and orbs. The medieval cosmos, 1200–1687. Cambridge, Cambridge U. P., 94, XXII-816 p. (ill.).

6196. GROSS (Paul R.). Higher superstition. The academic left and its quarrels with science. Baltimore a. London, Johns Hopkins U. P., 94, XI-314 p.

6197. HAQ (Syed Nomanul). Names, natures and things. The alchemist Jabir ibn Hayyan and his Kitab al-ahjar (Book of stones). Dordrecht, Kluwer, 94, XX-284 p. (ill.). (Boston studies in the philosophy of science, 158).

6198. HEIJMANS (H. G.). Wetenschap tussen universiteit en industrie. De experimentele natuurkunde in Utrecht onder W. H. Julius en L. S. Ornstein 1896–1940. (The history of experimental physics in Utrecht 1896–1940). Rotterdam, Erasmus Publishing, 94, 241 p. (fig.). (Nieuwe Nederlandse bijdragen yot de geschiedenis der geneeskunde en der natuurwetenschappen, 48. Diss. Utrecht).

6199. Histoire générale des sciences. Ed. par René TATON. Paris, PUF, 94, 4 vol., [s. p.]. (ill., index, bibl.).

6200. HORIUCHI (Annick). Les mathématiques japonaises à l'époque d'Edo. Paris, Vrin, 94, 410 p.

6201. HUGHES (Judith M.). From Freud's consulting room. The unconscious in a scientific age. Cambridge, Harvard U. P., 94, X-285 p.

6202. HUNTER (Michael). Robert Boyle reconsidered. Cambridge, Cambridge U. P., 94, XVIII-231 p.

6203. JONES (A.). Peripatetic and Euclidean theories of the visual ray. *Physis*, 94, 31, p. 47-76.

6204. JUCH (A.). Het "nut" van sanatoria. Het tuberculosevraagstuk in Nederland rond 1900. (The use of sanatoria. The problem of tuberculosis in the Netherlands ca. 1900). *T. Gesc.*, 94, 107, p. 214-238.

6205. Korespondencja polska Marii Skłodowskiej-Curie 1881–1934. (La correspondance polonaise de Maria Skłodowska-Curie 1881–1934). Ed. Krystyna KABZINSKA [et al.]. Warszawa, [s. n.], 94, XIX-449 p. (phot., fig.) (Pol. Akad. Nauk, Inst. Hist. Nauki).

6206. LANGFORD (Jerome J.). Galileo, science and the church. Ann Arbor, University of Michigan Press, 94, XVI-225 p.

6207. LATTIS (James M.). Between Copernicus and Galileo: Christoph Clavius and the collapse of Ptolemaic cosmology. Chicago a. London, University of Chicago Press, 94, XX-293 p. (ill.).

6208. LE RU (Véronique). La force accélératrice: un exemple de définition contextuelle dans le "Traité de dynamique" de d'Alembert. *Revue d'histoire des sciences*, 94, 47, p. 475-494.

6209. LOCHAK (Georges). La géometrisation de la physique. Paris, Flammarion, 94, 272 p. (ill.). (Nouvelle bibliothèque scientifique).

6210. Logic and causal reasoning. Ed. by Jan FAYE, Uwe SCHEFFLER a. Max URCHS. Berlin, Akademie Verlag, 94, IX-287 p. (ill.).

6211. MAFFIOLI (Cesare S.). Out of Galileo. The science of waters 1628–1718. Galilei voorbij. De wetenschap der wateren 1628–1718. Rotterdam, Erasmus, 94, XVIII-516 p. (Nieuwe Nederlandse bijdragen tot de geschiedenis der geneeskunde en der natuurwetenschappen, 49. Diss. Utrecht).

6212. MAHONEY (Michael Sean). The mathematical career of Pierre de Fermat, 1601–1665. Princeton, Princeton U. P., 94, XX-432 p.

6213. MAIERÙ (Luigi). Fra Descartes e Newton: Isaac Barrow e John Wallis. Soveria Mannelli, Rubbettino, 94, 172 p.

6214. MARINO (G.). Il V convegno di storia e fondamenti della chimica. *Physis*, 94, 31, p. 625-627

6215. MARSCH (Ulrich). Notgemeinschaft der Deutschen Wissenschaft. Gründung und frühe Geschichte 1920–1925. Frankfurt am Main, Berlin u. Bern, Lang, 94, 183 p. (Münchner Studien zur Neueren und Neuesten Geschichte, 10).

6216. MARTIN (E.). Flexible bodies: tracking immunity in American culture from the days of Polio to the age of AIDS. Boston, Beacon Press, 94, XXIII-320 p.

6217. MÉDARD (Louis). L'oeuvre scientifique de Paul Vielle (1854–1934). *Revue d'histoire des sciences*, 94, 47, p. 381-404.

6218. Medizin, Naturwissenschaft, Technik und Nationalsozialismus: Kontinuitäten und Diskontinuitäten. Hrsg. v. Christoph MEINEL u. Peter VOSWINCKEL. Stuttgart, Verlag für Geschichte der Naturwissenschaften und der Technik, 94, 332 p. (ill.).

6219. Mesure (La). Instruments et philosophies. Ed. par Jean-Claude BEAUNE. Seyssel, Champ Vallon, 94, 279 p.

6220. MINAZZI (Fabio). Galileo "filosofo geometra". Milano, Rusconi, 94, 437 p. (ill.). (Saggi).

6221. MOORE (Patrick). The great astronomical revolution (1543–1687) and the space age epilogue. Chichester, Albion, 94, 250 p. (ill.).

6222. MORMINO (Gianfranco). Penetralia motus. La fondazione relativistica della meccanica in Christiaan Huygens. Firenze, La Nuova Italia, 94, 356 p.

6223. NJØLSTAD (Olav). Fissionable consensus: Scandinavia and the quest for the international atomic energy control, 1946–1950. *Scandinavian Journal of History*, 94, 19, 4, p. 349-364.

6224. NORTH (John David). The Fontana history of astronomy and cosmology. London, Fontana Press, 94, XXVII-697 p. (ill.).

6225. O'MALLEY (Michael). Specie and species: race and the money question in nineteenth-century America (cf. Thinking about the languages of money and race: a response to Michael O'Malley, by Nell Irvin PAINTER, and the reply by Michael O'Malley). *American historical review*, 94, 99, 2, p. 369-408.

6226. Origins, time and complexity. Ed. by George V. COYNE, Karl SCHMITZ-MOORMANN a. Christoph WASSERMANN. Geneva, Labor et Fides, 94, 2 vol., [s. p.]. (ill.). (Studies in science and theology, 1-2).

6227. OSBORNE (Michael A.). Nature, the exotic, and the science of French colonialism. Bloomington, Indiana U. P., 94, 216 p.

6228. PARDO TOMÁS (José). Las primeras noticias sobre plantas americanas en las relaciones de viajes y crónicas de Indias (1493–1553). Valencia, Instituto de estudios documentales y historicos sobre la ciencia, 93, 364 p. (Cuadernos valencianos de historia de la medicina y de la ciencia, 40).

6229. PARKER (Steve). Albert Einstein and relativity. London, Belitha, 94, 32 p.

6230. PAULI (Wolfgang). Writings on physics and philosophy. Ed. by Charles P. ENZ and Karl von MEYENN. Berlin a. Heidelberg, Springer, 94, VI-289 p. (ill.).

6231. POINSSAC (Béatrice). L'infographie. Paris, PUF, 94, 127 p. (ill.). (Que sais-je? 2800).

6232. POMATA (Gianna). La promessa di guarigione. Malati e curatori in antico regime: Bologna XVI–XVIII secolo. Roma e Bari, Laterza, 94, X-404 p. (Collezione storica).

6233. Practical medicine from Salerno to the black death. Ed. by Luis GARCÍA-BALLESTER, Roger FRENCH, John ARRIZABALAGA a. Andrew CUNNINGHAM. Cambridge, Cambridge U. P., 94, 402 p.

6234. Psicopatologia e filosofia nella tradizione veronese. A cura di Luciano BONUZZI e Gian Paolo MARCHI. Verona, Arti Grafiche, 94, XXIII-350 p.

6235. REDONDI (Pietro). Dietro l'immagine. Rappresentazioni di Galileo nella cultura positivistica. *Nuncius*, 94, 9, p. 65-116.

6236. REED (David). Figures of thought. Mathematics and mathematical texts. London a. New York, Routledge, 94, XII-183 p.

6237. REICH (Karin). Die Entwicklung des Tensorkalküls: vom absoluten Differentialkalkül zur Relativitätstheorie. Basel a. Boston, Birkhäuser, 94, 331 p. (ill.). (Science networks. Historical studies, 11).

6238. RESTON (James). Galileo. A life. London, Cassell, 94, XIII-319 p.

6239. Robert Boyle by himself and his friends, with a fragment of William Wotton's lost Life of Boyle. Ed. with an introduction by Michael HUNTER. London, W. Pickering, 94, CVII-188 p. (ill.).

6240. Romanticism in science. Science in Europe, 1790–1840. Ed. by Stefano POGGI a. Maurizio BOSSI. Dordrecht a. London, Kluwer Academic, 94, XVI-245 p. (Boston studies in the philosophy of science, 152).

6241. ROSIŃSKA (Grażyna). Giulio Cesare Luchini (fl. 1580). An unknown Italian astronomer. *Kwart. Hist. Nauki Techn.*, 94, 39, 1, p. 105-108.

6242. ROTHMAN (S. M.). Living in the shadow of death: Tuberculosis and the social experience of illness in American history. New York, Basic Books, 94, XI-319 p.

6243. ŠAIJA (Ŷuma 'A.). Dawr madrasat at-taryamat bi-Tulaytulat fi nagala l- ulum al-arabiyat wa-bi-t- tali fi nahdat Uruba. (Papel de la Escuela de Traductores de Toledo en la transferencia de las ciencias árabes y en el Renascimiento europeo). *Dirāsāt Andalusiya*, 94, 1414, 11, p. 35-48.

6244. SALIBA (George). A history of Arabic astronomy. Planetary theories during the golden age of Islam. New York a. London, New York U. P., 94, X-349 p. (ill. a. facsims). (New York University studies in Near Eastern civilization, 19).

6245. SANTINI (Alceste). Processo Galilei. Storia di un errore. Roma, L'Unità, 94, 174 p.

6246. SCHÖNER (Christoph). Mathematik und Astronomie an der Universität Ingolstadt im 15. und 16. Jahrhundert. Berlin, Duncker & Humblot, 94, 546 p. (Ludovico Maximilianea. Universität, Ingolstadt-Landshut-München. Forschungen und Quellen, 13).

6247. Science, technology and National Socialism. Ed. by Monika RENNEBERG and Mark WALKER. Cambridge, Cambridge U. P., 94, XIX-422 p. (ill.).

6248. Sciences biologiques et médicales en France 1920–1950 (Les). Actes du colloque de Dijon, 25–27 juin 1992. Ed. par Claude DEBRU, Jean GAYON, Jean-Francois PICARD. Centre Gaston Bachelard de recherches sur l'imaginaire et la rationalité, Université de Bourgogne, Institut d'histoire et de philosophie des sciences et des techniques, Paris, CNRS, 94, 357 p. (Cahiers pour l'histoire de la recherche).

6249. SEBASTIAN (A.). Documentary and instrumental sources for the history of science. *Physis*, 94, 31, p. 302-304.

6250. SERVAIS (Paul). L'entre-deux-guerres en Belgique 1918–1940. Bibliographie. IV. Histoire des sciences et des techniques. Bruxelles, Facultés Universitaires Saint-Louis, 94, 283 p. (Cahier du Centre d'histoire moderne et contemporaine, 4).

6251. SHARRATT (Michael). Galileo. Decisive innovator. Oxford, Blackwell, 94, XIII-247 p. (Blackwell science biographies).

6252. SICARD (Monique). L'année 1895, l'image écartelée entre voir et savoir. Le Plessis-Robinson, Synthélabo, 94, 138 p.

6253. STABILE (Giorgio). Linguaggio della natura e linguaggio della Scrittura in Galilei. Dalla Istoria sulle macchie solari alle Lettere copernicane. *Nuncius*, 94, 9, p. 37-64.

6254. STEENDIJK-KUYPERS (J.). Volksgezondheid in de 16de en 17de eeuw te Hoorn. Een bijdrage tot de beeldvorming van sociaalgeneeskundige structuren in een stedelijke samenleving. (The development of the health-caring system in the Dutch town Hoorn in the 16th and 17th centuries). Rotterdam, Erasmus Publishing, 94, 437 p. (Diss. Amsterdam V. U. Pantaleon reeks, 12).

6255. STEPHENSON (Bruce). Kepler's physical astronomy. Princeton, Princeton U. P., 94, 216 p. (ill.). – IDEM. The music of the heavens. Kepler's harmonic astronomy. Princeton, Princeton U. P., 94, XI-260 p. (ill.).

6256. STOLTZENBERG (Dietrich). Fritz Haber. Chemiker, Nobelpreisträger, Deutscher, Jude. Eine Biographie. Weinheim, New York, Cambridge u. Tokio, VHC, 94, XIV-669 p.

6257. Storia della medicina e della scienza tra archivio e laboratorio. Saggi in memoria di Luigi Belloni. A cura di Guido CIMINO e Carlo MACCAGNI. Firenze, Olschki, 94, 239 p. (ill.). (Biblioteca di Physis, 2).

6258. *Vacat.*

6259. SUEUR (L.). La fragile limite entre le normal et l'anormal: lorque les psychiatres français essayaient, au XIXe siècle, de reconnaître la folie. *Revue historique*, 94, 118, 292 (591), p. 31-52. – IDEM. Les psychiatres français de la première moitié du XIXe siècle face à l'isolement des malades mentaux dans des hôpitaux spécialisés. *Revue historique*, 94, 118, 291 (590), p. 299-314.

6260. SZAREJKO (Piotr). Słownik lekarzy polskich XIX wieku. (Dictionnaire des médecins polonais du XIXe siècle). T. 2. [T. 1. Cf. Bibl. 91, n° 5931]. Warszawa, Semper, 94, 360 p.

6261. THORNE (Kip Stephen). Black holes and time warps. Einstein's outrageous legacy. London, Picador, 94, 619 p. (ill.).

6262. Trends in the historiography of science. Ed. by Kostas GAVROGLU, Jean CHRISTIANIDIS a. Efthymios NICOLAIDIS. Dordrecht, Kluwer, 94, XI-451 p. (Boston studies in the philosophy of science, 151).

6263. TURNER (Roy Steven). In the eye's mind. Vision and the Helmholtz-Hering controversy. Princeton, Princeton U. P., 94, XIV-338 p. (ill.).

6264. VAN DEN ENDE (J. C. M.). The turn of the tide. Computerization in Dutch society, 1900–1965. Delft, Delft University Press, 94, 267 p. (Diss. Delft).

6265. VAN DER WINDT (H.). De totstandkoming van de "natuurbescherming" in Nederland. (The realization of "nature conservation" in the Netherlands). *T. Gesch.*, 94, 107, p. 485-507.

6266. VAN LEEUWENHOEK (A.). Alle de brieven van Antoni van Leeuwenhoek. Deel XIII (1700–1701). (The collected letters of Antoni van Leeuwenhoek. Volume XIII, 1700–1701). Ed. by L. C. PALM. Lisse, Swets & Zeitlinger, 94, XXI-417 p.

6267. Veterinary acupuncture. Ancient art to modern medicine. Ed. by Allen M. SCHOEN. St. Louis a. London, Mosby, 94, VI-707 p. (ill.).

6268. VIDONI (Ferdinando). Scienziati, ideologia e politica in Germania nel Tardo Ottocento. *Società e storia*, 94, 17, p. 811-841.

6269. VILAIN (Christian). La proportionnalité de la masse et du poids dans la dynamique newtonienne. *Revue d'histoire des sciences*, 94, 47, p. 435-437.

6270. WESTFALL (Richard Samuel). The life of Isaac Newton. Cambridge, Cambridge U. P., 93, XVI-328 p. (ill.).

6271. WHITE (Michael). Einstein. A life in science. London, Simon a. Schuster, 94, VIII-279 p.

6272. WILLIAMS (Elizabeth A.). The physical and the moral. Anthropology, physiology, and philosophical medicine in France, 1750–1850. Cambridge, Cambridge U. P., 94, XIII-281 p. (Cambridge history of medicine).

6273. YOLDI (Jose Antonio). El caso Galileo. Elementas para una lectura postcartesiana. Barcelona, Centre Borja, 94, 55 p. (Cuadernos "Institut de Teologia Fondamental", 27).

6274. ZADDACH (Arno). Grassmanns Algebra in der Geometrie, mit Seitenblicken auf verwandte Strukturen. Mannheim, BI-Wissenschaftsverlag, 94, XVIII-376 p. (ill.).

6275. ZEMANEK (Alicja). Z problematyki najstarszych ogrodów botanicznych w Polsce (XVI–XVIII w.). (La problématique de plus anciens jardins botaniques en Pologne, XVIe–XVIIIe siécles). *Kwart. Hist. Nauki Techn.*, 94, 39, 3-4, p. 3-25 (dessins, carte 1).

§ 7. Letteratura.

a. Opere generali.

6276. BERTINI-MALGARINI (Patrizia). L'italiano fuori d'Italia. *In*: Storia della lingua italiana. Vol. 3. Le altre lingue [Cf. n° 360], p. 883-922.

6277. BETTONI (Camilla). L'italiano fuori d'Italia. *In*: Introduzione all'italiano contemporaneo [Cf. n° 6286], p. 411-457.

6278. BRADFORD (Richard). Roman Jakobson: life, language, art. London a. New York, Routledge, 94, XII-213 p. (ill.). (Critics of the twentieth century).

6279. Bridges: literature across cultures. Ed. by Gilbert H. MULLER, John A. WILLIAMS. New York a. London, McGraw-Hill, 94, XVIII-1048 p.

6280. BROUGH (Neil). New perspectives on Faust. Studies in the origins and philosophy of the Faust theme in the dramas of Marlowe and Goethe. Frankfurt am Main a. New York, Lang, 94, 376 p. (ill.). (Historisch-kritische Arbeiten zur deutschen Literatur, 12).

6281. FERRARI (Giacomo). Approcci formali e computazionali all'analisi linguistica, frasale, testuale. In: Oltre il testo: gli ipertesti [Cf. n° 6293], p. 51-82.

6282. FIGUEIRA (Dorothy Matilda). The exotic. A decadent quest. Albany, State University of New York, 94, 300 p. (SUNY series, The margins of literature).

6283. FRIED (István). Ostmitteleuropäische Studien. Ungarisch-slawisch-österreichische literarische Beziehungen. Szeged, JATE, 94, 158 p.

6284. GRIT (Diederik C.). Driewerf zalig Noorden. Over literaire betrekkingen tussen de Nederlanden en Scandinavie. Maastricht, UPM Universitaire Pers Maastricht, 94, 299 p. (ill.).

6285. HUNT (Peter). An introduction to children's literature. Oxford, Oxford U. P., 94, VIII-241 p.

6286. Introduzione all'italiano contemporaneo. Le variazioni e gli usi. A cura di Alberto SOBRERO. Roma e Bari, Laterza, 1994, VIII-484 p. [Cf. n° <scelta> 6277.]

6287. LEVIN (Iurii Davidovich). The perception of English literature in Russia. Nottingham, Astra, 94, XII-258 p.

6288. LINDFORS (Bernth). Comparative approaches to African literatures. Amsterdam, Rodopi, 94, XII-160 p. (Cross/cultures, 14).

6289. MACK (Peter). Renaissance rethoric. New York, St. Martin Press, 94, XIV-198 p.

6290. MARAZZINI (Claudio). La lingua italiana. Profilo storico. Bologna, Il Mulino, 94, 500 p. (Linguistica e critica letteraria).

6291. NAG (Martin). Menneskeåndens revoltering!: selvbiografi under Kveldsbel-eika. (A revolt of the human spirit: an autobiography under the Kveldsbel-oak). Oslo, Solum, 94, 253 p.

6292. Nouveaux mondes. From the twelfth to the twentieth century. Ed. by Richard MABER. Durham, University of Durham, 94, II-149 p. (Durham modern languages series, 10).

6293. Oltre il testo: gli ipertesti. A cura di Mario RICCIARDI. Milano, Angeli, 94, 246 p. (ill.). [Cf. n° <scelta> 6281.]

6294. RAIMONDI (Ezio). I sentieri del lettore. A cura di Andrea BATTISTINI. Bologna, Il Mulino, 94, 3 vol. 592 p., 530 p., 592 p. ("Bibliografia degli scritti di Ezio Raimondi": Vol. 3, p. 533-583) [Vol. 1: Da Dante a Tasso; vol. 2: Dal seicento all'ottocento; vol. 3: Il novecento: storia e teoria della letteratura]. [Cf. n° <scelta> 6449.]

6295. RICO (Francisco). Figuras con paisaje. Barcelona, Círculo de Lectores, 94, 185 p. (ill.)

6296. RUDD (Niall). The classical tradition in operation. Toronto, University of Toronto Press, 94, XII-186 p. (The Robson classical lectures).

6297. SCHRODER (Stephan Michael). Literarischer Spuk. Skandinavische Phantastik im Zeitalter des Nordischen Idealismus. Berlin, Freie Universität Berlin, Fachbereich Germanistik-Skandinavistik, 94, XII-681 p. (Berliner Beiträge zur Skandinavistik, 5).

6298. Scrittori italiani di aforismi. Vol. 1. I classici. A cura di Gino RUOZZI. Milano, Mondadori, 94, LXVIII-1780 p. (I meridiani).

6299. SEGRE (Cesare). Notizie sulla crisi. Dove va la critica letteraria? Torino, Einaudi, 94, 320 p. (Einaudi Paperbacks, 243). [contiene: Nella storia dei generi letterari, p. 109-180].

6300. Słownik pseudonimów pisarzy polskich. XV w.-'1970 r. (Dictionnaires des pseudonymes des écrivains polonais. XVe s.–1970). Elab. par l'équipe Joanna KRÓL [et al.], sous la dir. de Edmund JANKOWSKI. T. 1. A-J. Wrocław, Zakł. Narod. im. Ossolińskich, 94, LXVIII-731 p.

6301. VALDES (Mario James). Rethinking literary history – comparatively. New York, American Council of Learned Societies, 94, 13 p. (ACLS occasional paper, 27).

6302. WASSERMAN (Renata Ruth Mautner). Exotic nations. Literature and cultural identity in the United States and Brazil, 1830–1930. Ithaca, Cornell U. P., 94, X-288 p.

6303. What is Jewish literature? Ed. by Hana WIRTH-NESHER. Philadelphia, Jewish Publication Society, 94, X-271 p.

b. Rinascimento.

* 6304. Bibliographie internationale de l'Humanisme et de la Renaissance (1991). Genève, Droz, 94, XX-890 p.

6305. AFFOLTER (Barbara Maria). Vincenzo Maria Borghini monaco e bibliofilo. *Archivio storico italiano*, 94, 152, 562, p. 767-786.

6306. ALESSANDRO TESAURO. La sereide. A cura di Domenico CHIODO. Torino, RES, 94, XXVI-124 p.

6307. ALYN-STACEY (S.). Deux œuvres retrouvées de Marc-Claude de Buttet: Chant de liesse et Sur la venue ... d'Anne d'Este. *Bibliothèque d'Humanisme et Renaissance*, 94, 56, 2, p. 405-418.

6308. BARBIER (Jean Paul). Ma Bibliothèque poétique. Tome 3. «Ceux de la Pléiade». Genève, Droz, 94, 590 p.

6309. BARBONE (Roberto), STÄUBLE (Antonio). Proposte per una tipologia dei personaggi femminili nella commedia rinascimentale. *In*: Origini della commedia nell'Europa del Cinquecento [Cf. n° 6684], p. 313-340.

6310. BAROLSKY (Paul). The faun in the garden: Michelangelo and the poetic origins of Italian Renaissance Art. Universirty Park, Pennsylvania State U. P., 94, XVIII-177 p.

6311. BATE (Jonathan). Shakespeare and Ovid. Oxford, Clarendon Press, 94, XII-292 p.

6312. BRODY (Jules). Nouvelles lectures de Montaigne. Paris, Champion, 94, 197 p.

6313. BRUSH (Craig). From the perspective of the self. Montaigne's self-portrait. New York, Fordham U. P., 94, 321 p.

6314. COLETTI (Vittorio). Storia dell'italiano letterario dalle origini al Novecento. Torino, Einaudi, 94, XVI-486 p. (Piccola Biblioteca Einaudi, 582).

6315. COLONNA (Francesco). Le Songe de Poliphile. Traduction de l'Hypnerotomachia Poliphili par Jean Mertin (Paris, Kerver, 1546). Prés. Par Gilles POLIZZI. Paris, Imprimerie nationale, 94, XLIV-607 p. (ill.).

6316. Comédie (La) à l'époque d'Henri II et de Charles IX. Ed. par Luigia ZILLI, Mariangela MIOTTI, Anna BETTONI, Régine REYNOLDS-CORNELL. Firenze, Olschki et Paris, PUF, 94, 538 p. (Théâtre français de la Renaissance, 6).

6317. CORNILLIAT (François). «Or ne mens», Couleurs de l'Eloge et du Blâme chez les «Grands rhétoriqueurs». Paris, Champion, 94, 947 p.

6318. CORSARO (Antonio). Michelangelo, il comico e la malinconia. *Studi e problemi di critica testuale*, 94, 49, p. 97-120.

6319. Dante e il Rinascimento. Rassegna bibliografica e studi in onore di Aldo Vallone. A cura di Pasquale SABBATINO. Firenze, Olschki, 94, 212 p.

6320. DEBAILLY (P.). Le rire satirique. *Bibliothèque d'Humanisme et Renaissance*, 94, 56, 3, p. 695-718.

6321. DEMERSON (Guy). Humanisme et facétie. Quinze études sur Rabelais. Orléans et Caen, Paradigme, 94, 359 p.

6322. Du Bellay et ses sonnets romains. Etudes sur les Regrets et les Antiquitez de Rome. Ed. par Yvonne BELLENGER. Paris, Champion, 94, 332 p. (Collection Unichamp, 42).

6323. DULL (Olga Anna). Folie et rhétorique dans la sottie. Genève, Droz, 94, 228 p. (Publications romanes et françaises, 210).

6324. FINDLAY (Alison Gail). Illegitimate power. Bastards in Renaissance drama. Manchester a. New York, Manchester U. P., 94, XX-346 p.

6325. FLEURKENS (A. C. G.). Stichtelijke lust. De toneelspelen van D. V. Coornhert (1522–1590) als middel tot het geven van morele instructie. (Edifying delight. The plays of D. V. Coornhert (1522–1590) as vehicles of moral instructions). Hilversum, Verloren, 94, 422 p. (Diss. Amsterdam V. U.).

6326. GALAND-HALLYN (Perrine). Le Reflet des fleurs. Description et métalangage poétique d'Homère à la Renaissance. Genève, Droz, 94, 662 p. (Travaux d'Humanisme et Renaissance, 258).

6327. GAY (Penny). As she likes it: Shakespeare's unruly women. London a. New York, Routledge, 94, 208 p. (ill.).

6328. GOMEZ MORENO (Angel). España y Italia de los Humanistas. Primeros ecos. Madrid, Editorial Gredos, 94, 385 p. (Biblioteca Románica Hispanica).

6329. GRAY (Floyd). Rabelais et le comique du discontinu. Paris, Champion, 94, 208 p. (Etudes et Essais sur la Renaissance, 2).

6330. GREEN (V. M.). Hidden vanities: Montaigne's manipulations of the intertext in III, 9, «De la vanité». *Bibliothèque d'Humanisme et Renaissance*, 94, 56, 1, p. 39-58.

6331. GROSS (John). Shylock. Four hundred years in the life of a legend. London, Vintage, 94, X-355 p.

6332. GUICCIARDINI (Francesco). Le lettere (1521–1522). A cura di Pierre JODOGNE. Roma, Istituto storico italiano per l'epoca moderna e conteporanea, 94, XXXVI-650 p. (Edizione dei carteggi di Francesco Guicciardini, 6).

6333. HAMPE MARTINEZ (T.). El renacentismo del Inca Garcilaso revisitado: los clasicos greco-latinos en su biblioteca y en su obra. *Bibliothèque d'Humanisme et Renaissance*, 94, 56, 3, p. 641-664.

6334. HARTLEY (D. J.). Les poètes français et la prise de Calais (janvier 1558). *Bibliothèque d'Humanisme et Renaissance*, 94, 56, 3, p. 719-728.

6335. HEIPLE (Daniel L.). Garcilaso de la Vega and the Italian Renaissance. University Park, Pennsylvania State U. P., 94, XV-428 p. (Penn State University studies in Romance literatures).

6336. HUMMEL (P.). Lexicographie pindarique: aperçu épistémologique synchronique à travers le Pindaricum lexicum d'Æmilius Portus. *Bibliothèque d'Humanisme et Renaissance*, 94, 56, 3, p. 729-744.

6337. HUSCHENBETT (Dietrich). Ein danziger "Lied-Fragment". *Beiträge zur Geschichte der deutschen Sprache und Literatur*, 94, 116, p. 412-427.

6338. Idillio alla visione (Dall'). Passaggi della differenza tra Rinascimento e Barocco in area napoletana. A cura di Raffaele CAVALLUZZI. Manduria, Bari e Roma, Piero Laicata Editore, 94, 170 p. (Biblioteca di Studi moderni, 59).

6339. Images de la femme en Espagne aux XVIe et XVIIe siècles. Des traditions aux renouvellements et à l'émergence d'images nouvelles. Ed. par Augustin REDONDO. Paris, Publications de la Sorbonne, Presses de la

Sorbonne Nouvelle, 94, 423 p. (Travaux du Centre de Recherche sur l'Espagne des XVIe et XVIIe siècles, 9).

6340. JEANNERET (Michel). Le Défi des signes. Rabelais et la crise de l'interprétation à la Renaissance. Orléans, Paradigme, 94, 216 p. (L'atelier de la Renaissance, 2).

6341. JOHNSON (Eric Aaron). Knowledge and society. A social epistemology of Montaigne's Essais. Charlottesville, Virginia, 94, XI-237 p.

6342. KASPRZYK (Krystyna). Być pisarzem na dworze pierwszych Walezjuszów. (Etre écrivain à la cour des premiers Valois). *Odrodzen. Reform. Polsce*, 94, 38, p. 15-25. [Rés. franç.].

6343. *Vacat.*

6344. KORNSTEIN (Daniel J.). Kill all the lawyers? Shakespeare's legal appeal. Princeton, Princeton U. P., 94, XVII-274 p.

6345. LANZA (Antonio). La letteratura tardogotica. Arte e poesia a Firenze e Siena nell'autunno del Medioevo. Anzio, De Rubeis, 94, 885 p. (Medioevo e Rinascimento, 4).

6346. LORGNET (Michèle A.). Jan Martin translateur d'emprise. Réflexions sur les constructeurs de textes à la Renaissance. Bologna, Editrice CLUEB, 94, 165 p. (bibl.).

6347. MARIOTTI (Scevola). Scritti medievali e umanistici. A cura di Silvia RIZZO. Roma, Edizioni di Storia e Letteratura, 94, 370 p. (tav.). (Raccolta di studi e testi, 137).

6348. Montaigne et l'histoire de Hellènes, 1592–1992. Actes du Colloque de Lesbos, Mytilène-Méthymne, 25–29 septembre 1992. Ed. par Kyriaki CHRISTODOULOU. Paris, Klincksieck, 94, 276 p.

6349. MURRIN (Michael). History and warfare in Renaissance epic. Chicago a. London, University of Chicago Press, 94, XVI-371 p.

6350. NATALI (Giulia). Da Boccaccio a Petrarca? *Cultura*, 94, 33, p. 59-81.

6351. NORRINGTON (Charles). Shakespeare, the Bible, Milton and others. Edinburgh, Pentland, 94, 241 p.

6352. Opera (The) and Shakespeare. Ed. by Holger KLEIN a. Christopher SMITH. Lewiston, Lampeter a. Edwin Mellen, 94, VI-378 p. (Publication of the Shakespeare yearbook, 4).

6353. PADOAN (Giorgio). Rinascimento in controluce. Poeti, pittori, cortigiane e teatranti sul palcoscenico rinascimentale. Ravenna, Longo, 94, 360 p. (Memoria del tempo, 2).

6354. PORCELLI (Bruno). L'"Amorosa visione" di Boccaccio e Andrea Cappellano. *Studi e problemi di critica testuale*, 94, 49, p. 81-96.

6355. Queering the Renaissance. Ed. by Jonathan GOLDBERG. Durham a. London, Duke U. P., 94, 388 p.

6356. QUINN (William A.). Chaucer's Rehersynges: the performability of The Legend of Good Women. Washington, University of America Press, 94, X-253 p. (ill.).

6357. RAIMONDI (Ezio). Rinascimento inquieto. Torino, Einaudi, 94, XII-362 p.

6358. Recueil de farces (1450–1550). Tome 8. Ed. par André TISSIER. Genève, Droz, 94, 312 p.

6359. Renaissance-Poetik/Renaissance poetics. Hrsg. v. H. F. PLETT. Berlin u. New York, de Gruyter, X-440 p. (ill.).

6360. Rethinking the Henrician era: essays Tudor texts and contexts. Ed. by Peter C. HERMAN. Urbana a. Chicago, University of Illinois Press, 94, 312 p. (ill.).

6361. ROSES LOZANO (Joaquín). Una poética de la oscuridad. La recepción crítica de las «Soledades» en el siglo XVII. London y Madrid, Editorial Támesis, 94, 214 p. (Serie A, Monografías, 155).

6362. ROUGET (Fraçois). «L'Apothéose d'Orphée». L'esthétique de l'ode en France au XVIe siècle de Sébillet à Scaliger (1548–1561). Genève, Droz, 94, 421 p. (Travaux d'Humanisme et Renaissance, 287). – IDEM. Les sources et les imitations dans les trois premiers livres des Odes d'Olivier de Magny (1559). *Bibliothèque d'Humanisme et Renaissance*, 94, 56, 2, p. 385-404.

6363. SILVER (I.). Marguerite de Navarre and Ronsard (II). *Bibliothèque d'Humanisme et Renaissance*, 94, 56, 1, p. 7-26.

6364. STEPHENS (Charles). Shakespeare's island. Essays on creativity. Edinburgh, Polygon, 94, VIII-192 p.

6365. TRIPET (Arnaud). Le badin de la farce. Un type littéraire. *In*: Origini della commedia nell'Europa del Cinquecento [Cf. n° 6684], p. 223-237.

6366. VAUVENARGUES. Fragments sur Montaigne. Ed. par Jean DAGEN. Paris, Champion, 94, 125 p.

6367. VERDE (Armando F.). Lo studio fiorentino (1473–1503). Ricerche e documenti. Vol. 5. Gli stanziamenti. Firenze, Olschki, 94, XIV-598 p. (Istituto nazionale di studi sul Rinascimento).

6368. WHALEN (Richard F.). Shakespeare, who was he? The Oxford challenge to the Bard of Avon. Westport, Praeger, 94, XX-183 p. (ill.).

6369. YAMADA (Akihiro). Thomas Creede, printer to Shakespeare and his contemporaries. Tōkyō, Meisei U. P., 94, XXIV-287 p. (ill.).

Cf. n°s 611, 919

c. Classicismo.

* 6370. Bibliographie zur deutschen Literaturgeschichte des Barockzeitalters. Gesamtregister. Hrsg. v. Reiner BÖLHOFF. Bern u. München, K. G. Saur, 94, 220 p.

6371. ARİKAN (Zeki). XVII. Yüzyılda Fransa'da Türk Görüntüsü Racine ve Bajazet. (L'image turque au XVIIe siècle en France: Racine et Bajazet). *In*: X. Türk Tarih Kongresi (Ankara 22-26 Eylül 1986)'ne Sunulan Tebliğler. Ankara, Türk Tarih Kurumu, 94, p. 2735-2750.

6372. CONIO (Gerard). Etude de Dom Juan de Moliere. [S. l.], Marabout, 94, 217 p. (Textes expliqués, 8038).

6373. COUVREUR (Manuel), VIVIERS (Didier). [Antoine] Galland se relit: correction ou censure. *Revue belge de philologie et d'histoire*, 94, 72, 3, p. 585-594.

6374. DADSON (Trevor J.). Libros y lecturas sobre el Nuevo Mundo en la España del Siglo de Oro. *Histórica*, 94, 18, 1, p. 1-26.

6375. FORCE (Pierre). Moliere, ou, Le prix des choses. Morale, économie et comédie. Paris, Nathan, 94, 264 p. (Le texte à l'oeuvre).

6376. Goldoni vivo. A cura di Ugo RONFANI. Roma, Presidenza del consiglio dei ministri, 94, 340 (ill.).

6377. GUILBERT (Cécile). Saint-Simon ou l'encre de la subversion. Paris, Gallimard, 94, 169 p.

6378. MARI (Michele). Momenti della tradizione tra Sette e Ottocento. Milano, Istituto propaganda libraria, 94, 472 p. (La corona d'argento, 8).

6379. MERLIN (Hélène). Public et littérature en France au XVIIe siècle. Paris Les Belles Lettres, 94, 477 p.

6380. MURATORE (Mary Jo). Mimesis and metatextuality in the French neo-classical text. Reflexive readings of La Fontaine, Molière, Racine, Guilleragues, Madame de La Fayette, Scarron, Cyrano de Bergerac and Perrault. Genève, Droz, 94, 162 p. (Histoire des idées et critique littéraire, 329).

6381. NELLEN (H. J. M.). Ismaël Boulliau (1605-1694). Astronome, épistolier, nouvelliste et intermédiaire scientifique. Ses rapports avec les milieux du "Libertinage érudit". Amsterdam, APA-Holland University press, 94, XII-608 p. (Études de l'Institut Pierre Bayle, 24).

6382. PHILLIPS (Henry). Racine. Language and theatre. Durham, University of Durham Press, 94, 157 p. (Durham modern languages series, 12).

6383. PIERI (Piero). Duelli di carta. Casanova, Goudart e Caterina II. Roma, Bulzoni, 94, 134 p.

6384. Poeti erotici del Settecento italiano. A cura di Luigi TASSONI. Milano, Mondadori, 94, 288 p. (Oscar classici, 281).

6385. POIRIER (Germain). Corneille. Temoin de son temps. Paris a. Seattle, Papers on French Seventeenth Century Literature, 94, 108 p.

6386. Problemi di critica goldoniana. A cura di Giorgio PADOAN. Ravenna, Longo, 94, 408 p. (Quaderni veneti, 3). [Cf. n° <scelta> 6390.]

6387. REBAUDENGO (Maurizio). Giovan Battista Andreini tra poetica e drammaturgia. Torino, Rosenberg e Sellier, 94, 222 p.

6388. ROHOU (Jean). Jean Racine. Bilan critique. Paris, Nathan, 94, 128 p.

6389. ROSSI (Elena). Les detours obscurs. Le annotazioni di Racine alle tragedie greche. Fasano, Schena, 94, 326 p. (Biblioteca dei Quaderni del Seicento francese, 8).

6390. SCANNAPIECO (Anna). Giuseppe Bettinelli editore di Goldoni. *In*: Problemi di critica goldoniana [Cf. n° 6386], p. 63-188.

6391. VIGNES (Maria). Corneille. Biographie, étude de l'oeuvre. Paris, Albin Michel, 94, 191 p. (ill.).

Cf. n° 347

d. Romanticismo ed età contemporanea.

* 6392. EKE (Norbert Otto), OLASZ-EKE (Dagmar). Bibliographie der deutsche Roman 1815–1830: Standortnachweise, Rezensionen, Forschungsüberblick. München, W. Fink, 94, 454 p. (Corvey-Studien, 3).

* 6393. GRANNES (Alf). Opyt bibliografii sovetskoj chudozestvennoj literatury na krymsko-tatrskom jazyke s pervych izdanij v ssylke do konca sovetskogo perioda (1957–1991). (A bibliography of the Krymtartar belles-lettres since the first publications of the deportation period until the end of the Soviet times 1957–1991). Bergen, Bergenskij universitet, 94, 27 p.

* 6394. Romantic movement (The): a selective and critical bibliography for 1993. Ed. by David V. ERDMAN. West Cornwall, Locust Hill, 94, XXXIV-544 p.

6395. ALLAIN-CASTRILLO (Monique), QUILLIEN (Philippe-Jean), VALERY (François). Paul Valéry et le politique. Paris, l'Harmattan, 94, 255 p.

6396. Antonio Fogazzaro. Le opere e i tempi. A cura di Fernando BANDINI e Fabio FINOTTI. Vicenza, Accademia Olimpica, 94, 506 p. [Cf. n° <scelta> 6439.]

6397. ANY (Carol Joyce). Boris Eikhenbaum. Voices of a Russian formalist. Stanford, Stanford U. P., 94, 234 p.

6398. BABICHENKO (D. L.). Pisateli i tsenzory: Sovetskaya literatura 1940-kh godov pod politicheskim kontrolem TsK. (Soviet literature of 1940s under the political controle of the Central Commitee of the Communist Party). Postface by L. I. LAZAREV. Assotsiatsiya issledovateley rossiyskogo obshchestva XX v. Moskva, Rossiya molodaya, 94, 172 p. (bibl.). (Seriya: "Pervaya monografiya").

6399. BAYARD (Pierre). Maupassant, juste avant Freud. Paris, Editions de Minuit, 94, 228 p.

6400. BELL (Matthew). Goethe's naturalistic anthropology. Man and other plants. Oxford a. New York, Clarendon Press, 94, X-346 p. (Oxford modern languages and literature monographs).

6401. BERARDINELLI (Alfonso). La poesia verso la prosa. Controversie sulla lirica moderna. Torino, Bollati Boringhieri, 94, 234 p. (Saggi. Nuova serie).

6402. BERGERON (Louis). Der Mythos vom Bankier in Frankreich und seine Entwicklung im XIX. Und XX. Jahrhundert. In: Rothschilds (Die). Teil 2 [Cf. n° 4162], p. 301-311.

6403. BERTHIER (Patrick). Balzac et l'employé aux trognons de pomme. Revue belge de philologie et d'histoire, 94, 72, 3, p. 575-578.

6404. BIENVENU (Gilles). Sepúlveda, la cara oculta del humanismo. Anales de la Academia de Historia y Geografía de Guatemala, 94, 70, 68, p. 39-70.

6405. BJORK (Patrick Bryce). The novels of Toni Morrison. The search for self and place within the community. New York, Lang, 94, X-172 p. (American university studies, 24/31).

6406. BORCHMEYER (Dieter). Weimarer Klassik. Portrait einer Epoche. Weinheim, Beltz Athenaum, 94, 614 p. (ill.).

6407. BOWNESS (Alan). Poetry and painting. Baudelaire, Mallarmé, Apollinaire, and their painter friends. Oxford, Clarendon Press, 94, 18 p. (The Zaharoff lecture).

6408. BREUT (Michele). Le haut et le bas. Essai sur le grotesque dans "Madame Bovary" de Gustave Flaubert. Amsterdam, Rodopi, 94, 256 p. (Faux titre, 78).

6409. BRIX (Michel). Le vertige du sens. Leçons nervaliennes de la variante. Revue belge de philologie et d'histoire, 94, 72, 3, p. 579-384.

6410. BURY (Mariane). La poétique de Maupassant. Paris, SEDES, 94, 303 p.

6411. CANOVA (Antonio). Scritti. 1. A cura di Hugh HONOUR. Roma, Istituto poligrafico e zecca dello stato, 94, 508 p. (ill.). (Edizione nazionale delle opere di Antonio Canova, 1).

6412. CARLSON (Julie Ann). In the theatre of Romanticism. Coleridge, nationalism, women. Cambridge, Cambridge U. P., 94, XIV-267 p. (Cambridge studies in romanticism, 5).

6413. CELLERINO (Liana). Wieland e Kant nello "Zibaldone" di Leopardi. Cultura, 94, 33, p. 285-301.

6414. CLARK (J. C. D.). Samuel Johnson. Literature, religion and English cultural politics from the Restoration to Romanticism. Cambridge, Cambridge U. P., 94, XIV-270 p.

6415. CLARK (Tom). Junkets on a sad planet. Scenes from the life of John Keats. Santa Rosa, Black Sparrow Press, 94, 188 p. (ill.).

6416. CLASON (Synnove). Der Faustroman Trobadora Beatriz. Zur Goethe-Rezeption Irmtraud Morgners. Stockholm, Almqvist & Wiksell, 94, 108 p. (Acta Universitatis Stockholmiensis. Stockholmer germanistische Forschungen, 47).

6417. CULLER (Jonathan). Baudelaire's satanic verses. London, University of London, 94, 24 p. (The Cassal Lecture, 6).

6418. DAMIANI (Rolando). L'impero della ragione. Studi leopardiani. Ravenna, Longo, 94, 208 p. (L'interprete, 56).

6419. Deutsche Klassiker im Nationalsozialismus. Schiller, Kleist, Hölderlin. Hrsg. v. Claudia ALBERT. Stuttgart, Metzler, 94, 272 p. (Metzler-Studienausgabe).

6420. DI BENEDETTO (Arnaldo). La passione e il limite. Un'interpretazione di Vittorio Alfieri. Napoli, Liguori, 94, 252 p. (Collana di testi e critica, 30).

6421. FEHR (Wolfgang). Der junge Goethe. Drama und Dramaturgie, eine analysierende Gesamtdarstellung. Paderborn, Igel Verlag Wissenschaft, 94, 278 p. (Kasseler Studien zur deutschsprachigen Literaturgeschichte, 4).

6422. FOSCOLO (Ugo). Epistolario. Vol. 9. A cura di Mario SCOTTI. Firenze, Le Monnier, 94, XVIII-574 p. (Edizione nazionale delle Opere di Ugo Foscolo, 22).

6423. FUSCO (Richard). Maupassant and the American short story. The influence of form at the turn of the century. University Park, Pennsylvania State U. P., 94, VIII-230 p.

6424. GEHLE (Holger). Ausfahrt. Bemerkungen zu Ingeborg Bachmanns Eintritt in die westdeutsche literarische Öffentlichkeit unter Berücksichtigung von Varianten. Revue belge de philologie et d'histoire, 94, 72, 3, p. 595-608.

6425. GENSINI (Stefano). Lingua e stile in Giacomo Leopardi. In: Lingua e stile di Giacomo Leopardi. Atti dell'ottavo convegno internazionale di studi leopardiani [Cf. n° 6438], p. 45-74.

6426. GLOVER (David). Looking for Edgar Wallace: the author as consumer. History Workshop, 94, 37, p. 143-164.

6427. Goethe und die Kunst. Hrsg. v. Sabine SCHULZE. Stuttgart, Hatje, 94, 644 p. (ill.).

6428. GREENLADE (William). Degeneration, culture and novel (1880–1940). New York, Cambridge U. P., 94, XVI-356 p.

6429. Héritiers de Tolstoi dans la littérature russe. Ed. par Marie SEMON. Paris, Institut d'études slaves, 94, 68 p. (Bibliothèque russe de l'Institut d'études slaves. Cahiers Léon Tolstoi, 8).

6430. HEY'L (Bettina). Geschichtsdenken und literarische Moderne. Zum historischen Roman in der Zeit der Weimarer Republik. Tübingen, Niemeyer, 94, VII-344 p. (Studien zur deutschen Literatur, 133).

6431. HOFMANN (Frank). Goethes Rômische Elegien. Erotische Dichtung als gesellschaftliche Erkenntnisform. Stuttgart, M u. P, 94, 278 p. (ill.).

6432. HORN (Gisela). "Glückliches Ereignis". Der Arbeitsbund zwischen Goethe und Schiller und ihre Zeit in Jena. Rudolstadt, Hain, 94, 111 p. (ill.).

6433. HUTNIKIEWICZ (Artur). Młoda Polska. (La Jeune Pologne). Warszawa, Wydawn. Nauk. PWN, 94, 483 p. (phot., fig., tables). (Inst. Badań Liter. Pol. Akad. Nauk, Wielka Hist. Literatury Pol.).

6434. JACKIEWICZ (Mieczysław). Literatura polska na Litwie XVI–XX wieku. (La littérature polonaise en Lituanie aux XVIe–XXe siécles). Olsztyn, [s. n.], 94, 384 p. (Wyższa Szkoła Pedagog. w Olsztynie. Studia i Mater., nr 51). [Eng. summary].

6435. JAUMANN (Peter). Körpertexte, Textkörper: Materialismus, Poetik und Literatur in der Aufklärung. München, Iudicium, 94, 271 p. (Cursus: Texte und Studien zur deutschen Literatur, 9).

6436. KNUDSEN (Jörgen). Georg Brandes. Symbolet og manden 1883–1895 (Georg Brandes: a symbol and a man 1883–1895). København, Gyldendal, 94, 2 vol., 324 p., 342 p.(ill.).

6437. KONIECZNY (Jerzy). Z problemów życia literackiego na obszarze zaboru pruskiego w XIX i XX wieku. Studia i szkice. (Les problèmes de la vie littéraire sur le territoire polonais sous la domination prusse aux XIXe et XXe siècles. Etudes et essais). Bydgoszcz, Wydawn. Uczelniane Wyższej Szkoły Pedagog., 94, 235 p. [Eng. summary, Deutsche Zsfassung].

6438. Lingua e stile di Giacomo Leopardi. Atti dell'ottavo convegno internazionale di studi leopardiani, Recanati, 30 settembre–5 ottobre 1991. Firenze, Olschki, 94, XVI-594 p. [Cf. n° <scelta> 6425.]

6439. MARCHAND (Jean-Jacques). Fogazzaro tra romanticismo, simbolismo e realismo: l'elaborazione di "Piccolo mondo antico". In: Antonio Fogazzaro. Le opere e i tempi [Cf. n° 6396], p. 156-167.

6440. Modernité de Flaubert. Actes du colloque polono-allemand (Varsovie, avril 1992). Organisé par l'Institut de Philologie Romane et le Centre interuniversitaire de Civilisation Française de l'Universite de Varsovie. Ed. par Henryk CHUDAK et Uwe DETHLOFF. Warsaw, Editions de l'Université de Varsovie, 94, 108 p. (Les Cahiers de Varsovie, 23).

6441. MONNEYRON (Frederic). L'Androgyne romantique. Du mythe au mythe littéraire. Grenoble, ELLUG, 94, 150 p. (ill.).

6442. NENCIONI (Giovanni). La lingua di Manzoni. Bologna, Il Mulino, 94, 400 p.

6443. NNADI (Joseph Emmanuel). Les negresses de Baudelaire. Saint-Boniface, Editions des Plaines, 94, 173 p.

6444. ORSENIGO (Luca). Dal protagonista al passeggero: il romanzo del Novecento. In: Teoria e storia dei generi letterari: ascesa e decadenza del romanzo moderno [Cf. n° 6460], p. 153-165.

6445. PALUMBO (Matteo). Saggi sulla prosa di Ugo Foscolo. Napoli, Liguori, 94, 178 p. (Biblioteca di letterature, 29).

6446. PEDULLÀ (Gianfranco). Il teatro italiano nel tempo del fascismo. Bologna, Il Mulino, 94, 390 p. (Saggi, 416).

6447. PERUGINI (Marco). La lingua della pubblicità. In: Storia della lingua italiana. Vol. 2. Scritto e parlato [Cf. n° 360], p. 599-615.

6448. PISCOPO (Ugo). Il teatro popolare napoletano da Petito a Eduardo. Napoli, ESI, 94, XII-232 p. (Archivio del teatro e dello spettacolo, 6).

6449. RAIMONDI (Ezio). Scrittori e lettori in una società industriale. In: RAIMONDI, I sentieri del lettore, vol. 3 [Cf. n° 6294], p. 85-104.

6450. REYNAUD (Patricia). Fiction et faillite. Economie et métaphores dans Madame Bovary. New York, Lang, 94, 233 p. (American university studies. Series 2, Romance languages and literature, 202).

6451. Russian narrative and visual art. Ed. by Roger ANDERSON a. Paul DEBRECZENY. Gainesville, University Press of Florida, VIII-291 p. (ill.).

6452. SCOTT (Grant F.). The sculpted word. Keats, Ekphrasis, and the visual arts. Hanover a. London, University of New England Press, 94, XVI-228 p.

6453. SCRIVANO (Riccardo). Strutture narrative da Manzoni a Verga. Napoli, Edizioni Scientifiche Italiane, 94, 258 p. (Letteratura Saggi, 2). [contiene: Nella fabbrica dei 'Promessi Sposi', p. 65-92]

6454. SEMMEL (Bernard). George Eliot and the politics of national inheritance. New York, Oxford U. P., 94, VII-168 p.

6455. SHIRER (William Lawrence), Love and hatred. The troubled marriage of Leo and Sonya Tolstoy. London, Aurum Press, 94, 400 p. (ill.).

6456. Sortir de la Révolution: Casanova, Chénier, Staël, Constant, Chateaubriand. Ed. par Béatrice DIDIER et Jacques NEEFS. Saint-Denis, Presses univ. Vincennes, 94, 260 p. (ill.)

6457. SPERRY (Stuart M.). Keats the poet. Princeton, Princeton U. P., 94, XII-354 p.

6458. STEINMETZ (J.-L.). Remarques comparatives sur quatre sonnets de Nerval (manuscrit Loubens). *Revue belge de philologie et d'histoire*, 94, 72, 3, p. 617-630.

6459. TASIAUX (Pascal). Een merkwaardige variant in het werk van J. Van Oudshoorn: de twee versies van het slot van In Memoriam (1928, 1936). *Revue belge de philologie et d'histoire*, 94, 72, 3, p. 631-642.

6460. Teoria e storia dei generi letterari: ascesa e decadenza del romanzo moderno. A cura di Giorgio BÁRBERI SQUAROTTI. Torino, Tirrenia Stampatori, 94, 168 p. (L'avventura letteraria). [Cf. n° <scelta> 6444.]

6461. TERRAY (Emmanuel). Une passion allemande. Luther, Kant, Schiller, Hölderlin, Kleist. Paris, Ed. du Seuil, 94, 439 p.

6462. THUM (Reinhard H.). The city: Baudelaire, Rimbaud, Verhaeren. New York, Lang, 94, VIII-364 p. (Studies on themes and motifs in literature, 1).

6463. Understanding French poetry. Essays for a new millennium. Ed. by Stamos METZIDAKIS. New York a. London, Garland, 94, XXX-271 p. (ill.). (Garland reference library of the humanities).

6464. VAN ZUYLEN (Marina). Difficulty as an aesthetic principle. Realism and unreadability in Stifter, Melville, and Flaubert. Tübingen, Narr, 94, 176 p. (Studies in English and comparative literature, 9).

6465. Women writers of the age of Goethe. Ed. by Margaret IVES. Lancaster, Department of Modern Languages, Lancaster U. P., 126 p.

Cf. n°s 346, 1280, 1282

§ 8. Arti ed arti applicate.

a. Opere generali.

6466. Art apart: art institutions and ideology across England and North America. Ed. by Marcia POINTON. Manchester a. New York, Manchester U. P., 292 p. (ill.).

6467. Artistic relations. Literature and the visual arts in nineteenth-century France. Ed. by Peter COLLIER a. Robert LETHBRIDGE. New Haven a. London, Yale U. P., 94, IX-352 p. (ill.).

6468. Arts et chemins de fer. Actes du 3e Colloque de l'Association pour l'histoire des chemins de fer en France. Paris, Carré des Sciences, 24–26 novembre 1993. *Revue d'histoire des chemins de fer*, 94, 10-11, 367 p.

6469. Artyści polscy w środowisku monachijskim w latach 1828–1914. Materiały źródłowe. (Les artistes polonais dans le milieu de Munich dans les années 1828-1914. Matériaux des sources). Réd. Halina STĘPIEŃ, Maria LICZBIŃSKA. Warszawa, [s. n.], 94, XI-314 p. (Pol. Akad. Nauk, Inst. Sztuki. Studia z Hist. Sztuki, 47). [Deutsche Zsfassung].

6470. ASEMISSEN (Hermann Ulrich). Malerei als Thema der Malerei. Berlin, Akademie, 94, 261 p. (ill.). (Acta humaniora).

6471. BONNEFOY (Yves). Rome, 1630. L'horizon du premier baroque. Paris, Flammarion, 94, 206 p. (ill.).

6472. BYARS (Mel). The design encyclopedia. London, Lawrence King Publishing, 94, 612 p. (ill.).

6473. CURL (James Stevens). Egyptomania. The Egyptian revival, a recurring theme in the history of taste. Manchester a. New York, Manchester U. P., 94, XXII-298 p. (ill.).

6474. DIDI-HUBERMAN (Georges). Saint Georges et le dragon. Versions d'une légende. Paris, Biro, 94, 167 p. (ill.).

6475. EDSON (Gary). The handbook for museums. London a. New York, Routledge, 94, XVI-302 p. (ill.).

6476. ELISSEEFF (Danielle). Les arts de l'Extrême-Orient. Paris, PUF, 94, 127 p. (ill.). (Que sais-je? 77).

6477. FEEST (Christian F.). L'art des Indiens d'Amérique du nord. Paris, Thames et Hudson, 94, 215 p. (ill.). (L'univers de l'art, 42).

6478. GAUTIER (Théophile). Critique d'art. Extraits des Salons (1833–1872). Textes choisis, présentés et annotés par Marie-Hélène GIRARD. Paris, Séguier, 94, 462 p. (Ecrits sur l'art).

6479. GESLAN (Maud Girard). L'art de l'Asie du Sud-Est. Paris, Citadelles et Mazenod, 94, 635 p. (ill.). (L'art et les grandes civilisations, 24).

6480. Golden-age in Denmark (The): art and culture 1800–1850. Ed. by Bente SCAVENIUS. København, Gyldendal, 94, 198 p.

6481. GROSSMANN (Joachim). Verloste Kunst. Deutsche Kunstvereine im 19. Jahrhundert. *Archiv für Kulturgeschichte*, 94, 76, p. 351-364.

6482. HOEFNAGEL (Joris). Archetypa studiaque patris Georgii Hoefnagelii: 1592. Natur, Dichtung und Wissenschaft in der Kunst um 1600. Hrsg. v. Thea VIGNAU-WILBERG. München, Staatliche graphische Sammlung, 94, 211 p. (ill.).

6483. KARPUZ (Haşim). Trabzon'da Yok Olan Türk Devri Eserleri. (Les monuments disparus de l'époque turque à Trébizonde). *Vakıflar Dergisi* [Ankara], 94, 23, p. 145-160.

6484. MESSINA (Maria Grazia). Le muse d'oltremare. Esotismo e primitivismo dell'arte contemporanea. Torino, Einaudi, 94, XXII-221 p. (ill.).

6485. NATEMAN (David S.). Introduction to art. New York a. London, McGraw-Hill, 94, VIII-344 p. (ill.).

6486. PÓK (Attila). Modern sociology and modern art in early twentieth century Hungary. *Hund. stud.*, 94, 9, 1-2, p. 65-71.

6487. ROOSENS (Laurent). History of photography. A bibliography of books. London, Mansell, 94, 389 p.

6488. ROSSI (Sergio), GABRIELLI (Edith), RODOLFO (Alessandra). Pensieri d'artista. Teoria, vita e lavoro nei maestri del Rinascimento italiano. Udine, Campanotto, 94, 233 p. (ill.). (Zeta Università, 57).

6489. RUSKIN (John). Ruskin's letters in the Mikimoto collection. Tokio, Ruskin Library, 94, 233 p. (facsim.).

6490. SCHNAPPER (Antoine). Collections et collectionneurs dans la France du XVIIe siècle. Paris, Flammarion, 94, [s. p.]. (ill.). (Art, histoire, société).

6491. SZINYEI MERSE (Anna), BAKÓ (Zsuzsanna). Pleinair-Malerei in Ungarn: impressionistische Tendenzen, 1870–1910. Osnabrück, Verlag des Museums- und Kunstverein, 94, 256 p. (ill.).

6492. STRATTON (Suzanne L.). The Immaculate Conception in Spanish art. Cambridge a. New York, Cambridge U. P., 94, XVI-176 p., 8 pl. (ill.).

6493. SZABÓ (Júlia). European Art Centers and Hungarian art, 1890–1919. *Hung. stud.*, 94, 9, 1-2, p. 41-64.

6494. Sztuka XVII wieku w Polsce. Materiały Sesji Stowarzyszenia Historyków Sztuki, Kraków, grudzień 1993. (L'art en Pologne au XVIIe siècle. Matériaux de la Session de l'Association des Historiens de l'Art, Cracovie, décembre 1993). Réd. Teresa HRANKOWSKA. Warszawa, Arx Regia, 94, 329 p. (phot., fig., dessins).

6495. Valore dei dipinti italiani dell'Ottocento e del primo Novecento (Il): l'analisi critica, storica ed economica. A cura di Giuseppe Luigi MARINI. Torino, U. Allemandi, 94, 527 p. (ill., ports.).

6496. WILSON (Eva). 8000 years of ornament. An illustrated handbook of motifs. London, British Museum Press, 94, 208 p. (ill.).

Cf. n°s 1093, 1098

b. Architettura.

6497. ALTEKAMP (Stefan). The policy of monuments: dealing with historical architecture in Lybia under Italian rule 1911–1943. *Meded. Nederlands Inst. Rome*, 94, 53, p. 18-35. (fig.).

6498. AND (Metin). İstanbul in the 16th century: the city, the palace, daily life. İstanbul, Akbank, 94, 326 p.

6499. Architecture et métal en France, XIXe–XXe siècles. Paris, Ed. de l'Ecole des Hautes Etudes en Sciences Sociales, 94, 240 p.

6500. BOUCHER (Bruce). Andrea Palladio. The architect in his time. New York, Abbeville Press, 94, 336 p. (ill.).

6501. CARIOU (Joël). Maisons d'architectes. Paris, Ed. Alternatives, 94, 320 p. (ill.).

6502. DU PREY (Pierre de la Ruffinière). The villas of Pliny from Antiquity to posterity. Chicago a. London, The University of Chicago Press, 94, XXVI-377 p. (ill.).

6503. ELWALL (Robert). Photography takes command. The camera and British architecture 1890–1939. London, RIBA Heinz, 94, 103 p. (ill.).

6504. FRAGNER (Benjamin). The illustrated history of architecture. The development of cities and towns. London, Sunburst, 94, 160 p. (ill.).

6505. GARDES (Gilbert). Le monument public français. Paris, PUF, 94, 127 p. (Que sais-je? 2900).

6506. HOCKMAN (Hilary). Edwardian house style. An architectural and interior design source book. Newton Abbot, David a. Charles, 94, 192 p. (ill.).

6507. HUDSON (Hugh D. Jr.). Blueprints and blood. The Stalinization of Soviet architecture. Princeton, Princeton U. P., 94, 260 p.

6508. JASIŃSKI (Janusz). Historia Królewca. Szkice z XIII–XX stulecia. (Histoire de Kaliningrad. Essais des XIIIe–XXe siécles). Olsztyn, Książnica Polska, 94, 320 p. (phot., fig., carte).

6509. JOHN (Richard). The Vitruvian path. An exhibition of early printed books from the Library of the Department of the History of Art in the University of Oxford; the Gordon Childe Room, The Ashmolean Museum, Oxford, 1 September–31 December 94. Oxford, Department of the History of Art, University of Oxford, 94, 33 p.

6510. KLINGENSMITH (Samuel John). The utility of Splendor. Ceremony, social life, and architecture at the court of Bavaria, 1600–1800. Ed. by Christian F. OTTO a. Mark ASHTON. Chicago, University of Chicago Press, 94, XX-326 p.

6511. LAMBERINI (Danilo). Architetti e architettura militare per Lorenzo il Magnifico. *In:* Lorenzo il Magnifico e il suo mondo [Cf. n° 3297], p. 407-426.

6512. Leon Battista Alberti. A cura di Joseph RYKWERT e Anne ENGEL. Milano, Electa e Ivrea, Olivetti, 94, 565 p.

6513. MANDEL (Corinne). Sixtus V and the Lateran Palace. Roma, Istituto poligrafico e Zecca dello Stato, Libreria dello Stato, 94, 278 p.

6514. Marguerite de France, Reine de Navarre, et son temps. Actes du Colloque d'Agen (12–13 octobre 1991), organisé par la Société française des Seiziémistes et le Centre Matteo Bandello d'Agen. Ed. par M. LAZARD et J. CUBELIER DE BEYNAC. Agen, Centre Matteo Bandello, 94, 356 p.

6515. MILA (Ernesto). El misterio Gaudí. Barcelona, Ediciones Martinez Roca, 94, 237 p.

6516. MUDERRISOĞLU (Fatih). Bir Osmanlı Türk Şehri Olarak Belen. (Belen, une ville ottomane-turque). *Vakıflar Dergisi*, Ankara, 94, 24, p. 237-272.

6517. PARISSIEN (Steven). Palladian style. London, Phaidon, 94, 240 p. (ill.).

6518. PEARSON (Lynn F.). Building the West Riding. A guide to its architecture and history. Otley, Smith Settle, 94, X-223 p.

6519. RASPE (Martin). Das Architektursystem Borrominis. München, Deutscher Kunstverlag, 94, 203 p. (ill.) (Kunstwissenschaftliche Studien, 62).

6520. Rinascimento: da Brunelleschi a Michelangelo: la rappresentazione dell'architettura. A cura di Henry MILLON e Vittorio MAGNAGO LAMPUGNANI. Milano, Bompiani, 94, 734 p.

6521. Sankaruus ja arki: Suomen 50-luvun miljöö. Heroism and everyday: building in Finland in the 1950s. Helsinki, Museum of Finnish architecture, 94, 255 p. (ill., Text in Finnish and English).

6522. SCHILDT (Göran). Alvar Aalto, the complete catalogue of architecture, design and art. Helsinki, Otava, 94, 317 p. (ill.).

6523. VAN ZANTEN (David). Building Paris. Architectural institutions and the transformation of the French capital, 1830–1870. Cambridge, Cambridge U. P., 94, XIX-360 p.

6524. WALLACE (William E.). Michelangelo at San Lorenzo. The genius as entrepreneur. Cambridge a. New York, Cambridge U. P., 94, XIV-266 p. (ill.).

6525. WORSLEY (Giles). Classical architecture in Britain. The heroic Age. New Haven, Yale U. P., 94, XIV-350 p. (ill.).

Cf. n° 7078

c. Scultura, pittura, stampe e disegni.

6526. ADAMS (Steven). L'Ecole de Barbizon. Aux sources de l'impressionnisme. London, Phaidon, 94, 240 p. (ill.).

6527. ANDREWS (Julia Frances). Painters and politics in the People's Republic of China. Berkeley a. London, University of California Press, 94, XV-568 p. (ill.).

6528. BESCHI (Luigi). Le sculture di Lorenzo il Magnifico. In: Lorenzo il Magnifico e il suo mondo [Cf. n° 3297], p. 319-22.

6529. BLANQUET (Claire-Helene). Miro. Earth and sky. New York, Chelsea House, 94, 57 p. (ill.).

6530. BUSCO (Marie). Sir Richard Westmacott, sculptor. Cambridge, Cambridge U. P., 94, XXII, 202 p. (ill.). (Cambridge studies in the history of art).

6531. CALLET (Anthea). The unvarnished truth: mattness, 'primitivism' and modernity in French painting, 1870–1907. *The Burlington magazine,* 94, 136, p. 738-746 (ill.).

6532. CHOMER (Gilles). Autour de Poussin. Paris, Réunion des musées nationaux, 94, 125 p. (Les dossiers du Musée du Louvre, 45).

6533. COARELLI (Filippo). Bomarzo. Dal testo al programma. Vicinio Orsini e le iscrizioni del Boschetto. *Eutopia,* 94, 3, 1-2, p. 133-178.

6534. COLLIN (Christian). Gustave van de Woestyne. L'art et l'esprit. Bruxelles, Académie royale de Belgique, 93, 346 p. (ill.). (Mémoires de la Classe des beaux-arts; Académie royale de Belgique, III/5).

6535. D'AFFLITTO (Chiara). La Madonna della Pergola: eccentricità e bizzarria di un dipinto del Cinquecento lucchese. *Paragone,* 94, 45, p. 46-59.

6536. DAIX (Pierre). Picasso. Life and art. London, Thames a. Hudson, 94, XIV-450 p.

6537. DEKKERS (P.). Jozef Israels, a succesvol schilder van het vissersgendre. (Jozef Israels, a succesful painter of the fishing genre). [S. l.], [s. n.], 94, 456 p. (fig.). (Diss. Amsterdam U. v. A.).

6538. DUFRÊNE (Thierry). Alberto Giacometti. Les dimensions de la réalité. Genève, Skira, 94, 221 p. (ill.).

6539. FELL (Derek). The impressionist garden. Ideas and inspiration from the gardens and paintings of the impressionists. London, Frances Lincoln, 94, 144 p. (ill.).

6540. Fortuny a Picasso (De). Trente ans de peinture espagnole (1874–1906). Paris, Réunion des Musées Nationaux, 94, 181 p. (ill.).

6541. FRECHES-THORY (Claire). Toulouse-Lautrec. Painter of the night. London, Thames a. Hudson, 94, 175 p.

6542. FUMAGALLI (Elena). Palazzo Borghese. Committenza e decorazione privata. Roma, De Luca, 94, 216 p. (ill.).

6543. GNOCCHI (Lorenzo). Paolo Veronese fra artisti e letterati. Firenze, Olschki, 94, 120 p. (ill.). (Fondazione Carlo Marchi, 3).

6544. GRATE (Pontus). French paintings. Eighteenth century. Stockholm, Swedish National Art Museums, 94, 391 p.

6545. GROSSMANN (Joachim). Künstler, Hof, und Bürgertum. Leben und Arbeit von Malern in Preußen, 1786–1850. Hrsg. v. Tilmann BUDDENSIEG, Fritz NEUMEYER a. Martin WARNKE. Berlin, Akademie Verlag, 94, 297 p.

6546. HARASIMOWICZ (Jan). Śląskie nagrobki i epitafia wieku reformacji jako "teksty kultury". (Les tombeaux et épitaphes du siècle de la Réforme [XVIe–XVIIe siécles] en Silésie en tant que "textes de la culture"). *B. Hist. Sztuki,* 94, 56, 3, p. 241-259 (phot.). [Eng. summary].

6547. HUTTON (John G.). Neo-impressionism and the search for solid ground. Art, science, and anarchism in Fin-de-Siècle France. Baton Rouge, Louisiana State U. P., 94, XXV-276 p. (Modernist studies).

6548. Impressionism. Ed by Martha KAPOS. Köln, Konemann, 94, 380 p. (ill.).

6549. JUMEAU-LAFOND (Jean-David). Carlos Schwabe, symboliste et visionnaire. Courbevoie, ACR édition, 94, 260 p. (ill.).

6550. KEMPERS (Bram). Painting, power and patronage: the rise of the professional artist in the Italian Renaissance. London, Penguin, 94, XVI-401 p. (ill.).

6551. KOKURITSU (Seiyo Bijutsukan). Rubens and his workshop. The Flight of Lot and his family from

8. ARTI ED ARTI APPLICATE

Sodom. Tokyo, The National Museum of Western Art, 94, 140 p. (ill.).

6552. LE MEN (Ségolène). Seurat et Chéret. Le peintre, le cirque et l'affiche. Paris, CNRS Editions, 94, 188 p.

6553. LISTA (Giovanni). Medardo Rosso. Destin d'un sculpteur (1858–1928). Paris, L'Echoppe, 94, 205 p. (ill.).

6554. MAC HAM (Sara Blake). The chapel of St. Anthony at the Santo and the development of Venetian Renaissance sculpture. Cambridge, Cambridge U. P., 94, XVI-432 p.

6555. MAGINNIS (Hayden B.J.). Duccio's Rucellai Madonna and the origins of Florentine painting. *Gazette des beaux-arts,* 94, 123, p. 147-164 (ill.).

6556. MAÏDANI GERARD (Jean-Pierre). Léonard de Vinci. Mythologie ou théologie? Paris, PUF, 94, XVIII-305 p. (ill.).

6557. MANDEL (Oscar). The art of Alessandro Magnasco. An essay in the recovery of meaning. Firenze, Olschki, 94, 214 p. (Pocket library of studies in art, 28).

6558. MARCHETTI LETTA (Elisabetta). Pontormo, Rosso Fiorentino. Antella e Scala, Firenze e New York, [s. n.] 94, 320 p. (ill.).

6559. MARTENS (Didier). Un triptyque mutilé de Hans Memling. *Gazette des beaux-arts,* 94, 123, p. 1-12 (ill.).

6560. MAZURKIEWICZ-Wonn (Michaela). Die Theaterzeichnungen Oskar Kokoschkas. Hildesheim u. Zürich, Olms, 94, 334 p. (ill.). (Studien zur Kunstgeschichte, 87).

6561. Menschenbild: Anzinger, Bohatsch, Klinkan, Macketanz, Mosbacher, Schmalix. Ausstellungskonzept und Katalog, Thomas KAHLER. Wien, Österreichische Galerie, 94, [s. p.]. (ill.).

6562. Mito y magia: Oaxaca pasado y presente. Myth and magic: Oaxaca past and present. Ed. por Mary Jane GAGNIER DE MENDOZA and Linda CRAIGHEAD. Palo Alto, Palo Alto Cultural Center, City of Oaxaca de Juárez, 94, 96 p. (ill.).

6563. MORALES Y MARIN (Jose Luis). Pintura en España, 1750–1808. Madrid, Catedra, 94, 443 p. (ill.). (Manuales Arte Catedra).

6564. MORELLI (Giovanni). De la peinture italienne: les fondements de la théorie de l'attribution en peinture à propos de la collection des Galeries Borghèse et Doria-Pamphili. Ed. établie par Jaynie ANDERSON. Paris, Lagune, 94, 537 p. (ill.).

6565. NORDHOFF (Claudia). Jakob Philipp Hackert (1737–1807). Verzeichnis seiner Werke. Berlin, Akademie-Verlag, 94, 2 vol., [s. p.] (ill.). (Acta humaniora).

6566. O'BRIAN (Patrick). Pablo Ruiz Picasso. A biography. London, Harvill, 94, 511 p.

6567. OY-MARRA (Elisabeth). Florentiner Ehrengrabmäler der Frührenaissance. Berlin, Mann, 94, 192 p. (ill.). (Frankfurter Forschungen zur Kunst, 18).

6568. Popularization of images (The). Visual culture under the July monarchy. Ed. by Petra TEN-DOESSCHATE CHU a. Gabriel P. WEISBERG. Princeton, Princeton U. P., 94, XIII-299 p. (Princeton series in nineteenth-century art, culture, and society).

6569. PUGET (Catherine). Le cercle de Gauguin en Bretagne. Pont Anen, Musée de Pont Anen, 94, 120 p. (ill., facsims).

6570. RODRIGUEZ (Jean-Francois). La réception de l'impressionisme à Florence en 1910: Prezzolini et Soffici maîtres d'oeuvre de la "Prima esposizione italiana dell'impressionismo francese e delle colture di Medardo Rosso". Venezia, Istituto veneto di scienze lettere ed arti, 94, 223 p. (Memorie dell'Istituto veneto di scienze, lettere ed arti. Classe di scienze morali, lettere ed arti, 55).

6571. ROMANELLI (Giandomenico). Tintoretto. La Scuola grande di San Rocco. Milano, Electa, 94, 398 p.

6572. ROSENBERG (Pierre). Nicolas Poussin (1594–1665). Paris, Réunion des musées nationaux, 94, 558 p. (ill.).

6573. ROSIER (B.). De illustraties in Doen Pieterszooms uitgave van het evangelie naar Mattheus (Amsterdam 1522). (The woodcuts from the first edition of the Gospel according to St. Matthew, published by Doen Pietersz, 1522). *Nederlands Arch. Kerkgeschiedenis.*, 94, 74, p. 21-50.

6574. SCHMALHAUSEN (Bernd). "Ich bin doch nur ein Maler". Max und Martha Liebermann im Dritten Reich. Hildesheim, Zürich u. New York, Olms, 94, 209 p. (Haskala, 11).

6575. Scuola (La) dei Carracci dall'accademia alla bottega di Lodovico. A cura di Emilio NEGRO, Massimo PIRONDINI. Modena, Artioli, 94, 194 p. (ill.).

6576. SPIES (Werner). Picasso's world of children. München, Prestel, 94, 126 p. (ill.). (Pegasus library).

6577. Symbolist art theories. A critical anthology. Ed. by Henri DORRA. Berkeley a. Los Angeles, University of California Press, 94, XIX-396 p. (ill.).

6578. TESTA (Judith). An unpublished manuscripts of Simon Benin. *The Burlington magazine,* 94, 136, p. 416-426 (ill.).

6579. THOMSON (Richard). Monet to Matisse. Landscape painting in France 1874–1914. Edinburgh, Trustees of the National Galleries of Scotland, 94, 199 p.

6580. VAN DER MEULEN (Marjon). Copies after the antique. Vol. 1. Text. London, Harvey Miller, 277 p. (48 p. of plates, ill., facsims). (Corpus Rubenianum Ludwig Burchard, 1).

6581. VIGNAU-WILBERG (Peter). Ferdinand Hodlers Parallelismus. Revue suisse d'art et d'archéologie, 94, 51, p. 285-294.

6582. VIGNAU-WILBERG (Thea). Das Land am Meer. Holländische Landschaft im 17. Jahrhundert. München, Hirmer, 93, 221 p. (ill.).

6583. WATTENMAKER (Richard J.). Maurice Prendergast. New York, Abrams, 94, 160 p. (ill.). (The library of American art).

6584. WEISS (Jeffrey S.). The popular culture of modern art: Picasso, Duchamp, and avant-gardism. New Haven a. London, Yale U. P., 94, XIX-331 p. (ill.).

d. Arti applicate ed arti popolari.

6585. BALDASSARI (Anne). Picasso photographe (1901–1916). Paris, Réunion des musées nationaux, 94, 247 p. (ill.).

6586. BLACKWELL (Lewis). Typo du 20e siècle. Paris, Flammarion, 94, 256 p. (ill.).

6587. BRUCE (Chris). After art: rethinking 150 years of photography. Seattle, University of Washington Press, 94, 120 p. (ill.).

6588. CASSAN (Claude-Gérard). Les orfèvres de Lorraine et de Sedan. Nancy, Presses universitaires de Nancy, 94, 517 p. (ill.).

6589. CELANT (Germano). The Italian metamorphosis, 1943–1968. New York, Guggenheim Museum Publications, 94, 727 p. (ill.).

6590. COLLINS (Michael). Towards post-modernism. Design since 1851. London, Published for the Trustees of the British Museum by the British Museum Press, 94, 191 p. (ill.).

6591. FERRER (Jean-Marc). Camille Tharaud (1878–1956). L'art de la porcelaine de grand feu. Limoges, Souny, 94, 125 p. (ill.).

6592. GERDTS (William H.). Impressionist New York. New York, Abbeville Press, 94, 224 p. (ill.).

6593. GREEN (Nancy L.). Art and industry: the language of modernization in the production of fashion. French historical studies, 94, 18, 3, p. 722-748.

6594. GROŃSKA (Maria). Grafika w książce, tece i albumie. Polskie wydawnictwa artystyczne i bibliofilskie z lat 1899–1945. (L'art graphique dans le livre, le carton et l'album. Les publications artistiques et bibliophiles polonaises des années 1899–1945). Wrocław, Zakł. Narod. im. Ossolińskich, 94, 359 p. (phot., fig.).

6595. GRUBE (Ernst J.). Cobalt and lustre: the first centuries of Islamic pottery. London, Nour Foundation in association with Azmimuth and Oxford U. P., 94, 348 p. (ill.). (The Nasser D. Khalili collection of Islamic art, 9).

6596. HENISCH (Heinz Kurt). The photographic experience, 1839–1914. Images and attitudes. University Park, Pennsylvania State U. P., 94, X-462 p. (ill.).

6597. LEVESQUE (Catherine). Journey through landscape in seventeenth-century Holland. The Haarlem print series and Dutch identity. University Park, The Pennsylvania State U. P., 94, XXII-169 p. (ill.).

6598. MAC CAULEY (Elizabeth Anne). Industrial madness. Commercial photography in Paris. New Haven a. London, Yale U. P., 94, XVI-448 p. (ill.). (Yale publications in the history of art).

6599. MEIER (Hans Jakob). Die Buchillustration des 18. Jahrhunderts in Deutschland und die Auflösung des überlieferten Historienbildes. München, Deutscher Kunstverlag, 94, 179 p. (ill.). (Kunstwissenschaftliche Studien, 60).

6600. MOSSAKOWSKA (Wanda). Początki fotografii w Warszawie (1839–1863). T. 1–2. Ilustracje. (Les débuts de la photographie á Varsovie 1839–1863. T. 1–2. Illustrations). Warszawa, Argraf, 94, 343 p., 90 p. (phot., fig.). (Inst. Archeologii i Etnologii Pol. Akad. Nauk). [Eng. summary].

6601. PAVIOT (Alain). Le Cliche-verre: Corot, Delacroix, Millet, Rousseau, Daubigny. Paris, Paris-Musées, 94, 136 p. (ill.).

6602. VOLKER (Angela). Textiles of the Wiener Werkstätte 1910–1932. London, Thames a. Hudson, 94, 256 p. (ill.).

6603. WESTERBECK (Colin). Bystander. A history of street photography. London, Thames a. Hudson, 94, 430 p. (ill.).

6604. Young Arts and Crafts furniture: 181 photographs. Ed. by Michael E. CLARK a. Jill THOMAS-CLARK. New York a. London, Dover Publications, 94, XXVIII-99 p. (ill.).

§ 9. Musica, teatro, cinema, radio e televisione.

* 6605. Film literature index. A quarterly author-subject index to the International periodical literature of film and television/video. Albany, [s. n.], 94, XIV-182 p.

6606. ABEL (Richard). The ciné goes to town. French cinema, 1896–1914. Berkeley, University of California Press, 94, XXIII-568 p. (ill.).

6607. ADLER (Thomas P.). American drama, 1940–1960. A critical history. New York a. Twayne, Oxford a. Maxwell Macmillan International, 94, XXII-251 p. (ill.). (Twayne's critical history of American drama).

6608. ADORNO (Theodor Wiesengrund). Beethoven. Philosophie der Musik: Fragmente und Texte. Hrsg. v. Rolf TIEDEMANN. Frankfurt am Main, Suhrkamp, 94,

387 p. (Nachgelassene Schriften. Abteilung 1, Fragment gebliebene Schriften, 1).

6609. ALLEN (Bob). The Blackwell guide to recorded country music. Oxford a. Cambridge, Blackwell, 94, VIII-411 p. (Blackwell reference).

6610. ALTOVITI (Antonio). Fin de race a Cinecittà. Impruneta, Festina Lente, 94, 205 p. (ill.).

6611. AMEGNAL (Barthélemy). Qu'est-ce le néoréalisme? *In*: Néoréalisme (Le) italien [Cf. n° 6682], p. 52-59. (ill.).

6612. America movies 90. Altman, Coppola, Kasdan, Demme, Hartley, J. e E. Coen, Van Sant, Tarantino. A cura di Manlio BENIGNI e Fabio PARACCHINI. Milano, Ubulibri, 94, 288 p. (I libri bianchi).

6613. ANDERSEN (Thom), BURCH (Noël). Les communistes de Hollywood. Autre chose que des martyrs. Paris, Presses de la Sorbonne Nouvelle, 94, 205 p. (ill.).

6614. Atouts et faiblesses du cinéma français. Dirigé par René PRÉDAL. Condé-sur-Noireau, Corlet-Télérama, 94, 214 p. (ill.). (CinémAction, 66)

6615. BADDY (William). U.S. television abroad. Market power and national introspection. *Quarterly review of film and video,* 94, 15, p. 45-55.

6616. BAILEY (Peter). Conspiracies of meaning: music-hall and the knowingness of popular culture. *Past and Present,* 94, 144, p. 138-170.

6617. Bardo sonnacchioso (Il). La fiction italiana. L'Italia nella fiction. A cura di Milly BUONANNO. Torino, Nuova ERI, 94, 280 p.

6618. BASSO (Alberto). L'invenzione della gioia: musica e massoneria nell'età dei Lumi. Milano, Garzanti, 94, 733 p. (Collezione storica).

6619. BAUMAN-SZULAKOWSKA (Jolanta). Polska kultura muzyczna na Śląsku Górnym i Cieszyńskim w latach 1922–1939. Próba syntezy. (La culture musicale polonaise en Haute Silésie et en Silésie de Cieszyn dans les années 1922–1939. Essai d' une synthèse). Katowice, [s. n.], 94, 270 p. (phot., notes). (Prace Nauk. Uniw. Śląskiego w Katowicach, 1428). [Eng. summary, Deutsche Zsfassung].

6620. BERLINER (Paul F.). Thinking in jazz. The infinite art of improvisation. Chicago a. London, University of Chicago Press, 94, XIX-883 p. (Chicago studies in ethnomusicology).

6621. BERTELLI (Pino). Cinema e diversità, 1895–1987. Storie di svantaggio sul telo bianco. Mascheramento, mercificazione, autenticità. Parte prima. Reggio Emilia, Notor, 94, 166 p. (ill.). (Piccola biblioteca, 1).

6622. BERTOLDI (Donata), CRESTI (Renzo). Per una nuova storia della musica. Roma, Eximia forma, 94, 3 voll. (ill.).

6623. BIRRET (Herbert). Lichtspiele. Das Kino in Deutschland bis 1914. München, Q-Verlag, 94, XIV-122 p.

6624. BOGLE (Donald). Toms, coons, mulattoes, mammies and bucks. An interpretive history of Blacks in American films. Oxford, Roundhouse, 94, XXVI-391 p. (ill.).

6625. BOLLA (Luisella), CARDINI (Flaminia). Le avventure dell'arte in TV. Quarant'anni di esperienze italiane. Torino, Nuova ERI, 94, 419 p. (ill.).

6626. BOSCHI (Alberto). L'avvento del sonoro in Europa. Teoria e prassi del cinema negli anni della transizione. Bologna, CLUEB, 94, 212 p. (Thesis. Serie umanistica, Cinema, 2)

6627. BRUNETTA (Gian Piero). Spari nel buio. La letteratura contro il cinema italiano. Settant'anni di stroncature memorabili. Venezia, Marsilio, 94, 281 p. (Gli specchi).

6628. BUCH (David Joseph). Dance music from the Ballets de cour, 1575–1651. Historical commentary, source, study and transcription from the Philidor manuscripts. New York, Pendragon, 94, 197 p.

6629. CAMPARI (Roberto). Il fantasma del bello. Iconologia del cinema italiano. Venezia, Marsilio, 94, 168 p. (ill.).

6630. CANE (Giampiero), MORGANTE (Pasquale M.). Introduzione al jazz, alla storia e alle opere. Bologna, CLUEB, 94, 164 p.

6631. CARD (James). Seductive cinema. The art of silent film. New York, Knopf, 94, X-319 p. (ill.).

6632. CAVALLO (Pietro). Riso amaro. Radio, teatro e propaganda nel secondo conflitto mondiale. Roma, Bulzoni, 94, 224 p. (Historia, 7).

6633. CHARLTON (Katherine). Rock music styles. A history. Madison, Brown a. Benchmark, 94, 324 p. (ill.).

6634. CHRISTIE (Ian). The last machine. Early cinema and the birth of the modern world. London, BBC Educational Developments, 94, 152 p. (ill.).

6635. CABALLERO (Rufo). Aqui el problema es no morirse. La Habana, Casa Editora Abril, 94, 86 p. [sul cinema latinoamericano contemporaneo]

6636. Cinema africano '94. A cura di Vincenzo CAVANDOLI. Reggio Emilia, Comune di Reggio Emilia, 94, 32 p. (ill.). (Quaderni di ventiquattroalsecondo, 18)

6637. Cinéma et théâtralité. Ed. par Christine HAMON-SIREJOLS, Jacques GERTENKORN et André GARDIES. Lyon, Aléas, 94, 241 p.

6638. Cinema italiano, 1965–94. La nazionalità. Pubblicazione realizzata dall'Archivio del cinema italiano dell'ANICA. A cura di Aldo BERNARDINI. Roma, ANICA, 94, 210 p. (Documenti, 1).

6639. CIUSA (Franco). Memoria presente. Fascismo, antifascismo e Resistenza nel documentario italiano. Reggio Emilia, Comune di Reggio Emilia, 94, 243 p. (ill.).

6640. COLEMAN (Ray). The Carpenters. The untold story: an authorized biography. London, Boxtree, 94, XII-354 p. (ill.).

6641. CONNOLLY (Thomas). Mourning into joy: music, Raphael, and Saint Cecilia. New Haven a. London, Yale U. P., 94, XV-365 p.

6642. CORMACK (Michael J.). Ideology and cinematography in Hollywood, 1930–1939. Basingstoke, Macmillan, 94, VIII-170 p.

6643. Corso del cinema (Nel). Cinema tedesco degli anni '70. A cura di Fabrizio GROSOLI e Omer PIGNATTI. Ravenna, Comune di Ravenna, 94, 192 p. (ill.).

6644. CSIBA (Gisela). Die Blechblasinstrumente in Johann Sebastian Bachs Werke. Kassel, Merseburger, 94, 152 p. (ill.). (Edition Merseburger, 1544).

6645. Dance history. An introduction. Ed. by Janet ADSHEAD-LANDSDALE a. June LAYSON. London a. New York, Routledge, 94, XII-289 p. (ill.).

6646. DECROUPET (Pascal). Développement et ramifications de la pensée sèrielle. Recherches et oeuvres musicales de P. Boulez, H. Puosseur et K. Stockhausen de 1951 à 1958. Tours, Université de Tours, 94, 2 vol., [s. p.].

6647. DELMEULLE (Frédéric). Le cinéma français et l'empire colonial, de Dien Bien Phu à la Nouvelle Vague, 1954–1958. *In*: Réel au simulacre (Du). Cinéma, photographie et histoire [Cf. n° 6696], p. 71-108.

6648. DI GIAMMATTEO (Fernaldo). Lo sguardo inquieto. Storia del cinema italiano (1940–1990). Firenze, La Nuova Italia, 94, 483 p.

6649. DIETEL (Gerhard). Musikgeschichte in Daten. München, DTV, 94, 1026 p.

6650. Domenico Zipoli. Itinerari iberoamericani della musica italiana nel Settecento. Atti del convegno internazionale, Prato, 30 settembre–ottobre 1988. A cura di Mila DE SANTIS. Firenze, Olschki, 94, X-313 p. (Quaderni della Rivista italiana di musicologia, 31).

6651. ECKHARD (John). Musikbolschewismus. Die Politisierung der Musik in Deutschland, 1918–1938. Stuttgart, Metzler Verlag, 94, 437 p.

6652. FAUSER (Annegret). Der Orchestergesang in Frankreich zwischen 1870 und 1920. Freiburg i. B., Laaber, 94, X-380 p. (Freiburger Beiträge zur Musikwissenschaft, 2).

6653. FENNER (Theodore). Opera in London. Views of the press, 1785–1830. Carbondale-Edwardsville, Southern Illinois U. P., 94, XVI-788 p.

6654. Film factory (The). Russian and Soviet cinema in documents, 1896–1939. Ed. by Richard TAYLOR. London a. New York, Routledge, 94, XXII-457 p.

6655. FYNE (Robert). The Hollywood propaganda of World War II. London, Scarecrow Press, 94, VI-245 p.

6656. GALBRAITH (Stuart). Japanese science fiction, fantasy, and horror films. A critical analysis and filmography of 97 features released in the United States, 1950–1992. London, McFarland, 94, XXIV-424 p.

6657. GANDINI (Leonardo). L'immagine della città americana nel cinema hollywoodiano (1927–1932). Bologna, CLUEB, 94, 286 p. (Thesis. Serie umanistica, Cinema, 1).

6658. GARTNER (Heinz). Johann Christian Bach: Mozart's friend and mentor. Portland, Amadeus Press, 94, XIV-400 p. (ill.).

6659. GRAY (Charlotte). Johann Sebastian Bach. Watford, Exley, 94, 64 p. (ill., map, music, ports). (The world's greatest composers).

6660. GRINDON (Leger). Shadow on the past: studies in the historical fiction film. Philadelphia, Temple U. P., 94, XII-250 p. (Culture and the Moving Image).

6661. GUNNELL (Terry). The origins of drama in Scandinavia. Woodbridge, Brewer, 94, XXVI-414 p.

6662. HAMMOND (Frederick). Music and spectacle in Baroque Rome. Barberini patronage under Urban VIII. New Haven, Yale U. P., 94, XXIV-369 p.

6663. HARRIS-WARRICK (Rebecca). Musical theatre at the court of Louis XIV. Cambridge, Cambridge U. P., 94, XVIII-340 p. (ill.). (Cambridge musical texts and monographs).

6664. HATTEN (Robert S.). Musical meaning in Beethoven. Markedness, correlation, and interpretation. Bloomington, Indiana U. P., 94, XVI-349 p. (ill.). (Advances in semiotics).

6665. HEADINGTON (Christopher). J. S. Bach. London, Pavilion, 94, 192 p. (ill.). (Philips classics compact companions).

6666. HOLDEN (Anthony). The Oscars. The secret history of Hollywood's Academy awards. London, Warner, 94, XXII-769 p. (ill.).

6667. IACCIO (Pasquale). Il censore e il commediografo. Note sull'applicazione della revisione teatrale nel periodo fascista. *Storia contemporanea*, 94, 25, 4, p. 529-548.

6668. JACKSON (Jean-Pierre). La suite au prochain épisode. Le "serial" américain, 1912–1956. Crisnée, Yellow Now, 94, 234 p. (ill.). (Banlieues).

6669. Jazz und Sozialgeschichte. Hrsg. v. Theo MÄUSLI. Zürich, Chronos, 94, 158 p.

6670. JOYNSON (Vernon). Fuzz, acid and flowers. A comprehensive guide to American garage, psychedelic and hippie rock (1964–1975). Telford, Borderline, 94, 419 p.

6671. JURICIC (Zelimir B.). Russian repertory in the Croatian National Theatre, 1874–1914. Nottingham, Astra, 94, VIII-148 p.

6672. Lampi metropolitani. Generi e città nel cinema americano. A cura di Fanny MORO e Paolo ROMANO. Verona, Cierre Edizioni, 94, 125 p. (Sequenze).

6673. LEFEBVRE (Thierry). Le personnage du pharmacien au cinéma. Tradition théâtrale et pérennité des caractères. *In*: Réel au simulacre (Du). Cinéma, photographie et histoire [Cf. n° 6696], p. 17-42.

6674. LEVENSON (Thomas). Measure for measure. A musical history of science. London, Orion Books, 94, 120 p. (ill.).

6675. LEVI (Erik). Music in the Third Reich. New York, St. Martin's Press, 94, XIV-303 p.

6676. LISTA (Giovanni). Loïe Fuller, danseuse de la Belle Époque. Paris, Stock-Éditions d'art Somogy, 94, 680 p. (ill.). (Librairie de la danse).

6677. MAC ALEER (Kevin). Dueling. The cult of honor in Fin-de-siècle Germany. Princeton, Princeton U. P., 94, XIII-268 p.

6678. MANNONI (Laurent). Le grand art de la lumière et de l'ombre. Archéologie du cinéma. Paris, Nathan, 94, 512 p. (ill.).

6679. MEIER (Bernhard). Alte Tonarten dargestellt an der Instrumentalmusik des 16. und 17. Jahrhunderts. Kassel, Baerenreiter, 94, 228 p.

6680. MORAWSKA (Katarzyna). Renesans. (La Renaissance [1500–1600]. Warszawa, Sutkowski Edition, 94, 413 p. (Historia Muzyki Pol., 2).

6681. Mozart und Mannheim. Kongressbericht Mannheim 1991. Hrsg. v. Ludwig FINSCHER, Bärbel PELKER u. Jochen REUTTER. Frankfurt am Main u. New York, Lang, 94, 369 p. (ill.). (Quellen und Studien zur Geschichte der Mannheimer Hofkapelle, 2).

6682. Néoréalisme (Le) italien. Ed. par Guy HENNEBELLE. *CinémAction* (numéro spécial), 94, 236 p. (ill.). [Cf. n[os] <sélection> 6611, 6702.]

6683. Nordic television. History, politics and aesthetics. Ed. by Francesco BONO a. Ib BONDEBJERG. København, Sekvens-Univ. of Cøpenhagen, 94, 247 p.

6684. Origini della commedia nell'Europa del Cinquecento. Atti del XVII Convegno di studi, Roma, 30 settembre–3 ottobre 1993. A cura di Miriam CHIABÒ, Federico DOGLIO. Roma, Torre d'Orfeo, 94, 619 p. [Cf. n[os] <scelta> 6309, 6365, 6689.]

6685. OTTENBERG (June C.). Opera Odyssey. Toward a history of opera in nineteenth-century America. Westport a. London, Greenwood Press, 94, XI-203 p. (Contributions to the study of music and dance, 32).

6686. Passione e dialettica della scena. Studi in onore di Luigi Squarzina. A cura di Claudio MELDOLESI, Arnaldo PICCHI e Paolo PUPPA. Roma, Bulzoni, 94, 349 p.

6687. Pathé, premier empire du cinéma. Ed. par. Jacques KERMABON. Paris, Centre Georges Pompidou, 94, 474 p. (ill.).

6688. PAUL (William). Laughing, screaming. Modern Hollywood horror and comedy. New York, Columbia U. P., 94, XII-510 p. (plates). (Film and culture).

6689. PERREGAUX (Béatrice). Les comédiens italiens et l'art du théâtre en France sous l'Ancien Régime. *In*: Origini della commedia nell'Europa del Cinquecento [Cf. n° 6684], p. 209-222.

6690. PETTITT (Stephen John), Händel. London, Pavilion, 94, 192 p. (ill., facsims, music, ports). (Compact companions).

6691. PICHLER (Ernst). Beethoven. Mythos und Wirklichkeit. Wien, Amalthea, 94, 384 p. (ill.).

6692. PINEL (Vincent). Le siècle du cinéma. Paris, Bordas, 94, 472 p. (ill.).

6693. PREDAL (René). Histoire du cinéma. Condé-sur-Noireau, Corlet-Télérama, 94, 200 p. (ill.). (CinémAction, 73).

6694. PROFETI (Maria Grazia). Introduzione allo studio del teatro spagnolo. Firenze, La casa Usher, 94, 334 p. (Guide teatro e spettacolo. Teatri nazionali, 2).

6695. REDEPENNING (Dorothea). Geschichte der russischen und der sowjetischen Musik. Band 1. Das 19. Jahrhundert. Freiburg i. B., Laaber, 94, 503 p. (ill.).

6696. Réel au simulacre (Du). Cinéma, photographie et histoire. Ed. par Frédéric DELMEULLE, Stéphane DUBREIL, Thierry LEFEBVRE. Paris, L'Harmattan, 94, 207 p. [Cf. n[os] <sélection> 6647, 6673.]

6697. RUFFINI (Franco). Teatro e boxe. L'"atleta del cuore" nella scena del Novecento. Bologna, Il Mulino, 94, 227 p. (Quaderni di "Teatro e storia").

6698. SAMSON (Jim). The music of Chopin. Oxford, Clarendon Press, 94, 243 p. (ill., facsims).

6699. Schwarzer Traum und weisse Sklavin. Deutsch-dänische Filmbeziehungen, 1910–1930. Hrsg. v. Manfred BEHN. München, Edition Text Kritik, 94, 167 p. (ill.). (Ein CineGraph Buch)

6700. Schermi germanici, Ufa 1917–1933. A cura di Giovanni SPAGNOLETTI. XII Rassegna internazionale retrospettiva, Pesaro, 1993. Venezia, Marsilio, 94, X-332 p. (Nuovocinema/Pesaro, 43).

6701. SCOLNICOV (Hanna). Woman's theatrical space. Cambridge, Cambridge U. P., 94, XIV-177 p. (ill.).

6702. SERCEAU (Muchel). Le néoréalisme et la littérature. *In*: Néoréalisme (Le) italien [Cf. n° 6682], p. 60-68. (ill.).

6703. Séries (Les) télévisées américaines. Ed. par Christophe PETIT. Condé-sur-Noireau, Corlet-Télérama, 94, 198 p.

6704. SIMONELLI (Giorgio). Le sigle televisive. Nascita e metamorfosi. Torino, Nuova ERI, 94, 120 p.

6705. Sole sorge ancora (Il). 50 anni di Resistenza nel cinema italiano. Vol. 2. Memoria, mito, storia. La parola ai registi. A cura di A. AMADUCCI. Torino, Regione Piemonte-ANCR, 94, 316 p. (ill.). (I quaderni de Il nuovo spettatore, 16).

6706. SPOTTS (Frederic). Bayreuth: a history of the Wagner Festival. New Haven, Yale U. P., 94, X-334 p.

6707. Teatro e musica nel '700 estense. Momenti di storia culturale e artistica, polemica di idee, vita teatrale. A cura di G. VECCHI e M. CALORE. Firenze, Olschki, 94, 327 p. (Historia musicae cultores biblioteca, 73).

6708. *Vacat.*

6709. Télévision française: la saison 1993. Ed. par Christian BOSSÉNO. Condé-sur-Noireau, Corlet-Télérama, 94, 272 p. (ill.). (CinémAction).

6710. Théâtre et l'opéra sous le signe de l'histoire (Le). Ed. par Irène MAMCZARZ. Paris, Klincksieck, 94, 204 p. (ill.). (Théâtre européen, opéra, ballet, 4).

6711. Thirty years of the Cambridge folk festival. Ed. by Dave LAING a. Richard NEWMAN. Ely, Music Maker, 94, 161 p. (ill.).

6712. THOMPSON (Kristin). Film history. An introduction. New York a. London, McGraw-Hill, 94, XLVI-857 p. (ill.).

6713. TISIVIAN (Yuri). Early cinema in Russia and its cultural reception. London a. New York, Routledge, 94, XXII-273 p. (Soviet cinema).

6714. TOULET (Emmanuelle). Il cinematografo, invenzione del secolo. Milano, Universale Electa-Gallimard, 94, 192 p. (ill.). (Universale Electa-Gallimard, 50).

6715. TUPPURAINEN (Erkki). Suomalaisten urkurien Bach-soitto ja sen esikuvat 1920–1950. (Das Bach-Spiel der finnischen Organisten und dessen Vorbilder 1920–1950). Helsinki, 94, 226 p. (Sibelius-akatemian kirkkomusiikin osaston julk., 8). (Dt. Zsfassung).

6716. WAGNER (Günther). Die Sinfonien Carl Philipp Emanuel Bachs: werdende Gattung und Originalgenie. Stuttgart, Metzler, 94, 369 p.

6717. WATSON (Ben). Frank Zappa. The negative dialectics of poodle play. London, Quartet, 94, XXXII-597 p.

6718. Word and action in drama. Studies in honour of Hans-Jürgen Diller on the occasion of his 60th birthday. Ed. by Günter AHRENDS. Trier, Wissenschaftlicher Verlag Trier, 94, II-253 p.

6719. YOUNG (W. Murray). The sacred dramas of J. S. Bach. A reference and textual interpretation. London, McFarland, 94, X-213 p.

Cf. n° 1096

N

STORIA ECONOMICA E SOCIALE NELL'ETÀ MODERNA

§ 1. Economia politica. 6720-6736. – § 2. Storia economica generale. 6737-6779. – § 3. Industria, miniere e trasporti. 6780-6836. – § 4. Commercio. 6837-6867. – § 5. Agricoltura e problemi agrari. 6868-6894. – § 6. Moneta e finanza. 6895-6946. – § 7. Demografia e storia delle città. 6947-6980. – § 8. Storia sociale. 6981-7147. – § 9. Movimento operaio e socialismo. 7148-7198.

§ 1. Economia politica.

6720. Adam Smith and the philosophy of law and economics. Ed. by Robin Paul MALLOY a. Jerry EVENSKY. Dordrecht, Kluwer Academic Publishers, 94, X-225 p. (Law and philosophy library, 20).

6721. Adam Smith: critical assessments. Second series. Ed. by John CUNNINGHAM WOOD. London a. New York, Routledge, 94, 3 vol., 368 p., 368 p., 368 p.

6722. BAECK (Louis). The Mediterranean tradition in economic thought. London a. New York, Routledge, 94, IX-241 p. (Routledge history of economic thought series).

6723. David Ricardo: critical assessments. Second series. Vol. 5. Vol. 6. Vol. 7. Ed. by John CUNNINGHAM WOOD. London a. New York, Routledge, 94, 3 vol., XVII-453 p., VI-398 p., VI-409 p.

6724. DAVIS (John B.). Keynes's philosophical development. Cambridge, Cambridge U. P., 94, XIII-196 p.

6725. DI RIENZO (Eugenio). Alle origini della Francia contemporanea. Economia, politica e società nel pensiero di André Morellet, 1756–1819. Napoli, Edizioni Scientifiche Italiane e Pubblicazioni dell'Università degli studi di Salerno, 94, 697 p.

6726. Elgar (The) companion to Austrian economics. Ed. by Peter J. BOETTKE. Aldershot a. Brookfield, Elgar, 94, XVII-628 p.

6727. GATTEI (Giorgio). Il difficile equilibrio: studi di storia sul pensiero economico moderno. Torino, Giappichelli, 94, VII-225 p. (bibl.).

6728. GROENEWEGEN (Peter). La «French connection»: influences françaises sur l'économie politique britannique. *Dix-huitième siècle*, 94, 26, p. 15-36.

6729. JACOUD (Gilles). L'influence de l'analyse de la monnaie de papier par Adam Smith sur la théorie et les pratiques monétaires françaises. *Economies et sociétés*, 94, 28, 3, p. 41-67.

6730. OAKLEY (Allen). Classical economic man: human agency and methodology in the political economy of Adam Smith and J. S. Mill. Aldershot, Edward Elgar, 94, XIV-260 p. (Advances in economic methodology).

6731. RAINER (Gömmel), RAINER (Klump). Merkantilismus und Physiokraten in Frankreich. Darmstadt, Wissenschaftliche Buchgesellschaft, 94, IX-167 p.

6732. ROMANI (Roberto). L'economia politica del Risorgimento italiano. Torino, Bollati Boringhieri, 94, 248 p. (Studi e strumenti).

6733. The Austrian school and modern economics. Essays in reassessment. By Nicolai Juul FOSS. København, Handelshøjskolen Forlag, 943, 229 p.

6734. SKIDELSKY (Robert). John Maynard Keynes. Vol. 1. Hopes betrayed, 1883–1920. Vol. 2. The economist as savior, 1920–1937. New York, Penguin, 94, XIX-447 p., XXXV-731 p.

6735. TAOUIL (Rédouane). Rapport salarial et modèle marchand en partant des Principes de la distribution des richesses d'Elie Halévy (1906). *Revue d'économie politique*, 94, 104, 6, p. 873-888.

6736. Walras. *Economie et sociétés* (numéro spécial), 94, 10-11, 326 p.

§ 2. Storia economica generale.

6737. AMATO (Massimo). Il decentramento dell'economia mediterranea. Il caso di Milano fra crisi e riconversione (secoli XVI e XVII). *Rivista storica italiana*, 94, 106, 3, p. 622-650.

6738. BELTRAN (Alain), GRISET (Pascal). L'économie française, 1914–1945. Paris, Armand Colin, 94, 187 p. – IDEM. La croissance économique de la France, 1815–1914. Paris, Armand Colin, 94, 189 p. (ill.).

6739. BERG (Maxine), HUDSON (Pat). Growth and change: a comment on the Crafts-Harley view of the industrial revolution. *Economic history review*, 94, 47, 1, p. 147-149.

6740. BERGHOFF (Hartmut), MÖLLER (Roland). Tired pioneers and dynamic newcomers? A comparative essay on English and German entrepreneurial history, 1870–1914. *Economic history review*, 94, 47, 2, p. 262-287.

6741. CALOMIRIS (Charles), HANES (Christopher). Consistent output series for the antebellum and postbellum periods: issues and preliminary results. *Journal of Economic History*, 94, 54, 2, p. 409-422.

6742. CARACCIOLO (F.). Mezzogiorno moderno e capitalismo. Messina, Istituto di storia economica, 94, 316 p.

6743. CHANDAVARKAR (R.). The origins of industrial capitalism in India. Cambridge, Cambridge U. P., 94, XVIII-468 p.

6744. DE VRIES (Jan). The Industrial Revolution and the industrious revolution. *Journal of Economic History*, 94, 54, 2, p. 249-270.

6745. DI VITTORIO (Antonio), ANSELMI (Sergio), PIERUCCI (Paola). Ragusa (Dubrovnik), una Repubblica adriatica. Saggi di storia economica e finanziaria. Bologna, Cisalpino, Istituto Editoriale Universitario, 94, 312 p.

6746. DIRLIK (Arif). After the revolution: waking to global capitalism. Hanover, University Press of New England for Wesleyan U. P., Middletown Conn, 94, VIII-131 p.

6747. DRESCHER (Seymour). The long goodbye: Dutch capitalism and antislavery in corporative perspective. *American historical review*, 94, 99, 1, p. 44-69.

6748. ESCH (Arnold). Importe des Rom der Renaissance. Die Zollregister der Jahre 1470 bis 1480. *Quellen und Forschungen aus italianischen Archiven und Bibliotheken*, 94, 74, p. 360-453. – IDEM. Roma come centro di importazioni nella seconda metà del Quattrocento ed il peso economico del papato. *In*: Roma capitale (1447–1527) [Cf. n° 3540], p. 107-143.

6749. FAYN (L. E.). Otechestvennaya kooperatsiya: Istoricheskiy opyt. (Co-operation in Russia: Historical experience, the middle of XIXth cent.–the beginning of 1930s.). Ivanovskiy gos. un-t. Ivanovo, IvGU, 94, 276 p.

6750. FEINSTEIN (Charles), TEMIN (Peter), TONIOLO (Gianni). Three Shocks, Two Recoveries? Historical parallels for the end of the Cold War. *Rivista di storia economica*, 94, 11, 3, p. 297-316.

6751. FERDERER (J. Peter), ZALEWSKI (David A.). Uncertainty as a propagating force in the great depression. *Journal of Economic History*, 94, 54, 4, p. 825-850.

6752. GOOD (David F.). The economic lag of central and eastern Europe: income estimates for the Habsburg successor states, 1870–1910. *Journal of Economic History*, 94, 54, 4, p. 869-891.

6753. GRUBB (Farley). The end of European immigrant servitude in the United States: an economic analysis of market collapse, 1771–1835. *Journal of Economic History*, 94, 54, 4, p. 794-824.

6754. HABAKKUK (John). Marriage, debt and the estates system. English landownership, 1650–1950. Oxford, Clarendon Press, 94, XVIII-786 p.

6755. HARRIS (Ron). The bubble act: its passage and its effects on business organization. *Journal of Economic History*, 94, 54, 3, p. 610-627.

6756. HOPPE (Goran), LANGTON (John). Peasantry to capitalism: western Ostergotland in the nineteenth-century. Cambridge, Cambridge U. P., 94, XXI-457 p. (ill.). (Cambridge studies in historical geography; 22).

6757. HORRELL (Sara), HUMPHRIES (Jane), WEALE (Martin). An input-output table for 1841. *Economic history review*, 94, 47, 3, p. 545-566.

6758. Institutions de l'économie de marché en Europe (Les). XVIIIe–XXe siècle. Actes de la Table ronde, université de Lille III, 18–20 novembre 1993. *Revue du Nord*, 94, 76, 307, p. 689-903.

6759. IVETIC (Egidio). Caratteri generali e problemi dell'economia dell'Istria veneta nel Settecento. *Atti Centro Rovigno*, 94, 24, p. 9-74.

6760. LACINA (Vlatislav), SLEZÁK (Lubomír). Státní hospodářská politika v ekonomickém vývoji první ČSR. (Economic policy of the state and the economic development of the first Czechoslovak Republic). Praha, Historický ústav, 94, 155 p.

6761. Landowners, capitalists, and entrepreneurs. Essays for Sir John Habakkuk. Ed. by F. M. L. THOMPSON. Oxford, Oxford U. P. a. Clarendon Press, 94, XIII-312 p.

6762. LEWIS (Gwynne). Proto-industrialization in France. *Economic history review*, 94, 47, 1, p. 150-164.

6763. LIS (Catharina), SOLY (Hugo). Corporatisme, onderaanneming en loonarbeid. Flexibilisering en deregulering van de arbeidsmarkt in Westeuropese steden (veertiende-achttiende eeuw). (Corporatism, subcontracting and wage work. Flexibilisation and deregulation of the labour market in some Westeuropean cities, 14th–18th centuries). *T. soc. gesch.*, 94, 20, p. 365-390.

6764. MALMBERG (Bo). Age structure effects on economic growth. Swedish evidence. *Scandinavian Economic History Review*, 94, 42, 3, p. 279-295.

6765. NARDI SPILLER (Cristina). La dinamica inflattiva nell'economia italiana dal secondo dopoguerra agli anni Novanta. Padova, CEDAM, 94, X-167 p. (ill.).

6766. NICHOLLS (A. J.). Freedom with responsibility. The social market economy in Germany, 1918–1963. Oxford, Clarendon Press, 94, XIII-422 p.

6767. O'ROURKE (Kevin), WILLIAMSON (Jeffrey G.). Late nineteenth-century Anglo-American factor-price convergence: were Heckscher and Ohlin right? *Journal of Economic History*, 94, 54, 4, p. 892-916.

6768. Political economy (The) of Spanish America in the age of Revolution, 1750–1850. Ed. by K. J. ANDRIEN a. L. L. JOHNSON. Albuquerque, University of New Mexico Press, 94, VIII-263 p.

6769. ROMER (Christina D.). Remeasuring business cycles. *Journal of Economic History*, 94, 54, 3, p. 573-609.

6770. SCHROEVEN (C.). Consumer expediture in interwar Belgium: the reconstruction of a database. (Le dépenses de comsommation en Belgique entre les deux guerres: la reconstruction d'une base de données). Brussel, Koninklijke Academie voor Wetenschappen, Letteren en Schone Kunster van België. Commissie economische geschiedenis, 94, 284 p. (Studies in Belgian economic History, 4).

6771. SUPPLE (Barry). Fear of failing: economic history and the decline of Britain. *Economic history review*, 94, 47, 3, p. 441-458.

6772. Svenska modellen (Den). (The Swedish model). Ed. by Per THULLBERG a. Kjell ÖSTBERG. Stockholm, Studentlitteratur, 94, 193 p.

6773. TAMÁSKA (Péter). A magyarországi kórházak és szegényházak gazdálkodása a 18. század második felében. (L'économie des hôpitaux et des maisons de charité en Hongrie dans la deuxième moitié du XVIIIe siècle). *Levéltári szle.*, 94, 44, 1, p. 33-46.

6774. TORTELLA (Gabriel). Patterns of economic retardation and recovery in south-western Europe in the nineteenth and twentieth centuries. *Economic history review*, 94, 47, 1, p. 1-21.

6775. TSAKUNOV (S. V.). V labirinte doktriny: Iz opyta razrabotki ekonomicheskogo kursa strany v 1920-e gg. (From the experience of working out the economic course of Russia in 1920s.). Postface by R. U. DAVIS. Assotsiatsiya issledovaeteley rossiyskogo obshchestva XX v. Moskva, Rossiya molodaya, 94, 188 p. (bibl.). (Seriya: "Pervaya monografiya").

6776. TUCCI (Ugo). Tra Venezia e Firenze. Le scritture contabili. *Studi veneziani*, 94, 27, p. 15-39.

6777. VANTHEMSCHE (G.). Le chômage en Belgique de 1929 à 1940: son histoire, son actualité. (The unemployement in Belgium between 1929 and 1940: its history, its topicality). Bruxelles, Labor, 94, 213 p.

6778. VERNON (J. R.). World War II fiscal policies and the end of the great depression. *Journal of Economic History*, 94, 54, 4, p. 850-868.

6779. WARD (J. R.). The industrial revolution and British imperialism, 1750–1850. *Economic history review*, 94, 47, 1, p. 44-65.

§ 3. Industria, miniere e traffici.

6780. BELHOSTE (Jean-François). La maison, la fabrique et la ville: l'industrie du drap fin en France (XVe–XVIIIe siècles). *Histoire, économie et société*, 94, 13, 3, p. 457-475.

6781. BÉLIS-BERGOUIGNAN (Marie-Claude), LUNG (Yannick). Le mythe de la variété originelle. L'internationalisation dans la trajectoire du modèle productif japonais. *Annales*, 94, 49, 3, p. 541-568.

6782. BORRUEY (René). Le port moderne de Marseille, du dock au conteneur (1844–1974). Tome IX. Histoire du Commerce et de l'Industrie de Marseille, XIXe–XXe siècles. Marseille, Chambre de Commerce et d'Industrie, 94, 444 p.

6783. BOWKER (Geoffrey C.). Science of the run: information management and industrial geophysics at Schlumberger, 1920–1940. Cambridge, MIT Press, 94, VIII-191 p.

6784. BREDEFELDT (Rita). Tidigmoderna företagarstrategier: järnbrukens ägar- och finansieringsförhållanden under 1600-talet. (Early modern entrepreneurs; ownership and financing of the ironworks in the 17th century). Stockholm, Almqvist & Wiksell International, 94, 218 p. (Stockholm studies in history, 19).

6785. CHURCH (Roy), BALDWIN (Trevor), BERRY (Bob). Accounting for profitability at the Consett Iron Company before 1914: measurement, sources, and uses. *Economic history review*, 94, 47, 4, p. 703-724.

6786. CLARK (Gregory). Factory discipline. *Journal of Economic History*, 94, 54, 1, p. 128-163.

6787. DE JONG (H. J.), ALBERS (R. M.). Industriële groei in Nederland, 1913-1929: een verkenning. (Industrial growth in the Netherlands 1913-1929: an exploration). *NEHA-Jb.*, 94, 57, p. 444-490. (tab.).

6788. DESZCZYŃSKI (Marek Piotr). Polski eksport sprzętu wojskowego w okresie międzywojennym. Zarys problematyki. (L'exportation polonaise du matériel militaire à l'époque entre deux guerres). Précis de problématique). *Przegl. hist.*, 94, 85, 1-2, p. 75-113.

6789. DOBBIN (Frank R.). Forging industrial policy: the United States, Britain and France in the railway age. Cambridge, Cambridge U. P., 94, 262-VII p.

6790. DYE (Alan). Avoiding holdup: asset specificity and technical change in the Cuban sugar industry, 1899–1929. *Journal of Economic History*, 94, 54, 3, p. 628-654.

6791. EDGERTON (D. E. H.), HORROCKS (S. M.). British industrial research and development before 1945. *Economic history review*, 94, 47, 2, p. 213-238.

6792. ESCUDIER (Jean-Louis). L'industrie française du charbon: annuarie statistique, 1814–1988. Montpellier, Centre régional de la Productivité et des Etudes économiques, 94, 470 p.

6793. FEDERICO (Giovanni). Il filo d'oro, l'industria mondiale della seta dalla restaurazione alla grande crisi. Venezia, Saggi Marsilio, 94, 573 p.

6794. FOREMAN-PECK (James), MILLWARD (Robert). Public and private ownership of British industry, 1820–1990. Oxford, Oxford U. P. a. Clarendon Press, 94, XVII-386 p.

6795. GABEL (David). Competition in a network industry: the telephone industry, 1894–1910. *Journal of Economic History*, 94, 54, 3, p. 543-572.

6796. GALES (B.), FREMDLING (R.). Ijzerfabrikanten en industriepolitiek onder koning Willem I: de enquête van 1828. (Iron manufacturers and the industrial policy of King William I: the survey of 1828). *NEHA-Jb.*, 94, 57, p. 287-347. (tab.).

6797. GARCÍA HERAS (Raúl). Transportes, negocios y política. La Compañia Anglo Argentina de Tranvías 1876–1981. Buenos Aires, Sudamericana, 94, 259 p.

6798. GLAS (E. G.). The appropriation of the Triano-Somorrostro mines: 1800–1880. *Journal of European economic history*, 94, 23, 2, p. 365-388.

6799. GLETE (Jan). Nätverk i näringslivet. Ägande och industriell omvandling i det mogna industrisamhället 1920–1990. (An economic network. Property and industrial transformation in a mature industrial society 1920–1990). Stockholm, SNS förlag, 94, 374 p.

6800. GUALERNI (Gualberto). Storia dell'Italia industriale: dall'unità alla Seconda Repubblica. Milano, Etas Libri, 94, VIII-309 p.

6801. GUTWEIN (Daniel). Jewish financiers and industry, 1890–1914: England and Germany. *Jewish History*, 94, 8, 1-2, p. 177-191.

6802. HASSAN (J. A.), DUNCAN (A.). Integrating energy: the problems of developing an energy policy in the European Communities, 1945–1980. *Journal of European economic history*, 94, 23, 1, p. 159-176.

6803. HEDIN (Gunnar). De svenska oljebaronerna: Alfred Nobels okända bröder. (The Swedish oil barons: the unknown brothers of Alfred Nobel). Stockholm, Ekerlid, 94, 96 p. (ill.).

6804. HENNEKING (Ralf). Chemische Industrie und Umwelt. Konflikte um Umweltbelastungen durch die Chemische Industrie am Beispiel der schwerchemischen, Farben- und Düngemittelindustrie der Rheinprovinz (ca. 1800–1914). Stuttgart, Steiner, 94, 509 p. (Zeitschrift für Unternehmensgeschichte, 86).

6805. Histoire générale de l'électricité en France. Tome 2. L'interconnexion et le marché, 1919-1946. Ed. par Maurice LÉVY-LEBOYER et Henri MORSEL. Paris, Fayard, 94, 1438 p.

6806. HOMBURG (Ernst). "Schrikbeekden van scheikundigen aard": chemische industrie, chemische wetenschap en het milieu 1800–1875. ("Spectres of chemical nature": chemical industry, chemical science and the environment 1800–1875). *T. Gesch.*, 94, 107, p. 403-466.

6807. HUMPHREYS (M.). An issue of confidence: the decline of the Irish whiskey industry in independent Ireland, 1922–1952. *Journal of European economic history*, 94, 23, 1, p. 93-114.

6808. JONAS (Raymond). Industry and politics in rural France. Peasants of the Isère, 1870–1914. Ithaca, Cornell U. P., 94, XIII-219 p.

6809. Kallantiestä Sujjaukseen. Tienrakentamista ja kunnossapitoa Pohjois-Savossa 1939–1993. (Road maintenance in the Northern part of the Finnish region of Savo between 1939 and 1993). Toim. Matti TURUNEN. Kuopio, Tielaitos Savo-Karjalan tiepiiri, 94, 279 p. (ill., maps, English summary). (Tiemuseon julk., 11)

6810. KNOTT (John William). Speed, modernity and the motor car: the making of the 1909 Motor Traffic Act in New South Wales. *Australian historical studies*, 94, 26, 103, p. 202-220.

6811. KOS (Mateja), ŽVANUT (Maja). Ljubljanske steklarne v 16. stoletju in njihovi izdelki. (Glass factories in Ljubljana in the 16th century and their products). Ljubljana, Narodni muzej, 94, 84 p.(ill.).

6812. LICINI (Stefania). Finanza e Industria a Milano nel triennio 1870–1873: azionisti e nuove imprese. *Rivista di storia economica*, 94, 11, 2, p. 213-242.

6813. MAGGI (Stefano). Dalla città allo stato nazionale. Ferrovie e modernizzazione a Siena tra Risorgimento e fascismo. Milano, Giuffrè, 94, 356 p.

6814. MORSEL (Henri). Industrie électrique et défense en France lors des deux conflits mondiaux. Electricité, armement, défense. *Bulletin d'histoire de l'électricité*, 94, 23, p. 7-17.

6815. MOUNIER-KUHN (Pierre-E.). French computer manufacturers and the component industry, 1952–1972. *History and technology*, 94, 11, 2, p. 195-216. – IDEM. Le Plan Calcul, Bull et l'industrie des composants: les contradictions d'une stratégie. *Revue historique*, 94, 118, 292 (591), p. 123-155.

6816. NADER (John). The rise of an inventive profession: learning effects in the midwestern harvester industry, 1850–1890. *Journal of Economic History*, 94, 54, 2, p. 397-408.

6817. PESCAROLO (Alessandra). Famiglia e impresa. Problemi di ricerca all'incrocio fra discipline. *Passato e presente*, 94, 12, 31, p. 127-142.

6818. PETITEAU (Natalie). L'horlogerie des Bourgeois conquérants. Histoire des établissements bourgeois de Damprichard (Doubs) (1780–1939). Besançon, Annales littéraires de l'Université de Besançon, 94, 224 p. (Séries Historiques, 8).

6819. PILINYI (Péter). A magyar nyomdászat űttörői a XIX. században. (Les pionniers de la typographie hongroise au XIXe siècle). Budapest, Pátria, 94, 150 p.

6820. Podjetništvo na Slovenskem: Razprave s simpozija v Ljubljani 19. januarja 1994. (Enterprises in Slovenia: papers from the conference in Ljubljana, 19th January, 1994). Ed. by Zdenko ČEPIČ [et al.]. Ljubljana, Inštitut za novejšo zgodovino, 94, 142 p.

6821. RATCLIFFE (B. M.). Manufacturing in the metropolis: the dynamism and dynamics of Parisian industry in the mid-nineteenth century. *Journal of European economic history*, 94, 23, 2, p. 263-328.

6822. SINGLETON (John). The cotton industry and the British war effort, 1914–1918. *Economic history review*, 94, 47, 3, p. 601-618.

6823. SMITH (Michael S.). Unlikely success: chargeurs réunis and the marine transport business in France, 1872–1914. *Entreprises et histoire*, 94, 6, p. 11-27.

6824. SONDHAUS (Lawrence). The naval policy of Austria-Hungary, 1867–1918. Navalism, industrial development, and the politics of dualism. West Lafayette, Purdue U. P., 94, XV-441 p.

6825. Storia dell'Ansaldo. Vol. 1. Le origini: 1853–1882. A cura di Valerio CASTRONOVO. Roma e Bari, Laterza, 94, XIV-298 p. (ill., tav.). (Grandi opere. Storia dell'impresa).

6826. SUZUKI (Yoshitaka). Structures d'organisation des entreprises japonaises. Analyse historique comparative. *Annales*, 94, 49, 3, p. 569-584.

6827. TANGUY (Jean). Quand la toile va. L'industrie toilière bretonne du XVIe au XVIIIe siècle. Rennes, Editions Apogée, 94, 158 p.

6828. VAN DEN EECKHOUT (P.). Onderaanneming en huisarbeid in Westeuropese hoofdstede. Twee eeuwen flexibiliteit in de kledingindustrie (19e–20e eeuw). (Subcontracting and home industry in some Westeuropean capitals. Two centuries of flexibility in the clothing industry in the 19th and 20th centuries). *T. soc. gesch.*, 94, 20, p. 391-427.

6829. VAN ZANDEN (J. L.). Industrialisatie en inkomensverdeling in Overijssel, 1750–1875. (Industrialization and income distribution in Overijssel 1750–1875). *Bijdr. Meded. Gesch. Ned.*, 94, 109, p. 434-449.

6830. VERLEY (Patrick). Entreprises et entrepreneurs du XVIIIe siècle au début du XXe siècle. Paris, Hachette, 94, 255 p. (ill.).

6831. VERSTEEGH (A. P.). De overmijdelijke afkomst? De opname van Polen in het Duits, Belgisch en Nederlands mijnbedrijf in de periode 1920–1930. (The intake of Poles in the German, Belgian and Dutch mine districts 1920–1930). Hilversum, Verloren, 94, 351 p. (fig.). (N.W. Posthumusreeks, vol. 3. Diss. Nijmegen).

6832. VIKSTRÖM (Matts). Skärgårdsvägen i Åboland – Turunmaan saaristotie. (The Turku Archipelago road with ferries. A history). Åbo – Turku, Vägverket, Tielaitos, 94, 177 p. (ill., maps, text in Swedish and Finnish). (Vägmuseets publ. – Tiemuseon julk. 10).

6833. VILKUNA (Kustaa K.H.) Valtakunnan eduksi, isänmaan kunniaksi, ruukinpatruunalle hyödyksi. Suomen rautateollisuus suurvalta-ajalla. (For the good of the nation, the honour of the fatherland and the profit of the master: the Finnish iron industry during the seventeenth century, 1616–1721). Helsinki, SHS, 94, 400 p. (English summary). (Hist. tutkimuksia, 188).

6834. VIRRANKOSKI (Pentti). Käsitöistä leivän lisää: Suomen ansiokotiteollisuus 1856–1944. (Finnish domestic handcrafts and their commercial production 1865–1944.) Helsinki, SHS, 94, 746 p. (ill.). (Hist. Tutkimuksia, 186).

6835. WOLCOTT (Susan). The perils of lifetime employment systems: productivity advance in the Indian and Japanese textile industries, 1920–1938. *Journal of Economic History*, 94, 54, 2, p. 307-324.

6836. WORONOFF (Denis). Histoire de l'industrie en France. Du XVIe siècle à nous jours. Paris, Editions du Seuil, 94, 664 p. (L'univers historique).

Cf. n°s 4653, 7174

§ 4. Commercio.

6837. AMINE (Mohamed). Moyens et aspects techniques de l'activité commerciale d'Alger. *Revue d'Histoire Maghrébine*, 94, 75-76, p. 167-198.

6838. BAUGH (Daniel A.). Maritime strenght and atlantic commerce. The uses of a "grand marine empire". *In*: Imperial state at war (An) [Cf. n° 7333], p. 185-223.

6839. BRENNAN (Th.). The anatomy of inter-regional markets in the early modern French wine trade. *Journal of European economic history*, 94, 23, 3, p. 581-618.

6840. CUENCA ESTEBAN (Javier). British textile prices, 1770–1831: are British growth rates worth revising once again? *Economic history review*, 94, 47, 1, p. 66-105.

6841. DE GAYFFIER-BONNEVILLE (A.-C.). L'interdépendance économique anglo-égyptienne au moment de l'abrogation du Traité de 1936, par Nahhas Pasha, le 8 octobre 1951. *Revue historique*, 94, 118, 292 (591), p. 73-94.

6842. DE PEUTER (R. E. M. A.). Negocianten en entrepreneurs in een regionale hoofdstad. Brussel in de achttiende eeuw. (Merchants and entrepreneurs in a regional capital. Brussels in the eighteenth century). Utrecht, Vakgroep geschiedenis, Universiteit van Utrecht, 94, 678 p. (Diss. Utrecht).

6843. DRESCHER (Seymour). Whose abolition? Popular pressure and the ending of the British slave trade. *Past and Present*, 94, 143, p. 136-166.

6844. ERCEG (I.). The salt trade on the east coast of Dalmatia and Istria (XVIIth–XVIIIth centuries). *Journal of European economic history*, 94, 23, 2, p. 249-262.

6845. FERNÁNDEZ PÉREZ (Paloma). Impacto social del comercio colonial en la metrópolis: los comerciantes de Cádiz en la época del auge y caída del Imperio español en América, 1700–1812. *Histórica*, 94, 18, 2, p. 287-316.

6846. FRENCH (Ch. J.). London's overseas trade with Europe 1700–1775. *Journal of European economic history*, 94, 23, 3, p. 475-502.

6847. HANCOCK (David). 'Domestic bubbling': eighteenth-century London merchants and individual investment in the Funds. *Economic history review*, 94, 47, 4, p. 679-702.

6848. HODNE (Fritz). Export-led growth or export specialization? *Scandinavian Economic History Review*, 94, 42, 3, p. 296-310.

6849. JENSEN (Robert). Marketing and modernism in Fin-de-siècle Europe. Princeton, Princeton U. P., 94, VII-367 p.

6850. KOHEN (Nancy F.). The power of commerce. Economy and governance in the first British empire. Ithaca, Cornell U. P., 94, XVI-239 p.

6851. KOMIYA (Ryūtarō). Bōeki kuroji akaji no keizaigaku. Nichi-Bei masatsu no orokasa. (The economics of trade surpluses and deficits. The senselessness of Japan-U.S. frictions). Tōkyō, Tōyō keizai shinpōsha, 94, 314 p.

6852. LOVEJOY (Paul E.), RICHARDSON (David). Competing markets for male and female slaves: prices in the interior of west Africa, 1780–1850. *International journal of African historical studies*, 94, 28, 2, p. 261-294.

6853. MOQUETTE (F. G.). Van BEB tot BEB. De aanpassing van de bestuurlijke structuren aan de ontwikkelingen van de buitenlendse economische betrekkingen van Nederland sinds 1795. (The determination and implementation of the trade in policy of the Netherlands since 1795). Leiden, [s. n.], 94, IV-469 p. (Diss. Leiden).

6854. MORINEAU (Michel). Les grandes compagnies des Indes orientales (XVIe–XIXe siècle). Paris, PUF, 94, 128 p. (Que sais-je? n° 2832).

6855. Notarial records relating to the Portuguese Jews in Amsterdam up to 1639. *Studia Rosenth.*, 94, 28, p. 204-215.

6856. PENNELL (C. R.). Dealing with pirates: British, French and Moroccans, 1834–1856. *Journal of imperial and Commonwealth history*, 94, 22, 1, p. 54-83.

6857. SALVEMINI (Biagio), VISCEGLIA (Maria Antonietta). Pour une histoire des rapports économiques entre Marseille et le sud de l'Italie au XVIIIe et au début du XIXe siècle. Flux marchands, articulations territoriales, choix politiques. *Provence historique*, 94, 44, 177, p. 321-365.

6858. SALZMANN (W. H.). Bedrijfsleven, overheid en handelsbevordering. The Netherlands Chamber of Commerce in the United States, inc 1903–1987. Leiden, [s. n.], 94, XII-354 p. (Diss. Leiden).

6859. SHAMMAS (Carole). The decline of textile prices in England and British America prior to industrialization. *Economic history review*, 94, 47, 3, p. 483-507.

6860. SHASKOL'SKIY (I. P.). Russkaya morskaya torgovlya na Baltike v XVII veke: Torgovlya so Shvetsiey. (The XVIIth-century trade between Russia and Sweden on Baltic sea). Ros. Akad. nauk. In-t rossiyskoy istorii. S.-Peterb. filial. Sankt-Peterburg, Nauka: S.-Peterb. izd. firma, 94, 189 p.

6861. SONENSCHER (Michael). L'impero del gusto: mestiere, imprese e commerci nella Parigi del XVIII secolo. *Quaderni storici*, 94, 29, 87, p. 655-668.

6862. Suomalaisia liikemerkkejä. (Finnish symbols and trademarks). Helsinki, Interplan, 94, 136 p. (ill., English summary).

6863. TANDETER (Enrique), SCHMIT (Roberto), MILLETICH (Vilma). Flujos mercantiles en el Potosí colonial tardío. *Anuario IHES*, 94, 9, p. 97-126.

6864. TCHAKERIAN (Viken). Productivity, extent of markets, and manufacturing in the late antebellum south and midwest. *Journal of Economic History*, 94, 54, 3, p. 497-525.

6865. TROEBST (Stefan). Debating the mercantile background to early modern Swedish Empire-building: Michael Roberts versus Artur Attman. *European History Quarterly*, 94, 24, 4, p. 485-510.

6866. ZAHEDIEH (Nuala). London and the colonial consumer in the late seventeenth century. *Economic history review*, 94, 47, 2, p. 239-261.

6867. ŻUKOWSKI (Arkadiusz). Kontakty zfryką Południową mieszkańców Gdańska w służbie holenderskiej Zjednoczonej Kompanii Wschodnioindyjskiej, II połowa XVII–koniec XVIII wieku. (Les contacts des habitants de Gdańsk en service de la Néerlandaise Compagnie Unie des Indes Orientales avec l'Afrique du Sud, II moitié du XVIIe–find du XVIIIe s.). *Roczn. Gdański*, 94, 54, 1, p. 5-21. [Eng. summary].

Cf. n° 7410

§ 5. Agricoltura e problemi agrari.

6868. BOEHLER (Jean-Michel). Une société rurale en milieu rhénan. La paysannerie de la plaine d'Alsace (1648–1789). Strasbourg, Presses Universitaires de Strasbourg, 94, 3 vol., VII-2469 p.

6869. CHEVET (Jean-Michel). Production et productivité: un modèle de développement économique des campagnes de la région parisienne aux XVIIIe et XIXe siècles. *Histoire et mesure*, 94, 9, 1-2, p. 101-145.

6870. CIRIACONO (S.). Acque e agricoltura a Venezia, l'Olanda e la bonifica europea in età moderna. Milano, Angeli, 94, 322 p.

6871. COLELLA (Alfonso). Tra saperi contadini e cultura scientifica. Identificazione e decodificazione delle varietà di grano in età moderna. *Quaderni storici*, 94, 29, 87, p. 769-804.

6872. D'ELIA (Costanza). Bonifiche e Stato nel Mezzogiorno, 1815–1860. Napoli, ESI, 94, 330 p. (Storia economica del Mezzogiorno, 3).

6873. DØRUM (Knut). Eiendomsretten til jord i perioden 1600–1800. (Ownership of land during the period 1600–1800). *Heimen*, 94, 4, p. 257-261.

6874. DUNIN-WĄSOWICZ (Anna). Pomiary gruntu w Koronie w XVI–XVIII wieku. Próba ustalenia weilkości ról chłopskich na ziemiach polskich. (L'arpentage dans la Couronne aux XVIe–XVIIIe siécles. Essai d'une détermination de la dimension des champs des paysans sur les terres polonaises). Warszawa, [s. n.], 94, 245 p. (dessins, cartes). (Inst. Hist. Pol. Akad. Nauk).

6875. EPSTEIN (S. R.), GALASSI (Francesco L.). A debate on Tuscans and their farms. *Rivista di storia economica*, 94, 11, 1, p. 111-138.

6876. ETIENNE (Michel). Veuve Clicquot Ponsardin. Aux origines d'un grand vin de Champagne. Préf. de Joseph HENRIOT. Paris, Economica, 94, 311 p.

6877. Genèse de la qualité des vins. L'évolution en France et en Italie depuis deux siècles. Actes du colloque franco-italien tenu à l'Institut universitaire européen de Fiesole, 31 mai 1991. Ed. par Gilbert GARRIER et Rémy PECH. Bourgogne, Publications, collection Avenir Œnologie, Château de Chaintré, 94, 141 p.

6878. GUILLAME (Emmanuel). L'eau, la forêt et les hommes au cœur de l'ancienne Auvergne. Clermont-Ferrand, Publication de l'Académie des Sciences, Belles-Lettres et Arts de Clermont-Ferrand, 94, 111 p.

6879. HOPCROFT (R. L.). The origins of regular open fields systems in pre-industrial Europe. *Journal of European economic history*, 94, 23, 3, p. 563-580.

6880. HUDSON (John C.). Making the corn belt: a geographical history of middle-western agriculture. Bloomington, Indiana U. P., 94, IX-254 p. (Midwestern History and Culture).

6881. KONING (Niek). The failure of agrarian capitalism: agrarian politics in the UK, Germany, the Netherlands, and the USA, 1846-1919. London a. New York, Routledge, 94, 292 p.

6882. MAI KÖLL (A.). Peasants in the world market: dairy cooperatives in Estonia 1908–1936. *Journal of European economic history*, 94, 23, 3, p. 503-544.

6883. MAZIERS (Michel). Histoire d'une forêt périurbaine. Soignes sous la coupe de la Société générale. 1822–1843. Bruxelles, Editions de l'Université de Bruxelles, 94, 144 p.

6884. MINGAY (Gordon E.). Land and society in England, 1750–1980. London a. New York, Longman, 94, VII-278 p.

6885. MORICEAU (Jean-Marc). Au rendez-vous de la «Révolution agricole» dans la France du XVIIIe siècle. A propos des régions de grande culture. *Annales*, 94, 49, 1, p. 27-64.

6886. PESCOSOLIDO (Guido). Agricoltura e industria nell'Italia unita. Roma e Bari, Laterza, 94, XXV-175 p. (Quadrante, 72).

6887. ROSENTHAL (Jean-Laurent). Rural credit markets and aggregate shocks: the experience of Nuits St. Georges, 1756–1776. *Journal of Economic History*, 94, 54, 2, p. 288-306.

6888. STEFFENS (Sven). Schneiderei, Konfektion, Heimatarbeit. Aspekte des Zerfalls und der Umstrukturierung eines städtischen Handwerks in Belgien. (19. bis frühen 20. Jahrhundert). *T. soc. gesch.*, 94, 20, p. 428-460.

6889. TOUTAIN (J.-C.). La croissance inégale des régions françaises: l'agriculture de 1810 à 1990. *Revue historique*, 94, 118, 291 (590), p. 315-360.

6890. VAN VLIET (A. P.). Vissers en kapers. De zeevisserij vanuit het Maasmondgebied en de Duinkerker kapers (ca. 1850–1648). (The decline of the herring fishery in the Maasmond area and the impact of the Dunkirk privateers, ca. 1580–1648). 's-Gravenhage, Stichting Hollandse Historische Reeks, 94, X-326 p. (fig.) (Hollandse Historische reeks, 20. Diss. Leiden).

6891. VAN ZANDEN (L. J.). The transformation of European agriculture in the nineteenth century. The case of the Netherlands. Amsterdam, VU Uitgeverij, 94, VI-199 p.

6892. VANHAUTE (E.). "De meest moordende van alle industrieën". De huisnijverheid in België omstreeks 1900). (The home industry in Belgium ca. 1900). *T. soc. gesch.*, 94, 20, p. 461-483.

6893. VAUGHAN (W. E.). Landlords and tenants in mid-Victorian Ireland. Oxford, Clarendon Press, 94, XXIII-339 p.

6894. Vigne e viti nel Piemonte antico. A cura di Rinaldo COMBA. Cuneo, Famija Albèisa-Società per gli studi storici della provincia di Cuneo e L'Arciere, 94, 185 p.

Cf. n° 5333

§ 6. Moneta e finanza.

** 6895. Inventario dell'archivio del Banco di San Giorgio (1407–1805). 4. Debito pubblico. A cura dell'Archivio di Stato di Genova sotto la direzione di

Giuseppe FELLONI. Roma, Ministero per i beni culturali e ambientali, Ufficio centrale per i beni archivistici, 94, 3 vol. (3-5), 378 p., 373 p., 376 p.

6896. ALAM (Muzaffar), SUBRAHMANYAM (Sanjay). L'Etat moghol et sa fiscalité (XVIe–XVIIIe siècles). *Annales*, 94, 49, 1, p. 189-218.

6897. ALBERS (Ronald), GROOTE (Peter). Kapitaalvorming in spoor en tramwegen in Nederland, 1838–1913. (Capital formation in the Dutch railways and tranways, 1938–1913). *NEHA-Jb.*, 94, 57, p. 348-369. (tab.).

6898. ALTER (George), GOLDIN (Claudia), ROTELLA (Elyce). The savings of ordinary Americans: the Philadelphia saving fund society in the mid-nineteenth century. *Journal of Economic History*, 94, 54, 4, p. 735-767.

6899. ASSO (Pier Francesco), DE CECCO (Marcello). Storia del Crediop: tra credito speciale e finanza pubblica 1920–1960. Roma e Bari, Laterza, 94, 644 p. (tav., ill., bibl.).

6900. BÉAUR (Gérard). Foncier et crédit dans les sociétés préindustrielles. Des liens solides ou des chaînes fragiles? *Annales*, 94, 49, 6, p. 1411-1428.

6901. BORDO (Michael D.), ROCKOFF (Hugh), REDISH (Angela). The U.S. banking system from a northern exposure: stability versus efficiency. *Journal of Economic History*, 94, 54, 2, p. 325-341.

6902. BOUBAKER (Sadok). Le transfert des capitaux entre l'Empire ottoman et l'Europe. *Revue d'Histoire Maghrébine*, 94, 75-76, p. 199-218.

6903. BOVYKIN (V. I.), PETROV (Yu. A.). Kommercheskie banki Rossiyskoy imperii. (Commercial banks of the Russian Empire). Moskva, Perspektiva, 94, 351 p. (ill., Eng. summary, bibl.).

6904. BOYER-XAMBEU (Marie-Thérèse), DELEPLACE (Ghislain), GILLARD (Lucien). Régimes monétaires, points d'or et «serpent bimétallique» de 1770 à 1870. *Revue économique*, 94, 45, 5, p. 1139-1174.

6905. BRADDICK (M. J.). Parliamentary taxation in 17th-century England. Local administration and response. Woodbridge, Boydell Press a. Royal Historical Society, 94, XI-353 p.

6906. CARAVALE (Mario). Le entrate pontificie. *In*: Roma capitale (1447–1527) [Cf. n° 3540], p. 73-106.

6907. CASSIS (Y.). City bankers, 1890–1914. Cambridge, Cambridge U. P., 94, 350 p.

6908. DE ROSA (L.). Unity or plurality? Italian issuing banks, 1861–1893. *Journal of European economic history*, 94, 23, 3, p. 453-474.

6909. DE VRIES (Joh.). Geschiedenis van de Nederlandsche Bank. Vijfde deel. De Nederlandsche Bank van 1914 tot 1948. II. Trips tijdvak 1931–1948, onderbroken door de Tweede Wereldoorlog. (History of the "Nederlandsche Bank", vol. 5, part II, L. J. A. Trip's presidency 1931–1948). Haarlem, Enschede, 94, 564 p. (fig.). (NIBE-Bankhist. reeks, 15).

6910. DECHÊNE (Louise). Le partage des subsistances au Canada sous le Régime français. [S. l.], Editions du Boréal, 94, 285 p.

6911. DELILLE (Gérard). Le trop et le trop peu: capitaux et rapports de pouvoir dans un village de l'Italie du Sud (XVIIe–XVIIIe siècles). *Annales*, 94, 49, 6, p. 1429-1442.

6912. DUIJVENDAK (M. G. J.), BLIJHAM (G. J.). Groninger provinciale financiën in Nederlands perspectief 1824–1910. (The finances of the province Groningen in national context, 1824–1910). *NEHA-Jb.*, 94, 57, p. 206-248. (tab.).

6913. EICHENGREEN (Barry), MCLEAN (Ian W.). The supply of gold under the pre-1914 gold standard. *Economic history review*, 94, 47, 2, p. 288-309.

6914. FONTAINE (Laurence). Espaces, usages et dynamiques de la dette dans les hautes vallées dauphinoises (XVIIe–XVIIIe siècles). *Annales*, 94, 49, 6, p. 1375-1392.

6915. GOLDTHWAITE (Richard A.), MANDICH (Giulio). Studi sulla moneta fiorentina. Secoli XIII–XVI. Firenze, Olschki, 94, 234 p. (Biblioteca storica toscana, 30).

6916. GROSSMAN (Richard S.). The shoe that didn't drop: explaining banking stability during the great depression. *Journal of Economic History*, 94, 54, 3, p. 654-682.

6917. HAMON (Philippe). L'argent du roi. Les finances sous François Ier. Paris, Comité pour l'Histoire Economique et Financière de la France, 94, XLIII-609 p.

6918. HOFFMAN (Philip), POSTEL-VINAY (Gilles), ROSENTHAL (Jean-Laurent). Economie et Politique. Les marchés du crédit à Paris, 1750–1840. *Annales*, 94, 49, 1, p. 65-101.

6919. JEZIERSKI (Andrzej), LESZCZYŃSKA (Cecylia). Bank Polski S. A. 1924–1951. (Banque Polonais S. A. [Société par Actions] 1924–1951). Warszawa, Narod. Bank Pol., 94, 139 p. (phot., fig.).

6920. KAŁKOWSKI (Leszek), PAGA (Lesław Andrzej). Polskie papiery wartościowe. (Polish securities [XVIIIe–XXe siècles]). Warszawa, Rosikon Press, 94, 200 p. (phot.).

6921. KARLSSON (Åsa). Den jämlike undersåten: Karl XII:s förmögenhetsbeskattning 1713. (An equal subject: Charles XII and property tax of 1713). Stockholm, Almqvist & Wiksell International, 94, 283 p. (Studia historica upsaliensia, 175).

6922. KINT (Ph.). Het grondinkomen in Nederland in de negentiende eeuw. (The revenues of agrarian land in the Netherlands in the 19th century). *NEHA-Jb.*, 94, 57, p. 249-270. (tab.).

6923. Money and the Market in India 1100–1700. Ed. by Sanjay SUBRAHMANYAM. Dehli, Oxford U. P., 94, 316 p.

6924. MOREAU DE GERBEHAYE (Claude). L'abrogation des privilèges fiscaux et ses antécédents. La lente maturation du cadastre thérésien au duché de Luxembourg (1684–1774). Bruxelles, Crédit communal, 94, 609 p. (Histoire).

6925. MOTOMURA (Akira). The best and worst of currencies: seignorage and currency policy in Spain, 1597-1650. *Journal of Economic History*, 94, 54, 1, p. 104-127.

6926. PFISTER (Ulrich). Le petit crédit rural en Suisse aux XVIe–XVIIIe siècles. *Annales*, 94, 49, 6, p. 1339-1358.

6927. ROMANELLI (Raffaele). La Banca d'Italia nella costituzione liberale, 1843–1914. *Rivista di storia economica*, 94, 11, 3, p. 363-382.

6928. ROONEY (P. Th.). Habsburg fiscal policies in Portugal 1580–1640. *Journal of European economic history*, 94, 23, 3, p. 545-562.

6929. SACCOMANNI (Fabrizio). I 50 anni di Bretton Woods: un riesame dall'interno. *Rivista di storia economica*, 94, 11, 3, p. 383-394.

6930. SALVUCCI (R. J.). The real exchange rate of the Mexican Peso, 1762–1812. A research note and estimates. *Journal of European economic history*, 94, 23, 1, p. 131-140.

6931. SCHENK (Catherine R.). Closing the Hong Kong Gap: Hong Kong and the free dollar market in the 1950s. *Economic history review*, 94, 47, 2, p. 335-353.

6932. SERVAIS (Paul). De la rente au crédit hypothécaire en période de transition industrielle. Stratégies familiales en région liégeoise au XVIIIe siècle. *Annales*, 94, 49, 6, p. 1393-1410.

6933. SPUFFORD (Peter). Les liens du crédit rural au village dans l'Angleterre du XVIIe siècle. *Annales*, 94, 49, 6, p. 1359-1374.

6934. Steuern, Abgaben und Dienste vom Mittelalter bis zur Gegenwart: Referate der 15. Arbeitstagung der Gesellschaft für Sozial- und Wirtschaftsgeschichte vom 14. bis 17. April 1993 in Bamberg. Hrsg. v. Eckart SCHREMMER. Stuttgart, Steiner, 94, 247 p. (Vierteljahrschrift für Sozial- und Wirtschaftsgeschichte. Beihefte, 114).

6935. SUZUKI (Toshio). Japanese government loan issues on the London capital Market 1870–1913. London, Athlone Press, 94, 307 p.

6936. SYLOS LABINI (Paolo). I cento anni della Banca d'Italia: riflessioni di un economista. *Rivista di storia economica*, 94, 11, 2, p. 169-212.

6937. TOUZERY (Mireille). L'invention de l'impôt sur le revenu: la taille tarifée 1715–1789. Paris, Comité pour l'histoire économique et financière de la France, 94, 618 p.

6938. TSOKHAS (Kosmas). The Australian role in Britain's return to the gold standard. *Economic history review*, 94, 47, 1, p. 129-146.

6939. VAN POPTA (K. B.). Staatsschuld en consolidatiebeleid in Nederland in de periode 1814–1994. (The public debt and the policy of consolidation in the Netherlands, 1814–1994). *NAHA-Jb.*, 94, 57, p. 159-205 (tab.).

6940. VAN ZANDEN (J. L.). Regionale verschillen in landbouwproduktiviteit en loonpeil in de Lage Landen aan het begin van de negentiende eeuw. Een toetsing van de Mokyr-hypothese. (Regional differences in agricultural productivity and the wage level in the Netherlands and Belgium in the beginning of the 19th century. A verification of the Mokyr-hypothesis). *NEHA-Jb.*, 94, 57, p. 271-286 (tab.).

6941. VANDENBULCKE (Anne). La Famille Le Mire et le recette du droit de médianate (1653–1700). Une exemple de fonctionnement du crédit public au XVIIe siècle. *Revue belge de philologie et d'histoire*, 94, 72, 2, p. 285-310.

6942. VIRÉN (M.). A note on interest rate policy during the Great Depression. *Journal of European economic history*, 94, 23, 1, p. 115-130.

6943. WHEELER (J. S.). English financial operations during the First Dutch War, 1652–54. *Journal of European economic history*, 94, 23, 2, p. 329-344.

6944. WOODWARD (Donald). The determination of wage rates in the early modern north of England. *Economic history review*, 94, 47, 1, p. 22-43.

6945. YUKHT (Aleksandr Isaevich). Russkie den'gi ot Petra Velikogo do Aleksandra I. (Monetary circulation in Russia from the end of XVIIth century till 1801). Moskva, Finansy i statistika, 94, 297 p. (ill., portr., tabl., bibl.).

6946. Zwei Augsburger Unterkaufbücher aus den Jahren 1551 bis 1558. Älteste Aufzeichnungen zur Vor- und Frühgeschichte der Augsburger Börse. Hrsg. v. Friedrich BLENDINGER unt. Mitarb. v. Elfriede BLENDINGER. Stuttgart, Steiner, 94, 637 p. (Deutsche Handelsakten des Mittelalters und der Neuzeit, 18).

Cf. n° 8260

§ 7. Demografia e storia delle città.

6947. AGUILERA ROJAS (Javier). Fundacion de ciudades hispanoamericanas. Madrid, MAPFRE, 94, 395 p. (Coleccion Ciudades de Iberoamerica, 16).

6948. BAINES (Dudley). European emigration. 1815–1930: looking at the emigration decision again. *Economic history review*, 94, 47, 3, p. 525-544.

6949. BOWIE (Karen). Die Rothschilds, die Eisenbahn und die städtebauliche Entwicklung von Paris im XIX. Jahrhundert. *In*: Rothschilds (Die). Teil 2 [Cf. n° 4162], p. 89-100.

6950. BROWN (Judith C.). Monache a Firenze all'inizio dell'età moderna. Un'analisi demografica. *Quaderni storici*, 94, 29, 85, p. 117-154.

6951. CARTER (F. W.). Settlement and population during Venetian rule (1420–1797): Hvar island, Croatia. *Journal of European economic history*, 94, 23, 1, p. 7-48.

6952. D'AMICO (Stefano). Le contrade e la città: sistema produttivo e spazio urbano a Milano fra Cinque e Seicento. Milano, Angeli, 94, 212 p. (Studi e ricerche storiche, 185).

6953. ETONTI (Mirto), ROSSI (Fiorenzo). La popolazione del Dogado Veneto nei secoli XVII e XVIII. Roma, CLEUP, 94, V-244 p. (Materiali di demografia storica).

6954. GOOSZEN (A. J.). Een demografisch mozaïek. Indonesië 1880–1942. (A demographic mosaic. Indonesia 1880–1942). Wageningen, Landbouwuniversiteit, 94, XVII-432 p. (Diss. Wageningen).

6955. GORSKAIA (Natal'ia Aleksandrovna). Istoricheskaia demografiia Rossii epokhi feodalizma: itogi i problemy izucheniia. (Historical demography in feudal Russia). Moskva, "Nauka", 94, 211 p.

6956. GRINBERG (Daniel). Migracje i emigracja Żydów wschodnioeuropejskich w latach 1795–1939. (Les migrations et l'émigration des Juifs de l'Europe Orientale dans les années 1795–1939). *Biul. Żyd. Inst. Hist.*, 93 (94), 41, 1-2, p. 95-108.

6957. GYÁNI (Gábor). A modern város történetének antropológiai szemlélete. (Une vue anthropologique de l'histoire de la ville moderne). *Acta univ. Debreceniensis, Történeti tanulm.*, 94, 3, p. 157-166. – IDEM. Nyilvános tér és használói Budapesten a századfordulón. (Le champ public et ses usagers à Budapest au tournant du siècle). *Századok*, 94, 128, 6, p. 1057-1077.

6958. HOLLÓ (Szilvia Andrea). Budapest a régi térképeken, 1868–1896. (Budapest sur des chartes anciennes, 1868–1896). Budapest, Officina Nova, 94, 85 p.

6959. HORVATH (Robert). L'histoire de la pensée démographique hongroise de ses debuts jusqu'a l'avènement de la période de la statistique officielle. Budapest, Office central de statistique, 94, 281 p.

6960. JACKSON (R. V.). Inequality of incomes and lifespans in England since 1688. *Economic history review*, 94, 47, 3, p. 508-524.

6961. Latin American urbanization: historical profiles of major cities. Ed. by Gerald Michael GREENFIELD. Westport a. London, Greenwood Press, 94, XVII-536 p.

6962. LEHNERT (Detlef). Organisierter Hausbesitz und kommunale Politik in Wien und Berlin 1890–1933. *Geschichte und Gesellschaft*, 94, 20, 1, p. 29-56.

6963. LEPETIT (Bernard). The pre-industrial urban system: France, 1740–1840. Cambridge, Cambridge U. P. a. Paris, Editions de la Maison des Sciences de l'Homme, 94, XIX-483 p. (Themes in international urban history).

6964. LILIJA (Sven). Swedish urbanization c. 1570–1800: chronology, structure and causes. *Scandinavian Journal of History*, 94, 19, 4, p. 277-308. – IDEM. The Geography of urbanization. Sweden and Finland, c. 1570–1770. *Scandinavian Economic History Review*, 94, 42, 3, p. 235-256.

6965. LOWENSTEIN (Steven M.). Ashkenazic Jewry and the European marriage pattern. A preliminary survey of Jewish marriage age. *Jewish History*, 94, 8, p. 155-175.

6966. MAC SHANE (Clay). Down the asphalt path: the automobile and the American city. New York a. Chichester, Columbia U. P., 94, XVII-288 p. (Columbia history of urban life).

6967. Magyarország nemzetiségeinek és a szomszédos államok magyarságának statisztikája 1900–1990. (Statistique des minorités de Hongrie et des Hongrois des Etats voisins 1900–1990). Ed. par József KOVACSICS. Budapest, KSH, 94, 370 p.

6968. MÉREY (Klára). A településhálózat változása és ennek okai a Dél-Dunántulon, 1850–1914. (La modification du réseau d'habitat et les causes de celui-ci dans la Transdanubie du Sud, 1850–1914). *Századok*, 94, 128, 3-4, p. 650-673.

6969. MOORE (John S.). Jack Fisher's 'flu: a virus still virulent. *Economic history review*, 94, 47, 2, p. 359-361.

6970. ÖZDEMIR (Mustafa). Osmanlı Devleti'nde Antakya'nın Fizikî ve Demografik Yapısı 1709–1860. (La structure physique et démographique d'Antioche dans l'Etat Ottoman 1709–1860). *Belleten*, Ankara, Türk Tarih Kurumu, 94, 58, 221, p. 119-157.

6971. PFISTER (Christian). Bevölkerungsgeschichte und historische Demographie 1500–1800. München, Oldenbourg, 94, VIII-151 p. (Enzyklopädie deutscher Geschichte, 28).

6972. Rozwój demografii polskiej 1918–1993. Materiały z konferencji naukowej, Warszawa, 22 listopada 1993. (Le développement de la démographie polonaise en 1918–1993. Matériaux de la conférence scientifique, Varsovie, 22 novembre 1993). Réd. Celina GROBLEWSKA. Warszawa, Gł. Urząd Statyst., 94, 393 p.

6973. SEBŐK (László). The demography of a minority in Transylvania. *Hung. quarterly*, 94, 35, 133, p. 83-89.

6974. SIMON (J. L.). Demographic causes and consequences of the Industrial Revolution. *Journal of European economic history*, 94, 23, 1, p. 141-158.

6975. Stadt und frühmoderner Staat: Beiträge zur städtischen Finanzgeschichte von Luxemburg, Luneville, Mainz, Saarbrücken und Trier im 17. und 18. Jahrhundert. Hrsg. v. Klaus GERTEIS. Trier, Verlag Trierer Historische Forschungen, 94, XII-450 p. (Trierer historische Forschungen, 26).

6976. Ville et Révolution française. Actes du Colloque international, Lyon, mars 1993. Lyon, Presses univ. Lyon, 94, 304 p.

6977. WALL (Richard). Diseguaglianze nel regime alimentare di bambini e bambine. Un'analisi comparata. *Quaderni storici*, 94, 29, 85, p. 91-116.

6978. YASUMOTO (Minoru). Industrialisation, urbanisation and demographic change in England. Nagoya, University of Nagoya Press, 94, XII-247 p.

6979. ZELL (Michael). Fisher's 'flu and Moore's probates: quantifying the mortality crisis of 1556–1560. *Economic history review*, 94, 47, 2, p. 354-358.

6980. ZIELBAUER (György). A legújabb kori népvándorlás Magyarországon, 1940–1950. (La migration des peuples de l'époque contemporaine en Hongrie, 1940–1950). Szombathely, Savaria U. P., 94, 34 p.

Cf. n° 1014

§ 8. Storia sociale.

** 6981. Quellen zur Bevölkerungs-, Sozial- und Wirtschaftsstatistik Deutschland 1815–1875. Band 3. Quellen zur Berufs- und Gewerbestatistik Deutschland 1816–1875: Norddeutsche Staaten. Band 4. Quellen zur Berufs- und Gewerbestatistik Deutschland 1816–1875: Mitteldeutsche Staaten. Bearb. v. Antje KRAUS. Hrsg. v. Wolfgang KÖLLMANN. Boppard, Boldt, 94, X-829 p., X-685 p. (Forschungen zur deutschen Sozialgeschichte, 2-3).

** 6982. Spetspereselentsy v Zapadnoy Sibiri, 1933–1938: Sb. dokumentov. (Special settlers in Western Siberia, 1933–1938: A coll. of documents). [Cf. Bibl. 93, n° 6712]. Gos. arkhiv Novosib. obl. etc. Dir. V. P. DANILOV, S. A. KRASIL'NIKOV [et al.]. Novosibirsk, EKOR, 94, 310 p. (bibl.).

6983. Adel und Bürgertum in Deutschland 1770–1848. Hrsg. v. Elisabeth FEHRENBACH unt. Mitarb. v. Elisabeth MÜLLER-LUCKNER. München, Oldenbourg, 94, XV-251 p. (Schriften des Historischen Kollegs, Kolloquien, 31).

6984. ALLMAN (Jean). Making mothers: missionaries, medical officers and women's work in colonial Asante, 1924-1945. *History Workshop*, 94, 38, p. 23-47.

6985. ALPERN ENGEL (Barbara). Between the fields and the city. Women, work, and family in Russia, 1861–1914. Cambridge, Cambridge U. P., 94, XI-254 p.

6986. Armeliaisuus, yhteisöapu, sosiaaliturva. Suomalaisten sosiaalisen turvan historia. (Charity, common help, social security. The history of Finnish social security.) Ed. by Jouko JAAKKOLA [et al.]. Helsinki, Sosiaaliturvan keskusliitto, 94, 367 p. (ill.). (Sosiaaliturvan kirjallisuus. Ser. Sosiaalipolitiikka, sosiaaliturva, 1).

6987. ASIKAINEN (Sari). Constance Markievicz's view of the Irish question in 1908–1927. *In*: Kvinnohistoriens nya utmaningar [Cf. n° 8272], p. 315-324.

6988. AUGUSTINE (Dolores L.). Patricians and parvenus. Wealth and high society in Wilhelmine Germany. Oxford, Berg Publishers, 94, XII-303 p.

6989. BADOSA COLL (Elisa). Hacienda real y sociedad en la Francia del siglo XVII. *Pedralbes. Revista d'Historia moderna*, 94, 14, 14, p. 107-159.

6990. BAETEN (Walter). Patronaten in Vlaanderen en Nederland (1850–1941). (Catholic youth groups in Belgium and the Netherlands 1850–1941). *Trajecta*, 94, 3, p. 34-60.

6991. BANTI (Alberto Mario). Note sulla nobiltà nell'Italia dell'Ottocento. *Meridiana*, 94, 19, p. 7-28.

6992. BARREL (John). Imagining the king's death: the arrest of Richard Brothers. *History Workshop*, 94, 37, p. 1-32.

6993. BARRINGTON (Linda), CONRAD (Cecilia A.). At what cost a room of her own? Factors contributing to the feminization of poverty among prime-age woman, 1939–1959. *Journal of Economic History*, 94, 54, 2, p. 342-357.

6994. BEAM (Sara). Apparitions and the public sphere in seventeenth-century France. *Canadian journal of history*, 94, 29, 1, p. 1-22.

6995. BÉAUR (Gérard). L'immobilier et la Révolution. Marché de la pierre et mutations urbaines, 1770–1810. Paris, Cahiers des Annales, 94, 174 p.

6996. BLAY (Jean-Pierre). Gentleman tropical e mundo hípico na ciudade do Rio de Janeiro (1868–1932). *Revista do Instituto Histórico e Geográfico Brasileiro*, 94, 382, p. 54-73.

6997. BLUM (Alain). Naître, vivre et mourir en URSS 1917–1991. Paris, Plon, 94, 273 p.

6998. BOGUCKA (Maria). The foundation of the old Polish world [XVIe–XVIIe siécles]: patriarchalism and the family. Introduction into the problem. *Acta Poloniae hist.*, 94, 69, p. 37-53.

6999. BOOTH (Douglas). Surfing '60s: a case study in the history of pleasure and discipline. *Australian historical studies*, 94, 26, 103 p. 262-280.

7000. BOURKE (Joanna). Housewifery in working-class England 1860–1914. *Past and Present*, 94, 143, p. 167-197.

7001. BOURQUIN (Laurent). Noblesse seconde et pouvoir en Champagne aux XVIe et XVIIe siècles. Paris, Publications de la Sorbonne, 94, 333 p.

7002. BOWDEN (Sue), OFFER (Avner). Household appliances and the use of time: the United States and Britain since 1920s. *Economic history review*, 94, 47, 4, p. 725-748.

7003. BRIFFAUD (S.). Naissance d'un paysage. La montagne pyrénéenne à la croisée des regards XVIe–XIXe siècles. Toulouse, Université de Toulouse II, 94, 622 p. (ill.).

7004. BURLEIGH (Michael). Death and deliverance. "Euthanasia" in Germany c. 1900–1945. Cambridge, Cambridge U. P., 94, XVII-382 p.

7005. BURSCHEL (Peter). Söldner im Nordwestdeutschland des 16. und 17. Jahrhunderts. Göttingen, Vandenhoeck & Ruprecht, 94, 400 p. (Veröffentlichungen des Max-Planck-Instituts für Geschichte, 113).

7006. ÇAKIR (Serpil). Osmanlı Kadın Hareketi. (Le mouvement de la femme ottomane). İstanbul, Metis, 94, 350 p. (Kadın Araştırmaları Dizisi: 4).

7007. CANNADINE (David). Aspects of aristocracy. Grandeur and decline in modern Britain. New Haven, Yale U. P., 94, 352 p.

7008. CHISTOZVONOV (A. I.). Sotsial'nyy sostav gaagskogo patritsiata (1572–1700gg.). (Le patriciat de Hague, 1572–1700). *Novaya i noveyshaya istoriya*, 94, 38, 3, p. 251-266.

7009. COFFIN (Judith G.). Gender and the guild order: the garment trades in eighteenth-century France. *Journal of Economic History*, 94, 54, 4, p. 768-793.

7010. COLLINS (James B.). Classes, estates and order in early modern Britanny. Cambridge, Cambridge U. P., 94, 315 p. (Cambridge studies in early modern history).

7011. CRATON (Michael J.). Reshuffling the pack. The transition from slavery to other forms of labor in the British Caribbean, ca. 1790-1890. *Nieuwe West-Ind. Gids*, 94, 68, p. 23-75.

7012. DE KRUIF (José). De prijs van de armenzorg. De financiering van de armenzorg in Den Bosch 1750–1900. (The financing of the poor relief in the Dutch town of 's-Hertogenbosch 1750–1900). *T. soc. gesch.*, 94, 20, p. 24-51.

7013. DEMONER (Sonia Maria). A política imigratória do Segundo Reinado e a imigração italiana no Espírito Santo. *Revista do Instituto Histórico e Geográfico Brasileiro*, 94, 383, p. 411-417.

7014. DENBY (David J.). Sentimental narrative and the social order in France (1760–1820). Cambridge, Cambridge U. P., 94, 284 p.

7015. DINGES (Martin). Der Maurermeister und der Finanzrichter. Ehre, Geld und soziale Kontrolle im Paris des XVIII. Jahrhunderts. Göttingen, Vandenhoeck & Ruprecht, 94, 471 p.

7016. DOLAN (Frances E.). Dangerous familiars. Representations of domestic crime in England, 1550–1700. Ithaca, Cornell U. P., 94, XIII-253 p.

7017. DOWNS (Anthony). New visions for metropolitan America. Washington, The Brookings Institution, 94, 256 p.

7018. DUBIN (Lois C.). Les liaisons dangereuses. Mariage juif et Etat moderne à Trieste au XVIIIe siècle. *Annales*, 94, 49, 5, p. 1139-1170.

7019. DUCHEN (C.). Women's right and women's lives in France 1744–1968. London, Routledge, 94, 253 p.

7020. EDROIU (Nicolae). Posesiunile domnilor Ţării Româneşti şi Moldovei în Transilvania (secolele XIV–XVI). Semnificaţii politico-sociale şi cultural-istorice. (Les possessions des princes de Valachie et de Moldavie en Transylvanie. Significations politiques et sociales, culturelles et historiques). *In*: Istoria României. Pagini transilvane. Cluj-Napoca, Centrul de Studii Transilvane, Fundaţia Culturală Română, 94, p. 45-62.

7021. EISENBERG (Christiane). Fußball in Deutschland 1890–1914. *Geschichte und Gesellschaft*, 94, 20, 2, p. 181-210.

7022. ELBOIM-DROR (Rachel). Gender in utopianism: the zionist case. *History Workshop*, 94, 37, p. 99-116.

7023. ELGAN (Elisabeth). Genus och politik: en jämförelse mellan svensk och fransk abort- och preventivmedelpolitik från sekelskiftet till andra världskriget. (Genre et politique: une comparaison entre les politiques d'avortement et de contraception suédoise et française de la belle époque à la deuxième guerre mondiale). Stockholm, Almqvist & Wiksell International, 94, 250 p. (Studia historica upsaliensia, 176).

7024. FAHEY (Charles). The aristocracy of labour in Victoria, 1881–1911. *Australian historical studies*, 94, 26, 102, p. 77-96.

7025. FINEGAN (T. Aldrich), MARGO (Robert A.). Work relief and the labor force partecipation of married women in 1940. *Journal of Economic History*, 94, 54, 1, p. 64-84.

7026. FITZPATRICK (David). Oceans of consolation: personal accounts of Irish migration to Australia. Ithaca a. London, Cornell U. P., 94, 649 p.

7027. FONG (Timothy P.). The first suburban Chinatown: the remaking of Monterey Park Ca. Philadelphia, Temple U. P., 94, 219 p.

7028. FOX (Adam). Ballads, libels and popular ridicule in Jacobean England. *Past and Present*, 94, 145, p. 47-83.

7029. FRAGNITO (Gigliola). Le corti cardinalizie nella Roma del Cinquecento. *Rivista storica italiana*, 94, 106, 1, p. 5-41.

8. STORIA SOCIALE

7030. FRANK (S. P.), STEINBERG (M. D.). Cultures in flux. Lower-class values, practices, and resistance in late Imperial Russia. Princeton, Princeton, U. P., 94, 214.

7031. Funkcje i formy placów miejskich na ziemiach polskich w XIX i XX wieku. (Les fonctions et les formes des places des villes sur les terres de Pologne aux XIXe et XXe siécles). Rapports de la Conférence de la Commission pour l'histoire des villes du Comité des sciences de l'histoire de l'Académie Polonaise des Sciences, Varsovie, les 5–6 novembre 1992. Réd. Krzysztof DUMAŁA, Maria NIETYKSZA. Kwart. Hist. Kult. mater., 93 (94), 41, 4, p. 547-649. (phot., cartes). [Rés. franç., Deutsche Zsfassung].

7032. GREILSAMMER (Myriam). Pour blanchir son argent et son âme. La double réhabilitation d'un usurier lombard dans les Pays-Bas du XVIe siècle. Revue belge de philologie et d'histoire, 94, 72, 4, p. 793-834.

7033. GROPPI (Angela). I conservatori della virtù. Donne recluse nella Roma dei Papi. Roma e Bari, Laterza, 94, 314 p.

7034. HACKZELL (Siv). From white slave trade to human rights. A line in the emancipation of woman' s body 1800–2000. In: Kvinnohistoriens nya utmaningar [Cf. n° 8272], p. 168-182.

7035. HALMOS (Károly). Magyarországi polgárosodás. Tallózás az 1988 és 1992 közötti történeti irodalomban. (Embourgeoisement en Hongrie. Revue de la littérature historique de 1988–1992). Aetas, 94, 3, p. 95-154.

7036. HEAL (Felicity), HOLMES (Clive). The Gentry in England and Wales, 1500–1700. London, Macmillan, 94, XVI-473 p.

7037. HECKENAST (Gusztáv). Magyarország nem magyar iparos népessége a 18. században. (La population industrielle étrangère en Hongrie au le XVIIIe siècle). Századok, 94, 128, 1, p. 91-101.

7038. HERRERA PÉREZ (Octavio). Del señorio a la posrevolución. De una hacienda en el noreste de México: el caso de La Sautena. Historia Mexicana, 93-94, 43, p. 5-47.

7039. HINTON (James). Militant housewives: the British housewives' league and the Attlee government. History Workshop, 94, 38, p. 129-156.

7040. História do Porto. Dir. Luís A. de Oliveira RAMOS. Porto, Porto Editora, 94, 703 p. (ill., bibl.).

7041. HOFFMANN (David L.). Peasant metropolis. Social identities in Moscow, 1929–1941. Ithaca, Cornell U. P., 94, XIV-282 p. (Studies of the Harriman Institute).

7042. HOPKINS (Eric). Childhood transformed. Working-class children in nineteenth-century England. Manchester, Manchester U. P., 94, VIII-343 p.

7043. HORN (James). Adapting to a new world. English society in the seventeenth-century Chesapeake.
Chapell Hill a. London, University of North Carolina Press, 94, XVIII-461 p.

7044. HOUSTON (R. A.). Social change in the age of Enlightenment. Edinburgh, 1660–1760. Oxford, Oxford U. P. a. Clarendon Press, 94, X-443 p.

7045. ISACSON (Mats).Vardagens ekonomi. Arbete och försörjning i en mellansvensk kommun under 1900-talet. (Everyday economy. Work and maintenance in a Swedish rural district during the 20th century). Hedemora, Gidlunds förlag, 94, 280 p.

7046. JANZON (Bode). "A Matter for the Whole Nation?": the sports movement and public interest during the first half of the 20th century: an overview. Scandinavian Journal of History, 94, 19, 3, p. 223-237.

7047. JOBLIN (A.). Le suicide à l'époque moderne. Un exemple dans la France du Nord-Ouest: à Boulogne-sur-Mer. Revue historique, 94, 118, 291 (589), p. 85-120.

7048. KALM (Harald von). Adel und Duell im Wilhelminismus. Archiv für Kulturgeschichte, 94, 76, p. 389-414.

7049. Kampf um das tägliche Brot (Der). Versorgungspolitik und Protest 1770–1990. Hrsg. v. Manfred GAILUS u. Heinrich VOLKMANN. Oplanden, Westdeutscher Verlag, 94, 477 p. (Schriften des Zentralinstituts für sozialwissenschaftliche Forschung der Freien Universität Berlin, 74).

7050. KAPTEIJNS (Lidwien). Gender relations and the transformation of the northern Somali pastoral tradition. International journal of African historical studies, 94, 28, 2, p. 241-260.

7051. KARÁDI (Viktor). A magyar zsidóság regionális és társadalmi réte gződéséről, 1910. (Sur la stratification régionale et sociale des Juifs de Hongrie, 1910). Regio, 94, 5, 2, p. 45-70.

7052. KIMERLING WITSCHAFTER (Elise). Structures of society. Imperial Russia's "people of various ranks". De Kalb, Northern Illinois U. P., 94, XVII-215 p.

7053. KLOOSTER (Wim). Subordinate but proud. Curaçao's free blacks and mulattoes in the eighteenth century. Nieuwe West-Ind. Gids, 94, 68, p. 283-300.

7054. KOWALSKA-GLIKMAN (Stefania). The petty bourgeoisie in Poland. Its economic functions and models of culture in the nineteenth century. Acta Poloniae hist., 94, 69, p. 63-80.

7055. KRAUSMAN BEN-AMOS (Ilana). Adolescence and youth in early modern England. New Haven a. London, Yale U. P., 94, XII-335 p.

7056. KREIS (Georg). Die Kappeler Milchsuppe. Kernstück der schweizerischen Versöhnungsikonographie. Revue Suisse d'Histoire, 94, 44, 3, p. 288-310.

7057. Kvinnekår i det gamle samfunn ca. 1500–1850. Bibliografi til norsk kvinnehistorie for perioden 1500–ca.1850. (Women's living conditions in old society, c. 1500-1850. A bibliography concerning Norwegian history of women during the period 1500-1850). Ed. by Anna TRANBERG a. Harald WINGE. Oslo, Norsk lokalhistorisk institutt, 94, 191 p. (ill., bibl.). (Skrifter fra Norsk lokalhistorisk institutt, 16).

7058. KYNASTON (David). The city of London. Vol. 1. A world of its own, 1815-1890. London, Chatto & Windus, 94, 497 p.

7059. Labour and leisure in historical perspective, thirteenth to twentieth centuries: papers presented at session B-3a of Eleventh international economic history congress, Milan 12th-17th september 1994. Ed. by Ian BLANCHARD. Stuttgart, Steiner, 94, 198 p. (Vierteljahrschrift fur Sozial- und Wirtschaftsgeschichte. Beihefte, 116).

7060. LANGE (Bernd-Peter). Modernisierung des aristokratischen Habitus. Howard Staunton als viktorianischer Gentleman, Schachmeister und Philologe. *Archiv für Kulturgeschichte*, 94, 76, p. 201-230.

7061. LAZAREVIČ (Žarko). Kmečki dolgovi na Slovenskem: socialno-ekonomski vidiki zadolženosti slovenskih kmetov 1848-1948. (Peasants' debts in Slovenia: socio-economic aspects of indebtedness of the Slovene peasants in the period 1848-1948). Ljubljana, Znanstveno in publicistično središče, 94, 171 p.

7062. LEARS (T. J.). Fables of abundance: a cultural history of advertising in America. New York, Basic Books, 94, XIV-492 p.

7063. LEHTONEN (Eeva-Liisa). Säätyläishuveista kansanhuveiksi, kansanhuveista kansalaishuveiksi. Maaseudun yleishyödyllinen huvitoiminta 1800-luvun alusta 1870-luvun loppuun. (From upper-class to popular entertainments, from popular to public entertainments). Helsinki, SHS, 94, 422 p. (ill., English summary). (Hist. tutkimuksia, 184).

7064. LEWIS (Jane). Intimate relations between men and women: the case of H.G. Wells and Amber Pember Reeves. *History Workshop*, 94, 37, p. 76-98.

7065. Libere professioni e fascismo. A cura di Gabriele TURI. Milano, Angeli, 94, 235 p. (Storia, 182).

7066. LIU (Tessie P.). The weaver's knot: the contradictions of class struggle and family solidarity in western France, 1750-1914. Ithaca, Cornell U. P., 94, XI-279 p.

7067. LOEB (Lori Anne). Consuming angels. Advertising and Victorian women. New York, Oxford U. P., 94, XII-224 p.

7068. LOURENS (Piet), LUCASSEN (Jan). Ambachtsgilden in Nederland: een eerste inventarisatie. (Trade guilds in the Netherlands: a first statement of affairs). *NEHA-Jb.*, 94, 57, p. 34-62. (tab.).

7069. MAČEK (Jože). Reluicija tlake v slovenskih deželah v stoletju pred zemljiško odvezo. (The redemption of labor services in the Slovenian countries in the century before peasant emancipation law). Ljubljana,

Oddelek za agronomijo Biotehniške fakultete Univerze v Ljubljani, 94, X-364 p.

7070. MĄCZAK (Antoni). Klientela. Nieformalne systemy władzy w Polsce i Europie XVI-XVIII w. (La clientèle. Les systèmes non formales du pouvoir en Pologne et en Europe aux XVIe-XVIIIe siècles). Warszawa, Semper, 94, 357 p.

7071. MALONEY (Thomas N.). Wage compression and wage inequality between black and white males in the United States, 1940-1960. *Journal of Economic History*, 94, 54, 2, p. 358-381.

7072. MATLOCK (Jann). Scenes of seduction. Prostitution, hysteria, and reading difference in nineteenth-century France. New York, Columbia U. P., 94, 422 p.

7073. MELINZ (Gerhard), ZIMMERMANN (Susan). A szegényügy "szerves" fejlődése vagy radikális szociális reform ? Kommunális közjótékonyság Budapesten és Bécsben, 1873-1914. (Développement "organique" de l'assistance publique ou réforme radicale sociale? Assistance publique communale à Budapest et à Vienne, 1873-1914). *Aetas*, 94, 3, p. 37-56.

7074. MENTZER (Raymond A. Jr.). Blood and belief, family survival and confessional identity among the provincial Huguenot nobility. West Lafayette, Purdue U. P., 94, 272 p.

7075. MOLDE (Jostein). En annotert bibliografi over literatur om norsk oversjøisk utvandring siden 1975. (An annoted bibliography on literature about Norwegian overseas emigration since 1975). *Heimen*, 94, 3, p. 196-217.

7076. MORT (Frank), THOMPSON (Peter). Retailing, commercial culture and masculinity in 1950s Britain: the case of Montague Burton, the "Tailor of Taste". *History Workshop*, 94, 38, p. 106-128.

7077. MUCHEMBLED (Robert). Société, cultures et mentalités dans la France moderne (XVIe-XVIIIe siècles). Paris, Armand Colin, 94, 187 p. (ill.).

7078. MURTEIRA (Maria Helena da Cunha). Lisboa da Restauração às Luzes: uma análise da evolução urbana. Lisboa, [s. n.], 94, 642 p., (ill., bibl.). (tese Hist. da Arte Moderna, Univ. Nova de Lisboa).

7079. NENADIC (Stana). Middle-rank consumers and domestic culture in Edinburgh and Glasgow 1720-1840. *Past and Present*, 94, 145, p. 122-156.

7080. NILSSON (Anders), SVÄRD (Birgitta). Writing ability and agrarian change in early 19th-century rural Scania. *Scandinavian Journal of History*, 94, 19, 3, p. 251-274.

7081. NOIRIEL (Gérard). L'immigration étrangère dans le monde rural pendant l'entre-deux-guerres. *Etudes rurales*, 94, 135-136, p. 13-35.

7082. NÜNNING (Vera). Die Feminisierung der Kultur. Kulturgeschichtliche Bedingungen für den Wandel der Wertschätzung der Frau im England des 18. Jahrhunderts. *Archiv für Kulturgeschichte*, 94, 76, p. 135-164.

7083. OHLANDER (Ann-Sofie). Les femmes, les enfants et le travail en Suède 1850–1993. Rapport pour la Conférence internationale sur la population et le développement, Le Caire 1994. Stockholm, Utrikesdepartement, 94, 56 p.(ill.).

7084. OLSSON (Torsten). Från predikanter till aktivister. Föreningsliv och samhällle i utveckling. (From preachers to activists. Organizations and society in development). Borlänge, Förlags AB Björnen, 94, 171 p.

7085. OWEN (Alex). "Borderland Forms": Arthur Conan Doyle, Albion's daughters, and the politics of the Cottingley fairies. *History Workshop*, 94, 38, p. 48-85.

7086. PAPA (Antonio). Storia sociale del calcio in Italia. Dai club dei pionieri alla nazione sportiva (1887–1945). Bologna, Il Mulino, 93, 254 p. (ill.). (Biblioteca storica).

7087. PAPING (Richard F. J.). Vaste en losse arbeiders en de werkloosheid op de Groninger klei 1760–1820. (Regular workers and casual labour and the unemployment in the north of the province of Groningen, 1760–1820). *NEHA-Jb.*, 94, 57, p. 122-158. (tab.)

7088. PEEL (Mark). Making a place: women in the 'workers' city'. *Australian historical studies*, 94, 26, 102, p. 19-38.

7089. PELAJA (Margherita). Matrimonio e sessualità a Roma nell'Ottocento. Roma e Bari, Laterza, 94, 198 p.

7090. PELLEGRINI (Marco). Corte di Roma e aristocrazie italiane in età moderna. Per una lettura storico-sociale della curia romana. *Rivista di storia e letteratura religiosa*, 94, 30, p. 543-602.

7091. PELLING (Margaret). Apprenticeship, health and social cohesion in early modern London. *History Workshop*, 94, 37, p. 33-56.

7092. PERLIN (Frank). Unbroken landscape. Commodity, category, sign and identity, their production as myth and knowledge from 1500. Aldershot, Variorum, 94, XVI-358 p.

7093. Peur au XVIIIe siècle (La), discours, représentations, pratiques. Ed. par Jacques BERCHTOLD et Michel PORRET. Genève, Publicattions de la Faculté des lettres de Genève et Droz, 94 276 p. (ill.).

7094. PICCONE STELLA (Simonetta). "Rebels without a cause": male youth in Italy around 1960. *History Workshop*, 94, 38, p. 157-178.

7095. PORTER (Roy). London. A social history. Cambridge, Harvard U. P., XVI-431 p.

7096. POT (G. P. M.). Arm Leiden. Levensstandaard, bedeling en bedeelden, 1750–1854. (Poor Leiden. The standard of living, poor relief and paupers). Hilversum, Verloren, 94, 366 p. (fig.). (Hollandse studiën, 31. Diss. Leiden).

7097. PRAK (Maarten). Ambachtsgilden vroeger en nu. (Trade guilds in past and present). *NEHA-Jb.*, 94, 57, p. 10-33.

7098. PYTLAS (Stefan). Łódzka burżuazja przemysłowa w latach 1864–1914. (La bourgeoisie industrielle à Łódź dans les années 1864–1914). Łódź, Wydawn. Uniw. Łódzkiego, 94, 430 p. [Eng. summary, Deutsche Zsfassung].

7099. RADKAU (Joachim). Die Wilhelminische Ära als "nervöses Zeitalter", oder: Die Nerven als Netzwerk zwischen Tempo- und Körpergeschichte. *Geschichte und Gesellschaft*, 94, 20, 2, p. 211-241.

7100. RAYTSES (V. I.). Azhenskaya kommuna v 1514 godu. Maloizvestnaya glava iz istorii srednevekovogo goroda. Po materialam munitsipal'nogo arkhiva. (La commune d'Agen en 1514). Sankt-Peterburg, Dmitriy Bulanin, 94, 198 p.

7101. RENAUT (M.-H.). Les contrats de mariage à Saint-Omer et à Aire-sur-la-Lys au XVIIIe siècle. *Revue historique*, 94, 118, 291 (589), p. 131-156.

7102. RITAKALLIO (Veli-Matti). Köyhyys Suomessa. Tutkimus tulonsiirtojen vaikutuksista. (Poverty in Finland 1981–1990. A study of the effects of income transfers.) Helsinki, STAKES, 94, 141 p. (English summary). (STAKES. tutkim., 39)

7103. ROBERTS (Mary Louise). Civilization without sexes. Reconstructing gender in postwar France, 1917–1927. Chicago, University of Chicago Press, 94, XIV-337 p. (Women in culture and society).

7104. ROGERS (F. Halsey). "Man to loan $1500 and serve as Clerk": trading jobs for loans in mid-nineteenth-century San Francisco. *Journal of Economic History*, 94, 54, 1, p. 34-63.

7105. Rostro y el discurso de la fiesta (El). Ed. por Manuel NUÑEZ RODRIGUEZ. Santiago de Compostela, Universidad de Santiago de Compostela, 94, 324 p. (Sémata, 6).

7106. RUGGLES (Steven). The transformation of American family structure. *American historical review*, 94, 99, 1, p. 103-128.

7107. RUPP (Leila J.). Constructing internationalism: the case of transnational women's organizations, 1888–1945. *American historical review*, 94, 99, 5, p. 1571-1600.

7108. SALMONOWICZ (Henryk). The spatial horizons of various social groups in sixteenth-century Poland. *Acta Poloniae hist.*, 94, 69, p. 31-36.

7109. SANTONI (Michele). Conflitto distributivo, lealtà, defezione e protesta: gli anni 20 in Francia. *Rivista di storia economica*, 94, 11, 3, p. 317-362.

7110. Saperi politici e forma del vivere nell'Europa dell'Antico Regime. A cura di Chiara CONTINISIO. *Cheiron*, 94, 11, 22, p. 13-180.

7111. SCHLUMBOHM (Jürgen). Lebensläufe, Familien, Höfe. Die Bauern und Heuerleute des Osnabrückischen Kirchspiels Belm in protoindustrieller Zeit, 1650–1860. Göttingen, Vandenhoeck & Ruprecht, 94, 690 p.

7112. SCHNEIDER (Robert A.). The ceremonial city. Toulouse observed, 1738–1780. Princeton, Princeton U. P., 94, X-202 p.

7113. SCHUYF (J.). Een stilzwijgende samenzwering. Lesbische vrouwen in Nederland, 1920-1970. (Lesbian life-styles in the Netherlands 1920–1970). Amsterdam, Stichting Beheer IISG, 94, 457 p. (IISG studies essays, vol. 20. Diss. Leiden).

7114. SCHWEGMAN (Marjan), BLOK (Josine H.), MIJNHARDT (W. W.). Discussiedossier vrouwengeschiedenis en de "gevestigde" geschiedwetenschap. Een ontmoeting. (A debate on women's history and the "established" historical science: an encounter). *Bijdr. Meded. Gesh., Ned.*, 94, 109, p. 26-52.

7115. SCOTT (Rebecca J.). Defining the boundaries of freedom in the world of cane: Cuba, Brazil and Louisiana after emancipation. *American historical review*, 94, 99, 1, p. 70-102.

7116. ŠEGA (Judita). Zdravstvene in higienske razmere v Ljubljani: 1895–1910. (Medical and sanitary conditions in Ljubljana: 1895–1910). Ljubljana, Zgodovinski arhiv, 94, 133 p. (ill.).

7117. SLEEBE (V. C.). In termen van fatsoen. Sociale controle in het Groningse kleigebied 1770–1914. (Social control in the clay area of the Dutch province of Groningen 1770–1914). Assen, Van Gorcum, 94, XI, 531 p. (tab.). (Groninger Historische Reeks, vol. 11. Diss. Groningen).

7118. SPAANS (Joke). Katholieken onder curatele. Katholieke armenzorg als ingang voor overheidsbemoeienis in Haarlem in de achttiende eeuw. (The organization of the Catholic poor relief in 18th-century Dutch town Haarlem). *Trajecta*, 94, 3, p. 110-130.

7119. STANLEY HOLTON (Sandra). "To educate women into rebellion": Elizabeth Cady Stanton and the creation of a transatlantic network of radical suffragists. *American historical review*, 94, 99, 4, p. 1112-1136.

7120. STITES (Richard). Russian popular culture, entertainment and society since 1900. Cambridge, Cambridge U. P., 94, 269 p.

7121. Storia e storiografia (Fra): scritti in onore di Pasquale Villani. A cura di Paolo MACRY e Angelo MASSAFRA. Bologna, Il Mulino, 94, 950 p. (bibl.).

7122. Streets, critical perspectives on public space. Ed. by Zeynep CELIK, Diane FAVRO a. Richard INGERSOLL. Berkeley, Los Angeles a. London, University of California Press, 94, 293 p.

7123. SUEUR (L.). Les maladies des marins français de la Compagnie des Indes et de la Marine Royale durant la seconde moitié du XVIIIe siècle. *Revue historique*, 94, 118, 291 (589), p. 121-130.

7124. TAYLOR (Peter K.). Indentured to liberty. Peasant life and the Hessian military state, 1688–1815. Ithaca a. London, Cornell U. P., 94, XVI-275 p.

7125. TEATHER (Elizabeth K.). Fascism and Australian town planning propagandists: some implications. *Australian journal of politics and history*, 94, 40, 3, p. 335-350.

7126. TORTOLERO VILLASEÑOR (Alejandro). Espacio, población y tecnología: la modernización en las haciendas de Chalco durante el siglo XIX. *Historia Mexicana*, 93-94, 43, p. 601-631.

7127. TOSH (John). What should historians do with masculinity? Reflections on nineteenth-century Britain. *History Workshop*, 94, 38, p. 179-202.

7128. TREXLER (Richard C.). Dependence in context in Renaissance Florence. Binghamton, State University of New York at Binghamton, Center for Medieval and Early Renaissance Studies, 94, VIII-472 p. (Medieval & Renaissance texts & studies, 111).

7129. TRUANT (Cynthia Maria). The rites of labor. Brotherhoods and compagnonage in old and new regime France. Ithaca a. London, Cornell U. P., 94, XIII-356 p.

7130. TURNAU (Irena). European occupational dress from the fourteenth to the eighteenth century. Warsaw, [s. n.], 94, 202 p. (phot., fig.). (The Library of Pol. Ethnography, 49).

7131. Usages politiques des fêtes aux XIXe-XXe siècles (Les). Actes du Colloque organisé les 22 et 23 novembre 1990 à Paris. Paris, Publ. de la Sorbonne, 94, 440 p.

7132. UVAROV (P. Yu.). Parizh XV veka: sobytiya, otsenki, mneniya ... Obshchestvennoe mnenie? (Paris at the down of the XV century: events, judgments, opinions ... Public opinion?). *In*: Odissey. Chelovek v istorii. 1993. Obraz "drugogo" v kul'ture [Cf. n° 749], p. 175-194. (eng. summary). – IDEM. Universitetskaya Frantsiya 1539–1559gg. (Opyt sotsial'noy istorii). [University France, 1539–1559 (An attempt at social history)]. *In*: Odissey. Chelovek v istorii. 1994. Kartina mira v narodnom i uchenom soznanii [Cf. n° 750], p. 196-218 (Eng. summary).

7133. VALORI (Alessandro). Famiglia e memoria. Luca da Panzano dal suo «Libro di Ricordi»: uno studio sulle relazioni familiari nello specchio della scrittura. *Archivio storico italiano*, 94, 152, 560, p. 261-298.

7134. VAN DEN BRINK (G.). From father to factory. The changing position of adult domestic workers in Woensel, 1700–1900. *Econ. Soc. hist. Netherl.*, 94, 6, p. 197-220 (fig.).

7135. VAN DER PLAS (B.). Henk Sneevliet, een politieke bibliografie 1905–1940. (A political biography of Henk Sneevliet, 1905–1940). Amsterdam, IISG, 94, X-246 p. (IISG werkuitgave, 24).

7136. VAN EIJL (C.). Het werkzame verschil. Vrouwen in de slag om arbeid, 1898–1940. (A difference at work. Women and labor, A contested terrain, 1898–1940). Hilversum, Varloren, 94, 428 p. (fig.). (N. W. Posthumus reeks, 2. Diss. Utrecht).

7137. VAN GENABEEK (J.). De afschaffing van de guilden en de voortzetting van hun functies. (The abolition of the guilds and the continuation of their functions). *NEHA-Jb*, 94, 57, p. 63-90 (tab.).

7138. VAZ DIAZ (J. J.). Een overspelige vrouw en een bedrogen echtgenoot in de achttiende eeuw. Uit het archief van de Portugees Israëlitische Gemeente te Amsterdam. (An adulterous woman and a deceived husband in the 18th century. From the archives of the Portuguese Jewish Community of Amsterdam). *Studia Rosenth.*, 94, 28, p. 127-143.

7139. VECCHI (Giovanni). I bilanci familiari in Italia: 1860–1960. *Rivista di storia economica*, 94, 11, 1, p. 9-96.

7140. WEGERT (Karl). Popular culture, crime, and social control in XVIII th-century Württemberg. Stuttgart, Steiner, 94, 240 p. (Studien zur Geschichte des Alltags, 5).

7141. WEILER (Kathleen). Schooling migrant children: California 1920–1940. *History Workshop*, 94, 37, p. 117-142.

7142. WEINBREN (Dan). Against all cruelty: the humanitarian league, 1891–1919. *History Workshop*, 94, 38, p. 86-105.

7143. Werken volgens de regels. Ambachten in Brabant en Vlaanderen, 1500–1800. (Travailler selon la règle. Les métiers en Brabant et en Flandre 1500–1800). Ed. by Catharina LIS en Hugo SOLY. Brussel, VUB Press, 94, 327 p.

7144. WILDT (Michael). Am Beginn der "Konsumgesellschaft". Mangelerfahrung, Lebenshaltung, Wohlstandshoffnung in Westdeutschland in den fünfziger Jahren. Hamburg, Ergebnisse Verlag, 94, 396 p.

7145. Women, crime and the courts in early modern England. Ed. by Jenny KERMODE and Garthine WALKER. Chapel Hill, University of North Carolina Press, 94, 216 p.

7146. Women in history, women's history. Central and Eastern European perspectives. Ed. by Andrea PETŐ a. Mark PITTAWAY. Budapest, Central European University, 94, 153 p. (CEU Hist. Department working paper series, 1).

7147. ZELL (Michael). Industry in the countryside. Wealden society in the sixteenth century. Cambridge, Cambridge U. P., 94, 257 p. (Cambridge studies in population, economy and society in past time, 22).

§ 9. Movimento operaio e socialismo.

7148. ADIBEKOV (G. M.). Kominform i poslevoennaya Evropa, 1947–1956. (Cominform and post-war Europe, 1947–1956.) Assots. issledovateley ros. Obshchestva XX veka. Moskva, Rossiya molodaya, 94, 235 p.

7149. ALTENA (Bert). Bürger in der Sozialdemokratie. Ihre Bedeutung für die Entwicklung der Sozialdemokratischen Arbeiterpartei (SDAP) in den Niederlanden 1894–1914. *Geschichte und Gesellschaft*, 94, 20, 4, p. 533-548.

7150. Arbeiterbewegung zum modernen Sozialstaat (Von der): Festschrift für Gerhard A. Ritter zum 65. Geburtstag. Hrsg. v. Jürgen KOCKA, Hans Jürgen PUHLE u. Klaus TENFELDE. München, New Providence, London a. Paris, K. G. Saur, 94, XI-866 p. (bibl.).

7151. BERGER (Stefan). The British Labour Party and the German Social Democrats, 1900–1931. Oxford, Oxford U. P. a. Clarendon Press, 94, XIII-302 p. (Oxford historical monographs).

7152. BOURKE (Joanna). Working-class cultures in Britain, 1890–1960. Gender, class, and ethnicity. London a. New York, Routledge, 94, XII-275 p.

7153. BOYER (George R.), HATTON (Timothy J.). Did Joseph Arch raise agricultural wages? Rural trade unions and the labour market in late nineteenth-century England. *Economic history review*, 94, 47, 2, p. 310-334.

7154. BRÜCHERT-SCHUNK (Hedwig). Städtische Sozialpolitik vom Wilhelminischen Reich bis zur Weltwirtschaftskrise. Eine sozial und kommunalhistorische Untersuchung am Beispiel der Stadt Mainz 1890–1930. Stuttgart, Steiner, 94, 413 p.

7155. BURKHARD (Fred Bud). The Revue marxiste affair: French marxism and communism in transition between the wars. *Historical reflections*, 94, 20, 1, p. 141-163.

7156. CADÉ (Michel). Traditions identitaires du mouvement ouvrier français dans le Midi Rouge, de la fin du XIXe siècle à nos jours. *Mouvement social*, 94, 166, p. 91-105.

7157. CHARON-BORDAS (J.). Ouvriers et paysans au milieu du XIXe siècle. L'enquête sur le travail de 1848. Paris, Publisud, 94, 514 p.

7158. CLEGG (Hugh Armstrong). A history of British trade unions since 1889. Vol. 3. 1931–1951. Oxford, Clarendon Press, 94, IX-458 p.

7159. CZUBIŃSKI (Antoni). Węzłowe problemy rozwoju socjaldemokracji niemieckiej (1847–1993). (Les problèmes essentiels du développement de la social-démocratie allemande 1847–1993). Poznań, Wielkopol. Agencja Wydawn., 94, 293 p. (phot., fig., tables).

7160. Dagsverken. 13 essäer i arbetets historia. (Day work. 13 essays in the history of labour). Ed. by Alf O. JOHANSSON [et al.]. Stockholm, Historiska media, 94, 400 p.

7161. DAMSMA (Dirk). Family wages or family allowances? Debates in the Dutch labour movement, 1890–1920. *Econ. soc. hist. Netherl.*, 94, 6, p. 169-182.

7162. EHMER (Josef). Soziale Traditionen in Zeiten des Wandels. Arbeiter und Handwerker im 19. Jahrhundert. Frankfurt am Main u. New York, Campus, 94, 355 p. (Studien zur Historischen Sozialwissenschaft, 20).

7163. GORDON (Andrew). Luttes pour le pouvoir dans les ateliers. Ouvriers et direction dans la sidérurgie des années cinquante au Japon. *Annales*, 94, 49, 3, p. 511-540.

7164. HART (Vivien). Bound by our constitution: women, workers, and the minimum wage. Princeton, Princeton U. P., 94, XV-255 p.

7165. HAUPT (Heinz-Gerhard). Republikanische Sozialisten und soziale Republikaner. Zur politischen Strategie der französischen Arbeiterbewegung zwischen 1880 und 1914 im internationalen Vergleich. *Geschichte und Gesellschaft*, 94, 20, 4, p. 519-532.

7166. Histoire du Mouvement Ouvrier Chrétien en Belgique. Ed. par Emmanuel GERARD et Paul WYNANTS. Leuven, Universitaire Press, 94, 2 vol., 645 p.

7167. HODNE (Örnulf). Folk og fritid: en mellomkrigsstudie i norsk arbeiderbevegelse. (People and leisure time: a study on the interwar workers movement in Norway). Oslo, Novus, 94, 189 p. (Fritid og ideologi, 2).

7168. Honderd jaar sociaal-democratie in Nederland 1894–1994. (A century social-democracy in the Netherlands 1894–1994). Ed. by J. PERRY, P. J. KNEGTMANS, D. F. J. BOSSCHER, [et al.]. Amsterdam, Bakker, 94, 363 p. (fig.).

7169. HOUMANN (Börge). Kommunist under besaettelsen. (Communist under occupation). Valby, Vindrose, 94, 284 p. [Memoirs of a Danish Communist literary critic from the years of the Nazi German occupation of Denmark].

7170. HUNDT (Martin). Revolutionsfixierthheit contra Institutionalisierung? Der Bund der Kommunisten in der Problematik verschiedenartiger Kontinuitätslinien zwischen Ende des 18. und Mitte des 19. Jahrhunderts. *Geschichte und Gesellschaft*, 94, 20, 4, p. 497-505.

7171. JOHNSON (Paul). The employment and retirement of older men in England and Wales, 1881–1981. *Economic history review*, 94, 47, 1, p. 106-128.

7172. KACZMAREK (Ryszard). Józef Biniszkiewicz (1875–1940). Biografia polityczna. (Józef Biniszkiewicz, 1875–1940. Biographie politique). Katowice, 94, 134 p. (Prace Nauk. Uniw. Śląskiego w Katowicach, 1417). [Eng. summary, Deutsche Zsfassung].

7173. KETTUNEN (Pauli). Suojelu, suoritus, subjekti. Työsuojelu teollistuvan Suomen yhteiskunnallisissa ajattelu- ja toimintatavoissa. (Protection, performance, and subject. Labour protection and the social modes of thought and action in Finland, c.1880–1950.) Helsinki, SHS, 94, 475 p. (ill., English summary). (Hist. tutkimuksia, 189).

7174. KIRK (Neville). Labour and society in Britain and the USA. Vol. 1. Capitalism, custom and protest, 1750–1850. Vol. 2. Challenge and accomodation, 1850–1939. Aldershot, Scolar Press, 94, 226 p., XI-424 p.

7175. KNUTSEN (Paul). Korporatisme og klassekamp: studier i forholdet mellem Norsk arbeidsgiverforening, fagbevegelsen og statsmakten, 1915–1928. (Corporatism and class struggle. Studies of the relations between the Norwegian employers union, trade unions and the state 1915–1928). Oslo, Det historiskfilosofiske fakultet, Universitetet i Oslo, 94, IX-302 p. (Acta humaniora, 1).

7176. KOCKA (Jürgen). Arbeiterbewegung in der Bürgergesellschaft. Überlegungen zum deutschen Fall. *Geschichte und Gesellschaft*, 94, 20, 4, p. 487-496.

7177. KULCZYCKI (John J.). The foreign worker and the German labor movement. Xenophobia and solidarity in the coal fields of the Ruhr, 1871–1914. Oxford a. Providence, Berg, 94, XVI-297 p.

7178. LIPARTITO (Kenneth). When women were switches: technology, work, and gender in the telephone industry, 1890–1920. *American historical review*, 94, 99, 4, p. 1074-1111.

7179. LIS-HUGO SOLY (Catharina). Il potere dei «lavoratori liberi»: azioni collettive dei garzoni cappellai nei Paesi Bassi meridionali (XVI–XIX). *Quaderni storici*, 94, 29, 87, p. 587-628.

7180. LOVELL (David W.). Australian socialism to 1917: a study of the relations between socialism and nationalism. *Australian journal of politics and history* (special issue), 94, 40, p. 144-158.

7181. MELLING (Joe), JOHANSSON (Alf). Employers, craft workers and the effort bargain. The institutional context of engineering firms' labour policies in Britain and Sweden, c. 1920–1940. *Scandinavian Economic History Review*, 94, 42, 2, p. 200-219.

7182. NORD (Philip). The welfare state in France, 1870–1914. *French historical studies*, 94, 18, 3, p. 821-838.

7183. OXLEY (Deborah). Packing her (economic) bags: convict women workers. *Australian historical studies*, 94, 26, 102, p. 57-76.

7184. PANCIERA (Walter). Padova, 1704: «l'antica unione de' poveri lanieri» contro «la ricca Università dell'arte della lana». *Quaderni storici*, 94, 29, 87, p. 629-654.

7185. PELOSI (Guido). Salario senza contrattazione. Le retribuzioni ad incentivo nell'industria statunitense (1890–1915). *Passato e presente*, 94, 12, 33, p. 49-80.

7186. PERRY (J.). De voorman. Een biografie van Willem Hubert Vliegen 1862–1947. (A biography of the Dutch socialist Willem Hubert Vliegen). Amsterdam, Arbeiderspers, 94, 485 p. (Open domein, 29).

7187. PROST (Antoine). Les effectifs de la C. G. T. en 1945. *Revue d'histoire moderne et contemporaine*, 94, 41, 1, p. 82-100.

7188. REID (Donald). In the name of the father: a language of labour relations in nineteenth-century France. *History Workshop*, 94, 38, p. 1-22.

7189. RENTOLA (Kimmo). Kenen joukossa seisot?: Suomalaiset kommunistit ja sota 1937–1945. (On which side are you? Finnish communists and the war 1937–1945). Porvoo, WSOY, 94, 691 p.

7190. RETIÈRE (Jean-Noël). Identités ouvrières: histoire sociale d'un fief ouvrier en Bretagne, 1909–1990. Paris, l'Harmattan, 94, 236 p. (ill.).

7191. SCHMIDT (Erik Ib). Fra psykopatklubben: erindringer og optegnelser. (From the psychopath's club: reminiscenses and notes). København, Gyldendals Bogklubber, 94, 418 p. (ill.).

7192. SCHNEIDER (Dorothée). Trade unions and community. The German working class in New York City, 1870–1900. Urbana a. Chicago, University of Illinois Press, 94, 273 p.

7193. SOHN (Ole). Det var bud etter dem: fire skaebne-beretninger fra 30'ernes revolutionaere miljö. (They were summoned: four life-tales from the 30's revolutionary quarters). Valby, Vindrose, 94, 252 p., (ill.). – IDEM. Fra folketinget til celle 290: Arne Munch-Petersens skaebne. (From parliament to ward 290: the destinies of Arne Munch-Petersen). København, Vindrose, 94, 300 p. (ill.).

7194. STETSKEVICH (S. M.). O meste PPS v pol'skom rabochem dvizhenii 90-kh godov XIX v. (The place of PPS in working-class movement in Poland in the 1890s.). *In*: Problemy istorii i istoriografii zarubezhnogo mira, Samara, [s. n.], 94, p. 67-77.

7195. SUNDSTROM (William A.). The color line: racial norms and discrimination in urban labor markets, 1910–1950. *Journal of Economic History*, 94, 54, 2, p. 382-396.

7196. THÖRNQVIST (Christer). Arbetarna lämnar fabriken: strejkrörelser i Sverige under efterkrigstiden, deras bakgrund, förlopp och följder. (Workers leave the factory. Strike movements in Sweden after the Second world war, their background, course and consequences). Göteborg, Historiska institutionen, Universitetet, 94, 348 p. (Avhandlingar från Historiska institutionen i Göteborg, 9).

7197. UDAL'TSOV (E. I.). Evolyutsiya levogo leyborizma Velikobritanii (1950-e–nach. 1980-kh gg.). (The evolution of left labourism in Great Britain, 1950–1985). Ros. Akad. nauk., In-t vseobshch. istorii. Moskva, IVI, 94, 148 p.

7198. ULUNYAN (A. A.). Kommunisticheskaya partiya Gretsii. Aktual'nye voprosy ideologii, politiki i vnutrenney istorii. K.P.G. v natsional'nom Soprotivlenii, grazhdanskoy i kholodnoy voynakh 1941–1956 gg. (The Communist party of Greece, 1941–1956). Fond grech. issled. Moskva, 94, 426 p. (ill.).

O

STORIA DEL DIRITTO E DELLE ISTITUZIONI NELL'ETÀ MODERNA

§ 1. Storia generale del diritto. 7199-7210. – § 2. Storia del diritto costituzionale. 7211-7219. – § 3. Diritto pubblico e istituzioni pubbliche. 7220-7246. – § 4. Diritto civile e penale. 7247-7271. – § 5. Diritto internazionale. 7272-7276.

§ 1. Storia generale del diritto.

* 7199. COLLI (Gaetano). Per una bibliografia dei trattati giuridici pubblicati nel XVI secolo: indici dei Tractatus Vniuersi Iuris. Milano, Giuffrè, 94, XX-485 p. (Ius nostrum, 20).

7200. AGO (Renata). La feudalità in età moderna. Roma e Bari, Laterza, 94, XII-254 p. (Storia e società).

7201. AYDİN (Mehmet Akif). Osmanlıda Hukuk. (Droit ottoman). In: Osmanlı Devleti ve Medeniyeti [Cf. n° 4152], p. 375 - 438.

7202. CAIRNS (J. W.). From "speculative" to "practical" legal education: the decline of the Glasgow Law School 1801–1830. R. Hist. Droit, 94, 62, 331-356.

7203. Diritto e cultura nella Sicilia medievale e moderna. Le edizioni giuridiche siciliane (1498–1699). Pref. di Andrea ROMANO, Antonietta COCCHIARA. Messina, Università degli Studi di Messina, Istituto di storia del diritto e delle istituzioni e Soveria Mannelli, Rubettino, 94, X-594 p. (Materiali per una storia delle istituzioni giuridiche e politiche medievali, moderne e contemporanee. Strumenti, 2).

7204. HILAIRE (J.). La vie du droit. Coutumes et droit écrit. Paris, PUF, 94, 308 p.

7205. KAHLER (Frigyes). Megtorlás a forradalom résztvevői ellen – a jogtörténet tükrében. (Répression contre les participants de la révolution – à la lumière de l'histoire du droit). Valóság, 94, 37, 10, p. 80-89.

7206. NAPOLI (Paolo). «Police»: la conceptualisation d'un modèle juridico-politique sous l'Ancien Régime. Droits, 94, 20, p. 183-196, 21, p. 151-160.

7207. SALMON (J. H. M.). Renaissance jurists and «enlightened» magistrates: perspectives on feudalism in XVIIIth-century France. French history, 94, 8, 4, p. 387-402.

7208. STOLLEIS (Michael). Recht im Unrecht. Studien zur Rechtsgeschichte des Nationalsozialismus. Frankfurt am Main, Suhrkamp, 94, 333 p.

7209. SZABADFALVI (József). Moór Gyula. Egy XX. századi magyar jogfilozófus pályaképe. (Gyula Moór [1888–1950]. La carrière d'un philosophe du droit hongrois au XXe siècle). Budapest, Osiris-Századvég, 94, 198 p.

7210. William Tyndale and the law. Ed. by John A. R. DICK a. Anne RICHARDSON. Kirksville, Sixteenth Century Journal Publishers, 94, XI-135 p. (Sixteenth Century essays and studies, 25).

Cf. n° 8434

§ 2. Storia del diritto costituzionale.

7211. 1789 et l'invention de la constitution. Ed. par Michel TROPER et Lucien JAUME. Paris, LGDJ-Bruylant, 94, 304 p.

7212. BATTAGLINI (Mario). Mario Pagano e il progetto di costituzione della Repubblica Napoletana. Roma, Archivio Guido Izzi, 94, [s. p.].

7213. CADONI (Giorgio). La crisi istituzionale della Repubblica fiorentina 1499–1502. Bullettino dell'Istituto storico italiano per il Medio Evo, 94, 99, 2, p. 341-404.

7214. GHISALBERTI (Carlo). Lo Statuto albertino tra mito e realtà. Clio, 94, 30, p. 191-207.

7215. Konstitutsionnoe pravo: Vostochnoevropeyskoe obozrenie. (Constitutional law: The East European Review). Tsentr Issledovaniy Vostochnoevropeyskogo Konstitutsionalizma Shkoly prava Chikagskogo Universiteta pri sodeystvii Nauchnogo Fonda Vostochnoy Evropy. Moskva, Chicago, 94, 1 (6) – 4 (9), [s. p.].

7216. LANCHESTER (Fulco). Momenti e figure nel diritto costituzionale in Italia e in Germania. Milano,

Giuffrè, 94, XIII-431 p. (Pubblicazioni del Dipartimento di teoria dello Stato dell'Università degli studi di Roma 'La Sapienza'. Biblioteca di storia costituzionale e diritto costituzionale comparato Costantino Mortati, 3).

7217. PESET (Mariano), MENEGUS (Margarita). Rey proprietario o rey soberano. *Historia Mexicana*, 93-94, 43, p. 563-599.

7218. ROBERT (Jacque). Les idées constitutionnelles de M. Thiers. *Revue du droit public et de la science politique en France et à l'étranger*, 94, 6, p. 1599-1619.

7219. SCHUCK (Gerhard). Rheinbundpatriotismus und politische Öffentlichkeit zwischen Aufklärung und Frühliberalismus. Kontinuitätsdenken und Diskontinuitätserfahrung in den Staatsrechts- und Verfassungsdebatten der Rheinbundpublizistik. Stuttgart, Steiner, 94, 337 p. (Frankfurter Historische Abhandlungen, 36).

Cf. n°s 948, 992, 7413

§ 3. Diritto pubblico e istituzioni pubbliche.

** 7220. Deutsche Reichstagsakten. Reichsversammlungen 1556–1662. Der Reichsdeputationstag zu Worms 1586. Bearb. v. Thomas FRÖSCHL. Göttingen, Vandenhoeck & Ruprecht, 94, 914 p.

7221. BAHLCKE (Joachim). Regionalismus und Staatsintegration in Widerstreit. Die Länder der böhmischen Krone in ersten Jahrhundert der Habsburgerherrschaft (1526–1619). München, Oldenbourg, 94, 571 p. (ill.). (Schriften des Bundesinstituts für ostdeutsche Kultur und Geschichte, 3).

7222. BURG (Peter). Verwaltung in der Modernisierung. Französische und preußische Regionalverwaltung vom Ancien Régime zum Revolutionszeitalter. Paderborn, Schöningh, 94, IX-243 p. (Forschungen zur Regionalgeschichte, 15).

7223. Cancelleria e amministrazione negli stati italiani del Rinascimento. Incontro di studio. Pisa, 17-18 marzo 1993. A cura di Franca LEVEROTTI. *Ricerche storiche*, 94, 24, 2, p. 277-423.

7224. Computing parliamentary history: George III to Victoria. Ed. by John A. PHILIPS. Edinburgh, Edinburgh U. P., 94, 146 p. (bibl.).

7225. DUMONT (Bruno). Aux origines des communes. Les communautés villageoises dans les pays de Dalhem et de Limbourg, XVIe–XVIIIe siècle. Genèse, structures, évolution. Bruxelles, Crédit Communal, 94, 627 p. (Crédit Communal, Collection Histoire, 89).

7226. EIBACH (Joachim). Der Staat vor Ort. Amtmänner und Bürger im 19. Jahrhundert am Beispiel Badens. Frankfurt am Main u. New York, Campus, 94, 260 p. (Historische Studien, 14).

7227. Föderationsmodelle und Unionsstrukturen. Über Staatenverbindungen in der frühen Neuzeit vom 15. zum 18. Jahrhundert. Hrsg. v. Thomas FRÖSCHL. Wien, Verlag für Geschichte und Politik u. München, Oldenbourg, 94, 206 p. (Wiener Beiträge zur Geschichte der Neuzeit, 21).

7228. FRANCHI (Franco). La riforma fascista del Parlamento: storia della Camera dei Fasci e delle corporazioni. Chieti, Solfanelli, 94, 525 p. (I diamanti, 9)

7229. GARDI (Andrea). Lo stato in Provincia. L'amministrazione della Legazione di Bologna durante il regno di Sisto V (1585–1590). Bologna, Istituto per la Storia di Bologna, 94, 477 p. (Collana studi e ricerche, 2).

7230. HARP (Gillis J.). Patrician partisans: New York in the House of Representatives, 1789–1803. *Canadian journal of history*, 94, 29, 3, p. 479-500.

7231. HÄUSSLER (Richard). Der Konflikt zwischen Bundesverfassungsgericht und politischer Führung: ein Beitrag zur Geschichte und Rechtsstellung des Bundesverfassungsgerichts. Berlin, Duncker & Humblot, 94, 286 p. (Schriften zum Öffentlichen Recht, 661).

7232. HUGHES (Steven C.). Crime, disorder, and the Risorgimento. The politics of policing in Bologna. Cambridge, Cambridge U. P., 94, XVI-286 p. (Cambridge studies in Italian history and culture).

7233. JOURDAN (Jean-Paul). Du sans-grade au préfet: fonctionnaires et employés de l'administration dans les villes de l'Aquitaine (1870–1914). Talence, Travaux de la Maison des Sciences de l'Homme d'Aquitaine, 94, 194 p.

7234. KÜHNE (Thomas). Dreiklassenwahlrecht und Wahlkultur in Preussen, 1867–1914. Landtagswahlen zwischen korporativer Tradition und politischem Massenmarkt. Düsseldorf, Droste, 94, 677 p. (Beiträge zur Geschichte des Parlamentarismus und der politischen Parteien, 99).

7235. MAJOR (J. Russell). From Renaissance monarchy to Absolute monarchy: French kings, nobles and estates. Baltimore, Johns Hopkins U. P., 94, XXII-444 p.

7236. MANNONI (Stefano). Une et indivisible: storia dell'accentramento amministrativo in Francia. Vol. 1. La formazione del sistema (1661–1815). Milano, Giuffrè, 94, XVII-603 p. (Per la storia del pensiero giuridico moderno, 44).

7237. MANNORI (Luca). Il sovrano tutore. Pluralismo e accentramento amministrativo nel principato dei Medici (sec. XVI–XVIII). Milano, Giuffrè, 94, VI-516 p.

7238. MURTO (Eero). Pääministeri. Suomen pääministerin rooli 1917–1993. (The prime minister: the role of the prime minister in Finland from independence in 1917 to 1993). Helsinki, VP, 94, 420 p. (ill., English summary). (Hallintohist. tutkimuksia, 13).

7239. NOVARESE (Daniela). Istituzioni pubbliche e studi di diritto fra cinque e seicento. Il Messanense Studium Generale tra politica gesuitica e istanze egemoniche cittadine. Milano, Giuffrè, 94, 645 p. (Università degli Studi di Messina, Facoltà di Scienze Politiche, Studi Storico Giuridici, 1).

7240. RIOT-SARCEY (Michèle). La démocratie à l'épreuve des femmes. Trois figures critiques du pouvoir. 1830–1848. Paris, Albin Michel, 94, 365 p.

7241. ROMEYK (Horst). Die leitenden staatlichen und kommunalen Verwaltungsbeamten der Rheinprovinz 1816–1945. Düsseldorf, Droste, 94, 888 p. (Publikationen der Gesellschaft für rheinische Geschichtskunde, 69).

7242. SEYITDANLIOĞLU (Mehmet). Tanzimat Devrinde Meclis-i Vâlâ (1838–1868). [Le Conseil Suprême à l'époque de Tanzimat (1838–1868)]. Ankara, Türk Tarih Kurumu, 94, 277 p.

7243. SILLANPÄÄ (Lennard). Political and administrative responses to Sami self-determination. A comparative study of public administrations in Fennoscandia on the issue of Sami land title as an aboriginal right. Helsinki, Soc. Sci. Fennica, 94, 258 p. (ill.). (Commentationes scientiarum socialium, 48).

7244. Siviglia e Genova (Tra). Notaio, documento e commercio nell'età colombiana. Atti del Convegno internazionale di studi storici per le celebrazioni colombiane. Genova, 12–14 marzo 1992 (organizzato dal Consiglio notarile dei distretti riuniti di Genova e Chiavari). A cura di Vito PIERGIOVANNI. Milano, Giuffrè, 94, X-658 p. (tav.). (Per una storia del notariato nella civiltà europea, 2).

7245. WITZEL (Jörg). Hersfeld 1525 bis 1756. Wirtschafts- und Sozialgeschichte einer mittleren Territorialstadt. Marburg, Elwert, 94, IX-599 p. (Untersuchungen und Materialien zur Verfassungs- und Landesgeschichte, 14).

7246. ZENOBI (Bandino Giacomo). Le "ben regolate città". Modelli politici nel governo delle periferie in età moderna. Roma, Bulzoni, 94, 270 p. ("Europa delle corti". Centro studi sulle società di antico regime. Biblioteca del Cinquecento, 59).

Cf. n°s 988, 4137

§ 4. Diritto civile e penale.

* 7247. VELLE (Karel). Recht en gerecht. Bibliografische inleiding tot het institutioneel onderzoek van de rechterlijke macht (1796–1994). (Droit et justice. Introduction bibliographique à la recherche institutionelle du pouvoir judiciaire). Brussel, Algemeen Rijksarchief, 94, 762 p.

7248. ANDREWS (Richard Mowery). Law, magistracy and crime in Old Regime Paris (1735–1789). Vol. 1. The system of criminal justice. Cambridge, Cambridge U. P., 94, XX-608 p.

7249. ATKINSON (Alan). The free-born Englishman transported: convict rights as a measure of eighteenth-century empire. *Past and Present*, 94, 144, p. 88-115.

7250. BART (Jean). Droit individuel et droits collectifs [Robespierre et la conception de la propriété]. *In*: Robespierre [Cf. n° 7250], p. 253-262 p.

7251. CALVI (Giulia). Diritti e legami. Madri, figli, Stato in Toscana (XVI–XVIII secolo). *Quaderni storici*, 94, 29, 86, p. 487-510.

7252. CIANFEROTTI (Giulio). La nozione di autarchia nella storia della dottrina amministrativistica italiana. *Rivista storica italiana*, 94, 106, 3, p. 735-776.

7253. Crime, society and the law in Renaissance Italy. Ed. by Trevor DEAN a. K. J. P. LOWE. Cambridge, Cambridge U. P., 94, XI-281 p.

7254. EGMOND (Florike). Erezaken: rond een echtelijk conflict in het zestiende-eeuwse Haarlem. (Cases of honour: a marital conflict in the Dutch town of Harleem 1568-1571). *T. Gesch.*, 94, 107, p. 3-22.

7255. ERKENS (Marcel). Die französische Friedensgerichtsbarkeit 1789–1814 unter besonderer Berücksichtigung der vier rheinischen Departemente. Weimar, Wien u. Köln, Böhlau, 94, XXVIII-280 p. (Rechtsgeschichtliche Schriften, 5).

7256. GARNOT (Benoît). Vivre en prison au XVIIIe siècle. Lettres de Pantaléon Gougis, vigneron chartrain (1758–1762). Paris, Publisud, 94, 239 p.

7257. GATRELL (Valentine A. C.). The hanging tree: execution and the English people 1770–1868. Oxford, Oxford U. P., 94, XIX-634 p.

7258. GREENSHIELDS (Malcom). An economy of violence in early modern France. Crime and justice in the Haute Auvergne, 1587–1664. University Park, Pennsylvania State U. P., 94, X-262 p.

7259. IKINS STERN (Laura). The criminal law system of Medieval and Renaissance Florence. Baltimore a. London, Johns Hopkins U. P., 94, XXIV-286 p. (The Johns Hopkins University studies in historical and political science, 112th series, 1).

7260. Juger sous Vichy. Actes du Colloque organisé par l'Ecole nationale de la Magistrature, Bordeaux, 29 novembre 1993. *La Genre humain*, 94, 28, 160 p.

7261. KIEVAL (Hillel J.). Antisémitisme ou savoir social? Sur la genèse du procès moderne pour meurtre rituel. *Annales*, 94, 49, 5, p. 1091-1106.

7262. LAUF (Edmund). Der Volksgerichtshof und sein Beobachter. Bedingungen und Funktionen der Gerichtsberichterstattung im Nationalsozialismus. Opladen, Westdeutscher Verlag, 94, 317 p. (Studien zur Sozialwissenschaft, 148 p.).

7263. LEVEROTTI (Franca). «Governare a modo e stillo de' Signori ...». Osservazioni in margine all'amministrazione della giustizia al tempo di Galeazzo Maria Sforza duca di Milano (1466–76). *Archivio storico italiano*, 94, 152, 559, p. 3-134.

7264. LOGETTE (Aline). Le prince contre les juges. Grâce ducale et justice criminelle en Lorraine au

XVIIIe siècle. Nancy, Presses Universitaires de Nancy, 94, 170 p. (Centre lorrain d'histoire du droit).

7265. MAC CLENDON (Thomas). Tradition and domestic struggle in the courtroom: customary law and the control of women in segregation-era Natal. *International journal of African historical studies*, 94, 28, 3, p. 527-562.

7266. MAGNI (Cesare). Teoria e interpretazione del diritto ecclesiastico civile. A cura di Enrico VITALI. Bologna, Il Mulino, 94, 375 p. (Religione e società: studi, testi, ricerche di diritto e storia, 19).

7267. MARXEN (Klaus). Das Volk und sein Gerichtshof. Eine Studie zum nationalsozialistischen Volksgerichtshof. Frankfurt am Main, Klostermann, 94, 102 p. (Juristische Abhandlungen, 25).

7268. MELIK (Jelka). Kazensko sodstvo na Slovenskem: 1919–1929: s posebnim ozirom na arhivsko gradivo Deželnega sodišča v Ljubljani. (Criminal court in Slovenia: 1919–1929: with an emphasis on the archival documents of the land court in Ljubljana). Ljubljana, Arhiv Republike Slovenije, 94, 123 p.

7269. ORMOND (Thomas). Richterwürde und Regierungstreue. Dienstrecht, politische Betätigung und Disziplinierung der Richter in Preußen, Baden, und Hessen, 1866–1918. Frankfurt, Klostermann, 94, XV-743 p. (Studien zur Europäischen Rechtsgeschichte, 65).

7270. PADOA-SCHIOPPA (Antonio). La giuria penale in Francia dai philosophes alla Costituente. Milano, Edizioni universitarie di Lettere, Economia e Diritto, 94, 186 p.

7271. YOUNG (Brian). The politics of codification: the lower Canadian Civil Code of 1866. Buffalo, McGill-Queen's U. P. a. the Osgoode Society for Canadian Legal History, 94, XVIII-264 p. (Studies on the History of Quebec/Études d'histoire du Québec).

Cf. n°s 965, 978, 985, 4417, 4487

§ 5. Diritto internazionale.

7272. BEST (Jeoffrey). War and law since 1945. Oxford, Oxford U. P. a. Clarendon Press, 94, XV-434 p.

7273. BOCZEK (Boleslaw Adam). Historical dictionary of international tribunals. Metuchen a. London, Scarecrow Press, 94, XXVII-360 p. (International organizations series, 5).

7274. MARESCA (Adolfo). Profili storici delle istituzioni diplomatiche. Milano, Giuffrè, 94, XXV-544 p.

7275. RABBIE (Edwin). «Nobis modica theologia sufficit»: il contesto europeo dell'irenismo di Grozio. *Rivista storica italiana*, 94, 106, 2, p. 243-261.

7276. SPIERENBURG (Dirk), POIDEVIN (Raymond). The history of the High Authority of the European Coal and Steel Community: supranationality in operation. London, Weidenfeld and Nicolson, 94, XXIV-686 p.

P

STORIA DELLE RELAZIONI INTERNAZIONALI TRA GLI STATI MODERNI

§ 1. Opere generali. 7277-7416. – § 2. Storia della colonizzazione (*a*. Opere generali; *b*. Asia; *c*. Africa; *d*. America; *e*. Oceania). 7417-7476. – § 3. Storia dal 1500 al 1789 (*a*. Opere generali; *b*. 1500–1648; *c*. 1648–1789). 7477-7510. – § 4. Storia dal 1789 al 1815. 7511-7525. – § 5. Storia dal 1815 al 1910. 7526-7576. – § 6. Dal 1910 al 1935. La prima guerra mondiale. 7577-7659. – § 7. Dal 1935 al 1945. La seconda guerra mondiale (*a*. Opere generali; *b*. Diplomazia. Economia; *c*. Operazioni militari; *d*. Resistenza). 7660-7783. – § 8. Storia dal 1945 in poi. 7784-8176.

§ 1. Opere generali.

* 7277. MANAC'H (B'er'enice), MENYESCH (Dieter), SCHILD (Joachim). France-Allemagne: relations internationales et interdependances bilaterales: une bibliographie, 1983–1990. Deutschland-Frankreich: internationale Beziehungen und gegenseitige Verflechtung: eine Bibliographie, 1983–1990. Publié avec le concours de l'Office franco-allemand pour la jeunesse. Veröffentlicht mit Unterstützung des Deutsch-Französischen Jugendwerks. München, Saur, 94, XXX-422 p.

7278. Aftermath of defeat: societies, armed forces, and the challenge of recovery (The). Ed. by George J. ANDREOPOULOS, Harold E. SELESKY. New Haven, Yale U. P., 94, VII-195 p.

7279. ALEXANDER (Stella). Yugoslavia and the Vatican, 1919–1970. *In*: Papal diplomacy in the modern age [Cf. n° 7372], p. 153-166.

7280. ARUGA (Tadashi). Reflections on the history of U.S.-Japanese relations. *American Studies International*, 94, 32, 1, p. 8-16.

7281. BAEHR (Peter R.). The role of human rights in foreign policy. London, Macmillan, 94, 210 p.

7282. BERRIDGE (G. R.). Talking to the enemy: how states without "diplomatic relations" communicate. New York, St. Martin's Press, 94, 178 p.

7283. Beyond the Beltway: engaging the public in U.S. foreign policy. Ed. by I. M. DESTLER, Daniel YANKELOVICH. New York, W.W. Norton & Company, 94, 315 p.

7284. BIRMINGHAM (David), CHAMBERLAIN (Muriel), METZGER (Chantal). L'Europe et l'Afrique de 1914 à 1970. Paris, Sedes, 94, 407 p.

7285. BLACK (Jeremy). Convergence or divergence? Britain and the continent. New York, St. Martin's, 94, XI-316 p.

7286. BLANNING (T. C. W.). Paul W. Schroeder's concept of Europe. *International History Review*, 94, 16, 3, p. 701-714.

7287. BRIGHT (Charles), GEYER (Michael). Globalgeschichte und die Einheit der Welt im 20. Jahrundert. *Comparativ*, 94, 4, 5, p. 13-45.

7288. CALCHI NOVATI (Giampaolo). Italy in the triangle of the Horn: too many corners for a half power. *Journal of Modern African Studies*, 94, 32, 3, p. 369-385.

7289. CERVO (Amado Luiz). Le relazioni diplomatiche fra Italia e Brasile dal 1861 ad oggi. Torino, Edizioni della Fondazione Giovanni Agnelli, 94, XV-269 p.

7290. Chatham house and British foreign policy, 1919–1945. The Royal Institute of International Affairs during the inter-war period. Ed. by Andrea BOSCO a. Cornelia NAVARI. London, Lothian Foundation Press, 94, VII-380 p.

7291. Chinese foreign policy: theory and practice. Ed. by Thomas W. ROBINSON. David SHAMBAUGH. Cambridge, Cambridge U. P., 94, 644 p. [Cf. n^{os} <choice> 7296, 7320, 7342, 7348, 7350, 7365, 7407, 8074, 8102, 8120, 8169.]

7292. CHOMSKY (Noam). World orders, old and new. London, Pluto, 94, 311 p.

7293. COKER (Christopher). War and the 20th century: the impact of war on the modern consciousness. London, Brassey's, 94, 304 p.

7294. COLLET (André). Histoire de la stratégie militaire depuis 1945. Paris, PUF, 94, 127 p.

7295. Contemporary international relations: a guide to theory. Ed. by A. J. R. GROOM. Margot LIGHT. London, Pinter, 94, 267 p.

7296. CRAIG HARRIS (Lillian). Myth and reality in China's relations with the Middle East. *In*: Chinese foreign policy: theory and practice [Cf. n° 7291], p. 322-347.

7297. D'AGATA (Raffaele). Nazioni, società e potere: interdipendenza e conflitto nel '900. Catanzaro, Abramo, 94, 389 p.

7298. DEAN (Jonathan). Ending Europe's wars: the continuing search for peace and security. New York, Twentieth Century Fund, 94, 439 p.

7299. Decisions and diplomacy: essays in twentieth century international history. Ed. by Dick RICHARDSON a. Glyn STONE. London, Routledge, 94, 230 p.

7300. DELGADO GOMEZ-ESCALONILLA (Lorenzo). El factor cultural en las relaciones internacionales: una aproximación a su análisis histórico. *Hispania*, 94, 54, 1, p. 257-278.

7301. DERINGIL (Selim). The Ottoman empire and Russian Muslims: brothers or rivals? *Central Asian Survey*, 94, 13, 3, p. 409-416.

7302. DI NOLFO (Ennio). Storia delle relazioni internazionali, 1918–1992. Roma e Bari, Laterza, 94, XX-1431 p.

7303. DIÓSZEGI (István). A hatalmi politika másfél évszázada, 1789–1939. (150 ans de la politique des grands pouvoirs, 1789–1939). Budapest, MTA Történettud. Int.-História, 94, 477 p. (História könyvtár, Monográfiák, 4).

7304. Diplomats 1939–1979 (The). Ed. by Gordon A. CRAIG a. Francis L. LOEWENHEIM. Princeton, Princeton U. P., 94. XVI-747 p. [Cf. n^{os} <choice> 7359, 7708, 7709, 7723, 7819, 7829, 7847, 7885, 7887, 7898, 7919, 7937, 7950, 7951, 7980, 7991, 7996, 8016, 8077, 8126, 8154, 8156.]

7305. DUVAL (Marcel). Securité collective et crises internationales. *Revue d'histoire diplomatique*, 94, 108, 1, p. 77-98.

7306. EPPEL (Michael). The Palestine conflict in the history of modern Iraq: the dynamics of involvement, 1928-1948. London, Frank Cass, 94, VIII-229 p.

7307. ERIKSEN (Knut Einar). Finland, den nordiske problemnaboen. Norges forhold til Finland 1971–1975. (Finns, the Nordic problem nation: Norwegian attitude to Finland, 1917–1975.) *In*: Finland, Norge. Rapport från ett seminarium om konflikter och samarbete mellan två grannländer [Cf. n° 7310], p. 6-17.

7308. Fall of the great powers: peace, stability, and legitimacy (The). Ed. by Geir LUNDESTAD. Oslo, Scandinavian U. P., 94. XIII-414 p.

7309. FELLNER (Fritz). Vom Dreibund zum Völkerbund. Studien zur Geschichte der internationalen Beziehungen 1882–1919. Hrsg. v. Heidun MASCHL u. Brigitte MAZOHL-WALLNIG. Wien, Verlag für Geschichte und Politik u. München, Oldenbourg, 94, 343 p.

7310. Finland, Norge. Rapport från ett seminarium om konflikter och samarbete mellan två grannländer. (Finland, Norway: Rapport from a seminar of conflicts and cooperation between the two neighbouring countries). Red. av Per BRUNVAND och Henrik STENIUS. Helsingfors, Renvall-institutet, Helsingfors Univ., 94, 98 p. (ill.). (Renvall-institutets publ., 6). [Cf. n^{os} <choice> 7307, 7397.]

7311. FOGARTY (Gerald P.). The United States and the Vatican, 1939–1984. *In*: Papal diplomacy in the modern age [Cf. n° 7372], p. 221-244.

7312. FORTNER (Robert S.). Public diplomacy and international politics: the symbolic constructs of summits and international radio news. Westport, Praeger, 94, 197 p.

7313. FRANK (Robert). Images et imaginaire dans les relations internationales depuis 1938: problématiques et méthodes. *Cahiers de l'Institut d'Histoire du Temps Present*, 94, 28, p. 5-11. – IDEM. L'occupation allemande dans l'imaginaire français, d'une guerre à l'autre. *Relations internationales*, 94, 80, p. 491-500.

7314. Frankreich im internationalen Staatensystem der frühen Neuzeit. Sigmaringen, Thorbecke, 94, 250 p.

7315. GACEK (Christopher M.). The logic of force: the dilemma of limited war in American foreign policy. New York, Columbia U. P., 94, XIII-350 p.

7316. GEORGE (Jim). Discourses of global politics: a critical (re)introduction to international relations. London, Macmillan, 94, 263 p.

7317. German-Ukrainian relations in historical perspective. Ed. by John-Paul HIMKA a. Hans-Joachim TORKE. Edmonton, Canadian Institute of Ukrainian Studies Press, 94. VIII-239 p.

7318. GIORDANO (Giancarlo). Storia della politica internazionale, 1870–1992. Milano, Franco Angeli, 94, 476 p.

7319. GOERTZ (Gary). Contexts of international politics. Cambridge, Cambridge U. P., 94, 298 p.

7320. GOLDSTEIN (Steven M.). Nationalism and internationalism: Sino-Soviet relations. *In*: Chinese foreign policy: theory and practice [Cf. n° 7291], p. 224-265.

7321. GORDON (Andrew). The Admiralty and Imperial overstretch, 1902–1941. *Journal of Strategic Studies*, 94, 17, 1, p. 63-85.

7322. GOTOVICH (J.). Les occupations allemandes en Belgique. *Relations internationales*, 94, 79, p. 303-317.

7323. GOUDA (Frances). Visions of Empire: changing American perspectives on Dutch colonial rule in Indonesia between 1920 and 1942. *Bijdragen en Mededelingen betreffende de Geschiedenis der Nederlanden*, 94, 109, 2, p. 237-258.

7324. GRAHAM (Robert A.). Reflections on Vatican diplomacy. In: Papal diplomacy in the modern age [Cf. n° 7372], p. 1-10.

7325. GROSE (Peter). Gentleman spy: the life of Allan Dulles. Boston, Houghton Mifflin, 94, 641 p.

7326. HAGGENMACHER (P.). L'occupation militaire en droit international. Relations internationales, 94, 79, p. 285-301.

7327. HALLIDAY (Fred). Rethinking international relations. Macmillan, London, 94. 290 p.

7328. HARSANYI (Doina), HARSANYI (Nicolae). The discreet charm of the little sister: France and Romania. East European Quarterly, 94, 28, 2, p. 183-192.

7329. HIGGOTT (Richard). STONE (Diane). The limits of influence: foreign policy thinks tanks in Britain and the USA. Review of International Studies. 94, 20, 1, p. 15-34.

7330. HINCKLEY (Barbara). Less than meets the eye: foreign policy making and the myth of the assertive congress. Chicago, University of Chicago Press, 94, XII-252 p.

7331. HUDEMANN (R.). L'occupant français et la population allemande après les deux guerres mondiales. Relations internationales, 94, 80, p. 471-489.

7332. Ideas and foreign policy: beliefs, institutions and political change. Ed. by Judith GOLDSTEIN a. Robert O. KEOHANE. Ithaca, Cornell U. P., 94, 308 p.

7333. Imperial state at war (An): Britain from 1689 to 1815. Ed. by Lawrence STONE. London and New York, Routledge, 94, p. IX-372. [Cf. n° <choice> 6838.]

7334. Individus dans la politique internationale (Les). Ed. par Michel GIRARD. Paris, Economica, 94, 301 p.

7335. INGRAO (Charles). Paul W. Schroeder's balance of power: stability or anarchy? International History Review, 94, 16, 3, p. 681-700.

7336. ITZKOWITZ (Norman), VOLKAN (Vamik D.). Turks and Greeks: neighbours in Conflict. Huntingdon, Eothen Press, 94, XX-233 p.

7337. JEFFORDS (Susan). Culture and national identity in U.S. foreign policy. Diplomatic History, 94, 18, 1, p. 91-96.

7338. KAPLAN (Amy). Domesticating foreign policy. Diplomatic History, 94, 18, 1, p. 97-106.

7339. KEEGAN (John). A history of warfare. New York, Vintage of Random House, 94, XVI-432 p.

7340. KENT (Peter C.), POLLARD (John F.). A diplomacy unlike any other: papal diplomacy in the nineteenth and twentieth centuries. In: Papal diplomacy in the modern age [Cf. n° 7372], p. 11-22.

7341. KEOGH (Dermot). Ireland and the Vatican, 1921–1949. In: Papal diplomacy in the modern age [Cf. n° 7372], p. 87-104.

7342. KIRBY (William C.). Traditions of centrality, authority, and management in modern China's foreign relations. In: Chinese foreign policy: theory and practice [Cf. n° 7291], p. 13-29.

7343. KISSINGER (Henry). Diplomacy. New York, Simon & Schuster, 94, 912 p.

7344. KOLKO (Gabriel). Century of war: politics, conflict and society since 1914. New York, The New Press, 94, 546 p.

7345. KONDE (Emmanuel N.). Woodrow Wilson's "new world order" vs. "old world diplomacy": the struggle over the application of the mandate principle at the Paris Peace Conference of 1919. Journal of the Georgia Associations of Historians, 94, 15, p. 83-112.

7346. KUNZ (Diane B.). When money counts and doesn't: economic power and diplomatic objectives. Diplomatic History, 94, 18, 4, p. 451-462.

7347. LAROCHE (Josepha). Le Nobel comme enjeu symbolique dans les relations internationales. Revue française de science politique, 94, 44, 4, p. 599-628.

7348. LEE HAMRIN (Carol). Elite politics and the development of China's foreign relations. In: Chinese foreign policy: theory and practice [Cf. n° 7291], p. 70-114.

7349. LEFFLER (Melwyn P.). The specter of communism: the United States and the origins of the cold war, 1917–1953. New York, Hill and Wang, 94, 147 p.

7350. LEVINE (Steven I.). Perception and ideology in Chinese foreign policy. In: Chinese foreign policy: theory and practice [Cf. n° 7291], p. 30-46.

7351. LEVY (Jack S.). The theoretical foundations of Paul W. Schroeder's international system. International History Review, 94, 16, 3, p. 715-744.

7352. LINDSAY (James M.). Congress and the politics of U.S. foreign policy. Baltimore, Johns Hopkins U. P., 94, 228 p.

7353. LOWE (John). The great powers and the German problem, 1865–1925. London, Routledge, 94, 257 p.

7354. MAC ENANEY (Laura). He-Men and Christian Mothers: the America first movement and the gendered meanings of patriotism and isolationism. Diplomatic History, 94, 18, 1, p. 47-58.

7355. MAC NEILL (William H.). The fall of great powers: an historical commentary. Review, 94, 17, 2, p. 123-143.

7356. Making of strategy: rulers, states, and war (The). Ed. by Williamson MURRAY. New York, Cambridge U. P., 94, XIV-680 p.

7357. MARES (Antoine). La vision française de l'Europe Centrale au XXe siècle. Cahiers de l'Institut d'Histoire du Temps Présent, 94, 28, p. 133-143.

7358. MAY (Elaine T.). Ideology and foreign policy: culture and gender in diplomatic history. *Diplomatic History*, 94, 18, 1, p. 71-78.

7359. MAY (Ernest R.). The news media and diplomacy. *In*: Diplomats 1939–1979 (The) [Cf. n° 7304], p. 665-700.

7360. MENOTTI (Roberto). Scontri fra civiltà, conflitti fra Stati e ricerca di nuovi paradigmi interpretativi. *Politica internazionale*, 94, 2, 3, p. 5-24.

7361. MICHELETTA (Luca). Pietro Silva storico delle relazioni internazionali. *Clio*, 94, 30, 3, p. 497-528.

7362. MONZALI (Luciano). Arrigo Solmi storico delle relazioni internazionali. *Il Politico*, 94, 59, 3, p. 439-468

7363. MOREAU DEFARGES (Philippe). Introduction à la géopolitique. Paris, Ed. du Seuil, 94, 239 p.

7364. NASSER (Hoda Gamal Abdel). Britain and the Egyptian nationalist movement, 1936–1952. Reading, Ithaca Press, 94, XXV-350 p.

7365. NAUGHTON (Barry). The foreign policy implications of China's economic development strategy. *In*: Chinese foreign policy: theory and practice [Cf. n° 7291], p. 47-69.

7366. NINCIC (Miroslav). Democracy and foreign policy: the fallacy of political realism. New York, Columbia U. P., 94, 200 p.

7367. NINKOVICH (Frank). Modernity and power: a history of the Domino theory in the twentieth century. Chicago, University of Chicago Press, 94, 418 p.

7368. NORDBERG (Erkki). The Baltic republics. A strategical survey. Helsinki, National Defence College, 94, 104 p. (maps).

7369. OGAWA (Kazuhisa). Shin Kitachōsen to Nihon. (The new Japan-North Korea relationship). Tōkyō, Tōyō keizai shinpōsha, 94, 260 p.

7370. Origins of the cold war: an international history. Ed. by Melwyn P. LEFFLER. David S. PAINTER. London, Routledge, 94, XIII-322 p.

7371. OSIANDER (Andreas). The states system of Europe, 1640–1990: peacemaking and the conditions of international stability. New York, Clarendon Press, 94, 358 p.

7372. Papal diplomacy in the modern age. Ed. by Peter C. KENT. John F. POLLARD. Westport, Praeger, 94, XI-288 p. [Cf. nos <choice> 7279, 7311, 7324, 7340, 7341, 7374, 7538, 7560, 7643, 7706, 7707, 7713, 7929, 7949, 7973, 8021, 8038, 8046.]

7373. PÁVA (István). Trianon – Belvedere – hadbalépés. (Trianon [1920] – Belvedere [1940] – déclaration de guerre). Pécs, Pro Pannonia, 94, 262 p.

7374. PERIN (Roberto). *"Una furia più che francese"*: The Quebec church and Vatican diplomacy in the age of Anglo-Canadian Protestant domination. *In*: Papal diplomacy in the modern age [Cf. n° 7372], p. 45-64.

7375. PLANTEY (Alain). La négociation internationale. Paris, Editions du CNRS, 94, 729 p.

7376. Practice of diplomacy. Its evolution, theory and administration (The). Ed. by Keith HAMILTON, Richard LANGHORNE. London, a. New York, Routledge, 94. VII-279 p.

7377. Precarious balance: Hong Kong between China and Britain 1842–1992. Ed. by Ming K. CHAN. Armonk, M. E. Sharpe, 94, XI-235 p.

7378. President, the Congress, and the making of foreign policy (The). Ed. by Paul E. PETERSON. Norman, University of Oklahoma Press, 94, XIII-298 p.

7379. Puissance internationale (La). Ed. par Pascal BONIFACE. Paris, La Dunod, 94, 219 p.

7380. Rapporti di vicinato tra Italia e Francia (I). A cura di Andrea DE GUTTRY, Natalino RONZITTI. Padova, CEDAM, 94. XI-595 p.

7381. RASLER (Karen A.), THOMPSON (William R.). The great powers and global struggle 1490–1990. Lexington, University Press of Kentucky, 94, XX-275 p.

7382. RASPOPOVICH (Radoslav). Diplomatska predstavnistva stranih drzava i njihov znacaj za spoljnopoliticke odnose crne gore. (Diplomatic representations of foreign states and their significance for Montenegrin foreign policy). *Istorijski Zapisi*, 94, 67, 1-2, p. 7-37.

7383. RAY (James L.). WANG (Kevin). Beginners and winners: the fate of initiators of interstate wars involving great powers since 1495. *International Studies Quarterly*, 94, 38, 1, p. 139-154.

7384. RICHARDSON (James L.). Crisis diplomacy: the great powers since the mid-nineteenth century. Cambridge, Cambridge U. P., 94, X-246 p.

7385. ROCHLIN (James). Discovering the Americas: the evolution of Canadian foreign policy towards Latin America. University of British Columbia Press, 94. XII-300 p.

7386. ROSENBERG (Justine). The empire of a civil society: a critique of the realistic theory of international relations. London, Verso, 94, 224 p.

7387. SANGUINETI (Vittorio). Il dilemma dell'Islam e l'ordine internazionale. *Affari Esteri*, 94, 26, 102, p. 367-383.

7388. SARAY (Mehmet). Rus İşgali Devrinde Osmanlı Devleti ile Türkistan Hanlıkları Arasinda Siyasî Münâsebetler (1775–1875). [Le relations politiques entre l'Empire Ottoman et les Hans de Türkistan à l'époque de l'occupation russe (1775–1875)]. Ankara, Türk Tarih Kurumu, 94, VIII-181 p.

7389. SCHROEDER (Paul W.). Balance of power and political equilibrium: a response. *International History Review*, 94, 16, 3, p. 745-754.

7390. SCOTT (H. M.). Paul W. Schroeder's international system: the view from Vienna. *International History Review*, 94, 16, 3, p. 663-680.

7391. *Vacat.*

7392. SERRA (Enrico). Il documento diplomatico. *Rivista di studi politici internazionali*, 94, 61, 2, p. 261-270.

7393. SHERIDAN (Eugene R.). The recall of Edmond Charles Genet: a study in transatlantic politics and diplomacy. *Diplomatic History*, 94, 18, 4, p. 463-488.

7394. Slavyanskie s'ezdy, XIX–XX vv. (Congresses of the Slavs in XIXth and XXth centuries). Ros. Akad. nauk. In-t slavyanovedeniya i balkanistiki etc. Under the dir. of M. Ju. DOSTAL'SKIY. Moskva, ISB, 94, 143 p. (bibl.).

7395. SMITH (Geoffrey S.). Security, gender, and the historical process. *Diplomatic History*, 94, 18, 1, p. 79-90.

7396. SMITH (Tony). America's Mission: the United States and the worldwide struggle for democracy in the twentieth century. Princeton, Princeton U. P., 94, 442 p.

7397. SOIKKANEN (Timo). Finlands och Norges relationer åren efter kriget.(Relations between Finland and Norway after the War). *In*: Finland, Norge. Rapport från ett seminarium om konflikter och samarbete mellan två grannländer [Cf. n° 7310], p. 26-32.

7398. Soviet foreign policy 1917–1991: a retrospective. Ed. by Gabriel GORODETSKY. Portland, Frank Cass, 94, 227 p.

7399. Spain in the nineteenth century world: essays on Spanish diplomacy, 1789–1898. Ed. by James W. CORTADA. Westport, Greenwood, 94, IX-176 p.

7400. STAMLER (Heinrich A.). Makedonskiiat vupros v svetlinata na printsipite na Tomas Dzherfersun (The Macedonian question in the light of the principles of Thomas Jefferson). *Makedonski Pregled*, 94, 17, 2, p. 46-64.

7401. STEIGERWALD (David). Wilsonian idealism in America. Ithaca, Cornell U. P., 94, 296 p.

7402. STEINERT (M.). Renseignement et relations internationales. *Relations internationales*, 94, 78, p. 137-152.

7403. Subduing sovereignty: sovereignty and the right to intervene. Ed. by Marianne HEIBERG. London, Pinter, 94, 154 p.

7404. SZIJÁRTÓ (István). Playing second fiddle: the role of Hungary and Norway in the foreign policy of the Austro-Hungarian monarchy and the Swedish-Norway union: a comparison. *Scandinavian Journal of History*, 94, 19, 2, p. 143-164.

7405. SZPORLUK (Roman). Soviet domestic foreign policy: universal ideology and national tradition. *Nationalities Papers*, 94, 22, 1, p. 195-208.

7406. Theory and practice in foreign policy making: national perspectives on academics and professionals in international relations. Ed. by Wolf-Dieter EBERWEIN, Michel GIRARD a. Keith WEBB. London, Pinter, 94, 178 p.

7407. TOW (William T.). China and the international strategic system. *In*: Chinese foreign policy: theory and practice [Cf. n° 7291], p. 115-157.

7408. TRAPANS (Jan Arveds). The West and the recognition of the Baltic States: 1919 and 1991. A study of the politics of the major powers. *Journal of Baltic Studies*, 94, 25, 2, p. 153-173.

7409. Two worlds of international relations: academics, practitioners and the trade in ideas. Ed. by Pamela BESHOFF a. Christopher HILL. London, Routledge, 94, 233 p.

7410. VERDIER (Daniel). Democracy and international trade: Britain, France, and the United States, 1860–1990. Princeton, Princeton U. P., 94, XX-387 p.

7411. WARD (Christopher). Imperial Panama: commerce and conflict in isthmian America, 1550–1800. Albuquerque, University of New Mexico Press, 94, XII-272 p.

7412. WEBER (Cynthia). Simulating sovereignty: intervention, the state and symbolic exchange. Cambridge, Cambridge U. P., 94, 147 p.

7413. WEHNER (Gerd). Die Westalliierten und das Grundgesetz 1948–1949. Die Londoner Sechsmächtekonferenz. Freiburg im Breisgau, Rombach, 94, 537 p.

7414. WHITWORTH (Sandra). Feminism and international relations. London, Macmillan, 94, 184 p. – IDEM. Gender, international relations and the case of the ILO. *Review of the International Studies*, 94, 20, 4, p. 389-405.

7415. YOST (David S.) Political philosophy and the theory of international relations. *International Affairs*, 94, 70, 2, p. 263-290.

7416. ZORGBIBE (Charles). Histoire des relations internationales. Tome 1. Du système de Bismarck au premier conflict mondial, 1871–1918. Tome 2. De la paix de Versailles à la Grande Alliance contre Hitler, 1918–1945. Paris, Hachette, 94, 336 p., 317 p.

Cf. n°s 5257, 5279, 8203, 8384

§ 2. Storia della colonizzazione.

a. Opere generali.

7417. Changing identities: the transformation of Asian and African societies under colonialism. Ed. by Joachim HEIDRICH. Berlin, Das Arabische Buch, 94, 413 p.

7418. DAVIDSON (Basil). The search for Africa: a history in the making. London, Currey, 94, X-374 p.

7419. European outthurst and encounter. The first phase c. 1400–c. 1700 (The). Ed. by Cecil H. CLOUGH a. P. E. H. HAIR. Liverpool, Liverpool U. P., 94, 348 p.

7420. Géographies des colonisations, XVe–XXe siècles. Actes du Colloque Géographie, colonisations, décolonisations, XVe–XXe siècles, Talence, mars 1992. Paris, l'Harmattan, 94, 420 p. [Cf. n° <sélection> 7426.]

7421. JAMES (Lawrence). The rise and fall of the British Empire. Boston, Little, 94, XVI-704 p.

7422. LOUIS (Wm. Roger), ROBINSON (Ronald). The imperialism of decolonization. *Journal of Imperial and Commonwealth History*, 94, 22, 3, p. 462-511.

7423. MAC DONALD (Robert H.). The language of Empire: myths and metaphors of popular imperialism, 1880–1918. New York, Manchester U. P., 94, XII-268 p.

7424. MUSI (Aurelio). Dopo Tordesillas: scoperta, conquista, Stato-potenza nel pensiero politico italiano del '500. *Clio*, 94, 30, 3, p. 593-604.

7425. PAILLARD (Yvan G.). Expansion occidentale et dépendance mondiale fin du XVIIIe–1914. Paris, Armand Colin, 94, 340 p.

7426. PEHAUT (Yves). Géographie, colonies et commerce à Bordeaux, 1874–1939. *In*: Géographies des colonisations, XVe–XXe siècles [Cf. n° 7420], p. 77-94.

7427. PETERS (Marie). The myth of William Pitt, earl of Chatam, great imperialist. *Journal of Imperial and Commonwealth History*, 94, 22, 3, p. 393-431.

7428. PORTER (Andrew). European imperialism, 1860–1914. Basingstoke, London, 94, XIII-119 p.

7429. THOMAS (Nicholas). Colonialism's culture: anthropology, travel and government. Princeton, Princeton U. P., 94, XI-238 p.

7430. TROTHA (Truz von). Koloniale Herrschaft. Zur soziologischen Theorie der Staatsentstehung am Beispiel des "Schutzgebietes Togo". Tübingen, Mohr, 94, XVIII-516 p.

7431. VAN GOOR (J.). De Nederlandse koloniën. Geschiedenis van de Nederlandse expansie. 1600–1975. (The Dutch colonies. History of the Dutch expansion). 's-Gravenhage, SDU, 94, 400 p. (fig.).

b. Asia.

** 7432. Officiële bescheiden betreffende de Nederlands-Indonesische betrekkingen 1945-1950. (Official documents concerning the Dutch-Indonesian relations 1945–1950). Ed. by P. J. DROOGLEVER and M. J. B. SCHOUTEN. Vol. 19. 1 juni 1949–15 september 1949. Den Haag, Instituut voor Nederlandse Geschiedenis, 94, XXVIII-839 p. (Rijks Geschiedk. Publ., Kleine Serie vol. 77).

7433. DROOGLEVER (Pieter). De Indonesische kwestie tussen persbericht en egotrip. (The Indonesian question between press report and egotrip). *Bijdr. Meded. Gesch. Ned.*, 94, 109, p. 1-16.

7434. Grigor'ev (S. E.). O vospriyatii afgantsami anglichan v kontse XVIII–nachale XIXv. (About perception of Englishmen by Afghans in the end of XVIII–beginning of XIX centuries). In: Rossiya, Zapad i musul'manskiy Vostok v novoe vremya [Cf. n° 8203], p. 50-70.

7435. PEERS (Douglas M.). Soldiers, scholars, and the Scottish Enlightenment: militarism in Early Nineteenth-Century India. *International History Review*, 94, 16, 3, p. 441-466.

7436. SMITH (Simon C.). The rise, decline and survival of the Malay rulers during the colonial period, 1874–1957. *Journal of Imperial and Commonwealth History*, 94, 22, 1, p. 84-108.

7437. SOLLEWIJN GELPKE (J. H. F.). The report of Miguel Roxo de Brito of his voyage in 1581–1582 to the Raja Ampat, the MacCuler Gulf and Seram. *Bijdr. Taal-, Land-Volkenke*, 94, 150, p. 123-145.

7438. TOSKINA (E.). Neizvestnyy Kharbin. (Russian Harbin in 1890–1930). Moskva, Prometey, 94, 159 p. (ill.).

7439. VAN DEN DOEL (H. W.). De stille macht. Het Europese binnenlands bestuur op Java en Madoera 1808–1942. (The hidden force. The colonial civil service on Java and Madura 1808-1942). Amsterdam, Bakker, 94, 578 p. (Diss. Leiden).

7440. WAGENAAR (L.). Galle, VOC-vestiging in Ceylon. Beschrijving ven een koloniale samenleving aan de vooravond van de Singalese opstand tegen het Nederlandse gezag, 1760. (Galle, VOC settlement in Ceylon. An account of a colonial community on the eve of the Sinhalese uprising against the Dutch, 1760). Amsterdam, De Bataafsche Leeuw, 94, 284 p. (fig.). (Diss. Amsterdam U.v.A.).

7441. ZASTOUPIL (Lynn). John Stuart Mill and India. Stanford, Stanford U. P., 94, VIII-280 p.

Cf. n° 8203

c. Africa.

7442. COOPER (Frederick). Conflict and connection: rethinking colonial African history. *American historical review*, 94, 99, 5, p. 1516-1545.

7443. D'YAKOV (N. N.). Tarikaty arabskogo Magriba i severnogo Kavkaza v epokhu evropeyskoy kolonizatsii. (Les taricats du Maghreb arabe et du Caucase du nord a l'époque de la colonisation éuropéenne). *In*: Rossiya, Zapad i musul'manskiy Vostok v novoe vremya [Cf. n° 8203], 94, p. 27-49.

7444. FIELDHOUSE (D. K.). Merchant capital and economic decolonization. The United Africa Company, 1929–1987. Oxford, Clarendon Press, 94, XVIII-832 p.

7445. LACROIX-RIZ (Annie). Le rôle du Vatican dans la colonisation de l'Afrique (1920–1938): de la romanisation des missions à la conquête de l'Ethiopie. *Revue d'histoire moderne et contemporaine*, 94, 41, 1, p. 29-81.

7446. LAW (Robin). "Here is no resisting the country": the realities of power in Afro-European relations on the West African "Slave coast". *Itinerario*, 94, 18, 2, p. 50-64.

7447. LINCOLN (David). Settlement and servitude in Zululand, 1918–1948. *International journal of African historical studies*, 94, 28, 1, p. 49-68.

7448. MOURAO (Fernando Augusto Albuquerque). O século XIX como fator de decifração das relaçoes do Brasil-Africa. *Studia*, 94, 52, 1, p. 181-193.

7449. MOUSSA (Bantenga). L'or des regions de Poura et de Gaoua: les vicissitudes de l'exploitation coloniale, 1925–1960. *International journal of African historical studies*, 94, 28, 3, p. 563-576.

7450. NELSON (Samuel H.). Colonialism in the Congo Basin, 1880–1940. Akron, Ohio University Center for International Studies, 94, 279 p.

7451. PELLEGRINI (Vincenzo), BERTINELLI (Anna). Per la storia dell'amministrazione coloniale italiana. Milano, Giuffrè, 94, X-137 p. (Quaderni I. S. A. P., 31).

7452. RABEARIMANANA (L.). Changements et persistance de la domination française à Madagascar, de 1930 à 1972. *Relations internationales*, 94, 77, p. 99-114.

7453. REUILLARD (Michel). Les saint-simoniens et la tentation coloniale. Les explorations africaines et le gouvernement néocaledonien de Charles Guillain (1808–1875). Paris, L'Harmattan, 94, 580 p.

7454. RICHARDSON (David). Capo Verde, Madeira and Britain's Trade to Africa, 1698–1740. *Journal of Imperial and Commonwealth History*, 94, 22, 1, p. 1-15.

7455. SANTORU (Marina E.). Politica coloniale e repressione in Kenya: il caso del movimento Mau Mau. *Storia contemporanea*, 94, 25, 1, p. 83-104.

7456. SELIGMAN (Matthew). The Pfeil family and the development of German colonial ambitions in Southern Africa: a study of diplomacy and colonial trends. *German History*, 94, 12, 1, p. 27-38.

7457. WILLIS (Justin). "Men on the spot", and labor policy in British East Africa: the Mombasa water supply, 1911–1917. *International journal of African historical studies*, 94, 28, 1, p. 25-48.

7458. WILSON (Henry S.). African decolonization. London, New York a. Melbourne, Arnold, 94, IX-222 p.

Cf. n° 8203

d. America.

* 7459. Bibliography of Magnus Mörner 1947–1994. Stockholm, Institute of Latin American Studies, 94, 44 p. (Works by a honoured Swedish expert on Latin American history).

* 7460. CURIEL (Guadalupe). La historia de Texas en la Biblioteca Nacional de Mexico, 1528–1848: bibliografia comentada. Con la colaboración tecnica de Aurora SERRANO CRUZ. Mexico, Universidad Nacional Autonoma de Mexico, 94, XX-217 p. (Universidad Nacional Autonoma de Mexico. Instituto de Investigaciones Bibliograficas. Serie Bibliografias).

7461. ANDERSON (Karen). Chain her by one foot: the subjugation of native woman in seventeenth-century New France. London a. New York, Routledge, 94, 247 p.

7462. BEELDSNIJDER (R. O.). "Om werk van jullie te hebben". Plantageslaven in Suriname 1730–1750. (Plantation slaves in Surinam 1730–1750). Utrecht, Vakgroep Culturele Antropologie, Universiteit Utrecht, 94, 351 p. (fig.). [Bronnen voor de studie van Afro-Surinaamse Samenlevingen, 16. Diss. Leiden].

7463. BOSHER (John F.). Business and religion in the age of New France, 1600–1760. Twenty-two studies. Toronto, Canadian Scholar's Press, 94, 530 p.

7464. BUCHET (Christian). Des routes maritimes Europe-Antilles et de leurs incidences sur la rivalité franco-britannique. *Histoire, Economie et Société*, 94, 13, 4, p. 563-582.

7465. GUIMARÃES SANCHES (Marcos). O "Novo" eo "Outro": a colonização do Brasil e seus cronistas no século XVI. *Revista do Instituto Histórico e Geográfico Brasileiro*, 94, 385, p. 751-766.

7466. HORNA (Hernan). Five essays on post colonial Latin American history. Uppsala, Historiska institutionen, Universitetet, 94, III-141 p. (Opuscula historica Upsaliensia, 13).

7467. IVKINA (L. A.). Rabstvo v Ispanskoy Amerike: nekotorye problemy istoriografii. (Slavery in Spanish America: some problems of historiography). *In*: Latinskaya Amerika v istoricheskoy retrospektive XVI-XIX vv, [S. l.], [s. n.], 94, p. 86-100.

7468. KRAMER (Wendy). Encomienda politics in early colonial Guatemala, 1524–1544: dividing the Spoils. Boulder, Westview, 94, XIV-293 p.

7469. LJUNGSMARK (Lars). Svenskarna i Winnipeg. Porten till prärien 1872–1940. (The Swedes in Winnipeg. The gate to the prairy 1872–1940). Växiö, Emigrationsinstitutets vänner, 94, 241 p. (Emigrationsinstitutets vänners skriftserie, 5).

7470. LOGINOV (A. V.). Korennye amerikantsy i kapitalisticheskaya ekspansiya SShA v XIX v. Istoriya indeyskoy territorii. (Les Americains d'origine et l'expansion économique des Etats Unis d'Amérique au XIX siècle. Histoire de la territoire indienne). Moskva, MGU, 94, 167 p.

7471. MÖRNER (Magnus). Local communities and actors in Latin America's past. Stockholm, Institute of Latin American studies, universitetet, 94, 231 p. (Monographs/Institute of Latin American studies, 25).

7472. O'PHELAN GODOY (Scarlett). L'Utopie andine. Discours parallèles à la fin de l'époque coloniale. *Annales*, 94, 49, 2, p. 471-496

7473. PATCH (Robert W.). Imperial politics and local economy in colonial Central America 1670-1770. *Past and Present*, 94, 143, p. 77-107.

7474. POPKOV (Yu. V.). Aborigeny Kanady: sovremennoe polozhenie v osnovnykh sferakh zhizni. (Aboriginals of Canada: actual situation in the main fields of life). Novosibirsk, IFPr, 94, 26 p.

7475. VAN ALLER (H. B.). Van kolonie tot koninkrijksdeel. De staatkundige geschiedenis van de Nederlandse Antillen and Aruba van 1634 tot 1994. (From a colony to a part of the kingdom of the Netherlands. The political history of the Antilles and Aruba 1634–1994). Groningen, Wolters-Noordhoff, 94, XVII-631 p. (Diss. Maastricht).

e. Oceania.

7476. TSOKHAS (Kosmas). Dedominionization: the Anglo-Australian experience, 1939–1945. *Historical Journal*, 94, 37, 4, p. 861-884.

§ 3. Storia dal 1500 al 1789

a. Opere generali.

7477. Angol és skót utazók a régi Magyarországon, 1542–1737. (Voyageurs anglais et écossais dans l'ancienne Hongrie, 1542–1737). Ed. par György GÖMÖRI. Budapest, Argumentum, 94, 133 p.

7478. BACZKOWSKI (Krzysztof). Próby włączenia państw jagiellońskich do koalicji antytureckiej przez papieza Aleksandra VI na przełomie XV/XVI wieku. (Les essais de rattachement des Etats Jagellons à la coalition anti-turque par le pape Alexandre VI au détour des XVe et XVIe siécles). *Nasza Przeszłość*, 94, 81, p. 5-50. [Deutsche Zsfassung].

7479. BROWN (Judith C.). Courtiers and Christians: the first Japanese emissaries to Europe. *Renaissance Quarterly*, 94, 47, 4, p. 872-906.

7480. BRUMMETT (Palmira). Ottoman seapower and levantine diplomacy in the age of discovery. Albany, State University of New York Press, 94, XIV-285 p.

7481. Exchange of ideas (The). Religion, scholarship and art in Anglo-Dutch relations in the seventeenth century. Ed. by S. GROENVELD a. M. WINTLE. Zutphen, Walburg, 94, 200 p. (Britain and the Netherlands, vol. XI).

7482. HOCHEDLINGER (Michael). Die Französisch-Osmanische "Freundschaft" 1525–1792: Element antihabsburgischer Politik, Gleichgewichtsinstrument, Prestigeunternehmung: Aufriss eines Problems. *Mitteilungen des Instituts für Österreichische Geschichtsforschung*, 94, 102, 1-2, p. 108-164.

7483. ROBBINS (Keith). Politicians, diplomacy and war in modern British history. London, Hambledon, 94, XI-306 p.

7484. STRADLING (R. A.). Spain's struggle for Europe 1598–1668. Rio Grande, Hambledon Press, 94, XXV-303 p.

7485. STRADLING (R. A.). The Spanish monarchy and Irish mercenaries: the wild Geese in Spain, 1618–1668. Dublin, Irish Academic Press, 94, 219 p.

7486. TENENTI (Alberto). Relations with foreigners in the Mediterranean from the fourteenth to the sixteenth century. *Library of Mediterranean History*, 94, 1, p. 161-179.

b. 1500–1648.

7487. CANDIANI (Guido). Francia, Papato e Venezia nella fase finale della guerra di Candia. *Atti dell'Istituto veneto di Scienze, Lettere ed Arti*, 94, 156, 152, p. 829-872.

7488. COOK (Weston F. jr.). The hundred years war for Morocco: gunpowder and the military revolution in the early modern Muslim world. Boulder, Westview, 94, XIX-332 p.

7489. DELFINER (Henry). Nikolaus Jurischitz 1490–1543, soldier diplomat. *East European Quarterly*, 94, 28, 1, p. 1-47.

7490. DI LEONE LEONI (Aron). La diplomazia estense e l'immigrazione dei cristiani nuovi a Ferrara al tempo di Ercole II. *Nuova Rivista Storica*, 94, 78, 2, p. 293-326.

7491. DUNLOP (David). The politics of peacekeeping: Anglo-Scottish relations from 1503 to 1511. *Renaissance Studies*, 94, 8, 2, p. 138-161.

7492. FODOR (Pál), DÁVID (Géza). Magyar-török béketárgyalások 1512–1514-ben. (Pourparlers hungaroottomanes de paix en 1512–1514). *Tört. szle.*, 94, 36, 3-4, p. 193-225.

7493. IVANICS (Mária). A Krími Kánság a tizenöt éves háborúban. (Le Khanat de la Crimée dans la guerre de quinze ans [1593–1606]). Budapest, Akad. Kiadó, 94, 235 p. (Kőrösi Csoma kiskönyvtár, 22).

7494. LEPEYRE (Henry). Le monarchie europee nel XVI secolo. Le relazioni internazionali. Milano, Mursia, 94, 452 p.

7495. OPALIŃSKI (Edward). Rola polityczna zgromadzeń stanowych w Brandenburgii, Meklemburgii i w Rzeczypospolitej w drugiej połowie XVI i w pierwszej połowie XVII wieku. (Le rôle politique des assemblées d'état en Brandenbourg, en Mecklembourg et en République dans la seconde moitié du XVIe et la premiére moitié du XVIIe siécles). *Zap. hist.*, 94, 59, 2-3, p. 13-30. [Deutsche Zsfassung].

7496. PALMER (William). The problem of Ireland in Tudor foreign policy, 1485–1603. Rochester, Boydell & Brewer, 94, 161 p.

7497. Sisačka bitka 1593. (The battle of Sisak in 1593). Zagreb, Zavod za hrvatsku povijest Filozofskog fakulteta Sveučilišta Institut za suvremenu povijest, Sisak Povijesni arhiv, 94, 286 p.

7498. WERNHAM (R. B.). The return of Armadas. The last years of the Elizabethan war against Spain, 1595–1603. Oxford, Clarendon Press, 94, XIV-452 p.

7499. WIJACZKA (Jacek). Kontakty dyplomatyczne Prus Książęcych z Francją w latach 1525–1568. (Les contacts diplomatiques de la Prusse Ducale avec la France dans les années 1525–1568). *Komunikaty maz.-warm.*, 94, 42, 1, p. 3-12. [Deutsche Zsfassung].

c. 1648–1789.

7500. BLACK (Jeremy). British foreign policy in the age of Revolutions, 1783–1793. Cambridge, Cambridge U. P., 94, XIV-559.

7501. BRUZZONE (Gian Luigi). L'ostilità delle potenze straniere alla missione diplomatica genovese a Costantinopoli del 1712–15. *Studi genuensi*, 94, 11, 1, p. 37-44.

7502. CHERKASOV (P. P.). Tainaia diplomatiia Liudovika XV i Rossiia (1749–1756 gg.). (Louis XV's secret diplomacy and Russia, 1749–1756). *Novaia i Noveishaia Istoriia*, 94, 4-5, p. 254-283.

7503. DE GENNARO (Giuseppe). La crisi della monarchia spagnola e la diplomazia pontificia, 1665–1673. Torino, Giappichelli, 94, 129 p.

7504. GIRGENTI (Anna). Vittorio Amedeo II e la cessione della Sardegna: trattative diplomatiche e scelte politiche. *Studi storici*, 94, 35, 3, p. 677-704.

7505. GRANT (Ethan). Who owns Natchez? American territorial claims and the Spanish conquest of British Natchez in 1779. *Consortium on Revolutionary Europe 1750–1850*, 94, 23, 1, p. 406-414.

7506. GREENE (Jack P.). The Jamaica privilege controversy, 1764–66: an episode in the process of constitutional definition in the early modern British Empire. *Journal of Imperial and Commonwealth History*, 94, 22, 1, p. 16-53.

7507. PEDERIN (Ivan). La guerra fra Venezia e l'Impero ottomano (1715–1718) e l'albeggiare delle coscienze nazionali croata, serba e montenegrina. *Ateneo veneto*, 94, 32, 1, p. 210-228.

7508. REMMELINK (W.). The Chinese war and the collapse of the Javanese state, 1725–1743. Leiden, KITLV, 94, XI-297 p. (fig.). (Verhandelingen KITLV, vol. 162).

7509. SCOTT (H. M.). Aping the great powers: Frederick the Great and the defence of Prussia's international position, 1763–86. *German History*, 94, 12, 3, p. 286-307.

7510. WÓJCIK (Zbigniew). The separatist tendencies in the Grand Duchy of Lithuania in the 17th century. *Acta Poloniae hist.*, 94, 69, p. 55-62.

Cf. n° 4266

§ 4. Storia dal 1789 al 1815.

7511. ASKENAZY (Szymon). Napoleon a Polska. (Napoléon et la Pologne). Avant-propos de Andrzej ZAHORSKI. Warszawa, Volumen, 94, 701 p. (phot., fig.). (O Wolność i Niepodległość).

7512. BLACK (Jeremy). From Pillnitz to Valmy: British foreign policy and revolutionary France 1791–1792. *Francia*, 94, 21, 2, p. 129-146.

7513. DEGROS (Maurice). Les Consulats français en Espagne et au Portugal pendant la Révolution française. *Revue d'histoire diplomatique*, 94, 108, 2, p. 151-180.

7514. DODOLEV (M. A.). Venskiy kongress 1815g. v sovremennoy zarubezhnoy istoriografii. (Congress of Vienna of 1815 in modern foreign historiography). *Novaya i noveyshaya istoriya*, 94, 38, 3, p. 43-58.

7515. DWYER (Philip). The politics of Prussian neutrality, 1795–1805. *German History*, 94, 12, 3, p. 351-373.

7516. EPSTEIN (Robert M.). The Franco-Austrian War of 1809: a reappraisal. *Consortium on Revolutionary Europe 1750–1850*, 94, 23, 1, p. 497-505.

7517. GEHRMANN (Udo). Kazach'i voiska v Germanii: k istorii voiny Aleksandra I protiv Napoleona (Cossack troops in Germany: on the history of the war of Alexander I against Napoleon). *Australian Slavonic and East European Studies*, 94, 8, 1, p. 83-98.

7518. KOCÓJ (Henryk). Kościuszko i współczesna mu scena polityczna. Mocarstwa europejskie wobec powstania kościuszkowskiego. Zagadnienia wybrane. (Kościuszko et la scène politique contemporaine. L'attitude des puissances européennes envers l'insurrection de Kościuszko. Problèmes choisis). Katowice, Śląsk, 94, 196 p. [Rés. franç., Deutsche Zsfassung].

7519. RAO (Annamaria). Républiques et monarchies à l'époque révolutionnaire: une diplomatie nouvelle? *Annales Historiques de la Révolution Française*, 94, 296, p. 267-278.

7520. SIMMS (Brendan). The road to Jena: Prussian high politics, 1804–06. *German History*, 94, 12, 3, p. 374-394.

7521. THOMAS (Robin N. W.). Responses to war: the military reaction of the British government to the French declaration of war in 1793. *Consortium on Revolutionary Europe 1750–1850*, 94, 23, 1, p. 423-431.

7522. TOUBA (Mariam). Tom Paine's plan for revolutioning America: diplomacy, Politics and the evolution of a newspaper rumor. *Journalism History*, 94, 20, 3-4, p. 116-124.

7523. VILLANI (Pasquale). Agenti e diplomatici francesi in Italia (1789–1795). Un giacobino a Genova: Jean Tilly. *Società e storia*, 94, 17, 3, p. 529-558.

7524. WAGNER (Michael). England und die Französische Gegenrevolution, 1789–1802. München, Oldenbourg, 94, 348 p.

7525. YALÇINKAYA (M. Alaaddin). Mahmud-Raif Efendi as the Chief Secretary of Yusuf Agah Efendi, the first permanent Ottoman-Turkish Ambassador to London (1793–1797). *Ankara Üniversitesi Osmanlı Tarihi Araştırma ve Uygulama Merkezi Dergisi (OTAM)*, Ankara, 94, 5, p. 385-434.

Cf. n°s 5125, 5126, 7500, 7548

§ 5. Storia dal 1815 al 1910.

** 7526. Akten zur Geschichte des Krimkriegs. Ser. 3. Englische Akten zur Geschichte des Krimkriegs. Band 3. 3. Dezember 1854 bis 9. September 1855. Bearb. und Hrsg. v. Winfried BAUMGART unt. Mitw. v. Martin SENNER. München, Oldenbourg, 94, 960 p.

** 7527. Aus dem Nachlass Aehrental: Briefe und Dokumente zur österreichisch-ungarischen Innen-und Aussenpolitik 1885–1912. Hrsg. v. Solomon WANK. Wolfgang Neugebauer, 94. L-830 p.

** 7528. [ZOLOTAREV (V. A.).] Rossiya i Yaponiya na zare XX stoletiya: Analiticheskie materialy otechestvennoy voennoy orientalistiki. [Documents on the war of 1904–1905 (Russia–Japan) prepared by the Russian military historical commission, founded in september, 1906]. Ros. Akad. nauk i dr. Moskva, ARBIZO, 94, 583 p. (ill., bibl.).

7529. ACOSTA BARROS (Luis Miguel). Actitud del gobierno y la prensa españoles ante la guerra chino-japonesa de 1894–1895. *Hispania*, 94, 54, 3, p. 1041-1075.

7530. ÅSELIUS (Gunnar). Storbritannien, Tyskland och den Svenska neutraliteten 1880–1914: en omwardering (Great Britain, Germany and Swedish neutrality, 1880–1914: a revaluation). *Historisk Tidskrift* (Sweden), 94, 2, 1, p. 228-266.

7531. BEENING (A.). Onder de vleugels van de adelaar. De Duitse buiten landse politiek ten aanzien van Nederland in de periode 1890–1914. (Die Deutsche Aussenpolitik gegenüber den Niederlanden 1890–1914). Amsterdam, [s. n.], 94, 440 p. (Diss. Amsterdam U. v. A.).

7532. BENNETT (Norman R.). The Port wine system in the 1890s. *International History Review*, 94, 16, 2, p. 251-266.

7533. BERWANGER (Eugene H.). The British foreign service and the American civil war. Lexington, University Press of Kentucky, 94, XI-215 p.

7534. BILLY (George J.) Palmerston's foreign policy, 1848. New York, Peter Lang, 94, XV-256 p.

7535. BOPPE-VIGNE (Catherine). La Contre-Révolution Turque d'avril 1909. D'après la correspondance d'Auguste Boppe (1862–1921) diplomate français en poste à Costantinople. *Revue d'histoire diplomatique*, 94, 108, p. 193-222.

7536. BORNIQUEZ (Giorgio). Interessi regionali e politica internazionale: il traforo del Sempione (1850–1914). *Studi storici*, 94, 35, 3, p. 741-772.

7537. BRIDGES (Barry). The Australian refusal to receive Boer prisoners of war, March–April 1901. *Kleio*, 94, 26, p. 4-8.

7538. COPPA (Frank J.). The diplomacy of intransigence: Vatican policy during the Risorgimento. *In*: Papal diplomacy in the modern age [Cf. n° 7372], p. 33-44.

7539. COX (Gary P.). The halt in the mud: French strategic planning from Waterloo to Sedan. Boulder, Westview, 94, XII-258 p.

7540. DEL VECCHIO (Edoardo). La diplomazia italiana di fronte alla Rerum Novarum. *Clio*, 94, 30, 2, p. 257-294.

7541. Deutschland und Russland in der britischen Kontinentalpolitik seit 1815. Hrsg. v. Adolf M. BIRKE u. Hermann WENTKER. München, New Providence, London u. Paris, Saur, 94, 217 p.

7542. DIÓSZEGI (István). Bismarck és Andrássy 1870–1871-ben. (Bismarck et Andrássy [Gyula, 1823–1890] en 1870–1871). *Századok*, 94, 128, 3-4, p. 517-578.

7543. FARREL (Don A.). The partition of the Marianas: a diplomatic history, 1898–1919. *ISLA: A Journal of Micronesian Studies*, 94, 2, 2, p. 273-301.

7544. GOLDFRANK (David M.). The origins of the Crimean war. New York, Longman, 94, XIV-344 p.

7545. GRANGE (Daniel J.). L'Italie et la Méditerranée, 1896–1911: les fondements d'une politique étrangère. Roma, Ecole Française de Rome, 94, 2 vol., XIII-878 p., 818 p. (Collection de l'Ecole française de Rome, 197).

7546. GUAN (Xunxia), WAN (Anzhong). Shilun ri'e zhanzheng-qian eri dui zhongguo de zhengba. (The rivalry between Japan and Russia for hegemony over

China prior to the Russo-Japanese war). *Shixue Yuekan*, 94, 3, p. 99-104.

7547. HALEY (Charles D.). The desperate Ottoman: Enver Pasa and the German Empire. *Middle Eastern Studies*, 94, 30, 2, p. 224-251.

7548. Istoriya vneshney politiki SShA, 1775–1877. (History of American foreign policy, 1775–1877). V. N. PLESHKOV, A. A. FURSENKO, N. D. LUTSKOV i dr. Redkol.: N. N. BOLKHOVITINOVA. Ros.A.N., In-t vseobshch. istorii. Moskva, Mezhdunarodnye otnosheniya, 94, 382 p. (ill.).

7549. KADIC (Ante). The occupation of Bosnia (1878) as depicted in literature. *East European Quarterly*, 94, 28, 3, p. 281-296.

7550. KASTL (Jörg). Am straffen Zügel. Bismarcks Botschafter in Rußland, 1871–1892. München, Olzog, 94, 240 p.

7551. KINYAPINA (I. S.). Balkany i prolivy vo vneshney politike Rossii v kontse XIX v. (Balkan countries and Black Sea straits in Russian foreign policy in the end of XIXth century). Moskva, Izd-vo Mosk. un-ta, 94, 209 p. (bibl.).

7552. Late colonial state in Indonesia (The). Political and economic foundations of the Netherlandes Indies 1880–1942. Ed. by R. CRIBB. Leiden, KITLV, 94, 295 p. (Verhandelingen KITLV, vol. 163).

7553. LOCHER-SCHOLTEN (E. B.). Sumatraans en koloniale staat. De relatie Djambi-Batavia (1830–1907) en het Nederlandse imperialisme. (The sultanate Djambi at Sumatra and the Dutch imperialism, 1830–1907). Leiden, KITLV, 94, VIII-368 p. (fig.). (Verhandelingen KITLV, vol. 161).

7554. LONE (Stewart). Japan's first modern war: army and society in the conflict with China, 1894–95. New York, St. Martin's, 94, XI-222 p.

7555. MAC KENZIE (David). Serbia as Piedmont and the Yugoslav idea, 1804–1914. *East European Quarterly*, 94, 28, 2, p. 153-182.

7556. MILLER (Benjamin). Explaining the emergence of great powers concerts. *Review of International Studies*, 94, 20, 4, p. 327-348.

7557. MOREMAN (T. R.). The arms trade and the North-West frontier Pathan tribes, 1890–1914. *Journal of Imperial and Commonwealth History*, 94, 22, 2, p. 187-216.

7558. NOWAK (Andrzej). Między carem a rewolucją. Studium politycznej wyobraźni i postaw Wielkiej Emigracji wobec Rosji 1831–1849. (Entre le tsar et la révolution. Etude sur l'imagination politique et sur les attitudes de la Grande Emigration envers la Russie 1831–1849). Warszawa, Gryf, 94, 369 p. (Inst. Hist. Pol. Akad. Nauk).

7559. PERRY (John Curtis). Facing West: Americans and the opening of the Pacific. Westport, Praeger, 94, XXI-367 p.

7560. REINERMAN (Alan J.). The Vatican and the Austrian Empire during the Restoration, 1814–1846. *In*: Papal diplomacy in the modern age [Cf. n° 7372], p. 23-32.

7561. ROMSICS (Ignac). Détruire ou reconstruire l'Autriche-Hongrie? French foreign policy in the Danube region at the beginning of the 20th century. *Hungarian Quarterly*, 94, 35, 135, p. 46-59.

7562. ROSENBACH (Harald). Das Deutsche Reich, Grossbritannien und der Transvaal, 1896–1902: Anfänge deutsch-britischer Entfremdung. Göttingen, Vandenhoeck & Ruprecht, 94, 360 p.

7563. ROSSI (A.). Irredentismo e Triplice Alleanza nella valutazione della diplomazia francese. *Studi trentini di Scienze storiche*, 94, 73, 1, p. 277-312.

7564. SCHOLTYSECK (Joachim). Alliierter oder Vasall? Italien und Deutschland in der Zeit des Kulturkampfes und der "Krieg in Sicht" Krise 1875. Köln, Böhlau, 94, 500 p.

7565. SENCHENKO (I. A.). Dal'nevostochnaya politika SShA v nachale XX veka: Na primere Portsmutskoy konferentsii. (The Far East policy of the USA at the beginning of the XXth century: the conference in Portsmouth). *In*: Problemy politicheskoy istorii i istoriografii, [S. l.], [s. n.], 94, p. 5-44.

7566. SERRA (Enrico). Camillo Romano Avezzana. *Affari Esteri*, 94, 26, 101, p. 143-161.

7567. SKILLING (H. Gordon). T. G. Masaryk: against the current, 1882–1914. [S. l.], Pennsylvania State U. P., XV-248 p.

7568. SMITH (Joseph). The Spanish-American War: conflict in the Caribbean and the Pacific, 1895–1902. London a. New York, Longman, 94, IX-261 p.

7569. SPETTER (Alan Burton). The United States and Czarist Russia: the first phase. *Diplomatic History*, 94, 18, 1, p. 143-146.

7570. SZORDYKOWSKA (Barbara). Finlandia w polityce caratu w latach 1899–1914. Problemy rusyfikacji i unifikacji. (La Finlande dans la politique des tsars dans les années 1899–1914. Problèmes de la russification et de l'unification). Gdańsk, Uniw. Gdański, 94, 215 p. (Rozpr. i Monogr., 195). [Eng. summary].

7571. TRAIKOVA (Vesela). Srubskata propaganda v Makedoniia do 1893 g. i borbata sreshtu neia. (Serbian propaganda in Macedonia to 1893 and the struggle against it). *Makedonski Pregled*, 94, 17, 2, p. 21-46.

7572. TRAINOR (Luke). British imperialism and Australian nationalism: manipulation, conflict and compromise in the late nineteenth century. Cambridge, Cambridge U. P., 94, XI-213 p.

7573. ULUNYAN (A. A.). Rossiya i osvobozhdenie Bolgarii ot turetskogo iga, 1877–1878 gg. (Russia and the liberation of Bulgaria of Turkish power). Ros. Akad. nauk. In-t slavyanovedeniya i balkanistiki;

Nauch. tsentr obshcheslav. naslediya. Moskva, ISB, 94, 214 p. (maps, bibl.).

7574. WASTI (S. Tanvir). Mushir Hosain Kidwai and the Ottoman cause. *Middle Eastern Studies*, 94, 30, 2, p. 265-261. – IDEM. The 1877 Ottoman mission to Afghanistan. *Middle Eastern Studies*, 94, 30, 4, p. 956-962.

7575. WEEKS (Theodor R.), Lithuanians, Poles and the Russian imperial government at the turn of the century. *Journal of Baltic Studies*, 94, 25, 4, p. 289-304.

7576. ZAJEWSKI (Władysław). L'Europe face à la révolution en Belgique et en Pologne en 1830–1831. *Acta Poloniae hist.*, 94, 69, p. 81-97.

Cf. n°s 4262, 5310

§ 6. Dal 1910 al 1935. La prima guerra mondiale.

7577. ANDREWS (E. M.). The Anzac illusion: Anglo-Australian relations during world war I. Cambridge, Cambridge U. P., 94, XII-274 p.

7578. BANSLEBEN (Manfred). Ein Lösungversuch zum Problem der nicht-deutschen Reparationen: das Seydoux-Leith Ross Projekt von 1926. *Österreich in Geschichte und Literatur*, 94, 38, 2, p. 65-74.

7579. BARANY (Zoltan). Soviet takeovers: the role of the advisers in Mongolia in the 1920s and in Poland and Hungary after world war II. *East European Quarterly*, 94, 28, 4, p. 409-433.

7580. BARIETY (Jacques). La France et la naissance du "Royaume des Serbes, Croates et Slovenes": 1914–1919. *Revue d'Europe Centrale*, 94, 2, 1, p. 1-12.

7581. BAUMGART (Marek). Zagadnienie Paktu Wschodniego w stosunkach polsko-brytyjskich w 1934 r. (Le problème du Pacte de l'Est dans les relations polono-britanniques 1934). *Przegl. zach.*, 94, 50, 1, p. 15-29.

7582. BEHNEN (Michael). Die Reconstruktion-Politik der USA und das faschistische Italien 1921–1932. *Amerikastudien/American Studies*, 94, 39, 1, p. 43-65.

7583. BENNETT (G. H.). Britain's relations with France after Versailles: the problem of Tangier, 1919–1923. *European History Quarterly*, 94, 24, 1, p. 53-84.

7584. BITSCH (Marie-Thérèse). La Belgique entre la France et l'Allemagne, 1905–1914. Paris, Publications de la Sorbonne, 94, 574 p.

7585. BLASINA (Paolo). Santa Sede e Regno dei serbi, croati e sloveni. Dalla missione di dom Pierre Bastien al riconoscimento formale (1918–1919). *Studi storici*, 94, 35, 3, p. 773-810.

7586. BOLECH CECCHI (Donatella). Il patto Kellogg-Briand tra Italia e Stati Uniti. *Il Politico*, 94, 59, 3, p. 405-438.

7587. BOSCO (Andrea). NAVARI (Cornelia). Chatham House and British foreign policy, 1919–1945: the Royal Institute of International Affairs during the interwar years. London, Lothian Foundation Press, 94, 380 p.

7588. BRACH (Radko). Nemecke bezpecnostni memorandum z 9.2.1925 a bezprostredni reake Polska a Ceckoslovenska. (The German security memorandum of 9 february 1925 and the immediate reactions of Poland and Czechoslovakia). *Historie a Vojenstvi*, 94, 43, 4, p. 3-39. – IDEM. Spojenecka smlouva mezi Ceskoslovenskem a Franch z 25. ledna 1924 a garancni dohoda CS-Francouzska z 16. rijna 1925. (The treaty of alliance between Czechoslovachia and France, 25 January 1924, and the Czechoslovak-French guaranty agreement, 16 October 1925). *Historie a Vojenstvi*, 94, 43, 6, p. 3-21.

7589. BRZEZIŃSKI (Andrzej M.). Projekty rozbrojeniowe Stanów Zjednoczonych w dwudziestoleciu międzywojennym. (Les projets du désarmement présentés par les Etats-Unis dans les vingt ans entre les deux guerres). *Przegl. zach.*, 94, 50, 1, p. 1-14.

7590. BURKE (Bernard V.). Ambassador Frederic Sackett and the collapse of the Weimar republic, 1930–1933. The United States and Hitler's rise to power. Cambridge, Cambridge U. P., 94, XI-330 p.

7591. CAILLE (Dominique). La participation canadienne à la première guerre mondiale. *Revue d'histoire diplomatique*, 94, 108, 1, p. 25-50.

7592. CASSAR (George H.). Asquith as war leader. Rio Grande, Hambledon, 94, 295 p.

7593. COWEN (M. P.), SHENTON (R. W.). British neo-hegelian idealism and official colonial practice in Africa: the Oluwa Land case of 1921. *Journal of Imperial and Commonwealth History*, 94, 22, 2, p. 217-250.

7594. CRAFT (Stephen G.). Angling for an invitation to Paris: China's entry into the first world war. *International History Review*, 94, 16, 1, p. 1-24.

7595. DEJMECH (Jindrich). Ceskoslovensko-Rakouske politicke vztahy v obdobi jednani o Nemecko-Rakouskou celni unii (1930–1931) (Czechoslovak-Austrian relations at the time of Austro-German customs union negotiations, 1930–31). *Moderni Dejiny*, 94, 2, p. 233-261.

7596. DOCKRILL (Michael). The British Empire and the peace conferences: 1919–1923. *Historian*, 94, 42, p. 3-8.

7597. DUTTON (David). Simon and Eden at the Foreign Office, 1931–1935. *Review of International Studies*, 94, 20, 1, p. 35-52.

7598. EGERTON (George). Conservative internationalism: British approaches to international organization and the creation of the League of Nations. *Diplomacy and Statecraft*, 94, 5, 1, p. 1-20.

7599. ELLEMAN (Bruce A.). Secret Sino-Soviet negotiations on outer Mongolia, 1918–1925. *Pacific Af-*

6. DAL 1910 AL 1935. LA PRIMA GUERRA MONDIALE

fairs, 94, 66, 4, p. 539-563. – IDEM. The 1925 Soviet-Japanese secret agreement on Bessarabia. *Diplomacy & Statecraft*, 94, 5, 2, p. 287-295. – IDEM. The Soviet Union's secret diplomacy concerning the Chinese eastern railway, 1924–1925. *Journal of Asian Studies*, 94, 53, 2, p. 459-486.

7600. GELFAND (Lawrence E.). Where ideals confront self-interest: Wilsonian foreign policy. *Diplomatic History*, 94, 18, 1, p. 125-134.

7601. GILBERT (Martin). The first World War: a complete history. New York, H. Holt, 94, 864 p.

7602. GRISHINA (R. P.). Balkany v planakh Kominterna (1924 god). (Balkan peninsula in the plans of the Comintern, 1924). *Slavyanovedenie*, 94, 30, 5, p. 4-13.

7603. Guerre et cultures 1914–1918. Colloque international de Péronne [Somme], juillet 1992. Paris, Armand Colin, 94, 445 p.

7604. HALPERN (Paul G.). A naval history of world war I. Annapolis, Naval Institute Press, 94, XIII-591 p.

7605. HLADKY (Ladislav). T. G. Masaryk a Bosna a Hercegovina: prispevek k historii cesko-Jihoslovanskych vztahu. (T. G. Masaryk and Bosnia and Herzegovina: a contribution to the history of Czech-South Slav relations). *Slovanske Historicke Studie*, 94, 20, p. 35-55.

7606. HUGHES (Michael). British diplomats in Russia on the eve of war and revolution. *European History Quarterly*, 94, 24, 3, p. 341-366.

7607. JACOBSON (Jon). When the Soviet Union entered world politics. Berkeley a. Los Angeles, University of California Press, 94, XI-388 p.

7608. KAUFMAN (Robert Gordon). Arms control during the pre-nuclear era: the United States and naval limitation between the two World Wars. New York, Columbia U. P., 94, 289 p.

7609. KILLEN (Linda). Testing the peripheries: US-Yugoslav economic relations in the interwar years. New York, Columbia U. P., 94, IX-234 p.

7610. KIMURA (Masahito). Daiichiji taisengo no taibei minkan keizai gaiko: eibei homon jitsugyodan (1921–22 nen) O chushin toshite. (Post-World War I foreign relations and the American civil economy: the Anglo-American Business fact-finding mission, 1921–22). *Nihon Rekishi*, 94, 1, p. 72-88.

7611. KLIMEK (Antonin). Janovska Konference roku 1922 ocima Edvarda Benese (The Genoa Conference of 1922 through the eyes of Edvard Beneš). *Historie a Vojenstvi*, 94, 43, 1, p. 77-103.

7612. KOCHANOWSKI (Jerzy). Od Dźwiny do Dniestru. Działalność Mieszanej Komisji Granicznej na Wschodzie 1921–1922. (De Dvina à Dniestr. L'activité de la Commission Mixte [polono-russo-ukraino-biélorusse] de Démarcation des Frontières à l'Est 1921–1922). *Przegl. hist.*, 94, 85, 1-2, p. 59-74.

7613. KOLAR (Josef). Makedonska otazka, Bulharsko, Jugoslavie a Ceskoslovenska diplomacie v letech 1926–1928. (The Macedonian question, Bulgaria, Yugoslavia, and Czechoslovach diplomacy, 1926–1928). *Slovanske Historicke Studie*, 94, 20, p. 56-75.

7614. LAROCHE (Louis-Pierre). L'affaire Dutasta: les dernières conversations diplomatiques pour sauver l'Empire des Habsbourg (octobre–novembre 1918). *Revue d'histoire diplomatique*, 94, 108, 1, p. 51-76.

7615. LECZYK (Marian). Z dziejów polsko-rumuńskiego sojuszu wojskowego 1926–1932. (Sur l'histoire de l'alliance militaire polono-roumaine dans les années 1926–1932). *Dzieje najnowsze*, 94, 26, 3, p. 43-69.

7616. Locarno und Osteuropa. Fragen eines europäischen Sicherheitssystems in den 20er Jahren. Hrsg. v. Ralph SCHATTKOWSKY. Marburg, Hitzeroth, 94, 203 p.

7617. LUKES (Igor). Czechoslovak-Soviet relations from the end of World War I to Adolf Hitler's Machtergreifung. *Diplomacy & Statecraft*, 94, 5, 2, p. 248-286.

7618. MAGYARICS (Tamás). American-Hungarian relations in the 1920s. *Hung. stud.*, 94, 9, 1-2, p. 163-171.

7619. MAISEL (Ephraim). The Foreign Office and the foreign policy, 1919–1926. Brighton, Sussex Academic Press, 94, XI-323 p.

7620. MATERSKI (Wojciech). Georgia rediviva. Republika Gruzińska w stosunkach międzynarodowych 1918–1921. (Georgia rediviva. La République de la Géorgie dans les relations internationales en 1918–1921). Warszawa, [s. n.], 94, 251 p. (phot., fig., cartes).

7621. Mellan björnen och örnen: Sverige och Östersjöområdet under det första världskriget 1914–1918: föredrag hållna vid symposium i Visby, 4–7 augusti 1993. (Between the Björn and the Eagle. Sweden and the Baltic region during the First World War 1914–1918: reports at the Visby symposium, August 4–7, 1993). Ed. by Johan ENGSTRÖM a. Lars ERICSON. Visby, Gotlands Fornsal, 94, 299 p.

7622. MIKHOVICH (V.). Pol'sko-sovetskie raskhozhdeniya v oblasti razoruzheniya v period mezhdu dvumya voynami. (Contradictions between Poland and the Soviet State about the disarmament between the two World Wars). *Acta Univ. Lodzensis. Folia historica*, 94, 51, p. 99-110. (Polish summary)

7623. MIKHUTINA (I. V.). Pol'sko-sovetskaya voyna 1919–1920 gg. (The war between Poland and Soviet Russia in 1919–1920). Moskva, ISB, 94, 323 p. (bibl.).

7624. MOORE (Sara). Peace without victory for the Allies, 1918–1932. Providence, Berg, 94, XI-383 p.

7625. MOURELOS (Y.). Espionnage et contrainte politique en Grèce pendant la Grande Guerre. *Relations internationales*, 94, 78, p. 175-184.

7626. MUHLE (Robert W.). Louis Barthou und Deutschland (1862–1934). *Francia*, 94, 21, 3, p. 71-98.

7627. MULLER (K.-J.). Les activités du service secret militaire allemand contre la Tchécoslovaquie dans l'entre deux-guerres. *Relations internationales*, 94, 78, p. 185-202.

7628. NOWELL (Gregory P.). Mercantile states and the World Oil Cartel, 1900–1939. Ithaca, Cornell U. P., 94, 326 p.

7629. PAJEWSKI (Janusz). Friedensaktionen in den Anfängen des I. Weltkriegs. (Actions for peace in the first years of World War I). *Acta poloniae Historica*, 94, 70, p. 111-126.

7630. PASZTOR (Maria). Sprawy polskie w korespondencji dyplomatycznej francuskich kół wojskowych w latach 1926–1932. (Les affaires polonaises dans la correspondance diplomatique des cercles militaires français dans les années 1926–1932). *Dzieje najnowsze*, 94, 26, 4, p. 41-60.

7631. Pervaya mirovaya voyna. Diskussionnye problemy istorii. (The First World War. Discussional problems of history). Sb. st. (Coll. of articles.) Ros. A.N., In-t vseobshch. istorii. Otv. red. Yu. A. PISAREV, V. I. MAL'KOV. Moskva, Nauka, 94, 304 p.

7632. PHILBIN III (Tobias R.). The lune of Neptune: German-Soviet naval collaboration and ambitions, 1919–1941. Columbia, University of South Carolina Press, 94, 192 p.

7633. Polska – Białoruś 1918–1945. Zbiór studiów i materiałów. (Pologne – Biélorussie 1918–1945. Recueil d'études et de matériaux). Réd. Wiesław BALCERAK. Warszawa, Inst. Hist. PAN, 94, V-211 p.

7634. RÉTI (György). Gömbös és a római hármas egyezmény, 1934. (Gömbös [Gyula, 1886–1936] et l'accord tripartite de Roma 1934). *Tört. szle.*, 94, 36, 1-2, p. 135-165.

7635. RICCARDI (Luca). Francesco Salata, il trattato di Rapallo e la politica estera italiana verso la Jugoslavia all'inizio degli anni Venti. *Quaderni giuliani*, 94, 15, 2, p. 75-92.

7636. ROHON (Paul). Richard Teller Crane. prvy vyslanec USA v ČSR v Rokoch 1919–1921. (Richard Teller Crane: the firt US ambassador to Czechoslovakia in 1919–21). *Historicky Casopis*, 94, 42, 1, p. 97-107.

7637. SCHATTKOWSKY (Ralph). Deutschland und Polen von 1918/1919 bis 1925. Deutsch-polnische Beziehungen zwischen Versailles und Locarno. Frankfurt am Main, Lang, 94, 363 p.

7638. SCHIEDER (Wolfgang). Fascismo e nazionalsocialismo nei primi anni trenta. *Italia contemporanea*, 94, 196, p. 509-518.

7639. SCHOLZ (Werner). Frankreichs Rolle bei der Schaffung der Völkerbundkommission für internationale intellektuelle Zusammenarbeit 1919–1922. *Francia*, 94, 21, 3, p. 145-158.

7640. SEMENOV (K. N.). Etno-politicheskie voprosy v otnosheniyakh Gretsii i Bolgarii v period mirnogo uregulirovaniya (nachalo 1920-kh gg.). (Ethnopolitical questions in relations between Greece and Bulgaria during the the period of peaceful settlement, the beginning of the 1920s). *In*: Edinaya Evropa: ideya i praktika [Cf. n° 7875], p. 32-61.

7641. SOUTOU (Georges-Henri). Jean Pélissier et l'Office central des nationalités 1911–1918: renseignement et influence. *Relations internationales*, 94, 78, p. 153-174.

7642. STEELY (Mel). Col. A. L. Conger and America's peacemaking diplomacy in 1919. *Journal of the Georgia Associations of Historians*, 94, 15, p. 64-82.

7643. STEHLIN (Stewart A.). The emergence of a new Vatican diplomacy during the great war and its aftermath, 1914–1929. *In*: Papal diplomacy in the modern age [Cf. n° 7372], p. 75-86.

7644. STROŃSKI (Henryk). Polska droga do Kazachstanu. Represje wobec ludności polskiej na Ukrainie w latach trzydziestych. (La voie polonaise à Kazakhstan. Les répressions envers la population polonaise en Ukraine dans les années trente [1930–1938]). *Przegl. wsch.*, 94, 3, 2, p. 145-164. [Eng. summary].

7645. SUNDBACK (Esa). "A convenient buffer between Scandinavia and Russia": Great Britain, Scandinavia and the birth of Finland after the first World War. *Jahrbücher für Geschichte*, 94, 42, 3, p. 355-375.

7646. TENNEY (Warren John). "A disturbance not of great importance": the Tientsin incident and U.S.-Japan relations in China, 1919–1920. *Journal of American-East Asian Relations*, 94, 3, 4, p. 325-344.

7647. TOBISCH (Manfred). Das Deutschlandbild der Diplomatie Österreich-Ungarns von 1908 bis 1914. Frankfurt am Main, Lang, 94, XXV-315 p.

7648. TRINCHESE (Stefano). La Repubblica di Wiemar e la S. Sede tra Benedetto XV e Pio XI (1919–1922). Napoli, ESI, 94, 386 p.

7649. VACCARO (Antonella). Un progetto di restaurazione del Montenegro nelle lettere di Pietro Petrović Njegoš (1922–1923). *Storia contemporanea*, 94, 25, 1, p. 105-118.

7650. VISVIZI-DONTAS (Domna). Le Dodecanese à la Conference de Lausanne (1922–23). *Balkan Studies*, 94, 35, 1, p. 71-80.

7651. Washington conference, 1921–22: naval rivalry, East Asian stability and the road to Pearl Harbor (The). Ed. by Erik GOLDSTEIN a. John MAURER. Portland, Frank Cass, 94, 319 p.

7652. WELAND (James). Misguided intelligence: Japanese military intelligence officers in the Manchurian incident, September 1931. *Journal of Military History*, 94, 58, 3, p. 445-460.

7653. WILSON (K. M.). Understanding the 'misunderstanding' of 1 August 1914. *Historical Journal*, 94, 37, 4, p. 885-890.

7654. WINKLER (Henry R.). Paths not taken. British labour and internacional policy in the 1920s. Chapell Hill a. London, University of North Carlina Press, 94, X-245 p.

7655. WOLLER (Hans). I rapporti tra Mussolini e Hitler prima del 1933. Politica del potere o affinità ideologica? *Italia contemporanea*, 94, 196, p. 491-508.

7656. WOZNIAK (Peter). Blut, Erz, Kohle: a thematic examination of German propaganda on the Silesian question during the interwar years. *East European Quarterly*, 94, 28, 3, p. 319-334.

7657. YAVUZ (Bilge). Kurtuluş Savaşi Döneminde Türk-Fransız İlişkileri: Fransız Arşiv Belgeleri Açısından 1919-1922. (Les Relations turco-françaises pendant la Guerre de l'Indépendance d'après les documents d'Archives françaises 1919-1922). Ankara, Türk Tarih Kurumu, 94, IX-194 p.

7658. ZAFFI (Davide). La diplomazia ungherese tra le due guerre: la protezione delle minoranze. *Clio*, 94, 30, 1, p. 121-138.

7659. ZIMINA (N. G.). Problema natsional'nykh men'shinstv na Balkanskikh konferentsiyakh (1930-1933 gody). (The problem of national minorities on Balkan conferences, 1930-1933). *In*: Problemy politologii i politicheskoy istorii [S. l.], [s. n.], 94, 3, p. 92-105 (bibl.).

Cf n° 4842

§ 7. Dal 1935 al 1945. La seconda guerra mondiale.

a. Opere generali.

** 7660. Komintern i vtoraya mirovaya voyna. (The Comintern and the Second World War). Part 1: "Do iyunya 1941 g. (Till june 1941)". Text, intr., comm. by N. S. LEBEDEVA, I. M. NARINSKIY. Dir. K. M. ANDERSON, A. O. CHUBAR'YAN. Moskva, Pamyatniki istoricheskoy mysli, 94, 554 p. (Pamyatniki istorii Rossii. Ros. Akad. nauk. In-t vseobshchey istorii).

** 7661. Protokoły z posiedzeń Rady Ministrów Rzeczypospolitej Polskiej. (Procés-verbaux des séances du Conseil des Ministres de la République Polonaise). Réd. Marian ZGÓRNIAK. T. 1. (Octobre 1939-juin 1940). Ed. Wojciech ROJEK avec la collab. d'Andrzej SUCHCITZ. Kraków, Secesja, 94, XIX-374 p. (Pol. Akad. Umiej. Wydz. Hist.-Filozof. Archiwum Komisji dla Badania Dziejów Władz Rzeczypospolitej Pol. na Uchodźstwie 1939-1990. Cz. 1: Druga wojna światowa. Ser. A).

** 7662. SIPOS (Péter). Adattár a II. világháború történetéhez. (Recuil de documents pour servir à l'histoire de la Seconde guerre mondiale). Budapest, MTA Történettud. Int.-História, 94, 150 p. (História könyvtár Kronológiák, adattárak, 2).

7663. AGA ROSSI (Elena). Alle origini del mondo bipolare: la politica di Roosevelt verso l'Europa (1941-1945). *Storia contemporanea*, 94, 25, 2, p. 223-246.

7664. AKPO (C.). Solidarités et rivalités franco-britanniques en Afrique de l'Ouest 1936-1946. *Relations internationales*, 94, 77, p. 21-35.

7665. Allies at war: the Soviet, American, and British experience, 1939-1945. Ed. by A. O. CHUBARIAN, Warren F. KIMBALL, David REYNOLDS. London, Macmillan, 94, XXIV-456 p.

7666. ALPERT (Michael). A new international history of the Spanish civil war. London, Macmillan, 94, 209 p.

7667. ARCIDIACONO (Bruno). Anglais, Américains et Soviétiques dans les pays occupés de l'Europe danubienne. *Relations internationales*, 94, 79, p. 367-381.

7668. AVILES FARRE (Juan). Pasiòn y farsa. Franceses y britànicos ante la Guerra Civil Espanola. Madrid, Eudema, 94, 290 p.

7669. BLANCHARD (Pascal). BOETSCH (Gilles). La France de Pétain et l'Afrique: images et propagandes coloniales. *Canadian Journal of African Studies*, 94, 28, 1, p. 1-31.

7670. CAPUZZO (Ester). Aspetti istituzionali dell'occupazione angloamericana in Italia. *Clio*, 94, 30, 1, p. 35-76.

7671. CARROLL (Peter N.). The odyssey of the Abraham Lincoln brigade: Americans in the Spanish civil war. Stanford, Stanford U. P., 94, XIV-440 p.

7672. CEVA (Lucio). L'ultima vittoria del fascismo. Spagna 1938-1939. *Italia contemporanea*, 94, 196, p. 519-536.

7673. CHANDLER (Andrew). Munich and morality. The bishops of the Church of England and appeasement. *Twentieth Century British History*, 94, 5, 1, p. 77-99.

7674. CHROBACZYŃSKI (Jacek). Attitudes et comportements politiques des Polonais sous l'occupation allemande en Pologne (1939-1945). *Acta Poloniae hist.*, 94, 69, p. 99-119.

7675. DANILOV (Sergei Iu.). Soviet perceptions of Canada 1942-1945. *International Journal of Canadian Studies*, 94, 9, p. 161-171.

7676. DEÁK (István). Resistance, collaboration, and retribution during World War II and its aftermath. *Hung. quarterly*, 94, 35, 134, p. 62-74.

7677. ERLICH (Haggai). Ethiopia and the Middle East. Boulder, Lynne Rienner, 94, 227 p. – IDEM. Haile Sellassie and the Arabs, 1935-1936. *Northeast African Studies*, 94, 1, 1, p. 47-61.

7678. FIEBIG-VON HASE (Ragnhild). Die USA und Europa vor dem Ersten Weltkrieg. *Amerikastudien/ American Studies*, 94, 39, 1, p. 7-41.

7679. FUHRER (H. R.). L'espionnage allemand contre la Suisse pendant la Deuxième Guerre mondiale. *Relations internationales*, 94, 78, p. 215-239.

7680. GŁOWACKI (Albin). Obozy pracy dla polskich jeńców wojennych na wschodniej Ukrainie w świetle dokumentów sowieckich 1939–1940. (Les camps de travail forcé pour les prisonniers de guerre polonais en Ukraine orientale à la lumiére des documents soviétiques en 1939–1940). *Dzieje najnowsze*, 94, 26, 1, p. 43-58. – IDEM. Z badań nad dziejami jenieckiego obozu pracy NKWD w Równem (1939–1941). (Etude sur l'histoire du camp de travail des prisonniers de guerre de NKVD [Commissariat Populaire des Affaires Intérieures] à Rôwne, 1939–1941). *Przegl. hist.*, 93 (94), 84, 3, p. 307-318.

7681. GODA (Norman J. W.). Hitler's demand for Casablanca in 1940: incident or policy? *International History Review*, 94, 16, 3, p. 491-510.

7682. GONZALEZ CALLEJA (Eduardo). El servicio exterior de Falange y la politica exterior del primer franquismo: consideraciones previas para su investigacion. *Hispania*, 94, 54, 1, p. 279-307.

7683. HERBERT (U.). Le travail forcé dans la politique allemande d'occupation. *Relations internationales*, 94, 80, p. 429-443.

7684. HIRSCHFELD (G.). La politique nazie concernant les universités allemandes dans les pays occupés de l'Europe de l'Ouest. *Relations internationales*, 94, 80, p. 445-454.

7685. HOUSDEN (Martyn). Hans Frank, Empire builder in the East, 1939–1941. *European History Quarterly*, 94, 24, 3, p. 367-394.

7686. JACKSON (Peter). French military intelligence and Czechoslovakia, 1938. *Diplomacy & Statecraft*, 94, 5, 1, p. 81-106.

7687. KERSTEN (Krystyna). Szacunek strat osobowych w Polsce Wschodniej. (L'évaluation des pertes personnelles en Pologne Orientale [1939–1944]. *Dzieje najnowsze*, 94, 26, 2, p. 41-50.

7688. KOWALSKI (Wojciech). Liquidation of the effects of World War II in the area of culture. Warsaw, Institute of Culture, 94, 115 p. (phot., fig.).

7689. LEVISSE-TOUZE (C.). L'Afrique du Nord pendant la Seconde Guerre mondiale. *Relations internationales*, 94, 77, p. 9-19.

7690. MAŃKOWSKI (Zygmunt). Problem weryfikacji strat w obozie na Majdanku. (Le problème de la vérification des pertes au camp de concentration à Majdanek [vers Lublin]). *Dzieje najnowsze*, 94, 26, 2, p. 27-31.

7691. MERTSALOV (A. N.), MERTSALOVA (L. A.). Stalinizm i voyna: Iz neprochitannykh stranits istorii (1930–1990-e). (Stalinism and the Second World War. Historiography, 1930–1990s.). Moskva, Rodnik, 94, 399 p.

7692. "Nach Hitler kommen wir". Dokumente zur Programmatik der Moskauer KPD-Führung 1944–45 für Nachkriegsdeutschland. Hrsg. v. Peter ERLER, Horst LAUDE u. Manfred WILKE. Berlin, Akademie, 94, 426 p.

7693. PASZKIEWICZ (Piotr). Polskie środowisko artystyczne w Wielkiej Brytanii w latacvh II wojny światowej. (Le milieu artistique polonais en Grande Bretagne dans les années de la IIe guerre mondiale). *B. Hist. Sztuki*, 94, 56, 1-2, p. 129-143 (phot.). [Eng. summary].

7694. PIPER (Franciszek). Weryfikacja strat osobowych w obozie koncentracyjnym w Oświęcimiu. (La vérification des pertes personnelles au camp d'extermination à Auschwitz). *Dzieje najnowsze*, 94, 26, 2, p. 15-25.

7695. POGGIOLINI (Ilaria), VARSORI (Antonio). Une ou des occupations anglo-américaines? Le cas de l'Italie et du Japon. *Relations internationales*, 94, 79, p. 367-381.

7696. SALERNO (Reynolds M.). Multilateral strategy and diplomacy: the Anglo-German naval agreement and the Mediterranean crisis, 1935–1936. *Journal of Strategic Studies*, 94, 17, 2, p. 39-78.

7697. Sensō sekinin, sengo sekinin. Nihon to Doitsu wa dō chigau ka. (War responsibility, postwar responsibility. How Japan and Germany differ). Kentarō AWAYA [et al.]. Tōkyō, Asahi shinbunsha, 94, 274 p.

7698. [Siedemnastego] 17 września 1939. Materiały z ogólnopolskiej konferencji historyków, Kraków, 25–26 października 1993. (17 septembre 1939. Matériaux de la conférence générale des historiens polonais. Cracovie, 25–26 octobre 1993). Sous la réd. de Henryk BATOWSKI. Kraków, [s. n.], 94, 252 p. (Pol. Akad. Umiej. Rozpr. Wydz. Hist.-Filozof., 78).

7699. STEINWEIS (Alan E.). Ideology and infrastructure: German area science and planning for the germanization of Eastern Europe, 1939–1944. *East European Quarterly*, 94, 28, 3, p. 335-347.

7700. TEBINKA (Jacek). Debata Polska w Brytyjskim Parlamencie (27 luty–1 marzec 1945 r.). (The Polish debate in the British Parliament, 27 February–1 March 1945). *Dzieje Najnowsze*, 94, 26, 1, p. 59-76.

7701. Weg in die Katastrophe (Der). Deutschtschechoslowakische Beziehungen 1938–1947. Hrsg. v. Detlef BRANDES. Vaclav KURAL. Essen, Klartext Verlag, 94, 255 p.

7702. WEINBERG (Gerhard L.). A world at arms. A global history of World War II. New York, Cambridge U. P., 94, XIX-1178 p.

Cf. n° 7622

7. DAL 1935 AL 1945. LA SECONDA GUERRA MONDIALE

b. Diplomazia. Economia.

7703. ATHERTON (Louise). Lord Lloyd at the British Council and the Balkan front, 1937–1940. *International History Review*, 94, 16, 1, p. 25-48.

7704. BUKHANOV (V. A.). Gitlerovskiy "novyy poryadok" v Evrope i ego krakh, 1935–1945. (Ideynopoliticheskie problemy). (Hitler's "new order" in Europe and its failure, 1935–1945). Ekaterinburg, Izd-vo Ural. un-ta, 94, 166 p.

7705. BUTOW (R. J. C.). Marching off to war on the wrong foot: the final note Tokyo did not send to Washington. *Pacific Historical Review*, 94, 63, 1, p. 67-79.

7706. CARRILLO (Elisa A.). Italy, the Holy See and the United States, 1939–1945. *In*: Papal diplomacy in the modern age [Cf. n° 7372], p. 137-152.

7707. CONWAY (John S.). The Vatican, Germany and the Holocaust. *In*: Papal diplomacy in the modern age [Cf. n° 7372], p. 105-120.

7708. CRAIG (Gordon A.), Diplomats and diplomacy during the Second World War, *In*: Diplomats 1939–1979 (The) [Cf. n° 7304], p. 11-37.

7709. DOUGALL (Richardson). The U. S. Department of State from Hull to Acheson. *In*: Diplomats 1939–1979 (The) [Cf. n° 7304], p. 38-64.

7710. DU REAU (E.). Le renseignement et l'élaboration de la décision diplomatique et militaire: le cas de la France 1933–1940. *Relations internationales*, 94, 78, p. 241-260.

7711. ERCOLANI (Antonella). Las relaciones entre los Estados Unidos y Francia en 1940: la mision secreta de René de Chambrun. *Revista de estudios politicos*, 94, 85, 1, p. 37-84.

7712. FREDERIKSEN (Peter). General Sikorskis strategi for en polsk-tjekkoslovakisk føderation, 1939–1943. (General Sikorski's strategy for a Polish-Czechoslovakian federation, 1939–1943). *Historisk Tidsskrift* (Denmark), 94, 94, 1, p. 58-73 (English summary).

7713. GARZIA (Italo). Pope Pius XII, Italy and the second world war. *In*: Papal diplomacy in the modern age [Cf. n° 7372], p. 121-136.

7714. GIBIANSKI (L.). Doneseniia Iugoslavskogo posla v Moskve ob otsenkakh rukovodstvom SSSR Potsdamskoi Konferencii i polozheniia v vostochnoi Evrope (August–Noiabr' 1945 g.). (Reports of the Yugoslav ambassador in Moscow on the Soviet government's appraisal of the Potsdam Conference and the situation in Eastern Europe, August–November 1945). *Slavianovedenie*, 94, 1, p. 3-13.

7715. HARRIS (Joseph E.). African-American reactions to war in Ethiopia, 1936–1941. Baton Rouge, Louisiana State U. P., 94, XII-185 p.

7716. HRADECNY (Pavel). Kosovska otazka ve vyvoji Albansko-Jihoslovanskych vztahu do roku 1944.

(The Kosovo question in the development of Albanian-South Slav relations up to 1944). *Slovanske Historicke Studie*, 94, 20, p. 76-98. – IDEM. Recka otazka v mezinarodni politice v roce 1944 a na pocatku roku 1945. (The Greek question in international politics in 1944 and the beginning of 1945). *Slovansky Prehled*, 94, 80, 4, p. 355-366.

7717. HUAN (Claude). Les négociations franco-britanniques de l'automne 1940. *Guerres Mondiales et Conflits Contemporains*, 94, 45, 176, p. 139-154.

7718. ISLAMOV (Tofik). Erdély a Szovjet kulpolitikaban a masodik vilaghaboru alatt. (Transylvania in Soviet foreign policy during World War II). *Multunk*, 94, 39, 1-2, p. 17-50.

7719. KARSAY (László). Szálasi és Hitler 1944 nyarán. (Szálasi [Ferenc, 1897–1946] et Hitler en été de 1944). *Tört. szle*, 94, 36, 1-2, p. 167-180.

7720. KOSHKIN (A. A.). Sovetsko-Japonskii pakt o neitralitete 1941 g. i ego posledstviia. (The Soviet-Japanese neutrality pact of 1941 and its consequences). *Novaia i Noveishaia Istoriia*, 94, 4-5, p. 67-79.

7721. MARES (Antoine). Slobodne Francuzsko a Stredna a Vychodna Europa v rokoch 1940–44. (Free France and Central and Eastern Europe from 1940 to 1944). *Historicky Casopis*, 94, 42, 2, p. 245-277.

7722. MATSON (Robert W.). Neutrality and navicerts: Britain, the United States, and economic warfare, 1939–1940. New York a. London, Garland Publishing, 94, XIII-195 p.

7723. MERRITT MINER (Steven). His master's voice: Viacheslav Mikhailovic Molotov as Stalin's foreign commissar. *In*: Diplomats 1939–1979 (The) [Cf. n° 7304], 94, p. 65-100.

7724. MILLMAN (Brock). Credit and supply in Turkish foreign policy and the Tripartite Alliance of October 1939: a note. *International History Review*, 94, 16, 1, p. 70-80.

7725. MULIK (Peter). Vatikanska politika a diplomacia v stredovychodnej Europe v rokoch 1939–1950. (Vatican policy and diplomacy in Central and Eastern Europe from 1940 to 1944). *Historicky Casopis*, 94, 42, 2, p. 278-298.

7726. NEMECEK (Jan). 15 brezen 1939 a cs. Zastupitelske urady v polsku. (15 March 1939 and the Czechoslovak representative offices in Poland). *Historie a Vojenstvi*, 94, 43, 6, p. 22-41.

7727. NEVAKIVI (Jukka). A decisive armistice 1944–1947: why was Finland not sovietized? *Scandinavian Journal of History*, 94, 19, 2, p. 91-115.

7728. PARKER (Robert Alastair Clarke). Chamberlain and appeasement. British policy and the coming of the Second World War. London, Macmillan, 94, 388 p.

7729. PINTEV (Stojan). First steps towards peace in the autumn of 1945: Bulgaria and the activity of the

Council of Foreign Ministers of the USA, Great Britain and the USSR. *Bulgarian Historical Review*, 94, 22, 3, p. 76-95.

7730. PODMORE (William A.). The making of the Anglo-Italian agreement, 1937–1938. *Italian Studies*, 94, 49, p. 111-124.

7731. PRITZ (Pál). Horthy Miklós és Edmund Veesenmayer. A magyar-német viszony 1944 márciusa után. (Miklós Horthy [1868–1957] et Edmund Veesenmayer [1904–1977]. Les relations hungaro-allemandes après mars 1944). *Magy. tudomány*, 94, 39, 5, p. 552-562.

7732. RAUSCHER (Walter). Wien und Bukarest zwischen Kooperation, Restauration und Annexion: die österreichisch-rumänischen Beziehungen in der Zwischenkriegszeit. *Österreich in Geschichte und Literatur*, 94, 38, 2, p. 75-88.

7733. RETY (György). I rapporti italo-ungheresi. Aprile–Maggio 1939. *Rivista di studi politici internazionali*, 94, 61, 2, p. 233-248. – IDEM. Relazioni italo-ungheresi. Giugno–Agosto 1939. *Rivista di studi politici internazionali*, 94, 61, 4, p. 531-546.

7734. ROBERTS (Geoffrey). A Soviet bid for coexistence with nazi Germany, 1935–1937: The Kannndelaki Affair. *International History Review*, 94, 16, 3, p. 466-490.

7735. ROI (Michael L.). "A completely immoral and cowardly attitude": the British Foreign Office, American neutrality and the Hoare-Laval plan. *Canadian journal of history*, 94, 29, 2, p. 333-352.

7736. ROMÁN (Ildikó). A magyar-román viszony alakulása 1937–1940 között. (La formation des relations hungaro-roumaines entre 1937–1940). *Regio*, 94, 5, 3, p. 95-118.

7737. RZHESHEVSKI (O. A.). Vizit A. Idena v Moskvu v Dekabre 1941g. peregovory s I. V. Stalinym i V. M. Molotovym (Eden's visit to Moscow in December 1941: the talks with Stalin and Molotov). *Novaia i Noveishaia Istoriia*, 94, 2, p. 85-102.

7738. SCHLIE (Ulrich). Keine Friede mit Deutschland. Die geheimen Gespräche im Zweiten Weltkrieg 1939–1941. München u. Berlin, Langen Müller, 94, 520 p.

7739. SCHOENHERR (Klaus). Die Türkische Aussenpolitik vom Vorabend des zweiten Weltkrieges bis 1941. *Österreichische Osthefte*, 94, 36, 2, p. 295-314.

7740. SOUTOU (Georges-Henri). Le général De Gaulle et l'URSS, 1943–1945: idéologie ou équilibre européen. *Revue d'histoire diplomatique*, 94, 108, 4, p. 303-355.

7741. STOLER (Mark A.). A half century of conflict: interpretations of U.S. World War II diplomacy. *Diplomatic History*, 94, 18, 3, p. 375-404.

7742. STRANG (Bruce). Two unequal tempers: sir George Ogilvie-Forbes, sir Neville Henderson and British foreign policy, 1938–39. *Diplomacy & Statecraft*, 94, 5, 1, p. 107-137.

7743. TEJCHMAN (Miroslav). Rumunsko spojencem fasisticke osy (1940–1944). (Romania as an ally of the fascist Axis, 1940–44). *Slovanske Historicke Studie*, 94, 20, p. 99-111.

7744. TRANI (Silvia). L'unione tra l'Italia e l'Albania (1939–1943). *Clio*, 94, 30, 1, p. 139-167.

Cf. n° 4749

c. Operazioni militari.

7745. AMBROSE (Stephen E.). D-Day June 6, 1944: the climatic battle of World War II. New York, Simon and Schuster, 94, 655 p.

7746. BEST (Antony). "Straws in the wind": Britain and the february 1941 war-scare in East Asia. *Diplomacy & Statecraft*, 94, 5, 3, p. 642-665.

7747. COX (Sebastian). "The difference between white and black": Churchill, imperial politics, and intelligence before the 1941 crusader offensive. *Intelligence and National Security*, 94, 9, 3, p. 405-447.

7748. DEMM (Eberhard). Anschluss, Autonomie oder Unabhängigkeit? Die Deutsche Lituanienpolitik im ersten Weltkrieg und das Selbstbestimmungsrecht der Völker. *Journal of Baltic Studies*, 94, 25, 2, p. 195-200.

7749. [Drugi] 2 Korpus Polski w bitwie o Monte Cassino z perspektywy półwiecza. (Le [deuxième] 2ᵉ Corps Polonais dans la bataille pour Monte Cassino vu de la perspective d'un demi-siècle). Réd. scient. Tadeusz PANECKI. Warszawa, Bellona, 94, 278 p. (phot., fig., cartes).

7750. DZIEWANOWSKI (M. K.). Polish intelligence during World War II: the case of Barbarossa. *East European Quarterly*, 94, 28, 3, p. 381-391.

7751. FÜLÖP (Mihály). L'occupation soviétique en Europe centrale et orientale. *Relations internationales*, 94, 79, p. 335-346.

7752. GERVIK (Hans). Refleksjoner etter 50 år: ved en tidligere frontkjemper. (Reflections after 50 years: by a former front-line soldier). Torp, Trans forlag, 94, 319 p.

7753. JOVANOVICH (Leo M.). The war in the Balkans in 1941. *East European Quarterly*, 94, 28, 2, p. 105-129.

7754. LAWLOR (Sheila). Churchill and the politics of war, 1940–41. Cambridge, Cambridge U. P., 94, XVI-270 p.

7755. MAGNUSKI (Janusz), KOŁOMIJEC (Maksim). Czerwony Blitzkrieg. Wrzesień 1939. Sowieckie wojska pancerne w Polsce. (Le rouge Blitzkrieg. Septembre 1939. L'armée soviétique blindée en Pologne). Warszawa, Pelta, 94, 88 p. (Eng. summary, phot., fig., dessins, cartes).

7756. MANNINEN (Ohto). Talvisodan salatut taustat: Neuvostoliiton operatiiviset suunnitelmat 1939–1941 Suomen suunnalla. (The Soviet operation plans for the Finnish theatre of war in 1939–1941.) Helsinki, Kirjanauvos, 94, 109 p. (English summary).

7757. MORSY (Laila Amin). Indicative cases of Britain's wartime policy in Egypt, 1942–44. *Middle Eastern Studies*, 94, 30, 1, p. 91-122.

7758. PAVLENKO (N. G.). Byla voyna ...: Razmyshleniya voennogo istorika. (There was a war ...: thoughts of a military historian). Moskva, IK "Rodnik", 94, 416 p.

7759. Pearl Harbor to Hiroshima (From). The Second World War in Asia and the Pacific, 1941–45. Ed. by Saki DOCKRILL. London, Macmillan, 94, XIV-242 p.

7760. PRYSER (Tore). Fra varm til kald krig: etterretningskuppet på Lillehammer i frigjöringsdagene 1945 og et mulig mord. (From a warm to a cold war: the intelligence coup in Lillehammer in the liberation days 1945 and an eventual murder). Oslo, Universitetsforlag, 94, 219 p.

7761. REYNOLDS (E. Bruce). Thailand and Japan's southern advance 1940–1945. London, Macmillan, 94, 334 p.

7762. ROSSI (Mario). Les autorités militaires américaines et la France Libre de 1942 à 1944. *Guerres Mondiales et Conflits Contemporains*, 94, 44, 174, p. 179-194.

7763. RZEPNIEWSKI (Andrzej). Drugi Korpus Polski pod Monte Cassino w historiografii zachodniej. (Le Deuxième Corps d'Armée Polonaise devant Monte Cassino dans l'historiographie de l'Ouest). *Wojsk. Przegl. hist.*, 94, 39, 1-2, p. 16-25.

7764. SADKOVICH (James J.). Anglo-American bias and the Italo-Greek war of 1940–41. *Journal of Military History*, 94, 58, 4, p. 617-642.

7765. SADKOVICH (James J.). The Italian navy in World War II. Westport, Greenwood, 94, XX-379 p.

7766. SAINSBURY (Keith). Churchill and Roosevelt at war: the war they fought and the peace they hoped to make. New York, New York U. P., 94, XII-223 p.

7767. SMYTH (Denis). The dispatch of the Spanish Blue Division to the Russian front: reasons and repercussions. *European History Quarterly*, 94, 24, 4, p. 537-554.

7768. SZAROTA (Tomasz). Die Luftangriffe auf Warschau im zweiten Weltkrieg [1939–1943]. *Acta Poloniae hist.*, 94, 69, p. 121-133.

7769. UMBREIT (H.). Unité et diversité de l'occupation nazie. *Relations internationales*, 94, 80, p. 415-427.

7770. VAN TUYLL (Hubert P.). D-day in the East: American aid and Soviet victory, 1944. *Journal of the Georgia Association of Historians*, 94, 15, p. 220-234.

7771. VARGYAI (Gyula). The ninth circle of Hell. The siege of Budapest, December 24, 1944–February 13, 1944. *Hung. quarterly*, 94, 35, 136, p. 90-97.

7772. VETSCH (C.). Le rôle de la désinformation dans l'attaque contre la France en mai 1940. *Relations internationales*, 94, 78, p. 203-214.

d. Resistenza.

* 7773. HENZEL (Władysław), SAWICKA (Irena). Powstanie warszawskie 1944. Bibliografia selektywna. (L'insurrection de Varsovie en 1944. Bibliographie sélective). T. 1-2. Warszawa, Centr. Bibl. Wojsk., 94, XXVI-343; VI-267 p.

** 7774. Stalin a Powstanie Warszawskie. Dokumenty. (Staline et l'Insurrection de Varsovie. Documents). Ed., annotations et avant-propos de Tomasz STRZEMBOSZ. Warszawa, 94, 204 p. (Inst. Studiów Polit. Pol. Akad. Nauk, Z Archiwów Sowieckich, 4).

7775. BIENIECKI (Kajetan). Lotnicze wsparcie Armii Krajowej. (Le secours à l'Armée de l'Intérieur [par l'aviation d'Angleterre et des Etats-Unis dans les années 1939–1945]). Kraków, Arcana, 94, in-8, 609 p. (cartes 5).

7776. CAMMAERT (A. P. M.). Het verborgen front. Geschiedenis van de georganiseerde illegaliteit in de province Limburg tijdens de tweede wereldoorlog. (History of the organized resistance in the Dutch province Limburg during the second World War). Leeuwarden, Eisma, 94, 2 vol., LII-XV-1262 p. (fig.). (Maaslandse monograf. vol. 55, 56. Diss. Groningen).

7777. Jean Moulin et la Résistance en 1943. Journée d'étude, Paris, Institut d'histoire du temps présent. *Cahiers de l'Institut d'histoire du temps présent*, 94, 27, 170 p.

7778. KOMOROWSKI (Tadeusz Bór). Armia podziemna. (L'armée clandestine [1939–1945]). Ed. et post-face par Władysław BARTOSZEWSKI, Andrzej Krzysztof KUNERT. Warszawa, Bellona, 94, 492 p. (phot., fig.).

7779. KUNERT (Andrzej Krzysztof). Rzeczpospolita Waslcząca: Powstanie Warszawskie 1944. (La République combattante: l'Insurrection de Varsovie 1944). Avant-propos: Władysław BARTOSZEWSKI. Warszawa, Wydawn. Sejmowe, 94, XVIII-431 p. (phot., fig., cartes).

7780. KWIATKOWSKI (Maciej Józef). "Tu mówi powstańcza Warszawa" ... Dni powstania w audycjach Polskiego Radia i dokumentach niemieckich. ("Ici Varsovie insurrectionelle" ... Les jours de l'insurrection d'après les auditions de la Radio Polonaise et les documents allemands). Warszawa, Państw. Inst. Wydawn., 94, 737 p. (phot., fig.). (Bibl. Syrenki).

7781. Powstanie Warszawskie 1 sierpnia–2 października 1944. Służby w walce. (L'insurrection de Varsovie 1 août–2 octobre 1944. Les services en lutte).

Réd. Romuald ŚRENIAWA-SZYPIOWSKI. Auteurs: Aleksander GIEYSZTOR [et al.]. Warszawa, Wydawn. Nauk. PWN, 94, 318 p. (phot., fig., dessins).

7782. RUDNY (Zenon). Powstanie praskie w maju 1945 r. (L'insurrection de Prague en mai 1945). *Wojsk. Przegl. hist.*, 94, 39, 1-2, p. 38-50 (phot.).

7783. SALMONOWICZ (Stanisław). Polskie Państwo Podziemne. Z dziejów walki cywilnej 1939-1945. (L'Etat polonais clandestin. Sur l'histoire de la lutte civile 1939-1945). Warszawa, Wydawn. Szkolne i Pedagog., 94, 323 p. (phot., fig.). (Szkice z Dziejów Pol.).

§ 8. Storia dal 1945 in poi.

* 7784. REICH (Bernard), SILVERBURG (Sanford R.). U. S. foreign relations with the Middle East and North Africa: a bibliography. Metuchen, Scarecrow, 94, 586 p.

** 7785. British documents on the end of Empire. Series A, Vol. III. The Conservative government and the end of Empire, 1951-57. Part I. International relations. Ed. by David GOLDSWORTHY. London, HMSO, 94, LXXXIV-422 p.

** 7786. Canada: documents on Canadian external relations. Vol. 14. 1948. Ed. by Hector MAC KENZIE. Ottawa, Department of Foreign Affairs and International Trade, 94, XLIV-1907 p.

** 7787. Cominform. Minutes of the Three Conferences 1947/1948/1949 (The). Milano, Annali della Fondazione Feltrinelli, 94, XXV-1054 p.

7788. After History? Francis Fukuyama and his critics. Ed. by Timothy BURNS. Lanham, Littlefield, 94, XII-265 p.

7789. AGYEMAN-DUAH (Baffour). The United States and Ethiopia: military assistance and the quest for security, 1953-1993. Lanham, University Press of America, 94, 236 p.

7790. AL-ALKIM (Hassan Hamdan). The GCC states in an unstable world: foreign policy dilemmas of small states. London, Saqi Books, 94, 234 p.

7791. ALBONETTI (Achille). Il declino dell'Europa, il secolo americano e il bipolarismo zoppo. *Affari Esteri*, 94, 26, 102, p. 307-321.

7792. ALEXANDROVA (Olga). Le facteur russe dans la politique de sécurité ukrainienne. *Politique étrangère*, 94, 59, 1, p. 49-60.

7793. ALIN (Erika G.). The United States and the 1958 Lebanon crisis: American intervention in the Middle East. Lanham, University Press of America, 94, 160 p.

7794. ALMOG (Orna). An end of an era. The crisis of 1958 and the Anglo-Israeli relationship. *Contemporary Record*, 94, 8, 1, p. 49-76.

7795. ALMOND (Mark). Europe's backyard war: the war in the Balkans. London, Heinemann, 94, 432 p.

7796. ALPHER (Yoseph). Israel's security concerns in the peace process. *International Affairs*, 94, 70, 2, p. 229-242.

7797. American policy and the reconstruction of West Germany, 1945-1955. Ed. by Jeffrey M. DIEFENDORF, Axel FROHN a. Hermann-Joseph RUPIEPER. Cambridge, Cambridge U. P., 94, 537 p.

7798. ANCIAUX (Robert). La Turquie: puissance regionale entre l'Europe et l'Orient dans la periode de l'après-guerre froide. *Civilizations*, 94, 43, 1, p. 93-121.

7799. ANDEREGGEN (Anton). France's relationship with Subsaharian Africa. Westport, Praeger, 94, 200 p.

7800. ANIKEEV (A. S.). K istorii formirovaniya voenno-politicheskikh blokov v Evrope (Balkanskiy pakt 1950-54 gg.). (Balkan treaty, 1950-1954). *In*: Edinaya Evropa: Ideya i praktika [Cf. n° 7875], p. 90-126.

7801. Anzus states and their region (The): regional policies of Australia, New Zealand, and the United States. Ed. by Richard W. BAKER. Westport, Praeger, 94, XIII-228 p.

7802. ARTUAD (Denise). La ménace américaine et le règlement indochinois à la Conférence de Genève. *Histoire, Economie et Societé*, 94, 13, 1, p. 47-62.

7803. As others see us: Anglo-German perceptions. Ed. by Harald HUSEMANN. Frankfurt, Europäischer Hochschulschriften Verlag der Wissenschaften, 94, 151 p.

7804. AYUBI (Shaheen). Nasser and Sadat: decision making and foreign policy (1970-1972). Lanham, University Press of America, 94, 262 p.

7805. BAGNATO (Bruna). L'opinion publique italienne et la décolonisation du Maroc et de la Tunisie 1946-1956. *Relations internationales*, 94, 77, p. 53-64.

7806. BAILEY (Sydney D.). The UN Security Council and human rights. London, Macmillan, 94, 181 p.

7807. BALFOUR-PAUL (Glen). The end of empire in the Middle East: Britain's relinquishment of power in her last three Arab dependencies. Cambridge, Cambridge U. P., 94, 278 p.

7808. BARIETY (Jacques). La France et la crise internationale du blocus de Berlin. *Histoire, Economie et Societé*, 94, 13, 1, p. 29-43. – IDEM. Les occupations françaises en Allemagne après les deux guerres mondiales. *Relations internationales*, 94, 79, p. 319-334.

7809. BAR-ON (Mordechai). The gates of Gaza: Israel's road to Suez and back 1955-57. New York, St. Martin's, 94, XI-404 p.

7810. BELL (Philippe). Les attitudes de la Grande-Bretagne envers l'Europe et l'intégration européenne 1940-1957. *Revue d'histoire diplomatique*, 94, 108, 2, p. 113-128.

7811. BENNETT (Andrew). LEPGOLD (Joseph). UNGER (Danny). Burden-sharing in the Persian Gulf war. *International Organization*, 94, 48, 1, p. 39-75.

7812. BERNKOPF TUCKER (Nancy). Taiwan, Hong Kong, and the United States, 1945–1992: uncertain friendships. New York, Twayne of Macmillan, 94, XVI-357 p.

7813. BEYERSDORF-ZIMERAY (Karine). L'impact de la réunification allemande sur les relations francobritanniques. *Revue d'histoire diplomatique*, 94, 108, 3, p. 223-256.

7814. BLACKBURN (Robert M.). Mercenaries and Lyndon Johnson's "more flags": the hiring of Korean, Filipino and Thai soldiers in the Vietnam war. Jefferson, Mc Farland, 94, XIV-206 p.

7815. BOARDMAN (Robert). Post-socialist world orders: Russia and China and the UN system. London, Macmillan, 94, 200 p.

7816. BORHI (László). Az Egyesült Államok és a szovjet zóna 1945–1990. (Les Etats-Unis et la zone soviètique, 1945–1990). Budapest, MTA Történettud. Int.-História, 94, 198 p. (História könyvtár, Kronológiák, adattárak, 3).

7817. BOZO (Frédéric). De Gaulle, l'Amerique et l'Alliance Atlanique: une relecture de la crise de 1966. *Vingtième Siècle*, 94, 43, 3, p. 55-68.

7818. BRAND (Laurie A.). Economics and shifting alliances: Jordan's relations with Syria and Iraq, 1975–81. *International Journal of Middle East Studies*, 94, 26, 3, p. 393-413.

7819. BRECHER (Michael). Eban and Israeli foreign policy: diplomacy, war, and disengagement. In: Diplomats 1939–1979 (The) [Cf. n° 7304], p. 398-435.

7820. BUNGERT (Heike). A new perspective on French-American relations during the occupation of Germany, 1945–1948: behind-the-scenes diplomatic bargaining and the zonal merger. *Diplomatic History*, 94, 18, 3, p. 333-352.

7821. BURR (William). Avoiding the slippery slop: the Eisenhower administration and the Berlin crisis, november 1958–january 1959. *Diplomatic History*, 94, 18, 2, p. 177-206.

7822. CACCAMO (Domenico). La politica balcanica degli USA, 1990–1994. *Rivista di studi politici internazionali*, 94, 61, 2, p. 179-194.

7823. CANAVERO (Alfredo). I cattolici italiani e le politiche di integrazione europea dal dopoguerra ai trattati di Roma: un primo bilancio degli studi. *Bollettino dell'Archivio per la storia del movimento sociale cattolico in Italia*, 94, 29, 2, p. 115-140.

7824. CARACCIOLO DI SAN VITO (Roberto). Paradigmi per una strategia di equilibrio internazionale. *Affari Esteri*, 94, 26, 102, p. 322-331.

7825. CAROLI (Giuliano). Federazione balcanica e panslavismo. Valutazioni della diplomazia italiana nel 1947–48. *Rivista di studi politici internazionali*, 94, 61, 3, p. 401-409.

7826. CASSIERS (Isabelle). Du "miracle belge" à la croissance lente: l'impact du Plan Marshall et de l'Union Européenne des Paiements. *Historiens de l'Europe Contemporaine*, 94, 9, 1-2, p. 3-28.

7827. CAVALLARI (Alberto). L'atlante del disordine: la crisi geopolitica di fine secolo. Milano, Garzanti, 94, 314 p.

7828. CAVIEDAS (César N.). Conflict over the Falkland Islands: a never-ending story? *Latin American Research Review*, 94, 29, 2, p. 172-187.

7829. CHALLENER (Richard D.). The moralist as pragmatist: John Foster Dulles as cold war strategist. In: Diplomats 1939–1979 (The) [Cf. n° 7304], p. 135-166.

7830. CHEN (Jian). China's road to the Korean War: the making of the Sino-American confrontation. New York, Columbia U. P., 94, 339 p.

7831. CLARK (Ian). Nuclear diplomacy and the special relationship: Britain's deterrent and America, 1957–1962. New York, Oxford U. P., 94, 461 p.

7832. CLARK (John F.). Collective interventions after the cold war: reflections on the U.N. mission to the Congo, 1960–64. *Journal of Political Science*, 94, 22, p. 93-115.

7833. CLAYTON (Anthony). The wars of French decolonization. London, Longman, 94, X-234 p.

7834. COATSWORTH (John H.). Central America and the United States: the clients and the colossus. New York, Twayne of Macmillan, 94, XII-277 p.

7835. COGAN (Charles G.). Oldest allies, guarded friends: the United States and France since 1940. Westport, Praeger, 94, 234 p.

7836. COHEN (Michael J.). William A. Eddy, the oil lobby and the Palestine problem. *Middle Eastern Studies*, 94, 30, 1, p. 166-180.

7837. COHEN (Stuart A.). Imperial policing against illegal immigration: the Royal Navy and Palestine, 1945–48. *Journal of Imperial and Commonwealth History*, 94, 22, 2, p. 275-293.

7838. COLOMBO (Alessandro). Solitudine dell'Occidente. Milano, Il Saggiatore, 94, 207 p.

7839. CONZE (Eckart). Deutsche Frage und Europäische Integration 1945–1990. *Historisches Jahrbuch*, 94, 114, 2, p. 412-426.

7840. COOPER (Alastair). At the crossroads: Anglo-australian naval relations, 1945–1971. *Journal of Military History*, 94, 58, 4, p. 699-718.

7841. COPSON (Raymond W.). Africa's wars and prospects for peace. Armonk, Sharpe, 94, 668 p.

7842. CORDERSMAN (Anthony H.). Iran and Iraq: the threat from the Northern Gulf. Boulder, Westview, 94, 380 p.

7843. COSTIGLIOLA (Frank). An "arm around the shoulder": the United States, NATO, and German reunification, 1989–90. *Contemporary European History*, 94, 3, 1, p. 87-110.

7844. COTTAM (Martha L.). Images and intervention: U.S. policies in Latin America. Pittsburgh, Pittsburgh U. P., 94, 220 p.

7845. COUTAU-BEGARIE (Hervé). Comment on conduit une coalition: la France et la Grande-Bretagne dans l'affaire de Suez. *Histoire, Economie et Société*, 94, 13, 1, p. 101-109.

7846. COX (Michael). The necessary partnership? The Clinton presidency and post-Soviet Russia. *International Affairs*, 94, 70, 4, p. 635-658.

7847. CRAIG (Gordon A.). Konrad Adenauer and his diplomats. In: Diplomats 1939–1979 (The) [Cf. n° 7304], p. 201-227.

7848. CROCKATT (Richard). The fifty years war: the United States and the Soviet Union in world politics, 1941–1991. London, Routledge, 94, 417 p.

7849. CROFT (Stuart). The end of superpower: British Foreign Office conceptions of a changing world, 1945–1951. Aldershot, Dartmouth, 94, 225 p.

7850. CULLATHER (Nick). Illusions of influence: the political economy of United States-Philippines relations, 1942–1960. Stanford, Stanford U. P., 94, XI-255 p.

7851. CZAPLIŃSKI (Władysław). Sukcesja państw a odpowiedzialność międzynarodowa. Czy RFN odpowiada za dziaęalność Rzeszy? (La succession des états et la responsabilité internationale. La République Fédérale d'Allemagne est-elle responsable de l'activité du Reich?). *Przegl. zach.*, 93 (94), 49, 4, p. 125-146.

7852. DAJANI (Burhan). The September 1993 Israel-PLO documents: a textual analysis. *Journal of Palestine Studies*, 23, 3, p. 5-23.

7853. DAVID (Charles-Philippe). La politique étrangère du président Bush: un premier bilan du processus décisionnel. *Politique étrangère*, 94, 59, 3, p. 833-852.

7854. DE FOLIN (Véronique). Le principe de supranationalité dans l'histoire de la construction européenne. *Historiens de l'Europe Contemporaine*, 94, 9, 1-2, p. 29-34.

7855. De Gaulle and the United States. A centennial reappraisal. Ed. by Robert O. PAXTON a. Nicholas WAHL. Oxford a. Providence, Berg, 94, XIX-433 p.

7856. DE LA SERRE (François). De Gaulle et la candidature britannique aux communautés européennes. *Histoire, Economie et Société*, 94, 13, 1, p. 131-142.

7857. DE SWANN (Jean-Christophe). Mitterrand and the Gaullist dilemma over European integration. *International Relations*, 94, 12, 2, p. 11-24.

7858. Decline of the Soviet Union and the transformation of the Middle East (The). Ed. by David H. GOLDBERG a. Paul MARANTZ. Boulder, Westview, 94, 240 p.

7859. DEFRANCE (Corinne). Les politiques universitaires des trois alliés occidentaux en Allemagne occupée, 1945–1949. *Relations internationales*, 94, 80, p. 455-469.

7860. DEIGHTON (Anne). La Grande-Bretagne et la Communauté économique européenne (1958–1963). *Histoire, Economie et Société*, 94, 13, 1, p. 113-130.

7861. DEL BOCA (Angelo). La trappola somala: dall'operazione Restore Hope al fallimento delle Nazioni Unite. Roma e Bari, Laterza, 94, 120 p.

7862. DELL (Edmund). Britain and the origins of the European Monetary System. *Contemporary European History*, 94, 3, 1, p. 1-60.

7863. DESZCZYŃSKI (Marek), KUPIECKI (Robert), MOSZCZYŃSKI (Tomasz). Historia polityczna świata. Kalendarium wydarzeń 1945–1994. (Histoire politique du monde. Calendrier des événements 1945–1994). Warszawa, Morex, 94, 631 p.

7864. Diplomacy of the crucial decade: America's foreign relations during the 1960s. Ed. by Diane B. KUNZ. New York, Columbia U. P., 94, VIII-372 p.

7865. DMITRÓW (Edmund). Die Polen über die Deutschen. Meinungen und Auseinandersetzungen aus den Jahren 1945–1948. *Acta Poloniae hist.*, 94, 70, p. 127-150.

7866. DONNO (Antonio). Laici e socialisti italiani di fronte al ruolo americano nella crisi di Suez. *Clio*, 94, 30, 3, p. 563-574.

7867. DREYER (Ronald). Namibia and southern Africa: regional dynamics of decolonization 1945–1990. London, Kegan Paul International, 94, 299 p.

7868. DUBOIS (C.). L'ONU et la décolonisation de la Corne de l'Afrique 1948–1977. *Relations internationales*, 94, 77, p. 81-98.

7869. DUCHENE (François). Jean Monnet: the first statesman of interdependence. London, Norton, 94, 478 p.

7870. DUIGNAN (Peter), GANN (L. H.). The United States and the new Europe. Cambridge, Blackwell, 94, 357 p.

7871. DUIKER (William J.). U.S. containment policy and the conflict in Indochina. Stanford, Stanford U. P., 94, VII-453 p.

7872. DUNBABIN (J. P. D.). International relations since 1945. Vol. 1. The Cold War: the great powers and their allies. Vol. 2. The post-imperial age: the great powers and the wider world. New York, Longman, 94, XX-513 p., XII-549 p.

7873. DUVERGER (Maurice). L'Europa degli uomini. Milano, Rizzoli, 94, 207 p.

7874. DZIEWULSKA-ŁOSIOWA (Aniela). Konwój strzela bez uprzedzenia. Polki w więzieniach i łagrach sowieckich (1944-1956). (Le convoi ouvre le feu sans avertissement. Les Polonaises dans les prisons et les camps de concentrations soviétiques, 1944-1956). Białystok, Oddz. Tow.Liter. im. Adama Mickiewicza, 94, 300 p. (phot., fig., carte 1). (Non Omnis Moriar. Bibl. Pamięci i Myśli, 9).

7875. Edinaya Evropa: ideya i praktika. (United Europe: idea and practice). Sb. st. (Coll. of articles.) Ros.A.N., In-t vseobshch. istorii. Redkol. M. M. NARINSKIY (Otv. red.). Moskva, IVI, 94, 268 p. [Cf. n^{os} <choice> 4816, 4842, 7640, 7800.]

7876. EHTESHAMI (Anoushiravan), MURPHY (Emma C.). The non-Arab Middle East states and the Caucasian/Central Asian republics: Iran and Israel. *International Relations*, 94, 12, 1, p. 81-107.

7877. ELGERSMA (Steffen). Les Pays-Bas face à la France entre 1950 et 1957. *Historiens de l'Europe Contemporaine*, 94, 9, 1-2, p. 35-60.

7878. ELLWOOD (D. W.). L'Europa ricostruita. Bologna, Il Mulino, 94, 320 p.

7879. Emergencies and disorder in the European empires after 1945. Ed. by Robert HOLLAND. Portland, Frank Cass, 94, X-251 p.

7880. ENGEL (Ulf). The foreign policy of Zimbabwe. Hamburg, Institute of African Affairs, 94, 478 p.

7881. ESPOSITO (Chiarella). America's feeble weapon: funding the Marshall Plan in France and Italy, 1948-1950. New York, Greenwood, 94, XXII-226 p.

7882. Europe brisée, Europe retrouvée. Nouvelles réflexions sur l'unité européenne au XXe siècle. Ed. par Gérard BOSSUAT et René GIRAULT. Paris, Publications de la Sorbonne, 94, 431 p.

7883. European foreign policy: the EC and changing perspectives in Europe. Ed. by Walter CARLSNAES a. Steve SMITH. London, Sage, 94. 312 p.

7884. FALKNER (Robert). Auslandshilfe und Containment. Anfänge amerikanischer Auslandshilfepolitik in der Dritten Welt, 1945-1952. Münster u. Hamburg, Lit, 94, IV-198 p. (Münchener Beiträge zur Geschichte und Gegenwart der internationalen Politik, 4).

7885. FESKE (Victor H.). The road to Suez: the British Foreign Office and the Quai d'Orsay, 1951-1957. *In*: Diplomats 1939-1979 (The) [Cf. n° 7304], p. 167-200.

7886. FETHERSTON (A. B.). Towards a theory of United Nations peacekeeping. London, Macmillan, 94, 292 p.

7887. FONSECA (Rena). Nehru and the diplomacy of nonalignment. *In*: Diplomats 1939-1979 (The) [Cf. n° 7304], p. 371-397.

7888. Foreign policy restructuring: how governments respond to global change. Ed. by Joe D. HAGAN, Jerel A. ROSATI a. Martin W. SAMPSON. Columbia, University of South Carolina Press, 94, 316 p.

7889. Foreign relations of the United States, 1961-1963. Vol. XV. Berlin Crisis, 1962-1963. Ed. by Charles S. SAMPSON. Washington, United States Government Printing Office, 94, XXII-695 p.

7890. FØRLAND (Tor Egil). Foreign policy profiles of the Scandinavia countries: making use of Cocom. *Scandinavian Journal of History*, 94, 19, 2, p. 165-184.

7891. France-Germany 1983-1993: the struggle to cooperate. Ed. by Patrick MAC CARTHY. London, Macmillan, 94, 212 p.

7892. FRASER (Gary). Ambivalent anti-colonialism: the United States and the genesis of West Indian independence, 1940-1964. Westport, Greenwood, 94, VIII-233 p.

7893. FREEMAN SMITH (Robert). The Caribbean world and the United States: mixing Rum and Coca Cola. New York, Twayne of Macmillan, 94, XV-120 p.

7894. FÜLÖP (Mihály). A befejezetlen béke. A Külügyminiszterek Tanácsa a magyar békeszerződés, 1947. (La paix inachevée. Le Conseil des ministres des affaires étrangères et la paix de Hongrie, 1947). Budapest, [s. n.], 94, 237 p.

7895. FÜLÖP (Mihály). La politique étrangère hongroise dans le contexte de l'Europe centrale. *Politique étrangère*, 94, 59, 1, p. 115-128.

7896. FUREDI (Frank). Colonial wars and politics of Third World nationalism. London, Tauris, 94, 338 p.

7897. FUREDI (Frank). The new ideology of imperialism: renewing the moral imperative. Boulder, Pluto, 94, 140 p.

7898. GADDIS (John Lewis). Rescuing choice from circumstance: the statecraft of Henry Kissinger. *In*: Diplomats 1939-1979 (The) [Cf. n° 7304], p. 564-592.

7899. GADDUM (Eckart). Die deutsche Europapolitik in den 80er Jahren. Interessen, Konflikte und Entscheidungen der Regierung Kohl. Paderborn, Schoeningh, 94, 404 p.

7900. GARDNER (Hall). Surviving the millennium: American global strategy, the collapse of the Soviet Union, and the question of peace. Westport, Praeger, 94, 261 p.

7901. GARTHOFF (Raymond L.). The great transition: American-Soviet relations and the end of the cold war. New York, Brookings Institution, 94, 834 p.

7902. GARVER (John W.). Polemics, paradigms, responsibility, and the origins of the U.S.-PRC confrontation in the 1950s. *Journal of American-east Asian Relations*, 94, 3, 1, p. 1-34.

7903. GAUSE (F. Gregory). Oil monarchies. Domestic and security challenges in the Arab Gulf States. New York, Council on Foreign Relations Press, 94, XII-236 p.

7904. GEHRMANN (Reinhard). Die DDR und Madagaskar in den achtziger Jahren. *Asien, Afrika, Lateinamerika*, 94, 21, 5, p. 463-476.

7905. GEIGER (Till). Like a phoenix from the ashes!? West Germany's return to the European Market, 1945–58. *Contemporary European History*, 94, 3, 3, p. 337-354.

7906. GELBER (Yoav). Jewish-Arab talks during the war of independence. *Journal of Israeli History*, 94, 15, 3, p. 283-312.

7907. GERGES (Fawaz A.). The superpowers and the Middle East: regional and international politics, 1955–1967. Boulder, Westview Press, 94, 274 p.

7908. GERSDORFF (Gero von). Adenauers Außenpolitik gegenüber den Siegermächten 1954. Westdeutsche Bewaffung und internationale Politik. München, Oldenbourg, 94, 403 p. (Beiträge zur Militärgeschichte, 41).

7909. GIBIANSKIJ (Leonid). Le trattative segrete sovietico-jugoslave e la repressione della rivoluzione ungherese del 1956. *Storia contemporanea*, 94, 25, 1, p. 57-82.

7910. GINAT (Joseph), MA'OZ (Moshe), RUBIN (Barry). From war to peace: Arab-Israeli relations 1973-1993. Brighton, Sussex Academic Press, 94, 244 p.

7911. GLEIJESES (Piero). "Flee! The white giants are coming!": The United States, the mercenaries, and the Congo, 1964–65. *Diplomatic History*, 94, 18, 2, p. 207-238.

7912. GŁOWACKI (Albin). Ocalić i repatriować. Opieka nad ludnością polską w głębi terytorium ZSRR (1943–1946). (Sauver et repartir. La protection de la population polonaise dans les lointains territoires de l'Union Soviétique, 1943–1946). Łódź, Wydawn. Uniw. Łódzkiego, 94, 297 p. (cartes).

7913. GOLD (Peter). A stone in Spain's shoe: the search for a solution to the problem of Gibraltar. Liverpool, Liverpool U. P., 94, 230 p.

7914. GOLDGEIER (James M.). Leadership style and Soviet foreign policy: Stalin, Khruscev, Brezhnev, Gorbachev. Baltimore, John Hopkins U. P., Baltimore, 94, 169 p.

7915. GORDON (Philip H.). La normalisation de la politique étrangère de l'Allemagne. *Politique étrangère*, 94, 59, 1, 2, p. 497-516.

7916. GRAY (Colin S.). The navy in the post-cold war world: The uses and value of strategic sea power. University Park, Pennsylvania State U. P., 94, XII-204 p.

7917. GRIFFITHS (Anthony R. G.). "Free the Baltics": Australian public opinion on the Baltic States. *Journal of Baltic Studies*, 94, 25, 1, p. 89-98.

7918. GROSS STEIN (Janice), LEBOW (Richard Ned). We all lost the Cold War. Princeton, Princeton U. P., 94, XIV-542 p.

7919. GUANG ZHANG (Shu). In the shadow of Mao: Zhou Enlai and new China's diplomacy. *In*: Diplomats 1939–1979 (The) [Cf. n° 7304], p. 337-370.

7920. Guerra di Bosnia: una tragedia annunciata (La). A cura di Marco CARNOVALE. Milano, Angeli, 94, 209 p.

7921. HAAS (Richard N.). Intervention: the use of American military force in the post-Cold War world. Washington, Carnegie Endowment Book, 94, 258 p.

7922. HALLIDAY (Fred). An elusive normalization: Western Europe and the Iranian revolution. *Middle East Journal*, 94, 48, 2, p. 309-326. – IDEM. The Gulf War 1990–1991 and the study of international relations. *Review of International Studies*, 94, 20, 2, p. 109-130.

7923. HANHIMAKI (Jussi). "Containnment" in a Borderland: the United States and Finland, 1948–49. *Diplomatic History*, 94, 18, 3, p. 353-374.

7924. HANSON (Gail). Ordered liberty: Sumner Welles and the Crowder-Welles connection in the Caribbean. *Diplomatic History*, 94, 18, 3, p. 311-332.

7925. HARKAVY (Robert E.). The changing international system and the arms trade. *Annals of the American Academy of Political and Social Science*, 94, 535, p. 11-28.

7926. HARPER (John Lamberton). American visions of Europe: Franklin D. Roosevelt, George F. Kennan, and Dean G. Acheson. New York, Cambridge U. P., 94, XI-378 p.

7927. HARVEY (Hal), SHUMAN (Michael H.). Security without war: a post-Cold War foreign policy. Boulder, Westview, 94, 318 p.

7928. HE (Di). The most respected enemy: Mao Zedong's perception of the United States. *China Quarterly*, 94, 137, p. 144-158.

7929. HEBBLETHWAITE (Peter). The end of the Vatican's Ostpolitik. *In*: Papal diplomacy in the modern age [Cf. n° 7372], p. 253-262.

7930. HEISS (Mary Ann). The United States, Great Britain, and the creation of the Iranian Oil Consortium, 1953–1954. *International History Review*, 94, 16, 3, p. 511-535.

7931. HENKE (Holger). Foreign policy and dependency: the case of Jamaica, 1972–89. *Social and Economic Studies*, 94, 43, 1, p. 181-223.

7932. HENSHAW (Peter J.). Britain and South Africa at the United Nations, 1946–1961. *South African Historical Journal*, 94, 31, p. 80-102.

7933. HERRING (George C.). LBJ and Vietnam: A different kind of war. Austin, University of Texas Press, 94, XIV-228 p.

7934. HESS (Gary R.). The unending debate: historians and the Vietnam war. *Diplomatic History*, 94, 18, 2, p. 239-264.

7935. HIGGOTT (Richard). Closing a branch office of empire: Australian foreign policy and the UK at century's end. *International Affairs*, 94, 70, 1, p. 41-66.

7936. HOARE (J. E.). Building politics: the British embassy Peking, 1949-1992. *Pacific Review*, 94, 7, 1, p. 67-77.

7937. HOFFMANN (Stanley). The foreign policy of Charles De Gaulle. *In*: Diplomats 1939-1979 (The) [Cf. n° 7304], p. 228-254.

7938. HONEY (Martha). Hostile acts: US policy in Costa Rica in the 1980s. Gainesville, University of Florida Press, 94, 640 p.

7939. HOPF (Ted). Peripheral visions: deterrence theory and American foreign policy in the Third World, 1965-1990. Ann Arbor, University of Michigan Press, 94, 306 p.

7940. HORNE (Alistair). La crise des missiles cubains. *Histoire, Economie et Société*, 94, 13, 1, p. 171-184.

7941. HOWORTH (Jolyon). France and the quest for a West European security entity (1944-1994): fifty years, one agenda. *Proccedings of the Annual Meeting of the Western Society for French History*, 94, 21, p. 255-273.

7942. HUME (Cameron R.). The United Nations, Iran and Iraq: how peacemaking changed. Bloomington, Indiana U. P., 94, XI-269 p.

7943. HUMPHREY (David C.). NSC meetings during the Johnson presidency. *Diplomatic History*, 94, 18, 1, p. 29-46.

7944. HURD (Douglas). Developing the common foreign and security policy. *International Affairs*, 94, 70, 3, p. 421-428.

7945. IMPAGLIAZZO (Marco). Duval d'Algeria. Una Chiesa tra Europa e mondo arabo (1946-1988). Roma, Studium, 94, 229 p.

7946. INCISA DI CAMERANA (Ludovico). Frammentazione e integrazione nel sistema internazionale. *Politica internazionale*, 94, 22, 4, p. 81-106. – IDEM. Gli Stati Uniti, l'America Latina e la fine della dottrina Monroe. *Affari Esteri*, 94, 26, 103, p. 491-500. – IDEM. Le politiche estere nazionali e la politica estera europea. *Affari Esteri*, 94, 26, 101, p. 33-49.

7947. Intelligence, defence and diplomacy: British policy in the post-war world. Ed. by Richard J. ALDRICH a. Michael F. HOPKINS. Portland, Frank Cass, 94, X-273 p.

7948. International system after the collapse of the East-West order (The). Ed. by Armand CLESSE, Richard COOPER a. Yoshikazu SAKAMOTO. Dordrecht, Nijhoff, 94, 832 p.

7949. IRANI (George Emile). The Holy See and the conflict in Lebanon. *In*: Papal diplomacy in the modern age [Cf. n° 7372], p. 181-188.

7950. IRIYE (Akira). Japan returns to the world: Yoshida Shigeru and his legacy. *In*: Diplomats 1939-1979 (The) [Cf. n° 7304], p. 321-336.

7951. ISRAELI (Raphael). Sadat: the calculus of war and peace. *In*: Diplomats 1939-1979 (The) [Cf. n° 7304], p. 436-458.

7952. JAFFE (H.). La Germania: verso il nuovo disordine mondiale? Milano, Jaca Book, 94, 147 p.

7953. JAMES (Harold), JAMES (Marzenna). The origins of the Cold War: some new documents. *Historical Journal*, 94, 37, 3, p. 615-622.

7954. JASSE (Richard L.). Great Britain and Palestine toward the United Nations. *Middle Eastern Studies*, 94, 30, 3, p. 558-578.

7955. JEAN (Carlo). Le nuove dottrine militari degli Stati Uniti e della Russia. *Affari Esteri*, 94, 26, 102, p. 269-286.

7956. JENTLESON (Bruce W.). With friends like these: Reagan, Bush and Saddam. New York, W.W. Norton, 94, 287 p.

7957. JIAN (Chen). China's road to the Korean war: the making of the Sino-American confrontation. New York, Columbia U. P., 94, XII-339 p.

7958. JOHNSON (Robert H.). Improbable dangers: U. S. conceptions of threat in the Cold War and after. New York, St. Martin's, 94, X-324 p.

7959. JOYAUX (François). La téntation imperiale. Politique extérieure de la Chine depuis 1949. Paris, Imprimerie nationale, 94, 426 p.

7960. JUN (Yin Yan). Kairo kaidan to chugoku kokumin seifu no tainichi baisho seisaku. (The Cairo Conference and Chinese reparations policy toward Japan). *Hitotsubashi Ronso*, 94, 111, 2, p. 170-191.

7961. KAMALU (Ngozi Caleb). US-Iraq relations and the Gulf war: the dynamics of American foreign policy in the Middle East. *Towson State Journal of International Affairs*, 94, 29, 2, p. 20-28.

7962. KAMIŃSKI (Marek Kazimierz). The attitude of Great Britain and the United States to the governmental crisis in Czechoslovakia in february 1948. *Acta Poloniae Historica*, 94, 70, p. 87-110.

7963. KEMP (Geoffrey). Forever enemies? American policy and the Islamic Republic of Iran. Washington, Carnegie Endowment for International Peace, 94, 144 p.

7964. KILLEN (Linda). Politics and the Rockefeller Foundation in postwar Yugoslavia. *East European Quarterly*, 94, 28, 3, p. 297-317.

7965. KINSELLA (David). Conflict in context: arms transfers and Third world rivalries during the Cold War. *American Journal of Political Science*, 94, 38, 3, p. 557-581.

7966. KIONKA (Riina Ruth). La politique étrangère des Etats baltes. *Politique étrangère*, 94, 59, 1, p. 87-98.

7967. KISSINGER (Henry). Reflexions on containment. *Foreign Affairs*, 94, 73, 3, p. 113-130.

7968. KOLANKIEWICZ (George). Consensus and competition in the eastern enlargement of the EU. *International Affairs*, 94, 70, 3, p. 477-496.

7969. Korea and the world: beyond the Cold War. Ed. by Young Whan KIHL. Boulder, Westview, 94, XII-371 p.

7970. KOSLOWSKI (Rey), KRATOCHWIL (Friedrich V.). Understanding change in international politics: the Soviet empire's demise and the international system. *International Organization*, 94, 48, 2, p. 215-247.

7971. KOTARSKI (Sławomir). La dénazification des ecolés supérieures dans la zone d'occupation française en Allemagne (1945-1948). *Acta Poloniae hist.*, 94, 69, p. 135-153.

7972. KRAMER (Steven Philip). Does France still count? The French role in the new Europe. Washington, Center for Strategic and International Studies, 94, 113 p.

7973. KREUTZ (Andrej). The Vatican and the Palestinians: a historical overview. *In*: Papal Diplomacy in the modern age [Cf. n° 7372], p. 167-180.

7974. KUMARASWAMI (P. R.). The star and the dragon: an overview of Israeli–PRC military relations. *Issues & Studies*, 94, 30, 4, p. 36-55.

7975. KUX (Dennis). Estranged democracies: India and the United States, 1941–1991. London, Sage, 94, 514 p.

7976. KYLE (Keith). La Grande-Bretagne, la France et la crise de Suez. *Histoire, Economie et Societé*, 94, 13, 1, p. 79-100.

7977. LAGON (Mark P.). The Reagan doctrine: sources of American conduct in the Cold War's last chapter. Westport, Praeger, 94, 187 p.

7978. LÄHTEENMÄKI (Maija). The Palestine Liberation Organisation and its international position until the Palestine National Council of Algeries November 1988. Turku, Turun yliopisto 94, 294 p. (A. Univ. Turkuensis. Ser. B, 205).

7979. LARRABEE (Stephen F.). La politique américaine et la crise yougoslave. *Politique étrangère*, 94, 59, 4, p. 1041-1068.

7980. LAUREN (Paul Gordon). The diplomats and diplomacy of the United Nations. *In*: Diplomats 1939–1979 (The) [Cf. n° 7304], p. 459-496.

7981. LEBOW (Richard Ned). The long peace, the end of the Cold War, and the failure of realism. *International Organization*, 94, 48, 2, p. 249-277.

7982. LECOMTE (Bernard). Le Bunker. Vingt ans des relations franco-soviétiques. Boulder, Westview Press, 94, 296 p.

7983. LEFEBVRE (Stéphane). Bulgaria's foreign relations in the post-communist era: a general overview and assesment. *East European Quarterly*, 94, 28, 4, p. 453-470.

7984. LEHMANN (Joachim). Der Baltische Vertrauensrat und die Unabhängigkeit der baltischen Staaten Ausgangs des ersten Weltkriegs. *Journal of Baltic Studies*, 94, 25, 2, p. 131-138.

7985. LETTA (Enrico). Passaggio a Nord-Est. L'Unione Europea tra geometrie variabili, cerchi concentrici e velocità differenziate. Bologna, Il Mulino, 94, 200 p.

7986. LEVI (Arrigo). La politica estera italiana e l'Europa. *Affari Esteri*, 94, 26, 103, p. 443-452.

7987. LEWIS (David W. P.). The road to Europe: history, institutions and prospects of European integration 1945–1993. New York, Peter Lang, 94, 487 p.

7988. LIEMANN (Jorg). Wiedergutmachung durch Konflikt? Die Syrische Denkschrift zum Deutsch-Israelischen Wiedergutmachungsabkommen von 1952. *Asien, Afrika, Lateinamerika*, 94, 22, 5, p. 513-538.

7989. LITTLE (Douglas). Gideon's band: America and the Middle East since 1945. *Diplomatic History*, 94, 18, 4, p. 513-540.

7990. LIU (Xuecheng). The Sino-Indian border dispute and Sino-Indian relations. New York, University Press of America, 94, 221 p.

7991. LOEWENHEIM (Francis L.). Dean Rusk and the diplomacy of principle. *In*: Diplomats 1939–1979 (The) [Cf. n° 7304], p. 499-536. – IDEM. From Helsinki to Afghanistan: American diplomats and diplomacy, 1975–1979. *In*: Diplomats 1939–1979 (The) [Cf. n° 7304], p. 629-664.

7992. LONGLEY (Kyle). Resistance and accomodation: the United States and the nationalism of José Figueres, 1953–1957. *Diplomatic History*, 94, 18, 1, p. 1-28.

7993. LOTH (Wilfried). The East-West conflict in historical perspective: attempt at a preliminary assesment. *Contemporary European History*, 94, 3, 2, p. 193-202.

7994. LUO (Zhitian). The Chinese rediscovery of the special relationship: the Jinan incident as a turning point in Sino-American relations. *Journal of American-East Asian Relations*, 94, 3, 4, p. 345-372.

7995. Lyndon Johnson confronts the world: American foreign policy, 1963–1968. Ed. by Nancy BERNKOPF TUCKER a. Warren I. COHEN. Cambridge, Cambridge U. P., 94, 320 p.

7996. MAC ADAMS (James A.). The new diplomacy of the West German Ostpolitik. *In*: Diplomats 1939–1979 (The) [Cf. n° 7304], p. 537-563.

7997. MAC CAMMON MARTIN (Edward). Kennedy and Latin America. Lanham, University Press of America, 94, 478 p.

7998. MAC CRAW (David J.). New Zealand's foreign policy under National and Labour governments: variations on the "small state" theme? *Pacific Affairs*, 94, 67, 1, p. 7-25.

7999. MAC MAHON (Robert J.). The Cold War on the periphery: the United States, India, and Pakistan. New York, Columbia U. P., 94, XII-431 p.

8000. MACCOTTA (Giuseppe Walter). Il primo accordo tra la Santa Sede ed Israele. *Affari Esteri*, 94, 26, 102, p. 332-342.

8001. MAGA (Timothy P.). The world of Jimmy Carter: U.S. foreign policy, 1977–1981. Westhaven, University of New Haven Press, 94, XI-189 p.

8002. MAINGOT (Anthony P.). The United States and the Caribbean. Boulder, Westview, 94, XI-260 p.

8003. MALENDOWSKI (Włodzimierz). Zimna wojna. Sprzeczności, konflikty i punkty kulminacyjne w radziecko-amerykańskiej rywalizacji. (La guerre froide. Les contradictions, conflits et points culminants dans la rivalité soviéto-américaine). Poznań, Wydawn. Nauk. Uniw. Im. Adama Mickiewicza, 94, 311 p.

8004. MALIK (Hafeez). Soviet-Pakistan relations and post-Soviet dynamics. London, Macmillan, 94, 383 p.

8005. MALLABY (Christopher). L'entente cordiale à l'heure de l'union européenne. *Revue d'histoire diplomatique*, 94, 108, 2, p. 105-112.

8006. MAMMARELLA (Giuseppe). Imparare l'Europa. Bologna, Il Mulino, 94. 120 p.

8007. MANIA (Andrzej). The National Security Council i amerykańska polityka wobec Europy Wschodniej w latach 1945–1960. (The National Security Council et la politique américaine envers l'Europe Orientale dans les années 1945–1960). Kraków, 94, 224 p. (Zesz. Nauk. Uniw. Jagiell., Prace z Nauk Polit., 52). [Eng. summary].

8008. MANSOUR (Camille). Beyond alliance: Israel and U.S. foreign policy. New York, Columbia U. P., 94, 324 p.

8009. MARGIOTTA BROGLIO (Francesco). L'accordo tra Santa Sede e Stato d'Israele e il processo di pace in Medio Oriente. *Rivista di studi politici internazionali*, 94, 61, 1, p. 3-12.

8010. MARTE (Fred). Political cycles in international relations: the cold war and Africa. Concord, VUU Press, 94, 496 p.

8011. MARTINO (Antonio). Fatti e cronache della politica estera italiana. Roma, AISPE, 94, 218 p.

8012. MEGENS (I.). American aid to NATO allies in the 1950s. The Dutch case. Amsterdam, Thesis, 94, 306 p. (tab.). (Diss. Groningen).

8013. MELCHIONNI (Maria Grazia). Gaetano Martino e l'Europa. *Rivista di studi politici internazionali*, 94, 61, 3, p. 386-392.

8014. MELISSEN (Jan). Nuclearizing NATO, 1957–1959: the "Anglo-Saxons", nuclear sharing and the fourth country problem. *Review of International Studies*, 94, 20, 3, p. 253-275.

8015. MELMAN (Yossi), RAVIV (Dan). Friends in deed: inside the U.S.-Israel alliance. New York, Hyperion, 94, 537 p.

8016. MERRITT MINER (Steven). Soviet Ambassadors from Maiskii to Dobrynin. *In*: Diplomats 1939–1979 (The) [Cf. n° 7304], p. 609-628.

8017. MESBAHI (Mohiaddin). Central Asia and the Caucasus after the Soviet Union: domestic and international dynamics. Gainesville, University Press of Florida, 94, 353 p.

8018. METZGER (C.). Les deux Allemagnes: témoins ou acteurs de l'évolution du continent africain depuis 1949. *Relations internationales*, 94, 77, p. 81-98.

8019. MEYR (Georg). La crisi petrolifera anglo-iraniana del 1951–1954: Mossadegh tra Londra e Washington. Firenze, Ponte alle Grazie, 94, 219 p.

8020. MILLER (Linda B.). The Clinton years: reinventing US foreign policy. *International Affairs*, 94, 70, 4, p. 621-635.

8021. MINERBI (Sergio I.). The Vatican and Israel. *In*: Papal diplomacy in the modern age [Cf. n° 7372], p. 189-202.

8022. Missili di ottobre (I): la storiografia americana e la crisi cubana dell'ottobre 1962. A cura di Leopoldo NUTI. Milano, LED, 94, 405 p.

8023. MOORE (Pete W.). The international context of liberalization and democratization in the Arab world. *Arab Studies Quarterly*, 94, 16, 3, p. 43-66.

8024. MORLEY (Morris H.). Washington, Somoza, and the Sandinistas: state and regime in U.S. policy toward Nicaragua, 1969–1981. Cambridge, Cambridge U. P., 94, IX-343 p.

8025. MUKONOWESHURO (Eliphas G.). Mitterrand and "socialist neo-colonialism". *Africa Quarterly*, 94, 34, 1, p. 73-94.

8026. MURPHY (John). Harvest of fear: a history of Australia's Vietnam war. Boulder, Westview, 94, XXII-335 p.

8027. NEFF (Donald). Israel-Syria: conflict on the Jordan river, 1949–1967. *Journal of Palestine Studies*, 94, 23, 4, p. 26-40.

8028. Neutralitätspolitikkommissionen. Had there been a war-preparations for the reception of military assistance 1949–1969? Report of the Commission on neutrality policy. Stockholm, Fritze, 94, 268 p. (Statens offentliga utredningar 1994, 11 E).

8029. NIJMAN (Jan). The geopolitics of power and conflict: superpowers in the International System, 1945–1992. New York, Belhaven, 94, 160 p.

8030. Nordic-Baltic security. An international perspective. Ed. by Arne Olav BRUNDTLAND, Don M. SNIDER. Oslo, Norwegian Institute of International Affairs, 94, VIII-131 p.

8031. NOREEN (Erik). Brobygge eller blockbildning?: de norska och svenska utrikesledningarnas säkerhetspolitiska föreställningar 1945–1948. (Bridgebuilding or blockbuilding? Security policy conceptions of the Norwegian and Swedish leaderships after the World War Two). Stockholm, Carlsson, 94, 254 p.

8032. NYBOE ANDERSEN (Paul). Thorkil Kristensen. En enere i dansk politik. (Thorkil Kristensen – a lonely person in Danish politics). Odense, Universitetsforlag, 94, 292 p. (Dansk politik under forandring 1945–85).

8033. Old nations, new world: conceptions of world order. Ed. by David JACOBSON. Boulder, Westview, 94, 235 p.

8034. ONOZAWA (Toru). Sengo Amerika gasshukoku no chuto sanyukoku seisaku: keizaiteki anzen hosho seisaku no keisei to satetsu 1946–1951 (Postwar US policy toward Middle Eastern oil-producing states: the creation and setback of the guaranteed economic security policy, 1946–51). Shirin, 94, 77, 3, p. 33-63.

8035. ONU et la guerre: la diplomatie en kaki (L'). Ed. par Marie-Claude SMOUTS. Bruxelles, Complexe, 94, 160 p.

8036. Origins of the cold War in Europe (The): international perspectives. Ed. by David REYNOLDS. New Haven, Yale U. P., 94, XII-271 p.

8037. OVENDALE (Ritchie). Great Britain and the Anglo-American invasion of Jordan and Lebanon in 1958. International History Review, 94, 16, 2, p. 284-303.

8038. PALMER DOMENICO (Roy). America, the Holy See and the war in Vietnam. In: Papal diplomacy in the modern age [Cf. n° 7372], 94, p. 203-220.

8039. PATERSON (Thomas G.). Contesting Castro: the United States and the triumph of the Cuban Revolution. New York, Oxford U. P., 94, XII-352 p.

8040. PAVLOV (Yuri). The Soviet-Cuban alliance, 1959-1991. New Brunswick, Transaction Publisher, 94, 272 p.

8041. PAYASLIAN (Simon). The Marshall mission to China: civil war and diplomacy. Journal of the Third World Spectrum, 94, 1, 1, p. 33-50.

8042. PAYNE (Anthony). US hegemony and the reconfiguration of the Caribbean. Review of International Studies, 94, 20, 2, p. 149-168.

8043. PELIKAN (Jan). Jugoslavie a vychodny blok v prvnich mesicich po smrti J. V. Stalina (Brezen-Cervenec 1953). (Yugoslavia and the Eastern block in the first months after J. V. Stalin's death, March–July 1953). Slovanske Historicke Studie, 94, 20, p. 135-158.

8044. PERRY (Duncan M.). Une crise en gestation? La Macédoine et ses voisins. Politique étrangère, 94, 59, 1, p. 179-208.

8045. PERRY (Mark). A fire in Zion: the Israeli-Palestinian search for peace. New York, William Morrow and Company, 94, 366 p.

8046. PETER (Ricardo). Reflections on the Nicaraguan revolution and the Holy See in the 1980s. Kent (Peter C.). In: Papal diplomacy in the modern age [Cf. n° 7372], p. 245-252.

8047. PETERSEN (Nikolaj). Danish security policy after the Cold War: adaptation and innovation. Århus, Department of political science, University of Århus, 94, 29 p.

8048. PETERSSON (Bo). Med Moskvas ögon: bedömningar av svensk utrikespolitik under Stalin och Chrusjtjov. (Through Moscow's eyes: the evaluation of Swedish foreign policy under Stalin and Khrushchev). Stockholm, Arena, 94, 174 p.

8049. PETROV (Vladimir). Mao, Stalin and Kim Il Sung: an interpretative essay. Journal of Northeast Asian Studies, 94, 13, 2, p. 3-30. – IDEM. Soviet role in the Korean war confirmed: secret documents declassified. Journal of Northeast Asian Studies, 94, 13, 3, p. 42-67.

8050. PETZINA (Dietmar). The economic dimension of the East-West conflict and the role of Germany. Contemporary European History, 94, 3, 2, p. 203-216.

8051. PILCH (Andrzej). Losy Polaków w Austrii po drugiej wojnie światowej 1945–1955. (Les sorts des Polonais en Autriche après la seconde guerre mondiale 1945–1955). Wrocław, Zakł. Narod. im. Ossolińskich, 94, 292 p. (Deutsche Zsfassung, phot., fig.). (Bibl. Polonijna, 29).

8052. POIDEVIN (Raymond), SPIERENBURG (Dirk). The history of the High Authority of the European Coal and Steel Community: supranationality in operation. London, Weidenfeld & Nicolson, 94, 686 p.

8053. Political economy of foreign policy in ECOWAS (The). Ed. by Julius Emeka OKOLO, Timothy M. SHAW. London, Macmillan, 94, 289 p.

8054. POLSKY (Jury). Russia's policy toward Israel. Journal of South Asian and Middle Eastern Studies, 94, 18, 1, p. 19-35.

8055. POMPEI (Gianfranco). Un ambasciatore in Vaticano. Bologna, Il Mulino, 94, 604 p.

8056. PONS (Silvio). La politica estera dell'URSS, il Cominform e il PCI (1947–1948). Studi storici, 94, 35, 4, p. 1123-1147.

8057. POWASKI (Ronald E.). The entangling alliance: the United States and European security, 1950–1993. Westport, Greenwood, 94, XIX-261 p.

8058. Power and purpose after the Cold War. Ed. by Zaki LAIDI. Providence, Berg, 94, XV-213 p.

8059. PRINCE (Stephen). The contribution of the Royal Navy to the United Nations forces during the Korean war. *Journal of Strategic Studies*, 94, 17, 2, p. 94-120.

8060. PUNDIK (Ron). The struggle for sovereignty: relations between Great Britain and Jordan, 1946–1951. Cambridge, Blackwell, 94, 363 p.

8061. RACIOPPI (Linda). Soviet policy towards South Asia since 1970. Cambridge, Cambridge U. P., 94, 232 p.

8062. RAHMAN (H.). A British defence problem in the Middle East: the failure of the 1946 Anglo-Egyptian Negotiations. Reading, Ithaca Press, 94.

8063. RAINER (M. János). Hruscsov Budapesten, 1958, április. (Khruchtchev à Budapest). *Budapesti negyed*, 94, 2, 2, p. 159-190.

8064. RAMAMURTHI (T. G.). India's relations with francophone African states. *Africa Quarterly*, 94, 34, 1, p. 37-44.

8065. RAMET (Sabrina Petra). The Yugoslav crisis and the West: avoiding "Vietnam" and blundering into "Abyssinia". *East European Politics and Society*, 94, 8, 1, p. 189-219.

8066. RANDALL (Stephen J.), THOMPSON (John H.). Canada and the United States: ambivalent allies. Athens, University of Georgia Press, 94, XIV-387 p.

8067. REID (Maree-Ann), SIRACUSA (Joseph M.). Problems in Australian foreign policy, July–December 1993. *Australian journal of politics and history*, 94, 40, 2, p. 137-144.

8068. REMPEL (Roy). Canada, Germany and Alliance relations in the crisis years of 1958–1961. *Militärgeschichte Mitteilungen*, 94, 53, 1, p. 85-100.

8069. REY (Marie-Pierre). L'Europe occidentale dans les représentations politiques et mentales des décideurs soviétiques. *Cahiers de l'Institut d'Histoire du Temps Present*, 94, 28, p. 157-168.

8070. RICHTER (James G.). Khruscev's double bind: international pressures and domestic coalition politics. Baltimore, Johns Hopkins U. P., 94, 263 p.

8071. RIPP (Zoltán). Belgrád és Moszkva között. A jugoszláv kapcsolat és a Nagy Imre-kérdés, 1956. November–1959. február. (Entre Belgrad et Moscou. La relation yougoslave et la question de Imre Nagy [1896–1958], Novembre 1956–février 1959). Budapest, Politikatört. Alapítvány, 94, 95 p. (Politikatört. füzetek, 5).

8072. RISSE-KAPPEN (Thomas). Ideas do not float freely: transnational coalitions, domestic structures, and the end of the Cold War. *International Organization*, 94, 48, 2, p. 185-214.

8073. ROBERTS (Geoffrey). Moscow and the Marshall Plan: politics, ideology and the onset of the cold war, 1947. *Europe-Asia Studies*, 94, 46, 8, p. 1371-1386.

8074. ROBINSON (Thomas W.). Chinese foreign policy from the 1940s to the 1990s. *In*: Chinese foreign policy: theory and practice [Cf. n° 7291], p. 555-602.

8075. RODMAN (Peter W.). More precious than peace: the Cold War and the struggle for the Third World. New York, Charles Scribner's Sons, 94, XIII-654 p.

8076. ROSENBERG (Emily S.). "Foreign Affairs" after World War II: connecting sexual and international politics. *Diplomatic History*, 94, 18, 1, p. 59-70.

8077. ROSTOW (W. W.). Jean Monnet: the Innovator as diplomat. *In*: Diplomats 1939–1979 (The). [Cf. n° 7304], p. 257-288.

8078. ROTTER (Andrew J.). Gender relations, foreign relations: the United States and South Asia, 1947–1964. *Journal of american History*, 94, 81, 2, p. 518-542.

8079. ROUVEZ (Alain). Disconsolate empires. French, British and Belgian military involvement in postcolonial Sub-Saharian Africa. Lanham, University Press of America, 94, XIV-451 p.

8080. ROWINSKI (Jan). The PRC and the first Indochina war, 1949–1954: ideological factors or national interests? *Issues & Studies*, 94, 30, 6, p. 57-76.

8081. ROY (Sara). "The seed of chaos, and of night": the Gaza Strip after the agreement. *Journal of Palestine Studies*, 94, 23, 3, p. 85-98.

8082. RUANE (Kevin). Anthony Eden, British diplomacy and the origins of Geneva Conference of 1954. *Historical Journal*, 94, 37, 1, p. 153-172.

8083. RÜDIGER (Mogens). På kant: et portraet af politikeren Uffe Ellemann-Jensen. (In strained relations: a portrait of the politician Uffe Ellemann-Jensen). København, Gyldendal, 94, 199 p. (ill.).

8084. Russia and the Third World in the post-Soviet era. Ed. by Mohiaddin MESBAHI. Gainesville, University Press of Florida, 94, 414 p.

8085. Russian security after the Cold War: seven views from Moscow. Ed. by Steven E. MILLER, Teresa PELTON JOHNSON. Washington, Brassey's, 94, 208 p.

8086. SANGUINETI (Vittorio). Unione Europea e Turchia. Europeismo anatolico o panturanismo riformista? *Rivista di studi politici internazionali*, 94, 61, 2, p. 195-209.

8087. SANTORO (Carlo Maria). La politica estera e strategica della Russia. *Affari Esteri*, 94, 26, 102, p. 237-246.

8088. SATO (Ryuzo). The chrysantemum and the eagle: the future of US-Japan relations. New York, New York U. P., 94, 221 p.

8089. SCALES (Robert H. jr.). Certain victory: the U.S. army in the Gulf war. Washington, Brassey's, 94, XV-435 p.

8090. SCHILD (George). Die Kennedy-Administration und die Berlin-Krise von 1961. *Zeitschrift für Geschichtswissenschaft*, 94, 42, 8, p. 703-711.

8091. SCHLAUCH (Wolfgang T.). Foreign Minister Genscher's foreign policy: continuity or ambiguity? *European Studies Journal*, 94, 11, 1, p. 15-34.

8092. SCHMIDT (Gustav). "... but what to do about the Germans?" Nuclear diplomacy and the role of NATO as an instrument of peaceful change. *Contemporary European History*, 94, 3, 1, p. 123-138. – IDEM. Divided Europe-divided Germany (1950–1963). *Contemporary European History*, 94, 3, 2, p. 155-192. – IDEM. Vom Anglo-Amerikanischen Duopol zum Trilateralismus: Grossbritannien – USA – Bundesrepublik, 1955–1967. *Amerikastudien/American Studies*, 94, 39, 1, p. 73-109.

8093. SCHRAEDER (Peter J.). The end of the Cold war and U.S. foreign policy toward the Horn of Africa in the immediate post-Siyaad and post-Mengistu eras. *Northeast African Studies*, 94, 1, 1, p. 91-119. – IDEM. Trends in the United States Africa policies after the end of the Cold War. *Journal of the Third World Spectrum*, 94, 1, 2, p. 1-16. – IDEM. United States foreign policy toward Africa: incrementalism, crisis, and change. Cambridge, Cambridge U. P., 94, 347 p.

8094. SCHULZ (Donald E.), SUNDLOFF SCHULZ (Deborah). The United States, Honduras, and the crisis in Central America. Boulder, Westview, 94, XV-368 p.

8095. SCHWEIZER (Peter). Victory: the Reagan administration's secret strategy that hastened the collapse of the Soviet Union. New York, The Atlantic Monthly Press, 94, 300 p.

8096. SCOTT (Lenn), SMITH (Steve). Lessons of October: historians, political scientists, policy-makers and the Cuban missile crisis. *International Affairs*, 94, 70, 4, p. 659-684.

8097. Security in Europe: the role of NATO after the Cold War. Ed. by Walter GOLDSTEIN. London, Brassey's, London, 94, 145 p.

8098. SEGRE (Vittorio Dan). Il poligono mediorientale: fine della questione arabo-israeliana? Bologna, Il Mulino, 94, 239 p.

8099. SEN (Farouk). La politica internazionale della Turchia e l'Europa. *Affari Esteri*, 94, 26, 101, p. 121-135.

8100. SERRA (Enrico). Roberto Ducci. *Affari Esteri*, 94, 26, 102, p. 384-402.

8101. SFIKAS (T. D.). The British Labour Government and the Greek civil war, 1945–1949: the imperialism of 'non-intervention'. Keele, Keele U. P., 94, 308 p.

8102. SHAMBAUGH (David). Patterns of interaction in Sino-American relations. *In*: Chinese foreign policy: theory and practice [Cf. n° 7291], p. 197-223.

8103. SHARMA (Archana). British policy towards Malaysia, 1957–1967. London, Sangam, 94, 197 p.

8104. SHAW (Martin). Global society and international relations. Oxford, Polity, 94, 197 p.

8105. SHENG (Lijun). Peking-Washington bargaining, 1981–84. *Issues & Studies*, 94, 30, 6, p. 28-56.

8106. SHENG (Michael). Chinese communist policy toward the United States and the myth of the "lost chance", 1948–1950. *Modern Asian Studies*, 94, 28, 3, p. 475-502. – IDEM. The United States, the Chinese Communist Party, and the Soviet Union, 1948–1950: a reappraisal. *Pacific Historical Review*, 94, 63, 4, p. 521-536.

8107. SHLAIM (Avi). Prelude to the accord: Likud, Labor, and the Palestinians. *Journal of Palestine Studies*, 94, 23, 2, p. 5-19. – IDEM. The Oslo Accord. *Journal of Palestine Studies*, 94, 23, 3, p. 24-40. – IDEM. War and peace in the Middle East: a critique of American policy. New York, Whittle Books, 94, 147 p.

8108. SILVERFARB (Daniel). The twilight of British ascendancy in the Middle East: a case study of Iraq, 1941–1950. New York, St. Martin's, 94, XIII-306 p.

8109. SIMAI (Mihaly). The future of global governance: managing risk and change in the international system. Washington, United States Institute of Peace Press, 94, 402 p.

8110. SIMON (Gerhard). La Russie: une hégémomie eurasienne? *Politique étrangère*, 94, 59, 1, p. 29-48.

8111. SIMON (Sheldon). Vietnam's security: between China and Asean. *Asian Affairs: An American Review*, 94, 20, 4, p. 187-201.

8112. SIMPSON (John). Nuclear non-proliferation in the post-Cold War era. *International Affairs*, 94, 70, 1, p. 17-40.

8113. SIRACUSA (Joseph M.). Problems in Australian foreign policy, January–June 1994. *Australian journal of politics and history*, 94, 40, 3, p. 295-302.

8114. SKATES (John Ray). The invasion of Japan: alternative to the bomb. Columbia, University of South Carolina Press, XII-276 p.

8115. SLONIM (Shlomo). Israeli policy on Jerusalem at the United Nations, 1948. *Middle Eastern Studies*, 94, 30, 3, p. 579-596.

8116. SLUGA (Glenda). No man's land: the gendered boundaries of post-war Trieste. *Gender & History*, 94, 6, 2, p. 184-210.

8117. SMITH (Alasdair), WALLACE (Helen). The European Union: towards a policy for Europe. *International Affairs*, 94, 70, 3, p. 429-444.

8118. SMITH (Gaddis). The last years of the Monroe Doctrine, 1945–1993. New York, Hill and Wang, 94, 280 p.

8119. SMITH (Michael), WOOLCOCK (Stephen). Learning to cooperate: the Clinton administration and the European Union. *International Affairs*, 94, 70, 3, p. 459-476.

8120. SNOW (Philip). China and Africa: consensus and camouflage. *In*: Chinese foreign policy: theory and practice [Cf. n° 7291], p. 283-321.

8121. SOMAN (Appu K.). "Who's Daddy" in the Taiwan strait? The Offshore Islands crisis of 1958. *Journal of American-East Asian Relations*, 94, 3, 4, p. 373-398.

8122. SOUTOU (Georges-Henri). La France et les bouleversements en Europe, 1989-1991: ou le poids de l'idéologie. *Histoire, Economie et Société*, 94, 13, 1, p. 199-213.

8123. Soviet Union in Eastern Europe, 1945-89. Ed. by Sven HOLTSMARK, Iver B. NEUMANN a. Odd Arne WESTAD. New York, St. Martin's, 94. 360 p.

8124. SPERLING (James). German foreign policy after unification: the end of cheque book diplomacy? *West European Politics*, 94, 17,1, p. 73-97.

8125. STALLAERTS (Robert). Hegemony or dialogue: the relation between Europe and Serbia in 1992: 1908 revisited. *History of European Ideas*, 94, 19, 4-6, p. 583-589.

8126. STONE (Norman). Andrei Gromyko as Foreign Minister: the problems of a decaying Empire. *In*: Diplomats 1939-1979 (The) [Cf. n° 7304], p. 593-608.

8127. STREETER (Stephen M.). Campaigning against Latin American nationalism: U.S. Ambassador John Moors Cabot in Brazil. *Americas*, 94, 51,2, p. 193-218.

8128. SUISTOLA (Jouni). Kylmä sota paleltaa. Kylmän sodan alku Suomen johtavassa sanomalehdistössä. (The beginnings of the Cold War in the leading Finnish press). Oulu, Rovaniemi, Pohjois-Suomen historiallinen yhdistys, 94, 160 p. (English summary). (Stud. hist. Septentrionalia, 24).

8129. SURYANARYAN (V.). Sri Lanka's policy towards China: legacy of the past and prospects for the future. *China Report*, 94, 30, 2, p. 203-214.

8130. SÜTTERLIN (Ingmar). Die "Russische Abteilung" des Auswärtigen Amtes in der Weimarer Republik. Berlin, Duncker & Humblot, 94, 284 p.

8131. SZABÓ (Jozsef). Magyar-román kulturális és tudományos kapcsolatok, 1945-1946. (Relations culturelles et scientifiques hungaro-roumaine, 1945-1946). *Világtörténet*, 94, 1-2, p. 73-82.

8132. SZÉKELY (Gábor), SZABÓ (József). Magyarszovjet kulturális és tudományos kapcsolatok a II. Világháború után. (Relations culturelles et scientifiques hungaro-soviétiques après la Seconde guerre mondiale). *Világtörténet*, 94, 3-4, p. 86-103.

8133. TANG (James T. H.). From Empire defence to imperial retreat: Britain's postwar China policy and the decolonization of Hong-Kong. *Modern Asian Studies*, 94, 28, 2, p. 317-337.

8134. TAYLOR (Trevor). West European security and defence cooperation: Maastricht and beyond. *International Affairs*, 94, 70, 1, p. 1-16.

8135. TEMPLETON (Malcolm). Ties of blood and Empire: New Zealand's involvement in Middle East defence and the Suez Crisis, 1947-57. Auckland, Auckland U. P., 94, 278 p.

8136. TESSLER (Mark). A history of the Israeli-Palestinian conflict. Bloomington, Indiana U. P., 94, 906 p.

8137. THOMPSON (Roger C.). The Pacific basin since 1945: a history of the foreign relations of the Asian, Australasian and American rim states and the Pacific Islands. New York, Longman, 94, XIV-353 p.

8138. TUSA (Ann). Le blocus de Berlin et la guerre froide. *Histoire, Economie et Société*, 94, 13, 1, p. 15-27.

8139. United States, Japan, and Asia (The): challenges for US policy. Ed. by Gerald L. CURTIS. New York, W. W. Norton, 94, 288 p.

8140. VAISSE (Marcel). De Gaulle et la première candidature britannique au Marché Commun. *Revue d'histoire diplomatique*, 94, 108, 2, p. 129-150.

8141. VALETTE (Jacques). France et Vietminh à la Conférence de Genève en 1954. *Guerres Mondiales et Conflits Contemporains*, 94, 45, 176, p. 119-137.

8142. VALLADAO (Alfredo G. A.). Les mutations de l'ordre mondial. Géopolitique des grandes puissances 1980-1994. Paris, La Découverte, 94, 205 p.

8143. VANDERMAY (Leo M.). The India-China conflict: explaining the outbreak of war 1962. *Diplomacy & Statecraft*, 94, 5, 1, p. 183-199.

8144. VICTOR (Barbara). A voice of reason: Hanan Ashrawi and peace in the Middle East. San Diego, Harcourt, Brace, Jovanovich, 94, 258 p.

8145. Volatile powder keg (The): Balkan security after the Cold War. Ed. by Stephen F. LARRABEE. Washington, The American U. P., 94, 320 p.

8146. VOLODARSKY (Mikhail). The Soviet Union and its Southern neighbours: Iran and Afghanistan, 1917-1933. London, Frank Cass, 94, XII-196 p.

8147. VOSKRESSENSKI (Alexei D.). Current concepts of Sino-Russian relations and frontier problems in Russia and China. *Central Asian Survey*, 94, 13, 3, p. 361-381.

8148. WAGNLEITNER (Reinhold). Coca-colonization and the Cold War: the cultural mission of the United States in Austria after the Second World War. Chapel Hill, University of North Carolina Press, 94, XV-367 p.

8149. WAINWRIGHT (Marin A.). Inheritance of Empire: Britain, India, and the Balance of Power in Asia, 1938-55. Westport, Praeger, 94, XIV-237 p.

8150. WALA (Michael). The Council on Foreign Relations and American foreign policy in the early Cold War. Providence, Berghahn Books, 94, 289 p.

8151. WALDENBERG (Marek). Le questioni nazionali nell'Europa centro-orientale. Milano, Il Saggiatore, 94, 344 p.

8152. WALHER (Martin). The Cold War: a history. New York, Henry Holt and Company, 94, 392 p.

8153. WALL (Irwin M.). The United States, Algeria, and the fall of the Fourth French Republic. *Diplomatic History*, 94, 18, 4, p. 489-512.

8154. WANDYCZ (Piotr). Adam Rapacki and the search for European security. *In*: Diplomats 1939-1979 (The) [Cf. n° 7304], p. 289-318.

8155. WANG (Qingxin Ken). Toward political partnership: Japan's China policy. *Pacific Review*, 94, 7, 2, p. 171-182.

8156. WARNER (Geoffrey). Ernest Bevin and British foreign policy, 1945-1951. *In*: Diplomats 1939-1979 (The) [Cf. n° 7304], p. 31-72.

8157. WATERS (C. W. P.). Anglo-Australian conflict over the Cold War: H. V. Evatt as President of the UN General Assembly, 1948-49. *Journal of Imperial and Commonwealth History*, 94, 22, 2, p. 294-316.

8158. WEBER (Steven). Origins of the European Bank for reconstruction and development. *International Organization*, 94, 48, 1, p. 1-38.

8159. WELLONS (Patricia). Sino-French relations: historical alliance vs. economic reality. *Pacific Review*, 94, 7, 3, p. 341-348.

8160. WELLS (Tom). The war within: America's battle over Vietnam. Berkeley, University of California Press, 94, 706 p.

8161. WESTAD (Odd Arne). Prelude to invasion: the Soviet Union and the Afghan communists, 1978-1979. *International History Review*, 94, 16, 1, p. 49-69.

8162. WETTIG (Gerhard). Stalin and German reunification: archival evidence on Soviet foreign policy in spring 1952. *Historical Journal*, 94, 37, 2, p. 411-420.

8163. WHITE (Nicholas J.). Government and business divided: Malaya, 1945-1957. *Journal of Imperial and Commonwealth History*, 94, 22, 2, p. 251-274.

8164. WIRSING (Robert G.). India, Pakistan, and the Kashmir dispute: on regional conflict and its resolution. New York, St. Martin's, 94, XII-337 p.

8165. WIRZ (A.). La décolonisation de l'Afrique noire: lorsque l'avenir paraissait ouvert. *Relations internationales*, 94, 77, p. 37-51.

8166. WORKMAN (W. Thom). The social origins of the Iran-Iraq war. Boulder, Rienner, 94, 179 p.

8167. WU (An-chia). Peking's Taiwan policy in the post-cold war era. *Issues & Studies*, 94, 30, 7, p. 1-15.

8168. WU (Linjun). How far can the ROC's informal diplomacy go? *Issues & Studies*, 94, 30, 7, p. 82-102.

8169. YAHUDA (Michael B.). China and Europe: the significance of secondary relationship. *In*: Chinese foreign policy: theory and practice [Cf. n° 7291], p. 266-282.

8170. YOUNG (Kenneth Ray). The General's General: the life and times of Arthur MacArthur. Boulder, Westview, 94, XV-400 p.

8171. ZARATE (Juan Carlos). Forging democracy: a comparative study of the effects of US foreign policy on Central American democratization. Lanham, University Press of America, 94, 161 p.

8172. ZHAI (Qiang). The dragon, the lion & the eagle: Chinese-British-American Relations, 1949-1958. Kent, Kent State U. P., 94, 284 p.

8173. ZHONG (Yang). The fallen wall and its aftermath: impact of regime change upon foreign policy behavior in six East European countries. *East European Quarterly*, 94, 28, 2, p. 235-257.

8174. ZIELONKA (Jan). Les paradoxes de la politique étrangère polonaise. *Politique étrangère*, 94, 59, 1, p. 99-114.

8175. ZIRKER (Daniel). Brazilian foreign policy and subimperialism during the political transition of the 1980s. *Latin American Perspectives*, 94, 21, 1, p. 115-131.

8176. ZSELICZKY (Béla). Moszkva-Budapest 1956: a felso szintu szovjet-magyar kapcsolatok tortenetehez (Moscow-Budapest, 1956: a contribution to the history of high-level Soviet-Hungarian relations). *Multunk*, 94, 39, 3, p. 20-52.

Cf. n°s 4235, 4296, 4356, 4564, 5057, 5086, 8318, 8382

R

ASIA

§ 1. Opere generali. 8177-8192. – § 2. Asia occidentale e centrale. 8193-8203. – § 3. Asia del Sud. 8204-8206. – § 4. Asia del Sud-Est. 8207-8210. – § 5. Cina. 8211-8397. – § 6. Giappone (fino al 1868). 8398-8463. – § 7. Corea. 8464-8472.

§ 1. Opere generali.

8177. Ajia kara kangaeru 3. Shūen kara no rekishi. (Series Asian Perspectives. Vol. 3. Periphery in Asian history). Ed. by Yūzō MIZOGUCHI [et al.]. Tōkyō, Tōkyō daigaku shuppankai, 94, 304 p.

8178. Ajia kara kangaeru 4.Shakai to kokka. (Series Asian Perspectives. Vol. 4. Society and state). Ed. by Yūzō MIZOGUCHI [et al.]. Tōkyō, Tōkyō daigaku shuppankai, 94, 304 p.

8179. Ajia kara kangaeru 5. Kindaikazō. (Series Asian Perspectives. Vol. 5. Images of modernization). Ed. by Yūzō MIZOGUCHI [et al.]. Tōkyō, Tōkyō daigaku shuppankai, 94, 293 p.

8180. Ajia kara kangaeru 6. Chōki shakai hendō. (Series Asian Perspectives. Vol. 6. Long-term social changes). Ed. by Yūzō MIZOGUCHI [et al.]. Tōkyō, Tōkyō daigaku shuppankai, 94, 308 p.

8181. Ajia kara kangaeru 7. Sekaizō no keisei. (Series Asian Perspectives. Vol. 7. The formation of images of the world). Ed. by Yūzō MIZOGUCHI [et al.]. Tōkyō, Tōkyō daigaku shuppankai, 94, 291 + 32 p.

8182. Asia maritima: images et réalité, 1200–1800. Asia maritima: Bilder und Wirklichkeit, 1200–1800. Ed. par Denys LOMBARD, Roderick PTAK. Wiesbaden, Harrassowitz, 94, XVII-218 p. (South China and maritime Asia, 1).

8183. Asien in der Neuzeit, 1500–1950: sieben historische Stationen. Hrsg. und eing. v. Jürgen OSTERHAMMEL, mit Beit. von Sabine DABRINGHAUS [et al.]. Frankfurt am Main, Fischer Taschenbuch Verlag, 94, 188 p. (Geschichte Fischer Edition: Originalausg).

8184. BORSA (Giorgio). Europa e Asia tra modernità e tradizione. Milano, Angeli, 94, 326 p. (Collana storica del Centro studi per i popoli extraeuropei dell'Università di Pavia, 7).

8185. COLLOTTI PISCHEL (Enrica). Storia dell'Asia orientale. 1850–1949. Roma, NIS, 94, 294 p. (Studi superiori NIS, 223).

8186. COTTERELL (Arthur). East Asia: from Chinese predominance to the rise of the Pacific rim. New York, Oxford U. P., 94, X-339 p.

8187. Gosudarstvo Bokhay (698–926 gg.) i plemena Dal'nego Vostoka Rossii. [The state of Bokhay (698–926) and the tribes of the Far East of Russia.] Dir. E. V. SHAVKUNOV. Ros. Akad. nauk. Dal'nevost. otd. In-t istorii, arkheologii i etnografii narodov Dal'nego Vostoka. Moskva, Nauka, 94, 219 p. (ill., maps, bibl.).

8188. HORI (Kazuo). Ryō-Taisen-kan-ki no Higashi Ajia Chiiki Shakai. (The East Asian regional community in the period between World Wars). Chōki shakai hendō, 94, 308 p., p. 265-306.

8189. Maritime Asia: profit maximisation, ethics and trade structure c. 1300–1800. Ed. by Karl Anton SPRENGARD a. Roderich PTAK. Wiesbaden, Harrassowitz, 94, XI-239 p. (South China and maritime Asia, 2).

8190. MIYAJIMA (Hiroshi). Higashi-Ajia shōnō Shakai no Keisei. (The development of the little farmers' society of East Asia). Chōki Shakai Hendō, University of Tokyo Press, 94, 308 p., p. 67-98.

8191. SHITOMI (Yūzō). Adūrisu Kikō-hibun no Shinkaishaku. (A new interpretation of Monumentum Adulitanum). Tōzai Kaijō Kōryu-shi Kenkyū, 94, 3, 81-114.

8192. TWEEDIE (Sandra). Trading partners: Australia and Asia, 1790–1993. Sydney, University of New South Wales Press, 94, 262 p.

§ 2. Asia occidentale e centrale.

* 8193. Ost- und zentralasienwissenschaftlichen Beiträge in der Orientalistischen Literaturzeitung (Die),

1976–1992: Bibliographie und Register. Hrsg. v. Hartmut WALRAVENS. Berlin, Akademie Verlag, 94, 187 p.

8194. AGAYAN (Ts. P.). Armyane v Turtsii. (Les Arméniens en Turquie). Moskva, Armbuk, 94, 61 p.

8195. AKIMUSHKIN (O. F.). Baysungur mirza i ego rol' v kul'turnoy i politicheskoy zhizni khorasanskogo sultanata timuridov pervoy treti XV veka. (Baissoungour mirza et son rôle dans la vie culturelle et politique du soultanat de Khorasan des Timourides, 1400–1430). *Peterburg. Vostokovedenie*, 94, 5, p. 143-168.

8196. ANDO (Shiro). Ōcho-shihai to Sūfī: Jāmu no Shaihu no baai. (Sufi Shaykhs at Jam under the Dynastic Rule). *Senan-ajia kenkyū*, 94, 41, p. 1-20.

8197. Central Asia in historical perspective. Ed. by Beatrice F. MANZ. Boulder, Westview Press, 94, X-245 p. (The John M. Olin critical issues series).

8198. History of civilizations of Central Asia. Vol. 2. The development of sedentary and nomadic civilizations: 700 B. C. to A. D. 250. Ed. by Janos HARMATTA, B. N. PURI a. G. F. ETEMADI. Paris, Unesco, 573 p.

8199. ISLAMUGLU-INAN (H.). State and peasant in the Ottoman Empire. Agrarian power relations and reginal economic development in Ottoman Anatolia during the sixteenth century. Leiden, New York a. Köln, E. J. Brill, 94, XVII-293 p. (The Ottoman Empire and his heritage, 1).

8200. KURODA (Takashi). Iran-rikken-kakumei to Chiiki-shakai: Gīrān-shū Anjoman wo chūshin ni (The Iranian constitutional revolution and a local community: the provincial Anjoman of Gilan). *Tōyōshi-kenkyū*, 94, 53, 3, p. 155-187.

8201. KYZLASOV (I. L.). Runicheskie pis'mennosti Evraziyskich stepey. (Runic inscriptions of Eurasian steppes). Pos. akad. nauk. In-t arkheologii. Moskva, Izd. Firma "Vost. Lit.", 94, 181 p. (ill., pers. ind., Eng. summary, bibl.).

8202. POLONSKAIA (Liudmila R.), MALASHENKO (Alexei). Islam in Central Asia. Reading, Ithaca Press, 94, VI-171 p.

8203. Rossiya, Zapad i musul'manskiy Vostok v novoe vremya. (La Russie, l'Occident et l'Orient musulman dans l'histoire moderne). Sb. st. (Coll. of articles). Vost. fak. S.-Peterb. gos. un-ta. Otv. red. i sost. dots. S. M. IVANOV. Sankt-Peterburg, Andreev i synov'ya, 94, 170 p. (ill.). [Cf. n[os] <choice> 7434, 7443.]

§ 3. Asia del Sud.

8204. Etnogenez i etnicheskaya istoriya narodov Yuzhnoy Azii. (Ethnic history of peoples of South Asia). Sb. st. (Coll. of articles). Ros. Akad. nauk., In-t etnologii, antropologii i etnografii im. N. N. Miklukho-Maklaya. Otv. red. S. A. ARUTYUNOV. Moskva, Nauka, Izd. firma "Vost. lit.", 94, 284 p.

8205. NAGASAKI (Yōko). Indo-Dai-hanran to "Kokumin" Keisei: Sābarukaru no Shisō wo chūshin ni. (Indian mutiny and formation of "Nation": centering on the thought of Savarkar). Ajia kara kangaeru 5 kindaika-zo. Tōkyō, University of Tokyo Press, 94, 99-130 p.

8206. YAMAZAKI (Gen'ichi). Kodai-indo no Ōken to Shūkyō: O to Baramon. (Kingship and religion in Ancient India: kings and brahamanas). Tōkyō, Tosui Shobo, 94, 517 p.

§ 4. Asia del Sud-Est.

8207. BROWN (Rajeswary Ampalavanar). Capital and entrepreneurship in South-East Asia. New York, St. Martin's Press a. London, Macmillan, 94, XIV-302 p. (Studies in the economies of East and South-East Asia).

8208. International commercial rivalry in Southeast Asia in the interwar period. Ed. by Sugiyama SHINYA a. Milagros C. GUERRERO. (Yale University. Southeast Asia Studies. Monograph series, 39). New Haven, Yale Center for International and Area Studies, 94, IX-222 p.

8209. SINN (Elizabeth). Growing with Hong Kong: the Bank of East Asia, 1919–1994. Hong Kong, Bank of East Asia, 94, 217 p.

8210. TANNER (Rolf). "A strong showing". Britain's struggle for power and influence in Southeast Asia, 1942–1950. Stuttgart, Steiner, 94, 299 p. (Beiträge zur Kolonial- und Überseegeschichte).

§ 5. Cina.

** 8211. Zhong De waijiao midang 1927–1947. (Secret diplomatic records regarding China and Germany, 1927–1947). A cura del Secondo Archivio Storico di Cina. Nanning, Guangxi shifan da xue chubanshe, 94, 548 p.

** 8212. Zhonggong dangshi ziliao. (Documents on the history of the Chinese Communist Party). Vol. 49. A cura dell'Ufficio per la Storia del Partito del Comitato Centrale del PCC. Beijing, Dangshi chubanshe, 94, 220 p.

8213. ALIMOV (I. A.). "Razyskaniya o vostochnoy sunskoy stolitse": svedeniya o khramakh i kumirakh. ("Les recherches sur la capitale occidentale de Sun" de Chzhou Chen': renseignements sur les temples et les idoles). *Kunstkamera: Etnograficheskie tetradi*, 94, 2, 5-6, p. 73-98.

8214. BAO (Chengguan). Liang Qichao de minquan yu Lusao zhuquan zaimin shuo. (Liang Qichao's philo sophy of civil rights and Rousseau's doctrine of popular sovereignty). *Lishi yanjiu*, 94, 3, p. 3-12.

8215. BAUM (Richard). Burying Mao: Chinese politics in the Age of Deng Xiaoping. Princeton, Princeton U. P., 94, 489 p.

8216. BENTON (George). Lu Xun, Leon Trotsky, and the Chinese Trotskyists. *East Asian History*, 94, 7, p. 93-105.

8217. Body, subject & power in China. Ed. by Angela ZITO a. Tani E. BARLOW. Chicago, Chicago U. P., 94, 30 p.

8218. BRAY (Francesca). Le travail féminin dans la Chine impériale. L'élaboration de nouveaux motifs dans le tissu social. *Annales*, 94, 49, 4, p. 783-816.

8219. CAI (Zhensheng). Zhang Zhidong jiaoyu sixiang yanjiu. (Studies on Zhang Zhidong's educational thought). Shenyang, Liaoning jiaoyu chubanshe, 94, 271 p.

8220. CAO (Zixi). Beijing tongshi. (A general history of Peking). Beijing, Zhongguo shudian chubanshe, 94, 832 p.

8221. CHEN (Baoliang). Mingdai de minping yu xiangping. (The People's Militia and the Countryside Militia in the Ming period). *Zhongguo shi yanjiu*, 94, 1, p. 82-92.

8222. CHEN (Gaohua). Yuan dai yin cha xiguan. (The custom of tea drinking in the Yuan Dynasty). *Lishi yanjiu*, 94, 1, p. 89-102.

8223. CHEN (Hongmin). Cong Changsha fujin de zuozhan kan Kangzhan xiangzhi jieduan de jige tedian. (Characteristics of the stalemate of the Anti-Japanese War as shown by the battles fought around Changsha). *Minguo yanjiu*, 94, 1, p. 276-295.

8224. CHEN (Qizhang). Jiawu zhanzheng guoji guanxi shi. (A history of international relations during the Sino-Japanese War of 1894–95). Beijing, Beijing renmin chubanshe, 94, 457 p.

8225. CHEN (Ruiyun). Jiang Jieshi yu Wang Jingwei. (Chiang Kai-shek and Wang Jingwei). Changchun, Jilin wenshi chubanshe, 94, 242 p.

8226. CHEN (Tiejian), HUANG (Daoxuan). Zhonglun Jiang Jieshi yu Sun Zhongshan de guanxi. (A reevaluation of the relationship between Chiang Kai-shek and Sun Yat-sen). *Minguo yanjiu*, 94, 1, p. 4-21.

8227. CHEN (Yanyi). Song Ailing zhuan. (Biography of Song Ailing). Qingdao, Qingdao chubanshe, 94, 558 p.

8228. China: ancient culture, modern land (Cradles of civilization). Ed. by Robert E. MUROWCHICK. Norman, University of Oklahoma Press, 94, 192 p.

8229. China's republican revolution. Ed. by Eto SHINKICHI a. Harold Z. SCHIFFRIN. [Tokyo], Tokyo U. P., 94, XVIII-279 p.

8230. CHING (X.L.). The decline of Communism in China: legitimacy crisis, 1977-1989. Cambridge a. New York, Cambridge U. P., 94, XII-230 p.

8231. DING (Richu). Shanghai jindai jingji shi: 1843–1894. (History of Shanghai's modern economy, 1843–1894). Shanghai, Shanghai renmin chubanshe, 94, 716 p.

8232. DING (Weizhi). "Zhong ti Xi yong" lun zai Yangwu yundong shiqi de xingcheng yu fazhan. (The formation and development of the doctrine of "Chinese learning for essential principles and western learning for practical use" during the Westernization Movement). *Zhongguo shehui kexue*, 94, 1, p. 101-118.

8233. DONG (Shiming). Zhongguo Gongchandang de minzu quyu zizhi zhengce de xingshi yu fazhan. (The Chinese Communist Party's policy of regional national autonomy: its shaping and development). *Zhonggong dangshi yanjiu*, 94, p. 13-18.

8234. DUAN (Benluo), DAN (Qiang). Jindai Jiangnan nongcun. (Countryside in Modern Jiangnan). Nanjing, Jiangsu renmin chubanshe, 94, 692 p.

8235. Education and Society in late imperial China, 1600–1900. Ed. by Benjamin A. ELMAN a. A. WOODSIDE. Berkeley, University of California Press, 94 XIV, 517 p.

8236. FAN (Paichuan). Huai jun shi. (History of the Anhui-Jiangsu Army). Chengdu, Sichuan renmin chubanshe, 94, 461 p.

8237. FANG (Guoyu). Kang Ri zhanzheng Dian xi zhanshi. (The military hostilities in the West Yunnan area during the Resistance War against Japan). Kunming, Yunnan chubanshe, 94, 179 p.

8238. FANG (Litian). Hongzhou zong xinxinglun sixiang shuping. (A commentary on the Hongzhou Buddhist theory of the nature of mind). *Zhongguo shehui kexue*, 94, 2, p. 145-160.

8239. FENG (Min). Tao Xingzhi pingmin jiaoyu sixiang ji qi xianshi yiyi. (Tao Xingzhi's mass education thought and its practical significance). *Minguo dang'an*, 94, 2, p. 113-119.

8240. FENG (Tiaoji). Junshi jindaihua yu Zhongguo geming. (The modernization of the Army and the Chinese Revolution). Shanghai, Shanghai Renmin chubanshe, 94, 350 p.

8241. Feng Youlan xuanji. (Selected works of Feng Youlan). Ed. by Yu YOUGUANG. Tianjin, Tianjin renmin chubanshe, 94, 496 p.

8242. GE (Jianxiong). Lun Qin Han tongyi de dili jichu. (The Geographical Foundation of [China's] unification under Qin and Han). *Zhongguo shi yanjiu*, 94, 1, p. 20-29.

8243. GENG (Yunzhi). Zhongguo xin wenhua de yuanliu ji qi quxiang. (The origins of China's new culture and its trends). *Lishi yanjiu*, 94, 2, p. 127-132.

8244. GODLEY (Michael). The end of the queue: hair as symbol in Chinese history. *East Asian History*, 94, 8, p. 53-72.

8245. Guangdong qingnian yundong shi. (History of Guangdong's Youth Movement). Ed. by Zhang HONG-MING, Lin MUSHENG. Guangzhou, Guangdong gaodeng jiaoyu chubanshe, 94, 386 p.

8246. Guangzhou wenshi. (A cultural and historical account of Canton). Ed. by Luo JIN. Guangzhou, Guangdong renmin chubanshe, 94, 238 p. (Guangzhou wenshi-A Cultural and Historical Account of Canton, 46).

8247. GUO (Linxie). Jiang Jieshi yu Li Zongren. (Chiang Kai-shek and Li Zongren). Changchun, Jilin wenshi chubanshe, 94, 274 p.

8248. GUO (Qinan). Xiong Shili zhuan. (Biography of Xiong Shili). Shanghai, Shanghai wenyi chubanshe, 94, 252 p.

8249. Guo Moruo yu rujia wenhua. (Guo Moruo and Confucian culture). A cura del Centro di ricerche su Guo Moruo. Jinan, Shandong, renmin chubanshe, 94, 299 p.

8250. Guo Moruo zai Shanghai. (Guo Moruo in Shanghai). A cura dell'Accademia delle Scienze sociali e della Biblioteca di Shanghai. Shanghai, Shanghai shehui kexue chubanshe, 94, 412 p.

8251. HAN (Guopan). NanBeiChao Sui Tang yu Baiji Xinluo de wanglai. (The intercourses between the Southern-Northern and the Sui and Tang Dynasties and the Kingdoms of Paekche and Silla). *Lishi yanjiu*, 94, 2, p. 21-42.

8252. HAN (Xinfu). Tang Enbo juntuan yu Tai'erzhuang zhanyi. (The Army group of Tang Enbo and the Tai'erzhuang Campaign). *Minguo yanjiu*, 94, 1, p. 296-322.

8253. HE (Dimin). Zhongguo jingji shi. (History of Chinese economy). Beijing, Renmin chubanshe, 94, 175 p.

8254. HE (Ganzhi). He Ganzhi wenji. (Collected works of He Ganzhi). Beijing, Beijing chubanshe. 94, 3 vol., 397 p., 583 p., 662 p.

8255. HE (Jianming). Zhongguo funu 500 jie. (Five hundred outstanding Chinese women). Beijing, Beijing chubanshe, 94, 736 p.

8256. HENRIOT (Christian). From myth to reality: Chinese courtesans in late-Quing Shangai. *East Asian History*, 94, 8, p. 33-52.

8257. Hu Qiaomu. (Hu Qiaomu). Ed. by Ye YONG-LIE. Beijing, Zhonggong zhongyang dangxiao chubanshe, 94, 218 p.

8258. HU (Rulei). Tang "Kaiyuan zhi zhi" shiqi zaixiang zhengzhi tanwei. (A study of the politics of the Prime Minister in the Kaiyuan period of the Tang Dinasty). *Lishi yanjiu*, 94, 1, p. 66-74.

8259. HU (Sheng). Hu Sheng wenji: 1979–1994. (Collected Works of Hu Sheng, 1979–1994). Beijing, Zhongguo shehui kexue chubanshe, 94, 544 p.

8260. HUANG (Jianhui). Zhongguo yinghang shi. (History of Chinese banking system). Taiyuan, Shanxi jingji chubanshe, 94, 400 p.

8261. HUANG (Kaiguo). Liao Ping pingchuan. (A critical biography of Liao Ping). Nanchang, Jiangxi baihuazhou wenyi chubanshe, 94, 268 p.

8262. HUANG (Meizhen). Lunxian shiqi de Shanghai gongyun. (The Shanghai workers movement during the period of Japanese occupation). *Lishi yanjiu*, 94, 4, p. 105-119.

8263. HUANG (Shuguang). Hu Shi jiaoyu sixiang yanjiu. (Studies on Hu Shi's educational thought). Shenyang, Liaioning jiaoyu chubanshe, 94, 318 p.

8264. Hubei jianshi. (A short history of Hubei). A cura dell'Istituto di Storia dell'Accademia delle Scienze Sociali della regione dello Hubei. Wuhan, Hubei jiaoyu chubanshe, 94, 699 p.

8265. IWAI (Shigeki). Yoeki to Zaisei no Aida. (Between local labor service and government finance). *Keizai-keiei Ronsō*, 94, 29, 3, p. 1-88.

8266. JI (Xue), WU (You). Xiang Jingyu. (Xiang Jingyu). Beijing, Zhongguo qingnian chubanshe, 94, 142 p.

8267. JIANG (Shaozhen). Dai Li yu Juntong. (Dai Li and the Juntong). Zhengzhou, Henan renmin chubanshe, 94, 341 p.

8268. JIANG (Youfa). Zhongguo jindai renkou shi. (History of China's population in the Modern period). Shanghai, Shanghai renmin chubanshe, 94, 328 p.

8269. JIN (Guangyao). 1949–1950nian Yingguo dui xin Zhongguo de chengren. (Britain's recognition of New China in 1949–1950). *Lishi yanjiu*, 94, 5, p. 119-131.

8270. JIN (Linxiang). Cai Yuanpei jiaoyu sixiang yanjiu. (Studies on Cai Yuanpei's educational thought). Shenyang, Liaoning jiaoyu chubanshe, 94, 277 p.

8271. KRADIN (N. N.). Sotsial'nyy stroy syan'biyskoy derzhavy (XI v.). (Organisation sociale de l'état de Syan'bi, XI s.). *In*: Medievistskie issledovaniya na Dal'nem Vostoke [Cf. n° 8310], p. 22-36.

8272. Kvinnohistoriens nya utmaningar: Från sexualitet till världshistoria. Konferensrapport från det IV Nordiska Kvinnohistorikermötet 27–30 Maj 1993. (Women's history and sexuality. Conference Proceedings). Tammerfors. Tampere, Tampereen yliopisto, 94, 337 p. (Historiatieteen Laitoksen Julkaisuja, 17). [Cf. nos <choice> 800, 6987, 7034.]

8273. KYLLÖNEN (Eija). Väestöpolitiikka ihmisoikeuksien näkökulmasta. (Population policy and the human rights in China). *Kehitystutkimus – Utvecklingsforskning*, 94, 3, p. 107-117 (English summary).

8274. LAN (Yong). Ming Qing shiqi de Huang mu caiban. (The purchasing of timber for royal constructions during the Ming-Qing). *Lishi yanjiu*, 94, 6, p. 86-98.

8275. LARIN (V. L.). Yugo-Zapadnyy Kitay vo vtoroy polovine XVII–70-kh godakh XIX v. Problemy regional'noy istorii. (La Chine du sud-ouest aux 1650–1870. Les problèmes de l'histoire regionale). Ros. Akad. nauk., Dal'nevost. otd-nie, In-t istorii, arkheologii i etnografii narodov Dal'nego Vostoka. Moskva, Nauka, Izd. firma "Vost. lit.", 94, 335 p. (ill.).

8276. Li Dazhao yanjiu cidian. (A dictionary of studies about Li Dazhao). Beijing, Hongqi chubanshe, 94, 1058 p.

8277. LI (Fei). Zhongguo gudai funu xiao xing shi kaolun. (A historical study of women's filial obedience in Ancient China). *Zhongguo shi yanjiu*, 94, 3, p. 73-82.

8278. LI (Hong). Zhou Enlai yu Deng Yingchao. (Zhou Enlai and Deng Yingchao). Beijing, Zhonggong zhongyang dangxiao chubanshe, 94, 226 p.

8279. LI (Kaiyuan). Zen-kan Syonen ni okeru Gunkōjueki-kaisō no Kōsui to Shakai-kaisō no Hendō: tōkei to zuhyō wo chūshin to shite. (The rise and fall of the military meritocracy and the change of social strata in the West Han Period: centering on the statistics and the diagram). *Shigaku Ronshū*, 94, 9, p. 231-289.

8280. LI (Lincoln). Student nationalism in China, 1924–1949. Albany, State University of New York Press, 94, X-209 p.

8281. LI (Shi'an). Taipingyang zhanzheng shiqi de Zhong Ying guanxi. (Relations between China and Great Britain during the Pacific War). Beijing, Zhongguo shehui kexue chubanshe, 94, 267 p.

8282. LI (Tingjiang) Riben caijie yu Xinhai geming. (Japanese business world and the 1911 Revolution). Beijing, Zhongguo shehui kexue chubanshe, 94, 340 p.

8283. LI (Wenhai). Jiawu zhanzheng yu zaihuang. [The Sino-Japanese War of 1894–95 and the famine (in China)]. *Lishi yanjiu*, 94, 6, p. 7-16.

8284. LI (Xihou). Liao Jin shiqi Qidan ji Nuzhen zu shehui xingzhi de yanbian. (Evolution in the nature of Khitan and Nurchen society during the Liao-Jin period). *Lishi yanjiu*, 94, 5, p. 40-54.

8285. LI (Yugang). Sun Zhongshan dui Eguo Eryue geming he Shiyue geming de fanying. (Sun Yat-sen's responses to the February and October Revolution in Russia). *Lishi yanjiu*, 94, 6, p. 99-111.

8286. LI (Zhaoran), BIAN (Lixin). 20 shiji Zhongguo zhexue zhuzuo da cidian. (A large dictionary of philosophical works in twentieth century China). Beijing, Zhongguo renmin daxue, 94, 1164 p.

8287. LIN (Chengxi), XU (Luosheng). Guomindang gongjun kangzhan shilu. (Historical records on the Nationalists' Air Force during the Resistance War). Beijing, Zhongguo dang'an chubanshe, 94, 467 p.

8288. LIN (Dengquan). Lun Kang Mei Yuan Chao zhanzheng yundongzhan zhengzhi gongzuo Lishi jingyan. (The historical experience of the political work of mobile warfare in the war to resist US aggression and aid Korea). *Zhonggong dangshi yanjiu*, 94, p. 54-62.

8289. LIN (Jiayou). Shilun Sun Zhongshan zhenxing Zhonguo shangye de jingji sixiang ji qi yanbian. (The evolution of Sun Yat-sen's economic thought on the revitalization of China's commerce). *Minguo yanjiu*, 94, 1, p. 22-49.

8290. LIN (Jinfu). Ming dai nongcun de renkou liudong yu nongcun jingji biange. (The rural floating population and economic changes in the Ming). *Zhongguo shi yanjiu*, 94, 4, p. 28-39.

8291. LIU (Bangfu). Liang Qichao zhexue sixiang xinlun. (Liang Qichao's philosophical thought). Wuhan, Hubei renmin chubanshe, 94, 386 p.

8292. LIU (Fushu). Sun Zhongshan yu junfa. (Sun Yat-sen and the Warlords). *Minguo dang'an*, 94, 4, p. 65-72.

8293. LIU (Huaming), CHI (Zhen). 1911–1921 nian de Wai Menggu wenti. (The problem of Outer Mongolia from 1911 to 1921). *Mingguo dang'an*, 94, 1, p. 79-89.

8294. LIU (Jingfu). Wei, Jin, Nan chao shi dafu qingshen shenghuo shulun. (The cultural life of the literati and officialdom in Wei, Jin and Southern Dynasties). *Zhongguo shi yanjiu* (Studies in Chinese History), 94, 3, p. 51-61.

8295. LIU (Meisheng). Zhongguo jindai wenguan zhidu shi. (History of the Civil Service in Modern China). Zhengzhou, Henan daxue chubanshe, 94, 242 p.

8296. LIU (Zhong). Lun Ming chao Xizang guishu yu lingzhu zhi de yanbian. (On the belonging of Tibet during the Ming Dinasty and the evolution of the Suzerain system). *Lishi yanjiu*, 94, 5, p. 55-69.

8297. LOCKHART (Greg), LOCKHART (Monique). Broken journey: Nhât Linh's "Going to France". *East Asian History*, 94, 8, p. 73-134.

8298. LOU (Xiangzhi). Beiyang junfa yu Riben. (Beiyang militarists and Japan). Tianjin, Tianjin renmin chubanshe, 94, 257 p.

8299. LOUIE (Kam), EDWARDS (Louise). Chinese masculinity: theorising 'Wen' and 'Wu'. *East Asian History*, 94, 8, p. 135-?

8300. LU (Li). Peng Pai. (Peng Pai). Beijing, Zhongguo qingnian chubanshe, 94, 165 p.

8301. LU (Shengfa). Foxue yu xiandai xin ruxue. (Buddhism and contemporary Neo-Confucianism). Shenyang, Liaoning daxue chubanshe, 94, 464 p.

8302. LU (Zhongfeng). Lun Qing chu de shehui sichao yu xueshu shi de bianxiu. (Social ideological trends and the compilation of the Accademic History in Early Qing). *Zhongguo shi yanjiu*, 94, 4, p. 129-140.

8303. LUBO-LESNICHENKO (E. K.). Kitay na Shelkovom puti. Shelk i vneshnie svyazi drevnego i rannesrednevekovogo Kitaya. (China on the Silk way. Silk and foreign relations of ancient and early medival China). Ros. Akad. nauk., Otd-nie istorii, In-t vostokovedeniya, Gos. Ermitazh. Moskva, Nauka, Izd. firma "Vost. lit.", 94, 326 p. (ill.). (Kul'tura narodov vostoka, materialy i issledovaniya.)

8304. LUCA (Augusto). Nella Cina dei Boxers. La prima missione saveriana. [S. l.], EMI, 94, 256 p.

8305. LUO (Jiongguang), XIANG (Quanying). Jiang Jieshi shouxi mishu Chen Bulei. (Chen Bulei: Chiang Kai-shek's principal secretary). Changchun, Jilin wenshi chubanshe, 94, 387 p.

8306. MA (Liangkuan). Lun Zhongguo zhanqu de lishi jiazhi. (On the historical value of China's theatre of [World] War [II]). *Minguo dang'an*, 94, 3, p. 103-111.

8307. MA (Ruheng), MA (Dazheng). Qing dai de bianjiang zhengce. (Policies towards the border Areas during the Qing Dinasty). Beijing, Zhongguo shehui kexue chubanshe, 94, 496 p.

8308. MAC KERRAS (Colin). China's minorities: integration and modernization in the twentieth century. Hong Kong a. New York, Oxford U. P., 94, 355 p.

8309. Mao Zedong dui Makesizhuyi fazhan de gongxian. (Mao Zedong's contribution to the development of Marxism). A cura dell'Accademia Cinese di Scienze Sociali. Beijing, Zhongguo shehui kexue wenxian chubanshe, 94, 769 p.

8310. Medievistskie issledovaniya na Dal'nem Vostoke. (Medieval studies on the Far East). Sb. st. (Coll. of articles). Ros. Akad. nauk., Dal'nevost. otd-nie, In-t istorii, arkheologii i etnografii narodov Dal'nego Vostoka. Otv. red. E. V. SHAVKUNOV. Vladivostok, Dal'nauka, 94, 129 p. (ill.). [Cf. n° <choice> 8271.]

8311. Nie Rongzhen zhuan. (Biography of Nie Rongzhen). A cura del Comitato di redazione della "Biografia di Nie Rongzhen". Beijing, Dangdai Zhongguo chubanshe, 94, 776 p.

8312. Ningbo gongren yundong shi. (History of Ningbo's Workers Movement). A cura del Sindacato generale di Ningbo. Ningbo, Gongren chubanshe, 94, 338 p.

8313. OKAMOTO (Takashi). Shin-Matsu Ko-kai-kan no Tenkai: Koshu ni Okeru Yōkan Setsuritsu no Imi. (The revenue-raising system of the Canton Customs House in transition, with special reference to the establishment of the Foreign Inspectorate of customs at Canton). *Shirin*, 94, 77, 6, p. 1-31. (English summary).

8314. PEI (Monong). Chunqiu waijiao rencai de linxuan. (The selection of diplomatic talents in the Spring and Autumn period). *Lishi yanjiu*, 94, 4, p. 19-33.

8315. Politics, economy and society in contemporary China. Ed. by Billy BRUGGER a. Stephen REGLAR. Stanford, Stanford U. P., 94, VII-367 p.

8316. POPOVA (I. F.). Voennaya politika ranney Tan. (Military policy of early Tan. (China, VII cent.). *Peterburg. Vostokovedenie*, 94, 5, p. 245-266.

8317. QI (Shirong). Woguo shijie shixueke de fazhan lishi ji qianjing. (The development history of world historiography in our country and its prospects). *Lishi yanjiu*, 94, 1, p. 155-168.

8318. QIANG (Zhai). The dragon, the lion, the eagle: Chinese/British/American relations, 1949-1958. Kent, Kent State U. P., 94, XI-284 p.

8319. QIAO (Zhongrong). Chen Jiongming yu Jiang Jieshi. (Chen Jiongming and Chiang Kai-shek). *Mingguo dang'an*, 94, 1, p. 106-113.

8320. Qu Qiubai yanjiu. (Studies on Qu Qiubai). A cura del Museo storico su Qu Qiubai. Shanghai, Xueshu chubanshe, 94, 341 p.

8321. REN (Shuang). Keju zhi yu Tang dai jiaoyu weiji. (The imperial exams system and the educational crisis during the Tang). *Zhongguo shi yanjiu*, 94, 3, p. 99-112.

8322. RYBAKOV (V. M.). Tanskoe chinovnichestvo: rutinnye protsedury. (Les fonctionnaires de Tan). *Peterburg. Vostokovedenie*, 94, 5, p. 221-244.

8323. SABATTINI (Marco), SANTANGELO (Paolo). Storia della Cina: dalle origini alla fondazione della repubblica. Roma e Bari, Laterza, 94, VIII-679 p. (ill.). (Biblioteca universale Laterza, 421).

8324. SABBAN (Françoise). L'industrie sucrière, le moulin à sucre et les relations sino-portugaises aux XVIe–XVIIIe siècles. *Annales*, 94, 49, 4, p. 817-862.

8325. SHANG (Mingxuan). He Xiangning zhuan. (Biography of He Xiangning). Beijing, Zhongguo qingnian chubanshe, 94, 422 p. – IDEM. Liao Zhongkai. (Liao Zhongkai). Beijing, Zhongguo qingnian chubanshe, 94, 140 p.

8326. Shanghai wenhua nianjian: 1994. (Yearbook of Shanghai culture: 1994). Shanghai, Comitato per la compilazione del'Annuario culturale di Shanghai, 94, 299 p.

8327. SHE (Yingwu). Nan she renwu pingjia. (Outstanding figures of the Southern Society). Beijing, Shehui kexue wenxian chubanshe, 94, 298 p.

8328. SHEN (Dade), WU (Yanxi). Huang tudi. Zhongguo chuantong shehui jiegou tantao. (The loess: a discussion about traditional social structure in China). Hangzhou, Zhejiang renmin chubanshe, 94, 319 p.

8329. SHEN (Weiwei). Lun Hu Shi guanyu renquan yu yuefa de lunzheng. (Hu Shi's views on human rights and the political tutelage constitution). *Minguo dang'an*, 94, 1, p. 96-105.

8330. SHI (Jinbo). XiXia de zhiguan zhidu. (The Civil Service system of the Western Xia). *Lishi yanjiu*, 94, 2, p. 62-71.

8331. SHI (Lihua). Zhonghua Minguo waijiao shi. (A diplomatic history of the Republic of China). Shanghai, Shanghai renmin chubanshe, 94, 748 p.

8332. SHI (Zhihong). Qing dai qianqi de xiao nong jingji. (Small peasant economy during the Early Qing period). Beijing, Zhongguo shehui kexue chubanshe, 94, 282 p.

8333. SONG (Zhenhao). Xia Shang shehui shenghuo shi. (A history of the social life during the Xia and Shang Periods). Beijing, Zhongguo shehui kexue chubanshe, 94, 418 p.

8334. Taiping Tianguo yanjiu lunwenji. (Collected essays on the Taiping heavenly kingdom). Ed. by Wang CHENGREN. Wuhan, Wuhan daxue chubanshe, 94, 423 p.

8335. TAN (Dihua). Qing dai Zhujiang sanjiaozhou de shadian. (The Sandy Lands in the delta area of the Pearl River during the Qing Dynasty). Guangzhou, Guangdong renmin chubanshe, 94, 375 p.

8336. TANG (Zhijun). Kang Youwei de haiwai huodong he Baohuanghui qianqi pingjia. (An evaluation of Kang Youwei's activities abroad and the Society for the Protection of the Emperor in its early days). *Lishi yanjiu*, 94, 2, p. 118-126.

8337. TAO (Wenzhao). Taipingyang zhanzheng shijian de Xianggang wenti. (The problem of Hong Kong during the Pacific War). *Lishi yanjiu*, 94, 5, p. 70-87.

8338. TERADA (Hiroaki). Min-shin Hō-Chitsujo ni Okeru "yao" no Seikaku. (The character of "yaku" in the Law System of Ming-Qing China). *Shakai to Kokka*, University of Tokyo Press, 94, 304 p., p. 69-130.

8339. VOROB'EV (M. V.). Man'chzhuriya i Vostochnaya Vnutrennyaya Mongoliya (s drevneyshikh vremen do IX veka). (Mantchourie et la Mongolie Intérieure Orientale des origines au IX siècle). Ros. Akad. nauk. Dal'nevost. otd-nie, In-t istorii, arkheologii i etnografii narodov Dal'nego Vostoka. Vladivostok, Dal'nauka, 94. 409 p.

8340. WANG (Jingyu). Shijiu shiji waiguo zai Hua jinshe huodong zhong de yinhang yu yanghang. (The financial activities of Foreign Banks and firms in China in the 19th Century). *Lishi yanjiu*, 94, 1, p. 112-136.

8341. WANG (Jinxiang). Nanjing Guomin zhengfu chuqi de jinyan zhengce. (Nanjing national government suppressing opium policy in its early period). *Minguo dang'an*, 94, 2, p. 77-83.

8342. Wang Ming "zuo" qing maoxianzhuyi zai Shanghai. (Wang Ming's "left" adventurism in Shanghai). A cura del Centro di Ricerche del Comitato municipale del Partito Comunista Cinese. Shanghai, Yuandong chubanshe, 94, 192 p.

8343. WANG (Qiang). Deng Yanda yu Huangpu junxiao de chuangzao. (Deng Yanda and the establishment of the Whampoa Military Academy). *Minguo dang'an*, 94, 3, p. 81-85.

8344. WANG (Rigen). Ming Qing shidai huiguan de yanjing. (The evolution of regional guild halls during the Ming-Qing period). *Lishi yanjiu*, 94, 4, p. 47-62.

8345. WANG (Rufeng). Beiping renmin kangRi douzheng shigao. (A history of popular struggles in Peking against Japanese aggression). Beijing, Beijing daxue chubanshe, 94, 418 p.

8346. WANG (Weili), FAN (Guangjie). Jiang Jieshi yu Zhang Xueliang. (Chiang Kai-shek and Zhang Xueliang). Changchun, Jilin wenshi chubanshe, 94, 270 p.

8347. WANG (Xueqing). Jiang Jieshi yu Chen Lifu, Chen Guofu. (Chiang Kai-shek and Chen Lifu and Chen Guofu). Changchun, Jilin wenshi chubanshe, 94, 297 p.

8348. WANG (Zhen). Kangzhan chuqi Zhong Su zai Sulian canzhan wenti shang de fenzhi. (Divergent views on Soviet partecipation to the war between China and the USSR during the early stages of the war of resistance against [Japanese] aggression). *Lishi yanjiu*, 94, 6, p. 112-125.

8349. WANG (Zhonghan). Kangxi yu lixue. (The Kangxi Emperor and Neo-Confucianism). *Lishi yanjiu*, 94, 3, p. 116-122.

8350. WEI (Fuxian), FAN (Xiting). Zhang Zuolin pei zha shijian zhenxiang. (The truth about the killing of Zhang Zuolin). Shenyang, Liaoshen shushe, 94, 272 p.

8351. WENG (Junxiong). Tang houqi minhu da qianxi yu liangshui fa. (The great migrations of households and the double-taxation system in the Late Tang period). *Lishi yanjiu*, 94, 3, p. 87-101.

8352. WILL (Pierre-Etienne). Chine moderne et sinologie. *Annales*, 94, 49, 1, p. 7-26. – IDEM. Développement quantitatif et développement qualitatif en Chine à la fin de l'époque impériale. *Annales*, 94, 49, 4, p. 863-902.

8353. WU (Jingping). Deguo junshi guwen Saikete de Zhongguo zhi xing shuping (German Military Counsellor Van Seckt's trip to China). *Minguo dang'an*, 94, 2, p. 97-104. – IDEM. Song Ziwen de jingji sixiang shuping. (The economic thought of Song Ziwen). *Minguo yanjiu*, 94, 1, p. 50-76.

8354. WU (Yannan). Min chu shehui sichao de tedian. (Characteristics of the social ideological trends in the early republican period). *Minguo dang'an*, 94, 4, p. 222-241.

8355. XIAO (Liyan). Su Shi yu Jingdong nongmin qiyi. (Su Shi and the peasant revolts in the Jingdong area). *Zhongguo shi yanjiu*, 94, 1, p. 42-49.

8356. XIAO (Zhizhi), XU (Fangping). Zhong Ying zaoqi chaye maoyi. (The early tea trade between China and Britain). *Lishi yanjiu*, 94, 3, p. 136-152.

8357. Xinhai geming yanjiu. (Studies on the 1911 Revolution). A cura del Museo storico di Wuchang. Wuhan, Wuhan daxue chubanshe, 94, 305 p.

8358. XIONG (Yuezhi). 1842nian zhi 1860nian xixue zai Zhongguo de zhuanbo. (The spread of western learning in China between 1842 and 1860). *Lishi yanjiu*, 94, 3, p. 63-81.

8359. YAN (Su), DONG (Qifeng). Kong Xiangxi yu Song Ailing. (Kong Xiangxi and Song Ailing). Beijing, Zhongguo dang'an chubanshe, 94, 323 p.

8360. YANG (Kuisong). Huade shijian yu xin Zhongguo dui Mei zhengce de queding. (The ward case and the definition of new China's policy towards USA). *Lishi yanjiu*, 94, 5, p. 104-118.

8361. YANG (Rong), ZHANG (Qiang). Lun "Xin qingnian" dui funu wenti de tantao. (On the discussion of women problems by "New Youth" Magazine). *Minguo dang'an*, 94, 3, p. 72-80.

8362. YANG (Su). Ai Siqi zhuan. (Biography of Ai Siqi). Kunming, Yunnan jiaoyu chubanshe, 94, 538 p.

8363. YANG (Tianhong). Jidujiao yu jindai Zhongguo. (Christianity and Modern China). Chengdu, Sichuan renmin chubanshe, 94, 486 p.

8364. YANG (Zhijiu). Zailun Make Polo shu de zhen we wenti. (Authentic or a forgery? More on Marco Polo's book). *Lishi yanjiu*, 94, 2, p. 72-78.

8365. YE (Yonglie). Mao Zedong de mishumen. (Mao Zedong's secretaries). Shanghai, Shanghai renmin chubanshe, 94, 399 p.

8366. YIN (Chenglin). Zhongguo gudai shi. (History of Ancient China). Kunming, Yunnan daxue chubanshe, 94, 528 p.

8367. YOU (Huanmin). Kongzi sixiang ji qi xiandai yiyi. (The thought of Confucius and its meaning today). Changsha, Yuelu shushe, 94, 367 p.

8368. YU (Chang). Xi'an shibian. (The Xi'an incident). Beijing, Zhongguo biaozhun chubanshe, 94, 166 p.

8369. YU (Kaixiao). Ba Jin zhuan. (Biography of Ba Jin). Shanghai, Shanghai wenyi chubanshe, 94, 375 p.

8370. YUAN (Chun). Chongqing tanpan. (The Chongqing talks). Beijing, Zhongguo qingnian chubanshe, 94, 148 p.

8371. YUAN (Lin). Xibei zaihuang shi. (History of famine in Northwest China). Lanzhou, Gansu renmin chubanshe, 94, 1815 p.

8372. YUAN (Suiren). Lun Zhang Juzheng gaige de lishi jiejian. (Historical lessons from the reforms by Zhang Juzheng during the Ming period). *Zhongguo shi yanjiu*, 94, 1, p. 50-58.

8373. YUAN (Yitang). Bei Song de shidi yu minjian huobi liutong. (The marketing of rice and currency flow among the population during the Northern Song). *Lishi yanjiu*, 94, 5, p. 21-39.

8374. ZHANG (Dainian). Zhongguo zhexue chuantong de zhuliu. (Main trends in Chinese philosphical tradition). Zhengzhou, Henan renmin chubanshe, 94, 748 p.

8375. ZHANG (Junbiao). Liu Zhidan. (Liu Zhidan). Beijing, Zhongguo qingnian chubanshe, 94, 150 p.

8376. ZHANG (Lianqi). Qing mo xinzheng shi. (History of the "New Deal" at the end of Qing Dinasty). Harbin, Heilongjiang renmin chubanshe, 94, 287 p.

8377. ZHANG (Xiaolu). Zhongguo canzhan yu Meiguo. (China's participation in [World] War [I] and the United States). *Minguo dang'an*, 94, 2, p. 71-76.

8378. ZHANG (Xihong). Zhongguo lifa shilun. (A History of Chinese legislation). Beijing, Sanlian shudian, 94, 139 p.

8379. ZHANG (Yongshan). Xi Zhou shiqi de fangzhi he maopi shougongye shengchan. (The textile and fur handicraft production in Western Zhou). *Zhongguo shi yanjiu*, 94, 4, p. 10-19.

8380. ZHANG (Zhiqing). Yan'an zhengfeng zhihou. (The Yan'an rectification movement). Shanghai, Jiangsu wenyi chubanshe, 94, 254 p.

8381. ZHANG (Zhuo). Handai beijun yu Cao Wei zhongjun. (The "North Army" in the Han period and the "Middle Army" in the Cao Wei period). *Zhongguo shi yanjiu*, 94, 3, p. 15-23.

8382. Zhanhou Zhong Ri guanxi shi nianbiao: 1945–1993 (A chronological history of the relations between China and Japan in the Post-War period, 1945–1993). Ed. by Dian HENG. Beijing, Zhongguo shehui kexue chubanshe, 94, 721 p.

8383. ZHAO (Dezhi). Xiandai xin Rujia yu Xifang zhexue. (Contemporary Neo-Confucianism and western philosophy). Shenyang, Liaoning daxue chubanshe, 94, 310 p.

8384. ZHAO (Guiying). Zhongguo jindai waijiao shi: 1840–1919. (Diplomatic history of Modern China, 1840–1919). Taiyuan, Shanxi gaoxiao lianhe chubanshe, 94, 565 p.

8385. ZHAO (Ming). Dong Han dui Xi Qiang changqi zuozhan de yuanyin yu jiaoxun. (Cause and lessons of the long-term operations of the Eastern Han against the Western Qiangs). *Zhongguo shi yanjiu*, 94, 1, p. 64-75.

8386. ZHENG (Zeming). 1920–1926 nian de Zhong Ri guanxi. (The relationship between China and Japan, 1920–1926). *Minguo dang'an*, 94, 4, p. 78-86.

8387. Zhongguo chuantong wenhua yanjiu. (Studies on Chinese traditional culture). A cura del Centro di ricerca sulla Cina antica dell'Università Huanan di Canton. Guangzhou, Guangdong gaodeng jiaoyu chubanshe, 94, 280 p.

8388. Zhongguo dashi dian. (Dictionary of major events in China). Ed. by He ZIQUAN. Beijing, Zhonghua gongshang lianhe chubanshe, 94, 1696 p.

8389. Zhongguo fushi shilue. (History of clothing in China). Ed. by Huang SHILONG. Shanghai, Shanghai wenyi chubanshe, 94, 259 p.

8390. Zhongguo Kang Ri zhanzheng shi. (History of the Resistance War against Japan). A cura del Centro di Ricerche storiche dell'Accademia Centrale Militare. Beijing, Jiefangjun chubanshe, 94, 646 p.

8391. Zhongguo minzhu tongmeng shi yanjiu. (Studies on the history of the Chinese Democratic League). Ed. by Zeng JIANMIN. Beijing, Zhongguo renmin daxue chubanshe, 94, 127 p.

8392. Zhongguo renwu nianjian. (Yearbook of outstanding figures in China). A cura della Società di ricerche sulle personalità in Cina. Beijing, Huayi chubanshe, 94, 456 p.

8393. ZHOU (Yiping). Zhongguo dang shi yanjiu de kaichuangzhe: Cai Heshen. (Cai Heshen: a founder of the studies on the history of the Chinese Communist Party). Shanghai, Shanghai shehui kexueyuan chubanshe, 94, 269 p.

8394. ZHOU (Yuhe). Jiang Jieshi yu Feng Yuxiang. (Chiang Kai-shek and Feng Yuxiang). Changchun, Jilin wenshi chubanshe, 94, 251 p.

8395. ZHU (Donghan). Zeng Guofan yanjiu. (Studies on Zeng Guofan). Chengdu, Sichuan renmin chubanshe, 94, 292 p.

8396. ZHU (Jianhua). Jiang Jieshi yu Yan Xishan. (Chiang Kai-shek and Yan Xishan). Changchun, Jilin wenshi chubanshe, 94, 272 p.

8397. ZHU (Jinyuan), CHEN (Zusi). Minguo shi jiangling. (Ten generals of the Republican period). Shanghai, Shanghai renmin chubanshe, 94, 461 p.

Cf. n° 7438

§ 6. Giappone.

8398. AMINO (Yoshihiko). Chūsei no hinin to yūjo. (Outcastes and courtesans in medieval Japan). Tōkyō, Akashi shoten, 94, 264 p. – IDEM. Nihon shakai saikō. Kaimin to rettō bunka. (Rethinking japanese society. Seafolk and archipelago culture). Tōkyō, Shōgakkan, 94, 333 p.

8399. ARIMITSU (Yūgaku). Sengoku daimyō Imagawa shi no kenkyū. (The Imagawa family as Sengoku daimyō). Tōkyō, Yoshikawa kōbunkan, 94, 446 p.

8400. ASAO (Naohiro). Shōgun kenryoku no sōsei. (The creation of the Shogun's power). Tōkyō, Iwanami shoten, 94, 400 p.

8401. Bakumatsu-ishin jinmei jiten. (Dictionary of people from the Bakumatsu and Meiji restoration period). Ed. by Tomihachi MIYASAKI, Akio YASUOKA. Tōkyō, Shinjinbutsu ōraisha, 94, 1090 p.

8402. Bunka to kankyō 1. Kodai bunmei to kankyō. (Civilization and environment. Vol. 1. Ancient civilization and natural environment). Ed. by Yoshinori YASUDA, Hiroyuki KAWANISHI. Kyōto, Shibunkaku shuppan, 94, 256 p.

8403. Bunka to kankyō 2. Nihon bunka to minzoku idō. (Civilization and environment. Vol. 2. Population movement and japanese culture). Ed. by Yoshinori YASUDA, Kazumi MATSUOKA. Kyōto, Shibunkaku shuppan, 94, 230 p.

8404. Bunka to kankyō 3. Kazan funsui to kankyō, bunmei. (Civilization and environment. Vol. 3. Environment, civilization and volcanic eruptions). Ed. by Hiroshi MATSUDA, Hiroshi MORIWAKI. Kyōto, Shibunkaku shuppan, 94, 214 p.

8405. Chūsei no chiiki shakai to kōryū. (Regional society and regional exchange in medieval Japan). Ed. by Norihiko HAGA. Tōkyō, Yoshikawa kōbunkan, 94, 288 p.

8406. Chūsei no seiji to shūkyō. (Politics and religion in medieval Japan). Ed. by Norihiko HAGA. Tōkyō, Yoshikawa kōbunkan, 94, 292 p.

8407. Chūsei no shakai to buryoku. (Society and military power in medieval Japan). Ed. by Toyohiko FUKUDA. Tōkyō, Yoshikawa kōbunkan, 94, 280 p.

8408. Chūsei o kangaeru. Shokunin to keinō. (Perspectives on medieval Japan. Artisans and the performing arts). Ed. by Yoshihiko AMINO. Tōkyō, Yoshikawa kōbunkan, 94, 290 p.

8409. Chūsei toshi Kamakura o horu. (Excavating the medieval city of Kamakura). Ed. by Kamakura kōkogaku kenkyūjo. Tōkyō, Nihon editāsukūre shuppanbu, 94, 298 p.

8410. Edo gakujiten. (Dictionary of Edo studies). Ed. by Matsunosuke NISHIYAMA [et al.]. Tōkyō, Kōbunkan, 94, 593 p., 40 p.

8411. GOMI (Fumihiko). Emaki de yomu chūsei. (The medieval society contained in picture scrolls). Tōkyō, Chikuma shobō, 94, 219 p.

8412. HAYASHI (Rikurō). Kanmuchō ron. (On the court of emperor Kanmu). Tōkyō, Yūzankaku shuppan, 94, 252p.

8413. Heiankentō 1200 nen kinen. Yomigaeru Heiankyō. (Kyōto 1200th anniversary celebration exhibition. The Heian capital reborn). Ed. by Kyōtoshi. Kyōto, Kyōtoshi, 94, 267 p.

8414. Heiankyō teiyō. (Compendium of the Heian capital). Ed. by Kodaigaku kyōkai a. Kodaigaku kenkyūjo. Tōkyō, Kadokawa shoten, 94, 1059 p. (16 pls.).

8415. Higashi Nihon no kofun no shutsugen. (Appearance of tumuli in eastern Japan). Tōkyō, Yamakawa shuppansha, 94, 228 p.

8416. HIRAKAWA (Minami). Yomigaeru kodai bunsho. Urushi no fūjikomerareta Nihon shakai. (Ancient documents revived. The social history of Japan sealed in lacquer). Tōkyō, Iwanami shoten, 94, 219 p.

8417. HOSOKAWA (Ryōichi). Chūsei no mibunsei to hinin. (Social stratification and outcaste in medieval Japan). Tōkyō, Nihon editāsukūre shuppanbu, 94, 294 p.

8418. ICHIMURA (Takao). Sengokuki Tōgoku no toshi to kenryoku. (Cities and political power in the Tōgoku during the Sengoku era). Kyōto, Shibunkaku shuppan, 94, 604 p.

8419. INOUE (Katsuo). Bakumatsu-ishin seijishi no kenkyū. Nihon kindai kokka no seiritsu ni tsuite. (Studies in the political history of Bakumatsu and Meiji restoration period. On the birth of the modern japanese state). Tōkyō, Hanawa shobō, 94, 492 p.

8420. Iwanami kōza. Nihon tsūshi 8. Chūsei 2. (Iwanami lecture series. A general history of Japan. Vol. 8. The medieval period, 2). Ed. by Naohiro ASAO, Yoshihiko AMINO, Susumu ISHII, Masanao KANO, Shōhachi HAYAKAWA, Yoshio YASUMARU. Tōkyō, Iwanami shoten, 94, 373 p.

8421. Iwanami kōza. Nihon tsūshi 9. Chūsei 3. (Iwanami lecture series. A general history of Japan. Vol. 9. The medieval period, 3). Ed. by Naohiro ASAO, Yoshihiko AMINO, Susumu ISHII, Masanao KANO, Shōhachi HAYAKAWA, Yoshio YASUMARU. Tōkyō, Iwanami shoten, 94, 367 p.

8422. Iwanami kōza. Nihon tsūshi 10. Chūsei 4. (Iwanami lecture series. A general history of Japan. Vol. 10. The medieval period, 4). Ed. by Naohiro ASAO, Yoshihiko AMINO, Susumu ISHII, Masanao KANO, Shōhachi HAYAKAWA, Yoshio YASUMARU. Tōkyō, Iwanami shoten, 94, 339 p.

8423. Iwanami kōza. Nihon tsūshi 12. Kinsei 2. (Iwanami lecture series. A general history of Japan. Vol. 12. The early modern period, 2). Ed. by Naohiro ASAO [et al.]. Tōkyō, Iwanami shoten, 94, 368 p.

8424. Iwanami kōza. Nihon tsūshi 13. Kinsei 3. (Iwanami lecture series. A general history of Japan. Vol. 13. The early modern period, 3). Ed. by Naohiro ASAO [et al.]. Tōkyō, Iwanami shoten, 94, 361 p.

8425. Jendā no Nihonshi. (A history of gender in Japan). Tōkyō, Tōdai shuppankai, 94, 696 p.

8426. Kikan kōkogaku 49. Heiankyōseki hakkutsu. (Archeology Quarterly 49. Excavations of the Heian capital). Ed. by Hiroshi ETANI, Hideichi SAKAZUME. Tōkyō, Yūzankaku shuppan, 94, 112 p.

8427. Kita Nihon no kōkogaku. (Archeology of northern Japan). Ed. by Nihon kōkogaku kyōkai. Tōkyō, Yoshikawa kōbunkan, 94, 248 p.

8428. KOBAYASHI (Shigefumi). Shūen no kodaishi. Ōken to sei, kodomo, kyōkai. (The ancient history of the periphery. Gender, children boundaries and kingship). Tōkyō, Yūseidō shuppan, 94, 344 p.

8429. KOBAYASHI (Toshio). Kodai Tennōsei no Kisoteki Kenkyū. (Basic studies in the emperor system of ancient Japan). Tōkyō, Azekura Shobō, 94, 352 p.

8430. Kodai ōken to kōryū 2. Kodai higashikuni no minshū to shakai. (King's authority and regional interaction. Vol. 2. Society and people in ancient eastern Japan). Ed. by Kazuhiko SEKI. Tōkyō, Meicho shuppan, 94, 387 p.

8431. Kodai ōken to kōryū 5. Yamato ōken to kōryū no shosō. (King's authority and regional interaction. Vol. 5. Ancient Yamato regime and various aspects of interaction). Ed. by Toshio ARAKI. Tōkyō, Meicho shuppan, 94, 444 p.

8432. Kodai, chūsei no seiji to bunka. (Culture and politics in ancient and medieval Japan). Supvr. ed. Masataka UWAYOKOTE. Ed. by Mitsuo INOUE, Takao SUGIHASHI. Kyōto, Shibunkaku shuppan, 94, 684 p.

8433. KUROITA (Nobuo). Fujiwara no Yukinari. (Fujiwara no Yukinari). Tōkyō, Yoshikawa kōbunkan, 94, 303 p.

8434. KUROTAKI (Jūjirō). Nihon kinsei no hō to minshū. (Law and the people in early modern Japan). Tōkyō, Takashina shoten, 94, 480 p.

8435. MIYACHI (Masato). Bakumatsu-ishinki no bunka to jōhō. (Culture and information in the Bakumatsu and Meiji restoration period). Tōkyō, Meicho kankōkai, 94, 262 p.

8436. MOTOKI (Yasuo). Bushi no seiritsu. (The formation of warrior class). Tōkyō, Yoshikawa kōbunkan, 94, 240 p.

8437. NAOKI (Kōjirō). Naniwa no miya to Naniwazu no kenkyū. (Studies of the Naniwa capital and Naniwa port). Tōkyō, Yoshikawa kōbunkan, 94, 286 p.

8438. Nihon no kinsei 16. Minshū no kokoro. (Early modern Japan. Vol 16. The hearth of people). Supvr. ed. Kōta KODAMA [et al.]. Ed. by Masaki HIROTA. Tōkyō, Chūō kōronsha, 94, 344 p. (pls.).

8439. Nihon no kinsei 17. Higashi to nishi. Edo to Kamigata. (Early modern Japan. Vol 17. Kyōto and ōsaka area). Supvr. ed. Kōta KODAMA [et al.]. Ed. by Michio AOKI. Tōkyō, Chūō kōronsha, 94, 394 p. (pls.).

8440. NOGUCHI (Minoru). Chūsei Tōgoku Bushidan No Kenkyū. (Studies in the group of Samurai in Medieval Eastern Japan). Tōkyō, Takashima Shoten, 94, 519 p.

8441. ŌGUCHI (Yūjirō), TAKAGI (Shōsaku). Nihon kinseishi. (The history of early modern Japan). Tōkyō, Hōsō daigaku kyōiku shinkōkai, 94, 157 p.

8442. OKADA (Shōji). Heian jidai no kokka to saishi. (The state and ritual during the Heian period). Tōkyō, Zokugunsho ruijū kanseikai, 94, 730 p.

8443. OKIMORI (Takuya), SATŌ (Makoto). Jōdai mokkan shiryō shūsei. (A collection of ancient wooden document source materials). Tōkyō, Ōfū, 94, 197 p. (pls.).

8444. SASAKI (Gin'ya). Nihon chūsei no ryūtsū to taigai kankei. (Commodity distribution and foreign relations in medieval Japan). Tōkyō, Yoshikawa kōbunkan, 94, 344 p.

8445. SASAKI (Muneo). Nihon ōchō kokka ron. (On the theory of ōchō kokka). Tōkyō, Meicho shuppan, 94, 370 p.

8446. SEKI (Kazuhiko). Nihon kodai shakai seikatsu shi no kenkyū. (Studies in the history of daily life in ancient Japanese society). Tōkyō, Kōkura shoten, 94, 268 p.

8447. SETA (Katsuya). Rakuchū-Rakugai no Gunzō: Ushinawareta Chūsei Kyōto e. (The people in and around the city: the lost medieval Kyoto). Tōkyō, Heibonsha, 94, 345 p.

8448. Shōsōin bunsho kenkyū 2. (Shōsōin documents studies. Vol. 2). Ed. by Shōsōin bunshō kenkyūkai. Tōkyō, Yoshikawa kōbunkan, 94, 200 p. (bibl).

8449. SHINKAWA (Tokio). Nihon Kodai Bunkashi no Kōsō; Sofu Oda Densho wo Yomu. (A cultural history of ancient Japan; reading the tale of 'beating grandfather'). Tōkyō, Meicho kankōkai, 94, 377 p.

8450. Shiro to yakata o horu, yomu. (Excavating and interpreting castles and manors). Ed. by Makoto SATŌ, Fumihiko GOMI. Tōkyō, Yamakawa shuppansha, 94, 242 p.

8451. Sonraku seikatsu no shiteki kenkyū. (A historical study of village life). Ed by Motoi KIMURA. Tōkyō, Hachiboku shoten, 94, 728 p.

8452. TABATA (Yasuko). Nihon chūsei joseishiron. (The historical study of medieval Japanese women). Tōkyō, Hanawa shobō, 94, 312 p.

8453. TAKASE (Kōichirō). Kirishitan jidai taigai kankei no kenkyū. (Studies in foreign relations during the Christian period). Tōkyō, Yoshikawa kōbunkan, 94, 680 p.

8454. TAMURA (Noriyoshi). Nihon chūsei sonraku keiseishi no kenkyū. (Studies on the formation process of the Japanese medieval village). Tōkyō, Azekura shobō, 94, 426 p.

8455. TANAKA (Fumihide). Heishi seiken no kenkyū. (The Taira family regency). Kyōto, Shibunkaku shuppan, 94, 480 p.

8456. TŌNŌ (Haruyuki). Sho no kodaishi. (The ancient history of calligraphy). Tōkyō, Iwanami shoten, 94, 218 p.

8457. TSUCHIDA (Naoshige). Heiankyō e no michishirube. Nara Heian jidai shi nyūmon. (The way to the Heiankyō. An introduction to the history of the Nara and Heian periods). Tōkyō, Yoshikawa kōbunkan, 94, 376 p.

8458. UEMURA (Masahiro). Kinsei Nihon kaigunshi no kenkyū. (Studies in the history of marine transport in early modern Japan). Tōkyō, Yoshikawa kōbunkan, 94, 479 p.

8459. UWAYOKOTE (Masataka). Nihon chūsei kokkashi ronkō. (The study of the Japanese medieval state). Tōkyō, Hanawa shobō, 94, 474 p.

8460. WAKITA (Osamu). Kinsei ōsaka no keizai to bunka. (The economy and culture of ōsaka in early modern times). Kyōto, Jinbun shoin, 94, 296 p. – IDEM. Nihon kinsei toshishi no kenkyū. (Studies in the urban history of early modern Japan). Tōkyō, Tōkyō daigaku shuppankai, 94, 296 p.

8461. YAMAMOTO (Takashi). Shōensei no tenkai to chiiki shakai. (The evolution of the shōen system and regional society). Tōkyō, Tōsui shobō, 94, 428 p.

8462. YAMANAKA (Toshifumi). Kodai chihō-kanga iseki no kenkyū. (Studies in the ruins of local administrative offices in antiquity). Tōkyō, Hanawa Shobō, 94, 456 p.

8463. YOSHIOKA (Masayuki). Kodai bunken no kisoteki kenkyū. (Empirical studies in ancient documents). Tōkyō, Yoshikawa kōbunkan, 94, 448 p.

§ 7. Corea.

8464. BEDESKI (Robert E.). The transformation of South Korea: reform and reconstitution in the Sixth Republic under Roe Tae Woo, 1987–1992. London a. New York, Routledge, 94, 259 p.

8465. CLIFFORD (Mark. L.). Troubled Tiger: businessmen, bureaucrats and generals in South Korea. Armonk, M. E. Sharpe, 94, 357 p.

8466. GRAGERT (Edwin H.). Landownership under colonial rule: Korea's Japanese experience, 1900–1935. Honolulu, University of Hawaii Press, 94, IX-210 p.

8467. HONG (Wontack). Paekche of Korea and the origin of Yamato Japan. Seoul, Kudara International, 94, V-407 p. (Ancient Korean-Japanese history).

8468. IL PAI (Hyung). The search for Korea's past: Japanese colonial archaeology in the Korean peninsula (1905–1945). *East Asian History*, 94, 7, p. 25-48.

8469. MIN (Dok-ki). Zenkindai tōajia no naka no kan-nichi kankei. (Korea-Japan relations in premodern East Asia). Tōkyō, Waseda daigaku shuppanbu, 94, 377 p.

8470. TYLER (Royall). Korean echoes in the Nō play Furu. *East Asian History*, 94, 7, p. 49-66.

8471. YANG SUNG-CHUL. The North and South Korean Political Systems: a comparative analysis, Boulder, Westview Press, 94 XIII, 983 p.

8472. YOSHIDA (Mitsuo). Daikan-teikoku-ki souru no jūmin idou. (Population movements in Seoul under Imperial Korea: analysis of the Hansŏngbu household registers). *Chosen Bunka Kenkyū (Korean Culture)*, 94, 1, p. 137-163. (English summary).

S

AFRICA

* 8473. ALLEN (Christopher H.), ALLEN (Katherine). Africa bibliography 1992.[1991. Cf. Bibl. 93, n° 8231.]. Edinburgh, Edinburgh U. P., 94, XL-430 p. – IIDEM. Africa bibliography 1993. Edinburgh, Edinburgh U. P., 94, 440 p.

8474. AKYEAMPONG (Emmanuel), OBENG (Pashington). Spirituality, gender, and power in Asante history. *International journal of African historical studies*, 94, 28, 3, p. 481-508.

8475. BROWNE (Gerald M.). Miscellanea Nubiana. *Orientalia*, 94, 63, 3, p. 257-259.

8476. CHIDESTER (David). Authentic forgery and forging authenticity: comparative religion in South Africa. Cape Town, University of Cape Town, 94, 23 p. (Inaugural lecture, 186).

8477. Cyrenaican archaeology. An International Colloquium. Ed. by J. M. REYNOLDS. Whitstable, The Society for Libyan Studies, 94, 315 p. (Libyan Studies, 25).

8478. DASHRAWI (Farhat). 'al-Khilafah'al-Fatimiyah bi-'al-Maghrib (296–365H./909–975M): 'al-tarikh 'al-siyasi wa-'al-mu'assasat (Le Califat fatimide au Maghreb, 296–365 A.H./909–975 A.D.: histoire politique et institutions). Bayrut, Dar 'al-Gharb 'al-Islami, 94, 681 p. (Silsilah 'al-jami'iyah).

8479. DOMÍNGUEZ-RODIGO (Manuel). Dinámica trófica, estrategias de consumo y alteraciones óseas en la Sabana africana: resumen de un proyecto de investigación etoarqueológico (1991–1993). *Trabajos de Prehistoria*, 94, 51, 1, p. 15-37.

8480. FAGE (John Donnelly). A guide to original sources for precolonial western Africa published in European languages: for the most part in book form. Madison, African Studies Program, University of Wisconsin-Madison, 94, XXIV-200 p.

8481. FERCHIOU (Naïdé). Le paysage protohistorique et pré-impérial à l'est et au sud de Zaghouan (Tunisie). *Antiquités Africaines*, 94, 30, p. 7-55.

8482. Garamantida. (Le pays des Garamantes). Cb. st. (Coll. des articles). Ros. Akad. nauk., In-t vostokovedeniya. Moskva, Nauka, Izd. firma "Vost. lit.", 94, 286 p. (ill.).

8483. GRÉBÉNART (Danilo). Le tombeau d'Abalessa (Hoggar, Algérie). Contribution à l'étude du mobilier funéraire. *Antiquités Africaines*, 94, 30, p. 261-270.

8484. Guide to documents and manuscripts in the British Isles relating to Africa (A). Vol. 2. British Isles (excluding London). Ed. by J. D. PEARSON. London, Mansell, 94, IX-566 p.

8485. HAMDOUNE (Christine). Note sur le statut colonial de Lixus et de Tanger. *Antiquités Africaines*, 94, 30, p. 81-87.

8486. HISKETT (Mervyn). The course of Islam in Africa. Edinburgh, Edinburgh U. P., 94, IX-218 p. (Islamic surveys, 15).

8487. HOLL (Augustin). Pathways to elderhood. Research on pastoral iconography: the paintings from Tikadiouine (Tassili-n-Ajjer). *Origini. Preistoria e Protostoria delle Civiltà Antiche*, 94, 18, p. 69-113.

8488. KOPONEN (Juhani). Development for exploitation: German colonial policies in mainland Tanzania, 1884–1914. Helsinki, Finnish historical society, Tiedekirja, and Münster, 94, 740 p. (Studia historica, 49. Studien zur afrikanischen Geschichte, 10).

8489. KOROTAYEV (Andrey). The Sabaean community (SB', SB'N) in the political structure of the middle Sabaean cultural area. *Orientalia*, 94, 63, 2, p. 68-83.

8490. MAYER (Tobias). Neue Aspekte zur Nominierung 'Umars II. durch Sulaimān b 'Abdalmalik (96/715-99/717). *Welt des Orients*, 94, 25, p. 109-115.

8491. MEILLASOUX (Claude). Gloires oubliées et mémoires reconstruites. Les guerres de Gumbu du Sahel (Mali). *Africa*, 94, 49, p. 1-20.

8492. MITCHELL (Peter). The archaeology of the Phuthiatsana-ea-Thaba Bosiu Basin, Lesotho, southern Africa: changes in Later Stone Age regional demography. *Antiquity*, 94, 68, 258, p. 83-96.

8493. NDORO (Webber). The preservation and presentation of Great Zimbabwe. *Antiquity*, 94, 68, 260, p. 616-623.

8494. Oral tradition and its transmission: the many forms of message: papers given at the Fourth International Conference on Oral Tradition, University of Natal, Durban, 27–30 June 1994. Ed. by Edgard SIENAERT, Meg COWPER-LEWIS a. Nigel BELL. Durban, The Campbell Collections and Centre for Oral Studies, University of Natal, 94, XI-356 p.

8495. SEALY (Judith), YATES (Roiden). The chronology of the introduction of pastoralism to the Cape, South Africa. *Antiquity*, 94, 68, 258, p. 58-67.

8496. SEIDENSTICKER (Tilman). Verlorene Teile des Muntahā t-talab in al-'Umarıs Masālik al-abṣār. *Welt des Orients*, 94, 25, p. 116-122.

8497. SIRAJ (Ahmed). De tingi à Tandja: le mystère d'une capitale déchue. *Antiquites Africaines*, 94, 30, p. 281-302.

8498. STAPLETON (Timothy J.). Maqoma: Xhosa resistance to colonial advance, 1798–1873. Johannesburg, J. Ball, 94, 261 p.

8499. SWAN (Lorraine). Early gold mining on the Zimbabwean plateau: changing patterns of gold production in the first and second millennia AD. Uppsala, Societas Archaeologica Upsaliensis, 94, 181 p. (Studies in African archaeology, 9).

8500. Urbanization in Africa: a handbook. Ed. by James D. TARVER, foreword by Thomas J. GOLIBER. Westport a. London: Greenwood, 94, XXXII-484 p.

8501. VILAR (Juan Bautista), LOURIDO (Ramon). Relaciones entre España y el Magreb, siglos XVII y XVIII. Madrid, Editorial Mapfre, 94, 405 p. (Coleccion El Magreb, 11).

T

AMERICA

* 8502. HARRIS (John Ferguson). A resource bibliography for the decipherment of Maya hieroglyphs and new Maya hieroglyph readings. Philadelphia, University Museum of Archaeology and Anthropology, University of Pennsylvania, 94, IV-28 p.

** 8503. Codice Cospi. Ed. por Ferdinand ANDERS, Maarten JANSEN, Luis REYES GARCIA. Mexico, Fondo de Cultura Economica y Graz, Akademische Druck- u. Verlagsanstalt, 94, [s. p.]. (Codices mexicanos, 8).

** 8504. Codice Fejervary-Mayer. Ed. por Ferdinand ANDERS, Maarten JANSEN, Luis REYES GARCIA. Mexico, Fondo de Cultura Economica y Graz, Akademische Druck- u. Verlagsanstalt, 94, [s. p.]. (Codices mexicanos, 7).

** 8505. Codice Laud. Ed. por Ferdinand ANDERS, Maarten JANSEN, Luis REYES GARCIA. Mexico, Fondo de Cultura Economica y Graz, Akademische Druck- u. Verlagsanstalt, 94, [s. p.]. (Codices mexicanos, 6).

** 8506. Documentos para a historia indigena no Nordeste: Ceara, Rio Grande do Norte e Sergipe. Organização, Maria Sylvia PORTO ALEGRE, Marlene DA SILVA MARIZ, Beatriz GOIS DANTAS. São Paulo, Nucleo de Historia Indigena e do Indigenismo da USP, Fundação de Amparo a Pesquisa do Estado de São Paulo, 94, 269 p. (Serie Instrumentos de pesquisa. Arquivo Publico do Estado de Sergipe).

** 8507. Guia de fontes para a historia indigena e do indigenismo em arquivos brasileiros: acervos das capitais. Coordenação, John Manuel MONTEIRO. Sao Paulo, Nucleo de Historia Indigena e do Indigenismo, Fundação de Amparo a Pesquisa do Estado de Sao Paulo, 94, 496 p. (Instrumentos de pesquisa).

8508. Amazonian Indians from prehistory to the present: anthropological perspectives. Ed. by Anna ROOSEVELT. Tucson, University of Arizona Press, 94, XVIII-420 p.

8509. Archaeological views from the countryside: village communities in early complex societies. Ed. by Glenn M. SCHWARTZ a. Steven E. FALCONER. Washington a. London, Smithsonian Institution Press, 94, VII-223 p.

8510. Contribuciones a la arqueologia y etnohistoria del occidente de Mexico. Ed. por Eduardo WILLIAMS. Zamora, El Colegio de Michoaccan, 94, 411 p. (Coleccion Memorias).

8511. DE MELO COELHO (Lucinda). Povos da América pré-colombiana. *Revista do Instituto Histórico e Geográfico Brasileiro*, 94, 383, p. 356-362.

8512. Economies and polities in the Aztec realm. Ed. by Mary G. HODGE a. Michael E. SMITH. Albany, Institute for Mesoamerican Studies, University at Albany, State University of New York, 94, VIII-478 p. (Studies on culture and society, 6).

8513. FUGLESTAD (Finn). Latin-Amerika og Karibiens historie. (A history of Latin America and the Karribean). Oslo, Cappelen akademisk forlag, 94, 347 p. (ill.).

8514. GRAULICH (M.). Montezuma ou l'apogée et la chute de l'empire aztèque. Paris, Fayard, 94, 520 p. (ill.).

8515. KNOX FALCI (Miridan Brito). Os incas: visões e revisões de sua história. *Revista do Instituto Histórico e Geográfico Brasileiro*, 94, 383, p. 363-368.

8516. LANCHA (C.). Las Casas protecteur des Indiens, défenseur des droits de l'homme. *Revue historique*, 94, 118, 291 (589), p. 51-70.

8517. MINO GARCES (Leonardo). El manejo del espacio en el imperio Inca. Quito, Facultad Latino Americana de Ciencias Sociales, Sede Ecuador, 94, 158 p. (Serie Tesis-historia).

8518. SNOW (Dean R.). The Iroquois. Oxford, Blackwell, 94, XVII-268 p. (The peoples of America).

8519. VIRRANKOSKI (Pentti). Yhdysvaltain ja Kanadan intiaanit. Intiaanikansojen kulttuuri ja historia Rio Grandelta Yokonjoelle. (Indians of the United States and Canada. The culture and history of the Indian nations from Rio Grande to the Yokon River.) Helsinki, SKS, 94, 461 p. (ill., maps, English summary).

8520. WILCKENS (Henrique Joao). Relatos da fronteira amazonica no seculo XVIII: documentos de Henrique Joao Wilckens e Alexandre Rodrigues Ferreira. Organização e introdução Marta Rosa AMOROSO, Nadia FARAGE. Sao Paulo, NHII-USP, FAPESP, 94, 134 p. (Serie Documentos).

8521. Writing without words: alternative literacies in Mesoamerica and the Andes. Ed. by Elizabeth HILL BOONE a. Walter D. MIGNOLO. Durham a. London, Duke U. P., 94, VIII-322 p.

8522. Cf. n°s 545, 4948

8523. AFANAS'EV (A.). Evropeyskie predki drevnikh inkov. (European ancestors of the ancient Inkas). *Nauka i religiya*, 93, 3, p. 32-35.

8524. Book of tributes (The): early sixteenth-century Nahuatl censuses from Morelos. Ed. by Sarah L. CLINE. Los Angeles, UCLA Latin American center, 93, 313 p. (bibl. p.). (UCLA Latin American studies, 81; Nahuatl Studies Series, 4).

8525. Campesinos: Kleine Boerem in Latijns-Amerika vanof 1520 (Campesinos: small holders in Latin America since 1520). Ed. by Arij OUWENEEL. Amsterdam, Thela, 93, 483 p. (bibl., maps, ill.).

8526. ENGLERT (Sebastian). La Tierra de Hotu Matu'a: historia y etnología de la Isla de Pascua. Santiago de Chile, Editorial Universitaria, 93, 361 p. (ill.). (Imagen de Chile).

8527. FAGAN (Brian). Das frühe Nordamerika. Archäologie eines Kontinents. München, Beck, 93, 500 p.

8528. GULYAEV (V. I.). Skipetr i derzhava: k voprosu o tsarskoy vlasti u drevnikh mayya. (Sceptre and globe. On the problem of royal authority of ancient Maya). *Vestnik drevney istorii*, 93, 57, 4, p. 45-60.

8529. HOSOTTE (Paul). "La noche triste": 1520, la dernière victoire du peuple du soleil. Paris, Economica, 93, XXVI-142 p. (cartes, bibl.). [Empire aztèque, thèse, EHESS, 1989].

8530. HOUSTON (Stephen D.). Hieroglyphs and history at Dos Pilas: dynastic politics of the classic Maya. Austin, University of Texas Press, 93, XV-181 p. (ill., maps).

8531. Indian in Latin American history (The): resistance, resilience, and acculturation. Ed. by John E. KICZA. Wilmington, Scholarly Resources, 93, XXVI-240 p. (Jaguar books on Latin America, 1).

8532. KNEFELKAMP (Ulrich). Das Welser-Unternehmen in der neuen Welt. Über die ersten deutschen Reiseberichte aus Amerika. *Österreich und die Neue Welt. [=Biblios Schriften]*, 93, 160, p. 8-17.

8533. KURELLA (Doris). Handel und soziale Organisation im vorspanischen nördlichen Andenraum. Zur politischen Ökonomie subandiner Häuptlingstümer im Gebiet des ehemaligen Nuevo Reino de Granada vor der Eroberung durch die Spanier im frühen 16. Jh. Bonn, Holos, 93, 352 p. (Mundus-Reihe Alt-Amerikanistik, 9).

8534. POLLARD (Helen Perestein). Taríacuri's legacy: the prehispanic Tarascan State. Norman, University of Oklahoma P., 93, XX-266 p. (The Civilization of the American Indian series, 209).

8535. POTTHAST-JUTKEIT (Barbara). Das Memorandum von Yucay und der Einfluß des Bartolomé de las Casas auf die spanische Krone. *Zeitschrift für Historische Forschung*, 93, 20, 3, p. 257-272.

8536. PROSKOURIAKOFF (Tatiana). Maya history. Ed. by Rosemary A. JOYCE. Foreword by Gordon R. WILLEY. Biographical sketch by Ian GRAHAM. Illustrations by Barbara C. PAGE. Austin, University of Texas Press, 93, XXV-212 p. (ill.).

8537. SARKISYANZ (Manuel). Kollasuyo, Indianische Geschichte der Republik Bolivien. Propheten des indianischen Aufbruchs. Idstein, Schulz-Kirchner, 93, 756 p.

8538. THOMAS (Hugh). Conquest: Montezuma, Cortés, and the fall of Old Mexico. New York, Simon and Schuster, 93, XX-812 p.

Cf. n°s 1202

U

OCEANIA
(to its colonization)

8539. Aboriginal Australia: an introductory reader in Aboriginal studies. Ed. by Colin BOURKE, Eleanor BOURKE a. Bill EDWARDS. St Lucia, University of Queensland Press, 94, 236 p.

8540. Dangerous liaisons: essays in honour of Greg Dening. Ed. by Donna MERWICK. Parkville, History Dept., University of Melbourne, 94, VII-412 p. (Melbourne University history monographs; 19).

8541. DAY (Bill). Bunji: a story of the Gwalwa Daraniki Movement. Canberra, Aboriginal Studies Press, 94, XII-157 p.

8542. Encyclopaedia of Aboriginal Australia (The). Aboriginal and Torres Strait Islander history, society and culture. Ed. by David HORTON. Canberra, ACT, Published by Aboriginal Studies Press for the Australian Institute of Aboriginal and Torres Strait Islander Studies, 94, 2 vol., XXXIII-1340 p. (ill., maps).

8543. KUNITZ (Stephen J.). Disease and social diversity: the European impact on the health of non-Europeans. New York, Oxford U. P., 94, VIII-209 p.

8544. Language contact and change in the Austronesian world. Ed. by Tom DUTTON a. Darrell T. TRYON. Berlin a. New York, de Gruyter, 94, X-683 p. (Trends in linguistics. Studies and monographs, 77).

8545. New World and Pacific civilizations: cultures of America, Asia, and the Pacific. Ed. by Göran BURENHULT; foreword by Gordon R. WILLEY. St. Lucia, University of Queensland Press, 94, 239 p.

8546. NUNN (Patrick D.). Environmental change and the early settlement of Pacific islands. Honolulu, East-West Center, 94, 31 p.

8547. THOMSON (Alistair). Anzac memories: living with the legend. Melbourne, Oxford U. P., 94, VI-282 p.

8548. Wake of contact (In the): biological responses to conquest. Ed. by Clark SPENCER LARSEN a. George R. MILNER. New York, Wiley-Liss, 94, VIII-206 p.

Cf. n° 5363

INDICE DEI NOMI[1]

A

Abaelardus Petrus, 3874, 5657.
Abdalla (Ismail), 5239.
Abdulhamid II, 5262, 5270, 5274.
Abel (Richard), 6606.
Abela (Albert E.), 4854.
Abels (P. H. A. M.), 5618.
Abelshauser (Werner), 1039.
Aberson (M.), 2594.
Abhbiur (Serob), 4233.
Abou-El-Haj (Barbara), 3996.
Abraham (K. C.), 5414.
Abramenko (Andrik), 1847, 2270, 2534.
Abramson (M. L.), 3162.
Abrash (Barbara), 700.
Abroneeit (Heidrun), 4519.
Abruzzese (Alberto), 5913.
Abu Ma'sar, 2945.
Abulafia (David), 3436.
Abzug (Robert H.), 5130.
Accame (Silvio), 640.
Accrocca (Felice), 3946.
Achard (G.), 2280.
Acheson (Dean G.), 7709, 7926.
Ackermans (Gian), 5511.
Acosta Barros (Luis Miguel), 7529.
Acot (Pascal), 6144.
Acquaro (Enrico), 1645.
Adam (Anne-Marie), 2316.
Adam (Jean-Pierre), 2625.
Adam de Saint-Victor, 2948.
Adamik (Tamás), 2535.
Adamo Muscettola (Stefania), 2595.
Adamovic (M.), 69.
Adams (J. N.), 9, 2249.
Adams (Steven), 6526.
Adcock (F.), 3034.
Addullah, 4629.
Adebayo (A. G.), 4883.
Adediran (Biodun), 4884.
Adelard of Bath, 2945, 3835.

Adelman (Jeremy), 4206.
Adenauer (Konrad), 4519, 4546, 7847, 7908.
Adibekov (G. M.), 7148.
Adler (Thomas P.), 6607.
Adlgasser (Franz), 4262.
Adorni-Braccesi (Simonetta), 5556.
Adorno (Theodor Wiesengrund), 6608.
Adrian (Jean), 6145.
Adshead-Landsdale (Janet), 6645.
Aelred de Rievaulx, 2949.
Aerts (M.), 4910.
Aertsen (Jan A.), 3828.
Affolter (Barbara Maria), 6305.
Aga Rossi (Elena), 4737, 7663.
Agati (Maria Luisa), 71.
Agayan (Ts. P.), 8194.
Ager (Sheila L.), 1881.
Agius (Dionisius A.), 3829.
Agnelli (Arduino), 4738.
Agnello (Santi Luigi), 515.
Ago (Renata), 7200.
Agostiniani (Luciano), 1294.
Agranovskaya (M.), 5075.
Agrawala (Prithvi Kumar), 442.
Agrimi (Jole), 2950.
Aguilar (R. M.), 1698.
Aguilera Rojas (Javier), 6947.
Aguirre Gandarias (Sabino), 650.
Aguirre Rojas (Carlos Antonio) 628.
Agulhon (Maurice), 443.
Agusta-Boularot (Sandrine), 2438.
Agyeman-Duah (Baffour), 7789.
Ahmida (Ali Abdullatif), 4838.
Ahrends (Günter), 6718.
Ai Siqi, 8362.
Aigner Foresti (Luciana), 2224, 2385.
Aiken (J. A.) 444.
Aimeri d'Anthioche, 3645.
Ainsworth (P.), 3220.
Aischinēs, 1990.

Aischylos, 1808, 1830, 1942, 1977, 2040.
Aitchison (N. B.), 4050.
Aiton (Eric John), 6146.
Ajnenkiel (Andrzej), 5008.
Akimushkin (O. F.), 8195.
Akpo (C.), 7664.
Akyeampong (Emmanuel), 8474.
Al-Alkim (Hassan Hamdan), 7790.
Alam (Muzaffar), 6896.
Aland (K.), 2675.
Alapuro (Risto), 4405.
Alatri (Paolo), 5674.
Albani (Matthias), 1638.
Al-Barbar (Aghil M.), 4839.
Alberigo (Giuseppe), 1125.
Albers (Gabriele), 1760.
Albers (Ronald. M.), 6787, 6897.
Albert (Claudia), 6419.
Albert de Tarse 3645.
Albertano da Brescia, 3683.
Alberti (Leon Battista), 444, 6512.
Albert-Samuel (Colette), V.
Albertus Magnus, Sanctus, 3865, 3872.
Albini (Umberto), 1965.
Albonetti (Achille), 7791.
Albonico (Simone), 611.
Albrecht (Michael), 6147.
Albrecht von Habsburg, 3298.
Alcocer Martínez (M.), 72.
Alcock (S. E.), 2116.
Alcuino, 3577.
Aldhelm, 3642, 3687.
Aldrich (Richard J.), 7947.
Alegria (Maria Fernanda), 5375.
Aleksandr I Romanov, imperatore di Russia, 5073, 6945, 7517.
Aleksandr II Romanov, imperatore di Russia, 5067.
Alessandro Severo, 2632.
Alessio (Gian Carlo), 3572.
Alexakis (Alexander) 2809.

---

[1]. I nomi slavi (in particolare quelli russi) sono dati in forma originale, traslitterati secondo i metodi ordinari. I caratteri speciali, ad esempio ć, ś, č, š, sono considerati, ai fini dell'ordinamento alfabetico, come normali c, s. Le vocali ä, ö, ø, ü sono trattate come a, o, u. I nomi die santi, die papi e degli imperatori romani sono dati in forma latina.

Alexander (Stella), 7279.
Alexander Romanus, 2632.
Alexander VI, Papa, 4630, 7478.
Alexander vor Mazagae, 1847.
Alexandre-Bidon (Danièle), 3709.
Alexandros Aphrodisieos, 1794.
Alexandros III hó Megas, re di Macedonia, 636, 1542, 1850, 1971, 2027, 2272, 3590, 3896.
Alexandrova (Olga), 7792.
Al-Farabis, 3892.
Alfieri (Vittorio), 6420.
Algarotti (F.), 623.
al-Hibshi ('Abd Allah Muhammad), 124.
Ali Ashraf (Syed), 5675.
Alici (Agostino L.), 2727.
Alimov (I. A.), 8213.
Alin (Erika G.), 7793.
Alkibiadēs, 1868.
Alkmeonidēs, 1874.
Allaby (Robin G.), 1419.
Allain-Castrillo (Monique), 6395.
Allaire (Gloria), 73.
Allegra-De Luca (Francesco Paolo), 626.
Allen (Bob), 6609.
Allen (Christopher H.), 8473.
Allen (Douglas), 1167.
Allen (Joseph J.), 5534.
Allen (Katherine), 8473.
Allen (Michael J.B.), 5986.
Allman (Jean), 6984.
Allworth (Edward), 4827.
Almagesti de Giovanni Bianchini (Flores), 3714.
Almagro-Gorbea (Martin), 1432.
al-Makin Ibn Al-'Amid, 2951.
Almanne de Hautvillers, 3701.
Almási (János), 5307.
Alméras (Philippe), 4447.
Almog (Orna), 7794.
Almond (Mark), 7795.
Almond (Phillip C.), 5381.
Alnasrawi (Abbas), 4694.
Aloe Spada (C.), 2734.
Alonso (C.), 1330.
Alonso de Cartagena, 3633.
Alonso-Núñez (J.M.), 2271.
Alpargu (Mehmet), 5250.
Alpern Engel (Barbara), 6985.
Alpert (Michael), 7666.
Alpher (Yoseph), 7796.
Alston (R.), 2439.
Altamirano (Carlos), 4207.
Altekamp (Stefan), 6497.
Altena (Bert), 7149.
Altendorf (Hans-Dietrich), 3495.
Alter (George), 6898.
Altermatt (Urs), 5226, 5422.
Althoff (Gerd), 3573.

Altholz (Joseph), 4632.
Altman (Ida), 777.
Altman (Robert), 6612.
Altoviti (Antonio), 6610.
Alvar (J.), 1309.
Alyn-Stacey (S.), 6307.
Alzati (C.), 1182.
Amado (Maria Tereza), 516.
Amaducci (A.), 6705.
Amalvi (Christian), 5693.
Amanzholova (D. A.), 5068.
Amaral (Luís Carlos), 3437.
Amato (Massimo), 6737.
Amaya (Carmen), 1350.
Amberg (Stephen), 5131.
Ambrose (Stephen E.), 7745.
Ambrosiani (Björn), 3381.
Ambrosius, Ep. Mediolanensis, Sanctus, 2715, 2725, 2725, 2735.
Amegnal (Barthélemy), 6611.
Ames (Roger T.), 5694.
Amiet (Pierre), 1639, 1691.
Amine (Mohamed), 4193, 6837.
Amino (Yoshihiko), 4585, 8398, 8408, 8422, 8420, 8421.
Amiran (David H. K.), 1640.
Ammianus Marcellinus, 2459.
Amnon de Mayence, 5663.
Amory (Patrick), 2536.
Amouretti (Marie-Claire), 1736.
Ampolo (Carmine), 2188.
Amrouche (Jean), 4194.
Amson (D.), 4433.
Amstutz (Walter), 274.
Anaritius, 3864.
Anastasia, Sancta, 2800.
Anastasijevic (Dragutin N.), 2855.
Anastos (Milton V.), 2871.
Anatra (B.), 4739.
Anaximandros, 1994.
Anciaux (Robert), 7798.
Ancona (Ronnie), 2537.
And (Metin), 6498.
Andea (Susana), 2998.
Andenmatten (B.), 272.
Andereggen (Anton), 7799.
Andersen (Anton Fredrik), 5843.
Andersen (Arne), 5224.
Andersen (Håkon With), 837.
Andersen (Per Sveaas), 3347.
Andersen (Thom), 6613.
Anderson (Graham), 2358.
Anderson (Jaynie), 6564.
Anderson (K. M.), 7660.
Anderson (Karen), 7461.
Anderson (Roger), 6451.
Anderson (W. D.), 1966.
Andersson (G.), 5987.
Andersson (Karl-Olof), 5192.
Andersson-Schmitt (M.), 74.
Ando (Shiro), 8196.

Andreae (Bernard), 2626.
Andreas, 3602.
Andreas, Apostolus, Sanctus, 2680.
Andreau (Jean), 1007, 2474.
Andreev (Yu. V.), 1723.
Andreini (Giovan Battista), 6387.
Andreopoulos (George J.), 874, 7278.
Andretta (Stefano), 5455.
Andrews (E. M.), 7577.
Andrews (Julia Frances), 6527.
Andrews (Richard Mowery), 7248.
Andrien (K. J.), 6768.
Andrle (Vladimir), 5069.
Andronicus Callistus, 3898.
Androtion, 1795.
Aneau (B.), 5819.
Angelidi (Christine), 2811.
Angell (Svein Ivar), 4888.
Angelov (Dimitur S.), 2857.
Angelucci (D.), 1325.
Anikeev (A. S.), 7800.
Ankersmit (Franklin Rudolf), 701, 5988.
Anna d'Este, 6307.
Anna Jagiellonka, regina di Polonia, 4965.
Annesley (George), 4394.
Anquetil-Duperron (Abraham Hyacinthe), 624.
Ansani (Michele), 3000.
Anselmi (Mario), 4729 .
Anselmi (Sergio), 6745.
Anselmus, Ep. Cantuarensis, Sanctus, 3003, 3893, 3922.
Antezana Ergueta (Luis), 4303.
Antico Gallina (Maria Vittoria), 369.
Antiochos ho Askalōnitēs, 1222.
Antiochos IV Epiphanēs, 1714, 1941.
Antoljak (Stjepan), 818.
Antonaccio (Carla M.), 1761.
Antonelli (Luca), 2189.
Antonius (Marcus), triumvir, 2331, 2676.
Anusz (Andrzej), 5456.
Anusz (Anna), 5456.
Any (Carol Joyce), 6397.
Aoki (Michio), 8439.
Apollinaire (Guillaume), 6407.
Apollodoros, 2659.
Apollonios, Re di Tiro, 2340.
Apollonios Rhodios, 1805, 2055, 2075.
Apollonius de Pergè, 1815.
Apostolopoulos (Photis), 310.
Appleby (J.), 702.
Apuleius (Lucius), 2322, 2577, 2611.
Arıkan (Zeki), 465, 6371.
Aragazzi (Bartholomeo), 3635.

INDICE DEI NOMI 337

Aragon (Louis), 1250.
Araki (Toshio), 8431.
Arato (Paulus s. j.), 3906.
Araujo (Mundinha), 4316.
Arbeitman (Y. L.), 1480.
Arce (Javier), 2440.
Arch (Joseph), 7153.
Archer (L.), 1962.
Archer (William C.), 2627.
Archi (Alfonso), 1642.
Archidamos, 2209.
Arcidiacono (Bruno), 5286, 7667.
Arday (Lajos), 4368.
Arebi (Saddeka), 4204.
Arendt (Hannah), 6009.
Aresti (Christina), 1.
Argan (Giulio Carlo), 1111.
Arias (Paolo Enrico), 2191.
Arié (Rachel), 3343.
Arieh (E.), 1640.
Arieli (Yehoshua), 517.
Arimitsu (Yūgaku), 8399.
Aristodemos Malakos, 2189.
Aristophanēs, 1797, 1913, 1937, 2006, 2029, 2118.
Aristotelēs, 233, 241, 719, 1069, 1079, 1217, 1831, 1974, 1980, 2019, 2025, 2034, 2043, 2044, 2059, 2063, 2077, 2084, 3862, 3892, 3896, 3903.
Aritonang (Jan S.), 4688.
Armbruster (Barbara R.), 1382.
Arnaldi (Girolamo), 645.
Arnaud de Villeneuve, 3827, 3877.
Arnaud-Lindet (Marie-Pierre), 2288.
Arnesen (Eric), 5134.
Arnold (Rollo), 4903.
Arnove (Robert F.), 4880.
Arnulf von Mailand, 2953.
Arnulf von Reims, 3036.
Aron (Daniel), 5695.
Arosalo (Sirkka), 4406.
Arriaza (A.), 3438.
Arrizabalaga (John) 6233.
Artini (Luigi), 3758.
Artuad (Denise), 7802.
Aruga (Tadashi), 7280.
Arutyunov (S. A.), 8204.
Arutyunova-Fidanyan (Viada Arturovna), 2876.
Asada (Kyōji), 4600.
Asami (Masao), 4573.
Asao (Naohiro), 4585, 8400, 8422, 8420, 8421, 8423, 8424.
Ascheri (Mario), 3385, 4736.
Åselius (Gunnar), 5193, 7530.
Asemissen (Hermann Ulrich), 6470.
Asheri (David), 1882.
Ashrawi (Hanan), 8144.
Ashton (Mark), 6510.
Ashton (Robert), 4633.

Ashton (Rosemary), 5989.
Asikainen (Sari), 6987.
Askenazy (Szymon), 7511.
Asmuss (Burkhard), 4520.
Asor Rosa (Alberto), 360.
Aspasia, 1933, 2501.
Assadourian (Carlos), 4943.
Assayag (Jackie), 518, 779.
Assel (Heinrich), 5557.
Assmann (Jan), 1517.
Asso (Pier Francesco), 6899.
Astell (Ann W.), 3575.
Astigarraga (Juan Luis), 1156.
Aston (Margaret), 5621.
Astronomus, 3107.
Athanasius, Patriarcha Alexandrinus, Sanctus, 2676, 2739.
Athēnaios, 1972.
Atherton (Louise), 7703.
Atherton (Margaret), 6140.
Atkinson (Alan), 7249.
Atkinson (J. E.), 2272.
Attila, 577.
Attman (Artur), 6865.
Aubert (Jean-Jacques), 2475.
Aubert (Roger), 5457.
Aubreton (R.), 1796.
Auduc (Jean-Louis), 5844.
Aue (Hartmann von), 3502.
Auerbach (Bertold), 1263.
Auerbach (Rena R), 4074.
August III, König von Polen, 5947.
Augustine (Dolores L.), 6988.
Augustine (R. S. C. J.), 2746.
Augustinos (Olga), 371.
Augustinus Aurelius, Sanctus, 233, 2273, 2274, 2685, 2691, 2707, 2785, 5587 .
Augustinus Buridanus, 3890.
Augustus (Gaius Julius Caesar Octavianus), imperatore romano, 309, 2257, 2361, 2363, 2391, 2403, 2416, 2417, 2427, 2447, 2450, 2453, 2521, 2646, 2661, 2664, 2666.
Augustyn (Wolfgang), 145.
Aung (Cin Win), 4297.
Aurelia (Valeria), 2251.
Aurelius Victor, 2275.
Aurell I Cadorna (Jaume), 3439.
Autôreianos (Michaēl), 2828.
Autrand (Françoise), 3276.
Auzépy (Marie-France), 2877.
Avanzini (Guy), 5845.
Avendano Gonzalez (Antonio), 1218.
Averroè, 3327.
Avesani (Rino), 663.
Avezzana (Camillo Romano), 7566.
Aviles Farre (Juan), 7668.
Avşar (B. Zakir), 5251.

Awaya (Kentarō), 7697.
Ayán Calvo (J.J.), 2688.
Aydın (Celal), 373.
Aydın (Mehmet Akif), 7201.
Ayton (Andrew), 3440.
Ayubi (Shaheen), 7804.
Azarpay (Guitty), 1692.
Azéma (Jean-Pierre), 519.
Azevedo Santos (M. J.), 6.
Aziz (Khursheed Kamal), 520.
Aznar Vallejo (Eduardo), 374.
Azzolini (Luisa), 4096.

B

Ba Jin, 8369.
Baal (Gérard), 920.
Babbit (Irving), 6095.
Babcock (R. G.), 78.
Babeuf (François Noël, detto Gracco), 4493.
Babic (Gordana), 2878.
Babichenko (D. L.), 6398.
Babicz (Josef), 375.
Bacchielli (L.), 1883.
Bach (Carl Philipp Emanuel), 6716.
Bach (Johann Christian), 6658.
Bach (Johann Sebastian), 6659, 6644, 6665, 6719.
Bachrach (Bernard S.), 3170, 3191.
Bacon (Roger), 3905.
Baczkowski (Krzysztof), 608, 7478.
Baddy (William), 6615.
Bader (Françoise), 313.
Badin (Walter), 4823.
Badini Confalonieri (Luca), 5696.
Badoglio (Pietro), 4735.
Badosa Coll (Elisa), 6989.
Baeck (Louis), 6722.
Baehr (Peter R.), 7281.
Bæk Simonsen (J.), 1169.
Baer (George W.), 5135.
Baeten (Walter), 6990.
Bagnato (Bruna), 7805.
Bagnoli (P.), 4806.
Baguenard (J.-M.), 2677.
Bahlcke (Joachim), 7221.
Bahr (Hermann), 5993.
Bailey (Peter), 6616.
Bailey (Sydney D.), 7806.
Bailyn (Bernard), 521.
Baines (Dudley), 6948.
Baiocchi (Angelo), 611.
Baioni (Massimo), 503.
Bajtay (Péter), 5278.
Bak (János M.), 3526.
Baker (Keith Michael), 4109.
Baker (Richard W.), 7801.
Bakker (J. Th.), 2596.
Bakker (Kees), 4911.

Bakó (Zsuzsanna), 6491.
Baky (László), 5293.
Bala (Mehmetzade Mirza), 820.
Balace (F.), 4276.
Balaganghadara (S. N.), 1170.
Bălan (Constantin), 868.
Balañà I Abadia (Pere), 3328.
Balard (Michel), 3441.
Balbulus (Notker), 3928.
Balcer (Jack Martin), 1481.
Balcerak (Wiesław), 7633.
Baldacci (Massimo), 1643.
Baldassari (Anne), 6585.
Baldetti (E.), 2971.
Baldick (J.), 2089.
Baldriga (Roberto), 1916.
Baldwin (Anna), 3881.
Baldwin (John W.), 3442.
Baldwin (Trevor), 6785.
Balensuela (C. Matthew), 3804.
Balfour (David), 2845.
Balfour-Paul (Glen), 7807.
Balivet (Michel), 2879.
Ball (Alan M.), 5335.
Ball (Stuart), 929.
Ballériaux (Omer), 1967.
Balletto (Laura), 3443.
Ballone (Adriano), 4741.
Balsamo (Luigi), 5954.
Balsem (Astrid C.), 80.
Baltzarek (Franz), 681.
Balzac (Honoré de), 6403.
Bammate (Marianne), 1719.
Bammel (Ernst), 2712.
Banaszkiewicz (Jacek), 2359.
Bandini (Fernando) 6396.
Bandini (Michele), 1798.
Bandyopadhyaya (Sekhar), 4677.
Bange (Raphaël), 314.
Banks (Joseph), 5736.
Banniard (M.), 2678.
Banno (Junji), 4618.
Bansleben (Manfred), 7578.
Banti (Alberto Mario), 6991.
Bao (Chengguan), 8214.
Bar Kokhba, 2679.
Barallat y Barés (Jaume), 5458.
Barany (Zoltan), 7579.
Baray (Luc), 1448.
Barbagallo (Francesco), 909, 4742.
Barbalace (Giuseppe), 4743.
Barbaro (Zaccaria), 3283.
Barbaza (Michel), 1332.
Barber (Malcom), 4014.
Bárberi Squarotti (Giorgio), 6460.
Barberini (Andrea de), 73.
Barbero (A.), 821.
Barbero (Alessandro), 2796.
Barbier (Jean Paul), 6308.
Barbone (Roberto), 6309.
Barbu (Daniel), 3907, 4015.

Bărbulescu (Mihai), 2597.
Barcellona Scorza (Francesco), 2805.
Barceló I Crespí (Maria), 3444.
Barchiesi (Alessandro), 2539.
Bard (Kathryn A.), 1518.
Bardach (Juliusz), 4961.
Bardales (Leo), 2819.
Bardoel (Agatha Anna), 3223.
Barducci (Roberto), 258.
Barfield (Lawrence), 1354.
Barg (M. A.), 4122.
Bariety (Jacques), 7580, 7808.
Barile (E.), 7.
Baring (Arnulf), 4534.
Barisone II di Torres, 3065.
Barkai (Ron), 5627.
Barlas (Mehmet), 822.
Barlow (Tani E.), 8217.
Barnabas, 2684, 2700.
Barnes (Hugh), 1482.
Barnouw (Dagmar), 5990.
Barolsky (Paul), 6310.
Bar-On (Mordechai), 7809.
Baron (Samuel H.), 5070.
Barona (J. L.), 6150.
Barone (Giulia), 996, 2805.
Baroni (M. F.), 38.
Barracane (Gaetano), 120.
Barralt I Altet (Xavier), 3576.
Barré (Véronique), 1799.
Barrel (John), 6992.
Barrett (James H.), 3368.
Barriga Antelo (Oswaldo), 4304.
Barrington (Linda), 6993.
Barrio (M.), 4733.
Barroso Filho (Wilton), 6148.
Barrotta (Pierluigi), 6149.
Barrow (Isaac), 6213.
Barry (Jonathan), 5770.
Bar-Siman-Tov (Yaacov), 4713.
Bart (Jean), 7250.
Barta (Gabor), 5052, 5287.
Bartel (Hans-Georg), 1539.
Bartel (Maria), 5446.
Bartelink (G. J. M.), 2676.
Barth (Britt-Mari), 5846.
Barth (Karl), 5558.
Barthel (A.), 137.
Bartholomé, évêque de Pécs, 4031.
Barthou (Louis), 7626.
Bartlett (Robert), 3224.
Bartoletti (G.), 16.
Bartoli (Lando), 3753.
Bartoli (R. A.), 2959.
Bartoli Langeli (Attilio), 3577.
Bartolo da Sassoferrato, 269.
Bartolo di Fredi Cini, 3758.
Bartoloni (Gilda), 2225.
Barton (C. Michael), 1319.
Bartosiewicz (László), 1355.

Bartoszewski (Władysław), 7778, 7779.
Bartsch (S.), 2540.
Bar-Yosef (Ofer), 1314.
Barzanò (Alberto), 2385.
Baschet (Jérôme), 3578.
Bascio (Patrick), 5382.
Basile (C.), 81.
Basile de Césarée, 2692.
Basileios II, imperatore di Bisanzio, 2933.
Basilius Magnus, Ep. Caesariensis, Sanctus, 2760.
Baslez (M. F.), 1725.
Basmahji (Faraj), 289.
Bassin (Mark), 376.
Basso (Alberto), 6618.
Basso (Cesio), 2321.
Basso (Enrico), 3277.
Bastien (Pierre), 7585.
Batalov (L.), 3765.
Batchelor (Stephen), 5622.
Bate (Jonathan), 6311.
Bates (David), 3175.
Bateson (Gregory), 507.
Batey (Colleen E.), 3368.
Batkin (L. M.), 654, 4016.
Batowski (Henryk), 7698.
Bats (Maria), 2360.
Battaglia (Luisella), 4744.
Battaglini (Mario), 7212.
Battenberg (Friedrich), 3114, 3403.
Battie (D. R. G.), 1641.
Battista (Gabriella), 258.
Battistini (Andrea), 6294.
Batty (R.M.), 2541.
Bauckham (R.), 2679.
Baudelaire (Charles-Pierre), 6407, 6417, 6443.
Baudelot (Christian), 5847.
Baudry (G. H.), 1175.
Bauer (Raoul), 4277.
Bauer (Thomas), 3192, 3386.
Bauer (Yehuda), 4083.
Baugh (Daniel A.), 6838.
Baum (Richard), 8215.
Baum (Wilhelm), 3278.
Baumann (Richard A.), 2361, 2476.
Bauman-Szulakowska (Jolanta), 6619.
Bäumer (R.), 1192.
Baumgart (Marek), 7581.
Baumgart (Winfried), 7526.
Baumgartner (E.), 3093.
Baumgartner (Frederic J.), 4434.
Baumgärtner (Ingrid), 2956.
Bautier (Robert-Henri), 659, 3057.
Bautz (F. W.), 1158.
Bautz (T.), 1158.
Baxter (Richard), 5697.
Bayard (Pierre), 6399.

INDICE DEI NOMI

Bayer (G.), 2279.
Bayer (K.), 2279.
Baykal-Seeher (Ayse), 1381.
Bayle (Pierre), 5920.
Beach (D. N.), 5362.
Beadle (Richard), 3596.
Beall (Cynthia), 4878.
Beam (Sara), 6994.
Beards (Andrew) 703.
Bearman (P. J.), 1180.
Bearman (Robert), 2975.
Bearzot (Cinzia), 2385.
Beaton (Roderick), 1251.
Beaucamp (Joëlle), 2477.
Beaud (Olivier), 956.
Beaujard (Brigitte), 2797.
Beaujouan (Guy), 3836.
Beaumont (Roger), 823.
Beaune (Jean-Claude), 6219.
Béaur (Gérard), 6900, 6995.
Beccaria (Cesare), 4722.
Beccaria (Gian Luigi), 320, 359.
Becchi (Paolo), 5991.
Becher (Matthias), 3208.
Becht (Hans-Peter), 1034.
Becht-Jördens (Gereon), 2105.
Beck (Christian August), 4269.
Beck (F.), 461.
Beck (Johannes), 5848.
Beck (R.), 2598.
Becker (Annette), 4084.
Becker (Hartmuth), 921.
Becker (M.), 2735.
Becker (Marvin B.), 4085.
Becker (Robert A), 4072.
Beckerath (Jürgen von), 1519.
Bédarida (François), 519, 762, 5787.
Bede, the Venerable, 2957, 4033.
Bedeschi (Giuseppe), 5992.
Bedeski (Robert E.), 8464.
Bedini (Silvio A.), 231, 6151.
Bednarik (Robert G.), 1333.
Bedos-Rezak (Brigitte Miriam), 3313.
Beduoelle (G.), 5515.
Beedham (Katharine F.), VII.
Beel (L. J. M.), 4918.
Beeldsnijder (R. O.), 7462.
Beening (A.), 7531.
Beers Quinn (David), 392.
Beethoven (Ludwig van), 6608, 6664, 6691.
Beevor (Anthony), 4666.
Beezley (W. H.), 808.
Behn (Manfred), 6699.
Behnen (Michael), 7582.
Behrens-Abouseif (Doris), 4395.
Behrmann (Thomas), 3445.
Beilharz (P.), 4236.
Beilin (Yossi), 4714.

Bein (Werner), 4250.
Beinart (Haim), 3314.
Beintker (Michael), 5559.
Beit-Arié (M.), 103.
Beitzke (Heinrich), 4516.
Bejczy (I. P.), 1252.
Bekir Sami Günsay, Colonel, 5259, 5249.
Belardelli (Giovanni), 922.
Belardinelli (A. M.), 1800.
Belardinelli (Carlo), 2200.
Belhoste (Bruno), 5834.
Belhoste (Jean-François), 6780.
Belier (W.W.), 1171.
Bélis-Bergouignan (Marie-Claude), 6781.
Bell (D. N.), 290, 2958.
Bell (Matthew), 6400.
Bell (Nigel), 8494.
Bell (Philippe), 7810.
Bell (Albert A. Jr.), 2542.
Bellemore (Jane), 1968.
Bellen (Heinz), 2362.
Bellenger (Yvonne), 6322.
Belli (Oktay), 1483.
Bellini (Paolo), 4081, 4782, 4962.
Belloni (Luigi), 6257.
Beloch (Giulio), 626, 2403.
Belting (Hans), 1092.
Beltran (Alain), 4508, 6738.
Beltran (E.), 82.
Bély (Lucien), 4435.
Bemmann (K.), 2126.
Ben Hafri (Chakib), 4086.
Benda (Kálmán), 825.
Bendana (Alejandro), 4881.
Benderly (Jill), 5107.
Benedeit, 2959.
Benedictus Canonicus, 2961.
Benedictus XIII, Papa, 2960.
Benedictus XIV, Papa, 5441, 5453.
Benedictus XV, Papa, 7648.
Benedik (Metod), 846.
Beneš (Edvard), 4356, 7611.
Bengelsdorf (Carollee), 4375.
Bengtson (Jonathan Blake), 3754.
Benigni (Manlio) 6612.
Benin (Simon), 6578.
Benkő (Samu), 1047.
Bennett (Andrew), 7811.
Bennett (G. H.), 7583.
Bennett (Norman R.), 7532.
Benoist-Mechin, 4855.
Benoît (A.), 2736.
Benot (Yves), 4436.
Bentham (Jeremy), 6018.
Benton (George), 8216.
Benum (Edgeir), 4889.
Benvenuti (A.), 3997.
Bényei (Miklós), 5288, 5849.
Benzing (Josef), 5554.

Benzoni (Gino), 5698.
Berardinelli (Alfonso), 6401.
Berardinetti (Alessandra), 2225.
Bercholz (Samuel), 5623.
Berchtold (Jacques), 7093.
Bercovitch (Sacvan), 1255.
Berdoulay (Vincent), 377.
Berenger (Jean), 826.
Berengo (Marino), 3287.
Beretta (Marco), 6152.
Berg (Dieter), 3980.
Berg (Hans Christoph), 5850.
Berg (Maxine), 6739.
Berg (Roald), 4890.
Bergdolt (Klaus), 3446.
Berge (Metin), 4125.
Berger (Catherine), 1544.
Berger (Stefan), 7151.
Bergeron (Louis), 6402.
Berggötz (O.), 486.
Berghoff (Hartmut), 6740.
Bergjan (Petra S.), 2737.
Berglund (Joakim), 5194.
Bergson (Henri-Louis), 6097.
Berindei (Dan), 5053.
Beriou (Nicole), 3908.
Berlage (Andreas), 5993.
Berliner (Paul F.), 6620.
Berlioz (Jacques), 2963, 3225, 3987.
Bermejo Barrera (Jose Carlos), 1219, 2090.
Bernabé Pajares (A.), 1802.
Bernard (Michel Yves), 5818.
Bernard-Griffiths (Simone) 668.
Bernardin (P.), 32.
Bernardini (Aldo), 6638.
Bernardini (Paolo), 4723.
Bernardus Johannes, kardinaal Alfrink, 5481.
Bernardus, Abbas Claraevallansis, Sanctus, 2964, 3832, 3833, 3839, 3884, 3972, 4005.
Bernasconi (Marina), 5917.
Bernecker (Walther L.), 862.
Berner (Hans), 5851.
Bernett (Hajo), 5875.
Bernics (Ferenc), 4087.
Bernkopf Tucker (Nancy), 7812, 7995.
Bernshteyn (A. I.), 6153.
Berntsen (Bredo), 4891.
Bernus-Taylor (Marthe), 3759.
Berresford Ellis (P.), 116.
Berridge (G. R.), 7282.
Berriot (François), 641.
Berry (Bob), 6785.
Berry (Mary Elizabeth), 4574.
Bertau (Karl), 2992.
Bertelli (Lucio), 934.
Bertelli (Pino), 6621.

Bertelli (Sergio), 914, 3279.
Bertels (Johann), 123.
Bertényi (Iván), 522.
Berthier (Patrick), 6403.
Berti (Fede), 2192.
Bertière (Simone), 4437.
Bertinelli (Anna), 7451.
Bertini-Malgarini (Patrizia), 6276.
Bertoldi (Donata), 6622.
Bertoli (B.), 3910.
Bertoni (Brenno), 5215.
Bertozzi (Marco), 3465, 6035.
Bertrand (Dominique), 2744.
Bertrand-Ecanvil (Estelle), 2363.
Berwanger (Eugene H.), 7533.
Besamusca (Bart), 3579.
Beschi (Luigi), 2226, 6528.
Beshoff (Pamela), 7409.
Besse (J. B.), 5535.
Bessette (Joseph M.), 5136.
Bessiere (Jean), 5994.
Bessmertnyy (Yuri L.), 704, 750, 3162.
Besson (Jacques), 5216.
Best (Antony), 7746.
Best (Jeoffrey), 7272.
Bestler (Anita), 4853.
Bethell (Leslie), 4127.
Bethencourt (Francisco.), 1172.
Bethmann (Anke), 5699.
Bettelli Bergamaschi (Maria), 3785.
Bettinelli (Giuseppe), 6390.
Bettoni (Anna), 6316.
Bettoni (Camilla),6277.
Beuker (J. R.), 1356.
Beulertz (Stefan), 3947.
Bevan (Bryan), 4634.
Bevilacqua (Piero), 4745.
Bevilacqua (Roberta), 1334.
Bevin (Ernest), 8156.
Bevir (Mark), 705.
Bewley (Robert Howard), 1421, 1433.
Beydilli (Kemal), 852.
Beyer (Franz-Heinrich), 5560.
Beyer (Klaus), 1644.
Beyersdorf-Zimeray (Karine), 7813.
Bezançon (Xavier), 4438.
Bezemer (K.), 3387.
Bezerra Câmara (José Gomes), 4317.
Bhalla (V.), 812.
Biadene (S.), 419 .
Biagui (Jean-Marie Francois), 5097.
Bian (Lixin), 8286.
Bianchi (Francesco), 1, 83.
Bianchi (Luca), 1138, 3848.
Bianchi (Massimo Luigi), 3888.
Bianchi (Ugo), 1138, 2086.
Bianchini (Stefano), 4819.
Bianciotto (Gabriel), 3580.
Bianco Peroni (Vera), 1383.

Bible (Leo), 2922.
Bickel (Susanne), 1520.
Bideault (Marise), 1089.
Bidet (Jacques), 4149.
Bidussa (D.), 4746.
Biefang (Andreas), 4521.
Bieler (Ledwig), 2979.
Bielman (Anne), 1774.
Bieniecki (Kajetan), 7775.
Bieńkowska (Barbara), 501.
Bieńkowski (Wiesław), XIV, 632.
Bienvenu (Gilles), 6404.
Bier (Lionel), 1484.
Bierbrauer (V.), 3125.
Bierl (A.), 2038.
Biernacki (Stanisław), 4517.
Bietak (Manfred), 1384.
Bietenholz (Peter G), 523, 5428.
Biger (Gideon), 378.
Bigliazzi (L.), 5915.
Bihl (Wolfdieter), I.
Bile (M.), 1884.
Billanovich (Eugenio), 3581.
Billanovich (Giuseppe), 86, 3582.
Billanovich (Maria Pia), 3583.
Billanovich (Myriam), 3581.
Billault (A.), 2021.
Biller (Peter), 1132.
Billy (George J.), 7534.
Bilunov (B. N.), 4845.
Binding (Gunther), 3772.
Binebine (A. C.), 164.
Bing (Peter), 1969.
Bingen (Nicole), 87.
Bingham (John), 4439.
Biniszkiewicz (Józef), 7172.
Binns (John), 3968.
Binoche (Bertrand), 706.
Biondi (A.), 5624.
Biot (B.), 5819.
Bird (H.W.), 2275.
Birke (Adolf M.), 7541.
Birmingham (David), 784.
Birnbaum (Pierre), 4440, 4461.
Birret (Herbert), 6623.
Birsens (J.), 5517.
Bischof (Günther), 4249.
Bischoff (Bernhard), 487, 2965 .
Bismarck (Otto von), 4120, 4516, 4567, 7416, 7542, 7550.
Bisson (T. N.), 997.
Bistoni (M. G.), 100.
Bitsch (Marie-Thérèse), 7584.
Bjarnar (Ove), 827.
Bjork (Patrick Bryce), 6405.
Bjork (Robert E.), 3584.
Bjørn (C.), 4146.
Bjørnson (Øyvind), 4892.
Bjornsson (Anders), 612.
Błachnio (Jan Ryszard), 5459.

Black (Jeremy), 4089, 7285, 7500, 7512.
Blackbourn (David), 5460.
Blackburn (Robert M.), 7814.
Blacker (Jean), 524.
Blackwell (Lewis), 6586.
Blainey (Geoffrey), 4237.
Blair (Sheila S.), 3329.
Blair Debrohun (Jeri), 2276.
Blakely (Thomas D.), 5676.
Blanc (Alain), 1970.
Blanc (Jean-Daniel), 5213.
Blanchard (Ian), 7059.
Blanchard (Pascal), 4441, 7669.
Blanco (Guzman), 5359.
Blancpain (Jean-Pierre), 4090.
Blanning (T. C. W.), 7286.
Blanquet (Claire-Helene), 6529.
Blanquie (C.), 4442.
Blänsdorf (Jürgen), 2544.
Blasina (Paolo), 7585.
Blasius (Dirk), 6154.
Blattmann (M.), 3388.
Blaum (Paul A.), 2858.
Blay (Jean-Pierre), 6996.
Bléchet (Françoise), 5918.
Bleicken (J.), 1727.
Blendinger (Elfriede), 6946.
Blendinger (Friedrich), 6946.
Bleyer (Jakab), 5294.
Blijham (G. J.), 6912.
Bliquez (Lawrence J.), 2628.
Bliznyuk (S. V.), 3447.
Bloch (Marc), 620, 627, 746.
Bloch (R. Howard), 669.
Blocher (Felix), 1577.
Blockmans (Wim P.), 835.
Bloedow (Edmund F.), 1971.
Blok (Josine H.), 707, 7114.
Blondel (Christine), 6155.
Bloom (Harold), 1048, 1286.
Bloom (Jonathan M.), 3329.
Blum (Alain), 6997.
Blum (Jerome), 4091.
Blum (W.), 154.
Blumenau (S. F), 525.
Blumenfeld-Kosinski (Renate), 3585.
Boardman (Robert), 7815.
Boatner (Mark M.), 5148.
Bobowski (Kazimierz), 8.
Boccaccio (Giovanni), 577, 3705, 3706, 6350, 6354.
Bocchi (Francesca), 764.
Boch Argilagos (Josef), 1357.
Böck (Barbara), 1597.
Bock (Ivo), 4963.
Bocşan (Nicolae), 4092.
Boczek (Bolesław Adam), 7273.
Bodel (John), 2250.
Bodenmann (Reinhard), 5692.

Bodian (Miriam), 4093.
Boeder (Heribert), 5995.
Boehler (Jean-Michel), 6868.
Boekholt (P. Th. F. M.), 4927.
Boesch Gajano (Sofia), 3909.
Boespflug (François), 445.
Boëtsch (Gilles), 4441, 7669.
Boettke (Peter J.), 6726.
Bogdan (Danuta), 4964.
Bogdanov (A. P.), 686.
Boghardt (Martin), 195.
Bogle (Donald), 6624.
Bogucka (Maria), 4965, 6998.
Bohó (Róbert), 5318.
Bohrer (Karl Heinz), 1253.
Bokarev (Iu. P.), 599.
Bokorev (Yu. L.), 715.
Bolech Cecchi (Donatella), 7586.
Boleslas, archevêque d'Esztergom, 4043.
Bölhoff (Reiner), 6370.
Bolkhovitinova (N. N.), 7548.
Bolla (Luisella), 6625.
Bolle (Willi), 998.
Bologna (G.), 88.
Bona (Petru), 4092.
Bonaissie (Pierre), 3745.
Bonanate (U.), 2713.
Bonaventura, Sanctus, 2966, 3872.
Bondarchuk (V. S.), 4747.
Bonde (Sheila), 3171.
Bondebjerg (Ib), 6683.
Bondy (L. W.), 89.
Bonechi (S.), 5998.
Bonelli (Guido), 1972.
Bonfante (Larissa), 34, 2434.
Bonfil (Robert), 4748, 5561.
Boniface (Pascal), 7379.
Bonifatius VIII, papa, 3951.
Bonnechère (P.), 1917.
Bonnefous (Georges), 4443.
Bonnefoy (Yves), 5778, 6471.
Bonner (M.), 379.
Bonnette (L.), 1844.
Bono (Francesco), 6683.
Bonora (Elena), 5919.
Bonsdorff (Göran von), 4427.
Bonusiak (Włodzimierz), 4977.
Bonuzzi (Luciano), 6234.
Boockmann (Harmut), 3126, 3448, 3925, 5512.
Boolos (Georges), 5996.
Boomgaard (Peter), 526.
Booth (Douglas), 6999.
Boppe (Auguste), 7535.
Boppe-Vigne (Catherine), 7535.
Bora (Tanil), 4094.
Borchmeyer (Dieter), 6406.
Borck (Karin), 4517.
Bordes (Hélène), 5525.
Bordo (Michael D.), 6901.

Bordoli (Roberto), 5997.
Borgeaud (Philippe), 1121.
Borghini (Alberto), 2091.
Borghini (Vincenzo Maria), 6305.
Borgogni (Massimo), 4749.
Borhi (László), 7816.
Börker-Klähn (Jutta), 1485, 1619.
Bork-Pedersen (Ebbe), 4380.
Borne (Etienne), 5999.
Bornewasser (J. A.), 4913.
Borniquez (Giorgio), 7536.
Bornschlegl (F. A.), 3046.
Boros (Zsuzsanna), 4444.
Boross (Elizabeth A.), 5290.
Borra (Edoardo), 5383.
Borrelli (Gianfranco), 6000.
Borruey (René), 6782.
Borsa (Giorgio), 8184.
Borsa (Iván), 3064.
Borsari (Silvano), 3449.
Borsook (Eve), 3795.
Borus (György), 4635.
Bos (E. P.), 3859.
Bos (Th. S. H.), XIII.
Boscato (Paolo), 1335.
Bosch (M.), 5852.
Bosch Lloret (Ángel), 1358.
Boschi (Alberto), 6626.
Bosco (Andrea), 7290, 7587.
Bose (Sumantra), 4678.
Bosher (John F.), 7463.
Boshof (Egon), 3920, 4020.
Boss (Gilbert), 1234.
Bosscher (D. F. J.), 7168.
Bosséno (Christian), 6709.
Bossi (Maurizio), 6240.
Bossuat (Gérard), 7882.
Bost (Hubert), 5920.
Boswell (John), 3450.
Bosworth (C. E.), 1181.
Botana (Natalio R.), 4209.
Bothe (Michael), 969.
Botlik (Jószef), 4820.
Bots (Hans), 5718, 5921.
Botsch (Elisabeth), 5700.
Botterill (Steven), 3833.
Bottin (Jacques), 1022.
Botz (Gerhardt), 4258.
Boubaker (Sadok), 6902.
Bouchard (Giorgio), 5137.
Boucharlat (R.), 1693.
Boucher (Bruce), 6500.
Boudon (J.-O.), 5424.
Boudon (Raymond), 5689, 5701, 6156.
Boudreau (Claude), 380.
Bouet (Pierre), 3260.
Bougard (François), 3078.
Bougerol (J. G.), 2966.
Bouineau (Jacques), 957.
Boulainvilliers (Henry de), 6079.

Boulanger (Gérard), 4445.
Boulez (P.), 6646.
Boulhol (Pascal), 2798.
Boulliau (Ismaël), 6381.
Boundas (Constantin V.), 6026.
Bourdon (A. A.), 828.
Bourdoncle (Raymond), 5853.
Bourgeois (Daniel), 5212.
Bourgey (Sabine), 2511.
Bourin (Monique), 3485.
Bourke (Colin), 8539 .
Bourke (Eleanor), 8539.
Bourke (Joanna), 7000, 7152.
Bournazel (Eric), 3451.
Bourquin (Laurent), 7001.
Bousmar (Eric), 3452.
Bousquet (J.), 1775.
Bouterwek (F.), 1263.
Boutier (Jean), 5944.
Bouton (Philippe), 4491.
Bouveresse (Jacques), 5753.
Bouyer (C.), 91.
Bovesse (Jean), II.
Bovon (François), 2680, 2714, 2738.
Bovykin (V. I.), 6903.
Bowden (Sue), 7002.
Bowdicht (Lowell), 2277.
Bowen (B. C.), 3586.
Bowersock (Glenn W.), 2545.
Bowie (Karen), 6949.
Bowker (Geoffrey C.), 6783.
Bowman (Alan K.), 9, 1744.
Bowman (Sheridan), 1297.
Bowness (Alan), 6407.
Boyadjian (Hambardzum), 4233.
Boyce (Mary), 1694.
Boyd (Benjamin), 4244.
Boyer (George R.), 7153.
Boyer (John W.), 4561.
Boyer (Régis), 3348.
Boyer-Xambeu (Marie-Thérèse), 6904.
Boyle (A. J.), 2343.
Boyle (Robert), 6202, 6239.
Boym (Svetlana), 780.
Boymel Kampen (Natalie), 1929.
Boynton (Susan), 3806.
Bozeman (Adda B.), 829.
Bozo (Frédéric), 7817.
Bozóki (András), 6001.
Bozzolo (C.), 92.
Braakhuis (H. A. G.), 3857.
Brabers (J.), 5820.
Bracalini (Romano), 4750.
Brach (Radko), 7588.
Braddick (M. J.), 6905.
Bradford (A. S.), 1918.
Bradford (Richard), 6278.
Brading (D. A.), 4858.
Bradley (George), 5461.

Bradley (K. R.), 2478.
Bradley (Richard), 1336.
Brady (Ciaran), 4699.
Brady (I. C.), 3870.
Brady (Thomas jr.), 861.
Braga (Gabriella), 670.
Braggiotti (Lucy), 2881.
Braive (G.), 4276.
Brakke (David), 2092, 2739.
Brall (Helmut), 3694.
Bramwell (Anna), 1000.
Branca-Rosoff (Sonia), 5702.
Brancatisano (Ilaria), 4401.
Branch (Michael), 1291.
Brand (Laurie A.), 7818.
Brandes (Detlef), 7701.
Brandes (Georg), 6436.
Brandon Strehlke (C.), 181.
Brasington (B. C.), 3389.
Braude (Benjamin), 4914.
Braudel (Fernand), 385, 628.
Braun (René), 2352.
Braun (Robert), 708.
Braund (David), 1486, 1919.
Bravo (Gian Mario), 923.
Bray (Francesca), 8218.
Brecciaroli Taborelli (Luisa), 2629.
Brecher (Michael), 7819.
Bredefeldt (Rita), 6784.
Bredi (Daniela), 527.
Brefeld (Josephie), 2967.
Breisach (Ernst), 528.
Breisch (Agneta), 3453.
Bremer (J. M.), 698, 1469.
Bremmer (J. N.), 2093.
Brennan (James P.), 4210.
Brennan (Teresa), 5703.
Brennan (Th.), 6839.
Brenne (St.), 2127.
Brentano (Robert), 4017.
Brentjes (Burchard), 1487, 1578, 1695.
Bresc (Henri), 3454.
Bresson (O.), 93.
Bretone (Mario), 958.
Brettell (Caroline B.), 246.
Breukelaar (Adrian H. B.), 653.
Breut (Michele), 6408.
Brewer (Charlotte), 186.
Brewer (John D.), 5231.
Brewer (John), 1054.
Brezeanu (Stelian), 3127.
Brežnev (Leonid Ilič), 7914.
Bria (Ion), 5533.
Brian (Eric), 6157.
Briand (Aristide), 7586.
Briant (Pierre), 1007.
Briard (Jacques), 1298, 1385.
Brickhouse (T. C.), 1802.
Bridges (Barry), 7537.
Bridson (Gavin D. R.), 1045.

Briend (Jacques), 1208.
Brierley (Johanna Hall), 4689.
Briese (Christoph), 2128.
Brieskorn (Norbert), 979.
Briffaud (S.), 7003.
Briggs (W. W. Jr), 529.
Bright (Charles), 7287.
Brilliant (Richard), 2129.
Brillmayer (Lea), 5138.
Brincat (Joseph M.), 341.
Brindley (A. L.), 1359.
Brink (Stefan), 3349.
Brinkley (Alan), 924.
Brinkman (M.), 4907.
Brinkmann (Vinzenz), 2130.
Brinner (William M.), 3315.
Briot (Frédéric), 530.
Briquel (Dominique), 2193, 2227.
Britnell (J.), 5922.
Britnell (Richard H.), 3455.
Brito (E.), 1115.
Brix (Michel), 6409.
Brizzi (Gian Paolo), 3724.
Broberg (Gunnar), 4174.
Broc (Numa), 381.
Brochand (Christian), 5704.
Brock (A. G.), 2681.
Brock (Peter), 2740.
Brodersen (K.), 1803.
Brodman (James W.), 3390.
Brody (Jules), 6312.
Brooks (Christopher), 5770.
Broszinski (H.), 128.
Brothers (Richard), 6992.
Brough (Neil), 6280.
Broun (D.), 4637.
Brouwers (J.), 4931.
Brovkin (Vladimir N.), 5336.
Brown (Archie), 833.
Brown (Brian Edward), 5625.
Brown (Elizabeth A. R.), 3391.
Brown (Gillian), 6064.
Brown (Jonathan C.), 4222.
Brown (Judith C.), 6950, 7479.
Brown (Judith M.), 4679.
Brown (K. S.), 1696.
Brown (Michelle P.), 95, 3587.
Brown (Nathan J.), 1001.
Brown (Peter), 3588.
Brown (Rajeswary Ampalavanar), 8207.
Brown (Terence A.), 1419.
Brown (V.), 15.
Browne (Gerald M.), 8475.
Brownrigg (L. L.), 161.
Brubaker (Leslie), 3778.
Bruce (Chris), 6587.
Bruce (Donald), 1254.
Brüchert-Schunk (Hedwig), 7154.
Brucker (C.), 3038.
Brudzińska (Zofia), 5910.

Bruell (C.), 1844.
Brugger (Billy), 8315.
Brulotte (Eric L.), 2131.
Brummett (Palmira), 7480.
Brun (Patrice), 1299.
Brundage (J. A.), 3969.
Brundtland (Arne Olav), 8030.
Brunelleschi (Filippo), 3753, 6520.
Brunert (Maria-Elisabeth), 2741.
Brunetta (Gian Piero), 6627.
Bruni (Francesco), 1270.
Brunner (George), 4827.
Brunner (Karl), 3133, 3226.
Brunner-Traut (Emma), 1477.
Bruno (Giordano), 6010, 6046.
Bruno Sunseri (Giovanna), 626.
Brunvand (Per), 7310.
Brush (Craig), 6313.
Brusilov (Aleksj Alekseevič), 5093.
Bruski (Klemens), 3263.
Brutus (Marcus Junius), 2415.
Brutus (Stephanus Junius), 950.
Bruzzone (Gian Luigi), 7501.
Brym (Robert J.), 4290.
Bryson (N.), 2132.
Brzeziński (Andrzej M.), 7589.
Brzoza (Czesław), 4960.
Brzozowski (Stanisław Marian), 6158.
Buben (Milan), 266.
Bubenheimer (U.), 96.
Buc (Philippe), 3589.
Bucci (Oddo), 466.
Bucer (Martin), 5590.
Buch (David Joseph), 6628.
Buch (Esteban), 4211.
Bucharin (Nikolaj Ivanovič), 4897.
Buchet (Christian), 7464.
Buchhaupt (Siegfried), 6159.
Buchinger (W.), 683.
Buchman, 6080.
Buchner (Giorgio), 2190.
Buck (C. E.), 1300.
Buck (Dietmar-Wilfried R.), 1420.
Buck (R. J.), 1849.
Buckland (P. C.), 4052.
Buckle (Henry Thomas), 629.
Buckley (Kenneth D.), 4238.
Budak (Neven), 4053.
Budak (Neven), 831.
Budd (P.), 1385.
Buddensieg (Tilmann), 6545.
Buddha, 5623, 5625, 5683, 5685.
Budnitskiy (O. V.), 5065.
Buenger Robbert (Louise) 3486.
Buescu (Ana Isabel), 5029.
Buffetaut (Eric), 6161.
Buganov (V. I.), 3086.
Bugenhagens (Johannes), 5484.
Bukhanov (V. A.), 7704.
Bukowski (Waldemar), XIV.

Bukowski (Zbigniew), 5821.
Bulgakov (Sergei Vasil'evich), 5536.
Bułhak (Henryk), 4972.
Bullard (Melissa Meriam), 3280.
Bulliet (Richard W.), 3330.
Bülow-Jacobsen (Adam), 1560.
Bungert (Heike), 7820.
Bunt (Gerrit H. V.), 3590.
Buonanno (Milly), 6617.
Buonocore (M.), 2.
Bur (M.), 3106.
Buraselis (K.), 1756.
Burch (Noël), 6613.
Burchfiel (K. J.), 1885.
Burchfield (Robert), 315.
Burckhardt (Jacob), 697.
Büren (Veronika von), 98.
Burenhult (Göran), 9528.
Burg (Peter), 7222.
Burger-Roussennac (Annie), 5923.
Burguière (André), 709.
Burguière (P.), 1837.
Burgund (Maria von), 213.
Burkard (Günter), 1521, 1522.
Burke (Bernard V.), 7590.
Burke (Edmund), 5719.
Burke (Peter), 5705.
Burkert (W.), 1189.
Burkhard (Fred Bud), 7155.
Burleigh (Michael), 7004.
Burman (Thomas E.), 3834.
Burnand (Yves), 2441.
Burnett (C.), 2945, 2983, 3837.
Burney (Charles), 1697.
Burnley (David), 3591.
Burns (Thomas S.), 2364.
Burns (Timothy), 7788.
Burr (William), 7821.
Burschel (Peter), 7005.
Burton (Antoinette), 5706.
Burton (Janet), 3970.
Bury (Mariane), 6410.
Busch (J. W.), 3392.
Buschenschutz (O.), 1425.
Buschinger (D.), 3112.
Buschmann (G.), 2682.
Busco (Marie), 6530.
Bush (Alfred L.), 781.
Bush (George Herbert Walker), 7853, 7956.
Busino (Giovanni), 5707, 5784.
Busser (Fritz), 5562.
Buszko (Józef), 4977.
Butler (Christopher), 5708.
Butler (Reginald D.), 777.
Butow (R. J. C.), 7705.
Butterworth (Charles E.), 3855.
Butz (Annegret), 145.
Butz (Patricia), 1776.
Buve (Raymond Th.), 862.
Buxton (R.), 2094.

Buzinkay (Géza), 5946.
Buzon (Fréderic), 6002.
Byars (Mel), 6472.
Byl (Simon), 1973.
Bynum (C.), 3456.
Bynum (William F.), 6162.
Byre (Calvin S.), 1804.
Byrne (S. G.), 343.

C

Ca' Da Mosto (Alvise), 382.
Caballero (Rufo), 6635.
Cabanes (Emilio), 1434.
Cabanes (Pierre), 1777.
Cabanis (José), 5709.
Cabano Vásquez (I.), 176.
Cabantous (Alain), 1022.
Cabrera (Paloma), 1920.
Caccamo (Domenico), 7822.
Cacciari (Massimo), 1220.
Cadé (Michel), 7156.
Cadoni (Giorgio), 4732, 4751, 7213.
Cadrada (Coral), 3457.
Caelestinus V, Papa, 3953.
Caelius Phileros (M.), 1654.
Caesar (Gaius Julius), 676, 2370, 2373, 2377, 2404, 2419, 2439, 2469, 2534, 2542, 2571, 2614, 2749, 2758, 2761.
Caesarius von Heisterbach, 3225.
Caetano (Gerardo), 5352.
Caferro (William), 3227, 3458.
Caffiero (Marina), 2805.
Çağman (F.), 419.
Cagnetta (Mariella), 674, 925.
Cagni (Luigi), 1148.
Cai (Heshen), 8393.
Cai (Yuanpei), 8270.
Cai (Zhensheng), 8219.
Caianiello (Silvia), 714.
Caiazza (Pietro), 5415.
Caille (Dominique), 7591.
Caïn (Jacques), 5710.
Cain (John), 5854.
Caines (John), 5498.
Cairns (J. W.), 7202.
Cajetan (Tommaso), 5563.
Çakır (Serpil), 7006.
Calabrese (Michael A.), 3592.
Calati (Benedetto), 3971.
Calboli (Gualtiero), 3593.
Calchi Novati (Giampaolo), 4402, 7288.
Calder (W. M.) 698.
Calderone (Salvatore), 2599.
Calin (William), 3594.
Calleja (Félix), 1350.
Callet (Anthea), 6531.

Callier-Boisvert (Colette), 794.
Callmer (Johan), 3350.
Callu (Agnès), 504.
Calomiris (Charles), 6741.
Calore (M.), 6707.
Calpurnius Flaccus, 2350.
Calpurnius Piso Frugi (L.), 2552.
Calvert (Frank), 1503.
Calvi (Giulia), 7251.
Calvin (Jean), 5564, 5569, 5580, 5593, 5599.
Calvo (Juan José), 326.
Camargo (Martin), 3595.
Camassa (Giorgio), 2095.
Cameron (Averil), 2600, 2880, 3316.
Camilli (Luciano), 2479.
Cammaert (A. P. M.), 7776.
Cammarosano (Paolo), 3237.
Camodeca (Giuseppe), 2480.
Camp (J. McK.), 2133.
Campanella (Tommaso), 6037.
Campanile (Enrico), 2194.
Campanile (Maria Domitilla), 2365.
Campano di Novara, 444.
Campari (Roberto), 6629.
Campbell (Brian), 2366.
Campbell (Colm), 4700.
Campbell (Malcom), 1805.
Campenon (Christine), 2134.
Campi (Emidio), 6003.
Campitelli (Adriana), 959.
Camps (Victoria), 4308.
Camusat (François-Denis), 5921.
Canali (Mauro), 4752.
Canavero (Alfredo), 7823.
Candiani (Guido), 7487.
Cane (Giampiero), 6630.
Canfora (Luciano), 1049, 1974, 2367.
Cannadine (David), 7007.
Cannuyer (C.), 1122.
Canobbio (Alberto), 2546.
Canova (A.), 3597.
Canova (Antonio), 6411.
Cantimori (Delio), 630, 6119.
Cantor (Norman F.), 3128.
Canziani (Guido), 5711.
Cao (Zixi), 8220.
Capelo (Rui Grilo), 834.
Capilupi (Lelio), 5965.
Capitani (Ovidio), 670, 3172.
Capitanio (Antonella), 267.
Capizzi (Carmelo), 2882.
Cappel (Andrew J.), 2883.
Cappellano (Andrea), 6354.
Cappelletti (Francesca), 505.
Cappelli (Vittorio), 5855.
Capponi (Gino), 4806, 5691.
Capra (Carlo), 4722 .
Capriles Ayala (Carlos), 5358.

Capuzzo (Ester), 7670.
Caracalla (Marcus Aurelius Antoninus), imperatore romano, 2506.
Caracciolo (F.), 6742.
Caracciolo Di San Vito (Roberto), 7824.
Carandini (Andrea), 2481.
Caravale (Mario), 959, 6906.
Cárcel Ortí (Ma. M.), 48.
Carcione (Filippo), 2742.
Card (James), 6631.
Cardini (Flaminia), 6625.
Cardini (Franco), 2601.
Carena (Carlo), 2304.
Carey (Christpher), 1886.
Carile (Antonio), 2860.
Carile (P.), 6035.
Cariñena Balaguer (Rafael), 3459.
Cariou (Joël), 6501.
Carl (Wolfgang), 6004.
Carlén (Stefan), 5195.
Carleton Paget (James), 2684.
Carletti (Carlo), 2888.
Carley (James P.), 3611.
Carli (Gianrinaldo), 5806.
Carlino (Andrea), 6163.
Carlino (L.), 201.
Carlos III, rey de España 4723.
Carlsen (Jesper), 2502.
Carlsnaes (Walter), 7883.
Carlson (Julie Ann), 6412.
Carmagnani (Marcello), 967.
Carman (J. B.), 1123.
Carmilly-Weinberger (Moshe), 4095.
Carneiro (Maria Luiza Tucci), 4319.
Carnovale (Marco), 7920.
Caroli (Giuliano), 7825.
Carolus-Barré (Louis), 4018.
Caron (Marie-Thérèse), 3229.
Carozzi (Albert V.), 6164.
Carozzi (Claude), 3599.
Carpanè (Lorenzo), 5924.
Carpenter (Kenneth J.), 6165.
Carpi (Daniel), 5246.
Carr (E. H.), 631.
Carr (James A.), 5125.
Carrai (S.), 3600.
Carranza (Fray Batolome), 5501.
Carrasco (Juan), 2968.
Carrera Ramírez (Fernando), 1337.
Carrete Parrondo (J.), 65.
Carrie (Jean-Michel), 2482.
Carrillo (Elisa A.), 7706.
Carroll (David), 6121.
Carroll (Peter N.), 7671.
Carson (Lisa D.), 1719.
Carter (F. W.), 383, 6951.
Carter (Jennifer J.), 5822.
Carter (Jimmy), 8001.
Carvalho (Guilhermino), 286, 292.

Carver (Martin O. H.), 3477.
Casadio (Giovanni), 1173, 2096.
Casale (Giuseppe), 6005.
Casanova (Giacomo), 6456.
Casanova (José), 1174, 5384.
Casati (Gabrio), 5873.
Cassan (Claude-Gérard), 6588.
Cassan (Michel), 5944.
Cassandro (Giovanni), 959.
Cassar (George H.), 7592.
Cassian (John), 2769.
Cassiers (Isabelle), 7826.
Cassio (Albio Cesare), 1921.
Cassis (Y.), 6907.
Castelfranchi Vegas (Liana), 3756.
Castellan (Georges), 782.
Castellani (Marie-Madeleine), 3574.
Castellanos (Rafael Ramon), 5359.
Castelnuovo (Guido), 3173, 3460.
Casteras Archidona (Ramón), 4446.
Castillo de Dona (Blanca), 1647.
Castillo Didier (Miguel), 2814.
Castrén (Paavo), 1953.
Castro Soares (Naïr de Nazareth), 6006.
Castronovo (Valerio), 5913, 6825.
Casulla (F. C.), 2969.
Cátedra (Pedro M.), 3601.
Caterina la Grande, imperatrice di Russia, v. Ekaterina II, 6383.
Catilina (Lucius Sergius), 2592.
Cattaneo (Carlo), 4750.
Cattaruzza (Alejandro), 4212.
Cattin (Giulio), 3807.
Catullus (Gaius Valerius), 2049, 2333, 2344, 2561.
Cauchies (Jean-Marie), 926.
Caughey (Angela), 4904.
Caumanns (Ute), 6166.
Cauvin (J.), 1176.
Cavagna (Anna Giulia), 5926.
Cavaillé (Jean-Pierre), 6008.
Cavaillès (Jean), 6167.
Caval (Paul), 385.
Cavallar (Osvaldo), 269.
Cavallari (Alberto), 7827.
Cavallini (Eleonora), 2442.
Cavallini (Pietro), 3775.
Cavalli-Sforza (Luigi Luca), 783.
Cavallo (Guglielmo), 158, 1975, 3728, 3915.
Cavallo (Pietro), 6632.
Cavalluzzi (Raffaele), 6338.
Cavandoli (Vincenzo), 6636.
Cavarzere (Alberto), 675.
Caveing (Maurice), 1463.
Caviedas (César N.), 7828.
Cavigneaux (Antoine), 1620.
Cavour (Camillo Benso conte di), 4724.
Cawley (A. C.), 3111.

Cazelles (Henri), 1208.
Cazier (Pierre), 2743.
Cazzella (Alberto), 1387.
Ceauşescu (Nicolae), 825, 5047.
Cèbe (Jean-Pierre), 2278.
Cecconi (Giovanni Alberto), 2443.
Cedroni (Lorella), 647.
Cedronio (M.), 6009.
Celant (Germano), 6589.
Celentano (M. S.), 1976.
Celesia (Pietro Paolo), 4723.
Celia (Hawkesworth), 1291.
Celik (Zeynep), 7122.
Céline (Louis-Ferdinand Destouches, dit), 4447.
Cellerino (Liana), 6413.
Cellucci (Carlo), 6067.
Cengiarotti (Giuseppe), 5712.
Censer (Jack R.), 5927.
Centanni (Monica), 1977.
Čepič (Zdenko), 6820.
Cerchi (Paolo), 3602.
Cerdeño (M. Luisa), 1434.
Cerman (Marcus), 1027.
Cerutti (M. V.), 2097.
Cervantes (Fernando), 5385.
Cervo (Amado Luiz), 7289.
Cesa (Marco), 927.
Cesa (Maria), 2368.
Césaire d'Arles, 2683, 2744, 2766.
Cesarani (David), 5626.
Ceva (Lucio), 928, 7672.
Cezarego Króla (Eugeniusza), 849.
Chabod (Federico), 4096.
Chabot (Isabelle), 784.
Chadwick (Henry), 5543.
Chadwick (J.), 34.
Chadwick (Priscilla), 5462.
Chalabian (Antranig), 4233.
Chaliand (Gerard), 819.
Challener (Richard D.), 7829.
Chalmeta (P.), 3193.
Chamberlain (Muriel), 7284.
Chambers (Bettye Thomas), 66.
Chambers-Makkai (Adrienne), 5052.
Chamboredon (Jean-Claude), 446.
Chamisso (Adalbert von), 411.
Chamoux (François), 2135.
Chan (Ming K.), 7377.
Chance (Jane), 3603.
Chandavarkar (R.), 6743.
Chandler (Andrew), 7673.
Chandler (David H.), 6128.
Chapelain (Jean), 5755.
Chaplais (Pierre), 3230.
Chapman (John), 1301.
Charewiczowa (Łucja), 531.
Chareyron (N.), 3604.
Charité (Van J.), 4912.
Charle (Christophe), 5823.
Charles (D.), 6131.

Charles I, King of Great Britain and Ireland, 4645.
Charles II, King of Great Britain and Ireland, 4654.
Charles IX, roi de France, 6316.
Charles V le Sage, roi de France, 3276.
Charles VI, roi de France, 3085.
Charles VIII, roi de France, 226, 3279, 3281.
Charlton (Katherine), 6633.
Charmasson (Thérèse), 906.
Charnitzky (Jürgen), 4753.
Charon-Bordas (J.), 7157.
Charpentier (Jacky), 5856.
Chartier (Roger), 104, 638, 667, 710.
Chase (Jeanne), 5139.
Chassel (Jean-Luc), 270.
Chastagnol (André), 2369, 2444.
Chastellux (Francois-Jean),5364.
Chateaubriand (François René de), 6456.
Chaucer (Geoffrey), 2976, 3622.
Chaunu (Pierre), 5566.
Chaussier (Claude), 4019.
Chaves (Hydatius Von), 2296.
Chavush (Gevorg), 4233.
Chelvanayakam (S. J. V.), 5124.
Chen (Baoliang), 8221.
Chen (Bulei), 8305.
Chen (Gaohua), 8222.
Chen (Guofu), 8347.
Chen (Hongmin), 8223.
Chen (Jian), 7830.
Chen (Jiongming), 8319.
Chen (Lifu), 8347.
Chen (Qitai), 532.
Chen (Qizhang), 8224.
Chen (Ruiyun), 8225.
Chen (Tiejian), 8226.
Chen (Yanyi), 8227.
Chen (Zusi), 8397.
Chénier (André), 6456.
Chéret, 6552.
Cherkasov (P.P.), 7502.
Chernakova (G. A.), 4448.
Chernykh (Eugène N.), 1302.
Chevalier (Françoise), 5566.
Chevallier (Marjolaine), 5567.
Chevereau (Pierre-Marie), 1523.
Chevet (Jean-Michel), 6869.
Chevrefils Desbiolles (Yves), 5928.
Cheynet (Jean-Claude), 2815.
Chi (Zhen), 8293.
Chiabò (Miriam), 6684.
Chianéa (Gérard), 960.
Chiang Kai-shek, 8226, 8346, 8347, 8225, 8247, 8305, 8319, 8394, 8396.
Chiarini (Roberto), 4754.

Chiavenato (Julio José), 4320.
Chiba (Shuji), 362.
Chibnall (M.), 3117.
Chidester (David), 8476.
Chierici (Armando), 2228.
Chiesa (P.), 4, 5, 2977.
Chiesi (Giuseppe), 5217.
Chiffoleau (J.), 3711.
Childs (W. A. P.), 2136.
Ching (X.L.), 8230.
Chiodi (S. M.), 2098.
Chiodo (Domenico), 6306.
Chirollet (Jean-Claude), 6169.
Chistozvonov (A. I.), 7008.
Chittolini (Giorgio), 889, 3261.
Chlenova (N. L.), 1388.
Chmielewska (Mieczysława), 467.
Chmielewski (Zdzisław), 468.
Chocheyras (J.), 3605.
Chojnacki (Władysław), 632.
Chomarat (Michel), 5929.
Chomer (Gilles), 6532.
Chomsky (Noam), 7292.
Chopin (F.), 6698.
Choueiri (Youssef M.), 5100.
Christ (K.), 2370.
Christian IV, king of Denmark, 4392.
Christianidis (Jean), 6262.
Christiansen (Eric), 3351.
Christie (Ian), 6634.
Christine de Pisan, 2978.
Christodoulou (Kyriaki), 6348.
Chrobaczyński (Jacek), 7674.
Chroust (Peter), 5857.
Chrupcala (Leslaw D.), 2745.
Chrysoloras (Manuel), 3635.
Chrysos (E.), 1728.
Chrysostome (Dion), 2032.
Chrysostome (Jean), 2697.
Chubar'yan (A. O.), 4122, 7660, 7665.
Chudak (Henryk), 6440.
Church (Roy), 6785.
Churchill (Winston Leonard Spencer), 7754, 7766.
Churkina (I. V.), 4082.
Chused (Richard H.), 5140.
Ciampi (Gabriella), 5842.
Cianferotti (Giulio), 7252.
Cicalese (Vicente), 5353.
Cicero Tullius (Marcus), 1222, 2279, 2280, 2281, 2282, 2283, 2284, 2310, 2351, 2488, 2514, 2591, 2735.
Cichocka (Helena), 2884.
Cicilioni (C.), 100.
Cid (Manuel), 773.
Ciesielskiego (Stanisława), 5005.
Cieślak (Edmund), 4966.
Cifani (Gabriele), 2630.

Cigni (F.), 2959, 3716.
Ciliberto (Michele), 6010.
Çilingiroğlu (Altan), 1427, 1488.
Cimino (Guido), 6168, 6257.
Cimmino (Franco), 1524.
Cipolla (Carlo), 633.
Cipriani (Marina), 2195.
Cipriani (Nello), 2685.
Ciriacono (S.), 6870.
Ćirković (Sima), 3130.
Cislaghi (Alessandra), 3971.
Cisotto (G. A.), 5522.
Citti (F.), 2303.
Ciusa (Franco), 6639.
Cizek (Eugène), 2371.
Clancy-Smith (Julia), 5628.
Clark (Clarles E.), 5141.
Clark (Dymphna), 4241.
Clark (Gillian), 2483.
Clark (Gregory), 6786.
Clark (Ian), 7831.
Clark (J. C. D.), 6414.
Clark (John F.), 7832.
Clark (John R.), 2569.
Clark (Mary T.), 2746.
Clark (Michael E.), 6604.
Clark (Tom)6415.
Clarke (Helen), 3381.
Clarke (Peter A.), 3461.
Clarke (Peter B.), 5647.
Clason (Synnove), 6416.
Classen (C.), 1004.
Claudius II, imperatore romano, 2399, 2417.
Clausen (Wendell), 2285.
Clauss (Manfred), 2602.
Clavel-Lévêque (Monique), 1038.
Clavero (Bartolomé), 1052.
Clavius (Christoph), 6207.
Clay (Patrick), 1435.
Clayton (Anthony), 7833.
Clayton (Mary), 3072.
Clayton (Peter A.), 1525.
Clegg (Hugh Armstrong), 7158.
Clegg (Nancy W.), 4022.
Clemens (Theo), 5463.
Clemens XIII, Papa, 5441.
Clemens XIV, Papa, 5441.
Clemens, 2686.
Clément (I. M.), 2987.
Clemente (Pietro), 914.
Clemente de Alejandría, 2687.
Clemente de Roma, 2688.
Clemente Ramos (Julián), 3462.
Clements (Alan), 4298.
Clerc (Denis), 5714.
Clerc (Gisèle), 1544, 1551.
Clergerie (Jean-Louis), 4885.
Clesse (Armand), 7948.
Clifford (Mark. L.), 8465.
Clifford (Richard J.), 1464.

Cline (Eric H.), 1389.
Clinton (C.), 2137.
Clinton (William Jefferson), 8020.
Cloppet (Christian), 2445.
Clough (Cecil H.), 392, 7419.
Cloulas (Ivan), 3281, 6011.
Clout (Hugh), 5715.
Clovis, roi des Francs, 3194.
Coarelli (Filippo), 293, 2484, 2603, 6533.
Coatsworth (John H.), 7834.
Cocchiara (Antonietta), 7203.
Cochrane (Louise), 3835.
Cocker Joslin (Mary), 3786.
Cockshaw (Pierre), 3.
Coco (Antonio), 533.
Coelo (Antonio Borges), 5030.
Coen (E.), 6612.
Coen (J.), 6612.
Coenen-Huther (Jacques), 5726.
Coffin (Judith G.), 7009.
Cogan (Charles G.), 7835.
Cogitore (Isabelle), 2547.
Cohee (Peter), 2604.
Cohen (David William), 4832.
Cohen (E. E.), 1887.
Cohen (H. Floris), 6170.
Cohen (I. Bernard), 6171.
Cohen (Jon S.), 4766.
Cohen (Mark R.), 3317.
Cohen (Michael J.), 7836.
Cohen (Stuart A.), 7837.
Cohen (Tom), 1256.
Cohen (Warren I.), 7995.
Cohn (Jonas), 1221.
Cohn (Samuel Jr.), 655.
Coker (Christopher), 7293.
Colarizi (Simona), 4755.
Colbert (Jean Baptiste), 4509.
Coldstream (Nicola), 3787.
Cole (Joshua), 5716.
Cole (P.), 3908.
Cole (Steven W.), 1579.
Colella (Alfonso), 6871.
Coleman (Joyce), 534.
Coleman (Ray), 6640.
Coletti (M. L. R.), 2282.
Coletti (Vittorio), 6314.
Colgrave (B.), 2957.
Colignon (A.), 4276.
Colijn (H.), 4915.
Colin (Frédéric), 1526.
Colish (Marcia L.), 6012.
Collard (Franck), 649.
Collareta (Marco), 5415.
Collart (Yves), 5211.
Collas (A.), 248.
Collavini (S. M.), 49.
Collet (André), 7294.
Colli (Gaetano), 7199.
Collier (Peter), 6467.

Collin (Christian), 6534.
Collin Delvaud (A.), 4208.
Collings (Deidre), 4837.
Collins (James B.), 7010.
Collins (Michael), 6590.
Collins (R.), 2957.
Collotti Pischel (Enrica), 8185.
Colomb (Christophe), 5365.
Colombo (Alessandro), 7838.
Colombo (Arrigo), 5717.
Colón Domènech (Germà), 316.
Colonna (Francesco), 6315.
Colonna (Giovanni), 2229.
Colonna (Vittoria), 6003.
Columella (Moderatus Iunius Lucius), 2524.
Comastri (Alberto), 384.
Comba (Rinaldo), 3469, 6894.
Combe (Sonia), 469.
Combs (Allan), 6013.
Comenius, v. Komenský (Jan Amos), 5712, 5862.
Commynes (Philippe de), 639, 3284.
Compatangelo (Rita), 2196.
Conan (Eric), 4449.
Conan Doyle (Arthur), 7085.
Conant (James), 1235.
Conca (Fabrizio), 2842.
Conche (M.), 1978.
Concina (Ennio), 5252.
Concioni (Graziano), 3757.
Condello (Emma), 12, 106.
Congar (Yves), 1126.
Conger (A. L.), 7642.
Conio (Gerard), 6372.
Conlon (Pierre M.), 5688.
Conniff (James), 5719.
Connolly (S. J.), 4701.
Connolly (Thomas), 6641.
Conrad (Cecilia A.), 6993.
Conrad (Christoph), 4522.
Conrad (Horst), 4516.
Conrad (Lawrence I.), 591.
Conrad (Margaret), 838, 839.
Consagra (Francesca), 5930.
Consolino (Franca Ela), 2715, 2799.
Constable (Marianne), 962.
Constable (Nicole), 5629.
Constable (O. R.), 3394.
Constable (Olivia Remie), 3331.
Constant (Benjamin), 6456.
Constantin Monomaque, 2921.
Constantinescu (N. N.), 1029.
Constantinides Hero (Angela), 2827.
Constantinus (Flavius Valerius), imperatore romano, 2110, 2387, 2429, 2457, 2667, 2892.
Constantinus V, imperatore di Bisanzio, 2841, 2877.
Contamine (Philippe), 3282, 3463.
Contardi (Simone), 6014.

Conte (Domenico), 6015.
Contente Domingues (Francisco), 5367.
Conti (Alessandro), 3756.
Conti (Martino), 3973.
Continisio (Chiara), 7110.
Conty (Daniel), 1258.
Convey (Martin A.), 5464.
Conway (John S.), 7707.
Conway (M.), 4276.
Conway (Stephen), 6018.
Conze (Eckart), 7839.
Cook (B. F.), 34.
Cook (Edward M.), 1648.
Cook (John), 6016.
Cook (Weston F. jr.), 7488.
Cooper (Alastair), 7840.
Cooper (Frederick), 7442.
Cooper (Kate), 2800.
Cooper (Richard), 7948.
Coornhert (D. V.), 6325.
Cootjans (Gérrit), 1979.
Cope (Douglas R.), 4859.
Copernicus (N.), 6207.
Coppa (Frank J.), 7538.
Coppens (Yves), 1454.
Coppieters (Bruno), 6017.
Coppieters 't Wallant (B.), 2987.
Coppini (Romano Paolo), 4756.
Coppola (Francis Ford), 6612.
Copson (Raymond W.), 7841.
Corazzol (Giorgio), 3283.
Corbier (Mireille), 1729.
Corbin (Alain), 4450.
Corbinelli (Jacopo), 3640.
Corboz (André), 5218.
Corcoran (Simon), 2485.
Cordersman (Anthony H.), 7842.
Cordes (P.), 1980.
Corey Brennan (T.), 2446.
Corfield (Justin J.), 4342.
Corio (Bernardino), 634.
Cork (Richard), 1093.
Cormack (Margaret), 3998.
Cormack (Michael J.), 6642.
Cormack (Robin), 2886.
Corneille, 6385, 6391.
Cornelius (Izak), 1436.
Cornelius (P.), 2669.
Cornette (Joël), 4451.
Cornilliat (François), 6317.
Corongiu (A.), 105.
Corot (Jean-Baptiste Camille), 6601.
Corrarati (P.), 317.
Correia (Francisco), 3464.
Corsaro (Antonio), 6318.
Corsaro (Francesco), 2839.
Corsette (Pierre-Paul), 1719.
Corsi (Pietro), 1082.
Corsini (Umberto), 4140.
Corsten (Thomas), 1850.

Cortada (James W.), 7399.
Cortadella (Jordi), 536.
Cortés (L.), 2973.
Cortéz (Tovar R.), 2543.
Corvinus (Matthias), 167, 3671.
Corvisier (Jean-Nicolas), 1981.
Cosemans (Arthur Frans), 4274.
Cosentino (Salvatore), 3948.
Cosi (Dario M.), 1129, 1197.
Cosmacini (Giorgio), 4757.
Cosnier (Colette), 5859.
Costa (C. D. N.), 2342.
Costabile (Felice), 2372.
Costantina, 3583.
Costantini (Lorenzo), 1303.
Costantino Manasse, 2842.
Costas Goberna (Fernando J.), 1337.
Costigliola (Frank), 7843.
Cothenet (Edouard), 1208.
Cothran (Dan A.), 4860.
Cotoni (Marie-Hélène), 695.
Cotroneo (Girolamo), 6019.
Cotsonis (John A), 2887.
Cotta (C.), 4793.
Cottam (Martha L.), 7844.
Cotter (Francis J.), 3974.
Cotterell (Arthur), 8186.
Cotton (Sir Robert), 208, 215.
Coudren (Conal), 4638.
Coudry (Marianne), 2373.
Cougle (R. James), 4346.
Couliano (Ioan P.), 1129.
Coulon (Gérard), 2486.
Coulson (Frank T.), 3607.
Coulson (W. D. E.), 2124.
Courtenay (W. J), 488.
Cousin (Victor), 5991.
Coutau-Begarie (Hervé), 7845.
Coutinho de Mello Coelho (Lucinda), 4097.
Couvreur (Manuel), 6373.
Cova (P. V.), 2286.
Covato (Carmela), 5873.
Cowan (Ian B.), 5785.
Cowen (M. P.), 7593.
Cowper-Lewis (Meg), 8494.
Cox (Gary P.), 7539.
Cox (Michael), 7846.
Cox (Sebastian), 7747.
Cox Miller (Patricia), 2548.
Coyne (George V.), 6226.
Cozzoli (Adele-Teresa), 1982.
Cracco (Giorgio), 3131.
Crăciun (Ioachim), 115.
Craemer-Ruegenberg (Ingrid), 3779.
Craft (Stephen G.), 7594.
Craig (Gordon A.), 7304, 7708, 7847.
Craig Harris (Lillian), 7296.
Craighead (Linda), 6562.
Crampton (R. J.), 4098.

Crane (Susan), 3608.
Crangle (Edward Fitzpatrick), 5630.
Craton (Michael J.), 7011.
Crawford (J. W.), 2283.
Crawford (Michael H.), 2251.
Creede (Thomas), 6369.
Cremascoli (G.), 2695.
Cresti (Renzo), 6622.
Creuzer (F.), 707.
Crew (David F.), 4555.
Criado Boado (Felipe), 1336.
Cribb (R.), 7552.
Crimi (C.), 2839.
Crippa (A.), 5465.
Crisciani (Chiara), 2950.
Cristofani (Mauro), 2138.
Croally (N. T.), 1983.
Croce (Benedetto), 635, 5998, 6005, 6020, 6095, 6113.
Crockatt (Richard), 7848.
Crocombe (Ron), 386.
Croft (Stuart), 7849.
Croissant (Francis), 2139.
Crombie (Alistair C.), 1055.
Cron (B. M.), 3231.
Crook (David Paul), 1056.
Crook (John), 5640.
Cropp (G.), 3609.
Crosby (Everett U.), 4023.
Crosby (Harry), 4861.
Crosland (Maurice P.), 6172.
Crossley (Ceri), 668.
Crotty (K.), 1984.
Crouzel (Henri), 2801.
Crowe (Michael John), 6173.
Crusafont I Sabater (Miquel), 295.
Cruselles (Enrique), 3466.
Cruz (Manuel Braga), 5031.
Csák (Zsófia), 5291.
Csapodi (Csaba), 107.
Csapodiné Gárdonyi (Klára), 107.
Csiba (Gisela), 6644.
Csorba (Béla), 4820.
Csordas (Thomas), 6021.
Csukovits (Enikő/*47), 3610.
Ctach (César), 4214.
Cuaca Prada (Antonio), 4361.
Cubelier de Beynac (J.), 6514.
Cuenca Esteban (Javier), 6840.
Cuenca Muñoz (Paloma), 3911.
Cullather (Nick), 7850.
Cullen (Clara), 3174.
Culler (Jonathan), 6417.
Cullhed (Mats), 2374.
Cunchillos Ilarri (Jesus Luis), 1668.
Cunliffe (Barry), 1422, 2375.
Cunningham (Andrew), 6233.
Cunningham Wood (John), 6721, 6723.
Curiel (Guadalupe), 7460.
Curl (James Stevens), 6473.

Curley (Michael J.), 3612.
Curry (Anne), 3175, 3275.
Curti (C.), 2839.
Curtis (Gerald L.), 8139.
Curtis (John E.), 1700.
Curtis (Ron), 6174.
Curtis (Vesta Sarkhosh), 1701.
Curtius Rufus (Q.), 636, 2272.
Curty (Olivier), 1922.
Cusano (Nicola), 3886.
Cutinelli-Rèndina (Emanuele), 5720.
Cutler (Anthony), 2861.
Cutlip (Scott M.), 5142.
Cvitanić (Antun), 975.
Czapliński (Władysław), 7851.
Czartoryski (Adam Jerzy), 5010.
Czerniak (Lech), 1403.
Czubaty (Jarosław), 5071.
Czubiński (Antoni), 4967, 7159.

D

D'Afflitto (Chiara), 6535.
D'Agata (Raffaele), 7297.
D'Agostino (Bruno), 988, 2190, 2230.
D'Agostino (Peter), 5466.
D'Aiuto (Francesco), 2847.
D'Alembert (Jean Le Ronde), 6066, 6208.
D'Alessandro (Giuseppe), 644.
D'Alessandro (Vincenzo), 3467.
D'Alverny (Marie Thérèse), 3837, 2955.
D'Amico (Stefano), 6952.
d'Ancyre (Nil), 2705.
D'Arragon (Bert), 1304.
D'Avray (David L.), 3232.
D'Avray (David L.), 3908.
D'Aubigné (Théodore Agrippa), 637.
D'Costa (Gavin), 5409.
D'Elia (Costanza), 6872.
D'Errico (Francesco), 1339, 1345.
D'Isanto (G.), 2252.
D'jakov (Vladimir Anatol'evič), 5022.
D'Oria (Filippo), 11.
D'yakov (N. N.), 7443.
Dabringhaus (Sabine), 8183.
Dabrowa (E.), 2929.
Dachy (Marc), 1250.
Dadić (Žarko), 3614.
Dadson (Trevor J.), 6374.
Daenens (F.), 6022.
Dafydd ap Gwilym, 2990.
Dagen (Jean), 6366.
Dagenais (John), 3615.
Dagron (Gilbert), 2889.
Dahl (Ottar), 873.

Dahood (Roger) 3616.
Dai Li, 8267.
Daix (Pierre), 6536.
Dajani (Burhan), 7852.
Dajez (Frédéric), 5860.
Dal Covolo (E.), 2747.
Dalarun (Jacques), 3999, 5513.
Dale (Stephen Frederic), 4681.
Dalland (Magnar), 3370.
Dalton (Paul), 3233.
Daly (William M.), 3194.
Damadian (Mihram), 4233.
Damascène (Jean), 2877.
Dami (Roberto), 711.
Damian-Grint (Peter Benedict), 537.
Damiani (Pier), 3918.
Damiani (Rolando), 6418.
Damien (Pierre), 3922.
Damsma (Dirk), 7161.
Dan (Joseph), 3319.
Dan (Qiang), 8234.
Dan Novelli (Cecilia), 4758.
Dandamayev (Muhammad A.), 1580.
Dandin (Georges), 638.
Dangel (Jacqueline), 330.
Dani (Ioan), 2998.
Daniel (R. Iestyn), 3025.
Daniels (Wim), 318.
Danilov (Sergei Iu.), 7675.
Danilov (V. P.), 5333, 6982.
Danilova (I. E.), 3617.
Danilova (L. V.), 3468.
Danner (Louise), 4383.
Dante Alighieri, 577, 1105, 1263, 3618, 3628, 3660, 3699, 3707, 3833, 3838, 3860, 6294, 6319.
Dareggi (Gianna), 2632, 2748.
Darian-Smith (Kate), 4245.
Darius Ier, re dei Persiani, 1558.
Dark (Kenneth R.), 3195, 4056.
Darmon (Jean Pierre), 2633.
Darrah (John), 3619.
Darroch (Gordon), 4347.
Dars (René), 6175.
Dartevelle (Raymond), 5386.
Darvill (Giles), 4639.
Dasgupta (Abhijit), 4677.
Dashrawi (Farhat), 8478.
Dassmann (Ernst), 1201.
Dassow (E. von),, 1702.
Dathorne (O. R.), 5143.
Daubigny (Charles François), 6601.
Davaras (Kostes), 1762.
David (Charles-Philippe), 7853.
David (F.), 1341.
Dávid (Géza), 7492.
Davidovich (Adina), 6023.
Davidson (Basil), 7418.
Davidson (Clifford), 3762.
Davidson (John), 1985.

Davies (J. K.), 1923.
Davies (J. L.), 3228.
Davis (Donald G.), 491.
Davis (John B.), 6724.
Davis (Mary), 1396.
Davis (Nathaniel), 5538.
Davis (Paul K.), 4695.
Davis (R. U.), 6775.
Davis (Robert C.), 4759.
Davis (Stuart), 319.
Davis (William C.), 5144.
Davril (A.), 225.
Dawson (David Allan), 1649.
Day (Bill), 8541.
Day (John), 296.
Ddu (Bleddyn), 3025.
de Albuquerque (Luís), 5367.
De Andres (Melquiades), 5387.
De Angelis (William J.), 6024.
De Armellada (B.), 2966.
De Baecque (Antoine), 447.
De Balmas (Hugo), 3902.
De Beaumarchais (Jean-Pierre), 1258.
De Blaauw (Sible), 1094.
De Blois (Lukas), 2376.
De Boni (Claudio), 4640.
De Briey (G.), 2949.
De Bruijn (J.), 4915.
De Bruijn (M. W. J.), 3395.
De Bujanda (J. M.), 5428.
de Buttet (Marc-Claude), 6307.
De Carlos (Helena), 3620.
De Caro (Stefano), 2634.
De Castro y Castro (Manuel), 3965.
De Cazanove (Olivier), 2377.
De Cecco (Marcello), 6899.
de Costa (Uriël), 5631.
De Dainville-Barbiche (S.), 4430.
de Diano (Jacobum Adurnum), 211.
De Donato (Vittorio), 13.
De Epalza (Mikel), 3332.
de Fermat (Pierre), 6212.
De Fido (Pia), 1888.
De Filippo (Eduardo), 6448.
De Fleurquin (L.), 1115.
De Folin (Véronique), 7854.
De Francesco (Antonino), 4756.
De Gasperi (Alcide), 4816.
De Gaulle (Charles), 7740, 7817, 7855, 7856, 7937, 8140.
De Gayffier-Bonneville (A.-C.), 6841.
De Gennaro (Giuseppe), 7503.
De Granada (Luis), 5467.
De Gregorio (G.), 14.
De Guerrivière (J.), 4282.
De Guttry (Andrea), 7380.
De Haan (P. I. M.), 5468.
de Halleux (A.), 1115.
De Incontrera (Carlo), 3820.

De Jersey (Philip), 1437.
De Jong (H. J.), 6787.
De Kreek (M. L.), 1095.
De Kruif (José), 7012.
De la Cadena (Marisol), 4944.
De La Genière (Juliette), 2208.
de La Harpe (Fréderic-Cesar), 5216.
De la Peña Santos (Antonio), 1337.
De la Puente Candamo (José Augustin), 4948.
De la Rasilla Vives (Marco), 1342.
De La Roncière (Charles Marie), 4024.
de la Serre (François), 7856.
De Lamberterie (Charles), 2099.
De Laubrie (Edouard), 785.
de Lavalle y Cortés (J.A.), 4953.
De Libero (Loretana), 2198.
de Looze (L.), 3014.
de Magny (Olivier), 6362.
De Maio (Baronio R.), 625.
De Marco (Vittorio), 4760.
De Martino (Francesco), 2487.
De Mauro (Tullio) 333.
De Nie (Giselle), 3621.
de Oliveira Ramos (Luís A.), 7040.
De Patoul (Brigitte), 3800.
De Peuter (R. E. M. A.), 6842.
de Pizan (Christine), 3606, 3751.
de Prisco (A.), 357.
De Privitellio (Luciano), 4215.
De Puig (Jaume), 6025.
De Puma (Richard D.), 2240.
De Rentiis (Dina), 3606.
De Rijk (L. M.), 3858.
De Rosa (Gabriele), 538, 1127, 4786, 5415.
De Rosa (Luigi), 4785, 6908.
De Rougemont (Denis), 931.
De Sanctis (Gaetano), 640.
De Santis (Anna), 2225.
De Santis (L. M.), 3899.
De Santis (Mila), 6650.
De Saulnier (Chantal), 3734.
De Saussure (Horace-Bénédict), 6164.
De Schepper (Hugo), 926.
De Seixas Corrêa (Luiz Felipe), 4322.
De Sensi Sestito (Giovanna), 2199.
De Serres (Olivier), 6145.
De Silva (A.), 5721.
De Simone (Carlo), 2231.
De Spirito (Angelomichele), 5415.
De Strycker (E.), 1806.
De Swann (Jean-Christophe), 7857.
De Tepla (Johannes), 2992.
De Tribolet (Maurice), 5219.
De Troia (Giuseppe), 2993.
de Varie (Simon), 165.
de Vilamarí (Bernat), 3277.

De Vogüé (Adalbert), 2749.
De Vos (Dirk), 3788.
De Vos (Mariette), 2605.
De Vos (R.), 3989.
De Vries (Jan), 6744.
De Vries (Joh.), 6909.
De Waele (Michel), 4452.
De Wever (B.), 4279.
De Zurara (Gomes Eanes), 4077.
De Zwarte (R.), 2140.
de' Dondi (Giovanni), 444.
Deák (István), 7676.
Dean (Carolyn J.), 712, 4480.
Dean (Jonathan), 7298.
Dean (Trevor), 7253.
Dean-Jones (Lesley Ann), 1986.
Debailly (P.), 6320.
Debouté (Eugénie), 5469.
Debreczeny (Paul), 6451.
Debru (Claude), 6176, 6248.
Decembrio (Angelo), 3637.
Dechêne (Louise), 6910.
Decker (Wolfgang), 1527.
Declerck (José H.), 2812.
Decroupet (Pascal), 6646.
Dee (J. H.), 1987.
Deeters (Joachim), 4462.
Defaux (G.) Marot, 5429.
De-Felip-Jaud (E.), 149.
Defrance (Corinne), 4453, 7859.
Defrasne (Jean), 4454.
Degenring (Susanne), 269.
Degler-Spengler (Brigitte), 4166.
Degórski (Bazyli), 2750.
Degros (Maurice), 7513.
Dehouve (Daniele), 786.
Deighton (Anne), 7860.
Dejmech (Jindrich), 7595.
Dekker (R. M.), 5763.
Dekkers (P.), 6537.
Del Boca (Angelo), 4849, 7861.
Del Busto Duthurburo (José Antonio), 4948.
Del Castillo (Arcadio), 2378.
Del Col (Andrea), 5470.
Del Gratta (Rodolfo), 963.
Del Greco (Giorgio), 101.
Del Panta (Lorenzo), 1005.
Del Ser Quijano (G.), 2994.
Del Treppo (Mario), 1031.
Del Valle (José C.), 4673.
Del Vecchio (Edoardo), 7540.
Del Zotto (C.), 2966.
Delacroix (Eugène), 6601.
Delage (Maria-José), 2744, 2751.
DeLaine (Janet), 2485.
Delany (Sheila), 3622.
Delaporte (Y.), 109.
Delatour (Jérôme), 489.
Delaunay (Jean-Marc), 5722.
Deleplace (Ghislain), 6904.

Deleuze (G.), 6026.
Delfgaauw (Pacificus), 3839.
Delfiner (Henry), 7489.
Delgado Gomez-Escalonilla (Lorenzo), 7300.
Delille (Gérard), 4099, 6911.
Delisle (Léopold), 4457.
Dell (Edmund), 7862.
Della Corte (Francesco), 2304.
Della Grossa (Giovanni), 641.
Della Peruta (Franco), 3287.
Della Seta (Fabrizio), 3808.
Deller (K.), 1462.
Delmaire (Bernard), 4025.
Delmeulle (Frédéric), 6647, 6696.
Delogu (Paolo), 840.
Delon (Michel), 6087.
Deloye (Yves), 5861.
Delporte (Christian), 448, 5931.
Delsalle (Paul), 470.
Demand (N.), 1924.
Demandt (Alexander), 4527, 6027.
Demerson (Guy), 6321.
Demetrios of Phaleron, 1878.
Démétrius Paléologue Cantacuzène, 2894.
Demetrius, Sanctus 2915.
Demeulenaere (R.), 3029.
Démia (Charles), 5514.
Démians d'Archimbaud (Gabrielle), 4065.
Demicheli (Anna Maria), 3425.
Demirel (Ahmet), 5253.
Demirkent (Işın), 3132.
Demm (Eberhard), 7748.
Demme (Jonathan), 6612.
Demoner (Sonia Maria), 7013.
Demonet-Launay (Marie-Luce), 6068.
Demosthenes, 1855, 1997.
Demougin (Ségolène), 476, 2417, 2447.
Demovic (Miho), 3809.
Demps (Laurenz), 4523.
Den Boer (Harm), 5631.
Den Ouden (W. H.), 5388.
Denby (David J.), 7014.
Denchev (K.), 4335.
Deng (Xiaoping), 8215.
Deng (Yanda), 8343.
Deng (Yingchao), 8278.
Deniaux (Elizabeth), 2488.
Dening (Greg), 8540.
Denis (Marcelle), 5862.
Denley (Peter), 764.
Dennis (George T.), 2831, 2833.
Denoyelle (Martine), 2232.
Dentatus (M. Curius), 2446.
Depeyrot (Georges), 2511, 3470.
Depreux (Philippe), 490, 3196.
Der Manuelian (Peter), 539.

Deregnaucourt (G.), 5389.
Deremetz (Alain), 2606.
Derevyanko (A. P.), 1318, 1338.
Deringil (Selim), 7301.
Derkx (P.), 6028.
Déroche (Vincent), 2816.
Derolez (A.), 2985.
Derrida (Jacques), 241, 1286, 6043, 6082.
Derville (Alain), 3471.
Derwich (Marek), 3995.
Des Maizeaux (Pierre), 5921.
Des Places (E.), 2100.
Descartes (René), 5997, 6002, 6008, 6092, 6096, 6100, 6213.
Descat (Raymond), 1007.
Descombin (Henry), 4195.
Deshen (Shlomo), 4696.
Desideri (Paolo), 713.
Desmet-Grégoire (Hélène), 5723.
Desmond (Adrian), 6177.
Desné (Roland), 6087.
Desnier (J.-L.), 297.
Dessi Fulgheri (Andrea), 3065.
Destler (I. M.), 7283.
Deszczyński (Marek Piotr), 6788, 7863.
Dethloff (Uwe), 6440.
Detienne (Marcel), 767.
Dette (Christoph), 3472.
Dettenhofer (M. H.), 1925, 1954.
Deutsch (R.), 1650.
Devaux (Olivier), 5863.
Dever (William G.), 1413.
Devisse (Jean), 3169.
Devos (Paul), 2802.
Devoti (L.), 111.
Devoto (Fernando J.), 4213.
Devrim (Shirim), 5254.
Dewerpe (Alain), 4100.
Deyermond (Alan), 1292.
Di Bartolo (Bruno), 4057.
Di Benedetto (Arnaldo), 6420.
Di Benedetto (Vincenzo), 1807, 1988.
Di Febo (A.), 150.
Di Giammatteo (Fernaldo), 6648.
Di Leone Leoni (Aron), 7490.
Di Maio (Maria Concetta), 6067.
Di Maria (Giorgio), 2284.
Di Nolfo (Ennio), 7302.
Di Rienzo (Eugenio), 6725.
Di Salvo (Rosaria), 1360.
Di Simplicio (Oscar), 5390.
Di Stefano de Caputgallis (Francesco), 3071.
Di Vittorio (Antonio), 6745.
Di Vona (Pietro), 6029.
Diago Hernando (Máximo), 3234.
Dian Heng, 8382.
Diatkine (René), 5724.

Diaz (Furio), 4455.
Díaz (Pablo C.), 2752.
Díaz Borrás (Andrés), 3459.
Díaz De Bustamante (José M.), 311.
Díaz De Rábago (Carmen), 3333.
Díaz Fernández (X. M.), 176.
Díaz Ibáñez (Jorge), 3473.
Diaz-Andreu (Margarita), 1407.
Dick (Andrew R.) 2818.
Dick (John A. R.), 7210.
Dicke (Gerd), 3623.
Dickens (A. G.), 3975.
Diderot (Denis), 6087.
Didier (Beatrice), 1259, 6456.
Didi-Huberman (Georges), 6474.
Diefendorf (Jeffrey M.), 7797.
Diestelkamp (Bernhard), 3114.
Dietel (Gerhard), 6649.
Dieter (H.), 1731.
Dieterich (Susanne), 5072.
Dietrich (B. C.), 2101.
Dietrl (A.), 3046.
Díez Merino (L.), 1651.
Digenes Akritas (Basileus), 2818.
Diggle (J.), 1989.
Dihle (A.), 1732.
Diller (Hans-Jürgen), 6718.
Dilley (Roy), 5098.
Dilling-Hansen (Mogens), 4381.
Dillon (Janette), 3624.
Dillon (Socrates M.), 1722.
Dillon Bussi (A.), 5915.
Dilthey (Wilhelm), 751.
Dilts (Mervin R.), 1990.
Dimendberg (Edward), 917.
Dinçol (Ali M.), 1581.
Dinçol (Belkis), 1703.
Dine (Philip D.), 4196.
Ding (Richu), 8231.
Ding (Weizhi), 8232.
Dinges (Martin), 7015.
Dini (Bruno), 658.
Dinnerstein (Leonard), 5145.
Dinter (Paul E.), 5430.
Dinzelbacher (Peter), 3625.
Dio Cassius, 560, 2323, 2452, 2560.
Diocletianus (Gaius Aurelius Valerius), imperatore romano, 2369, 2396, 2439, 2440, 2482, 2485.
Diodoro Pasparos, 1960.
Diodoros Sikelos, 1888.
Diogenēs Laertios, 1799.
Diogène d'Apollonie, 1973.
Dionysios Halikarnasseus, 1816.
Dionysios II, 2220.
Dionysios, 2255, 2924.
Dionysius von Alexandria, 1803.
Diószegi (István), 4251, 7303, 7542.
Diouf (Makhtar), 787.
Dirlik (Arif), 6746.

Dixon (Philip), 1438.
Dmitrenko (V. P.), 4876.
Dmitriev (V. D.), 642.
Dmitrów (Edmund), 7865.
Doane (A. N.), 75.
Dobbin (Frank R.), 6789.
Dobbins (John J.), 2635.
Doblhofer (G.), 1926.
Doboszyński (Adam) 5023.
Dobroszycki (Lucjan), 4968.
Dobrynin (Aleksander), 4843.
Dobrynin (Anatolii Fedorovich), 8016.
Dockrill (D. W.), 1233.
Dockrill (Michael), 7596.
Dockrill (Saki), 7759.
Dodolev (M. A.), 7514.
Dodsworth (Martin), 1280.
Doğanay (Hayati), 387.
Dogaru (Maria), 271.
Doglio (Federico), 6684.
Doise (Jean), 4456.
Dolabella (Publius), 2331.
Dolan (Frances E.), 7016.
Dolbeau (François), 2689.
Domaradzka (Lidia), 1793.
Domergue (Claude), 2489.
Domínguez-Rodigo (Manuel), 8479.
Dominik (William J.), 2549.
Donadello (Aulo), 3001.
Donagan (Barbara), 4641.
Donatello, 3766.
Donderer (Michael), 2636.
Dondin-Payre (Monique), 2448.
Dong (Qifeng), 8359.
Dong (Shiming), 8233.
Dongowski (Gerhard), 5699.
Donia (Robert J.), 4310.
Donini (Pierluigi), 934.
Donnini (Francesco) 258.
Donnini (Mauro), 3626.
Donno (Antonio), 7866.
Donohue (Charles), 3089.
Donzel (Emeri va), 890.
Donzelli (Carmine), 4745.
Doob Sakenfeld (Katherine), 5632.
Dorandi (T.), 10.
Dorigato (A.), 419.
Dornbach (Alajos), 5292.
Dorobisz (Janusz), 4969.
Dorra (Henri), 6577.
Dorsen (Learthey), 5060.
Dørum (Knut), 6873.
Doss-Quinby (Eglal), 3627.
Dostal'skiy (M. Ju.), 7394.
Dotson (John E.), 3486.
Dotti (U.), 3081.
Doty (R.), 1845.
Doudart de Lagrée (Ernest), 6194.
Douet (Bernard), 5864.
Dougall (Richardson), 7709.

Dougherty (Carol), 1991.
Douglas (R. Bruce), 5426.
Doukellis (P. N.), 1036, 1733.
Doumas (Alexandra), 2881.
Doumas (Christos), 1390.
Douthwaite (Julia), 788.
Dover (K. J.), 1927.
Dovnar-Zapol'skii (M.V.), 4291.
Dowbiggin (Ian), 6179.
Dowden (Ken), 2102.
Dowell (Susan), 5391.
Dowey (Edward A.), 5569.
Downs (Anthony), 7017.
Doxey (G.), 3235.
Drago (Luciana), 2225.
Drake Boehm (B.), 181.
Drelicharz (Wojciech), 249.
Drescher (Seymour), 6747, 6843.
Dreyer (Ronald), 5211, 7867.
Dreyfus (Alfred), 448, 4440, 4456, 4457, 4461, 4472, 4512, 5977.
Dreyfus (J.), 112.
Driessen (A. M. A. J.), 4916.
Drini (Faïk), 1777.
Drivenes (Einar-Arne), 4148.
Drobner (Hubertus R.), 2690.
Dronke (Peter), 3628, 3070.
Drooglever (Pieter J.), 7432, 7433.
Droysen (Johann Gustav), 697, 714.
Drška (Václav), 847.
Drulavy (T.), 4525.
Drummond (James), 1439.
Drusus, 2270.
Dsharakian (Rusan), 1582.
Du Bellay (Joachim), 6322.
Du Pre (Roy H.), 789.
Du Prey (Pierre de la Ruffinière), 6502.
Du Reau (E.), 7710.
Du Rietz (Rolf E.), 5191.
Duan (Benluo), 8234.
Dubas-Urwanowicz (Ewa), 990.
Dubbini (R.), 388.
Dubin (Lois C.), 7018.
Dublin (Thomas), 5146.
Dubois (C.), 7868.
Dubois (Henri), 4058.
Dubreil (Stéphane), 6696.
Dubuis (Pierre), 3474.
Duby (George), 3475.
Duc (Thierry), 2287.
Ducat (J.), 1928.
Ducci (Roberto), 8100.
Ducellier (A.), 389.
Duchamp (Marcel), 6584.
Duchen (C.), 7019.
Duchene (François), 7869.
Duchhardt (H.), 298.
Duclert (Vincent), 4457.
Ducloux (Anne), 2753.
Ducrot (Oswald), 322.

Dudás (Károly), 4820.
Duffield (Mark), 4397.
Dufour (Alain), 5692.
Dufournet (Jean), 639, 3284.
Dufrêne (Thierry), 6538.
Duggan (Christopher), 848.
Duhard (Jean-Duhard), 1340.
Duignan (Peter), 7870.
Duijvendak (M. G. J.), 6912.
Duiker (William J.), 7871.
Duke (Alastair), 5565.
Dulac (Georges), 6087.
Dull (Olga Anna), 6323.
Dulles (Allan), 7325.
Dulles (John Foster), 7829.
Duma (Mihai), 4092.
Dumała (Krzysztof), 7031.
Duman (Nikol), 4233.
Dumézil (Georges), 643, 1197.
Dummer (A.), 1720.
Dummet (Michael), 6030.
Dumons (B.), 5431.
Dumont (Bruno), 7225.
Dumoulin (Heinrich), 5633.
Dumova (N. G.), 5080.
Dumper (Michael), 4717.
Dunbabin (J. P. D.), 7872.
Duncan (A.), 6802.
Duncan (Raymond W.), 4105.
Duncan-Jones (Richard), 2490.
Dunham (William), 6180.
Dunin-Wąsowicz (Anna), 6874.
Dunlop (David), 7491.
Dunn (Susan), 5725.
Dupaquier (Jacques), 864.
Dupont (Florence), 1260.
Dupré (Louis), 3841.
Dupuis (Xavier), 2253.
Durand (Étienne), 5572.
Durand (J.-P.), 1131.
Durand (Jannic), 2859.
Durandin (C.), 4102.
During Caspers (Elisabeth C. L.), 1466.
Durissini (Daniela), 3629.
Durkan (John), 5785.
Durkheim (Emile), 5701, 5726.
Duroselle (Jean-Baptiste), 5655.
Durov (V. S.), 2379.
Durrenberger (E. Paul), 790.
Durrer (Marco), 5211.
Durscheid (Christa) 1261.
Dutton (David), 7597.
Dutton (Paul Edward), 3630, 3842.
Dutton (Tom) .
Duval (Marcel), 7305.
Duverger (Maurice), 7873.
Duvernoy (J.), 3079.
Duvignacq-Glessgen (Marie-Ange), 5516.
Duwel (Klaus), 1452.

Dvorkin (A.), 2890.
Dwyer (Philip), 7515.
Dybiec (Julian), 1084.
Dybkowska (Alicja), 849.
Dyck (Andrew R.), 2871.
Dye (Alan), 6790.
Dyson (M.), 1808.
Dzaja (Srecko), 4311.
Dzhakson (T. N.), 3002, 3352.
Dzhaparidze (O. M.), 1392.
Dzhenibo (B.), 1456.
Dziewanowski (M. K.), 7750.
Dziewulska-Łosiowa (Aniela), 7874.

E

Eadmer, moine de Cantorbéry, 3003.
Eamon (William), 1058.
Earl (James W.), 3631.
Easton (D. F.), 2141.
Easton (Martha), 3764.
Ebendorfer (Thomas), 3945.
Eberenz (Rolf), 323.
Eberhard (Winfried), 3912.
Eberl (Matthias), 6031.
Eberwein (Wolf-Dieter), 7406.
Ebihara (May M.), 4341.
Ebling (Horst), 3197.
Eck (Werner), 2381, 2417.
Eckhard (John), 6651.
Ecsedy (Judit), 5727.
Eddé (Anne Marie), 2951.
Eddy (William A.), 7836.
Edel (Elmar), 1467.
Edelheit (Abraham J.), 851.
Edelheit (Hershel), 851.
Eden (Anthony), 8082.
Edendorfer (Thomas), 3004.
Eder (Birgitta), 1721.
Edgerton (D. E. H), 541, 6791.
Edouard III, King of England, 3256.
Edroiu (Nicolae), 115, 7020.
Edson (Gary), 6475.
Edward II, King of England,3230.
Edward the Confessor, 3461.
Edwards (Bill), 8539.
Edwards (Louise), 8299.
Edwards (M. J.), 1831, 2550.
Edwards (Mark. U.), 5570.
Edwards (William), 3011.
Efe (Turan), 1391.
Egerton (George), 7598.
Egerton (John), 5147.
Egger (C.), 3090.
Eggers Lan (C.), 2050.
Egmond (Florike), 4917, 7254.
Eguchi (Keiichi), 4575.
Ehbrecht (Wilfried), 991, 3273.
Ehlers (Joachim), 3198.
Ehmer (Josef), 7162.

Ehrard (Jean), 6032.
Ehteshami (Anoushiravan), 7876.
Eibach (Joachim), 7226.
Eichengreen (Barry), 6913.
Eichhorn (J. G.), 644, 4529.
Eickstedt (K.-V. von), 2142.
Eikhenbaum (Boris), 6397.
Einaudi (Luigi), 932.
Einstein (Albert), 6229, 6271.
Eisenberg (Christiane), 7021.
Eisenhower (Dwight David), 7821.
Either (Thomas), 2706.
Ėkaterina II [Caterina la Grande], imperatrice di Russia, 6383.
Eke (Norbert Otto), 6392.
Ekshtut (S. A.), 5073.
El Bahi (Mabrouk), 5247.
Elanskaya (A. I.), 155.
Elboim-Dror (Rachel), 7022.
Eldrige (Larry D.), 5728.
Elgan (Elisabeth), 7023.
Elger (Ralf), 4856.
Elgersma (Steffen), 7877.
Eliade (Mircea), 1128, 1129, 1197.
Elias (Elia il giovane), Sanctus, 2943.
Elias (Elia Speleota), Sanctus, 2943.
Eliot (George), 6454.
Eliot (Simon), 5932.
Elisseeff (Danielle), 6476.
Elizabeth I, queen of England and Ireland, 4651.
Elleman (Bruce A.), 7599.
Ellemann-Jensen (Uffe), 8083.
Ellenberger (Francois), 6181.
Elliott (John Huxtable), 325.
Ellis (Marc H.), 5634.
Ellis (Walter M.), 1528.
Ellwood (D. W.), 7878.
Elm (Kaspar), 3832, 3977.
Elman (Benjamin A.), 8235.
Elmir (Francois), 6182.
Elon (M.), 1179.
Elsner (Jás), 1078, 2143.
Elsworth (R.), 116.
Elvert (Jürgen), 4655.
Elwall (Robert), 6503.
Ember (Mária), 5318.
Emecen (Feridun Mustafa), 4104.
Emecen (Feridun), 852.
Emison (Patricia A.), 5933.
Empedoklēs, 2077.
Empereur (Jean-Yves), 1778.
Encrevé (André), 5602.
Endre (László), 5293.
Enenkel (K. A. E.), 5471.
Engel (Anne), 6512.
Engel (Evamaria), 3244.
Engel (Pál), 3285.
Engel (Ulf), 7880.
Engelen (Eva-Maria), 3844.

Engelhardt (H. Tristram Jr.), 6049.
Engels (Dagmar), 4680.
Engels (Johannes), 1851.
Engels (S.), 117.
Engineer (Asghar Ali), 933.
Engler (Bernd), 1266.
Englisch (B.), 3632.
English (Barbara), VII.
English (C. M.), 808.
English (Richard), 4702.
Engström (Johan), 7621.
Enlil-Bâni d'Isin, 1591.
Ennulat (A.), 2754.
Enriquez de Almansa (Fray Enrique), 5505.
Enríquez del Castillo (Diego), 2989.
Enz (Charles P.), 6230.
Eogan (George), 1361.
Epikouros, 1222, 1809, 1974, 2001.
Epikrates (C. Iulius), 2257.
Epp (Verena), 3845.
Eppel (Michael), 7306.
Epple (Juan Armando), 4362.
Epstein (James A.), 4642.
Epstein (Robert M.), 7516.
Epstein (S. R.), 3478, 6875.
Erasmus Roterodamus (Desederius), 6069.
Ercan (Yavuz), 820.
Erceg (I.), 6844.
Ercolani (Antonella), 7711.
Ercole II d'Este, 7490.
Erder (Yoram), 1652.
Erdman (David V.), 6394.
Erdő (Péter), 3397.
Ericson (Lars), 7621.
Eriksen (Knut Einar), 7307.
Eristov (Hélène), 2637.
Eriugenia (Johannes Scotus), 3844.
Erkens (Marcel), 7255.
Erler (Michael), 1222.
Erler (P.), 4975.
Erler (Peter), 7692.
Erler (Von Michael), 1222.
Erlich (Haggai), 7677.
Ernst (Juliette), 1719.
Erofeev (N. D.), 5080.
Errington (R. M.), 1735.
Ershova (E. B.), 4292.
Erskine (Andrew), 2383.
Esch (Arnold), 542, 3757, 6748.
Eschweiler (Peter), 449.
Escolar (Marcelo), 390.
Escribano (Victoria), 2755.
Escudier (Jean-Louis), 6792.
Espagne (Michel), 543.
Espeli (Harald), 4893.
Esping-Andersen (Gøsta), 4761.
Espinoza (Miguel), 6183.
Esposito (Chiarella), 7881.
Estrada (Baldomero), 4363.

Estrada Martin (Alicia), 1357.
Etaix (Raymond), 2691, 3006.
Etani (Hiroshi), 8426.
Etayo-Piñol (M. A.), 391.
Etemadi (G. F.), 8198.
Etienne (J.), 1115.
Etienne (Michel), 6876.
Etienne le Sabaïte, 2877.
Etonti (Mirto), 6953.
Etzkorn (G. I.), 3870.
Euben (J. P.), 1724.
Euclides, 3864.
Eunapius, 2839.
Euphrosyne Kamaterissa Doukaina, 2895.
Euripides, 1810, 1811, 1812, 1813, 1814, 1895, 2028, 2051.
Eustathios Macrembolita, 2842.
Evagrius Ponticus, 1817.
Evans (Christopher), 1362.
Evans (H.B.), 2638.
Evans (R.J.), 2384.
Evatt (Doc), 4238.
Evatt (H. V.), 8157.
Evensky (Jerry), 6720.
Everist (Mark), 3810.
Evers (I. M. H.), 4930, 5472.
Evola (Julius), 5836.
Eyre (Christopher), 1571.

F

Fabre (Genevieve), 559.
Fábregas Valcarce (Ramón), 1336.
Facundus Beato de Liébana, 122.
Fagan Yellin (Jean), 5129.
Fage (John Donnelly), 8480.
Fahey (Charles), 7024.
Fahnroth (Martin), 5473.
Failler (Albert), 2891.
Fairbairn (Brett), 4526.
Faith (Rosamond), 3479.
Faivre (A.), 4046.
Fajcsák (Györgyi), 1097.
Faklaris (Panayiotis B.), 1704.
Falco (Giorgio), 645.
Falkenbuch Friedrichs II, 3008.
Falkenburg (R.), 1091.
Falkner (Caroline), 1852.
Falkner (Robert), 7884.
Falola (Toyn), 4886.
Famiglietti (Richard C.), 3391.
Fan (Guangjie), 8346.
Fan (Paichuan), 8236.
Fan (Xiting), 8350.
Fang (Guoyu), 8237.
Fang (Litian), 8238.
Fanning (Thomas), 3353.
Fantham (Elaine), 1929.
Fantoli (Annibale), 6184.

Fantoni (Marcello), 4762.
Fappani (A.), 5528.
Farge (James K.), 6104.
Farizy (C.), 1341.
Farnese (Francesca), 5455.
Farrel (Don A.), 7543.
Farrenkopf (John), 4527, 6027.
Fasano Guarini (Elena), 655.
Fassin (Didier), 4366.
Fata (Márta), 5294.
Fatio (Olivier), 5555.
Fattori (Marta), 3888, 6034.
Fauquet (Eric) 668.
Faure (C.), 70.
Faure (O.), 6185.
Fauser (Annegret), 6652.
Fauso (Boris), 4324.
Favier (Jean), 463, 477.
Favonius, 2337, 2420.
Favory (François), 1003.
Favre (Henri), 4863.
Favreau (Robert), 2986.
Favreau-Lilie (Marie-Luise), 3398.
Favro (Diane), 7122.
Faye (Jan), 6210.
Fayer (Carla), 2491.
Fayn (L. E.), 6749.
Fayol (Pierre), 4459.
Feather (John), 5934.
Featherstone (Jeffrey), 2819.
Febvre (Lucien), 620, 627, 646.
Fedele (Pietro), 635.
Fedeli (Paolo), 2304.
Federico (Giovanni), 6793.
Federn (Ernst), 5729.
Federspiel (Michel), 1815.
Fedorova (N. V.), 1312.
Fees (Irmgard), 3189.
Feest (Christian F.), 5730, 6477.
Fehr (Wolfgang), 641.
Fehrenbach (Elisabeth), 6983.
Fein (S.), 2551.
Feingold (Mordechai), 6188.
Feinstein (Charles), 6750.
Feissel (Denis), 1779, 2255.
Feitl (István), 5295.
Fejic (Nenad), 3480.
Feld (Helmut), 3979, 5564.
Feldman (David), 4643.
Felipe III, rey de España, 3299.
Felipe IV, rey de España, 325, 5044.
Fell (Derek), 6539.
Fell (M.), 1730.
Fellner (Fritz), 7309.
Felloni (Giuseppe), 6895.
Fellous (S.), 205.
Fellows-Jensen (Gillian), 3354.
Felson-Rubin (Nancy), 1993.
Feng (Min), 8239.
Feng (Tiaoji), 8240.
Feng (Yuxiang), 8394.

Fenner (Theodore), 6653.
Fenske (Hans), 4528.
Fentress (Elizabeth), 2639.
Feo (G.), 37.
Feraboli (Simonetta), 3030.
Ferchiou (Naïdé), 8481.
Ferderer (J. Peter), 6750.
Ferdinand I röm.-deutscher Kaiser, 4259.
Fergus (T. D.), 982.
Ferguson (Adam Timothy Baty), 3199.
Ferguson (Niall), 4107.
Ferioli (Piera), 462.
Ferluga (Jadran), 2862.
Fernández (Francisco), 326.
Fernández Corte (J.C.), 2543.
Fernández Gallardo (Luis), 3633.
Fernández Pérez (Paloma), 6845.
Fernández Rodríguez (Macarena), 1423.
Fernandez Sanchez (Jose), 492.
Fernández Sangrador (J.J.), 2756.
Fernández-Ardanaz (Santiago), 2757.
Fernández-Miranda (Manuel), 1393.
Fernando I, rey de Aragón 122.
Ferrara (R.), 37.
Ferrari (Ada), 4763.
Ferrari (F.), 3095.
Ferrari (Giacomo), 6281.
Ferrari (M. C.), 214.
Ferrari (Michele Camillo), 123.
Ferrari (Miralla), 5911.
Ferreira (José Medeiros), 5032.
Ferrell (Robert H.), 5149.
Ferrer (Jean-Marc), 6591.
Ferrera (Maurizio), 4761.
Ferrero (Guglielmo), 647.
Ferretti (Maria), 544.
Ferreux (Jean), 4067.
Ferri (Claudio), 3757.
Ferrie (Joseph P.), 5150.
Ferrières (Lupus von), 490.
Ferrone (Vincenzo), 6186.
Ferry (Jules), 5861.
Feske (Victor H.), 7885.
Festus Rufius, 2288.
Fetherston (A. B.), 7886.
Feuillet (André), 1208.
Feveile (Claus), 3355.
Février (Paul-Albert), 2744, 2758.
Feyrabend, 5987.
Fiches (Jean-Luc), 1003.
Fichtner (Rudolf), 2289.
Ficino (Marsilio), 5986.
Fiebig-Von Hase (Ragnhild), 7678.
Fieldhouse (D. K.), 7444.
Fiey (Jean Maurice), 3916.
Figal (Günter), 6036.
Figueira (Dorothy Matilda), 6282.

Figueres (José), 7992.
Filico di Corcira, 2321.
Filipczyk (Wiesław), 2982.
Filipič (France), 5105.
Filippo di Novara, 3009.
Fillitz (H.), 230.
Fillitz (Hermann), 125.
Filoramo (Giovanni), 1148, 5393.
Filtzer (Donald), 5337.
Finch (A. J.), 3399.
Fincham (Kennet), 5508.
Fincke (Jeannette), 1583.
Findlay (Alison Gail), 6324.
Findlen (Paula), 506.
Finegan (T. Aldrich), 7025.
Fink-Eitel (Heinrich), 795.
Finkel (Alvin), 838, 839.
Finkelberg (Aryeh), 1994.
Finkelstein (Israel), 1424.
Finlayson (Geoffrey), 4644.
Finotti (Fabio), 6396.
Finscher (Ludwig), 6681.
Fiorato (Adelin Charles), 3293.
Fiorentino (Carlo), 393.
Fiorino (Fulvia), 394.
Firminus Verris, 3011.
Firpo (Giulio), 2386.
Firpo (Luigi), 4722, 4734.
Firpo (Massimo), 5415.
Fischer (Horst), 969.
Fischer-Elfert (Hans-Werner) 1521.
Fischler (S.), 1962.
Fisher (Elisabeth A.), 2832.
Fisher (Jack), 6969.
Fisher (John R.), 862.
Fisher (N. R. E.), 1930.
Fishwick (Duncan), 1654.
Fissel (Mark Charles), 4645.
Fitzhugh (Terrick V. H.), 250.
Fitzpatrick (A. P.), 1426.
Fitzpatrick (David), 7026.
Fitzpatrick (Sheila), 5338.
Fix (Karl-Heinz), 5825.
Fixot (R.), 3914.
Flach (Dieter), 2290.
Flaminius (Gaius), 2431.
Flammini (Giuseppe), 2332.
Flashar (Hellmut), 1222.
Flaubert (Gustave), 6408, 6440, 6464.
Flaumenhaft (M. J.), 1995.
Flavius Josephus, 570.
Fleck (Dieter), 969.
Fleischer (Helmut), 6074.
Fletcher (Alan J.), 4027.
Fletcher (Anthony), 5408.
Fleurkens (A. C. G.), 6325.
Florescano (Enrique), 545, 5787.
Florio (G.), 105.
Florjančič de Grienfeld (Janez Dizma), 395.

Florkowska-Francic (Halina), 5935.
Florus (Lucius Annaeus), 560, 2557, 2560.
Flournoy (Jacques), 5555.
Flower (M. A.), 690.
Fodor (Pál), 855, 5255, 7492.
Fodor (Zsuzsa), 4059.
Foerster (Roland G.), 4182.
Fogarty (Gerald P.), 7311.
Fogazzaro (Antonio), 6396, 6439.
Fögen (Marie Theres), 2863.
Foilloux (Etienne), 4084.
Földes (György), 5308.
Foley (H. P.), 1822.
Follet (Simone), 1780.
Foltyn (Grazyna), 1243.
Fomenko (Anatolii T.), 232.
Fong (Timothy P.), 7027.
Fonseca (Rena), 7887.
Fontaine (Laurence), 6914.
Fontana (A.), 1209.
Fontana (Alessandro), 3286.
Fontana (Bernard L.), 4864.
Fontanella de Weinberg (Beatriz), 321.
Fontanon (Claudine), 5893.
Foote (Peter), 3998.
Foran (John), 4693.
Force (Pierre), 6375.
Ford (Andrew), 1996.
Ford (Caroline), 4460.
Forde (Simon), 3123.
Foreman-Peck (James), 6794.
Forhan (K. L.), 2978.
Førland (Tor Egil), 7890.
Forlin Patrucco (Marcella), 2803.
Formica (Marina), 4764.
Formigari (Lia), 333.
Formisano (Ronald P.), 796.
Forney (Alan), 5518.
Forni (Alberto) 670.
Forser (Tomas), 5203.
Förstel (Christian), 3635.
Forsythe (S.), 2552.
Fortenbaugh (William W.), 2043.
Fortes (Jacqueline), 6187.
Fortner (Robert S.), 7312.
Fortuna (S.), 127.
Fortunatus Venantius, 2291.
Foscolo (Ugo), 6422, 6445.
Foss (Nicolai Juul), 4373.
Fossati Raiteri (Silvana), 3481.
Fossey (J. M.), 1848, 1853, 1931.
Foster (Andrew), 4646.
Foster (David William), 1262.
Foucault (Michel), 712, 716, 6103.
Fouilloux (E.), 5443.
Foulechat (D.), 3038.
Fournet (Jean-Luc), 2820.
Fowden (Garth), 2387, 2892.
Fowler (Barbara Hughes), 1529.

Fowler-Magell (Linda), 3012.
Fox (Adam), 7028.
Fox (R. V.), 5571.
Fox (Robin), 5731.
Fra Angelico, 3782.
Fracassini, 5480.
Fraenkel (Eduard), 2049.
Fragner (Benjamin), 6504.
Fragnito (Gigliola), 7029.
Frajese (Vittorio), 5394, 6037.
Frakes (Jerold C.), 3636.
Fraley Preston (Irene), 2885.
France (John), 3135.
Franceschi (Franco), 658.
Francfort (H.-P.), 1705.
Franchi (Franco), 7228.
Franchi (Saverio), 67.
Franchot (Jenny), 5474.
Francis (Mark), 935.
Franciscus Assisiensis, Sanctus, 3979, 4000, 4013, 5513.
Franciscus Salesianus, Sanctus, 5525.
Franco (Carlo), 694.
Franco Bahamonde (Francisco), 5112, 5119.
François (Luc), 4281.
François (Paul), 2292, 2315.
François Ier, roi de France, 4088, 4474, 6917.
Francovich (Riccardo), 3164, 3482.
Frangioni (Luciana), 3013.
Frangoulidis (Stavros A.), 2553.
Frank (Hans), 7685.
Frank (Robert), 4508, 7313.
Frank (S. P.), 7030.
Frank (Tibor), 5296.
Frankiewicz (Bogdan), 4973.
Franklin (Norma), 1584.
Franklin (Peter), 251.
Frankrich (Karl von), 3056.
Frantzen (Allen J.), 3567.
Franušič (Boris), 1012.
Franzén (Ruth), 4407.
Fraser (Gary), 7892.
Fraser (P. M.), 343.
Frazee (Charles), 2759.
Frazier (Françoise), 1997.
Frazik (Wojciech), XIV.
Freches-Thory (Claire), 6541.
Frederick VII, king of Denmark, 4389.
Frederiksen (Peter), 7712.
Freedman (Lawrence), 4139.
Freedman (Paul H.), 3400.
Freeman (E.), 6117.
Freeman Smith (Robert), 7893.
Frega (Ana), 5354.
Fregert (Klas), 5196.
Freiherr (Adolph), 5699.
Freisse (Genèviene), 5732.

Freitag (Klaus), 1854.
Freixinhp (Nilton), 4325.
Fremdling (R.), 6796.
French (Ch. J.), 6846.
French (R.), 1998.
French (Roger), 6233.
French (W. E.), 808.
Frenche (D. H.), 1427.
Freud (Sigmund), 6201, 6399.
Freuler (Gaudenz), 3758.
Frey (Evelyn), 327.
Freydank (Helmut), 1585, 1621.
Freydberg (Bernard), 6038.
Freyer (Tony A.), 5151.
Frézouls (Edmond), 2893.
Frick (Charlotte Ann), 6039.
Fried (István), 5936, 6283.
Fried (Joachim), 857.
Friedgut (Theodore H.), 5076.
Friedrich (Martin), 4529.
Friedrich I Barbarossa, röm.-deutscher Kaiser, 3244.
Friedrich II der Große, König von Preußen, 7509.
Friedrich II von Hohenstaufen, röm.-deutscher Kaiser, 2993, 3009, 3033, 3040, 3236, 3652, 3668.
Friedrich III von Habsburg, röm-deutscher Kaiser, 3245.
Friell (Gerard) 2432.
Friggè (D.), 3637.
Frigo (Gianfranco), 1263.
Frioli (D.), 3918.
Fritsch (Bruno), 5733.
Fritz (Volkmar), 1655.
Fritze (Wolfgang H.), 3200.
Froeschlé-Chopard (Marie-Hélène), 5475.
Frognier (A. P.), 4276.
Fröhder (D.), 1999.
Frohn (Axel) 7797.
Froissart (Jean), 648, 3014, 3220, 3680.
Frøland (Hans Otto), 4896.
Fromentin (Valérie), 1816.
Fros (Henryk), 4001.
Frost (F. J.), 2124, 2145.
Frova (Carla), 3638.
Froyanov (I. Ya.), 642.
Frugard (Roger), 2952.
Frugoni (Chiara), 821, 3015.
Fubini (Riccardo), 3287.
Fuchs (Andreas), 1586.
Fuchs (Eckhardt), 629.
Fügedi (Erik), 3483.
Fuglum (Per), 837.
Fuhrer (H. R.), 7679.
Fuhrmann (Horst), 3238.
Fuidoro (Innocenzo), 4728.
Fukuda (Toyohiko), 8407.

Fulbright (John W.), 1184.
Fulford (Michael Gordon), 2144, 1656.
Fuller (Anne P.), 4630.
Fuller (C. J.), 797.
Fuller (Loïe), 6676.
Fülöp (Mihály), 7751, 7894, 7895.
Fumagalli (Elena), 6542.
Fumagalli (Vito), 3136.
Fumaroli (Marc), 450, 5734.
Funke (Peter), 1738, 2000.
Furedi (Frank), 7896, 7897.
Furet (François), 4110.
Furness (Raymond), 1267.
Furre (Berge), 4894.
Fursenko (A. A.), 7548.
Furuya (Tetsuo), 4594.
Fusco (Richard), 6423.
Füssmann (Klaus), 725.
Fuster (Miguel), 326.
Fyda (Ryszard), 4976.
Fyne (Robert), 6655.

G

Gabba (Emilio), 547, 2201.
Gabel (David), 6795.
Gabrielli (Edith), 6488.
Gabriëls (A. J. C. M.), 4912.
Gabrielsen (Vincent), 1932.
Gacek (Christopher M.), 7315.
Gaddis (John Lewis), 7898.
Gaddum (Eckart), 7899.
Gagarin (M.), 1889.
Gaggadis-Robin (Vassiliki), 2640.
Gagnier de Mendoza (Mary Jane), 6562.
Gaguin (Robert), 649.
Gahrn (Lars), 3949.
Gaignebet (Wanda) 4073.
Gailus (Manfred), 4530, 7049.
Gain Benoît, 2692.
Gajda (Zdzisław), 1084.
Gal (Zvi), 1657.
Galán (J.M.), 1530.
Galan Sanchez (Pedro Juan), 548.
Galand-Hallyn (Perrine), 6326.
Galassi (Francesco L.), 4766, 6875.
Galasso (Giuseppe), 4767, 6020.
Galba (Servius Sulpicius), imperatore romano, 2653.
Galbertus notarius Brugensis, 3016.
Galbraith (Jane), 1604.
Galbraith (John Kenneth), 5735.
Galbraith (Stuart), 6656.
Gale (D.), 1385.
Gale (Monica), 2554.
Galeno, 127.
Gales (B.), 6796.
Galibois (Roland), 6132.

Galilei (Galileo), 6245, 6253, 6184, 6207, 6211, 6220, 6235, 6238, 6251, 6273.
Galili (Z.), 5066.
Gallagher (David A.), 6126.
Galland (Antoine), 6373.
Galland (B.), 3137.
Gallerano (Nicola), 549, 717, 5787.
Galletti (Mirella), 4768.
Galli (G.), 4740.
Galli (Giorgio), 4531.
Gallinari (Luciano), 3288.
Gallo (Max), 4463.
Galluzzi (Carlo), 4769.
Gally (M.), 3850.
Galsterer (Hartmut), 2388, 2607.
Gamba (E.), 6189.
Gambetta (Diego), 4770.
Gambetta (Léon), 4433.
Gambiglioni (Angelo), 3411.
Gameson (Richard), 113.
Gamillscheg (E.), 167.
Gammonet (Étienne), 5572.
Gamper (Rudolf), 174.
Ganchou (Thierry), 2893.
Ganda (Arnaldo), 634.
Gandini (Leonardo), 6657.
Gann (L. H.), 7870.
Gannholm (Ture), 4111.
Gantar-Godina (Irena), 1059.
Garbe (D.), 5636.
Garbini (Giovanni), 1658.
Garcia (Jean-François), 5868.
Garcia (João Carlos), 5375.
Garcia (José Manuel), 5033.
Garcia de Salazar (Lope), 650.
García Díaz (Isabel), 4038.
García Fernández (Ernesto), 3537.
Garcia Fernandez (Manuel), 3017.
García Heras (Raúl), 6797.
Garcia I Sanz (Arcadi), 3484.
Garcia Laguardia (Jorge Mario), 968.
Garcia Monerris (Encarnacion), 4532.
García Moreno (Luis A.), 3201.
García-Ballester (Luis), 3883, 6233.
García-Ramon (Maria Dolores), 396.
Gardes (Gilbert), 6505.
Gardi (Andrea), 7229.
Gardie (A. F.), 1821.
Gardies (André), 6637.
Gardner (Hall), 7900.
Gardt (Andreas), 6040.
Garel (M.), 3039.
Garfagnini (Giancarlo), 3297, 5690.
Gargan (Luciano), 3639.
Gargano (Innocenzo), 3971.
Gargett (Graham), 6041.
Garin d'Apochier e di Torcafol, 3100.
Garland (L.), 1722.

Garland (Lynda), 2895.
Garland (R.), 2103.
Garms (Jörg), 3797.
Garnett (George), 950.
Garnier (Francis), 6194.
Garnot (Benoît), 7256.
Garnsey (P.), 2389.
Garrard (Graeme), 6042.
Garrido-Hory (Marguerite), 2390.
Garrier (Gilbert), 6877.
Garskova (I. M.), 718.
Garthoff (Raymond L.), 5152, 7901.
Gartner (Heinz), 6658.
Gartner (Lloyd P.), 5153.
Gärtner (Ursula), 2555.
Gartner (Uta), 4301.
Garton (Stephen), 4239.
Garver (John W.), 7902.
Gary (Claude), 6190.
Garzia (Italo), 7713.
Gasché (Rodolphe), 6043.
Gascoigne (John), 5736.
Gascou (Jean), 1531.
Gasnault (Pierre), 17.
Gasparikova (Jana), 5103.
Gasparri (Françoise), 18, 3569.
Gassendi (Pierre), 6092.
Gasser (Hans-Peter), 969.
Gassowski (Jerzy), 1440.
Gates (Marie-Herniette), 1490.
Gates-Coon (Rebecca)
Gatrell (Peter), 5077.
Gatrell (Valentine A. C.), 7257.
Gattei (Giorgio), 6727.
Gattermann (G.), 219.
Gatti (P.), 2351.
Gatto (Romano), 6191.
Gaudí y Cornet (Antonio), 6515.
Gaudemet (Jean), 3401.
Gaudet (M.), 3024.
Gauer (Heinz), 2821.
Gauguin (Paul), 6569.
Gause (F. Gregory), 7903.
Gauthier (Ph.), 1775.
Gautier (Théophile), 6478.
Gautschi (Willi), 5220.
Gauye (Oscar), 5212.
Gaveston (Piers), 3230.
Gavroglu (Kostas), 6262.
Gawlick (Günther), 1222.
Gawronski (J. H. G.), 5937.
Gay (Penny), 6327.
Gayon (Jean), 6248.
Gazagnadou (Didier), 1060.
Gazioğlu (Ahmet C.), 4112.
Gazzotti (M.), 3640.
Ge (Jianxiong), 8242.
Geagan (D.), 2146.
Geary (Patrick J.), 550, 3202, 3919.
Gebalim, 3119.
Geertz (Armin W.), 1184, 5637.

Geertz (Hildred), 507.
Geheler (Michael), 4252.
Géhin (Paul), 1817.
Gehle (Holger), 6424.
Gehrmann (Reinhard), 7904.
Gehrmann (Udo), 7517.
Geiger (Till), 7905.
Gejrot (Claes), 3966.
Gelber (Yoav), 7906.
Gelfand (Lawrence E.), 7600.
Gemelli (Giuliana), 5826.
Genesios (Ioseph), 2824.
Genet (Edmond Charles), 7393.
Geng (Yunzhi), 8243.
Genovese (D. Eugene), 5154.
Genscher (Hans Dietrich), 8091.
Gensini (Sergio), 3540.
Gensini (Stefano), 6425.
Gentile (Emilio), 4771.
Gentile (Giovanni), 5998, 6113, 6119.
Geny (Evelyne), 2408.
Geoffrey of Monmouth, 3650, 3894, 3612.
George (Jim), 7316.
George (Jocelyne), 4484.
George (K. M.), 5541.
George III, king of Great Britain and Ireland, 7224.
Georges (P.), 1491.
Georgius, Sanctus, 3754, 6474.
Gerard (Emmanuel), 7166.
Gérard-Libois (J.), 4276.
Gerardus Maiella, Sanctus, 5472.
Gerasimova (N. P.), 4161.
Gerber (Roland), 3402.
Gerberding (Richard A.), 3203.
Gerbet (Marie-Claude), 3487.
Gerbi (Antonello), 4945.
Gerdes (Dirk), 4464.
Gerdts (William H.), 6592.
Gerede (R. Husrev), 5256.
Gerges (Fawaz A.), 7907.
Gerics (József), 3138.
Gerlaud (Bernard), 1828.
Germani (Ian), 4465.
Germann (M.), 493.
Germer (Andrea) 697.
Gerritsen (Willem P.), 3579.
Gersdorff (Gero von), 7908.
Gerson (L. P.), 1809.
Gerstel (Sharon E.J.), 2896.
Gerstle (Gary), 5155.
Gerteis (Klaus), 6975.
Gertenkorn (Jacques), 6637.
Gertrud die Grosse, 3018.
Gertrude (S.), 3018.
Gervers (M.), 2972.
Gervik (Hans), 7752.
Geslan (Maud Girard), 6479.
Gestrich (Andreas), 4536.

Geuenich (Dieter), 3518.
Geyer (Michael), 4561, 7287.
Gheddafi (Muammar al), 4840.
Ghedini (F.), 2608.
Gheție (Ion), 328.
Ghignoli (A.), 2970.
Ghilarducci (Giuseppe), 3757.
Ghisalberti (Carlo), 7214.
Giacometti (Alberto), 6538.
Giacomini (Ruggero), 6047.
Giacomoni (Paola), 6192.
Giakalis (Ambrosios), 5543.
Giancotti (F.), 2318.
Giangiulio (Maurizio), 2202.
Giannini (Amedeo), 651.
Giannotti (Donato), 4751.
Gianto (Agustinus), 1659.
Giardina (Andrea), 2391.
Giarrizzo (Giuseppe), 5415, 5737.
Gibbens (Lilian), 253.
Gibbon (Edvard), 652.
Gibbons (John), 339.
Gibbons (Sarah L.), 6044.
Gibelli (A.), 4805.
Gibianski (L.), 7714.
Gibianskij (Leonid), 7909.
Gibson (Shimon), 1660.
Gibson (Todd A.), 5638.
Giebels (H. M. T. M.), 4919.
Gieysztor (Aleksander), 7781.
Giffard (Sydney), 4576.
Gifreu (P.), 3059.
Gigante (Marcello), 2001.
Gil (Luis), 1698.
Gilbert (Alan), 6045.
Gilbert (Martin), 7601.
Gilchrist (R.), 1013.
Gildea (Robert), 858.
Gill (D.), 2185.
Gill (Mary Louise), 1079, 6131.
Gill (Sean), 5409.
Gillard (Lucien), 6904.
Gillerman (Dorothy), 3790.
Gilles de Rais, 3291.
Gillingham (John), 3239.
Gillis (John R.), 535.
Gilmont (Jean-François), 5599.
Gilomen (Hans-Jörg), 5520.
Gilomen-Schenkel (Elsanne), 5520.
Gimeno (Javier), 2293.
Ginat (Joseph), 7910.
Gindin (L. A.), 1431, 1763.
Ginouvès (R.), 1713.
Ginter (Bolesaw), 1532.
Ginzburg (Carlo), 521, 719.
Ginzburg Migliorino (Ellen), 5156.
Giolitti (Giovanni), 678.
Gionfrida (A.), 494.
Giordano (Giancarlo), 7318.
Giotto, 3782, 3775.
Giovanni di Ravenna, 3101.

Giovanni di Sacrobosco, 240.
Giovè Marchioli (Nicoletta), 19.
Giraldi (Anna Maria), 4728.
Girard (Marie-Hélène), 6478.
Girard (Michel), 7334, 7406.
Girardi (M.), 2760.
Girart d'Amiens, 3020.
Girault (René), 7882.
Girault de Coursac (Paul), 4466.
Girbal (Christian), 1622.
Girgenti (Anna), 7504.
Girgin (Kemal), 5257.
Giscard D'Estaing (Valéry), 4481.
Gistelinck (Frans), 114.
Giunchedi (Carla), 5938.
Giurescu (Dinu C.), 5054.
Giusa (Antonio), 19.
Giuva (Linda), 5984.
Gładkiewicz (Ryszard), 3183.
Gladstone, 4631.
Glas (E. G.), 6798.
Glaser (M.), 3046.
Glass (Dorothy F.), 3764.
Glatz (Ferenc), 551.
Glatzer Rosenthal (Bernice), 6086.
Glauche (Günter), 129.
Gleijeses (Piero), 7911.
Glemma (Tadeusz), 2982.
Glénisson (Jéan), VIII, 5956.
Glete (Jan), 6799.
Gligorov (Vladimir), 4821.
Glocker (Jürgen), 1623.
Glorieux (Geneviève), 130.
Glover (David), 6426.
Głowacki (Albin), 7680, 7912.
Głuszek (Stanisław), XIV.
Gnocchi (Lorenzo), 6543.
Goblot (Jean-Jacques), 5939.
Godłowski (Kazimierz), 2392.
Goda (Norman J. W.), 7681.
Godart (L.), 20.
Godbolt (James), 4113.
Goddard (Victoria A.), 778.
Godding (R.), 4003.
Goddu (André), 3811.
Godiño (Vitorino Magalhães), 5369.
Godley (Michael), 8244.
Goebbels (Joseph Paul), 4547.
Goedicke (Hans), 1533.
Goertz (Gary), 7319.
Goeters (J. F. Gerhard) 1185.
Goethe (Johann Wolfgang), 5363, 6280, 6400, 6416, 6421, 6427, 6431 6432, 6465.
Goetschel (Pascale), 5738.
Goette (Hans Rupprecht), 1781.
Goetz (Hans-Werner), 3921.
Goggi (Gianluigi), 6087.
Golan (Dafna), 5232.
Gold (Peter), 7913.
Goldberg (Bettina), 5869.

Goldberg (David H.), 7858.
Goldberg (Harvey E.), 5639.
Goldberg (Jonathan), 6355.
Goldberg (P. J. P.), 495.
Golden (Gloria), 6193.
Golder (Hilary), 471.
Goldfrank (David M.), 7544.
Goldgeier (James M.), 7914.
Goldhill (Simon), 2125, 2147, 2148.
Goldin (Claudia), 6898.
Golding (Brian), 3205.
Goldman (Paul), 5940.
Goldoni (Carlo), 6376, 6390.
Goldstein (Erik), 7651.
Goldstein (Jan), 716.
Goldstein (Judith), 7332.
Goldstein (Melville), 4878.
Goldstein (Steven M.), 7320.
Goldstein (Walter), 8097.
Goldsworthy (David), 7785.
Goldthwaite (Richard A.), 6915.
Goliber (Thomas J.), 8500.
Golinelli (Paolo), 3262.
Golob (N.), 131.
Golotik (S. I.), 4161.
Goltz (Thomas), 4272.
Gomane (Jean-Pierre), 6194.
Gombos (József), 4408.
Gombrich (Ernst), 6106.
Gomez Moreno (Angel), 6328.
Gomi (Fumihiko), 8411, 8450.
Gömöri (György), 7477.
Gonnet (Dominique), 5444.
Gonzalez (Valerie), 3759.
Gonzalez Blanco (Antonino), 1668.
Gonzalez Calleja (Eduardo), 7682.
González Salazar (J. M.), 1624.
Gonzalvo I Bou (Gener), 2984.
Good (David F.), 6752.
Goodfriend (Joyce D.), 5157.
Goodman (Dena), 5739.
Goodman (M.), 2389.
Gooszen (A. J.), 6954.
Gophna (Ram), 1416.
Gor'kogo (A. M.), 3701.
Góra-Szkaradek (Krystyna), 5838.
Gorbachev (Mikhail Sergeevič), 5095, 5337, 7914.
Gordon (Andrew), 7163, 7321.
Gordon (Colin), 5158.
Gordon (Philip H.), 7915.
Gordon (Stewart), 4682.
Gordon (W. M.), 982.
Gorelik (Adrián), 4216.
Goren (Arthur Aryeh), 5159.
Görgei (Artur), 5299.
Göring (Herrmann), 4548.
Görler (Woldemar), 1222.
Gorman (Michael), 487.
Gorni (Yosef), 4718.
Górny (Marek), 244.

Gorodetsky (Gabriel), 7398.
Gorovei (Ştefan S.), 1026.
Gorris (R.), 6035.
Gorskaia (Natal'ia Aleksandrovna), 1014, 6955.
Górski (Zbigniew), 4992.
Goryunov (E. V.), 4028.
Gosman (M.), 273.
Gössmann (E.), 3950.
Gothoni (René), 859.
Gotovitch (J.), 4276, 7322.
Gottschall (D.), 2996.
Götze (Heinz), 5941.
Goubert (Pierre), 860.
Gouda (Frances), 7323.
Goudsblom (Johan), 1061.
Gouffier (Claude), 218.
Goulart (Simon), 5601.
Gounelle (R.), 329.
Gourévitch (Aaron I.), 5787.
Gourevitch (D.), 1837.
Gouttebroze (Jean-Guy), 696.
Govers (M.-J.), 135.
Gozzini (Giovanni), 4761.
Gracco (Gaio), 2456.
Gracia (Jorge J.E.), 1223.
Grafenauer (Bogo), 798.
Grafinger (Christine M.), 496, 4262.
Grafton (Anthony), 552, 752, 5740.
Grafton (John), 4422.
Gragert (Edwin H.), 8466.
Graham (B. D.), 4467.
Graham (Robert A.), 7324.
Graham (Timothy), 3022.
Graham (W. Fred), 5589.
Graindorge-Héreil (Catherine), 1534.
Gramsci (Antonio), 6047.
Grande (Lance), 1067.
Grandet (Pierre), 1535.
Grandjean (Michel), 3922, 5555.
Grane (Leif), 5573.
Grange (Daniel J.), 7545.
Grange (Jacques), 662.
Grannes (Alf), 6393.
Grant (Edward), 6195.
Grant (Ethan), 7505.
Grant (Michael), 2393.
Grantham (Dewey W.), 5160.
Grape (Wolfgang), 3791.
Gräslund (Anne-Sofie), 3356.
Grassi (Silvia), 5674.
Grate (Pontus), 6544.
Grattan-Guinness (I.), 1053.
Graumann (Thomas), 2693.
Gray (Charlotte), 6659.
Gray (Colin S.), 7916.
Gray (Floyd), 6329.
Gray (V.), 2002.
Graziano, 977.
Grazioglu (Ahmet), 4364.
Graziotti (S.), 4776.

Grébénart (Danilo), 8483.
Greco (Emanuele), 1305.
Green (André), 5741.
Green (Dennis Howard), 3641.
Green (Nancy L.), 6593.
Green (Rosalie Beth), 3760.
Green (V. M.), 6330.
Greene (Jack P.), 7506.
Greenfield (Gerald Michael), 6961.
Greenfield (Jonas), 1687.
Greenlade (William), 6428.
Greenshields (Malcom), 7258.
Grégoire Palamas, 2906.
Gregorio, abate di Montesacro sul Gargano, 3736.
Gregorios Antiochos, 2843.
Gregorius I Magnus, Papa, Sanctus, 2695, 2759, 2792, 3131.
Gregorius Nyssenus, Sanctus, 2694.
Gregorius Turonensis, Sanctus, 653, 2678, 3219, 3621.
Gregorius VII, Papa, Sanctus, 3947, 3952.
Gregorius X, Papa, 3953.
Gregorius XIII, Papa, 5449.
Gregory (Andrew P.), 2641.
Gregory (Paul R.), 5078.
Gregory (Tullio), 5415.
Greif (Avner), 3488.
Greilsammer (Myriam), 7032.
Grein (Marion), 21.
Grell (Chantal), 554, 5742.
Grelon (André), 5893.
Grendi (Edoardo), 691, 4772.
Grendler (Paul F.), 5428.
Grenville (John Ashley Soames), 5743.
Greschat (M.), 5395, 5454.
Gresh (Alain), 4942.
Grever (M.), 672.
Grier (James), 3812.
Grierson (Roderick), 5540.
Griesser (Bruno), 3967.
Griffin (Keith L.), 5574.
Griffiths (Anthony R. G.), 7917.
Grignani (Elisa), 5938.
Grigor'ev (S. E.), 7434.
Grimal (Nicolas), 1544.
Grimm (Alfred), 1536.
Grimme (Ernst Gunther), 3761.
Grimshaw (Patricia), 4240.
Grinbaum (N. S.), 1764.
Grinberg (Daniel), 6956.
Grindon (Leger), 6660.
Griset (Pascal), 6738.
Grishina (R. P.), 7602.
Grit (Diederik C.), 6284.
Groblewska (Celina), 6972.
Groddek (Detlev), 1625.
Groden (Michael), 1272.
Groenen (Marc), 555.

Groenewegen (Peter), 6728.
Groenveld (S.), 7481.
Groh (Dennis E.), 1680.
Gromyko (Andrei), 8126.
Gronau (Dietrich), 5258.
Grońska (Maria), 6594.
Groom (A. J. R.), 7195.
Groos (Paul), 4382.
Grootaers (Jan), 5445.
Groote (Peter), 6897.
Groppi (Angela), 7033.
Gros (Pierre), 2642.
Grosbois (T.), 4114.
Grose (Peter), 7325.
Grosoli (Fabrizio), 6643.
Gross (John), 6331.
Gross (Paul R.), 6196.
Gross (Richard D.), 5744.
Gross Stein (Janice), 7918.
Grossi (Paolo), 3404.
Grossi (Verdiana), 5211.
Grossman (Richard S.), 6916.
Grossmann (Joachim), 6481, 6545.
Grotius (Hugo), 5397, 5603, 7275.
Grotpeter (John J.), 4879.
Grottanelli (Cristiano), 643.
Grubb (Farley), 6753.
Grube (Ernst J.), 6595.
Gruber (Katarzyna), 5063.
Gruffydd (R. Geraint), 3206.
Grunder (Hans-Ulrich), 5871.
Grundmann (Herbert), 3981.
Grünewald (E.), 660.
Grütter (Heinrich Theodor) 725.
Grytten (Ola H.), 4902.
Gschnitzer (F.), 1890.
Gual y Tortella (Miquel), 5432.
Gualerni (Gualberto), 6800.
Guan (Xunxia), 7546.
Guang Zhang (Shu), 7919.
Guardino (Peter), 4946.
Guarino di Verona, 6072.
Guasco (Maurilio), 1207, 5440.
Gubin (Eliane), 5958.
Guedes (M. Ana de Barros Serra Marques), 4299.
Guelzo (Allen C.), 5575.
Guenée (Bernard), 3023, 3085.
Guérard (M.-G.), 2705.
Guéret-Laferté (Michèle), 3240.
Guerivière (J. de), 4282.
Guerra (F. X.), 4116.
Guerra Martiniere (Margarita), 4948.
Guerrero (Milagros C.), 8208.
Guerriero (Elio), 1207, 5440, 5454.
Guerrini (Mauro), 5955.
Guerrini (Roberto), 2294.
Guéry (Roger), 2149.
Guevara (Ernesto Che), 4392.
Gugerli (David), 5214.
Guglielmi (Nilda), 399.

Guglielmino (Riccardo), 2203.
Guicciardini (Francesco), 4729, 4751, 6332.
Guichard (Pierre), 3335, 3991.
Guidi (Filippo Maria), 5473.
Guidi (José), 5365.
Guidi (Roberto), 5790.
Guidoboni (Emanuela), 384.
Guilaine (Jean), 907, 1306.
Guilbert (Cécile), 6377.
Guillain (Charles), 7453.
Guillame (Emmanuel), 6878.
Guillaume de Machaut, 3024.
Guillaume le Tardif, 226.
Guillelmus Dorotheus, 2019.
Guillemain (Bernard), 3934, 3951.
Guillen (Edmundo), 4947.
Guilleragues, 6380.
Guillet (Claude), 5476.
Guillot (Olivier), 3405.
Guillou (André), 2859, 2864.
Guillou (J.M.), 4491.
Guimarães Sanches (Marcos), 7465.
Guiral Hadziiossif (Jacqueline), 3489.
Guksch (Heike), 1537.
Gul'bin (G. K.), 747.
Gulzad (Zalmay), 4186.
Günay (Umay), 1293.
Gündisch (Konrad), 2998.
Gundlach (Rolf), 1514, 1538.
Gunnell (Terry), 6661.
Günther (M.), 1933.
Günther (Rosmarie), 2380.
Gunther von Pairis, 2822.
Guo (Linxie), 8247.
Guo (Qinan), 8248.
Gur'eva (K. Yu.), 747.
Gurevich (A. Ya.), 654, 720, 748, 749.
Gürler (Hamdi), 5259.
Gurney (O. R.), 1626.
Gurock (Jeffrey S.), 5161.
Guroli (Bruno), 3053.
Gürün (Kamuran), 5260.
Gury (Françoise), 2643.
Gus'kova (E. Yu.), 4822.
Gustafsson (Björn), 5197.
Gustav Adolf, re di Svezia, 592.
Gutenberg (Johann), 3577.
Guttmann (Allen), 5745.
Gutwein (Daniel), 6801.
Guy (Donna), 4217.
Guyon (Jean), 2761.
Guyot (P.), 2717.
Guzzi (Sandro), 5221.
Guzzo (Pier Giovanni), 2204.
Gwara (Scott), 3642.
Gwyn Morgan (M.), 2295.
Gyáni (Gábor), 5298, 6957.
Györffy (Georgius), 2974, 3026.

Gyula (Andrássy), 7542.
Gzella (Jacek), 4978.

H

Haare (James), 4577.
Haas (Richard N.), 7921.
Haas (Stefan), 556.
Haas (Volkert), 1186.
Haase (Richard), 1627, 2897.
Haase (Wolfgang), 2538, 5713.
Haataja (Lauri), 4409.
Haavet (Inger Elisabeth), 4892.
Habakkuk (Sir John), 6754, 6761.
Haber (Fritz), 6256.
Habermas (Jürgen), 921.
Hackert (Jakob Philipp), 6565.
Hackzell (Siv), 7034.
Hacqueboord (Louwrens), 1062.
Hadenius (Stig), 5199.
Hadfield (Andrew David), 1265.
Hadfield (Andrew), 4707.
Hadrianus (Publius Aelius), imperatore romano, 1780, 2258, 2444, 2453, 2454, 2540, 2551.
Hadrianus, 2965
Haendler (G.), 3952.
Haerinck (E.), 1693.
Haerle (W.), 1150.
Hætta (Odd Mathis), 799.
Häfner (G.), 2762.
Häfner (Lutz), 5339.
Hafs le Goth, 3115.
Haga (Norihiko), 8405, 8406.
Hagan (Joe D.), 7888.
Hägg (R.), 2087.
Haggenmacher (P.), 7326.
Häggman (Kai), 4410.
Hagland (Jan Ragnar), 3357.
Hahn (Hans-Jenning), 4517.
Hahn (Ulrike), 2492.
Hahneman (Geoffrey Mark), 2764.
Haile (E. W.), 1830.
Hair (P. E. H.), 392, 7419.
Hajnal (István), 1015.
Häkli (Jouni), 4411.
Halaçoğlu (Ahmet), 5261.
Halaga (O. R.), 2946.
Halévy (Elie), 6735.
Haley (Charles D.), 7547.
Hall (Alfred Rupert), 1063.
Hall (Catherine), 800.
Hall (Edwin), 3792.
Hall (Richard), 3358.
Hallén (Yvonne), 1428.
Halliday (Fred), 7327, 7922.
Hallof (Jochen), 1539.
Hallyn (Fernand), 5746.
Halm (Christian), 368.
Halmos (Károly), 7035.

Halperin (Maurice), 4376.
Halperin Donghi (Tulio), 4218.
Halpern (Paul G.), 7604.
Halton (Thomas), 2718.
Hamann (Johann Gerog), 5587.
Hamdoune (Christine), 8485.
Hamed-Touati (M'Barka), 4468.
Hamel (Pasquale), 4773.
Hamesse (Jacqueline), 3669.
Hamilton (J. R.), 2004.
Hamilton (Keith), 7376.
Hamilton (Paula), 4245.
Hamilton-Williams (Davis), 4469.
Hämmerl (Alfons), 3851.
Hammerschmidt (H.), 222.
Hammond (Frederick), 6662.
Hammond (Nicholas G. L.), 1706, 2005.
Hamon (Philippe), 6917.
Hamon-Sirejols (Christine), 6637.
Hampe Martinez (T.), 6333.
Han (Guopan), 8251.
Han (Xinfu), 8252.
Hanawalt (Barbara A.), 3490.
Hancock (David), 6847.
Hancock (M. Donald), 4533.
Händel (Georg Friedrich), 6690.
Handy (Lowell K.), 1661.
Handzic (Adem), 4312.
Hanes (Christopher), 6741.
Hanhimaki (Jussi), 7923.
Hanisch (Ernst), 4254.
Hanley (Mark Y.), 5162.
Hannestad (Niels), 2644.
Hannibal, 2220, 2377.
Hannick (Christian), 3643.
Hansen (Lars Ivar), 3491.
Hansen (O.), 1628.
Hanson (Gail), 7924.
Haq (Syed Nomanul), 6197.
Haquin (A.), 1115.
Harasimowicz (Jan), 6546.
Hardeman (Hilde), 5340.
Hardenberg (Albert), 5582.
Hardenberg (Karl August von), 5942.
Harding (Anthony), 1394.
Hardy (Grant), 721.
Harenberg (E. J.), 3074.
Hargrove (Erwin C.), 5163.
Harkavy (Robert E.), 7925.
Harley (J. B.), 402.
Harline (Craig), 5496.
Harmatta (János), 1707, 8198.
Harp (Gillis J.), 7230.
Harpelle (Ronald N.), 4367.
Harper (John Lamberton), 7926.
Harries (J.), 2556.
Harris (Edward M.), 1891, 1855.
Harris (Ian), 6048.
Harris (Joseph E.), 7715.

Harris (M.), 173.
Harris (Nigel), 3028.
Harris (Robin), 3289.
Harris (Ron), 6755.
Harris (W.V.), 2493.
Harrison (Brian), 5828.
Harrison (Richard J.), 1307.
Harris-Warrick (Rebecca), 6663.
Harsanyi (Doina), 7328.
Harsanyi (Nicolae), 7328.
Harshav (Barbara), 4968.
Hart (Vivien), 7164.
Härtel (R.), 3492.
Hartewig (Karin), 4535.
Hartley (D. J.), 6334.
Hartley (Hal), 6612.
Hartmann (C. C.), 2296.
Hartmann (Peter Claus), 4118, 4157.
Hartog (François), 1739.
Harvey (D.), 2006.
Harvey (Hal), 7927.
Harvie (Christopher), 4119.
Haschak (Paul G.), 1242.
Hase (Wolfgang), 2538.
Hasegawa (Takashi), 4578.
Haseldine (J.), 3644.
Ḥashmātulah Khān, 527.
Haskell (Guy H.), 4336.
Hassall (Mollie), 5576.
Hassan (J. A.), 6802.
Hassell (U. von), 4537.
Hatcher (Helen), 2645.
Hatcher (John), 3290.
Hather (Jon J.), 1317.
Hatten (Robert S.), 6664.
Hatton (Timothy J.) 7153.
Ḥattusili I, 1632.
Hatzikosta (Styliani), 1818.
Hatzopoulos (M. B.), 1708, 1740.
Haubst (Rudolph), 3077.
Haue (Harry), 1492.
Hauke (H.), 146.
Haunfelder (Bernd), 970.
Haupt (Barbara), 3694.
Haupt (Heinz-Gerhard), 7165.
Hauser (Claude), 5222.
Hauser (Martin), 5577.
Haussig (Hans Wilhelm), 1212.
Haussler (Richard), 7231.
Häussling (R.A.M.), 1187.
Havas (László), 2394, 2557.
Havelange (Carl), 801.
Havely (Nicholas R.), 2976.
Hawley (John Stratton), 5635.
Hayakawa (Shōhachi), 4585, 8422, 8420, 8421.
Hayashi (Rikurō), 8412.
Hayat (Pierre), 1225.
Hayes (Bascom Barry), 4120.
Hayoun (Maurice-Ruben), 3318.
Hayt (Franz), 4283.

Hazareesingh (Sudhir), 937.
He (Di), 7928.
He (Dimin), 8253.
He (Ganzhi), 8254.
He (Jianming), 8255.
He (Xiangning), 8325.
He (Ziquan), 8388.
Headington (Christopher), 6665.
Heal (Felicity), 7036.
Heath (John), 2297.
Heather (Peter), 2395.
Hebblethwaite (Peter), 7929.
Hebler (Makarios), 3982.
Heck (E.), 2699.
Heckel (W.), 636.
Heckenast (Gusztáv), 7037.
Hecquet-Devienne (Myriam), 2007.
Hederberg (Hans), 5198 .
Hedin (Gunnar), 6803.
Hedreen (Guy), 2150.
Heehs (Peter), 722.
Heers (Jacques), 3291, 3493.
Hegedűs (András B.), 5317.
Hegel (Georg Wilhelm Friedrich), 5991, 6017, 6049, 6051, 6089, 6090, 6108, 6109, 6110, 6114, 6122, 6139.
Hegel (Robert E.), 1279.
Heiberg (Marianne), 7403.
Heidegger (Martin), 241.
Heidemayer (Helmut), 4538.
Heidrich (Joachim), 7417.
Heijmans (H. G.), 6198.
Heimpel (W.), 1587.
Heiniö (Mikko), 1112.
Heinrich I, deutscher König, 61.
Heinrich II, röm.-deutscher Kaiser, 125, 230, 3251.
Heinrich IV, röm.-deutscher Kaiser, 3251, 4500.
Heinrich VI, röm.-deutscher Kaiser, 3259.
Heinrich VII, röm.-deutscher Kaiser, 3655.
Heinrichs (W. P.), 1181.
Heinsius (Anthonie), 4908.
Heinz (Hans-Joachim), 4539.
Heinzelmann (Martin), 653.
Heinzle (J.), 3120.
Heinzle (Joachim), 740.
Heiple (Daniel L.), 6335.
Heiricus Autissiodorensis, 3029.
Heisig (James W.), 5633.
Heiss (Mary Ann), 7930.
Heitz (Carol), 3780.
Helck (Wolfgang), 1554.
Heldmann (Konrad), 2298.
Helebrant (Tomislav), 776.
Hélin (Etienne), 801.
Helle (Andreas), 4703.
Helle (Knut), 3359.

Helleberg (Maria), 4383.
Hellinga (L.), 143.
Helmesvirta (Anssi), 4106.
Helnarskiego (Stanisława), 4144.
Heltzer (M.), 1540.
Helvétius (Anne-Marie), 3178.
Hemmerling (Zygmunt), 4959.
Hemming (T.D.), 6117.
Henchy (Monica), 3174.
Henderson (J.), 2151.
Henderson (Neville), 7742.
Hengst (K.), 5477.
Henig (M.), 2631.
Henisch (Heinz Kurt), 6596.
Henke (Holger), 7931.
Henn (Volker), 3527.
Hennebelle (Guy), 6682.
Henneking (Ralf), 6804.
Hennequin (Jacques), 5525.
Henning (E.), 461.
Henning (Friedrich W.), 3494.
Hennum (Sigurd B.), 4895.
Henri II, roi de France, 6316.
Henrich (Dieter), 6050.
Henricus Bate, 3852.
Henriot (Christian), 8256.
Henriot (Joseph), 6876.
Henry (Avril), 133.
Henry II, king of England, 696 .
Henry IV, king of England, 4634 .
Henry of Avranches, 4012.
Henry VII, king of England, 3311 .
Henry VIII, king of England, 4652, 5592 .
Henryk IV Probus, duca di Slesia 3043.
Hensel (Witold), 5827.
Henshaw (Peter J.), 7932.
Hentilä (Seppo), 4540.
Henze (K.M.), 1162.
Henzel (Władysław), 7773.
Herb (Michael), 1527.
Herbert (U.), 7683.
Herbert-Brown (Geraldine), 2558.
Herbin (François René), 1541.
Herborn (W.), 398.
Hercigonja (Eduard), 1064.
Herde (Peter), 3953.
Heribert II, 3217.
Herlihy (David), 655.
Herling (Anja), 1709.
Herling (Marta), 661.
Herman (Peter C.), 6360.
Hermann (J.), 134.
Hermann (Róbert), 5299.
Hermann (Rudolf), 5557.
Hermann (W.), 1720.
Hermans (J. M. M.), 140, 1050.
Hermary (Antoine), 2152.
Hermēs Trismegistos, 3030.
Hermon (Ella), 2449.

Hermsdorf (Vorort), 5869.
Hērodotos, 656, 1481, 1819, 1859, 2061.
Herrera Pérez (Octavio), 7038.
Herrero Jiménez (Mauricio), 3031.
Herrin (Judith), 3923.
Herring (George C.), 7933.
Herrmann (Peter), 2257.
Herrmann-Otto (Elisabeth), 2494.
Herschel (William), 6173.
Herubel (Jean-Pierre V. M), 514.
Herzig (H. E.), 1934.
Hesberg (H. von), 2646.
Hespana (António Manuel), 5034.
Hess (Gary R.), 7934.
Hess (H. J.), 5747.
Hetzlen (Ch.), 3989.
Heuberger (Georg), 4162.
Heuberger (Valeria), 4145.
Heucke (Clemens), 2495.
Hey'l (Bettina), 6430.
Heyberger (Bernard), 5478.
Heyndrickx (J.), 5433.
Heyne (S.), 128.
Heyse (Paul), 496.
Heytesbury (G.), 3032.
Hidalgo Ogayar (J.), 136.
Hieatt (C. B.), 3024.
Hiebert (Fredrik T.), 1395, 1402.
Hiekkanen (Markus), 3793.
Hieronymus, Sanctus, 2696, 2801.
Hiestand (Rudolf), 97, 3645, 3741.
Higgott (Richard), 7329, 7935.
Higham (N. J.), 3207.
Hikmet (Tanyu), 573.
Hilaire (J.), 7204.
Hildesheimer (Esriel), 4541.
Hildesheimer (Françoise), 723.
Hilg (H.), 177.
Hill (Christopher), 5423, 7409.
Hillen (H.J.), 2314.
Hillen (Jacqueline), 4910.
Hillier (J.), 274.
Hillman (Gordon C.), 1317.
Himka (John-Paul), 7317.
Himmelmann (N.), 2153.
Hinckley (Barbara), 7330.
Hindman (Sandra), 3646.
Hinnels (John R.), 2624, 2763.
Hinojosa Montalvo (José), 3496.
Hinton (James), 7039.
Hintze (Otto), 657.
Hippokratēs, 1820, 2851.
Hirakawa (Minami), 8416.
Hirota (Masaki), 8438.
Hirsch (Emanuel), 5557.
Hirschfeld (G.), 7684.
Hirschfelder (Günther), 3497.
Hirschhorn (Monique), 5726.
Hirst (Paul H.), 5675.
Hiskett (Mervyn), 8486.

Hitchcock (Alfred), 1256.
Hitchcock (Richard), 3829.
Hitchins (Keith), 5055.
Hitler (Adolf), 4531, 4537, 4550, 5246, 7416, 7590, 7617, 7655, 7681, 7704, 7719.
Hittinger (John), 941.
Hladky (Ladislav), 7605.
Hoare (Peter G.), 1308.
Hoare (J. E.), 7936.
Hobbes (Thomas), 6102, 6127, 6130.
Hobsbawm (Eric John), 4121, 5787.
Hobson (Anthony), 90.
Hoburg (Ralf), 5578.
Hoch (James E.), 1662.
Hochedlinger (Michael), 7482.
Hochreiter (Walter), 508.
Hockman (Hilary), 6506.
Hocquet (Jean-Claude), 300.
Hodkinson (Stephen), 1753, 1935.
Hödl (Günther), I.
Hödl (Uta), I.
Hodlers (Ferdinand), 6581.
Hodne (Fritz), 6848.
Hodne (Örnulf), 7167.
Hoefmans (Marjorie), 2299.
Hoefnagel (Joris) 6482.
Hoefnagelii (Georgii), 6482.
Hoen (Barbara), 3292.
Hoenen (Maarten J. F. M.), 3853.
Hoerner (Jean-Michel), 5748.
Hoerth (Alfred J.), 1674.
Hoffman (Philip T.), 966.
Hoffman (Philip), 6918.
Hoffmann (David L.), 7041.
Hoffmann (H.), 2154.
Hoffmann (P.), 2719.
Hoffmann (Stanley), 7937.
Höflinger (Klaus), 3033.
Hofmann (Frank), 6431.
Hofmeister-Hunger (Andrea), 5942.
Hofrichter (Hartmut), 1002.
Hofstetter (Rita), 5872.
Hogetoorn (Corry), 3579.
Hogg (Richard M.), 315.
Hohnen (David), 4388.
Hölbl (Günther), 1542.
Holbrook (Holly), 324.
Holden (Anthony), 6666.
Holenhusen (Irmtraud Götz von), 5479.
Holguín (Oswaldo), 4949.
Holl (Augustin), 8487.
Holl (Karl), 5557.
Holland (Clive), 5370.
Holland (Robert), 7879.
Hollenbach (David), 5426.
Hollingsworth (Mary), 1098.
Hollis (A.S.), 2300.
Holló (Szilvia Andrea), 6958.
Holloway (David), 5341.

Holloway (Robert R.), 2647.
Holman (G. Paul), 4105.
Holmberg (Bente), 3360.
Holmes (Clive), 7036.
Hölscher (Tonio), 2417.
Holtsmark (Sven), 8123.
Holtus (Günther), 331.
Holz (Eva), 5106.
Holzem (Andreas), 5396.
Holzhausen (Jens), 1543.
Homburg (Ernst), 6806.
Homēros, 1821, 1822, 1894, 1974, 1980, 1984, 1988, 2081, 6326.
Honey (Martha), 7938.
Hong (Wontack), 8467.
Honorat, 2761.
Honour (Hugh), 6411.
Hood (A. B. E.), 3647.
Hook (Sidney), 6051.
Hooson (David), 397, 403.
Hoover (Herbert), 5826.
Hooykaas (G. J.), 4920.
Hopcroft (R. L.), 6879.
Hopf (C.), 138.
Hopf (Ted), 7939.
Hopkins (Eric), 7042.
Hopkins (John), 6052.
Hopkins (Michael F.), 7947.
Hopkinson (N.), 1829.
Hopp (J.), 2326.
Hoppe (Goran), 6756.
Hörandner (Wolfram), 2823, 2856.
Horata (Osman), 1293.
Horatius Flaccus (Quintus), 1276, 1988, 2031, 2277, 2301, 2302, 2303, 2304, 2338, 2341, 2455, 2537, 2543.
Horch (Nicoline), 4470.
Hori (Kazuo), 8188.
Horiuchi (Annick), 6200.
Horn (Gisela), 6432.
Horn (James), 7043.
Horn (Marguerite E.), 5047.
Horna (Hernan), 7466.
Hornblower (Simon), 692, 553, 1751.
Horne (Alistair), 7940.
Höroldt (Ulrike), 3241.
Horowitz (Elliot S.), 5641.
Horrell (Sara), 6757.
Horrocks (S. M.), 6791.
Horrox (Rosemary), 3634, 3847.
Horsfall (Nicholas), 2559.
Horton (David), 8542.
Horty von Nagybánia (Miklós), 7731.
Horvath (Robert), 6959.
Hose (Martin), 560, 2305, 2560.
Hoshino (Hidetoshi), 658.
Hosokawa (Ryōichi), 8417.
Hostens (Michiel), 2898.

INDICE DEI NOMI

Houben (Hubert), 635, 3186, 3972.
Houmann (Börge), 7169.
Hourani (Albert), 867.
Housden (Martyn), 7685.
Houston (R. A.), 5579, 7044.
Houston (R. H.), 4701.
Houwen (Luuk), 273.
Hovius (Matthias), 5496.
Howard (Michael), 874.
Howell (David L.), 4579.
Howes (D.), 1004.
Howgego (Christopher), 2496.
Howorth (Jolyon), 7941.
Hoxha (Enver), 4190, 4191.
Hoyos Gómez (Manuel), 1342.
Hrabanus Maurus, 486.
Hradecny (Pavel), 7716.
Hrair-Dzhoghk, 4233.
Hrankowska (Teresa), 6494.
Hu (Qiaomu), 8257.
Hu (Rulei), 8258.
Hu (Sheng), 8259.
Hu (Shi), 8263, 8329.
Huan (Claude), 7717.
Huang (Daoxuan) 8226.
Huang (Jianhui), 8260.
Huang (Kaiguo), 8261.
Huang (Meizhen), 8262.
Huang (Shilong), 8389.
Huang (Shuguang), 8263.
Hubai (László), 5308.
Hubbard (Thomas K.), 2008.
Hübinger (Gangolf) 916, 5749.
Hübner (Piotr), 5817.
Hudemann (R.), 7331.
Hudnut-Beumler (James), 5164.
Hudson (Anne), 1132.
Hudson (Benjamin T.), 3139, 3242.
Hudson (Hugh D. Jr.), 6507.
Hudson (John C.), 6880.
Hudson (Nicholas), 6053.
Hudson (Pat), 6739.
Huerga (Alvaro), 5467.
Hügel (Karl Alexander, Freiherr von), 4241.
Hugh de Morville, 3616.
Hughes (Andrew), 4029.
Hughes (Judith M.), 6201.
Hughes (M.), 3275.
Hughes (Michael), 4704, 7606.
Hughes (Robert P.), 5537.
Hughes (Steven C.), 7232.
Huglo (Michel), 3813.
Hugonnard-Roche (Henri), 2009.
Huguccio, 977, 3413.
Hugues Capet, roi de France, 3215.
Hugues de Fleury, 659.
Huisman (Bruno), 6167.
Hull (Cordell), 7709.
Hülsen-Esch (Andrea von), 3794.
Hultgård (Anders), 3361.

Hultin (Jan), 802.
Humble (Malcolm), 1267.
Humboldt (Wilhelm von), 6105.
Hume (Cameron R.), 7942.
Hummel (P.), 6336.
Humphrey (David C.), 7943.
Humphreys (M.), 6807.
Humphreys (S.), 4542.
Humphries (Jane), 6757.
Hundsbichler (Helmut), 3504.
Hundt (Martin), 7170.
Hung (Eva), 1279.
Hunger (Herbert), 2856.
Hunt (Edwin S.), 3498.
Hunt (Lynn), 451, 702, 4480.
Hunt (Peter), 6285.
Hunt (Tony), 2952, 3854.
Hunter (Fraser), 1396.
Hunter (Greame), 6054.
Hunter (Michael), 5829, 6202, 6239.
Hunter (V. J.), 1936.
Hunter (W. F.), 1292.
Huon de Mery, 3035.
Hupchick (Denis P.), 1066.
Hupper (William G.), 1160.
Hurd (Douglas), 7944.
Hurel (Nahalie), 561.
Hurlet (Frédéric), 2450.
Huschenbett (Dietrich), 6337.
Husemann (Harald), 7803.
Husmann (Lisa E.), 404.
Huß (Werner), 1545.
Hussein ibn Talal, re di Giordania, 4629.
Husserl (Edmund), 5985.
Husted Burleigh (Anne), 5865.
Hutchinson (Gilliam), 3499.
Huth (Volkfard), 3036.
Huthchinson (Earl Ofari), 5165.
Hutnikiewicz (Artur), 6433.
Hutton (John G.), 6547.
Hutton (Sarah), 3881.
Huxley (Thomas Henry), 6177.
Huygens (Christiaan), 6222.
Huygens (R. B. C.), 3080.
Hyatte (Reginald), 3649.
Hyldtoft (Ole), 4384.
Hypereidēs, 1851.
Hyslop (Jonathan), 5233.

I

Iaccio (Pasquale), 6667.
Iachello (Enrico), 4774.
Iacobini (Antonio), 2924.
Iancu (Carol), 5048.
Ibbetson (D.J.), 2464.
Ibn al-Razzaz al-Jazari, 444.
Ibn As-Sabbāh, 3341.

Iborra (A.), 141.
Ichimura (Takao), 8418.
Idel (Moshe), 5642.
Iglesias (J. A.), 498.
Ignatenko (A. A.), 3336.
Igual Luis (David), 3500.
Iguchi (Kazuki), 4596.
İhsanoğlu (Ekmeleddin), 4152.
Ikins Stern (Laura), 7259.
İlgürel (Mücteba), 562, 817.
Il Pai (Hyung), 8468.
Imańska (Iwona), 5943.
Imbert (Jean), 3924.
Imboden (Gabriel), 5212.
Imbruglia (Girolamo), 624.
Impagliazzo (Marco), 7945.
Inagaki (Takeshi), 4580.
Inalcik (Halil), 850.
Incisa Di Camerana (Ludovico), 7946.
Indrelid (Svein), 1363.
Ingersoll (Richard), 7122.
Ingledew (Francis), 3650.
Inglese (Giorgio), 919.
Inglessis-Margellos (Cécile), 2010.
Inglis (E.), 139.
Ingrao (Charles W.), 4255, 7335.
Innes (Joanna), 691.
Innes (Matthew), 3651.
Innocentius III, Papa, 3090, 3417, 3541, 3960, 3961, 3963.
Innocentius IV, Papa, 3956.
Innocentius XII, Papa, 5453.
Inoue (Katsuo), 8419.
Inoue (Mitsuo), 8432.
Insteius (M.), 2260.
Inwood (B.), 1809.
Iohannes Saresberiensis, 3038.
Ioly Zorattini (Pier Cesare), 5620.
Iozzelli (I.), 5480.
İpek (Nedim), 5262.
İpşirli (Mehmet), 971.
Irani (George Emile), 7949.
Irenaeus (O. P.), 2774.
Irigoin (Jean), 22.
Iriye (Akira), 7950.
Irmscher (J.), 2104.
Irokawa (Daikichi), 4581.
Irvine (Martin), 1268.
Irwin (Lee), 1184, 5644.
Isacson (Mats), 7045.
İsen (Mustafa), 1269.
Ishii (Kanji), 4582.
Ishii (Susumu), 4585, 8422, 8420, 8421.
Ishikawa (Eisuke), 4583.
Isidoro de Sevilla, 2411, 2743.
Islamov (Tofik M.), 5056, 7718.
Islamuglu-Inan (H.), 8199.
Isler (Hans Peter), 2205.
Isnardi Parente (Margherita), 2011.

Isnenghi (Mario), 4775.
Isocrates, 2002, 2074.
Israel (Jonathan), 5646.
Israel (M.), 4684.
Israeli (Raphael), 7951.
Israels (Jozef), 6537.
Itasaka (Yōko), 4584.
Itzhaki (M.), 3039.
Itzkowitz (Norman), 7336.
Iustinus Iunianus (Marcus), 2306.
Ivanics (Mária), 7493.
Ivanov (S. M.), 8203.
Ivanov (Sergei Arkadevich), 1431, 2865.
Iversen (Tore), 3501.
Ives (Margaret), 6465.
Ivetic (Egidio), 6759.
Ivkina (L. A.), 7467.
Iwai (Shigeki), 8265.
Iwańczak (Wojciech), 5581.
Iwaniszewski (Stanislaw), 1310.
Ixer (R.A.F.), 1385.
Izquierdo (Sebastian), 6029.
Izsák (Lajos), 5282, 5300.

J

Jaakkola (Jouko), 6986.
Jabir ibn Hayyan, 6197.
Jackiewicz (Mieczysław), 6434.
Jackson (Jean-Pierre), 6668.
Jackson (Peter), 7686.
Jackson (R. V.), 6960.
Jackson (W. H.), 3502.
Jackson-Laufer (Guida Myrl), 1271.
Jacob (Annie), 1019.
Jacob (M.), 702.
Jacob (Robert), 452, 972.
Jacobs (Bruno), 1710.
Jacobs (J. Y. H. A.), 5481.
Jacobson (David), 8033.
Jacobson (Jon), 7607.
Jacobsson (Inga), 1397.
Jacoby (David), 3140, 3503.
Jacoud (Gilles), 6729.
Jacquard (Danielle), 2983.
Jacquart (Danielle), 3334, 3836, 3856.
Jacques de Dinant, 3572.
Jacques de Revigny, 3387.
Jaeger (Friedrich) 697.
Jaeger (Stephen C.), 3653.
Jaeger (Werner), 694.
Jaenen (Cornelius), 838.
Jaffe (H.), 7952.
Jager (A.), 4061.
Jagersma (H.), 1663.
Jagoda Luzzatto (Maria), 1588.
Jahndel (M.), 1162.
Jäkel (S.), 1743.

Jakobson (Roman), 6278.
James (Harold), 7953.
James (Lawrence), 7421.
James (Marzenna), 7953.
Jameson (Michael H.), 1856.
Janan (Micaela), 2307, 2561.
Janbert (J.), 1341.
Jancso (Istvan), 4321.
Jandot (Gabriel), 4190.
Janeković-Römer (Zdenka), 1020.
Jangfeldt (Bengt), 5063.
Jankovics (József), 3671.
Jankowski (Edmund), 6300.
Jannazzo (Antonio), 5301.
Janse (M.), 1461.
Janse (Win), 5582.
Jansen (D.), 5583.
Jansen (H. S. J.), 564.
Jansen (Marius B.), 4586.
Janssen (W.), 398.
Jansson (Maija), 5074.
Janus (Eligiusz), 4517.
Janz (Oliver), 5584.
Janzon (Bode), 7046.
Jarnut (Jörg), 301, 3208.
Jarosch (V.), 2155.
Jaross (Andor), 5293 .
Jasiewicz (Krzysztof), 4293.
Jasiński (Janusz), 6508.
Jasiński (Toimasz), 3040.
Jasse (Richard L.), 7954.
Jastrzębski (Andrzej), 4958.
Jaumann (Peter), 6435.
Jaume (Lucien), 7211.
Jaurès (Jean), 4463, 4494.
Javeau (C.), 4276.
Jaworowski (Janusz), 5981.
Jay (Martin), 917.
Jean (Carlo), 7955.
Jean le Fèvre, 3585.
Jeanne d'Arc, 3282.
Jeanneret (Michel), 6340.
Jeauneau (Edouard), 2825.
Jeck (Udo Reinhold), 233.
Jefferson (Thomas), 6070, 7400.
Jeffery (Peter) , 3803, 3814.
Jeffords (Susan), 7337.
Jeffreys (Elizabeth), 2899.
Jeffreys (Michael), 2899.
Jefremow (Nikolai), 1782.
Jehne (Martin), 1741.
Jeismann (Michael), 4155.
Jenal (Georg), 3654.
Jenkins (J. C.), 1134.
Jensen (Robert), 6849.
Jensen (Robin M.), 5648.
Jentleson (Bruce W.), 7956.
Jerónimo Osório (D.), 6006.
Jerosme (Pierre), 4471.
Jesch (Judith), 3362.
Jessee (W. S.), 3243.

Jessen (Ralph), 4543.
Jesus Christus, 2289, 2444, 2693, 2700, 2719, 2720, 2722, 2726, 2730, 5510, 5568, 5621.
Jezierski (Andrzej), 6919.
Jezler (Peter), 3495.
Ji (Xue), 8266.
Jian (Chen), 7957.
Jiang (Shaozhen), 8267.
Jiang (Youfa), 8268.
Jianmin (Zeng), 8391.
Jillson (Calvin), 5166.
Jin (Guangyao), 8269.
Jin (Linxiang), 8270.
Jinglin (Hong), 622.
Jinke (Ma), 622.
Joan (Bernat), 334.
Jobert (Ambroise) 5482.
Joblin (A.), 7047.
Jodogne (Pierre), 2955, 6332.
Joest (Christoph), 2698.
Johannes Buridanus, 3857, 3858, 3859.
Johannes de Hauvilla, 3041.
Johannes de Rupescissa, 3042.
Johannes des Täufers, 2762, 2788.
Johannes Paulus II, Papa, 5446.
Johannes Philoponus, 2019.
Johannes XXII, 3582, 3946, 5442.
Johannes, Evangelista, Sanctus 2730.
Johannes (Giovanni di Gerusalem-me), Sanctus, 2972, 5273.
Johansen (Ida M.), 2648.
Johansen (J.), 124.
Johansen (Øystein Kock), 827, 869, 885.
Johansson (Alf O.), 7160, 7181.
John (Richard), 6509.
John von Würzburg, 3080.
John, King of England, 3271.
Johnson (D.), 2990.
Johnson (Eric Aaron), 6341.
Johnson (Geraldine A.), 3766.
Johnson (Herbert Alan), 973.
Johnson (L. L.), 6768.
Johnson (Lyndon B.), 7814, 7943, 7995.
Johnson (Paul E.), 5380.
Johnson (Paul), 7171.
Johnson (Robert H.), 7958.
Johnson (Samuel), 6414.
Johnson (W. A.), 656.
Johnston (Pamela), 4544.
Jõišt ì Friyān, 1637.
Jokipii (Mauno), 4412.
Jollès (Bernadette), 2948.
Joly (B.), 4472.
Jonard (Norbert), 5754.
Jonas (Raymond), 6808.
Jones (A.), 6203.
Jones (C.), 6103.

Jones (Charles Williams), 234.
Jones (Colin), 870.
Jones (Martin K.), 1419.
Jones (Mary Ellen), 5132.
Jones (Oakah), 4671.
Jones (Susan C.), 2649.
Jones-Davies (M.T.), 5371.
Jonker (E.), 726.
Jónsdóttir (Guðrun Guðfinna), 4710.
Jónsson (Klemenz), 4711.
Jördens (Andrea), 2105.
Jörgensen (Anker), 4386.
Jørgensen (Bent Raymond), 565.
Joris (A.), 3655.
Joseph (Gilbert M.), 4862, 4865.
Joseph II, röm-deutscher Kaiser, 4269, 5297.
Jouanna (Jacques), 1937.
Jouffroy (Isabelle), 1038.
Jouhaud (Christian), 5755.
Jourdan (Jean-Paul), 7233.
Jovanović (Borislav), 1441.
Jovanovich (Leo M.), 7753.
Joyal (Mark A.), 1857.
Joyaux (François), 7959.
Joyce (J. W.), 2317.
Joynson (Vernon), 6670.
Juan de Segovia, 3868.
Juana II de Evreux, 3299.
Juch (A.), 6204.
Jucquois (G.), 1124.
Julia Domna, 2581.
Julian of Norwich, 3685.
Julianus (Flavius Claudius), imperatore romano, 2399, 2545.
Julius (Karl), 626.
Julius (W. H.), 6198.
Jullien (Marie Hélène), 2981.
Jullien de Paris (Marc-Antoine), 5889.
Jumeau-Lafond (Jean-David), 6549.
Jun (Yin Yan), 7960.
Jurek (Tomasz), 3043.
Juricic (Zelimir B.), 6671.
Jurischitz (Nikolaus), 7489.
Just (Estanislao), 4305.
Justi (Johann Heinrich Gottlob von), 4269.
Justice (Steven), 3294.
Justinianus I, imperatore di Bisanzio, 2521, 2759, 2897, 2917, 3425, 3426 .
Justinus, Sanctus, 2703, 3715.
Juvenalis (Decimus Junius), 2623.
Jyrkiäinen (Jyrki), 5945.

K

Kaarsholm (Preben), 802.
Kabaciński (Ryszard), 4992.

Kabzinska (Krystyna), 6205.
Kaczmarczyk (Alexander), 2645.
Kaczmarek (Ludger), 2995.
Kaczmarek (Ryszard), 7172.
Kaczorowski (Bartłomiej), 4974.
Kádár (János), 5331.
Kadic (Ante), 7549.
Kaenel (Hans-Markus), 2417.
Kaeppeli (T.), 3044.
Kaes (Anton), 917.
Kaestli (J.-D.), 2764.
Kafesoğlu (Ibrahim), 871.
Kahl (Jochem), 1546.
Kahler (Frigyes), 5323, 7205.
Kahler (Thomas), 6561.
Kahn (Didier), 3045, 6087.
Kahn (Dominique-Sila), 5651.
Kahsnitz (Peter), 125.
Kahsnitz (R.), 230.
Kaiser (Daniel H.), 898.
Kaiser (Otto), 1685.
Kaiser (R.), 275.
Kaiser (Robert J.), 5081.
Kajzer (Leszek), 628.
Kákosy (László), 1547.
Kalberg (Stephen), 6055.
Kalela (Jorma), 4413.
Kałkowski (Leszek), 6920.
Kalleinen (Kristina), 4414.
Kallendorf (Craig), 5912.
Kallicratides, 1866.
Kallimachos, 1969, 2550.
Kallio (Veikko), 4409, 5756.
Kalm (Harald von), 7048.
Kalmin (Richard), 2765.
Kamalu (Ngozi Caleb), 7961.
Kamath (P. M.), 4676.
Kamiński (Marek Kazimierz), 7962.
Kamíski (A. S.), 4123.
Kämpfer (Frank), 3141.
Kan (Aleksander), 4897.
Kang Youwei, 8336.
Kano (Masanao), 4585, 8422, 8420, 8421.
Kansteiner (Wulf), 4545.
Kant (Immanuel), 1221, 1237, 5992, 6038, 6044, 6050, 6111, 6123, 6127, 6137, 6413.
Kanter (L. B.), 181.
Kantorowicz (Ernst), 660.
Kaplan (Amy), 7338.
Kaplan (Michel), 886.
Kaplan (Yosef), 5652.
Kaplan Flora (E. S.), 511.
Kapos (Martha), 6548.
Kappeler (Andreas), 4827.
Kapteijns (Lidwien), 7050.
Karádi (Viktor), 7051.
Karanis (Fikri), 5263.
Karasev (A. V.), 4822.
Karatani (Kōjin), 4588.

Karl I der Große, Charlemagne, röm. Kaiser, König der Franken, 487, 577, 3196, 3210, 3767 .
Karl IV, röm.-deutscher Kaiser, 3114.
Karl Martell, König der Franken, 3202, 3203, 3208, 3921, 3935, 3938.
Karl V von Habsburg, röm.-deutscher Kaiser, 153, 421.
Karl XII, re di Svezia, 6921.
Karlsson (Åsa), 6921.
Karpuz (Haşim), 6483.
Karpyuk (S. G.), 1858.
Karsay (László), 5293, 7719.
Kartsonis (Anna), 2900.
Kasdan (Lawrence), 6612.
Kaser (Michael), 833.
Kasper (Walter), 1191.
Kasprzyk (Krystyna), 6342.
Kastl (Jörg), 7550.
Katajala (Kimmo), 4415.
Katō (Norihiro), 4589.
Katō (Tetsutarō), 4590.
Katona (Tamás), 5280.
Katz (David S.), 4647, 5653.
Katz (Philip Mark), 4473.
Katz (Steven T.), 872.
Kaufhold (Martin), 3954.
Kaufman (Hanne), 4387.
Kaufman (Robert Gordon), 7608.
Kaufmann (Uri R.), 5225.
Kaul (V.), 812.
Kaulicke (Peter), 4948.
Kaunitz (Antons von), 4266.
Kawanishi (Hiroyuki), 8402.
Kay (Richard), 3860.
Kay (Sarah), 3134.
Kazhdan (Alexander P.), 2837, 2901.
Keall (Edward J.), 1711.
Kearsley (R. A.), 1783.
Keats (John), 6415, 6457.
Keats-Rohan (K. S. B.), 255.
Keegan (John), 7339.
Kehoe (Dennis P.), 2497.
Keiji (Yamada), 1085.
Kekkonen (Urho), 4426.
Keller (H. E.), 3019.
Keller (H.), 689.
Keller (Hagen), 3763.
Keller (Morton), 5167.
Kellner (Hans), 727.
Kellner (S.), 137.
Kellogg (F. B.), 7586.
Kelly (J. N. D.), 3955.
Kelsang Gyatso (Geshe), 5654.
Kemal (Mustafa Atatürk), 5258.
Kemp (Geoffrey), 7963.
Kempers (Bram), 6550.
Kenbib (Mohammed), 5655.
Kendall (Calvin B.), 4062.

Kenedy (Hugh), 4063.
Kennan (George F.), 7926.
Kennedy (G. A.), 2012.
Kennedy (John Fitzgerald), 7997, 8090.
Kennedy (William J.), 3656.
Kennell (Stefanie A.H.), 2308.
Kenny (Anthony), 1232.
Kent (Peter C.), 7340, 7372.
Kenyeres (Agnes), 880.
Kenyeres (Zsolt), 5200.
Keogh (Dermot), 7341.
Keohane (Robert O.), 7332.
Kepell (Jilles), 5398, 5407.
Kepler (Johann), 6255.
Kępińskiego (Andrzeja), 1086.
Keriven (Brigitte), V.
Kermabon (Jacques), 6687.
Kermode (Jenny), 7145.
Kerr (Pauline), 4235.
Kersten (Krystyna), 7687.
Kessel (Blake Andrée), 3855.
Kessel (Silvius von), 3815.
Kessler (Herbert Leon), 3768.
Kessler (Sandford), 6058.
Kéthly (Anna), 5302.
Kettunen (Pauli), 7173.
Keul (Michael), VIII.
Keuss (P.), 70.
Keynes (John Maynard), 6724, 6734.
Khaburgaev (G. A.), 3657.
Khaldun (Ibn), 731.
Khalidi (T.), 566.
Khan (H. A.), 1726.
Khartseva (G. Yu.), 4358.
Khatibi (A.), 23.
Kholyushin (Yu. P.), 1318.
Khorkhordina (T. I), 472.
Khoury (Adel-Theodor), 5656.
Khristova (N.), 4337.
Khrushchov (Nikita Sergeevitch), 7914, 8048, 8063, 8070.
Kibler (William W.), 3658.
Kidonopoulos (Vassilios), 2902.
Kidwai (Mushir Hosain), 7574.
Kieckhefer (Richard), 3659.
Kienast (Dietmar), 1493.
Kienhorst (H.), 135.
Kieniewicz (Stefan), 5022.
Kienle (Eberhard), 5101.
Kierkegaard (S.), 6080.
Kierney (Richard), 1238.
Kiesewetter (Andreas), 3186.
Kieval (Hillel J.), 4979, 7261.
Kieżuń (Anna), 4985.
Kihl (Young Whan), 7969.
Kiilerich (Bente), 2650.
Kikuchi (Isao), 4591.
Kilani (Mondher), 5757.
Kilian (Hendrikje), 3008.
Kilic (Sinan), 1381 .

Killen (Linda), 7609, 7964.
Killigrew (Hal), 4639.
Kim (I. K.), 4980.
Kim (Jung-Mi), 4592.
Kim (S. G.), 747.
Kim (Il Sung), 8049.
Kimball (Warren F.), 7665.
Kimerling Witschafter (Elise), 7052.
Kimura (Masahito), 7610.
Kimura (Motoi), 8451.
Kinbara (Samon), 4593, 4597.
Kind (Jean-Yves), 286, 292.
Kinder (A. G.), 5483.
King (Edmund), 3221.
King (G.R.D.), 2880.
King (Johannes), 5190.
King (Ursula), 5409.
Kinne (Michael), 335.
Kinneging (A. A. M.), 938.
Kinney (Dale), 2651.
Kinsella (David), 7965.
Kint (Ph.), 6922.
Kintzinger (Martin), 3861.
Kinyapina (I. S.), 7551.
Kionka (Riina Ruth), 7966.
Kirby (Anthony), 2938.
Kirby (D. P.), 3228.
Kirby (William C.), 7342.
Kircher (Hartmut), 1261.
Kirchgässner (Bernhard), 1034.
Kirk (Neville), 7174.
Kirk (Roger), 5057.
Kirshner (Julius), 269.
Kissinger (Henry), 7343, 7898, 7967.
Kitchen (Kenneth Anderson), 235.
Kizik (Edmund), 5585.
Kjeldstadli (Knut), 4898.
Kjrgaard (Thorkild), 4388.
Klaić (Nada), 3179.
Klaniczay (Tibor), 3142, 3671.
Klapisch-Zuber (Christiane), 256, 655.
Klassik (Weimarer), 6406.
Klauber (Martin I.), 5586.
Klavora (Vasja), 5108.
Kleeberg (John M.), 291.
Kleffmann (Tom), 5587.
Kleijwegt (Marc), 2106.
Klein (Holger), 6352.
Klein (Lawrence), 6057.
Klein (Lucia), 5897.
Klein (R.), 2717.
Kleiner (Fred S.), 1494.
Kleiner (John), 3660.
Kleiss (W.), 1712.
Klengel (H.), 1462.
Klep (Paul), 1010.
Klimek (Antonin), 7611.
Klinge (Matti), 4124.
Klingensmith (Samuel John), 6510.
Klingshirn (William E.), 2683, 2766.

Klink (Józef), 4999.
Klochkov (I. S.), 1576.
Kłoczowski (Jerzy), 824, 5482.
Klooster (Wim), 7053.
Kloosterhuis (Jürgen), 53.
Kloss (B. M.), 3086.
Klovland (Jan Tore), 4648.
Knabe (G. S.), 567.
Knall-Brskovsky (Ulrike), 3797.
Knapp (Éva), 5503.
Knappe (G.), 336.
Knecht (R. J.), 4474.
Kneepkens (C. H.), 3862.
Knegtmans (P. J.), 7168.
Kneiz-Paz (Baruch), 6060.
Kneppe (Alfred), 2397.
Knevel (P.), 4921.
Knight (Derrick), 5099.
Knight (Douglas A.), 1653.
Knights (Mark), 939.
Knitter (Paul), 5633.
Knoch-Mund (Gaby), 174.
Knoop (Karl), 5874.
Knott (John William), 6810.
Knox (John), 6059.
Knudsen (Jörgen), 6436.
Knutsen (Paul), 7175.
Kobayashi (Shigefumi), 8428.
Kobayashi (Toshio), 8429.
Köblös (József), 4030.
Kocabaşoğlu (Uygur), 4125.
Koch (E. M. F.), 3983.
Koch (L.), 3094.
Koch (W.), 3046.
Kochanowski (Jerzy), 7612.
Kochmar (N. N.), 1311.
Kocka (Jürgen), 7150, 7176.
Kocój (Henryk), 4970, 7517.
Koder (Johannes), 2856.
Kodov (Kh.), 194.
Koecke (Christian), 6061.
Koehler (Wilhelm), 147.
Koemoth (Pierre P.), 1548.
Koenig (Yvan), 1549.
Koerner (F.), 4850.
Koester (H.), 2720.
Koetter (Ralf), 5484.
Kohen (Nancy F.), 6850.
Kohl (Helmut), 4519.
Köhler (Henning), 4546.
Koike-Good (Ursula), 4601.
Koivunen (Hannele), 2767.
Kókay (György), 5946.
Kokoschkas (Oskar), 6560.
Kokuritsu (Seiyo Bijutsukan), 6551.
Kolankiewicz (George), 7968.
Kolar (Josef), 7613.
Kolb (F.), 1742.
Kolendo (Jerzy), 2498.
Kolko (Gabriel), 7344.
Koll (Anu-Mai), 4400.

Köllmann (Wolfgang), 6981.
Kołomijec (Maksim), 7755.
Kolsrud (Ole), 4899.
Kölzer (Theo), 3084.
Komesar (Neil K.), 940.
Kominis (Athanasios), 2826.
Komiya (Ryūtarō), 6851.
Komlos (John), 728.
Komonchak (J. A.), 5447.
Komorowski (Tadeusz Bór), 7778.
Kompé (Marga), 4910.
Kondakov (I. V.), 5758.
Konde (Emmanuel N.), 7345.
Kondoleon (Christine), 2652.
Kong Xiangxi, 8359.
Konidaris (Ioannis M.), 2903.
Konieczny (Jerzy), 6437.
König (R.), 2325, 2326.
Koning (Niek), 6881.
Konnert (Mark), 4475.
Konopska (Beata), 405.
Konrad Abbot of Eberbach, 3967.
Konrad (C. F.), 2398, 2653.
Konrad (Helmut), 4257.
Konstant (David), 1938.
Konstantin Nikolaevich, 5067.
Konstantinos Akropolites, 2834.
Kontler (László), 4649.
Kónya (Sándor), 5830.
Kooper (Erik), 3672.
Kopanev (A. I.), 1018.
Köpeczi (Béla), 866, 5052.
Koponen (Juhani), 8488.
Koposov (N.E.), 568.
Koptev (A. V.), 2499.
Korablev (V. P.), 6153.
Kordes (M.), 24.
Korfmann (Manfred), 1381.
Kornbaum (Paerle), 4073.
Kornilov (A. A.), 4719.
Kornstein (Daniel J.), 6344.
Körntgen (Ludger), 3075.
Korotayev (Andrey), 8489.
Korthals (Altes A.), 4922.
Kos (Dušan), 3406, 3505.
Kos (Mateja), 6811.
Kosciuzko (Tadeusz), 4970, 4981, 5008, 7518.
Koselleck (Reinhart), 4155.
Koshkin (A. A.), 7720.
Kosinskaya (L. L.), 131.
Koskinen (Seppo), 813.
Koslowski (Rey), 7970.
Kossuth (Lajos), 5280, 5291, 5299, 5316, 5328.
Kostarele (Lina), 2836.
Köster (Reinhart), 2654.
Koster (Severin) 2417.
Kostyrchenko (G.), 5082.
Košutić (Ivan), 4369.
Koszta (László), 4031.

Kotarski (Sławomir), 7971.
Kottsieper (Ingo), 1685.
Kotula (Tadeusz) 2399, 2424.
Kotys I, 1793.
Kovacevic (Slobodanka), 4824.
Kovács (Anikó), 5303.
Kovács (Bálint), 5876.
Kovacs (D.), 1811, 1823.
Kovacs (Maria M.), 5304.
Kovacsics (József), 6967.
Koval'chenko (D. I.), 5089.
Kovats (Zoltan), 1044.
Koven (Seth), 4650.
Kövér (Lajos), 4476.
Kowal (Ewelina), 995.
Kowalska-Glikman (Stefania), 7054.
Kowalski (Wojciech), 7688.
Kozenkova (Valentina I.), 1398.
Kozhukharov (S.), 194.
Kozielek (Gerard), 1243.
Kozličič (Mithad), 406.
Kozlov (V. A.), 5064.
Kozłowski (Janusz K.), 1343, 1532.
Kożuch (Barbara), 5006.
Kozul (Stejpan), 4370.
Kra (Renee S.), 1314.
Kracauer (Siegfried), 5990.
Kradin (N. N.), 8271.
Kraft (Evan), 5107.
Krajewska-Tartakowska (Barbara), 5838.
Krakovitch (Odile), 473.
Kramer (Johannes), 331.
Kramer (Steven Philip), 7972.
Kramer (Wendy), 7468.
Kranenborg (R.), 1166.
Krasil'nikov (S. A.), 6982.
Krasnov (Yu. A.), 1295.
Kratochwil (Friedrich V.), 7970.
Kraus (Antje), 6981.
Kraus (Christina S.), 2309, 2313.
Krause (Gerhard), 1151.
Krause (Jakob), 192.
Krause (Jens-Uwe), 2500.
Krausman Ben-Amos (Ilana), 7055.
Kravari (Vassiliki) 2808.
Krebernik (Manfred), 1589.
Kreis (Georg), 7056.
Kreises (Georges), 660.
Kreiswirth (Martin), 1272.
Kremer (Bernhard), 2400.
Kremer (Klaus), 3930.
Kresten (Otto), 2856.
Kreuger (Ivar), 5198 .
Kreutz (Andrej), 7973.
Kreuzer (Bettina), 2156.
Kriegel (Blandine), 569.
Krieger (Karl F.), 3245.
Krieger (Kl.-St.), 570.
Krings (Veronique), 836.
Krispin (Karl), 5360.

Kristensen (Tenna R.), 3816.
Kristensen (Thorkil), 8032.
Kristina, regina di Svezia, 5203.
Kristó (Gyula), 571, 3246.
Kristof (Ladis K. D.), 407.
Kroeschell (Karl), 3407.
Król (Joanna), 6300.
Krotz (Stefan), 5759.
Krötzl (Christian), 3363.
Krueger (Hilmar C.), 3486.
Kruger (Heinz-Hermann), 5866.
Krupa (Katarzyna), 3295.
Krus (Luís), 572, 3144.
Kruse (I.), 2721.
Krzynówek (Jerzy), 2451.
Kubiak (David P.), 2310.
Kubik (Jan), 4982.
Kubinyi (András), 3145, 3296, 3506.
Kubova (Milada), 774.
Kubů (Eduard), 4356.
Küçük (Abdurrahman), 573.
Kuczyński (Stefan Krzysztof), 3555.
Kuder (Manfred), 401.
Kuder (U.), 230.
Kuder (Ulrich), 125.
Kuen (Gabriele), 2311.
Kugler (Johanna), 3797.
Kuhles (Doris), 1244.
Kuhlmann (Alois), 2256.
Kuhn (Thomas), 1286, 5987.
Kuhne (Hartmut), 1381.
Kühne (Thomas), 974, 7234.
Kuhnel (Bianca), 3769.
Kuijpers (G.), 4931.
Kuiper (Koenraad) 698.
Kuiper (Wolter E. J.), 698.
Kuitenbrouwer (M.), 729.
Kukiel (Marian), 4983.
Kukushkina (I. A.), 4842.
Kukushkina (M.V.), 3088.
Kula (Henryk Mieczysław), 4984.
Kula (Witold), 661.
Kulak (Teresy), 5005.
Kulczycki (John J.), 7177.
Kulesza (Ryszard), 1939.
Kumaraswami (P. R.), 7974.
Kummel (Bengt), 5201.
Kun (Miklós), 5282.
Kundera (M.), 4126.
Kunert (Andrzej Krzysztof), 7778, 7779.
Küng (Hans), 5645.
Künhü'l-Ahbâr, 1269.
Kunisz (Andrzej), 2424.
Kunitz (Stephen J.), 8543.
Kuno (Klebelsberg), 616.
Kunz (Diane B.), 7346, 7864.
Kupiecki (Robert), 7863.
Kural (Vaclav), 7701.
Kuran (A.), 1109.
Kurányi (Éva), 5760.

Kürbis (Brygida), 4032.
Kurgan-Van Hentenryk (Ginette), 5761.
Kurke (Leslie), 2014.
Kurkowski (Jarosław) 5947.
Kurnatowska (Zofia), 5827.
Kuroda (Takashi), 8200.
Kuroita (Nobuo), 8433.
Kurokawa (Kisho), 6063.
Kurotaki (Jūjirō), 8434.
Kursat-Ahlers (Elcin), 1470.
Kurth (Dieter), 1550.
Kusek (Janusz), 4986.
Kushnareva (K. Kh.), 1392.
Küsters (Urban), 3694.
Kuttin (Bettina), I.
Kuttler (Markus), 5223.
Kuttner (Stephan), 3408.
Kutukoğlu (Mubahat S.), 54, 1021.
Kutyavin (V. V.), 4987.
Kux (Dennis), 7975.
Kuz'mina (E. E.), 1399.
Kuz'mina (L. F.), 3086.
Kuzio (Taras), 5275.
Kuzmickas (Bronins), 4843.
Kwan (Elizabeth), 4242.
Kwasitsu (Lishi), 5948.
Kwiatkowski (Maciej Józef), 7780.
Kyle (Keith), 7976.
Kyllönen (Eija), 8273.
Kynaston (David), 7058.
Kyodan (Kodo), 5668.
Kyriakidis (St.), 2157.
Kyrtatas (D. J.), 2107.
Kytzler (Bernhard), 673, 2501.
Kyzlasov (I. L.), 8201.

L

L'Aminot (Tanguy), 6099.
L'Helgouac'h (Jean), 1313.
L'Homme-Wery (Louise-Marie), 1859.
La Berge (Ann), 6188.
La Capra (Dominick), 730.
La Fayette (Madame de), 6380.
La Fontaine (Jean de), 276, 5734, 6380.
La Forge (Louis de), 5997.
Labarbe (Jules), 2015.
Labib (Abdel Aziz), 731.
Labov'(William), 337.
Labuda (Gerard), 3247, 4973.
Lacan (Jacques), 5703.
Lacina (Vlatislav), 6760.
Lackó (Miklós), 5807.
Lacoste (Yves), 930.
Lacroix-Riz (Annie), 7445.
Lactantius Firmianus Caelius (Lucius), 2699.

Ladányi (Sándor), 5588.
Ladero Quesada (Miguel Angel), 3248, 3146.
Ladier (E.), 1344.
Ladislas le Couman, 3246.
Ladislaus, Sanctus, 3138.
Ladous (Régis), 5831.
Laffi (Umberto), 2452.
Laffitte (Robert), 4197.
Lafont (Bertrand), 1590.
Lagarrigue (Bruno) 5921, 5949.
Lage Cotos (María Elisa), 311.
Lagon (Mark P.), 7977.
Lagrange (J. L.), 6148.
Lähteenmäki (Maija), 7978.
Lai (P.), 189.
Laidi (Zaki), 8058.
Laing (Dave), 6711.
Lains (Pedro), 5039.
Laiou (Angeliki E.), 2866, 2904.
Lajars (Thierry), 1442.
Lakatos (Imre), 5987.
Laks (André), 1799.
Lalou (Elisabeth), 3049.
Lamarca Langa (Genaro), 5950.
Lamberg-Karlovsky (C. C.), 1400.
Lamberini (Danilo), 6511.
Lambert (Chiara), 2768.
Lambert (Pierre-Yves), 574.
Lambrechts (Pascale), 3519.
Lampaert (Roger), 4285.
Lamping (H.), 5363.
Lan (Yong), 8274.
Lanata (Giuliana), 1892.
Lanchester (Fulco), 7216.
Landau (David), 148.
Landes (David S), 732.
Lando (Ortensio), 5412, 6022.
Landucci Gattinoni (Franca), 2609.
Langdon (John), 3507.
Lange (Bernd-Peter), 7060.
Lange (Tadeusz Wojciech), 3984.
Langenstein (Heinrich von), 3851.
Langer (Sandra), 5762.
Langer (Ullrich), 1068.
Langeveld (H. J.), 4915.
Langford (Jerome J.), 6206.
Langhade (Jacques), 338.
Langholm (Sivert), 873, 4889.
Langhorne (Richard), 7376.
Langton (John), 6756.
Langton (Stefano), 3887.
Lannutti (M. S.), 3817.
Lanting (J. N.), 1359.
Lanza (Antonio), 6345.
Lanza (Lidia), 3863.
Lapidge (Michael), 2965.
Lapini (W.), 1893.
Laplace (Marcelle), 1940.
Laplanche (François), 5400.
Laqueur (Walter), 5342.

Lardy (Michel), 5877.
Larebo (Haile M.), 4778.
Lares (Jose Ignacio), 5359.
Larichev (V. E.), 1311.
Larin (Robert), 4348.
Larin (V. L.), 8275.
Laroche (Josepha), 7347.
Laroche (Louis-Pierre), 7614.
Larrabee (Stephen F.), 7979, 8145.
Larson (Pier M.), 4851.
László (Kun), 3246.
Laszlovszky (József), 3147.
Latella (F.), 3100.
Latham (Anthony John Heaton), 4075.
Lattis (James M.), 6207.
Lauciani (Paolo), 2016.
Laude (Horst), 7692.
Lauf (Edmund), 7262.
Lauren (Paul Gordon), 7980.
Laurence (Ray), 2401, 2655.
Laurent (René), 4275.
Laurenti (Joseph L.), 5951.
Lavabre (Marie-Claire), 733.
Lavenant (Rene), 1681.
Lavisse (Ernest), 662.
Lavoisier (A. L.), 6172.
Law (Robin), 7446.
Law (V.), 342.
Lawlor (Sheila), 7754.
Lawrence (C. H.), 3985.
Layne (Linda), 4628.
Layson (June), 6645.
Lazard (M.) 6514.
Lazarev (L. I.), 6398.
Lazarevič (Žarko), 7061.
Lazzarini (I.), 3508.
Lazzeri (Christian), 6065.
Lazzerini (Luigi), 803.
Lazzi (Giovanna), 162.
Le Bohec (Y.), 875.
Le Brun (Jacques), 5486.
Le Glay (M.), 875.
Le Goff (Jacques), 3509, 3589.
Le Guillou (Louis) 668.
Le Mée (Katharine W.), 3818.
Le Men (Ségolène), 6552.
Le Moël (G.), 4430.
Le Rider (Georges), 1941.
Le Roux (Patrick), 2453.
Le Ru (Véronique), 6066, 6208.
Le Vachet (Jean-Antoine), 5469.
Leahy (Anthony), 1571.
Leahy (David G), 1224.
Lears (T. J.), 7062.
Lebecq (Stéphane), 3211.
Lebedeva (N. S.), 4988, 7660.
Leblon (Muriel), 5878.
Leboutte (René), 801.
Lebow (Richard Ned), 7918, 7981.
Leciejewicz (Lech), 3148.

Leclant (Jean), 1551, 1544.
Leclerc (Marie-Christine), 1942.
Lecomte (Bernard), 7982.
Lecoq (Danielle), 408.
Leczyk (Marian), 7615.
Lee (G.), 2330.
Lee Dugan (James), 5839.
Lee Hamrin (Carol), 7348.
Leeming (D.), 1190.
Lees (C. A.), 3510.
Lefebvre (Stéphane), 7983.
Lefebvre (Thierry), 6673, 6696.
Lefèvre (Eckard), 2417.
Lefèvre (François), 1784.
Leffler (Melwyn P.), 7349, 7370.
Lefort (Jacques), 2808.
Légasse (S.), 2722.
Legerwood (Judy), 4341.
Legnani (Anna), 2233.
Lehmann (Hartmut), 595.
Lehmann (Joachim), 7984.
Lehnert (Detlef), 6962.
Lehtonen (Eeva-Liisa), 7063.
Leighton (C. D. A.), 4705.
Leinenga (Jurgjen R.), 1062.
Leinwand (Artur), 4999.
Leitz (Christian), 1552.
Lejeune (C.), 1147.
Lejeune (Dominique), 4477.
Lejeune (Philippe), 1245.
Lelièvre (Claude), 5879.
Lelorrain (Anne-Marie), 906.
Lemaire (Claudine), 151.
Lemaire (Jacques), 1057, 3661.
Lemaire de Belges (Jean), 5922.
Lembe (J.), 1812.
Lemmons (Rivell), 4547.
Lemoine (M.), 5657.
Lenger (Friedrich), 687.
Lenin (Vladimir Ilič Uljanov), 5346.
Lennartz (Klaus), 2312.
Lennox (James G.), 1079.
Lenoir (René), 4198.
Lentz (T.), 5952.
Leo XII, Papa, 5441.
Leo XIII, Papa, 5438.
Leonard (Albert), 1664.
Leonardi (Claudio), 2988, 3124, 3728.
Leonardo da Vinci, 6556.
Léontios de Néapolis, 2817.
Leopardi (Giacomo), 6084, 6425, 6438.
Lepetit (Bernard), 6963.
Lepeyre (Henry), 7494.
Lepgold (Joseph), 7811.
Lepidus, 1654.
Lepistö (Vuokko), 4416.
Lepsius (M. Rainer) 697.
Lerch (Dominique), 453.
Lerner (R. E.), 3042, 3962.

Lerner (Ralph), 5168.
Lesaffer (Randall), 4128.
Leshchilovskaya (I. I.), 4825.
Lestringant (Frank), 409.
Lesueur (Roger), 2347.
Leszczyńska (Cecylia), 6919.
Lethbridge (Robert), 6467.
Létoublon (Françoise), 2017.
Letta (Cesare), 2206.
Letta (Enrico), 7985.
Lettieri (Alberto), 4219.
Lettinck (Paul), 1069.
Letto-Vanamo (Pia), 4417.
Leupen (P. H. D.), 1135.
Leuridan (J.), 4051.
Levenson (Thomas), 6674.
Levenson-Estrada (Deborah), 4672.
Lévêque (Pierre), 4478.
Leverotti (Franca), 7223, 7263.
Levesque (Catherine), 6597.
Levi (Arrigo), 7986.
Levi (Erik), 6675.
Lévi (Israêl), 3320.
Levi (Mario Attilio), 2258.
Levi D'Ancona (M.), 152.
Levick (Barbara), 2503.
Levin (Carole), 4651.
Levin (Iurii Davidovich), 6287.
Levin (S.), 2018.
Levinas (Emmanuel), 1225.
Levine (Steven I.), 7350.
Levisse-Touze (C.), 7689.
Lévi-Strauss (Claude), 1124.
Levoshchenko (S. A.), 5114.
Levra (Umberto), 4779.
Levy (Jack S.), 7351.
Lévy (Jacques), 410.
Lévy-Leboyer (Maurice), 6805.
Lewis (A.D.E.), 2464.
Lewis (D. M.), 1751, 832.
Lewis (David Rich), 5169.
Lewis (David W. P.), 7987.
Lewis (Gilliand), 5565.
Lewis (Gwynne), 6762.
Lewis (Jane), 7064.
Leyser (Conrad), 2769.
Leyser (Karl), 3249.
Li (Anshan), 4572.
Li (Dazhao), 8276.
Li (Fei), 8277.
Li (Hong), 8278.
Li (Kaiyuan), 8279.
Li (Lincoln), 8280.
Li (Shi'an), 8281.
Li (Tingjiang), 8282.
Li (Wenhai), 8283.
Li (Xihou), 8284.
Li (Yugang), 8285.
Li (Zhaoran), 8286.
Li (Zongren), 8247.
Liang Qichao, 8291.

Liao (Ping), 8261.
Liao (Zhongkai), 8325.
Liberman (Gauthier), 2562.
Libiszowska (Zofia), 5482.
Licheli (V.), 1860.
Licini (Stefania), 6812.
Licitra (Vincenzo), 663.
Liczbińska (Maria), 6469.
Lie (Orlanda S. H.), 3579.
Liébana (Beato de), 199.
Liebau (Heike), 5372.
Lieberman (Martha), 6574.
Lieberman (Max), 6574.
Liebersohn (Harry) 411.
Liechtenstein (H. K. Von), 153.
Liemann (Jorg), 7988.
Lifshitz (Felice), 3663, 4004.
Light (Margot), 7295.
Lightfoot (C. S.), 1495.
Lilie (Ralf J.), 3409.
Lilija (Sven), 6964.
Lillehammer (Arnvid), 877.
Limaye (Madhu), 5401.
Limberis (Vasiliki), 2905.
Limor (Ora), 2997.
Limouris (Gennadios), 5547.
Lin (Chengxi), 8287.
Lin (Dengquan), 8288.
Lin (Jiayou), 8289.
Lin (Jinfu), 8290.
Lin (Musheng), 8245.
Lincoln (Abraham), 7671.
Lincoln (David), 7447.
Lincon (Bruce), 5658.
Lindberg (Steve), 4418.
Lindeman (R.), 5763.
Lindenberger (James M.), 1665.
Lindfors (Bernth), 6288.
Lindgren (Uta), 3865.
Lindner (Ruth), 2402.
Lindsay (Hugh), 2454.
Lindsay (James M.), 7352.
Linges (S.M.), 2700.
Link (Stefan), 1861, 1894.
Linke (M.), 5363.
Lintner (Bertil), 4300.
Linton (Michael), 4129.
Lion (Brigitte), 1591.
Liou (Bernard), 2259.
Liou-Gille (Bernadette), 2455.
Lipartito (Kenneth), 7178.
Lipski (Jan Jozef), 5434.
Lis (Catharina), 6763, 7143.
Lis-Hugo Soly (Catharina), 7179.
Lison (Jacques), 2906.
Lissarangue (F.), 2158.
List (C.), 154.
Lista (Giovanni), 6553, 6676.
Litavrin (G. G.), 1431, 2942.
Little (Douglas), 7989.
Littleton (C. Scott), 3664.

Litton (C. D.), 1300.
Litvinenko (Yu. N.), 1943.
Liu (Bangfu), 8291.
Liu (Fushu), 8292.
Liu (Huaming), 8293.
Liu (Jingfu), 8294.
Liu (Meisheng), 8295.
Liu (Tessie P.), 7066.
Liu (Xinru), 5659.
Liu (Xuecheng), 7990.
Liu (Zhidan), 8375.
Liu (Zhong), 8296.
Liutprando di Cremona, 2977.
Liuzza (R. M.), 3073.
Liverani (Mario), 1471.
Livingston (James), 5170.
Livingston (K. T.), 4243.
Livius (Titus), 2292, 2309, 2313, 2314, 2316, 2562.
Lizzi (Rita), 2804.
Ljungsmark (Lars), 7469.
Llinares (J.), 6150.
Llobera (Josep R.), 778.
Lloyd (M.), 1810.
Lo Cascio (Elio), 2403.
Loach (Jennifer), 4652.
Löb (Ladislaus), 1011.
Lobies (J.-P.), 844.
Lochak (Georges), 6209.
Locher-Scholten (E. B.), 7553.
Locke (John), 6048, 6073, 6142.
Lockhart (Greg), 8297.
Lockhart (Monique), 8297.
Loeb (Lori Anne), 7067.
Loewe (Michael), 5660.
Loewenheim (Francis L.), 7304, 7991.
Loewenthal (E.), 3063.
Logette (Aline), 7264.
Loginov (A. V.), 7470.
Lohmann Villena (Guillermo), 4948.
Lohr (C.), 2019.
Lohr (Carolus), 3866.
Loit (Aleksander), 888.
Łojek (Jerzy), 4990.
Lokin (J.H.A.), 2907.
Lombard (Denys), 8182.
Lombard (Peter), 6012.
Lombardi (Giuseppe), 5957.
Lombardi (Tiziana), 2108.
Lombardo (Maria Luisa), 475.
Lombardo (Mario), 2207.
Lomize (E. M.), 2908.
Lone (Stewart), 7554.
Lonergan (Bernard), 703.
Longley (Kyle), 7992.
Lonis (R.), 1745.
Loos-Diets (Eliz. P. de), 2159.
Lopasic (Alexandar), 804.
Lopez (Ramon), 1350.
Lopez (Silvia L.), 5112 .

López Alcaraz (Josefa), 3055.
López de Coca Castañer (José-Enrique), 3511.
López Eire (A.), 2020.
López Fernández (Francisco Javier), 1423.
López García (Pilar), 1401.
López Pereira (José Eduardo), 311.
López Pérez (María Dolores), 3512.
López Salvá (M.), 1698.
López-Sáez (José Antonio), 1401.
Lopo Ramirez (David Curiel), 5646.
Lora (Erminio) 5441, 5442.
Lorenceau (Annette), 6087.
Lorenz (Chris), 734.
Lorenz (Dagmar C. G.), 4256.
Lorenz (Jens), 4301.
Lorenzo II el Joven, 136.
Lorenzo il Magnifico, 3280, 3287, 3297, 6511, 6528.
Loreto (Luigi), 657, 2404.
Lorette (G.), 70.
Lorgnet (Michèle A.), 6346.
Lőrincz (Zsuzsa), 5305.
Loskoutoff (Y.), 6069.
Loskoutoff (Yvan), 276.
Losskii (Nikolai Onufrievich), 1226.
Lossky (Andrew), 4479.
Losurdo (Domenico), 6047.
Loth (Wilfried), 4524, 7993.
Lothars II, 3386.
Lothringen Gräfin zu Nassau-Saarbrücken (Elisabeth von), 3056.
Lou (Xiangzhi), 8298.
Louie (Kam), 8299.
Louis (Wm. Roger), 7422.
Louis d'Anjou, 4978.
Louis le Pieux, röm. Kaiser, König der Franken 3196.
Louis Philippe, roi de France, 4505.
Louis VI, roi de France, 3057, 3106.
Louis IX, roi de France, 4018.
Louis XI, roi de France, 82.
Louis XII, roi de France, 4118, 4434.
Louis XIV, roi de France, 4479, 4483, 6663.
Louis XV, roi de France,7502.
Louis XVI, roi de France, 4476, 5725.
Loukaki (Marina), 2828.
Loukianos Samosateus, 2021, 6072.
Lourens (Piet), 7068.
Lourido (Ramon), 8501.
Loveday (Emily), 4460.
Lovejoy (Paul E.), 6852.
Lovell (David W.), 7180.
Lovoll (Odd Sverre), 4130.
Löwe (H.), 3926.
Lowe (John), 7353.

Lowe (K. J. P.), 7253.
Lowenstein (Steven M.), 6965.
Lowenthal (David), 412.
Löwith (Karl), 6116, 6129.
Lowood (Henry), 1046.
Loyer (Emmanuelle), 5738.
Lozac'hmeur (J.-C.), 2990.
Lu (Li), 8300.
Lu (Sheldon Hsiao-peng), 575.
Lu (Shengfa), 8301.
Lu (Xun), 8216.
Lu (Zhongfeng), 8302.
Lubel (Margaret), 3764.
Lubkin (Gregory), 4780.
Lubo-Lesnichenko (E. K.), 8303.
Lubomirski (Jerzy), 4997.
Luca (Augusto), 8304.
Luca da Panzano, 7133.
Lucanus Annaeus (Marcus), 2317.
Lucas (Colin), 4480.
Lucassen (Jan), 7068.
Lucchesini (Cesare), 182.
Lucchesini (Giacomo), 182.
Lucchetta (F.), 3327.
Lucena (E.), 841.
Luchini (Giulio Cesare), 6241.
Luchitskaya (S. I.), 3338.
Luchsinger (Christine), 5213.
Lučič (Josip), 878.
Lucretius Carus (Titus), 1222, 2318, 2554.
Lucullus, 2435.
Łuczak (Czesław), 4548.
Lüddeckens (Erich), 1521.
Ludovicus Aegidius, 1698.
Ludwig (Uwe), 3058.
Ludwig der Bayer, röm.-deutscher Kaiser, 3107, 3196, 3582, 3954.
Ludwig II, king of the Lombards, 55, 3190.
Lugli (Francesca), 1315.
Luhtala (Anneli), 3842.
Luiselli (Bruno), 2723.
Luiselli Fadda (Anna Maria), 26.
Luján Muñoz (Jorge), 4673.
Luke (Joanna), 1746.
Lukes (Igor), 7617.
Lulewicz (Henryk) 990.
Lulle (R.), 3059.
Lund (Niels), 3364.
Lunden (Kåre), 631, 735.
Lundestad (Geir), 7308.
Lundgren (Vilhelm), 5201.
Lunelli (C.), 163.
Lung (Yannick), 6781.
Luo (Jin), 8246.
Luo (Jiongguang), 8305.
Luo (Zhitian), 7994.
Lupo (Savatore), 4770.
Lupoi (Maurizio), 976.
Lur'e (Ya. S.), 3060.

INDICE DEI NOMI

Luraghi (Nino), 1862.
Lurz (Norbert), 1765.
Lusebrink (Hans-Jürgen), 5364.
Lust (J.), 1115.
Lustick (S.), 4715.
Luther (Martin) 5482, 5563, 5570, 5573, 5576, 5587, 5598, 5600, 5605, 5606, 5613, 5616.
Lutskov (N. D.), 7548.
Luttenberger (Albrecht P.), 4259 .
Lutun (B.), 4481.
Luukkanen (Arto), 5343.
Łużnego (Ryszarda), 1086.
Luzzati (Michele), 5624.
Luzzatti (Luigi), 4781.
Luzzatto (Sergio), 4482.
Luzzi (Andrea), 2909.
Lyamtseva (L. V.), 4338.
Lykogiannis (A.), 4667.
Lynch (Michael) 5785.
Lyne (R.O.A.M.), 2563.
Lyon (Bryce), 3410.
Lyubin (V. P.), 1348, 4153.

M

Ma (Dazheng), 8307.
Ma (Liangkuan), 8306.
Ma (Ruheng), 8307.
Ma'oz (Moshe), 7910.
Maaz (Wolfgang), 3746.
Maber (Richard), 6292.
Mabille (X.), 4276.
MaBlázquez (José), 1309.
Mably (Gabriel Bonnot de), 731.
Mączak (Antoni), 7070.
Mac Adams (James A.), 7996.
Mac Aleer (Kevin), 6677.
Mac Arthur (Arthur), 8170.
Mac Cabe (M. M.), 2022.
Mac Cammon Martin (Edward), 7997.
Mac Carthy (Patrick), 7891.
Mac Carus (Ernest N.) 332.
Mac Cauley (Elizabeth Anne), 6598.
Mac Clain (James L.), 1008.
Mac Clellan (Andrew), 509.
Mac Clendon (Thomas), 7265.
Mac Clure (Charles R.), 5764.
Mac Clure (J.), 2957.
Mac Connell (Anita), 400.
Mac Conville (J. Gordon), 236.
Mac Cormack (Sabine), 576, 2724.
Mac Corriston (Joy), 1316.
Mac Craw (David J.), 7998.
Mac Cready (William D.), 4033.
Mac Creery (David), 4674.
Mac Donald (Alasdair A.), 5785.
Mac Donald (Joan F.), 1345.
Mac Donald (Robert H.), 7423.

Mac Donogh (Giles), 4549.
Mac Donough (C. J.), 3665.
Mac Enaney (Laura), 7354.
Mac Evoy (Carmen), 4950.
Mac Farlane (Anthony), 879.
Mac Ginn (Bernard), 3666, 3846.
Mac Ginnis (John), 1592.
Mac Gowan (Joseph), 3704.
Mac Grail (Sean), 1447.
Mac Guire (Brian Patrick), 3667, 4005.
Mac Gushin (P.), 2339.
Mac Ham (Sara Blake), 6554.
Mac Hugh (Neil), 5238.
Mac Ilveen (Robin), 5765.
Mac Intosh (F.), 2023.
Mac Kechnie (Paul), 1944, 2564.
Mac Kelvie (Roberta A.), 3974.
Mac Kenzie (David), 7555.
Mac Kenzie (Hector), 7786.
Mac Kenzie (Iain M.), 237.
Mac Kenzie (Robert Tracy), 5171.
Mac Kerras (Colin), 8308.
Mac Kinnell (John), 3365.
Mac Kirahan (R. D.), 1824.
Mac Kitterick (Rosamond), 159, 3061, 3598, 3651.
Mac L. Currie (H.), 2565.
Mac Laughlin (Megan), 3927.
Mac Lean (Ian W.), 6913.
Mac Lynn (Neil B.), 2725.
Mac Mahon (April Mary Scott), 344.
Mac Mahon (Robert J.), 7999.
Mac Mann (Jean), 1364.
Mac Mannus (Leo), 5487.
Mac Namara (M. J.), 1641.
Mac Neill (William H.), 7355.
Mac Niven (Ian J.), 1346.
Mac Queen (William Buchanan), 3209.
Mac Shane (Clay), 6966.
Mac Vaugh (Michael), 3668.
Mac Veagh (John), 4707.
Mac Williams (Mark), 5661.
Maccabruni (Claudia), 1478.
Maccagni (Carlo), 6257.
Maccotta (Giuseppe Walter), 8000.
Macek (Josef), 3309.
Maček (Jože), 7069.
Maceratini (Ruggero), 977.
Mach (Ernst), 5993.
Mach (Michael), 2770.
Machacek (Gregory), 2024.
Machan (Tim William), 3062.
Machiavelli (Niccolò), 664, 919, 923, 4751, 5720.
Machiels (J.), 160.
Machielsen (J.), 2980.
Macias (Manuel), 5741.
Maciejewski (Marek), 4550.
Mack (Peter), 6289.

Mack Smith (Denis), 4782.
Macor (Darío), 4220.
Macrides (R.J.), 2910.
Macry (Paolo), 7121.
Mactoux (Marie-Madeleine), 2408.
Madajczyk (Czesław), 4517.
Maddicott (John Robert), 3867.
Maddoli (G.), 2025.
Maddrell Mander (Avril), 413.
Madec (Goulven), 2273.
Madej (Alina), 4993.
Madison (James), 5172.
Madrigal Belinchón (Antonio), 1423.
Maeda (Tetsuo), 4602.
Maestri Filho (Mario José), 4326.
Maffei (Domenico), 3411.
Maffei (Paola), 3411.
Maffioli (Cesare S.), 6211.
Maga (Timothy P.), 8001.
Magdalino (Paul), 2867, 2919.
Magennis (Hugh), 3072.
Maggi (Stefano), 6813.
Magi Spinetti (Antonio), 1.
Magin (Michel), 1429.
Maginnis (Hayden B.J.), 6555.
Magnago Lampugnani (Vittorio), 6520.
Magnasco (Alessandro), 6557.
Magni (Cesare), 7266.
Magnou-Nortier (E.), 3210.
Magnsson (Lars), 4653.
Magnúsdóttir (Guðrun Þóra), 4709.
Magnuski (Janusz), 7755.
Magocsi (Paul Robert), 5104.
Maguire (Henry), 2911, 3770.
Magyarics (Tamás), 7618.
Mahir (B.), 419.
Mahmud-Raif Efendi, 7525.
Mahoney (Michael Sean), 6212.
Mai Köll (A.), 6882.
Maïdani Gerard (Jean-Pierre), 6556.
Maier (Bernhard), 1443.
Maier (Christoph T.), 3986.
Maier (Johan), 5662.
Maierù (Luigi), 6213.
Maihold (Gunter), 5355.
Maillard (Alain), 4493.
Maillard (Louis-Camille), 6145.
Maimonides (Moeses), 3063.
Maingot (Anthony P.), 8002.
Mainoni (Patrizia), 3513, 3514.
Mair (Victor H.), 1257.
Maisano (Riccardo), 2837.
Maisel (Ephraim), 7619.
Maiskii (Ivan Mikhailovich), 8016.
Maissen (Thomas) 577.
Maistre (Joseph de), 6042.
Majander (Mikko), 4419.
Majeur (Jean-Marie), 1187.
Major (J. Russell), 7235.
Majoros (Ferenc), 5264.

Makowski (E. M.), 3969.
Maksen (K.), 1462.
Mal'kov (V. I.), 7631.
Malaguzzi (F.), 188.
Malamoud (C.), 1139.
Malandrino (Corrado), 923, 932.
Malashenko (Alexei), 8202.
Malato (Enrico), 1241.
Malay (Hasan), 1785.
Malcolm (Noel), 4313, 6127.
Malcor (Linda A.), 3664.
Malendowski (Włodzimierz), 8003.
Malettke (Klaus), 4131, 4483.
Maleuvre (J.-Y.), 2566.
Malia (Martin), 5344.
Malik (Hafeez), 8004.
Malinas (Y.), 1837.
Malinen (Pekka), 4833.
Malingrey (Anne-Marie), 2697.
Malinin (Yu. P.), 3412.
Malissard (A.), 2504.
Malitz (Jürgen) 2417.
Malkin (I.), 2109.
Mallaby (Christopher), 8005.
Mallarmé (Stéphane), 6407.
Malle (Louis), 5488.
Mallon (Florencia E.), 4132, 4951.
Malloy (Alex G.), 2885.
Malloy (Robin Paul), 6720.
Malmberg (Bo), 6764.
Malmstedt (Goran), 238.
Maloney (Thomas N.), 7071.
Malory (Thomas), 3677.
Malpica (Antonio), 3435.
Maltese (Diego), 5955.
Malvagna (Vittorio), 4725.
Mályusz (Elemér), 881, 3064, 3298, 3515, 5309.
Mamczarz (Irène), 6710.
Mammarella (Giuseppe), 8006.
Manac'h (B'er'enice), 7277.
Manacorda (Daniele), 2505.
Mancuso (Fulvio), 4736.
Mandel (Corinne), 6513.
Mandel (Oscar), 6557.
Mandich (Giulio), 6915.
Manetti (Giovanni), 736.
Manfredi (A.), 3706.
Manfredi (Antonio), 27.
Manfredini (Alessandra), 1365.
Mangas (J.), 1309.
Mango (Cyril), 2868, 2912.
Mania (Andrzej), 8007.
Mańkowski (Zygmunt), 7690.
Mann (Jesse D.), 3868.
Mannergeym (Karl Gustav Emil'), 4428.
Mannes (James), 6071.
Mannheim (Karl), 6681.
Manninen (Ohto), 7756.
Manning (Eugène), 3.

Mannino (Giovanni), 1375.
Männistö (Jyrki), 4420.
Mannoni (Laurent), 6678.
Mannoni (Stefano), 7236.
Mannori (Luca), 7237.
Manselli (Raoul), 665.
Mansfeld (Jaap), 1227.
Mansour (Camille), 8008.
Mantegna (Andrea), 5933.
Manteuffel (Tadeusz), 666.
Mantovani (Dario), 1945, 2456.
Mantzarides (Georgios I.), 5544.
Manuzio (Aldo), 203, 5914, 5915.
Manz (Beatrice F.), 8197.
Manzelli (V.), 2160.
Manzoni (Alessandro), 5696, 6442, 6453.
Mao (Zedong), 7919, 7928, 8049, 8215, 8309, 8365.
Maometto, v. Muhammad.
Mapwar (Faustin B.), 2771.
Marantz (Paul), 7858.
Marasco (Gabriele), 2110, 2506.
Marazzi (Massimiliano), 1629, 1771.
Marazzini (Claudio), 6290.
March (Jenny), 2026.
March (Ulrich), 854.
Marchand (Jean-Jacques), 6439.
Marchand (Suzanne L.), 688, 752.
Marchenko (K. K.), 1863.
Marchesini (Simona), 2234.
Marchetti (Paolo), 978.
Marchetti (Patrick), 2161.
Marchetti Letta (Elisabetta), 6558.
Marchi (Gian Paolo), 6234.
Marcon (Susy), 5914.
Marcone (Arnaldo), 679, 2406.
Marconi (Nadia), 1366.
Marcos (Mar), 2772.
Marcos Marín (Francisco A.), 2027.
Marcucci (Loris), 5345.
Marcus (Ivan G.), 5663.
Marcus (Michelle I.), 277.
Marcus Aurelius Antoninus, imperatore romano, 2568.
Marcuse (Gary), 4355.
Mardam Bay (Salma), 5102.
Mareş (Al.), 328.
Mares (Antoine), 7357, 7721.
Marès (Frederic), 84.
Maresca (Adolfo), 7274.
Margherita (Gayle), 3670.
Margiotta (Franklin D.), 830.
Margiotta Broglio (Francesco), 8009.
Margo (Robert A.), 7025.
Margor (Thomasin), 4834.
Margry (Peter Jan), 5489.
Marguerite de France, Reine de Navarre, 6363, 6514.
Mari (Michele), 6378.
Maria Maddalena, 2767.

Maria Theresia, Gemahlin Kaiser Josephs I, Königin von Ungarn u. Böhmen, Erzherzogin von Österreich, 2955, 5297.
Marichal (Carlos), 5866.
Marin (Louis), 667.
Marin (Manuela), 3326.
Marini (Luigi), 6495.
Marino (G.), 6214.
Mariotti (Scevola), 6347.
Marius (Gaius), 2384, 2418.
Marker (Gary), 898.
Markesinis (Basile), 2829.
Markievicz (Constance), 6987.
Markiewicz (Henryk), 894.
Markin (S. V.), 1338.
Markkola (Pirjo), 4421.
Markonjic (Tomislav), 4079.
Markovin (V. I.), 1392.
Markovits (Claude), 4683.
Marks (Shula), 4680.
Markus, Evangelista, Sanctus 2730.
Marlowe (Christopher), 6280.
Marmion (Columba), 5502.
Marmo (Costantino), 3869.
Marongiu Buonaiuti (Cesare), 4133.
Marosi (Ernö), 3309.
Marot (Clément), 5608.
Maróth (Miklós), 1228.
Maróti (Egon), 1864.
Marques (Alfredo Pinheiro), 5373.
Marr (David G.), 5361.
Marra (Dora Beth), 6020.
Marramao (Giacomo), 737.
Marrow (James), 165.
Marsch (Ulrich), 6215.
Marsh (D.), 6072.
Marshall (Alan), 4654.
Marshall (George Catlett), 4419, 7881, 8041, 8073.
Marshall (John), 6073.
Marshall (Peter), 5402.
Marsigli (Luigi Ferdinando), 4173.
Marston Rogerus, 3870.
Marte (Fred), 8010.
Martelli (Marina), 2138.
Martelli (Michele), 6047.
Martellone (Anna Maria), 4134.
Martels (Zweder von), 436.
Martem'yanov (A. P.), 2507.
Martens (Didier), 6559.
Martens (Irmelin), 3366.
Martianus Capella, 2962.
Martin (E.), 6216.
Martin (G.), 3251.
Martin (J. H.), 3252.
Martin (J.-M.), 2913, 2947.
Martín (J. P.), 2701.
Martin (Jan), 6346.
Martin (Jean-Clément), 4158.
Martin (Jean-Pierre), 3574.

Martin (P. M.), 2407.
Martin (Rebecca R.), 5832.
Martin (Xavier), 4135.
Martín Abad (J.), 166.
Martinelli (L.), 38.
Martinena Ruiz (Juan José), 4064.
Martines (L.), 3711.
Martínez (Rafael), 3900.
Martínez Assad (Carlos), 4867.
Martínez Baracs (Andrea), 4868.
Martínez Carrillo (Maria de los Llanos), 3516.
Martínez de Luna (Don Pedro), 2960.
Martínez Pizarro (J.), 3928.
Martínez Riaza (Ascensión), 4952.
Martínez Sánchez (Consuelo), 1367.
Martinez-Fernandez (Luis), 4377.
Martinez-Pinna (Jorge), 2235.
Martin-Hisard (B.), 2914.
Martini (Fabio), 1347.
Martini (Martino), 5530.
Martiniere (Guy), 5374.
Martino (Antonio), 8011.
Martino (Gaetano), 8013.
Martinus I, Papa, Sanctus, 352, 3948.
Martinus V, Papa 3964.
Martius (Carlos Frederico vom) 424.
Martos (Juan Antonio), 1350.
Martynov (V. I.), 3819.
Marx (Karl), 6051, 6060, 6129.
Marxen (Klaus), 7267.
Mary Magdalene, v. Maria Maddalena.
Marzahn (Joachim), 1593.
Marziale (Marcus Valerius), 2390, 2546.
Masaracchia (Emanuela), 2028.
Masaryk (Tomaš Garrigue), 7567, 7605.
Maschl (Heidun), 7309.
Masefield (P.) 1120.
Masolo (D.A.), 6075.
Mason (Ellsworth), 5833.
Mason (Roger A.), 947.
Mason (Sarah L. R.), 1317.
Masquelier (Ysé), 1193.
Massafra (Angelo), 7121.
Massa-Pairault (Françoise-Hélène), 2236.
Massenzio (Marcello), 1194.
Masser (A.), 149.
Masset (Claude), 1444.
Masson (Olivier), 1865, 5766.
Mastellone (Salvo), 4783.
Masters (Jamie), 1078.
Mastrocinque (Attilio), 2197, 2610.
Mastrogregori (Massimo), 578.
Mastromarco (G.), 2029.
Mastronarde (Donald J.), 1814.

Matczuk (Alicja), 579.
Mate (Reyes), 949.
Materski (Wojciech), 7620.
Matfrid d'Orléans, 3196.
Mathelart (S.), 5958.
Matheron (Alexandre), 6076.
Matheson (Lister M.), 3882.
Mathews (Georges), 5767.
Mathews (Richard K.), 5172.
Mathews (T. F.), 216.
Mathieu-Castellani (Gisèle), 454.
Mathilde von England, Gemahlin Kaiser Heinrichs V, 3052.
Mathon (G.), 1175.
Matinuddin (Kamal), 4273.
Matisse (Henri), 6579.
Matles (David), 5768.
Matlock (Jann), 7072.
Matonti (Frédérique), 5847.
Matson (Robert W.), 7722.
Matsuda (Hiroshi), 8404.
Matsuoka (Kazumi), 8403.
Matteotti (Giacomo), 4752.
Matthaeus, Evangelista, Sanctus, 2848.
Matthew (Donald J. A.), 3149.
Matthew (H. C. G.), 4631.
Matthews (E.), 343.
Mattiello (Cristina), 5173.
Mattingly (David J.), 2508.
Mattingly (Gerald L.), 1674.
Matton (Sylvain), 3030.
Mattoso (José), 3517, 5032, 5038, 5040.
Mattusch (C. C.), 2162.
Matucci (Andrea), 3076.
Matwijowskiego (Krystyna), 865, 5005.
Mátyás, re d'Ungheria, 1113.
Mauduit (Christine), 2030.
Maupassant (Guy de), 6399, 6410, 6423.
Maurach (Gregor), 2319.
Maurel (Anne), 1273.
Maurer (John), 7651.
Maurikios, imperatore di Bisanzio, 2872.
Maurin (L.), 3037.
Mauropode (Giovanni), 2847.
Mause (Michael), 2567.
Mäusli (Theo), 6669.
Mauss (Marcel), 2606.
Mauthner (Fritz), 5993.
Maxentius (Marcus Aurelius Valerius), imperatore romano, 2374.
Maxim (Mihai), 4136.
Maximilian II von Habsburg, röm.-deutscher Kaiser, 4259.
Maximilianus, Sanctus, 2740.
Maximilien I von Habsburg, röm.-deutscher Kaiser, 3312.

Maximus Confessor, Sanctus, 2852.
Maxwell (Hope), 3150.
May (Dean L.), 5174.
May (Elaine T.), 7358.
May (Ernest R.), 7359.
May (R. A.), 103.
Mayer (C.), 1168.
Mayer (David N.), 6070.
Mayer (Roland), 2301.
Mayer (Tobias), 8490.
Mayer (W. R.), 1594.
Mayeur (Jean-Marie), 1136.
Maynard (David), 1447.
Mayoral Herrera (Victorino), 1423.
Mazal (O.), 167.
Mazarin (Jules Raymond cardinal de), 494.
Mazauric (Claude), 4493.
Mažeika (R.), 3253.
Mazières (J.-P.), 2707.
Maziers (Michel), 6883.
Mazohl-Wallnig (Brigitte), 7309.
Mazurkiewicz-Wonn (Michaela), 6560.
Mazza (E.), 5435.
Mazza (Mario), 580.
Mazzanti (A.M.), 2611.
Mazzeo (Cristina Ana), 4953.
Mazzini (Giuseppe), 4782, 4783.
Mbuy-Beya (Bernadette), 5414.
Mead (Margaret), 507.
Mead (Tom), 4244.
Meadow (Richard H.), 1402.
Mechkovskaya (N. B.), 4294.
Mechoulan (Eric), 5880.
Médard (Louis), 6217.
Medardo Rosso, 6570.
Medick (Hans), 581.
Medina Peña (Luis), 4869.
Medushevskiy (A. N.), 4137.
Medvedev (Silvester), 686.
Meel (Peter), 5189.
Mees (Ludger), 5115.
Megens (I.), 8012.
Megill (Allan), 738, 755.
Meier (Bernhard), 6679.
Meier (C.), 3673.
Meier (Christian), 1024, 5787.
Meier (Hans Jakob), 6599.
Meier (Heinrich), 942.
Meier (Ulrich), 3428.
Meillasoux (Claude), 8491.
Meinander (Henrik), 5881.
Meinel (Christoph), 6218.
Meira (Silvio), 4327.
Meirieu (Philippe), 5882.
Meiss (Klaus), 5591.
Meissner (Blanka), 4517.
Meissner (Jochen), 862.
Mel'nikovoi (A. S.), 308.

Melani (Chiara), 2409.
Melani (Silvio), 3009.
Melchionni (Maria Grazia), 8013.
Meldolesi (Claudio), 6686.
Mele (G.), 169.
Meliavacca (Orderic), 3898.
Melik (Jelka), 7268.
Melinz (Gerhard), 7073.
Melissano (Paola), 2031.
Melissen (Jan), 8014.
Melling (Joe), 7181.
Melman (Yossi), 8015.
Meloni (Giuseppe), 3065.
Meloni (Maria Giuseppina), 3254.
Melville (Elinor G. K.), 4870.
Melville (Herman), 6464.
Memling (Hans), 3788, 6559.
Men'khart (L.), 5310.
Menache (Sophia), 3648.
Ménant (P.), 3093.
Mende (Ursula), 3771.
Méndez Fernández (Fidel), 1368.
Mendoni (L. G.), 1036.
Menegus (Margarita), 7217.
Meneses Fernández (María Dolores), 1369.
Menestò (Enrico), 3728.
Menetti (Elisabetta), 3674.
Mengaldo (Pier Vincenzo), 346.
Menichelli (A. M.), 189.
Menichetti (Mauro), 2237.
Meniel (P.), 1425.
Menocal (María Rosa), 3675.
Menotti (Roberto), 7360.
Menozzi (Paolo), 783.
Mensa I Valls (Jaume), 3827.
Mentré (M.), 3796.
Mentzer (Raymond A. Jr.), 7074.
Mentzer (Raymond A.), 5609.
Mentzos (A.), 2915.
Menu (Bernadette), 1559.
Menyesch (Dieter), 7277.
Mercier (D. J.), 5457.
Mercier (R.), 2810.
Merçil (E.), 871.
Mérey (Klára), 6968.
Mergiali-Falangas (Sophia), 2916.
Merhav (Rivka), 1496.
Meriggi (Marco), 4756.
Merino (M.), 2687.
Merisalo (Outi), 345.
Merklein (H.), 2726.
Merlin (Hélène), 5769, 6379.
Merlin (Pierpaolo), 882.
Merlo (Grado G.), 4026.
Merpert (N. Ja.), 1370.
Merrilees (Brian), 3011.
Merriman (John M.), 1008.
Merritt Miner (Steven), 7723, 8016.
Mersich (B.), 167.
Merta (B.), 3133.

Mertens (Dieter), 2238.
Mertin (Jean), 6315.
Mertsalov (A. N.), 7691.
Mertsalova (L. A.), 7691.
Merwick (Donna), 8540.
Mesbahi (Mohiaddin), 8017, 8084.
Meslin (Michel), 1195.
Messina (Maria Grazia), 6484.
Mestrović (Stjepan G.), 4138.
Mészáros (Sándor), 4826.
Métayer (Ch.), 28.
Metcalf (David M.), 3367.
Metcalf (Thomas), 4685.
Méthy (Nicole), 2032, 2568.
Metochites (Theodore), 2819.
Métrévéli (Hélène), 2808.
Metselaars (H. J.), 4935.
Metzer (Françoise), 6081.
Metzger (Chantal), 7284, 8018.
Metzger (Henri), 2163.
Metzger (Laurent), 4852.
Metzger (Marcel), 3066.
Metzger (T.), 170.
Metzger (W.), 171.
Metzidakis (Stamos), 6463.
Meulder (Marcel), 1825.
Meyendorff (John), 3957.
Meyenn (Karl von), 6230.
Meyer (Andreas), 29.
Meyer (Horst), 64.
Meyer (Reinhold), 5713.
Meyers (Carol), 1653.
Meyers (Jean), 653, 3676.
Meyers (William K.), 4872.
Meyr (Georg), 8019.
Mężyński (Andrzej), 501.
Mezzadri (Luigi), 5521.
Miari (Monica), 1371.
Michaël, Sanctus, 2913.
Michalik (Boüenna), 5841.
Michalski (Jerzy), 4991.
Michalski (Stanisław), 5883.
Michaud (Francine.), 3520.
Michaud (Jean), 2986.
Micheau (Françoise), 2951.
Michel (Cécile), 1595.
Michelangelo Buonarroti, 6003, 6310, 6318, 6520, 6524.
Michelet (Jules), 385, 646, 668.
Micheletta (Luca), 7361.
Michelini (Ann N.), 1895.
Michell (John), 1445.
Midelfort (H. C. Erik), 4551.
Mierse (William E.), 2111, 2656.
Miesbeck (Peter), 4552.
Mieszko II, re di Polonia, 3247.
Miethke (Jürgen), 3553.
Migeotte (L.), 1946.
Migl (J.), 2457.
Migliardi Zingale (Livia), 3425.
Miglio (L.), 30.

Miglus (P. A.), 1596.
Migne (Jacques Paul), 669.
Mijnhardt (W. W.), 7114.
Mikat (Paul), 2773.
Mikhailovich Lotman (Yuri), 5752.
Mikhal'chenko (S. I.), 582.
Mikhaylov (A. D.), 3703.
Mikhovich (V.), 7622.
Mikhutina (I. V.), 7623.
Mikkeli (Heikki), 5771.
Miklas (H.), 194.
Miko (Arpad), 3774.
Mikulski (Krzysztof), 990.
Mila (Ernesto), 6515.
Milano (E.), 172.
Milano (Lucio), 1465.
Miles (William F. S.), 4887.
Milford (Karl), 681.
Milin (G.), 3677.
Mill (J. S.), 6730.
Millar (J. G.), 236.
Millard (Alan Ralph), 239.
Miller (Benjamin), 7556.
Miller (Linda B.), 8020.
Miller (M.), 1786.
Miller (Naomi F.), 1402.
Miller (P. A.), 2033.
Miller (P. C.), 1947.
Miller (Peter N.), 5772.
Miller (Steven E.), 8085.
Miller (Timothy S.), 2834.
Millet (Patrick-Lucien), 278.
Millet (Jean François), 6601.
Milletich (Vilma), 6863.
Milliot (Vincent), 455.
Millman (Brock), 7724.
Millon (Henry), 6520.
Mills (Kenneth), 5403.
Millward (Robert), 6794.
Milner (George R.), 8548.
Milner (N. P.), 1497.
Milojkovic-Djuric (Jelena), 5083.
Milov (L. V.), 347.
Milza (Pierre), 4785.
Mimouni (S.C.), 2702.
Min (Dok-ki), 8469.
Minami (Hiroshi), 4604.
Minas (Martina), 1516.
Minazzi (Fabio), 6220.
Minchom (Martin), 4393.
Minerbi (Sergio I.), 8021.
Mingay (Gordon E.), 6884.
Minnis (A. J.), 25.
Minns (Denis), 2774.
Miño Grijalva (Manuel), 4866.
Minois (Georges), 1196.
Minor (Vernon Hyde), 1101.
Minter (William), 4202.
Minuti (Rolando), 583.
Miotti (Mariangela), 6316.
Mir (Luis), 4328.

Miranda García (Fermín), 2968, 3299.
Miranovich (A.), 4994.
Mirhady (David C.), 2043.
Miró (J.), 6529.
Miro Gori (G.), 765.
Mironenko (S. V.), 5064.
Mises (Ludwig von), 4260.
Misiurek (Jerzy), 1198.
Miskolczy (Ambrus), 584.
Misztal (Jan), 4995.
Mitchell (Brian Redman), 884.
Mitchell (Lee Clark), 781.
Mitchell (Peter), 8492.
Mitchell (Stephen), 1498.
Mito (Tadashi), 4605.
Mittendorfer (K.), 863.
Mitterand (François), 4489, 7857, 8025.
Miyachi (Masato), 8435.
Miyajima (Hiroshi), 8190.
Miyasaki (Tomihachi), 8401.
Mizoguchi (Yūzō), 8177, 8178, 8179, 8180, 8181.
Mlechina (I. V.), 4553.
Młoczkowska (Marta), 5981.
Moatti (Claude), 2377, 2509.
Mocanu (Marin Radu), 5049.
Modigliani (Anna), 3521.
Modigliani (Amedeo), 4752.
Modras (Ronal E.), 4996.
Moeglin (Jean M.), 257, 3256.
Moeller (E.), 2987.
Moen (Eli), 4900.
Moen (William), 5764.
Moffat (Douglas), 3567.
Mogil'nitskiy (B. G.), 739, 747.
Mohila (Petro Somonovich), 5482.
Mohlig (Wilhelm J.G.), 4201.
Moilanen (Eero), 1102.
Moisescu (Titus), 3820.
Moitrieux (G.), 2657.
Mokoena (Kenneth), 5235.
Mol'nar (L. V.), 5311.
Molà (Luca), 3522.
Molas Ribalta (Pere), XVI.
Molde (Jostein), 7075.
Moles (J. L.), 1866.
Molho (Anthony), 258, 655, 889, 3300.
Molière (Jean Baptiste Poquelin), 6372, 6375, 6380.
Molik (Witold), 5884.
Molina Enriquez (Andres), 4874.
Molina Martos (Manuel), 1668.
Molinari (Francesco), 5448.
Möllendorff (P. Von), 2038.
Möller (H.), 76.
Möller (Jan), 4389.
Möller (John Christmas), 4385.
Möller (Roland), 6740.

Mollier (Jean-Yves), 4484.
Molnár (Imre), 4176.
Molnár (Judit), 5293.
Molon (Newton Duarte), 4329.
Molotov (Viacheslav Mikhailovič Skryabin), 5064, 7723, 7737.
Moltmann (Jürgen), 5645.
Momigliano (Arnaldo Dante), 585.
Mommen (A.), 4287.
Mommsen (Wolfgang J.), 697.
Monahan (Arthur P.), 3871.
Moncon'huy (Dominique), 1290.
Monet (Edgar), 6579.
Monique (Armand), 4073.
Monks (Peter Rolfe), 168.
Mönnesland (Svein), 4141.
Monnet (Jean), 7869, 8077.
Monneyron (Frederic), 6441.
Monnier (Victor), 5773.
Monroe (James), 7946, 8118.
Montagno Leahy (Lisa), 1571.
Montaigne (Michel Eiquem de), 5734, 6312, 6313, 6330, 6341, 6348, 6366.
Montanari (Enrico), 2612.
Montecchi (Giorgio), 5959.
Montero Herrero (S.), 2613.
Montesano (Marina), 805.
Montesquieu (Charles Louis de), 6017, 6045, 6077, 6125.
Montini (Giovanni Battista), 5448.
Monzali (Luciano), 651, 7362.
Moody (Sydney), 4606.
Moon (Paul), 4906.
Moonan (Lawrence), 3872.
Moór (Gyula), 7209.
Moore (John S.), 6969.
Moore (Katherine M.), 1402.
Moore (Patrick), 6221.
Moore (Pete W.), 8023.
Moore (Sara), 7624.
Moorhead (John), 2917.
Moortgat-Correns (Ursula), 1597.
Moquette (F. G.), 6853.
Mora (Bernadette), 2986.
Mora (Fabio), 2112, 2320.
Mora (V.), 2729.
Moraitou (D.), 2034.
Mora-Lebrun (Francine) 1138.
Morales (Arturo), 1647.
Morales y Marin (Jose Luis), 6563.
Morandi (Alessandro), 2239.
Morange (Michel), 1070.
Morano (Michelangelo), 4786.
Morawska (Katarzyna), 6680.
Mørck (Endre), 340.
Mordechai Rabello (Alfredo), 964.
Mordek (H.), 31.
More (Thomas), 5721.
Moreau (Alain), 2035.
Moreau (Brigitte), V.

Moreau (Jean-Pierre), 5592.
Moreau (Philippe), 2410.
Moreau De Gerbehaye (Claude), 6924.
Moreau Defarges (Philippe), 7363.
Morellet (André), 6725.
Morelli (A. M.), 1826.
Morelli (Giovanni), 6564.
Morelli (Giuseppe), 2321.
Moreman (T. R.), 7557.
Moreno García (J.C.), 1553.
Morenzoni (Franco), 3678.
Morerod (Cajetan Charles), 5563.
Morerod-Fattebert (C.), 3042.
Moreschini (Caludio), 2322, 2694.
Moreton (J.), 240.
Moretti (Franco), 1274.
Moretti (Gabriella), 1071.
Moretti (Mario), 4731.
Morgan (Hiram), 3180.
Morgan (J. R.), 2003.
Morgan (Vance G.), 6078.
Morgante (Pasquale M.), 6630.
Morgenbrod (Brigitt), 4261.
Morghen (Raffaello) 670.
Mori (Gianluca), 6079.
Moriceau (Jean-Marc), 1023, 3523, 6885.
Morillo (Stephen), 3257.
Morimoto (Yoshiki), 3476.
Morin (L.), 3679.
Morineau (Michel), 6854.
Moriwaki (Hiroshi), 8404.
Morizot (Yvette), 2164.
Morley (Morris H.), 8024.
Mormino (Gianfranco), 6222.
Mörner (Magnus), 7459, 7471.
Moro (Fanny), 6672.
Morris (Christopher D.), 3368.
Morris (Colin), 3873.
Morris (E. L.), 1426.
Morris (R. J.), 4701.
Morrison (James V.), 1948.
Morrison (Kenneth), 1184.
Morrison (Toni), 6405.
Morris-Suzuki (Tessa), 4607.
Morrone (Fiorangelo), 3069.
Morrow (John), 935.
Morsel (Henri), 6805, 6814.
Morsy (Laila Amin), 7757.
Mort (Frank), 7076.
Mortimer (Richard), 3258.
Mortland (Carol A.), 4341.
Moruo (Guo), 8249, 8250.
Moryakov (V. I.), 5774.
Mosca (Carla), 4731.
Mosca (Gaetano), 671.
Moscoloni (Maurizio), 1387.
Mose ibn Ezra, 3322.
Moseng (Ole Georg), 885.
Moser (C.), 4339.

Mosetti Casaretto (Francesco), 3874.
Moshkova (M. G.), 1446, 1456.
Moskovitz (Anita Fiderer), 3798.
Mossakowska (Wanda), 6600.
Mossler Figg (Kristen), 3689.
Mosti (R.), 3071.
Moszczyński (Tomasz), 7863.
Motoki (Yasuo), 8436.
Motomura (Akira), 6925.
Motta (U.), 3681.
Motto (Anna L.), 2569.
Moulin (Jean), 7777.
Moullec (Gaël), 5351.
Mounier-Kuhn (Pierre-E.), 6815.
Mourao (Fernando Augusto Albuquerque), 7448.
Mourelos (Y.), 7625.
Mousalimas (S. A.), 5546.
Moussa (Bantenga), 7449.
Moussa (Sarga), 414.
Mowat (Robert Case), 6080.
Moxey (Keith), 1103.
Moynahan (Brian), 5084.
Moyse (G.), 32.
Mozart (W. A.), 6658, 6681.
Mrkonjic (Tomislav), 5449.
Muccioli (Federicomaria), 1867.
Mucha (Bogusław), 5085.
Muchembled (Robert), 4184, 5775, 7077.
Muderrisoğlu (Fatih), 6516.
Mugnaini (Marco), 5116.
Muhammad, 3131.
Muhle (Robert W.), 7626.
Mühlmeier (Ewald), 3797.
Muir (Bernard J.), 3007.
Mukonoweshuro (Eliphas G.), 8025.
Mulder (A. M.), 4923.
Mulder (S.), 4787.
Muldoon (James), 4142.
Mulik (Peter), 7725.
Müller (Gerfrid G. W.), 1630.
Müller (Bertrand), 627, 5776.
Muller (F.), 456.
Müller (Frank G.J.M.), 2658.
Müller (Gerhard), 1151.
Muller (Gilbert H.), 6279.
Muller (Jean-Marie), 4485.
Müller (K. O.), 707.
Muller (K.-J.), 7627.
Muller (Kurt), 1266.
Müller (Michael G.), 4517.
Müller (Wolfgang P.), 3413.
Müller-Kessler (Christa), 1667.
Müller-Luckner (Elisabeth), 6983.
Müller-Wille (Michael), 372.
Mullett (Margaret), 2938.
Mulroy (D.), 2302.
Mundó (Anscari M.), 84.
Munier (Ch.), 2703, 2736.
Muñiz (Marta), 1350.

Munk Olsen (Birger), 33.
Munn (Mark H.), 1856.
Muñoz (Francisco Javier), 1350.
Muñoz Fernández (Angela), 4006.
Munz (Peter), 6082.
Munzi (L.), 2329.
Murad (Sebastatsi), 4233.
Murányi (Gábor), 5946.
Muratore (Mary Jo) 6380.
Muratori, 2764.
Murav'ev (A. V.), 2918.
Murav'ev (V. A.), 252.
Murgatroyd (Paul), 2353.
Murno (Irmtraut), 1554.
Murowchick (Robert E.), 8228.
Murphey (Murray G), 1229.
Murphy (Emma C.), 7876.
Murphy (John), 8026.
Murphy (Joseph M.), 5664.
Murray (Alexander Callander), 3414.
Murray (John Courtney), 5444.
Murray (Williamson), 7356.
Murrin (Michael), 6349.
Murteira (Maria Helena da Cunha), 7078.
Murto (Eero), 7238.
Musca (Giosuè), 3415.
Musche (H. F.), 2165.
Muschiol (Gisela), 3929.
Musi (A.), 741, 4739, 7424.
Mussard (Alexandre), 5364.
Musset (Lucien), 3211.
Musso (R.), 3301.
Mussolini (Benito), 5246, 7655.
Mustakallio (Katerina), 2458.
Mustapha (Dominique), 5365.
Musti (Domenico), 1949.
Mutgé I Vives (Josefina), 3524.
Muthesius (Stefan), 1104.
Mutius (Hans-Georg), 1669.
Mütterich (Florentine), 147.
Myers (K. S.), 2570.
Myers (R.), 173.
Myhre (Jan Eivind), 586, 742, 4901.
Myhre (Lise Nordenborg), 587.
Myles (Robert), 3682.

N

Na'aman (Nadav), 1598.
Naasner (W.), 4554.
Naber (Johanna), 672.
Nabli (Mahmoud), 4143.
Nabû-šuma-iškun, 1579.
Nacci (M.), 6083.
Nadel (Dani), 1372.
Nader (John), 6816.
Nag (Martin), 6291.
Nagasaki (Yōko), 8205.

Nagel (F.), 5747.
Nagel (Klaus-Jòrgen), 5117.
Nagel (Wolfram), 1670.
Nagielski (Mirosław), 4997.
Nagl-Docekal (Erta), 744.
Nagy (Blaise), 1868.
Nagy (Imre), 5292, 8071.
Nagy (Kristó), 5306.
Nagy (Zsuzsa), 5312.
Nahmer (Dieter von der), 4007.
Nahon (G.), 5665.
Nahum (Benjamín), 5356.
Nakamura (Ikuo), 4608.
Nakamura (Masanori), 4598, 4609.
Nakano (Shigeharu), 4610.
Nakash (Yitzhak), 4697.
Nakategawa (Yoshio), 1896.
Nakazato (Nariaki), 4686.
Naldini (Mario), 3849.
Nałęcz (Daria), 4998.
Nanda (K. L.), 4939.
Naoki (Kōjirō), 8437.
Naphy (William G.), 5593.
Napoléon Ier, 458, 475, 981, 4430, 4469, 4503, 7511, 7517.
Napoleon III, 4118.
Napoli (Donna Jo), 319.
Napoli (Paolo), 7206.
Napolitano (Michele), 2036.
Napolitano (Saverio), 680.
Napolitano Valditara (L. M.), 2037.
Nardi (Carla), 4725.
Nardi Spiller (Cristina), 6765.
Narinskij (Michail M.), 4788.
Narinskiy (I. M.), 7660.
Narinskiy (M. M.), 7875.
Narkiss (B.), 144.
Naso (Irma), 3469.
Nasr (Seyyed Vali Reza), 4940.
Nassar (Eugene Paul), 1105.
Nasser (Hoda Gamal Abdel), 7364.
Nasser, 7804.
Nassiet (Michel), 279.
Naster (P.), 1133.
Natali (Giulia), 6350.
Nateman (David S.), 6485.
Natoli (Claudio), 4789.
Naudé (Gabriel), 494.
Naughton (Barry), 7365.
Naumann (Claudia), 3259.
Naumann (Nelly), 5666.
Nautin (Pierre), 2835.
Nautz (Jürgen), 4263.
Navari (Cornelia), 7290, 7587.
Navarra (M.), 2459.
Navarro Espinach (Germán), 3525.
Navone (Paola), 3683.
Nayling (Nigel), 1447.
Nazarenko (A. V.), 3181.
Ndoro (Webber), 8493.
Nearchus of Crete, 2004.

Neave (Guy), 5870.
Neddermeyer (Uwe), 588.
Nedkvitne (Arnved), 3527.
Neefs (Jacques), 6456.
Neeley (Michael P.), 1319.
Neff (Donald), 8027.
Neffe (J.-C.), 4208.
Neglie (Pietro), 4790.
Negri (Antimo), 6084.
Negri (Monica), 1827.
Negro (Emilio), 6575.
Nehru (Shri Jawaharlal), 7887.
Neich (Roger), 1106.
Neils (J.), 2166.
Neirynck (F.), 1115.
Nelhans (Bertil), 4847.
Nelissen (Marc), 60, 1050.
Nellen (Henk J. M.), 5397, 6381.
Nelson (Marie C.), 5202.
Nelson (Samuel H.), 7450.
Nemecek (Jan), 7726.
Nemeskürty (István), 887, 1072.
Németh (I.), 119.
Németh (István), 5313.
Nemirovskiy (A. I.), 2411.
Nenadic (Stana), 7079.
Nenarokov (A.), 5066.
Nenci (Giuseppe), 1819.
Nencioni (Giovanni), 6442.
Nenna (Marie-Dominique), 2167.
Nepos (Cornelius), 2575.
Neratius Priscus (Lucius), 2437.
Nero (Claudius Caesar), imperatore romano, 2379, 2540, 2545, 2661.
Nerone (John), 5175.
Neroznyak (V. P.), 1766.
Nerval, 6458.
Nesbitt (John), 268.
Neschke-Hentschked (Ada B.), 5983.
Nesselrath (Heinz-Günther), 2571.
Netzer (Nancy), 3684.
Neudecker (R.), 1720.
Neumann (Iver B.), 8123.
Neumeyer (Fritz), 6545.
Neureiter (Sabine), 1555.
Neusch (M.), 1146.
Neuser (Wilhelm H.), 5580.
Neustaedter (Joseph), 4371.
Nevakivi (Jukka), 7727.
Neveu (Bruno), 589.
Neveux (Francois), 3260.
Neville (C. J.), 3416.
Newman (John Henry), 5493.
Newman (Richard), 6711.
Newton (Isaac), 1079, 6213, 6270.
Ng (On-cho), 1230.
Ngal (Georges), 1275.
Ni Mheara (Roisin), 4008.
Niaves (Paulos), 2824.
Nicacci (Alvielo), 1671.

Niccolò da Osimo, 3629.
Nicetas of Medicion, 2809.
Nicholls (A. J.), 6766.
Nicholls (David), 1137.
Nicholls (Moira), 6085.
Nichols (Ann Eljenholm), 3773.
Nicol (Donald M.), 2920.
Nicolaidis (Efthymios), 6262.
Nicolas, proèdre de Russie, 281.
Nicolaus Cusanus, 3077, 3930, 6052.
Nicolaus V, Papa, 27.
Nicolet (Claude), 2460, 2510.
Nicolini (Beatrice), 4941.
Nicollier (Béatrice), 5692.
Nicot (Jean), 4192.
Niderst (Alain), 1249.
Nie Rongzhen, 8311.
Niederehe (Hans-Josef), 312.
Niederhauser (Emil), 590.
Niederkorn-Bruck (Meta), 5491.
Nielsen (Inge), 1499.
Nielsen (Jorgen), 5407.
Nielsen (Rosemary M.), 1276.
Nielsen (Torben K.), 3417.
Niemi (Einar), 4147.
Niessen (James), 5450.
Niethammer (Lutz), 4535.
Nietyksza (Maria), 7031.
Nietzsche, 697, 6082, 6084, 6086.
Niewöhner (Friedrich), 949, 3830.
Nigdélis (Pandélis M.), 2260.
Nijenhuis (W.), 5595.
Nijman (Jan), 8029.
Nikephoros Gregoras, 2838.
Nikephoros, 2836.
Niketas Choniates, 2837, 2901.
Niketas Eugenianos, 2842.
Nikias, 1858.
Nikolay-Panter (M.), 398.
Nilgen (Ursula), 3875.
Nilsson (Anders), 7080.
Nilsson (Lars), 4076.
Nimmo (William F.), 5086.
Nincic (Miroslav), 7366.
Ninkovich (Frank), 7367.
Nique (Christian), 5885.
Nischan (Bodo), 5596.
Nishiyama (Matsunosuke), 8410.
Nivedita (Sister), 5667.
Nixon (C.E.), 2328.
Nixon (Richard Milhous), 5152.
Nizza da Silva (Maria Beatriz), 4323.
Njølstad (Olav), 6223.
Njoroge (Nyambura J.), 5404.
Nnadi (Joseph Emmanuel), 6443.
Nobel (Alfred), 6803.
Noe (A.), 499.
Noè (Eralda), 2323.
Noegel (S.N.), 1672.
Noël (Yves), 302.

Noguchi (Minoru), 8440.
Nogué-Font (Joan), 396.
Noiriel (Gérard), 746, 7081.
Nolan (Mary), 5777.
Nolte (Paul), 4556.
Nonn (Ulrich), 3208.
Nonnos, 1828, 1829, 2085.
Noonan (Thomas S.), 3369.
Nora (Pierre), 733.
Norberg (Kathryn), 966.
Nord (Philip), 7182.
Nordberg (Erkki), 7368.
Norden (Eduard), 673, 1173.
Nordhoff (Claudia), 6565.
Nordvik (Helge W.), 4902.
Noreen (Erik), 8031.
Norelli (Enrico), 2714.
Noret (Jacques), 3739.
Norrington (Charles), 6351.
North (John David), 6224.
North (Robert), 1164.
Notebaert (Alexandre), 4274.
Noth (Albrecht), 591.
Novarese (Daniela), 7239.
Novopashin (Yu. S.), 4154.
Nowak (Andrzej), 7558.
Nowak (Zenon Hubert), 3048.
Nowakowski Baker (Denise), 3685.
Nowell (Gregory P.), 7628.
Noyé (Ghislaine), 3164.
Nugent (Daniel), 4862.
Nuhoğlu (H. Y.), 871.
Nunes Torres (David), 5631.
Núñez Contreras (L.), 35.
Nuñez Rodriguez (Manuel), 7105.
Nunn (Patrick D.), 8546.
Nünning (Vera), 7082.
Nur (Balkan-Atlï), 1373.
Nur (Rıza), 5265.
Nussbaum (M. C.), 1950.
Nuti (Leopoldo), 8022.
Nyboe Andersen (Paul), 8032.
Nyman Metcalf (Katrin), 4399.
Nyström (Per), 5203.

O

O'Brian (J. V.), 2113.
O'Brian (Patrick), 6566.
O'Callaghan (Margaret), 4706.
O'Carragain (Eamonn), 3931.
O'Connell (Marvin R.), 5436.
O'Connor (June), 1184.
O'Doherty (Colm), 5437.
O'Mahony (Felicity), 3755.
O'Malley (Michael), 6225.
O'Meally (Robert), 559.
O'Neill (John), 1231.
O'Phelan Godoy (Scarlett), 7472.
O'Regan (Cyril), 6090.

O'Rourke (Kevin), 6767.
Oakley (Allen), 6730.
Oakley (J. H.), 2168.
Obad (Stijepo), 878.
Obeng (Pashington), 8474.
Obermann (Heiko Augustinus), 861.
Oberste (Jörg), 3990.
Obon (Concepcion), 1407.
Ochiai (Emiko), 4612.
Ochino (Bernardino), 6003.
Ochs (Peter), 5223.
Ockham (William of), 3868, 3904.
Oddi (Muzio), 6189.
Ōe (Shinobu), 4613.
Oeser (Wolfang), 36.
Oexle (Otto Gerhard), 682, 3518.
Offer (Avner), 7002.
Offler (H. S.), 3904.
Ogawa (Kazuhisa), 7369.
Ogden (Daniel), 1897.
Ogilvie (Sheilagh), 1027.
Ogilvie-Forbes (George), 7742.
Ōguchi (Yūjirō), 8441.
Ohashi (Ryosuke), 6088.
Ohlander (Ann-Sofie), 7083.
Ohlsson (Rolf), 5204.
Oikonomides (Nicolas), 268, 2808, 2921.
Ojeda Torres (Juan Matías), 2261.
Okada (Shōji), 8442.
Okamoto (Takashi), 8313.
Okano (Masazumi), 5668.
Okimori (Takuya), 8443.
Okolo (Julius Emeka), 8053.
Okoniewska (Barbara), 5000.
Okváth (Imre), 5314.
Olasz-Eke (Dagmar), 6392.
Oldcorn (Anthony), 5561.
Oldoni (Massimo), 3686.
Oldrini (Guido), 6089.
Olender (Maurice), 1073.
Olin (Karl-Gustav), 4422.
Olinto (Antonio), 1278.
Olivier (Jean-Pierre), 1769.
Olivieri (Claudio), 4557.
Olkowski (Dorothea), 6026.
Olmsted (Garret S.), 1449.
Olsen (Mark), 4486.
Olshausen (Eckart), 430.
Olson (James S.), 793.
Olsson (Torsten), 7084.
Olster (David), 2922, 3321.
Olszewski (Andrzej M.), 3799.
Omer Cooper (J. D.), 5234.
Onasch (Hans-Ulrich), 1556.
Onorio da Maglie (Giovanni), 71.
Onozawa (Toru), 8034.
Op De Beeck (Bart), 130.
Opaliński (Edward), 7495.
Orabona (Luciano), 3151.
Orchard (Andy), 3687.

Ordericus Vitalis, 3897.
Ordyłowski (Marek), 5001.
Oredsson (Sverker), 592.
Orelli (Giovanni), 5215.
Orgeur (E.), 3035.
Oricus de Capriana, 3607.
Oris (Michel), 775, 994.
Orlandelli (G.), 37.
Orlandi (Angela), 3457.
Orlandi (Giuseppe), 5415.
Orlando (Ermanno), 3103.
Ormond (Thomas), 7269.
Ormos (Mária), 6091.
Ornato (Ezio), 178.
Ornstein (L. S.), 6198.
Orofino (Giulia), 179, 3915.
Orriols I Alsina (Anna), 180.
Orrman (Eljas), 59.
Orsenigo (Luca), 6444.
Orsini (Vicinio), 6533.
Ørsted (Peter), 2502, 2512.
Ortalli (Gherardo), 908, 3152.
Ortaylı (İlber), 890, 980.
Ortega Canadell (Rosa), XVI.
Orth (Peter), 2822.
Ortiz (Eduardo), 5886.
Orwell (George), 1747.
Orwin (Clifford), 2039.
Osbat (Luciano) 5415.
Osborne (M. G.), 343.
Osborne (Michael A.), 6227.
Osborne (Robin), 1751, 2116, 2125, 2147, 2170.
Osiander (Andreas), 7371.
Oskar II, re di Svezia e di Norvegia, 5199.
Osler (Margaret J.), 6092.
Osmaston (Henry), 5640.
Östberg (Kjell), 6772.
Ostenc (Michel), 5887.
Ostens (Nähen), 596.
Osterhammel (Jürgen) 916, 8183.
Ostoja-Zagorski (Janusz), 628.
Osvaldus, Sanctus, 4012.
Ōtake (Hideo), 4614.
Othenin-Girard (Mireille), 3529.
Otranto (Giorgio), 2888.
Otte (Marcel), 1343.
Otten (Heinrich), 1631.
Otten (Willemien), 3846.
Ottenberg (June C.), 6685.
Ottmer (Hans-Martin), 4390.
Otto (Christian F.), 6510.
Otto (D.), 1747.
Otto I, röm.-deutscher Kaiser, 3952.
Otto III, röm.-deutscher Kaiser, 61.
Ouellette (Gabriel-Pierre), 2040.
Ousterhout (Robert), 3778.
Ovendale (Ritchie), 4636, 8037.
Overgaauw (E. A.), 5492.
Overy (R. J.), 4559.

Ovidius Naso (Publius), 2297, 2298, 2341, 2346, 2539, 2541, 2558, 2570, 2584, 2593, 2626, 6311.
Owen (Alex), 7085.
Owen (D. D. R.), 168.
Owen (Olwyn), 3370.
Owen Hughes (Diane), 3530.
Owens (Edwin), 1511.
Owensby (Jacob), 752.
Owram (Doug), 4345.
Oxley (Deborah), 7183.
Oy-Marra (Elisabeth), 6567.
Ozaki (Hideo), 3956.
Özal'in (Turgut), 822.
Ozbaren (Salih), 5266.
Özcan (Abdulkadir), 891.
Ozdemir (Mustafa), 6970.
Öztürk (Necdet), 5267.

P

P'yankova (L.), 1406.
Pabst (Bernhard), 3688, 3876.
Pacaut (Marcel), 3991.
Pace (Cristina), 2041.
Pach (Zsigmond Pal), 5315.
Pacheco Farfan (Juvenal), 6093.
Packer (James E.), 2659.
Padberg (L. E. von), 193.
Paden (William D.), 546.
Padgett (Stephen), 4519.
Padilla Monge (A.), 1500.
Padoa Schioppa (Antonio), 4487, 7270.
Padoan (Giorgio), 6353, 6386.
Paga (Lesław Andrzej), 6920.
Pagano (Mario), 7212.
Pagarolas I Sabaté (Laureà), 56.
Pagden (Anthony), 5118.
Page (J.), 1190.
Page (John R.), 5493.
Paggi (Leonardo), 593.
Pagliaro (Antonino) 333.
Paillard (Yvan G.), 7425.
Paine (Tom), 7522.
Painter (David S.), 7370.
Painter (Nell Irvin), 6225.
Pais (Ettore), 674.
Pajewski (Janusz), 7629.
Pajkossy (Gábor), 5316.
Pakulski (Jan), 4992.
Paladino (Ida), 2614.
Palagia (O.), 2124, 2171.
Palazzo (Eric), 3932.
Pale (Erkki), 4423.
Palladio (Andrea), 6500.
Palm (L. C.), 6266.
Palma (Ricardo), 4949.
Palmer (Donald D.), 6094.
Palmer (John Joseph N.), VII.

INDICE DEI NOMI

Palmer (Ruth), 1767.
Palmer (William), 7496.
Palmer Domenico (Roy), 8038.
Palmerston, 7534.
Palumbo (Bernardino), 303.
Palumbo (Genoveffa), 806.
Palumbo (Matteo), 6445.
Pamuk (Ÿevket), 1025.
Panaiotov (Nikolai), 2869.
Panaitescu (P. P.), 1026.
Pancera (Carlo), 5889.
Pancheri (A.), 3082.
Panciera (Silvio), 2646.
Panciera (Walter), 7184.
Panecki (Tadeusz), 7749.
Panella (Clementina), 2513.
Panella (E.), 3044.
Panero (Fracesco), 4055.
Paniagua (Juan A.), 3877.
Pankowicz (Andrzej), 4183.
Paoletti (Aglaia), 5691.
Paoletti (Maurizio), 2412.
Paoli (M.), 182.
Paolini (Lorenzo), 4034.
Paolus II, Papa, 3000.
Paolus V, Papa, 3681.
Paolus VI, Papa, 5442.
Papa (Antonio), 7086.
Papa (Giovanni), 2262.
Papachryssanthou (Denise), 2808.
Papadakis (Aristeides), 3957.
Pape-Carpantier (Marie), 5859.
Paperno (Irina), 5537.
Paping (Richard F. J.), 7087.
Papon (Maurice), 4445.
Pappas (Lee Brigance), 793.
Pappas (Nicholas C. J.), 793.
Paraboschi (Germana), 6095.
Paracchini (Fabio), 6612.
Paravicini (Werner), 368, 3689.
Paravicini Bagliani (Agostino), 272, 3236, 3711, 3958.
Pardini (Alessandro), 2042.
Pardo Tomás (José), 6228.
Parenti (Piero di Marco), 3076.
Parise (Nicola Franco), 2209.
Parisse (Michel), 415, 3255, 4051.
Parissien (Steven), 6517.
Parker (Matthew), 3022.
Parker (Robert Alastair Clarke), 7728.
Parker (Steve), 6229.
Parkes (Malcom Beckwith), 3690.
Parkhurst Ferguson (Priscilla), 5779.
Parkinson (Dilworth B.), 332.
Parler (D.), 3838.
Parmelee (Lisa Ferraro), 5960.
Parmigianino, 5933.
Parrish (David), 2660.
Parronchi (Alessandro), 3775.
Parshall (Peter), 148.

Parsons (David), 3371.
Pascal (Jean-Noël), 6087.
Paschalis (Michael), 2324.
Pasche (Veronique), 3668.
Paschoud (F.), 2839.
Pašić (Nicola), 4817.
Pasquali (Giorgio), 675.
Passalacqua (Marina), 3691.
Passat (V. I.), 4976.
Pasta (Renato), 4722 .
Pastoreau (Michel), 280.
Paszkiewicz (Piotr), 7693.
Paszkowska (Urszula), 501.
Pásztor (E.), 665.
Pasztor (Maria), 7630.
Patch (Robert W.), 7473.
Patell (Cyrus R. K.), 1255.
Paterson (Thomas G.), 8039.
Patlagean (Evelyne), 2923.
Patlagean (Evelyne), 3320.
Patri (S.), 281.
Patrias (Carmela), 4349.
Patricius, Sanctus, 2979.
Patrick (Joyce), 4656.
Patschovsky (Alexander), 3901.
Patterson (John R.), 2413.
Patterson (Nerys), 3531.
Paul (Ina Ulrike), 854.
Paul (William), 6688.
Pauli (Heinrich), 3077.
Pauli (Wolfgang), 6230.
Paulin, 2707.
Paulus Diaconus, 342, 3078.
Paulus, Sanctus, 2681, 2733, 2782, 5564.
Pauly (Michel), 994, 3302.
Páva (István), 7373.
Pavičić (Slavko), 4372.
Paviot (Alain), 6601.
Pavlenko (N. G.), 7758.
Pavličević (Dragutin), 892.
Pavlinović (Mihovil), 5780.
Pavlov (Yuri), 8040.
Pavlovic (Pavas), 4373.
Pavlushenko (M. I.), 6153.
Pavone (Claudio), 4791.
Pawlak (Marian), 5597.
Paxson (James J.), 3692.
Payaslian (Simon), 8041.
Payen (Pascal), 656.
Payne (Anthony), 8042.
Pazos (Ma. Lluisa), 334.
Peach (Trevor), 126, 183.
Peacock (D. P. S.), 2172.
Péan (Pierre), 4489.
Pearson (David), 184, 5961.
Pearson (J. D.), 8484.
Pearson (Lynn F.), 6518.
Pecere (Oronzo), 3915, 3988.
Pech (Rémy), 6877.
Pecorari (P.), 4781.

Pedani Fabris (Maria Pia), 4078, 5268.
Pedemonte Demeglio (Paola), 2768.
Peden (A. J.), 1557.
Peden (Alison. M), 3693.
Pederin (Ivan), 7507.
Pedersen (Frederik), 3418.
Pedreira (Jorge Miguel Viana), 5035.
Pedrini (A.), 5494.
Pedullà (Gianfranco), 6446.
Peel (Mark), 7088.
Peers (Douglas M.), 7435.
Peers (Laura), 4350.
Peet Foley (Helene), 1929.
Pehaut (Yves), 7426.
Pei (Monong), 8314.
Pelaja (Margherita), 7089.
Pelhisson (Guillaume), 3079.
Pelikan (Jan), 8043.
Pelikan (Jaroslav), 1140.
Pelinka (A.), 4249.
Pélissier (Jean), 7641.
Pelker (Barbel) 6681.
Pellat (C.), 1181.
Pellegrini (Marco), 7090.
Pellegrini (Vincenzo), 7451.
Pelling (Margaret), 7091.
Pelosi (Guido), 7185.
Pelton Johnson (Teresa), 8085.
Pelzer (Erich), 916.
Pemberton (John), 4690.
Peng (Pai), 8300.
Penglase (Charles), 2114.
Penkover (Monty Noam), 4721.
Penna (R.), 2775.
Pennell (C. R.), 6856.
Pennington (M. Basil), 5451.
Pennitz (M.), 2461.
Penteli (Stavros), 4365.
Penth (Hans), 5670.
Pepłoński (Andrzej), 5002.
Perea (Alicia), 1382.
Pereira (Miriam Halpern), 5036.
Perelman (Françoise), 2981.
Pérez (Christine), 2514.
Pérez (Sara), 1350.
Perez Higuera (Teresa), 3776.
Pérez Pastor (C.), 68.
Perez Torrico (Alexis), 4306.
Perez-Stable (Marifeli), 4378.
Periklēs, 1877, 1898, 1933.
Perin (Roberto), 7374.
Perini (Leandro), 630, 646.
Perini (R.), 1349.
Perkins (Judith B.), 2572.
Perkowska (Urszula), 5890.
Perler (Dominik), 6096.
Perlin (Frank), 7092.
Pernot (Michel), 4490.
Perol (C.), 348.
Peroni (Renato), 2200.

Perrault, 6380.
Perregaux (Béatrice), 6689.
Perret (Edmond), 5617.
Perri (A.), 40.
Perria (Lidia), 2924.
Perrin (Éric), 1951.
Perrone (L.), 2776.
Perry (Duncan M.), 8044.
Perry (J.), 7168, 7186.
Perry (John Curtis), 7559.
Perry (Mark), 8045.
Persiani (Carlo), 1404.
Pertici (Roberto), 694.
Pertusi (Chiara), 2925.
Perugi (Maurizio), 3695.
Perugini (Marco), 6447.
Peruzzi (Emilio), 2210.
Pervain (Viorica), 2998.
Pescarolo (Alessandra), 6817.
Pesch (Otto Hermann), 3878, 5452, 5598.
Pescini (I.), 16.
Pescosolido (Guido), 4756, 6886.
Pesely (George E.), 2044.
Peset (Mariano), 7217.
Pesetti (S.), 2211.
Pessina (Adriano), 6097.
Pestman (P. W.), 1558.
Petain, 7669.
Peter (Ricardo), 8046.
Peter (Rodolphe), 5599.
Peter of Cele, 3644.
Peterman (Glen L.), 1472.
Peters (F. E.), 4205.
Peters (Marie), 7427.
Peters (Marion), 185.
Peters (R.), 140.
Peters (R.), 1469.
Petersen (Jens), 4779.
Petersen (Jensen), 4560.
Petersen (Ladewig), 4391.
Petersen (Nikolaj), 8047.
Petersen (Traute), 854.
Petersohn (Jurgen), 3182, 3933.
Peterson (Lena), 3372.
Peterson (Paul E.), 7378.
Petersson (Bo), 8048.
Pétery (György), 5319.
Petit (Aimé), 3054.
Petit (Carlos), 3419.
Petit (Christophe), 6703.
Petiteau (Natalie), 6818.
Petito (Antonio), 6448.
Pető (Andrea), 7146.
Petneki (Áron), 3153.
Petralli (Alessio), 5901.
Petrarca (Francesco), 3081, 3083, 3656, 6350.
Pétrequin (Pierre), 1320.
Petrina (Alessandra), 3696.
Petrocchi (G.), 3618.

Petronius, 2049, 2565, 3628.
Petropoulos (J. C. B.), 2045.
Petrov (Petur), 4846.
Petrov (Vladimir), 8049.
Petrov (Yu. A.), 6903.
Petrović Njegoš (Pietro), 7649.
Petrovics (István) 1011.
Petrucciani (Alberto), 5962.
Petrucciani (Stefano), 6098.
Petrus de Ebolo, 3084.
Petrus, Sanctus, 2909.
Petry (Carl F.), 3339.
Pettazzoni (Raffaele), 1128.
Pettegree (Andrew), 5565.
Pettit (Thomas), 3613.
Pettitt (Stephen John), 6690.
Petzina (Dietmar), 8050.
Petzl (Georg), 1773.
Petzold (Karl-Ernst), 1869.
Peuker (P.M.), 5671.
Peura (Simo), 5600.
Peyrefitte (Alain), 5789.
Pezzino (Paolo), 4770.
Pfeiffer (Ida), 5128.
Pfister (Christian), 6971.
Pfister (Ulrich), 6926.
Philbin Iii (Tobias R.), 7632.
Philes (Manuel), 2846.
Philetas, 1818.
Philipp (T), 596.
Philippart (Guy), 4002, 4009.
Philippe le Bon de Bourgogne, 3790.
Philippos II, re di Macedonia, 1706, 1713, 2057.
Phillips (Henry), 6382.
Phillips (Patricia), 1374.
Philostratus, 2132.
Philp (Brian), 1450.
Photius, 1832, 2840.
Phougias (Methodios G.), 5672.
Piacente (Itala), 2993.
Piamaria (P. Giovanni), 5528.
Pianowski (Zygmunt), 3532.
Piazza (Alberto), 783.
Piazzoni (Ambrogio M.), 3880.
Picard (Jean-Francois), 6248.
Picard (Olivier), 1952.
Picasso (Pablo Ruiz), 6536, 6540, 6566, 6576, 6584, 6585.
Piccaluga (G.), 1199.
Picchi (Arnaldo), 6686.
Piccialuti (Maura) 5453.
Piccione (Rosa Maria), 2046.
Piccirilli (Luigi), 2047.
Piccolomini (R.), 2727.
Piccone Stella (Simonetta), 7094.
Pichler (Ernst), 6691.
Pichler (Eva), 4265.
Pichler (Tibor), 5103.
Pickard (William j.), 4247.
Picó (Fernando), 5046.

Pico della Mirandola (Giovanni), 6132, 6143.
Picone (Michelangelo), 3843.
Piepho (Lee), 3697.
Pier (Jean-Paul), 6178.
Pier (M.), 480.
Pier (Raymond A.), 2048.
Pier Damiani, 3918.
Pieretti (A.), 2727.
Pieri (Piero), 6383.
Piero della Francesca, 2925.
Pierre d'Ailly, 3895.
Pierson Prior (Sandra), 3698.
Pierucci (Paola), 6745.
Pietersz (Doen), 6573.
Pietilä (Anna-Maija), 4404.
Pietri (Charles), 1188.
Pietro di Alvernia, 3863.
Pietschmann (Horst), 862.
Pignatti (Omer), 6643.
Pikhaus (D.), 2263.
Pilch (Andrzej), 8051.
Pilih (Brane), 846.
Pilinyi (Péter), 6819.
Piltz (Elisabeth), 2926.
Pinches (John Harvey), 259.
Pindaros, 2049.
Pinel (Vincent), 6692.
Pinelli (Lucia), 5, 3124.
Pinkard (Terry), 6049.
Pino (Francesca), 4722.
Pinson (Mark), 4314.
Pintev (Stojan), 7729.
Pinto (António Costa), 5037.
Pinto (Raffaele), 3699.
Pintoin (Michel), 3085, 3985.
Piotrowicz (Ludwik), 416, 2424.
Piper (Franciszek), 7694.
Pippidi (Andrei), 893, 1200.
Pirie (David B.), 1282.
Pirondini (Massimo), 6575.
Pironet (F.), 3032.
Pirozynski (Jan), 1083.
Pisano (Nicola), 3798.
Pisarev (Yu. A.), 7631.
Pischedda (Carlo), 4724.
Piscopo (Ugo), 6448.
Pisi (Paola), 2115.
Pispala (Elisa), 59.
Pitassi (Maria Cristina), 5568.
Pitt (William), 7427.
Pittaluga (Stefano), 3700.
Pittaway (Mark), 7146.
Pittman (Holly), 282.
Pius II, Papa, 3000.
Pius V, Papa, 5449.
Pius VI, Papa, 5441.
Pius VII, Papa, 5441.
Pius IX, Papa, 5494.
Pius XI, Papa, 7648.
Pius XII, Papa, 7713.

INDICE DEI NOMI

Pivovar (E. I.), 4161.
Pizzolato (Luigi F.), 2273.
Pladevall (A.), 2777.
Plana Mallart (Rosa), 1748.
Planchart (Alejandro Enrique), 3805.
Plant (Ian M.), 1870, 1968.
Plantey (Alain), 7375.
Platearius, 2952.
Platelle (Henri), 4018.
Plato, 1256, 1747, 1802, 1806, 1833, 1843, 1967, 2001, 2011, 2015, 2022, 2050, 2052, 2072, 2074, 5986.
Platt (Jennifer), 5781.
Platter (Charles), 1834.
Plazanet-Siarri (N.), 2707.
Plazenet (Laurence), 1835.
Plećaš (Dušan), 4374.
Plechanov (Georgij Valentinovič), 5070.
Pleshkov (N.), 7548.
Plett (H. F.), 6359.
Plezia (Marian), 3067.
Pleziowa (Zofia), 2982.
Plinius Secundus (Caecilius), 2325, 2326, 2487.
Plinius Secundus (Gaius), Maius, 2293, 2587.
Plōtinos, 2078.
Plotkin (Mariano), 4221.
Plowman (Piers), 186.
Ploutarchos, 1981, 2096, 2098.
Poccetti (Paolo), 2212.
Pocock (J. G. A.), 664, 953.
Podes (Stephan), 1898.
Podgaetskiy (V. V.), 5276.
Podgorecki (Adam), 5003.
Podhorodecki (Leszek), 5004.
Podmore (William A.), 7730.
Podosinov (A. V.), 2414.
Poggi (Stefano), 6240.
Poggiolini (Ilaria), 7695.
Pogliano (Claudio), 1082.
Pöhlmann (Egert), 2327.
Poidevin (Raymond), 8052.
Poinssac (Béatrice), 6231.
Pointon (Marcia), 6466.
Poirel (Dominique), 3701.
Poiret (Pierre), 5567.
Poirier (Germain), 6385.
Pók (Attila), 6486.
Pokivaylova (T. A.), 5056.
Polak (Emil J.), 3702.
Polanyi, 6106.
Polek (Krzysztof), 3212.
Polemis (Joannis), 2826.
Polgár (László S. J.), 5510.
Poliziano (Angelo), 3586.
Polizzi (Gilles), 6315.
Polizzotto (Lorenzo), 5495.
Pollard (John F.), 7340, 7372.

Pollard (Richard), 1435.
Polley (Reiner), 57.
Pollini (Nadia), 3303.
Pollmann (Karla), 2778.
Polo (Marco), 8364.
Pölöksei (Ferenc), 5320.
Polonskaia (Liudmila R.), 8202.
Polsky (Jury), 8054.
Polyakov (Yu. A.), 5068.
Pomata (Gianna), 2462, 6232.
Pomeroy (Sarah B.), 1836, 1929.
Pompei (Gianfranco), 8055.
Pompeius Trogus, 2271, 2306, 2542.
Pomponazzi (Pietro), 6141.
Ponce Leal (Joaquim), 4330.
Pongratz-Leisten (Beate), 1599.
Pons (Silvio), 8056.
Pontani (Aanna), 2837.
Pontius, 2707.
Ponton (Geoffrey)
Pontormo (Jacopo Carucci), 6558.
Pontrandolfo (Angela), 2213.
Poole (W.), 2051.
Poor (János), 5321.
Pop (Ioan-Aurel), 3154.
Popa (Opritsa D.), 5047.
Popa (Radu), 3155.
Popkin (Richard H.), 5649.
Popkov (Yu. V.), 7474.
Popova (I. F.), 8316.
Popper, 6106.
Pöppingheghe (Rainer), 5892.
Porcelli (Bruno), 6354.
Porciani (Ilaria), 5902.
Porokh (I. V.), 563.
Porphyrius, 2009.
Porqueras (Mayo A.), 5951.
Porqueres (Enric), 807.
Porras Arboleda (Pedro A.), 3420.
Porres Tamago (Pedro Baptista), 5531.
Porret (Michel), 7093.
Porte (Danielle), 2415.
Porteau-Bitker (A.), 3421.
Portefaix (L.), 2779.
Porter (Andrew), 7428.
Porter (Bruce D.), 895.
Porter (D. W.), 349.
Porter (R.), 6103.
Porter (Roy), 1054, 7095.
Portes (Jacques), 4351.
Portet (Pierre), 304.
Portugal (Maria Idalina), 896.
Portus (Æmilius), 6336.
Pos (H. J.), 6028.
Pöschl (Viktor), 1719.
Possidius, 2707.
Postel-Vinay (Gilles), 6918.
Pot (G. P. M.), 7096.
Pot (O.), 5601.
Potkowski (E.), 3304.

Pótó (János), XIX.
Poton (D.), 5389.
Pötscher (Walter), 1768.
Potter (D.), 2416.
Potts (A. D.), 1107.
Potts (Daniel T.), 1675.
Pouilloux (Jean), 1871.
Poujol (Jacques), 5602.
Poujol (Olivier), 417.
Poulat (Emile), 5405.
Pouliquen (M.), 4430.
Poulot (Dominique), 502.
Poulsen (E.), 2173.
Poumarède (Jacques), 981.
Pound (Ezra), 1276.
Pounds (N. J. G.), 1074.
Pouppard (Paul), 5427.
Poussin (Nicolas), 6532, 6572.
Poutet (Y.), 5514.
Powaski (Ronald E.), 8057.
Powell (Andrew), 5673.
Powell (Anton), 1753, 2052.
Powell (Timothy E.), 3533.
Powierski (Jan), 3263.
Powitz (G.), 187.
Poznanski (R.), 4492.
Pozza (M.), 2954.
Pozzi (Regina), 4480.
Pracchia (Stefano), 1315.
Prados Torreira (Lourdes), 1321.
Prairiat (Eirick), 1075.
Prak (Maarten), 597, 7097.
Prakash (Gyan), 598.
Pranger (M. B.), 3884.
Pratesi (Alessandro), 41.
Prato (Giancarlo), 42.
Prayron (Friedhelm), 2241.
Preda (Constantin), 853.
Prédal (René), 6614, 6693.
Preissler (H.), 1130.
Prendergast (John), 4397.
Prendergast (Maurice), 6583.
Pressouyre (Leon), 3978.
Preston (Paul), 5119.
Preto (Paolo), 4792.
Prévost (Claude-Marcel), 5782.
Prevost (M.), 844.
Prevot (Brigitte), 3534.
Prezzolini, 6570.
Price (Arnold H.), 3535.
Price (J. L.), 4924.
Prijs (D.), 220.
Primas (Hugh), 3665.
Prince (Stephen), 8059.
Princi Braccini (G.), 350.
Prinčič (Jože), 5109.
Prins (Piet), 4925.
Prins Salomon (Herman) 5631.
Prinz (Friedrich), 4010.
Prinzing (Günther), 2927.
Pritchett (W. K.), 1749.

Pritz (Pál), 4156, 5279, 7731.
Probert (Eric D.), 260.
Prochasson (Christophe), 4431.
Prodi (Paolo), 1006.
Profeti (Maria Grazia), 6694.
Prokhorov (G.M.), 3088.
Proklos, 2100.
Proksch (Constance), 3992.
Propertius Aurelius (Sextus), 2276, 2330, 2355.
Prosdocimi (Luigi), 1182.
Prosińska-Jackl (Maria), 608.
Prosperi (Adriano), 5406, 5415.
Prost (Antoine), 684, 7187.
Protevi (John), 241.
Prousis (Theophilus C.), 4669.
Provero (Luigi), 3422.
Providenti (Elio), 685.
Provost (James H.), 5425.
Prudhomme (Claude), 1131, 5438.
Prus (B.), 220.
Pryser (Tore), 7760.
Przybylski (Ryszard), 2731.
Przymusiała (Andrzej) 5981.
Psellos (Michaēl Kōnstantinos), 2818, 2831, 2832, 2833.
Pseudo Alexandros Aphrodisieos, 1838.
Pseudo Xenophōn, 1893.
Ptak (Roderich), 8189.
Publilius (Syrus), 2565.
Pucci (Giuseppe), 753.
Pucci (Miriam Ben Zeev), 2331.
Pucci (Pietro), 2117.
Puget (Catherine), 6569.
Pugliese Carratelli (Giovanni), 1632.
Puhle (Hans Jürgen), 7150.
Pullen (Daniel J.), 1405.
Pulsiano (Philip), 75, 3704.
Pulsoni (C.), 3705.
Pundik (Ron), 8060.
Punzi (A.), 3706.
Puosseur (H.), 6646.
Puppa (Paolo), 6686.
Puppi (L.), 5783.
Purdon (Liam O.), 3373.
Purdy (Anthony), 1254.
Puri (Baij Nath), 600, 8198.
Püski (Levente), 5322.
Put (Eddy), 5496.
Putnam (Hilary), 1234.
Putti (M. L.), 150.
Pye (Michael), 1141.
Pyrrhon, 1978.
Pytlas (Stefan), 7098.

Q

'Qatraya (Dadišo), 2806.
Qi (Shirong), 8317.
Qiang (Zhai), 8318.
Qiao (Zhongrong), 8319.
Qichao (Liang), 8214.
Qu (Qiubai), 8320.
Quack (Joachim Friedrich), 1561.
Quadri (R.), 3029.
Quaglioni (Diego), 3939, 3959.
Quaquarelli (Leonardo), 5954.
Quarenghi (Antonio), 3681.
Quataert (Donald), 850.
Quazza (Guido), 4734.
Queruel (D.) 3093.
Quijada (Mónica), 4954.
Quilici (Lorenzo), 2668.
Quilici Gigli (Stefania), 2515, 2668.
Quillet (Jeannine), 3886.
Quillien (Philippe-Jean), 6100, 6395.
Quinn (William A.), 6356.
Quinones (Ricardo J.), 3707.
Quintana Cifuentes (E.), 1600.
Quintero Palacios (Silvana), 390.
Quinto (Riccardo), 3887.
Quirini-Popławska (Danuta), 370.
Quondam (Amedeo), 5918, 5926, 5953, 5963.

R

Rabano Mauro, 486.
Rabbie (Edwin), 5397, 5603, 7275.
Rabe (Hors), 3901.
Rabearimanana (L.), 7452.
Rabelais, 6321, 6329, 6340.
Rabenau (K. von) 192.
Rabikauskas (Paulus, P.), 58.
Rabirius, 2455.
Rabotti (Giuseppe), 3053.
Raceanu (Mircea), 5057.
Rachuba (Andrzej), 990.
Racine (Jean), 6371, 6380, 6382, 6388, 6389.
Racioppi (Linda), 8061.
Rackham (James), 3477.
Radeff (Anne), 5225.
Rădescu (Nicolae), 5054.
Radi (Giovanna), 1322.
Radkau (Joachim), 7099.
Radke (Gerhard), 2214, 2615.
Radmilli (Antonio Mario), 1327.
Răduțiu (Aurel), 2998.
Raeff (Marc), 943.
Raepsaet-Charlier (Marie-Thérèse), 2516.
Raffaelli (Marina), 4728.
Raftery (Barry), 1451.
Rafti (P.), 43.
Ragaz (Cheri), 418.
Rager (Catherine), 1108.
Raghavan (G. N. S.), 4687.
Rahman (H.), 8062.
Rahn (Kerstin), 4035.
Raidt (Edith Hildegard), 351.
Raimondi (Ezio), 1281, 1288, 6294, 6357, 6449.
Rainer (Gömmel), 6731.
Rainer (Klump), 6731.
Rainer (M. János), 8063.
Rainerius Pisis, Sanctus, 3873.
Rais (Rasul Bux), 4187.
Rajkov (B.), 194.
Rajšp (Vincenc), 427.
Rákosi (Mátuás), 5295.
Ramage (E. S.), 2574.
Ramamurthi (T. G.), 8064.
Ramanathan (Indira), 4691.
Rambo (Elizabeth L.), 3708.
Ramet (Sabrina Petra), 8065.
Ramirez (Francisco Xavier), 4359.
Ramirez-Vaquero (Eloísa), 2968.
Rammuny (Raji M.), 332.
Ramon (Vicente), 2575.
Ramos (Rui), 5038.
Ramou-Hapsiadi (A.), 1750.
Ramsey (F. M. R.), 3005.
Randall (Stephen J.), 8066.
Randeraad (Nico), 4926.
Randi (Eugenio), 3848.
Rando (Daniela), 4036.
Ranft (Andreas), 3536.
Ranieri (Filippo), 3403.
Ranke (F.), 3021.
Ranke (Leopold von), 552, 676.
Rankin (Susan), 3821.
Ranum (Orest), 601.
Ranzato (Gabriele), 4117.
Rao (Annamaria), 7519.
Rao (S. Balachandra), 1077.
Rapacki (Adam), 8154.
Raphael (Lutz), 625.
Raposo (Eduardo), 4315.
Rappard (William E.), 5773.
Rappoport (P. A.), 3801.
Rask Petersen (Kristian), 4381.
Rasler (Karen A.), 7381.
Raspe (Martin), 6519.
Raspopovich (Radoslav), 7382.
Ratcliffe (B. M.), 6821.
Ratté (Christopher), 1473, 1501.
Raubitschek (A. E.), 1872.
Rauschenbach (Thomas), 5866.
Rausher (Walter), 7732.
Ravindranathan (T. R.), 5347.
Ravines (Roger), 4948.
Raviv (Dan), 8015.
Rawlyk (G.A.), 4352.
Rawski (Tadeusz), 5008.
Ray (James L.), 7383.
Ray (John David C.), 1562.
Raymond (Stuart), 245.
Raynal (Guillaume-Thomas-François), 5364.

Raytses (V. I.), 7100.
Raz (Joseph), 944.
Read (Donals), 4657.
Reade (J. E.), 1601.
Reagan (Ronald), 5152, 7956, 8095.
Reale (Mario), 6102.
Reamonn (Paraic), 5404.
Rebaudengo (Maurizio), 6387.
Rebenich (Stefan), 2380.
Rebérioux (Madeleine), 4494.
Rebillard (Eric), 2781.
Reboratti (Carlos), 390.
Rech (Y.), 3056.
Rechendorff (Torben), 4385.
Reckford (K. J.), 1812.
Redaelli (Riccardo), 4941.
Reddy (William M.), 5964.
Redepenning (Dorothea), 6695.
Redish (Angela), 6901.
Redon (Odile), 3169, 4066.
Redondi (Pietro), 6235.
Redondo (Augustin), 6339.
Redondo (E.), 2687.
Reece (Steve), 2053.
Reed (Clyde G.), 4022.
Reed (David), 6236.
Reed (Stephen A.), 1676.
Rees (Roger), 2333.
Reese (David S.), 1678.
Reger (Gary), 1502, 1873.
Reggiani (Renato), 2334.
Reglar (Stephen), 8315.
Reglero De La Fuente (Carlos Manuel), 3264.
Rego (Antonio da Silva), 4203.
Rehm (R.), 2054.
Rehm (Ulrich), 3777.
Reich (Bernard), 7784.
Reich (Karin), 6237.
Reid (Donald), 7188.
Reid (Maree-Ann), 8067.
Reid (Robert), 5752.
Reill (Peter Hanns), 6105.
Reinalter (Helmut), 6033.
Reinerman (Alan J.), 7560.
Reinhardt (Klaus), 3930.
Reinsch (Waltraud), 3208.
Reis (Jaime), 5039.
Reiss (Robert), 3213.
Remmelink (W.), 7508.
Remondi (Giordano), 3971.
Rempel (Roy), 8068.
Ren (Shuang), 8321.
Renaut (M.-H.), 7101.
Renda (Günsel) 419, 1108.
Rendtorff (Ralf), 5677.
Rengakos (A.), 2055.
Renger (Johannes), 1602.
Rennan (Brian), 676.
Renneberg (Monika), 6247.
Rennstich (K.), 1143.

Rentola (Kimmo), 7189.
Repgen (Tilman), 3423.
Repina (L. P.), 3162.
Rescigno (Paola), 512.
Resende (Maria Teresa), 5375.
Reston (James), 6238.
Retegan (Simion), 5894.
Réti (György), 7634.
Retière (Jean-Noël), 7190.
Rettaroli (Rosella), 1005.
Rety (György), 7733.
Reuillard (Michel), 7453.
Reuter (Timothy), 3249, 3935.
Reutter (Jochen), 6681.
Revel (Jean François), 1237.
Reventlow (Henning G.), 2732.
Rey (Alain), 1258.
Rey (Marie-Pierre), 8069.
Rey García (Jose Manuel), 1337.
Reydellet (Marc), 2291, 3116.
Reynaud (Patricia), 6450.
Reynolds (David), 7665, 8036.
Reynolds (E. Bruce), 7761.
Reynolds (J. M.), 8477.
Reynolds (Philip Lyndon), 4037.
Reynolds (Roger Edward), 3936.
Reynolds (Susan), 3538.
Reynolds-Cornell (Régine), 6316.
Rezsohazy (R.), 4276.
Rhodes (D. E.), 90.
Rhodes (Dennis H.), 5965.
Rhodes (P. J.), 2056.
Riall (Lucy), 4794.
Ribas Carneiro (Maria Cecília), 4331.
Ribeiro (Ana), 602.
Ribeiro (Orlando), 5376.
Ribémont (Bernard), 3534.
Ribichini (S.), 1203.
Ribuffo (Leo) 924.
Ricardo (David), 6723.
Riccardi (Luca), 7635.
Ricci (Cecilia), 2264.
Ricciardi (Mario), 6293.
Richard (Jean-Claude), 2335, 2418.
Richard I the Lion Heart, king of England, 3239.
Richards (Kent Harold), 1665.
Richards (Marie), 4067.
Richardson (Anne), 7210.
Richardson (B.), 190.
Richardson (Brian), 5966.
Richardson (David), 6852, 7454.
Richardson (Dick), 7299.
Richardson (James L.), 7384.
Richarz (Irmintraut), 1017.
Riché (Pierre), 3709.
Richelieu (Armand-Jean du Plessis, cardinal de), 297, 4432.
Richer de Reims, 677.
Richmond (Sheldon Saul), 6106.

Richter (James G.), 8070.
Richter (Michael), 3091, 3208, 3710.
Richter (Thomas), 1603.
Rico (Francisco), 6295.
Ricoeur (Paul), 756, 5787, 6107.
Ricuperati (Giuseppe), 603, 4795.
Rider (J.), 3016.
Ridgway (B. S.), 2174.
Ridgway (David), 2190.
Ridley (Joseph Godwin), 4828.
Riedinger (R.), 352.
Riedmaier (J.), 197.
Rieppel (Olivier), 1067.
Riera Melis (Antonio), 3539.
Ries (Julien), 1122, 1133, 1144.
Riesner (Rainer), 2782.
Rigaudière (Albert), 3405.
Rigg (A. G.), 186.
Riginos (Alice Swift), 2057.
Riguzzi (Paolo), 4866.
Riley-Smith (J.), 3908.
Rinaldi (Giancarlo), 2783.
Rinehart (Michael), 1089.
Riot-Sarcey (Michèle), 7240.
Ripoll Lopez (Sergio), 1350.
Ripp (Zoltán), 8071.
Ripstein (Arthur), 6108.
Risse (Jacques), 1028.
Risse-Kappen (Thomas), 8072.
Rist (John M.), 2576.
Ritakallio (Veli-Matti), 7102.
Rivera (Diego), 1407.
Rives (J.), 2616.
Rives (J.B.), 2577.
Rivière (Yann), 2463.
Rix (Helmut), 2215.
Rizzo (Silvia), 6347.
Roaf (Michael), 1604.
Roald (Docter), 2128.
Robbert (George S.), 3486.
Robbins (Keith), 7483.
Robbins (William G.), 5176.
Robert (Jacque), 7218.
Robert (Louis), 2830.
Robert d'Abrissel, 3243.
Robert de Bellême, 3897.
Robert de Jumièges, 175.
Robertini (Luca), 3662.
Roberts (Geoffrey), 7734, 8073.
Roberts (Jennifer Tolbert), 946.
Roberts (Mary Louise), 7103.
Roberts (Michael), 3712, 6865.
Roberts (Peter), 5408.
Robertson (Ritchie), 4253.
Robespierre, 4495, 5696, 7250.
Robic (Marie-Claire), 420.
Robinson (Eric W.), 1874.
Robinson (Marcelle), 1503.
Robinson (Olivia F.), 982.
Robinson (Ronald), 7422.
Robinson (Thomas W.), 7291, 8074.

Roccati (Alessandro), 1564.
Rocchi (Fernando), 4223.
Roccia (Rosanna), 4724.
Rochais (H.), 3003.
Roche (Helen), 1361.
Rochholz (Matthias), 1514.
Rochlin (James), 7385.
Rochow (Ilse), 2841.
Rockmore (Tom), 6109.
Rockoff (Hugh), 6901.
Rodgers (B.S.), 2328.
Rodley (Lyn), 2928.
Rodman (Peter W.), 8075.
Rodolfo (Alessandra), 6488.
Rodrigues da Silva (Hélenice), 4199.
Rodriguez (Antonio Dougnac), 983.
Rodriguez (Jaime E.), 4871.
Rodriguez (Jean-Francois), 6570.
Rodríguez Alfageme (I.), 1698.
Rodríguez Llopis (Miguel), 4038.
Rodríguez O. (Jaime E.), 4873.
Rodríguez Somolinos (H.), 1801.
Rodríguez-Almeida (Emilio), 2265.
Rodríguez-Picavea (Enrique), 3265.
Rodríguez-Shadow (María), 4875.
Roebroeks (Wil), 1323.
Roederer (Pierre-Louis), 5952.
Roegiers (Jan), 421.
Roelevink (J.), 4909.
Roesdahl (Else), 3374.
Rogari (Sandro), 4796.
Rogatchi (Inna), 5087.
Rogers (F. Halsey), 7104.
Rogers (G. M.), 1875.
Rogers (John), 5202.
Rogge (Joachim) 1185.
Roginski (Vadim. V.), 5088.
Rogoff (Irit), 510.
Rogozhin (Nikolai), 5074.
Rohon (Paul), 7636.
Rohou (Jean), 6388.
Roi (Michael L.), 7735.
Rojek (Wojciech), 7661.
Rokosz (Mieczysław), 4981.
Rolih Scarlino (Maura), 162.
Rolland (P.), 2708.
Roller (D. W.), 1876.
Román (Ildikó), 7736.
Román (José-Maria), 5521.
Roman (Yves), 2518.
Roman d'Amat (A.), 844 .
Romanelli (G.), 419.
Romanelli (Giandomenico), 6571.
Romanelli (Raffaele), 6927.
Romanenko (S. A.), 4829.
Romani (M. A.), 4797.
Romani (Roberto), 6732.
Romano (Andrea), 984, 5835, 7203.
Romano (Paolo), 6672.
Romano (Ruggiero), 4798.

Romano (Sergio), 5788.
Romanotto (G.), 5522.
Romanow (Andrzej), 5967.
Romanowski (Marian), 4957.
Romeo (Giovanni), 5415.
Romeo (Rosario), 678.
Romer (Christina D.), 6769.
Romer (F. E.), 2117.
Römer (Franz), 2578.
Römer (Malte), 1565.
Romer (Willem H. Ph.), 1575.
Romero (F.), 757.
Romero (Luis Alberto), 4224.
Romeyk (Horst), 7241.
Römheld (Diethard), 1685.
Romiti (Antonio), 479.
Romsics (Ignac), 7561.
Romulus, 2334.
Ronca (Italo), 2579.
Roncaglia (Gino), 6067.
Roncal (R.), 2049.
Roney (Lois), 3713.
Ronfani (Ugo), 6376.
Ronnick (Michele V.), 3889.
Ronsard (II), 6363.
Ronzitti (Natalino), 7380.
Roochnik (David), 2058.
Rooijakkers (G. W. J.), 809.
Rooke (Reginald), 5604.
Rooney (P. Th.), 6928.
Roosens (Laurent), 6487.
Roosevelt (Franklin D.), 7663, 7766, 7926.
Root (Hilton L.), 4160.
Roper (G.), 3121.
Roper (Lyndal), 5410.
Rorgo Fretellus, 3645.
Rosa (Mario) 5415.
Rosafio (Pasquale), 2519.
Rosanvallon (Pierre), 985.
Rosas (Fernando), 5040.
Rosati (G.), 2348.
Rosati (Jerel A.), 7888.
Roscher (Wilhelm) 681.
Rose (Lynn E.), 1566.
Rose (Monika), 986.
Rosellini (Michela), 2336.
Rosello (Eufrasia), 1647.
Rosen (Klaus), 2405.
Rosenbach (Harald), 7562.
Rosenberg (Emily S.), 8076.
Rosenberg (Justine), 7386.
Rosenberg (Pierre), 6572.
Rosenberger (Bernard), 3169.
Rosenthal (Jean-Laurent), 6887, 6918.
Rosenthal (Joel T.), 3274.
Roses Lozano (Joaquín), 6361.
Rosier (B.), 6573.
Rosińska (Grażyna), 3714, 6241.
Rosivach (Vincent), 1899.

Rosner (Peter), 681.
Ross (William G.), 5177.
Røssaak (Eivind), 758.
Rossanda (Rossana), 4731.
Rossetto (Sante), 5968.
Rossi (A.), 7563.
Rossi (Chiara), 2580.
Rossi (Elena), 6389.
Rossi (Fiorenzo), 6953.
Rossi (Girolamo), 680.
Rossi (M. M.), 3899.
Rossi (Marco), 5836.
Rossi (Marielisa), 5969.
Rossi (Mario), 7762.
Rossi (Paolo), 6186.
Rossi (Sergio), 6488.
Rossi Testa (R.), 3102.
Rössler (Mechtild), 422.
Rosso (Claudio), 882.
Rosso (Medardo), 6553.
Rosso Fiorentino, 6558.
Rosti (Marzia), 4225.
Rostovtzeff (M.), 679.
Rostovtzeff (Michael), 1475.
Rostow (W. W.), 8077.
Rotchin (Glen), 4307.
Rotella (Elyce), 6898.
Roth (Jonathan), 2465.
Roth (Klaus), 776.
Roth (Michael S.), 683.
Roth (Norman), 3214.
Rothe (S.) 192.
Rothery (Guy Cadogan), 283.
Rothman (S. M.), 6242.
Rothschild (Jean-Pierre), 44, 3122.
Rotoli (Daniela), 5982.
Rotter (Andrew J.), 8078.
Rouget (François), 6362.
Rousseau (Constance M.), 3541, 3960.
Rousseau (Jean-Jacques), 744, 922, 5999, 6042, 6099, 6108, 6601, 8214.
Rousset (Denis), 1787.
Rousso (Henry), 4449, 4508.
Rouvez (Alain), 8079.
Roux (Jean-Claude), 4955.
Roux (S.), 3542.
Rova (Elena), 284.
Rovan (Joseph), 899.
Rowell (S. C.), 3266.
Rowinski (Jan), 8080.
Roxo de Brito (Miguel), 7437.
Roy (Sara), 8081.
Royo (Manuel), 2661.
Rozhkov (V.), 1204.
Rozsnyói (Ágnes), XIX.
Rozzi (Ugo), 5428.
Rozzo (Ugo), 500, 5415.
Ruane (Christine), 5090.
Ruane (Kevin), 8082.

Rubiera Mata (María Jesús), 3337.
Rubin (Barry), 7910.
Rubin (Miri), 3134.
Rubio Sánchez (Manuel), 4675.
Rucci (P.), 198.
Rucellai (Duccio), 6555.
Rucellai (Giovanni), 258.
Rück (Peter), 195.
Rudan (Pavao), 804.
Rudd (Niall), 6296.
Rüdiger (Mogens), 8083.
Rudnicki (Szymon), 5434.
Rudny (Zenon), 7782.
Rudolph (Kurt), 673, 1145, 3090.
Rudolph I von Habsburg, 3245.
Ruebel (J.S.), 2419.
Ruesch (Diana), 5215.
Ruffini (Franco), 6697.
Rugafiori (P.), 4805.
Ruggeri (Fulvio), 4081, 4962.
Ruggles (Steven), 7106.
Ruhbach (Gerhard), 1185.
Ruiz (Teofilo F.), 4068.
Ruiz Asencio (J. M.), 199.
Ruiz Fidalgo (L.), 200.
Rule (M.), 3003.
Runnels (Curtis N.), 1856.
Ruozzi (Gino), 6298.
Rupieper (Hermann-Joseph), 7797.
Rupke (Jorg), 673.
Rupp (Leila J.), 7107.
Ruppert (Andreas), 5028.
Rupprecht (Klaus), 3156.
Rusche (Philip G.), 3715.
Rusconi (Gian Enrico), 4779.
Rusconi (Roberto), 4039.
Rusecki (Marian), 5485.
Rüsen (Jörn), 725, 738, 759.
Ruskin (John), 6489.
Russell (James C.), 3543.
Russell (Penny), 4246.
Russocki (Stanisław), 3305.
Rustemeyer (Angela), 5091.
Rustichello da Pisa, 3716.
Rusu (Adrian), 2998.
Rutman (Anita H.), 5182.
Rutman (Darrett B.), 5182.
Ruzé (Française), 1911.
Ryan (Francis X.), 1788, 1900, 2337, 2420.
Ryan (Frank), 2466.
Rybakov (V. M.), 8322.
Ryckaert (Marc), 994.
Rykwert (Joseph), 6512.
Rymar (Edward), 3267.
Ryndina (A. V.), 3765.
Ryoma (Sakamoto), 4586.
Rystedt (E.), 2169.
Ryszewski (Bohdan), 478.
Rywkin (Michael), 5348.
Rzepniewski (Andrzej), 7763.

Rzheshevski (O. A.), 7737.
Rzhevskaya (E. I.), 4563.

S

Saarikoski (Helena), 810.
Saarinen (Risto), 3890.
Saatkamp (Herman J.), 6112.
Saavedra Guerrero (M. Daría), 2581.
Sabard (V.), 45.
Sabaté (Flocel), 3306, 3544.
Sabater (Ernest), 334.
Sabato (Hilda), 4226.
Sabattini (Marco), 8323.
Sabbah (Guy), 2520.
Sabban (Françoise), 8324.
Sabbatino (Pasquale), 6319.
Sabbatucci (Giovanni) 4756.
Sabbe (Maurits), 114.
Sabev (Todor), 2930.
Sabra (Abdelhamid Ibrahim), 3340.
Saccomanni (Fabrizio), 6929.
Saccone (Salvatore), 5377.
Sachsen (August I. von), 192.
Sackett (Frederic), 7590.
Sadan (Joseph), 3322.
Sadat (Muhammad Anwar al), 7804, 7951.
Saddam, 4698, 7956.
Sadkovich (James J.), 7764, 7765.
Sadun Bordoni (G.), 2059.
Sage (Paula W.), 2338.
Sagona (Antonio G.), 1408.
Sahlins (Peter), 4496.
Sahm (Astrid), 4295.
Saibene (Luigi), 1129.
Said (Edward William), 1283.
Šaija (Ŷuma ᶜA.), 3341, 6243.
Sainclivier (J.), 4497.
Sainsbury (Keith), 7766.
Saint Exupère,évêque de Toulouse, 2801.
Saint Louis, roi de France, v. Louis IX.
Sainte-Beuve (Charles-Augustin de), 5766.
Saint-Jacques (Denis), 1284.
Saint-Ouen (François), 931.
Saint-Simon (Louis de Rouvroy duc de), 6377.
Sáinz de la Maza Lasoli (Regina), 3096.
Saitta (Armando), 4163.
Sakamoto (Takao), 4615.
Sakamoto (Yoshikazu), 7948.
Sakazume (Hideichi), 8426.
Sakellarakis (Yannis), 1769.
Sala (Giovanni B.), 6111.
Salata (Francesco), 7635.
Salerno (Reynolds M.), 7696.

Saliba (George), 6244.
Salicrú I Lluch (Roser), 3268.
Saliou (Catherine), 2521.
Salistri (Gian Crisostomo), 5529.
Saller (Richard P.), 2522.
Sallers (R.), 2389.
Sallinen-Gimpl (Pirkko), 4424.
Sallmann (Jean-Michel), 5497.
Sallustius Crispus (Gaius), 2339, 2592.
Salmon (J. H. M.), 7207.
Salmon (John), 1752.
Salmonowicz (Henryk), 7108.
Salmonowicz (Stanisław), 7783.
Salutati (Coluccio), 3706.
Salvadori (Massimo L.), 4799.
Salvaneschi (E.), 3102.
Salvati (Mariuccia), 4761, 4800.
Salvatori (E.), 353, 3545.
Salvemini (Biagio), 6857.
Salvemini (Gaetano), 4752.
Salvini (Mirjo), 1633.
Salvucci (R. J.), 6930.
Salway (Benet), 2421.
Salzmann (W. H.), 6858.
Samardzhiev (Bozhidar), 4234.
Sampson (Charles S.), 7889.
Sampson (Martin W.), 7888.
Samsó (Julio), 3891.
Samson (Jim), 6698.
Samsonowicz (Henryk), 3546.
Samuel (Raphael), 760.
Sanchez Martin (Aureliano), 2989.
Sancho Rocher (Laura), 692.
Sanders (Andrew), 1285.
Sanders (Paula), 3342.
Sandino (Augusto César), 4881.
Sandner (Gerhard), 423.
Sandqvist (Sven), 3087.
Sandred (Karl Inge), 3375.
Sandström (Allan), 5205.
Sanfilippo (Mario), 2617.
Sanguineti (Vittorio), 7387, 8086.
Sansovino (Francesco), 5919.
Santana (Francisco), 841.
Santangeli (Claudio), 5842.
Santangelo (Paolo), 8323.
Santayana (George), 6112.
Santi (Claudia), 2618.
Santi (Francesco), 3717.
Santiago-Otero (Horacio), 3840.
Santiemma (Adriano), 1205.
Santini (Alceste), 6245.
Santini (Giovanni), 3424.
Santoni (Michele), 7109.
Santons (B.), 3037.
Santoro (Carlo Maria), 8087.
Santoro (Marco), 202.
Santoro-Passarelli (Francesco), 961.
Santoru (Marina E.), 7455.
Santosuosso (A.), 3822.

Santucci (M.), 3093.
Sapouna-Sakellarake (E.), 1770.
Sapper (Manfred), 4188.
Saprykin (S. J.), 1504.
Saprykin (S. Ya.), 1766.
Sarabia Herrero (Francisco Javier), 1324.
Saradi (Hélène), 2931.
Saraiva (António José), 5378.
Sarasti-Wilenius (Raija), 345.
Saray (Mehmet), 7388.
Sarfatti (Michele), 4801.
Sargenti (Manlio), 2467.
Sarianidi (Viktor), 1409.
Sarmant (Thierry), 305, 489, 513.
Sarmela (Matti), 811.
Sasaki (Gin'ya), 8444.
Sasaki (Muneo), 8445.
Sassatelli (Giuseppe), 2243.
Sassier (Yves), 3405.
Sasso (Gennaro), 6113.
Satloff (Robert), 4629.
Satō (Makoto), 8443, 8450.
Satō (Ryuzo), 8088.
Satō (Shigerō), 4616.
Saul (Nigel), 3176.
Saurma-Jeltsch (Lieselotte E.), 3767.
Sauron (Gilles), 2662.
Sauvé (Georges), 5895.
Sauzet (Robert), 5523.
Savariaradimai (Emmanuel), 5411.
Savelov (Leonid Mikhailovich), 261.
Saville (Alan), 1428.
Savino (G.), 5915.
Savolainen (Raimo), 4425.
Savonarola, 6011.
Sawicka (Irena), 7773.
Sayers (Jane Eleanor), 3961.
Sbardella (Livio), 2060.
Scagno (Roberto), 1129.
Scalabrin (Carlo), 1216.
Scales (Peter C.), 3343.
Scales (Robert H. jr.), 8089.
Scalfati (Silio P. P.), 51, 3097.
Scalia (Giuseppe), 3718.
Scanlon (Larry), 3719.
Scanlon (Thomas F.), 2061.
Scannapieco (Anna), 6390.
Scapecchi. (P.), 203.
Scarabôtolo (Hélio A.), 424.
Scaraffia (Lucetta), 996.
Scardigli (Barbara), 3204.
Scardigli (Piergiuseppe), 354, 3204.
Scarron (Paul), 6380.
Scartezzini (Riccardo), 5790.
Scarzanella (Eugenia), 4227.
Scavenius (Bente), 6480.
Scentoni (G.), 3050.
Schäferdiek (K.), 4040.
Schäfferdiek (Knut), 1157.
Schall (Ute), 2523.

Schapira (Charlotte), 4498.
Scharer (Anton), 558.
Schartau (Bjarne), 46.
Schattkowsky (Ralph), 7616, 7637.
Schaub (Jean-Frédéric), 4164.
Schaus (Gerald P.), 1505.
Schechter (Ronald), 4499.
Scheck (Helene) 324.
Schefers (H.), 156.
Scheffczyk (L.), 1192.
Scheffer (Ch.), 2169.
Scheffler (Uwe) 6210.
Scheibelreiter (Georg), 558.
Scheibling (Jacques), 5791.
Scheid (J.), 2619.
Scheidel (Walter), 1877, 2524.
Schellenberger (B.), 2964.
Schelling (F. W. J.) 1263.
Schendel (Willem von), 4677.
Schenk (Catherine R.), 6931.
Schenkel (Wolfgang), 1567.
Scherer (Agnès), 2645.
Scherf (Y.), 5763.
Scheuch (Manfred), 401.
Schiavetto (Franco-Lucio), 663.
Schick (Friedrike), 6114.
Schiedeck (Jürgen), 5888.
Schieder (Wolfgang), 7638.
Schiera (Pierangelo), 889.
Schiffler (Ljerka), 1236.
Schiffrin (Harold Z.), 8229.
Schild (George), 8090.
Schild (Joachim), 7277.
Schildt (Göran), 6522.
Schiller (Johann Christoph Friedrich von), 6432.
Schilling (Heinz), 5399.
Schilling (Lothar), 4266.
Schimmelpfenning (Bernhard), 3720.
Schindler (Alfred), 5562.
Schips (Stefanie), 1516.
Schlauch (Wolfgang T.), 8091.
Schlesier (R.), 2119.
Schlicht (Matthias), 5605.
Schliė (Ulrich), 7738.
Schlinkert (Dirk), 2525.
Schlögel (Karl), 5092.
Schlor (Ingrid), 1410.
Schlumbohm (Jürgen), 7111.
Schmalhausen (Bernd), 6574.
Schmalzriedt (Egidius), 1212.
Schmeling (G.), 2340.
Schmid (J.), 2696.
Schmid (K.), 262.
Schmid (Karl), 682.
Schmidt (Erik Ib), 7191.
Schmidt (Gustav), 8092.
Schmidt (Heike C.), 1568.
Schmidt (Hermann), 5558.
Schmidt (Klaus M.), 3721.

Schmidt (Peter L.) 2417.
Schmidt (Uta C.), 1030.
Schmidt (Wilhelm R.), 1240.
Schmidtke (Dietrich), 3750.
Schmidt-Lauber (Gabriele), 5606.
Schmieder (Felicitas), 3722.
Schminnes (Bernd), 5896.
Schmit (Roberto), 6863.
Schmitt (Carl), 921, 6031.
Schmitt (H. H.), 1901.
Schmitt (J. C.), 3547.
Schmitts (Carl), 942.
Schmitz (Philip. C.), 1677.
Schmitzer (Ulrich), 2341.
Schmitz-Moormann (Karl), 6266.
Schnapper (Antoine), 6490.
Schneider (Dorothée), 7192.
Schneider (G.), 2686.
Schneider (H.), 3047.
Schneider (Jakob H. J.), 3892.
Schneider (Karin), 108.
Schneider (M.), 1476.
Schneider (Nathalie), 5702.
Schneider (Reinhard), 372, 3994.
Schneider (Robert A.), 7112.
Schneider (Rolf M.), 2244.
Schneidmüller (Bernd), 3215.
Schochet (Gordon J.), 953.
Schoen (Allen M.), 6267.
Schoenherr (Klaus), 7739.
Schökel (Louis M. Alonso), 5416, 5559, 5662.
Schöller (Wolfgang), 3548.
Schols (Cordula), 2854.
Scholtyseck (Joachim), 7564.
Scholz (Johannes Michael), 965.
Scholz (Udo W.), 2582.
Scholz (Werner), 7639.
Schoner (Christoph), 6246.
Schoors (Antoon), 2870.
Schopenhauer (Arthur), 6085.
Schorlemmer (Friedrich), 6115.
Schorske (Carl), 683.
Schöttler (Peter), 604, 646.
Schouten (M. J. B.), 7432.
Schouten (M. T. A.), XIII.
Schrader (C.), 2020.
Schrader (Fred. E.), 605.
Schraeder (Peter J.), 8093.
Schreiber (Markus), 5120.
Schreiber (Thomas), 4191.
Schreiner (Klaus), 3428, 3553.
Schreiner (Peter), 2854.
Schreiner (Susan Elizabeth), 5607.
Schremmer (Eckart), 6934.
Schrenk (Lawrence P.), 1217.
Schroder (Stephan Michael), 6297.
Schroeder (Paul W.), 4165, 7286, 7335, 7351, 7389, 7390.
Schroeter (Klaus R.), 3376.
Schroeven (C.), 6770.

Schröter (Harm G.), 5227.
Schubert (A.), 2062.
Schuck (Gerhard), 7219.
Schufreider (Gregory), 3893.
Schuhmann (Elisabeth), 5985.
Schuhmann (Karl), 5985.
Schuler (Martin), 4712.
Schulin (Ernst) 916.
Schuller (W.), 1955.
Schulte (Claudia), 2526.
Schulte Van Kessel (E.), 4041.
Schultz (William R.) 1286.
Schultze (Benjamin), 5372.
Schulz (Donald E.), 8094.
Schulze (H. K.), 3216.
Schulze (Hagen), 854.
Schulze (Sabine), 6427.
Schulze (W.), 1033.
Schunk (Peter), 4500.
Schuol (Monika), 1634.
Schurings (Hilda), 5062.
Schuster (Alfredo Idelfonso), 5465.
Schütrumpf (E.), 2063.
Schütte (Bernd), 3052.
Schuyf (J.), 7113.
Schwab (Ute), 761.
Schwabe (Carlos), 6549.
Schwager (Helmut), 3217.
Schwaiger (Georg), 2728, 5499.
Schwartz (Daniel), 5792.
Schwartz (Georg), 3853.
Schwartz (Herman M.), 425.
Schwartz (Jorge), 4318.
Schwartz (O.), 3962.
Schwartz (Stuart B.), 5750.
Schwartzman (Simon), 5897.
Schwarz (Monika), 6062.
Schweden (Christina von), 5210.
Schwegman (Marjan), 7114.
Schweitzer (József), 5281.
Schweizer (Peter), 8095.
Schwentker (Wolfgang), 6116.
Schwertner (S.), 1210.
Schwindt (Jürgen Paul), 2064.
Schwitalla (Johannes), 335.
Schwoerer (Lois G.), 953.
Sciascia (Laura), 39.
Scipio (Metellus), 2420.
Sclafer (J.), 85.
Scocozza (Benito), 900.
Scolnicov (Hanna), 6701.
Sconyers (David), 5239.
Scorza (Francesco), 2805.
Scott (Alan), 2709.
Scott (E. M.), 1300.
Scott (Grant F.), 6452.
Scott (H. M.), 7390, 7509.
Scott (Lenn), 8096.
Scott (Rebecca J.), 7115.
Scotti (A.), 204.
Scotti (Mario), 6422.

Scragg (D. G.), 324.
Screech (M. A.), 5608.
Scribner (Bob), 4544.
Scrivano (Riccardo), 6453.
Scuderi (Rita), 2422.
Scurtu (Ioan), 5050, 5051, 5058.
Seaford (R.), 2065.
Sealey (Raphael), 1902.
Sealy (Judith), 8495.
Sease (Catherine), 1678.
Sebastian (A.), 6249.
Seberechts (Frank), 4288.
Sebesta (Judith L.), 2434.
Sebők (László), 6973.
Sebond (Raimond), 6025.
Séchet (Raymonde), 5903.
Sechi (Salvatore), 4802.
Sedlar (Jean W.), 3157.
Sedov (V. V.), 1296, 1453.
Sed-Rajna (G.), 144, 205.
Sedulius Scottus, 3676.
See (Klaus von), 901.
Seeberg (Axel), 1956.
Šega (Judita), 7116.
Segal (C.), 2066.
Segre (Cesare), 6299.
Segre (Vittorio Dan), 8098.
Seibt (Ferdinand), 3309.
Seibt (Klaus), 2784.
Seidel Menchi (Silvana), 5412.
Seidensticker (Tilman), 8496.
Seif el Din (Mervat), 2167.
Seignobos (Charles), 684.
Seim (Jardar), 902.
Seiwert (H.), 1130.
Seki (Kazuhiko), 8430, 8446.
Sekunda (N.), 1714.
Selbmann (Rolf), 5793.
Seldon (Anthony), 929.
Selesky (Harold E.), 7278.
Seligman (Adam B.), 5178.
Seligman (Matthew), 7456.
Sellers (M. N. S.), 948.
Selser (Gregorio), 903.
Seltman (A.J.), 2885.
Semennikova (L. I.), 904.
Semenov (K. N.), 7640.
Semenovker (B. A.), 1513.
Semerano (Giovanni), 355.
Semkowicz (Władysław), 2982.
Semmel (Bernard), 6454.
Semon (Marie), 6429.
Semonides of Amorgos, 2008.
Semotanova (Eva), 426.
Sen (Farouk), 8099.
Senatore (Francesco), 3307.
Senchenko (I. A.), 7565.
Seneca Annaeus (Lucius), 2311, 2324, 2342, 2343, 2569, 2590.
Senner (Martin), 7526.
Sennis (Antonio), 3158.

Sepiere (Marie-Christine), 3780.
Sepúlveda (Luis), 6404.
Seraphinus, Sanctus, 5542, 5545.
Serceau (Muchel), 6702.
Serge le Diacre, 2828.
Sergi (Giuseppe), 3185, 3725.
Serianni (Luca), 360.
Serra (Enrico), 7392, 7566, 8100.
Serrafero (Mario D.), 4228.
Serrano Cruz (Aurora), 7460.
Serrão (Joaquim Veríssimo), 5041, 5379, 5794.
Servais (Paul), 6250, 6932.
Sestan (Ernesto), 3159.
Seta (Enrico), 101.
Seta (Katsuya), 8447.
Settembrini (Luigi), 1289.
Settis (Salvatore), 907, 2217.
Seurat (George), 6552.
Sève (Lucien), 5795.
Severus Episcopus, 3098.
Sevin (Veli), 1506.
Sewell (William H.), 4501.
Seyitdanlıoğlu (Mehmet), 7242.
Sfameni Gasparro (Giulia), 2086.
Sfikas (T. D.), 8101.
Sforza (Galeazzo Maria), 4780, 7263.
Sghair (Amira aleya), 5248.
Shackleton Bailey (D.R.), 2583.
Shadle (Stanley F.), 4874.
Shadow (Robert D.), 4875.
Shaftesbury (A. Ashley Cooper of), 6057.
Shahak (Israel), 5678.
Shahar (Shulamith), 3549.
Shahîd (Irfan), 2932.
Shain (Barry Alan), 5179.
Shakespeare (William), 6311, 6327, 6344, 6351, 6364, 6368, 6369.
Shalem (Avinoam), 3781.
Shalev (Sariel), 1411.
Shambaugh (David), 7291, 8102.
Shammas (Carole), 6859.
Shand (John), 1239.
Shang (Mingxuan), 8325.
Shapin (Steven), 5796.
Shapira (Abraham), 5679.
Shapiro (H. A.), 1929, 2124, 2175.
Sharma (Archana), 8103.
Sharma (Arvind), 5417.
Sharp (Andrew), 4905.
Sharples (R. W.), 1903.
Sharratt (Michael), 6251.
Sharrock (Alison), 2584.
Shaskol'skiy (I. P.), 6860.
Shattock (Michael), 5837.
Shavkunov (E. V.), 8187, 8310.
Shaw (H.), 47.
Shaw (Ian), 1569.
Shaw (Martin), 8104.

Shaw (Miranda Eberle), 5680.
Shaw (Timothy M.), 8053.
Shaykhs (Sufi), 8196.
She (Yingwu), 8327.
Shear (T. L. jr.), 2124.
Sheets (George A.), 1904.
Sheinin (David), 4229.
Shemyakin (A. L.), 4817.
Shen (Dade), 8328.
Shen (Raphael), 4836.
Shen (Weiwei), 8329.
Sheng (Lijun), 8105.
Sheng (Michael), 8106.
Shenton (R. W.), 7593.
Sheppard (George), 4353.
Sherborne (James), 3269.
Sheridan (Eugene R.), 7393.
Sherman (Daniel J.), 510.
Shetler (Jan), 5243.
Shi (Jinbo), 8330.
Shi (Lihua), 8331.
Shi (Zhihong), 8332.
Shichtman (Martin B.), 3611.
Shifman (I. Sh.), 1507.
Shigeru (Yoshida), 7950.
Shinkawa (Tokio), 8449.
Shinkichi (Eto), 8229.
Shinya (Sugiyama), 8208.
Shiobara (Tsutomu), 4617.
Shirer (William Lawrence), 6455.
Shitomi (Yūzō), 8191.
Shlaim (Avi), 8107.
Shlosser (Franziska E.), 2872.
Shore (A. F.) 1571.
Shore (Cris), 778.
Short (Ian), 3894.
Shotter (D.), 2423.
Shul'ts (Sergei Sergeevich), 5549.
Shulman (Mark R.), 874.
Shuman (Michael H.), 7927.
Sicard (Monique), 6252.
Sickinger (James P.), 1905.
Sideras (Alexander), 2813, 2843.
Sidonius Apollinaris, 2556.
Siebler (Michael), 2176.
Siedentrop (Larry), 6118.
Siedler (Elfriede), I.
Sienaert (Edgard), 8494.
Sienell (St.), 3963.
Sieradzan (Wiesław), 3308.
Sieweke (Gabriele), 606.
Siewert (Peter), 1890, 1906.
Sieyès (Emmanuel Joseph), abbé, 4501.
Sifonas (Charalambos S.), 2933.
Sigismund von Luxemburg, röm.-deutscher Kaiser, 3309, 3285.
Signorini (M.), 206.
Sihanouk (Norodom), 4343.
Sijelmassi (M.), 23.
Sikainga (Ahmad), 5240.

Sikorski (Władysław), 7712.
Sileo (L.), 2966.
Siliotti (Alberto), 1568.
Sillanpää (Lennard), 7243.
Silva (Pietro), 685, 7361.
Silva (V. M. Aguiar e), 5797.
Silva Santisteban (Fernendo) 4948.
Silver (I.), 6363.
Silverburg (Sanford R.), 7784.
Silverfarb (Daniel), 8108.
Silverstein (Alan), 5180.
Simai (Mihaly), 8109.
Simbula (Pinuccia Franca), 3551.
Simionati (Rita), 5441, 5442.
Simmel (Georg), 6136.
Simmons (E.), 207.
Simms (Angret), 4060.
Simms (Brendan), 7520.
Simoes Rodrigues (António), 834.
Simon (Dieter), 2866, 2873.
Simon (Gerhard), 4827, 8110.
Simon (J. L.), 6974.
Simon (Sheldon), 8111.
Simon de Montfort, 3867.
Simon Diaz (Jose), 1247.
Simoncelli (Paolo), 6119.
Simonelli (Giorgio), 6704.
Simonetti (Manlio), 2274.
Simonides (C.), 5766.
Simon-Nahum (Perrine), 607.
Simons (Geoffrey Leslie)
Simossi (Angeliki), 1778
Simpson (C.J.), 2344.
Simpson (John), 8112.
Sims-Williams (Nicholas), 2806.
Sims-Williams (Patrick), 3726.
Şimşir (Nahide), 5269.
Sinelli (Alfonso), 4803.
Singer Hans (Rudolf), 3343.
Singh (Kumar Suresh), 812.
Singh (Rajbir), 1065.
Singleton (John), 6822.
Sinn (Elizabeth), 8209.
Sinos (R. H.), 2168.
Sioli (Marco), 5181.
Sipos (Levente), 5284.
Sipos (Péter), 7662.
Siracusa (Joseph M.), 8067, 8113.
Siraj (Ahmed), 8497.
Sirat (C.), 209.
Sire (H. J. A.), 4042.
Širin (Sainte Sirin), 2802.
Sirinelli (Jean-François), 5798, 5824.
Sirks (A.J.B.), 2468.
Sisto (Pietro), 5970.
Sixtus V, Papa, 6513, 7229.
Skates (John Ray), 8114.
Skaug (Erling S.), 3782.
Skeates (Robin), 242.
Skidelsky (Robert), 6734.
Skilling (H. Gordon), 7567.

Skřivan (Aleš), 847.
Skliarova (Marina), 5551.
Skocpol (Theda), 754, 4168.
Skoda (Françoise), 2067.
Skogstad (Ola), 693.
Skowronek (Jerzy), 5010.
Skydsgaard (Jens E.), 2502.
Slack (Paul), 691.
Sleebe (V. C.), 7117.
Slezák (Lubomír), 6760.
Slings (A. H.), XIII.
Slings (S. R.), 1806.
Śliwiński (Błażej), 3263.
Śliwowska (Wiktoria), 5022.
Slonim (Shlomo), 8115.
Sluga (Glenda), 8116.
Słupecki (Leszek Paweł), 5799.
Smail (John), 5800.
Small (Jocelyn P.), 2240, 2245.
Smalley (William Allen), 356.
Smart (Ninian), 1120.
Smelser (Neil J.), 5801.
Smil (Vaclav), 1032.
Smiraglia (P.), 357.
Smirnov (P.), 1206.
Smirnov (Yu. P.), 642.
Smith (Adam), 6720, 6721, 6729, 6730.
Smith (Alasdair), 8117.
Smith (Christopher), 6352.
Smith (Gaddis), 8118.
Smith (Geoffrey S.), 7395.
Smith (Gerald S.), 833.
Smith (Graham), 4835.
Smith (Joseph), 7568.
Smith (Julia M. H.), 4011.
Smith (Laurajane), 2177.
Smith (Mark), 5413.
Smith (Martin F.), 1497.
Smith (Martin Ferguson), 1789.
Smith (Michael S.), 6823.
Smith (Michael), 8119.
Smith (N. D.), 1802.
Smith (Nigel), 4658.
Smith (Pamela H.), 3727.
Smith (R.R.R.), 2663.
Smith (Simon C.), 7436.
Smith (Steve), 7883, 8096.
Smith (Tony), 5183, 7396.
Smith (Valdemar), 4381.
Smith (Wesley D.), 1820.
Smołalski (Antoni), 5898.
Smolenaars (J.J.L.), 2345.
Smoller (Laura Ackerman), 3895.
Smoodin (Eric), 1096.
Smouts (Marie-Claude), 8035.
Smyth (Denis), 7767.
Snapkovskiy (V. E.), 4296.
Snazin (Joseph), 686.
Sneevliet (Henk), 7135.
Snell (Daniel), 1605.

Snider (Alvin Martin), 6120.
Snider (Don M.), 8030.
Snow (Joseph T.), 1292.
Snow (Philip), 8120.
Sobreira de Moura (Alexandrina), 4333.
Sobrero (Alberto), 6286.
Söderberg (Barbro), 3377.
Soffer (Reba N.), 609.
Soffici (Ardengo), 6570.
Sofuoğlu (Adnan), 4670.
Sogner (Sølvi), 888.
Sohn (Ole), 7193.
Soikkanen (Timo), 7397.
Sokolov (A. K.), 599.
Sokolov (Yu. V.), 5093.
Sōkratēs, 1802, 1806, 1824, 1857, 2010, 2015.
Solōn, 1859, 2031.
Sola (Richard), 4343.
Solak (Zbigniew), XIV.
Solana Duesso (José), 2069.
Solano (Francisco de), 4360.
Soldani (Simonetta), 4779.
Soletti (Elisabetta), 359.
Solinas (Patrizia), 2216.
Sollewijn Gelpke (J. H. F.), 7437.
Solmi (Arrigo), 7362.
Solomon (J.), 2088.
Solomon (Robert H.), 1276.
Soltow (Lee), 4347.
Soly (Hugo), 6763, 7143.
Solymosi (László), 3161.
Soman (Appu K.), 8121.
Sombart (Werner), 687.
Somers (E.), 480.
Somers (Jeffrey), 5647.
Somerset (J. Alan B.), 3099.
Sommerlechner (Andrea), 3090, 3797.
Sommerstein (A. H.), 1797.
Sommestad (Lena), 5206.
Somogyi (Éva), 4267.
Somoza (Anastasio), 8024.
Somville (P.), 1147.
Sonderegger (Stefan), 3552.
Søndergaard (Leif), 3613.
Sondhaus (Lawrence), 6824.
Sonenscher (Michael), 6861.
Song (Ailing), 8227, 8359.
Song (Zhenhao), 8333.
Song (Ziwen), 8353.
Sonnabend (Holger), 430.
Sonnet (Martine), 906.
Sontag (Susan), 1287.
Soós (István), 881.
Sophoclęs, 1942, 2007, 2049, 2117, 2934.
Sordi (Marta), 2382, 2620.
Sordylowa (Barbara), 5838.
Sørensen (Nils Arne), 4169.

Sorensen (Per K.), 247.
Sorge (Anna Maria), 5873.
Soricelli (Gianluca), 2527.
Sositheus, 2082.
Sosnowski (Saul), 4318.
Sosson (Jean-Pierre), 3519.
Sot (Michel), 677.
Sotinel (Claire), 3101.
Sottili (Agostino), 2999.
Southern (R. W.), 3003.
Soutou (Georges-Henri), 7641, 7740, 8122.
Sowa (Zbigniew), 4977.
Sowinski (Bernhard), 1261.
Spaans (Joke), 7118.
Spagnoletti (Giovanni), 6700.
Spalding (Rose J.), 4882.
Spalinger (Anthony J.), 1563.
Sparkes (B. A.), 2178.
Spatafora (Francesca), 1375.
Spate (Oskar), 428.
Spaulding (Jay), 3344.
Speake (G.), 842.
Specht (Edith), 1737.
Speciale (Giuseppe), 3426.
Speciale (Licinia), 210.
Speck (W. A.), 4659.
Speelman (Herman Anthonie), 5610.
Speer (Andreas), 3772, 3779, 3879.
Speidel (Michael P.), 2469, 2664.
Spence (Lewis), 1455.
Spencer (Nigel), 1505.
Spencer Larsen (Clark), 8548.
Spengler (Oswald), 6015, 6024, 6027.
Spengler-Reffgen (Ulrike), 3075.
Sperber (Jonathan), 4170.
Sperling (James), 8124.
Sperry (Stuart M.), 6457.
Spesso (Fulvia), 5971.
Spetia (Lucilla), 3896.
Spetter (Alan Burton), 7569.
Speyer (W.), 2621.
Spickermann (Wolfgang), 2622.
Spidlik (Tomas), 5550.
Spiegel (Joachim), 3033.
Spierenburg (Dirk), 8052.
Spiertz (M. G.), 5500.
Spies (Werner), 6576.
Spiewok (W.), 3021.
Spina (Luigi), 1080.
Spinelli (Enrico), 211.
Spineto (Natale), 1128.
Spinoza (Baruch), 5997, 6054, 6065.
Spiteris (Yannis), 3937.
Spitzer (Laura), 457.
Sportes (Morgan), 5244.
Spotts (Frederic), 6706.
Sprandel (Rolf), 3105, 3729.

Sprengard (Karl Anton), 8189.
Sprengnagel (Gerhardt), 4258.
Springer (Borck Jim), 4072.
Springer (M.), 358.
Springhall (John), 5972.
Sprunger (K. L.), 5973.
Spruyt (Hendrik), 987.
Spruytte (J.), 1606.
Spufford (Peter), 6933.
Spuhler (Gregor), 5228.
Squitier (Karl A.), 2710.
Srejovic (Dragoslav), 2665.
Śreniawa-Szypiowski (Romuald), 7781.
Śródka (Andrzej), 1084, 5802.
Sroka (Stanislaw), 4043.
Staab (Franz), 3143, 3222, 3938.
Stabile (Giorgio), 6253.
Stabryla (Stanisław), 2346.
Stacey (Robert Chapman), 3427.
Stadelman (Marcus), 4564.
Stadling (R. A.), 5121.
Staël-Holstein (A. L.-G. Necker madame de), 6456.
Stagni (Ernesto), 2585.
Stahl (Alan Michael), 306.
Stähli (Marlis), 174, 3084.
Stahlmann (Martin), 5888.
Stalin (Iosif Visarionovič Džugašvili), 4788, 5064, 5082, 5338, 5341, 5347, 7723, 7737, 7774, 7914, 8043, 8048, 8049, 8162.
Stallaerts (Robert), 8125.
Stalsberg (Anne), 3378.
Stamler (Heinrich A.), 7400.
Stancanelli (Mauro), 1303.
Stanford (Michael), 763.
Stang (Joachim), 4565.
Stanisław Leszczyński, re di Polonia, 4966.
Stanley (Eric Gerald), 3730.
Stanley Holton (Sandra), 7119.
Stanley Spaeth (Barbette), 2666.
Stanton (Elizabeth Cady), 7119.
Stanton (G. R.), 2179.
Stapleton (Timothy J.), 8498.
Stargardt (Nicholas), 4566.
Starostin (E. V), 481.
Starr (Frederick S.), 5094.
Statius Papirius 1080, 2300, 2345, 2347, 2348, 2549, 2588.
Staubach (Nikolaus), 3763.
Stäuble (Antonio), 6309.
Stavrianopoulou (Eftychia), 1508.
Stavron (G.), 4668.
Steadman (Sharon R.), 1376.
Stearns (Peter N.), 1009.
Stebelsky (Ihor), 429.
Stec (Mieczysław), 3802.
Steck (Volker), 307.
Steel (C.), 3852.

Steele (Jonathan), 5095.
Steely (Mel), 7642.
Steendijk-Kuypers (J.), 6254.
Steen-Jensen (Jørgen), 3379.
Steer (G.), 2996.
Steer (John), 1110.
Stefanov (Nenad), 4309.
Stefanovska (Malina), 610.
Steffens (Sven), 6888.
Stehle (Philip), 1081.
Stehlin (Stewart A.), 7643.
Steigerwald (David), 7401.
Stein (Harry), 4535.
Stein (M.), 1957.
Stein (Robert), 482.
Steinberg (M. D.), 7030.
Steindorff (Ludwig), 3731.
Steiner (D.), 2070.
Steinert (M.), 7402.
Steinfeld (Hans Wilhelm), 5349.
Steinhauer (Georges), 1790.
Steinhöwels (Heinrich), 3623.
Steininger (R.), 4249.
Steinmetz (J.-L.), 6458.
Steinmetz (Peter), 1222.
Steinweis (Alan E.), 7699.
Stein-Wilkeshuis (Martina), 3380.
Stele (Eva M.), 1958.
Stella (Aldo), 6122.
Stellner (František), 847.
Stenico (Remo), 3104.
Stenius (Henrik), 7310.
Stephanos Alexandrinos, 2851.
Stephens (Charles), 6364.
Stephens (Laurens D.), 1719.
Stephens (William Peter), 5611.
Stephenson (Bruce), 6255.
Stephenson (Paul), 2935.
Stępień (Halina), 6469.
Stępniewska-Holzer (Barbara), 4396.
Stern (Ephraim), 1679.
Stetskevich (S. M.), 7194.
Stettler (Bernhard), 4171.
Stevens (Martin), 3111.
Stevens (Wesley M.), 234.
Stevick (R. D.), 212.
Stewart (Marjorie), 5241.
Stewart (Roberta), 2623.
Sthamer (Eduard Heinrich), 3186.
Stibbe (C. M.), 2180.
Stichel (Rudolf H.W.), 2667.
Stifter (Adalbert), 6464.
Stile (Alessandro), 5982.
Stites (Richard), 7120.
Stockert (W.), 1813.
Stockhausen (K.), 6646.
Stoduti (P.), 1327.
Stoffelen (Veerle), 2349.
Stöhr (Simone), 1516.
Stolberg (Michael), 1035.
Stoler (Mark A.), 7741.

Stolleis (Michael), 7208.
Stolte (B.H.), 2816.
Stoltzenberg (Dietrich), 6256.
Stolz (F.), 1189.
Stone (Bailey), 4172.
Stone (Diane), 7329.
Stone (Glynn), 4660, 7299.
Stone (Gregory B.), 3732.
Stone (James), 4567.
Stone (Lawrence), 7333.
Stone (Norman), 5275, 8126.
Stone (Russell A.), 4716.
Stonemann (Richard), 2003.
Stork (H.-W.), 193.
Storoni Mazzolani (Lidia), 2425.
Stotz (Peter), 3733.
Stoyanov (Yuri), 4044.
Stoye (John), 4173.
Strabburg (Gottfried von), 3021.
Strabo, 1276.
Strachan (Beth), 4200.
Stradling (R. A.), 7484, 7485.
Strahm (Christian), 1377.
Strang (Bruce), 7742.
Strange (James F.), 1680.
Stratikis (Leon), 2936.
Stratmann (Martina), 3940.
Stratton (Suzanne L.), 6492.
Streck (Michael P.), 1607.
Streeter (Stephen M.), 8127.
Streiff Moretti (Monique), 945.
Streissler (Erich), 681.
Streitberger (W.R.), 4661.
Streng (Toos), 5681.
Strocka (Volker M.), 2417.
Strommenger (Eva), 1670.
Strong-Boag (Veronica), 839.
Stroński (Henryk), 7644.
Strubbe (J. H. M.), 2528.
Strubel (Armand), 3734.
Struthers (James), 4354.
Strzelczyk (Jerzy), 3976.
Strzembosz (Tomasz), 7774.
Strzygowski (Josef), 688.
Stuart (Mary), 5975.
Stuart Mill (John), 7441.
Stüber (Gabriele), 4518.
Stump (P. H.), 4045.
Stupperich (R.), 2181.
Sturlese (Loris), 3830.
Stussi (Alfredo), 361.
Stuten (Albert), 3105.
Stykalin (A. S.), 5285.
Suard (François), 3054.
Subhuti (Dharmachari), 5682.
Subrahmanyam (Sanjay), 6896, 6923.
Subtelny (Orest), 5277.
Suchcitz (Andrzej), 7661.
Sucheni-Grabowska (Anna), 848, 882.

Suchodolski (Stanisław), 3556.
Suder (Wiesław), 2529.
Suetonius, 2376, 2454, 2534.
Sueur (L.), 6259, 7123.
Suger, 3106.
Sugihashi (Takao), 8432.
Suistola (Jouni), 8128.
Sükösd (Miklós), 6001.
Suleiman I Kanuni, sultano ottomano, 4088.
Sulla (Lucius Cornelius), 2334.
Sullivan (Davis), 4235.
Sullivan (Richard Eugene), 3941.
Sullivan (Roger J.), 6123.
Sulpicius Severus, 3928.
Sulyok (Vince), 910.
Sumer, 4698.
Šumi (Nace), 1037.
Sumruld (W. A.), 2785.
Sun (Yat-sen), 8226, 8285, 8289, 8292.
Sund (Bill), 5208.
Sundback (Esa), 7645.
Sundloff Schulz (Deborah), 8094.
Sundstrom (William A.), 7195.
Sunesen (Anders), 3417.
Suny (Ronald Grigor), 4515.
Suomi (Juhani), 4426.
Superbi Gioffredi (Fiorella), 3795.
Suppe (Frederick C.), 3429.
Supple (Barry), 6771.
Surchat (Pierre-Louis), XVIII.
Suriano (Juan), 4230.
Suryanaryan (V.), 8129.
Sussman (Lewis A.), 2350.
Sutterlin (Ingmar), 8130.
Sutton (Robert P.), 5803.
Suvanto (Pekka), 951.
Suys (Véronique), 2120.
Sūysī (Muhammad), 3345.
Suzuki (Toshio), 6935.
Suzuki (Yoshitaka), 6826.
Svampa (Maristella), 4231.
Svanidze (A. A.), 3163.
Svärd (Birgitta), 7080.
Svarlien (John), 2586.
Svensson (Jan), 431.
Svensson (Olle), 5209.
Swan (Lorraine), 8499.
Swan (Toril), 340.
Swart (K. W.), 4928.
Swearer (Donald K.), 5683.
Swieżawski (Aleksander), 3270.
Swiggers (P.), 1124.
Sword (Keith), 5350.
Sylos Labini (Paolo), 6936.
Sylvester II, Papa, 2892, 3691.
Symcox (Geoffrey), 882.
Symeon Salos, 2850.
Symonds (Robin P.), 2645.
Synek (Eva Maria), 2937.

Synistor (Publius Fannius), 2658.
Synnott (A.), 1004.
Szabadfalvi (József), 7209.
Szabo (Franz A. J.), 4268.
Szabó (Jozsef), 8131, 8132.
Szabó (Júlia), 6493.
Szabó (Miklós), 1457, 1754.
Szakály (Ferenc), 5324, 7719.
Szalkai (László), 3296.
Szántay (Antal), 4269.
Szarejko (Piotr), 6260.
Szarka (László), 5325.
Szarmach (Paul E.), 324.
Szarota (Tomasz), 7768.
Szczuczko (Witold), 5011.
Szczur (Stanisław), 3068.
Szczygielski (Wojciech), 5012.
Szechi (Daniel), 4175.
Szegedy-Maszák (Mihály), 5804.
Székel (György), 1100.
Székely (Gábor), 8132.
Székely (Maria Magdalena), 1026.
Szent-Györgyi (Albert), 5319.
Szentpéteri (Jószef), 3557.
Szeptycki (Andrzej), 5490.
Szerwiniack (Olivier), 3735.
Szesztay (Ádám), 5326.
Szietyllo (Janusz), 628.
Szijártó (István), 7404.
Sziney Merse (Anna), 6491.
Szkilnik (M.), 3093.
Szlachta (Bogdan), 613.
Szögi (László), 484.
Szoldos (Attila), 3558.
Szőnyi (György E.), 1011.
Szordykowska (Barbara), 7570.
Szporluk (Roman), 7405.
Szuchman (Mark D.), 4222.
Szumowski (Władysław), 1084.

T

Tabacco (Giovanni), 3187.
Tabata (Yasuko), 8452.
Tabili (Laura), 4662.
Taboni (Pier Franco), 6124.
Taborelli (Luigi), 2587.
Tacitus (Publius Cornelius), 2335, 2295, 2544.
Taegio (Paolo), 3597.
Taft (Robert F.), 5839.
Tagliaferri (Silvia), 3053.
Tagliamonte (Gianluca), 2218, 2219.
Taglietti (Franca), 2479.
Tainter (Joseph A.), 2426.
Taisne (A.-M.), 2588.
Taitz (Emily), 3323.
Tajima (Matsuji), 3591.
Tajra (H.W.), 2733.
Takacs (Imre), 3774.

Takács (Lajos), 5916.
Takacs (Sarolta A.), 2871.
Takagi (Shōsaku), 8441.
Takahashi (Yasuo), 4619.
Takamura (Naosuke), 4599.
Takase (Kōichirō), 8453.
Takefa (Haruhito), 4620.
Takenobu (Mieko), 4621.
Takeuchi (Keiichi), 432.
Talandier (Catherine), 5612.
Talazac-Laurent, 3421.
Talbot (Alice-Mary), 2846.
Taliercio Mensitieri (Marina), 2220.
Tamáska (Péter), 6773.
Tamburini (Filippo), 3736.
Tamerlan, 5271.
Tamura (Noriyoshi), 8454.
Tan (Dihua), 8335.
Tanaka (Akira), 4595.
Tanaka (Fumihide), 8455.
Tanaka (Naoki), 4622.
Tandecki (Janusz), 3048.
Tandeter (Enrique), 6863.
Tandori (Mária), 4663.
Tang (James T. H.), 8133.
Tang (Zhijun), 8336.
Tanguy (Jean), 6827.
Taniyama (Masamichi), 4623.
Tanlens (Jenaro), 5112.
Tanner (R. G.), 1233.
Tanner (Rolf), 8210.
Tanucci (Bernardo), 4733.
Tanzarella (Sergio), 2786.
Tao (Wenzhao), 8337.
Taouil (Rédouane), 6735.
Tarantino (Quentin), 6612.
Tarhan (M. Taner), 1509.
Tarifa Fernández (Adela), 5524.
Tarnóc (Marton), 1113.
Tarrago (Rafael E.), 5126.
Tarver (James D.), 8500.
Tasiaux (Pascal), 6459.
Tasiran (Ali C.), 5197.
Tassaux (F.), 3037.
Tassinari (P.), 1838.
Tasso (Torquato), 6294.
Tassoni (Luigi), 6384.
Tataki (A. B.), 1715.
Taton (René), 6199.
Tatum (J.), 2071.
Tauer (Johann), 2787.
Tausche (M.), 3908.
Tavard (Christian-Henry), 458.
Tavecchio (P.), 4740.
Tawn (P.), 126.
Taylor (John), 433.
Taylor (M. Brook), 4344.
Taylor (Peter K.), 7124.
Taylor (Richard), 6654.
Taylor (Trevor), 8134.
Tazbir (Janusz), 666, 766.

Tchakerian (Viken), 6864.
Tchernia (André), 2259, 2513.
Teather (Elizabeth K.), 7125.
Tebben (J. R.), 1839.
Tebinka (Jacek), 7700.
Tedeschi (Mario), 5448.
Teixeira Vinhosa (Francisco Luiz), 4332.
Tejchman (Miroslav), 7743.
Tekin (Emrullah), 5271.
Tekle (Amare), 4398.
Telegin (Dmitrij Jakovlevič), 1328.
Telesko (Werner), 3797.
Tellechea Idigoras (J. Ignacio), 5501.
Tellenbachs (Gerd), 689.
Teller Crane (Richard), 7636.
Telo (António José), 5042.
Temimi (A.), 912, 4177.
Temin (Peter), 6750.
Templeton (Malcolm), 8135.
Temporini (Hildegard), 2538.
Ten-Doesschate Chu (Petra), 6568.
Tenenti (Alberto), 7486.
Tenfelde (Klaus), 7150.
Tengarrinha (José), 5043.
Tenney (Warren John), 7646.
Terada (Hiroaki), 8338.
Terasawa (Jun), 3737.
Terashima (Jitsurō), 4624.
Terentius, 2049, 2553, 3640.
Termeer (H. J. C.), 4929.
Terray (Emmanuel), 6461.
Terrin (A. N.), 1144.
Tertullianus Florens Settimius (Quintus), 2352.
Tesauro (Alessandro), 6306.
Tessler (Mark), 8136.
Testa (Judith), 6578.
Testa (Laura), 505.
Texier (Jacques), 4149.
Thalēs, 1237.
Thapar (Romila), 1149.
Tharaud (Camille), 6591.
Thauré (M.), 3037.
Thegan, 3107.
Theisen (F.), 3430.
Themelly (Mario), 1289.
Themistius, 1688.
Themistoklēs, 1958.
Theodore, 2965.
Théodore Lecteur, 2835.
Theodoret von Cyrus, 2737.
Theodoricus, 3080.
Theodoro Prodromo, 2842.
Theodorus Studites, Sanctus, 2809.
Theodosius I, imperatore romano, 2416, 2432.
Théogénès de Thasos, 1871.
Theokritos, 1835, 1846, 2016.
Théophile le Prôtospathaire, 2851.

Theophrastus, 1840.
Theopompus di Chio, 690.
Theotokos, 2846.
Thiebaux (Marcelle), 3108.
Thierry (André), 637.
Thierry (Augustin), 6125.
Thiers (M.), 7218.
Thiofridus Epternacensis, 214.
Thiolier-Méjean (Suzanne), 3738.
Thomas (Carol G.), 1908.
Thomas (Charles), 3109.
Thomas (H.), 363.
Thomas (J. D.), 9.
Thomas (Nicholas), 7429.
Thomas (R. G.), 1386.
Thomas (Robin N. W.), 7521.
Thomas Aquinas, Sanctus, 3828, 3872, 3878, 3899, 5598, 6110, 6126.
Thomas-Clark (Jill), 6604.
Thomaz (Luís Filipe F. R.), 5805.
Thompson (Alastair), 4568.
Thompson (E. P.), 691, 4502.
Thompson (F. M. L.), 6761.
Thompson (I. A. A.), 5111.
Thompson (John H.), 8066.
Thompson (Kathleen), 3897.
Thompson (Kristin), 6712.
Thompson (Peter), 7076.
Thompson (Roger C.), 8137.
Thompson (Stephen E.), 1570.
Thompson (William R.), 7381.
Thomson (Alistair), 8547.
Thomson (Dennis L.), 5676.
Thomson (Francis J.), 3739.
Thomson (Richard), 6579.
Thorbecke (Willem), 4926.
Thorne (Kip Stephen), 6261.
Thörnqvist (Christer), 7196.
Thorpe (R. S.), 2172.
Thou (Jacques Auguste de), 552.
Thoukydidēs, 692, 927, 1877, 1904, 1948, 1968, 2039, 2061.
Thuburbos Maius, 2106.
Thuente (Mary Helen), 4708.
Thule (Ultima), 5198.
Thullberg (Per), 6772.
Thum (Reinhard H.), 6462.
Thumser (Matthias), 3942.
Thür (Gerhard), 1907, 1909.
Thurmond (David L.), 2267.
Tiberios (M. A.), 2182.
Tiberius (Claudius Nero), 2450, 2626.
Tibullus Albius, 2353.
Tiedemann (Rolf), 6608.
Tierney (Mark), 5502.
Tilkovszky (Loránt), 5327.
Tilly (Charless), 835.
Tilly (Louise A.), 521.
Tilly (M.), 2788.

Tilman (Francis), 5899.
Timberini (Sandro), 263.
Timms (Edward), 4253.
Timokreon, 1958.
Timonen (A.), 1743.
Timpanaro (Sebastiano), 2354.
Timpe (Dieter) 2417.
Tindle (A.G.), 2172.
Tintoretto, 6571.
Tirone (C.), 3018.
Tisivian (Yuri), 6713.
Tissier (André), 6358.
Tite (C. G. C.), 215.
Tito (Josip Broz), 4828.
Titze (Hartmut), 5900.
Tkaczew (Władysław), 5013.
Tobisch (Manfred), 7647.
Tobjański (Zbigniew), 5014.
Tocqueville (Charles Alexis Henri Morice Clérel de), 411, 5988, 6058, 6118.
Todd (R. B.), 3898.
Todd (Stephen C.), 1887, 1910.
Toderaşcu (Ion), 913.
Todeschini (Giacomo), 3559.
Todic (Branislav), 2939.
Togliatti (Palmiro), 4788, 4802.
Toker (Yalçın), 5265.
Tőkéczki (László), 5976.
Tokmakov (V. N.), 2470.
Tōkoku (Kitamura), 4581.
Tol (S.), 1461.
Tollebeek (J.), 614.
Tölle-Kastenbein (Renate), 2183.
Tolstoj (Lev Nikolaevič), 6429, 6455.
Tolstoj (Sonya), 6455.
Tomber (R.), 2144.
Tomczak (Andrzej), 52.
Tondelli (Pier Vittorio), 1080.
Tone (John Lawrence), 4503.
Toneatto (L.), 3110.
Tonelli (Giorgio), 6127, 6128.
Toniolo (Gianni), 6750.
Tonnerre (Noël-Yves), 434.
Tønnesson (Kåre), 888.
Tōnō (Haruyuki), 8456.
Tonomura (Hitomi), 3165.
Topel (Marta), 5357.
Töpfer (Bernhard), 3244.
Topolski (Jerzy), 628, 724, 4971, 5015.
Torelli (Mario), 1458, 2246.
Toriumi (Yasushi), 4625.
Torke (Hans-Joachim), 7317.
Torp (Hjalmar), 2650.
Tortella (Gabriel), 6774.
Tortolero Villaseñor (Alejandro), 7126.
Toscano (Mario), 4807.
Tosh (John), 7127.

Toskina (E.), 7438.
Tosti (O.), 5529.
Tóth (István György), 5283.
Toth (Sandor), 3774.
Totila, 577.
Touati (Houari), 5418.
Touba (Mariam), 7522.
Toubert (Pierre), 3236, 3528 .
Toulet (Emmanuelle), 6714.
Tournon (André), 6068.
Tourovets (A.), 1717.
Toutain (J.-C.), 6889.
Touzery (Mireille), 435, 6937.
Tow (William T.), 7407.
Townsend (David), 4012.
Toynbee (Arnold), 693.
Trachsler (Richard), 3020.
Tracy (James D.), 861.
Tracy (St. V.), 1878.
Traikova (Vesela), 7571.
Traill (David A.), 2355, 3740.
Traina (Giusto), 384, 1755, 2589.
Trainor (Luke), 7572.
Trajanus (Marcus Ulpius), imperatore romano, 2371, 2551, 2659.
Tramontin (Silvio), 3910.
Trampedach (K.), 2072.
Trampus (Antonio), 5806.
Tranberg (Anna), 7057.
Tranfaglia (Nicola), 4770, 4808, 5913.
Trani (Silvia), 7744.
Traniello (Francesco), 1207, 5440.
Trapans (Jan Arveds), 7408.
Trapp (Erich), 897.
Traub (Andreas), 3823.
Trausch (Gilbert), 4844.
Traversa (V.), 3051.
Tremp (Ernst), 615, 3107.
Trenkler (E.), 217.
Treves (Piero), 694.
Trexler (Richard C.), 7128.
Tribout de Morembert (H.), 844.
Trifone (Pietro), 360.
Trifunovska (Snezana), 4830.
Trigg (Jonathan D.), 5613.
Trillmich (Walter) 2417.
Trinchese (Stefano), 4809, 7648.
Trincia (Francesco Saverio), 6129.
Triomphe (Micheline), 6130.
Tripet (Arnaud), 6365.
Trochet (Jean-René), 785.
Troebst (Stefan), 6865.
Trombley (F. R.), 2121.
Trombley (Frank R.), 2940.
Tronzo (William), 3652.
Troper (Michel), 7211.
Troso (Cristina), 2669.
Trost (Vera), 3008.
Trotha (Truz von), 7430.
Trotsky (Leon), 8216.

INDICE DEI NOMI

Trousson (Raymond), 1057.
Troyan (Scott D.), 3742.
Truant (Cynthia Maria), 7129.
Trucco (Flavia), 2200.
Truche (Pierre), 4504.
Trufelli (Franca), 1378.
Truman (Harry S), 4667, 5149.
Trushnovich (A. Ya.), 4818.
Tryon (Darrell T.), 8544.
Trzeciakowski (Lech), 4971.
Trzynadlowski (Jan), 5809.
Tsakunov (S. V.), 6775.
Tsang (Steve), 5242.
Tsemistrenko (S. P.), 4848.
Tsenhor (P.), 1558.
Tsetskhladze (Gocha R.), 1879.
Tsokhas (Kosmas), 6938, 7476.
Tsounkarakes (Demetres), 2824, 2836.
Tsuchida (Naoshige), 8457.
Tsymburskiy (V. I.), 1763.
Tuccari (Luigi), 4841.
Tucci (Ugo), 6776.
Tucher (Andie), 5184.
Tuck (Anthony S.), 1430, 3269.
Tuffreau (Alain), 1351.
Tukey Harrison (Ann), 2991.
Tully (Alan), 5185.
Tummers (P. M. J. E.), 3864.
Tuo-Kofi Gadzey (Anthony), 5186.
Tuplin (Ch.), 2073.
Tuppurainen (Erkki), 6715.
Turan (Gökçe), 5272.
Turcotte (Paul-André), 5439.
Turgot (Anne Robert Jacques), 4476.
Turgut (Hulusi), 5256.
Turi (Gabriele), 4810, 7065.
Țurlea (Petre), 5808.
Turnau (Irena), 7130.
Turner (Bryan Stanley), 5684.
Turner (G.), 4248.
Turner (L. A.), 1791.
Turner (R. V.), 364.
Turner (Ralph V.), 3271, 3324, 3560.
Turner (Roy Steven), 6263.
Turretin (Jean-Alphonse), 5586.
Turunen (Matti), 6809.
Tusa (Ann), 8138.
Tüskés (Gábor), 5503.
Tvedt (Terje), 768.
Tweedie (Sandra), 8192.
Twellenkamp (Markus), 3310.
Twifik (Y.), 3102.
Twining (William), 474.
Tyler (Royall), 8470.
Tyndale (William), 7210.
Tyutyukin (S. V.), 5080.
Tyutyunnik (L. I.), 5067.
Tziatzi-Papagianni (Maria), 2844.

U

Ubachs (P. J. H.), 4930.
Udal'tsov (E. I.), 7197.
Udoma (Udo), 989.
Ueberweg (Friedrich), 1222.
Ueda (Reed), 5187.
Uemura (Masahiro), 8458.
Ueno (Chizuko), 4626.
Ugawa (Kaoru), 1008.
Uhrmeister (Volker) 1969.
Ujváry (Gabor), 616.
Ulman (H. Lewis), 6131.
Ulrich (Jörg), 5504.
Ulrich (Roger B.), 2670.
Ulrich von Türheim, 3112.
Ulunyan (A. A.), 7198, 7573.
Umbreit (H.), 7769.
Ünal (Ahmet), 1635.
Ünal (Ingeborg), 4071.
Unali (Anna), 3561.
Ungarn (Die), 915.
Unger (Danny), 7811.
Ungern-Sternberg (Franziska von), 952.
Unterkircher (F.), 213.
Urbán (Aladár), 5328.
Urchs (Max), 6210.
Urvoy (Marie-Thérèse), 3115.
Usener (Sylvia), 2074.
Ussishkin (David), 1510.
Utz (Richard J.), 3571.
Uvarov (P. Yu.), 7132.
Uwayokote (Masataka), 8432, 8459.
Uzdenikov (Vasilii Vasil'evich), 308.

V

Vaccaro (Antonella), 7649.
Váczy (Péter), 3166.
Vadász (Sándor), 4505, 5289.
Vadon (A.), 272.
Vagnetti (Lucia), 1633.
Vagnone (Gustavo), 2075.
Vaini (Mario), 4811.
Vaisse (Marcel), 8140.
Vajda (György Mihály), 5810.
Valat (B.), 4506.
Valcke (Louis), 6132.
Valdes (Mario James), 6301.
Valensise (Mari Rosaria), 623.
Valera (Gabriella), 769.
Valerio (Lorenzo), 4734.
Valerius Flaccus (Gaius), 2555.
Valerius Publicola (Publius), 2418.
Valery (François) 6395.
Valéry (Paul), 6395.

Valette (Jacques), 8141.
Valla (Lorenzo), 82.
Valladao (Alfredo G. A.), 8142.
Valladares (Rafael), 5044.
Vallat (François), 1608.
Vallejo (Jesús), 3419.
Vallejo Penedo (Juan José), 5505.
Vallerani (Massimo), 3167.
Vallisneri (Antonio junior), 6014.
Vallone (Aldo), 6319.
Valori (Alessandro), 7133.
Valvo (Alfredo), 2247, 2471.
Van Aller (H. B.), 7475.
Van Andel (Tjeerd H.) 1856.
Van Arsdel (Rosemary J.), 4664.
Van Beek (Walter E.A.), 5676.
Van Berchem (Louise Martin), 5555.
Van Berg (Paul-Louis), 1379.
Van Caenegem (R.-C.), 3431.
Van Cauwenberghe (Eddy), 1010.
Van Coppernolle (René), 365.
Van Dam (G. G.), 4922.
Van de Mieroop (Mara), 1609.
Van de Moortel (Aleydis), 1412.
Van De Ven (J. M. M.), 221.
Van De Vyver (Emiel), 3852.
Van de Woestyne (Gustave), 6534.
Van Den Abeele (Baudouin), 3743.
Van Den Boer (Adrian), 4278.
Van Den Borne (J. C. C. F. M.), 264.
Van Den Brink (G.), 7134.
Van Den Doel (H. W.), 7439.
Van Den Eeckhout (P.), 6828.
Van Den Ende (J. C. M.), 6264.
Van den Hout (Th. P. J.), 1469.
Van den Hout (Theo P. J.), 1636.
Van Den Oord (A.), 4931.
Van Den Toorn (Karel), 1610.
Van Der Brug (P. H.), 4692.
Van Der Herten (Bart) 421, 617.
Van der Horst (Pieter W.), 1153.
Van Der Lecq (R.), 3857.
Van der Meulen (Marjon), 6580.
Van Der Plas (B.), 7135.
Van der Spek (R. J.), 1716.
Van Der Val (Justinian N.), 2816.
Van Der Vliet (J.), 2941.
Van Der Voort (R. H.), 4932.
Van der Wee (Herman), 1010.
Van Der Windt (H.), 6265.
Van Der Woude (R. E.), 4933.
Van Deun (Peter), 2848, 2870.
Van Deursen (A. Th.), 4934.
Van Dieten (L.), 2838.
Van Donzel (E.), 1181.
Van Doorslaer (Rudi), 4284.
Van Eck (X.), 5506.
Van Eenoo (Romain), II.
Van Effenterre (Henri), 1909, 1911, 1912.

Van Effenterre (Micheline), 1909, 1912.
Van Eijl (C.), 7136.
Van Engen (John), 594.
Van Esbroeck (Michel), 2849.
Van Eyck (Jan), 3792.
Van Felius (H.), 4935.
Van Gelderen (J.), 5614.
Van Genabeek (J.), 7137.
Van Gennep (Arnold), 1171.
Van Goor (J.), 7431.
Van Gorkom (Nina), 5685.
Van Herwaarden (J.), 3744.
Van Horn Melton (James), 595.
Van Horne (John C.), 5129.
Van Houts (E.), 3562.
Van Innis (Gonzague), 4019.
Van Kley (Dale), 936.
Van Kolfschoten (Thijs), 1323.
Van Leeuwenhoek (A.), 6266.
Van Loon (Jozef), 2356.
Van Meirvenne (Joachim), 6133.
Van Mingroot (Erik), 60.
Van Oorschot (Jürgen), 1685.
Van Oudshoorn (J.), 6459.
Van Popta (K. B.), 6939.
Van Riet (Simone), 2955.
Van Rompay (Lucas), 2850.
Van Roon (E. W. R.), 4936.
Van Sant (Gus), 6612.
Van schoute (Roger), 3800.
Van Steen (Gonda A. H.), 1913.
Van Tongerloo (A.), 1122, 1133.
Van Tuyll (Hubert P.), 7770.
Van Uytfanghe (M.), 366.
Van Vliet (A. P.), 6890.
Van Vught (Frans A.), 5870.
Van Weert-Gaalman (M. E. J.), XIII.
Van Wees (Hans), 1959.
Van Wonterghem (F.), 2221.
Van Zanden (J. L.), 6829, 6891, 6940.
Van Zanten (David), 6523.
Van Zuylen (Marina) 6464.
Vancamp (Bruno), 1841.
Vanden Berghe (L.), 1717.
Vanden Blook (C.), 1134.
Vanden Broecke (S.), 5507.
Vandenbulcke (Anne), 6941.
Vander Waerdt (Paul A.), 2068.
Vandermay (Leo M.), 8143.
Vandermersch (Christian), 2222.
Vanhaute (E.), 6892.
Vanin (Claudio), 3824.
Vann (J. Don), 4664.
Vansina (Jan), 618.
Vanstiphout (H.L.G.), 1611.
Vanthemsche (G.), 6777.
Varalis (Yannis), 2184.
Varanini (Giovanni Maria), 633.
Vareschi (Severino), 5530.

Varga (Csaba), 6134.
Varga (László), 5329.
Vargues (Isabel Nobre), 5045.
Vargyai (Gyula), 5307, 7771.
Varin (Jean), 297.
Varisco (Daniel Marin), 3346.
Várkonyi (Ágnes), 5330.
Varloot (Jean), 6087.
Varmarvirta (Ya.), 4428.
Varnap (D.), 4150.
Varnden Quick (Emma), 474.
Varone (Antonio), 2269.
Varotti (Carlo), 4729.
Varro (Marcus Terentius), 2278.
Varsori (Antonio), 7695.
Varvaro (Alberto), 648.
Vasco da Gama, 1085.
Vasconcellos (Maria), 5904.
Vasil'ev (S. A.), 1338.
Vasoli (Cesare), 4777, 5686.
Vassall-Adams (Guy), 5061.
Vassallo (Salvatore), 4812.
Vassere (Stefano), 5901.
Vatin (Claude), 1736.
Vatin (Nicolas), 5273.
Vauchez (André), 1188, 3943, 5415.
Vaughan (W. E.), 6893.
Vauvenargues, 6366.
Vaz Diaz (J. J.), 7138.
Vázquez Varela (José Manuel), 1330.
Vecchi (Giovanni), 6707, 7139.
Vedaldi Jasbez (Vanna), 2357.
Vedovato (Giuseppe), 5526.
Veenendaal Jr. (A. J.), 4908.
Veesenmayer (Edmund), 7731.
Veeser (H. A.), 745.
Velasco Bayón (Balbino), 5527.
Velde (Christian), 1718.
Veldman (R. H.), 5614.
Velich (Andrea), 3311.
Veligianni (Chrissoula), 1792.
Velikogo (Petra), 6945.
Velikonja (Joseph), 437.
Vélissaropoulos-Karakostas (J.), 1914.
Velkov (Velizar), 1793.
Velle (Karel), 7247.
Vellucci (Giuseppe) 1263.
Venantius Fortunatus, 3116, 3712.
Venard (Marc), 1188.
Venskus (Renhard), 3218.
Ventura (Orante), 1322.
Venturi (Franco), 4734.
Vera (Domenico), 2530.
Verbeek (Th.), 6135.
Verburg (M. E.), 4937.
Vercruysse (Jeroom), 1057.
Verde (Armando F.), 6367.
Verdier (Daniel), 7410.

Verdon (Jean), 3563.
Verga (Marcello), 4813.
Verga (Giovanni), 6453.
Verger (Jacques), 3724, 5835.
Vergilius (Publius V. Maro), 2285, 2286, 2349, 2563, 2612, 5965, 5912.
Verhoeyen (Etienne), 4289.
Verhulst (Adriaan), 3476, 4069.
Verley (Patrick), 6830.
Vermes (Gábor), 4270.
Vernet (Jacob), 6041.
Vernon (J. R.), 6778.
Verón Gabai (Rafael), 4956.
Veronese (Paolo), 6543.
Verres (Gaius), 2422.
Verrier (Frédérique), 382.
Verrycken (K.), 2019.
Versteegh (A. P.), 6831.
Vessey (Mark), 2789.
Vester (Christina), 2962.
Veszprémy (László), 619.
Vetere (Benedetto), 3972.
Vetsch (C.), 7772.
Vetta (M.), 2076.
Vetulani (Adam), 2982.
Viala (Alain), 1284.
Vian (F.), 1829.
Vian (Paolo) 670.
Viano (Cristina), 2077.
Viarengo (Adriano), 4734.
Vickers (M.), 2185, 2186.
Victor (B.), 2985.
Victor (Barbara), 8144.
Victoria, queen of Great Britain, 7224.
Vida (István), 5331.
Vidal (Dominique), 4942.
Vidal de la Blanche (Paul), 420, 5715.
Vidal-Naquet (Pierre), 1708.
Vidigal de Carvalho (Côn. José Geraldo), 3168.
Vidoni (Ferdinando), 6268.
Vidotto (Vittorio), 4756.
Vieillard-Baron (Jean-Louis), 6110.
Vieillot (Pierre-Paul Senilis), 82.
Vielberg (Meinolf), 2590.
Vielle (C.), 1124.
Vielle (Paul), 6217.
Vieusseux (Gian Pietro), 5961.
Vigano (Lorenzo), 1612.
Vigezzi (Brunello), 678.
Vignau-Wilberg (Peter), 6581.
Vignau-Wilberg (Thea), 6482, 6582.
Vignes (Maria), 6391.
Vignot (Annie), 1038.
Vigo (Giovanni), 4814.
Vikström (Matts), 6832.
Vilain (Christian), 6269.

Vilar (Juan Bautista), 8501.
Vilella Masana (Josep), 2790.
Vilkuna (Kustaa K.H.), 6833.
Villain (Jean), 4509.
Villani (Giovanni), 577.
Villani (Pasquale), 7121, 7523.
Villanueva (Dario), 5112.
Villard (Pierre), 1736.
Villari (Rosario), 4178.
Villaronga (Leandre), 309.
Villela-Petit (Inès), 285.
Villon (François), 3609.
Vincent (N.), 3005.
Vincenzo (Marco), 4803.
Vincze (Gábor), 5059.
Vineis (Paolo), 770.
Vinogradov (V.N.), 4877.
Vinogradov (Yu.G.), 1459.
Viola (Caroline), 2950.
Viola (Paolo), 4480 .
Violante (Cinzio), 3160.
Violette (R.), 2078.
Virén (M.), 6942.
Virgilio (Biagio), 1960.
Virlouvet (Catherine), 2472.
Viroli (Maurizio), 954.
Virrankoski (Pentti), 6834.
Visa (Valérie), 1842.
Visceglia (Maria Antonietta), 6857.
Vishnyatsky (L. B.), 1352.
Vismara (Paola), 5419.
Vison (Steve), 1572.
Visonà (P.), 287.
Visvizi-Dontas (Domna), 7650.
Vitali (Enrico), 7266.
Vitali (Stefano), 485.
Viti (Paolo), 3917.
Vittore (Giulio), 1976.
Vittorio Amedeo II, duca di Savoia, re di Sicilia, re di Sardegna, 7504.
Vivante (Anna), 1613.
Vivarelli (Roberto), 4815.
Viviers (Didier), 1758, 1880, 6373.
Vizkelety (A.), 119.
Vladykin (V. E.), 814.
Vleeming (S. P.), 1558, 1573.
Vliegen (Willem Hubert), 7186.
Vogel (Cyrille), 4046.
Voigt (Stefanie), 5905.
Voisenet (Jacques), 3745.
Voisin (J.-L.), 875.
Voit (Krisztina), 5811.
Volante (Nicoletta), 1347.
Volkan (Vamik D.), 7336.
Volker (Angela), 6602.
Volkmann (Hans-Erich), 4562.
Volkmann (Heinrich), 7049.
Volodarsky (Mikhail), 8146.
Volpi (Vittorio), 1248.
Voltaire, 695, 1057.

Von Martius, 771.
Vonyó (József), 5332.
Vorob'ev (M. V.), 8339.
Voskressenski (Alexei D.), 8147.
Vossius (Isaac), 80.
Voswinckel (Peter), 6218.
Vovko (Andrej), 5110.
Vryonis (Speros), 2874.
Vukšić (Tomo), 5552.
Vulpe (Nicola), 1614.
Vyatr (E.), 5016.
Vyner (B. E.), 1331.

W

Waardenburg (Jacques), 1154.
Wace (Robert), 696.
Wachowiak (Bogdan), 4973.
Wachtel (Klaus), 2704.
Waddington (Raymond B.), 5113.
Waelkens (Marc), 1511.
Wagenaar (L.), 7440.
Wagner (Fritz), 3746.
Wagner (Günther), 6716.
Wagner (H.), 1150.
Wagner (Michael), 7524.
Wagner (Wolfang), 61.
Wagnleitner (Reinhold), 8148.
Waines (David), 3326.
Wainwright (Marin A.), 8149.
Wakita (Osamu), 8460.
Wakker (G. C.), 2079.
Wala (Michael), 8150.
Walach (Harald), 3902.
Walaszek (Adam), 5017.
Waldenberg (Marek), 8151.
Waldrep (Christopher), 5188.
Walf (Knut), 5425.
Walher (Martin), 8152.
Walker (Charles), 4946.
Walker (David), 3188.
Walker (Garthine), 7145.
Walker (Mark), 6247.
Walkowitz (Daniel J.), 700.
Wall (Irwin M.), 8153.
Wall (Richard), 6977.
Wallace (Edgar), 6426.
Wallace (Helen), 8117.
Wallace (Richard), 2122.
Wallace (Robert W.), 1915, 2080.
Wallace (William E.), 6524.
Wallace (William), 5812.
Wallace-Hadrill (Andrew), 2531.
Wallis (Aleksander), 5018.
Wallis (Helen), 400.
Wallis (John), 6213.
Walliser (Bernard), 5813.
Walo (Jerzy), 5019.
Walravens (Hartmut), 8193.
Walsham (Alexandra), 5615.

Waltari (Mika), 4429.
Walter (Eric), 4493.
Walter (François), 5229.
Walter (Michael), 3825.
Walter of Châtillon, 3647.
Walton (Timothy R.), 5122.
Walz (Dorothea), 3008.
Wamberg (Bodil), 4392.
Wan (Anzhong), 7546.
Wandycz (Piotr), 5020, 8154.
Wang (Chengren), 8334.
Wang (Jingwei), 8225.
Wang (Jingyu), 8340.
Wang (Jinxiang), 8341.
Wang (Kevin), 7383.
Wang (Ming), 8342.
Wang (Qiang), 8343.
Wang (Qingxin Ken), 8155.
Wang (Rigen), 8344.
Wang (Rufeng), 8345.
Wang (Weili), 8346.
Wang (Xueqing) 8347.
Wang (Zhen), 8348.
Wang (Zhonghan), 8349.
Wanger (Bernd Herbert), 4569.
Wank (Solomon), 4262, 7527.
Wannenmacher (Leonie), 4535.
Wanner (Konrad), 55, 3190.
Wapnewski (Peter), 3746.
Waquet (F.), 5718.
Ward (Alan J.), 992.
Ward (Christopher), 7411.
Ward (J. R.), 6779.
Ward (Robin), 4235.
Ward (William A.), 1413.
Ward-Perkins (Sarah), 3174.
Warner (Geoffrey), 8156.
Warnke (Martin), 6545.
Warring (Annette), 4179.
Wartke (Ralf.-B.), 1468.
Washington (Harold C.), 1682.
Wasowicz (Marek), 4510.
Wasserman (Nathan), 1615.
Wasserman (Renata Ruth Mautner), 6302.
Wassermann (Christoph), 6226.
Wasti (S. Tanvir), 7574.
Waterfield (R.), 1843.
Waters (C. W. P.), 8157.
Waters (Mary-Alice), 4302.
Watkiss (L.), 3117.
Watrous (L. Vance), 1772.
Watson (Ben), 6717.
Watson (Cameron J.), 4180.
Watson (Wilfred G. E.), 1683.
Wattenmaker (Richard J.), 6583.
Watterfield (R.), 1833.
Watts (William H.), 3571.
Wawrzkowicz (Eugeniusz), 4999.
Weale (Martin), 6757.
Webb (Clifford), 243.

Weber (Birthe), 3382.
Weber (Christoph), 4730.
Weber (Cynthia), 7412.
Weber (Eugen), 4511.
Weber (Max) 697, 1024, 5701, 5726, 6055, 6129.
Weber (Steven), 8158.
Weckerlein (Friedrich), 4570.
Weeks (Theodor R.), 7575.
Wegert (Karl), 7140.
Węgrzynek (Hanna), 4047, 4181.
Wehefritz (Valentin), 1044.
Wehling (Arno), 771, 4334.
Wehner (Gerd), 7413.
Wei (Fuxian), 8350.
Weigl (H.), 3090.
Weijers (Olga), 3118.
Weil (Eric), 6124.
Weiler (A. G.), 1155.
Weiler (Kathleen), 7141.
Weima (Jeffrey A.D.), 2711.
Weinbaum (Marvin G.), 4189.
Weinberg (Gerhard L.), 7702.
Weinberger (Gabriele), 4256.
Weinberger (Stephen), 3565.
Weinbren (Dan), 7142.
Weiner (Gordon M.), 5649.
Weinmann (Cornelia), 1040.
Weinreich (Matthias), 1637.
Weinstein (Deena), 6136.
Weisberg (Gabriel P.), 6568.
Weiss (Harvey), 1684.
Weiss (Jeffrey S.), 6584.
Weiss (Sabine), 3964.
Weisz (Christopher), 4558.
Weitzel (Jürgen), 3432.
Wejers (Olga), 3747.
Weland (James), 7652.
Welch (Katherine), 2671.
Wellons (Patricia), 8159.
Wells (Allen), 4865.
Wells (H. G.), 7064.
Wells (Tom), 8160.
Wels (D. A.), 3748.
Welsh (Helga A.), 4533.
Welté (A. C.), 1344.
Welte (M.), 2675.
Weng (Junxiong), 8351.
Wenham (Leslie Peter), 4665.
Wennemuth (Udo), 5906.
Wentker (Hermann), 7541.
Wenzel (Siegfried), 3749.
Werner (Karl Ferdinand), 3272.
Werner (Michel), 543.
Werner (W.), 229.
Wernham (R. B.), 7498.
Werth (Nicolas), 5351.
Werz (Michael), 4309.
Wessel (M.), 620.
West (Edwin G.), 5907.
Westad (Odd Arne), 8123, 8161.

Westberg (Daniel), 3903.
Westerbeck (Colin), 6603.
Westfall (Richard Samuel), 6270.
Westmacott (Sir Richard), 6530.
Westra (Haijo Jan), 2962.
Westvik (Olaf Jansen), 340.
Wetherbee (W.), 3041.
Wettig (Gerhard), 8162.
Wettlaufer (Jörg), 3433.
Wetzel (R.), 110.
Wey (Jean-Claude), 3434.
Whalen (Richard F.), 6368.
Wheeler (J. S.), 6943.
Whinnom (Keith), 1292.
Whitaker (Reg), 4355.
Whitby (M.), 1961.
White (Antony), 1110.
White (Graham), 5616.
White (Hayden), 711.
White (Michael), 6271.
White (Nicholas J.), 8163.
White (Richard), 4246.
Whitehouse (Ruth), 242.
Whitfield (Peter), 438.
Whiting (Robert), 239.
Whitley (James), 1414.
Whittaker (A. J.), 2081.
Whittaker (C. R.), 2532.
Whittaker (Dick), 2427.
Whittow (Mark), 1482.
Whitworth (Sandra), 7414.
Wickersham (John Moore), 621.
Wickham (Chris J.), 3482, 3566.
Widacka (Hanna), 1114.
Widdicombe (Peter), 2791.
Wiebe (D.), 1120.
Wiech (Stanisław), 5977.
Wieck (Roger S.), 216.
Wiedemann (K.), 132.
Wiedemann (Thomas), 2428, 2591.
Wiegand (Wayne A.), 491.
Wielockx (R.), 1115.
Wiemer (Hans-Ulrich), 2429.
Wierschowski (Lothar), 2430.
Wiesz (Christoph), 4071.
Wieviorka (Olivier), 4431.
Wigoder (Geoffrey), 4720.
Wijaczka (Jacek), 5021, 7499.
Wikander (Ch.), 2169.
Wike (Victoria S.), 6137.
Wilamowitz (Ulrich von), 698.
Wilbert (Johannes), 791.
Wild (Helmut), 2431.
Wildt (Michael), 7144.
Wilhelm (Gernot), 1616.
Wilke (Manfred), 7692.
Wilkins (A.T.), 2592.
Wilks (Michael), 3885.
Will (Pierre-Etienne), 8352.
Willaert (B.), 1115.
Willeitner (Joachim), 1568.

Willeke (B.H.), 5531.
Willem I, roi de Pays-Bas, 421, 6796.
Willem III, roi des Pays-Bas, 4920.
Willem van Oranje, 4928.
Willey (Gordon R.), 8545.
William (Steven J.), 3905.
William of Canterbury, 3616.
William the conqueror, 3242.
Williams (D. H.), 439.
Williams (Elizabeth A.), 6272.
Williams (Gareth D.), 2593.
Williams (John A.), 6279.
Williams (John), 223.
Williams (Stephen), 2432.
Williams (Val), 459.
Williams-Krapp (W.), 118.
Williamson (Arthur H.), 5113.
Williamson (Jeffrey G.), 6767.
Williams-Thorpe (Olwen), 2172.
Willis (G. G.), 2792.
Willis (Justin), 7457.
Willoweit (Dietmar), 3261.
Wilson (A. Jeyaratnam), 5124.
Wilson (Andrew), 5275.
Wilson (David M.), 3383.
Wilson (E. B.), 224.
Wilson (Eva), 6496.
Wilson (H. A.), 175.
Wilson (Henry S.), 7458.
Wilson (K. M.), 7653.
Wilson (Nigel G.), 2840.
Wilson (Rick K.), 5166.
Wilson (Robert A.), 6138.
Wilson (Woodrow), 7345.
Wilts (Andreas), 4048.
Wimmer (G.), 3035.
Winckelmann (Johann Joachim), 1107.
Windler (Renata), 4070.
Winge (Harald), 7057.
Wingens (M. F. M.), 5509.
Winichakul (Thongchai), 440.
Winkelmann (F.), 3944.
Winkler (Henry R.), 7654.
Winkler (Ulrike), I.
Winn (M. B.), 226.
Winter (A.), 70.
Winter (Michael), 5978.
Winter (U.), 227.
Winterbottom (M.), 2281.
Wintle (M.), 7481.
Wipszycka (Ewa), 2793.
Wirbelauer (Eckhard), 2794.
Wirsing (Robert G.), 8164.
Wirth (Jean), 460, 3784.
Wirth-Nesher (Hana), 6303.
Wirz (A.), 8165.
Wise (Norton), 1087.
Witczak (Krzysztof Tomasz), 3119.
Witsen (Nicolaes), 185.

Witte (Klaus), 2704.
Wittenberg (A.), 192.
Wittgenstein (Ludwig), 6016, 6024.
Wittkau (Annette), 772.
Witzel (Jörg), 7245.
Władysław II Wygnańca, 3267.
Wlosok (A.), 2699.
Włudyka (Tadeusz), 5023.
Wohl (Robert), 5814.
Wójcik (Zbigniew), 7510.
Wojtasik (Janusz), 5008.
Wolcott (Susan), 6835.
Wolf (Gabriele), 776.
Wolf (Gunter), 62.
Wolf (Hubert), 4271.
Wolf (Jean), 4857.
Wolf (Joseph), 2417.
Wolfe (Christopher), 941.
Wolff (Frieda), 4512.
Wolff (Hartmut), 4020.
Wolff (Larry), 5815.
Wolff (Samuel R.), 1686.
Wolffe (John), 1211.
Wolfle (Gerhard Martin), 6139.
Wolfram von Eschenbach, 3120.
Wolfson (Elliot R.), 3325.
Woller (Hans), 7655.
Wollschlager (Hans), 816.
Wollstonecraft (Mary), 5203.
Woloch (Isser), 4513.
Wolska-Conus (Wanda), 2851.
Wolski (Józef), 2424.
Woltjer (J. J.), 4938, 5420.
Woltmann (Bernard), 4989.
Wonde (Jurgen), 6141.
Wood (Ian N.), 3219.
Wood (Ian), 4049.
Woodford (Susan), 2123.
Woods (David), 2807.
Woodside (A.), 8235.
Woodward (David), 402.
Woodward (Donald), 6944.
Woolbridge (Adrian), 5908.
Woolcock (Stephen), 8119.
Woolf (Greg), 1744.
Woolhouse (Roger Stuart), 6142.
Wootton (David), 652, 5786.
Worden (Nigel), 5236.
Workman (W. Thom), 8166.
Worley (L. J.), 1963.
Worm (Erik), 2961.
Woronoff (Denis), 6836.
Worsley (Giles), 6525.
Worster (Peter), 4357.
Worthington (I.), 1757.
Wosh (Peter J.), 5979.
Wotton (William), 6239.
Wouters (A. Ph. F.), 5618.
Wouters (Annelies), 2356.
Wozniak (Peter), 7656.
Wratny (Jerzy), 5024.

Wright (C.), 208.
Wright (D. F.), 5590.
Wright (Simon), 5909.
Wrzesiński (Wojciech), 5007, 5025.
Wrzosek (Wojciech), 628.
Wu (An-chia), 8167.
Wu (Jingping), 8353.
Wu (Linjun), 8168.
Wu (Yannan), 8354.
Wu (Yanxi), 8328.
Wu (You), 8266.
Wucherer (Georg Philipp), 5978.
Wulstan (David), 3826.
Wyatt (David K.), 5245.
Wyke (M.), 1962.
Wylie (Graham), 2435.
Wylin (Koen), 2248.
Wynants (Paul), 7166.
Wyss (Laure), 5210.

X

Xanthakis-Karamanos (Georgia), 2082.
Xella (P.), 1203.
Xenophōn, 1491, 1798, 1836, 1844, 1845, 1866, 1882, 2073.
Xenophōn Ephesios, 1940.
Xhayet (G.), 3568.
Xiang (Jingyu), 8266.
Xiang (Quanying), 8305.
Xiao (Liyan), 8355.
Xiao (Zhizhi), 8356.
Xingzhi (Tao), 8239.
Xiong (Shili), 8248.
Xiong (Yuezhi), 8358.
Xu (Fangping), 8356.
Xu (Luosheng), 8287.

Y

Yaaqov ben Elazar, 3322.
Yadin (Ygael), 1687.
Yaffe (Aharon), 5619.
Yahuda (Michael B.), 8169.
Yakar (Jak), 1512.
Yalçinkaya (M. Alaaddin), 7525.
Yamada (Akihiro), 6369.
Yamada (Shigeo), 1617.
Yamagata (N.), 2083.
Yamamoto (K.), 2945.
Yamamoto (Takashi), 8461.
Yamamoto (Yūji), 4627.
Yamanaka (Toshifumi), 8462.
Yamauchi (Edwin M.), 1674.
Yamazaki (Gen'ichi), 8206.
Yan (Su), 8359.
Yan (Xishan), 8396.
Yanay (Eli), 1415.

Yang (Kuisong), 8360.
Yang (Rong), 8361.
Yang (Su), 8362.
Yang (Sung-Chul), 8471.
Yang (Tianhong), 8363.
Yang (Zhijiu), 8364.
Yankelovich (Daniel), 7283.
Yankovskaya (N. B.), 1479.
Yannopoulos (Panayotis), 2943.
Yano (M.), 2945.
Yardley (J.C.), 2306.
Yarnold (E. J.), 5423.
Yassif (Eli), 5687.
Yastrebitskaya (A. L.), 3162.
Yasuda (Yoshinori), 8402, 8403.
Yasumaru (Yoshio), 4585, 8422, 8420, 8421.
Yasumoto (Minoru), 6978.
Yasuoka (Akio), 8401.
Yates (Roiden), 8495.
Yates (Thimoty), 5532.
Yavuz (Bilge), 7657.
Yazıcı (Nesimi), 5274, 5980.
Ye (Yonglie), 8365, 8257.
Yediyıldız (Bahaeddin), 1041.
Yekutieli (Yuval), 1416.
Yellin (Joseph), 1689.
Yeltsin (Boris Nikolaevič), 5095, 5346.
Yenisehirlioğlu (F.), 1109.
Yin (Chenglin), 8366.
Yohn (Susan M.) 924.
Yoldi (Jose Antonio), 6273.
Yoon (Hong-key), 441.
Yoshida (Mitsuo), 8472.
Yoshikawa (Hiroyuki), 4603.
Yoshioka (Masayuki), 8463.
Yoshitake (Sumio), 1964.
Yost (David S.), 7415.
You (Huanmin), 8367.
Youguang (Yu), 8241.
Youlan (Feng), 8241.
Young (Brian), 7271.
Young (F. M.), 367.
Young (Kenneth Ray), 8170.
Young (W. Murray), 6719.
Yu (Chang), 8368.
Yu (Kaixiao), 8369.
Yuan (Chun), 8370.
Yuan (Lin), 8371.
Yuan (Suiren), 8372.
Yuan (Yitang), 8373.
Yudin (A.N.), 4816.
Yui (Daizaburō), 4167.
Yukht (Alexandr Isaevich), 6945.
Yüksel Cebeci (Sırrı), 5256.
Yun Casalilla (Bartolomé), 5111.
Yusuf Agah Efendi, 7525.
Yusuf V, 3268.
Yusupov (R. R.), 5026.
Yves de Chartres, 3922.

Z

Zabaluev (V.G.), 4571.
Zaccagnini (Carlo), 1213, 1618.
Zaccaria (Anna Maria), 5790.
Zaccaria (Claudio), 2473.
Zacevic (Miodrag), 4831.
Zachrisson (Inger), 3384.
Zaddach (Arno), 6274.
Zadora-Rio (E.), 3914.
Zadorozhnyuk (E. G.), 4358.
Zaffi (Davide), 4140, 7658.
Zagni (L.), 38.
Zahedieh (Nuala), 6866.
Zahorski (Andrzej), 7511.
Zajewski (Władysław), 7576.
Zakharova (L. G.), 5067.
Zalai Gaál (István), 1380.
Zalewski (David A.), 6751.
Zalewski (Władysław), 3802.
Zaluska (Yolanta), 445.
Zambelli (Paola), 6143.
Zambrini (Andrea), 643.
Zamuel (H. S.) 5190.
Zanardi (Mario), 5519.
Zangger (Eberhard), 1417.
Zanichelli (G. Z.), 157.
Zanini (Alba), 3820.
Zanini (Alessandro), 1418.
Zanini (Enrico), 2875.
Zanker (Paul), 2672.
Zannoni (Arthur E.), 5650.
Zappa (Frank), 6717.
Zappella (Giuseppina), 228.
Zarate (Juan Carlos), 8171.
Zarka (Yves Charles), 6101.
Zarri (Gabriella), 996.
Żaryn (Jan), 849.
Żaryn (Małgorzata), 849, 883.
Zasetskaya (I. P.), 1460.
Zaslavsky (Victor), 4737.
Zastoupil (Lynn)
Zatz (Marjorie S.), 4379.
Zauner (Stefan), 5816.
Zecchini (Giuseppe), 2223.
Zeidler (Jürgen) 1516, 1574.
Zeitlin (F.), 2187.
Zeldin (Theodore), 1088.
Zell (Michael), 6979, 7147.
Zelzer (Klaus), 2795.
Zemanek (Alicja), 6275.
Zen (S.), 625.

Żendara (Alicja), 1114.
Zeng Guofan, 8395.
Zenner (Walter P.), 4716.
Zenobi (Bandino Giacomo), 7246.
Zenobia, 2501.
Zerbi (Pietro), 4013.
Zernack (Klaus), 918.
Zetterberg (Anders), 3087.
Zevelev (A. I.), 5080.
Zevi (Fausto), 2533, 2673.
Zey (Claudia), 2953.
Zgórniak (Marian), 4183, 7660.
Zhai (Qiang), 8172.
Zhang (Dainian), 8374.
Zhang (Hongming), 8245.
Zhang (Junbiao), 8375.
Zhang (Juzheng), 8372.
Zhang (Lianqi), 8376.
Zhang (Qiang), 8361.
Zhang (Xiaolu), 8377.
Zhang (Xihong), 8378.
Zhang (Xueliang), 8346.
Zhang (Yongshan), 8379.
Zhang (Zhidong), 8219.
Zhang (Zhiqing), 8380.
Zhang (Zhuo), 8381.
Zhang (Zuolin), 8350.
Zhao (Dezhi), 8383.
Zhao (Guiying), 8384.
Zhao (Ming), 8385.
Zhelyazkova (Antonina), 5407.
Zheng (Zeming), 8386.
Zhila (L. I.), 4849.
Zhirinovski (Vladimir Wolfovits), 5087, 5088, 5096.
Zhong (Yang), 8173.
Zhou (Enlai), 7919, 8278.
Zhou (Yiping), 8393.
Zhou (Yuhe), 8394.
Zhu (Donghan), 8395.
Zhu (Jianhua), 8396.
Zhu (Jinyuan), 8397.
Zichy (Mihály), 3312.
Zięba (Andrzej Aleksander), 5027, 5490.
Ziedan (Y.), 102.
Ziegler (Béatrice), 5230.
Ziejki (Franciszka), 1086.
Zielbauer (György), 6980.
Zielonka (Jan), 8174.
Zierl (Andreas), 2084.
Zilli (Luigia), 6316.

Zimbrich (Ulrike), 5983.
Zimina (N. G.), 7659.
Zimmerman (Eduardo), 4232.
Zimmermann (Clayton), 1846.
Zimmermann (Harald), 3004, 3945.
Zimmermann (Margarete), 3606.
Zimmermann (Susan), 7073.
Zingg (Christian), 2436.
Zink (Anne), 4514.
Zinzendorf (Nikolaus Ludwig Graf von), 5671.
Ziolkowski (Adam), 2674.
Zipoli (Domenico), 6650.
Zirker (Daniel), 8175.
Zirnheld (Claire-Agnès), 2852.
Zirnstein (Gottfried), 1042.
Zito (Angela), 8217.
Zizek (Slavoj), 955.
Zoe Porphyrogenita, 2895.
Zolotarev (V. A.), 7528.
Zonta (Mauro), 1688.
Žontar (Jože), 846.
Zoraida Vazquez (Josefina), 967.
Zorgbibe (Charles), 7416.
Zorn (Jeffrey R.), 1689.
Zoroddu (Donatella), 2085.
Zorzi (Marino), 5914.
Zorzi (Renzo), 5368.
Zosso (François), 2436.
Zotikos, Sanctus, 2834.
Zovatto (Pietro) 5415.
Zseliczky (Béla), 8176.
Zub (Alexandru), 4185.
Zucchelli (Pére G.), 3083.
Zuckerman (Constantin), 2437, 2853.
Zuckert (Michael P.), 993.
Zudinov (Yu. F.), 4340.
Zühlke (Bärbel), 3751.
Żukowski (Arkadiusz), 5237, 6867.
Zumthor (Paul), 1264.
Zunino (Maddalena Luisa), 815.
Zurawska (J.), 5009.
Zurita (Rafael), 5123.
Žvanut (Maja), 6811.
Zwickel (Wolfgang), 1690.
Zwierlein (Otto), 3098.
Zwingli (Huldrych), 5577, 5578, 5611.
Żyromski (Marek), 671.
Zyski (Bronislawa), 497.

INDICE GEOGRAFICO

A

Aberdeen, 5822.
Abissinia, 393, 8065.
Achkenaz, 5663.
Adriatico (Mare), 3480.
Afghanistan, 4186-4189, 7574, 7991, 8146.
Africa, 618, 2263, 2579, 2653, 2748, 2778, 4075, 4680, 5404, 5676, 6852, 7284, 7442-7458, 7593, 7669, 7841, 8010, 8120, 8473-8501. – A. nera, 382, 8165. – A. del Nord, 2771, 3603, 4352, 7689, 7784. – A. occid., 7664, 8480. – A. subsahariana, 7799, 8079. – Corno d'A., 4402, 7868.
Agen, 7100.
Aire-sur-la-Lys, 7101.
al-Andalus, 3759, 3776.
Alaska, 5546.
Albania, v. Shqipëri.
Aldersbach, 3918.
Alexandrie, 102, 2167, 2756.
Alger, 4193, 6837.
Algeria, 2149, 4192-4199, 7945, 8153.
Alsace, 6868.
Amathonte, 2152.
America, 521, 952, 4102, 4130, 4147, 5387, 5728, 5803, 6225, 6685, 6845, 7062, 7459-7476, 7831, 7864, 7881, 7989, 8545, 7817, 8502-8521. – A. centrale, 7834, 8094. – A. latina, 321, 576, 862, 903, 4090, 4127, 5355, 6768, 7385, 7845, 7946, 7997, 8127. – A. del nord, 6466, 6477. – A.del sud, 862.
Amsterdam, 5937, 6855, 7138.
Anatolia, 1373, 1381, 1391, 1469, 1482, 1483, 1494, 1512, 2891, 4670, 5262, 5269, 5272, 8199. – A. orientale, 1408.
Andalucía, 1920.
Andes (Cordillera de los), 8521.
Angola, 4200-4203.
Ankara, 1482.

Antilles, 4377, 7464, 7475, 7924.
Antiochia, 2815, 6970.
Anvers, 5646.
Aquitaine, 3812, 7233.
Arab Gulf States, 7903.
Arabia Saudita, 4204, 4205.
Arabia, 235, 1675.
Arborea, 2969, 3288.
Argentina, 390, 4206-4232.
Argos, 2184.
Armenija, 2876, 4233, 4234.
Armorique, 1438.
Arras, 4025.
Arslantepe, 1378.
Aruba, 7475.
Asia, 391, 1085, 1170, 1400, 1475, 1491, 1540, 2364, 2510, 4075, 4167, 4594, 7432-7441, 7760, 8139, 8149, 8177-8192, 8545. – A. centrale e occidentale, 1392, 8017, 8193-8203. – A. dell'est, 7746, 8469. – A. meridionale, 8061, 8078, 8204-8210. – A. Minore, 268, 1494. – A. del Sud-Est, 1319, 6479.
Assyria, 1581, 1598.
Atacama, 4306.
Athēna, 946, 1874, 1899, 1910, 1933, 1939, 1953, 1968, 2124, 2137, 2162, 2168, 2175, 2183, 5260.
Athos (Monte), 859.
Attike, 1414, 1758, 2124, 2128, 2145, 2162.
Audun-Le-Tiche, 2657.
Auschwitz, v. Oświęcim.
Australia, 428, 4235-4248, 5363, 5948, 7026, 7801, 8026, 8192, 8539, 8542.
Auvergne, 6878.
Aversa, 3151.
Avon, 6368.
Azerbajdžian, 4272.

B

Bactria, 1705.
Baden, 4556, 5906, 7268.

Bagdad, 79, 4696.
Bahçehis, 1391.
Bâle, 3907.
Bâlgarija, Bulgaria, 3820, 4145, 4335-4340, 5407, 7573, 7614, 7640, 7729, 7983.
Balkans (Stati, Penisola), 268, 1291, 4082, 5083, 7551, 7602, 7753, 7795, 7800.
Baltico (Mare, Stati), 345, 888, 3350, 3381, 6860, 7368, 7408, 7917, 7966.
Baltistan, 527.
Bangladesh, 4273.
Barbizon, 6526.
Barcelona, 56.
Bari, 120, 5970.
Basel, 220.
Basilicata, 4787.
Batakland, 4688.
Batavia, 4692.
Bavaria, 6510.
Bayeux, 3791.
Belen, 6516.
Belgique, 614, 4274-4289, 5761, 5958, 6250, 6770, 6777, 6892, 6940, 6990, 7166, 7322, 7576, 7584.
Belgrad, 8071.
Bellefontaine, 2949.
Belluno, 5968.
Belorussija, 4290-4296, 7633.
Belvedere, 7373.
Bendlikon, 5935.
Benelux, 4114.
Bengal, 4677, 4686.
Bergamo, 3513.
Berlin, 422, 681, 1667, 4523, 4749, 5290, 6962, 7808, 7821, 8090, 8138.
Besançon, 292, 4067.
Bessarabia, 4877, 7599.
Biafra, 4885.
Biblo, 1645.
Birmania (Myanmar), 4297-4301.
Bizkaia, 650.
Bodmeriana, 110.
Boemia, v. Čechy.
Boğazoköy, 1633.

Boiotia, 1848, 1853, 2120.
Bokhay, 8187.
Bolivia, 4302-4307.
Bologna, 111, 479, 3869, 6232, 7229, 7232.
Bomarzo, 6533.
Bonn, 422.
Bordeaux, 7426.
Borgomanero, 198.
Boscoreale, 2663.
Bosna, Bosnia, 1301, 3179, 5019, 5267, 5552, 7549, 7605, 7920.
Bosna-Hercegovina, Bosnia Erzegovina, 4087, 4094, 4308-4314.
Boulogne-sur-Mer, 7047.
Bourgogne, 151, 3174.
Boyne Valley, 1361.
Brabant, 7143, North B., 809, 4931.
Brandenburg, 5596, 7494.
Brasil, 424, 4315-4334, 5041, 6302, 7115, 7289, 7448, 7465, 8127.
BRD, 7797, 7851, 7996.
Breda, 4128.
Bretagne, 434, 4497, 6569, 7190.
Bretton Woods, 6929.
British Isles, 3354.
Broadland, 5768.
Bruderzwist, 4813.
Bruges, 3223.
Bruxelles, 5878.
Buchenwald, 5729.
Bucureşti, Bucarest, 5260, 7732.
Buda, 3506, 4030.
Budapest, 6957, 6958, 7073, 7771, 8063, 8176.
Buenos Aires, 4127, 4215, 4223, 4226, 4227, 4230.
Burgundy, 139.
Burma, 4297, 4298, 4300.
Byzantion, Impero bizantino, 389, 2599, 2667, 2808-2943, 3380, 3503, 3770, 3937, 5268, 7501, 7535.

C

Cadiz, 968, 1647, 1920, 6845.
Caere, 2378.
Cairo, 3342, 4395, 7960.
Calabria, 2196, 2202, 2207, 2212, 2217, 2506.
Calais, 3256, 6334.
California, 1316, 4861, 7141.
Cambogia, 4341-4343.
Cambridge, 6711.
Campania, 2229, 2230, 2234.
Canada, 291, 843, 4206, 4344-4355, 6910, 7474, 7675, 7786, 8066, 8068, 8519.
Candia, v. Herakleion.
Canterbury, 2965.
Canton, 8246, 8313.
Cape, 8495.
Capestrano, 3946.
Capitanata, 2993.
Capo Verde, 7454.
Capraia, 1347.
Capua, 2211.
Caribbean, v. Antilles.
Carie, 2255.
Cartagena, 141.
Carthago, 287, 1646, 1656, 2186, 2378.
Casablanca, 7681.
Castilla, 3146, 3264, 3438, 3473, 3633, 4068.
Catalunya, 84, 396, 498, 536, 1358, 2777, 2984, 3400, 3544.
Caucaso, v. Kavkaz.
Cava, 2947.
Čechy, Boemia, 3183.
Ceuta, 5805.
Chalco, 7126.
Châlons-sur-Marne, 4475.
Champage, 3323.
Champagne, 788, 6876, 7001.
Changsha, 8223.
Chartres, 109.
Chełmno, 1403, 3048.
Cherasco, 4055.
Chicago, 5781.
Chinatown, 7027.
Cile, 4359-4363.
Cina, 404, 1060, 4691, 5633, 5659, 6527, 7296, 7342, 7348, 7365, 7377, 7407, 7546, 7554, 7594, 7646, 7815, 7830, 7919, 7957, 7959, 8041, 8111, 8120, 8129, 8133, 8143, 8147, 8155, 8169, 8211-8397.
Cipro, v. Kypros.
Cirene, 1883.
Ciudas de Mexico, 4859.
Cividale, 3807.
Cleveland Hills, 1331.
Cleveland, 5017.
Cluny, 98.
Colophon, 1605.
Congo Basin, 7450.
Congo, 4366, 7832, 7911.
Constance, 4045.
Copenhagen, 144.
Córdoba, 3343, 4210.
Corleone, 3454.
Corse, 641, 3301.
Cortone, 348.
Costa Rica, 4367, 7938.
Couïavie, 4992.
Cracovia, v. Kracow.
Cremona, 2977.
Creta, v. Krētē.
Crimea, v. Krym.
Croazia, v. Hrvatska.
Cuba, 4375-4379, 7115.
Cuneo, 3469.
Curaçao, 7053.
Cuzco, 4944.
Czech (rep.), 4356-4358.
Czechlovak (rep.), 4145, 4963, 5331, 6760, 7588, 7627, 7636, 7686, 7726, 7962.

D

Dal'nem Vostoke, 8271.
Dalhem, 7225.
Dalmatia, 5780, 6844.
Danebury, 1419.
Danmark, 900, 1353, 3374, 3379, 3816, 4380-4392, 6480.
Danubio, v. Donau.
Dattalia, 1880.
DDR, 5612.
Delos, 1776.
Delphoi, 1754, 1776, 2139, 2620.
Deutschland, 222, 556, 629, 857, 899, 952, 972, 3159, 3181, 3255, 3261, 3502, 3954, 4131, 4256, 4356, 4412, 4516-4571, 4818, 4911, 4975, 5290, 5460, 5777, 5749, 5793, 5816, 6105, 6268, 6599, 6623, 6651, 6677, 6733, 6766, 6801, 6881, 6981, 6983, 7004, 7021, 7277, 7517, 7530, 7541, 7564, 7584, 7626, 7637, 7697, 7707, 7734, 7738, 7808, 7820, 7859, 7891, 7905, 7915, 7971, 7952, 8050, 8068, 8092, 8211.
Devon, 2975.
Dien Bien Phu, 6647.
Dniestr, 7613.
Dodecaneso, 7650.
Donau, Danubio, 7561.
Dublin, 3353, 3357, 3826.
Dubrovnik, 1020, 3480.
Dunantulon, 3774.
Düsseldorf, 219.
Dvina, 7613.

E

Ebla, 1642.
Ebu Nümey, 4104.
Ebusus, 1646.
Ecuador, 4393.
Edinburgh, 7079.
Eesti, Estonia, 4399, 4400, 4835, 4976, 6882.

INDICE GEOGRAFICO

Egeo (Mare), 1390, 1722, 1759, 1860.
Egypt, 449, 1001, 1463, 1469, 2739, 3339, 4394-4396, 6214, 7757.
Eichstätt, 177.
Eiker, 827, 869, 885.
Eindhoven, 4919.
Elbląg, 5585, 5597.
Ellinger, 201.
Emar, 1610, 1618.
England, 290, 433, 534, 629, 729, 1419, 2972, 3003, 3176, 3258, 3269, 3274, 3294, 3324, 3371, 3415, 3416, 3477, 3567, 3594, 3634, 3642, 3713, 3749, 4022, 4023, 4027, 4085, 4160, 4635, 4638, 4640, 4642, 4646, 4647, 4649, 4656, 4657, 4658, 5074, 5381, 5770, 5796, 5877, 5908, 5960, 6120, 6466, 6801, 6859, 6884, 6905, 6933, 6944, 6960, 6978, 7000, 7016, 7028, 7036, 7042, 7055, 7082, 7145, 7153, 7171, 7524, 7673, 7775.
Entella, 2203.
Ephesos, 1875, 2526.
Ercolano, 81, 2531.
Eresos, 1505.
Erfurt, 3869.
Eritrea, 4397, 4398, 4402.
Eskilstuna, 4653.
Eskişehir Plain, 1391.
España, 105, 311, 325, 492, 619, 1172, 1647, 2261, 2293, 2743, 2752, 2757, 3039, 3075, 3177, 3192, 3214, 3314, 3331, 3390, 3891, 4086, 4128, 4212, 4503, 4813, 4864, 4952, 5111-5123, 5387, 5524, 5627, 5722, 6328, 6339, 6374, 6563, 6925, 7399, 7484, 7485, 7498, 7513, 7672, 7913, 8501.
Estonia, v. Eesti.
Esztergom, 4043.
Etiopia, 1544, 4398, 4401, 4402, 4779, 7677, 7715, 7789.
Etruria, 2232, 2235, 2236, 2237, 2240, 2243, 2246, 2481.
Eurasian steppes, 1446, 1456, 8201.
Europa, 143, 300, 313, 389, 484, 521, 800, 907, 908, 949, 1027, 1031, 1060, 1066, 1073, 1085, 1154, 1182, 1299, 1313, 1317, 1320, 1326, 1328, 1343, 1374, 1422, 1444, 3136, 3149, 3150, 3157, 3162, 3224, 3262, 3266, 3305, 3335, 3431, 3450, 3478, 3526, 3554, 3653, 3722, 3855, 3957, 3961, 4044, 4047, 4069, 4091, 4093, 4096, 4108, 4119,
4122, 4131, 4153, 4160, 4167, 4173, 4175, 4176, 4277, 4309, 4373, 4784, 5121, 5290, 5395, 5409, 5410, 5427, 5529, 5565, 5705, 5708, 5730, 5737, 5803, 5949, 6005, 6163, 6240, 6626, 6684, 6752, 6758, 6774, 6846, 6849, 6879, 6902, 7070, 7110, 7148, 7284, 7286, 7298, 7371, 7464, 7479, 7484, 7663, 7678, 7704, 7721, 7725, 7791, 7795, 7798, 7810, 7870, 7873, 7875, 7877, 7882, 7883, 7926, 7945, 7972, 7986, 7987, 8006, 8013, 8036, 8092, 8097, 8099, 8117, 8122, 8125, 8169, 8184. – E. del nord, 1356, 1379, 1385, 3901, 3763. – E. centrale, 782, 991, 1394, 1410, 3403, 3671, 4120, 4126, 4161, 5810, 6033, 7357, 7895. – Europe centro-orientale, 4144, 4963, 6283, 7751, 8151. – E. occidentale, 1345, 7684, 7922, 8069. – E. orientale, 902, 1370, 4073, 4150, 4151, 4154, 5815, 6956, 7616, 7699, 8007, 8123.
Extremadura, 3462.
Extrême-Orient, 6476.

F

Falkland Islands, 7828.
Fehérvár, 4030.
Feltre, 5968.
Fennoscandia, 7243.
Ferrara, 6035, 7490.
Festo, 20.
Fiavé-Carena, 1349.
Finnland, v. Suomi.
Firenze, 152, 162, 181, 258, 2908, 3498, 3617, 3782, 3822, 3917, 5495, 5855, 6345, 6367, 6570, 6776, 6950, 7128.
Flandre, 7143.
Fleury, 659.
Foggia, 2993.
Forlì, 3053.
France, 85, 205, 385, 415, 420, 447, 502, 534, 543, 554, 557, 601, 649, 653, 668, 785, 860, 870, 906, 937, 960, 972, 1003, 1136, 1290, 1429, 2936, 2986, 3075, 3137, 3159, 3217, 3229, 3405, 3442, 3471, 3534, 3569, 3927, 4025, 4051, 4085, 4092, 4102, 4160, 4430-4514, 4567, 4749, 4766, 5053, 5246, 5389, 5400, 5523, 5665, 5704, 5723, 5738, 5742, 5754, 5769, 5775, 5808, 5858, 5868, 5879, 5956, 5964,
6035, 6176, 6272, 6362, 6371, 6379, 6468, 6490, 6499, 6547, 6579, 6689, 6725, 6738, 6762, 6780, 6789, 6805, 6808, 6814, 6823, 6836, 6877, 6885, 6963, 6989, 6994, 7009, 7014, 7019, 7077, 7109, 7103, 7129, 7132, 7182, 7188, 7207, 7236, 7258, 7270, 7277, 7328, 7380, 7410, 7487, 7499, 7512, 7580, 7583, 7584, 7588, 7669, 7710, 7711, 7721, 7762, 7799, 7808, 7835, 7845, 7877, 7881, 7891, 7941, 7972, 7976, 8122, 8141, 8297. – F. du Midi, 3913, 7156. – F. du Nord, 255. – F. du Nord-Ouest, 7047.
Frankfurt am Main, 96, 156, 187, 4569.
Freiburg, 1608.
Freising, 4 , 2977.
Fucino, 1322.
Fulda, 486, 3932.

G

Gadir, 1646.
Gaeta, 5494.
Galicia, 4977.
Gallia, 366, 2486, 2633, 2758.
Gaoua, 7449.
Garamantida, 8482.
Gargano, 2947.
Gaul, 2186.
Gaza, 7809, 8081.
Gdańsk, 5585, 5967, 6867.
Genève, 5872, 7802, 8082, 8141.
Genova, 3277, 3288, 3488, 5962, 7244, 7523, 7611.
Georgia, 1486, 4515, 7620.
Ghana, 4572.
Giappone, 432, 562, 4167, 4573-4627, 5086, 6088, 6116, 6851, 7369, 7528, 7546, 7554, 7646, 7695, 7697, 7761, 7950, 8088, 8114, 8139, 8155, 8237, 8298, 8382, 8386, 8390, 8398-8463, 8467, 8469.
Gibilterra, 7913.
Glasgow, 7079.
Gotha, 138.
Gotland, 4111.
Gouda, 5506.
Granada, 3268, 4177.
Great Britain, 315, 1211, 1455, 3205, 3207, 3383, 3590, 3970, 4056, 4175, 4630-4665, 5242, 5408, 5934, 6525, 6771, 6789, 6881, 6938, 7002, 7007, 7127, 7152, 7174, 7181, 7197, 7329, 7333,

7377, 7410, 7454, 7530, 7583,
7645, 7693, 7722, 7729, 7807,
7810, 7831, 7845, 7860, 7862,
7930, 7932, 7954, 7962, 7976,
8037, 8060, 8133, 8149, 8210,
8269, 8281, 8356.
Grecia, v. Hellas.
Greenland, 1062.
Groningen, 4927, 7087, 7117.
Guatemala, 4671-4675, 7468.
Guinée, 4077.
Gups gorge, 1348.
Győr, 4030.

H

Haarlem, 7118, 7254.
Hague, 7008.
Hainaut, 4019.
Hamburg, 5848.
Haute-Poitou, 4348.
Havana, 4376.
Hedjaz, 4104.
Hellas, Grecia, 371, 1193, 2208,
2885, 2943, 4666-4670, 4848,
7198, 7625, 7640.
Helsinki, 4416, 7991.
Herakleian Peninsula, 1504.
Herakleion, Candia, 5268, 7487.
Hercegovina, Erzegovina, 1301,
5552, 5019, 5267, 7605.
Hessen, 7268.
Holland, 5937, 6597.
Hollywood, 6613, 6642, 6666,
6689.
Holy places, 4205.
Holy See, 7706, 7949, 8038, 8046.
Honduras, 8094.
Hong Kong, 5629, 6931, 7377,
7812, 8133, 8209, 8337.
Hoorn, 6254.
Hrvatska, Croazia 831,1012, 1301,
3809, 3820, 4087, 4368-4374.
Hubei, 8264.
Hurbat Rosh Zayit, 1657.

I

Iberia, Península Ibérica, 1369, 1486,
3840.
Idu, 1598.
Ile-de-France, 1425, 3523.
India, 2186, 4676-4687, 5633,
5659, 6923, 7435, 7441, 7975,
7999, 8064, 8143, 8149, 8164,
8206.
Indocina, 7871, 8080.
Indonesia, 418, 4688-4692, 6954,
7323, 7552.

Iona, 1439.
Iran, 820, 4693, 7842, 7942, 7963,
8146, 8166.
Iraq, 289, 4694-4698, 7818, 7842,
7942, 7961, 8108, 8166.
Ireland, 992, 1211, 1361, 1386,
1451, 2718, 3427, 3708, 3974,
4050, 4655, 4699-4708, 5464,
6893, 7341.
Island, 790, 1040, 3453, 3998, 4115,
4709-4712.
Ispahan, 79.
Israel, 964, 1411, 1640, 1663, 1673,
1686, 1690, 4336, 4713-4721,
5677, 7796, 7809, 7852, 8000,
8008, 8009, 8015, 8022, 8027,
8054.
İstanbul, 5254, 5287, 6498.
Istria, 2357 6759, 6844.
Italia, 142, 370, 506, 848, 882, 909,
985, 996, 1098, 1172, 1204,
1325, 1383, 2197, 2198, 2208,
2216, 2247, 2388, 2391, 2396,
2413, 2427, 2443, 2460, 2481,
2589, 2642, 3075, 3159, 3209,
3261, 3617, 3805, 3898, 3948,
4003, 4145, 4722-4816, 5116,
5415, 5561, 5624, 5643, 5754,
5887, 6276, 6328, 6617, 6800,
6877, 6886, 6927, 6936, 6991,
7086, 7094, 7253, 7288, 7289,
7380, 7523, 7545, 7564, 7582,
7586, 7670, 7695, 7706, 7744,
7881. – I. meridionale, 11, 12,
2888, 3972, 4742, 4785, 6857,
6872, 6911.
Ivanovo region, 1295.
Iviron, 2808.
Ivriz, 1703.

J

Jaffa, 4336.
Jamaica, 7506, 7931.
Java, 4690, 7439.
Jena, 6432, 7520.
Jerusalem, 1659, 2885, 2967, 3814,
5273, 5581, 8115.
Jordan river, 8027.
Jordan, 1411, 1472, 4628, 4629,
7818, 8037, 8060.
Jugoslavija, 4105, 4141, 4145, 4817-
4831, 7279, 7614, 7635, 7964,
8043.

K

Kaliningrad, 6508.
Kamakura, 8409.

Kanaan, 1690.
Karelija, 4415.
Karlsruhe, 76.
Kashmir, 4939, 8164.
Kavkaz, Caucaso 1348, 1392, 1398,
1420, 1860, 7443, 8017.
Kazakhistan, 5250, 7644.
Kent, 1450.
Kentucky, 5188.
Kenya, 4832-4834, 7455.
Khorasan, 8195.
Kiev, 582, 4290.
Knowth, 1361.
Kopenhagen, 46.
Korea, 8288, 8464-8472. – North K.,
7369, 8471. – South K., 8464,
8465, 8471.
Kos, 1508.
Kosovo, 7716.
Krētē, Creta, 1770, 1772, 1861,
1880, 1881, 4666.
Kraców, Cracovia, 383.
Krym, Crimea, 7493.
Kyōto, 4574, 8413, 8439, 8447.
Kyklades, 1502.
Kypros, Cipro 1397, 2885, 3447,
4112, 4364, 4365.

L

La Creocle, 1448.
La Longue Raie, 1448.
Languedoc, 2208, 3171, 3493.
Lastovo, 975.
Latvija, Lettonia 4835, 4836.
Lausanne, 7650.
Lazio, 2647.
Leeuwarden, 4933.
Leida, 80.
Leipzig, 681, 5936.
Lemnos, 2226, 2231.
Lenham, 1450.
León, 2994, 3031.
Lesbos, 2014.
Lettonia, v. Latvija.
Leuven, 114.
Libano, 2429, 4837, 5100, 5478,
7949, 8037.
Libia, 1481, 4838-4841, 5274,
6497.
Lichfield, 133.
Liège, 801.
Lietuva, Lituania, 990, 4123, 4835,
4842, 4843, 6434.
Liguria, 4806.
Lillafüred, 5306.
Lille, 4465.
Limburg, 7225, 7776.
Lisboa, 841, 7078.
Lituania, v. Lietuva.

Livland, Livonia, 990.
Lixus, 8485.
Ljubljana, Lubiana, 7116, 7268.
Locarno, 7616.
Łódź, 7098.
Lombardia, 3513, 5926.
London, 3490, 3704, 5483, 6653, 6846, 6847, 6866, 6935, 7058, 7091, 7095, 7525, 8019.
Lorraine, 6588, 7264.
Louisiana, 7115.
Louvain, 60.
Lower Moesia, 2507.
Lucca, 5556.
Luxembourg, 3302, 4844, 6924.
Lwów, 531, 4999.
Lyon, 391, 3006, 3137, 5819, 5845, 5929.

M

Maastricht, 1095, 8134.
Maccarese, 1365.
MacCuler Gulf, 7437.
Macedonia, 1696, 1708, 1713, 2260, 4845-4849, 7571, 8044.
Madagascar, 4850, 4851, 7452, 7904.
Madeira, 7454.
Madrid, 99, 122, 5120.
Madura, 7439.
Maghreb, 3759, 5418, 7443, 8501, 8478.
Magna Grecia, 1183, 1666, 2199, 2209, 2218, 2232, 2238.
Magyarország, Ungheria, 107, 484, 522, 571, 619, 1113, 2974, 3026, 3154, 3285, 3397, 4031, 4043, 4145, 4156, 4777, 4986, 5056, 5278-5332, 5588, 5876, 6001, 6486, 6773, 6967, 6980, 7035, 7037, 7404, 7477, 7579, 7894.
Majdanek, 7690.
Makka, Mecca 4205.
Malaya, 8163.
Malaysia, 4852, 4691, 8103.
Malia, 1412.
Mallorca, 807, 3436, 3444.
Malta, 341, 4042, 4853, 4854.
Mantchourie, 8339.
Mantova, 3508.
Margiana, 1705.
Marocco, 4855-4857, 5655, 7488, 7805.
Marseille, 1669, 3520, 6782, 6857.
Marsica, 3158.
Massif Central, 417.
Masurie, 632.

Mathaf al-Iraqi, 289.
Mauran, 1341.
Mauritania Cesarense, 2409.
Mecca, v. Makka.
Mecklembourg, 7495.
Medio Oriente, 8009.
Mediterraneo (Mare), 1306, 2750, 5273, 7545. – M. centrale, 1304, 1432. – M. nord-occidentale, 3539. – M. occidentale, 1358, 1393, 3524, 4099.
Melbourne, 4242.
Mequinensa, 3328.
Merano, 4802.
Mesopotamia, 1463, 2114.
Messene, 1862.
México 545, 4858-4875, 4946, 6187, 7038, 7460, 808, 8510.
Michery, 1448.
Milano, 317, 3000, 3513, 3514, 4781, 6812, 6952.
Minsk, 4290.
Mocques Bouteilles, 1448.
Modena, 172.
Moldavija, 4136, 4876, 4877, 5021, 7020.
Mongolia, 4878, 7579, 7599, 8293, 8339.
Monte Cassino, 179, 7749, 7763.
Monte Testaccio, 2265.
Montealegre, 2453.
Montenegro, 7649.
Montes de Torozos, 3264.
Montesacro sul Gargano, 3736.
Moravia, 892.
Moskva, 155, 4290, 5091, 5282, 5348, 7041, 7714, 7737, 8048, 8071, 8073, 8085, 8176. – M. region, 1295.
München, 108, 129, 146, 204, 5428, 6469.
Murcia, 4038.
Mylasa, 2255.

N

Nabatea, 2186.
Namibia, 4879, 7867.
Nantes, 5566.
Napoli, 211, 2628, 3283, 4728, 4747, 5497, 6005.
Naucratis, 1639.
Navarra, 2968, 3299, 4064, 4503.
Nederland, 421, 597, 614, 729, 1091, 1135, 3452, 4061, 4128, 4281, 4286, 4907-4938, 5420, 5463, 5468, 5489, 5511, 5500, 5614, 5681, 5852, 5973, 6204, 6265, 6284, 6787, 6870, 6881, 6897, 6912, 6922, 6939, 6940, 6990, 7032, 7068, 7113, 7531, 7168, 7179, 7475, 7877.
Nero (Mare), 5262, 7551.
New England, 5146.
New York City, 5185, 7192.
New Zealand, 4903-4906, 7801, 7998, 8135.
Nicaragua, 4880-4882, 8024.
Niger, 4887.
Nigeria, 989, 4883-4887.
Nile, 5238.
Nimègue, 5820.
Nizzanim, 1416.
Norge, 4147, 4148, 4390, 4888-4902, 7167, 7310, 7397, 7404.
North Sea, 3367, 3381.
Nouvelle-France, 4348.
Novara, 3445.
Novi Sad, 4826.
Nubia, 1544.
Numidia, 2253.
Nuzi, 1610.

O

Oceania, 8539-8548.
Oinoanda, 1497.
Olbasa, 1783.
Oldham, 5413.
Olympia, 2131.
Ontario, 4347, 4354.
Orán, 3511.
Oristano, 169.
Oslo, 4889.
Österreich, 153, 826, 401, 4145, 4249-4271, 8051, 8148.
Österreich-Ungarn, 4264, 7561.
Ostia, 2484, 2596.
Osuna, 3017.
Oświęcim, Auschwitz, 5634, 7694.
Ouzbékistan, 5250.
Oxford, 103, 2973, 6368.

P

Pacific Islands, 386, 8546.
Pacifico (Oceano), 7559, 7568, 7760.
Padova, 3807, 5698, 7184.
País Vasco, 3537.
Pakistan, 4189, 4273, 4939-4941, 7999, 8004, 8164.
Palermo, 626.
Palestina, 378, 1660, 1664, 2877, 2885, 3316, 3968, 4942, 5262, 5478, 7306, 7836, 7837, 7954, 7978.
Palestrina, 2603.
Palu, 1506.

Panama, 7411.
Pannonia, 3774.
Paris, 28, 85, 93, 304, 314, 435, 475, 1008, 3118, 3391, 3414, 3747, 3869, 4473, 4488, 4492, 5260, 5516, 5535, 5766, 5779, 5928, 6104, 6598, 6861, 6918, 6949, 7015, 7132, 7345, 7594.
Parma, 5428.
Pavia, 2999.
Pearl Harbor, 7651.
Peiraes, Pireo, 1790.
Peking, 7936, 8105, 8167, 8220.
Pennsylvania, 5185.
Pérouse, 2236.
Peru, 4305, 4943-4956, 5403.
Perugia, 100, 5480.
Pest, 3506.
Petersburg, 5091.
Pfalz, 4539.
Phanar, 4670.
Philadelphia, 5153.
Philippines, 7850.
Piemonte, 3422, 5974, 6894.
Pillnitz, 7512.
Pireo, v. Peiraes.
Pisa, 353, 3545, 5971, 6119, 3655.
Pisidia, 1498.
Pistoia, 3545.
Podlachie, 990.
Poggibonsi, 3545.
Polska, 370, 375, 383, 407, 501, 849, 865, 883, 918, 995, 1104, 3183, 3247, 3270, 3397, 3555, 3799, 4021, 4081, 4123, 4145, 4957-5027, 5456, 5482, 6275, 6433, 6494, 7031, 7054, 7070, 7108, 7194, 7511, 7576, 7579, 7588, 7622, 7623, 7633, 7637, 7674, 7687, 7726, 7755, 7865.
Pomerania, 3263.
Pompei, 2269, 2603, 2531, 2627, 2635, 2655.
Porto, 7040.
Portorico, 5046.
Portsmouth, 7565.
Portugal, 6, 105, 246, 794, 828, 834, 1172, 4322, 5028-5045, 5369, 5374, 5375, 5379, 5794, 6928, 7513.
Poseidonia, 2195.
Potosí, 6863.
Poura, 7449.
Poznań, 4971.
Pozsony, 4030.
Praga, v. Praha.
Praha, Praga 5581, 7782.

Prato, 3013.
Preußen, Prussia, 52, 4525, 4549, 4565, 5011, 5053, 5943, 6545, 7234, 7268, 7499, 7509.
Prevlaka, 878.
Provence, 2744, 2761, 3039, 3565, 5475.
Prussia, v. Preußen.
Puteoli, 2480, 2533.
Pyrgi, 2229.

Q

Quebec, 380, 4351, 7374.
Quetta, 4941.
Quito, 4393.

R

Raja Ampat, 7437.
Rapallo, 7635.
Ravenna, 3918.
Reggio Emilia, 3262.
Reims, 147, 3036.
Remscheid, 4653.
Reykjavík, 4711.
Rhin, 604, 4453.
Rhodes, 5273, 2986.
Rieti, 4017.
Rio de Janeiro, 6996.
Rio Grande, 8519.
Riom, 5858.
România, 868, 893, 1029, 3155, 3820, 4145, 5047-5059, 7328, 7743.
Roma, Impero romano, 105, 121, 206, 293, 464, 476, 505, 1193, 1738, 1755, 2033, 2210, 2237, 2249-2674, 2712, 3540, 3720, 3797, 3931, 3942, 4015, 4041, 4788, 5428, 5453, 5930, 5957, 5984, 6748, 7029, 7033, 7089, 7090, 7634, 7823.
Rossija, 281, 544, 686, 780, 833, 904, 918, 943, 1014, 1018, 3181, 3468, 3801, 4123, 4137, 4161, 4562, 5063-5096, 5310, 5540, 5975, 6287, 6713, 6749, 6775, 6860, 6945, 6955, 6985, 7030, 7502, 7528, 7541, 7546, 7550, 7558, 7569, 7573, 7606, 7645, 7815, 7846, 7955, 8054, 8084, 8087, 8110, 8147, 8187, 8203.
Rotterdam, 5579.
Roumélie, 5261.
Ruanda, 5060-5062.
Ruthenia, 5916.
Ryazan' region, 1295.

S

Sabratha, 2144.
Saddleworth, 5413.
Saint-Blaise, 4065.
Saint-Denis, 3023.
Saint-Esprit-lès-Bayonne, 4514.
Saint-Germain, 2981.
Saint-Omer, 7101.
Salamanca, 200.
Salerno, 3307, 3883, 4789, 6233.
Salzburg, 117.
Sami, 7243.
Samos, 2155, 2156.
San Bartolomeo in Galdo, 3069.
San Francisco, 7104.
Santa Fe, 4220.
Santa Venera, 2195.
Santiago, 4054.
Sardegna, 3065, 3247, 7504.
Sarnano, 127.
Savo, 6809.
Savoie, 2986, 3303. – Haute-Savoie, 2986.
Scandinavia, 888, 3350, 3354, 3491, 3816, 6223, 6661, 6284, 7645, 7890.
Scania, 7080.
Schaffausen, 174.
Schweiz, Svizzera, 4544, 5211-5230, 6926, 7679.
Scotland, 1396, 3139, 4085, 4645, 4701, 5785.
Sedan, 662, 6588, 7539.
Sélinonte, 2205.
Senegal, 787, 5097-5099.
Sepphoris, 1680.
Seram, 7437.
Serbia, v. Srbija.
Serbonne, 1448.
Shanghai, 8231, 8326, 8342.
Sheffield, 4653.
Shqipëri, Albania, 4190, 4191, 7744.
Sibir', 1388, 6982.
Sicilia, 1366, 1375, 2218, 2222, 2488, 2510, 3454, 3467, 4057, 4775, 7203.
Sidney, 4242.
Siena, 2970, 3458, 3545, 4066, 4736, 5390, 6345, 6813.
Sijena, 3096.
Sippar, 1592.
Sisak, 7497.
Siviglia, 3481, 7244.
Skåne, 5194.
Śląsk, Slesia, 865, 3183, 3267, 6546. – Bassa S., 5001. – Alta S., 6619.
Slesia, v. Śląsk.
Slovenija, 299, 798, 1037, 5015-5110, 7061, 6820, 7268.

Slovensko (rep.), 5103, 5104.
Slovensko, 792.
Smyrne, 2830, 5269.
Sofija, 4336.
Solingen, 4653.
Somalia, 4402.
Soucy, 1448.
Soudan, 1544, 1551.
South Africa (rep.), 789, 791, 4075, 5231-5237, 5392, 6867, 7456, 7867, 7932, 8476, 8495.
Sparta, 1753, 1852, 1925, 1930, 1935, 2002, 2052, 2052, 2063, 2073.
Sperlonga, 2626.
Spina, 2191, 2192.
Srbija, Serbia 3820, 7555, 8125.
Sri Lanka, Ceylon, 4678, 5125, 7440, 8129.
SSSR, 833, 4073, 4105, 4737, 4827, 5081, 5285, 5333-5351, 6060, 6997, 7607, 7622, 7623, 7729, 7740, 7848, 7858, 7900, 7912, 8017, 8056, 8096, 8106, 8123, 8146, 8161, 8348.
Stentinello, 1366.
Steppes of Southern Russia, 1460.
Strasbourg, 3434.
Sudan, 5238-5241.
Suez, 7809, 7845, 7866, 7885, 7976, 8135.
Sumatra, 7553.
Sun, 8213.
Suomi, Finnland, 4108, 4124, 4403-4429, 5756, 6521, 7102, 7173, 7238, 7307, 7310, 7397, 7645, 7727, 7923, 7570.
Suriname, 5189, 5190, 7462.
Susa, 1691, 1693.
Sverige, Svezia 238, 592, 612, 4129, 5191-5210, 5278, 6860, 7083, 7181, 7196.
Svezia, v. Sverige.
Svizzera, v. Schweiz.
Syan'bi, 8271.
Syria, 1410, 1648, 1664, 2885, 2940, 3645, 5100-5102 5478, 7818, 8027.
Szeged, 5328.

T

Taiwan, 5242, 7812, 8121, 8167.
Tambov province, 5333.
Tan, 8316, 8322.
Tanger, 7583, 8485.
Tanzania, 5243, 8488.
Tarso, 2815.
Tasmania, 1346.
Tel Dor, 1679.
Tennessee, 5163, 5171.
Texas, 7460.
Thailand, 356, 5244-5245, 5670, 7761.
Thasos, 1778.
Thebae, 1534, 1547.
Thessalia, 1928.
Thracia, 1793, 2507.
Tibet, 5638, 8296.
Ticino, 5221, 5917.
Tigray, 4397.
Tikadiouine, 8487.
Tiliura, 1624.
Timor, 5805.
Tiryns, 1417.
Tōgoku, 8418.
Tōkyō, 7705.
Toledo, 68, 2649, 3201, 6243.
Tordesillas, 7424.
Toscana, 805, 1418, 3617, 4024, 7251.
Toulon, 4465.
Toulouse, 3201, 5863, 7112.
Transdanubie du Sud, 6968.
Transilvania, 825, 866, 1047, 3154, 4095, 4180, 5052, 5056, 5283, 5727, 5894, 6973, 7020.
Trasacco, 1334.
Trebizond, 2810, 6483.
Trentino, 3104.
Trento, 163.
Trianon, 5327, 7373.
Trieste, 142, 3237, 7018, 8116.
Tripoli, 5639.
Tripolitania, 2263.
Troja, 2176.
Troki, 4985.
Troy, 1763.
Tsoungiza, 1405.
Tübingen, 96.
Tunisie, 5246-5248, 7805.
Türkiye, Turchia, 373, 387, 573, 1490, 4161, 5249-5274, 7798, 8086, 8099, 8194.
Turkish-Islamic states, 871.
Turku Archipelago, 6832.
Tuscia, 49.
Tushpa, 1509.

U

United States of America, 948, 4525, 4864, 5057, 5125-5188, 5235, 5826, 6302, 6656, 6753, 6789, 6851, 6858, 6881, 7002, 7071, 7140, 7174, 7283, 7311, 7329, 7337, 7349, 7352, 7396, 7470, 7569, 7589, 7565, 7582, 7586, 7589, 7590, 7608, 7646, 7678, 7706, 7711, 7722, 7729, 7775, 7789, 7793, 7801, 7812, 7816, 7822, 7834, 7835, 7843, 7848, 7850, 7855, 7870, 7889, 7892, 7893, 7911, 7923, 7928, 7930, 7946, 7955, 7961, 7962, 7975, 7992, 7999, 8002, 8015, 8039, 8042, 8066, 8078, 8088, 8089, 8093, 8094, 8106, 8139, 8148, 8153, 8288, 8377, 8519.
Ukraine, 429, 4145, 5275-5277, 7644, 7680.
Ungheria, v. Magyarország.
Urartu, 1496, 1581.
Uruguay, 5352-5357.
Utrecht, 3395, 6198.

V

Valachie, 4136, 7020.
Valais, 3474.
Valencia, 3459, 3466, 3500, 3525.
Valladolid, 72.
Valle Trebba, 2192.
Vallée de l'Averyon, 1344.
Valmy, 7512.
Vandée, 4507.
Varaždin County, 4053.
Varsovie, v. Warszawa.
Vaticano, 98, 106, 1207, 3706, 5831, 7279, 7311, 7341, 7374, 7445, 7560, 7707, 7929, 8022, 8055.
Veio, 2225.
Veleia, 2262.
Veneto, 5522.
Venezia, 7, 2357, 3522, 3910, 4078, 5252, 5268, 5394, 5519, 5620, 5698, 5783, 5971, 6776, 6870, 7487, 7507.
Venezuela, 5358-5360.
Versailles, 7583.
Viana, 4316.
Vichy, 443, 4444, 4449, 4471, 4485, 4749, 5861, 7260.
Victoria, 7024.
Vietnam, 5361, 7934, 7814, 7933, 8026, 8038, 8065, 8111, 8160.
Villa Guerrero, 4875.
Vindolanda, 9.
Vistola, 5585.

W

Würzburg, 5884.
Wales, 439, 3427, 6810, 7036, 7171.
Warmie, 4964.
Warszawa, Varsovie, 4974, 5910, 6600, 7773, 7779, 7780, 7781.

Washington, 7651, 7705, 8019, 8024, 8105.
Waterloo, 7539.
Weimar, 5825, 6430, 7590, 7648, 8130.
Wessex, 1426.
Wessobrunn, 4032.
West Highlands, 1439.
Wien, 153, 616, 3137, 4101, 5729, 5810, 6158, 6962, 7073, 7390, 7514, 7732.
Witten, 5472.
Worms, 7220.
Wrocław, 170, 467, 5809.

Y

Yakutia, 1311.
Yamalo-Nenetski, 1312.
Yemen, 124, 1476.
Yokon River, 8519.
York, 495.

Yorubaland, 4884.
Yucatán, 4865.

Z

Zaghouan, 8481.
Zambia, 5362-5379.
Zimbabwe, 7880, 8493.
Zosimos, 2429.
Zululand, 7447.
Zürich, 493, 5935.

 *The Plays of William Shakespeare*

Macbeth
Study Guide

by Michael S. Gilleland

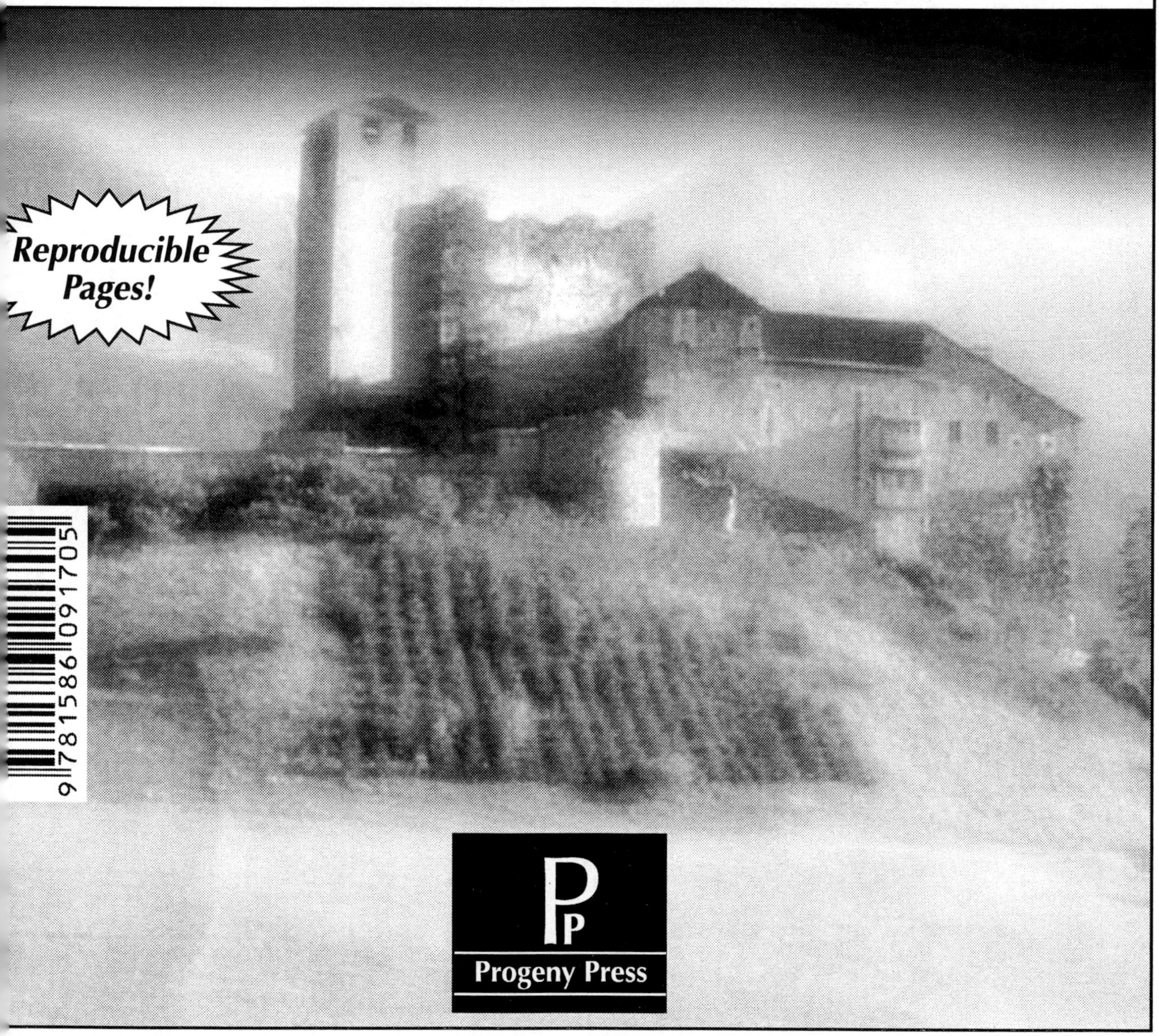

Reproducible Pages!

Progeny Press